LE PIMANDRE DE
MERCVRE
TRISMEGISTE DE
LA PHILOSOPHIE CHRESTIENNE, COGNOISSANCE
du verbe diuin, & de l'excellence des oeuures de Dieu, traduit
de l'exemplaire Grec, auec collation de tres-
amples commentaires,

Par FRANÇOIS MONSIEVR DE FOIX, de la famille de
Candalle, Captal de Buchs, &c. Euesque d'Ayre, &c.

A
Tres-haute, tres-illustre, & tres-puissante Princesse, MARGVERITE DE
FRANCE, Roine de Nauarre, fille & soeur des
Rois tres-Chrestiens.

A BOURDEAUX,
Par S. Millanges, Imprimeur ordinaire du Roy,
1579.
Auec Priuilege.

A TRES-HAVTE, TRES-
ILLVSTRE, ET TRES-PVISSANTE
Princesse, MARGVERITE DE FRANCE, Roine
de Nauarre, fille & sœur des Rois tres-Chrestiens.

Lest notoire a toute personne, Madame, que la differãce de l'homme a toute autre creature & son excellence, par laquelle il l'a surmonte, c'est l'entendement ou pensée rendant l'ame raisonnable. Et neantmoins, bien qu'il soit apperceu d'vn chascun, n'est estimé de toutes gens, estre si digne subiect qu'il est, ny à la verité cogneu en sa nature & condition : mais seulement de ceux qui se sont efforcez, d'esleuer & employer leur pensée vers les choses diuines, incorporelles, & immortelles, l'esloignant a leur possible des choses corporeles subiectes à mutation & pourriture, en fin mortelles, par lesquelles il est totalement empesché à cognoistre, voyre & seulement considerer les excellences incorporelles, immortelles, & diuines. Toutesfois à cause que l'homme ayant du commancement esté composé en son ame de double nature, ascauoir d'vne partie incorporele & immortele, laquelle S. Pol appelle l'homme interieur ou sa pensée, desirant & seruant à la loy de Dieu, & d'vne partie corporelle & mortelle, faicte de matiere elementaire laquelle S. Pol nomme la chair seruant à la loy de peché. Ce neantmoings de quelle perfection de vertus, que Dieu l'eust pourueu, soy voyant tant honnoré, ne la cogneu : mais s'est plus delecté au fruict corporel & materiel, qu'il n'a au fruict de sa raison & pensée, & s'est plus arresté au plaisir, qu'il receuoit des choses corporelles, materielles, & mortelles, par le moyen de ses sens qu'il n'a faict au plaisir des choses incorporelles & diuinies, par le moyen de sa raison & pensée. Et se trouuant l'homme temperé ou assaisonné de ceste condition & nature, que nous nommons de peché, par lequel il a delaissé Dieu, pour soy retirer à la corruption & matiere, il a quitté son principal estat, qui est l'excellent vsage de contemplation, par sa raison & pensée, dediée en luy ez choses diuines, pour vacquer à l'vsage des concupiscences, dediées à l'abus produict par les choses corporelles & materielles. Iceluy estat ainsi disposé, a produit tout l'humain lignage semblable à soy, par la loy vniuerselle prononcée par le S. Verbe de Dieu, que toute creature produisist son semblable : dont s'est ensuiuy que tout homme generallement s'est trouué tellement participant de ce premier defaut, qu'il raporte de sa naissance (à la semblance de son premier pere, voire contre le vouloir de son createur) ceste inclination & promptitude d'appetit, par lequel il desire plus la chose corporelle, materielle, & mortelle, que l'incorporelle & diuine pleine de vie: & aime plus son corps & ses concupiscences, que Dieu & ses contemplations : & finallement constitue plustost son apuy & contentement es choses corruptibles sub-

Rom.7.d

iectes à la perception de ses sens, qu'il ne faict ez choses diuines, eternelles, immortelles, subiectes à la perception de sa raison, entendement & pensée, qui sont toutes parties de l'image de Dieu, qu'il a en soy, chose qui luy nuist & resiste grandement à esleuer sa pensée, & la retirer vers les choses hautes, delaissant les plaisirs des sens, pour vacquer à la contemplation des choses immortelles, & inuisibles. Et c'est ce qui empesche vne bonne partie des gens de lettre, de pouuoir comprendre ceste partie incorporelle de l'homme estre l'Imaige & l'Esprit de Dieu, que l'homme à receu en sa composition, ne pouuant conceuoir, que Dieu inspirant en la face de l'homme, luy aye inspiré du sien propre son Image & S. Esprit en l'ame viuante, cõme estant luy seul vie: ains disent plustost qu'il luy à inspiré l'ame viuante d'ailleurs que de son essence: combien que ce bon & tres opulent Dieu n'aye iamais heu telle souffrete, que pour creer toutes creatures il aye heu à prendre quelque chose d'ailleurs, Mais à faict toutes choses visibles de ses choses inuisibles, comme dict l'Apostre. Et la sapience dict qu'il a créé le tout de matiere inuisible, comme estant le seul immortel & inuisible: & qui à rendu l'homme participant de diuine nature, & temple du S. Esprit, n'ayant receu l'Esprit du monde, ains ce mesmes Esprit, qui est de Dieu. Et combien que toutes ces choses & autres confirmans celles cy, soient escrites assez clairement ce neaumoings l'homme se trouue si deur à recognoistre la bonté de son createur, par ceste partie diuine en soy, estant si incliné & pendant deuers l'abus des choses materieles, directement contraires aux diuines, qu'il confesse mal aiséement auoir Dieu en soy, pour par ceste cognoissance de soy tant desirée dez anciens, venir à la cognoissance de Dieu, ne s'aduisant l'homme que Dieu est vn subiect si excellent & parfaict, qu'il ne peut estre cogneu que de soy mesme. Et par consequent qu'il aye composé l'homme de matiere & son Image S. Esprit pour auoir faict le seul animal & creature capable de le contempler & cognoistre, par sa partie mesme, laquelle S. Pol declaire desirer Dieu & seruir à sa loy continuellement. C'est ce seul deffaut qui emporta le premier homme, & qui detient sa race si esloignée de la cognoissance de Dieu, mesmes quand il se laisse emporter à la partie, qui plus regne en sa composition: combien qu'il oye l'Esprit de Dieu criant en luy par grace preuenante, & continuellement hurtant à sa porte. Toutesfois il est le plus souuent si endormy en ses conuoitises, qu'il ne l'oyt ny escoute, ou pour le moins ne le veut ouyr ny escouter. Et parce que ceste obstination ne vient tousiours ny à toutes gens, ains seulemét au commun, il s'en trouue certain nombre, qui n'ont ployé le genouil deuant Baal, lesquelz escoutans le S. Esprit, se retirent à ses conseils & douces admonitions, par le moyen desquelles ilz acquierent la cognoissance du danger & peril engorgé, auquel le premier pere les a laissez, & du moyen que leur est presenté de s'en retirer: assauoir celuy que dict S. Pol, c'est d'vser des choses corporelles de ce monde, comme n'en vsant & ny mettant le cueur, que en ce quelles sont necessaires à la vie, & conduicte, chascun de son estat, delaissant les exces & abus de toutes choses materielles pour soy retirer à la speculation & consideration des choses inuisibles & diuines, y emploiant le temps que la pensée y peut vacquer, faisant toutes autres operations ou repos, dans lesquelles l'homme trouue cognoissance de l'amour & bonté de Dieu, enuers ceste creature composée de luy, estre si grande, que tout d'vn coup auec la premiere faute, portant si grande ruine, luy feust donné restauration d'vne plus grande excellence &

perfe-

perfection, qu'il n'auoit iamais eu au parauant. Et ceste cy est la philosophie veritable, & par laquelle l'homme paruient a la cognoissance de ce tressouuerain bien, but de toute philosophie, & par laquelle cognue l'homme vient à considerer y auoir en soy vne bien grande stupidité, & sommeil d'ignorance, qu'il s'esmerueille d'auoir tant tardé, a cognoistre le createur par ses creatures, & l'ouurier par l'oeuure, l'inuisible par les choses visibles, comme S. Pol l'a dict: ce n'est que a faute de les auoir bien entendues. Dont s'ensuit que l'homme soy cognoissant (& par ce moien venu a la cognoissance de Dieu, tant par les choses faictes & visibles, apperceues par les sens, que par les choses increées, inuisibles, eternelles & côceues par la seule raison & pensée) paruient a la vraye philosophie, recherchée par tant de personnes doctes errans, & attainte de si peu de nombre qui soient paruenus au vray but & subiect d'icelle, qui est la cognoissance du souuerain bien, par la consideration de ses oeuures & effaictz: laquelle est en l'homme le vray moien de receuoir les bien-faictz de Dieu & son salut & perfection. Ie vous presante, Madame, ce petit discours, aiant esté aduerty & despuis l'aiant cogneu par presente experience de vostre excellente nourriture, entédement genereux, amour & deuotion treschrestienne à Dieu, & desir de toutes bonnes cognoissances, qui sont perfections en la personne & diuine ame de vostre maiesté, dignes de la Marguerite des princesses, & capable de receuoir les aduertissementz, & doctrine de la Marguerite des Philosophes: c'est du grand Mercure, non traduitz & commentez selon la condignité de vostre grãdeur & sienne, qui meriteroient le trauail d'vn plus docte & suffisant interprete. Toutesfois, Madame, desirant de offrir a la hauteur de vostre iugenuité, chose côuenable a vostre diuine pensée (laquelle sur toutes choses tendant a son propre lieu, recherche la cognoissance des grandeurs & perfections de Dieu, & de toutes sainctes disciplines) i'ay trouué ce Pimandre de Mercure dict des anciens trois fois tresgrand, par tant de milliers d'ans delaissé sans interpretation, & par lequel non seulement les excellences & grandeurs de Dieu reluysent: mais la philosophie (si longuement reiettée d'aucuns professeurs de la religion Chrestienne) se trouue totalement coniointe par acquisition de la cognoissance de ce souuerain bien (seul but des Philosophes & Chrestiens) Lequel suiuant vostre commandement receu auec treshumble honneur & reuerance, ie presente a vostre maiesté, desirant que outre la cognoissance des excellences & grandeurs qu'il plaira à Dieu communicquer a vostre diuin entendement, il y puisse pareillement continuer l'estude de la vraye Philosophie Chrestienne, & inquisition de la cognoissance des vertus & bonté de ce souuerain bien, desirée de tous amateurs sapience & verité Chrestiéne, qui vous est annoncé par ce grãd Mercure, nous donnant la plus anciéne escripture que nous sçachons estre ce iourd'huy sur la terre venue iusques a nostre téps. Vostre maiesté, Madame, auec son bon plaisir m'honorera tant de receuoir ce petit mien labeur pour agreable, ensemble vostre tres-humble & tres-obeissant seruiteur, lequel supplie la souueraine bõté, createur, facteur & conseruateur de toutes choses augmẽter en vostre maiesté ses dõs & graces en perpetuel accroissement de grandeur attandant le fruict & iouissance de sa perpetuelle felicité. De Cadillac, ce 21. du mois de Decembre. 1578. Par

Vostre tres-humble & tres-obeyssant seruiteur,
FRANÇOIS DE FOIX.

PREFACE DE
L'AUTHEUR.

Creation de toutes choses, esnulles Dieu a trouué cōtradiction.

COGNOISSANT, que toutes choses tant corporeles, faictes, ou creées, que spirituelles, intelligibles, & eterneles cognoissances, ou sciences necessaires à leur conduicte, ont prins leur origine, source, & premier estre en ce tres-abondant thresor de toutes actions, vertus & sapience, nous deuons librement confesser vn ordre si regulier estre en l'autheur, moderateur, & premiere cause de toutes ces essences, que n'en peut sourdre aucune contradiction, discorde, ou repugnance, venant d'aucune d'entre elles. Ce tres-grand & tres-abondant, & tres-parfaict thresor, qui est vn seul Dieu eternel, a produict toutes creatures auec administration de ce, qui leur est necessaire, tant pour l'entretenement de leur matiere & substance, qui sont autres creatures materieles, que pour la conduicte de leurs vertus & actions, qui est aux bruts la saincte loy & ordonnāce diuine dicte Nature: & à l'animal diuin & raisonnable, l'ame viuante, intelligente & ratiocinante, par l'image de Dieu accompagnée d'infinies essences & vertus diuines, qui luy engendrent sur toutes autres creatures vne supreme cognoissance de son createur & premier exemplaire de son essence. Dans lequel facilement il puise toutes intelligences & cognoissances de sçauoirs, soient les principaux, comme la cognoissance de Dieu, le sçauoir des disciplines, & l'intelligence de la Philosophie, qui tous ont naturelement leurs fondements & principes dans ce grand exemplaire diuin: ou bien les moins principaux, comme toutes professions politiques, oeconomiques, & autres, destinées à la conduicte des actions exterieures, & conseruation de la matiere totalement distraictes & separées de la contemplation, principal office, pour lequel l'homme a esté faict. Ces principaux sçauoirs donc prenants leurs principes & fondements originaires en ce thresor diuin, exemplaire, & mesme source, il est bien mal aisé, que entre eux y puisse eschoir aucune repugnance ou contradiction, comme aucuns ont eu opinion: estans venus (soit par ignorance ou passion) a dire que la Philosophie ou inquisition des premieres causes de Nature, estoit grandement incompatible auec la cognoissance de Dieu, comme si la prudēce diuine auoit esté si confuse & mal ordonnée en ses actions & creations, essences, & substances, qu'elle n'eust peu mettre cōpatibilité en son ordre & creatures conduictes par sa main & prudence, chose grandement repugnante à la religion Chrestienne & cognoissance de ce souuerain bien. Qui a esté cause, que nous auons desiré (selon noz foibles puissances) rechercher quelque moyen de faire apparoir, que la Philosophie est non seulement compatible auec les faictz & commandementz de Dieu:

Toute conduitte tant du raisonnable que du brute est puisée des puissances & bōtés diuines.

Philosophie ne repugne, ains promeut à la cognoissance de Dieu.

mais

mais aussi qu'elle nous faict cognoistre vne grande & tres-necessaire partie des œuures de Dieu, ignorée de ceux, qui n'en prenent la cognoissance, par la voye, qui gist principalement en la vraye consideration de l'estat de ces quatre subiectz, à sçauoir Dieu, Nature, puissances celestes, & fatum, ou fatale destinée, qui sont tous subiectz deputez au seruice du premier & conduicte de ses creatures. Lesquelles bien considerées entretienent l'ame raisonnable en la cognoissance, foy, amour, penitence & reuerence, admiration, louange, action de graces, & glorification de son Dieu & createur: en ce mesmement que les choses corporeles estant bien entendues l'homme vient par la suite de vrayes loix de Philosophie à cognoistre leur premiere cause & origine: de tant que la vraye ratiocination est par la cognoissance & contemplation des choses visibles, conduire l'intelligence à cognoistre le souuerain bien. A quoy tous bons Philosophes ont dressé leur estude: & ce neantmoins tous n'y ont attaint comme souuent il se trouue, que tout estude ne paruient pas à son vray but, & entreprinse. Si est-ce que entre autres & par sus tous ceux de qui nous auons memoire, il a esté vn Ægyptien nommé Mercure Trismegiste tres-ancien, qui a tant esté fauorisé de ce bon Dieu, que sur tous Philosophes il n'est auiourd'huy memoire d'autre, qui aye receu si profonde cognoissance & familiere reuelation des essences & secretz de Dieu (par la relation de son traicté) que luy, combien que de ses escripts il a esté enseuely vne telle partie, que ce qui en est paruenu iusques à nostre temps, est si tres-petit, que ce n'est la miliesme partie de ses œuures, mesmes en ce qu'il a escript de la Theologie. C'est ce petit traicté de la cognoissance de Dieu, condition de l'homme, & ses autres œuures nommé le Pimandre, auec vn autre traicté, qui luy est attribué parlant de l'alkimie en propos conuerts & figurez: toutefois la differance des termes nuist grandement à y recognoistre son stile. Il en est venu aussi vn autre plus anciennement en cest Europe nommé de la Volonté de Dieu, traduict en langue Latine par Apulée, auquel est apparant le stile de Mercure en diuers endroitz: mais il n'est aucune memoire du Grec ou Ægyptien original de ceste traduction. Et de tant que par le Pimandre de Mercure nous trouuons, qu'il a esté vray præcurseur annonçant les principaux poinctz de la religion Chrestienne, & par ce traicté de la volonté de Dieu, tant l'ignorance de ces propos, que l'indisposition d'Apulée traducteur, le rend suspect de idolatrie, & en termes si difficilement couchez, pour en retirer le vray sens en diuers endroitz, que ayant trouué tant par la commune voix des sçauans, que par ses mesmes escritz Apulée estre grandemét suspect en sa version, de laquelle ne nous reste Grec ou Ægyptien, pour la verifier, & aussi que Sainct Augustin reçoit vne epistre de Marcellin, qui luy mande Apulée estre magicien, escriuant ailleurs Apulée auoir vsé de plusieurs enchantementz magiciens, pour acquerir des biens, & finalement que Apulée plaida contre ceux de Coüs pour soy faire eriger vne statue: Tous ces tesmoignages nous ont donné à entendre le vice d'Apulée estre tel, qu'il luy pouuoit estre bien aisé de vouloir attirer la renommée de ce bon Philosophe Mercure en l'imperfection d'idolatrie, qui tant dominoit en luy, falsifiant la version de ce traicté de la Volonté de Dieu. Auec ce dauantage qu'il est a presumer qu'il nous a faict esgarer & perdre l'exemplaire Grec, tant pour entretenir son imposture, que aussi pour celer son ignorance de la langue Grecque, qui nous a esté descouuerte par la version d'aucuns traictez d'Aristote, que les sçauantz Grecz de nostre temps trouuent grande-

Parties de contemplation.

Cognoissance du souuerain bien obiet de philosophie.

Le traicté de la volonté de Dieu corrompu.

Aug. epi. 4.
Aug. ad des. grat. quæst. 6 Apulée homme tres-corrompu.

ã 4

ment vitiés par luy. Tous lefquelz argumētz nous font mettre arriere ce traiĉté tant aliené, & maculé par l'infuffifance de ce perfonnage poffedé de fon maling efprit, n'ayant trouué du vray Mercure autre traiĉté, que ceſtuy cy, qu'il nous a laiffé foubz le tiltre de Pimandre: & duquel l'exemplaire Grec nous eſt demeuré. Nous laifferons donc ce traiĉté de la Volonté de Dieu, à caufe de la corruption qui luy a eſté inférée attandantz l'exemplaire Grec, quand il plaira à Dieu le defcouurir: & confidererons la doĉtrine, que ce Philofophe diuin nous prefente par ceſtuy cy, lequel a femblé à mon foible ingemēt parler des propos du falut des hōmes, d'vne fi admirable efficace, attandu le temps qu'il a eſté, que nous auōs voulu trauailler de retirer l'intelligēce de quelques fiens propos: & ce à la perfuafion de FEDERIC MONSIEVR DE FOIX, noſtre frere, Captal de Buch, & conte de Candalle, homme tref-exercité aux fainĉtes lettres, & de Dame IAQVELINE DE FOIX noſtre sœur, perfonne retirée à la cognoiffance & contemplation des chofes diuines. Qui apres la leĉture de ce traiĉté l'ont eſtimé fi excellēt en fa brieueté, qu'ilz en ont grandemēt defiré l'interpretation. Dont nous auōs prins occafiō & grād defir de le voir, & l'ayāt plufieurs fois paffé, & reueu, auons trouué en ce petit volume vn fi grand nōbre, & de fi profonds tefmognages de la volonté, que defpuis il a pleu à Dieu nous fignifier par Iefus Chriſt, que le voyāt abandonné de fi long tēps de toute maniere d'expofiteurs, auōs eſté conuiés, felon que les empefchemens de noz miferes l'ont permis, de prendre peine d'efclarcir les propos de ce bon Philofophe, ayant reçeu fi grande & particuliere cognoiffance de Dieu, à ce que nous entendiffions que la vraye profeffion de Philofophie n'a autre fin ou but que la cognoiffance de Dieu, & n'en eſt fi efloignée, comme aucuns ont plufieurs fois diĉt. A quoy defirant obeyr tant à eux que autres aymāts Dieu, i'ay employé les heures que i'ay peu emprunter à ceſte eſtude, & à leur occafion l'ay mis en langue Françoife pour plus facile intelligence. Ayant donc trouué ce petit traiĉté de Hermes Trifmegiſte, nommé en François Mercure trois fois tref-grand, bien propre à la conionĉtion de la Philofophie auec la religion Chreſtienne, fans aucune repugnance, nous auons voulu mettre quelque peu de foin, felon noz forces, non felon la valeur de la matiere efcripte fur ce fubieĉt, & l'interpretant d'amener quelques fentences des deux parties conuenants par commun confentemēt de l'Efcriture fainĉte, & de noſtre Mercure: duquel l'ancienneté nous a produiĉt difficile intelligence d'aucuns de fes propos à les efclarcir & rendre caufes d'aucuns deffautz, qui en ont procedé. Il eſt demeuré à toutes perfonnes dediées à l'eſtude des chofes efcriptes par les anciens vn empefchement, qui trouble tant l'intelligence de leurs efpritz, qu'il eſt mal aifé, voire quelquefois impoffible à l'efprit de l'homme d'en retirer le vray fens ou intention de l'autheur. Ceſt empefchemēt eſt vne phrafe de parler, ou propos figurés, qui font façons d'appliquer les diĉtions d'vn languaige improprement & hors de leur vraye inſtitution, felon les accidens des temps, aſtuces, paffions, & autres imperfeĉtions des perfonnes, qui deſtournent la fomption des diĉtions hors de leurs vrayes intelligences en leurs propos paffionnés, receuantz quelquefois les mefmes diĉtions en leurs vrayes inſtitutiōs en plufieurs autres propos proferés hors le temps de leurs paffions & vehemences, comme par exemple, celuy qui a efcrit les Rois a fouuant vfé du mot (Arc) pour arme de guerre. Toutefois quand il fut commandé que l'on aprint aux enfans d'Ifrael l'arc, il le print pour quelque chant plaintif. Et Efaïe a prins vne cloche ou cymbale pour vne

nauire

uauire voilée: qui sont acceptions bien eslongnées de leur commune somption: & infinies autres dictions tres-frequentes, tant aux sainctes lettres, que ailleurs, comme estans vices communs à tous hommes & temps. Dont s'ensuit que ces escriptz laissez par personnes, qui les ont faictz, pour obeyr au temps & imperfection du plus grãd nombre, & parmy lesquelz l'vsage des dictions se trouue si alteré de leur vraye intelligence, que autre que ceux, qui auront participé du temps & qualité de telles passions, ne le pourra conceuoir, sont difficilz, voire bien souuent impossibles d'estre entendus de personnes, qui suiuront par quelque notable longueur de temps ces anciés. De tant qu'il leur sera demeuré seulement les simples & communes acceptions des dictions, qui ne portent en soy ces impropres vsages & somptions des vocables. A cause dequoy quelquefois aduient, que celuy qui pour obeyr & soy renger au commun vsage, qui est abus de parler & se faire entendre aux lecteurs de son temps aura escript matieres de profond sçauoir en ce langage impropre & destourné, sera le plus souuent estimé vn parfaict resueur, & homme sans entendemẽt par ceux, qui viendront long temps apres, & qui à l'aduanture par autant d'imperfection, que leurs ansestres auront mis auant, autres vsages de mesmes dictions, par fois aussi eslognées de l'autre part du vray sens, que estoient ceux des anciens. Cõme noz François, qui prenent vn reistre pour manteau, qui est au vray vn homme, & vn pistolet pour dague, arbaleste, hacquebus, monoye, & ce que le premier introducteur de nouueaux propos voudra. Et par ce moyen vn autheur sera mesprisé des lecteurs, qui par semblable passion ou imperfection, auront mis auant autres phrases & nouuelle corruption de language. Nous disons cecy à propos de ce tres-grand Mercure Ægyptien, lequel, comme plusieurs escriuent, ayant esté du temps, qu'il n'y auoit en son pays aucun vsage d'escripture, fut le premier, qui inuenta la maniere de faire digerer les lettres & syllabes en painture exterieure, pour le secret & subiect de sa pensee, que nous nommons escripture. Laquelle fut premierement par lettres, qu'ilz nommoient Hyerogliphiques. C'estoient paintures de creatures ou choses faictes, qui par la propriété de leur nature signifioient le propos que lon vouloit exprimer par cest escript, & ce parmy ceux, qui sçauoient si communemẽt la nature de ces creatures, soit animaux, plantes, ou autres, que la signification les satisfaisoit aucunemẽt du propos ainsi escript. Par où nous pouuons voir que ceste grande necessité d'escripture pouuoit en ce temps tellement auoir contrainct & varié le language hors du vray chemin, qu'il estoit presque force, pour donner cours à ceste escripture, qui exprimoit ses propos à telle peine, renger l'vsage des dictions à la mesme contraincte, que auoit esté obligée la maniere d'escrire. Comme il est clair à voir par le stile de ce grand Mercure en diuers lieux, mesmes par exemple, Mercure voulant attribuer à quelque subiect puissance d'operer ou mettre en effect, il dict puissance des deux sexes, ou de masle & femelle, voire à Dieu mesme, produisant de soy, & son sainct verbe le sainct Esprit, il le dict auoir puissance des deux sexes, c'est à dire d'operer. Qui estant prins au vray est bien eslongné de Dieu: & ailleurs, voulant dire les vertus de Dieu estre sans terme, mesure, ou limite, il les dict estre passées en nature humide, à cause que l'humide ne peut estre contenu de son terme. Et voulant dire, que le peché combat l'homme en sa conscience, il dict, qu'il le combat en tenebres, à cause qu'on l'ignore & qu'il y a faict obscur: & infinis autres, qui sont si loin de l'vsage que nous auons aux dictions, qu'il est mal-aisé
de de-

de deuiner bien souuent son intention. Et d'auantage ayant trouué grande alteration & eslognemēt de l'exemplaire Grec en la traduction Latine, qui estoit seule de Marsile Ficin, nous auons esté contrainctz de nous retirer au mesme exemplaire Grec laissants à-part celuy de Ficin pour aprocher le plus pres, qu'il nous seroit possible, du language de ce grand personnage. Et pour y paruenir plus facilement, nous nous sōmes aydés de l'intelligence & secours d'vn ieune gentil-homme nommé Ioseph de l'Escale, de tref-grande & ancienne race, grandemēt versé aux phrases des langues tant Grecque, Hebraique, que aussi Syriaque, comme à la Latine, qui luy est peculiaire: par lequel ont esté trouués plusieurs deffauts cōmis tant en l'escripture, que traductiō Grecque par l'ignorance des Phrases Syriaques, & ethimologie des dictions: qui nous a grandement soulagé à ceste obscurité de language en plusieurs endroitz. Et ce traitté ayant du commencemēt esté escript en Ægyptien, grandement aprochant du Syriac, & autres langues Orientales, il a esté souuent besoin d'interpreter les clauses Grecques, par phrases Syriaques, pour nous aprocher le plus qu'il nous a esté possible du texte & vray original de l'autheur, lequel le languaige Grec pourroit auoir alteré. (Cōbien que aucuns le pēsent auoir esté basti par Mercure mesme soy traduisant, & euiter ce, que nous trouuons que Æsculape a escript au Roy Ammon en ses deffinitions, parlant des liures de Mercure son maistre, lequel il prioit sur toutes choses employer son authorité à garder, que les Grecz ne tournassent aucun liure de Mercure en leur langue, à cause de la dissolution & superbe d'icelle. Qui empeschoit qu'elle ne peut exprimer les substances des dictions Ægyptienes. Ains s'amusoient les Grecz au son & fart de leurs paroles plus qu'à l'expression de l'intelligence : qui pourroit auoir empesché Mercure d'auoir esté si clair en Grec, que en son propre Ægyptien, duquel n'ayantz en ce temps aucune nouuelle, nous auons prins nostre principal appuy sur ce Grec. Et pour en tirer le vray sens auons veu & repassé ce traitté plusieurs fois, cōsiderantz tousiours quelle estoit son intention & principal but : affin que l'ayant descouuert nous fust loisible d'esclaircir toutes difficultez ou deffautz de l'escripture Grecque (qu'estoient en assez grand nombre) par l'intention & ce principal but de l'autheur mesme, qu'il s'y est trouué plusieurs endroitz, esquelz vne diction estoit mise pour vn autre differēt d'vne seule lettre, chose fort facile à l'escriuain, qui en tant la substance du traitté. Supportant donc tous deffautz, selon nostre possible, nous diuiserons & interpreterons ce Pimandre par seze chapitres, distingués par sections ou periodes, pour faciliter l'intelligence. Le premier chapitre donnera à entendre la maniere, que Dieu a obserué de soy manifester aux siens, & aussi la cognoissance de la structure du monde & creatures y contenues, telles que Moïse les a descriptes, mais d'vn plus grand ordre & cognoissance : la cheute de l'homme, auec la cause & moyens y obseruez : la nature des bons & mauuais : & enfin la dissolution & retour de l'homme (qui se sera bien recogneu) en son premier lieu, dont il estoit yssu. Le second chapitre declare la maniere de proceder de Mercure à insinuer & manifester Dieu à ses prochains par argumentz de Philosophie, & choses sensibles, leur monstrant (comme dict sainct Pol) Dieu estre autheur & receptacle de tout mouuement, & que depuis la creation du monde ces vertus inuisibles apparoissent par les choses, qui sont faittes, bien entendues. Il declare aussi, que toutes choses sont yssues de Dieu, tant corporeles & visibles, que spiritueles & inuisibles, qui pareillement luy est tesmoigné par sainct

Pol

Pol, Par foy nous entendons les siecles estre preparez par le verbe de Dieu: affin *Hebr. 11. a* que des choses inuisibles fussent faictes les visibles. Et par ce moyen nous a faict entendre, que des essences diuines, spirituelles, & intelligibles, sont yssues toutes matieres & substances. Le tiers chapitre remue l'ordre de la creation, comme il aduient en *Argumēt du troisiesme cha pitre.* l'escripture souuentefois, mesmes tout le commancement des Paralipomenes, remuant les races des enfans d'Israel, qui ont esté escriptz aux cinq liures de Moïse. De mesme maniere Mercure ayant parlé de la creation au premier chapitre, il exprime plus clairement au troisiesme, les actions commises aux creatures, pour executer le vouloir de Dieu. Le quatriesme declare le sentiment que Dieu a donné à Mercure de la foy *Argumēt du quatriesme chapitre.* Chrestienne, iusques à l'auoir inspiré de predire le sainct Baptesme (non auparauant tellement exprimé par aucun des Prophetes) deuoir estre donné à celuy, qui croiroit, retourner dont le mesme Baptesme procedoit: & a declaré la capacité de ceux, qui en seront dignes, auec l'incapacité des indignes: & plusieurs instructions pour soy preparer à la future gloire, par cognoissance de Dieu, qui commence en nous, quand nous y mettrons & l'affection: Et ce n'est Dieu, qui prent commencement: mais c'est nous, qui le receuons de luy, commançantz à le cognoistre. Le cinquiesme nous manifeste *Argumēt du cinquiesme chapitre.* Dieu par ses œuures, le randant par ce moyen visible, non seulement à l'intelligence, qui est son propre, mais par les sens, qui en sont si eslognez: toutefois c'est prenant ces effectz materielz auec cognoissance, & par la priere, qu'il ordonne en estre faicte à Dieu le Pere nous y estre propice, nous exhortant cognoistre Dieu par la cognoissance de nous mesmes: & de là employer nostre cognoissance & autres parties donnees de Dieu à considerer les creatures, pour par icelles venir à la cognoissance de Dieu, mettant par exemple la veuë des parties materieles du grand monde vniuersel, pour estre considerées, apres proposant les parties du petit monde si admirables, pour donner à cognoistre, que cest ordre si grand, & prudentment conduict, ne peut estre sans vn autheur, les excellences duquel il poursuit auec admiration de toutes manieres. Le sixiesme declaire les loüanges du bien souuerain, par les perfections qu'il y peut cō *Argumēt du sixiesme chapitre.* prendre, conferées à noz imperfections, lesquelles il poursuit consequentmēt, par l'exposition de plusieurs infirmitez & aueuglementz, qui sont en nous, reuenant à nous declarer que c'est beauté, qui procede de ceste bonté inexplicable, & monstre que beauté n'est autre chose que l'aparence de bonté, qui en vient aux sens, & ce par les effectz de ceste parfaicte bonté. Le septiesme nous presse auec tres-grande violance *Argumēt du septiesme chapitre.* de nous esueiller de nostre si profond sommeil d'ignorāce, de laquelle nous sommes emportez si asprement, qu'il nous compare à ceux, qui sont au peril de la mer, sans autre moyen de salut, que de soy retirer au vray autheur de tout secours, declarant en fin par combien & quelz moyens ignorance nous possede & deçoit ordinairement, rendant les choses sensibles, qui de soy ne peuuent nuire à l'ame, insensibles pour estant de mesme condition, auoir plus d'action contre elle pour la ruiner & mettre à perdition. Le huictiesme nous reprend de l'abus, auquel la pluspart des hommes se laissent cou- *Argumēt du huitiesme chapitre.* ler, estimantz la mort estre abolition, nous monstrant que non seulement la partie immortele est libre de sa subiection, mais de parties mortelles, qui sont en l'homme n'y en a aucune, qui perisse, ou soit abolie: declairant mort n'estre abolition ou ruine quelconque, ains estre seulement vne simple dissolution, ou departement des choses assemblées, & desquelles n'en perit aucune: mais se trouuent en fin toutes restituées & reintegrées

Argumēts du neufiesme chapitre.

grées en leur premiere nature, exposant la maniere du retour de chasque chose en son premier estat. Le neufiesme chapitre faict mention du sens, & de l'intelligence declarāt l'excellence de l'intelligence sur celle du sens, & cōment & en quelles creatures ces deux sont apliquez: & narre la fraternité, qu'ont ensemble la parole & l'intelligēce, soy seruantz l'vne l'autre d'instrument, representant la connexité qu'a Dieu le filz auec le Pere, n'estantz que vn, declarant en quelle maniere les intelligences sont infuses és personnes, & par quelz moyens. Apres il nous monstre la similitude que le monde obserue à Dieu d'estre continuel operateur & sans cesse aucune: poursuiuant l'exposition de ses operations: concluant apres plusieurs excellences de Dieu narrées : que la foy va auec l'intelligence, & auec l'ignorance va l'infidelité.

Argumēts du dixiesme chapitre.

Le dixiesme que Mercure nommera la clef, contiendra l'ouuerture d'aucuns propos profondz, declarantz la nature & essence diuine en ses actions & operations, vsant de comparaison des choses basses, qui nous sont plus familieres, alleguant aussi ses ancestres & progeniteurs Cœlus & Saturnus auoir receu vision diuine. Et apres auoir ramené ces exemples spirituelz aux intelligences diuines, il entre au propos de l'ame, par ce beau trait, qui dict l'ame ne pouuoir receuoir la felicité qu'elle atant, pendant qu'elle sera en ce corps mortel, comme dict sainct Pol, Que ce mortel ne peut reuestir immortalité, ny ce corruptible posseder incorruption. Et de là il procede aux degrez de l'estat de l'ame humaine, qu'il nomme separable depuis son plus bas estat, iusques au plus haut, & quelle est sa punition, & de là monstre, que l'intelligible repos, meut le mouuemēt materiel, faisant l'argument par lequel il monstre, que la sphere est meuë à la maniere de la pensée, combien qu'elle soit intelligible. Il y traicte aussi de la maniere, que l'ame verse au corps humain, concluant la mesme chose estre le salut, que dict

Ioan.17.a

S. Iean, asçauoir la cognoissance de Dieu, & que c'est la montée au ciel, adioustāt que la pensée, quelle omnipotence qu'elle ayt, estant en l'homme, elle ne peut operer choses diuines, mais seulement humaines, pour nous monstrer, que bien que l'Esprit de Dieu nous soit donné auec son image à l'arbitre de nostre ame, si est-ce qu'il la trouue si offusquée par nostre corps, qu'elle ne luy sçait ordonner aucune chose diuine, habitant ou administrant le corps humain : à cause de l'imperfection de sa matiere, concluant apres plusieurs hautz propos, l'excellēce auoir esté donnée si grande de Dieu à l'homme, qu'il ose dire l'homme terrien estre vn Dieu mortel, & le Dieu celeste estre vn homme immortel, pour monstrer qu'il n'a tenu à Dieu si l'homme ne se gouuerne plus

Argumēts de l'onziesme chapitre.

discretement, qu'il ne faict luy ayant donné si bon conseil & secours. L'onziesme est vne leçon, que faict la diuine pensée à Mercure par reuelation familiere, le trouuant non encore bien satisfaict de la cognoissance de Dieu & de l'vniuers, & luy enseigne l'ordre de ses efficaces obserué à la conduitte de l'vniuers, & qu'il n'y a aucune chose samblable à Dieu. Toutefois pour luy monstrer que la chose plus samblable à Dieu, qui se trouue, c'est l'image siene, qu'il a mis en sa composition : il luy propose exemple de la puissance & extreme diligence de son ame, à laquelle Mercure commandant aller quelque part, soit en terre, en mer, outre mer, au ciel, elle s'y trouue auec le commandement paracheué de prononcer sans pouuoir estre arrestée par aucun empeschement, soit terrestre ou celeste. Et neantmoins elle y est, non comme y allant par temps & mouuement, mais s'y trouue, comme y estant sans y auoir esté portée ou remuée, pour manifester que c'est vn acte de nature diuine, d'estre par tout en mesme temps,

& sans

& sans aucune circonscription, temps, ny mouuement. Parquoy il luy conclud ce grand propos, duquel depend la conclusion du precedent chapitre, & luy dict, Si donc tu ne te conferes à Dieu, tu ne le peux cognoistre: de tant que le samblable est cogneu par les samblables: & poursuit ces propos concluant ce chapitre, par ce que la diuine pensée est veuë en meditant ou pensant, & Dieu operateur de toutes choses est veu par ce, qu'il faict. Le douziesme chapitre contient la doctrine, que nous donne Mercure partant d'ouïr la leçon & diuine doctrine, que luy a donné la saincte pensée. Et reprend ce, que ce bon Demon luy a aprins, comme il a dict à la fin du dixiesme: & nous enseigne, que la pensée est de la propre essence de Dieu, & que celle là és hommes est Dieu: concluant que les Dieux sont hommes immortelz, & les hommes viuantz sont Dieux mortelz: pour faire entendre qu'il n'y a que la mortalité, qui est la matiere & son vice, qui empesche l'image de Dieu estre Dieu mesmes en l'homme auec toutes ses perfections. Ou bien de tant, que l'homme est party en deux, comme nous verrons, le mortel & l'immortel: l'hõme, duquel l'ame se rend à la partie immortele, se trouue immortel en ceste partie, qui iamais ne reçoit mort, quoy que la partie materiele & mortele meure, ou viene en dissolution. Et ceste humanité est dicte lors passer en diuinité: & continue ce propos iusques à ce, qu'il entre en propos de l'office qu'exerce la pensée en l'homme, & en quelle maniere elle le preserue de la puissance de la destinée, & la differance que trouue la destinée operant sur le preudhomme, ou le mauuais: concluant que la pensée commande sur la destinée. Et de ce propos vient à declarer toutes choses incorporeles dans le corps estre passions, & ayant discouru cest argument il propose que la pensée & parole sont eguales en immortalité. Et declare la nature & condition de la matiere, continuant ses argumentz, pour nous faire cognoistre Dieu: concluant apres plusieurs bons propos la veneration de Dieu estre vne, asçauoir n'estre point mauuais, comme n'estimant chose, resister à la veneration de Dieu, que la malice. Le treziesme chapitre traicte cest admirable propos de la regeneration en salut: toutefois en propos couuertz, pour examiner & refraguer les argumentz & responces terrestres de son filz Tat, declairant que vn Dieu homme, filz de Dieu, & aucteur de ceste regeneration, sans laquelle, n'y a salut, & pour laquelle receuoir, il monstre qu'il faut bannir de soy, les vengeresses de la matiere, que nous auons en nous par moyen de la misericorde de Dieu. Employant le nombre denaire geniteur de l'ame, contenant en soy l'vnité, & dependant d'elle, tenant ce propos si secret, qu'il deffend à son filz Tat de le publier au vulgaire, pour n'estre reputés calamniateurs, voyant le peuple incapable de telz propos: finissant ce chapitre par vne belle priere, qu'il chante deuant son Dieu, ordonnant à son filz adiouster en toutes ses prieres par le verbe filz de Dieu, comme ce iourd'huy l'Eglise Chrestienne l'obserue. Le quatorziesme chapitre s'efforce à prouuer par les choses visibles, la cognoissance de Dieu, arguant qu'il n'y a aucun moyen, entre le facteur & la chose faicte: laquelle à cause de la relation, ne peut estre sans facteur, & que le facteur est sa mesme operation, ou action, & quel vice qu'il aduiene en l'œuure, elle ne vient du facteur, mais vient de l'imperfection de la matiere, qui produict, & bourjonne les imperfections & vices, comme fleurs & fruictz procedantz d'elle: & que ce facteur n'a qu'vne passion, qui est le bien, duquel procede tout bien-faict, & secours à toute creature, concluant que toutes choses sont quatre principes, Dieu & generation. Le quinziesme

Argumēt du douziesme chapitre.

Argumēt du treziesme chapitre.

Argumēt du quatorziesme chapitre.

Argumēt du quinziesme

A

chapitre est basti de certains recueils de Stobée, & vn de Suidas, qu'il nous ont laissé de Mercure, par lesquelz est traicté de diuerses matieres: le premier dispute de la verité proposant que l'homme n'est capable, à cause de son imperfection, d'en parler: de tant que verité n'est en terre: ains est vn souuerain bien, qui n'y peut estre contenu. Au contraire, ce qui est en terre, comme toutes choses meslées de matiere, sont menteries & fauces opinions, à cause de leur mutation, & autres imperfections, qui ne tombent en verité: & dispute ce propos par plusieurs & diuers argumentz. Le second fragment declare Dieu estre difficil à estre cogneu: à cause que l'incorporel ne peut estre comprins du corps, ou exprimé, ny le parfaict de l'imparfaict, & autres argumentz d'anthitheses: concluant en fin, que ce qui ne peut estre declaré, c'est Dieu, entendant le tout pour ceux, qui se laissent dominer à la matiere. Le troiziesme fragment parle de la mort, laquelle n'est si terrible, que le vulgaire la iuge par son ignorance, & que l'homme meurt, quand le nombre de ses commissures ou iointures est las, ne le pouuant plus porter: & lors tombe en dissolution de ses parties, & parle de ses sens, qui n'ont plus vsage en l'absance de l'ame. Le quatriesme est vn admirable propos, qu'a tenu Mercure de la Trinité, tel & si clair, qu'il n'est trouué homme auant la manifestation de Jesus Christ en auoir aproché: exposant la lumiere de la lumiere, trois subiectz en vne essence, le tiers vnissant les deux, qui est l'Esprit comprenant toutes choses, hors lequel non Dieu, non Ange, ny autre essence quelconque, finissant par vne saincte priere au Pere & Verbe seul nay. Le seziesme & dernier chapitre est d'Æsculape au Roi Ammon, promettāt traicter de plusieurs belles matieres, commançant par la priere, qu'il faict au Roi Ammon, qu'il guarde que les liures de Mercure son maistre ne soient traduictz par les Grecz: par ce que leurs sens estant secret, & les Grecz ayant leur language fardé & plus desireux de beau son de paroles, que d'autre perfection ou conseruation du sens, feroient grand tort à ces sainctz escriptz. Et consequentment il entre en propos par l'vnité & le tout, monstrant qu'ils sont inseparables, & que ce tout ne se doibt entendre comme composé de pluralité de parties, ou multitude, mais doibt estre entendu en plenitude, integrité & compliment, iouste la condition de l'vnité. De là il entre aux excellences du Soleil principal instrument de Dieu és choses materieles arguant de ses operations. Et de là entre aux propos des Demons, & dict qu'ilz manient les choses terriennes par noz corps, comme par instrumentz, & plusieurs autres effectz, mesmes que ceux, qui ont l'honneur de seruir à noz natiuités sont deputez soubz chasque estoile, subiectz à autant de varietés, que les influances de leurs astres: concluant que par ce moyen Dieu faict toutes choses à soy, & tousiours opere entant qu'il est sans aucune cesse, Et comme Dieu n'a aucune fin, ainsi son operation & action n'a commencement ny fin. A la fin de ce chapitre, il se trouue dans l'exemplaire Grec vn fragment de Tat au Roi Ammon, qui contient vn argument des choses incorporeles, qui paroissent aux mirouers deuant la veüe, combien que les choses incorporeles n'aparoissent aux sens, qui est vn paralogisme ignoré du cōmun, qui n'entant les rayons de la veüe. Apres il conclud, recommandant à venerer les semblances, ou l'art de representer, contenant toutes idées ou manieres de represanter, que nous traiterons, Dieu aydant, plus au long. Ceste grande personne a esté tant fauorisée de Dieu, qu'elle se trouuera auoir receu de luy la mesme instruction, qu'en ont receu Moïse, les Prophetes, & Apostres. Qui voudra bien considerer ce

seul

seul petit traité en quantité, mais tresgrand en doctrine & erudition: car premierement la creation du monde & toutes creatures, le peché de l'homme & la reparation de son salut se trouue en ce premier chapitre, l'vnique moyen d'estre sauuez par le S. verbe Filz de Dieu, & homme aucteur de la regeneration, auant laquelle aucun n'estoit sauué sera declaré au treziesme chapitre: c'est la renaissance, de laquelle parle sainct Ieã disant, Si aucun n'est renay, d'eau & esprit & celle que dict sainct Pierre, Renais non de semance corruptible, mais incorruptible par le verbe de Dieu. Par ceste renaissance, Mercure dict que lon deuient en pensee diuine parlant de la regeneration. Or pour estre faict & prouueu de ceste pensee, Mercure introduict vn bassin, lequel il remplit de ceste pensee, & ordonne que quicõque se plongera en ce bassin, croyant qu'il retournera a celuy, qui a enuoyé le bassin, & recognoissant a qu'elle fin il est nay sera rendu participant de la diuine pensee. N'est-ce pas bien clairemant exprimé le Babtesme, par lequel il faut estre plongé, croyãt par l'vnion de Iesus Christ retourner en haut vers l'aucteur du bassin & sainct Babtesme. Dauantage, outre ce, qu'il exprime fort clairement la vie eternelle ayant delaissé le corps de la matiere auec tous vices & corruption, il declare la resurrection de la chair, comme Dieu aydant nous dirons cy apres: & tout le moyen, qu'il loüe & conseille a son filz disant, que la vraye regeneration est de ne s'amuser plus aux corps subiect a dimention, c'est a dire aux choses basses & corporeles. N'est ce pas le mesme que dict Iesus Christ pour retirer les hommes des cõcupiscences mondaines & corporeles, Aucun mettant la main a la charrue & regardant derriere, n'est digne du royaume de Dieu, Qui ayme pere & mere filz ou fille plus que moy, n'est digne de moy, voire qui ayme sa propre vie corporele, & qui ne porte sa croix ne peut estre son disciple? N'est-ce pas bien accordé auec Mercure qui faict laisser toutes choses terrestres, pour tendre a vn seul Dieu parfaict bien & pere. Nous ne pouuõs pẽser, attẽdu ces preuues & infinies autres concordantes totalement a la religion Chrestienne, que l'homme puisse ignorer Mercure auoir esté non seulement agreable a Dieu, mais aussi comme vray Chrestien recherchant son salut & de ses prochains par les mesmes moyens, qu'il est donné aux Chrestiens. Car Iesus Christ a mesme puissance de se faire cognoistre a ceux qui ont precedé sa manifestation, que a ceux, qui l'ont suyuie, comme il est escrit, Iesus Christ hier & auiourd'huy & en tous siecles, & ailleurs, Abraham a desiré voir mõ iour, il l'a veu, & en a esté resiouy. Et combien que c'est aucteur & son traicté n'aye esté receu & auctorisé au nombre des sainctes lettres, si est ce que de tãt qu'il se trouue estre concordant & expositeur, non discordant des sainctz escritz l'on ne peut faillir a reuerer son aduis, comme des autres sainctes personnes de telle condition. Il a escrit grand nombre d'autres volumes, qui ne sont venus iusques a nous. Encore ce petit traicté a esté si long temps abandonné, que a peine eust on esperé le voir iamais en ces tẽps. Mais l'exẽplaire Grec fut apporté au seigneur COSME DE MEDICIS, de Macedoine par vn religieux venant des païs orientanx nommé Leonard de Pistoie bõ & docte. Et lors Marsille Ficin le tourna en Latin, & voua le premier œuure, qu'il fit sur la langue Grecque a Cosme son Mecenas. Despuis plusieurs gens doctes escriuants des choses grandes ont allegué des passages & sentences de ce petit traicté, & l'alleguant iusques a noz temps, comme le trouuant faict de grand sçauoir, & conforme a l'Escriture saincte: vray est qu'ilz n'ont guiere allegué celles, ou consistent les

Fruits de la lecture de Trismegiste.

Le sainct verbe aucteur de la regeneration. Ioan. 3. c. 1. Pet. 1. d.

Lauement pour auoir le s. inct Esprit. Cha. 4. sec. 4.

Resurrection de la chair.

Luc. 9. g. Mat. 10. d. Luc. 14. f.

La doctrine de Iesus Christ & de Mercure ont vn mesme but

Heb. 13. b. Ioan. 8. g.

L'exãplaire apporté de Macedoine en Grec.

A 2

Mercure ca-
lomnié.

Confess. ample de la foy de Mer- cure.

difficultez. Qui a esté cause, que aucuns de ceux, qui l'ont allegué, ont estimé, que comme les autres Philosophes, il auoit cogneu Dieu par la cognoissance des choses natureles, mais ne l'auoit glorifié comme Dieu, luy faisant vn tres-grand tort, & a eux mesmes, comme ne l'ayant entendu pour le iuger. Car s'ilz l'eussent bien entendu, ilz eussent trouué qu'il escrit Vn Dieu createur du ciel & terre, choses visibles & inuisibles, & vn verbe Filz de Dieu homme & regenerateur de regeneration, sans laquelle aucun ne peut estre sauué ny recouurer la saincte Pensée, laquelle il faut recouurer par immersion ou plongement, vsant de ce mot se Babtise, qui croira retourner a celuy, qui a enuoyé ce lauement. Il escrit vne tierce personne, qu'il apelle seconde pensée Dieu du feu & de l'Esprit procedant du pere & du verbe, filz operateur de toutes actions diuines, ne separant iamais l'essence & diuinité des trois, ains qu'ilz sont vnis, & leur vnion est vie. Il est escrit la resurrection des corps en l'vsage de leur temps & l'attente de la vie eternele: & dauantage toute priere deuoir estre presentée a Dieu par le verbe son filz, comme estant le seul aucteur de salut & mediateur d'iceluy. C'est assez en ce petit abregé pour cognoistre qu'il a

Responce a la calomnie.

glorifié Dieu, comme Dieu, n'estimant autre chose Dieu, que ce parfaict bien, & n'a-tribuant diuinité que a ce qui procede de luy. Et ce que l'on en a pensé autrement, & qu'il soit conuerty a reuerer idoles & statues, comme Dieu, ce a esté a faute de l'entendre & des versions mal faictes. Sainct Augustin en parle prudemment, quand il allegue le traicté corrompu par Appulée n'ayant veu le Pimandre, disant s'il est ainsi qu'il nous est baillé comme doubtant de la fidelité de l'interprete. Parquoy nous dirons qu'il a cogneu Dieu, comme les autres Philosophes par les œuures de nature. Il auoit assez de sçauoir pour ce faire, attandu que nous trouuons, que toutes bonnes escolles de Philosophie, cõme la Pitagorique, Platonique, Aristotelique, & autres ont prins leur plus beau & meilleur de son escolle. Mais il a passé plus auant, que ses di-

Philosophes enrichis de la doctrine de Mercure.

sciples en ce que ayant cogneu Dieu, comme eux par les œuures de nature, il l'a glorifié comme Dieu, & recogneu par reuelation pour tel. Ce qu'iln'ont pas tous attaint si auant que luy, le nous insinuant vn Dieu, seul, & vnique, digne d'estre honnoré & reueré par toutes ses creatures, constituant nature, par laquelle sa volonté est conduite en elles, tant moindres que principales & plus obeissante a sa volonté, comme estant cela mesmes. Et par ce moyen nous pouuons cognoistre que la vraye Philosophie, qui ne depand que de la cognoissance des œuures de Dieu par sa loy de nature, est du tout conioincte a sa volonté & non incompatible, comme plusieurs l'ont pensé n'ayant encores entendu, qu'elle est la sapience de l'amour, de laquelle Philosophie porte le nom.

L'amour de philosophie descritte.

C'est la sapience du pere, qui est le sainct verbe, par lequel & son sainct Esprit toutes creatures sont formées & conduictes, & en qui elles ont toutes la source de leur essence, & par qui elles sont declarées a l'homme. Il ne faut donc trouuer estrange, si vn vray Philosophe voulãt suiure l'estat de sa science, qui est de s'enquerir de la nature des choses créées par ce saint verbe, pour paruenir a la cognoissance de ceste premiere cause, dont par ce digne verbe toutes prenent leur origine, cognoist que toutes choses tant corporeles que intelligibles viennent de ceste infinie fontaine d'essences, vertus, dignitez & puissances & que s'estant enquis de la nature des choses, il a trouué, que c'est la generale institution, que Dieu a donné a toutes creatures d'exer-

Nature defi- nie.

cer ses vertus, actions & mouuementz, cõme ministres de ses puissances & volontés,

pourtant

pour tant qu'il plaira a ceste bonté qu'elles durent, & non que nature soit vne essence particuliere sans aucun chef ou conducteur, comme il a esté aduis a aucuns, dont en sont yssues plusieurs idolatries. Cecy est apropos de nostre Mercure, qui nous cõduict en la cognoissance de Dieu par ses phrases & propos de Philosophie, nous annonçãt le mesmes Dieu, que Moïse nous a annoncé: lequel il nous faict cognoistre selon noz capacités, par l'exposition des œuures de nature, nous declarant toutes choses venir de luy en diuerses graces, actions, & operations de vertus. Qui nous contrainct a confesser que ceste tradition de Philosophie est consonante a la volonté de Dieu, comme n'estant que la cognoissance de ses faictz a sa gloire & loüange. Et ceste la est la mesme intention ou tendent tous grandz Philosophes en general: mais elle n'est appuyée sur mesmes fondementz, asçauoir de conduire auec la Philosophie la cognoissance de Dieu. Qui a esté cause que facilement plusieurs se sont foruoyéz ne pouuant paruenir que aux dernieres causes, & se sont arrestez les vns a la destinée, les autres aux puissances celestes, les autres iusques a nature, s'arrestants, a constituer en iceux la premiere cause & parfaict bien, sans iamais paruenir a la cognoissance du seul & veritable aucteur du tout par vn bon iugement, que vn si grand ordre & conduicte, qui s'execute par tous ceux, que nous auons dict sur les creatures, & entre eux ne peut estre sans vn chef dispensateur & dominateur du tout, seul & vnique, sans compagnon, annoncé tel par ses principales œuures & raport de Mercure qu'il a esté apres par Moïse, & les Prophetes & autres personnes aymez de Dieu, qui en ont escrit. De tant que par tout ce, que nous auons entendu des anciens, Mercure a precedé Moïse de temps, mesmes qu'il tesmoigne estre filz de Cœlus & Saturnus, en son dixiesme chapitre, lesquelz les plus anciennes fables ont faict dieux, comme ilz souloint faire de toutes personnes, qui auoint estéz excellantz en quelque particularité, ou diuerses. Et combien que les fables racontées d'eux ne sont veritables a la lettre: ce neantmoins les personnes ne laissent pourtant d'auoir esté: & les fables, qui en sont racomptées, emportent en elles quelque energie ou efficace de sens, par maniere de similitude & comparaison, qui ordinairement est tourné en quelque moralité. Et de la estoiẽt en ce tẽps ancien tirez la pluspart des propos Hyeroglifiques, qui estoiẽt du tẽps de nostre Mercure, cõme il est tres-facile a cognoistre en plusieurs endroictz de ses œuures. Les anciens & ses ancestres Cœlus & Saturne estans reputez de Mercure auoir eu grãde cognoissance de Dieu, il a esté biẽ aisé que d'eux sont yssues ces fables, lesquelles nous seruent pour le moins de tesmoigner l'ancienneté de nostre Mercure, & par cõsequãt l'hõneur qu'il a receu de ce grãd Dieu, luy cõmuniquant les secretz, que nous ne trouuõs auoir esté cõmuniquez a creature quelconque, iusques a l'effect executé & publié. Plusieurs en parlẽt diuersement, & disent qu'il y a quatre Mercures, & estiment le segond estre cestuy-cy filz de Cœlus & Saturnus: autres disent qu'il est des derniers. C'est la maniere de toute antiquité si tres-esloignée, & precedant toutes manieres d'escrire, que necessairement il se trouue diuersité & alteratiõ en la vraye memoire de l'effect. Car l'escriture est seul moyen aysé de laisser la memoire aux posterieurs. Dont s'ensuit que la rareté d'icelle nous a grandement empeché en ce vieux temps, d'en conseruer les vrayes memoires. Tant y a que vne grande admiration nous reste de luy en ce, que ayant esté auant Moïse Dieu luy aye faict tant de grace, de s'estre si familierement reuelé a luy, & luy aye descouuert tant

Mercure symbolise auec Moyse.

Cognoissance Philosophale parfaicte & imparfaicte.

Mercure plus ancien que Moyse.

Hieroglifiques tirés des fables.

Mercure filz de Cœlus & Saturne.

d'excellence de ses secretz qui sont contenus en ce petit traicté: & despuis manifestés par Iesus Christ, & son Eglise: nous auons tres-grande occasion de penser qu'il luy en aye beaucoup plus descouuert, attandu ce que plusieurs anciens ont escrit du nombre des volumes, ou traitez qu'il a composé, si merueilleux qu'il est incroyable a peu pres.

Grand nombre des liures de Mercure. Il est escrit auoir faict cent traictés des dieux Empirées, cēt des Ætheriés, & mille des Celestes, & tāt d'autres que l'on pēseroit plustost le nōbre auoir esté failly, que biē obserué. Dont nous suffira retirer, que c'estoit vne personne si admirable en sçauoir & intelligence, que ceux qui en ont faict raport, ne se sont peu contenter, ny souler d'en publier louanges, & l'exalter & honorer en ses escrits: desquelz la longueur du tēps & deffaut d'escriture, qui regnoit lors, nous ont osté l'instrustion & vtilité. Et a la verité c'est vn grand argument, que l'escripture aye commencé en luy, que d'vn si grand nombre de liures escritz par luy, il en soit si peu resté, que ce que nous en voyōs. A ceste cause il n'est de merueille, s'il parle succinctement & obscurement, non seulement pour la hauteur de son propos, duquel le temps n'estoit encores capable d'en receuoir publication: mais c'est que les reseruant pour le temps aduenir, en maniere de vray Prophete, declaroit & communiquoit ses secretz a ses disciples & familiers, ausquelz la frequence produisoit telle facilité d'intelligence, qu'ils ne leur estoient obscurs. A ceste cause nous prions le lecteur ne trouuer estrange, si en quelques endroitz de ceste œuure assez prolixe, il luy semble trouuer contradictions, comme il est commun en toutes œuures longues, expliquantz propos difficils. Pour a quoy remedier il est besoin d'auoir la patience de voir tout l'œuure, par lequel ce qui estant dict en vn endroict generalement, & pour facilité de doctrine pouuant estre trouué rude, se trouuera en autre plus particulierement declaré, & contentant la raison du lecteur, a la maniere de tous traitez contenantz propos d'vn si haut & infiny subiect. Et pour le soulaigemēt du mesmes lecteur a retrouuer les propos particuliers du texte declares au comment nous auons aduisé d'vser dans le comment des propres dictiōs du texte en lettre maiuscule: a celle fin qu'elles soint plus faciles a rencontrer au lecteur. Ne trouuera aussi le lecteur estrange, si ez textes, le language François y est souuent offusqué ou improprement couché: a cause que la phrase Grecque nous y a biē souuent contrainctz, tant pour ne vouloir obmetre les dictions, que aussi pour exprimer la maniere ancienne de parler de ce bon personnage en son vieux temps. Car il se trouuent là dictions entendues & non exprimées, cōme le Grec l'a fort commun: lesquelles le comment suppliera & declairera. Ces commentaires furent prests a publier en l'an. 1572. & portez par nous a Paris, ou arriuantz, le 26. d'Aoust nous trouuames telz obstacles, le temps & personnes si indisposées a leur publication, que nous fusmes contrainctz les raporter, n'ayans eu despuis licence tant pour les miseres vniuerselles, que plus pour les particulieres, d'y mettre aucunement l'œil ou pensée iusques a present: qui nous faict prier ceux, qui souuent nous ont conuié a la publication d'iceux, receuoir en bonne part les causes de noz empeschements, & penser que a l'aduenture ces commentaires n'estoient propres au temps, ou bien le temps a eux. Et si dauantage en c'est œuure se trouue quelques propos n'estans conduictz a l'integrité de leur sens, tant pour la hauteur des substances, que rareté d'iceux: nous prions le lecteur considerer qu'il est raisonnable de conceder quelque indulgence a l'occasion de ses temps tant perturbés, que ceste Gaule a souffert durāt ce nostre labeur, mesmes

en l'Aen l'Aquitaine, ou les grandz tumultes ont regné, & plus particulieremēt a l'entour de nostre demeure, ou trauaillantz a nostre œuure, les combatz, meurtres, & rauissementz tant sur mer que sur terre, & plusieurs autres cruautez & mauuaise conduicte les permetans, apparoissoint deuant noz yeux chose tres-suffisante, comme il est cogneu d'vn chascun, pour destourner & peruertir en vn esprit tellement affligé, plusieurs bonnes intelligences, le corps estant assiegé de tant de violantes interruptions & persecutions. Outre, que la nature de l'influance, qui a suscité ces seditions en cerueaux mal asseurez, a pareillemēt suggeré dans le peuple vne si admirable malice de l'vn contre l'autre en toutes actions, qu'il a esté impossible a ceux, a qui Dieu par sa misericorde a donné quelque repos d'esprit & cognoissance, de viure entre eux, comme entre brutz furieux (la necessité le requirant) sans patir pour quelque temps innumerables offences, outrages, tortz, & rigueurs pendant le regne de ceste piteuse influance d'esuiter plusieurs miseres, tortz, & iniures. A quoy par faute de cognoissance les plus aduisez iugementz, quelz espritz qu'ilz ayent eu, n'ont peu resister. Nous aduertirōs aussi le lecteur, que despuis la publication de noz textes en trois lāgues, sont esté mis en lumiere deux liures des Eclogues de Iean Stobée, esquelz nous auons trouué plusieurs fragmentz du Pimandre de nostre Mercure, dont nous auons faict quelques corrections. Entre autres auons remis tant au Grec, Latin, que François le commancement du second chapitre, auquel deffailloit la section, qui est maintenant comptée premiere, & par laquelle le sens, qui a deffailly aux textes publiez, est restitué. Aussi le lecteur aduisera que combien que la plus part des textes soyent en Dialogue, ce nonobstant le commentaire n'ensuit tousiours le nombre des personnes, mais parle quelques-fois en premiere, seconde, ou tierce, comme le propos s'y offre. De maniere, que c'est tousiours Mercure en son interpretatiō, qui parle sur les propos des textes: & se trouuera que souuent Mercure parle, comme Moïse a escrit, n'obseruant tousiours l'ordre & temps des choses gestes, mais les a souuent prinses hors leur ordre de priorité ou posteriorité, & si vserons de termes materielz aux choses diuines & intelligibles assez indignement. Toutesfois estans contrainctz par noz ignorances, qui n'ont termes suffisantz pour choses si dignes, nous serons excusables si noz termes ne sont si propres, qu'il s'en pourra a l'aduenture cy apres trouuer: quand la cognoissance de Dieu sera plus elucidée, & insinuée en noz entendements. Comme souuent nous vsons en Dieu de pluralité, combien qu'il ne soit que vn, & de parties combien qu'il n'en aye aucune, comme essences en pluriel, luy n'en ayant que vne: mais nous prenons ce pluriel pour represanter la multitude d'effects, comme a faict Dauid luy attribuant pluralité de vertus, combien qu'il n'en ayt que vne, pouuant tous effects. C'est a cause que par la pluralité ou distribution les choses de leur nature vnies, entieres, & confuses se representent plus faciles d'estre cōprinses a nos imbecilités, que estant en leur vnion, integrité, ou confusion. De tāt que Dieu n'a en soy aucune partie discrete, ou separable de soy, combien qu'il vse ordinairement de communication de ses efficaces, & vertus, ou graces, qui sont toutes essences en toute maniere de creatures: & ce sans en separer aucune chose de soy, mais au cōtraire ces cōmunications, qu'il faict de ses graces ez creatures tiennent en icelles, lieu de parties en leur composition, qui sont toute maniere de formes infuses en la matiere pour donner au composé estre, efficace, vertu & vie. Nous passerons plusieurs endroictz de ce commentaire crai-

A 4

gnans estre trop prolixes, si nous y amenions tout ce que s'y trouueroit a propos, mesmes pour le temps, auquel nous sommes, & pour n'vser de trop grãde importunité au lecteur, nous en supercederons en plusieurs lieux, nous cõtentans des propos, qui pourroient plus seruir à l'honneur de Dieu, & instruction du prochain. Lequel trouuant bien souuent indisposé à receuoir les intelligences, que ce grand personnage a comprins en ce petit traicté estant admirables & celestes, nous en auons meslé en noz commentaires de diuerses manieres en degré, recherchants moyen de satisfaire à nostre possibilité à toutes manieres de bonnes ames, & leur insinuer le plus de la cognoissance de Dieu, que noz capacités en pourront administrer, protestants de n'entendre mettre aucun propos auant, que pour l'honneur & gloire de Dieu, & soubz l'obeissance de son Eglise vniuersele, plantée en Rome par ses sainctz Apostres. A laquelle nous remettons l'animaduersion & resolution de tous les propos inserez en ce present œuure: lequel nous prions le lecteur voir & poiser entierement, pour apres en donner son plus sain iugement: & le bon Dieu nous face la grace qu'il puisse seruir tant aux siens, pour les confirmer en sa deuotion, que aux esgarez, pour les reduire à son troupeau: à celle fin qu'il soit faict soubz vn seul Pasteur, vne mesme & seule Bergerie. Esperants donc tant en la misericorde de la bonté diuine, qu'il nous fera cesser quelquefois les malices & perturbations suscitées dans l'ame, comme celles des corps & exterieurs effectz, pour ne reuenir plus en telles submersions de miseres: nous prierons le lecteur receuoir ce-pendant en gré ce qu'il trouuera à son vtilité & seruice en ce labeur, delaissant ce, qui ne pourra seruir à sa commodité & perseuerer en l'estude de la cognoissance de Dieu.

A TRES-GENEREVX, TRES-
VERTVEVX, ET TRES-DOCTE PRINCE
FRANCOIS MONSIEVR DE FOIX, de la tres-
illustre maison de Candalle, Captal de Buchs, &
Euesque d'Aire, du temps qu'a fleury
Mercure Trismegiste.

MOnseigneur ces iours passez vous me communiquates, de voz graces, le lieu de Suidas du téps qu'a vescu Mercure Trismegiste, qui est tel. Mercure a vescu deuant Pharao: puis apres quand il declaire quel estoit ce Pharao, c'estoit dict il le premier qui regna en Aegypte de ce nom, qui dóna le nom a tous les autres, ensemble le passage des Actes par S. Estiene, que Moyse auoit esté instruict de toute science des Aegyptiés. Et a cause des grandes & hautes occupations qui detienent la grandeur de vostre esprit, adioint à ce l'impression de vostre liure, qui l'empeschent d'en rechercher dauantage, me commandastes d'y vaquer: ce que i'ay faict n'estant nay à autre chose, que pour vous faire tres-humble seruice. Voicy donc en brief ce que i'en ay trouué. Mercure Trismegiste a esté long temps auant Moyse, & plus ancien qu'Abraham: car par le dire de Suidas, Mercure estoit du temps du premier Pharao. Or du temps d'Abraham, comme apert par le douziesme chapitre de la Genese, les Pharaons regnoient: d'Abraham iusqu'à Moyse, comme a remarqué Eusebe au chapitre troisiesme du dixiesme liure de la preparation Euágelique, il y a l'espace de cinq cents & cinq ans. Le mesme Eusebe Cesariense au premier liure de la preparation Euangelique chapitre septiesme, rapporte de Saconiaton (qui fut cóme tesmoigne ledict Eusebe au lieu premier allegué du temps de Moyse ou enuiron) que Taautus nay de Misor, inuenteur de l'vsage des lettres, fut appellé de ceux d'Alexandrie Thooth, des Aegyptiens Thoor, des Grecs Hermes, que c'est autant que Mercure. Lequel appelé tres-grand, auoit esté secretaire & conseiller à Saturne, & qui fut constitué par le mesme Saturne Roy d'Aegypte. Par ce lieu icy d'Eusebe tiré de Saconiaton nous voyons que Mercure a fleury du temps de Saturne. Or Saturne a esté filz de Coelus, pere de Iupiter, Iupiter pere de Belus Priscus, Belus pere de Ninus premier Roy des Assyriens, du temps duquel nasquit Abraham, comme narre Eusebe au commencemét de sa Chronique, & au lieu allegué du dixiesme liure de la preparation Euangelique. Berosus Babilonien tres-ancien autheur dit, que Saturne fut appelé Nemroth, duquel parle la Genese chapitre dixiesme, lequel fut filz de Coelus ou autremét appelé Noé. Eusebe en sa Chronique contant ceux qui ont regné deuant Aeneas en Italie, met le premier Ianus, qui n'est autre que Noé: & le second Saturne ce qui est conforme à ce qu'en dict Porcius Cato en son liure des origines. Si donc il appert que Saturne aye esté deuant Abraham, Mercure qui viuoit du temps de Saturne a esté aussi deuant Abrahá. Ie n'ignore pas que S. Augustin au huictiesme liure de la cité de Dieu

cha-

chapitre vingt sixiesme veut que Mercure duquel nous auõs les escripts, soit petit fils, ou nepueu à ce grãd Mercure appelé Trismegiste, ce que me semble n'auoir aucune probabilité: car il faudroit dire, qu'il y eusse deux Mercures appelés de ce nom Trismegiste: ce que n'appert aucunement. Et Saconiaton au lieu allegué d'Eusebe dict, que Mercure qui a esté appelé Taautus (qui est le tres-grãd Mercure & premier) a escript vn liure de la naissance du monde, qui pour l'asseuré n'est autre que ce Pimãdre. Mais quoy qu'il soit, jaçoit que nous accordions à S. Augustin ce qu'il demande, il n'est guiere loin de nostre compte. Platon en son Phaedre faict mention de ce tres-grand Mercure, luy donnant mesmes noms que Saconiaton: & adiouste dauantage, qu'il a esté inuenteur de l'Astrologie, Geometrie, & Arithmetique. Et Iamblicus grand Philosophe tout au commencement d'vn liure qu'il a faict des mysteres des Aegyptiens dict, que Mercure est tenu de tous les anciens inuẽteur des artz, & sciences. L'escripture aux Actes des Apostres chapitre septiesme, tesmoigne que Moise fust instruict, & endoctriné en toutes les sciences des Aegyptiens. Comme aussi le tesmoigne Ioseph en son premier liure des Antiquités des Iuifz. Il faut donc dire que Mercure inuenteur de telles sciences a esté deuant Moise. Ie sçay bien qu'il y a quelques vns qui ayant ceste opinion que Moyse est le plus ancien de tous ceux, qui ont escript trouueront estrange que nous disions, que Mercure a fleury deuant Moyse: mais s'ils lisoient Eusebe, qui au troisiesme chapitre du dixiesme liure de la preparatiõ Euangelique dict, que ce grand magicien Zoroastes à fleury du temps de Ninus & Abraham qui sont estés deuant Moyse, & au dernier chapitre du premier liure, que le mesme a escript plusieurs liures, ne trouueroient cecy fort estrange. Que s'ils m'obiectent qu'au lieu allegué du dixiesme, Eusebe defend que Moyse est le plus ancien de tous ceux qui ont escript. Ie responds, qu'il preuue seulement qu'il est le plus ancien & premier auant aucun Grec. De là toutesfois ne s'ensuit qu'vn Aegyptien ou d'autre nation ne puisse estre plus ancien, comme il appert de Zoroastes entre les Bactriens. Voila, Mõseigneur, en brief ce que i'ay trouué par mes recherches. Il est difficile de chose si ancienne, qui depend seulemẽt des histoires diuerses entr'elles asseoir certain jugement. Quoy qu'il en soit, Mercure est autheur tres-ancien, fort priué de Dieu, à cause de sa saincte vie, comme ses escripts le nous tesmoignent. Lactance Firmien le met au reng des Sibylles, ains le premier. Bref il est fort estimé de tous les hommes doctes, qui vous seront, Monseigneur, redeuables eternelement, pour leur auoir esclaircy & rendu tres-facile cest oeuure. Ce que personne pour la difficulté d'iceluy, n'auoit osé attenter iusques icy.

Vostre tres-humble & tres-obeissant seruiteur
DE S. MARC.

Εἰς Ἑρμοῦ τοῦ Τρισμεγίστου Ποιμάνδρην,
Στέφανος ὁ Μανιαλδός.

Θαυμαστὸν βίβλῳ σμικρῇ θεοείκελος Ἑρμῆς
  Θησαυρὸν σοφίης κρύφα βεβαιότατης.
Καί ῥ' ἔλαθεν δ' ἠρὸν κεκρυμμένος, οὐδέ τις ἔγνω,
  Πᾶσι γὰρ Ἑρμείου δύσβατος οἶμος ἔην.
Ἀρρήτου ΦΛΟΥΣΣΑΣ σοφίης ᾧ ἴξε κελεύθους,
  Θησαυρόν τε βίβλῳ εὗρεν ὀρυσσόμενος.
Ἑρμείου γλυκυδερκὲς ἰδοὺ φῶς λάμπει, ἐναργὴς
  Ἠέλιος δ' νοφερὴν νύκτα καθηλίασε.

I**Mercurium Trismegistum illustrissimi Principis FRA-**
n**NCISCI FLVSSÆ, CANDALLAE,**
Adurensis Episcopi, & Boiorum Principis.

Nec tu carminibus nostris intactus abibis.
  FLVSSA, Pierij fama, decusque chorj,
Te multi properant generis diademate ferre,
  Illáque cum præstent, præstita multa putant.
Nos aliud pro te, & multo maiora paramus,
  Si tamen est generis laude Minerua prior.
Hac ego te cunctis faciam præ regibus ire,
  Dum titulis jungis nomina docta tuis.
Eucliden opus esse tuum iam terra fatetur,
  Fecisti nullo sit scaber ille loco.
Archytam nullum nisi te nos nouimus, & iam,
  Græcia non alium victa habuisse velit.
Astra, mare, & tellus, sunt omnia peruia vati,
  Causáque cur fiant omnia, nulla latet.
Nec satis est istis, sensus juuat ire per altos,
  Sacráque Mercurij pandere scripta tui.
Illic diuina loqueris sic omnia mente,
  Vt factus nobis iam videare Deus.
Expectata hoc est cur non de funere fama,
  Nunc etiam viuo ponitur ara tibi.
            R. L.

In **Mercurium Trismegistum illustrissimi Principis FRAN-**
CISCI FLVSSATIS CANDALLAE,
Adurensis Episcopi, & Boiorum principis.

Inachidòs patrij custos prope fluminis oras,
  Centeníque acer luminis excubitor,
Mercurio cantante oculos summisit inertes,
  Dum nimium quoque vult auribus esse vigil.
Sopierat cantu, at ferro caput abstulit Hermes,
  Vt somnus verè ferreus ille foret.

Hec

Hæc vetus Argiua cecinit miracula terræ,
  Quæ fit Pierijs fama superba modis.
At nunc nominibus longè diuersa sub ijsdem
  Res magis est certa commemoranda fide.
Nam decus, immo Deus Sophiæ ter maximus Hermes,
  Cui Phario sceptro juncta tiara fuit,
Lethæo postquam affectus tot secula somno
  Dormierat (tanquam mortuus esset) iners,
Ecce nouo tandem excitus surrexit ab Argo,
  Viuitque, & lucem suspicit æthream.
Atqui ego non Argum frustra te dixero, FLVSSAS,
  Gloria CANDALLÆ præsidiúmque domus,
Cui vigiles tot sunt oculi, cuique inclyta circum
  Centenis fulgent tempora luminibus.
Regius hinc sanguis, sacríque Antistitis illinc
  Splendet honos, Boij principis arma micant.
Palladiæ radiant artes, decora alta, nitore
  Et numero claris æmula sideribus:
Omniáque æternis virtutum lumina flammis
  Te faciunt mirum prorsus Aristoriden.
Per te igitur Gallis Hermes rediuiuus in oris,
  Mutato patrias ore recludit opes.
Idque adeò melius quàm cum Memphitide lingua
  Traderet arcanis mystica sacra notis.
Scilicet est aliquid plus quam ter maximus, ille
  Per quem ter letho maximus eripitur.
                              Io. Guijonij.

A TRES-ILLVSTRE ET TRES-DOCTE
Prince FRANCOIS DE FOIX de la famille de
Candalle, Captal de Buchs, &c. Euesque d'Ayre.
SONET.

Apollon, & Pallas, de leur saincte presence
Fauorisant Pimandre en sa natiuité,
  Le mirent dans le bers de l'immortalité,
  Espurant le mortel de sa terrestre essence.
Mais il fut destiné, qu'vn manteau d'ignorance
  Anuiteroit ses jours d'vne ombreuse obscurté,
  Iusqu'à ce, qu'il trouuast pour leur donner clarté,
  Vn homme, au pere esgal dont il auoit naissance.
Pimandre ainsi caché sous maints secrets des cieux,
  Ores perdant sa nuict se descouure à nos yeux
  Par toy, qui trois fois grand, Trismegiste ressemble.
Car s'il fut & grand sage, & grand prestre, & grand Roy:
  Les cieux ces trois grandeurs ont vnies en toy,
  Grand Prince, grand Prelat, grand Philosophe ensemble.
                              P. DE-BRACH.

Priuilege du Roy,

HENRY par la grace de Dieu Roy de France & de Pologne, Aux Preuostz de Paris, Seneschaux & Baillifz de Lyon, Rouan, Guiéne, leurs Lieutenās, & à tous noz autres Baillifz & Seneschaux, Iusticiers, & officiers salut. Nostre amé & feal cousin François de Foix de Candalle, Euesque d'Aire, Cōseiller en nostre Conseil priué, nous a faict remonstrer auoir cy deuant cōposé, redigé, & mis par escript certains commentaires, tant sur les Elemens de Geometrie & Mathematique de Euclide Megarense, que sur les liures de Mercure Trismegiste, reueu & recogneu de nouueau iceux commentaires, ensemble les textes desdictz autheurs, & ausdictz commentaires adiousté beaucoup d'obseruations grandement vtiles & profitables à noz subiectz. Plusieurs desquelz & autres grandz personnages de sçauoir des nations estrāges ont pressé & importuné nostredict cousin mettre en lumiere & faire imprimer lesdictz commentaires & autres siens labeurs és bonnes sciences & disciplines, ce que il leur a accordé. Mais d'autant que les libraires & imprimeurs pour les fraiz, mises, & despences, qu'il conuiendra pour ce faire, soustenir & supporter, desirent auoir & receuoir quelque commodité & proffit: & doubtent que apres ladicte impression faicte & paracheuée, plusieurs autres libraires & imprimeurs veulent imprimer ou faire imprimer lesdictz commentaires, en priuant par tel moyē le premier imprimeur de ses labeurs, fraiz, & mises par luy ia faictz, & qu'il pourra cy apres faire pour la perfection de ladicte impression, si par nous n'estoit pourueu sur ce de noz congé, grace, & permission, au cas requis & necessaire. Pource est il, que nous, ces choses considerées, auōs de nostre grace speciale, plaine puissance & auctorité Royale, permis & octroyé, permettons & octroyons à nostredict cousin, qu'il puisse & & luy soit loisible faire imprimer par tel libraire & imprimeur de cestuy nostre Royaume qu'il voudra choisir, lesdictz commentaires, corrections, obseruations, traductions, & autres siens labeurs, sans que autre quelconque les puisse imprimer, ne exposer en vente en cestuy nostredict Royaume de dix ans prochains & consecutifs, commençant au iour & datte qu'ilz seront acheuez d'imprimer, à peine de confiscation des liures & marchandises, formes & caracteres qui se trouueroient auoir esté faictz au contraire, & d'amende arbitraire. Si voulons & vous mandons, & enioignons à chacun de vous endroit soy, & comme il appartiēdra, que de noz presens congé, permission, & licence, vous faictes & souffrez nostredict cousin iouyr & vser, ensemble celuy ou ceux desdictz libraires, qui auront de luy cession & transport dudict congé: car tel est nostre plaisir, nonobstant quelconques priuileges, ordonnances, restrinctions, mandemens, deffences, & lettres à ce contraires. Donné à Auignon le huictiesme iour de Ianuier, l'an de grace mil cinq cens soixante qninze, & de nostre regne le premier.

Et plus bas,

Par le Roy en son Conseil,

signé DOLV,

Et seelé en grand sceau de cire iaune en simple qeuuë.

Pagination incorrecte — date incorrecte
NF Z 43-120-12

**Paginations incorrectes sur les pages :
47, 62, 85, 104, 105, 199, 290, 397, 398,
402, 496, 522, 596, 603, 627, 736, 745.
Texte complet.**

COMMENTAIRES SVR
le Pimandre de Mercure Trismegiste.
CHAPITRE PREMIER.
SECTION 1.

QVAND ie pensois quelques-fois aux choses qui sont, esleuant mon entendement par vne grande detention, & amortissement de mes sens corporels, cōme il aduient à ceux, qui tombant en sommeil par repletion de viande, ou bien ennuy de leur personne, en abandonnant l'vsage, il m'a semblé voir quelqu'vn demesuré & incomprehēsible, qui m'appellant de mō nom me dist, Que desires-tu voir & ouir, & que deliberes-tu aprendre & cognoistre?

COMMENTAIRE.

TOVT' ame prouueuë de raison & iugement est suffisantment aduertie, que l'infinie bonté de Dieu a tant prisé l'homme, non pour sa valeur particuliere, mais à cause du grand thresor, qu'il a mis du sien propre en ce vaisseau, qu'il a preferé à toutes creatures. Et non contant de luy auoir faict tant de bien, pour l'esmouuoir à recognoistre la vraie source de sa felicité, il s'est rēdu de iour à autre plus familier & cognu à l'homme, ne s'arrestāt à luy auoir manifesté ses cōmandemens, pour sa conduicte en l'obeissance d'iceux : ains a voulu enrichir l'entendemēt & saincte pensée, qu'il a mis en l'hōme, de ses proprietez, vertus, & nature, tant que la capacité & intelligēce distribuée à ce subiect en pourra cōceuoir, parlant à chacun language consonant à sa suffisance, soit il bas & familier aux plus simples & de moindre sçauoir, ou bien haut & plus difficile, selon l'intelligence & preparation de celuy, qu'il veut endoctriner : de tant qu'il luy est aussi facile de parler au Philosophe, que à l'ydiot à chacun son language, comme la nourrice à son enfant, pour l'attirer en amitié & cognoissance.

Entre autres à qui Dieu s'est par reuelation manifesté, ce traicté nous presente vn Mercure surnōmé des Grecz trois fois tres-grand, auquel ce bon Dieu par la pitié qu'il a eu de l'ignorāce, en laquelle l'hōme se laisse couler iournellemēt par sa pure negligēce, a voulu declarer de ses vertus, efficaces, & nature, plus auāt qu'a autre hōme de son tēps qui nous en aye laissé memoire. Mesmes si tous ses escrits estoient venus iusques à nostre aage, il est a croire, que nous eussiōs en iceux trouué vne tres-grāde sympatie & cōuenance auec les sainctes escritures : veu que ce peu qui nous en reste y est si cōforme : que s'il n'auoit esté auant ceux qui les ont escrites, l'on penseroit facilement, qu'il auroit prins le sens & substāce de ce present traicté d'icelles. Combien que son stile & language monstre differante philosophie, ou cognoissance des causes de ceux qui aptes les ont escrites : & par consequēt se manifeste la bonté de Dieu qui de mesme, ou semblable actiō instruit l'idiot & le sçauāt : c'est entre autres moyēs par

2.Cor.4.b

Dieu parle à chacun selō sa capacité, & begaye comme à l'enfant.

Cognoissance de Dieu reuelée plus ample à Mercure, que à autre de son temps.

par reuelation, comme dit en ce lieu Mercure: QVAND IE PENSOIS QVELQVE-FOIS AVX CHOSES QVI SONT, ou bien pensant quelque fois a la nature des choses qui ont essence, pour passer outre à la cognoissãce de leur autheur & source, duquel toutes essences ont coulé, ELEVANT MON ENTENDEMENT PAR VNE GRANDE DETENTION ET AMORTISSEMENT DE TOVS MES SENS CORPORELS, il s'y rauit & adonna de telle affection & volonté, qui est celle qui conduit les actions des vertus & puissances, qui sont en l'homme, que l'occupation & employ si violant, qu'il fit de ses vertus intelligibles, saisit tellemẽt toute sa personne, qu'il ne luy resta aucune puissance, action, ou operation corporele ou sensible, ains se trouua ayant tous ses sens corporels saisis, surprins, & amortis: COMME IL ADVIENT A CEVX QVI TVMBANS EN SOMMEIL, sont par ce moyen mis en repos lequel sommeil peut estre acquis PAR REPLECTION DE VIANDE OV BIEN PAR ENNVY DE LEVR PERSONNE, ou autrement EN ABANDONNANT L'VSAGE: de maniere que les sens se sont trouués faire place & silence, quand l'affection & liberale volonté employe d'ardant desir ses vertus intelligibles, a cõceuoir subiect plus grand & digne qu'ilz ne peuuent comprandre. Et par ce moyen peuuent facilement estre vaincus & subiuguez, voire sans aucun sommeil corporel, par les vertus intelligibles, cõduites d'vne bõne volonté & affection ardante, comme en c'est endroit nous voyons estre aduenu à Mercure, sans aucun sommeil corporel vn amortissement & suppression de sens. Ainsi est il aduenu aux sainctes personnes à qui Dieu s'est cõmuniqué par visions, mesmes à Daniel, auquel Dieu monstrant vne grande vision, il luy aduint resolution de toutes forces corporeles, gisant en terre sans aucun vsage de ses sens. Autãt en aduint à S. Pol sur le chemin de Damasq, ou par la vision il cheut en terre, resolu de toutes ses forces & vertus corporeles, ne luy restãt que l'vsage de la raison, intelligence, & cognoissance, auec les autres vertus intelligibles, ausquelles il est plus que raisonnable, que toutes actions, & vertus corporeles donnent lieu & silence, à cause de la dignité qu'elles ont par dessus la matiere & toute sa suitte. Et combien que ceste resolution de tous sens, soit aduenuë à Mercure sans aucun sommeil prouenant de repletion, lassitude, ou ennuy de sa personne, ce neantmoins pour dõner a cognoistre qu'il estoit bien abãdonné de ses sens, il prend la cõparaison de ceux, qui sont occupés de sommeil prouenãt de telles ou autres occasions. Estant ainsi disposé, IL M'A SENBLE VOIR, dict-il, QVELQV'VN, ou quelque forme de personne DESMESVREE, entendons en grandeur, ET INCOMPREHENSIBLE, c'est à dire de forme ou representation: qui sont les pures qualitez propres à la vision d'vn si merueilleux subiect, de ne pouuoir estre cõprins par grandeur quelconque, ny figure, ou circõscrit par imaginatiõ ou subtilité quelcõque. C'est ce que Dieu dict à Moïse desirant voir sa face en forme, L'hõme viuant ne verra ma face, mais ie te fauoriseray en ce que tu verras mes moindres ou posterieures parties de ma gloire: c'est à dire qu'il te suffira de voir les effectz qui suiuent mes vertus intelligibles par tes yeux corporelz, qui sont incapables de me voir en icelles, comme effectz suiuant leurs causes. De tant que l'homme ne pouuãt voir l'essence diuine qui est la premiere partie cause, ou deuãt de Dieu, il se se doit cõtenter durant sa vie mortele de voir ses posterieurs parties, qui sont ses effectz. Il me semble donc voir ce personnage incomprehensible QVI M'APPELLANT DE MON NOM ME DICT, QVE DESIRE TV VOIR, ET OVIR, ET QVE DELIBERES TV APPRENDRE ET COGNOISTRE, comme s'il luy disoit, Seigneur deuant toy est mon desir, & ma plainte n'est cachée de toy: a quoy Dieu luy peut dire comme a Daniel, qui luy demandoit le grand secret des Hebdomades: Ie sçay que tu és homme de desirs, escoute ce que ie diray.

SECTION. 2.

IE luy demande, qui és tu? Ie suis, dict-il, Pimandre, Pensée de celuy, qui est de par soy. Ie sçay ce que tu veux, & suis par tout auec toy.

COMMENTAIRE.

MErcure admirant ceste grande vision dict, IE LVY DEMANDE, QVI ES TV? comme n'ayant encores receu particuliere reuelation iusques a ce temps. Souuentes-fois Dieu a trouué bonne ceste simplicité & prudence en l'homme, de ne vouloir (comme il dict croire a tout esprit, ains esprouuer quels ils sont) cõme Manue pere de Sanson: & Gedeõ,

qui

qui demanderent experience pour le cognoiſtre. Et Moïſe non content qu'il lui euſt dict eſtre ſon Dieu,lui demanda ſon nom: autant en fit ſainct Pol à ſa conuerſion, par ou il nous demeure aparent, que Dieu conſidere plus la ſimplicité & preud'homie de telles perſonnes, par leur intention, que la rigueur de la cognoiſſance qu'ilz deuſſent auoir de luy, iuſques à ce qu'ils ſoient plus inſtruits.A ceſte queſtion proferée de ſimplicité,qui deſire Dieu, luy eſt reſpondu: Ie svis Pimandre.

Aucuns ont cy deuant penſé, ce mot Pimandre eſtre Grec, combien qu'il ſoit venu originairement de la voix Ægiptienne, n'ayant en ſoy aucune apparence de diction Greque, comme les Ethymologies le pourront bien teſmoigner,ains prend ſon origine de l'ancienne voix Ægiptienne Pimandras, qui comme ces anciens orientaux ont acouſtumé d'impoſer noms propres, ſignifians de leur propre ſubſtance conuenante à ce qu'ils veulent nommer,comme Abraham, ſignifiant pere de multitude, fuſt impoſé de Dieu à celui qu'il vouloit faire ſource de toute ceſte multitude de peuple qu'il engendra : & ſon fils Iſaac, qui ſignifioit le rire, à cauſe de la ioye que le bon homme Abraham & Sara ſa femme en receurent de l'auoir eu en leur vieil aage, & infinis autres : tout ainſi Dieu s'eſt nommé à Mercure Pimandras, en Ægiptien, qui ſignifie bouche de myſtere, ſecret, contemplation ou ſpeculation : à cauſe que Dieu delibere de l'inſtruire par contemplation,laquelle Dieu veut cy apres qu'il obſerue, & ſes paroles, & par conſequent ſes vertus, & auſſi s'eſt nommé bouche de contemplation, à cauſe que la perfection qu'il preſentera cy apres à l homme pour ſon plus grand bien, ſera de lui faire entendre qu'il eſt faict pour contempler les œuures & actions de Dieu, leſquelles œuures, actions & ſecrets, ſeront inſinués en la contemplation de l'homme, par ce Pimandras, bouche de contemplation. A ceſt exemple les anciens Ægiptiens nommoient leur deeſſe Oca,qui preſidoit à vergongne, Pibaſta, qui ſignifioit bouche de vergongne, dont les Grecz par apres l'ont nommée Bubaſtis. Il s'y pourroit faire autres ethimologies : toutesfois ceſte cy faiſant aſſes à noſtre propos nous n'en chercherons d'autres. Ie svis, dit il, Pimandre, pensee de celvy qvi est de par soy. C'eſt endroit à eſté tourné par Ficin, penſée de diuine puiſſance : combien que le Grec ne parle en ceſt endroit de diuinité, ains c'eſt à cauſe qu'il y a vne diction Greque αὐθίνης, qui eſt prins pour ſeigneur ou conducteur, & de la αὐθντία pour puiſſance ou auctorité, qui à eſté cauſe que Ficin pouuoit auoir dict penſée de puiſſance, lui adiouſtant (de ſoy) ce mot diuine. Mais à cauſe que les autheurs Grecs diſent ceſte meſme voix Greque auoir eſté prinſe auant mille ans, en ceſte ſignification (pour celui qui de ſa main faict,) il eſt à cognoiſtre par ſa compoſition qu'elle eſt prinſe plus propre & ancienne(pour la choſe qui prend eſſence de ſoy-meſmes) d'auantage voyant que depuis ce vieux temps ce mot à changé, & à eſté retiré de ſa vraye compoſition nous auons penſé que ceſte ſignification conuenoit plus proprement (eſtant declarée par les dictions dont elle eſt anciennement compoſée) qui ſont αὐτὸς ὢν au ſubiect de noſtre propos, par lequel Dieu s'inſinue à Mercure, non ſeulement ſeigneur & puiſſant, mais plus particulierement l'inſtruict de penſer,qu'il eſt l'origine de toutes eſſences,& qu'eſtant la vraye premiere origine d'eſtre ou eſſence, il n'y en a aucune qui le puiſſe preceder : dont il en peut auoir prins ou receu aucune des ſiennes,à cauſe de quoy il ſe dict eſtre, penſée de αὐθίνης ou celuy qui eſt de par ſoy, & non d'autre eſſence quelconque. Il ſe dict ainſi penſée ou entendement à l'homme pour luy donner cognoiſſance de ſoy-meſmes comme la plus neceſſaire à ſon ſalut, par ce qu'il entend que l homme n'eſtime ſon entendement ou penſée eſtre quelque creature temporelle, ou qui prenne fin auec le corps ou commencement, ou bien quelque vertu particuliere acquiſe de ſon propre : ne conſiderant que c'eſt vne partie ſi excellente, par laquelle l'homme à eſté trouué capable de toutes cognoiſſances, & laquelle faict toutes actions & operations en inſtant, & infinies autres excellances, que l'homme y peut conſiderer, par leſquelles il doit congnoiſtre que ce ne peut eſtre vne creature ſimple, qui ſoit employée à compoſer l'homme: mais le propre ſainct Eſprit image du createur, Dieu eternel, tout ſachant & puiſſant,qui eſt ceſte penſée communiquée à l'homme. Il s'enſuit, Ie sçay ce qve tv vevx, et svis par tovt avec toy. C'eſt l'ancienne façon de parler & familiere, qu'il tenoit aux Prophetes, diſant: Ie ſcai ce que tu deſires, de tant qu'il apartient à lui ſeul de cognoiſtre les penſées, & par ſa bonté & miſericorde il ſe trou-

Ethimologie de Pimādre.

Eſtre de ſoy nommé des Grecz αὐθίνης

Pſal 93.b.
Pſal 144.d

ue prochain de ceux, qui l'inuoquent en verité, à cause de quoi il dict à Mercure, ie suis par tout auec toi, ou bien ie te suis par tout secourable, & d'auantage estant en la pensée de l'homme, ie ne puis faillir à sçauoir la volunté: & si i'accompagne l'homme par tout ou il est, comme estant en sa composition.

SECTION 3.

IE desire (dis ie) aprendre les choses qui sont, entendre leur nature, & cognoistre Dieu: voulant ouir (dis ie) comment ces choses sont. Derechef il me dict, fais estat de tout ce, que tu desires aprendre, & ie t'enseignerai. Aiant ainsi parlé, il changea de forme: & soudainement toutes choses m'ont esté reuelées en vn instant.

COMMENTAIRE.

Daniel.9.f

DIEV s'est contenté merueilleusement en ce que Mercure luy à declaré son desir, comme il fit de Daniel, le nommant familierement homme de desirs, attendu le bon vouloir qu'il manifestoit: IE DESIRE (DIS IE) APRENDRE LES CHOSES QVI SONT, ou qui descendent de ceste seule essence & ENTENDRE LEVR NATVRE, pour paruenir à l'intelligence de leur source, ET à la fin consequemment COGNOISTRE ce grãd DIEV leur aucteur: comme depuis sainct Pol le declare, disant ses vertus inuisibles sont apperceuës dés la creation du monde, par les choses que lon voit estre faictes bien entendues, c'est autant que cognoistre les vertus diuines, intelligibles & retirées hors la puissance des sens corporelz, que nous auons cy deuant nommé la face, ou principalle essence de Dieu, par l'intelligence des effectz materielz, que nous auons nommé ses parties posterieures, & que nous voyons tous les iours aparoir en la creation, & conduicte du monde: & toutes actions & mouuemens des creatures qui nous monstrent suffisamment, que ne pouuant auoir prins leur action, mouuement, & vertu d'elles mesmes, elles manifestẽt par la, vne grãde perfection & bonté de leur aucteur. Mercure se propose l'ordre de la vraie Philosophie, VOVLANT par celle la cognoistre premierement qui est Dieu, & apres quel il est. Car auant cognoistre la qualité de quelque subiect, il est necessaire de cognoistre qui il est, à cause de quoi il dict cognoistre Dieu, VOVLANT OVIR, DIS IE, COMMENT CES CHOSES SONT, preposant l'intelligence de la quiddité, auant celle de la qualité. DE RECHEF IL ME DICT, FAIS ESTAT DE TOVT CE QVE TV DESIRES APRENDRE, c'est à dire, propose en ta pensée ce que tu veux sçauoir, ET des qu'il sera en ta pensée IE le cognoistray, ET T'ENSEIGNERAY. A ceste cause fais estat en ta pensée, de congnoistre & entendre par celle la les vertus & essences diuines, cõme estant celle seulle en l'homme, qui est capable d'en entendre ce qui lui en sera donné. & faut bien durant le temps de cest'estude, que les sens corporelz vacquent & soient liés, non seulement ne pouuant estre capables de ceste perception ou congnoissance, mais aussi qu'estãt lors, en liberté, ilz portent de leur nature infinis empeschemens à l'intelligence, & tant de destourbiers, que le plus grand secours qu'elle en puisse auoir, c'est leur absence. A ce propos sainct Pol manifeste clairement la vertu qu'a l'esprit donné à l'homme, de comprendre les choses diuines, disant, l'esprit d'escouure toutes choses, voire les profondes de Dieu, & c'est esprit est nommé par Mercure pensée d'essence a-par-soi, qui est l'esprit, image de Dieu, vraie bouche de contemplation que nous auons reçeu, cõme le dict sainct Pol, nous n'auons pas reçeu l'esprit du monde, mais celui de Dieu. A cause de quoi il lui dict, fais estat en ta pensée, c'est à dire, asseure toi croyant par viue foi, sans aucun doubte, que t'aprendrai tout ce que tu desires, & il t'aduiendra, comme dict sainct Iaques, demandés en foi, ne doubtant: & dict, par ce qu'il dira quelque fois cy apres, que le vray entendre Dieu, c'est le croire, & ne le croire est ne l'entendre point, ains l'ignorer. S'ensuit AYANT AINSI PARLE, IL CHANGEA DE FORME, ET SOVDAINEMENT TOVTES CHOSES M'ONT ESTE d'escouuertes ou REVELEES EN VN INSTANT. Ce n'est pas que Dieu eust au parauant vne forme descripte, & puis vne autre, mais c'est que la vraye forme de Dieu ne pouuant estre comprinse de l'homme viuant, à cause de sa foiblesse, Dieu lui monstrant

Rom.1.c

Cognoissance de Dieu qu'a Mercure par les creatures.

Cognoistre quoy, auant que.

Dieu offre à Mercure l'aprendre à son desir.

Les sens nuisent souuent a l'intelligence.

1.Cor.2.c

Cor.2.d

Iac.1.b.

Mercure ch.9 Entendre Dieu c'est croyre & ne croire est ignorer.

diuer-

diuersité de ses excellences, tant soit peu qu'il en peut comprendre, l'homme estime qu'il change de forme, quand il lui diuersifie les cognoissances, par ce que l'hôme ne reçoit pour forme, ou figure, que ce qu'il peut comprendre de Dieu seulement, & non ce qui est realement: de tant qu'il ne le peut entierement conceuoir. Il mua donc de forme, & descouurist toutes choses à Mercure, en vn instant, c'est qu'il lui presente en sa conception toutes choses, en tel & si excellent ordre toutesfois, qu'il ne luy estoit encore loisible d'en entendre ce que Dieu lui en vouloit declarer, comme nous verrons cy apres qu'il vit toutes ces choses en confusion de lumieres, tenebres, fumées, vapeurs, sons, voix: lesquelles combien qu'elles luy fussent proposées, ce neantmoins il ne les comprenoit pour encore. Ainsi il aduint à sainct Pol, qui vit en sa conuersion choses qu'il n'estoit licite à bouche de dire: & toutesfois les voyant il ne les entendoit que par ænigme, côme dans vn miroüer, ce qu'il a depuis declaré. Ceste est la maniere par laquelle Dieu presente ses excellences & grandeurs aux siens, en premiere vision, non du tout entendue, mais apres declarée à ceux qui persistent & sont constans en sa discipline.

Forme de Dieu est pour l'homme, ce qu'il en comprend.

2.Cor.11.b

SECTION. 4.

Lors ie voy vn spectacle indeterminé, à sçauoir, toutes choses conuerties en lumiere, chose merueilleusement douce & delectable, laquelle voiant i'ay esté prins d'amour. Peu apres les tenebres estoient portées en bas, en partie terribles & odieuses obliquement terminées, de maniere qu'il me sembloit les voyant qu'elles se transmuoient en quelque nature humide, de telle sorte agitée, qu'il ne se peut dire, iettant vne fumée comme d'vn feu, & faisoit vn son plaintif, qui ne peut estre exprimé. Ensuiuoit vne voix sortant d'icelle, sans prolation, qui me sembloit estre la voix de la lumiere.

COMMENTAIRE.

IL est à considerer en ceste vision, que Dieu monstroit premierement à Mercure, qu'il se gardoit bien de luy presenter forme ou figure qu'il peut conceuoir, entendre, ou comprendre, pour ne lui dôner occasion de penser, que Dieu se communiquoit a luy, peut estre comprins, figuré, ny entierement entendu, & cognu de l'homme: ains luy monstra vn spectacle, qui de sa premiere qualité estoit indefiny, comme porte en soy toute nature diuine, sans terme ou limite aucun. Et par consequent Mercure dict LORS IE VEOY VN SPECTACLE INDETERMINE & incomprehensible de l'homme mortel, & ce en partie par essences incorporelles, A SÇAVOIR TOVTES CHOSES CONVERTIES EN LVMIERE, CHOSE MERVEILLEVSEMENT DOVCE ET DELECTABLE, sans aucun moyen d'estre descrite ny figurée, ou representée au sens, qui couuroit toutes choses, monstrant par celle là, que c'est la nature des vertus & puissances de Dieu. Lesquelles côprenans & illuminans toutes choses, ne peuuent estre entierement côprinses ny entendues, declarāt à Mercure, que ce qu'il a pour encores veu, ou verra cy apres, n'est Dieu: combien qu'en ces choses visibles soient couuertes les efficaces & vertus de Dieu, pour le retirer de toute imagination ou figure, qui se peut faire subiecte à ses sens corporels, qu'il estimast estre Dieu: & pour ce faire, peu a peu Dieu le retire des choses, qui lui sembloient estre peu congneuës, & lui presente par ceste grande lumiere & ce qui s'ensuit, celles qu'il cognoistra encore moins iusques à ce, que Dieu lui ait bien insinué, qu'il ne peut estre aucunement representé à l'hôme, par chose que ses sens corporels puissent conceuoir. Toutefois Mercure s'en delectoit & dict, LAQVELLE VOYANT I'AY ESTE PRINS D'AMOVR, à cause que ceste vision luy estoit faicte en l'intelligence seule disposée à cognoistre Dieu, & non en ses sens corporels, qui sont incapables d'amour. Combien que par les choses, qu'ils aperçoiuet, Dieu puisse estre manifesté à l'esprit, comme nous auons cy deuant dict auec sainct Pol, Que les vertus inuisibles de Dieu nous sont manifestées par la congnoissance des choses

Dieu ne peut estre figuré par quelque chose que l'hôme puisse comprendre.

creées & materieles. A ceste cause Dieu luy monstre, que PEV APRES LES TENE-BRES ESTOIENT PORTEES EN BAS, vray lieu de toute œuure dependant de tenebres, EN PARTIE TERRIBLES ET ODIEVSES, qui s'aualloient par circulations, qu'on nomme spires ou circonuolutions, confusement & OBLIQVEMENT TERMINEES, comme ont accoustumé faire les vapeurs, nuées, fumées, & toutes autres matieres, que le feu & l'air composent auec l'eau, qui difficilement se contiennent en forme ou figure constante. Ceste maniere de tenebres allant en bas, estoient dictes terribles, & effraiables, & par consequent odieuses, de tant que c'estoit le vray contraire de ceste lumiere si plaisante & aggreable, qui premierement luy auoit aparu, de laquelle la priuation necessairemēt engendre son contraire. C'est vn ordre que Dieu a voulu monstrer a Mercure de ses dignitez & vertus, dont la premiere a esté ceste incomprehensible lumiere, illuminant toutes choses: la seconde a esté sa iustice terrible & odieuse en partie, soit de sa nature, ou bien de nostre part: car de sa nature, elle n'est odieuse qu'en la partie de l'execution, & si est aggreable en ce que Dieu la faicte pour correction ou exemple de ceux, qui la voyent, sans la vouloir iamais mener iusques a la cruauté, comme il est frequent aux Prophetes. & de nostre part elle est odieuse en partie, c'est à dire aux mauuais, & aggreable aux bons. Ceste Iustice dōc est sa puissance de punir les offences: representée par ces tenebres ou banissemens de lumiere, desquelles Dieu vze ez punitions des obstinez, comme nous auons veu par-my les playes d'Ægipte, que Dieu vsa de telles tenebres en punition, que aucun Ægiptien ne veit durant les trois iours qu'elles furent imposées, son prochain, ny qui plus est, remua le pied du lieu, tant estoient furieuses & terribles. dont s'ensuit que Dieu les met quelquefois entour soy, comme fort empeschant le pecheur de l'approcher, ce que Dauid tesmoigne disant: Il a mis les tenebres entour soi, pour empescher les desseins des malins. Pareillement quand Iesus Christ a voulu monstrer, que la puissance que les Iuifz exerçoient sur luy, venoit de la Iustice de Dieu, non de leur force en sa passion, il leur dit, Ceste cy est vostre heure & la puissance des tenebres, & ailleurs, Enuoyez les piedz & mains liez ez tenebres exterieures: Et sainct Pierre & sainct Iude parlans des meschans, disent, que les ondes des tenebres leur sont gardées eternellemēt, qui est la iustice de Dieu. Et Salomon declare les mauuais estre dignes d'estre priuez de lumiere, & souffrir la prison de tenebres. Parquoi nous dirons, que ces tenebres estoient la Iustice de Dieu: comme dict Ioel, parlant de l'aduenemēt du Seigneur, chantés a la trompette, que le iour du Seigneur vient, de tant que le iour de tenebres & obscurité est prochain, c'est le iour du iugement des viuans, EN MANIERE QV'IL ME SEMBLOIT de ces tenebres ou Iustice diuine, LES VOYANT QV'ELLES SE TRANSMVOIENT EN QVELQVE NATVRE HVMIDE, prenant l'humide comme il est declaré par Aristote estre celuy, qui tres-difficilement est contenu de ses termes. Or n'est il chose plus difficile a terminer, limiter, contenir ou designer par circonscriptions, que les puissances & vertus de Dieu, à cause de quoi Mercure les voyant sans aucun limite de bout, puissance, ou grandeur, il les a voulu exprimer, comme en lettre hyeroglifique par ceste nature humide, qui est la plus propre qu'il a peu trouuer en ceste sphere elementaire, disant, qᵉ les vertus de Dieu se transmuent en nature humide: de tant qu'elles prennent telle liberté qu'il luy plaist, sans aucun bord ou limite, a la semblance de la nature de l'humide, qui difficilement est borné ou limité. Ceste nature humide estoit DE TELLE SORTE AGITEE, conduicte & employée en ses admirables effects, par la puissance, prouidence & maiesté, QV'IL NE peut estre comprins, ny par consequent SE PEVT DIRE. Ceste ombre tenebreuse ou iustice diuine passée en nature humide, est veuë de Mercure, IETTANT VNE FVMEE COMME D'VN FEV: ET laquelle FAISOIT VN SON PLAINTIF, QVI NE PEVT ESTRE EXPRIME. Ce propos confirme l'intelligence de l'ombre tenebreuse, representant la iustice diuine, par laquelle sont produits pleurs & gemissemēs: comme le declare Iesus Christ parlant des tenebres exterieures, ou il y aura pleurs & grinssemens de dents, voulant dire que les actions & œuures des hommes qui les conduisent a ces pleurs & gemissements, sont nommées œuures de tenebres, comme dict sainct Pol, Reiettons les œuures de tenebres, & nous vestons des armes de lumiere: & ailleurs, Ne communiqués pas aux œuures infructueuses de tenebres, & infinis autres lieux, par lesquels nostre saincte escripture confirme a Trismegiste, que les tenebres sont les œuures prouocquans la

iustice

iustice de Dieu, dont s'ensuit, que ceux qui suiuent les œuures de tenebres, qui sont les actes punis par la iustice de Dieu, sont bien clairement entendus par ce triste son & plaintif, que Mercure a estimé sortir de ceste tenebreuse Iustice, passée en nature humide. Il ENSVYVOIT ce son plaintif, qui sortoit des tenebres, VNE VOIX SORTANT D'ICELLE, SANS PROLATION, ou bien non articulée ou distinguée par motz & syllabes, QVI ME SEMBLOIT ESTRE LA VOIX DE LA LVMIERE, nous entendrons par ce, que dira cy apres Mercure, que ceste voix sortant de la nature humide (qui est l'omnipotence de Dieu, en laquelle s'est trouuée sa Iustice soubs le mot de tenebres, estoit le sainct verbe Fils de Dieu: qui nous a esté donné par la bonté & misericorde du pere, a nostre tresgrand besoin, à celle fin que sa saincte lumiere illuminast noz tenebres, comme dict sainct Iean, c'est la lumiere qui luit aux tenebres, & sainct Paul s'accordant à Mercure a dict, de tant que Dieu, qui a dict la lumiere luire des tenebres, a illuminé noz cœurs. Ceste lumiere donc sortie des tenebres par la nature humide, est le Fils de Dieu sauueur des hommes, qui leur a esté donné incontinent, & à l'occasion que l'homme s'est laissé couller dans les tenebres & leur puissance, comme Dieu nous monstre clairement, par le mesme iugement & sentence donnée contre l'homme, preuaricateur de ces commandemens, en laquelle incontinent que le crime fust commis, le bon Dieu fut plus hasté de prononcer a l'homme son remede, que sa punition. de tant que parlant premierement au Serpent suscitateur du crime, il luy dict que la femme par le moyen de sa semence luy briseroit la teste, auant que l'homme receut la sentence de mort & misere. Voila comment du peché ou œuure de tenebres triste & effrayable, est sortie ceste voix de lumiere Fils, de Dieu Redempteur du gēre humain: de tant que le peché à esté cause de ce digne remede, que ce bon pere nous a donné. Ceste voix donc du Fils de Dieu qu'oyoit Mercure, luy sembloit estre sans prolation, à cause que sa foiblesse estoit trop basse, pour entendre la parole de Dieu, duquel la plus frequente façon de parler, estoit de faire sortir sa voix de nuées ou fumées, en son de trompettes, tonnairres, esclairs. Et quand Dieu ietta son tesmoignage (parlant à Moïse, Helie, & aus trois Apostres) que Iesus Christ estoit son cher Fils, c'estoit de la nuée ou fumée, qu'il parloit a eux. Et ceste parole combiē qu'elle soit ouye, ce neantmoins elle n'est entēdue, que de ceux, qu'il plaist au pere: comme quād Dieu le Pere declare du ciel auoir ia clarifié, & clarifier encore a l'aduenir Iesus Christ son filz, autre ne l'entēdist que ceux qu'il pleust a Dieu. Car les autres n'auoient entēdu que la voix du tonnaire, non la prolation des motz ou syllabes, combien que Dieu eust parlé & prononcé, mais tous n'estoient pas disposés pour entendre le sainct verbe de Dieu, luisant des tenebres fumées ou nuées, de ceste façon à esté pour le present Mercure à ceste premiere vision, par laquelle Dieu le vouloit disposer à receuoir la cognoissance de soy, auant se manifester à luy si familiairement qu'il a faict cy apres. Ceste voix donc qui estoit le sainct verbe de Dieu, sortoit de la nature humide: c'est à dire Iesus Christ sainct verbe filz de Dieu Æternel, est engendré & faict du Pere Æternel (duquel tous membres sont vertus, puissances, intelligences infinies, incomprehensibles en façon de nature humide conuenans en vn total seul & vnique bien, par generation faicte Æternellement. Nous pourrions bien dire, que par ceste vision il fut monstré à Mercure la premiere origine de toutes creations, que les anciēs ont nommé Chaos, qui estoit issu de l'infini thesor d'essence diuine, lequel ils n'ōt cogneu pour tel, ains pour vne premiere masse ou globe esleué par nature, de laquelle ils ne cognoissoient l'aucteur. Ce thesor donc est celuy duquel Dieu à faict & formé toutes choses, ayant produict de ses vertus & essences incorporelles, les principes (dictz elemēts, matherielz, desquels sont faictes toutes choses corporelles, comme estant seulle matiere enuoyée ça bas, en ceste nostre region elementaire, pour d'icelle estre faict tout ce qui aura corps en soy ou matiere. Mercure à bien veu par ceste premiere vision la vraye source de toute creature, mais estant encore trop grossier pour le comprendre, Dieu luy declairera cy apres plus familiairement, luy monstrant la matiere des quatre elemens chascun en sa nature, & luy reuelant plus à clair ce qu'il luy à baillé soubs quelque obscurité.

B 3

Voix sortant de nature humide est le verbe Fils de Dieu.
Ioan.1.a
2.Cor.4.b.

Remede dōné auant la punition à l'hōme.
Genes.3.c.

Exod.19.d.
Num.9.c.
Math.17.a

Ioan.12.d.

Le verbe sains pourquoy est dit sortir de nature humide.

Chaos descrit

SECTION 5.

MAIS de la lumiere quoy? le sainct Verbe estoit porté sur ceste nature humide, de laquelle le feu pur s'en vola contremont, car il estoit actif, viste, & leger: & l'air estant leger à suiui l'esprit montant de la terre & eau iusques au feu, tellement qu'il sembloit estre pendu à luy. La terre & l'eau sont demeurées confuses entr' elles, de maniere qu'à cause de l'eau la terre n'apparoisoit aucunement : ces choses estoient meuës par le Verbe Spirituel, qui estoit porté sur eux, iusques a l'ouye.

COMMENTAIRE.

LE sainct Pimandre aiant cy deuant proposé à Mercure ce grand spectacle, commence par ceste bonté & beauté de lumiere vniuerselle, continuée par la iustice terrible & tenebreuse, conuertie en c'este omnipotence indeterminée & incomprehensible, en façon de nature humide, produisant les tristes sons & plaintifz, sortans de ceste fumée comme de feu: qui estoient les executions de la iustice diuine, & concluant par la consolation de ceste benitte voix de lumiere, il donne à entendre à Mercure, qu'il est besoin qu'il soit attentif à cognoistre c'este lumiere, cóme il l'en exortera encore cy apres. & pour luy esleuer son esprit l'interroge. MAIS DE LA LVMIERE QVOY ? Comme disant, pences tu qu'il doit yssir de ceste diuine lumiere, qui à commencé & finy cest spectacle, par lequel ie t'ay monstré les beauté, bonté, grandeur, puissance, iustice, infinitude, & misericorde de Dieu ne restant pour ta capacité a te monstrer que les actions, pour lesquelles voir, considere bien ce que tu verras sortir de c'este diuine lumiere. Lors Mercure voit LE SAINCT VERBE digne voix de la lumiere, qui ESTOIT PORTE SVR CESTE NATVRE HVMIDE non limitée, qui est l'omnipotence des infinies vertus & puissances, ausquelles ce sainct verbe commandoit, & desquelles il disposoit à son plaisir, & par lequel verbe fut produict le globe & masse nommée des anciés Chaos. Lequel combien qu'il fut materiel, si fut il produict inuisible du commencement comme faict & crée de substance incorporelle, prinse des essences diuines par ce sainct verbe. Ce grand Chaos ou masse materielle produicte par le sainct verbe, estant proposé à Mercure, parmy tant de choses, qu'il a veu du commencement, illuminées de ceste grande & premiere lumiere, estoit si confus, meslé & brouillé en soy, que Mercure n'y pouuoit aucune chose discerner. A ceste cause le sainct verbe luy fist voir, que par sa nature humide ou puissances indeterminées, il auoit produict c'este grande masse, DE LAQVELLE LE FEV PVR S'EN VOLA estant purifié par le sainct verbe en sa nature particuliere, se trouua leger, prompt & merueilleusement actif, ou habile à faire actions & operations, penetrant sur toutes puissances materielles. Ce feu pour suiure son propre naturel, monta promptement CONTRE MONT: CAR IL ESTOIT ACTIF, VISTE ET LEGIER, pour soy saisir du premier & plus haut lieu de la region elementaire, & enfermer en soy toute autre matiere, comme estant le plus grand & puissant en action & operation. ET L'AIR ESTANT pareillement LEGIER A SVIVY L'ESPRIT du sainct verbe, conduisant le feu en sa place, & MONTANT DE ce lieu ou il laissoit le reste du Chaos, qui restoit, LA TERRE ET EAV IVSQVES AV FEV, & à esté assis en son lieu, TELLEMENT QV'IL SEMBLOIT à Mercure voyant cest ayr aller vers le feu ESTRE PENDV A LVY atandu qu'il occupoit le lieu, qui estoit entre la region ou lieu donné au feu, & la masse qui estoit à desmesler a sçauoir LA TERRE ET L'EAV, QVI SONT DEMEVREES CONFVSES ENTRE ELLES. Lesquelz de vray l'estoient de telle MANIERE QVE A CAVSE DE L'EAV LA TERRE N'APAROISSOIT AVCVNEMENT de tant quelle la couuroit & enuironnoit, comme estant plus legiere que la terre. CES CHOSES ESTOIENT MEVES, c'est à dire, ces quatre elemens mesmes du feu & de l'air, estoient rauis d'vne si grande puissance PAR LE VERBE SPIRITVEL, ou l'esprit verbal, QVI ESTOIT PORTE SVR EVX, & les conduisoit en leurs vrays lieux & regions IVSQVE A L'OVYE. Ce mot est vne phrase ou façon de parler Syriaque, disant qu'ilz estoient meux iusques à louyë, pour iusques à pouuoir estre ouys, omme il à couru iusques à l'haleine, pour iusques à ne pouuoir halener. Ces elemens donc estoient meus par le sainct Esprit

Hebr. 11. a
Chaos.
Les elemens produicts des essences diuines.

Le feu.

L'air.

L'eau & la terre.

prit iusques à louyë, ou à pouuoir estre bien ouys: mesmes que l'air de sa nature est celuy seul, qui faict tous les sons ou bruis, que nous oyons en ceste region elementaire. C'est Esprit de Dieu, qui estoit porté sur la terre & l'eau qui la couuroit, s'acorde à ce que dict Moïse, Que l'Esprit de Dieu estoit porté sur les eaux, qui couuroient la terre auāt que Dieu les despartit.

Genes. 1. a

SECTION. 6.

PImandre me dit : as tu bien prins garde, que signifie cest spectacle? Ie le cognoistray dis ie. ceste lumiere (dit il) c'est moy, ton Dieu pensée, plus ancien que nature humide, qui reluisoit des tenebres. Et le verbe luisant de la pensée, est le fils de Dieu. Que s'ensuit il, dy ie? Cognois en ceste maniere, ce qui voit & oit en toy, c'est le verbe du Seigneur, mais la pensée est Dieu le Pere, qui ne sont aucunement separez l'vn de l'autre, car leur vnion est vie. Ie te rens graces, dis ie.

COMMENTAIRE,

DIEV voulant en partie soy manifester à Mercure, apres auoir arresté son esprit & entendement, la premierement disposé par visions difficiles & obscures, pour preparer son intelligence & inciter sa volonté à le mieux comprendre, lors qu'il luy plaist soy communiquer à luy. Or donc PIMANDRE ME DIT, AS TV BIEN PRINS GARDE QVE SIGNIFIE CEST SPECTACLE? & consideré ce qu'il te manifeste. IE LE COGNOISTRAY, DIS IE, auec ton ayde. Ceste façon de parler à esté suiuie du Syriaque par le Grec, qui dict ie cognoistray, pour ie le veux cognoistre, ou ie le desire cognoistre: entens donc que CESTE LVMIERE, DICT IL, en laquelle des le commencement tu as veu toutes choses couuertes, qui tant te delectoiēt à voir, C'EST MOY TON DIEV, en qui toutes choses sont, & qui ne puis estre veritablement exprimé par aucun nom, combien que à toy ie me soys nommé PENSEE à cause que dans ceste pensée habite la plus grande perfection que tu saches, & en celle la l'homme sçait, cognoist, iuge & entend resider toutes vertus spirituelles & diuines, comme intelligence, iugement, discretion, volonté, & plusieurs autres, par lesquelles toutes choses sensibles & corporelles sont subiuguées, comme estant les plus grandes puissances tenues en reuerence & admiration dans l'esprit humain. A ceste cause nous ne trouuerons estrange, si Dieu parlant à l'homme à voulu prendre le nom de la seule chose, que l'homme peut & doit plus reuerer & admirer, entre toutes celes qu'il cognoist, qui est ceste pensée ou entendement doné à l'homme, sur toutes creatures digne d'estre reuerée, en tant que c'est l'Esprit de Dieu, qui sous ce terme luy est communicqué : car si Dieu parlant à nous se vouloit nommer d'vn nom, qui signifiat entierement sa vraye nature, comme tous noms propremēt imposez doiuent signifier, nous ne serions capables de l'entendre, à cause que corruption ne peut posseder incorruption, & ce obstant les antitheses qui sont de nous à luy. de tant qu'il est infini, ne peut estre comprins de nous finis: ce perfaict, de nous imperfaicts: ceste intelligence, de nostre ignorance: ceste bonté, de nostre malice: son omnipotence, de nostre impuissance: sa continuelle action, de nostre oisiueté: son infinie sapience, de nostre folie : sa parfaicte beauté, de nostre si foible iugemēt: comme il est escrit, auec le dissolu traicté de religion, auec l'iniuste de iustice, auec le coüard de la guerre, auec le meschant, de la vertu, auec le paresseux de longue besoigne, en fin ne t'amuses à ses conseils. C'est de tant que l'imperfection, conferée à la perfection, n'y peut faire que mal, & au contraire (ce qui nous est bien necessaire) la perfection conferée à l'imperfection, la peut bien souuent bonifier: & si nous vsons de noz pensées selon nostre deuoir, nous cognoistrons qu'elles tiennent tant des essences diuines, que la clef d'elles, qui est la volonté, sera totalement conioincte à Dieu, comme le dict sainct Pol: qui se delecte par son homme interieur de la loi de Dieu, & sert à icelle selon sa pensée: & au contraire selon la chair & ses concupiscences à la loy de peché, de là s'ensuit nostre ruine: car nous auons tant familieres noz pensées mal employées, que bien souuent nous pensons que ce sont

Obscurité & difficulté rēdent le Lecteur attentif.

Pourquoy Dieu a eu la nom de pensée.

Dieu s'accōmode a la cōprehension de l'imbecilité humaine.

Antitheses de Dieu à l'homme.

1. Cor. 15. f

Eccles. 37. b

L'hōme qui a la pēsée que dict Mercure est ioint à Dieu.

Rom. 7. d

qualitez particulieres propres à nous, & de nous, sans considerer (venant de plus haut) que nostre pensée est vne vraye essence diuine, qui nous est commise pour la conduire à la gloire, loüange, seruice, & obeissance de Dieu, à la charge d'en rendre compte, & d'estre iugés par iceluy. Ce faict est clairement representé par Iesus Christ, en la parabolle des talens, & autres. C'est donc moy, qui suis ceste pensée, dict le bon Dieu, qui suis PLVS ANCIEN, QVE NATVRE HVMIDE, c'est à dire, la cause plus ancienne que l'effaict, ou bien comme dit Salomon, que sa sapience, est plus ancienne que ses oeuures, tout ainsi est Dieu plus ancien que l'infinitude de ses actions & puissances, representées par nature humide QVI EST sortie RELVISANT DES TENEBRES de la Iustice diuine. desquelles vertus (par l'opperation du verbe spirituel) sont sortis les elements & principes de nature ET LE VERBE LVISANT DE LA PENSEE EST LE FILS DE DIEV, qui veritablement reluit en celle pensée diuine, par la sapience du Pere eternel, qui est en luy. C'est celuy de qui la lumiere illumine tout le monde (rempli d'oeuures tenebreuses, par l'effusion de son sang, comme sainct Iean le tesmoigne: il estoit vestu d'vne robbe semée de sang, & auoit nom le verbe de Dieu. C'est ce sainct verbe luisant, que Mercure disoit reluire des tenebres, qui a illuminé noz pensées, comme le dict sainct Pol, Dieu qui a dict que des tenebres la lumiere luisoit, il a illuminé noz cœurs, il a voulu nommer la lumiere, voire qui illumine tout homme venant en ce monde, comme nous pourrions penser, à cause que toutes les vertus ou essences de Dieu, que nous pensons estre plus familieres à noz sens, c'est la lumiere, laquelle nous estimons conceuoir auec la veuë corporelle seulement. Car de toutes autres vertus ou essences diuines, nous n'en pensons comprendre aucune auec les sens, comme seroit intelligence, sapience, charité, puissance, beauté, bonté, continuelle action, & infinies autres, qui appartiennent a la seule conception ou cognoissance de l'esprit, ou pensée de Dieu mise en l'homme, non des sens, à cause qu'elles n'ont en soi aucune couleur, goust, senteur, son ou forme corporelle, qui puissent estre iugez par les sens: dont s'ensuit que nous pourrions penser, la seule lumiere estre celle de ses vertus & essences, qui peut estre receuë, conceuë, & sentie par nostre veuë oculaire, comme l'vn de noz sens corporelz. A quoi nous deuons bien prendre garde d'abuser de la grace que Dieu nous faict, ne prenás l'effaict pour la cause qui est plus grande: & croirons que lumiere est vne vraye vertu de Dieu, par laquelle toutes choses sont manifestées à l'homme corporelles ou intelligibles, & estant vne sienne essence, n'est aucunement subiecte au iugement ou perception des sens corporelz ou materielz, comme trop indignes d'vn si grand honeur. Mais l'effaict de ceste digne cause, est permis à la reception & vsage des sens corporels: comme nous deuons considerer, combien que la lumiere comme cause nous face voir les choses veuës, qui sans elle ne le pourroient estre. Ce neantmoints nous n'auons ceste puissance en noz sens, de l'apperceuoir par nostre veuë oculaire, de tant que s'il n'y a matiere corporelle, sur laquelle elle face son effaict pour nous apparoir, il est hors de nostre pouuoir de la conceuoir à l'œil, c'est de tant que la veuë de tout animal n'a autre obiect que couleur, & lumiere n'a aucune couleur, dont s'ensuit qu'elle n'est subiecte à la veuë. Mais au contraire dirons, que toute veuë est subiecte à ceste saincte vertu de Dieu: car sans lumiere la veuë ne peut conceuoir l'obiect en sa couleur, par ainsi elle demeure perdue, vaine, & assopie, combien que sans la veuë & sans obiect la vertu de lumiere demeure tousiours en son essence: & pour en faire vne forme de preuue à noz sens, nous considerons que les rayons du Soleil entrant par vn pertuis en vn lieu obscur, ne peuuent estre veuës, s'ils ne batent quelque obiect materiel, sur lequel estant assis font voir ledict obiect: & s'il estoit possible qu'ils passassent tout au trauers sans rencontrer aucun subiect materiel, ils ne pourroient estre veuz: nonobstant que aucuns penseroient voir les rayons passants en ce lieu obscur sans obiect, quand ils voyent dans iceux rayons, les atomes & poudre que l'air remue continuellemét là où il s'en trouue. Lesquels atomes & poudre sont corps materiels, sur lesquels le rayon de la lumiere s'assiet, qui est cause que les atomes sont veuz & non la lumiere. Parquoi nous conclurons que ceste diuine vertu ne peut estre aucunemét comprinse des sens corporels en son essence, ains seulement ses effaicts, gettés sur les choses corporelles & materielles, de tant plus grande en est la source & origine, qui est en Dieu, que celle qui a esté commise au feu, Soleil, & autres corps, comme le Createur est plus digne que sa creature, & moins subiecte à la perception des sens. C'est la premiere lumiere de laquelle parle Moïse, auant la creation des luminaires,

qui

qui est la mesme qui aparut à Mercure, produisant la voix & sainct verbe Fils de Dieu eternel. Ce feut celle qui aparut en Iesus Christ trāsfiguré, & en luy mesmes aparoissant à sainct Pol sur la resplandeur du Soleil. Ceste diuine lumiere donc estoit le Fils de Dieu luisant de la pensée diuine, qui a esté dict lumiere, à cause qu'il nous a communiqué toutes choses, soit corporelles estant nostre resurrection, que spirituelles, estant le vray salut & vie de l'ame. Mercure prenant grand plaisir à ce propos, comme rauy & sans consideration d'honneur ou reuerence, demande à Pimandre, QVE S'ENSVIT IL, ou bien quoy plus, DIS IE. A quoy luy est dict, COGNOIS EN CESTE MANIERE, ou ce que ie te vois dire. Apres auoir declaré la vision à Mercure, par laquelle Dieu s'est en partie manifesté à luy, il le veut preparer à receuoir sa manifestation, auant qu'il passe plus outre, & la grande preparation que peut auoir l'hōme a cognoistre Dieu, c'est de se cognoistre soy-mesmes, à celle fin que par la cognoissance des vertus que Dieu à commises en luy, il cognoisse sa bonté premierement, & consequemment l'obligation qu'il a à Dieu, des grands biens qu'il en a receu, & pour le faire commencer à cognoistre soy-mesmes, & qu'il n'a rien de soy, ains des essences diuines, il luy dit, CE QVI VOIT ET OIT EN TOY, C'EST LE VERBE DV SEIGNEVR, c'est à dire la vertu qui est en toy, par laquelle tu vses de tes sens, de veuë, ouye, & autres, ce n'est pas chose qui te soit propre & separée de Dieu: mais c'est le sainct verbe du Seigneur, la lumiere duquel illumināt ton cœur, donne à ton ame la liberté d'vser, & le pouuoir d'employer toutes actions de tes sens, desquels vsant tu diras que tu fais tous tels vsages en Dieu, non en toy, cōme dict sainct Pol, parlant aux Philosophes Areopagites, Dieu n'est pas loin d'vn chacun de nous, nous viuons & nous mouuons en luy, & y auons nostre essence. Si donc nous sommes, viuons, & nous mouuons en luy, il est bien aisé d'entendre que ceste puissance & vertu qui voit & oyt, voire & qui faict en nous toutes autres actions, est luy mesmes. Car comme nous verrons, Dieu aydant, cy apres, l'homme est composé de deux parties, qui sont matiere & forme. Matiere est de son propre rude, indigeste, immobile, insensible, receuant toute puissance & action de la forme qui luy est appliquée: & ceste forme sont les vertus & essences diuines, qui continuellement operent en la matiere toutes actiōs de vie, mouuement & essence, comme sainct Pol l'a cy deuant dict, iouxte la nature du vray aucteur Dieu, continuellement agent & operant sans oysiueté. En cest estat la matiere est cogneuë viuante, mouuante, & operante, non de sa vertu, mais bien par les actions de Dieu qui luy sont appliquées auec l'infusion de l'ame, ce donc qui voit & oyt en toy, est le verbe du Seigneur. MAIS LA diuine PENSEE, qui fournit & administre toutes actiōs & vertus de ta personne, EST DIEV PERE, QVI NE SONT AVCVNEMENT SEPAREZ L'VN DE L'AVTRE, ains qui est fort conioinct à ce qui voit & oyt en toy: CAR LEVR VNION & conionction EST VIE, par le moyen de laquelle tu as receu toutes tes vertus & efficaces. Et le Fils de Dieu qui est voye, verité & vie, est aussi mesme chose auec son Pere: & qui le voit il voit aussi son Pere. Le sainct verbe donc & Dieu, Pere & pensée n'ont aucune separation, ains sont mesme conionction de vie: comme Iesus Christ le tesmoigne, Cōme le Pere a vie en soy-mesmes, ainsi a il donné au Fils auoir vie en soy-mesmes, c'est que par ceste mesme vie, il se declarent estre mesme chose, ou bien pour declarer plus familierement ce passage, & selon la composition de l'homme, nous dirons, ce qui voit & oit en toy, c'est le verbe du Seigneur, par la prudence duquel toutes actions & vertus sont distribuées en la compositiō de l'homme, receuës de la puissance de ceste pensée, Dieu Pere tout puissant, & mises en œuure, par la beneuolence du sainct Esprit, à cause de l'amour qu'il porte à ceste diuine creature, & ces trois ne sont aucunement separées en la composition de l'homme, par leur vnion par laquelle ils demeurent en l'homme, c'est vne des principales essences diuines appliquées à ce subiect pour sa conseruation, qui est vie, par laquelle la puissance, sapience & volonté, sont conseruées en ce subiect, comme essences diuines appliquées, du Pere, Fils & sainct Esprit, pour le rendre excellent, & tellement conioinctes en luy par vie, que icelle luy estant ostée, ceste composition ne peut plus y resider, cessant l'vnion de vie, par laquelle la pensée, sainct verbe, & operation, sont conionctes en luy, & par ainsi l'vnion de ces essences diuines en l'homme, consiste en la vie. Mercure ayant receu ceste saincte doctrine du bon Dieu, luy dit, IE TE RENDS GRACES, DIS IE.

SECT-

SVR LE PIMANDRE DE
SECTION 7.

TOutesfois prends garde à ceste lumiere, & la cognois bien. difant ces chofes il regarda contre moy par vn long temps, tellement que ie tremblois eftonné de fa figure. Mais apres qu'il eut remué fon regard, ie voy en ma penfée vne lumiere en puiffances innumerables, & l'ornement eftre faict indefiny : & le feu, enuelopé par tresgrand' puiffance, eftre contrainct de tenir certain lieu. Voyant ces chofes, ie les ay confiderées, à caufe des paroles de Pimandre.

COMMENTAIRE.

MErcvre ayant rendu fes graces au parauant que Pimandre luy monftre plus auant de fes actions, il l'aduertit pour le rendre plus preparé, luy difant TOVTEFOIS O Mercure, PRENDS bien GARDE A ce que ie t'ay dict de CESTE LVMIERE, & confidere fa grand vertu: ET LA COGNOIS BIEN : affin que voyant ce qui luy deuoit lors eftre montré, ne l'eftonnaft fi fort, qu'il en perdift le iugemét, donnāt Pimandre ceft aduertiffement, Mercure nous dit, DISANT CES CHOSES, IL REGARDA CONTRE MOY PAR VN LONG TEMPS, D'VN REGARD TELLEMENT furieux, QVE quelque affeurance que Mercure euft reçeu de luy au parauant, il fe contrainct a confeffer, IE TREMBLOIS ESTONNE DE SA FIGVRE. C'eftoit que Dieu monftroit à Mercure quelque preparation de fes rigoreufes puiffances, qu'il tiroit hors pour dompter la plus furieufe, puiffante, habille, penetrante, & active, de toutes fes creatures, pour le domptement de laquelle il en preparoit vne beaucoup plus grande & vigoreufe. C'eftoit le feu tres-fubtil, vaillant, & actif, entre tous les elemens, ayant action fouueraine fur toutes actions de matiere, n'ayant par deffus luy aucune puiffance, que la rigueur des puiffances diuines: comme quand Dieu fufpendit l'action du feu fur les trois enfans en la fournaife, par fa puiffance abfoluë, laquelle confiderée par Mercure durant le temps de ce regard qu'auoit affis fur luy Pimandre, le cōtraingnit a trembler, & non fans caufe, car Dieu luy monftroit vn plus grand feu que l'elementaire, par lequel il le vouloit dompter. De ce feu eft rendu tefmoignage, quand le peuple d'Ifrael refpondit à Moïfe, Ie n'orray plus la voix du Seigneur, & ne verray plus ce tresgrand feu, affin que ie ne meure. C'eftoit bien à Mercure pour trembler de la veuë & feuere aparence, qui faifoit mourir le peuple. C'eft ce que Dieu dift à Moïfe, Tu ne me verras point: car l'homme ne me peut voir & viure, c'eft de tant que cefte matiere qui eft en l'homme, en laquelle font affis les fens corporels & materiels, comme la veuë & ouyé, eftant corruptible & fubiecte a mutations & menterie, ne peut faire ce tort à l'efprit de Dieu, qui eft dans elle, que de s'auancer tant d'entreprendre fur fon eftat naturel, de comprandre Dieu, fans fuccomber & abandonner fon efprit, comme indigne d'auoir faict c'eft eftat, attandu l'infirmité de fes imperfections, comme dit fainct Pol, L'homme animal n'aperçoit les chofes qui font de Dieu: mais l'homme fe doit contenter d'aperçeuoir auec fes fens exterieurs & corporels, les œuures materieles de Dieu, pour les raporter à l'homme interieur, qui par la contemplation des œuures exterieures de Dieu, conceura en fa penfée, & par le rapport des fens iugera les actions, vertus, effences, & puiffances de Dieu, par lefquelles ces operations exterieures ont efté bafties, & ne pafferont les fens plus auant, que de cōceuoir ce qui eft materiel, pour l'apporter au iugement donné à l'homme, pour fur ce raport contempler, cognoiftre, louër, glorifier, & mercier continuellement Dieu, fur fes bien-faicts & merueilleufes actions. Mercure dōc ayant quelque tēps fouffert ce tremblemēt, de frayeur qu'il receut par le ferme regard de la feuerité de Dieu, preparant les forces fuffifantes a dompter ce vaillant feu, fuft aucunement foulagé, & dict: MAIS APRES QV'IL EVT REMVE SON REGARD fi afpre contre moy, lors IE VOY EN MA PENSEE, VNE LVMIERE enuironnée & conftituée EN PVISSANCES INNVMERABLES, c'eftoit celle, qu'il auoit veu des le commencement, en laquelle Dieu luy auoit commandé penfer, & bien la confiderer, à caufe que cefte vifion que Dieu monftroit à Mercure, n'eftoit corporelle, ains fpirituelle, ou en penfée: de tant que fes fens eftoient affopis. Mercure eftoit plus preparé à voir à l'entour de cefte lumiere, telle diuerfité de vertus & puiffances, qu'il auroit pleu à Dieu

Commēt fut dompté le feu

Dan. 3. d.

Action de feu domptée par puiffance fupreme.
Exod. 18. c

Tremblemēs de Mercure.
Exod. 33. d

Les fens corporels inhabiles à conceuoir les effences diuines.
1. Cor. 2. d

choi-

choisir, soit nombre infini d'esprit, ou bien tels chariots de feu qu'il fit voir à Helisée, pour le se- 4.Reg. 6. d
courir côtre le Roy de Syrie, ou autres puissances qu'il vouloit employer à son actiō. Mercure voyoit aussi vn tres-grand ornement, & preparation, pour dresser & ordonner LE BEAU
MONDE, & cest ornement n'estant encore rengé & disposé en son ordre, ESTRE FAICT
sans aucun terme ou limite, que nous apellons INDEFINI, attēdant à estre ordonné, ren-   *Mōde decla-
gé, & disposé par le Createur en son ordre. Cest ornement est appellé monde de ceux, qui   ré en ses ac-
auant auoir cogneu ceste grande beauté, ont imposé ce nom à certaines autres choses plus   ceptions.
basses, comme principalemēt aux ornemens des femmes, qui de tout temps ont vsé de ces
superfluités, & quelquefois à autres ornemens: & à ceste semblance voyant Mercure ceste
grande preparation d'ornement, pour dresser ce tant beau monde, il l'a nommé ornement,
dont le monde a prins le nom iusques à noz temps. Il restoit a disposer cest ornemēt en son
rang: ET lors Mercure voit LE FEV elementaire si grand & puissant, inuincible de toute puissance materiele, estre enuironné, ENVELOPE, & pressé PAR TRES GRANDE
vertu & PVISSANCE, quelles forces qu'il eust, il en trouua de plus vertueuses & actiues,   Le feu domté
qui estoient les forces supernaturelles & souueraines, que Dieu employoit à la creation &
disposition de toutes choses, lesquelles contraignoient & resserroient ce grand feu, par si
grande violance, qu'il ESTOIT forcé & CONTRAINCT DE TENIR son propre & CER-
TAIN LIEV, qui luy estoit destiné par ceste plus grande puissance diuine, VOYANT CES
CHOSES, IE LES AY CONSIDEREES, A CAVSE DES PAROLES DE PIMANDRE,
qui des ce commencement luy auoit dict, prens garde à ceste lumiere, & la cognois
bien: car ce stoit celle là, qui conduisoit les vertus & puissances miraculeuses, ou supernaturelles, dont Mercure demeuroit encore surprins en partie de son grand estonnement ou ef-
fray, disant ce qui s'ensuit.

SECTION. 8.

Dvrant que i'estois en mon estonnement, il me dict de rechef: tu as veu en ta pēsée
l'exemplaire de la figure plus ancien que le principe infini. Ces choses me dict Pimandre, les principes de nature (dis-ie) dont sont ils venus? A quoy de rechef il respōd.
De la volonté de Dieu: laquelle saisie du verbe, & voyant ce bel ornement, à imité,
faisant son monde par ses mesmes principes, & simples semences.

COMMENTAIRE.

DVRANT QVE I'ESTOIS EN MON ESTONNEMENT à sçauoir de ces grandes
puissances & vertus, qu'il auoit veu preparer pour domter ce puissant feu, & ayant veu
l'execution, il n'osoit soy ingerer de faire aucune question, ne s'enquerir de ce qu'il desiroit   L'exemplaire
bien sçauoir, toutefois ceste bonté diuine iamais n'abādonne les siens. IL ME DICT DE   n'estré a Mer-
RECHEF, TV AS VEV EN TA PENSEE, ou bien tu as consideré & bien poisé en ton   cure.
entendement, le merueilleux EXEMPLAIRE que ie t'ay faict voir, lors que ie t'ay regardé
si ferme, & par si long temps ou tu pouuois veoir toutes choses, tant eternelles que temporel, les futures & passées, & qui t'a si fort estonné, que tu en tremblois. As tu bien entēdu que
c'est l'origine & dessein DE LA VRAIE FIGVRE de toutes choses, & par consequent la representation à ta pensée de ce Dieu merueilleux, les contenant par ses souueraines vertus
& puissances. Ce diuin exemplaire est PLVS ANCIEN QVE LE PRINCIPE ou commencement de toutes matieres, qui doit puis apres estre INFINI & sans terme & basty
par la nature humide, que nous auons dict n'estre si ancienne que la lumiere, qui est pensée.
Et Dieu eternel, c'est que l'operation est precedée par son operateur, qui auec celle operation à basty en la matiere producte de la volonté de Dieu, tout le grand monde ensemble le
petit qui est dict le Mycrocosme, lesquels seront purgés pour estre rendus infinis, comme le
tesmoigne sainct Pierre, du grād monde auquel habitera Iustice, & le petit qui est l'humain   2. Petr. 3. b
sera purgé par la mort & resurrection de IesusChrist, pour estre rendu sans reprehension en   2. Thess. 5. d
ses trois parties, d'Esprit, Ame & Corps, en l'aduenemēt de IesusChrist. Ce à esté dans ceste
                                                                                           lumie-

lumiere que ie t'ay faict voir ses grandes vertus & puissances, qui deuoient dominer, renger contraindre, & ordonner les principes elementaires, crées & commencés pour durer infiniement, comme estant ses puissances plus anciennes & actiues qu'eux : & c'est celluy la le vray exemplaire de ceste premiere & ancienne figure, qui ne peut estre comprise entierement d'homme mortel : mais l'esprit bien dedié à Dieu, est capable d'en receuoir vne bonne partie, telle qu'il plaist à Dieu luy en communicquer, selon qu'il se trouue disposé : & c'est exemplaire ou figure ancienne est celle, qui à produict de ses propres essences incorporelles, ce globe, masse, ou chaos, dont sont sortis les quatre elemens principes infinis de toute matiere, qui par consequent ne sont si anciens, que ce diuin exemplaire dont ils sont issus. Mercure voyant que Dieu se rend plus familier à luy, commence à soy r'asseurer, & comme à cause de son estonnement, n'ayant bien retenu le passé, il reprend parole & refere CES CHOSES, ME DICT PIMANDRE, LES PRINCIPES DE NATVRE, DIS-IE, DONT SONT ILS VENVS. Comme s'il disoit, I'ay veu seigneur, que tu m'as monstré vne masse, de laquelle tu as separé ce grand & puissant feu : i'ay veu que par tes puissances souueraines, tu l'as contrainct & rengé : i'ay veu ton esprit conduire au dessous de ce feu l'air si subtil & spacieux : il reste encore dãs la masse l'eau & la terre meslés ẽsẽble, desquels quatre tu veux faire tous principes de creatures elementaires, corporelles, ou materielles. Ie te supplie me declarer de quelle substance sont venus ces principes, ou elemens de nature, ou de quelle source ils ont prins leur origine & vraye essence, A QVOY DE RECHEF IL ME RESPOND, DE LA VOLONTE DE DIEV, LAQVELLE accompaignee & SAISIE DV sainct VERBE fils de Dieu, que nous auons dict dominer & estre porté, sur ceste nature humide des vertus & puissances diuines, & lequel verbe mouuoit ces elemẽs de si grand vertu & puissance, qu'ils pouuoyent estre ouis, les disposant & ordonnant en l'estat & ordre qu'ils deuoyent tenir cy apres, pour l'entretenement & vie des creatures. Ceste diuine volonté donc accompaignee du sainct verbe, à consideré dans ce grand exẽplaire (qui à esté monstré à Mercure en son effroy, & qui fust monstré à Moise en la montaigne, ET VOYANT CE BEL ORNEMENT estant en la perfection, qu'il deuoit auoir, de tant que dans ce sainct exemplaire, toutes choses futures sont representees à l'intelligence eternellement, telles qu'elles seront à l'aduenir. C'est exemplaire fust aussi monstré à Dauid & Salomon pour le bastiment du temple, & sa suite : comme il est dict que Dauid donna à Salomon son filz la description du porche & temple & autres choses, & peu apres Dauid cõfesse toutes choses luy estre venues de la main de Dieu, affin qu'il entendist toutes les œuures de l'exemplaire. La diuine volonté voyant ceste si grande beauté du monde dans ce sainct exẽplaire, elle A IMITE, & selon qu'il y estoit contenu, FAISANT SON ORNEMENT & MONDE orné de toutes ses parties. PAR SES MESMES PRINCIPES, entendons principes de la diuine volonté accompaignee du verbe, lesquels ont prins & tiré ces commencemẽs, dont toutes matieres sont creées, de leurs substãces incorporelles, ou essences diuines, & matiere inuisible, cõme dict la Sapiẽce, qui sont les vrays principes, ET SIMPLES ou pures SEMENCES de toute creature. C'est ce qu'a dit S. Pol. Par foy nous entẽdons les siecles auoir esté composés par le verbe de Dieu, à ce que de choses inuisibles, fussent faites les visibles, c'est l'œuure de la volõté de Dieu saisie du sainct verbe. Car ce sainct verbe en toute operation est accompaigné du Pere, comme le dict sainct Iean, Mon Pere demeurant en moy, c'est luy qui faict les œuures, lesquelles il produict par son sainct verbe, soient materielles, intelligibles, ou spirituelles. En ceste maniere donc tous principes & elements materiels sont yssus des essences simples, semences & principes du sainct verbe & volonté de Dieu. En l'exemplaire Grec nous auons trouué semences d'ames : & estimans que pour la vicinité des dictions ψυχῶν signifiant d'ames, & ψυλῶν signifiant simples : le transcripteur ignorant la sentence auroit facilement prins l'vn pour l'autre. Toutesfois pouuant estre que ce mot ψυχῶν plairoit a quelque lecteur pour semence d'ames, nous dirons, que la volonté de Dieu auec son verbe, imitant l'exemplaire eternel, a basti son monde par ses mesmes principes & semences d'ames : de tant que toute creature estant composée de matiere, que nous verrons tantost separer de Dieu, & de forme, en laquelle gist la vie & l'ame, gouuernant toute creature, comme nous le dirons, Dieu aydant, plus amplement. Ces principes de toute matiere, qui seront despartis en quatre, ensemble l'origine & semence de l'ame, commise à la conduicte de toute creature, sont tous yssus de ce grand Dieu, par sa volonté

Origine du chaos.

Question de Mercure in recerche des principes de nature.

Response des principes de nature.

Les elemens sont yssus de la volonté de Dieu. Exod. 25. d 26. f Par. 28. c & d.

Dieu a imité la construction du monde de son exemplaire eternel Hebr. 11. a Sapi. c. 11. b

Ioan. 14. b Irene. lib. 4. cap. 37.

Simples semences d'ame & de principes.

lonté, ioincte au sainct verbe, pour la structure & composition de ses creatures, & admirables œuures. Et en ceste maniere, nous y pourrions entendre semences d'ames, au lieu de simples semences, de tant que & la matiere, dont sont composez tous corps, & la semence de tout' ame infuse en icelle, prennent tous leurs principes, & origine en Dieu, par le moyen du sainct verbe, comme nous le verrons plus amplement, Dieu aydant, au dixiesme chapitre : toutefois l'autre intelligence semble plus conuenir à l'escripture.

SECTION. 9.

MAIS pensée, Dieu abondant aux deux sexes, estant vie & lumiere, comme aucteur a produict auec son verbe l'autre pensée operante. laquelle estant Dieu de feu & d'esprit, a basti sept certains gouuerneurs, comprenantz par leurs cercles le monde sensible, & leur disposition est nommée fatale destinée.

COMMENTAIRE.

MERCVRE continuant son langage de philosophie, nomme ceste pensée diuine, abondant aux deux sexes, ou bien masle & femelle, par l'ancienne façon de parler, laquelle il continuera encore cy apres, voulant exprimer puissance, ou disposition d'operer, ou mettre en effect par action & operation, il vsa de ce mot seul, qui signifie en ceste langue disposé au deux sexes, que les Grecs appellent en vn mot semblablement ἀρρενόθηλυς. C'est à cause qu'il entreprend en cest endroit, de declarer le plus grand & profond propos de tout son œuure, c'est la procedance du sainct Esprit, que l'Eglise de Iesus Christ tient proceder du Pere & Fils, verbe eternel. A ceste cause comme philosophe auant declarer l'action, il declare la disposition de l'aucteur par ces paroles, MAIS ceste PENSEE, qui est DIEV ABONDANT, disposé & prouueu de tout pouuoir de produire, comme AVX DEVX SEXES estants en luy, & de luy disposez a produire chose semblable à soy. &d'auantage ceste mesme pensée ESTANT DIEV, VIE ET LVMIERE, COMME AVCTEVR de vie & lumiere illuminant toutes choses, comme nous auons dict, A PRODVICT AVEC SON sainct VERBE, Fils & second subiect, de la Trinité, L'AVTRE PENSEE OPERANTE, qui est le tiers subiect en vne essence de diuinité. LAQVELLE pensée seconde, ou autre ESTANT DIEV DE FEV ET D'ESPRIT: c'est à dire, à laquelle est particulierement commise la domination du feu & de l'esprit, qu'il prend icy pour vent ou aspiration, par ce que ceste autre pensée est dicte operante, à cause de quoy les deux plus grandes actions cogneuës des hommes, en puissance & disposition d'agir, qui sont le feu & l'esprit, ou vent, luy sont attribuées, par lesquels il faict communement ses actions & operations en toute matiere. Voicy vne diuine concorde, entre ce grand Mercure & l'Eglise de Iesus Christ, qui dict en sainct Iean, Quand le consolateur sera venu, que ie vous enuoyeray du Pere, l'Esprit de verité, qui procede du Pere: Et ailleurs parlant du mesme Esprit, Toutes choses que mon Pere a, sont miennes, à cause dequoy i'ay dict, que cest Esprit prendra du mien, & le vous annoncera. Par ces paroles Iesus Christ tesmoigne le benoist sainct Esprit proceder du Pere, & tenir pareillement du sien, comme Mercure l'a dict, auoir esté produict par la pensée Dieu Pere, auec son verbe Fils eternel, auquel toutes actions, vertus, & puissances sont communes, comme Iesus Christ l'a en ce lieu tesmoignée. Et lequel sainct Esprit est mesme chose, auec le Pere & le Fils, comme il est escript, Ils sont trois donnant tesmoignage au ciel, le Pere, le Verbe, & le sainct Esprit: & ces trois sont vn. Ce sainct Esprit donc a esté dict Dieu du feu, & de l'Esprit par Mercure, de tant que les actions & operations visibles, que Dieu faict en ce bas monde par ce sainct operateur, sont faictes en feu & vent,

Propos de la Trinité.

Dieu est dict ambisexe, comme puissant de produire.

Le sainct Esprit s'attribue le feu & l'air.

Concorde entre Mercure & l'escriture en la Trinité. Ioan. 15. d. Ioan. 16. b.

Le saint Esprit procede du Pere & fils.

1. Iean. 5. b. Le sainct Esprit dit Dieu du feu & de l'Esprit.

ou aspiration, comme l'apparition qu'il fist à Moïse dans le buisson en feu, qui ne nuisoit au buisson. Et quand le sainct Esprit fut envoyé par Iesus Christ aux Apostres, ce fut en vent vehement, & langues de feu visible. Et quand Dieu ravit Helie, ce fut par vn tourbillon & chariot en feu. Et le Baptesme que Iesus Christ nous a promis, c'est en sainct Esprit & feu. Et quand Dieu se montra à Helie, envoyant devant soy l'Esprit ou vent brisant les pierres, & ruynant les montaignes, il luy montra que le sainct Esprit vient en vent, commotion, & feu, & finalement iugera en feu, comme dict Esaïe. Ce sainct Esprit nous fust promis par Iesus Christ, pour demeurer eternellement avec nous, & apres fut exhibé & l'est tous les iours. C'est ceste secõde pensée produite par Dieu le Pere premiere pensée, & le sainct verbe son fils avec toute puissance divine d'operation. Laquelle A PRODUICT, BASTY, & créé de ses essences & simples semêces intelligibles, SEPT CERTAINS GOVVERNEVRS, ou recteurs, ausquels elle à donné charge & cõmandement, d'environner la sphere materiele composée des quatre elements, les, COMPRENANS PAR LEVRS CERCLES, & mouuemants à eux ordonnés par ce sainct operateur, si necessaires que par aucune autre quelconque puissance, ils ne les puissent changer, cesser, muer, ou alterer: à celle fin que par ces mouvements & diversité d'aspects, que ces recteurs, ou gouverneurs ietteront sur & entour de la matiere & region elementaire, soient envoyées, ou produictes actions diverses, & par consequent divers & infinis effects en nombre, par l'employ des vertus & actions, qui leurs sont commises de leur Createur, en pur ministere, & execution de sa volonté, loy, ordonnance, & commandement general. Lequel ministere & execution de loy divine, faicte par ces recteurs, sera cy apres nommée *fatum* par les Latins, ou bien destinée par ceste langue. Et de tant que Mercure dict, que ceste disposition, puissance de ministere, ou execution baillée à ces gouuerneurs, s'estend seulement sur LE MONDE SENSIBLE ou materiel, nous dirons qu'il y a deux intelligences de monde, assauoir le sensible, qui ne comprend en soy que les choses materieles & subiectes au iugement & comprehension des sens corporels, qui sont organisez dans les corps de tous animaux : & à cause de la subiection qu'elles ont à la loy & vertu des sens; elles sont dictes sensibles, comme tout ce qui est dans la region elementaire, & composée des elements. Et d'auantage, tous ces mesmes recteurs, & autres creatures celestes de leur estat & condition, en tant qu'ils sont subiects à la veuë, qui est vn des premiers sens corporels. Toutesfois cõbien qu'ils soient materiels, ils ne sont subiects à leurs dispositions: sinon en tant qu'vn quelque fois se trouue en telle disposition de son action, & mouuement, qu'il mortifie ou affoiblist l'effect de l'efficace de son compagnon. Parquoy ils n'ont que ceste puissance en l'effect de leurs actions, & non sur leurs corps ou mouuements & action à eux commise, par laquelle il la peussent perdre ou alterer en leur vertu, mais en leur effect seulement. Ces sept recteurs ou gouuerneurs, sont ces corps immortels, que nous nommons les sept planetes, lesquels Mercure s'est contenté de mettre en l'ordre de leur creation, comme les principaux ayants ceste charge : combien que par ce mesme sainct operateur, il en ayt esté creé vn si grand nombre d'autres, qui sont toutes les estoilles, ou astres des cieux, ayants en partie mesmes charges, que ces sept gouuerneurs, non toutesfois si puissantes, & prochaines de nous. Parquoy Mercure s'est contenté d'exprimer les chefz de l'action, supposant & estimant, que soubz le nombre de ceux là, nous entendrons les autres avoir esté faicts par le mesme auctuer : & à mesme fin, qui est d'employer leur action & ministere sur la region elementaire, a mixtions, mutations, generations, corruptions, croissance, diminution, alteration de qualitez, esmotion de matiere a divers appetits, & inclination a diverses actions & passions, tant que ce qui leur est subiect & obeissant (qui est la seule matiere) le peut porter. Parquoy ilz sont dicts auoir disposition & puissance, laquelle se nomme *fatum* ou destinee, sur la seule matiere & ce qui en est basti & composé, que Mercure a nommé le monde sensible, comme subiect au iugement des sens. Le monde intelligible est prins pour les vertus & puissances diuines, commises au ciel, astres, & creatures; de quelque condition qu'elles soient, pour faire executer, & acomplir les actions, qui leurs sont commises, là & ou il plaist au sainct operateur leur Createur, par la loy de leur institution. Il l'appelle intel-

intelligible, comme estant subiect & disposé a estre comprins, couçeu, iuge, & entendu par la seule intelligence & pensée, que Dieu a mise en l'homme, à l'opposite du sensible, qui n'apartient qu'au iugement des sens, comme couleur, son, froid, chaut, doux, amer, dur, ou mol, & autres infinis iugements, apartenants aux seuls sens corporels. A ceste cause l'vsage du monde sensible apartient au corps & sens corporels, rudes, & materiels, n'ayant aucune puissance de s'estendre plus auant. Au contraire l'vsage de l'intelligible, apartient à l'intelligence & autres vertus ou essences diuines, mises en l'homme, qui par l'ayde & moyen d'icelles contemple Dieu en ses vertus & essences, estendues sur les proprietez de toutes creatures: & admirant ses dignitéz, le loüe, le glorifie, le mercie, & finalement commande (par la vertu de ceste diuine intelligence, qui luy est commise) à toutes choses materieles, & en dispose comme de la chose que Dieu a mis en sa disposition & subiection de son liberal arbitre, des l'effect & acte de sa creation: dont s'ensuit, qu'il est de tant plus grand & digne, que l'vsage du sensible, comme le Createur l'est plus que sa creature. Et de tant que l'homme estoit accompagné d'vne plus noble & digne compagnie, que le corps ou matiere, qui estoit l'intelligence & Esprit de Dieu mis en luy, la dignité de ceste vertu diuine a exempté la matiere de l'homme, de la subiection des recteurs & gouuerneurs du monde sensible ou materiel. A cause de quoy l'homme à esté faict immortel, iusques à ce que son defaut l'en a priué: & LEVR operation, action, ou DISPOSITION, donnée aux sept gouuerneurs, sur toute matiere & creatures corporeles, contenues dans la region elementaire, EST NOMMEE FATALE DESTINEE, & d'aucuns necessité. Mais de tant que ces dictions *fatum* destinée & necessité, ont esté mal prins de plusieurs, tant anciennement, que deça peu de temps, dont s'en est suiuy infinité d'opinions, produisants beaucoup de maux, & aussi que le defaut de la vraye intelligence de ces trois dictions, qui ont mesme signification, nous pourroit empescher la cognoissance de l'intention de ce traicté: nous declarerons quelque partie de la nature de *fatum*, pour paruenir a plus facile intelligence, de ce, que cy apres nous dirons. Nous deuons entendre que ceste action & disposition, que le sainct Esprit à donné aux corps celestes sur toutes les creatures, qui habitent en la region elementaire, est nommée *fatum*, destinée, ou necessité: de tant que ceste loy & ordonnance, que Dieu leur a destiné, est si necessaire, & l'estat en est faict si resolu, qu'il est hors de toute autre puissance de changer, ou alterer tant peu ce soit, les voyes, lois, & actions, qui leur sont commises, par ce trespuissant sainct Esprit. A cause de quoy ne pouuant faire autres mouuements, ou actions, que celles, qui leur sont ordonnées: ils sont dicts auoir leurs lois, & actions necessaires: & l'action & vertu qu'ils ont, est par ce moyen dicte necessité, ou destinée. L'on pourroit dire, que cest ordre n'a esté si necessaire, qu'il n'ait esté troublé du temps de Iosué, que le Soleil arresta, & du temps d'Ezechie, qu'il recula, & à la mort de Iesus Christ, qu'il s'obscurcit, & autres. Nous dirons que ceste puissance, qui a rompu l'ordre & mouuement celeste, n'est autre, que celle, qui l'a institué: laquelle estant seule, & par dessus toutes puissances, & qui n'est en la main de creature quelconque, mortelle ou immortelle, ne doit estre comprinse parmi les puissances ordonnées de Dieu aux creatures: & qui plus est, excedant toute puissance de nature, comme nous dirons cy apres, elle ne peut estre comprinse entre les puissances ordinaires de Dieu dont s'ensuit, que ce qui resistera à toute autre puissance, qu'à celle là, peut estre facilement dict resister à toute puissance, pour l'honneur & reuerence que nous deuons à sa dignité, de ne la comprandre au nombre des puissances ordinaires de Dieu, données ou commises à ses creatures, parquoy dirons necessaire, comme ne pouuant estre rompu par aucune puissance ordinaire de Dieu, que nous nommerons cy apres nature. Sur ceste necessité ou disposition irreuocable, commise à ces sept gouuerneurs, sur les corps inferieurs, plusieurs ont quelquesfois pensé ceste tres-dangereuse opinion, à sçauoir, que si par ceste disposition necessaire, vn homme se trouue pressé & induict par diuers influx de qualitez, que ces astres excitent en sa matiere & personne, à faire quelque mauuais acte, il sembleroit qu'il ne deuroit s'esforçer à s'en defendre, attendu que quelque puissance que Dieu aye donnée à ses creatures, voire ny à nature, est priuée d'empescher cest' action. Parquoy ne voyant aucun remede, s'il s'en trauaille, il n'a pas bon iugement, ains se doit laisser aller à ses plaisirs &

18 SVR LE PIMANDRE DE

Response à l'obiection de la destinée.

vanitez. Nous dirons à ceste obiection, que veritablement vn homme n'est pas sage d'entreprendre, par quelque force ou puissance de Dieu, qui luy soit communiquée, de rompre la necessité, & action, que l'astre ou *fatum* faict en sa personne, comme estant action non comprinse soubs ses actions, ou puissances à luy commises. Car le defaut principal, qui seroit en celuy, qui feroit ceste entreprinse, seroit outrecuidance de pouuoir plus que Dieu ne luy auroit ordonné, & aussi faute de se cognoistre, comme n'ayant comprins l'homme estre de double nature, mortele, & immortele (comme nous dirons, Dieu aydant, cy apres) il aura prins l'homme, pour le seul homme corporel, qui veritablement est subiect à receuoir par necessité, toutes actions des gouuerneurs sur sa matiere, sur laquelle leur puissance est ordonnée. Parquoy s'il est seul corporel, sans aucun remede,

Destinée fatale domine l'homme charnel.

il obeyra à la destinée, qui en son endroict sera veritablement necessaire. Mais si l'homme est prins & entendu en toutes ses parties, & dignitez, c'est à dire, en sa principale partie immortele, qui est l'homme essential, interieur, intelligible, immortel, & diuin, combien que ceste necessité presse & induise, ou incite sa matiere par son action, à quelque mauuais effect: cest effect ne peut estre dict mauuaise œuure, si elle n'est aduouée, ratifiée, ou resoluë par la volonté, qui est le principal membre de l'homme interieur, sur lequel les sept gouuerneurs n'ont aucun pouuoir, ny sur toutes les autres vertus & essences diuines, desquelles est accompaignée l'image de Dieu, en l'homme essential, & intelligible, ou spirituel & interieur. Parquoy à quel effect, que le corps puisse estre

Destinée fatale ne contrainst, ains incite seulement l'home intelligible.

incité ou prouoqué, par ces necessaires actions, si la volonté n'y consent, il n'y peut auoir vice ny offence. Et d'auantage, combien que le corps ou matiere de l'homme, ne puisse euiter l'action de l'astre, influant par necessité sur sa personne, n'ayant aucun pouuoir sur la volonté, de tant qu'elle n'est sensible, ou materiele, ce nonobstant il est garny par dessus toutes creatures, de l'intelligence, & autres vertus diuines, desquelles l'vsage est commis à la discretion, & liberal arbitre de sa volonté, qui n'est subiecte à la destinée: &

Ecclef. 15. c.

par lequel vsage il a diuers moyens, non d'empescher l'action, qui ne s'addresse qu'au corps, mais bien de diuertir, empescher, ou r'adoucir l'effect, que ceste action veut produire en la volonté. Car comme nous auons dict, les actions mesmes des astres, empeschent la violence de l'effect l'vn de l'autre. Parquoy ne gist qu'à eslire le temps, auquel

Prudence de l'homme contre la destinée

les mouuemens, causans dures actions ont leurs effects empeschez par autres, causans actions contraires: ou bien sçachant, que toutes vertus de Dieu necessaires aux viuants, sont distribués aux creatures, il gist en l'homme creé de Dieu, d'apliquer les creatures propres à r'adoucir la violente action de l'astre, au temps & lieu requis pour empescher l'effect mauuais, ou fortifier le bon, & infinis autres moyens, qui sont tous subiects à l'intelligence de l'homme, pour secourir sa liberale volonté, contre les assauts de la matiere, suscitée par *fatum*, contre son repos & perpetuele felicité quelquefois: lesquels moyens l'homme a perdu auec l'innocence. Nature nous donne exemple fort euident en plusieurs bestes brutes, n'ayants autre conduitte que son benefice, & continuel soin. Car

Prudence de nature a la conduite du brut.

lors que le brut se trouue pressé de quelque defaut, que sa matiere souffre, nature le conduit au lieu, ou raison & intelligence doit conduire l'homme, qui s'en veut ayder, comme il doit: c'est à sçauoir à son remede, soit à vne herbe, pour medecine, contre quelque mal, soit les oyseaux a aualer des pierres, soit aussi, comme il est dict des Hierogliphiques, le silence oportun, signifié par les oyes sauuages, subiectes a caqueter, qui naturellement trauersant les monts habitez d'aigles, prennent vne pierre au bec durant ceste trauerse, pour ne caqueter & estre prinses par les aigles, & infinies autres prudences de nature exercée aux animaux bruts. lesquelles l'homme doit exercer, par le moyen des vertus diuines en luy commises, soubz la liberté de sa volonté & arbitre, pour selon iceluy les employer, ou

Rom. 8. é,

à l'obeissance des concupiscences, ou bien à celles du sainct Esprit, qui continuellement sollicite le salut de l'homme. Les concupiscences sollicitent incessamment les sens, qui

Concupiscéce mene l'hôme a la vie du brut.

participent auec l'ame, pour adonner sa volonté, aux effects procurez par les actions de la destinée: & ce pour attirer l'homme à la voye du brut, qui ne sçait autre chose, comme materiele ou subiecte à la matiere, sur laquelle les actions de *fatum* sont ordonnées. Celle là nous monstre que l'homme estant en liberté d'adherer à celle part, qu'il luy plaira des concupiscences, ou sainct Esprit, il peut armer sa volonté de ses diuines vertus

tus commises soubz son arbitre, & sur lesquelles n'y a puissance quelconque de *fatum*, ny autre que celle, qui los luy a commises, & ainsi armé peut facilement resister (non sans combat) aux actions de *fatum*, suscitation des sens par concupiscences, & autres suggestions de Sathan contre sa volonté. Lesquelles combien qu'elles ayent moyen & pouuoir de iecter leurs actions sur la partie materiele, & l'homme corporel, & inciter la volonté, & la conuier, ce neantmoins il n'est en eux de la pouuoir contraindre, ny la priuer de liberté, si elle veut incliner vers le sainct Esprit. Or est il que la Loy de Dieu s'adresse totalement à la pure & liberale volonté, par ce qu'elle commande aux actions de la personne, desquelles elle est comptable: & ne s'adresse pas à la matiere, ou homme exterieur & corporel: comme Iesus Christ la declaré disant: Ce qui entre par la bouche, ne salist pas l'homme, mais ce qui en sort venant du cueur, mauuaises pensées, adulteres, larcins, prenant en ce lieu le cueur pour la volonté, qui se trouue comptable de tous les biens-faicts ou mal-faicts de l'homme. Voila pourquoy il l'a exemptée du pouuoir de *fatum*, affin qu'elle n'aye aucune excuse legitime, d'auoir mal employé les vertus, desquelles Dieu l'a accompaignée: & qu'il a soubsmis à sa disposition, pour la seruir & secourir en ses actions, contre l'ennemy poursuiuant des le commencement la ruyne & destruction de l'homme, par le moyen des concupiscences, s'il luy peut persuader son intention, & obtenir le consentemēt & resolution de sa volōté. Et de tant que plusieurs abusent d'vn passage de l'escriture, qui dit: Dieu est celuy, qui œuure en vous le vouloir & le parfaire, concluants, que Dieu donne sa volonté sans nostre consentemēt, nous dirons en cest endroit, quel est ce vouloir. Le S. Esprit est dict nous donner la volonté, quand par inspirations de diuerses cognoissances & intelligences, il sollicite & admonneste la partie spirituelle de nostre ame, de se retirer des concupiscences de la matiere & adherer à luy. C'est l'occasion qui a meu Iesus Christ de nous enuoyer apres sa Passion, son sainct Esprit, disant Celuylà, estāt venu, vous portera tesmoignage de moy. Ce que sainct Pol interprete, Que celuy mesmes Esprit porte tesmoignage à nostre Esprit, que nous sommes fils de Dieu. Tous ces tesmoignages de l'amour que Dieu nous a, rapportez par le sainct Esprit a nostre ame, n'est ce pas assez pour luy susciter la volonté d'aymer Dieu, & laisser l'abus des concupiscences? C'est la façon que Dieu par l'operation de son sainct Esprit obserue, a nous exciter la volonté à bien faire, à ce que par ces frequentes admonitions & belles intelligences, l'ame dōne le consentement de sa volonté à son heureux conseil. Ce n'est pas donc que nous deuions penser, que Dieu & son sainct Esprit nous donne la volonté sans nostre consentement, ou bien mesprisants ses admonitions, qu'il nous contraigne à vouloir le contraire de nostre arbitre. Car telle operation faicte en ceste volonté contraincte, ne seroit acceptable deuant Dieu, qui desire oblations du sien propre & liberales, & non contraínctes, de tant que contraincte n'a puissance sur l'homme interieur, accompaigné de l'Esprit du Seigneur, qui luy apporte vraye liberté, comme le dict sainct Pol, Là où est l'Esprit du Seigneur, là est liberté. C'est la liberté que Iesus Christ nous apporte, nous deliurant de ceste ignorance, par laquelle nous auons tousiours esté entre les mains de l'ennemy, & de ceste ignorance nous a deliuré Iesus Christ, nous donnant son sainct Esprit, qui nous endoctrine, de sorte que nous n'auons plus lieu d'autre ignorance, que la volontaire, qui nous est si libre, que sainct Pol dict, Que le vouloir gist en luy, mais non la perfection. Ce vouloir donc qui gist en sainct Pol, s'il est adonné au sainct Esprit, il se trouue prest a le mettre en œuure, iusques en perfection, par ce passage, C'est Dieu qui opere en vous le vouloir & le parfaire, pour la bonne volonté. Voila comment le vouloir libre gist en nous, dès la creation & infusion de l'ame raisonnable, mais par ce que ce vouloir n'a forces suffisantes en l'homme materiel, pour estre mis en œuure de perfection: le sainct Esprit donné à l'homme, est celuy, qui reçoit ce libre vouloir de l'homme, & secourant son impuissance, il met en œuure, il execute, il faict operer par ses sainctes vertus ce bon vouloir, iusques en la perfection qui luy est requise: vray est qu'il veut que l'election vienne du liberal arbitre donné à tout homme, à ce que par ceste election de bien ou mal, il puisse iustement estre iugé, comme il dist des le commencement à Cain, L'apetit du peché te sera subiect, & tu domineras sur luy: & si tu as bien faict, tu le receuras. Voila le iugement dependant de la liberté de la volonté de l'homme. Nous dirons donc que Dieu nous ayant donné des le

L'homme n'est cōtrainct par fatum.

La loy de Dieu s'adresse à la volonté non a la matiere de l'homme.
Matth. 13. b

Pourquoy Dieu a donné arbitre à l'hōme.

Quelle volōté donne le S. Esprit.

Iean. 15. d
Rom. 8. c

Operatiō du S. Esprit a susciter nostre volonté.

2. Reg. 24. d.

2. Cor. 3. d
Galat. 4 d.

Rom. 7 c.

Philip. 2 b.

Le vouloir gist en nous & Dieu le met en œuure.

Genes. 4 a.

commencement liberté d'employer nostre volonté, il ne la nous a pas despuis ostée, mais voyant que de nostre malice, nous l'employons fort mal, il nous a donné, par le moyen de son sainct Esprit, vne cognoissance, secours, & continuelle admonition, qui ordinairement conuie & suscite nostre liberale volonté, d'incliner de sa part, estant prest des l'inclination du consentement, de la fortifier, mettre en œuure, & la paracheuer en toute perfection, tant qu'elle continuera de pendre & incliner de sa part. Dont nous pouuons conclure, qu'il n'y a bonnes ou mauuaises œuures, que celles qui sont faictes de propos deliberé, & consentement de volonté. Sainct Pierre tient resoluëment cest aduis, dans les recognitions de sainct Clement, De tant, dit-il, que l'homme ne peut estre blasmé ne recompencé de ce, qu'il auroit faict par contraincte. A ceste cause ie serois d'aduis, que l'homme ne s'endormist pas tant en ses menus plaisirs, s'attendant que le sainct Esprit luy amene le vouloir de bien faire, contre la liberté qu'il a de l'employer ou il voudra: mais serois d'aduis, qu'il deliast les vertus & actions du sainct Esprit, qu'il tient liées par son arbitre, & lors fist le guet aux bonnes & sainctes pensées qu'il amene à ceux, qu'il voit preparez à les receuoir, & qui deliberent incliner leur volonté à ses saincts conseils & inspirations, & les sentant venir, incliner de toutes ses forces le vouloir, & l'entretenir toute sa vie de ceste part, entrant en l'exercice, & doctrine du sainct Esprit: & le continuer iusques en la perfection, que sa verité nous a promis vsant des choses materieles pour sa seule necessité, & soubs ceste esperance continuer ce combat iusques à la fin. Voila donc comment la disposition des recteurs, ou bien *fatum*, n'a aucune puissance, que l'action qu'elle faict sur la matiere, laquelle est veritablement necessaire, mais non l'effect, qui par ceste action est souuent produict en l'ame de ceux, qui n'y sont gueres vigilants. Lequel effect peut facilement estre diuerty par les vertus intelligibles de l'homme, comme volonté, vigilance, soin, prudence, & autres, sur lesquelles *fatum* n'a aucun pouuoir, comme nous oyrons cy apres quelquefois dire à Mercure. L'homme non adultere, ny homicide, souffre *fatum*, comme l'adultere & l'homicide: De tant, dict il, qu'il ne peut euiter la qualité de la transmutation, qui est l'action qui se faict en la matiere, ou pour dire mieux, la transmutation des qualitez apliquées à la matiere, non plus que l'effect de la generation: mais la mauuestie, qui ne touche que l'intelligible, peut estre euitée, par celuy qui est possedé de ceste diuine pensée. C'est à cause que l'action celeste n'a puissance de contraincte, que sur la matiere, qui ne faict qu'inciter la volonté à peché, sur laquelle l'action celeste n'a puissance que d'induire, conuier, ou incliner, & non de contraindre. Que dirons nous donc, si les actions des sept gouuerneurs, s'addressants communement à la matiere de l'homme, luy excitent concupiscence & le prouocquent à mal? S'ensuiuroit il qu'ils deussent estre dicts, & estimés de leur nature mauuais? & par consequent Dieu inculpé de les auoir faicts tels, seroit dict auoir faict mauuaise œuure, qui est hors de la raison: car il est escript, Que toute creature de Dieu est bonne: & ailleurs, Il a bien faict toutes choses. A ce propos nous dirons, Que toute creature de Dieu est bonne de sa nature: & si bien l'astre, par son influence, prouoque l'homme à mal, il ne peut pourtant estre dict mauuais: de tant qu'il n'a aucune volonté de mal faire, en la quelle seule gist le vice de mauuaistié. Et d'autre part, la creature celeste, qui n'a aucune opinion ou volonté, continuant ses actions & mouuemens, qui luy sont ordonnez de Dieu, se trouue souuent par mesme influence faire bien à vne creature & mal à l'autre, en mesme temps. dont s'ensuit qu'elle, en son propre, ne peut estre chargée d'aucun defaut, ou malice, mais plus-tost en doiuent estre chargées les creatures, qui par leur disposition, ou indisposition, conuertissent la bonne action de la creature celeste, en bon ou mauuais effect: & de faict nous ne voyons si souuent les animaux priuez de raison, & liberté de iugement, souffrir mal des creatures celestes, voire ny toutes autres creatures viuantes, comme l'homme, qui conduisant mal sa liberté d'arbitre, se rend indisposé par son indiscretion & subiection de ses plaisirs, a receuoir l'action de la creature celeste à son proffit, & mal vser des dons de Dieu: à cause dequoy il en faict son dõmage, & coure par sa negligẽce, imbecilité, & ignorance, racine de toutes miseres, le defaut ou malice, que l'on imputeroit à la creature celeste, qui en est totalement immune, & deliure. Il y a aussi vn plus commun defaut, qui rend l'homme vaincu en ses puissances incorporeles & intelligibles, par les puissances fatales & destinées sur les choses sensibles & materieles seulement. C'est quand l'homme desirant suiure en ceste

Marginalia:
- Recognit. S. Clement.
- Admonitiõ Chrestienne.
- Les bons & mauuais souffrent fatum pareillemẽt.
- Question si les astres sont occasion de mal.
- 1. Thim. 4. b. Marc. 7. d. Solution.
- L'astre n'ayant volõté ne peut auoir malice.
- Le brut obeissant a nature ne souffre sã en sa matiere, que l'homme corrompant nature.
- Toutes actiõs celestes sont bõnes de soy.

en ceste vie ses concupiscences & plaisirs corporels, s'adonne & rend tellement subiect aux choses materieles, qui de leur nature & condition sont subiectes à la destinée fatale & sept gouuerneurs se trouue tellement obligé à la matiere, & rendu subiect à ses imperfections & subiections, qu'il se trouue par force de son premier deffaut, subiect & obligé à la disposition de ses gouuerneurs & leur puissance fatale. comme s'estant assubiecti à ceste matiere, sur laquelle ils ont commandement: de tant qu'il est certain que l'astre ayant puissance sur les choses materieles & corporeles, sans doubte il dominera tout ce qui leur sera subiet. Or est il que l'astre trouuat la volonté de l'homme indiscret, assubiectie à ceste matiere, à laquelle il comande, il ne peut faillir de s'asseurer: que tant qu'il comandera sur ceste matiere, il comandera pareillemēt sur ceste volōté qui luy a voué son obeissance, cōme S. Pol le tesmoigne, Ne sçauez-vous pas, que vous estes serfs de celuy, à qui vous auez exhibé vostre seruitude? Si donc l'hōme par son indiscretiō s'est exhibé serf, & obligé à la cōcupiscence materiele, il ne faut qu'il s'esmerueille, si la puissance fatale disposant de ceste matiere & ses allechemēs, dispose pareillemēt du seruice de ce pauure mal aduisé. Et c'est le plus frequent deffaut, & auquel il nous faut plus auoir l'œil : car les affections des choses materieles, & leurs dependances qui sont gloire, hōneur, & desir de reputation, nous pressent en ceste vie beaucoup plus, que la contemplation des choses diuines & amour de l'hōneur & gloire de Dieu. Nous conclurons donc, que ces creatures celestes, esquelles est commise la destinée, n'ont en elles aucun vice ou deffaut, mais elles font leurs actions selon qu'elles trouuent la matiere, & les choses subiectes à icelle, disposées à la receuoir : & en ceste disposition de matiere gist le deffaut ou vice, si aucun en y a : & non en l'action de la creature celeste, de soy bonne & creée en sa perfection.

L'hōme serf de matiere est subiect à l'astre.

Rom. 6.a

SECTION 10.

Soudainement le verbe de Dieu sortit des principes de Dieu, alants contre bas, pour le pur artifice de nature, & s'est conioinct à la pensée operante, de tant qu'il luy estoit de mesme essence: & sont demeurez les elements de nature tombants contre bas, sans raison, pour seruir de seule matiere.

COMMENTAIRE.

DE tant que cy deuant nous auons dict, que la volonté de Dieu auoit prins auec soy le sainct verbe, & de ces propres principes & semences auoit basti son monde : nous dirons maintenant, que SOVDAINEMENT QVE LE SAINCT VERBE DE DIEV eut desparti ses principes, assauoir les legiers, comme le feu & l'air contre mont, & les pesants, comme la terre & l'eau contre bas : il SORTIT & se retira hors DES PRINCIPES DE DIEV ALANTS CONTRE BAS, n'y laissant aucune vie, ame, ny raison, à celle fin qu'ils seruissent & fussent destinez POVR LE PVR ARTIFICE DE NATVRE, quand il leur seroit commandé par le sainct verbe de produire creatures, par ses mixtions, generations, transmutations, & corruptions. Et ce sainct verbe S'EST CONIOINT A LA PENSEE OPERANTE, comme il est dict du Fils, qui opere toutes œuures que faict le Pere, & ce par l'esprit operant, DE TANT QV'IL LVI ESTOIT coëssential, ou DE MESME ESSENCE, c'est auec le Pere premiere pensée, à ce que le sainct verbe joint à l'Esprit de Dieu operant, composassent ensemble, & ordonnassent tout l'ordre de nature, ET SONT DEMEVREZ LES ELEMENTS DE NATVRE estans separez de leur vraye source, de toute vie, raison, intelligence, & mouuements rudes, indigestes, TOMBANS CONTRE BAS, SANS RAISON, sans mouuement, ou sentiment, POVR SERVIR à nature d'elements, & DE SEVLE MATIERE, destinée à receuoir toutes formes qu'il plaira au conducteur luy imprimer, par la colation & raportemēt de ses sainctes graces & vertus en icelle, soit generations, corruptions, mutations, renouuellements, ocultations, & autres puissances oũ actions de Dieu; par lesquelles il luy plaira, produire infini nombre de creatures, sur ce subiect & matiere de ces quatre principes ou elements, iouxte & soubz la loy que cy

Dieu laisse les elements sans aucune vertu.

Ioan. 5. 6

apres sera ordônée pour nature, executée par ses diuines puissances, cômises à ses creatures celestes & immortelles, dependâtes de la seule prudence & volôté diuine. De ce propos depend toute la côposition ou creation de toutes creatures, lesquelles estât generalement côposées de matiere, & forme, il estoit necessaire pour rêdre la matiere separée de forme, qu'elle fust desnuée de toute actiô & vertu diuine, que Mercure côpred en cest endroit soubs ce mot de Raison : lesquelles actiôs & vertus diuines côferées à ceste matiere ainsi desnuée de raison & vertu, luy seruent de forme en toutes creatures qu'elle reçoit a côposer. A ceste cause Dieu la separât de toutes actions & vertus, est autât à dire, qu'il l'a separée de toute forme: & non de vray separée: car elle n'en auoit iamais esté accôpagnée estât matiere, mais est demeurée, ou a esté laissée sans action, vertu, forme, ny raison, ne luy demeurant aucune dignité de toutes celles, qui estoient en ce tres-parfaict bien, dont elle a esté produicte, que le seul habit de matiere, comme quelquefois nous dirons cy apres auec Mercure, dont elle sera dicte immortelle, & ne pouuoir perir ou demeurer sans cest habit de matiere. Elle est toutesfois à ce propos desnuée de toute action, vertu, puissance, raison, forme, ny autre dignité prinse de son aucteur, que ce simple habit: & ce (dict Mercure) pour seruir de seule matiere en sa composition des creatures, & non de forme, en laquelle gisent les actions, vertus, substance, & autres dignitez, qui sont en toute creature. Ceste separation de la matiere est aussi faicte pour monstrer difference en la composition d'icelle, auec sa forme, qui sont les actions, & vertus de Dieu mises és creatures, pour pouuoir veritablement dire, que toute creature est composée de Dieu & matiere, de tant que si la matiere n'eust esté separée de forme, ains fust demeurée formée de quelques vertus, ce n'eust esté matiere, ains animal, ou autre composition formée. Voila pourquoi Dieu l'a separée & banie de ses actions & vertus, ou au plus vray ne l'en a proueuë. Et finalement la principale cause (comme nous dirons ailleurs) de ce delaissement de matiere sans raison, ou autres vertus diuines, se trouuera estre, pour monstrer que quelque besoigne, ou creature que Dieu puisse faire, meslant en sa composition tant soit peu d'autre chose, que de ses vertus, dignitez & essences, qui sont luy mesmes: elle ne sera iamais capable de contenir en soy perfection, ny pure partie de ce parfaict bien: comme Dieu le monstrera en la creation plus excellente qu'il face, qui sera l'homme, faict de son image, & sainct Esprit pour forme, des elements pour matiere, & d'vne ame pour conduicte: à celle fin de voir si tout ce composé mis en liberté, eslira la voye de perfection, estant en partie composé de matiere laissée sans ceste raison, ou sainct verbe Fils de Dieu, signifiez par mesme diction Grecque λόγος. Et se trouuera en fin, qu'il n'y aura perfection qu'en Dieu, si pur, qu'il ne soit meslé ny composé d'autre chose quelconque. Voila la souueraine cause de la separation, & delaissement de la matiere, sans raison, ou vertus diuines pour la tenir preste a entrer en composition de tous animaux & creatures, & manifester les excellentes puissances, intelligences, & autres perfections de la bonté de Dieu. De ceste separation est ensuiuie l'imperfection, par laquelle toute matiere est de son propre subiecte a inconstance, mutation, & impuissance de demeurer en vn estat. Et qui plus est, il s'en fust ensuiuy totale perdition & aneantissement, deslors que par ceste separation elle a perdu la vertu d'essence, qui est au seul Dieu, n'eust esté que la prouidence diuine, deliberant se seruir à l'aduenir, pour la composition & manifestation de ses desseings, & ordonnances contenues en son diuin exemplaire, separant la matiere de soy, l'a proueuüst d'immortalité, luy donnant perpetuel habit de matiere, à ce qu'elle fust preseruée de priuation & ruine, que ceste separation luy pourchassoit, & proueuë de perpetuelle conseruation, par l'habit d'estre tousiours matiere, que ceste prouidence diuine luy donna. Et pour ceste cause, combien qu'elle n'aye essence en Dieu, en estant separée: ce neantmoins elle a perpetuelle materialité, comme nous verrons, Dieu aydant, cy apres, qui est autant que perpetuel habit, ou durée de matiere en son imperfection, & subiection obligée à tant de mutations, inconstances, & peu de durée en vn estat. laquelle condition elle tient, au lieu de l'entiere perdition, ou ceste separation de Dieu l'auoit conduicte, de maniere qu'il semble, qu'elle laisse d'estre vne chose ny autre, comme tendant & tachant à n'estre rien : de tant que, comme nous verrons cy apres, quelquefois, aucune chose materiele n'est veritable, à cause de sa mutation & changement ou inconstance, aquoy elle est subiecte, concluant que tous vices, miseres, & imperfections qu'a la matiere, & qu'elle com-

Cause de la separatiô de la matiere & de Dieu.

Matiere separée de Dieu est sans actiô.

Separatiô de matiere pour les compositions.

Principale cause des creations.

Matiere proueuë d'immortalité.

communicque à toutes choses, qui se laissent dominer à elle, & ses concupiscences luy sont acquis, par ceste separation qu'elle a de toute vertu, gloire, & perfections dont s'ensuit que par ceste priuation ayant acquis tous vices & miseres, ilsont iustement dicts venir de priuation,& n'auoir aucune essence,comme estant separez de ce bonDieu,auquel seul elle est.Et de la vient à l'homme toute sa misere,qui est la guerre que faict la chair,& ses concupiscences,contre l'ame du Chrestien,comme elle estant en l'arbitre d'accepter ou refuser les tentations,qui luy viennent en ceste matiere, qui sert tousiours à la loy du peché, comme la pensée sert à la loy de Dieu,comme dict sainct Pol,& captiue l'honneur.& sainct Iacques dict qu'il est tanté par sa concupiscence,qui depend du tout de ceste matiere,abondante en imperfection.A cause qu'estant abandonnee du sainct Verbe pour estre autre chose que Dieu,elle c'est trouuée en priuation de tout bien par ce delaissement.Combien que pour estre autre chose que Dieu,il failloit qu'elle en fust separée,ou bien sans separation de Dieu,elle n'eust faict aucun nombre auec luy,pour entrer en composition de toutes creatures, comme il estoit besoing.Mais estant autre chose elle faict nombre auec Dieu,pour seruir de composition, qui faict que toute creation compose la creature,de Dieu ou diuinité,& des quatre elements,qui est autant à dire,que de matiere & forme,ou de perfection & imperfection, laquelle rend tout le subiect imparfaict,par les taches & vices qu'elle aporte en la composition,lesquelles perfections il peut endurer,de tant qu'elles sont constituees en priuation,comme perfection & tout habit est essence,& de ceste priuatiõ ou separation,ou delaissement,ou yssue qu'a faict le sainct verbe de Dieu,de la matiere, pour la rendre autre que Dieu,separee de toute raison & vertu diuine, est venue sa misere & imperfection,qu'elle nous communicque toutes heures & temps.

Pourquoy peché gist en priuation.

SECTION. II.

Ceste pensée operante, contenant auec le verbe, les mouuements, & les tournant par grand rauissement, a tournoyé ses mesmes œuures, & les à permis estre meuz d'vn commencement indeterminé, iusques en fin infinie, à cause qu'il commence la ou il fine, le tournoyement de ces mouuements, a produict (comme il à pleu à la pensée) des elements estans en bas, les animaulx n'ayant raison de tant qu'elle ne leur en a donné : l'air a produict la volaille, l'eau ceux qui nouent, la terre & l'eau ont esté separes, selon la volonté de la pensée, & la terre a produict de soy les animaux, qu'elle y auoit, à quatre pieds, reptiles, bruts, saulvaiges, & domestiques.

COMENTAIRE.

CESTE PENSEE OPERANTE sainct Esprit de Dieu, à qui toute action & opperation apartient, CONTENANT AVEC LE sainct VERBE de Dieu, Fils & sapience du Pere, par leur omnipotéce, & infinie capacité, tous LES CERCLES ACTIONS & MOVVEMENS de leurs creatures celestes, ou sept planetes & autres astres. C'est, comme nous dirõs, Dieu aidant, cy apres, que tout mouuement se faict en l'incorporel qui est Dieu. Parquoy la pensée auec son verbe, sont dicts, contenir les mouuements, & LES TOVRNANT, mouuant, & esbranlant, PAR SI GRAND, & puissant RAVISSEMENT, qui est l'action & puissance du verbe diuin, commandant (soit faict) que par ce simple cõmandement ou volõté il A TOVRNOYE SES MESMES OEVVRES & creatures celestes, auec leurs efficaces, actions & puissances, que de la il n'a faict que les laisser: ET LES A PERMIS faire leurs cours OV ESTRE MEVS de telle duree qu'il plaira au conditeur. Ceste section nous declare l'establissement de nature haute ou immortelle, laquelle n'auroit aucun besoing d'estre instituee pour lefaict de l'immortalité, de tant que toutes actiõs & vertus, dõnant immortalité, n'ont aucun besoing (quant à elles) de nature, loy, ou pedagogue, entant qu'elles sont eternellement en Dieu. Mais elle à besoing d'estre instituée pour preparer, & orner le monde deuant la venue de l'animal diuin, pour lequel il & tout son cõtenu a esté basty. Ceste nature haute, ou immortelle, conduict les vertus des creatures immortelles, ou corps celestes, esquels Dieu a mis immortalité, pour n'estre subiects en leur action à cesser, ou interrompre leurs

Puissance du verbe (fiat ou soit faict.

mouuements,soit par corruption de matiere,lasseté,ou ennuy du trauail,ou autres imperfections, venans sur les creatures, du default de la matiere. Par le moyen de ses vertus, Dieu à basty, faict, ou crée toutes creatures premieres, qui ont esté faictes diuerses selon leurs especes,attendant qu'il cree l'homme de sa propre main : ou bien sans aucun moyen, de tant qu'il le delibere composer de son saint Esprit en la matiere,chose trop digne pour le maniement des creatures ou vertus de Dieu à eulx deputées. A ceste cause il a retenu la creation de l'hôme à luy seul pour apres l'auoir créé luy presenter toutes ses belles creatures, & leur faire receuoir nom de luy, comme il est escript, pour le constituer seigneur & dominateur de toutes creatures,tant qu'il sçaura garder ceste puissance. Nous verrons cy apres Dieu, aidant,commét l'homme participera de ceste nature,qui reçoit maintenant son establissemét. C'est esbranlement ou mouuement a esté ordonné D'VN COMMENCEMENT INDETERMINE, IVSQVES EN vne FIN INFINIE, C'EST A CAVSE QV'IL COMMENCE LA OV IL FINE. Mercure se declare ayant dict d'vn commencement indeterminé, à cause que la nature du cercle porte en soy vne telle perfectiõ d'vn'informité, qu'il n'y a seul endroit capable de receuoir marque, consignation ou limite: par ce qu'il se resemble tellement par tous ses endroits, qu'il ne peut estre remerqué en luy endroit,nomme d'autre forme ou figure qu'il est par tout. Voila pourquoy il dict que le commencement du mouuemét circulaire, est indeterminé: de tant qu'il ne se peut determiner,limiter,ou designer, comme seroit bien vne figure angulaire, qui peut estre limitée,ou merquée par infinits poincts, qui ne se pourroyent imposer au cercle, à sçauoir designer l'angle, le demy costé, le tiers, le quart,&infiniment,à cause que ceste figure angulaire n'a la perfection d'vniformité, qui la tient droict hors la subiection de l'imitation, merque, ou determination. Si donc le commencement de ce mouuement ne peut estre determiné,la fin ne le sera non plus, & par les mesmes causes. Parquoy il dict, qu'il les laisse mouuoir d'vn commencement indeterminé, iusques à vne fin infinie, soit de lieu ou de temps: de tant que comme nous verrons Dieu aidant, tout mouuement se faict en temps & lieu intelligible, & par consequent infini: Et aussi que Mercure dira cy apres,que le môde estant spherique, & circulaire, est fait à la semblâce de Dieu,qui ne reçoit diuersité, mutation, commencement, fin ou alteration quelconque, ny changemét, LE TOVRNOYEMANT DE CES cercles ou MOVVEMENS institués à l'entour de toute matiere elemétaire, par leur grande diuersité & multitude d'aspects ietés sur la region basse, & aussi par le moyen de leurs charges & vertus, receuës & à eux commises par leur Createur, A PRODVICT COMME IL A PLEV A LA PENSEE, asçauoir premierement DES ELEMENTS ESTANTS EN BAS disposes à receuoir l'influx pour la meslange de la matiere LES ANIMAVX bruts, OV N'AYANT RAISON, desquels la creation a esté executée par le ministere de leurs actions, DE TANT QV'ELLE NE LEVR EN A DONNE, côme L'AIR qui estoit bien descouuert A PRODVIT des oiseaux, toute LA VOLAILLE, l'eau, qui couuroit la terre ne feust empeschée de produire poissons, ou CEVX QVI NOVENT comme n'ayant empeschement à receuoir l'influx des gouuerneurs. Mais la terre qui estoit couuerte d'eau, qui est element crasse & solide, estoit par iceluy empeschee de receuoir l'influence, par laquelle elle peult produire, à cause dequoy LA TERRE ET L'EAV ONT ESTE SEPAREES, de sorte qu'vne partie de la terre paroissoit, & vne partie de l'eau pareillement, SELON LA VOLONTE DE LA PENSEE, par la prouidence de laquelle, les regions de la terre, qui estoyent necessaires à l'habitation & entretenement de toutes creatures, furét descouuertes, & fut laissée l'eau, qui les debuoit fournir d'humeur & arrousement, ET lors LA TERRE estant descouuerte & disposée à receuoir les actions & influx des vertus de Dieu. commises aux corps celestes, A PRODVICT DE SOY LES ANIMAVX & toute semence de vie QV'ELLE Y AVOIT, c'est à dire en sa disposition de diuerses formes & natures, les vns A QVATRE PIEDS, les autres REPTILES, & toute façons d'animaux, BRVTS, SAVLVAGES, ET DOMESTIQVES. Ausquels animaux, & semence de vie, produits par la vertu commise aux corps celestes sur la matiere des elements, ce grand ouurier n'a voulu donner raison, de tât que la puissance qu'il auoit commise à ses creatures, n'estoit asses digne & suffisante, pour produire l'animal, qui deuoit estre capable de raison & image de Dieu. C'est ordre eust esté grandement peruerty & desordonné, de tant que celluy qui doibt estre capable de raison, sera semblable au createur. A cause dequoy la creature n'a iamais receu puissance de son createur de faire ou produire
chose

SECTION. 12.

La pensee, pere de toutes choses, qui est vie, & lumiere, enfanta l'homme semblable à soy, lequel elle aima comme sa propre portee. De tant qu'il estoit beau, ayant la forme du pere. Car de vray Dieu a aimé sa propre forme, & luy a baillé toutes ses œuures.

COMMENTAIRE.

MErcure, voulãt declarer la plus digne œuure, en laquelle Dieu meist iamais matiere, il nomme Dieu des grandes qualites, ou vertus qu'il s'est nommé cy deuãt, & se nõmera apres, c'est Pere, comme generant toutes choses, Vie comme estant la plus belle & aymee qui soit au monde, & Lumiere qui est la grande & souueraine dignité, que Dieu a prins tant en son escripture, que en ceste vision reuelée à Mercure. Ceste tresdigne œuure que Dieu veut informer en la matiere, est sa diuine image & semblance, qu'il veut imprimer en elle, produisant vn animal, qu'il nommera homme: LA PENSEE donc PERE & generateur DE TOVTES CHOSES, substances, essences, & creatures, qui par cy deuãt a esté dict auoir en soy les deux sexes, c'est à dire toute puissance de produire, sans aucun secours ou aide exterieure, QVI EST VIE seul, en qui tout viuant est veritablement dict viure, estre, & soy mouuoir, ET LVMIERE, vaincquant toutes tenebres, & conuertissant en soy toutes choses. Ceste pensee pere, vie, & lumiere, ENFANTA, produit, ou engendra, feist & crea (qui sont mesmes choses que composer) L'HOMME SEMBLABLE A SOY. Mercure suit en c'est endroict, les deux sexes, qu'il atribue à Dieu cy deuant, par son ancienne façon de parler, par hierogliphiques, signifiant par ses deux sexes, puissance d'operer, & produire de soy, & suiuant ses deux sexes, a mis le mot d'enfanter, pour exprimer que l'image, & semblãce que Dieu met en l'homme, est tirée de ses essences, comme l'enfant est tiré des substances de la mere. Et dict apres LEQVEL ELLE AYMA COMME SA PROPRE PORTEE, ou enfant propre, representant mesme, communication intelligible, estre entre Dieu, & l'homme interieur, qu'elle est sensible ou corporelle, entre la mere & l'enfant. Parquoy ceste image, & semblance diuine que Dieu a mis en l'homme: ce n'est pas la forme, ou beauté corporele: ce n'est pas la taille, couleur, ou grace de sa personne, ce n'est pas l'agilité, mouuement, ou proportion de ses membres, ou autres choses apparẽtes aux sens, desquelles il ne ressemble aucunemẽt son pere: mais il le ressemble de ses propres vertus, & dignitez qu'il a mis en l'homme, par le moyẽ desquelles Dieu le rend maistre, & dominateur, de toutes autres creatures de ceste region elementaire, lesquelles sont raison, intelligẽce, iugement, discretiõ, volonté, cognoissance, amour, puissance, action, arbitre, & plusieurs autres, tirées des pures essences diuines, par lesquelles Dieu estime l'homme son propre fils, faict à sa semblance, representation, ou image. Et pour bien declairer que c'est l'image, & semblance de Dieu & qu'elle difference il y a entre ces deux dignitez ou vertus, nous prẽdrons sainct Pierre parlant aux gentils en sa peregrination, ou il leur met difference, entre l'image & semblance de Dieu, & dict, Si vous voulés veritablement adorer l'image de Dieu, vous adoreres & recognoistres sa vraye Image, faisant bien a l'homme: Car en tous hommes, est l'image de Dieu, mais non en tous hommes est sa semblance, ains la ou l'ame est benigne, & la pensee pure: declairant par la que l'image de Dieu, qui est donnée à tout homme, sont les vertus diuines, qui de sa creation le rendent creature raisonnable, ayant discretiõ, intelligẽce, & liberale volonté. Ce qui n'est en creature mortelle, qu'en celle la, & si ne laisse d'estre en tout hõme tant bon que mauuais, de tant que ses vertus luy sont dõnees de l'essence de sa creation & nature, par telle necessité, qu'il est hors de sa puissance de les desemparer, qu'elle voye qu'il suyue. Ce n'est ainsi de la semblãce du pere, à laquelle l'homme a esté formé, & par laquelle nous venerons & recognoissons la vraye image de Dieu estre en nostre prochain, quãd nous la seruons, secourons, aimons, & faisons les biens, qui sont en nostre pouuoir: & en ceste façon nous

Dieu est pere, vie & lumiere.

Dieu ambise pour puissant d'operer. Act. 17. f Creation de l'home.

Conuenance de la generation de Dieu a celle des hõmes.

L'image de Dieu en quoy gist.

Recognite de sainct Clemẽt lib. 5. fac. 5. Difference d'image & similitude de Dieu.

L'image est en toute personne.

sommes fils de ce pere qui nous a faicts a sa semblance, comme dict Iesus Christ, Vous seres fils de vostre pere qui est au ciel, qui faict luire son soleil sur les bons & mauuais, & qui pleust sur les iustes & les iniustes: & conclud en fin que nous serons parfaicts a la semblance de nostre Pere celeste. C'est à dire celuy est semblable a Dieu, tendant a sa perfection, qui liberallement employe tous vsages de Charité, a toutes personnes: de tant qu'ils portent l'image de Dieu. Et ceste charité est employée selon la discretion & volonté, a qui est donné liberal arbitre de s'employer au seruice de Dieu ou des concupiscences: tellement que la vraye semblance de Dieu mise premierement en l'homme, c'est la charité & vraye amour que l'homme doit porter à Dieu & à l'honneur de son Image, a toute personne qui la possede. Parquoy estant subiecte a la discretion & liberal arbitre de la volonté, elle ne peut estre dicte necessaire en l'homme: ains purement, incertaine, instable, & variable, ensuiuant la volonté qui la conduit, comme il est escript: Les pensées des mortels sont craintiues, & nos prouidences incertaines. Qui veut donc que la semblance de Dieu profitte en soy, il faut qu'il pense qu'elle estant soubs-mise a la liberté de la volonté, elle ne peut estre bien employée, si elle ne l'est de franc & liberal vouloir, comme le dict sainct Pol, Ie n'ay voulu faire aucune chose sans ton vouloir, a celle fin que ton bien-faict ne fust comme par necessité, mais fust volontaire. Cela mesmes tesmoigne sainct Pierre aux Gentils disant, Si les actions de nostre vie, nous estoient imposées necessaires, sans les pouuoir changer a nostre volonté, nous serions côme les autres creatures priuées de raison, qui tirent leurs cueurs a elle ordonné par necessité, sans pouuoir estre reprins de mal, ou gratifiés du bien: & ce a cause que si vne actiô ne vient du propos deliberé de la volonté, elle ne peut estre dicte nostre, soit bône ou mauuaise. Nous pourrôs donc dire, combiê que l'image de Dieu demeure en tout hôme veuille il ou non, comme necessaire de sa creation: ce non obstant la semblâce qui ne reside, que en ceux qui ont bonne volonté, est volontaire, & par consequent variable en l'homme, selon l'incertaineté de sa volonté. De la est issue la vraye intelligence du commandement que Iesus Christ nous faict au premier article du Decalogue, auquel il baille le second semblable, en ce qu'il dict, Tu aymeras, cestuy cy estant le premier, reçoit le second semblable a luy, Tu aimeras ton prochain comme toy mesme, comme voulant dire, il t'est commandé d'aimer Dieu, comme n'estant autre chose digne d'estre aymée que luy. dont sen suit necessairement qu'il t'est cômandé d'aymer ceste chose digne d'estre aymée, en ton prochain, auquel elle est comme en toy mesmes. Ce n'est pas dôc le corps ou matiere de l'homme, que Dieu nous commande aymer, sinô entant qu'elle est quaisse, ou estuy de ce digne ioyau: mais c'est ce principal gaige qu'il a mis en ce corps, que nous y deuôs aymer. & de tant plus, que nous voyons en ceste personne ainsi composée, estre venerée la saincte image de Dieu, par obseruation de sa semblance, car en telles personnes l'on ayme le corps & l'ame, qui seruent au sainct Esprit qui leur est donné: au contraire en celles qui contristent l'esprit de Dieu, ou qui continuellemêt luy resistent & repugnent, le bon Chrestien aymera tousiours ceste image de Dieu, & condamnera ceste mauuaise ame, qui par sa mauuaise volonté ordonne les desobeissances & resistences, faictes a ce sainct Esprit image de Dieu, & pareillement le corps qui les execute. Lesquels ame & corps il côdemnera, blasmera, & haira tât, qu'en fin il poursuiura leur ruyne, côme enemis de ce sainct Esprit, qui seul merite d'estre aymé. De la sont sorties les punitions que iustice ordonne, tant la iustice de Dieu sur les ames, que la iustice temporelle sur les corps, par laquelle ils sont condamnez en fin a ruyne, pour les outrages, rebellions, ou desobeissances, que ceste ame & corps font contre le sainct Esprit, composant l'homme auecques eux, par ou iustice monstre bien aymer l'Esprit de Dieu, mais hayr ceux qui le contristent ou conturbent, comme il est escript, qui sont nos corps executans les malices, & nos ames les consentans ou ordonnans par la volonté, dont nous conclurons que l'occasion du commandement d'aymer nostre prochain comme nous mesmes, est yssue de ce qu'il contient le sainct Esprit comme nous mesmes, & lequel aymant, nous debuons secourir en vraye amour, qui fournist tousiours le plus necessaire, le premier: & si celuy la est receu, il fournist le reste, & non autrement: car ce ne seroit bien aymer, ains communiquer à sa malignité, comme le tesmoigne sainct Iean, Qui ne demeure en la doctrine de Christ, ne doibt estre receu ny salüé, ains ce seroit cômuniquer a ses œuures malignes, c'est autant que s'il ne veut recepuoir son plus necessaire bien-faict, il n'est bon de luy en conferer autre, a peine d'aduouër & luy acorder ses affections, vices & imperfectiôs. Mais il faut aimer Dieu en son en son prochain,& a cause de Dieu toute chose qui luy est obeissante,pour bien obseruer sa semblance,& venerer son image.Estant donc l'hôme faict a la semblance de Dieu il l'ayma comme son propre enfantement ou geniture, DE TANT (dict il) QV'IL ESTOIT BEAV AYANT LA FORME DV PERE, c'est ceste forme & beauté diuine,que nous auõs dict cy deuant,qui consiste en l'hôme interieur acompaigné des vertus diuines. CAR DE VRAY, DIEV A AIME SA PROPRE FORME & semblance en l'homme,& au contraire il n'ayme pas ceux qui la reiettent, mais ayme si bien l'homme qui la garde ET entretient en soy, que pour l'honneur & reuerêce de son image,habitante en l'homme,Dieu LVY A BAILLE & liuré, voire à cest homme,qui gardera & venerera bien sa semblance, le seruice, domination & vsage de TOVTES SES OEVVRES & creatures.Ce que tesmoigne Esaie disant, Ie feray pour l'amour de moy,que ie ne sois blasphemé & sainct Pol,Il viuifiera voz corps, a cause de son esprit, habitant en vous. C'est la vraye & premiere cause de l'amour que Dieu nous a premierement porté,par laquelle il nous a donné son fils Iesus Christ pour nostre salut,voyant son image & semblance,precieux thesor,enclos dans ce vaisseau de terre comme dict sainct Pol.Ayant donc faict l'homme a sa semblance, il l'a aymé comme sa propre facture,creature,geniture,& portée,& ce a cause qu'il raportât la forme du pere estoit beau, & Dieu ayant aymé sa propre forme,que l'homme portoit, il a exposé toutes ses œuures a l'vsage & seruice de l'homme comme les œuures de Dieu n'estant faictes que pour seruir Dieu,il les bailla au seruice de l'homme,a cause qu'il s'estoit mis en luy,pour en vser par la prudence des vertus diuines commises a l'homme, pour l'exaltation de sa gloire. Ceste cõmunicatiõ que Dieu a faict a l'hôme en sa creatiõ, de son image, & semblãce, met plusieurs personnes desirãts cognoistre Dieu en peine, d'interpreter qu'est ce que l'image de la chose intelligible, ou incorporelle, qui ne reçoit image ny representation aucune,deuãt les sens corporels. Mesmes que sainct Clement nous a referé de sainct Pierre, comme nous l'auons cy deuant dict, qu'il faict difference entre l'image de Dieu, & sa semblance, donnees, ou communicquées a l'homme, declarãt l'image de Dieu estre en l'homme veuille il ou non, attendu qu'il tient, toute personne l'auoir, & qu'elle est en sa composition : & au contraire la semblance de Dieu, n'estre en tout homme, & par consequent estre incertaine en la durée de la construction de l'homme: toutesfois auoir esté données les deux au premier hôme, lequel pour sa preuaricatiõ, auroit peu perdre la semblance, & n'auroit peu perdre l'image, qui luy declare c'est image luy estre certaine & necessaire, & la semblance luy estre incertaine ou contingente, mesmes depuis le peché.Et de tant que de la chose incorporelle ne se peut faire image ny representation aux sens ou membres corporels : il est necessaire que ceste image de Dieu communicquee a l'homme,ne pouuant estre receuë par sens ou membres corporels, aye esté receuë és parties incorporelles. Ce n'est pas l'ame,car elle peche, & cõsent a mal, ce que n'aduient a l'image de Dieu.C'est donc quelque autre subiect incorporel, danné, composant l'homme. Ce n'est pas la chair, ou matiere, car c'est nostre source de vices & peches.Nous sçauons que l'ame humaine est accompaignee de deux parties,dont l'vne contient l'intelligence, cognoissance, iugemant, & autres vertus, que nous appellons la partie de raison, ou raisonnable, ainsi nommée de tous anciens Philosophes ne sçachant Dieu : l'autre partie, est la partie corporelle, que nous nommons Charnelle, accompaignée de superbes ambitions, auarices, & autres vices qui prennent leur fondement de l'amour du corps, & concupiscences des choses materieles. Estant dõc certain que celle cy, n'est l'image de Dieu, & qu'il n'y a autre chose en la composition de l'homme que ces trois : il est necessaire que ceste image de Dieu soit ceste partie raisonnable,ne pouuant estre l'ame,ny la partie corporelle, a cause du peché. Dõt s'ensuit que nous pourrons dire, que c'est ceste partie que sainct Pol a nommé l'homme interieur, quand il se dict delecter en la loy de Dieu selõ l'hôme interieur chose du tout cõuenable a l'image de Dieu, & au cõtraire, trouuer la loy de ses mêbres y repugner grãdemãt, & le captiuer en peché.Parquoy nous trouuõs necessairemẽt trois parties differẽtes,dont est cõposé l'hôme,asçauoir la partie raisonnable, qui tousiours desire la vertu:& la partie corporelle ou charnelle, qui tousiours desire le vice:& l'ame tenãt des deux, quelque fois a la vertu, quelques fois au vice. Ce que S.Irenee a tres-expressemẽt declaré, & de cõbien & quelles parties est cõposé l'hôme.Ceste partie raisonnable ou homme interieur, sainct Pol nomme incontinent apres,Pensée, lors qu'il conclud, Donc de ma pensée, ie sers a la loy de Dieu, & de ma chair, a la loy de peché.Ceste pensée sainct Pol l'apelle

Esaie 48. b
Rom. 8. c

2. Cor.4.b

L'vsage des creatures donné a l'hom̃e a cause de l'ymage.

Que c'est l'image de Dieu.

L'image certaine a l'hom̃e, la sẽblã ce incertaine.

L'image en l'homme c'est l'esprit de Dieu.

Rom. 7. d Irenee pres le cõmencem̃ t. L'image en l'homme sert tousiours a Dieu.

l'appelle homme spirituel, lequel n'est iugé d'aucun, & iuge toutes choses, c'est donner grād preeminäce a ceste pensée homme interieur, ou spirituel, lequel iugeant toutes choses par necessité est en l'homme ceste image de Dieu, qui a esté nommée de S. Pol, comme auparauant de Mercure, Pensée: laquelle iugeant toutes choses & n'estant subiecte à iugement d'aucun, ne peut estre creature. Et pour discerner si ceste partie peut estre dicte presence de l'Esprit de Dieu, comme Mercure, le dira cy apres: il nous faut considerer vne totale difference ou contrarieté, qui est entre les choses corporelles & incorporelles: Et d'auantage que la grande inclination que nous auons aux choses corporelles, & tres-aimée priuauté, nous incite merueilleusement à vouloir traicter les choses intelligibles, par la Loy des corporelles, obliāt & mettant trop en arriere, ce iugement de l'homme interieur, spirituel ou pensée, mesmes en ce que nous voulons bien souuent donner aux choses intelligibles, temps, mouuemans, ou lieu: ne cōsiderans, que l'intelligible ne tient lieu, n'est compris d'aucun temps, & si ne souffre aucun mouuement, & d'auantage comme nous venons de dire n'endure aucune image, ou representation faicte aux sens, & qui plus est, se communique en diuers lieux, sans soy priuer, de l'vn ou de l'autre, comme l'experience le nous monstre, en ce qui est en nous mesmes de noz deux parties si contraires, que nous ne pouuons communicquer l'vn à l'autre chose corporelle, sans en estre priues, comme terres, biens, habillemants, & autres matieres. Et toutesfois nous pouuons donner & communicquer à autruy, de nostre partie interieure ou pensée, ce qu'il nous plaist, sans priuation ny aucune perte d'icelle, comme vertus, sciences, doctrines, enseignemants, & autres parties incorporelles, qui n'ont subiection à temps, lieu, mouuement n'y representation aucune: a plus forte raison la souueraine bonté, & puissance, source originaire de toutes intelligences, & choses incorporelles, est prouueue, ou à plus propremēt dire, a en soy de sa propre diuine nature, ces prerogatiues, de n'estre subiect a temps, lieu, mouuement, ou representation aucune. Que dirons nous donc, quand l'homme represente par propos ou par escript, sa pensée à vn autre, quand il l'endoctrine, par vne lecture, quand il luy declaire vn secret, quand Dieu reuele quelque chose à vn personnage, tous ces effaits? ne sont ce pas images, ou representations de choses incorporelles? Pour estre satisfaict de ceste question, il ne faut que considerer, l'effect qui en procede, & pour ce faire nous aduiser, que nous tenons resolu, que iamais image ou representation de la chose, n'est elle mesme, ains seullement c'est sa figure ou resemblance. Voyons si vne doctrine qui nous est communicquée par vn lecteur, vne intelligence, qui nous est declairée, vne inuention qui nous est donnée, est l'image de la doctrine, de l'intelligence, de l'inuention, ou bien si c'est la chose mesme. Nous trouuerons, que toutes ces choses ne ressemblent aucune autre chose que soy mesmes, ne nous communicquent aucune figure, image, ou ressemblance differente d'elles, mais se communicquent mesmes, en leur vray estre, sans aucune differance ou diuersité de leur principal. Tellement que le lecteur nous representant sa doctrine, nous receuons la mesme qu'il a, & n'en receuons aucune forme ny figure, differante de son principal, ains la receuons telle, & aussi parfaicte, & la mesme qu'il conçoit. A quoy faire ne se trouue empeschement de lieu, attendu la nature de l'incorporel, qui n'estant comprins de lieu, est par tout à mesme temps, ny empeschemēt de temps, qui ne peut mesurer la chose incorporelle en sa nature, n'y de mouuemant, lequel n'appartient que aux corporelles. Combien que le lecteur veuille lieu, temps, & mouuement pour sa personne, & communication, non pour sa doctrine, ou chose communicquée, à cause que cōmunication peut estre corporelle: mais l'image est tousiours incorporelle, par ce que les sens reçoiuent la communication, & l'intelligence l'image, comme nous verrons Dieu aidant au prochain chapitre, que l'intelligible entre en l'intelligence par les sens, dont il s'ensuiuroit par c'est argument, que l'image de Dieu (ne le pouuant representer, ny ressembler, comme estant autre que luy mesmes, de tant qu'il n'y a chose qui luy ressemble, estant communicquée à la composition de l'homme qui la receuë) luy aye amené sa presence, ne luy pouuant amener chose qui luy ressemble, autre que luy-mesmes. Attendu que c'est chose intelligible, qui ne se reçoit par figure en lieu, temps, n'y par mouuement, & qui n'est communicquée par separation, n'y diuision, comme seroit la chose corporelle, mais par sa presence realle, n'estant que vne mesme chose, elle & son image. Parquoy elle seroit dicte image, non pour representer estant autre chose, le vray subiect, mais pour estre communicquée, mesme a l'autre subiect. Et de la s'ensuit ce que sainct Pol nous a dit, que Comme nous auons

1. Cor. 1. d

La chose incorporelle n'a image pour les sens.

Communication incorporelle se faict sans priuation.

L'image de l'incorporel est le mesme.

Les sens reçoiuent la communicatiō, & l'intelligence l'image.

porté l'image de l'homme terrestre, qui est la mesme mort & sa dependance, tout ainsi nous portions l'image du celeste, qui est la mesme vie, & pareillement qu'il auroit dict, Iesus Christ estre l'image de Dieu, qui est mesme chose auec luy, declarant par la, que Dieu n'a image que sa presence, applicquée comme il luy plaist. Et ceste image auroit esté donée a l'homme, tellement que l'homme ne pouuant recepuoir la presence de Dieu intelligible, qu'en sa partie intelligible, qui est la raisonnable, il est necessaire, que l'image de Dieu, ne puisse estre en l'homme autre chose, que ceste pensée ou partie raisonnable, d'intelligence : & Mercure nous dira souuent cy apres que le vray salut est congnoissance, de tant que c'est la seulle en l'homme, qui peut recepuoir l'image & presence de Dieu. Parquoy il nous admoneste la venerer, & rechercher & exercer, comme saint Iean nous à declaré, Ceste-cy est la vie eternelle, qu'ils te congnoissent, & ton fils Iesus Christ. Saint Pol aussi nous declaire comment nous deuons rechercher ceste image, par cognoissance ou il dit, Que nous despouillons le vieil homme auec ses effaits, & reuestions le nouueau qui est renouuellé en cognoissance de Dieu, selon l'image de celuy qui nous à crées : a cause que ceste image, estãt possedée de nous par cognoissance, il nous recommande entrer en ceste cognoissance qui possede ceste image. Laquelle quelque fois il nomme l'Esprit de Dieu, qui habite en nos pensées, autres fois dit nos membres estre temple du saint Esprit, autre fois dit que nous n'auons receu l'Esprit du monde, mais celuy de Dieu. Et declaire ceste matiere bien familierement, lors qu'il nous dict, Dieu auoir preparé a ceux qui l'ayment, chose que œil n'a veu, oreille ouy, ny cœur pensé. Neantmoins il nous à reuellé par son esprit, detant que l'esprit enquiert les choses profundes de Dieu : Car (dict il) qui sçait les secrets de l'homme que l'esprit qui est en l'homme, de mesmes aucun n'a sçeu les choses qui sont de Dieu, que l'esprit de Dieu : Et pour nous manifester que c'est esprit duquel il parle est le mesme qui nous est donné, il dict consequamment, & nous n'auõs point receu l'esprit du monde, mais auõs receu l'esprit de Dieu, a celle fin que nous congnoissions ce qu'il nous a donné. Voila le texte formel qui conclud a nous faire congnoistre, Dieu nous auoir donné son sainct esprit, par lequel il nous reuelle, voire les choses profundes de Dieu, a cause que ce n'est l'esprit du monde, mais est l'esprit de Dieu : & si aucũs voulloient transferer ceste donation d'esprit, n'estre que du temps de la grace, & non de la cõposition de l'homme, le Genese leur souldra ce doubte, lors que Dieu veid les hõmes auoir suiuy leur partie charnelle, par leur concupiscences ennemies de son esprit, qu'il leur auoit doné, il leur dict, Mon esprit ne demeurera a tousiours mais en l'hõme, acause qu'il est chair, voyant qu'il auoit mesprisé sa partie spirituelle, pour adherer a la charnelle, & ordona la priuation de son esprit estre faicte sur les hommes, dans cent vingt ans, qui fust par le moyen du Delluge, par lequel ne fust sauué que le iuste Noé & sa famille, le reste fust par ce moyen priué de l'esprit de Dieu, par mort, ne pouuant estre autrement separé, l'homme demeurant homme composé de ses parties.

2. Cor. 4 d

Ioan. 7.

Coloss. 3 b.

1. Cor. 2 c. L'esprit de Dieu en l'hõme.

SECTION. 13.

*E*T *l'hõme ayant consideré en son pere, la structure de l'operateur, il a voulu pareillement operer, & a esté laissé du pere, estant nay en la sphere d'operation, ayãt toute puissance, de considerer les œuures de ses freres, lesquels l'ont aymé. Chascun d'entreux luy a communiqué sa charge. Et luy ayant tiré a soy leur essence, & estant faict participant de leur nature, a voulu enfraindre la circunferãce de leur cercles, & ruiner les forces de celuy qui dominoit sur le feu.*

COMMENTAIRE.

L'Homme, ayant receu de Dieu, ceste grande & excellãte dignité de son image & semblance, par le moyen desqu'elles il estoit en repos, dominãt à toutes creatures comme dit Moyse, par vertu de la benediction du Pere, il ne l'a entendu cõme Dauid la tesmoigné, L'homme estant en honneur ne la entendu, & à esté comparé aux iumens insenses, & faict

Commencement de la cheute de l'hõme.
Genes. 10.
Psal. 48. d.

semblable à eux. Cecy sera clairement exprimé en ceste pitoyable metamorphose, que l'homme va faire de sa tant digne liberté, en vne si tres infame seruitude de misere, peine, torment, continuel ennuy, & finalement la mort & dissolution de sa diuine composition, que son peché luy aquerra. ET L'HOMME donc AYANT CONSIDERE EN CE parfaict exemplaire de ce bon Dieu SON PERE, qui durant son innocence luy estoit entierement manifesté & ouuert, & par lequel il receuoit intelligence & cognoissance de toutes choses, en laquelle gist la perfection que Dieu a nommé vie eternelle, pouuoir & domination sur toutes creatures, a dans ce tressainct exemplaire apperceu & considéré, LA STRVCTVRE, artifice, operation, ou composition DE L'OPERATEVR S. Esprit de Dieu, par la vertu duquel auec le sainct verbe tout c'est ornement du monde (tant celeste que elementaire) luisoient en leur perfection & beauté. Il consideroit aussi les actions & puissances des creatures celestes, employées par vn si grand ordre de l'armonie obseruée en leurs actions & influences, sur tant de diuerses mutations, generations, renouuellements, croissances & autres effaicts, produits par les actions de ces tant belles creatures, qu'il n'est aulcun doubte qu'il ne luy passast plusieurs & diuers arguments en son intelligence, & claire pesée, mesme que ayant considéré toutes les œures du sainct Esprit, dressées pour la conduicte du monde, & ses parties, tãt intelligibles, que sensibles, ou materielles, il estoit a mesme de considerer ceste grande court celestiele, armee d'vn si grand nombre d'esprits, ordonnés par leurs hierarchies, tous deputés, faicts, & crées pour l'execution du seruice & ministere de ceste infinie lumiere & pensée, estant tout a par soy, en trois subiects, contenus en vne mesme essence de diuinité, & pour la contemplation desquelles l'homme auoit principalemẽt esté faict & formé, comme nous le trouuerons quelques fois Dieu aidant, cy apres. C'est de tant que Dieu ne pouuant estre congneu, ou entendu que par soy mesmes, il a voulu mettre sa saincte image coëssentiale, & de mesme efficace a luy, en vne espece de creature seule entre toutes celles qu'il a enclos en ce monde, laquelle il a principallement dressé & basty affin qu'elle employast continuelement ce sainct Esprit a contempler dont il est issu, de quelles vertus & eternelles essences, qu'il admirast ses puissances & bõté infinie, qu'il remerciast des bien faicts continuels, qu'il considerast les actions multiplyées & continuées de tãt de diuerses façons, & sur icelles louast continuellement le createur: Tellement que nous pouuons dire, que ceste creature estoit en vn corps si veritablement spiritualisé, qu'il n'estoit aucunement subiect aux actions cõmises sur sa matiere, soit des sept recteurs celestes, ou autre creature quelcõque ayant receu puissance de Dieu, pour estre employé sur la matiere, c'estoit pour l'honneur que ceste matiere auoit de contenir en soy vn si pretieux ioyau sainct esprit de Dieu accompaigné de tant de vertus & excellances, qui tenoit ceste matiere exempte & libre, de toute subiection, d'alteration ou changement, & autres passions, qui dominent sur le reste de la matiere dont estoit sortie ceste cy. Ceste creature dõc ou animal si excellant, fust nommé de son createur l'homme, auquel comme nous auons dict fust commandé de considerer & contempler Dieu. Ce que les poëtes Gentils ont dict, luy estre commandé a regarder le Ciel, a la difference des autres animaux qui tous regardent a terre, pour luy faire entendre que de tant que son excellance & eternelle conseruation gisoit en la consideration, & contemplation du Ciel, & ce qui l'honore, de mesmes sa perpetuelle ruyne & incroyable misere gisoit a considerer, & s'amuser a la terre, & choses basses, a la semblance des autres bruts, desquels par ce moyen il se rendoit compaignon, prenant auec eux la terre, & laissant le ciel. L'homme donc ayant premierement considéré le ciel & les vertus de son operateur, & secondement consideré la structure & operation, imprimée, & appliquée sur la matiere, s'est tant delecté en ceste matiere, qu'il l'a choisie pour son contentement, obliant sa premiere principale, & plus digne occupation, totalement distraicte & separee des sens & de matiere, comme quelquefois nous dirons auec Mercure, que la premiere maladie de l'ame c'est obly, duquel Moïse en faict continuelles animaduersions au peuple, & tout le reste de l'escripture le blasme grandement, & le reproche a tous propos. Ce que l'homme a donc oblié, c'estoyent les cõtemplations, admirations, graces, & louanges continuelles, dues aux vertus de Dieu, & s'arrestãt plus a la matiere. Mercure dit II, A VOVLV PAREILLEMENT OPERER & n'a consideré, que la creation & geniture que Dieu auoit faict, de ce digne animal, n'auoit esté a intention qu'il regardast la terre, ains qu'il employast les parties & qualites qui luy donnoient sa dignité, a cognoistre

& consi-

Marginalia:

Cognoissance qu'auoit l'hõme en son innocence.

Harmonie.

L'homme est faict pour cõtempler Dieu. Chap. 4. 2.

La dignité de l'homme exempte de la destinée sa matiere.

Ouide au cõmancemens de sa Metamorphose. L'homme regarde le ciel & le brut la terre.

Discours du cõmencemens de la ruyne de l'homme. Deut. 6 b. & 8 c & 32 c. Deut. 6 b. & 8 d & 32 c.

& considerer le ciel, non les mouuements ou nature des astres, car il n'en sçaura que trop & l'intelligence ne luy en estoit cachée comme nous dirons, mais plus haut que les operations, soy tenāt tousiuurs facture, & non facteur. Toutesfois ne se voulant arrester là veut passer outre, entreprenāt sur le S. Esprit, seul & vnicque operateur par ces vertus & puissances, en ce qu'il a voulu operer, s'estimāt auoir puissances à soy particulieres, obliātque celles qu'il auoit en si grand nombre & abondance, estoyent trop grandes pour la valeur d'vne creature materielle separée de Dieu, car ce qu'il en auoit, ne tenoit qu'à sa partie interieure, à laquelle Dieu n'auoit commis ses vertus pour operer en matiere: ains pour le côtempler en pensée. Soy separant donc de l'estat auquel Dieu l'auoit ordonné par c'est obli, il tumba en ignorance, dont aduint qu'il cuidoit auoir ses vertus particulieres a luy, ne prenant garde qu'il les auoit en pur & seul ministere pour estre employées au seruice de Dieu, & non de ses opinions separées de luy. & en ce fol cuider produict d'ignorance, entreprint d'operer, & mettre en œuure les puissances qu'il estimoit siennes, pour voir quelles operations, factures, creatures, & autres faicts il produiroit de ses actions, pour apres a l'aduanture, s'en donner quelque gloire. Adonc Dieu considerant qu'il auoit faict l'homme proueu de ses vertus & dignitez, toutes commises & assuiecties a la disposition & vsage de son liberal arbitre, comme Mercure le dict cy apres, & il est escript, Dieu du commencement constitua l'homme, & laissa en la main de son conseil, non seulement deuant le peché, mais encore apres, comme il le dict a Cain, Si tu fais bien, ne le recepueras tu pas; & si tu fais mal, incontinant ton peché sera a la porte, vray est que le desir d'iceluy sera soubs toy, & tu domineras sur luy. Par ainsi Dieu ayant mis le desir & volonté du peché, & sa domination sous l'arbitre de l'homme, il ne l'en a voulu priuer, ains la laissé comme escrit Mercure, estant nay en la sphere d'operation, ayant toute puissance. Dieu nous donne a entendre en cest endroit, vne des principales occasions, qui le pouroit auoir meu a créer l'homme sur la matiere si excellente. Ce que voulant manifester a toutes creatures, soient hommes, anges, ou esprits quelconques, estants pourueus de ses vertus, de iugement & inteligence, que la seule habitation de vertu, verité, bonté, & autres perfections, habitent tellement en luy, que toute chose tant soit peu separée de luy, est totalement incapable de recepuoir en soy le parfaict bien & vsage de ses sainctes vertus, tant que Dieu leur en baille a employer. Et pour nous manifester ce grand secret, il nous a premierement donné entendre en l'ordre de sa creation, que ayant le sainct Esprit & verbe de Dieu tiré les principes ou elements de nature, de ses propres essences, ils les ont delaissés en la region basse, les separās de raison, & toute vertu diuine, pour estre la comme seule matiere, rude & indigeste, n'ayāt en soy aucune forme, ou vertu. Tant y a qu'elle demeuroit seullement preste a recepuoir les formes, qu'il plairoit au sainct operateur luy imprimer, a cause dequoy ceste matiere estoit chose separée de Dieu. En laquelle Dieu voulant monstrer toutes imperfections luy sourdre de ceste separation de luy, il l'a employée a la creation d'infinis animaux, subiects a mutation, & miseres, leur venant de ceste matiere. Ausquels il a donné vng pedagogue pour les cōduire, pour vn tēps, qui est nature, sçachant que sans ceste main & conduicte ordinaire de Dieu, vn seul ne fust conduict, ou conserué en son estat, pour faire entendre que Dieu ne conduisant ses actions & vertus en la matiere, elles par son imperfection & naturelle misere, les retirera hors de leurs cours. Et pour nous faire congnoistre au contraire la negatiue, Dieu a créé vn annimal: auquel non seulement il a mis vertus dans ceste mesme matiere dont sont faicts les autres: mais y a mis son sainct Esprit, auec toutes vertus & intelligences que nous voyons estre commises a l'homme, composé de ceste pensée, essence diuine & de matiere elementaire, pareille a celle des autres animaux. Vray est que ayant pourueu ceste matiere d'vne si digne forme & essence diuine, il a donné liberté a ce subiect ainsi composé de forme & matiere, d'vser des vertus diuines a son vouloir, chois, & franc arbitre, luy instituant vn commun iuge, & discreteur de ceste liberté en luy, qui est l'ame viuante, acōpaignée d'vne part des vertus diuines, & de l'autre des appetits ou concupiscences de la matiere. Estant ceste diuine creature ainsi composée en toute perfection, innocence, & pleine intelligence, la main de Dieu s'est trouuée leuée, laissant aller ceste ballance au iugemēt de l'arbitre de la part, qui plus peseroit. Il s'est trouué auoir moins, comme dict Danniel, en ce, que la matiere tenoit Dieu impur en ceste composition, & que l'homme ayant en soy

Faux cuyder

Eccles. 15.c

Genes. 4.a

Cause pourquoy Dieu a créé l'hōme.

Toutes imperfections sourdents a la matiere de la separation de Dieu.

Vsages de vertus diuines subiectes à l'arbitre de l'homme.

D

quelque chose separée de Dieu, qui est la matiere de sa nature imperfaicte graue & pesante, il luy a esté bien aisé par vn iugement, qui n'est bon que en partie, & separé de Dieu, tumber deuers la matiere. Par ceste experience, Dieu monstre a ses creatures, que perfectiō n'est contante d'auoir toutes vertus, mais luy est requis n'auoir aucun vice, au contraire imperfection est contante d'vn seul vice parmi plusieurs vertus, & que pour produire perfection, aucune chose estrange ou separée des essences diuines n'y peut attaindre, estant receuë en ceste action, qu'elle ne produise tousiours de sa part vice, suyuant son naturel, declairant que comme estant separée de Dieu, elle est chose separée & priuée de tout bien & perfection.

Toute chose separée de Dieu est priuée de perfection.

A ce propos aucuns qui tiennent Dieu auoir creé l'homme ayant preueu sa perdition, par ce qu'il l'auoit ainsi ordonné & decreté, pourroient dire que nous cōfirmons leurs blasphemes, disant que Dieu ayant faict l'homme de l'esprit de Dieu & matiere, sçauoit bien que ceste composition ne pouuoit endurer perfection en soy, & qu'il s'en pourroit ensuiure que Dieu preuoyant ce deffaut en l'homme auant le creer, l'auroit ordonné & decreté.

Dieu preuoiant le peché ne crea l'homme a ceste fin.

A quoy nous dirōs que si Dieu eust faict l'homme a intention de sa ruine l'ayant preueuë, il ne luy eust donné l'arbitre duquel dependoit sa conduitte, lors qu'il le laissa de sa main, en la main de son conseil, pour recepuoir le fruict de sa deliberation & arbitre, non le fruict de la conduite ou contrainte de Dieu, le priuant d'arbitre. Dont s'ensuit que Dieu ne peut estre calomnié d'estre cause de son mal & transgression, ni par consequent, l'ayant preueu qu'il l'aie ordonné, car il n'ordonne pas tout ce qu'il preuoit, ia ne soit, ains lauoit laissé en la main de son arbitre & conseil. Dauantaige nous dirons que la perfection que Dieu demande en sa creature, & dont il est a present question, n'est la perfection de ce souuerain bien vn & seul Dieu. Lequel n'est que en Dieu pur, & non en Dieu composé auec la matiere, qui fut cause que Iesus Christ Dieu incorporé en la matiere increpa & reprint celuy lequel le disoit bon, de tant qu'il n'estoit la comme pur Dieu. Mais la perfection de laquelle nous parlons est la perfection que peut tumber en la plus parfaicte creature que Dieu a creé, qui est la perfection d'innocence & entier vsage des vertus de l'Esprit de Dieu qui est en l'homme. Laquelle il pouuoit conseruer en luy par son arbitre, sans toutesfois atandre celle de Dieu pur & non composé, & ce s'il eust suiuy la contemplation pour laquelle il estoit creé, & non pour escouter les abus de la matiere. Et lors la matiere n'estant appellée aux deliberations de son arbitre n'eust produict en luy aucune imperfection: mais par ce que larbitre n'eslit iamais que ce qu'il iuge estre meilleur, il est clair que si la matiere auec ses cōcupiscences sont appellées aux deliberatiōs de l'arbitre elle ne produira iamais que ce quelle trouue bon qui est le vice & esloignement de Dieu, comme luy estant contraire par son delaissement & separation qui du commencement en fut faicte, dont s'ensuit que toute l'accusation que l'homme peut mettre contre Dieu, & tort, duquel il se peut plaindre, c'est pourquoy il luy a mis tant d'excellences & dignitez sur vn subiect si miserable & imparfaict, le composant tel. Et qui plus est ne se contantant d'y auoir mis tant de dignitez, luy a faict l'honneur de luy donner l'arbitre & liberalle disposition sur leur conduicte. Voila tout le reproche que l'homme en peut faire a Dieu, qui est a vray parler vn tres-humble merciement de l'auoir tant honnoré de soubs-mettre tant de dignitez à la disposition d'vn subiect impar-faict.

Ecclef. 15. d

Marc. 10. c Qu'elle perfection Dieu, veut en l'homme.

L'homme doit mercier au lieu de reprocher Dieu.

Parquoy ce deffaut qui s'y trouue, combien qu'il soit preueu de Dieu, il n'est n'eantmoins ordonné ny decretté de luy: ains remis à la discretion de l'arbitre, qui est aussi preueu, & lequel de vray ne peut estre bon tant que toute la composition y opinera. Car il est certain que le sainct Esprit de sa part, conseillant le bien, la matiere de sa part le maculera de son imperfection, & par ainsi, Bien meslé auec imperfection deuint mal comme Dieu aidant nous dirons cy apres. C'est donc le deffaut de la matiere qui necessairement porte le mal ou vice en ce composé & non l'œuure du createur ou son action. Parquoy l'homme composé de ceste matiere produict le vice de son propre & volonté corrumpue par elle, sans que Dieu puisse estre calomnié d'en estre cause. Le remede tant pour Adam que pour sa suitte nous a esté donné depuis de sainct Pol, qui nous conseille vser de toute matiere, comme n'en vsant ne y mettant le cueur, attendans qu'elle soit regenerée & purifiée par Iesus Christ, & estoit le remede pour conseruer en Adam sa perfection & en nous pour y acquerir

querir Iesus Christ, en qui gist nostre innocence & perfection. Car n'en vsant que du necessaire & conuertissant toutes nos actions a contempler Dieu, nous n'auons autre empeschemant qui nous en destourbe. Dieu nous a voulu faire toucher au doit & a l'œil le clair iugement de c'este experiance, par l'ordre qu'il a tenu depuis la creation de l'homme, iusques au temps qui suiuit le deluge, par ou il a môstré que quelque excellâce de forme qu'il eust sceu mettre sur la matiere, ceste imperfection qui luy est apportée par la meslange, comme nous dirons cy apres, Dieu aidant, auec Mercure, açauoir qu'il s'ensuit que ce parfaict bien mis ça bas ne peut estre separé du mal, & que par ceste meslange il est souillé, ne demeurant plus bien, ains deuient mal, faict, que Dieu estant meslé auec la matiere ne demeure pur en ce subiect, & n'y demeurant pur, ce subiect ne veut endurer perfection en sa meslange, à cause que perfection est simple & ne souffre composition. Parquoy bien ou perfection n'est en subiect quelconque que en Dieu pur, & non composé, ou meslé d'aucune chose estrange de luy. La cause en est claire, de tant que toute chose estrange ou separée, & n'estant en Dieu comme a esté la matiere, est priuée de l'action qu'elle auroit ayant en luy son essence, par laquelle action la bonté de Dieu est communicquée a toute creature.

L'homme n'a perfection a cause qu'il n'a Dieu par tout en luy. Chap. 3. b

Pourquoy rien est peché.

Or la matiere par son delaissement, s'est trouuée n'auoir son estre en Dieu, ains seul estre, ou plustost habit de matiere, comme nous dirons cy apres Dieu aydant, & a laquelle ceste priuation d'estre en Dieu par le changement d'estre en matiere, porte mal, ou vice qui macule & tache toute imperfection, a laquelle elle se mesle. Si elle est donc hors, ou separée & estrange de Dieu, il est clair qu'elle est sans essence d'action ou vertu, soy côtentant d'habit de matiere, attendu qu'il n'y a action, ou vertu que en Dieu: lequel estant plein de toute essence, d'action & vertu, rend son contraire, qui consiste en priuation denué d'action, vicié, & tenant de ce que nous appellons rien, dont nous auons nommé auec plusieurs sainctes personnes, le peché rien, comme consistant en priuation de Dieu en toute esscence. Dont s'est ensuiuy que Dieu ayant suffisamment manifesté a l'homme que quelle perfection qu'il eut mis en sa composition, il ne pouuoit produire de soy aulcune perfectiô luy a declairé que attêdu l'incompatibilité, qui est entre perfection & imperfection, il ne demeurera plus guere en l'hôme disant, Mon esprit ne demeurera en l'hôme a tousiours, mais par ce qu'il est chair, comme s'il disoit, i'ay voulu manifester a toute creature raisonnable, qu'ayant faict la plus digne & excellante composition, sur la matiere, que ie pouuois faire y mettant mô sainct esprit qu'est l'homme. Auquel ainsi composé, i'ay baillé arbitre en liberté de ses actions, pour manifester quelle voye ce composé prendroit estant hors ma conduicte: & toutes-fois il a maculé & taché ce parfaict bien, que i'ay mis en luy & par son arbitre mal employé, il a opprimé & conuerty aux abus de la matiere, les vertus & dignes essences de mon esprit plein de toute perfectiô. Ie declare que ie ne le priueray d'arbitre: car il ne seroit plus homme, ayant perdu l'estat de sa composition, mais voyant qu'il l'a si mal employé ie declare que mon esprit qui luy auoit esté donné pour l'accompagner eternellement en innocence, & non en veneration de sa chair & matiere ne demeurera eternelemêt en luy en telle prison & contraincte qui le tient: par ce qu'il est chair c'est adire, par ce que ayant en sa composition ceste chair & matiere separée de Dieu des le commencement, il n'est capable de tenir mon sainct Esprit sans l'opprimer, outrager & offencer par son arbitre, tant qu'il sera en subiect participant de matiere. Qui est cause que ie le separeray de ceste matiere par mort, a ce qu'il ne demeure, s'il viuoit eternellement, couuert de c'este imperfectiô. Vray est que ie luy donneray six vings ans de terme pour faire penitance, & reteuer ceux qui se retireront à moy, de la punition du deluge.

Genes. 6. a. Mon Esprit ne demeure a tousiours-mais en l'hôme, exposé.

L'arbitre a reietté Dieu de l'homme.

Cause de la mort venue sur l'hôme au deluge.

Mais pour ne laisser venir a ruine ou rien l'entreprinse que i'ay faict de bastir l'homme il demeuroit non homme estant anneanty & separé de son corps, ie luy ay donné vn remede digne & suffisant a reparer non seullement le deffault, qu'a faict l'arbitre de l'hôme, laissant Dieu pour la matiere: mais aussi pour rendre la matiere digne & capable en l'hôme de reçeuoir mon S. Esprit, & le tenir & conseruer eternellement sans luy porter aucune tache, vice ou imperfection me côtantant d'auoir manifesté a toute cognoissance que estant separée de moy elle ne pouuoit souffrir perfection. Ce remede sera Ieus Christ sôn fils, lequel pour l'amour qu'il porte a l'hôme a cause du S. Esprit, dôt il est côposé, reprêdra vn

Moyen deseparer l'Esprit de Dieu de l'homme a esté la mort.

corps de ceste matiere iadis bannie & feparée de Dieu pour la vnir a foy, purger, nettoyer, & purifier de tout vice par fa croix, mort & refurrection, laquelle eftant paffée par fes effais, fe trouuera remife en fa premiere effence, dont elle fuft laiffée aller abas fans raifon glorifiée fpirituelle, & puiffante, comme dignement preparée de receuoir ce precieux thre for. Et outre ce, il purgera les imperfections de ceux qui fe retireront a luy, par lefquelles ils fe trouuent impuiffans, quelle bonne volonté qu'ils ayent a mettre en œuure les perfections du fainct Efprit qu'ils poffedent, les rendant fi puiffans, que vice ne dominera plus en eux. Ce fera toutesfois ayant obey a la fentéce de mort, a laquelle il l'a condamné, affin que fon efprit ne demeuraft eternellement en cefte contraincte & opreffion. Car il eft efcrit, Le fainct Efprit de difcipline fuira la fange, & fe retirera des penfées qui font fans entendemant: detant qu'elles ont mefprifé fon fecours, pour adherer a la fange ou terre de poterie, pleine de dol: mais falloit qu'il reprint autre compofition de mefme matiere, mieux preparée & rendue plus digne qu'elle ne fuft du commencement, ce fubiect demeurant homme compofé du fainct Efprit, ame ayant arbitre & matiere fuiuant fa creation.

Sap. 1.b

C'eft ce qui a prouocqué Dieu a dire, Ie me repens d'auoir faict l'homme fur cefte matiere baffe, priuée de raifon, & par laquelle mon fainct Efprit a efté tant opprimé, comme s'il difoit, combien qu'il ny puiffe auoir en moy repentance, ie vous manifefte n'onobftat que pour donner à la creature raifonnable congnoiffance de ma perfection & excellance, luy manifeftant que quelle compofition de chofe eftrange, que ie adioufte a mes perfections, le compofé qui en eft faict, de tant peu qu'il y en foit meflé, ne peut contenir perfection, dont elle doit confiderer, que ie fuis le feul bon & parfaict. I'ay efté meu a faire cefte experience de baftir l'homme le plus parfaict, que creature pouuoit eftre fur matiere feparée de Dieu: toutesfois fes effects ont efté tels, que s'il y euft eu en moy lieu de paffion, ils m'ont donné affez d'occafion de me repentir de l'auoir faict. Et pour monftrer cefte occafion que i'ay de repentance, ieffaceray toute ame viuante fur la terre, par le deluge laiffant vne famille qui en porte le tefmoignage a la future generation, pour effayer de la faire meilleure par cefte punition, & plus efloignée du vice. ce fuft Noé le iufte que Dieu preferua de mort, pour anoncer apres le deluge aux hommes, combien les malices de leurs predeceffeurs l'auoient prouocqué a vne fi cruelle punition. Toutesfois la feconde generation ne l'en creut, & ne s'amenda guiere par deffus la premiere, ains eft venue & va toufiours, en augmentát fa malice qui fut caufe que Dieu inftituât cefte nouuelle generatió, leur promift ne les exterminer plus par deluge, ayant fatisfaict tout iugemét des experiances paffées fçachant bien que le fens & penfée du cueur humain couuert de matiere, font inclines des leurs ieuneffe a mal, & qu'a cefte caufe il ne maudiroit plus la terre a leur occafion. Comme s'il difoit, ie voi bien que ie pers mon temps d'atendre perfection de ce corps & fubiect compofé, & que cefte imperfection conduife dignement mó fainct Efprit, i'en remettray le renouuellement a mon iugement vniuerfel, par lequel mort & peché feront bannis du monde, & ce pendant ie n'uferay plus contre l'homme de maledićtion vniuerfelle.

Genef. 6.b
Ie me repéds d'auoir faict l'homme expofé.

Genef. 8 d
Par la preuue de la malice de l'hóme Dieu ceffe la punicion vniuerfelle

Cefte incapacité de tout bien, nous tiét en deux manieres, afçauoir l'vne de noftre arbitre & cópofition, l'autre de la fucceffion du premier hóme, & quád au premier hóme cefte incapacité ne le tenoit qu'é l'vne de ces deux manieres qui eftoit fon arbitre & cópofitió. Car eftant compofé en pure innocéce, fa matiere n'eftoit fubiette a mort & aux actions & puiffances celeftes, ains en eftoit exépte: a caufe de l'hónneur qu'elle auoit d'auoir receu ce precieux ioyau fainct efprit de Dieu en elle, vray eft qu'elle eftant de nature imparfaicte, l'incitoit a mal, & feparation de Dieu, comme elle y eftoit. Ce que nous voyons dire a Mercure en c'eft endroit, que l'homme eftant laiffé en fon arbitre, a voulu operer aparfoy & fentir les actions de fes freres, les fept gouuerneurs, qui autrement n'auoient puiffance fur luy. Le deffault donc qui luy aduint, ne fuft feulement a caufe des tentations venans du dehors fur fa matiere: mais a caufe de fon arbitre & tétations venans de foy mefmes, qui luy a affubiety par outrecuidáce: de maniere que nous pouuons dire que fi le premier hóme euft vouullu tenir la bride a fon arbitre, & n'efcouter la matiere & fa cócupiffence, il eftoit en luy & en la perfection d'innocence qu'il auoit en foy de demeurer en fon eftat, &

Difference du vice du premier homme a celuy de fa fuitte.
La matiere immortelle de Adam eftois fans vice.

Adam par fon arbitre pouuois receuoir perfection de creature.

n'en

n'en defchoir d'vn feul poinct, de tant qu'il n'auoit chofe qui le contraignit a peché que fon arbitre auquel Dieu auoit fouf-mis toutes fes actions. C'eſt ce que nous nômerons cy apres n'auoir chofe exterieure qui le côbatit en tenebres, ou par le dedans dôt il y en a maintenant qui empefchent l'homme de venir a perfection depuis le peché. A quoy ce premier hôme n'eſtoit aucunement fubiect, parquoy imperfection ne luy pouuoit venir, q. e de fon franc arbitre, & non de fubiection quelconque. Ce n'eſt ainſi de fa race & generation, lefquels eſtant compofez de ceſte matiere deſia corrompue, par la cômunication & confentement des actions celeſtes, nous auons la fubiection d'eſtre tentés & conuiés a imperfection foubs noſtre arbitre & compofition, comme noſtre premier homme, & ſi auons l'autre imperfection de fa fucceſſion, par laquelle nous defirons & inclinons vers le mal, qu'il n'auoit, eſtant compofé de matiere qui n'eſtoit aucunement tachée de peché, & qui par confequant n'auoit donné entrée a fathan, de la tenir fubiecte aux defirs interieurs, par le moyen des fens comme celle qu'il nous a laiſſé par ſes deffauts fubiette a mort & corruption, dont il nous aduient que quelle election & legitime employ d'arbitre que nous puiſſions faire, il n'eſt en nous de faire la moindre œuure de perfection, qui fe puiſſe penser, n'y de nous y entretenir, attendu qu'il n'y en a en nous. Et ce deffaut nous tient non a l'arbitre feulement: mais a la fucceſſion d'imperfection de ceſte matiere tant ſallie & tachée par le premier homme, qu'elle eſt depuis indigne de receuoir, endurer, ou produire de foy œuure quelconque de perfection. Qui a eſté cauſe que Dieu aimant ſi merueilleufement l'homme ainſi perdu par fon arbitre, & hors de pouuoir reuenir iamais a perfection, pour ne le bannir de fon falut, ne luy a voulu conſtituer ou commander ce falut, foubs condition d'exiger de luy aucune perfection: ains feulement fa feule libre & arbitraire volonté. Et parce que ce pauure perdu ne peut venir a luy fans perfection: il luy à donné par fa bonté & mifericorde, vn Iefus Chriſt plein de toute perfection, lequel l'homme peut recouurer auec ce peu de moyen qui luy eſt reſté, qui eſt fon arbitre ou volonté, & par le moyen de Iefus Chriſt, ioint & vny a celluy qui de fon arbitre croira en luy par la parolle des Apoſtres, ce pauure impuiſſant fera prefenté en Iefus Chriſt deuant Dieu, en la perfection, voire & plus grande que le premier innocent n'y fuſt iamais prefenté. Ce que le pecheur ne peut mef-huy faire fans Iefus Chriſt, detant qu'il faut que ceſte matiere corruptible entre par fon peché en fa mort & corruption, s'attendant a eſtre renouuellée par le feul Iefus Chriſt, & remife en eſtat d'innocence & perfection, digné d'eſtre prefentée a Dieu le pere. Il a donc créé le premier homme en moyen & puiſſance de garder par fon arbitre l'innocence & perfection, comme il nous a laiſſé depuis le peché, en moyen & puiſſance de recouurer par noſtre arbitre Iefus Chriſt en qui nous receuons toute innocence, perfection, & fuffifance, recognoiſſant qu'il n'en a laiſſé aucun defpourueu du moyen de fon falut, s'il met bien peine de foy congnoiſtre. Parquoy Dieu voiant que fa diuine forme imprimée en ceſte matiere feparée de foy, ne pouuoit conduire & entretenir ce fubiet compofé de deux, en la perfection pour & en laquelle il auoit eſté faict, a caufe que la volonté pendoit toufiours fon arbitre, vers la concupifcence des fens, & que par ceſte exemple, il auoit monſtré a toutes creatures, qu'il n'abite perfection, ou bien en chofe quelconque, hors de foy: il a faict comme le bon marchant qui ayant mis en hazard & grand danger de mer fur mauuaife nauire, vne partie de fes fubſtances & famille, les voyant periclitet, il enuoie vne autre nauire tref-aſſeurée, qui ne craint peril aucun ou danger, laquelle fe va prefenter pour receuoir ceux, qui fans contrainte aucune y voudroient entrer: a celle fin qu'ils foient fauuez, & ceux qui par indifcrette & opiniaſtre refolution fe tiendront a la mauuaife, ne foyent excufables, ou puiſſent accufer le pere de famille de negligence a leur fecours. C'eſt que voyant Dieu pere & createur de toutes chofes, qu'il auoit bien expofé fes diuines eſſences & famille, (digne thefor) en ces vaiſſeaux de matiere, indignes de tels ioyaux, a vn ſi grand danger & aſſeurée perte, de l'auoir commis & aſſubiety a la liberté de ce fubiet, participant de ceſte matiere feparée de Dieu, & a laquelle liberté elle opinoit, & donnoit fon aduis, duquel fortoit le peril & dangier, le bon Dieu a enuoyé ceſte trefaſſurée nauire Iefus Chriſt fon fils, pour receuoir & fauuer toute ceſte partie de fes fubſtances, qui ne fe voyans en moyen de falut, voudront liberallement entrer en ce fainct vaiſſeau, & y eſtans, y demeurer, comme en celuy feul, qui veritablement a purgé &

nettoyé en nous tous les deffaus de la matiere, & laisser ceux, qui par opinion & abus d'icelle, voudront suiure leurs concupiscences. Car côme dira cy apres Mercure, Qu'auāt la regeneration, n'y auoit aulcun sauluè: c'est celle de Iesus Christ, auquel seul gist le salut de l'homme. Ce tres sainct regenerateur de nostre generation ruinée & destruite, nous a monstré combien pesoit a l'homme ce delaissement que Dieu luy feist, le laissant sous la discretion & liberté de son iugement & volonté. Lequel iugement & volonté dependants d'vn conseil, qui n'estoit pur que d'vne part, asçauoir la part de l'homme interieur & essential, conformant ses appetits a la volonté du sainct Esprit, contraire a la part de l'homme exterieur materiel, conformant les siens au desir des concupiscences. Ce conseil donc, par lequel l'ame doibt prendre sa resolution, ne peut estre si peu meslé de l'imperfection de matiere que la resolution tenant des deux, ne soit imparfaicte, & par plus fort, quand elle se iette sur la matiere, qui de sa nature l'est, entant que separée de Dieu, comme nous auons veu, qu'elle la esté pour estre seule matiere, susceptible de toutes formes. Parquoy ceste separation & absence de Dieu (qui seul est tout bien) hors de la matiere, la causée d'estre en son propre pleine d'imperfection, estant alienée de tout bien. L'homme donc d'vne part composé de ceste chose priuée de tout bien, & par consequent abondante en tout mal, s'apuyant sur ceste partie, ne pouuoit euiter sa ruine. Parquoy Dieu l'ayant crée en estat d'innocence de ces deux parties matiere & forme, le conduisoit par ceste innocence en la contemplatiō des œuures & actions diuines, sans qu'il luy print aucune volonté d'incliner vers l'imperfection de la matiere, iusques a ce que l'homme vouluft vser de liberté d'arbitre, & estre lasché de la sainture, par laquelle Dieu le conduisoit, comme l'enfant en son amour, saincte contemplation, & pure innocence. Ce fust lors que Moyse dict, Il vit donc que le fruit estoit bon, & a ses yeux beau & delectable à regarder. Voila le premier abus faict par ses sens, pour l'attirer a l'amour des choses materieles, le destournant des Diuines, & en māgeāce que Mercure couche plus clairement disant, l'homme ayant consideré toute operation en son pere, il a voulu pareillement operer, & lors il a esté laissé du pere en toute puissance d'arbitre, sous la disposition duquel Dieu commit toute election de ses vertus, mais estant l'homme composé d'esprit de Dieu, & matiere, quand Dieu luy eut lasché la main, & donné sa liberté de toutes actions, sa matiere, qui par son imperfection empiroit la composition de l'homme, estant de nature pesante, ne pouuoit faillir a emporter les vertus spirituelles, qui n'ont aucun poix en la region elementaire, lesquelles furent emportées par le pois & abus des choses materielles, comme n'ayant vertu ny puissance au conseil, auquel matiere est appelée, dont s'ensuiut que Iesus Christ s'estant vny & faict mesme chose auec le pecheur, pour porter ce vieux Adā materiel a la croix, & reparer la faute que l'homme auoit faict, estant laissé de Dieu en la liberté de ses actions & volontés, il se plaignit a Dieu son Pere du mal qui plus le pressoit, & duquel estoit venu toute la ruine de celuy qu'il auoit ioint a luy, disant Mon Dieu, mon Dieu, pourquoy m'as tu delaissé? Comme s'il disoit, par l'acord de la requeste que ie te feis arsoir, tu m'as ioinct, & vni en mesme substance le vieux Adam & sa suite, qui par ce laschemēt de ceinture, par laquelle tu le cōduisois en tō amour, & innocēce a voulu essayer la discretion de sa liberté, ne considerant quelle force auoit ta main, a soustenir ton sainct Esprit a luy commis, contre la pesanteur de la matiere : ains a voullu se commettre a ses forces, se cuidant conduire par celles la en perfection, qui veritablement gist en ta seule operation, & nō en celle de la creature. parquoy mon Dieu, mon Pere, ie me plains a toy, regrettant grandement, que tu luy ayes acordé ceste dignité de liberté, qui n'apartiēt qu'a subiet simple, & non composé, le delaissant de la conduicte de ta main, par l'absence de laquelle & imperfection de sa composition, sa liberte a esté emportée de la pesanteur de sa matiere, dōt ayāt reuestu & aproprié a mes essences & tiennes, la reale vniō de ce transgresseur, qui pour auoir esté delaissé de toy, est tombé en la misere, qui a suscité ma charité de venir ça bas porter les peines meritées pour ses offences. I'ay iuste occasion de te crier, & me plaindre, disant, Mon Dieu, mō Dieu pourquoy m'as tu laissé, en la main de mō cōseil, & leué de moy ta saincte main & conduicte, voyant bien que quelque bonne volonté, que ie puisse auoir par mō liberal arbitre, ceste masse d'imperfection de matiere me pressoit & pesoit tant, corrompant la purité de ton sainct Esprit en l'homme, que ie pouuois bien dire, Combien que la volonté fust en moy, comme dict sainct Pol, ie n'auois la force de l'amener a

perfection

perfection, qui a esté cause qu'il a esté besoing que i'aye esté ça bas, comme ton fils vnicque, pour reprendre a moy ceste matiere iadis separée de toy, & ce qu'elle a ruyné, pour satisfaire a la perfection de la loy, & comme estant faict peché en la personne du vieux Adam & sa suite, i'ay porté la peine, qui m'est aduenue pour auoir esté delaissé de toy en la main de mon outrecuidance, & temeraire conseil & entreprinse d'operer tout a par moy. Voila ce, que Iesus Christ, reuestu de la charge & si pesant fais, des miseres des pecheurs sur son innocence, regrettoit se scriant a Dieu son pere, Mon Dieu, mon Dieu pourquoy m'as tu laissé? ET l'homme donc ayant voulu operer, A ESTE LAISSE DV PERE ESTANT NAY & produict ça bas EN LA SPHERE D'OPERATION, & generation materiele, & elementaire, pour laisser en sa liberté l'election de ce a quoy il se voudra employer. Et a ceste cause y est constitué AYANT TOVTE PVISSANCE d'arbitre. Ceste operation est temoignée par Moïse auant le peché, quand il dict, Qu'il mist l'homme au paradis de volupté: affin qu'il operast, & le gardast bien. C'estoit le paradis de la volupté, plaisir, & contentement infiny, auquel Dieu l'auoit mis pour le contempler, louër, & mercier, qui estoit les vrayes operations, par lesquelles il deuoit operer ce paradis de felicité, lesquelles luy estoient commandées: de tant qu'il pouuoit employer sa liberté a diuerses operations, toutesfois Dieu preuoyant ce, qui luy aduiendroit par son deffaut, le conseilla de garder bien ce contentement & paradis, qu'il auoit de la congnoissance du bien, & le laissa, comme dict Mercure (ayant toute puissance, & Syrac dict en la main de son conseil: a celle fin que chascun congneust que s'il y auoit mal, il ne pouuoit venir de Dieu, qui luy auoit purement remis & attribué l'election des deux. Soy voyant donc l'homme auec toute puissance & liberté de ses actions, DE CONSIDERER LES OEVVRES produisans effects en la matiere par les actions DES sept gouuerneurs SES FRERES, creatures de Dieu comme luy, non leurs proprietés: car leurs puissances, qui estoient vertus intelligibles, l'homme les sçauoit des sa creation: il restoit que les sens s'aplicassent sur leurs œuures materielles, contenues en la sphere basse de generation, ou il estoit faict. En c'est endroit satan ancien ennemy de ceste diuine forme appliquée en la matiere, trouua qu'il y auoit lieu pour se presenter à l'homme, qui desia se esbranloit pour soy separer de Dieu, ayant mis la liberté de son arbitre en branle. Ce satan serpent tres subtil sur tous animaux, s'addressa a l'homme, auquel il n'auoit encore acces ou permission de communicquer par le dedans, a cause qu'il n'estoit pecheur. Parquoy fust contraint prendre vn corps, pour le tenter par les sens, & par ce moyen communicquer auecques luy, par le dehors & vsage des sens. Il print donc vn corps materiel, subiect aux sens. Or tout ainsi que Mercure dict, que Dieu auoit abandonné a l'homme toutes ses œuures, tout ainsi Moïse dict, que Dieu permit a l'homme de manger de tout bois, de la terre, qui luy estoit pour encore vn Paradis, pendant que toutes creatures d'icelle estoient subiectes a l'homme, a cause de son innocence & bon traictement qu'il faisoit a l'image & sainct Esprit de Dieu, qui estoit en luy: & que l'obeissance que toutes creatures luy portoient, le delectoient tant, qu'il en auoit vn tel plaisir, qu'il luy fust nommé Paradis, auquel Dieu luy permist vser de tout fruict: mais il luy deffendit ne manger de celuy, qui luy donnoit science de bien & mal. C'est ce, que dira cy apres Mercure, disant que par les dons & intelligences que l'homme a receu, l'vsage & commandement luy est permis sur toutes creatures, pourueu qu'il ne laisse ceste contemplation du Pere (qui domine sur toutes choses) pour adherer aux loix de la matiere, qui ne luy produisent que mal. C'est le bois de science de bien & mal, que dict Moïse. Ce serpet subtil voit qu'il faut qu'il s'aide de la matiere, a laquelle il voit incliner l'homme par son arbitre, pour le ruiner, luy disant ce faux argument. Pourquoy pense tu, que Dieu t'aye defendu tout bois de Paradis: & c'estoit au contraire, car Dieu luy auoit permis tout bois: mais c'est qu'il vouloit tromper l'homme innocent par ratiocinations, ce qu'il ne pouuoit faire, a cause de la perfection de son sçauoir. Parquoy il laissa la ratiocination, voyant qu'il luy fust respondu, que le tout n'estoit deffendu, ains vn seul, & ce print a sa principale arme, qui est la menterie, a ce que par ce moyen il affectionne plus l'homme a ce qu'il le voyoit desia esbranlé, qui est la matiere, luy faisant entendre. Toutes ses imaginations que la pensée te presente, ce n'est que autant de vent: car tu n'en vois n'y aperçois de tes sens corporels aucune voix, son, couleur, doulceur, forme ny figure: ce n'est que temps perdu qu't'en reste, apres y auoir bien pensé: tu as grand occasion de vouloir operer a par toy:

D 4   car

car autrement toutes tes vertus, que Dieu, t'a donné pour estre employées a ton plaisir se-roy̑ét inutiles & vaines en toy: & tu sçais que Dieu hayt oysiueté, qui iamais n'est oysif. Employe tes puissances & celles des sept gouuerneurs, qui te sont subiectes, par lesquelles tu feras de la matiere ce, que tu voudras: mais de tant que tu n'as encore apperceu, que leur nature & action, tu n'en seras iamais bien instruict, que tu n'ayes senty en ta matiere les beaux effects, qu'ils produisent. Car tu cognoistras par là, que c'est bien & mal, tu sçais desia le bien que c'est, & quelle estendue il a. Si tu sçauois aussi bien que c'est que mal, tu trouuerois qu'il est aussi grand, & couurant toutes choses çà bas en ceste sphere materielle & de generation, que le bien en haut. Si tu peux aquerir la congnoissance du mal comme tu as celle du bien, tu seras si grand, que tu seras egal a Dieu. Pourquoy penses tu, que Dieu soit si grand, que pour la congnoissance, qu'il a du bien & du mal, Il sçait que dés l'heure que tu auras les deux sçauoirs, de bien & mal, tu seras si accomply, que tes yeux seront ouuerts a toutes les congnoissances, comme tu sçais que sont les siens, qui cognoist & voit toutes choses. Tu luy seras semblable & aussi grand que luy, & n'auras plus affaire de luy estre subiect. Et craignant que tu n'en viennes là, il t'a faict le commandement de ne t'amuser a la matiere, qui t'aprend que c'est que mal: car elle en est toute fournie, ains a voulu que tu sceusses le seul bien, pour te tenir tousiouss en subiection, & te priuer de la liberté, que tu penses qu'il t'aye donné, laquelle tu vois demeurer en toy inutile & de nul effect.

Genes. 3. 4

L'homme escoute le Serpent.

L'homme ayant ouy du serpent vray conducteur & suscitateur de sa ruine, tant de promesses, toutes tendantes a sa gloire, luy insinuant vne separation d'auec Dieu son pere, il les a escoutées: & n'a pas consideré, que toutes ses vertus & puissances estoient propres a Dieu, commises a luy en pur ministere, a la discretion toutesfois de sa volonté, dont il deuoit rendre compte. Et par ce moyen il a esloigné sa diuine image, estant plus esmeu des arguments de la concupiscence, prouués presentement par la perception, & abus des sens, qui sont les premiers, qui manient l'intelligible, venant de la matiere. Aux quels l'homme s'arrestant, sans employer son bon iugement, voit tant de belles creatures & diuerses, oit tant de sons & bruits, faicts par l'air, auec les choses corporelles, employe tous autres vsages des sens, par lesquels il apperçoit tant d'excellantes œuures de Dieu, que le vouloir, qu'il a eu cy deuant d'operer, luy croist de tant plus qu'il pense ses vertus qu'il a, tant par ses sens corporels, que par son intelligence de tout bien, fussent en luy propres & separées de Dieu, & non en pur ministere & dispensation, dont s'est ensuiuy, que de la contemplation du pere, pour laquelle il estoit faict, & par laquelle il demeuroit en inocence, dominant a toutes creatures en corps immortel & perpetuel contentement.

L'homme se laisse couler de la contemplation en la matiere.

Il se laissa couler en ceste sphere basse de generation, corruption, mutation, & abondance de tout mal, ayant conçeu par la subtilité du serpent, ce faux cuyder, de dominer çà bas par sa propre vertu & puissance, separée de celle de Dieu, son createur, & y estre en contentement aussi grand, par la connoissance du mal qu'il desire, qu'il en a eu de celle du bien. Mais l'ayant senty, il trouuera combien il a failly de laisser l'Esprit pour la matiere. Il a donc appliqué ses sens corporels aux œuures materieles & effects des sept gouuerneurs: tellement que le rapport des sens, faict a l'intelligence & iugement interieur (qui de sa nature desire tousiours augmenter) le surprint par ces violantes forces, d'apeter & desirer: & saisist de telle puissance que ne pouuant aperceuoir les actions & effects de ses gouuerneurs sur les matieres separées de soy, il desira les sentir & aperceuoir sur sa propre matiere, pour l'entendre mieux, & se presenta & soubsmist a l'action & influx des recteurs, combien que de sa creation, il en fust exempt. Sur quoy Mercure parle de ses sept gouuerneurs ces freres (comme ayant receu de Dieu vertus & puissances en ministere comme luy) LESQVELS L'ONT AYMÉ. Ce n'est pas que les astres ayent amour ou haine, ou autre passion, mais c'est que toute creature ayant action de Dieu commise a son ministere & execution, se resiouit, conserue, & se plaist, lors que sa charge & estat s'augmente. Comme en c'est endroit ces recteurs, qui n'auoient iamais osé ietter leurs actions sur ce vaisseau du S. Esprit, ils furent resiouis, & ont aimé celluy qui leur augmétoit le pouuoir qu'ils n'auoient iamais peu atteindre. Et ce fust lors qu'ils l'etendirét dans l'entrée de sa misere pepetuelle, quand CHASCVN DEN̈TRE EVX LVY A COM-MVNIQVÉ, la faict participant & luy a imprimé par l'action & pouuoir que l'astre auoit receu de Dieu

Pourquoi les sept recteurs sont dictz freres de l'home.

L'homme s'aſ subiectit aux actiōs celestes.

de Dieu, la disposition & preparation de receuoir les impressions, imperfectiõs, & deffaux, que par leurs influances toute matiere reçoit, c'est ce que Mercure nomme chacun l'auoir randu participant, ou luy auoir communiqué SA CHARGE, c'est à dire, la disposition & preparation d'obeir à l'action & vertu de l'astre gouuerneur, ou corps celeste, comme si les astres luy disoient, Tu as voulu estre participant de noz effects en ta matiere, qui ne sont que puissances de transmuer, corrompre & generer. Donc tu seras d'oresnauant subiect, a corruption, generation, ou mutation, & mort, laquelle preparation & disposition rendist le corps mortel, & tiendra d'oresnauant l'homme incline a obeir à la corruption & defaut, prouoqué par l'alteration faicte par les actions de ses sept gouuerneurs sur la matiere. Toutesfois combien qu'il s'y soit assuieti, & rendu inclin & disposé, & corrompu en luy toutes vertus & puissances diuines, il luy demeure encore l'usage des vertus de Dieu, desquelles bien qu'il n'en puisse user d'une si grande auctorité sur toutes creatures, qu'il faisoit au parauant, si est-ce qu'il luy en demeure, comme estants de sa composition assez pour le secourir suffisamment, quand il les voudra employer contre l'assaut des cõcupiscences & destinée, empeschant que leur action necessaire ne face l'effect, qu'elle feroit sans la resistance, qui par ce moyen luy sera mise au deuant. Ceste cheute du premier homme, semble auoir esté escripte par Moïse, comme elle auoit au parauant esté par Mercure, c'est par propos hierogliſiques & couuers, attendu l'importance & pesanteur du faict, nous auons tant par Mercure que Moïse, tesmoignage, qu'il auoit quelque commandement de publier certains propos, & d'en celer certains autres. Ayant receu les reuelations diuines, Mercure tesmoignera ce faict, au treziesme chapitre, auquel il dira estre contrainct de celer le propos de la regeneration, pour n'estre calomniateur deuant le peuple. Æsculape son disciple, en nostre seziesme chapitre declarera, que Mercure a tenu les propos semblans estre clairs, qui toutesfois sont obscurs, & ont leurs sens secrets. De mesme maniere, quand Dieu reuela ses grands secrets à Moïse, le retenant plusieurs iours à la montaigne, il luy dist, tu publieras ceux cy, & celeras ceux cy, dont c'est ensuiuy, qu'ils ont clairement publié ceux, qui leurs ont esté permis : & couuert, celé, ou caché ceux, que Dieu leur a commandé. qui nous faict dire, qu'il sembleroit que ce peché du premier homme, fust de la condition de ceux, qui l'ont baillé couuertemẽt, à sçauoir Moïse, par le moyen d'un serpent, qui tenta la femme pour luy faire manger un fruict, & le donner à l'homme : & Mercure introduict l'homme auoir voulu operer en la matiere, & cognoistre la nature de ses freres les gouuerneurs, instituez sur la matiere, & s'estre tant delecté de la matiere, qu'il l'a choisie pour son habitation, comme nous le dirons en la prochaine section. Les deux sont accordez venir à mesme but, par ce que dict sainct Iaques, Un chascun estre tenté par sa concupiscence. Moïse baille le serpent tentateur, pour toutes choses materieles, si basses & terrestres, que à la semblance du serpent, elles n'abandonnent iamais la terre, & plus basse ou imperfaicte partie materiele, non plus que le serpent se trainant sur le ventre, n'abãdonne iamais la terre, & loge dedãs les plus sales lieux. Ces choses sales & materieles se presentent à la femme, qui signifie la partie sensuele, & plus fresle de l'homme, laquelle soy trouuant foible contre la tentation, succombe : & ayant plus grand acces à l'homme, se trouue le pouuoir plus facilement attirer, comme estant partie de soy, comme les sens sont parties du corps & de l'ame : & par là l'homme se trouue tenté par ses desirs & concupiscences. Vray est, que ce serpent n'est nommé Sathan sans cause, par ce que c'est Esprit malin estant ennemy de l'image de Dieu, qui est en l'homme, faict tous ses efforts à le ruyner : & ne luy pouuant faire la guerre contre son arbitre, il recherche tous les moyens, desquels il se peut aduiser, pour esmouuoir cest arbitre, sans l'esbranlement duquel l'homme ne peut tomber en offence. Et pour l'esmouuoir il luy presente toutes choses, qu'il cognoist estre delectables à son corps, vray ennemy de son esprit, pour y attirer le consentement de l'arbitre, qui est en l'ame, & par ce moyen la faire trebucher : à ceste mesme fin Mercure introduict l'homme, qui ayant esté faict à l'image & semblance de Dieu, pour le contempler, admirer, considerer, & cognoistre, s'est laissé couler dans l'appetit & desir de vouloir operer en la matiere, laissant la contemplation à luy propre. Et estant laissé de Dieu en la main & puissance de son arbitre, il a voulu sentir en sa matiere (exempte de toutes puissances celestes) les actions & effects d'icelles : & combien que les ayant sentis il s'en trouue mal, ce neautmoins il s'est tellemẽt voüé & dedié à l'amour des choses materieles, qu'il oblie ce tort & desplaisir qu'il s'est acquis : & se delecte tant auec la nature basse des choses terrestres,

La matiere de l'homme soubmise a la loy de l'astre matiere.

L'homme n'a pas bien na du tous perdu sa premiere dignité.

Moyse a pas lé hierogliſiques.

4. Esdr. 14. 6

Le fruict de Moyse comparé a l'operation de Mercure. Iac. 1. b

qu'il ameine la belle forme de Dieu en sa subiection, qui ne l'auoit iamais esté: & choisist ceste demeure des choses basses, soy trainant par terre comme le serpent, pour son habitation: & sur ce point fonde la resolution de son arbitre, dont nous verrons qu'il s'ensuiura, que l'effect a de bien pres suiuy sa volonté, & sera dict habiter en ceste matiere, qui est forme priuée de raison, & toute partie diuine. Et en ceste maniere les deux, tant Moïse que Mercure, concluent le peché de l'homme n'auoir esté autre, que d'auoir laissé le vray estat, pour lequel il estoit faict, de considerer, contempler, louër, admirer, & cognoistre Dieu, pour conuertir toutes ces belles actions aux choses materieles, qui de leur premiere institution faicte en luy, estoiët dediées à son Dieu, Pere & Createur. C'est le fruit de l'arbre terrestre presenté à l'homme, par sa femme, qui sont ses sens, esmeus par le serpent, & choses basses, sales & terrestres, proposées à sa concupiscence, par laquelle il est tenté. L'homme donc ayant abandonné la contemplation du Pere, pour s'amuser à la matiere, à changé ceste constance inuariable de sa grandeur en la subiection, que luy a donné la Lune de croistre & descroistre: Mercure luy a changé simplicité en subtile tromperie: Venus luy a changé continance, en oisiue concupiscence: le Soleil humilité, en superbe & ambition insatiable: Mars mansuetude, en arrogance, & audacieuse temerité: Iuppiter contentement, en oisifs apetits de richesses: Saturne coronnant toute malice, luy a changé verité en mensonge. Voila ce que l'homme a trouué çà bas, y estant venu pour cognoistre autant de mal, qu'il sçauoit de bien. ET par ceste communication faicte à l'homme des sept gouuerneurs, ou corps celestes, il s'est trouué en tel estat, que LVY AYANT TIRE A SOY LEVR ESSENCE, ou bien soy sentant marqué de leurs actions, qui desia produisoient effects en son corps ou matiere, côme ayant reuestu, ET ESTANT FAICT PARTICIPANT DE LEVR NATVRE, il se trouua si alteré & changé de ce digne estat d'innocence, entrát en sa perpetuele misere, qu'il en est deuenu comme forcené de rage. Par laquelle il A VOVLV ENFRAINDRE LA CIRCONFERENCE DE LEVRS CERCLES, rompre & demolir ceste grande architecture, & ordre celeste des actions & mouuements des sept gouuerneurs, par le moyen desquels il auoit esté si changé & alteré, ET RVYNER d'auantage LES FORCES DE CELVY sainct Esprit seconde pensée, QVI DOMINOIT SVR LE FEV, par lesquelles il estoit soustenu & defendu, contre les concupiscences, suscitées en luy par la subiection de l'harmonie, à laquelle il s'estoit soubs-mis. C'est lors que commença le combat de la chair contre l'esprit, que dict sainct Pol, & de l'esprit contre la chair. Car comme le corps desiroit victoire corporele, brisant & ruynant, sa pensée troublée d'outrecuidance, vouloit victoire de cognoissance contre le sainct Esprit. Qu'est-ce autre chose, que d'auoir reuestu la suggestion du serpent, luy insinuant l'appetit de desirer, & courousser? disant, Vous serez comme Dieux: car se sentant offencé, non par son defaut, car l'homme recule à le confesser tant qu'il peut: mais accusant les corps celestes, qui n'en peuuent mes, il pensa, & luy souuint, qu'ils auoient esté bastis & faicts par la seconde pensée sainct Esprit de Dieu: & que pour les abbatre, ruyner, & desfaire, il luy failloit mesme puissance, que celle, qui les auoit faicts. A cause dequoy sa colere brutale le mena en telle temerité, de vouloir ruyner les forces & vertus du sainct Esprit, qui dominoient au feu. Il dict en vne autre exemplaire cognoistre en son intelligence, desirant vaincre & surmonter en cognoissance la vertu intelligible du sainct Esprit: car il sçauoit bien que telles forces estoient intelligibles, & non corporeles ou materieles. A cause de quoy les cognoistre s'entand les auoir surmôtées par son intelligence, & les impugner intellectuellement, comme le sainct Esprit intelligence diuine les possede, & par là les ruyner, c'est autant que par la suggestion du serpent, vouloir estre comme Dieu, & vouloir atteindre les forces du sainct Esprit, pour abatre & ruyner les cercles & mouuemës, qu'il auoit creé, basti, & formé: par ce qu'il les accusoit d'estre cause de son peché: c'est de tant que ses sens auoient esté sollicitez par tant de belles actions de ses gouuerneurs, employées sur sa matiere, si diuersement. Lesquels sens, combien qu'ils tiennent par vn bout à la matiere, ils tiennent aussi par l'autre en l'ame, qui est cause que ce sont les vrays entremetteurs & moyéneurs, du sensible, vers l'intelligible, ou des côcupiscéces vers l'ame. Et s'estant l'hôme abusé aux sens, il se trouua prins par leur persuasion: & tombe dans leurs retz. Ce que Mercure, côme Philosophe, baille icy par le moyen des sens, cela mesme baille Moïse estre venu à l'homme par le moyen de la femme, comme nous auons n'aguiere dit estre sa partie plus debile: & par consequent plus subiecte au sensible, que l'homme, & toutesfois tenant à sa naà sa nature, comme estant aussi homme, dont nous prenons mesme chose, l'homme auoir esté deçeu, par l'abus de ses sens. Ce que dict Moïse pour auoir esté abusé par la femme, qui veritablement luy a esté entremetteur de la concupiscence, d'vne part vers le consentemēt de la volonté, d'autre, par le moyen de cest abus des sens, l'homme s'estāt si r'abaissé à l'vsage & subiection des choses materieles, qu'il s'est trouué au dessoubs de ce, qu'il souloit surmonter & dominer. C'est ce que nous auons dict cy deuant, que dict le Psalmiste, L'homme estant en honneur ne l'a entendu, & a esté comparé aux iuments bruts, & faict semblable à eux, c'est que ayant reçeu sa matiere exempte de la subiection des actions celestes, par son ignorance il l'a assuiectie à la semblance des bruts, ne cognoissant son honneur: de tant qu'il a reçeu la semblance de Dieu, soubz liberté d'arbitre, c'est ou de s'entretenir semblable à son pere par l'estude de cognoissance, ou bien à l'animal brut, obeissant à la concupiscence de ses sens, par laquelle il est continuellement tenté d'oblier l'estude & contemplation du Pere, pour adherer aux concupiscences, dont s'ensuit, que l'homme ayant tout sçauoir, par obly est deuenu en ignorance. Voila comment de la contemplation du Pere, il est descendu en la sphere de generation & materiele, pleine d'imperfection. Ceste cōtemplation que Dieu demande à l'homme, pour laquelle il l'a principalement creé, est affin que suiuant sa semblance, il ne soit iamais oisif, ains employe continuelement les vertus, que Dieu par la creation de l'homme a informé en la matiere, à ce qu'elles sont principalement dediées: car estant toutes intelligibles & spiritueles, elles sont toutes ordonnées à vsages spirituels, qui tous sont comprins soubs le mot de contemplation, par où il a prins la denomination de la ptincipale substance de l'homme, qui est l'Esprit de Dieu, par lequel il possede l'ame raisonnable & sa compagnie, dont il est dict animal raisonnable. A cause de quoy, quand il se parle de l'homme aux choses grandes, l'on doit entendre par ceste diction d'homme, la principale substance de l'homme, qui est la partie de l'intelligence & Esprit de Dieu estāt en l'homme, dont s'ensuit que Dieu demandant de l'homme ce, pourquoy il a esté faict, l'homme ne luy doit presenter les vsages du corps, qui sont forces, agilitez, mouuements, sons, ou autres qualitez & vertus corporeles, pour principal deuoir, ains comme dict le Prophete: Veux tu sçauoir, o homme, que Dieu demande de toy? Faire iugement, aymer misericorde, & cheminer soigneux deuant ton Dieu. A ceste cause il luy doit offrir tous les vsages de ce, qui est principal en l'homme, qui est l'esprit & sa compagnie, de laquelle sortiront tous actes de contemplation de Dieu & ses essences, admirations de ses puissances, loüanges de ses vertus, graces & mercis de ses biens-faicts, resiouïssances de ses bontés, & plusieurs autres contemplations, par lesquelles l'esprit, qui est l'homme essential, communique auec la diuinité, employant tous ses dons a recognoistre le subiect, duquel ils sont venus. Parquoy cy apres Mercure dira quelquesfois, l'homme auoir esté faict pour son principal estat contemplateur de l'œuure diuine. Ceste là est la contemplation que Iesus Christ loüe en Magdeleine, auoir esté plus excellente, que toute action exterieure que l'homme puisse faire. A ceste cause elle doit estre preferée, en estime de valleur & dignité, deuant toute action corporele, de tant que l'vn acteur, est plus digne que l'autre: ce nonobstant l'homme ne doit mespriser l'action exterieure & corporele de misericorde & charité, considerant que Dieu a faict son Eglise, dont Iesus Christ est chef, laquelle il a disposé d'vne telle prouidence, que diuerses charges ou actions, ont esté commises a diuerses personnes, pour le seruice, secours & conseruation de ses creatures en leur estre, donné du Createur, cōme dict sainct Pol, Dieu atempere le corps de l'homme, affin qu'en luy n'y ayt scisme: & tout ainsi son Eglise de diuerse nature d'action, ayant faict les aucuns Apostres, Prophetes, Docteurs, c'est pour le ministere du verbe, seruant à la contemplation, d'autres ayants graces de guerisons, de secours, de regime, & autres infinis, qui sont toutes actions exterieures, pour le secours du corps & matiere. Qui combien qu'elles ne soient premieres, ou principales, si sont elles requises & necessaires en l'homme: à celle fin qu'il n'y demeure rien oisif, & par consequent inutile, c'est à dire, que l'ame en laquelle consiste la volonté commandant à tout l'homme, ne cesse d'employer tant ses vertus & actions intelligibles ou spiritueles, que les sensibles ou corporeles, tant pour l'exercice des vertus diuines qu'il a, que pour le proffit que tout hōme prend de l'action exterieure de son prochain: & par ainsi toutes actions soient corporeles ou spiritueles, bonnes & vtiles, seront attribuées à la seule volonté, qui les ordonne, non au corps ou matiere, qui en execute sa part, pour declarer ceste volonté bonne, entant qu'elle a dōné son con-

Comparaison de la femme & sensualité.

Psal. 48. c. d

Ioc. 1. c

Contemplasion.

Vertus de la matiere.

Mich. 6. b Que c'est que Dieu demāde de l'homme.

Fruicts de cō templasion.

L'homme est faict pour cōtempler Dieu. Luc. 10. g.

Dignité de la contemplation La vie actiue n'est a mespriser.

1. Cor. 12. d

Conuenance de l'ordre de l'Eglise & ses membres aux actions intelligibles & sē sibles.

son consentement à la chose bonne, en ceste façon nous trouuerons, que soubz la generalité des vertus & actions contemplatiues, est contenue celle, qui domine & conduict tant les actions de la matiere, que les intelligibles, qui est la volunté, doüée de liberté d'action ou arbitre. Mais combien que contemplation soit la principale dignité de l'homme : elle peut neantmoins estre si mal employée, selon les degrés de toutes actions de plus ou moins, qu'il vaudroit beaucoup mieux s'amuser aux actions de la matiere bien employées, que à ces contemplations, non seulement celles, qui produisent vices & defaux, mais aussi telles, qui semblent auoir quelque figure de bien, produictes par ignorance, comme d'aucuns contemplatifs, esmeuz de zele de deuotion & religion, qui par ignorãce de la verité inuentent effects, qui iamais n'ont esté, mesmes sur l'histoire de Iesus Christ, & plusieurs autres sainctes personnes, & si bien leur inuention seruoit à la vraye intelligence & obseruation du vouloir de Dieu, elle seroit non seulement tollerable, mais loüable, & si ne seroit produicte ou yssue d'ignorance, comme quelquefois les inuentions, qui seulement ne confirment le vouloir de Dieu, mais le destruisent totalement. Lesquelles peuuent estre veritablement dictes contemplations, produictes d'ignorance, engendrée en l'homme par son vice & defaut. Il s'enfuit donc, attendu que la volunté, à qui a esté commise la liberté de toutes actions intelligibles & sensibles, porte l'honneur & bon gré, ou bien la charge & reproche de tout bien faict ou mal faict. Nous ne pouuons attribuer aucune vertu ou vice aux actions exterieures, corporeles, ou sensibles, comme aumosnes, secours de malades, & autres bonnes œuures exterieures, ne peuuent estre dictes vertus : non plus que le meurtre, adultere, larreçin, & menterie, peuuent estre dicts vices : ains les vns & autres sont seules executions des vertus ou vices, qui gisent en l'ame, prouueuë de liberale volunté, à laquele seule appartient le bié, ou mal faict. Ce propos est tesmoigné par Iesus Christ, disant, Il n'est rien hors de l'homme, qui le puisse tacher entrant en luy : ains ce qui sort du dedãs de son cœur, lequel il prent pour volunté, dont apres viennent les executions, qu'il racompte auoir esté au parauãt entreprinses dans le cœur, & volunté de l'homme, larrecins, adulteres, menteries. Il y a autres crimes, qui se font par ignorance, soubs pretexte de bien, publiquement, comme les meurtres commis par medecins & officiers de iustice : desquels le peché ne gist en l'eff ect du meurtre, non plus que celuy d'vn yurongne, ayant faute de iugement : mais gist en ce qu'ils ignorent, ce qu'ils doiuent sçauoir, auant entreprendre leur estat. Et l'yurongne peche en sa dissolution, par laquelle il chasse hors de soy l'vsage des vertus du sainct Esprit, qui luy sont essentieles, & par l'absence desquelles l'homme demeurant pur brutal & materiel, ne peut faillir d'executer infinis maux pour les auoir abandonnées. Ayant donc l'homme abandonné la contemplation du Pere, ses vertus & actions, pour s'assuiectir à la matiere, il est tombé en la subiection des qualités & accidens de la matiere, dont s'est ensuiuy sa mort, rage, & collere insensée, par laquelle il a voulu, cuidant vaincre par force corporele, & destruire les mouuemens & actions celestes, & cuidant vaincre par vertu intellectuele, cognoistre trop superbement les forces du sainct Esprit president au feu, & de là est yssue sa misere.

Toute vertu d'action humaine attribuée à la volonté.

Contemplations inutiles

Actions exterieures n'õt en soy vice ou vertu, ains seule execution.
Bien & mal gisent en la seule volonté. Marc.7.c.

Pechez d'ignorance tolerez.

SECTION 14.

ET celuy, qui auoit eu arbitre, & toute puissance sur les animaux du mõde, bruts & mortels, s'esleua par l'harmonie, rompant la puissance des cercles, & monstra à nature, qui aloit en bas, vne belle forme de Dieu. Lequel elle voyant d'vne insatiable beauté, ayant en soy les effectz des sept gouuerneurs & la forme de Dieu, luy soubs-rist d'amour, de tant qu'elle consideroit la figure de l'humaine beauté en l'eau, & l'ombre sur la terre. Et luy cognoissant que la semblable forme de celle, qu'il voyoit en l'eau, estoit en luy, il l'ayma, & voulut habiter en ce lieu : & ensemble auec la volunté fut produit l'effect, & habita en la forme priuée de raison.

COM-

COMMENTAIRE.

LA ſouueraine penſée tenant ce propos a Mercure, regrette la cheuſte ou elle voit, que l'hõme ſe precipite de plus en plus, luy rememorãt le beau don, qu'il auoit ſoubmis a ſa diſcretiõ & liberté d'arbitre, par lequel il luy donnoit choiſ d'vſer des vertus de Dieu, qui eſtoiẽt en luy preparées a parachever l'œuure de perfectiõ, qui euſt paſſé noz forces: de tant que S. Pol dict, Que le vouloir giſt en nous, mais non la perfection. Toutefois ceſte perfectiõ ſe paracheue en nous ayans ce bon vouloir par ce bon Dieu, comme il dict ailleurs, C'eſt Dieu qui met en œuure en vous le vouloir & le parfaire, pour la bonne volonté. Parquoy l'homme ayant eſleu le chemin de perfectiõ par la volonté, qui giſt en luy, Dieu met en luy ceſte bonne volonté en œuure, & la conduit en perfectiõ. Et n'ayant donc tenu qu'a l'hõ-me, Dieu regrette ſon deuoyement en CELLVY QVI AVOIT EV ARBITRE & qui e-ſtãt faict ſi grãd & digne, d'auoir la liberté ſur l'vſage des vertus diuines, ET TOVTES PVIS-SANCES SVR LES ANIMAVX DV MONDE, BRVTS ET MORTELS, cõme auſſi le dict Moïſe, il s'eſt incliné par l'harmonie, qui eſt l'ordre ou compaignie des corps celeſtes, ſe ſoubmettãt a l'action de leur nature, lors qu'il a tiré a ſoy leur eſſence, ayant reueſtu la diſ-poſition d'obeïr à leurs actions & nature. Toutefois depuis auoir par ſon inclination receu ce malheur, il S'ESLEVA de rage & ſuperbe.

En c'eſt endroit le Grec a vſé d'vn verbe παράκυψεν compoſé du verbe κύπτω, qui quelque fois eſt prins pour s'incliner, & quelque fois pour s'eſleuer. & combien que ces deux verbes ſoient contraires ils peuuent toutefois reuenir a meſmes ſens diſant, que l'homme s'eſt incliné ſoubs l'harmonie ſoy ſoubsmettant a ſes actions, ou bien comme nous venons de dire qu'il s'eſt eſleué PAR L'HARMONIE ROMPANT LA PVISSANCE DES CERCLES, & la voulant abatre & deſtruire par ſa freneſie. En ceſt endroit le vray ſens ne ſe peut eſloigner ſur ce que l'homme s'eſtant incliné ſoubs l'harmonie ſe ſoit trouué ſi mal, qu'il aye voulu briſer de d'eſpit les cercles & puiſſances ce-leſtes. Ou bien que s'eſleuãt ſur l'harmonie il l'aye voulu abatre & briſer, de rage & ſuperbe. Car veritablement il fuſt prouueu des deux, a ſçauoir d'vne ſi pleine cognoiſſance & intelli-gence, que y receuant la ſuperbe, facillement il pouuoit preſumer & deſirer (ſuiuant le cõ-ſeil du ſerpent) de s'eſleuer & briſer tous les mouuements celeſtes. Et d'autre part auſſi s'eſtãt rendu par l'abus de ſes ſens ſubiect a l'action des gouuerneurs & creatures celeſtes, & ſ'e-ſtant incliné ſoubs leurs puiſſances, il ſ'eſtoit ſenty ſi empiré de ſa premiere liberté, que facil-lement il deſiroit de deſpit & raige, rompre & briſer ceux, qui lui auoient donné ce mal-heur, eſtant ſi aueuglé de ſa faute (comme il auient communemẽt) qu'il ne cognoiſſoit qu'-elle lui eſtoit auenue par ſon deffaut, & abandon qu'il auoit fait, de la contemplation des œuures diuines, pour a la perſuaſion des ſens adherer aux choſes materielles. Mais voulant reietter le defaut hors de ſoi, il euſt volontiers accuſé les aſtres de ſon peché, & non ſon li-beral arbitre & volonté, laquelle Dieu regrette en c'eſt endroit, comme eſtant celle propre qui a failly, par ces parolles, ET CELLVY QVI AVOIT EV ARBITRE ceſte ignoran-ce abuſée des ſens, fut cauſe que l'homme ne cogneuſt encore ſon peché, qu'il ne fuſt bien acheué, comme nous verrons cy apres. Eſtant donc l'homme brũché dans ceſte vallée & deſcente vers les choſes baſſes, delaiſſant les autres vertus de Dieu Mercure dit, ET MON-STRA A NATVRE QVI ALLOIT EN BAS VNE BELLE figure OV FORME DE DIEV, c'eſt a dire, que ſ'amuſant l'homme prouueu d'intelligence a l'appliquer aux choſes baſſes, il rencontre & conſidere la nature des choſes baſſes, materieles, & elementaires, qui eſt la loy, que Dieu leur donne pour leur conduite. Laquelle nature baſſe n'a cognoiſſance de choſe ſi haute, que l'imaige de ſon createur: dont il dit en ce lieu, que l'homme montra a ceſte na-ture baſſe vne belle figure ou forme de Dieu, qui eſtoient les vertus de Dieu miſes en ceſte digne & excellante creature, ſur toutes celles, que ceſte nature congoiſſoit. Laquelle n'ayãt cognoiſſance, que des choſes baſſes & materielles, n'auoit aucun iugement des choſes ſub-iectes à nature haute ou diuine. A cauſe dequoy Mercure parlant de naure baſſe dict, LE-QVEL ELLE VOIANT D'VNE INSATIABLE BEAVTE ſur toutes creatures ſubiectes a ſa charge, & ſe trouuant inſatiable a le loüer des vertus & puiſſances, qui luy eſtoient don-nées auec l'image de Dieu, meſmes la cognoiſſance de la nature des ſept gouuerneurs, &

Rom.7.e
Philip.1.b

Geneſ.1.d l'harmonie, que c'eſt.

L'hõme s'eſt eſleué par L'harmonie

Geneſ.3.a

L'homme ſur-prins du pe-ché ſe veut deſcharger ſur les corps celeſtes.

Nature qui alloit en bas que c'ſt.

toutes

toutes autres creatures de Dieu: de tant que c'estoit le plus haut de sa conduicte. D'auantage nature basse voyant que ceste si digne creature s'estoit tant r'abaissée de s'assubiectir à sa loy, par le moyen de l'inclination qu'il auoit reçeu, AYANT SOVFFERT EN SOY LES EFFECTS DES SEPT GOVVERNEVRS, ses executeurs, ET LA FORME DE DIEV, se rendant preparé & disposé d'obeir à leurs actions, qui n'auoient aucun pouuoir que sur la matiere, & non sur la forme, qui estoit diuine, pensa auoir faict vn si bel aquest soubs sa iurisdiction, que voyant l'impression & effects des actions des sept gouuerneurs estre communiquée à ceste digne creature, ayant l'image de Dieu, laquelle s'estoit renduë si bas, que de s'estre assubiectie à nature basse & materiele, Mercure dict, que nature LVY SOVBRIST DE tres-grand AMOVR: c'est à dire, que toute action se reiouist d'auoir plusieurs & plus grands subiects. Qui est cause, que nature basse rioit à l'homme, qui estant par dessus elle, s'estoit rendu son subiect & inferieur, comme estant preparé & disposé à souffrir les effects en sa matiere, comme les autres creatures: dont s'ensuiuoit que l'homme desia assubiecti à l'abus de ses sens se persuada, que la beauté, que nature trouuoit en luy, gisoit en sa personne & matiere, & non en l'intelligence vraye image de Dieu, & ce DE TANT QV'ELLE, à sçauoir nature CONSIDEROIT LA FIGVRE DE L'HVMAINE BEAVTE EN L'EAV: c'est à dire, que par la reflection que nature faict de tous rayons, sur toute chose polie, soient rayons de veuë ou de lumiere, sur l'eau, sur mirouërs, & autres polissemés, sur tous lesquelz naturelement, par la reflection des rayons de la veuë, chascun se peut voir par les effects de nature en sa forme, ou figure, qu'il contient. ET par mesme cause naturele, chaque corps peut faire FORME DE L'OMBRE SVR LA TERRE, qui participe de sa figure, mesmes quant au pourfil, & non au plain portraict, comme l'eau ou autre polissement: & telles formes, ou figures, ne consistent qu'en matiere seule, sans aucune intelligence. Sa propre nature donc voyant sa figure en l'eau, & quelque forme, par le moyen de l'ombre sur la terre: ET LVY COGNOISSANT QVE LA SEMBLABLE FORME D'ICELLE, QV'IL VOIOIT EN L'EAV, ESTOIT la sienne propre, & qu'il auoit EN LVY la beauté, que ses sens visiblement comprenoient, IL L'AYMA tant, que ceste beauté corporele luy fist oblier, l'infiniement plus grande beauté, qu'il auoit: comme image de Dieu, intelligible, & spirituele, que ceste miserable amour du corps fust cause de sa perdition, & ruine, le conduisant à subiection de mort. C'est le reproche que Dieu fera cy apres à l'homme, que l'amour du corps est cause de sa mort. Iesus Christ deteste autant celle mesme amour disant, Si l'on ne hayt sa propre chair, l'on ne peut estre mon disciple. C'est ce que les Grecs nomment φιλαυτία, philastie, amour de soy: lequel nous entédons corporel, qui est le mauuais amour, qui produict la mort: car l'amour de l'esprit, & ses vertus, ne peut estre sans la cognoissance de celuy, à qui elles appartienét en propre, & de qui l'homme les tient en ministere, & telle amour est bon, & aggreable à Dieu. S'estant donc l'homme trouué si beau & aggreable, & parfaict au iugement de ses sens, qui desia auoient troublé ses vertus, & intelligences spirituelles, il s'est tant aymé, ET VOVLVT HABITER EN CE LIEV, qui est amour de matiere, & y faire sa continuele residence. Voila le malheur qu'il a amené principalement à toutes personnes, qui quelquefois recognoissant le lieu, dont ils sont venus, & de quelle source, desirent se ioindre à Dieu, & laisser l'abus des sens auecques la matiere, pour adherer à l'Esprit, & vertus de Dieu, composant sa saincte image mise en l'homme. mais il leur est faict obiect, que l'homme estant mis en liberté d'arbitre & volonté, a choisi d'habiter, estre subiect, & adherer à la matiere plus tost, qu'a l'esprit, qui semble estre la seule cause, que nous ne pouuons, quelque bonne volonté, & prieres, que nous facions, nous distraire de l'affection & abus des choses corporeles & materieles, tant que nous tiendrons ce corps terrestre: qui pour auoir choisi d'habiter en terre plustost, que au ciel, a merité la mort, par la subiection qu'il a prins de sa personne aux actions, deputées sur la matiere seulement, soy rendant subiect à celles, ausquelles il auoit esté faict superieur: à cause que la veneratió des sens, ayant corrompu le iugement, l'arbitre, qui de sa nature tend à ce que son maistre ayme mieux, ne peut recognoistre pour meilleur ce qui l'est, qui le côtraint (par ce iugement peruerty) a choisir le pire. Ce iugement de ne se pouuoir distraire de la matiere, chascun le sent en soy. Parquoy chascun se doit iuger, comme dict sainct Pol, Si nous nous iugeons nous mesmes, nous ne serons poinct iugés. Et combien que tous ne le puissent banir entierement

rement de soy, si le faut-il combattre durant ceste vie, comme nous dirons plus a plain, Dieu aydant.

L'homme dõc a resolu, de demeurer en la matiere, & y habiter. ET ENSEMBLE AVEC-QVE LA resolution, de VOLONTE, FVST PRODVICTE l'execution de l'effect en luy. Et en cest estat de misere, il HABITA EN LA FORME qu'il auoit choisi: qui estoit la forme corporele, & materiele: laquele de sa nature est PRIVEE DE RAISON, comme nous l'auons dict, lors que le sainct verbe laissa les elements, les ayant faicts de ses essences, affin qu'ils demeurassent sans raison, ny vertu quelconque diuine, pour seruir de seule matiere: & ce à cause que par apres Dieu voulant creer tous animaux de matiere & forme, & que la forme de toute creature n'est autre chose, que le rayon de diuine essence, ou grace donnée à la matiere, pour composer la creature, à l'vn plus, à l'autre moins. Ce rayon de diuine essence, ou forme adioustée à la matiere c'est la raison, laquelle cy apres Mercure nommera premier exemplaire de lumiere, & de l'ame, estant mesme chose auec le verbe diuin. Parquoy si la matiere n'auoit esté si bien despouillée de ceste raison, & toute essence diuine, elle ne fust demeurée comme seule matiere, ains fust demeurée formée. Qui est cause que pour composer les creatures de deux fort differantes essences, la matiere est demeurée rude, indigeste, priuée de toute raison, grace, & autre essence diuine, demeurant en estre de matiere subiecte aux actions, & alterations des creatures de Dieu: à qui la charge en apartient, ensemble de toutes autres creatures, qui obeissent, & sont conduictes par la matiere. En ceste matiere donc ou l'homme a choisi d'habiter, delaissant l'image de Dieu, en laquelle habite raison, n'y a raison aucunement: ains quand il en faut mettre en la composition de quelque creature, elle se doit prendre de l'image de Dieu, source de toute forme donnée à la matiere, par diuers degrez, toutesfois à l'homme en perfection. Et tant que l'homme se tiendra separé de l'vsage de l'image de Dieu, soy rabaissant aux degrez des autres creatures, & comme elles s'amusant à la matiere, il se peut asseurer, qu'il y trouuera si peu de raison, que y trouuent les autres animaux, qui ne sont conduicts, que par la matiere, & par les appetits naturels des sens. Parquoy le premier homme, n'a laissé ceste partie là à sa suite, cõme necessaire: bien est vray qu'il nous y à laissé par la subiection du peché, l'inclination, disposition, & preparation, comme necessaire, qui s'attacha si fort à sa matiere, & par le moyen des sens en l'ame, par la possession qu'il en print y voulant habiter, que sa matiere, qui nous est demeurée, tient en sa composition ce naturel, de necessairement conuier, disposer, & incliner la volonté en l'ame, d'obeir à l'action des puissances deputées sur la matiere: non pourtant d'aucune necessité, ou contraincte: & ce à cause du liberal arbitre, qui estant de l'essence de l'ame raisonnable, entretient tout homme en pouuoir d'y contredire, & consentir, incliner & desirer. l'obeissance du sainct Esprit de Dieu, quãd il luy plaira: & soy retirant par viue foy à Iesus Christ, recouurer l'entier vsage des vertus diuines, cy deuant affoiblies, & supprimées en luy, depuis l'estat d'innocẽce, & par le moyen de son secours, estre retiré de la subiection des effects produicts en l'ame, par les actions necessaires, influants sur la matiere. Sur laquelle, combien que les actions soient tousiours necessaires, les effects pourtant ne sont pas tousiours necessaires, mesmes ceux, qui souuent sont produicts en l'ame, par la solicitation des sens, esmeus par l'action de necessité, iettée sur la matiere.

Ceste forme donc priuée de raison, en laquelle habita l'homme, sortoit de mesme sourçe, que le reuestement de l'effect, & nature des sept gouuerneurs, desquels il auoit seulement reçeu impression d'vne disposition, inclination, ou preparation, à reçeuoir leurs actions, & non vne necessité d'effects: tout ainsi l'homme habite en la forme qui est sans raison: non que necessairement il soit priué d'vsage de raison: mais c'est que la veneration de la matiere, luy ayant peruerti le iugement, tant que son arbitre appellera la matiere en ses deliberations, il se trouuerra tousiours eslire, & choisir le pire, à la persuasion des sens: & de ceste matiere priuée de toutes graces, & vertus de Dieu: qui sont la vraye raison, dont necessairement il est incliné, subiect, disposé, ou preparé, à s'esgarer de la voye intelligible, accompagnée de raison, & habiter plus en ceste matiere sans raison, que en la contemplation de Dieu, pleine de tous biens, & contentements. Ceste forme priuée de raison, que l'homme a acquis en sa matiere corporelle, pour auoir plus-tost veneré, estimé, & choisi l'amour d'icelle

L'homme habita en la forme priuée de raison.

Aristo. au second de l'ame chap. 4

Actions necessaires, ne produisent tousiours effaicts necessaires.

Subiection de l'homme, chãgé par le peché.

celle, que l'amour de l'esprit, & sa suitte de vertus, est proprement la matiere separée de toute forme. Laquelle estant du commencement laissée sans raison, ou graces de Dieu, & apres adioustée à la composition de l'homme auec sa forme, sainct Esprit de Dieu, a par son imperfection troublé le iugement de l'homme, qui à ceste cause a choisi, par son arbitre, d'y adherer, dont s'est ensuiuy en l'homme vne disposition generale. Par laquelle l'hôme depuis auoir abandonné son corps d'innocence, qui n'estoit subiect à passion quelconque, se trouue subiect ordinairement à passions, mutations & changemens, comme les autres matieres, subiectes aux actions des sept recteurs, & autres semblables, qui n'ayāt puissance que de corrompre & generer, ont rendu la matiere de l'homme, qui estoit immuue de toute corruption, subiecte à leurs actions de mutation, corruption, & generatiō, dont luy est venu la mort. Il se trouue aussi subiect, par les effects des mesmes actions à estre tenté, & prouoqué par les sens : qui d'vne part reçoiuent les effects de ses actions, & de l'autre les vont cōmuniquer à l'ame. Iusques à ce poinct le peché de l'homme n'auoit touché qu'au corps, & non à l'ame : mais de tant que toutes ces tentations materieles, & corruptibles, desquelles l'homme a esté tenté, sont venues iusques à esmouuoir la volonté, qui gist en l'ame : & que finalement la volonté (prouueuë de liberal arbitre) a resolu, & donné son consentement d'habiter en la matiere, priuée de raison, & pourtant separée du sainct Esprit : il s'ensuit que l'ame, ayant donné son consentement, en vertu de celuy là, elle a reçeu vne inclination, disposition, & preparation (comme nous auons dict) en soy, par laquelle elle trouue sa volonté par son iugement peruerty, pendre, incliner, & desirer ordinairement plus toutes choses corporeles, & materieles, rapportées à l'ame par les sens, qu'elle ne faict les sainctes pensées, & contemplations, ou intelligences de Dieu son Createur, lesquelles elle a laissé pour adherer aux materieles, priuées de raison. Qui sont tous desirs côceus de l'ame, par la suscitation des sens, soit par vne ouyë, sentement, goust, ou attouchement : desquels sortent toutes manieres d'appeter, qui sont concupiscences, & les forces d'ire, courroux, enuie, superbe, & autres, que cy apres, Dieu aydant, nous nommerons les vengeurs de la matiere : quelquesfois, à cause que la gaignant ils vengent l'ame du peché, moyenné par elle. A toutes lesquelles imperfections l'ame se trouue inclinée, preparée, & disposée, par sa folle resolution, & iugement troublé, suiuis incontinent de l'effect, comme nous auons dict, eslisant son plaisir, & habitation en ceste forme materiele, priuée de raison. Ceste folle resolution, est la seule, qui prouoque sur l'homme, l'ire de Dieu, par laquelle nous sommes esloignés de sa misericorde, à son grand regret, & iettes dans les ballances de sa iustice : n'y voyant autre remede ; comme sainct Iean le tesmoigne disant, Qui est sale, le soit encore plus : qui nuist, nuise encore plus : & qui est iuste, le soit encore plus : & qui est sainct, le soit encore plus. Voicy, ie viens bien tost auec ma recompence, pour rendre à chacun selon son œuure. Et Zacharie, Ie ne vous paistray plus : ce qui meurt, meure : ce qui se cope, soit copé : & chacū deuore la chaire de son prochain. Ie rompray mon pacte faict auec les peuples. Qui est à dire, vous auez resolu voz oppinions, & quitté ma misericorde, pour tomber en ma iustice, Ie la vous presente, selon le merite de voz œuures. Ce n'est pas là où il en faut venir : car il n'y a viuāt qui puisse estre iustifié deuant luy, par ceste rigueur, & balance, il vaut tant plus prendre la voye de la misericorde, & recognoistre que sans celle là, il n'est en noz puissances, quelle bonne volonté que nous ayons, de soustenir le combat des concupiscences, & forme priuée de raison, en laquelle nous habitons, par nostre fol premier chois. La miserable cheute de l'homme, ayant prouoqué l'ire de Dieu, à reçeu le iugement, par lequel luy a esté dict, Maudicte sera la terre en ton œuure, c'est à dire, en celle par laquelle cy deuant tu as voulu opperer, qui a esté l'entrée de ta misere, Tu mengeras d'icelle tous les iours de ta vie, en peines & trauaux : elle te produira espines, & chardons, & mēgeras les herbes de la terre, tu mengeras ton pain en la sueur de ta face, iusques à ce que tu retournes en la terre, de laquelle tu as esté tiré : car tu es poudre, & retourneras en poudre. Par ceste tres-dure sentence fut changé merueilleusement l'estat de l'homme creé en innocence : toutefois elle fut prononcée suiuant sa poursuite. Car ayant premierement l'homme voulu operer à-par-soy, cuydant auoir ses actions, & puissances propres, & separées de Dieu, & non en ministere, pour en rendre compte, la terre fut maudicte en ceste operation de l'homme temeraire, & outrecuidé : qui par son outrecuidance pensoit employer sur les creatures de Dieu, autre puissance ou action que celle du Createur, qui deuoit estre administrée par luy, comme sa creature, & non de son auctorité :

Par l'opiniastre resolutiō de l'homme, Dieu le remet à sa Iustice.
Apo. 22. c
Zach. 11. b

Psal. 142.

Genes. 3. c

Expositiō de la sentēce de Dieu contre l'homme.

La principalle partie du peché, fust le faux cuyder de soy.

rité : qui fut cause que les creatures, ne deuant obeissance qu'à Dieu seul, luy refuserent & furent rebelles à ses affections: ne voulant plus Dieu cõmander en ce subiect. C'est comme les subiects d'vn Roy, qui ne luy doiuent plus d'obeissance, quand il est prisonnier, & a sa volonté contraincte par ses ennemis, quoy qu'il commande: tout ainsi le sainct Esprit estât en l'homme, prisonnier des concupiscences, n'est plus obei de ses creatures, quoy qu'il cõmende: à cause qu'il est assubiecti par son ennemi. Et de tant qu'il s'estoit assubiecti à l'influance de croistre, ou descroistre, participant de l'effect des sept recteurs, Dieu luy a dict, Tu mengeras de la terre tous les iours de ta vie, en peines & trauaux: qui sont produicts par les mutations, qui viennent du manger, comme croistre & descroistre, engraisser & maigrir, & autres passions, & vseras de la terre par les vertus, que i'ay mis en toy, non en la dignité d'innocence, par laquelle, de ton seul commandement, elle t'obeissoit, comme venant de Dieu, mais en peines & trauaux, t'aydant du iugement, & intelligence, en ceste seruitude de peine & trauail, que ie t'auois donné en liberté de commandement. La terre te produira espines & chardons, voire plus grands desplaisirs, & qui te poindront plus qu'espines & chardons, soit en ton corps ou esprit, mengeant les herbes & autres fruicts de terre, en la sueur de ta face, c'est à dire, par le moyen de ton trauail, ayant tant mesprisé ton premier bien, par lequel tu pouuois viure, non du seul pain, mais en toute parole de Dieu, que te *Deut 8.4.* suffisoit pour entretenir ce digne corps, sanctifié par la presence du sainct Esprit, sans aucun besoin de matiere, ayant changé ta liberté d'esprit, pour prandre la nature de matiere, qui n'est que subiection, peine, & trauail. Lesquels te dureront iusques à ce, que ta matiere (assubiectie par ton vouloir à mutation, & corruption) retourne en son premier estat, dont ell' a esté prinse pour ta composition & generation. Car tu qui as abandonné l'estat & dignité de l'esprit, es poudre, terre, ou matiere, prenant ton nom de la chose, que tu as plus en toy veneré: à *Pourquoy* cause dequoy ceste veneratiõ, que tu as tãt obserué, te fera retourner par mort venue d'icele; *Dieu a nõmé* en celle poudre & matiere, que tu as tant estimé, prisé, & desiré. Or donc maintenant, dict ce *l'homme poudre.* iuste iuge, affin qu'il ne mette la main auant, & prenne du fruict de vie, & en mange pour viure eternellement, Dieu l'a banny du Paradis de volupté, affin qu'il laboure la terre, de laquelle il a esté extraict. C'est à dire, que Dieu voulant & ordonnant, qu'il obeyroit à la sentan- *Dieu banist* ce de mort, & dissolution de ses parties, le bannit de la dignité, en vertu de laquelle toutes *l'homme du* choses sur la terre luy donnoient vraye obeissance, & contentement: qui estoit son Paradis *paradis de* terrestre. Et affin qu'il ne mist la main au fruict de vie, par ceste premiere innocence, en la di- *volupté.* gnité de laquelle il auoit vie eternelle, & subiection, & contentement de toutes choses, ains qu'il luy conuint operer, & labourer la terre, auec peine & sueur, pour auec icelle en tirer le secours, que son innocence en tiroit, sans aucun trauail, & recognoistre, qu'il estoit extraict de celle terre, en sa partie, qu'il auoit principalement veneré, Dieu le ietta hors de ce paradis & contentement, & vie eternelle, par sa sentence: & mist au deuant de ce paradis de volupté, l'esprit Cherubin, executeur de ses cõmandemens, tenant le glaiue flamboyant, pour empescher la voye du fruict de vie, à l'homme taché de mort. C'est autant à dire, que Dieu *Le cherubin* a ordonné par sa puissance, que ceste matiere, laquelle par ses concupiscences, à destourné *& glaiue flã*-*boiãs que c'est* l'homme de son innocence, & vie eternele, ne peut iamais r'entrer en son paradis, & innocence perdue, qu'elle ne passe par le cousteau, qui est la mort. Et d'auantage par la flamme, qui est le feu, par lequel toute la matiere doit estre en la fin purgée, comme le tesmoigne sainct Pierre, & par la victoire de ce glaiue, & flamme, les corps de ceste matiere, iadis cor- *2. Petr 3. c.* rompue: Et a ceste cause, ayant perdu ses dignités, recouurera son innocence & vie eternele, exempte de tout trauail & sueur, par le renouuellement & restauration qu'elle reçeura, resuscitant auec Iesus Christ, ayant vaincu le glaiue & flamme, par lesquels elle deuoit passer, *1. Cor 15. f.* auant estre remise en sa premiere dignité, & recouurer le corps glorifié, de la nature que sainct Pol le nous a descript estre aquis par le merite de Iesus Christ. Qui nous ayant recouuré la vie eternelle, entend que nous y entrions par la mort, & purgation de nostre composé, par ceste sentence & execution, la temerité & outrecuidance de l'homme a esté punie, par vne merueilleuse iustice diuine. De tant que l'homme (ayant esté faict dominateur des œuures de Dieu, qui ont esté commises à sa subiection) ne s'est contenté, & voulant aler plus auant en cognoissance, il a mal pris son chemin, alant au mal: par la reception duquel, comme dira bien tost cy apres Mercure, il a changé sa domination & superiorité en tres-dure seruitude: non que la liberté de l'arbitre de contempler ou operer soit tollue

E

à sa volonté, mais le iugement d'eslire ce que l'homme doit, a esté si alteré, que le plus souuent il choisist le pis, à la puissance, & commandement, qu'auoit ceste si digne creature, en vertu de l'image & semblāce de Dieu, de se faire obeir aux actions diuines, en toutes creatures elementaires, a esté changée en subiection, de l'obtenir en Iesus Christ, par priere & vigilance, viuant soubs la misere & malediction, qui le conduict à mort: & ce pendant paruenant, comme dict le bon Seigneur, à la foy charitable, en vertu de laquelle l'homme a pouoir de faire remuer les montaignes, & autres actions pures diuines, comme celles là, lesquelles se font seulement par ceux, qui de rechef abandonnent autant la terre, matiere, & autres choses corporeles, pour adherer par Iesus Christ à l'Esprit de Dieu. Comme le premier homme à laissé l'Esprit de Dieu, pour adherer à la matiere, comme les Prophetes, Apostres, & autres sainctes personnes, qui par frequent soin, labeur, & vigilance, & prieres, durāt ceste vie miserable, se sont separées de la matiere, pour reprandre le tres-sainct vsage des vertus de Dieu: tellement que par la reuerence & moyen d'vn Iesus Christ (donné à l'homme pour antidote) ils ont esté reçeus de Dieu, à faire reluire vne partie de la diuine lumiere, qui du commencement fut donnée à l'homme des sa creation, de tant que ces prieres, soin, vigilance, & labeurs à offrir à Dieu leur sacrifice, ont esté volontaires & liberales, comme dict le Psalmiste, Ie te sacrifieray volontairement, & confesseray à ton nom.

Nous voyons par là, que combien que le commandement de la preeminance, auctorité, & domination de l'vsage des vertus de Dieu ayent esté ostées à l'homme par son peché: ce nonobstant la liberté de sa volonté d'accorder, ou refuser le peché, d'ensuiure ou delaisser le sainct Esprit, de prier Dieu, ou le mettre arriere, luy a esté laissée, comme nous auons dict de Cain. Auquel Dieu dict, que l'appetit, & volonté de son peché estoit à sa subiection, & qu'il dominoit encore sur iceluy. Voila quant aux vertus, & puissances spirituelles, premieres, & principales, que l'homme aye reçeu. La iustice de Dieu a pareillement puny l'outrecuidance & temerité de l'homme en la matiere, & principalement à cause qu'il est escrit: Tu seras puny par les choses, par lesquelles tu as peché. Ayant l'homme fondé la principale cause de sa ruyne sur l'amour de la matiere, elle luy a esté d'entrée de ieu declarée subiecte à mort, transmutation, & corruption, & remise à l'indignité de toute autre matiere. D'auantage toute matiere ayant esté ordonnée pour obeir à la simple volonté de l'homme innocent, sans aucun trauail ou labeur, est des l'heure du peché exempte de son obeissance: & luy est baillée pour contradiction & bronchement, comme il est escript. Comme les voix de Dieu leurs sont contraires, ainsi les brunchements en son ire. A cause de quoy ce que l'homme souloit employer, comme maistre, sans aucune peine ou labeur, il l'employera maintenant en soin, trauail, & sueur de sa personne, comme serf, & subiect, pour l'entretenement de sa matiere. Et combien que l'homme aye reçeu de Dieu, Iesus Christ, par l'amour que Dieu a porté à son image, pour estre reparateur de sa perte, causée par la matiere, si ne penserons nous, que Iesus Christ viene pour rompre le iugement de Dieu, fauorisant l'homme materiel: ains est venu pour l'acheuer d'assommer, crucifier, & enseuelir, & faire mourir (comme le grain du forment) pour le releuer spirituel, & digne d'accompagner par resurrection l'esprit mondé & purifié, par le sang de Iesus Christ. Et par ainsi sa iustice irrefragable demeurera entiere, & en sa constance, comme les autres vertus diuines. Vray est, que par autre moyen Iesus Christ rend à l'homme plus de bien, qu'il n'en a perdu, comme dict sainct Pol, L'abondance de la grace excede grandement le dommage, & la iustice de Dieu demeure: & le fruict du peché ataché à l'homme, qui est la corruption, alteration, mutation, peine, & en fin mort. D'auantage, l'empeschement que faict le corps subiect à peché, à la lumiere de l'esprit, de tant que les tenebres, qui le rendent opaque, ou obscurcy, sont le seul peché, comme dict Iesus Christ, Si ton œil est simple, ton corps sera cler, s'il est mauuais, il sera tenebreux: prenes donc garde, que la lumiere qui est en vous, ne deuiene tenebreuse. C'est à dire, que le vray obscurcissement de la clairté de Dieu mise en l'homme, est venu des concupiscences de la matiere, qui le plus souuent sont attirez par l'œil, principal des sens: à cause de quoy Iesus Christ propose, pour tous les sens, l'œil. L'offuscation donc de nostre lumiere engendrée par la concupiscence de l'homme, employée aux choses materielles, nous demeure tousiours: car la concupiscence ayant conçeu l'exterieur, elle engendre le peché: lequel, comme dict sainct Iaques, estant paracheué engendre la mort.

Par ce moyen, Iesus Christ venant pour nostre salut, n'a aucunement rompu le iugement

ment de Dieu, ains nous laiſſe ſoubs ſes premiers iugements, ſur toutes choſes en ceſte vie ſubiects, inclinez, diſpoſez, & preparez, à obeir à peché, & finalement mortels. Vray eſt, que pour monſtrer que miſericorde n'eſt en Dieu, de moindre perfection, & efficace, que iuſtice : ce ſainct reparateur nous a aporté, que prenant patiemment la punition du peché, tombée ſur la matiere, qui en a donné l'occaſion : & par ainſi ne faiſant eſtat de celle là, ains l'abandonnant auec ſes concupiſcences, pour eſtre portée ſur la croix de Ieſus Chriſt, comme dict ſainct Pol, en laquelle noſtre vieil homme a eſté crucifié, voire, comme il dict ailleurs, auec noz vices & concupiſcences : & croyant en vraye amour, & charité, que Ieſus Chriſt s'eſt faict homme en la vierge, pour preſenter (apres ceſte vie corporele, execution de iuſtice diuine) à toute ame raiſonnable ſauuement perpetuel, comme dict ſainct Pol : Chriſt eſt venu en ce monde ſauuer les pecheurs. Et ſainct Luc dict, qu'il eſt venu rechercher, & ſauuer ce qui eſtoit perdu : & que l'ayant preſenté à tous, il leur donnera ſelon leur ordre, comme dict ſainct Pol : Comme tous meurent en Adam, ainſi tous ſont viuifiés en Ieſus Chriſt : à ſçauoir Chriſt premierement, & apres ceux qui ſont à Chriſt, qui ont creu en ſon aduenemét. Car Ieſus Chriſt ne prie pas pour tous ceux à qui il a preſenté ſalut, qu'ils le reçoiuent, combien que Dieu luy aye acordé le ſalut, pour tout l'humain lignage, c'eſt à dire luy à acordé, qu'il puiſſe donner ſalut à tout l'humain lignage, mais Ieſus Chriſt ne voulant priuer aucun, ny l'empeſcher de ſon liberal arbitre, prie ſeulement pour les ſiens, qui ſont veritablement ceux, qui de franc vouloir croiront en luy, comme le bon ſeigneur le teſmoigne en ſa derniere tranſaction, qu'il fiſt auecques Dieu ſon Pere, concluant la principale fin, & occaſion de ſon aduenement, Ie ne prie pas pour le monde, ains pour ceux que tu m'as acordé, de tant qu'ilz ſont tiens, c'eſtoient ſes Apoſtres, & diſciples : diſant peu apres, Ie ne prie ſeulement pour eux, ains pour ceux, qui par leur parole, croiront en moy. Et ſont ceux, que ſainct Pol a cy deuant dict, qui ſeront viuifiés auec Chriſt, qui croiront ſon aduenement. Par ainſi pluſieurs y ſont apellés, mais non tous eſleuz, ou receuz : ains ceux ſeulement, qui de franche volonté, & non par aucune contraincte, ou neceſſité, croiront en Ieſus Chriſt : comme dict ſainct Pol, Affin que ton bien faict, ne ſoit comme par neceſſité, mais ſoit volontaire.

Vray eſt, que le bon Dieu, ſçachant l'imperfection de l'homme, acquiſe pour auoir trop aymé la matiere, n'a voulu ordōner le ſalut de l'homme ſur la ſeule creance en Ieſus Chriſt, car les diables y participeroient, de tant qu'ils y croyent. Mais pour retirer l'homme de l'amour de la matiere, il a baillé à ceſte creance, pour compagnie, la vertu de charité : les deux compoſant vraye foy. Et ceſte charité ou amour à Dieu, tient l'homme retiré de la matiere en la voye des volontés, & commandemens de Dieu : dans leſquels la ſeule foy (ſans l'operation de charité) ne les pourroit tenir. De laquelle operation, parle ſaint Iaques, diſant, Comme le corps eſt mort, ſans eſprit, ainſi la foy eſt morte, ſans ſ'operation, prenant en ceſt endroict la ſimple creance, pour le corps de la foy, & l'operation de charité pour l'eſprit, qui viuifie la foy. C'eſt auſſi celle ſeule, qui eſt le pur fondement de toute la loy de Dieu : & principale cauſe de ſes grands effects : il s'enſuit donc, que Ieſus Chriſt rend à l'homme (par le moyen de ceſte viue foy charitable) la vie eternele, de ſa principale partie & eſſence, qui eſt l'homme eſſentiel, & purification, & dignité de ſa matiere, laquelle eſtoit perdue, par la conſequence du peché : qui auoit rendu l'homme mortel, & ſeparé de Dieu, comme conioinct à la matiere, qui en eſt ſeparée.

Par ceſte reſtitution de vie eternele, luy a rendu plus de perfection & excellence, que l'hōme n'auoit iamais reçeu en ſa creation : à ſçauoir en la partie, de laquelle a dependu toute ſa ruyne, qui eſt la matiere, laquelle Dieu ayant miſe en la compoſition de l'homme, priuée de toutes graces & vertus, ou raiſon, a attiré & corrompu ſon iugemét, & election d'arbitre : par lequel, ayant mal choiſi, il eſt tombé en ruyne, & toute ſa poſterité en perpetuele malediction, & ſubiection de mal eſlire, ou choiſir par l'arbitre : à cauſe de ceſte imperfection de matiere, ſeparée de Dieu. Ieſus Chriſt, voulant remedier au defaut, par l'endroit, par lequel il eſt venu en l'homme, a reüny à ſoy ceſte matiere, iadis ſeparée de Dieu, & la portée auec toutes ſes imperfections, & ordures ſur la croix : pour illec eſtre mondée, purgée, nettoyée, & finalement, par ſa reſurrection, renouuelée en matiere non ſeparée, mais remiſe en ſa premiere ſource, dont elle fut extraicte, pour ſeruir de ſeule matiere. Ou eſtant, par la vertu de la perfection, qu'elle a trouué en ſa premiere ſource, ayant mainte-

Miſericorde reſtaure ce que iuſtice a ruyné.

*Rom 6. a.
Galas 5. d.*

*1. Timoth. 1. c
Luc 19. c.*

1. Cor 15. c.

Ieſus Chriſt ne prie que pour ceux, qui de leur arbitre l'enſuiuront.

Iean 17. b.

*Ceux qui par la parole des Apoſtres croient, ſuiuēt Ieſus Chriſti.
Matth. 10. b
Philem. c*

Iac. 2. b

Iac. 2. d

Creance, & charité compoſent la vraye foy.

Ieſus Chriſt a rendu à l'hōme plus qu'il n'a perdu par ſon peché.

nant essence en Dieu : au lieu de la seule habitude de matiere, qu'elle auoit auparauant, elle se trouuera en toutes les perfections, que sainct Pol escrit luy estre promises, en vertu de la resurrection de Iesus Christ : à sçauoir, elle sera incorruptible, glorieuse, vertueuse, & spirituele, viuifiée. Dont s'ensuit, qu'elle ne produisant plus en l'homme corruption de iugement, ains estant ioincte & reünie à Dieu, demandant toutes choses qui luy sont agreables, l'arbitre de l'homme, qui de sa nature recherche le mieux, n'ayant en soy aucune partie qui le perturbe, distraye, ou peruertisse du vouloir de Dieu, & contemplation de ses œuures, & vertus, sera lors comme par la nature de la renaissance, ou nouuelle composition de l'homme rené, conuié, & pressé d'eslire la bonne part : comme la premiere generation (qui sommes nous) sommes conuiés & pressés par l'imperfection de nostre composition, faicte de matiere separée de Dieu, d'eslire & choisir (comme l'estimant le mieux) separation de Dieu : dont est venue nostre ruyne, & misere. Voila donc la difference, qui se trouuera entre l'hôme rené, & glorifié par Iesus Christ, & l'homme premier, & sa suitte. C'est que le regeneré n'aura par sa matiere, aucune tétation, ou inclination à peché, qui puisse peruertir, ou perturber son arbitre : comme nous voyons que l'homme premier auoit en sa matiere, à cause de l'imperfection qu'elle auoit trouué en la separation de Dieu, la laissant aler à bas, sans raison, ou essence, demeurant en luy : dont luy est venu la perturbation de son iugement, & election d'arbitre, qui ne pourra aduenir à l'homme regeneré & glorifié par resurrection : à cause que sa matiere estant reünie à Iesus Christ, sera purgée de toute l'imperfection, iadis acquise par la separation, ayant reprins essence diuine, & non seule habitude de matiere, qu'elle a à present, & dés son commancement. Et de tant que ceste perfection, ne se peut donner aux corps composez de ceste matiere imparfaicte, qu'elle n'aye souffert la sentence de mort, pour retirer ce sainct Esprit, lequel Dieu ne veut demeurer eternelement en tel homme, comme il a dict. Ce pendant, & attendant ceste renouation de matiere, le bon Seigneur nous a accordé vne re-naissance, que son Filz, Dieu & homme, nous a apporté en ceste vie, pour nous conduire à la perfection, de laquelle Mercure parlera quelque fois, Dieu aydant, cy apres : declarant cest homme, Fils de Dieu, aucteur de ceste renaissance : par laquelle nostre esprit receura en fin, les libertez perdues, ou opprimées par l'imperfection de la matiere, ou vsage d'icelles, iadis perdu par le peché. Et c'est homme ainsi renouuelé, & composé d'esprit de Dieu, & matiere, purgée par Iesus Christ, ne sera plus tenu pour subiect, composé de diuerses choses, ains d'vne mesme : qui sera de l'Esprit de Dieu, & matiere reünie en sa premiere source, qui est ce mesme Dieu. Parquoy il sera simple, & sera cy apres dict par Mercure, l'homme estre faict en Dieu, ou retourné en Dieu, dont il est premierement yssu en ses parties : comme nous le voyons auoir esté vsé des Apostres, & autres sainctes personnes : qui sont ce que nous apellons miracles. C'est vsage est acdordé par Iesus Christ, disant, Ces signes suiuront ceux, qui croiront en moy : en mon nom ils chasseront les diables, parleront des langues, osteront les venins, & s'ils boiuent breuuage mortel, ne leur nuira, gueriront par imposition de mains les malades.

Par ce moyen donc, nous voyôs que la misericorde de Dieu executée par Iesus Christ, au salut de l'homme, n'a aucunement empesché l'execution de la iustice diuine, sur la matiere, ny sur toute ame, qui aura voulu suiure le premier homme, en l'amour d'icele matiere, cause de peché : de tant que l'amour & estimé de ceste matiere, & l'ènuie de sentir l'operation des puissances & actions de Dieu, sur la matiere, administrées par les sept gouuerneurs, & autres creatures celestes, auoient conduict & conuié l'homme à delaisser sa contemplation, & vie diuine, pour prendre la peine, & trauail, & vie materiele, & par consequent corruptible, & mortele. En ceste façon l'effect estant imprimé en l'homme, suiuant sa volonté, l'homme s'est trouué habiter en la forme materiele, corruptible, pleine de labeur, & priuée de la grande vertu diuine, raison : laquelle raison luy a esté randue par Iesus Christ, Fils eternel de Dieu le Pere, nommé par sainct Iean de ce mesme nom, disant, Au commencement estoit raison, & raison estoit deuers Dieu, & Dieu estoit raison. C'est la vraye raison eternele, sapience de Dieu, conseruant toutes choses par mesmes vertus, que le sainct verbe. De laquelle l'homme, s'estant par son peché priué, y a esté remis plus auant par la misericorde de Dieu, en vie eternele, & corporele, non subiecte aux outrages, vices, & accidents de la matiere, qui n'a passé par Iesus Christ, qui resuscitera les corps mortz (par

l'exel'execution de iustice diuine) en plus excellentes qualitez, qu'ils n'auoient iamais eu: comme dict sainct Pol, Il a esté semé en infamie, il s'esleuera en gloire : il a esté semé en infirmité, il s'esleuera en vertu, il a esté semé corps animal, c'est à dire subiect à l'ame participante des sens corporels, il s'esleuera corps spirituel, n'estant subiect aux sens, ou aucune tentation: & plusieurs autres excellences, que la misericorde de Dieu, conduicte par Iesus Christ, amene à l'homme, plus grandes que celles, qu'il perdit, eslisant son habitation en ceste vile matiere, & forme priuée de raison. Sur ce mot, HABITER, les exemplaires Grecs sont differents, car l'autre dict, au lieu de il a habité, il a engendré, mais les deux reuiennent à mesme sens: à sçauoir, que pour s'estre l'homme assubiecti à la matiere, laissant la forme diuine, il a engendré en soy pour forme, la matiere priuée de raison: & cestuy cy, dict-il, a habité en la forme priuée de raison, qui reuient à mesme sens de venerer la matiere.

<small>1. Cor. 15. a.</small>

SECTION 15.

Nature ayant embrassé ce qu'elle aymoit, s'y est toute adonnée, & se sont entremeslez par ce qu'ils s'entre-aymoient. A cause de quoy entre tous animaux, qui sont sur terre, l'homme est double: à sçauoir mortel, à cause du corps, & immortel, à cause de l'homme essential. Car estant immortel, & ayant la puissance de toutes choses, il souffre ses parties mortelles estre subiectes à fatum, ou destinée. Dont s'ensuit, qu'estant superieur à l'harmonie, il s'est trouué par l'harmonie faict serf, & estant en pouuoir des deux sexes, il a esté domté par le Pere, ayant pouuoir des deux sexes: & estant vigilant, a esté domté par le vigilant.

COMMENTAIRE.

NAture (qui est vraye essence diuine) est vne loy ordonée & vertu de Dieu, par laquelle toutes choses sont conduictes, depuis le commencement de leur creation, à executer l'ordre ou action imposée par le Createur, à toutes creatures mortelles, & immortelles, durant le temps de leur vie, essence, & durée. Ceste diffinition de nature est generale, comprenant l'intelligence des deux natures, que Mercure a mis auant à ce propos, estimāt l'homme de sa nature estre double, c'est à dire, de nature immortele, & mortele. Et combien qu'à la verité nature ne soit qu'vne essence diuine: si est-ce que a cause de la multitude & diuersité d'effects, qui sont produicts par elle, en la conduicte & administration de cest vniuers, elle a esté diuisée en deux, dont l'vne est dicte immortele, ou nature haute, de tant qu'elle a l'administration des choses immortelles en cest vniuers, comme seroit toute la region celeste: & laquelle elle conduict ensemble tous les corps immortels y contenus, auec toutes leurs vertus, puissances & facultés. Elle conduict aussi la partie immortele de l'homme, distribuant a chasque homme des sa naisance sa partie immortele, qui est l'ame raisonnable prouueuë de l'image & Esprit de Dieu: & celle la n'a aucun autre executeur, que la volonté de Dieu, & sa puissance, que nous apellons ordinaire, tant en ceste nature haute que en la basse, à la difference de sa puissance extraordinaire ou souueraine, par laquelle il contreuient, ou faict interruption, de l'ordre ou loy, constituée par ceste nature vniuersele, quand il luy plaist comme seroit le reculement, arrest, ou obscurcissement du Soleil, qui fut par Iosué, Ezechie, & la mort de Iesus Christ, ou bien la diuision de la mer rouge, le sauuement des trois enfans dans la fournaise, qui sont toutes puissances surmontans & interrompans l'ordre institué & ordinaire en nature, par lequel le Soleil va tousiours, la mer demeure continue & humide, & le feu brulant. Il y a vne autre nature basse, mortelle, & deputée à la conduicte des choses materieles: laquelle est dicte mortelle par Mercure, de tant que sa charge est ordonée sur creatures basses & materieles, habitans en la region elemētaire, toute pleine de generations, corruptions, mutations, & renouuellemens, que nous voyons produire mort à cause de l'imperfection de la matiere, qui ne peut demourer longuement en vn estat: & ceste basse nature, & la loy, de laquelle les executeurs sont les corps celestes, & l'execution en est leur disposition, que nous auons nommé cy deuant *fatum* ou destinée.

Ceste vertu donc, & loy, dicte nature, partie en deux, a sçauoir mortelle, & immortelle,

<small>Nature diffinie.</small>

<small>Diuision de nature mortelle & immortelle.</small>

<small>Differance des puissances ordinaire ou souueraine de Dieu.</small>

<small>Iosue Isaye. & Luc. 23. f. Daniel. 3. d</small>

s'est appliquée & adonnée aux creatures,desquelles elle a la charge & conduicte, à chascune sa partie, qui est propre à son estat: aux morteles, sa partie mortele: aux immorteles, sa partie immortele. Et ne trouuant subiect, ou creature capable de porter ces deux parties,de mortele & immortele,que l'homme seul, elle s'y est totalement adonnée. Mercure dict, que NATVRE AYANT EMBRASSE CE QV'ELLE AYMOIT, de telle amour que nous auons dict n'aguieres, c'est le subiect ou elle peut estre en ses deux parties employée, S'Y EST TOVTE ADONNEE, ET SE SONT ENTREMESLEZ, PAR CE QV'ILS S'ENTRAYMOIENT, à cause de sa matiere,qui facilement retournoit soubs la charge de nature, dont elle auoit esté preseruée. Et se sont meslez,de tant que ce seul subiect,s'est trouué capable de receuoir nature toute entiere, en ses deux principales parties de mortalité, & immortalité, sans la diuiser,ou separer aucunement. A CAVSE DEQVOY, ENTRE TOVS ANIMAVX, QVI SONT SVR LA TERRE, L'HOMME EST DOVBLE: A SÇAVOIR MORTEL, A CAVSE DV CORPS, qui estant de sa creation inseparable des autres parties de l'homme, a esté assubiecti à *fatum*, & destinée: dont luy est aduenu la separation, que Dieu a faict de son Esprit,auec sa chair,pour ne l'y laisser à tousiours-mais, comme Dieu le declara. Et de là viennent les actions,qui tourmentent tant la matiere,qu'en fin elle vient en dissolution de ses parties,& vnitez,alteration & mutation, qui est la mort corporele. ET EST DICT IMMORTEL, A CAVSE DE l'ame,essence diuine,& principale partie de l'homme:à laquelle a esté donné le sainct Esprit de Dieu,acompagné d'infinies vertus,& intelligences,toutes immorteles,& de nature diuine: de tant qu'elles sont toutes parties,& membres du seul immortel:& à cause d'icelles,l'home estant immortel,domine, & a puissance sur toutes choses, & est nommé L'HOMME ESSENTIAL, comme prenant son nom de sa principale substance,tirée des essences diuines,auec libre volonté d'eslire & choisir l'operation,& employ de quelle vertu qu'il luy plaira,entre toutes celles,qui luy sont communiquées, soit en contemplation,ou operation materiele. CAR ESTANT IMMORTEL en sa principalle partie, ET AYANT LA PVISSANCE DE TOVTES CHOSES, IL SOVFFRE SES PARTIES MORTELES ESTRE,par son deffaut, SVBIECTES A FATVM, OV DESTINEE: c'est sa matiere corporele,mortele,engendrée,ou faicte:laquele, à cause de sa facture, ou geniture, qui est purement materiele,& sensible,come Mercure le dira cy apres,ell'est suiecte à sa loy, qui est alteration,mutation, ou corruption,ou autre action, des sept gouuerneurs: à laquelle il a precipité son arbitre, & incliné, par son grand deffaut, & par consequent un *fatum*, qui est proprement leur disposition. Laquele ayant puissance sur les sens,qui par vn bout tiennent de l'ame, se trouue par ce moyen auoir puissance sur l'ame, & ce tant que l'homme pend son arbitre vers les sens, & leurs concupiscences, & non au contraire, s'il pend vers l'intelligible. Mercure en cest endroit, disant, que l'homme souffre ses parties morteles estre subiectes à *fatum*, se declare par vn autre endroict,qu'il dira, toutes choses faictes, ou engendrées, estre corporeles, & morteles,subiectes aux sens, & par consequent elles le sont, à fatum, voulant dire, que la partie de l'homme faicte, est la matiere: & l'autre est eternele, & spirituele, non faicte,ny creé. Dont s'ensuit,que entre tous animaux mortels, le seul homme est exempté, de sa nature immortele, de la puissance de *fatum*,ou necessité fatale, à cause qu'il est,en ceste partie intelligible, incorporel, & du tout hors la subiection des sens, & par consequent des puissances fatales,laquele il a reçeu, quand l'image de Dieu luy a esté donnée, dont sa volonté ne peut estre aucunement forcée par les sens, ou concupiscences, ains simplement côuyée, prouoquée, ou incitée. Ceste volonté qui est en l'homme (pour proprement parler) ne peut estre qu'vne en chasque propos, c'est à sçauoir celle, qui est consommée & resolue, par le consentement. Si est ce,que nous reçeuons plusieurs volontés en l'homme, par nostre commun langage, & aucuns escrits, à faute de bien entendre sa vraye signification. & telles volontez se nomment plus proprement desirs, ou appetits, qui souuent tombant en l'ame, sans le consentement & resolution de volonté. Par ainsi il sembleroit estre mieux, de dire, ny auoir en l'ame qu'vne seule volonté,mais bien diuers desirs, ou appetits:lesquels desirs ou appetits sont departis aux diuers hômes, qui habitent en chasque homme, asçauoir à l'homme interieur, intelligible, spirituel, ou essential, & à l'homme exterieur, sensible, corporel, & materiel: lesquels sont deux desirants continuelement choses contraires. Par ainsi si l'on leur veut despartir leurs volontez particulieres, à chacun la sienne, elles se peuuent proprement dire,non seulement de desirs ou appetits, mais pures volontez resoluës, de consentement

ment arresté. C'est de tant que tout homme interieur, ou intelligible a resolu sa volonté, vers les essences incorporeles, diuines, & spirituelles : comme au contraire l'homme exterieur, a resolu sa volonté vers les choses corporeles, corruptibles, & materielles. Parquoy distinguant les deux hommes, habitans en vn, nous leur pouuons assigner à chacun volonté, & non seulement desir ou appetit : mais prenans l'homme pour vn seul animal, nous luy donnons vne volonté, qui est celle, qui resout, par le liberal arbitre, le debat des deux parties qui sont en luy, & nommons en ce cas les autres volontez diuerses, appetits, ou desirs. Toutes ces acceptions de l'homme, à sçauoir le prendre conioinctement en vn, ou separément en deux, sont en vsage selon les propos, qui s'offrent à resoudre : comme quand sainct Pol, vouloit representer la difference qu'il y a de l'Esprit de Dieu, & des concupiscéces, qui tous deux sont en l'homme, il dict quelquefois, La prudence de la chair est ennemie de Dieu : & ceux qui sont amusez à la chair, ne peuuent plaire à Dieu. Par où nous voyons, que l'vn plaist à Dieu, l'autre luy desplaist. Il dict ailleurs, Si Christ est en vous, le corps est mort, pour le peché, mais l'esprit est viuant, pour la iustification.

Volonté est resolution de l'ame sur l'vng des deux appetis.

Sainct pol interprete l'ôme interieur, & exterieur, de Mercure. Rom 8.b. Ibid.

Voicy vne autre differance, par laquelle celuy qui domine en l'homme, est dict viure, & mortifier l'autre partie. Ailleurs il dict, que la chair desire contre l'esprit, & l'esprit desire cōtre la chair. Ce n'est autre chose, que les declarer tous deux de nature purement contraire. Et Iesus Christ dict, Aucun ne peut seruir à deux seigneurs : c'est qu'il se faut arrester, & resoudre sur l'vn ou l'autre, ne pouuant seruir les deux à leur contentement : à sçauoir seruir Dieu, & le Diable. Car il faut (dict Iesus Christ) despriser l'vn ou l'autre. Et ailleurs, sainct Pol monstrant les deux volontez resoluës en l'homme, en mesme temps, il prend en ce cas, les deux hommes diuers en luy seul, disant en son ame : Ie me condelecte en la loy de Dieu selon l'homme interieur, & voy vn' autre loy en mes membres, repugnant à la loy de ma pensée : concluant en fin, qu'il sert par sa pensée, à la loy de Dieu, & par ses membres, à la loy de peché. C'est pour monstrer qu'il y a tout à vn coup, en vn mesme homme, deux desirs & appetis diuers, subiects à la conclusion, & resolution d'vne seule volonté : ou bien qu'il y a deux hommes en vn seul homme, ayants chacun sa volonté resoluë, & arrestée au contraire de l'autre. Mais de tant que ces deux volontez opiniastres, combatent en mesme temps l'ame, pour l'attirer chacune à son opinion, nous nommerons ces deux volontez, appetits, ou desirs, quand il sera question de les presenter à l'ame, & non volontez resoluës : à cause que, combien qu'elles soiēt resoluës, & arrestées en chacun homme des deux : toutefois ne sont elles arrestées ny resoluës encore en l'ame, qui est chef de la composition de l'homme : en laquelle ne se pouuant resoudre, que l'ame en mesme temps, nous les nommerons lors qu'il se parlera de les presenter à l'ame, simples desirs & appetits, & non volontez. Par ce que volonté est la seule qui prend, & arreste resolution par simple, & franc consentement. Vray est que sainct Pol, pour nous faire mieux entendre la nature de l'homme, & diuersité de ses appetits, a ensuiuy en ce propos Mercure, figurant en l'homme deux hommes, l'vn spirituel, ou intelligible : & l'autre corporel, ou sensible : qui sont totalement resolus de contraires appetis & desirs. Mercure les nōme, l'homme essencial, & l'homme materiel : & S. Pol les nōme, hōme interieur, & hōme charnel, ou animal. C'est de tāt qu'y ayant en l'hōme essence & matiere, il faict la differēce de celuy, qui venere l'essence à celuy qui venere la matiere. Iesus Christ a diuinemēt tesmoigné ces deux volontez resoluës, consistans en ces deux parties de l'hōme, qui sont les deux hōmes, composants l'hōme, lors que par sa bonté & misericorde il contracta auec Dieu son Pere, pour soy charger & faire mesme chose, auec l'hōme corporel, subiect à perdition, qui de sa nature demādoit chose contraire à sa volonté principale, qui estoit celle de Dieu son Pere. Il se trouua acompagné de ces deux subiects, de fort differente nature : tous deux voulans à vn coup dominer sur luy, à sçauoir la corruption de noz pechez, qu'il auoit en luy, s'estant vny auec nous, qui, cōme vraye ennemie du salut de l'hōme, vouloit repousser la passiō de Iesus Christ, par laquelle elle estoit chassée & bannie, & le salut estoit procuré de Dieu, desirant le secours du pecheur. C'est nostre partie corrōpue, qui par la bōté & misericorde de Iesus Christ estāt lors en luy, desiroit qu'il ne souffrist poinct, non pour espargner, ou conseruer Iesus Christ, qui n'auoit besoin de si mauuais secours, ains suiuant la vraye nature de matiere separée de Dieu, & de tout bien, inclinée à toute misere & ruine, pour entretenir en soy corruption, peché, separation de Dieu, & eternele perdition : en laquelle l'homme s'estant plongé, n'en pouuoit estre retiré, que par le moyen de la passion de IESVS CHRIST. Qui fust cause que ceste par-

Galat. 5.c

Matth 6.c.

Rom. 7.d

Resolution du volupté est le consentemēs.

Exemple des deux hōmes en Iesus Christ

La partie corrōpue de l'hōme, parle en Iesus Christ.

SVR LE PIMANDRE DE

Colloss. 2.b

tie corrōpue, parla en Iesus Christ disant, Pere, s'il se peut faire que ie ne souffre point, & se sentēt ceste maligne nature de corruption foible, pour combatre l'Esprit de Dieu, qui estoit corporellement, & pleinement en Iesus Christ, retourna par trois fois à mesme priere : c'estoit ce desir de la concupiscence du pecheur, qui estoit vny à Iesus Christ, qui n'estoit encore resolu : de tant que la volonté de l'ame de Iesus Christ, n'auoit encore donné son aduis. Toutesfois Iesus Christ pour monstrer que le pecheur estoit ioinct à luy, si realement, que c'estoit mesme chose, parlant à Dieu son Pere, il nomma ceste meschante volonté, ou bien desir & appetit de la matiere, sa volonté, disant : Non ma volonté, mais la tiene soit faicte.

Pere s'il est possible interprete.

Comme s'il disoit, Combien, Pere, que par la volonté, & appetit materiel, de la personne du pecheur, qui par la parole des Apostres aura creu en moy, laquele à ma requeste tu as si realement ioint & vny auec moy, qu'il est maintenāt mesme chose auec nous, ie t'aye suplié de rompre l'entreprinse de ma passion, comme ceste mienne partie qui est à present, desirant le contraire du salut, que ie procure à l'humain lignage, ie declare, que ma volonté principale, gisant en mon ame, donne son consentement à celle de ton sainct Esprit, qui est pleinement en moy, reiettant le desir, appetit, & concupiscence de ceste partie sensible, matericle, & corrompue, que i'ay vny à moy pour la purger, & mondifier par la croix. A cause de quoy, ie ne veux, que ceste volonté ou appetit desordonné, que i'aporte à la croix, aye son contentement, mais celuy de ton sainct Esprit, eternellement commun entre nous : auquel mon ame donne son pur & entier consentement.

Deux diuers appetis, de Iesu Christ, en l'oraison du Iardin.
Colloss. 2.b.

Voila comment Iesus Christ s'est monstré auoir deux hommes en luy, desirans & appetans contraires actions, comme nous : à sçauoir l'homme pecheur, qui par l'amour de la matiere s'estoit separé de luy, & l'homme interieur son benoist sainct Esprit, habitant en luy en plenitude de diuinité corporelement : & desquels appetits, ou volontez il a prins resolution en son ame : en laquelle gist la particuliere volonté de l'homme entier, selon son liberal arbitre, ayant choisi la partie, à laquele il desiroit plus adherer. Et ne ferons aucun doubte, que des ceste conionction de matiere, si contraire à sa nature, ne cōmençast sa passion, aussi rude, qu'en endroict qu'il l'aye soufferte, tesmoin la sueur, comme sang, qui luy couloit en terre durant ce contrast, qui ne luy aduint en toute sa passion. L'imperfection qui luy fut conioincte, estoit trop differente de la purité de son corps incarné, en la vierge benite, pour le laisser en repos, dont luy vint la sueur du sang. Il s'ensuit de ce propos par les exemples de Iesus Christ, & sainct Pol, que souuent nous auons à la fois deux diuers appetits, ou desirs, combatans nostre volonté, pour luy emporter son consentement & resolution. C'est le feu & guerre que Iesus Christ a amené entre l'esprit & la matiere, dont nous pouuons dire, que ceux, qui ne sentent ceste guerre, n'ont guiere grand part en Iesus Christ, ains sont au mesmes repos des bestes brutes, cōduictes par les appetits de la matiere, sans Dieu, loy, ny aucun éguillon d'esprit. Car nous sommes seurs, que depuis nostre premiere nature de peché, le serpent a prins telle possession, & priuauté dans nostre matiere, qu'il n'en peut estre si totalemēt banny, qu'il ne luy demeure par la preparation, & disposition, ou inclination imprimée dans l'homme, moyen d'assaillir son premier logis : qui est cause, que la guerre de son costé ne peut faillir en ce monde, de tant qu'il en est prince. A ceste cause nous disons, que s'il n'y a guerre en l'homme, c'est le plus souuent signe, que le sainct Esprit, & ses vertus, sont endormies, ou amorties en l'homme, par la victoire de Sathan suscitateur de la chair, matiere, & ses concupiscences, comme dict sainct Pol, Que si vous estes sans discipline, de qui estes vous fils ? Parquoy c'est vne grande felicité au Chrestien, quand par continuele resistance, qu'il faict aux concupiscences armes de Sathan, il continue ceste guerre, que son seigneur Iesus Christ luy a aporté pour son salut, sans soy laisser emporter la uictoire, qui ne peut aduenir, que par le cōsentement, que l'ame peut liberalemēt dōner aux cōcupiscences de son homme exterieur, charnel, & corporel, suiuant la nature du premier peché de l'homme. Dont la vie de l'homme est dicte vn cōbat en Iob : de tant que bien qu'il puisse resister, si est ce qu'il ne peut totalement vaincre, & anichiler son ennemy en ce monde, à cause qu'il le porte tousiours auec soy, en sa chair & matiere, mais il le doit combatre, & luy resister de ses forces, iusques à l'heure de sa dissolution, & separation de ces deux hommes ennemis, qui sont en luy, à ce que chacun s'en aille en son lieu : à sçauoir l'homme essential, au nombre des sainctes pensées, & vertus diuines : & le materiel, parmy les vers, & pourriture, son propre logis naturel.

Transport de nos pechés sur Iesus Christ, par l'oraison apres la cene.

La guerre que Iesus Christ nous a amené.

Ioan. 12. c. & 14. d
Le combat du Chrestien.
Hebri. 12. b & c

L'homme sans croix n'est fils de Dieu.

Iob. 7. a
L'homme porte son ennemi auec soy.

Nous

Nous conclurons donc, que l'homme à esté dict double: à cause des deux hommes qu'il à en luy, ou bien deux continuels differents appetits, ou desirs entour la volonté d'vne ame qui iamais ne changent de tirer d'vn costé & d'autre pour gaigner le consentement, c'est asçauoir le materiel, & sensible, desirant à cause de son ignorance, sa ruine & perdition: & l'essential ou spirituel, desirant à cause des vertus du sainct Esprit qu'il possede sa conseruation, & perfectiō. Vray est que les deux, ayants esté ioincts en vne seule creature, & opinants en vn conseil, ont decliné vers l'imperfection de la matiere, a cause que perfection, ne pouuant sortir que des pures essences diuines, elle ne pouuoit sortir de l'homme, qui estoit meslé, & composé de pures essences diuines, & matiere separée de Dieu, qui est autant, que perfectiō & imperfection, a cause dequoy le tout ensemble n'estoit bien pur. Qui a esté cause que Iesus Christ, voulant reparer ceste faute, ne permet plus à opiner au conseil de ses commandements, que l'homme spirituel, disant qui ne desniera sa propre chair, ne me peut suyure: & qui ne portera sa croix, venant apres moy, ne peut estre mon disciple. Voila comment il chasse l'homme corporel, de son conseil, & commande au spirituel de soustenir la guerre continuelle, portant la croix contre les concupiscences: par laquelle elles doiuent estre vaincues & exterminées. C'est le vray remede d'entretenir vn conseil bon, & sain, quand lon en chasse toutes opinions tandantes à ruyne. Et par ainsi ayant chassé du conseil de l'ame, l'homme materiel & corruptible, ceste ame pourra dire veritablemēt que son homme essential, ne porte reuerance ou subiection à la destinée fatale: ains, comme estant spirituel intelligible & immortel, mesprise toutes ces puissances, vertus, & actions, DONT S'ENSVIT QV'ESTANT immortel il obeit à la destinée de sa seule matiere, qui est mortelle. A cause de quoy, estant par la vertu, & puissance de l'homme essential SVPERIEVR en pleine cognoissance, & sans aucune subiection A L'HARMONIE fatale, & par la dignité de ses diuines vertus, possedant vn corps materiel, sanctifié de pure innocence, non subiect aucunement aux actions dominants sur les autres matieres, & par consequent maistre des creatures que Dieu luy auoit assubiety, il à si mal conduict la liberté de son arbitre, donnant le consentemēt de sa volonté aux concupiscences de la matiere laissant la contemplation de Dieu, pour la sphere de generation & matiere corruptible, que IL S'EST TROVVE PAR L'ARMONIE qui la assubiety FAIT SERF de ce qu'il auoit esté maistre: n'estant plus obey des vertus diuines par simple commandemēt, ains en la sueur de sa face, se trouuāt subiect de ceux, à qui sa matiere qui l'auoit dominé estoit subiecte. ET ESTANT l'homme EN POVVOIR DES DEVX SEXES (qui est puissance de agir, ou operer par ceste ancienne façon de parler des Ægyptiens) conduict, contre le debuoir de sa nature & creation en mal, IL A ESTE DOMPTE PAR LE PERE Dieu son createur, AYANT POVVOIR DES DEVX SEXES ou d'operer, duquel estoit issu celluy, qui auoit esté dōné à l'homme: ET l'hōme ESTANT VIGILANT par ce faux cuyder receu du serpent, qui luy promist vne telle vigilance & ouuerture d'ieux, qu'il seroit grand, cognoissant, puissant, & egal à Dieu, il A ESTE tellement DOMPTE, PAR LE VIGILANT, que sa temerité fust si bien reprimée, qu'il se trouua en vne tresgrande honte, tachant à soy couurir & se cacher: & trouua que celluy qui le domptoit estoit de tant plus vigilant que luy, comme estant celuy dōt toute vertu d'intelligēce, vigilāce, & tout sçauoir procedoit. Ce fust lors que Dieu dist à Adam, ou es tu, qui t'a declaré qu'en toy y auoit mal, ou deffaut, sinon la transgression que tu as fait d'abandonner ma contemplation, pour venerer la matiere? C'est ton outrecuidance & vigilance de faux cuyder, qui t'a deceu. Vray est que le faux cuyder de la vigilance de l'homme, le trompe si subtillement, que l'homme qui a abandonné l'esprit, pour suyure la matiere, voyant que par l'ymage qu'il a reçeu de Dieu, inseparable de luy, il se peut encore aider (auec trauail) de plusieurs vertus diuines à ses entreprinses ordinaires. Il cuide auec l'image inseparable, de luy posseder aussi la semblance, combien qu'il n'en tienne aucune partie: & par consequent ne pense pas estre au rang de l'homme que le Psalmiste a declaré, qui estant en honneur par l'esprit de Dieu mis en luy, n'a entendu l'honneur qu'il auoit. Parquoy, s'estant rabaissé sous la matiere, a esté comparé & faict semblable aux iuments bruts, obeissant aux cōcupiscences, nous dirons que l'homme comme eux estant crée en sa premiere innocence, il iouissoit des vertus de Dieu, en pleine lumiere, & puissance. Laquelle pleine lumiere (par l'offuscatiō du peché) a esté conuertie en l'homme: en bien petis rayons, de tant que toute ne luy pouuoit estre ostée, en tant que c'estoit sa propre essence & nature, & que luy ostāt le tout, il eust esté

Marc 8.d
Luc 9.c &
Matth. 10.d
& 16.d

Iesus Christ a banny l'hōme charnel du conseil du saint

Ioan. 8.c
2. Pesr. 2.d

Genes. 3.d

Le faux cuyder de la vigilance de l'hōme, le trompe.

Psal. 48.c & d

effacé, & n'eust plus esté hôme. Ces petits rayôs sont demeurez à l'hôme despuis le peché, & outre les autres biés dônez par Iesus Christ aux siés, ceste lumiere & plain vsage des vertus de Dieu leur à esté rendue toutesfois par degrez, selô le degré de la foy & amour qu'ilz luy ont porté. L'hôme animal, ou biê brutal meprisât le remede de Iesus Christ par son faux cuider, n'a iamais cogneu en l'hôme plus grâde lumiere de vertus diuines, que ces petits rayôs, qui nous sont demeurez, ayâs perdu l'innocêce. Lesquels rayons il à trouué de si grâde vertu, ayant esgard à la matiere, laquelle seule il côsidere, ne leuât les yeux de son iugemêt plus haut, qu'il à pêsé estre les plus grâdes vertus qui ayêt essence, dont est yssu plusieurs idolatries, abominatiôs atheismes, & infinis autres mal-heurs, produits d'ignorance, par ce faux cuider. Cuidant dôc l'hôme ces petits rayôs, estre les plus grâdes vertus, côme estât les plus grâdes q̃ son ignorâce conceut, côme nous pourriôs dire, vne grâde multitude d'inuentiôs, les vnes pour paruenir à ambitiô, les autres à profit materiel, les autres à tourmêter son prochain, soit par impostures, proces, detractiôs, bonnes graces de mocqueries, inuentiôs de pilleries, deceptions trôperies, ou biê subtillites, ruses, finesses à cônoistre les profits, tousiours materiels, qui peuuêt aduenir de la frequêtation des hommes, & en tirer leur quint-essence, ou biê vne ame bien maligne, estât au seruice d'vn prince, qui ne cesse d'inuêter moyens pour destruire, opprimer, & ruyner le peuple, & infinies autres subtilitez, cônoissances & inteligêces, qui toutes sont actiôs procedâs de c'est infinny thresor de lumiere diuine. Lesquelles côbien que peruerties n'ont tât peu estre offusquées & obscurcyes par le peché, que leur trespetits rayôs ne soiêt demeurés merueilleux, pour estre employées selon le liberal arbitre de l'hôme: soit à bastir, ou ruiner, a biê faire, ou mal faire, dôt s'est ensuiuy q̃ l'hôme possedé de ses belles inteligêces a cuidé ne tenir riê du brut, ains estre des mieux aduisez, estimât toutes autres occupatiôs (mesmes les spirituelles, côme celles des sciences, & pures disciplines) plus basses & indignes, q̃ ses miseres. Qui sont les vrayes operations du môde, gisans en concupiscêce dyeux, de chair, & superbę de vie. & de tât plus que l'estude des sciêces, seloigne de la matiere vers la nature diuine, & côteplatiue, il en est plus mesprisé & delaissé. Et celuy qui plus en approche, & qui plus y est souillé, soit pour le gain, vêgeâce, ou autres entreprinses, celluy la est plus suiuy, estimé, & veneré: côme il est escript, Il se reiouissent, quand ils ont du mal fait, & se delectêt en choses tres mauuaises. Tellemêt que l'hôme ainsi disposé, ne s'aduise que la principale nature de l'hôme consiste au mespris de toutes les choses basses, mesmes ayant vsé de ce qui est necessaire a la vie: & que en ce seul, il est differant des autres animaux, qui est de contêpler les œuures de Dieu, & les bruts, celles de la matiere. Et ne s'auise aussi que l'vsage de ses rayôs employé de la façon q̃ c'est hôme materiel les employe, est dôné par la loy de nature aux bruts, qui en c'est endroict luy ressemblêt: côme l'astuce au serpêt, la subtilité au renard, la cautelle au chat, l'agilité au singe, la prudêce à la fourmis. Qui toutes sont bestes brutes, employâts, par la côduicte de nature, les vertus de Dieu, a mesmes fins & vsaige de matiere, toutesfois plus sainctemêt, que l'hôme animal, qui par consequent sera dict necessairement plus brutal, côme vsant des vertus de sa forme à mesmes fins qu'en vsent les bruts, & plus mal. A ceste cause Dauid a constitué telles personnes, n'ayât cogneu l'honneur auquel ils auoyent esté mis, au rang des bestes brutes, & iuments: les estimants semblables à ceux, par lesquels il est môstré à l'homme, qu'il est subiect à la fatale destinée, comme eux, tant qu'il gardera leur rang, qu'il a prins par ce faux cuyder (que nous auons dict cy deuât) d'auoir esté fin, escort & habile, côbien qu'il n'aye que le bas vsage des vertus de Dieu, dôné à la beste brute, côme à luy, pêdant qu'il ne veut regarder plus haut qu'elle. S. Iude parlât de tels hômes, dict qu'ils blasphemêt ce qu'ils ignorêt, & ce qu'ils côgoissent par nature côme les animaux bruts, en ce ils se corrôpent. S. Pol les appelle hômes animaux, & S. Pierre les nôme fontaines sâs eau. Parquoy côcluât, sur nostre premier propos, nous dirôs qu'il n'ya autre moyê de rêdre l'hôme veritablemêt differât de la beste brute, que en ce qu'il mesprise ce, que les bruts suyuêt, & desirêt: & qu'il hâte, desire, & honore ce, q̃ autre animal que luy ne peut côgnoistre, a fin que par ce moyê il se rende en sa principale essence, qui ne rend aucune reuerence ou subiectiô à *fatum* ou destinée: ains la delaisse pour les autres animaux, qui reuerêt & estimêt la matiere pour leur plus grâd biê heur & felicité. Nous auons prins cy dessus l'hôme auoir puissance des deux sexes, pour auoir puissance d'action & operatiô: ou bien d'effectuer sa volôté par l'anciêne hyeroglifique façô de parler: de laquelle l'ô vsoit quelque fois encore du têps de Moïse. Côme Mercure dict Dieu estre prouueu de puissance des deux sexes, pour la mesme puissance de toute actiô ou operatiô. L'hôme pourroit aussi estre entêdu en puissance des deux sexes, quâd il fust créé: car nous auôs veu par Moïse, que Dieu tira la femme de l'homme, & estimerons que, outre l'ancienne façon de parler, Mercure entendoit que tous animaux estoient créés, ensemble l'homme en puissance de deux sexes, ou contenans en soy les deux sexes, de tant que chasque animal auoit son nom donné par l'homme, a part, sans distinction de sexe. Auec ce que cy apres bien tost nous verrons, que les animaux, estants en soy des deux sexes, ont esté desliés pour produire leur semblable, & commencer le cours de nature.   Toutesfois en c'est endroit Mercure, prend le pouuoir des deux sexes, pour pouuoir d'action & operatiõ: sur lequel pouuoir Dieu regrette le deffaut de l'homme, disant, que l'homme estant immortel, & ayant puissance sur toutes choses, il souffre ses parties engendrées, estre subiectes à *fatum*: estant maistre des actions de l'armonie, il en est deuenu serf: & estant en pouuoir des deux sexes & vigilant, il a esté dõpté par celluy qui a la source des deux sexes & vigilance. C'est aultant a dire, que l'homme estimant que le grand pouuoir d'action qui luy auoit esté departy, luy eut esté atribué comme sien, separéement des puissances diuines, & par ce moyen ayant voulu operer à par soy, comme ne pensant iamais rendre compte de ses actions & puissances, il auroit esté dompté & contrainct, par celluy qui estoit la source de tous sexes, & puissances. Et ayant esté rendu vigilant & suscité de ce grand sommeil d'obly (auquel les plaisirs du corps, & matiere l'auoient enseuely) par ce benoist sainct Esprit, vigilant incessamment dans le cœur de l'homme, pour l'aduertir, & semondre de son debuoir, comme il feist au premier homme, auallãt le morceau de desobeissance, disant Moïse, qu'ils eurent incontinẽt les yeux ouuers, & eurẽt honte de se veoir nuds, & de cest instant l'homme congneut par son peché auoir besoing de pedagogue, qui le dõpta & contraignit sous la loy, commandement, & dominatiõ de son createur. C'est à dire, que celluy qui n'estoit conduict que de l'esprit, vertus, & essences diuines, composants la saincte pensée, mise en l'homme, n'auoit affaire de loy, ou pedagogue: detant que le sainct Esprit, dominãt en luy auant la matiere, conduisoit suffisamment l'homme sans aucun besoing de loy ou pedagogue: mais maintenant que l'homme a reiecté l'innocence, & l'heureuse conduicte, & gouuernemẽt du sainct Esprit de Dieu, pour recepuoir en soy & y establir celle des concupiscences de la chair, & matiere, qui ne conduisent qu'a perdition, & tout mal, il a esté besoin que l'homme fust tenu en subiection & conduicte, & y fust obligé par crainte, & honte, produicte par le peché. Mais de tant que nature terrestre, & materiele dominoit plus en l'homme que la spirituelle, & celeste, ses hõte & crainte venoiẽt plus de l'horreur du mal imminẽt, qui est pure terrestre, & materielle, que de l'amour & veneration du bien, qui est pure intelligible & spirituelle. Dont il a monstré la nature qui dominoit en luy, par la honte corporelle de se veoir nud (laquelle il vouloit couurir de fueilles de figuyer) plus grande, qu'il n'auoit de la perte de ceste innocence, immortalité, & supereminẽt vsage de toutes creatures sans besoing d'aucune loy ou conduicte, qui estoit perte qui ne pouuoit estre reparée, par fueilles de figuyer: de tant qu'elle estoit pure, intelligible, & spirituelle, sur laquelle la matiere n'auoit aucune vertu. Mais debuoit estre reparée par le sang de l'agneau, qui fust occis des la constitution du monde, dont s'est ensuiuy, que Dieu voyant en l'homme si mauluaise cõduicte des dons qu'il luy auoit commis par sa bonté, & misericorde, il a esté meu à luy bailler conduicte, loy, & subiection, pour le dõpter, & retirer de plus grandes outrecuidances, qu'il eut facilement entreprins & ce par la crainte, honte, lois, & commandements, auec indiction de peines, soubs lesquels il viura en cõtinuel combat durant sa vie. C'est ce que dict Moïse, Dieu a ietté l'homme de son paradis terrestre. C'est que Dieu, ayant ordonné que la terre, & toutes creatures vouées au seruice & obeissance de l'hõme, l'entretiendront en continuel paradis & contentement, durant le tẽps qu'il contempleroit (pour le deuoir de son estat) les actions, œuures, & vertus diuines: qui estoit le parfaict contentement qui pouuoit estre donné sur terre, à l'homme. Voyant que l'homme, n'ayant congneu l'honneur qu'il auoit receu, s'estoit rendu semblable aux bestes brutes, venerants & obeissants a la seule matiere, il l'a iecté de ce paradis repos, & contentement, luy conuertissant l'obeissance de toutes choses qu'il recepuoit en vertu de sa cõtemplation, & vie spirituelle, en repugnance & resistance qu'il aura d'ors-en-auãt, comme fruict procedant d'amour de la matiere, en peine, sueur de sa face, & contradiction, de sa volonté, pour y viure en c'est exercice, durant que sa matiere pourra euiter les subiections, auxquelles il l'a obligée, s'aprochant tousiours de sa corruption, & changement. Voila cõment celuy, qui par outrecuidance auoit voulu operer, estant prouueu de puissance de deux sexes, ou

Tous animaux ont esté créés ambisexes.

Genes.2.a

Genes.3.b

Galat.4.a

Apoc.13.b

Dieu a ietté l'homme du paradis. Genes.3.d Description du vray paradis terrestre, de l'homme.

actions

actions à operer, fust dompté & suscité de profond someil, auquel il s'estoit plongé, par les abus de la matiere, & rendu vigilant, & congnoissant son deffaut, par celuy qui est fontaine des deux sexes, & toute puissance, & action, & en qui gist toute vigilance, sçauoir, & intelligence.

SECTION, 16.

O ma pensee, que s'ensuit il? car ie desire grandement ce propos. Pimandre dist, cecy est vn mystere celé, iusques à ce iourd'huy. Car nature, soy meslant auec l'homme, a produict le miracle tresmerueilleux, aiant celluy qui te t'ay dict, la nature de l'harmonie des sept du pere, & de l'esprit. Nature ne s'arresta pas la, mais incontinât a produict sept hômes, selon les natures des sept gouuerneurs, en puissance des deux sexes, & esleuez. Et quoy plus, O Pimandre, car ie suis transporté en tresgrand desir maintenant, & conuoite ouir. ne m'esloigne pas. Tais toy (dict Pimandre) ie n'ay pas encore paracheué ce premier propos. ie me tais, dis-ie. La generation (comme i'ay dict) de ces sept, fust donnée en ceste maniere.

COMMENTAIRE.

Mercure, oyât de Dieu le discours de la partie diuine, qui estoit en l'hôme, en ce q̃ Dieu luy a dict cy deuât, que nature aimât l'hôme sur toutes choses, s'est entremeslé en luy, & que l'hôme a cesté cause auoit en soy nature immortelle, à cause des parties diuines & la mortelle, à cause des partics materieles, lesqueles (par l'amour qu'il auoit eu à nature basse, il auoit assubiéty à fatũ, & q̃ de la s'ensuiuoit le changemẽt de la domination, qu'il auoit sur l'harmonie, en seruitude & subiection, à cause de sa puissance des sexes, ou d'operer, il auoit esté dôpté, ayât aussi consideré, qu'au parauât il auoit veu la forme, image & semblâce, voire & les vertus & puissances de Dieu, estre venus en l'homme par nature basse, regnant sur la region elementaire. Il estima en soy (côme il estoit raisonnable) que ceste infinie & admirable beauté, qu'il voyoit par son intelligence, en l'homme innocent, essential & spirituel acompagnée de tant de vertus diuines dominans toutes creatures, & autres actiõs ne peut estre oprimée par autre puissance quelconque: en tât que toutes celles des creatures (voire celestes) luy auoiẽt esté assubietties, dont aduenoit que Mercure (s'estonnant grandement, de ce que Dieu luy disoit, que l'homme ayant puissance sur les recteurs de l'harmonie, auoit esté assubietty par eux, & rendu serf, & ne pouuant penser que aucune puissance peut dominer celle de Dieu, commise à l'hôme essential, par son sainct Esprit s'esmeut de prier Dieu, luy declairer ce neud en ceste maniere, O MA DIUINE PENSEE ie te prie me declairer QVE S'ENSVIT IL, CAR IE DESIRE ne demeurer en ce suspens. I'ay GRANDEMENT enuié d'entendre la fin de CE PROPOS. PIMANDRE DICT, CECY EST VN MYSTERE CELLE, si grand, occult, & secret, duquel est issu le miracle tresmerueilleux, qu'il n'a entendu ny descouuert IVSQVES A CE IOVRD'HVY, asçauoir par quelle puissance, l'action, qui n'est ordonnée que sur la matiere subiette à toutes imperfections, pourroit dominer, & quelque fois se faire obeir aux puissances diuines, qui sont en l'homme: ou bien les supprimer & abolir, ou bien les empescher, & renfermer, qui sont tous actes de domination, faitte par le sensible tresinfinie, & bas, sur l'intelligible tres-haut & trespuissant. Car de la s'ensuiuroit q̃ la puissance de Dieu seroit dominée par la puissance de la creature. O quelle absurdité, quelle confusion, quelle ruine, renuersement, & destructiõ de tout ordre. Entends Mercure, que celuy que ie t'ay cy deuant dict, est l'homme, faict sur la matiere aorné de l'image & semblance de Dieu, acompagnée du sainct Esprit, auec infinies vertus & puissances, & par ainsi a esté composé de matiere: qui de sa nature estoit subiette à toutes imperfections, & de forme abondante en toutes perfections, & à cause de laquele la matiere de ce diuin subiect, estoit sanctifiée, d'immortalité, incorruption, & deliure & exempte de tout autre imperfection imminante à sa nature. Toutesfois ceste diuine creature ainsi composée de matiere, & forme si excellante, a esté constituée comme ie t'ay dict, en son liberal arbitre, & conduitte subiette à sa volonté. C'est à dire Dieu ayant faict ceste si digne creature, garnie d'actions, & puissances diuines, ensemble de matiere: à celle fin que ce fust

Raison du doubte de Mercure sur le mystere.

Quel estoit le mystere secret.

Ample composition de l'homme.

Eccles. 15. c

ce fuſt vne facture, qui ne peut eſtre engendrée ſans matiere, & dans ce chef dœuure, a conſtitué vne ame, à laquelle il a aſſubiecty, & commis toutes les vertus, & puiſſances, tant intelligibles, que ſenſibles: de c'eſt homme, par le moyen d'vne libre volonté, qu'il a donné à ceſte ame, non contrainte, n'y lyée d'aucune autre puiſſance, voire n'y preſſée prouocquée conuiée n'i induicte d'aucune vertu ou action, à ce que par pure, & ſimple liberté, elle choiſiſt l'vſaige & employ de ſes vertus ſpirituelles, & corporelles, a qu'elle part qu'il luy playroit les employer. Vray eſt que ceſte diuine image, & ſemblance de Dieu, ioiau ſi precieux, mis en ce vaiſſeaux de terre ſi indigne, & incapable de tout bien, monſtre clairement n'y auoir eſté mis de Dieu en intention de venerer la partie baſſe & imparfaicte, ains pour contempler, recognoiſtre, mercier, louer & glorifier ce grand pere createur, qui luy auoit commis tant de precieux dons, & vertus, comme ne pouuant mieux eſtre employes, que a recognoiſtre leur aucteur & facteur. Ce neantmoins, ayant ceſte diuine creature, parmy tāt de vertus, congnoiſſance de l'harmonye, & ordre des creatures celeſtes, & de leur nature, il ne s'eſt contenté d'auoir la congnoiſſance, puiſſance, & commandement de leurs actions, vertus, & nature en ſon intelligence: ains a voulu ſentir, & apercepuoir (par ſes ſens corporels reſpondās en l'ame, leurs effaicts vertus & actions, qu'ils ont ſur la matiere. Leſquelles vertus, & actions, tendants de leur nature à corruption, mutation, generation, & alteratiō par ſa liberale volonté, employée ſur ſa matiere, ont imprimé & marqué en la matiere de l'hōme, par la vertu de leur nature, & par leurs premieres actiōs, vne diſpoſition (que nous auons dict (& preparatiō à recepuoir dors en auāt leurs effaicts, par leſquels ſa matiere ſera tant affligée & tourmentée, qu'en fin elle viendra en mort, & diſſolution. Parquoy Mercure dit, CAR NATVRE voyant la volonté de l'homme pendre à ce coſté, de vouloir ſentir les effaicts des ſept recteurs, & SOY MESLANT AVEC L'HOMME en ſes parties de mortalité & immortalité, A PRODVICT LE MIRACLE TRES-MERVEILLEVX, en ce que nature haute ou immortelle, le preuoyoit d'arbitre, & puiſſance ſur toutes choſes. Et nature mortelle aquiſe par mauuais employ d'arbitre, la prouueu de miſere, & indignité, dont le miracle ſe trouue, que nature mortelle, en ce ſubiect ſi vicié, puiſſe dominer ſur les vertus diuines & en diſpoſer, ne ſ'arreſta pas la, pour l'enuie qu'elle auoit d'aſſubiectir ce diuin ſubiect à elle, n'en ayant en ſa region elemētaire vn ſi pretieux. Ains AIANT CELVY QVE IE T'AY DICT LA NATVRE DE L'HARMONIE DES SEPT, DV PERE ET DE L'ESPRIT, c'eſt que l'homme ayant receu en ſon entendement image de Dieu, & principale partie, la nature & cognoiſſance des vertus des ſept gouuerneurs ordonnes ſur la matiere, par la grace & bien faict du pere ſon createur, & du ſainct eſprit qui luy entretenoit ces perfections en ſoy. Ceſte NATVRE double aſçauoir immortelle, & mortelle, voulant attirer l'homme, qui auant le peché n'auoit que la ſeulle nature immortelle, à ſoy, & luy applicquer ſes deux parties, conſidera que l'homme, en ſa partie immortelle & intelligible, auoit receu par congnoiſſence, les puiſſances & effaits des ſept gouuerneurs: toutesfois ne les auoit il encore ſentis en ſa partie ſenſible ou corporelle, & par lequel ſentiment l'homme deuiendroit ſubiect à l'autre partie mortelle NE S'ARRESTA PAS LA, aſçauoir de le laiſſer auec ceſte cognoiſſance, iugement, intelligence, & toute puiſſance, que la premiere partie de nature (qui eſtoit immortelle) luy aportoit. Mais voulant par ſon arbitre, ſentir en ſa matiere les actions des creatures celeſtes, comme il les auoit ſenty en ſon intelligence, & à quelle fin elles conduiſent, nature ne ſ'arreſtant la ou elle l'auoit acompaigné, luy octroya dauantage, ſa ſeconde partie de mortalité, par laquelle il ſentiſt en luy les effaits des actions, & les merques, ou impreſſions faictes ſur ſa matiere, par les ſept recteurs, miniſtres de Dieu, & executeurs de la loy de nature baſſe, & mortelle, MAIS INCONTINANT (diſt Mercure) nature A PRODVICT en luy SEPT HOMMES, SELON LES ſept NATVRES DES SEPT GOVVERNEVRS, EN PVISSANCE DES DEVX SEXES ET ESLEVES. C'eſt que l'hōme ayāt aſſubiecty ſa matiere à la diſpoſitiō de nature baſſe, & executiō des corps celeſtes, qui eſt meſme choſe, il ſe trouua trōpé, ne cuidant, à l'aduēture, auoir aſſubietty que ſa matiere, à faute de conſiderer quels ſens (qui ſont du train de la matiere) ſont partie de l'ame, à laquelle ils tiennent par vn bout, par lequel ils font leur raport, & ſans laquelle ame, ils ne pourront plus eſtre dits ſens, que ſans la matiere. Parquoy ceſte nature baſſe ayant dominé les ſens par le moyen de la matiere, elle a dominé partie de l'ame, par laquelle elle ſe trouue diſpoſée à ſouffrir les aſſaults & tentations de la matiere, & ſes concupiſcences, comme deuant ſon peché

2.Cor.4.b

Miracle tres merueilleux.

Sept hommes engendrés en l'homme.

ché, & d'auātage l'inclination & defir d'y obeir, quelle à retenu de ce premier defir, & inclination qu'en à faict à l'homme, s'y eſtant par ſon vouloir incliné, & aſſubietty. Et ſe trouue ceſte pauure ame, par ſa nature du premier peché, aymer plus & deſirer la matiere, que Dieu: qui eſt cauſe que ceſte matiere, qui ainſi ſe faict plus aimer, qu'elle ne doibt, eſt condamnée à diſſolution & mort, pour ne retenir en ſoy à touſiours-mais l'eſprit de Dieu. Nature donc voyant l'homme en reſolution de receuoir ſa ſeconde partie de mortalité, ne s'arreſta pas à la premiere qu'il auoit receu en ſa compoſition, qui eſtoit la nature immortelle, mais prop̄tement le merqua, & emprainct en ſa matiere ſept hommes, ſelon les natures des ſept gouuerneurs, qui ſont les ſept diſpoſitions que chaſque corps celeſte à merqué ſur luy par ſon action, qui ſont ſept en nombre de leur ordre, & pluſieurs autres plus eſloignés, qui à cauſe de ce ont moindre action ſur la matiere, leſquels ſept hommes ont puiſſance des deux ſexes, qui eſt, comme nous auons dict, puiſſance d'agir & operer & mettre en effect, & ſont eſleués ou ſublimés, puiſſants & vertueux en leurs effects. Et par ainſi nature ſoy meſlant du tout auec l'homme, la rendu participant de ſes deux parties, c'eſt de l'immortele, & mortele. Quād à l'immortele, elle luy eſt demeurée en l'ame, & autres vertus ſpiritueles, & intelligibles de l'image de Dieu, ſur leſquelles les actions des gouuerneurs ne s'eſtendoient, ains ſur la ſeule matiere & ce qui en deſpend: par leſqueles elle à eſté rendue en l'homme, ſubiecte à alteration, mutation, corruption, & en fin diſſolution, que nous apellōs la mort corporele. Par où nous voyons que par la volonté que l'homme a eu de ſon franc arbitre, de ſentir les effects des gouuerneurs, il leur a aſſubietty ſa matiere. Or les ſens ſont ſubiects à la matiere, & ſi ſont parties de l'ame, comme Mercure dira cy aprés.

Sept hommes engēdrés par ces ſept gouuerneurs.

C'eſt autant a dire en langage familier, que l'homme ayant eſté du commencement baſti & compoſé ſur la matiere de l'image de Dieu, conferant entre autres efficaces & vertus à l'ame puiſſance d'arbitre, & laquelle ame a reçeu charge, diſpoſitiō, & gouuernemēt de tout le compoſé, a eſté baſti de ces trois parties, a trois intentions. Par la premiere deſqueles luy a eſté donné le corps materiel elementaire, pour eſtre creature, ne le pouuant eſtre ſans matiere: par la ſeconde luy a eſté donnée l'image ou preſance de Dieu, par laquelle ſeule le cōpoſé, puiſſe congnoiſtre Dieu, & s'en trouuer participant: par la tierce luy a eſté donnée l'ame, efficace diuine, immortele & incorporele, pour preſider, prendre la charge, & rendre compte de tout le compoſé. A laquele l'arbitre & election a eſté donnée, de choiſir la plus ſaine voye, pour la conſeruation gloire honneur & vray debuoir de ſon compoſé de deux, qui luy ſont propoſez, auec deux moyens pour y paruenir, aſçauoir la contemplation, veneration, recongnoiſſance, & action de graces continueles a ſon createur, par le moyen de la ſaincte image, Eſprit de Dieu, par lequel ſeul ſe compoſé ſe trouue capable & diſpoſé a ce faire, ou bien la ſuitte des concupiſcences de la matiere & choſes corporeles, morteles, & imparfaittes, par le moyen de ſon corps materiel, qui de ſa nature de matiere ſeparée de Dieu du commencemēt ne deſire que contre le vouloir du ſainct Eſprit, image de Dieu, ſeparer l'homme de ſon createur: comme l'eſprit au contraire d'icelle deſire l'y tenir ioinct & vni. Toutesfois l'homme non contant d'auoir embraſſé & comprins toutes choſes en ſa partie intelligible image de Dieu, capable de ce faire, & ayant puiſſance ſur toutes, a cauſe de ceſte meſme partie, ſa nature de compoſition (contenant les deux aſçauoir la partie intelligible, & la partie corporelle, rēdue immortele par l'intelligible) ne s'eſt cōtentée de demeurer en la perfection, ou l'vne de ſes parties l'entretenoit: mais cōme le compoſé tenātde l'vn & de l'autre. Ceſte nature compoſée & par conſequent imparfaicte, a voulu ſentir autant par ſes ſens corporels, ce qui eſtoit de leur capacité, qui n'eſtoit que ordure & imperfection, comme elle auoit ſenti par ſa partie intelligible. Qui à eſté cauſe que c'eſt homme abandonnant l'eſtat de contemplation, & intelligible, pour s'adonner au plaiſir de ſes ſens corporels, & des choſes materieles, la matiere l'a ſeparé de Dieu, iouxte ſa ſeparation qu'elle en a du cōmencement receu. Ce que Moïſe a nōmé menger du fruict de terre ou materiel, & Mercure dit qu'il a voulu congnoiſtre l'operation de ſes freres, les ſept gouuerneurs ne diſpoſants que de la matiere, dont ſa partie corporele iadis preſeruée de mort, a eſté rendue muable & alterable, & mortele, & par conſequant l'homme s'eſt trouué de double nature, aſçauoir immortele en ſa partie de l'image de Dieu & ame, & mortele en la partie du corps, comme en la precedante ſection eſt dict.

Le premier peché briefuemēt expoſé.

Compoſition a tiré l'homme a miſere.

L'ame donc se trouue par ce moyen en partie subiette aux actions des sept gouuerneurs, combien qu'elles, des leur creation (comme nous auons veu) ne s'estendent ny ayent vertu, que sur le monde sensible: dans lequel ne peut estre l'ame, ny toutes ses vertus, ains en l'intelligible: sur lequel ils n'ont aucune puissance iusques à present, que Mercure dict que nature soy meslant à l'homme, a produict le miracle tresmerueilleux: entant que nature, voyãt l'homme auoir enuye de sentir les effects des gouuerneurs sur sa matiere, elle ne s'arresta la, mais passant outre, le merqua des sept hommes ou actions, & disposition à recepuoir leur effects. Par lesquels effects, eux n'ayant iamais esté bastis que pour administrer, & regir le sensible, & par ainsi indignes de toucher à l'intelligible, ils se trouuent toutes-fois auoir preparé la matiere de l'homme, & par consequent les sens, & par consequent lame, à receuoir les actions, qui iamais n'auoient esté dediés ny ordonnées, que sur la matiere, ou choses sensibles.

Declaration du miracle tres-merueilleux.

Parquoy ces actions ayants puissance sur l'ame, soubs la volonté de laquele, l'vsage & disposition des vertus diuines mises en l'homme, estoient assubiecties, elles se trouuoient auoir puissance sur les actions, & vertus diuines: qui est ce miracle tresmerueileux, que Pimandre dict à Mercure, qui a esté produict par nature, se meslant entierement auecques l'homme mesmes en sa partie basse & mortele. Ceste subiection, que Dieu par sa misericorde a voulu donner à ses essences, & vertus, mises en l'homme, auec sa saincte image, dont est yssu ce miracle tres-merueileux sur touts autres que dict Mercure, n'a pas esté donnée à l'homme à cause de sa prudence, ou valeur: ou bien que de son auctorité, dexterité, ou puissance, l'homme aie tant peu faire, qu'il soit venu au dessus des vertus, & essence diuines (qui seroit contre toute raison & bon iugemét) mais c'est que Dieu, composant l'homme, comme le voulant faire la plus excelante de toutes ses creatures, & pour lequel il auoit basty ce tant beau, & copieux monde, il n'a voulu rendre ce diuin animal mené par bride, ou conduicte, comme toutes autres creatures, qui en toutes leurs actions & mouuements sont immediatemét cõduites par nature, loy diuine, a laquelle elles n'ont aucun pouuoir, ou liberté de repugner. Dont s'ensuit que nous ne pouuons considerer en l'annimal brut, ou autre creature, aucune action, ou mouuement, venant de la creature veritablement: car toutes leurs actions, efficaces, vertus, & mouuements, sont faicts en elles par nature. Et si elles n'estoient si soigneusement conduictes, & de si pres, par nature, la matiere, dont elles sont composées, gaigneroit tellement en elles le dessus, que par son imperfection elles seroient ruinées, presque aussi tost que faictes, ou crées, à cause de l'instabilité de la matiere, qui n'auroit durée en aucune forme si nature ne l'y entretenoit. Tout ce donc que nous apercepuons ez creatures, ne sont propres effects de leur composition, corps, ou particularité, mais sont effects de nature en eux.

Pourquoy Dieu a ossubiesti ses vertus a l'hõme.

Le brut n'ayant arbitre est conduict par nature.

Ce n'est pas ainsi de l'homme, lequel Dieu a voulu rendre si excelét, qu'il n'a voulu que les sept gouuerneurs (qui par leurs charges, & offices à eux deputés ont composé toutes creatures) le composassent, comme les autres annimaux : ains l'a tant voulu honorer, de le bastir, & composer luy mesmes, sans aucun mediateur. Ce n'est pas à cause de son corps, beauté, figure, ou bonne grace (qui sont toutes puantises deuant Dieu) mais c'est à cause qu'il mettoit en sa composition, son sainct Esprit, & image de Dieu, auec la matiere, autour d'vne ame viuante. A cause duquel sainct Esprit, il l'a tant honoré, aimé, enrichy, & rendu puissant, comme n'estant autre chose, qui merite tant de dons, que Dieu y a mis, que sa partie diuine seule. Ayant donc basty c'est excellant animal, prouueu de conseil, prudence, & toutes autres vertus du sainct Esprit, trop plus capables qu'il n'estoit besoin pour sa conduitte, le bon Dieu n'a voulu que ceste creature, composée de sainct Esprit, fust subiette à la necessité, *fatum*, ou nature, qui par sa conduitte necessaire, eut empesché toute manifestation des œuures de ce diuin animal detant qu'elles eussent apartenu à nature comme celles des autres animaux, non à luy. Mais affin que l'on veist quels fruits, ou effects sortiroient de ce diuin animal (pouruêu de si bon conseil & prudence) Dieu a mis en son ame vne volonté : soubs la disposition de laquelle, il a obligé toutes actions de ce composé, tant les actions de la partie diuine, que de la partie corporele. Et ceste disposition ample donnée à ceste ame, pour conduire selon sa volonté toutes actions, a esté nommée liberal arbitre, qui n'a esté donné a autre annimal, ou creature, habitant en terre, ou region elementaire.

Par-

Parquoy ce seul animal produict actions venants de luy mesmes, & non de nature, ou autre pedagogue. Or de tant que parmy ses actions sont comprinses les intelligibles, apartenants à sa partie diuine, comme les sensibles, apartenants à la matiere, & que ses vertus intelligibles sont essenses, & comme membres du sainct Esprit, sur lesquelles ceste creature commande, Mercure dict, que c'est vn miracle tresmerueilleux, que Dieu en ses essences, & vertus, se soit voulu rendre obeissant à la dispositiō de sa creature: laquelle par sa liberté d'arbitre puisse commander à toutes vertus, & essences diuines, qui sout en sa partie intelligible, image de Dieu, qui n'est en la puissance d'autre creature quelcōque. Et pour la mōstrer quelles seront les actions, & quels les effects qui seront produits par ceste excellente creature formée sur la matiere à l'image de Dieu, qui a trouué Dieu se rēdre obeissant à elle, ce n'est pas merueille, (comme aucuns pourroient penser) que Mercure vse de ce miracle tresmerueilleux, ainsi entendu: ny parle autre langage, que celluy de la saincte escripture. Car combien que Dieu eust promis à Noé, que la nuit & le iour ne cesseroient plus de continuer, cōme il luy mōstroit: si est-ce que pour se rendre Dieu obeissant à Iosué, il interrompist l'ordre des iours, & nuicts: comme il est escript, Il n'a point esté deuant ou apres si long iour, Dieu obeissant à la voix de l'homme. Ce n'est pas que Dieu rende à l'hōme obeissance (comme nous auons dict) pour sa valeur, mais pour son plaisir, & manifestation de ses grādeurs: l'ayant basty à ceste condition, pour manifester quels effects sortiront du plus excellent materiel qui se peut faire: ne pouuant estre plus digne que d'estre composé de Dieu, & matiere. Toutesfois nous auons veu par ses œuures, que bien ne peut venir, que du seul Dieu pur, & sans aucune meslange ou composition. Et que tant peu qu'il puisse estre meslé de matiere auec Dieu, ce composé se trouue si vitié, par la matiere, qu'il n'en sortira iamais perfection de bien: comme nous auons veu en l'homme: qui par son arbitre, à plus tost esleu sa subiectir à la cōcupiscence de la matiere imprimée en luy, en maniere des sept hommes, que dict Mercure, que au conseil du sainct Esprit, qui l'eust conserué & confirmé en sa perfectiō & dignité perpetuelle, s'il eust aussi bien choisi la voye diuine, que la materielle. Parquoy quand la volonté de l'homme commāde à ses vertus, soient diuines, ou corporelles, il est aisé à congnoistre par les effects, dequel costé elle a pendu son arbitre. Car ayant la dispositiō & commandement sur toutes, la volonté venerant le sainct Esprit, les cōmandera & employera à œuures & effects diuins: au contraire, la volonté venerāt la matiere, à effects corporels & charnels: & le tout, à cause de la liberté que Dieu a mis en c'est animal, pour veoir ses actions, & quelle sera sa conduicte, à ce, que celluy qui (par le merite & benefice receu de Iesus Christ) aura acquis la dignité de resurrection en sa chair, & matiere, la trouue remise en la premiere vertu d'innocence, non subiette à toutes actions de creatures & gouuerneurs, deputés à commander sur la matiere, & n'empeschent aucunement, par imperfectiō toutes actions & effaicts des vertus, de l'ymage de Dieu, mise en elle, qu'elles n'operent en leur perfection, & merueilleuses opperations, toutes œuures diuines, & dignes de c'est animal, crée de Dieu en innocence, est composé de son sainct Esprit, en formé sur la matiere. Sur laquelle peché n'ayant plus de puissance, par consequent mort n'y dominera plus, ains se trouuerra c'est animal diuin en toutes ses parties, tant intelligibles, que materieles, prest à retourner & estre reioint à ceste digne & infinie source de toutes intelligences, & matieres, dont il est du commencement issu en toute perfection, soy trouuant à son retour en la mesme, & exēpt de toute subiection ou tache, qui luy auoit au parauant esté aportée par les sept gouuerneurs, ou sept hommes engendres en luy. Ces sept hommes (que nous auons dict cy dessus asses briefuement, pour ne rompre le cours du propos) sont sept diuerses dispositions, imprimées, & merquées en l'ame, par le deffaut de sa volonté, acompaignées d'actions, ou passions des sept natures, des sept gouuerneurs du sensible, imprimées (comme nous venons de dire) en la matiere, & de la matiere au sens, & des sens en l'ame. Lesquelles esmeuuent l'homme, operent & produisent fruicts, estant proueus de touts genres qui sont puissances, & moyens pour ce faire: & chasque disposition produit ses actes de mesme pouuoir que faict l'homme, de tant que c'est l'homme mesmes. Parquoy c'est vn homme en action produitte par les sept gouuerneurs, parti en sept hommes (comme dict Mercure) operants par les dispositions des sept recteurs, esleués, ou puissants en leurs actions, ces sept impressions & merques de misere, imprimes par la suite du peché, sont representées fort expressement par les sept merques, ou seels du liure en l'Apocalypse. Lesquels autres

Genes.8.d
Iosué.10.c

Le corps de l'homme deliuré de mort sera remis en sa premiere clarté.

Les sept hommes.

ne pouuoit rompre, ou deslier, que l'agneau occis, le vray lion victorieux de la race de Iuda, lequel par sa mort a brisé ces sept merques, & seels imprimés en nature humaine par le peché, l'effaçât par sa mort. Ce qui n'apartenoit à autre qu'a luy, dont les quatre animaux & les anciens auec grands louanges luy ont dict, Tu es digne seigneur, d'ouurir les sept seels de tant que tu as esté occis, & nous as racheté de ton sang. Ces sept hommes, ou dispositions imprimées en l'homme, ensemble la forme, ou nature priuée de raison, que l'hôme a aquis par son peché, voulant habiter en la matiere, lors que l'effect a suiui sa volonté, comme il a esté dict cy deuant, c'est proprement ceste tache que les Theologiens nomment *fomes*, ou la nourriee du peché, ou l'inclination tendant à peché, qui est en l'homme: à laquelle l'hôme s'est assubiety, voulant sçauoir autant de mal, qu'il sçauoit de bien, par la simple sugestiô exterieure du serpent. & trouua que la nature de mal estoit aussi propre à la nature de la matiere, que la nature du bien estoit à la nature de l'esprit. Car tout ainsi que le bien augmente l'intelligence, entretient l'esprit en ses vertus, le resiouist, & finalement le conserue en eternité: tout ainsi le mal augmente l'ignorance de l'homme materiel, le tourmente en infinis ennuis, & tristesses, le ruine de toutes cognoissances, & priué d'vsage des vertus de Dieu: & finalemét le meine à corruption & dissolution qui est la mort. Ceste inclination donc, ou *fomes* (acquis par l'homme, pour auoir voulu cognoistre le mal, ou bien) disposition fatale acquise pour auoir voulu sentir en sa matiere l'effect des sept gouuerneurs (qui est mesme chose) est acompagné de si puissantes actions, par le moyen de la matiere & sens, & par consequent en l'ame, que toutes heures qu'elle oubliera d'employer sa liberale volonté, solicitée par le sainct esprit donné à toute ame raisonnable, a soy retirer vers les vertus diuines, qui ont esté assopies par son indiscretion, & les esueiller en sa pésee, pour se deffendre des assaus de *fatum* suscitez contre elle par la matiere, & ses sens, elle les trouuera si fortes, lors que les actions & mouuements celestes les susciteront, que sans les forces du sainct Esprit, elle n'en trouuerra autres, qui la puissent secourir contre leurs assaux. Et ceste disposition, qui est en l'ame, par laquelle les vertus du sainct Esprit sont affoiblies, & l'ame disposée, preparée, & inclinée vers le mal & pechés se nomme *fomes*, ou nourrisse du peché, par ce qu'elle ne meurt iamais: ains nourrist tousiours l'homme en preparation, & inclination à peché, parquoy l'on l'a nommé nourrisse du peché. Et combien que l'homme qui se retire à Dieu de tout son cœur, soit entierement quitte de peché, comme ne pouuant faillir de trouuer sa misericorde, s'il la demande de cœur, & volonté: ce nonobstant il n'est iamais sans ceste disposition, ou inclination, par laquelle, des que l'ame iette sa volonté à escouter les sens, elle s'y trouue pendue & inclinée vers le peché, qui est le vray maistre, & principal but de la matiere: & ses concupiscences suscitées selon le naturel des sept gouuerneurs, en puissances des deux sexes, ou de faire action & effect, grandes, esleuées & puissantes. En c'est endroit, Mercure dict ET QVOY PLVS O PIMANDRE, CAR IE SVIS TRANSPORTE EN TRESGRAND DESIR MAINTENANT, ET CONVOITE OVIR, NE M'ESLOIGNE PAS. C'est qu'il estant transporté de desir d'apprendre, presse Pimandre de ne le laisser, en ce propos, pour l'enuie qu'il a d'entendre l'institution du grand ordre de nature, & son cours. A quoy luy respond TAIS TOY, DICT PIMANDRE, IE N'AY PAS ENCORE PARACHEVE LE PREMIER PROPOS. C'est qu'il se taise, prenant patience d'attendre qu'il aye acheué le premier propos. Et de tant que Mercure par son impatience, l'auoit interrompu, il luy impose silence. IE ME TAIS, DIS-IE, obeissant au commandement. Lors Pimandre reprēd la continuation du premier propos & dict, LA GENERATION (COMME IE T'AY DICT) DE CES SEPT hommes produits en l'homme, & merqués en luy, par les sept gouuerneurs, par lesquels il demeure incliné & disposé a vice suyuant la nature de la matiere, à laquelle il a voulu obeir, FVT DONC EN CESTE MATIERE que ie t'ay cy deuant dict, mais la generation des creatures est faicte en ceste maniere qui s'ensuit.

Apoc. 6. b Les sept seels brisez par l'Aigneau.

Ce que l'on apelle fomes du peché.

Antitheses du bien au mal.

Tout arbitre est semons, & solicité par le sainct Esprit donné à tout homme.

SECTION. 17.

LA terre estoit femenine, & l'eau disposée à engendrer en elle, la maturité fust prinse du feu, & l'esprit, de l'air. Et nature a produict les corps, à la figure de l'hōme. Mais l'homme de vie & lumiere, est nay en ame & entendement: asçauoir de la vie, en ame, & de la lumiere, en entendement, & ainsi sont demeurées toutes choses du monde sensible iusques à la fin du circuit.

COMMENTAIRE.

Pimandre, n'ayāt encore acheué le propos de la cōposition des corps des animaux, Mercure le presse de luy faire entendre l'ordre, & institution de nature, non de parolle, mais par sa pensée, cōme nous verrons cy apres, quād Pimādre luy ouurira le propos, qu'il desire grādement ouir. Et ce pēdant il luy dict, ne t'ayant encore declaré cōment a esté composé l'homme voire tout animal viuāt, & mortel, des quatre elements: Tu dois entendre, que LA TERRE ESTOIT FEMENINE, c'est à dire tenāt le lieu de la femme en faict de generation: car comme estant corps plus solide, & materiel, il est plus disposé à recepuoir les autres corps venants à elle par mouuemēts, qu'elle n'est de soy mouuoir, pour se raporter aux autres: de tant mesmemēt qu'elle a esté bastie plus graue & ponderouse, que tout autre matiere, pour tenir, auant toute autre fermesse, stabilité, & repos, au centre, ou milieu de l'vniuers. Ceste terre donc, a esté preparée & disposée à conceuoir comme femelle. ET L'EAV qui est l'autre elemēt plus materiel & grossier apres elle, a esté preparée de puissance ET DISPOSEE, A s'assembler & ENGENDRER EN ELLE, en tant qu'elle commence desia a fournir & suppediter à la creature future, partie de vie: car les Physiciens disent que nous viuons du chaud, & humide: a cause dequoy l'eau de sa nature humide, estant preparée pour partie de vie, est suruenue LA MATVRITE, QVI FVT PRISE DV FEV, qui aportant la chaleur à fortifié la preparation de la vie, rendant maturité à ce que l'eau, à cause de sa froideur, ne pouuoit paruenir. Car combien que son humidité fut amie de la vie: si est ce que sa froideur, luy estāt directemēt ennemye, l'eust plustost reculée, & esloignée, que aduancée, à cause dequoy nous voyons, que es lieux, ou l'eau, & la terre sont ensemble, esloignés des autres elemēts, n'y a aucune productiō de plante, ou autre chose viuāte. A ceste cause l'humide action de l'eau, à grand besoing (pour refrener sa froideur) du secours de la chaleur du feu, pour amener vie à la creature composée des elemēts. Ceste preparation de vie donc ainsi disposée, sans mouuemēt, croissance, ou descroissance, auoit besoin de l'esprit, qui est proprement en la creature, la vertu impulsiue, ou suscitatiue de mouuemēt, & c'est celuy qui princi palemēt manifeste la vie estre en vn subiect. Le feu donc luy a porté la maturité par sa chaleur iointe à l'humidité de l'eau, ET L'ESPRIT fut prins DE L'AIR, par lequel, en vertu de son impulsion, & suscitation de mouuemēt, iointe à la maturité, & disposition de la vie, q'ua raporté la chaleur du feu, a ce subiect, & creature, les deux matieres plus solides & pesantes amendent par croissance en pleine manifestation de vie. ET de mesme artifice, & structure que toute creature viuāte, est bastie des quatre elemēt, ainsi disposés & preparés pour la faire & composer. Tout ainsi NATVRE A PRODVICT & assemblé LES QVATRE CORPS elementaires, A bastir & composer LA FIGVRE & matiere corporelle DE L'HOMME. C'est que la terre l'a conceu, l'eau l'a engendré, l'air, & le feu luy ont aporté esprit & vie, s'assemblans tous quatre soubs la vertu du verbe diuin, auteur de tout effect. Mercure vse en c'est endroit de cōposition des creatures elementaires, de ce mot (æther) que nous auōs interpreté l'air, cōbien q̄ plusieurs autres l'interpretēt en diuerses façons, les vns, pour le ciel, ne cognoissants rien par dessus: les autres pour la region des planetes, cōme prochain au plus haut ciel: les autres pour le feu, & le plus souuent à cause q̄ toutes exalatiōs ignées que nous voions se faire dans le ciel, nous estimōs qu'elles se font dans la region du feu. Et le vray lieu ou ces feux & exalatiōs se font, se nōme æther, & nostre ignorāce estimant estre choses supernaturelles & miraculeuses, apartenās a la seule souueraine puissance de Dieu, a esté cause, que nous auons pensé ce lieu, ou telles choses s'engendrent, estre le vray siege de Dieu ou plus haut ciel, cōbien qu'il en soit bien loing & plus pres de la terre que de ce ciel. Les autres ont pensé ces feux estre parmi les cercles des planetes, & les autres y cuidant mieux attaindre, estimāts que le feu qu'ils voyoient, n'estoit autre chose que feu, soy gouuernant par les sens, sans additiō d'intelligēce, ont logé c'est æther, qui produit ces feux dans la region du feu. Autres plus aduisés ont prins ce lieu pour la supreme regiō de l'air, de trois que nous en figurōs, ascauoir la basse, qui est cōtre nostre superfice de terre subiette aux mutatiōs, qui luy aduiēnent à cause de la reuerberatiō, que faict le soleil par son acces & recés, ou bien plus propre ment par la directiō ou obliquatiō de ses rayons sur la terre, par le moyē de laquelle, ceste region basse se trouue subiette aux passions de chaud & froid, qui est engendré sur la superfice de la terre en diuers temps. & ceste region basse d'air estant chaude par la directions des rayons du Soleil croist en haut, ou diminue en bas: de mesme que la reuerberation du Soleil est plus forte, ou foible sur la terre, cōme nous l'auons manifestement veu, & senty

Marginalia:
- L'office des elemēts à engendrer des animaux. Terre femenine.
- L'eau disposée à engendrer.
- Le feu portāt maturité.
- Pourquoy le fons des eaux ne produict.
- L'Air portāt l'Esprit.
- Diffinition d'Esprit.
- Le verbe diuin auteur de generation. Diuerses opinions de æther.
- La plus vraye opinion de æther.

aux grands mons, qui quād bien souuẽt ont les testes & sõmets hors ces mutations d'air, la reuerberation est moindre, & quelques fois non, quand la reuerberation est plus grāde. Et ceste region basse est tousiours froide reserué quelquefois en sa partie basse, quand les reflections des rayons du Soleil surmontent la naturelle froideur de la terre, comme nous venõs de dire. Et cecy est tesmoigné par les mõts qui ayants les testes hors ladite reuerberation, ou reflexion entretiennent ordinairement, par la froideur de ceste basse region, la nege tant l'esté que l'hiuer. Il y a vne autre region d'air prochaine à ceste basse, que nous nõmons la moyenne, qui à cause de sa situation estant esloignée des contraires qualites de ses extremes se trouue la plus tẽperée, & aprochant de la vraie nature de l'air, & plus esloignée de mistiõs ou qualites estrãges. Il y en a vne tierce regiõ prochaine au feu, laquelle à cause de la vicinité qu'ele a auec le feu, est la plus chaude, cõme celle qui est prochaine à la terre, de sa nature est la plus froide, & de tant que le feu seul, cõme aussi l'air seul sont inuisibles, mesmes quand ils ne sont meslés d'aulcune matiere estrange, tout ainsi quād ils sont meslés d'autre matiere, auec l'vn d'entreux, ce corps cõposé se rend visible. Cõme nous voyõs en la region basse, les vapeurs, fumées, & nuées, qui sont corps cõposés de deux elemẽts air & eau, & quelque fois ceste eau emporte auec soy quelque substãce terrestre qui rẽd le corps de la vapeur ou nuée plus dence & solide, & par cõsequent visible. Tout ainsi quād en la regiõ haute de l'air (a cause de la proximité qu'il a auec le feu) il se font mistions de ces deux elements subtils, ils sont tout ainsi veus, & aperceus plus vistes, subtils, & penetrãs, de tant plusq̃ ces corps composés des bas elemẽts, cõme leur matiere est plus viste, subtile, & actiue que la basse. Et tout ainsi que l'air reçoit en sa region basse les mistiõs de l'eau & les nous manifeste: tout ainsi il reçoit les mistions & impressions du feu en sa region haute & supreme, & les nous y manifeste: de tant que le vray lieu de plusieurs generatiõs, ou productiõs est l'air. A cause dequoy il nous a semblé que ceste tierce ou supreme region de l'air proche au feu, en la quelle sont manifestées les exalations, & impressiõs composées de feu & d'air, c'est la vraye regiõ ou lieu qui se doibt nõmer *æther*: duquel Mercure dict q̃ l'esprit est raporté à l'assemblée des quatre corps elementaires, faicte pour bastir l'homme, & toute creature viuãte, cõme estant entre toutes parties de l'air la plus actiue & puissante, & prochaine du feu, le plus actif & puissant. C'est esprit de vie que prend Mercure dans ceste region *æther*, communicquant d'air & de feu, par le dire de Pimendre n'est proposé sans cause, mais tresconuenant au propos & condition de l'esprit, qui de sa nature est si subtil, que Mercure dira quelquesfois en sa clef, (rãcõtãt la coligãce de l'homme essẽtial, auec l'homme materiel) que l'entẽdemẽt de l'hõme gist, cõme dẽs son estuy, en la raison: la raison de mesmes sorte en l'ame, & l'ame tout ainsi en l'esprit, & l'esprit se depart & penetre par les veines, arteres, & par le sang de l'homme, par lesquels il esmeut l'hõme, ou luy donne mouuemẽt qui mõstre clairemẽt qu'il doibt estre subtil: & estre celuy qui (comme nous auons dit) estant auec la subtilité de l'air meslé de la viue actiõ du feu, dõne le mouuemẽt, manifestant la vie en la creature, soit plãte, mineral, ou animal. Ceste production & cõposition d'animaux est plus briefuemẽt exprimée par Moïse disant q̃ Dieu ayãt fait l'hõme de ceste gresse de terre, qui ne peut estre sans mistion des autres elemẽs, il luy a soufflé en la face l'esprit de vie, & lors a esté fait hõme en ame viuãte, à laquelle la vie a esté dõnée par moyen de cest air ou soufflemẽt. Ce propos mesme est tesmoigné ailleurs, en la vision que Dieu manifesta à Ezechiel, voulant dõner vie aux corps qui auoiẽt esté rebastis sur les os des mors, disãt des quatre vẽts viene l'esprit & souffle sur ses occis, à ce qu'ils viuẽt prenant les vẽts pour l'air. Aussi le vent n'est autre chose q̃ cõpression d'air. Dieu s'est ordinairemẽt serui de cest elemẽt, pour cõferer à ses creatures ses actions, & puissances en cõpliment de vie, à cause q̃ c'est lors q̃ la matiere ayãt cõposé les corps, il leur reste actiõ & mouuemẽt, qui leur doit manifester la vie, cõme Iesus Christ allant plus auant à obserué le mesme ordre, voyant ses disciples encore materiels, & elementaires, il leur a voulu dõner actiõ & mouuemẽt par la colatiõ de son S. Esprit, qu'il leur a appliqué par ce mesme moyen d'air, & soufflemẽt fait sur eux: disant, receués le S. Esprit, & en infinis autres endrois ou toutes actions du S. Esprit sont exprimées par aspiratiõs, soufflemẽs, inspirations, qui sont toutes façons d'appliquer l'air en attribution d'esprit à la creature de Dieu. Pimãdre ayãt declaré à Mercure la generation des creatures produites des quatre elements, matiere commune à tous corps elemẽtaires, comme dit est, iusques à l'attribution de vie spirituele, non spirituele mais vie spirãte ou mouuãte, qui est commune à toutes creatures: C'est en vertu de laquelle elles croissent, descroissẽt, font leurs actions, proprietés, & mouuemẽs sous les lois de nature,

Distinction des trois regions de l'air

Vapeurs fumées & nuées faictes d'eau & d'ayr.

Exalations du feu & d'air. L'esprit de vie prins de æther. Chap. 10. 13

La pensée la raison, l'ame, l'Esprit, & les veines sõt receptacles l'vn de l'autre. Genes. 2. a

Ezechi. 37. e

Vent est compressiõ d'air.

Ioan. 10. e

Differance de spirituel, à spirant.

Car nous auons dict que toute matiere, sans ceste diuine composition & vertu donnée en leur mistion, demeure separée de Dieu, & sans aucune forme. Laquelle forme est la vertu de Dieu employée sur la matiere, soubs le moyen de la mistion & assemblée des quatre corps elementaires. Ceste forme ou vertu de Dieu employée sur la matiere, les Philosophes ont nommé ame, combien qu'à la verité elle ne puisse estre dicte ame, de tant qu'il luy defaut deux principales dignités apartenans à l'ame. La premiere, c'est immortalité, ou bien conseruation d'essence perpetuele, à cause que ses graces, ou vertus contenans la vie de la creature, en la dissolution d'icelle, viennent à soy departir, & n'estre plus forme, ains ces graces & vertus retournent en leur source, dont elles dependoient. La seconde est la dignité de conduire l'animal, laquelle n'est en creature mortelle qu'en l'homme, car la conduicte de l'animal brut n'est maniée par aucun subiect particulier en luy, ains est maniee par nature, subiect cōmun a toutes creatures materieles. Vray est que l'homme voyant au brut diuerses actions particulieres, procedantes d'une conduicte interieure, il a estimé qu'à sa semblance le brut eust, vn ame particuliere, à laquelle fut commise la conduitte & gouuernement de la creature: combien qu'il n'en soit rien, & par la fut receuë la commune maniere de parler par laquelle l'ame a esté prinse des anciens pour vie : Comme nous voyons qu'il estoit vsé du temps de Iesus Christ, quand il est dict de celluy qui auoit faict grande prouision de biens, Fol ceste nuict l'on retirera ton ame de toy, & ailleurs, Aucun n'a plus grande amour que metre son ame pour ses amis, & infinis autres endroits, esquels l'ame est prinse pour la vie. Dont s'est ensuiuy, que les Philosophes n'ayans cogneu l'interieure composition de l'homme, ont resolu, que par tout ou il y a vie, il y a ame (de tant qu'ils ont prins ceste forme, que Dieu donne de ses graces aux bruts, & plantes, pour vne ame) tenant la conduitte de la creature. Comme Mercure en vsera quelquefois parlant son langage de Philosophe combien qu'il sache tresbien la difference de l'ame, qui conduict son subiect particulier, & de nature qui conduict generalement les effects de toutes formes en toutes creatures particulieres.

Et combien que ceste excellence de vie vienne de Dieu seul, à toutes creatures : si est ce qu'il en a inspiré l'hōme diuersement de toutes autres, voire & toutes autres entre elles diuersement, selon leurs especes, mesmes quand il a esté question de leur donner vie. Par le moyen de c'est air ou esprit, que nous trouuons en ce propos, de ce souflement d'esprit par vertu de l'air donnant vie aux creatures, Dieu en a departy diuersement, à l'vne creature plus, à l'autre moins : soit en longueur de temps, soit en plus grande action ou mouuement, soit sans separation du lieu de leur origine, comme les plantes & mineraux, ou biē auec separation de leur origine, comme les animaux produits de terre, & qui tous les iours sont produits, & generes par putrefaction & corruption de matiere : lesquels estant faicts se separent du lieu, & viuent en mouuement & autres actions de vie, soit aussi par propagation, comme tous animaux qui sont faicts de leurs semblables, quant à la matiere. Ausquels tous Dieu donne de sa vertu souflement & inspiration de vie, laquelle ne peut venir d'ailleurs q̄ de sa saincte source. En ceste façō Dieu a disposé les quatre corps elemētaires, à faire toutes creatures, ensemble à composer la matiere de l'homme, iusques à l'auoir fourni d'esprit & vie. Lequel iusques à ce poinct n'auoit rien plus que les autres animaux, detant aussi que les autres animaux estoient acheues & l'homme n'auoit (ayant autant qu'eux) rien que le fondement de sa matiere, sur laquelle le precieux edifice debuoit estre construit. Par quoy Mercure dict cy apres, MAIS L'HOMME DE VIE ET LVMIERE EST NAY EN AME ET ENTENDEMENT, ASCAVOIR naissant DE LA VIE principale des essences diuines, EN AME viuante, comme plusieurs autres animaux, ET a passé outre, naissant DE LA merueilleuse LVMIERE, illuminant toutes choses, esclaircissant tous secrets, elucidant toute obscurité, EN ENTENDEMENT saincte pensée diuine, qui est le benoist sainct Esprit, qui luy a esté desparty des sa creation, pour estre separé & esleué sur toutes creatures, tant mortelles que immortelles, a cause de ceste saincte pēsée de Dieu, myse en son ame viuante, qui ordinairement l'incite & conuie à cognoistre Dieu, & suiure sa volonté. Et par le moyen de laquelle, ceste ame (qui sans ce digne ioyau n'eut eu aucune dignité) par dessus les autres, se trouue en la cōpaignie ordinaire des sainctes vertus, & puissances diuines, esleuée & separées de toutes autres creatures, voire le plus souuent de sa propre matiere, pour assister & contempler ordinairement les vertus, grandeurs & bontés diuines.

Et ainsi

ET AINSI SONT DEMEVREES TOVTES CHOSES DV MONDE SENSIBLE, IVSQVES A LA FIN DV CIRCVIT, Voila l'eſtat auquel a eſté diſpoſée la matiere du monde ſenſible, a ſçauoir qu'elle a eſté meſlée, ordonnée, & diſpoſée en creatures, ſoit mineraux, plantes, animaux, auec leur chef & dominateur, qui eſt l'homme: attendans la fin du circuit, & diuerſité d'aſpects: par laquelle les creatures celeſtes, & immorteles, ayans ſuperintendance ſur la matiere ont faict leurs generations, & ont preparé leurs actions, a faire les effects, qui leur ſont ordonnes par le createur, ſur la matiere, & toutes choſes qui en ſont baſties. Il reſte a c'eſt heure, aſçauoir ce que Mercure deſiroit tant d'entendre, mais il luy aduenoit, comme ſouuent aux diſciples, qui ne ſçachans renger encore leur doctrine, comme leur precepteur, demandent ſouuent, aſçauoir le premier, ce qui doit aler derriere. Comme Mercure en c'eſt endroict, qui auant ſçauoir comment l'homme, & autres creatures auoient eſté faictes, & produictes, il vouloit entendre comment elles viuoient & ſe conduiſoient ſur terre, ne voyant encore aucun maſle ny femelle ſeparé, ou n'ayant cognoiſſance d'aucune vertu de generation, ou production de ſon ſemblable, qu'il voyoit eſtre obſerué en nature, il auoit grand enuie d'en ſçauoir la ſource. Parquoy Pimandre luy dict,

Toutes creatures materielles, ſont preparées, attendans la fin du circuit.

SECTION. 18.

Eſcoute donc le propos que tu deſires ouir, le ciruit eſtant acomply, le neud de toutes choſes a eſté lache, par la volonté de Dieu. Car tous les animaus, qui eſtoient des deux ſexes, furent deſliez, enſemble l'homme. Et ont eſté faicts en partie maſles, & ſemblablement en partie femelles. Et incontinent Dieu a dict par ſon ſainct verbe, croiſſes en increment, & multiplies en multitude, toutes mes œuures & creatures, & quiconque ſera pourueu de diuine penſée, ſe recognoiſſe eſtre immortel, & ſçaches la conuoitiſe eſtre cauſe de la mort, & cognoiſſes toutes choſes qui ont eſſence.

COMMENTAIRE.

ESCOVTE DONC maintenant (diſt Pimandre) LE PROPOS QVE TV DESIROIS OVIR, de tant que oyant Mercure la production des ſept hommes, ou bien des ſept diſpoſitions imprimées en l'homme qui s'y eſtoit ſoubmis, ſon impatience preſſa Dieu de ſatisfaire à l'enuye & deſir qu'il auoit (comme vray philoſophe) d'entendre le cours & premier eſbranlement de ceſte grande loy, ordre, & conduicte, qui eſt nommée nature. Ce que Dieu ne luy accorda, que au parauant luy declarer le cours de nature, ſur les creatures, il luy euſt declaré la generation d'iceles, comme nous auons dict, laquelle auoit eſté faicte par l'action ou execution de ce premier tour, ou mouuement des creatures celeſtes, à celle fin que ſa doctrine allaſt ſelon l'ordre, dont ce ſainct Eſprit eſt rempli en toutes ſes actions, l'ordre du cours de nature donc commença: & LE CIRCVIT, par lequel les corps immortels, eſquels Dieu a commis ſes vertus & puiſſances, deputées pour l'adminiſtration & conduitte des choſes corporeles, ſenſibles, & materieles font leurs actions ESTANT ACOMPLY, ou bien quand les corps celeſtes par leurs reuolutions, aſpects & circulations eurent compoſé les creatures par generation & corruption à eux commiſes, & dreſſé les cauſes des effects qui deuoient eſtre produicts en la matiere, leſquelles cauſes n'auoient encore aucun pouuoir de produire effect, de tant que toutes cauſes ne produiſent effects que par la loy, ordre & conduitte de nature. Or eſt il que nature n'eſtoit encore inſtituée ſur les creatures, qui encore n'eſtoient compoſées, iuſques à ce que par ce premier circuit, elles eſtants baſties, & toutes actions & vertus ainſi diſpoſées comme nous auons dict, LE grand & treſpuiſſant NEVD (par lequel toutes actions, & puiſſances données depuis à la loy, nature, ſur la conduicte DE TOVTES CHOSES en matiere, eſtoient liées & retenues ſans aucun effect ou execution) A ESTE LASCHE PAR LA VOLONTE DE DIEV createur de toutes choſes, & vnique inſtituteur de nature, à ce que toutes choſes obeiſſent à ce grand ordre, loy, & conduicte, produiſans effects par leurs cauſes precedentes.

Dieu laſche le nœud qui retenoit les cauſes ſans effaicts en nature.

Lors commença Dieu à soy manifester, & son ordre en quatre degrés admirables. C'est asçauoir comme conditeur de loy, ou ordonnance, comme ceste loy & ordonnance estãt nommée basse nature, comme les executeurs de ceste loy & ordonnance, estant les corps celestes immortels, & comme l'execution de la mesme loy de nature estant *fatum* ou fatale destinée, en toutes choses basses, que nous auons nommé nature alant en bas, dõt nous pouuons dire, que Dieu, nature, corps celestes, & *fatum* est autant, que le conditeur, la loy, l'executeur, & l'execution. Par laquelle gradation nous venons de la cognoissance des œuures, & execution des choses basses de nature, à recognoistre les executeurs, & de la, la loy, nature, & finalement Dieu conditeur d'icelles. & de tant que toute loy est vaine sans exécution, incontinent que ce neud Eternel fust lasché, toutes actiõs de nature produisoient effects. CAR TOVS LES ANIMAVX (QVI pour encore, cõme dict Mercure, ESTOIENT FAICTS DE DEVX SEXES) FVRENT DESLIES, de sorte qu'ils se trouuerent partie masles partie femeles, ENSEMBLE L'HOMME, comme eux. Il y peut eschoir en ce passage deux intelligences, asçauoir si Mercure entend, que tous animaux fussent arrestés par ce neud, estant masle & femele, en mesme corps, comme il est escript du premier homme auant le peché, & auant que Dieu tirast, & despartist la femme de l'homme, par le moyen de son costé, Dieu feist l'homme à son image & semblance, a l'image de Dieu les crea il, & les feist masle & femele. Toute ceste creation est singuliere, iusques à ce qu'il en nomme deux en vn, asçauoir masle & femele. Tout ainsi Mercure nõme l'homme & tous autres animaux, masle & femele, en mesme corps, duquel corps seust separée la femele par apres, comme seust Eue de Adã, Dieu voyãt qu'il n'auoit encore son semblable pour aide. Ou bien si nous voulons entendre que tous animaux feussent des leur creation departis en masle & femele, & que par ce neud, leur actiõ & puissance de produire seust retenue, tout reuiẽt à tolerable intelligence; mais le premier est plus conforme à l'escripture. ET ONT ESTE FAICTS donc apres la dissolutiõ du neud, EN PARTIES MASLES, ET SEMBLABLEMENT EN PARTIE FEMELES, ET INCONTINENT DIEV a employé sa vertu, & DICT PAR SON SAINCT VERBE, par lequel leur à esté commandé recepuoir augment en toute façon de quantité, soit continue ou discrette: continue, en ce qu'il leur cõmande, CROISSES EN INCREMENT, c'est à dire, que chasque creature augmente son corps en croissance, ou increment, non separé, ains continuer le mesme corps en incremẽt, croissance, & augmentation: & en quantité discrete en ce qu'il leur cõmande, MVLTIPLIES EN MVLTITVDE. C'est à dire, oultre ce que ie veux que vos corps croissent, sans departemẽt, chacun en son vnité, ie veux aussi qu'ils soient augmentés en multitude d'vnites, & grands nõbres & multiplicatiõs, yssus & departis de vos vnites, qui est la quantité discrette & separée. Par ce commandement faict de Dieu à toutes ses creatures, de croistre, est esclarcie vne question, qui a esté cachée & difficile à explicquer, iusques à present, à plusieurs personnes, asçauoir pourquoy Dieu aiant donné la raison & autres vertus de son image à l'homme, elles ne luy sont en mesmes perfection en son enfance, qu'elles sont auec le temps & croissance du corps. Il nous faut considerer, combien que Moïse, exprimant les commandemens que Dieu a faict a ses creatures, de croistre & multiplier, soit à la terre de germiner & produire reptiles, aux animaux, & oiseaux & finalement à l'homme de croistre & multiplier sur la terre, aie comprins les creatures entieres, sans la separation de matiere & forme, commandant la croissence & multiplication à toute la creature entiere: Ce neãtmoins plusieurs pensants qu'il n'adressast ce commandement que à la matiere, attendu que les choses incorporeles n'ont quantité, ont pensé qu'il n'apartient qu'à la matiere d'obeir à ce commandement de croistre & multiplier, contre l'effect qui est aparent à tout chascun, par l'experience que nous envoyons. Mercure voulant declarer plus clairement, à raporté. ce que son Pimandre luy en a dict plus exprimé, disant: Croisses TOVTES MES OEVVRES ET CREATVRES, comprenant par ce mot, œuures, tant la forme que la matiere de l'animal. Parquoy nous dirons, que la creation de l'homme portant matiere sensible, composée des quatre elements, & ame intelligible douée des dons du sainct Esprit, il luy est commandé, croisses tant en vostre matiere elementaire, composant vostre corps, que en intelligence, congnoissance & vsage de raison, & autres vertus spirituelles: lesquelles vous sont dõnées parfaictemẽt. Ce n'est pas que les parties incorporelles, & diuines croissent en leur nature, & condition, n'ayãt aucune quantité: mais c'est que les corps & subiets n'estant disposez en leur ieunesse à les recepuoir

Dieu quadruple cõdicteur loy, l'executeur, & l'execution.

Distributiõ des sexes.

Genes.1.d

Gents.1.d

Touts animaux de leur creation estoient ambisexes.

Dieu commã de aux animaux croistre & multiplier.

Question de la raison & de l'enfant.

Dieu commã de croissance, a la creature entiere.

Dieu donne ses vertus a ses creatures, non en fruict, mais en semẽces.

cevoir, les vertus incorporeles sont plus receues, & par consequent, augmentées, quand l'age & croissance y ont rendu les corps plus disposes. Parquoy elles leur sont communiquées non en estat de fruict meur, & parfaict, ains en estat de semence, contenāt en soy leurs vrayes essences, & principales substances, n'aiās plus besoin que de croissance & dilatation. Come dict S. Pol, celuy qui donne la semence au semeur, il donnera le pain à manger, & multiplie-ra vostre semēce, & augmētera les croissances des profits de vostre iustice. C'est que les dōs de Dieu semés en leurs essences, cōtenues soubs petites quātités de semēce, sont augmētes en croissance & profits de iustice, & nō seulement corporels. Mercure en dira cy apres quelques fois autant, quād il parlera des semences qui sont semées de Dieu, ou des Demōs, en la pēsée de l'hōme, & dict apres que les semences de Dieu sont peu de choses, mais apres, grādes, belles, & bonnes: qui mōstre clairement, q̄ les dons de Dieu, dōnés en semēce, sont donnés pour croistre. Ce propos est biē auctorisé en Iesus Christ, qui meritoit auāt toute creature auoir receu des son cōmencement, & naissance, les dōs & vertus qui auoient esté mises en sa matiere, en la perfection qu'ils furent iamais en luy, n'eust esté q̄ Dieu le faisant hōme, voulut qu'il naisquit cōme hōme, & fut nourry, augmentast, & fit sa croissance en homme. Comme il est escrit, l'enfant croissoit, & se fortifioit d'esprit, estāt aux desers, & ailleurs, Iesus profitoit de sapiēce d'age & grace, enuers Dieu & les hōmes, par ou nous voyons q̄ profitant de sapience enuers Dieu & les hōmes, il est clair qu'elle croissoit en luy cōme en tous hōmes selō leur semēce, ce n'est pas que la diuinité, qui estoit en Iesus Christ seul, entre tous hommes, peut recepuoir augmēt ou diminution, de tant que c'estoit essence & vertu super-naturele, non subiecte à aucunes lois diuines: mais l'image de Dieu, qui luy estoit dōnée comme hōme, pour la cōduitte de son ame soubs la liberté de son arbitre. Ceste image de Dieu qui estoit intelligence, prudēce, sapience, grace &c. croissoit en luy selon la disposition du corps, comme luy estant donnée en semence disposée à croistre, & nō en perfection d'essence, cōme la diuinité en seconde personne de la trinité, qui ne reçoit mutation ny croissance en toutes ses vertus. Sainct Ieā Babtiste tesmoigne aussi, qu'il falloit que Iesus creust, & qu'il diminuast, cela ne s'entend du corps, car S. Iean mourust en sa grādeur corporele sans diminuer, ains de la chose spirituelle: cōme il est aussi escrit de l'Eglise de Dieu, parlant de Iesus Christ, auquel toute edification bastie, croist en sainct temple au seigneur: & ailleurs, ne tenant le chef, duquel tout le corps croist en augmēt de Dieu, administré & construict par liens & ioinctures, & infinis autres endroits, par lesquels il aparoit que les dons de Dieu mis aux creatures, vont croissant, & augmentant d'vn fort foible commencement de semence. Cecy n'aduient seulemēt a la nature de l'homme, qui a receu la semēce de l'image de Dieu, croissant tousiours en vsage de raison, & intelligence: mais aussi aduint à toute creature animale. Car nous voyons que mesmes les bruts, qui reçoiuent par la conduitte de nature, ce q̄ l'hōme reçoit par la cōduitte de raison, qui est adressé à toutes ses actiōs, sont beaucoup plus foibles, en la nature de leur proprieté, en ieunesse, que estant paruenus en eage. Comme le chien n'est si colere ieune que vieux, le renard n'est si subtil, le lyon n'est si furieux, le chat n'est si cauteleux, & ainsi de tous autres, detant q̄ l'action qui est ordōnée à nature leur administrer, leur est ordonné en semence, de qui la propre nature est de croistre & augmēter en effects, & fruits produits par sa substance. A ceste cause nous conclurons, que comme Dieu donne à ses creatures la matiere du commancement de leur composition, petite, tendre & foible en ses actions, en forme de semence: tout ainsi il leur donne ses dons soient de par la loy de nature aux bruts, ou de la vertu du S. Esprit à l'ame raisonnable, du commancement foibles, petits, & debiles à toutes actions, en forme de semence, le tout suiuant sa nature disposé à recepuoir auec le temps & nourriture, chascun de sa viande, croiscence, augmentation, & fortification en toutes leurs actions, qui leurs sont ordonnées, par le S. Esprit, & nature. Ce commandement donc de croistre, a esté ordonné à toutes œuures, & creatures de Dieu, ET d'auantage, QVICONQVE SERA POVRVEV DE DIVINE PENSEE, pour s'estre liberalement adōné au S. Esprit, & donné le consentement de sa volōté aux vertus diuines, commises à la conduicte de l'homme, repoussant les cōcupiscances de la matiere, & les abandonnant, pour la contēplation des œuures de Dieu, SE RECOGNOISSE ESTRE en sa principale essence immortel, comme sa principale partie qui est l'homme essential ou spirituel interieur, estant partie & essence diuine: & partant que Dieu est le seul & entierement immortel, aucune de ses essences ne peut estre mortelle: parquoy il veut que l'hōme

1. Cor. 9. a

Les semences de Dieu sont petites, mais apres grādes, belles, & bonnes. Chap. 1. g

Luc. 1. g 2. f Luc. 2. g Les dons de Dieu croissent en Iesus Christ, auec l'aige.

Ioan. 3. d

L'eglise de Dieu, croist de petitesse en grandeur. Ephes. 2. d

La conduicte de nature croist au brut auec l'age.

Dieu commāde à l'homme se recognoistre immortel.

recongnoisse immortel, en ce qu'il depend de Dieu:mais de tant que d'autre part l'homme depéd de la matiere, Dieu nous declare, ET SCACHES que ceste matiere qui luy auoit esté appliquée, auoit esté exempte & deliure de la subiection en laquelle toute matiere a esté mise, pour l'honeur & dignité d'es essences diuines, encloses en elle:mais que l'homme ayāt liberté d'eslire sa voie, & employ de ses affections & volontes, a tant plus aymé la matiere, corps, & ses concupiscences, qu'il a manifesté cest amour, & LA CONVOITISE appliquée sur la matiere, luy ESTRE CAVSE de le rendre materiel, & subiect aux imperfectiōs DE LA matiere, qui à la fin produisent MORT & misere. A ce propos Ficin auoit traduit, l'amour du corps estre cause de la mort, combien qu'au vray il n'y aye que(& la cause de la mort, conuoitise)de mot a mot, qui se prend pour toute concupiscence.& de tant que concupiscence ne se peut addresser que aux choses materieles, par ce que les diuines ne viennēt en concupiscence, nous pouuōs dire que l'amour du corps ou chose corporele, qui est toute chose materiele, nous retirant de Dieu, est cause de la mort.& prendrois mesme chose a dire la concupiscence est cause de la mort, ou l'amour des choses corporeles, ou du corps est couse de la mort:ou bien que toute chose corporele, est communément aimée de l'homme pour seruir a son corps, qui estant la cause & fin de c'est Amour est par consequent plus aimé, que la chose qui est aymée pour son seruice. Ceste cause est commune, non toutesfois necessaire en toutes personnes & propos, de tant que nous auons infinies choses materieles qui sont aimées pour seruir a l'Esprit de Dieu donné a l'homme, soit pour soy instruire, faire bien a son prochain, euiter oysiueté, infiny nombre de liures, oustils, estophes, & moyen de les recouurer, qui sont toutes choses corporeles, dont l'vsage en est bon & sainct employe a ceste intention. Et l'amour desquelles (ainsi entendues) est plus tost cause de vie eternelle que de mort, a cause que l'intention ne s'arreste a la matiere, mais passe plus vers l'intelligible & choses spirituelles au contraire de l'amour de matiere qui ne passe plus auant, que le desir de iouir d'icelle. Et ayant donc cogneu, que la conuoitise ou l'amour du corps est cause de la mort, emploies (dict Dieu) vos parties intelligibles, ET COGNOISSES TOVTES CHOSES QVI ONT ESSENCE: non pour vous arrester à leur abus, ou matiere, mais ie vous dy qui ont essence, pour considerer que ceste leur essence ne peut estre yssue, que du seul Dieu eternel, qui est.& autre chose separée de luy, ne se peut attribuer l'estre, ou la vertu de ce mot, est:cōme Dieu l'a dict à Moyse au buisson, qu'il a nom, celluy qui est,& S. Pol nous dict que toutes promesses que Dieu nous faict ont estre en Iesus Christ. Parquoy cognoissant toutes choses qui ont essēce, il les faut recognoistre auoir prins leur essence en ceste seulle source diuine, pleine de toute vertu. Consideres donc vostre nature immortele de tant que par ce seul moyen (dict Dieu) vous participes de de mon essence, non par vostre corps ou matiere, laquelle vous ayant soubsmis à la tentation de satan, & taches des sept gouuerneurs, vous garderes d'en estre abusé ou seduit. Car ie vous declare que doresnauāt celle la vous fera guerre, & continuel cōbat:mais ie vous ay dōné mon sainct verbe, & fils Iesus Christ, auquel vous mettres vostre fiāce:car il a vaincu le monde, & combatu pour vous. Et consideres vostre generation veritable, estre celeste, regenerée depuis le peche par Iesus Christ. Mais d'autant que voulant l'homme conduire son ame & parties spirituelles en perfection, il ny peut ensemble cōduire les corporelles, pleines de toutes imperfections. A ceste cause pour conduire l'homme composé de substance & matiere, en sa perfection de substance & principale essence, il faut prendre le conseil de Iesus Christ, qui nous compare ceste entreprinse au grain de froment, disant Si le grain de froment, tumbant en terre, ne meurt, il demeure seul:& s'il meurt il porte grād fruict. C'est que le grain de froment, estant cōposé de matiere & substance, Iesus Christ dict, que tant que le corps & matiere du grain sera conserué & contregardé, par son amour, & affection à sa matiere, sa substance, qui possede la vertu de fructifier, demeurera vaincue, & inutile : & ce corps (qui est le moindre) demeurera seul sans vertu, action, ou puissance. Mais si desirant le fruict de la substance de ce grain, nous faisons mourir, pourrir ou aneantir le corps & matiere du grain, sa substance, produisant ses actions & vertus, portera tresgrand fruict. C'est vne leçon que Iesus Christ nous donne, de mespriser ce corps materiel, & ses consequences, par lesquelles nous le conseruons demeurant tousiours en ce corps seul, lequel defaillant en son temps, ceux qui l'auront veneré se trouueront sans retraite & repos, il le faut donc faire mourir, c'est a dire l'aneantir & ne s'en seruir qu'en ce qui est necessaire au seruice de l'esprit.

Car

L'amour du corps, cause de la mort.

Dieu commā de cognoistre sous es choses qui sont

Exod.3.d
2.Cor.1.d

Ioan.16.d

Ioan.12.d

Declaration de la parabole du grain du froment.

Car comme dict sainct Pol, Si vous couchés ce corps corruptible, infirme, vilain, & animal, il releuera incorruptible, vertueux, noble, & spirituel. A cause de quoy cognoissant qu'il nous est si contraire au salut, il le faut hair, & desnier soy mesmes, recognoissant combien l'amour de ce corps est ennemie du salut de l'homme, côme estant encore conioincte à la premiere cause de sa ruyne. Finalement la bonté de Dieu, voulant consoler l'homme sur sa misere acquise par son defaut, il luy declare, que ayant receu son sainct Esprit, qui ne peut estre côblé ou plein à moins que de la cognoissance, ou intelligéce de toutes choses, il luy dict, que pendant son exercice, & vie de ce corps mortel, il employe son intelligéce à toutes cognoissances, lesquelles luy sont subiectes, par la dignité de sa nature. Parquoy l'homme, qui (par sa negligence de s'employer à la cognoissance de toutes choses, qui ont essence) est offensé, ou preuenu de quelque action naturele, soit celeste, ou elemétaire, il ne peut accuser la creature, qui l'a offensé, d'auoir en soy defaut, ou malice: mais doit cognoistre cest accident, ou inconuenient luy estre aduenu par son ignorance, en laquelle sa negligence l'a côduict, & sans laquelle auec le sçauoir (duquel son ame acompagnée des sainctes vertus est capable) il s'en fust tres-bien contregardé & defendu. Mais l'homme ne voulant succomber à la sentence diffinitiue, d'vser son pain en la sueur de sa face, il demeure oisif la plus part du téps: & pour sa descharge, il accuse les creatures de Dieu, auoir mal faict sur luy, par leurs actions: & par consequent d'estre mauuaises, combien que S. Pol die le contraire, Toute creature de Dieu est bonne, mesme estant receuë en action de graces. Il ne se faut donc excuser sur les creatures ou defaut de l'Esprit de Dieu, ains sur nostre ignorance, engendrée d'obly, & nourrie de negligence, qui nous empesche la cognoissance des choses, qui ont essence.

1.Cor.15.f

Matth.10.d

Dieu cômâde cognoistre toutes choses.

L'hôme ne peut accuser que l'homme des desplaisirs qu'il reçoit des actions de nature.

1.Timot. 4.b

SECTION 19.

Disant ces choses, la prouidéce a faict les mistions, & institué les generations, par le moyen de l'harmonie, & sa dispositiô fatale. & toutes choses se sont multipliées selon leur genre. Et celuy qui s'est recogneu, est paruenu en vn bien superabondant. Mais celuy qui a aymé, par erreur de conuoitise, son corps, celuy la demeure errât en tenebres, souffrant (par ses sens) les dependances de la mort.

COMMENTAIRE.

Mercvre racompte en cest endroit, vn merueilleux esbranlement, que toutes creatures subiectes à nature ont esmeu, des que le sainct verbe a prononcé la solution de ce neud eternel, qui tenoit toutes choses sans action, bruit, ou mouuement, pendant la generation des creatures, & que l'execution des effects des causes estoit retenue, DISANT CES CHOSES, LA PROVIDENCE A FAICT LES MISTIONS ET INSTITVE LES GENERATIONS de toutes choses. Car des l'instant qu'il fut lasché, & le sainct verbe eut proferé son ordônance aux premieres creatures engédrées par le premier circuit: nature, loy diuine cômença son cours, & tout en mesme temps que les animaux & l'hôme se sentirét separés des masles & femeles, en puissance & liberté d'action, en mesme téps, les sept recteurs PAR LE MOYEN DE L'HARMONIE, ET vertu de SA DISPOSITION dite *fatum*, ou FATALE destinée, ensemble par le moyen des autres corps & mouuemés celestes, ET par leurs causes, qui auoient esté precedentes par le circuit (produisant les premieres creatures) qu'ils auoiét au parauant acomply, ont tant remué, & si bien agité ceste matiere vniuerselle, qui leur estoit subiecte, que par leur moyen (côme instruments) la prouidence diuine a côposé generatiôs, faict mistions, par l'vniuerselle region elementaire, soit de multiplier mineraux, plâtes, petrifications, ET toute sorte d'animaux, tellemét que TOVTES CHOSES, & creatures elemétaires, ont cômencé leur cours de croistre, & SE SONT MVLTIPLIEES, chacune SELON LEVR GENRE, & obseruation de leurs especes. Toutes qualités (infimes aux creatures) ont cômencé leur pouuoir d'executer & produire effects. Sôme, toute creature a cômécé l'estat qu'elle doit continuer, & la charge qui luy a esté ordonnée pour tout son téps & durée. Mais de tant qu'en tout ce cours, loy, ou ordônance de nature, soit pour les corps immortels & celestes, ou pour les mortels & corruptibles, n'y a prescription ou commandemét quelcon-

Esbranlemét de nature, à commécer ses effects.

Toutes creatures condictes par nature ne sont subiectes a veddir ês dd comptes.

que, qui requiere de la creature reddition de compte, à cause que par ceste loy, les creatures ne reçoiuent aucune liberté d'arbitre, ou election d'œuure : ains sont conduites toutes par nature, ne pouuant faire aucune action, ou operation, que soubs sa conduite : & ce de tãt qu'il ne leur est ordonné raison, ou entendement fourni de volonté resolué : en laquelle seule gist la liberté d'arbitre. Mercure adiouste consequemment ce, qu'appartient à celuy seul animal, qui estant chargé de ces vertus & dignitez, doit rendre compte de ses actions & operations : disant, ET CELVY, QVI S'EST SI BIEN RECOGNEV, que considerant la valeur de ses principales parties, se sera rengé à l'obseruation de l'estat de contemplation des œuures & actions, ou bontés diuines, pour lequel elles luy ont esté distribuées, celuy là EST PARVENV EN VN BIEN si merueilleux, qu'il peut franchement estre dict SVPERA-BONDANT, & excedant tout autre bien : comme disent Esaïe, & sainct Pol, MAIS au contraire, CELVY QVI A AYMÉ PAR ERREVR DE CONVOITISE, & par concupiscence de ses sens, tant veneré la matiere, que obliant le deuoir de son estat, & principale cause de sa creation, il aye plus aymé, estimé, & choisi de sa franche volonté le plaisir de SON CORPS (qui est sa moindre & plus indigne partie) CELVY LA (perdant l'vsage de sa vraye clairté diuine, qui l'eust conduict à perfection) DEMEVRE ERRANT, couuert, & diuagãt EN TENEBRES, & actions ou operations, qui en dependent : qui sont les vices, peines, miseres, regrets, & infinis autres desplaisirs : par le moyẽ desquels, vit SOVFRANT PAR SES SENS LES fruicts, accidents, inconueniens, & toutes autres DEPENDANCES DE LA MORT : c'est à dire toutes les miseres, & repugnances, que l'homme a acquis par le peché, s'acquerãt la mort. Ceste disionctiue a esté proposée à l'homme, seul animal prouueu de raison, entendement, & arbitre, soubs la liberté de sa volonté : luy disant, celuy qui aura choisi non par instinct de nature, car l'homme n'y est subiect, ny par necessité fatale, de tant que la volonté de l'homme n'estant materiele, n'est subiecte à l'harmonie, ny par contraincte diuine, car il s'ensuiuroit, qu'il n'y auroit liberté d'arbitre, ou ellection, mais par son franc vouloir, le bon chemin, il s'en trouuera bien : & celuy qui aura esleu le mauuais, s'en trouuerra mal. Voila la difference, que Dieu a proposé à toutes ses creatures en leur cours : à sçauoir aux creatures subiectes à la matiere, la loy de nature, de laquelle elles n'ont à rendre cõte, ny receuoir gré ou punition, à la creature, qui est par dessus la matiere, à laquelle Dieu propose, honneur & infini bien d'vne part, ou punition, & grand ruyne de l'autre, la loy d'election, ou chois, laquelle dependant de sa volonté, le rend susceptible de recompense, ou punition, qui apartient à luy seul, entre tous animaux. C'est de tant que en toutes creatures, qui n'ont reçeu entendement, les parties & essences diuines (comme vie, action, & mouuemẽt, desquelles est composée la forme, adioustée à leur matiere) ne sont iamais destituées de la presence de leur conducteur, & pedagogue : qui est l'instinct de nature, pour executer & administrer leur vie, actions, & mouuements. Mais en l'homme qui a reçeu, comme les autres, vie, actions, & mouuements, soubz la loy de nature, & par dessus ce poinct, vne beaucoup plus grande dignité, prerogatiue, ou preeminance, qui est la saincte pensée, diuine presence du sainct Esprit, qui l'acompaigne outre toutes autres creatures elementaires, d'entendement, discretion, iugement, memoire, inuention, intelligence, cognoissance, & finalement volonté libre, il n'a voulu contraindre ses parties estre laissées à la conduicte & discretion de ce bon pedagogue, nature, pour estre dictes instinct. De tant qu'il n'ya instigation que de sa libre volonté constituée en l'ame, accompaignée du S. Esprit & de toutes ses vertus, & essences diuines. Soubs la discretion & liberal arbitre de laquelle, il a cõmis & subiugué l'vsage de toutes ses actions & vertus, soit celles qui suiuent la partie intelligible & spirituelle, ou bien celles qui suiuẽt la partie materiele, subiecte aux lois & conduite de nature aux autres animaux : mais en cestuy-cy nature n'ayant l'entiere puissance, en propose à l'homme seulement son aduis. Toutesfois quelle prudence qu'elle aye, comme loy, ordonnance, & institution pure diuine, elle n'est pas le plus souuent creuë, a cause que la volonté de l'homme en laquelle a esté constitué l'arbitre, & puissance de toutes choses, & actions mises en luy, est bien souuent surprinse d'outrecuidance, par le moyen de laquelle, l'homme cuidant estre plus sage que nature, il enfrainct, & brise les lois de son instinct, & conduitte en sa matiere, qui veritablement luy auoient esté données en charge. Dõt s'ensuiuent plusieurs desordres, maladies, confusions, & infinies autres ruynes, produictes de la liberté de volonté, qu'a reçeu l'homme, tombée en outrecuidance, ne soy contentant de l'administration & cõduicte,

que

Qui s'est recognem, est paruenu au bien superabundant.

Esay. 64. a & 1. Cor. 2. b

L'homme a cause de sa raison & arbitre, doit rẽdre compte de ses actions.

L'hõme souuens cuide estre plus saige que nature.

Par trop cuider l'hõme cor rompt nature.

que Dieu a mis à sa discretion, des actions & vertus intelligibles, & spirituelles, touchants les faicts de sa raison & diuine pensée, sans s'oublier tant que d'estendre les effects de ses vertus, mal employés à perturber la conduicte & prudente administration de nature, touchant les faicts de sa matiere, & conseruation d'icelle. Laquelle administration estant ordinairemēt executée par la main & volonté de Dieu, és animaux, qui ne luy font aucune resistence, ou empeschement, produit tousiours actions, & effects agreables à Dieu: & ne tombans en aucune reprehension deuant luy: & au contraire, ceste mesme conduicte, & administration estant perturbée & empeschée en l'homme, par la vertu de son arbitre, auquel a esté donné liberté de ses actions, nature s'en descharge comme n'estant plus comptable de ceste charge, & s'en remet à l'ame de l'homme: en laquelle gist ceste volonté, qui a perturbé & empesché ses actions. Laquelle rendant son compte, si elle se trouue plus sagement auoir conduit la charge de nature quelle mesme, ce seroit beaucoup faict: & qui n'est possible à l'intelligence de l'homme, prenant sa source de la mesme source de nature, & de la mesme sapience, qui n'a mutation, ny changement. C'est donc à dire, que si la discretion de l'homme se mesle d'interrompre la conduicte de nature, ce ne sera pour la meliorer, ains pour tousiours l'empirer. Dont s'ensuit, qu'il eust esté bon à l'homme de laisser sa matiere soubs la conduicte de nature, sans aucune alteration, ou esmotion venant de sa raison, ou puissance arbitraire: & employer ceste raison acompagnée de ses vertus, à la contemplation, & occupation de toutes ses vertus spirituelles: lesquelles n'auoient affaire de se mesler de la matiere, car de là en est yssu la mort.

L'obeïssance faite à nature est agreable à son auteur.

L'homme interieur se desuoit conduire par l'intelligence diuine, & l'exterieur par nature.

SECTION 20.

EN quoy (dis-ie) defaillent tant les ignorants, que pour ceste cause ils soient priués d'immortalité? Il semble (ô amy) que tu n'ayes pas attandu à ce que tu as ouy. Ne te semble il pas (dis-ie) que ie l'entende? Ie l'entends, & m'en souuient, & t'en rends graces ensemblement. Si tu l'as entendu, dis moy, pourquoy sont dignes de mort ceux, qui sont en mort? C'est à cause que les tenebres tristes ont possedé le corps aymé, desquelles est yssue la nature humide: & d'icelle le corps a esté basti au monde sensible, duquel descend la mort. Tu l'entends droictement, ô amy.

COMMENTAIRE.

MERCVRE ayant consideré le discours, que Dieu luy a faict, des le commencement du premier esbranlement de l'homme vers le peché, & par quels degrez, il y estoit venu, combien que Dieu ne luy aye iamais parlé en tout son discours du mot d'ignorance, si luy a il bien semblé, que toute source & principale occasion du peché, c'estoit ignorance prouenue d'obly, comme dict Moïse, en ce mesme, que tout le discours que Dieu luy mettoit auant, tenoit en soy, que l'homme estant mis en honneur, & laissé en liberté pour conseruer cest honneur, ou bien le perdre, ne l'a cogneu, comme a dict Dauid. Ce que Mercure a bien veu à l'effect, que l'homme a produict, ayant failli par faute de cognoitre, il a veu, que sa faute estoit yssue d'ignorance, produicte d'obly. Et d'auantage en ce qu'il a n'aguiere entendu de Dieu, lors qu'il a esbranlé le cours, & institution de la loy de nature, incontinent apres il a commandé que chacun cognoisse soy mesme, voire estre immortel: & qui se sera cogneu, paruiendra au bien parfaict. Il a pensé iustement, que tout le deffaut de l'homme venoit d'ignorance: sur quoy il demande à Pimandre, EN QVOY, DIS-IE, DEFAILLENT TANT LES IGNORANTS, & quel peut estre si outrageux leur peché, QVE POVR CESTE CAVSE ILS en viennent à vne si cruelle punition, & SOIENT PRIVEZ D'IMMORTALITE? Pimandre luy respond, IL SEMBLE, O AMY Mercure, QVE TV N'AYES PAS bien ATTANDV, A CE QVE TV AS OVY cy deuant dire bien au long, quand ie t'ay parlé de ce, que l'amour du corps, conduict par erreur, produict: & qu'il conduit celuy qui erre en tenebres, à souffrir la mort. NE TE SEMBLE IL PAS, DIS-IE, QVE IE L'ENTENDE? dict Mercure. Si fais, IE L'ENTENDS bien, ET M'EN SOVVIENT à peu

Deut.32.c

Pourquoy sōt dignes de mort, les ignorants.

peu pres: mais eſtant choſe digne d'eſtre bien retenue, i'euſſe deſiré que tu me l'euſſe dict plus clairement. Et toutesfois ie t'en rends graces, & tres-humble mercieme̅t, ensemblement auec l'intelligence, que i'en ay. Si tv l'as donc entendv, dict Pimandre, di moy, povrqvoy sont dignes de mort, cevx que ie t'ay dict, qvi sont iettez en la mort, & qu'as tu recueilly de ce, que ie t'en ay declaré. C'est (dict Mercure) a cavse qve les tenebres tristes ont possede le corps ayme. Il nous faut reſſouuenir, qu'en la dixhuictieſme ſection nous auons dict, la cauſe de mort, eſtre conuoitiſe, ou amour du corps: & en la dixneuſieſme ſection auons dict que celuy, qui par erreur de conuoitiſe, ayme ſon corps, erre en tenebres ſentant la mort. Maintenant nous diſons, la cauſe que les ignorants perdent l'immortalité eſtre, par ce que les tenebres odieuſes ont poſſedé le corps, aymé par l'erreur de conuoitiſe, par laquelle l'amour du corps a eſté cauſe de mort: de tant que la concupiſcence auec erreur, eſt œuure de tenebres, laquelle ayant poſſedé le corps, le conduict en tenebres, & ombre tenebreuſe. Ie te dis, triſte & tenebreuſe, à cauſe que delectant en ſoy la partie ſenſible, & corporele, ennemy mortel de la ſpirituele, elle a ſi bien obſcurcy & esblouÿ les vertus ſpirituelles, & intelligibles, en l'election & liberale volonté de l'ame: & a tellement offuſqué ſon iugement, que laiſſant ceſte poure ame, la contemplation du Pere, & vſage des vertus intelligibles, ſelon leur vraye inſtitution & deuoir, elle les a employées, ſoy laiſſant couler en l'vſage des choſes materieles & baſſes, contenues ſoubs les puiſſances de generation & corruption, voire toute imperfection, ſoy delecta̅t plus du raport faict à l'ame, des choſes ſenſibles materieles, & corruptibles, par les ſens corporels, que du raport faict à ſa meſme ame, des vertus, puiſſan ces, & bontés diuines, par ſon intelligence, ſaincte penſée, & autres vertus ſpirituelles. Ce voile donc ou tenebres, obſcurciſſant ſi merueilleuſement la puiſſance, & lumiere des vertus ſpirituelles, à bon droict meritent d'eſtre dictes odieuſes, triſtes, & pleines de toute melancholie. Sont celles pitoyables, par l'execution desqvelles, auec ſa ſuite, a eſté produict le miracle tres-merueilleux, que la partie ſenſible, & materiele, ſerue & ſubiecte, aye quelquefois peu dominer, & ſuppediter l'intelligible & ſpirituele en l'homme, co̅me nous auons dict cy deuant. De ces triſtes & odieuſes tenebres (obſcurciſſant l'vſage des vertus intelligibles, par lez grandes voluptez & delices, que receuoit l'homme materiel par la relation de ſes ſens, ſur infini nombre de creatures de Dieu, toutes propoſées à l'obeiſſance & ſubiectio̅ de l'homme) est yssve en luy la natvre hvmide, qui eſt (co̅me nous l'auons cy deuant declaré) vne outrecuidance d'infinies vertus, auctoritez & puiſſances, non bornées ou limitées, ny contenues d'aucun terme, en vraye façon de la nature de l'humide, qui ne peut eſtre contenu en ſes termes. Ceſte outre-cuidance, ou faux-cuyder conceu par l'homme, au moyen de ceſte ombre voilant ſon bon iugement, luy amenoit vne preſomption & eſtime de ſoy, que toutes actions vertus & puiſſances qu'il poſſedoit, eſtoient ſiennes en pure, & ſimple proprieté, ne ſoy ſouuenant qu'il les auoit receuës de Dieu, en pur miniſtere, pour les employer à ſa contemplation, non à l'vſage de la matiere. Toutesfois oblia̅t ce principal but, & ſoy voyant ſi grand par ſa nature humide d'outrecuidance, il ne s'eſt peu contenir dans ſes termes, ains paſſant outre comme l'humide, il a voulu habiter en la matiere, & s'y eſt arreſté, abandonnant la contemplation, & vſage des vertus, & œuures diuines. Et d'icelle s'est enſuiuy, que le corps & ſa matiere tant aymée a este basti & co̅poſé, de parties ſubiectes à la nature, qui domine av monde sensible: de laquelle l'execution eſt la diſpoſition fatale des ſept gouuerneurs, & autres corps immortels, auſquels l'homme s'eſt rendu ſubiect, quand il a voulu ſentir en ſa matiere leurs actions, & effects, qui en ſont produicts. Et en ceſte maniere ces actions n'ayans pouuoir que ſur le ſenſible, ont ſi bien paint l'homme de leurs qualitez & immiſſio̅s, qu'il a aſſopi & endormi, par le plaiſir & volupté de ces choſes materieles, les vertus intelligibles & ſpirituelles, vrayes nourrices de ſon innocence, de maniere qu'eſtant opprimées, par la force des ſens corporels, qui deſia auoient preualu en l'homme, elles ne pouuoient faire leurs operations, ny diſſuader à l'ame ce que les ſens auoient gaigné. Qui fut cauſe que les ſens ayans vaincu l'homme, & arreſté çà bas à l'entour des choſes corruptibles, & monde ſenſible, luy ont faict abandonner Dieu, Eſprit, intelligence, vertu, puiſſance, & vie. Dont il a eſté bien aiſé, ayant abandonné tout ce grand monçeau de vertus, auquel ſeul habite la vraye ſource de vie, qu'il aye trouué par my les choſes ſenſibles, le corruptible & ſubiect à tranſmutation, dvqvel descend la

mort.

Tenebres engẽdrées d'oubly, & ignorance.

Ignorance a produict le faux cuyder en nature humide.

Nature humide eſt en l'homme l'outrecuidance, ou preſumption de trop pouuoir.

Abandonnans la ſource de vie l'ho̅me a trouué la mort.

MORT, qui n'eſt produicte d'autre cauſe, que celle là, & par leur amour & veneration venue ſur l'homme. La mort donc eſt venue aux ignorans, qui ont eſté iettés en mort, de ceſte ombre tenebreuſe, triſte, & odieuſe, qui par les voluptez du corps a voilé la cognoiſſance de l'ame: dont eſt yſſue la nature humide & faux cuider en ſoy, d'infinie puiſſance & propre. & de là eſt venue la volonté d'habiter en la matiere, dans laquelle le corps ſe trouuant en ſes plaiſirs & voluptez, s'eſt baſti des qualitez & ſubiection du monde ſenſible, produiſant en toute matiere à luy ſubiecte, corruption, changement, & mort. Ceſte meſme propoſition a eſté reuelée à Moïſe, ſoubs autre figure qu'à Mercure. Car la premiere ombre qui preceda deuant l'homme, pour obtenebrer & obſcurcir ſon bon iugement, fut le premier argument, que fiſt le ſerpent à l'homme, lequel par l'aſtuce qu'il eſtoit conduict, pour vaincre ſa forterſſe, l'aſſailloit par le plus foible endroict, & de moindre reſiſtance, parlant à la femme, Pourquoy penſez vous que Dieu vous aye commandé de ne manger de tout le boys de ſon Paradis terreſtre: propoſant (par ſa nature de menterie) l'ombre de la clauſe vniuerſele, de defence de tout le boys: luy donnant à entendre, que Dieu luy auoit faict tort & rigueur, luy defendant tout le boys (combien qu'il n'en fuſt rien) à cauſe de quoy elle deuoit adherer à ſon conſeil. La femme eſtant fraiſchement prouueuë de l'intelligence diuine, qui n'eſtoit encore en elle corrompue, reſiſta à ceſte ombre triſte & menteuſe, propoſée par le ſerpent, & ſans iamais auoir eſtudié la Dialectique, elle ſçeut ſagement diſtribuer (comme diſent les Logiciens) la clauſe vniuerſele (ne mangerés de tout le boys) diſant au ſerpent: Nous mengeons des boys du Paradis, mais non de celuy, qui apprent ſcience de bien, & mal, comme voulant dire: Il nous eſt permis d'vſer de toute ſciéce de bien, qui eſt ce à quoy nous ſommes dediés du propre de noſtre creation. Et ne le nous a fallu commander, de tãt que laiſſant aler noſtre naturel tel, qu'il eſt prouueu d'innocence, non conuié, ſollicité, ny incité d'ailleurs, nous ne bougerons du vray chemin du bien, auquel nous ſommes tellement acheminez, que nous n'en ſçauons d'autre. Vray eſt, que pour nous y entretenir, Dieu nous a defendu de meſler à noſtre cognoiſſance de bien, aucune cognoiſſance de mal, pour n'en venir à l'vſage: ſçachant combien de miſeres, peines, & ruynes, il nous amenera: ains veut que demeurans en noz corps, ſanctifiez par la preſence de ſon ſainct Eſprit, immortels, non ſubiects à aucune imperfection, comme l'autre matiere des creatures, nous contemplions, en ſaincteté & iuſtice deuant luy, ſes vertus, & bontés, ou n'habite que tout bien, ſans ſouiller la nature d'innocence, qu'il nous a donné, pour conſeruer en nous ſa vraye ſemblance, ny deſcendre vers ceſte ſphere de generation, & corruption: auquel lieu habitét les choſes corruptibles: la veneration deſquelles infailliblement nous conduira à la mort. A quoy la venimeuſe ſubtilité & malice du Serpent, voyant que par ceſte triſte ombre menſongiere, qu'il auoit propoſé à la femme, d'vne rigueur à elle tenue par ſon Createur, il n'auoit peu vaincre ſon innocence naïſue, qui ne penſoit qu'à la gloire de Dieu, & grandeur de ſes eſſences, qu'il auoit mis en l'homme, s'aduiſa qu'il eſſayeroit de la conuertir, par vne fauce tranſpoſition, de ce qui eſtoit en l'homme veritablement, auec les autres vertus de l image de Dieu: qui eſtoit ceſte nature humide que dict Mercure, par laquelle les vertus & puiſſances de l'eſprit, & entendement de l'homme, ſont ſans aucun bort ou limite, appliquant ſon argument, pour amener l'homme à bas, & luy diſant, Nanny, nanny, vous ne mourres poinct. Mais ſçauez-vous pourquoy Dieu vous a defendu ceſte autre partie d'intelligence parfaicte, par laquelle il ne vous reſteroit plus aucune vertu ou qualité, pour eſtre parfaicts en tout ſçauoir: c'eſt de tant qu'il ſçait que dés l'heure que vous aurez mangé du fruict de ceſte cognoiſſance de mal, voz yeux ſeront ouuerts, & ſerés comme Dieux, ſçachans bien & mal. Comme s'il diſoit, Combien que Dieu vous ayt creés parfaicts, il vous reſte encore vne perfection, qu'il s'eſt reſerué ſur les voſtres, d'vne nature humide, par laquelle tout voile eſt oſté de ſa cognoiſſance & intelligence, & par celle là il a autant la cognoiſſance du mal que du bien, parquoy rien ne luy eſt caché. Il ſçait que dés l'heure que par l'inclination de voſtre liberale volonté, à la cognoiſſance & vſage de tant de belles creatures materieles, vous aurez mangé ce fruict de cognoiſſance de mal, laiſſant ceſte contemplation des choſes hautes, tant eſloignées de la matiere, voire tout directement contraires, vous acquerrez la nature humide en voſtre entendement & cognoiſſance, qui n'aura aucun terme ou limite, lors que vous ſçarez autant de mal que de bien. Et n'ayant plus affaire de Dieu, vous ſerez comme dieux, ſçachans bien & mal, c'eſt à dire, ayant r'abaiſſé voſtre entendemét & cognoiſſance, dediés

Geneſ.3.a

Reſponce de la femme diſtribuãs l'vniuerſelle negatiue au ſerpent.

Replique cauſelleuſe du ſerpent à Eue. Geneſ.3.a

pour

pour la seule cõtemplation de Dieu,& cognoissance de bien, à ceste tant basse cognoissance de mal, vous aurez si bien offusqué,& obtenebré vos diuines vertus, par la concupiscence de la matiere,& les aurez tant estouffées & suprimées,& conuerties à la veneration de la matiere, que par ce faux cuyder que ie vous insinue, vous engendrerez en vous vne nature humide,qui vous fera croire estre comme dieux,en grandeur,auctorité,&intelligence.Cõbien qu'à la verité vous soyez semblables à la beste brute, par ignorance de vostre honneur receu auec l'innocence,& serez à vostre iugemẽt(ainsi preparé)egals à Dieu, n'ayans affaire de ses vertus ou puissances. Moïse dict en cest endroit, que la femme vit que le fruict estoit beau à l'œil,& bon a manger,& delectable à la veuë, & en print & mengea, & donna à son homme qui en mangea.C'est la vraye illusion du serpent, qui fist que la femme iugea la matiere belle & delectable par les sens de la veuë,& par son iugement de faux cuyder,le iugea bon auant l'auoir tasté.Voila l'abus de son iugement pur intelligible,surpris par les sens corporels,& subiugué par l'apetit de ceste nature humide,d'exceder en toute vertu & puissance, sans terme ny limite. C'est ce qu'a dict Mercure des le commencement de son peché, qu'il a voulu operer a par luy:c'est ceste separatiõ qu'il a faict des vertus de l'image de Dieu, les retirant de leur vray estat & deuoir, pour les employer à la veneration de la matiere corruptible & generatiue de mort. Aucuns voudroient excuser la faute de l'homme sur le dire commun du Philosophe, Que toutes choses sont faictes a bonne fin,à cause de quoy l'homme faisant à bonne fin,est sans coulpe. Entendons à bonne fin au iugement de celuy qui les faict. Parquoy quand le iugemẽt demeure sain, les choses faictes sont bonnes & sans coulpe, comme quãd il est corrompu,elles sont mauuaises:& le defaut est en l'homme, qui abuse de son bon iugement, l'ayant conuerty,& retiré des actions intelligibles, diuines & spiritueles,pour l'employer aux corruptibles & materieles,vraye source de toutes miseres, & en fin dissolution & mort. Mercure s'est trouué auoir si bien retenu la doctrine de Dieu, qu'il luy dict, TV L'ENTENDS DROICTEMENT, O AMY, luy monstrant que par cest estude & intelligence,il a acquis c'est heureux nom d'amy de Dieu.

Sathan insinue a l'hõme, mourãt humid par le faux cuyder.

Obiection.

Toutes choses se font à bonne fin declairé.

SECTION 21.

AQuoy as tu cogneu que tu tends mesmes à ce que le verbe de Dieu a? De tant (dis-ie)que le Pere de toutes choses consiste en vie & lumiere,duquel est né l'hõme.Tu parle bien(dict il.) Lumiere & vie,est Dieu & Pere,duquel est né l'homme. Si tu te cognois donc de vie & lumiere, & que tu es d'iceux, tu retorneras de rechef à la vie.Ces choses a dict Pimandre.Mais di-moy encore, Comment (dis-ie)passeray-ie en la vie, ô pensée? Entendz que mon Dieu a dict, que l'homme prouueu de pensée cognoisse soy mesme.Comment donc,tous hommes ne sont pas prouueuz de pensée?Tu parle bien (dict-il)ô amy.

COMMENTAIRE.

PImandre voyant que Mercure auoit bien comprins sa doctrine, & entẽdu pourquoy les mortels estoient dignes de mort,combien que faignant ne l'entẽdre, il eust requis Pimandre luy declarer,pour luy augmẽter cy apres l'exercice de sa doctrine, & le faire resouuenir de ce qu'il a cy deuant entendu,par les questions qu'il luy fera, il luy demãde,Puis que tu as cogneu,que pour l'aueuglement & tenebrosité,qu'a mis l'homme deuant ses vertus & actions contemplatiues, il en a acquis la mort, A QVOY donc au contraire AS TV COGNEV, QVE (cõbien que tu voyes l'homme estre plongé en la mort) TV homme, TENDS MESMES a paruenir A CE QVE LE VERBE Fils DE DIEV A en soy? ou bien cõment as tu pensé estre capable de receuoir l'vnion de toy au Fils de Dieu, par laquelle tu sois faict mesme

L'vnion du Fils de Dieu a l'hõme pecheur.

mesme chose que luy, & puissiez attaindre ce qu'il contient en soy d'excellences & perfections, qui te rendent semblable à luy, desquelles iamais homme materiel subiect a mort, ne iouïra, côme estant directement côtraires à sa nature mortele. DE TANT, DIS-IE, à ce que tu m'as cy deuāt dict, lors que m'ayant monstré la côposition materiele & corporele de toutes creatures, ensemble de l'hôme, tu m'as declaré pour l'excellence de l'homme, qu'il auoit prins l'ame de la vie, & la pensée de la lumiere. Or sçay-ie bien, QVE LE PERE DE TOVTES CHOSES (Dieu le tres-grand) CONSISTE EN VIE ET LVMIERE, DVQVEL (& son sainct verbe) côme tu m'as monstré, EST NE' en la saincte seconde pêsée, L'HOMME. Lequel dôc estant né de ceste vie & lumiere Dieu eternel, il en est côposé, côme tu m'as dict, lors que tu m'as faict entēdre, que l'hôme (estant double) auoit en soy sa principale essence & partie immortele, qui estoit ceste partie intelligible & essentiale, côposée des sainctes vertus de vie & lumiere eternele, & qui iamais n'auoit esté faicte. Et auoit aussi sa partie plus basse faicte de matiere, subiecte aux alterations & imperfectiôs, produictes par l'action de *fatum*, & par consequent à la mort. Si donc ceste principale partie essentiale & substantiale de l'hôme est vie & lumiere, i'ay grande occasion de cognoistre par la bôté de Dieu, & desir qu'il a de remettre & sauuer ce qui s'est perdu, qu'il est necessaire que l'hôme ayt telle communicatiō de ce que le Fils de Dieu contient en soy, qu'il luy soit faict en fin semblable, ayant passé auec luy par la satisfaction & gloire. Car il est lumiere & vie, de sa premiere construction, pour en laquelle retourner, il faut qu'il tende à l'vnion du verbe de Dieu, vie & lumiere: par laquelle il soit faict vn, en ce sainct verbe auec le Pere, à ce que i'ay veu par ma premiere vision, en laquelle de ceste premiere pensée (Dieu Pere eternel) sortit le verbe luisant, conioinct auec le mesme Pere en vnion de vie, qui me faict cognoistre, qu'il estât lumiere & vie, & moy composé en mon hôme, essential de lumiere & vie, ie me puis asseurer venant à ma renaissance, qu'il me rendra capable de passer, & estre participant de son vnion, & par consequent de ses essences, tant que ie voudray suiure mon hôme, composé de vie & lumiere, pour venir à son vnion. A ce propos, Pimandre oyant Mercure bien repeter sa leçon, luy confirma son dire, en ce qu'il luy dist, TV PARLES BIEN, DICT-IL, LVMIERE ET VIE EST DIEV ET PERE, DVQVEL EST NE L'HOMME essential immortel, & qui ne tient rien de la matiere: ains c'est celuy qui la mesprise, l'abandônant auec les choses faictes, à la subiection de mort, & disposition des recteurs de la matiere, qui n'ont aucun pouuoir sur l'hôme essential. SI TV TE COGNOIS DONC par la cognoissance de celuy dont tu es yssu, tu trouueras que te retirant des empeschemens DE LA MATIERE vers ceste VIE ET LVMIERE, de laquelle tu es côposé en principale essence, & croyant ET COGNOISSANT, QVE veritablement TV ES composé D'ICEVX, tu es seur que TV RETOVRNERAS DE RECHEF (apres la dissolutiō de ce corps) A LA source & vraye origine de ceste VIE & lumiere. Ceste participatiō de diuinité procedant de la cognoissance, est clairement exprimée par S. Pierre, disant, Côment toutes choses de sa diuine vertu, qui seruent à vie & pieté nous sont dônées, par la cognoissance de celuy, qui par sa propre gloire & vertu nous a appellés: & par lequel il nous a donné les tres-grandes & precieuses promesses: à ce que par là nous soyons faicts participans de nature diuine, si nous fuyons la corruption de la concupiscēce, qui est au monde. Par ce passage nous voyons, que par la cognoissance de celuy, qui par ses dons nous a faicts participans de diuine nature, pourueu que nous fuyons la corruption & concupiscence de la matiere, toutes choses nous sont données, qui nous font remonter à ceste vie, que dict Mercure. Vray est que ceste clarté ne se peut voir, durant le temps des tenebres de ce corps materiel, comme dict S. Iean, Il n'a pas encore apparu ce que nous serons, car quand il aura apparu, nous luy serons semblables. C'est côme estans ioincts en luy par vnion de vie eternele; en laquelle nous passerons de rechef côme dict est. C'est de tant que l'homme ne faict (estant en ceste vie) actiō quelconque d'hôme essential, que en partie, remettant a faire l'entiere action essentiale, lors qu'il aura ataint sa perfection: comme dict S. Pol, Nous prophetisons & cognoissons en partie, mais lors que sera venue la perfection, ce qui est en partie sera vuydé de nous, ce sera quand nous luy serons semblables, ioincts & essentialement vnis, & ce qui (ce pendent que nous sommes en ceste chair & matiere) nous empesche de voir en perfection, ce que nous ne voyons que comme par enigme ou miroer, quelle foy que nous puissions auoir en ceste vie mortelle. C'est l'imperfection de la chair & matiere, laquelle pour auoir esté trop plus venerée de la volonté du premier homme, a reçeu par le iugement de Dieu, subiection

de mort

de mort & continuele peine, subiecte à inconstance, instabilité, & innumerables imperfections, qui par ce moyen tiennent l'ame empeschée & esblouye, a conçeuoir toutes vertus, actions & intelligences, ou cognoissances, que l'homme innocent voyoit du cōmencement dans l'exemplaire diuin. Par le moyen duquel, toutes cognoissances, intelligences, actions, & operations des vertus de l'ymage de Dieu, qui est en l'homme, estoient en pleine liberté, sans aucun voile, bride, ou restriction. Laquelle innocence, combien qu'elle aye esté rendue à l'homme par la foy, qu'il aura en Iesus Christ, ce n'est pourtant pour en vser pleinemēt, ou parfaictement, comme l'a dict sainct Pol, Iusques à ce que nous ayons reçeu tous les fruicts de son trauail, & soyons paruenus à la resurrection, par laquelle estans punis, morts, enseuelis, & ressuscités auec luy, nous reprenons noz corps glorifiés & restitués en vraye integrité d'innocence. Et lors l'homme se trouuera si bien reparé, qu'en corps & ame il aura recouuré l'innocence, par l'homme Dieu, qu'il auoit perdu par l'homme composé de matiere & Dieu, en corps & ame, pour vser en parfaicte veuë, de ce diuin exemplaire, sans aucun obstacle ou nuisance, qui puisse empescher l'ame contenue en ce corps glorifié, de retirer de cest exemplaire, toute cognoissance, vertu, & intelligence, qui fut donnée au premier innocent. Parquoy Mercure dict, que l'homme qui se cognoist estre faict de vie & lumiere, retorne de rechef en vie & lumiere, voulant dire, que l'homme estant composé d'essences diuines, s'il se conserue, comme dict S. Pierre, & fuit la corruption de la concupiscence: la forme & image de Dieu mise en luy, dominera, & en fin de la dissolution & resolution corporele, ceste partie diuine (qui n'aura esté souillée, alterée, ou obscurcie, par la corruption de matiere, laquelle seule la peut estaindre) reprendra son premier estat, d'où elle estoit sortie, qui est la vie & lumiere, comme dict sainct Iean, La vie qui estoit deuers le Pere, nous a esté manifestée, & nous a apparu: & peu apres, Et ceste cy est la nouuelle que nous auons ouy de luy, par ce que Dieu est lumiere, & n'y a en luy aucunes tenebres. Par là nous voyons Dieu estre vie & lumiere, comme dict Mercure, auquel s'accorde aussi l'escripture, disant, que de ce Dieu vie & lumiere l'homme est né: comme dict S. Iean, Voyés quelle amour nous a porté le Pere, que nous soyons nommez fils de Dieu, & le soyons. Et de vray le sommes nous, cōme il dict encore apres: toutesfois nous ne le cognoissons encore, iusques à ce, comme dict S. Pol, que la perfection aura osté ce, qui n'est qu'en partie.

En cest endroit nous retiendrons que Dieu insinue à Mercure, que le vray chemin de vie eternele, est la cognoissance de Dieu, par la cognoissance de soy. A cause de quoy nous verrons plusieurs fois Mercure s'arrester & reuenir à ce point de se recognoistre bien, pour cōsiderer en noz deux parties celle qu'il faut delaisser & mespriser, & l'autre qu'il faut venerer, ensuiure, & bien aymer. CES CHOSES A DICT PIMANDRE. Mercure voyant qu'il auoit entendu la nature de l'homme, & de la fin où il deuoit tendre pour son eternité, qui estoit ceste vie & lumiere, & n'ayant encore sçeu par quels moyens il failloit monter à ceste vie, il demande à Pimandre, MAIS DY MOY ENCORE COMMENT, DY-IE, PASSERAY-IE EN LA VOYE, O PENSEE? Comme s'il luy vouloit dire, tu m'as bien declaré, que ceste vie en laquelle il faut que ie monte ou passe, est vne eternele vertu diuine: ie voy qu'estant composé en partie de matiere, ie ne suis capable en cest estat, d'estre tel, que ceste vie me doit faire: car ie suis de matiere corruptible en partie, i'ay bien vne autre partie incorruptible. Mais ie voy bien, que tant que la partie corruptible sera vn mesme subiect auec l'eternele, elle l'empeschera si bien en ses vsages, que ce subiect (qui est moy) ne viendra iamais à la perfection de sa vie, comme nous auons veu par experience du premier homme, qui par son chois indiscret amena sur soy mort. Cōment donc puis ie penser moyen d'acquerir vie, estant encore plus mal armé qu'il n'estoit, pour le combat qu'il y faut faire. Comme dict S. Pol, parlant des deux loys qu'il sentoit en soy. A quoy Pimandre luy respond, ENTENDS QVE MON DIEV, qui ie t'ay tant insinué, cognoissant ce que tu dis estre vray, que tant que l'homme sera couuert de matiere, il n'aduiendra à ceste eternité & perfection de vie: de tant que chair & sang ne possedera le royaume du Dieu: & te voulant enseigner le remede par la cognoissance du defaut, il A DICT QVE L'HOMME, qui seroit participant & PROVVEV DE la saincte PENSEE, ou bien de sa semblance, COGNOISSE bien SOY-MESMES. C'est à dire, combien que ie t'aye dict, que tout homme basti en ame raisonnable, ne puisse estre sans l'image de Dieu, qui est de la nature de sa cōposition : si est-ce qu'il en y a aucuns, qui mettent en œuure cest' image & vertus diuines, qui composent en soy les vrays vsages

Fruicts de l'innocence recouurée par Iesus Christ.

2. Petr. 1. a

1. Ioan. 1. a

1. Ioan. 3. a

Cognoistre Dieu par cognoissance de soy.

Mercure & sainct Pol parlant de l'homme interieur & exterieur.
Rom. 7. d
1. Cor. 15. f

Le sainct Esprit est de la nature de la composition de l'homme.

aparte-

apartenants à l'estat & intention de leur nature, & ceux-là sont ceux, qui sont prouueuz, & participants de la pensée diuine, semblables à leur Pere celeste. COMMENT DONC (dict Mercure) TOVS HOMMES NE SONT PAS PROVVEVZ DE ceste PENSEE & image de Dieu? Ie pensois que depuis que l'homme a esté basty à l'image de Dieu, il ne peut estre sans sa pensée, attandu que dans ceste image de Dieu sont comprinses toutes vertus & puissances spiritueles, par lesquelles l'homme est different des bestes brutes, & excellent sur toutes creatures. Disant donc, celuy qui sera prouueu de ceste pensée cognoisse soy mesmes : il semble que tu veulles dire, nonobstant que tous hommes ayent l'image de Dieu, il ne s'ensuit pourtant qu'ils ayent la pensée. TV PARLES BIEN, DICT-IL, O AMY, & pour te faire cognoistre premierement ceux qui la possedent, & consequemment ceux, qui en sont esloignez, auant te dire quelle voye il faut passer alant à la vie, que tu demandes, entends bien ce que ie te vois dire.

SECTION 22.

IE, pensée, assiste aux miens bons, purs, misericordieux, & viuans religieusement: ma presence leur est secours, & incontinent ils cognoissent toutes choses, & rendēt facilement le pere appaisé, lequel benissant ils mercient, luy chantans hymnes par l'ordre de grand Amour. Et deuant qu'ils deliurent leur corps à sa propre mort, ils abominent les choses sensibles, cognoissans leurs effects. D'auātage ie, mesme pensée, ne permettray les effects corporels qui leur courent sus, estre conduicts à leur fin. Et de tant que ie suis portier, ie fermeray les passages des mauuais & infames effects, rompant au deuant les pensées.

COMMENTAIRE.

COMBIEN, o Mercure (dict Pimandre) que tout homme creé en ame raisonnable, soit faict à mon image, & luy soient communiquées les vertus, qui la composent en l'homme essential. Ce neantmoints, estant ces vertus mises soubs l'arbitre & franche volonté de l'homme d'en vser selon leur estat, ou d'en abuser les conuertissant ailleurs, comme il se trouue parmy les hommes, qui tous possedants les vertus de l'image de Dieu, les vns les appliquent selon l'vsage de leur vraye institution, & les autres au contraire : ie te declare que entre tous ceux là, IE, PENSEE diuine, ASSISTE, & me rendz familiere AVX MIENS, qui d'amour & volonté, & sans aucune contraincte se rendent priués à moy, employans les vertus(qu'ils ont de moy) à ma contemplation, loüange, & action de graces. Et ceux-là estās allienez de l'abuz de la matiere ennemie de mon image sont BONS, saincts, PVRS, MISERICORDIEVX, ET VIVANTS RELIGIEVSEMENT, en māsuetude de cœur, & toute modestie exterieure, de tāt que toute leur occupatiō principale gist en l'exercice des vertus interieures, à cause dequoy ce qu'ils en iettent dehors, ne sont que actions, & œuures de charité, & misericorde à son prochain, dans lequel ils voyent & recognoissent l'image de leur Pere tāt aymé. Et leur voyāt ceste bonne volōté, MA PRESENCE LEVR EST SECOVRS, ET INCONTINENT ILS COGNOISSENT TOVTES CHOSES : cōme il est dict par Iesus Christ, Ie vous ay dict, mes amis, parce que ie vous ay manifesté toutes les choses que i'ay ouy de mon Pere. Ce que nous auons veu és Apostres, qui ayans reçeu ceste pensée diuine sainct Esprit du Pere, enuoyé par le verbe de Dieu son Fils, cogneurēt la tromperie secrette, cachée dans le cœur d'Ananias & sa femme, qui n'apartenoit que au seul Dieu a cognoistre. A cause de quoy dict Pimādre par le secours de ma presence ils reçoiuent cognoissance de toutes choses, tant soient secretes ET apartenantes au seul Dieu, qui leur a donné son S. Esprit: lequel auec ses vertus ils employent si bien à leur vray estat, qu'ils RENDENT FACILEMENT LE PERE APAISE, qui voyant toute leur action estre adressée au vray vsage & deuoir de l'hōme essential, delaissant & meprisant l'abus de la matiere, Dieu oblie en eux toute tache d'icelle, voire qui est la seule, qui le peut prouoquer & esmouuoir contre

Qui sont ceux qui ont la saincte pensée.

Dieu assiste a ceux qui s'aō commodent a sa volonté.

Recognoistra l'image de Dieu en son prochain. Act. 5. a. b Ioan. 15. b

Les bonnes œuures rendēs Dieu apaisé.

G

l'homme, & LEQVEL ces bons ayant trouué pere facil & apaisé, le BENISSANT ILS LE-MERCIENT, glorifient, & exaltent, LVY CHANTANT HYMNES, & chants affectionnez, procedans PAR L'ORDRE DE GRAND AMOVR, qu'ils luy portét, ou par amour bien ordonné, ET continuans ceste vie, DEVANT QV'ILS DELIVRENT LEVRS CORPS & matiere A SA PROPRE MORT & dissolution, ILS ABHOMINENT ordinairement LES CHOSES SENSIBLES, corporeles & materieles, par lesquelles le premier hôme a esté separé de Dieu, quand il abandonna la contemplation de ses œuures, pour se rendre subiect aux lois de matiere & corruption, COGNOISSANT tres-prudentement LEVRS EFFECTS auoir esté cause de la ruyne de l'homme. Ils ont aussi de ceste misericorde & bonté diuine ce merueilleux secours, c'est que la matiere & les desirs que l'homme en a, le detiennent en continuel plaisir & souhait de viure, à cause de l'amour qu'il porte à la matiere. qui est cause que l'homme sentât aprocher la mort, se tormête si tres-tant, que quelquefois il se desespere de la misericorde de Dieu. Qui est cause que sa bonté indicible ne voulant oublier ceux, qui durant leur vie se seront rendus à luy, & qui à l'aduenture durant icelle auront tousiours trouué la nouuelle de la mort dure, & mal agreable: toutefois n'aurôt ils laissé de porter & soustenir le combat contre leurs concupiscences, il leur presente sur l'heure de leur mort & dissolution, les imperfections des matieres, qui l'ont abusé durant sa vie, si claires & manifestes a estre cogneuës auec tous leurs vices, que ceste ame si heureuse les deteste de telle maniere, que tant s'en faut, que leur amour la retiene en desir de viure: mais au contraire, côme dict Mercure, elle les hayt tant, que le mespris qu'elle en a, la faict desirer ceste mort & dissolution, que desiroit S. Pol, pour estre auec Christ. Qui est vn des grands secours que nous puissions auoir de sa misericorde, d'aler sans aucune crainte ou regret vers luy par ce passage, lors que nous en sommes là, & grand signe cogneu en sa misericorde, quand celuy qui toute sa vie aura craint la mort, & ne s'y sera peu acorder, la trouuera en son têps agreable, & sans aucun regret, par la cognoissance que Dieu luy aura donné des effects de la matiere, par laquelle il se plaisoit en la vie mortelle, & auoit regret à la perdre, ne considerant l'eternelle.

D'AVANTAGE voyant que tant qu'ils sont en ceste composition de matiere & forme, subiectz au continuel combat de l'hôme corporel, contre l'hôme essential, & que le corporel estant çà bas sur son fumier, & en sa regiô pleine de ses qualitez, qui sont côcupiscence d'yeux, concupiscence de chair, & superbe de vie, a grand vertu contre le spirituel. IE MESME PENSEE, NE PERMETTRAY LES EFFECTZ & assauts esmeuz par le moyê des sens CORPORELZ, QVI LEVR COVRENT SVS, & leur sont directement contraires & ennemis, ESTRE CONDVICTS A bout DE LEVR entreprinse ET FIN desirée. Et DE TANT mesmes, QVE IE SVIS PORTIER, pour le secours de ceste pauure simple volonté, qui côbien qu'elle soit bonne, & qu'à ceste cause elle m'aye atiré de sa part: si est-ce qu'elle n'a en soy le pouuoir de resister à tous ses assauts, si elle n'est secourue de mes vertus, que ie luy ay commis, comme dict S. Pol, Dieu est fidele, qui ne souffre que vous soyés tentez outre voz forces. Voyant donc qu'elle les employe, non à la faueur de son ennemy materiel & corporel: mais au contraire pour le seruice de son S. Esprit, IE FERMERAY LES PASSAGES, & empescheray les maquignonages des sens, qui (comme vrays entremetteurs de la ruyne de l'homme) ne cessent d'incessamment aler & venir, soliciter, rapporter, & continuellemét aguillonner la pauure ame, pour l'attirer à la veneration de leur matiere, & DES MAVVAIS ET INFAMES EFFECTZ, & faire abandonner la contemplation des œuures de Dieu. Et pour fermer veritablement ces passages, dict Pimandre, Ie vois ROMPANT AV DEVANT, & destruisant LES PENSEES, & cogitations, qui sont communement les premieres, qui conçoiuent tels fruicts, quand elles sont tournées au seruice de la matiere. Mais rompant ceste voye, ie les luy tourne à l'vsage & contemplation de mes vertus, tellement qu'en cest estat, il n'a plus aucune crainte des efforts & assauts de la matiere: & ainsi disposez ils trouuent mon ioug doux, & ma charge legere, & si monstrent en signes exterieurs, la fiance & amour qu'ils ont à moy, remuant montaignes s'il est besoin, transplantant arbres en la mer, guerissant malades, suscitans les morts, & infinis autres vsages des vertus de l'image de Dieu, apartenants au seul homme spirituel & essential, aliené de toute veneration de matiere.

SECTION 23

AV contraire, i'habite loin des ignorants, mauuais, iniques, enuieux, auaricieux, homicides, ou irreligieux, donnant lieu à l'esprit vengeur, qui leur appliquant la pointe du feu, afflige leur sens, & les prepare de plus en plus aux iniquités, affin qu'ils tombent en plus grand supplice : & ne cesse d'esmouuoir leur desir, insatiablement à concupiscences, qui ne se peuuent accomplir. Et les combatant en tenebres, il les ruyne & tormente d'auantage: & contre eux son feu plus fort augmente.

COMMENTAIRE.

APres auoir declaré le secours que Dieu par son sainct Esprit faict à ceux, qui ayant proposé par franc arbitre leur volonté bonne, mais impuissante a parachever l'œuure de perfection, Pimandre declare, au contraire ce qu'il faict à ceux, qui appliquent leur liberal arbitre à l'election du mal, par où nous auons moyen de considerer la nature de son inestimable bonté. Car tant s'en faut que Dieu ne les foudroye, brise, & anéantisse, qu'il ne leur faict autre mal ny rudesse, fors simplement delaisser à sa iustice ceux, qui le delaissent : & le mesprisans ne veulent de luy. Et incontinent qu'ils sont delaissez de luy, ils se trouuent (comme estant materiels, & s'estant rengez laissant le sainct Esprit du costé de la matiere) tant d'ennemis, qui n'estant plus retenus par la bonté & misericorde de Dieu, qui leur lasche la bride, mainent vne incroyable guerre & affliction à ce pauure abandonné & mal conseillé: & ce de tant qu'il s'est faict materiel, & conuerty en nature de matiere, qui n'a esté laissée de Dieu (comme nous auons dict) que pour estre vexée, tormentée, ruynée, alterée, corrompue, renouuelée, & derechef transmuée, par infinies subiections & puissantes actions deputés sur icelle. AV CONTRAIRE donc, dict Pimandre, I'HABITE LOIN DES autres, qui ayāt esleu la nature de la matiere, se seront rendus IGNORANTS, par negligence d'employer leurs vertus intelligibles, & par amour d'oisiueté, dont s'ensuit, que ceste racine de mal, ignorance, les rendra MAVVAIS, INIQVES, ENVIEVX, AVARICIEVX, HOMICIDES, OV IRRELIGIEVX, qui n'ont soucy de Dieu, ny d'obseruation de leur deuoir. Et ayāt retiré mon habitation loin d'eux, ne retiens plus ma iustice, DONNANT LIEV A L'ESPRIT, ou Demon VENGEVR de l'offence diuine, luy permettant d'employer ses actions à la punition de la volonté, qui est secrette dans ce cœur, cogneu de moy seul, QVI LEVR APPLIQVANT par concupiscences LA POINTE DV FEV AFFLIGE LEVRS SENS corporels, qui sont les vrays entremetteurs & negociateurs de mal: ET par ce moyē les sens ainsi affligez il LES PREPARE à combatre ceste volonté, qui desia a esleu de son franc arbitre le mal, qui est aydée & poussée DE PLVS EN PLVS, AVX publiques effects de ses INIQVITEZ, AFFIN que par ce moyen les effects soient aparants & tirez hors, iusques a estre entēdus, cogneus, & punis, de maniere QV'ILS TOMBENT EN PLVS GRAND & cruel SVPPLICE: à celle fin qu'elle soit punie par les choses mesmes, par lesquelles ell' a offencé, comme dict la Sapience. ET non content ce Demon vengeur de ce, IL NE CESSE ayant prins ces pauures abandonez dans ses raits, de les flater, & ESMOVVOIR LEVR DESIR par toutes prouocations de sens, pour les faire si bien plaire en leur peché, qu'ils n'en veulent iamais partir, tellement qu'il les enflambe & conuie INSATIABLEMENT A CONCVPISCENCES & desirs, QVI NE SE PEVVENT ACOMPLIR, ou desquels ils n'auront iamais le bout, ains demeureront sans les paracheuer, en continuel desir, appetit, soif, & concupiscences d'iceux. C'est vn vray signe d'esloignement de Dieu, quand nous auons plus de vouloir és choses materieles, que de pouuoir: c'est le desir, qui ne se peut acōplir. Et ce Demon vengeur LES COMBATANT ainsi (dict Mercure) EN TENEBRES, IL LES RVYNE par là, ET TORMENTE D'AVANTAGE, ET CONTRE EVX SON FEV & ses aiguillons de plus en PLVS FORT AVGMENTE. Ce combat en tenebres, duquel vse Mercure, est entendu pour l'action que faict ce Demon vēgeur au dedans de l'homme, cōmuniquant auec son ame, depuis qu'il en a prins possession, par le premier peché de l'homme, c'est par le moyen des sept dispositions, & subiections imprimées en l'ame du premier homme, qui les auoit voulues sentir en sa matiere. Lequel sentiment ou iugement des sens, ne

Le sentimens de dānation est d'estre laissé de Dieu, lequel ne laisse que ceux qui l'ont laissé.

Qui se renge a la matiere communique à ses tormēns.

Les effaicts que souffre celuy qui a abandonné Dieu.

Sap. 11. e

Actions du demon vengeur de iustice diuine.

Combat en tenebres exposé.

se faict qu'en l'ame. Ceste ame donc estant desia disposée, preparée, & assubiectie à ceste tentation, & action des sens corporelz, qui luy ont faict vn pont pour passer de la matiere vers elle, des qu'elle reçoit & escoute la tentation de ses sens, elle reçoit quant & quant la tentation, communication, & dispute du Demon vengeur, qui passe ordinairement sur ces pons : & des lors que la pauure ame reçeut ceste disposition & preparation d'incliner vers les sens & la matiere, elle reçeut pareillement la communication interieure par ce moyen de Sathan, vray prince & capitaine de ce monde materiel & corruptible. Cest acces luy estoit desnié du temps de l'innocence de l'homme, de tant que les sens corporels ne luy auoient encore raporté les imperfections de la matiere. Parquoy Moïse escript de ce temps d'innocence, que le serpent n'ayant acces à l'homme interieur fut contrainct de prendre vn corps materiel, pour combatre l'homme, par l'abus des sens exterieurement : parquoy auec ce corps sensible, il a tenté & combatu l'homme par le dehors, soit par argumens menteurs, & sophistiques, ou bien par fauces esperances, qui estoient tous moyens intelligibles, offerts par les sens exterieurement, n'ayant encore acces à l'interieur par le sensible, auquel l'homme n'estoit encore subiect. Mais quand l'homme se cuydant bien gouuerner tout seul, voulut suiure son arbitre, il n'y fut guiere, sans s'assubiectir à la matiere, qui donna acces au tentateur de le combatre en tenebres, & le tenter par dedans.

Ioan.12.e Sathan n'ay ant acces à l'interieur print corps materiel pour combatre les sens de l'homme.

Voyla pourquoy Iesus Christ (reparateur du defaut cômis pour s'estre rengé à la matiere) nous commande, reietter la matiere hors du conseil de nostre arbitre, desniant nostre corps mesmes, haiant nostre chair, mesprisant la vie corporele, c'est pour bannir & deietter toutes concupiscences, appetits & desirs venans de la matiere, du conseil de l'ame : affin que n'estât pressée de leurs alechements, & attractions, elle baille plus ayséement son liberal arbitre à l'Esprit de Dieu, qui la desiré conduire à son salut. Nous pouuons aussi entendre ce combat en tenebres autrement. C'est, que le Demon vengeur, voyant l'homme desia mauuais, & adonné aux vices que nous auons dict, il excite ses sens par ses aiguillons de feu, le preparant de plus en plus aux iniquités : & le Demon trouuant ce pauure mal aduisé ainsi aueuglé, & esloigné de la lumiere du sainct Esprit, ayant son iugement offusqué & obtenebré : il le combat en ses tenebres, que son peché luy a engendré, pour acheuer sa ruyne par plus grands tormens, & augmentation de son feu contre ses sens. Mais la premiere intelligence semble estre plus conforme à la nature du premier peché de l'homme, differant du nostre en ce, qu'il receut de sa seule concupiscence, sans aucune subiection, l'impression & disposition, ou preparation a obeir aux actions des creatures celestes, & nous y naissons tous preparez & disposez : & ceste disposition & preparation en nous, est ce que les Theologiens appellent le peché originel, qui (comme nous auons cy deuant dict) a produit en nous le *fomes*, lequel donne acces à l'esprit vengeur, a communiquer & combatre l'ame en tenebres, & par dedans, depuis ceste dispositiô & preparation. Ce qui ne luy estoit loisible du temps de l'innocence, qu'il n'auoit aucun peché a venger, auant que l'homme appellast la matiere à son côseil, duquel est venue sa ruyne. Car Sathan ayant entrée en la matiere de l'homme, il a l'entrée sur les sens, qui sont subiects à la matiere : & ayant entrée vers les sens (qui d'autre part sont comme ponts vers la partie de l'ame) il a par consequent entrée libre vers l'ame, pour la soliciter, esmouuoir, & inciter à ses desirs, & luy allumer le feu des concupiscences. C'est le plus dangereux fruict du peché, d'auoir reçeu en l'ame auec la communication des sens, celle de Sathan, qui par ces acces luy imprime ses effects.

Matth.16.d

Autre acception de combat en tenebres.

Peché originel.

Les ponts ou passe Sathan a tenter l'ame.

SECTION. 24.

O Pensée, tu m'as bien exposé toutes choses comme ie desirois, dis-moy d'auantage de la montée future. A ces choses Pimandre dist, premierement en la resolution du corps materiel, le mesme corps deschoit en alteration. Et la figure que tu as eu s'efface : l'habit des meurs sans effect, est rendu au Demon. Les sens corporels retournent en leurs sources, faicts parties : & de rechef retourneront à leurs operations. Les forces de courroucer & desirer, s'en vont en nature priuée de raison : ainsi par ordre le reste sen va contre-mont par l'harmonie. A la premiere ceinture, il rend l'office de

fice de croistre & descroistre. A la seconde, l'entreprinse des maux, qui est fraude sans effect. A la tierçe, tromperie de concupiscence, sans effect. A la quatriesme, l'ambition imperiale, sans effect de preualançe. A la cinquiesme la prophane fiançe de soy, & temerité d'audace. A la sixiesme mauuaises occasions de richesses, sans effect. A la septiesme, la menterie pour pensée. Et lors estant despouillé des actions de l'harmonie s'en retourne à l'octaue nature, ayant sa propre forçe: & là ensemble auec ceux qui y sont, louë le Pere. Ceux qui assistent, se resiouyssent de sa presençe: & estant faict semblable à ceux, qui y sont auec luy, il oyt aussi les puissançes, qui sont par dessus l'octaue nature, chantans Dieu par leur quelque propre voix: & lors retournent vers le Pere, selon leur ordre: & eux se rendēt mesmes en puissançes, & estans faicts puissançes sont faicts en Dieu. Ceste cy est la bonne fin, à sçauoir que ceux qui ont cognoissançe soient deifiés.

COMMENTAIRE.

MERCVRE suiuant la nature d'vn disciple desireux d'apprendre, ignorant encore l'ordre de la discipline, a demandé à Pimandre, comment il faut monter & passer en ceste vie, que Pimandre luy a anoncé, qui est la vie eternelle, deuant que luy demander, quel faut il estre auant y monter, qui a esté cause, que Pimandre luy a voulu plustost declarer & respondre, quel deuoit estre celuy qui y monteroit, que comment il y monteroit, luy declarant comme nous auons veu la nature des bons qui y doiuent monter: & la nature des mauuais, qui n'y doiuent pas monter. Or maintenant Mercure ayant esté satisfaict de ce propos dict, O PENSEE, TV M'AS BIEN EXPOSE TOVTES CHOSES COMME IE LES DESIROIS. Mais persistant en sa premiere demande, il ramentoit à Pimandre, DIS MOY, D'AVANTAGE, QVE CE SERA DE LA MONTEE FVTVRE, par laquelle il faut que celuy, que tu m'as dict te estre agreable monte, pour attaindre ceste vie, de laquelle tu m'as tant parlé.

A CES CHOSES PIMANDRE LVY DIST, voulant satisfaire à ce bon philosophe: & pour l'instruction des humains, luy montre l'ordre qu'il a institué en la separation des vnitez, qui auoient esté composées & assemblées en la constitution de l'homme, faisant ses parties tant materieles ou corporeles, que intelligibles & spirituelles. C'est que comme Dieu ayant basty le corps humain de matiere elementaire, composé de terre, eau, air, & feu, auquel il a donné qualitez, couleur, figure, force, adresse, agilité, & autres, par lesquelles il estoit aperçeu par les sens, comme froid, chaud, sec, & humide, & plusieurs autres vnitez toutes assemblées en ceste matiere humaine. Luy a aussi donné ses vertus intelligibles, comme cognoissançe, iugement, raison, volonté, esprit, vie, & toutes autres vnitez spiritueles, sur toutes lesquelles vnitez tant corporeles que spirituelles, Dieu a constitué vne ame, à laquelle il a donné puissançe d'arbitre, & liberale volonté, d'employer & mettre en action toutes ses vertus & vnitez, tant corporeles que spirituelles. Et de tant que les vertus intelligibles & spirituelles sont pures diuines, leur deuoir porte, que l'ame les employe aux actions & operations diuines: & les corporeles aux actions necessaires au corps. Toutesfois l'homme desirant sçauoir le mal comme le bien, par la vertu de son franc arbitre a conuerty l'vsage & employ des vertus diuines & spirituelles, à la veneration de la matiere, laissant leur propre estat & deuoir: dont s'est ensuiui, que ceste matiere estant cause du peché, en porte la peine, s'estant assubiectie a estre alterée, changée, & corrōpue, par les actions des creatures celestes, lesquelles actiōs ayāt puissance sur la matiere de leur propre nature & creation, elles se trouuent auoir puissançe sur les sens corporels, qui participēt tellemēt de matiere, qu'ils ne peuuent estre sans elle. Or est il que ces sens mesmes sont parties de l'ame, de tāt qu'ils prenēt en l'ame leur sourçe de vray sentimēt. Par où s'ensuit q̃ ces actiōs & puissançes celestes deputées sur la matiere, ont

Dissolution des parties de l'homme.

par le moyen des sens, qui leur sont subiects, grand acces & action en l'ame: & par le moyẽ de ceste action, luy peuuent suggerer diuers appetits & concupiscences. Et de tant que la mesme subiection, qu'a receu le premier homme (s'inclinant soubs l'harmonie, comme nous auons dict, la mesme reçoit l'enfant produict de sa matiere, des qu'il sort & prent son premier air, diuersifiée toutesfois, selon l'estat & ordre d'aspects, qui se trouue pour l'heure és corps celestes. Cest enfant se trouue toute sa vie incliné & disposé, aux effects prouoqués en l'ame par les actions des corps celestes, desquels sortent les vices & pechés, dont le premier homme a tasché luy & toute sa suitte. Mais de tant que l'homme estant tombé en ceste misere, a receu par misericorde de Dieu moyen d'estre restauré, ce Iesus Christ, est rendu en estat digne de retouner à luy, dont il est premierement yssu. Pimandre racompte à Mercure, que c'est que l'homme doit laisser, & que c'est qu'il doit aporter auec luy, pour estre receu à monter en ceste vie eternele. PREMIEREMENT dict Pimandre, EN LA RESOLVTION DV CORPS MATERIEL, apres qu'il a faict son cours, il faut qu'il vienne en separation de toutes ses parties & vnitez, qu'il a receu en sa composition. Ceste resolution s'appelle mort corporele: de tant qu'elle apartient au corps seulement, lors que l'image de Dieu & ame immortele, se separent de la matiere, à laquelle elles auoient esté données pour forme. En ceste resolution donc LE MESME CORPS DESCHOIT EN ALTERATION, lors qu'il est si changé ayant perdu sa vie, & autres vertus spirituelles: & recommence peu à peu a reprendre son premier estat de matiere, rude, indigeste, abandonnée de toute vertu diuine, perdant toutes les qualitez qui luy estoient desparties pour sa sustentation & durée. ET LA FIGVRE QVE TV AS EV, perdant ses qualités S'EFFACE peu à peu, iusques à ce qu'elle est hors de toute aparance, & cognoissance de figure humaine: de tant que par corruption elle se perd, de mesure que chasque element (desquels le corps est composé) s'en retourne en sa nature, l'air s'en vole, la terre demeure sur le lieu, l'humeur s'exhale, le chaud s'en va en sa region. Autant en aduient il à chaque animal, en sa dissolution de matiere, subiecte a generation & corruption. Quant aux parties spirituelles, L'HABIT par lequel l'homme est disposé à l'vsage DES MEVRS retenu SANS EFFECTS par le Demon suscitant concupiscences pour l'interrompre, EST RENDV AV DEMON, & delaissé par l'ame, qui n'a plus besoin de meurs, ou conditions exterieures. C'est à cause que quand l'influance de la tentation que faict l'astre, est portée par le Demon vers l'homme, elle ne peut que le conuier: & non aucunement contraindre à l'effect, qui est cause que Mercure dict maintenant, & cy apres sans effect, comme l'effect n'ayant esté mis en l'homme: ains seulement l'incitation ou conuy, remettant l'effect à son arbitre. Il nous doit souuenir, que auant que l'homme se soit laissé emporter à la resolution du peché: & auant qu'il reçeut (comme dict Mercure) les actions des gouuerneurs en sa matiere, Moïse racompte, qu'il fut tenté, & cõbatu exterieurement par le serpent, qui est le Demon, que dict icy Mercure, duquel il conceut cest habit des meurs, oisif, & sans effect, que nous auons dict, qui le rendoit preparé & disposé, de mettre en œuure les forces, qu'il auoit de desirer & soy courrouser, que nous dirons cy apres. Mais ceste tentation luy venoit principalement des sens, que Sathan esmouuoit à le tenter, à sçauoir presentant la beauté du fruict materiel à ses yeux, la douceur à sa langue, la senteur à son nez, la figure à sa main, & ses menteries à ses oreilles, par lesquelles il luy presentoit l'abus de toutes choses materieles, estre prest d'entrer en l'ame par les sens, des qu'elle se trouue oisiue & sans occupation à son deuoir. & cest abus est le premier qui tẽte l'homme, pour le retirer de Dieu suiuant la nature de la matiere, iadis separée de luy. Or donc l'ayant diuerti & le trouuant en oisiueté d'œuures intelligibles & spirituelles, ses forces d'appeter ou conuoiter par ses sens, qui luy raportoient le plaisir corporel de la matiere s'esmeurent, auant qu'il sentist aucune action des gouuerneurs en sa matiere, qui fut ce qui le conduict a les vouloir sentir. A cause de quoy Mercure racompte, ce que l'homme laisse par l'ordre qu'il a receu disant qu'il rend à ce Demon serpent antien, l'oisiueté & appetit de desirer qu'il luy a insinué par l'interruption de l'vsage des bonnes mœurs, luy promettant toutes grandeurs & cognoissance par ses menteries, auant qu'il aye rien senty de l'harmonie, ou puissances celestes en sa personne. LES SENS CORPORELS, qui sont parties de l'ame, par lesquels elle conçoit toutes actions & passions de matiere, voyant qu'ils n'ont plus de subiect, auquel ils puissent estre employez, S'EN RETOVRNENT EN LEVRS SOVRCES, & fonteines, desquelles ils sont yssus, qui est l'ame, & en sont

FAICTS

La soubsmission que nous auons du premier homme.

Ordre du delaissement des vnites de l'homme.

Par mort les elements retournent en leurs lieux.

La tentation du serpent esmeut le desir de l'homme.

FAICTS PARTIES, de tant que la principale partie des sens, qui est leur but & fin, est ce qui en consiste en l'ame, qui seule sent & faict le iugement de leur rapport. Parquoy ceste principale partie des sens, est partie de l'ame : & lors qu'ils ont perdu leur subiect corporel, ceste partie animale retourne en l'ame, qui est sa vraye source & fontaine. Entendons qu'ils retournent en leurs sources à la condition, qu'ils en ressortiront quelquesfois, ET DERECHEF RETOVRNERONT EN LEVRS VSAIGES, actions & OPERATIONS, lequel vsaige, & operation des sens, n'estant deputé que sur le corps materiel, Mercure declaire icy necessairemēt que l'ame reprendra (par l'vsaige de ses sens qui retourneront) son corps chair & matiere. Seroit-il possible que ce grād philosophe sçeut mieux declarer, la resurrection de la chair luy auoir esté manifestée, que par ce retour des sens corporels en leur vsage & actions. Il est bien manifeste par ces propos, que les sens ne peuuent retourner en leurs effects sans vie, ny la vie au decedé sans resurrection : dont s'ensuit celle de tous hommes ayants eu sens corporels, LES FORCES DE appeter, COVRROVCER, ET DESIRER S'EN VONT auec la matiere, EN NATVRE PRIVEE DE RAISON. Il a dict par cy deuant que l'homme s'estant soubz-mis à la subiection de la matiere, engendra en soy, ou voulust habiter en la forme priuée de raison : dont il entra en desir & courroux, si grand, qu'il voulust briser & enfraindre les mouuements celestes, de rage, colere, & appetit desordonné.

Confession de la resurrection vniuerselle des mesmes corps

Or par ce que Mercure dira aussi cy apres, que l'homme materiel & animal se courrouce & desire à la façon des animaux bruts & sans raison, nous dirons que ses forces d'appeter, desirer desordonnément, & soy courroucer, s'en vont (estans delaissées de l'ame) auec ceste matiere & nature, dont elle les auoit prinses, qu'il nomme nature de matiere du commencement priuée de raison. Plusieurs ont mis peine de rechercher les causes & maniere, dont prouient en l'homme le courroux, ou colere, qui trouble de si grande violence le iugemēt, que l'homme s'en trouue destitué. Mais voyant que nous n'en auons peu estre satisfaicts, par quelques diuers rapports, que nous en ayons ouy : nous mettrons peine de rendre la cause, pour laquelle à tout le moins l'on n'en peut estre resolu, ny en satisfaire les iugements. C'est qu'il nous faut considerer que l'homme voulant communiquer à son prochain la cause, ou maniere de tout effect, qui se trouue en sa composition, mesmes interieurement, comme à ce propos, il considere par son iugement & raison, les manieres, soubs lesquelles ceste action & operation est conduicte, pour apres l'auoir conceuë par l'intelligence, raison, & iugement, qui sont à cest effect presents, la bailler & communicquer par ceux-là mesme, au prochain. Or est il que toute action de courroux & colere, que nous voyons estre brutale, d'entrée de ieu, priue l'homme de ce iugement, qui deuroit estre present a recueillir cest acte, & par lequel l'homme deuroit comprendre & mettre en la memoire la cause, maniere, & efficace de ceste action, pour l'ayant comprinse par son iugement, la pouuoir communiquer au prochain. Il s'ensuit donc, que le iugement de l'homme estant chassé, de la presence de ceste action de courroux, ou colere brutale, il est necessaire qu'il ne puisse le bailler à la memoire, racompter, ny declarer ce qu'il n'a recueilly, ny entendu si clairement, & auec telle asseurance de verité, qu'il feroit les autres actions & mouuements de l'homme, esquels il est present & operant : & c'est la cause pourquoy toutes resolutions de diuerses personnes, seront diuerses entre elles, comme ne pouuans estre tesmoignées par iugement & raison, esquels seuls gist le raport de verité. Consequemment, AINSI PAR ORDRE, LE RESTE S'EN VA CONTREMONT PAR L'HARMONIE, c'est autant à dire, que les impressions & dispositions marquées en l'ame, par la subiection des actions celestes, par lesquelles il demeuroit subiect aux tentations interieures, & combat faict en tenebres, s'en retournent par ordre. Car descendant l'homme vers la matiere & corruption, il s'en estoit souillé & taché, prenant des creatures celestes ses dispositions & impressions, comme nous auons dict. Par ce mesme ordre tourné à l'enuers, remontant en haut (par la vertu de la regeneration, que dira cy apres Mercure, aportée par l'homme Fils de Dieu) vers son Pere & Createur, il rend ses impressions, dispositions, & inclinations à ceux mesmes de qui l'ame les auoit receuës par le moyen de la matiere, qu'elle laisse à present, c'est à sçauoir, A LA PREMIERE CEINCTVRE, premiere sphere, ou premier planete, qu'il rencontre, montant au ciel, par dessus la sphere elementaire de regeneration & corruption, qu'il

Pourquoy la cause d'eslires ne peut estre exposée.

Restitution faicte aux astres de la cōmission que l'homme y a.

Chap. 13.5

Retour de l'homme par l'harmonie.

laisse à bas auec ses troubles & imperfections, c'est la sphere de la Lune. IL REND l'eſtat L'OFFICE, & vertu DE CROISTRE ET DESCROISTRE : car n'ayant plus de corps, il n'a plus a faire de quantité, grandeur, ou petitesse, ny de la partie ſpirante, qui pousse ſa croissance ou diminution des parties corporeles, attandu qu'il les a delaissées. A LA SECONDE ceinture ou ſphere, qui eſt Mercure, il luy rend la diſpoſition, preparation & inclination, qu'elle auoit reçeu par ſes actions, de L'ENTREPRINSE, ou machination DES MAVX, & preparation ou diſpoſition, QVI EST FRAVDE, qu'il portoit en l'ame, SANS EFFECT. De tant que l'action du corps celeſte, ne peut donner à l'ame que inclination, ou diſpoſition, & non la neceſſité de l'effect : parquoy Mercure dict, que ceſte diſpoſition de machiner, luy eſt donnée ſans effect. C'eſt à cauſe que l'inclination, qui ne faict que conuier ou induire, ne peut paruenir à l'effect, ſans le conſentement de l'arbitre, lequel ne luy eſt donné de l'aſtre, ains eſt de l'image de Dieu ſaincte penſée, dont il ne rend à l'aſtre ce, qu'il n'en a reçeu, mais ſeulement l'inclination qu'il en a prinſ : il reſte à la liberté ou arbitre de l'ame de l'effectuer ou repouſſer. A LA TIERCE, qui eſt Venus, il luy rend ſa diſpoſition, qui le prouoquoit à TROMPERIE DE CONCVPISCENCE, SANS aucune neceſſité d'execution, ou EFFECT, lequel Venus ne peut donner, comme nous auons dict cy deſſus : car il appartient à la reſolution de l'arbitre. A LA QVATRIESME (qui eſt du Soleil) il luy rend ſa diſpoſition d'appeter, & deſirer grandeur, majeſté, L'AMBITION IMPERIALE, ou d'eſtre eſleué, laquelle elle a reçeu de luy SANS aucun EFFECT, ou neceſſité DE PREVALANCE. C'eſt à dire, que tout ainſi que les autres, à ſçauoir Mercure & Venus, n'ont peu contraindre par neceſſité, ains incliner ſeulement l'ame à leurs effects, que nous penſons dommageables : de meſme ſorte le Soleil, prouocquât & inclinant l'homme à l'appetit d'ambition, & excellence, ne luy meine aucune neceſſité, de preualance. C'eſt qu'il ne le contrainct non plus, a plus valoir en ſes effects, qu'il faiſoit, ou bien ne luy produict neceſſité d'attaindre aux hauts eſtats : combien qu'il luy en ouure les facilitez & moyens, s'il ne s'y adonne du franc arbitre de l'ame, a les accepter, pourſuiure, ou refuſer.

A LA CINQVIESME, qui eſt de Mars, il delaiſſe LA PROPHANE FIANCE DE SOY, ET TEMERITE D'AVDACE. Nous noterons que Mercure ne dict icy, que ceſte prophane fiance de ſoy, qui eſt le faux cuider, & par conſequent temeraire audace, ſoit ſans effect comme les autres, c'eſt de tant que ceſte cy ne faict ſes operations que dans l'ame. Parquoy elle ne porte en ſon action autre effect, que celuy qui eſt en l'ame, qui eſt fiance de ſoy, n'ayant aucun ſubiect luy reſpondant au dehors, comme ont les autres impreſſions, meſme entrepriſe & machination de maux, qui prend ſon obiect au dehors, ou les maux s'executent : & la concupiſcence auſſi prend ſon obiect au dehors en la choſe deſirée. Mais ce faux cuyder & temeraire fiance de ſoy, prend ſon obiect en ſoy : parquoy la diſpoſition produict l'effect au dedans, s'il n'eſt bien repouſſé : & fuſt comme il eſt vray ſemblable, celuy, qui plus eſmeut l'homme & premierement, ou de plus violante action, lors que l'homme eſtant en innocence vouluſt auoir cognoiſſance en ſa matiere de leurs actions. Car par ceſtuy-cy il conçeut l'inclination, à laquelle il adiouſta ſi toſt l'effect dans ſon cœur de faux cuyder, & temeraire audace, que ce vice fuſt le vray chef & conducteur de ſa ruyne. Ayant donc reçeu ceſte inclination ſans effect exterieur, elle eſtant purifiée le rend comme elle l'a reçeu.

A LA SIXIESME qui eſt Iuppiter, il delaiſſe l'appetit & inclination aux MAVVAISES OCCASIONS DE RICHESSES, laquelle inclination luy eſtoit donnée SANS EFFECT, de tant que ſon obiect eſtoit hors de l'ame, comme nous auons dict, & laquelle n'y eſtoit contraincte, ains incitée ſeulement. A LA SEPTIESME, qui eſt Saturne, il delaiſſa LA MENTERIE POVR PENSEE. C'eſt autant à dire, que le plus grand employ des intelligences & vertus diuines, qu'il auoit faict contre leur vray aucteur & Createur, & par conſequent le plus grand crime contre ſon Dieu, c'eſtoit de vouloir priuer d'eſſence toutes creatures, ſur leſquelles menſonge ordinairement entreprend. Car menſonge n'ayant aucune eſſence, ains conſiſtant totallement en priuation, il n'y a vice ſi oppoſite & contraire a la diuine mageſté, qui eſt tou

Les actions celeſtes ne rẽdent en l'homme rien effaicts neceſſaires.

re & seulle essece, action & habit plein de toute verité. Parquoy ce vice couronnant tous les autres en malice & imperfection à esté aproprié a Saturne, couurant & enuironnant toutes autres actions & spheres des sept recteurs, & corruption de sphere elementaire, en laquelle tous vices, & miseres prenent cestuycy de mensonge, pour leur commun subiect & matiere principale. Sans lequel autre vice ne peut estre bien conduict a la mechanseté de son esfaict, & de tant qu'il sen va vers le scrutateur des pensees, deuant lequel mensonge n'a lieu, il l'a laissé a son aucteur duquel il l'a re-ceue. ET LORS c'est homme intericur & pur essential, ESTANT DESPOVILLE non seulement de la matiere subiecte a tant de miseres, mais aussi DES ACTIONS & emotions DE L'HARMONIE, par lesquelles il auoit reçeu en son ame les dispositions, preparations, & inclinations a mal faire, il s'est trouué pur de toute imperfection, & S'EN RETORNE A L'OCTAVE NATVRE ou sphere, couurants tous mouuements & creatures materielles, & estant en ce lieu, c'est homme diuin & essential AYANT SA PROPRE FORCE & vertu, qui par l'ofuscation & tenebrosité de la matiere, chargée & oprimée de tant diuerses actions, toutes tendantes a la transmuer, corrompre & tourmenter, auoyent esté suprimées en luy, iusques a c'est heure qu'il en a esté despouillé, & rendu en l'octaue nature, c'est a dire en nature diuine. Et lors est acomplie la promesse, & obtenu le salut impetré par Iesus Christ le soir de sa passion, du bon Dieu son Pere, par lequel il reçoit l'vnion de tous les fideles ensemble, en Dieu leur Pere & createur, estant faict vne mesme chose en Dieu le Pere & fils, comme le fils est au Pere & le Pere au fils. Parquoy le bon seigneur à declaré, qu'il veut qu'ils soient la ou il est, c'est a dire presents en la croix, satisfaction, mort, & resurrection, auec luy. Et lors sont participants de diuine nature, cõme dit S. Pierre: & voiet Dieu tel qu'il est, comme dict S. Iean. Et cõme dict S. Pol, voient Dieu face a face: & le tout en vertu de ceste vniõ, cõme n'estãt loisible de cognoistre ou voir Dieu tel qu'il est, q̃ a soy mesmes, par dessus ceste octaue sphere, cõme n'estant autre qui couure & enuirõne l'vniuers q̃ celle seulle, cõbien qu'aucuns disent, qu'il y a neuf ou dix cieux. Cõme il est proposé par les theoriques celestes, detant qu'ils disent auoir obserué en la neufiesme, diuers mouuements d'estoilles, a celles de l'octaue. & autres disent que la neufiesme n'est propcsée que comme hipothese & supposition, a demonstrer le mouuement de titubation, ou acces & reces de l'octaue. Ce que nous remetrõs pour le present, a cause que ce n'est nostre principal propos & suyurons Mercure disant que c'est homme essential, spirituel & diuin, aynt reprins ses forces, propres a sa nature. ET LA ENSEMBLE AVEC CEVX QVI Y SONT, LOVE LE PERE ET CEVX QVI Y ASSISTENT SE, REIOVISSENT DE SA PRESENCE, c'est ce que dict Iesus Christ, de la ioye qui sera au ciel sur vn pecheur conuerty, plus que sur nonãte neuf iustes n'ayans besoing de penitence.

C'est de tant que Iesus Christ n'estãt venu apeler les iustes, mais les pecheurs, se reiouit sur l'action & execution de son entreprinse. ET ESTANT FAICT SEMBLABLE A CEVX QVI Y SONT AVEC LVY, IL OIT AVSSI LES PVISSANCES, & vertus spirituelles & diuines, QVI SONT PAR DESSVS L'OCTAVE NATVRE sphere ou monde vniuersel, CHANTANS, louants, benissants, & merciants, DIEV & partout autre vsage de contemplation le venerants, PAR LEVR QVELQVE PROPRE VOIX. Il vse de ce mot quelque propre voix, ne voulãt atribuer voix a l'esprit, de tant que elle est propre a l'animal qui est corps. Toutes-fois dict il, leur propre, pour declarer que par leur propre action, & employ des vertus diuines, desquelles c'est homme essential est composé, il contemple en toutes façons qu'il peut venerer son createur, & le recognoist & mercie, soit par semblance de voix, ou autre action que ne peut estre veuë, ouye, ny monter en la pensée de l'homme mortel, de tant qu'ils voyent parfaictement ce que sainct Pol dict, que nous voyons comme par myroer, & ce que sainct Iean dict auec Mercure, que lors ils sont faicts semblables au fils de Dieu. ET LORS dist Mercure) RETORNENT VERS LE PERE, SELON L'ORDRE, c'est l'ordre celeste excellant sur tous ordres, auquel toutes vertus & puissances diuines sont distribuées, en leur ordre, sans aucune confusion, ET par ce moyen EVX SE RENDENT mesmes en puissances & vertus, ET ESTANS FAICTS PVISSANCES SONT FAICTS EN DIEV. Ils ont leur essece principale

L'homme essentiel despouillé de l'empeschement de la matiere recouure ses premieres forces. L'Esleu nature pour le siege diuin. Ioan. 17. c & d. 2. Petr. 1. a & g 3. &c. 1. Cor. 13. d Digressions du nõbre des cieux.

Luc. 15. b Matth. 9. b 1. Ioan. 3. a Mercure conte l'estat des bien-heureux.

1. Cor. 2. d 1. Cor. 13. a 1. Ioan. 3. a

Description de Dieu.

en Dieu, & en son essence: de tant que Dieu est ce môceau contenant toute essence & vertu en vne bonté, & CESTE CY (dict Mercure) EST LA BONNE FIN de l'homme, ASCAVOIR QVE CEVX QVI ONT COGNOISSANCE d'abandonner la matiere, pour soy disposer a estre dignes de la misericorde de Dieu, a recepuoir le fruict qui est produict par la regeneration, c'est d'estre homme en fin essential, & resolu en la contemplation des œuures diuines, tellemēt que par la vertu du fils de Dieu, ayant crucifié ses vices & concupiscances fait mourir & ensepuelir, pour apres par sa saincte resurrection, estre conduict & ioinct auec luy, a passer par toutes ses emotions de l'harmonie, leur reiettant & delaissant toutes les miseres que nous en auons reçeu, & en fin estās semblables au fils de Dieu nous iouissons eternellement de ce grand & infiny bien, qui est de participer & retourner en diuinité, dont nostre principale substance & essence ont prins leur source. C'est la bonne fin, où sont cōduits ceux qui ont cognoissance, & delectation de leur vray exercice, que Mercure nomme, SOIENT DEIFIES, asçauoir soyent faicts vn auec le fils au pere, comme sainct Iean la declaré. Parce qu'il est receu par tout bon Chrestien, que le salut eternel ne luy peut estre meritoirement acquis, que par Iesus Christ. Aucuns pourroient pēser, voyant Mercure faire icy la montée de l'homme en sa perfection, & vnion en Dieu, comme Iesus Christ la obtenue du Pere le soir de sa passion, & toutesfois Mercure n'y auroit aucunement introduit Iesus Christ, ny auroit fait mention de la renaissance que Iesus Christ auroit introduicte, comme vray moyen de salut. Et par ce moyen pourroient penser, Mercure n'auoir predict & enseigne la voye Chrestienne: nous dirons, que l'on pourroit respondre en sa faueur. Premierement que toutes choses ne s'escriuent selon l'ordre qu'elles sont faictes, mesmes en plusieurs passages du Genese, ou l'ordre de l'histoire prepose choses a faire, a celles qui sont faictes par le raport d'icelle: Secondement que Mercure voyant le peuple si mal disposé a recepuoir la vraye doctrine, qu'il n'osoit declarer ses intentions, si clairement qu'il eust peu faire, s'il y eut veu moyen d'y augmenter la gloire de Dieu, comme il l'a declaré a la derniere section du trezieſme chapitre, ou il commande silence estre tenu de son traicté de la renaissance, pour n'estre dicts luy & son fils calomniateurs. Tiercemēt il a escrit en ce trezieſme chapitre vne vraye paraphrase couuerte sur le propos que Iesus Christ dict, voulant retirer ses disciples & Iuifs des intelligēces terrestres, & materieles, lors qu'il leur dict le propos de la māduction de son corps, laquelle ils prenoient charnelement & terrestremēt, de maniere qu'il fut contraint leur dire, cecy vous scandalize, les voyant murmurer, c'est l'esprit qui donne vie, la chair ne profite rien, les paroles que ie vous dy, sont esprit & vie. Et de vray ils s'en scandaliserent, de maniere que plusieurs de ses disciples abandonnerent sa compaignie, & ne le suyuoient plus. En ce trezieſme chapitre nous verrōs que Mercure expose vne regeneratiō, totallement spirituelle, de maniere qu'il repousse tousiours son fils, quand il le void prendre ses propos materielement, pour le ramener a cognoistre que les vrais propos & effectz du salut, sont purement intelligibles & spirituelz, declairāt que auant la regeneration n'y auoit aulcun sauluē, & que ceste regeneration est spirituelle ou intelligible, comme Iesus Christ l'a dict long temps apres, que si aucun n'est regeneré, ne peut voir le royaume de Dieu, & dict apres regeneré d'eau & sainct Esprit. De laquelle regeneration Mercure dict le salut de pendre, & l'autheur d'icelle estre vn filz de Dieu homme. Par ou nous voyons que luy declarant, que sans la regeneration n'y a salut, & que l'autheur de ceste regeneration est le filz de Dieu, & duquel & du Pere procede le sainct Esprit operateur de la renaissance, il est manifeste quil entend que ceste montee, menant au salut, qui ne peut estre sans renaissance, s'est faicte par le moyen de celle dont il a declaré Iesus Christ estre aucteur: & par cōsequent, il entend ceste renaissance ou mōtee au salut, estre faicte soubz le moyen & authorité du filz de Dieu nommé long temps apres Iesus Christ. Nous noterons que ce retour ou gradation, que Mercure escript de la dissolution de l'homme, s'entend de celuy, qui se recognoissant, aura conserué l'image & similitude du pere. Sur lequel combien que le Demon vengeur n'aye puissance necessaire, à cause qu'il n'est possedé de vice ou mauuaistie: toutesfois a cause qu'il est n'ay de matiere corrompue & subiecte a mort, par la subiection qu'il a receu du premier deffaut des tentations de la concupiscence: il s'est trouué marqué de la mesme subiection de tentation & concupiscences, qui l'induisent à mal & en fin subiect a ceste dissolution aquise & causée par amour de matiere: & de tant que les gouuerneurs ou corps celestes ont sur la matiere action necessaire, & sur l'ame action inductiue ou incitatiue seulement

Le fruict d'auoir abandōné la matiere. Galat. 5. d

Ioan. 1. 6d

Les corps celestes ont sur la matiere actiō necessaire : & sur l'ame action inductiue.

ment, par la communication des sens, il est en l'homme de laisser son corps a la subiection des miseres, ou sa matiere a esté assubiectie, & retirer les actions & volontés de son ame, des actions de sa matiere, pour les ioindre a sa partie spirituelle & homme essential, qui est la pure disposition de sa volonté, laquelle receue du saint Esprit, sera mise en œuvre par ses vertus & misericordes, & en perfection telle, que ceste bonne ame reprenāt sa môtée, secourue de ses vertus, se trouue disposée à recepuoir l'vnion du fils de Dieu, qui par le moyen du sang de luy agneau l'a lauée, si bien qu'elle laisse facilemēt a tous les corps cellestes leurs dispositions & inclinations cy deuant imprimées, sen allant purifiée de toute tache qu'elle a cy deuant receu, a cause de sa matiere, l'ayant laissée mourir en toute misere & imperfectiō pour estre releuée (auec l'vsage de tous ses sens) en gloire & perfection. Et ce pendant ceste ame heureuse, reçoit l'honneur, bien, grace, & infinie gloire, par ceste reduction qu'elle aquiert en sa premiere source Cecy donc s'entend de ceux qui auront employé leurs vertus diuines aux vsages diuins, & ceux qui les auront employées aux vsages de la matiere, seront quelques fois cy apres descrips, & Mercure les a laissés a ce propos, pour nous vouloir plus attirer par l'amour & veneration de la vertu, qui est œuure diuine, que par la crainte & frayeur du tourment, qui est du tout seruile & œuure terrestre.

1. Cor. 15.f Mercure a recité la felicité des bons & non la misere des mauuais pour nous attirer plus par amour de vertu que crainte du tourment.

SECTION, 25.

AV reste qu'attends tu plus, que tu ne prends toutes choses comme elles te sont dōnees, & sois au deuant de ceux qui seront dignes, a ce que le genre humain soit saulué de Dieu, par ton moyen. Pimandre m'ayant dict ces choses, s'est meslé auecques les puissances, & moy ayāt rendu graces & benist le pere de toutes choses, estāt fortifié par luy, me suis leué, & ayant aprins la nature de l'vniuers, & le grand spectacle, i'ay commencé de declairer aux hommes la beauté de pieté & cognoissance. O peuples, hommes faits de terre, qui vous estes adonnés a yurongnerie, sommeil, & ignorance de Dieu, soyes sobres, delaisses voz gourmandises, qui estes flatez du sommeil desraisonnable, lesquels m'ayants ouy, sont accourus d'vn mesme vouloir, & ie leur dy: O hommes engendrés de terre, pourquoy vous estes vous liures a la mort, ayās puissance d'estre participants d'immortallité: repentés vous qui auez cheminé auec erreur, & communicque auec ignorance, retirez vous de la lumiere tenebreuse, participez d'immortallité, laissans la corruption: & les vns d'entreux se mocquants s'en alloient, soy liurant mesmes au chemin de la mort, les autres me pryoient que ie les enseignasse, soy iettants deuant mes pieds, & les releuants, i'ay esté faict conducteur de leur generatiō, leur enseignant par mes parolles, cōment seront saulues & en quelle maniere, & ayāt enté en eux, les propos de sapience, & ont esté nourris d'eau immortelle. Et venant la vespre, sur le commencement du soleil totalement couché, ie leur ay commandé rendre graces a Dieu. Incontinant les graces estans rendues, chascun s'est retiré en son propre logis, & i'ay escript en moy mesme le benefice de Pimandre, & estant ressasyé de tout ce que i'ay voulu, i'ay reposé en ioye, de tant que la sobrieté de mon ame estoit le sommeil du corps, l'inclination de mes yeux, estoit ma vraye vision, mon silence estoit pregnant du bien, ma prolation des parolles, estoit le fruict des biens. Ces choses me sont aduenues, les prenāt de ma pensée, qui est Pimandre, verbe de celluy qui est aparsoy, dont ie suis venu diuinement inspiré de verité. A cause dequoy de toutes mes forces & mon ame, i'en rends graces à Dieu mon Pere.

COMMENTAIRE.

Mercure racompte en c'est endroit, le bien que Dieu luy faict, ratiffiant tout ce qu'il a aprins de luy, & l'ayant si agreable, qu'il luy dist, AV RESTE QV'ATENS TV PLVS, veu que ie t'ay acheué mon propos, par lequel ie t'ay instruit, non pour toy seul, mais affin que ie me serue de toy, a publier, insinuer, & enter ma parolle dans mon peuple, lequel por tant mon image, ie desire retirer de perdition. QVE TV NE PRENDS TOVTES CHOSES enseignements cognoissances intelligences, COMMES ELLES TE SONT DONNEES dar moy, sans les alterer ou changer, de la voye que tu as entendu par mes reuelatiõs ET SOIS AV DEVANT DE CEVX QVI elisants la ueneration de ma saincte pensée, & reiectement de toute veneration de matiere, SERONT DIGNES de receuoir le fruict de la doctrine, à CE QVE LE GENRE HVMAIN gisant en ignorãce, soit esueillé par tõ labeur, & estant esueillé, lors qu'il sera meu de bonne volonté, SOIT SAVVE DE DIEV PAR TON MOYEN, & secouru, par sa misericorde. Comme monstrant clairement aux hommes, que le desir de Dieu (s'il peut auoir desir) est, que tout homme soit saulué. Mais de tant que des la creation & nature de l'homme, il luy à esté donne liberté d'arbitre, Dieu ne le pouuant contraindre a son salut, sans violer & enfraindre ceste liberté d'arbitre donnée des sa creation, par laquelle l'homme y doit prester son election & consentement de sa volonté, le bon seigneur faisant ce qui se peut par sa bonté & misericorde, aduertist tout hõme qu'il donne seulement ce consentement de volonté, ou election d'arbitre, de la part de son salut, & qu'il est prest a le secourir, iusques à la perfection qu'il ne peut ataindre sans son secours: a celle fin que pour le moings si tous ne veullent eslire, choisir, ou donner le consentement de leur volonté franche à leur salut, que ceux qui y voudront entendre soient retirés de leur perdition certaine, & imminente par le deffaut du premier homme. PIMANDRE M'AIANT DICT CES CHOSES (dict Mercure) se retira, & monta en son vray estat, c'est qu'il s'est mesle avec les vertus & PVISSANCES infinies en nombre & quantite, contenues toutes ensemble en ce parfaict bien, vn & seul Dieu. Ce n'est pas que Dieu changeast de place s'en allant mesler auec ces puissances, qui est propos humain: mais c'est que Dieu paracheua la vision & enseignement donné pour ceste fois a Mercure. ET MOY (dict Mercure) AYANT RENDV GRACES a Dieu, ET BENIST LE PERE DE TOVTES CHOSES, & ESTANT FORTIFIE PAR LVY des intelligences doctrines & disciplines receues de ceste diuine pensée, ME SVIS LEVE DE ces bas estudes, esquels i'auois apliqué mon entendement, ET AYANT estudié plus haut, & APRINS LA NATVRE DE L'VNIVERS de ce monde quant a ses plus grandes & principales parties, ET LE souuerain bien par la veüe du GRAND SPECTACLE, exemplaire & patron de toute science, cognoissance, & intelligence, lors, I'AY COMMENCE DE DECLARER AVX HOMMES que le vouloir de Dieu estoit qu'ils feussent retirés de perdition, EN LA tres-heureuse BEAVTE DE PIETE ET COGNOISSANCE, par laquelle l'on aqueroit l'eternel bien. O mes amis PEVPLES HOMMES venerateurs & FAICTS DE TERRE, & autres matieres subiectes a mutation & corruption, QVI par ce moyen VOVS ESTES ADONNES A YVRONGNERIE SOMMEIL ET IGNORANCE DE DIEV & ensepuelis en la confusion des appetits & concupiscences de matiere corruptible, SOYES SOBRES & habandonnés toutes ces miseres, qui vous sont amenées par les flateries des sens, qui ne vous conduisent qu'a corruption & perdition de vostre ame, par tels exces. DELAISSES VOS GOVRMANDISES & autres abus de la matiere, prouoques par la concupiscence de voz sens, QVI ESTES FLATES DV SOMMEIL DESRAISONNABLE, pendant que vos vertus spirituelles sont assopies & endormies, par l'opression des vices produits par c'est abus & veneration de matiere. Resueillés donc vos vertus inteligibles & spirituelles, a ce qu'elles ne soient plus tant offusquées & endormies en vous, qu'elles vous souffrent ruyner & perdre par vostre ignorance. LESQVELS M'AYANT OVY (dist Mercure) Y SONT tous ACOVRVS D'VN MESME VOVLOIR, c'est a dire d'ouyr, non d'entendre, car tous sont enuieux de nouueauté, mais quand il la faut accepter, tous ne sont pas d'vn aduis, comme nous verrons cy apres. ET les ayant ainsi conuoqués IE LEVRS DIS, O peuples, HOMMES ENGENDRES DE TERRE & abuses de la matiere, POVRQVOY auez vous tãt abusé de vos moyens, par ceste negligence de vouloir cognoistre ce qui est en vous, dedié a vostre secours? comment VOVS ESTES VOVS LIVRES A LA MORT, AYANS PVISSANCE D'ESTRE PARTICIPANTS D'IMMORTALITE, voire & comme il est escript, d'estre faict fils de Dieu, ceux qui croyent en son nom. Mercure nous donne a entendre en c'est endroit, la principale fin ou Dieu luy monstre que tend sa doctrine, faisant la

grace

Dieu commã de a Mercure annoncer sa parolle.

1. Timo. 2. b

Dieu offre à l'homme donnant son arbitre de paracheuer ce qui passe ses forces.

Pimandre ayant instruit Mercure se retire entre les puissãces.

Exhortation de Mercure par commandemens de Dieu.

Plusieurs veullens ouir & peu veullent entendre.

grace de reueler a vn personnage, plus de secrets & sciences, que a plusieurs autres, le trouuant propre & disposé pour la publication & insinuation de sa doctrine, comme il a esté faict de sainct Pol, & plusieurs prophetes, & autres sainctes personnes, desirāt tousiours ceste bonté diuine, par tous moyens possibles d'atirer a son salut son peuple, a cause de l'honneur & reuerance de son image, qu'il a cōstituée en chascun. Quelque mal aduisé pourroit dire, si Dieu desire tant les attirer, que ne le dict il par sa puissance, & il sera faict, sans tant s'en trauailler, par paroles, preschements, miracles, & punitions, qui ny seroient besoing si Dieu le desiroit. Ceste obiection produicte d'ignorāce libertine, sera satisfaicte par son contraire: c'est qu'il faut entendre, que Dieu ayant faict l'homme en ame garnie de liberté d'arbitre, & volonté dominant sur ses actions, ne peut vser de ce mot, soit faict, contre la liberté de la volonté de l'homme, sans destruire la nature de sa creation. Or est il que ceste bonté diuine, tant s'en faut qu'il soit destructeur des substances, qu'il en est le plus vray conseruateur, qui est cause que voulant conseruer l'homme en l'integrité de sa nature, sans le priuer de ce grand don de liberté d'arbitre, que nous auons cy deuant dict auoir produict le miracle tresmerueilleux, il ne la voulu contraindre par sa puissance souueraine, destruisant (contre sa creation) sa liberté d'election & arbitre en ses actions, mais le laissant tousiours en icelles, il l'aduertist, il l'admoneste, il le faict prescher, il luy presēte des biēs, il le menace de punitiōs il en execute quelquefois, le tout sans iamais contraindre ny toucher a sa volonté, d'aucune force ou violance: mais par ses moyens luy donne occasion d'eslire le bien, par l'intelligence qu'il luy presante du contentement qui en sort, sçachant que naturellement chacun desire contentement, ou bien luy presentant peine, punition, & tourment, s'il eslit le mal, pour le chasser vers l'autre part qui est le biē: sçachant aussi que naturellemēt toute creature hait mal, desplaisir, peine, ou torment, affin de l'atirer à la vertu par amour de contentement, ou le repousser du vice par la haine des peines & desplaisirs qui en yssent. A cause dequoy, par quelque maniere que ce soit, Dieu voulant que l'homme aille par le chemin esleu par son franc arbitre, n'use d'aucune contrainte sur sa volonté, ains de telles atractions a la vertu, par offres de contentement, ou repousement du vice, par menace de torments. Mais il ne faut pourtant que l'homme s'abuse, de penser que Dieu ne prendroit si longs tours & chemins pour conuier la volonté de l'homme, si ceste volonté n'auoit en soy toute puissance de salut, ains faut qu'il entende, que Dieu sçachant (au contraire) qu'ayant aquis auec infinis stratagemes ceste electiō & resolu cōsentemēt de volonté, s'il la laisse la sans autre secours, elle se trouuera incapable de toute perfection, qui est requise au salut. Parquoy sa bonté est si grande, que des que l'ame a declaré & resolu son vouloir, affection & consentemēt, vers la part du sainct Esprit, qui habite en elle, & qu'elle employe ses vertus diuines a ceste part, le sainct Esprit cognoissant la foiblesse & incapacité de l'homme, a manier les actions de ses vertus, iusques en perfection de sa saincte grace & bonté, entreprend l'ayde & secours de ce pauure debille ayant bon vouloir, & par sa saincte puissance & vertu, il conduit & fortifie les actions de ses vertus données a l'ame, pour attaindre la perfection qui n'estoit sans luy en l'homme. Parquoy lors qu'il aura auec luy le sainct Esprit, il dira comme sainct Pol, toutes choses me sont faciles auec celuy qui me fortifie, a cause dequoy estant saisis de sa saincte conduicte, & diuin secours, nous debuons suiure en nos prieres ses admonitions. Car sainct Pol dict, que nous ne sçauons ce que nous debuons prier, comme il le faut, mais le mesmes sainct Esprit prie pour nous, auec gemissements merueilleux: car celluy qui descouure les pensées, sçait que desire l'esprit. A ceste cause Iesus Christ priant son pere pour nous le soir de sa prinse, a voulu declarer le moyē de nostre iustification, disant, Pere ie sanctifie moy mesme pour eux, affin qu'ils soyent sanctifies en verité, ie ne prie pour eux seulement, mais pour tous ceux qui par leur parolle croiront en moy, que tous soient vn, comme toy pere en moy, & moy en toy, qu'ils soient en nous vne mesme chose. Comme s'il disoit sçachant l'impuissance de l'homme, & combien il est incliné a complaire a sa matiere, par la perte de son innocence, laquelle ne luy pouuant estre rendue que par moy innocent, ie me sanctifie pour luy: c'est a dire l'ayant ioint & vni auec moy, ie le fais participant de ma iustice, innocence & saincteté, le regenerant d'eau, & de mon sainct Esprit que ie luy redonne en sa regeneratiō, pour cōseruer sa foy qu'il a en moy, fortifiée de la perfectiō qu'il ne pouuoit acquerir de son franc vouloir, a ce que par ceste foy charitable, il s'entretienne si bien auecques moy, que le portant a la croix auec ses vices & concupiscences, il n'y ait

aucun

Act.9.c & Ierem.1.b Obiection du libertin.

Responce a l'obiection.

Dieu emploie tous moiens pour atirer à soy l'arbitre du pecheur.

Le sainct Esprit secours l'arbitre de l'homme impuissant de perfection.

Philip.c

Rom.8.c

Ioan.17.c Iustification du Chrestien. Heb.3.c Rom.5.a

Galat.5.d
Rom.8.f
Rom.6.a
1.Pierr.1.a
Ioan.3.b
Esay.48.b

aucū tourmēt ou persecutiō qui le puisse separer de moy, ains q̃ en moy il paracheue la perfectiō de son salut & iustice, qu'il ne pouuoit acōplir sans moy, & mourant auec moy sur la croix, il y reçoiue cōme dit S. Pol le baptesme en ma mort, & resuscitāt auec moy, soit fait participāt de diuine nature. Cōme dit S. Pierre, montāt au ciel auec moy, cōme estāt moy mesmes, de tāt que Iesus Christ dit, q̃ aucun ny mōte que luy qui est descēdu, fils de l'hōme qui est au ciel, & de tant q̃ toutes ces rigueurs de vertus estoiēt requises pour apaiser la iustice de Dieu cōtre l'hōme, foible & incapable a les ateindre, Dieu, pour l'honneur de son nō a reculé & esloigné ses fureurs de l'hōme (cōme dit Esaye) & la bride de sa loüange, affin qu'il ne meure, c'est luy dōnant Iesus Christ pour son salut, sans l'vniō duquel l'hōme ne peut venir a la perfectiō qu'il doibt ataindre. Car l'hōme estāt parti en deux, spirituel ou essential, & corporel ou materiel, l'homme essential pour qui Iesus Christ a prié l'vniō, se laisse souuēt

Rom.7.c

emporter a la matiere, detant (cōme dict S. Pol) qu'il n'entend ce qu'il faict, ne pouuant faire le bien qu'il veut, par ce que la bonne volonté qui est en l'homme interieur, ne peut estre le plus souuent entendue ni executée par l'exterieur, qui luy est totalement contraire. A cause dequoy est suruenu l'union de Iesus Christ a c'est homme essential, affin que durant qu'il

Philip.2.b

combat l'exterieur son ennemy, percistant en la volonté, amour, & foy de Iesus Christ, il luy face ce bien de mettre en œuure ce vouloir & perfection, qu'il n'a peu attaindre auec sa bonne volonté. Et pareillement quand la loy de ses membres ou matiere repugne a la loy

Rom.7.d

de son esprit, le captiuant en la loy de peché, encore q̃ ce combat oprimant la loy de l'esprit l'empesche de l'œuure de perfection, pourueu qu'il conserue ceste bonne volonté nō tain-ctē, soy iugeant elle mesmes en ces deffauts, Iesus Christ ne laisse pourtant de paracheuer sa perfectiō, & le cōseruer en vniō. Car il est escrit, si vous vous iugies vous mesmes, vous ne series iuges. & ailleurs O homme ie te diray qui est bon & que Dieu requiert de toy, verita-

1.Cor.11.g
Mich.6.b

blement faire iugement & aimer misericorde, & cheminer soigneux deuant ton Dieu. N'est ce pas ce que dict Mercure, faire iugement, & se cognoistre, soy iugeāt soy mesmes sans aucune flaterie, aimer misericorde, qui est l'operation de charité qui viuifie la foy morte sans celle la, & cheminer soigneux deuant ton Dieu? n'est ce pas continuer ceste bonne volōté, laquelle deffaillant n'y peut auoir aucun soin. parquoy le soing est commandé de Dieu, qui

Soin est violance d'affection.

se veut asseurer de la bonne volonté, sur toutes choses qu'il demande de l'homme. A cause de quoy il a voulu conclure ce qu'il en demande, pour l'asseurance de bonne volonté, de tant que soing n'est autre chose, que violance d'affection & volonté. Car la volonté si elle est prompte, (comme dict sainct Pol) elle est receue selon ce qu'elle a, & non selon ce qu'elle n'a pas. Parquoy si veritablement elle incline a la foy & amour de Dieu, tous actes & operations qui seront soubs-mis a ses puissances & actions, suyuront sa loy, & si bien il

2.Cor.8.b

y en a aulcunes, desquelles elle ne puisse venir a bout, (cōme dict S.Pol) qu'il ne faict le bien qu'il veut mais le mal qu'il hait, pour le moins ce sera d'vne bōne partie, a celle fin que (cōme il dit ailleurs) le peché ne regne pas en nostre corps mortel, & qu'il ny puisse a tout le moins cōtinuer l'obeissance de ses cōcupiscences. & par le moyē de ce cōbat, nous suyurons la foy

Rom.7 c
Rom.6.b
Le crestien reçoit mieux les argumens de la foy que des choses visibles.
Rom.4.c
La foy desperance contre sperāce d'Abraham.
Philip.4.c

du bō pere Abraham, qui par l'esperēce des choses qu'il voyoit par soy, croyoit cōtre l'esperance qui luy estoit engendrée par les argumens de la matiere, tout ainsi, quoy q̃ nous voyons d'incapable, foible, & impuissant en nostre homme exterieur, ne debuons faire aucū doute, q̃ donnant nostre continuel soin & volonté a l'obeissance de l'interieur S. Eprit de Dieu, sans aucune feincte ny dissimulatiō, il ne rēde suffisantes, vigoureuses, & puissantes toutes nos actions, en celuy qui nous fortifie. Nous debuons donc penser, que Mercure cōmunicant au peuple (suyuant le cōmandement de Dieu) les choses qui luy estoient données & leur declarant la beauté de pieté & cognoissance, les ayant destournes du sommeil d'ignorance, consommé en gourmandise & yurongneries, leur aura anoncé clairement ou occultement les remedes aportez par Iesus Christ, pour leur mōstrer, qu'ils sont en moyen d'estre faits participans d'immortalité. & si bien il ne leur anōce Iesus Christ en termes & langage de nostre religion Chrestienne venue long tēps apres : ce neantmoins il leur anōce le mesme Christ, hōme fils de Dieu, aucteur de la regeneration sans laquelle hōme ne peut auoir salut, nōmant ce mesmes fils de Dieu S. verbe, duquel auec le pere est procedé la secō de pensée, S. Esprit de Dieu tout puissant. Leur insinuant donc leur salut, il les admoneste disant, vous peuples qui par negligente ignorance vous estes liurés & precipités en la mort, ayant en vous le moyē d'acquerir la principalle partie de vostre immortalité, qui est celle de vostre hōme essential, & spirituel, laquelle vous pouues asseurer au sainct verbe l'eslisant par vostre

Mercure annonce le salut en la verité du sainct verbe.

voſtre arbitre REPENTES VOVS, recognoiſſant vous, QVI AVEZ CHEMINE AVEC ER-
REVR, d'auoir choiſi le mortel corruptible & plain de toute miſere, & COMMVNICQVE A-
VEC IGNORANCE (abandonant & delaiſſāt celluy qui tout ſçait) l'immortel, eternel' abondāt en toute felicité & conttēemēt. C'eſt le remede q̄ preſchoit S. Iean au deſert pour entrer au chemin de la vie eternelle, penitence, ou repentence d'auoir failly, RETIRES VOVS DE LA LVMIERE TENEBREVSE, que vous auez produict en vous par ce faux cuider, & conuerſion des vſages des vertus diuines deſtinées au ſeruiſſe de Dieu, employes par vous a l'abus & concupiſcence de la matiere, affin qu'eſtant retirez de ces tenebres que voſtre aueugle & ignorant iugement eſtime lumiere, vous PARTICIPIES (par le vray vſage des vertus intelligibles & ſpirituelles) D'IMMORTALITE & eternelle felicité, LAISSANT & reiectāt LA CORRVPTION & veneratiō. de matiere. A ce propos, cōbien que tous fuſſent venus d'vne volonté d'ouyr, ils ſe trouuēt neantmoins differents en volonté d'entendre. ET LES VNS D'ENTRE EVX (qui auoient leur vouloir & reſolu conſentement adonné a la concupiſcence) SE MOCQVANS S'EN ALOIEN rians & meſpriſans leur ſalut, par leur miſerable ignorāce, auec ceſte bonne chere SOY precipitās & LIVRANS MESMES AV CHEMIN DE LA MORT, ſans autre impulſion q̄ d'eux meſmes. Cōme il aduint a Ieremie preſchāt ces paroles, Par ce que des long tēps ie parle, criant l'iniquité & ſouuent anōçāt ruine, la parole du ſeigneur ma eſté tornée en honte & tout le iour en mocquerie. LES AVTRES qui auoient la volonté bonne, & deſir d'entendre leur ſalut, ME PRIOIENT dict Mercure, QVE IE LES ENSEIGNASSE ce ſalut, duquel ie leur auois ouuert mon propos d'affection & ardant deſir, qu'ils auoient de la cognoiſſance du bien, auec ces prieres SOY IETANTS a terre DEVANT MES PIEDS, ET LES RELEVANTS, auec offre du bon deſir que i'auois de leur aprēdre la voye de Dieu, leur ſalut, & eternelle vie, I'AY ESTE FAIT chef & CONDVCTEVR de tous ceux qui eſtoient DE LEVR GENERATION & famille, dediée a recepuoir la vraye regeneration, comme diſoit Ieſus Chriſt parlant d'Abraham, & S. Pol qui dict que ceux qui ſont de la foy, ſont fils d'Abraham, par la renaiſſance de laquelle cy apres nous dirons le fils de Dieu vn hōme eſtre vray aucteur, autremēt nous pouuons dire qu'il a eſté faict chef, eſtant eſleu entre les philoſophes pour eſtre faict grād ſacerdot, & entre les ſacerdots pour eſtre faict Roy, comme il eſtoit acouſtumé en Ægypte, & a ceſte cauſe fut dict trois fois tres grand, philoſophe, Roy, & ſacerdot. Et lors ie prins la cōduicte & gouuernement du peuple, LEVR ENSEIGNANT PAR MES PAROLLES diuines, COMMENT ceux qui les receurōt, SERONT SAVLVES, ET EN QVELLE MANIERE ils paruiendrōt au ſalut. ET AY ENTE EN EVX les parolles, & dens leurs penſées, la cognoiſſance de ce que le principal moyen d'y paruenir, eſtoit le vray employ des vertus diuines, ſelon leur propre nature de cōtemplation, les retirant du tout hors de l'abus des concupiſcences de la matiere, qui ſont tous PROPOS DE SAPIANCE, ET ce faiſant ONT ESTE NOVRRIS D'EAV IMMORTELLE. C'eſt ce pain quotidian que nous demandons a Dieu, par lequel nous ſommes nourris en immortalité & vie eternelle. ET VENANT LE VESPRE SVR LE COMMANCEMENT DV SOLEIL, TOTALEMENT COVCHE, qui eſt l'aube de la nuict deſtinée au repos corporel, IE LEVR AY COMMANDE a chaſcun RENDRE GRACES A DIEV, des biēs receux. Et apres INCONTINANT LES GRACES RENDVES CHASCVN S'EST RITIRE EN SON PROPRE LOGIS; ET I'AY ESCRIPT EN MOY MESMES LE BENEFICE, & doctrine q̄ i'ay receu DE PIMANDRE. C'eſt ce q̄ faiſoit la vierge heureuſe & treſprudāte, cōſeruant & cōferāt en ſon cœur, tous les actes excelāts & diuins, qu'elle voyoit faire a Ieſus Chriſt ſon fils. apres auoir acheué la iournée aux choſes intelligibles & ſpirituelles, c'eſtoit raiſō q̄ Mercure dōnaſt quelq̄ refectiō corporele a ſa perſōne, pour ſubſtanter ſa vie en ce mōde, parquoy il dict ET ESTANT RESASIE DE TOVT CE QVE I'AY VOVLV mēger I'AY REPOSE EN IOYE auec ce contētemēt ſi grād, qui ne ſe peut, dire. Mercure metoit ſa perſōne en repos, entendōs ſa matiere, car ſes vertus intelligibles n'eſtoiēt iamais oiſiues, ains ſuyuoiēt la nature de leur eſſēce principale, qui eſt Dieu, cōtinuellemēt agent ſans aucune oiſiueté, DETANT QVE LA SOBRIETE DE MON AME ESTOIT LE SOMMEIL DV CORPS, par lequel elle eſtoit en repos & plus retirée des cōcupiſcēces & abus des ſens, L'INCLINATION DE MES YEVX qui luy oſtoiēt l'amuſemēt qu'il recepuoit par le moyē de ſa veüe, & par cōſequent le deſtorbier que les yeux amenēt a la pēſée, quād ils raportēt a l'ame tāt de diuerſité de formes ſubiettes a leur veüe, ESTOIT dit il MA VRAYE VISION dās ſa pēſée, qui n'eſtoit lors empechée par la veüe qui repouſſoit

ſes

ses actions, MON SILENCE ESTOIT PREGNANT ou engroiſſé DE tout BIEN, c'eſt de tant que la parolle ne peut yſir de l'homme, que la penſée ne ſoit totalemét occupée a luy fournir ſubſtance de propos. A ceſte cauſe il dict, que lors que ma bouche faict ſilence, la penſée qui n'eſt occupée pour ce temps a luy fournir ſubſtances de propos, s'excerce a la contemplation des œuures diuines, qui eſt le vray moyen, de rendre ceſte penſée comme groſſe, enceinte ou pregnante de tout bien: tellement que apres c'eſte heureuſe conception receuë dans ma penſée, MA PROLATION DE PAROLES & propos que ie metois auant, ESTOIT LE vray enfantement FRVICT ou portée, DES choſes bonnes ou de tous BIENS qui auoient eſté engendres par mon ſilence, dans ma penſée diuine, ou ſainct Eſprit qui m'a eſté donné, c'eſt la generation d'enfans que dira cy apres Mercure au prochain chapitre. CES CHOSES (dict Mercure) ME SONT ADVENVES, LES PRENANT DE MA PENSEE, par le bien & miſericorde de Dieu, qui m'ayant rédu participant de ſon S. Eſprit & ſaincte péſée, ie y ay puiſé tous les ruiſſeaux que ie fais couler a ſon honeur, gloire, & louange, c'eſte mienne penſée, QVI EST PIMANDRE eſt le ſainct VERBE ou parolle DE CELLVY QVI EST A PAR SOY. Dieu tout puiſſant, ne prenant aucune choſe, ains diſtribuant & donnant tout ce qui a eſſence, comme elle n'eſtant en aucun lieu ſans luy, & par le moyen de ce verbe, DONT IE SVIS VENV DIVINEMENT INSPIRE DE VERITE, non que i'aye trouué ceſte verité ça bas, parmy les choſes materielles corruptibles & ſubiectes a varieté, inſtabilité, & mutation, totalement contraire a la conſtance de verité. Mais ie l'ay trouuée dans celuy qui eſt voye, verité & vie, par le moyen d'auoir employé par ſon commandement, les vertus de mon homme interieur a ſa contemplation, & cognoiſſance de moy meſmes, par lequel moyen, i'ay conceu de ſa pure miſericorde les rayons de ſon infinie lumiere, excedant la ſplendeur du Soleil, qui a rendu (par la preſence de c'eſte verité) toutes fraudes, corruptions, & deceptions de matiere bannies de ma péſée, comme indignes de comparoir en c'eſte digne compagnié, de vertus diuines, intelligibles & eternelles. A CAVSE DEQVOY, ne pouuăt dignement recognoiſtre & mercier l'aucteur d'vn ſi excellant bien, pour le moins DE TOVTES MES FORCES ET MON AME & puiſſances intelligibles IE RENDS GRACES, loue, & glorifie par chát ſolemnel, que ie chanteray de toute mon affection & liberale volonté en ſigne & merque d'obligatió & debuoir A DIEV MON PERE.

Mercure prend ſon ſilence pour en groiſſemẽt & ſon parler enfantement.

La parolle de Dieu eſt fruict & enfantement de Mercure.

SECTION 26.
PRIERE DE MERCVRE.

Dieu eſt ſainct, pere de toutes choſes. Dieu eſt ſainct, duquel la volonté eſt accōplye par ſes propres puiſſances. Dieu eſt ſainct, qui veut eſtre cogneu, & eſt cogneu des ſens. Tu es ſainct, qui par le verbe as eſtably les choſes qui ſont. Tu es ſainct, duquel l'image eſt toute nature. Tu es ſainct, qui nature n'a formé. Tu es ſainct, plus puiſſant que toute vertu. Tu es ſainct, plus grand que toute amplitude. Tu es ſainct, ſur les louanges excellant. Reçoy mes ſacrifices verbaux, a toy preſantés de cœur & dame purifiés. O indicible, O indefini, O qui par ſilence doibs eſtre prononcé. Donne moy te requerant, que ie ne fouruoye de la cognoiſſance qui eſt ſelon noſtre eſſence, fortifie moy, & illumine les freres de ma generation tes enfants, qui ſont en l'ignorăce de ceſte grace, A ceſte cauſe, ie croy, & en porte teſmoignage, ie paſſe en vie & lumiere. O pere tu es beniſt. Ton homme deſire eſtre auec toy ſanctifié, comme tu luy en as donné toute puiſſance.

COMMENTAIRE.

Mercure ayant rapporté le propos, que ſon ſainct Pimandre bouche de ſecrete ſpeculation luy reuelle en myſteres, & merueilleux effaicts de ſon Dieu tout puiſſant, ſe trou-

MERC. TRIS. CH. I. SECT. XXVI.

puissant, se trouue surprins & rauy de telle admiration, que voulant par priere recognoistre les bontés & misericordes qu'il y a aperceu, & ne les pouuant racompter particulierement pour la longueur & prolixité qui luy seroit requise, il a basty son oraison par clausules generales, qu'il ne pouuoit plus contenir en son cœur, pour les grandeurs, merueilles, & excellances, qu'il a cognu en la bonté diuine, disant, DIEV EST SAINCT, & en telle maniere qu'il n'est autre subiect pourueu de telle sainctté, comme il est tesmoigné, il n'est sainct comme le seigneur, car il n'en est autre hors toy, & n'y a puissant aucun come nostre Dieu, PERE DE TOVTES CHOSES, les ayant engendrées, produictes & créés, de tant qu'il est dict toutes choses estre créés & constituées par luy, & en luy, dont a bon droict il en doibt estre recogneu vray pere, DIEV EST SAINCT, DVQVEL LA VOLONTE EST ACOMPLIE PAR SES PROPRES PVISSANCES, operant toutes choses comme il est escrit, selon le conseil de sa volonté, & d'auantage toute puissance apartient a Dieu côme le Psalmiste le tesmoigne, de tant que puissance est de Dieu, & a toy seigneur misericorde, Et la puissance de la terre & de l'hôme, en la main de Dieu, voire toute puissance, dict sainct Pol. DIEV EST SAINCT QVI VEVT ESTRE COGNEV, ET EST COGNEV DES SIENS a la difference de ceux qui n'estant siens du cômencement, se sont rendus a luy, lesquels S. Pol declare auoir cogneu Dieu, & auoir esté cogneus de luy, les exhortant de ne retourner plus a venerer les matieres elementaires, comme ils auoient faict au parauant le cognoistre. C'est aussi ce que dict Esaïe, que Dieu sera cogneu de l'Egypte, & les Ægiptiens cognoistront Dieu ce iour la. Et consequemment Mercure ayant rendu louanges a Dieu en tierce personne, commence a parler a luy en seconde personne, luy presentant ses louäges & prieres. TV ES SAINCT, QVI PAR LE VERBE AS ESTABLY LES CHOSES QVI SONT. Comme dict le Psalmiste Par le verbe du Seigneur, les cieux sont establis, & par l'esprit de sa bouche toute leur vertu. TV ES SAINCT DVQVEL L'IMAGE EST TOVTE NATVRE, de tant qu'elle est vne essence diuine, executant en ce monde toutes vertus & operations diuines, lesquelles nous representant pour nous faire cognoistre l'exellance de l'ouurier, elles nous seruent d'image & representatiô de ce bon Dieu par la grâde & admirable abôdance d'effects qu'elle nous en manifeste. TV ES SAINCT QVI NATVRE N'A FORME, ains depéd de toy, pour l'executiô & côduicte de tes diuines volontez, TV ES SAINCT PLVS PVISSANT QVE TOVTE VERTV, comme disoit Esther, Seigneur Dieu d'Abraham, Dieu fort sur tous, & Dieu disoit a Iacob, Ie suis le trespuissant Dieu de tô Pere, & S. Pol dit, q̃ ce qui est plus foible en Dieu, est plus fort q̃ les hômes, & si a esleu les choses foibles & debiles pour côfôdre toute maniere des fortes. TV ES SAINCT PLVS GRAND QVE TOVTE AMPLITVDE, Comme disoit Moïse au peuple, le Seigneur vostre Dieu est Dieu des Dieux, Seigneur de ceux qui dominent, Dieu grand puissant & terrible, TV ES SAINCT SVR LES LOVANGES EXCELLANT, qui est comme nostre Dieu, louable, grand est le seigneur & par trop louable. RECOY MES SACRIFICES VERBAVX A TOY PRESENTES, par tres humbles prieres au nom de ton sainct verbe, & Fils eternel, DE COEVR ET D'AME PVRIFIES de toute faintise ou dissimulation, & netoies de toute fauce veneration, pour s'estre rendus & dediez a ton seruice, & recherchemét de tes louanges, O INDICIBLE, qui par parolle humaine ne peus estre dict, exprimé, ny prononcé, O INDEFINI & en toutes manieres indeterminé tant par tes puissances & vertus, qui n'ont aucun limite que par tes effects en nombres infinis & en proffit inestimables & démesures. O QVI PAR SILENCE DOIBS ESTRE PRONONCE. Par lequel les puissances intelligibles a toy propres, sont entretenues en leur vigueur, & côtregardées de tout empechement, & perturbation de propos ou langage, les ayant accoustumé a diuertir, par parolles perdues & inutiles ou vicieuses. C'est si lé ce, par lequel les vertus intelligibles dediées a cognoistre Dieu, demeurent en leur plus grand vsage & action en l'homme, & par celuy la l'homme doibt cognoistre Dieu. C'est ce silence qui est promis de Dieu a Esdras disant, Mon fils Iesus sera reuelé auec ses compagnons, & peu apres ces ans mourra mon fils Christ & tous hommes tirants haleine, & la terre sera conuertie en l'ancien silence, qui estoit auât le peché, & par lequel silence Dieu estoit cogneu, prononcé & reuelé. DONNE MOY TE REQVERANT QVE IE NE FOVRVOYE DE LA COGNOISSANCE QVI EST SELON NOSTRE ESSENCE, c'est la cognoissance qu'il auoit recouuré de Dieu, par la cognoissance de soy mesmes, qu'il recommande tant, & nomme ceste cognoissance de l'hôme

1. Reg. 2. a
Colloss. 1. c
Ephes. 1. a
Psal. 61. c
Eccles. 10. a
Rom. 13. a
Galat. 4. b
Esay. 19. d
Psal. 32. b
Esther. 14. d
1. Cor. 1. d
Deut. 10. d
Exod. 15. b
Psal. 47. a
95. a
4. Esdras 7. b

essential, lequel sainct Pol nomme l'homme interieur. Auquel seul apartient a cognoistre Dieu, n'estant mis en la composition de matiere pour autre effect, que pour cognoistre Dieu, qui est cause que Mercure prie Dieu luy donner ce bien, qu'il ne fouruoye d'entretenir ceste essence de l'homme interieur (qui le faict participant de diuinité) en la cognoissance de Dieu, par laquelle toutes choses de sa vertu diuine qui nous seruent a vie & pieté nous sont données, FORTIFIE MOY. C'est la priere que faisoit la bonne dame Iudith lors qu'elle hazardoit sa vie, a couper la teste a Holopherne, Côfirme moy, fortific moy seigneur, a cause de l'inconstance, & fragilité qui est en l'homme, de la nature & condition de la matiere, dont il est composé, qui le rendant inconstant, comme elle le sentoit, luy donne suffisante occasion de prier Dieu, le vouloir fortifier & rasseurer, & côfermer en sa culture, amour & veneration. ET ILLVMINE LES FRERES DE MA GENERATION, qui n'ayant receu tô bien faict, & n'estant renais en ta nouuelle naissance, sont mes freres & TES FILS OU ENFANS crées de toy comme moy, & QVI toutesfois SONT encore EN L'IGNORANCE DE CESTE GRACE, qu'il t'a pleu nous faire, n'ayant entré en vraye cognoissance de tes bontés, & misericordes. Il te plaira les illuminer, & leur ouurir les yeux d'intelligence, pour te contempler & cognoistre. A CESTE CAVSE IE te presente ma foy, & CROY en tes bontez & misericordes, ET EN PORTE TESMOIGNAGE, les anonçant a ceux que ie trouue disposez a te recepuoir & recognoistre. & quât a moy par ta saincte renaissance, IE PASSE EN VIE ET LVMIERE. C'est ce verbe luysant que i'ay cy deuant dict estre fils de Dieu ou tô fils Iesus Christ, duquel ie reçoy par ta misericorde l'vnion & conionction, par laquelle ie satisferay a l'ire & iustice diuine, sur sa croix, & recouureray sa iustice en ma iustification, resuscitant en luy. O PERE TV ES BENIST, loué & remercié de toutes mes forces, & vertus qu'il t'a pleu mettre en moy. TON HOMME maintenant estant mesme chose auec ton fils Iesus Christ en toy, DESIRE ESTRE AVEC TOY SANCTIFIE, Comme sainct Pol desirant estre dissout & separé de son corps, pour estre auec Christ. C'est l'homme de Dieu comme souloient estre nommez ceux qui luy estoient agreables, comme Moyse, Dauid & autres prophetes, nommés hommes de Dieu, frequentement en l'escripture. C'est la propre nature de l'hôme de Dieu, desirer estre auec luy sanctifié, COMME TV LVY AS DONNE TOVTE PVISSANCE, voire d'estre faict fils de Dieu, luy donnant la liberté d'eslire la suitte & veneration de l'esprit de Dieu, que tu as mis en sa composition, lequel paracheue en perfection, l'impuissance de ceste bonne election de toutes choses qui luy sont requises a son salut.

COMMENTAIRES SVR
le traicté de Mercure Trismegiste a
ÆSCVLAPE SERMON VNIVERSEL.
CHAPITRE SECOND.
Section premiere,

Toute chose qui peut estre meuë O Æsculape, n'est elle pas meuë en quelque chose & par quelque chose? Vrayement, n'est il pas necessaire ce en quoy la chose meuë meut, estre le plus grād? Il est necessaire. Le mouuāt est donc plus puissant que la chose meuë? Il est plus puissant. Il est donc necessaire ce en quoy elle est meuë, auoir la nature contraire a celle de la chose meuë? entierement. Ce monde donc est grand, & n'y a plus grand corps que luy? Ie le confesse & massif, attādu qu'il est remply des autres grāds corps, & plusieurs, voire de tous, tāt grāds corps qu'ils soiēt. Il est ainsi. Le mōde donc n'est il pas corps? Il est corps, & mobile? vraiement: combien donc doibt estre grand le lieu ou il se meut, & d'ou est sa nature, n'est il pas beaucoup plus grand, que pour pouuoir recepuoir la cōtinuité du mouemēt, & a ce que pressant par destresse la chose meue, il n'en retarde l'agitation? Ce faict est tresgrand ô Trismegiste. Mais par quelle nature? C'est donc par la contraire ô Æsculape, car la contraire nature du corps c'est l'incorporel, ie le confesse.

COMMENTAIRE.

PAR ce second chapitre, Mercure employe ses forces, a nous insinuer Dieu estre le vray aucteur & lieu de tout mouuement, comme despuis ses escripts il a esté verifié, par la ou il est dict, que nous viuons, mouuōs, & sommes en luy, & poura ce paruenir, il nous propose la dispute du mouuement, la nature & condition du mouuent, ou aucteur du mouuement par ou il est contraint d'entrer au propos du lieu, auquel se faict le mouuement. Toutesfois par ce que tout lieu qui doibt recepuoir en soy quelque chose estrange, soit mouuement ou autres subiects quelsconques corporelz, (qui sont les seuls qui occupent lieu) semble de prime face au commun estre vuide, pour n'auoir en iceluy aucun subiect qui puisse empescher l'entrée & demeure de celuy, qui y doibt estre contenu. dont s'ensuit que le commun estime en ce lieu n'y auoir aucune chose, & par consequent estre preparé a recepuoir ce qui se presentera, pour y estre assis: Ne s'aduisans plusieurs des moins instruits, qu'il ny a lieu aucun en ce monde, ou region elemētaire & materiele, qui soit vuyde, & sans aucun subiect, comme nous le dirons plus amplemēt cy apres & par consequent si nous entendons lieu estre place vuyde, disposée a recepuoir quelque subiect materiel. Il nous faut bien donner garde d'en cuyder trouuer en ce monde aucun, attendu que tout y est plain de matiere, sans laisser aucune place vuyde, par ou nous serons contraincts voulant trouuer lieu capable de recepuoir mouuement, ou autre subiect materiel, de le recercher hors les choses materieles, & different d'entre elles, par ce que au monde n'y a lieu, que celuy qui est occupé par chasque subiect materiel, esleuant noz entendemens tant a l'aucteur du mouuement, que du lieu qui le contient, n'attribuant a la matiere, que ce qui luy apartient & dequoy elle se trouuera estre capable. Apres la dispute du mouuemēt, il nous enseignera par les propos de la difference de Dieu a Diuinité, ou bien d'essence a essentialité, la simplicité pure & ne depēdent d'aucū subiect, estre en Dieu origine & seule source de toutes choses, pour bannir de nos esprits, aucune chose materielle tenir en sa nature tant soit peu de diuinité, a cause qu'elle est corporelle, ce faict apartenant aux seules incorporelles. Il nous faut d'auantage considerer, que depuis la publicatiō de nos textes de ce Pimādre en trois langues, nous auons descouuert par le moyen d'vne nouuelle

Aduertissement pour l'intelligence du second chappitre.

Ou est le lieu capable de mouuemens

Commancement du 2. chapitre nouuellement recouuré.

edition des eglogues de Iean Stobęe, que ce second chapitre eſtoit venu a nous aporté de Madedoine imparfaict & tronqué, ſans le vray cōmencemēt du chapitre, qui fut cauſe q̃ voyāt le cōmancement en l'exēplaire Grec cōmancer par ces mots Ou Dieu diuinité, ie dy maintenant &c. ſans aulcun bon ſens, nous y adiouſtames vne diſiunctiue, par ces mots ou Dieu (ou) diuinité, a faute d'auoir le vray cōmencement lequel nous ayant eſté raporté par Stobœc nouuellemēt publié, nous trouuons qu'il ſe raporte au vieux exēplaire imparfaict, par ceſte clauſe. le lieu eſt dōc incorporel, mais l'incorporel eſt diuinité ou Dieu, la diuinité, ie dy maintenant &c. de maniere que la clauſe precedente fine au premier mot du chapitre q̃ nous auions receu. Qui eſt cauſe que auant publier nos cōmentaires, nous y auons voulu adiouſter ce fragment qui contiendra la premiere ſectiō, & cōmencerons la ſeconde a ceſte ſuſdicte clauſe, qui fine par le premier mot du chapitre imparfaict (ou Dieu) Venant dōc a noſtre propos par l'entrée que nous a raporté Stobęe, nous dirons TOVTE CHOSE QVI PEVT ESTRE MEVE, ou a laquelle ſeule eſtre meue apartient, aſcauoir toute choſe matericle & ſenſible, ſubiecte a quātité & dimenſions ou meſures, car autre comme ſeroient les incorporeles & intelligibles, qui ne peuuent recepuoir agitation, ne ſont ſubiectes a ce propos d'eſtre meuës, mais au contraire nous trouuerons cy apres, que c'eſt aux incorporelles qu'apartient le vray mouuement, ou efficace de mouuoir les corporeles, qui peuuent eſtre meuës. Deſquelles choſes Mercure dict, o AESCVLAPE, toute choſe meuë N'EST ELLE PAS MEVE EN QVELQVE CHOSE, ET PAR QVELQVE CHOSE. C'eſt pour nous monſtrer qu'en tout mouuement, il y a trois ſubiects, le premier eſt le mouuāt, par lequel la choſe eſt meuë, le ſecond c'eſt la choſe meuë, le tiers eſt le lieu qui reçoit le mouuement, & en quoy il eſt faict. Mercure argue par la neceſſité aparante, demandant a Æſculape s'il confeſſe que pour mouuoir la choſe meuë, il y aye d'vne part vn aucteur mouuant, & vn lieu d'autre, qui reçoiue le mouuement. De tant que la choſe corporele qui ſeule reçoit agitation, ne peut ſe mouuoir d'elle meſme, eſtāt neceſſaire qu'vne autre qu'elle l'a moue. D'aultre part par ce qu'eſtre meu, n'apartient qu'a la choſe corporelle, elle ne peut recepuoir c'eſt effect q̃ en lieu, a cauſe q̃ toute choſe corporele n'eſt iamais ſans lieu, dōt Æſculape eſt contrainct cōfeſſer VRAYEMENT ces deux extremes eſtre requis a l'étour de la choſe meuë. Si dōc la choſe meue ſe promeine par ce ſubiet, auquel elle eſt meuë, N'EST IL PAS NECESSAIRE CE EN QVOY LA CHOSE MEVE MOVVE ou reçoit ſon agitation, ESTRE LE PLVS GRAND, atēdu q̃ s'il eſtoit preciſemēt de ſa grādeur, elle ne mouuroit, n'y receuroit agitatiō aucune, ſās ſortir dehors, ains y auroit penetratiō de dimentiōs en la plus part des corps. & d'auantage la regle de Philoſophie ſeroit fauce, ce qui ne peut, aſcauoir que le contenēt ne ſoit plus grand que le contenu. IL EST NECESSAIRE dict Æſculape. Il viēt apres vne autre conſequence LE MOVVANT EST DONC PLVS PVISSANT QVE LA CHOSE MEVE. Ce n'eſt ſans cauſe ſi l'action eſt plus puiſſante que la paſſion, & par conſequent celuy qui agit le mouuement, & meut la choſe, doibt auoir plus d'action & puiſſance, q̃ l'autre ſubiect qui ne faict action ni employe puiſſance aucune, ains ſouffre & endure l'action de l'agent, ſans employer aucune choſe du ſien, & le laiſſe & ſouffre faire ſon action, ne faiſant rien de ſa part. IL EST donc PLVS PVISSANT, IL EST DONC NECESSAIRE CE EN QVOY ELLE EST MEVE, AVOIR LA NATVRE CONTRAIRE A CELLE DE LA CHOSE MEVE, attendu que l'vn a nature de mouuement, & l'autre du repos, qui ſont qualitez du tout contraires, & incompatibles en meſme temps & ſubiect. ENTIEREMENT dict Æſculape. Mercure ayant prouué qu'il y a vn aucteur plus grand & puiſſant, que la choſe meue, & d'auantage que le lieu du mouuement eſt de nature contraire a celle de la choſe materielle, ſouffrant agitation, tend a conclure que par ceſte grandeur & capacité, de contenir tout mouuement, il ſe trouuera eſtre incorporel, commençant par le monde. CE MONDE DONC EST GRAND, ET N'YA PLVS GRAND CORPS QVE LVY, veu qu'il contient tous mouuements, & par conſequent toutes creatures materielles, auſquelles ſeules apartient grandeur & quantité, IE LE CONFESSE, ET MASSIF n'ayant en ſoy, aucune plaſſe vuide de matiere, ſoit ſimple ou compoſée. ATTENDV Q'VIL EST REMPLY, ſi qu'il n'y demeure en luy aucune tant ſoit petite partie de vuyde. ET MESMES DES AVTRES GRANDS CORPS, tant celeſtes, que elementaires, entre leſquels, la terre & mer deputes en vne maſſe, pour l'habitatiō des creatures, eſt preſqués des plus petits, & qui ſont PLVSIEVRS en nombre, VOIRE pouuons dire qu'il eſt rēply DE TOVS, n'en y ayāt vn ſeul au dehors, pour TANT GRANDS CORPS QV'ILS

Mouuement apartient a l'incorporel.

Choſe mene ē lieu de contraire nature.

SOIENT, qui monstre manifestement vne admirable grãdeur apartenir au monde. IL EST AINSI, car il contient par son circuit, mesures & grandeurs, toutes choses tant sensibles que intelligibles accõpagnées de matiere. LE MONDE DONC N'EST IL PAS CORPS proueu de trois dimentions, longueur, largeur, & hauteur, ou profondité? sans lesquelles n'y peut auoir corps quelconque materiel. Et d'auantage si plain & solide (comme il a esté dit) de toutes choses materieles, qu'il n'ya laissé tant petit vuide que l'on puisse penser. Parquoy IL EST CORPS ET MOBILE estant cõposé de matiere en son tout, & simples parties, a laquelle matiere seule la qualité de mobilité apartient, & nõ autre. Parquoy il ne peut estre exempt de pouuoir recepuoir mouuemẽt ou agitation, VRAYEMENT propre a toute matiere. COMBIEN DONC DOIBT ESTRE GRAND, LE LIEV OV IL SE MEVT? Il le faut bien penser grãd, puis qu'il excede toute quãtité de mesures, laquelle est enclose dãs le monde que ce grand lieu contient, & lequel par consequent n'est mesurable d'aucune quantité. Car si toute quantité de grandeur est enclose dans le monde, ne pouuant mesurer aucune chose au dehors, comment pourra vne chose moindre comprendre vne plus grande? Ce lieu donc n'est subiect a dimentions ou quantitez de mesures, ET pensons DONT EST SA NATVRE & condition: Premierement ce lieu contenant le mouuement du monde n'est point yssu du monde, puis que nous auons veu qu'il est de contraire nature, a celle du mõde qui meut en luy: Secondement, il n'est faict de matiere quelconque, de tant qu'il n'y a aucune matiere hors les limites du monde: Tiercement il n'est composé de diuerses parties, a cause qu'il n'y a composition sans matiere. Il est donc necessaire qu'il soit de nature simple, & du tout incorporel, n'ayant en luy matiere, & incomprehensible de mesure ou quantité, comme contenant en soy le monde qui les contient toutes: & puis qu'il le contient, est ce si iustemẽt qu'il n'y ait autre capacité plus grãde? N'EST IL PAS BEAVCOVP PLVS GRAND QVE POVR POVVOIR RECEPVOIR LA CONTINVITE DV MOVVEMENT que le mõde faict en luy? ou bien qu'il soit de quelque forme ou figure, a laquelle le monde mouuãt puisse chocquer, ou passer ses extremitez & limites, ET A CE QVE PRESSANT PAR DISTRESSE LA CHOSE MEVE, IL N'EN RETARDE L'AGITATION, de maniere que par ce retardement, le mouuement du monde perde son ordre, & regularité du mouuemẽt qui luy a esté imposé dez le commencement. Car s'il pressoit le mõde, pour luy empescher son mouuement, il le toucheroit ne le pouuant presser sans le toucher: ce qu'il ne peut, car il seroit sensible, & vseroit des sens, desquels l'atouchement est l'vn, & par consequent il seroit materiel, ou tiẽdroit de matiere, a laquelle seule apartiennẽt les sens, & laquelle seule est sẽsible, ce qui ne peut estre. Car le monde estant empesché en son mouuement, par c'est atouchement de matiere, ne contiendroit en soy toute matiere, s'il en trouuoit hors de ses limites. Ce qui est au cõtraire, car il la cõtient toute, & n'en y a aucune partie au dehors, dõt s'en suit que ce contenãt est si simple, incorporel, incõprehensible, & ample, qu'il ne peut presser ou empescher le mouuemẽt du mõde, acause de dureté, estroisseur, ou autre imperfection quelconque, laquelle apartient a la matiere de sa propre nature, & non a ce simple subiect, & lieu auquel toute matiere faict son mouuement. CE FAICT EST TRESGRAND, O TRISMEGISTE, que ceste chose ou lieu cõprenant le monde, ne soit subiet a aucune mesure qui le puisse attaindre, qu'il ne soit aucunement materiel, qu'il ne soit subiet a aucune perceptiõ des sens, ny composé d'aucuns subiets differents, ains tressimple, intelligible, incorporel, incomprehẽsible, cõprenant toutes choses n'estant cõprins d'aucune. MAIS PAR QVELLE NATVRE a il toutes ces perfections? ce n'est pas qu'il les ait tirées du monde, ou n'ya que imperfection & qualitez, ou conditions du tout contraires a celles de c'est excellent subiet, cõme nous auons veu qu'il est de nature cõtraire, a ce qui est cõprins de luy. C'EST DONC PAR LA CONTRAIRE nature O ÆSCVLAPE, que c'est excellẽt subiect est si different du mõde, qu'il cõprend en tant que incorporel du corporel, intelligible du sensible, incõprehensible du comprehensible, puissant de l'impuissant, simple du cõposé, infiny du terminé, & plusieurs autres antitheses qui se trouueront entre ces deux si contraires subiects. CAR LA CONTRAIRE NATVRE DV CORPS C'EST L'INCORPOREL, comme procedant d'habit a priuation, ou nous trouuons que cõme tout vice abonde au corporel, a cause de la matiere, de mesme raison toute perfection & vertu abonde en ce contenant, deliuré de toute imperfection, vice, & matiere qui les produit. IE LE CONFESSE comme n'y ayant chose de plus contraire nature que celles qui abondent en contraires conditions.

Toute quantité close dans le monde.

Contraire nature du corps l'incorporel.

SVR LE PIMANDRE DE SECTION 2.

LE lieu donc est incorporel, mais l'incorporel est diuinité ou Dieu, La diuinité, ie dy maintenant non qu'elle soit chose faicte, mais qu'elle est chose non faicte. S'il est donc diuinité, il est essential, S'il est Dieu, il est non essential, ou autrement il est intelligible en ceste maniere. Car Dieu est premier intelligible a nous, non a luy mesme. De tant que l'intelligible choit en celluy qui l'entend, par les sens. A cause dequoy Dieu n'est a soy intelligible, par ce qu'il n'est entendu de soy mesmes comme estant autre que la chose entendue, mais a nous c'est quelque autre chose. Parquoy il est entendu de nous.

COMMENTAIRE.

MErcure ayant argué par le mouuement, a conclure la grandeur du subiet qui comprend tout mouuement non encore en sa perfection de grandeur, qui ne gist en quantité ou mesure comprenant lieu, comme est celle de laquelle nous tenons propos a present, conferant le monde a cest excellent subiet, qui le contient. Ayant commencé de nous insinuer son excellence & grandeur, par le mouuement & lieu de capacité, & dauantage par la puissance & contrarieté de nature qu'il a enuers celle du monde, il vient maintenant a continuer son argument montrant ce lieu qui contient tous mouuements, estre incorporel separé & different de toute chose corporelle, ou materielle, voire estant totalement de nature ou condition contraire au corps. Dont il conclud par ces propos, LE LIEV DONC EST INCORPOREL, n'ayant aucun atouchement ou autre sensibilité auec la chose corporele, qu'il contient, mais estant du tout contraire a la nature des choses corporeles & materieles. Il est necessaire que ne pouuant auoir en soy aucune proprieté ou condition conuenant au corps, mais toutes contaire, qu'il soit incorporel. MAIS L'INCORPOREL EST DIVINITE OV DIEV. En ce lieu estoit la corruption de l'exemplaire porté de Macedoine imprimé trois fois dans Paris, depuis l'an 1522. & par nous dernierement, commençant ce second chapitre en ce lieu (ou Dieu) par la moitié de la disionctiue, hors tout propos. Pour auquel reuenir, nous suyurons Mercure, declarant la chose incorporele estre de deux l'vn, ou bien diuinité, & chose diuine, comme dependant de Dieu soit par infusion ez creatures, soit par comunication en toutes choses, soit par particularité de nature, come considerant toutes & chascunes actions, efficaces, vertus & puissances dependre, & receuoir leur source de Dieu, & n'estre pourtant Dieu, ains seulement sont diuinites, & dependances de Dieu. Lesquelles choses sont toutes incorporeles, comme n'ayant en soy aucune condition ou qualité de corps, dont s'ensuit que l'incorporel est, ou bien ceste chose diuine, ou dependant de Dieu, ou du tout c'est Dieu mesmes, n'y ayant aucun moyen entre deux, qui est le vray, seul & parfait incorporel, auec ces dependances de diuine nature. LA DIVINITE IE DY MAINTENANT NON QV'ELLE SOIT CHOSE FAICTE, de tant qu'elle reuiendroit a estre comprinse ez choses materieles, qui de leur nature sont faictes crées & engendrées, & subiectes au iugement & comprehension des sens. Et par consequent reçoyuent commencement & fin, subiectes a generation, corruption, changement, alteration & a innumerables autres passions, & imperfections, esquelles diuinité ne porte aucune obeissance ny communication. Dont nous ne dirons que ce soit chose faite, crée, ou composée, MAIS QVELLE EST CHOSE simple, incorruptible, immuable, inalterable, NON FAICTE, engendree, ou produitte d'aucune creation, ou composition. A cause dequoy elle n'est aucunement subiette a la perception, ou iugement du sens. S'IL EST DONC DIVINITE come estant chose dependante de Dieu, IL EST ESSENTIAL, dependant & receuant son origine d'essence. Et de tant que Dieu est essence c'est mesme chose d'estre diuin, & d'estre essential: a cause que diuin ou diuinité depend & reçoit son origine de mesme condition en Dieu, comme la chose essentiale la prend de l'essence. Parquoy Dieu & essence estant mesme chose, il s'ensuit neccessairement que chose diuine & essentiale dependants de ces simples sont semblablement mesme chose. S'il est donc diuinité, c'est chose essentiale: mais S'IL EST DIEV premier origine de soy mesmes, & de toutes autres choses, ne dependant d'aucune, IL EST NON ESSENTIAL, & ne dependant d'aucun autre commencement qui puisse estre son premier

L'incorporel est diuinité ou Dieu.

Diuinité depend de Dieu.

Chose essentiale est dependans d'essence.

Pourquoy Dieu n'est essential.

mier, soit en temps ou excellence. Parquoy ne luy peut estre apliqué ou attribué le nom d'essential, sans desroger a son excellence & perfection, laquelle ne dependant d'aucun autre subiect, ny prenant en autre essence son origine & commencement, que en la sienne propre. Il ne peut estre dict essential, mais sera dit celuy qui est en pure & simple essence, comme il l'a ainsi enseigné a Moyse, & voulu estre nommé tel. Parquoy il n'est essential ains simple essence, OV parlant AVTREMENT IL EST INTELLIGIBLE EN CESTE MANIERE. C'est que comme essence est subiect incorporel, ne tumbant aucunement sous le iugement des sens. Mais de la seule pensée, ou entendement humain, image de Dieu en l'homme, elle sera dite non sensible, mais intelligible, qui est autant que non subiecte a la cōprehension des sens, mais a celle du seul entendement. De mesme maniere Dieu incorporel (nommé celluy qui est) par simple essence, ne pouuant estre comprins ou aperceu par les sens, a la maniere des choses materielles & sensibles. Il sera dict intelligible, comme pouuāt estre aperceu ou entendu par le seul entendement ou intelligence, qui est son operatiō, CAR DIEV EST PREMIER INTELLIGIBLE A NOVS, NON A LVY MESMES. A cause qu'il s'y treuue deux subiects, faisants diuers offices, l'vn entēd, l'autre est entendu. Parquoy pour entendre Dieu, il nous est besoing estre autres que luy, & tenir l'estat d'entendre, comme il tient l'estat d'estre entendu. Et par ce moyen il se rend a nous intelligible, c'est autant que aperceu par l'entendemēt, n'y ayant lieu de l'aperçeuoir par les sens. Et le premier que nous entendons, car considerant bien les effects de nostre intelligēce, & la difference qu'elle a a la perception faicte par les sens, ez creatures qui n'ont intelligence, nous trouuerons que toutes creatures brutes n'aperçoiuent que par leurs sens, n'ayans en soy intelligence, & tout ce qu'ils aperçoyuent au subiect, n'estre rien que la seulle matiere, pour leur secours corporel. En quoy ny a aucune diuinité en leur comprehension, au contraire l'homme (qui seul a receu l'entendement) dez qu'il aperçoit par ses sens quelque subiect, l'intelligence s'y treuue soubdain cooperante auec le sens, cōme nous le verrons cy apres, laquelle ne s'arreste a la matiere seule comme le brut. Car ce ne seroit l'intelligence qui aperceuroit la seulle matiere. Ce faict apartient aux sens, elle ne la peut aperceuoir que par le sens, tant qu'elle est enclose en corps. Il est donc necessaire qu'elle y aperçoiue ce que le sens ne peut, qui est la forme, ou partie diuine de la composition faicte sur ceste matiere, qui est cause que l'homme faisant son vray estat, void Dieu en toutes creatures, par la consideration de la forme, qui tousiours est diuine, nō auec les sens, mais auec l'entendemēt qu'il a reçeu expres pour faire principalemēt c'est estat. Par ainsi quoy q̄ l'homme entēde, ou soit rendu intelligible a luy, le premier, c'est Dieu, ou en toutes creatures sa partie diuine, qui habite pour forme en icelles, de tāt que ce ne peut estre la matiere, a cause qu'elle ne tumbe q̄ soubs la perceptiō des sens & nō de l'intelligēce. Et en ceste maniere Dieu est premier intelligible a nous, & non a luy mesmes, la raisō c'est DE TANT QVE L'INTELLIGIBLE CHOIT EN CELLVY QVI L'ENTEND PAR LE SENS. Or est il que Dieu n'vse point d'aucune subiection de sens pour apercepuoir la matiere, mais a moyens plus excellents & parfaicts, sans estre subiect a receuoir l'intelligence par les sens. Ce n'est ainsi de l'hōme composé de l'image de Dieu en matiere, lequel est contraint le plus souuent receuoir tant l'intelligence de Dieu, que de toutes autres choses par les sens, lesquels faisans leur office a comprendre ou aperceuoir la matiere, qui est tout ce qu'ils peuuent, l'intelligence coopere auec eux: & prenant leur raport materiel, elle passe plus auant & faict son estat, a comprendre & aperceuoir ce qui n'a esté licite aux sens, lesquels receuans par le dehors de l'hōme les matieres qui leur sont proposées, trouuet l'ame raisonnable proueuë de l'image de Dieu, preste a faire iugement, non seulemēt des matieres que les sens recueillent, mais de la nature des formes, qui ne sont subiectes aux sens, soient vertus, actions, efficaces ou proprietez, toutes excedents la perceptiō des sens & subiects materiels, & venant aux parties diuines, cōmuniquées aux creatures. Par la consideration & cognoissance desquelles, ce grand Dieu se rend intelligible a l'homme, & estre en fin entendu par luy en sa partie de l'entendement image de Dieu, qu'il a receu pour c'est effect, non en la partie des sens, qui n'ont cognoissance de nature, vertu, ou efficace quelconque. Mais leur office se treuue principal a la beste brute, sans intelligence ou iugement, qui par le raport des sens, reçoit la seule matiere qu'elle cerche par sa nature n'ayant aucune consideratiō des formes, & en reçoit autant en son ame sensitiue, qui est le plus souuēt plus actiue & aigue, a la reception des raports des sens, que celle de l'hōme, comme

Deuter.7

Deux estatz en l'intelligēce l'entendās & l'entendu.

Le premier intelligible a l'homme est essēce diuine.

Different vsage des sens entre le brut & raisonnable. L'intelligēce n'apperçoit la matiere.

L'intelligible choist en l'intelligence par les sens.

Le sens prend la matiere & l'intelligence de la forme.

la veuë de l'aigle, le sentimēt du loup, & du chiē, & infinis autres, aiants les sens de tant plus actifs & aigus, q̄ l'homme, lesquels ny reçoiuēt autre chose que la vertu attirée par le sens corporel, a faute que dās ceste ame sensible, ny a aucune action ou vertu de raison, ou intelligence, Mais l'ame raisonnable, dās laquelle l'intelligence des essences exterieures est manifestée, par le raport de ce que ses sens peuuent cōprendre, cōbien que ses sens ne luy puissent plus raporter qu'ils sont a la beste brute, si est-ce que la vertu de l'intelligēce qui est en l'ame raisonnable, considere tellement par ses cognoissances & iugements, la nature, l'ordre, les qualitez, quantitez, & autres considerations, qu'elle retire de ce raport, plus que ne feroit la beste brute, & ce par ses ratiocinatiōs, arguments, cognoissances, & experiances, lesquelles toutes vertus dōnées a ceste ame, luy engendrent tant d'intelligence, q̄ en fin elle se trouue par ce moyen auoir attaint la cognoissance de tout ce qui luy peut aduenir de la matiere, par le raport des sens, qui n'ont leur actiō dediée ailleurs. & en ceste maniere, l'intelligence escheoit en celuy qui l'entend par les sens. A CAVSE DEQVOY DIEV n'estant materiel n'a aucun besoin ou vsage des sens, & N'EST A SOY INTELLIGIBLE, de tant que ses intelligēces ne luy sont raportées par les sens, & aussi PAR CE QV'IL n'estāt qu'vn N'EST ENTENDV DE SOY MESMES COMME ESTANT AVTRE QVE LA CHOSE ENTENDVE. C'est a dire, que nous auons dict, que l'entendant & l'entendu debuoiēt estre diuers, ce qui ne peut estre en Dieu, lequel tāt entēdant que entēdu, est vne mesme chose: parquoy il n'est autre ny diuers, ou different. MAIS de tant qu'il est differant A NOVS, C'EST QVELQVE AVTRE CHOSE PARQVOY IL EST ENTENDV DE NOVS, comme nous en tēdants, estāts autres que luy entendu. Aussi Mercure dira cy apres, que toute chose engendrée est subsequente du generateur ou facteur, lequel facteur est autre que ce qu'il faict. Qui nous monstre clairement que Dieu estant premier que toutes essences, plus ancien que toutes generations, & non autre que luy mesmes, ne peut estre faict ou engendré, de tant que Dieu auec sa diuinité dependant immediatement de luy, comme simple essence, vertu ou action diuine, n'ont aucune chose precedante: ains tout ce qui a ou eust iamais essence, il la en Dieu, seul estant. Nous considerons ycy la differance qui est entre Dieu & diuinité, ou chose diuine, la diuinité ou choses diuines qui prouiennēt immediatement de Dieu sont vrayes essences, & telles que autre chose ne peut estre dicte estre, ou auoir vraye essēce, que ce qu'il a en Dieu, cōme estant en l'auteur de simple & originaire essence, comme sont ses actions, vertus, puissances, dispositions, & autres dignitez estants en luy. Comme il fut declaré à Moïse voyant le feu du buisson, Ie suis celuy, qui suis, Tu diras, celuy qui est m'enuoye a vous, comme n'estant autre chose qui aye essence, que ce qui est en luy. Parquoy il se dict le seul estant, de tant que tout ce qui ne prend essence en luy, est transitoire & corruptible, suyuant ce que nous auons dict, au premier chapitre, que toutes choses faictes ou crées, ont en soy deux parties, matiere & forme, l'vne corruptible & sans vraye essence en Dieu, est la forme diuine en vraye & perfecte essence. Voila donc comment diuinité & chascune de ce grand & infini nōbre d'essences, vertus, & actions diuines, sortants sans aucun moien de luy, & Dieu en est le vray auteur, chef, & principal dispositeur: lequel estant de soy & pardessus toutes ses puissances & actions, qui sont toutes essences, ne peut estre essential, ou faict dependant ou contenu d'essence, ains contenant toute essence. A ceste cause Mercure a dict si c'est chose diuine, c'est chose essentiale, ou dependante d'essence & si c'est Dieu c'est chose non essentiale, ou sans essentialité, a cause dequoy l'homme interieur estant formé d'essence diuine est dict l'homme essential. Nous conclurons donc, que soit Dieu ou chose diuine, il nous est rendu intelligible par le moyen des sens, comme estants autre chose & diuerse de luy, & ce raport des sens nous aporte l'inteligence au iugement de l'ame raisonnable, comme dict S. Pol, Comment croiront ils, ou inuocqueront ils celuy qu'ils n'ont ouy, & comment l'oront ils sans denōciateur, voulant dire que la nouuelle qui vient a l'intelligence du dehors, elle vient par les sens, soit voix viue par denonciateur, ou voix morte d'escripture, ou autre figure, ou subiet d'autre sens corporel respondant en l'ame, & par consequent en la raison & intelligence, qui est de son essence.

Voila cōment il nous est rendu intelligible par ses actions & effects, qui par le moyē de nos sens se presentent a nos intelligences, pour le nous faire cognoistre comme a dit S. Pol considerāt ces choses & vertus inuisibles, par l'intelligence des visibles, lesquelles combien qu'elles ne soiēt Dieu, si est ce qu'elles nous sont dōnées, cōme moyen de cognoistre Dieu.

à ce

Les sens ne raportēt plus a l'hōme qui au brut.
Comment l'intelligence ingē par les sens.

L'intelligible choit en l'intelligēce par les sens.
Pourquoy Dieu est dict ingē entendu de soy mesmes ains de nous.

Dieu n'est engendré, de tant qu'il est auant toutes choses.

Differance entre Dieu & diuinité.
Toutes choses sont en Dieu.

Exod. 3. d

Le corps est prins de la matiere & la forme des essēces diuines.
Dieu est αὐθοδιύνς qui est estant de soy.
Pourquoy l'homme est dict essential

Rom. 10. e
L'intelligible vient par les sens.
Dieu est en l'intelligible par choses exterieurs.

Rom. 1. e

à ce que son intelligence nous entre par les sens, & c'est la façon d'intelligence donnée de Dieu à l'homme, par la creation de sa nature. Il en y a vne autre que Dieu donne quelquefois par infusion supernaturele, & de puissance absoluë, ou miraculeuse, de laquelle Mercure nous parlera quelquefois cy apres, Dieu aydant. *Autre moyē en d'intelligence que par les sens.*

De ce propos dépand vne question d'vn effect, qui a esté trouué difficile aux hommes, despuis leur creation. C'est l'effect de ce tres-ancien dict (cognois toy mesme) & pourrions demander, dont en vient la difficulté si grande en l'homme, de ne se pouuoir cognoistre en luy mesme. Nous penserions de prime face, que Mercure nous disant, que l'entendant & l'entendu doiuent estre deux, l'homme ne se peut cognoistre, n'estant qu'vn, comme nous venons de dire, que Dieu n'est intelligible à soy mesmes, comme estant autre entēdant, que la chose entendue, veu qu'il est vn mesme, & tres-simple subiect: cōbien que nous sçachions bien, que ceste diuine intelligence a cognoissance de soy mesme, voire est le seul, qui se cognoist: comme Iesus Christ a tesmoigné, que aucun n'a cogneu le Fils que le Pere, ny le Pere que le Fils. Mais en cest endroit, Mercure pose ce faict conditionel, disant que Dieu ne se peut cognoistre, comme l'homme le cognoist: c'est à sçauoir, comme celuy qui cognoist estant autre, que celuy qui est cogneu, ce que ne peut escheoir en Dieu, qui n'est autre, soy cognoissant qu'il est mesme, estant la chose cogneuë: mais aduient bien à l'homme, qui est autre cognoissant Dieu que Dieu cogneu de luy: c'est à sçauoir, il est creature composée de l'image de Dieu en matiere, cognoissant Dieu, subiect simple cogneu. A ceste cause nous dirons, que l'homme n'a en soy la prerogatiue du bon Dieu, d'autant que l'homme est plusieurs choses, estant composé d'icelles en vn subiect, qui non seulement sont diuerses, mais du tout contraires, & de nature repugnantes l'vne contre l'autre, comme il est dict: La chair desire contre l'esprit, & l'esprit desire contre la chair: & ailleurs, Ie sers par la pensée à la loy de Dieu, & par la chair à la loy de peché: declarant l'esprit pensée ou image de Dieu, estre l'vne partie fauorisant le seruice de Dieu, & la chair estant aduersaire à celle là, seruant à la loy du peché: chacune d'icelles tendant a retirer la volonté, ou libre arbitre de l'ame, à ses conditions. Laquelle a esté beaucoup inclinée vers la chair, par l'impression du premier peché, duquel est venue la mort à l'homme, comme il est escrit, Mon esprit ne demeurera plus en l'homme, par ce qu'il est chair, mais durera encores cent vingt ans. L'homme donc estant composé entour de son ame de deux parties si contraires, que sainct Pol les a descriptes, & tant repugnantes en leur nature, & conditions, ne peut dire, qu'il n'aye moyen de soy cognoistre, de maniere que le cognoissant soit autre que la chose cogneuë: car à la verité, ces deux parties si differentes & cōtraires, peuuent librement porter nom d'estre autres & diuers l'vn de l'autre. Ce neantmoins l'homme peut dire, que ses deux parties n'ont ceste dignité de recognoissance, ains l'vne seule, à sçauoir la partie de l'image de Dieu: car la partie charnelle, n'a que les concupiscences, qui luy sont suscitées par les sens, tant qu'elle se tient separée de l'autre, & desquelles elle sert à la loy de peché, sans aucune cognoissance, ny intelligence des choses diuines, ny memoire d'icelles. Mais au contraire, la partie spirituele de l'homme interieur, esprit, pensée, entendemēt, raison, & image de Dieu, qui est mesme chose, se trouue de sa nature & condition prouueuë de iugement, cognoissance & intelligence, pour entendre & cognoistre, ou seruir Dieu, & ses loix. Parquoy iusques à ce que l'homme aie rendu d'accord ses deux parties, de maniere que la plus mal saine soit vaincue par la meilleure, & aye quitté ses concupiscences, pour soy renger à la cognoissance & intelligence, qu'elle doit receuoir de l'autre, l'homme entier n'aura ce bien de cognoistre soy mesme, ains s'ignorera tousiours par sa partie ignorante, comme Mercure la nommera cy apres, de tant qu'elle ne peut perdre son ignorance, & acquerir cognoissance, si elle ne se trouue d'accord auec sa partie aduersaire à l'image de Dieu. C'est la guerre que Iesus Christ est venu mettre çà bas: & pour laquelle, il veut diuision entre le pere & le fils, &c. C'est le feu qu'il est venu mettre çà bas, desirant qu'il soit allumé. C'est le combat continuel, auquel doit viure l'homme Chrestien, durant sa vie, comme dict Iob, La vie de l'homme estre vn combat sur terre. De maniere que toute la difficulté que l'homme trouue a cognoistre soy mesme, ne depand que de la victoire que doit acquerir la partie prouueuë de cognoissance, image de Dieu, sur la partie ignorante & charnele à ce que l'ayant conquise, elle luy communique ses moyens de cognoissance, par lesquels elle cognoistra premieremēt ceste saincte image de Dieu, qui luy a esté donnée, qui pour lors est soy mesme: & s'estant bien confirmée en la cognoissan-

D'ou vient la difficulté de soy cognoistre.

Matth. 11. d

Galat. 5. 2
Rom. 7. d

Genes. 6. d

Iob. 7. d

H 5

ce de ceste image, semblance, & representation diuine, elle trouuera qu'elle cognoistra le mesme Dieu. Lequel ne pouuant estre figuré, representé, ou ressemblé d'aucune chose, autre que soy mesme, se trouuera estre sa mesme image & semblance en l'homme, & par laquelle, il est rendu participant en l'vne de ces parties de diuine nature, comme dict S. Pierre, & auoir receu l'Esprit de Dieu, non celuy du monde, comme dict S. Pol. Vray est, que l'impurité de l'autre partie charnele, ou materiele, meslée auec celle là a faire vn composé de l'homme, ayant prins auantage de son parti par le premier peché, salit & diminue tant la partie plus digne & principale, qu'elle rend la victoire de tant plus difficile contre la matiere, & les vertus, actions, & dignes efficaces tant opprimées, qu'il n'y paroist en plusieurs personnes presque aucun rayon de ceste image, & semblance de Dieu : de maniere qu'ils sont bien rares ceux, esquels la victoire de l'esprit contre la chair, aye amorti la guerre, qui est entr'eux : & par consequent soient venus à la cognoissance de soy mesme, pour s'ayder d'icelle à la perfection de la vie eternele, que Iesus Christ a nommé cognoissance de Dieu.

2. Petr. 1. a
1. Cor. 2. c

Ioan. 17. a

SECTION 3.

*C*Ar *si vn lieu est intelligible, il n'est Dieu, ains est lieu. Mais s'il l'est cõme Dieu, il ne l'est comme lieu, ains comme efficace de capacité. Toute chose qui est meuë, ne se meut en chose meuë, mais en chose stable : & la chose mouuante repose : car il est impossible, qu'elle meuë ensemble auec elle. Comment donc, ô Trismegiste, les choses qui sont icy, se meuuent auec celles, qu'elles meuuent : car tu nous disois, que les spheres erratiques estoient meuës par la sphere d'aplanés. Cestuy-cy, ô Æsculape, n'est pas mouuement semblable, mais contreuention, de tant qu'ils ne sont pas meuz semblablement. Ains au contraire l'vn de l'autre. Parquoy l'opposition tient la repugnance de la motion stable, de tant que repercution porte en soy stabilité.*

COMMENTAIRE.

Lieu subiect à dimentions n'est intelligible ains sensible.

Tout ce qui est en l'intelligence est diuin.

Le vray lieu contenant les choses n'est compris de mesures ains est intelligible.
Mercure prouue le lieu estre intelligible par argumēs du mouuemant.

COntinuant le propos de l'intelligible, Mercure dict : CAR SI VN LIEV EST INTELLIGIBLE en tant que lieu, qui est estimé subiect à dimensions, IL N'EST chose intelligible comme DIEV, ou chose diuine, AINS sensible, & EST LIEV corporel, receu par intelligence. MAIS SI estant presenté à nostre intelligence IL L'EST COMME DIEV, diuinité, ou chose diuine, IL NE L'EST en tant que chose subiecte, ou comprinse de dimensions, COMME est le LIEV. Car Dieu ensemble aucune de ses diuinitez, ou vertus, ne peuuent estre contenues ou mesurees d'aucune dimension, qui apartient au corps, à cause que toutes sont de nature humide, qui ne peut estre comprinse de dimension, quantité, lieu, terme, ou limite. Parquoy si le lieu est presenté à l'intelligence comme Dieu, ou diuinité, il ne le peut estre comme lieu contenu de dimensions, AINS COMME vne vertu diuine, qui est EFFICACE, action, ou puissance DE CAPACITE', ou localité, c'est à dire vne vertu de contenir en soy toute chose, qui a besoin de lieu, soit corps reposant ou mouuant, laquelle efficace de capacité est essence diuine, non subiecte à dimensions, limites, termes, ou quantitez. Et pour exalter l'infinitude de ceste essence diuine, qui est efficace de capacité, Mercure amene l'exemple du mouuement, lequel nous estimons auoir plus grand besoin de lieu, que autre chose reposante quelle qui soit, de tant que la chose qui repose, n'a besoin que du lieu de sa grandeur qu'elle occupe : & celle qui meut, occupe outre sa grandeur, comme il semble, le lieu du mouuement. Il dict donc, TOVTE CHOSE QVI EST MEVE, ou reçoit mouuement, NE SE MEVT EN CHOSE (soit lieu ou autre essence) qui soit MEVE : MAIS EN CHOSE fixe, STABLE, ou reposante : en tant que tout corps qui est meu, estime pour son regard le lieu où il se meut, reposant, ou stable. comme par exemple, vn homme se promenāt sur le tillat d'vne nauire, soit elle sur l'ancre, ou en chemin, celuy qui se promene n'a interest au mouuement de la nauire, & ne prend le lieu auquel elle il se meut, comme mouuant, ains comme reposant pour son regard, à cause que ce qui reçoit mouuement d'vn lieu en autre, par ce mouuement qu'il descrit, il estime laisser en repos le lieu qu'il laisse alant à l'autre. Et combien que ce lieu puisse reçeuoir mouuemēt d'ailleurs, ce n'est pourtant ayant égard à la chose meuë en soy. Parquoi ce lieu auquel le mouuement est descrit, estant le seul tesmoin du mouuement qui se faict en luy, par la difference de l'vn mouuant, à l'autre qui repose, il sera necessaire, que pour le regard du mouuant, il soit estimé stable, & reposant. *Le lieu ou ld chose se repose pour le regard de la chose meuë.*

Voila quant à l'aparance que nous auons du lieu & chose meuë en luy. Toutesfois pour secourir l'intelligence de ce propos, nous prendrons garde à vn vulgaire aduis, qui est parmi le commun, à faute de pouuoir considerer, que c'est lieu ou place, que nous estimons vuide & capable de contenir quelque chose corporele, ou son mouuement. Lequel n'estime lieu, s'il ne luy est figuré & representé par quelque corps materiel, soit la place ou lieu dans vne maison, vn champ, vne chambre, vn vaisseau, lesquels l'homme communement pense estre vuides, & disposez comme lieu à reçeuoir toutes choses corporeles, estimant que si ces lieux estoient plains & combles d'eau, terre, bois, ou autre matiere, ne seroit estimé y auoir aucun lieu capable à reçeuoir aucune chose, comme estans desia pleins & occupez d'autres choses corporeles. Surquoy l'erreur se trouue en ce, que la plus part ne s'aduisent qu'il n'y a lieu quelconque en ceste region elementaire, qui ne soit occupé de quelque corps materiel & elementaire : & par ainsi qu'il ne peut estre nommé lieu, mais matiere, de tant que c'est chose corporele. Il se trouue aussi erreur, en ce que naturellement tout corps plus dur & solide, par violance contrainct le plus mol & rare à luy faire place, pour soy mouuoir ou entrer en luy : & lors le commun dict, que le plus dur a prins lieu dans le plus mol, le plus solide dās le plus rare, ne s'aperçeuans que la chose corporele n'a lieu, que celuy qu'elle occupe, soit dans vn autre corps ou matiere, ou bien hors d'iceluy dans vn autre, ne pouuant auoir en ceste region elementaire lieu qui l'occupe, qui ne soit enuironné d'autre corps, ayāt mesme besoin de lieu que le premier. Vray est que l'vn faisant place, ou reculāt, pour dōner lieu au plus violant, nous estimons celuy qui est remué, chāger de lieu, ce qui ne peut estre : car n'ayant lieu que celuy qu'il occupe par son corps, quel mouuement qu'il reçoiue, il n'en chāge d'autre : mais le porte tousiours auec luy : & s'en alant d'vne part ou d'autre, ne laisse rien vuide, qu'il ny aye autres corps materiels, remplissans toute la region. Comme par exemple, nous prendrons vn coin de fer, lequel combien qu'il n'occupe en ce monde lieu, que celuy de sa grandeur, il a tout a l'entour de luy autre corps, à sçauoir celuy sur lequel il pese, & tout à l'entour ayr, eau, terre, ou autre matiere. Ce coin de fer par sa violāce se faict faire place à vne pierre, ou vn bois qu'il fend, non place nouuele, comme laissant l'autre vuide, mais porte la sienne dans la piere ou bois, & le mesme bois par sa violāce en fera autant en la terre, la terre dans l'eau, & l'eau dans l'ayr, en suiuant la nature & subiection, que a le plus foible & rare, au plus fort ou solide, sans que aucun d'eux change de lieu ou place, laquelle chacun porte auec soy, ny que l'vn se puisse mouuoir dans le lieu de l'autre. Car chacun a tousiours son lieu auec soy : dont s'ensuit que nous n'auons lieu en ceste region elementaire, qui puisse estre ttouué dans elle capable de reçeuoir autre corps. Mais considerons que le vray lieu est l'vniuersel, dans lequel est assise toute la structure de l'vniuers, lequel reçeuant en soy toutes choses, qui ont besoin de lieu, qui sont les corporeles, est dict le vray lieu de toutes choses. De tant que toutes choses ne laissent entre elles autre lieu, que celuy qu'elles tiennent de ce lieu vniuersel : lequel à la verité est incorporel, non subiect à mesure ny dimension, ou quantité determinée quelconque, par lesquelles les corps sont mesurés, & cest incorporel est Dieu, non mesuré ny determiné, ou limité d'aucune quantité, lequel contient en soy tous les lieux, qui sont occupez par les choses corporeles, ensemble les mouuements & transports d'icelles, auec leurs lieux, lesquelles par leur transport ne peuuent estre dictes, prēdre le lieu d'vn autre, à cause que l'autre emporte & possede tousiours son propre lieu, soit par mouuement, rare-faction, cōdensation, ou autre liberté quelconque, donnée à la matiere par sa condition & constitution. En toutes manieres chacune possede son lieu, sans occuper celuy de l'autre, qui ne peut demeurer sans lieu capable de son corps. Et lequel corps combien qu'il soit subiect à mesures, nous ne dirōs que c'est le lieu qui s'y trouue subiect, ains c'est le corps, de tant que lieu ne se peut mesurer sans corps, à cause que cest efficace de capacité incorporele. Parquoy c'est le corps qui possede les mesures ou dimensions, non le lieu : & le lieu n'est

Propos de la nature du lieu.

Erreur de cuyder trouuer lieu au monde.

Tout lieu a corps esgal a soy.

Vng corps ne prend le lieu de l'autre.

Mouuemans ne se faict dans lieu d'autre corps.

Lieu de toutes choses est incorporel.

Lieu incorporel entant qu'efficace.

n'est particulier à ce corps seul, ains estant general & vniuersel à tout corps, il se trouue de tant plus grand & capable que tous corps, qu'il en sera dict incorporel: & par consequent non subiect à aucune mesure ny mouuement, mais est ferme & stable, & sur toutes choses immobile, suiuant la nature de l'incorporel. Et combien qu'il soit immobile, tout mouuemēt se faict en luy, de tant qu'il n'y a autre chose, dans laquelle vne autre se puisse mouuoir, parce qu'elle ne peut occuper le lieu de l'autre par mouuement.

Argument des corps poureux.

Quelqu'vn feroit argument sur l'air, qui penetrant tous corps porreux, entre dedans ces corps, ou bien l'eau dans la chaux, le feu dans les metaux. Nous dirons premierement de l'air, qui entre és corps porreux, que les creux que font les porres dans tout corps rare, ou spongieux, ne sont de la nature du corps, ains sont de la nature de l'autre corps qui l'emplit, soit ayr, eau, ou autre matiere, desquelles la plus subtile occupe les endroits plus subtils, lesquels pourtant ne sont de l'estoffe, qui a en soy ces creux, ains sont de la plus subtile estoffe ou matiere. De tant que nature qui ne souffre aucun vuide, entretient les corps plus subtils, és creux, cauernes, ou spongiositez des corps plus rares & grossiers, soit l'air dans les porres du bois, de la terre, chaux, & autres choses rares, lequel est souuent chassé par vne autre matiere plus forte ou violante, qui porte son lieu en ces creux, comme l'eau abreuāt le bois, en chasse l'air, ou vne partie, selon le temps & nature de son action, ou abreuant la terre, la chaux, ou autre estoffe, de maniere qu'il reuient à ce, que nous auons cy deuant dict, que le plus fort & violant chasse le plus subtil & rare, & debile. Quant au feu qui penetre les metaux, lesquels estans fusilles en liqueur, ne semblent estre porreux, il y a autre consideration: c'est que tous bons Philosophes tiennent, que nous n'auons en ceste region terrestre aucune partie de feu elementaire, ou simple, sans autre subiect de matiere: parquoy nous disons, que les matieres souuent, combien qu'elles ne reçoiuent en soy autre corps ou matieres, ce neantmoins elles reçoiuent leurs qualitez, comme froid, sec, chaud, & humide, & autres, qui de soy estans incorporeles, sont apropriées aux corps susceptibles de qualitez. Qui est cause, que nous n'auons icy feu pur, mais auons exhalations composées de vapeurs, contenants qualitez chaude & humide, faisans leurs actions par le moyen de l'air. De maniere que au vray lieu d'vne matiere, ne se peut mettre autre matiere quelconque, mais aux lieux qu'elle n'occupe point. Dont s'ensuit, que l'homme cuidant prendre la dimension des trois mesures d'vn corps, pour auoir celle du lieu qu'il occupe, se trompe, en ce que dans ces mesures il comprend le lieu, que occupe l'air, ou autre corps plus subtil, remplissant ses porrosites ou cauernes, & cuidera auoir mesuré le vray lieu du corps, combien qu'il ne l'aye pas faict, ains aura confondu ses mesures le plus souuent.

Du feu qui penetre les metaux.

Corps porreux n'a dimensions

Nous conclurons donc, que chasque corps materiel tient son lieu, & n'en peut occuper autre dans le lieu vniuersel & incorporel, qui n'est qu'vn seul & non diuers lieux: mais il y a diuers corps, en la capacité de ce lieu sans mesure, qui n'est qu'vn. ET d'auantage dict Mercure, non seulement le lieu auquel se faict le mouuement, repose, mais aussi LA CHOSE MOVVANTE, c'est à dire celle, qui est aucteur & cause actiue, ou agente du mouuement, ou bien celle qui la meut conduict & agite, REPOSE: CAR IL EST IMPOSSIBLE, QV'ELLE MOVVE ENSEMBLE AVEC ELLE, car s'ils mouuoient ensemble, ce seroit vn mesme mouuement: & par consequent seroit meu de quelque autre aucteur mouuant. Dont s'ensuit, que pour le regard de la chose meuë dont est question, le mouuent ny le lieu, ou elle meut, ne peuuent auoir aucun mouuement, ains vray repos. A ce propos, Æsculape cuidant bien auoir atrapé son maistre, par cest argumēt qu'il luy va faire, luy propose: COMMENT dirons nous DONC O TRISMEGISTE, LES CHOSES QVI SONT ICY, & en ce monde, SE MEVVENT AVEC CELLES QV'ELLES MEVVENT? CAR (par exemple) TV NOVS DISOIS souuent, parlant des mouuements celestes, QVE l'octaue sphere (QVE nous nommons aplanés, rauit à soy si violantement toutes LES SPHERES ERRATIQVES inferieures, que par ce rauissement, elle leur faict descrire leurs mouuemens dans elle, dont tu declarois qu'elles ESTOIENT MEVES PAR LA SPHERE D'APLANES. Par ainsi tant elle qui meut les inferieures, comme mouuant, que aussi comme lieu, dans lequel ces inferieures sont meuës, reçoit mouuement auec ces corps qu'elle meut dans elle. Et par consequent le mouuant ne repose, ains se meut, CESTVY-CY O ÆSCVLAPE, qui par les planettes est faict dans cest octaue sphere, comme tu dis, N'EST PAS MOVVEMENT SEMBLABLE, mouuāt vers la part que va aplanés, MAIS c'est tout au con-

Non seulement le lieu mais aussi & le mouuās repose.

Obiectiō des mouuements celestes.

au contraire, pluſtoſt vne CONTREVENTION, oppoſition, reſiſtance, ou rencontre, qu'ils ont entre eux. Parquoi ce n'eſt mouuement qui leur ſoit donné par aplanés, ains eſt vne vraye repugnãce & reſiſtãce, à l'action, que tu eſtimes leur eſtre faite par aplanés. DE TANT que ſi la ſphere baſſe prenoit ſon mouuement, comme tu penſes d'aplanés ou l'octaue, elle iroit de l'Orient vers l'Occident par le Midy, comme va aplanés auec toutes ſes ceintures. Or eſt il que le mouuement que la ſphere baſſe deſcrit dans aplanés, ſe faict de l'Orient, vers l'Occident par la minuict. Parquoy entends QV'ILS NE SONT PAS MEVZ SEMBLABLEMENT, AINS AV CONTRAIRE L'VN DE L'AVTRE le meu à celuy de ſon mouuant, qui eſt contre nature, que tirant vn corps à ſoy, lon le face aler au contraire. Ce n'eſt pas donc aplanés, qui donne ce mouuement, à la ſphere baſſe, mais c'eſt ſa nature de repos, qui l'attire vers ſon repos tant qu'elle peut. Qui eſt cauſe que ne pouuant cõſeruer ſon repos entier, par l'empeſchement que luy faict aplanés, ceſte ſphere interieure, pour le moins en dérobe à chaque circuit, ce qu'elle en peut dérober, contreuenant à ſon poſſible (tant s'en faut qu'elle de ſoy y obeiſſe) au mouuement d'aplanés.

Les ſpheres des planetes n'ont mouuement ains reſiſtance.

Parquoy l'oppoſition (dict Mercure) que faict l'interieure contre le mouuement d'aplanés, TIENT LA REPVGNANCE DE LA MOTION & combat qu'elle faict contre le rauiſſement d'aplanés, ferme & STABLE. Et nous dirions pluſtoſt que aplanés deſcrit mouuement ſur les inferieures repoſantes pour ſon regard, que nous ne dirons qu'elles deſcriuẽt mouuement dans luy, de tant que le mouuement d'aplanés deſcrit ſur elles, luy eſt donné par action & vertu ſuſcitatiue de mouuement: & celuy que les baſſes reçoiuent, leur eſt ſuſcité dans aplanés, non par vertu ſuſcitatiue de mouuement, mais par vertu ſuſcitatiue de repos, ou plus proprement par vertu, entretenant & deſirant repos & ſtabilité. DE TANT QVE REPERCVTION faicte contre le rauiſſant, pour n'obeir à ſon mouuement, PORTE EN SOY, ou eſt cauſe de STABILITE, & fermeſſe ou repos, de tant que toute repercution porte en ſoy arreſt: laquelle tant s'en faut qu'elle tende à mouuement, qu'elle faict tous ſes efforts d'entretenir & acquerir ſon repos, par ceſte repercution & oppoſition, produiſant ſon ſtabilité par repercution faicte contre le rauiſſant. Dont s'enſuit que le corps qui eſt plus pres de la cauſe de ſon repos, tient & participe plus de l'effect de repos, comme eſtant plus proche de ſa cauſe: & celuy qui en eſt plus eſloigné, en reçoit & participe moins d'effect, comme le mouuement de la Lune eſt dict plus aprocher du repos, que les ſuperieurs, de tãt qu'il reſiſte plus au rauiſſement d'aplanés, ou l'octaue ſphere, comme eſtant plus proche de ſon repos, qui l'atire à ſoy tant qu'il peut de ſa nature. Parquoy nous diſons, que la Lune a plus toſt faict ſon circuit, que aucun des autres, c'eſt à dire ſa plus grande reſiſtance, a plus toſt laiſſé paſſer le tour du rauiſſant entour elle, que les autres.

Les planetes ne mouuens dans aplanés mais pluſtoſt elle entour d'elles.

De tant que vn ſubiect eſt pres de la cauſe il an ſert ſius l'eſfaict.

SECTION. 4.

A Cauſe de quoy les ſpheres erratiques, meuës au contraire d'aplanés, par contraire oppoſition de l'vn à l'autre, ſont meuës en tour la meſme reſiſtance, par la ſtable, & autrement eſtre ne peut. Car les Arctiques que tu n'as iamais veu coucher ou leuer, ains touſiours entour meſme point tournoyer, penſes tu qu'elles mouuent, ou qu'elles repoſent? Qu'elles mouuent, ô Triſmegiſte. Quel mouuement, ô Æſculape? Par ce mouuement qu'elles tournent entour meſme point. Voire mais le portement entour meſmes, & mouuement entour meſme choſe, eſt retenu de ſtabilité. Car ce qui eſt entour meſme choſe, empeſche ce, qui eſt outre le meſme. Mais ce qui eſt outre le meſme (eſtant empeſché) il repoſe en celuy là, qui eſt entour meſme choſe. Ainſi de meſme le contraire portement demeure ſtable, eſtant raffermi par la contreuention.

COMMENTAIRE.

MERCVRE baille en ceſt endroit vn exemple euident, pour monſtrer que l'oppoſition par ſa repugnance tendant à ſtabilité, tous mouuements d'oppoſition ou reſiſtance reçoiuent leur cauſe du repos, & non d'aucune action mouuante. A CAVSE DEQVOY
(dict

(dict il) LES SPHERES ERRATIQVES, ou bien des sept planetes, MEVES AV CONTRAIRE du mouuement D'APLANES, PAR la contreuction ou CONTRAIRE OPPOSITION DE L'VN A L'AVTRE ou rencontre de l'interieure contre l'exterieure, SONT MEVES ENTOVR LA MESME contreuention, rencontre, ou RESISTANCE, non par aplanés mouuant, de tant que, comme nous auons dict, l'interieure ne suit l'exterieure par son mouuement, mais au contraire y resiste. Parquoy ne reçoit d'elle son mouuement, mais le reçoit de LA CHOSE STABLE, ou bien de la stabilité ou repos, qui atire de sa nature à soy ceste sphere interieure, rauie par l'exterieure, à ce qu'il la face participer du repos tant qu'il pourra, monstrant que tant plus grand & viste mouuement la sphere interieure descrira dans aplanés, tant plus elle aprochera de son repos, & reposera plus, ou veritablement mouura moins, iusques à ce qu'il repose du tout. Et tant plus elle descrira moindre mouuement dans aplanés, lors elle reposera moins obeissant au rauissant, & obeira moins à ce repos, qui luy donne ce mouuement de resistance, ET AVTREMENT ESTRE NE PEVT. Parquoy nous dirons que tout mouuement de resistance prend cause du repos & chose stable, & n'est meu par chose mouuante. CAR, dict Mercure, LES ARCTIQVES boreales, qu'on nomme l'ourse, ou vulgairement le Huchet, ou petit chariot, QVE TV N'AS IAMAIS VEV COVCHER, OV LEVER, de tant qu'elles n'aprochent iamais l'horison plus vne fois que autre, AINS TOVSIOVRS les as veu ENTOVR MESME POINT TOVRNOYER, PENSES TV QV'ELLES MOVVENT, OV QV'ELLES REPOSENT? A quoy Æsculape ne considerant que ce qu'il voyoit à l'œil, qui estoit de voir tourner ces estoiles, tous les iours naturels vne fois, respondit QV'ELLES MOVVENT O TRISMEGISTE. QVEL MOVVEMENT O ÆSCVLAPE? PAR CE MOVVEMENT QV'ELLES TOVRNENT ENTOVR vn MESME centre ou POINT constitué dans l'axe d'aplanés. VOIRE MAIS, dict Mercure, tu ne consideres pas, que CE PORTEMENT, qui est tousiours faict ENTOVR MESME poinct, ET VN MOVVEMENT ENTOVR MESME CHOSE EST RETENV & arresté DE STABILITE, ou biē par cause stable. CAR CE QVI EST PORTE ENTOVR MESME CHOSE regulierement estant retenu en ceste regularité de n'esloigner, EMPESCHE la chose meué, à ne passer CE QVI EST OVTRE LE MESME par ceste regularité ou circonference, tant ne quant. MAIS vers CE QVI EST OVTRE LE MESME ESTANT EMPESCHE, contrainct tout ce qui mouuroit hors le terme de ceste circonference reguliere, a demeurer en iceluy iustement, ET IL REPOSE EN CELVY LA qui l'empesche, & QVI EST ENTOVR MESME CHOSE, ou axe. C'est à dire, que Mercure monstre à Æsculape, que tout ainsi que les planetes ne peuuent estre dicts auoir mouuements, à cause que ce n'est qu'vne resistance causée d'vn parfaict repos, & non d'action mouuante: de mesme façon, les sept estoiles de l'ourse ou chariot, à cause du repos qu'elles ont dans l'octaue sphere, ne peuuent estre dictes auoir mouuement, n'ayant en elles aucune vertu mouuante. Et pour monstrer le repos qu'elles y ont, il dict qu'elles ne couchent ny leuent en l'horison. C'est de tant qu'elles ne pourroient coucher en l'horison, ou auoir mouuement en leur sphere, sans croistre le cercle de leur circonferance, qui est autant, qu'esloigner l'axe de leur sphere, ou sans aler plus viste, ou plus tard qu'elle, qui seroit n'estre point fixes. Parquoy il dict qu'elles tournent entour mesme chose, ne pouuant passer outre, c'est à dire esloigner, ou aprocher, aler auant ou arriere, ains demeurer fixes (telles qu'elles sont aussi nommées, à cause qu'elles n'ont aucun mouuement) Ne se pouuant donc esloigner ou aprocher, estant empeschées par ce qui est à l'entour, de changer lieu en leur sphere, ceste contraincte leur engendre le repos qu'elles ont entour ce mesme axe d'aplanés retenu, par ce qu'il les cōtrainct en repos à l'entour de leur circulation, tousiours à mesme distance de l'axe, & le mouuemēt que nous leur atribuons, apartient à aplanés, & non à ces ourses, ou chariot. Car par le premier argument il est monstré, qu'elles ne mouuent à l'entour, mais resistent: & par le second elles ne mouuent par esloignement de leur centre ou axe. Car tout mouuement, ou il resiste, ou il est emporté: s'il resiste, il n'est mouuement, de tant qu'il prend sa cause du repos. S'il est emporté, ce n'est à luy qu'on doit attribuer le mouuement, ains au rauissant, de tant que les deux n'en font qu'vn, & qu'il n'y a que le rauissant seul, qui aye en soy la vertu qui meuue: & celle là est le vray mouuement.

Parquoy tout ainsi que ces sept estoiles (pour n'auoir iamais esloigné ou surpassé ce, qui les retiroit en leur cercle : & bien auoir obey à ceste cause de leur repos dans l'octaue sphere) sont

Mouuement de resistance prend sa cause du repos.

La resistance des planetes prēd sa cause du repos.

Le mouuemēs atribué aux estoilles fixes appartient à aplanés.

re)sont dictes fixes, & sans aucun mouuement, tout AINSIN nous dirons DE MESME, que tout contraire portement, ou resistance faicte à vn rauissement, pour obeir au repos, qui prouoque comme principale cause, ceste resistance, ou reuerberation contre le rauisseur, tant s'en faut qu'il soit dict mouuement, que s'il mouuoit en vertu de ceste resistance, plus qu'il ne faict, il seroit dict aprocher plus de repos, ou produire par ce mouuement plus grand repos. Parquoy LE CONTRAIRE PORTEMENT DEMEVRE STABLE ESTANT RAFFERMI PAR LA resistance & CONTREVENTION, c'est à dire est dominé de la stabilité, & non du mouuement. A ceste cause est dicte plus tost stable & reposante, que mouuante: à cause que le mouuement qu'on leur voit, n'est en elles: mais de celuy en qui elles reposent. Pour la vraye intelligence de ce propos, nous considerons que Mercure voulant conclure, que tout mouuement donné au corps materiel, luy est donné du dedans (comme il dira bien tost) & non du dehors, il nous a faict ces argumens, pour nous oster toute opinion, que aucune cause de mouuement, puisse venir du dehors de ce corps mouuant, qui est cause qu'il banist du nom de mouuement, donné à vn corps, toute atraction, ou impulsion faicte par l'exterieur, disant que ce mouuement n'est en la chose patiente, qui plus tost seroit resistance tendant, & causée par repos, ains seroit plus tost attribuée à la chose agente ou rauissante, de tant que s'il n'y a rien de resistance, ce sera mesme mouuement attribué à l'agent, comme les Arctiques en l'octaue sphere, qui reposent en elle. Ou s'il y a resistance, ce ne sera mouuement, comme aux erratiques, ains resistance engendrée & produicte de repos, qui les attire, comme sa vraye cause. Cest aduertissement nous seruira à l'intelligence des exemples, qu'il propose cy apres, continuant ce propos.

Les estoilles fixes ny les errotiques n'ont mouuement.

Mercure prend la cause du mouuement du dedans.

SECTION 5.

IE te proposeray vn exemple deuant les yeux. Contemple les animaux terrestres, mesme l'homme nouänt en l'eau courante. La repercussion des pieds & mains, produict à l'homme stabilité, à ce qu'il ne coule à vau l'eau. O Trismegiste, tu as dict vn exemple manifeste. Il s'ensuit donc que tout mouuement est meu en stabilité: & par la chose stable. A cause dequoy le mouuement du monde, voire de tout animal materiel, n'aduient pas estre faict de ce qui est hors du corps, ains des choses intelligibles qui sont dedans, vers celles qui sont dehors, soit de l'ame ou de l'esprit, ou de quelque autre incorporel: car vn corps n'en peut mouuoir vn prouueu d'ame, voire ny quelque corps qu'il soit, fust il sans ame.

COMMENTAIRE.

MErcvre dict a Æsculape, IE TE PROPOSERAY VN EXEMPLE DEVANT LES YEVX, pour luy monstrer, que la contraire agitation faicte par repercution contre le rauissant, engendre par son action vne stabilité & fermesse, disant, CONTEMPLE LES ANIMAVX TERRESTRES, ou prouueuz de vie sur la terre, MESMES L'HOMME, comme le principal & plus familier à nous, quand il est NOVANT contre le cours EN L'EAV COVRANTE, faisant effort (par LA REPERCVTION QV'IL FAICT DES PIEDS ET MAINS contre l'eau, qui le rauist par son mouuement) à ce qu'elle ne l'emporte a vau l'eau: combien qu'elle ne soit suffisante pour monter contre le cours de l'eau. Si est ce toutes fois qu'elle le soustient de maniere, qu'elle PRODVICT A L'HOMME telle STABILITE & fermesse, que l'eau ne le peut rauir ou emporter, à cause de sa resistance, qui combat, A CE QV'IL NE COVLE A VAV L'EAV, ains par ceste resistance & repercution luy est cause vn mouuement, qui engendre repos en cest homme nouänt contre l'eau. O TRIS-
MEGI-

Exemple du mouuemens de l'homme qui luy produict repos.

MEGISTE, dict Æsculape se rendant satisfaict, TV AS DICT VN EXEMPLE MANIFESTI. Nous proposerons vn autre exemple tres-familier d'vne nauire retenue par son ancre en vn courant d'eau, laquelle sans doute descrit vn grand mouuement sur ceste eau, qui cou'e soubs elle aussi viste, que si elle estoit en pleine mer emportée du vent, elle ne passeroit plus d'eau qu'elle passe, par la vertu de la resistance & repos, que luy donne son ancre. Et toutesfois quel mouuement qu'elle face sur ceste eau courante, il est engendré de la resistance donnée par l'ancre contre ce courant: & ceste resistance est produicte par la fermeté & repos de l'ancre. Dont s'ensuit que lors que l'ancre tient plus ferme au repos, le mouuement faict par la nauire, sur le courant, est plus violant: & au contraire, si l'ancre laboure, ou suit aucunement le courant, le mouuement de la nauire ne sera si violant sur iceluy, de tant que la cause qui est la fermeté de l'ancre, n'a tant de repos. Et si du tout l'ancre est leué, & n'y a plus aucune cause de resistance faicte par ce repos, la nauire s'en alant auec le courāt, ne fera aucun mouuement sur iceluy: & ce de tant qu'elle n'a aucune cause, qui luy produise, ou prouoque mouuement sur ce courant, mais sera rauie sans aucune resistance, ny mouuement faict sur ceste eau, ou corps qui la porte. Et ce mouuemēt du courant & nauire ne sera qu'vn suscité de la vertu incorporele, par laquelle toute pesanteur coule en bas, cōme tous autres sont suscités par autres vertus, & non par aucun corps. IL S'ENSVIT DONC, dict Mercucure, tirant son argument, de ses premises, & concluant ce qu'il auoit tant desiré luy faire entendre.

A mouuement de la nauire sur l'ancre.

Mouuement causé par le repos.

Repos causé par le mouuement.

C'EST QVE TOVT MOVVEMENT de corps, EST MEV EN STABILITÉ, ET PAR LA CHOSE STABLE: A CAVSE DEQVOY LE MOVVEMENT DV MONDE en son general, VOIRE DE TOVT ANIMAL MATERIEL, quel qu'il soit au monde, N'ADVIENT PAS ESTRE faict, ou causé en luy DE CE, QVI EST HORS DV CORPS, qui luy puisse donner aucune vertu de mouuoir, qui est le premier signe de vie a le bien prēdre, AINS luy est cause DES CHOSES, OV vertus INTELLIGIBLES, QVI SONT DEDANS, luy excitās le mouuement VERS CELLES QVI SONT DEHORS, comme vers la matiere corporelle, SOIT DE L'AME, qui est efficace diuine prouuuë de vie & vertu, de mouuoir la matiere, en laquelle elle est infuse, OV bien DE L'ESPRIT, qui est ceste vertu impulsiue & excitatiue de mouuement en toute creature animale, OV bien DE QVELQVE AVTRE pouuoir INCORPOREL apliqué à la matiere auec sa forme, comme par nature de pesanteur alant en bas, ou par nature de ressort, reprenant son premier estat, lesquelles vertus estans choses diuines & essentiales peuuent facilement, selon la disposition des subiects, & par l'ordonnance de leur aucteur, donner & susciter mouuement aux corps, lesquelles toutes tiennent au subiect par le dedans, que nous nommons leur nature. CAR VN CORPS (dict Mercure) N'EN PEVT MOVVOIR VN autre PROVVEV D'AME, VOIRE NY QVELQVE CORPS QV'IL SOIT, & FVST IL SANS AME: de tant que c'est à l'ame, comme diuine, a donner au corps mouuement. Car le corps qui est meu d'autre qui a corps, n'est dict auoir mouuement, mais estre rauy contre sa resistance, causée du repos. A ceste cause voyant mouuement aux corps ayans ame, il faut necessairement dire, que le mouuement ne leur pouuant venir de dehors, comme nous auons dict, ains du dedans, la vertu de mouuoir parte des vertus & actions intelligibles, mises dans les corps. Parquoy conclud Mercure, que corps materiel, ne peut donner mouuement a autre corps materiel.

Tout mouuement faict en, & par la chose qui se repose.

Tout mouuemēt vient au subiect du dedās & non du dehors.

Le corps ne peut mouuoir l'autre corps.

SECTION 6.

COmment dis tu cecy, ô Trismegiste, les bois & pierres, & tous autres corps desprouueuz d'ame, ce qui les meut ne sont ce pas corps? Non ô Æsculape: car qu'y a il dans le corps de ce qui meut la chose sans ame. Ce n'est pas vn corps, qui meut les deux, à sçauoir celuy qui porte, & celuy qui est porté. Parquoy ce corps est auec ame quant à soy, de tant qu'il meut. Ne vois tu pas donc que l'ame est chargée, quand elle seule porte deux corps. Il s'ensuit qu'il est manifeste, que les choses meuës meuuent en quelqu'vn, & par quelqu'vn.

COMMENTAIRE.

AEscvlape entendant la conclusion de Mercure, qu'vn corps ne peut mouuoir autre corps quelconque, soit le meu auec ame, ou sans ame, il faict vne obiection à Mercure, COMMENT DIS TV CECY, O TRISMEGISTE, LES BOYS ET PIERRES, qui sont corps sans ame ou vie, mesmes estans separez de leur racines & rochers: ET d'auantage TOVS AVTRES CORPS DESPOVRVEVZ D'AME, qui ne bougent aucunement sans estre remuez, CE QVI LES MOVVE, comme les hommes auec barres, cordes, engins, qui tous sont corps & matieres, voire les hommes qui manient toutes ces actions, NE SONT CE PAS leurs mains, membres, & CORPS, qui tous sont matieres, qui les mouuent? NON O ÆSCVLAPE, dict Mercure, ie voy que tu ne consideres dont vient la cause du mouuement. CAR ie te feray vne autre question, QVE Y A IL, comme tu penses, DANS LE CORPS, DE CE QVI MOVVE LA CHOSE SANS AME, comme pierres & bois, & autre matiere sans forme? Premierement, CE N'EST PAS VN autre CORPS QVI EVT LES DEVX, A SÇAVOIR CELVY QVI PORTE, ET CELVY QVI EST PORTÉ, car ie t'ay monstré cy deuant, que tout mouuemēt vient à tout animal materiel du dedans, soit de l'ame, vie, ou esprit, vers le dehors, employée sur le corps materiel. Ie t'ay aussi monstré, que tout mouuement d'atraction, ou impulsion, faict par corps en autre corps, n'est mouuement à ce corps meu, ains resistance causée par stabilité ou repos. Il est donc necessaire, que ce qui donne le mouuement, tant à ce corps que tu estimes mouuoir les autres, que à tout corps, soit auec ame ou sans ame, ce n'est pas vn corps, qui puisse mouuoir les deux: car desia son mouuement propre luy vient du dedans, qui n'est pas vn autre corps, de tant qu'il faudroit vn autre dans cest autre corps, qui luy donnast mouuement par dedans. D'auantage, il ne donne aussi mouuement à l'autre corps, comme estant materiel, & par consequent n'ayant aucune action en soy, ains resistance, laquelle ce corps rauy ne prend de luy, ains du repos, comme nous auons declaré par les spheres cy deuant. PARQVOY il faut necessairement dire, que CE CORPS donnant mouuement, comme tu penses aux autres, EST CORPS AVEC AME QVANT A SOY, DE TANT QV'IL MOVVE, à sçauoir par la vertu de l'ame, qu'il a au dedans, laquelle est veritablement capable, comme vertu & essence diuine, de donner mouuement à son corps seulement, ce que ne peut faire le corps (priué d'action) comme matiere. NE VOY TV PAS DONC QVE L'AME EST CHARGEE (dict Mercure à Æsculape) QVAND ELLE SEVLE PORTE, & donne mouuement a DEVX CORPS? Elle seroit voirement par trop chargée, non de pois ou force dediés à la matiere: car une ame seule, comme vertu diuine, porteroit tous les corps & matieres du monde, mais elle seroit trop chargée du rompement de l'ordre, & institution de nature, & loy ou ordonnance diuine, lequel n'est en sa puissance, & lequel elle ne pourroit porter. IL S'ENSVIT donc, ayant veu que tout mouuement faut qu'il aye trois parties, le mouuant, le meu, & le lieu du mouuement, QV'IL EST MANIFESTE, QVE LES CHOSES MEVES, ou qui reçoiuent mouuement, MOVVENT, ou le reçoiuent EN QVELQV'VN, qui reste encore à sçauoir: ET PAR QVELQV'VN, qui est l'ame ou autre essence diuine assise dans le corps meu. Æsculape satisfaict du passé, & desireux d'entendre ceste autre partie, en quoy & ou se font les mouuements, n'a patience de le demander, ains le cuydant bien sçauoir, demande ce qui s'ensuit.

Vne ame remeune qu'vn corps

SECTION. 7.

IL faut donc que les choses qui sont meuës, soient meuës dans le vuide, ô Trismegiste. Tu dis vray, ô Æsculape, ains entre les choses qui sont rien, est vuide. Mais seulement ce qui n'est point est vuide, & separé de toute substance. Car la chose ne peut auoir estre qu'elle ne soit pleine de substance, de tant que ce qui est vuide, ne peut iamais auoir esté. N'y a il pas donc quelques choses vuides, ô Trismegiste? comme celles cy, vn tonneau vuide, vn pot de terre vuide, vn pressoir tout vuide, & toutes

I

autres choses semblables. O le grand erreur, Æsculape: les choses qui sont tres-combles & tres-pleines, tu les cuide estre vuides. Comment dis tu cela, ô Trismegiste? L'air n'est il pas corps? c'est corps. Ce corps donc ne court il pas par toutes choses qui ont essence: & penetrant toutes choses les emplist. L'air est donc corps, non composé des quatre corps. Toutes ces choses donc sont pleines d'air, que tu disois estre vuides, i'entends choses des quatre corps, dont s'ensuit que la contraire raison aparoisse, que celles que tu ais estre pleines, toutes celles là sont vuides d'air, à cause des autres corps qui les pressent: & ne peuuent donner lieu à l'air en leur place. Ces choses donc que tu dis vuides, doiuent estre nommées creuses, & non vuides, de tant qu'elles sont, & sont pleines d'air & esprit. Ce propos est sans doubte, ô Trismegiste, l'air est corps, ce corps de vray penetre toutes choses qui sont, & penetrant toutes, les remplist.

COMMENTAIRE.

AEsculape ayant entendu qui c'estoit qui suscitoit le mouuement, a voulu deuiner le lieu où se faisoit le mouuement: & n'entendant le dire de Mercure, il dist, IL FAVT DONC QVE LES CHOSES QVI SONT MEVES, pour n'estre empeschées de mouuoir par autre matiere: & aussi pour n'empescher ou difformer les autres matieres par leur mouuement, SOIENT MEVES DANS LE VVIDE, O TRISMEGITE. A quoy Mercure oyant nommer le vuide, respond comme homme estant tres-bien aprins par sa philosophie, qu'il n'y auoit rien vuide, vsant à Æsculape d'vne ironie, TV DIS VRAY, O ÆSCVLAPE, se moquant d'vn si grand abus ou ignorance. Tant s'en faut (dist-il) que tu puisses trouuer lieu vuide, en ceste nostre sphere & region elementaire, pour y assoir la chose mouuante, AINS ENTRE LES CHOSES QVI SONT, la signification de ce mot vuide est du tout nulle: & RIEN EST le seul qui peut estre dict VVIDE, de tant qu'il est desnué de toute essence & d'auoir iamais esté, MAIS SEVLEMENT CE QVI N'EST POINT EST VVIDE, ET SEPARE DE TOVTE SVBSTANCE. Car s'il est, il a autre nom que la chose qui tient ce lieu, attandu que tout est plein. CAR LA CHOSE NE PEVT AVOIR ESTRE, QV'ELLE NE SOIT PLEINE DE SVBSTANCE, à cause que la denomination de la chose procede tousiours de la forme, qui est sa principale substance, dont il aduient que c'est celle, qui luy donne l'estre.

Si donc elle a estre, elle est prouueuë de substance, qui le luy donne. DE TANT QVE CE QVI EST VVIDE, NE PEVT IAMAIS AVOIR ESTE, par ce que s'il est corporel, c'est ce corps & non le vuide: & s'il est incorporel, il n'occupe aucun lieu & par tant ne peut estre dict vuide. Et s'il est quelque chose, il n'est vuide de soy mesme, ou bien c'est la particule priuatiue, rien, qui n'est vuide ne plein, a parler plus proprement. Comment, N'Y A IL PAS DONC QVELQVES CHOSES VVIDES, O TRISMEGISTE? qui toutesfois ont corps, essence, & substance, COMME CELLES CY VN TONNEAV VVIDE, VN POT DE TERRE VVIDE, VN PRESSOIR DV TOVT VVIDE, ET TOVTES AVTRES CHOSES SEMBLABLES.

Mercure admirant ceste grande ignorance de Philosophie estre parmy les hommes, s'éscrie, O LE GRAND ERREVR, ÆSCVLAPE, de ceux qui ne pouuans aperceuoir ce qui remplist tous les lieux vagues, auec les yeux les ont cuidez n'estre rien, & ne les ont non plus aperceuz par leur raison & intelligence, laquelle leur estant ainsi inutile,

rendent

rendent vne grande admiration. O Æsculape LES CHOSES QVI SONT TRES-COMBLES ET TRES PLEINES & complies de matiere, & corps elementaires, ou composez, TV LES CVIDE ESTRE VVIDES, ne cognoissant ce qui occupe ce lieu. COMMENT DIS TV CELA O TRISMEGISTE? Ie veux que tu m'escoutes, o Æsculape. L'AIR N'EST IL PAS vn des quatre CORPS elementaires & materiels, destiné à la composition & mistion des creatures C'EST CORPS. CE CORPS DONC est si subtil, qu'il n'y a si petite ouuerture, porre, solution de continu, rareté d'autre matiere, que par sa subtilité il ne passe & penetre: & par ce moyen NE COVRT IL PAS PAR TOVTES CHOSES, QVI ONT ESSENCE corporele? comme toute maniere de creatures, ou subiects, composez des quatre corps: ET PENETRANT TOVTES CHOSES LES EMPLIST. L'air est donc vn des quatre CORPS elementaires, simple, NON COMPOSE, & n'ayant besoin pour estre corps, d'estre meslé auec aucun DES QVATRE CORPS. A cause de quoy TOVTES CES CHOSES DONC SONT PLEINES D'AIR QVE TV DISOIS ESTRE VVIDES, non seulement le tonneau, le pot, & le pressoir, dans leur creux: mais aussi dans leur bois, terre, ou pierre, dont ils sont faicts, les porres que leur matiere a en soy, sont tous pleins d'air, tellemét que c'est celuy, qui remplist par sa subtilité, & tient plus de lieu que autre matiere, que nous ayons parmy nous. A cause (dict Mercure) que admirant cest erreur, i'ay esté esmeu de dire, l'air ne court il pas par toutes choses qui ont essence? ie veux limiter ceste esmotion, en laquelle i'ay dict ce mot trop general (en toutes choses) qui ont essence, I'ENTENDS les reduire aux CHOSES seulement, qui sont corporeles ou composées DES QVATRE CORPS elementaires, desquels tout le sensible qui est parmy nous est composé: car les vertus diuines & sainct Esprit ont essence, & toutesfois ils ne sont remplis, ny remplissent l'air d'aucune matiere, voire n'y occupent la moindre place du monde. Parquoy i'entends ce remplissement & penetration d'air auoir lieu seulement és choses faictes ou basties des quatre corps elementaires.

Dont s'ensuit ce que nous auons dict, que les choses, que Æsculape pensoit vuides, sont pleins d'air, ET QVE LA CONTRAIRE RAISON APAROISSE, à sçauoir QVE CELLES QVE TV DIS ESTRE PLEINES d'autre matiere, TOVTES CELLES LA SONT VVIDES D'AIR, A CAVSE de la solidité de la matiere DES AVTRES CORPS, QVI LES PRESSENT. Lesquelles n'ayant en soy porre, fissure, solution, ou creux quelconque, ains continuelle integrité & condensation, celles la sont pleines de matiere, & vuides de cest air simple, & non composé: ET NE PEVVENT DONNER LIEV A L'AIR EN LEVR PLACE. Les metaux reçoiuent compression à cause de l'air, comme nous pourrions dire toutes liqueurs & metaux fusiles, qui à cause de leur solidité & condensation ne reçoiuent l'air dans eux. Toutesfois estans composez tous des quatre elements, si bien ils n'ont en eux de cest air pur & simple, non composé des autres corps: si est-ce qu'ils en ont en eux ceste partie, qui a conuenu auec les autres elements a les composer, tesmoing la compression que toutes liqueurs reçoiuent, estant refroidies de la chaleur qui les rarefie, pendant qu'elle les y tient, mesmes les metaux, qui refroidissant se compriment, & perdent l'air, que la chaleur leur auoit engendré. Voila pourquoy Mercure parlant de l'air qui remplist le vuide, & qui est disposé a penetrer, il dict qu'il n'est composé des corps, estimant que n'ayant aucune crassitude des autres, il se trouue estant seul plus subtil à penetrer & remplir.

CES CHOSES DONC (dict Mercure) QVE TV DIS VVIDES, DOIVENT ESTRE NOMMEES CREVSES, OV VAGVES, ET NON VVIDES, & ne t'amuseras plus au iugement de ta veuë, ains t'ayderas de ta raison, par laquelle auec les autres sens, tu puis aisément conceuoir, que le vuide que tu penses ne peut receuoir autre matiere, que l'air qui est en luy n'en sorte. Qui est-ce qui tiendroit autrement la bale pleine d'air comprimé, qu'elle ne se ployast? Que feroit la violance du canon a chasser son boulet, s'il ne falloit que l'air produict par le feu se dilatast? Qui garderoit le vaisseau (tourné la gueule en bas mis en l'eau) de se remplir, si n'estoit l'air, qui n'en pouuant sortir occupe sa place, & infinis autres arguments, que la raison humaine conceuant, eust osté l'admiration à Mercure d'vne si grande ignorance: dont s'ensuit que ces choses creuses ne sont vuides: DE TANT QV'ELLES SONT, ET

SONT PLEINES D'AIR ET D'ESPRIT. Æsculape confesse à Mercure CE PROPOS EST SANS DOVBTE, O TRISMEGISTE: & que L'AIR EST CORPS, CE CORPS DE VRAY PENETRE, & remplissant TOVTES raretés & creux des CHOSES QVI SONT materieles: ET PENETRANT TOVTES, LES REMPLIST, & estant satisfaict de ce point, il passe plus auant & demande.

SECTION 8.

LE lieu donc auquel tout se meut, comment le nommerons nous? *Incorporel, ô Æsculape. Qu'est-ce incorporel, ô Mercure? C'est pensée raison, comprenant du tout soy mesme, deliure de toute masse de corps, eslognée d'erreur, impassible de corps, intangible, elle mesme soy assistant, capable de toutes choses, & conseruant les choses qui sont. De laquelle comme rayons sont Bien, Verité, Principale lumiere, & Premiere forme d'ame. Qui donc est Dieu? Ce qui n'aparoist estre aucune de toutes ces choses: mais est bien cause, que ces choses sont, en tout, & en chacune partie: & en chascune chose de toutes celles qui sont, & n'a rien omis qui ne soit. Car toutes choses sont faictes de celles qui sont, & non de celles qui ne sont. Car les choses qui ne sont point, n'ont aucune nature par laquelle elles puissent estre faictes, ains par laquelle elles ne puissent estre faictes aucune chose. Au contraire les choses qui sont, n'ont nature, par laquelle elles puissent ne estre point quelquefois.*

COMMENTAIRE.

AESCVLAPE demāde à Mercure, puis que tu m'as prouué, que ce qui est meu, ne le peut estre dans vn corps, ny par vn corps, & qu'il n'y a lieu vuyde par-my nous, pouuant receuoir mouuement. LE LIEV DONC AVQVEL TOVT CE MEVT: COMMENT LE NOMMERONS NOVS, puis qu'il n'est lieu, s'il n'est vuyde? Mercure respond, à ceste haute question d'Æsculape, non pour la dignité de la question, mais pour la dignité & grandeur de la responce, par propos retirans Æsculape de toute consideration de matiere, le ramenant à l'intelligible. Le lieu (dict Mercure) que tu demandes, est INCORPOREL, O ÆSCVLAPE? sans matiere, dimension, quantité, ny autre subiection des choses & actions deputées à dominer sur la matiere. Lors Æsculape se voyant enleuer si loin & haut par dessus ce qu'il auoit acoustumé d'estudier, demande, QV'EST-CE INCORPOREL, O MERCVRE, ie te prie me le dire & declarer, estant si estrange, que tu le me proposes. C'EST, O Æsculape, la saincte PENSEE RAISON, COMPRENANT DV TOVT SOY MESME, comme ne pouuant estre comprinse par autre quelconque. C'est celle qui est dicte par sainct Iean, soubs mesme mot λόγος, le verbe, ou la raison, laquelle, comme il dict, estoit dés le commencement: & ceste raison estoit en Dieu, & Dieu estoit ceste raison comprenant soy mesmes. C'est le vray Dieu, qui ne peut estre comprins d'autre capacité quelconque.

Declaration de l'incorporel receuans mouuement.

λόγος, *comme raison & verbe conuient en Iesus Christ.*
Ioan. 1.
Le propre de pēsée raison.

Ceste pensée raison, est DELIVREE DE TOVTE MASSE DE CORPS, en laquelle ne faut entrer en cognoissance par sens exterieurs, & corporels, par mesures, quantitez, ou dimensions, qui sont toutes actions deputée à matiere, du tout separée de Dieu. Ceste pensée raison, est ESLOGNEE D'ERREVR, & non sans cause, comme estant la tres-pure source de verité, cognoissance, & intelligence, qui chassent toutes tenebres & offuscations d'erreur ou ignorance. Elle est IMPASSIBLE DE CORPS, n'en ayant aucun, & comme n'y ayant sur elle aucune action ou puissance, qui la puisse dominer, ou produire en elle effect qu'elle mesmes, qui agist & domine sur toutes vertus & puissances. Elle est INTANGIBLE, voire & imperceptible de tous sens, de tant qu'ils n'ont puissance que sur choses crasses & materieles: & non sur ces essences intelligibles. ELLE MESME SOY ASSISTANT, de tant qu'il n'y a chose capable, ou digne d'assister à ce grand bien, qu'elle
ne soit

ne soit trans-muée ou formée en ses essences, comme toutes ses vertus, puissances, & autres essences ou dignités, le propos reuient à celuy, que Iesus Christ disoit à Nicodeme, Aucun ne monte au ciel, que celuy qui en est descendu, le Fils de l'homme qui est au ciel. Pour nous declarer, qu'il nous est besoin pour monter au ciel, & assister à ceste saincte pensée, raison, à laquelle autre n'assiste qu'elle mesme, que par l'vnion & consubstantialité de Iesus Christ Dieu eternel, impetrée par sa bonté & misericorde, pour la conseruation des subiects, ausquels il trouuera son image & semblance. Lesquels (par l'attribution de sa propre substance) il rendra capables d'assister à ceste saincte pensée, raison, assistant à soy mesmes. l'intelligence de ceste raison a esté alterée par plusieurs, n'entendans la nature de sa signification, mesmes en ce qu'il leur est souuant aduenu de dire, que raison humaine ne doibt auoir lieu aux choses diuines, ou quand il est question de la cognoissance de Dieu. Combien que, tout au contraire, l'homme n'aye autre moyen pour entrer en la cognoissance de Dieu, que par le moyen de ceste raison, que Dieu a mis en sa composition, par sur toutes creatures : de tant que c'est celle là, comme seule assistant à soy mesmes, qui doit manier & ordonner l'employ de toutes vertus intelligibles, qui sont en l'homme, pour le seruice de Dieu & contemplation de ses œuures. De maniere que sans celle partie, l'homme n'auroit aucun moyen d'entrer en cognoissance de Dieu, ains demeureroit conduict par les loys de nature comme le brut, sans aucune cognoissance, intelligence, ou discretion de la chose qui luy seroit presentée.

Ioan. 3. b L'vnion de Iesus Christ non disposé à luy assister comme mesme chose.

Dieu cogneu de l'homme par sa raison.

A cause de quoy (comme la plus necessaire à l'homme pour cognoistre Dieu) nous dirons que c'est sa principale & plus necessaire partie, en tant qu'elle mesme est ce sainct Esprit, qui est donné à l'homme Dieu veritable, pour cognoistre soy mesme : & par consequent son Createur & Pere : de tant que Dieu ne pouuant estre cogneu que de soy mesmes, a voulu composer ceste creature, mettant son image, sainct Esprit, pensée, & raison, sur ceste matiere imparfaicte, pour luy seruir de forme capable à le cognoistre. C'est donc ceste raison mise en l'homme, qui est la principale partie pour cognoistre Dieu, & contempler ses œuures. Mais pour diuertir ceux, qui se pourroient estre laissés emporter à l'opinion contraire, semée par ignorance de soy, & abus des dictions employées hors leur vraye intelligence, nous dirons que ce deffaut est venu de deux sources : la premiere de l'ignorance de soy, de tant que l'homme ne recognoissant Dieu en soy, s'est prins & iugé, parce que ces sens corporels y ont veu par le dehors. Mesmes voyant nostre continuelle vie couuerte de toutes imperfections & malices, ont pensé l'homme n'auoir en soy autre chose que ceste partie, dont procedent ces miseres si frequentes, qui est la chair, corps ou matiere. Et sur ce iugement ont fondé la raison humaine estre celle, de laquelle vse l'homme charnel, peruerty & perturbé de bon iugement : & par consequent tres-esloigné de raison & cognoissance, & cuydant que ceste là fust la vraye raison humaine, ont dict, que la raison humaine n'auoit lieu aux choses & cognoissances de Dieu. Ce que seroit facile à leur acorder, si l'homme n'auoit en soy autre partie que sa matiere, corrompant tout bon iugement & vsage de raison, de tant qu'elle est totalement contraire à Dieu. Parquoy ne doit auoir lieu aux endroits, qui touchent sa cognoissance. Mais si nous prenons l'homme entier en sa composition, de l'Esprit, image de Dieu, corps & ame ayant arbitre, nous trouuerons que l'ame qui par son arbitre se retire au conseil de son sainct Esprit, trouue en soy vne telle raison, qui non seulement est, ou doibt estre receuë aux faictz de Dieu, mais y est si tres-necessaire, que sans celle la, ceste ame ne peut acquerir sa cognoissance, à cause que Dieu ne peut estre cogneu que de soy mesme, qui est ceste raison, son image donnée à l'homme en sa composition bien employée.

Pourquoy l'homme s'est cuydé impuissant.

L'autre deffaut est aduenu par l'abus des dictions à l'vsage des propos. Car l'homme ayant veu que par la vertu de ceste raison mise en l'homme, & discours ou arguments faicts par elle, nous paruenons à trouuer les causes des effects qu'elles produisent, & venons à cognoistre l'origine d'vn effect, qui au parauant nous estoit incogneu. Il a prins ceste raison pour la cause, produisant cest effect, ne cognoissant la maniere, par laquelle ceste raison (produisant toutes choses) auroit produict cest effect, la prenant plus tost pour la derniere cause que pour la premiere, comme de vray elle l'est en tant que Dieu eternel : & ont vsé en cõmun propos de ceste maniere da parler, Ie vous diray la raison de cest effect, voulãt dire, Ie vous diray la cause de cest effet, prenãt ordinairemẽt par cest abus cause pour raison,

Raison prinse pour cause.

dont ils sont venus auec quelque occasiō à dire, que ceste raison (prinse pour cause) n'a tousiours lieu aux faicts de Dieu, par ce que les effects que Dieu reserue plus hauts, que pour la cognoissance d'vn homme, combien qu'ils ne soient plus hauts que pour celle d'vn autre, sont hors de ceste raison, ou cause que pourroit bailler celuy, qui n'y peut encore ataindre. Et en cest endroit ceste cause ou raison de ce particulier, n'aura lieu aux faicts de Dieu qu'il ignore, combien que la raison ou cause que pourra donner l'autre, à qui l'intelligence en aura esté donnée, y aye lieu, & y soit tres-bien reçeue : car il nous est tous les iours publié de voir deuant noz yeux personnes, ignorans plusieurs faicts de Dieu, qui nous sont manifestes par autres plus sçauants. Et tout ainsi voyons autres faicts de Dieu ignorés par ces sçauants, qui nous sont manifestes par autres encore plus sçauants. Lequel ordre est si infini, comme la vertu de l'Esprit de Dieu mise en l'homme est infinie, selon qu'il est serui dans l'homme. Parquoy nous ne deuons reçeuoir ceste regle pour generale, qu'il y aye chose si haute de Dieu, qui quelquefois ne soit entendue de l'homme, à cause de son image de Dieu, sainct Esprit qu'il possede : vray est que ce sera apres la reuelation & purgation de noz imperfections, qui nous empeschent le vray vsage de noz pieces. Mais pendant ceste vie aussi, nous ne pouuons vser de ceste generalité, à cause de la diuersité des graces & misericordes, que Dieu faict diuersement aux hommes, selō la difference de leurs capacitez : dont s'ensuit, que ordinairement l'vn aura cognoissance de ce que l'autre ignorera, & de tant qu'il se trouuera plus conioinct à son Esprit de Dieu, de tant plus grandes & profondes intelligences il possedera, comme sainct Pol tesmoigne, que l'Esprit enquiert & cognoist toutes choses, voire les profondes de Dieu : & par ce moyen il est faict tort à la cognoissance, que nous deuons auoir de nous mesmes, quand nous prenans l'homme pour seule matiere : disons, qu'il est incapable de ratiociner les faicts de Dieu, les entendre ou cognoistre par sa raison, ou bien quand nous abusons tant des dictions, que nous les transportons en autres significations, qui nous nourrissent l'ignorance des substances : mais deuons considerer l'homme, ou plus il est imparfaict & charnel, estre plus esloigné de ceste vraye raison, & vsage du sainct Esprit, qui est en luy : & où plus il est consentant à son sainct Esprit, & moins imparfaict, il est plus proche des cognoissances de Dieu, & vsage de ceste vraye raison, par laquelle il veut estre cogneu, & laquelle luy assiste. Comme dict Mercure, elle mesme soy assistant, elle est CAPABLE DE TOVTES CHOSES, en tant que la moindre grandeur des siens, ne peut estre remplie de tout le monde materiel, aussi est elle pleine & capable de plus grandes choses, que n'est le monde, ny tout ce qui est cogneu du monde : car ses vertus & intelligences incogneuës du monde sont de tant plus grandes & dignes que tout le monde, que la moindre tient plus de lieu en la capacité de ceste diuine pensée, que ne faict tout le monde. ET CONSERVANT LES CHOSES QVI SONT, c'est la derniere proprieté des vertus diuines, qu'a mis en ce rang Mercure, comme des plus excellentes.

Ceste cy est l'ancienne diffinition, qui a esté donnée à raison, d'estre celle, qui conserue toutes choses, qui sont comme ayant essence en luy. A ceste cause sainct Iean la raportée estre en Dieu : & Dieu estre celle mesme raison, qui conserue toutes choses, executant ceste conseruation par sa vertu de charité, comme n'y ayant moyen si propre à cōseruer quelque chose, que l'aymer. Or est il escrit, que Dieu a aymé tant le monde, qu'il a baillé son Fils vnique, pour la conseruation & salut de tout homme, qui croiroit en luy. A ceste cause le bon Dieu a voulu comprendre sa volonté, loy & ordonnance, exprimée tant par son ancien que nouueau Testament, soubz la dilection, comme dict le bon Seigneur, En ces deux commandemens d'aymer Dieu, & aymer le prochain, pend toute la Loy & Prophetes. Et par consequent sainct Pol conclud, toute la Loy soubs ce mot dilection. C'est le vray moyen de conseruer toutes essences, proposé par la vertu diuine, que Mercure dict estre conseruant toutes choses en ce sainct verbe & raison, exprimez par mesme diction Grecque, qui sont de nature inseparable. Car il est dict, Qui nous separera de la charité de Dieu qui est en Iesus Christ nostre Seigneur? Il est donc verbe, raison, & charité, conseruant toutes choses. DE LAQVELLE pensée, raison (dict Mercure) COMME RAYONS SONT BIEN, VERITE, PRINCIPALE LVMIERE, ET PREMIERE FORME, exemplaire, ou origine D'AME. C'est ce bien que Dieu monstra à Moïse au desert luy disant, Ie te monstreray tout bien, quand Moïse luy demanda à voir sa face & gloire. Il est aussi dict verité, comme Iesus Christ dict, Ie suis voye, verité, & vie : il est aussi principale lumiere,

miere, comme il tesmoigne disant, Ie suis la lumiere, venue au monde, il est aussi premiere forme d'ame.

Nous auons entendu, que toute creature viuante est composée de matiere & forme: ceste matiere est chose separée de Dieu, de tant que du commencement elle fut laissée de luy sans sa raison, de laquelle nous parlons, qui contient toutes choses diuines, & demeura pour seruir de corps & matiere aux creatures: lesquelles Dieu a composé de ceste matiere: & d'aucunes ses essences, qu'il a nommé forme, dont la principale est l'ame, laquelle il entend estre aux bruts sa loy nommée nature, comme leur pedagogue: & aux hommes l'accompagnée de raison, qui luy a amené l'image & semblance de Dieu. A ceste cause Mercure dict, que ceste raison qui est la saincte pensée, est premier exemplaire, premiere forme, ou premiere source de toute ame viuante, entant que toute ame est de luy & en luy. Voila donc l'essence diuine, dans laquelle Mercure monstre à Æsculape, que tout ce qui meut, accomplist & execute son mouuement. Ce n'est pas que mouuement soit proprement vne agitation exterieure, que nous aperceuons des sens corporels, ains c'est vne vertu interieure, essence diuine, qui suscite & esmeut ce corps, de laquelle l'execution est l'agitation exterieure, que nous aperceuons au corps ou matiere: laquelle agitation nostre ignorance prenant au lieu du vray mouuement interieur, a nommé mouuement, considerant l'exterieur seul, & non la vertu de l'ame. Et pareillement le lieu ou ceste vertu faict son action, n'est corporel, mesuré, ny descript, ains la constitué en son principal subiect Dieu eternel. Vray est que l'effect ou executio causée par ceste actio, aparoist en la matiere: & prenans cest effect exterieur pour vray mouuement, nous luy attribuons lieu exterieur: comme par la vraye intelligence cognoissans, que c'est vne action, efficace, ou vertu assise en l'ame, nous ne luy donnerons plus lieu exterieur, corporel, ny mesuré, mais luy donnerons son vray lieu, que dict Mercure, incorporel, pensée, raison, Dieu eternel, auquel est assise toute action, efficace, & vertu de mouuoir.

Raison est premier exemplaire & forme d'ames.

Mouuement diffiny.

Parquoy nous conclurons nostre mouuement estre receu de Dieu, & estre en Dieu, auec sainct Pol, qui s'accorde à ce que dict Mercure disoit aux Philosophes, leur monstrāt combien l'homme est participant de Dieu, Nous viuons & nous mouuons, & sommes en ce Dieu, qui vous nommés incogneu, & d'auantage nous sommes son propre genre. Par ainsi Mercure ne pouuoit faillir disant, que le lieu auquel tout se meut est incorporel, attandu que c'est Dieu, & que aussi il dira cy apres, que Dieu luy dist, que lieu est corps immobile, dans lequel toutes choses assises sont en repos, & sans mouuement. Au contraire ce lieu qui reçoit l'action de tout mouuement, qui est essence & vertu diuine, produisant son action en son principal subiect, c'est le lieu que Mercure dict à Æsculape, qui n'est empesché d'aucun corps, erreur, passion, ou sensibilité, conseruant l'essence de toutes choses. C'est ce lieu duquel les rayons qui en procedent, sont bien, verité, lumiere, & origine d'ame. Æsculape voyant que Mercure luy insinue les vertus de Dieu, pour ce grand lieu incogneu, remplissant & contenant toutes choses, ne pouuant estre empesché ny assubiecti, est contrainct à luy demander, QVI DONC EST CE DIEV à qui tu atribues tant d'actions, vertus, & puissances. C'est, dict Mercure, CE QVI N'APAROIST, n'est cogneu, ou entendu, ESTRE AVCVNE DE TOVTES CES CHOSES, ou bien ce qui n'est comprins par l'essence d'aucune de toutes ces choses. Voyant que Dieu est si grand & vniuersel, qu'il ne peut estre diffiny, ou parfaictemeut descrit par affirmatiues, pour le moins il s'essaye de l'insinuer par negatiues, disant ce qui n'est aucune chose de celles, que ie t'ay nommé, comme ne pouuant estre comprins soubs si peu de choses que celles cy, combien que ce soient les plus grandes qui puissent estre nommées particulierement: MAIS EST BIEN CAVSE, QVE CES CHOSES SONT, mesmes en luy, qui en est le vray aucteur & source, present EN TOVT, ET EN CHASCVNE PARTIE d'entr'elles: ET EN CHASCVNE CHOSE DE TOVTES CELLES QVI SONT, estant cause tant du nombre des parties, que du nombre, quantité, & multitude des choses. ET SI N'A RIEN OMIS, ny oblié aucune entre toutes ses creatures, QVI NE SOIT, ou qu'il n'aye honoré d'essence, qui est vne de ses excellences principales: & de laquelle il a voulu estre nommé (celuy qui est) comme toute essence estant en luy. CAR TOVTES CHOSES SONT FAICTES DE CELLES QVI SONT, ou ont essence, ET NON DE CELLES, QVI NE SONT, ou n'ont aucune essence, CAR LES CHOSES QVI NE SONT POINT N'ONT AVCVNE NATVRE

Tout mouuement se faict en Dieu. Act. 17. f

Chap. 1, 18

Lieu est corps immobile dās lequel tout repose.

Dieu diffini par negatiue.

Dieu honore toutes ses creatures d'essence.

PAR LAQVELLE ELLES PVISSENT ESTRE FAICTES quelque chose qui soit, ou puiſſe auoir action, ou vertu, ou bien nature, par leſquelles action, vertu, ou nature, il puiſſe receuoir eſſence de choſe faicte, AINS ont nature, PAR LAQVELLE ELLES NE PVISSENT ESTRE FAICTES AVCVNE CHOSE. Car ceſte priuation d'eſſence produiſant ſon ſemblable (ſi dire ſe peut) rend ce produict imaginaire, ſuppoſé, & fantaſtique, ſans eſtre comme celuy dont il a eſté prins.

AV CONTRAIRE, LES CHOSES QVI SONT, N'ONT aucune NATVRE, ou vertu, PAR LAQVELLE ELLES PVISSENT NE ESTRE POINT QVELQVEFOIS, ou qui les puiſſe priuer quelquefois de ceſt eſtre, & les face deuenir rien. Car ceſte eſſence (eſtãt vertu diuine) ne peut eſtre abatue par force, action, ou vertu quelconque. Parquoy ce qui eſt, ne peut perdre ſon eſſence, qu'il ne ſoit quelquefois: comme ce qui n'eſt, ne la peut acquerir ou monſtrer, les parties de Dieu eternel comme eſſence ne ſont ſubiectes à perdition, tranſmutation, ou corruption, comme les parties ordonnées à la matiere, entre leſquelles nous en pourrions mettre vne, qui eſt ſouuent prinſe pour ceſte cy, c'eſt ſubſtance, qui eſt ſouuent confonduë pour eſſence, que les Grecs ont nommé propremẽt οὐσία, & ont nommé ſubſtance ὑπόςασις, ou bien ὕπαρξις. Ces deux dictions mettent pluſieurs en peine de leur vray vſage & ſignification, dont elles ſont ſouuent confonduës pour meſme choſe l'vne auec l'autre. Et pour en declarer ce, qui nous en ſemble, nous dirons eſſence eſtre vne continuelle conſtance immuable, eternellement perſeuerante au ſeul Dieu, par laquelle il eſt ſignifié eſtre: ou plus briefuement eſſence, eſt origine d'habit, ou ſource d'habit, contraire à priuation. Et ceſte eſſence eſt communiquée par ſa miſericorde à ſes creatures diuerſement, ſelon la condition à laquelle il luy plaiſt les baſtir ce que nous nommons en la creature l'eſtre. A l'vne par temps, comme au brut, plante, & mineral, à l'autre à perpetuité, comme aux corps immortels & celeſtes: à l'autre par temps & perpetuité, comme à l'homme, auquel il communique l'eſtre de ſa compoſition, corps & matiere, par temps, & l'eſtre de ſa forme à perpetuité, & immortellement. Et ceſt eſtre donné par temps, n'eſt dict eſſence de tant qu'il eſt en ſubiect, muable, & inconſtant, à cauſe de la matiere, qui luy aporte ce vice, qui met la difference de ceſt eſtre, à la vraye eſſence, dont il deſcend, laquelle n'a en ſoy aucune inconſtance, varieté, mutation, fin, ny commencement, auſquelles choſes l'eſtre eſt ſubiect: & ceſte eſſence n'eſt en ſubiect quelconque, fors en Dieu. Parquoy eſt dicte diuinité, comme dependant de Dieu, non Dieu d'elle, & par celle là toutes ſes puiſſances, ſapiences, amour, ou volonté, & toutes autres vertus ne ſont qu'vne, & en luy immuables en vne eſſence: & ſubſtance, comme nous dirons, eſt muable. A ceſte cauſe, toutes choſes tant intelligibles que corporeles, ont en elles par la vertu de ce bon Dieu, vn habit ou vn eſtre, qu'elles ont retenu de luy depuis leur origine, dont il eſt dict, que toutes choſes ſont en luy, & par luy. Et de là ont eſté dictes les eſſences, qui ſont en chacune la vertu d'eſtre, dont les aucunes ſont eſſences intelligibles, eterneles, & non ſubiectes à tranſmutation, comme les vertus & puiſſances diuines: Les autres ſont corporeles, ou materieles, ſubiectes à ſouffrir temps, mutation, ou corruption, eſquelles l'imbecilité & imperfection, qui les rend incapables de receuoir vray eſtre, tranſmue le vray eſtre, qui leur eſt communiqué de Dieu, en habit, ou eſtre imperfaict, ſouffrant mouuement, mutation, alteration, & autres imperfections, qui ne tombent en eſſence: & toutesfois ne perdans iamais l'eſtre, ou habit receu de Dieu, quelle mutation qu'elles endurent, par leur deſpartement & diſſolution, comme toutes creatures compoſées de matiere elementaire, & forme prinſe des graces & vertus de Dieu. Deſquelles combien que par leur diſſolution la compoſition ſe perde, ce neantmoins l'eſtre ou habit, qui tient à chaſcune de leurs vnitez, qui ont entré en la compoſition, ne ſe perd iamais, ains les acompagne touſiours, tant en leur compoſition, que diſſolution, ou mort: dont ceſt eſtre eſt proprement habit en la matiere, non eſſence. Ce n'eſt pas meſme choſe, ſubſtance, de tant que c'eſt vne proprieté incorporele, & diuine, communiquée à toute creature materiele, tenant en elle la principale dignité de la matiere, ou corps: & en laquelle ſont aſſiſes toutes proprietez, vertus, ou conditions du ſubiect corporel, ſi propre & particuliere à luy, qu'il en prend ſa principale denomination, & principal titre.

Parquoy

Chap. 12. 21

Difference d'eſſence & ſubſtance.

Eſſence eſt immuable, & ſubſtance muable.

Enquoy differe l'eſtre de l'intelligible du ſenſible.

L'eſtre apartient à l'incorporel & l'habit au materiel.

Parquoy Aristote l'a diffinie estre, celle qui proprement, principalement, & mesmement est dicte au subiect, auquel elle consiste. de ceste substance sortent les diuersités d'actions & vertus, qui sont données a la matiere des creatures differantes l'vne de l'autre. Ceste substance ne tient de rien a la vie de l'homme ou autres vertus spirituelles, ny a la vie du brut, sinon en tant qu'elle n'y peut entrer sans la vie, & se transmue en la dissolution de la forme & matiere, a cause que la creature en ses parties change d'estat & substance, & non d'estre. Car ce qui demeure est tousiours en habit, sans que aucune chose soit perdue, deuenue a rien, ou anichilée, ains seulement changée. Et lors par ce changement ou dissolution de parties ou vnitez, les parties (differentment l'vn de l'autre) changent leur substance selon l'ordre de nature, par vertu de laquelle, les actions sont differentes de celles, qu'auoit la substance du tout estant assemblé. Et ces vnitez & parties estant apres la dissolution d'vn subiect employées a la composition d'autres, ces subiects reprent autres substances, differentes selon leur loy & nature. Et de tant qu'elle n'apartient qu'aux choses corporeles elle se trouue subiecte a accidents & mutation, & oufre dissolution de son subiect comme composition, mais non en si peu de temps: car elle acompaigne le subiect iusques a la dissolution de sa matiere & forme, & passe apres la dissolution, seruant lors au subiect de forme, & leur tient ceste substance tousiours s'affoiblissant durant leur transmutation, iusqu'a ce que la matiere se sera reduicte successiuement en sa premiere diuision, declinant insensiblement ses actions, vertus, ou puissances. Pour donner clairement a entendre, que substance est vn propre donné a la creature, apartenant si bien a la matiere, qu'elle en despend totalement, de maniere qu'elle se trouue subiecte a mutation & alteration, comme la matiere. & outre la matiere a perissement & anichilation apres la dissolution des corps composez.

Substance diffinie par Aristote.

Ce qui n'aduient a l'essence, qui iamais ne se perd aux vnitez du subiect, soient conioinctes ou separées. Aussi voyons nous que quand nous parlons de toute creature composée de matiere & forme, nous ne racomptons parmy les dons diuins, soit l'image de Dieu en l'homme, ou la vie conduicte par nature en la beste, la substance, ains la tenons tousiours en la compagnie & plus parfaicte partie de la matiere. Voila pourquoy Iesus Christ voulant reparer le deffaut qui nous est aduenu, par la matiere, par la saincte vnion qu'il a voullu estre faicte de sa pure & innocente matiere, a la nostre tant salle & maculée du vice, a esté faict & deuenu consubstantial, & commuþicant en nostre propre substance, comme il est escript Nous auons esté faicts participans de Christ, si nous auons retenu le commencement de sa substance iusques a la ferme fin. Nous dirons donc que essence vertu diuine communiquent l'estre en habit a toute creature, qui iamais ne l'abandonne soit en dissolution & despartement de ses vnitez, sans iamais estre subiecte a changer, ou varier sa nature d'estre, comme estant pure diuine. Substance est vn propre donné a la creature composée, subiecte a alteration & changement, par l'alteration ou changement de la matiere, comme tenant proprement a elle, en tant que sa principale partie.

Heb. 3. c Conclusion de la differance d'essence & substance.

Si nous eussions voulu suyure Aristote & les autres, en la diuision de substance corporele & incorporele, nous eussions confondu les essences de l'image de Dieu donnée a l'homme, que n'a cogneu Aristote, auec les substances de la matiere. Car combien que toute substance soit de soy incorporelle, & n'ayant en soy aucune subiection ou iugement des sens, toutesfois Aristote l'a diuisée en corporele, qui est celle qui est deputée aux choses corporeles, laquelle nous auons exposé pour la principale partie, qui soit en la matiere. & en celle la, sont conioinctes les actions, vertus, & proprietez du subiect materiel, estant subiecte a mutation comme son subiect : & en incorporele, qu'il prend pour la principalle partie des actions & vertus qu'il a cogneu. Laquelle aucuns ont voulu nommer substance, detant qu'elle subsiste, existe ou est, & par ce moyen sont reuenus a la confondre auec essence, qui est dicte de ce qu'elle est & existe. Le grand defaut aduenu sur ce propos aux Philosophes, est nay de n'auoir cogneu l'essence estre en vn seul Dieu, comprenant toutes essences ou estre des creatures, createur des matieres & leurs substances, ensemble vne diuisiõ que nous mettrons des actions & vertus diuines & spirituelles ou inteligibles, lesquelles Dieu applicant a ses creatures & factures, ou il

Erreur des philosophes pour n'auoir cogneu les essences estre diuines.

I 5

les applicque a la forme, ou bien a la matiere, les vertus qu'il applique a la matiere, tiennent a sa principale partie que nous auons dict estre leur substance. Les vertus & actions qu'il aplique a la forme, ne tienent rien de matiere, ains acompagnent l'ame en l'hôme, & acompaignent la vie en la beste. Ces actions & vertus demeurent tousiours en leur essence en laquelle gist leur action & puissance, qui peut a toutes heures estre employée en l'homme par la libre volôté dônée a l'ame, ou en la beste par la loy & côduicte de nature, demeurant ceste actiô & vertu (quand a soy) incorruptible immuable, & eternelle, cóme tenans tousiours a l'image du Dieu eternel donné a l'hôme, & estant vne de ses parties. & ne peut estre attribué a c'este action & vertu diuine donnée a la forme de la creature pour sa principalle partie, ce mot de substance, de tant qu'elle est subiecte a mutation & alteration, chose qui ne peut conuenir a ceste action & vertu diuine, ains luy conuiendra tresproprement ce mot d'essence, pour sa principale nature, comme estant le plus propre qu'il a pleu a Dieu eternel son subiect, de choisir pour son principal nom, disant, ie suis celuy qui suis. Or sçauons nous, que tout nô se prend a la substâce de la chose, côme a sa principale partie, nous dirons donc Dieu ayant pris son nô sur l'essence, il l'a estimée cóme couurant & embrassant en vne seulle essence toutes ses vertus, lesquelles cômençant ce chapitre Mercure a nômé essentiales, comme estant leur principal propre essence, & de laquelle chascune particuliairement prend son nom. Cóme Dieu prend le sien vniuersellement & generalemét du general estre de toutes choses qui sont, estât en si grand nôbre qu'il en demeure incomprehésible a nous, & seulement nommé par ce general mot d'essence celuy qui est & n'on celuy qui subsiste, si nous le voulons prendre de substance subiecte, a alteration & mutation chose trop indigne de sa maieste, eternité, constance, & immutabilité comme ne existant soubs aucune autre essence. Nous dirons donc substance n'apartenir que a la principale partie de la matiere des creatures entant qu'elle tenant de leur nature est subiecte a alteratiô & mutatiô. Mais essence sera atribuée aux vertus & actions diuines, comme tenât le principal lieu de leur nature eternelle & immuable. Vray est que de tât q̃ la matiere ne domine sur la forme de sa nature, ains la forme sur la matiere, le subiect de la forme qui sera essence, sera atribué a la matiere par habit, qui est l'estre qu'elle en peut porter. Parainsi la creature aura essence, non simplement, a cause de sa mutation comme nous dirons, Dieu aidant plus amplement quelquefois, mais par accidant a cause des unitez dont elle est composée, qui iamais ne perdent leur habit, combien qu'elles perdent quelquefois leur substance. A ceste cause, nous concluons que aucune chose ne pouuant auoir essence qu'en Dieu eternel & incorruptible, vraye essence ne peut estre attribuée a la composition de la creature corruptible & subiecte a mutatiô, ains luy sera attribuée pour sa principale partie substance. Cóme en l'homme nous nommerons sa substance, ce propre qu'il a en sa matiere d'estre composée forme d'essences diuines, cômises a la liberté de son ame, par son frâc vouloir: laquelle substance souffre mutatiô a la dissolutiô de l'homme, ce que ne fait pas l'essence. Mais ce qui plus nous trouble la vraye intelligence de ces deux mots, a esté, que le cômun (a qui apartient de faire le langage, dôt il en est plus impropre) voyant que substâce proprement est la principale partie du subiect materiel, & n'ayant la plus part cognoissance que de matiere, ont receu en commun cours & abus, que substâce signifioit la principalle partie de tout subiect, soit corporel ou incorporel, dont est ensuiuy, que les scauants estans en moindre nombre, pour se faire entendre au cômun, ont esté contraincts de parler leur langage, receuant ce mot de substance, pour la principalle partie de tous subiects, fut il corporel, ou incorporel, nô de propre, mais pour suppprter l'ignorance du commun. Autant en est aduenu de plusieurs autres dictions. Ceste confusion de ces deux paroles, substance & essence, a trompé nos traducteurs comme Ficin, du Grec au latin, ayant prins οὐσιώδης pour substancial, venant de οὐσία qui signifie essence, au lieu d'essential parlant au premier chapitre de l'homme essential, il l'a nommé substâtial, confondant les deux dictions d'essence, & substâce, en vne mesme signification comme le commun, & toutesfois le Grec tesmoigne, que Mercure nômoit l'homme essential, qui adheroit aux essences diuines, delaissant la matiere. Et si d'auanture nous vsons quelquefois de ce mot substantial pour essential, ce sera a cause du cômun vsage, toutesfois il y a grande difference comme nous auons dict. Pour reuenir donc au premier propos des choses qui ont essence, nous dirons que Mercure concludt, que toutes choses sont faictes de celles qui sont, & non de celles qui ne sont. Sur ce propos y a eu quelquefois

Exod.3.d

Essence ne peut estre attribuée a creature composé.

fois controuerse, entre les Theologiens & Philosophes, qui disoient que de rien ne se faict aucune chose, comme rien estant priué d'essence, ne peut donner a l'autre chose l'essence qu'elle n'a pas, toutes fois aucuns ne prenants bien garde a la nature & propre signification des dictions ont abusé de ce propos soubs le mot de creation, prenāt créer pour faire quelque chose de riē, & voulant de quelque bon zele croistre la gloire de Dieu, l'ont voulu exalter par ce mot de créer & faire de rien quelque chose, le cuydant plus honorer que s'ils eussent dict, faire la chose de quelque chose & non de rien. C'est abus est proueuu d'ignorance de la nature de Dieu, & de la signification des mots. Car premierement ce mot creer (que nous prenōs du latin) ne signifie que faire, engendrer, ou composer quelque chose, & quand les septante interpretes Grecs ont escript la creation des choses, traduisant le Genese, ils ont usé du verbe ποιω, qui signifie faire & créer indiferement les choses de quelque chose. Mais ignorants la nature des essences diuines, qui estant toutes inuisibles Dieu les a employées pour en faire la matiere, & toutes creatures visibles, comme l'a tesmoigné la sapience. Ta main toute puissante a crée le monde de matiere inuisible & sainct Pol, Par foy nous entendons les siecles estre preparés par le verbe de Dieu, affin que des choses inuisibles fussent faictes les visibles. Ce sont les vertus intelligibles & spirituelles de Dieu, qui sont inuisibles, voire n'y subiects a autre sens corporel, desquelles Dieu a fait, crée, basty, & produict toute matiere & creature. Lesquelles matiere & creatures estant faictes des choses inuisibles & diuines, nous ne serons si teméraires de les dire estre faictes de rien, ains de ce qui luy est veritablement contraire, de tant qu'il n'y a chose plus contraire a ce grand & infiny habit d'essence, que la totale priuation d'estre, qui est rien, ne prenant son nom que de la totale priuation d'essence, & Dieu prenant le sien de la vraye & seulle habitude d'estre disant, Ie suis qui suis, nous le louerons, glorifierons, & honorerons plus, disant qu'il a faict ou crée toutes choses de ses essences propres, que si nous disions qu'il les eust faictes de ce rien, qui est si inepte, indigne, & malheureux, que de n'estre poinct, & par consequent contraire & du tout opposité a la nature de diuine essence. A cause dequoy nous dirons qu'il ne seroit chose si temeraire de dire Dieu a faict ses creatures sans rien, car de vray il les a faictes sans ceste priuation qui est rien. Ou bien il les a faictes sans assomption d'essence estrāge ou matiere, pour les en faire & créer, mais encore cela ne seroit si religieux, entāt que côtreuenant aucunement a ce que sainct Pol a dict, que des choses inuisibles qui sont les essences diuines, sont faictes les visibles, & par consequent corporeles & materieles, ce que nature prouue tous les iours. Comme par exemple, par la production reyterée, que faira vn peu de terre d'herbes en vertu de sa substance incorporele crée des essences diuines, lesquelles en fin seront plus de matiere que la terre qui les produict, & sans diminuer sa matiere, tant en quant, en quantité ou grandeur. Nous conclurons donc auec ce bon Philosophe Mercure, que rien n'ayant essence, produict son semblable, asçauoir rien, & tout ce qui a estre, est produit de chose ayant estre, & non de ce rien, qui en est totalement priué.

Vraye declaration du mot creer.

Créer & faire sont entendus indifferemment.

Sap. 11. c Heb. 11. a

Toutes matieres sont faites d'essences diuines.

Exemple sensible de production tirés des essences diuins.

De rien se faict rien & non aucune chose.

SECTION. 9.

QUest-ce donc? Dis tu qu'elles puissent n'estre quelque-fois? Dieu n'est pas donc pensée, mais est cause que pensée est, ny esprit ny lumiere, mais est cause que lumiere est. Dont s'ensuit qu'il faut reuerer Dieu par deux noms qui apartiennent a luy seul & a nul autre. Car entre tous autres qui sont dicts Dieux, ny hommes, ny demons, aucun ne peut estre bon, voire la moindre partye, que Dieu seul, & il est cella seullement, & rien autre chose. Mais toutes autres choses sont separées de la nature du bien. Car le corps & l'ame n'ont aucun lieu, qui puisse contenir le bien. De tāt que la grandeur du bien est si ample, qu'est la substance de toutes choses qui sont corporelles, & incorporelles, sensibles & intelligibles. Cecy est Dieu. Parquoy ne dy point y auoir autre bien, car cella seroit inique, ou autre Dieu que le seul bien, car aussi cella seroit mauuais.

COMMENTAIRE.

AEsculape oyant que Mercure luy difoit, que les chofes qui ont effence en elles, n'ont aucune nature par laquelle elles ne puiffent eftre quelque fois, fe troubla fur ce mot quelque fois, eftant en doubte que Mercure penfaft, & luy dift, que les chofes ayants effence, n'auoient nature qui les empéchaft d'eftre, & n'eftre quelques-fois, prenant & emploiāt cefte propofition indefinié aux deux parties, d'eftre quelques fois, & n'eftre quelque fois. Parquoy rompant le propos a Mercure, il luy dict, QV'EST-CE DONC DIS TV, QVELLES PVISSENT NE ESTRE QVELQVE FOIS ou autre FOIS eftre. A quoy Mercure voyant qu'il faifoit ce doubte fans caufe, & que y penfât vn peu apres, il trouueroit la propofitiō claire par le precedent, il ne voulut rompre fon difcours pour fi peu de difficulté, par lequel ayant declaré l'incorporel a Æfculape il luy auoit demandé qui eft donc Dieu. A quoy Mercure refpondit ce qui n'eft aucune de ces chofes mais caufe qu'elles font, & le continuant difoit, DIEV N'EST PAS DONC PENSEE, MAIS, EST CAVSE QVE PENSEE EST, N'Y ESPRIT NY LVMIERE, MAIS EST CAVSE QVE LVMIERE EST. C'eft adire, que ayant dict cy deuant plufieurs fois, que Dieu eftoit penfée, vie, efprit, lumiere, voye, & verité, & infinies autres vertus, par lefquelles nous receuons cognoiffance de luy, il ne veut que nous penfions circonfcrire Dieu en aucune d'icelles vertus, difant qu'il eft cefte penfée & non autre chofe, qu'il eft raifon, & non autre chofe, qu'il eft lumiere & non autre chofe. Ce n'eft pas ainfi dict Mercure, mais combien que l'eftre & effence de toutes ces vertus defcende de Dieu, il ne f'enfuit pas qu'il defcende de toutes, ny d'aucunes d'elles. A caufe dequoy ie te dy, qu'il n'eft aucune d'entr' elles, mais biē eft caufe de leur eftre, origine, & effence, comme les contenant toutes en foy, & n'eftant contenu d'aucune ou d'aucunes, quel nombre qu'on en propofe. Detant que nombre de vertus le limitant & cōprenant, il ne feroit infiny, qui eft le contraire. Parquoy eftant infiny fans nombre ny mefure, il ne peut eftre compris que par toute infinitude de vertus, actions, & puiffances, & fi eft hors de pouuoir eftre reprefenté ou fignifié nonplus que l'infiny par aucune diction fubftantiue, comme n'eftant contenu d'aucune fubftāce: ains fera reprefenté par vne diction adiectiue & effentiale, qui luy conuiendra en tout & par tout, & a nul autre, c'eft bon. Laquelle diction luy eft adiacente & conuenante, en toutes fes actions & vertus, quelques infinies qu'elles foient, car tout ce qui eft en luy, eft bon, & ce bon n'eft ailleurs que en luy. Les dictions fubftātiues ne peuuent conuenir a Dieu, comme n'ftant compris de fubftances, de tant qu'elles font fubiectes à mutation, & les dictions fubftantiues ne peuuent cōuenir que aux particuliaires vnités, qui font leurs fignifications, mais les adiectiues, combien qu'elles ne cōprennēt, fi eft ce qu'elles conuiennent a multitude de fubiects, & font plus generales, DONT S'ENSVIT dit Mercure en c'eft endroit, QV'IL FAVT REVERER DIEV, PAR DEVX NOMS que nous luy atribueront, l'vn pour fō regard, & l'autre pour le noftre, QVI APARTIENT a toutes fes parties & A LVY SEVL. Il nous faut confiderer comme nous dirons, Dieu aidāt, quelquefois, que ce trefgrand, puiffant, & fouuerain Dieu eftant incomprehenfible, il eft quant & quant hors de fubiection d'eftre nommé, ou compris d'aucun nom le fignifiant, comme tous nos noms fignifient leur fubiects, & ce a caufe de fon infinité, qui ne reçoit comprehenfion, determination, borne, ny l'imitation. Et combien que nous le nommons Dieu, ce n'eft pourtant nom qui porte fignification qui le comprene, de tant qu'il eft incomprehenfible. Mais c'eft que la neceffité & debuoir que nous auons, a nous retirer a luy, le venerer, recognoiftre, prier, & mercier, nous contrainct pour le rameteuoir entre nous, luy donner vn nom. Combien qu'il luy foit impropre, & indigne de fon excellence, mais nous contentants que par ce nom qui eft Dieu, nous entendons ce fouuerain bien, puiffance & perfection de bonté, de qui tout defpend. & ne doubte que ez regions ou il y a eu idolatres, auant y auoir cognoiffance du vray Dieu, en quelles langues qu'il fe foit trouués, le nom de Dieu n'aye efté reçeu, auant fa cognoiffance, pour eftre apliqué a autres fubiects, comme nous auons veu en toutes idolatries, efquelles leur idole eftoit nommée & eftimée Dieu. Voire en ceux mefmes, qui aiants cognu le vray Dieu font retournez a l'idolatrie, Comme Aaron qui nomma au peuple d'Ifraël le veau d'or fon Dieu, & autres qui ont nommé chafque

Dieu n'eft cōprins d'aucunes vertus, ains les comprins toutes.

Le mot bon adiacent a toutes effēces diuines comprend Dieu.

Nō de Dieu ne fuffit a fon fubiect.

que idole d'or leur Dieu, dont a la similitude que les hommes abusans & abusés, ont nommé ce que sur toutes choses ils ont veneré, Dieu, nous, & autres ayants la cognoissance du vray subiect, qui sur toutes choses doibt estre veneré, a l'imitation chascun en sa langue de ceux, qui en ont abusé, les vrais adorateurs, & venerateurs en ont vsé, prenants de leur langues ce mot Dieu, pour le subiect qui sur toutes choses est digne d'estre prié, reueré, & adoré, seul sans compaignon, comme luy apartenans ET A NVL AVTRE. CAR ENTRE TOVS AVTRES QVI SONT DITCS DIEVX, aſçauoir corps celestes, NY HOMMES, NY DEMONS, ou idoles quels-conques AVCVN NE PEVT MONSTRER EN SOY ESTRE BON, VOIRE ny auoir en soy LA MOINDRE PARTIE du bien. Ces autres sont nõmez des hommes dieux, comme ayant en leur charge les puissances & actions diuines, à cause dequoy Mercure nommera les astres souuent Dieux, par ce qu'ils ont l'administratiõ des puissances diuines. Comme Moïſe a nommé les hommes dieux, qui auoient la charge de rendre iustice, administration & conduicte a son peuple, parlans de la police. Et peu apres il dict, Tu ne seras poinct detracteur des Dieux, qui estoient ceux la mesmes, qui auoient en ministere le cõmandement de Dieu. Et depuis tous rois, qui ont gouuerné le peuple, a la semblãce des premiers, ayãts le cõmandement de Dieu en ministere, ont esté nõmez Dieux, Christs, oints, pour l'honneur qu'ils auoient du ministere & seruice de Dieu, & par consequent Dauid n'a crainct apeler Dieux ceux qui ont esté participans (comme dict Mercure) de ceste pensée diuine, disant que Dieu estant en l'assemblée des Dieux, iuge les Dieux. & peu apres dict, I'ay dict vous estes Dieux, lequel passage Iesus Christ expose en l'intention de Mercure disant, Il est escript, i'ay dict vous estes Dieux. Si donc ceux ont esté dicts Dieux, qui ont receu la parole de Dieu, & sainct Pol qui declare qu'il y a plusieurs Dieux & seigneurs, concluant par ce propos, qu'ils estoient anciennement dicts Dieux, a cause du commandement & ministere de Dieu qu'ils recepuoient en charge, & nommés tels, par les seruiteurs de Dieu, de tant qu'en leurs operations, n'ayants aucune puissance que celle de Dieu, nous ny pouuons considerer autre action que celle de Dieu, mesmes quand elle est executée sans abus, ou alteration venant de l'imperfection du ministre, & pareillement les creatures celestes, ayant receu le ministere & dispensation des vertus de Dieu sur la matiere, sont quelque fois nommés dieux de Mercure, voulant dire que (quels qu'ils soient) il ne faut auoir esgard a eux seulement, soyent ils hommes, astres, ou esprits, ou autre creature quelconque, ains a la grande vertu & puissance de Dieu qui leur a esté baillée en ministere, pour chascun l'exercer en l'ordre & commandement qui leur a esté faict, & ce pour l'honneur & reuerence que nous debuons plus a l'ction de Dieu administrée par eux, que a leur valeur particuliaire. Toutes-fois (dit Mercure) entre tous ces autres Dieux QVE le grand & souuerain quels qu'ils soient, aucun ne peut estre bon, car ceste propriété est adiacente au grand DIEV SEVL, ET tellement que IL EST CELA SEVLEMENT, c'est a dire qu'il n'a chose en luy qui ne reçoiue c'este adiacence de bien, & son surplus est rien, car n'y ayant chose en luy qui ne soit adiacente a bonté ou bien, entre toutes ses puissances & vertus contenants toutes celles qui sont, ce qui ne sera comprins de ce bien, sera dict rien, & ne sera en luy comme n'ayant aucun estre. Par ainsi Dieu est seulement bien, ET RIEN AVTRE CHOSE. A c'este cause ne pouuant cõprendre, circonscrire, ou limiter Dieu, il le faut venerer de ceste bonté, conuenant a toute sa grandeur & infinitude de vertus. MAIS TOVTES AVTRES CHOSES qui ne sont en Dieu, SONT SEPAREES DE LA NATVRE DV BIEN, CAR LE CORPS ET L'AME N'ONT AVCVN LIEV ou capacité suffisante QVI PVISSE CONTENIR LE BIEN. A ceste cause Iesus Christ reprenoit les Iuifs, de ce qu'il l'apelloient quelquefois bon, leur disant qu'il n'y auoit bon, que Dieu seul. Ce stoit par ce qu'ils voyoit qu'ils le prenoient comme homme prophete ou autre saincte personne: toutes-fois non comme Dieu, & d'autrepart, que ceste perfection de bien ne luy pouuoit apartenir en ce corps mortel, passible, & subiect, qui sont toutes imperfections qui maculent la perfection de bonté, qui conuient au seul Dieu pur, & non composé, & leur voulant monstrer qu'ils ne debuoient atribuer ce nom de bon, que la ou ils cognoistroient estre la pure essence diuine, ne le prenant pour tel, il les en reprend, par ce qu'ils ne recognoissoient en luy que le corps, & l'ame, qui ne sont capables de bien. De tant que premierement le corps estant materiel, est cause de tout le mal & misere qui iamais aduint en l'homme. Il est notoirement exclus de tout ce bien & perfection, comme abondant en tout mal & imperfections. L'ame d'autrepart, combien qu'elle soit essence diuine, ornée de ce vray bien

tant

tant qu'elle est en sa source: ce neantmoins estant enfermée & close dans la misere & prison de ce corps tant imparfaict, elle est empeschée de recepuoir ce bien, qui n'est adiacent qu'a la perfection, & ce dict Mercure DE TANT QVE LA GRANDEVR DV BIEN EST SI AMPLE, QV'EST LA SVBSTANCE DE TOVTES CHOSES QVI SONT, soient elles CORPORELLES, ET INCORPORELLES, SENSIBLES ET INTELLIGIBLES, qui comprend toutes essences, prenant en c'est endroit substance pour sa commune signification, qui est la principale partie de chasque subiect, voulant dire, que de ce bien tous subiects prenent leur perfection & principale partie. L'homme donc tant en son ame que son corps, ne pouroit contenir ou recepuoir ce bien si grand qu'il est declaré, comme estant la source, dont toutes essences prenent leur commencement, leur vertu, action, & toute autre dignité. CECY EST veritablemét, ceste grand source & monceau infiny de toutes actions & vertus que nous estimerons estre DIEV incomprehensible, insensible, & non subiect a entiere cognoissance ou iugement de creature, conseruateur de toutes essences des creatures produictes par luy, ne souffrant ou permetant aucune ruine, descheance, ou perdition de chose qui soit en luy ou vienne de luy.

PARQVOY (dict Mercure) NE DY POINT Y AVOIR AVTRE BIEN, que celluy qui conuient au grand Dieu. CAR luy bailler compagnon CELA SEROIT INIQVE: OV aussi garde toy de dire qu'il y aye AVTRE DIEV, QVE LE SEVL infini BIEN, CAR AVSSI CELA SEROIT MAVVAIS, de tant que toutes autres choses qui portent en soy aparance ou image de bien, ne la peuuent prédre que en tant qu'elles sortent de ceste source de tout bien & essence, a qui ceste perfection de bien & nom de Dieu seullement apartient. En c'est endroit Mercure faict suffisante preuue de sa religion & reuerence qu'il porte au seul Dieu, deschassant toutes autres superstitions & obseruations d'idoles, ausquelles il n'atribue diuinité, comme aucuns ont pensé de luy, a cause d'vn traicté de la volonté de Dieu, que Apuleius a tresmal traduit, a faute de l'auoir entendu, ou par malice, estât enchanteur, idolatre, & magicien, comme nous l'auons dict a la preface, quoy qu'il en soit, Mercure ne peut estre acuté d'idolatrie, disant que qui estimera, ou dira y auoir autre Dieu ḡ ce grand bien, qu'il dict cy deuant estre ce Dieu, qui a produict le sainct verbe & desquels procede le sainct Esprit seconde pensée Dieu de feu & d'esprit, celuy la est declaré mauuais & maligne, & pouuons estre asseurez que iamais homme tenant ce propos, ne sera emporté d'idolatrie ou fauce adoration. Et quant a ce que Apuleius a traduict de luy.

Mercure bié clairement deschargé d'Idolatrie.

Il se trouue que luy ayant faict louer au neufiesme chapitre les statues faictes des hommes, quand il vient au 13. il reprend l'erreur de leurs ancestres auoir esté tresgrád, qui n'ayant cogneu la raison des dieux, & ne prenans garde à la veneration & religion diuine, ont inuenté vn art, par lequel ils faisoient des Dieux: auxquels ne pouuás faire des ames, ils y assembloyent les amez des Demons ou Anges, par lesquelles ces idoles eussent puissance de bien ou mal faire. Est-il possible que Mercure reprenant cest erreur en vn endroit, & le confirmant en lautre, faisant par tout vraye confession d'vn Dieu aucteur de toutes choses, soit esté fidelement entendu & traduit par Apulée. Car le traducteur n'entédent la substance de l'aucteur metra souuent vne clauie interrogatoire pour simple position, & lors se trouuera le contraire de l'intention de l'aucteur, comme nous en auons trouué a nostre premier chapitre, sur la traduction de Ficin, & autres transpositions de dictiós variées d'vne seulle lettre, qui changeoient tout le sens, a cause de l'afinité des mots, qui ne different bié souuent du Grec que d'vne lettre, signifiants diuers propos, mesmes aussi que consequemmét il dict, qu'il est facile a ces Dieux, faicts des hómes soy courouser, alleguant leur imperfection, adioustant apres que la diuersité des venerations de Dieu, a causé guerres entre les citez d'Ægypte. Tous ces poincts arguent quelque deffaut d'interprete.

Par quel moi en Mercure peut auoir esté calomnié.

Cecy est aduenu aux traducteurs, a faute de l'auoir bien preueu, & le traduisant apres, n'ont eu deuant leurs yeux, la generalle intention de Mercure, pour (fauorisant a celle la) corriger les deffauts d'escripture, punctuation, proximité des dictions, transpositions de vocables, & tous autres deffaus, qui peuuent auoir esté faicts par la negligence du transcripteur. Lesquels n'ont meilleur moyen d'estre reparez, que par la generale obseruation en tous endroicts de l'intention de l'aucteur, conceuë par frequente repetition

Obseruation pour bien entendre vn autre.

petiton de son œuure, & en ceste façon vn aucteur d'vn si grand nom sera conserué en son honneur, sans estre charge d'erreur ou contradiction a soy mesmes, c'est assez parlé de ce propos, reuenons a nostre matiere principale.

SECTION 10.

Parquoy de parole il est dict de toutes gents bon, mais il n'est pas de tous quelquefois cognu ce que c'est. A cause dequoy, Dieu n'est entendu de toutes gents. Toutesfois l'on à nommé par ignorance & des Dieux & aucuns des hommes bons, qui iamais ne l'ont peu estre, ou estre faicts bons. Car comme est tresesloigné de Dieu & de luy mesmes, estre luy mesmes Dieu, est inseparable. Tous les autres Dieux donc immortels, sont honorez du nom de Dieu. Mais Dieu a le bien, non par honneur, ains de sa nature. Car la seule nature de Dieu est bien, & mesme genre des deux, duquel sortent tous autres genres. De tant qu'estant bon il est toutes choses donnant, & ne receuant aucune chose. Dieu donne donc tout, & ne reçoit aucune chose. Parquoy Dieu est bien, & bien est Diu.

COMMENTAIRE.

MErcure aiant insinué a Æsculape qu'il ne pençast qu'il y eust autre bien que Dieu ny autre Dieu que le bien, il luy infere ce qui s'ensuit, PARQVOY DE PAROLE mal entédue par le comun, IL EST DICT DE TOVTES GENS BON, MAIS IL N'EST PAS DE TOVS QVELQVEFOIS COGNEV CE QVE C'EST, comme Iesus Christ estât nommé bon des Iuifs, ils les en reprint a cause qu'ils l'en nommoient sans le cognoistre. Car s'ils l'eussent bien cogneu, & l'eussent nommé bon le prenant hors la matiere Dieu fils de Dieu, il ne les eust reprins, mais les reprenant il leur donnoit la cognoissance de ce que dict Mercure, disant n'y a bon que Dieu, affin qu'ils cognueussent aussi qu'il n'a autre Dieu que ce parfaict bien. Mais les Iuifs parloient comme le commun de nostre vsage, qui employons les dictions, sans entendre ny penser le plus souuent a ce qu'elles denotent. Parquoy Mercure dict, que Dieu est dict bon du commun, sans estre cogneu tel, A CAVSE DE QVOY DIEV N'EST ENTENDV DE TOVTES GENS TOVTESFOIS L'ON A NOMME PAR IGNORANCE ET aucuns DES DIEVX estre bons, ET AVCVNS DES HOMMES estre bons: mais c'est par ignorance de la nature du bien & cognoissance de Dieu. De tant que tout ce qu'on peut nommer bon autre que Dieu, ce sont creatures, n'y aiant rié plus en la nature des choses, desquelles n'en y a que de deux natures asçauoir mortelles & immortelles. Les immortelles ne peuuent receuoir ce parfaict bien, a cause qu'elles sont contrainctes, & subictes a leur charge & ministere, ordonne & limite par vn plus grand. Dont s'ensuit que subiection estant imperfection, ce parfaict bien ny peut habiter, qui est de nature libre, & puissant sur toutes choses. Les mortelles sont si notoirement subiectes a tant de miseres & imperfections, a cause de la matiere, qu'elles ont tousiours auec soy, & laquelle les a mises en ruyne, qu'il ne sçauroit habiter en elles, non seulement ce parfaict bien, mais (qui moins est) sa moindre partie, qu'elle ne soit bannye, deiectée, oprimée, mesprisée, & le plus souuent ananchilée, en les subiects deputés a en receuoir quelques rayons. Parquoy en toutes ces manieres ne debuons estimer les hommes simples, ou dieux quel-conques crées estre bons,

Marc. 10. B Pourquoy Iesus Christ reprint ceux qui le nomoient bon.

Ignorâce no° garde de cognoistre Dieu estre seul bon.

Cause pourquoy es creatures n'y a bien.

Chascun por te en soy ce que l'impfectió d'estre tô

QVI

QVI IAMAIS NE LONT PEV ESTRE de leur nature originaire OV ESTRE FAICTS BONS, a cause de la matiere de laquelle ils sont composés, & qui porte continuellement son empeschement auec soy, tousiours y resistant. Et tout ce que peut tirer la creature de ce bien, ce n'est pas la nature ou vraye proprieté, mais en tirera seulement vne ombre, rayon, ou denomination, empruntée par comparaison ou semblance: & c'est c'este semblance, que Iesus Christ nous insinue, pour estre fils du Pere celeste, qui faict luyre son Soleil sur bons & mauuais.

Que l'ombre de bonté préd la creature.

Matth.5.g Hebr.13.c.

C'est c'este beneficence & communication de charité, fondement de toute loy diuine, qui nous conduict à estre estimés ou reputés comme bons par comparaison, & non simplement bons, nous estudians a imiter nostre Pere celeste. Lequel Mercure dict, n'estre dict comme bon, mais simplement & de sa nature bon. CAR (dict il) ce mot (COMME) EST TRESELOIGNE DE DIEV, detant que toute comparaison proposée par ce comparatif, ou conionction de similitude (Comme) declare tenir quelque chose d'autruy, qui est chose totalement separée de Dieu, & treseloignée de celluy qui est eternel, & a tout en luy deuant toutes choses. Et tout ainsi que ce mot (come) est esloigné & mal conuenant a Dieu, de mesme maniere DE LVY MESMES CE MOT ESTRE LVY MESME DIEV, EST INSEPARABLE & naturellement conioinct de son propre, a cause qu'il est la vraye essence, simple, pure, & principalle, n'imitant aucun, en tant qu'il n'est chose qui ne soit yssue de luy. Ceste belle clause qu'escrit en cest endroit Mercure: car côme est tresesloigné de Dieu, & de luy mesmes estre luy mesme Dieu est inseparable, a esté obmise par Ficin cöbien qu'elle fust sans aucune obscurité, si n'estoit a cause d'vne particule (cöme) qui estoit trâsposée en l'exemplaire Grec, tenât la clause en côtradiction, qui estant remise, a rendu le sens acordant au propos de Mercure. Il peut estre aduenu plusieurs autres tels deffauts, qui fairoient grand tort a ce tresgrand & digne personnage, s'il estoit censuré par si faux raports. Nous dirons donc, que Dieu ne reçoit son essence de bonté par semblance ny comparaison & que toute similitude prinse d'autry est chose du tout indigne de sa perfection, ains il préd son essence & vertu en luy mesmes inseparablement, comme estant siene, non par atribution ou emprunt, ains de sa propre & diuine nature. Parquoy nous ne dirons qu'il soit comme Dieu par semblance, mais le dirons estre luy mesme Dieu, & d'auantage ne luy comparerons aucune chose, atandu qu'il est seul incomparable. TOVTS LES AVTRES DIEVX DONC IMMORTELS, SONT HONORES DV NOM DE DIEV, & dicts côme Dieux, non qu'ils soient Dieux, mais comme ayants les puissances & vertus de Dieu en ministere & dispensation, a cause de leur charge sont honorés, & rendus plus dignes de l'honneur qu'ils ont receu par ceste charge: a laquelle ayants plus d'esgard qu'a leur particulier, nous les nommons de ce nom de Dieu, qui les honore & dignifie. MAIS DIEV A en soy LE grand nom du parfaict BIEN, NON PAR HONNEVR ains en soy mesmes DE SA propre NATRVE, ne receuant par ce nom aucun honneur ny aduantage, comme n'en pouuant receuoir d'aucun lieu.

Bon conuient par nature a Dieu, & aux creatures par honneur. Comme estre, inseparable de Dieu: ainsi comparaison en estre tres esloignée.

Comme tresesloigné de Dieu.

Bonté honore la creature, & Dieu honore le nom de bon.

Parquoy il faict (par son inestimable grandeur & valleur) a ce nom grand hôneur, lequel ce nom reçoit, a cause qu'il represente & denôce la perfection qu'il prend en ce digne subiect. Il prend donc ce nom de Dieu & bien de sa propre nature, & non d'ailleurs. il honore ce nom & n'en reçoit aucun honneur, tout au contraire de la creature, qui reçoit honneur par ce nom prins d'vn plus grand que soy, ce qui ne peut aduenir a Dieu. CAR LA SEVLE NATVRE DE DIEV, EST BIEN n'apartienét a autre quelconque. ET de Dieu est bien, ny a que vn MESME GENRE DES DEVX en mesme nature, DVQVEL SORTENT TOVS AVTRES GENRES & productions materielles, corporelles, ou sensibles, & intelligibles, spirituelles, ou diuines, DE TANT QV'ESTANT Dieu bon IL EST TOVTES CHOSES; a cause de ceste bonté vniuerselle, par laquelle il produit tout ce qui est en ses essences, DONNANT ET NE RECEPVANT AVCVNE CHOSE. C'est le vray office de bôté, par laquelle (comme nous auôs dict) Iesus Christ nous admoneste estre fils du pere celeste, faisant part a toute creature de Dieu, portant son image de tout secours, ayde & faueurs communication de bien, & autre contentement que l'on desireroit receuoir.

Ceste admonition est faicte a tous, & ne faut que ceux, qui la meprisent trouuent estrange s'il en reçoiuent la pareille, comme tresbien le meritant, Mercure en fin conclud

que

DIEV DONNE DONC TOVT, ET NE REÇOIT AVCVNE CHOSE, comme n'ayant besoin d'aucun : donnant exemple par ce moyen a tout prince ayant charge de peuple, d'auoir en soy, les vertus de liberalité & iustice, qui suffisent pour attirer a soy le cœur de toutes manieres d'hommes, qui ne sont que de deux natures, intelligibles, & sensuels: les intelligibles il les attirera a soy estant bon & iuste: de tant que c'est ce qu'ils aiment, comme leur principal but, estât bien & iustice & autres vertus diuines. Les sensuels il les attire par le moyen de liberalité, leur donnant diuerses choses pour contenter leur concupiscence, laquelle est principalemēt venerée d'entre eux. De tant qu'estans sensuels, ils suiuent, comme premier but, le ventre, & concupiscence d'auoir, aimās mieux les choses données, que le dōner, comme vrayes esponges du prince, attirants sa substance, au contraire de l'homme intelligible, qui n'ayme la chose donnée, que à l'occasion de la bonté du donneur, ayans tousiours leur premier esgard a la cause & bonté de leur pere, & le sensuel a esgard au seul effect sensible & materiel à la semblance du brut.

En ceste maniere quel que soit l'homme, il est attiré contenté & satis-faict par ces deux vertus diuines iustice, ou bonté, & liberalité. Et à la semblance de Dieu, tout prince estant iuste & liberal, attire pareillement les deux manieres de peuple, pour les ayant attires, les renger à la cognoissance de ce bien infiny. PARQVOY DIEV EST CE PARFAICT BIEN ET CE PARFAICT BIEN EST DIEV. Ces deux dictions sont tenues conuertibles, comme disent les dialecticiens, tout ce, qui est Dieu, est bien, & tout ce qui est bien est Dieu, en tant que ce bien n'est chose patticuliaire, qui se puisse circonscrire, ou comprendre dans termes ou limites, ains est terme vniuersel, comprenant par son adjacence, toutes actions, puissances, & vertus diuines. Comme ce mot de Dieu, lequel nous auons dict n'estre propre a Dieu, cōme le subiect estant trop grand & digne à pouuoir estre nōmé: mais ce nom est propre à nous pour le recognoistre soubz celuy la, ne luy en pouuant donner autre, qui soit digne de luy, nō plus que cestuy-cy mesmes.

Le bon aimé Dieu ou le prince pour sa vertu & le mauuais ayme en luy son profict.

Dieu est nommé de ce nom pour le recognoistre, & non pour la circonscrire.

SECTION II.

L'Autre nom de Dieu est pere, de rechef, a cause qu'il créé toutes choses: car il apartient au pere de faire. Parquoy la plus grande vertu en ceste vie, tres-benigne enuers les sages, est faire enfans, & la plus grande infortune & impieté est si aucū decede sterile. Et cestuy-cy souffre peines des Demons, apres son trespas. Mais ceste peine est que l'ame de celuy, qui est decedé sterile, est condamnée a vn corps, qui n'a nature de masle ny de femelle, lequel est maudit du soleil. Parquoy, O Æsculape, ne te delettes d'hōme estās sterile. Mais au contraire, aye pitié de sa calamité, sachant bien quelle vengence l'attand. Tant dōc & telles choses te soient dictes, O Æsculape, qui sont quelque prescience de la nature de toutes choses.

COMMENTAIRE.

MErcure ayant declairé le premier & principal nom de Dieu, qui est (bon) respondant, & aproprié a la dignité de ses actions & vertus, il nous declare L'AVTRE NOM DE DIEV estant aproprié au bien, honneur & grace que reçoyuent de luy toutes ses creatures. Lequel EST PERE QVI DE RECHEF represente tout ainsi sa grande vertu de faire & produyre, A CAVSE, QV'IL CREE TOVTES CHOSES de son essence. Comme estre bien

Les deux nōs des Dieu correspondants a ses effects.

a leur donner vertu puissance & conseruation. Et comme tout pere corporel faisant enfants leur communique par ceste facture & production son principal & propre, qui est sa substance humaine: tout ainsi Dieu creant ses creatures, comme bon pere, les a faictes de ses propres & principalles vertus ou essences. A ceste cause il veut que l'homme (qui est faict a son image & semblance) l'imite & ensuiue de tout son pouuoir, & ne soit oisif.

Les creatures sont faictes d'essences diuines.

CAR IL APARTIENT AV PERE DE créer, FAIRE, produire & imiter Dieu. Et ceste imitation consiste veritablemēt a l'employ des vertus corporeles & spirituelles, a l'obeissance & contentement de ce bon pere, qui a tant honoré ce corps humain, que le premier don qu'il luy a faict, a esté de son image par l'inspiration de spiracle de vie, laquelle il luy a donné, aornée d'infinies vertus & dignités. A cest exemple Mercure nous dict, PARQVOY LA PLVS GRANDE VERTV ou efficace que l'hōme aye EN CESTE VIE, ET TRESBENIGNE ou loüable ENVERS LES SAGES, EST FAIRE ou produire fruicts & ENFANTS: ET LA PLVS GRANDE INFORTVNE ET IMPIETE EST, SI AVCVN DECEDE STERILE, ayant consommé son temps en oisiueté, sans production d'effects. Les personnes, qui ne esloignent leur esprit de terre, non plus que leurs talons, prennent ce propos de Mercure ridicule en tant qu'ils l'entendent totalement de la generation corporelle, sans passer outre.

Par le spiracle de vie fust donnée l'ame raisonnable.

Si est-ce qu'il n'est seul, qui a vsé en ses escrits de ce propos, & bien plus sobrement, q̄ les prophetes & sainctes personnes, qui biē souuent ont fondé les exēples de remōstrances, & reprehentions, qu'ils faisoient au peuple de Dieu, pour les ramener, sur l'amusement & abus, q̄ les hōmes faisoient en leurs concupiscences. Lesquels ils remonstroient par propos violās & totallement dehōtez, pour mōstrer la passion, qui dominoit ces sainctes personnes, voyāt Dieu tant offencé de ce sien peuple particulier, qu'il auoit porté sous ses aisles par grand amour. Parquoy nous ne trouuerons estrange, si Mercure cōstitue toute la vertu du chrestiē, a imiter Dieu de tout ce qu'il a en luy cōme estant reçeu de Dieu. Et si bien il louë entre les hommes ceux, desquels les corps ne sont steriles: deteste auec cōmiseration, ceux desquels les corps sont steriles. La malediction, qu'il en refere, s'entendoit en son temps de toutes personnes. De tant qu'il n'en y auoit aucuns, a qui le mariage fust prohibé. Et si bien depuis par la volonté dece mesme Pimandre, ou sa saincte Eglise, le mariage a esté deffendu a ceux, qui n'en ont voulu, & permis aux autres, pour diuers respects, soit la multiplicatiō ou diuersité des tēps, ou abus des libertez données de Dieu: ceux la sont iustement deliurez & absous de ceste malediction, quanta ce qui leur en est osté, qui est le corps & generation corporelle. Mais de tant que c'est le moins, a quoy Mercure a heu esgard que la matiere: il reste a chascun ET A TOVS, la generation spirituelle & intelligible, de laquelle aucun ne se peut exempter. Par ce propos donc, que nous dict Mecure, nous considererons, que Dieu prend l'homme comme sa vraye image & similitude, contenue dans vn vaisseau elementaire de petite valeur. A c'est hōme ainsi composé Dieu adonné puissance de l'imiter, en tāt qu'il luy a doné ses vertus, & liberté de ses actiōs a les employer. Lesquelles actiōs Mercure nous tesmoigne, cōme nous auons souuent dict, estre les mesmes, qui nous sont cōmandées de Dieu, tant par ancien q̄ nouueau testament. Ce sont les actions & operatiōs d'amour & charité, par lesquelles nous deuons desirer toutes personnes portants l'image ge de Dieu, comme nous, estre, comme disoit sainct Pol, tels que nous sommes, reserué nos liens, vices, & miseres, qui nous priuēt de la liberté, qui est en Christ. Et aiant acquis ce bō desir & affectiō, nous deuōs employer nos puissāces vertus receues de Dieu, a luy augmēter generation, pour obeir a son grand & premier commandement, par lequel il a commandé à toutes ses œuures & creatures croistre & mutiplier, non seulement aux corporelles, qui ne sont en grand estime deuant luy, mais principalement aux intelligibles: lesquelles il a commandé croistre en l'enfant, comme il l'a commandé de son petit corps. Parquoy il commande a ceux a qui il touche, de multiplier la matiere, qui est la generation corporelle, le faire a peine de tumber, quant au corps, en vice de sterilité: qui estoit fort detesté, & auoit esté auant ce temps la, & depuis du temps d'Abraham, Iacob, Manué, & encore du temps de Samuel, & sainct Iean Baptiste.

Ierem. 3. Ezechiel 23.a

En l'homme y a double generation corporelle, & spirituelle.

Act. 16.g

L'intelligible croist en l'enfant, comme le corps.

Exod.23.f Genes.11.d & 22.c. Iug.13.a Luc.1.b 1.Reg.1.a

Mais ceste punition n'estant qu'vne honte exterieure, c'estoit peu de chose: car ce n'estoit celle la, qui amenoit la malediction, dont est question, ains c'estoit la sterilité
de l'ame

MERC. TRIS. CH. III. SECT. XI.

de l'ame, qui se trouuoit negligente a produire, par le moyen de ses vertus, dignitez, & excellences, tant de beaux fruits, enseignemens, doctrines, secours, aduertissements, & continuelles instructions.

Par le moyen desquels elle pouuoit faire enfants portants l'image & semblance du pere, comme elle, & en cella eut suiuy l'imitation du pere, qui a communiqué ses propres essences à sa generation, factures, & creatures. Toutes ces actions sont les œuures de misericorde, que Iesus Christ nous commande, pour tesmoigner & aduouer le dire de Mercure, disant, soyes misericordieux, comme vostre pere est misericordieux: affin que vous soyes ses enfants. Voila comment les enfants seulement ne sont pas les principaux ceux, qui viennent du corps & corruption de matiere: ains ceux, qui viennent de la vraye generation de l'homme essential, executée par les vertus, actions, & puissances de l'image de Dieu, commise a l'homme. Et par ce moyen l'homme, qui par ses œuures intelligibles a produict fruict en ses prochains, combien qu'il demeure sans enfants corporels: ce neantmoins il ne sera estimé ou iugé sterile, ayant faict & engendré la principale partie des enfants qu'il doibt principallement engendrer, pour les rendre essentiaux & non materiels ou corporels. Ce propos est clairement manifesté par Abraham, lequel Dieu ayant faict pere de plusieurs enfants, Iesus Christ declare desquels il est vray pere, disant aux Iuifs, Si vous estes fils d'Abraham, faictes ses œuures, mais vostre pere est le Diable par vos œuures, qui me voules tuer. Parquoy sainct Pol dict a ce propos, cognoisses donc, que ceux qui sont de la foy, sont enfants d'Abraham, par ou il fust dict pere de toutes gents, qui seront benits par sa semence ascauoir ses enfants de foy: combien qu'ils fussent d'autre race corporelle. A ceste cause il a esté dict Pere de ceux, qui ont receu la foy, qui est intelligible, & les Iuifs ses enfants corporels, a faute de foy, ont esté dicts enfants du diable leur pere. Dont la vraye paternité se prend de l'intelligible a ce propos, & non du materiel: & l'operation d'estre tel pere est celle, dont nous parlons a present.

Math. 5.g.

Genes. 17.a
Ioan. 8.c.
Galat. 3.a

Ce n'est donc de ceste generation corporelle, que Mercure dict proceder la vertu & benignité du generateur. Car le corps prins apart, ne peut auoir vice, combien qu'il en soit cause, ny semblablement benignité ou vertu. Il fault donc necessairement qu'il parle de l'autre a qui benignité ou vertu apartient. Comme il a dict au premier chapitre parlant de la generation du fruict engendré par le silence en la pensée de l'homme: C'est que son silence estoit vray engroissement, & ses parolles estoient le vray enfantement, ou fruict de tout bien, par ou il monstre bien entendre la vraie generation digne de l'homme benigne & vertueux estre ceste cy. Detant que l'homme ne pouuant auoir en soy vertu ne benignité que celle, qu'il prend a l'imitation de Dieu son pere & createur qui nous manifeste ses exellences & vertus, en ce principallement qu'il est facteur & createur de toutes choses, & en ce qu'il les faict continuellement. L'homme a son imitation est entendu auoir en soy participation de ceste vertu & benignité, quand il employe les actions des vertus diuines, qui sont en luy, a produire fruict, qui est engendrer, operer, & faire bien par quelque chose de celles, qui sont soubs les puissances, & actions, qui luy sont commises, dont les corporelles sont de tant moindres & indignes, que le corps est plus bas, & indigne que l'esprit. Ces operations sont nommées par les docteurs de l'glise de Dieu, comme enfants de nostre vie, aussi sainct Pol nomme ses enfans, qu'il a engendrez par enseignement de l'euangile. Vray est que le corps mis en l'homme, comme en vn estuy ou quaisse de terre, a contenir ce precieux ioiau & thresor, demeure encore plus vile, quand il est surprins du vice de sterilité.

Mercure prend son silence pour engroissemēt & son parler en fantement.

Aug. detrimitate lib. 12 Chap. 7. 1. Cor. 4. c 2. Cor. 4. b

Mais c'est si peu de cas a nostre propos, qu'il ne merite d'en estre parlé, comme nous dirons cy apres, & comme dict Mercure, ce luy est vne grand infortune & impieté, qui tesmoigne clairement, que ceste impieté ne s'adresse qu'à la partie capable de religion & disposition d'y obeyr, qui ne peut estre le corps, car il n'engendre quand il veut.

L'homme. materiel se plaist plus à la generation corporelle qu'intelligible.

C'est donc a l'esprit ou ame, qui se rend en grande ruyne a cause de l'impieté & malice ce qu'il a eu de mespriser tant les vertus de Dieu, qui luy sont commises, qui ne leur aye fait produite quelque fruict & generation: ains plustost aura conuerty leur visage, vers la matiere, & delectation charnelle, ou n'y a aucun fruict substancial, ains seullement fueilles & & peaux, & toute façon d'excrements. C'est a dire l'homme s'amusera plus facillement, a faire les fueiles, escorces, & autres excrements, qui est la generation des

K 2

Matth.21.b
Comparaison de l'homme a l'arbre.
Matth.3.b
Matth.7.c

Matt.26.c

corporelles qu'il ne faira a produyre le vray fruict, qui est l'vsage des vertus intelligibles & spirituelles : de tant qu'il venere de sa nature de peché plus la matiere que l'esprit. Iesus Christ a diuersement exprimé c'este difference, quand il trouua l'arbre figuier sans fruict, combien qu'il eust prou feilles, branches, & escorces, qui toutes sont ordōnées pour le seruice du fruict: toutesfois il le mauldit, & pareillement quand il dict, Tout arbre, qui ne faira bon fruict, sera deschiré, & mis au feu, & ailleurs il estime le bon arbre, non celuy, qui porte belles feuilles & escrements, mais qui porte bon fruict. Par ou nous voyons, que l'arbre, que Iesus Christ compare a l'homme, ne peut estre dict faire fruict, s'il ne le faict bon en sa valeur & dignité: ains est dict sterille, & condamné, comme inutile oisif, & vain, employant ses vertus & puissances receues du bien, pour sa gloire & exaltation, a l'vsage & excrements de la matiere.

L'hōme n'est dit engendrer l'enfants s'il n'engendre que le corps.

Duquel Iesus Christ dict, Il seroit bon a celuy la de n'estre iamais nay. C'estoit Iudas, de tant que l'honneur, grace & priuauté, que Iesus Christ luy auoit donné, pour l'en seruir, glorifier, & honorer, il l'employa a le vendre, trahir, & mettre a mort : dont il tumba en telle misere, qu'il luy eust esté bon de n'auoir iamais esté nay, pour estre plustost adoné a la cōcupiscence d'auarice, qu'a la pieté & doctrine de Iesus Christ. A cest exemple, nous ne pouuons faillir d'estimer l'homme (qui ayant charge & commandement de produire fruict, & non seulement feuilles, & escorces, s'arreste a ne produire que ses feuilles & escorces, & autres excrements de matiere, qui est en l'homme la simple generation corporelle de l'enfant, laquelle encore ne faict il, quand il veut : & n'a acompagné ses feuilles, escorces, & excrements d'aucun fruict substantial) estre vn vray homme sterille, & sans aucune productiō ou effect digne de soy, & digne d'estre mis au feu, comme l'arbre, qui auoit porté en soy feuilles & branches, sans employer ses puissances plus auant & porter fruict. Lequel ayant porté pour son regard aussi belle matiere en ses fueilles & branches, qu'auoit l'homme en la geniture corporele de l'enfant, mais n'estant passé outre, vers la production du fruit, pour lequel il estoit principalement faict, non plus que l'homme vers celuy, pour lequel il estoit principalement crée, toute ceste generation de fueilles, branches, & excrements de matiere, ne luy furent comptées, que en ruine & condamnation, comme il sera a l'homme, qui ne presentera deuant Dieu, comme le brut, que la geniture corporele des enfants, non instructs par luy ou adressés a la cognoissance de Dieu, & vsage de ses vertus intelligibles.

L'hōme qui n'engēdre que le corps n'est differant du brut.

Et cestuy dict Mercure SOVFRE PEINES DES DEMONS APRES SON TRESPAS, il est PVNI par les puissances diuines, vengeresses de sa iustice, qui sont les Demōs. MAIS CESTE PEINE EST, QVE L'AME DE CELLVY, QVI EST DECEDE STERILE, laquelle par la libre volonté, & arbitre, qui luy estoit donné, d'employer les vertus diuines a l'vsage de sa contemplation, les auoit employées par vn tresgrand mespris & negligence, a la veneration de la matiere, s'arestant la. C'est ame EST CONDAMNEE A receuoir VN CORPS, aſcauoir a la resurrection de la chair. Qui est lors, que Mercure a dict cy deuant en la mort & dissolution de l'hōme, que les sens corporels qui s'en reuōt en leurs sources, retourneront en leurs premiers actes quelquefois reprenant la vie : En ceste resurrection donc ceste ame de ce corps sterille est condamné a receuoir vn corps, QVI N'A NATVRE DE MASLE NY DE FEMELLE, autant sterille & inutile a toute bonne action, qu'elle a esté.

Animaduersion contre les peres qui n'ōt soing que de la generation corporelle.

Detant que cy deuant Mercure ausé de ce mot (abondant en deux sexes) pour auoir puissance d'action & operation, tant parlant de Dieu du premier homme, que des dispositiōs qu'il receut des sept gouuerneurs, voulant dire, qu'il pouuoit agir ou operer, il disoit qu'ils auoient puissance de masle & femelle, ou bien des deux sexes. Ce corps donc n'aura puissance de masle ou femelle : en tant que comme dict Iesus Christ condamnant l'homme a l'enfer, il aura les pieds, & poingts liez, de maniere qu'il n'aura aucune vertu de faire action, qui lui puisse seruir, ni qui soit receüe de Dieu son iuge & createur. LEQVEL corps (dict Mercure) EST MAVDIT DV SOLEIL. C'est vne maniere de parler Syriaque, par laquelle ils disoient estre maudicts du Soleil, ceux qui estoient condamnés a perpetuelles tenebres & banis de la lumiere. Laquelle lumiere du soleil estoit souuent prinse pour la lumiere diuine (de laquelle nous auons cy deuant parlé) par les anciens peres : Comme en Salomon, & la lumiere de iustice ne nous lui soit pas, & le Soleil d'intelligence ne nous est leué.

Matth.22.b
Maudit du soleil est estre banny de lumiere.
Sap.5.a

Et Dieu parlant a Dauid par Nathan, Tu as faict occultement, mais ie feray ce verbe en presence de tout Israël, & de ce Soleil: Et Zacharie parlant de Iesus Christ, I'amencray mon seruiteur Orient : & Malachie, En vous, qui craignez mõ nom, s'esleuera le Soleil de iustice: Zacharie pere de sainct Iean, Par les entrailles de la misericorde de nostre Dieu, auquelles l'Orient nous a visitez d'enhaut. Par ou nous voyons que ce sole il Orient, est souuent prins pour la diuine lumiere, qui illumine tout homme nay de Dieu. Celuy donc, qui est maudit duSoleil est cõdamné a perpetuelles tenebres, & separation de Dieu vraye lumiere, comme dict Iesus Christ aux tenebres exterieures, ou il y aura pleurs & grinsement de dens. A ceste cause Iesus Christ nous admoneste que les tenebres ne nous surprennent pas : & Ieremye, Donnés gloire a vostre seigneur Dieu, auant qu'il ne soient tenebres. Ceste priuatiõ ou bannissement de lumiere denote la misere des condamnés, comme inutiles, oisifs, & negligents d'auoir voulu employer les vertus diuines receuës du pere celeste, a sa contemplation: ains les ont employées a l'abus & veneration de la matiere & ses concupiscences. Ayant declaré la fin de celuy qui n'aura produit tels enfants spirituels, que nous auons dict. Mercure dict PARQVOY, O ÆSCVLAPE, NE TE DELECTES, n'ayes plaisir, estime, ou contentement D'HOMME ESTANT STERILE. C'est ce que dict le Psalmiste, Car auec le sainct tu seras sainct, auec les mauuais tu seras faict mauuais. MAIS AV CONTRAIRE (dict il) AYES PITIE DE SA CALAMITE SCACHANT BIEN, QVELLE VENGEANCE L'ATENT, telle que nous l'auons dicte, apres qu'il aura assez abusé de ses dõs en ceste vie mortelle. En fin Mercure conclud auec Æsculape, TANT DONC, ET TELLES CHOSES TE SOIENT par moy DICTES O ÆSCVLAPE te reuelant ce, que i'ay aprins de ce Pimandre, bouche de speculation & contemplation diuine, que tu en puis facilemẽt retirer les fruits. QVI SONT QVELQVE PRESCIENCE DE LA NATVRE DE TOVTES CHOSES : detant que t'ayant manifesté les causes, qui ordinairemẽt precedent leur effaicts, par ceste cognoissance des causes tu auras acquis vne presciẽce des effects de nature, auec l'estude & exercitation que tu donneras a ton esprit, par lequel il croist & augmente tousiours sa nature, a la semblance de ce bon pere, qui te l'a donné. Lequel ne cesse iamais d'agir ou operer, & ieter bien en abondance sur toutes creatures, pour prouocquer celles, qui y sont dediées, a luy estre semblables, & conseruer par le moyen de sa diuine image, sa saincte semblance, iusques a ce, que par la reuelation du sainct Esprit, ce voile estant despouillé, la manifestation de la gloire de Dieu le nous face aparoistre: affin que nous ayant aparu, nous par sa bonté & misericorde, luy soyons faicts semblables.

2.Reg.12.i
Zacha.3.e
Malac.4.d
Luc.1.g

Matth.13.b
Ioan.12.a
Iere.13.c

Psal.17.a

Admonition de Mercure à Æsculape.

1.Cor.3.d
1.Ioan.3.a

K 3

COMMENTAIRES SVR
le Pimandre de Mercure Trismegiste
SERMON SACRE'.

CHAPITRE TROISIESME.

SECTION. 1.

La gloire de toutes choses est Dieu, Diuinité, & Diuine nature: Et le cōmencement des choses, qui sont, est Dieu, Pésée, Nature, & Matiere, qui est Sapience, pour monstrer toutes choses, qui sont. Ce commencement est Diuinité, Nature, Efficace, Necessité, fin & renouuellement. Or il estoit en l'abysme tenebres infinies, & l'eau & l'esprit subtil & intelligible. Toutes ces choses estoient par la puissance de Dieu au Chaos. Mais la saincte lumiere a esté enuoiée & les elements ont esté conglutinés de l'essence humaine, sous l'arene. Et tous les Dieux leur ont particulierement departy nature de semence.

COMMENTAIRE.

MERCVRE ayant en son premier chapitre raconté la reuelation, que Dieu luy a fait, & au second declairé vn commencement de cognoissance diuine par essance, intelligence, generation, lieu, & mouuement: il fait en cetui-cy vn abregé des essences, vertus, & operations diuines. Proposant que LA GLOIRE DE TOVTES CHOSES EST DIEV, DIVINITE, ET DIVINE NATVRE. C'est de tant que toutes choses ou elles sont crées ou eternelles. La gloire des eternelles, qui sont les seules efficaces diuines, est manifestement Dieu, comme estās estimées, prisées, & honorées, a cause qu'elles sont en luy. La gloire des choses crées, ou creatures est premierement Dieu, de qui elles recoiuēt estre, vie, & commencemēt. C'est aussi diuinité, de laquelle toutes creatures reçoiuent en leur forme, vertus, actions, & puissances, & finallement diuine nature, de laquelle toute creature reçoit ordre, & conduicte. Toutes creatures donc aiant receu leur perfectiō, ou ce qu'elles en ont, qui y aproche, qui est la seule chose, qui puisse susciter gloire en vn subiect, de Dieu & son essence, non sans cause Mercure peut dire a bon droict, que la gloire de toutes choses est Dieu, Diuinité, & Diuine nature. Car toutes choses sont en ce monde composées de matiere, & forme. Laquelle forme estant de l'essence diuine est sa gloire en toute creature, nous accordans a sainct Pol disant, qu'il n'apartient gloire, qu'a luy seul: a cause que la perfection de toutes choses, & de laquelle sort la gloire, vient de luy, & repose en luy. Parquoy, cōme il est escript, Qui se glorifie, soit au seigneur qu'il se glorifie. Car celuy, qui se loué, n'est aprouué, ains celuy, que Dieu loué. C'est a dire celuy, qui est loué par le vray vsage des vertus & essences diuines, qui sont en luy employées continuellement a l'amour & cognoissance de Dieu. Cōme dict Ieremie. Ne se glorifie le sçauāt en sa science, le fort en la force, ny le riche en ses richesses, mais se glorifie de me sçauoir & cognoistre, q̄ ie

Gloire de toutes choses est Dieu.

Rom.16.d

1.Cor.1.d

Iere.9.f

suis

suis le Seigneur, qui fais misericorde & iustice, nous communiquant par misericorde sa bōté, & par iustice son merueilleux ordre & conduicte. ET LE COMMENCEMENT DES CHOSES, QVI SONT, EST DIEV, PENSEE, NATVRE, ET MATIERE, QVI EST SAPIENCE, POVR MONSTRER TOVTES CHOSES QVI SONT. Car toutes choses creées ou eternelles ont leur commencement immediat en Dieu Pensée, Nature, & Matiere: aſçauoir les choses eternelles, qui sont pures essences diuines, ont leur commencement en Dieu qui est, son cōmancement mesmes. Les faictes, engendrées, ou crées (qui est mesme chose) ou elles sont animales, ou vegetatiues. Les creatures animales, cōme les corps humains & bruts, ont leur principale partie en leur vie, & instinct de l'ame sensitiue. De la nature de laquelle elles prenent leur commencement. Les vegetatiues prennent leur perfectiō ou commencement immediat, qui est la pululation, croiſſance, & entretenement, que l'on nōme leur ame vegetatiue: pareillement de nature, qui est la loy de Dieu ordonnée pour la cōduicte & conſeruatiō de la matiere. Et de tant que toutes ces manieres de creatures prenent leur subiect, qui est le corps, des quatre elemens ordonnez de Dieu, pour ſeruir de matiere cōmune a toutes creatures, tous prendront leur cōmencement corporel de la matiere, comme ils ont prins le commencemēt de leur forme de Dieu, Pensée & Nature. Ce commancement est la sapience de Dieu, qui respondit aux Iuifs l'interrogeans, Qui es tu? Ie suis le commencemēt qui parle a vous, & qui manifeste & monstre l'origine de toutes choses, tant sensibles que intelligibles. ET CE COMMANCEMENT EST DIVINITE, NATVRE, EFICACE, NECESSITÉ, FIN, ET RENOVVELLEMENT. C'est aſçauoir ce commencement, essence diuine, qui a commencé en Dieu toutes choses, c'est la diuinité, qui continue en luy contenant ce commencemēt eternel des effects de son essence, lesquels nous auons dit au second chapitre estre diuinité.

Dans toutes choses prenāt leur commencement immediat.

Ioan. 8. c

Le commencement, qui continue en toute creature intelligible & animale, est Iesus Christ commencement de la creature de Dieu, qui est sorty de la diuine pēsée, c'est le sainct Verbe instituteur de la nature & loy diuine, par laquelle les creatures viuent en leurs actiōs & operatiōs, selō l'ordonnāce & loy naturelle, q̄ Dieu leur a particulairemēt distribué. Ce cōmancement qui a esté donné aux creatures par nature, instituant leur vertu, conduicte, & instinct leur est cōtinué en l'eficace, qui est puiſſance d'agir & operer & en necessité, autrement dicte fatale destinée, qui est l'execution de la loy baſſe-nature, dōnée ſur toute creature. Et le cōmancement donné a toute creature, par la matiere, est continué en icelle, par fin & renouuellement, a quoy des le commencement toute matiere a esté aſſubiectie. A ceſte cause toute creature cōtinuera a venir & conduire ſa matiere a vne fin de ſon corps, a ce que la meſme matiere ſe prepare, & diſpoſe, pour recepuoir renouuellement, estant apres employée en autre forme ou en la ſienne propre, par renouatiō. Toutes choses donc prenent leur gloire en Dieu, diuinité, & diuine nature. Leur commencement en Dieu, Pensée, Nature, & matiere, & la manifestatiō & cōtinuation de ce cōmancemēt est expoſée par diuinité, nature, eficace, necessité, fin, & renouuellement: par la diuinité est manifestée toute vie, & forme cōmuniquée a la creature, outre la matiere: par la nature est manifestée la cōduicte cōmuniquée a toute creature, durant ſon cours & durée, iuſques en ſa diſſolution & mort: par l'eficace est cōmuniquée à la creature la vertu de ces actions, qui luy est commise auec la tribution de ſa forme: par la necessité, que nous auons cy deuant nommé *fatum*, ou destinée fatale, luy est cōmuniquée l'execution de toutes productions necessaires a ſa vie, durée & conſeruation: par la fin luy est cōmuniquée la cognoiſſance, que toute matiere est ſubiecte à circulation en ce monde, pour le ſeruice des creatures. C'est aſçauoir que la matiere aiant demeuré ſon cours & durée a elle ordonnée, informée d'vne forme, ſoit animal, plante, ou autre creature, elle vient a recepuoir fin de ceſte forme & ſubſtance, & la matiere s'en retourne en ſa nature elementaire preſte a recepuoir renouation, ou renouuellement d'autre forme, qui luy est donnée de rechef de Dieu, qui est le conditeur. Nature, qui est la loy, puiſſances celeſtes, qui ſont les executeurs de celle loy, & *fatum*, necessité on destinée, qui est l'execution de la meſme: toutes leſquelles choses, dict Mercure ſont iſſues immediatement de ce merueilleux cōmencement Dieu, Pensée, Nature, & Matiere. Conſequemment Mercure repete par abregé vne partie de la leçō, qu'il a receu du ſainct Pimandre diſant. OR IL ESTOIT EN LABYSME TENEBRES INFINIES, ET L'EAV ET L'ESPRIT SVBTIL, ET INTELLIGIBLE. TOVTES CES CHOSES ESTOIENT PAR LA PVISSANCE

Apoc. 5. c

Manifeſtatiō de toutes choses ſelon leurs degrez.

Epilogue de la creation.

Genes.1.a

DE DIEV AV CHAOS. C'est que auāt la manifestatiō de la lumiere diuine en ce Chaos, contenant confusément, & sans aucune distinction, toutes matieres, desquelles debuoient sortir les elemens, les tenebres estoient sur cest abysme & confusion de toutes matieres, a cause que la matiere, aiant esté separée de Dieu, & laissée sans raison, elle estoit priuée de la lumiere diuine, comme des autres vertus en c'est abysme lieu deputé a la future constitution de la sphere materiele, auquel les tenebres abondoient, atendant la lumiere diuine qui apres fut communiquée a la regiō elementaire par la creation des luminaires. Lesquelles tenebres ayant esté ci deuant exposées, par ombre nuées, fumées, ou vapeurs, il ramentoit icy les deux elemēts, qui composent les nuées, fumées, ou vapeurs, qui sont l'eau, & l'air subtil, qui pour lors estoient encore intelligibles, & incorporels, n'estans separez, ains confus dans ce grand Chaos & masse vniuerselle de toute matiere, par la puissance de Dieu. Ce fust lors, que ceste matiere commença premierement a estre sensible ou pouuant estre aperceuë par les sens, quand elle fust produicte visible des essences, ou choses inuisibles de Dieu, son createur & facteur, lors qu'elle fust departie en elemens.

Les elemens estās au chaos n'estoient sensibles.

Nous disons visible, & sensible, & non veuë n'y aperceuë des sens, detant qu'il n'y auoit encores sens corporel, ny animal, auquel ils fussent: a cause qu'ils n'estoient encores crées. Mais cobien qu'elle ne fust veuë, elle estoit visible, & sensible, ou disposée a estre veuë, & apperceuë des sens, quant a elle, a qui il ne tenoit qu'elle ne fust veuë. MAIS LA SAINCTE LVMIERE A ESTE EN VOYE, ET LES ELEMENS SOLIDES ONT ESTE CONGLVTINES DE L'ESSENCE HVMIDE, SOVBS L'ARENE. C'est que le sainct Verbe a esté enuoyé pour despartir, & distinguer ce grand Chaos en elemens particuliers, & les congeler & donner corps, a cause qu'ils tenoient encore de la nature intelligible, estāts nouuellement faicts & creés des choses inuisibles en corps, qui soit solide comme est la matiere, pour receuoir nature de semence par ceste essence humide, omnipotence non bornée d'aucun limite, comme nous auons dict au premier chapitre. Laquelle saincte lumiere du commencement fust reuelée & declarée a Mercure estre son Dieu plus ancien, que sa nature humide. Celle lumiere donc de son essence humide ou puissance indeterminée cōgella, lia, & departit de ce grand Chaos confus & inuisible, les quatre elements despuis ordonnéz & comprins, les pesans sous nature d'arene, pour estre disposés a receuoir des puissances celestes, les generations & autres effects, qui s'ensuiuent au texte, apres auoir esté de chose incorporelle reduits en corps, & congeles par l'essence humide. C'est ce, que dict sainct Pol, Par foy nous entendons les siecles auoir esté preparez par le verbe de Dieu, a ce que des choses inuisibles fussent faictes les visibles.

Hebr.11.a

La terre estoit premierēs arene.

Ce mot d'arene est prins pour la terre, entour laquelle tous les autres elemens sont constituez, en tant qu'elle estant la plus solide corporelle, & pesante, tient le fons, & centre de toutes choses. Et en peut auoir ainsi vsé Mercure, a cause qu'il y a tresgrande occasion de croire le sable, ou arene auoir esté la premiere & principale terre, auant qu'elle portast aucun fruict, par trois raisons, qui nous sont tres aparentes en leurs effects. Et premierement nous en auons prins vn argument sur la mer, laquelle aprochant plus par son fons du centre de la terre, que toutes parfondeurs faictes par operations humaines, & neantmoins elle ne trouue en ce grand fons, que arene: comme elle le manifeste par ce, qu'elle iecte hors, en ses riues, par son agitation, & en produict si grands mōceaux, dont nous pouuōs cōclure que l'arene est la plus grāde & principale partie de la terre. Et aussi secōdemēt a cause de sa siccité & pesanteur, qui conuiennent grandemēt a la nature de la terre sterile, qui sur tous autres elemens & matieres est sterile, aride, seiche, & pesante, sans mixtion des autres. Vray est que celle qui est descouuerte, pour le seruice des viuants, a receu en quelque espesseur soubs sa superfice telle mixtion des autres elements, & tant de generations & corruptions, qu'elle se trouue grandement alterée de sa premiere nature de vraye arene sterile, seiche, & pesante pour le seruice des creatures.

Tiercement quelque mixtion qu'elle aye receu, si elle est lauée elle rendra tousiours l'arene qui est son principal subiect, comme les cours des eaux, & pluyes les manifestent tous les iours par l'arene qu'elles laissent ayant laué la gresse de la terre, ou les ruisseaux ont couru. Et les elemens estans ainsi separez, TOVS LES DIEVX, dict Mercure, LEVR ONT chascun & PARTICVLIAIREMENT DESPARTY NATVRE DE SEMENCE. C'est a dire, que toutes puissances celestes ayant en charge & ministere les vertus de Dieu sur la matiere la matiere, ont chafcun en fon endroit, defparty vertu de produire, comme par femence aux elements: employé, & ietté leurs actions commifes de Dieu, foubs leur miniftere, deputées à produire toutes façons de femences & nature de productions, foient d'animaux, plantes, mineraux, ou autre creature materiele. C'eft à cauſe, que la difpoſition & vertu des generations, corruptions, croiſſances, alterations, & autres actions de Dieu ordonnées ſur la matiere, leur ont eſté cõmiſes, & cõmandées, à executer des leur creation, par leſquelles nature continue ſon cours en toutes creatures materieles.

SECTION 2.

ET de tant que toutes choſes n'eſtoient ſeparées, ny compoſées, les legeres ont eſté deſparties en haut, & les peſantes ont eſté eſtablies ſoubs l'arene humide, eſtans tous diſtingués par feu, & ſouſpendus, pour eſtre ſouſtenus de l'eſprit. Et le ciel apparut en ſept cercles. Adonc les Dieux ont apparu aux figures des aſtres auec tous leurs ſignes, qui particulierement ont eſté deſpartis auec les Dieux, qui ſont en eux. Et le tour circulaire eſt terminé d'air courant tout à l'entour, & porté par l'Eſprit diuin.

COMMENTAIRE.

QVAND la ſaincte lumiere a donc eſté enuoyée ſur le Chaos, pour deſpartir les elements, elle les a conuertis en leur nature de corps, pour ſeruir à compoſitions. Mercure en ceſt endroit dict, ET DE TANT QVE TOVTES CHOSES N'ESTOIENT SEPAREES, NY COMPOSEES toutes choſes compriſes en ce Chaos, qui ſont choſes participantes de matiere. Et par ce que dans ceſte matiere conglutinée en quatre elemens, deſdiée à compoſer toutes choſes, auoit eſté infuſe par la vertu donnée aux corps celeſtes, toute vertu de ſemence, il dict eux n'eſtant diſtribués, ou compoſés en toutes choſes ou creatures, mais ſeulement deſpartis en quatre corps, il dict toutes choſes n'eſtre ſeparées, comme le ſubiect de toutes creatures eſtant encore en eux, ſans aucune diſtribution de principe, ny compoſés, comme les principes n'eſtans diſpoſés à compoſer LES LEGERES ONT ESTE DESPARTIES EN HAVT comme le feu & l'air: ET LES PESANTES ONT ESTE ESTABLIES, & fondées SOVBS L'ARENE HVMIDE, & rafermées pour demeurer ſans aucun mouuement, ſoubs l'arene humide, qu'il prent pour la ſuperfice de la terre & partie plus humide par la proximité de l'eau & air, qui ſont les deus humides, entre les quatre elemens, qui humectoient ceſte partie de terre areneuſe.

Par ce que, comme nous auons, n'aguere, dict, & declaré, par diuerſes cauſes, la terre de ſa premiere creation, & deſpartement du Chaos eſtoit en ſable. A cauſe que ſa nature portoit d'eſtre ſeiche, ſterile, & peſante, ce qui conuient fort proprement à l'arene, ou ſable, qui de ſa nature eſt ſec, & peſant, & falloit neceſſairement qu'elle fuſt lors de ceſte qualité. De tant qu'elle n'auoit eſté engraiſſée par les corruptions & generations, deſquelles luy eſt venu la graiſſe, & autres viſcoſitez produictes en tour la ſuperfice de la terre, qui a receü la diſpoſition des generations, fins, & renouuellements des creatures, qui y habitent. Et ceſt endroit de terre a quelque eſpeſſeur, que les actions celeſtes penetrent à faire leurs operations pour l'entretenement des creatures materieles : laquelle Mercure nomme l'arene humide ou humectée, & meſlée pour la production de toutes choſes. Et ceſte partie de terre eſt celle, qui demeure deſſus, comme plus legere : & que Mercure dira quelquefois cy apres eſtre celle, qui reçoit plus frequent mouuement, combien qu'elle ſoit eſtimée repoſer ſeule entre tous elemens. Et ce mouuement eſt celuy, qu'elle faict en ces productions & generations. Ce qu'elle ne pourroit faire ſans mouuement, par lequel elle iette hors ſes operations & actions. Soubs ceſte terre ou arene humide & meſlée, eſt aſſiſe la vraye partie graue & peſante de la terre : laquelle ne participant comme ſa ſuperfice des choſes plus legeres, eſt la plus peſante. Parquoy elle demeure immobile, & ſans miſtion : & par conſequent ſans action ou mouuement. Et ſi eſt aſſiſe, fondée, rafermie, & eſtablie, contenant auec l'eau, qui humecte toutes choſes peſantes en leur globe, au plus bas lieu de tout l'vniuers, qui eſt le centre & point du milieu du monde, diſtant eſgalement de ſes extremitez.

La partie de la terre plus pure eſt la plº peſante.

Car nous voyons à la verité, que toutes choses pesantes sont naturelement assises au def-soubs de ceste superfice de terre, mesmes la mer: combien qu'il y aye aucuns, qui voyans sur la mer sa tumeur & rondeur, leur semble haute: estans montes en quelque montagne sur la riue de la mer, ont ferme opinion, qu'elle est plus haute que la terre, ne prenans garde, que si au milieu de la mer il y auoit plus grande hauteur qu'à la riue, sa liqueur ne permettroit, qu'elle ne coulast vers ses extremitez, & fist croistre les riues. Ne s'aduisans aussi que la mer de son assiete naturele faict tumeur & rondeur, comme la terre pour entretenir sa superfice en esgale distance du centre de la terre, & vniuers, qui ne peut estre sans rôdeur ou tumeur. Et ceste tumeur de la superfice de la mer est tousiours plus basse, que la tumeur ou rondeur de la superfice de la terre: c'est à dire est plus pres du cêtre de l'vniuers. Car si elle ne l'estoit, il n'y a chose, qui l'empeschast de couler sur la terre, & la noyer. Et son assiete luy a esté don-née telle, pour n'empescher l'habitation, generation, & vie des animaux en la superfice de la terre. Et soy trouuant au dessoubs de la superfice habitable de la terre elle se trouue neant-moins sur la principale partie terrestre, pure, areneuse, pesante sur tous elements. Ceste vertu qu'elle a de pesanteur sur toutes choses, la rend assemblée à l'entour de ce point de toutes parts, ne pouuant aler plus bas. Qui est veritablement ce, qui l'a contrainct plus à tenir figu-re de rondeur: de tant que toutes ses parties (dés sa creation) ont tasché a approcher ce bas & centre, autant l'vne que l'autre à leur possible. Qui a esté cause, qu'estant les extremitez aussi pres du point l'vne que l'autre, elle s'est trouuée ronde, par la vraye diffinition de la sphere ou globe. Reuenant donc à nostre propos, les choses pesantes ont esté establies & raffermies soubs ceste arene humide, ou partie de terre proche à la superfice, ESTANS TOVS DISTINGVEZ PAR FEV, ET SOVSPENDVZ POVR ESTRE SOVSTENVZ DE L'ESPRIT. Car toutes ces distinctions & separations estans faictes par feu, les quatre matieres ont esté sousspendues pour estre soustenues de l'Esprit. Voulant declarer que tou-tes ces separations ont esté faictes par l'operation du sainct Esprit, dominant sur le feu: & le-quel nous dirons cy apres quelquefois, Dieu aydant, auec Mercure, s'ayder du feu pour la creation des cieux.

Ce n'est pas sans raison, si le feu a vne si merueilleuse action & vertu, attandu qu'vn si puis-sant ouurier l'a attribué à soy pour faire ses operations sur la matiere. C'est vn feu qui est de tant plus actif & excellent que celuy que nous vsons çà bas, comme nous auôs dict au pre-mier chapitre la lumiere diuine estre plus excellente que celle que nous auons çà bas. Et ne doubterons que les grandes actions & lumiere, que nous voyons estre en nostre feu, ne vienne de la vertu, que le feu prend d'estre rayon de ce benoist sainct Esprit Dieu, comme la lumiere du Pere, par la vertu & bôté de laquelle il nous manifeste toutes choses, & rayon d'essence diuine. De ceste separation faicte par le sainct Esprit de tous elemês par le moyen du feu, nous en auons çà bas vn rayon & preuue manifeste, parmy les Alchimistes & ope-rateurs du feu, qui facilement separent de toutes matieres, les parties contenans en soy les natures des quatre elements, tellement qu'en leurs vaisseaux, les legers se trouuent en haut & les pesans en bas, iouxte l'ordre qui leur a esté donné en leur premier establissement par ce sainct operateur de feu, benoist sainct Esprit. A ceste cause si nous auons puissance sur le despartement des parties elementaires, par la vertu de nostre feu impur & debile, ce ne sera merueille que le sainct Esprit cé soit seruy de la merueilleuse action du feu elementaire, pour separer la totale region materiele, & la digerer chasque chose en son lieu destiné à la nature. Apres ce despartement & ordonnance de la region des matieres, ET que ce chaos fust reduit de sa confusion en ordre, LE CIEL APPARVT EN SEPT CERCLES. Ce pro-pos pourroit estre mal entêdu du commun, à cause que plusieurs se persuadent voir le ciel, ne s'aduisans que auant sçauoir s'il peut estre veu, il est necessaire d'entendre s'il est de natu-re des corps visibles. Car il pourroit estre materiel qu'il seroit inuisible, subiect toutesfois à autres sens, à sçauoir s'il estoit composé principalement d'air, qui n'est subiect à la veuë, & si est subiect à autres sens, comme aucuns les ont voulu dire de matiere cristaline. Ce que au-tres n'ont peu receuoir, disant que la rondeur de leurs superfices eust destourné les rayôs de la veuë au iugement des cours, & mouuemens des corps celestes, de maniere que la science ne nous en fust demeurée si certaine, que nous l'auons, pour l'vsage que nous en receuons si familier. Dont il nous a semblé conclure, qu'il nous est aussi aisé ou asseuré, & plus à la gloire du facteur, de penser ceste grande place, que nous auons nommé ciel, estre sans aucun glo-be cer-

Pourquoy la tumeur de la mer n'est plus haute que les riues.

Despartimêt des elementz faict par le S. Esprit.

Comparaison de l'alchimie a l'œuure du sainct Esprit.

Si le ciel est visible.

be, cercle, ligne, ou superfice materiele quelconque, qui doiue seruir a porter les corps des astres, comme si celuy qui les a bastis, ne leur auoit donné pouuoir par son sainct verbe, de faire leur cours sans estre portez d'aucune chose materiele, ains de son seul commandemēt & volonté: ce seroit porter irreuerence à ceste omnipotēce diuine, d'estimer que pour donner mouuement à ces corps, dominans sur toutes matieres, il eust besoin d'y auoir mis autre matiere, soit pour les conduire ou porter en leur cours & mouuements. Ce propos est digne d'vn Philosophe Ethnique simplement, mais non d'vn Philosophe diuin ou Chrestien. Parquoy il est assez notoire a toute personne cognoissant Dieu, qu'il est plus loué, estimé, & recogneu de nous, lors que nous le recognoissons operer par des puissances intelligibles, incorporeles, & de sa nature diuine, que l'estimant operer par moyens & puissances materieles & corporeles, en maniere humaine, mesmes és choses qui ne nous peuuent apparoir aux sens, pour en attaindre l'intelligence. *Sy le ciel est globe materiel.*

Comme en ce propos du ciel, lequel homme n'a iamais veu, mais seulement voit nues, vapeurs, & autres matieres legeres, qui sont esleuées à quelque petite distance de la superfice de la terre, de maniere que lors que nous en voyons le moins, & qu'il nous semble voir le ciel bleu ou azuré, c'est la veuë qui se consont & termine en l'air parmy ces tres-legeres vapeurs, à faute de subiect: & lors qu'il nous semble voir le ciel plus descouuert de ces vapeurs, c'est lors que nous le voyons plus noir, obscur, ou bleu couuert. Car à la verité la terre n'est iamais sans ietter quelque vapeur pour seiche qu'elle soit, sur laquelle la veuë s'assiet, & selon la rareté de la vapeur, la veuë passe outre soy perdant en l'air, à faute de rencontrer subiect, auquel elle se repose. Il y en a qui ont pensé par dessus la region elemētaire, n'y auoir point d'air, ny lieu vuide, mais que les cieux des planetes estoient forgez si iustes & polis, que la superfice conuexe de l'interieur, ioignoit à la concaue du superieur, & faisoient leurs diuers mouuements l'vn frotant si bien contre l'autre, qu'il n'y auoit air ny aucun vuide entre deux, & faisoient vn son ou bruit accordāt, qu'ils ont nommé l'harmonie celeste, ne cognoissans que l'harmonie est l'accord des actions, & non des sons, voulans louër Dieu de la perfection, qui se trouueroit à vn tournier d'Allemagne, qui faict des godets l'vn dans l'autre, qui se touchent par tout, comme les piles des balances. Et les hommes prenant louange de ces effects, ils les veulent attribuer à Dieu: auquel est plus excellent d'attribuer les effects, qui excedent le pouuoir de l'homme, obseruant tousiours la difference du createur à la creature, qui sont choses fauses, produictes & inuentées par ignorance des operations diuines. Lesquelles ils ont voulu renger & assubiectir aux loys des operations humaines, estimans qu'vn corps materiel ne puisse voler en l'air sans aisles, par ce qu'ils en voyent aux oiseaux, ny estre porté sans quelque secours materiel, qui est ignorance des actions & vertus diuines. Nous auons plus d'occasion (ayant reçeu cognoissance de ce tres-puissant & bon Dieu) d'estimer ces corps qu'il a creés pour l'administration & cōduicte des choses materieles, qui sont tous les corps celestes estre portez en leurs cours & mouuements, par la seule puissance & volonté du verbe & commandement de Dieu, sans aucun secours materiel, n'ayant autre chose en tout ce grand contenu que air, qui remplist tous corps auec la matiere, de laquelle ils sont composez: & par le moyen de cest air sont portez vers ceste terre, tous effects & actions de ces corps ou creatures celestes, lors qu'elles les enuoyent par leurs influences. Et ce grand lieu (si lieu se peut nommer) par lequel ces corps sont portez, est veritablement nommé ciel, & non superfice rondeur, ny cercle quelconque materiel, qui soit en ce lieu, & si bien les Mathematiciens en leurs sciences en ont constitué plusieurs, tant lignes, superfices, cercles, globes, & autre maniere de choses corporeles, ç'a esté par seule hyppothese ou supposition, pour secourir le trauail des professeurs en la cognoissance de ces sciences, & non qu'ils declarent y auoir cercles, ou autres figures corporeles, & sur l'vsage de ces hyppotheses. Mercure dict, le ciel auoir apparu en sept cercles, par la diuersité des mouuements de ces corps, qui sont tous circulaires ou regles, par cognoissance de cercles en la doctrine, que nous en reçeuons. Et parlant des sept planettes comme principaux en ceste charge, il y comprend toute la compagnie celeste, qui participe de leur charge, nature, & condition. ADONC LES DIEVX ONT APPARV AVX FIGVRES DES ASTRES, AVEC TOVS LEVRS SIGNES. Ce sont les sept planetes qui ont apparu au ciel par leurs mouuements circulaires: & soubz la figure des planetes & autres astres, ont apparu les dieux en leurs cercles auec leurs signes, QVI PARTICVLIEREMENT ONT ESTE DESPARTIS, à sçauoir les

cercles

cercles AVEC LES DIEVX QVI SONT EN EVX, & soubs chacun des sept cercles la figure de son astre, auquel nous auons consideré certaines vertus diuines, commises à cest aitre par le moyen des signes & actions, qui particulieremēt leur ont esté deputées. Lesquelles estant cogneuës de nous par l'obseruation de leurs frequents effects, nous auons esté meuz, uoyant ces actions diuines executées par eux, comme instruments à recognoistre en chacun l'action d'vn Dieu operant, à cause de quoy sont dicts Dieux, estans dispensateurs de ces vertus & actions.

Et, dict apres Mercure, LE TOVR CIRCVLAIRE (par la vertu & mouuement duquel ils executent sur les corps materielz leur action & vertu) EST TERMINÉ D'AIR, COVRANT TOVT À L'ENTOVR, ET PORTE PAR L'ESPRIT DIVIN. De tant que ces vertus diuines enuoyées à bas des mouuements circulaires sur les corps materielz, sont portées, & terminent leur execution par l'Esprit de Dieu, qui pareillement se sert en ses actions de vent, ou air violent: & ses operations estant portées par l'air, qui, comme nous auons dict au second chapitre, remplist toutes choses courant par tous lieux vagues penetrant toutes matieres, sont plus facilement communiquées, par ce moyen, à la matiere des creatures, que par autre moyen quelconque. C'est de là où nous auons cy deuant dict, que depend ce que les iudicieres nomment l'horoscope ou ascendant de chasque creature naissant: car la creature auant naistre est nourrie sans communication d'air en sa matiere particuliere. Et quand tout en vn instant elle vient à receuoir l'air chargé des actions de tous ces dieux, ou astres prouueuz des vertus de Dieu, il reçoit en sa matiere si tendre quelle peut estre & disposée à obeir à l'action, n'ayant aucune force ou resistance, la disposition, que cest air là penetrant entierement, luy imprime sur le point des aspects & influances, que tous les mouuements celestes tiennent pour lors. Et de tant que à toutes heures & autres moindres parties de temps, ils sont contraincts de changer d'action, à cause que la nature de mouuement porte en soy de ne demeurer iamais en mesme estat: leur diuers influx, & diuerses heures données aux creatures les rendent diuersemēt qualifiées des actions & dispositions, que cest air premierement reçeu leur porte, par la vertu du sainct Esprit: & ses actiōs ou influances ainsi enuoyées sur les creatures, dominēt les plantes, mineraux, & animaux bruts, & toutes creatures conduictes & maistrisées par nature. & aux hommes ces influances donnent leurs actions sur la matiere seulement, par vertu de laquelle & moyen de ses sens (ausquels le premier peché l'incline) il en va quelque tentation ou incitation vers l'ame, & non aucune contraincte, comme nous auons cy deuant dict, mais seulement la seule douceur rendāt la concupiscence agreable aux sens.

Dieu est recognu par les actions qu'il sommes a ses creatures

Les astres sōt dicts dieux à cause des actions que Dieu leur a commis.

Que c'est l'horoscope de l'enfant naissant

Les actions celestes dominent les creatures conduictes par nature seulement.

SECTION 3.

ET chacun des Dieux a produict par sa puissance particuliere ce, que luy auoit esté commandé. Et lors sont nés bestes à quatre pieds, reptiles, aquatiques, & volailles: & d'auantage toute moisson prouueuë de semence, foin, & toute herbe de fleur receuoient en eux mesmes, semence à renaistre, ensemble la generation des hommes. Pour la cognoissance des œuures de Dieu, & tesmoignages vertueux des actions de nature: & la multitude des hommes pour la domination de toutes choses, qui sont soubs le ciel & iugement des bonnes, à ce qu'ils creussent par croissance, & multipliassent par multitude: & ont produict toute chair ayant ame, par les monstrueuses semences des cours des Dieux circulaires: & pour la speculation du ciel, & cours des Dieux celestes, œuures diuines, & efficaçe de nature, signe de bien, cognoissance de puissance diuine, à sçauoir les offices du monde, cognoissance des bons & malins, ensemble inuention de tout subtil artifice de bonnes choses.

COM-

COMMENTAIRE.

Mercure a cy deuant dict, que le sainct Esprit par moyen de l'air a porté parmy toutes matieres les actions & vertus commises aux astres ou dieux celestes. Cest air donc tres-subtil a penetré portant les actions des dieux celestes dans les elements & matiere: ET CHACVN DES DIEVX A PRODVICT PAR SA PVISSANCE PARTICVLIERE CE QVE LVY AVOIT ESTE COMMANDE, & par leurs vertus particulieres, ou qui particulierement leur ont esté commises, de maniere que par leur action & execution de ceste diuine loy dicte nature, ilz ont commencé leurs missions, generations, corruptions, alteratiós, changements, & autres actions deputées à faire naistre par remuëment de matiere toute sorte d'animaux. ET LORS SONT NAYS BESTES A QVATRE PIEDS, REPTILES AQVATIQVES ET VOLAILLES, tous produicts par ces vertus celestes. ET D'AVANTAGE TOVTE MOISSON PROVVEVE DE SEMENCE, FOIN, ET TOVTE HERBE DE FLEVR RECEVOIENT EN EVX MESMES SEMENCE A RENAISTRE, c'est à dire toute semence, qui peut estre cueillie & moiçonnée, sortant des arbres, herbes, & racines, qui les doiuent porter, comme foin & toute herbe portant fleur. Lesquelles creatures reçeuoient (par la vertu diuine commise à ces dieux celestes, & conduicte de nature executée en leur matiere par eux) semence portant vertu de faire renaistre & produire semblable semence ou creature à celle, qui auoit produict ceste semence: & le tout par la vertu de ce premier commandement, qui leur fut faict par ce grand aucteur de nature, l'establissant sur ses creatures, & disant Que la terre germe & produise l'herbe verdoyante, & faisant semece, & le bois portant fruict chacun selon son genre, sans qu'il aye plus esté besoin de soliciter les creatures de faire leur cours & conduicte de nature, que par la seule vertu de ce premier commandement faict aux creatures par necessité irreuocable. De tant que le bon Dieu l'adresse à celles, qui n'ont aucun arbitre, ou liberale disposition de leurs actions. à cause dequoy ce commandement ne peut auoir empeschement, diuersion, ou repugnance, & autãt de tous ceux qu'il a adressé à toutes autres creatures, n'ayãt arbitre de leurs actions. Ce n'est ainsi de l'homme, duquel Mercure parle apres auoir parlé des animaux bruts, & autres creatures materieles, disant: ENSEMBLE LA GENERATION DES HOMMES, POVR LA COGNOISSANCE DES OEVVRES DE DIEV, ET TESMOIGNAGE VERTVEVX DES ACTIONS DE NATVRE. C'est que comme toutes autres creatures ont receu le pouuoir en leur matiere & vertu de future propagation, soit par semence ou generation, l'homme a esté comprins ensemble auec les autres en sa matiere, depuis le peché: mais au demeurant, cest homme est separé du commun des animaux, non à cause de son corps, lequel veritablemẽt est subiect à la mesme loy de celuy de l'animal brut, & souffriroit mesmes effects, si n'estoit la dignité & vertu diuine qu'il a receu de Dieu, par laquelle il a pouuoir de diuertir les effects des actions necessaires ordonnées sur son corps & matiere, comme des autres animaux. Et ce pouuoir luy est aduenu de ce miracle tres-merueilleux, que nous auõs dict au premier chapitre, par lequel l'homme, combien qu'il soit creature, a puissance de disposition sur l'employ des vertus & essences diuines, qui acompaigne l'image de Dieu sainct Esprit, qui luy est donné des sa creation, & qui mesme est son createur, s'estant donné à l'home: comme Dieu dist à Araham, Ie suis ta recompence par trop grande. Ceste disposition & puissance est donnée à l'homme, lors que la liberté de ses actions a son arbitre & volonté luy fut concedée. Par laquelle l'employ de toutes vertus & puissances, actions, & mouuements, qui sont en luy, ont esté assubiectis à sa libre disposition & volonté. Qui a esté cause, que sa progression & actions durant sa vie, tant intelligibles que corporeles ont esté exemptées de la subiection de la loy de Dieu, dicte nature, conduicte generale de ses autres creatures, & laquelle ne peut sur l'homme intelligible, que le simple aduertissement, conuoy & incitation, sans aucune contraincte violant sa liberté. Mais sur l'homme sensible, qui est le corps prouueu de ces sens, nature & les dieux celestes ses executeurs, peuuent tout ce, qui conserue sa generation & nourriture, ensemble toutes influances procedans des corps celestes, par lesquelles ils dressent leur natiuité, & toutes temperiés & intemperiés d'air, qui leur porte, comme és autres animaux maladies, santés, disposition ou indisposition, & d'auantage

Les actions celestes sont portees par l'air vers la matiere.

Genes. 1. b

Toute creature n'ayant arbitre a ses actions necessaires

Genes. 15. a

L'arbitre diuertit en l'hõme les effaicts des actions necessaires de nature.

Commune subiection des hommes & bruts.

tage aux hommes suscitation de concupiscences, à cause de la raison qu'ils ont en eux, par laquelle ils sont deçeuz ou deçoiuent, comme, Dieu aydant, nous le verrons cy apres : & en ceste maniere ces dieux sont dictz par leurs puissances & actions à eux commandées, produire toutes creatures materieles, mesmes la generation des hommes en leur espece pour faire leur estat propre, qui est de cognoistre Dieu. ET LA MVLTITVDE qui est semée par tout le mõde, où il habite DES HOMMES POVR LA DOMINATION & maniement ou conduicte, tant à cause DE leur dignité (le monde estant faict pour l'homme) que aussi pour l'Esprit de Dieu, qui estant ceste principale cause est celuy, qui prouoit l'homme de raison & discretion, pour la conduicte de toutes choses terrestres.

Voila la nature de cest excellent animal, que Dieu a creé bien different des autres, pour receuoir luy seul sa cognoissance par la vertu des essences diuines, desquelles Dieu a accompagné son ame, & par celles là tesmoigner les merueilleuses & tres-puissantes, ou vertueuses actions de Dieu, executées par sa loy de nature sur toutes creatures, & par les mesmes dominer sur TOVTES CHOSES QVI SONT SOVBS LE CIEL, c'est autant que sur tous animaux, & creatures de ceste habitation terrestre, en laquelle luy est donné discretion ET IVGEMENT, pour cognoistre & separer les mauuaises DES BONNES, A CE QV'ILS par sa puissance & commandement CREVSSENT PAR grandeur & CROISSANCE ET MVLTIPLIASSENT PAR nombres & MVLTITVDE, excedant celle de tout autre animal terrestre & materiel. ET lors tant des bruts que des hommes, les generations, croissances, & multiplications, commandées de Dieu sur la matiere, ONT PRODVICT TOVTE CHAIR AYANT AME PAR LES MONSTRVEVSES SEMENCES, generations, & estranges productions faictes par la diuersité & tres-frequent changement DES COVRS, aspects, & mouuements DES DIEVX CIRCVLAIRES, ou corps celestes sur toute chair ayant ame viuante, soient animaux en leur forme, ou bien en forme monstrueuse & difforme, ou contraire à l'ordre, qui est obserué par generation de chasque espece, le tout estant soubs la puissance de nature, diuersifiée par la monstruosité & diuersité des cours & actions celestes infinies, & monstrueuses en diuersité d'aspects entre leurs corps, desquels sortent les diuersitez des semences, generations, & productions ordonnées & des-ordonnées, lesquelles l'homme estime souuent monstrueuses, non pour le deffaut d'ordre droictement institué, ains à cause que perdant l'innocence, il a troublé son iugement & autres vertus diuines en soy, qui souuent le faict iuger creatures produictes regulierement par nature, estre monstrueuses, comme luy estant incogneues. Combien qu'elles soient produictes par les effects de nature, soit par meslange d'especes de creatures, soit par interruption de generation, soit par abondances ou deffauts de qualitez, ou autres manieres de mutations incogneues à l'homme par-my ces generations ET productions se trouue la matiere de celle, qui fut produicte POVR LA SPECVLATION DV CIEL ET COVRS DES DIEVX CELESTES. Laquelle combien qu'en sa matiere corporelle, elle soit subiecte despuis le premier peché, aux loys de nature, & son execution en sa principale substance (qui sont les essences diuines commises à sa conduicte & liberale volonté) elle n'y a aucune subiection, contraincte, ou necessité, ains contemple & specule les puissances de Dieu en ses OEVVRES celestes & DIVINES, par discours de raison & intelligence diuine, iugement, discretion, ET infinies autres vertus, par lesquelles elle cognoist les actions, EFFICACE DE NATVRE, & vertus données à toutes creatures par son Createur, ordonnant sa loy de nature. Dont il en retire l'intelligence des SIGNES, admortissements DE BIEN futur, & la COGNOISSANCE DE PVISSANCE DIVINE, A SÇAVOIR LES parties & OFFICES appartenans à chasque creature DV MONDE, pour en tirer d'icelle la COGNOISSANCE, iugement, & election DES BONS, ET reprobation & esloignement des MALINS. D'auantage ceste diuine creature par son intelligence acquiert ENSEMBLE INVENTION DE TOVT SVBTIL ARTIFICE, & moyens de paruenir à l'effect DE BONNES CHOSES, vtiles, profitables, ou bien necessaires à sa conduicte, qui est veritablement l'inuestigation & recherchement de tous moyens, à cognoistre & contempler les essences diuines, par la cognoissance que Dieu luy a donné des choses visibles, comme sainct Pol le nous a declaré.

Perte d'innocence a cõduit l'homme a ignorer les effetz de nature.

Dignité de l'homme.

Rom.1.e

Tout ce tiers chapitre est vn epilogue ou leçon, que repete Mercure sur la creation que
Dieu

Dieu luy a anoncé des creatures, & constitution de l'ordre de nature. Mais parlant de ceste creation de tous animaux, parmy lesquels l'homme, comme contenant en soy corps ou matiere, necessairement y est comprins, & qu'en luy seul y a plus de vertus & puissances qu'en touts le reste qui a esté faict pour luy: Mercure ne se peut tenir de ramener auant, ses beaux dons, qui luy ont esté faicts de son createur, & le beau moyen qu'il a de les employer si sa volonté est prompte, comme la dict S. Pol, laquelle est acceptée selon ce qu'elle a & non selon ce qu'elle n'a pas. Conséquemment apres auoir declairé vne partie de la nature de l'homme en son viuant, il conclud ce chapitre, par ce que deuient toute l'aparance qu'ils ont monstré par operations exterieures apres leur deces, sans parler du faict spirituel, duquel il a parlé au premier chapitre, & parlera encore cy apres plusieurs fois, Dieu aydant. De tant que c'est le principal subiect de son traicté, soy contentant ce pendant de declarer l'exterieur & aparant aux sens corporels.

1.Cor.8.b

SECTION 4.

Leur auoir *vescu* & exercé industrie, s'en *va* en la partie du cours des *Dieux* circulaires. Mais leur resolution s'en *va* en ce, par ou ilz seront grande memoire d'artifices en la terre: delaissans pour la celebration de leur nom, l'offuscation du temps. Et toute generation de chair ayant ame, & d'auantage de semance fructifiant, & tous deffauts d'artifice, seront renouuellés par la necessité, & renouuellement des *Dieux*, & par le cours de la nature du cercle doüé de nombres. Car toute composition du monde est diuinité consideree par nature: de tant que en diuinité nature est constituée.

COMMENTAIRE.

Mercvre en ceste conclusion reprent ce qu'il a dict au premier chapitre. C'est que l'homme s'estant soubmis aux actions celestes dominans sur la seule matiere il en receut diuerses impressions, inclinations, & dispositions: c'est d'appliquer ses subtilités, inuention, industrie, & autres qualités, lesquelles en sa dissolution, mort, & despartement de ses vnitez, il rendit comme vaines & inutiles, à ce qu'il estoit principalement appellé. Qui est le propre sens de ceste section, parlant de ce qui demeure aux hommes de leurs gloires & industries, s'acordant à ce que despuis en a esté escript, L'homme a esté faict semblable à vanité, ces iours ont passé comme vn'ombre, LEVR AVOIR VESCV, ET EXERCE sapience, OV INDVSTRIE, S'EN VA EN LA PARTIE DV COVRS DES DIEVX CIRCVLAIRES, ou astres, comme à la Lune, qui luy a administré croistre & descroistre, le Soleil l'ambition de commander, & à Mercure & Venus, ou autres, qui luy ont suscité les industries, inuentions, & machines tant pour mal que pour bien. Mais enfin LEVR RESOLVTION & retour qu'ils font, delaissant toutes ces choses materieles, acquises en ce monde, S'EN VA EN CE, PAR OV ILS SERONT GRANDE MEMOIRE D'ARTIFICES, industries, & inuentions EN LA TERRE, laquelle dure par quelque temps, deuenant apres comme fumée, qui se perd.

Psal 43.b

[Aucuns penseroyent, qu'en c'est endroit, Mercure parlast de ceste resolution de l'homme en sa gloire, & pour estimer ce qu'il laisse apres luy, comme s'il vouloit ensuiure les vanitez & superbes, qui font plus souuent trauailler les hommes a faire œuures qui demeurent apres eux, pour celebrer & glorifier leur nom & memoire, que pour vn deuoir qu'ils ont de communiquer leurs dons a leur prochain, & les instruire de ce qui leur peut seruir. Mais Mercure come vray spirituel retiré de toute vanité & superbe, le prend bien au contraire, come il le monstre par la clause qui sensuit, disant, qu'ils sont DELAISSANS, POVR LA CELE-

Tout trauail de l'homme pour acquerir gloire deuiens a rien.

BRA-

BRATION DE LEVR NOM L'OFVSCATION DV TEMPS ou bien l'anichilation obly & obscurcissement de temps. Comme s'il disoit, que apres auoir bien trauaillé pour aquerir gloire, & perpetuer leur nom, le faire celebrer a iamais, il leur demeure pour tout paiement, que ceste memoire est osusquée, obliée & obscurcie, par la longueur du temps, ou bien qu'elle est osusquée & confuse, estant trouuée bonne d'aucuns, impugnée des autres, louée d'vne part, blasmée de l'autre, tellement que la fin sensuit par vn total obly & obscurité, qui rend ce trauail mal employé & inutile a l'intention qu'il auoit esté faict par ce pauure mal aduisé cuidant perpetuer sa memoire : qui deuoit plus tost trauailler au seruice & bien faict du prochain, faisant le vray estat pour lequel les dons luy sont donnes. Il sensuit ET TOVTE GENERATION DE CHAIR AYANT AME ET D'AVANTAGE generation DE SEMENCES FRVCTIFIANS ou produisans fruicts, qui ont esté produicts par les puissances commises a ces dieux circulaires, ensemble ET TOVS DEFAVTS ou diminution D'ARTIFICE, qui cessera en l'homme par sa dissolution, ou mort corporele, tout ainsi que par la vertu à eux commise, ces choses produictes & esleuées sont apres leur temps resoluës & changées : tout ainsi elles SERONT par leur temps ordonnées, RENOVVELEES PAR LA NECESSITE, fatale destinée, ou operation ET RENOVVELLEMENT commis au ministere DES DIEVX, ou corps celestes, ET CE PAR LE moyen du COVRS DE LA NATVRE DV CERCLE, contenant & DOVE DE NOMBRES. C'est à dire, par leurs mouuements circulaires, desquels les actions sont departies en leur circonference, à cause de leur infinie diuersité d'assiete en leurs aspects : & diuersifiées ou multipliées par semblable frequence à celle des vnitez, composans les nombres. Et pour ceste cause ceux qui sont versez en l'Astronomie, & qui considerent les mouuements celestes pour en venir à plus facile intelligence, sont contraints par leurs hypotheses à despartir les cercles, qu'ilz imaginent : & se representent au ciel par nombres, à ce que par vertu des vnitez d'iceux, il leur soit loisible de se representer telle partie de la circonference qu'ils auront besoin, pour l'intelligence des actions engendrées par ces mouuements.

Pourquoy les cercles sont dictz contenir nombres.

Et de la est venu ceste qualité que Mercure a donné aux cercles disant qu'ils contiennent nombres, de tant que par le moyen de ces nombres l'homme descouure les secrets que Dieu a mis en ces dieux ou corps celestes, par sa diuine loy de nature, que autre animal que l'homme ne peut descouuir ou entendre. Et par ceste vertu de Dieu donnée aux corps celestes & diuersifiée par ses nombres & aspects, apres les corruptions & desaillemens s'ensuiuent les generations & renouuellements soit es bruts & plantes & autres viuants en renouuellement de forme nouuelle sur la matiere changée & corrompue, ou bien aux hommes apres leur matiere corrompue & tumbée en dissolution, & par consequent son inuention & artifice ayant desailly en luy par ses nombres & aspects, le renouuellement & generation qui se faict tous les iours, produit & restauré par la necessité fatale en nouueaux hommes tous renouuellemens d'artifices perdus, & ce en vertu des puissances diuines commises à ces recteurs immortels en la composition du monde. CAR TOVTE COMPOSITION DV MONDE EST DIVINITE CONSIDEREE PAR NATVRE.

Prou. 8. d.

C'est que l'homme par la cognoissance qu'il a de ceste loy de nature contenant l'artifice du monde, il comprend & cognoist le monde estre faict par les essences diuines, comme preuidence, prouidence, sapience, inteligence, amour, volonté, puissance, & infinies autres qui ont accompaigné le createur batissant le monde : comme il est escript, Quand il preparoit les cieux i'y estois, & quand il rengeoit par sa loy les abysmes, quãd il establissoit l'air en haut, & pesoit les fontaines des eaux, & bournoit les limites de la mer parlant de Sapience.

La compositiõ du monde est diuinité.

Lesquelles essences diuines ne pouuoyent produire que de vraye diuinité qui estoit la vertu de la cõposition de ce tant beau monde, dans laquelle est contenuë ceste tres-prudente loy diuine nommée nature, & ordonnée pour la conduicte de tout le monde & ses parties, toutes creatures de Dieu, DE TANT dict Mercure QVE EN DIVINITE NATVRE EST CONSTITVEE, assise, & comprinse comme vne de ses belles vertus & puissances, par laquelle le monde & toutes creatures sont conduictes soubs son obeissance, & volonté, reserué l'homme qui par la dignité de l'image de Dieu S. Esprit, qu'il a receu en sa composition a esté proueu d'vn liberal arbitre, auquel a esté donnée sa conduicte & disposition de ses actions

actions, & non à nature: & ce à fin que par ses actions issues de sa libre volonté, il soit trouué deuant Dieu agreable ou reprehensible: qui est vne balance apropriée à luy seul entre toutes creatures de la region elementaire.

L'arbitre est cause du iugemens de Dieu sur l'hõme.

A ceste cause Mercure dict, que ceste tres-haute diuinité par laquelle le monde est composé, est considerée par nature: entendons est considerée de celuy à qui seul conuient la vertu de considerer. Et ceste consideration commencée par les sens aux œuures visibles de nature conduict l'homme, qui s'arreste à ceste contemplation en volonté, & resolu consentement de cognoistre l'aucteur par la vraye intelligence de ses actions & puissances, pour y estant ne s'en despartir, que pour, laissant la matiere, y estre par sa misericorde eternellement ioinct, & vny, en puissances, dignités, & vertus celestes, & diuines.

L.

COMMENTAIRES SVR
le Pimandre de Mercure Trismegiste
A SON FILS TAT, PROPOS QVI est dict, le Bassin ou l'vnité.

CHAPITRE QVATRIESME.
SECTION. 1.

PVIS que l'ouurier a faict le monde vniuersel, non par ses mains, ains par son verbe, pense tousiours en toy en ceste maniere, qu'il y est present, & est tousiours, & qu'il a faict tout, & vn seul, & par sa mesme volonté a basti les choses qui sont. Car cecy est son corps non tangible, ny visible, non mesurable, ny distant, n'y a aucun autre corps semblable. Il n'est feu, ny eau, ny air, ny esprit, mais toutes choses sont de luy. Car estant bon, il a voulu attribuer cela à luy seul, & orner la terre.

COMMENTAIRE.

MERCVRE comméce en ce quatriesme chapitre à vser de dialogues, n'ayant encore vsé depuis le premier, que de propos ou sermon cōtinuel. Et de tant qu'il adresse ce dialogue, à son fils Tat, lequel nom, n'est sans propre signification, nous dirons, que nous auons reçeu de ceux, qui font profession des langues Orientales, que Mercure dict ancienement des Grecs, Hermes, estoit dict en langue Ægiptienne Thot: & son ayeul, qui estoit veneré des Ægyptiens pour le Dieu d'eloquence (dict aussi des Grecs Hermes) estoit dict des Ægiptiens semblablement Thot, dont le premier mois commençant à l'Æquinocçe Automnal, a prins le nom de Thot. De ce nom les Grecs en ont faict le nom de Tat, à la semblance des langues Orientales, qui sont si proches, que le plus souuent en mesme mot ne constituent leur difference que au changement des poincts, qui leur seruent de voyelles, laissants tousiours mesmes lettres, lesquelles en fin le Grec a voulu obseruer nommant le fils de Mercure du mesme non iadis obserué en la race de ses ancestres, à sçauoir Tat, à la maniere des anciens empires, ausquels mesme nom estoit longuement obserué, cōme Tat, n'estant autre nom que Thot, dict Hermes en Grec, & Mercure, que nous auons prins du Latin, lesquels ont esté variés en ceste maniere pour obseruer le dialogue. Venant donc à nostre propos, Mercure cōmence à instruire particulierement son fils de ce qu'il a veu & comprins dans ce grād exemplaire diuin, par le commencement de ce qui vient à la cognoissance de l'homme, c'est le createur & son grand œuure, qui est le monde. Disant à son fils Tat, PVIS QVE L'OVVRIER A FAIT LE MONDE VNIVERSEL, NON PAR SES MAINS, AINS PAR SON VERBE, entends que Dieu l'a basti & cōposé vniuersel en toutes ses parties. Mais ce bastiment corporel, combien que l'œuure soit corporele & materiele, l'action & operation de ce grand architecte, n'est pourtant dressée à la maniere des autres œuures de ses creatures, qui ne peuuent faire, bastir, ou composer œuures materieles, que par le moyen de diuers instrumens, leurs mains & autres membres corporels & sensibles. Car ie te declare, que ses membres ou parties ne sont de si basse condition, qu'ils puissent estre aperçeuz par les sens

Ethimologie de Tat.

corporels

corporels. Ains ce grand ouurier a basti l'vniuers par son sainct verbe, comme Dauid l'a tesmoigné, Les cieux ont esté fondés par le verbe du Seigneur, qui de sa nature diuine ne rẽd aucune subiection aux sens humains. Car pour faire, creer, bastir, & cõposer, & en fin executer & parfaire la volõté de Dieu, il n'est besoin que ce verbe diuin soit aucunement veu, ouï, senty, ny aperçeu d'aucun sens naturel, mais sa vertu iointe & vnie à la volonté diuine, produict l'effect de son action en instant, sans aucun interuale de temps: comme il est escript, Il l'a dict, & a esté faict, il l'a mandé, & a esté creé. Et ne penserons que nommãs ce sainct verbe sermon, propos, ou parole, que ce soit pour cuider comprẽdre par là, sa vraye essence, qui est de nature trop humide pour pouuoir estre comprinse de chose, que l'homme puisse conceuoir: mais dirõs que ce nom luy est approprié de Dieu, pour s'accommoder à nostre imperfection, qui ne pouuons reçeuoir aucune chose en nostre intelligence, que par les sens, comme nous auons dict au second chapitre. A ceste cause ce bon Dieu se cõmuniq̃e, quãd il luy plaist, en son sainct verbe, ouy de nos oreilles, ou forme veuë de nos yeux, & autres manieres, par lesquelles nos sens raportent à l'intelligence les actions & volontés diuines. Ce bon Dieu donc createur de toutes choses a basti le mõde vniuersel, par ses actions & vertus intelligibles, proueuës d'infinie puissance, & non par mains ou autres membres corporels trop debiles & foibles, pour l'execution d'vne si grande entreprinse. Et affin que tu consideres de Dieu le plus que tu en pourras conceuoir en ton intelligence, PENSE TOVSIOVRS EN TOY EN CESTE MANIERE, QV'IL Y EST PRESENT, operant à son œuure, de tãt que son essence & vertu, qui est luy mesme, est presente à l'operation. Et d'auãtage IL EST, subsiste, & apparoist TOVSIOVRS en ses operations, ET CÕME IL EST ESCRIT, QV'IL A FAICT TOVT ET luy VN SEVL, ET PAR SA MESME VOLONTE A BASTI LES CHOSES QVI SONT. Ce qu'exprime en cest endroit Mercure, que Dieu faisant toutes choses, qui ont essence, s'entẽd tant d'essence temporele, cõme des creatures elemẽtaires, que de celles qui ont essence immortele, cõme les corps celestes, & esprits creés en ministere de Dieu. Il est present en toutes ses actions, de maniere que sa presence en vne part, ne luy empesche d'estre present ailleurs, cõme aucuns qui n'esleuent leur esprit plus haut que la matiere, ont pensé, que Dieu estant assis au ciel sur son throsne, fust si bien assis & circonscript de certaine dimension de lieu, qu'il ne peut estre ailleurs que en ce lieu en mesme temps, n'aduisans que Iesus Christ se disoit en mesme temps, qu'il parloit, estre au ciel & en terre. O terrestre & bien sangeuse ignorãce, de penser que la moindre vertu de ce vray tout, remplissant tout, ny contenu d'aucune chose, non seulement corporele, mais qui plus est intelligible, puisse estre comprins & contenu d'vn lieu, limité, borné, ou terminé. Et qui pis est pensant ceste blaspheme de le pouuoir contenir en ce lieu, pour grand qu'il soit, se sont moqués de ceux qu'ils ont faucement accusé le tenir dans vne armoire: cõme s'ils disoient, qu'il ne peut estre contenu dans vne armoire sans en partir, mais peut bien estre contenu au ciel sans en partir, ny estre ailleurs, de tant qu'il y a plus grand lieu: C'est bien vne deshontée blaspheme, de rẽdre Dieu plus comprehensible d'vne grandeur de lieu, que d'autre: celuy qui n'est subiect à mesure, quantité, ou mouuement, voire qu'il n'est subiect a entiere comprehension ou intelligence, de quelque creature qui soit, le vouloir rendre corporel, & materiel, cõprehensible, non seulement d'intelligence, mais de lieu subiect a dimensions & mesures. Ceste nature de gens ne cognoistront iamais que vn Dieu terrestre & mesuré, subiect aux argumens de la matiere, & raciocinations des causes produisant ses effets sur icelle. Et ces dieux sont dieux imaginaires, hypothetiques, & supposés, qui sont plus proprem̃et idoles venerées & adorées, par ignorance, nourrie de quelque passion yssue de concupiscence de matiere & ses dependences. Dequoy Mercure tache grandem̃et a contregarder son fils, luy insinuant qu'il pẽse Dieu estre present en tout, & par toutes ses actions & operations: & de tant qu'il est en continuele vigilance & manifacture (s'il se peut dire) & par tous les endroits qui luy sont subiects qui est tout, Mercure veut que son fils pense que Dieu est present par tout, & en tous temps, compoſant toutes choses par sa volonté. CAR CECY EST SON CORPS, comme s'il disoit, il nous est assés notoire, que Dieu n'est subiect à corps materiel. Mais tout ainsi que tout corps est vn subiect composé de diuers membres concurrans en mesme essence, & recogneu par la perception de ses membres: tout ainsi les vertus, puissances, intelligences diuines, & autres continueles actions, qui iamais ne cessent ou tombent en oisiueté, ains ordinairement produisent toute abondance de bien à ces creatures:

Psal. 31.b

Psal. 148.b

Dieu est presens en toutes ses actions.
Ioan.1.a
1.Cor.8.b

Ioan.3.b

Dieu estant present en vn lieu n'est contenu d'iceluy

Idolatrie produite par passion nourrist ignorance.

Comment les actions de Dieu sont d'eleſion corps.

Ce grand monceau de vertus c'est son corps & presence, ou subiect, les comprenant, & en qui elles sont assemblées eternellement, en vne essence infinie propre à la nature diuine, par lequel il est apperceu & recogneu de l'intelligence, par la relation des sens. Lequel corps ou subiect (dict Mercure) est NON TANGIBLE, NY VISIBLE, NON MESVRABLE, NY DISTANT, NY A AVCVN AVTRE CORPS SEMBLABLE. Il n'est subiect à aucune perception de sens en aucune de ses parties. Combien que par les sens nous aperceuons les effects de ses actions, qui sont choses sensibles, & par le moyen de ses effects raportez au iugement de l'ame raisonnable, elle recognoist les actions diuines inuisibles, & qui ne peuuent estre apperceuës par les sens, comme souuent nous l'auons dict auec sainct Pol. A ceste cause il nous faut entendre la difference des causes aux effects. Car les effects de Dieu sont subiects aux sens, mais les causes qui sont ses actions, & vertus, essences purement intelligibles & spirituelles, n'y sont aucunement subiectes, qui le faict dire ses actions & vertus estre son corps, toutesfois non semblable à aucun autre corps. Parquoy Mercure voyant qu'il ne peut definir Dieu, le comprenant par affirmatiue ou vertus nombrées, ou limitées, il le declare par negatiue, disant: IL N'EST FEV, NY EAV, NY AIR, NY ESPRIT, MAIS TOVTES CHOSES SONT DE LVY. C'est comme nous auons dict cy deuant quelquesfois, que Dieu ne peut estre dict aucune vertu ou essence des sciences, non plus que l'homme ne peut estre dict main ou pied, combien que toutes soient, & ayent leur essence en luy. Et baille icy les exemples de la matiere, ayant dict, qu'il n'est comprins d'aucune de ses vertus, pour estre dict ceste là. Il dict semblablement qu'il n'est feu, air, ny eau, ny esprit, qui sont toutes matieres deppendentes de luy, qui les a faictes visibles ou sensibles, de ces choses inuisibles & insensibles. Car combien que le sainct Esprit se manifeste en feu & esprit, qui est à dire vent, ou violence d'air, ce n'est à dire qu'il puisse estre definy, estre ce feu, vent, ou esprit. Voire qui plus est, ce nom d'esprit ne luy est donné de Dieu, comme luy estant conuenant & capable de le comprendre, mais Dieu le nous a nommé Esprit, pour le nous faire entendre en quelque maniere begueyant auec nous, à cause de nostre imperfection & incapacité d'entendre.

Nous dirons donc que ce que l'homme peut comprendre de Dieu, n'est son integrité & perfection: de tant que l'homme, combien qu'il soit pourueu d'intelligence & vertus diuines, qui de leur nature sont infinies, si est-ce qu'estans ces vertus empeschées par le liberal arbitre donné à l'homme, par les deceptions & concupiscences de la matiere, de produire leurs infinis effects, tant qu'il sera en ceste masse corruptible, l'homme ne peut cognoistre de Dieu que en partie, comme dict sainct Pol. CAR Dieu ESTANT BON, il est vne assemblée ou perfection en vn monceau de vertus & puissances, qui ne se peuuent comprendre ny nombrer: lesquelles toutes sont en vn bien entier, seul, & parfaict. Et ce nom de Bien nous est plus intelligible de Dieu, parce que nous n'en voyons sortir autre chose. Qui a esté cause, QVE, comme dict Mercure, IL A VOVLV ATTRIBVER CELA A LVY SEVL si particulierement, qu'il ne peut conuenir à autre qu'à luy, comme Iesus Christ l'a tesmoigné, ET ORNER LA TERRE (comme principale habitation de ses creatures) de leur presence & continuelle demeure & vertus diuines, comme nous verrons cy apres.

SECTION 2.

ET a enuoyé l'homme, ornement du corps diuin, animal mortel du viuant immortel. Et de vray le monde auoit plus en soy, que l'animal des animaux, & que la raison & pensée du monde: car l'homme a esté faict contemplateur des œuures de Dieu, & s'en est esmerueillé, & a recogneu le facteur.

COMMENTAIRE.

CEste parfaicte bonté diuine, ayant destiné & ordonné, la terre deuoir seruir à l'habitation & nourriture de l'homme: Mercure dict, qu'il l'a ornée. Non que ce que Dieu estime ornement, soit vn simple parement, conuenant à la seule beauté, iugée par l'œil, comme vne me vne peinture sans autre effect. Mais ce bon Dieu à orné ceste terre, qui deuoit loger & nourrir & produire toutes creatures de ce beau ornement du reste du monde : lequel ornement est acompagné d'infinies vertus & puissances diuines, que Dieu a distribué à ses creatures immorteles, pour le seruice, secours, & conduicte des morteles. Lesquelles vertus & puissances composent le monde intelligible, qui est le plus digne ornement que Dieu ayt donné au monde: apres lequel vient en consideration le sensible, qui n'est sans merueilleuse beauté exterieure, non toutesfois celle qui luy est principale. Ceste diction de (mode) estoit au temps passé receuë pour ornement, comme nous auons dict au premier chapitre, encore les langues Latine & Grecque, apliquent celles, par lesquelles elles signifient nostre monde à l'ornement des femmes, qui vsent beaucoup de l'exterieur & sensible. Mais celuy duquel nous parlons principalement est l'intelligible, qui contient les vertus & puissances, & le sensible les matieres & executions. Le bon Dieu a pareillement orné la terre (qui est l'habitation de ses creatures materieles) du monde, c'est à dire de ce bel ornement de vertus & essences de Dieu, commises aux creatures & parties du monde, pour le seruice de la terre & ce qu'elle contient. Nous auons dict la terre contenir toutes creatures materieles & morteles, de tant qu'elle les porte toutes, soient tous animaux terrestres ou poissons de mer, qui est meslée auec la terre: car tous animaux habitās en l'eau prenēt leur vie de la terre, & de ce qu'elle produit, & les oyseaux volent par l'air, mais ils paissent & prenent leur vie de terre, reserué vn, duquel on raconte qu'il prend sa naissance, vie, & mort en l'air, & qui iamais n'a esté veu viuāt en terre, que l'on nōme l'oyseau de Dieu. Lequel cōtinue sa naissance, vie, & mort, en continuel mouuemēt, en fin cheoit en terre, & est trouué. I'en ay veu vn en l'an 1563. ayant le corps de la grandeur enuiron d'vn mauluis, mais ses plumes d'vne coudée ou enuiron de long, ayāt les pieds si petits, que a peine les pouuoit on trouuer, & auoit vn creux sur le dos, ou lon disoit que sa femele couuoit ses œufs, & auoient deux verges, qui sembloient de matiere de poil, longues plus de vn pied, desquelles l'on disoit que le masle & femele couuant s'embrassoient en volant, pour ne s'esbranler au mouuement. Ses plumes longues ne sont seulement de sa queuë, mais de plusieurs autres parties de son corps, & sont foibles & de diuerses couleurs, & me fust lors dict par vn Grec, que les Turcs le nommoient chouma. I'en ay voulu faire ce raport, à cause de la rareté de cest animal, lequel (pour reuenir à nostre propos) combien qu'il ne hante la terre, si est-ce qu'il peut viure de vapeur, ou autre matiere esleuée de terre, attandu qu'il a corps elementaire.

Le principal ornement du monde sont les vertus diuines en luy operantes.

L'oiseau de Dieu dict chouma.

Et d'auantage nous pouuons nommer tous animaux, terrestres, atandu que si bien ils n'habitent en la terre, il n'en y a point qui l'esloignent, chose qui a compter façe, voire la milliesme partie de son diametre. Parquoy toutes actions & mouuements des corps celestes, ordonnez pour le seruice de la terre, ne l'estiment à leur regard, que de la grandeur d'vn poinct, ou centre de l'vniuers: c'est à dire, que sa grandeur au regard des mouuements celestes, est si petite, qu'elle n'empesche par sa grandeur, les actions des mouuements, non plus que si c'estoit un point, qu'elle ne les reçoiue, soy rencontrants en elle, comme ils se rencontreroient en vn point.

La terre fort petite au respect des cieux & leurs actions.

Ce n'est pas ainsi d'elle enuers eux, de tant qu'elle sent & apperçoit mieux sa quantité, & celle des mouuements, qu'ils ne sont celle de la terre, comme il apparoist aux eclipses, c'est à sçauoir du Soleil, auquel la grandeur de la terre se trouue produire diuersité d'aspects, & par consequant diuerse quantité d'eclipse en vne mesme eclipse Solaire, & aux eclipses Lunaires, elle recognoist sa quantité & grandeur couurir plus la Lune en vne eclipse, qu'en vne autre, qui ne receura si grand partie de son diametre. Et c'est la difference de ces grandeurs, par lesquelles nous voyons que combien que les astres n'estiment en leurs actions & mouuements la terre que comme vn poinct, qui n'occupe aucune grandeur, ce neantmoins elle se trouue auoir grandeur en la reception de leurs effects, comme nous auons dict par les eclipses & autres diuersitez de clymatz, qui reçoiuent diuersement mesmes influances d'astres, & autres infinies diuersitez d'effectz, par lesquels la terre se trouue en sa grandeur en la reception d'iceux, par ses diuerses parties. En ceste maniere la terre a esté ornée du monde, tant sensible que intelligible, pour le seruice des creatures, qu'elle nourrist & entretient, vouées à l'obeissance & seruice de l'animal diuin, qui est l'homme, ayant en soy l'image de Dieu, & benoist sainct Esprit.

La terre se trouue grande en la reception des actions celestes.

L 3

SVR LE PIMANDRE DE

L'homme mõde du corps diuin que c'est.

A cause de quoy l'homme a esté honoré, ET CE BON DIEV A ENVOYE L'HOMME; ORNEMENT, ou monde DV CORPS DIVIN, ANIMAL MORTEL DV VIVANT IMMORTEL. C'est que comme le monde a esté donné pour ornement & seruice à la terre, qui est au dedans, ainsi l'homme mortel a esté donné pour monde, ou ornement & seruice, à l'homme immortel & diuin, qu'il nomme corps diuin: à cause qu'il a cy deuant dict n'agueire, que estre present par tout, estre tousiours, faire toutes choses, estre vn & seul Dieu, & employer continuellement ses actions & vertus, c'est son corps: comme s'il disoit, Dieu n'a autre corps que l'assemblée de toutes ses actions & vertus en continuelle operation, & collation de bien. Et ayant donné à l'homme son sainct Esprit, acompagné de ses essences & vertus, il dict que Dieu a enuoyé l'homme pour estre monde ou ornement (qui est mesme chose) de ce sainct Esprit, qu'il nomme corps diuin, c'est autant que pour estre quaisse ou ou estuy de ce precieux ioyau, comme dict sainct Pol, qui a esté mis en vaisseaux de poterie.

2.Cor.4.b 1.Cor.3.d Pourquoy le sainct Esprit est dict animal en l'homme.

D'auantage, ce que Mercure nõme ornemẽt, sainct Pol le nomme temple de Dieu. C'est, dict Mercure, l'animal mortel, qui est ornement, monde, quaisse, ou estuy de l'animal ou viuant, immortel, qui est c'est homme diuin & interieur, lequel il peut facilement nommer animal, de tant qu'il a esté aussi bien soubs mis à la conduicte de la volonté & arbitre d'vne ame, comme le mortel. A cause de quoy, le Grec le nomme d'vn mesme nom, ζῶον, qui signifie du viuant & animal, pour l'estimer viuant, entant que de l'essence de Dieu, duquel toute vie prend sa source, & animal, entant qu'estant assubiecti à la volonté libre d'vne ame, qui le conduict, & en dispose à son arbitre. Et les autres sont dicts animaux, parce qu'ils sont subiectz à vne ame viuante, prenant ces instincts de nature, à faute d'estre proueuz de raison, arbitre, & presence diuine, soubs la liberté d'vne ame, comme est l'homme: & en ceste maniere l'homme a esté enuoyé monde, ornement, ou seruice de l'homme interieur, ou corps diuin, ou biẽ l'animal ou corps mortel a esté enuoyé monde, ou ornement de l'animal immortel, qui est au dedans. Mercure met en ce lieu auant, les deux hommes, comme sainct Pol parlant de l'homme exterieur ou interieur, charnel ou spirituel, la loy des membres, ou la loy de l'esprit: donnant aux deux hommes & à chacun les mesmes qualitez que leur donne saint Pol, par ou nous voyons facilement qu'ils sont conduicts en leur doctrine de mesme Esprit de Dieu.

Rom.7.d

Les vertus donc de Dieu qui conduisent cest homme diuin & interieur, & toutes autres qui sont executées par le ministere de la loy de Dieu, nommée nature, en toutes autres creatures, est ce merueilleux monde intelligible, commandant & conduisant ses effects par leurs actions, sur le monde corporel, materiel, & sensible. ET par ainsi parlant du monde intelligible, Mercure dict DE VRAY, QUE LE MONDE AVOIT PLVS EN SOY, ou estoit plus excellent, QVE L'ANIMAL DES ANIMAVX, c'est de tant que dans le monde est comprins cest animal des animaux, voire sa raison & pensée à luy distribuée de Dieu. C'est dict Mercure, à cause que l'homme estant partie du monde, a esté faict contemplateur des œuures de Dieu tant mises en luy, que au restant du monde, qu'estoit ce plus, que le monde auoit en soy. Combien qu'il nous soit notoire, que l'homme prins separément, soit plus excellent & digne, que tout le reste du monde, qui a esté faict pour luy, dediant toutes ses actions & parties pour le seruice de l'homme, à cause des parties diuines, qu'il a en luy, & desquelles il participe: comme dict sainct Pierre. Et aussi à cause que toute fin est plus excellente, que les choses qui sont faictes pour ceste fin, qui rend l'homme plus excellent, qui est la fin pour laquelle a esté faict le monde. Si est-ce que l'homme estant partie du monde cõme creature y contenue, n'a tant en soy, ou n'est si excellent, que luy mesmes, auec le reste du monde, de tant que le tout excede sa partie par commun aduis de l'ame raisonnable. C'est homme est ce que Mercure nomme l'animal des animaux, auquel il compare le monde auoir plus en soy, ou estre plus excellent, voire ET PLVS QVE LA RAISON ET PENSEE DV MONDE, qui sont le reste des vertus que Dieu a mis au monde, sur lesquelles il estime cest homme, que le monde a en soy auec ces vertus. Lesquelles estant toutes comprinses en cest animal diuin, & cest animal au mondenous pouuons bien dire, que le monde total est plus excellent, que sa partie contenue en luy, comme il est manifeste par la cause qu'il en assigne.

2.Petr.1.a Pourquoy le mõde est plus excellent que l'homme.

CAR

Car l'homme a esté faict contemplateur ou speculateur des œuvres de Dieu, qui se font en ce monde, & non pour s'arrester à celles là seulement, mais passant outre pour cognoistre par leur moyen Dieu, en son entendement & saincte pensée, qui luy a esté distribuée de son Createur. Parquoy le monde contient plus que toutes ses vertus, contenant ce contemplateur de Dieu, qui le considere par ses œuures, comme sainct Pol escript, que par les choses visibles nous entendons les inuisibles de Dieu, auec ce que nous auons dict au second chapitre, que toute intelligence escheoit en l'entendement, & y est conceuë & receuë, par le moyen des sens. Rom.1.d

Parquoy l'homme est dict contemplateur des œuures de Dieu, quand par ses sens ayant conceu les effects des œuures de Dieu, il employe par la cognoissance d'iceux, son entendement, pensée, & volonté à toutes parties de contemplation de ses vertus, grandeur & bontés, par lesquelles il reçoit tant de graces & benefices de Dieu, qui non seulement luy a communiqué ses essences, mais aussi a creé toutes creatures, tant mortelles & terrestres, que immortelles & celestes, pour seruir à cest homme, qu'il a tant honoré, non à cause de sa valeur separée de Dieu, mais à cause de la valeur de l'homme, ioinct & vny à Dieu, qui est rendu habitant en luy. Comme le dict sainct Pol, ces parties de contemplation, sont tous employs des parties de l'intelligence & pensée de l'homme, à honorer, glorifier, exaucer, priser, & estimer Dieu, luy donnant honneur & gloire de toutes ses actions, se fier en luy, le recognoistre, luy rendre graces, le prier, le chanter, soy resiouyr en ses volontés & commandements, aymer Dieu en son prochain, & tous autres infinis employs des vertus données à l'entendement & pensée humaine, en la gloire de Dieu, qui sont toutes parties de contemplation, c'est faire le vray estat pour lequel l'homme est faict.

L'homme contemplateur des œuures de Dieu.

*Ioan.17.e
Rom.8.b
Parties de contemplation.*

Parquoy Mercure dict, que l'homme a esté faict contemplateur des œuures de Dieu, ET S'Y ESTANT BIEN EMPLOYÉ S'EN EST ESMERVEILLÉ, dont il l'a honoré, glorifié, exaucé, prisé, loué, & estimé, ET A QUANT & QUANT RECOGNEU LE FACTEUR, & liberal donneur de tant de biens, dont il l'a mercié, prié, chanté : & s'est resiouy en ses bienfaicts, & volontés. Il a annoncé ses merueilles, bontés & misericordes, chanté ses loüanges, & toutes autres actions de vrayë recognoissance de son seul Dieu, Createur, & conseruateur de toutes choses.

SECTION 3.

Il a donc certainement desparty la raison à tous hommes, ô Tat, mais la pensée non de ceste maniere. Ce n'est pas qu'il portast enuie a aucuns, car enuie ne procede de ceste part, ains elle consiste en bas, dans les ames des hommes, qui n'ont pas la pensée. Pourquoy donc, ô mon pere, Dieu n'a communiqué a toutes gens sa pensée. Il a voulu ô mon fils, qu'elle fut constituée au milieu des ames comme vn certain pris. Et en quel lieu l'a il constituée?

COMMENTAIRE.

Apres que Mercure a declaré à son filz Tat, que l'homme estant faict pour contempler Dieu, l'a esmerueillé, & recogneu facteur, il declare par quel moyen il est paruenu à si heureuse poursuite disant, IL A DONC CERTAINEMENT DESPARTY LA RAISON A TOUS HOMMES, O TAT, MAIS LA PENSEE, NON DE CESTE MANIERE, c'est à dire, Dieu a veritablement donné raison, qui gist simplement aux parties

Raison est en toutes gentz, mais non la saincte pensée

de l'image de Dieu donnée à toutes personnes du genre humain, & qui est de la necessaire composition de l'homme, voire si necessaire, que sans la raison ou image de Dieu, cest animal ne seroit homme, ains seroit animal brut, comme le cheual, le bœuf, & les autres, qui ne sont paruenus à la dignité de raison, ou image de Dieu, qui a esté reseruée au seul animal diuin, dont il a esté dict raisonnable. Non pas par ce qu'il aye auec luy en tout temps ceste raison : car de vray la pluspart l'essoignent d'eux plus souuent (& la soullent aux pieds par maniere de dire) qu'il ne seroit besoing. Mais sont dicts tous raisonnables, par ce que de leur origine, creation, & naissance, ilz sont disposez à receuoir l'habit de raison, & si non d'effect, toutesfois ils le sont en disposition & puissance, ou aptitude. Dont s'ensuit, qu'ilz sont dicts tous raisonnables, comme ayant receu en leur particuliere nature raison.

Mais de la pensée (dict Mercure) ce n'est pas comme de la raison : car celuy qui a donné raison à tous hommes, n'a pas donné sa saincte pensée (qui est sa vraye similitude) à tous. Ceste pensée ou similitude de Dieu, n'est pas de la necessaire composition de l'homme, pour le rendre homme, mais c'est bien la necessaire pour le rendre heureux, content, & faisant son deuoir.

Concorde de Mercure & sainct Pierre.

Voicy ce, que nous auons dict au premier chapitre, parlans de l'image & semblance de Dieu, en quoy sont merueilleusement consonants Mercure & sainct Pierre : combien qu'ilz ayent eu plus de deux mille ans de l'vn à l'autre. C'est bien monstré clairement, que vn mesme sainct Esprit les a enseignez tous deux : combien qu'en diuerses langues. Car sainct Pierre en sa peregrination (comme nous auons dict, & est contenu aux recognitions de sainct Clement son disciple & successeur) met ceste mesme difference entre l'image & semblance de Dieu, qu'a mis Mercure entre la raison & pensée diuine, disant combien que toutes gens ayent receu l'image de Dieu, tous n'ont pas receu sa semblance. Aussi Mercure dict, combien que toutes gens ayent receu la raison, tous n'ont pas receu la pensée. Et pour nous faire entendre, que l'image de Dieu & raison donnée à l'homme, sont mesme chose, nous prendrons ce qu'en dict Mercure, au second chapitre, difinissant l'incorporel, où il dict, que c'est pensée & raison : laquelle raison (dict il) est premier exemplaire ou forme d'ame.

Recogn. ii. L'image de Dieu est donnée à toutes gens mais nō la semblance.

Parquoy l'ame humaine portant en soy raison, elle raporte l'exemplaire ou image de Dieu, sur lequel elle a esté bastie. Et raison luy donnant l'image, la saincte pensée luy donne la semblance. Car sainct Pierre parlant de la semblance, & Mercure de la pensée, s'accordent à dire, que c'est celle, par laquelle les hommes sont bons, iustes, purs, pitoyables, priuez à Dieu, & ont entiere volonté d'employer les vertus de leur image & raison, a acquerir ceste semblance & pensée diuine, par laquelle ils luy sont agreables, &, l'ayant acquise, la conseruer en eux, par la constance de leur volonté & arbitre, qui leur est libre d'employer le sainct Esprit, qui est à leur porte, priant pour eux incessamment, à ce que ceste semblance & pensée leur demeure. Et de tant que cest employ du sainct Esprit & vertus diuines commises à l'homme, dependent & gisent en la disposition de son arbitre, la semblance ou saincte pensée sont en l'homme dictes incertaines, & non necessaires, ains instables & variables.

Apoc.3.d Rom.8.e

Sap 9.c & 1.Cor.4.c

A cause de quoy Salomon a dict, que noz voyes sont instables, pour le deffaut de nostre arbitre, qui n'a en soy aucune asseurance, ou fermeté. Par ainsi l'image ou raison, donnent à l'homme la dignité, qu'il a de sa creation, deuant toutes creatures : de tant que par celle là il peut auoir & conceuoir cognoissance de Dieu, & la semblance & pensée luy rendent l'heur, repos, & eternelle felicité, par laquelle il veut mettre en effect ce, que par l'image & raison il peut.

Ce propos n'a seulement esté cogneu ou receu par sainct Pierre, Mercure & autres ayans receu grace de reuelation du bon Dieu : mais a esté receu des Philosophes, qui plus ont aproché de la vraye cognoissance de Dieu. Entre lesquels nous pouuons franchement

ment comprendre Plato des premiers. Lequel en son traicté de la science, dict, Si tu per-
" suadois, o Socrates, aux autres hommes, comme a moy, les choses que tu dis, ils n'ai-
" stroient entre les hommes moins de maux, & plus ample paix. Mais il est impossible,
" o Theodore, les maux estre du tout arrachés. De tant que necessairement, il y a tou-
" iours quelque chose contraire au bien. Et toutesfois ils ne peuuent auoir lieu en-
" uers Dieu, mais ils enuironnent par necessité la nature mortelle & region inferieu-
" re. A ceste cause il est besoing faire effort a ce, que d'icy nous fuyons la le plus tost:
" Et ceste fuite est, que de nos forces nous soyons faicts semblables a Dieu. Nous   *Plato cognuit*
" sommes faicts semblables a Dieu auec prudence, iustice ensemble & saincteté. Et   *que c'est estre*
" quatre ou cinq lignes apres, il dict, Et ne luy est aucune chose plus semblable que l'hō- *Dieu.*
me tresiuste.

Par ces belles sentences, nous voyons, que ce tresgrand Plato a cogneu, que ceste semblance de Dieu consistoit a esuiter le mal, lequel enuironne (par la necessité, qu'ils nom-
mēt *fatum*, ou disposition des creatures immortelles & celestes) la nature des choses mor
les, & region inferieure ou elementaire. De laquelle il faut tacher a s'en fuir, ou soi retirer
vers ce bon Dieu, par la suception de sa semblance, qui est prudence, iustice, & saincteté. *L'image &*
Dont sensuit, que pour conduire l'homme a perfection, il est requis en lui le pou- *raison donnēt*
uoir, qui est en l'image & raison, & le voloir, qui gist en la semblance ou saincte pensee, *le salut mais*
comme Mercure, la dict au premier chappitre, Ie pensee suis present a ceux, qui me sont *la semblance*
priuez, bons, purs, misericordieux, & bien viuants. Ce n'est pas donc a tous, ains a ceux *& pensee le*
seulement, qui voudront suyure & soi rendre priuez a Dieu & bien viuans. Car l'image *reçoiuent.*
les appelant offre salut a tous, mais la semblance le reçoit, en ceux seulement qui aimēt
Dieu, croians de franc voloir en Iesus Christ, lequel nous a fait ce bien de declairer &
confermer ce diuin propos de Mercure en son aduenement, quand il a prins chair humaine pour offrir a toutes gents, qui portent l'imaige de Dieu son pere, le salut, disant
qu'il desire le salut de tous hommes, & qu'ils viennent a cognoissance de verité. Mais *1. Timot. 1. b*
combien qu'il aye presenté salut a tous ceux, qui ont l'imaige & raison, quand il est question de l'exhiber, il aduise que pour attaindre le salut, il ne suffit l'image & raison seulement en l'homme, mais faut dauantage qu'il aie la semblance & pensee. Parquoi le bon
Seigneur dict, Plusieurs sont appellez par l'image & raison, mais peu sont esleus, par la *Mat. 20. b*
semblance & pensee : asçauoir qui ayant eu le pouuoir par le moyen de l'image &
raison, ayent eu le vouloir par l'employ des vertus & puissances, dependans de leur
arbitre, qui est la vraye semblance & saincte pensee. Qui est cause, que transi-
geant auec Dieu son pere, immediatement auant l'entrée du iardin, il luy dict, Ie ne *Ioan. 17. b*
prie pour tout le monde mais pour ceux, que tu m'as donné, & apres pour ceux, *& c.*
qui par leur parole croiront en moy : C'est a dire, qui de leur franc arbitre choisiront
ma part, & abandonneront le monde, & ses concupiscenses, pour soy rendre a
moy.

C'est le vray employ des vertus diuines a eux commises par sa saincte image &
raison. Lequel employ est la vraye semblance & saincte pensee, receuë par l'arbitre
de l'homme, & non qu'ils pensent, que Iesus Christ souffrant leur aye rendu le salut
necessaire sans aucun œuure de leur consentement, ou sans aucun employ de ses vertus
ou actions de la saincte image de Dieu. Car s'il estoyt ainsi, tous commende- *Iesus Christ*
ments de Dieu seroient vains & inutiles, par lesquels il ne cesse de crier par ses pro- *ne sauue l'hō-*
phetes & escriptures, qui fera, qui voudra, qui se rendra, qui inclinera, qui endu- *me sans son cō-*
rera, & infinis autres verbes portants en eux l'admonition, que Dieu nous faict, *sentement &*
d'agir operer, & faire par nos actions particuliaires. *operation.*

Qui sont tous verbes actifs, & signifiants action, qu'il demande de nous : & non que
nous nous laissions emporter comme les creatures, qui n'estant pourueus d'arbitre, ont
toutes leurs actions conduictes par nature, dont elles ne reçoiuent gré ou desgra-
ce, ou comme vne souche de bois ou pierre, n'ayant cognoissance de Dieu, ny a-
ction quelconque, ny mouuement, chose plus digne d'vn Atheiste, que d'vn Chrestien, quel heretique, qu'il soit.

L 5

Il a donc desparty raison a toutes gens, quand il la donna au premier homme en sa nature & composition. Mais par ce qu'il luy dōna la pensee, qui est l'vsage de ceste raison & vertus diuines a luy commises auec l'image de Dieu, soubs la disposition de son arbitre, consentement & volonté, qui est ambulatoire, instable, & variable, ceste pensée, & semblance sont demeurées soubs l'incertitude, de laquelle elles dependent, pour estre desparties non a tous mais a ceux seulement, qui la voudront conseruer, par l'employ des vertus de l'image & raison, qu'ils ont tous receu de ce bon Dieu de leurs nature & compositiō. De maniere, que comme le premier homme receuant en luy l'image & semblance de Dieu, les receut pour toute sa posterité, de mesme maniere, lors que par son peché, il a gardé l'image en sa composition, & mesprisé la semblance en sa volonté, pour sa personne, il en a faict autant pour sa posterité.

Et voila comment Dieu donne a tous l'image, & donne la pensée à ceux, qui la veulēt, CE N'EST PAS QV'IL PORTAST ENVIE A AVCVNS de tout l'humain lignage, par laquelle il eust vsé d'acception de personne, sans le deffaut d'icelle, donnant a l'vn sa saincte semblance & pensée, & la desniant à l'autre, par l'enuie qu'il luy pourroit porter. CAR ENVIE PROCEDE DE CESTE PART, comme il est escript, Qui luy a donné le premier : affin qu'il luy fust redeuable. De qui peut auoir ceste tres-grande & infinie maiesté & source de tous biens receu chose quelconque, veu que toutes sont issues de son thresor ? De qui peut auoir aprins ceste infinie intelligence, pour luy en debuoir obligation, qui luy puisse prouoquer quelque enuie ? Ou bien qui peut attaindre a estre plus excellant ou aduancé, que ceste infinie puissance, dominant toutes choses, pour luy causer enuie sur son aduancement ? Ce n'est pas donc de ceste part que enuie procede:ou comme l'autre lecture Grecque l'escript, ce n'est pas de la que enuie prend son empire, auctorité, ou puissance : AINS ELLE CONSISTE, s'engendre, & est attachée EN BAS DANS LES AMES DES HOMMES, QVI N'ONT PAS LA PENSEE. De tant que l'ame possedant la volonté, a laquelle seule apartient la resolution du vice ou vertu, c'est celle seule, qui par sa volonté declinant vers la part de la matiere & ses concupiscences, abandonnant le vray employ des vertus de la saincte image & raison, reçoit ceste enuie, & la loge chez elle. Et c'est celle, qui en vse, & non ceste infinie bonté diuine, qui ne peut receuoir aucun vice. Tat fils de Mercure entendāt que son pere luy dict, que la cause, qui chasse enuie & tout vice de cœur ame, & volonté des hommes, c'estoit ceste diuine pensée: & que Dieu n'est meu enuers les hommes d'aucune enuie, rudesse, ou passion, ains d'vne bonté & benignité, par lesquelles il ne cesse de faire bien a toutes creatures, desirant que celles, qu'il a honoré de son image & raison, vueillēt conseruer sa semblance & pensée, par laquelle ceux, qui la possedent, sont contenus en toutes œuures & actions de contemplation diuines & spirituelles, du tout esloignées de la matiere, vices, & leurs concupiscences. Il luy demande, POVRQVOY DONC O MON PERE, DIEV (sçachant ceste saincte pensée estre necessaire a l'homme, pour estre retiré des vices, & que celuy, qui ne l'auroit poinct y seroit totallemēt plongé, & enuelopé) N'A COMMVNIQVE A TOVTES GENS SA SAINCTE PENSEE? attendu mesmement qu'il desire, que tous ceux, qui ont receu son image & raison, soyent sauuez & retirez de tout vice, par sa saincte semblance & pensée, laquelle Dieu ne donnant a tous, comme vray remede & antidote contre le vice, qu'il hait tant, il semble qu'il faict acception de personnes, fauorisant l'vne partie pour son plaisir, sans autre cause, & reiettant les autres a perdition, sans aucune occasion, que sa mesme volonté : Qui est chose si contraire a la bonté diuine, que s'il estoit ainsi, ie ne pourrois cognoistre en luy ceste bonté, que tu m'y as tant insinué: de tant que sa volonté tendroit a ruine & destruction, non a l'entiere conseruation, qui est la vraye nature de bonté. A ceste tres pernicieuse requeste & demāde, que faict Tat, Mercure respond suyuant la vraye intention de son createur, conseruateur de toutes essences, tant par sa misericorde que iustice: & dict, Il a voulu o mon fils, que ceste sainte pensée (qu'il vouloit distribuer, & despartir a tous humains sans en excepter vn seul) ne fust pas baillée indiferentmēt a tous dormants ou veillants, courants, reposants, mal faisans & bien faisants, sans qu'ils y missent aucun soin, soucy, ou volonté, & que par ainsin le choix, qui en seroit faict, ne dependit (comme necessaire & forcé) que de la seule volonté de Dieu, sans auoir esgard au bien fait ou mal faict de l'homme. Mais au contraire il a voulu, que ceste distribution, communication ou despartement de sa saincte pensée print son fondemēt sur la volonté

Rom.11.d

Questiō pour quoy Dieu faict grace a l'vn & nō a l'autre.

la volonté, soing & choix ou election de l'hôme. A cause dequoy IL A VOVLV, O MON FILS, QV'ELLE FVST CONSTITVEE AV MILIEV DES AMES, COMME VN CERTAIN PRIS. C'est que le bon Dieu a mis c'est heureux present & saincte pensée, ou sa semblance deuant tous les hommes, comme vn pris, guerdon, ou loyer presenté à leur ame. En laquelle consiste la volonté, à ce que, quand bien vne si excellête œuure, que ceste diuine pensée deuoit produire, ne pourroit estre bastie, & paracheuée par la volonté, ou electiō simple de l'homme, conuiée & solicitée du sainct Esprit image & raison, qui luy sont données des sa composition: qu'elle fut pour le moins fondée par ceste mesme volonté, & bastie ou consommée par l'operation de ce mesme sainct Esprit, image & raison, deslié & mis en action, par le consentement & election donnée de l'ame, vers les œuures, actions, & vertus du sainct Esprit, qui luy a esté donné continuel soliciteur de son salut, & qui durant la mauuaise volonté de l'homme est lyé en luy par son arbitre, a ne pouuoir faire aucune œuure de perfection, ains seulement d'incitation & prouocation a bien, en ce pauure miserable. Mais ce sainct Esprit image & raison, estant soubsmis en l'homme a son arbitre, qui est le miracle tres-merueilleux, duquel auons parlé au premier chapitre, & soy trouuant deslié par le consentement & election que faict l'ame à sa poursuite, d'adherer entierement à luy, il faict les operations, & actions fondées par ce consentement & bône volonté, en vraye perfection, chose qui passe grandement les puissances de l'homme, conduict par la matiere & ses concupiscêces, comme dict sainct Pol, Ie puis toutes choses en celuy qui me côforte & fortifie.

Rom. 8. d

Et quand bien ce benoist sainct Esprit, qui nous est donné, voit, que nous l'abandonôs pour la matiere & ses concupiscences, si est ce qu'il ne nous abandonne iamais, ains prie par gemissements inenarrables (comme le dict sainct Pol) attandant que par l'election de nostre arbitre nous l'employons, & soyons soigneux par bonnes œuures (comme dict sainct Pierre) faire nostre election & vacation certaine: & fondions nostre requeste a ce que par l'employ de sa saincte image & ses vertus, il nous rende participans de sa diuine semblance & saincte pensée. Et par ce moyen dict Mercure il a voulu que ceste pensée ne fust bailée a tous indifferemment, tant qui la demandent, que qui ne la demandent. Mais a voulu qu'elle fust presentée & proposée comme vn pris deuant toute ame raisonnable, a ce que celle qui combattroit faisant l'abstinance que dict sainct Pol, & qui la desireroit & demanderoit, l'eust, & qui n'en voudroit, en fust exclus. De tant qu'il dict que celuy qui ne combat legitimement, ne sera couronné a cause de quoy tu te souuiendras, que la couronne depend du combat, soing, & diligêce. A la responce de Mercure son fils Tat desireux de receuoir ceste saincte pensée, ne pouuant encore conceuoir qu'il la failloit recouurer par moyens intelligibles, & nō sensibles, comme il le pensoit, il demanda à son pere, EN QVEL LIEV LA IL CONSTITVEE, c'est la vraye demande de la Samaritaine demandât à Iesus Christ l'eau qui estoit la soif perpetuellement, cuidant comme Tat que ce fut eau sensible & non intelligible & diuine: Mercure respond a ceste demande de son fils ce que sensuit.

Philip. 4. c

1. Patr. 1. b

1. Cor. 9. d
2. Thim. 2.

Ioan. 4. b

SECTION 4.

Quand il eut remply vn bassin d'icelle, il enuoya vn crieur public, & luy commanda annôcer aux cœurs humains ces choses. Baptise toy en ce bassin qui peux, & qui crois que tu retourneras a celuy qui a enuoyé ce bassin, & quiconque cognois a quelle fin tu es nay. Parquoy tous ceux qui ont escouté le cry, & se sont plongez en la pensée, ont esté faicts participants de cognoissance, & ayant receu la pensée, ont esté hommes parfaicts: & ceux qui ont mesprisé le cry, sont ceux qui estant certainement raisonnables, n'ont pas attaint la pensée, ignorant pour quoy & dequelles choses ils sont faicts.

COMMENTAIRE.

Mercure ayant declaré a son fils, que en Dieu n'y a aucune passion ou vice, qui le conduise par enuie a despartir les biens & graces procedâts de sa saincte image & raison,

a ceux

a ceux, qui ont le vray vſage & employ d'icelles, pluſtoſt que autres vſant d'acception de perſonnes, pour ſon ſimple plaiſir ſans aucun eſgard ou reſpect de ceux, qui doiuent eſtre iuges de luy. Mais ce qui l'incite & conuie de donner a l'vn plus de bien & grace qu'a l'autre, de laquelle doiue deppendre ſon ſalut ou perdition, eſt la ſeule droicture de la volonté de l'homme, donnant ſon conſentement au ſainct Eſprit image & raiſon, que Dieu à mis en luy. Parquoy ſes biens & graces neceſſaires au ſalut, qui ſont la ſemblance & penſée diuine, il ne les donne à tous hommes indiferamment, mais à ce que chaſcun l'aye par le recherchemēt qu'il en fera. Mercure dit qu'il l'a miſe deuant touts, comme vn pris, qui porte en ſoy nature de n'eſtre deliuré à touts, mais ſeulement à ceux qui accompliront la condition, ſur laquelle ce pris eſt octroyé. A ce propos Tat n'eſtant encores entierement inſtruit aux choſes ſpirituelles, & ſuyuant encores l'impreſſion de ſes ſens, demande le lieu auquel ce pris a eſté conſtitué, eſtimant qu'il fuſt corporel, contenu de dimenſions & meſures. A quoy Mercure pour ne l'eſloigner d'eſperance d'aprendre, ſ'il l'euſt increpé auant l'inſtruire, ou bien ſi a ſa demande groiſſiere il euſt reſpondu plus ſubtilement que ſa capacité ne pouuoit porter, & pour l'aprendre ſelon ſa portée) vſe enuers luy de ce que vſoit communement Ieſus Chriſt couertiſſant ſes doctrines ſpirituelles en exemples & propos materiels, ſoit par comparaiſons metaphores, ou circenlocutions, donnant entendre les choſes intelligibles & ſpiritueles, par les ſenſibles & corporeles.

Le ſalut eſt preſenté a l'homme ſous ſon action.

Comme ſ'il luy reſpondoit, puis que ie te voy encore trop groſſier pour comprendre les choſes intelligibles en leur vray lāgage & ſignificatiō ie delibere te les cōmuniquer en lanhuage plus aprochant de ta portée. Et pour te dire que Dieu a donné ſon image & raiſon a toutes gents, ſuffiſante pour rechercher ſa cognoiſſance, en ceux qui en auront le vouloir, ie te parlera y ce propos meſmes plus groſſement, & diray reſpondant au lieu que tu demandes, auquel a eſté mis ce pris de diuine penſée & ſemblance. Ie te dy parlant de ce bon Dieu QVAND IL enuoya ſa ſaincte penſée & EVST REMPLY VN vaiſſeau, ou BASSIN D'ICELLE ſaincte ſemblance ou penſée, IL ENVOYA VN heraut, trōpete ou CRIEVR PVBLIC, comme les prophetes, Apoſtres & le meſme eſprit de Dieu, criant ſans ceſſe comme vn heraut, ET LVY COMMANDA ANNONCER AVX COEVRS HVMAINS poſſedans l'arbitre de l'ame CES CHOSES, Toy o ame en laquelle giſt la volonté & diſpoſitiō de toutes actions commiſes a l'homme, & qui par cōſequent puis ſi tu veux, laue toy, BAPTISE TOY, ou plonge toy EN CE BASSIN & ſaincte penſée & ſemblance diuine, toy QVI PEVX, ET CROIS QVE TV RETORNERAS A CELVY QVI A ENVOYE & donné CE ſainct BASSIN & lauement. ET QVICONQVE COGNOIS A QVELLE FIN TV ES NAY. Mercure ſe rend en ce propos vn merueilleux prophete du bapteſme qui deuoit ſi long temps apres eſtre introduict, & ordonné par Ieſus Chriſt, voire & en ſa propre qualité, qui eſt d'eſtre fondé par foy auant le recepuoir, comme il eſt eſcript de l'Eunuque, qui demanda a ſainct Philipe le bapteſme, lequel luy reſpondit, qu'il luy eſtoit permis s'il croioit, comme foy eſtant la vraye condition & fondement du bapteſme. Et ſainct Pierre qui diſoit de tout ce nōbre de Ceſarée, Qui peut empeſcher que ceux cy ne ſoyent baptiſés, qui ont receu le ſainct Eſprit comme nous. Tout ainſi Mercure dict laue toy, baptiſe toy qui puis, & qui crois que ce lauement t'eſt donné du vray aucteur & conſeruateur de ſalut, pour retourner a luy. C'eſt croire Ieſus Chriſt eſtre venu & auoir aporté ce lauemēt ſalutaire en ce monde, & ce baſſin eſtre venu de luy pour le ſalut eſtre offert a tous & deliuré a ceux qui voudront ſe plonger en ce baſſin, croyant par la parolle des Apoſtres en l'aucteur du baſſin. Sainct Iean s'acorde diuinement en ce poinct a Mercure quand il dict, Nous le verrons comme il eſt, & celuy qui a ceſte eſperāce ſe ſanctifie comme il eſt ſainct, l'eſperance eſt d'aller a luy & luy eſtre faicts ſemblables, viuants & recepuants ce pendāt le bapteſme en ceſte foy, d'ou eſt yſſue l'eſperance. L'on pourroit dire que Mercure n'y croyoit pas par la parolle des Apoſtres, leſquels il ne vit iamais, ny furent deux mil ans apres luy. Nous dirons que Ieſus Chriſt parloit de ceux qui viendroyent apres luy, auſquels en deffaut de ſa preſence corporelle il laiſſoit les Apoſtres, & leur teſmoignage, car ceux qui auoyent creu par la parolle de Ieſus Chriſt meſmes, comme Nichodeme, le bon Larron, & infinis autres n'auoyent affaire d'atendre les Apoſtres, ayant prins l'eau viue en ſa ſource, Tout ainſi ont faict les ſaincts Peres qui ont eſté auant l'incarnation de Ieſus Chriſt, leſquels ont receu

Le baſſin propoſé par Mercure en ſimilitude.

Figure du bapteſme.

Act. 8. g
Act. 10. g

Ioan. 17. c
1. Ioan. 3. à

le ſalut

le salut en la foy de ce regenerateur, par lequel seul il deuoit estre aporté. Nous pouuōs aussi prendre Apostres pour sa propre signification, qui est enuoyez, ou messages, lesquels Dieu enuoye corporels, comme ses disciples, ou bien incorporels par inspirations & reuelations, comme il a esté faict a plusieurs des anciens peres. Nous auons clair tesmoignage, que Mercure en a receu mesme felicité, quand outre le baptesme il declare vn homme fils de Dieu aucteur de regeneration, auant laquelle aucun n'estoit saulué : en ces propres termes concluant son œuure par le salut du regenerateur. par ou il reste clair que il n'a apuyé son salut que en la regeneration de ce regenerateur Iesus Christ. Il dit donc, que Dieu commande a toute personne aiant receu l'image & raison de Dieu en general & non seulement a la personne mais il particularise le cœur, lequel il prend pour la volunté, comme Iesus Christ l'a souuent pris, & tout le cōmun des establissement des langues. C'est donc a ceste volunté que Dieu adresse ses offres & biens faicts, a laquelle conuient proprement de les accepter ou refuser, a ce que ceste volunté aiant accepté ou refusé, par ses actes soit iugée bonne ou mauuaise, & rendre l'homme agreable ou odieux : de tant que c'est elle qui respond & disposé de toutes actions & vertus commises a l'homme. Comme s'il disoit, O volunté humaine, qui as charge & disposition de toutes ces actions, ie t'anonce pour le besoin du salut de ta personne, que tu employes tes vertus, puissances, & intelligences a cognoistre Dieu, & pourquoi tu es nay, par ce qui est en toi mesmes, tiré de ses essences : & le cognoissant & croiant, te plonger en ce bassin, qui te rendra tout atrempé de sainte pensée diuine, receuant par ces signes exterieurs, la vertu diuine interieure & spirituelle, par laquelle toutes tes œuures & actions seront conduites a la perfectiō, chose qui ne t'est possible d'ailleurs. PARQVOI (dict Mercure) TOVS CEVX QVI ONT ESCOVTE LE CRY ET ban salutaire, & inclinās leur cueur ou volunté celle part, SE SONT PLONGEZ EN LA saincte PENSEE par ce lauement exterieur fondé sur la foy charitable, adressée a l'aucteur & vray instituteur de ce lauement & bassin, comme il dict, Qui croit en moy il sortira fleuues de son ventre, c'estoit la liberté des actions du sainct Esprit qui leur deuoit estre donnée. Ceux dōc qui par foy ont receu ce biē, ils ONT ESTE FAICTS PARTICIPANTS DE COGNOISSANCE & des dons interieurs, qui est le vray employ des vertus & puissances diuines, données a l'homme auec l'image & raison diuine. Sur ce propos du sainct esprit donné a l'homme, qui par la parole des Apostres a foy en Iesus Christ, aucuns pourroient doubter sur ce passaige que nous venons d'alleguer, que ces fleuues, qui deuoient sortir du ventre, sont interpretés par S. Iean le sainct Esprit, qu'ils deuoient receuoir croyants : par ce q̃ le sainct Esprit n'estoit encore donné, detant que Iesus n'estoit encores glorifié. Sur quoy l'on pourroit faire consequence, que n'estant encore donné, nous disons mal que l'homme a receu en sa composition l'esprit de Dieu, & qu'il ne le peut auoir que despuis la glorificatiō de Iesus Christ, qu'il fust dōné aux Apostres, en vent & langues de feu. A quoy nous dirōs que veritablement le sainct esprit & image de Dieu est necessaire des la composition de l'homme, lequel sans ceste composition eust esté indigné que le monde fust faict pour luy, & n'eust esté homme sans ceste partie, qui l'a faict nommer a Mercure animal diuin, comme estant composé de Dieu & matiere. parquoy sainct Iean n'entend absoluëment que l'Esprit de Dieu ne fust donné a l'homme. Car vn passage du Genese suposeroit faux, disant, Mon esprit ne demeurera eternellement en l'homme, par lequel disant qu'il n'y demeurera, il suppose luy auoir donné, par le spiracle de vie souflé en sa face, cōme il est vray : & pour manifester que combien que ceste premiere generation d'hommes, qui viuoient lors, abondast en malice, il ne leur osta le sainct Esprit qu'ils possedoient en leur compositiō : mais il adiousta a ceste clause la cause, pourquoy il leur vouloit oster disant par ce qu'il est chair. Et pour satisfaire a ce qu'il n'y demeureroit eternellemēt, il proposa le terme de six vingts ans, dans lequel fust le deluge, par lequel il osta le sainct Esprit de la chair par mort, & non par autre separation de l'homme, car il n'eust plus esté homme, & l'esprit de Dieu demeura en ce qui resta, Noé & sa famille. & par ce que l'esprit de Dieu n'est chassé de l'homme qui reiecte la matiere pour adherer a Dieu, il demeura en Noé, que Dieu trouua iuste. Mais de tant que (comme nous auons souuant dict) Dieu composant l'homme luy a donné en sa composition (par ce miracle tres merueilleux) arbitre & disposition de ses actions corporelles, & spirituelles a sa volunté, l'homme qui se trouue donner son arbitre & volunté aux actions diuines intelli-

Toute parole de Dieu ne cherche en l'homme que la volonté.

Ioan. 7. f

Quand & comment le sainct Esprit est donné a l'homme.

Genes. 6. a
Genes. 1. a

Genes. 7. a

telligibles & spirituelles, iouïst du sainct Esprit, & celuy qui le donne a la concupiscence & matiere, n'en iouïst pas, combien qu'il soit en luy, mais en abuse, comme dict sainct Pol, L'homme animal n'aperçoit pas les choses qui sont de l'esprit de Dieu. Et en ceste maniere Dieu voulut finir vne generation & siecle d'hommes, pour manifester a l'aduenir que quelle punition ou extermination qu'il feist, son Esprit ne demeureroit en liberté en l'homme, tant qu'il y auroit matiere en sa composition, qui la rendroit tousiours imparfaicte. Qui fust cause qu'il fist vne autres institutiõ d'hommes, ausquels il promit ne faire plus ceste preuue vniuerselle, combien qu'ils fussent inclinés à mal de leurs sens & pensée, comme il auoit fait: & donna nouueau commandemẽt a toutes choses, comme il auoit en sa premiere creatiõ, pour monstrer que l'homme ne pouuoit estre & deuenir parfaict, par punition quelconque des iniustes, ains falloit qu'il deuint en sa perfection, par la punition du iuste Iesus Christ, comme il estoit tumbé en misere par la faute du iuste Adam innocẽt. Et laissa Dieu lors tous hommes en leur composition d'esprit de Dieu & matiere, ne pouuants estre hommes autrement, & a despuis vsé de ces mots dõner l'esprit, ou perdre l'esprit, pour dõner liberté a l'esprit de Dieu qu'ils ont, ou qu'ils perdent la liberté de ce mesme esprit: car là où est l'esprit de Dieu la est liberté. Nous auõs infinis tesmoignages, de personnes qui auoient receu l'esprit de Dieu auant la manifestation & incarnation de Iesus Christ, comme Bezeleel, Eldat & Meldat, & les septante anciens, Othoniel, & plusieurs Prophetes. Au contraire ils estoyent dicts perdre l'esprit cõme Saul, disant L'esprit du seigneur s'en est allé de Saul, & Sedechie qui disoit, l'esprit de Dieu m'a il laissé? Ce n'est pas dõc que l'esprit de Dieu nous laisse, car il est tousiours a nostre porte, mais c'est que par nostre arbitre nous le seruons ou affligeons, comme dict Esaye, Ils l'ont prouoqué en ire & ont affligé son sainct Esprit, & sainct Pol, Ne vueilles atrister l'esprit de Dieu, auquel vous estes merqués: Nous dirons donc que il n'est en nous d'affliger ou atrister l'esprit de Dieu, car toutes nos puissances ou cõseils n'ont aucune chose sur luy, mais nous prendrons ceste centristation & affliction, pour le tresmauuais deuoir que nous faisons de le seruir, par emplois de ses vertus qui sont en nous, a la veneration de la matiere, qui luy est du tout contraire. A ceste cause quand sainct Iean a dict que l'esprit de Dieu n'estoit encore donné, par ce que Iesus n'estoit encore glorifié, c'est que combien que l'esprit de Dieu soit donné a l'homme, des sa creation, il l'a veritablement perdu, & deuenu comme beste brute par son peché lors, qu'il refuse, ou empesche ses bonnes inspirations: mais de tant que auãt que Dieu donnast ceste sentence Iesus Christ fust donné reparateur a l'homme, iamais Adam ne se trouua en ceste totale perdition: ains seulement en celle qui est communement aux pecheurs, qui se pouuant aider de Iesus Christ, ne s'en aident, & ce iusques a ce que recognoissant sa faute il employa le moyen de Iesus Christ pour son salut & reparation de sa cheute. Et par ce moyen tant le premier homme que plusieurs de sa suite comme les saincts peres croyants en la reparation qui estoit ordonnée par Iesus Christ, receurent la liberté du sainct Esprict image de Dieu, qui estoit en eux, par ceste foy a la parolle & promesse de Dieu, tout ainsi que les Apostres presents a l'execution de ceste reparation, le receurent apres la reparation acheuée, qui fust Iesus estant glorifié. C'est autant que ce que les Apostres receurent par presence corporelle. les peres precedants l'ont receu par foy, en la promesse de Dieu, & en c'est estat faisoient miracles, les vns comme les autres en la vertu de Iesus Christ leur restaurateur, & nous le pouuons receuoir par foy, en la parolle des Apostres, qui nous est recommandée par Iesus Christ. De maniere que l'esprit de Dieu ne sera iamais donné, c'est a dire deslié ou mis en liberté, qu'a celluy qui sentira Iesus Christ auoir tout faict ce qu'il auoit a faire pour nostre reparation, iusques a estre glorifié, soit il auant l'incarnation de Iesus Christ, ou apres. car qui voudra attaindre a ce parfaict bien, il y faut aller en luy, car autre n'y monte que luy.

A cause dequoy nous deuons si bien traicter & seruir ce sainct Esprit qui est en nous, que par sa grace il nous ioigne & rende mesme chose, auec celluy qui seul ose soy presenter deuant le pere. A quoy nous deuons tacher par vray employ de ses vertus a sa gloire, louange, mercy, prieres, penitence & autres œuures de contemplation, qui sont les moyens de receuoir l'inspiration du sainct Esprit, qui est luy mesmes, comme les œuures contraires sont le moyen de l'en banir, contrister, affliger, & luy resister

sister, & c'est a l'arbitre de l'emploier acceptant ses sainctes inspirations ; lequel vray employ commence en l'homme par cognoissance de soy, par laquelle il vient a cognoistre Dieu, le priser, honorer, louer, & mercier, & emploier a sa gloire toutes actions & œuures de contemplation, pour laquelle l'homme est principalement basti & composé de son createur, & ces hommes employants si diuinement leurs actions & vertus, ET AYANT RECEV LA saincte PENSEE & semblance de Dieu ONT ESTE HOMMES PARFAICTS, de tant que sa principalle partie qui est l'homme intelligible & spirituel, faict en luy le vray estat, pour lequel il a esté crée. C'est la perfection de toute creature, en qui Dieu a formé matiere, d'employer entierement les vertus receues de Dieu auec sa forme, a la vraye intention pour laquelle elles luy sont données. Et au contraire dict Mercure, CEVX QVI ONT MESPRISE LE CHRI public, & annoncement de salut proposé deuant leur cœur & volonté, SONT CEVX QVI ESTANTS CERTAINEMENT RAISONNABLES, N'ONT PAS ATTAINCT LA PENSEE, IGNORANTS POVRQVOY, ET DE QVELLES CHOSES ILS SONT FAICTS. Voulant dire que ceux qui ayant leur volonté libre de receuoir l'admonition du sainct Esprit, image, & raison diuine, qui est ce vray crieur donné a toute ame raisonnable, l'auront mesprisée, reffusée, ou vilipendée, & par consequent n'auront employé les vertus de sa saincte image & raison diuine, a la contemplation des œuures & actions diuines, pour laquelle elles leur sont veritablement données. Ceux la, combien qu'ils soient raisonnables, comme ayant receu de Dieu en leur necessaire compositiō la saincte image & raison diuine: si est-ce qu'ils n'ont pourtant attainct a la saincte pensée, ignorants pourquoy ils sont faicts. A ceux cy cōuient le dire de sainct Iean *Ioan. 1. 4* parlant de la saincte lumiere qui vint ches elle, soy presenter au cœur & pensée humaine, ou son sainct Esprit estoit logé: toutes-fois les siens ne l'ont tous receu, combien qu'ils eussent tous le sainct Esprit.

Vray est que a ceux qui l'ont receu, il leur a donné puissance d'estre faicts fils de Dieu. Ce sont ceux qui ont escousté le cry du heraut esprit de Dieu. C'est de tant que l'homme estant faict pour employer les vertus diuines qui sont en luy, a cognoistre soy mesmes, pour paruenir par ce moyen a cognoistre Dieu, au lieu d'auoir esté faict participant de cognoissance (comme nous venons de dire de ceux qui ont obey au crieur public) ceux cy au contraire demeurent en ignorance, voire telle qu'ils se ignorent eux mesmes, & ne sçauent a quelle fin ils sont faicts, n'y de quelles actions & vertus ils sont composez, ne sçachants, ny voulants sçauoir ce, qui est en eux. Dont s'ensuit toute la ruine de l'homme, qui ne se cognoissant, ny sa condition, ny de quelles vnitez il est composé, il perd tout moyen par ceste ignorance, d'employer les vertus, qu'il ne cognoist, que Dieu a mis en luy.

Car ignorant la fin pour laquelle il est faict, il ne peut dresser & employer les moyēs pour y paruenir. Auquel employ consiste le recouurement de vraye & eternelle felicité, qui est la saincte semblance & pensée diuine, par lesquelles seules l'homme vient a la fin & perfection, pour laquelle il a esté composé. A ceste cause telles gents, combien qu'ils aiēt (par le moyen de l'image & raison diuine, qui est en eux, maugré eux & par necessité de leur creation) plusieurs subtilitez, adresses, cautelles, & finesses, & entrées de plusieurs scieces, intelligēces, & conceptiōs, & diuerses graces, gestes de parole: toutes ces qualitez leur aduiennēt en vertu des dignitez qui sont en l'image & raison diuine. Lesquelles employées contre leur vraye institution, en la veneration de la matiere, leur produisent telles subtillitez, addresses, cautelles, & ruses, que nature donne aux bestes brutes, qui n'ont aucune image de Dieu, pour leur monstrer, que combien que l'homme aye l'ymage de Dieu, s'il ne l'employe, comme il doibt, ains au contraire a venerer la matiere, elle ne luy porte, que le mesme fruict, que porte Nature a la beste. A cause dequoy Dauid a declaré, que l'infamie de l'homme, luy est venue d'ignorance, qu'il estant en honneur ne l'a entendu, & par consequant a esté comparé au brut & faict semblable a luy. Et toutes-fois l'homme ne laisse pourtant d'entrer aux sciences & autres *Psalm.18* speculations & conceptions, comme ont faict plusieurs anciens Philosophes, & autres qui ont esté estimez auoir eu grande intelligence.

Nous

Nous dirons que leur intelligence estant fondée sur ceste ignorance de soy, & de qu'elles vnites l'homme est faict, les a empeschés de cognoistre la vraye fin de la philosophie, & autres disciplines & sciences, dont est ensuiuie la diuersité d'opinions qu'ils ont eu, côstituans leur principal but & de la vraye philosophie, qui est la cognoissance du parfaict bien, en diuers subiects, palpants en tenebres, le tout aduenu par l'ignorance du fondement, qui est cognoistre Dieu, & de quelles vnites l'homme est faict, & pourquoy il est faict & a quoy tendoit l'intention de son facteur & createur. Or donc puis que ces grands personnaiges ayants en eux le premier degré de sçauoir & intelligence, à l'estime du monde se sont trouués tant en arriere par ce defaut d'ignorance, ie vous laisse a iuger si le marchant subtil & aduisé en sa trafique, l'inuêteur de moyês plus en mal qu'en biê, le fin plaideur & cautelleux excogitateur de surprinses, le serpêt venimeux, l'harâgueur courtisant pourront estre exemptes, (par toutes ses indignes aplicatiôs des vertus & eséces diuines, qui leur sôt dônees auec l'image & raison, employées au seruice & veneration de la matiere) de la sentence du Psalmiste, qui est de tenir grandement de la beste brute, en toutes leurs actions & operatiôs, qu'elles subtiles, dextres & de bône grace, qu'elles puissent estre iugées par leurs semblables. Il n'est homme de si pauure iugemêt, qui ne cognoisse clairement que la moindre ignorance descouuerte sur ces grâds philosophes, à faute de ceste cognoissance de soy, n'argue vne pure brutalité à toutes ses autres subtilités malicieuses, qui est la vraye escume du monde, non contens de soy ruyner mesmes, s'ils ne ruynent les autres, qui a l'aduenture sans leur empeschement viendroiêt à quelque bonne fin & cognoissance. Voyla donc ce que produict la bône volôté, qui escoute ce trompete, heraut, ou crieur public benoict sainct Esprit, donné à toute ame raisonnable, auec l'image de Dieu, qui continuellement anonce & crie a chasque cœur & volonté son salut. elle rend son homme heureux & parfaict. Au contraire celuy, qui mesprise ce cry, anoncement, & admonition du sainct Esprit, demeure en ignorance de soy, & de ce qui en depend s'aidant de la raison, qui luy demeure auec l'image de Dieu, tout au contraire de ce, pourquoy elle luy a esté departie, ne pouuant iamais par ce chemin attaindre & paruenir a la saincte pensée. Sainct Iude les nomme animaux, qui n'ont pas l'esprit, & qui se separent eux mesmes, & sainct Iean dict, S'ils estoient de nous, ils fussent demeures en nous, & sainct Iude apres, dict, qu'ils blasphement, ce qu'ils ignorent, & se corrompêt en ce, qu'ils cognoissent: comme animaux muets. Et Mercure dict ignorants pourquoy, & de qu'elles choses ils sont faicts. C'est pour y faire penser quelque fois les plus fins, qui faisants estat de grand sçauoir & cognoissance, ne sçauent encore qui ils sont. Et sainct Pol dict, qu'ils detienent la verité de Dieu en iniustice, & la changent en mensonge: de tant que n'ayant fait estat que de leur corps terrestre, ils ont prins les vices pour membres, apuyant toute leur vie & resolution sur iceux, comme s'ils en deuoient bien estre soustenus. Et c'est tout au contraire, comme leur dict sainct Pol, Mortifiés donc voz membres, qui sont sur terre, fornication auarice, concupiscences, &c. qu'il declaire estre leurs membres.

Comparaison de la science des philosophes aux subtilités des mondains.

Iud. d
Ioan.1.2
Iud:b.

Rom.1.c

Collos.3.a

SECTION 5.

Les sens de ceux cy sont semblables aux sens des animaux des-raisonnables, ayants leur temperement en ire & confiance de soy, n'esmerueillants les choses dignes d'admiration, ains appliquent leur pensée aux apetits & voluptés corporelles, & pensent l'homme estre nay pour celles la, & tous ceux, qui ont esté participants du don enuoyé de Dieu. (ceux-cy (O Tat) par la comparaison de leurs œuures, sont immortels, au lieu d'estre mortels, embrassants par leur pensée toutes choses, qui sont en la terre, au ciel, & s'il y a quelque chose sur le ciel. Et s'esleuants iusques la ils ont veu le bien, & l'ayant veu ont estimé la demeure de ce lieu estre vne misere, & ayants mesprisé toutes choses corporelles, & incorporelles, se hastent vers l'vn & seul.

COMMENTAIRE.

MErcure ayât declaré la premiere qualité, qui aduient a ceux, qui ont mesprisé le cry du heraut, qui est l'admonition du sainct Esprit, solicitant & conuiant par infinis moyens, la volla volonté, & libre arbitre de l'hôme, a luy donner son consentement, c'est l'ignorance de soy, ne sachants dequoy, n'y pourquoy ils sont faicts. Il declare maintenant ce, qui leur en demeure, & dit que LES SENS DE CEVX CY SONT SEMBLABLES AVX SENS DES ANIMAVX bruts, & DESRAISONABLES, s'acordant au dire du Psalmiste, qui dict que l'homme n'ayant entendu l'honneur auquel il auoit esté constitué par ceste ignorance de soy, il a esté comparé au brut, vsant de ses sens corporels, a mesmes fins, qu'en vse le brut, qui est a la seule veneration de sa matiere, constituans leur conduicte, & AYANTS LEVR TEMPEREMENT & vertu d'action, EN deux poincts de merueilleux abus, l'vn est IRE, ET l'autre CONFIANCE DE SOY. C'est ce faux cuyder, par lequel nous suyuons plus souuent le premier hôme, que par innocence. Ce faux cuyder ou confiance de soy, chasse totalement l'admonition & conseil du sainct Esprit de la pensée de l'homme: a cause qu'elle estant possedée de ceste fauce confiance, ne cuyde auoir besoin d'autre conseil, que celuy de sa concupiscence, qui desia s'est emparé de la domination de de tout ce pauure delaissant Dieu. Et ceste confiance de soy luy commandant ordinairement le mespris de tout bon conseil, & ne pouuant de soy accomplir aucune bonne action, a cause de son imperfection ains toutes operations mauuaises, luy produisant infinis desplaisirs & ennuis, luy engendre vne merueilleuse ire, qui aduient a l'homme, cuydant que toutes choses doiuent a ses concupiscences l'honneur, qu'elles deuoient a son innocence, par laquelle ils s'entretenoient au vray vsage des vertus de l'image de Dieu, a laquelle toute obeissance est deuë.

Et c'est l'autre temperement de ses actions, que dict Mercure, parlant par vne vraye antiphrase, ou contraire locution, de tant que au lieu d'auoir par ses extremitez temperé ses sens, & les auoir mis en vraie harmonie & accord, pour les entretenir en l'ordre de leurs actions: ces vices les entretiennent plus-tost en pure confusion & discord, sans iugement, ny vsaige tel, que leur institution requiert estre obserué en l'homme. Car les sens sont donnez a l'homme, pour seruir principalement de raporter les merueilleuses actions de Dieu a son intelligence, pour contempler & recognoistre Dieu. Et sont donnez secondement pour seruir a l'entretenement de son corps & matiere, entant qu'elle sert d'estuy, ou quaisse a ce precieux ioyau, l'image & raison diuine donnée a l'homme. Parquoy l'homme doibt employer ses sens tant qu'il peut au seruice de l'intelligence, ocupée à l'image de Dieu: par laquelle estant obey de toutes choses, il perd toute occasion d'ire, ou courroux, l'employant au reste, & tant qu'il doibt seulement, au secours de son corps & matiere contenue en son vray office de seruir, & non d'estre seruie. Ayant donc telles gents si mal temperé leur sens, comme les bruts tous adonnez au ventre, & a la matiere, il s'ensuit que N'ESMERVEILLANTS LES CHOSES DIGNES D'ADMIRATION, & ayant par ce moyen retire leur intelligence des choses hautes & diuines, ils ignorent les merueilles de Dieu.

Parquoy ils n'admirent les choses dignes d'admiration, & admireront plustost vne chose basse, corruptible, & imperfecte, comme leur sens ne raportants a leur inteligence que corruption, & imperfection, ausquelles ce faux cuyder & confiance de soy les a plôgez ne recherchants plus Dieu: AINS APLIQVENT toute LEVR affection & PENSEE AVX APETITS ET VOLVPTES CORPORELES, ne cognoissants qu'il y aye chose spirituelle ou intelligible, a cause de leur ignorance. Dont ils croyent ET PENSENT L'HOMME ESTRE NAY POVR CELLES LA, c'est que l'homme n'aye iamais esté faict, que pour la veneration de la matiere, & vaquer aux plaisirs & voluptez ou concupiscences materielles durant ceste vie mortelle, & ont conuerty l'vsage de leur pensée & vertus diuines aux voluptez du corps. Dont s'ensuit la nature des gens que l'on dict estre athées, ou sans Dieu, esprit, ou intelligence, ains qu'ils sont totalement plongez, & adonnez, aux plaisis des sens, & veneration de matiere, & ses concupiscences, & ce qui les faict tant continuer en ces miseres.

C'est qu'ayants refusé la cognoissance de Dieu, ils n'ont cogneu que la matiere, & s'estant persuadez que l'homme n'estoit faict, que pour galler le bon temps durant sa vie, il leur a bien esté aisé n'ayant voulu cognoistre mieux, d'auoir continué l'ignorance, qui leur a entretenu ses miseres, produisants en fin perdition & ruine eternelle. Comme ceux qui venerét tãt les choses sensibles, qu'ils ont totalement resolu, & tiennent pour mani-

Ignorance de soy premiere qualité du pecheur.
Psalm. 48.

Faux cuider repousse le S. Esprit.

Dont vient l'ire de l'homme.

Ignorance empesche de admirer.

L'homme abandonnant Dieu cuide estre faict pour vacquer a ses concupiscences.

Dont viennent les hommes athées.

nifeſte, que le maniement des choſes du monde, comme pourſuitte de grãds eſtats, opreſſion de peuple, ſuſcitation de noiſes, meurtres, ſeditions, & procez, ſont les choſes hautes & grandes, eſtimants les cognoiſſances des œuures de Dieu, la pourſuitte de ſon ſeruice & cõtemplation, ou des ſciences, qui en aprochent, choſes du tout baſſes: dont elles ſont meſpriſées de ces grands entrepreneurs de ruines d'eux meſmes, & d'autruy. Apres que Mercure a deſcrit les miſeres, qui ſuiuent ceux, qui ont refuſé le don de Dieu, il deſcrit les biens, heurs, & felicitez, qui ſuiuent ceux, qui l'ont accepté: diſant, ET TOVS CEVX, QVI ONT ESTE PARTICIPANTS DV DON ENVOYE DE DIEV, CEVX CY (Ô Tat) PAR LA COMPARAISON DE LEVRS OEVVRES, SONT IMMOTELS, AV LIEV D'ESTRE MORTELS, de ſorte, que par la grande differãce de leurs œuures, & actions ſpirituelles, intelligibles, & diuines, comparées à celles des miſerables, terreſtres, coruptibles, & vitieuſes, il eſt facile a cognoiſtre, que comme celles cy cõduiſent l'homme, qui s'entretient en ceſte ignorance à mort eternelle, tout ainſi les œuures & actions des autres totalement cõtraires a celles cy, produiſent en eux l'immortalité, comme il eſt eſcript en pluſieurs lieux que les hommes ſont iugez en mort ou immortalité par les œuures qu'ils font, c'eſt à dire en perditiõ ou ſalut: qui eſt cauſe q̃ S. Pierre diſoit, Freres ſoiés ſoigneux, par bõnes œuures faire voſtre vocation & electiõ certaine. Parquoy nous diſons icy, que ceux qui ont accepté le don & cognoiſſance de Dieu, ont eſté trouués par la demonſtration de leurs œuures immorteles, immortels, au lieu des miſerables, qui par la demonſtration de leurs œuures morteles ont eſté trouues mortels. Ils ſont donc immortels (dict Mercure) EMBRASSANTS PAR LEVR PENSEE TOVTES CHOSES, QVI SONT EN LA TERRE, AV CIEL, ET d'auãtage s'IL Y A QVELQVE CHOSE SVR LE CIEL. C'eſt la merueilleuſe vertu de ces eſſences du ſainct Eſprit & diuines qui ſont données & commiſes à l'homme des ſa compoſition, bien differentes de celles, qui s'arreſtent a la matiere, ne pouuants paſſer plus auant, que imperfection & corruption, quãd l'homme incline ſon arbitre & volonté vers le ſainct Eſprit, & q̃ par ce moyẽ il employe toutes ſes vertus intelligibles & ſpiritueles, non à la contemplation & veneration de la matiere, choſes baſſes, & tranſitoires, mais à la contemplation, & veneration des œuures & actions de ſon Dieu & createur. Lors ſes excellantes vertus ſe trouuant deſliées, & qui ſont toutes de nature humide, comme nous l'auons ſouuent dict au premier chapitre.

Ceſte nature humide par laquelle elles s'eſtendent, & dilatent infiniement, ſans aucun terme, bord, ou limite, rend a l'intelligence de ceſt homme diuin, intelligible, & ſpirituel, ſi grandes, hautes, & ſecretes cognoiſſances, que non ſeulement il cognoiſt toutes choſes, qui ſont en terre, mieux que le terreſtre, mais auſſi celles, qui ſont au ciel, comme a ce propos dict ſainct Pol, Ne ſçauez vous pas, que les ſaincts iugeront de ce monde? Et ſi par vous le monde eſt iugé, vous eſtes indignes de iuger des choſes moindres: ne ſçaues vous pas que nous iugerons les anges? C'eſt par le moyen de la ſaincte vnion que les bons auront auec Ieſus Chriſt, qui eſt iuge du monde vniuerſel, qu'ils eſtans en luy iugeront. Et qui plus eſt (dict Mercure) s'il en ya aucunes ſur le ciel, il les cognoiſt. Voulant dire que non ſeulement il cognoiſt toute nature de creatures terreſtres, mortelles, & tranſitoires, mais auſſi la nature des creatures celeſtes, leurs actions, vertus, & mouuements: & qui plus eſt, s'il y a quelque choſe outre les cieux, qui ſeroit de l'eſſence diuine, qui ne pouuant eſtre contenue des cieux, eſt neceſſaire, qu'il en aye par deſſus. Ceſte vertu d'intelligence diuine donnée a l'hõme, quand elle eſt deſliée, & l'empeſchement de l'imperfection de l'homme luy eſt oſté, elle comprend auſſi facilement les eſſences diuines, qui ſont dedans & dehors les cieux, que toutes autres choſes, de tant qu'eſtãt vertu pure, diuine, commiſe a l'homme, quand elle eſt employée en ſa nature humide d'infinitude, elle ne peut faillir a comprendre, voir, & cognoiſtre l'infiny.

Vray eſt que ceſte perfection, comme dict ſainct Pol, ne peut eſtre en l'homme viuant en corps mortel, que en partie: mais apres la vie, elle y ſera en reuelation de face. Ce neantmoins durant ceſte vie, ceux, qui metent peine d'en receuoir, & employer bien le don de Dieu, Mercure dict qu'ils S'ESLEVANTS IVSQVES LA, d'embraſſer par leur pẽſée, toutes choſes, qui ſont en la terre, & ce, qui eſt ſur le ciel, ILS ONT VEV LE BIEN. Car combien qu'ils n'envoyent que la moindre partie, qu'il plaira a Dieu leur en cõmuniquer durant l'indignité de ceſte matiere, cauſe de toute ignorance, l'homme le trouue ſi grãd ſur toute autre choſe, qu'il peut auoir cy deuant cognue, qu'il ne peut faillira l'eſtimer le vray
bien

Bien. C'est ce que sainct Pol disoit auoir veu les secrets qui n'estoient permis a l'homme de dire, combien qu'il fust encore incapable d'auoir l'entiere cognoissance de Dieu, a cause de l'imperfection de sa matiere, qui tenoit ses vertus & essences diuines en quelque subiection, & non en pleine liberté, quel spirituel & sainct, qu'il feust: de tant que les vertus diuines ne pouuant operer, que par son arbitre, se trouuoient foibles & debilitées par celuy la, a vaincre les concupiscences.

2. Cor. 12. b
Rom. 7. c

Les actions du sainct Esprit sont assoiblies en l'homme par l'arbitre.

C'est la nature de la matiere, de ne souffrir iamais perfection en sa compagnie, depuis que Dieu du commencement la separa de soy, la delaissant a bas sans raison, ou vertus diuines, comme nous auons dict au premier chapitre. Mais il nous faut trauailler, comme dict sainct Pol, a diminuer son empeschement & resistance, qu'elle faict a nostre esprit de Dieu, de toutes nos forces, pour rendre plus de liberté aux vertus diuines, que nous deuons employer par le moyen du sainct Esprit, qui les tient en nous: a ce q̃ nous ayons ceste faueur & felicité, de voir en nostre pensée vne partie de ce parfaict bien, que dict Mercure, auoir esté faict en ceux, qui ont receu le don de Dieu. ET L'AYANT VEV (dit il) ONT ESTIMÉ LA DEMEVRE DE CE LIEV ESTRE VNE MISERE, ET AYANT MESPRISE TOVTES CHOSES CORPORELLES ET INCORPORELLES SE HASTENT VERS L'VN ET SEVL. Il descript merueilleusement bien ceux (comme dict sainct Pol) qui ont gousté le don celeste, qui ont esté illuminez, & faicts participants du sainct Esprit, & qui ont gousté le bon verbe de Dieu, & les vertus du siecle futur.

Ephes. 6. b

Hebr. 6. a

La perfectiõ que peut attaindre l'homme en ceste vie.

C'est ce parfaict bien, iusques auquel peut venir l'homme estant en chair, lequel ayant veu l'esprit de Dieu regner en l'homme, qui se recognoist, d'ont il est venu, & qui pour ce temps gouuerne l'homme, le faict estimer ceste vie corporele, qui luy empesche si grandes perfections, pour l'amuser çabas a tant de miseres & imperfections, estre veritablemẽt ce, que c'est, pure misere, & vie constituée soubs la malediction: tellement qu'il est mal aisé d'y auoir plaisir, ou contentement, qui ne le prent de la part de l'ignorance, & malediction, soubs laquelle l'homme la nourrit. Parquoy l'homme spirituel & intelligible ayant gousté la perfection diuine tant peu ce soit, cognoist trop clairement ceste vie & habitatiõ terriene n'estre qu'vne misere & infamie.

Et celuy, qui s'atache de franc vouloir a ce don & parfaict bien qu'il a gousté, mesprise toutes choses corporeles, voire (dict Mercure) & incorporeles, tandant & se hastant vers vn & seul bien. L'on pourroit trouuer estrange, apres auoir entendu de Mercure au second chapitre, la difinition de l'incorporel, qui est pensée, & raison diuine, qu'il die maintenant, que l'homme, qui a gousté le bien parfaict, mesprise aussi bien les choses incorporeles, que les corporeles, ayant tant recommandé a l'homme les choses incorporeles. Nous penserõs qu'il veut exprimer vne grande affection, que doibt auoir l'homme de paruenir a Dieu: disant que combiẽ qu'il ait recommãdé l'affection & veneration des choses spirituelles, intelligibles, & incorporeles, comme moyens pour paruenir a ce Bien parfaict, il monstre, que l'affectiõ doibt estre si fort conglutinée a ce bien parfaict, que l'ayant attainct, nõ seulemẽt les choses contraires doiuent oblier, mais aussi les moyens, par lesquels l'on y est paruenu, comme n'estant plus requis ou necessaires, a celuy, qui est paruenu a la fin, ou ils l'ont conduict. Cõme celuy, qui par beaucoup de peines a recherché les chemins de paruenir en vn lieu desiré, quelque necessité, qu'il aye eu cy deuant des chemins: si est-ce, que y estant paruenu, il n'a plus aucun soucy des chemins, ains les laisse la sans en auoir plus le soin qu'il en a eu cy deuant, n'ayant encores atraint la fin, pour laquelle il trauailloit. Aiant donc mesprisé toutes choses corporeles & incorporeles, c'est hõme spirituel & diuin s'atend, se diligente & tache a ce seul & vn, qu'il a tant recherché, ostant toutes ses vertus & actions de tous autres endroits, pour les adresser a ceste seule fin & subiect.

La misere de ceste vie est cogneue par le goust des choses diuines.

Pourquoy Mercure mesprise choses incorporelles.

SECTION 6.

Celle est, ô Tat, la science de la pensée, a sçauoir la cõtemplation des choses diuines, & cognoissance de Dieu, qui est le bassin diuin. Et ie y veux estre plongé, ô mon pere: Si premierement (ô mon fils) tu ne hais ton corps, tu ne te puis aimer. Aimant donc toi mesmes, tu auras la pensée. Aiant la pensée tu auras pareillement participation de science. Comment dis tu ces choses, ô mon pere? Par ce qu'il est impossible, ô mon fils, d'entendre aux deux, a sçauoir aux choses mortelles & diuines: car entre les choses qui font, il en est deux, asçauoir le corporel & l'incorporel, esquels est mortalité & diuinité, la liberté de l'vn ou l'autre est delaissee a celuy, qui voudra l'eslire. Car il n'est pas possible d'eslire les deux, aux choses, esquelles arbitre d'eslire est delaissé, mais l'vn d'esprise manifeste la vertu de l'autre.

COMMENTAIRE.

CELLE EST, O TAT, LA SCIENCE DE LA PENSEE, qui produit les fruicts, que nous auons dict cydeuant, & l'estude de ceste science est vne soigneuse cogitation, ou diligente contemplation des choses diuines, retirant toutes affections & apetis des choses corporeles & materieles, pour employer toutes actions & vertus intelligibles à la cognoissance de ce seul & vn, qui ne peut estre cogneu ou aperceu, que par celles là, qui sont de sa propre nature : & par ce moyen aquerir en soy amour, a ce seul, qui est la vraye conduicte & non les sens corporels, n'ayants autre employ, que sur la matiere, & choses corporelles & corruptibles. Mercure continue ce qu'il à cômencé, quâd il a dict, que l'homme estoit faict pour côtempler les œuures diuines. Estant donc faict pour ceste contemplatiô & cognoissance de Dieu, il sensuit necessairement, que son principal estude & science, à laquelle il doit employer ses principales parties (qui est son homme interieur) est, A SÇAVOIR LA CONTEMPLATION & loüage DES CHOSES DIVINES, ET COGNOISSANCE DE DIEV. Iesus Christ suiuant ce propos a souuant argué ses disciples & Iuifs, de ce qu'il s'amusoient trop aux choses basses & corporeles, & n'esleuoient leur pensée & contemplation aux choses hautes, & loua en Magdeleine, la vie de contemplation par dessus toute autre, disant qu'il estoit vne chose necessaire, qui estoit l'intelligible & contemplatiue, sans laquelle la solicitude exterieure n'auoit aucune vertu. Ce n'est pas pourtât, que les actions de charité exterieures ne soient bonnes, mais la contemplation est de tant meilleure, que si les actions exterieures ne dependent de vertus de contemplation, elles ne sont vtiles au salut eternel : ains toutes bonnes actions exterieures doiuent prendre leur cause & vraye source, des vertus intelligibles, esquelles gist la vraye vertu. Comme charité ou amour produict diuerses actions de bien faire à la creature exterieurement : loüange de Dieu assise dans le cœur de l'homme, produict diuers effaicts exterieurs loüants Dieu: action de graces pareillement produict executions exterieures des vertus, qui sont dans ce cœur s'estudiant à la contemplation & cognoissance de Dieu. Et ses actions ou executions côbien qu'elles soient bonnes œuures : ce neât moins elles ne sont en la perfection des contéplatiues, dont elles descêdent : en tant qu'elles ne sont que leurs executiôs. Qui est cause ã cydeuant au premier chapitre nous auons dict, que les choses & effects exterieurs, ne sont vices n'y vertus, ains seulement sont l'execution des vices ou vertus, estans dans la volonté, en laquelle gist le bien ou mal de l'homme. C'est donc ceste contemplation consistant en l'employ de toutes vertus intelligibles & spiritueles, pour aquerir cognoissâce de Dieu, QVI EST LE VRAY estude & science, par laquelle l'homme acquiert la saincte semblance & pensée diuine. C'est le vray BASSIN DIVIN enuoyé de Dieu par Iesus Christ son fils, dans lequel celuy, qui par la contemplation croira en celuy, qui est vray aucteur du bassin, lauement, ou regeneration, se plongeant de tout son cœur & volonté, aquerra ceste perfection & diuine science de pensée & semblance de Dieu. Mercure delarant vne si tresgrande dignité & vertu de ce bassin & lauement, son fils Tat fust esmeu d'ardant desir de cognoistre Dieu, combien qu'il n'eust encore le sçauoir ou intelligence. Toutesfois ayant la volonté & affection resoluë, ce n'estoit la moindre partie, laquelle l'incita de dire à son pere, ET I'Y VEVX ESTRE PLONGE, O MON PERE, cuidant qu'il n'y eust autre affaire, ã l'actiô exterieure, qui est vn abus, auquel nous coulôs aisément, en toute reception de Sacrements, n'y voyants ou considerants guieres, que l'exterieur, qui est le moindre delaissants la principale cause de l'effaict, qui s'en doit ensuiure. Dont s'est ensuiuy diuerses heresies, inuentées par personnes, qui n'y ont consideré que l'exterieur, sans eleuer leur pensée plus haut, que la matiere & actions sensibles.

Math. 16. d
Marc. 8. d
Ioan. 3. b

Actions exterieures bonnes prennent leur cause de la contemplation.

La bonté de l'œuure gist en la pensée non en l'effet.

Ce Ieu-

Ce ieune Tat donc prouueu de plus d'affection que d'intelligence, demande a son pere, qu'il soit plongé & baptizé en ce sainct bassin de pensée diuine, pour l'enuie qu'il auoit d'entrer en la perfection de cognoistre Dieu. Son pere cognoissant le bon zele de l'imiter non encore prouueu de science, comme dict sainct Pol, luy declaire son deffaut, & quelle preparation il faut preferer auant estre prest d'entrer en ce lauement, & baptesme de saincte pensée, comme sainct Philipe respondit a l'Eunuque, qui demandoit voiant l'eau, baptesme, il lui respond, qu'il faut autre chose, que l'exterieur, qui estoit croire: & tout ainsi Mercure dit a son fils, SI PREMIEREMENT O MON FILS, TV NE HAIS TON CORPS, TV NE TE PVIS AIMER. C'est la mesme preparation, que despuis Iesus Christ nous a plusieurs fois insinué, disant, Qui ne haira sa propre chair, qui ne desnyera soy mesmes, voire qui n'abandonnera la vie corporelle, ne peut paruenir a ce parfaict bien, acquis par ce sainct bassin, lauement, ou baptesme. *Rom.10.A* *Act. 8.g* *Mercure commande hayr son corps cōme Iesus Christ. Math. 16.d*

Mais faut considerer, que l'homme (comme nous auons dict au premier chapitre) est double, c'est asçauoir l'homme interieur, intelligible, ou spirituel, qui est le principal, & l'homme exterieur, sensible, & charnel, qui est le moindre, de tant qu'il ne prouoque de sa nature, que corruption, vice, & ruine. C'est celluy là, auquel tient la vie corporelle, par laquelle les deux hommes sont conioincts en vn. A cause de quoy Mercure en c'est endroit, comme precurseur de Iesus Christ, crye ce, que apres a faict le bon Seigneur, qu'il faut hair ceste chair, corps, & matiere, de tant qu'elle n'amene, que ruyne & mort, tant sur l'homme intelligible, que sur elle mesme: Et qui voudra bien aimer c'est homme interieur, intelligible, & spirituel: il est necessaire de hair, chasser, & empescher toutes actions & prouocations venants de l'homme corporel (qui luy est si ennemi) a ce qu'il n'empesche l'aduancement de l'homme intelligible, & luy couper tous ses chemins & ruses, desquelles il vse a le surprendre. O que ceste premiere entree si dure en recule infinis, a cause de l'amour que nous auons tous aux choses, qui seruent & donnent plaisirs a nostre corps.

Voire en fin quand il est question de rendre c'est homme intelligible parfaict, & en vraie liberté, il luy faut faire haïr sa propre vie corporelle, a ce qu'estant totalement deliuré de ce corps, qui tant le empeché, il puisse en reuelation de face (comme dict sainct Pol) voir & cognoistre. ce qu'il ne peut auec ceste masse corporelle, prouoquant incessantment tout ce, qui est contraire au vray repos de l'homme interieur, & cognoissance de Dieu: tellement que haiant ce corps mortel tant ennemi de l'homme immortel & inteligible, l'on ayme lors l'immortel & intelligible, qui est la principale & plus pure partie de soi mesmes. Parquoi Mercure dict AIMANT DONC TOY MESMES TV AVRAS LA PENSEE. C'est a dire aimant toy mesmes inteligible, par la haine, despris, & habandon, que tu feras de l'homme sensible, ton corps & matiere, tu auras la pensée aiant recouuré la liberté a ton homme inteligible, de laquelle ton homme corporel le priue, tant qu'il est escouté de l'ame, en qui gist la volunté, laquelle fortifiée produict amour. *Il faut aimer l'homme interieur par le mespris du corporel*

Si l'ame donc asseoit sa volunté fortifiée, qui est amour sur l'homme intelligible, & la retire totalement du sensible, elle en ce cas deslie la plus part des liens, par lesquels ses vertus diuines assises en son homme interieur par l'image & raison diuine ont esté vaincues, & retenues en captiuité, sans aucun pouuoir de faire action de salut. Et en c'est estat les actions & vertus estants en ceste liberté, que le Christ nous a amené de nos vertus inteligibles, il nous est permis, & loisible de recouurer ceste saincte pensée, lauement, & fruict ou perfection acquise par ce baptesme, bassin, ou plongement faict en icelle. Et AIANT RECOVVRÉ LA saincte PENSEE, ou semblance diuine, TV AVRAS PAREILLEMENT PARTICIPATION DE SCIENCE. C'est a dire quand l'homme a abatu le voile, comme dict sainct Pol, que la veneration de la matiere & fause intelligence metau deuant des vertus de l'image de Dieu, estant en l'homme intelligible, deschassant toutes concupiscences & amour du corps, la saincte pensée & semblance diuine, qui se trouue lors en l'homme intelligible, met tellement en œuure les vertus de l'image de Dieu, qui auoient esté empeschées par la veneration du corps, qu'elles estant en liberté, & desliées, amenent a c'est homme interieur & intelligible infinies diuersitez de sa pasture, qui sont sciences, cognoissances, & intelligences, toutes puisées en cest exemplaire diuin, que l'homme interieur deliuré des subiections de la matiere cideuant venerée aperçoit, de plus en en plus, tant qu'il est continué en sa liberté, de laquelle il estoit priué, tant que la matiere le dominoit. *Galat.4.d* *2.Cor.3.d*

M 3

Car nous deuons entendre que la liberté de la matiere & corps sensible, que sainct Pol deffend, est vraye & tresdure seruitude a l'homme intelligible, comme la liberté de l'intelligible est seruitude & mespris du charnel, & sensible. Tat, ne pouuant bien resoudre en son entendement tous ces propos, demande, COMMENT DIS TV CES CHOSES O MON PERE? PAR CE QV'IL EST IMPOSSIBLE O MON FILS, D'ENTENDRE AVX DEVX, ASCAVOIR AVX CHOSES MORTELES ET DIVINES. Veu que nous auons dict, que la ruine de l'vn, est l'exaltation de l'autre. Les choses mortelles ne cherchent que corruption, & tant d'imperfection, qu'en finil faut venir a leur but, qui est la mort: les choses diuines produisent tout le contraire perfection, repos, & en fin vie eternelle. CAR pour entedre, qui elles sont, Mercure dict, que ENTRE LES CHOSES, QVI SONT, ou ont essence, IL EN EST DEVX, qui contiennent tout, ASCAVOIR LE CORPOREL ET L'INCORPOREL, ESQVELS EST MORTALITE ET DIVINITE. Par ou il nous est clair a iuger, toute chose corporelle estre subiecte a mutation, corruption, ou mort, qui est le periode de toutes ses imperfections, par lesquelles tout corporel tend a mortalité ou a ses dependances.

Comme au contraire toutes choses incorporeles & essences diuines produisent toute perfection & vie, tendant a diuininité. Et de tant que les deux ont esté assemblez en ce seul animal, nommé l'homme, par lesquels il est en partie mortel par la suite & amour de son corps, & fauorisant ses concupiscences charnelles: & d'autre part il est immortel par la suite des vertus de la diuine image & raison, adherant & consentant au conseil du sainct Esprit, qui entretient ses essences & vertus diuines en c'est homme interieur. Et entre ces deux a esté constituée vne ame viuante proueuë d'arbitre & volonté. Mercure dict que LA LIBERTE DE L'VN OV L'AVTRE EST DELAISEE A CELVY, QVI VOVLDRA L'ESLIRE. C'est le liberal arbitre, qui a esté mis en l'ame, de donner le consentement & resolution de sa volonté a celuy des deux hommes, que bon lui semblera, soit a l'homme intelligible & spirituel pour son salut, ou a l'homme charnel & sensible, pour sa ruine. Ce liberal arbitre a esté calomnié d'aucuns, & trop esleué des autres, les deux deffaillants par ignorance de sa nature. Les vns ont dict voians, que l'homme n'est asses puissant pour se sauuer sans aide qu'il n'auoit aucun pouuoir d'eslire en son salut, mais d'eslire seulement sa ruine & mal. Les autres voyats tant de passages en l'escripture de l'arbitre doné a l'homme pour son salut ou perdition, ont pensé q l'home auoit suffisance pour se sauuer de son merite, & par ce moyé declinans en diuerses extremitez, ont tellement perturbé l'intelligéce de ceste matiere, qu'il est demeuré fort peu de personnes, qui en soiêt entierement resolus. Et pour en faire vne briefue & sommaire exposition, de tant que ce n'est nostre principal propos, nous remettas du reste, a ce que nous en auons a part traicté particulierement: nous dirons que l'homme estant composé de trois parties, ascauoir de corps materiel, ame viuante, & sainct esprit image de Dieu, qui rend ceste ame raisonnable, & lequel nous apellôs l'image de Dieu en l'home, a cause que c'est la forme côposant auec la matiere du corps c'est animal diuin. Le desir de ce sainctEsprit parfaict, solicite instamment l'ame de consentir au bien. D'autre part le corps & matiere esmeu de concupiscences solicite instamment la mesme ame, & la teste par leur moyen de consentir au mal. L'ame qui de sa nature contient la volôté, est côstituée en franc arbitre de donner son consentement a celuy des deux, qu'il luy plaira. Dont s'ensuyt, quelle part, que tire ceste volôté, ce ne sera plus sans aucteur, soyt en bié ou en mal, detant q c'est son sainct Esprit la conuiant a bien, qui est en l'homme aucteur du bien, & la concupiscence le tentant en mal, qui est aucteur du mal. Nous conclurrons donc, que l'homme estât ainsi composé, prend en luy mesmes la voye de son salut ou perdition. Et detant que l'image de Dieu dônée a c'est animal seul entre toutes creatures, luy donne aussi entre toutes liberté d'arbitre, comme nous le voyons: a celle fin que celuy qui rengera sa volonté au sainct Esprit, se trouue deliuré de peché, par le voile qui luy sera osté (comme dict sainct Pol) & mis en liberté: nous dirons qu'il apartient au S. Esprit de luy dôner le salut, & a luy de l'accepter ou refuser, par son arbitre, qu'il a d'elire la vie & bié, benedictiô ou maledictiô, comme il est escript en diuers lieux. Vray est, que le sainct Esprit ne le veut contraindre d'incliner sa volonté a le receuoir ou refuser, a cause que contraignant l'homme il le priueroit d'arbitre, & par consequant rendant l'action de l'homme necessaire & non libre ou volôtaire, l'homme ne pourroit estre accusé deuant Dieu de faute: de tant que Dieu mesmes, qui l'auroit contrainct seroit aucteur de ce mal: ce qui ne peut estre, comme il est escript. Parquoy

Galat. 5. b

Discours du liberal arbitre.

Apoc. 3. d
Iac. 1. c

2. Cor. 3. d
Ios. 24. d &
Deut. 30. c

Rom. 9 &
Galat. 2. d

quoy le sainct Esprit ne peut estre dict contraindre la volonté de l'homme, soyt en mal ou en bien, ains elle luy demeure libre, affin qu'il puisse estre iugé par les actions, qu'il aura faict de franc vouloir, & sans contraincte, soit en bien ou en mal. Nous auons ci deuant parlé de ce, que sainct Pierre en disoit au peuple, preschant en la cité de Tripolis, que nous alleguerons plus expres a ce propos. Il leur disoit, ignorez vous, que c'est liberté d'arbitre:& vous est il caché, que celuy est veritablement bon, qui de sa volonté est bon? mais celluy, qui par necessité est retenu au bien, ne peut estre dict bon, car ce qui y est, n'est pas sien. Et en plusieurs autres lieux en parle en ceste maniere. Mais vn grand nõbre de personnes en ce temps ignorants non seulement la volonté de Dieu, mais la nature & signification des choses, ont resolu entreux, que l'hõme a perdu l'arbitre auec le premier peché, ne s'aduisãs en si grãd estourdissement, que si l'hõme n'auoit ce iourd'huy arbitre, il n'auroit peché, ny grace deuãt Dieu mais seroit puremẽt comme le brut, de tãt qu'il n'y a peché, que le volontaire, qui est le vray arbitre. Toutes fois voyãts estre supris de la cõmune experiẽce, par laquelle chascun se voit auoir choix & election de ses actions & puissances, ils ont pensé vn moyen de sauuer ceste temerité, & voyant qu'ils ne pouuoient nyer en l'homme, l'election cõmune a toute ame raisonnable, en toutes ses actions, ont mis auant que l'homme pouuoit eslyre en ses actiõs corporelles, mais non en ses actions intelligibles ou spirituelles, & ce(disent ils) a cause qu'il n'y a aucune preuue publique contre les pensées, & ne fust iamais expedié commission pour leur faire le proces. C'est la retraicte de toute maniere de mateurs, qui pour n'estre surpris, se retirent aux pensées: contre lesquelles n'eschoit aucune preuue ou verification, mais pour ne nous amuser tant a leur deffaut, nous dirons, dont il est aduenu. C'est que l'image & sainct Esprit de Dieu, estant donné au premier homme en sa creation, & pleine liberté ou perfection de ses actions & vertus, l'homme par son peché ayant corrompu sa principalle partie de l'image de Dieu, quand il a offusqué son corps materiel, le randant subiect à miseres & mort: de maniere que cõme dict Iesus Christ, son œil estant mauuais, il a rendu son corps tenebreux, si que toutes ses vertus se sont trouuées offusquées, & demeurées en l'homme corrumpues, & hors la perfection de leur vray vsage, cõbien qu'il luy en soit demeuré le bas vsage, que nous voyons ordinairement estre en l'homme, & plus en l'vn, qu'en l'autre. Le iugement, qui est celluy, qui necessairement est cooperant auec l'arbitre, s'est trouué si corrompu, que lors qu'il a esté besoing d'eslire les choses diuines, il a presenté à l'election sa corruption pour le mieux. & l'election qui de sa nature choisit touisours la partie, que son iugement estime la meilleure, ne faut iamais a prendre par l'aduis de son iugement, ce qu'il luy conseille estre le meilleur. Or le iugement estant corrumpu, & employé par le peché au contantement de la matiere, corruption, & vice, ne faut iamais a conseiller l'arbitre, de choisir le pire comme il se faict cõmunemẽt. Par ainsi l'arbitre, qui ne gist qu'en la simple election de prẽdre l'vn ou l'autre, ne peut estre corrompu: car a la verité il prẽd l'vn ou l'autre. Et par ainsi il ne faut à faire son vray estat d'arbitre: mais le iugemẽt conducteur de toute ceste partie raisonnable(qui est en l'homme, & auquel apartient de cõseiller toutes les actions, qui sont en l'hõme, faisant en luy l'image & sainct Esprit de)Dieu estãt corrumpu, conduict toutes actions a corruption, qu'elles entieres qu'elles puissent estre en l'homme, soit l'arbitre a mal choisir, soit l'amour à aimer ce qu'il ne doibt, soit l'intelligence a n'entendre & penser ce qu'elle doibt, soit la volonté iointe à l'arbitre, a vouloir ce qu'elle ne doibt, & ainsi des autres. Qui a donné occasion à l'ignorance, voyant tous les effects, ou la pluspart des elections des hommes tumber a gauche, de penser, que c'est saulte d'arbitre, ne s'aduisant que c'est la faute du iugement, qui abuse de son debuoir. Et tant s'en faut que l'homme aye perdu l'arbitre par le peché, comme ils disent, qu'il l'a nõ seulement en partie, mais aussi autant entier, que l'homme l'eut iamais, detant que l'arbitre n'est, que le simple choix de l'vn, ou l'autre, & non du pire ou meilleur. car autant choisist vn homme prenant le pire, que prenant le meilleur: mais il ne iuge si bien. A cause dequoy, c'est le iugemẽt, qui erre, de conseiller le pire estre meilleur, & non l'arbitre qui est touisours satisfaict, prenant l'vn, & laissant l'autre, n'ayãt a faire autre chose en son estat. Vray est qu'il aduient quelques fois que l'on adiouste a l'arbitre le iugement, par ce qu'ils sont inseparables en l'homme, & lors il y a occasion, les deux estans ioints en mesme operation de dire, que cest arbitre est corrompu en l'homme: & ce à cause que le iugement qui luy est conioinct, est corcorrõpu, mais nõ l'arbitre de son chef qui ne fait autre estat q̃ de choisir l'vn & laisser l'autre,

Recog. Clem. lib. 5. sac 81.6 75.d. li. 4. sec. 71. a 69.d. lib 9. sec 120.f 127.d

M 4

A cefte caufe nous difons, q̃ en quelque eftat que l'hôme foit de biẽ ou mal, pour changer à fon côtraire, il ne peut cõmencer q̃ par le confentemẽt de cefte volõté, folicitée des deux parties côtraires. Parquoy nous pouuõs dire, qu'il eft en l'hõme cõpofé des trois parties, de cõmẽcer, s'il eft en perditiõ, fon falut, ou, s'il eft en falut, fa perditiõ: & neantmoins ce ne fera fans admonitiõ precedente, foit pour paruenir à l'vn ou à l'autre, mais de tant q̃ l'admonitiõ, incitatiõ ou conuy feulemẽt, ne pofe en l'hôme aucũ effect de falut ou perditiõ, ains la premiere action, ou operation, qui porte effect de falut ou perdition en l'homme, eft le refolu confentement de fa volonté, nous dirons que la prouocation, folicitation, ou conuy donne la premiere caufe non neceffairement fuiuye de l'effect: & la volonté de l'arbitre neceffaire au falut, donne le premier effaict. A cefte caufe l'homme compofé, comme il eft, & prins entier de fes parties, ne fe doit attandre, que autre cõmence l'effaict de fon falut, que luy mefmes, par l'election de fa volonté, qui refoult fon confentement à l'obeyffance du fainct Efprit, obeiffant à la caufe, qu'il luy en a donné par fon incitation, & conuy: & tout de mefmes pour venir aux concupifcences, l'arbitre eftant folicité des fens, leur peut donner le confentement refolu de fa volonté.

Rom.7.c   A cefte caufe fainct Pol dict, le vouloir gift en moy. Voila quant au cõmencement de fa lut ou perdition: mais par ce qu'il dict apres, qu'il ne trouue la perfection du bien, il faut que nous faifions diftinction du parfaict du bien à celuy du mal, qui font auffi differẽts en operation, que contraires en nature, il nous faut confiderer que combien que les folicittations du fainct Efprit, ou concupifcences, nous foient caufe du bien ou mal: ces folicitations pourtant ne nous font comptées ou imputées à bien ou à mal. Et c'eft de tant qu'elles ne viennent par noftre volonté, ains font en nous par la neceffité de noftre compofition, defquelles l'vne nous eft donnée de la bonté de Dieu, & l'autre de la malice de la matiere, qui tous deux font en nous, compofants l'homme auec vne ame viuante. Et tout ainfi que nous difons, que cefte caufe prouoquante noftre falut, qui eft la folicitation du fainct Efprit, n'eft de nos puiffances: de mefme maniere nous dirons, que le paracheuement du falut qui retourne à celuy mefme fainct Efprit, receuant noftre bonne volonté, ne confifte en nous, ains en luy, qui comme dict fainct Pol, met en œuure en nous, ce que nous auons voulu, & n'auons peu paracheuer: & le conduict en perfection pour noftre bonne volonté. Qui nous donne clairement à cognoiftre, que la fuffifance du falut ne gift en nous, ains au feul Dieu. Ce n'eft pas ainfi de la perdition: laquelle, cõme il eft efcript, eft noftre. C'eft de tant que falut en tant que bien parfaict, gift en habitude & action: mais perdition en tant que mal, gift en priuation. Et d'autre part l'action du fainct Efprit prouoquant à falut l'ame ia inclinée à mal, a plus d'excellẽce & vertu, que celle de la matiere, la pronocant à ce qu'elle eft inclinée. Parquoy nous dirons, que comme bien n'eft qu'au feul Dieu, ainfi mal n'eft que priuation de Dieu, dont les premiers commencements d'effects, font en la volonté de l'ame: qui choifift à fuiure Dieu pour fon bien, & à la refufer ou delaiffer pour fon mal. Et ne dirõs que comme l'ame ne trouue bien que à fuiure Dieu, ainfi elle ne trouue mal qu'à fuiure les concupifcences, mais dirons fimplement ainfi, elle ne troue mal, que à le laiffer, de tant que l'ame laiffant Dieu tumbe auffi bien en mal, comme fi elle fuyuoit les concupifcences, non à l'aduenture fi grand, mais tant y a, qu'eftant priuée du bien, qui n'eft que au feul Dieu, elle fe trouue plongée dans le mal, comme ont efté les philofophes viuants moralement, & fuyants toutes concupifcences & vices, n'ayans toutesfois cognoiffance de Dieu. Voila pourquoy il a efté dit que nous auõs fuffifante puiffance en la perfection du mal, mais non à la perfection du bien: combien que nous ayons puiffance de le vouloir & choifir, non de la volonté de tout l'homme entier(comme dict fainct Pol)qu'il n'entend ce, qu'il faict, de tant qu'il ne fait le bien, qu'il veut:

Philip.2.b

2.Cor.3.b
Ofee.13.c

Rom.7.d   mais c'eft de la volonté de l'homme interieur, à laquelle l'ame confentant defire luy obeir, contre la volonté de l'homme exterieur ou concupifcẽce. Parquoy(comme nous auons cy deuant dict)ne faut trouuer eftrange, que l'homme compofé de deux ennemis, aye en foy deux contraires volontés, ou plus proprement apetits & defirs. Si l'ame donc dõne fon confentement & refolution au fainct Efprit, qui eft, & hurte à fa porte, il entrera & foupera auec elle(comme il eft dict) & la repaiftra du pain de vie: tellement, qu'elle n'aura plus faim. De

Apoc.3.d
Ioan.6.d
Philip.4.c
tant qu'il mettra en perfection toutes œuures de cefte bonne volonté, impuiffante de paracheuer fon falut, & lors cefte ame fe trouue, comme dict fainct Pol, Ie fçay fouffrir & pouuoir toutes chofes auec celuy, qui me fortifie. Si au contraire elle retire fon confentement

de Dieu

de Dieu, & refuſe le conſeil du ſainct Eſprit, elle demeure priuée de tout bien, & trouue dans ceſte priuatiõ le mal, qui n'eſt q̃ priuation de Dieu: & ſi elle accorde ſa volonté à la ſolicitatiõ des ſens & concupiſcẽces, elle taict pis. Car non ſeulemẽt elle laiſſe Dieu pour demeurer au mal: mais elle choiſiſt ſon contraire, pour agrauer extrememẽt ſa miſere & tribulation. Dieu voyant donc que les volontés des hõmes ſont ſi inſtables, & leurs voies ſi variables, comme il eſt eſcript, & que l'vne heure du iour l'hõme eſt à Dieu, l'autre à la concupiſcence, allant & venant (ou Dieu vueille, qu'il n'y aye pis) il attand par ſa bonté, & miſericorde, qu'il a de ceſt animal pourtant ſon image, qu'il obeyſſe quelque fois à la ſolicitation de ſon S. Eſprit, & qu'il y vueille demeurer & faire bon fruict, comme il eſt dict par le Prophete, à ce qu'il en puiſſe retirer le plus, q̃ faire ſe pourra, attandant touſiours quãd ceſte volonté tournera, de tant qu'il eſt neceſſaire l'effect & execution du ſalut eſtre commencé par ce point. Qui a eſté cauſe que Salomon a dict, Qui pourra penſer, que veut Dieu, attandu que les penſées des mortels ſont craintiues & noz prouidences incertaines. Et ailleurs, L'hõme ne ſçait, s'il eſt digne d'amour ou haine, mais toutes choſes ſont reſeruées a l'aduenir incertaines. Qui penſerõs nous eſtre la cauſe, que nous ne ſçachons ce, que Dieu voudra, ou ſi nous ſommes dignes d'amour ou haine, ſi ce n'eſt ceſte patience, que Dieu a de tolerer noz incertitudes & varietés? par leſquelles il nous iugera & declairera ſon vouloir: lequel il rend dependant de noz voyes & electiõs, & non de ſon ſeul plaiſir. Car s'il n'eſtoit incertain à cauſe de noz volontés variables, qu'il attand, ſa bonté nous teſmoigneroit aſſés, qu'il ne veut, que noſtre ſalut, comme il eſt eſcrit, Qu'il veut tous hommes eſtre ſauués & venir à cognoiſſance de verité. Et par ainſi nous ſçaurions ſon vouloir, s'il ne tenoit à l'incertitude de noz volontés, dont il veut qu'il depende. Et ne faut, que nous nous endormons attandants, que Dieu nous ſauue ſans nous en ſoucier, car le marché en eſt faict, autrement Eſtime tu o homme, dict ſainct Pol, que tu fuyras le iugement de Dieu? ou bien meſpriſes tu les richeſſes de ſa bonté, patience, & tollerance? ignores tu, que la benignité de Dieu te conuie à penitence? car ſelon ta dureté, qui attends que Dieu te ſauue ſans toy, & l'impenitence de ton cœur, tu teſauriſes l'ire de celuy, qui rendra à chacun, ſelon ſes œuures. En ceſte maniere donc l'homme, eſtant ſolicité & conuié de deux contraires opinions, tout à meſme inſtant, qui tachent à attirer à eux le conſentement de la volonté qui giſt en l'ame, a liberté d'arbitre a eſlire lequel des deux il veut enſuiure, pour par ceſte deliberation & reſolution commẽcer celuy des deux, qui luy plaira, ſoit ſalut, ou perdition. Et quant à paracheuer, s'il choiſiſt ſa perdition par conſentement donné à la matiere, la ſubiection qu'elle à prins du commencement aux concupiſcences eſt ſuffiſante, pour l'y conduyre, qu'il n'en ſentira rien qu'il n'y ſoit enclos. A cauſe que telle beſongne ſe manie en lieu propre & fauorable à miſere & perdition: qui eſt noſtre regiõ elemẽtaire, dediée à toutes imperfections & miſeres. Et s'il choiſiſt au contraire ſon ſalut par conſentement donne au ſainct Eſprit, celuy qui le luy a commencé paracheuera en luy ce, que la volonté ne peut paracheuer en perfection: vray eſt que l'homme ſe trouuera en plus de peine, de manier ceſte beſongne en ceſte baſſe region, ſi contraire a ſon entrepriſe, que quelquefois il n'en pourra porter. Parquoy ſoy fortifiant de ce tres-fort, en qui il à ietté tout ſon cœur & eſperance, il luy crie comme S. Pol, Qui me deliurera du corps de ceſte mort? ce ſera la grace de ce benoiſt ſainct Eſprit, par Ieſus Chriſt noſtre Seigneur. A cauſe de quoy, combien, que l'homme, qui ſe rend à Dieu, ſouffre infinis aſſauts en ce monde corruptible, ennemy de toute perfection, il ne faut pourtant qu'il perde le cœur, ains qu'il reſiſte & porte ceſte guerre, qui luy eſt amenée par Ieſus Chriſt, comme nous auons dict au premier chapitre. & qu'il s'aſſeure, qu'il a en ſoy & ſa cõpoſition, forces aſſés ſuffiſantes, pour vaincre le prince du monde, auec toutes ſes menteries & concupiſcẽces. C'eſt l'image de Dieu, & raiſon donnée à l'hõme du commencement, laquelle miſe en œuure par celuy, qui s'eſt rendu participant de la ſaincte penſée & ſemblance diuine, elle deſploye les vertus du ſainct Eſprit, auſquelles ceſt ennemy ny tous ſes miniſtres, n'ont aucun moyen de reſiſter. Et c'eſt celuy qui met en œuure en l'homme, & le vouloir, & le parfaire, ayant ſeulement ſa bonne volonté, comme l'a dict S. Pol. Parquoy quel cõmencement que noſtre volonté puiſſe faire, tant s'en faut qu'elle puiſſe venir à ſuffiſance ou perfection, que encore faut il qu'elle ſoit eſmeuë & incitée par ce benoiſt ſainct Eſprit, compoſant l'homme interieur & intelligible, auant donner ſon conſentement & reſolution au bien, dont luy vient ſon ſalut. Car ſans eſtre prouocqué par ce bon Dieu, l'homme ne ſe retireroit iamais de ceſte priſon de matiere, tant el-

1. Cor. 4. c

Oſe. 3. b.
Iac. 5. b
Eſay 30. d

Sap. 9. c
Eccleſ. 9. a

1. Petr. 3. b

1. Timot. 2. b

Rom. 3. a

1. Petr. 5. c &
Philip. 1. a

Rom. 7. d

1. Petr. 5. c
Matth. 10. d

1. Ionn. 4. a

Philip. 2. b

2. Cor. 3. b

le la penetré & posledé par le premier peché. Il faut donc, que l'homme reçoyue de luy ceste grace preuenante, & finalement qu'il en reçoyue la perfection, & par le moyen d'iceluy mesme qui habite en luy, côme il est escript, c'est l'Esprit de Dieu dôné à l'hôme, informe sur sa matiere, pour le rendre animal diuin. La liberté donc d'eslire le corporel & mortalité, ou bien l'incorporel & diuinité, est dônée à celuy qui voudra. CAR, dict Mercure, IL N'EST PAS POSSIBLE D'ESLIRE LES DEVX, AVX CHOSES ESQVELLES ARBITRE D'ESLIRE EST DELAISSE. C'est à cause que toute election porte en soy acception de l'vn pour laisser l'autre, ou si l'electeur prenoit tous les deux, il n'y auroit election. Parquoy Mercure dict apres, qu'estans mis deux en election L'VN DESPRISE par la postposition qui en est faicte, MANIFESTE LA VERTV DE L'AVTRE. C'est ce que dict Iesus Christ, Aucun ne peut seruir à deux : car il aymera l'vn & hayra l'autre : il mesprisera l'vn, & honorera l'autre. Tellement que voyant celuy, qui pour auoir esté laissé sera mesprisé, il sera à iuger aisément, que l'autre est accepté & estimé, mesmes en subiects de nature si contraire, que l'vn demande le contraire de l'autre. C'est ce qui les rend incompatibles en mesme personne : & de là prouient la guerre & combat, qu'ils ont en l'homme, comme nous l'auons dict au premier chapitre.

1. Tessa. 4. b & 2. Timot. 2. d
Matth. 6. c
Galat. 5. c

SECTION 7.

LA vertu donc du plus excellent, non seulement est tres-beau chois à celuy, qui l'eslit, pour diuiniser l'homme, mais aussi elle monstre pieté enuers Dieu, & le chois du pire a de vray perdu l'homme, mais n'a faict à Dieu iniure aucune, fors celle-cy seulement, que tout ainsi que les pompes passent par le millieu, impuissantes de faire aucune action, & toutesfois empeschants les autres, de mesme sorte ceux-cy cheminent en ce monde seulement, comme les pompes, à cause des conuoitises corporeles.

COMMENTAIRE.

AYANT dict cy-deuant, que le mespris de l'vne des choses proposées en election, monstre & manifeste l'efficace & vertu de l'autre, Mercure reuient à son propos particulier des deux choses proposées à l'election de l'homme, à sçauoir corporele & mortele, ou l'incorporele & diuine, entre lesquelles l'homme ayant mesprisé la corporele & mortele, comme veritablement la plus indigne & pleine de misere, il a manifesté l'efficace & vertu de l'incorporele & diuine. Laquelle estât esleuée de ceste volonté, qui gist en l'ame, non seulement est choix tres-beau & excellent, pour preparer celuy, qui l'a esleu, a deuenir d'homme imperfaict, en Dieu parfaict : mais aussi ce choix monstre auoir en l'homme vne grande pieté, & bonne affection enuers Dieu, disant en cest endroit, que ce choix est tres-beau pour faire l'homme Dieu. Il se souuient de ce qu'il a dict au premier chapitre, en la dissolution de l'homme, qui rend toutes ses vnitez en leurs lieux, dont il les a reçeuës, tellement qu'il ne luy demeure que l'homme interieur, desnué de tous empeschemens corporels : lequel en cest estat retourne en sa premiere nature, reprenants ses propres forces, qui luy estoient empeschées par la matiere, & lors se rend dans les puissances, essences, & vertus diuines, dont l'homme interieur a esté tiré, pour seruir de forme à la matiere, & estans faicts puissances, ils demeurent en Dieu. Ce n'est pas, que l'hôme soit ce Dieu Createur, & moderateur de toutes choses, en principale essence : mais c'est, que l'homme en sa principale partie, qui est l'image, estant de sa nature des essences diuines, quand ayant bien vescu il se trouue despouillé de toutes autres choses, il retourne, dont il est yssu : & lors il est dict estre en Dieu. Et de tant que les anciens & sainctes personnes ont trouué que tout ce, qui est en Dieu, est Dieu, qui ne pouuant estre separé par membres ou parties, comme la creature, demeure en son integrité de principale essence diuine, nous dirons que l'homme interieur, qui est l'image de Dieu en l'homme, estant en corps glorifié, separé de toutes imperfections, & reprenât l'origine, dont il est parti pour son extreme felicité, est faict vn auec le Fils dans le Pere,

L'arbitre dôné à l'homme entrée à deuenir Dieu.

Par quelle maniere l'homme deuient Dieu.

August.

comme dict sainct Iean inseparablement, par l'vnion. Qui est cause, que estant en Dieu, il est dict Dieu, concluant en fin, que c'est la bonne fin, ou toute l'action de celuy, qui a choisi la saincte pensée & semblance diuine pour attaindre la science & cognoissance de Dieu, tend & dresse ses efforts d'estre faicts en Dieu.

A ceste cause il dict icy, LA VERTV DONC DV PLVS EXCELLENT, NON SEV-LEMENT EST TRESBEAV CHOIX A CELVY, QVI L'ESLIT POVR faire L'HOMME DIVINISE, côme il l'a dict au premier chapitre. MAIS AVSSI ceste election estant faicte contre si puissantes tentations, qui assaillent continuelement la volonté de l'homme en si grand nombre, & qui ordinairement luy promettent payement, & recompence contente, & sans aucun retardement, laquelle il reçoit obeyssant aux concupiscences, en infinies façons de plaisirs & voluptez: il faut bien dire que l'homme, qui mesprisant cest infini nombre de commoditez, & si grandes pour son corps, & les reiettant vigoureusement, pour s'a-tendre à la seule esperance de son election, qu'il a aquise par la cognoissance de Dieu, s'en peut retirer & desniaeller, qu'ELLE MONSTRE auoir vne grãde PIETE ENVERS DIEV, & vne grande attention, & qu'il a eu quelque cognoissance si profonde, qu'il a senti combiẽ sont dangereux ces presents de voluptez, qui payent content, pour retirer l'homme de l'es-perance du parfaict bien, qu'il ne peut reçeuoir en ce monde & vie mortele : & qu'au con-traire il a aussi senty par l'intelligence, que l'image de Dieu desfiée luy a participé, quels tant plus beaux presents & bien-faicts luy sont reseruez, differants des autres, comme l'in-corruptible du corruptible: l'incorporel du corporel: l'impassible du passible : le content du desesperé: l'eternel repos de l'eternel ennuy : l'abysme d'intelligence de l'abysme d'ignoran-ce: la verité de la mensonge: & infinies autres perfections, qui sont acquises par ceste bõne ame, bien choisissant pour soy retirer des imperfections, qui luy sont du tout contraires, & ennemies de son salut, & conseruation eternelle. C'est la recompence, que Dieu donne à nature humaine, ayant perdu toutes ses perfections, par le premier peché, & là luy donne par l'vnion que l'homme reprend en Iesus Christ, par le moyen duquel l'ame bien viuãte soubs sa foy & commandemens, ramene sa principale essence finalemẽt a deuenir en Dieu. C'est la promesse, que Dieu fist à Abraham luy disant, Ie suis ta recompense par trop grande: & sainct Iean, Nous luy serons semblables, & le verrons tel qu'il est. C'est ce vray choix, que Mercure dict estre estimé meilleur, par le despris du pire, ET LE CHOIX DV PIRE A DE VRAY PERDV L'HOMME, MAIS N'A FAICT A DIEV INIVRE AVCVNE. C'est l'abus coustumier de l'homme, qui ne se peut persuader, que la chose qui du commen-cement porte quelque aparance de plaisir, puisse iamais engendrer peine. C'est la cause, qu'vn si grand nombre suit & choisist la concupiscence de la matiere, qui d'entrée est si dou-ce aux sens corporels, (comme nous auons dict au premier chapitre, ont l'vn bout en la matiere, & l'autre en l'ame) qu'il est bien mal-aisé à l'ame (à laquelle tout raport & sentemẽt en est faict) de s'en retirer: tellement qu'elle ignorant, que c'est le moyen, & vray chemin de sa ruyne, & sentant seulement les voluptez & plaisirs presents, que la suite des concupiscen-ces luy produict, par la grãde ignorance des vertus & actions diuines qu'elle a en soy, soubz la discretion de son liberal arbitre, contenues en l'image & raison diuine, qui luy a esté don-née en la composition de son homme, choisist & adhere à ce, que ses sens luy presentent, ne pouuant estre descouuert par son iugement, que ses concupiscences ont voilé, couuert, & enseuely d'ignorance.

Ceste election & choix du pire(dict Mercure) a de vray perdu l'homme, luy ayant tota-lement empesché la cognoissance de Dieu, qui l'eust tiré de ce danger. Mais l'homme en ceste perdition qu'il s'a procuré (comme il est escript, La perdition est tiene, o Israel, & en moy seul ton secours) il n'a faict iniure contre Dieu aucune. Ce n'est pas qu'il n'aye contre-uenu à son vouloir & conseil du sainct Esprit: mais Mercure vse en cest endroit, d'vn verbe Grec πλημμελέω, qui signifie delinquer & iniurier, lequel il prend à ce propos pour iniurier, disant que Dieu ne peut reçeuoir de l'homme que l'iniure qu'il dict cy apres. Car ce mot (delinquer) ne peut estre proprement attribué que au delinquant, & non à celuy, côtre qui il delinque, auquel il ne porte aucun interest. Ce n'est pas ainsi du mot (iniurier) qui porte en soy, non seulement l'action du delinquant, mais aussi preiudice de celuy, qui reçoit l'iniure, qui nous faict prendre ce mot iniurier, à cause que Mercure veut en ce propos mõstrer, que l'homme ne peut faire à Dieu aucune iniure qui le touche, que ceste cy seule, qu'il dira cy a-

Le combat dé l'homme est le continuel re-poussemẽt des concupiscẽces

Plaisirs cor-porels presens empeschent grandement l'esperãce des contraires a venir.

L'homme se-paré de Dieu par le peché, y reprend vniõ en Iesus Christ.

Genes. 15. d 1. Ioan. 3. d

Mal-aisé de soy retirer des plaisirs corpo-rels acoustu-mez.

Osee 13. a

L'homme ne p ut iniurier Dieu, mais il delinque con-tre soy-mes-me.

pres, à cause du miracle tres-merueilleux, dont il a cy deuant parlé. Et d'auantage il prend icy l'homme sans aucune loy, fors celle, que sa nature luy a monstré : de tant qu'il a escript auant aucune loy de Dieu publiée. Et par ce que, comme dict sainct Pol, sans la loy n'y auoit aucun peché, ceste ame qui si mal choisist, n'offence ou iniurie aucunement Dieu : mais elle s'offence bien mesmes, ne procurant son repos, ou procurant son tourment. Car contre Dieu en sa principale essence, n'y peut auoir offense actiue qui l'ènuie, ou puisse fascher, comme dict Salomon, Contre le Seigneur n'y a aucun conseil : Et Iob fort clairement, Si tu peches, que luy nuiras tu ? & si tes iniquitez sont multipliées, que feras tu contre luy ? ou bien si tu vis iustement que luy donneras tu, ou que prendra-il de ta main ? ton impieté nuira à l'homme, qui est semblable à toy, & ta iustice aydera le fils de l'homme. par lequel passaige, il nous est declaré, que Dieu ne peut receuoir de nous aucun bien ou mal. Mais noz voyes luy peuuent repugner en deux manieres : la premiere est la plus inique, faisant le contraire de ce, qu'il veut au despris de sa maiesté, ou de son image mise en nostre prochain, luy refusant les œuures de charité, &, qui pis est, luy pourtant aucun tort ou dommage, ou despris de l'honneur & reuerence, que nous deuons à Dieu en ses seruices & ministeres. La seconde, & que nous pensons ne porter en soy aucune offense, ignorant Dieu, & nostre composition, & la fin, pour laquelle nous auons esté creés, & dont sommes yssus, est la maniere de contreuenir à sa volóté, qui nous semble à la plus part ne porter en soy aucune coulpe. C'est que ceux, qui entre les communs viuent le mieux, & sans porter aucun tort ou offence à leur prochain, faisans leur mesnage & vacation corporele au profit, occupants tout le iour, ou la plus part à ces actions, & a prendre esbatements & plaisirs, qui ne portent aucune irreuerence à Dieu, ny tort à son prochain : & sortans de là, ils demandent, quelle œuure de toutes celles cy trouués vous mauuaise ? Car de vray il n'en y a aucune blasmable en son particulier. Toutesfois les prenans toutes ensemble nous trouuons tout le temps, ou peu s'en faut, occupé en ces actions : & ce pendant Dieu demeure oblié, qui veut non seulement vne petite partie du temps estre employée à luy, mais la plus grande : affin que l'hóme s'employe à ce, à quoy il est destiné, qui est la contemplation & cognoissance de Dieu, & employ des vertus de son sainct Esprit, qui luy est donné des sa creation. Dont s'ensuit, que delaissant Dieu pour s'amuser à ces choses, qui a ceste occasion du long amusement, sont dites vaines & oisiues, le peché se trouue a delaisser Dieu : de maniere que ces actions, qui de soy ne sont aucunement mauuaises, se trouuent empirées par la multitude, qui empesche le deuoir necessaire de l'homme. Ce qu'elles ne seroient estans prinses pour moderée recreatió, & en la moindre partie du temps. Car Dieu sçait bien, que l'homme estant imparfaict, ne peut viure en la constance de n'auoir iamais recreation corporele, vacant, sans intermission, à la contemplation.

Et en ceste maniere les choses, qui de soy n'ont aucune mauuaisité par l'abus que nous faisons d'en prendre trop, deuienent vaynes & oisiues : & par le temps qu'elles occupent du vray deuoir de l'homme inique. Et neantmoins ceste iniquité ne porte à Dieu aucune iniure, qui luy touche, nuise, ou donne aucune passion. Mais sa iustice, qui veille contre ceux, qui le mesprisent, ne faut a y mettre la main par cest ordre tres-parfaict, qui est en Dieu, de la nature de sa perfection. & pourtant il n'en souffre aucunemét, ny porte peine quelconque. Vray est que pour estre entendu de nous, & begayer auec noz incapacitez, il se dict auoir peine, repentance, desplaisir, ennuy, à la semblance des hommes, combien qu'il ne puisse souffrir aucune peine, ou passion. Et en ceste maniere Mercure dict bien, que nous ne pouuons iniurier Dieu, ains offencer nous mesmes, quand bien il n'y auroit commandement. Mesme chose aduient à ceux, qui sont soubs la loy, à laquelle contreuenant l'on delinque contre le conditeur de ceste loy, par le mespris de n'y obeyr, ou d'y repugner. Ce n'est pas d'iniure, qui luy cause souffrance & passion, mais bien qui declare le defaillant coulpable. L'homme donc n'estant soubs aucune loy, ne laisse pourtant de soy perdre, non pour auoir contreuenu à la loy, qui n'est pas, mais pour n'auoir choisi le chemin du salut. Car la loy, que Dieu a ordonné sur son peuple, n'a pas esté inuentée pour les bons, comme il est escript, ny pour croistre le salut, ou perdition, qui demeurent tousiours en mesme estat : ains a esté instituée pour croistre le nombre des sauuez, & essaier de retirer les volontez des hommes du tout inclinées à mal, par quelque bride, sans toutesfois aucune contraincte de necessité sur
l'action

l'action de l'homme, qui autrement ne seroit libre. Et ceste bride luy est donnée soubz conditions, si tu veux, si tu suis, si tu fais, si tu entends, si tu obeys, si tu refuses, si tu repugnes, & plusieurs autres, qui sont toutes conditions adressées à l'homme, pour attirer la libre disposition de sa volonté a bien, & la retirer hors du mal. Car entre les hommes tout conditeur de loy ne doit auoir aucun interest à l'obseruation d'icelle, où il y seroit suspect: mais comme sainct Pol dict, La loy est posée pour la transgression. *Galat. 5. e*

C'est que le conditeur ne doit estre meu en sa loy que de l'amour du peuple, & desir qu'il viuebië, sans y cösiderer chose aucune, qui le touche, de tant que s'il cömandoit en ceste loy chose, ou il eust interest, sa passion le pourroit esmouuoir & esbranler de iustice. Ce faict apartient au seul Dieu, qui n'a passion ou besoin aucun. A cause de quoy il y peut faire mention de soy, sans qu'elle le puisse esmouuoir, ains remetre le peuple en bonne voye. Et pour ce mesme effaict, ceste bonté diuine vse d'vne indicible clemence & misericorde, qui sont les admonitions des prophetes, qui ne cessent de crier apres ses volontés, pour les induire a bië eslire ce, qui leur est proposé en arbitre, Toute la loy & prophetes n'est establie que à ces fins, d'atirer, imiter, induire, prouoquer, susciter, & faire infinis autres actes de conuier l'ame, qui est libre à donner son election a la bonne part, & fuir la mauuaise. Car il est clair à vn chacun, que si Dieu n'entendoit, que l'homme esleut son salut, ou perdition, il n'vseroit de tãt d'enuironnements pour conuier sa volonté: ains sans Loy, Apostres, ny Prophetes, il ordonneroit, ie veux vn tel sauué, & vn tel perdu, sans tant enuironer. Qui seroit grandement repugnant à son infinie bonté & misericorde, par laquelle il ayde bien ceux, qui eslisent le salut, mais il ne repousse pas ceux qui eslisent leur ruyne, tant s'en faut, que encore iamais il ne les abandonne, qu'il ne leur tienne tousiours dans eux sa saincte image, accompaignée des vertus & essences diuines, subiectes à la disposition & arbitre de la volonté de ce pauure miserable, qui au lieu d'en vser il en abuse, les employant aux concupiscences & sa ruyne, au lieu de les employer en la contemplation des choses diuines & son salut. Par ainsi donc à bië prendre, c'est homme n'offence, ou faict iniure à Dieu aucunement: de tant qu'il ne luy peut porter dömage, ou preiudice, qui luy nuise: ains offence son ame, qui apres en porte la peine. *Toute escripture, Apostres, & Prophetes ne sont que pour attirer l'arbitre des hommes à bien. L'homme abandonne Dieu non Dieu, l'homme.*

FORS CELLE CY SEVLEMENT (dict Mercure) QVE TOVT AINSY QVE LES POMPES PASSANTS PAR LE MILIEV, IMPVISSANTES DE FAIRE AVCVNE ACTION, ET TOVTESFOIS EMPESCHENT LES AVTRES: DE MESME SORTE CEVX CY CHEMINENT EN CE MONDE SEVLEMENT, COMME LES POMPES A CAVSE DES CONVOITISES CORPORELES. C'est vne comparaison que faict Mercure de la voye du pecheur, aux abus des conuois ou pompes, soit funebres, nuptiales, monstres, & autres superbes publiques, faictes par assemblée de compagnie grande, qui passe par le milieu des lieux destinés à faire les seruices & vsages du peuple, soit du commun, ou des particuliers. Quand ceste grande compagnie & ordre s'aproche a passer par ces lieux, n'y a celuy, qui ne soit contraint de laisser son œuure, & leur faire place, & ce pendant perdre le temps, & heure de leur action, & operation. Et toutesfois ceste troupe de personnes inutile, & n'estant pour lors capable d'aucune action, s'amuse non seulement de s'empescher entre eux à faire aucune action, mais encore à empescher ceux, qui valent pour lors mieux qu'eux, qui sans leur empeschement, feroient quelque fruict. Ils font cesser l'actiõ pour vaquer à oisiueté, c'est autant que mespriser science & intelligence, pour vaquer à ignorance, ne se contentans de leur ruyne, s'ils n'amenent quant & quant celle de leurs voisins. C'est la nature d'oisiueté, qui blasme continuellement action & occupation à bien. Dont sensuit, que plusieurs consumants leur temps a oisiueté, & choses non seulement inutiles, mais qui plus est nuisantes blasment ceux, qui voulans mieux viure emploient le temps en actions & operations vtiles & vertueuses, & nomment ses bonnes & sainctes actions, choses basses: & leurs œuures si maudites, que ordinairemët produisent les ruines des peuples, & de toute bõne institution ils nomment choses grandes & hautes. Leurs vocabulaires sont bien differents de ceux, qui escriuent le langage des bons, ou qui ont esleu la meilleure voie. Dieu par sa sa misericorde vueille redresser nos voyes, ce ne sera sans vn bien grand besoin. Ces troupes donc ou conuois de gens inutiles & pompes passants par le milieu, ne se contentent de leur oisiueté & ruynes, s'il ne l'amenent sur leurs voisins. De mesmes sorte dict Mercure ceux cy, qui ont si mal choisi, d'auoir esleu la voye des concupiscences, cheminent & passent ce monde, cõme ces *Comparaisõ de l'oisiueté des pompes.* *Les mõdains nomment leurs abus choses grandes & les dignités de l'esprit choses basses.*

me ces pompes: de tant que toutes leurs actions ne tandants que à leur plaisir, qui est incontinant esuanouy, n'ont aucun fruict & n'en demeure que oisiueté: & par ce que bien souuent ils sont les plus puissants en ce monde, ils contraignent ceux, qui veulent mieux faire, de les' ensuiure, soit par force, ou subtilité. Tant y a que ce sont les concupiscences, qui les conduisent, portans en elles telles actions, qu'il n'en demeure rien que le vray rien, qui est le mal. Et en ceste oisiueté & vain employ des vertus diuines mises en eux, ils offencent ou iniurient Dieu, par l'abus qu'ils en font de les employer en oisiueté, & abus de la matiere, au lieu d'en seruir, louër, honorer, & recognoistre Dieu par toutes actions de contemplation. A cause que Dieu ayant commis ses essences & vertus auec son image, à la subiection de l'arbitre, par le miracle tres-merueilleux, que nous auons dict au premier chapitre, pour estre employées à leur vray estat, ceste extortion, qui leur est faicte par l'arbitre de l'homme, de les employer à l'indignité & abus de la matiere, leur cause la seule offence & iniure, dont Dieu se puisse sentir, non au ciel, mais en l'homme, auquel il s'est mis, pour estre employé par ceste ame & volonté, à ses vsages, non à l'abus de la matiere. C'est ce, que S. Pol appelle cōtrister l'Esprit de Dieu. Voila, en quoy ils offencent Dieu à la semblance des conuois, pompes, & solemnitez des choses mondaines, par leurs conuoitises corporeles.

Le seul moyē ou Dieu est offencé en ses essences & vertus.

Ephes. 4.8

SECTION 8.

LES choses estant ainsi, ô Tat, vne partie certainemēt nous à esté donnée de Dieu, & sera donnée, mais aussi qu'vne partie s'ensuiue de nous, qui ne soit retardée. Veu que de vray Dieu n'est pas cause, mais nous sommes cause des maux, qui les preposons aux biens. Voy tu, ô mon fils, par combien de corps il nous faut passer, par combien de compagnies & continuité d'esprits, & cours d'estoiles, pour nous auancer vers vn & seul Dieu. Auec plusieurs difficultez l'on attaint le bien, qui est sans terme, sans fin, & quant à luy sans commencement. Mais il nous semble auoir commencement, qui est la cognoissance.

COMMENTAIRE.

AYant declaré l'arbitre ou election des deux choses proposées à l'homme, & que de celles là il en a esleu la pire, estant conduict par les concupiscences corporeles, auxquelles l'homme ayant incliné sa volonté, s'est trouué auoir beaucoup trauaillé, cuidant faire quelque bon effect, & toutesfois ses vanitez l'ont mené à rendre tout son employ inutile, & sans profit, à la comparaison des conuois, des triomphes mondains, qui non seulemēt s'empeschent de faire toute bonne œuure ou action, ains empeschent les autres par leurs vanitez, sortans toutes de ce choix de adherer & venerer la matiere. Conseillant, que l'election du meileur est plus excellente, non seulement pour mettre l'homme en chemin d'estre deifié, mais pour monstrer le bon vouloir & affection qu'il à enuers Dieu, durant ceste vie corporele, & le combat qu'il soustient contre les concupiscences : lequel passeroit bien ses forces, s'il n'estoit accompaigné d'vn plus fort, qu'il n'est.

Parquoy Mercure dict à son filz, LES CHOSES ESTANT AINSI, O TAT, VNE PARTIE CERTAINEMENT des forces, voire la plus grande, NOVS A ESTE DONNEE DE DIEV, pour le present ET NOVS SERA DONNEE auec asseurance de continuer en nous son diuin secours. Comme il est escript, Dieu est feal, qui ne souffrira, que vous soyez tentez outre voz forces, mais auec la tentation il vous fournira de secours, à ce que vous la puissiez porter. Toutesfois nous faisant ce secours, il ne veut pas (dict Mercure) que nous le laissons faire seul sans nous en mesler. MAIS AVSSI QV'VNE PARTIE des for-

1. Cor. 10.c

ces

ces & actions s'ensuive de nostre part, qui est nostre seule volonté. Car quand il est question des bonnes actions, qui sont en l'homme, le prenant separément de Dieu, ou des mauuaises, le prenant separément de la matiere, il ne luy reste que la volonté, de tant que l'homme estant composé de matiere en son corps, & forme, qui est le sainct Esprit, rendant en luy l'image de Dieu, entour d'vne ame, qui a liberté d'incliner sa volonté à celuy qui luy plaira, si nous separons les deux contraires, il ne demeure en l'homme que l'ame, en qui gist la volonté. Par ainsi ce qui est en l'homme, de bien faict ou mal faict, n'est prins qu'en la volonté : car si elle l'a donnée à la concupiscence, & entretenue en son amour, la concupiscence l'acheue de conduire à ruine, sans autre action de l'homme que la volonté. Car, comme nous auons dict au premier chapitre, le bien ou mal gist en la volonté interieure: & ce qui est en l'exterieur, n'est que l'execution de l'vn, ou l'autre. *L'ame n'est condamnée ou iustifiée par action autre que sa volonté. Math. 15.b*

D'autre part, si la volonté est donnée de la bonne part au sainct Esprit, & image de Dieu, & entretenue & continuée en luy, l'homme aura faict tout ce, qu'il y peut faire, & ce benoist sainct Esprit paracheue & execute ceste bonne volonté impuissante de son salut: comme il est dict, C'est Dieu, qui opere en vous le vouloir & le parfaire, pour la bonne volonté. Comme s'il disoit, c'est Dieu qui met en œuure en vous tant le vouloir, qui gist en vous, que le parfaire qui gist en luy, selon la bonne volonté, qu'il trouuera en vous, laquelle il accepte selon ce qu'elle a, & non selõ ce qu'elle n'a pas. Parquoy trouuant, par sa misericorde, en l'hõme impuissant ceste bonne volonté, qui est toute sa force, vertu, & puissance, il la met en œuure, & l'execute en toute perfection. Ce paracheuement & execution de perfection gisant au sainct Esprit Dieu, qui est l'homme intelligible, & le paracheuemẽt de la ruine gisant en la matiere, il ne reste à l'hõme de pouuoir nommer a soy autres forces, & actions, que la seule volonté. Car si nous disons, qu'il faut, que l'hõme charnel coopere a son salut, nous abuserions de nous cognoistre nous mesmes, de tant que le charnel ne demande que sa ruyne, & chasse de soy l'Esprit de Dieu. parquoy il contredit tousiours, & repugne à Dieu : dont le Prophete dict, que estant faicts immondes, toutes nos iustices sont comme le drappeau de la femme en son flux. *Philip. 2.b*

Actiõs propres aux trois parties de l'homme. Genes. 6.a Galat. 5.c Esaye 64.b

Au contraire, si nous disons, que l'homme intelligible ou spirituel prouoque sa perdition, nous tumbons en mesme abus. Car l'homme intelligible c'est ceste image de Dieu sainct Esprit donné à l'homme, qui est nommé en l'homme aide de Dieu en son agriculture, & qui non plus consentira à la ruyne, que la concupiscence de l'homme charnel au salut. Parquoy il ne reste action propre, & particuliaire à l'homme, que celle, qui est en l'ame. C'est la seule volonté, qui habite en elle, en liberté de ses actions, & deslire celle part, qui plus luy reuiendra, ou sera agreable, comme il est escript, que toutes gens ont cheminé en leur volonté. A ceste cause Mercure dict qu'il faut, que vne partie des actions, forces, ou vertus viene DE NOVS, qui est tout ce qui est en nous, c'est ceste volonté veritable, QVI NE SOIT RETARDEE. C'est vn mot propre au Grec μὴ ὑστερησάτω, qui signifie n'estre retardé, oblié, mis en arriere, ou autre imperfection, qui la rende vaine & sans effaict : cõme il nous aduient souuant, quand nostre malice corporele à saisi nostre volonté, nous voyants n'auoir aucun iuge mortel, qui puisse corriger ceste partie interieure, disons le plus souuant pour nostre excuse, qu'il ne nous faut que vn bon, *peccaui*, il nous reste assés de temps à y penser que nous auons bonne volonté, & desirons Dieu, & son regne, combien qu'il n'en soit rien. En quoy estants surprins nous sommes grandement deceus, & publions nostre ignorance, qui nous conduict à perdition. *1. Cor. 3.b*

4. Esdr. 3.a

Le Chrestien est cooperateur de son salut.

Car tant s'en faut, que nous facions a croire ceste menterie (comme il est escript d'Ananie & sa femme) au sainct Esprit, qui est le vray scrutateur de toutes pensées, que encore ne la pouuons nous faire a croire aux personnes de iugement, voire quelque-fois aussi mauuais que nous. Car nous auons dict, que l'exterieur executant l'intention de la volonté, ne peut tenir longuement, qu'il ne manifeste la menterie de celuy, qui ayant la volonté mauuaise, la veut rendre en bonne estime par menterie. Ce n'est pas le moyen d'entrer en salut, ains faut necessairement, que ceste volonté, qui est nostre seule action & operation de salut, ne soit reculée, omise, variée, saincte, ny dissimulée, ains soit prompte, droicte, libre, franche, constante, & resolue a tenir compagnie à ce benoist sainct Esprit, qui ordinairement prie pour nous par gemissemens indicibles: & en ceste maniere nostre volõté *Act. 5.a,b Sap. 1 b & 1 Par. 28.b Iere. 17.b*

Rom. 8.c

qui

L'ame conioincte à l'hōme interieur, peut toutes choses.
Philip. 4. c.

qui est toute nostre action, suiura sans estre retardée, preposterée, ou peruertie, l'intention du benoist sainct Esprit, qui de sa grace & vertu paracheuera nostre salut: & de tant que prenāt l'homme entier composé de matiere & forme, le sainct Esprit image de Dieu y est cōprins, nous pourrons dire comme sainct Pol, Ie puis toutes choses en celuy, qui me fortifie. Mais quand nous sommes saisis des plaisirs, & concupiscences de la matiere, nous prenons excuse auec grande dissimulation: & bien souuent quelque mauuaise entreprinse couuerte de visage de pieté, & disons pour excuser noz actions, quelle volōté que i'aye, ie suis impuissant de mon salut: Et si Dieu a predestiné pour l'exaltation de sa gloire, que ie sois perdu & damné, ce n'est à moy d'y contredire. Et soubz pretexte d'vne pieté serpentine, & d'vne humilité vulpine, conduisent les pauures ignorans, comme eux, en tres-infames & tres-execrables blasphemes insinuans dans leur cœur, que Dieu est vray aucteur de leur perte, voire de leur peché, comme plusieurs de ce temps le tiennent des Pelagiens. C'est que non seulement Dieu souffroit l'homme faire le peché, mais decretoit le crime & malice en son vouloir: & par ainsi le poussoit & contregnoit a le faire. Qui est blaspheme euidemment contraire à ce, qui est escript, & que toute ame raisonnable iugeroit sans aucun estude, à sçauoir que Dieu n'est aucteur de mal.

L'hōme cherche couure son peché de blasphemes.
Cal. Inst. li. 1. c. 1. 16. n. 9.
& ca. 18. n. 1.
Iac. 1. c

A cause dequoy, ils ont confondu trois verbes: entre lesquels nous mettrons difference, & qui ordinairement sont apliquez en Dieu fort improprement: lesquels sont vouloir, permettre, & tolerer: de maniere que les prenant souuent pour mesme signification, tant és escriptures que interpretatiōs, les trois actions de Dieu representées par ces trois verbes sont si tres-confusement entendues, que prenans l'vne pour l'autre nous tombons facilement en heresies, & blasphemes contre la bonté de Dieu. Nous auons plusieurs fois dict, que Dieu composant l'homme de son sainct Esprit, matiere, & ame, l'a pareillement composé d'arbitre: & de tant que aucuns ont donné aduis, que le premier homme ayant peché, a perdu l'arbitre pour toute sa suite, ils n'ont bien aduisé, que Dieu n'a iamais souffert l'homme estre tōbé en la misere entiere, que sa malediction luy amenoit: de tant qu'il luy a rendu l'arbitre & autres vsages de vertu diuine, soubs le benefice de Iesus Christ, comme il est tres-frequent au nouueau Testament: où Iesus Christ dict, Vous pouuez bien faire aux pauures, quand vous voudrez: Vous pouuez boire mon calice. A cause de quoy toutes exhortations, qu'il nous faict, sont proposées soubs quelque condition, qu'il nous propose a acomplir de nostre vouloir & arbitre. Comme quand il dict, Qui veut, viene puiser de l'eau de vie: & quand il prie pour ceux, qui par la parole des Apostres croiront en luy, & autres conditions, si vous croyez, si vous faictes, &c. toutes proposées à l'arbitre & volonté de l'homme. Lesquelles il ne luy proposeroit, si certainement il ne l'auoit proueu de puissance de les vouloir. A ceste cause, quand Dieu declare à l'homme, qu'il veut de luy quelque chose, il l'entend sans le destruire en aucune de ses parties, ains pour le conseruer & augmenter en perfection: comme quand il dict, Ie ne veux la mort du mauuais, mais veux qu'il viue & soit conuerty: ou bien disant, qu'il veut tous hommes estre sauuez, ce n'est que par ce vouloir sien, il declare aucune necessaire execution, comme quand il commāde, que quelque chose soit faicte par commandement, qui porte en soy obeyssance necessaire, comme, soit faict lumiere, & autres: mais declare par ce vouloir, son simple desir & plaisir, qu'il auroit, que ce qu'il declare ainsi vouloir, fust acomply par l'ordre, qu'il luy a destiné, sans contraindre par son vouloir la creature proueuë d'arbitre en sa composition. Laquelle il dissoudroit & desferoit, s'il luy ostoit cest arbitre, la contraignant par son vouloir. Et qui seroit contre la nature de sa bonté: qui ne demande tant aucune chose, que non seulement la conseruation, mais la perfection de sa creature.

Difference entre vouloir, permettre, & tollerer.

Marc. 14. a & 10. f

Apoc. 22. d
Ioan. 17. c

Ezech. 33. c
1. Timot. 2. b

Genes. 1. a

Ioan. 17. d

Parquoy nous dirons qu'en Dieu ce verbe vouloir, ez choses qui concernent le pouuoir de l'homme, ne faict que declarer simplement ce, qu'il trouue bon & desire, sans qu'il porte en soy aucune contraincte, ou necessité d'execution: mais és choses, qui passent les forces de l'homme, le verbe vouloir porte resolution, comme quand Iesus Christ traicta nostre salut auec son Pere, disant: Ie veux, mon Pere, qu'ilz soient ou ie suis, qui sont paroles dispositiues, excedens le pouuoir de l'homme, qui ne peut disposer de son salut. Le second verbe, qui est permettre, il est notoire en toutes langues, qu'il porte en soy consentemēt de volonté: dont s'ensuit, qu'estant apliqué à Dieu, ce verbe declare vne licence donnée, vn congé donné, vne liberté donnée de faire & acomplir la chose ainsi permise. Parquoy il est faict à

la

la bonté de Dieu vn tresgrand blaspheme, quand nous luy attribuons d'auoir permis vn vice ou mauuaiſtié, de tant, qu'il y auroit donné ſon conſentement: ce qu'il ne luy plaiſe, que nous penſions.

Mais pour prendre ce mot au vray eſtat, que Dieu en vſe en noſtre endroict, nous dirons, que ſa permiſſion s'adreſſe non a nos actions, mais à nos arbitres, comme ſi nous diſions, que ce que Dieu nous permet n'eſt proprement de bien faire particulierement, ou de mal faire particuliereme͂t. Car ſon conſenteme͂t ne tumbe ſur ces particularités, mais ce qu'il nous permet eſt d'vſer de noſtre arbitre à noſtre volonté, & quand par celuy là, nous faiſons bien ou mal, ayant permis l'arbitre, il eſt dict auoir permis le bien ou mal aſſez improprement, de tant que permettre portant conſentement ne s'adreſſe au bien ny au mal, a cauſe qu'il eſt trop bon, pour conſentir au mal: & le bien eſt trop aymé de Dieu pour n'eſtre de luy que permis ou conſenty, mais eſt bien loüé, gratifié, honoré, eſtimé, & recompenſé. Nous dirons donc, que Permetre ne s'adreſſe en l'homme a aucune des deux actions particulieres du bie͂ faict ou du mal faict, mais s'adreſſe au ſeul arbitre auquel Dieu permet vſer de ſa liberté en ſes actio͂s, ſoit en bien ou en mal. Le troiſieſme verbe, qui eſt tollerer, ſouffrir, ou endurer, ou bien auoir patience, co͂me dit S. Pol, Meſpriſe tu les richeſſes de ſa patience, & tollerance: & ailleurs, Il a ſouſtenu en grand patience les vaiſſeaux preparés à ire: celuy là eſt touſiours adreſſé au vice & peché: lequel Dieu tolere de l'homme, ne luy voulant oſter l'arbitre, qu'il luy à donné en ſa compoſition, mais par ſa bonté & infiny threſor de ſa miſericorde, tolera͂t nos malices, il atte͂d en patience, que par le meſme arbitre, par lequel nous l'auons abandonné, par ce meſme nous retournions à luy obſeruans l'ordre, qu'il nous à donné d'y retourner par nos conſentemens: & durant ceſte tolerance, & le temps que nous l'auons abandonné, il neantmoins ne nous à abandonné, ains demeure continuellement hurtant a noſtre huis, priant pour nous par gemiſſements inenarrables, nous renda͂t teſmoignage de noſtre heritage tant s'en faut que nous l'ayant abandonné il nous abandonne. Vray eſt, que pour nous conſeruer en noſtre eſtat & compoſition, il ne nous veut priuer d'arbitre: qui eſt cauſe, qu'il a ta͂d noſtre arbitre retourner à luy par ſes ſainctes admonitions, & heureux aduertiſſements, cependant vſant en noſtre endroit de patience, tolerance, ou longanimité. Dont nous dirons que ce verbe tolerer ne ſe pre͂d en Dieu qu'eſta͂t refere aux vices, crimes, & pechés: leſquels ils haït. Ce n'eſt ainſi des hommes, deſquels pluſieurs ayants leur bien ſont dicts endurer & tolerer, ou ne vouloir endurer & tolerer, qu'il leur en ſoit faict, ſoit a vn vicieux la penitence pour ſa co͂ſcie͂ce, au malade le remede pour ſon corps, & au mauuais adminiſtrateur des bie͂s la remonſtrace de ſes fautes, pour ſon profict temporel. Et concluons que de ces trois verbes apliqués en Dieu, le premier, qui eſt vouloir, s'adreſſe aux ſeul bien, & vertu: le ſegond qui eſt permetre, ſadreſſe à l'arbitre & diſcretion: et le tiers qui eſt tolerer s'adreſſe & s'entend du ſeul vice & defaut. Il en eſt pluſieurs en ce temps, qui tiennent opiniaſtrement, l'ayant prins d'aucuns anciens ſi mal aduiſés, que le vouloir de Dieu s'eſtand autant és vices, que vertus. Et ſont d'aduis que Dieu prend autant de gloire à vouloir pour ſon ſeul plaiſir, & ſans autre cauſe, la perdition d'vn homme, que le ſalut d'vn autre. Et s'apuyent ſur la difficulté du neufieſme chapitre des Romains, & ſemblable propos, les cuidant entendre à la lettre, ne ſe ſouciant de rendre Dieu vray aucteur de mal, & qui vueille la perdition d'aucuns, non le ſalut de tous: comme nous l'auons dict cydeuant auec Sainct Pol, ne prenant garde à ce que S. Pierre à dict, que ſon frere Pol auoit eſcript choſes difficiles à entendre, qui ſont deſprauées par les indoctes: & que S. Pierre l'entendoit du neufieſme des Romains, il eſt manifeſte. Car Sainct Pol aleguant, que Dieu à ſuſcité Pharaon, & qu'il l'a enduci pour monſtrer ſa gloire, il declare enſuyant, que Dieu voulant monſtrer ſon ire ſur les vaiſſeaux preparés à perdition, il les a ſouſtenus en gra͂de patie͂ce. C'eſt de meſme maniere, q̃ nous diſons en co͂mun langage qu'vn pere tolerant les fautes de ſon fils, luy met la corde au col. Tout ainſi Dieu tolerant Pharaon, Saül & autres, par ſa longue patience, il leur à mis la corde au col, non de ſon vouloir, mais de leur malice, Comme ſainct Pol dict ailleurs, Meſpriſe tu les richeſſes de ſa bonté, patience, & tolerance? ne ſçais tu pas que ſa benignité te conuie à penitence, & que la dureté de ton cœur y reſiſtant, te faict threſor d'ire. Combien que ce ſoit contre le vouloir de Dieu, qui iamais ne voudroit auoir occaſion de ſoy courrouſſer à nous, comme dict ſainct Pol, Si noſtre iniquité eſtablit la iuſtice de Dieu, que dirons nous, parlants comme hommes. Dieu ne ſeroit il pas iniuſte, qui donneroit l'occaſion de ſon ire? Ia ne ſoit. Ce

Rom. 2. a
Rom 9. e

Apoc. 3. d
Rom. 8. e
Rom. 8. c

Dieu veut le bien permas l'arbitre & tollere le vice.

Hereſies qui diſent Dieu aucteur de mal.

Rom. 2. d.

Rom. 3. a

n'est pas donc, que Dieu pour son seul plaisir veuille la ruyne d'aucun, mais c'est le mauuais estomac du pecheur, qui ne faict profict de sa patience, & tolerance. Laquele tant s'en faut, que Dieu la porte & souffre pour nostre mal, que sainct Pierre nous conseille, que nous estimions la tolerance de Dieu estre pour nostre salut, alegant à ce propos ce que sainct Pol en a escript difficilement : qui doit estre entendu, que Dieu ruyne, endurcit, obstine, ou rend à perdition les damnez par sa longanimité, de laquelle il vse pour leur salut. Mais eux en abusant conuertissent par leur indisposition, ceste bonne viande en poison, qui les ruyne par leur deffaut, & non par la volonté de Dieu, qui desire le salut de tous : & qui n'vse de ceste patience que pour leur salut, & non pour leur perdition. Et par ce moyé sainct Pierre nous aduertit d'entendre les difficultés de sainct Pol, estimant que toute la perdition des dampnés vient d'auoir mesprisé la tolerance de Dieu faicte pour leur salut : & qu'ils se sont perdus de leur vouloir, abusant de ceste tolerance. Ces pauures mal aduisés ont tenu aussi vn'autre opinion cōfirmāt celle, par laquele ils fōt Dieu aucteur du mal. C'est qu'il nous reprochent, que nous tergiuersons, disans, que les maux ou vices sont faicts par les hommes de la permission de Dieu, & non de sa volonté: & concluent, que les hommes ne font aucune chose que par le secret commandement de Dieu: & ne deliberent rien, qu'il ne l'aye ainsi ordonné. Et pour le confirmer alleguent du Pseaume, Il a faict ce, qu'il a voulu, interpretants ce qu'il a voulu, & mal & bien, ne pesants ceste blaspheme : disent aussi, que c'est folie de disputer de la prescience de Dieu, attandu, qu'il ne preuoit les choses futures pour autre cause, que parce qu'il les a ordonnées ainsi estre faictes. Dont toutes choses adniennent par son vouloir & ordonnance, ne mettants difference en Dieu de preuoir les vices & les ordōner contre son vouloir.

2. Petr. 3. d

Caluin inst. lib. 1. cap. 18 nume. 1. Psal. 113. à Libr 3. cap. 23. nume. 6.

Ibidem. nu. 7

Dauantage disent, que auant que Dieu creast l'homme, il auoit preueu quelle fin il seroit, & l'auoit preueu, par ce qu'il l'auoit ainsi ordonné par son decret. S'il est donc ainsi, que les vices, que les hommes font, soiēt faicts par le secret commandement de Dieu & qu'il ne preuoye que les choses qu'il a ordonné estre faictes, & qu'il fit l'homme, ayant ordonné, qu'il seroit perdu au parauant, il n'y a subterfuge qui sçeust sauuer, que ceste proposition, Dieu est cause ou aucteur des maux, ne fust vraye, chose du tout contraire, & blaspheme contre la bonté de Dieu, & contre l'amour & charité, qu'il a tousiours porté à sa facture, & creature, portant son image, comme le tesmoigne sainct Iacques disant, Que Dieu ne tente aucun en mal, tant s'en faut qu'il le luy commande, ou contraigne. Car Dieu ordonnant les vices, & ne les aprouuant consentant ou voulant, impliqueroit contradiction en sa pensée, qui ne peut estre. Parquoy nous conclurons, que ceste bonté diuine preuoit tout vice, & neantmoins ne l'ordonne, consent, ny l'aprouue aucunement, comme le dict Mercure : VEV QVE DE VRAY, DIEV N'EST PAS CAVSE, MAIS NOVS SOMMES CAVSE DES MAVX OV VICES, QVI LES PREPOSONS AVX BIENS. Il rend à Dieu en cest endroict l'honneur, qui veritablement apartient a sa bonté, de n'estre cause de maux. Car s'il estoit cause de noz maux, & que consenquemment il nous punist pour les deffaux, qu'il nous auroit faict commetre, il seroit, comme dict sainct Pol, inique : Ce qui ia ne soit, ains est bon, iuste, & pitoyable. Nous dirons donc auec Mercure, que Dieu n'est cause de nos vices, & mauuaises volontés, bien est il cause, comme iuste, des punitions, que nous apellons mal bien souuant, comme il est escript, S'il y a mal en la cité, que le Seigneur n'aye faict. & ailleurs, Ie suis creāt le mal, qui sont les punitions, qui sont mal, que pour ceux, qui les portent, mais de soy sont proprement bien, comme estant iustice, vne des principales essences & vertus de Dieu: en qui n'y a que tout bien. Mais c'est nous, qui sommes cause des maux, les prepolants & preferans aux biens, entant que nous cherchants noz plaisirs & voluptez les trouuons plus prestes & preparées au mal que au bien. Nous choisissons le mal auant le bien. Et combien que Mercure nous aye dict, qu'il ne faut preposterer, ou peruertir l'ordre de nostre action, qui est nostre election, nous estans plus cause & inuenteurs de mal que de bien, courons d'aparance de bien noz mauuaises entreprinses: & par ce moyen les preferons, & choisissons auant le bien. Dont s'ensuit tous nos maux & miseres prendre leur cours, & desquels par consequent nous sommes cause. Et n'est besoin pour nous en descharger, en donner la charge à Dieu. Car nous n'en serons non plus quittes, que fut Adam, de s'estre excusé sur Dieu de son peché, voulant dire, Tu me demandes ce que i'ay faict, Ie n'ay rien

Iac. 1. b

Dieu n'est cause d'aucū vice.

Rom. 3. 4

Amos. 3. b & Esaye. 45 a
Le mal que Dieu faict sont punitions.

Les vices sont faicts de volōté corrompue par maliere.

faict

faict, ains c'est toy, qui as failli, m'ayant donné vne femme, qui m'a trompé. Ceste excuse luy a si peu serui, que nous en sommes demeurez miserables. Car il taisoit à Dieu, qu'il auoit receu liberté d'arbitre : par lequel il pouuoit aussi bien contredire à sa femme le tentant, comme y consentir : mais c'est la nature de l'homme de preposterer son vice, de sorte qu'il veut que demeurant vice, il soit estimé vertu. Et pour ce faire, l'homme malicieux employe toutes les vertus de l'image de Dieu, qui ont esté soubzmises à son arbitre, a peruertir tout ordre, loy, ou puissance, qui resiste à son entreprinse, viuant tousiours en l'ignorance de ce que ses plaisirs & voluptez presentes luy thesorisent vn infiny tourment à l'aduenir.

Genes.3.b

L'homme compose son excuse de peruersion d'ordre. Rom.1.a

Parquoy Mercure au cōtraire dict a son fils, VOY TV, O MON FILS, PAR COMBIEN DE CORPS IL NOVS FAVT PASSER, auant pouuoir bien resister a leurs actions ordonnées sur la matiere, qui sont les corps celestes, par les mouuements desquels la matiere estant esmeue, selon leur nature, nous prouoque souuant a ce, a quoy il est besoin de resister pour paruenir a la saincte pensée, PAR COMBIEN DE CONPAGNIES ET CONTINVITE D'ESPRITS ou Demons, qui tous les iours sont parmy nous, faisants leur estat ordonné de Dieu, de tant de manieres diuerses, qu'il nous faut tousiours estre en guet, non seulement pour vn, ou deux, ou quelque nombre d'efforts, mais pour la continuité, par laquelle il s'entre touchent : a cause que ces Demons portants par l'air les effaicts des astres, sont semés par la region de l'air l'occupant toute entierement par leur continuité, laquelle ne cesse iamais heure, ny lieu, ny moment en eux, & aussi estre en continuel soin de n'estre surprins par leur subtilité, ruse ou astuce. A quoy il est escript, qu'il faut veiller pour n'entrer en tentation, & pour resister a l'esprit aduersaire, qui nous enuironne comme vn lion rauissant. Et par combien de mouuements, ou COVRS D'ESTOILE, il nous faut passer : qui toutes iettent actions sur noz matieres, par la frequence des mutations, qu'elles font par leurs cours, en danger de nous esbranler, si nous n'en auons bien grand soin, par l'acces & continuele solicitation, qu'ils manient auecques noz sens leur offrant innumerables diuersités de concupiscences : lesquelles il nous faut combatre, & le tout POVR entrer au chemin, le suiure, & NOVS ADVANCER VERS ce parfaict bien, qui n'est qu'VN ET SEVL DIEV.

Resistances empeschās le salut.

Marc.14 d & Luc. 21. g 1.Petr.5.c

Toutes ces difficultés, qu'alegue Mercure à son filz, qui se trouuent deuant l'hōme auant qu'il paruiene au parfaict bien & iouissance pleniere de l'vnion de Iesus Christ autheur de regeneration, & salut de l'homme, sont proposées à celuy, qui tient encore vne bonne partie de son opinion en la matiere & ses abus pour l'en reuoquer, retirer, & desprendre, de tant que ce premier poinct est plus difficile à l'homme, que toute l'operation du salut, par ce que c'est à luy en son arbitre de retirer sa volonté, qui est à luy a manier, hors des concupiscences & abus du monde. Car l'ayant retirée du tout de ceste part, elle tombera bien aisément vers l'autre, qui l'apele instamment.

Il est plus malaisé a l'homme soy retirer des cōcupiscences que apres acquerir salut. Iere.3.a

Parquoy nous disons, que la plus grande entreprinse, que l'homme aye a faire, c'est retirer son affection & volonté des choses materieles. Par ce qu'il ne peut faire, que ce poinct : & incliner de l'autre part en toutes ses forces & vertus, de tant que le reste de la perfection ce n'est l'homme entier, ou composé qui le faict, ains c'est le seul intelligible sainct Esprit image & raison diuine, qui faict ceste besongne de perfection, & de laquelle l'homme n'en a pouuoir, que la desirer & vouloir veritablement, & employer ses actions a la suite de ceste bonne volonté, comme executions d'icelle. Qui est cause, que ayant vaincu ce premier effort, & repoussé la matiere, toutes ces difficultés proposées par Mercure a son fils, sont peu de choses contre celuy, qui entreprend le paracheuement & perfection du salut, c'est le sainct Esprit de Dieu. Et lors l'homme cognoist ce que dict apres Mercure, & cōme il est escript, qu' AVECQVES PLVSIEVRS DIFICVLTES, peines, trauaux, brunchements, resistances & empeschments, tous venants de la matiere, & leurs adherans L ON ATTAINT & acquiert LE parfaict BIEN. Lequel neantmoins est gayable : & que nous auons dict au second chapitre estre aussi ample que la substance ou principale partie de toutes choses corporeles & incorporeles. Parquoy sans cause il n'est dict QVI EST SANS TERME, SANS FIN, ou limite tant de son propre, que aussi pour nostre regard nous le trouuons TEL. Et QVANT A LVY seul, il est SANS COMMENCEMENT, & eternel

L'homme n'a operation de sains que la volonté. Act 14.d & 2.Cor.8.a Pour paruenir a Dieu, il y a plusieurs tribulations.

ce qu'il n'est pas, quant à nous, qui n'auōs aucune cognoissance d'eternité, de tant que nous ne pouuons cognoistre, que de nostre temps, qui est terminé, comme ayant commencement & fin. Parquoy nous ne le pouuons, par noz sens, trouuer, ou aperçeuoir eternel, MAIS IL NOVS SEMBLE AVOIR COMMENCEMENT des lors, que nous l'aperçeuons, QVI EST LA COGNOISSANCE. C'est nostre cognoissance, qui reçoit en luy commencement: & luy, en nostre cognoissance, & non de son propre. Vray est, que ceste eternité, qui ne peut entrer en la creature finie, & terminée, est receuë par l'intelligence diuine donnée à l'homme, & confirmée par foy, & parfaicte croyance, que la bonne ame rend à son Dieu: par laquelle toutes choses excedents les sens de l'homme sont communiquées à son intelligence: tellement qu'elle la rend plus persuadée des choses incogneuës aux sens, que de celles, qui luy sont raportées par eux, comme il est clairement tesmoigné par les actions & operations, que tant d'anciens & grands personnages nous ont laissé par escript. Lesquels entant qu'hommes prouueuz de sens, ont eu commencement de Dieu, en leur cognoissance raportée par les sens, par lesquels il luy donnoiēt cōmencement des lors, qu'il en auoit eu la premiere nouuele. Mais ilz ont passé outre, reçeuant la foy de ce futur Messie. Par laquelle ilz ont cogneu, creu, veneré, adoré, & reueré Dieu sans fin, commencement, ny aucun terme ou limite: & par celle là, ont publié actions excedantes en eux toute puissance de nature, ou loy ordinaire de Dieu: par lesquelles ilz ont manifesté sa grandeur, bonté, puissance, & misericorde.

Hebr.11.a.b

Les sens reçoiuent commencemēts de Dieu, & la foy l'eternité.

SECTION 9.

Parquoy donc cognoissance ne luy est pas commencement, mais elle nous donne commencement de ce, qui nous doit estre cogneu. Prenons donc ce commencement, & passons diligemment toutes choses. Car il est grandement dur, laissant les choses familieres & presentes, de retourner aux vieilles & anciennes: de tant que celles qui aparoissent, sont delectables: & celles qui n'aparoissent point, sont les incredules. Les choses plus manifestes sont mauuaises. Le bien n'est pas manifesté aux choses manifestes, à cause qu'il n'a forme ny figure. Parquoy il est semblable à soy mesme. & à toutes autres choses nō sēblable. Il est impossible que la chose incorporele apparoisse au corps. Il y a autant de difference du semblable au non semblable, qu'il y a de deffaut du non semblable au semblable.

COMMENTAIRE.

CE parfaict bien sans fin, terme, ny limite, & quant à luy sans commencement, nous commence par nostre cognoissance, qui est le commencement que nous en receuons, & non luy. PARQVOY DONC COGNOISSANCE NE LVY EST PAS COMMENCEMENT. C'est à dire, ceste action intelligible, que nous faisons, commençant à le cognoistre, ne faict en Dieu aucune mutation, ou mouuement, ou bien changement d'estat, ains c'est en nous, que ce commencement de cognoissance engendre & produict mouuement, mutation, & changement, à cause de nostre imperfection ordinairement subiecte à mutation, alteration, & changement: & ce de tant que nous auons du commencement souffert dominer en nous la matiere, qui estant delaissée de Dieu, comme nous auons dict au premier chapitre, a esté exposée à generations, corruptions, alterations, renouuellements, & plusieurs autres manieres d'imperfections, produictes par les actions des creatures celestes apliquées sur ceste matiere separée de Dieu: & par consequent, nous qui suiuons la nature de ce, à quoy nous nous sommes rendus subiectz, ne pouuons faillir d'estre subiectz à ceste imperfection de mutation, & instabilité.

Pourquoy l'homme n'entend l'eternele immobilité de Dieu.

Ce n'est

Ce n'est pas donc Dieu, qui prend ce changemét, de commencer, lors qu'il entre en nostre cognoissance. Car il est ferme & stable, non subiect à mutation, comme il est escript, MAIS ELLE NOVS DONNE COMMENCEMENT, qui par ceste cognoissance entrons en mutation, & changement, qui nous presente le commencement DE l'intelligence, & premiere nouuelle de Dieu, nous insinuant CE QVI en peut & NOVS DOIT ESTRE COGNEV a chascun, selon son trauail, affection, & capacité. PRENONS DONC, dict Mercure, CE COMMENCEMENT, embrassons ET PASSONS DILIGENTMENT, & d'vn grand soin TOVTES CHOSES, que nos sens voyent & aperçoiuent en ceste vie mortelle, & par lesquelles ils ont acoustumé d'estre abusés, & par consequent d'abuser l'ame, de laquelle ils sont partie, & les passons nous en seruant (au dire de sainct Pol) comme n'en vsant point, & sans y arrester aucune partie de nostre affection, que tãt q la necessité de la vie le requerra, ayant veritablement entreprinse plus grande, que l'vsaige des choses materieles. Alõs, comme dict sainct Pol, au trosne de sa grace, auecques foy, pour y aquerir misericorde, & trouuer grace en temps conuenable. Et pour ce faire, preparons bien noz resolutions & deliberations pour n'estre vaincus ou destournés en ce chemin ou entreprinse de passer l'vsage des choses corporeles & materieles sans y mettre le cœur & affection trop auant. CAR dict Mercure, IL EST GRANDEMENT DVR, LAISSANT LES CHOSES FAMILIERES ET PRESENTES DE RETOVRNER AVX VIEILLES ET ANCIENNES. Le Grec vse en cest endroit du mot σκολιὸς, signifiant oblique: qui nous a faict penser, que quelque transcripteur d'exemplaire le pourroit bien auoir mis pour σκληρὸς, signifiant dur, pour la proximité des dictions, chose facile à iuger par la suyte & contexte du propos de Mercure disant, Il est grandement dur, rude, ou aspre, combien qu'il ne soit oblique, mais plus tost droicturier & iuste, de delaisser ces choses corporeles, qui nous sont si familieres & presentes, que ordinairement nous les aperçeuons dans nostre ame, par le moyen des sens, qui y communiquent de leur nature incessamment, & delaissant ces choses si priuées & presentes nous retourner aux vieilles, anciennes, & eterneles, qui ne peuuent estre veuës, ouyes, senties, ny aperçeuës par quelque vertu que puissent auoir noz sens corporelz. Qui veritablement ont ia prins domination sur noz personnes. Il est si dur, & aspre d'entrer en ceste metamorphose, qu'il s'en trouue peu, qui en assaillent viuement le chemin. C'est ce, que Iesus Christ trouua au triste adolescent, qui trouuoit dur de laisser ses richesses pour le suiure. Ce mot dur s'acorde plus proprement au sens du propos, qu'oblique, de tant que laisser les presentes temporeles pour les eterneles, est dur & rude, non oblique, n'y mauuais, mais malaisé a l'homme charnel: comme dict Ieremie, Si l'Æthiopien peut changer sa peau & le Leopart ses bigarrures, ainsi vous pourrés bien faire ayant acoustumé le mal. C'est de l'homme materiel, duquel ce propos s'entend. Mais l'homme intelligible, tant s'en faut, qu'il ne trouue ce faict oblique, rude, ny dur, qu'il ne desire autre chose, ny se delecte qu'en la loy de Dieu, comme le dict sainct Pol, laquelle ne tient aucune chose de la matiere, ni corruption. Ceste diction (dur) a esté merueilleusement employée à ce propos par les disciples de Iesus Christ, lors qu'il leur anonçoit le bien, que leur deuoit faire la reception corporele, & materiele de son corps & sang, s'ilz la receuoient en vraye foy, & amour. A quoy eux estants encore durs, & rudes, pour ces termes luy respondirent, que ce propos estoit dur, ne pouuant comprendre, que Iesus Christ leur parlast d'autre somption, que de la simple corporele, & exterieure, telle qu'ilz le voyoient, sans y estre besoin d'autre condition, de tant qu'ilz n'auoient compris, que ce discours estoit yssu de ce que le peuple recherchoit Iesus Christ, non pour le louër, & mercier de ses miracles, mais pour auoir esté soulez de pains. Surquoy Iesus Christ leur voulant anoncer le vray pain, auquel il deuoient tascher, & respondre à leur demande, qui estoit, Que ferons nous pour ouurer l'œuure de Dieu? L'œuure de Dieu est, que vous croyez en celuy, qu'il a enuoyé. Et par ce propos de foy, le bon Seigneur commence le discours de la somption corporele de sa chair & son sang, vray pain descendu du ciel. Surquoy il leur dict, Nul ne peut venir à moy, si mon Pere ne l'y atire. C'est à sçauoir par l'accord, qu'il fist en l'entrée de sa passion, priant, que ses Apostres fussent ioinctz & vnis à luy, & non seulement les Apostres, mais tous ceux, qui par leur parole voudroient croire en luy. Par où il le declare, que Dieu le Pere a attiré tous ceux là, qui ainsi se seront presentés pour venir à luy, & luy estre ioinctz, & vnis.

Et continuant reprend son premier propos par mesme entrée qu'il auoit faict: En verité, en verité ie vous dy, qui croit en moy a vie eternele. Et de là leur continue de rechef ce progrez, de la somption de son corps & sang pour leur donner bien à entendre, que de vray ils auoient besoin de communier à luy corporelemēt, comme son pere luy auoit accordé, pour iouir a l'aduenir par son merite & resurrection, qu'il fist de nostre matiere ioincte a la sienne, de la purification, qu'il en faisoit, pour la rēdre (en vertu de la siene, à laquelle elle estoit ioincte) glorieuse, immortele, puissante, vertueuse, incorruptible, &c. cōme sainct Pol l'a declaré. Mais il nous vouloit bien instruire, que nous ne creussions, & pensissions a acquerir ce benefice par la seule somption corporele, comme qui mangeroit du pain seul, pensant à ses folies & autres superfluitez, sans aucune foy ny amour. Car en telle maniere dict le bon Seigneur, La chair ne profite rien, estant prinse, comme seule matiere, incapable de toute vertu, s'il n'y est consideré autre chose. Parquoy il dict ensuiuant, Les paroles, que ie vous ay proferé, vous parlant de la reception de ma chair, corps & sang, ne sont pas si grossieres, que i'entende que vous prenez seulement mon corps & mon sang par action & œuure seule exterieure, sans autre preparation, mais i'entends qu'elles sont esprit & vie: lesquels esprit & vie, ne pouuant estre reçeuz (entant qu'essences diuines) que par autres de mesme condition, ie vous declare, que pour receuoir ceste vie, que ie vous presente par la prinse, & somption de mon corps, vous ne preparerez seulemēt vostre corps materiel, par habillemens, lauemens exterieurs, & autres solemnitez materieles. Car toute ceste chair materiele prinse seule, ne profite rien, mais i'entends, que vous preparez voz vertus intelligibles, la pensée, entendement, esprit, & bonne volonté, par lesquels vous aurez vne foy, viuifiée, par l'operation de charité: qui (estants de mesme nature & condition que la vie, qui vous est offerte auec la matiere sanctifiée par moy, qui sont toutes essences diuines) receurōt dignement ceste chair & matiere sanctifiée, portant en soy ceste vie eternele, donnée à l'homme par l'vnion que Dieu en a faict, à la priere de Iesus Christ: duquel l'esprit donne salut à l'ame humaine, & le corps au corps, le purifiant par son vnion par la croix & resurrection en vie eternele. Parquoy ceste preparation faicte, comme sainct Pol l'a escripte, se trouue non corporele, mais intelligible & spirituele: pour respondre au propos, que Iesus Christ nous a dict que c'est l'Esprit qui viuifie, & reçoit ceste vie donnée par ceste saincte chair & matiere: ou sans cest Esprit la chair ne porte aucun proffit. A ceste cause toute personne, qui voudra entrer au benefice de Iesus Christ, pour acquerir vie eternele, tant pour la gloire de son homme interieur que pour la vie eternele, immortalité, & incorruption de sa chair & matiere, il doit faire son estat d'abandonner toute sorte de matiere superflue à sa necessité, et de n'en cuider tirer aucun bien, que par le moien des œuures & actions intelligibles, & spirituelles. Ausquelles il se faut retirer du tout, & y contraindre chacun à son possible ses affections, chose merueilleusement dure à celuy, qui aura faict estat de choses materieles, & mesprisé les intelligibles. Il est donc bien dur, rude, & semble oblique à l'homme charnel, & sensible, de laisser l'vsage & veneration de la matiere, pour soy remettre & retourner aux choses vieilles & si anciennes, qu'elles n'ont iamais eu commencement. Parquoy a bon droict Mercure les nomme vieilles & anciennes: ce sont les vertus diuines cōposant & accompaignant l'image de Dieu donné à l'homme des sa creation, lesquelles sont eternelles, & sans aucun principe determiné, ains ont leur principe eternel en Dieu, en qui elles ont esté eternellement. Et par consequent sont vieilles & bien anciennes, comme il est escript de Sapience, Le Seigneur m'a possedé du commencement. Elle est donc bien anciene & vieille, & à laquelle l'homme sensible trouue dur & oblique soy retirer laissant la matiere: mais en l'homme, qui la cognoist, elle demeure iusques à la presence de Dieu. Parquoy il la cherchera de tout son cœur, & par tout employ d'autres vertus diuines, contenues en l'image de Dieu assis en l'homme. Et ce qui empesche le commun des hōmes conioincts à la matiere de l'abandonner pour suiure les vertus diuines, c'est DE TANT, QVE CELLES QVI APAROISSENT, SONT DELECTABLES, à cause que les choses materieles aparoissent, & sont ordinairemēt presentes aux sens, & leur produisent leurs effects plus legers sur l'heure, reseruans les plus pesans en plus grande longueur, pour mieux donner le saut à ces paures ignorants, qui font plus grande prouision de plaisir, que de prudēce & cognoissance. Parquoy la presence de ses legers effects delecte l'homme sensible, qui n'attaint plus auant que ses sens, & au contraire, CELLES QVI N'APAROISSENT POINCT FONT LES INCREDVLES. Car les choses

&

& vertus intelligibles, qui n'estant subiectes au iugement des sens, leur sont absentes & occultes, & par consequent ne peuuết entrer en leur perception, l'homme sensible & charnel les estime comme n'ayant aucune essence: ains le raport, & anoncement, qui luy en est faict, estre vrayes & pures fables, & inuentions, suppositions, ou hypotheses. Qui est cause, qu'il n'y croist, ny donne aucune foy. Et en ceste maniere, Mercure dict, que les choses, qui n'aparoissent point, les font incredules, à cause, que toute foy & intelligéce du cōmun, est apuyée sur les sens, & raport d'iceux, sans passer plus auant au iugement de ce, qu'ils raportent. Et LES CHOSES PLVS MANIFESTES, dict Mercure, qui ne sont aperçeuës que par les sens, SONT MAVVAISES, à cause qu'estant subiectes aux sens, elles sont materieles. Or toute chose materiele est subiecte à corruption, & infinis moyés d'imperfection, qui la rendết euidemment mauuaise, de tant, qu'elle est imparfaicte, & subiecte à diuerses passions, & alterations, qui iamais ne la souffrết durer en vn estat. Ceste mauuaistié luy prouiết de la matiere, dont ell'est faicte. Et LE BIEN N'EST PAS MANIFESTE AVX CHOSES MANIFESTES, A CAVSE QV'IL N'A FORME NY FIGVRE. C'est, que ces choses manifestes, que nous auōs declaré estre mauuaises, en tāt que materieles, n'ont en soy aucune vertu (tāt qu'elles demeurent materieles, & par consequent manifestes) d'aperçeuoir le bien, qui est le parfaict de toutes vertus intelligibles. Sainct Pol s'accordāt à Mercure declare fort expressemết les differences de ces choses visibles aux inuisibles, quand il dict, La presence legere de nostre tribulation, prepare en nous vn eternel poix de gloire, pendant que nous ne considerōs les choses visibles, mais les inuisibles. Car les visibles sont temporeles, & les inuisibles sont eterneles, nous faisant entendre qu'elles sont aussi diferentes, que le tēporel de l'eternel, & l'imparfaict du parfaict. Parquoy ce bien ne peut estre rēdu manifeste à ceste chose manifeste, & materiele, qui ne peut aperçeuoir que son semblable & mauuais cōme elle. Or le bien est du tout esloigné, & contraire au mal: & par consequết n'est cōprins au nombre des choses visibles ou manifestes, desquelles nous auōs parlé, ny ne peut aussi estre manifesté à elles. Et la cause, dict Mercure, c'est de tant, q̃ ce bien n'a forme ny figure. Il prend en cest endroit forme selon le commun parler, pour portrait ou delineations, designants & representans ceste forme visible, ou figure descripte par termes ou limites. Et de tant que ce bien ne peut estre representé par ceste forme ou figure, que les sens corporels peuuết aperçeuoir: & que la chose manifeste & corporele ne peut aperçeuoir, que telles formes ou figures subiectes aux sens, il s'ensuit, que ce bien n'ayant forme ny figure corporele, il ne peut estre aperçeu, ou manifesté à ce manifeste, materiel, corporel, & mauuais, qui ne comprend que figure & portraits. PARQVOY, dict Mercure, IL EST SEMBLABLE A SOY MESME, ET SI EST NON SEMBLABLE A TOVTES AVTRES CHOSES. Nous auōs cy deuāt ramenteu, que le bien cōprend toutes choses, qui ont essence & perfection, quād nous auons dit, qu'il est si ample, que la substance de toutes choses corporeles & incorporeles, c'est à dire, si ample, q̃ la principale partie de toutes choses, qui est leur substāce: en laquelle gist leur perfection. Laquelle ne peut aprocher du Biế, qu'en ce qu'elle aproche de perfection. A cause de quoy elle en tient ce point seulemết, qui tend à essence & perfection, encore que le tout n'en soit. A ceste cause, ce Bien cōprenant toute essence & perfection, est seul, & par consequent semblable à nulle autre chose, qu'à soy mesme, ains differāt ou NON SEMBLABLE à tout autre subiect, comme n'en estant aucun, qui attaigne à ceste perfection. Et cōbien qu'il ne soit semblable à aucune chose particuliere, ce nonobstant toutes choses, qui ont essence, ou quelque partie de perfection, la reçoiuent de ce parfaict bien, & trouuent leur image & semblance en leur exếplaire, qui n'est manifeste, qu'à ceux, qui ont du tout quitté les choses, que nous auōs dict manifestes, corporeles, & mauuaises. A cause de quoy Mercure dict ensuiuāt, QV'IL EST IMPOSSIBLE, QVE LA CHOSE INCORPORELE APAROISSE à la corporele ou AV CORPS. C'est de tant que l'incorporele est cōstante, ferme, & stable, n'ayant en soy aucune partie subiecte aux actions des sens corporelz, qui est cause que la chose corporele, qui n'aperçoit, que par les sens, est totalement exclue de la sentir ou aperçeuoir. Et dict apres, IL Y A AVTANT DE DIFFERENCE DV SEMBLABLE AV NON SEMBLABLE, QV'IL Y A DEFAVT DV NON SEMBLABLE AV SEMBLABLE. C'est que la difference qui est entre la chose, qui est semblable à soy mesme, & non à autre: & la chose qui est dissemblable non seulement aux autres, mais le plus souuent à elle mesme, à cause de sa mutation & changement, autant que par ceste differance la semblable & constāte est excellente sur la non-semblable & inconstante, autant est plus bas, indigne, & imperfaict le deffaut, & vilité du non semblable ou dissemblable enuers l'excellence du semblable. Ceste façon de parler, a esté tirée par le Grec de l'exéplaire Ægiptié vsant d'vne phrase Syriaque, qui reçoit cóparaisons telles, cóme s'il disoit, le bien est d'autant plus excellent, que le mal, comme le mal est plus imperfaict, que le bien. Tout ce propos, duquel a vsé Mercure en general, il l'entéd reuenir au particulier de l'homme charnel: auquel soubs ces termes generaux il sous vne leçon, pour l'induire à laisser l'abus de la matiere, & soy retirer à la cognoissance de ce parfait bien, Dieu tout puissant: & l'exhorte de prédre ce cómencement de Dieu en sa cognoissance, & passer les choses corporeles, & aparantes aux sens, qui l'abusent ordinairement, en la plus grande diligence & moindre arrest, qu'il le pourra faire: & qu'il se garde bien de s'y endormir, & s'y laisser surprendre, car il est bien mal aisé à l'homme coustumier de reçeuoir les plaisirs & voluptez, que les choses sensibles donnent aux sens, & qui n'a encore senty quelle ruyne ces douceurs luy preparent, de laisser ces doulceurs presentes, & si familieres, pour soy retourner à celles, qui ne luy baillét rien present, ains seules promesses, qui ne peuuent estre entendues, entant que bien par luy, qui est corporel desia adonné à la matiere, ne pouuant cognoistre bien, & par consequent ny reçeuës, que par celuy, qui aura ia laissé les choses presentes & corporeles. Ce n'est pas qu'il ne faille vn merueilleux cóbat & difficulté tres-aspre à soy vaincre, mesmes laissant les choses materieles, qui par leur presence delectét, & contentent grandemét les sens, pour les spirituelles, qui par leur esloignemét & absence des sens, engendrent plustost incredulité & mespris, & proposent peines & tourments. Ce n'est pas sans tres-grand' peine à l'homme, qui se delibere à bon escient d'entreprendre d'en venir à bout. Ce ne sera sans bien combatre. Et pour conforter & fortifier l'homme à entreprendre ce chemin de bien & vertu, il declare, que ces choses manifestes & corporeles sont mauuaises: affin que leurs abus ne suprenent les innocens. C'est de tant, que les choses corporeles estant formées sur la matiere subiecte à tous influx de mutation par les corps celestes, enuironnants l'vn l'autre, & fortissiáts, & imprimants plus fort leurs actions, à cause de leur situation circulaire, comprenant la matiere de toutes parts: & que la plus haute, & qui cótient toutes les autres, comme nous auós dict au premier chapitre, est Saturne, de qui l'action produict mensonge, & passe auant venir en nous, par toutes les autres influances, couurant & enuironnant toutes actions de ses compaignons iettées sur la region elementaire & leur communiquant sa nature de mensonge. dont nous voyons clairement, que vice ou bien meschanceté quelconque ne peut estre conduicte en ce bas monde parmy les hommes à sa fin, sans qu'il n'y entreuient mensonge, comme estant commun & principal subiect du vice.

A cause de quoy le Diable, qui a esté nommé par Iesus Christ prince de ce monde, a esté nommé par son plus propre tiltre, menteur de sa propre nature, & entant que subiect principal de toute misere & meschanceté. Dont s'ensuit, que és temps, que le Diable a permission, pour noz pechez, d'exercer la vengence de la iustice de Dieu sur son peuple, & en exterminer vn grand nombre, cest executeur nous donne facilemét à cognoistre son séel & marque: qu'il imprime en ses negociateurs & conducteurs de son entreprinse. C'est mensonge, par le moyen de laquelle, & ses faux raports, il insinue & seme (comme Mercure a quelquefois dict, semence de sa propre action. Et sainct Iean dict, Quand il parle mensonge, il parle de son propre) dans le cœur du peuple de Dieu, pour le separer, soubz pretexte d'opinions particulieres, que nous nommons partialites, quelquefois soubs seigneurs ou princes, ou nations, quelquefois soubs tiltre de differentes religions, faisant semblant, par la méterie de leur conducteur, de vouloir esté meilleur, blasmant les vices des autres, pour atirer à soy les simples brebis. Et de là au lieu de correction fraternele, ilz coupent la gorge, tuent, & meurtrissent ce, qu'ils peuuent, pour faire proye à leur conducteur & principal capitaine Sathan. Qui faict conduire par ses ministres, toute ceste manifacture: & par ses semences de mensonge, tellement qu'il ne se voit iamais temps, auquel les hommes portent tant de méteries l'vn à l'autre, que quand le Diable conduict sur eux quelque entreprinse de seduction. C'est vne merque infaillible, que l'entreprinse est sienne, quand sa monnoye y est reçeuë, à si grand cours: & que l'on voit la menterie si frequente, de laquelle il s'ayde pour mettre en estime la matiere & ses concupiscences.

A cause

Epilogue de ce dessus.

Origine du regne de mensonge en ce monde.

Ioan.11.e

Ioan.8.f

Chap.9.3.

Pourquoy mensonge a si grand cours en temps de sedition.

A cause de quoy toutes œuures de matiere, & toutes actions des hommes, qui la venerent, sont manifestes & publiées, ou mises a effect, par la mensonge qu'il baille, & reçoiuent entre eux, comme monoyes ayants courts public & commun en leur endroit. L'homme donc s'estât si fort accoustumé a la mensonge, ne cuyde ne cognoist verité aucune part. Et quand il la cuide en ses voluptés presentes, elle n'y est, à cause de leur imperfection (comme nous dirons cy apres) qui ne porte en soy aucun arrest. Ne cognoissant donc verité, quâd ceste verité verbe, & fils de Dieu se publie & declare a l'homme, il cuide, que ce soit, ce qu'ils ont acoustumé, & en quoy ils sont ordinairement nourris, qui est mensonge: en laquelle ils commuent verité : qui les recule grandement d'y donner foy, comme de vray il n'apartient qu'il en soit donné a mensonge : & l'estimant menterie, ils mesprisent, & reiectent ces promesses diuines de leur eternel repos, comme il les faudroit reieter, si c'estoit paroles humaines, & fondées sur ceste imperfection, & fondement de misere, qui est humaine menterie. A quoy Mercure voulant remedier, nous declare, que toutes ces choses manifestes, ou nous arrestons nos opinions, & y pensons estre contenu verité, sont mauuaises, pleines de ruine & deception. Ce n'est pas la, que se trouuera repos eternel & verité, ains seulement vne fraudulante semblance de repos, produisant peine eternelle. C'est en ce parfaict bien, qui n'est manifesté ny aparant aux sens, que vous trouuerés verité & parfaict repos: mais tât que vous reuererés ces choses manifestes, sensibles, & corporeles, le bien parfaict ne vous sera iamais manifesté, ains vous sera absent, oculte & esloigne, à cause que ce que vous cherchés par vos imperfections n'est en luy, qui est d'escription exterieure, forme, ou figure visible, & palpable, sensible & corporelle.

Il faut reiecter toutes opinions de s'atêdre a iamais l'aprocher, cognoistre ou entendre par ces moyens tous indignes d'vn si digne subiect : mais considerés qu'il est semblable a luy mesmes, qui est en vous. Parquoy il ne ressemble autre chose, que luy mesme. Il vous a donné son image accompaignée d'infinies vertus & puissances : sur lesquelles il a donné liberté d'arbitre a vostre ame, de les employer selon sa volonté. Employes les, non au recouurement des concupiscences, voluptez, & plaisirs des choses presentes, mais les retirant dela a toute force employez les au recouurement de la diuine semblance, que vous recouurerez, les dediant a leur vray aucteur vostre createur, affin qu'auec ceste semblance vous acquerez la cognoissance de ce parfaict bien Dieu eternel, qui vous conduira soubs ses promesses pleines de verité, en vostre infiny repos & felicité : & ne vous amusés plus, que tant que vous serez corporels, venerant la matiere & choses visibles ou aparentes, vous puissiez veoir, ouyr, sentir ny aucunement aperceuoir, ce vray incorporel Dieu eternel.

C'est a cause que vous ne faictes en vous aucune prouision des moyens, parlesquels il est aperceu, senty, & cogneu : qui sont ses vertus mesmes, & essences commises en vostre arbitre : qui estant bien employées le vous feront cognoistre par leur moyen, comme estant des essences de celuy parfaict bien, qui ne peut estre cogneu, que de luy mesme, & ses propres essences : & trouuerez en fin, que vous estants rendus hommes intelligibles & spirituels, semblables au pere celeste, il y aura autant de difference de vostre vray estat de semblance, a l'estat que vous auez eu au parauant, seruant a la matiere & ses concupiscenses, qui est du tout contraire & dissemblable a Dieu vostre pere, & dauâtage vostre estat spirituel intelligible & de contêplation, qui est autant plus excellât, que l'estat corporel & charnel : comme ce mesme charnel est plus miserable, imperfaict, & souille, que l'intelligible, diuin, & spirituel. Mercure a monstré par la, que combien que parlant en general de la matiere aparante & mauuaise, il y peut comprendre toutes creatures materieles comparées a ce parfaict bien non aparent, figuré ny descript: toutes fois il a voulu dire le tout pour seruir d'enseignement & admonition a l'homme, du moyen qu'il doibt prendre de soy retirer a Dieu, par le mespris & reiectement de la matiere & ses faueurs : par ce que c'est luy seul entre toutes creatures, qui peut esuiter ce mal, & venir a la perfection du bien.

SECTION 10.

Car vnité est commencement & racine de toutes choses. Et commencement est, mais rien est sans commencement. Et commencement est de rien ou de soy mesmes, attandu qu'il est commencemēt d'autres choses, car elle est, & si n'est faicte d'autre commencement. Vnité donc est commencement, & contient tout nombre, n'estant contenue sous aucun: & engendre tout nombre, n'estant engendrée d'aucun.

COMMENTAIRE.

CY deuant Mercure nous a insinué Dieu par la perfection de bonté, par action, efficace, sans terme, sans fin, & sans commencement, absant, oculte & non aparent aux choses corporeles: & par ce qu'il est estrange a l'homme non beaucoup versé aux choses diuines de comprendre c'est eternel commencement, duquel il depend, il propose la chose des plus vsitées entre nous, & toutes nos negotiatiōs, & manifactures, par laquelle il s'essaye de nous declarer & faire cognoistre de Dieu ce, qu'il pourra. C'este chose est l'vnité, qui nous est si necessaire & familiere en toutes nos actiōs, & necessitez, que nous n'auons chose si frequente: & toutesfois nous ignorons la perfection de sa nature, tant est enracinée en nous l'ignorance. Il dict, CAR VNITE EST COMMENCEMENT DE RACINE DE TOVTES CHOSES, voire & par laquelle toutes choses sont esclarcies, a l'intelligēce de l'hōme. Et pour nous faire entendre, que l'vnité estant commencement n'est vne fiction, suposition, ou hypothese, sans aucune essēce, seruāt seulement a ce qui la doibt ensuyure, comme les hypotheses & supositions des sciences proposées pour l'intelligence de la science qui combien qu'elles ne soyent, ce neantmoins elles seruent a l'intelligence & reception de la science, qui s'ensuit de la supposition faicte d'elles: qui toutes fois n'ont aucune essence. A quoy voulant remedier Mercure dict, ET COMMENCEMENT EST, ou a essence & n'est poinct vne suposition, ains est veritablement en la nature des choses. Pour faire entendre que l'vnité, qui est ce commencement & racine de toutes choses, a en soy vertu d'essence ou d'estre: & si est commencement de toutes choses, detant qu'il n'est aucune chose, qui ne soit simple ou composée. La simple est vne, & commence par l'vnité: la compoosée est faicte de plusieurs vnitez, qui interuienent a la composer: desquelles la premiere est tousiours le commencement. Et en ceste maniere l'vnité est commencemēt de toutes choses simples ou composées, & si a essence pour donner a entendre, qu'elle n'en est point priuée, comme il dict apres. MAIS RIEN EST SANS COMMENCEMENT. Il suyt en ce propos ce, qu'il a dict au second chapitre, que toutes choses sont faictes de celles, qui sont ou ont essence, & non de celles, qui ne sont. A cause dequoy, ce rien, qui n'a aucun estre ou essence, ains porte son nom tel, a cause, qu'il en est totalement priué, n'ayant essence, il ne peut auoir en soy commencement, qui porte essence. Car s'il auoit commencement en soy, il auroit aussi l'essence, qu'a le commencement. Mais n'ayant poinct d'essence, il est necessaire, qu'il n'aye point de commencemēt. Et COMMENCEMENT (dict il) EST DE RIEN OV DE SOY MESMES. Il est bien fort notoire, que tout commencemēt (soit l'vnité ou autre, s'il en peut estre) est ou prend son estre de deux l'vn, ou de ce rien, qui n'est, ny a' essence, ou de soy mesmes. Quand a estre issu de ce rien priué d'essence, s'il estoit ainsi, il n'auroit non plus essence en soy: combien que nous aions dict, que commencement a essence, qui est l'essence de la nature de la chose que ce commencement commence: ou autrement la chose, qui descendroit du commencement, n'en pourroit auoir, si son son commencement n'en auoit. Il a donc essence: & par consequent il ne peut venir de ce rien, qui en est totalement priué. Mais faut, comme nous auons dict a ce second chapitre, qu'il vienne, veu qu'il a essence, de la chose, qui est. Nous disons qu'il ne peu venir que de soy mesmes: car s'il venoit d'autre, il n'auroit nom commēcement, ains dependroit de celuy, duquel il viendroit, qui l'ayant precedé a bō droict emporteroit le nom de commencemēt. Mais puis donc, que c'est luy, qui est commencement, il ne peut venir, estre, ou prendre essence d'autre:

Par-

Marginal notes:

Argument que Dieu est commencemēt de toutes choses.

Nature des hypotheses.

Toutes choses prenēnt commencement de l'vnité a cause de son essence.

Rien n'a commencement aucun.

Commencemens ne peut venir que de soy mesmes.

Parquoy il la prendra de soy mesmes, ATTANDV QV'IL EST COMMENCEMENT D'-
AVTRES CHOSES. C'est qu'il sera dict commencement d'autres issu de soy mesmes, par
ce qu'il ne sçauroit estre dict commencement, s'il n'auoit suyte, de laquelle il fust commencement, a ceste cause les dialecticiens le mettront ayséement en leurs Predicament *ad aliquid*, ou de relation: par ce que tout commancement est commencement de sa suite: & la
suite est suite du commencement. Tout cest argument est conduict pour monstrer l'vnité
estre vray & seul commencement. CAR ELLE, dict Mercure, EST OV A ESSENCE, comme
nous auons dict, qu'a le commancement: parquoy elle n'est point yssue de ce rien, qui en est
priué: ET SY N'EST pas faict, D'AVTRE COMMANCEMENT: car elle seroit composée
de commencement & suitte, qui sont deux: parquoy ce ne seroit plus vnité, ains ce seroit
nombre. Nous conclurons que, VNITÉ DONC EST COMMENCEMENT, ET CON-
TIENT EN SOY TOVT NOMBRE, N'ESTANT CONTENV SOVBS AVCVN, ET EN-
GENDRE TOVT NOMBRE, N'ESTANT ENGENDRÉ D'AVCVN. C'est qu'il apartient
a l'vnité par reiteration & repetition de soy mesmes, produire, contenir & engendrer quel
nombre qu'il soit: & n'y a nombre quelcóque, qui contienne en sa nature de nombre l'v-
nité: de tant, que tout nombre est discret & desparty: & l'vnité est continue & confuse.
Nombre donc quelconque ne la peut exprimer: & ceste vnité engendre tout nombre, com
me estant son vray commencement (comme le pere commencement du filz) & n'est engen
drée d'aucun nombre.

L'vnité est commencemēt de toutes choses.

Car s'ensuiuroit, que la suite, qui est le nombre, seroit commencement de l'vnité, qui est
son commencemēt, chose impossible & repugnante à raison. Elle est donc vray commēcement de tout nombre, & generatrice de tout nombre, n'estant commécée, contenue, ny engēdrée d'aucū. Toutes choses dōc, qui sont subiectes a nōbre, seront encores plus subiectes
à ceste vnité, par ce qu'elles sont simples ou cōposées. Les simples reçoiuēt nō d'vnité: les cō-
posées reçoiuēt nom de nōbre, à cause de la pluralité des simples, qui la cōposent. Laquelle
cōposition faisant pluralité d'vnités faict nombre, qui n'est autre chose. Toutes donc soient
les simples de leur nature ou les composés de leur commencement, sont subiectes à l'vnité.
Ce bel argument de l'vnité & commencement nous conclud necessairement c'est infini
& parfaict bien, qui donne commencement à toutes choses par son vnité & premiere essence. Laquelle n'ayant receu commencement aucun, comme estant premiere de toutes choses, & leur seul & vnique commencement. Elle est dicte veritablement vne, simple & indiuisible, comme la nature de l'vnité le porte, donnant commencement à toutes choses cō-
posées par l'assemblée de leurs vnités par temps, & action: & si est elle mesmes le commencement des simples sans temps, de tant, que les simples ont leur commencement eternel en
ce parfaict bien. Et ce tout n'est conclud par la multitude, comme dira quelque-fois apres
Æsculape ains par somme vne, & seule, affin que toutes choses reuiennent en l'vnité. Il n'est
chose parmy nous qui nous represente plus de la nature & essence diuine, que ceste vnité:
laquelle nous auons dict estre commencement vn, & seul de toutes choses, qui veritablement
n'apartient à autre que au Dieu souuerain. Elle est indiuisible, continue (comme disent les
geometriens) à la differance du nombre, qui est discret, ou departy: de mesme maniere nous
entendōs Dieu vn nō diuisible ains entier en toute son essence, differēt de toutes ses creatures composées de diuerses vnités, toutes prenant leur commencement en ceste seule vnité
diuine: lesquelles diuerses vnités rendent aux creatures, nombre diuisible, & par consequent
subiect à alteration & imperfection, à cause de la diuersité engendrée en luy par la pluralité
des vnités. Ceste vnité estant vraye essence, voire source & commencement de toutes essences, ne peut receuoir en elle ce rien, qui en est totalement priué, & luy est du tout oposite:
de tant, que l'vnité consiste en essence & habitude: & le rien consiste en priuation. A cause
de quoy toutes choses, qui tendent en priuation & contrarieté des essences, vertus, & bontés diuines sont contenues soubs ce mot rien, comme estant le general de tous ceux, qui sont
subiects à priuation. Dont s'est ensuiuy, que peché comme contraire, oposite & destructeur
en soy des essences, a esté dict rien, a l'occasiō, que tout ainsi q̄ rien est priué de toute essence
de mesme peché est priué des essences & vertus diuines: qui sont les seules a qui estre apartient. A cause de quoy peché n'est entendu estre, ou auoir essence, ou habit, ains totalement
gist en priuation, & ce a cause qu'il est contraire a l'vnité, source de toutes essences & vertus diuines, entent qu'il n'est autre chose, que priuation, separation, ou esloignemēt de Dieu

Toutes choses simples ou cō-posées depen-dēs de l'vnité.

Au Roy Amon. En quelle ma niere ceste vni té est Dieu.

Vraie descri- ption de rien Peché est dict rien.

aussi

Auſſi comme l'vnité commence tous nombres & choſes compoſées, Dieu à eſté commencement vn & ſeul de toutes choſes, à cauſe que c'eſt le ſeul, en qui eſt vraye eſſence, ferme, & ſtable, & de laquelle toutes choſes, qui ont eſſence, la doyuēt recepuoir, ne prenāt ſon commencement d'ailleurs que de ſoy meſmes. Nous auons quelque fois dict, traitans la Geometrie, l'vnité eſtre confuſe & indeterminée, a faute de receuoir diſcretion ou departement. C'eſt le propre de la diuine nature, qui nous eſt ſi confuſe pour ſon infinité, grādeur, multitude, & puiſſance de vertus infinies, indicible bōté, plenitude de toute intelligēce. Que ſi nous voulons taſcher a la cōprendre en ſon vnité & integrité, nous nous y trouuerōs ſi confus, que nous y perdrons toute cognoiſſance & iugemēt: a cauſe que l'infinité de toutes vertus & eſſences ne peut eſtre compriſe de nous, qui ſommes finis. Et combien que nos intelligēces & autres vertus de l'image de Dieu miſe en nous, ayent grād puiſſance comme eſtāt eſſences diuines, capables, & diſpoſées a cognoiſtre Dieu, qui n'eſt cogneu, que de luy meſme, ce nonobſtāt l'empeſchemēt, qui eſt donē a ſes vertus diuines miſes en nous auecques l'image de Dieu par noſtre liberal arbitre, tendāt plus a la matiere, qui leur eſt vraye ennemye, leur diminue tellement leur action, que ceſte vertu & puiſſance infinie (qui ſeroit en nous, bien & deuëment employant ces vertus & eſſences diuines, qui accompaignēt en nous ſon image) en eſt ſi affoiblye, que leur infinie vertu, action, & puiſſance, eſt par ce deffaut reduite a eſtre finie, terminée, & le plus ſouuēt treſpetite, & qui pis eſt, nō ſeullemēt petite, eſtant peu employée en biē: mais plus cōfuſe & offuſquée pour auoir eſté employée en mal ſon vray cōtraire. Dont s'enſuit que l'homme voulant en ſon imperfectiō de nature cognoiſtre Dieu par le moyen des vertus diuines, qui luy ſont dōnées pour ceſte ocaſion principallemēt, il les doibt fortifier & remettre en leur liberté, au plus pres qu'il luy eſt poſſible. Et par ce que tāt que l'homme ſera en corps materiel, il ne peut venir a pleine & parfaicte liberté de ces vertus diuines a cauſe que, comme dict ſainct Pol, corruptiō ne peut poſſeder incorrution, nous vſerons du ſemblable remede a cognoiſtre ce que nous pourrons de la nature de ceſte diuine vnité, qui à cauſe de ſon integrité, nous eſt cōfuſe, aceluy que nous vſons en la Geometrie pour acquerir la cognoiſſance de l'vnité, qui nous repreſente la quātité confuſe, a cauſe de ſon integrité. Ce remede eſt de luy aproprier diſcretiō de nombres, c'eſt a dire combiē qu'elle ne porte en ſoy aucune fracture ou diuiſiō, toutes fois pour en auoir intelligēce, nous luy apliquōs des nombres, par leſquels nous departons la quātité cōfuſe & entiere, ſignifiée par ceſte vnité, en diuerſes & pluſieurs vnitez, combien qu'elle ne ſouffre aucune diuiſion, offenſant ſon integrité, qui ſont vn nombre repreſentant la ſubſtance & principalle nature de la quantité propoſée par l'vnité, tellement que par la conſideratiō particuliere des autres vnitez compoſants le nombre, que nous auons apliqué à ceſte vnité, nous retirons intelligence plus familiere par la diſtribution, diſcretion, ou deſpartement de ceſte vnité confuſe: ce que nous n'auons peu faire pendant, que nous l'auons cōſiderée vne ſeule entiere, indiuiſe & ſans aucune partie. A ceſte cauſe nous ferons comme Mercure dict à Æſculape au ſecond chapitre, quand il luy demāde, qui eſt ceſt incorporel, en qui tout ſe meut? Il ne luy reſpond pas, c'eſt Dieu en ceſte vnité & confuſiō: mais il luy depart en diuerſes vnitez, luy diſant, C'eſt penſée, raiſon, comprenant du tout ſoy meſme, deliuré de toute maſſe de corps, eſloignée d'erreur, impaſſible, intangible, elle meſme ſoy aſſiſtant, capable de toutes choſes, & conſeruant toutes choſes, toutes ſes vnitez compoſant vn nombre: combien qu'il ne repreſente l'entiere quantité de ceſte vnité propoſée: ce neantmoins elles ſe communiquent a nous par leurs ſignifications particulieres beaucoup plus familierement, que ſi Mercure nous euſt dict ſeulement, Incorporel eſt Dieu, ſans autre diſtributiō ou departemēt de ſon eſſence. Laquelle bien qu'elle ne ſoit qu'vne en ſa verité, ce neantmoins la diſtribuant en nombre ou pluralité ſelō la diuerſité de ſes effects, elle eſt rendue plus entendue & familiaire a nos incapacitez. Dont eſt yſſu, que nous vſons du nom d'eſſences en pluriel, a cauſe de la diuerſité deffaict mieux entendue par nombre qu'en confus. Et ne nous pouuant declarer, qui eſt Dieu entierement, & en quoy il conſiſte, il nous declare, que ces vertus & eſſences ſont en luy, & qu'il eſt leur cauſe & aucteur principal, combiē qu'elles ne ſoient luy, en tant que toutes celles, que l'homme peut nommer, ne le peuuēt comprendre. Car l'homme ne nomme, que ce qui en vient a ſon intelligence & cognoiſſance par les effects, l'vn plus, l'autre moins, ſelon la capacité & portée d'vn chaſcun: mais quoy que l'homme puiſſe enquerir,

Pourquoy les vertus diuines ſont foibles en l'homme.

1. Cor. 15. f Remede geometrique a cognoiſtre Dieu par diſcretiō de l'vnité.

Exemple apliqué ſur Mercure de diſcretion en Dieu.

Les hōmes cognoiſſēt Dieu diuerſement ſelō leurs capacitez.

querir, il n'en aura iamais ça bas l'entiere cognoissance. Parquoy Mercure l'aiant diuisé, distribué, & desparty par tant d'vnitez, qu'il vouloit, ou qu'il pouuoit, tousiours disoit il, que toutes ces vnitez nestoient Dieu: comme ne le pouuant cõprendre par celle la, faisant nombre, de tãt qu'il n'est qu'vne essence, mais seulemẽt en retirer quelque cognoissance. En ceste maniere ce que l'homme ne peut comprendre, a cause de l'vnion & integrité, qui se trouue en ceste vnité diuine en son entier: pour le moings distribuant & diuisant par appliquation d'vnitez la significatiõ de c'este vnité, veu qu'elle en son essence, ne peut souffrir diuisiõ, ou separation, l'homme en retirera quelque cognoissance, selon l'estat & disposition de sa portée & capacité, comme nous auons veu par cest exemple de Mercure: qui ne nous pouuant declarer Dieu par l'vnité & integrité de sa nature, il le nous a declaré par la diuision & numeration d'vne partie de ses essences, & vertus, a ce que par ceste intelligẽce, & cognoissance des vertus, qui sont en luy, nous le contemplons, loüons, prions, honorons, & merciõs de ses merueilles, misericordes & bontez, par ce que n'ayant entendu aucune nouuelle cognoissance, ou intelligence de ses vertus, nous ne sçaurions ou referer nos actions, & contemplations vouées a sa gloire. Nous conclurrons donc, que l'vnité entiere & non diuisée, nous represente Dieu: & en ce qu'elle contient & engendre tout nombre, n'estant contenue, ny engendrée d'aucun, comme Dieu vn seul & indiuisible contient toutes essences, & engendre toutes creatures, n'estant contenu par quel nombre qui soit, d'essences ou creatures. Et comme l'vnité est commencement du nombre qu'elle engendre: ainsi Dieu est cõmencement de toutes choses, qui sont en luy.

SECTION II.

Mais toute chose engendrée est imperfaicte, diuisible, augmẽtable, & diminuable. Au parfaict aucune de ces choses n'aduient. Et ce qui est augmentable, est augmenté par l'vnité: & perit par son imbecillité, inhabille de plus contenir l'vnité. L'image de Dieu O Tat, t'a esté d'escripte selon le possible. Laquelle s'y tu contemples iustement & cognois des yeux de ton cœur, croy moy, mon fils, tu trouueras la voye, qui conduict en haut, ains plustost l'image mesme t'y conduira. Car contemplation a quelque chose de propre & detient & attire ceux, qui se sont aduancez de cõtempler comme a ce que l'on dict, la pierre d'Aymant le fer.

COMMENTAIRE.

Apres auoir declaré la cõuenẽce de Dieu auecques l'vnité, qui a cause, qu'elle est seul cõmencement de toutes choses, ne dependant d'aucune, demeure en toute perfection, il continue l'inteligence de Dieu par le relatif & consequent de c'este vnité precedent toutes choses, comme aucteur & seul commencement. Ce consequent ou relatif, c'est la chose faicte, crée, ou engendrée, qui tenant lieu de nombre & composition de son propre est referé au facteur, createur, & generateur. Mais, dict Mercure, TOVTE CHOSE faicte crée OV ENGENDREE, EST INPERFAICTE, DIVISIBLE, AVGMENTABLE, ET DIMINVABLE. Il prepare ce propos, a cause qu'il dira quelque fois pres de la fin de ce traicté, que toutes choses engẽdrées sont visibles. Ce n'est pas a dire, q̃ toutes choses que Dieu a faict & créé soient subiectes & disposées a la seule subiectiõ de la veuë entre tous les sens corporels, & non aux autres: mais comme quelque fois ci deuant, nous l'auons dict, detant que la veuë est le premier des sens corporels en dignité: quand Mercure a voulu dire la chose faicte ou engendrée estre perceptible ou deuoir estre aperceuë par les sens: il s'est cõtenté de y mettre le plus digne & noble d'entre eux, qui est la veuë, disant la chose faicte ou engendrée est visible, c'est a dire subiecte a perception des sens corporels. Car de quatre elemẽts, que Dieu a fondé pour seruir de matiere cõmune a toutes creatures, il n'en ya que les deux, asçauoir la terre & l'eau, subiects a la veue. Et les autres deux, qui sont l'air & le feu, ne sont perceptibles ou ne peuuent estre aperceus par la veuë, ains par l'ouïe & sentiment. Parquoy les creatures qui tiẽnent de l'vn ou de l'autre, suyuant le naturel de leur matiere, sont subiectes au mesmes sens, que leurs principaux elements ou matieres. Et les creatures qui ont en soy meslange de matiere,

Mercure repudie en Dieu toute chose crée. Chap. 14. 3

Mercure par la veue comprend sous les sens.

Tous elemẽts ne sont subiects a sous les sens.

de matiere, reçoiuent la subiection des sens selon la nature de la matiere, dont ils ont receu leur composition. Puis donc, que toute chose faicte, crée ou engendrée (qu'il prendra tout pour mesme chose) est declarée subiecte a la perception des sens corporels, ceste chose est corporelle & sensible, & par consequent materielle, de tant que les sens corporels n'ont aucune action que sur la matiere. La chose donc crée, faite, ou engendrée, estant materiele, ou composée, & formée sur la matiere, il est necessaire, qu'elle suiue la nature des simples, faisant sa composition, qui est la matiere. Or est il, que la matiere a esté des le commencement separée de Dieu, & par consequent de toute perfection : dont luy est aduenu toute son imperfection, subiection, & misere : par laquelle elle est subiecte a infinies actions, & passions, qui l'alterent, changent, corrompent, renouuellent & en font infinies autres mutations, seruitudes, & subiections, qu'elle en demeure de sa nature imparfaicte. Et par consequent toute chose faite, crée, ou engendrée, entant qu'elle est necessairement composée de matiere, elle tient d'imperfection, & si est diuisible. De tant que toute matiere est subiecte a quantité & toute quantité est subiete a infinie diuision. Parquoy la chose faicte est subiecte a diuision, elle est aussi subiecte & disposée a estre augmentée par adition de matiere : & a estre diminuée par distraction. Car si elle est en ceste region elementaire, elle est soubs le mouuement du plus bas planete, a qui apartient d'influer sur la matiere, croissance & descroissance, comme nous auons dict au premier chapitre. Lon pourroit faire vne obiection & dire, que les esprits sont creatures : & toutesfois ne sont materielles : & par consequent, ne sont imparfaicts diuisibles, augmentables, & diminuables : nous dirons, que nous ne pouuons mieux resoudre la matiere, de laquelle tiennent les esprits, que par le nom, qu'ils en portent. Le nom d'Esprit signifie halaine, qui vient d'aspirer, signifiant halener, & halene n'est que vent, ou bien air comprimé, qui est mesme chose. Ce vent est matiere, comme estant de l'vn des quatre elemens de nature, ordonnés de Dieu. Mais de tant, que le vent ou air est inuisible, plusieurs le voudroient retirer hors de la matiere, & subiection des sens, ce qui ne se doibt. Car si bien, il n'est visible, il est toutes fois sensible des autres sens d'ouïe & sentiment : & par consequent il est materiel. Mais de tant qu'ils ne sont mortels, ils ne sont subiects a generation, corruption, croiscence ou diminution : qui sont tous effects de puissances de l'harmonie celeste, produisants par ces mutations mort & dissolution. Et ne faut trouuer estrange, si Dieu est seruy en son ministere, par ces creatures non seulement de la region elementaire, mais de toutes regions, natures, & qualitez : comme il est declaré par sainct Pol, que Dieu a faict ses Anges les esprits ou vents, & ses ministres flames du feu, & le Psalmiste en tesmoigne autant. Si donc les Anges & ministres de Dieu, que nous nommons esprits, sont faicts, crées, ou composez d'esprit, alaine, ou vent, ou air, & de feu, nous ne sçaurions penser qu'ils ne soient materiels. Aussi ce propos est côfirmé par ce, qui s'ensuit. Si la chose est faicte, ou engédrée, elle est imparfaicte, entant que faicte & engendrée de sa nature, comme portant en soy dependance d'autry, subiection, obligation, contrainte d'obeissance, qui toutes sont imperfections en la nature des esprits : entre lesquels il en est bien de plus grandes, asçauoir l'imperfection des malins esprits, & du prince de mensonge continuel soliciteur de tout mal.

Parquoy voyant l'imperfection, nous auons grande ocasion d'estimer les esprits materiels. Et par vn argument, que Mercure faict, traictant de la chose faicte & engendrée, disant, Toutes choses sont deux, asçauoir le geniteur & l'engendré, c'est a dire, qu'entre toutes choses, la diuision de ces deux domine, & les comprend toutes, asçauoir l'vne est le facteur, createur, ou geniteur, qui est Dieu : l'autre est la chose faicte, crée, ou engédrée : qui est necessairement materielle, informée de forme diuine : par ce que nous auons dict que en tout ce qui est, n'y a que Dieu & matiere. Quant a Dieu il comprend ses essences & vertus diuines : qui ne sont faictes, crées, n'y engendrées : ains sont en Dieu eternelemêt. Tout le reste donc sont creatures informées des essences diuines diuersement, mais toutes sur la matiere. Dont s'ensuit, que nous n'esloignerons pas beaucoup la verité en nostre iugement, d'estimer ces esprits ministres de Dieu, estre materiels. Quelcun pourroit demander, dirons nous donc le sainct Esprit estre materiel, de tant qu'il est nommé par nous esprit, qui est l'air comprimé, aleine, ou vent? nous dirons que non, & nous faut considerer, que nous dirons cy apres, que Dieu n'est le vray nom, qui conuiene & soit capable a le nommer : de tant, que ceste excellence & perfection ne peut estre comprinse d'vn nom, comme les creatures : mais pour supplier au deffaut de l'homme, qui combien qu'il ne le puisse dignement nommer, si est ce, qui est necessaire le seruir prier, honorer, mercier, louer, & inuoquer: qui ne se peut faire sans le nommer. Parquoy ne luy pouuant, a cause de nostre imbecillité, donner nom conuenable a sa perfection, il nous souffre luy en donner vn, qui satis-faict a nostre imperfection. Tout ainsi, combien que le benoist sainct Esprit tiers subiect en essence diuine ne soit materiel: toutesfois l'homme luy voulant pour ses necessitez donner nom, qui luy conuienne proprement, il ne peut, comme nous venons de dire: Mais ne luy pouuant donner nom propre & conuenant, il luy a donné le nom, qu'il a prins des effects que faict le sainct Esprit a la semblāce de la partie spiritale, qui domine au corps de l'animal. Par laquelle sont esmeues toutes aspirations, respirations, attractions, impulsions & efforts donnants conduicte a toutes actiōs corporelles. De mesme maniere, l'esprit de Dieu soy communicant, donnant ses graces par inspiration, & faisant par diuerses manieres d'impulsions ses effects en l'homme, lesquels souuent ont esté en vent vehement, en aspiration, & feu, comme nous auons cideuant plus amplement dict, il s'est ensuiuy, que nostre incapacité & imbecillité ne luy pouuāt donner nom digne de son essence diuine, luy a donné nom conuenant a ses actions & effects: qui est ce nō d'esprit, y adioustant sainct ou diuin. Qui le retire veritablemēt de toute matiere, de tāt qu'il n'y a diuinité quelconque, ny saincteté, qui soit materielle. Et quand nous nommons l'homme animal diuin, nous prenons l'hōme interieur nō crée, intelligible & spirituel, separé de l'exterieur, sensible, & charnel. Nous concluons donc, que toute chose faicte, crée, ou engendrée est imperfaicte, entant qu'elle deppend d'autre, que de soy, & si est subiecte entāt q̄ mortelle, & muable: & si est diuisible, augmentable, & diminuable, entant que materielle subiecte a quantitez, & dimentions, ou mesures. AV PARFAICT, dict Mercure, AVCVNE DE CES CHOSES N'ADVIENT. Voyla vne difference, qu'ils raportent de Dieu a la creature, ayant dict les accidēts & propres de l'imperfaict, il les reiecte tous hors du parfait, comme disant, en Dieu, qui est le seul parfaict, n'y a diuision, croissance, ou diminution: mais vnion, integrité, & perpetuelle stabilité, exēpte de sa propre nature, & vertu de toute alteration ou mutation, comme il est escript, Ie suis Dieu, qui ne change poinct, faisant toutes actions & operations, sans aucun mouuement ou passion. Mais par sa vertu ferme & stable donne vie, action & mouuement aux creatures conseruant sa loy, & volōté (qui est nature) ferme en ces effects, de tant qu'il est perfaict & nō subiect a puissance quelcōque qu'il puisse alterer & mouuoir ou esbranler. CE QVI EST AVGMENTABLE, dict Mercure, EST AVGMENTE PAR L'VNITE. C'est de tant, que toute chose faicte crée, ou engēdrée, est composée de diuersitez, qui sont toutes vnitez. Car elle n'est pas simple, ses vnitez faisant nombre, de tant qu'elle seroit perfecte. Estant donc composée, elle ne peut estre augmentée, que par l'vnité, qui croistra & augmentera le nombre de sa composition par vnitez, comme tout nōbre est augmenté par icelles. A ceste cause c'est l'vnité, qui augmēte toute chose, qui peut receuoir augmēt, c'est ce thesor infiny d'essēce diuine, qui dōnāt tout a toutes creatures, ce qui leur faict besoing, il prend & tire de soy tres entiere & parfaicte vnité sans aucune separation, tout ce, qu'il donne. Et par ce moyen ceste diuine vnité adioustant aux dōs, qu'il a faict a sa creature, il les croist & augmente par sa liberalle bonté, & misericorde, ET PERIT, dict Mercure, PAR SON IMBECILLITE INHABILE DE PLVS CONTENIR L'VNITE. C'est, quād ceste creature ou facture augmentable & diminuable est constituée en son estat par la creatiō, ou geniture, elle est lors vne & mesmes: toutesfois ne pouuant plus tenir c'est estat, elle tumbe en continuel changement, qu'il a diuersifié, & rend en plusieurs estats, ne pouuant plus soy contenir en ceste vnité & mesme estat. Ce deffaut la faict perir par son imbecillité & imperfection.

Premierement si ces actions & passions se trouuent en la matiere, il est notoire, que l'imperfection, qui abonde en elle, ne pourroit souffrir la creature demeurer en vn estat, ains l'entretient en continuelle mutation, tendant a ruine, & si les actions ou passions se trouuent en la forme, en tout euenement la matiere produict ses deffauts, soit aux animaux, bruts, & plantes. Le deffaut qui peut aduenir en leur vie sensitiue, & vegetatiue est produict par imbecillité de la matiere, a laquelle nature les faict obeir, iusques a ce, que par les deffauts produicts par ceste imbecillité leurs cours vient a prendre fin, soit aussi en l'hōme, duquel la forme, qui est l'image de Dieu mise en luy sous la liberté d'arbitre de son ame, venant a estre affligée & contristée par mutation ou changement, la matiere ne la pouuāt endurer en son estat & mesme vnité ces deffauts luy aduiennent de l'imbecillité qui est en la partie

de

de l'homme, ayant, le regime & gouuernement de sa personne. Qui est la volonté gisant en l'ame, laquelle par son imbecilité d'eslire le bien & reiecter le mal, faict le contraire: & par ce moyen se rend subiecte a la matiere, qui de sa nature fournist abondemmēt de corruption, changement, & ruyne. Quelque creature donc que ce soit, elle reçoit ses deffauts par son imbecillité:& ses augmentations, & ameliorations, par ceste vnité parfaicte. Et a en soy son imbecillité, a cause qu'elle ne peut contenir l'vnité: c'est autāt, que estant la creature suyte & non commencement: estant aussi materiele, & non pure intelligible, elle ne peut endurer en soy l'vnité, qui est seul commencement. Et ne peut receuoir perfection, a cause de la matiere, qui luy entretient tousiours l'imperfection presente, & aussi qu'elle ne péut estre commencement de soy mesmes, comme l'vnité. Ce propos n'a esté mis par Mercure, que pour declarer en ces termes de philosophie, que la creature materiele, qui est subiectè à diuision, mutation, croissance, & descroissance, reçoit tout augment, graces, & vertus de ceste parfaicte vnité Dieu son createur: & reçoit le mal & ses miseres & imperfections par son imbecillité, ne pouuant long temps contenir l'vnité, estant subiect a changement, soit la creature conduicte par la matiere de son imbecillité naturele, ou bien la creature raisonnable faicte sur matiere par l'imbecillité de sa discretion, qui aura mal choisi, comme dict le Prophete, Perdition est tienne, O Israel, & en moy seulement ton secours, comme Mercure dira cy apres quelquefois, du facteur veritablement ne vient rien mauuais, rien infame: car ce sont passions, qui suiuent les œuures crées, a cause de la matiere. La creature donc ne pouuant plus contenir l'vnité est subiecte par son imbecillité a deffauts & ruyne: & ce qui l'empesche de plus contenir l'vnité est l'instabilité de la matiere, laquelle tant plus est suiuye & venerée de l'homme, tant plus elle l'esloigne de contenir, & receuoir en soy ceste vnité & perfection diuine, qui a esté cause que Dieu a declaré a l'homme, que de tant, qu'il estoit chair & matiere, son Esprit ne demeurera à tout iours-mais en luy. Finalement Mercure cōclud ce chapitre par vne remonstrance & admonition faicte a son fils, disant, L'IMAGE DE DIEV, O TAT, mon fils, T'A ESTE D'ESCRIPTE, non en sa perfection, de tant qu'il est impossible a vaisseau materiel, de la pouuoir receuoir ou comprendre: mais elle t'a esté declarée SELON LE POSSIBLE par les intelligēces de ses œuures & de la nature & partie de ses essences qu'il leur a donnée. Lesqueles estant visibles, nous ont declaré par conteplation, & prieres ses vertus inuisibles, & eterneles, cōme l'a dict sainct Pol: & nous en a esté communicqué ample cognoissance, selon la capacité de nos vaisseaux. LAQVELLE cognoissance & image de Dieu, SI TV CONTEMPLES IVSTEMENT, c'est a dire sans t'amuser ailleurs, ET si tu l'a COGNOIS & considere diligemment, DES YEVX DE TON CŒVR, qui sont de pure affection & volonté non saincte, ny dissimulée, cōme Iesus Christ disoit, Nul mettant la main a ma besoigne, & regardant derriere, est digne du Royaume des cieux. Parquoy si tu la recognois & considerés sans regarder arriere a ces choses basses & materieles, CROY MOY MON FILS, que TV TROVVERAS a peu de trauail, LA VOIE QVI CONDVICT EN HAVT, AINS si tu te trouues foible pour passer, & acheuer la traite entiere de ceste heureuse voye PLVSTOST, que tu estant en continuele bonne volonté, demeurés derriere L'IMAGE MESMES de Dieu, que tu auras si bien employé, auec toutes ses vertus, & requise a ton secours, celle mesme T'Y CONDVIRA paracheuant ce, que ton imbecillité ne peut porter, mettant en œuure en toy & le vouloir & le parfaire, selon ta bonne volonté: CAR CONTEMPLATION porte, & A EN SOY QVELQVE CHOSE DE PROPRE. C'est le vray estat, pour lequel l'homme est fait. Ceste contemplation & employ des vertus diuines donnée auecques l'image de Dieu, DETIENT ET ATIRE CEVX, QVI CE SONT ADVANCES DE CONTEMPLER, & qui n'ont remis les œuures de leur salut de iour a autre, soy disans auoir prou de temps:& en fin sont surprins de si pres, qu'il n'est plus guiere possible. Elle attire, & detient donc non ceux là, mais ceux, qui s'en sont aduancez de bonne heure, & ont perdu le moins de temps, qu'ils ont peu: de mesme maniere COMME A (CE QVE L'ON DICT communement) que LA PIERRE D'AIMANT, autrement dicte Calamite, attire LE FER a soy par vne vertu si oculte, que non seulement elle l'atire: mais ayant faict collision auecques le fer, le contrainct, s'il n'est empesché d'autre corps, de tenir mesme assiete vers les quatre parties du monde, que tenoit ceste pierre estant en sa mine & rochier: dont est yssue l'vtilité qu'en reçoyuent les mariniers, & tous hōmes pour les horologes & quadrās. Et comme ceste vertu luy est particuliere, ainsi mesmes

La creature est imbecille ne pouuant estre vnité.

Ose.13.c
Chap.14.7

Rom.1.c

Luc.9.g

Philip.2.b

la vertu d'attirer a soy les cœurs est particuliere a la contemplation frequêtée. A ceste cause, mon fils, acoustume & aduance toy, ce que tu pourras, & continue la contemplation & *Ierem. 13. d*
cognoissance de Dieu, de peur, qu'il ne t'aduienne ce, que dit le Prophete, Si l'Æthiopien
peut chãger sa peau, & le leopart ses bigarrures, ainsi vous pourrez faire bien, quãd vous serez accoustumez au mal. C'est detãt que, vsage & coustume estant la vraye sciéce des bruts *Psalm. 48. g*
qui sont esloignez de toute raison & methode, domine si tresmerueilleusemét sur l'homme,
qui ne s'estant cogneu, quand il a esté mis en hõneur, a esté comparé aux bruts, & faict semblable a eux, qu'il luy faut vn fort grand loisir & merueilleux changement, auãt qu'il puisse
auoir rompu ceste coustume, & auoir repris le chemin qu'il deuoit auoir continué toute sa
vie. Le Prophete dict, qu'il est aussi dificil a celuy la de reuenir au bon chemin, comme au
More de changer sa peau; & au leopart ses bigarrures. Qui combien que ce soit chose impossible par nature & loy de Dieu ordinaire: ce nonobstant elles sont faisables par vertu *Math. 19. d*
de la contemplation & cognoissance de Dieu, comme dict Iesus Christ, de passer le cha-
meau par l'esguille estre possible a Dieu, non aux hommes en foy operante par charité.
    Par laquelle non seulement Dieu employe au salut du Chrestien ses puissances
    ordinaires & loy de nature, mais les extraordinaires, soueraines, impetrées
    & communiquées a ceux, qui se voudront rendre de la part du sainct
    Esprit: qui continuellement nous solicite par Iesus Christ
        nostre seigneur, sauueur & repa-
        rateur.

O

COMMENTAIRES SVR
le Pimandre de Mercure Trismegiste
A SON FILS TAT, QVE DIEV inuisible est tresmanifeste.

CHAPITRE CINQVIESME.

SECTION. 1.

IE te declareray aussi ce propos ô Tat, a ce que tu sois introduict en cognoissance du principal nom de Dieu, mais prens garde comment ce que le commun pense estre inuisible, te sera faict tresmanifeste. Car s'il n'estoit, il ne seroit inuisible, de tant que tout ce que l'on voit, est chose engendrée, par-ce qu'elle aparoist. La chose inuisible est tousiours, & n'a besoing d'estre veue, car elle est tousiours, & rend toutes autres choses manifestes, luy estant inuisible, comme tousiours estant, & manifestant, il n'est pas manifesté, il n'est pas engendré, mais faict en l'imagination toutes choses imaginables, de tant que imagination n'est que des seules choses engēdrées, a cause qu'imagination n'est que generatiō.

COMMENTAIRE.

Moyen d'a-percevoir Dieu incorporel par les sens.

D'où sont ve-nus les idola-tres.

MErcvre ayant instruict son fils Tat de plusieurs propos diuins luy denonçant tousiours Dieu estre inuisible, impalpable, & imperceptible de tous sens, de peur que l'hôme auant estre instruict de la maniere qu'il doibt estre aperceu des sens, se hastast de prēdre quelque creature pour Dieu. Maintenāt qu'il nous a asses souuēt rejeté toute reception de creature pour estre Dieu, & que ce n'est ceste façon qu'il faut obseruer a le rendre aperceu veu ouy & senty de tous nos sens: il nous declare de quelle maniere il faut preparer nostre iugemēt, pour cōduire nos sens corporels a l'aperceuoir & le trouuer sensible aussi ordinairemēt parmy toutes nos cōuersations, comme la chose la plus frequēte, qui nous puisse estre presentée. IE TE DICLARIRAY, dit Mercure, AVSSI CE PROPOS O TAT: A CE QVE TV ne demeures sans commencement, & SOYS INTRODVICT EN COGNOISSANCE DV PRINCIPAL NOM DE DIEV, voulāt dire que le principal nō de Dieu pour l'homme, c'est sa cognoissance. Et par ce que l'homme estant, a cause du premier peché, rendu sensuel & incliné a l'obeissance des sens n'eust peu d'entrée conceuoir ceste principalle co-
gnois-

gnoissance de Dieu. Par ce que le sensible & l'abus, qu'il auoit desia conceu en la veneratiō de la matiere l'atiroit merueilleusement a estimer quelque matiere estre son Dieu, comme infinies gens & peuples s'y sont laisses couler. Et toutes fois quel que soit l'homme pour biē qu'il se soit redu & aye obey au sainct Esprit : si est ce qu'il est tousiours par ses appetits plus incliné a l'obeyssance des sens que de son intelligēce, qui est la tache du premier peché demeurée en tout homme, voyant outre la continuelle guerre que l'hōme dedié a Dieu porte en son ame contre sa matiere & tentations sensibles, qu'il a vne grandissime peine de considerer Dieu de la seule pensée & inteligēce, sans iamais y pouuoir employer les sens, qui luy sont continuellemēt plus presents que les vertus intelligibles, & en plus frequent vsage.

La tache du premier peché incline à la matiere.

Il a voulu soulager l'homme & luy rendre sa cognoissance plus familiere, c'est a dire que l'homme l'ayant desia receu en sa cognoissance inteligible, & par ses vertus spirituelles le puisse cognoistre plus familierement par la grosserie & facilité des sens corporels, qui luy sont en plus frequent vsage. C'est le principal subiect de ce chapitre. MAIS pour auoir donc ceste cognoissence sensible de Dieu PRENDS GARDE, O Tat, COMMENT CE QVE LE vulgaire du peuple pense, non seulement les poures & plebeiens mais aussi les plus grands, & qui cuident auoir quelque science. Ce donc que tout ce COMMVN PENSE ESTRE INVISIBLE & imperceptible de tous sens, te SERA rendu familier & FAICT TRESMANIFESTE, non seulemēt a ta pensée, mais aussi a tes sens corporels. C'est ce que nous auons souuent prins de sainct Pol, que ces choses inuisibles sont regardées despuis la constitution du monde par les choses faictes bien entendues. CAR c'est inuisible & imperceptible de tous sens, duquel nous parlons, c'est ce tresgrand Dieu, lequel ne seroit inuisible, S'IL N'ESTOIT, c'est a dire, que toutes ses vertus, & puissances, ou actions ne seroient retirées & cachées des sens corporelz, pour estre dictes inuisibles & non subiectes aux sens corporelz, s'il n'auoit poinct d'essence: ains ne seroit aucunemēt. C'est de tant, que priuation, que porte le mot d'inuisible, presupose y auoir habit de la chose non veuë, ou quelque essence d'icelle : & aussi, que ci deuant nous auons dict, que la principale essence de Dieu, c'est ceste bonté, qui le comprend, ou luy conuient totalement. Par laquelle il communique a toutes ses creatures materieles, dons visibles & sensibles aportez & conferez par ses vertus & actions inuisibles. Lesquels dons nous sont si familiers, & aperceuz des sens, qu'il ne nous est rien si commun, comme a tous animaux la vie, actions, mouuements, vertus & proprietez : desquelles nous voyons, oyons, & sentons, par toute maniere de sens corporels, les effects. Et a l'homme outre toutes ces choses, l'inteligence & son image, qui a sa semblance n'estāt iamais oisiue, faict infinis effects publiques, & notoires a tous les sens corporels, a toutes plantes, & mineraux, & bestes brutes : combien de qualitez & actions il leur a donné pour produire effects visibles & sensibles, pour le seruice de l'homme.

Dieu soulagē l'homme subiect aux sens luy rendant sa cognoissance sensible.

Rom. 1. e

Cōmēt Dieu se vōd cogneu par les sens.

Dieu aparoit en toutes creatures.

Faire bien a toutes creatures tient lieu du corps de Dieu.

Sy donc ce bon Dieu continuel acteur, & operateur, cessoit de ceste conduicte celeste & actions employées sur la matiere en toutes ses creatures, ce ne seroit plus Dieu: de tant que comme Mercure a dict au quatriesme chapitre, & dira cy apres, estre present & tousiours faire toutes choses, & bastir par sa volonté les choses, qui sont. c'est son corps & vraye essence inuisible, & insensible: lequel ne seroit, s'il cessoit de faire, créer, & engendrer, comme ce estāt sa principale essence. Par ainsi il est necessaire auoir essence, auant que la chose puisse estre dicte inuisible. Car n'estant poinct, elle ne sçauroit retirer ou cacher aucune chose de la veuë, & autres sens. Bien produira elle choses visibles, & sensibles a toutes creatures par ses effectz : combien qu'en ses vertus & essences intelligibles elle ne puisse estre veuë ou sentie des sens. Tout ainsi comme vn homme cogneu par l'habillement, sera certainement veu, cogneu, aperceu & asseuré tel sans luy voir la peau, corps ou ame : ainsi Dieu sera veu, cogneu, senty, & asseuré tel, par la perception de ses effectz bien recogneus, sans voir ses essences, & vertus inteligibles des sens corporelz. S'il n'estoit donc, IL NE SEROIT INVISIBLE par ces effaicts, ny visible, DE TANT dict Mercure, QVE TOVT CE QVE LON VOIT & aperçoit des sens, EST CHOSE ENGENDREE, faicte, ou cree. PARCE QV'ELLE APAROIST. C'est que tout ce qui est veu ou aperceu des sens corporelz, est materiel, & par consequent est faict, engendré, ou crée, & non eternel.

Exemple de la cognoissance sensible de Dieu.

Car toute faction, generation, & creation, est employée sur matiere seulement, & non sur intelligence. Mais LA CHOSE INVISIBLE EST TOVSIOVRS, entant que c'est celle, qui dispose des visibles, ET N'A BESOIN D'ESTRE VEVE en son essence, n'estant des sens, qu'elle depend. CAR ELLE EST TOVSIOVRS, ET REND TOVTES AVTRES CHOSES MANIFESTES. C'est ce bon Dieu, lequel bien qu'il soit en ses essences inuisible, il est neantmoins par ses effects si multipliez en ses creatures, tres visible, & sensible, & bien aisé à estre cogneu. Si comme dict sainct Pol, les choses faictes par luy, regardées de l'homme, sont entendues, lors il est facil à cognoistre, que n'estant autre que luy, à qui telles œuures appartienent, celles là luy doiuent si necessairement estre attribuées, que celuy, qui les attribuera ailleurs, manifeste en soy ignorance purement brutale, comme le declare Esaye bien familierement, disant: A celle fin, que ceux qui viennent du leuant, & du couchant du Soleil, sçachent, qu'il n'est autre que moy, ie suis Seigneur, & non autre formant lumiere, creant tenebres, faisant la paix, & creant le mal: ie suis Seigneur faisant toutes ces choses. Nous donc voyãs la lumiere, les tenebres, la paix, & les maux, ou punitiõs venans sur nous, deuons nous monstrer siens par la cognoissance, que nous deuons auoir des œuures de nostre Pere & Createur? cõme dict ce Prophete, La main de Dieu sera cogneuë de ses seruiteurs. Et Iesus Christ en dict autant: Ie cognois mes brebis, & les miennes me cognoissent: ou nous serions plus indignes, que les bruts, desquels il est escript: Le bœuf a cognu celuy qui le possede, & l'asne a cognu la cresche de son Seigneur, & Israel ne m'a cognu, & mon peuple ne m'a entendu. C'est à faute de n'admirer & contempler ses œuures nous amusant aux voluptez de la matiere, cõme il dict ailleurs: La harpe, lut, cymbale, fleuste, & vin sont en vos festins: & ne regardés à l'œuure de Dieu, ny consideres les œuures de ses mains. Par ou il nous admoneste assés d'entendre & bien aduiser les factures, & creatures, que dict sainct Pol: à celle fin que par la cognoissance, que nous auons que ceste grande operatiõ, ne peut apartenir, ou conuenir a autre subiect, nous le cognoissions, voyons & confessions en ses œuures, & factures: & dauantage que tout le plus grand empeschement, que nous ayõs de paruenir a ceste bonne cognoissance, est la veneration, & frequent estude, employes a la volupté, & cõcupiscences de la chair par festins, viandes, & autres curiosités de nulle necessité: Il faut donc delaisser les superfluités de la matiere, & recognoistre, comme dict Mercure, que tout ce, que l'on voit, est chose crée ou engendrée. Et cognoissant qu'il n'est autre createur & generateur principal que Dieu, il sera facile en toutes creatures subiectes au iugement des sens, cognoistre par la relation d'iceux, les vertus, & actions, ou operations de Dieu, & par consequent Dieu mesmes. combien qu'il soit inuisible en ses essences, toutesfois visible en ses effects & operations. Il n'a donc besoin, que son essence cause de tous ces beaux effectz, soit veuë, pour estre manifestée. Car elle est tousiours, & par sa continuelle essence pleine d'actions, & vertus continuellement operantes & actiues, elle rend toutes choses veuës & senties, manifestes aux sens corporels: & d'auantage toutes choses cogneuës & entẽdues de l'homme, manifestez à son intelligence. Et LVY ESTANT INVISIBLE en ses essences, COMME TOVSIOVRS ESTANT, ET MANIFESTANT ses effects, IL N'EST PAS MANIFESTE en ses essences, comme cy deuant nous auons dict, que le bien n'est manifeste par ce, qu'il n'a forme ny figure: & en ce mesme endroict auons dict les choses manifestés estre mauuaises, de tant que toutes choses corporeles sont imparfaictes, qui sont les manifestes & engendrées, faictes, ou crées, & pourtant ne laissent d'estre faictes des vertus diuines, qui ne leur ont donné l'imperfection ou malice: mais, comme il dira pres de la fin de son traicté, ce sont passions, qui suyuent les œuures crées, comme la rouille l'arain, & les corps viuãs le limõ ou crasse. Il n'est pas dõc manifesté en ces essences. IL N'EST PAS ENGENDRE: par ce que toute chose engendrée, faicte, ou crée, est imparfaicte. Ce qu'il n'est pas: MAIS tout ainsi q̃ par ses actions, & vertus il faict tous ses effects veuz, & sentis corporelement sur la matiere, tout ainsi son image estant donnée a l'homme par ses vertus & puissances, FAICT EN L'IMAGINATION, vision, ou fantasie de l'intelligence de l'homme TOVTES CHOSES, soit corporeles, ou spirituelles, IMAGINABLES, asçauoir les corporeles par dessein, & ordonnances descriptes en la pensée: & les intelligibles en leur nature d'intelligence preparées a ietter leurs actions & effects selon l'ocasion sur la matiere.

Dieu inuisible en ses essences est manifesté en ses effects.

Esaye. 45. a

Esay. 66. d
Ioan. 10. c

Esay. 1. a
Esay. 5. c

Les voluptés diuertissent la pensée de Dieu.

Tout bien és creatures est œuure de Dieu.

L'homme par l'image cognoist Dieu & par ses sens ses œuures.

4. Chap. 9

En l'œuure de Dieu bonté, & en la matiere imperfection.
14. Chap. 7.

Toutes choses sont en imagination plustost que en effects.

De tant dict Mercure, qv'imagination n'est qve des sevles choses engendrees, a cavse qve imagination n'est qve generation. Ceste imagination est nōmee du Grec φαντασία, laquelle fantasie signifie vision, & representatiō, dont ceste lāgue l'a prinse pour mesme significatiō. Toute vision qui se faict dōc en la pēsee n'est que viue representatiō de la chose, que lœil ou autre sens corporel desire conceuoir. Mercure nous baille en c'est endroict vne intelligence bien subtile de ce terme d'imaginatiō ou representation de la chose corporelle, declarant q̄ toute representation faicte par image ou semblance, apartiēt au corporel, ou a la chose subiecte aux sens & non a la partie intelligible. C'est que toute figure, image, ou representatiō de chose corporelle, est differente de son subiect, soit ceste imaginatiō sensible, ou intelligible. Cōme par exēple, nous voulōs dresser vn bastimēt materiel: nous en faisons deux figures, images, ou representatiōs, l'vne en l'inteligēce, qui est ceste fantasie, que dict Mercure, l'autre en portrait materiel & visible, & toutes fois aucū des deux n'est le subiect principal, ou bastimēt propre, mais l'vn est image de l'autre, differēte du mesmes. Asçauoir l'imaginatiō intelligible est l'image des deux, tant du bastiment, que du portrait materiel d'iceluy, lequel portrait, ou plā, ou mōtee se trouue estre l'image ou representation visible du futur bastiment, & si n'est pourtāt le mesme bastiment, mais est different d'iceluy. Autāt en aduiēt en toute maniere d'image, ou representatiō, soit d'vn hōme, ou d'vn autre subiect corporel ou sensible, duquel ne se faict iamais image qui ne soit differēte du mesme subiect. Et par ainsi toute maniere d'image ou representation differēte du subiect apartiēt, cōme dict nostre texte, a la chose corporelle ou sensible. Ce n'est ainsi de la partie intelligible, detant qu'elle ne reçoit image, qui ne soit elle mesme. Et partāt sa representatiō se trouue tousiours estre mesme chose, que le principal subiect, & ne luy est aucunement differente, cōme nous en prendrons vn exēple familier en nostre mesme partie intelligible, voulant exhiber a l'hōme l'image ou representation d'vne intelligence ou secret, soit science par lecture, ou reuelation. Nous trouuons que exhibant & proposant a nostre prochain l'image, ou representation de nostre pensee, soit ceste science par lecture, intelligence, ou secret quelconque, nous luy exhibons, & cōmuniquons la chose mesme, n'estāt aucunement ceste representation ou secret descouuert, ou cōmuniqué au prochain, differāt du principal, que nous possedons: & ce, detant que la chose intelligible, ou incorporelle se cōmunique sans priuation, ou separation de soy, qui n'aduient a la vraye corporelle, laquelle ne se cōmunique a vn autre, sans priuatiō faicte a celuy, qui la cōmunique. Cōme celuy qui cōmunique a vn autre sa robe, demeure despouillé: celuy qui cōmunique sa maison demeure desloge, & par consequent priué. Ce qui n'aduient a la chose intelligible: detāt qu'elle est de nature diuine, qui iamais ne tumbe en priuatiō, par quelque representatiō, figure, semblāce, ou communiquation, que l'hōme en face a l'autre l'exemple de ce grand Dieu, qui nous cōmunique, & a toutes creatures toutes choses incorporelles & intelligibles, sans en estre aucunement priué: & ce a cause que l'integrité & perfection de la chose diuine ou intelligible ne souffre aucune sectiō, fracture, ou diuisiō: mais est vne & mesmes en diuers subiects, aiant vertu de soy cōmuniquer mesmes intelligible, & de cōmuniquer la chose sensible a l'autre subiect capable d'elle, & de representer en elle la chose qui est differente de soy. C'est le sensible de l'intelligible, cōme aussi le mot d'magination le porte, qui est de supposer en la pensee l'image & dessein de la chose corporelle, de la quelle sort ce dessein: soit le portrait d'vn bastiment, qui soit imaginé, il se figure en la pensee le bastimēt corporel en ses mesures, & ainsi de toutes choses pures materielles: soit aussi en celles, qui sont retirees des sens, l'imagination est tousiours fondee sur la chose sensible. soit l'effet materiel ou matiere, sur laquelle est assis l'effect cōme aux disciplines vsant de la seule ratiocination, qui n'est en rien materielle, toutes fois pour en donner clarté a l'intelligence, nous imaginōs des figures & lignes, qui sont materielles subiectes a la veuë oculaire, soit: en vn syllogisme de dialectique: auquel l'imagination exemplaire ne peut estre assise, que sur la matiere, soit des premises, ou conclusion signifiāt choses corporeles: soit en Theologie, en laquelle l'imaginatiō faicte des choses intelligibles, se trouue estre mesme chose: & si elle est des choses sensibles elle repose sur les seulles matieres, sur lesquelles finallemēt tumbent les effects des bontez diuines. Ce que aucuns pourroient trouuer estrāge, q̄ l'imaginatiō ne soit que en la matiere, ne prenant garde, que la principalle conception des choses, qui sont retirees, & separees des sens, gist en l'intelligence & ratiocination, lesquelles n'usent d'aucune image ou representation, ains seu-

L'image de la chose corporele est differente du subiect.

L'image de l'incorporel ne diffère du subiect.

L'incorporel se cōmunique sans priuatiō.

Toutes imaginations ou representations supposent chose materielle.

lement considerant par discours interieur la force & vertu, qu'a la raison iugement & intelligence cõmise a l'homme de descouurir l'action interieure pour produire vn effect, lequel effect descouuert par l'intelligence tumbe en l'imagination, qui se represente lors en sa pẽsée l'image portraict, & dessein de c'est effect exterieur. Et ceste imagination du sensible ne peut attaindre a la dignité de l'intelligence ou ratiocination, ains c'est vne partie plus basse, prenant son employ sur ce, que l'intelligence & ratiocination luy auroit inuenté & preparé, reuenant tousiours a l'effet exterieur, & materiel. Et a ceste cause, Mercure a dict, qu'imagination n'a lieu, qu'aux choses engendrées: & par consequent subiectes aux sens: a cause dict il, qu'imagination n'est que generation. Comme de vray toutes choses & vrais fruicts, qui viennent de l'homme auant estre mis en l'exterieur sont inuentez & ratiocinez en l'intelligence suscitée par les sens, comme nous auons dict au secõd chapitre, estre faisables, cõuenants possibles ou necessaires, & ces poincts vuidez, l'imagination engendre en la pensée les effets, par representatiõ de figure telle qu'ensuiura apres l'effect. Et par ainsi ceste imaginatiõ n'est q̃ la generatiõ de l'effect futur & exterieur executable sur la matiere. C'est ceste generation de laquelle Mercure a parlé sur la fin de son segond chapitre, disant, que c'est la plus grande vertu en ceste vie & tres benigne enuers les sages faire enfans, c'est autant que produire effects bien engendrez en la pensée par ceste imagination: qui les engendre premierement, & apres le corps les execute sur la matiere. Celle la est la principale generation de l'homme interieur. Apres celle la, & de bien loing s'ensuit la generation corporelle ou de l'homme exterieur, qui n'est, que la quaisse, fourreau, ou estuy de l'interieur, faisant son effect, comme la beste brute sans imaginer, ou penser a cause, qui le conduise a cest effect, que la seulle volupté. Ceste generation faite par l'imagination c'est celle, par laquelle Dieu inuisible produict en l'imagination de l'homme par ses vertus données a l'homme interieur auec son image, toutes choses, qui peuuent estre imaginées & representées en sa pensée: mais il s'entend apres qu'elles sont passées par raison, intelligence, & iugement, principalles vertus de sa saincte image. Parquoy ceste imagination n'est, que generation des vrais fruits, que doiuent estre produits par l'homme diuin, & interieur. Et de tant que l'homme ne peut ignorer de veoir, sentir, & aperceuoir en tous temps, heures, & iours, ces diuins effects si frequents en la presence de tous ses sens, & qui ne peuuent ou apartiennent d'estre faicts par autre quelconque, il faut necessairement, qu'il confesse, ce grand Dieu estre veu, ouy, senty, & cogneu, toutes heures & temps, par ses dons & diuins effects, apartenants a luy seul, pour le moins cõme il cognoistroit vn homme par sa robe bien cogneu de luy. C'est a dire, que si l'homme cognoissoit aussi bien ses effects apartenir a Dieu, & venir de luy, comme il cognoist l'habillement & vestement de son voisin sans veoir son corps ou ame, ou il iugeroit auoir veu Dieu, par ces effects de iugements pour le moins, aussi asseuré, qu'il asseure auoir veu son voisin par ses habillemẽts, & autres coniectures: voire il iugeroit mieux auoir veu Dieu, que son voisin, de tant que Dieu ne peut bailler ses actions a autre, qui se mette en sa place, n'ayant compagnõ, en qui puissent tumber ses vertus & puissances. ce que faict souuẽt l'homme, qui peut bailler son habillemẽt a son compagnõ pour tromper le sens de son voisin. A ceste cause Dieu nous demeure plus certainement cogneu par ses effects ne pouuãt estre attribuez par raison a autre, que toute creature, que nous puissions mieux cognoistre. A cause que nos sens y sont plus facilement trompez, & plus frequentement, qu'en Dieu. Car il nous est plus que manifeste, que tous biens nous vienent, comme dict sainct Iacques, du pere des lumieres: soit par moyen de creatures, qu'il nous soit enuoyé, ou sans moyen, tousiours neantmoins viennent ils de cest aucteur de tout bien: & par ainsi par ses dõs, bienfaicts, & autres infinis effects visibles, que toutes heures nous pouuons cognoistre, & resentir en nos sens, nous le sentons par ses effects: comme par les effects raportez par les sens en nos intelligences, nous y recognoissons les vertus de l'aucteur, tellement, qu'il est plus tost senty par les sens, que cogneu en l'intelligence: de tant que nous auons dict que l'intelligible vient par les sens en l'intelligence.

L'intelligence engendre l'imaginatiõ.

L'homme s'asseure plus de la cognoissance des sens que de l'intelligence & raison.

Les sens sont plus facilement trompez que la raison. Iac. 1. 6

Chap. 2. 1.

SECTION 2.

Toutesfois il est vn, asçauoir non engendré, non imaginable, & non visible: mais de tant, qu'il faict toutes choses imaginables, il est veu par toutes choses, & en toutes

toutes choses: & aparoist principalement en celles, qu'il veut. A ceste cause, O Tat mon fils, deuant toutes choses, prie Dieu pere seul non vn: mais duquel vn est, te estre fauorable a ce, que tu puisses comprendre vn tel Dieu: & aussi qu'il esclaire en ta pensee, vn de ses rayons. Car le seul entendement voit ce, qui est inuisible. Attédu aussi, qu'il est inuisible, si tu le peux des yeux de ta pensee, il t'aparoistra, O Tat, de tant que le Seigneur aparoist abondant par tout le monde. Tu puis prendre entendement, voire comprendre, comme de tes propres mains, & regarder l'image de Dieu. Et si ce, qui est en toy, t'est inuisible, cômet t'aparoistra il par tes yeux en soy mesmes?

COMMENTAIRE.

ET combien que nous ayós dict, que Dieu est visible & sensible par ses effects en diuerses manieres rendant toutes choses en l'imagination: TOVTESFOIS, dict Mercure, IL EST VN sans compaignon, ayde, ny secours en toutes ses actions, comprenant toutes ses vertus & operations en vn parfaict bien, ne receuant commencement que de soy mesmes, ASCAVOIR qu'il est NON ENGENDRE par autre, qui le puisse auoir precedé: il est NON IMAGINABLE en sa perfection, de tant que imagination n'est qu'en choses engendrées & il n'estant engendré n'est pareillement subiect a imagination en ses essences & perfections: combien qu'il le soit en ses effects. ET de mesme façon, n'estant engédré ny imaginable, en tant qu'il n'est materiel, il est NON VISIBLE, ny peut estre aperçeu des sens. MAIS DE TANT QV'IL FAICT TOVTES CHOSES IMAGINABLES, ayant donné à toutes creatures corps & matiere, en laquelle tous effects, & dons procedans de Dieu, sont leurs apparences subiectes aux sens: IL EST VEV PAR TOVTES CHOSES, ET EN TOVTES CHOSES corporeles & materieles, esquelles il manifeste ses vertus, actiós, & puissances: ET APPAROIT, & se manifeste PRINCIPALEMENT, & de plus grade facilité EN CELLES, QV'IL VEVT, pour le bien de sa creature. Laquelle par tous moyens il induit & conuie à le cognoistre, louër, & glorifier, qui est le vray profit, qui côduit sa creature à perfectiô. Ce n'est pas pour la creature seule materiele, qui faict toutes ces actions: mais il les faict pour soy, côme dict le Prophete, Affin qu'il ne soit blasphemé: ains soit loué, mercié, & glorifié. Et c'est pour soy qu'il a mis en sa creature, ceste siéne image & semblance mise en l'homme: pour la reuerêce de laquelle il a faict à ceste creature & animal (qui a ceste cause a esté dict diuin) tất de beaux presés, esquels il se manifeste tant, qu'il n'y demeure aucune excuse de l'ignorer, & s'apparoist plus en certains effects qu'en autres, selon qu'il luy plaist produire & employer ses actions. Il ne reste sinon que l'homme, a l'occasion duquel il faict tous ses effects, & donné moyés d'estre cogneu, le recognoisse, & employe ses principales parties a la vraye intentiô, pour laquelle elles luy ont esté cômises, qui est la conteplation, & l'employ des vertus de l'image de Dieu, a suiure le côseil du S. Esprit, & repousser l'abus de la matiere. Il ne faut doubter, que ce bon Dieu desirant sur toutes choses que l'hôme vueille cognoistre sa perfection, laquelle il tache & macule de tant de miseres & infamies, & l'éploye en son debuoir, ne luy soit secourable, côme il est escrit, a rendre parfaictes & solides toutes ses puissances données auec son image, lesquelles pendant q̃ la volonté, a qui en est donné l'employ & libre disposition, s'incline vers le sensible, ne pouuất exercer leurs operatiós & offices, pour lesquels elles sont dônées à cest animal diuin. A CESTE CAVSE, O TAT MON FILS, DEVANT TOVTES CHOSES PRIE DIEV, qui est le vray remede pour recouurer tout secours, amenât à l'hôme, l'vsage & vray fruit des vertus diuines, qui sont en luy, côme il est escrit, l'oraison de celuy, qui s'humilie, penetre les nues: & ayant recouuré ce secours toutes forces, puissances, tétations, & aguets, par lesquelles l'esprit malin s'aydất des côcupiscences de la matiere empesche le vray vsage des vertus diuines, seront emportées, brisées, & abbatues. Côme Iesus Christ l'a particulierement tesmoigné à ses Apostres, qui n'auoient peu à cause de leur incredulité ietter & banir le malin esprit, Ce genre n'est chassé, q̃ par oraison & ieusnes, leur declarant, q̃ la priere a grâde vertu enuers Dieu, cõme dict S. Iaques, La priere du iuste côtinuele, vaut beaucoup. Et de tât que toute vraye priere doit tẽdre & tacher, ou constituer sa fin en la gloire de Dieu, & choses, qui luy sont agreables. Il est escrit, q̃ plus vaut la fin de la priere, q̃ le cômencement, qui s'acorde bien à l'opinion de tous bôs Philosophes disans, que toute fin est meilleure que les choses, qui se font pour la fin. A cause de quoy Mercure exorte son fils d'éployer la priere & toutes autres vertus pour paruenir à ceste excelléte fin, qu'il desire.

Dieu est intelligible par raison non imaginable par d'escription.

Dieu est Imaginable en ses effects materitels.

Esay. 48. b Ezech. 20. b Dani. 9. c. 3. d Dieu faict pour l'homme y considerans son image.

1. Petr. 5. c

Mercure commãde prieres pour principal remede a cognoistre Dieu. Eccli. 35. c Matth. 17. a

Iaco. 5. d

Eccl. 7. q

Or donc mon fils, prie Dieu PERE, comme generateur, facteur, & createur de toutes choses, SEVL, comme n'ayant compagnon, ains estant seul en toute essence, vertu, action, & puissance, commencement, & aucteur de toutes choses, NON VN, MAIS DVQVEL VN EST. Il n'est seulemét vn, ou bien ceste vnité, que nous auons cy deuant dict estre commencement de toutes choses, dependant de soy-mesme: mais est celle perfection, de laquelle depend ceste vnité. Tu prieras donc ce pere seul, & vn TE vouloir ESTRE FAVORABLE, A CE QVE TV PVISSE COMPRENDRE, & loger en ton intelligence VN TEL DIEV, qu'il t'a esté annoncé, sans arrester ta pensée a le cuyder circonscrire, ou bien entierement cognoistre en toutes ses essences, actions, & vertus: car tu entreprendrois trop durát ceste vie, ny aussi le prédre par les effects, ou choses exterieures, q tu verrois venir de luy cóstituant en ces choses, son essence, qui est intelligible & nó exterieure. Mais tel qu'il t'a esté annoncé, recepuant de ses essences ce, qu'il luy plaira t'en cómuniquer par ses vertus intelligibles mises en toy, & par ses effaicts exterieurs, le recognoistre, comme cause les produisant & engendrát, pour estre par ceux-là, veu, cogneu, & aperceu des sens exterieurs vn, & cause de son vnité, pere, & generateur de tous ces effaicts, materiels, & sensibles. Et l'ayant prié te donner la grace de le recognoistre tel, tu le prieras AVSSI, QV'IL ESCLAIRE EN TA PENSEE par VN DE SES RAIONS, qui dispose ses vertus mises en ton homme interieur, qui est sa saincte image, & qui les fortifie, & les retire de la seruitude, en laquelle, tu les auois mises adherant a la matiere & les remetre en leur vraye puissance, & action, a ce, que acompagné de celles là, tu puisses dire, comme sainct Pol, Ie puis toutes choses en celuy, qui me fortifie: & ce sera le pouuoir par les vertus diuines, que Dieu t'a cómis interieurement remises en liberté par la grace qu'il te fera, iettant vn de ses rayons en ta pensée, & entendement.

CAR, dict Mercure LE SEVL ENTENDEMENT VOIT CE, QVI EST INVISIBLE: ATANDV AVSSI QV'IL EST INVISIBLE. De tant que Dieu a donné a l'homme sa saincte image, raison, & entendement, ou vertus intelligibles, pour cognoistre c'est inuisible & imperceptible de tous sens corporels. Et pour ce faire plus propremét il a voulu, que cest entédemét humain fût de la nature du tel Dieu, qu'il doit cognoistre, c'est asçauoir inuisible & non subiet a aucune perceptió des sens corporels, suyuant la nature de son chef & source originaire dont il est sorti, qui ne veut estre cogneu que de sa piece mesmes. Et luy a donné aussi les sens corporels, pour raporter a son intelligence les effaicts materiels de Dieu, & sentir & apercepuoir par ceux là ses bontés continueles a produire & engendrer pour cest homme interieur toutes choses, à la gloire, honneur, & loüange de l'aucteur, & createur du tout, qui est la vraye cognoissence de soy-mesmes, que Dieu demande, & requiert de l'homme pour venir a la cognoissance de l'aucteur. Et SI TV LE PVIS prier, regarder & comprendre, non par moyens exterieurs, mais par l'employ de tes dons intelligibles, & vertus du sainct Esprit, qui te sont commises, & DES VRAYS YEVX DE TA PENSEE & ceux, qui rendent claire la volonté, qui se renge de leur part, & le puis regarder de tels yeux. Asseure toy tant de sa bonté qu'il ne fuira, mais T'APAROISTRA O TAT, DE TANT QVE c'est sa nature de bonté, non seulement d'aparoistre à ceux, qui le recherchét: mais qui plus est, de rechercher ceux, qui le fuyét. ET LE SEIGNEVR par sa nature APAROIST ABONDANT en plenitude de graces & bien faicts, qu'il publie' PAR ce moyen en TOVT LE MONDE, estant senty de toutes creatures viuantes, & entendu des creatures raisonnables. TV PVIS PRENDRE ENTENDEMENT VOIR ET COMPRENDRE, comme s'il disoit en vain Dieu t'auroit formé a son image & semblance, & t'auroit donné libre disposition & arbitre d'eslire la part, que tu voudrois ensuyure, si par ceste liberté tu n'auois moyen d'employer les actions & vertus de l'image de Dieu: aussi bien a ton proffit, que a ton dommaige: car si tu ne le pouuois, que a ton dommaige, ce seroit folie de dire, qu'il y eust election: car elle ne peut estre là, ou il n'y a que vne part. Et aussi ce seroit contreuenir au vouloir de Dieu, qui te l'a donnée en tant de diuers lieux & si ne te poursuit, & presse, & admoneste tant par ses escriptures, Prophetes, & Apostres, que pour te faire conuier & non contraindre a donner ceste election, & chois de libre volonté vers son S. Esprit. Car si ce n'estoit pour ceste fin, il a prou vertu, forces, & puissances, pour te faire vouloir ce qui luy plaira sans tant enuironner, ny repeter si souuent ses admonitions, & conseils qu'il faict tous les iours. Qui te donne asses a cognoistre, attandu qu'il y retourne si souuent en ton endroit & n'vsant

sant d'aucune contrainéte, violant, & forsant ton arbitre, que ce qu'il te demande est en toy, ou il ne te demanderoit que en vain. C'est ce que dit sainct Iean, Tout autant qui l'ont receu, il leur a donné puissance d'estre faicts fils de Dieu, entendant ceste puissance d'entrer en ceste lisse, combien que non de paracheuer. Pense donc qu'il est en toy de pouuoir eslire la part du sainct Esprit, qui est en toy, par le moyen duquel toutes vertus diuines te sont communicquées, pour en vser & les employer a la part de celuy, qui te les a données. *Ioan. 1.b*

Ce n'est pas qu'il soit en toy de les employer iusques en la perfection, car ta matiere t'y empesche: mais il est en toy d'y donner ton consentement & volonté, comme dict sainct Pol, La volonté gist en moy: mais ie n'y trouue la perfection du bien. Par ainsi donne librement & franchement ta volonté à celuy, qui met en œuure ce bon vouloir & le parfaire, & tout pour la bône volôté. Car c'est a luy de parfaire ce, que tu ne puis q̃ vouloir & desirer, & qui en est plus prest, q̃ tu n'esde l'accepter. Il t'a donné entendement, raison, discretion, & iugement. Tu puis donc prendre entendement & iugement, qui sont vertus de Dieu, qui hurte & attand a ta porte. Ouure luy & reçois c'est entendement & iugement, par lesquels tu cognoistras, que c'est tô deuoir & profit d'eslire ceste part: & puis te former idee ou representation tournant & versant tes pensées, & intelligêces, vertus de la diuine image a te resouuenir de ce, que tu as cydeuant entendu, veu, & cogneu, soit l'interieur & intelligible par la parole, ou l'exterieur par les effaicts: tellement que par le moyen de ceste intelligence ou entendement, que tu puis employer, tu formeras idee: cest a dire, tu esleueras ta pensée & l'esloigneras de toutes ces miseres & infamies terrestres & corruptibles, & les employeras en ceste diuine contêplation, qui te rendra vne idee ou representatiô en la cognoissance & iugement, par laquelle il te sera aussi facile, voire d'entendre & manier de ton entendemêt, COMME par maniere de dire DE TES PROPRES MAINS: ET ainsi preparé REGARDER L'IMAGE DE DIEV, qui aparest a t'a pensée de maniere qu'estant retiré hors des choses corporelles par l'application de ta volonté bien resoluë, a la contemplation des œuures de Dieu, & employ des vertus de sa saincte image. Ceste premiere difficulté forcée, le secours du sainct Esprit est si puissant & vaillant, qu'il est aisé à l'homme le suyuant sans aucun effort de penetrer toutes cognoissances, pour profondes qu'elles soient en Dieu, comme l'a dict S. Pol, voire si grandes qu'il n'est permis a l'homme d'en parler, comme le vit S. Pol estant rauy. C'est la vraye image qu'ont veu, & le sainct exemplaire, qui a esté monstré a ceux, qui se sont rendus priués, & du tout retirés a Dieu, qu'ils ont manié comme de leurs propres mains, & veu l'image de Dieu si excellente, qu'il n'est licite d'en parler, comme le dira cy apres quelquefois Mercure s'accordant a sainct Pol. Le moyen de y entrer aux Chrestiens est de cognoistre, que Dieu ayant basty l'homme de deux choses contraires entour d'vn ame, qui sont le sainct Esprit & image diuine, qui luy côseille le bien: & de l'autre part, le corps & matiere, qui tousiours le conuie a mal. Il a donné libre arbitre a c'est ame de incliner sa volonté a celuy des deux que luy plaira, & l'ayant inclinée la resoudre & arrester, & autant que le premier homme estant innocent l'auoit inclinée vers l'image & sainct Esprit de Dieu. Il la nous a laissée par le peché autant inclinée deuers la matiere, qui est ce qui donne la peine de l'en retirer, voire côbien que le consentemêt ny soit arresté, a cause de la force du peché, qui la luy a inclinée, car si elle n'y inclinoit il ny auroit peine de l'en retirer. Toutefois ne la nous a il contrainéte ou priuée de liberté, que nous ne la puissions auec quelque estude incliner de l'autre part. Et lors aler a Dieu auec soy comme dict sainct Pol, & vraye volonté & sans faintise crier a luy, qui voyant la volonté bonne donnera secours, comme dict le Prophete, Crie a moy & ie te exauceray. Et lors ayant commencé de gouster la misericorde de Dieu il faut continuer ceste bonne volonté en continuelle perseueration des cômandemens, comme dict Moise, & exercices des vertus intelligibles: & ce continuel exercice de contemplation, combien qu'il soit quelques-fois chastié de discipline, la perseuerance, comme dict sainct Pol, le rend fauorisé de la misericorde de Dieu: & rend l'homme changé & esloigné de la matiere & familier a Dieu, comme dict Mercure, par maniere de dire à le manier aux mains. Ce n'est pas que l'ame doiue penser auoir en soy par le moyen de son arbitre, & libre volonté, toute puissance de salut, l'eslisant seulement, qui seroit faux. De tant qu'il luy est requis vne perfection qui n'est en elle, ains en Dieu: mais de tant que perdition n'est que priuation de salut. Parquoy l'ame refusant sa volonté au salut par ce refus qui la priue de salut, elle l'accorde à perdition, qui en est priuation. Il a esté dict l'homme auoir

Rom 7. c.
Philip. 2. b

Apoc. 3. d

1. Cor. 2. c
2. Cor. 12. b

Les moyens d'entrer en cognoissance de Dieu.

Heb. 3. d. 10
d & 11. b
Iere. 33. a
Deut. 32. g
Hebr. 12. b

puissance de soy perdre & non de soy sauuer: de se perdre, entant qu'il n'y faut que ce refus, qui est priuation de salut, & non de se sauuer. Parce que outre le consentement & accord de sa volôté qui y est necessaire, y est requise la perfection venant de la misericorde de Dieu, ne la refusant a aucun qui la luy demande de franche volonté, ains l'accorde à tous ceux qui se retirent à luy, comme Iesus Christ le tesmoigne, disant: Venez à moy tous qui trauaillez, & estes chargez: & ie vous soulageray. Par ou nous voyons qu'il n'en refuse aucun qui se retire à luy. Dont s'ensuit, que l'ame a en sa volonté, a bien parler, la puissance de son salut, & de sa perdition: celle de son salut, à cause de l'asseurance qu'elle a, que la misericorde de Dieu, qui tant a conuiée sa volonté de se retirer à luy, la receura, des qu'elle le voudra: & en peut faire estat sur l'asseurance de sa parole, qui ne ment poinct: & la puissance de sa ruyne, c'est à cause qu'il a en sa liberté le refus: lequel par priuation de salut amene perdition. Nous auôs baillé cest exemple a la rigueur, sans mettre auant les concupiscences de la matiere, qui sont celles qui causent le plus souuent ce refus: toutesfois leur election n'est si necessaire a la ruyne de l'homme, comme l'election du sainct Esprit est au salut: car leur refus n'engendre salut, si la volonté n'est accordée & resoluë au sainct Esprit, comme le refus du sainct Esprit produict perdition, sans accorder rien aux concupiscences. A ceste cause les concupiscences ne nous sont necessaires à la perdition, comme le sainct Esprit nous est necessaire au salut. & de là vient ce que dict Dieu, par le Prophete, Perdition est tienne, o Israel, & en moy seulement ton secours disant, que pour te perdre, il ne faut secours, mais pour te sauuer, il t'en faut. Et l'exemple de ce faict seroit vn homme bien moral, qui ayant ouy la nouuelle du salut, l'auroit mesprisée: & si neantmoins auroit abhoré & reietté les concupiscences, viuant en toute sobrieté. Nous disons que ceste vie morale ne luy peut porter salut, à cause que ce salut depuis le premier peché n'est qu'en Iesus Christ, qu'il a refusé, lequel requiert bien la vie morale, pour laisser les concupiscences, mais ce n'est assez. Car la priuation des concupiscéces seule n'est pas salut, comme priuation de Iesus Christ est perdition, ains outre le delaissement des concupiscences, il faut receuoir Iesus Christ, auquel seul est le vray salut, côme dict le Psalmiste, Retire toy du mal, & fais du bien, declarant qu'il n'est suffisant soy retirer du mal, qui ne recherche ce parfaict bien.

Voila pourquoy il est dict, que nous n'auons puissance de perfection, qu'en mal seulement, & non en bien, à cause que sans autre aide que la nostre, par priuation de salut, nous pouuons parfaire & paracheuer nostre perdition: qui n'est pas ainsi du salut. Lequel combien que nous puissions rechercher, desirer, vouloir, consentir & resoudre, estant si frequentement conuiés du sainct Esprit, qui habite en nous: si est-ce que nous ne le pouuons paracheuer & parfaire, ains il appartient au seul Dieu par sa misericorde, de nous amener ceste perfection. Et toutefois ces accords de volonté, obeyssance, inclination, vouloir, affection, desir, octroyés par franche & libre volonté au sainct Esprit nous appellant, sont bonnes œuures & actions, combien qu'elles ne soient suffisantes, comme nous auons dict. Lesquelles sont en la puissance & liberté de l'homme, composé de l'Esprit de Dieu, matiere, & ame.

A ceste cause Mercure disoit à son filz, tu puis prendre entendement, de tant qu'il estoit en luy, ne restant qu'à la volonté de l'employer. Et puis former & comprendre idée, de ce que tu desires par l'employ des vertus diuines, qui sont en toy. Desire donc Dieu, & par ce desir employe ses vertus qui sont en toy a te former son idée, & tu ne faudras à voir son image telle que l'œil n'a veu, l'oreille n'a ouy, ny pensée d'homme à iamais receu ce qui t'apparoistra, non par les yeux corporels, ains par les yeux du cœur, qui est l'intelligence, iugemét, & cognoissance, vertus diuines, esquelles seules est permis cognoistre & aperceuoir Dieu en ses essences, & non aux sens corporels. ET pour t'en donner euident exemple, IE TE DEMANDE, SI CE, QVI EST EN TOY, des vertus de l'image de Dieu, & propres essences diuines T'EST INVISIBLE aux yeux corporels, & insensible à tous sens, COMMENT Dieu estant aucteur, source, & fontaine de toutes ses essences, T'APAROISTRA IL PAR TES YEVX? ou autres sens corporels EN SOY MESME, & en ses essences, qui ne veulent estre apperceuës, que d'elles seules? A ceste cause, ne t'amuse plus de le penser voir des sens corporels en ses essences: mais te contanter de cognoistre par tes sens ses effectz, & par ton intelligence ses essences.

SECTION 3.

Mais si tu le veux veoir, regarde le Soleil, cognois le cours de la Lune, considere l'ordre des astres, qui est celuy, qui conserue cest ordre. Car tout ordre est determiné de nōbre & lieu. Le Soleil est le tresgrād entre les dieux, qui sont au ciel: auquel tous les dieux celestes obeissent comme au roy, & puissant. Et cestuy ci, qui est si grād plus que la terre & la mer, il souffre auoir estoilles moindres, que soy par dessus luy faisant leur charge. Par la reuerance ou crainte de qui souffre il cela, O mon fils? Chacune de ces estoilles estās au ciel, ne sont pas semblable cours, ny esgal. Qui a ordōné a chascune d'elles la grandeur & maniere de leurs cours?

COMMENTAIRE.

Mais si tv cognoissant resoluement, & estant bien satisfaict, que tes sens corporels n'ont aucune vertu, ny puissance de l'apercevoir, LE VEVX VEOIR ou cognoistre en sa nature, & t'y veux aider de tes sens, qui te sont donnez de mesme pour le seruir, honorer, & glorifier par les vertus intelligibles? Il te faut prendre garde, comment tu les doibs appliquer. Car si tu ayant apliqué tes sens a quelque matiere (de tāt qu'ils ne peuuent aller plus auant) t'arrestes a ce, que les sens en aperçoiuent, sans passer outre, tu n'y cognoistras iamais Dieu, cōme si tes sens voyants le Soleil, par le moyē duquel, la vie, & tous biēs de terre nous sont donnez, tu t'arrestes la, le cuidant aucteur de ses dons & bienfaicts, & le reueres, & honores pour tel, a cause des biens qu'il te faict, tu t'abuses arestant tes sens, & les constituāt iuges de la matiere, qui n'en sont que ministres: ou biē si voyant vne image, ou sepulture esleuée en memoire de quelque acte spirituel & diuin, & ne passant plus outre q̄ le iugemēt de tes sens, tu estimes la vertu de cest acte spirituel ou diuin estre en la sculpture, & image, tu t'abuses de mesme sorte de tant que tu faicts les sens iugez, qui ne sont qu'instrumens. Mais si tu te veux seruir des sens au vray estre, pour lequel ils te sont donnez de Dieu en ta cōposition, il est necessaire que tu (estimāt tes sens cōme seruiteurs, ministres, & instrumēts de l'intelligence & autres vertus que Dieu t'a donné auec son image employée selon le cōseil du sainct Esprit, & non selon la concupiscence) les employes a te raporter les faicts & choses materielles, & exterieures qu'ils reçoiuent les premiers, & sans s'arrester, ny en laisser le iugement a la volonté, inclinée a la cōcupiscence, ils courent faire leur raport a ceste bōne volōté, qui desia ayāt repoussé les concupiscences, sera du tout conioincte par son electiō au desir d'ensuiure le sainct Esprit, & image de Dieu. Laquelle bonne volonté en c'est estat ne faudra iamais a faire iuger le raport, que ses sens corporels luy font, par l'intelligence, raison, & iugement habitans, comme vrayes essences diuines, en son image de Dieu. Lesquelles vertus receuant le raport de ses sens ne s'arrestent a iuger sur ce, qui aparoist a l'exterieur comme nous venons de dire de ceux, qui en abusent. Mais montant plus haut referent ces effects exterieurs, non a la matiere visible, & sensible, mais a l'auteur & principalle cause de ses effects Dieu eternel, qui par ce moyen est veu, cogneu, senty, & aperceu, comme des pres mains en ses effects par toute personne, qui employe ses vertus intelligibles au seruice & obeissance du sainct Esprit, & non aux concupiscences de la matiere, en laquelle ne s'arrestant, ni laissant le iugement estre faict par les sens, enuoye les raports d'iceux plus haut, pour en receuoir le iugemēt des vertus intelligibles, ausquelles seulles apartient la cōduite & gouuernement de toute personne, qui veut bien employer les dons & graces, que Dieu a mis en sa cōposition. Parquoy dict Mercure, si tu veux, auec tes sens voir Dieu, & en aperceuoir ce, qui apartiēt a leur capacité, obserue ce, q̄ ie te viēs de dire, & par exēple, REGARDE LE SOLEIL, COGNOIS LE COVRS DE LA LVNE, CONSIDERE L'ORDRE DES ASTRES. Si tu t'arrestes, ayant veu, qu'ils te gouuernent en ta matiere, & toutes autres creatures

S'arester trop au iugement des sens produict idolatrie.

Il n'aperti̇ēt aux sens de iuger ainsi raporter seullemens.

Le materiel iuge par l'aduis des sens.

L'inteligible iuge par l'admis des vertus diuines.

Exemple d'idolatrie.

creatures, sans passer plus outre: & ayant estimé ceste puissance, qu'ils ont, estre leur, tu les en estimes, crainéts, honores, pryes, & merciés, tu tomberas aux mesmes crimes & deffaux des idolatres, qui n'ayant peu esleuer leur esprit, intelligence, & iugement plus haut, que les sens, apperceuants les biens faicts en leurs corps ou matiere, ont estimé ces corps celestes auoir ceste puissance d'eux mesmes, sans autre autheur, ne recognoissans ce, que dict le Prophete, La Lune aura honte, & le Soleil sera confondu, quand le Seigneur des armées regnera. A cause dequoy il les ont estimés dieux, craints, & merciez, & honorez, s'en alants auec ces abus a eternele perdition. Par ainsi il ne te faut arrester là, mais considere, dict Mercure, QVI EST CELVY, QVI CONSERVE CEST ORDRE. CAR TOVT ORDRE EST DETERMINE, limité, ou circonscript DE NOMBRE ET LIEV. Comme s'il disoit, Considere que ces puissances, & corps celestes sont plusieurs, & font diuerses actions: & par leur ordre: lequel ordre ne peut estre sans autheur, ou conducteur, & conseruateur: de tant que toutes ses actions, & puissances n'ont aucune subiection l'vne à l'autre. A cause dequoy ou tous sont chefs, & maistres, & par ainsi y aura necessaire confusion, & non ordre: ou pas vn ne l'est. Parquoy il en faut vn plus grand, attendu l'ordre qui y est, qui conduise & comande sur toutes ces actions. Et qu'il soit vray considere, LE SOLEIL EST LE TRESGRAND ENTRE LES DIEVX, QVI SONT AV CIEL: & AVQVEL tu penserois, que TOVS LES DIEVX CELESTES OBEISSENT, COMME lon faict AV ROY, ET A VN PVISSANT: ET toutesfois CESTVY-CY mesmes, QVI EST SI GRAND, voyre PLVS de cent cinquante fois, QVE TOVTE LA TERRE ET LA MER, IL SOVFFRE, & endure, maugré soy Y AVOIR ESTOILLES MOINDRES QVE SOY, PAR DESSVS LVY, FAISANT LEVR estat, & CHARGE. PAR LA REVERANCE OV CRAINTE DE QVI SOVFFRE IL CELA, O MON fils, & de qui est ce, que ce soleil (si grand par dessus les autres, que tout leurs cours sont cogneuz & obseruéz des hommes par le, sien, comme estant plus regulier, & par là semble estre conducteur de leurs mouuements) endure ceste iniure, ou mespris, qui luy est faict par moindre que soy, de prendre lieu plus haut, tour plus grand, faire leurs actions sans luy en rendre aucun compte, honneur, ou reuerance? CHACVNE DE CES ESTOILES, OU CORPS CELESTES, ESTANS AV CIEL, NE FONT PAS SEMBLABLE COVRS l'vn à l'autre. Car l'vn le faict en mois, les autres en années, les autres en centaines, & les autres en milliers d'ans: & si n'ont leurs cours EGAL en vitesse & celerité, veu que l'vn passe l'autre tous les iours, comme nous voyons par les conionctions & eclipses. QVI est celuy, qui leur A ORDONNE A CHACVNE D'ELLES LA GRANDEVR, ET MANIERE, l'ordre, & differance DE LEVRS COVRS! Tu puis prendre entendement, voir, & comprendre, iuge par ta ratiocination, essence diuine, qui est en toy auec sa saincte image, s'il est raisonnable, que vn ordre puisse estre conserué sans autheur. L'effect de nature te monstre assez, que laissant les choses qui qu'elles soient sans conduite, elles ne faillent iamais de tomber en desordre, & confusion. Il faut donc à tout ordre, conseruation, & autheur, de tant que tout ordre est reformé, enclos, enfermé, ou circonscript de nombre, & lieu. Car s'il n'y auoit nombre, il n'y auroit diuersité, ny par consequent ordre, qui tousiours consiste en diuersité: s'il n'y auoit lieu, n'y auroit mouuement.

Or est il, qu'il y a diuersité, & par consequent nombre, & y a mouuement tres-grand & violant. il y a donc lieu. Parquoy l'vnité mere du nombre, & ce lieu incorporel, que nous auons cy deuant dict, en qui tout se meut, dominét sur l'ordre. Dauantage penserois tu, que le Soleil estant le plus grand, soufrist s'il estoit maistre, que vn Saturne, ou Iupiter, ou Mars, moindres que luy, tinssent leur ordre a part, & en plus haut lieu, que luy, influants, & semants leurs actions sur mesme subiect & matiere que luy, voire & bien souuant luy empeschants les effaicts de ses actions, s'il auoit puissance de soy faire obeir? veritablement toute raison & institution d'ordre, ne comporteroit iamais que le maistre doiue souffrir vn sien subiect aler au dessus de luy, & luy empescher ses actions. Il faut donc dire, qu'il n'est pas maistre. Puis donc qu'il le souffre, c'est par la puissance & reuerance d'vn plus grand qu'entre eux tous. Et aussi puis que leur cours est differant tant en vitesse & violance du mouuemét que en regularité de leur ordre, il faut qu'ils ayent receu ceste nature & ordre de quelqu'vn.

SECT.

SECTION 4.

ET l'Ourse mesmes, qui tourne entour soy, & si porte aussi entour de soy tout le mõde. Qui est le seigneur soy seruant de c'est instrument? Qui est celuy, qui a donné les termes a l'entour de la mer? Qui est celuy, qui a ressermy la terre? C'est quelcun, O Tat, qui est aucteur & seigneur de toutes ces choses. Car il est impossible, lieu, nombre, & mesure estre gardes sans aucteur, de tant que tout ordre ne peut estre faict sans lieu & mesure. Voire encore tel ne seroit sans seigneur, o mõ fils, car la chose desordonnée est en deffaut : & toutesfois elle garde son estat. Cela est par quelque maniere d'ordre, & soubs vn seigneur, qui toutesfois ne luy a imposé l'ordre

COMMENTAIRE.

ET dauantage, voila L'OVRSE MESME, QVI TOVRNE ENTOVR SOY, ET SI PORTE AVSSI ENTOVR SOY TOVT LE MONDE. QVI EST LE SEIGNEVR SOY SERVANT DE CEST INSTRVMENT? ceste Ourse, c'est celle, que les Cosmographes appellent la petite ou la moindre. Les autres l'appellent le Huchet, de tant qu'il y a sept estoiles rengées à peu pres, comme celles de la grande Ourse, qu'on nomme le Charriot vulgairement. Et parce que nous parlons de la petite Ourse, ou du huchet. Il nous faut considerer, que celle des sept estoiles, qui finist le bout de la queuë, ou bien l'emboucheure du Huchet, c'est celle que l'on nomme l'estoile du Pole : que les Arabes ont nommé Alrukaba : & est dicte l'estoile du Pole par ce, que c'est entre les estoiles bien visibles, celle qui plus approche du Pole ou poinct Septentrional du ciel, qui ne reçoit aucun mouuement. Qui est cause, combien qu'elle aye mouuement, qu'elle est reçeuë du commun populaire, & nauigateurs pour le Pole. *Argument de la petite Ourse.* *Le commun estime l'estoile du polle sãs mouuement.*

Parquoy Mercure parlant au commun dict, par exemple, voy ceste petite Ourse figurée par sept estoiles, laquelle tourne incessamment entour soy mesme, c'est à dire entour l'extremité de sa queuë, qu'on nomme le Pole. Et par ce mouuement il semble qu'elle porte, ou mene auec soy toute la sphere du monde, c'est à dire l'huictiesme sphere, contenant en soy tout le monde, par l'aduis d'aucuns : à cause que ceste huictiesme sphere reçoit le mesme mouuement qu'a ceste Ourse, voire & de toutes autres estoiles, qu'elle contient. Lesquelles de soy n'ont aucun mouuement, comme nous auons dict au second chapitre, ains sont portées par cest huictiesme ciel ou sphere, auquel est atribué le mouuement. Mercure donc parlant, par la veuë du commun, dict par exemple à son filz, Tu vois cest' Ourse, qui tourne entour soy mesme, & porte le mõde entour soy mesme : pense tu que ce soit d'elle, que vienne ceste puissance de mouuoir : ou bien qui est le Seigneur, qui ce sert & commande par dessus ceste Ourse, ou autres estoiles comme instruments, qui executent ce mouuement? Dauantage tu vois la mer si humide, & aisée a eschaper, des qu'elle trouue conduictz, QVI EST CELVY, QVI A DONNE LES TERMES, ou bornes A L'ENTOVR DE LA MER, de maniere qu'elle soit forcée & contraincte de ne passer outre? QVI EST CELVY, QVI A tellement arresté, RAFERMI, & asseuré le repos de LA TERRE, que aucune puissance de corps materiel ne la puisse esbranler, tant soit peu, en tout son corps ferme, & stable, & ne touche ou est appuyée aucune part. Ce n'est pas chose sans admiratiõ, qu'elle soit posée au milieu de l'vniuers, enuironnée des cieux, & elements legers, continuellement mouuans. Et combien qu'elle soit moins, que pendue, subiecte à mouuoir auec la moindre action, qui se presentera, toutesfois quelle rapidité ou violance, que ayent les cieux soy mouuans entour elle, ne la puissent esbranler, ou esmouuoir d'vn point, cõme le tesmoignent les obseruations Astronomiques, conuenants entr' elles, combien qu'elles soient faictes en diuers temps, non obstant les hypotheses de Copernic. C'EST QVELQV'VN, O TAT, QVI EST AVTHEVR, moderateur, conducteur, qui comme il est escript, a rafermy le tour de la terre, qui ne s'esmouuera : ET dauantage SEIGNEVR, par qui, & DE QVI TOVTES CES *Mercure fonde son argument sur l'aduis du commun.* *Argument de la mer.* *La violance des cieux ne peut esbranler la terre.*

CHO-

CHOSES, que ie t'ay proposé par exemple,& toutes autres sont conduictes,ordonnées,disposées,& moderées,& auquel toutes choses seruent,obeissent, & rendent perpetuelle subiection. Car ie t'ay dict n'a gueres que toutes ces actions n'estans aucunement subiectes l'vne a l'autre,ains ayans chacune charges, & vertus particulierement separées, & diuerses,& toutes gardant vn ordre, & vacquant a vne mesme fin, qui est le seruice des creatures elemétaires,il seroit impossible que chacun estant maistre, seigneur, & moderateur de son action, se voulust si bien accorder,& s'asubiectir a la cõpatibilité de son compaignon, qu'il n'y eust quelque desordre,attendu qu'ils sont materiels,& par consequent imparfaicts.Dauantage ie tay dict que cest ordre, que tu vois obserué si longuement, & d'vne si grande importance, qu'est ceste conduicte du monde,& tout autre ordre, ne peut estre sans lieu,a cause du mouuement,ny sans nombre a cause des diuersitez : & si a besoin de mesure,a cause de la succession de ce, qui vient par temps l'vn apres l'autre.Ne le voy tu pas? CAR IL EST IMPOSSIBLE en vne mesme besongne tendãt a mesme fin, LE LIEV, le NOMBRE, ET la MESVRE ESTRE GARDES, & qu'ilz se puissent conuenir, & accorder ensemble, SANS qu'il y aye quelque guide, AVCTEVR cõducteur, ou moderateur de toutes ses diuersitez,pour les acõmoder a vne certaine fin: a laquelle tu vois tẽdre toutes ces choses. Car de vray, Dieu aucteur de l'ordre de toutes choses,il les a disposéez, cõme dict la Sapience, en poids, nõbre, & mesure. Parquoy là, ou il y a lieu, & mesure,il est requis vn aucteur & seigneur: DE TANT QVE TOVT ORDRE,ou il y a aucteur & seigneur, NE PEVT ESTRE FAICT SANS LIEV ET MESVRE.Et quand bien il ne recepuroient lieu,nombre,ny mesure, & par consequent ne seroit ordre bien rengé,disposé, & ordonné, VOIRE ENCORE TEL NE SEROIT il, SANS SEIGNEVR, O MON FILS. CAR bien que LA CHOSE DESORDONNEE EST EN DEFFAVT, ou quelle souffre imperfection a faute d'estre ordonnée par vn debuoir, qui rende en elle toutes choses compatibles, ET TOVTESFOIS ELLE GARDE SON ESTAT de desordre,tant quelle y peut durer, & CELA, conseruant son estat, & durée, EST porté en soy PAR QVELQVE MANIERE D'ORDRE en son desordre.A cause que, comme nous venons de dire, ce mesme desordre ne peut estre qu'il n'y aye diuersité: a cause de quoy, il y a nombres. Il ne peut estre,qu'il n'y aye mouuement:parquoy il y a lieu, ET si ne peut estre,qu'il n'y aye succes des choses venãs l'vne apres l'autre.Parquoy il y a mesure. Or est il, qu'en nombre, lieu, & mesure conuenants en mesme chose, nous auons declaré, quel il faut maistre,seigneur,ou conducteur. Il s'ensuit donc, que quand bien la chose seroit desordõnée, ET sans aucun ordre, regle, si ne seroit elle sans estre SOVBS VN SEIGNEVR: de tant quelle contiendroit en soy les parties capables de tenir ordre, qui sont nombre, lieu, & mesure. Lesquelles ne sont sans seigneur, QVI TOVTESFOIS NE LVY A IMPOSE L'ORDRE,par ce que ces parties n'estans disposéez en leur debuoir,nous pouuons dire,que ce desordre portant quelque maniere d'ordre en soy,n'est institué, imposé,conduict, ou administré par seigneur:mais est bien soubz puissance,& dominatiõ de quelque seigneur. Cõme nous pourrions dire par exẽple, quãd toute la masse de la matiere fut creée des inuisibles essences diuines, lesquelles cõbien qu'elles fussent inuisibles, & intelligibles, ce nonobstant elles engendrarent chose corporele & materiele tres-confuse, & desordonnée : à cause de la meslange, qui estoit entre les elements, auant qu'ilz fussent separés par lieu, nombre, & mesure.Et ceste coufusion de ce grand Chaos n'estoit pourtant sans maistre : à cause que combien que les lieu,nombre, & mesure,n'y fussent apparants durant la cõfusion,si est-ce,qu'ilz y estoient enclos en aptitude, disposition, & preparation de quelquefois receuoir l'ordre, qui pour encore n'y estoit. Dont s'ensuiuoit, que ce Chaos confuz, & desordonné n'estoit sans maistre & seigneur.Par ce que lieu,nombre, & mesure,ne sont sans seigneur.Vray est,que le seigneur n'auoit pas institué les choses, & ne les auoit ordõnées en cest ordre de cõfusion, ains cestoit la nature de la matiere, qui estant separée de Dieu, lors que nous auons dict,que Dieu la laissa tumbant en bas, sans raison, & par ce moyen esloignée de toute & seule perfection,elle ne pouuoit faillir de trouuer & rencontrer imperfection,qui habite en tout ce,qui est separé de Dieu:par laquelle facilement elle recepuoit ce desordre, & confusion non ordonnée par le seigneur & maistre.C'est ce que Mercure dira cy apres, que a Dieu operant ny aucun mal,ny aucune infamie est reputée : ains ce sont passions, qui suiuent la generation en la matiere, cõme la rouille en l'arain, & la crasse aux corps viuants, c'est ce mesmes, que nous auons dit,q̃ ce mal, qui suit la matiere de sa nature, viẽt de l'imperfectiõ, qu'elle a acquise par

l'esloi-

Psal. 91.a

Ordre est fondé sur nombre & mouuemẽt & mesure.

Desordre cõsiné contient pour le temps quelque maniere d'ordre.

Hebr. 11.a

Exemple que Dieu n'estoit aucteur de la confusion du chaos combien qu'il en fust seigneur.

resloignement, & separation de Dieu: en qui seul perfection habite. A ceste cause, combien que la chose confuse & desordonnée soit sans ceste ordre, par lequel tous mouuements, vnitez & successions sont coptables, & tendants a vne fin, en vn subiet, soubz l'authorité d'vn maistre & seigneur: ce neantmoins n'est elle sans quelque forme d'ordre soubz son desordre: par lequel ses vnitez, mouuements, & successions disposés en confusion, par l'imperfection de la matiere, & non par l'institution du maistre, & seigneur, soient preparez a estre ordonnez, rengés, & autremēt disposés en vray ordre, contenant copatibilité de ses vnitez, mouuements, & mesures par le maistre & seigneur, quand il luy plaira l'imposer.

L'ordre de desordre est de pouuoir estre reduict en ordre.

Mercure par les argumens qu'il a faict cy deuant à son fils, luy a monstré, comment Dieu doit estre consideré & cogneu, voire & senti par les sens corporelz, à sçauoir en ce, qu'il luy a demonstré, que tous ces effectz, desquelz il luy a proposé l'exemple, & tous semblables, estans aperçeuz des sens corporelz, doiuent estre rapportez par eux à l'intelligence de l'ame, desirant la cognoissance de Dieu, pour employer son iugement à cognoistre, que tous ces effectz, estant engendrez & produictz de Dieu souuerain, doiuent seruir à l'homme, qui a reçeu ceste cognoissance d'effectz, d'auoir veu, & senti Dieu, par ses sens corporelz en ses effectz, d'vne certitude & asseurance de l'auoir veu plus grande, que l'homme n'a en soy d'en auoir veu vn autre, qu'il a cogneu par sa taille, mouuement, ou habillement. Et ce de tāt que Dieu ne peut si bien estre contrefaict en ses effectz pour y tromper les sens, que l'homme. A ceste cause S. Pol a dict, que les choses inuisibles de Dieu, qui sont ses essences & vertus, sont congnues de la creation du monde, par les choses, qui sont faictes, creez, & subiectes aux sens corporelz bien entendues. Mercure ayant mis son filz en goust de ceste cognoissance sensible de Dieu par ses faictz & œuures, il luy propose des souhaitz, par lesquelz il desire, qu'il en vit de beaucoup plus grādz, pour luy fortifier ceste cognoissance de Dieu, par la fortification de la veuë de ses effectz, s'asseurant, qu'il estoit desia si bien instruict, qu'il ne refereroit aucun de ses effectz à autre auteur, pour luy en donner la gloire, qu'à Dieu.

L'homme cognoist Dieu par ses effectz mieux, que l'homme par ses habits & mesures.

Rom. 1. c

Et en ceste condition Mercure ne pouuoit faillir de luy desirer veuë d'infinies œuures de Dieu: qui estoit luy desirer autant de cognoissance de Dieu dauantage, qu'il n'auoit. Mais d'autant que le souhait de Mercure cognoissant Dieu, cause & auteur de toutes choses estoit louable & diuin, d'autant ce mesme souhait apliqué à celuy, qui n'auroit la cognoissance, que Dieu est la premiere cause & auteur de tous ces effectz, luy seroit pernicieux & blamable. Par ce que Mercure, ne s'arreste aux effectz ny aux ministres, par lesquelz ilz sont dispensez pour leur en referer l'honneur & gloire, ains il passe outre iusques au vray auteur Dieu eternel: à qui seul la gloire en appartient. Et celuy qui seroit mal instruict n'estant encore temperé de ceste cognoissance, s'arresteroit en chemin, referant quelquefois ces effectz à *fatum* ou destinée, quelquefois aux corps celestes, & d'autres à nature, estimant auoir là attaint, & constitué deuëment le souuerain bien: cōbien que ce ne soient que creatures & dispositions. Et à telles gēts il vaut mieux ne voir tāt d'effectz pour les referer mal à propos, que d'en voir d'auantage. Et au contraire ceux, qui les referēt au vray auteur, premiere cause, & conditeur, toutes choses leur secourent en bien, il seroit bien employé, que leurs sens veissent tous les secretz de nature, iusques à l'octaue sphere, & de l'autre part iusques au centre de la terre. Car ce seroit augmentation de louanges, & gloire rendue à Dieu par sa creature, qui le cognoissant en son intelligence, aplique tous ses sens à sa gloire, honneur, & cognoissance, referant à ce vray auteur toute action, & œuure, qu'il voit clairement proceder de sa bonté, comme S. Pol l'escript à Tite, Toutes choses sont nettes à ceux, qui sont nets: mais aux infideles & maculés, n'y a chose nette, comme Mercure le souhaite cy apres, pour son filz Tat, qu'il a ia instruict.

Ceux qui ayment Dieu profitent à la veuë de ses effectz.

Ceux qui n'ayment Dieu, reçoiuent dōmage à la veuë de ses effectz.

Rom. 8. c

Tit. 1. d.

SECTION 5.

IE desirerois, qu'estāt deuenu oiseau, il te fust possible voller en l'air: & estāt enleué entre le ciel & la terre, voir la solidité de la terre, la dilatatiō de la mer, les flux des riuieres, la dissolution de l'air, la poignance du feu, le cours des estoiles, la velocité du ciel, & l'enuironnement de ces choses. O mon fils, le tres-heureux spectacle, soubs vn moment voir toutes ces choses: celuy, qui est immobile par ces choses, soy mouuoir: & celuy, qui est inuisible, estre veu par ce, que faict l'ordre du monde. Et cestuy-cy est l'ornement de l'ordre.

CO·M

COMMENTAIRE.

L'homme bié instruict refere toutes actions materiel & à Dieu.

Tous desirs deuoir œuures de Dieu sont louables.

MERCVRE s'asseurant, que son filz Tat (voyant toutes ces choses,qu'il luy souhaite) les refereroit à leur vray Seigneur & autheur,il ne crainct de les luy desirer, combien que elles soient corporeles,& sensibles.C'est de tant que les referant à leur vray aucteur & createur, qui est Dieu, comme il dira cy apres, ce luy est autant de cognoissance de Dieu, augmétée en son intelligence. Parquoy il luy dict, IE DESIREROIS, o mon filz, pour te donner plus ample cognoissance de Dieu par ses œuures, & te faire vser de la matiere, comme il apartient a toute saincte personne, QV'ESTANT DEVENV OISEAV IL TE FVST POSSIBLE VOLLER EN L'AIR: ET ESTANT ENLEVE ENTRE LE CIEL ET LA TERRE VOIR LA SOLIDITE DE LA TERRE. C'est qu'il le desire esloigner de ceste grande superfice de terre: de laquelle la grandeur ne peut estre embrassée de l'œil, qui luy est si proche. A cause que nous habitons en sa superfice. Ceux qui ont traicté l'Opticque, disent que toute chose veuë de l'œil, est enclose entre deux ou plusieurs lignes,tirées de ses extremitez au centre de la veuë:auquel se faict l'angle de ces lignes. Parquoy s'il n'y a angle, il n'y a comprehension de veuë. A ceste cause Mercure voyant, que l'homme habitant en la superfice de la terre, ne peut comprendre les extremitez de ceste superfice par lignes faisans angle en sa veuë, à cause qu'il en est trop pres estát en sa superfice, il le souhaitte si esloigné de la masse & globe, qui contient la terre & mer, qu'il puisse comprendre ses extremitez par angle, qui assemble ses lignes au centre de sa veuë, qui ne peut estre qu'en l'air, ou plus haut, à cause que l'on ne peut esloigner la terre,par quelque part que ce soit, que l'on ne passe par l'air, qui l'enuironne tout à l'entour de sa superfice, & celle de la mer.

Pourquoy la veuë ne peut voir de trop pres.

Ce n'est pas, que Mercure souhaittast pour son filz, ceste curiosité de le voir voler comme vn oiseau. Car il mesprisoit trop les plaisirs mondains, & auoit ses affections mieux assises, & plus haut que l'air, mais il nous veut faire entendre, que l'esloignement de la terre seroit necessaire à celuy, qui l'a voudroit bien voir selon ses principales, & plus grandes parties, & tout par vn moyen esloignant la terre, qu'il approchast ses sens de la region celeste: ou iamais sens corporel, reserué la veuë, n'auoit approché, pour voir & apperceuoir auec ses sens corporelz, les œuures sensibles de Dieu les plus grandes, qui fussent en nature, à celle fin: que par la cognoissance, que ses sens en rapporteroient à son intelligence, Dieu fust cogneu par son filz plus grand, qu'il n'auoit iamais esté cogneu par sens corporelz d'homme quelconque. Voila pourquoy il luy souhaite, non pour voler, mais pour voir les merueilleuses œuures de Dieu, qu'il fust enleué de la terre par l'air, ne le pouuant estre par ailleurs, si loing, qu'il peut voir & comprendre d'vne veuë oculaire la rondeur de la terre & mer, faisant vn globe, pour iuger quelle solidité, & fermesse, ou plenitude auoit la terre, & quelle vertu la tenoit soubzpendue au milieu du ciel, sans aucun appuy, & combien estant pleine, elle estoit massiue, pressée, & serée en son corps. Qu'il veist aussi LA DIFFVSION, & DILATATION, ou amplitude DE LA MER, par diuers lieux de la superfice de la terre, & combien qu'elle fust ainsi espandue par tant de lieux tout a l'entour de ceste boulle terrestre, elle ne tomboit çà ne là, ains demeure tousiours cóioincte à la terre par ceste vertu diuine donnée à nature, Que toute chose pesante de sa proprieté, tasche de s'esloigner du haut, ou s'approcher à son possible du centre, & milieu de la terre, ou lieu plus bas du monde. Qui est cause, que la terre ayant saisi ce lieu, comme la plus pesante, la mer est contraincte de demeurer sur la superfice de la terre, aux lieux, qui luy ont esté ordonnez & departis par ce grand ouurier, & createur.

Parquoy Mercure souhaise son filz voller en haut.

Veuë de la terre.

Veuë de la mer.

Pourquoy la mer demeure sur la terre.

L'autre cause & principale est, que la matiere estant separée & laissée de Dieu, n'en peut estre plus loin, que au centre ou milieu de sa capacité, comme nous l'auons dict au premier chapitre. Qu'il veist aussi LES FLVS DES RIVIERES, qui se font en deux manieres toutes les deux venants de la mer. L'vne desquelles est, que la mer penetrant par ses riues, ou bien pres les veines de la terre, se trouue dás des creux, qui sont dans la terre: dans lesquelz, par la diuersité du froit, & chaut engendré par le cours du Soleil, l'eau est attirée plus haut, & pres de la superfice de la terre en vapeur: ou estant la froideur la congele, c'est à dire, l'espissir, & retirant l'air, qui la montée, ne s'y trouue que l'eau, qui commence à couler, & par les plus aisez conduictz qu'elle trouue, elle sourd & produict fontaines: desquelles sont faictes les

Veuë des flux des riuieres & commens elles s'engendrent.

riuie-

riuieres. L'autre maniere est, que les premieres vapeurs se sont esleuées de la mer, de tāt que la terre estant seiche de sa nature, n'auoit dequoy faire vapeur, ces vapeurs se reposans sur la terre l'ont humectée : dont s'est ensuiui de ceste humeur autre esleuation de vapeur, qui humectant encore la terre, tumbe en ces creux, esquelz se faict ceste distillation, & circulatiō que nous auons dict. Qui conuertist la vapeur en eau, comme les distilloueres le manifestent ordinairement : esquels la vapeur chaude venant du fondz estant refroidie par la chappe se conuertist & coule en eau. En ceste maniere sont faictz les fleuues & riuieres, qui ordinairemēt ont coulé depuis la mixtion des elements faite pour la vie des animaux vers la mer, comme lieu le plus bas: & si en reuiennent pour de rechef continuer leurs cours, non en forme d'eau, car sa pesanteur l'empescheroit de monter, mais reuiennent en vapeur, qui monte facillement a cause de l'air, qui l'accompaigne: & estant conuertie en corps pesant par la froideur elle coulle facilement. C'est ce que a dict l'Ecclesiaste, Tous fleuues entrent en la mer, & elle n'en regorge pas, ilz retournent au lieu duquel ilz sont sortis, pour de-rechef couler.

Eccles.1.b

Qu'il veist aussi LA DISSOLVTION de l'air, c'est autant a dire, que l'humidité qui regne principalement en l'air, & le tient dissout, qui est le contraire du solide, ou compacte, & pressé. C'est a cause de ceste lachete, dissolution, & agilité, qu'il est difficile a estre contenu en ses termes: dont vient sa nature humide, par laquelle a cause de son agilité, il penetre tous corps porreux, come nous auons dict au second chapitre. Qu'il veist aussi LA POIGNANCE, l'acuité, la violance, ou vehemence DV FEV, qui est le grand acteur, & puissant sur toutes matieres, choisi par le sainct Esprit, instrument principal a faire ses actions portées par l'air. Ce sont les deux agiles & subtilz operateurs instruments, Anges & ministres de Dieu en ses actions & operations, comme il est escript. Qu'il veist LE COVRS DES ESTOILES, en la diuersité des mouuements qui est entre les fixes, & les erraticques: & considerant les mutations, qui se font par eux a cause de leurs diuers rencontres, & mouuements. En quoy il voyoit vne grande prouidence de l'aucteur, comme estant toute la conduicte & gouuernement de la region elementaire, comme nous l'auons dict au premier chapitre.

Venë de la dissolution de l'air.

Venë de la cuite du feu.

Psal.103.a Hebr.1.b Venë du cours des estoilles.

Qu'il vit aussi LA VELOCITE, & vitesse DV CIEL: qui a vn si viste mouuement, que le Soleil en vingt-quatre heures a non seulement enuironné la terre, qui seroit beaucoup, mais en mesme temps a enuironné son tour, ou de son sphere: qui passe en vne heure plus de quarante sept fois trois quarts autant, que le circuit de la terre. Et de tant que plusieurs, qui ne sont versez aux disciplines, pourroient trouuer estrange la grandeur & vitesse des mouuements, que nous proposons en ceste machine merueilleuse du ciel, nous ferons vne briefue demonstration, aisée a comprendre, voire à ceux, qui n'auront, que la simple Arithmetique des marchants en cognoissance. Laquelle nous fonderons sur ce, qui a esté obserué des grands, anciens, & de nous mesmes pareillement.

Venë de la vitesse des cieux.

Le soleil descrit en son cours d'vne heure quarante sept fois trois quars la longueur du tour de la terre.

Les anciens Cosmographes, & excellents Mathematiciens, ont trouué, que le Soleil au diametre de son corps contient cinq fois & demy le diametre de la terre, & nous auons obserué par mesures au ciel, que le diametre du Soleil a trente trois minutes de degré en son cercle, qu'il passe tous les iours: qui s'est trouué d'accord auec Ptolomée. Il s'ensuit donc que le cercle du Soleil contenant trois cens soixante degrez, a soixante minutes par degré, parti par trente trois minutes, qui est son diametre, le contiendra six cens cinquante quatre fois & six vnziesmes. Et par ce que son diametre contient celuy de la terre cinq fois & demy, nous prendrons dans le cercle du Soleil pour chacun diametre des siens six fois & demy le diametre de la terre: lequel trouuerons estre contenu au cercle du Soleil, trois mille six cens fois.

Mouuemens du soleil mesuré.

Et de tant que toute circonference contient pres de trois fois & vne septiesme partie son diametre, comme nous l'auons demonstré, elucidant le traicté qu'en a faict Archimedes, nous prendrons en ces trois mille six cens diametres de la terre, que contient le tour du Soleil tant de fois, que nous pourrons, ces trois & vne septiesme partie, qui est la circonference de la terre : & l'y trouuerons mille, cent, quarante cinq fois, & cinq vnziesmes:

P

Et par ce que le Soleil passe son cercle en vingtquatre heures, nous partons par ces heures les mil cent quarāte cinq, & cinq onziesmes tours de la terre, & trouuons qu'il en apartient a chasque heure quarante sept & trois quarts. Par ou nous concluons, que le Soleil passe en chasque heure de son cours, ou mouuement, quarante sept fois & trois quarts autāt de chemin, que la circonference de la mer & terre, voire & plus, de tant que son chemin va par larc, & nos mesures sont supposees comme cordes, qui sont tousiours plus courtes que les arcs. Considerons par la merueilleuse grandeur des cieux, & vitesse des mouuements, que Dieu a dōné a ses creatures, pensons par là, quelle vitesse a l'octaue sphere, de tant plus que le Soleil & qu'il veit finalement L'ENVIRONNEMENT DE TOUTES CES CHOSES, que nous auons dict. C'est adire, qu'il ne considerast seulement d'vne part ou d'autre: mais qu'il veist, que toutes ses actions produisant les effectz qu'il a veu, enuironnent tout, & ne sont ou employent leur puissance seulement d'vne part, mais ont leur vertu spherique, qui est autant comme omnipotente venant de l'omnipotent qui d'vne mesme action couure, & enuelope, & comprent tout. C'est la vraye fin de cest spectacle, de veoir tous ces effectz, auec les yeux corporelz, mais considerer ce diuin enuironnement de toutes ces choses materielles auec celle intelligence, & iugement, qui doibt iuger le raport, que les sens luy serōt de tous ces beaux effectz, & attribuer la gloire, hōneur, & louange de toutes puissances & actions qui ont produict toutes ces belles visions, & spectacles, a ce sainct enuironnement, qui couure, contient, & enuironne toutes choses. C'est celuy la, qu'il faut finalement considerer, cognoistre, glorifier, & honnorer. C'est spectacle estoit le mesme, qui fut monstré par le diable a Iesus Christ, quand il l'enleua en la haute montaigne : mais les occasions estoient contraires, asçauoir celle, qui mouuoit le diable a monstrer les beautez du monde a Iesus Christ, c'estoit pour le rendre par concupiscence de matiere, mauuais: & celle, qui mouuoit Mercure estoit pour faire de son filz mauuais, par la cognoissance de Dieu, par ces œuures, vn filz bon.

Et par ainsi l'vsage des choses materielles estoit conuerti a profit spirituel, & cognoissance de Dieu. O MON FILS dict Mercure, LE TRESHEVREVX SPECTACLE VEOIR TOVTES CES CHOSES SOVBS VN MOVMANT non pour le plaisir corporel, comme le commun l'estimeroit, conuertissant tous vsages materiels a la concupiscence, mais pour par ces degrez paruenir a la cognoissance de c'est enuironnement, cōprenant toutes choses. CELVY QVI de sa nature EST ferme, stable, & IMMOBILLE, PAR CES CHOSES SOY MOVVOIR, & par ces diuins effectz: ET CELVY, QVI par diuine excellence EST INVISIBLE, ESTRE VEV PAR CE QVE FAICT L'ORDRE DV MONDE: qui est par les diuersitez qu'il a faict conuenir en la composition du monde, Desquelles ses essences, puissances, vertus, & actions ont esté par ces effectz si bien manifestées, que par la cognoissance resolue & certaine, que l'homme doibt auoir, que tous ces effectz n'apartiennent a autres, qu'au souuerain dominateur de toutes ces actions, & luy sont propres. Ce souuerain seigneur Dieu pere, & createur demeure manifestement cogneu par ces effects sensibles, enuers celuy, qui les receupra de ceste maniere, c'est a dire qui les raportera a l'intelligence, & iugement de raison: laquelle par la necessairemēt recognoistra par les œuures l'aucteur vnique, & necessaire. ET CESTVY CY, dict Mercure, EST L'ORNEMENT DE L'ORDRE. Car il te souuiendra, que nous auons dict, que c'est ordre ne pouuant estre sans lieu, & nombre, il estoit necessairement referé a celuy, qui estoit aucteur du lieu, qui est l'incorporel, pensée, & raison, comprenant soy mesmes comme nous l'auons dict au second chapitre : & qui estoit aucteur du nombre, comme estant la vraye vnité, generateur de tout nombre, comme nous l'auons veu au quatriesme chapitre.

Parquoy le vray ornement de l'ordre, c'est ceste cognoissance de son aucteur pour luy rendre l'hōneur, & gloire de ses œuures, & conseruation de son ordre, & le prier, qu'il le vueille entretenir & conseruer a son contentement & volonté. A ceste cause Mercure dict estre veu par l'ordre du monde, ou par l'ordre de l'ornement. C'estuy cy est l'ornement de l'ordre, c'est a dire que l'homme ne peut mieux orner c'est ordre, que de veoir Dieu parce que faict, & produict c'est ordre. Et la cognoissance qu'il reçoit par la veue de ce que faict l'ordre c'est le vray ornement de c'est ordre.

Lequel orne & enrichist le monde de ce, que Dieu y a tousiours desiré, & pour laquelle
fin

fin il l'a basty, qui est à ce que par la cognoissance & côtemplation de ses œuures, l'homme, qui n'estoit faict q̃ pour ceste fin, le recogneust, glorifiast, & merciast: qui estoit le vray ornement de l'ordre, que Dieu auoit mis en ses creatures & operations. Lequel ordre n'estoit aussi faict que pour seruir a l'homme de cognoissance de Dieu: qui estoit son parfaict ornement. Dont s'ensuit, que Mercure desirant, que son fils veist tant de beautés materieles, esleué en haut, comme vn oiseau, ce n'estoit pour curiosité, sans y fonder raison, comme aucuns pourroient peser, mais c'estoit pour en acquerir plus grãde cognoissance de Dieu, par la veuë de cest ordre, attendu, qu'il dict, que par ces choses voyant l'inuisible & mouuoir l'immobile, qui est autant que y voyant Dieu, c'estoit l'ornement de ceste veue, & ordre.

SECTION 6.

ET si tu veux par les choses mortelles, qui sont sur la terre, & au profond, voir: contemple, mon fils, l'homme basti dans le ventre, & recherche diligemment l'artifice de ce bastiment: & apprends, qui est celuy, qui a basti ceste belle & diuine image de l'homme: qui a torné les yeux: qui a foré les narines & oreilles: qui a ouuert la bouche: qui a estendu & lié les nerfs: qui a mené les veines en ruisseaux: qui a faict les oz massifs: qui a enuelopé la chair de sa peau: qui a desparti les doigts: qui a estendu aux pieds la plante: qui a percé les pores: qui a estendu la rate: qui a faict le cœur en pyramide: qui a fiché par ordre les costes: qui a estendu le foye: qui a faict le poulmon cauerneux: qui a faict le ventre si capable: qui a exprimé à la veuë les choses plus honnestes, & couuert les honteuses. Voy combien d'artifices d'vne matiere, & combien d'œuures en vne description & toutes tres-belles, toutes tres-mesurées, toutes differemment. Qui a faict tout cecy? Quelle est la mere? Quel est le pere, sinon Dieu inuisible, qui a faict toutes choses par sa volonté?

COMMENTAIRE.

MERCVRE ayant donné la cognoissance de Dieu à son fils par choses exterieures & diuins effectz, esloignez de la veuë & habitation des hommes, il luy offre maintenant, ET SI TV VEVX PAR LES CHOSES MORTELLES, QVI SONT SVR LA TERRE ET AV PROFOND VOIR. C'est pour luy faire cognoistre le mesme aucteur & operateur par effectz, qui luy sont plus prochains & familiers, luy proposant par exemple l'edifice & construction du corps humain dans le ventre de la mere, pour luy faire admirer la prouidence diuine, qui prouuoit à tous les seruices futurs de la vie de ce diuin animal par tant & si prudentes diuersitez. Et luy dist, CONTEMPLE MON FILS, L'HOMME BASTI DANS LE VENTRE, lequel commençant par semence, produict toutes ses parties & differences, en sa petitesse, qu'il possedera en sa grandeur. Lesquelles auec le temps seront nourries, & augmentées sans le soin de l'industrie humaine. Contemple cest œuure, ET RECHERCHE DILIGEMMENT L'ARTIFICE DE CE BASTIMENT, ET APPRENDS, QVI EST CELVY, QVE TV ESTIMES OVVRIER SVFFISANT, & QVI A BASTI CESTE BELLE ET DIVINE IMAGE DE L'HOMME, & sur toutes autres excellente, en tant que c'est celle, qui est preparée sur la matiere sensible à reçeuoir celle du Dieu immortel, insensible, intelligible, & spirituele. Considere par les artifices, que tu y verras, s'il y a prouidence humaine suffisante d'auoir preueu l'infini nombre des necessitez, & inuenté les remedes necessaires à l'entiere cõduicte de l'homme pout toute sa vie. Contemple QVI A TORNE LES YEVX, desquelz l'estat est de ietter leurs rayons çà & là, partant d'vn point assis au milieu de la vertu visiue. A cause dequoy il a esté besoin, qu'ils ayent esté spheriques, & en forme de globe, qui est la plus capable & preparée a ietter & reçeuoir par mesme facilité actions de toutes parts, qui est cause, qu'il dict, Qui les a tornez ou circonscripts, & bastis circulaires.

Exemple des diuersitez du corps humain

Les yeux.

P 2

Qvi a fore les narines et oreilles, ou percé leurs pertuis, par lesquels la senteur & ouye des matieres exterieures est receuë en leurs concauitez & conduictz de ces deux sens corporelz. Qvi a ovvert la bovche tant necessaire non seulement au corps materiel, pour luy passer & preparer la nourriture, mais a l'hôme intelligible, comme instrument du sainct verbe filz de Dieu, raison & parole mis en l'homme, seul entre tous animaux. Qvi a estendv et lié les nerfs, qui estant de si petite grosseur ont telle force & puissance, que tout l'effort, que l'homme faict durant sa vie, consiste en eux seulz, si deliez & de matiere si ductile, flexible, & maniable, qui les a si bien liés, qu'ils tiennent sans aucun neud ou tortillement, aux muscles & parties plus fortes, qui soient en l'homme. Qvi a mené les veynes, & qui les a conduites tellement en façon de rvisseavx & canaux despartis, pour arrouser les terres, qu'il n'y a si petite ou grande partie du corps, qui ne s'en trouue nourrie, arrousée & rechaufée. Qui a faict ces canaux creux & fermés tellement, qu'il ne s'en perde vne goute. qui a faict cest infini nombre de rameaux & pointes de ces canaux ou conduicts, terminants toutes leurs extremitez dans la peau de l'homme, qui sont les pores infinis en nombre, & par lesquels le corps humain reçoit l'air, qui rafraichist le sang, qui est dans ses veines, ensemble tout le corps. Qvi a faict les os massifs, & solides, pour porter la peine, endurer l'effort & trauail de tout le labeur & exercice de l'homme. Qvi a envelope la chair, & couuerte de sa peav si aisée & ductile, que ne fronsant ou ridant aucune part, elle ne laisse pourtant a s'estendre, & obeyr à infinis gestes & mouuements de l'homme, de nature puissante & nerueuse, pour la deffence des iniures exterieures tout à l'entour de ce corps humain.

Qvi a desparti les doigts prouueuz de tant d'actions & diuersitez, qui sont faictes par la main de l'hôme, qu'on ne les sçauroit nombrer, non seulement pour l'vtilité & seruice de son corps : mais pour le prochain, pour vn peuple, & pour tant d'effects, qu'il est hors du pouuoir de l'homme le descrire, & qui plus est, les doigts & main de l'homme s'accommode à toutes choses, qu'elle manie de telle grace, qu'on penseroit la main auoir esté faicte pour cest effect particulier, combien que sa facilité soit commune à toutes choses. Qvi a estendv avx pieds qui portent & soustiennent l'homme, la plante, & semele en forme de largeur, preuoyant que si elles n'eussent eu aucune largeur, ou estendue, ains fussent demourez pointus, l'homme n'eust eu moyen de demourer en place. Car il est notoire à tout Geometrien, que aucun poids, ne peut demourer sur deux points plus bas, que soy, & sur vn encore moings.

A cause dequoy les plantes ont esté faictes, dilatées en forme de plan, pour tenir & arrester l'homme sans mouuoir, quand il ne voudra cheminer. Qvi a perce & esuenté les pores si subtilement, qu'a peine apparoissent ilz en la peau, & donnent air & refraichissement au sang & corps humain. Qvi a estendv la rate en sa rareté, & naturele spongiosité, pour assister à ceste principale partie du corps, qui est le foye, sur lequel suruenant aucune charge de mauuaise humeur, la rate prochaine s'en saisit, pour le tenir net a son possible, s'abreuuant de l'humeur, qui destruisoit le foye. Qvi a faict le coevr en forme de piramide, & lequel est origine des veines, arteres, desparties par tout le corps, auquel par ce moyen il administre l'esprit & chaleur porté par le sang, duquel il est vraye source abondant par tout le corps, pour la compagnie & entretenement de la vie.

Qvi a fiche par ordre les costes, pour seruir d'arcades ou voutes à la deffence des parties interieures, nobles & delicates : à ce qu'elles ne soient outragées, ou opprimées d'aucune vehemence exterieure. Mais sont conseruées sans violance, qui puisse offencer leur delicatesse, & tendreur. Qvi a estendv le foye, auquel plusieurs ont estimé habiter partie de l'ame & vie : & duquel les portes sont les entrées des veines, ausquelles il communicque ses actions spiritales, voire telles, que aucuns ont pensé, qu'il reçeuoit les imaginations, & figures des pensées, comme faict vn mirouer.

Qvi

Qvi a faict le povlmon cavernevx, & si propre a recepuoir l'air exterieur, pour le seruice & refrechissement du cœur, trauaillant de sa chaleur quelquefois acquise d'ire ou autre accident exterieur, & lequel le poulmon sert du refrechissement de l'air & froideur qu'il attire a soy. Qvi a faict le ventre si capable pour fauoriser aux remedes necessaires a l'homme pour sa conseruation, contre les desordres & imperfections, qu'il faict par indiscretion de prendre la viande, qu'il doibt, recepuant en telle necessité le superflu, pour le sauuer d'inconuenient. Qvi a exprime a la vevë les choses plvs honnestes, et covvert les hontevses. Il a bien esté raison de tenir a la veuë les principales & plus nobles parties de l'homme qui a cause des actions & vertus qu'elles ont plus que toutes autres parties, meritent d'estre veuës & reputées plus nobles & honnestes. C'est le visage & mains de l'homme : ausquelz habitent les sens corporelz, par lesquelz est faict a l'intelligence & iugement de l'homme rapport de toutes choses qu'ilz aperçoiuet dont a bon droict ces parties sont dictes les plus honorables meritans d'estre veuës, comme aussi toutes autres parties, qui n'ont leurs visages continuelz & publiques, sont couuertes plustot, pour ceste cause, que pour autre mesmes en l'h ôme innocent, duquel la pensée ne recepuant aucun abus elle demeure sans les hontes, ny desplaisirs, qui ont accoustumé de venir aux hommes, à cause d'auoir abusé de leurs parties.

Cecy est a propos de ce, qu'en a dict Sainct Pol, Que tous membres sont honnestes en nous : & ceux, qui sont plus deshonnestes à nostre iugement, sont ceux, qui sont plus honnestes. Car Dieu atempere le corps donnant plus d'honneur à ce, qui en auoit besoin, pour euiter schisme & diuision au corps. Ce n'est pas qu'il ne faille couurir le corps, ne fust ce, que pour l'iniure du temps: mais ce n'est la ou nous debuons constituer nostre principale honnesteté ou perfection : ains beaucoup plus haut que ce, qui est en la matiere. Vray est, que nous nous debuons seruir de la matiere a ce que dict Mercure, pour admirant en elle les œuures de Dieu par ce moyen, louër, glorifier, & mercier treshumblement le facteur, & son infinie bonté d'auoir employé tant de ses vertus en chose, qui si peu le merite. Voy tu donc, dict Mercure, combien d'artifices, inuentions, & moyens Dieu grand operateur a preparé, inuenté, & composé pour soulager l'homme durant sa vie, d'infinis accidants, que sa matiere luy produiroit? & remedier aux inconueniants, qui en sourdroient, s'il par son infinie prouidence & bonté n'eust composé ces parties, que tu as entendu de telles qualités & structure, que tu as veu. Voy tu comment toutes ces inuentions sont tireés d'vne seule creature & matiere? et combien d'œvvres en vne description seule de toutes ses parties. Et tovtes celles la sont tresbelles, a cause de l'exellence de leur ordre, & tovtes tresmesvrees, comme leur compatibilité le monstre suffisament en vn mesme corps, & tovtes differemment pour la diuersité des offices, qui leur conuient faire. Car côme dict S. Pol, ilz sont si bien accordez, que si l'vn souffre, tous souffrent auec celuy la : & si l'vn a plaisir, tous y ont part, qui est la perfection d'harmonie. *Ibidem*

Qvi a faict tovt cecy, dict Mercure, y a il creature, qui aye ceste puissance si grande, que de bastir le vaisseau, qui doibt recepuoir l'Esprit & image de Dieu? certainement non. Qvelle est la mere, ayant nourry telles inuentions, que nous auons racompté? Qvel est le Pere, duquel elles sont yssues premierement à ce, qu'elles puissent estre dictes siennes. Veritablement ce n'est autre qve Dieu invisible, qvi a faict tovtes choses par sa volonte, & les a establies chascune en son estat & loy, c'est à sçauoir celles, qui ont eu intelligence pour cheminer soubz la conduicte de sa raison à la liberté de leur arbitre, & les autres toutes soubs la loy & conduicte de nature loy diuine.

SECTION 7.

Et certainement homme ne dira vne statue ou image auoir esté faicte, sans sculpteur ou paintre. Et ceste œuure auroit esté faicte sans ouurier? O grand aueuglement! O grande impieté! O grande ingratitude! Ne priues, ô mon filz Tat, iamais les œuures de l'ouurier : ains il est plus excellant, si grand, que par le nom de Dieu, tant est grand le pere de toutes choses. Car de vray cestuy cy est seul, & ceci luy est œuure d'estre pere. Et si tu me contrains de parler plus hardiment, l'essence de cestuy ci est concepuoir toutes choses, & les faire. Et comme sans facteur il est impossible quelque chose estre faicte : tout ainsi aussi cestui ci ne peut estre tousiours, s'il ne fait tousiours toutes choses au ciel, en terre, en l'air, au profond, en l'vniuers du monde, en l'vniuers de l'vniers, estant & non estant. Car il n'est aucune chose en c'est vniuers, qui ne soit luy. Il est, & les choses qui sont, & qui ne sont. Car celles qui sont il les a manifesteez : mais celles qui ne sont, il les a en soy mesme.

COMMENTAIRE.

ET de tant que tout ouurier receoit ce nom estant relatif au nom de l'œuure, cõme œuure est relatif de ouurier, l'vn ne peut estre receu pensé, ny imaginé d'vn bon iugement sans l'autre. ET CERTAINEMENT L'HOMME raisonnable NE DIRA iamais VNE STATVE, qui est de matiere solide, OV VNE IMAGE de painéture plate coustumieres d'estre faictes d'ouuriers, comme ne pouuãt n'estre en nature de ceste maniere, le statue AVOIR ESTE FAICTE, taillée, & forgée, SANS SCVLPTEVR OV l'image, & figure planiere sans PAINTRE : detant que l'vne est taillée, & l'autre est portraicte, qui sont actions produisant œuures.

Argument pour cognoistre Dieu par les œuures materielles.

Ce iugement en est si commun a toute ame raisonnable, qu'elle voulant ignorer ce faict si commun, se porteroit vn si grand tort, qu'elle se feroit repousser & reietter du nombre des ames, vsant de la raison que Dieu nous a communiqué par sa creation, soit quand elle oubliera a iuger, & referer la sculpture au sculpteur : la painture au paintre : le pain au boulãger : l'edifice a l'architecte : & toute autre œuure portant ce nom a son ouurier. Estãt donc receu, que toute ame raisonnable doibt referer toute œuure a son ouurier, ET n'estimer qu'elle puisse estre formée sans luy, serions nous si peruertis de nostre iugement de penser que CESTE si excellente OEVVRE, que nous auons dict cy deuãt, ascauoir le Soleil auec son cours, la Lune de mesmes, & tous corps celestes, les quatre elementz, leur ordre, le bornement de la mer, le cours des riuieres, la fermeté de la terre, la dilatation & rareté de l'air, l'aigreur du feu, la violance du ciel, & tout ce grand ordre & parmy nous ceste diuine architecture de la figure de l'homme de tous animaux, plantes, & minieres, & toute autre creature informée en la matiere visible, & sensible AVROIT ESTE FAICTE SANS OVVRIER, aucteur, & conducteur. Serions nous si troublez d'estimer, que toutes ces œuures d'elles mesmes diuersifiassẽt la matiere en tãt de diuerses formes : & luy raportassent la forme acompagnée de si merueilleuses vertus & actions sans aucun guide, ou conducteur. Ou biẽ dirions nous que c'est *fatum* ou destinée qui auroit faict ces œuures, & le reuerer comme cause premiere & Bien parfaict, combien qu'il ne soit que l'execution d'vne loy executée par creatures subiectes & dominées, & tumber en ceste misere d'idolatrie & veneration de la creature au lieu du createur.

Fatum n'est aucteur de ses actions.

Rom. 1. c Les creatures celestes ne sõt aucteurs de leur ordre & puissance.

Ou bien pensions nous, que ce fust les corps celestes, & de ceux la en faire dieux, & figurer vn desordre au ciel conduisant ce grand ordre, que nous voyons estre conduict en ce monde ? atendu que ce sont creatures & tous compagnons n'ayants aucune puissance l'vn sur l'autre ? Pensions nous tant de maistres (qui de leur nature sont propres a toute confusion & perturbation d'ordre) estre aucteurs d'vn si grand ordre, qui nous est apparant ? ou bien pensions nous, que ce fust nature, qui eust esté la premiere cause & vray aucteur de toutes ces œuures, qui n'est qu'vne loy constituée pour seruir, & non commander de conduire cest ordre, selon la volonté d'vn plus grand : & a faute de cognoistre ce plus grand, estimer ceste nature estre la supreme bonté, souuerain

Nature n'est aucteur de ses actions & vertus.

bien

bien, & premiere cause de tous ces merueilleux effectz, composant ce tres-excellent ordre, & par ce moyen seruir plustost à la creature, que au createur, comme dict Sainct Pol, & tomber en l'abus, blaspheme, & idolatrie contre l'honneur, & gloire du veritable aucteur, ouurier, createur, & facteur, voire & conducteur de tout cest ordre. O GRAND AVEVGLEMENT à l'homme, qui ayant reçeu les dons & vertus intelligibles de l'image de Dieu, intelligence, raison, cognoissance, iugement, & autres infinies : lesquelles luy declarent, & manifestent à toutes heures & iours par le rapport des sens, ayans comprins les œuures, qui estoit l'ouurier : & ne l'a veu, tant estoit aueuglé par ses concupiscences,

Rom. 1. t

Concupiscences aueuglent l'homme à ne cognoistre Dieu par ses œuures.

O GRANDE IMPIETE à l'homme, qui reçeuant tous les iours infinies experiences des bontez & misericordes diuines, le cognoissant facteur & conseruateur de toutes choses, si doux, bening, & gratieux enuers toutes ses creatures, ayant donné son image & semblance à toute personne, & ame raisonnable. toutesfois se faisant a croire estre faict de soy mesmes, sans aucteur ne recognoist en son prochain ceste diuine image, & sainct Esprit, qui y habite, ains vsent de toutes cruautez, meurtres, guerres, seditiōs, rigueurs, proces & toutes autres manieres de violances, inferecz contre cest animal diuin en tant qu'il est le temple & habitation du Sainct Esprit, a faute de vouloir bien se recognoistre & Dieu, en son prochain.

L'homme est rigoureux au prochain, ne cognoissans Dieu en luy.

O grandissime cruauté, & impieté, O GRANDE INGRATITVDE a l'homme, qui ayant receut tant de graces & bien faictz de ce bon ouurier, voire qui de luy a receu soy-mesmes, employe les vertus, qui luy sont commises auec le S. Esprit, pensée, & raison diuine, pour honorer, louer, & mercier continuelemēt ceste bonté & clemēce diuine, de tant de bien faictz venans de Dieu a l'homme si dru, qu'il ne s'attendent l'vn l'autre, voire qui luy sont si accumulez, qu'il n'en employe la plus part a ses vsaiges, tāt luy en sont dōnez, & ne recognoissant l'aucteur & bonté diuine, vse d'vne si infame & des-naturée ingratitude, que de le mespriser, blaphemer, detracter de luy, inuenter par l'indigne employ des vertus intelligibles a luy donnéez pour le recognoistre, & mercier, infinies manieres d'iniures, & moyens pour empescher sa volunté, & continuation de ses louanges par vne grandissime ingratitude & mauuaise recognoissance de ce benigne aucteur de tous ces biens faictz. Parquoy ayant consideré ces infinis aueuglements, impietez & ingratitudes, estre venues a faute de cognoistre l'aucteur de toutes choses, garde toy, dict Mercure, d'estre si miserable d'y tumber.

1. Cap. 6. d

L'homme est ingrat, ignorant quoy & combien il reçois de Dieu.

Admonition de Mercure à son filz.

A ceste cause. NE PRIVES, O MON FILS TAT, IAMAIS LES ŒVVRES DE L'OVVRIER : CAR TV VOIS COMBIEN d'niquitez sont esleuées en ceste terre habitable pour auoir attribué l'œuure a l'houstil, au lieu de l'ouurier : ou la puissāce au seruiteur ou ministre, & auoir priué l'œuure de l'ouurier, & pour n'auoir recognu, dont venoient toutes les œuures & effectz tant qui sont en nous, que hors de nous, ny a qui appartenoient en vraye proprieté les actions, vertus, & puissances, par lesquelles tant d'excellentes œuures & merueilleux effectz sont tous les iours produictz deuant noz yeux. Lesquelles actions ayans atribué à autres aucteurs de diuerse qualité & condition, & non au vray, à qui elles appartiennent. Par ce seul moyen l'homme, à qui toutes vertus intellectuelles ont esté données auec l'image de Dieu, pour auoir la discretion de mettre difference entre l'ouurier, & son ministre, ou instrument, & les a plus tost employées à ses voluptez charnelles, que a ceste cognoissance, s'est foruoyé, & se foruoye tous les iours du deuoir qui le conduict en continuel repos, prenant le chemin de confusion & continuele misere. Ne priuez donc, o mon fils, iamais l'œuure de l'ouurier, AINS la recognois estre & appartenir à celuy, qui en est vray aucteur. Car IL EST PLVS EXCELLENT, estant SI GRAND par ses merueilleuses actions, vertus, puissances, & operations, surmontans tout nombre, QV'IL N'EST PAR LE NOM DE DIEV, que nous luy donnons.

Dieu est plus grand par ses actions qu'il n'est par son nom de Dieu.

C'est, que nous le deuons estimer plus grand, & excellent par la conception, que nous auons, qu'il est aucteur de toute operation, continuel operant par infinies actions, incomprehensibles de noz pensées, & intelligences : qu'il n'est grand par ce nom de Dieu, que nous luy donnons sans l'entendre, sçauoir, ny diffinir, & aussi qui n'est suffisant à le nommer, comme tout subiect doit estre nommé par son nom, c'est à sçauoir, que le nom comprenne & signifie tout le subiect entierement. Parquoy nous le trouuons beaucoup plus grand, & excellent par la contemplation, admiration, & louange de ses œuures, qui surmontent tant la vertu de noz intelligences, qu'il en reste prou pour satisfaire à nostre exercice durant nostre vie mortele, qui ne peut paracheuer ceste contemplation, admiration, & louange, que nous ne faisons, luy donnant le nom de Dieu: qui ne porte en soy l'energie, & vertu des causes, qui nous manifestent sa grandeur, & excellence, comme la contemplation de ses actiōs, vertus, & puissances. Ains demeure en nous ce nom de Dieu confus, à cause de sa generalité, par laquelle nous nous voulons representer en luy toutes choses: sans toutefois y cognoistre, considerer, ou contempler ce meruerilleux nombre d'effectz, que l'attribution de ses œuures, que nous luy rendons, comme aucteur & operateur, nous donne. Dont s'ensuit, qu'il est plus grand & excellent par la grandeur de ses œuures, que par le nom de Dieu. TANT EST GRAND, dict Mercure, LE PERE DE TOVTES CHOSES. CAR DE VRAY CESTVY CY EST SEVL pere, & facteur de maniere, que CECY LVY EST OEVVRE D'ESTRE PERE.

Source de toutes essences est la plus grande excellence de Dieu cognue des hommes.

C'est que à cause de ses actions produisant tous ces beaux effectz, il est dict auoir en soy l'œuure de pere, facteur, & createur, estimant, que la plus excellente grandeur, que l'homme peut cognoistre en Dieu, c'est qu'il est source de toutes choses, & essences. ET SI TV ME CONTRAINCTS DE PARLER PLVS HARDIMENT, dict il, ie diray, que L'ESSENCE DE CESTVY CY EST CONCEVOIR TOVTES CHOSES, ET LES FAIRE. Comme s'il disoit, de tant que toutes essences estant en luy, desquelles est mis en euidence tout ce qui est, nous pouuons dire, que la principale essence, que nous apperceuons en luy, gist en ce, que par l'operation, facture, ou geniture, que nous voyons en luy, de toutes choses, nous cognoissons, qu'elles y ont esté conceuës. A cause de quoy

La principale essence aperçeue en Dieu est l'uniuerselle & continuelle operation.

nous estimons son essence conceuoir premierement, & apres faire, & produire toutes choses: par ce que nous ne pouuons receuoir autre cognoissance de luy, que par effectz: qui sont tous comprins soubz conceuoir & faire, dont il a prins le nom de pere.

ET COMME SANS FACTEVR, dict il, IL EST IMPOSSIBLE QVELQVE CHOSE ESTRE FAICTE, TOVT AINSI AVSSI CESTVY CY NE PEVT ESTRE TOVSIOVRS, S'IL NE FAICT TOVSIOVRS TOVTES CHOSES. C'est que toute chose portant nom de chose faicte, presupose necessairement, comme nous auons n'agueres dict, l'ouurier l'auoir faicte, ou le facteur. Parquoy nous ne pouuons considerer chose estre faicte sans facteur. Tout ainsi aussi nous ne pouuons considerer Dieu estre tousiours tel, que nous l'auons descript, facteur, operateur continuel, sans aucune oisiueté, que nous auons dict estre son essence, s'il n'opere & faict tousiours toutes choses, de tant que son essence est conceuoir & faire. Ce propos est acordant à ce, que Iesus Christ dict aux Iuifs, qui le persecutoient de ce, qu'il ouuroit au Sabbat, ausquelz il respondit, Mon Pere a ouuré tousiours iusques à present, & ie ouure pareillement, leur donnant a entendre, que la continuelle & tant multipliée operation, appartient veritablement à Dieu, Pere de toutes choses. Lequel de sa propre essence a en soy, ne cesser iamais d'operer, & agir continuellement pour le bien de ses creatures. A cause de quoy l'ignorance des Iuifz, qui luy vouloient imposer le Sabbat, n'aduisoit, que si Dieu cessoit vn seul instant de sa continuele operation, toutes creatures iroient en ruine.

Ioan. 5. c

A ceste cause Iesus Christ leur dict, que la besongne de Dieu ne recepuoit interuale, ains continuele operation. S'il ne conceuoit donc, ou cessoit de conceuoir & faire, il cesseroit d'estre, & n'auroit essence. A ceste cause, il ne peut estre tousiours, s'il n'opere, conçoit, & fait tousiours toutes choses, soit AV CIEL la conduicte de ses actions & mouuements, par le ministere des astres pour la matiere, la conduite de tous Anges, Esprits & autres creatures celestes pour sa gloire, louange, honneur, & seruice: Soit EN LA TERRE, tant de graces bontez & misericordes, qu'il pleut ordinairement sur ses creatures, tant de generations, & transmutations, executions de ses vertus, dont sortent infinies œuures & effects: Soit EN L'AIR

par

par lequel il faict porter son esprit accompagné de ses actions & puissances, iettant & produisant œuures & effects tant sur la matiere visible, que l'inuisible: soit AV PROFOND, ou se font les generations des mineraux, & productions de la terre, ou bien les poissons, & diuerses productions, que faict la mer: Soit EN L'VNIVERS, par commandemēt & cōduicte particuliere des parties DV MONDE, ET EN L'VNIVERS DE L'VNIVERS, qui est vniuersele conduicte du tout, comprenant & cōtenant tout l'vniuers en general, laquelle cōtinuellement il employe en production d'effectz: Soit EN L'ESTANT ET NON encore ESTANT conduisant les choses, a qui il a desia donné estre, & concepuant & engendrant celles, a qui il n'en a encore donné. CAR IL N'EST AVCVNE CHOSE EN CEST VNIVERS, QVI NE SOIT LVY: a cause que toutes choses materieles simplement, en tant que matiere, sont yssues de ses essences inuisibles, comme dict sainct Pol. Parquoy tout ce qui a essence de la matiere, l'a en luy: & si c'est matiere formée, ou creature, ell' est composée de matiere & essence diuine, qui est sa forme. Parquoy Dieu a ses essences en toutes choses: il n'y a donc aucune chose en l'vniuers, qui ne soit luy. IL EST ET LES CHOSES QVI SONT, ET QVI NE SONT: c'est comme il dict apres. CAR LES CHOSES, QVI SONT, & qui dependent de ses essences, IL LES A MANIFESTEES, soit les sensibles, par les sens: & les intelligibles sont manifestées quelques fois, par le raport des sens: quelques fois par infusion de grace, reuelation, ou instruction particuliere & interieure: & en quelque sorte, qu'il soit manifesté, & quelque chose que ce soit, c'est luy, qui est toutes les choses, qui sont: & si est les choses, qui ne sont. Ce n'est pas à dire, qu'il soit les choses, qui sont priuées d'essence, comme mensonge, rien, & leur suitte: mais de tant que tout ce, qui peut auoir essence, n'est encore tiré de luy, il est tant les choses, qu'il a desia produict en lumiere, que celles, qu'il n'a encore produict.

Hebr. 11.4

MAIS CELLES QVI NE SONT encore en essence particuliere, IL LES A EN SOY MESME, comme au lieu duquel elles doiuent issir & estre produictes. Estant donc les choses, qui n'ont encore essence particuliere en luy, il est aussi facilement celles, qui encore ne sont, que celles, qui sont, & desia ont essence particuliere. C'est autant à dire, que toutes choses, qui sont en ce monde, n'ayant tiré leur estre, que de luy, nous pouuons dire, que Dieu a cest estre, que chasque chose a tiré de luy en chasque chose: & par consequent, autre n'ayant estre que luy, qui luy soit propre, il est dict estre tout ce, qui a tiré l'estre de luy, qui sont toutes choses. Il est donc toutes choses.

SECTION 8.

CESTVY cy, qui est plus excellent, que le nom de Dieu. Cestuy cy, qui est inuisible. Cestuy cy, qui est tres-manifeste: qui par pensée est contemplable. Cestuy cy, qui des yeux est visible. Cestuy cy, qui est incorporel, qui a plusieurs corps, & qui plus est, de tous corps n'est rien, que cestuy cy ne soit. Car toutes choses qui sont, cestuy cy est. Et à cause de ce, il a tous noms: par ce qu'ils sont tous d'vn Pere. Dont s'ensuit, qu'il n'a aucun nom: parce qu'il est Pere de toutes choses. Qui doncques te pourra benistre par sus toy, ou iusques à toy? Regardant ou te loueray-ie? contremont, contrebas, dedans, ou dehors? Car il n'est entour toy maniere, ou lieu, ny autre chose quelconque de celles, qui sont: mais toutes choses sont en toy, toutes de toy. Tu donnes toutes choses, & ne prends rien: car tu as tout, & n'est rien que tu n'ayes.

COMMENTAIRE.

CEstvy-cy, qvi est plvs excellent, qve le nom de Dievs, par ce que comme nous venons de dire, son excellence ne deppend de son nom, ains de ses actions, & vertus de faire toutes choses. C'est sa grädeur : c'est le seul moyen, qui nous dône vraye cognoissance de luy, penser & contempler ses effectz. Le nom de Dieu ne le peut entierement exprimer, voire ne l'exprime tant que ses effects. Parquoy nous auons dict, qu'il a plus de grandeur par ses actions produisant & nous manifestant ses effects, qu'il n'a par le nom de Dieu : par lequel aucune chose n'est manifestée ains seulement ce nom porte en soy la memoire de celuy, qui a ceste grandeur. Dont sa grandeur est plus excellente, que la memoire ou ramenteuement de sa mesme grandeur, comme la cause l'est plus que l'effect. Il est donc plus excellent que le nom de Dieu. Cestvy-cy, qvi est invisible a tous ceux, qui n'ont que corps, & a tous ceux, qui n'employent leurs sens, que a referer, ce qu'ilz aperçoiuent a leur concupiscence, laquelle ne voit Dieu, ny l'apperçoit en œuure quelconque, ains aperçoit le seul plaisir de son corps & matiere, ne referant aucun effect en verité de sa pensée & foy, a son vray aucteur, mais ensepuely en ceste ignorance en laquelle il est detenu pour vouloir complaire a son corps, il ignore Dieu ne le sçachant, ny voyant, ny cognoissant, comme il doit en toutes choses.

Dieu est inuisible a l'homme charnel & visible à l'hô- me spirituel.

Parquoy Dieu luy est inuisible, voire cestvy cy, qvi est tresmanifeste, qvi par pensee est contemplable à ceux, qui recognoissent & reçoiuent tous effaicts, generations, & creations de sa bonté & puissance, & par ceux-là le cognoissent, comme par sa vraye essence d'operer, & produire incessamment, luy attribuant l'honneur & gloire de toutes ses grandeurs, le recognoissant en ses actions, le merciant en ses biens faictz, & par ce moyen ceux cy le voyent si certainement, qu'ilz le recognoissent par là, mieux que vn homme par sa robe, voire bien souuent, que par son visage, de tant qu'il se peut trouuer autre visage semblable, & ne se trouuerra autre action semblable à celle de cest operateur si grand.

La seule intelligence cognoist Dieu, soit par moyẽ des sens, ou autrement.

Il est donc tres-manifeste, celuy qui par pensée est contemplable, & non par les sens seulement, ausquelz ne se faut arrester, combien qu'ils y soient souuent necessaires, mais passer outre vers la pensée, à laquelle apartient le iugement, qui doibt estre assis sur la relation des sens. Celuy donc, qui s'arrestera à la perception des sens, pour cognoistre Dieu par eux, il se trompera, s'il ne passe plus auant : mais celuy, qui passant outre, conduira la perception des sens vers l'intelligence, pour retirer le iugement de ceste saincte pensée donnée à l'homme pour cognoistre Dieu, & le contempler, cestvy-cy est, qvi le voit, & à qui il est tres-manifeste : par ce qu'il contemple ce Dieu, qui par pensée est contemplable, & lequel par ce moyen est le mesme, qvi des yevx luy est visible, comme estans ministres & instruments de la saincte pensée, raison, & image de Dieu. Car sont ces yeux, qui voyent Dieu, & autres sens qui l'apperçoiuent, & non ceux, qui sont rendus instruments des concupiscences & matiere. Parquoy Dieu se rend visible à ces yeux. Cestvy cy, qvi est incorporel, et qvi a plvsievrs corps. C'est qu'estant prins en sa grandeur & dignité, il est sans aucun corps, qui le puisse paindre, former, portraire, ou descrire : de tant que tout corps est materiel, & il n'est aucunement subiect à matiere, ny a corps quelconque, mais par ce que nous auons dict, que toutes creatures sont faictes de ses essences, & qu'elles n'ont autre estre que celuy, qu'elles ont de Dieu : & que par consequent, il est mesmes toute creature, il dict à ceste cause, qu'il a plusieurs corps, qui n'ont autre estre, que le sien. C'est qu'il contient bien en ses essences plusieurs corps, mais plusieurs corps ne contienent pas ses essences pour le rendre corporel, comme estant contenu d'vn ou plusieurs corps.

Commẽt Dieu est corporel & incorporel.

En sa dignité donc, grädeur, & perfection, il est incorporel, comme n'estant comprins de corps

corps, & si a plusieurs corps en ses essences, côme estant mesmes l'estre de toutes choses corporeles, & incorporeles, ET QVI PLVS EST, DE TOVT CORPS N'EST RIEN QVE CESTVY CY NE SOIT, entant qu'il a ses essences en toutes creatures corporeles. CAR dict Mercure, TOVTES CHOSES QVI SONT, CESTVY CY EST, aiant de luy toutes choses leurs essences. Il s'ensuit, qu'il est toutes choses, & autre que luy n'est ou a essence, comme toutes choses n'estant qu'en la partie, qu'elles tiennent de luy.

A ceste cause Dieu parlant a Moïse, ne se voulust du commencement nommer d'aucun nom, que de celuy, qui n'apartient a autre, disant, Ie suis, celuy, qui suis, comme n'estant autre, a qui estre ou essence apartient, Tu diras, celuy qui est, m'enuoye a vous. S'il y eut eu autre, qui eust eu essence, Dieu ne se fust bien nommé. Car on l'eust peu prendre pour l'autre: mais n'y aiant que luy, qui aye essence, disant, celuy qui est, il suffist pour entendre, que c'est le Dieu souuerain sur tous Dieux. ET A CAVSE DE CE, qu'il est toutes choses, dict Mercure, IL A TOVS NOMS, c'est a dire il est en toutes choses, & a ceste cause il contiét & a en soy tous noms, qui nôment ces choses par leur forme essentiale, qui donne le nom. PAR CE, dict il, QV'ILS SONT TOVS D'VN PERE, c'est, que tous ces noms comprenants ces choses sont prins de la forme, non de la matiere de la chose: & ces choses estans toutes faictes, crées, & engendrées par cestuy cy qui est, il est leur pere, & createur, & fournissant de soy l'estre & forme de toutes choses, dont il est pere, entant que facteur & cause du nom de la chose, qui ne peut auoir nom sans estre ou essence, entant que fournissant ceste forme de son essence, dont il est necessaire, qu'il contiene tous les noms: & par ce moyen il est dict, qu'il a tous noms, par ce que tous ces noms sont prins des choses, qui sont toutes d'vn pere. DONT S'ENSVIT, QV'IL N'A AVCVN NOM, PAR CE QV'IL EST PERE DE TOVTES CHOSES. A nostre propos donc il s'ensuit de ce que nous auons dict, que Dieu a tous noms à cause que toute partie qui donne nom a la chose, est de luy. Et qu'il n'a aucun nom, c'est que luy comprenant, & ayant en soy toutes essences de creatures qui y atirent leurs noms, il les a tous. Mais parce que toutes ces choses nommées en luy ne le peuuent comprendre, & composer, a cause qu'il est ce, qui est, & ce qui encore n'est, il ne peut estre nommé de nom, qui le signifie, & comprenne entierement. Voila comment il a tous noms, & si ne peut estre nommé d'vn, qui le contienne, a cause qu'il les contient tous. Mercure ayant grandement esleué son esprit aux contemplations des essences diuines, entre en vne tresdeuote exclamation disant, QVI DONC TE POVRRA BENISTRE PAR SVS TOY, OV IVSQVES A TOY? Ce n'est pas de la benediction, que l'escripture vse souuent, que parle icy Mercure: mais c'est d'vne autre benediction, qu'elle vse d'autre maniere, aussi frequentement ou plus. Car ces deux significations, de ceste diction benistre ou benediction sont confondues en l'escripture, pour actions correlatiues, ascauoir, quand l'homme recognoist le bien faict de Dieu: ou quand Dieu confere son bien faict a l'homme, de tant que recognoissant le bien faict de Dieu, l'homme le benist, comme il est escript, Benist soit le seigneur Dieu, qui m'a conduict le droict chemin, & n'a retiré sa misericorde de mon seigneur Abraham. Et Moïse qui commande au peuple de benistre son seigneur Dieu pour la bonté de la terre: Et Dauid qui le benist plusieurs fois. Les Prophetes & Apostres vsent tous de ce mot benediction pour toutes œuures de contemplation, qui sont louanges, action de graces, prieres, & toutes autres manieres de recognoissance des bien faictz de Dieu. Toutes fois ce n'est la plus frequente en l'escripture: laquelle vse plus souuent de la benedictiõ, que Dieu faict a ses creatures, que du contraire, que les creatures font a Dieu. Comme en la creation, Dieu benist toutes ses œuures: il benist Abraham: il benist son peuple, & ordinairement vse en toute son escripture de benedictiõs, qu'il ne cesse de plouuoir sur toutes ses creatures. par ou nous voyons confondus ces deux significations contraires par mesme diction signifiant par benediction, tant la reception des biens, que la collation: combien qu'ils soient effectz opositez. Nous dirons donc, que l'hõme a prins sa maniere de benistre de celle de Dieu par vne maniere de parler impropre & imparfaicte, suiuant son naturel. Car comme Dieu benist sa creature y recognoissant quelque chose, qui luy est agreable: ainsi l'homme ayant receu de Dieu quelque biẽ, qui luy est agreable, il luy souhaite ce, qu'il ne luy peut donner, comme s'il luy disoit le loüant & merciant, Seigneur ie vois que tu ne puis recepuoir bien d'ailleurs, l'ayant tout en toy seul: mais ie te presente ma volonté, qui te benist, auec vn

Exod.3.d

Pourquoy Dieu a tous noms, & si n'ẽ a aucun.

Difference de benediction.
Genes. 24. c
Deut. 8. c
Psal. 15. b 17. d
27. b 30. d

Genes. 1. c d
Genes 12. a
Deut. 2. b

tel sou

tel souhait, & affection, cognoissant que n'estant possible tumber sur toy autre benediction, que ta continuelle gloire, grandeur auctorité, & puissance. Toutes tes bontez, grãdeurs, & gloires soient magnifiées, louées, merciées, & recogneues de toutes tes creatures a la semblance que par ta benediction, tu nous menes & conduictz a vne inestimable felicité, grandeur, gloire, & excellance. Tout ainsi nous recognoissons en toy, par noz benedictions, tes felicitez: desquelles tu nous faictz participantz, sans pretendre ny estimer aucune chose aprocher de ta grandeur, & dignité, detant que nous auons dict, que non seulement il n'est rien si grand que Dieu, mais encore Dieu n'est cogneu par ce nom si grand, qu'il est, voire si grand qu'il est par l'action, qu'il a de produire, engendrer, & estre pere de tant d'effectz & creatures, qui sont en ce monde. Estant donc si grand dict Mercure, qui te pourra benistre? Car il est escript, Ce qui est moindre est benist du meilleur. Qui sera dõc celuy, qui te pourra benistre non seulement par sous toy, comme meilleur? mais qui pourra attaindre iusques a toy, n'estant chose en ce monde, ou hors du monde, ayãt essence que toy? tout ce quil'a, necessairement la tient de toy. Y aura il donc aucune de tes creatures, si temeraire qui presume de te benistre, non seulement s'estimant plus grand ou meilleur, mais qu'il soit digne de t'aprocher, s'il n'est en toy mesme? REGARDANT OV TE L'OVERAY-IE Ou biẽ, ou doisie

Hebr. 7. b
Dieu ne peut estre benist ne pouuant receuoir bien d'ailleurs.

regarder pour te louer? SERA CE CONTREMONT, CONTREBAS, DEDANS OV DEHORS? Comme s'il disoit, s'il est question de louer tes merueilles, & grandeurs, comme cuidant exprimer les plus excellentes: si ie les prendz en toy, mon imperfection n'y peut attaindre: si ie les cherche hors toy, sçachant, que tu contiens toutes essences, regardant ou, ny quelle part hors de toy te puis ie louer Sera ce contremont? c'est ton habitacle. Sera ce contre bas? c'est ta creature, qui est le fondz de la terre. Sera ce dehors le monde? ou n'y a que toy. Sera ce dedens? ou toutes choses sont toy mesmes, & tu es elles. CAR dict il, IL N'EST ENTOVR TOY MANIERE, OV LIEV, NY AVTRE CHOSE QVELCONQVE DE CELLES, QVI SONT. De tant que toutes essences, soient vertus intelligibles, & eternelles, ou creatures materieles, & temporeles, comme ordre, maniere, lieu ne peuuent estre entour Dieu: car elles en seroient dehors. Parquoy Mercure dict, qu'il n'y en a aucune de celles la par ou il se puisse prendre a le louer entour, ains qu'elles sont toutes dans luy, en ce qu'il dict? MAIS TOVTES CHOSES SONT EN TOY TOVTES DE TOY. Non seulemẽt toutes choses sont en luy comme propres, ou aduenues, mais sont en luy, & de luy, ne luy estant iamais donné aucune chose. TV DONNES TOVTES CHOSES, dict il, ET NE PRENDS RIEN. CAR TV AS TOVT, ET N'EST RIEN QVE TV N'AIES. C'este louange, que rend Mercure a Dieu, continue la grandeur, qu'il a remerqué en Dieu sur toutes autres, d'estre pere, & facteur, ou operateur, de toutes choses disant, qu'il donne tout, cõme tout apartenant a luy, entant qu'il depend de luy, autre ne le peut donner, comme ne luy apartenant. S'il y a donc quelcun, qui donne, c'est ce bonDieu, soit immediatement en l'intelligence, dõs inuisibles & spirituelz, soit mediatement par ses creatures, toutes sortes de bien faictz: tous dons viennent de luy, comme il est escript, Tout don est tres bon procedent du pere des lumieres: auquel n'eschoit recompence. Comme il est dict ailleurs, Qui a esté son conseiller & luy a donné premierement affin qu'il luy rendist. Il donne donc tout, & si ne reçoit d'aucun, veu que tout est sien, comme il est dit, La terre est au seigneur, & sa plenitude, son circuit & tous ceux, qui habitent en elle. Il ne prend donc rien, car il a tout, & ce qu'il n'a point,

Iacob. 1. a
Rom. 11. d
Psal. 23. a

a bon droict est rien. qui comme nous auons dict cy deuant, est priué de toute essence, de tant qu'il est exclus & banny de la source, & seule habitation de toutes essences. Ce que Dieu n'a point, est donc rien, en tant que Dieu est vraye habitude, possedant toutes choses, qui sont, ou ont essence, ce qu'il n'a point donc estant priué de tout habit, ou abysmé en priuation de toute essence, peut estre propremant dict n'estre en Dieu, en qui n'y a chose, qui ne soit, ou aye essence.

SECTION 9.

Mais quant sera ce, que ie chanteray? Car il n'est possible d'obseruer ton heure, ny ton temps. Mais sur quelle chose te chanteray ie sur celles, que tu as faict,
ou sur

ou sur celles, que tu n'as faict? Sur celles que tu as manifesté, ou sur celles que tu as tenu secretes? Par quelle chose te loueray-ie? est-ce, que ie sois à moy mesme? est-ce, que i'aye quelque chose propre, ou que ie sois autre? Tu es tout ce, que ie seray. Tu es tout ce, que ie feray. Tu es tout ce, que ie diray. Car tu es toutes choses, & autre chose n'est, que tu ne sois. Tu es toute chose engendrée. Tu es ce, qui n'est engendré, pensee de vray cognoissant, pere operant, Dieu donnant efficace. Mais bon, faisant toutes choses. Car le tres-subtil de la matiere, c'est l'air: & de l'air, l'ame: & de l'ame, la pensée: & de la pensée, Dieu.

COMMENTAIRE.

MAIS QVAND SERA-CE QVE IE TE CHANTERAY? & auec vn tres-grand contentement de ta cognoissance, ie racompteray par chant, & ioye, tes bontés, & misericordes, tes graces, & bien-faicts. Quand t'en rendray-ie mercis? Quand prononceray-ie tes grandeurs, & merueilles? Quand chanteray-ie tes dignités & louanges? CAR IL N'EST POSSIBLE D'OBSERVER ta saison, TON HEVRE, NY TON TEMPS, de tant que toutes actions de graces, chans de louanges, rememoration de tes bontés & misericordes, & toutes autres œuures de contemplatiõ en tes excellences ne peuuent estre faictes par moy que en temps & saison. Quel temps puis-ie acompagner, quelle saison puis-ie eslire, qui soit en ma petitesse digne de comprendre la moindre de tes vertus? que tout le monde ne peut contenir. Ie suis contrainct de dire, comme sainct Pol, qui dict, Que le temps luy deffaut à racompter les merueilles, & loüanges: de tant que tes choses sont si grandes, dignes, & merueilleuses, qu'elles ne peuuent estre comprinses enumerées, ny dignement loüées en tẽps, heure, ny saison, que l'aage & entendement humain puisse porter. MAIS deffaillant donc le temps, & la saison, SVR QVELLES CHOSES TE CHANTERAY-IE? Sera-ce SVR CELLES, QVE TV AS FAICT? OV SVR CELLES QVE TV N'AS encore FAICT? Ou bien SVR CELLES, QVE TV AS MANIFESTE? OV SVR CELLES, QVE TV AS TENV SECRETTES? Car celles, que tu as faict, tu leur as donné matiere, qui est la seule cause, qu'elles sont manifestées à nos sens corporels. Et celles que tu n'as encore faict, & qui quelquesfois par ta volõté seront en euidẽce, tu les retiens dans ce profond thesor, & exẽplaire diuin, secrettes, & separées de nostre cognoissance. Dont s'ensuit, que pour te rendre graces de ce, que tu m'as donné, & principalemẽt en l'intelligence, qui est ma principale partie, ie diray, que i'ay tant cogneu de tes vertus, dignitez, puissances, & bontez, que i'estime ta plenitude, & grandeur si abondante, que ie te dois plus loüer des choses, que tu n'as encore faict, que de celles que tu as desia faict, sçachant veritablemẽt, qu'vn si puissant & admirable ouurier, que tu es, n'a suffisance d'œuures en toutes celles, qui sont faictes en ce mõde, pour la moindre partie de sa dignité & grandeur: ains celles, qui demeurent a estre produictes, & mises en lumiere, & tirées de ce diuin thesor & exẽplaire, sont beaucoup plus grãdes en nombre & perfection, que toutes celles, que tu as mis en nostre cognoissance. A ceste cause iay faict doubte, sur quelles principalement ie te doibs loüer, & chanter, ou sur les engendrées & manifestées, que nous voyons si admirables, qu'il nest chose, qui en aproche: ou sur celles, que tu as en puissance de produire, quand il te plaira, de tant plus excellentes, que celles qui sont faictes, comme ton infinitude est plus grande, digne, & louable, que toute chose finie & terminée. PAR QVELLE CHOSE TE LOVERAY IE? EST CE, QVE IE SOIS A MOY MESME? EST CE, QVE IAYE QVELQVE CHOSE PROPRE? de tant que pour te louer il m'est necessaire, m'aider de quelque chose pour moyen & instrumẽt: puis-ie trouuer en moy mesmes chose, que ie te puisse presenter comme mienne? suis-ie mien? ne sçai ie pas, que ie suis ta creature composée de tes vnitez, sçay-ie pas n'auoir chose en moy, qui me soit propre, pour te l'offrir cõme mienne? Ie ne puis, seigneur, t'offrir, que ce, qui est tien, OV de telle sorte, QVE IE SOIE quelque AVTRE, que moy mesmes, basty, & composé de tes essences & matieres. Les simples sont tiens: c'est raison, que le composé le soit: & autremẽt ne peut estre. Toutes mes parties sont prinses de tes essences. Le composé, qui est moy mesmes, en est donc sorty, & y est encore. A cause de quoy, TV ES TOVT CE QVE IE SERAY

Hebr. 11. f

Dieu est estimé plus grãd par ce qu'il peut encore faire que par ce qu'il a fait.

SERAY. TV ES TOVT CE QVE IE FERAY. TV ES TOVT CE, QVE IE DIRAY. De tant que ie ne puis estre, faire, ne dire, tant soit peu de bié, que ce que tu as mis en mon entendement, & ta saincte pensée, que tu m'as donné. Or est il, que ce que tu y as mis est tien en vraye proprieté, & essence. Ie ne diray donc pouuoir estre, faire, ny dire, que chose veritablement tienne. Dont s'ensuit, que toutes choses, qui sont se trouuent encloses dans ces trois, estre, faict, ou dict. CAR toy estant tout ce, qui a essence, façon, ou qui est dict, TV ES purement & simplement TOVTES CHOSES: ET AVTRE CHOSE quelconque N'EST ou a essence, qui ne soit en toy. Car nous auons cy deuant dict, que tout ce, qui n'est en toy, est totalement priué d'estre, ou essence, & nommé de ce nom Rien, comme subiect a totale priuation d'essence. Parquoy autre chose quelconque n'est, ou a essence, QVE TV NE SOIS, & l'aye en toy comme vraye & seule source de toutes essences. Car, dict il, TV ES TOVTE CHOSE ENGENDREE: TV ES CE QVI N'EST ENGENDRE, a cause que toutes essences, soient eternelles & diuines, ou bien créés & temporeles, sont contenues en luy. Il est toute essence, soit corporele, ou incorporele : materiele, ou diuine: faicte, ou non faicte, & engendrée, ou non engendrée: qui sont mesmes choses. Et toute ceste generalité d'essences est en luy : PENSEE DE VRAY COGNOISSANT: PERE OPERANT, DIEV DONNANT EFFICACE. Ce sont les trois principales vertus diuines, que Mercure conclud, & resoult en vn bien, dont la premiere est pensée, a laquelle il attribue la cause de tous effects produictz par ses actions : qui est la cognoissance, intelligence, preudence, & prouidence. Lesquelles toutes accompagnent sa sapience eternelle, qui a esté presente en toutes ses creations, actions, & operations, comme il est escript, Le seigneur ma possedé auant qu'il feist aucune chose du commencement. Quand il preparoit les cieux, enuironnoit de certaine loy les abismes, i'y estois, &c. C'est ceste cognoissance & intelligéce, & autres vertus diuines, qui ont accompagné la pensée diuine, sainct Esprit de Dieu, qu'il a informé en la matiere, composant l'homme diuin animal. A ceste cause il le nomme le premier, pensée cognoissant, intelligent, premiere cause de tous effectz ayans essence. Secondement il le nomme pere operant, creant, faisant, ou engendrant, dont il reçoit ce nom de pere, qui sont les vertus de ses actions, par lesquelles il faict, & bastit ou compose toutes creatures de matiere elementaire, & forme prinse de ses essences, & par ceste operation, & action il se manifeste en nos iugementz, & cognoissances, plus grand, côme nous auôs n'aguere dict, que par le nom de Dieu. Tiercement il le nomme Dieu donnant efficace aux effectz & creatures diuines : esquelles par sa diuine puissance il a constitue proprietez, & actions produisantz effectz, conduictes par sa prouidence diuersement, comme nous auons plusieurs fois dict, a sçauoir ses actions & vertus commises aux bestes brutes, plantes & minereaux, ou autre matiere composée n'ayât la saincte pensée diuine : qui sont toutes conduictes, par ce sage, prudent, & soigneux pedagogue nature, par la côduicte, & presence de laquelle, toutes ces creatures executét, & produisent leurs effects selon sa volonté, sans aucune contreuention, de tant que ceste prudente conduicte, nature n'est autre chose que la vertu de constitution, loy, & ordonance de la volonté de Dieu: laquelle ne contreuient iamais a son aucteur. Et les actions commises a ce diuin animal nommé l'homme, composé du sainct Esprit, image diuine, & de matiere entour d'vne ame viuante, & raisonnable, il n'a voulu qu'elles fussent conduictes & maistrisées par nature, de tant qu'il luy a donné vn autre moyen plus suffisant que ceste nature, pour le conduire, qui est le benoist sainct Esprit, cause plus suffisante, que l'effect. Vray est, qu'il a mis en l'ame raisonnable, vne volonté, à laquelle il a donné liberté d'eslire la conduicte du S. Esprit, ou celle des concupiscences qui sont diametralement opposites. A ceste cause, combien que nature se presente a conduire l'homme en tant qu'elle a puissance sur toute creature côposée de matiere & forme, l'homme le plus souuent ne luy obeist, comme nous auons plus pleinement dict au premier chappitre: mais par l'abus de ses concupiscences, trouble le plus souuent tant la conduite du S. Esprit, que celle de nature, & ce a cause de la liberté, qu'il a receu de son arbitre. Lequel le garde que le S. Esprit, ou nature ne le contraignent par force a l'obeissance de Dieu, & loy de nature, comme les autres creatures, qui n'ont cest arbitre, pour le rendre subiect a rendre côpte de ses actions, & d'en receuoir bon gré, ou punitiô. Ce qu'il ne feroit s'il estoit contrainct ou forcé a obeir côme les autres animaux. Tous effectz donc, qui sont executez par les creatures, monstrent en elles l'efficace ou energie, qui est

En quelle maniere Dieu est toutes choses.

Prouerb. 8.c.

Trois diuerses actions attribuées à Dieu, soubz ses trois noms.

L'homme n'a esté subiect à nature, & pourquoy.

Dieu ne contrainct l'homme a obeir pour ne luy oster l'arbitre

la

la puissance, de produire effectz, que Dieu leur a donné par la communication de ses essences, ausquelles seules gist efficace ou action.

Mercure a voulu obseruer ce reg pour coclure la fin de ce chap.par la doctrine,qu'il nous ya donné.C'est asçauoir que Dieu est plus grand par ses actions,desquelles nous voyons les effects,qu'il n'est par le nom de Dieu: & encore plus grand parce, qui luy reste a pouuoir faire,que par les œuures qu'il a faict.A cause dequoy il a nommé premierement pensée, en tant qu'estant source de toute cognoissance,intelligence,prudence,& sapience. Secondemant,pere,comme source de toutes actions vertus ou puissances d'operer. Et tiercement, Dieu,en tant qu'il faict, & donne a son œuure communication de ses vertus,actions,& puissances.Mais en fin il conclud ces trois en vn parfaict bien, le disant, Bon faisant toutes choses. C'est que combien que par ce nom de Bon, il compreigne tout ce, qu'il en a cy deuant dict, si est ce,que pour parler à nous, il aproprie a ceste bōté ce,parquoy nous le pouuons plus facilement cognoistre: qui est faire toutes choses, comme parlant veritablement pour nostre instruction. Ce sont les principales louanges,que luy donne le Psalmiste chantant ses gloires,& grandeurs, Il a faict toutes choses,qu'il a voulu. C'est la plus commune cognoissance que nous ayons de ses grandeurs,bōtez,graces, & misericordes, que la consideration de ses operations, œuures, & effectz. Car, dict Mercure, le tressvbtil de la matiere c'est l'air: et de l'air l'ame: et de l'ame la pensee: et de la pensee, Dieu. C'est vne gradation: par laquelle Mercure reprend ce dernier propos,par lequel il a dict,que Dieu est toutes choses,tant engendrees & materielles,que non engendrees ou intelligibles. Ceste pensée, qui cognoist ce pere, qui opere, & ce Dieu,qui met en effect, & donne vertu, & reprend despuis la grossesse de la matiere faisant sa gradation, iusques en la perfection diuine, disant, le tressubtil de la matiere, qui de soy est crasse, & pleine de toute ordure, composée de quatre elemēts, qui ont chascun sa qualité dominante. La terre est pesante deuant tous: l'eau est liquide: le feu est actif: & l'air est subtil sur toutes parties elementaires, de tant qu'il penetre tous les corps, comme nous auons dict au second chapitre parlant du plain, & vuide. Entre toute la matiere qui est faicte des quatre elements, le tressubtil en est l'air:qui penetre & passe par tous les pores, & raretes des corps.C'est a propos de ce qu'il a dict au premier chapitre, cōment les quatre elements ont esté employez a composer le corps humain, ou il dict qu'il a prins l'esprit, ou vertu impulsiue, & expulsiue, qui est desia partie d'ame viuante de l'air, qu'il a nommé Aether, qui est sa superieure region. A ceste cause il dict, que la tressubtile partie de l'air est l'ame,qui entre desia en plus grande dignité,que l'air.Car elle est preparée a recepuoir la vie,qui est essence diuine, ce que n'est pas l'air. Elle commence desia a sortir de la matiere, & participer d'essence diuine,par vie & raison, & toutes vertus diuines, qui luy sōt communiquées en la composition de l'homme, auec l'image de Dieu, dont elle participe de diuinité, comme dict sainct Pierre:par ou elle excede le plus subtil de la matiere, qui est l'air, comme l'air est subtil par dessus les autres matieres.Et de mesme maniere, que l'ame participant de diuinitez, est le tressubtil de l'air, la saincte pensée est le tressubtil de l'ame:par ce que c'est de ceste pensée diuine sainct Esprit de Dieu,que l'ame prend ses perfections. A cause dequoy,celuy qui les luy donne,est le plus parfaict & tressubtil.Et finalement, le tressubtil de ceste pensée sainct Esprit de Dieu, c'est luy mesmes Dieu, non qu'il soit autre Dieu, que le sainct Esprit,c'est mesme essence. Mais comme nous auons dict, que Dieu est vnité, commencement de soy mesmes, tout ainsi nous disons,qu'il est le tressubtil de soy mesme, cōme n'y ayant aucune chose plus subtile, intelligēte, cognoissante, voire ni qui en aproche: de tant qu'il a la subtilité mesmes, l'intelligence mesmes, la cognoissance mesmes, & toute sapience mesmes: a cause dequoy, il est necessairement le tressubtil de luy mesmes. Il fine ceste gradation ayant disputé, que Dieu est toutes choses:& conclud, que toutes choses estāt contenues en matiere, ame, ou pensée, elles viennent finalement tumber en Dieu, comme leur principe, leur fin, & leur excellence.

Dieu est grād par son nom plus par ses œuures & plus par celles qu'il peut encores faire.

Psal. 113. b

Gradation concluans resolution de toutes choses en Dieu.

L'air est tressubtil de la matiere.

L'ame tressubtille de l'air.

2.Petr.1.a & Heb.3.c

La pēsee tressubtille de l'ame.

Dieu tressubtil de la pensee.

COM-

COMMENTAIRES SVR
le Pimandre de Mercure Trismegiste
QV'AV SEVL DIEV EST BIEN,
& ailleurs nulle part.

CHAPITRE SIXIESME.
SECTION. 1.

LE bien, O Æsculape, n'est en aucun, qu'au seul Dieu, ou plustost le bien est le mesmes Dieu tousiours. Et s'il est ainsi, il est necessaire, qu'il soit l'essence de tout mouuement, & generation: car il n'est aucune chose sans telle la: & a entour elle, efficace, stable, qui n'a besoin d'aucune chose, simple, tres abondante donneresse. Au commencement elle est par tout. Car tout ce qu'elle donne, est bien. Quand ie di & par tout, ie di tousiours estre bien. Ceci n'est en aucun autre qu'au seul Dieu. Car il n'est necessiteux d'aucune chose: affin que par conuoitise de l'acquerir, il l'aquiere mal, & soit faict mauuais: ny venere aucune chose, de celles, qui sont: pour laquelle perdue, il s'atriste. De tant que tristesse est partie de vice: & si n'y a chose plus excellente, que luy, de laquelle il soit combatu. Et si n'a compagnon, qui luy nuise, pour le contraindre de l'aimer: ny desobeissant auquel il se courrousse: ny plus sage, duquel il soit ialoux.

COMMENTAIRE.

BIen ou Bonté de tous les sçauans anciens, a tousiours esté attribué cõme Propre & de l'essence de Dieu. Voire du plus grand de tous ceux, qu'ils ont nommé dieux. Dont plusieurs l'ont nommé le tres haut bien, ou le souuerain & parfaict bien. vray est, que ne cognoissant, ou ils deuoient appliquer ce Bien & Bonté pour le reuerer, & honorer comme souuerain Dieu, sur toutes vertus & puissances, ils l'ont apliqué aux creatures plutost que au createur, cõme dit sainct Pol, ayant commué la verité en menterie, ils ont veneré & serui plustost à la creature qu'au createur. A celuy seul apartient la perfection de bië ou bonté: à cause dequoy Mercure dict. LE BIEN O ÆSCVLAPE, N'EST EN AVCVN, QV'AV SEVL DIEV. Car ceste Bonté porte en soy tant de dignités & perfections, qu'il n'apartient a subiect quelconque, de l'auoir cõme propre qu'au seul Dieu, tout puissant, createur vniuersel, ou bien PLVSTOST ie dirois, dict Mercure, QVE LE BIEN EST LE MESMES DIEV TOVSIOVRS: & non seulement luy conuenir par accident, accommodation, ou apropriemét: mais luy estre tellement en essence, que ce parfaict & souuerain bien, n'est autre

Rom. 1. c

Bien souuerain & Dieu est mesme chose.

tre chose que luy mesmes, & tousiours sans temps, ny mesure. ET S'IL EST AINSI, qu'il soit ce parfaict, & souuerain Bien, par lequel toutes choses reçoiuent toutes graces & bien faicts, IL EST NECESSAIRE d'estimer & croire, QV'IL SOIT L'ESSENCE DE TOVT MOVVEMENT, ET GENERATION. C'este essence de mouuemēt a esté exposée au second chapitre ou nous auons prins, pour tesmoigner ce propos, sainct Pol, qui dict, Qu'en luy nous mouuons, viuons, & sommes, & si sommes sa generation. Ce mouuement duquel Dieu est essence, ce n'est pas mouuement, comme l'ignorance du commun a donné plus aux choses visibles, que diuines, le prend pour ce remuement ou agitatiō, que faict la chose, qui est meuë: mais c'est, comme nous auons dict, la vertu suscitatiue de mouuement: qui est donnée a toute creature. Lequel nous auons conclud venir a la creature, du dedans, & non du dehors. Ce mouuement est en la creature auec sa forme, qui est des essences diuines, qui composent la creature de forme auec la matiere. Et ceste forme estant des essences diuines, la vertu de mouuoir est aussi des essences diuines: & de ceste motion ou mouuement bien entendu ce souuerain & parfaict Bien est essence, & aussi de generation. Laquelle va ensemble auec le mouuement, de tant qu'en toute creature, en laquelle Dieu a mis generation, il y a mis mouuement.

Vray est que c'est en diuerses manieres: aux creatures animales y a mouuement en leurs actions, & tāt en animales, que vegetatiues, comme plantes, & mineraux, il a mis mouuemēt de croiscence. Lequel toutes creatures prenent de ceste vertu diuine, composant la forme de la creature auec la matiere. En ceste maniere donc, ce souuerain Dieu, a qui seul apartiēt Bien ou Bonté, est essence & vray aucteur du mouuement & generation. CAR IL N'EST AVCVNE CHOSE SANS CELLE LA : a cause que sans essence ou vertu de mouuemēt & generation, aucune chose ne reçoit vie en ce monde, qui est plenitude de vie. Car s'il y en auoit, ce seroit matiere sans forme. Or est il, que depuis la mixtion des elementz faicte pour la vie & nourriture des animaux, il ne nous apparoist plus de matiere sans forme, & vertu, ou essence diuine. Car la terre mesmes, qui nous est element plus familier, est prouueuë en sa superieure partie & nostre habitation de ceste vertu de mouuement & generation par laquelle, elle produit tous ces effectz en nos presences. Autant en sont les eaux, qui ont diuers effectz: & pareillement l'air, qui dispose ou indispose les creatures selon les meslanges, qu'il a auec autres matieres. Tellement qu'il n'est demouré en nos presences aucun element pur, & inutille, ou sans forme, comme la nature de matiere separée de Dieu le porte. Et par consequent, toutes choses sensibles & materielles ne sont en ce monde sans ceste essence de mouuement & generation, partie diuine: qui faict ceste grace & faueur a la creature de l'honorer de sa presence. ET A ENTOVR ELLE, dict Mercure, EFFICACE STABLE: QVI N'A BESOING D'AVLCVNE CHOSE SIMPLE, ET TRES ABONDANTE DONNERESSE. Depuis que Mercure raui en la contemplation des œuures diuines entre a cognoistre Dieu en la moindre creature, qu'il aye iamais faict, il monstre, qu'il l'y cognoist si bien, que pour peu de ses essences, qu'il y voye, il l'accompaigne incontinant d'autres : qui manifestent clairemant, que c'est le Dieu souuerain, duquel il parle, comme nous voyons a ce propos, qu'il a commencé par le moindre don de forme, que Dieu face en la matiere : qui est l'essence de mouuement, & generation, ou creation: & pensant, que l'on ne cognoistroit assez clairement Dieu, par ceste essence, il l'acōpagné entour soy d'efficace, qui est l'action puissante de produire effectz d'estabilité, ou fermesse : qui est la vraye nature & essence diuine, qui dict en sa saincte escripture, Ie suis Dieu, & ne chāge, qui n'a besoing d'aucune chose, ne pouuant la prendre, que chez soy. Car tout est sien, & en sa main & obeissance simple, sans fard, sans accidant, sans passion, sans qualité, qui la domine ou rende subiecte, infinie, sans aucune mesure, bort ou l'imité, suiuant sa nature humide, de laquelle nous auons cy deuant parlé, tres abondante donneresse, voire & seule, qui peut donner, car toutes choses sont siennes en proprieté, n'estant aux creatures, que en ministre & dispensation. Voila pourquoy sainct Iacques dict, Tout don est bon d'en haut, procedant du pere des lumieres: enuers lequel n'y eschoit recompense. AV COMMANCEMENT ELLE EST PART TOVT. C'est, que des le commencement, ceste diuine essence s'est departie par toutes les creatures, leur donnant leurs formes, qui toutes sont de ceste essence diuine. Et en ceste maniere, elle s'est trouuée du commencement estre par tout par ses communications, dons, & bien faicts.

Act. 17. f
Que c'est mouuement.

Dieu est essence de mouuement & generation.

Il n'aparoist plus de matiere sans forme ou delaissée de Dieu.

Commēt Mercure cognoist Dieu en ses creatures.

Malach. 3. b

Iacob 1. c
Dieu commencement de soy mesmes est en toutes creatures.

CAR dict Mercure, TOVT CE QV'ELLE DONNE EST BIEN, & tel Bien, que la creature l'ayāt receu, faict tous les efforts par sa nature, qui luy sont possibles, de ne le perdre iusques au ver de terre. C'est la vie accompaignée d'infinies actions, & proprietez, laquelle la creature tache a conseruer de toutes ses forces, cōme bōne, necessaire, vtille, profitable & agreable. Ce donc, que ce Dieu souuerain Bien donne, est de sa nature, asçauoir Bon. QVAND IE DY, dict Mercure, ET PAR TOVT, IE DY TOVSIOVRS ESTRE BIEN. C'est pour donner a entendre les vniuersalitez diuines, declarant, que ceste essence estāt du commencement par tout, ce n'est pas qu'elle eust receu lors commencement, mais dict, que outre ce, qu'elle estoit par tout, elle estoit aussi eternellement, sans commencement ou fin. CECY N'EST EN AVCVN AVTRE, QV'AV SEVL DIEV, a cause que ces perfections ne peuuent apartenir a creature aucune : en laquelle la matiere engendre par le temps, diuerses imperfections. Lesquelles reiectant par negatiue de Dieu, il monstre, que en ces choses il le declare bien esleué, & digne par dessus toute creature. CAR, dict il, IL N'EST NECESSITEVX, comme toute creature, qui incessamment a necessité des biē faictz de Dieu, soit qu'il les luy donne immediatemēt, ou par moyen, & ministere d'autre creature. Il n'est donc necessiteux D'AVCVNE CHOSE. AFFIN QVE PAR ceste necessité se peut engendrer vne affection de la chose, ou CONVOITISE DE L'ACQVERIR & IL L'AQVIERE MAL, ou par mauuais moyen, ET PARLA SOIT FAICT MAVVAIS. Ceste imperfection est commune a plusieurs personnes qui par ambition, & conuoitise, employent moyens indignes de l'ame raisonnable esmeus & incitez de passions, qui pour lors les dominent, tellement qu'ils en deuiennent mauuais. IL NE VENERE, cherit, ou estime AVCVNE CHOSE DE CELLES, QVI SONT, comme estant toutes a sa proprieté & subiectiō creées siennes, comme yssues de luy, & moindres que luy, de tāt qu'elles sont ou ont essence POVR LAQVELLE PERDRE contre son vouloir IL S'ATRISTE qui est l'ordinaire imperfectiō qui nous domine ayant non seulement perdu, mais esloigné ce que nous aimons d'estre en tristesse, qui est le vray signe d'y auoir trop assis son affection, il ne peut auoir ceste tristesse, DE TANT QVE TRISTESSE EST imperfectiō & par cōsequent PARTIE DE VICE, que iamais n'aproche d'vn si digne obiect, & d'auantage estant en nous, nous rend indisposez d'y aprocher, comme respondist Aaron a Moïse, Comment puis ie plaire au seigneur en pensée triste, car a la verité tristesse repousse plusieurs actions agreables a Dieu comme esperance du bien, laquelle est presque incompatible auec tristesse, chant de louanges a Dieu & autres actions eleuants l'esprit aux contemplations diuines. C'est a cause qu'elle amuse la pensée a repousser la cause de l'ennuy & la distrait de tout autre bien faict, durant sa poine. ET SI N'Y A CHOSE PLVS EXCELLANTE QVE LVY, DE LAQVELLE IL SOIT COMBATV. Ce n'est pas comme a la creature a qui souuent se trouue comparaison d'autre plus excellāt, vaillant, & vigoureux, qui le met en crainte de l'assaillir pour n'estre vaincu. Il n'y a dōc excellance, force, vertu, ou vigueur, non seulement plus grāde, mais ny qui en puisse aprocher, de tāt que toutes valleurs, vertus, & puissances sont en vraye source & vigueur dans ceste essence diuine. ET SY N'A COMPAGNON QVI l'oprime ou LVY NVISE POVR LE CONTRAINDRE DE L'AIMER. Ce n'est pas que l'opression ou nuissance, contraigne les iniuriez a aimer ceux qui les outragent, car c'est vn tresmauuais apeau. Mais il entend de ceux qui par forces, rigueurs, cruautez & indirectes violances, exercées sur les plus foibles les contraignent, non a les aimer, mais biē a leur faindre vn amour & viure en ceste dissimulation, atendant leur temps de reuenche. Qui est non seulement procurer mal & misere a son prochain, mais a soy mesmes, Dieu ne peut tūber en ce deffaut. estant, comme il est souuerain seigneur, & dominateur trespuissant sur toutes forces, vn & seul sans aucun compagnon. NY DESOBEISSANT, AVQVEL IL SE COVRROVCE. Mercure en c'est endroit, parle comme de son tēps, qu'il n'y auoit encore loy ordōnée de Dieu, laquelle on peut enfraindre, & desobeir. Mais sans cela aussi, il peut en toutes manieres conclurre que la desobeissance ne peut dōner a Dieu courroux, que Mercure prend pour passiō en c'est endroit : laquelle ne tumbe iamais en Dieu, comme elle faict aux hommes, qui ne pouuant auoir obeissance de ceux, qui la leur doibuent, en reçoiuent courroux, qui les tient en peine & passion vehemente. Ce qui ne peut tumber en Dieu : lequel quand bien il vse par ces Prophetes en nostre endroit de propos d'homme passionné de courroux, ce n'est pour tant qu'il souffre passion aucune : car sa diuine nature y resiste totallement : mais c'est, que par ses parolles, & propos passionnez, il nous faict cognoistre que nous auōs faict de faut

Nature defend en la creature les dons de Dieu.

Dieu loué par priuation d'indigence & imperfection.

Leuit. 10. d

Esaye. 5. f
Ier. 4. c
Ezech. 5. c
Dan. 9. d

qui merite vne reprehention si vehemente, qu'elle fust suffisante a doner peine & passion à l'homme, qui auroit ceste charge en nostre endroict: car en Dieu ne tôbe passion ou courroux. A ceste cause, il n'a aucun desobeyssant, ou qui puisse resister a son cômandement. Cest a entendre, quand son commandement est faict a intention d'estre executé: comme ceux qui sont faictz ça bas parmy les hommes. Lesquels ne commendent que choses qu'ilz desirent resoluement estre faictes. Et telz commendemens ne sont faicts soubs aucune condition, ains sont arrestés & resolus: de maniere, que celuy, qui commande, n'y peut employer autre vertu, que la parole. Par ce que en l'homme la parole n'a autre vertu que de faire entendre la volunté. Ce n'est ainsi de Dieu, duquel la volunté estant resolue dans le commandemant, porte puissance de vaincre toute resistance, qui se puisse offrir. Parquoy son commandement dressé en ceste maniere ne trouue desobeissance, comme dict Mercure: auquel saccorde sainct Pol disant, Qui peut resister a sa volôté? c'est a sa volonté resolue. Il y a en Dieu vn autre maniere de commandement, qui est adressé de Dieu a l'homme, pour le faict de son salut. Lequel nous pourrions plus proprement nommer admonition, exhortation, conseil, ou aduertissement, que pur commandement. A cause, qu'il n'est pas faict en intention, & volonté de Dieu resolué d'estre obey, ou executé: & tel côseil, ou admonition n'est adressé que aux creatures ayans arbitre. A cause que ce bon Dieu veut, que la resolution & obeyssance depende, non de son cômandement, mais de la volonté arbitraire, comme depend l'effait de tout côseil doné de celuy qui a liberté d'y obeyt ou desobeyr. A cause de quoy ce cômandement porte en soy promesse conditionelle. Comme sont tous commandemens faicts a l'homme: desquelz l'effaict est subiect a son arbitre, comme quand il luy est commandé d'obeyr pour son salut, Dieu qui luy commande ne resoult pas, qu'il soit faict, ains le remet a la libre volonté de l'hôme. Vray est, que il doibt estre faict, & ce point est resolu & arresté, mais l'effect, qui est l'obeissance, n'est resolue en Dieu, qui cômande par sa volôté, ains seulemêt preueué, & laissant la resolution a la volonté de l'homme il semble plustost l'admonester ou exhorter, que luy commander. De tant que si Dieu luy cômandoit auec vouloir resolu, qu'il fut fait, l'hôme n'auroit resistance au côtraire. Mais ce qui luy dône pouuoir d'y resister, c'est l'arbitre, auquel Dieu remet l'effect par la côposition de l'homme. Ce deffaut de l'auoir nômé cômandement de Dieu, est venu de l'ignorance de l'homme: qui a cuidé les cômandemens de Dieu estre de la nature des siens. Contre lesquelz il trouue tant de resistances, qu'il a cuidé qu'elles fussent en la nature du cômandement. Et n'a aduisé que les resistances n'ont conbatu les cômandements de l'hôme, que depuis l'innocence perdue: & que la nature de commander n'estoit en l'homme, que en tant, qu'il auoit en soy Dieu, qui a toute puissance de cômander. Dont s'ensuyuoit, que l'homme commandant en la vertu de son innocêce, & ayant en soy les vertus du S. Esprit libres, son cômandement ne trouuoit resistance non plus, qu'il a faict apres en ceux, qu'ont recouuré les fruicts de ceste innocence rendue par Iesus Christ, soit ceux qui sont venus auant sa manifestation, côme Elie & Elizée commandans au Iourdain s'ouurir, & autres plusieurs: soit aussi ceux qui sont venus depuis, côme les apostres, & autres sainctes personnes, cômandans aux demons, sortir des personnes: aux morts, resusciter: & le tout en vertu de ceste innocence, qui entretenoit en eux ce benoist S. Esprit: auquel chose aucune ne peut resister. Mais quand l'homme a abandôné l'innocêce, sans doubte il a trouué toute resistance a ses cômandemens, pour luy faire entêdre, que sa principale partie, en vertu de laquelle il recepuoit obeyssance de toutes creatures, a esté corrompue en luy, par son peché, & esloignement de Dieu.

Parquoy nous dirons que la vraye nature de commandement est de ne trouuer desobeissance, ou resistance aucune: & par consequent n'y ayant en l'homme, depuis le peché, aucun vray commandement, mais du tout corrompu, & debouté de sa vertu, il a cuidé celuy de Dieu, estre de mesme nature, & aussi corrompu, que le sien, comme pouuant trouuer resistâce & desobeissance. Dont il a estimé, que toutes remonstrances & exhortations, que Dieu nous faict, & desquelles il a ordonné l'execution dependre de nostre volonté estoient commandements, se fondants, que prieres, exhortations, & tous conseils des plus grands sont cômandements. Par ce, qu'il leur attribuent quelque puissance de se faire obeyr: combien que souuent ils y soient deceuz. Celuy doncques, qui est au-iourdhuy entre les hommes, n'est vray commandement, duquel ils vsent: ains seulement vne memoire ou vestige de celuy, qu'ils ont perdu par le peché. Dont s'ensuit, qu'ilz ne peuuent iuger le commandement estre en Dieu en la semblance du leur, c'est à dire, subiect à resistance, & desobeissance: mais est en Dieu, tel, que le declare Mercure: auquel n'y a aucune difficulté, resistance, ou rebellion, ains toute reuerance, honneur, & obeissance. Dont il nous demourera notoire, que celuy, qu'il faict aux hommes subiects à la disposition de leur arbitre, ne peut estre dict, que conseil, exhortation, ou aduertissement. Ce n'est comme celuy, qui leur faict, ne dependant de leur arbitre: combien qu'il soit pour leur proffit. Comme quand il commanda à l'aueugle, regarder: aux oreilles du sourd, s'ouurir: au Lazare, soy releuer, & infinis autres. Lesquels n'estans subiectz a aucun arbitre, se trouuoient en vraye nature de commandements, & non d'exortations.

Luc.18.g
Marc.7.d
Ioan.11.f

Ce bon Dieu donc n'a aucune resistance ou desobeissance, qui le puisse irriter, ou prouoquer à courroux : NY PLVS SAGE, DVQVEL IL SOIT IALOVX. Ceste ialousie est imperfection, en tant que c'est passion : toutesfois iolousie ne vient iamais, que cognoissant en soy estre telle imperfection, que l'homme n'y voudroit estre. Car l'homme qui est ialoux d'vn plus sçauant, ce n'est qu'il aye peine du sçauoir de l'autre, mais c'est, qu'il a peine, qu'il ne sçait comme l'autre. Et celuy qui est ialoux de n'estre autant aymé, que l'autre, ou plus, ce n'est, qu'il soit en peine, que l'autre soit aymé, mais c'est qu'il ne l'est autant, ou plus. L'autre passion, qui retourne contre son prochain, qui donne peine de ce, que l'autre est plus sage, sçauant, ou plus aymé, est proprement enuie: qui est bien plus grãd vice. Car c'est estre ennemy du bien de son prochain. Et de tant qu'en plusieurs personnes ces deux vices sont ensemble en mesme subiect, beaucoup de gens les prenent conioinctement pour mesme chose : qui toutefois sont deux diuerses passions produictes par diuerses causes. Parquoy quand l'Escripture dict, Que le Seigneur est ialoux, ce n'est de ceste ialousie, qui est meslée d'enuie, ny qu'il soit pressé d'aucune passion, ains c'est qu'il nous monstre, qu'il doit estre estimé, prisé, aymé, crainct, & honoré: & que ne luy rendants ces deuoirs, nous tombons en mesme coulpe, que font tous ceux, qui par leurs deffaux donnent à leurs prochains, ocasion de ialousie: & non qu'il soit ialoux. Par ces exemples, que Mercure nous a donnez, il entend comprendre tous autres exemples de subiection, deffaut, ou autre imperfection quelconque, estre hors des essences diuines: à celle fin, que ayant bien cogneu, que cest obiect merueilleux n'est subiect ou participant, tant peu soit, d'aucune maniere d'imperfection, nous n'y puissions considerer, que toute perfection, qui est cause, qu'il conclud ce que s'ensuit.

Differance de
ialousie &
enuie.

Exode.20.a
34.b
Quelle ialou-
gesumbe en
Dieu.

SECTION 2.

CES choses donc n'estans en l'essence d'aucun, que reste il, sinon le seul Bien? Et tout ainsi, qu'il ne se trouue en telle essence aucun de ces maux, ainsi en aucune des autres ne se trouue Bien. Car en toutes les autres choses y sont toutes, & aux petites, & aux grandes, & en chacunes, & en cest animal tres-grand sur tous les autres, & trespuissant. De tant que les choses engendrées sont pleines des passions. Attendu que la mesme generatiõ est passible. Mais où il y a passion, n'y a iamais biẽ: & où est le Bien, nulle passion: car où il y a iour, n'y a iamais nuict, & où il y a nuict, nul iour. A cause dequoy, il est impossible en generation y auoir Bien: mais au seul non engendré. Car cõme à la matiere est donnée participation de toutes choses, ainsi pareillement du bien. Et en ceste maniere le monde est Bon, entant qu'il faict toutes choses. En ceste partie d'operer il est Bon, & en toutes autres n'est pas bon. Car il est passible, & mobile, & faiseur des choses passibles.

COMMENTAIRE.

CES CHOSES DONC N'ESTANT EN L'ESSENCE D'AVCVN. C'est que par noz exẽples, nous auons recueilli, qu'en aucun subiet ne se trouue cõparaison à ce seul Dieu, d'equiualẽce & valleur, & que dans l'essence diuine, n'y a aucune des imperfectiõs, qui aduiene aux creatures. Et d'auãtage, elles ne sont en essence, ains en priuation, entant qu'elles sont vices, & que les perfectiõs cõtraires ne sont en aucune autre essence, ou subiect de nul autre. QVE RESTE IL en ceste diuinité, & son essence, SINON LE SEVL BIEN, au lieu de toutes passions & affections desordonnées, produisans infinis effects de leur nature, comme le Bien les manifeste en Dieu de la sienne.

C'est donc ce bien, qui monstre la vraye differāce entre Dieu & ses creatures. ET TOVT AINSI QV'IL NE SE TROVVE EN TELLE ESSENCE diuine, AVCVNE DE toutes CES choses, ou MAVX, qui ont accoustumé d'aduenir aux creatures,(ie dy creatures, par ce que tout ce qui a essence,est cōtenu soubs ces deux, Dieu source, & creatures ruisseaux) AINSI EN AVCVNE DES AVTRES essences, qui sont pour forme es creatures, NE SE TROVVE BIEN. C'est que, comme nous venons de dire, le departement est faict entre Dieu & matiere, de tout ce qui est: ou les essences puremant diuines n'ont aucune autre proprieté, qualité, nature, ni conuenance que ce Bien: comme de l'autre part, tout ce qui est en la matiere de ces proprieté, qualité, nature, & cōuenance, est sans ce biē pur & parfaict. A ceste cause, il dict, que comme en l'essence diuine ne se trouue aucune de ces imperfections: ainsi ne se trouue en aucune autre chose ceste perfection de bien. Car dict il, en toutes ces autres choses, sont toutes ces imperfections, tant aux petites, qu'aux grandes, & en chascune d'entre elles. C'est de tant que toutes choses autres que Dieu, estant composées de matiere, laquelle nous auons dict assez souuent auoir esté separée de Dieu, & laissée aller en bas, sans la raison diuine essence. Ceste matiere estant donc separée du tout, & seul Bien, & perfection, il est necessaire, qu'elle aye trouué mal & imperfection. Qui a esté la cause, que toutes essences, qui ont participé de matiere, ont perdu ce bien parfaict, & ont communiqué a mal & imperfection. Or toutes essences sont diuines, detant qu'il n'y a estre, qu'en Dieu. Nous dirons donc, que ce qui a osté la perfection du Bien des essences diuines, qui ont esté employées pour donner forme aux creatures materielles, c'est la seule matiere, qui de son commancement a esté separée de Dieu, sa bonté, & perfection pour demeurer sans raison en bas esloignée de Dieu, le plus que faire se peut, comme masse rude, & indigeste, preste a recepuoir les formes, qu'il plaira au createur luy engendrer. Toutes formes donc y appliquées produisent creatures, lesquelles en ce qu'elles participent de matiere, ont esloigné la perfectiō du Bien qu'elles auoient en leur source, cōme estant essences diuines. Et pour en ce qu'elles tiennent de la forme, elles sont dictes bonnes de sainct Pol, entant que la forme sort du parfaict Bien. CAR nous disons que EN TOVTES LES AVTRES CHOSES Y SONT TOVTES, de tant qu'en toutes essences, ou formes, & AVX PETITES, qui aussi bien sont creatures composées de matiere & essence diuine pour petites qu'elles soiēt, elles sont subiectes a ces imperfections. Et AVX GRANDES en y a plus, de tant que pour leur grādeur n'ont qu'abondance de matiere, ET aussi EN CHASCVNE d'elles. Car chascune possede ses passions & imperfections soit grande ou petite. Voire ET EN C'EST ANIMAL TRESGRAND SVR TOVS LES AVTRES & TRESPVISSANT, qui est le monde, il est materiel: a cause dequoy il a ses passions & imperfections, comme les autres qui sont ses parties. Il a nōmé le mōde grand, & trespuissant animal, cōme veritablemēt il est, car premieremēt est il le tresgrand sur toutes grandeurs de creatures: par ce qui les contient toutes encloses en soy, & est cōposé de toutes creatures, cōme faisantz ses parties, produisants tout son corps entier, cōme ciel, corps celestes, elements, creatures y habitans, les aucuns raisonnables, les autres sensibles, les autres vegetables, les autres spiritales cōposées de l'esprit ou air condensé ou fortifié: les autres ignées, cōme exhalations, qui sont composées d'air & feu aparoissants en la tierce regiō de l'air. Toutes lesquelles auec leurs formes proueues de vertus & action ensemble les actions de leurs passions & imperfections cōposent ce tresgrand animal, lequel nous auons aussi dict estre trespuissant: par ce qu'il cōprend cōme en ses parties toutes puissances, & vertus diuines, cōmises aux formes particuliaires, composantz ce Monde vniuersel. Et tiercemēt l'auons nōmé animal, parce qu'il est viuant, & plein d'ame viuante, en toutes ces parties, & par consequent en son total, ce qui est manifeste par les mouuementz, que toutes ses parties reçoiuent, & par leurs vertus & actions, qui sont essences diuines donées a la creature auec la vie. En ce tres grand donc & trespuissant animal sont toutes ces qualitez & imperfections. DE TANT, dict Mercure, QVE LES CHOSES ENGENDREES SONT PLEINES DE PASSIONS. Or est il, qu'il n'aparoist en tout ce grād animal monde, que choses engendrées, faictes, ou crées. Parquoy tout ce monde est plein de passions, ATTENDV QVE LA MESME GENERATION EST PASSIBLE en ce que la chose engendrée, souffre l'action de la generation. Laquelle action rend la chose faicte passible.

Nous noterons, que toute chose, qui peut estre offensée, est dicte passible ou subiecte

Le bien est dif-
ference entre
Dieu & ses
creatures.

Le mal aduiēt
aux creatures
de la part de
la matiere.

1. Tim. 4. b

Parties du
tresgrand ani-
mal.

Toutes choses
engendrées ou
faictes sont
passibles.

Qui sont les
choses passi-
bles.

Q 3

a passion: & non seulement la chose sensitiue, ou vsant des sens: a cause dequoy nous disons que toute chose faicte ou materielle est passible, comme pouuant estre offensée ou souffrir action. Dauantage nous verrons, Dieu aidant, cy apres examinant plus auant ce propos, que generation mesmes est passion, entant qu'elle est operation. Le Monde donc estant entierement dedié a generation de toutes choses, desquelles il est plein, & en continuelle operation, il ne peut faillir a estre dict passible. MAIS OV IL YA PASSION, N'YA IAMAIS ceste perfection de BIEN: ET OV EST la perfection & LE BIEN NVLLE, tant soit petite, PASSION. CAR de mesme sorte OV IL YA IOVR, N'YA IAMAIS NVIT: OV IL YA NVIT, NVL IOVR, pour la differante, contraire, & incompatible nature, que ont toutes ces choses l'vne a l'autre. A CAVSE DEQVOY IL EST IMPOSSIBLE EN GENERATION D'Y AVOIR BIEN: MAIS ce bien est AV SEVL NON ENGENDRE. C'est vn silogisme que faict Mercure ayant proposé clairement, que le monde estant plein de generation, il est plein de passion: estant plein de passion il ne peut auoir le Bien, non plus qu'estant nuit il n'est iour. Il conlud donc, que le Monde estant plein de passion & generation ne peut receuoir ce bien parfaict.

Il est donc necessaire que ceste perfection de Bien ne pouuant estre en la chose engendrée, faicte, & crée, qu'elle soit en son contraire, qui est la chose non engendrée, faicte, ny crée: qui est le vray & seul Dieu pere tout puissant createur de toutes choses par sa perfection de bonté, qu'il a seul & non autre. Il est donc impossible en generation y auoir ceste perfection de bien, a cause que generation ne se faict sans matiere, qui est pleine de tout mal, par ce qu'elle a esté separée de ce parfaict bien. Toutes fois combien que ce parfaict Bien ne puisse trouuer receptacle en la matiere, ny par consequent au Monde, qui en est tout cõposé, si est ce, qu'en ce Mõde, il en ya quelq̃ partie ou rayon. CAR COMME A LA MATIERE dict Mercure, EST DONNEE PARTICIPATION DE TOVTES CHOSES, c'est a dire de toutes vertus, essences, & puissances diuines, que nous y voyons, mesmes quand ce grand operateur informe la matiere de tant de diuerses, & excellantes creatures, c'est lors, que ce tres sainct operateur donne a ceste matiere, qu'il met & bastit en forme de creature ses essences qui luy raportent sa forme, de laquelle la creature reçoit son essence, & son nom, comme de la plus digne chose qu'elle aye en soy, & qui la sanctifie. Il nous faut noter, que quand nous disons que toute generation est passion, & par consequent imperfection, nous n'entendons en Dieu y auoir aucune generation, de tant que generatiõ ou facture, que Mercure prend pour mesme choses, ne peut estre sans matiere. Laquelle n'est aucunement en Dieu, ains en est separée des le commencement. Et toutes fois nous disons que Dieu faict, & engendre toute chose, comme nous l'auons souuentes fois cy deuant repeté,

Parquoy il sembleroit, qu'õ peut retirer de nos propos, qu'ẽ Dieu y auroit imperfectiõ. Nous dirons, que Dieu est aucteur de toute generation: & si est dict pere, & generateur, facteur, & createur de toutes choses des le commencement, comme faisant le monde & l'homme. en ceste generation n'ya passion au geniteur, mais l'entendons estre es generatiõs, qu'il faict tous les iours non immediatement, & sans aucun moyen. Mais l'est dict, par le moyen de ses creatures, par lesquelles il execute les operations des generatiõs, factures & creations. Lesquelles creatures entant que constituées en subiection sont imperfaictes: & par consequent l'execution de la generation, qu'elles executent par l'employ des vertus diuines, pouuant estre empeschée ou offencée par quelque creature, ayant arbitre de ses actions, ou autrement se trouue imparfaicte & passible.

A ceste cause generation ou facture est dicte passible, par ce qu'elle peut patir ou souffrir offence, comme estant executée par createurs sur creature. Et ainsi qu'elle se faict en partie en la matiere, qui de son institution, & des sa separation de Dieu, a esté destinée subiecte a passions & imperfections. Parquoy l'action & operation, que faict la creature en la generation, ne peut faillir a ceste passible, & subiecte a imperfection: combiẽ que la vertu, que Dieu a mis en elle, par laquelle elle faict ceste operation & execution, ne soit aucunement passible ou imparfaicte, entant que venant de Dieu plein de toute perfection, qui par ses vertus & essences bonnes & parfaictes mises en ses createurs, est dict createur, facteur, & continuel operateur de toutes choses, & auquel ne peut estre donné empeschemant, offence, ou resistance: & sans lequel a ceste cause elles ne peuuent estre faictes, augmetées, ny entretenues en leur estat & nature.

A cause dequoy nous ne prendrons Dieu en ses creations, & operations, semblable a l'homme, ou autre creature qui ne peut, executer facture ou generation de quelque autre creature, par l'employ des vertus de Dieu, qu'il n'y aplique sa matiere. Ce qui ne peut aduenir a Dieu, qui est sans aucune matiere, comme chose indigne de sa perfection & pureté: mais prendrons Dieu en ses creations, factions, & generations, continuellement operant, sans passion, ou empeschement par son sainct verbe, Sainct Esprit, & employ de ses essences & vertus desparties pour cest effect a ses creatures, sans luy attribuer aucun membre corporel, ou main, desquelz il aye a manier matiere dure, ou molle: laissant ceste basse execution & operation a ses creatures: demeurant luy incorporel, incomprehensible, impassible, faisant & contenant toutes choses, cōmunicquant ses bontez a toutes creatures selon leur capacité. Comme donc il est donné a ceste matiere diuersité de toutes choses en participatiō, AINSI pareillement luy est il donné DV BIEN, non en perfection, mais en participation, de tant qu'elle n'est capable de le recepuoir en sa perfectiō. Et en ceste maniere le monde estant tout composé de ceste matiere sanctifiée, & a laquelle a esté dōnée participation de ce bien, il EST dict BON, non purement, simplement, ou en perfection, mais par participation & cōmunication, qu'il reçoit des vertus diuines, qui sont parfaitement bonnes. En ceste partie ET TANT QV'IL communique aux vertus & essences diuines, & FAICT, & engendre toutes choses, comme ministre & instrumēt du grand operateur, il est dict communicquer, & estre participant de ce bien, & en est dict bon, comme faisant TOVTES CHOSES a l'imitation de son createur: qui par ce moyen nous a manifesté sa grande bonté. ET EN CESTE PARTIE D'OPERER IL EST dict BON seulement: ET EN TOVTES ses AVTRES parties, qui ne luy ont esté baillées des essences diuines, mesmes en ce que la continue de generation luy a amené, comme nous auons cy deuant dict, & dirons apres, Dieu aydāt, plus amplemēt, qui est le vice & imperfection de la matiere, qui luy produict excrements, & superfluités continuelement: en ses partiesla, le monde N'EST PAS BON, ny peut estre estimé tel, de tant que ce n'est de ceste part, qui communique a la bonté diuine, comme il faict de la part d'operation & generation. Car aux parties, dont il n'est pas Bon, IL EST PASSIBLE: qui est vne qualité, qui ne peut recepuoir le Bien, cōme nous venons de dire. Et dauantage il est MOBILE, chose qui contreuient grandement a la bonté diuine, qui est stable, ferme, & inuariable sans aucun changement : ET si est aussi FAISEVR DES CHOSES PASSIBLES. De tant que le monde ne faict ses operations, que sur la matiere, qui est du tout passible, & dont sont produictes toutes choses passibles. Nous dirons donc, que ce tresgrand & trespuissant animal, le monde composé de toutes creatures materieles ne peut recepuoir le bien & perfection: mais il en reçoit participation, par les formes, en ce qu'il reçoit les puissances, actions, & vertus diuines, pour les employer en toutes generations & productions. Dont ceste reception de vertus & actions diuines luy dōne, & l'honore du nom de Bon. Mais en toutes les autres imperfections, qu'il a des passions, par lesquelles l'vne partie souffre, & tollere tort, rigueur, ou iniure de l'autre, en ce, qu'il est incōstant, mobile, & variable: a cause de l'inconstance de la matiere subiecte a mutatiōs: ou en ce qu'il est aucteur, & generateur des choses imparfaites & passibles. Il est en toutes ces choses non bon, mais plustot mauuais en tant qu'il est par ces occasions imparfaict par toutes ces imperfections, que nous voyons assises en ces matieres du mōde, que nous estimōs quelque fois estre les choses plus grandes & dignes, que nous voions: nous deuons estre grandemēt conuiés a recognoistre, par la difference qu'elles ont a celles, dont elles sont yssues en perfection, laquelle l'absence du bien a rendue en imperfection, cōbien peu nous deuons mettre nostre cœur, & nous arrester en leur abus, cōme nostre principal but: car il est tres-certain, q̃ en toute chose materiele, l'hōme, qui s'y arreste beaucoup est grādemēt dangereux d'abuser.

SECTION 3.

MAIS en l'homme, le bien est constitué selon la comparaison du mal, de tant que en luy est bien, ce qui n'est pas fort mauuais. Car ce, qui est icy bon, c'est vne tres-petite partie du mal. Il est donc impossible, que le bien soit icy pur de malice. Car icy le bien est maculé de mal, & estant taché de mal il ne demeure plus Bien. Et ne demourant plus bien, il se faict mal. Le Bien est donc au seul Dieu: ou Dieu mesme est le bien. Parquoy, ô Æsculape, le seul nom du Bien est aux hommes: mais l'effet est nul-

Dieu opere par ses perfections, & la creature en ses imperfections

Le mōde n'est simplemēt bō, mais en participation.

Ce qui empesche le monde d'estre bon.

lement: car il est impossible. De tant que le corps materiel contrainct de toutes parts de malice, peines, douleurs, conuoitises, affections, deceptions, opinions mal saines, ne le peut contenir. Et ce, qui est le pire du tout, ô Æsculape, c'est qu'il est tenu certain icy chacune des choses susdictes estre vn tres-grand bien. Lequel est plus-tost vn mal insuperable, à sçauoir la gourmandise principal donneur de tous maux, imposteur qui est en ce lieu absence de bien.

COMMENTAIRE.

AYANT declaré quelle part du bien peut appartenir au monde en son general, Mercure nous dict, MAIS EN L'HOMME LE BIEN EST CONSTITVE SELON LA COMPARAISON DV MAL, voulant dire, que l'homme estant composé de matiere, à laquelle depuis le premier peché, il s'est trouué tousiours incliné, ceste matiere de sa nature ayant esté separée de Dieu & tout bien n'a en soy, que mal, & toute imperfection. Parquoy l'homme se trouuât souillé de l'imperfection de ceste matiere en deux manieres: l'vne qu'il en est basti & composé: l'autre & principale c'est, qu'il l'a venerée, & estimée, & s'y est rendu incliné & volontaire laissant ce parfaict bien, & sa contemplation de l'autre part. S'il a donc tellement meslé la matiere pleine de miseres en sa personne, qu'elle n'en puisse estre separée, & qu'en la matiere ne soit voulu demourer ce biē parfaict, ains l'aye separée de luy pour seruir de masse rude & confuse a composer les creatures, il reste manifeste qu'en l'homme ayant corps materiel, voire quelle bonne volonté qu'il aye, ne peut estre contenue tant petite soit la partie de ce bien parfaict, iusques à ce, que ce corps soit si bien netoyé, regeneré, & par glorification spiritualité, qu'il ne tienne plus de ceste ordure, par laquelle il est subiect aux miseres & actions des creatures, qui ont disposition sur la matiere: mais en soit tellemēt mis hors de subiection, que de toute incapacité de ce parfaict bien, qu'il auoit au parauant sa glorification, il en deuiendra capable, à cause qu'il, & sa matiere aura recouuré la presence, vnion, & conionction de celuy, qui l'ayant separée de luy, l'auoit laissée sans raison & pensée diuine, ou parfaict bien, tomber en bas. L'ayant donc recouurée il sera tel, que dict sainct Pol, faisant difference des corps celestes aux corps terrestres, & dict, Qu'ilz sont semes mourants tels, que nous les possedons en ceste vie mortelle, corruptible, & subiectz aux actions de generation & corruption, ils s'esleueront incorruptibles: dont corruption sera totalement chassée. Ce corps est mis en terre, & semé seruile & nō noble, à cause de sa misere: il s'esleuera glorieux, à cause de sa felicité: il est semé foible & debile à toutes bōnes actiōs: il s'esleuera vertueux & puissant de toutes choses en celuy, qui le fortifie: il est semé animal, c'est à dire subiect à cest ame, qui a incliné sa volonté à l'obeissance de la matiere: il s'esleuera spirituel, conduict, & gouuerné par le sainct Esprit, image de Dieu, duquel la vraye cōduicte luy a esté empeschée durant la crasse de sa matiere. A ce passage de sainct Pol s'accorde merueilleusement bien Ieremie disant, Qu'il vit le potier faire sur sa rouë vn vaisseau de ses mains, lequel fut dissipé, & le potier retournant à la besogne refist ce mesme vaisseau autre vaisseau, selon son plaisir: concluant que comme est la terre en la main du potier, ainsi les hommes en la main de Dieu. Par ce passage Ieremie predict la restauration que Dieu fera de nature humaine par le moyen & merite de la resurrection de Iesus Christ: par laquelle tous corps decedez en luy, & ayans porté la peine de la sentence de Dieu, par laquelle ilz ont esté priuez de la dignité d'innocence, seront remis & reintegrez en celle la, ensemble tous fruictz, vertus, & vsages luy appartenans: & ce de tant que comme sainct Pol dict en ce passage, Ce n'est pas le corps, qui est futur, que tu semes, mais le grain tout nud: pour donner a entendre, que nostre corps mourra, & ne sera celuy propre, qui releuera en dignité: mais il sera bien de la mesme matiere. Tout ainsi Ieremie dict, que le potier refaict ce mesme vaisseau, qui s'estoit dissipé vn autre vaisseau: c'est à dire, qu'il le reforma sur la mesme matiere, tellement que combien qu'il fut de mesme matiere, si n'estoit il pas le mesme: de tant qu'il le prouueut d'autre forme, laquelle les philosophes disent estre celle, qui donne l'estre de la chose. Et par ce moyen ce vaisseau renouuelé de plus digne forme sur mesme matiere, est dict auoir esté faict autre de luy mesme, qui est par la purgation de la matiere.

A ceste

A cefte caufe l'Eglife de Iefus Chrift tient, que les corps glorifiés par le merite de Iefus Chrift ne feront donnez ou renduz aux hommes, que en la refurrection de la chair vniuerfele: laquelle aduiendra apres la purgation de toute matiere, par laquelle elle fera preparée a produire les corps d'innocence & glorifiés, comme dict fainct Pierre, que les cieux & elemens eftans diffoults par feu, nous les attendons renouueller, efquelz habitera Iuftice. Ce que fainct Iean predict, voyant vn ciel & terre nouueaux, & que les vieux s'en font allez. Cefte purgation & preparation de matiere fera faicte par feu, qui eft le tres-puiffant acteur, inftrument du fainct Efprit: de maniere que au iour de l'aduenemēt du filz de Dieu il fera reuelé en feu, pour efprouuer auec celuy-là l'œuure d'vn chafcun, a ce que celuy qui paffera par ce feu foit fauué, & celuy qui demeurera foit ruyné, comme fainct Pol le teſmoigne. Et lors les corps & matieres qui auront porté la purgation, feront preparées a receuoir forme de gloire, & innocēce ayant delaiſſé le corps de craſſe & imperfection: par la veneration duquel l'homme a rompu fon integrité, qui eft auoir diffipé le pot faict en perfection du potier, qui pour le reparer a repris la mefme matiere, & pour luy dōner nouuelle & digne forme il a efté befoin le repurger de toute imperfectiō & craſſe, & le rendre en perfection par la refurrection de Iefus Chrift. Durant laquelle craſſe & imperfection ce corps a efté incapable de receuoir aucune partie de cefte perfection de bien: de tant que par l'arbitre qui luy dure toute fa vie ne voulant totalemēt mefprifer ce corps il ne fe peut fi peu tenir ou arrefter, qu'il n'empefche l'entier vfage des actiōs du fainct Efprit, qui luy eft donné. Et cōbien qu'en l'homme moins mauuais le fainct Efprit face plufieurs œuures & operations: fi eft ce qu'il n'eft iamais entierement employé en l'homme, qui participe de cefte corruption de matiere durant fa vie. Lequel iamais ne luy faict fi bonne part de fon arbitre & volonté, qu'il n'en garde quelque partie pour la chair, corps, ou matiere. Sainct Pol a diuinement exprimé ce propos, difant: Car la creature fera deliurée de la feruitude de corruption en liberté de la gloire d'enfans de Dieu: de tant q̃ nous fçauons que toute creature gemift & trauaille iufques a prefent: non feulement elle, mais nous mefmes, qui auons les premiers fruictz de l'efprit, & gemiſſons dās nous l'adoption des enfans de Dieu, attendantz la redēption de noftre corps. N'eft ce pas clairement expofé, que fainct Pol eftant vaiſſeau d'election de Dieu, combien qu'il euft principale partie du fainct Efprit, fi eft ce qu'il fe regrettoit n'eftre tant que cefte vie mortelle luy dureroit, que comme filz adoptif de Dieu attendant que apres la redemption & purification de ce corps par la glorificatiō, qu'il doibt receuoir, comme nous auons dict, il foit fi vrayement vny auec Iefus Chrift, qu'il ne foit plus adoptif: ains foit comme dict faint Iean, par la charité de Dieu, vray filz, eftimant que iufques a cefte heure il y aura toufiours en luy quelque petite partie d'imperfection venant de la matiere, qui luy faict defirer la glorification & redemption de fon corps, a ce qu'eftant purifié & parfaict il ne produife plus aucuns fruictz d'imperfection, comme il a clairemēt dict, parlant de la refurrection du corps. & ailleurs, Reformera le corps de noftre humilité, cōforme a celuy de fa gloire, effaçant toute corruption. Et cefte tant petite partie qui pourroit eftre au plus parfaict homme viuant de corruption, & mifere eft fuffifante a empefcher, que ce parfait bien ny habite tant peu ce puiffe eftre: car corruption dict fainct Pol, ne peut poffeder incorruption. A cefte caufe Mercure dict que le bien eft conftitué en l'homme non felon fa mefure, par laquelle il d'euft cōfiderer s'il en a plus ou moins, car il n'en a rien: mais felon la mefure du mal qu'il a tres-abondamment en foy, par laquelle il fera en luy comparaifon s'il en a plus ou moins. DE TANT dit il, QVE EN LVY EST BIEN, CE QVI N'EST PAS FORT MAVVAIS. C'eſt que tout le plus grand bien que nous pouuons eftimer en l'homme prouueu de ce corps plein de tant d'imperfection, c'eft l'abfence de fes imperfections: laquelle eftant plus grande, l'hōme eft dict meilleur, & n'eftant fi grande, pire. La bonté de l'homme donc gift a defchaſſer de luy ce qui le tient en mal & mauuaiftie, qui eft l'abus de la matiere & fes concupifcences. Et combien que pour en chaſſer tant qu'il pourra, il ne puiſſe eftre bon, comme Iefus Chrift l'a dict: fi eft ce qu'il en demeurera moins mauuais : & c'eft la bōté qu'il peut acquerir en ce monde, non d'eftre bon, mais d'eftre moins mauuais. CAR (dict Mercure) CE QVI EST ICY BON, EST VNE TRES-PETITE PARTIE DV MAL: de tant que ce Bien parfaict ne peut eftre cōtenu, voire ny meſlé en fi peu d'imperfectiō, qu'il demeure Bien. Il ne fe faut donc attendre a la verité d'en trouuer en ce monde plein d'ordure tant peu ce foit, mais par la comparaifon de plus & moins de mal, nous dirons icy eftre bien ce, qui eft fort peu mau-

2.Petr.3.e
Apoc.21.4

1.Cor.3.e

Rom.8.d

Sainct Pol attendoit la redemption de fon corps.

1.Ioan.3.d

1.Cor.15.f
Philip.3.d
1.Cor.15.f
La bonté en l'homme eſt moins de malice.

Marc.10.e
Pourquoy le bien ne peut eftre au monde.

uais. Car c'est vne tres-grande vertu & loüange à l'homme, qui se sentāt subiect à tant d'imperfections trauaille tant qu'il s'en puisse descharger d'vne partie. C'est en luy vn bien, vne vertu diuine, employée par sa libre volonté à ces fins. cest œuure est estimée bonne à l'homme, qui ne pouuant à cause de sa debilité, non seulement acquerir en ce monde le parfaict Bien, mais aussi ne pouuant chasser tout le mal, employe par son liberal arbitre l'image de Dieu, & ses vertus, pour luy estre aydant, & parfaire ce qui passe ses puissances, qui ne sont que sa seule election, laquelle sans venir à l'effect demeure fort foible & debile. Il faut donc que l'homme pour estre bon, ou a parler plus proprement moins mauuais, que cognoissant son impuissance a mettre en œuure & effect sa bonne volonté, qu'il employe les vertus de l'image de Dieu, qui sont en luy, c'est le benoist sainct Esprit, a mettre en œuure en sa personne, & le vouloir & le parfaire, pour ceste bonne volonté, comme il est escript, qu'il le faict: & par ce moyen chasser vne bonne partie du mal, qui est en l'homme, le coguoissant pour tel, & non comme plusieurs l'estimans estre leur bien: affin que ce chassement & absence de tant de mal luy soit le bien, qui peut estre trouué en luy, qui est la tres-petite partie ou portion du mal. De tant que pour proprement dire, l'homme n'a maniement ou disposition que du mal, à cause de son imperfection. Car comme dict sainct Pol, Corruption ne peut posseder incorruption, non plus que la chair & sang le royaume de Dieu. Et par ainsi ceste petite portion de mal, ou ce mal rapetissé, c'est le bien qui est en nous, & qui nous tient lieu enuers la misericorde de Dieu, d'aider à nostre salut, remettant le reste qui y est necessaire à la perfection, à Dieu propre collateur de vray bien & perfectiō qui est en luy. Ce mal propre à l'hōme estant donc rapetissé, c'est son bien, & n'en peut auoir autre parmy sesmiseres.

Dont s'ensuit, dict Mercure, que IL EST DONC IMPOSSIBLE, QVE LE BIEN SOIT ICY PVR DE MALICE. C'est autant à dire, que le plus grand bien, qui se puisse trouuer au monde, ny entre quelles creatures que ce soit, n'estant aucunement bien, mais estant veritablement moins de mal, il s'ensuit necessairement que le bien ne peut estre çà bas si parfaict, qu'il soit purifié, & du tout pur & purgé de ce mal, qui regne tant en ceste region elementaire & materiele, qu'il n'y en demeure assez pour le tacher, de maniere qu'il perdra son nom. Sainct Iean a fort proprement confirmé cest aduis de Mercure, quand il a dict que, Tout ce qui est en ce monde, c'est concupiscence de chair, concupiscence d'yeux, & superbe de vie: ce n'est pas qu'il n'y aye totalement autre chose, mais ces trois y ont si bien asseuré leur place par la malice des hommes, qu'il n'est ame raisonnable, qui n'en tienne tant soit peu.

A ceste cause il a esté dict, Tous ont peché, & ont besoin de la gloire de Dieu, de tant que la chair ou matiere corruptible, ne peut reuestir ceste gloire d'immortalité, que Iesus Christ nous a acquis tant qu'elle sera mortele, & tiendra de la nature de l'homme de peché premier Adam, ains faut qu'elle renaisse par le second Adam en esprit viuifiant: & lors ceste matiere sera purgée & purifiée de tout erreur & tache, par la glorification que nous auons n'aguere dict auec sainct Pol. Il est donc impossible, dict Mercure, que le bien soit icy pur de malice: CAR ICY LE BIEN EST MACVLE DE MAL, cest que vice & imperfection regnant parmy la matiere, il ne peut estre que ce qui se trouue en ceste matiere ne sente sa principale nature, qui est le mal. Si le bien donc, qui est le S. Esprit de Dieu, bien parfaict & souuerain se trouue dans la matiere par l'honneur & grace que l'homme a receu de Dieu d'estre formé a son image & semblance, dans la matiere commune a toutes creatures n'y ayant esté mis pour commander, ne contraindre ceste diuine creature pour ne le priuer d'arbitre, ains pour luy donner aduis, conseil, confort, ayde, secours, & faueur a toutes heures qu'il voudra. Est il possible que ce bien souuerain & parfaict demeure en ceste matiere vile & infame, sans estre souillé & taché, ou maculé du mal, qui abonde tāt en elle? certainemēt non dict Mercure: car il est taché, ET ESTANT TACHE DE MAL IL NE DEMEVRE PLVS BIEN, ains perd le nom & effect de ceste perfection: ET NE DEMEVRANT PLVS BIEN IL SE FAICT MAL. Car tout ce qui n'est ce parfaict Bien, est mal, a cause de l'absence de ce bien: vray est que ce mal peut estre tant rapetissé que par ceste cōparaison il est prins en l'homme pour bien, & luy en tient lieu tant enuers Dieu que les hommes. C'est ce qui faict que Iesus Christ a nommé des personnes iustes, comme Noé, Daniel, Iob, & Natanael sans fraude & infinis autres, ausquels il cōsideroit ceste trespetite partie de mal, qui leur estoit la vraye preparation a receuoir le bien parfaict & entier.

Puis

Puis qu'en ce bas monde plein de mal & ordure, LE BIEN parfaict ne peut estre, IL EST DONC necessaire qu'il demeure AV SEVL DIEV : OV QVE DIEV MESME EST LE parfaict BIEN purifié, & separé de tout mal, que demande Mercure. C'est ce souuerain Bien qu'ont cherché plusieurs grand's personnes, mais tous ne l'ont trouué si veritablement que luy par sa saincte grace. C'est celuy que Iesus Christ a declaré estre seul bon, comme n'y ayant aucune part bonté qu'en luy en effect & souueraine perfection. PARQVOY dict Mercure O ÆSCVLAPE, LE SEVL NOM DV BIEN EST AVX HOMMES, MAIS L'EF-FAICT NVLLEMENT. A cause que l'homme ne reçoit en luy le bien comme bien, mais il le reçoit taché & maculé de son mal. Parquoy il le faict deuenir mal : vray est q̃ quãd ce mal est petit il est nommé en l'homme par nom emprunté, bien. CAR quand c'est vn mal tres petit IL est nommé tres grand bien. Mais tous ces noms de bien ne sont propres ains far-dez & masquez, & n'enportant en soy aucun effect de bien, ains le seul nom, qui n'est que autant de vent, quant a ceste perfection, toutesfois l'effect de ce tres petit mal sert beau-coup pour paruenir a l'effect du vray nom de bonté. Lequel EST IMPOSSIBLE estre en l'homme durant sa vie : DE TANT, dict Mercure, QVE LE CORPS MATERIEL CON-TRAINT DE TOVTES PARTS DE MALICES, PEINES, DOVLEVRS, CONVOITI-SES, AFFECTIONS, DECEPTIONS, OPINIONS MAL SAINES, NE LE PEVT CONTENIR. C'est la contraincte, que dict sainct Pol, qui le menoit au contraire de sa vo-lonté de faire le mal qu'il ne vouloit, voire qu'il haioit, & ne faire le bien qu'il vouloit, & desiroit.

Le nõ de bien est entre les hommes mais non l'effaict.

1. Cor. 15. f

Rom. 7. d

C'est la repugnance, qu'il trouuoit en la loy de ses membres contre la loy de son Esprit & pensée diuine, qu'il auoit reçeu, concluant apres plusieurs disputes de ceste guerre, qu'il auoit en luy, qu'il seruroit de sa pensée a la loy de Dieu, & de sa chair a la Loy de peché. N'e-stoit ce pas assez pour souiller en luy, & maculer ce parfaict bien, s'il estoit contraict de ser-uir par sa matiere & chair corporele à la loy de peché, & pour ne le pouuoir cõseruer en son vray nom & dignité? L'homme qui aura mis quelque estude a soy recognoistre, trouuera bien qu'il n'y a capacité en sa matiere qui continuellement combat l'innocence de l'homme en luy, de contenir ce bien en sa perfection, & sera beaucoup s'il peut recouurer ce nom de bonté sans effect, qui se donne pour n'auoir qu'vne tres petite partie de mal, laquelle ne le peut contenir, a cause de tant de miseres qui ont desia saisi la place, auec lesquelles ceste pu-rité de bien ne peut resider. ET CE, dict Mercure, QVI EST LE PIRE DV TOVT, O Æs-culape, ce n'est pas que par la cause de l'imperfection de la matiere, toute personne soit sub-iecte a estre trauaillée & assaillie de toutes ces imperfectiõs, que nous auons dict durant sa vie corporele. Mais le pis C'EST QVE au lieu d'estimer ces imperfectiõs & miseres ce, q̃ de vray elles sont, & cõsiderer cõbien de mal & proche ruine elles aportẽt a l'hõme, IL EST TE-NV CERTAIN, dict il, ICY CHASCVNE DES CHOSES SVSDICTES ESTRE VN TRES-GRAND BIEN. C'est le signe que l'homme, qui a ceste estime, & tresmauuais iugemẽt d'e-stimer pour vn grand biẽ ce, qui luy est vray ennemy, en ce qu'il participe de ce parfait biẽ, & qui de toutes ses forces tasche a ruiner en l'homme ce qu'il tient de la part de Dieu & son image. C'est bien auoir les yeux de l'entendemẽt, qui est le iugement, bien ensepuely & ban-dé par les concupiscences. C'est bien auoir employé son arbitre a suiure plustost ce, qui don-ne vne heure de plaisir present au corps, pour luy engendrer vn desplaisir perpetuel, que de suiure ce qui resiste vne heure au plaisir du corps pour engendrer plaisir & gloire eternelle non seulement a ce corps mais a l'ame : qui est de tant plus excellente, qu'il ne se peut dire. C'est bien vn iugement peruerty & indigne de l'ame raisonnable, vraiement apartenant a la beste brute, laquelle monstre en ce faict estre de la mesmes perfection de l'homme, qui abuse de son iugement.

L'homme ne connoissant son mal l'esti-me estre bien.

L'homme asseuré de plaisir prend facile-mẽs mal pour bien.

Comme le Psalmiste l'a declaré que, N'ayant cogneu & entendu l'honneur auquel il a esté esleué sur toutes œuures & creatures de Dieu il a esté comparé aux iuments sans sça-uoir, & faict semblable a eux, & tout pour auoir mal choisi l'employ de ses vertus intelligi-bles & de l'image de Dieu qui est en luy. Lequel choix ou election a tellement esblouy & perturbe le iugement que l'homme a choisi sa ruyne & laissé son salut, estimant ce qu'il le precipite en ruine luy estre vn tresgrand bien, LEQVEL dict Mercure EST PLVSTOST VN MAL INSVPERABLE.

Psal. 48. c

L'hõme elisl le mal l'estimans bien.

C'est

C'eſt vn mal qui ne peut eſtre vaincu des forces de l'ame, qui pour toutes forces & puiſſances n'a que la volonté à ſoy, par laquelle naturellement elle deſire le bien : mais par negligence de le cognoiſtre, ſon ignorance luy faict eſtimer le mal eſtre bien, & puis le choiſir comme bien. Ce mal eſt principalement, comme dict ſainct Pol, en ceux, qui ont vne fois eſté illuminez, & ont gouſté le don celeſte, eſtans faictz participans du ſainct Eſprit & vertus diuines. Auſquelz il declare eſtre impoſſible d'eſtre de rechef renouuelez à penitence. C'eſt ce mal inſuperable, & qu'il ne peut vaincre à faute de ſoy recognoiſtre, & retourner à penitence. A ſçavoir, dict Mercure, LA GOVRMANDISE PRINCIPAL DONNEVR, & frayeur à la pourſuite DE TOVS CES MAVX, IMPOSTEVR QVI EST EN CE LIEV ABSENCE DE BIEN. Le Grec en ceſt endroit vſe pour gourmandiſe du mot γαϛριμαργία, lequel prend ſon etymologie & principale denomination du ventre, diſant que le principal ſupeditateur, fourniſſeur, ou frayeur de tous maux eſt complaire aux ſuperfluitez du ventre: car c'eſt le vray impoſteur & inuenteur de tout mal & ruyne. Ce n'eſt pas qu'il ne faille bailler au ventre, duquel depend la vie corporele, ce qui luy eſt neceſſaire pour la conſeruer. Mais voulant Mercure comprendre tous noz deffaux ſoubz vn ſeul, il a prins celuy, qui comprend la racine de tous les autres, de tant que le ventre eſtant celuy, qui doit eſtre premier ſatisfaict pour la vie humaine, il eſt prins pour toutes autres neceſſitez, qui ſont requiſes à la vie de ce corps, & à ſon entretenement: qui toutes ſont compriſes par le ventre: combien que toutes n'y allent pas, mais toutes ſont neceſſitez comme le ſeruice du ventre.

Mercure donc diſant, que l'excez & ſuperfluité du ventre eſt cauſe de tout mal, n'entend pas qu'il ne faille plus rien miniſtrer au ventre, ny a ce, qui en depend, ſoit habillemés pour le recouurir, ſoit logis pour le deffendre des iniures du temps, & choſes nuiſantes: ſoit auſſi tous moyens, qui ſont requis à executer par le corps exterieurement les commandements & volontez diuines. Car s'il deffendoit toutes ces choſes, il deffendroit & blaſmeroit la vie, que Dieu a inſtitué & ordonné à tous animaux. Mais entend il bien blaſmer par ceſte ſuperfluité de ventre tous abus, que l'homme faict au lieu d'vſer des choſes neceſſaires: car il n'eſt choſe ſi neceſſaire, loüable, & vtile, que l'homme de mauuais iugement n'en abuſe. Comme par exemple, celuy qui pour ſa vie aura beſoin de menger vne liure ou deux de viande par iour, ne s'arreſtera au beſoin, mais conſiderera le gouſt & plaiſir qu'il a en mengeant, & en mengera quatre, cinq, & ſix, & quelquefois iuſques à le rendre pour auoir trop ſuffocqué l'eſtomac, s'amuſant au ſeul plaiſir, ſans conſiderer ſa neceſſité. Autant de celuy qui ayant ſoif, pour vne liure en boira trois, quatre, & ſix: & ne pouuant plus boire cherchera viandes, combien qu'il ſoit ſaoul, qui luy donnent gouſt pour boire encore, iuſques à ce, qu'il n'en puiſſe plus, ou qu'il luy en aduiene quelque inconuenient. Autant des habillements, celuy qui en aura prou de deux pour ſe tenir en moins d'ordure, ne conſiderera cela, mais conſiderera ce, qu'il veut monſtrer aux yeux des voyants, qui ne ſert de rien au froit de ſon corps: & au lieu de deux, en aura infinis & diuers. Autant des maiſons, car combien que l'homme ne puiſſe loger qu'en vne à la fois, il ne ſe contente, s'il n'en a vn ſi grand nombre, qu'il ne ſçait qu'en faire. Et de meſme des biens, qui ſont neceſſaires à conſeruer la vie corporele. C'eſt le moins que l'on y regarde, diſant, qu'il en faut autant à vn chien, & en deſirent infiniment d'auantage, ne conſiderant que le chien & autre beſte eſt plus ſage, que ce pauure deſordoné, en la diſpenſation de ſes neceſſitez: car il n'en prend que ce, qu'il luy en eſt neceſſaire: & l'homme qui n'eſtimant rien le neceſſaire, s'amuſe au ſuperflu de toutes ces choſes, ſe trouue de plus mauuais iugement que la beſte. A cauſe que tout ce, qui eſtant ſuperflu, & ſurpaſſant le neceſſaire, ne faict qu'abuſer l'homme, & le precipiter en ignorance de Dieu. C'eſt cela proprement, que l'homme peruerti de ſon iugement, a tenu pour certain eſtre ſon plus grãd bien. Et pour en faire preuue manifeſte, nous ne voyons point, que l'homme ſe trauaille de telle affection, d'ataindre la cognoiſſance de Dieu, qu'il faict d'ataindre les affections qu'il a aux choſes materieles, ſoit biens, offices, gloires, eſtats, ou curioſitez: l'vn pour eſtre inuiſible, l'autre pour deuiner, l'autre pour tromper ſon compagnon, qui ſont toutes intentions, ſuperflues tres-mauuaiſes. Toutefois celuy qui pourra attaindre à ceſte entrepriſe s'eſtimera auoir attaint le plus grãd biẽ, qu'il cognoiſſe. En tous ces abus, le principal defaut, qu'y face l'homme, n'eſt pas de manger tant, qu'il rende ſa gorge, ou qu'il creue. Car la perte de ce corps, qui ne vaut rien, & ſi n'y contient ame, qui vaille, n'eſt pas grande : ny d'abuſer de meſ-

me de

me de toutes ces superfluités, soubz couleur, d'estre necessaires, dont il en aduienne infinis maux corporelz. Car combien que tous ces effectz soient tres-mauuais, ce n'est encore rien, au pris du mal, qui se trouue plus grand venant des mesmes deffauts, qui sont, que l'homme n'ayant qu'vne vie bien briefue, laquelle luy est donnée, pour durant ceste la, soy cognoistre en sa principale partie, qui est l'homme intelligible, sainct Esprit & image de Dieu, estant en luy, pour de la cognoistre la source, dont est venu tout son bien, & employer sa liberté a eslire l'obeissance & suitte du conseil de cest homme diuin & interieur, delaissant le conseil de son ennemy, qui est la complaisance des choses materieles & concupiscences des sens, il perd en ceste vie corporele le seul temps, qu'il a, & luy est donné pour acquerir ceste cognoissance en tout son temps & loisir. Lequel consommant, & employant a ces folies & superfluitez, il se trouue, que l'oubli de la bône part luy a porté plus de mal, que n'aura faict l'employ, qu'il a faict a la mauuaise. Car cest employ ne nuict, que a la matiere, qui est téporele & de briefue durée, mais ceste nonchalance, mespris, & obly de croire, consentir, & obeir au sainct Esprit cause l'eternele ruyne de ceste ame diuine, qui est eternele. Et ceste eternele ruyne causée par la gourmandise & autres superfluitez, qui ont esté certainemét tenues pour vn tresgrád bien entre les viuátz, est en ce lieu & endroit, dict Mercure, absence du bien: C'est a dire, que l'homme ne pouuant trouuer aucune petite partie de bien, ains tout mal en ce monde, comme nous auons dict, il a voulu trouuer, ou il n'estoit pas. Et ne croyant a ce benoist Esprit de Dieu, qui le consoloit de l'aller rechercher, ou il estoit, il est demeuré en absence de ce Bien, par laquelle absence il n'a peu trouuer en ce môde, qu'il a veneré & recherché, ḡ tout mal. Ce n'est pas donc, que ceste bonté diuine boute la main, ny face aucune action tendâte a nostre perdition, ains nous esmeut & conuie ordinairemét a delaisser ce, qui nous retire de luy: mais tout nostre mal vient de nous amuser tant en ceste matiere pleine de misere & imperfection, que nous demourons en absence & priuation du bien, qui est au seul Dieu eternel pere donateur de nostre salut. Nous dirons donc auec Mercure, que tout nostre mal & misere n'est que nous estre renduz absentes du bien, qui n'est qu'en vn seul.

Le mal faire ne dommaige tanique l'obli du bien.

SECTION 4.

ET i'en rendz graces a Dieu, qui a enuoyé aussi en ma pensée de la cognoissance du Bien, qu'il est impossible, qu'il soit au monde, de tant que le monde est plenitude de maux, & Dieu l'est du Bien, ou le Bien de Dieu. Car les excellences de beauté sont entour la mesme essence de bonté apparante, plus pures & entieres, & qui parauanture sont ses essences. Car i'ose dire, O Æsculape, que essence de Dieu (de tant qu'il a essence) est beauté: mais Beauté & Bonté ne se peuuent aucunemét trouuer entre les choses, qui sont au monde. Car toutes choses, qui tumbent en l'œil, sont idoles, & comme portraictures. Mais celles qui n'y tumbêt pas, & principalement beauté & bonté. Tout ainsi que l'œil ne peut voir Dieu, non plus verra il beauté ny bonté. Car celles cy sont parties de Dieu entieres, propres a luy seul, familieres, inseparables, & plus aymables. Lesquelles ou Dieu mesmes ayme, ou elles ayment Dieu.

COMMENTAIRE.

MErcure ayant cognu, que toute misere & mauuaistie vient d'ignorance, & absence de Dieu, le remercie de la cognoissance, qu'il luy a pleu luy en dôner, qui est sa vraye presence: par ce que c'est la cognoissance côme vertu intelligible, qui comprend la diuinité. Il dict donc, ET I'EN RENDS GRACES A DIEV, QVI A ENVOIE AVSSI EN MA PENSEE DE LA COGNOISSANCE DV BIEN, QV'IL EST IMPOSSIBLE, QV'IL SOIT AV MONDE, DE TANT QVE LE MONDE EST PLENITVDE DE MAVX. C'est que par la cognoissance, que Mercure a eu de ce parfaict bien, il a sceu qu'il ne peut endurer auec soy la moindre imperfection, qui puisse estre: ains des que l'imperfection se

Cognoissance principal chemin a Dieu.

trouue en vn subiect, le bien ne s'y trouue iamais en plenitude & verité : par ce que, comme dict Sainct Pol, corruption ne peut posseder incorruption &c. Or est il, que Mercure ayant cognu, que ceste region elemétaire desdiée principalement a estre receptacle de la matiere & tous animaux, qui en sont composez, en est tellement pleine, qu'il ne s'y trouue lieu ny place, qui en soit vuyde, comme nous l'auons amplemét declaré au second chapitre. Et que la matiere est la seule & principale source d'imperfection. A cause qu'elle a esté mise a part, & separée du commencement de toute perfection, qui est Dieu son createur : qui la laissa alant en bas sans raison ny aucune essence diuine, qui est le vray chemin contraire à celuy de perfection. Lequel la va trouuer en haut, non en bas. Par ceste cognoissance Mercure a clairement entendu, que tout ce monde estant materiel, & plein de ceste ennemie de perfection, il n'y reste aucune place de perfection & bonté.

1. Ioan. 5. d
Ioan. 2. c
Ioan. 12. e. &
14. d. & 16. b

A ceste cause il dict, qu'il est impossible, que le bien soit au monde, de tant que le monde est plenitude de tous maux. Sainct Iean s'accorde facilement à ce propos, disant, que tout le monde est constitué en malignité. Et ailleurs dict, qu'il est tout en concupiscences & superbe. Et Iesus Christ dict, que le Diable en est prince, qui en sera ietté dehors, par l'aduenemét de ce raustaurateur Fils de Dieu: auquel le monde par sa malignité a tousiours esté contraire tellement, qu'il a tant hay Iesus Christ Sauueur, & tous les siens, qu'il a fallu qu'il l'aye combatu, & vaincu comme vray ennemy (par son mal) du parfaict bien. Il est à ce propos a considerer, qu'il y a diuerse façon de Mal, conuenant au monde. L'Escripture prend quelquesfois Mal pour punition, comme, Ie suis creant le mal : & ailleurs, S'il y a mal en la cité, que le seigneur n'aye faict. Et ailleurs, Si d'auanture ils m'oyent, & chascun se conuertisse de sa mauuaise voye & ie me repétiray du mal, que i'ay pensé leur faire pour leur malice. Et en infinis autres lieux. Par lequels Mal est prins pour punition ou desplaisir seruant de punition. Secondement Mal est prins pour imperfection, comme en ce lieu, L'animal qui est voué a l'immolation ne sera change meilleur que le mauuais, ny pire que le bon. Et ailleurs, De toutes dismes, qui passeront soubz la verge du pasteur, ne sera esleu ny bon ne mauuais. Et ailleurs, Considerez, si la terre est bonne ou mauuaise. Et plusieurs autres lieux, ou Mal s'entend pour imperfection, qui se trouue au subiect. Tiercement, Mal est prins pour peché : & de celuy n'en faut tesmoignage. Car il est trop commun en nostre misere. C'est toutesfois, que Dieu parle du Mal, que l'homme faict, par ses escriptures & seruiteurs annonçantz au peuple la voye de salut. Ces trois maux prenent tous leur naissance du second, que nous auons exposé estre l'imperfection du subiect vniuersel, sur lequel a esté bastye toute creature. Et ce Mal est le seul, du quel sont tachées toutes creatures materielles en general, & en particulier. Les brutz & autres plus basses creatures elementaires sont subiectes a ce mal, qui est l'imperfection acquise de leur matiere.

Ioan. 16. d

Trois manieres de mal, punition, imperfection, & peché.
Esay. 45. a
Amos. 3. b
Hiere. 16. a

Leuit. 27. a
Ibidem d.
Num. 13. c

L'hóme a en soy plus de mal, que autre creature.

Mais les hommes ou animaux raisonnables, non seulement sont subiects a ce mal, qui est imperfection procedant de sa matiere, mais ilz sont aussi subiectz a l'autre mal, qui est vice, peché, ou mauuaise volóté, duquel mal toutes creatures materieles sont exemptées & deliurées, a cause que ce mal ne depend que d'vn arbitre qui n'a esté dóné aux autres creatures. Parquoy en elles ne peut tumber ce mal ains au seul homme, a cause qu'il a receu seul l'arbitre, duquel depend ce mal par sa bonne ou mauuaise election. Et par ce que le tiers Mal ne depend que de cestuy-cy, qui est la punition ou peine & desplaisir donné pour chasty ou végence de iustice diuine sur celuy, qui a offencé par ce peché ou mal, de volonté & atbitre, ce mal eschoit au seul homme. Car en tous les autres animaux priuez de raison & arbitre de volonté n'y eschoit punition, peine, ou desplaisir dóné pour ce deffaut : attandu qu'il n'est en eux, ny en autres creatures terrestres, fors en l'homme seul. Et quand aux maux, que sentent les bestes, ce n'est mal de desplaisir. Car elles n'ont iugement, mais est vn seul sentiment. En ceste maniere donc le monde ne peut faillir a estre meritoirement dict plenitude du mal, ou de maux, veu qu'il en contiét & engendre tous les iours d'infinies façons. ET DIEV L'EST dict Mercure) DV BIEN OV LE BIEN DE DIEV. C'est a dire comme le monde par son imperfection est plein, voire la mesmes plenitude de mal : ainsi Dieu par ses infinies perfections est plein ou la mesme plenitude de bonté ou Bié. Ou nous dirós, que le Bien ou bonté est plenitude de Dieu. Ceste disióctiue peut auoir ses deux parties veritables, asçauoir

Dieu

Dieu plein de Bôté, Ou bôté pleine de Dieu, a cause que nous auõs cy deuãt conclud que Dieu est biẽ & n'est autre chose. Et aussi que biẽ est Dieu, & n'est autre chose. qui est cause q̃ Mercure ne peut faillir disant, que Dieu est plein de bôté, ou bôté est pleine de Dieu, par ce que c'est mesme chose. C'est vne excellẽce d'ordre, qui est dans la nature diuine, par lequel eternellement toutes choses sont en luy disposées a se compatir, fortifier, & vnir l'vne & l'autre. Qui est cause, que par ce meruilleux & tresprudant ordre, il est dist estre toutes choses, qui ont essence, & toutes choses estre en luy, comme il est en ceste bôté, & la bôté est en luy. C'est excellant ordre est estimé par Mercure beauté, disant. CAR LES EXCELLANCES DE BEAVTE SONT ENTOVR LA MESME ESSENCE DE BONTE APARENTE PLVS PVRES ET ENTIERES, ET QVI PAR ADVANTVRE SONT SES ESSENCES. Par ou nous voyons que Mercure disant, que les excellances de beauté sont entour l'essence de la bonté apparente en la chose diuine, entend essez clairement c'est ordre conserué en Dieu par ces dignitez & essences, qui n'est seulemẽt beau, mais la mesme source de beauté, estant cogneuë par sa bonté apparente en toutes ses vertus & essences, detãt que beauté consistant en aparence, se prend a l'aparence de ce parfaict Bien. Et de tant que ces deux vertus sont cõioinctes en Dieu, elles se trouuent inseparables, a cause, que Beauté depend de bonté, en ce que Beauté de sa nature demande estre aperceuë, ou elle ne seroit beauté, ains demeureroit seulle bôté, si elle n'estoit aperceuë. Et par ce que beauté gist en aparances de bonté, c'est a dire és effectz, que produit incessamment bonté, laquelle de soy en pouuant estre aparente, elle aparoist en beauté par ces effectz qu'elle produict tous les iours.

Dieu est bien & bien est Dieu.

L'aparẽce des bontez de Dieu engẽdre ses beautez.

Parquoy Mercure dict, que les excellences de beauté consistent en l'essence & partie de bonté, qui aparoit ou est aparente, c'est a dire aux exellances des effectz apparans produicts par bonté pour ne pouuoir estimer autre subiect quelconque beau que celluy, par lequel ces excellences de bonté nous sont aparantes par les effects meruilleux, bons, vtils, & profitables qui sortent de c'est ordre, ou disposition. Elles sont aussi plus pures & entieres, sans aucune mixtion, ou imperfection destourbant ceste integrité. Et dict Mercure, que paraduanture sont essences de Dieu. Le Grec vse en cest endroict pour ce mot paraduenture d'vne diction τάχατυ, qui quelquefois signifie certainement, autre fois paraduenture: qui est cause que nous pouuons dire, que ce paraduenture certifie, & ne met seulemẽt en doubte, que ces excellences de beauté soient essences diuines. Comme il nous est tresapparent par ce, qui sensuitt au texte.

CAR I'OSE DIRE, O ÆSCVLAPE, QV'ESSENCE DE DIEV, DETANT QV'IL A ESSENCE, EST BEAVTE. C'est que pour venir par degrez a asseurer ceste proposition, il a mis au deuant ce terme, signifiant autant asseurance, que doubte. Comme s'il eust dit, Les excellences de bauté sont sy ioinctes & vnies a ses essences, qu'elles sont aparentes par la bonté aparente en ses effects, comme ses essences tres pures, & entieres sortãs de ce parfaict Biẽ, & qui certainement sont ses essences. Car i'ose dire que Dieu ayãt essence, beauté en est l'vne. C'est que combien que, comme nous auons dict, Dieu ne soit essence, comme ne pouuant estre comprins ou dependant d'essence, ce neantmoins il a en luy essence, voire infinis effects d'essences. Or donc comme il pourroit dire, si Dieu a essence, beauté en est vne, pour asseurer, que comme Dieu a essence, ainsi il a beauté pour siene essence. MAIS dict il BEAVTE ET BONTE NE SE PEVVENT AVCVNEMENT TROVVER ENTRE LES CHOSES, QVI SONT AV MONDE. A cause des imperfections, & vices, que la matiere ameine a toute creature bastie sur elle: & beauté & bonté ne souffrent aucune imperfection ou desordre habiter auec eux. Ces deux donc beauté & bonté, ne se peuuent trouuer parmy l'abondance de desordre, vice, misere, & imperfection: dont tout ce monde materiel est composé.

Dieu n'est essence, mais a essences cõme beauté.

CAR TOVTES CHOSES, dict il, QVI TVMBENT EN L'OEIL, ou qui sont subiectes a la veuë, voire & autres sens corporels SONT IDOLES, representations, compositions materielles, designations d'entreprises, lineamtments, ET COMME PORTRAITVRES & autres choses materielles seullement, car autremant elles ne seroient subiectes a l'oeil, & autres sens corporels. Parquoy elles sont toutes mauuaises estant vitieuses, & imperfaictes, a cause de la matiere, qui est en elles.

Beauté n'est cõprinse des sens, comme n'estans au monde.

MAIS

MAIS CELLES, QVI N'E TVMBENT PAS en l'œil, ny sont subiectes aux sens corporels, ains sont receuës par les vertus de l'image de Dieu intelligéce, cognoissance, iugement, raison, ET autres infinies, cóme PRINCIPALEMENT BEAVTE ET BONTE. Qui ne sont celles, que l'œil cognoistre par la couleur, ou la langue, par le goust: mais sont celles, qui sont contemplez en Dieu par les vertus, & essences diuines, données a l'homme expressement pour cest effect. TOVT AINSI, dict Mercure, QVE L'ŒIL corporel NE PEVT VOIR DIEV en ses essences, & dignitez, NON PLVS VERRA IL BEAVTE N'Y BONTE, qui sont celles là par lesqueles Dieu est principalement consideré, contemplé, & cognu, non par les sens, ains par les vertus intelligibles & pensée diuine donnée a l'homme. Et par ainsi Beauté est dicte n'apparoir non plus, que Dieu, de tant qne sa beauté n'est celle, qui apparoist aux sens de l'homme es creatures, mais celle qui apparoist a la raison & iugement, de tant que Dieu ne côstitue sa beauté en choses materieles, mais en choses intelligibles. CAR CELLES CY, dict Mercure, SONT PARTIES DE DIEV ENTIERES sans aucune imperfection, PROPRES, n'appartenans que A LVY SEVL: FAMILIERES, tousiours estans en luy, INSEPARABLES, n'en pouuant estre esloignées, n'y conuenir a autre subiect. ET PLVS AIMABLES, a cause de leur dignité, perfection, & grandeur. LESQVELLES OV DIEV MESME AYME, OV bien ELLES AYNENT DIEV. C'est que, côme nous auons dict, Bien est Dieu, & Dieu est Bien. Tout de mesme nous dirons, qu'il y a vne si merueilleuse côionction entre Dieu, & ses essences, qu'il nous est autant à dire, q̃ ses essences & parties l'aiment, ou q̃ ses essences & parties sont aymées de luy. De ceste dilection, qui est de Dieu à ses parties, est yssue l'amour, q̃ Dieu porte à l'hôme estât côposé d'vne part de ces parties. Car sans celles là, il n'y a chose en l'hôme digne d'estre aimée. Aussi tout ce que Dieu fait en nous, il le faict pour l'amour de soy. Côme dit Esaye, c'est pour l'amour de soy, qui est en nous. C'est en ce point, que consiste le salut aporté par Iesus Christ, à sçauoir d'estre ioinct, & vny tellement à luy, que nous soyons en luy mesme chose auec le Pere, côme il l'est, & que par ce moyen Dieu ayme ses parties, qui seront nous, & que ses parties aussi l'ayment, cóme dict Mercure. Car ceste charité est celle, qui ne faudra iamais.

Beauté & bonté cõprinse d'intelligéce, comme essences diuines

Esay. 48. b
Ioan. 17. b. & d.
1. Cor. 13. b

SECTION. 5.

SI tu puis cognoistre Dieu, tu cognoistras Beauté & Bonté, qui est tres-luisante, & est illuminée de Dieu. Et ceste Beauté est incomparable, & ce Bien ne peut estre imité, comme le mesme Dieu. Comme donc tu entends Dieu, entends ainsi Beauté & Bonté: car elles ne peuuët estre communiquées aux autres animaux, par ce qu'elles sont inseparables de Dieu. Si tu t'enquiers de Dieu, tu t'enquerras aussi de Beauté: car c'est mesme voye, qui conduict à celuy là, à sçauoir Pieté auec cognoissance. Dont les ignorants, & qui ne cheminent par la voye de pieté, osent bien dire l'homme estre Beau & Bon, qui seulement n'a veu en songe s'il y a aucun Bien. Mais estât preuenu de tout mal, & ayant creu le mal estre Bien, il vse temerairement & insatiablement de celuy là: & craint d'en estre priué: & si combat toutes choses, à ce que non seulemët il l'aye, mais qu'il l'augmente. Telles sont, ô Æsculape, les Bontés, & Beautés humaines. lesquelles nous ne pouuons fuir, ny hayr. Mais le plus dur, qui soit en toutes ces choses, c'est, que nous en auons necessité, & ne pouuons viure sans elles.

COMMENTAIRE.

MERCVRE ayant insinué à Æsculape, que Beauté & Bôté sont vrayes essences de Dieu, pures, & inseparables de luy, ne pouuans estre & resider en autre subiect, entant qu'elles sont ses mesmes parties, il continue ceste intelligence pour l'en resoudre, tellement qu'il n'en aye plus aucun doubte, disant: SI TV PEVX COGNOISTRE DIEV, ou l'entendre, ou par ton iugement le comprendre non entieremët: car l'incapacité de l'homme y resiste, mais

mais suffit qu'il en puisse si veritablemẽt cognoistre, entendre, ou iuger quelques parties, selon sa capacité, lesqueles il attribue resoluement a ce vray Dieu facteur de toutes choses, ie dy selõ sa capacité, a celle fin, que l'homme remplisse son vaisseau & partie intelligible de ce qu'il pourra contenir de cognoissance diuine, sans luy laisser place vuide, pour y recepuoir choses ennemies: qui a la fin ont accoustumé de desloger de l'homme interieur commandé par l'arbitre, la pure cognoissance de soy és essences diuines, qui sont mesme cognoissance. Car nous auons dict au premier chapitre, qu'il faut commencer a cognoistre Dieu par cognoissance de soy mesmes, & de son homme interieur, qui est basty des essences diuines. Lequel estant en ce vaisseau de terre n'a puissance entiere de cognoistre la perfection diuine: mais il a tousiours puissance & moyen d'employer le sainct Esprit, qui luy est dõné, de luy obeyr, de l'ensuyure, d'incliner son affection & volonté vers luy, de cõtraindre souuent les effectz exterieurs a n'obeyr a la partie cõtraire. Toutes ces choses sont capacitez, qui sont en toutes personnes, plus toutesfois en aucunes & moins en autres. Et ces differẽces sont dites les capacitez d'vn chascun. Ceste cognoissance doit estre en l'homme si resoluë, ferme & asseurée, que par quelque temps, qui puisse passer, l'homme ne l'oublie. Car il peut souuent aduenir que a quelque certaine heure la deuotion, qui nous prend, semble prẽdre quelque resolution & asseurance en Dieu: mesmes quand nous ne sommes gueres pressez, cõme dict Iesus Christ du grain semé sur la pierre, qui signifie ceux qui croyent pour vn temps & en la tentation s'en retournent. Qui nous monstre, que la creance & vraye foy n'a prins racines en nostre volõté, & que ce que nous en receuons, ne faict que nous esmouuoir pour vn temps, comme il aduient a plusieurs, qui oyant lire des fables piteuses s'en trouuent si esmeus, qu'ils en pleurent, & partant de la n'en croyent rien. C'est que la ratiocination de l'homme est inclinée d'estre esmuë & incitée par diuerse maniere d'arguments, soit a ire, ou pitié, ou autre passion: sans toutesfois que ceste qualité prene fonds en sa pensée: de tant qu'elle ne croit pas resoluement le contenu des ces arguments, ains ne faict que les comprendre simplement.

Parquoy c'est vne cognoissance, qui ne prend pas a ferme dans la volonté resolue, comme doit estre celle, que Dieu demande au vray chrestien, qui s'en tient si asseuré & resolu, que au temps de la tribulation il y recherche son remede. C'est la vraye espreuue de pieté, & foy resoluë, comme nous trouuons de Dauid, qui se trouuant contre Goliath tout desarmé, luy dict, Tu viens a moy auec l'espée, iaueline & bouclier, & ie viens a toy au nom du seigneur des armées. C'est qu'il exposoit sa vie sur l'asseurance qu'il auoit en Dieu, & la resolution de sa volonté & affection, qu'il y auoit desia establye. Et pareillement quand Dieu luy offrit par le Prophete Gad les trois tribulations a choisir, pour la faute, qu'il auoit faict de nombrer le peuple, il choisist celle qui le mettoit en la main de Dieu, qui estoit la peste, disant: De toute part angoisses me pressent: toutesfois il me vaut mieux tumber dans les mains de Dieu, que es mains des hommes: de tant que ses misericordes sont en grand nombre.

Parquoy nous dirons, que la cognoissance de Dieu luy estoit ferme & stable, puis qu'elle l'esmouuoit a soy retirer a Dieu, non seulement aux premiers & simples arguments de ratiocination, comme les fables & autres histoires: mais de s'y retirer, quand le ieu est serieux, & qu'il est question des tribulations & necessitez: & en ce cas, celuy, qui se retire, comme pour son plus asseuré remede, est celuy, qui peut estre dict auoir bonne cognoissance de Dieu, & en auoir remply sa capacité. A ceste cause Dieu disoit auoir trouué Dauid selon son cœur ou volonté, non que Dauid fut exempt de peché, car le faict d'Vrie & la numeration du peuple tesmoignent, qu'il estoit subiect a tentation: mais Dieu le trouuoit selon sa volonté, de tant que Dauid s'estoit si bien resolu en la foy, amour, & cognoissance de Dieu, qu'il estoit du tout esloigné d'estimer autre Dieu que le souuerain: & si l'auoit tellement assis & rafermi en son cœur, qu'il n'auoit faict autre prouision de secours pour ses dãgers & extremitez, que celuy là, auquel il se fioit sur toutes choses, tant sa cognoissance luy estoit asseurée. Si tu puis donc cognoistre Dieu, & remplir ta capacité de cognoissance des essences diuines, autant que TV COGNOISTRAS de Dieu, autant tu cognoistras de BEAVTE ET BONTE, comme estant mesme chose, que Dieu. A cause de quoy cõme vraye & principale essence diuine, elle est lumiere de Dieu, QVI EST TRESLVISANTE, ET EST ILLVMINEE DE DIEV, lumiere principalle, que nous auons dict au premier chapitre, estre tesmoignée par sainct Iean, que c'estoit vie, & luisoit aux tenebres, illuminant toutes choses : les corporelles selon leur besoin, & les intelligibles selon le leur. C'est la lumiere, qui rend beauté, & bonté, essences diuines illuminées & reluisantes par la vertu & puissance de Dieu.

Ioan. 1. a

Par ceste beauté & bonté, qui n'est que le seul Dieu, Mercure annonce merueilleusemét Iesus Christ, qui est mesme chose auec son pere, comme il l'a dict a sainct Philippe. Et lequel il dict estre tresilluftre, & illustré de Dieu, comme veritablement celuy, qui sur tout autre merite estre illustré, loué, prisé, & aimé de Dieu, c'st l'image visible de Dieu inuisible, beauté aparente de la bonté diuine, comme la verité diuine, n'ayant iamais si dignement aparu aux sens qu'en Iesus Christ vraye beauté. C'este illumination est celle, par laquelle Iesus Christ a esté faict du pere lumiere luisant aux tenebres, & illuminant nō vne partie des hommes, comme aucuns ont tresmal aduisé : mais tous les hommes sans acception de persone, venants en ce monde. C'est celluy, qui a receu du pere la clarté, deuant la constitution du monde, par ce qu'il l'a aimé : & laquelle clarté il a donné a l'homme ioint a luy. C'est celuy, lequel le pere par sa voix enuoyée du ciel, a declaré auoir clarifié, & promet de rechef clarifier. C'est celuy, de par lequel le Prophete annonce a Ierusalem, Leue toy, & sois illuminée Ierusalem : car la gloire du seigneur est venue sur toy. N'est ce pas celuy, qui a son baptesme fust declaré fils de Dieu ? auquel il auoit prins son plaisir. C'est celuy, lequel Dieu le pere commande estre escouté de sa part, a Moïse, Elye, & les trois Apostres, signifiant qu'il le vouloit estre ouy de toutes gens & temps. C'est celuy, qui viendra desiré de toutes gens, pour remplir la maison du Seigneur de gloire ? Nest ce pas celuy, qui est tellement illuminé de Dieu, qui viendra pour illuminer les choses cachées es tenebres, & manifester les pensées des cœurs ? C'est veritablement celuy, que Mercure nous anonce, disant, qu'il est ce beau & bon inseparable de Dieu, & qui ne peuuent estre cognus l'vn sans l'autre : & celuy, qui est tellement illuminé & illustré de Dieu, que toutes parties du monde ne peuuent prendre leur principale lumiere, que de luy : & n'y a autre lumiere digne d'estre clarifiée, glorifiée, prisée, ny honorée du pere, que celle la : par laquelle le salut a esté donné au monde.

Ioan. 14. b

Ioan. 1. a.

Ioan. 17. d

Ioan. 12. d

Esaye. 60. a

Math. 3. d
Ezech 42. a

Math. 17. a

Agge. 2. b

1. Cor. 4. a

C'est la beauté & apparance de bonté, de laquelle parle Mercure. ET CESTE BEAVTE EST INCOMPARABLE a toutes autres estimées beautez, comme aussi ET CE BIEN NE PEVT ESTRE IMITE, ou ressemblé d'aucune autre, que l'on estime bonté. Elle peut bien estre ensuiuie de bien loing, & est possible de s'en aprocher plus ou moings selon l'estude & disposition ou employ des vertus intelligibles, ou spirituelles d'vn chascun, comme dict Iesus Christ, Soyez misericordieux comme vostre pere est misericordieux, c'est a dire, soyez comme luy, & l'ensuiuiez, ou imitez en ce, que vostre capacité le pourra porter. Mais ces vertus sont donc sans comparaison, ny imitation entiere : COMME LE MESME DIEV, qui ne peut estre atteint entierement d'aucune cognoissance, intelligence, ou iugement qui en puisse faire comparaison, ou imitation. Toutes fois sont ces vertus en l'homme interieur deputées pour y estudier, & s'en aprocher le plus, qui leur sera possible. COMME DONC, dict il, TV ENTENDS DIEV, ENTENDS AINSI BEVTE ET BONTE les prenant pour mesme chose, & ne faisant separation entre Dieu & ses essences. Et d'auantage les mesmes moyens que tu employes a la cognoissance de l'vn, employe les a la cognoissance de l'autre. Car tu es prouueu sur toutes creatures de la seule chose digne de cognoistre Dieu & ses essences desquelles principalement sont ceste beauté & bonté. CAR dict Mercure, ELLES NE PEVVENT ESTRE COMMVNIQVEES AVX AVTRES ANIMAVX, PAR CE QV'ELLES SONT INSEPARABLES DE DIEV. Or est il q̃ Dieu ne peut estre cogneu ou entēdu, que par soy mesmes, cōme nous auons souuant dict, qui est par son image & S. Esprit. Lequel n'ayant esté donné ny cōmuniqué aux autres animaux, ains a l'homme seul entre toutes creatures : les autres animaux, ausquels n'a esté cōmuniqué l'image de Dieu, pour leur donner intelligence de ses essences, ne peuuent cognoistre ces Bonté & Beauté, de tant qu'elles sont inseparables de Dieu, ains l'homme seul peut entrer en ceste cognoissance de ses essences inseparables de Dieu, par ce qu'il est composé mesmes d'essences diuines, capables, & disposées a conceuoir & cognoistre Dieu, & non les autres creatures terrestres. A cause dequoy elles ne peuuent entendre ce qui est inseparable de Dieu, ains ont leur conduicte, & instinct de nature a l'vsage de leur vie corporelle : qui est leur principalle essence, sans monter plus haut.

Luc. 6. c

Dieu requiert estre imité en qualitez non en perfectiōs pour ce temps.

Les vertus diuines sont cōmuniquées a l'homme sans estre separées de Dieu.

Sy toy

Si toy donc, a qui Dieu a donné moyen sur toutes autres creatures de le cognoistre, t'enquiers de Dieu, & de sa cognoissance, tu t'enqverras avssi de Beavte. Car estant Dieu & Beauté inseparables, c'est mesme voye, qvi condvict a celvy la, & sa cognoissance celle mesme conduict a la cognoissance de beauté, de tant qu'elle est inseparable de luy. As çavoir, quelle est ceste voye, & dequoy composée?c'est pieté avec cognoissance. Ceste voye est bien briefue par escript: toutesfois elle porte grand suitte en son effect. Pieté premierement suppose en vne personne vne telle droicture de conscience, qu'elle soit du tout resoluë de rendre tout deuoir, & recognoistre toute obligation. Et sur celle la ont esté fondées toutes manieres de religions: a cause du zele que toute religion demande en la personne qui la veut obseruer soit bonne religion, ou mauuaise, de tant que toutes demandent foy, & obeïssance: foy, pour estre creue en ses principes, & maximes: & obeïssance pour estre obseruée en ses commandemens & prescriptions.

La voye de Dieu t'enquiers conscience, & cognoissance.

Voila le general de toutes religions. Et pour les despartir, asçauoir toutes les mauuaises d'vne seule, qui est la bonne, reale, essentiale, & veritable, nous dirons, que toutes fausces religions, c'est a dire, qui sont fondées premierement sur menterie, qui est la premiere dignité de Sathan, sur abus, sur dissimulation, & faintises, & desqueles la fin n'est entendue, que du constituteur d'icelle, qui a faict son dessain d'vser de ceste faulce religion, pour conduire par ceste deception & tromperie les creatures diuines, ayant receu le sainct Esprit a certaine ruyne, que ce constituteur a mis en sa deliberation pour l'inimitié, qu'il a contre Dieu son createur, & maistre. Lequel constituteur, qui est ce serpent ancien ennemy de l'image de Dieu, gaigne par ses subtilitez, seruiteurs, & ministres, qui par leurs moyens luy ayderont a faire courre sa fausce monnoye, pour estre apres payez de leur maistre en mesme estoffe, & ce sur ces personnes, en qui ils trouuent pieté, c'est a dire, ce zele, & droicture de volonté d'ensuiure tout deuoir, & recognoistre toute obligation. Lesqueles sont prouueuës d'ignorance, ou pour le moins non encore instruictes de verité, dans lesquelles ils sement leurs abus auec contenances & gestes serieux, & de verisimilitude, declarant a ces paures poissons qu'ilz enuironnent de leurs retz, que c'est la vraye doctrine a recognoistre leur Dieu, & le vray chemin, qu'il leur faut ensuiure: comme dict Sainct Pol, Ayants espece de pieté, ilz menent captiues les fameletes chargées de pechés, ne cherchant que le gain soubz couuerture de pieté: comme il dict ailleurs, leur faisant a croire le gain estre pieté, combien que non: mais au contraire, pieté soit vn tresgrand gain & acquest.

Toutes religions sont fondées sur pieté.

Pieté sans cognoissance subsiste souuens en abus.
2. Thimot. 3. b

Ces personnes prouueuës de ceste pieté & religion, ou obseruation de deuoir, que nous auons dict: & n'ayant encore qu'vne des partie du chemin, que dict Mercure, il leur est aisé d'estre emportez par ces bateleurs, & enchanteurs: mais si la seconde partie y suruient, qui est cognoissance, par laquelle l'homme aye mis en son entendement auec quelque estude, que toutes choses, qui sont en ce monde voire de hors, si aucune en y a, ne peuuent estre sans vn conducteur: qui par consequent ne peut estre contenu de ce, qui est moindre que luy: ny vaincu de ce, qui est plus foible: ny enseigné de ce, qui est ignorant: ny obligé par ce, qui est yssu de luy: il faut necessairement, que ceste cognoissance & autres, qui l'accompagneront soubz ces principes, conduisent ceste personne prouueuë de pieté & religion a recognoistre celuy qui contient tout, qui est plus puissant, plus cognoissant, & bien faisant sur toutes choses: & a ensuiure les traditions de celuy entre tous les peuples, qui auront receu la nouuelle de ceste incomprehensible beauté, bonté, & puissance. Qui se trouuera auoir esté le peuple Israelite: auquel ce grand Dieu createur, & premiere cause de toutes choses, s'est annoncé: & qui leur a donné le vray moyen d'eternel repos par son Filz Iesus Christ nostre Sauueur. Ceste pieté donc qui ensuit la bonté de Dieu, & ceste cognoissance, qui ensuit son intelligence, par laquelle l'homme possedant Dieu, le recognoist en soy mesmes, & de la entre en plus grande cognoissance, conduiront facilement celuy, qui ne se laissera emporter aux choses exterieures, a la vraye cognoissance de ce parfaict bien, & beauté, obseruant les degrés & moyens, par lesquelz la vraye cognoissance est venue iusques a nous de main en main, passant par noz ancestres. Laquelle considerant nous y voyons aussi les destourbiers, & entreprinses faictes diuerses fois par Sathan, entrepreneur de fausces religiôs, preocupant a son possible

1. Thimot. 6. b
Pieté doibt estre conduicte par cognoissance.

Cognoissance doit venir par tradition de main en main ordinairement.

le lieu par sa fauce doctrine, que doit tenir la vraye cognoissance. Auquel, comme dict sainct Pierre, il faut resister, puissans en foy, & ne se laisser saisir d'vne nouuelle doctrine, qui retire l'homme de la cognoissance obseruée des le commencement & premier anoncement de ce grand, puissant, & parfaict bien, Dieu tout puissant. Laquelle le faux Apostre seme pour acompagner ceste pieté trouuée en la personne, disant, que c'est celle cognoissance, qui doit acompagner pieté vers la voye de ce Dieu createur de toutes choses: & par ce moyen gaigne entre ceux, qu'il a abusé & acquis aucuns, qui luy font tres-grand secours en son entreprinse & ministere d'icelle. Lesquels il faict membres de son Eglise & congregation, tellement que par leur moyen il emporte victoire sur la ruine d'vn grand nombre de personnes, comme vray loup ou lyon rauissant, cherchant a deuorer. A quoy nous ne pouuons mieux resister, que par cognoissance iointe à ceste pieté. Mais il nous faut penser, que ceste cognoissance ne s'acquiert, amusant les vertus intelligibles à l'exterieur & sensible: ains s'acquiert, les appliquants à ce, pourquoy elles sont principalement mises en l'homme : qui est la contemplation & occupation de ces vertus, en la cognoissance des œuures & actions diuines.

DONT LES IGNORANTS, dict Mercure, ET QVI NE CHEMINENT PAR LA VOYE DE PIETE, ce sont ceux, qui ont estat tout opposite à ceux, que nous venons de dire: car l'ignorance leur oste sçauoir ou cognoissance: & le reste leur oste la pieté. Ceux donc, qui n'ont cognoissance ne pieté, il ne leur faut religion aucune, ains pour viure parmy les autres en repos, & iouir de leurs cōcupiscences, ils en dissimulerōt ce qui leur en sera besoin, de tant que pieté & vraye religion estans choses interieurs ne peuuent promptement estre descouuertes par l'exterieur en ceux, qui les ont chassez de soy. Parquoy quant a religion & pieté, ou cognoissance de Dieu, ceux cy se contentent d'en dissimuler ce, qui leur est necessaire a viure, & estre tollerés parmy le commun des gens de bien, incogneuz, ce pendant viuans sans consideration de Dieu, ou d'aucun deuoir. Mais pour venir à la verité de leur intention, ils OSENT BIEN DIRE, dict Mercure, L'HOMME ESTRE BEAV ET BON, QVI SEVLEMENT N'A VEV, EN SONGE, S'IL Y A AVCVN BIEN. Ou qui a si peu pensé toute sa vie au bien, qu'il n'y a seulement pensé en songeant, qui est la maniere d'estude la plus negligente, que l'homme faict, de tant qu'elle ne se faict de sa prouidence, sagesse, ou discretion, mais luy aduient d'ailleurs. En ceste maniere telle personne est bien esloignée de la cognoissance de ce parfaict bien Dieu eternel, qui n'y pense plus en veillant, qu'en dormant, ou en songe.

MAIS ESTANT ce pendant surprins, ou PREVENV DE TOVT MAL, dans lequel il est constitué en ce monde, ou n'habite aucun bien: ET AYANT CREV CE MAL ESTRE BIEN, pour n'auoir voulu cognoistre autre bien, que celuy, qui se presenteroit a luy estant en sa negligence & plaisir des concupiscences, de tant que tout ce monde estant materiel, ne peut presenter que matiere, & par consequent nul bien: à cause qu'il n'en y a en chose materiel. Prenant donc quelque imperfection materiele pour vn bien, IL VSE TEMERAIREMENT ET INSATIABLEMENT DE CELVY LA. C'est, que combien que les choses materieles soient toutes imparfaictes, & par consequent mauuaises, si est-ce, qu'elles nous sont baillées & exposées pour le seruice & vsage de nostre vie corporele.

Or la prudence, qui est contraincte d'vser d'vne imperfection, & chose de soy mauuaise pour entretenir & administrer les necessitez de la vie, imite nature tres-prudente & diuine loy, laquelle en la conduicte des animaux viuants, qui ont esté ordonnés soubs sa charge, estant contraincte de prendre de ces choses imparfaictes & materieles tout vsage & seruice, elle en prend le moins qui luy est possible, & si peu, que l'entretenement de sa charge s'en peut passer, comme nous voyons clairement aux bestes brutes conduictes par nature. Lesquelles ayant prins ce qui leur est necessaire de boire, manger, dormir, loger, s'esbatre, chacun selon sa nature, & loy constituée de Dieu, pourquoy que ce soit, elles n'en prendroyent d'elles mesmes, que leur besoin, comme estimant veritablement le surplus imperfection, de laquelle le sage n'vse, que par necessité sans plus: mais l'homme qui ayant esté créé pour auoir cognoissance du vray & souuerain Bien & non pour estre abusé de prendre mal pour Bien, quand il tumbe par sa negligence & ignorance en c'est abus, il rend a ce mal, qu'il estime, & prend pour Bien, la reuerāce, honneur, deuoir, & affectiō, qu'il feroit

feroit au mesme Bien, qui est s'y employer de tout son cœur, & en vser continuelement, cō-me dict en cest endroit Mercure. qu'il en vse non seulement pour sa necessité, & le moins, qu'il peut, comme la sapience de nature luy enseigne. Mais cuidant estre plus sage, il en vse temerairement, superfluement, iusques a s'en rendre insatiable : tellement que, combien qu'il en aye beaucoup plus, qu'il ne luy en est besoin, toutesfois ne luy suffit. ET CRAINT il si merueilleusement, D'EN ESTRE PRIVE, qu'il faict ses efforts, ET SI COMBAT TOVTES CHOSES, qui luy resistent A CE, QVE NON SEVLEMENT IL L'AYE, & iouysse de ce mal, qui la tant abusé, MAIS aussi QV'IL L'AVGMENTE, suiuant sa concupiscence & insatiabilité. Telles sont, o Æsculape, les bontez et beautez hvmaines : & qui sont communement estimées telles des hommes abusans de la cognoissance, que Dieu leur a donné en ce, qu'ils prenent le mal & imperfection pour ce bien souuerain, essence diuine. *Concupiscence insatiable*

LESQVELLES beautés humaines ou choses imparfaictes, qui nous abusent, NOVS NE POVVONS FVIR NY HAYR, de tant, que la conseruation de nostre vie corporele, gist en celle là. MAIS LE PLVS DVR QVI SOIT EN TOVTES CES CHOSES à l'homme, qui desire suiure la vraye institutiō de son estat, & employer toutes ses vertus & actions, que l'image de Dieu luy fournist, à la cognoissance & recherchemēt de ce souuerain Bien, C'EST QVE NOVS EN AVONS tous tant bons que mauuais, sages & fols religieux & temeraires NECESSITE, & besoin, ET NE POVVONS VIVRE SANS ELLES. *Ce qui plus presse l'homme d'aymer la matiere.*

Voila la description faicte par Mercure des personnes, qui ont prins le chemin contraire à celuy, qu'il a declaré estre la voye, qui meine à la perfection du Bien. C'est pieté auec cognoissance. Ceux donc, qui sont desprouueuz de la vraye pieté, & religion, ou obseruance de vray deuoir, & sont tombez en temerité, & outrecuidance, ou faux cuider : & qui estans desprouueus de cognoissance sont demourez en pure ignorance, nourrice de tous vices, & miseres. Ceux là ont prins le chemin contraire au vray chemin, qui cōduict au bien parfaict. Lesquels s'estans abusez & arrestez aux imperfections de la matiere, se sont figurez beauté estre ce, qu'il plaist à leur trouble iugement, & bonté, ce qui conuient à leurs concupiscences. Dont s'est ensuiui ce, que dict Sainct Iude, Qu'ils blasphement ce, qu'ils ignorent, & se corrompēt en ce, qu'ils cognoissent comme les animaux muets. C'est à dire, qu'ilz ne cognoissent par leur intelligēce, qui est estouppée & offusquée de cōcupiscences. Mais la cognoissance, qu'ils en ont, est par les sens corporels, qui est propre aux animaux brutz. Laquelle proprement se nomme sentiment, & non cognoissance. L'homme donc est bien veritablement hors de son estat & dignité, quand il a tant rabaissé l'hōneur, qu'il a reçeu d'intelligence & autres vertus diuines, qu'il est venu à la cognoissance de la beste : qui est sentiment corporel, & par celuy là, iuge beau l'homme, qui luy sera agreable, & aussi imperfaict à l'aduenture que luy, & estre bon celuy auquel, il trouue quelque proffit corporel & materiel. Comme dict fort proprement le mesme Sainct Iude, Ils cheminent selon leurs desirs, & leur bouche parle superbe, admirants les personnes, à cause du profit ou gain. C'est ce qui les faict louër, d'vne grande bonté, comme la liberalité, vertu necessaire à tout Prince, pour attirer à soy les mauuais, qui sont en plus grand nombre, & ne l'estiment que a cause du gain ou proffit, qu'ilz en retirent, & par ainsi estimant plus la fin, que toute chose, qui sert à ceste fin, ils estiment plus les dons & proffits, que le Prince, qui les leur donne mesmes. ceux la n'estiment pas au Prince l'autre vertu, qui est la veritable & plus excellēte, c'est iustice, qui leur est du tout ennemye, car elle les ruyne & conserue les bons, qui l'estiment, & venerent, & recognoissent, comme vertu diuine, mise en l'homme. Ceux donc, qui iugent l'homme par leurs desirs, & concupiscences, comme a dict Sainct Iude, sont ceux, que Mercure dict, qui ignorants, & ne cheminants en la voye de pieté osent dire l'homme estre beau & bon, qui iamais n'aura seulement songé, s'il y a aucun bien : mais le iugent bon, estās corrompus en ce, qu'ils ignorent, ou bien que ignorance leur a corrompu leur iugement : dont sort ceste blaspheme, d'attribuer bonté appartenante au seul Dieu, à la creature tant plus elle est mauuaise, estant preuenuz de tout mal, comme dict Mercure, dont sort cest inique iugement, par lequel l'homme a creu le mal estre bien, & en a vsé temerairement, & insatiablement, pour venir à ses fins. *Iud. 6* *L'hōme laisse intelligence, pour demenrer au sentimens comme le brut.* *Iud:t.* *Liberalité est estimée pour le profit.* *2. Petr. 2.b*

Qui penserons-nous auoir inuenté l'art oratoire, que ceste malice & temerité de iuge- *Inuention de l'art oratoire.*

ments peruertis? Car le subiect de ceste science tant venerée, & qui faict tant de gain parmy les hommes, est nommé de Plato flaterie: qui est vraye espece de trahison, detant qu'il faut, que l'exorde ou entrée de l'orateur flate par louanges & menteries, tellement son auditeur, qu'il en retire en recompance de ceste belle monnoye, ce qu'il en demande: & puis il sera le premier, qui se mocquera de celuy, qu'il aura ainsi trompé. Dont penserons nous estre venue l'obseruation & coustume si soigneusement, temerairement, & insatiablement obseruée, comme dict Mercure, parmy les hommes? Par laquelle d'autant que Dieu par sa vraye bonté, recommande la patience, & blasme la vengence, ils au contraire, recommandent la vengance, & deshonnorent le patient. Ce iugemēt peruerty est entre les plus grãds,

Abus de la noblesse.
& qui s'estiment mieux aprins & nourriz, ayant tant veneré le monde materiel, qu'ils ont creu le mal, & imperfection, qu'ils y ont santy, ayant abandōné vray vsage de cognoissance, estre Bien, & obserué, ou vsé de celuy la, d'vne affection insatiable, qui est vraye temerité: & combatu toutes choses qui les en ont voulu destourner, non seulemant pour conseruer ceste folye, mais pour l'augmenter, & enraciner encore plus en leurs opinions. N'est ce pas ceste ignorance & faute de pieté, qui faict tellement abuser toutes personnes de ce monde en leurs estatz, soubs pretexte qu'ils nous sont necessaires prins en leur debuoir. Du-

Abus des Princes.
quel abusant ils nous sont autant nuisans, comme les princes estants tres necessaires en la conduicte du peuple, soubs pretexte de ceste necessité, que nous en auons eu, & aurons cy apres, ilz ont des le commancemant conuerty leur charitable administration, & commandemant, en ambitieuse tirannye.

Autant dirons des pasteurs de l'Eglise de ce temps: qui ont conuerty le soing de paistre leurs brebis, en auarice de les tondre. Qui est vraye idolatrie, aussi sont ils deuenus, comme

Abus des chefs d'Eglise.
dict sainct Pol, en la main de l'exterminateur de leurs occasions. Mesmes exemples nous sont familiers des magistrats de la iustice, qui conuertissent la tutelle & conseruation des

1. Cor. 10. c
Iudic. 8. c
droicts d'vn chascun, commise a leur iugement, en ruine & destruction, voire de celuy qui plus y gaigne pour leur profit. Et les forces du prince qu'on nomme gens de guerre, le plus souuēt conuertissent les armes, qui leurs sont mises en main pour seruir leur prince, en la def-

Abus des gēs de iustice.
fence de ses subiects, a les forcer, meurtrir, & violer, piller & destruire, & infinis autres exemples, que l'on pourroit donner de tous estats. Lesquels estats maniez & conduits par l'homme, qui ayant employé les vertus intelligibles, qui luy sont données, pour recognoistre & contempler Dieu a la veneration de la matiere, ses concupiscences & abus ne faudront iamais d'estre tellement peruertis, qui soubs pretexte de l'vsage necessaire ny suruienne l'abus

Abus des gēs de guerre.
du superflu, qui se trouue totalement contraire au vray vsage, & seruice necessaire. Parquoy au lieu de le conseruer, il le ruine, & destruit. C'est la nature du mal totalement contraire au bien. Car de tãt, que le biē de sa nature cōserue, & augmente l'estat du subiect, ou il est aproprié, de mesme le mal de sa nature, ruyne, & destruict le subiect, qui le reçoit & entretiēt.

Antithese du bien an mal.
Et de celuy la viennent tous les abus, qui sont irrefragablemēt obseruez en touts estats de ce monde, tellement que celuy qui estant inspiré de quelque rayon de verité leur blasme & condampne ces abus, sera deietcé & repoussé de leur compaignié, comme de vray indignez de l'y recepuoir, plus que luy indigne d'y estre receu.

Source de tous ces abus.
Tous lesquels abus, superbes, & temeritez sourdent de negligēce, qui ayant chassé pieté & cognoissance, des cœurs humains, les a prouueus d'ignorance & temerité: par lesquelles ils ont facilemēt iugé & creu estre biē ce, qui est mal tres intolerable: & de la l'hōme s'est

Rom. 6. c
2. Petr. 2. d
trouué serf a celuy, a qui il donne son obeissance, comme dict sainct Pol: ou bien a celuy, de qui il a esté surmonté, comme dict sainct Pierre: & tellement consummé a la veneration de la matiere prenant le mal pour bien, qui combat toutes choses, & faict touts efforts non seulement pour acquerir ces maux & abus, mais pour les augmenter, qui est sa vraye ruyne & destruction. Dont s'ensuit ce, que dict Mercure a Æsculape. Telles sont les bontez & beautez, iugées par les hommes peruertis de iugements, pour auoir trop veneré la matiere. Lesquels maux nous ne pouuons hayr, ny fuir, detant (& qui est plus rude) que nous

Necessité gar de de hayr les choses corporelle.
en auons necessité, comme ayant corps materiel destiné a estre nourry & sa vie entretenue par vsage de matiere. Et ne pouuons viure sans ces vsages, soit pour la vie, pour la cōduicte, police, entretenement de paix, & repos, & autres diuerses choses necessaires a l'homme, a cause de son corps & matiere.

Et

Et combien, que nous soyons constituez en telle necessité de ceste matiere generatiue de tout mal, que nous ne nous en puissions passer & abstenir: ce neantmoints l'homme, qui par bonne volonté demandera secours au Sainct Esprit, & image de Dieu, habitant en soy, pour auec diligence & affection chasser ceste ignorance, & temerité: il n'est aucun doubte, que ce bon Seigneur, qui est tousiours à sa porte, & hurte, ne le secoure de sorte, que facilement il recouurera le vray chemin de ce parfaict Bien: qui est pieté joincte auec cognoissance telle, qu'il sçaura suffisamment separer l'vsage de la matiere, qui doibt necessairement seruir à l'homme (sans aucun empeschement de vacquer à son deuoir) de l'abus qui l'en distrait & destourne, & l'employe à contraires effects ordinairement.

Apoc. 3. d

Ceste façon est tesmoignée de sainct Pol, parlant de l'affection, que l'homme doibt auoir à sa femme en ce monde, qui est des plus principales, qu'il doiue auoir a chose materiele, apres auoir predict le tourment de la chair & matiere, lequel il supporte, comme ne pouuant estre autrement. Mais, dict il, pour ce temps, qui est si brief, ie vous dy, que ceux qui ont femmes, soient comme n'en ayants; c'est à dire, n'y mettans plus d'opinion, qu'il est necessaire à ce, que doibt seruir la femme employant tousiours le temps au plus necessaire. Et ceux, qui pleurent, ou qui ont desplaisirs ou tristesses, n'y doiuent arrester, non plus que ceux, qui ont occasion de ioye, ne s'y doiuent amuser: ains rompre ces detentions & liens, qui empeschent la pensée & intelligence a vacquer à son deuoir: & ceux qui achetent, comme s'ils ne possedoient, & qui en vsent comme s'ilz n'en vsoient. C'est à dire qu'il faut auoir la discretion de prendre de chasque chose materiele depputée & destinée au seruice de l'homme le seul seruice necessaire, & se donner bien garde de passer outre le necessaire, pour venir au plaisant & agreable. Car c'est celuy-là, qui engendre incontinent l'abus, dont vient la ruine de l'homme. Mais l'obseruation du necessaire tant s'en faut, qu'il soit condamné, ou blasmé de Dieu, qu'il en est plus-tost ordonné & institué par le cours & institution de nature ordonnée par sa diuine bonté, sur toutes creatures, lesquelles estant materieles il a voulu qu'elles fussent seruies & entretenues par la matiere.

Vray vsage des choses materieles.

1. Cor. 7. d

Comme l'exces de la matiere est deffendu, ainsi l'vsage est commandé.

Dequoy nous voyons tous les iours exemples familiers de la conduicte, que faict nature aux bestes brutes, qui ne resistent aucunement à sa prudence. Car la beste ne beura que sa soif, sans plus: l'homme non contant prouoque par les inuentions, qu'il deuroit appliquer à son vray estat intelligible, appliquées sur la matiere, a se faire produire nouuelle soif: non pour vser du necessaire de la matiere, mais pour abuser du superflu. Autant du manger: la beste ne mange qu'à sa faim, l'homme en abuse, comme à la soif. La beste ne dort qu'à son besoin: l'homme dict qu'il ne se soucie du bruict, quand il dort pour son besoing, qui est le premier sommeil: mais le matin, qui est le dormir plaisant, non necessaire & superflu, il le recommande de plus ardant soing, que le necessaire. La beste se contente de sa couuerture: l'homme ne s'en contente pas quelquefois de dix; combien que sa necessité aye suffisance de moins, mais il en veut de gris, iaune, verd, & autres bigarreures, ayant plus d'esgard au plaisant, que au necessaire, & a contenter la veuë des mal aduisez, que couurir ses necessitez & personne.

Difference de la prudence de nature, à l'im prudence de l'homme.

Iesus Christ nous a manifesté sur ce propos sa volonté, & comment nous deuons auoir en nostre opinion les choses materieles, & necessitez du corps, en la parabole, qu'il proposa de l'homme, qui faisoit abbatre ses greniers, pour en bastir de plus grands, & faire prouisions de fruicts en toute superfluité, ne preuoyant que à sa vie corporele seulement, & ne faisant aucune mention de la spirituele & intelligible. Il disoit à ses disciples, Vous n'auez a estre soigneux pour vostre vie, que vous mangerez, ny pour vostre corps, dequoy serez vestus: car vostre vie est plus deuant Dieu, que la viande, & vostre corps, que l'habillement. Et qu'il soit vray, Considerez les corbeaux, qui ne sement, ny moissonnent, & n'ont grenier, ny cellier, & Dieu les repaist de ce, qui leur est necessaire: attandu qu'ilz ne demandent rien du superflu: combien plus vous donnera il vos necessitez corporeles, qui luy estes plus que les corbeaux, & autres animaux?

Luc. 12. 6

Leçon de Iesu Christ, sur l'vsage des choses materieles.

Car a bien considerer, ce qui faict, que tous animaux trouuent a suffisance de matieres pour leur vie, c'est qu'ilz n'en prenent que leur besoin: tout ainsi si l'homme auoit cesto discretion de trauailler, pour ne viure en oisiueté & ne faire estat de toutes prouisions, que de celles qui luy sont necessaires, & ce pendant faire, ce que dict Iesus Christ, s'enquerir principalemēt du royaume de Dieu : les superfluitez qui se trouueroient gastées ou ruynées des excessifs, satisferoient aisement a la necessité des souffreteux par ceste prouidence diuine, par laquelle il a donné a toutes ses creatures suffisance de nourriture, & prou d'entendement pour les despartir: mais que l'homme, qui en est chef, en voulust prendre le soin. De tant que cest celuy, qui ayant plus d'entendemēt se trouue plus aux extremitez, & hors de la mediocrité de vertu de temperance, que son entendement luy deuroit entretenir: attendu que presque tous hommes en ont trop, ou peu. A cause qu'il s'en trouue fort peu qui se contētent de suffisance: lesquelz non seulemēt tiennent les autres en necessité, mais bien souuent s'y mettent eux mesmes. A ceste cause pour vser de l'intelligence & autres vertus diuines, que Dieu a mis en l'homme, Iesus Christ luy dict, Qui d'entre vous peut auec tout son soin des choses corporeles adiouster a sa hauteur vne coudée, voire & mangissies vous autant, que quatre? Si donc par tous vos soins & desirs ou cōcupiscences, vous ne pouuez ce, qui est tres peu: pourquoy prenez vous soin, & vous amusez a ces autres superfluitez? Le pere sçait bien que vous auez besoin des choses materieles, a cause dequoy il vous en a baillé sufisance. Cherchez dōc principalement le royaume de Dieu, lequel ne vient sans le chercher, il vous en faut estre soigneux. Et combien qu'il ne vienne sans estre recherché: si est ce qu'il est bien facil a trouuer a celuy qui le desirera. Car il est escript, Mon ioug est doux & ma charge legere: mais c'est pour ceux, qui se sentent chargez viennent a Iesus Christ, & non pour ceux, qui ne se sentent chargez, & qui s'amusent a se prouuoir de matiere, sans penser & rechercher ce qui est principal: c'est la vie intelligible & spirituele. Et ne mettés vostre soin principal en choses materieles, comme aux thesors a plus de biens, qu'il ne vous en faut: ou a l'ambition & concupiscence de gloire, ou honneur exterieur: a reuenche des desplaisirs & toutes autres superfluitez prouenans de la veneration de matiere, qui sont veritablement celles, que Mercure dict estre estimées le bien, duquel l'homme vse temerairemēt, comme pour son plus grād heur & felicité, & si insatiablement, que craignant d'en estre priué il combat toutes choses, non seulement pour l'auoir, mais pour l'augmenter: & ne considere pas, que c'est son entiere ruyne. De tant qu'il est impossible d'entendre aux deux, comme nous auons cy deuant dict, aux choses mortelles & immorteles. Car si le soin de l'vn s'augmente, l'action de l'autre s'afoiblist. Iesus Christ aussi l'a dit, qu'on ne peut seruir a Dieu, & a Satan. Et ailleurs: Qui meine la charrue & regarde derriere n'est digne du royaume de Dieu: de tant qu'il est force, q ce qui est principal en l'esprit de l'hōme, en iette ce qui y est moins recōmandé. Le pis que ie y voy, dict Mercure, c'est que nous ne nous pouuons passer de ce secours de matiere, & soubz pretexte d'en auoir besoin d'vne partie bien petite, nous en venons en extreme desir & insatiable, contre l'aduertissement que Iesus Christ nous donne de considerer les animaux, qui sans ce soin, n'ont aucune souffreté, & plusieurs autres enseignementz de nature, ausquelz l'homme resiste, & lesquels il refuse: a cause qu'il ne passent plus auāt, que l'vsage necessaire, & n'étrent aucunemēt en l'abus, que l'homme desire sur toutes choses, & trouue plaisant, comme estant poussé par la malice de la matiere, qui continuellement par le moyen de ses concupiscences tache & s'efforce a luy insinuer le plaisir de l'abus, & par consequant & ce moyen l'attirer en ruyne, qui est la vraye nature du mal, de destruyre & ruyner son subiect, & qui le possede.

Et de la vient l'entiere ruyne de l'homme: c'est d'auoir employé les vertus diuines, qui luy sont commises pour acquerir en son ame cognoissance de Dieu a donner a sa mesme ame plaisir & cognoissance des superfluitez de la matiere, desquelles vient tout mal. Et dirōs, que la veneration de la matiere ne porte encore a l'homme tant de mal par les peines, vices & miseres, qu'il reçoit, si estant du tout adonné, comme elle luy en porte pour l'esloignement, qu'elle luy engendre de Dieu. Auquel seul estant tout bien il s'en trouue priué: de tant qu'il est impossible de manier les deux ensemble, ou de seruir aux deux, comme le bon Seigneur le nous a declaré ou bien d'y entendre, comme dict Mercure.

Ne pou-

Prouidēce de Dieu a toutes choses.

Matth. 11. d L'homme saisi de concupiscences ne sent sa charge.

Matth. 6. c Luc. 9. g

La matiere ne porte tant de mal qu'elle oste de bien.

Ne pouuant donc entendre aux deux, il nous reste clair, que l'abus de la matiere nous empeschant ce parfaict bien, nous nuict plus, quand il nous priue de Dieu, que quand il nous ameine les deffauts corporels, que nous receuons de ses imperfections. Car le mal du corps n'est a beaucoup pres si grand, que le mal de l'ame auec son corps mesme, qui aduiét en fin à l'homme priué de Dieu. Parquoy en telles choses, l'homme doit employer sa prudence a vser de la matiere pour sa suffisance, qui est bien agreable & compatible auec Dieu. Et au contraire soy garder de passer outre vers le superflu, duquel vient non seulement le mal, qu'elle ameine: mais qui pis est, la perte du bien, qu'elle nous produict. A ceste cause, pour entretenir l'homme auec Dieu, il peut vser de la matiere, sans laquelle il ne peut viure, pourueu qu'il ne passe outre vers celle, sans laquelle il le peut.

R 5

COMMENTAIRES SVR
le Pimandre de Mercure Trismegiste,

QVE ENTRE LES HOMMES, LE TRES-grand mal est l'ignorance de Dieu.

CHAPITRE SEPTIESME.

SECTION 1.

OV estes vous emportés, ô hommes enyurés, qui aués beu le pur propos d'ignorance, lequel vous ne pouués porter? V omissez-le des maintenant: soyés sobres, regardants des yeux de voz cœurs. Et si bien tous ne pouués, à tout le moins vous, qui le pouués. Car la malice d'ignorance a noyé toute la terre, & corrompu l'ame enclose dans le corps, ne permettant qu'elle ariue aux portz de sauueté. Ne vous laissez donc aler en bas auec ce grand flux.

COMMENTAIRE.

Increpation à ceux, qui se precipitent en ignorance.

MERCVRE regretant grandement, que les hommes n'ont bien noté, combien de mal & empeschement porte ignorance côtre le repos & felicité de l'ame raisonnable, il deplore par grande compassion & emotion de cœur & bon amour à son prochain, le peril & danger, qu'il voit clairement (ayant banny de soy bonne partie d'ignoräce) tomber sur ses prochains, à faute de la chasser. Et les exhorte en ceste maniere, OV ESTES VOVS EMPORTEZ? ou vous precipitez vous? Ou tombez vous? O HOMMES ENYVREZ, & desprouueuz de ce diuin entendement, que la saincte image de Dieu vous a conferé, & communiqué? Ne cognoissez-vous pas que ayät esloigné ceste principale partie de vostre composition, il ne demeure plus en vous, que ce, qui est au brut, & en l'yurongne? Il vous seroit meilleur, que Dieu vous eust du commencement faictz cheuaux, ou autres bestes, si cas est, que vous delibereriez ainsi quitter ce precieux thesor, commis & bien hazardé dans voz vaisseaux de terre, pour ensuiure le chemin de la beste aux plaisirs, & concupiscences de la matiere. QVI AVEZ BEV LE PVR PROPOS D'IGNORANCE, comme le vin & tous ces propos, qui ne sont, que iniquitez, comme dict Iob, Combien plus s'est faict abominable, & inutile l'homme, qui a beu l'iniquité, comme l'eau. Et ailleurs, Qui a beu le mespris, comme eau. Et Salomon, qui dict, Qu'ils mangent le pain d'impieté, & boiuent le vin d'iniquité.

Ce sont ceux, desquels Mercure parle au sixiesme chapitre, Qui mangent le pain d'impieté, laissans cognoissance & pieté, qui est la voye, qu'il leur presente, pour aler au parfaict Bien & Beauté. Vous auez donc reietté ce vray chemin des perfections de Beauté & Bonté qui

Iob. 15. b
Iob. 34. a
Prouerb. 4. c

té,qui est Dieu,Pere de toutes choses,quand vous auez beu ce vin d'ignorance,& auez mā-
gé le pain d'impieté,ou iniquité. LEQVEL ie voy,dict Mercure, que VOVS NE POVVEZ
PORTER.Il passe de tāt vos forces,qu'il vous assommera,& vous ruynera. VOMISSES LE   *Eccles.5.b*
promptement, & DESMAINTENANT recourēz a la source de vie. Car il est propice &
misericordieux,& maintenāt sans differer de iour a autre, SOYES SOBRES, REGARDANS
DES YEVX DE VOS COEVRS. Retirez vous de ceste offuscation,par laquelle vous estes
en-yurez d'ignorance,& en auez perdu le iugemēt,& ceste cognoissance,qui vous debuoit
seruir auec pyeté de vray chemin. Retirez vous en tous, ET SI BIEN TOVS NE POV-
VEZ,ou il n'est en vos puissances de vous en retirer tous, A TOVT LE MOINS VOVS QVI
LE POVVEZ, n'y vsez d'aucune negligence. Nous venons icy au propos de la puissance de   *Difference*
l'homme, en ce que Mercure faict difference entre ceux qui peuuent, & ceux qui ne peuuēt.   *des puissances*
Laquelle difference a esté obseruée en toute l'ancienne escripture saincte:par laquelle il se   *de l'homme.*
trouue quelque puissance en l'homme,& quelquefois grāde,& quelquefois petite,& quelquefois point,ou nulle.

 Ce propos depend de l'arbitre donné a l'homme, pour l'employ de ses actions & puissances,duquel nous auons cy deuant parlé,selon les ocasions des propos en passant,comme
n'estant nostre principal affaire : aussi de mesme maniere nous en dirons icy a ce propos,ce
qui nous debura seruir pour l'exposition de ce passage.Il nous faut tousiours supposer, que
nous parlants de l'homme, entendons par sa diffinition l'animal cōposé de l'Esprit, ou image de Dieu,chair materielle, & vne ame. A laquelle par l'arbitre est donnée disposition libre d'employer les actions,qui sont en ceste composition d'animal, a la part du sainct Esprit,
ou bien de la matiere. C'este ame ne peut faire aucun bien,que celuy, qu'elle faict, quand   *Quel biē fait*
elle employe son arbitre,election,ou volonté deuers le sainct Esprit.Ce bien n'est pas bien   *l'ame.*
en perfection : car il ne s'en peut trouuer en ce monde,comme nous auons dict au sixiesme
chapitre. Mais c'est la trespetite portion,ou partie de mal, que nous auons dict là mesme,
laquelle est nommée Bien parmy les hommes, en leur visage & langue. A ceste cause   *Rom.7.d*
sainct Pol appelle ce Bien le vouloir,qui gist en luy : mais non la perfection du Bien. Et en
cest endroit disant luy,il entend son ame : car quand il veut parler du sainct Esprit ou de sa   *Eph.3.c*
matiere,il les nomme tres bien l'homme interieur, & la chair ou homme exterieur. C'est
homme donc, auquel apartient, & gist la puissance du vouloir,que dict sainct Pol,c'est l'ame   *2.Cor.3.b*
en laquelle est assise la volonté de l'homme, laquelle volonté ne peut venir en perfectiō, ou
bien a suffisance venant de ceste mesme ame,comme il est escript ailleurs. Parquoy voyāt,
que toute suffisance est de Dieu,& que Iesus Christ dict,Sans moy vous ne pouuez riē faire: *Ioan.15.d*
& pareillement ailleurs,Aucun ne peut venir a moy, si mon pere ne l'atire:il faut entendre,   *Ioan.6.g*
que tous ces propos & semblables s'adressent a l'ame prouëue de vie & volonté arbitraire, laquelle elle ne peut mettre en la perfection de son effect & suffisance,sans Iesus Christ, *Philip.2.b*
qu'est le seul salut,& si ne le peut pareillement faire, si le pere ne l'atire par ce mesmes Iesus
Christ.

 A ceste cause Dieu voyant l'imperfection,qu'a vne ame enclose en vng corps materiel,
& vitieux,combien qu'il soit mis en la composition de son homme auec infinies vertus,vo-
yant ceste ame non seulement demourer en balance, sans decliner sa volonté vers les cōcu- *Apoc.3.d*
piscences de la matiere,ny vers le sainct Esprit : mais, qui est le pis, la voyant le plus souuent
pendre & incliner vers les concupiscences,il luy a faict ceste misericorde & bonté d'esmouuoir son sainct Esprit a prier pour son homme,& estre continuellement a sa porte hurtant,   *Ephes.1.c*
a ce, que ceste ame, en qui gist la libre volonté impuissante de perfection luy ouure librement, & non par aucune contraincte, ains de franc vouloir non contraint, mais seule-   *1.Ioan.4.d*
ment conuié par le benoist sainct Esprit, que Dieu luy a commis, comme vray gage de
l'heritage,que nous attendons. Et ceste ame escoutant & de libre volonté consentant a
cest Esprit, & luy ouurant la porte, soy ietant entre ses mains, ceste bonté indicible la reçoit auec sa charité diuine, par laquelle il l'a premierement aimée, qu'elle luy : & soupe
auec luy : c'est a dire se rend si familier & domestique auec ceste ame (qui desia par ce tres-
petit seul acte, d'auoir donné sa volonté est dicte bōne & iuste)que toutes œuures,que c'est
ame ainsi disposée entreprend pour le seruice de Dieu, n'ayāt en cest estat autre chose en sa
pensée, sont cōductes en perfectiō par ce benoist S.Esprit,Dieu tout puissant, qui est en cest
homme

homme mesmes, comme dict sainct Pol, qui nous est donné, que l'homme n'a affaire d'aller querir aucune chose pour son salut, hors de soy, comme de vray ayant en sa composition toutes choses requise tant pour sa perfectiō auenir, que pour son imperfection, ne tenant qu'a les employer.

Qui est cause que ce mesme bien, que faict l'homme dōnant son consentemēt & libre volonté au sainct Esprit est dict ne venir en pure source de cest'ame, qui en a esté conuiée par le sainct Esprit, qui premier l'a aymée. Mais en effect ceste bonne volonté & consentement est en l'ame & executé par l'ame, sans qu'elle aye eu aucune contrainte, qui l'y ait forcée. Car le gré ne luy en seroit nom plus atribué, que seroit la coulpe, si les concupiscences auoient sur elle puissance necessaire de la contraindre: de tāt que, ou il y a contrainte, n'y eschoit gré, ou punitiō: ains seulement la ou l'effect sort du franc vouloir du subiect mesme, qui a peu vaincre & l'a faict, ou ne l'a faict. Mais n'y ayant aucune cōtraincte, ains l'ame estāt en sa liberté, & balance d'incliner la part, qu'elle voudra pour cōmencer, obeissant au sainct Esprit, la voye de son salut, ou obeissant aux cōcupiscences, ou bien ressusant le sainct Esprit, la voye de sa ruine, Iesus Christ nous a declaré en plusieurs endroicts, qu'elle a prou puissances: mesmes quand il dict vous aurez des pauures auec vos, & leur pourrez bien fare, quād vous voudrez.

Voila comment ce, qui est nommé Bien-faire des hommes, est soubz-mis a la puissance & volonté de l'homme, en ce, que Iesus Christ leur dict, Vous leur pourrez bien faire quād vous voudrez. Ce n'est pas, quand vous y serez contraints: & par la il leur continue la liberté, qu'il a donné a l'homme. Et ailleurs quand il demande aux enfants de Zebedée, Pouuez vous boire mon calice: nous le pouuons, dirent ils. Par la responce qu'il leur faict ensuiuant qu'ils le buront, comme il fust vray, nous voyons, qu'il leur accorde leur election & puissance de consentir au martyre, & auec le secours de leur homme interieur l'endurer vigoureusement, comme ils firent. Parquoy le sage dict: N'empeschez de bien faire celuy, qui peut, mais si tu puis, faicts bien: & ailleurs, Celluy qui a peu transgresser, & ne l'a faict: faire mal, & ne l'a faict. A ceste cause ces biens ont esté establis au Seigneur remettant ce pouuoir a la volonté. Et ailleurs sainct Pol dict, Vous pouuez tous prophetiser, pour donner edificatiō: Et sainct Iean, Il a donné a ceux, qui l'ōt receu pouuoir d'estre faicts fils de Dieu. Toutes ces puissances données ainsi au vouloir de l'homme n'entendent, que la perfection du fruict vienne de la liberté & puissance donnée a l'ame, qui n'a que la volonté, qui commande sur ses actiōs, ny, qui plus est, bien souuent les executions qui sont soubs la volonté conduisant les actes exterieures.

Lesquelles executions sont souuent poussées par le sainct Esprit voyāt encore ceste pauure ame foible en son nouueau mesnage, iusques a ne pouuoir executer & conduire ses mesmes actions subiectes a la disposition de sa volonté. Et c'est quand elle a prins cy deuant vne longue coustume: de l'autre part, qu'il luy faut plus grand secours, que quand elle aura cōtinué quelque temps l'escolle de son sainct Esprit. Et lors elle pourra de ses propres puissances faire œuures exterieures conduictes par sa volonté: non toutes fois en perfection par ce, que perfectiō n'habite en la creature materielle: Mais il luy est donné pouuoir d'entrer en la lisse, qui cōduict necessairemēt a perfectiō. L'ame donc estant en la balāce d'incliner ou il luy plaira, Iesus Christ luy dit, Si tu puis croire, toutes choses sōt possibles a celuy, qui croit. C'est, si tu puis entrer par ta libre volonté en l'exercice de l'obeissance de ce sainct Esprit, qui tant t'apelle & conuie, c'est a toy purement de donner le consentement, qui est cause, que ie te le dy: de tant que c'est toy, qui dois cōmēcer l'effect de ce, qui te sera compté apres y auoir esté conuié, rien ne se fera plus, qui te vienne en compte, que tu n'y mettes la main.

Si tu te peux donc vaincre toy mesmes, de maniere que ton consentement soit ioinct & vny a celuy de mon sainct Esprit: tu ne pourras seulement tes petites actions, ains par la foy que tu auras recouuré viue & charitable, toutes choses te seront possibles: cōme dict sainct Pol, Ie puis toutes choses en celuy, qui me fortifie. Quelque fois aussi Dieu les admoneste par negatiue, pour les ramener, comme aux Apostres, Vous n'auez peu veiller vne heure auec moy: combien qu'il fust en leur puissance, s'ils y eussent voulu faire effort: mais ignorance les gardoit d'employer l'effort a ce qu'ils n'entendoient. Et ailleurs il est dict aux enfans d'Israël, Vous ne pourrez demeurer deuant vos ennemis: ie ne seray plus auec vous,

iusques

iusques a ce, que vous ayez brisé l'aucteur de ceste faute. C'est a dire qu'il remettoit en leur discretion de briser Acham, qui auoit faict le larcin pour acquerir sa grace, ou ne le faire point, pour demeurer en ruyne, declarant par tous ces exemples, que combien que le sainct Esprit, qui premier a aymé l'homme, le solicite de vouloir son salut, & quand bien l'homme le refuse, il ne laisse pourtant de le luy ramenteuoir: si est ce, que toute ceste solicitation & frequente rememoration, que faict le sainct Esprit a l'homme de son salut, bien qu'elle luy porte grand secours, n'est mise a l'homme en compte de son salut. De tant que s'il n'y a que cela, l'homme ne sera iamais sauué: ains c'est ce, que l'ame y met du sien, qui est la seule volonté, executée par les puissances de l'homme. C'est celle là qui veritablement reçoit la recompence, & faict la premiere œuure, non la premiere, qui ayde, serue ou secoure au salut, qui est ceste solicitation, mais qui luy est comptée en salut. Dont nous pouuons dire, q̃ quand Dieu comptera auec le pecheur pour le iuger par ses œuures, il ne dira pas à celuy, qui l'aura totalement refusé, ie te sauueray, par ce, que mon S. Esprit t'a souuent solicité: mais au contraire tu t'es perdu, parce que tu n'y as voulu entendre. C'est cõme vn subiect, qui doit quelque deuoir a son seigneur: ce subiect n'est iamais estimé auoir payé, quoy que les prescheurs & soliciteurs de son deuoir luy ayent sceu dire, qu'il rende ses deuoirs, & quoy que Iesus Christ luy en aye commandé: mais quand ce subiect ne pouuant payer se humilie & porte ce, qu'il peut a son seigneur, tant soit petite la partie de sa debte, & que son seigneur esmeu de pitié luy donne le reste, il est dict lors auoir entierement payé: combien qu'il ne fust en luy de le pouuoir entierement faire: toutesfois par la grace du bon seigneur, il en rapporte son acquit. C'est mesme maniere de l'homme enuers Dieu, auquel tous conseils, solicitations, ou frequentes admonitions d'entendre à son salut, que luy faict le sainct Esprit, ne luy sont comptées, de tant qu'elles ne viennent de luy, & que ce ne sont pas celles là, qui sont l'œuure de perfection: ains celles, qui vienent de Dieu apres l'eslection, & volonté de l'homme, qui paracheuent ce, que la volonté n'a peu paracheuer. Mais la premiere chose, qui luy est comptée en retribution, est ceste volonté & election de son arbitre à suiure le bien, & fuir le mal, & consequemment ce, qui luy est donné de Dieu pour la perfection. Comme nous voyons, que Iesus Christ le declare aux bien-heureux, lesquels il estime tels, non pource qu'il les a solicitez, mais par ce qu'ils luy ont donné leur volonté, disant, I'ay eu faim, & vous m'auez repeu, I'ay eu soif, & vous m'auez donné à boire, &c. Et au contraire, I'ay eu deffaut de ce, qui est en voz puissances, & ne m'auez secouru, declarant par tous ces actes, qui ne sont en l'homme, que purs effects executans sa volonté, les vns sauuez, les autres damnez. Il ne dict pas, Ie vous ay solicitez, à ceste cause venez reçeuoir le royaume de mon pere: mais plus-tost le cõtraire, s'ils ne l'ont creu: mais seulement tesmoigne aux deux parties des bons & des mauuais son iugement ne despendre, que de la volonté de l'homme, de laquelle il leur loue ou reproche les effects. Aussi il ne reproche pas aux damnez de n'auoir faict œuure de perfection, sçachant bien, qu'elle passe leurs forces, & que ce point appartient à sa seule misericorde, pour rendre l'œuure meritoire: mais leur reproche seulement ce, qu'ils peuuent faire, & qui gist en leur disposition, pour nous monstrer, qu'il nous donne salut sans auoir fourny tout ce, qu'y faict besoin, & ne le nous desnie, a faute de n'auoir tout faict, ains seulement a faute d'auoir fait ce qui est en nous, & dependant de nostre volonté. Car Dieu ne punist l'homme que pour n'auoir voulu ce, qu'il a peu vaincre, comme dict sainct Clement. Et sainct Iaques dict, Soyez subiects à Dieu, & resistez au Diable. Et sainct Pierre dict, Resistez luy puissans en foy.

Puis donc qu'il est en nous de resister, nostre punition & reproche depẽd de ce, que nous ne l'auons faict ou imploré le secours, qui nous y veut ayder. Mercure donc parlant à ceux, qui peuuent consentir au bien, & resister au mal, leur dict, Soyez donc sobres regardants des yeux de voz cœurs, de tant que la veuë & regard, qui chasse la superfluité, & amene la sobrieté, c'est la veuë ou regard de la pensée, qui est diuine, & non celle des yeux, qui est corporele & materiele. & si bien tous ne le pouuez, faictes le pour le moins ceux, qui faire le pouués. Ayant parlé de ceux, qui peuuent, & de ce qu'ils peuuent, nous dirons de ceux, qui ne peuuent: lesquels nous prendrons pour ceux, que Mercure a dict en ce precedent chapitre, qui ont prins la voye d'impieté & ignorance, par laquelle ils ont estimé beauté & bonté estre en l'homme, qui iamais n'a veu, non seulement par songe, vn seul bien: & supposent tel bien, que celuy là estre parfaict, qui est mal inestimable, & en vse temerairement & insatiablement

blement craignant si fort de le perdre, qu'il combat toutes choses, & faict tous efforts, non seulement pour l'auoir, mais pour l'augmenter. Et ceste beauté & bonté humaine choisie par ignorance, & faute de pieté, est materiele, & sapiece diabolique, terrestre, animale, comme dict sainct Iaques, & apuyée du tout sur choses corruptibles iugée telle, non par les yeux du cœur, comme nous disons, mais par les yeux, & autres sens corporels, ausquels l'homme s'est laissé couler, soubs pretexte, que la vie corporele a besoin de ces matieres, n'ayant la discretion d'en prendre seulement pour le besoin & seruice necessaire, sans passer outre au superflu. Lequel, comme nous auons dict, destruict & ruyne en l'homme tout ce, que le necessaire y conserue, combien que ce soit mesme matiere. C'est la merueilleuse proprieté & action du desordre & cōfusion propre à la nature de malice, par lequel elle destruit & ruyne ordinairement son subiect, comme Iesus Christ l'a declaré en la parabole des greniers & du riche, qui demandoit la voye de salut, l'estimant estre aux choses terrestres.

Iacques. 3. d

L'homme se couure de l'v-sage du necessaire pour venerer le super-flu.
Luc. 12. c
Matth. 19. e

Celuy donc, qui ayant abandonné l'inquisition du parfaict Bien, & participation de Dieu, duquel la voye est pieté, & cognoissance executée par l'employ des vertus diuines, qui sont en l'image de Dieu donnée à l'homme, faict pour la contemplation des choses diuines, pour cuider trouuer ceste participation du parfaict Bien, Dieu omnipotent, par le moyen de la veneration & affection mise en choses materieles, pleines de tout mal, cuidant tousiours trouuer en ce lieu le parfaict Bien, & se persuadant, que les plaisirs qu'il y trouue presents, & de petite durée sont ce parfaict Bien, que l'homme doibt enquerir & venerer. Celuy-là, tant qu'il sera enclos en ceste ignorance & blaspheme d'attribuer à la creature imparfaicte la bonté, qui appartiēt au seul Dieu createur: & tant qu'il sera aussi en ceste malice d'employer les vertus diuines commises en sa libre volonté à la veneration de la matiere, au lieu de les employer à la contemplation & veneration des œuures de Dieu, pour laquelle elles luy sont données. Il a le iugement si troublé, & a prins vn tel chemin, que par celuy là il ne peut rencōtrer la voye, qu'il a laissé derriere du parfaictBien. C'est celuy, de qui Mercure dict, si tous ne pouuez, c'est à dire, s'il en y a si miserables de s'estre resolus de trouuer Dieu en l'imperfectiō de la matiere, ie dy, bien q ceux là par ce chemin ne peuuent, & sont ceux là, desquels Ieremie parle disant, Si l'Æthiopien peut cāhger sa peau, ou bien le Leopard ses bigarrures, vous pourrés bien faire, quand vous aurez aprins le mal. C'est qu'il n'est plus en la puissance de l'Æthiopiē ou Leopard de changer leur peau & bigarrure, qu'il est de trouuer le bien, le cherchant dans le mal. Ce sont pareillement ceux, desquels sainct Pol parle disant, Il est impossible, que ceux, qui vne fois ont esté illuminés, ont aussi gousté le don celeste, & esté faicts participants du sainct Esprit, & neantmoints ont gousté la bonne parole de Dieu, & les vertus du siecle futur, & sont tōbez, soient de rechef renouuellés à penitence, derechef crucifians a par soy-mesmes le Fils de Dieu, l'ayant en ostentation. Laquelle ostentation ne pouuant estre que materiele declare assez, que ceux-là cherchent le salut de Iesus Christ en la matiere, & vanités, ou ostētations, & non aux vertus & essences diuines: esquelles se trouue ceste perfection de bien & salut des hommes. De ceste mesme nature de personnes parle sainct Iean, quand il dict, Qui sçait son frere pecher le peché qui n'est en mort, demande & luy sera donnée vie, à celuy qui ne peche en mort: il est vn peché a mort, ie ne dy que aucun pric pour celuy là. Et pour declarer que ce peché est celuy, que dict Mercure d'auoir prins le chemin d'impieté volontairement, il dict, qu'il n'est delaissé oblation pour les pechez volontaires. C'est ceste iniquité, & impieté, par laquelle l'homme ayant mesprisé, & laissé la contēplation, & employ de ses vertus diuines, aux choses hautes, s'est rabaissé par son impieté, iniquité, & ignorāce, à les employer aux choses basses, y cherchāt les perfections diuines, & venerant la creature, & matiere, au lieu du createur. Tous ceux, qui par tous ces exēples recherchent le bien parfaict, &prenēt pour celuy là, chose quelcōque trouuée en la matiere, veuë, aperceuë, ou sentie par les sens corporels: & prenēt en ce faict leur resolutiō, il ne faut iamais s'atendre, que cōme dict Hieremie, ils puissēt bien faire par ce chemin, ny cōme dit S.Pol, Ils puissēt de rechef crucifier le fils de Dieu en eux, disposez en leur abus. Et cōme dit S.Iean, Ils sont en si mauuais chemin, qu'il ne faut prier pour eux, cherchās la perfectiō, où ils la recherchent: car ce seroit auctoriser leur mauuaise œuure. Il en baille apres la cause, disant, Nous sçauōs, que tout hōme, qui est né de Dieu, obeissant à son hōme intelligible, ne peche point. Car la generation de Dieu, par laquelle il est re-né du S. Esprit image de Dieu, le conserue: & le malin, par ses moyens des sens & concupiscence, ne l'y attouchera point.

L'homme en-clos en si-gnorance de Dieu est im-puissant a toute bonne œuure.

Exemples du chemin de finale impeni-tence.
Hiere. 13. d
Heb. 6. a

1. Ioan. 5. d

Hebr. 10. e

Rom. 1. c

Nous

Nous sçauōs, que nous estās ainsi disposez, sommes de Dieu, & que le monde est cōstitué en malignité. Par ces differances, qu'il propose, metāt la regeneration, de laquelle Mercure parlera quelque fois, d'vne part, & la malignité du mōde, de l'autre, il mōstre clairement que ce peché en mort est ceste resolution de cuider trouuer Dieu, qu'ils recherchent aux choses mondaines, non proprement Dieu, mais son plus grand & parfait bien, qui a la fin est Dieu, comme ont faict les Epicuriens, & autres Philosophes mal conduicts. Ce peché, a cause qu'il est resolu en l'homme, est nommé d'aucuns finale impenitence: de tant que celuy, qui y est enuelopé tant plus il va auant, suit le chemin de soy recognoistre nay de Dieu, & non de la matiere, de laquelle il est totallement abusé. Parquoy en tant que tel, sainct Iean dict, qu'il ne faut prier pour luy, c'est a dire, pour luy faire trouuer Dieu par ceste voye : mais il n'entend, qu'il ne faille prier pour tout desuoyé, qu'il plaise a Dieu le ramener a sa cognoissence par le vray chemin, qu'il luy a pleu donner a l'homme. Et en telles personnes, l'arbitre n'y a plus de lieu: par ce qu'il est desia si offusqué, qu'il est resolu d'auoir bien choisi. Parquoy sans cognoissance, l'arbitre ne prendra iamais autre chose pour mieux, tant que l'ignorance luy tiendra son iugement en la matiere. Ce n'est pas que s'il estoit possible a l'homme de laisser ce party pour reprendre celuy du sainct Esprit par son election, qu'il n'y fust receu : mais il est clair, qu'il est impossible a l'homme de faire election, que de ce qu'il cognoist, ou cuide cognoistre estre le meilleur. Car sans dissimuler, il ne choisira iamais ce qu'il estimera le pire.

Finale impenience est cuider trouuer le bien parfaict en la matiere.

En ceste maniere donc nous disons que l'homme estant abreué de ceste ignorance, qui luy estouse son bon iugement, il ne peut eslire que ce, qu'il cuide meilleur & par consequent ne peut entrer (quelle solicitation continuelle, que luy face le sainct Esprit) en cognoissance de soy, que nous appelons penitence : a cause qu'il estime tous ses conseilz friuolez, & pensées vaines, n'estimant perfection, ny verité aucune, qu'en ses abus, & miseres. Il reste lors a Dieu, si par voye ou puissance extraordinaire il luy plaist sauuer cest homme, contre son aduis & sans son consantement. Qui sera contreuenir a sa principale loy, par laquelle il a constitué le iugement de l'ame raisonnable sur son arbitre & election. Comme il est escript, Dieu a constitué l'homme du commencement, & l'a laissé en la main de son Conseil. Il t'a presenté l'au & le feu, estends ta main a celuy, que tu voudras. Deuant l'homme, vie & mort, bien & mal : ce qui luy plaira, luy sera donné, & sainct Iean, Qui a soif, vienne : & celuy, qui veut, preigne l'eau de vie, sans payement : & Iosué parlant au peuple, Le choix vous est donné : eslisez ce iourd'huy, ce qu'il vous plaist, & a qui vous deuez principallement seruir, ou aux dieux de vos peres, ou aux dieux des Amorriens, & ie seruiray auec ma maison au seul seigneur : & lors ils esleurent a seruir a Dieu. Et infinis autres lieux : par lesquels Dieu parlant au peuple par ses ministres, leurs propose leurs actiōs leur estre libres & volontaires : & en fin qu'ils seront iugez par la, selon & iouxte leurs œuures, comme il est tres frequent en l'escripture. Et neātmoins la main de Dieu n'est abregée, cōme il est escript, a ce qu'il ne puisse sauluer, mais nos pechez ont caché sa face, le gardant de nous escouter. Si bien donc tous ne pouuez, dict Mercure, ceux qui pouuez, affin qu'attendants la misericorde & bōté diuine les mauuais n'empeschēt les bons de recognoistre leur createur. CAR LA MALICE D'IGNORANCE, par laquelle ceux qui ne peuuent sont detenuz HA tellement NOYE, & remply TOVTE LA TERRE, ayant saisi ceux qu'elle a trouué proueuz, de negligence, qu'elle a gaigné ET CORRVMPV L'AME ENCLOSE DANS LE CORPS. Laquelle n'estant mise en ce lieu que pour soy aider & seruir d'intelligence, iugement, & cognoissance, pour paruenir a l'eternelle felicité, se trouue tellement couuerte, & plongée en ignorāce, que toutes les belles vertus sont suffocquées & destournées, ou liées ne pouuant faire leurs actions, en ceux qui par le moyen de ceste ignorance, ont tellement ieté leur election ailleurs, qu'ils cherchent, & estiment voire asseurent le parfait bien & eternelle felicité estre en ce, qu'ils ne se peuuent cognoistre estre du tout mauuais & imparfaits, a cause de l'aueuglement & affoiblissement ou corruption des forces intelligibles, qu'elle leur aporte en l'ame, comme estant vraye enemye par priuation de toutes essences & vertus diuines pleines du veritable habit, par lequel elles sont en essence.

L'homme elit ce qu'il estime meilleur a soy

Eccle. 15.a

Eccle. 15.a & Ier. 21.c

Apoc. 22.d Iosue. 24.d

Esaye. 59.a

La grand force d'ignorāce a priuer l'homme de Dieu.

Il ne se faut donc esmerueiller, si dominant par sa nature de priuatiō, elle destruit les puissances des vertus constituées en habit, & données a ceste pauure ame, NE PERMETANT QV'EL-

QV'ELLE ARRIVE AVX PORTS DE SAVVETE. Et la cõduict ordinairement par les ondes des vices, miseres, & imperfections de ceste matiere: qui est subiecte & necessaire-ment destinée a tout tourment & agitation. NE VOVS LAISSES DONC, dict Mercure, ALLER EN BAS AVEC CE GRAND FLVX & ondes, dans lesquelles ceste misere d'igno-rance vous mene, ne demandant que vostre perdition. Ceux donc qui pouuez, ne vous laissez aller: employez auant qu'elle vous saisisse les vertus de l'image de Dieu, qui sont en vous, & qui vous sont donnees de sa misericorde, bonté, & amour pour vous secourir côtre ce seul enemy fort & puissant pour vous ruiner, s'il vous possede. A ceste cause ne souffrez qu'elle vous domine, faictes, & suiuez le conseil de sainct Pierre, s'accordant a Mercure, So-yez sobres & veillez, detant que le Diable vostre aduersaire enuironne, comme vn lyon ra-uissant, cherchãt, qu'il deuorera: auquel resistez puissants en la foy & vraye cognoissance de Dieu, & vous donnez garde d'esloigner cognoissance & iugemant, desquels depend la vraye election de pyeté.

1. Petr. 5.

SECTION 2.

ET vous ayants enduré les ondes côtraires, qui pouuez prendre le port de salut, ar-riuez a celluy la, & cherchez, qui vous pourra preceder, comme vous menant par la main aux portes de cognoissance: la ou est la tresclaire lumiere, pure de tenebres ou aulcun n'est enyuré, mais tous y sont sobres, regardants du cœur a celuy, qui veut estre veu. Car il ne peut estre ouy, ni peut estre dict, ny peut estre veu des yeux, ains de cœur & pensée. Premierement il te faut rompre la robe que tu portes, couuerture d'ignorance, fermeté de malice, lien de corruption, parc de tenebres, viue mort, charoigne ayant sentiment, sepulchre porté entour soy, larron domesticque, qui haist, parce qu'il aime, & porte enuie par ce, qu'il haist.

COMMENTAIRE.

LA mesme comparaison, qui a esté prinse par plusieurs sainctes personnes de la religion Chrestienne, a esté prinse par Mercure, pour exprimer & declarer les côtrarietes, & em-peschements, que donnent les choses sensibles ou materielles au Chrestien d'arriuer a la côtemplation & vray employ des vertus de l'image de Dieu a son seruice, & les retirer des plaisirs & douceurs, que les sens corporels trouuent parmy les voluptez & concupiscences de la matiere. C'este comparaison monstre, que ces sainctes personnes & Mercure ont esté meuz d'vn mesme esprit, a declarer mesme intelligence par mesme comparaison: par la-quelle il compare les destourbiers & empeschements donnez au Chrestien, qui se veut re-tirer a l'employ des vertus intelligibles, laissant l'abus des douceurs, que les sens trouuẽt aux concupiscences, aux flots & ondes de la mer, lesquelles ont leur mouuement si doux & plaisant sans aucune rudesse, sur toute chose, qui peut branler il n'en ya, qui branle d'vne si grande douceur. Toutes fois auec ceste douceur, elle meine celuy, qui laissant le tymon, & obseruation de sa vraye voye ou chemin de son port, s'endort a ses douceurs, & bransle-ments bien souuent contre vn rocher: auquel lieu tout en vn instant elle conuertira toutes ses douceurs & plaisances en vne trescruelle mort & submersion. Parquoy Mercure parlant a ceux, qui ont tres bien commencé d'endurer les empeschements des concupiscences, & qui resistans ne se sont laissez emporter a leurs douceurs & alechemants, dict, ET VOVS AYANT ENDVRE LES ONDES CONTRAIRES, ET QVI soubs pretexte de leur doux mouuement, vous ont tant de fois cuide perir, tenez le tymon soigneusement, auec obser-uation de vostre route, ne vous laissant desuoyer par les vents trauersiers. Ayez tousiours en vostre obiect, & pensée le port, auquel vous debuez arriuer. Car vous le POVVEZ, & vous est donné tous moyens requis, & necessaires pour conduire seurement ceste nauire a

Comparaison des abus aux ondes de la mer.

bon

bon port, ayez seulement le continuel soing, & pure volonté, non fainéte. Car quand bien celle la n'est suffisante sans autre aide a vous mener au port, il vous est donné autres moyens lesquelz auec celle la vous pouuez employer, & sans celle la, non qui vous feront tel secours, que par ce secours vostre volonté autrement impuissante sera mise en œuure de perfection.

Ce secours est la bonne, ferme & seure nauire, l'image de Dieu, qui vous est donnée capable, & suffisante de vaincre toutes ondes & tormentes, de tant qu'elle est accompaignée de tous mastz, voiles, cordages, encres, & last, qui luy est necessaire, pour resister a plus grande tourmente, que celles qui luy sont offertes. Ce sont les vertus & essences diuines composantz ceste image de Dieu, fortes, & puissantes pour vaincre non seulement vn monde, mais plusieurs, s'ilz y pouuoient estre. Il ne reste donc, que les employer, & apeler au secours de ceste foible volonté, qui toutesfois desire la bonne part. Vous donc, qui POVVEZ, employez les secours, qui vous sont donnez pour PRENDRE LE PORT DE SALVT, ARRIVEZ A CELLVY LA, sans vous amuser aux ondes, & abus des concupiscences. Retirez vous en le plustost, que vous pourrez: ET CHERCHEZ QVI VOVS POVRRA PRECEDER & conduire par le vray chemin, COMME VOVS MENANT PAR LA MAIN a ce, que les empeschements ne le vous facent perdre, & esgarer droit AVX PORTES DE COGNOISSANCE, intelligence, iugement, & vray fruict acquis par l'employ des essences & vertus diuines.

Mercure confesse la perfection du salut venir de Dieu.

Ces portes de cognoissances c'est la vraye entrée du trefriche palais, & habitation de ce grand & parfaict bien, monceau de toutes actions, vertus, & dignitez, composants vne seule beauté & bonté. C'est LA, OV EST VEVE LA TRESCLAIRE LVMIERE, PVRE, & esloignée DE TOVTES TENEBRES & obscuritez. C'est la vraye lumiere, qui illumine tout homme venant en ce monde. C'est la lumiere qui non seulement donne clarté au soleil, & autres corps crées pour reluire, & esclarcir ce monde, mais aussi donne clarté & intelligence, ou vraye cognoissance pour esclairer toutes vertus, & actions intelligibles: desquelles l'vsage produict le salut de l'homme qui veut suiure ceste heureuse lumiere, illuminant choses corporelles & incorporelles. Autrement se peut interpreter vne diction Greeque ἀναρροία, qui se refere a ce grand flux, que nous auons dict à la fin de la premiere section. Lequel nous auons interpreté contraires ondes, detant qu'aucuns l'interpretent reciprocation d'ondes: comme au lieu que nous auons dict, & vous ayantz enduré les ondes contraires, si nous disions, & vous qui auez souffert, porté, ou enduré reciprocatio d'ondes: a cause que toute reciprocation porte en soy action des deux parties, par vicissitudes, c'est a dire, q̃ les deux font action, l'vne apres l'autre. Vous donc ayantz esté combatus des ondes, & par reciproque, les ayans combatues tellemẽt, qu'elles faisant action contre vous, de vostre part vous auez faict action contre elles reciproquement, & par vicissitude vous auez acquis par l'employ de voz moiens, pouuoir de prendre port de salut, qui est non seulement endurant les flus, ondes, & aduersitez contraires, mais aussi leur resistant par l'employ de voz vertus intelligibles, & les combatant continuellement, iusque a la victoire arriuez a ce port.

Ioan. 1. a

Combat reciproque de l'hõme.

Ce combat faict par la reciprocation des ondes, donne vne victoire, laquelle combien qu'elle ne soit toute de la puissance du combatant: si est ce qu'elle luy est attribuée, comme dict sainct Iean, Ie vous escris, o ieunes, par ce que vous estes fortz & le verbe de Dieu demeure en vous, & auez vaincu le maling: par ce moyen il les estime fortz, ayant en eux le verbe de Dieu, en qui gist la force, & qui luy sert de moyen pour acquerir la victoire. Et ailleurs parlant de l'Antechrist qui est venu au monde, il dict, Mes enfans vous estes de Dieu, & auez vaincu l'Antechrist, par ce que celuy qui est en vous, est plus grãd q̃ celuy qui est au mõde: & par ce moyẽ toute victoire faicte par la vertu du sainct verbe de Dieu nous est attribuée, a cause que nous receuons tous ses moyens, vertus, & puissances par foy, qui est vne partie de contemplation, & employ des vertus diuines a son seruice. Comme il dict encore apres tout ce qui est né de Dieu vainct le monde, & la victoire qui vainct le monde est nostre foy, laquelle consiste en croire, & aimer, en celuy qui au parauant aura esleu la part de contemplation, & se sera retiré des concupiscences par ce reciproque combat, & resistance faicte contre les flux, ondes & pertubations engendrées instamment par

1. Ioan. 2. b

1. Ioan. 4. a

1. Ioan. 5. a

S

la matiere & ses concupiscences. Pour lesquelles vaincre, nous n'auons en nous autre charge que de bien despartir nostre volonté vers celuy qui doibt fournir (comme il nous asseure) de suffisances, qui nous promet de ne nous donner plus grand pois a porter, que celuy que nous auons: disant, Qui vaincra & gardera ses commandemantz &c. comme declarant que ce poix legier, & ce ioug doux, sont suffisans en nous, pour acquerir les moyens de victoire, estant mené par la main (comme dict Mercure) aux portes de cognoissance, ou sont conduitz ceux qui de leur franche volonté auront choisi la voye de ce bon conducteur qui les meine par la main, la ou leurs forces ne le peuuent porter. Ces portes donc de cognoissance donnent l'entrée de ceste tres heureuse lumiere, pure de toutes tenebres, OV AVCVN N'EST ENYVRE : c'est a dire, que nous auons parlé du lieu contraire a cestuy cy, auquel l'on entre par ignorance, & auquel habitent ceux qui en sont tellement enyurez, qu'ilz n'ont aucun moyen d'employer les vertus diuines, a cause de leur ignorance. Ce n'est pas ainsi en ceste digne cognoissance, elle ny souffre point d'yurongne qui perde iugement & visage de sa diuine raison. MAIS TOVS Y SONT tellemẽt SOBRES, qu'ilz ne perdent vn seul point, ou occasion d'employer toutes vertus & puissances de l'image de Dieu, à le contempler, louer, glorifier, exaucer, mercier, admirer, benistre, & chanter par tous moyens de louanges qui peuuent estre.

Apoc. 2. g
Matth. 11. d

Oeuures de cognoissance & contemplation.

Il ne s'y parle d'aucun abus, ou veneratiõ de matiere, ses pũatises ou cõcupiscẽces, ains tous y sont cõtinentz REGARDANTS non des yeux corporelz ou autres sens, qui n'ont en ce lieu aucune vertu, cõme indignes d'vne si grande felicité: mais des yeux DV COEVR & toutes actiõs & vertus spirituelles. CELVY QVI VEVT ESTRE VEV, il veut q̃ toute persone en qui il a mis son image & diuine raisõ viene a ces portes de cognoissance, vray port de salut, pour le veoir plainement & face descouuerte: cõme dict sainct Pol, CAR veritablemẽt sa bõté & misericorde est si grãde, qu'il n'y a tel au mõde si desuoyé, q̃ ce bõ Dieu n'en desire le salut. Cõme il est escript, Dieu veut tous hõmes estre sauuez & venir a cognoissance de verité. Et cõme dict S. Iean, C'est la lumiere illuminant tout homme venant en ce mõde. C'est la cognoissance de laquelle parle Mercure, qui est vray port de salut : ce que sainct Pol luy accordé. Ceste bonté diuine dõc veut estre veuë de toute personne, & son amour & charité est si grande enuers l'homme a cause du thesor qu'il luy a donné, qu'il le contraindroit par force, & maugré sa volonté a se sauuer, si n'estoit le pacte qu'il a faict composant l'homme, de luy donner liberté de ses actions, arbitre, & volonté, lequel il enfraindroit, s'il le constraignoit, & ne le sauueroit comme homme, ains comme beste brute priuée d'arbitre, ce que Dieu ne veut, mais le sauuer comme homme entier, composé de liberté d'arbitre.

2. Cor. 3. d
1. Timot. 2. b
Ioan. 1. a

Parquoy il ne faut trouuer estrange si Dieu ne faict par force, ce que sa volonté desire estre faict, par son ordre, par lequel il desire bien estre veu : mais il veut que l'homme y consente, & non qu'il y soit forcé. C'est de la veuë intelligible qu'il veut estre veu en sa maiesté: car dict Mercure IL NE PEVT ESTRE OVY, NY PEVT ESTRE DICT, NY PEVT ESTRE VEV DES YEVX, AINS DE COEVR ET PENSEE. C'est que Dieu n'a point constitué le salut des hommes en ce qu'ilz s'amusent a le cuider aperceuoir des sens corporels, comme s'ilz le cuidoient ouyr comme vn son ou bruit, qui fust luy veritablement : ou bien qu'il y eust aucun si temeraire qui par son beau dire le cuidast exposer & declarer entierement : ou bien que l'autre le cuidast veoir des yeux corporelz en portrait, figure, ou delineation quelconque, qui par force seroit materielle. Ce n'est rien de toutes ces choses & imperfections qui soit suffisant de faire veoir & representer les perfections de Dieu: ce n'est de ceste maniere qu'il veut estre veu ou aperceu des sens corporelz & imperfectz: ains il veut estre veu par ses parties & essences mesmes, comme estant toutes autres choses indignes de veoir ses perfections. C'est donc du cœur & pensée de l'homme qu'il veut estre aperceu non de ses sens, car le cueur, ou volonté, & pensée, ou vertus de l'image de Dieu qui sont commises a l'homme sont toutes essences immortelles & par consequent diuines, car n'y a immortalité qu'en Dieu. Estant donc essences diuines, sont celles seules en l'homme, qui sont capables de receuoir la cognoissance & vray sentiment de Dieu, comme estant ses essences & parties: & pour donner moyen a l'homme que ses essences & vertus de l'image de Dieu soient mises, par ceste libre volonté de l'ame, a laquelle elles ont esté distribuées, en plus grande liberté de leurs actions

Dieu ne contrainct l'homme, mais desire qu'il veille son salut.

Dieu ne veut estre receu par l'homme sensible ains par l'intelligible.

actions, & qu'elles ne soient tant empeschées par l'imperfection & malice de la matiere, qui leur est du tout ennemie, comme vice a vertu: il te faut faire ce que ie te diray. PREMIEREMENT IL TE FAVT ROMPRE LA ROBE, QVE TV PORTES COVVERTVRE D'IGNORANCE. Ceste couuerture d'ignorance que dict Mercure, c'est la partie charnele & matiere de l'homme, par l'imperfection de laquelle l'ame est detenue en ignorance, combien que de son naturel & premiere composition elle fust prouueuë de tout sçauoir, & cognoissance de tous secrets pour s'en ayder, si par la chair & matiere elle n'estoit empeschée, la tenant en ignorance. C'est de tant que sans la chair il ne luy resteroit que le S. Esprit de Dieu. Lequel estant en l'ame libre, & sans aucun empeschement de corps ou matiere, luy communiqueroit toutes choses. ce qu'il ne peut, quand il la trouue preoccupée des concupiscences par le moyen desquelles l'ame est priuée des fruits de ce bon sainct Esprit, & couuerte d'ignorance, ayant perdu la vraye cognoissance, que ce S. Esprit luy presente. S. Iude nomme ceste chair & matiere, comme Mercure, robe hayant celle robe maculée, qui est charnele. De maniere que ce corps & matiere ayant si grãde conionction auec l'ignorãce est prinse pour l'ignorance, quand Mercure la dict estre couuerture d'ignorance comme couurant la composition de l'homme. C'est que toute personne naist en ce monde en ignorance. Vray est qu'il naist en semences de toutes vertus, à cause de l'image de Dieu, qui est en elle: lesquelles semences croissent auec le corps, côme toutes autres creatures de Dieu, esquelles la forme reçoit augmentation de mesme que la matiere la reçoit. L'homme donc naissant en ignorance & semence d'intelligence & autres vertus est admonesté par Mercure, de ne souffrir, que ceste ignorãce qui le couure, quand il vient en ce mõde, demeure en son entier, & ne croisse comme il est escript, ains des qu'il aura ataint l'vsage de raison & vertus diuines qui sont en luy, il le conseille de ne laisser ceste couuerture d'ignorance entiere, ains qu'il la rompe & mette en pieces, & la brise si menue qu'il pourra: car encore luy demeurera elle trop grãde: tant qu'il gardera ce corps il ne la peut trop briser, & amoindrir. Ceste couuerture donc d'ignorance, qu'il faut briser, c'est la FERMETE DE MALICE, car c'est celle seule, qui entretient & asseure malice dans l'homme, qu'elle gouuerne & possede, de tant que tout mal ne vient que d'ignorance du bien: car toute chose qui n'est bien est mal. Parquoy il croist, tant plus il s'esloigne du bien qu'il s'acquiert par la seule cognoissance iugement ou intelligence, vertus interieures de Dieu qui desprise, comme il est escript, toutes actions faictes du temps de l'ignorance, comme incapables d'aucun bien. L'ignorance donc empeschant la cognoissance d'apperceuoir & receuoir le bien en l'homme: elle peut veritablement estre dicte en luy fermeté, establissement, & asseurance de malice. Elle est aussi dicte LIEN DE CORRVPTION a cause que par l'asseurance & fermeté de malice, qu'elle a gainé en l'homme, elle le tient si contrainct aux abus de la matiere, qui est totalemêt subiecte à corruption, que le tenant lié a celle là il est dict vray lien de corruptiõ. Est aussi dicte PARC DE TENEBRES, c'est a cause que ayant enclos l'homme tellement qu'il ne puisse ioyr de son contraire, qui est cognoissance par laquelle il pourroit venir a communication de diuine lumiere, elle l'enferme & encloft si bien dans ses tenebres & priuation de lumiere qu'elle est dicte parc & cloison de tenebres. Elle est aussi dicte VIVE MORT, par ce que tous ses effectz & moyens ne menent l'homme qu'à la mort, & non seulement l'y menent ou conduisent, ains tiennent ce pauure homme interieur, intelligible & spirituel sans aucun effect, & comme s'il estoit du tout mort ne s'aidant d'aucun de ses membres, a faute de cognoissance, par laquelle seule ses membres qui sont vertus intelligibles, doiuent estre suscitées esueillées. Les tenant donc durant sa vie en ceste priuation & misere, ceste ignorance est dicte sa vraye mort.

Toutesfois est elle viue en toutes actions, qui par son moyen entretienent ceste mort: car combien que ignorance gisant totalement en priuation soit chose morte & sans essence, toutesfois les actions, dont ceste priuation de cognoissance est cause, ne cessent de produire effectz comme viuantz & actifz a conseruer ceste mort d'ignorance. Elle est appellée CHAROGNE AYANT SENTIMENT. Nous prenons en ceste charogne toute priuation de sentiment, toutesfois a cause qu'elle entretient l'homme aux abus de la matiere, par le moyen des sens, elle monstre que côbien que sa nature de priuation la tiene morte, voire plus que morte, & sans aucune essence moins que la charogne, qui n'a aucun

Qualitez d'Ignorance humaine couuerture.

Ecclef. 13. a

Act. 17 b

sentiment: toutesfois ceste ignorance estant en la personne reçoit tel sentiment & vsaige des sens, qu'elle a besoin pour paruenir a son entreprinse, qui est la ruyne & perte de son subiect & pauure personne. Parquoy estant charogne sans vie, elle est dicte auoir sentiment a cause de ses effectz par le moyen du sentiment executé en l'homme. Elle est aussi dicte SEPVLCHRE PORTE ENTOVR SOY, par ce qu'elle demeurant en l'homme qui l'entretiét, le tient mort & l'enseuelist, & luy sera ruyne, perdition & sepulchre de mort, lequel le pauure miserable porte entour & auec soy. Elle est nommée LARRON DOMESTICQVE a cause de la trahison que portent en soy ses effectz, qui soubz pretexte des douceurs & plaisirs des concupiscences, ausquelz elle entretient l'homme, elle ne le souffre auoir cognoissance d'aucun bien, par lesquelz elle luy desrobe, soubz couuerture de seruice, tous ces infinis moyens qu'il a en luy & son image de Dieu de son salut, luy estant si priué qu'il n'en a aucune cognoissance: elle est donc vray larron domesticque & priué. Elle est aussi dicte ce larron domesticque, QVI HAIT PAR CE QV'IL AYME: de tant que l'ignorance tient l'homme en continuelle amour de ce, qui luy nuit, & hayant l'homme intelligible, elle ayme au materiel ses concupiscences, par ou elle le ruyne. L'entretenant donc en sa ruyne par ceste amour elle hait bien l'intelligible, puis qu'elle le veut ruyner par l'amour du corps dont l'ignorant se hait & ruyne par lesmesmes choses & moyens, qu'il s'aime, & tient en continelle affection & veneration de soy. Et finalement c'est ennemy PORTE ENVIE PAR CE QV'IL HAYT, c'est sa finale malice. Car ignorance estant totalement ennemye d'intelligence, iugement, & toute cognoissance elle porte enuye a la valeur de l'homme intelligible, qui est prouueu de ses diuines vertus, qu'elle hait, comme ennemies. C'est comme nous disons en commun prouerbe, Science n'a ennemy que l'ignorant, de tant que l'ignorant estant prouueu d'vn faux cuyder temeraire, estime autant l'abus de son ignorance, que la cognoissance du sçauant. Toutesfois bien souuent il se trouue que voyant le sçauant, cognoissant, & intelligeant estre estimé, reueré, & honoré, & luy demeuré quelques fois arriere auec son ignorance, il luy en porte enuie par les choses, qu'il a en luy qu'elle hait, qui sont les vertus de cognoissance. Qui est cause que c'est ignorant n'estant bon en ceste compagnie se retire en autres plus grandes, qu'il trouue facilement en ce monde, & la il faict ce que dict le sage, Ils se resiouissent d'auoir mal faict, & se glorifient en choses tres-mauuaises. Ne pensant qu'il est escript, Que l'ignorant sera ignoré du Seigneur, comme estant le vice qui plus esloigne l'ame raisonnable de son Dieu & createur. Parquoy il est dict, que le mauuais ignore la science: de tant que malice est ennemye de cognoissance.

Prouerb. 2. c
1. Cor. 14. g

Prouer. 29. a

SECTION 3.

TElle est la robe ennemie, de laquelle tu es vestu, qui te serre dans toy mesmes, à ce que ayant recouuré ta veue, & consideré la beauté de verité & le bien, qui est assis en elle, tu ne hayes sa malice, ayant cogneu ses embusches, par lesquelles elle t'a espié lors, qu'elle a faict insensibles les choses que l'on pensoit & sembloiét estre sensibles: les enuironnant de beaucoupt de matiere, & remplissant d'abominable volupté, affin que tu n'oyes ce qu'il te faut ouyr, & que tu ne voyes les choses, qu'il t'est besoin regarder.

COMMENTAIRE.

MErcvre ayant declaré les indignités & malicieuse nature d'ignorance, de laquelle naturelement toute personne naist vestu: il dict à l'homme, TELLE EST LA ROBE ENNEMIE, DE LAQVELLE TV ES VESTV, QVI TE SERRE DANS TOY MESME. C'est autant à dire, que considere que quand tu viens en ce monde, tu es vestu de ceste couuerture, & robe d'ignorance. ce n'est pas ta peau, ny tes os, & autre matiere elementaire: Vray est que ceste malicieuse couuerture & robe te vient bien, à cause de ta matiere, qui par ses tentations & concupiscences macule la volonté en l'ame: mais ce n'est pas elle pourtát:

car

car ta matiere te couure, enuironne, & ferre par le dehors, mais ceste robbe d'ignorance te ferre & presse bien fort par le dedans en toy mesmes & ta volonté, c'est à dire en ton ame: & tasche de gaigner les deuāts en elle, & foy faisir de sa forteresse, qui est la volonté, A CE QVE AYANT RECOVVRE LA VEVE ET CONSIDERE LA BEAVTE DE VERITE. C'est craignant, que si elle n'y estoit bien diligente, l'ame ouurist ce pendant les yeux de son cœur & volonté (desquels nous auons n'aguere parlé) & consideraft le vray subiect, pour lequel veoir, considerer, & contempler ils luy sont donnez, & lors elle entrast dans les portes de cognoissance de ceste indicible beauté de verité, & cogneut LE BIEN QVI EST ASSIS EN ELLE. Par le moyen de laquelle veuë & cognoissance tu la bannissiez de toy, & la iettassiez hors de sa pocession, ayant recouuré l'heur, & felicité, qui est du tout oposite à ses imperfectiōs & malices. C'est la cognoissance par laquelle tu es deliuré de ses puissances & empeschements que nous auons cy deuant declaré: de tant que cognoissance, iugement, & intelligence parties & essences diuines, te deliurent de leur propre nature de la couuerture d'ignorance, de sa fermeté de malice, en laquelle elle te tenoit, du lien de corruptiō ou tu estois lié venerant la matiere corruptible, de son parc & enuironnement de tenebres, desquelles elle te tenoit enuirōné, à ce que tu ne vissies lumiere, qui te dōnast ceste cognoissance de sa viue mort: par laquelle elle auoit cōstitué tous les effects de ta vie mortels, & te faisant prouision de mort, de sa charongne ayant sentiment: detant que par le moyen de cognoissance ta matiere & charongne ne s'amusera plus aux superfluitez des sens, du sepulchre porté entour soy, detant que par cognoissance l'ayant chassée elle ne t'enseuelira plus du larron domestique. Par ce qu'elle ne t'estant plus familiere tu ne luy fieras aucune chose, qu'elle te puisse embler, de ce qui hait, par ce qu'il aime. A cause que ayāt cognoissance tu ne aimeras plus les moyens qui te ruinent, par lesquels tu fais contre toy, toute action de haine: de ce qui porte enuie, parce qu'il hait: c'est de tant que tu seras par cognoissance deliuré d'ignorance, ennemie de toute intelligence, & qui hait toutes ses vertus en l'homme cognoissant par lesquelles tout ignorant luy porte enuie. Estant donc deliuré de toutes les miseres qu'elle amenoit sur toy, elle a craint te voyant la veuë de ta pensée ouuerte par son ennemie cognoissance, que TV HAYES SA MALICE AYANT COGNEV SES EMBVSCHES PAR LESQVELLES ELLE T'A ESPIE. C'est la vraye nature de toute trahison par laquelle le traistre craint sur toutes choses, que son entreprinse soit descouuerte, s'asseurant qu'elle est si malicieuse, qu'elle ne peut estre aimée de celuy, qui en aura cognoissance. En cest endroit Mercure faint ignorance estre marrie d'estre bannie & chassée d'vn subiect, & qu'elle seroit aise de dilater & eslargir ses effects, cōme toutes choses sur plusieurs subiects. Il reste à sçauoir qui sont les embusches, que cognoissance a descouuert sur la malice d'ignorance, par lesquelles ignorance a espié l'homme: de tant que tout espion parfaict en son art doibt estre demy traistre ou biē souuent tout entier. Parquoy nous debuons entēdre que ignorance ne faict aucune chose en l'homme qu'elle belle entrée qu'elle luy monstre, que pour le trahir & tromper. Ces embusches donc d'ignorance ont esté LORS, QV'ELLE A FAICT INSENSIBLES LES CHOSES QVE L'ON PENSOIT, ET S'EMBLOIENT ESTRE SENSIBLES. Pour l'exposition de ce passage, il nous souuiendra que nous auōs assez souuent dict que les choses sont dictes sensibles, a cause qu'elles sont subiectes aux actions des sens qui sont toutes corporeles & materieles: & si auons dict au premier chapitre que les sens sont messagers ou ponts, par lesquels les choses corporeles que nous disons sensibles, communicquent auec les intelligibles & spirituelles qui sont les insensibles. L'hōme ignorant demeure tousiours sensible : c'est à dire vsant de ses sens, & a cause de son ignorance ne peut contredire aux douceurs & plaisirs des choses materielles ou sensibles, que raportent ses sens a son ame: laquelle n'ayant cognoissance de sa ruine, portée par les sens, s'en resiouit, & en reçoit les plaisirs.

Ignorance faict en l'hōme touts actes de trahison.

Or les choses, que les sens reçoiuent par le dehors sont pures, materielles, & sensibles: & chascun les estime & cognoist estre telles : car la veuë, l'ouïe, l'atouchement, le sentimēt & le goust ne peuuent receuoir, que choses materielles & corporelles qui sont sensibles. Mais quand ces choses sensibles sont portées en l'ame, en laquelle les sens tiennent d'vne part & en sont partie, comme nous auons dict au premier chapitre, ce que l'ame en reçoit n'est plus sensible, ains le plaisir, ou desplaisir, l'amour, ou haine, l'affection ou desir sont pu-

Comment les choses sensibles passent en intelligibles.

res intelligibles sur lesquels elle assiet ses iugemēts, approuuāt ou reprouuant le raport des sens, lesquels elle accepte, ou refuse, quand les sens les luy presentent. De la sensuit que les choses sensibles receues exterieurement par les sens, sont faictes & produictes en l'ame insensibles, ou intelligibles, qui sont le plaisir, ou desplaisir, l'aprouuement ou reprouuement, l'amour, ou haine: dont vient la concupiscence des choses raportées. L'homme donc ignorant la cognoissance qui luy monstre, que tout vsage des choses sensibles excedāt la necessité de la vie corporele, est vn vray abus qui le meine a ruine & perdition, ne refusera iamais en son ame les plaisirs, que luy raporteront les sens, a cause qu'il ignore pour quelle occasion il les doibue refuser.

Car de vray s'ils n'amenoient a l'aduenir autre suitte que ce, qu'ils monstrent presentemēt, qui est tout plaisir, flaterie, & douceur : il n'y auroit aucune aparence de les refuser ou repouser. Mais ceste cognoissance, & intelligence, & bon iugement, essences diuines: qui decouurent ces embuches, & font entēdre a l'ame qu'elle n'en doibt recepuoir, ny approuuer, que pour la necessité de son corps, comme dict sainct Pol, Ayant alimentz, & dequoy estre couuerts soyons contents de ceux la: ce qui est plus, est mauuais. Au contraire ceste ignorance qui nous priue de ceste cognoissance, iugement, & intelligence: par lesquelles nous puissions discerner entre le necessaire & l'excessif, desquelles vertus estans priuez il ne nous reste aucune occasion ou moyen de refuser toutes douceurs, voluptez, & plaisirs excessifs, raportez a l'ame par les sens. Dont sensuit, que nostre ignorance par ses embusches a si bien faict qu'elle a conuerty les choses exterieures & sensibles (estimées & pensées telles, comme de vray elles le sont d'vn chascun, qui ont esté presentées a noz sens, estans par eux raportées a l'ame) en vrayes insensibles ou intelligibles, qui est l'adueu, le plaisir, le contentement, & resolution d'en vser excessiuement sans aucun bort ou limite, lesquelz ny peuuent estre mis que par cognoissance, de laquelle, ignorance le tient priué. Ignorance donc a si biē espié l'homme, & luy a mis telles embusches pour l'empescher de recepuoir cognoissance qu'elle luy a couuerty toutes creatures & matieres sensibles, qui luy sont dōnées de Dieu pour s'en seruir, & non pour s'en destruire, & ruyner en plaisirs & concupiscences, & resolution d'y demeurer: qui sont toutes choses purement intelligibles & insensibles. Et la cause de ceste malice trescauteleuse est de tant que toutes choses exterieures ne peuuent aucunemēt nuire a l'ame, comme Iesus Christ l'a declaré, ains LES interieures & intelligibles, a cause que l'ame n'est exterieure ny sensible, mais interieure & intelligible & immortele, comme simple essence diuine.

Ceste trōperie & fraude a esté faicte par la malice d'ignorance a l'ame, ENVIRONNANT dict Mercure, ces choses insensibles DE BEAVCOVP DE MATIERE, ET RAMPLISSANT D'ABOMINABLE VOLVPTE. C'est ce que nous auons dict, que le mal s'est trouué en l'excessif vsage des choses sensibles qui s'apelle abus: lequel abus ou vsage excessif ne peut estre en peu de matiere. A cause dequoy il dict qu'elle a enuirōné ses plaisirs, contentemantz, & delectations, qu'elle a mis en l'ame pour la ruyner de beaucoup de matiere, la remplissant d'abominable volupté a ce que ce grand nombre, frequence, ou quantité de matiere engendraft en l'ame l'excessif vsage, & vray abus abominable & plustost idolatrie, de tant soy complaire en corps, sans auoir aucune memoire, ou cognoissance, ny consideration de la ruine eternelle de l'ame. C'est estre biē assiegé & couuert d'ignorāce quand nous en venons la, Dieu par sa misericorde vueille esueiller noz trop profondz sommeilz. Ignorance donc remplit les sens & par consequent l'ame de volupté. AFFIN, dict Mercure, QVE TV N'OYES CE QV'IL TE FAVT OVIR, ET QVE TV NE VOYES LES CHOSES QV'IL T'EST BESOING REGARDER. C'est ce qu'a dict Esaye, Oyez oyantz & n'entendiez : voyez la vision, & ne la cognoissez, aueugle le cœur de ce peuple, estoupe ses oreilles, ferme ses yeux, affin qu'il ne voye de ses yeux, qu'il n'oye de ses oreilles, & qu'il n'entende de son cœur, & se conuertisse, & ie le guerisse, comme voluptez & amusement aux choses exterieures, estant la plus grande distraction que ignorance peut moyenner a l'homme pour le retirer de la contemplation & employ de ses vertus aux œuures Diuines. Et iusques a quand sera ce, dict Esaye a Dieu? iusques a ce que les citez soient sans habitans les maisons, sans homme, & la terre, deserte. C'est que Dieu voyant l'homme se complaire tant en ignorance il luy lasche la bride iusques a telle punition, qui le rameine a penitence,

par ses

par ses moyens, comme Dieu faisant tout pour le profit de l'homme. Elle les luy presente donc, pour l'empescher d'ouïr ce, qu'il doit ouïr, à ce que par ceste ouyë l'homme ne recoure cognoissance, qui chassast de luy ceste ignorance, & pour l'empescher aussi, qu'il ne voye & considere ce, qui le doit retirer de ses liens & miseres ou elle l'a mis.

Ceste ignorance laquelle Mercure a voulu declarer par ce chapitre, estre la plus grande misere, qui peut auenir à l'homme, qui ignore Dieu & ses voyes, est frequentemét blasmée en l'Escripture. Mesme Sainct Pierre, A cause dequoy ayans ceints les reins de vostre pensée, sobres, esperez en la grace, qui vous est offerte en reuelation de Iesus Christ, comme fils d'obedience, n'estans conformez aux premiers desirs de vostre ignorance: mais selon celuy, qui vous a appelé. Par où nous voyons que S. Pierre s'acordant à Mercure, baille le mesme remede contre l'ignorance, que nous auons cy deuant dict: disant, Ayans ceints les reins de vostre pensée sobres. C'est de tant que l'homme estant sobre de toutes superfluitez materieles, il perd ceste grande abondance de matiere & abhominable volupté, que ignorance luy met au deuant, pour, luy ayant osté sobrieté, l'eneuloper plus aisément par ses concupiscences. A ceste cause S. Pierre dict, Estás sobres, ceignez voz reins non du corps, mais ceux de la pensée, pour estre prests à marcher & l'employer, esperás à la grace qui vous est offerte par la reuelation de Iesus Christ, comme fils d'obedience: & ne vous amusez plus, ny soyez conformes aux premiers desirs de vostre ignorãce, par le moyen de laquelle vous estiez emportez des voluptez sans aucune sobrieté: & a faute de tenir les reins & forces de vostre pensée ceints & prests à estre employez, ains les tenans laches & couuerts de toutes ces miseres, que nous auons dict estre produictes d'ignorance. Employez donc ces reins, & forces de vos essences diuines, & pensée diuine mise en vous, par lesquelles chassez ceste ignorance, qui vous a tenu premierement en desirs & concupiscences de matiere & ses abus. Sainct Pol est de mesme aduis, disant, Que les Gentils cheminoient en la vanité de leurs sens, ayant leur entendement obscurcy de tenebres, & esloignez de la vie de Dieu, par l'ignorance qui estoit en eux. Voila comment ignorance saisist d'entre les sens, pour par leurs abus obscurcir les vertus intelligibles, & empescher la cognoissance venir en l'homme, par laquelle il se puisse retirer de ses liens. Et infinis autres endroits, par lesquels les sainctes Escriptures glorifiant, honorant, & euangelisant le mesme salut, & au mesme Dieu, que Mercure le nous anonce, ont confessé ignorance estre le vray obstacle, & empeschement de cognoistre Dieu, ses bontés, vertus, & puissances.

1. Petr.1.c Remede contre l'ignorãce

Ephes.4.d

COMMENTAIRES SVR
le Pimandre de Mercure Trismegiste,
QVE DES CHOSES QVI SONT AVCVNE
n'est abolie: mais les hommes deçeuz par erreur,
disent mutation estre perdition
& mort.

CHAPITRE HVITIESME.

SECTION 1.

IL reste maintenant, ô mon fils, a parler de l'ame & du corps: en quelle maniere l'ame est immortelle en sa vertu d'action, & quelle ell' est en la côposition, & dissolution de son corps. Car entour d'aucune de ces choses n'y a mort, mais c'est conception du nom de la chose immortelle, ou œuure vaine, ou bien que par priuation de la premiere lettre, l'on dise mortel, pour immortel. Car mort appartient à perdition: mais des choses qui sont au monde, aucune ne se perd. De tant que si le monde est le second Dieu & animal immortel, il est impossible, qu'il se perde aucune partie de l'animal immortel. Mais toutes choses qui sont au monde, sont parties du monde, & principalement l'homme animal raisonnable.

COMMENTAIRE.

En Dieu n'y a priuation mais toute habitude.

DE tant que toutes choses creées sont parties des vrayes essences diuines, lesquelles sont eternelles en luy, & immorteles, infinies, & incorruptibles, il nous faut ressouuenir que toute creature tenât de Dieu son essence contreuiendroit grandemét à la perfection diuine, si elle laissoit tomber ceste essence diuine, qui de son propre est pleine de toute habitude & continuel estre, en priuation de ceste principale proprieté de Dieu, qui est l'estre, laquelle principalement luy conuient, & à tout ce qui est en luy, voire & non à autre quelcôque. Comme nous le voyons par le nom particulier, qu'il s'est donné, Ie suis qui suis: soy prenant donc ce nom particulier, qui est celuy assez grand, pour le luy tollir? qui est assez digne pour le porter? Il est certain donc, qu'il appartient à luy seul, à cause de ceste source de grandeur & perfection qu'il a en luy. Qui est cause, que nous deuons tenir pour certain, que cest estre luy estant propre ne peut souffrir aucune priuatiô, qui est proprement abolition, & aneantissement de la chose, en laquelle est l'essence diuine,

Tout mal est produict de priuation.

de tant qu'il n'est chose si contraire à l'essence diuine pleine de toute action & habitude, que priuation, de laquelle est engendré & produict tout mal & imperfection. Dont nous dirons, que chose qui aye reçeu l'estre de Dieu, ne peut tomber en nullité ou priuation, soit la partie
intel-

intelligible de la creature, qui est sa forme, ou la materiele, qui est son corps: l'intelligence ou forme est eternele, comme essence diuine: la materiele ne peut perir, comme ayant reçeu de Dieu perpetuele materialité, comme nous dirons cy apres: c'est à dire perpetuele habitude de matiere, a cause de laquelle elle ne peut tomber en priuation.

Cecy presupposé nous viendrons à ce que dict Mercure à son filz. IL RESTE MAINTENANT, O MON FILS, A PARLER DE L'AME ET DV CORPS, EN QVELLE MANIERE L'AME EST IMMORTELE EN SA VERTV D'ACTION, & d'où c'est qu'elle le reçoit, ET QVELLE ELL' EST estant immortele EN LA COMPOSITION ET DISSOLVTION DE SON CORPS, & despartement du mesme. Car il nous faut sçauoir, que l'homme est composé de diuerses parties & vnitez, lesquelles sont toutes venues de Dieu son facteur, & createur: desquelles en ceste composition la principale est l'ame, laquelle porte en soy le titre particulier de l'homme, & de son indiuidu, comme le nomment les Philosophes, à cause que les autres parties qu'il a, sont communement données, ou à tous hommes, ou a toutes creatures terrestres: qui sont tous animaux, plantes, mineraux, & autres productions, qui se font en ceste region elementaire: laquelle nous comprenons soubz le mot de terre, qui est la principale habitation & repos de toutes ces creatures. Ainsi nous dirons de l'image de Dieu qui compose l'homme auec la matiere soubz la conduicte & gouuernement de l'ame. Ceste image de Dieu, a esté comune, & present donné non seulement a vn indiuidu de l'homme, mais a toute l'espece des homes, ou animaux raisonnables. Parquoy ce n'est celle là qui tient le lieu & propre particulier de l'home, puis qu'elle est en tous: d'autre part la matiere estant comune non seulement a toutes personnes, mais aussi a toutes creatures elementaires, ne peut tenir le lieu particulier de l'home, veu quelle ne luy est en nom particulier, mais commun nom de matiere a toutes ces creatures.

Toute habitude en l'home est venue de Dieu.

Il reste donc que l'ame qui particulierement est mise en l'homme, retiene son particulier & propre nom: qui le despart des autres, & quelle soit la premiere, & tienne le principal lieu de la composition de l'homme, non pour son excellence, qu'elle puisse auoir par dessus toutes autres parties, & vnitez qui sont en l'homme, car l'image de Dieu ou sainct Esprit, qui est entré en ceste composition est plus excellent & digne que l'ame: mais c'est a cause de l'hypothese, supposition, ou condition que Dieu bastissant l'homme a posé, disant, Faisons vn animal nomme l'homme qui soit excellent par dessus toutes creatures particulieres, dans lequel nous mettions nostre image, & semblance, qui seruira de forme sur la matiere que nous luy formerons: & laquelle forme & matiere seront destinées a obeyr a la discretion & volonté d'vne ame, qui presidera a toute ceste composition, & aura charge de despartir toutes actions & vertus, qui se trouueront dans ces deux principales parties, asçauoir les vertus intelligibles d'l'image de Dieu en ce qu'il luy semblera bon: & pareilement les actions & vertus corporeles, & de leurs sens, comme il luy semblera bon: a la charge d'en rendre compte en fin de son cours, comme estant choses qui luy sont distribués en charge & ministere, & non en simple proprieté. Ceste charge & suposition ou condition, qui est donnée a l'ame est cause qu'elle tient le premier lieu de la composition de l'homme, combien que de sa nature elle soit plus basse de condition que le sainct Esprit, qui est mis en l'homme pour luy obeyr. Comme pour en bailler vn exemple parmy nos choses mondaines nous dirons d'vn roy qui pour imposer l'ordre a ses affaires constitue vn lieutenant de roy, simple gentil'homme, auquel plusieurs grandz seigneurs n'ayants aucune charge obeissent, non pour sa dignité naturelle, estant petit compagnon: mais a cause de la supposition & condition que le roy luy a donné en ministere d'ordonner & disposer de son peuple, encore qu'il en y aye de plus dignes & capables que luy: & ce a la charge d'en rendre compte a la fin de son seruice, & administratió. Tout ainsi l'ame, combien qu'elle de sa nature ne soit si digne, que le sainct Esprit, qui luy est donné pour la conseiller & conduire a perfection, si elle le veut croire, si est ce que a cause qu'il a pleu a Dieu qu'elle teint le haut bout de la composition de l'homme, le sainct Esprit & image de Dieu n'a trouué mauuais de luy obeyr, & permetre l'employ de toutes ses vertus, à ce qu'elle voudra: comme l'employ de ses sens & actions corporeles luy sont permises, pour monstrer & manifester comment elle ordonnera & disposera de ses excellents moyens, & quel compte elle en rendra en fin de sa charge.

Le propre & principal en l'homme est l'ame.

L'esprit de Dieu obeist a l'ame par hypothese ou supposition.

Exemple de hypotese.

L'on pourroit à ce propos faire vne question, pourquoy l'ame ayant reçeu l'arbitre & liberté d'employer à sa volonté les vertus & puissances de l'image de Dieu, qui luy est donnée, comme celle de son corps & matiere, ne peut excercer les grādes operations de l'Esprit de Dieu, comme miracles & autres effects, l'homme estant adonné aux concupiscences, comme il les exerceroit s'estant adonné a l'Esprit de Dieu. Ou bien comme l'homme spirituel ou intelligible faict tous effects tant intelligibles ou miraculeux, que corporels: pourquoy l'homme sensuel & charnel ne peut faire tous effectz tant intelligibles en leur perfection que les corporelz en la leur.

Pourquoy l'Esprit de Dieu n'opere en tout homme.

A ceste demande nous dirons, qu'il est certain que l'hōme, pour sensuel & charnel ou desbordé en toute meschanceté, qu'il puisse estre, ne laisse pourtant a produire effects materiels ou sensibles, voire quelques fois des plus excellantz, que sçauroit produire l'homme diuin & spirituel, pour saincte personne qu'il fust: cōme nous dirons des artisans, ou le plus souuent, les plus desbordez en vice sont les meilleurs ouuriers, autres des meilleurs esprits en langues & profession de letres, mesmes ou il eschoit ostentation, ne laissent pourtant d'estre vicieux & mal conditionnez: toutesfois sont excellantz en doctrine. Dont nous retirerons, que l'excellance des effectz exterieurs ne depend necessairemēt de la vertu: mais conuient le plus souuent indifferamment a toute maniere de personnes. Comme estant en la liberté de l'ame de s'aider des puissances de son composé, selon la disposition d'iceluy. Mais c'est que l'ame bien qu'elle soit mauuaise & tienne son homme charnel & vicieux, elle n'est empeschée a produire tous effectz exterieurs de sa disposition, & de nature materiele ou sensible. A cause que es effectz exterieurs ne gist aucune vertu n'y perfection, mais seulement consiste es effectz intelligibles & interieurs, comme sainct Pol l'a declaré disant, Que de sa pensée il sert a la loy de Dieu, & de sa chair a la loy de peché. Par ou nous voyons que les œuures exterieures ne contenantz la vertu, la mauuaise ame n'est empeschée a les produire: c'est au contraire de l'homme intelligible, spirituel ou interieur: lequel a cause qu'il possede la principale & plus puissante cause, qui soit en sa composition, produit de mesme puissance les effectz corporelz, que les intelligibles. De maniere qu'il se trouuera, si la disposition de sa personne le souffre, aussi facil a produire vn effect corporel en excellence, que vn miracle. Non toutesfois les effectz constituez en vice & imperfection, lesquelz son arbitre conducteur de ses operations n'endureroit. Mais bien produira il mesme perfection, pour le secours du prochain, que pourroit faire le vitieux. Et d'auantage accompaigné de la partie vertueuse, qui est charité, & bonne volonté a son secours, au lieu de laquelle le vicieux produict & pretend gain, ou ambition sur mesme effect.

Perfectiō materiele peut estre en l'homme desbordé.

Rom. 7. d

Les puissances suiuent la capacité.

Parquoy aux effectz tendans & conduictz à mal, ou par mauuais moyens, ne se trouue guere bonne ame excellente. Et par ce qu'il y en a parmy les hommes (comme nous auons dict à la fin du sixiesme chapitre) qui sont estimez bien souuerains, desirez & obseruez sur toutes choses: & desquelz ilz ne veullent estre priuez, ains combattent toutes choses, pour les amplifier, tant s'en faut, qu'ils soient prests à les delaisser.

Nous superederons d'en bailler aucuns exemples, pour ne scandaliser ceux, ou n'apparoist grand moyen de conuersion. Et dirons que la vertu gisant en l'habitude de la partie intelligible, & essentiale, conuient proprement à l'homme, qui se rend intelligible, & essential, comme le vice, qui gist en la priuation de ceste partie essentiale, se trouue conuenant à celuy, qui s'en rend priué & esloigné. Et par consequent l'homme intelligible, n'operant que par vertus, & puissances intelligibles, & par le moyen de cognoissance, qui est le principal instrument de ses actions, penetre plus à la production des effectz intelligibles, ayant produict par ceste cognoissance vne foy viuifiée par amour, que ne faict le corporel, qui ayant quitté le principal effect de la partie intelligible, ne prend que les vestiges ou ombres des vertus, & puissances intelligibles. Lesquelles soy trouuant foibles a produire les hauts & dignes effectz, sont employées par les vicieux à leurs operations, qui neantmoings produisent, à cause de l'excellence de leur vigueur, malices surmontans presque toute pensée d'homme, & ce toutesfois en choses terrestres, viles, & pleines de toutes miseres, suiuant la nature de la matiere, & leur disposition.

Le bon n'est iamais adroit a la chose mauuaise.

Ceste

Ceste composition de l'homme est bastie d'vnitez, qui sont toutes parties des essences diuines. Car premieremēt la matiere visible, & sensible a esté faicte & tirée des essences inuisibles de Dieu, cōme le dict sainct Pol, Nous entendons par foy que les siecles ont esté preparez par le verbe de Dieu, a ce que des choses inuisibles fussent faictes les visibles. Aussi Mercure l'auoit dict, quand il demanda a Dieu dont estoient sortiz les elemēts de nature, Dieu luy respondit, de la volonté de Dieu, laquelle auec son verbe ayant veu le monde si beau, en son diuin exemplaire elle l'imita, bastissant son monde par ces mesmes principes & simples semences.

Composition de l'homme, sortie de Dieu en toutes ses parties. Heb. II. a

Ceste matiere donc estant partie des principes & semences de Dieu en a receu sa perpetuelle materialité ou son essence: laquelle, comme nous dirons cy apres, elle ne peut donc perdre: affin que ce qui a receu essence de Dieu ne tumbe en priuation. Quand a l'ame elle est immortelle, & par consequent essence diuine: car il n'y a rien immortel que ce qui est en Dieu, comme nous l'auons dict souuent, voire & qu'il n'y a incorporelle essence qu'en Dieu, & par plus fort immortel qu'en Dieu. Quant a l'image de Dieu elle est accompagnée de toutes vnitez, & essences diuines, purement, & simplemēt eternelles, & immortelles. Venant donc a la dissolution du corps, comme nous auons dressé la composition, & prenant toutes les vnitez du corps humain qui ont esté assemblées en sa composition, nous trouuerons ce que dict Mercure estre vray. CAR ENTOVR D'AVCVNE DE CES CHOSES N'Y A MORT. C'est a dire qu'il n'en y a aucune qui puisse endurer ce que nous apelons mort, duquel mot nous abusons. MAIS C'EST PLVSTOST CONCEPTION ou imagination DV NOM DE LA CHOSE IMMORTELLE, OV C'EST OEVVRE VAINE le nōmer sans vraye intelligence de sa signification: OV BIEN QVE PAR PRIVATION DE LA PREMIERE LETRE L'ON DISE & preigne ce mot MORTEL, POVR le mot IMMORTEL, C'est que ostant la premiere lettre ou sillabe a ce mot immortel, il y demeurera mortel. Et Mercure dict que ce petit erreur d'auoir au commancement failly d'vne seulle lettre, qui met la difference entre ces deux mots mortel, ou immortel, qui sont du tout contraires, nous a amené a la longue ce grand erreur & vanité, d'auoir estimé mortelles ostant ceste premiere lettre les choses, qui de leur nature sont immortelles. CAR dict il MORT APPARTIENT A PERDITION. C'est a dire que la cōmune acception de mourir est d'entendre, que ce qui meurt se perde & aneantisse ou deuienne rien. La difference que met en c'est endroit Mercure entre immortel & mortel, par l'ablation d'vne lettre pourroit faire penser aucuns que ce ne fust de la langue Ægyptiāne que ceste clause fust venue, ains de la Grecque, qui ostant la premiere lettre de ἀθάνατος qui signifie immortel, le mot fust conuerti en θάνατος qui est mort. Mais il faut penser qu'en toutes langues le plus souuent les dictions signifiant contrarietez d'habit ou priuation ne sont differentes que d'vne particule priuatiue que l'on meet au commencement de la diction signifiāt l'habit pour la rendre au contraire signifiant priuation, comme les langues Grecque, Latine, & Françoise le tesmoignent ordinairement, comme font aussi les langues Orientales, qui nous fera croire que la langue Ægyptienne leur voisine en faict autant comme le Grec le nous represente, sans auoir en c'est endroit la proprieté des mots Ægyptiens, non plus que nous auons vsé des Grecs en la nostre, ains auons trouué qu'il aduient de mesmes a ceste langue, voire mieux qu'a la Grecque, laquelle en c'est endroit par la detraction de sa premiere lettre ou sylabe, du mot ἀθάνατος signifiant immortel ne produit son contraire θάνατος, lequel signifie mort, & nō mortel, qui est signifié par θνητός, enquoy la Françoise suit mieux l'intention de Mercure & langue Ægyptienne par ces dictions, immortel, & mortel. Parquoy ceste clause est du vray Ægyptien comme les autres. Laquelle ensuiuant, nous dirons donc que les hommes par vne vaine conception de la chose immortelle, laquelle il n'ont cogneu en sa dignité d'immortallité comme estant yssue des essences diuines ont pensé, que toute chose qui se cachoit de leur veuë corporelle, ou bien qui estoit changée & alterée en autre forme, se perdist & deuinst a rien: de tant quelle ostoit sa forme acoustumée de deuant les yeux corporels, au iugement desquelz, & autres sens corporelz, le commun s'arreste plus qu'a la ratiocination & iugement de leur vraye intelligence. Par laquelle ils pouuoient clairement cognoistre ce que dict Mercure ensuiuant. MAIS DES CHOSES QVI SONT AV MONDE AVCVNE NE SE PERD.

Chap. 1. 2.

Chap. 2. 7. & 11. 18.

Chose qui a receu essence ne peut estre abolie.

Deceptiō prenāt mortel pour immortel.

Grand abus pour auoir iugé par les sens

Et com-

Et combien que nous vsions, pour estre entendus du comun, de ce mot de mort, si est ce qu'il ne signifie ce que l'ignorance du commun luy attribue, qui est perdition, comme nous auons dict, & priuation d'essence, mais signifie veritablement vne dissolution & separation des vnitez & parties qui ont esté assemblées par le createur, a la creation de l'homme animal, ou autre creature. Et lors qu'elles sont desparties la forme s'en allant, la figure, qui soulloit apparoistre aux yeux se change, & toutes vnitez & parties retournent en leurs sources, comme nous auons dict au premier chapitre, sans perdre rien de la verité de leur essence. C'est ce que Iesus Christ a dict, Vn cheueu de vostre teste ne se perdra: ce n'est pas que l'homme ne le perde, car le contraire est manifeste: mais il entend d'estre aneanty ou deuenu a rien pour ne perdre rien du leur. Et la cause c'est, dict Mercure, DE TANT QVE SI LE MONDE EST LE SECOND DIEV ET ANIMAL IMMORTEL, IL EST IMPOSSIBLE QV'IL SE PERDE AVCVNE PARTIE DE L'ANIMAL IMMOTEL.

Cause pour-quoy aucune chose ne se perd.

Il nous faut ressouuenir que nous auons cy deuant dict, qui sont ceux, que l'on apelle dieux, tant en nostre Mercure, que saincte Escripture, par laquelle nous auons trouué, que Iesus Christ declare, que ceux a qui le commandement de Dieu s'est addressé, sont dictz dieux, alegant le Psalmiste: de mesme maniere Mercure a nommé dieux les corps celestes, de tant qu'ils ont le commandement de Dieu en dispensation. Ainsi les hommes ayãt charge d'administrer au peuple les commandemens de Dieu & conduicte de leur police ont esté dictz dieux, à cause que l'on considere en eux, non leur estat particulier, mais la charge qu'ils ont de manier, & dispenser les auctoritez de Dieu sur ses creatures. En ceste maniere Mercure dict le monde estre le second Dieu, comme estant celuy, apres Dieu, qui a en maniement plus des auctoritez & vertus de Dieu, que creature quelconque: & ce à cause qu'il les contient, & si est composé de tous, comme estant ses parties. A ceste cause il le nomme le second Dieu, comme n'estant autre apres le createur, qui soit plus grand en actions & vertus que luy, receuës de Dieu en dispensation & ministere. Il le dict aussi animal, de tant qu'il est plein de vie, en toutes ses parties, esquelles par tout ou est la vie, il y a ame en laquelle est assise la vie. Il le dict aussi immortel, de tant qu'il est tout composé d'vnitez & parties, qui ne peuuēt estre aneanties, ou deuenir à rien, à cause qu'elles sont toutes yssues des essences diuines, lesquelles ne souffrent aucune priuation, ou aneantissement d'estre: qui sont toutes vnitez composants les formes des creatures sur la matiere. Si ce monde donc (dict Mercure) est le second Dieu, & animal immortel, il est impossible, qu'il se perde aucune partie ou vnité de ceste grande composition, ou qu'elle deuienne à rien par priuation d'essence. Car si les parties deuenoient à rien, par succes de temps le tout se ruyneroit, & les essences diuines desquelles il est composé, viendroient en priuation, chose qui est du tout hors de raison. Car Dieu en toutes ses essences est immortel, eternel, & sans aucune subiection de priuation, de tant qu'il est le vray contraire, qui est source de toutes essences & habitz. Dont s'ensuit, que toutes vnitez & simples parties, qui composent le monde, en tant qu'elles sont yssues des essences diuines, sont perpetueles, & ne peuuent perdre cest estre, qu'elles ont en leur vraye & principale source Dieu tout puissant.

Ioan. 10. g

Le monde pourquoy est dict second Dieu animal immortel.

Aucune partie du mõde ne souffre priuatiõ d'estre.

Parquoy le monde qui en est composé, premierement ne se peut donc perdre, n'y finer par ceste mort, que nous auons estimé estre perdition & priuation d'estre ou d'habit: MAIS demeure immortel: car dit Mercure, TOVTES CHOSES, QVI SONT AV MONDE, SONT PARTIES DV MONDE, ET PRINCIPALEMENT L'HOMME ANIMAL RAISONNABLE. C'est a dire combien que le monde soit en son total composé des simples vnités, si est ce qu'il a encore en soy autres parties qui sont composées de ses mesmes vnitez desquelles l'vn en prend plus & l'autre moins. Comme toutes creatures & autres compositions qui se font au monde de l'assemblement de diuerses choses ensemble, lesquelles a cause qu'elles prenent leurs parties des parties simples du mõde, elles sont dictes parties du monde. Dont la principale est l'homme, a cause de l'ame raisonnable, & sainct Esprit image de Dieu, qui est en luy. Et est dict partie du monde de tant qu'il est composé des vnitez & parties simples qui sont du monde: & que aussi Dieu l'a mis dedans.

A ceste cause nous dirons, que le monde est composé de ses parties doublement, à sçauoir premierement de ses parties simples, qui sont les elements, ou matiere sans aucune forme a part, & les essences & vertus diuines aussi a-part. Secondement il est composé des creatures, qui sont corps composez de matiere en ses simples vnitez, & de forme qui sont

essen-

essences & vertus de Dieu. La premiere composition que nous auons dict du monde est immortele, & indissoluble: de tant que ses simples vnitez ne peuuent perdre leur essence, ou en estre priuées pour venir a rien. Mais la seconde qui est des creatures & choses composées, ne peut demourer en cest estat, ains est subiecte a despartir à tout coup les vnitez de chasque composition, apres qu'elle aura faict son cours & durée, pour les employer à la composition d'autres. Et cela ne s'appele au monde veritablement perdition, ou aneantissement: mais bien mutations, alterations, & changements, reuelations, & ocultations. Lesquelles nous auons nommé Mort, à cause que ces formes composées s'euanouïssent du iugement de noz sens corporelz, quand leurs simples parties reprent leur premier estat, pour estre prestes a r'entrer en la composition d'vne autre forme, & l'abus que nous receuons de noz sens corporels, qui dominent plus en nous, que la raison & vertus de l'image de Dieu, a tant gaigné sur nous, qu'il nous a fait asseoir tous iugemēs, que nous faisons sur cest abus, & ignorance, nourrie par luy. Dont s'est ensuiuy, que nous au lieu de iuger par nostre entendement & discretion essences diuines, que toutes vnitez simples, qui ont esté assemblées pour composer l'animal, s'en retournent apres sa dissolution, que nous appellons mort, en leurs sources & premier estat, pour reuenir en autres compositions : auons iugé par ce que nos sens perdantz l'vsage, & present sentiment de ses vnités n'en aperçoiuēt plus aucune chose: par ce moyen ne nous aydant que de nos sens perdions le iugement, estimans que la chose se perdoit & venoit a rien, de tant que nos sens n'y consideroient ny sentoient plus aucune chose.

Par ou nous auons tousiours bien donné a cognoistre que nous auons plus veneré la vie du brut, & auons plus voulu tenir de son insuffisance, nous laissant gouuerner par nos sens comme le brut, que nous n'auons veneré l'image de Dieu qu'il luy a pleu nous donner pour nous conseiller & conduire a la perfection, pour laquelle l'homme a esté basty toutes heures que nous la voudrons croire. Et a faute de nous estre entretenuz en l'vsage & veneration de raison plus que des sens, cōme nous deuions : ayans supprimé & souillé nostre bon iugement, nous auons estimé tous ces changemens & mutations qui se font en la matiere par le moyen des generations des vns, & corruptions des autres, par les reuelations, & occultations & tous autres moyens d'alterations, estre vraye perdition & priuation d'essence: ne cognoissantz la nature de l'essence qui est vraye intelligible, & non materiele: mais c'est ceste vertu d'essence qui conserue tant le materiel que l'intelligible, & le tient en perpetuele durée, comme nous auons dict de ce monde grand animal, immortel, second Dieu, & de ses parties.

Aucune chō se ne se perds mais se chāge ou se cache des sens.

Iugemens cō muns, faicti par ignorāces & abus des sens.

SECTION. 2.

Car le premier de tous est veritablement Dieu eternel, & non engendré & operateur de toutes choses : & le second qui par luy a esté faict a son image , & par luy inspiré, nourry, & faict immortel, comme de son propre pere, est tousiours viuant, en tant que immortel. Car le tousiours viuant differe de l'eternel: detant que l'eternel n'est faict d'autre : car s'il estoit faict, il n'eust esté faict iamais de soy mesmes, ains est tousiours. Car eternel est de qui toute chose eternelle est. Mais le pere est de soy mesmes eternel, & le monde a esté faict du pere tousiours viuant, & immortel.

COMMENTAIRE.

Continuant le propos des dieux, Mercure reuiēt au Dieu des dieux, lequel il nomme le premier, & duquel tous autres prenent les actions & vertus, qui les font nommer dieux. Car le premier de tous est veritablement Dieu eternel, et non engendre, et operateur de toutes choses. C'est la differāce, qu'il veut mōstrer entre le seul Dieu tout puissant & toutes creatures portant non de dieux, a cause de leur charge. Ce Dieu tout puissant, est par raison le premier de tous, en temps, & dignité. Car estant commencement de toutes choses, il precede tout en temps : & estant createur de toutes, il les precede en dignité. Il est donc veritablement premier, eternel, & non engendré. Mercure retourne souuent a nommer Dieu non engendré, pour nous

Mercure recognoist Dieu souuerain, duquel tous dieux dependent.

nous tenir en memoire recente de la diuision vniuerfele de toutes chofes, qui font. Car toutes chofes font ou Dieu, ou creatures: toutes creatures font engendrées: il ne refte donc aucune chofe non engendrée, faiĉte, ny creée, que Dieu.

Eftre non engendré eft propre à Dieu feul.

A cefte caufe il dict, qu'il n'eft point engendré, mais tient l'autre party, qui eft d'eftre facteur, createur, ou operateur de toutes chofes. Eftant par ce moyen feul, & vray Dieu, premier de tous ceux, qui portent nom de Dieu, entant que leur commencement & createur. Dont s'enfuit, qu'il eft bien efloigné de reçeuoir aucunes idoles, ou dieux faicts de mains d'hommes, attendu qu'ils font beaucoup moins que creatures. ET LE SECOND, QVI PAR LVY A ESTE FAICT A SON IMAGE, ET PAR LVY INSPIRE, NOVRRY, ET FAICT IMMORTEL, COMME DE SON PROPRE PERE, EST TOVSIOVRS VIVANT, ENTANT QVE IMMORTEL. Comme s'il difoit, Ce fecond Dieu eftant faict

En quoy le monde tient l'image de Dieu.

à fon image, de tant qu'il a mis en ces creatures, defquelles le mõde eft compofé, fes vertus, & puiffances: Soit donnãt aux corps celeftes, & immortels fes actions, puiffances, & vertus requifes pour le maniement de la matiere à faire generations, productions, corruptions, mutations, occultations, & renouuellements, & toutes actions, & paffions, qui font faictes en la matiere, pour la difpofer a reçeuoir cefte infinie compagnie, nombre, & beauté de toutes creatures: Lefquelles font tous les iours & heures faictes, & aufquelles l'operation de ce tres digne ouurier n'a iamais ceffe ou repos, ains opere continuelement, & eft employée par fes creatures parties du monde: Entre lefquelles n'en y a vne feule, qui puiffe eftre trouuée vuyde & oifiue, fans auoir reçeu par l'infpiration de fes graces, & bontez, quelque puiffance & vertu de ce grand operateur en charge & miniftere: de maniere que tout ce monde eftant plein des vertus & effences diuines, femées dans fes creatures, pour y exercer l'vne de fes principales perfections, & mefme celle, par laquelle nous auons cy deuant dict, qu'il eftoit cogneu, & trouué plus grand, que par le nom de Dieu: qui eft cefte continuele operation, creation, & entretenement de toutes chofes : Soit auffi donnant à toutes creatures produictes par fes actions & vertus commifes aux creatures celeftes, & leur defpartãt de fes effences & actions, pour continuellement operer a fa femblance: Soit auffi en ce que dans ce monde il a voulu faire, créer, & compofer l'homme animal diuin, auquel il a mis & infpiré non feulement quelque vertu particuliere des fiennes, comme il a faict en toutes creatures, mais a bien mis en luy fon fainct Efprit, portant la perfection de fon image: auquel il a donné puiffance fur toutes creatures, comme eftant toutes faictes pour fon feruice, voire eftant le mefme monde, faict pour contenir ce noble animal, dans lequel deuoit eftre affife l'image de Dieu.

Le monde faiĉt pour cõtenir l'hõme comme l'hõme pour contenir le S. Efprit.

Puis donc, que le monde auoit efté honoré de tant de vertus diuines, non feulement mifes en toutes autres creatures, mais auffi de contenir en foy l'animal & homme diuin, à caufe de la perfection, qui fut mife en luy, vraye image de Dieu, nous ne deuons faire aucune difficulté d'entendre ce monde eftant compofé de toutes ces dignitez, que nous auons dict, auoir efté faict a l'image de ce grand & premier Dieu aucteur & fource de toutes ces vertus & puiffances: qui manifeftent tous les iours leurs operatiõs, a fa gloire, en ce monde, & a fon imitation, comme vraye image. A cefte caufe l'homme ayant en fa matiere ou intelligence toutes les actions & vertus données a toutes creatures, de tant qu'il a reçeu ceft image & fainct Efprit de Dieu a efté dict μικρόκοσμος, qui eft a dire petit monde, ou petit ornement : de tant qu'il contient en foy & fa petiteffe par vertu de fon intelligence, tout c'eft ornement donné au monde en toutes fes parties. Cefte femblance de ce grand animal, ou fecond Dieu, qui eft le monde auec le Dieu fouuerain, a efté diuinement fentie par Plato, di-

Sentiment de Plato de la fcience de Mercure.

fant en fon Timée, Pour ces caufes font nais ces aftres: qui cheminants par le ciel ont conuerfions: affin que ce total animal que nous voyons, fuft tres-femblable a ce tres-parfaict animal, qui eft confideré de la penfée par imitation d'harmonie. Car defia iufques a ce que le temps commença, il auoit bafty les autres chofes fur l'image de l'exemplaire propofé. Mais de tant que ce monde ne contenoit encore tous animaux dans fa circonference, en cefte partie deffailloit de ceft exemplaire la femblance de cefte image. Ce donc qui deffailloit, Dieu le parfaifoit a l'exemple de ce fuperieur. C'eft le dire de Plato qui porte en foy,

Les aftres faits pour rendre le monde femblable a Dieu.

q̃ les aftres qui alant & venãt par le ciel, ont cõuerfions, qui font les fept recteurs ou planetes, font nés & faictz de Dieu, pour ces caufes, afçauoir afin que ce total animal, qui eft le monde compofé de toutes chofes, que nous voyons, & qui eft fenfible & perceptible des fens, fuft

ttesfemtres-semblable a ce tresparfaict animal, qui est consideré de la pensée. C'est Dieu, lequel il nomme animal, en tant qu'il le cognoist viuant, & lequel seule pensée par contemplation, & consideration, comprent comme estant son essence propre, par imitation d'harmonie: c'est a dire par imitation d'ordre, concent & perfecte concorde, obserué entre ses parties, a la semblance de l'vnion & concorde, qu'ont toutes essences & parties diuines entre elles. Laquelle imitation d'harmonie, le móde obserue en ce, que par l'operation & continuel influx des corps celestes, que Mercure a nommé l'harmonie, le monde ne cesse a produire par tous lieux & en tous temps, imitant son createur, toutes manieres de creatures: enquoy ce monde, grand animal se trouue tres-semblable a ce tres-parfaict animal Dieu tout puissant cogneu de la seule pensée, par imitatió d'harmonie, produisant toutes choses tousiours & par tout comme luy. Car desia iusques a ce, que le temps commença, c'est iusques a ce que les actions furent par l'institution, & esbranslement, ou cours de nature données aux creatures en vertu de leurs mouuementz, prenant le temps pour la durée des creatures corporelles, qui commença quand elles commencerent leurs actions & mouuementz, mesuré par le mouuement de l'octaue sphere, en laquelle est figuré l'equinoce, duquel le mouuement est estimé la vraye quantité & mesure du temps de l'vniuers: il auoit basty les autres choses sur l'image de l'exemplaire proposé.

C'est qu'il auoit basty toutes Creatures en semence, non encore en multiplication, ains les premieres en leurs especes crées sans propagation, & ce sur l'image, Idée, ou conceptió contenue en l'exemplaire superieur, & proposé en pensée diuine, auant la structure de ce monde grand animal visible: qui est cause, qu'il dict apres, Mais de tant que ce monde ne cōtenoit encore tous annimaux dans sa circonference. C'est ce que a dict Mercure au premier chapitre, quant toutes creatures furent basties sans auoir receu en la region elementaire, aucune action ou vertu: que ainsi sont demourées toutes choses du monde sensible, iusques a la fin du circuit. C'est, que toutes creatures attendoient le commandement du verbe de Dieu, ou cours du temps & nature, pour peupler & multiplier leur semence, pendant que le premier circuit des actions celestes preparoit toutes actions, & causes de generations, & corruptions, & toutes autres actions de nature, lesquels ne pouuoient auoir effect sans le commandement & ordonnance du verbe de Dieu: de tant que Mercure dict apres. Le circuit estant accomply, le neud de toutes choses a esté lache par la volonté de Dieu, & lors l'homme & touts animaux & creatures par ce lachement de neud qui les retenoit sans action, & par ce sainct verbe ont engendré, & peuplé le monde de toute chose viuante, pour rendre ce monde sensible faict a l'image de Dieu & selon son exemplaire, idée, & conception. C'est ce qu'entend Plato, quand il dict, mais de tant que ce monde ne contenoit encore tous animaux en sa circonference, ains seulement leurs semences & premiers créés.

Les creatures premieres faictes auāt que le temps commençast.

L'institution du temps & nature ont multiplié par propagation.

En ceste partie deffailloit de cest exemplaire la semblance de ceste image, & ce affin que dans ceste multiplication de creatures remplissantz le monde, chascune faisant l'estat de sa nature, & loy ordōnée de Dieu, fust reluisante & aparust l'harmonie, accord, & cōsonance. Et d'auantage ceste plenitude d'action & operation conduicte par ceste harmonie, & commun accord secours & compatibilité que toutes creatures ont entre elles, selon l'ordre de leur nature & institution. Par lesquelles choses ce grand animal monde doibt retirer en soy l'ymage de ce tresparfaict animal : qui ne peut estre veu, entendu, ny compris, que de pensée en ce, que par son harmonie il opere tousiours par tout & toutes choses. Ceste partie donc, que nous disons, enquoy defailloit encore l'image de son exemplaire (dict Plato) Dieu le parfaisoit, laschant le neud & progres de nature en ce bas monde materiel, a l'exemple du superieur exemplaire, qui estoit determiné, designé, & ordonné dans ceste diuine pensée, que pour faire venir ce monde a la similitude d'infinie operation & action, a faict ces astres allantz & venantz par le ciel, prouueuz de ses essences & vertus: par lesquelles ils rendent ce grand animal sensible tres-semblable au tres-parfaict animal, qui ne peut estre veu que de la pensée. Ie ne fais aucun doubte, que Plato n'aye acquis & aprins ce propos de la doctrine de Mercure, lors qu'il alla en Egipte pour le sçauoir de sa philosophie. Il parle consequemment des idees, desquelles nous parlerons cy apres, auec Mercure. Dieu aidant, vsant souuant de mesmes propos & comparaisons.

L'image de Dieu au mōde.

Ce second

Ce second Dieu donc, qui est le monde, a esté faict, crée, & composé par le premier a son image, & par luy inspiré, conduict, & gouuerné, nourry & faict immortel, cõme par son propre pere, & si a esté fait tousiours viuant, entant qu'il l'a faict immortel s'est monstré combien Dieu a aymé le monde d'en auoir esté si soigneux, l'ayant basty, conduict, & soustenu a ce qu'il ne diminuast ses forces : nourry, qu'il n'eust faute d'aucune chose, qui luy fust necessaire : & faict immortel, comme estant faict de ses propres parties, & essences, esquelles gist toute immortalité. Tous ces bons traictementz & faueurs ont esté faictz de ce bon Dieu au monde, comme estant son propre pere facteur & createur. Duquel il a esté rendu tousiours viuãt, a cause qu'il est immortel, non a cause des choses, dont il est composé, qui sont separées de Dieu, comme souuant nous auons dict de la matiere : mais c'est a cause de ses essences, vertus, & dignitez qu'il a mis a le composer auec la matiere, & principalement a cause de l'animal diuin, qui a receu en soy l'excellence du principal ioyau de toutes essences diuines. Dont s'est ensuiuy ce qu'en a dict sainct Iean, Dieu a en ceste maniere aymé le monde, qu'il a baillé son filz vnicque a ce qu'il ne perisse aucun qui croye en luy. C'est la cause pour laquelle Dieu a aymé le monde, pour la conseruation & restauration de la perte qu'il a veu nõ en toutes autres creatures, qui auoient esté si sagement conduictes par nature, loy diuine, qu'il n'y auoit aucune perdition : mais c'estoit de la perte, qu'il a veu de ce diuin animal : pour lequel le monde estoit faict, qui a cuidé estre plus sage que nature, & qui par ce moyen s'est si mal conduict, qu'il s'est plongé en ruyne & perdition. Et de tant que c'est celuy là, qui a en soy la perfection des dignitez, que Dieu a mis au monde, le composant qui est l'image de Dieu, il a tant aymé ce petit monde contenant son image, qu'il n'a espargné de liurer son filz vnicque eternellement engendré en mesme essence diuine, pour retirer de ruyne son filz engendré au monde & meslé auec la matiere, dont il est composé, comme vray pere desirant de conseruer, entretenir, & esleuer sa generation, qu'il a mis en ce monde tousiours viuant, a cause de l'immortalité de ses parties. De tãt que encores que les parties composées meurẽt, ou tumbent en mutation & dissolution de leurs vnités, toutesfois ces vnités, qui sont les plus simples & premieres parties du mõde, ne pouuant iamais perdre leur habit, comme l'aiant receu du Dieu souuerain, elles sont dictes immortelles & par consequent le monde, qui en est composé, est dict immortel. Et par ce que le monde estant immortel, il n'est pour tant eternel, Mercure met icy vne differance entre le tousiours viuant ou immortel, & l'eternel. CAR, dict il, LE TOVSIOVRS VIVANT DIFERE DE L'ETERNEL : DE TANT QVE L'ETERNEL N'EST FAICT D'AVTRE. CAR S'IL ESTOIT FAICT, IL N'EVST ESTE IAMAIS FAICT DE SOY MESME, AINS EST TOVSIOVRS. Nous trouuerons qu'il viendra en fin a limiter la differance de ces deux, en ce que l'eternel est sans commencement, ny fin : & le tousiours viuant ou immortel a commencement mais non aucune fin. Parquoy tout eternel est immortel ou tousiours viuant, mais tout immortel n'est pas eternel : de tant que l'immortel n'a que vne dignité d'estre sans fin : & l'eternel a les deux sans fin ny commencemẽt. A cause de quoy il dict, que l'eternel n'est faict d'autre, il voudroit autãt dire, qu'il n'est faict : car nous auons vuidé cydeuant, que tout ce qui est faict, est faict d'autre : & que rien ne se faict de soy mesmes. Parquoy ce qui est commencement de soy mesmes, ne peut estre dict faict, mais eternel. Dõnt n'estant faict de soy mesme il dict, qu'il est tousiours. S'il est tousiours, il n'a iamais esté faict de soy. Car il ne peut, de tant qu'il eust esté, auant qu'il fust, qui ne peut estre, s'il est faict d'autre, l'autre estoit auãt luy. parquoy il n'est de tousiours, mais seulement depuis que l'autre l'a faict. Nous dirons donc que ce qui est eternel, n'a iamais esté faict, ou commencé, ny aura aucune fin. CAR L'ETERNEL (dict Mercure) EST DE QVI TOVTE CHOSE ETERNELE EST. Ce propos a deux intelligences, premierement que l'eternel est celuy, duquel toutes choses luy appartenantes, ou toutes parties sont eterneles : & par ce que toutes choses eterneles sont en Dieu, il se trouue eternel. Et de la vient l'autre intelligence, qui reuiẽt a mesme chose, c'est que l'eternel est, duquel toutes choses eterneles sont, & dependent tellement, qu'il n'y aye aucune chose eternele, qui ne soit de l'essence de c'est eternel : & par ceste intelligence c'est eternel demeure seul & vnique premiere cause & principe de toutes choses, a la difference de toute chose immortele, & tousiours viuant. Lesquelles dependent toutes de c'est eternel qui a esté deuant, & cõmencement de toutes choses, qui ont essence en la matiere formée. Lesquelles n'ont en elle aucune eternité, par ce qu'elles dependent d'autre commencement. MAIS LE PERE (dict Mercure) EST DE SOY

SOY MESMES ETERNEL: ET LE MONDE A ESTE FAICT DV PERE TOVSIOVRS VIVANT ET IMMORTEL. Il continue en cest endroit la difference de Dieu à ses creatures, sur ce propos disant, que le pere prend l'eternité, ou est eternel de luy mesme, & de son propre, n'ayant eu commencement ny facture d'aucun autre, ains comme nous auons dict autrefois, il a esté son commencement luy mesme eternelement, sans prendre rien d'autruy. Et n'est ainsi du monde: lequel ne prenant son commencement, estre, ny creation de soy mesme, comme n'estant assez perfaict pour ce faire, a esté faict, basti, & composé de Dieu son pere & createur: qui luy a donné en vertu de ses essences, ceste prerogatiue d'immortalité & vie infinie: dont il a esté dict tousiours viuant & immortel. Et par consequent combien que les formes & compositions des creatures ne soient immorteles, ains souffrēt changement & perdition, voire aneantissement de sa composition pour venir à vn'autre composition & forme: ce neantmoins les principes & premieres parties, desquelles estoit bastie la composition qui sont les simples vnitez, dont le monde est composé, demeurent en vray habit immortel & tousiours viuant. Comme par exemple, le cheual, asne, ou bœuf, ont vn corps de matiere, auquel est adioustée quelque vertu diuine pour forme, conduicte par nature. Laquelle forme en la mort ou dissolution de ce corps ainsi composé, se retire en sa source des esseces diuines, qui est ceste vertu de vie, qui n'est propre en autre subiect qu'en Dieu.

Les creatures ne meurent, mais souffrēt changemens.

Exēple d'immortalité des creatures.

Au reste, les parties elementaires par succes de temps s'en retournent en leur particulier, chacune en son essence, soy preparant a r'entrer en telle autre composition, qu'il plaira à l'autheur de nature luy ordonner: & ne s'en perd aucune partie, ains sont toutes conseruées par vertu de la perpetuele materialité, qu'elles ont rapporté de leur createur, comme nous verrons cy apres: laquelle les tient en continuele essence ou habit tousiours immorteles. Et ceste immortalité de parties & continuele essence, entretient au monde ceste vertu d'estre tousiours viuant & immortel. Ce n'est pas ainsi de l'homme, car s'il n'estoit partie du monde, & à cause de laquelle le monde reçoit ses plus grandes dignités, nous pourrions dire, que l'homme tout seul fourniroit plus d'excellence & grande dignité, que tout le reste des parties & creatures du monde: & ce à cause de ceste image de Dieu, qui n'a esté mise en subiect quelconque du monde materiel, que en ce seul animal diuin, comme principale piece de celles, qui ont esté données à tout le monde. A cause dequoy l'ame raisonnable s'est trouuée immortele, gardant sa vie perpetuelement, nonobstant le departement & dissolution de ses vnitez, qui se faict par ce que nous appellons mort. Vray est que ceste vie immortele & perpetuele, qu'elle continuera apres sa dissolution, peut aduenir en diuerses manieres, selon que durant sa composition, ell'aura bien ou mal conduict la liberté de ses actions, par lesquelles elle doit estre iugée: comme il est tres-frequent aux escriptures sainctes. Mais ce propos n'estant a present a traicter nous reuiendrons a conclurre, que le monde a esté faict tousiours viuant, & plein de vie de toutes parts, & immortel en ses principales & simples parties, dont il est composé.

SECTION. 3.

ET le pere ramassant & faisant corps de toute la matiere, qui estoit retirée deuers soy, il la fist ronde, & l'enuironna de qualité, à sçauoir qu'elle estoit immortele, & auoit perpetuele habitude de matiere. Et d'auantage, le pere adioustant à ce globe les choses qualifiées, yssues des idées, il les a enfermées auec toutes qualitez, comme dans vne cauerne, desirant orner les qualitez qui estoient auec luy. Il a enueloppé tout ce corps d'immortalité: à fin que la matiere voulant soy despartir de sa composition, ne soit dissoulte en sa mesme confusion. Car quand la matiere estoit incorporele, ô mon fils, elle estoit confuse: & qui plus est, elle a icy pareillement quelque confusion, qui s'entremesle parmi les autres petites choses subiectes à qualitez: apres ce qui est d'augment & diminution, ce que les hommes appellent mort.

T

COMMENTAIRE.

MErcure obserue en la suite de ce propos vn ordre retrograde, par lequel apres auoir parlé du monde en son entier, il le reprend en sa creation & despartement de ses parties. C'est pour venir a parler de ses qualitez, par lesquelles il puisse faire quelque collatió enuers l'homme, a ce qu'il aye quelque semblance. Ayant donc dict, enquoy l'hôme comme estât au monde, est partie du monde, il reuient a ce commencement de la creation : ET commence en ce que LE PERE RAMASSANT ET FAISANT CORPS (qu'il dict corporifiant) DE TOVTE LA MATIERE QVI ESTOIT RETIREE DEVERS SOY IL LA FIST RONDE. C'est que Dieu ayant tiré de soy mesme la substance des creatures & l'exemplaire des thoses faictes(duquel nous auons cy deuant parlé)&cóme dict sainct Pol, ayant faict de ses choses, vertus, & essences inuisibles, les matieres & choses visibles, toute cestematiere, qui estoit deuers soy, n'aguiere sortie de ses essences inuisibles il la corporifia comme dict le Grec, c'est a dire il la renduit en corps visible & sensible la ramassant & ordonnant de maniere, que pour estre figurée suiuant la perfection & dignité de l'ouurier, elle fust rendue par luy en la seule forme ou figure parfaicte, entre celles qui sont cogneues des hommes, qui est la rondeur contenue en soy mesmes, semblable a soy mesme de toutes parts, & composée de plusieurs autres perfections, comme ne pouuant sortir de ce digne ouurier, œuure moings que parfaicte. ET L'ENVIRONNA auec ceste rondeur, & la fournist DE principales QVALITEZ, c'est ASCAVOIR pour conseruer l'honneur que la matiere auoit eu, de sortir de ses essences, il luy donna QVELLE ESTOIT IMMORTELLE, a ce que aucune chose, partie de ce merueilleux subiect, ne souffre perdition ou aneantissement. Mais de tant que comme nous auons diuerses fois dict, il deliberoit la separer de ses vertus ET dignité de raison, si est ce qu'il vouloit toutes fois qu'elle ne peut iamais tumber en priuation de matiere: mais AVOIT PERPETVELLE non pure essence ou rang des choses diuines, mais vraye HABITVDE DE MATIERE. C'est a dire, que quelle forme que ceste matiere fust commandée a recepuoir, & quelle mutation, alteration, ou changement, elle fust contraincte a faire, quand bien elle perdroit la forme qui luy auroit esté imprimée par sa mutation, ou corruption: si est ce qu'elle ne perdra son estre ou habitude de matiere, qu'elle ne demeure tousiours matiere, en vraye habituation, & habit, exépte & preseruée de toute priuation d'estre matiere, quel changemét qui luy viéne. Et c'est estre que nous luy aprions, ne doibt proprement estre entendu vray estre, bié dependant d'essence, laquelle apartient au seul Dieu en son essence inseparable de luy: mais doibt estre entendu pour vn vray habit de matiere, la preseruant seulement de toute priuation & aneantissement, quelles passions, mutations, & autres iniures qu'elle souffre: & ce affin qu'elle ne tumbe en la perdition ou ruine qui la rendroit inepte, & incapable de recepuoir les formes de son createur, pour lesquelles elle a esté principalemét faicte. Et tiendrós en elle ceste principale vertu d'habitude seulement & non proprement d'essence, pour la tenir differante des essences diuines : attandu qu'elle en a esté du commencement separée : dont il ne luy reste plus propre nom, ou vertu d'essence, mais seulement d'habitude perpetuelle, qui la preseruera d'aneantissement, & l'entretiendra & ramenera tousiours a soy retrouuer matiere, quelle forme quelle perde. Vray est que nous vsós de ce mot estre de matiere, pour le rendre plus entendu pour vn commencement, a faute de diction: combié qu'il soit impropre, nous accomodant au vulgaire, de tát que habit est quelque maniere d'essence de ce diuin present que Dieu a donné a la matiere, de ne pouuoir iamais perdre son habit de matiere Soit le fondemét de ce qui est traité en ce chapitre, c'est que aucune chose ne meurt, c'est a dire ne perd estre ou ne deuient a rien: par ce que toute chose est faicte de ceste matiere q Dieu a enuironné d'immortalité, & a laquelle Dieu a donné perpetuele habitude, & essence de matiere exemptée d'en pouuoir estre priuée. ET D'AVANTAGE dict Mercure LE PERE ADIOVSTANT A CE GLOBE LES CHOSES QVALIFIEES YSSVES DES IDEES. Il nous faut arrester sur ce propos, & nous souuenir que cy deuant nous auons dict, que quand Mercure tumba en vn merueilleux estonnement, Dieu luy dict as tu veu en ta pensée l'exemplaire de la figure, plus ancien que le principe infiny.

La matiere est yssue d'essences diuines Ireneus lib. 4. cap. 37. Hebr. 11. a

La matiere a esté prouuene d'immortalité ou habit de matiere.

Matiere ne tumbe iamais en priuation d'estre quel changemens qu'elle souffre

Que c'est estre de matiere.

C'est

C'est exemplaire, c'est ce que depuis Plato ayant esté en Ægipte pour retirer quelque *Idée de Pla-* doctrine des reliques de Mercure, a nommée en son Tymée les idées, desquelles ayant eu *to, que c'estoit* plus de cognoissance que de leur aucteur, combien qu'il en aye plus approché, que tout autre Philosophe qui aye escript auant luy, reserué nostre Mercure. Ce grãd personnage donc dict Autant & telles idées que la pensée a regardé en ce, qui est animé : elle a excogité d'en *Texte du Ti-* estre contenues autant & telles en ce monde, lesquelles sont quatre. Ces idées sont les con- *mée de Plato.* ceptions, qui ont esté proposées en ce diuin exemplaire de l'intelligence & pensée diuine de tous effectz exterieurs, qui deuoient estre produictz (par la creation du monde & son contenu) des essences & principes de Dieu. Comme il a esté monstré a Moïse, quand Dieu *Exode 25. d* voulust bastir le tabernacle & habillements sacerdotaux par l'exemplaire, qu'il luy fist voir *& 26. f* en la montagne, qui estoit l'exemplaire des idées essentiales, & conceptions diuines, desquelles toutes choses par apres faictes & creées ont prins leurs principes, comme dict ensuiuant a Mercure la diuine pensée, quand il luy a demandé. Dont estoient yssus les elementz de nature ? de la volonté de Dieu (dict il) laquelle ayant prins le verbe, & veu la beauté de cest ornement, a imité bastissant son monde par ces mesmes principes, & simples semences. C'est que la volonté de Dieu auec le sainct verbe, ayant veu dans l'exemplaire, conception *Le monde fut* & idée diuine la beauté de cest ornement (ou monde qui est mesme chose) elle l'a imité, *basti suiuant* mettant en effect auec ces principes propres & simples semences, ce que la diuine idée ou *l'exemplaire* conception auoit ietté. En l'exemplaire desquelles idées, Plato n'en a prins que celles, qui *& idées diui-* touchoient l'effect de l'ame viuante en cest endroit : lesquelles il a distribué en quatre par- *nes.* ties, à sçauoir celles des creatures celestes, qu'il a dict estre basties principalement sur matiere du feu, comme estant le plus actif, & afin qu'elles fussent plus reluisantes & agreables a voir : & les a nommées les animaux diuins, à cause de ce, que nous auons cy deuãt dict plu- *Plato n'a* sieurs fois, que les anciens estimoient les corps celestes dieux, considerant qu'ils voyoient *prins de l'e-* en eux les vrayes puissances & vertus diuines, mais leur deffaut estoit qu'à l'aduenture tous *xemplaire que* ne pensoient, comme Plato, qu'ilz fussent produictz, par vne plus haute pensée. La premiere *quatre idées* donc des idées estoit la semence de ces animaux diuins, & corps celestes. La seconde estoit des animaux airiens, ou bien volatiles, composez principalement d'air. La tierce des poissons ou animaux aquaticques, qui sont composez principalement d'eau. La quatriesme des animaux terrestres, lesquels sont plus solides, comme tenans plus de l'element solide, qui est la terre. Et combien que tous corps tiennent de tous elements, ce neantmoins en chasque corps domine vn particulier element duquel la composition retient la nature.

Pour entendre donc ce propos que Mercure dit en cest endroit que le pere adiousta à ce globe ou corps arrondy, les choses qualifiées yssues des idées, qui sont tous corps materielz suiectz a qualités, premieremẽt yssues & desseignées par les idées, & diuin exẽplaire, lesquelz la pensée diuine deliberant mettre dans le monde & les prouuoir & orner: IL LES A EN-FERMES AVEC TOVTES LES QVALITES, COMME DANS VNE CAVERNE. C'est que le pere createur ayant adiousté a ceste masse de matiere disposée a receuoir les generations & corruptions, les qualités conceuës, & proposées, en l'exemplaire, & idée diuine non seu- *Toutes quali-* lement sur l'ame viuante que dict Plato, mais aussi sur toute autre maniere de composition *tez estoient* ou creature, pour les produire & mettre en effect: il les y a toutes encloses comme dans *premierement* vne cauerne, c'est à dire pour seruir a ce, qui est dans le seul cloz de ce monde, & non a ce *en l'idée diui-* qui est dehors, de tant que ce qui en est dehors n'est subiect a aucune qualité qui est toute *ne, que és cre-* vertu & essence diuine DESIRANT AORNER dict Mercure, LES QVALITES, QVI *atures.* ESTOIENT AVEC LVY. Ce n'est pas qu'il y aye qualités en Dieu, ains toute essence necessaire : mais de tant que la premiere idée, ou cõception de toutes productions de qualitez pour ce monde qu'il failloit composer, prenoit sa source de l'exemplaire qui estoit en Dieu, Mercure dict qu'il desiroit aorner les qualités, qui estoient en luy, ou qui estoient conceuës en son exemplaire, & idée diuine.

C'est pour donner a entendre que ce qui meut Dieu d'honorer ses creatures de tant d'ornementz: grandeurs, richesses & beautés, n'est pas la valeur de la creature separée & esloignée de Dieu a la semblance de la matiere : mais c'est pour la valeur de la creature ioincte, & vnie à Dieu son createur: comme Iesus Christ l'a dit de la branche de la vigne, qui estant separée du cep, demeure inutile & sans fruict, & y demeurant elle porte fruict : qui est le seul homme rachapté par Iesus Christ, qui adhere à ses parties essentiales, & diuines, lors qu'il conforme sa volonté, & petites puissances, au conseil & aduis du sainct Esprit, que Dieu son createur luy a donné & reiette toutes superfluités, & concupiscences de la matiere, pour embrasser l'heureux moyen de salut, que la bonté & misericorde de Dieu luy a donné, qui est Iesus Christ son fils. Lequel ce benoist sainct Esprit donne à l'homme, des incontinent qu'il retire sa volonté vers ses admonitions, pour remettre en toute perfection ce, que le peché venu au monde a destruit & ruyné.

C'est donc pour l'esgard qu'il a, à l'homme, qu'il voit ioinct & vny a son filz Iesus Christ, lequel il prend pour son filz n'y recognoissant autre. Et pour l'amour & respect qu'il porte a celuy là il a voulu aorner toutes ces choses basses, deputées au seruice d'vn tel homme, de toutes les qualités qui estoient en luy, ou bien en l'idée & principal exemplaire descigné en la diuine conception, desquelles il l'a voulu aorner & honorer. Nous pouuons entendre aussi les qualités qui estoient en luy simplement pour le monde disant que Dieu a enfermé dans le monde, les qualités, desirant les aorner, les ayant mises auec luy, ou en luy, c'est les ayant mises au monde : & pour entretenir cest ordre, IL A ENVELOPE (dict Mercure) TOVT CE CORPS D'IMMORTALITE : AFIN QVE LA MATIERE VOVLANT SOY DESPARTIR DE SA COMPOSITION NE SOIT DISSOVLTE EN SA MESME CONFVSION. C'est a dire que l'immortalité, de laquelle Dieu a garny tout ce grand corps, preserue sa matiere de retourner en sa confusion premiere. Ce n'est pas la confusion des mistions qui se font de la matiere pour les generations, & corruptions : mais c'est la confusion qui estoit en la matiere lors qu'elle estoit en chaos, sans aucune discretion ou departement, auant estre mise en corps formé ny figuré. En laquelle confusion, & vray desordre, la matiere ayant passé par les generations, mutations, & corruptions, elle fust facilement retournée, n'eust esté l'immortalité de laquelle Dieu la prouueuë, pour la conseruer en essence. Prenant Mercure en cest endroit la mortalité pour la voix commune qu'on estime signifier totale perdition & aneantissement.

Dieu rendit la matiere immortelle affin qu'elle ne deuint incorporele.

L'immortalité donc a preserué la matiere de perdition d'essence & aneantissement, tellement que la matiere demeurera, & retournera tousiours en son estre particulier de corps & matiere sans iamais le perdre. Comme ce qui aura esté prins de la terre pour la composition d'vn corps auec autres vnitez, apres sa dissolution, & despartement, retournera en vraye terre, sans perdre aucunement son essence, & ce qui sera prins des autres elementz : pareillement retourneront chascun a son essence, ne la perdant oncques, soient ilz en composition de corps, ou en dissolution : comme Dieu le manifesta à Adam luy disant, Tu retourneras en la terre, de laquelle tu es tiré : tu es pouldre & retourneras en pouldre. C'estoit que Adam estant composé d'vn corps terrestre l'element de terre dominoit en son corps : a cause dequoy Dieu luy disant le retour de son principal element en sa nature, s'entendoit pareillement dire le retour des autres, qui auoient moins principalement coüuenu en sa composition, se deuoir faire en leur premiere nature d'immortalité : voulant Dieu declarer tu ne retourneras pas en rien, mais tu souffriras dissolution & despart de mon esprit auec la matiere si indigne de l'acompagner, que mon esprit n'y peut demeurer long temps, par ce qu'elle est chair pleine de tout vice, & retourneras en ceste pouldre & terre, de laquelle tu as esté principalement basty, & à laquelle i'ay donné auec l'autre matiere, qualité d'immortalité, c'est a dire ie l'ay exemptée de cheoir en priuation d'essence, & luy ay donné vertu d'estre tousiours matiere corporele, & sensible, disposée, & ordonnée, & preparée, & non confuse, & desordonnée. CAR (dict Mercure) QVAND LA MATIERE ESTOIT INCORPORELE, O MON FILS, ELLE ESTOIT CONFVSE. C'est qu'elle estant dans l'idée & exemplaire diuin, ou bien estant en chaos, sans aucun ordre ou distribution, qui la designast en la nature de ses corps contenus de dimentions & mesures, elle estoit confuse & sans aucun ordre, n'estant encore acheuée, ny despartie en quatre corps. Car nous auons n'aguere dict, que l'ouurier ramassant toute la matiere, la faisoit corps elementaire, qui monstre qu'estant en chaos & n'estant figurée & ramassée elle estoit incorporele. A ceste cause, il dict, que lors qu'elle estoit incorporele, elle estoit confuse & desordonnée, sans auoir forme, figure, ny qualité quelconque, & hors de toute imagination.

Genes. 3. d

Genes. 6. a

Matiere ne retourne en confusion a cause qu'elle a essence de corps.

La ma-

La matiere pouuoit aussi estre dicte incorporele pour inuisible, auant sa distribution faicte en quatre corps: par ce que des quatre elements, les deux sont de leur nature inuisibles, asçauoir l'air & feu. Et des autres deux l'vn, qui est l'eau n'est guere visible, a cause de sa transparance. Or est il, que les deux inuisibles estans en si grande quantité par dessus les visibles, comme les œuures, qui en sont faictes, le manifestent, asçauoir tous les corps celestes & si aucune chose y a des cieux materiels, qui ont tel aduantage de grādeur par dessus la terre & l'eau, que ces deux moindres estans en leur tres-petite quantité dissoutz parmy les autres, ilz n'y apparoistroient non plus, que faict dās vne eau tresclaire la residance, qui s'y trouue quād elle a boully au feu. Laquelle cōbien qu'elle soit grossiere, si est ce qu'elle ne paroissoit estant meslée auec la grande quantité d'eau, qui la dominoit: dont elle estoit inuisible, & comme incorporele. De mesme maniere la terre & l'eau grossiers, visibles & corporelz estans en leur trespetite quantité dissoutz & confuz parmy ceste merueilleuse quantité de l'air & feu de leur nature inuisibles se trouuoient n'y apparoistre aucunement, non plus que la lye ou residance dans l'eau claire: mais tenoit lors toute la matiere ou chaos confuse ensemble la nature & condition des plus abondans en quantité, qui sont inuisibles, & comme incorporelz tresdifficilz d'estre cōtenuz de mesures, lesquelz a cause de leur merueilleuse grandeur dominoient & representoiēt leur seule nature & conditiō, & non celle des moindres. Parquoy Mercure dit, que la matiere estant ainsi inuisible & incorporelle elle estoit lors meslée confuse, & non encore despartie en quatre corps.

Et dauantage, dict Mercure, QVI PLVS EST, ELLE A ICY PAREILLEMENT QVELQVE CONFVSION, QVI S'ENTREMESLE PARMY LES AVTRES PETITES CHOSES SVBIECTES A QVALITES, APRES CE, QVI EST D'AVGMENT ET DIMINVTION. Il dict que cōbien que la matiere aye esté ordonnée & disposée par le grand ouurier a receuoir toutes formes, & par ce moyen retirée de toute confusion: ce nonobstāt Mercure dict, qu'elle tient encore en ce monde & region elementaire de confusion, qui se trouue enuelopée ou entremeslée parmy les autres petites choses, qu'il nomme (quelles) qui vaut autant en la philosophie, comme subiectes a qualites, ou ayant qualites qui sont toutes creatures terrestres & corporeles en ceste basse region, de tant que nous auons parlé de l'vniuersele matiere, de tout le monde en general. A cause dequoy parlant des creatures particulieres il les appelle les autres petites choses suietes a qualites, actiōs, & passiōs, & infinies autres: ce sont toutes creatures, & compositiōs corporeles & mortelles, parmy lesquelles il estime y auoir quelque confusion de matiere. Laquelle il dict estre quand ce qui est d'augment, & diminution, est passé: qui est a dire, lors que la creature a passé son cours & durée, laquelle consiste depuis sa generation, iusques a sa dissolution en augment & diminution. Car toute creature materiele ne se peut vanter d'auoir aucun estat, arrest, ou fermeté, sans mutation. De tant que des qu'elle a faict son augmentation, ou qu'elle cesse de plus croistre, incontinant elle commence a diminuer ces deux termes, qui sont fin de croistre & commencemēt de diminuer, sont tousiours en vn mesme instant en touçe creature materiele. Apres dōc que ce, qui est de croistre & diminuer est passé ou réuolu, il s'y trouue en la matiere quelque maniere de confusion: pour laquelle bien entendre il nous faut noter, que les vnitez de toutes matieres, qui ont conuenu a la composition d'vn corps venantz a se despartir & perdre leur forme, qui est la vie & sa compagnie, elles sont quelque espace de temps ensemble, auant estre reduictes & retournées en leurs particuliers habitz & nature. Durant lequel temps n'y en a aucune, qui puisse estre dicte creature, terre, eau, ayr, ny feu: ains sont pour encore toutes en confus & desordonnées tenans quelque semblance de la nature & condition du premier chaos confus & desordonné, a cause que des la dissolution & ceste fin de croistre & diminuer, chasque matiere particuliaire perdant l'ordre que la vie luy entretenoit en ce corps, se commence a esmouuoir & esbrāler tendant a son vray retour & particularité de matiere.

Or durant ce trouble iusques a ce, que chasque partie, qui est chasque element, soit perfectement retourné & desparty en sa propre nature, & reuenu en son propre estat, il y a vne maniere de confusion parmy ceste matiere, qui tient veritablement de la nature, qu'auoit le grand chaos & premier desordre, lors que par le sainct verbe luy fust commandée la distribution & despartement, pour prendre & receuoir chascun sa nature & corps particulier.

Quelle cōfusion souffre la matiere en ce monde.

Exposition de la cōfusion de la matiere.

Differāte de la confusiō de nostre temps a celle du chaos.

T 3

Durant lequel temps tout y estoit en confusion & vray desordre: toutesfois y a il vne differance, c'est qu'en la premiere confusion, la matiere estoit incorporelle, & en ceste cy elle demeure en corps, a cause qu'elle a receu essence de matiere & corps. Vray est que la mixtion en oste la cognoissance, & par ceste mixtiõ Mercure l'acompare au premier chaos, a la semblance duquel, en ces petites choses ou creatures subiectes a qualites, il s'y trouue semblable nature de confusion, apres la dissolution & fin de croistre, & descroistre durant le temps que la matiere, qu'y auoit esté composée & sainctement ordonnée pour entretenir sa forme, apres l'auoir perdue, trauaille a se remettre, & despartir chacune en sa nature. Ce tẽps & fin de croistre & diminuer EST CE, QVE LES HOMMES APPELLENT MORT. C'est que ce departent de toutes vnitez, combien qu'il n'en y aye aucune, qui deuienne en rien, mais toutes reuiennent en leurs habitudes: les hommes neantmoins cuidãts que tout se perde, ont nommé ce despartement ou dissolution du nom de mort, qu'ilz prennẽt la plus part pour perdition & priuation de toute essence, & plus mesmement en la partie, qui est plus prouceuë de verité d'essence, qui est la partye intelligible, image de Dieu vraye essence. De tant que l'homme ne la voit durant sa separation de la matiere, a cause qu'elle se faict en vn instant: mais voit bien la matiere durant le temps de sa confusion & desordre, durant lequel l'ignorance de l'homme luy atribue plus d'estre, que aux vrayes essences diuines. De tant que l'homme se laissant manier plus aux sens corporelz, qu'a son entendemant, il aperçoit auec ses sens la matiere en sa confusion, & n'aperçoit les essences diuines, qui y estoient auec son entendement, a cause qu'il est offusqué des abus de la matiere. Dont s'ensuit que ne voyant auec ses yeux corporelz, que deuient l'homme interieur ny l'ame, qui est de mesme nature, il estime le tout perdu, & voyant le corps auec le temps se transmuer en ce, que son ignorance ne cognoist, il estime s'aneantir, qu'il apelle mort. Ce qui est souuent cause de paganismes & opinions erronées estimant, que l'ame meure auec le corps & par consequent, qu'il n'y aye Dieu, ny createur, ny vie eternele, qui est opinion nourrie d'ignorance, & veneration de matiere.

L'homme materiel pense l'esprit s'anantir auec le corps.

Consequence d'atheismes.

SECTION 4.

CEste confusion est faicte entre les viuantz terrestres. De tant que les corps celestes ont vn ordre, qu'ilz ont receu du commencement du pere. Cest ordre est conserué sans dissolution par la reintegration de chasque chose. Et la reintegration de la composition des corps terrestres & leur dissolution est reintegrée en corps indissolubles, c'est a dire immortelz. Et par ainsi il se faict priuation de sens & non perdition des corps.

COMMENTAIRE.

Ayant declaré que la matiere estant employée en la composition des creatures reuient apres le circuit de leur croissance & diminution, c'est a dire en la dissolution, que nous apelons mort en quelque maniere de semblable confusion a celle, qu'elle auoit dans le premier chaos, & qu'elle est celle confusion: il nous faut declarer en quelle matiere escheoit ceste confusion. A quoy dict Mercure, CESTE CONFVSION EST FAICTE ENTRE LES VIVANTS TERRESTRES: DE TANT QVE LES CORPS CELESTES ONT VN ORDRE: QV'ILS ONT RECEV DV COMMENCEMENT DV PERE. C'est qu'il y a double constitution de matiere aux creatures, la premiere est celle qui a esté employée aux corps celestes: lesquels combien qu'ils soient materiels: il a pleu a la diuine prouidence les honorer, & illuminer tant de ses vertus & auctoritez, qu'elle a voulu qu'il leur fust commise, l'execution & regime de toute la matiere contenue en la region elementaire, comme nous auons dict au premier chapitre, lors qu'ilz ont esté crées par l'esprit de Dieu seconde pensée, pour estre administrateurs & gouuerneurs de toute la basse matiere.

Ces

Ces corps donc celestes ont reçeu du S. Esprit vn ordre, charge, vertu, puissance, & administration du cômencement de leur creation, lesquels ils ne peuuent aucunemét troubler & enfraindre ny passer. qui a esté cause, que leur action a esté nommée necessité. Estât donc c'est ordre destiné au maniement & conduicte de toutes generations, & corruptions, compositions, & dissolutions, croissances, diminutions, & toutes autres alterations ou changemês de matiere: il a esté bien raisonnable, qu'ils fussent preseruez en leur matiere de toute alteration: à ce que leur charge n'endurast iamais aucun interualle en leurs actions, ains fussent continuelement sans aucune lassitude, preparés & disposés a produire effectz par leurs mouuemens & continueles actions. Lesquels eussent esté empeichez & destourbez, si la matiere de ces corps eust esté subiecte a mutation, comme de vray elle l'estoit de sa nature de matiere, & ne faudroit a y tumber, n'estoit qu'il a esté donné immortalité a la forme & composition, aussi bien que a la matiere : affin que le gouuernement & administration, qu'ils ont en charge sur la matiere de toutes creatures basses, ne reçeust aucune cesse ou interruption, ains continuast en l'ordre, qu'il a pleu au grand ouurier leur prescrire & ordonner. Ceste confusion donc par laquelle toute matiere de creature terrestre viuante apres sa dissolution vient en desordre, approchant de la nature du premier desordre, confusion, ou chaos, & lequel luy dure iusques à ce, que chasque matiere se soit rendue en son corps particulier, aduient seulement aux corps des viuans, ou animaux terrestres, qui sont toutes creatures ayans vie en nostre basse region elementaire, & qui ont reçeu forme en leur matiere. Car la vie auec toutes autres parties de la forme, n'est aucunement subiecte a priuation d'essence. De tant qu'elle est d'essence diuine, sur qui priuation n'a aucun pouuoir. Il reste donc, q̃ la composition des vnités materieles assemblées pour luy donner corps venant à se dissoudre & departir, souffre ceste confusion, durant sa corruption & generation, & autres actions de nature executées par ces corps celestes, desquels par consequent la matiere n'est aucunement subiecte a mutation ou autre passion, que l'administration de leur charge, & ordre institue de leur createur.

Cest ordre, dict Mercure, est conserve sans dissolvtion par la reintegration de chasqve chose. C'est la vertu, que Dieu a voulu donner à la figure circulaire, à cause de quelque semblance, qu'elle retient de ses perfections. Que l'autre estant creé en son integrité pour commencer son mouuement & circulation, par le moyen desquels il iette & influe ses actions sur la matiere, il continue son integrité, que nous estimerons estre sa vie, iusques à la fin & perfection de la circulation. Et de tant que c'est à ce point le terme qu'il deuroit tomber en dissolution, si n'estoit la perfection circulaire, en laquelle a esté constituée sa vie & mouuement, il se trouue au bout de son cours & mouuement en mesme point recommencer, & estre dans le commencement de son cours & vie renouuellée. C'est ce, que Mercure nomme la reintegration de chasque chose, qui est en luy, laquelle luy est donnée par la conseruation de son ordre & mouuement circulaire. Lequel ramenant ce corps en son premier estat & point d'integrité & commencement de mouuement il le conserue par ce moyen, sans dissolution, par la reintegration, qui en est faicte en toute repetition de mouuement, & commencement de son integrité. Et en ceste maniere les corps celestes ne souffrent aucune dissolution, à cause de la perfection circulaire: de tant que au mesme terme de leur dissolution, tombe & eschoit leur reintegration & vraye restitution de toutes ses choses & parties. Et la reintegration de la composition des corps terrestres, et levr dissolvtion est reintegree en corps indissolvbles, c'est a dire immortels. C'est de tant, que nostre principale intention est de monstrer, que aucune chose ne perist ou est aneantie. Il est question de declarer quelle reintegration reçoiuent ces corps terrestres, qui sont adonnés à dissolution & confusion de leurs vnitez.

Nous dirons que leur reintegration leur aduient par le moyen de la dissolution & despartement, qui se faict de leurs parties & vnitez. Lesquelles ayant passé par la maniere de confusion que nous auons dict, qui se trouue apres toute dissolution, viennent necessairement en reintegration, non de composition & assemblée de mesmes vnitez, mais ceste composition despartie vient en reintegration & côseruation de ses vnitez prouueues de stabilité & habitude de matiere: qui par consequent demeure immortelle en toutes ses parties & vnitez, soit terre, eau, ayr, ou feu, fuiuant ce que nous auons dict. Que le pere adiouxtant au globe de la matiere les qualitez de ses idées, & les y enfermant, comme dans vne cauerne, il a enuelopé tout ce corps d'immortalité, affin que la matiere se despartant en sa dissolution, ne retourne en sa premiere confusion, a faute de conseruation d'habit: qui luy est donnée par immortalité. Et par ce moyen la dissolution du corps materiel est la vraye cause de sa reintegration, & restitution, en essence, & immortalité de ses parties & vnités. ET PAR AINSI (dict Mercure) IL SE FAICT PRIVATION DE SENS ET NON PERDITION DES CORPS. C'est, que tout corps d'animal viuant est prouueu d'ame sensitiue: laquelle a vertu d'aperceuoir l'exterieur auec les sens corporelz. Il dict que ces sens corporelz sont oftés a ce corps, & qu'il en est priué, n'en pouuant plus vser sans ame viuante, de tant que les sens n'apartiennent qu'au composé, & non aux vnités: & ceste cy en est la principale exposition. L'on pourroit donner vne autre exposition de priuation de sens pour la priuation de l'obiect des sens: a cause que les sens de l'animal n'ont aucun vsage, vertu, ou action sans obiect. Quand l'animal vient en dissolution de toutes ses vnités, ceste composition de son corps iadis viuant se perd, en tant qu'elle se change en vnités : & ne seruant plus d'obiect aus sens des autres animaux, ceste priuation d'obiect engendre priuation d'vsage des sens en cest endroit. Laquelle peut estre nommée priuation des sens. En toute dissolution d'animal il se faict priuation de ses sens: & en toute dissolution d'autre viuant composé, il se faict comme en dissolution d'animal, priuation d'obiect, & vsage des sens, par la deperditiō & abolition de la composition : laquelle veritablement s'esuanouist. Mais il ne se faict pourtant aucune perdition ou abolition des corps simples, desquelz estoit bastye ceste composition, qui a souffert dissolution : & ce a cause, que Dieu ayant enuironné la matiere, & remply, comme vne cauerne, le monde de qualitez, il a rendu toutes vnités & particuliaires matieres immortelles: & leur a donné perpetuele habitude & estre de matiere, comme nous auons dict, acause dequoy il ne s'en peut perdre, anichiler ou aneantir aucune partie. Voila quant a la nature de l'immortalité du second Dieu, grand animal, plein d'action & vie, qui est le monde.

Les sens appartiennent au composé nō aux parties.

SECTION 5.

Mais l'homme tiers viuant faict a l'image du monde ayant pensée par la volonté du pere, par dessus tous viuantz terrestres, a non seulement compassion auec le second Dieu, mais a l'intelligence du premier. Car il sent l'vn entant que corporel: & de l'autre il reçoit l'intelligence, en tant que incorporel, & pensée du bien. Cest animal ne se perd il pas donc? Parle mieux, ô mon filz, & entendz, que c'est Dieu, que c'est monde, que c'est animal immortel, & que c'est animal dissoluble : & considere que le monde est de Dieu, & en Dieu, & l'homme est du monde, & au monde. Mais Dieu est commencement, comprehension, & constitution de toutes choses.

COMMENTAIRE.

AYANT parlé de l'immortalité du monde, & ses simples parties, qu'il a nommé second Dieu, il nous faut parler de l'homme, qu'il nomme tiers viuant. L'ordre que Mercure ensuit à nommer Dieu premier, le Monde second, Dieu & l'homme tiers viuant, n'est pas fondé sur la dignité des subiects, mais sur la capacité, priorité, & posteriorité. Quant à Dieu, quel ordre, que lon puisse prendre, il est tousiours premier en valleur, dignité, capacité, grādeur, temps, & toutes autres preeminances, à cause qu'il n'y a perfection, qu'en luy : mais le monde estant faict pour contenir l'animal diuin, qui est l'homme, ne peut estre si digne, que l'homme, pour lequel il a esté faict: de tant que toutes choses finales, ou toutes fins sont plus dignes & excellentes, que celles qui sont faictes pour ces fins, & à leur cause, & sont tenues en plus grand pris. A ceste cause l'ordre, par laquelle Mercure prefere le monde à l'homme n'est ordre fondé sur leur excellence ou dignité, mais est fondé sur la capacité, priorité, ou poste-

Toute fin est plus digne que les moyēs d'y paruenir.

posteriorité. Quant a la capacité, de tant que le monde contient l'homme dans sa circonferance, parquoy il est premier en grandeur, comme contenant l'homme. Et ce que l'homme contient sensiblement en priorité, c'est que le monde est premier basty, & côposé, que l'home, & par consequant l'homme luy est posterieur en succession de temps, & eage: l'homme a ceste cause est dict par Mercure le tiers viuant, non le tiers animal, de tant que Dieu n'est premier animal, MAIS est premier viuant, le môde second viuant, & L'HOMME TIERS VIVANT. Car Dieu estant la mesme vie, comme Iesus Christ la declaré, il ne peut faillir d'estre nommé viuant, comme l'escripture le tesmoigne en diuers lieux tant au vieil que nouueau testament. Parquoy Dieu estant premier viuant, le monde second viuant, en tant qu'il est plein de vie de toutes pars, l'homme est dict le tiers viuant, FAICT A L'IMAGE DV MONDE, en mesme maniere, que nous auons dict, que le monde estoit faict a l'image de Dieu, en plenitude de vertus, actions, & operations, continuelement operantes, sans aucun repos, a la semblance de ceste bonté diuine, qui iamais ne cesse de produire, & donner bien a ses creatures. Ce n'est pas q̃ toutes ses operations, qui sont au monde, & en l'hôme, soient en leur particulier ou matiere separéemét de Dieu, en quoy l'vn & l'autre n'ont aucune semblance ou image de Dieu: mais plustot toute dissimilitude & oppositiô. Mais c'est, q̃ ces actions & vertus d'operer estās propres aux vertus & esséces diuines, q̃ Dieu a desparty au monde & à l'homme pour en estre dispensateurs & administrateurs, ils sont dictz auoir en soy l'image de Dieu, pour l'hôneur, qu'ilz ont receu des vertus & actions diuines, qu'ilz ont en ministere & distribution: par le moyen desquelles & non de leurs corps ou matiere, ils possedent l'image de Dieu: de laquelle la principale partie est en l'homme. A cause dequoy le môde ayant en soy l'homme & continuele action & operation, est dict auoir l'image de Dieu. Et l'homme est dict faict a l'image du monde, de tant qu'il a en sa puissance (a cause de son intelligence, qui n'est en animal quelconque, fors en luy) toutes actions & vertus, qui sont au monde: desquelles il est capable, comme estant composé du sainct Esprit ayant toutes actiôs & vertus en luy, qui pourroient estre au monde, dont les anciens y ayant cognu ceste perfection l'ont nommé petit monde. Ce tiers viuant donc portāt l'image du monde, a cause qu'il porte celle de Dieu, AYANT PENSEE PAR LA VOLONTE DE SON PERE Dieu eternel receuë PAR DESSVS TOVS VIVANTS TERRESTRES, qui est la vraye image & seblance de Dieu, tāt en cause d'image, qu'en effect de seblāce appliquée a sô corps materiel prouueu de tous sens corporels, pour se seruir de l'vsage de toutes creatures corporelles faictes pour son seruice. Le tiers viuant donc A NON SEVLEMENT COMPASSION, que le Grec a nommé sympathie AVEC LE SECOND DIEV: c'est a dire il communicque auec le monde, qui est materiel & participe en ses actions & passions entant qu'il est materiel & subiect au iugement de ses sens corporelz. MAIS A L'INTELLIGENCE DV PREMIER auec lequel il communicque par le moyen de ses essences & vertus, qu'il a mis en l'homme, ausquelles seules est permise la dignité de communicquer auec leur source & apperceuoir ses essences & perfections. Ceste dignité, que donné Mercure a l'homme, môstre bien, quel aduantage il a sur toutes autres creatures, par lequel facilement il sera preferé au monde en excellence & dignité: de tant que le môde n'a ceste prerogatiue de communicquer auec son createur & le cognoistre. I'entends le monde separé de l'homme : CAR ce que le monde en a, il le tient pour l'hôneur, qu'il a de contenir l'hôme. Lequel a & contient en soy les deux parties de nature, côme nous auons amplement declaré au premier chapitre, asçauoir mortelle & immortelle. La mortelle est celle, par laquelle IL SENT L'VN, qui est le monde, EN TANT QVE CORPOREL, par la vertu de la nature corporelle, qu'il a prouueuë de tous sens par l'actiô & vertu desquels il cômunicque & apperçoit toutes choses materieles de ce monde. ET DE L'AVTRE, qui est Dieu, il tient la nature immortelle: par vertu de laquelle IL REÇOIT L'INTELLIGENCE, & a en maniement & disposition, les essences & vertus diuines, auec lesquelles il le peut considerer, admirer, cognoistre, & employer toutes autres vertus & actions de contemplation. Lequel il reçoit, EN TANT QVE INCORPOREL, intelligible, ET diuin, ensemble comme estant LA PENSEE DV PARFAICT BIEN, côble de toutes vertus & puissances. Et par ainsi cest animal diuin tiers viuant a son excellence en ce, que ses vertus s'estendent par tout, tant en choses corporeles, faictes, & crées: comme corporel faict, & cré, que es choses incorporelles, diuines & intelligibles, comme en sa partie incorporelle, diuine, & intelligible.

Daniel. 14. d Esay. 37. a &c. Iere. 18. b Apoc. 1. d 4. d 5. d. & 10. b L'homme fait a l'image du monde.

Pourquoy l'homme a esté dict petit monde.

L'homme cômunicque du corps au monde & de l'intelligence à Dieu.

L'homme cognoist Dieu par sa partie immortelle.

L'excellence de l'homme s'estant par tout, a cause de sa double nature.

A cause dequoy confiderant l'homme double comme à ce propos, & cômme nous l'auons declaré au premier chapitre, nous auons à cognoiftre en luy double fin, pour laquelle il eft faict, chafcune dependant de la nature de fa partie : c'eft à fçauoir fa matiere eft faicte pour luy feruir d'inftrument au feruice, fecours, & bien-faict exterieur de l'homme, à caufe du S. Efprit, qu'il cognoift y habiter : & fon intelligence, ou fa forme eft faicte pour cognoiftre Dieu & l'honorer de tous actes de côtemplation, qui eft fa principale fin, comme auffi cefte partie eft la principale de l'homme. Et les deux concluent l'homme eftre faict en principale fin pour Dieu, foit a le feruir en fon prochain corporelement, ou bien a le contempler & reuerer par fa forme ou entendemet. Et en cefte maniere ces deux parties & natures affemblent leurs deux fins & buts en vn mefme fubiect, Dieu fon createur, obferuant touliours la forme qu'il en a tiré, imprimée par la faincte Trinité, qui le faict triple en tous fes effects : lefquels neceffairement demandent l'operant, l'inftrument, & la matiere, qui font au corporel, l'entendement pour acteur, ou operant le corps pour inftrumet, & le prochain pour matiere. & a l'intelligible le mefme entendemet pour acteur, les œuures de côtemplation, pour inftrument, & Dieu pour fubiect ou matiere. Voila pourquoy Iefus Chrift iugea le fecond commandement eftre femblable au premier, à fçauoir qu'aymer Dieu au prochain reffembloit à l'aymer par le premier commandement. Et par ainfi le premier, qui eft la forme ou entendement, eft mefme aux deux parties de l'homme : & la fin pareillement, qui eft Dieu au ciel, & en l'homme eft mefme : tant en l'homme corporel, que en l'intelligible.

Il s'enfuit que Tat fils de Mercure, oyant ce difcours de l'excellêce de l'homme, conceut plus facilement ce, que Mercure luy difoit de la nature corporele de l'homme tiers viuant, que de fa nature diuine : à caufe que les chofes corporeles nous font beaucoup plus familieres, que les perfections diuines. De tant que la nature de noftre imperfection nous conduict par fa pefanteur toufiours contre bas, par le peché. Dont il fift vn leger interrogatoire à fon pere, ne côfiderant en l'homme, que la partie corruptible & corporele, difant, CEST ANIMAL, O MON PERE, NE SE PERD IL PAS DONC, côme eftimant que tout l'homme fe deuft perdre, quand fon corps fouffre cefte diffolution & defpartement, que nous appellons mort. A quoy le bon homme dift luy rameteuant la doctrine, qu'il luy auoit donné, PARLE MIEVX, O MON FILS, ET ENTENDS, QVE C'EST DIEV, QVE C'EST MONDE, QVE C'EST ANIMAL IMMORTEL, ET QVE C'EST ANIMAL DISSOLVBLE. Comme s'il difoit, ia ne foit ainfi, ou Dieu ne veuille qu'il foit comme tu l'eftimes. Parle mieux que tu n'as faict, car fi tu euffes retenu la nature de l'homme, côme nous l'auons cy deuant frequentement expofée, & que tu euffes auffi comprins qui eft ce qui meurt, & ce qui ne meurt pas, tu ne m'euffes pas faict cefte queftion : mais m'affurant que te remettant en ta memoire ce que tu as ouy, tu entendras la nature de l'homme que c'eft. Penfe & entens que c'eft Dieu, Monde, Animal immortel, & Animal diffoluble, & tu trouueras que tout cela eft en ceft homme, que tu as cuidé mourir. Ne fçais tu pas bien quant au premier, que l'homme eft dict animal diuin, de tant qu'il eft compofé en partie de l'image & femblance de Dieu, poffedant le S. Efprit Dieu eternel, & que par cefte partie il eft honoré & fauorifé de pouuoir cognoiftre Dieu, & toutes chofes pour efloignées qu'elles foient de fa perfonne, & par cefte mefme dignité il a receu domination fur toutes creatures, & finalement vie immortele ? Et quant au fecond, n'entens-tu pas que l'homme eft eftimé de toute ancienneté Microcofme, c'eft à dire petit monde, de tant qu'il eft comme le monde, compofé d'incorruption & corruption ? Il a comme le monde continuation d'actions, vertus, & operations, il a comme le monde vie, mouuement, augmant, & diminution. Quant au tiers n'entens-tu pas, que l'homme eft animal immortel, en fa principale partie, quand bien tu prendras l'immortalité pour toufiours viuant, comme le monde, entant qu'il eft compofé de l'ame, effence diuine, & du S. Efprit, fur qui mort ou corruption n'a aucune action, ou puiffance ? Ne te fouuient-il pas que nous auons declaré au premier chapitre, que l'homme eft nay de vie & lumiere en ame & penfée, prenant de la vie l'ame, & de la lumiere la penfée, dont il tient fon immortalité & vie eternele ? Quant au quatriefme ne fçais tu pas, que nous auons dict de l'animal diffoluble ? n'auons nous pas declaré, que tout animal & viuant fur terre eft immortel, quant à fes principales & fimples parties, dont il eft compofé ? & qu'il n'eft aucunement fubiect à celle mort, que tu eftimes auec le commun eftre perdition & aneantiffement, ou abolition, & priuation d'effence, ains eft feulement fubiect entant que corporel, formé fur matiere

tiere a dissolution & despartement, ou bien separation des vnitez, dont il est composé, desquelles n'en meurt aucune, & n'en vient a l'aneantissemēt, que tu nommes mort: mais reuiēt apres quelque maniere de confusion, qu'elle a soufferte durāt son retour en essence & habitude de matiere: a laquelle a esté donnée immortalité. Parquoy l'homme en sa matiere, qui est sa plus imperfecte partie, ne pouuant souffrir telle mort, que tu as pensé, ains seulement dissolution, & diuision en parties immortelles, comment pourrons nous dire, qu'il soit veritablement mortel? Il ne peut estre bien iugé tel: de tant qu'il est composé de toutes choses immortelles, qui sont premieremēt l'ame & vertus de l'image de Dieu, entant qu'elles sont essences diuines, & les vnitez, ou parties de la matiere, a laquelle est donnée immortalité, comme nous auons n'aguere veu: mais sera seulement iugé & estimé dissoluble ou subiect a dissolution & despartement ou separation des vnitez, desquelles il est composé.

Cōment l'hōme est immortel en toutes ses parties.

Vray est que de tant que le vulgaire n'ayant bien cogneu la nature de ceste dissolution estre immortelle, c'est a dire sans aneantissement & priuation d'essence ou habitude de matiere, il l'a nommée mortelle cuidant que tout se perdist, ce qui n'est pas. A ceste cause reparant la faute de leur intelligence, pour n'abolir du tout ce nom de mort, qui est si frequent au monde, nous prendrons mort veritablement, pour la dissolution de la creature composée, qui luy aduient apres ses qualitez de croistre & diminuer, comme nous auons n'a guere dict, c'est a dire apres son cours & durée de sa composition, affin que quand nous dirons la creature estre mortelle, que nous entendons, qu'elle est subiecte a ceste dissolution & despartement de ses vnitez, & non a perdition, ou abolition d'icelles. Et, de ceste maniere, nous auons dict au premier chapitre l'homme estre de double nature, ascauoir mortelle & immortelle: c'est a dire mortelle a cause du corps subiect a dissolution, & immortelle a cause de l'ame & image de Dieu sainct Esprit, auquel habite plenitude de vie. Entens donc (dict Mercure a son fils) la nature de ces quatre subiects Dieu, Monde, Animal immortel, & Animal dissoluble, desquels l'homme est composé, qui tesmoigneront que c'est animal que tu dis, n'est pas mortel, comme tu l'entendois. ET CONSIDERE AUSSI QVE LE MONDE EST DE DIEV, ET EN DIEV, ET L'HOMME EST DV MONDE ET AV MONDE: MAIS DIEV EST COMMENCEMENT, COMPREHENSION, ET CONSTITVTION DE TOVTES CHOSES. C'est a propos de ta demande: considere que le monde est de Dieu entant qu'il est composé de ses essences qui sont purement immortelles, & si est en Dieu, parce qu'il est assis en ce lieu incorporel, que nous auons declaré au second chapitre: auquel toute chose se meut, de tant qu'il n'est aucune chose capable de contenir en soy vne si grande & merueilleuse creature, & machine que ce seul incorporel, immortel, & inuisible Dieu tout puissant. Et l'homme est du monde & au monde & par consequent il est de Dieu & en Dieu: qui est cause que tant le monde, que l'homme en tant qu'ils sont de Dieu & en Dieu, sont immortelz: c'est a dire hors de subiection d'estre aneantis ou priuez d'essence, mais non immortelz, c'est a dire indissolubles: car toutes choses crées sont dissolubles, mesmes toutes ces choses elementaires, & œuures de Dieu en terre, comme le tesmoigne sainct Pierre, disant, Pensez quelz vous serez lors que toutes ces choses viendront en dissolution. C'est lors que tous elemēntz seront purgés par feu. Lequel cōme le plus vertueux & actif entre tous elementz sera la plus grande action, purgeāt non seulement la terre, mais tous elementz. Comme l'eau (estant de beaucoup moindre effect) a purgé par son deluge la seule terre, qui nous signifie que la malice sera de tant plus grāde, qu'elle n'estoit du temps du diluge, comme l'acteur que Dieu a preparé pour la purger est plus fort, actif, & puissant, que celuy qui purgea la seule terre. Nous dirons dōc, que toutes choses & creatures materieles en la region elementaire sont subiectes a dissolution, mais non a priuation d'essence: a cause qu'elles sont de Dieu & en Dieu. Mais Dieu (dict Mercure) est cōmencement, comprehension, & constitution de toutes choses. C'est que combien que le monde soit de Dieu, & en Dieu, & l'homme pareillement, & soient subiects a dissolution en partie: ce neantmoins Dieu n'est en aucune de ses parties simples, subiect a ces imperfections: mais est commencement, cause, & source de toutes essences & perfections: comprenant en soy toute essence, comme luy estant le seul qui est, constituant, bastissant, & establissant toutes choses.

Vraye exposition de mort.

2. Petr. 3. c

COMMENTAIRES SVR
le Pimandre de Mercure Trismegiste,
DE L'INTELLIGENCE ET SENTIMENT,
& que au seul Dieu est beauté, & bonté, &
ailleurs en nulle part.

CHAPITRE NEVFIESME.

SECTION 1.

Ier, O Æsculape, ie rendis le propos paracheué: maintenant il me semble necessaire qu'il s'ensuiue de discourir le propos du sens. Car sens & intelligence semblent auoir difference en ce, que l'vn est materiel, & l'autre est essential. A moy toutes fois les deux semblent estre ioincts, & non diuisez. Ie dis aux hommes. Car aux autres animaux, le sens est ioinct a leur nature: & aux hommes l'intelligence. Mais la pensée est autant differente de l'intelligence, cōme est Dieu de diuinité. Car de vray Diuinité est de Dieu, & l'intelligence de la pensée, laquelle est sœur de la parolle: & l'vn a l'autre instrument. De tant que parole n'est proferée sans intelligence, ni intelligence declarée sans parole.

COMMENTAIRE.

E tant que le dernier & huictiesme chapitre a paracheué de demonstrer qu'il n'y a aucune creature, qui meure en ce mōde, de la mort q̃ l'on aestimé estre priuatif d'essence, & d'habit de matiere, mais seulemēt priuation de sens, cōme nous l'auōs exposé. Mercure adresse c'est autre chapitre a Æculape, auquel il dict, HIER O ÆSCVLAPE IE RENDIS LE PROPOS PARACHEVE de l'immortalité de la matiere: MAINTENANT IL ME SEMBLE NECESSAIRE QV'IL S'ENSVIVE DE DISCOVRIR LE PROPOS DV SENS. C'est pour vous faire cognoistre quelle affinité ont les sens corporels, continuelz soliciteurs de la ruine de l'homme auec l'intelligence, qui est essence & vertu diuine: soy rencontrans les deux tellement en l'ame, que l'vn s'est rendu si tres conioinct & lié auec l'autre, qu'ils ne peuuent auctnement, ou bien peu executer leurs vertus & actions, sans le secours l'vn de l'autre. Qui nous donne grande occasion de bien penser a l'employ de nostre intelligence, & vsage de nos sens, a ce que le plus mauuais n'enporte le meilleur: & attantandu que l'intelligence est l'action dependant de la vertu qu'a nostre entendement ou pensée, par laquelle comme principale en l'homme, toutes autres actions & vertus qui sont en luy tant corporelles que intelligibles sont ordonnées conduictes & disposées. Nous debuons

uons bien prendre garde à l'employ de ceste intelligence, à ce qu'elle ne soit en nous emportée par la flaterie & frequent abus des sens, & retirée de son vray estat de contemplation.

Mercure donc voulant traicter du sens, lequel il prend pour sentiment ; traicte pareillement de l'intelligence, qui sont les actions des deux principales vertus, l'vne du corps, l'autre de l'ame, toutesfois les deux soubzmises à la discretion de l'ame. CAR, dict il, SENS ET INTELLIGENCE SEMBLENT AVOIR DIFFERENCE EN CE, QVE L'VN EST MATERIEL, ET L'AVTRE EST ESSENTIAL. Il parle icy comme faict l'Empereur en ses loix & statuts, lequel disant, il semble, entend dire, il est ainsi. Car veritablement la difference est si patante entre les choses essentiales, qui sont pures diuines, & les materieles subiectes à vn infini nombre d'imperfections, que l'homme pour peu qu'il vse de raison, ne la peut ignorer. A MOY TOVTESFOIS, dict Mercure, LES DEVX, à sçauoir sens & intelligence, SEMBLENT ESTRE IOINCTS l'vn à l'autre, ET NON DIVISEZ, OV esloignés, IE DY mesmes AVX HOMMES. Ce n'est pas qu'en leur vraye essence, Mercure les iuge estre mesme chose: car nous auons vne si grande difference du materiel à l'essential, qu'ilz sont plus-tost contraires: en tant que le sensible est ennemy de l'intelligible, desirant son entiere ruine. *Sens & intelligence cōtraires de leur nature sont conioincts en effect.*

Parquoy il les estime bien differents d'essence & nature : mais il entend qu'ils sont conioincts, & non diuisés: c'est à dire, qu'ilz s'accompagnent en leurs effects si conioinctement, combien qu'ils soient de diuerse nature, que l'vn ne s'employe iamais sans l'autre, aux hommes, ausquels ils sont autrement employez que és autres animaux. C'est à sçauoir quand l'homme reçoit par son sens corporel, quelque comprehention de qualité, soit par la veuë, ombre, ou couleur: par l'ouïe, accord, ou discord de sons ou parole : par l'attouchement chaud ou froid: par le goust doux ou amer: & par l'odoratiō soef ou puant: ou infinies autres perceptions, que ces sens peuuent faire: ils n'en reçoiuent si tost le sentiment, que l'intelligence n'y soit conioincte, pour entendre le rapport des sens, & de mesme que le sens procede auant à sentir & aperceuoir : d'auantage l'intelligence le suit si conioinctement, qu'il n'y peut rien entre deux. Car c'est la vraye composition de l'homme basty d'vne si grande prudence, que le sens receuant l'exterieur, l'intelligence s'y trouue pour incontinent faire rapport au iugement & raison, & autres vertus diuines données à l'ame raisonnable, auec l'image de Dieu, pour en disposer par ces puissances données à l'ame, soubs sa liberté d'arbitre. Et ces puissances croissent ou diminuent en l'ame, selon qu'elle s'approche, ou s'esloigne de son vray estat de contempler, & se ioindre à Dieu. Et par ce moyen les sens & l'intelligence en l'homme, sont conioincts en action & operation, combien qu'ilz soient de tres-differente nature. CAR Mercure dict, que AVX AVTRES ANIMAVX, LE SENS EST IOINCT A LEVR NATVRE, ET AVX HOMMES, C'EST L'INTELLIGENCE, qui est iointe à leur nature intelligible. C'est que la beste n'ayant en elle plus grande vertu de vie, que la vertu d'aperceuoir auec les sens, dont son ame viuante est dicte ame sensitiue, comme estant nommée de la plus grande dignité qu'elle aye en soy, elle conioinct sa principale dignité, & vertu a nature, qui est l'ordonnance, & loy, ou volonté de son createur, applicquée sur ce subiect, pour la conduicte de toutes les actions de ceste vie, ou ame sensitiue. C'est en ce qu'elle est du tout conduicte par nature, sans qu'il y aye en elle aucune intelligence, qui luy donne cognoissance de pouuoir prendre autre action, ny liberté d'arbitre, qui luy permette d'eslire celle la, ou autre qu'elle auroit cognu. Mais c'est l'homme à qui ceste prerogatiue est donnée d'auoir sa nature & volonté, ou ordonnance diuine, iointe à l'intelligence, & aux vertus diuines, composants auec elle l'homme interieur, intelligible, & spirituel. *Quel est l'vsage des sens.* *La beste est conduicte par la nature des sens.* *L'homme est conduict par la nature d'intelligence.*

C'est de tant que par ceste ordonnance diuine, l'homme a reçeu en sa nature & composition, l'image de Dieu, accompagnée d'infinies vertus, actions, & puissances. Lesquelles estant generalemēt dites intelligibles, sont cōmunemēt cōprinses en l'hōme, soubs ceste actiō d'intelligēce, ou soubs la vertu & puissance de laquelle procede ceste actiō, qui est l'entendemēt ou pensée de l'hōme. Laquelle en tout ce traicté Mercure prēd pour ceste image de Dieu, cōtenant toutes ces vertus habiles, & disposées a exercer leurs actiōs, qui se trouuēt en la en la puiſſance de l'homme par ſon liberal arbitre, aux conditions d'en rendre compte à la fin.

 Et ceſte intelligence & entendemēt ou péſée eſt ioincte a la nature de l'hōme, qui eſt l'ordonnance de Dieu, par laquelle l'homme a receu toutes ces vertus, qui en dependent, auec la liberté d'en vſer ſelon que ſes forces s'en trouueront diſpoſées. Car l'arbitre ou liberté de vouloir n'eſt donné a l'homme, que de l'election des actions, qui ſont pour l'heure & temps en ſa puiſſance, & non des actions qui l'excedent, ou n'y ſont. En ceſte maniere, ſe trouue la differance de la cōduicte que faict nature des animaux brutz, a celle qu'elle faict en l'animal intelligible, raiſonnable, & diuin. Car es brutz combien que par ceſte excellente operation de ce tresgrand ouurier, nous voyons reluire en ceſte diuerſité & infini nombre d'animaux, les eſſences diuines, par le moyen des actions & mouuemēs, que la diuine loy, nature conduit en eux: ſi eſt ce qu'ilz n'ont pourtant autre vertu qui produiſe leurs effectz, & mouuementz, quelz diuers & eſtrāges qu'ilz ſoient, que nature ſeule, qui eſt la loy que Dieu a donnée pour conduire les actions & effectz de toute creature, laquelle eſt deſpartie en chacun, ſelon les cōditions & diuerſitez qui luy ſont impoſées des ſa creation: qui eſt cauſe que nous y voyons tant de diuerſitez, leſquelles nous font quelqueſfois penſer qu'il y aye en ceſt animal quelque rayon de cognoiſſance ſupernaturele, cōme aux effectz produicts par vn chiē aprins de quelque ſoin & diligence: aux paroles prononcées par oiſeaux ainſi aprins, quelqueſfois rencontrantz ſur les propos des hommes: a l'entendement que l'on eſcript, & pluſieurs racomptent apparoir en l'Elephant eſcoutant les remonſtrances, que luy faict ſon maiſtre: par leſquelles il ſemble s'eſmouuoir & changer les effectz de ſes actions: & infinis autres effectz que lon voit produire a toutes ſortes d'animaux maniés par l'aſtuce de l'homme qui leur dōne ces actions par moyē d'vne frequente couſtume, qu'ilz reçoiuēt par la diſpoſition de leur nature. A laquelle ilz n'ont puiſſance d'adiouter, comme n'ayans en leur vie aucune vertu que des ſens & ame ſenſitiue & non aucune diſpoſition, ou autre action, n'y execution que celle que nature leur adminiſtre, ſoit par la loy de leur compoſition, ou par la loy de la diſpoſition qu'ils ont de receuoir par leur nature, couſtume qui produiſe par icelle en eux diuers effectz & eſtranges operations. Nous entendons auſſi d'autres animaux, qui n'ayant eſté maniés par l'homme ont merueilleuſes prouidences. Comme la formis qui l'eſté preuoit venir l'hiuer futur, auquel elle ne pourra charroyer, pour les bouës, ny trouuer grains comme l'eſté & par ceſte prouidence elle prouuoit a la neceſſité de ſa vie. Et vne autre admirable nature que nous auons entendu du cygne qui preuoit iuſques ou doit croiſtre la riuiere de ſon habitation en celle année, pour faire ſon nid au plus pres de l'eau ſans ſoy mouiller: & infinis autres exemples que lon pourroit amener des effects de nature. Eſquelz pluſieurs penſeroient y auoir autre vertu particuliaire en l'animal, que la ſimple conduicte de nature laquelle par autre ordonnance, du commencement eut eſté eſtablie par le createur, en toutes creatures diuerſement, ſelon ſon plaiſir & bon vouloir. Ce qui n'eſt pas, ains tous animaux brutz ont les actions, & effectz de leurs ſens, & mouuementz conduictz continuelement & immediatement par nature, qui leur eſt donnée ſi proche en deffaut d'intelligence pour conduire leurs actions & mouuementz ſelon leur beſoin. Qui eſt cauſe q̄ l'animal brut n'a en ſon particulier aucune choſe eternele, ou qui tiene ſa place, outre ſa vie, combien qu'il aye pluſieurs vertus ou eſſences diuines pour forme, en communication deſquelles nature diſpoſé en luy, & par icelles le conduict, & en icelles eſt conſtituée la vie principalle des eſſences diuines, & par celles la l'animal ſe trouue diſpoſé ou indiſpoſé a receuoir adreſſés, actions, & enſeignementz de diuers effectz.

 Et toutefois a biē parler, en l'animal brut n'y a aucune ame particuliere, cōme il y a en l'homme, qui tiene place de ſon particulier indiuidu: car elle demeureroit apres le corps, ce qu'elle ne faict, de tant que l'ame eſt immortelle, mais la forme donnée a ſa matiere des vertus de Dieu poſſede la vie. Laquelle forme, en la diſſolutiō demeure en ſa ſource des eſſēces diuines, & le corps ſe reintegre en ſes elements ou parties indiſſolubles: qui eſt cauſe du commun dire, Que es brutz l'ame ſe perd auec le corps: combien qu'il n'y aye perte d'aucune choſe, ains toutes retournent en leurs ſources, ou propre nature: & par ainſi nous appellons en noſtre commun, l'ame eſtre par tout, ou il y a vie, comme nous le dirons quelqueſfois parlant de l'ame des brutz, plantes, & mineraux: eſquelz pluſieurs attribuent y auoir ame, voyāt la vie

L'eſtendue de l'arbitre.

Diuerſité de nature eſt ſelō la diuerſité des creatures.

L'animal ne laiſſe rien apres luy.

la vie, mais ce n'est ame particuliaire: ains c'est la forme conduicte par nature en sa matiere. Qui est cause, que és animaux n'y a arbitre, ny election: laquelle est maniée par nature, loy necessaire: qui dispose en eux de leurs sens & effectz. Et par ainsi leurs actions, mouuement, & sens sont conioincts a leur nature inseparablement. Ce n'est pas ainsi des hômes, desquels les actions, sens, & mouuements sont conduicts par leur intelligence, & autres vertus de l'ame raisonnable, qui sont les essences diuines composantz en elle l'image de Dieu. Desquelles l'vsage est cômis a son arbitre côme des sens, mouuements, & autres actions corporeles.

Ceste intelligence & autres actions procedants des vertus diuines, commises a l'homme sont conioinctes a nature humaine, qui est comme aux autres creatures, la loy, que Dieu a imposé a la composition, mouuements, & actions, qui deuoient estre en ce subiect, tellemêt que par ceste conionction l'homme est necessairement, & par sa nature, animal raisonnable, composé de matiere, & ceste ame raisonnable accompagnée de l'esprit & image de Dieu. Qui est cause que cy deuant nous auons diuerses fois dict, que l'homme estoit si necessairement composé en sa nature de l'image de Dieu, qu'il ne luy estoit possible de s'en deffaire, sans se deffaire d'estre homme: a cause de la conionction, qui est faicte de sa nature auec l'intelligence, & toutes autres actions des vertus diuines, procedants de l'image de Dieu. Et si auons dict, que le vray employ de ses vertus, & actions de l'image de Dieu, duquel l'election & arbitre gist en l'ame, est la semblance de Dieu: comme le faux employ, ou sinistre adoperation d'icelles, luy est du tout dissemblable, & ennemye de sa volonté. Et c'est ceste liberté d'arbitre donnée a l'homme, qui a empesché, que nature ne fust ioincte aux sens, actiôs, & mouuementz de l'homme, a cause que la conduicte & disposition d'iceux n'est donnée a nature, ains a la volonté de l'ame: laquelle au lieu de la prudence de nature donnée aux autres animaux brutz, a receu ce digne thesor de raison, & autres essences diuines, de tât plus dignes, & capables d'amener l'homme plus haut, que nature n'amenera son troupeau: comme le legislateur est plus grand & digne que la loy, qu'il ordonne, & bastit. Car le mesme sainct Esprit, qui a donné a toutes creatures sa loy, & ordonnance pour conduicte, qui est nature, celuy mesme s'est donné a l'homme, pour le rendre capable de le contempler, & cognoistre par sus tous les autres, & a conioint toutes actions, & effectz de ses vertuz tellement a la loy, qu'il a donné a l'homme en sa constitution & composition, qu'il a voulu, que l'homme par la vertu de ceste loy, que nous disons sa nature, aye eu puissance & liberté d'employer toutes ses actions & mouuements a la part, qui luy plaira. Et par ainsi l'homme disposant de ses vertus, actions, & mouuements conioincts a sa nature, dispose pareillement de sa nature: & contreuenant aux vns il contreuient a l'autre: & obseruant ou obeissant a l'vn il obeist aussi a l'autre.

Parquoy l'homme a en soy tout ce, qui luy faut pour l'operation de son salut, pendât sa vie corporele (durât laquelle il ne peut receuoir perfectiô) pourueu qu'il le mette en œuure & qu'il s'en vueille aider: qui est ceste image de Dieu sainct Esprit accôpaigné de toutes vertus necessaires a rendre l'homme purgé & purifié deuant Dieu, en estat capable de receuoir sa perfection. C'est entant que ces vertus le rendront vny auec Iesus Christ: par le moyen duquel il sera receu du pere, comme estant propre fils, & mesme chose, comme le pere & le fils sont mesme chose. Ce fust la recompence que Dieu donna a Abraham disant, Ie suis ta recôpence par trop grande. Ceste felicité & tres heureux present, que Dieu a faict a l'homme luy dônant soy mesme, rend l'home de telle perfectiô, que s'il employe bien ses moyês il peut estre en sa conduicte plus prudêt, que nature: côme aussi quand il les employe mal, il est plus imprudent, qui aduiêt le plus souuêt, & ce a faute de se sçauoir cognoistre: & ce qui luy est donné, côme nous auons cy deuant dict ez premier & quatriesme chapitre, qu'il est necessaire, que le salut de l'hôme cômence par la cognoissance de soy mesmes: car l'ignorance côduict infailliblement l'hôme a perdititon. De la s'est ensuiuy, que plusieurs faisans estat de sçauoir, sont tumbez en fauce adoratiô, blaspheme, & irreuerâce de Dieu mesmes, quand ilz ont cuidé dire côme S. Pol, Ie sçay qu'il n'habite en moy aucun bien, ne sachans ny cognoissans de quelles parties ou vnitez est côposé l'hôme, mais estimâs, que l'homme est côposé d'vne ame viuâte dâs vn corps, laquelle ame est prouueuë de diuerses actiôs, côme celles de la beste brute, q̃ nature côduict, la tenant en c'est estat separée de Dieu. Tout ainsi l'ont estime estre vn animal ayant vsage de raison: mais ont pensé ou que ceste raison fust en luy conduicte par nature, ou que pour celle la l'homme ne laissast d'estre separé de Dieu.

A cause

L'homme qui ne se cognoist, dict qu'il ne peut.

A cause dequoy ont diuerses fois dict, qu'ils n'ont pouuoir ou moyen de faire non seulement bien, mais ny aussi chose vtile a leur salut, rendantz tous les commandemātz de Dieu vains & superflus, cōme addressez a celuy, qui n'y peut obeir, n'entēdantz ou n'escoutantz ce que S. Pol leur dict, Ie sçay qu'il n'habite bien en moy, de tant qu'ilz s'arrestent la, & ne considerent ce, que sainct Pol dict apres, Il n'habite en moy, c'est a dire en ma chair. Par ou ilz voyent bien, que sainct Pol confesse, qu'il habite vn tel bien en sa pensée, que par celle la il sert continuellement a la loy de Dieu, comme il le dict manifestant, combien elle est differente de sa chair, en laquelle n'habite aucun bien.

Parquoy nous voyons, que telles gens ne cognoissans la nature de leur composition, ny dequoy, & aquelle fin ilz sont faictz, estimēt ce sainct Esprit, donné à l'homme, estre plustost vne action naturelle tellement separée de Dieu, qu'elle estant en l'homme, soit du tout contraire a Dieu de sa nature. Qui est tout au contraire : car ce sont essences & vertus diuines, qui ne cessent d'attirer & conuier l'homme a recognoistre Dieu : & en celles la bien employées habite Iesus Christ, qui nous est donné. Mais ce deffaut peut estre aduenu de ce, que le commun des hommes soy retirans plus a mal qu'a bien, ont plus souuent employé par leur arbitre, ces vertus & actions de l'image de Dieu, a leur concupiscence, qu'a leur vray estat de contemplation. Dont aucuns mal aduisez n'ont cogneu, que ceste peruersion d'ordre estoit venue a l'homme de la nature du premier peché, qui les rēd tous inclinés aux abus de la matiere, & non de la nature de la composition de l'homme : par laquelle ceste partie diuine luy a esté deliurée pure, & nette de tout vice. Mais estant subiecte a l'employ du liberal arbitre, l'on a prins les abus des hommes, pour leur vraye nature : qui sont bien differentz. Car leur nature, comme dict Mercure, est iointe a ceste intelligence, & image de Dieu, mais l'abus, que l'homme faict en l'vsage & employ qui luy est permis par son arbitre de toutes ces vertus, a esté occasion de penser, que c'est abus suit de la nature de l'hōme, combien qu'il ne soit que de la nature du peché : qui luy a appellé, & incliné l'arbitre celle part. Mais c'est arbitre n'estant si fort lié, qu'auec quelque estude, soing, ou diligence, il ne puisse soy retirer vers l'autre part, qui incessamment est, & heurte a sa porte : nous cognoistrons, que l'homme a en soy, c'est a dire, en quelque partye de sa composition, pouuoir & moyen de faire vn tres grand secours a son salut : qui est la saincte image de Dieu entrée en la composition de l'homme entier.

L'homme peruersy prēd ses abus pour sa nature.

Apoc. 3.d

A ceste cause pour la vraye intelligence de la nature de l'homme, il nous faut suiure l'aduis de sainct Pol, lequel despart l'homme en trois, Asçauoir en l'ame, corps, & esprit de Dieu. Et de tant que c'est l'ame, qui doibt respondre & rendre compte des actions, qu'aura faict l'homme, & de l'employ de ses puissances corporelles ou spirituelles, il luy a esté donné vne volonté prouueuë d'arbitre, pour selon iceluy employer toutes ses actions. Qui est cause, que quand sainct Pol parle de soy, c'est l'ame, qu'il faict parler & non les autres parties. Mais l'ame parlant, se plainct de l'vne, & se louë de l'autre. Et pour monstrer, que c'est l'ame qui parle il dict, Ie sçay, qu'il n'habite en moy, c'est a dire en ma chair, aucun bien. Par ou il monstre clairement, qu'il n'a osé dire qu'il n'habitast en luy aucun bien, atandu qu'il luy a esté besoing d'vser de la paranthese, pour declarer ceste partie de soy, en laquelle n'habitoit aucun bien, qui est la chair. Sachant sainct Pol qu'en son sainct Esprit, & pensée (qu'il nomme comme Mercure) il sert a la loy de Dieu, qui est œuure parfaicte, & bonne, comme le monde le peut endurer. Il nomme aussi ceste loy de Dieu, la loy de sa pensée : a laquelle repugne la loy de ses membres, declarant par ce moyen, que son ame parle soy plaignant de ses deux autres parties, qu'il a en soy contraires, l'vne pleine de bien, l'autre pleine de mal, prinses separéement : de maniere qu'il declare, que tout ainsi que nous voyons que l'ame ne fait le bię de soy, aussi ne faict elle de soy le peché. Car il dict, Si ie fais ce que ie ne veux, ce n'est plus moy qui l'opere, ains le peche, qui habite en moy. Declarant consequemment, que ce n'est en luy, mais en sa chair, qu'habite le mal. Il declare bien que le vouloir gist en luy sans autre despartement, c'est a dire en son ame, mais il n'y trouue moyen d'y parfaire le bien, c'est a dire dans l'ame, de tant qu'il est besoing le rechercher en l'esprit & image de Dieu, qui est donnée a l'homme pour l'en fournir. Et par ainsi toutes les disputes & discours qu'il faict en ce propos, tendantz a manifester la guerre, qui est continuelle entre les deux parties de l'homme, asçauoir la chair, & l'Esprit de Dieu : de laquelle guerre le subiect est d'atirer a soy le consentement & volonté de l'ame, qui est entre les deux ennemis : desquelz

L'homme par sy en trois.

Rom. 7.d

L'ame ne prēd en soy ny bien ny mal.

l'vn

l'vn a desia gaigné sur l'ame vn tel aduantage par l'obligation du peché, que l'ame se trouue inclinant son desir, tellement vers la concupiscence de la chair, que le plus souuant ce desir gaigne le consentement & resolution de volonté. Parquoy sainct Pol parlãt en son ame, dict qu'il est charnel, vendu soubz le peché: a cause de l'inclination, qu'il sent en sa volõté vers la cõcupiscence. Mais pour dõner a entẽdre, que ceste inclinatiõ ne porte necessité de cõtrainćte, & qu'il demeure en nous certain propos & volõté, par lesquelz nous pouuõs consentir au S. Esprit, nous dirons auec S. Pol, A ceux qui aiment Dieu, toutes choses cooperent en biẽ, en ceux, qui selõ leur propos sont nõmez sainćtz. Par ou nous voyons que les personnes sont apelez sainćtz, par leur propos & volõté: & par celle la, cõme il sensuit en mesme lieu, sont presceus, predestinez, apellez, iustifiez, & glorifiez. Car cela sensuit de leur soing & diligẽce, comme dict S. Pierre, Parquoy, freres, soyez plus soigneux a ce, q̃ par bonnes œuures vous faictes vostre vocatiõ, & election certaine. C'est a dire, que par soin, & bõnes œuures, lon paruient a rendre certaine l'election, & vocation, que Dieu faict. C'est le soing & diligencence qui est en nous, de donner nostre consentement au S. Esprit, employãt toutes actions qu'il a soubz-mis a nostre arbitre, a la suite de sa volonté, qui sont toutes bonnes œuures, ainsi nõmées parmy nos imperfectiõs: & par le moyẽ des vertus de ce S. Esprit & image de Dieu nous saisir de l'vnion impetrée par Iesus Christ, pour ceux qui par la parolle des Apostres croyront en luy: & dire apres comme S. Pol, Il n'y a aucune chose de dampnation a ceux, qui sont en Iesus Christ, qui ne cheminent selon la chair, c'est a dire, que si nous voulons estre soigneux de resister aux persuasions & abus de la chair & matiere, nous trouuerons du costé de l'image de Dieu en nous mesmes, & sans sortir de nostre compositiõ humaine tels moyens & puissances de bien faire, qui nous sont requises durant ceste vie mortelle: & par ainsi, quand nous estimons qu'il n'y a en nous, qu'imperfectiõ & misere, il faut, que nous l'entendions en nous inclinantz, acause du peché, vers la chair, mais nõ en toute nostre composition: laquelle porte en soy son remede, pourueu qu'il y soit cogneu, & employé: mais l'hõme adonné aux concupiscenses, ne se cognoist & ne pẽse en soy, y auoir q̃ le corps & ame viuante, comme le brut, ignorant le remede, qu'il a en soy. Lequel remede est l'image de Dieu, vertus, & essences du S. Esprit dõné a l'homme en sa compositiõ: qui est l'intelligẽce, que dict Mercure ioincte a la nature de l'homme, comme l'vsage des sens est ioincte a la nature du brut. MAIS LA PENSEE dict Mercure, EST AVTANT DIFFERANTE DE L'INTELLIGENCE, COMME EST DIEV DE DIVINITE. Nous prendrons icy la pensée pour l'entendemẽt humain, qui est mesme chose. Lequel bien recogneu est ceste vraye image de Dieu mesprisée, & mescogneuë des hommes, a cause de trop de priuauté, & communité. Et ce mespris vient de ce gain & possession, qu'a pris desia par le peché, la matiere qui luy est du tout enemye, par le moyẽ des sẽs, des desirs, & apetitz & frequentz cõsentements de volonté: par lesquelz moyens elle a aueuglé l'ame de recognoistre l'image de Dieu en soy mesmes: a cause dequoy elle l'employe hors de son vray estat, aux abus & cocupiscences de la matiere. Les vertus donc de l'image de Dieu si mal employées, se trouuẽt si effacées en cest homme charnel & materiel, qu'elles ne monstrent en soy aucun vsage ou apparence de diuinité. qui a esté cause, que la plus part ne cognoissans par ce moyen Dieu en telz hommes, n'ont peu pẽser, que iamais il y eust esté mis, ains ont estimé l'homme estre conduict par nature comme le brut: & consequémẽt ont dict, qu'il n'y auoit en l'homme aucun biẽ faict, ou bonne operation, qui vint de luy, comme le prenant totallement charnel comme la beste, a cause qu'ils ont veu le plus grãd nõbre en aprocher beaucoup, mais nõ pourtãt ceux, qui reiectent les concupiscences, & pour ceste opiniõ s'aident du Psalmiste disant, Il n'en y a, qui face bien iusques a vn seul. Lequel prend ce bien comme Mercure, qui le constitue au seul Dieu, & non en l'homme quel pourueu, qu'il soit des essences & vertus diuines: & ce a cause, qu'il a en sa composition de la matiere, laquelle estant ioincte a ce parfaict bien, le tache & macule par sa presence, de maniere qu'il ne retient plus le nom de biẽ comme nous l'auons declaré au sixiesme chapitre. C'est donc de ce bien, qu'entẽd parler Dauid, & non des bõnes œuures, qui par toute l'escripture sont frequentement attribueẽ a l'homme. Ceste diuine pensée, ou entendement humain, a donc esté si mesprisé, a faute d'estre cogneu. A ceste cause Mercure dict, qu'il faut entrer au salut & en sa voye, par la cognoissance de soy mesmes, qui est de cognoistre la nature, vertu, & puissance de c'est entendemẽt humain, ou pẽsée diuine dõnée a l'homme des sa creatiõ. La-

Rom. 8. e

L'homme est sanctifié par son propos.

2. Petr. 1. b

Ioan. 17. e
Rom. 8. a

Psal. 13. b

Prouerb. 3. d
Sap. 7. c
Esaye. 14.
Marc. 14. a
1. Petr. 2. c

L'intelligẽce demeure a ceux qui venerẽt la sainćte pensée.

quelle Mercure dict l'homme auoir, quãd il la venere: & ne l'auoir quãd il la mesprise. Ceste pensée donc, ou entendemẽt, a la mesme differance auec l'intelligence, que Dieu auec la diuinité.

Car comme Dieu est l'aucteur de toute diuinité, ainsi l'entendement est aucteur de l'intelligence. Et de faict diuinité n'est dicte que de tant que c'est quelque essence, action, ou vertu diuine. Tout ainsi intelligence est dicte, pour estre l'action de l'entendement ou pensée: qui est vertu diuine en l'homme. CAR DE VRAY, dict Mercure, DIVINITE EST DE DIEV, ET L'INTELLIGENCE DE LA PENSEE ou entendement. C'est a dire, que comme diuinité depend de Dieu, & comme nous auons dict au second chapitre que diuinité est essence diuine, dependant de Dieu, tout ainsi nous pouuons dire, que l'intelligence est vne action, par laquelle l'entendement met en effect ses vertus d'entendre & cognoistre diuerses choses. LAQVELLE intelligence, dict Mercure, EST SOEVR DE LA PAROLLE, ET L'VN A L'AVTRE INSTRVMENT. Ce qu'il declare incontinent apres, DETANT QVE PAROLLE N'EST PROFEREE SANS INTELLIGENCE, NY INTELLIGENCE DECLAREE SANS PAROLLE.

L'intelligence soeur de la parolle.

C'est la colligance que ce sainct Esprit a mis entre ses vertus, que l'vne porte secours & faueur a l'autre en ce, que l'homme ne peut parler, qu'il n'aye entendu en sa pensée au parauant, ce qu'il veut parler. Car la parolle n'est autre chose, que l'expression, & bonté hors de la pensée. Et comme la parole ne peut sortir, qu'elle n'aye esté pensée: ainsi la pensée, ou son intelligence, ne peut estre declarée & mise hors, que par la parolle: & parce moyen ilz se seruent l'vn l'autre d'instruments. En ce lieu Mercure cõtinue ses hauts propos & secrets: voulant dire que comme le sainct Esprit est donné a la composition de l'homme, pour le fournir d'entendement, iugement, & pensée, disposez en luy pour cognoistre Dieu & son salut: de mesme maniere au mesme homme a esté donné le sainct verbe, parole, & fils de Dieu pour exprimer, annoncer, & publier en l'homme, Dieu & la cognoissance de son salut ou perfection, a laquelle l'homme tend. Et ces deux asçauoir la saincte pensée & le sainct verbe ou diuine parole sont sœurs voire mesme subiect diuin, & l'vn sert en l'homme, a l'autre d'instrument: asçauoir l'vn de comprendre Dieu, & l'autre de l'anoncer. De tant que c'est l'esprit de Dieu saincte image, qui nous sollicite, & prie incessamment pour nous, a nous faire cognoistre Dieu, qui est la vie eternelle. Et c'est le fils de Dieu sainct verbe, qui le nous communicque & donne, tant par effect sensible estant verbe ou parolle de Dieu, que par effect intelligible, le fruict de sa passion receu par vne foy.

SECTION 2.

Parquoy les sens & intelligence conuiennent tous deux ensemble en l'homme comme liez entr'eux. Car il n'est possible sans le sens entendre, ny sentir sans l'intelligence. Il est toutesfois possible l'intelligence estre entendue sans le sens, comme ceux qui en dormant songent des visions. Bien m'est il aduis qu'en la vision des songes, les deux operations sont faictes. Mais a ceux qui veillent le sens est distribué par le corps & ame: & quand les deux parties du sens s'accordent entre elles, lors l'intelligence est denoncée estant conceuë de la pensée.

COMMENTAIRE.

Nous parlons en ce propos du sens non de la vertu, ou membre de l'homme, auquel elle est assise, mais prenons le sens pour sentiment, qui est l'action produicte par ces vertus assises

assises aux membres, qui les possedent. A cause que le membre ou la vertu ne bouge iamais de l'hôme, mais c'est l'vsage du sens ou l'action, qui est enuoyée au dehors, de laquelle nous parlons maintenant, la nommant le sens, comme les Grecs & Latins, qui n'y font difference. Ce n'est pas comme si nous disions les sens en plurier, qui signifieroient toutes ces vertus corporeles, mais nous dirons quelquefois le sens ou le sentiment pour ceste action, qui est employée, par la vertu sensitiue qui est en l'homme : comme nous parlons de l'intelligence la prenant pour l'action qui est employée par l'entendement ou pensée donnée a l'homme. PARQVOY ayant cydeuant dict que l'intelligence & parole se seruent tellement d'instrument l'vne l'autre, que la parole ne peut estre proferée sans l'intelligence, n'y l'intelligence estre denoncée sans parole : nous concluons que LE SENS ET L'INTELLIGENCE CONVIENNENT TOVS DEVX ENSEMBLE EN L'HOMME COMME LYES ENTRE EVX. C'est que l'homme estant reassemblé en sa composition de diuerses vnitez faisantz vne piece d'homme entier, ses parties luy sont données comme dict sainct Pol pour soy compatir, secourir, & aider l'vne a l'autre : dont s'ensuit que ce qui reçoit l'action du sens en l'ame, est l'intelligence : a cause dequoy ilz sont si bien liez en leurs actions & operations qu'ilz ne s'abandonnent iamais. Ce n'est pas comme aucuns penseroient semblables aux bestes : de tant que nous ayantz dict, que nature est iointe aux sentiment de la beste, il est necessaire que nous entendons que c'est nature en la beste qui reçoit l'action & operation du sens & non l'intelligence laquelle elle ne possede. Mais ayant aussi dict que nature est iointe en l'homme a l'intelligence c'est vn degré que nous entendrons plus en l'homme que en la beste. Et dirōs que la mesme actiō du sens qui est le sentimēt que nature reçoit & dispose en l'animal brut, ceste mesme action ou semblable l'intelligence reçoit & dispose en l'hōme. Parquoy elle luy est conionte c'est a dire l'intelligence au sentiment, comme nous auons dict en la beste la nature estre iointe au sentiment. CAR IL N'EST POSSIBLE SANS LE SENS ENTENDRE, N'Y SENTIR SANS L'INTELLIGENCE dict Mercure. C'est que nous auons dict au second chapitre, que la chose intelligible entre en l'entendement par le sens, à cause dequoy il dict suiuant son premier propos, qu'il n'est possible sans le sentiment d'entendre, à cause que l'intelligence entre par ce sentiment vers l'entendement & pensée. Cōme au cōtraire il n'est possible de sentir sans l'intelligence, laquelle ayant en l'hōme, comme nous venons de dire, charge de receuoir toutes actions des sens l'homme ne peut receuoir en soy ses actions & operations, que par ceste voye d'intelligēce, cōme la beste ne peut receuoir telles actions de sentiment, que par nature qui tient en elle la place, que tient en l'homme l'entendement ou diuine pensée.

Conionction de l'intelligēte & sensitiue en l'homme. 1. Cor. 12. d

IL EST TOVTESFOIS, dict Mercure, POSSIBLE L'INTELLIGENCE ESTRE ENTENDVE SANS LE SENS. C'est vne opinion qu'il met en cest endroit d'aucuns par forme d'instance, ne cōsiderans que l'exterieure operation des sens, & concluants le cōtraire de ce propos, que l'intelligence pouuoit venir sans le sentimēt, toutefois, dict-il, elle y peut venir. Ou bien s'il disoit, combien qu'il ne soit possible à l'homme par sa puissance humaine conçeuoir la chose intelligible, sans que les sens en facent rapport à l'entendement, ny receuoir des sens aucun aduertissemēt que l'intelligence n'y soit cooperante & iointe a ceste reception, ce neātmoins il est possible de receuoir l'intelligēce, ou l'intelligēce d'estre receuë sans que le sentiment l'aille querir au dehors, comme il faict quād elle ne se presente pas : qui est lors que les sens la vont querir pour la mettre en l'intelligēce. Ce n'est ainsi quand elle s'y presente sans estre recherchée? & baille vn exemple, COMME CEVX QVI EN DORMANT reçoiuēt & SONGENT DES VISIONS, qui parfois leur donnēt ou reuellēt cognoissances & intelligences. Et c'est lors que nous estimons tout le sens estre en repos & sans aucune action. A cause dequoy nous concluons que l'intelligence, qui vient a l'homme sans estre recherchée durant ce temps & moyen se peut dire estre venue sans aucun sentiment. Ce non obstant Mercure disant son aduis des songes, retourne à son premier iugemēt par ces paroles. BIEN M'EST-IL ADVIS QV'EN LA VISION DES SONGES : LES DEVX OPERATIONS SONT FAICTES. C'est à dire l'operation d'entendre & de sentir, ou bien l'intelligēce & sentiment, qui sont ces deux operations. A cause dequoy il les tiēt encore cōiointz, & ne pouuās faire leurs actiōs l'vn sans l'autre : reprenāt ce qu'il a dict à la section precedēte, que l'intelligēce & parole sont conioinctz si inseparablemēt, qu'ilz ne peuuent faire action l'vn sans l'autre. Or est il que la parole ne peut estre receuë, que par les sens, soit d'ouyë, ou de

Instance d'auoir intelligēce sans le sentimēt.

Resolution de Mercure sur l'instance.

veuë, d'escripture: dont il s'ensuit, que l'hôme ne peut reçeuoir intelligence quelconque, sans que son entendemēt la conçoiue par moyen de discours, propos, argument, ou syllogisme, qui sont tous subiects a estre reçeuz par les sens, soient cōceptions reçeuës d'autruy, ou inuentions faictes par nous mesmes, toutes sont necessairemēt pensées discourues, ou maniées auec parole. Et de vray si nous y pensons vn peu, nous trouuerons, qu'en noz sommeilz nous songeons aussi necessairement, que nous sentons de noz sens les propos ou discours, comme nous entēdons. Car de mesme maniere que nous songeons que nous reçeuons quelque intelligence, tout a vn coup nous songeons, que quelqu'vn la nous dict, & que nous l'oyons, ou bien que nous la voyons en imagination, ou propos exprimé par escript, experience, ou autre reception sensible, & de mesme que l'vn vient par songe, l'autre par necessité y viēt pareillement, & a mesme propos nous rendant mesme asseurance de l'vn que de l'autre. Qui est cause que Mercure disant son aduis dict, qu'il luy semble que les deux operations d'entēdre, & sentir se trouuēt aussi bien en songeant que ueillant : attandu que le mesme subiect qui reçoit le songe d'intelligence contenue par parole ou discours, c'est ce mesme qui reçoit le songe du propos subiect au sentiment, par lequel l'intelligēce entre en luy. C'est que l'intelligence estāt ioincte en l'hōme au sens, il ne peut entendre l'exterieur, sans l'auoir senti, toutesfois en songe les sens n'aiant aucune operation, nous dirons ce, qui est entendu en songe, estre venu sans l'vsage des sens en la personne, si est ce que le songe reçoit aussi bien l'operation du sens, que celle de l'intelligēce, par ce qu'il en reçoit la seule figure ou visiō. Laquelle ne luy demeure, cōme estant incorporele, representant l'effect corporel: & l'intelligence luy demeure comme estant de la nature du songe. Parquoy les deux operations se treuuent au songe, l'vne en figure, l'autre en verité. Et toutesfois n'en demeure a l'homme que l'intelligence. MAIS A CEVX QVI VEILLENT, dict il, LE SENS EST DISTRIBVE PAR LE CORPS ET AME, c'est ce, q̄ nous auōs dict au premier chapitre que les sens sont les ponts sur lesquelz les concupiscences passent de la matiere vers l'ame: par ce que les sens ne pouuans faire leurs actions & sentimentz que en la matiere corporele, ilz tiennēt de ce bout a la matiere: & d'autre part estant despartis & semez par le corps & l'ame ilz sont cōtraintz d'y faire leur passage tumbāt en l'ame par le moyen de l'intelligēce, a laquelle ils sont ioinctz par l'autre bout: Et par ce moyen les sens se trouuent auoir si grande facilité a induire l'hōme a leurs abus estans semez par le corps & l'ame & ioinctz a l'intelligence, par laquelle doiuent estre pareillemēt reçeuës & cōceues toutes autres actions de vertus diuines: qui a ceste cause sont dictes intelligibles, comme estant seulement reçeuës en l'homme par la voye d'intelligence.

Quelle facilité ont les sens a induire l'hō me a mal.

Vray est que ceste grande facilité, cōbien qu'elle aye en soy grande atraction & moyen de conuier la volonté: si est ce que l'intelligēce estant plus de la nature des vertus diuines, que du costé du sensible est accompaignée d'vn iugement prouueu de tant d'autres vertus, que l'ame par ce moyen raisonnable cognoist la nature de toutes choses, & cognoissant la trahison, que la matiere luy presente couuerte de toutes douçeurs, & plaisirs exterieurs, elle se retire quelquefois de ses lacqs, vers les vertus de l'image de Dieu, ausquelles elle peut employer pleinement son intelligence. Ce qu'elle ne peut aux choses sensibles, de tant que l'intelligence n'est ioincte au sentiment, que pour la necessité du sentiment: qui estant corporel est si indigne d'aprocher de l'ame, qu'il n'y peut venir que par le moyen de l'intelligence, essence, & vertu diuine : donnant effect à toutes ces autres vertus en l'homme. Parquoy le sentiment pour venir aborder l'ame raisonnable, a besoin de l'intelligence, & non l'intelligence des sens, en la composition, & creation de l'homme en son innocence, de tant que l'Esprit de Dieu estant en l'homme innocent en pleine liberté de ses actions, n'auoit affaire des sens pour communicquer & recepuoir en l'homme l'intelligence de toutes choses, lesqu'elles il voyoit a descouuert dans le diuin exemplaire, qu'il contemploit incessamment, sans aucun moyen de sentiment, & duquel il receuoit toutes cognoissances, & intelligences. Lequel estat a esté changé en l'homme par le peché, par lequel toutes choses qui luy estoient données pour s'en seruir par simple commandement luy ont esté baillées pour apres auoir bien trauaillé s'en seruir en la sueur de sa face, repugnance, & contredition continuelle: dont s'est ensuiui que le peché luy ayant fermé la porte & obscurcy la veuë que son entendement auoit dans c'est exemplaire diuin, auquel il prenoit intelligence & cognoissance de toutes choses.

Le iugement est remede cōtre l'induction des sens.

L'intelligence n'estoit ioincte aux sens en l'homme innocent.

Ce pau-

Ce pauure entendement se trouuant si offencé & assoibly de la force & priuation qui luy a esté amenée par le peché a esté contraint de recourre aux sens corporels, par le moyē desquelz son intelligence reçoit les choses intelligibles au lieu qu'elle les souloit recepuoir par l'exemplaire diuin, en sa nature d'innocence. Qui faict que l'homme cognoist autant moins, estant en peché, qu'il ne cognoissoit estant en innocence: comme le moyen des sens, par lesquels il entend est plus bas & indigne, que l'exemplaire diuin par le moyen duquel il entendoit en son innocence. Et ceste differance nous manifeste clairement, que c'est l'ossucation qui nous a causé le peché en nostre pensée, & entendement image de Dieu, qui nous oste moyen de veoir si clair des yeux de la pensée que l'homme innocent y voyoit. C'est que la veuë & accez que nostre pensée auoit auec l'exemplaire de Dieu contenant, & nous manifestant toutes choses nous a esté changée par le peché en subiection de nos sens corporelz: ausquelz nostre intelligence est contrainte s'adresser pour en retirer cognoissance de ce qu'ilz luy raportent. Et de tant qu'il faut passer par leurs mains, il ne faut doubter que l'intelligence y passant ny reçoyue souuent taches, & maculés de leurs corruptions, qui leur sont si frequentes & puissantes qu'elles se meslent continuellement en toutes actions que l'homme doibt conduire par son entendement & pensée de Dieu donnée a l'hōme & tresmal traictée de luy. qui est cause q̄ toutes œuures & actions de l'hōme qui est contrainct de passer son intelligence par les sens corporelz, & corrōpus, sont trouuez imparfaictes durant qu'il est enclos dans ceste matiere de peché. Et voila ce qui est aduenu a l'homme par la subiection qu'il a acquis de passer son intelligence, par le sentiment distribué par tout le corps, & ame. ET QVAND LES DEVX PARTIES DV SENS dict Mercure S'ACCORDENT ENTRE ELLES. Comme s'il disoit qu'il y a deux parties au sentiment de l'homme asçauoir la partie, par laquelle le sentiment communique auec la matiere, & chose corporelle: quand les sens l'aperçoiuent par le sentiment qui est leur action: Et l'autre partie est la conception, que faict l'intelligence par le moyen du sentiment des qualitez du subiect: quand ces deux parties s'accordent entre elles de l'accord, qui ne peut aduenir qu'en l'homme, dans lequel & sa composition sont contenues ces deux parties. Car en la beste les sens par leur sentiment communicquent bien, & aperçoiuent la chose corporelle auec leur action: mais n'ayāt l'autre partie qui est l'intelligence, par laquelle ilz puissēt conceuoir les qualitez du subiect denoncées par les sens: ces mesmes sens sont contraincts faire leur raport a nature, laquelle par ce raport conduict la beste a ses necessitez, sans qu'il y aye autre chose en elle qui puisse commander a la moindre de ses actions que nature: soit par la naïfue condition de la beste, cōme nous auons dict cy deuant, ou bien par la coustume que sa nature peut auoir receu d'ailleurs.

En toutes manieres elle n'a conduicte n'y puissance, qui ordonne sur ses actions & operations que nature, a laquelle les sens rendent compte de toutes qualitez qu'ils aperçoiuēt dās les subiects materiels, ausquels ils sont employez: a ce que par sa prudence elle conduise la creature de son aucteur en sa conseruation & vsage de vie, qui luy est donné. Ce n'est pas donc ainsi dans l'homme, dans lequel nature n'est conioincte au sentiment, comme nous auons dict de la beste: ains c'est a l'intelligence que nature est ioincte: c'est a dire que la beste n'a que nature de sentir, & l'homme a nature d'entendre & cognoistre. Quand ces deux parties donc l'vne de perception des sens cōmune a l'homme & a la beste, & la conception des qualitez qu'ilz raportent faicte par l'intelligence: qui apartient au seul homme, s'accordent en luy comme ne se pouuāt accorder en autre subiect d'animal. LORS dict Mercure L'INTELLIGENCE EST DENONCEE ESTANT CONCEVE DE LA PENSEE. C'est que l'intelligence ayant conceu les qualitez, qui luy sont raportées par le sentimēt, elle ne peut que estant immediatement iointe a l'entendement & pensée humaine, elle ne luy communique ce, qu'elle a cōceu par les sens ou leur sentimēt. Laquelle cōmunicquatiō nous appellōs en c'est endroit la pensée estre denoncée a l'entendement ou pensée qui la conçoit & examinée, par le moyē de ses vertus diuines diuersement, soit par le iugement, inuentiō subtilité & autres vertus données a cest entendement & pensée humaine, auec l'image de Dieu qui est luy mesmes. Car l'entendement humain que nous voyons si infiny en ses actions, n'est autre chose que la vraye image de Dieu & sainct Esprit donné en sa cōposition humaine, par les vertus duquel l'homme estant en son innocence produisoit toutes actions diuines & supernaturelles, auant qu'il offuscast & esblouist les yeux de son intelligence, par le peché, &

cócupiſcēces de la matiere. Par lequel esbloiſſemāt la cōmunicatiō de l'exēplaire diuin dās lequel ſes vertus intelligibles puiſoiēt toutes manieres de cognoiſſances, beautez, & perfections de tout biē luy a eſté fermée, par l'offuſcatiō que le peché a faict de la matiere, la rendant corruptible, & luy oſtāt l'incorruptiō. Et par cōſequent l'obeiſſance de toutes creatures (leſquelles ne recognoiſſants pour ſuperieur autres vertus, que celles de leur createur, luy eſtoyēt obeiſſantes en tāt que par vertu d'innocēce il tenoit ces vertus diuines en pleine actiō & liberté) luy a eſté tollue : a cauſe qu'au lieu d'vſer de ſes vertus, il en a abuſé : & par la veneration de la matiere les a tellemant oprimées qu'elles ſont demeurées de vray touſiours en luy, tant qu'il eſt hōme, mais c'eſt ſans aucun effect de perfection. Ains ont eté employées en toute imperfectiō, peruertiſſāts leur vray & naïf vſage deputé a l'hōneur de Dieu pour venerer la matiere & corruption de ſes concupiſcences. Par ainſi l'homme ne ſe doibt eſmerueiller ſi ayāt en ſoy les vertus, & image de Dieu, il ſe trouue ſans aucune puiſſance d'actiōs & effects ſupernaturelz, cōbien qu'il ſoit prouueu des vertus, qui de leur vraye nature produiſent telz effectz excedantz puiſſances de nature. Mais doibt cognoiſtre que ſes vertus par expres pacte & condition inſerée en ſa compoſition luy ont eſté commiſes ſoubs la diſpoſitiō & liberté de ſa volōté aſſiſe en l'ame, aux fins de les employer en leur vray eſtat de contēplation des œuures diuines, a peine d'en perdre l'vſage ſi excellāt, des lors qu'elles ſeroient employées en l'imperfectiō de matiere. Par quel moyen & indiſcret employ l'hōme perdāt ſon innocence, a pareillemēt perdu ceſt excellant vſage des vertus diuines, cōme principalle prerogatiue dependāt de ſon innocēce : & s'eſt trouué auoir cōſtitué tout ſon entendement, diſcretiō, iugemēt, inuentiō, ſubtilité, affectiō, & autres vertus diuines en ces choſes baſſes ſoubz leſquelles le peché l'a rabaiſſé & tient eſbloüy, iuſques a ce qu'il ſe recognoiſſe : par ce que ſa penſée cōcepura des choſes qui luy ſerōt denoncées par ſon intelligence.

SECTION 3.

Mais la penſee conçoit toutes cognoiſſances, aſſauoir les bonnes, quand elle reçoit les ſemēces de Dieu. & les contraires, quand c'eſt de quelque Demō, attādu qu'il n'y a aucune partie du monde vuide de Demon : c'eſt de Demon illuminé de Dieu : lequel furtiuement inſinuant, ſeme la ſemence de ſa propre operation. Et la penſée cōçoit ce, qui eſt ſemé, aſſauoir adultaires, meurtres, parricides, ſacrileges, impietez, eſtranglements, precipitacions, & toutes autres choſes œuures de Demons.

COMMENTAIRE.

Deux manieres de ſemēces en l'ame.

MAIS LA PENSEE a qui eſt dōné de conceuoir par le moyē de l'intelligēce toutes choſes, CONCOIT TOVTES COGNOISSANCES, de quel eſtat & condition que l'intelligence les luy preſente, qui ſe trouuent de deux natures : ASCAVOIR LES BONNES & mauuaiſes, les bōnes, dict Mercure, QVAND ELLE RECOIT LES SEMENCES DE DIEV.

Toute bōne ſemante viēs a l'ame du S. Eſprit.

C'eſt que l'hōme doibt tenir pour reſolu, qu'il ne luy peut aduenir bōne cōſideration, cognoiſſāce, intelligēce, ny ſcauoir, s'il n'eſt ſemé en ſa pēſée de la part de Dieu pur, par l'operatiō de ſa ſaincte image : qui ne ceſſe par cōtinuelle ſolicitatiō, de recognoiſſance qu'elle ſuggere a ceſte ame de labourer, & cultiuer la terre de ſa volōté, pour la faire porter le fruict, qui conduit a perfectiō, qui eſt le cōſentement reſolu d'obeyr au S. Eſprit. Lequel cōſentement & reſolutiō eſtāt donné ceſte volōté ainſi diſpoſée, produit en ſon entēdement & ſaincte penſée

Iac. 1. c

les fruits des ſemēces ſemées de Dieu. Leſquelles ſeules ſont dites bōnes, de tant q̃ celluy qui les ſeme eſt le vray & ſeul bō, & autre q̃ luy ne l'eſt. A cauſe dequoy les ſemēces de bōté ou bōnes ſemēces, ne peuuēt eſtre ſemées q̃ de luy. Les bōnes dōc ſont quād l'entendemēt ou pēſée les reçoit de Dieu par le S. Eſprit, cōſeillant l'ame de ſe recognoiſtre & venir a luy, cōme il eſt eſcript, Tout bien dōné eſt d'en haut, procedant du pere des lumieres. Tout bien dōc ne pouuant eſtre ſemé q̃ de la, ou en eſt la vraye ſemēce, eſt neceſſairemēt de Dieu : duquel en viēnent toutes ſemēces. ET LES CONTRAIRES, dict Mercure, c'eſt a dire les mauaiſes ſemāces, ou ſemēces de mal, QVAND CEST DE QVELQVE DEMON, ATTENDV QV'IL N'Y A AVCVNE PARTIE DV MONDE VVIDE DE DEMON : C'eſt que toutes ſemēces departies a l'ame d'ailleurs que du Dieu pur, ſont imperfaictes. Parquoy n'ont aucune

Toute ſemance venant a l'ame d'autre que Dieu eſt mauuaiſe.

puiſſance de produire en l'homme voye de perfection, les ſemēces dōc, qui ſont ſemées en la pēſée de l'hōme par quelque Demō, qui ſoit, ne peuuēt eſtre bōnes, ou cōduiſants a perfection, detant que ce Demon eſt facture, & creature de Dieu, & non pur Dieu. & ces Demons ſont diuers, comme nous dirons, Dieu aidant, cy apres.

Voila

Voila la cause, qui empesche l'homme, en sa vie mortele, de pouuoir conceuoir perfection de bien. Qui est à cause que l'image de Dieu ou Sainct Esprit, qui est en luy, estant meslé & composé auec ceste matiere de peché, n'est pur Dieu, comme il seroit, sans estre meslé en ceste composition. A ceste cause, toute chose, qui vient de l'homme ainsi composé, ne peut estre bonne, comme elle seroit venant en l'homme de son Sainct Esprit, le conseillant contre ses concupiscences. Car pour ce temps, & en ce cas le Sainct Esprit se tiendroit separé de la matiere. Le Demon donc ne peut semer en ceste pensée de l'homme close dans la matiere, aucune bonne chose, ains plustost bien mauuaise, à cause qu'il est composé estant creature, & non simple. C'EST, dict Mercure, LE DEMON ILLVMINE DE DIEV, parce qu'il est creature ayant reçeu sa forme, action, & vertu des puissances diuines, entant qu'il n'auroit aucune puissance, s'il ne la tenoit de Dieu, comme il est escript, Toute puissance est de Dieu.

De ce demon donc illuminé de Dieu aucune partie du monde n'est vuide: par ce que Dieu en a creé pour le ciel, pour la terre, pour l'air, & feu, eau, & comme plusieurs ont pensé, de particuliers aux montaignes. Car ie me souuiens, estant quelque fois entre les precipices des grands rochers Pyrenées, d'auoir veu en place descouuerte passer deuant moy vn rauissement de menuës pierres, sans aucun vent: & lors vey faire effort contre vn mien valet, deuant moy, à le ietter à bas d'vn rocher par plusieurs secousses, s'il ne se fust tenu bien effrayé: & ne sentions aucun vent ou tormente. Nous trouuons aussi, que dans les fosses, ou minieres, ou l'on fouille les metaux en Germanie, l'on y apperçoit des Demons, les aucuns cruels aux ouuriers, en façon de vent furieux, apparoissans en forme de cheual quelquefois: & les autres doux & paisibles, qui apparoissent en nains, vestus comme les ouuriers, faignās trauailler, & auancer grand besoigne, & ne font rien. Ce peuuent estre de la nature de noz lutins, qui ne font aucun mal, s'ils ne sont irritez. Telles creatures peuuent estre esprits composez, & creés de Dieu pour la distribution de ses commandemens, & ordonnances, semées par tous endroits du monde, & pour executer ses volontez sur toutes creatures. Et pour declarer ce, que Dieu nous a donné à entendre de l'opinion de Mercure de la nature de ces Demons, & de leur commune composition, nous auons à considerer, que tout ce, qui est, se trouue contenu soubs ces deux mots, Dieu, ou Creature. Et toutes choses sont resolues en l'vn de ces deux, qui sont, ou le generateur, facteur, ou createur, ou la chose engendrée, faicte, & creée, comme quelque fois Mercure le dira cy apres. Deux choses sont toutes choses, asçauoir le geniteur, & la chose engendrée. Et dira que les choses engendrées sont apperçeuës des sens. Parquoy prenant les Demons pour factures, creatures, ou choses engendrées, nous ne pouuons faillir de les estimer sensibles, & par consequent participantz de matiere, comme n'estans aucune chose sensible, que la matiere, sur laquelle Dieu applique ses actions, comme en la generalité de toutes creatures.

Vray est que Dieu voulant telles actions estre plus actiues, promptes, & diligentes, que celles qu'il a commis à toutes ses creatures terrestres, comme les dediant à son principal seruice & ministere, il compose les corps de ces Demons ou esprits des elements: qui combien qu'ils soient matiere, sont toutesfois plus subtils, vistes, & actifs, que les autres: lesquels sont deux, à sçauoir le feu, & l'air. Le feu dominant en action, l'air en promptitude & diligence. De l'air sont composez les corps de ceux, qui ont esté cause, que nous les auons nommés esprits: de tant qu'esprit n'est qu'air comprimé & violant: dont nous faut souuenir, que nous auons dict, que toutes actions & vertus diuines commises aux astres sont portées vers leurs effects & executions par l'air.

Ce passage est exposé par Æsculape, en ses diffinitions au Roy Amon: là où il dict, que la compagnie, ou plus-tost compagnies des Demons sont situées soubs les astres égaux à eux en nombre, pour executer leurs bonnes ou mauuaises natures, qu'il interprete actions, disant, que l'essence du Demon est l'efficace. Par où nous voyons, que ces Demons ou esprits, sont corps aerés, dediés a porter les actions des vertus diuines, commises aux astres, sur la matiere. Car sur la partie de l'homme raisonnable, ces Demons, dict Æsculape, n'ont aucune puissance, traictant en cest endroit là plus amplement de ce propos, comme nous verrons cy apres, Dieu aidant. Dont est aduenu, que les hommes enseuelis en ignorance de Dieu, ne considerantz en ces esprit ou Demons, que l'action qu'ilz executoient, laquelle

Rom. 13. 4

Exemples des demons.

Agricola.

Discours de la nature des esprits.

Chap. 14. 9

Chap. 16. 9.

Demōs aerées

294　SVR LE PIMANDRE DE

Psal. 95. l. & 105. e & Leuit. 17. b.
Apoc. 16. e Demōs ignées

ilz leur ont estimé estre propre, & non cōmise par vn plus grand, les ont tenuz pour dieux, comme dict le Psalmiste, Les dieux des Gentilz sont Demons. Et ailleurs, Immoloient leurs filles aux Demons. à cause des signes, qu'ils voyoient sortir de ces Demons ou esprits, comme dict sainct Iean, Il y a des esprits de Demons faisans des signes. Il y a vne autre generation de Demons, ausquels Dieu veut donner ou commettre plus vehemente action, laquelle apartient sur tous elements au feu.

Chap. 12. 5

Parquoy Dieu leur donne corps de feu, comme dira quelquefois Mercure au chapitre prochain de sa clef, pour executer sa iustice sur les hommes, qui desia se trouuent mauuais dans la volonté. Mais leur mauuaistié ne sortant dehors pour mener l'homme a punition ce Demon incite ses sens, a infinies cupiditez & executions exterieures, à ce que faisant publication de sa malice cachée, il soit puny, comme dira Mercure cy apres. Celuy là commet ces maux, affin qu'il en soit puny, quand il les aura commis, & souffre la peine, qui luy en sera donnée. Ces Demons sont tels, qu'il est escript de Saül, qui faisoit iouër Dauid de sa harpe, quand l'esprit mauuais de Dieu le prenoit, pour en estre soulagé.

1. Reg. 16. d L'esprit mauuais de Dieu.

Il est dict esprit mauuais de Dieu, de tant qu'il est esprit de punition. Et ne penserons en nous, que ces deux elements d'air & feu soient trop grossiers pour seruir de corps à toutes creatures commises aux merueilles & executions des actions supernaturelles de Dieu. Car ce seroit, ne considerant bien ou cognoissant la vitesse de l'vn, ou son agilité, ensemble la grandissime action de l'autre. Lesquelles bien considerées, nous trouuerons qu'elles aprochent tant en leurs effects des choses supernaturelles, que quelque fois l'hōme les prend pour telles, & non pour natureles, & faictes par la vertu de ces elements, comme toutes ces exhalations, qui se font en la supreme region de l'air, composées d'air & feu, par lesquelles bien entendues, Dieu denonce certaines significations, combien que telles compositions & feux que lon y voit, soient naturels & elementaires, comme il faict par toutes autres actions & mouuements des astres: ce que plusieurs estiment chose miraculeuse & supernaturele. Nous voyons aussi aux esclairs du tonnerre vn si soubdain mouuement de ce feu porté par l'air en vn instant de l'Orient en l'Occident de nos regions, que ce mouuement est quelquefois pensé supernaturel.

Effectz de l'air & feu.

Prenons vn exemple plus famillier de l'admirable action & mouuement, que faict le traict du canon, qui ne prend toute son action & puissance, que de la composition, qui mesle la puissance & merueilleuse action du feu auec l'agilité & diligence de l'air, par la nature des simples composans ceste poudre. Il faut bien dire, que ceste diligence & action soit merueilleuse de rendre la bale si grande & solide inuisible. Vn autre exemple plus admirable & commun, d'vn ieu d'orgue, qui a plusieurs tueaux esloignez du sommier, cent fois l'vn plus que l'autre, si est-ce qu'à peine cognoist lon la difference de la vitesse de l'air, a porter le vent du plus prochain, au plus esloigné. Dont nous retirerons, qu'il ne faut trouuer estrange, si ces deux vaillans Elements sont appliquéz par la prudence diuine selon leur nature a composer corps, pour le seruice & administration de ses volontez. Qu'ils soient capables de seruir d'instrument à faire ces merueilleuses actions, & de receuoir la forme des vertus de Dieu: en laquelle gist leur grande action, & puissance. Comme nous lisons de l'Ange de Dieu, qui tua cent octante cinq mille hommes en vne nuict de l'armée de Sennacherib, voire en moins d'une heure. Voila pourquoy pareillement nous ne trouuerrons aussi estrange, ce qui est escript, Qui faict ses Anges esprits, & ses ministres flamme de feu, attendu que le benoist Sainct Esprit s'est voulu ayder en ses effectz & operations, du seruice de ces deux elementz, comme il est frequent en l'Escripture: & pout s'accommoder à nostre intelligence, a voulu estre nommé esprit, qui est vent ou air comprimé, tres-actif, & puissant en ses operations, combien que ceste tierce personne Dieu eternel ne soit elementaire ou materiel, ains createur de toute matiere & forme, mais c'est pour estre cogneu & ramanteu par-my nous, qu'il a receu ce nom, & pareillement nom de feu consōmant. Il visite en tourbillons, & flamme de feu: & viendra & iugera en flamme de feu. C'est ce feu consumant toutes superfluitez & choses mauuaises, ne laissant que le pur, comme il est escript, donnant le Sainct Esprit, qui par foy purifie leurs cœurs. C'est feu consumant, & raffinant iusques au pur, cōme Dieu le dict à Israel, Ie te cuiray iusques au pur, & oteray toute ta crasse & estain.

4. Reg. 19. g
Heb. 1. b
Le Sainct Esprit se sert d'air & feu.

Heb. 12. g
Esay. 29. b & 66. e
Act. 15. b
Esay. 1. f

Par

Par ces exemples nous voyons, que le Sainct Esprit s'aydant si communement de ces elements en ses actions & operations, & faisant ses Anges, qui sont messages, cest esprit ou compression de vent & ses ministres, qui sont les executeurs flamme de feu, comme nous auons dict, nous manifeste assez clairement que ces creatures, que nous nommons esprits ou Demons, sont bastis & composés sur ceste tres-agile & actiue matiere d'air & feu par la forme, qui est en si subtile matiere. Ceste forme est le commandement de Dieu, comme il est escript, Ils sont tous esprits administratoires, pour ceux, qui reçoiuent l'heritage du salut, voire soient ils bons ou mauuais. Car les bons les attirent au bien, les mauuais les chassent par chastiementz & peines du mal, & par ainsi tous peuuent seruir au salut a personnes disposées & de bonne volonté: de tant qu'il y en a, qui sont baillés de Dieu en punition; côme il menasse par Esaye à Hierusalem en sa ruyne: en laquelle il luy promet les Demons habiter en elle, asçauoir l'Onocentaure, qui est monstre composé d'homme & d'asne: & le Pellu, qui est prins pour lutin. Ce sont esprits & creatures employées de Dieu pour faire recognoistre a ceux qui estoient cause de la ruyne, leur deffaut, pour al'aduenture les retirer de leurs fautes.

Heb.1.d Tous Esprits seruès à ceux me en bonne part.

Esay.34.d

Et combien que ces corps d'ayr & feu soient inuisibles, ces creatures neantmoins sont veuës non en leurs corps, qui ne reçoit veuë, mais en leur forme, qui est la volonté de Dieu donnant & receuant forme, quand il luy plaist, comme il a faict a l'Ange triple, que veist Abraham: a celuy, qui luita contre Iacob: a celuy, qui apparust a Manue pere de Samson, & infinis autres: ausquelz la volonté de Dieu, qui est leur forme, leur donne puissance d'apparoir, non en leurs corps, qui est de nature inuisible. Il en y a de nature Angelicque qui du commencement ont peché, comme Sainct Iean l'escript du Diable, qui peche des le commencement, qui a esté cause, que l'Eglise a estimé, qu'ilz auoient arbitre, non que l'Escripture en face mention, mais c'est, qu'il n'y peut auoir peché en la creature sans arbitre. Et pour declarer ce, que nous pouuons recueillir de leur arbitre, nous dirons, que les Esprits sont intelligences, & vertus diuines, infuses en la plus actiue, & subtile partie de la matiere, qui sont le feu & l'air, pour estre creatures destinées à executer les ordonnances & commandemens de Dieu, dans ce monde, tant celeste que elementaire. Ces vertus & intelligences constituées en matiere si actiue & diligente, composent la creature Angelicque, dicte creature, à cause qu'elle reçoit matiere & forme, en laquelle sont assises les excellences des vertus. Entre lesquelles est comprins l'arbitre, par lequel ilz peuuent continuer la contemplation de Dieu, ou adherer a leur concupiscences. Et combien qu'ilz ayent cest arbitre, ils n'ont neantmoins reçeu l'image & semblance de Dieu, ains seulement ses actions & vertus en ministere, pour en vser ou abuser selô leur arbitre. Car ceste image a esté reseruée a l'homme seul. A cause dequoy les esprits ou Anges ou Demons n'ayatz en leur composition la presence de Dieu, comme l'homme, ilz n'ont ce Sainct Esprit, qui prie incessammeut pour nous, comme nous. Dont s'ensuit qu'estant cheutz par leur arbitre en peché, ilz n'ont aucun moyen de retourner, n'ayant en eux ce vray secours, par lequel l'arbitre de l'homme est solicité de retourner, & soy recognoistre, ains ayant ietté leur intelligence & excellentes vertus a leur concupiscence, & n'ayant de plus forte, qui les redresse par côseilz, aduertissemês, & frequentes admonitions, côme l'hôme, il leur est impossible de retourner, de tant qu'ils ne s'en peuuent aduiser de soy, non plus que feroit l'hôme, s'il n'auoit en soy la presence de l'Esprit de Dieu, qui iamais ne l'abandonne, mais instamment l'aduertist & solicite de son salut.

Genes. 18:a 31.f & Iud. 13.b.

1.Ioan.3.b

De l'arbitre des Esprits

Pourquoy les mauuais esprits ne peuuent retourner en grace.

Et en ceste maniere ceux qui se relaschent vne fois hors la grace, ne reuiennent iamais. Et par ainsi l'arbitre est en eux de moindre effect, qu'en l'homme: à cause qu'il n'est secouru d'aduertissement ou admonition, comme en l'homme. Il y a aussi vne autre cause, pour laquelle les Anges ou Demons, qui sont vne fois cheutz en vice & peché, n'ont aucun moyen d'entrer en salut, c'est, qu'ilz n'ont poinct eu de restaurateur, sauueur, ou reparateur, qui en leur espece aye satisfaict deuant Dieu pour leur offence, comme Iesus Christ homme, a faict pour l'homme. Dequoy Sainct Pol baille vn clair tesmoignage, alleguant Esaye qui dict, Voyme-cy & mes enfans, que le Seigneur m'a donné: lesquelz ayant communicqué a sa chair & son sang, & luy semblablement communique a eux mesmes, concluant peu apres, que iamais il n'a prins a soy les Anges, mais la

Heb.2.d Esay.8.d

V 5

semence d'Abraham. Il declare par là, que Iesus Christ a prins à soy les hommes en leur espece, & semence d'Abraham fidele, & non en la semence de la chair seulement, pour les rendre enfans de Dieu par la communication, qu'ilz ont eu par sa grace & bonté auec luy, & luy a eux de chair & sang: par lesquels estoit venu le peché sur l'homme, comme estant vraye source & nourrice de toutes concupiscences, lesquelles sont chassées de l'homme, qui aura esté laué en sa chair & son sang par la communion mort & resurrection de Iesus Christ. Laquelle communion, salut, & restauration, ne fust iamais donnée aux Anges: n'y a l'homme en toute son espece, combien qu'il luy aye esté offert, mais a la semence d'Abraham le fidele, qui est autant que a ceux que Iesus Christ a dict depuis, Qui par la parole des Apostres croiroient en luy, lesquez il communicquoit, & rendoit mesme chose auec luy: ce qu'il ne fit iamais aux Anges. Et a ceste cause n'ayant les Anges aucun reparateur, & satisfacteur, qui les rende filz de Dieu, pour estre dignes d'estre presentes deuant luy & monter au ciel, ou autre ne monte que celuy la, il demeurent comme creatures materieles, & par consequent de leur nature, separées de Dieu, ensepuelies en leur peché, sans pleige ny satisfacteur, qui paye pour eux. A cause dequoy, il ne peuuent iamais abandonner leur malice, pour retourner a leur deuoir. Et ne faut trouuer estrange, que ces espritz ayantz arbitre, n'ayent esté solicités de mesmes concupiscences, que les hommes, comme d'auarice, paillardise, gourmandise, paresse, & autres concupiscences grossieres. Il est clair, que les concupiscences viennent au subiect, ou creature, selon sa composition, de maniere que entre les hommes mesmes, ceux qui sont plus terrestres, ont leurs concupiscences plus basses, & tenans de la nature de la fange que ceux, qui le sont moins, lesquelz les auront plus hautes, tenantz moins de la crassitude de la matiere.

Par plus forte raison donc, les hommes, qui sont de leur nature composés & tiennent plus des bas, & plus grossiers elementz, qui sont la terre, & l'eau, seront solicitez de plus basses concupiscences, comme d'auarice, paillardise, ou gourmandise, consistantz en seule matiere, & y estans subiectz a cause de la necessité, que ces corps ont de viure, soy couurir, loger, reposer, & engendrer, que ne seront les Demons ou espritz, qui ne sont subiects a aucune de ces necessitez, comme aussi eux estans composez d'elemés plus purs, actifz & subtilz, seront moins subiectz a corruptions, & plus tentez des hauts crimes & plus esloignez de l'humilité de la terre, comme arrogance, superbe, ambition, vengence, enuye, mensonge: qui sont de tant plus griefz & pesantz, comme ilz sont commis par subiectz composez de corps plus pur, plus subtil, & plus esloigné de corruption, & imperfection, & vices esloignez de toute matiere.

A ceste cause, nous estimons, qu'entre les anges qui sont tres-buchés par leur peché ceux des plus dignes & excellentz ordres de leur Hierarchie sont tumbez plus bas dans la region elementaire, pour declarer leur peché auoir esté de tant plus detestable, que ceux des autres, comme ilz estoient constitués en plus d'excellece, que les autres. Qui a esté cause, qu'ils ont esté despartis par la region elemétaire, depuis le centre de la terre, iusques a l'extremité de la region du feu, ou concaue des cieux, estans plus vilement constitués selon l'indignité de leur peché: & par ceux là, Dieu faict plusieurs executions de ses volontez & iugementz sur ses creatures, en ceste basse region elementaire, sans qu'ilz puissent iamais retourner en leur premier estat, & remonter en leurs degrez: & ce a cause qu'ilz n'ont en eux l'image de Dieu, qui les y conuie, ny le reparateur de leur genre, qui satifface pour eux. Et de ces malins espritz, Dieu s'en sert pour les punitions, lesquelz Mercure nomme Demons vengeurs de iustice diuine. Il en y a d'autres, desquels vsent les Magiciens, ou plus souuant abusent. Parmy lesquelz se meslent le plus souuent ces malins, comme il est escript des Py-tonicques, qui ont esté de tout temps deffenduz de Dieu, desquelz tous il en a esté cree vn si grand nombre, qu'il n'ya partie du monde, qui en soit vuide. Et tous sont illuminés de Dieu par la forme, qu'il a donné a leur matiere. LESQVELS dict Mercure, INSINYENT FVRTI-VEMENT en l'homme, par le moyen que nous auons dict au premier chapitre, qu'il a gai-gné par le peché de combatre l'homme en tenebres, c'est a dire par le dedans de sa pensée, & non seulement par le dehors. Ayant donc a l'homme c'est accez, il considere, si l'homme est disposé a recepuoir sa semece, & si sa terre est en estat d'accepter ce, qu'il luy desire semer.

Leui.10.d
1.para.10.d
& Act.16.d

C'est a

C'est a dire, q̃ ce Demon vengeur de la iustice diuine, n'est iamais laché de Dieu, pour combatre l'homme par le dedans: iusques a ce, que l'homme mesprisant & mescognoissant sa nature diuine a abandonné Dieu, ou s'est laissé aller aux concupiscences. Car ce n'est le Diable, qui tante l'homme communement, ains les concupiscences tantent vn chascun, comme dict sainct Iacques, asçauoir, quand il employe mal son iugement & autres vertus intelligibles les escoutant. lors elles le tentent de maniere, que le plus souuent elles l'emportent & retirẽt du tout sa volonté de son vray estat de contemplation, la rendant resoluë au plaisir de la matiere. Dont sensuit ce, que cy deuant nous auons dict, que l'homme estant desia si fort tenté de sa concupiscence, qu'il a conceu & resolu la malice & mauuaise volõté. Lors, pour mettre en lumiere ceste malice, qui estãt couuerte seroit sans punitiõ, luy est permis & laché ce Demõ vengeur, qui en vengeãce de sa malice, & pour luy en faire acquerir la punitiõ SEME LA SEMENCE EN CESTE VOLONTE desia malicieuse. Laquelle Mercure nõme semence DE SA PROPRE OPERATION: qui par le dire de sainct Iean sont menteries. Ce n'est de celles, qu'il a receu de Dieu en sa creation & composition: car de Dieu ne vient iamais aucun mal: mais l'imperfection de la matiere, qui produit la rouille, & la crasse, comme cy apres Mercure le dira, est celle, qui engendre le mal en la forme. Et de ce Demon corrompu par son deffaut Dieu se sert, comme de plusieurs autres choses inperfectes toutes estans creatures. Ce Demon donc trouuant la terre disposée a recepuoir sa mauldicte semence trouuant desia l'homme malicieux en sa volonté, il seme les semences de mensonge commune a tout vice, qu'il a acquis de son propre a ce, qu'elle luy soit moyen de donner a l'homme entrée a tous vices. ET LA PENSEE CONCOIT CE QVI EST SEME, A SCAVOIR ADVLTERES, MEVRTRES, PARRICIDES, SACRILEGES, IMPIETES, ESTRANGLEMENTS, PRECIPITATIONS, ET TOVTES AVTRES CHOSES, qui sont OEVVRES DE DEMONS, que sainct Pol nomme œuures de chair fondées sur men songe: lesquelles ils desirent cõmuniquer a l'hõme malicieux, a ce qu'estant par ces crimes publié mauuais, il soit puny. Parquoy il n'est puny pour auoir faict ces maux: mais il les faict pour recepuoir punition de la malice qui est dans sa volonté, auant qu'il les commete. Car ces actes exterieurs, comme nous auons deuant dict, ne sont vices, ains seulement executions des vices, qui sont en la volonté, pour la punition de laquelle, ces actes exterieurs sont commis.

En ceste maniere l'acte exterieur du premier homme prouocqua la punition du peché d'outrecuidance, qui desia regnoit en sa volonté. Dela nous pouuons veritablement penser, que l'homme par son peché a perdu toutes les perfections, que les vertus de l'image de Dieu auoit en luy assemblé, & n'en a retenu aucune partie, que la proprieté & aptitude, que disent les Dialecticiens, qui est en sa composition, la disposition d'en pouuoir recepuoir quelquefois reintegration. qui est proprement ce, que nous venons de dire, que les essences & vertus diuines y sont: de tant qu'elles sont necessairement & par pacte expres de sa compositiõ par l'image, mais elles y sont si opprimées, & offusquées, qu'elles ne produisent aucun effect de leur nature: ains tous cõtraires l'homme perdant la similitude, qui est en effect autant, que s'il n'en tenoit rien. Dõt Dauid l'acompare a la beste bruté, non a faute d'auoir le sainct Esprit de Dieu: mais faute que, ayant esté mis en cest honneur, ne l'a cogneuë: & perdant la similitude a esté comparé & faict semblable a la beste. Il nous faut noter, cõbien que par le peché l'homme aye esté priué de toutes les graces & vsages des vertus diuines, & aye esté ramené a l'indignité de la beste, qui iamais ne receut l'image de Dieu: & que la nature de peché aye eu sur l'homme ceste puissance de le rabaisser tant & l'esloigner de la semblance de son createur: ce neantmoings nous debuons considerer, que la bonté & misericorde de ce bon createur, a esté si abondante enuers ce diuin animal, portant son image tant offensée, qu'il ne l'a iamais voulu laisser en l'entiere execution du merite de son offence. Ains s'est contenté d'entretenir son excellente vertu de iustice par l'executiõ d'vne partie de ce, qu'il meritoit soustenant encore ce pauure subiect mal conseillé, en occasion de retourner par le moyen, qu'auant le condamner a porter ses miseres, il a voulu luy accorder & deliurer le remede, par lequel il auroit moyen de recouurer les effects de son innocence perdue, luy deliurant la semẽce de la femme, par vertu de laquelle, elle deuoit briser la teste du serpent aucteur du peché, c'estoit Iesus Christ fils de Dieu donné a l'homme, pour luy rendre son innocence perdue.

Ceste

Ceste supposition de main,que Dieu de sa bonté a faict à l'homme,apres sa cheute, comme il est escript,affin qu'il ne fust brisé, & auant estre ruyné par sa sentence de mort, qui luy prononça peu apres, l'a maintenu par le moyen de Iesus Christ, & soustenu en estat de soy reprendre, & rataindre quelquefois l'estat, & vsage de ceste perfection d'innocence: & ce par le moyen de son ioug,qui est si doux,& sa charge si legiere, que qui la voudra porter de franc vouloir, n'y trouuerra aucune pesanteur. C'est d'auoir en luy vne foy composée d'amour & creance, par laquelle il nous promet rendre tellement ceste perfection d'innocence eternele,& reintegration de noz corps si imperfects par glorification,comme dict sainct Pol,que nous recouurerons cest vsage & operation de noz vertus diuines en leur excellence perdue par le peché.Comme il dict en son Euagile, Ces signes ensuiuront ceux, qui croiront en moy. en mon nom, ilz ietteront les Demons ou espritz malins, ils parleront nouueaux langages,ils osterõt les venins: s'ils boiuent breuuage mortel,il ne leur nuira: ils gueriront malades par impositions des mains. N'est ce pas auoir recouuré par ceste foy appliquée à Iesus Christ, le vray & excellent vsage supernaturel des vertus de l'image de Dieu en ces choses, qui ne se peuuent faire par puissance quelconque, que Dieu aye donné à nature?

Matth.11.d

1.Cor.15.f
L'homme recouure par Iesus Christ la premiere innocence.
Marc. 16.d

C'est le moyen,qui est donné à l'homme de reuenir de l'estat de la beste, où il s'est abaissé par son deffaut en son premier estat d'innocence,receuant tous vsages ce pendant necessaires à son infirmité en la sueur de sa face, comme dict Iesus Christ, Il n'en y a aucun de ceux, qui ont abandonné pour moy toutes choses materieles, qui n'en reçoiue cent fois autant en ce temps present: toutesfois auec persecutions,qui est la vraye sueur de sa face.Ce moyẽ donc a esté donné à l'humain lignage, pour reparer la perte vniuersele, qu'auoit faict le premier homme de toute sa suitte,ayant en soy receu l'outrecuidance par la tentation exterieure des choses materieles & serpent. Auquel par l'imperfection engendrée dans la volonté desia mauuaise,fust permis semer les semences de ses propres actions & operations,qui sont les executions de toutes concupiscences effrenées de superfluitez, & troubles de matiere: lesquelles Mercure nomme œuures de Demons, pour conduire l'homme à l'execution du vice desia conceu en sa volonté,le declarant publiquement punissable.

Genes.3.d
Marc 10.d

SECTION 4.

ET *les semences de Dieu sont en petit nombre: mais elles sont grandes, belles, & bonnes,cõme preudhommie,temperance, & pieté. Pieté est cognoissance de Dieu: & qui l'aura cogneu estant faict plein de tous biens il abonde d'intelligences diuines, non semblables à celles du commun. A cause dequoy ceux, qui ont ceste cognoissance ne plaisent au vulgaire, ny le vulgaire à eux. Ils sont estimez insensez, & dignes d'estre moquez, hays, & tenus en mespris: & quelquefois sont tuez.Car nous auons dict qu'il faut, que malice habite icy en son propre lieu. De tant que son pays est la terre, non le monde, comme aucuns disent parlans mal. Mais le debonnaire tollere toutes choses sentant la cognoissance: car toutes choses sont bonnes à vn tel homme: voire celles, qui sont aux autres mauuaises. Et quand il est tenté par aguet, il refere tout à sa cognoissance, & luy seul bonifie les maux.*

COMMENTAIRE.

Diuersité de semences.
4.Esdr.9.c
Zach. 10.e

CES semences, desquelles Mercure parle en ce discours, sont les mesmes, desquelles l'Escripture nous a tenu tant de fois propos.Comme Dieu nous tesmoigne disant, Voicy,ie seme en vous ma loy: c'est à dire mes volontez,semences, & disciplines, pour vous inculquer memoire de moy, comme dict Zacharie: Ie les semeray aux peuples,& ils se souiendront de loing de moy.Voila les semences de Dieu bõnes. Mais celles,qui sont semées furtiuement, comme a dict Mercure n'aguiere par le Demon, qui sont semences de sa propre

pre operation, sont celles, que Iesus Christ nous a declaré en sa parabole du semeur: ou il est dict au pere de famille: N'as tu pas semé bonne semece au champ? pourquoy donc s'y trouue la mauuaise? c'est l'ennemy, qui a semé l'yuraye sur ma bonne semece. C'est ceste yuraye, qui est de sa propre operation, dict Mercure, laquelle il a semé surtiuemēt, & en aguet, c'est à dire, ces miseres, que nous auons dict toutes estre œuures & solicitations, ou semences de Demons, ou malins espritz. Et, cōme dict maintenant Mercure, LES SEMENCES DE DIEV SONT EN PETIT NOMBRE, comme il est escript, Ceux qui sement, sement le verbe: & ailleurs, La semence est le verbe de Dieu. Celuy là n'est qu'vn, qui doit estre semé dans le cœur de l'homme, c'est vraye semence de Dieu en si petit nombre, qu'elle n'est que vne, c'est l'image du pere accompagnée de perfectiōs, qui sont en trespetit nombre, MAIS ELLES SONT GRANDES, BELLES ET BONNES, de maniere qu'elles portēt auec soy leur effect, action, & puissance. Comme il est dict, celuy qui administre la semece au semeur donnera aussi le pain a māger & multipliera vostre semece, qui est la vertu de pieté, laquelle Esaye a nommé l'esprit & science de pieté, & sainct Pol l'estime vtile a toutes choses disant, Que l'exercitatiō corporele est vtile a peu de chose mais la pieté est vtile a toutes choses. C'est la grandeur que luy attribue Mercure en tant, que vne de ses semences. Lesquelles il dict estre belles & bonnes, COMME PREVD'HOMIE, ET TEMPERANCE, ET PIETE, qui sont de vray belles, a cause de leur perfection & dignité: & si sont bonnes, vtiles & profitables, à cause de la bonté, fruict & vtilité, qui s'en ensuit. Car la premiere qui est la preud'homie rend l'homme preparé a receuoir les suiuantes, qui sont temperance & pieté: la temperance, en tant qu'il se contente du necessaire, soit materiel ou intelligible sans tascher au superflu ou vsage excessif des choses, qui luy sont données en maniement: la pieté en ce, que la preud'homie le prepare a la deliberation, & resoluë volonté de rendre tout deuoir & recognoistre toute obligatiō, qui est le vray subiet de pieté. Ce sont les vrayes semeces de Dieu lesquelles auec leur suitte il dict estre en tres-petit nombre: de tant qu'elles ne regardent ou consident qu'vn Dieu, comme il dict apres, PIETE EST COGNOISSANCE DE DIEV. Et pour la monstrer grande, il dict consequemment: ET QVI L'AVRA COGNV ESTANT FAICT PLEIN DE TOVTS BIENS, IL ABONDE D'INTELLIGENCES DIVINES NON SEMBLABLES A CELLES DV COMMVN. C'est vn merueilleux acquestz d'estre faict plein de tous biens & abonder en intelligences diuines, si excellentes qu'elles ne sont aucunement semblables aux intelligēces de la commune prudence du monde, qui met tout son estude & employe toutes ses intelligences & moyens plustost au gain, que a la pieté. Ce que sainct Pol a fort briefuement condamné l'acordant à Mercure, quand il a parlé des hommes corrompus de pensée, & priués de verité, qui ont estimé gain estre pieté. Mais au contraire pieté auec suffisance, qui est ceste temperance, est vn tres-grand gain: comme s'il disoit, Ce n'est le gain, qui vous acquiert pieté. Parquoy gain n'est pas pieté: ains quand pieté se trouue en l'homme, qui se contante de la suffisance & necessité des choses corporeles, c'est vn tres-grand gain, & n'en doit chercher d'autre en la matiere. Vray est qu'il ne suit en cest endroit l'opinion & maniere du commun. De tant que le commun ne recherche pas ceste pieté, qui est veritablement intelligible, mais applique son estude entierement aux choses sensibles. Et à ce gain, que sainct Pol dict estre estimé des gens corrompus de pensée, & priuez de verité estre la pieté, que nous deuons rechercher. A CAVSE DEQVOY, dict Mercure, CEVX, QVI ONT CESTE COGNOISSANCE acquise par pieté, religiō, ou pure affection de son deuoir, NE PLAISENT, ou sont agreables AV commun ou VVLGAIRE: NY LE VVLGAIRE A EVX. C'est de tant qu'ilz venerent, & appliquent leurs principales affections à choses contraires, c'est à dire, l'vn à Dieu, l'autre à la matiere: l'vn au bien, l'autre au mal. De ce moyen à vsé la subtilité serpentine & diabolique: toutefois qu'elle a voulu mettre diuision & separation entre les hommes pour les amener & conduire à sedition, & effusion de sang. C'est que par son astuce & malice il a consideré, que toute amitié n'est que conionction des choses dissemblables, comme nous dirons cy apres, Dieu aydant, quelquefois. Ceste conionction se faict, quand ces choses dissemblables, ioignent & vnissent leurs principales parties en vn, pour par ce moyen parfaire la principale nature & estat de charité, qui est conseruer les subiectz en leur estre & durée.

Con-

Matth. 13. d & e
Mar. 4. b
Luc. 8. b

1. Cor. 9. c
Esay. 11. d
1. Timoth. 4. e

Cognoissance diuine esloignée de celle du commun.

1. Timoth. 6. b
Cognoissance s'aquiert par pieté.

Considerant donc au contraire, que par la separation & disionction des principales parties des subiectz, il s'ensuiura le contraire de conseruation, qui est ruyne & destruction d'iceux: il s'est aduisé que le plus diligent & preparé moyen, qui se pouuoit trouuer, estoit de separer les opinions & aduis des hommes sur le faict de ceste pieté sugerant a aucuns opinions contraires a celles, qu'ont les autres. Et combien que aucuns ayent les bons aduis & opinions, il se trouue quelque fois leur entretenir & soliciter d'y persister, quand il les trouue autrement preparez a entrer auec ces bons aduis en noise & dissention, auec les autres, que luy mesmes a prouueus de fauce doctrine. De tant que toute son intention n'est que dissention, & de conduire les personnes à ruyne, soit soubz pretexte de bien ou de mal: de là viennent les heresies semées par Sathan dans l'entendement des hommes, auec quelques ratiocinations apparantes au iugement, qui desia s'est laissé emporter à la matiere, par lesquelles ratiocinations il leur suggere & insinue, qu'ilz prenent la voye de pieté: & tout en mesme instant insinue aux autres, qui sont de contraire aduis, que c'est eux, qui ont la vraye voye. Et en ceste maniere ne sera seulement vne maniere de secte ou diuision, mais vne douzaine, côme l'experience le nous a monstré, des cinquante ans en çà: de tant de diuerses opinions discordantes entr'elles, toutes sorties d'vne Eglise de Iesus Christ, desquelles chacune condamne toutes les autres, estimant chascun la siene meilleure. Et toutefois tous sont sortis & separez de leur mere l'Eglise vraye, saincte, & Apostolicque, comme dict à ce propos S. Iean, Mes enfans vous auez ouy, que l'Antechrist vient, il s'est faict maintenāt plusieurs Antechrists, & sont sortis de nous, mais ilz n'estoient pas de nous: car s'ilz l'eussent esté, ilz seussent demourez en nous.

Astuce de Sathan a semer ruyne de l'hôme.

Source des heresies.

1. Ioan. 2. 6

C'est donc le moyen, qu'a trouué Sathan de separer les principales intentions & affectiós des hommes, pour estre mal agreables les vns aux autres, comme dict Mercure de ceux, qui ont la cognoissance de Dieu acquise par pieté, n'estre agreables au monde, n'y le monde a eux. Dont s'est ensuiui, que le monde les trouuant si mal agreables, IL SONT ESTIMES, DICT Mercure, INSENSES, ET DIGNES D'ESTRE MOCQVES, HAYS ET TENVS EN MESPRIS, ET QVELQVE FOIS TVEZ. N'est ce pas la parfaicte concorde, que Dieu a mis entre sa saincte escripture, & la doctrine, qu'il luy a pleu donner à Mercure, en ce propos mesmement des blasmes, opprobres, & mocqueries que le vulgaire faict communiemēt de ceux, qui se rendent à l'amour de Dieu? disant, Ceux cy sont, lesquelz nous auons quelquefois tenus en mocquerie, & semblāce de reproche. Nous insensez estimions leur vie vne folie, & leur fin sans honneur. Voyez comme ilz sont nombrez entre les filz de Dieu? Et de vray la subtilité de Satan s'estant saisie de la plus part des pensées humaines se mocque de la simplicité de ceux, qui estimant ce, que les autres ne cognoissent sur toutes choses mesprisent du tout les abus mondains, que ces miserables captifz de Sathan reuerent, & magnifient sur toute vertu. Dont ilz en sont estimez folz auec leur simplicité, estans reprochez de n'auoir aucun entendement: quand ilz ne reuenchent au double vn desplaisir, & non seulement iniure, qui leur aura esté faicte. Et sera estimé vn sot de n'auoir sçeu faire proffit auec vn prince, par larrecins, flateries, deceptions, rigueurs, surprinses, & autres oustilz du profict mondain. Ayant quelquefois tāt acoustumé les princes à telles subtilitez, qu'ils n'en veullēt de plus gens de bien à leur seruice, les estimans incapables d'exercer telles ruses, qu'ilz nomment bon entendement.

Concorde entre Mercure & l'escripture sur la pieté.

Sap. 5. a

Les mondains mesprisent la simplicité.

Ces pauures gens, dict Mercure, sont aussi mocqués, & tenus en mespris. C'est quand ilz veulent mesler leur simplicité & bonne foy parmy les negociations de la matiere, qui leur sont necessaires pour leur vie, comme en proces, qui a tant preualu parmy le monde, qu'au iourdhuy bonne foy n'y est obseruée, soit entre les plaideurs, leurs ministres, iuges, ou bien souuent conditeurs d'ordonnances. Et seront mocquez les simples, qui feront conscience de iurer faux despens. Et ne seront blasmez les iuges, qui leur en ostent la moitié. Et infinis autres moyens, par lesquelz les simples sont mocquez du monde. Et quelquefois, dict Mercure, sont tués. C'est quand par leur simplicité il leur eschappe de dire quelque verité, qui blasme les plus forts, lesquels ayant au premier article de leurs status la reuenche, se trouuent prompts à tourmēter, & bien souuent faire mouuoir celuy, qui par simplicité aura cuidé verité estre autant reuerée deuant les hommes, que deuant Dieu. Et ne se sera souuenu que verité n'a aucune demeure çà bas : ains seulement ce petit rayon sien, qui en demeure à ceux, qui ont choisi la voye de pieté, & par celle là reçeu les semences de Dieu. Qui sera cause,

Oppressiõs des simples par les mondains.

que

que ce pauure innocēt logé parmy tant de personnes saisies des subtilitez diaboliques, se trouuerra cōme vne brebis dās vn troupeau de loups, a y laisser en fin la peau. CAR NOVS AVONS DICT QV'IL FAVLT QVE MALICE HABITE ICY, dict Mercure, EN SON PROPRE LIEV, DE TANT QVE SON PAIS EST LA TERRE, NON LE MONDE, COMME AVCVNS DISENT PARLANS MAL. Ce n'est pas qu'il soit vtile ou necessaire que malice habite en terre, mais les choses y estāt disposées, comme elles sont, elles n'y sont iamais sans malice. Comme le dict Iesus Christ, Il est necessaire qu'il viennent scandales: ce n'est pas qu'il soit vtile ou necessaire: mais c'est que ces causes si mauuaises produisent necessairement ces mauuais effects.

En ceste maniere Mercure dict qu'il faut que malice habite en terre. Nous parlerons de deux natures de malice, asçauoir l'vne c'est celle, qui tient en la matiere qui, luy vient de la separation qu'elle a souffert du commencement de ce parfaict bien, pour seruir de matiere disposée, rude, & indigeste, atendant les formes, & que Dieu luy imprimeroit ceste malice qui est absence de bien, se nomme imperfection: l'autre malice est celle qui vient de la volonté qui aura mesprisé ce quelle doibt honorer, & aura honnoré ce quelle doibt mespriser, & celle la n'apartient en terre que aux hommes, de tant qu'elle ne peut dependre que de l'arbitre qui a esté donné au seul homme. En toute maniere quelque malice que ce soit des deux elle se trouue tousiours parmy la matiere, de laquelle toutes mixtiōs se trouuent en la region elementaire, dont la principale partie est la terre, & non tout le reste du monde qui est presque infinies fois plus grand: mais seulement parlerons de la derniere qui habite en ceste petite partye, qui est la terre, & celle la est son vray pays, dans lequel toutes choses sen sentent.

Math. 18. 4
Difference de malices.

Ce n'est pas donc le monde qui est le pays de malice: car ceste grande partie du monde occupée par les corps celestes immortelz, n'a en soy aucune malice, de tant qu'il n'y a creature en qui aye esté mis arbitre, sans lequel malice ne peut estre. Mais dirons qu'il y a imperfection & non malice, de tant que malice vient du cœur & libre volonté, & l'imperfection vient d'estre aliené, ou separé de Dieu. Et pourtant qui plus en est esloigné, aliené, ou separé est chose plus imparfaicte: dont s'ensuit que l'homme est dict l'animal le plus parfaict, ou moins imparfaict, de son naturel, à cause qu'il a Dieu en soy, ce que les autres n'ont pas. Mais aussi de tant qu'il est plus parfaict, a cause de l'honneur qu'il a receu, quand il ne le cognoist, cōme dist le Psalmiste, il se rēd non seulemēt imparfaict cōme les animaux bruts, mais prend vne qualité plus infame & mauuaise qu'aucune qui soit en ces pauures bestes brutes: c'est malice qui est trop indigne & esloignée de Dieu pour conuenir a aucune creature, qu'a celle qui ayāt receu Dieu en essence & plenitude de grace l'a repoussé de soy pour eslire l'abus des concupiscences de la matiere, non seulement pour le venerer, comme le brut, & par ce moyen se contanter de l'indignité du brut: mais qui pis est pour exceder en ceste veneration le brut, qui n'en prend que la necessité de sa vie, mesprisant le surplus. Et l'homme nō contant de sa necessité, recherche continuellemēt le surplus, excez, superfluité, & insatiabilité, qui s'apelle propremēt en abuser, & au lieu de s'en ayder & seruir, s'en nuire & ruiner. De ceste desordōnée concupiscēce sortent toutes manieres d'actiōs, de malices, ou executiōs que l'hōme en faict parmy ceste matiere & choses sensibles: cōme la superbe du desir d'estre veu, ouy, & admiré diuersemāt, reputāt a soy la gloire qui apartient a Dieu aucteur de toutes bōnes actions: l'auarice qui par diuers moiēs de malice tache a retenir ou acquerir ce qui ne luy appartient esmeu de ceste veneration de richesse que S. Pol nōme seruitude d'idolles: la gourmandise en laquelle l'homme soit par abondance superflue, ou diuersité de boire & mēger se consome & ruine son corps, entendemēt & ame: & toutes autres manieres de superfluités, par lesquelles l'hōme mōstre plus grād deffaut en luy, que la beste qui ne prēd que sa necessité & besoing, ou vsage requis a sa vie. Duquel l'homme non contant apres en auoir ce, qui lui est necessaire pour se nourrir & entretenir son corps, il prend ce qui luy est superflu, pour destruire & ruyner non seulement le corps mais l'entendement & l'ame. Dōt en cest endroit il se monstre plus ignorant que la beste: & ceste ignorance excedāt celle de la beste, s'apelle propremēt malice: qui part de ceste libre volōté, cōduisant si mal sa charge, qui n'est cōtente de raisō, patiēce en aduersitez, suportāt imperfectiōs d'autruy, aimāt Dieu en sō prochain, & prouueuē de toutes autres vertus, par lesquelles l'hōme doit mōstrer plus de vertu habiter en soy, q̄ en creature viuāte, pour l'hōneur qu'il a de la presēce de Dieu

Differēce entre malice & imperfectiō.

L'hōmme se ralaisse plus que le brut.

Colos. 3. 4

qui

qui est source de toutes vertus en soy. Mais par sa malice faict tout le contraire: qui est cause qu'à l'occasion que l'homme est semé & esparts par toute la terre, qui est son habitation, & que par toute la terre il produict son fruict de malice, ne le pouuant esleuer plus haut, la terre a esté dicte le vray puis de malice,& non tout le monde, auquel la malice ne peut estre portée par celuy qui la commet,hors la prouince de la terre où il habite.Ce qu'aucuns ne considerans y auoir autre monde que la terre,par laquelle en tous lieux ils voyët malice, ont dict la malice estre semée par tout le monde. Ou bien prenans malice pour imperfectiö ont cognu que toutes creatures celestes estans subiectes à vn maistre,& mobiles, ont en elles l'imperfection de seruitude, ou subiection, & de mobilité: qui a esté cause qu'ilz ont voulu estendre malice par tout le monde, qui est mal parlé, de tant que vraye malice ne peut tomber que ou il y a volonté libre, en son arbitre.Et celle là estant au seul homme en terre, nous ne l'estimerons estre en tout le monde,ains en la seule terre ou l'homme la peut seulement exercer: parquoy dirons la terre estre son propre lieu. Ce propos est confirmé à Mercure par la saincte Escripture en diuers lieux, mesme sainct Iean qui dict, que tout le monde est constitué en malignité, prenant le monde comme Iesus Christ,pour les hommes habitans sur terre: quant il dit, Le monde vous hayt: & ailleurs, Tout ce qui est au monde, c'est concupiscence de chair, concupiscence d'yeux, & superbe de vie. Et le Psalmiste, Il a mis la terre fructifiante en saleure, pour la malice de ceux, qui habitent en elle: & en infinis autres lieux, par où Dieu accuse la terre d'estre le lieu de la malice de l'homme, qui habite en elle.Et combien que ce ne soit de tous qu'il parle,ains de ceux seulement, qui laissent regner en eux la malice, si est-ce que les autres sont en si tres-petit nombre, que pour ceux là il ne laisse de parler generalement: & aussi que pour bien viuant que soit l'homme, il ne peut estre du tout purgé en ce monde de toute imperfection: comme il est escript, Que tous ont besoin de la grace de Dieu, de tant que tous ont peché en Adam. C'est la regle generale de la loy de Dieu:toutefois sa souueraine puissance dominant sur toute loy de nature,qu'il a constitué,peut en certaines occasions surmonter l'ordinaire puissance. Comme ayant sanctifié Hieremie dans le ventre de sa mere: & S.Iean Baptiste, & la digne Vierge, vaisseau preparé pour engendrer auec luy son filz Iesus Christ en chair humaine par sa grace,de laquelle il auoit besoin, comme a dict S.Pol, & faisant tous autres miracles & œuures supernaturelles,lesquelles au regard de la grande multitude des hommes sont en si peu de nombre, que pour celles là Dieu n'a laissé de parler en general,suiuant la nature de la grande compagnie, dans laquelle malice regne, qui est ce que principalement Iesus Christ defend, non qu'il n'y aye malice en noz personnes, car il n'est en nous de l'en ietter du tout : & par ainsi s'il le nous commandoit, ce ne seroit de sa coustume, quand il commanderoit à celuy qui ne peut obeyr.Mais il nous commande tresprudemment, que le peché ne regne en nostre corps mortel, & nö qu'il n'y habite: de tant qu'il nous a donné assez de moyens & secours pour l'empescher d'y regner,si nous les voulons employer, soy reseruant en fin de nostre cours, de nous donner la grace de l'en ietter du tout, & toutes ses merques, & vestiges, affin que ce pendant nous suiuions l'exemple que dict Mercure consequemmët: MAIS LE DEBONNAIRE TOLERE TOVTES CHOSES, SENTANT LA COGNOISSANCE: CAR TOVTES CHOSES SONT BONNES A VN TEL HOMME, VOIRE CELLES QVI SONT AVX AVTRES MAVVAISES. C'est à dire, que l'homme debonnaire qui s'estant retiré deuers Dieu, a recouuré sa cognoissance, par le moyen d'auoir cognu Dieu en soy mesme, tolere toutes aduersitez, sçachant que la malice des hommes, & imperfection des creatures materieles, sont tousiours ennemies à l'homme debonnaire, qui a ceste cognoissance & pensée diuine: de tät qu'il aproche plus à la perfection, & prend son chemin vers celle là.Qui est cause, que mesprisant toutes ces contredictions, repugnances, & incommoditez, que ce monde luy offre, cognoissant que c'est la naturele inimitié de ses vertus,il les tolere, & les laisse passer le plus patiemmët qu'il peut: comme celuy qui cognoist qu'il n'est possible prëdre bon chemin en ce mönde, sans y trouuer resistance de toutes ces choses contraires & incompatibles auec la bonté desquelles la terre, ou il habite est toute pleine.A cause dequoy toutes choses sont bönes a vn tel homme,c'est a dire qu'il en faict son proffit, en vsant comme il doibt, car si elles luy sont accordantes a ses bonnes conditions elles luy seruent de soulagement, & si elles luy sont repugnantes, elles luy seruët d'entretenir la guerre: par le mespris desquelles il acquiert la couronne de gloire en fin. C'est ce que dict S.Pol, Nous sçauons que toutes choses cooperent

Pourquoy la terre est vray lieu de malice.

1.Ioan.3.d
Ioan.15.c
1.Ioan.2.c
Psal.106.d

Rom 3.c

Dieu ne defend le peché d'habiter en nous, mesmes d'y regner.
Rom.6.b

Le debonnaire a plusieurs resistances en ce monde.

Rom.8.e

perent en bien à ceux qui ayment Dieu, lesquelz selon leur propos sont nommez sainctz. C'est à cause que toutes resistances, & repugnances qui luy sont faictes par les choses sensibles, ne pouuant donner victoire a l'ennemy sur luy, celles la mesme estant vaincues par patience, tesmoignent deuant Dieu sa constance & vertu : & par ainsi elles luy seruent en bien. Voire dict Mercure celles, qui sont aux autres mauuaises, de tant que toutes concupiscēces & autres assautz de la part de la matiere, qui ont accoustumé d'enporter & vaincre le cōmun des hōmes, & les conduire en ruyne, & perdition, sont dictes pour ceste mauuaise operatiō choses mauuaises a ceux, ausquelz elles nuisent, qui sont ces autres, desquelles parle Mercure a la differāce de ceux, qui ont la cognoissance de Dieu : lesquelz ces mauuaises choses ne peuuent dominer, attendu qu'ils les mesprisent, & repoussent. Il dict q̃ ces choses cōbien qu'elles soient mauuaises aux autres, les cōduisans a ruyne : ces mesmes sont bōnes a ceux cy qui les mesprisent par patience, manifestans leur gloire deuant Dieu. Cōme il est escript, Bien heureux l'homme qui souffre tentation, car quand il aura esté esprouué, il receuura la couronne de vie, laquelle Dieu a promis a ceux qui l'aimēt. En ceste maniere les choses, qui communement sont mauuaises aux mauuais, sont bonnes aux bons. Ce n'est pas que les peches, & vices qui gisent, & s'engēdrent dās la volunté, puissent estre trouuez bons deuant Dieu, de quel qu'il soit : de tant que telles œuures ne peuuent aduenir aux bons, qui ont desia la volunté retirée de tels consentemens, & a qui telles voluntez aduenans ilz perdroient le nom de bons, & aymans Dieu, & seroient dictz mauuais. Parquoy les vices & pechez ne peuuent estre mis en ce rang, mais nous y mettrons toutes choses exterieures, & autres qui prouocquent, & conuient la volunté a venir en mal & non le deffaut de bonne volunté, en laquelle seule gist le vice ou vertu. Comme Iesus Christ l'a declaré, disant, que ce qui est exterieur ne salist l'homme, ains la mauuaise volunté, sortant du cœur, & produisant diuersité de vices.

Ces vices donc, qui sortent du cœur sont mauuais en toute maniere de gens, & sont ceux qui les declarent estre mauuais, & n'auoir la vraye cognoissance que dict Mercure. Parquoy ceux la ne peuuent cooperer en bien, ou estre bonnes choses a ceux qui ayment Dieu, ou qui ont sa cognoissance, de tant que sont choses, qui ne leur peuuent aduenir, tant qu'ils portent le nom de bon : c'est à dire tant qu'ilz ont la volunté bonne & inclinée vers l'image & sainct Esprit de Dieu. Mais bien dirons que à vn tel homme les choses exterieures, qui sont bruncher & sont mauuaises aux autres, ayant incliné leur volunté a la matiere sont si bonnes qu'elles le fortifient, & comme nous auons dict, le glorifient en sa iustice, & tesmoignent sa vertu. Parquoy elles luy sont dictes bonnes. ET QVAND IL EST TENTE, dict Mercure, PAR AGVET, IL REFERE TOVT A SA COGNOISSANCE, ET LVY SEVL BONIFIE LES MAVX. C'est que toutes tentations venantz a l'homme pour destourner sa volunté qu'il a desia donnée au Sainct Esprit, auquel il s'est du tout rendu & prins pour deffenseur, & protecteur cognoissant ses vertus & puissances l'homme se s'entant assailly & tenté, par aguet & subtilité du tentateur & Demon vengeur de la iustice diuine, rapporte tous ses assautz a son protecteur sainct Esprit, image de Dieu, qui est sa vraye cognoissance, lequel faisant à ceste bonne ame secours auec la tentation, comme dict Sainct Pol, affin qu'il la puisse soustenir, c'est celuy seul qui bonifie & rend bon les maux, qui se trouuent mauuais aux autres, qui n'ont recouuré sa cognoissance, & c'est luy seul. Car ce n'est le corps ou l'ame de l'hōme qui a ceste vertu de bonifier, ou conuertir en bien vne mauuaise & nuisante action, ains c'est le Sainct Esprit image Dieu omnipotent, auquel seul ceste puissance apartient. C'est la vraye cognoissance du bon ou qui a bonne volunté, par le moyē de laquelle il souffre toutes choses sentant ceste diuine cognoissance en soy, & toutes choses luy sont bonnes s'aidant de toutes choses en bien. Voire de celles, desquelles les autres se nuisent & reçoiuent mal, & estant assailly des tentations il se retire vers son sainct Esprit & diuine cognoissance, par le moyen de laquelle il bonifie toutes choses, tant soient elles mauuaises aux autres les conuertissant a son profit.

SECTION 5.

REtournons de-rechef au propos du sentiment. Il est donc propre à l'homme de communiquer le sentiment à l'intelligence : toutesfois tout homme, comme i'ay deuant dict, ne iouyst d'intelligence, mais il y a homme materiel, & homme essential. Car le materiel qui est de vray auec malice, comme i'ay dict, a la semence d'intelligence des Demons: & ceux qui l'ont essentiallement auec le bien, sont sauluez de Dieu. Car Dieu operateur de toutes choses composant toutes choses les faict semblables a soy. Et ces choses estant faictes bonnes il les reserue pour l'vsage d'operation. Mais le cours du monde, brisant les generations faict des qualitez, salissant les aucunes par malice, & netoyant les autres par le bien. Car le monde ô Æsculape, a son propre sentiment & intelligence non semblable a l'humaine, ny tant variable, mais autrement plus excellants & simples.

COMMENTAIRE.

AYant sur le commencement de ce chapitre entamé le propos du sentiment & intelligence, laquelle declarant estre le moyen, par lequel la pensée reçoit les semences, nous sommes entrez au propos de ceux qui reçoiuent les bonnes semences de Dieu, ou les mauuaises des Demõs: nous RETOVRNERONS DE RECHEF AV discours de nos premiers PROPOS DV SENTIMENT, reprenants ce, que nous en auõs dict cy deuant: asçauoir que le sentiment & l'intelligẽce conuiennent tous deux ensemble en l'homme. Dont Mercure reprenãt son propos dict, QV'IL EST DONC humain ou PROPRE A L'HOMME, & conuenãt a sa nature, DE COMMVNIQVER LE SENTIMENT A L'INTELLIGENCE: a cause que, comme nous auõs cy deuãt dict, l'homme ne peut employer l'vn sans l'autre, pour la cõnexion & si proche alliãce, qui est entre eux: detãt que l'homme n'a si tost conceu par ses sens corporelz le sentiment de quelque subiect, que l'intelligẽce, qui est de la nature & compositiõ de l'homme, n'y soit en l'instãt, pour raporter au iugement la nature des qualitez que le sentimẽt luy a raporté, par la gradatiõ: qui est plus excellante en l'homme, que en tout autre animal, qui tient cest ordre. Par lequel premieremẽt le sentimẽt yssu des sens corporelz cõçoit du subiect materiel les qualitez, soit chaut, ou froit, doux, ou amer, blanc, ou noir, rude, ou poly, & autres infinis sans aucune cognoissance de ce que c'est, detant que sentiment de son particulier n'a cognoissance. Ces qualitez incogneues en l'instãt sont raportées par le sentiment a l'intelligẽce qui les recognoit pour qualitez, & en mesme instãt l'intelligence en faict raport au iugemẽt, entendemãt, & pensée qui est la souueraine partie de l'homme, c'est a dire la principalle compaignie des vertus de l'image de Dieu & son sainct Esprit dõné a l'homme, par la quelle la nature de ses qualitez raportées par l'intelligẽce est iugée, entenduë, & cogneuë tant en son essence, que quelque fois en ce qui en depẽd, pour en fin par vne retrogradation & aplication des vertus intelligibles a cõsiderer les sources, & origines des subiectz, leur nature, & qualitez, l'homme vient par le moyẽ de ses vertus diuines a recognoistre l'architecte, & cõducteur du subiect, que cy deuant a esté proposé aux sens corporelz. Dõt est yssu le dire de sainct Pol, qui nous monstre que les choses inuisibles de Dieu sont cõsiderées par la veuë des choses faictes visibles, & corporelles bien entendues: a cause que l'homme ne peut separer l'operation des actions diuerses qui sont ioinctes & viues en luy par sa composition, que immediatemẽt l'action de l'vne ne suiue conioinctement l'action de l'autre. Et ces actions & operations tumbent aux hommes selon leur capacité receuë de nature ou d'artifice.

TOVTESFOIS dict Mercure TOVT HOMME COMME I'AY DEVANT DICT, NE IOVIST D'INTELLIGENCE, MAIS IL Y A HOMME MATERIEL ET HOMME ESSENTIAL. Il nous faut souuenir que cy deuant nous auons constitué differance entre les hommes mesmes, quand nous auons parlé du bassin, dans lequel au cry du heraut les aucuns soy plongeants ont obey, qui ont esté dictz parfaictz, a cause de la cognoissance qui les rendoit essentiaux: & les autres n'y ont obey, ains ont mesprisé le cry & bien offert par le moyen du plongement, lesquels sont demeurez materielz & en ignorance ne sçachants pourquoy, ny de qui ilz sont venus.

L'intelligence est de la nature de l'homme comme les sens.

Gradatiõ des sens au iugement.

Rom. 1. c L'homme cognoist Dieu par la conionction des sens a l'intelligence.

Diuersité d'hommes dependant de l'arbitre.

CAR

CAR LE MATERIEL, QVI EST DE VRAY AVEC MALICE, ou pluſtoſt delaiſſé en ignorance, a cauſe d'icelle malice, COMME I'AY DICT, A RECEV LA SEMENCE D'INTELLIGENCE DES DEMONS, qui la luy ſement de leur propre operation, & non celle de Dieu. Dont s'enſuit, que ces propres ſemences du Demon propoſées par Mercure ſont interpretées par Ieſus Chriſt diſant, Quand il parle menſonge il parle de ſon propre, de tant qu'il eſt menteur & pere de menſonge. Receuant donc l'homme en ſon intelligence les ſemeces de ce Demon meteur il nepeut faillir d'eſtre vray materiel, eſloigné de la verité, filz de Dieu eternel enſeuely en l'ignorãce, que la veneration de la matiere luy procure: a cauſe de l'aueuglement, qui l'a esblouy par le moyen des menſonges, que ce ſerpent ancien luy ſeme enſuiuãt la maniere, qu'il auoit obſerué anciennemẽt contre le premier hõme. Car matiere eſtant ſubiecte a continuelle mutation & inſtabilité, ne demeure iamais en vn eſtat: qui eſt cauſe, que ne pouuant eſtre dicte veritablemẽt meſme ſubiect, elle ſe trouue en continuelle menterie produicte par ſa nature d'inſtabilité, qui eſt cauſe que l'homme ayant receu en ſon intelligence, les ſemences du menteur, il venere ſur toutes choſes la matiere: de tant qu'en elle abonde ſur toutes choſes, menſonge: & au contraire l'hõme, qui s'adonne a venerer ceſte matiere, qui eſt pleine de menſonge, facillement communicque auec ce Demon menteur, qui ſeme ces menteries en ſon intelligence. Nous retirerons de cecy, que le tentateur pere ancien de menſonge ne tache, que a enueloper noz intelligences, opinions, & volontés dans le deſir & concupiſcence de la matiere, c'eſt à dire de toutes choſes ſubiectes a la perception des ſens, pour les amuſer tellement a leurs douceurs, & flateries, que nous y laiſſions couller noz conſentemẽs ſoubz les perſuaſions de ſes menteries: & par ce moyen nous paſſions les limites de raiſon, qui ſont l'vſage neceſſaire de toutes choſes corporelles pour noſtre vie mortelle, & paſſant outre, que nous venions & tumbons dans le deſir & appetit inſatiable du ſuperflu & excez, qui paſſe ce qui nous eſt neceſſaire. Lequel nous produict autant de ruyne & deſtruction, que le neceſſaire nous produict de nourriture & entretenement, ie dis au corps meſmes & a ſa vie mortelle. Mais qui pis eſt, ces abus & faux vſages du ſuperflu, detiennent la volonté de l'homme ſi endormie en ignorance des vertus de l'image de Dieu, qui eſt en luy, qu'elles deuiennent oppreſſées & ſuprimées de toutes leurs diuines actions, comme eſtantz en l'homme ſans aucun vſage ny vtilité, qui eſt l'embuche, que Mercure dict eſtre faicte par ignorance a l'homme, quand elle luy faict deuenir les choſes ſenſibles en inſenſibles, opprimant en luy les vertus diuines.

A ceſte cauſe l'homme, qui les tient en ceſte captiuité, eſt dict ne iouyr, où recepuoir aucun proffit d'intelligence: ains demeurer materiel: de tant que reietant Dieu il venere la matiere, qui l'entretient en ignorance de tout bien, & eſloigne de cognoiſſance diuine. ET CEVX, QVI L'ONT ESSENTIALLEMENT AVEC LE BIEN, SONT SAVVÉS DE DIEV. C'eſt que les hommes eſſentiaux, qui au contraire des materielz venerent les eſſences diuines, ſont dictz eſſentiaux, comme autant differents & de contraire condition aux materielz, qui eſt l'eſſence de la matiere. Car tout ainſi que matiere prend ſon nom de l'immortalité, que nous auons cy deuant dict auoir eſté donnée a la matiere, & de l'habitude de matiere perpetuele ne pouuant prendre plus haut tiltre, que celuy la: tout ainſi eſſence prend ſon nom de la plus grande dignité, qui ſoit en elle: qui eſt Dieu tout puiſſant, createur, & moderateur de toutes choſes.

Lequel s'eſtant voulu nommer celuy, qui eſt, comme autre choſe n'ayant eſſence que en luy, & de luy ſes vertus diuines ne peuuent prendre plus digne tiltre que celuy, qui depend de leur chef, ſource, & eternelle origine, qui eſt eſſence dependant de l'eſtre de celuy, qui eſt. Dont ces vertus intelligibles miſes en l'homme & ſa compoſition auec ſon image & ſainct Eſprit ſont dictes eſſences. Et de la l'homme, qui reietant les apprehenſions, abus, & alaichementz de la matiere ſe retire a ces vertus, diuines eſſences, eſt dict par meſme cauſe, homme eſſential, comme l'homme adherant a la matiere eſt dict materiel. Ceux donc qui ſont eſſentialement auec le bien, ou qui adherant & ſoy retirant aux eſſences diuines trouuant la cognoiſſance du bien, ceux la ſont ſauuez de Dieu. De tant qu'ilz ne peuuent eſtre eſſentiaux qu'ilz ne ſoient diuins & deſia ſi conioinctz a Dieu, qu'il ne reſte, que leur diſſolution, pour deſpouiller ce viel homme & matiere corrompue. Laquelle entretenant en leur compoſition ſa nature d'imperfection les empeſche d'ataindre le bien parfaict. Lequel ilz recouurent incontinant apres la diſſolution, ou deſpartement, & ſepara-

Ioan. 8. f

Cõnexiõ grãde de la matiere auec la mẽterie.

Principale intẽtion du tentateur.

Chap. 7. Sect. 3

Veneratiõ de matiere nourrie d'ignorãce de Dieu.

Etimologie des dictions eſſential & materiel.

Exod. 3. 4

L'hõme n'attaint le bien parfaict qu'il n'aie deſpouillé ſa matiere. Epheſ. 4. e & Coloſſ. 3. b

tió faicte des essences auec la matiere, qui est la mort corporele. Et lors est le salut, par lequel Dieu sauue ceux, qui ont l'intelligence essentiale semée de Dieu & non la materiele semée du Demon menteur, auec laquelle intelligence essentiale ilz paruiennent a attaindre le parfaict bien, repos, & eternel contentement. CAR DIEV OPERATEVR DE TOVTES CHOSES COMPOSANT TOVTES CHOSES LES FAICT SEMBLABLES A SOY.

Comparaison de toutes creatures à Dieu.

C'est que toutes creatures de Dieu ont receu de luy forme imprimée en la matiere, par laquelle forme elles ont receu toutes à la semblance de leur createur vne image de la saincte Trinité, en vne seule essence prinse & receuë du createur à sa semblance: & par laquelle elle est toute en tout, & toute en chascune de ses trois parties: lesquelles sont en toute creature essence, vertu, & effaict. Car il n'est creature, qui tenant de Dieu son essence ne soit toute en ceste essence, & comprinse en son estre: semblablement n'y en a aucune, qui ne soit comprinse en sa vertu ne pouuant donner cause a l'effaict sans y estre toute. Et finalement quand il est question de produire l'effect de sa vertu par son action, toute la creature auec sa vertu est comprinse dans ceste action ou production d'effect: & par ainsi est toute en chascune de ses trois parties, & toute en toutes retenant ceste diuine impression de son createur qui est en trois vn seul & mesmes.

Toutes creatures portent en soy l'image de la saincte Trinité.

Tout ainsi il a voulu que toutes ses creatures portassent en soy la nature de ceste diuine vnion de trois en mesme chose, comme la creature ayant esté premierement toute en l'ordonnance & deliberation de l'intelligence diuine, & toute en sa creation, & toute en son progres: tellement que toute creature passe par ces trois estaz, esquelz elle est toute. Qui sont conception en intelligence diuine: creation, qui est l'effect: & le progres, qui est son temps d'action & operation. Dauantage toute creature vient de trois, qui sont matiere, forme & composition procedant des deux, comme Dieu, Pere, Filz & sainct Esprit procedant des deux, a la semblance duquel elles ont receu leurs vertus & puissances de continuellement agir, & operer, produire, & ietter leurs actions, qui sont similitudes que chasque creature retient de son createur selon son ordre & dignité, de tant qu'il agit continuelement.

Continuelle action est de la semblance de Dieu.

ET CES CHOSES ESTANT FAICTES BONNES IL LES RESERVE, POVR L'VSAGE D'OPERATION.

1. *Timoth.4.b*

C'est que ne pouuant sortir de Dieu, en qui seul bonté est propre & parfaicte, que toute bonne œuure, comme l'escripture le tesmoigne, ce que la creature tient de son createur, est bien, qui est la vertu, que Dieu luy a donné d'employer son action a bien faire. Et ces creatures ainsi bonnes, comme estant yssues de ce bon sont par luy reseruées, destinées ou par sa prouidence ordonnées a faire ces operations, actions, & executions de ses vertus & puissances: de maniere que toute creature venant de Dieu est bonne. MAIS LE COVRS DV MONDE BRISANT LES GENERATIONS FAICT DES QVALITES, SALISSANT LES AVCVNES PAR MALICE, ET NETTOYANT LES AVTRES PAR LE BIEN.

Dieu n'a mis que bien en toute creature

C'est ce qu'il a cy deuãt dit au 4. que ce n'est Dieu: mais sommes nous, qui sommes cause des maux, & ce qu'il dira cy apres, de l'operateur ne procede aucun mal, car ce sont passions qui suiuent la generation. C'est que toute creature de Dieu est bonne œuure: mais de tant que la forme imprimée en la matiere compose vn subiect participant de perfection & imperfection, il ne faut doubter, que comme la partie de Dieu, qui est la forme par laquelle le subiect reçoit vertus & puissances d'action & operation, est bonne: tout ainsi la partie de la matiere, par laquelle le subiect communicque a toutes miseres & imperfections ne faut iamais a produire ses effectz, qui sont corruptions, pourritures, & autres maux, & imperfections.

Que c'est le cours du monde briser les generations.

Parquoy Mercure dict, que le monde brisant par son cours ses generations & corruptions, par lesquelles toute matiere passant d'vne forme en autre a besoin en c'est entre-deux, du temps, qu'elle y employe, d'estre si brisée & dissoulte, qu'elle ne retiene forme quelconque de subiect. Duquel brisement & mutation ou corruption sortent diuerses qualitez, que reçoiuent les subiectz engendrés, & produictz, par ce mouuement, action, & cours des vertus de toutes creatures, qui composent ce monde. Lequel monde par ces mouuements, actions, & operations, sallist aucunes generations par malice, & en purge d'autres par le bien.

C'est ce que nous venons de dire, que ce qui aduient de sale, mal, & imperfaict ne vient du createur, ains des alterations, & passions, qui se font en la matiere durant sa generation. De laquelle

De laquelle matiere imparfaicte & vitieuse, le subiect composé & engendré estant faict participant, il est necessaire qu'elle produise en luy quelques imperfections & defauts, qui la salissent & rendent infame, comme de l'autre part: & au contraire la forme diuine donnée au subiect en sa composition, l'esclaircist & nettoye par l'operation de ce parfaict bien, duquel elle prend sa naissance, qui preserue ce subiect, & le purge de diuerses infamies & saletez, que l'imperfection de la matiere luy offre continuelement. Et toutes ces saletez produictes par malice d'vne part, & purgations ou nettoyemens produictz par le bien d'autre, en toutes qualitez sortent du cours, mouuement, actions, & vertus du monde, par lesquelles il est conduict soubz le commandement de son pere & createur. Comme l'homme est conduict par son entendement, pensée, sens, & intelligence. CAR LE MONDE, O ÆSCVLAPE, A SON PROPRE SENTIMENT, ET INTELLIGENCE, NON SEMBLABLE A L'HVMAINE, NY TANT VARIABLE, MAIS AVTREMENT PLVS EXCELLENTE ET SIMPLE.

A ce propos il nous souuiendra, que l'homme a esté dict petit monde, qui est cause, que Mercure luy raporte comparaison du monde, disant, que le monde a son sentiment & intelligence non semblable à l'humaine. C'est de tant que toute l'intelligence & sentiment, par lesquelz toutes parties du monde sont conduictes, n'ont pas esté données particulierement aux creatures, qui sont parties du monde, & qui en reçoiuent l'entretenement & conduicte. Mais il a esté donné au monde vn pedagogue nommé nature, entre les mains de laquelle, iugement, intelligence, & sentiment abonde, pour la conduicte & conseruation de toutes creatures. Ausquelles de leur composition & creation n'a esté donnée aucune intelligence, ny discretion de sentiment pour sa conduicte, ains le tout a esté commis à son tuteur & conducteur, qui est ceste diuine loy de nature. Parquoy il ne dict sans cause, que le monde a son propre sentiment, & intelligence, non semblable à celle de l'homme. Car l'homme estant prouueu dans sa composition du S. Esprit donnant forme à sa matiere, soubz la conduicte d'vne liberté donnée à la volunté de l'ame, il a esté prouueu dans luy mesme d'intelligence & sentiment, & d'infinies autres vertus plus grandes & excellentes.

Vray est, que l'homme par son imperfection & corruption de iugement, qui le plus souuent le domine: ses actions & effectz, produictz par ses sentiment & intelligence, ne sont si fermes, stables, simples, & excellents, que ceux du monde produictz par la prudence de nature, loy diuine: qui iamais ne s'esmeut, ou esbranle, pour quelque chose, qui luy aduienne. Ce qui n'est en l'homme, qui à cause de la matiere, qui le plus souuent opine en ses entreprinses, se trouue instable, variable, & bigarrée d'infinies diuersitez de volontez, sans aucun arrest. Qui est cause, que Mercure estime l'intelligence & sentiment du monde conduict par la prudence de nature, plus simple & excellent, que celuy de l'homme conduict par l'imperfection de son indiscretion, qui luy aduient à faute de vouloir suiure le conseil du S. Esprit, & image de Dieu. Par le moyen duquel il peut estre aussi prudentment conduict, & a plus grande felicité & fin excellente, que nature ne conduict son monde.

Sentiment & intelligece du monde nō semblable a celuy de l'homme.

Quel est le sentiment du monde & son intelligence.

Enquoy le sentiment & intelligēce du monde precede ceux de l'homme.

SECTION 6.

LE *sentiment & intelligence du monde est vn en ce, qu'il faict toutes choses, & les ramene en soy, comme instrument de diuine volonté, & de vray faict instrument, à celle fin que receuant de Dieu toutes semences deuers soy, & les gardant en soy il face toutes choses manifestemēt: & les despartant renouuelle toutes choses. Parquoy estant desparties il donne renouuellement par constitution, soy tournoyant, cōme bon agriculteur de vie. Il n'est chose qu'il ne produise pour vie: & estant tournoyé viuifie toutes choses: & si est ensemble & lieu & operateur de vie.*

COMMENTAIRE.

APres auoir declaré la difference des vertus & puissances, ou operations du monde regies par nature, tresprudente loy de Dieu à celles de l'homme, cōduictes & gouuernées par son arbitre & discretion, par laquelle nous auons veu la prudence de nature estre plus gran-

308   SVR LE PIMANDRE DE

de que celle de l'homme : de tant que les vsages & effects de ses sens & intelligence sont trouuez plus excellants & simples que ceux de l'homme, lesquels sont continuellement variables & bigarrez, d'vne merueilleuse inconstance. Ce n'est pas que le móde aye vn meilleur conseil, que l'homme : car les deux ont pour conseil la mesme prudence de Dieu leur createur : mais c'est que le monde a receu vn pedagogue, auquel il ne peut desobeyr, qui inseparablement tient la main a toutes ses actions, c'est nature, laquelle est constituee, si prudente & obeissante a son createur, qu'elle ne surpasse, ou omet vn seul, tant soit petit, de ses commandemants. Qui est cause, que sa conduicte est plus excéllete, que celle de l'homme, lequel, combien qu'il aye pour son conseil, le sainct Esprit Dieu eternel, createur, ce qui rend ses actions & operations plus imparfaictes, que celles du monde, ne vient pas a faute du conseil : mais ce deffaut vient de l'imperfection de la matiere, qui se trouue meslée en ce subiect composé d'elle & de Dieu, qui est l'homme, auquel a esté donné liberté de ses actions, a la discretion de la volonté, qui gist en l'ame.

L'intelligen-ce & sensinēt du monde est excellent a faute a arbitre

L'arbitre rēd les vertus en l'homme imparfaictes.

Laquelle combien qu'elle aye en son subiect ou composition la mesme prudence, & conseil diuin, qu'a le monde : ce neantmoins elle n'estant contrainte d'y obeyr, comme le móde, ains ayant liberté d'y consentir ou repugner, ceste matiere, qui est partie de ceste composition, qui a receu la libre volonté & arbitre, venant opiner aux deliberations de l'homme, les rend toutes tenants de sa nature d'imperfection. Ce qui ne peut aduenir au monde, auquel matiere n'a aucun lieu d'opiner ou estre receuë a donner aduis en sa conduicte : ains la seule prudence de nature, laquelle ne s'esgare iamais du commandement de son createur. Parquoy nous dirons a ce propos auec Mercure, que LE SENTIMENT ET INTELLIGENCE DV MONDE EST VN, ou vne mesme chose. Ce n'est pas comme en l'homme ce despartement de sens & discretion d'entendement separés l'vn de l'autre : ains c'est vne mesme chose, qui est vne parfaicte obeissance renduë a Dieu soubs la conduicte de nature.

Obeissance que le monde rend a Dieu.

Par laquelle obeissance & actions, qui en sont produictes, le monde a esté cy deuant declaré semblable a Dieu son createur, EN CE, QV'IL FAICT TOVTES CHOSES par l'employ des vertus & actions, que Dieu a desparty, & commis a ses membres &. parties composants tout ce grand corps, ET faisant toutes choses soubz sa tresprudente códuicte de nature, il LES entretient en leur croissance, estat, & diminution contenuz en ceste diuine loy de nature, & consequemment par ceste la mesmes il RAMEINE ces mesmes choses, qu'il a composé en vn despartemét & dissolution des vnitez, qui auoient esté raportées & conioinctes a composer le subiect ou creature. Et par ce despartement & dissolution il rameine tous simples & vnitez EN SOY, & les conserue en soy, COMME vray INSTRVMENT & executeur DE DIVINE VOLONTE composée, pour recepuoir & executer ses commandements, sans aucune maniere de repugnance, defaut, ou erreur l'esloignant tant soit peu de l'entiere obseruation de l'ordonnance de son createur. ET ceste volonté de Dieu luy est commise estant DE VRAY FAICT INSTRVMENT : A CELLE FIN, QVE RECEPVANT DE DIEV TOVTES SEMENCES de ses actions & opperations DEVERS SOY, en toutes & chacunes ses parties, ET LES GARDANT conserue, & entretiene EN SOY, atandant le temps de l'ordonnance & commandement de Dieu : auquel il sera besoing de produire, IL FACE TOVTES CHOSES, actions & operations MANIFESTEMENT.

C'est a dire auquel il sera besoing de rechef composer & ramener ensemble plusieurs simples & vnitez, pour renouueller autres creatures, ou compositions. ET apres LES DESPARTANT par la dissolution des precedentes, & leur donnant croissance & diminutiō, & de rechef dissolutiō & despartement d'vnitez, cóme aux premieres executant & accomplissant le vouloir & ordonnance de Dieu, RENOVVELLE TOVTES CHOSES par generations, corruptions, dissolutions, renouuellements, manifestations, occultations, & toutes autres actions continuelles. PARQVOY ESTANT DESPARTIES par ce tournoyement & mouuement vn seul, continuel & despuis son institution sans fin ou cómencement, a l'imitation de son vray createur & moderateur, IL DONNE RENOVVELLEMANT a toutes vnitez & simples essences de matiere, apres vne dissolution ou despartemāt PAR vne prudente nouuelle CONSTITVTION, cōposition, ou bastiment de creature

L   pour

pour manifester que entre ses mains rien ne se perd, ains conserue toutes choses, & les renouuelle, SOY TOVRNOYANT entour de ce qu'il a ordonné au monde, COMME VN BON
& prudent AGRICVLTEVR, lequel despart tous excremés, pour donner nourriture & renouuellemēt de fruict à toutes semences. Tout ainsi ce tresprudēt agriculteur donne tour,
& visite telemēt toutes ses creatures & parties du monde, qu'il les prouuoit DE VIE. IL
N'EST CHOSE, QV'IL N'ENGENDRE OU PRODVISE, POVR luy donner VIE, ET les
ayans produits & composez à ces fins ESTANT TOVRNOYE, & ayant descript ces mouuemēts, paracheuant son entreprinse, il VIVIFIE TOVTES CHOSES basties & composées à ces fins. ET SI EST dauantage ce monde diuin instrument, ENSEMBLE ET
LIEV, ET OPERATEVR DE VIE. C'est que contenant en sa capacité & circonferance
toutes creatures viuantes, il est dict lieu de vie. Et executant comme instrument les volontez & commandementz de Dieu, qui seul donne vie, il est dict operateur ou executeur des
dons de vie.

*Le monde et
toutes ses A-
ctions est in-
strumens de
Dieu.*

Mercure a attribué au monde toutes ces actions & operations de creation, apartenātes
au seul Dieu, sans aucunement offencer sa grandeur & maiesté, de tant qu'il a reputé & estimé le monde seul instrument, sans aucune liberté d'action, par lequel toutes volontez, &
ordonnances de Dieu, que nous nommons nature, sont mises à entiere execution, dont
nous retirons que toutes actions atribuées au monde, comme instrument de Dieu ne sont
autres, que les mesmes actions, & executions des essences & vertus de Dieu.

SECTION. 7.

*LES corps de matiere ont difference: il en y a qui sont de terre, qui sont d'eau, qui
sont d'air, & qui sont de feu. Mais tous sont composez les vns plus, les autres
moins: les plus pesans plus, & les plus legers moins. la vitesse de ceste reuolution engendre és generations la varieté des qualitez. Et l'aspiration estant comprimée, donne les qualitez aux corps auec vn remplissement de vie.*

COMMENTAIRE.

AYANT parlé des productions que faict ce diuin instrument és creatures viuantes, Mercure parle de la composition des corps, lesquelz nous auons cy deuāt plusieurs fois declaré n'auoir tous qu'vne matiere despartie des le commencement, en quatre elements ou
principes, pour la retirer de la confusion en laquelle elle se trouuoit, n'estant encore despartie en corps elementaires, mais estoit dans ce grand chaos en confusion priuée de toute
forme. Ces quatre elements donc estant despartis & constituēs en leur ordre, seruēt a fournir matiere susceptible de forme en toutes creatures corporeles. A ceste cause Mercure dit
LES CORPS DE MATIERE ONT DIFFERENCE: IL EN Y A QVI SONT DE TER-
RE, QVI SONT D'EAV, QVI SONT D'AIR ET QVI SONT DE FEV: MAIS TOVS
SONT COMPOSEZ LET VNS PLVS, LES AVTRES MOINS. C'est que en tout
corps que Dieu a ordōné a nature bastir pour receuoir la forme qu'il luy plaira donner, tous
les quatre elements y conuiennent, de tant que s'il n'y en auoit que l'vn, il n'y auroit composition, ou assemblée. A ceste cause pour faire composition il y faut pluralité de simples. Les
quatre donc y conuiennent. ce n'est toutefois en pareille quantité, car les vns sont de terre,
c'est à dire, esquelz la quantité de terre domine plus par dessus les autres elements, si qu'à
peu pres ilz n'y sont recognus, tant il en y a peu, comme la plus-part des corps engendrez
en tetre, qui tiennent la plus grand partie du sumier: autres qui sont d'eau, comme les poi-
sons, entre lesquelz il en y a comme des animaux terrestres, qui tiennent plus de leur element les vns que les autres: autres d'air, comme les oiseaux, desquels aucuns sont rapportés
viure de l'air, comme nous auons dict de cest oiseau de Dieu, nommé des Turcs Chouma,
lequel iamais ne prēd terre ny repos : autres sont composez en leur plus grand part de feu

*La matiere
vniuerselle
pour tout
corps sont les
elements.*

*Diuers em-
ploy des qua-
tre elements ē
composition.*

mais comme cest oiseau qui tient plus de l'air, n'est iamais veu de nous, que tombât en terre ou mer tout mort, de tant qu'il n'habite en nostre region, nous dirons que le feu estant beaucoup plus loing & separé de nous que l'air, il est bien croyable, que les creatures qui en tiennent la plus grand part de leur composition, sont encore plus absens & esloignez de nous, que les aëriens: aussi nous auons veu cy deuant que Dieu en compose les corps des espritz, qu'il employe à l'execution de ses actions: & c'est de ces corps que nous entendons le principal bastiment estre d'air & de feu, car à la verité les oiseaux tiennent plus de la terre, que de l'air en leur corps. Mercure dict que tous sont composez, c'est à dire, qu'ilz tiennent des quatre elements. Vray est que les vns plus, les autres moins, comme nous voyons par la nature de leur couuerture & matiere, lesquelles nous aperceuons clairement retirer plus chascune à la nature de son element. Et de toutes celles cy LES PLVS PESANTES, tardiues, ou assopies tiennent PLVS de la matiere pesante, c'est à dire la terre, ou eau, qui sont les deux elements pesants. ET LES PLVS LEGIERES, vistes, ou habiles, tiennent MOINS des elements pesants. Parquoy tiennent plus des legiers. Il nous faut souuenir, que entre toutes essences communiquées par ce bon Dieu, il n'en y a de si esloignées de sa nature, que les elements ou matiere: à cause de leur pesanteur, espesseur, lourderie, & autres imperfections, que nous y voyons despuis, qu'ils furent du commencemēt separez de Dieu. Et entre ces mesmes quatre elements, nous en auons les deux, qui tiennent plus de la nature de cest esloignement de Dieu, qui sont les plus pesants, comme l'eau & la terre. Et encore entre ces deux, la terre en tient plus que l'eau: à cause dequoy nous nommons auec l'escriture saincte, souuēt terrestre, ce, qui est plus esloigné de Dieu, sans y faire mētion des autres elemens: à cause que sur tous autres il est le plus differend & esloigné des choses diuines. A ceste cause quand nous voulons estimer vn subiect ou creature estre bien materiele, nous la disons estre bien terrestre, comme estimant, que celle, qui tient tant soit peu de c'est elemēt de terre: combien qu'il en tienne plus des autres est dicte plus materiele, & tenant de matiere, à cause tant de ce peu, qu'elle tient de terre, que a cause d'vne plus grande quantité qu'elle pourroit tenir des plus pesantz entre tous les autres, & ainsi consequemment des autres elementz, qui plus s'esloignent (selon leur ordre & situation) de Dieu. Duquel nous auons declaré cydeuant que la chose plus esloignée, c'est celle, qui est en son milieu, qui est la terre possedāt le centre & milieu de l'vniuers. A ce propos dōc Mercure dict, que des corps composez de matiere les plus pesantz, mal abilles, lourds ou tardifz tiennent plus de la matiere. Ce n'est pas que de toute matiere l'vn en tienne plus, que l'autre: attādu que tout leur corps en est cōposé autant de l'vn viuant que de l'autre: mais c'est que les corps plus tardifz, pesantz & mal abilles tiennent plus de la terre, en laquelle gist le plus de toutes imperfections de matiere.

Parquoy il dict qu'estant tous faictz de matiere, les plus participantz des qualitez terrestres tiennent plus de la matiere, des imperfections de laquelle la terre tient le premier lieu. Et au cōtraire il dict, que les plus legiers en tiennent moins, c'est a dire, cōbien que tout leur corps soit totalemēt elementaire ou materiel: si est ce, q ne tenant tāt de la terre qu'vn autre, celui la est dit tenir moins de la matiere. Et tout ainsi celuy qui tiēdra moins de terre & d'eau que l'autre, combien que tout le reste de sa compositiō soit d'air & feu, il est dict tenir moins de la matiere, ou celuy, qui tiendra moins des trois elementz inferieurs estant tout son reste du corps de feu, il sera dict encore moins materiel. De maniere qu'il en est, qui tiennent si peu des pesantz, & tant des legiers, qu'ilz sont estimez du commun estre incorporelz, & sans tenir aucune chose de la matiere, comme sont les esprits, desquelz nous auons cydeuant parlé. Qui est faux: car il n'apartient a aucune chose d'estre dicte incorporelle, que Dieu & ses essences, comme nous l'auons dict amplement au second chapitre. Parquoy nous n'estimerons autre chose que Dieu estre incorporele: mais dirōs toutes creatures estre composées de matiere diuersemēt selon la volonté de ce bon Dieu createur. Aucuns se sont mis en peine cy deuant de considerer la matiere des corps celestes, qui ne peut estre comprinse de l'hōme d'aucun sens corporel, q de la veuë: tout le reste de la cognoissāce qu'il en peut auoir appartenāt au seul iugement & ratiocinatiō. Et voyans que ces corps celestes ne souffroiōt aucune mort & corruption, ilz ont pensé, qu'ilz n'estoient de matiere elemētaire: de tant que tout ce, que l'hōme cognoist estre de matiere elemētaire, est subiet a dissolution & mort. Cōsiderāt dōc qu'ils n'y sōt aucunemēt subiets, ont aduisé, qu'ils ne tenoiēt d'aucune des quatre essences

essences elementaires. A cause dequoy les ont estimés estre composez d'vne cinquiesme essence incorruptible, ensemble la matiere des cieux. Et de tant que telz propos gisent plus en opinion, qu'en seure resolution, il nous sera aussi aisé a receuoir l'aduis de Mercure, qui côme il escript, a receus ses cognoissances de reuelation diuine, par laquelle il peut auoir receu ce propos, comme les autres, que nous voyons si concordantz a la loy, volonté, & escripture de Dieu. Attandu aussi que ce qu'il en dit, ne repugne a aucune chose prouuée au contraire & si n'amene inconueniant quelconque. Il dict en ce chapitre, que tous corps materielz sont en difference: toutesfois les resoult il tous estre composez: les vn plus, les autres moins. Il nous est notoire, que tous corps celestes sont corps materielz. Parquoy ilz sont composez des quatre elementz: toutesfois si peu des pesantz, que les legiers dominent totalement en eux, comme nous pourrions estimer, que ce merueilleux operateur leur voulant donner agilité & vitesse telle que nous y aperçeuons clairement estre praticquée, les a basti en partie d'air, qui est viste, agil, & diligent sur toute matiere. Et pour leur donner la vertu & disposition de receuoir charge d'action, il y a adiousté du feu, qui est l'element sur tous autres, actif & puissant en execution. Qui nous rend facil a penser, que leur corps materiel est si principalement composé de ces deux, qui tiennent si peu des pesants, que nos sens n'y en peuuent apperçeuoir aucune partie, à cause de l'esloignement que nous auons d'eux. Et que autre de noz sens n'y peust aprocher, que la veuë: par laquelle nous ne pouuons aperçeuoir le dur ou mol, qui appartient à l'atouchement, & par lequel sont iugées les compositions des corps, qui tiennent des deux elements visibles plus bas & esloignés de Dieu: car en toute composition corporele & elemêtaire, le dur ou resistance à l'atouchement, vient de la matiere de terre, ou eau, ou des deux ensemble, & bien souuent les autres y aident, mesmes dessechant les compositions humides, & les rendant par ce moyen plus dures, & solides, & resistantes à l'atouchemêt. Qui nous donne bien a entêdre, que si ces corps ont aucune resistance à l'atouchement ou durté, ilz tiennent des elementz inferieurs, à sçauoir eau, & terre: & de ce propos nous auons quelque argument, par ce que nous voyons la Lune si opaque, que és eclipses Solaires les rayons du Soleil ne la peuuêt penetrer, ains elle les nous couure, & empesche totalemêt. Qui nous faict dire manifestemêt, que si elle estoit d'air & feu seulement, elle demeureroit transparante & n'arresteroit aucunement la veuë du rayon, attandu que ces deux elements n'ont aucune opacité ou empeschement de veuë en eux, mais sont diaphanes, ou transparantz sur toute matiere.

Tous corps materielz sont composez.

Exemple en la matiere de la Lune.

A ceste cause nous auons grande occasion d'estimer ce corps de la Lune tenir non seulement de l'air & feu, mais aussi des elements bas eau, & terre. Autant en pourrions-nous estimer des autres, & en voir mesme preuue, si leur grandeur estoit suffisante, & leur situation a composer les eclipses, que compose la Lune, tant à cause de sa grâdeur, que proximité qu'elle a de nous, comme estant le plus bas des planetes. Vray est que ce grand operateur les a faits plus participer d'air ou feu, selon le seruice & operation qu'il en a voulu tirer par la vertu de son sainct verbe: aussi les vns de ces corps nous apparoissent plus enflambez, & les autres moins, soit des fixes ou erraticques, selon le plaisir de ce bon Dieu leur seul createur. Quant à la matiere celeste, les sens n'ont encore iugé s'il y auoit autre matiere que le sainct verbe de Dieu, qui portast ces corps celestes par leurs mouuements. A cause dequoy il ne nous est guiere bien asseuré, qu'il y aye texture de matiere, ou corps solide, dans lesquels ces mouuements se facent. Car il nous souuient auoir dict au second chapitre, que tout mouuement se faict en l'incorporel qui est Dieu, & qu'vn corps n'est aucunement susceptible de mouuement faict en soy, voire ny de mouuoir autre corps.

Doubte s'il y a matiere es cieux.

Parquoy nous ne pouuons prendre argument qu'il y aye superfice ou corps, sur lequel se facent ses mouuements, ou dans lequel, comme aucuns ont pensé, les estoiles fixes soient fichées immobiles, comme des cloux en vne roue. Car toutes ces hypoteses ont esté mises auant par les sçauans, auec infinis cercles, & lignes tirées au ciel pour les demonstrations, & intelligences des mouuements, & non que d'effect, ilz en estiment y auoir aucune, soit ligne, superfice, ou corps. Dont s'ensuit, que n'ayant aucune apparence des cieux, que la veuë que nous en auons, qui n'est qu'air meslé de vapeurs, nous ne pouuôs asseurer qu'il en y aye de materielz. Toutesfois si aucun en y a, il peut aussi facilement estre estimé materiel, que les astres & tenant plus de matiere claire, & diaphane, comme il aura pleu au S. operateur, atandu que c'est la partie de tout le corps du môde, plus proche de ses puritez, & l'infinitude

de

des ses essences, dont nous pouuons tirer que ce bon Dieu ne pouuant situer le monde auec ses parties imparfaictes hors de soy, attendu qu'il est de nature humide, n'ayant aucun bout, bord, ou limite, il a fallu qu'il l'aye situé dans soy, de maniere que les extremitez de ce grand monde estans plus proches de soy, que autre partie qu'aye le monde, il a esloigné les parties plus imparfaictes & vicieuses de tout ce monde de soy les chassant vers le milieu, selon que plus elles abondent en imperfection. Comme nous voyons qu'il a situé la terre basse autour du centre de l'vniuers plus esloignée de luy que toute autre partie du monde, en tant qu'elle s'est trouuée la plus abondante en imperfections & pleine de toutes subiectiõs, dont est ensuiui qu'elle a esté dicte le vray lieu de malice, & a ceste cause plus esloignée de Dieu. De ce propos est yssue la solution d'vne tresdifficille question recherchant la cause d'vn effect, qui nous est commun & familier sur tous autres, laquelle a esté ignorée de plusieurs iusques à ce iour.

Maniere de l'esloignemẽt de la matiere à Dieu.

C'est pourquoy toutes choses graues & pesantes vont en bas de leur nature propre. Nous auons dict cydeuant que les choses plus pesantes tiennent plus de matiere, & les legieres moins: & que la matiere estant du commancement separée & esloignée de Dieu, tant qu'il a esté possible toute chose, qui est plus pesante ou tient plus de matiere, tache de sa nature par vertu de ceste ancienne separation & esloignement, qu'il a pleu au createur en ordonner, d'obeyr à ce commandement, recherchant le centre du monde a son possible, non tant pour l'approcher que pour esloigner Dieu, à cause de son imperfection & indignité, que l'abondance de matiere luy a porté. Ce n'est pas donc que toute chose pesante tache d'aller & approcher au centre: mais elle tache de s'esloigner & fuyr Dieu tant qu'elle peut: qui n'est autrement loisible, que aprochant le centre de l'vniuers de tant qu'il estant assis au milieu de ceste boulle, ou grandissime sphere du monde, duquel les extremitez sont proches de la purité de Dieu, il en est le point le plus esloigné, & par consequent tout ce, qui plus l'aproche, plus s'esloigne de Dieu.

Le pesant ne va en bas pour aprocher le centre seulement.

Et combien qu'il soit notoire & familier a toute personne de commun iugement, que la terre soit ronde & enuironnée du ciel, & duquel elle reçoit de toutes parts actions, pluyes & influances, voire iusques aux personnes n'ayans aucune lettre, ne fust ce, que pour l'auoir receu du commun des gens literez. Ce neantmoins il se trouue personnes ayans acquis reputation de sçauoir, ie ne sçay par quelle maniere, qui non seulement ont ignoré ce commun principe, mais qui est plus admirable, se sont renduz si asseurez, opiniastres, & proterues en leur ignorance, qu'ils s'en sont mocquez, comme tenant le contraire, pour chose claire, manifeste, & resoluë, deuant tous iugementz, ayantz faict estat par leur escriptz, non seulement de n'entendre l'ordre des cieux & assieté des elementz, mais de soy mocquer si superbement & deshonteement d'vne verité ignorée d'eux, presque seuls en ceste ignorance. Car c'est ce seul point qui les rend si reprehensibles, de tant qu'il est permis a toutes personnes de dire simplement leur aduis de ce, qu'ils entendent, ou pensent entendre, non toutefois auec derision de ce, qu'ilz ignorent, mais auec toute mansuetude, qui faict trouuer en eux autant de vertu, que la derision leur ameneneroit de vice. Ils mettent en auant ces propos au plus prez de leurs escriptz. Que sont ceux qui pensent les Antipodes contraires a nos piedz, ne disent ils pas quelque chose? ou bien est il aucun si inepte, qui croye estre des hommes ayans les piedz plus haut que la teste? ou bien les choses qui sont en noz pays couchées estre pendues au leur, & renuersées, comme les moissons & arbres croistre contre bas? les pluyes, neiges, & gresles tumber contre mont vers la terre: & tous semblables propos continués par vn chapitre. Qui sont ignorances de sçauoir, qui est le haut, & qui est le bas, estimant vne terre estre planiere, & a l'aduenture si large qu'elle touche au ciel par les costez, dont s'ensuiuroit le comble d'ineptie, que par terre l'on iroit iusques au ciel, & infinis autres propos de personnes tournez de ceruelle. Et ce qui rend ceste ignorance plus admirable, c'est que voulantz alleguer les deffautz, qui nous ont amené ces erreurs qu'ils cuident, ilz alleguent que pour ouurir l'origine de c'est erreur, nous faillons grandement de penser que les astres soient portez à l'entour de nous, & que le Soleil & la Lune s'estant couchés en vne part se releuent de l'autre, n'entendants leurs cours, ny par quel moyen il retourne du couchant au leuant, qui nous a faict penser le ciel estre rond: & que nous estimons toutes choses pesantes aller de leur nature au milieu, qui est cause

Erreur de Lactance n'ayãt cognu haut ou bas.

Libr.3.ca.24

que

que les choses qu'il a dict estre pendues aux Antipodes, ne tumbent dans le ciel, & les pluyes y viennent contrebas, & les choses legieres, comme nuées, fumées & feu, vont contremont, pour aprocher du ciel, prenant en derision toutes choses, que nous trouuons claires & manifestes, comme reprouuées. En fin ils concluent que a l'aduenture nous disons ces folies par jeu, ou bien que noz sçauants sçachants ces choses fauces prenent a deffendre ces menteries, exercitants leur entendement en ces choses mauuaises. Ils ne sont excusables de ce faux cuider ou oultrecuidance, que nous auons cy deuant quelquefois ramenteu estre engendrée d'oubly, & nourrie d'ignorance.

Ceux la sont bien esloignez d'entendre les propos de Mercure, & pour quelle cause les elements, & principallement le plus materiel, qui est la terre se trouuoit entour le meillieu baz, & plus esloigné de Dieu, puis qu'ils estiment, que s'il y auoit ciel du costé de la terre oposite a nous, il fust plus bas, que la terre & toutes autres consequences venāts d'outrecuidance. Laquelle nous auons declaré a ce propos, pour faire entendre, qu'en toutes personnes, combien qu'il y aye du sçauoir, il n'y a tousiours iugement: a cause de l'oubly qui produict l'outrecuidance en l'ignorant. Et aussi pour oster de l'entendemēt de plusieurs personnes non exercitez aux lettres, les erreurs qu'ilz pourroient conceuoir par telles gēs, & cognoistre clairement que le bas est tant par l'aduis de tous philosophes, qu'autres Chrestiens, ce, qui est au monde plus esloigné des puritez de Dieu, ou circonferance du monde: & le haut au contraire ce, qui en est plus proche, nous admonestant ordinairement de mespriser les choses basses, pour nous atandre aux choses hautes. De tant que Dieu comprenāt en soy tout le mōde, il a faict en ceste perfection de figure ronde, dont sensuit que ses extremitez & plus dignes & parfaictes parties sont plus prez de ses puritez, & celles qui plus aprochent le meillieu, qui sont plus indignes & esloignées d'icelles sont les plus crasses & imparfaictes de toute la masse du monde. Ce n'est pas, que nous entendions les extremitez du monde estre plus pres de Dieu, que son centre, voulant dire, que Dieu ne soit en toutes & par toutes choses & lieux, mais c'est, que nous disons Dieu n'estre pur au monde: a cause qu'il y est auec la matiere, qui de sa nature estant laissée & separée de Dieu est pleine d'imperfection. Ce qu'il n'est pas hors, & a l'entour du monde, de tant qu'il l'enuironne, & y est pur & simple, sans aucune communication de matiere, ou chose composée quelconque.

Les extremitez du mōde prenēt leur dignité de la proximité de Dieu.

Et a ceste cause Mercure la nōmé l'enuironnemēt ou circonferēce du monde, en laquelle sont ses plus pures parties, qui reçoiuēt ou bien ont cōserué en la creatiō, ceste dignité & prerogatiue sur ses autres parties, a cause de la proximité qu'elles ont de ceste purité de Dieu. Comme au contraire la region elemantaire & parties plus basses & proches du centre & millieu du monde ont receu leur imperfection, & disposition a tout mal de l'esloignement, qu'elles ont de ceste purité de Dieu, laquelle elles ne peuuent plus esloigner, qu'estant au centre & milieu du monde. Dont s'est ensuiuy, que les elements ont prins l'ordre de leur assiete & esloignement de Dieu, selon leur estat & nature particuliaire d'imperfection, tellement que le plus imparfaict des elements s'en trouue plus esloigné, & le moins imparfait s'en trouue moins esloigné. Et pour ceste cause Mercure dict, que toutes choses sensibles estant composées les plus pesantes le sont plus, les plus legiers moins, a cause que les plus pesantes tenant plus des elementz plus esloignez de Dieu tiennent plus de l'imperfection en leur matiere, & les plus legiers en tenant moins sont aussi moins esloignez de Dieu en leur matiere.

Et par ce moyen la Philosophie s'accorde auec la Theologie, d'auoir esloigné toutes choses basses de Dieu, & luy auoir atribué prochaines les plus hautes, soyent corporelles ou intelligibles. Dont nous pourrions consider, que le vray lieu des esprits administrantz a Dieu, ou Anges ont leurs lieux & ordres en la circonferance du monde, tresprochaine de la purité de Dieu. Et duquel lieu s'estant rendus infectez de vice & peché aucuns par leur arbitre sont tresbuchez ez regions basses & plus esloignées de la purité diuine, selon la grauité de leur peché, les vns plus bas, les autres moins: de maniere qu'il en est demeuré par toutes regions, soient des cieux, du feu, de l'air, de l'eau ou dans la terre, iusques au centre, selon le degré d'esloignement de Dieu, qu'a merité le peché d'vn chascun.

Lieu destiré aux Anges

Despartemāt des esprits en la region elemantaire.

A cause

A cauſe dequoy les ſçauantz ont eſtimé, que de tous les Demons, qui habitent, ou bien ſont enuoyez par leur vice ez regions elementaires, n'en y a de bons: & ce de tant que les bons ne ſont tumbez, ains ſont demeurez en leur lieu deſtiné, treſprochain des puritez diuines.

Heb.1.d Et ceux, qui ſe trouuent des bons, ſont ceux qui ſont enuoyez en miniſtere de Dieu, pour ceux, qui reçoyuent l'heritage de ſalut, comme dict ſainct Pol, qui n'ont aucun lieu ça bas, que tant que dure leur charge & miniſtere. Et de ceux la ne vient aucun mal ou vice, ains de ceux, qui par la cheute de leur peché y ont receu lieu deſtiné en toute la region elementaire, deſquelz ſont yſſues toutes ſciences prohibées & deffendues de droict diuin & humain, comme magies, negromances, & autres enchantemantz, par leſquelz les anciens idolatres les ont receux pour dieux & ſouuerain bien. Et ceux cy deçoiuét les hommes par illuſions faictes en leurs ſens, pour faire tumber leur iugement, & par conſequent l'arbitre & liberal conſentement. Ce ſont les fruictz des eſprits, qui par leur peché ont perdu le haut lieu & proximité de Dieu leur createur: leſquelz ont eſté eſtimés d'aucuns ſcauans auoir eſté ſitues en leur cheute au contraire de l'ordre de leur creation. Dont s'eſt enſuiuy, que ceux qui ont attribué lieu a la perfection ou extremité de miſere & malediction, que nous nommons enfer, luy ont deſtiné dans les entrailles, ou centre de la terre: combien qu'il n'y aye lieu vuide: mais c'eſt eſtant ce lieu le plus eſloigné des puritez diuines ſur tout autre qu'on puiſſe imaginer, comme eſtant le plus bas, dequoy nous raportons a la plus ſaine opinió, veu que l'incorporel ne tient lieu.

Voila pourquoy il eſt dict entre touts vrais Chreſtiés, qu'il faut rechercher Dieu en haut & fuir les choſes baſſes, comme contraires & ennemies de Dieu, & euiter les abus de la matiere, comme partie eſloignée de Dieu: a cauſe de ſon imperfection. Et ceſte imperfection abonde diuerſement aux corps compoſez ſelon la diuerſité de leur compoſition. Et pour nous declarer dont viennent toutes ces diuerſitez, Mercure, dict que LA VITESSE DE CESTE REVOLVTION ENGENDRE EZ GENERATIONS LA VARIETE DES QVALITEZ. C'eſt que nous auons dict au ſecond chapitre que les ſept gouuerneurs ou planetes, eſquelz eſt commiſe la principalle partie des puiſſances de Dieu deputées a la códuicte de la matiere n'ont de leur nature aucun mouuement, ains parfaict repos. Mais eſtant rauiz par accidant du mouuement de l'octaue, ciel, ou ſphere, leur mouuement eſt appellé reſiſtence, de tant qu'il prend ſa cauſe du repos & non de choſe qui aye mouuement, cóme nous l'auons plus au long declaré. Ces mouuements donc des ſept, ainſi rauis diuerſement *Dont eſt produicte la varieté des qualitez aux creatures.* par leur reuolution, s'accordant de tant de diuerſitez d'aſpectz, & regardz, ſur les corps habitans en terre, autour de laquelle ilz tornoyent continuellement, produiſent par leurs diuerſitez de mouuements, diuerſes actions & qualitez ſur les corps, qu'ils engendrent. Qui eſt cauſe que prenant les qualitez la plus part de la nature des elements mixtionnez ſelon le plus ou moins de chaſcun d'eux, c'eſt par l'action & vertu de ſes influances, que les corps tiennent plus d'vn element que de l'autre & par cóſequant abondent plus en vne qualité que en l'autre.

ET LA SPIRATION ESTANT COMPRIMEE, DONNE LES QVALITEZ AVX CORPS AVEC VN REMPLISSEMENT DE VIE. C'eſt qu'il reprend en ceſt endroict ce qu'il a dict au premier chapitre, declarant l'office que tiennent les quatre elementz a la generation de la creature viuante & corporelle dónant a la terre la place de la femme, preſte & diſpoſée a cócepuoir, & l'eau diſpoſée, a engendrer en elle, le feu amenoit maturité a la creature, & l'air luy donnoit la partie ſpiritalle de mouuement & impulſion, par leſquels la vie eſt manifeſtée en ce ſubiect. A ceſte cauſe Mercure reprenant ſon premier propos dit en ce lieu, que l'aſpiration eſtant vehemente comprimée, frequente, ou violante, entant qu'elle n'eſt que ayr comprimé, elle porte toutes actions (diuagant ça & la, entrát par touts *L'air ou l'eſprit porte les actions diuines aux creatures.* lieux vuides, corps & pores) par leſquelles ſont imprimées les qualitez aux corps. Qui eſt cauſe que Mercure dit que ceſte aſpiration donne les qualitez aux corps, & de tant que, comme nous auons plus a plein dict en ce premier chapitre, la vie eſtant commencée a imprimer par le chaut du feu & humidité de l'eau, deſquels elle eſt nourrye & compoſée, ne reſtant que le paracheuement que Dieu a ſouuenteſfois executé par le miniſtere de l'air, aſpi-
13.Reg.19.b ration, ou eſprit qui ſont meſme choſe, comme il a faict aſpirant ſpiracle de vie en Adam
Geneſ.1.a & faiſant ſouffler les quatres vents, ſur l'armée morte d'Iſraël, deuant Ezechiel, & autres
Ezech.37.b telz.

tels donnant vie aux corps materiels, par le ministere de l'air: & aussi que nous auons quelquefois dict, que l'air porte ez creatures toutes actiōs des corps celestes employées sur elles. Il dict à ce propos, que ceste aspiration vehemente & actiue donne les qualitez aux corps auec remplissement & paracheuement de ce, qui est requis pour la vie, c'est l'aspiration du benoist S. Esprit, qui se sert en ces actions de ce subtil element, comme il faict aussi du feu sur tous autres actifz, & de grand efficace. Toutes compositions donc des corps faictes par l'assemblée des elements, toutes influances de qualités faictes par les mouuements, toute communication de vie pour les animaux, sont effectz des actiōs de Dieu, executées par son commandemēt, & mises en effect par ses creatures, ayantz reçeuz leurs vertus & actions en ministere, comme instrumens de ses operations. à cause dequoy, nous ne pouuons faillir de nommer ces œuures estre vrayes œuures de Dieu, dispensées par ses creatures & instruments, & recognoistre par celles là leur vray aucteur. A ceste cause nous ne trouuerons estrange, que Mercure mesle quelquefois les actions du sainct Esprit, auec celles des corps celestes, ou des elementz, de tant qu'il les declare toutes indifferemment actions diuines, les aucunes executées par creatures, les autres par elementz materielz, comme il plaist à ce bon createur.

SECTION 8.

*P*Arquoy Dieu est pere du monde, & le monde des choses qui sont au monde, & le monde est filz de Dieu: & les choses qui sont au monde sont du monde. Il est à bon droict nommé monde: de tant qu'il orne toutes choses de diuersité de generations, & continuité de vie continuele, force d'operation, vitesse de necessité, composition d'elements, & ordonnance des choses engendrées. Celuy-là donques est nommé nécessairement & proprement monde. Il insinue donc par le dehors les sentiments & intelligences de tous animaux, les inspirans du contenant: lequel le monde ayant reçeu vne fois ensemble, quand il fut faict de Dieu, il l'a gardé, comme il l'a reçeu.

COMMENTAIRE.

LA spiration de laquelle nous auons parlé, qui est ce mouuement d'air ordonné de Dieu, pour porter ses actions & puissances, ayant donné & porté par la vertu des circulations & mouuements aux corps toutes qualitez & remplissement de vie, Mercure conclud: PARQVOY DIEV EST PERE DV MONDE, c'est à dire generateur, facteur, ET PRODVISANT DE SOY LE MONDE. Et consequemmēt le monde est pere; c'est à dire generateur & producteur DES CHOSES QVI SONT AV MONDE: & ce par le moyen des mesmes vertus diuines, qui sont mises en luy, pour conduire & gouuerner & produire toutes les creatures de Dieu à luy commises. Car sans les vertus de Dieu le monde ne seroit que matiere impuissante & inutile à aucune chose. Mais ayant reçeu les vertus de Dieu, ces vertus le cōstituent pere ou Dieu, sur les choses qui luy sont soubz-mises, comme Dieu disoit anciennemēt à Moïse, Ie t'ay constitué Dieu de Pharaon, & Aaron sera ton Prophete. C'est que Dieu ayant constitué ses vertus & puissances en vne creature, il veut qu'elles y soient recongnues, & reuerées comme siennes & diuines: dont est aduenu que les princes ordonnez de Dieu sur le peuple estoient nommez Dieux, & les astres: de tant qu'ils ont reçeu le ministere & dispensation des vertus & actions diuines. Et par plus fort LE MONDE ayant reçeu encore plus de vertus que toutes creatures, qu'il contient ayant les mesmes en soy. Et à ceste cause estant nommé Pere ou Dieu EST FILS DE DIEV, non en ses matieres, mais en ses vertus & formes. Car, dict Mercure, ET LES CHOSES QVI SONT AV MONDE, SONT DV MONDE.

Le monde est dict pere par ministere des vertus de Dieu.

Exod. 7. a

Pourquoy les princes sont dicts dieux.

C'est

C'est qu'elles sont du nombre des choses, desquelles le monde prend ses vertus & compositions pour estre plus excellent, que ce qu'il contient, comme possedant celles mesmes & autres dauantage, à cause dequoy il est plus excellent, que tout ce qu'il contient. Ce n'est pas que tout ce qui est au monde, soit de la condition qui regne au monde, comme disoit Iesus Christ de ses Apostres, Ils sont au monde, & ne sont du monde, il suffisoit qu'ilz fussent du nombre, non de la condition. Et n'y a au môde aucune chose, qui luy peust oster ceste dignité estant separée de luy, que l'homme innocent, lequel veritablemêt separé du monde seroit sans comparaison plus excellent que le monde: à cause qu'il a en soy plus grâd part des choses, qui rêdent le monde excellent, q̃ n'a, sans luy, le monde mesme. C'est l'image de Dieu S. Esprit chef de toutes essences & vertus diuines, qui excederoient toutes celles, q̃ le môde a receu de Dieu, si n'estoit que l'hôme qui est dans le môde les receuâat, le môde, qui le contiêt est censé & estimé les auoir receuës dans soy, de tant qu'il a dans soy celuy qui les a receuës.

Ioan.17.b.c

L'excellence du monde dépend de consenir l'homme.

Dont IL EST A BON DROIT NOMMÉ MONDE, qui est à dire ornement: DE TANT QU'IL ORNE TOUTES CHOSES. Nous auons dit cy deuant que es langues Grecque, Latine & fort prochainemêt à l'Hebraique & Syriaque les dictiôs de monde signifient pareillemêt ornement: qui nous fait cognoistre qu'il en est autant en la langue Egiptienne, attendu q̃ Mercure dict que le monde est nommé monde pour ornemêt, non sans cause: qui nous asseure que en l'Egiptien, monde est pris pour ornement, c'est à dire leur mot signifiant monde est prins, comme aux autres langues, pour ornemement. Il est donc à bon droit nommé ornement: par ce qu'il orne toutes choses generalement contenues en luy DE DIVERSITÉ DE GENERATIONS. Car aucunes sont engendrées d'vne maniere, autres d'autres infinies diuersitez. de tant qu'il y a diuersitez de generation en toutes choses, voire de mesme gêre, comme entre les animaux terrestres il s'y trouue grâde diuersité de generation: entre les oiseaux diuersité: & entre les poissons: pareillemêt entre les herbes de mesmes: entre les arbustes & arbres non moins: entre les mineraux & autres manieres de transmutations, comme petrifications, côgelations: dont sont produictes toutes pierres precieuses: & infinies autres manieres de generations, qui rendent tres-manifeste l'abysme des intelligêces & vertus du createur ne pouuant estre espuisé d'inuentions & diuersitez. ET orne aussi ce qu'il contient DE CONTINVITÉ DE VIE, ne cessant en tous instans de produire chose viuante. Ayant pareillemêt en soy ceste continuité de vie en ce, qu'il est creé immortel & tousiours viuant, comme nous auons cy deuant dict quelque fois. Il orne aussi les choses qui sont en luy de CONTINVELLE FORCE D'OPERATION & telle qui ne peutestre lassée: car le môde ne peut estre lassé de faire toutes operations, & productions & en tous temps, & en toutes partz, côtinuellement faict quelque action. Et de ceste excellence Mercure le côpare estre semblable à Dieu, en quoy Platon l'a ensuiuy de ce, qu'il en a peu cognoistre, comme nous l'auons cy deuant dict. Il les orne aussi de VITESSE ou celerité DE NECESSITÉ. Il nous souiendra que nous auons nommé la disposition des recteurs & gouuerneurs du monde sensible, qui sont les astres, *fatum* ou necessité, qui est la destinée. Ceste necessité est dicte à cause de la charge si expresse & limitée, qui est dônée a ces corps celestés, qu'ils sont côtraincts par necessité de faire leurs actiôs sur la matiere, sans en diminuer ou adiouster aucune chose, par telle necessité, qu'aucune puissance de nature n'y peut resister ou empescher l'action, combien que l'effect le puisse estre, comme nous l'auons plus amplement dict parlans de la destinée. Et de tant que par ceste necessité, il est produict infinie multitude d'actions en mesme instant par toutes parties du monde, il faut penser que leur cause, qui sont les mouuementz celestes, est prouueuë d'vne tresgrande vitesse & celerité, excedente toute vitesse, qui soit ça bas, qui n'est pas des moindres ornemens du monde. Il les orne aussi de la COMPOSITION qu'il faict des quatre ELEMENTS, en tant de manieres que n'estant que quatre simples, ils sont rendus diuers en infini nombre de corps composés, en tant belles & differantes creatures, que bien souuent l'homme vient a croire, ne le pouuant comprendre, qu'il y aye plus de quatre principes ou elementz, comme il se trouue, que aucuns anciens l'ont opiné. Combien que a la verité toutes choses corporelles soient faictes de ces quatre elementz diuersifiés en innumerables compositions: ou bien selon l'autre exemplaire Grec, de constitution d'elementz, c'est de l'ordre qu'il a mis entre les elementz, les creant & constituant chascun en leur nature. ET les orne finalement de ORDONNANCE DES CHOSES ENGENDREES, soit en succession de temps faisant leur production insensiblement, procedant

Monde est ornement.

Pourquoy le monde est ornement.

Chap.8.2 Platon a estimé le monde semblable a Dieu, comme Mercure.

Toutes choses corporelles sôt elementaires.

dante par le temps & paruenante a l'augmentation & vray eſtat de la choſe engendrée, ſoit en l'ordre de ſa compoſition, par lequel n'y a creature, qui ne ſoit cõpoſée de parties exerçant toutes leur office, ſeruant a ſon entretenemant: & de tant de manieres, que la diuerſité & multitude orne merueilleuſement la compaignie: ſoit auſſi en la conduicte du grand ordre, par laquelle nous voyons les corps inferieurs eſtre conduicts & gouuernez par les ſuperieurs, en tant de manieres, & ſatisfaicts de tant de diuerſitez qu'ilz ont beſoing, ſoit auſſi en l'ordre, que nature donne a prouuoir tout animal deſpourueu de raiſon de toutes ſes neceſſitez ſelon les temps & ſaiſons. Toutes leſquelles manieres d'ornemants ſont ſi excellãts qu'il eſt hors de la raiſon & excellance des viuantz de comprendre le bout de la moindre partie de tous ces ornemẽts: ains fault que l'eſprit, qui les iugera & diſcernera, ſoit deſpouillé de ceſte chair nourrice d'ignorance, par laquelle l'homme eſt retenu, qu'il ne puiſſe iamais paruenir a entiere cognoiſſance de la moindre œuure de Dieu. Les excellances DE CELVY LA DONC eſtant en ſi grand nombre, ordre, & beauté ſont cauſe qu'il EST NOMME, aſçauoir ce grand corps orné de tant de merueilleuſes differances, ou diuerſitez NECESSAIREMENT ET PROPREMENT MONDE, ou ornement, qu'il prend pour meſme ſignification neceſſairement par ce, que tout ſubiect doibt eſtre nommé par ſa principalle ſubſtance, laquelle domine en luy, comme ceſte diuerſité de creatures au monde, qui luy donnent l'ornement, qui neceſſairement le faict nommer tel, & proprement.

L'homme viuant ne peut cognoiſtre ſous l'orne-mens du monde.

A cauſe que ce nom d'ornement ne peut a ſi bon droit conuenir a autre ſubiect, qui ſoit plus orné que luy. Et d'auantage n'y a nom, qui plus conuienne a la nature & expreſſiõ de ce qu'il nous manifeſte clairement. Dõt ſ'enſuit, dict Mercure, que IL INSINVE DONC PAR LE DEHORS LES SENTIMENTS ET INTELLIGENCE DE TOVS ANIMAVX LES INSPIRANT DV CONTENANT. C'eſt que le mõde tant en ſon general, qu'en ſes parties n'ayant aucune vertu en ſoy, ſi elle ne luy eſt dõnée du dehors, detant qu'il n'a en ſon propre que matiere deſpourueue de toute efficace, dont eſt nõmé monde ſenſible reçoit toutes actions & vertus du dehors, qui eſt de Dieu le cõtenant, ne pouuãt eſtre contenu du mõde. Et de meſme maniere les recepuãt de Dieu il les inſinue & diſtribue a ſes parties par le dehors, c'eſt aſçauoir les ſens ou parties ſenſitiues, & les intelligens, ou parties intelligibles en ce qu'il donne aux matieres les formes, & au corps l'ame viuante: & au corps & ame les vertus ou uſages des ſens, cõme inſtrument diuin: & de ſes actiõs & operations, les inſpirants du cõtenant, ou des eſſences de celuy, qui cõtient l'vniuers. LEQVEL LE MONDE en ſa premiere compoſition, AYANT RECEV VNE FOIS, quand il fuſt faict intelligible recepuant les vertus diuines, voire Dieu meſmes en luy ENSEMBLE & a meſme operation, QVAND, & par laquelle IL FVST FAICT DE DIEV, IL L'A conſerué & GARDE en ſoy, COMME IL L'A RECEV, & cõme il luy a eſté baillé. C'eſt que le monde eſtant, comme nous auons cy deuant dict, inſtrument de Dieu pour executer ſes cõmandementz & volontez, reçoit en ſoy toutes actions & vertus données de Dieu, pour forme a toute matiere, qu'il compoſe en creature. Et ces actions & vertus eſtans dans luy ſont diſtribuées aux creatures par l'ordre de nature qui eſt la loy & volonté de Dieu, qui eſt ce, que le monde a receu de celluy, qui le contient. Et dauantage recepuant l'homme il a receu celluy, qui le contient: aſçauoir le ſainct Eſprit image de Dieu contenant le mõde, & ce, qui eſt en luy: & tout ce qu'il en a receu, quand il fuſt faict. & ceſte nature, ordre ou premiere loy diuine le monde le garde, conſerue, & entretient ſans aucun deffaut, tel comme il luy a eſté donné.

Le monde inſinue par dehors aux creatures les vertus de Dieu.

Dieu conſict le monde.

Sap.1.b

Car Dieu compoſant le monde & ſes parties luy impoſa & cõſtitua vne loy, pour la conduicte de chaſcune en ſa diuerſité: laquelle le monde par ſon cours, action, & mouuemantz, ne faut d'obſeruer, entretenir, & continuer a chaſque creature en ſon endroit, & ſelon l'ordonnance de ſa conſtitution & creation: qui eſt ce que nous apellons la nature d'vne & chacune choſe ou creature baſtie ſur matiere en ce monde. Leſquelles eſtant compoſées toutes de matiere & forme prenant la matiere du monde & ſes elements, ou principes, & la forme du dehors, qui ſont les eſſences diuines, deſquelles eſt donnée la vie & mouuement a tous animaux brutz ſoubz la conduicte de nature, & par le ſainct Eſprit eſt donné a l'homme principalle de toutes creatures l'image de Dieu, qui eſt luy meſmes: lequel ne vient du dedans du monde: ains de celluy qui le contient.

Et par

Et par ainsi toutes vertus & essences diuines ordonnées de Dieu pour ses creatures, ont esté enuoyées au monde de celuy, qui le contient, & de la, desparties selon la constitution de chascune.

SECTION. 9.

Dieu n'a pas deffaut de sens & intelligence, comme il pourroit sembler a aucuns, qui par superstition blasphement. Car toutes choses, qui sont, O Æsculape, elles sont en Dieu, faictes de Dieu, & dependātes de luy, ouurāts en partie par les corps mouuants, en partie par essence d'ame viuifiant, en partie par esprit, en partie recepuant les choses lasses, & non sans cause. Car ie dy, plutost qu'il n'a telle chose. Mais pour dire vray, il est toutes choses, ne les recepuant du dehors, ains les dōnant au dehors. Et cecy est le sens & intelligence de Dieu, qui est tousiours mouuoir toutes choses. Et ne sera iamais temps, auquel aucune chose de celles, qui sont, soit abandonnée. Quand ie dy des choses qui sont, ie dy de Dieu. Car les choses qui sont, Dieu les a, & rien est hors de luy, & luy hors de rien.

COMMENTAIRE.

DIEV N'A PAS DEFAVT DE SENS ET INTELLIGENCE, COMME IL POVRROIT SEMBLER A AVCVNS, QVI PAR SVPERSTITION BLASPHEMENT. Il nous faut resouuenir, que nous auons dict cy deuant, que le monde, comme instrument de Dieu insinue par le dehors les sens & intelligence de tous animaux, pour leur conduicte & entretenemant, les inspirant de celluy, qui contient ce, que le monde a receu, quand il a esté faict. C'est veritablement, comme nous auons dict la nature de toutes choses, que Dieu leur a donné, pour conduicte. Dont aucuns se sont abusez a l'aduenture oyant dire, que Dieu n'a corps, membres, ou autres parties sensibles, comme yeux, oreilles, bouche, teste, pieds, & mains: combien qu'en l'escripture nous luy atribuons ces membres, parlāts des actions, que Dieu fait de la nature de celles, que les hommes font auec ces membres, ne s'aduisant, que Dieu d'vne seulle simple vertu, ou efficace conçoit en soy toutes choses corporelles, comme feront les sens corporelz. Et pareillement par la mesme vertu conçoit toutes choses intelligibles, sans qu'il aye aucun corps ou membres, tellement qu'ostant a Dieu les membres corporelz ilz luy ont voulu oster les actions & vertus appartenantes aux membres, & qui plus est, l'intelligence, qui luy est si propre, ne sçachants la tenir de luy, & blasphemāts & parlants mal contre sa diuinité, par superstition ou abusiue religion, voulāts rendre Dieu imaginaire & supposé & non veritable & essence principalle: dont toutes dependent, comme il dict cy apres. CAR, dict Mercure, TOVTES CHOSES, QVI SONT, O ÆSCVLAPE, ELLES SONT EN DIEV. C'est que toutes essences estant propres a celluy, qui est toutes choses, qui ont essence, il leur est force les tenir de luy par communication, & en luy FAICTES DE DIEV en la matiere de soy incapable d'action ou vertu, comme Esaye le declare disant, Car tu as ouuré toutes nos œuures pour nous, ET TOVTES DEPENDENT DE LVY, comme nous auons souuent dict cy deuant, que le nom qu'il a pleu a Dieu soy donner parlant a Moïse, Ie suis celuy, qui est, nous manifeste assez, que estre n'apartient en proprieté qu'a luy seul. Parquoy toute chose, qui a estre, ou bien essence ne le possedant en proprieté il est force, que nous confessons qu'elle le tient en vsage, & de celuy a qui principalement & proprement il apartient: & ne serons si temeraires de penser, qu'il y aye creature, a laquelle appartienne en proprieté le nom de son createur, & moins l'essence, ou estre qui est pure diuinité. Mais dirons, que l'estre est dōné de Dieu aux creatures en habit, auec autres vertus diuines, pour seruir de forme a la matiere en l'inclination & construction detāt de belles œuures & creatures, qu'il a pleu a Dieu bastir en ce monde soubz la conduicte &

Dieu incorporel a neantmoins toutes actions corporelles.

Esaye 27. c
La creature tenant l'estre de Dieu ne le possede qu'en vsage.

mode

moderation de sa volonté, & ordonnance executée toutes heures & momentz, par la prudence de nature. Car la matiere ne peut recepuoir de Dieu essence, a cause de son instabilité, mais reçoit habit, qui la deffend de priuation. Ces choses donc, ausquelles Dieu a mis estre d'habit, & autres vertus, par le moyen de celles la toutes sont en continuelle action. Dōt les aucunes sont OVVRANTS EN PARTIE, PAR LES CORPS, comme instruments de l'vsage des sens corporels, & autres actions faictes en la matiere pour y produire tous effects, qui nous sont apparens en diuers corps MOVVANTS EN PARTIE aussi PAR ESSENCE D'AME. Laquelle, a cause de ceste essence, reçoit vie & donne mouuemant au subiect. Aussi operant, VIVIFIANT, EN PARTIE PAR ESPRIT. C'est que, comme nous auons dict diuerses fois, que Dieu dōne vie, & viuifie ses creatures par moyē d'air ou compression de vent, qu'il appelle esprit: par lequel la vie est manifestée en la creature. EN PARTIE aussi operent RECEPVANT LES CHOSES LASSES. C'est le paracheuement du circuit, que les vertus & actions diuines font ez creatures de ce monde materiel.

Operatiō des creatures peu dans leur durée.

Premierement les corps sont materiels & faicts de matiere, apres l'ame, qui doibt recepuoir la vie, reçoit essence, consequemmēt il luy est donné vie, ou bien est viuifiée par l'esprit: & par ce moyen disposée a faire son cours par lequel elle se lasse, ceste creature estāt lasse, a besoing de renouuellemēt, a ce que ses parties recommencent autre circuit. Lequel renouuellement ne se peut faire sans precedante dissolution & despartement de ses vnitez, nommées par Mercure, au bout du circuit les choses lasses, que ces essences & vertus diuines composants nature reçoiuent: dont nous disons qu'elle reçoit ces choses lasses pour les renouueller en nouuelle creature, & leur rendre soubs autre forme vn nouueau circuit. ET NON SANS CAVSE dict Mercure, Dieu faict telles operations par ses essences qui sont en luy, faictes de luy, & dependantes de luy. CAR IE DY PLVSTOST ou ose bien dire QV'IL N'A seulement TELLES actions, vertus, & puissances en luy, comme accidants, pouuans conuenir a ce subiect, & n'y conuenir sans sa destruction, comme disent les Dialecticiens, par lesquelles il opere & faict continuellement toutes CHOSES: MAIS qui plus est POVR DIRE & parler plus au VRAY, IL EST TOVTES CES CHOSES: & sans lesquelles il ne seroit Dieu. Car si nous disions que Dieu les eut en luy, nous pourrions penser, qu'il les auroit receuës de quelque autre: comme les hōmes qui ont receu leurs actions de Dieu, & par consequent penserions y auoir vn plus grand Dieu qui les luy distribuast. Et c'est vne differance qui se trouue icy entre auoir & estre: detant qu'auoir, entend la chose euē venir du dehors, comme estrangere du subiect, & estre est au subiect de sa proprope nature inseparable. A ceste cause il dict que Dieu n'a: mais est cela.

Que c'est recepuoir les choses lasses.

A quoy remediant Mercure, nous donne bien a cognoistre qu'il ne les peut auoir d'ailleurs, quand il dict que toutes ces vertus & actions sont de son essence, & qu'il est tout ce, qui est ou a essence, NE LES RECEPVANT DV DEHORS, ny d'autre qui les luy puisse distribuer AINS LES a en luy LES DONNANT AV DEHORS pour en despartir a toutes creatures, lesquelles n'en peuuent auoir que de sa seulle source & thesor qui ne peut estre espuisé. Parquoy nous dirons qu'il n'en prend d'aucun, mais toutes choses qui ont essence ou vertu quelconque, ne les peuuent prendre, tenir ou receuoir que de ce seul bien supreme, Dieu tout puissant, pere & createur de toutes choses. ET CECY dict Mercure EST LE SENS ET INTELLIGENCE DE DIEV: c'est de contenir toutes actions vertus & puissances EN VNE vnité inseparables de luy, comme estants ses pures essences communicables toutes fois, comme tous les iours nous voyons a ses creatures pour sa gloire & louange, QVI EST TOVSIOVRS MOVVOIR TOVTES CHOSES, c'est son sens & intelligence : de tant que par le mouuement est signifiée la vie auec laquelle il donne continuellement communiquatiō de ses essences & vertus a toutes creatures comme dict sainct Pol, Nous viuons & nous mouuons en luy, adioustant la vie auec le mouuement. C'est ce que Mercure a cy deuant quelquefois dict, faire toutes choses estre son corps, & a cest' heure il dict que c'est ses sēs & intelligences, qui est mesmes chose auec son corps: A cause que parlant humainemēt & lan-gage d'ignorance, l'homme n'stime son prochain estre autre chose que son corps, estant la

Grande cognoissāce qu'a Mercure que Dieu est souuerain de toutes choses.

Act. 17. f

Y

seule partie en luy quil aperçoit de ses sens qui le dominent. Dont s'est ensuyuy que Mercure parlant a l'ignorant, pour declarer qui est Dieu, il a esté contrainct de dire ce que l'ignorant pourroit aprendre estre la presence de Dieu, pensant que ce fust son corps improprement, ceste presence estre la vertu, action, & puissance, esquelles il faict, crée, & viuifie toutes choses, a ce qu'il puisse estre recogneu des siens, par ses parties, comme vn homme par son corps. Et si l'homme monte plus haut laissant son ignorance, & luy ostant le corps, le prenant pour intelligence, il dict, que son intelligence & son sens est donner vie, mouuement, & tout autre bien faict a toutes choses, de tant qu'il n'est comme nous, qui sommes composez de choses diuerses, voire & si incompatibles qu'il nous en demeure guerre & dissention continuelle. Qui est cause que nous ne pouuons employer les vertus diuines, qui sont en nous, auec l'image de Dieu, que en toute imperfection, combien qu'elles soient de soy parfaictes, toutes fois nostre imperfection de ceste mauuaise volonté qui ne se peut demesler de la matiere, les rend en nos actions imparfaictes, foibles & debiles. Ce n'est

Toute proprieté d'essence est en Dieu.

ainsi en Dieu, auquel & par lequel ces mesmes actions & vertus qu'il nous communicque, a cause de sa pureté, perfection, & integrité sont entieres & leur parfaicte action & operatiõ comme estatz simples & compatibles, sans aucun trouble ou empeschement, en leur vraye source, eternellement assises en ce subiect. A ceste cause Mercure a dict, que Dieu n'a telles choses, comme nous les voyons, cognoissons, ou entendons par le moyen de noz sens corrompus & impuissants, a recepuoir telles cognoissances qui seroient accidantes: mais il les a en essence, & est toutes choses sans les recepuoir: ains les liurant a tout chascun, comme dict sainct Pol, A cause que de luy par luy, & en luy sont toutes choses, c'est a dire qu'il les possede toutes en proprieté, donnant l'vsage & leur seruice a ses creatures. ET NE SERA IAMAIS TEMPS, dict Mercure, AVQVEL AVCVNE CHOSE DE CELLES, QVI SONT, SOIT ABANDONNEE, c'est a dire d'estre: detant que toutes choses, qui tiennent leur essence de Dieu, ne peuuent perir, ou estre aneanties. Or est il, que nous auons dict, que Dieu est toutes choses, qui sont, ou bien qui ont essence, il s'ensuit donc que toutes choses qui ont essence la tenant de Dieu, ne la peuuent perdre qu'elles n'ayent tousiours estre en habit, soit soubs vne, ou autre forme. Et c'est ce, que Mercure nomme les choses ne pouuoir estre abandonnées, delaissées, ou aneanties, ou bien priuées d'essence ou habitude, & deuenir a rien. Et affin que soubs ceste generalité nous ne comprenons vices, corruptiõs, & autres choses, qui n'ont essence: ains ont vn certain abus, par lequel les hommes par ignorance leur attribuent quelque estre, il dict, QVAND IE DY DES CHOSES, QVI SONT IE DY DE DIEV, c'est a dire de celles, qui retiennent leur estre de Dieu. C'est toute chose n'ayant essence qu'en Dieu, & comme nous auõs deuant dict, quelque fois celles, qui sont de la nature des vnitez composants la creature, sont celles, qui tiennent l'estre de Dieu composant la matiere & forme: mais celles, qui viennent des passions, qui par l'imperfection de la matiere produisent corruptiõs, vices & deffauts, cõme aux corps rouilles, taches, & pourritures, & aux entendemants, vices, cõcupiscences, idolatries venãts tous ces deffauts de l'imperfectiõ de la matiere aux corps, & de l'abus des volõtez, qui ont reueré ceste imperfectiõ: Ces choses sõt toutes veritablemẽt sans essence: de tãt qu'elles sont priuées du principal sondemẽt, qui est d'auoir prins leur origine & source en Dieu. A cause q̃ de Dieu ne peut sortir le mal, nõplus dira quelquefois Mercure q̃ du forgeron la rouille: mais sont passions constituées en priuatiõ, qui suiuẽt l'imperfectiõ des creatures. CAR, dict Mercure, LES CHOSES QVI SONT, DIEV LES A en soy, & les possede de tãt que nous auõs dict, qu'il n'y a essence que les siẽnes. En cest endroit nous trouuõs bien le lãguage humain incapable de representer les choses diuines, ayãtz cy deuãt dict q̃ Dieu n'a telles choses: mais est toutes choses. Et maintenãt disons les choses, qui sont, Dieu les a en soy, qui est ainsi a la verité, cõme nous le pouuõs exprimer par noz paroles, car il a en soy ce qu'il est. Vray est que nous debuons entẽdre, c'est auoir pour cõtenir en soy, cõme de son propre, & nõ auoir par susceptiõ ou acquisitiõ, venãt d'ailleurs: la difficulté ne gist q̃ en ceste dictiõ auoir, qui signifie les deux tãt auoir de soy, q̃ auoir d'ailleurs, qui est imperfectiõ. Il a en soy dõc toutes choses, qui sont, ET RIEN EST HORS DE LVY, ET LVY HORS DE RIEN. C'est bien au vray ce, q̃ a dict S. Iean, Toutes choses sont faictes par luy, & sans luy riẽ est faict. Ce riẽ se prend en deux manieres, qui reuiẽnent a mesme significatiõ, soit par l'affirmitiue ou biẽ par la negatiue. Car disant riẽ est hors de luy, c'est par l'affirmatiue, cõme si nous disiõs la chose priuée de vray estre ou essence, qui a faute d'icelle est nõmée rien, est bien hors de luy: detãt qu'en Dieu n'y a aucune priuation, ains toute abondance d'habitude.

Que s'est les choses qui sont n'estre habandonnées.

Rom. 11. d

L'estre receu de Dieu ne se perd iamais comme celuy qui vit d'ailleurs.

Ioan. 1. a

Rien prins affirmatiuemẽt & negatiuement.

Ce rien

Ce rien donc, qui consiste en totale priuation d'estre, est veritablement & affirmatiuement dict bany, & deietté de Dieu. Et au contraire Dieu est hors de ce rien, comme ne tenant aucune affinité auec rien ou priuation. Nous pouuons aussi prendre ce rien par la negatiue, prenans rien est hors de luy, pour aucune chose n'est hors de luy. C'est à dire que aucune chose, qui aye essence n'est hors de Dieu, veu qu'il est toutes choses, & est en toutes choses. Et au contraire, il est hors de rien, c'est à dire, il est hors de toute priuation des choses, & se trouue estre en toutes. A ce propos nous dirons, que tout vice & peché est prins pour priuation, & par consequent tout peché est veritablement en priuation. Ce n'est pas qu'vn larcin, vn meurtre, vn adultaire ne soient quelque chose en effect: mais nous dirons, que tous ces actes sont seules executions, & non vices ou pechés, comme nous l'auons plus amplement dict au premier chapitre: exposans les paroles de Iesus Christ disant, Ce qui est au dehors ne saillist l'homme, mais ce qui vient du dedans, c'est a dire les volontez. Car en celles la gist le peché, quand la volonté donnée à l'ame pour adherer & employer toutes les actios de l'homme au seruice & contemplation de Dieu se priue de ce bien, quoy qu'elle face d'ailleurs, luy est imputé à peché: de tant qu'elle se priue de son vray estat d'innocence: & employ de ses actions a la contemplation de Dieu. Et ceste priuation seule & esloignemét de Dieu est le vray peché: & ne faut faire vne obiection disant, quand bien l'homme n'ensuiura Dieu, prouueu aussi qu'il n'en suyue son contraire, qui est la chair & ses concupiscences, & n'obeisse a la tentation de Satan, est il pourtant en peché, attendu qu'il n'en commet aucun effect? Nous dirons, que ouy, de tant que peché ne consiste en effect: ains consiste en priuation, que reçoit l'ame, quand la volonté la priue d'ensuiure Dieu, quel autre chemin qu'elle tiene. Et pour exemple, nous auons quelque fois a ce propos allegué la vie des Philosophes Ethnicques, lesquelz combien qu'ils n'ensuiuent Dieu: ce neantmoins ilz n'ensuiuent idoles n'y concupiscences: & toutesfois ilz demeurent en peché de priuation de Dieu, comme il s'en trouue plusieurs histoires. Dont nous conclurons, que le peché n'est que priuation à l'ame de vouloir Dieu, quoy qu'elle veille d'ailleurs: car ce ne peut estre chose qui aye essence: attendu qu'elles sont toutes en Dieu.

Parquoy ce sera a faute d'essence n'y habitude, vne pure priuation, ou bien vne menterie, qu'elle reuerera, en tant qu'elle reuere ce, qui n'est pas, si elle reuere autre que Dieu: a cause qu'il est le seul, qui est, tout le reste est menterie principal subiect de peché & malice. Aussi est elle attribuée en principal propre à Satan par Iesus Christ, disant qu'il est menteur & pere de mensonge, voire dict il pechant des le commencement. Et pour bien faire entendre, que mensonge est plus vray peché & ayant en soy vraye priuation sur tout autre peché, nous considererons, que tout peché a sa priuation en la pensée & non en l'execution, comme nous disons des homicides, larcins, & sacrileges, & autres, desquelz l'execution a quelque maniere d'habit ou effect, combien que sa cause en l'ame gise en priuation. Ce n'est ainsi de la mensonge, car tant sa cause, qui gist en l'ame, se trouue en priuation que l'effect exterieur, qui est prononcer ou faire entendre ce, qui n'est, ou ne fust, on ne sera iamais: ains est totalement priué d'estre, voire en son effect exterieur. Parquoy il est dict a bon droit rien, & tous autres pechez a cause de la priuation en laquelle ilz gisent. A ceste cause nous auons quelque fois dict mensonge estre la commune matiere a toute meschanceté, ou peché comme le fer à toutes besongnes du forgeron, de tant qu'elle abonde, plus en nature de peché, que toute autre vice, c'est d'auoir en soy priuation non seulement en sa cause, comme les autres pechés, en l'ame: mais aussi en son execution. Dont s'ensuit qu'estant rien de toutes partz, il est iustement & non sans cause fondement, & commune matiere de tout vice. Voila la vraye cause, pour laquelle peché est dict rien: à cause qu'il est hors de Dieu: & si est hors de Dieu à cause qu'il est rien, & priué de toute essence.

Pourquoy peché gist en priuation.

Matth. 15. b

Le vray peché ne consiste a mal faire

Ioan. 8. f
Perfection dé peché en mensonge.

Mensonge cōmune a tous vices.

SECTION 10.

CES choses donc, ô Æsculape, te sembleront veritables les entēdant, & incroyables les ignorant. Car entendre est croire, & ne croire est n'entendre pas. Ma parole est paruenue iusques à la verité, la pensée est grande: & estant conduicte par la parole iusques à quelque chose, peut paruenir à la verité. Laquelle ayant apperçeu toutes choses, & trouue estre consonantes à ce, qui est exposé par la parole, a creu, &

a acquiefcé en cefte belle foy. A ceux donc, qui entendent les chofes, qui nous ont efté dictes de Dieu, elles feront croyables: & à ceux, qui ne les entendent, incroyables. Ces chofes & tant te foient dictes du fens & intelligence.

COMMENTAIRE.

MERCVRE conclud fon neufuiefme chapitre en vray Chreftiē, appuyāt toute fa fciēce par la foy, qu'il faut auoir, premierement en Dieu, de fa grandeur, amour, & mifericorde. C'eft le moyē, pour eftre illuminé en fa pēfée, & preparé, ou difpofé à reçeuoir vraye intelligence de fa nature, & bonté. CES CHOSES DONC, dict Mercure, O ÆSCVLAPE, TE SEMBLERONT VERITABLES LES ENTENDANT, ET INCROYABLES LES IGNORANT. C'eft, que toute chofe, auant qu'elle puiffe fembler à l'homme en fa penfée bien veritable, il faut, que l'entendement, penfée, & iugement, foient fatisfaictz que c'eft. CAR ENTENDRE, dict Mercure, EST CROIRE: ET NE CROIRE, EST N'ENTENDRE PAS, declarant par là, que la vraye intelligence & cognoiffance de Dieu, depend de la foy par laquelle l'on croit pour entendre. Aucuns pourroient penfer, que Mercure fuft confuz, difant, qu'il faut entendre ces chofes pour les trouuer veritables: & qu'il les faut croire, pour les entendre, eftimans, que c'eft mefme chofe croire, & trouuer, penfer, ou eftimer veritable. A caufe dequoy, nous prendrons l'expofition de Mercure fur la parole de Iefus Chrift, ou fon nouueau Teftament. Nous confidererons, que nous auons aux chofes diuines trois degrez, pour paruenir à la cognoiffance de Dieu, quand nous la defirons, à fçauoir, ouïr, croire, & entēdre. Le premier, qui eft ouïr, eft cōçeu par la fimple relation des fens, foit de viue voix, ou efcripture, par l'entendemēt ou penfée, ou bien par reuelation de Dieu, & admonitiō de fon S.Efprit, fans y amener aucune difpute, ratiocinatiō, ou debat, par lequel il faille efprouuer, fi cefte ouïe dict vray ou non vray, mais la faut croire: qui eft le fecond degré pour l'honneur & reuerēce, qu'elle porte en foy. Ce n'eft pas q̄ d'entrée il foit befoin croire à tout efprit auant toutes inquifitions, cōme dict S.Iean, tous propos d'vn chacun parlant de Dieu: car il s'enfuiuroit beaucoup de maux, cōme tous les iours nous le voyōs par vne piteufe experiēce. Mais voulant paruenir à la cognoiffance de Dieu, il nous faut prēdre l'aduis de S.Pol, qui dit, Sans foy, il eft impoffible d'eftre agreable à Dieu, de tant qu'il eft neceffaire, q̄ celuy, qui s'aproche vers Dieu, croye qu'il eft, & fi eft remunerateur, ou faifant recōpence à ceux, qui le recherchēt. Ce font deux points, qui contiennēt la grandeur, amour, & mifericorde, q̄ du cōmencement nous auons dict, & lefquelz faut croire par fimple ouïe, que c'eft fans aucune difpute, ou autre inquifition, cōment, ou pourquoy il eft. Le premier c'eft, q̄ Dieu eft, cōme il a declaré à Moïfe, Ie fuis qui fuis: car celuy qui fera en doubte, s'il y a vn Dieu, fe trouuera biē loin de fa cognoiffance, de tant qu'il doubte, ou eft heretique fur fon principal nom, qui eft l'eftre. A cefte caufe, il ne faut doubter, ains croire fermemēt, fans autre preuue, qu'il eft atribuant ce premier point à fa grandeur. Le fecond eft, q̄ non feulemēt il eft quant à foy, mais auffi quāt à nous, il eft iufte remunerateur, n'obliant iamais à recōpenfer ceux, qui le recherchent, atribuant ce fecōd par fa bonté, à noftre profit. Soubz laquelle croyance, viēt la reception de la mifericorde de Dieu: qui par l'amour, qu'il a porté à l'hōme, luy a donné fon Filz Iefus Chrift en remuneration de ceux, qui le rechercheront: qui eft la fource de tout bien & falut: par lequel moyen eft adiouté à la croyāce la vertu de charité, defquelles deux eft cōpofée la foy du vray Chreftiē. C'eft celle que S.Pol nomme la Foy, qui opere par charité. Et de vray c'eft bien operé, quand le Chreftien fe fent fi redeuable à Dieu de fa bonté, & mifericorde, de fes bien-faictz & fecours en fa neceffité, qu'il vient a luy en porter amour & charité, recognoiffant par reciproque, que c'eft Dieu de fa clemēce, qui premier l'a aimé: dont il feroit bien ingrat, s'il ne luy en rendoit ce, qui feroit en luy. Et ceft amour & charité operāte eft celle, qui viuifie la foy, & la faict deuenir de creance fimple, viue foy, cōme dict S.Iaques, La foy eft morte fans œuures, parlant de la foy, qui opere fans charité, fans laquelle, toute autre foy eft vaine & inutile, cōme dict S.Pol, Si i'ay eu foy de maniere, q̄ ie trāfporte les montagnes, & n'aye eu charité, ie ne fuis riē. C'eft par maniere de parler q̄ dit S.Pol de trāfporter les montagnes, qui ne peut eftre fans cefte foy viuifiée par charité. Mais il le dict par maniere de dire, quād elle pourroit tranfporter mōtagnes fans charité, ce ne feroit vraye foy, ains feroit rien. Et cefte foy doit eftre cōceuë par l'ouïe, ne le pouuant eftre autremēt, cōme dit S.Pol, Cōment croiront-ilz en celuy qu'ilz n'ont ouy? Voulant dire, que le premier, qui eft

Intelligence n'eft de foy & ignorāce d'infidelité.

Trois degrez requis à cognoiftre Dieu

1.Iean.4.à
Experiēce de legiere creāce, par le fchifme de France.
Heb.11.b
Que ceft qu'il faus croire fās autre efpreuue

Deux poinctz comprenans l'hōneur de Dieu & profit du fidele

Galat.5.à
1.Ioan.4.d

L'action d'amour rend la foy viue.
Iac.2.d
1.Cor.13.à

Rom.10.c

oyr, depend de la parole : laquelle ouïe est raportée au iugement, qui conçoit, que c'est & non encore, quel il est: le second, qui est la foy, depend en son principe de la volonté. Laquelle si consent ou refuse, donnant son amour a ce subiect, par lequel ceste bonne volonté entre ez degrez de perfection, qui luy est donnée de Dieu. Et par ce don de Dieu s'acquiert le tiers, qui est l'intelligence & cognoissance, qui nous donnent a cognoistre quel est ce subiect, lequel du commencement nous auons receu, & creu par la relation de la simple ouye, nous disant seulement, qu'il estoit, sans nous exprimer quel ou comment il estoit.

C'est qu'il faut ouyr soit par voix ou escripture, que c'est auant le croire, ou bien par reuelation, par laquelle sont produicts quelque fois les grandz effectz. Ce n'est pas, que nous deuons penser, que de la simple premiere ouïe nous deuons auoir la foy de sainct Pierre, ou aussi grande. Car la foy a ses degrez: par lesquelz elle est augmentée, comme dict sainct Pol, Ie rendz graces a Dieu, que vostre foy croist. Et les Apostres disoient a Iesus Christ, Augmente nous la foy. C'est que la foy s'acquiert du commencement par volonté bonne, quand l'ame l'incline vers le S. Esprit: & puis reçoit exercice par continuation, & frequentation, & finalement est augmentée & rendue parfaicte par Iesus Christ, a l'vn plus, a l'autre moins, selon la disposition des vaisseaux. Car tout don parfaict vient du pere des lumieres. La creance donc, qui est le premier degré, s'acquiert par l'ouïe de voix, escripture, ou reuelation, ou bien par miracles, que la bonté & misericorde de Dieu met auant, pour retirer ses pieces, qui se perdent par leur nonchalance. O quel soin, quelle humilité, & rabaissemant, ne se contentant de donner infinis autres aduertissements a l'homme, & assez d'entendemant pour les cōprendre, & encore ne peut il auec tous ses efforts le plus souuent gaigner nos volōtez: pour lesquelles seules attirer il a mis auant toutes ses escriptures, Apostres, & Prophetes, & infinis autres moyens, qui n'ont peu vaincre la malice de l'homme.

Parquoy Iesus Christ dict au peuple, A tout le moins si vous estes si durs & opiniastres de ne vouloir croire a mes parolles & exhortations, pour le moins croyez par les œuures & miracles supernaturels, que vous me voyez faire, que mon pere est en moy, & moy en mon pere. Pour nous donner a entēdre, qu'il n'a laissé aucune chose derriere, qu'il n'aye employée pour atirer nos volontez: & toutes fois nous luy faisons le sourd, & bien souuent pis, comme il est escript, Qu'ay ie deu faire dauantage a ma vigne, que ie ne l'aye faict? C'est que i'ay attandu d'elle raisins, & elle ma rendu raisinetes. C'est que l'homme ne s'est contanté de faire, le sourd a Dieu, qui luy demandant sa volonté, le semond & cōuie par tant de moyens. Mais qui pis est, le laissant la, a tant abusé de ses vertus, qui luy estoiēt cōmises, qu'il les a employées & dediées a l'abus & imperfectiō de la matiere. Qui n'est le chemin, que doibt prendre celluy, qui veut aprocher Dieu, ains abandōnant toutes ces superfluitez, se doibt retirer a l'ouïe de sa parole, volonté, admonestemāt, ou autres moyēs, qui luy sont offertz pour par ceux la croire sans plus grand argument que Dieu est, & si est remunerateur & non ingrat a ceux, qui le recherchent: detant que ne deuant aucune chose, il n'est ingrat: mais son infinie bonté le rend tel, qu'il ne faut a recognoistre le bon vouloir non plus, que s'il y estoit obligé soubz l'ingratitude qui doibt merueilleusement esmouuoir l'homme a croire simplemēt ceste admirable bonté. Le tiers degré est cognoistre ou entendre, lequel est dōné de Dieu a l'homme: qui continue liberalement en soy l'exercice de la foy, par lequel il entre si auant en cognoissance des choses diuines, par l'ouuerture de ce grand exemplaire, duquel nous auons souuent parlé, & dans lequel l'homme voit ce, que bouche ne peut dire, œil n'a veu, & cœur n'a pensé, comme sainct Pol la veu en son rauissement, Moïse en la montaigne, & Mercure en sa vision.

Et de tant que ceste cognoissance ou intelligence vient de la foy, elle croist selon les degrez de la foy: a cause dequoy Mercure dict cognoistre ou entendre Dieu est le croire: a cause que par ceste viue foy & amour, les vertus, graces, & puissances du sainct Esprit, image de Dieu, qui est en l'homme, sont desliecz & remises en liberté, plus ou moins, selō le degré de cognoissance, qui est dependant du degré de la foy. Et des vertus du sainct Esprit remises en liberté, viennent les merques & signes, que dict Iesus Christ suyure ceux, qui croiront en luy, qui sont les merques de l'innocence recouurée par sa bonté, par laquelle l'homme se trouue tant participer du sainct Esprit, qu'il a puissance en soy qui surmōte celle de nature. C'est quand il recouure le vray vsage des puissances du sainct Esprit, qui est en luy, lequel-

Reception de foy gist en l'ouïs, & aucune par reuelation.

2. Thessa. 1.a Luc. 17. a

Iac. 1. c

A'vltre reception de foy par signes.

Ioan. 10. g Exod. 4. b

Esaye. 5. a

Dieu sathe par tous moyēs d'atirer l'arbitre de l'homme.

La cognoissāce suit la foy.

2. Cor. 12. b 1. Cor. 2. c Exod. 24. d & 34. d

Marc. 16. d

Les signes de l'innocence sont puissāces supernaturelles.

les il auoit du tout suprimé par son peché, & par celles la recouurées il faict signes supernaturelz, que nous appellons miraculeux, pour donner a cognoistre, qu'il y a autant de differance de l'homme terrié a l'homme celeste, comme des œuures du terrien aux œuures du celeste. Et par ce moyen nous susciter le vouloir de mettre en œuure l'image du celeste, comme nous auons porté celle du terrier. L'intelligence donc & cognoissance de Dieu, ne se recourent pas par estude & trauail seul de lecture, comme les autres sciences. Car par celluy la l'homme de vray recouure l'intelligence de la lettre, laquelle tue, comme il est escript, a cause que cognoissance de Dieu ne se baille des Apostres par doctrine de lettre, ains par doctrine du sainct Esprit.

Nous dirons donc, que l'estude corporel n'est le principal moyen, ains l'esprit de Dieu, qui est en l'homme: lequel estant employé a son vray estat, par vne bonne volonté donne l'intelligence & cognoissance du verbe de Dieu, qui nous a tesmoigné, que les parolles, qu'il nous a parlé sont esprit & vie, & non seullemēt lettre. Et par le moyen & employ des actiōs & vertus intelligibles du sainct Esprit, l'homme en tant que composé d'icelluy vient a cognoistre ou entendre Dieu : de tant que comme nous auons cy deuant quelque fois dict, Dieu ne peut estre cogneu ou entendu que de soy mesmes. Il faut donc, auant que l'homme soit capable de receuoir en soy cognoissance ou intelligence de Dieu qu'il soit remis en son vsage & liberté des vertus diuines, qu'il a en soy, de tant que par celles la seulles il reçoit cognoissance de Dieu. Et ces vertus diuines sont remises en vsage par l'acquest de la viue foy, & exercitation d'icelles : par le moyen que Dieu recognoissant en l'homme, l'amour & charité qu'il a en luy, il luy ouure la cognoissance & entendement pour mettre en œuure ses vertus. Et luy met en l'opinion de constituer sa principalle estude non en la seulle lettre, mais en l'esprit & cognoissance de Dieu, comme dict sainct Pol, De maniere que nous serions en nouueauté d'esprit non en vieillesse de lettre.

C'est a cause, que l'homme, qui iette son estude en l'escripture diuine, ne se doibt arrester a aprendre les intelligences des clauses en Grammairien, & selon les communes acceptions des dictions, mais seullement ez endroicts, ou l'esprit de la lettre & escripture luy permettra de l'entendre en ceste maniere. Parquoy il sembleroit, que la vraye estude des lettres sainctes requiert vne entrée & ordre d'intelligence. L'entrée c'est la foy, & amour en Dieu fondée generallement sur ces deux poinctz. dont l'vn est ce, que dict sainct Pol, Qu'il est besoing que celluy, qui vient a Dieu, croye, qu'il est : & l'autre, qu'il est recompense de ceux, qui le recherchent. Ayant entré par ceste porte, il sembleroit estre bon par frequente lecture de toute l'escripture, considerer la generalle intention du sainct Esprit, qui l'a donnée a l'homme, & par ceste generalle intention, interpreter selon la lettre, ce qui se trouuerra compatible a ceste intention, & ce qui se trouuerra couché difficillement, ou qui semblera estre esloigné du sens.

Il faut considerer qu'il a esté escript en ceste maniere non sans cause, comme quelque fois pour retirer l'homme, qui s'abandonne a vne extremité de vice, Dieu l'admoneste par vne contraire extremité, pour esmouuoir sa pensée & son iugement a cognoistre verité, combien que la lettre ne soit en cest endroict au vray sens de ses dictions : comme quand Dieu voyant la malice du peuple les menassoit de leur bailler vn ciel d'arein, vne terre de fer, & vne pluye de pouldre, a ce qu'ilz n'en receussent aucune vtilité, ce n'est pas que iamais le ciel aye esté d'arain, ny la terre de fer, ny qu'il aye pleu poudre. Ou bien quand Dieu veut exprimer, que la malice du peuple luy donne ocasion de s'esmouuoir, combien que Dieu ne puisse auoir passion ny esmotion, comme quand Dieu dict, qu'il se repend d'auoir faict l'homme, estant touché interieurement d'vne douleur de cœur, a cause de la malice, qu'il voit regner, il neantmoins n'en souffre aucune de ces passions. Lesquelz passages, & tous autres, desquelz la lettre ne conuient a l'intelligence du sainct Esprit, sont quelque fois trouuez estranges, a faute d'auoir cognoissance de son intention, & de ne pouuoir croire la bonté de Dieu estre si grande, de s'estre cōmuniquée a l'hōme si priuement, qu'il a faict, & croire qu'il peut auoir corrompu vne si grande perfection contenue soubs les propos de l'escripture, qui ne peuuent tousiours suiure la lettre en plusieurs passages.

Parquoy

2. Cor. 15. f

2. Cor. 3. b

Ioan. 6. g

Moyen seul de cognoistre Dieu est de remettre les vertus diuines en liberté.

Rom. 7. b

Que doibt estre l'estude de l'escripture.

Heb. 11. b

Esaye. 14. b c L'escripture parle improprement pour retirer le pecheur d'vne extremité en autre.

Deut. 28. c

Genes. 6. b

parquoy ilz doiuent estre interpretez hors la lettre: & au contraire il s'en trouue d'autres, lesquelz sont couchez au plus pres de la lettre, toutefois ilz sont interpretez de plusieurs en autres sens, à faute de bien entendre les œuures de Dieu. Comme quand Iesus Christ dist à Nicodeme, Aucun ne monte au ciel, que celuy, qui en est descendu le Filz de l'homme, qui est au ciel. Lequel passage plusieurs refusent de le prendre à la lettre, n'entendans l'vnion du Filz de Dieu estre telle auec l'homme, qu'il soit nommé Filz de Dieu, comme dict Sainct Iean, & le soit: & par ainsi n'y monte au ciel, que celuy, qui est Filz de Dieu. Tous ces deffaux viennent a faute d'entendre, & auoir contemplé les œuures de Dieu par vraye foy, qu'il faut auoir en luy. Par laquelle Dieu reuele ses volontez, œuures, & grandz secretz aux hommes. & en ceste maniere Mercure n'a dict sans cause, que entendre est croire: & au contraire ne croire n'entendre pas. *Ioan.3.b*

Ioan.17.
1.Ioan.3.a

N'est-ce pas vn mesme Esprit, qui auoit illuminé Mercure disant ce propos, & Ieremie disant, De tant qu'ilz n'ont recherché Dieu, ilz ne l'ont entendu? c'est declaré par mesme Esprit, la maniere d'entendre, & cognoistre Dieu, qui est le recherchant par viue foy operant par charité. C'est l'estude, par lequel il faut cognoistre Dieu, le recherchant par amendement de sa vie chacun en son endroit. C'est le principal estude, auquel bien dressé en ceste maniere, celuy de la lettre est bien duisant & accordant, & au contraire, sans celuy-là precedant en l'homme, celuy de la lettre ne luy sert aucunement, ains comme dict Sainct Pol, La lettre tue, & l'esprit viuifie. De là est yssu le grand abus, qui regne par-my les hommes, qui font profession des sainctes lettres: lesquelles ilz cuident attaindre par force & trauail d'estude corporel, sans contraindre autrement leurs affections & passions pour soy renger au vray moyen, qui leur doit rendre l'intelligence, & cognoissance de Dieu, & se contentent d'entendre la lettre, pour entrer & languir, comme dict Sainct Pol, en contentions, disputes & debatz: qui sont tous fruictz d'intelligence de lettre, laquelle occit, sans prendre peine de soy faire meilleur, & rechercher la vraye intelligéce par la foy viue, operante par charité, qui est le seul moyen de retirer a soy ceste diuine cognoissance, que dict Mercure. Car l'estude corporel est, comme dict Sainct Pol, vtile a peu de chose, & n'aprend que choses corporeles, comme la pieté intelligible, estant bonne a toutes choses aprend les choses intelligibles. *Iere.10.d*

Disputes & contentions contraires à la cognoissance de Dieu. 1.Timoth.6.a 2.Cor.3.b

1.Timoth.4.b

Pour faire donc, que l'estude corporel nous serue a la cognoissance de Dieu, nous deuons d'entrée reietter toutes noz affections, & les retirer de toutes enuies de paroistre, concupiscences, & superfluitéz de la matiere, qui nous est vraye ennemie a la cognoissance de Dieu: & dedier noz affections & volontez vers ceste saincte image de Dieu qui nous est donnée, luy ouurant la porte de nostre volonté à ce qu'elle entre & soupe, comme il est escript, auec nous. Et les moyens d'y paruenir sont les degrez, que nous auons dict, qui sont premierement ouyr ceux, qui nous diront, que Dieu est, & qu'il recompance ceux, qui le recherchent, c'est a dire ceux, qui le nous diront par la tradition des Apostres continuée de main en main, a celle fin que nous soions de ceux, pour lesquelz Iesus Christ a prié, qui par la parolle des Apostres croiront en luy: Et que par ceste foy & viue croyance nous recouurons la cognoissance & intelligence, que dict Mercure, tesmoigne par Iesus Christ disant, Ceste-cy est la vie eternele, qu'ilz te cognoissent seul vray Dieu, & celuy, que tu as enuoyé Iesus Christ. C'est le vray employ des actions & vertus au Sainct Esprit, image de Dieu. Ausquelles seules apartient la cognoissance de Dieu par la viue foy, par laquelle toutes choses nous sont données en cognoissance, comme dict Sainct Pol, Par foy nous entendons les siecles auoir esté preparés par le verbe de Dieu: a ce que des choses inuisibles feussent faictes les visibles. *Apoc.3.d*
La cognoissá-ce vraye doit venir par tradition de main en main. Ioan.17.a

Ioan.17.a

Heb.11.A

C'est donc la foy, que nous receuons par l'ouye, qui nous prepare à l'intelligence, & cognoissance de Dieu, qui est la vie eternele, laquelle ne s'acquiert par estude, ou seul trauail corporel, mais par l'intelligible & operation de la pensée. MA PAROLE, dict Mercure, EST PARVENVE IVSQVES A LA VERITE. Car te disant qu'il faut paruenir à Dieu par ces degrez, d'ouyr, croire, & entendre, ie t'ay dict le dernier but, qui est auoir attainct ceste verité & vie eternelle, que Iesus Christ à declaré estre la cognoissance de Dieu. LA PENSEE, dict Mercure, EST GRANDE, ET ESTANT CONDVICTE PAR LA PAROLE, IVSQVES A QVELQVE CHOSE PEVT PARVENIR A LA VERITE. C'est que la pensée, qu'il nóme en l'homme, laquelle son Pimandre luy à dict estre

Grandeur de la pensée de l'homme.

luy mesme. C'est le S. Esprit & image de Dieu mise en l'homme dés sa constitution. Ceste pensée du Esprit de Dieu est grande, & de soy puissante. Mais à cause de la composition de l'homme, par laquelle Dieu l'a mis en liberté de ses actiōs, tant intelligibles que corporeles, ceste diuine pensée a esté subiuguée à l'arbitre de l'homme, à sçauoir d'en bien vser ou abuser. Qui a esté ce miracle tresmerueilleux, qu'a dict Mercure, q̄ le createur se soit assubieāi à sa creature. Ce qu'il continue encore en cest endroit, disant ceste pensée estre conduicte par la parole. C'est que si l'homme, qui a en soy la disposition de sa pensée la conduict ou la manié selon la parole de Dieu, iusques à quelque chose. C'est vne phrase Grecque, qui est autant que iusques à quelque point, ou bien par quelque dexterité, ou aucunement, qui est iusques à ceste creāce, par laquelle lon recouure la cognoissance. Elle peut paruenir iusques *Ioan. 17. a* à la verité, par le moyen de ce maniement faict à propos, que luy aura donné la cognoissance de Dieu, qui est la vie eternele declarée par Iesus Christ, & la pure verité. LAQVELLE pensée, dict Mercure, AYANT APERCEV TOVTES CHOSES, ET TROVVE ESTRE CONSONANTES A CE, QVI EST EXPOSE PAR LA PAROLE, A CREV ET A ACQVIESCE EN CESTE BELLE FOY. C'est que verité, qui est ceste heureuse fin & vsage de vie eternele Iesus Christ filz de Dieu, ayant faict apperceuoir toutes choses, volontez, & actions à ceste pensée si heureusement conduicte vers elle, qu'elles ayent esté trouuées consonantes & obeissantes à la parole, par laquelle la foy a receu ses degrez d'augmentation. Ceste diuine pensée a creu toutes ces choses, volontez, & actions, si heureusement conduictes en ses persuasions: & accordant à ceste saincte verité, en toutes ses requestes: elle a acquiescé, consenti, & s'est reposée sur ceste tant belle foy, qui a conduict son subiect en *Ioan. 14. b.* perfaicte cognoissance de verité Dieu eternel. De laquelle foy Iesus Christ porte vn mer- *4. Reg. 13. d* ueilleux tesmoignage, disant: Veritablement ie vous dy, que celuy qui croit en moy, fera les œuures, que ie fay, & plus grandes: comme nous l'auons veu en Elie, Elisée, & les Apostres, faisantz signes quelquefois plus admirables que ceux de Iesus Christ : mesmes quand les oz *Act. 5. a* d'Elisée resusciterent le mort sans aucune foy: & les Apostres faisantz mourir Ananie & sa *Iesus Christ* femme, qui sont signes, que Iesus Christ ne fist point. C'est pour nous donner à entēdre, que *promet aux* par ce moyen de foy nous recouurons ceste cognoissance de Dieu, par laquelle noz vertus *sies plus grās* intelligibles, qui sont celles du S. Esprit, sont deliurées de la seruitude des concupiscēces, en *signes qu'il* laquelle le peché les tenoit, & mises en liberté d'operer en l'homme, toutes œuures de per- *n'a faict.* fection: qui sont grandes, non seulemēt comme nous auons dict: mais sont grandes, selon la grandeur de l'operateur S. Esprit de Dieu, qui nous est donné.

A CEVX DONC, dict Mercure, QVI ENTENDENT LES CHOSES, QVI NOVS ONT ESTE DICTES DE DIEV, ELLES SERONT CROYABLES, ET A CEVX, QVI NE LES ENTENDENT INCROYABLES. C'est, que si nous ne meslons tousiours la foy auec nostre intelligence, ce que l'ouye ou lecture nous declarera de parole, nous semblera estre fable & inuention indigne d'estre creuë. Et au contraire, si nous adioustons à nostre intelligence ceste foy charitable, qui nous rend agreables à Dieu, nostre estude profitera en *La foy est ne-* cognoissance beaucoup plus excellente, que celle de la lettre. Qui sera cause, que l'entendāt *cessaire à l'in-* en effect, nous cognoistrons & croirōs, que la lettre dict vray. Ce que nous ne pouuons co- *telligence.* gnoistre sans ceste foy operante par charité, & recognoissans ce bien, dont nous sommes yssus. A ceste cause Mercure dira quelquefois au chapitre suiuant, qu'il est besoin l'entendement de celuy, qui oit estre d'accord auec celuy qui parle, voire, & que cest entendemēt aye l'ouïe plus diligente & viste, que la voix de celuy, qui parle: monstrant par là l'affection & viue foy, que doit auoir celuy, qui escoute, voire iusques à passer plus auant son ouïe, que la parole, comme lon dict, l'entendre à demi propos. CES CHOSES, ET TANT, dict Mercure, TE SOIENT DICTES DV SENS ET INTELLIGENCE. C'est par lesquelles tu pourras retenir, que la plus excellente partie de l'homme est ceste intelligence, en laquelle est comprinse l'image de Dieu & sainct Esprit, accompagné d'infinies vertus. Et la plus excellente partie de tout autre animal sont les sens corporelz. Parquoy la nature de l'homme est ioincte à son intelligence, & la nature de la beste à la conduicte de ses sens.

COM-

COMMENTAIRES SVR
le Pimandre de Mercure Trismegiste,
LA CLEF.
CHAPITRE DIXIESME.
SECTION 1.

HIER ayant dedié mon propos à toy, ô Æsculape, il est raisonnable dedier celuy du iourdhuy à mon fils Tat, de tant que de tous les propos particuliers, que ie luy ay declaré, c'est vn abregé. Certainement donc, ô Tat, Dieu, Pere, & Bien ont mesme nature, voire plus-tost mesme efficace: car c'est la denomination de nature ou croissance, laquelle est entour les choses muables, & mobiles, & immobiles, c'est à dire diuines & humaines, desquelles il veut l'estre. Car ailleurs nous auons enseigné l'efficace des choses diuines & humaines, comme des autres, lesquelles doiuent estre entendues de cestuy-cy.

COMMENTAIRE.

ERCVRE ayant tenu diuers propos en ses neuf chapitres precedentz, des grandeurs & excellences de Dieu, tant au commun du peuple, qu'à Æsculape, ou bien particulierement à son filz Tat: luy declarant familierement ce, qu'il voyoit plus necessaire à son salut: comme au quatriesme chapitre, par le bassin, luy faisant entendre la maniere d'y entrer, obeissant au cry du sainct Esprit, heraut donné de Dieu à l'homme, pour l'admonester d'iceluy, & consequemment luy a donné la cognoissance de l'vnité, cause & seul principe de toutes choses, pour le retirer de toute veneration de creatures, ou pluralité de Dieux souuerains. Et au cinquiesme chapitre, qu'il peut cognoistre Dieu inuisible, par les choses visibles, pour luy faire rapporter toute admiration ou excellence, qu'il trouue ez choses visibles, à Dieu souuerain bien, sans arrester aucune veneration en chose materiele, quelle excellence qu'il y trouue: Et à l'huictiesme chapitre l'erreur que les hommes ont estimantz que les creatures venantz en mort ou dissolution, perissent & deuiennent à rien. dont sont venuz les atheismes, de penser les hommes en leur mort, & dissolution de venir à rien, prenans mort pour abolition & perdition, & non pour simple dissolution, & despartement des vnitez, ou parties composans la creature, luy ayant donné la doctrine de ce chapitre huictiesme, pour le preseruer de ceste dangereuse opinion. Et de tant qu'il auoit adressé le neufuiesme chapitre precedãt à Æsculape: il commece ce dixiesme en ceste maniere,

Propos particuliers tenus auant la clef de Mercure à Tat.

retirant son propos d'Æsculape pour l'adresser à son filz, & dict : HIER AYANT DEDIE MON PROPOS A TOY, O ÆSCVLAPE, IL EST RAISONNABLE DEDIER CELVY DV IOVRDHVY A MON FILS TAT, DE TANT QVE DE TOVS LES PROPOS PARTICVLIERS, QVE IE LVY AY DECLARE, C'EST VN ABREGE. Voulant dire, qu'il delibere luy abreger, & quelque peu enfoncer les propos dependans de ces trois chapitres, qu'il luy a cy deuant addressé, toutesfois c'est par vne maniere de parler, & prendre occasion d'addresser son propos à son filz, plus que pour seulement ensuiure ce, qu'il a traicté ez trois chapitres à luy adressez. Car tant s'en faut, qu'il les abrege, que il fera cestuy cy plus long, & si parlera d'autres propos, qu'il n'a tenu aux autres : à cause que toute personne de vray sçauoir ne peut preuoir auant son propos, ou doiuent venir ses paroles : de tãt que l'vn propos suscite l'autre, ez testes qui en ont prouision. Ce n'est pas comme vn sermon estudié par cœur : car celuy là est aisé a preuoir tout, iusques à vne seule parole. Ce n'est ainsi de Mercure en ce dixiesme, auquel commençant les propos cy deuant dictz à son filz, son intelligence le menera bien plus auant en matiere, des excellences de Dieu, & de ses effectz, continuant tousiours sa doctrine, que toutes vertus & efficaces sont de luy. A cause de quoy il nomme ce chapitre la clef, comme estant moyen d'ouurir les intelligences, & entrer en icelles, par ce qu'il declare de Dieu en ce lieu.

L'homme sça-uant ne sçait les propos qu'il doit dire

CERTAINEMENT DONC, dict Mercure, O TAT, DIEV, PERE, ET BIEN ONT MESME NATVRE. C'est ce, que nous auons cy deuant dict, que Dieu est Bien, & Bien est Dieu, & l'vn n'est autre chose que l'autre. Et tout ainsi estre Dieu, est estre pere, facteur, ou generateur de toutes choses, comme au cõtraire, estre pere, facteur, ou generateur de toutes choses, est estre Dieu. Par ainsi Dieu Pere & Bien sont mesme chose, & ont mesme nature, ce n'est pas que nous attribuons à Dieu, comme à ses creatures vne nature qui aye puissance de le conduire, conseiller, ou admonester de son bien, ou deuoir, comme sa loy nommée nature faict toutes creatures composées de matiere, lesquelles ont besoin de ce prudent pedagogue, pour conduire leurs effectz soubz l'ordonnance de leur createur. Mais ce mot de nature est attribué à Dieu par les hommes ne pouuant autrement conceuoir ou exprimer ses actions & vertus, que a la semblance des creatures, ayant receu ce mot de nature diuine, pour la proprieté ou condition, que l'hõme à cognu en Dieu de faire toutes actiõs & operations : comme il apelle en la creature nature la proprieté, que la creature a receu de Dieu, de faire toutes ses actions & operations soubz ceste loy nommée nature : combien que Dieu ne soit, comme les creatures, subiect à aucune loy, ou nature : mais nous sommes contrainctz d'vser de ces paroles impertinantes à l'occasion de satisfaire a nos imperfections, qui ne sont capables d'entẽdre le lãguage de Dieu, s'il s'exprimoit tel, qu'il est, sainct, par paroles, qui luy fussent propres : de tant que l'infini ne peut estre conceu du fini : & S. Pol dict, que corruption ne peut posseder incorruption. Mais pour nostre proffit Dieu par sa bonté a toleré, que nous luy ayons attribué paroles impropres, prouueu que nous en retirons par ce moyen sa cognoissance. Comme quãd Moïse attribue à Dieu de s'estre repenty, & les Prophetes aussi, & d'estre touché de douleur interieure du cœur : combien qu'il n'aye cœur n'y soye, & infinies autres dictions, que nous luy aproprions, comme, mains, deuant & derriere, pour exprimer de ses actions & vertus ce qui en vient par ce moyen a nostre cognoissance & vtilité. En ceste maniere donc nous prendrons nature diuine pour la proprieté non, qui est en luy : car elle ne peut estre exprimée, mais pour celle, que nous y cognoissons, ensemble la puissance & vertus de faire toutes actions & operations. Laquelle Mercure nous declare estre mesmes en Dieu Pere & Bien, VOIRE PLVSTOST MESME EFFICACE. C'est, que Mercure ne se contentãt d'auoir aproprié ou atribué nature en Dieu, cõme n'y estant propre, il aduance vn degré plus auãt nos cognoissances par ce mot d'efficace mis au lieu de nature en Dieu. Lequel pour proprement declarer, nous dirons que le Grec le nomme ἐνέργεια, qui signifie propremẽt la vertu ou puissance d'agir ou operer, faire action ou operation : laquelle les Latins ont souuẽt prins pour l'acte, ou l'effect, mesmes assez improprement. Toutesfois, comme en tous lãguages il est receu d'vser de plusieurs dictions improprement prinses, a cause des passiõs & imperfections de ceux qui parlent : & par ce que parlans de Dieu nous ne pouuons recouurer dictions, qui puissent signifier ses perfections, voire ny y aprocher, il nous souuiendra, que nous deuons, parlant de luy, prendre noz termes en leur perfection, & plus grande excellence de signification, & encore demeurerons nous assez courts a exprimer

Dieu Pere & Biẽ sont mesme chose. Chap.6, Sect 4

Nature comment s'entend en Dieu.

Nos paroles ne peuuent exprimer choses diuines. 1.Cor.15.f

Que c'est efficace.

par

par ceux la, ses perfections, voire la moindre, si aucune en y a. Ceste energie donc que les Grecs ont nommé, & les Latins efficace, & quelque fois actiõ acte ou effect, qui est proprement la vertu ou puissance de faire action ou operation, Mercure declare estre mesme en ce Dieu Pere & Bien supreme.

CAR C'EST LA DENOMINATION DE NATVRE OV CROISSANCE, LAQVELLE EST ENTOVR LES CHOSES MVABLES ET MOBILES ET IMMOBILES, C'EST A DIRE DIVINES ET HVMAINES, DESQVELLES IL VEVT L'ESTRE. En cest endroit aucuns, comme Ficin, lisent denomination d'augment & diminution, cõbien que nostre exemplaire Grec dise denomination de nature & croissance, qui est plus aparant, de tant que ceste efficace & vertu en Dieu de produire action, est veritablement la denomination, institution, ou cause de nature, qui porte en toute creature ceste efficace & vertu de faire son action : & d'auantage est cause, denomination, ou institution de toute croissance qui aduient en la creature pour son plus grand bien. Et si nous disions, que ceste efficace de Dieu fust cause ou denomination de croissance & diminution, nous sortiriõs des propos de nostre Mercure & de verité. Car nous sçauons clairement que la croissance ou augmentation de la creature, est tout le bien qu'elle reçoit, & au contraire sa diminution ou dechaiance est sa ruine & destruction, voire tout son mal.

Si donc ceste efficace de Dieu estoit dicte denomination de sa ruine ou de son mal, ce seroit contre ce, que nous auons tant dict, & dirons cy apres auec Mercure, que de Dieu ne sort aucun mal, mais tout bien: & le mal, qui aduient a la creature, luy est produict de l'imperfection de la matiere, & non de Dieu, comme dict le Prophete, Perdition est a toy, o Israël : en moy seul ton secours. Nous ferons donc plus seurement de suiure nostre exemplaire Grec, que celuy de Ficin: & entendrons, que c'este efficace & action, qui est en Dieu, est le vray aucteur, denominateur, & cause principalle de toute nature & croissance, faicte en la creature, par la puissance mise en ceste loy ou nature. Laquelle nature & croissance est entour les choses muables, & mobiles, & immobiles. C'est, comme disent les Logiciens, predique des choses muables, & qui sont subiectes a mutation & changement, comme toutes creatures terrestres & materielles, qui sont subiectes a estre muées & changées de bien en mieux par nature & croissance. Laquelle est aussi entour ou predique des choses mobiles, qui sont subiectes a mouuement, comme toutes parties materielles en la creature : lesquelles ne peuuent croistre sans mouuement, & de diuerses façons predique aussi des immobiles, qui sont les parties de la forme de la creature. Lesquelles comme estant diuines, ne sont subiectes a aucun mouuement : toutesfois estant en la creature elles sont subiectes a nature & croissance, comme nous voyons ez animaux les vertus données a leur nature croistre auec les corps: & aux hommes, comme cy deuant nous l'auons amplement declaré, alleguant que Iesus Christ croissoit d'age & sapience enuers Dieu & les hommes. Et nomme ces choses immobiles, diuines, assises en la forme de la creature: & les mobiles humaines, cõme estant destinées a l'vsage, cognoissance, & seruice de l'hõme, desquelles toutes il veut l'estre, perseuerance, & durée dependre de luy. Ceste efficace donc & vertu, qui est en Dieu, est la denomination & institution de la nature & croissance de tout bien, ez choses muables, qui sont les creatures tant ez parties mobiles ou materielles, que ez parties immobiles ou formelles : qui sont les vertus mises en leurs formes, nous contentant de parler en general de ceste efficace, pour les creatures materielles.

CAR AILLEVRS NOVS AVONS ENSEIGNE L'EFFICACE DES CHOSES DIVINES ET HVMAINES COMME DES AVTRES : LESQVELLES DOIBVENT ESTRE ENTENDVES DE CESTVY CY. C'est, que cy dessus nous auons plus amplement parlé de l'efficace des choses diuines & des humaines, entant que participant l'homme de Dieu il a en soy efficace diuine. Comme au commencement du sixiesme chapitre, qu'il est essence de tout mouuement, & generation, ayant entour elle ceste efficace stable, & en plusieurs autres lieux : ou Mercure nous a discouru l'efficace des choses diuines, par la cognoissance des humaines, soit par l'ordre du monde, tant des astres que region elementaire, & terre habitée, soit aussi en la composition

L'efficace est denominatiõ de nature ou croissance.

De Dieu ne sort aucũ mal Chap. 14. sect. 7 Ozr. 13. c

Croissãce des parties mobiles & immobiles.

Luc. 2. g

position de l'enfant au ventre de la mere organisé de tant de parties, si trescompatibles entre elles, & en tant d'autres endroitz, ou enseignant l'efficace de Dieu, il a enseigné pareillement les autres efficaces ou vertus d'agir données és formes des creatures. Lesquelles toutes doiuent estre entendues de cestuy-cy, duquel toutes creatures les tiennent en ministere, & non en aucune proprieté venant de leur particulier. Car toute vertu en la creature, est de Dieu, qui doit estre souuent repeté en l'intelligence de l'homme: à cause des abus, que nous faisons communement, n'estimans rien tenir que de nous: combien que S. Pol dise, Que as tu, que tu n'ayes receu? voire de celuy, qui donne toutes choses en abondance. Par ainsi toutes doiuent estre recogneuës de luy.

Toutes efficaces sont ensemble yssir de Dieu.

1. Cor. 4. b
Ephes 3. d

SECTION 2.

DE tant que l'efficace de cestuy-cy est volonté, & son essence vouloir toutes choses estre, qu'est-ce Dieu, & Pere, & Bien, que l'estre de toutes choses, qui encore ne sont? mais plus-tost la mesme substance des choses qui sont, c'est Dieu, c'est Pere, c'est bien, auquel aucune des autres choses ne conuient. Car le monde, & le Soleil, est pere és choses, qui consistent en participation, non qu'il soit és animaux iustement cause du bien & de la vie, Et s'il est ainsi, il est du tout certainement contrainct par la volonté du Bien, sans laquelle il n'est possible d'estre, ou estre engendré.

COMMENTAIRE.

AYANT cy deuant dict, que toute efficace ou vertu d'action soit és choses diuines, ou aux humaines, doiuent estre entendues de cestuy cy, à sçauoir Dieu tout puissant: lequel és choses diuines, execute ses actions sans moyen: & aux humaines, ou qui sont subiectes au seruice & cognoissance des hommes, il les execute par moyen de ses creatures, qui en ont la charge & ministere d'execution en toutes manieres. Toute efficace & vertu d'agir luy doit estre atribuée, DE TANT QVE L'EFFICACE DE CESTVY CY EST VOLONTE, ET SON ESSENCE VOVLOIR TOVTES CHOSES ESTRE. C'est, qu'en Dieu n'y a aucune difficulté de pouuoir son vouloir, & par ainsi ses actions, effectz, & operations ne sortent d'autre efficace, ou vertu & puissance d'agir, que de sa simple volonté, laquelle à la puissance & vertu si conioincte à elle, que des que la volonté de Dieu ordonne quelque chose, il n'est besoin d'aucune puissance pour mettre l'action ou operation à l'effect, de tant que son efficace, qui est la vertu d'action, n'est autre que sa volonté: & son essence par consequent vouloir toutes choses estre. Car si la seule volonté porte en elle toute puissance, & vertu d'action, & que son essence consiste en cest infini nombre de vertus, & puissances, por tans toutes en elles efficace d'action, il demeure clair, que sa volonté, qui les comprend toutes, faict que vouloir toutes choses qui ont esté, sont & seront, ou peuuent estre mises auant par son efficace & volonté, est son essence: laquelle consiste en collation de bien-faictz, & continuele action & employ de ses vertus. Qui est cause, que Mercure a dict, que son corps inuisible, & intangible, non mesurable, ny distant à nulle chose aucunement semblable, est estre tousiours present & faire toutes choses, qui sont par sa volonté. Laquelle l'Eglise Chrestienne a attribué au sainct Esprit, qui est vraye essence de Dieu: & si luy a attribué quant & quant l'operation & efficace d'action, qui est ceste volonté, que Mercure dict estre essence diuine: par laquelle il veut toutes choses estre, qui est autant, qu'il faict par celle la toutes choses, attendu que l'efficace & vertu d'action n'est en Dieu autre chose, que sa volonté. Voila pourquoy il a esté dict, qu'il a faict toutes choses qu'il a voulu. Ce n'est pas pour l'alleguer

L'efficace de Dieu est sa volonté.

Vouloir toutes choses estre est essence de Dieu.

Chap. 4. Se. 1 Dieu faire toutes choses par sa volonté, est autant que par son S. Esprit.

Psal. 113. b

guer, au propos, que aucuns mauuais espritz l'alleguent, entendans par toutes choses tant bonnes que mauuaises, ne s'aduisant, que Dieu ne faict œuure qui ne consiste en habit. Parquoy le mal qui consiste du tout en priuation ne peut estre faict de Dieu. Ayant donc faict tout ce, qu'il a voulu, il n'y a comprins aucun peché, vice, ou mal. Ce parfaict bien donc courant & enuironnant tout ce grand monde, est meslé au dedans parmy ses imperfectiōs, ausquelles il porte estre, vie, secours, soustenement, defence de ruyne presente, tous les iours produisant pour vie toutes creatures nouuelles, ne cessant de continuellement agir a leur bien & proffit par son efficace, qui est la volonté, c'est l'essence de Dieu: & dirōs que ce que nous disons, est bien l'essence de Dieu, mais non qu'il nous soit loisible de dire la moindre partie des actions, vertus, & efficaces, qui sont en luy, & sa diuine volonté sainct Esprit: lequel produict toutes choses, voulant seulement toutes choses estre. QV'EST-CE, que DIEV ET PERE ET BIEN, QVE L'ESTRE DE TOVTES CHOSES, QVI ENCORE NE SONT. Comme s'il disoit, qu'estimerons nous Dieu en sa grandeur, pere en ses creations, & Bien en ses bien faictz estre, que c'est estre de toutes choses eternel, & auant qu'elles feussent iamais produictes? & non seulement de celles, qui despuis l'ont esté, mais qui cy apres seront, ou autres, qui outre celles là, pourront estre ou receuoir essence accompagnée de si belles, & diuerses formes prouueues de tant de vertus, efficaces, & actions, toutes sortants de ceste source, de maniere que non seulement nous penserons Dieu Pere & Bien estre toutes ces vertus, dignités, & essences, MAIS PLVSTOST LA MESME SVBSTANCE DES CHOSES, QVI SONT, C'EST DIEV, C'EST PERE, C'EST BIEN.

Car la substance de chasque subiect, cōme Aristote l'a difinie, est celle, qui plus principalement, proprement, & mesmement est dicte: c'est a dire, qui est au subiect, par ou nous voyons que Mercure disant, que Dieu est la mesme substance des choses, qui sont, il declare, qu'il est la partie principale de toute creature: en laquelle gisent toutes actions, & efficaces ou vertus de la creature, ou subiect. C'est ce, que sainct Pol disoit parlant de l'image de Dieu inuisible Iesus Christ Filz de Dieu, lequel il dict estre premier nay de toute creature, ou construction: de tant que toutes choses sont créés en luy, tant celles, qui sont au ciel, que en la terre visibles & inuisibles, toutes basties en luy & par luy. Par ou il declare manifestemēt Dieu estre le principe non seulement des creatures terrestres, mais aussi des celestes, desquelles il est le principal subiect, ou partie contenant les vertus & proprietez. Laquelle nous appellons substance, qui est tousiours insensible en son essence, combien qu'elle soit sensible en ses effectz.

Nous auons cy deuant parlé de la difference d'essence & substance, qui nous peut seruir a ce, que a l'aduanture Aristote n'a bien conceu distinguant la substance en corporelle & incorporelle: & ce à cause, qu'il n'auoit suffisante cognoissance de Dieu. Lequel estant seul incorporel n'a aucune substance ou principale partie. Et prend la substance corporelle pour celle, qui est es subiectz corporelz: & l'incorporelle, pour celle, que nous appellons essence en Dieu: qui est seul incorporel, comme nous l'auons cy deuant declaré.

Et par ainsi nous entendrons, que substance appartient seulement aux choses corporelles, y tenant le principal lieu. Et de laquelle procedent les vertus des actions, que faict ceste matiere, qui sont sa vraye efficace. Et l'essence aux incorporelles appartenant au seul Dieu tout puissant, lequel seul est ou a essence, par le moyen & vertus desquelles il donne de son propre substance, ou principale partie aux creatures & subiectz materielz, pour dominer & estre chef de la matiere: & si leur donne forme contenant la vie & autres vertus, qui dominent a toute la creature. Voila pourquoy nous auons cy deuant dict, que Dieu est en toutes choses, de tant qu'il est en leur forme & substance ou principale partie. C'est ce Dieu, ce Pere, & ce Bien, AVQVEL AVCVNE DES AVTRES CHOSES NE CONVIENT, fors la principale partie de toute creature, qui est la forme & substance.

A cause que cy deuant nous auons repeté assez souuent la generale distinction de toutes choses en deux, c'est ascauoir Dieu, & matiere: encore, qui plus est, n'y auroit il diuision, que
tout

SVR LE PIMANDRE DE

La vie & mouuemēts gît en la forme: & les vertus de la matiere en la substance

tout ne fust Dieu, si du commencement il n'eust separé la matiere de soy, pour seruir a composer toutes creatures auec les formes, qu'il y met du sien composant la creature de matiere prouueuë de substance & de forme, prouueuë de vie, dans lesquelles gisent les vertus efficaces, & proprietez, qui sont parties diuines appartenantes a ce bon Dieu, Pere & Bien, auquel autre chose quelconque ne conuient de toutes parties materieles, que ceste principale. De tant que toutes pour grand nombre & diuersitez, qu'il y en aye, se trouuent sans aucune action, vertu, ou efficace: si elles sont separées des parties diuines, à sçauoir forme & substance, aucune d'entr'elles ne peut estre apropriée à ceste perfection diuine, à laquelle matiere quelconque ne peut aucunement conuenir. Car combien que Dieu aye de soy, & en soy essence de son propre: ce neantmoins il n'a substance en soy: mais il y a la vertu, qui sert de substance & principale partie à toute matiere: dont il se dict estre la substāce de toutes choses, non la substance de soy. Et par ainsi ces parties principales, que nous disons forme & substāce, ne peuuent conuenir à autre subiect quelconque, en proprieté, ains seulement en participation, ministere, ou charge de dispenser. CAR LE MONDE, ET LE SOLEIL, qui sont ceux, en qui nous aperçeuons plus d'excellences, vertus, efficaces, & autres proprietés d'actions, ce monde EST PERE, & ce Soleil est pere, produisant infinies generations de creatures, renouuellements de matiere, formées. Mais ce n'est pourtāt qu'ils soient pere és choses, & vertus prouuenants de leur particuliere puissance: mais le sont EZ CHOSES, QVI CONSISTENT EN ceste PARTICIPATION, qu'ilz en reçoiuent de ce bon, vray, pere, Dieu tout puissant, à la charge de communiquer ce bien faict aux creatures, dont ilz prennent titre de participation: & NON QV'IL SOIT ES ANIMAVX & toutes autres creatures, qui sont engendrées & produictes par son ministere, IVSTEMENT CAVSE DV BIEN, qu'elles reçoiuent en leur forme & substance, ny pareillement DE LA VIE, qui esleue ceste matiere en si grande excellence ou dignité. Car telles parties ne peuuent estre yssues du monde ou soleil, qui ne les possederent iamais en proprieté, comme siennes, mais seulemēt en participation, qu'ilz en ont reçeu de Dieu, & en ministeré & pure charge de les dispenser selon l'ordonnance & loy dicte nature, qui leur a esté prescripte & imposée par ce grand createur, pour estre obseruée & administrée, selon son vouloir & commandement, ou ordonnance.

Comment le soleil & le mō de sont dicts pere.

Les creatures ont receu les vertus en dispensation nō en proprieté.

ET S'IL EST AINSI, que ce monde & Soleil n'ayent ses actions, vertus, & efficaces, qu'ilz influent tous les iours faisans tant de biens a toutes creatures en leur propre, ains les reçoiuent de ce parfaict & souuerain bien, il demeure manifeste, que ce monde, & ce soleil n'est maistre de ses actions: ains IL EST DV TOVT CERTAINEMENT CONTRAINT, poussé, regy, moderé, conduict, ou gouuerné PAR LA VOLONTE DV BIEN, duquel il a receu telles actions, vertus, & efficaces en dispensation, & ministere, non en proprieté. Et SANS LAQVELLE volonté bu bien, IL N'EST POSSIBLE a ce soleil, ny monde, voire ny a toutes autres creatures, qu'il contient, D'ESTRE, ou auoir en soy, non seulement essence, qui n'appartient au corps materiel, mais simple habitude. De tant que sans la vertu & secours de ce parfaict Bien, auquel seul appartient en proprieté, essence, & toute habitude, tout subiect, qui en seroit du tout separé & abandonné, tomberoit incontinent en priuation & aneantissement, comme estant hors, & ne tenant rien d'essence ou habit, qui sont en ce seul parfaict bien: & non seulement possible d'estre, mais OV ESTRE ENGENDRE, cōposé, basti, ne creé. De tant que en toute generation, creation, ou bastiment de creature, il se faict composition de matiere & forme: laquelle necessairement procedant de ce parfaict Bien, tient la composition impossible sans l'aduenement & operation, ou bien-faict de ce bon Dieu, Pere, & Bien, communiquant la forme à toutes creatures.

Separation de Dieu produit priuation d'essence.

SECTION 3.

LA cause des enfans est le pere tant par sa semence, que nourriture reçeuant l'appetit de Bien par le Soleil. De tant que bien est ce, qui peut faire. Ce toutesfois ne peut conuenir à aucun autre, qu'à celuy seul, qui ne reçoit aucune chose, & veut toutes

tes choses estre. Ie ne diray pas, ô Tat, à celuy, qui faict: car celuy, qui faict, est long temps deffaillant en ce, que maintenant il faict, maintenant il ne faict, & en qualité & en quantité. Car quelquefois il faict toutes choses subiectes à quantité & qualité & quelquefois choses contraires. Mais Dieu est Pere & Bien, parce qu'il est toutes choses.

COMMENTAIRE.

Nous insinuant Mercure que tout Bien nous vient de ce bon Dieu, Pere & souuerain Bien, soit immediatement, ou par le moyen de ses creatures, nous ayāt baillé par exemple le Soleil & le Mōde, desquels nous receuons tous les biens necessaires à noz corps & matiere, tant pour le profit & vtilité que pour le plaisir & contentemant. Ce neantmoins il nous a voulu entretenir en ceste cognoissance, que ce que le monde & soleil nous donnēt n'est pas du leur, ains nous deliurent seulement, comme ministres & dispensateurs les biēs qui nous sont donnéz par ce bon Dieu souuerain Bien: auquel seul ces biens appartiennēt. Et pour nous continuer les exemples plus familiers, il nous dict LA CAVSE DES ENFANTS, par laquelle, ilz sont produicts, engendrez, naiz, & nourris en ce monde EST LE PERE, qui les ayant engendrez, & faicts naistre en ce monde, est estimé de la plus part estre vraye cause, & aucteur des enfans. Combien qu'il ne le soit, ains seulement ministre de ce souuerain bien a despartir TANT PAR SA SEMENCE QVE NOVRRITVRE pour la generation de ses enfans, RECEVANT L'APETIT DE faire BIEN PAR LE SOLEIL. C'est autant que le pere ministre & seruiteur de Dieu en son estat ayant receu du soleil (autre ministre pareillement) les dons, appetits, & volontez de faire, produire, ou operer, communicant ce, qui luy a esté donné par le soleil en sa composition corporelle a son enfant, qui est vraye œuure de ce bien, ou operation, qui luy estoit requise pour son estat de pere, il le depart en la generation & nourriture des enfantz, selon les conditions & puissances de sa nature, non comme vray aucteur, mais comme simple ministre ou dispensateur. En ce propos plusieurs du peuple abusent grandemant estimants, que l'honneur que Dieu commande estre raporté aux pere & mere par les enfants, depende de ce, qu'ils sont cause de leur naissance, & generation, & nourriture corporelle, sans passer plus auant, n'ayant prins garde a ce, que nous auons dict au second chapitre de la generation des enfants, & en quoy consiste l'excellence de cest estat. Ce n'est pas en la simple generation corporelle, en laquelle n'y a aucune difference de l'homme au brut, qui nourist & engendre son semblable, comme l'homme: & neantmoins le brut n'est point estimé, obligé au brut estant ainsi esleué.

Ce n'est donc la generation corporelle, qui a amené parmy les hommes ce, que nature tresprudente n'obserue parmy les bruts: mais c'est la generation de l'intelligence, qui n'est en eux, qui rend l'enfant obligé aux pere & mere, qui luy ont aprins la cognoissance de son debuoir, & qui l'ont nourry a l'exercice de recognoistre & reuerer son principal pere, duquel ceux, qui l'ont corporellemant engendré, ne sont que dispensateurs. C'est ceste cognoissance & bonne doctrine qui ne peut estre recompensée par l'enfant enuers ses parens, & qui luy cause toute l'obligation & reuerance, qu'il leur doibt porter, les recognoissant comme ministres & dispensateurs de Dieu a la distribution de ses bien-faicts. Dont s'ensuit, que l'impuissance de recompenser est raporté aux bien faicts de Dieu, administrez par les hommes. De tant que l'homme peut tousiours rendre a l'homme l'equiualant, quād il n'en a receu, que du sien, ce qu'il ne peut faire, quand il en reçoit le bien de Dieu. A cause de quoy les anciēs Ethniques ont faict vn prouerbe, auquel ilz ont adiousté auec les Dieux les parens & precepteurs, ausquelz ne peut estre rendue recompance equiualante. Mais le vray Chrestien suiuāt la doctrine de nostre Mercure s'estimera auoir receu tous ces biēs, soit de generatiō corporelle, ou intelligible, de ce parfait biē, soit par le ministere du mōde soleil, & sa suite pere, mere, precepteurs, ou autres tous dispēsateurs des biēfaicts de ce souuerain Bien. DE TANT QVE BIEN EST CE QVI PEVT FAIRE de son propre le prenāt de

Toutes affliā-ctiōs versus sont es creatures en ministere.

Dont vient l'obligatiō des enfants enuers leurs peres.

Le bien faict de l'omme peut reçeuoir equiualant ō celuy de Dieu.

luy

luy seul, sans aide, faueur, ou secours d'aucun autre. C'est ce seul Bien parfaict, qui peut faire,

Bien consiste en puissance de créer & de ne estre.

bastir, ou composer creatures des choses diuerses, procedants de luy, nous declarant, que faire, creer, engendrer, ou produire aucune chose n'apartient en proprieté, que a ce seul bien parfaict: ains seulement de dispenser, despartir, ou administrer a la composition les parties receuës de ce souuerain bien, n'y estimant auoir aucune chose de la creature, que le ministere. CE faict TOVTESFOIS de créer, engendrer, ou faire NE PEVT CONVENIR A AVCVN AVTRE, QVE A CELVY SEVL, QVI NE REÇOIT AVCVNE CHOSE, ET VEVT TOVTES CHOSES ESTRE. C'est ce, que nous auons quelque fois cy deuant repeté, que le propre d'estre aucteur ou createur de quelque effect, n'appartient qu'à ce seul

L'excellēce du biē gist a tirer tout bien fait de luy.

Bien parfaict, qui ne reçoit d'aucun, comme il est escript, ains donne toutes choses, & duquel la vertu & efficace de produire actions & diuers effectz est la simple volonté, comme nous venons de dire en l'autre section. Et que toute son action & operation est executée & mise à effect par sa simple volonté. A cause dequoy Mercure dict, qu'il ne reçoit aucune chose d'ailleurs, pour mettre en ses factures ou creations: ains veut toutes choses estre, & par ceste volonté, il tire & produict de luy mesme toutes choses. Dont il aduient, que Mercure faict,

L'operatiō de Dieu est continuelle par ce qu'il opere par sa volonté

comme s'il se reprenoit, pour plus aduancer les expositions des vertus & actions diuines par ce propos: IE NE DIRAY PAS, O TAT, A CELVY QVI FAICT, comme tu pourrois penser par la semblance des operations humaines, esquelles il y a frequent repos d'vne partie pendant le temps de la preparation de l'autre mesmes en ce cas. CAR CELVY, QVI FAICT EST LONG TEMPS DEFFAILLANT, & souffre imperfection ou alteration par les interualles, EN CE QVE MAINTENANT IL FAICT, MAINTENANT IL NE FAICT, attendant en sa composition les moyens, qu'il est contraint aller requerir en diuerses parts,

Pendant lequel temps il passe plusieurs heures inutiles, ET EN QVALITE, ET ET QVANTITE, attendant les qualités, qui doiuent venir en ceste composition des actions, vertus, ou efficaces des parties, ou creatures du monde: ou nous auons quelquefois dict, que Dieu les y auoit encloses, comme dans vne cauerne, attendant aussi les croissances, qui se font pour paruenir à la quantité, que doit auoir ceste facture & composition. En quoy il se trouue grandes imperfections & deffaux: CAR QVELQVEFOIS IL FAICT TOVTES

L'operatiō de Dieu n'atend qualité ou qātité, cōme celle de l'hōme

CHOSES SVBIECTES A QVANTITE ET QVALITE. C'est que toute l'operation materiele, que l'homme peut faire en ce monde, estant necessairement elementaire, elle est composée.

Or est il, que en toute composition y a par necessité qualitez, lesquelles acompagnent la matiere, depuis qu'elle a commencé à receuoir formes: & d'auātage toute chose materiele est corps: à cause dequoy ell' est subiecte à quantité. Lesquelles qualitez & quantitez ne demourant iamais en vn estat, ains tousiours sont en inconstance & changement engendrent vne subiection ET imperfection en l'œuure, qui produict QVELQVEFOIS CHOSES CONTRAIRES, & discordantes: dont sortent les confusions de toutes operations faictes par l'homme, qui veut operer de son propre sens & inuention, ne se recognoissant ministre & dispensateur de ce parfaict Bien, grand operateur, mais s'estimant aucteur de son œuure. C'est

L'erreur de l'homme s'estimant aucteur & non dispensateur. Genes. 3.c

le deffaut, qui nous a amené nostre premiere ruine tant remerquée, par laquelle Dieu maudict la terre en l'operation de l'homme, qui s'estimoit vouloir estre, comme Dieu, aucteur de quelque vertu ou efficace d'agir & operer. Ie ne diray, dict Mercure, donc celuy, qui faict à la semblance des operations humaines pleines de toutes imperfections: MAIS DIEV EST PERE, ET BIEN: PAR CE QV'IL EST TOVTES CHOSES. C'est que nous auōs dict, que Bien est ce, qui peut faire, & que faire n'appartient à autre. Dont s'ensuit, que toute chose faicte est de luy bastie, & composée sans interualle, ou cesse d'œuure en aucune des parties, lesquelles ceste volonté diuine conduict, fortifie, & produict sans aucune confusion ou difficulté, qui puissent prendre interualles ou cessemēt en aucune partie. Car toute composition a prins son origine eternelement en la diuine intelligence, & exemplaire eternel.

Toute composition ou creatiō prend son origine en l'exemplaire de Dieu.

Qui est cause, que Mercure conclud, que les operations & creations, ou factures diuines ne sont comme celles, que nous voyons faire çà bas. Mais Dieu est Pere & Bien, par ce, qu'il est toutes choses. C'est que toutes operatiōs diuines estans produictes de ses essences, lesquelles il n'abandonne iamais, il est pere, facteur de toutes œuures, & bien & vertu, ou efficace

d'iceld'icelles: par ce qu'elles n'eſtant faictes que de luy ſont tellement en luy, qu'il eſt dict eſtre toutes choſes, ſoit en matiere premierement yſſues de luy, ou en forme donnée, par ce bien ſouuerain aux creatures, ou bien par la compoſition des deux executée par ſa volonté ſainct Eſprit, eſtant toutes choſes, & en toutes choſes.

SECTION 4.

A Ceſte cauſe ces choſes apparoiſtront ainſi à celuy, qui peut voir: de tant qu'il veut, que cela ſoit: & ſi eſt cela meſmes, & principalement à ſoy meſmes. Car toutes autres choſes ſont pour ceſtuy-cy. Le propre du bien, ô Tat, eſt, que le bien ſoit cogneu. O mon pere, tu nous as rempli d'vne bonne & treſ-belle viſion: & peu s'en faut, que l'œil de ma penſée ne ſoit faict plus ſainct par vn tel ſpectacle. Ce n'eſt pas, comme le rayon du Soleil eſtāt de feu, par ſa lumiere eſmeut & faict cliner les yeux: ainſi la contemplation du Bien. Mais au contraire elle illumine autant, que chacun peut en ſoy permettre l'influance de l'intelligible lueur. De tant qu'elle eſt plus aiguë à penetrer: toutesfois ſans aucune nuiſance, & ſi eſt remplie de toute immortalité.

COMMENTAIRE.

Nous venons cy deuant de dire, qu'il appartient au ſeul createur, Bien-ſouuerain de faire, creer, ou engendrer de ſes propres vertus, eſſences, & efficace, & non à la creature, qui n'a que charge, ou miniſtere de diſpenſation, & qui n'y peut fournir aucune partie du ſien, ſoit matiere, vertu, ou efficace, pour former la matiere: & ſi luy eſt neceſſaire, quand il s'en veut meſler, d'attendre l'auancement, ou retardement des qualitez, ou quantitez, qui ne ſont en ſa diſpoſition. Pendant quel temps, quelquefois il opere, puis il vacque ou deſfaut de ſon œuure: quelquefois eſt las: quelquefois confus. qui ſont choſes indignes de conuenir à celuy ſeul, qui de ſa propre vertu peut faire & creer. Lequel par ſa ſeule volonté exprimée, quand il luy plaiſt par ſa parole, faict & crée toutes choſes continuellement ſans deſfaut, interualle de temps, laſſeté, ny confuſion. Ains par ce merueilleux ordre, par lequel il nous anonce tous les iours par toutes choſes viſibles ſa grandeur, & bonté ineſtimable, ſi nous auons le pouuoir de nous dominer ſi bien, que nous tenons noſtre œil ſimple, comme Ieſus Chriſt l'a declaré, noſtre corps ſera ſi luiſant, que ſes tenebres n'empeſcheront, que noſtre œil ne voye ce, qu'il doit. Dont Mercure dict à ce propos: A CESTE CAVSE CES CHOSES APPAROISTRONT AINSI A CELVY, QVI PEVT VOIR, & qui mettra peine de garder & empeſcher, que les tenebres & concupiſcences de ſon corps aſſaillant l'ame par le moyen des ſens ne fermet la veuë à l'œil par l'ignorance. De laquelle Mercure a parlé, diſant qu'elle garde d'ouïr ce, qu'il nous faut entendre, & de voir ce, qu'il nous faut regarder.

Ces choſes donc appartenantes a ce parfaict bien apparoiſtront a celuy, qui aura ſi bien chaſſé les tenebres d'ignorance, que l'œil de ſa penſée ne puiſſe eſtre empeſché par les abus de l'œil de ſon corps & autres ſens abuſez des concupiſcences de la matiere, & produiſans en nous ceſte ignorance, cauſe de noz miſeres. Si nous chaſſons donc & repouſſons ces tenebres d'ignorance, il nous ſera loiſible de receuoir ceſte cognoiſſance de Dieu, qui eſt plus cognu par la bonne & prompte volonté & ſaincte affection, que par œil ou ſens corporel, eſtude n'y lecture: combien que a celuy, qui eſt prouueu de ceſte bonne affection, toutes choſes luy cooperent a ceſte ſaincte cognoiſſance: DE TANT QV'IL VEVT, QVE CELA SOIT. C'eſt, qu'il veut, que ceſte digne action, operation, efficace, & vertu, par laquelle il faict continuellement toutes choſes, & peuſt infiny bien ſur toutes ſes creatures, ſoit ou aye eſſence, ET SI EST CELA MESMES, comme nous auons cy deuant pluſieurs fois dict, que ceſte dignité de créer, engendrer, & faire bien a toutes choſes, cela eſt Dieu, cela eſt Pere, & Bien ſouuerain.

L'œil corporel eſloigné des abus materielz voit les diuinitez.
Matth. 6. c
Les concupiſcences nourriſſent l'ignorance laquelle eſtoupe la veuë du bien.
Chap. 7. fin

La volonté prompte principal moyen a cognoiſtre Dieu.
Rom. 8. e

Il est donc cela mesme, ET PRINCIPALEMENT A SOY MESME. C'est, qu'il est sur toutes choses dependant, appartenant, & yssu de soy mesme, comencement de soy, mesme. CAR TOVTES AVTRES CHOSES SONT faictes & produictes en lumiere POVR CESTVY-CY, comme nous auons dict des le comencement, que l'homme a esté faict pour contempler & louër Dieu: & le monde a esté faict pour le seruice, secours, & soulagement de l'homme ainsi viuant. Par ainsi toutes choses reuiennent a estre faictes pour luy, soit pour luy pur, & prins hors de la sphere materiele, ou bien pour luy habitant en l'homme pour lequel en ce respect, le monde a esté faict auec tout son ornement. C'est ce, que dict Esaye, Pour l'amour de mon nom, i'esloigneray ma fureur, & apres pour l'amour de moy, pour l'amour de moy ie le feray, affin que ie ne soye blasphemé, & ne donneray ma gloire à vn autre. Et la Sapience declare Dieu auoir operé toutes choses pour soy mesme. Toutes choses donc sont pour luy. LE PROPRE DV BIEN, O TAT, EST, QVE LE BIEN SOIT COGNV. Ceste tres-excellente sentence a esté confirmée & ratifiée par Iesus Christ faisant sa transaction auec Dieu son Pere le soir de sa passion, pour l'vnion du Chrestien auec luy, quand il disoit, Ceste cy est la vie eternele, qu'ilz te cognoissent seul vray Dieu, & Iesus Christ, que tu as enuoyé, constituant le salut & conionction de l'homme à Dieu, en ce que l'homme le cognoisse tel, qu'il est, comme sainct Iean l'a tesmoigné, Nous sçauons, que quand il nous aura apparu, nous luy serons semblables, par ce, que nous le verrons comme il est. Et ceste similitude consistant en subiect glorifié, reccura son vnion de deux intelligibles par cognoissance, qui est copule de mesme condition. C'est la fin ou l'homme pretend, que de paruenir en Dieu par cognoissance. Lequel Mercure nous a cy deuant declaré, ne pouuoir estre cogneu, que de soy mesme: qui est cause, que c'est son propre & qui plus luy conuient d'estre cognu: & par ce qu'il ne le peut estre d'aucune creature, que de l'homme, a cause que aucune creature ne la en soy que l'homme, & qu'il n'en ya aucune, qui soit faicte pour le cognoistre, que l'homme en qui il s'est mis pour estre cogneu de luy. Or est il, qu'il n'est raisonnable ny possible, que l'home viuant en ce corps mortel, & tenebreux, obscurcissant les vertus intelligibles dónées a l'ame par le S. Esprit image de Dieu, puisse auoir durāt ce téps ceste claire intelligéce & cognoissance de Dieu: mais bien en peut il recepuoir des rayós, ou principes, & comencement, qui le peuuét beaucoup illuminer. Et le moyé en est clair, qui est frequéte contéplatió l'obseruation, de ses comendementz, conseils, & sainctes admonitions, cóme dict S. Iean, Nous sçauós en cela, ǫ nous cognoissons Dieu, si nous gardons ses comendements. Car qui se dict cognoistre Dieu, & ne garde ses comandemants, celuy la est menteur. C'est, que ce sont deux termes conuertibles, comme disent les Dialecticiés cognoistre Dieu, & garder ses comandemēts. De tant ǫ celuy, qui le cognoist, garde ses comandementz, & celuy, qui garde ses commandements le cognoist. Voyla pourquoy sainct Pol s'estonnoit de ce, que les Galates ayant cognu Dieu, retornoient de rechef a la veneration & seruice des elements, ou choses materielles, non seulemét ayans cóneu Dieu, mais estans cogneuz de luy. C'estoit leur detestant, leur instabilité, par laquelle ilz monstroiét n'auoir si bien gousté ceste cognoissance de Dieu, cóme ilz debuoiét, & conme considerāts, que l'home n'ētant faict pour autre chose, que pour cognoistre Dieu, & manifester sa grādeur, gloire, & excellance, cóme chose trespropre & cóuenante a ce seul subiect, duquel toutes creatures reçoiuent tant de bien, & duquel la cognoissance illumine, & sanctifie l'home, selon la capacité de son vaisseau & promptitude de volonté, comme dict S. Pol, Si la volonté est prōte, elle est acceptée selon ce, qu'elle a, & non selon ce, qu'elle n'a pas. Lors, Tat filz de Mercure comme ardant & desia illuminé de l'esprit de Dieu, sentant en soy les rayons de ceste saincte amour, & bonne volonté procedant du sainct Esprit, qu'il auoit receu de Dieu, dict a son pere, O MON PERE, TV NOVS AS REMPLY D'VNE BONNE ET TRESBELLE VISION. C'estoit qu'il sentoit ses concupiscēces amorties, & l'Esprit de Dieu eslargy, & remis en liberté en luy: & sétoit ses forces l'esleuer en la cognoissēce de Dieu, qui fut cause qu'il dict ET PEV S'EN FAVT, QVE LOEIL DE MA PENSEE NE SOIT FAIT PLVS SAINCT, ou sanctifié, PAR VN TEL SPECTACLE. C'est, que sentāt sa péséé esleuée & ses vertus & actiōs spiritueles en vigueur, il se trouuoit plus esloigné de la veneratió de la matiere, qu'il n'auoit cy deuāt esté: dont il disoit, ǫ peu s'en faut, que c'est œil de ma pēsée, par lequel ie contemple & aperçoy les choses diuines, ne soit sanctifié par l'esmotion ou changement, que ie trouue en moy, par le spectacle de ceste intelligence, qui m'est venue, & cognoissance, que Dieu soit toutes choses, & en toutes choses, & toutes pour luy & a luy.

Car

Car que me reste il plus en la matiere, digne d'estre veneré? Si i'ay reçeu la vertu de cognoistre en chasque subiect materiel, la partie diuine, que i'y dois venerer seulemēt, ou est-ce que ie puis faillir ou estre abusé: puis que cognoissant au subiect la partie digne seule de veneration, ie puis reietter & despriser tout le reste? Ie m'en trouue si resolu, dict Tat, que ie m'en resens tout sanctifié, & si apperçoy en moy que l'action de ce bon sainct Esprit operant en moy, penetre les yeux de ma pēsée sans aucune oppression ou nuisance. CE N'EST PAS COMME LE RAYON DV SOLEIL, lequel ESTANT actif, & penetrant comme de nature DE FEV, à cause que PAR SA LVMIERE, & d'auātage estant materiel, il a ses actions sensibles, voire quelquefois nuisantes: & ESMEVT, ET FAICT CLINER LES YEVX, ou les offencer de telle maniere, que la veuë s'en perd, ou est beaucoup empirée. De tant qu'estant materiel, il ne peut faire son action en vn subiect materiel, que luy imprimant vn bien; il ne luy imprime quant & quant par l'imperfection cōmune ez choses materieles, vn, ou plusieurs maux, & diuerses incommoditez. Le rayon du sainct Esprit purement intelligible inspirant la bonne volōté faict qu'il n'est pas AINSI DE LA CONTEMPLATION DV BIEN. Car l'excellence de ses vertus a telle proprieté, qu'elles donnent au subiect tout bien sans aucune oppression de mal. MAIS donc tout AV CONTRAIRE: car ELLE ILLVMINE AVTANT QVE CHASCVN PEVT EN SOY PERMETRE L'INFLVANCE DE L'INTELLIGIBLE LVEVR. C'est que l'action du Sainct Esprit Dieu createur, estant plus viue & penetrāte, que l'action de toute creature, soit Soleil, Ange, Esprit, ou autre qu'elle qui soit, & d'auantage n'ayant en soy aucune imperfection de matiere, de laquelle vient tout empeschement, mal, desplaisir, & rudesse entre plus facilement dans le subiect disposé, & sans aucune rigueur, desplaisir, ou offence: & le remplist tout selon sa capacité, & qu'il se trouue vuide des empeschementz des sens corporelz: & peut receuoir de ceste lumiere ou lueur intelligible, qui est cognoissance de Dieu. Duquel nous auōs dict son propre & principal adiacent, & qui plus luy conuient, c'est d'estre cognu, & sa cognoissance est l'vsage ou vsufruit de tout bien. Ceste diuine inspiratiō donc est donnée a chascun, qui s'y trouue disposé selon la capacité de son vaisseau, & que chascun peut permetre en soy de ceste influance d'intelligence, cognoissance, & diuine lumiere. DE TANT QV'ELLE EST PLVS AIGVE A PENETRER, comme il est dict de la parole de Dieu, qui est viue & efficace, voire plus penetrante, que tout couteau tranchāt ou pointu de toutes parts, TOVTEFOIS SANS AVCVNE NVISANCE. C'est la merueilleuse differance de l'action reseruée au pur Dieu, ou de l'action mesmes de Dieu, passée par la matiere. Car celle de Dieu venant immediatement de luy portant son bien au subiect, ne luy porte aucune rudesse en la collation du bien, comme l'action de Dieu mesme conferée par le moyen de la creature, qui estant materiele ne faut iamais demesler en la collation d'vn biē de sa part, vn ou plusieurs maux. C'est cōme l'eau pure & nette venant & passant par les rochiers, qui n'ont aucune meslange de mineral, sort sans aucun vice, & produit sa source bonne: mais si elle passe par le nitre, souphre, ou autre mineral meslé dans le rochier, ou elle passe, elle sera rendue impure, puante, tachée, & maculée de l'imperfection du lieu ou elle aura passé. C'est la cause, que les actions diuines commises es creatures, & passantz par leur ministere, combien qu'elles portent & conferent de leur nature bien faict aux subiectz, ce n'est toutesfois sans leur porter quant & quant vne ou plusieurs incommoditez. C'est la nature de la matiere de vicier tout le bien qu'elle manie. ET d'auantage ceste action administrée par la matiere, n'est SI VIVE & AIGVE COMme celle, qui est influée du Sainct Esprit immediatement: laquelle EST REMPLIE DE TOVTE IMMORTALITE. De tant qu'il n'y adiouste aucune imperfection, desquelles viēt la mort, mais son action est viue & pleine d'immortalité, laquelle elle prouocque au subiet, qui se rend disposé a la recepuoir & vie etenele. Ce n'est donc du costé de l'action diuine que vient la peine & trauail au subiect, & toutesfois ce subiect n'est sans trauail & infinies peines, comme il est escript, que ceux qui veullent viure religieusement en Christ souffrirōt persecution. Et en diuers lieux de l'escripture, ce n'est de la part de l'action, que vient la persecution, mais elle vient de la part de la disposition du subiect : a cause que toutes les imperfections, desquelles ce monde materiel est semé, resistēt continuellement a celuy qui prend la voye de perfection tant contraire a leur nature.

Cōmēt Dieu est veneré en chasque creature corporale

Differāce des bien faictz de Dieu ſi moy en ou par moy de la matiere ou creature

Cognoissance de Dieu est propre a Dieu & a l'hōme. Hebr. 4.a

Le bien faict de Dieu a l'vne creature s'empire pas ſans par l'autre.

L'action de Dieu administrée par la creature en est plus foible ou moins aigue.

L'homme tēcenans le bien de Dieu est vexe par la matiere. 2. Timoth. 3.a

Z 2

SECTION 5.

Ceux qui peuuent plus puiser de contemplation, sont le plus souuent assopis du corps, à cause de ceste tres-belle vision, de laquelle noz ancestres Cœlus & Saturnus ont jouy. O mon pere, Dieu veuille, que nous en jouyssions. A la mienne volonté, ô mon filz: mais maintenant nous nous rendons plus lasches à la vision, & par ainsi nous ne pouuons ouurir les yeux de nostre pensée à contempler la beauté de ce bien, qui est incorruptible & incomprehensible. Tu la verras lors, quand tu n'auras aucune chose à dire d'elle. Car sa cognoissance & speculation est silence, & abolition de tous sens.

COMMENTAIRE.

EStant donc certain, que l'intelligence ou cognoissance de ceste intelligible lueur ou lumiere diuine, qui est le fruict, que nous y recherchons, appartient à la seule pensée, entendement de l'homme, ou image de Dieu sainct Esprit mis en luy, lequel, comme nous auons frequentmēt dict, seul est capable de cognoistre Dieu: qui ne peut estre cognu, que de soymesme. Nous receurons à ce propos la doctrine de Mercure, que CEVX QVI (par le moyen de leur disposition) PEVVENT PLVS PVISER, que le commun, de ce diuin fruict DE CONTEMPLATION, SONT LE PLVS SOVVENT ASSOPIS DV CORPS: A CAVSE DE CESTE TRES-BELLE VISION. Il nous faut resouuenir, que nous auons cy deuant

<small>Assopir les sens est vray moyen de contemplation.</small>

tousiours prins contemplation, non pour simple cogitation, ou songe, que faict la pensée de l'homme és choses diuines: laquelle combien qu'elle soit bonne œuure, ce n'est pourtant celle, de laquelle nous parlons le plus souuent auec nostre Mercure: mais nous prenons contemplation pour toute œuure de l'entendement ou pensée, qui s'addresse à Dieu en recognoissance du deuoir, que nous luy auons, comme sont loüanges, actions de graces, prieres, penitences, bonne volonté d'amandement, amour, & foy, & infinies autres, que le S. Esprit

<small>Contemplatiō acquiert faueur auec Dieu.</small>

en suggere à l'homme, qui se veut disposer à entrer en ceste contemplation. Par le moyen de laquelle Dieu donne à ceste bonne ame cognoissances & reuelations de ses gradeurs, merueilles, & secrets, telles, qui ne se peuuent exprimer, comme nous auons veu en Daniel, Ezechiel, Esdras, S. Pol, S. Iean, & infinis autres, qui s'estans retirez à Dieu à bon escient, y ont incontinent trouué graces & faueurs si excellentes, qu'on ne sçauroit exprimer. Et ceux-là, dict Mercure, qui en ceste disposition peuuent plus puiser de ceste contemplation, SONT LE PLVS SOVVENT ASSOPIS DV CORPS. C'est comme nous auōs dict au premier chapitre, que la contemplation n'a rien plus ennemy, que les sens: & depuis que l'homme a trouué & attaint cest heureux point, ou estat, le plus grand seruice, que ses sens corporelz luy peuuent faire, c'est leur absence, à cause que la presence des sens ne faict que distraire &

<small>Contrarieté des sens à la contemplatiō.</small>

destourber celuy, qui est constitué és actions & operations intellectueles d'vne telle opiniastreté & puissance, qu'il ne luy demeure le plus souuent aucun pouuoir d'y resister.

Voila pourquoy plusieurs sainctes personnes prenent peine de soy retirer de la frequēce du peuple, villes, & grādes cōpagnies, à cause de la multitude des vices, & deffauts, qui se presentent aux sens comme pluye, l'vn n'atēdant l'autre, mesmes aux palais, courts des princes, camps de guerres, & autres assemblées de la plus parfaicte partie du monde en sa nature de malice: de tant que parmy telles cōpagnies non seulemēt l'hōme n'est conuié à bien faire, mais & pis, n'estant toleré, s'il ne faict ordinairemēt mal, comme la plus part du troupeau.

<small>Aux grādes assemblées regnent les grands vices. 1. Ioan. 2.c</small>

C'est là ou S. Iean a tres-bien dict, Que tout ce qui est au mōde, est cōcupiscence d'yeux, cōcupiscēce de chair, & superbe de vie. Qui sont toutes qualitez, q̄ le corps reçoit en son ame, par le moyen des sens, lesquelz ne manient que choses corporeles, & le corps n'ayant autre action, que par le moyen de ses sens, il s'ensuit, qu'il ne recherche que les choses corporeles, esquelles nous voyōs habiter toute imperfection & malice. Parquoy il est besoin, q̄ qui voudra entrer en iouïssance des fruictz de contemplation, & vraye cognoissance, face tellement assopir son corps, & tous vsages de ses sens, qui le perturbent à son entreprinse, qu'ilz resemblent estre comme morts, quant à ce corps.

Ce a esté la cause, que nous auons veu si excellentes personnes estre paruenues par le delaissement du monde, les vns soy retirans des grandes charges du monde, les autres à la vie monastique, les autres ez deserts, delaissans tous les abus, que les sens leur procuroient, empeschans leur diuine entreprinse d'estude & côtemplation des choses diuines, qui n'ont chosé plus côtraire, que les materieles subiectes aux sens. Ce n'est pas, que nous voullions pourtant dire, que chacun doit laisser son estat pour soy retirer au desert: car il est escript, Que vn chascun demeure en la vocation, en laquelle il est appellé. Il s'ensuiuroit incontinent la ruine du public. Mais nous entédons, q̃ en tous estats, esquelz Dieu appelle les personnes, qui sont les seuls, par lesquelz le peuple de Dieu reçoit profit, soulagement, & instruction, il y a moyen de soy retirer des abus des sens, soy seruant tresprudentment des vsages, lesquelz n'offencent, ains contentent & satisfont merueilleusement à la volonté de Dieu. Vray est, que parmy ceux-là il s'en trouue quelqu'vn, qui se trouue si indisposé a pouuoir ramener ses affections & passions au vray vsage des sens, & repousser tous les abus & leurs occasions, qu'il ayme mieux soy desmettre de son estat & charge, pour soy retirer hors des occasions, qui tant le pressoient & conuioient au mal. Autres y resistent, faisant tel deuoir en leur charge, que l'humanité le peut porter. D'autres y demeurent en leur fange & ordure: qui est le plus frequent, à nostre tresgrand dommage.

Parquoy considerant qu'il est necessaire, qu'il y aye gens de tous estats, lesquelz nous voudrions aussi peu ruiner, ou destruire, que S. Pol l'estat de mariage, & generation des hõmes: qui sera cause, que nous donnerons mesme aduis à l'homme, qui cherche Dieu que S. Pol a donné du mariage, c'est, que tout ainsi, que combien que le mariage soit necessaire à la durée, & entretenemét du monde, comme chacun l'apperçoit, ce neantmoins S. Pol conseille à celuy, qui n'est marié, ne soy marier, ne trouuant mauuais le mariage pour tant, mais il leur predict tribulation de chair. Et à la femme, qu'elle sera plus heureuse sans soy marier selon son conseil, estimant qu'il a l'Esprit de Dieu. De mesme maniere nous dirons, que combien que la frequentation & cohabitation des hommes soit si requise à leur conseruation & durée, que sans celle là les hommes ne dureroient: ce neantmoints nous conseillerons à celuy, qui voudra veritablement rechercher & cognoistre Dieu, euiter à son possible tous amusementz des sens corporelz, soit a frequenter les hommes, faisantz estatz pour necessaires, qu'ilz soient à la republique, ou autres offices de soy autrement honestes & necessaires.

Car combien que nous ne les defendons, nomplus que Sainct Pol le mariage, si est-ce, que nous declarons, que ceux qui hanteront les multitudes, pour petites qu'elles soient, y trouueront empeschementz en leurs sens corporelz suffisantz pour donner beaucoup de tribulation à leurs pensées, & empeschementz, qui les despartiront tres-frequentment de leurs bonnes voyes de contemplation, & toutes actions inlelligibles, & diuines. Sainct Pol, & nous ne proposons cecy, ny pour faire cesser le monde à faute de generation, comme il feroit, ny nostre estat, à faute d'entretenement, comme semblablement il fineroit: mais nous auons voulu monstrer, en quelle partie gist l'excellence de l'election, ne prohibant l'exercice de l'autre part, comme necessaire à l'estat du genre humain. Et pour aduertir les hommes qui feront election du mariage, ou charges mondaines, du soin, qu'ilz doiuent auoir du danger, qui les enuironne, & que par cest aduertissement, ilz auisent de plus pres à leur deuoir, qui est à tous les deux de soy donner garde, que leurs sens trompez par frequent abus de matiere, ne trompent par leur rapport l'ame, la menant en leur concupiscence. Laquelle estant du tout incompatible, auec la contemplation, ne faudra iamais d'amener l'homme, qu'elle aura maistrisé, en tout obly & mespris de Dieu, & toutes vertus.

Il s'en faut donc retirer, qui voudra iouyr du fruict de contemplation, & assopir ce corps, & ses concupiscences, vsant de tous offices corporelz, comme n'en vsant (suiuant le dire de Sainct Pol) sans aucune affection. Laquelle soit du tout reiettée en Dieu, comme dict le Psalmiste, sçachant que tous ces abus des choses corporeles sont incompatibles auec l'amour & cognoissance de Dieu. Ce qui est bien aisé, comme dict Mercure, à celuy, qui puise de ceste contemplation. A cause de la tres-belle vision, de laquelle il iouyst tant que l'absence de ses sens, & assopissement de son corps luy en peut permettre, comme nous venons de dire en la prochaine section, tant que chascun peut en soy permettre l'influance de l'intelligible lueur.

Voulant dire, que ceste permission ne tient, qu'a reiecter le destourbier des choses corporelles : & tant plus l'homme se trouue vuide des affections, & concupiscences corporeles, il se trouue plus capable de recepuoir ceste intelligible lueur, ou tres belle vision, Qui illumine comme dict sainct Iean, tout homme venant en ce monde. DE LAQVELLE vision, dict Mercure, NOZ ANCESTRES COELVS ET SATVRNE ONT IOVY. Pour entendre ces ancestres de nostre Mercure, nous noterons, qu'il a esté faict mention ez anciennes fables, qui tenoient lieu d'histoires de quatre Mercures : desquelz le premier estoit estimé filz d'vn nommé Iupiter, & d'vne Maia : le second fust filz de Cœlus : le tiers de Libere & Proserpine : le quatrielme de Iupiter & Cylenez.

Ces fables ne defailloient point, comme il est confirmé par plusieurs histoires notables quant aux personnes, qu'elles n'ayent esté, mais elles failloient souuent en ce, qu'elles leur atribuoient plusieurs actions, & effectz, qui n'estoient vraiz, ains certaines illusions conduictes par Satan pour empescher au peuple la vraie cognoissance de Dieu, leur insinuant a recepuoir pour vray Dieu, Bien souuerain, aucteur de toutes choses, astres, hommes, animaux, ou autres creatures, esquelles Satan faisoit diuerses illusions. Par lesquelles l'vn estoit conuerty en animal brut, l'autre en autre creature, & plusieurs autres illusions, pour attirer a soy la concupiscence des mal aduisez, & les tirer en idolatrie, estimantz quelque fois vn homme qui auroit esté grand Enchanteur, ou Magicien meriter le lieu d'estre veneré, comme Dieu, autant que s'il auoit esté instruit de Dieu mesmes, ayant faict actes, & excellances plus veritables, & de plus grand profit & edification, leur donnant aussi bien nom de Dieu a l'vn qu'a l'autre, comme nous le voyons clairement, par ce qu'il fust faict en Lycaonie a sainct Pol, & Barnabé : lesquels ayant guery le boiteux de naissance, furent estimez Dieux, & vouloient leur sacrifier des toreaux, & presenter couronnes, comme ilz auoient tousiours faict a Iupiter, homme le plus mal conditionné, qui fust en memoire.

C'est que le peuple n'estoit instruict de la differance des choses diuines, intelligibles, & veritables, aux choses materielles, corporelles, & pleines de menterie, & tres dangereux abus, les prenant toutes venir de mesme auhteur, prouueu qu'elles excedassent leur cognoissance. Qui est cause que nous ne trouuerons estrange, si les anciens ont faict plusieurs Mercures dieux, qui a l'aduenture n'ont eu touts mesme part en luy, que le nostre : lequel nous voyons par sa declaration mesme, qu'il se dict filz de Cœlus, comme les anciens en ont tenu l'vn, lequel Cœlus auoit quelque ancestre, nommé Saturne : qui selon le dire de Mercure, auoient esté instruits de mesme doctrine que luy, n'ayants a l'aduenture laissé aucun escript qui en peut tesmoigner, ains la seule souuenance de ceux de leur race, a cause que, comme plusieurs l'ont dict, il n'y auoit encore inuention d'escripture. Et d'auantage il est manifeste, que Dieu donnoit des ce temps, & long temps au parauant, sa cognoissance aux nations, comme au roy de Gerare, quand il print la femme d'Abraham, & apres celle d'Isaac : & a la race d'Esau, comme a Iob, qui en estoit. Et n'est ceste cause seule, mais comme le plus souuent il aduient, que les enfantz sçauent par tradition de l'vn a l'autre, les meurs & doctrine de leurs ancestres, chose qui continua encore au temps de Moïse, & depuis ce, dont est nommée la Caballe : qui estoit certaine cognoissance de Dieu receuë de race en race, par viue voix, prohibée d'estre mise en escript, comme dict le Psalmiste, combien de choses a il commandé a noz peres declarer a ses enfans, affin que l'autre generation l'entende?

Et par ce moyen Mercure ayant sceu la bonne doctrine, & cognoissance, ou vision, qu'auoient eu ses ancestres Cœlus & Saturne, il declare, qu'ilz en ont iouy a plain. Comme dict sainct Pol, Quand ce qui est en perfection sera venu, ce qui est en partye s'esuanouyra. Voulants dire tant Mercure que sainct Pol qu'estant en ceste vie les plus auancez ne peuuent cognoistre Dieu, que en partie, & iouir en partie de ceste vision : mais quand c'est estat de voir en partie, qui est ceste vie mortelle sera esuanouïe

& n'y

& n'y aura plus de matiere, qui empesche l'ame d'vser pleinement & perfaictement de sa pensée, c'est lors, que la perfection sera venue : par laquelle nous aurons pleine, & parfaicte vision de cest exemplaire diuin, contenant toutes choses. Ce que Mercure dict estre aduenu à ses ancestres : & qu'ilz ont iouy de ceste tres belle vision. O MON PERE, dict Tat, DIEV VEVILLE, QVE NOVS EN IOVISSIONS. A LA MIENNE VOLONTE, O MON FILS, & que nous mettions peine à nous preparer, & disposer en sorte, que l'image de Dieu S. Esprit, qui est en nous, ne soit refusé, quand il nous presentera la cognoissance de ceste belle doctrine. MAIS MAINTENANT NOVS NOVS RENDONS PLVS LASCHES A LA VISION. C'est que nous n'y sommes gueres volontaires ou affectionnés, ains nous y sommes, comme dict S. Iean, tiedes & non froids, ou chauds. Car si nous estions froids, nostre faute seroit si descouuerte, que nous n'aurions excuse : & si nous estiõs chauds à l'œuure, nous paruiendrions facilement auec celuy, qui nous fortifie : mais estans tiedes, nous perdons cognoissance de nostre deffaut, & n'auons enuie de nous amender, & entrer en ceste diuine cognoissance. ET PAR AINSI NOVS NE POVVONS OVVRIR LES YEVX DE NOSTRE PENSEE A CONTEMPLER LA BEAVTE DE CE BIEN, qui ne peut estre contemplé, que de la pensée, & non auec lascheté ou negligence, mais auec vne viue action, & soigneuse diligence, de tant que c'est vn subiect, QVI EST HORS CESTE VIE CORPORELE, & empeschée de matiere & mauuaises affections, INCORRVPTIBLE ET INCOMPREHENSIBLE. Qui est cause que nostre corruption, comme dict sainct Pol, ne peut posseder l'incorruption : & nostre iugement offusqué des choses materieles, & leurs abus, ne peut comprendre ce, qui n'est compris, que de la pensée de Dieu, mise en l'homme par son sainct Esprit. Lequel estant estaint en l'homme, il n'esclaire plus son intelligence & cognoissance, pour entrer en ceste belle vision.

A ceste cause Sainct Pol a dit, Ne vueillez estaindre l'esprit, ny mespriser les Propheties : car, dict Sainct Iean, ce sont celles, qui portent tesmoignage de moy. C'estoit sur le reproche, que Iesus Christ faisoit aux Iuifz, qu'ilz ne vouloient cognoistre son pere, ny luy, de tant qu'ilz prenoient la gloire l'vn de l'autre, ne recherchant celle, qui appartient au seul Dieu. C'estoit bien estaindre le S. Esprit qui leur estoit donné, & soy priuer de ceste belle vision incorruptible, & incomprehensible à ceux, qui s'amusent aux abus, & concupiscences des sens. Qui est cause, que Mercure dict a son filz, TV LA VERRAS par les yeux de ta pensée, LORS QVAND TV N'AVRAS AVCVNE CHOSE A DIRE D'ELLE : & que tes ses sens, qui sont vrais ennemis de la contemplation, par laquelle telle vision se recouure, seront si esloignez & renfermez, qu'ils n'y puissent aucunement aprocher : de maniere que tu n'ayes, en ta deliberation, n'y pouuoir, d'en parler, escrire, disputer, ou debatre aucune chose : mais lors que tu seras retourné tellement en ta pensée, que aucune operation exterieure ne t'y puisse empescher sa cognoissance, laquelle tu dois recouurer, non auec les sens, comme des choses corporeles, mais auec les vertus intelligibles : desquelles l'operation requiert la separation de l'ame d'auecque le corps, & ioincte à l'Esprit de Dieu, & en total repos, & esloignement des sens. CAR (dict Mercure) SA COGNOISSANCE ET SPECVLATION EST SILENCE ET ABOLITION DE TOVS SENS, pour deux causes, l'vne c'est, qui y est bien entré a bon essiant ne recherche plus aucun plaisir ou amusemẽt de ses sens, ains est comme Sainct Pol, en continuel desir d'estre dissoult en ses vnités, & estre auec Christ pour auoir ceste vision, non en partie, mais en perfection. L'autre, c'est que s'il n'y a du tout abolition des sens en l'ame, il ne luy est possible d'entretenir sa pensée en sa saincte contemplation, par ce que les sens ne pouuant faire leur excercice, que sur matiere, qui est si trespleine d'imperfection, laquelle les sens faisans leur office raportantz à l'ame, & diuine pensée qui pour lors est occupée a la saincte cognoissance & speculatiõ, entremeslẽt la consideration des imperfections de matiere, auec la speculation des perfections de Dieu. Dont s'ensuit que ceste meslange du mal auec le bien, rend le composé mauuais, comme nous l'auons cy deuant dict, auec nostre Mercure. Parquoy il ne faut, que nous nous attendions de conduire ensemble la contemplation & vraye speculation des choses diuines, auec les operations exterieures, & exercice des sens corporelz. Car estant naturelemẽt ennemis, ilz sont incompatibles entre eux.

Les ancestres de Mercure ont eu vision de Dieu.

Apoc. 3.c

Tepidité nuist à comprendre Dieu.
Perfection de Beauté se voit de seule Pensée.

1. Cor. 15. f

Le corps empesche l'ame de perfection

1. Thess. 5. c
Ioan. 5. f
L'homme mesprisans Dieu estaint le sainct Esprit en luy.

Dieu n'est cognu de celuy qui s'amuse ailleurs.

Les sens nuisent à contempler Dieu. Philip. 1. d

Nostre mal rẽd le bien de Dieu mauuais en nous. Chap. 6. Sect. 3

SECTION 8.

DE tant que celuy, qui l'a entendu, ne peut aperceuoir autre chose: ny celuy, qui l'a speculé, autre chose speculer, ny d'autre chose ouyr parler ; voire ny mouuoir tout le corps. De tant que rauissant tous sentiments, & mouuements corporels, il demeure immobile: à cause, qu'illuminant toute sa pensee, & toute l'ame, il les illumine, & retire du corps, & le transmue tout en essence. Car il est impossible, ô mon fils, l'ame estre deifiée dans le corps de l'homme : laquelle aye veu la beauté du Bien receuant la diuine essence.

COMMENTAIRE.

NOus auons cy deuant dict, que les essences de Dieu ne peuuent receuoir meslange auec les concupiscences corporeles, & abus des sens. DE TANT, dict Mercure, QVI CELVY, QVI L'A ENTENDV, NE PEVT APERCEVOIR AVTRE CHOSE. C'est, que l'entendement & pensée de l'homme, qui estant distraicte & separée des choses sensibles, qui luy sont si ennemies : en cest estat reçoit les cognoissances de Dieu, ce qu'elle ne peut faire, si elle reçoit autres pensées, lesquelles ne peuuent estre que sensibles ou materieles: de tant que nous auons frequentement declaré, qu'il n'y a que Dieu & matiere en tout ce, qui est. Celuy donc qui pensera en autre chose, que en Dieu, il est necessaire, qu'il pense en matiere & ses dependances. Or est il, que la matiere estant du tout contraire à Dieu, à cause de son imperfection, ne peut entrer en la pensée, qui communique auec Dieu pour ce temps là. Nous pouuons donc entendre par là, que celuy qui pense, apperçoit, & entend à Dieu: ne peut penser, apperçeuoir, ny entendre à autre chose: NY CELVY, QVI LA SPECVLE, ne peut AVTRE CHOSE SPECVLER, NY D'AVTRE CHOSE OVYR PARLER.

Qui contemple Dieu ne peut penser autre chose.

Cecy peut estre interpreté en deux manieres : l'vne, côme nous auons dict, par l'incompatibilité des deux actions, si contraires, que penser en Dieu & au monde, seruir à Dieu & au monde, aimer Dieu & le monde : comme Iesus Christ l'a declaré, que aucun ne peut seruir aux deux. Car il aimera l'vn, & hayra l'autre : & par ainsi il ne tient plus les deux, à cause de leur incompatibilité. L'autre maniere, par laquelle nous pouuons interpreter ce propos, c'est, que l'Esprit de Dieu donné à l'homme, auquel seul apartiét la cognoissance de Dieu, ayant prins lieu en la contemplation des essences, vertus, & bontés de Dieu, il s'y trouue si content, & par consequent l'ame ioincte à luy, par l'abandon & delaissemét de la matiere, & reiettement, que sa volonté a faict des sens, auec leurs abus, qu'elle ne veut plus entendre, aperçeuoir, speculer, ny d'autre chose ouïr parler, que de sa seule contemplation, iouyssant du commencement de ce futur bien inestimable, de maniere qu'elle ne veut, ny peut employer aucun sens corporel, VOIRE NY MOVVOIR TOVT LE CORPS: lequel ne peut receuoir motion ou agitatiō, que par la suscitation des sens, & vertus corporeles. Lesquelles pour ce temps sont endormies, DE TANT QVE ceste pensée diuine estant bien receuë de la bonne ame, luy RAVISSANT TOVS SENTIMENTS ET MOVVEMENTS CORPORELS par le grand bien, plaisir, & contentement, qu'elle luy donne, du tout contraire aux vsages, & actions corporeles, elle l'amuse aux seules actions intelligibles, & spiritueles si attentiuement, que les corporeles vacantz, & estans assopies, IL DEMEVRE en son corps du tout IMMOBILE, & resolu de toutes ses vertus spiritales, ne demeurant en luy vigueur aucune n'y action, que des spiritueles & intelligibles: A CAVSE, dict Mercure, QVE ILLVMINANT TOVTE SA PENSEE ET TOVTE L'AME des vertus & efficaces diuines, que reprennent leurs forces en la continuation, que faict ceste bonne ame, des actions intelligibles, & diuines, IL LES ILLVMINE.

Math. 6.1

Les affaires mondaines incompatibles auec Dieu.

Vraye contemplation amortist le corps.

Contemplation retire l'ame du corps.

C'est

C'est la maniere de parler des anciens Prophetes, faisant ie seray, visitant ie visiteray, & diuers autres: lesquelz ont suiuy l'ancien lāguage de Mercure disant à ce propos, illuminant il les illumine, ou bien illumināt toute sa pensée il illumine toute l'ame. A cause qu'elles sont conioinctes au vray contemplateur, à sçauoir l'ame & la pensée. ET LES RETIRE DV CORPS, par l'assopissement, qu'il a faict d'iceluy, & tous ses sens: de maniere, qu'il ne luy demeure pour le temps, aucune action sensitiue: ET LE TRANSMVE TOVT EN ESSENCE. C'est, que tout homme estant composé de matiere & forme, si de ce cōposé la matiere est retirée, soit par mort, ou assopissement des sens, & actions corporeles, ce qui luy reste, est l'ame, prouueuë de l'Esprit de Dieu, qui est sa vraye forme, consistant en essences diuines, esloignées de toute matiere.

Ce propos est celuy, duquel est souuent parlé par les gens contemplatifs: lesquelz nomment cest estat, que dict Mercure par ce mot Extase. Laquelle ilz prenent pour vne resolution de toutes forces, & actions corporeles, qui pour ce temps vacquent, & sont oisiues en la personne. Ce que l'escriture a nommé exces de pensée, qui est lors, que les forces intelligibles ou de la pensée excedent tant en l'homme, qu'elles surmontent & suffoquent les forces corporeles. Comme quand Esdras disoit, parlant des visions, qu'il auoit, estant en ceste extase ou exces de pensée, Et ie me suis esueillé de l'exces de ma pensée en grand bruit & crainéte: & ay dict à mon esprit, Tu m'as presté cecy en ce, que tu recherches les voyes du tres-haut. C'estoit par ce, que lors son seul esprit, & partie intelligible trauailloit le corps, estant comme assopi, ou du tout endormi, combien que ce fust sans aucun sommeil: & en autre part, Voicy les iours viennent, quand le tres-haut commencera a deliurer ceux, qui sont sur terre & viendra en l'excez de la pensée sur ceux, qui habitent la terre. Et le Psalmiste, l'ay dict en l'excez de ma pensée. Et Sainct Pierre estoit en excez de sa pensée, quand Dieu luy monstra le linseul plein de toutes viandes permises, & deffendues, comme il le racompta apres exposant la vision.

Cest excez de pensée, Mercure le nomme estre tout transmué en essence, qui est autant, que n'auoir plus, ou pour le moins ne s'ayder aucunement des sens corporelz ou matiere quelconque, comme il racomptoit s'estre trouué au commancement de c'est œuure, voyāt ses premieres visions, & receuāt les propos & doctrine de Dieu. C'estoit lors que son corps & ses sens estoient priuez d'estre present au bien & honneur, que receuoit l'ame, d'entrer en ce sainct vsage des essences, & vertus diuines, que son Sainct Esprit de Dieu la trouuant disposée, & volontaire ou affectionnée, luy apportoit pour luy donner l'entrée d'estre quelquefois deifiée, qui ne peut estre sans auoir auparauant despouillé la chair, corps & matiere. Toutefois l'ame soy separant de la matiere, comme il luy est bien faisable, selon son pouuoir en ceste vie, auec l'aide, qui luy est ordinairement presentée, peut receuoir ceste entrée de glorification, ou d'estre deifiée, cōmençant à iouir des intelligēces, & hautes visions, qui n'appartiennent à creatures couuertes de corps ou matiere. CAR IL EST IMPOSSIBLE, O MON FILS, L'AME ESTRE DEIFIEE DANS LE CORPS DE L'HOMME, non seulement ord, sale & indigne de participer ou assister a la reception de cest honneur & felicité, mais qui pis est, tant empeschant & saillissant les actions & vertus intelligibles en l'ame, qu'elle estant dans le corps vsant de ces operations, est par luy du tout empeschée a receuoir ce bien & felicité, qui est l'vnion & conionction impetrée par Iesus Christ le soir de sa passion de Dieu son pere: par laquelle il obtinst, que nous serions vne mesme chose auec luy & son pere.

Parquoy Mercure dict, qu'il est impossible l'ame estre deifiée dans le corps, LAQVELLE AYE VEV LA BEAVTE DV BIEN RECEVANT LA DIVINE ESSENCE, ensemble auec l'empeschement que la vie du corps luy amene: qui est l'exercice de ses sens & mēbres: lequel ne peut estre sans que l'ame en participe. Et par ce qu'elle ne peut participer des deux ensemble, comme nous l'auons dict, & Iesus Christ l'a declaré, dirons auec Mercure, qu'elle ne peut receuoir la diuine essence, ou estre deifiée, & auoir veu la beauté du Bien tant qu'elle sentira tant soit peu sens, mouuement, action ou passion quelconque de ce corps materiel. Qui est cause qu'il faut, qu'il soit mis a part assopi, & priué pour le temps, de tous sens, mouuementz & autres vsages corporelz.

Matth.10.d
Marc.8.d
Qui est le propre de la vie au corps.

A ceste cause Iesus Christ prenant l'ame pour la vie, pour s'accommoder à la maniere de parler du teps & lieu, disoit, qu'il failloit perdre l'ame, non l'immortele, mais la vie: & qui seroit trop soigneux de la garder, la perdroit: & qui la perdroit, remettant son plus grand soin à l'eternelle essence de Dieu pour l'amour de luy, la trouueroit. Parquoy l'estime que nous deuons auoir de nostre vie corporele, ne doit pas estre, à cause qu'elle soustient le corps simplement, mais c'est à cause du fruict que faict, ou peut faire le sainct Esprit en l'homme durant ceste vie. Il y a vne autre intelligence du mot Grec θεασαμένη, lequel nous auons tourné, laquelle aye veu, & qui peut estre tourné, laquelle doit auoir veu. Comme si nous disions, Il est impossible l'ame estre deifiée dans le corps de l'hôme, laquelle doit auoir veu la beauté du Bien receuant la diuine essence par l'vnion de l'homme (croiant par foy) faicte auec Dieu. Or est il qu'elle ne peut voir la beauté du Bien en ce corps mortel, mesmes tant que le corps participera de ceste action, qui en est du tout incapable. Il s'ensuit donc, que puisqu'elle

Beauté du Bié n'est veuë du corps.

doit auoir veu la beauté du Bien soy deifiant, & que le corps en est du tout incapable, qu'il est impossible, qu'elle soit deifiée en ce corps humain. Les deux reuiennent à mesme intelligence, à sçauoir de l'vnion, mesmes que nous auons dict cy deuant, que beauté consiste es apparances de bonté: laquelle bonté ne peut apparoistre a la chose corporele. Il s'ensuit donc, que le corps ne peut voir la beauté du bien, qui est l'aparance de sa bonté: mais quand il en faut venir la, il est besoin que l'ame soit separée du corps pour ce temps, a celle fin, qu'il ne luy offusque la perception de ceste beauté. Puis que nous auons commencé a parler de l'ame, il semble raisonnable, auant venir plus outre en ce propos, declarer comment nous la

Traicté de l'ame.

deuons prendre, selon l'intention de nostre Mercure. Nous voyons manifestemét, que tous les sçauantz iusques a present sont demeurés estonnés, quand il a esté question de declarer l'origine de l'ame, & que c'est: qui sera cause, que nous pour ne tumber en aucune temerité, declarons n'entendre dire chose quelconque de l'ame, qui contreuienne a l'intention de Dieu & sa saincte Eglise vniuerselle, mais seulement suiure les propos de l'ame, declarant Mercure, selon son intention au plus prez, qui nous sera possible. Et ne faut trouuer estrange si Mercure en parle de sa maniere, attandu que de tous les sauantz Chrestiens n'en y a deux d'vne opinion, s'ilz ne l'ont prinse l'vn de l'autre. Car ilz n'en apuient rié, ou peu sur l'escripture: de tant qu'elle n'en parle en guiere d'endroictz. En quoy entre tous tant Mercure que autres noz Chrestiens, celuy qui l'interpretera plus a l'honneur, gloire, & louange de Dieu,

Cha.10. Sec. 17. & sec.19. Chap.11. Sec. 2. Differentes opinions de l'ame.

celuy là doit estre dict l'auoir mieux entendue, comme il semble estre raisonnable. Mercure dict en diuers endroictz l'ame estre diuine: dont sensuit, qu'elle est essence: a cause qu'il n'y a chose diuine, ou en Dieu, que essence: & n'y a rien en luy subiect a faction, ny creation, de tant que ce sont operations apartenantes aux creatures materieles. Toutesfois plusieurs sçauantz de l'Eglise de Iesus Christ tiennent, qu'elle est creature, & facture: combien que nous na'yons encore veu en l'escripture, lieu expres, qui soit de c'est aduis. Et neantmoins l'escripture vse du verbe creér si tresgeneralement, qu'il l'aplicque souuent en lieux impropres, &

Psal.50.c Creer est prins souuans improprement

par impropres loquutions. comme lors qu'elle dict, Crée en moy vn cœur monde: chascun sçait, que ce n'est le cœur charnel, duquel il demande la purité, mais c'est de la volonté, qui est totalement incorporelle, & vertu diuine non aucunement subiecte a creation, ne tenant rien de corps ou matiere. Parquoy nous dirons, qu'il prend en ce propos creér, pour infondre ou produire en soy vne volonté monde, comme aussi il est escript, La premiere de toutes

Ecclesi.1 a & b

choses à esté creée la sapience: & peu apres, Il l'a creée au S. Esprit. Par ou nous voyons, que creér n'est pas tousiours prins pour sa propre & particuliere signification, qui est faire, operer, bastir & composer, ou bien engendrer. A quoy toutes choses incorporeles ne sont aucunement subiectes, mesmes la sapience qui est eternele en Dieu deuant tous temps, cóme il le dict peu auparauant. Et d'auantage, qu'il l'aye creée au saint Esprit, qui n'a rien en soy de creature, cela est absurde: qui manifeste clairement, la creation s'entendre quelque fois pour production, ou applicaion, que Dieu faict des choses incorporeles, & increées, ou il

Esaye.45.a

luy plaist, & en ses creatures, mesmes aux hommes. Esaye nous en propose vn autre aussi impropre somption de ce verbe creér, par ou il dict, Ie suis seigneur, & n'en est autre, formant la lumiere & creant les tenebres, faisant paix & creant mal, Ie suis seigneur faisant toutes ces choses. Par ou nous en voyons plusieurs significations meslées, car les tenebres ne peuuent estre faictes ny creées, de tát qu'elles gisent en priuation. La lumiere disant, soit faicte, est exibée: & si n'est toutesfois faicte n'y cóposée, ains est simple vertu diuine. Les luminaires sont

bien

bien créées, mais non leur vertu. La paix & ce mal pour punition sont choses faictes par operations corporelles & effectz, de mesmes. Par ou nous voyons, que ce mot créer s'entend quelquefois de toutes choses, que Dieu produict, exhibe, & communicque, soiét choses subiectes a creation ou eternelles. Nous auons premis ceste acception de créer, pour accorder les docteurs derniers auec nostre tresancien docteur en ce, qu'il dict l'ame estre diuine, & par consequent non subiecte a creation, mais bien a infusion, exhibition ou communication, comme ceste volunté monde, ceste sapience, lumiere & tenebres desquelles n'est faict autre creation, que l'infusion, exhibition, ou communication. En ceste maniere impropre, nous pourrons dire, que l'ame est creature, qui est crée en l'infondant, & infuse la creant, qui n'est tout, que l'exhibition & communication. Et se trouuent les docteurs & gens de sçauoir empeschés, sçachants a la verité & pour commune resolution, que toute ame est immortelle & incorporelle.

Créer pour infondre, exhiber, ou communicquer.

Or est il, qu'ilz tiennent Dieu seul incorporel, mesmes sainct Augustin, & seul immortel, comme il est dict en sainct Pol: Dont s'ensuit, que l'ame est diuine, comme dependante de celluy seul, qui a ces deux vertus, & duquel elle les prend. Mais ayant le comun tenu, qu'elle est creature, ilz ne la peuuent comprendre diuine. Aussi ce n'est de la capacité de peu ou point de personnes, d'en declarer le vray estat intelligible a noz sens tant grossiers, & entendementz acoustumez plus aux choses corporelles & mortelles, qu'aux incorporelles & immortelles: esquelles nous trouuons dur & difficil a penetrer par noz intelligences. Si esse que nous estât pour resolu qu'elle est incorporelle & immortelle, & communicquée de Dieu a tout homme par sa generation, qui est lors, qu'elle est produicte, & n'a iamais esté ame au parauât ce têps. Ce degré est pour entendre, quelque maniere, & deust elle estre generalle, de la nature de c'est ame, & sa distribution, qui en est faicte a chalque homme naissant. Nous ne voulons dire, que l'ame soit partie de Dieu, de tant, que ce n'est subiect ayant aucune diuision, ou pluralité de parties, mais est vn & seul n'ayant diuision, section ou partie quelconque.

Cap. 11. de differ. ortho-doxæ fidei. 10. 3. 1. Timoth. 1 a

L'abus des sans cognoistre l'intelligence.

Ceux qui fairoient ceste obiection, manifesteroient vne grande ignorance de Dieu, l'estimant estre conduict a la maniere des choses corporeles, qui ne communicquent rien ou leur ailleurs, que par separation, qui ne peut conuenir a Dieu. Par ainsi nous n'entendons l'ame, comme partie limitée ou separée de Dieu, tenant a part sa diuinité. Car plusieurs l'entendent si grossierement, que s'ilz la recepuoient essence diuine, ilz estimeroient que nous la teinssions pour Dieu: qui les garde d'accorder ce point, n'aduisantz a laduenture, qu'il y a tant d'essences diuines communicquées a toutes creatures, qui pourtant ne sont estimées Dieu, comme toutes manieres de formes infuses en la matiere pour la composition des creatures, mesmes la vie, qui est pure essence diuine. Et neantmoins de toutes celles la lon n'en estime aucune Dieu, mais communication de Dieu, laquelle ce souuerain ouurier faict en tant de manieres, qu'elles passent noz iugementz. Parquoy ce qu'il communicque estât chose diuine, il ne s'ensuit pourtant qu'elle soit le pur Dieu. Or est il pour assuré, q̃ l'ame n'est aucunement materielle: car elle ne le pourroit estre, qu'elle ne fust corporelle: dont le contraire est resolu. A ceste cause elle demeure sans matiere, & incorporelle. Vne des choses, qui plus empesche le commun de penser l'ame humaine estre diuine, c'est qu'ilz n'ont cy deuant guere bien comprins le sainct Esprit de Dieu auoir esté mis en la composition de l'homme, & de là l'homme estre dict diuin, comme Mercure l'a tousiours nommé animal diuin. Et si n'ont peu, a peu pres, comprendre, combien Dieu se communicque a la matiere faisant ses creatures materielles: desquelles ny en a aucune, qui n'aye en soy rayon de diuinité pour sa forme entretenue soubz ceste vie, vraye essence diuine communicquée a toutes creatures, comme nous venons de le dire. Mais ont pensé la plus part, tant pour les hômes que pour les bestes & autres creatures leur forme, leur estre mise de quelque autre subiect.

Dieu ne communicque par separation de soy.

Faute de se cognoistre nuist a cognoistre Dieu.

Et combien qu'elle leur soit donnée par la creation, que Dieu en a faict, toutesfois Dieu les a ainsi faictz d'vn rien, & sans y mettre du sien. Et ce deffaut est venu d'auoir introduict creation faicte de rien: qui ne conuient bien a Dieu comme nous l'auons dict en son lieu. Et ne pouuant conceuoir que Dieu communicque du sien a toute creature pour forme, de peur de penser chalque creature estre Dieu, estimantz les communications diuines estre aussi imparfaictes, & soubz les loix des nostres, ilz tiennêt
Dieu

Dieu si separé de nous, qu'ilz ne peuuent entendre, que nous tenons aucune chose sienne propre, mais bien des dons qu'il nous a faict, les separant de luy, comme vn homme, qui ne donne rien sans separation de soy, qui faict vne robbe, vn chapeau, vne escabelle, & la donne a l'autre, la separant de soy, & qui n'a iamais esté en sa nature & composition. Pensant ainsi mesmes de Dieu, il est bien aisé a ne pouuoir croire, qu'il nous donne rien du sien propre, mais choses estranges de luy, & qui ne sont de son essence. Et n'y a guere que les sçauantz, qui ayent entendu, qu'il y aye eu communication de l'essence diuine en la composition de l'homme: par ce, qui en est frequent en l'escripture, nō soubz le mot d'essence, mais le plus souuent soubz le mot de substance, & autres, lesquelz ont esté cy deuant confonduz en mesmes significations: qui nous semblant estre mal a propos, nous a faict donner pour les esclarcir, la differance des deux dictions. De ce grand esloignemēt, qu'ilz ont pensé de nous a Dieu, est facilement venue l'opinion, que l'ame n'estoit de l'essence diuine. Et n'ont aduisé que l'esloignemant ne gist tant en la differance des subiectz en certaine leur partie, qu'il gist en la volonté & fole opinion de l'arbitre. Car sans la faute de celluy la, il ne faudroit changer l'estophe du subiect pour le rendre bien ioinct & vny auec Dieu: comme nous l'esperons estre par sa misericorde quelquefois, remetant la piece, dont elle est yssue.

Pour nous amener donc tant peu de clarté a ce propos qu'il plaira a Dieu nous en dōner la cognoissance, le voyant si difficil & troublé, desirant toutesfois auoir cognoissance chascun de soy, selon qu'il plaira a Dieu luy en permetre, pour paruenir par ce moyen a la cognoissance de Dieu, il ne sera trouué mauuais, que l'homme cognoisse ce, qu'il pourra de son ame. Et pour l'esclarcir au plus pres, que nous pourrons, nous prēdrons quelques propos tenuz entre les Docteurs de l'Eglise, & qui a l'aduanture se sont plus trauaillez sur ceste matiere de l'ame: desquelz nous proposerons des difficultez pour accorder de celles, qui seront conformez a nostre Mercure, & celles qui luy repugneront nous tacherōs a les resoudre, ou pour le moins respondre, obseruant l'hōneur, gloire & excellance de Dieu. L'on tient l'ame presider au corps, comme il est bien raisonnable: & que c'est l'ame, qui parle en l'homme quād sainct Pol dict, Ie chastie mon corps. Toutes fois il n'est racompté en l'homme, que composition de deux choses asçauoir d'ame, & corps, combien que sainct Pol compte le sainct Esprit pour tiers, duquel ilz n'y reçoiuent, que la grace, enquoy il se trouuent discordantz, comme il sembleroit, a infinis passages. Car nous auons l'esprit de Dieu, duquel noz corps sont temples, & sommes nommez, voire & sommes filz de Dieu: Et si auons les trois en nostre composition, asçauoir ceux, que dict sainct Pol, Ie me delecte en la loy de Dieu, selon l'hōme interieur: & voy vne autre loy en mes membres repugnante en ma pensée: qui est l'esprit de Dieu en luy, auquel la chair repugne. Ces deux donc, & l'ame qui parle, sont les trois. Et si Dieu ne l'y auoit mis, il n'eust dict, Mon esprit ne demeurera a iamais en l'homme.

Et par ce que tout le pois de ce propos de la nature de l'ame, choit sur l'intelligence de son origine, aucuns se trauaillent en ce, qu'ilz ne la veullent receuoir diuine, mais faicte de Dieu, & toutes fois non d'aucune matiere, mais crée de rien. Combien que cy deuāt nous ayons traicté, que Dieu ne faict rien de rien, ny aucune chose, mais le faict de ses choses inuisibles, comme il est escript, Affin que des choses inuisibles, fussent faictes les visibles. De rechef, ilz reçoiuent que l'ame est immortelle, & incorporelle, qui sont deux conditions, qu'ilz confessent n'apartenir qu'a Dieu seul, comme nous l'auons cy deuant dict de l'incorporel, & sainct Pol dict, Lequel seul a immortalité: dont ilz se trauaillent pour monstrer qu'elle soit, comme ilz disent, selon sa quelque propre maniere immortelle, & incorporelle, comme Dieu seul, & toutes fois ne soit de nature diuine. Si est ce, que Dieu seul ayāt ces deux conditions, il est force, que si autre les a, les tienne en Dieu, & par ainsi en sa nature diuine, & non de Dieu seullement, car les tenant de Dieu, & estant autre, qui les auroit, ce ne seroit donc Dieu seul, qui les auroit, mais seroient deux diuers, qui auroient ces prerogatiues d'estre immortelz, & incorporelz. Autres ont esté d'opinion si corporelle & terrestre, d'auoir pensé ce, qui n'a corps n'estre poinct, a cause dequoy n'ont osé tenir Dieu & l'ame estre sans corps, de peur de les estimer n'estre rien. Ilz se trouuent aussi en peine de satis-faire a vne question tres difficile (comme ilz la disent estre) qui est de vray le neud de la bela besoigne : dont nous accordons à eux de prier Dieu nous faire la grace de n'en dire aucune chose par audace n'y temerairement : mais toutes choses, qui reuiennent a sa loüange, & grandeur. C'est de ce qu'il faut respondre a ce passage du Genese, Et Dieu inspira en la face de l'homme le spiracle de vie, & a esté faict l'homme en ame viuante : de tant que ce passage est le seul, duquel lon puisse si proprement tirer en toute l'escripture, l'origine de l'ame. Aucuns tiennēt pour resolu, qu'il ne semble l'hōme estre fait en ame viuante, sinon par ce qu'il a commencé a sentir en son corps : qui est trescertain indice de chair prouueuë d'ame & de vie. A quoy ilz trouueront plusieurs interpretations contraires, disantz que ce fust lors l'infusion de l'image de Dieu en l'homme, & non seulement de l'ame viuante, comme il se dict. Et de la condamnent ceux, qui disent que par ceste inspiration, Dieu est entendu auoir communicqué de son propre a l'homme. Dont ils tirent que l'ame ainsi communiquée n'est de la substance de Dieu : mais est chose estrange, & faicte d'autre chose, que de Dieu, & toutesfois incorporele. Et sont là vne comparaison a l'aduantage de l'ame : comme Dieu est excellent sur toute creature, l'ame l'est ainsi sur toute creature corporele. Or est il, qu'il n'ya creature, que les corporeles (car l'incorporel est seul Dieu) Voila donc l'ame bien pres de la nature diuine par sa comparaison d'exceller sur toute creature corporele. Auec ce qu'ilz disent ailleurs, l'ame estre voisine de la substance de Dieu, estant incorporele, & inuisible, preparant les pensées, esleuant les actions, & reçoit images de toutes choses, qui sont toutes actions diuines.

Genes.2.b Le spiracle de Dieu en la face. De Genes.ad literā cap. 16

Opinion de l'origine de l'ame. Cap. 19. de Genes ad litteram. In Psal. 145

Apres ayant souuent resolu que l'ame est creeé de rien, ne tenant de la substance diuine, & incorporele, & immortelle, ilz viennent a dire quelque opinion de l'ame, qui soit vraye n'en osantz affirmer aucune temerairement fors repudier celle, par laquelle on croit les ames auoir esté mises ez corps, comme prisons, pour quelques demerites qu'elles auoyēt faict auparauant. Ilz confessent apres, qu'ilz croient Dieu estre quelque propre païs, & habitation de l'ame, & duquel elle est creeé : mais qu'ilz ne la peuuēt nommer sa substance. Car ilz ne pensent qu'elle soit de matiere, qu'ilz sçachent, ny de nature des autres choses visitées. Ilz en parlēt en diuers lieux, mais nous serons contans d'en dire encore vn qu'ils proposent. Ainsi donc l'ame, ou faicte par le soufflement de Dieu, ou bien le soufflement de Dieu soit faict elle : de maniere qu'elle ne soit de luy, mais faicte de rien par luy. Car l'hōme soufflant ne peut souffler d'vn rien, mais rend ce qu'il a receu de cest air : ainsi faut il penser de Dieu, qu'il y auoit desia quelques airs respandus, à l'entour desquelz il retirast quelque petite partie, aspirant & soufflant en la face de l'homme, par sa respiration luy infundit, & luy a faict en ceste maniere l'ame. Ce qu'estant ainsi, ce qu'il auroit souflé, ne seroit de soy, ny d'autre chose subiacente qui peut estre soufflée. Mais ia ne soit q̄ nous nions l'omnipotent auoir peu faire de rien le soufflement de vie, par lequel l'homme seroit faict en ame viuante, & que nous soyons contraincts en ses angoisses, par lesquelles nous opinons, qu'il y eut quelque chose, que ce ne fust luy, dont il fist ce soufflemēt : ou que ce que nous voyons estre muable, nous le croyons estre faict de soy mesme. Car ce qui est de luy, il est necessaire estre de sa mesme nature : dont s'ensuit, qu'il est faict immuable : mais l'ame (comme tous confessent) est muable. Elle n'est pas donc de luy, n'estant immuable, comme luy. Et si elle n'est faicte d'aucune autre chose, elle est faicte sans doubte de rien, mais par luy. C'est leur propos escript mot a mot.

Ad Euodli epistola. 99.

De animæ quantitate cap. 1

1. De anima & eius origine. Cap. 4.

Quant au premier propos, lequel ensuiuant nous respondrōs a tous, & par lequel ilz tiennent l'ame presider au corps, c'est ce que tres-frequetment nous auons cy deuant dict : & non seulement au corps, mais aux vertus de l'image de Dieu, lesquelles l'ame par l'arbitre de sa volonté, employe a la bonne ou mauuaise part, comme elle le veut. Mais quant a ce qu'ilz ne comptent l'homme, que de deux substances, & ne luy admetent le sainct Esprit image de Dieu pour tiers, nous auons des passaiges, par lesquelz Dieu manifeste auoir mis son Esprit en l'homme : attendu qu'il le menace au Genese, qu'il n'y demeurera a tousiours-mais : ains l'en tirera par mort, a cause qu'il est chair. Et en la sapience, Le sainct Esprit de discipline fuyra la fange, ou le dol, & se retirera des pensées, qui sont sens entendement : desquelles il ne se peut retirer qu'il n'y soit auparauant. Il en y a diuers autres : mais ceux cy semblent suffire, pour declarer l'Esprit de Dieu estre de la composition de l'homme.

Responce aux obiections de l'ame creée

Genes.6.4 Sapience. 16.

Et à ce

Et a ce qu'ilz s'enquierent de l'origine de l'ame, & ne la trouuant, la disent estre faicte de rien, & ne la confessent estre de l'essence ou substance de Dieu, pour ne rendre irreuerance à Dieu, la mettant de sa substance: nous desirons rendre à luy gloire, & honneur, auquel seul apartient ceste dignité. Si est ce que nous voyons manifestement, que tout ce qui est yssu de Dieu, qui n'est qu'vne essence, n'est tenu ou estimé pareil à soy: mais en est plusieurs, & diuers degrés. Vray est qu'il n'issit iamais chose de sa substâce: car elle luy est attribuée improprement: côme nous auons dict cy deuant, parlans de la differance d'essence & substâce, que les anciens ont si souuant confondu pour mesme chose, assez improprement. Car à la verité il n'apartient à Dieu que simple essence, luy mesme ayant declaré qu'il est celuy, qui est: & substance n'est en luy, combien qu'elle soit donnée de luy a toutes creatures corporeles, tenans en elles le principal lieu, lequel possede, & en elle sont assises toutes les vertus, & proprietez de la matiere de ce corps: de maniere que la forme de la creature, qui est partie diuine, n'a substâce: de tant qu'elle est vertu, & essence diuine: mais ce sont les corps, qui ont substance, en laquelle gisent leurs vertus, & proprietés.

Et par ainsi il ne s'ensuit de dire, que l'ame n'est diuine, de peur d'offencer l'exellence de Dieu, si l'on la faisoit de son essence. C'est bien loin de tout ce, que nous auons cy deuant traicté, ne voulant, ny pensant escripre chose, qui ne soit a l'honneur, & louange de Dieu. Il se faudroit enquerir si Dieu ne communicque son essence, n'ayant autre chose a communicquer: attendu qu'il est tout essence, d'où receuroient toutes creatures leurs formes, lesquelles formes ne sont crées, ains sont infuses: de tant qu'elles ne sont materieles, ny corporeles: mais sont actions, & vertus intelligibles: d'où sortiroient toutes substances données a tous corps, lesquels tiennent en eux estat de substance incorporele, inuisible, & de nature diuine: combien que en Dieu ceste vertu n'y tienne ce lieu, dont sortiroit nature auec toutes ses actions, vertus, & puissances, & laquelle en a tant receu, que par ses mains toutes creatures en reçoiuent la dispensation. La maniere de ce grand & tout puissant Dieu a despartir & communicquer ses bien faictz a toutes creatures est si differante de toutes actions humaines, & terrestres, que nous estants tous esblouis de ces imperfections nous trouuons du tout incapables a en pouuoir comprendre la moindre maniere: toutesfois a l'aduenture ceste comparaison seruira. Nous appellons la substance d'vn prince, son reuenu, lequel pour la conduicte de sa charge est contrainct le despartir es mains, & fiance des thresoriers, & ceux la dispensent la substâce de leur maistre: combien qu'ilz ayent sa leçon, & sa loy: c'est neantmoins par leur arbitre, & volonté qu'ilz l'emploient, a la charge d'en rendre compte. Ce nonobstât c'est tousiours le bien, & substance du maistre, qu'ilz emploient: & toutefois ceste substance n'est pas le prince, combien qu'elle soit du propre du prince: mais est chose beaucoup plus basse, estant dispensée, & baillée en administration. En ceste maniere toutes vertus, & puissances de Dieu sont de son essence: de sorte qu'il n'y a autre chose en luy, que essence de soy toute bonne. Ceste essence est communiquée diuersement: asçauoir combien qu'elle soit inuisible, de celle la il a faict les choses visibles, & corporeles. Comme il escript, & certains docteurs sainctz le tiennent. Aux matieres corporeles il a communicqué vertus, & actions vie, operations, & puissances, lesquelles nous ne pouuons nyer estre toutes de l'essence de Dieu. Car toute puissance est de Dieu & tout don tresbon procede d'en haut, venant du pere des lumieres, lequel a faict toutes choses, de soy inuisible & incorporel: & par vn ordre si admirable tout moderé par ses actions. Il a sur toutes actions & dispensations de vertus côstitué nature, soubz laquelle il a constitué les corps celestes, & immortelz: soubz ceux là il a constitué tous animaux corporelz, & materielz, plantes, mineraux, & autres creatures: a tous lesquels il a desparty de ses vertus, & actions de son essence, soubz certaine loy, pour la conduicte de toute creature materiele, n'y en ayant d'autre. Dirons nous donc qu'il aye faict, & creé toutes ces actions, & vertus lesquelles sont en luy eternelemêt increées & immortelles? Toutesfois a cause qu'elles sont commises aux creatures, de les dire estre separées de Dieu, il n'y a pas grand raison, & ne pouuant separer de luy toutes actions & vertus commises aux creatures, par lesquelles il opere continuelement. Moins pourrons nous separer de ses essences, & multitude d'effects nature, qui est le comble des vertus, & actions destinées par ce bon Dieu, a l'administration du monde & ses parties. Et par ce que nature n'est creature, ains est purement incorporele, en tant que diuine, dirons nous que a faute de corps elle n'est point? il ne se peut: car les effectz nous sont trop cômuns. Et donc si elle est, c'est comme essence
diuine

Dieu s'est cômuniqué en plusieurs degrés.

Dieu n'ayâs substance en donne a ses creatures.

Comparaison de la substance du prince.

Heb. 1. a Irenet. Rom. 15. a Iac. 1. c Collos. 1. c Ordre de la dispensation de Dieu.

Essence est plus propre a l'increé que au crée.

diuine: & si n'est pas Dieu, non plus que les deniers du thesorier sont roy: Mais c'est essence de Dieu commise a faire ceste vniuerselle dispensation, laquelle a cause de sa charge ne diminue en Dieu rien de sa grandeur, & dignité diuine. Nous auons proposé cest argument pour presenter l'aduis de Mercure, lequel (sauf meilleur iugement) semble fort aprocher de la vraye cognoissance de la nature de l'ame. Et trouuerons par son dire, qu'elle est de la piece de nature.

Car tout ainsi que Dieu a deputé son essence en nature, pour le regime & administration du monde, soit en ministere de vie, actions, & vertus: de mesme maniere ceste diuine prouidance a pourueu l'homme (qui est le petit monde) d'vne nature, pour le regime, & administration de ce, qui est en luy. Vray est que voyant Dieu l'homme plus excellant que le monde, a cause de la presence du sainct Esprit, il a donné a sa conduicte l'excellance d'arbitre, ce qu'il n'a pas a la conduicte du monde. Et de la Mercure a nommé Nature l'ame de l'vniuers: & de mesme maniere, la conduicte de l'homme, l'ame humaine, n'y ayant en tout, & par toutes choses q̃ de ces deux manieres d'ames. Et par ainsi ce n'est vne creature, qui conduict le grand monde, ny vne creature, qui conduict le petit: mais l'vn & l'autre sont coduictz par essence diuine. Et laquelle combien qu'elle soit de Dieu, n'est pourtant Dieu: bien est elle chose diuine, comme dependant de luy, par le ministere de laquelle il conduict le monde, & confere ses biens a toutes creatures. Et de tant que ce qui plus empesche ces sçauãs d'adüouer diuinité en l'ame, c'est qu'elle est muable: chose qui ne peut conuenir a Dieu. Nous dirons la differance de ces deux ames, asçauoir de celle de l'vniuers a l'humaine. Il n'y a homme pour peu de cognoissance qu'il aye de Dieu, qui ne confesse qu'il estoit aisé a Dieu de manier le monde, autant par vne seule ame, que par plusieurs, a cause de son infinie prouidance, & souueraine omnipotance.

Mais il a voulu par la differance, qu'il a mis entre les deux, manifester sa gloire & louãge. L'ame de l'vniuers, qui est Nature (comme il sera cy apres dict) a esté ordonnée de Dieu pour conduire sa charge, qui sont toutes actions, vie, mouuementz, & distribution de formes qui se font par le cours du monde, & ses parties en toutes creatures. Et ceste charge luy est donnée tellemant limitée, & necessaire, qu'il n'est en la puissance de ceste ame d'en eslargir ou retirer tant peu ce soit, dont elle est demeurée sans arbitre, n'y aucune libre disposition de ses actions. Mais elle a sa loy si prudentment constituée, qu'elle conduict les actions, vie & mouuement de l'Elephant: comme celles de la fourmis, & ainsi de toutes creatures, chascune selon qu'il luy est ordonné, sans aucune puissance de faire autremant. Et de tant que ceste diuine essence, Nature, ou ame de l'vniuers trouua parmy ses charges, du commencement qui fust, de donner vie, action, & mouuement a toutes creatures, selon leur institution, parmy lesquelles l'homme se trouua, entant qu'il est de matiere, & subiect generatiõ ou creation: elle trouua auoir charge d'administrer vne ame a chasque hõme de sa propre nature, & condition pour la conduicte de son composé. Toutesfois de tant que sa charge ne s'estendoit d'accompaigner ceste ame de toutes ses dignitez (qui furent en fin plus grandes q̃ toutes celles de nature) elle se contenta cõme vne essence diuine distribuer a l'hõme simple essence diuine, comme elle estoit. Laquelle receuãt de la souueraine main de Dieu sans aucun ministere, le S. Esprit image de Dieu, en sa cõpositiõ, se trouua plus digne & excellente que celle de l'vniuers, dont elle estoit venue en ce corps materiel, comme les autres. Qui fust cause que parmy tãt de vertus, que le S. Esprit luy apporta l'arbitre, & libre volõté de ses actiõs: s'y trouuãt il falut a chasque corps humain vne ame propre pour rẽdre le cõpte de cest arbitre: a cause que diuers deuoient rendre diuers comptes. Dont est aduenu qu'ilz eurent multitude d'ames, & non vne seule: cõme tout le reste du monde qui en a suffisance d'vne pour sa conduicte necessaire & de toutes ses parties. A ceste cause il fust dict de ce bon Dieu, ayant faict toutes ces autres œuures, Faisons l'homme a nostre image & semblãce: de tant qu'il n'estoit en nature, cõbien qu'elle soit essence, de donner ceste image sainct Esprit de Dieu, & semblance: mais toutes autres distributions estoient en sa charge, reseruant l'atribution de son S. Esprit, image, & semblãce a sa seule souueraineté, toutes ses autres operatiõs estant faictes par moyen, & ministere, & celle la seule de sa propre action & immediate operatiõ qui fust pour ceste cause la derniere œuure de toutes premieres creatures, cõme la plus digne, & excellente, qu'il eust faict, & pour laquelle toutes autres auoiẽt esté faictes.

Aduis de Mercure de l'ame.

L'ame du grãd & l'ame du petit mõde

Difference de l'ame du mõde a l'humaine.

Nature a charge de toutes creatures corporelles.

Nature ne mesle en l'homme que son estat.

L'arbitre est cause de la pluralité d'ames humaines.

Gene. 1. e

L'aplication d'image de Dieu n'apartiẽs a nature.

Dont

Dont s'est ensuiuy que l'ame humaine estant pourueuë d'arbitre, ou volonté libre d'aller a bien ou a mal, s'est trouuée muable, & alterée: ce qui n'est pas aduenu a l'ame de l'vniuers. Laquelle a faute d'auoir esté tant honorée, que d'auoir receu libre disposition de ses actions pour le moins son integrité, qui par autre moyen ne pouuoit estre corrompue, luy demeure sans aucun vice, ou deffaut. Et l'ame humaine par ce moyen se trouue subiecte a la seule mutation, qui luy aduient par le defaut, qui est commis par l'arbitre. Et ne se faut esbair, si Dieu tolere ce defaut en son essence distribuée a l'homme: de tant que c'est la manifestatiõ de sa gloire, par laquelle il aparoist, qu'il ne pouuoit composer creature plus digne, & excellente en la matiere, que celle, ou il mettoit son esprit: laquelle toutesfois n'estant plus luy, se trouua imparfaicte & vitieuse, estant conduicte par autre arbitre, que le sien. Dont s'ensuit la gloire a Dieu, qu'il n'y a perfection & souueraine bonté, qu'en Dieu pur, & non en Dieu mesmes meslé, comme Iesus Christ la tesmoigné reprimant celuy, qui l'auoit nommé bon: auquel, combien qu'il fust Dieu filz de Dieu, mais homme materiel meslé auec vn corps mortel il respondit, qu'il n'y auoit aucun bon, que le seul Dieu. Ce qui ne se fust manifesté, si nous n'eussions veu tomber en faute ceste creature si excellantmant composée: qui est l'animal diuin, ou l'homme, qui nous a par sa faute, qui est la mutation de l'ame, manifesté qu'il n'y a perfection, qu'en ce Dieu pur & seul bon.

Voila comment la mutation est tollerée en l'ame humaine, qui ne peut tumber en l'ame de l'vniuers: a cause qu'elle est conduicte par l'arbitre de Dieu, & non par aucun arbitre de creature composée. Parquoy respondant a la difficulté de confesser l'ame humaine estre diuine, qui est a cause de sa mutation: nous dirons que toutes choses sont venues de Dieu, tãt les muables que les immuables, chascune disposée a faire son estat: l'vne par necessité, l'autre par son arbitre, toutes neantmoins venues de Dieu. Et dauantage la dispute de nostre foy chrestienne n'est constituée asçauoir que c'est l'ame: mais asçauoir qu'elle fera, ou voudra faire. Vray est que pour conseruer en nous le deuoir, honneur, & reuerance, que nous debuons a Dieu, nous auons bien voulu interpreter ceste intelligence de l'ame, suiuãt l'aduis de Mercure, auec l'obseruation de cest honneur, & reuerance, par laquelle nous donnons tousiours gloire a Dieu. Et pour manifester qu'il est necessaire l'ame estre diuine, ne pouuãt autremant estre telle que nous l'aperceuons. Nous commencerons par l'inspiration qui en fust faicte de Dieu, duquel ceste maniere est escripte a la comparaison de l'homme, qui ne peut aspirer que ce, qui est de soy, comme il est entendu par la pluspart des docteurs de l'Eglise.

Dauantage Dieu mettant en l'hõme son sainct Esprit auec ce corps, il n'eust baillé disposition de ce composé a moindre, que a son essence: de laquelle disposition libre baillée sur toute creature, contenant en sa composition le sainct Esprit, Mercure au commencemant s'escrie, O miracle tres admirable d'auoir assubiecty le createur a la volonté d'vne creature composée, non qu'il estima l'ame en l'origine de son essence, ny l'esprit de Dieu creature, mais bien le tout composé auec matiere faict la creature. Nous voyons aussi l'ame capable de vie, volonté, & vsage de toutes vertus diuines, qui n'apartient a chose moins que diuine. Elle tient aussi nature & condition diuine, comme nous la voyons n'estre qu'vne de sa nature & condition: toutes fois nous l'aperceuons mutiple & diuerse en intelligences & effectz. Elle est aussi, a cause de sa diuinité, toute en tous lieux de son corps, n'ayant affaire ailleurs, & toute en chasque partie: qui ne peut conuenir a creature, & moins l'extreme excellence de sa vertu, que nous en baillera Mercure par exemple cy apres, qui nous est si familier, que nous ne le pouuons ignorer, & neantmoins ne nous en aduisons guiere soigneusement.

C'est que Dieu parlant a Mercure luy dict, Considere ton ame, a laquelle tu commandes aller dela l'ocean, aller en touts lieux & regions, voire au ciel: & incontinant elle y est, non comme y allant, car elle metroit temps a y aller mais elle s'y trouue comme y estant, sans demander aucun temps pour aller d'vne ville ou region en autre. Qu'est ce l'ame estre par tout, ou elle se demande, sinon diuinité? A qui apartient il autre a faire ce tout? si elle n'estoit diuine essence secouruë & prouueuë des actions du sainct Esprit estant moins, elle ne pourroit faire telles actions. Nous en racomptons aiseemant plusieurs nouuelles de ses effectz: mais bien peu de sa nature & condition. Si est ce que sa plus grande cognoissance auance tousiours en nous la cognoissance de Dieu: & de mesme maniere, que cest ame
humaine

humaine est toute par tout, ou elle a besoin. Ainsi mesme l'ame de l'vniuers ayant mesme office en sa charge est toute par toutes ses operations. Et oserons bien dire, que nous l'estimons n'estre si chargée & empeschée de sa conduicte vniuerselle du grand monde, qu'est l'ame humaine de la conduicte du petit, qui est son homme. Dont il luy aduient, qu'elle est impassible, & l'humaine porte passion, & tout par defaut de l'arbitre : de maniere, que ceste diuine essence n'est passible en Dieu, mais est passible en sa composition, a cause de la matiere, qui a perturbé l'arbitre. Dauantage l'ame est immortelle & incorporelle, qui sont deux conditions propres a Dieu seul : a cause dequoy qui les a, les tient de sa nature diuine : de laquelle l'homme interieur est participant, & en est basty, comme il est tesmoigné par diuers lieux de l'escriture. Mercure nous tesmoigne pareillement, côme nous verrons, l'ame estre diuine, & vser de l'esprit comme de feu : dira aussi, que les efficaces de Dieu sont l'ame & la pensée. Dauantage, que l'ame, de par soy ou de sa nature, repose deuers le facteur. L'ame est aussi estimée membre de Dieu, comme vie, immortalité, & pensée : lesquelles sont toutes vertus eternelles & increées en Dieu. Il dict aussi la pensée estre ame de Dieu luy attribuant ame selon ses propos occurrans. Ce que l'escriture depuis a semblablement faict, disant, que le seigneur Dieu a iuré en son ame. Par tous lesquelz propos, il nous est facil a entendre, que creature quelconque est bien esloignée de la capacité de telles conditions, que nous auons monstré estre en l'ame & telz effects. Et de tant qu'estant tenue de tous Catholicques pour immortelle, toutesfois il se parle souuent en l'escriture de la mort de l'ame, nous noterons, que comme toutes choses sont enuoyées de Dieu ez creatures en leur purité & integrité, si elles reçoiuent quelque vice ou imperfection, ce n'est de leur source, quelles l'ont tiré, ains l'ont acquis en la creature, comme substance estant vne vertu diuine incorporelle enuoyée de Dieu a ses creatures corporelles, pour tenir en icelles les vertus & proprietez, qu'il luy plaist leur donner. Comme par exemple, au froment sa substance luy est donnée pour y contenir la vertu de nourrir & produire autres actions : & toutesfois ce n'est le grain, ny la farine, ny le son, mais c'est vne vertu incorporelle ayant puissance de Dieu a nourrir, ou meurir vne apostume, ou faire quelque autre action, qui gist en la substance inuisible & incorporelle.

L'arbitre pose plus a l'ame humaine que tout le monde a la sienne.

Chap. 10. sect. 17.
Chap. 11. sect. 1.
Chap. 11. sect. 10.
Chap. 12. sect. 21.
Chap. 12. sect. 8. & 9.
Amos. 6. b.
De la mort de l'ame.

Ainsi mesmes du vin, ce n'est la liqueur, ny la couleur, ny autre chose visible ou corporelle, qui produict l'effect, mais c'est la substance comme vertu diuine ayant ceste proprieté. Et toutesfois ceste substance lors que le vin se change en vin aigre, en ce mesme corps elle se change, & soufre mutation, ou lors qu'il est respandu, & consummé par l'air elle se perd ou cesse d'estre communicquée. Ces deffauts de mutation ou perte ne viennent pourtant de Dieu, qui l'a mise en la matiere actiue, constante, & vertueuse, mais viennent de l'imperfection acquise en la matiere. De mesme maniere, Dieu communicant son essence en maniere d'ame a vn corps humain, ce qu'elle recouure de vice, c'est en sa composition qu'elle l'a acquis, non en Dieu, soit mutation peché ou en fin mort : desquelles choses aucune ne luy a esté baillée de son origine, ains toute excellance & perfection. Et pour dire, quelle mort elle soufre, nous aurons souuenance, que Mercure nous a plusieurs fois enseigné, que mort n'est abolition ou priuation du subiect, mais c'est seulement dissolutiô des parties assemblées en la composition du subiect.

Substance du froment incorporelle.
Mutation de substance.
Quelle est la mort de l'ame.

Toutesfois l'ame estant de nature simple, & non composée, comme de nature diuine & immortelle, ne peut soufrir telle mort. Bien est vray, qu'elle en soufre vne semblable, qui est separation de son Dieu, laquelle elle ne peut souffrir durant sa vie corporelle, a cause qu'elle a tousiours l'Esprit de Dieu present, qui heurte a sa volonté pour l'atirer : & iamais ne l'abandonne, iusques a sa dissolution corporelle : & lors si elle se trouue ioincte au sainct Esprit par son iugemant, elle continue & glorifie sa vie. Et si au contraire elle en est separée, ceste separation est sa vraie mort, & bien dure. Laquelle elle sent de tant plus aspre, que tous corps ne peuuent sentir leurs tourments, comme les parties separées se trouuent plus nobles, & dignes de leur nature & condition diuine.

Les actions incorporelles plus fortes, que les corporelles.

Et celle la est la mort de l'ame : de laquelle Iesus Christ parle si souuent, & le reste de l'escriture, qui est separation de son Dieu, comme sa vie eternelle en est l'eternelle vniô. Et ne soufre autre priuation ou abolition d'habitude : mais bien de l'essence diuine conseruant son habit en toute misere & desplaisir, qui est d'endurer ceste separation. Voila, ce que nous auons retiré de la cognoiſſance de l'ame, conuenant a la doctrine de Mercure. Et de tant que c'eſt vn ſubiect infini ſuiuant la nature, de la qu'elle elle depend, il n'eſt en nous de l'expliquer iouxte ſon excellence, meſmes de ſçauoir dire la maniere commēt les eſſences diuines s'employēt a leurs actions & operations, ny proprement, qu'elle aſſiete l'ame tient au corps humain. Car noz intelligences ſont tant abuſées & perturbées par les affectiōs & paſſions des choſes materielles, que leur cognoiſſance en eſt merueilleuſement affoiblye. Il en viendra, auec le vouloir de Dieu quelq'vn par lequel Dieu nous en donnera, & par ſa grace, plus ample congnoiſſance.

Ce pēdant nous mettons poine de declarer ces ſecrets intelligibles auec Mercure, non comme propremant ils ſont mis en effect, car ils paſſent noſtre cognoiſſance, mais en auons parlé de peignantz la verité par maniere intelligible, comme Moyſe en a quelque fois vſé parlāt des choſes diuines, vſant de figures & comparaiſons en ſon language: lequel tenoit de ſon temps encore beaucoup de la maniere Hieroglificque, qu'il les auoit au parauant contraincts d'eſcrire par figures de creatures: dont le langage eſtoit preſſé quelque fois de s'enſuiure par propos figurés.

SECTION 7.

Comment le dis tu, O mon pere? De toute ame ſeparable ô mon filz. Comment dōc ſont faictes les mutations de l'ame ſeparable? N'as tu pas entendu en mes propos generaux, que toutes ames ſont d'vne ame de l'vniuers, celles qui frequentent tout le monde comme deſparties. Parquoy de ces ames aduiennent pluſieurs mutations partie en plus heureux eſtat, & partie au contraire. Car aucunes de reptiles ſont muées en aquaticques, & aucunes aquaticques en terreſtres, & les terreſtres en volalles. Mais les ames creées en hommes, & les humaines iouiſſants d'immortalité ſont tranſmuées en Demons, & ceux-ci en ceſte maniere ſe reſiouiſſent en la compaignie des Dieux non errants. Les compaignées des Dieux ſont deux: l'vne des errants: l'autre des non errants. Et cela eſt la tresparfaicte gloire de l'ame.

COMMENTAIRE.

Mercure nous ayāt declaré, que l'incapacité & ſouilleure du corps humain empeſche l'ame d'aperceuoir la Beauté de ce Biē ſouuerain, laquelle eſt neceſſaire a l'hōme veoir lors qu'il eſt deifié ou entre en ſa perfectiō, comme dict ſainct Iean, Il ne nous a encore aparu, que nous ſerons: car quand il le nous aura aparu, nous luy ſerons ſemblables, ayans participation de ſa diuine nature, comme dict ſainct Pierre & ſainct Pol: qui nous declare participātz de Ieſus Chriſt, ſi nous retenons le commencement de ſa ſubſtance, qu'il nous a communiqué iuſques a la ferme fin. Ce que Mercure apelle eſtre Deifié, ou receuoir la diuine eſſence: qui ne peut eſtre ſans ſeparation de l'ame hors de ce corps: laquelle ſon filz Tat ne peut cōprendre ſans qu'il interuienne mort a l'homme, qui eſt cauſe qu'il luy demande, COMMENT LE DIS TV O MON PERE? C'eſt aſçauoir que l'ame & penſée ſont retirées du corps: & l'homme demeure tout tranſmué en eſſence. IE LE DY DE TOVTE AME SEPARABLE, O MON FILS, de tant que parlant generalemant de l'ame, il y en a, qui ſont ſeparables de leur condition, & d'autres qui ne s'en peuuent dire en trois manieres. Premieremēt ſont ſeparables du corps demeurāt ame de ce corps: ſecondement

1. Ioan. 3. a
L'homme participe de diuine nature.
1. Pet. 1. a

1. Cor. 3. d

ſepara-

separables de l'ame vniuerselle: tiercement separables de leurs source origine & vraye nature. COMMENT DONC SONT FAICTES LES MVTATIONS DE L'AME SE-PARABLE? ou quel ordre est obserué, que l'vne ame soit separable de son corps de l'vniuerselle, & de son origine ou nature, & l'autre ne le soit. N'AS TV PAS ENTENDV EN MES PROPOS GENERAVX, par lesquelz i'ay declaré, que par tout ou il y a vie, il y a ame, & que c'estoit pour comprendre toute maniere de creature ayant receu vie du souuerain Bien, prenant l'interpretation d'ame tant pour la verité de l'ame, que pour tout subiect, qui produict effect d'ame? ET QVE TOVTES AMES SONT D'VNE AME DE LV-NIVERS esparse par tout le mōde: de laquelle procedent CELLES QVI FREQVENTENT TOVT LE MONDE, asçauoir les humaines estant de mesme condition d'efficace diuine COMME DESPARTIES en toute maniere d'hommes, tous ayantz receu vie de ce parfaict Bien, tellement qu'il n'en est despartie aucune particuliaire a autre creature quelconque: ains par les mains ou dispensation de ceste ame de l'vniuers toutes sont conduictes. Laquelle les prouuoit toutes de leur principale partie, en laquelle gist toute vie, mouuement, & efficace de produire toutes actions produictes par toutes creatures. Et ceste ame de l'vniuers si ample, puissante, & excellente n'est toutesfois qu'vne, & de laquelle ou mesme efficace toute maniere d'ames, qui sont infuses es creatures, comme par separation d'icelle, prenēt leur origine en elles, soit par l'infusion, qui en est faicte es corps humains, esquelz tenant lieu particulier elle se trouue separée de l'ame vniuersele: soit aussi par communication, qui en est faicte a toute autre creature, qui est sans separation n'estant qu'vne seule pour la conduicte du reste de l'vniuers. Le tout estant yssu de mesme essence & source diuine, que Mercure nomme separation. Ceste ame du mōde vniuers est Nature essence diuine: en laquelle souuerain Bien createur de toutes choses a constitué ses vertus, actions & efficaces, par lesquelles il veut que le monde soit conduict, & secouru & administré en toutes ses parties: dont a bon droit elle est dite essence & vertu diuine, de tant que ceste vertu, action, & efficace, est de sa source eternelle sans fin, ny commancement en Dieu: combien que le subiect, auquel elle s'aplicque depuis la creation du monde, qui est le monde, ne soit eternel, ce neantmoins ceste vertu, essence, & diuine efficace, que nous nommons nature ne laissoit pourtant d'estre eternele en ce souuerain Bien, combien qu'elle aye commencé au monde l'estat d'ame, Mercure le nommera cy apres quelquefois le iamais. En icelle le createur a cōstitué toute la prouision ou magasin de toutes actions, vertus, & puissances & principales parties destinées & promises a toute maniere de creatures, esquelles consistera ce thresor des vertus, actions, & efficaces, que Dieu donne a leur nature, pour leur seruir de forme presidante a la matiere & les conduisant, selon l'ordonnance & vouloir de Dieu. Laquelle partie principale nous auons nommé l'ame, qui par ceste institution, loy, & volonté de Dieu, dicte nature est infuse, ou communicquée en chasque creature, lors qu'il est besoin, qu'elle soit composée de matiere & forme, la matiere estant prinse des quatre elementz, & la forme prinse des vrayes efficaces & essences diuines commises pour administrer toutes formes & conduicte ou principale partie en toutes creatures & partie de ce monde. Et lesquelles parties, & essences diuines, commises excerçantz sa volonté & contenantz tout ce, qui est besoin en toutes creatures outre la partie elementaire, sont nommez des hommes nature. Dont s'est ensuiuy parmy les hommes le commun dire ceste action, vertu, ou effect luy est donné naturelement, voire a l'homme, qui est le principal, l'ame luy est infuse, quand le corps est formé de matiere naturelement ou par nature, c'est a dire luy est donnée par le ministere de ceste vertu, action, efficace, loy ou ordonnance de Dieu, ame de l'vniuers destinée a prouuoir toutes creatures de ce, qui leur est ordonné pour informer la matiere, a chascune toutes-fois selon son estat, lequel estat de rechef est nommé en chasque creature sa propre nature.

Vray est, que l'homme ayant receu par ceste ame vniuersele nature, generation, & vie, & ame raisonnable, il se trouue seul entre tous animaux mortelz en arbitre: qui est cause, que nature ne domine a ses actions, comme des autres, ains l'admoneste seulement. Parquoy nous voyons clairement, que ceste nature & conduicte generale, que Dieu a donné au monde, est la vraye ame du monde vuiuersel contenant en soy toute vie, action, efficace, & mouuement, qui doit estre distribué aux creatures, qui sont membres ou parties du monde. Et par ainsi elle est dicte l'ame de l'vniuers: de laquelle toutes ames sont desparties es creatures, comme d'vn magasin & prouision faicte a ces fins. Ce magasin, l'Ange Vriel parlant à Esdras le nomma promptuaire, & luy dict, Pence tu, que les ames des iustes, estant en leur promptuaire, se soient enquises disant, Quand viendra le fruict de l'aire de nostre recompance? & quelque peu apres parlant des derniers temps, ou l'entendement des hommes sera peruerty, comme il est ce iourd'huy en ceste miserable France, Les amis s'assaudront entre eux : leur sens se cachera, & l'entendement sera separé en son promptuaire. C'est, que les vertus diuines intelligibles estant chassées hors de l'homme par ses concupiscences, se retireront en ce promptuaire, duquel elles luy ont esté desparties : c'est que lors la communication cessera, quand par le refus de l'homme Dieu, qui est le vray promptuaire, retirera ses vertus a soy. Encore apres parlant de la resurrection vniuersele apres la mort de Iesus Christ Filz de Dieu, La terre rendra les corps, qui dorment en elle, & la pouldre, ceux, qui en silence habitent en elle : & les promptuaires rendront les ames, qui leur sont données en charge.

C'est parlant du futur ciecle, renouuelemēt de toutes choses, qu'il veut exprimer par ce promptuaire d'ames, duquel il vse pour l'assemblée des ames, qu'il faudra rendre a leurs corps a la fin du monde, apres auoir vsé du precedant, pour le premier dont les ames estoiēt baillées aux iustes, desquelz il parloit pour lors. Ce n'est pas donc, que nous estimions, qu'il aye vne grande ame au monde, laquelle il faille couper en pieces pour en bailler en chasque creature comme si cestoit chose materiele, ains c'est chose intelligible & essence diuine : qui se communicque sans diuision, ou fracture quelconque, n'y diminution. Sur ce propos les Theologiens ont dict, que l'ame est infuse, creant le subiect, & est creée l'infondant. C'est qu'estant mise en l'homme, & tirée de ce magasin ou prompuaire, Nature ame du monde, est faicte particuliaire a ce subiect, l'infondant, ne l'ayant encore esté d'aucun autre : & creant le subiect, elle est infuse, c'est que creation n'estant autre chose, que composition de diuerses Vnitez en vn subiect, il est necessaire, que l'ame entrant en composition lors de la creation soit dicte crée l'infondant, & infuse en creant le subiect. En ceste maniere donc nostre Mercure entend que toute ame ne reçoit creation d'ame & commencement de son estat, lors qu'elle est infuse, combien qu'elle n'y reçoiue commancement d'estre : lequel elle a eternel en Dieu, & que toutes ames sont d'vne ame de l'vniuers, essence diuine frequētans tout le monde ou il habite creatures, comme desparties de leur magasin, prouision, ou promptuaire. Duquel il a declaré par ces propos generaux, que toute sorte d'ame vient en la creature, soit plante, mineral, animal brut, ou raisonnable, a chascun toutesfois selon l'estat, qui luy a esté ordonné par ce souuerain Bien donnant ame tant a l'vniuers, que a l'homme petit monde d'vne sienne mesme essence vray magasin de toute ame. Et nous souuenant que Mercure dict n'entendre parler en ce propos particulier de toute ame, comme il a entendu aux propos generaux, mais seulement de toute ame separable, nous dirons, qu'il entend les ames separables estre celles, lesquelles en la dissolution tiennent encore estat particulier de la creature, s'atendant a reprendre quelque-fois leur composition, comme sont les ames humaines, qui s'attendent retourner de rechef en l'vsage de leurs sens corporelz, cōme le tient Mercure & l'Eglise de Iesus Christ cy deuant. Parquoy il les estime separables & differants de l'ame de l'vniuers. Et aussi pour vne autre cause, qui est, que l'ame humaine estant raisonnable, & ayant par le moyen de l'image de Dieu, qui est en elle, puissance de soy retirer a part, & separer de l'vsage des sens les laissant assopis, comme nous auons cy deuant dict, & se retirant à la contemplation, & actions intelligibles & diuines, pour soy conformer à Dieu: ce qui n'apartient a autre creature, elle pour ceste cause est dicte separable. Et de la elle porte le vray nom d'ame tenant en particulier le principal lieu du subiect, a cause de l'arbitre, qui luy est donné d'administrer par l'entendement & image Dieu, qu'il a en soy, tout le subiect auquel elle preside chargée d'en rendre compte, qui est cause, qu'elle est contraincte d'y tenir lieu particulier. Car si en sa dissolution, elle retournoit soy confondre, & mesler dans les essences diuines, desquelles elle est partie, pour entrer en ceste composition, elle n'auroit a rendre aucun compte : & par ainsi son arbitre luy auroit esté donné en vain du createur, ce qui n'est pas. Parquoy elle ne si peut remetre, qu'elle n'y ramene son corps purifié, & resuscité par Iesus Christ, purifié de toute imperfection de matiere, ioinct auec luy pour estre enfant que luy receu du pere comme filz.

Voila

Voila la nature de l'ame separable : laquelle proprement porte nom d'ame particuliaire au subiect. Et pour mettre difference de ceste ame separable aux autres, esquelles combien qu'il y aye vie, vertu, action, & efficace : ce nonobstant elles demeurent sans ceste separation, comme toute ame vegetatiue, qui est atribuée aux plantes, & mineraux, petrifications & au tres productions priuées de sentiment. Et l'ame sensitiue non raisonnable, comme sont toutes celles des animaux brutz, desquelz vegetatifs, & sensitifs l'ame ne tumbe en aucune separation, ains demeure vne & seulle au bloc de nature, pour la conduicte d'vn chascun, & a leur dissolution & despartement de leurs vnitez, ceste vertu administrée a eux par nature : laquelle parlant generalemant, nous auons nommé ame, se retourne au magasin de nature n'ayant aucune ocasion qui la conuie a tenir lieu particulier, ny estat : de tant qu'elle n'en a esté separée, & si n'a a rendre aucun compte, comme n'ayant receu aucune charge, ny arbitre, ains la charge en demeure entre les mains de ceste ame de l'vniuers, general conducteur & moderateur de toutes parties & creatures du monde, obey de toutes, fors quelque fois de la creature, qui a receu ame separée, & l'arbitre pour sa conduicte : dont il aduient prou de maux.

Difference des ames separables aux autres.

Le brut n'a aucune ame particuliaire.

En ce regime & administration nous y pouuons comprendre les creatures immortelles, comme les quatre elemantz, qui ont vie, les astres ou corps celestes qui ont vie, & par consequent ame, comme nous auons dict parlâts generalement. Laquelle ame est moins separable, que celle des plantes, mineraux, & animaux, a cause qu'ilz ne viennent en dissolutiô : & quand bien ilz y viendroient, la raison, que nous auons cy dessus rendu des autres, y satisfera. C'est, qu'ilz n'ont a rendre aucun compte, ny receu arbitre, qui les y contraigne. Quant aux elemantz il est manifeste, qu'ilz ont vie, de tant qu'ilz ont mouuemant, qui est le plus expres indicateur de vie. Il nous apert par les generations, qui se font en leur region du feu, & de l'air : qui sont traictées aux Metheores d'Exhalations, Cometes, & autres generations : qui tous les iours s'y font. Dauantage par le mouuement, que nous aperceuons ordinairement en l'air par les vens : qui ne sont autre chose, que compression d'air : laquelle ne se faict sans mouuement. Nous auons aussi mouuemant naturel en la mer : laquelle aspire, & respire soy rarefiant, & condensant tous les iours : ce que nous apellons enfler, ou monter & descendre.

L'ame vniuerselle conduit les astres & elemants.

Les elemants ont vie.

Conuenances du mouuemât de la mer aux astres.

Dont nous pouuons retirer clairement, qu'il y a vie, atandu le mouuement, qui n'est en creature sans vie. Et pour reprimer vn argument, qu'aucuns pourroient faire, qu'elle ne prend son mouuement d'elle, mais le prend de la Lune, laquelle la meut par sa circulation : & par ainsi la vie ne gist en la mer, ains en la Lune : nous dirons que ceux, qui fairoient cest argument, n'auroiêt bien consideré l'affinité du mouuemêt de la Lune auec celuy de la mer, ains seulement la similitude du moyen mouuemant de la Lune auec celuy de la mer : lesquelz combien qu'ilz se rencontrent, ce n'est par circulation, de laquelle vn mouuement contient vn tour, mesmes son mouuement de rauissement du Leuant par le Midy au Couchant : toutesfois il se trouue, que durant ce tour iournel, que faict la Lune, la mer faict deux fois son mouuement. Dauantage elle a vn autre mouuement, qu'on appelle des grands flotz ou mareage, par lequel deux fois le mois elle faict ses croissances & diminutions.

Le mouuemêt de la mer ne depend total lemant de la Lune.

Vray est que ce sont mois lunaires : Mais il aduient que lors, que la Lune est nouuelle, ou en coniunction, la mer monte autant, que quand elle est pleine ou en oposition. Et aux quadratures, elle est la plus basse & foible : en quoy elle contreuient au mouuement aparant de la Lune. Aussi elle a vn autre mouuement, qu'elle prend deux fois l'an communemant aux equinoces : lequel ne communicque en rien auec la Lune. Et celuy la declare manifestemant, qu'elle ne tient son mouuemant de la Lune : ains est viuante, ayant mouuemât comme les autres creatures. Mais nous noterons, que comme toutes creatures materieles sont subiectes aux influances des corps celestes, de tant que leurs actions, & vertus diuines mises en eux sont destinéez a gouuerner la matiere : il est bien aisé a entendre, que la mer y est subiecte, comme les autres matieres des creatures viuantes : lesquelles estants côduites par ceste ame du monde, Nature en leur viure, c'est soubz les actions des corps superiors, comme toutes plantes & animaux : lesquelz ont leurs effects plus puissantz, estants fortifiés par les astres : & plus foibles, estant reprimés par eux, comme disposantz sur la matiere.

Toute matiere est subiecte aux corps superieurs.

Conclusió des mouuemẽts de la mer.

Par ainsi donc nous dirõs, que la la mer ayant vie cõme la plante, ou le mineral, reçoit toutesfois son mouuement iournel double a celuy de la Lune, lequel elle conforme a son mouuement diurnel, a cause que la Lune passe deux fois le iour sur le cercle, auquel estant la mer reçoit son mouuement en ce lieu, & obeist plus a ce planete, que a vn autre, cõme ayant plus de force, & estant planete plus proche, & immediatement sur elle: Et celuy que la mer faict tous les mois lunaires, elle le cõforme aussi non au plein & au nouueau, car s'est au contraire, mais c'est a l'Auge de la Lune, laquelle estant en son Auge deux fois en son cours, les mareages, ou grands flots ne faillent iamais deux fois en chasque Lune. Et le grand mouuement, qu'elle faict deux fois l'an aux equinoces, ne vient de la Lune, ains vient du Soleil, qui faict lors son plus viste mouuement, qu'il face de tout l'an: de tãt qu'il faict en mesme temps le plus grand cercle de son Sphere, & faict autresfois le plus petit, dont la mer se sent en ses mouuemantz comme toutes autres creatures.

Et ceste conuenance de mouuemantz ne conclud aucune dependance l'vn de l'autre, non plus que les mouuementz de Venus & Mercure: qui ensuiuent fort prochemãt celuy du Soleil: & toutesfois il n'en dependent pas, mais ont leurs mouuements particuliers a eux mesmes. Ainsi aduient il a la Mer au respect de la Lune. Quant a la terre, il est trop plusque manifeste, que a toutes les productions, & generations de plantes, mineraux, & autres creatures, qu'elle produict, il y faut mouuement, ou iamais elle ne produiroit: parquoy elle a vie, & autant ou plus subiecte aux corps superieurs, que les autres, comme elle est plus matiere, & plus imparfaicte, salle, & esloignée des puritez diuines, que les autres. Toutes

Toutes ames sans arbitre ne sont que vne.

ces matieres donc ayant vie, & que par tout ou il ya vie, nous y ayons comprins soubs propos generaux ame: ceste ame est de l'ame du monde, comme les autres non separables: de tant qu'elles demeurent tousiours en nature, ame du monde, qui ne permet aucune separation en estre faicte, ains demeure entiere, comme pur dispensateur des actions, & conduicte de Dieu en toutes ses creatures, qui n'ont receu arbitre ou particuliaire separation de conduicte comme a l'homme, a cause de sa dignité. dont s'ensuit, que pour tenir lieu particulier de sa conduicte, & en rendre compte apres son temps, il est necessaire qu'elle soit separée de l'ame du monde. Et nature, laquelle comme nous voyons asses mal a propos, n'est guere souuent crue a la conduicte de l'homme, aussi elle n'en rẽdra le compte. Parquoy ce-

Separatiõ d'ame est a cause de l'arbitre.

ste ame separable tiendra apres la dissolution, estat particulier, pour rendre le compte de son faict particuliairement, cõme nous auons dict. PARQVOY dict Mercure, DE CES AMES separables, ADVIENNENT PLVSIEVRS MVTATIONS, PARTIE EN PLVS HEVREVX ESTATS, ET PARTIE AV CONTRAIRE. C'est vne gradation, qu'escript Mercure de la diuersité de l'estat des ames humaines seules separables, si grande en comparaison faicte de l'vne a l'autre, que cest presque vne confusion de la vouloir declarer. Toutesfois n'y pouuant satisfaire plus clairemant, que par figure, similitude, & comparaison, il commence a la creature du plus vil estat, qui soit en toutes les creatures sensitiues, procedant de degré en degré, iusques a ce, qu'il a esleué l'ame par mutation, iusques a la plus noble & excellante d'entre toutes. Parquoy l'heureux estat, qu'il estime a l'ame, c'est la montée, qu'elle faict de sa totale ignorance exprimée despuis le reptile, iusques en Dieu. Et le contraire cest ce qu'il

L'ame separable subiecte a mutation.

exprimera a la section prochaine, que l'ame se trouuant mauuaise, ayant attaint la dignité humaine reculera iusques a l'indignité du reptile, punie par son ignorance mesme. CAR AVCVNES, dict il, DE REPTILES SONT MVEES EN AQVATICQVES, ET AVCVNES D'AQVATICQVES EN TERRESTRES, ET LES TERRESTRES, EN VOLAILLE. C'est, qu'il commence prenant l'ame, comme les anciens l'ont descripte, estre vne table rase, en laquelle n'y a aucun pourtraict, preparée toutesfois a estre paincte de vertus, & sciences. Estant donc cest' ame essence diuine, capable & disposée a receuoir l'estat qui luy sera presenté, n'en ayant encore aucun, elle se trouue quelque fois en

Degrez des conditions de l'ame humaine.

personnes, qui la logent en leur composition si tres indignement, que Mercure compare leur estat aux reptiles qui sont animaux sales, rabaisses, habitans ez lacs, cauernes, soy traynants par terre es lieux plus salles, qu'animal sçauroit habiter, & non seulement constitués en la seule indignité & souilleure de leur fange & ordure, mais qui plus est, loges ez lieux les plus esloignez des puritez diuines: de tant qu'ils sont dans les cauernes de terre produits de pourriture & infamie. A cest estat si indigne Mercure compare

l'ame

l'ame humaine la plus mauuaise, qui puisse estre, comme nous verrons, Dieu aydant, en la prochaine section: affin de prendre l'vne extremité des estats de l'ame, pour venant à l'autre les descrire tous, declarant que entre ces ames miserables, qui venans au monde passent par tous ces estats, le plus bas est celuy, qui tiét plus d'ignorance: à cause qu'il dira en fin, que le grand defaut de l'ame & sa malice est ignorance. Estant donc, quand elle est mile en la creature du tout ignorante, comme la table rase, en laquelle n'y a aucune painture, elle est bien bas, disposée toutesfois à estre painte & ornée de toutes vertus, & sciences. Car tout homme naist en ce monde en estat d'ignorance, dont s'est ensuiuy, que Moïse a escript vn sacrifice, priant pour l'ignorance. Iob, Dauid, Sirac, & autres ont prié pour l'ignorance, qui estant commune à toute personne entrant en ce monde, continue plus en celuy, qui n'y veut trauailler, que au vigilant.

Entrant donc par ce petit & bas estat, aucunes ne s'en contentent, & desirant fuir ce miserable vice d'ignorance de cest estat de reptiles, elles se muent en aquatiques ou poissons, qui sont animaux plus retirez de l'ordure. Duquel aucunes ne soy contentans, & voyans la capacité de l'ame plus grande, que de s'arrester à cest estat, en tant que essence diuine d'infinie capacité, passent outre, soy muants en animaux terrestres, lesquelz sont tenus du commun en plus d'estime, que les poissons: & desquelz l'habitation estant sur la superfice de la terre, aproche en son lieu plus des puritez diuines, & circonference du monde, que les precedents, desirant tousiours la bonne ame tant monter, qu'elle n'arreste iamais, qu'elle ne soit retournée de là où elle est premierement yssue, c'est de retourner eu ce parfaict bien. Et de celles là aucunes desirant passer plus auant, de rerrestres passent en la volaille, ou bien estat d'oiseaux, qui est encore plus delicat, & haut logé que tous les autres, de tant que l'air est leur habitation, de laquelle ilz prenent le nom, & cestuy cy est le plus haut degré des creatures terrestres: car toutes reposent en terre, combien que leur nature soit differante. Et toutefois toutes tiennent encore du rang du brut, & de la beste, tant que leur demeure & principal amusement sera en terre.

Comment l'ame passe les degrez des animaux.

A cause dequoy Mercure dict, MAIS LES AMES AEREES, qui sont paruenues iusques à l'habitation de l'air, qui est l'extremité preste à sortir de terre, se muent EN HOMMES, ou ames humaines, c'est que l'homme neantmoins, qu'il aye passé & surmonté toutes cognoissances elementaires, despuis l'estat du reptile, iusques à celuy de l'oiseau habitât en l'air, & qu'il aye vaincu toutes cognoissances de creatures, sciences, & intelligences des choses basses: ce nonobstant il n'a encore attaint l'estat appartenant à l'homme, ains demeure tousiours en l'estat du brut. Parquoy lors qu'il vient par tous ces degrez brutaux a surmonter l'air, & toute region elementaire & materiele. Et considerant son immortalité, se retire à l'intelligence & cognoissance de Dieu, laissant toutes superfluitez materieles. C'est lors que ces ames sont dictes passer de aerées en ames humaines, c'est en estat conuenant au seul hôme. Lesquelles sont lors au plus haut degré de toutes creatures terrestres ou materieles, à cause de cest' ame separée du monçeau de Nature, ou l'ame de l'vniuers, ayant reçeu l'Esprit de Dieu, & arbitre pour soy conduire, sans la subiection de nature, en laquelle viuent toutes autres creatures. Mais cest' ame humaine entant que essence diuine, se trouue prouueüe & accompaignée separéement en son particulier de tout ce, qui luy faict besoin pour sa conduicte, en la perfection qui luy est destinée, porueu qu'elle sçache & vueille bien employer toutes les parties, qui sont en elle.

Ames aerées muez en hôme que c'est.

L'ame humaine est prouueüe de son besoin.

Voila comment par ces gradations nous auons veu, que Mercure parloit de l'ame separable, de l'ame de l'vniuers pour prendre autre estat: qui est, comme nous auons declaré, l'ame humaine. Car sans la separer de l'ame de l'vniuers, qui est constante en son office, il ne leur pouuoit assigner ces mutations & varietez de changer d'vn estat en autre: de tant que ces mutations rendent l'ame de differante condition, & par consequent separée de celle de l'vniuers, & l'vne de l'autre chose, qui ne peut conuenir qu'à l'ame humaine: qui a reçeu l'arbitre pour conduicte de son particulier composé: ce que les bruts n'ont reçeu. Lesquelz n'ont pour toute conduicte, que Nature, ame de l'vniuers: qui sans soy separer aucunement, est par tout le monde, conduisant l'elephant, & la formis, & toute plante, & autre creature, & qui plus est ne deniant sa conduicte generale de toute matiere a l'homme en ce, qu'il la veut accepter. Dont s'est ensuiuy que l'ayant du commancement refusée cuydant son arbitre conduisant son ame estre plus sainct que l'arbitre de Dieu conduisant celle de l'vniuers

N'y a autre ame separable que l'humaine.

en est aduenu grandz inconueniās ayant cuidé estre plus sage que Nature ame de l'vniuers.

L'homme refusant la conduicte de nature s'est trompé.

ET LES HVMAINES IOVISSANTS D'IMMORTALITE ne peuuēt prendre autre estat en la region elementaire: par ce que toutes creatures terrestres sont mortelles. A cause de quoy si l'ame humaine desire iouyr d'immortalité, & monter plus haut que la terre, il luy est necessaire d'abandonner le corps, & matiere, qui l'empesche par sa pesanteur, & apetit naturel d'aller en bas, qu'elle ne monte en son propre lieu. Qui est cause que Mercure dict, que ces ames iouissantz d'immortalité, en tant qu'essence diuine, qui n'est emplus subiecte a mort, que nature ame de l'vniuers, de laquelle elle est partie. Iouissant donc d'immortalité, si elle entend passer plus auant, que l'estat du corps humain qu'elle a attainct, elles SONT lors TRANSMVEES EN estat de DEMONS, qui sont formes ou efficaces d'essences diuines, esquelz est commise l'action du ministere de Dieu: de tant que ceste essence n'est que la vertu d'efficace, ou action: & celles là, entant qu'essences sont increes. Autres en y a, qu'on estime creatures, de matiere subtile, qui sont vrays Demons: mais celles cy sont ames faisant estat de Demons distribuées es creatures: desquelles aucunes prenent le chemin de retourner en leur premier repos & origine d'immortalité, dont elles sont parties. ET CEVX CY EN CESTE MANIERE sont des hommes, qui auront faict leur deuoir, autres, qui ont esté deceuz par leurs arbitres & attires en concupiscence, qui les a tenuz en ignorance, se sont fouruoiées du vray chemin du repos, duquel ilz sont yssus. A cause de quoy ilz errent cōtinuelement, & sont vagabondz, sans iamais prendre le chemin du vray repos. Quant aux premiers, ilz SE REIOVISSENT EN LA COMPAGNIE DES DIEVX NON ERRANTZ.

La propre habitation de l'homme est hors les elementz.

Les ames muēs en Demons.

C'est qu'estant essences diuines acheminées a retourner en leur vraye sourçe elles sont transmuées en estat de Demons, non qu'elles ayent corps estans separées du leur: mais deuiennent actions & efficaces prestes a mettre en effect les volontez de Dieu, qui est le vray estat & principale essence des Demons. Et lors ilz iouissent de la veuë, de la beauté, du bien, que nous auons cy deuant dict, & de la cognoissance & perception de l'exemplaire diuin contenant intelligences de toutes choses. C'est ce, que Mercure dict soy resiouir en la cōpagnie des dieux non errans, qui est soy trouuer entre les vertus & essences diuines, qui ont faict porter nom de dieux aux creatures, en qui elles ont esté mises pour l'administration du vouloir de Dieu. C'est ce, qu'il a dict au premier chapitre, qu'ilz sont en fin faictz puissances, ou vertus, & deifiez estantz en ceste compagnie des dieux non errantz ou essences diuines arrestees & reçeuës en Dieu, n'errantz pour rechercher autre bien ou repos: mais pour declarer la differance des dieux.

La charge du vouloir de Dieu faict les Dieux.
Chap.1. Sec.24.

Mercure dict, LES COMPAGNIES DES DIEVX SONT DEVX, L'VNE DES ERRANTZ, qui n'ont tenu chemin, ny voye en aucune obseruation de leur deuoir: mais ont tousiours esté errans & vagabonds apres leurs concupiscences, n'entrantz iamais en la cognoissance du Bien, mais demeurantz en l'ignorance, ou l'amour des choses corporeles & materieles les ont retenuz par leurs abus & subtile tromperie, leur faisant deuenir insensibles les choses, que l'on pensoit, & sembloient estre sensibles, comme il a esté dict cy deuant, les enuironnant de matiere & volupté. Ce sont toutes personnes, a qui la parole de Dieu est adressée, comme Iesus Christ l'allegue aux Pseaulmes, I'ay dict, vous estez dieux toutz, & filz du treshaut. Vray est, que entre ces dieux il en y a, qui reçoiuent la parole a leur deuoir & vtilité. Et en y a, qui la reçoiuent a mespris indignement: & ces dieux sont dictz errantz & vagabondz. Et ceux cy entant qu'essences diuines, sont eternelz: mais desordonnez, confus, sans aucun arrest, resolution, n'y attante d'attaindre iamais le retour & repos en la sourçe, dont ilz sont partis. Dont telles ames demeurent separées. Sont ceux, de qui Iesus Christ a declaré, suiuant le dire d'Esaye, Que leur ver ne meurt, & leur feu n'est esteinct: c'est ce ver corrosif, la douleur de s'estre veu en ocasion & moyen de recouurer ce repos, & l'auoir mesprisé pour choisir le chemin les foruoyant du retour a leur vraye sourçe, & les tenantz eternellement errantz & vagabondz, & ce n'est en leur compagnie, que se resiouist l'ame humaine. L'AVTRE compagnie des dieux est DES NON ERRANTS, qui ont esleu la bonne part, & se sont apliques a la cognoissance & contemplation desirantz retourner au premier estat, dont ils sont partis preferants la cognoissance de Dieu & son intelligence a toutes concupiscences, desquelles est produicte l'ignorance qui ruyne l'ame & continuantz ceste voye

Les dieux errantz qui ilz sont.

Chap.7.sec.3
Ioan.10.f
Psal.81.

Esay.66.g & Marc.9.g

Les dieux non errantz qui ilz sont.

de conde contemplation contenant toutes œuures & actions agreables à Dieu, tellement qu'ilz se trouuent estre de la condition des vrayes essences de Dieu, prestes a en receuoir l'vnion & conionction, pour leur eternel repos. Et c'est la compagnie, en laquelle s'est resiouye l'ame humaine participante de immortalité & la recognoissant. ET CELLE LA, dict Mercure, EST LA TRESPARFAICTE GLOIRE DE L'AME, laquelle consiste a retourner au repos, dont elle est yssue, pour le cours, que Dieu luy auoit commandé accomplir. C'est le retour au repos, duquel sainct Pol parle en la figure des enfants d'Israel errantz & vagabondz au desert par quarante ans, ausquelz l'Esprit de Dieu iura qu'ilz n'entreroient en son repos, de tant qu'ilz estoient errans de cœur. Et leur declare, sur ce propos, qu'ils sont faicts participants du Christ: si toutesfois ils retiennent le commencement de sa substance, iusques a la ferme fin, comme estans ceste substance en nous, qui produict le retour en ce vray repos & perfection d'icelle, prouueu que nous n'endurcissons nos cœurs, comme feist le peuple au desert, irritant Dieu si frequentment, dont ils en perdirent le retour du repos a eux promis, comme il le dict là mesmes, ausquels auoit il iuré, qu'il n'entreroient en son repos. N'estoit ce pas aux incredules? C'estoit que le repos fust bien promis & offert a tous, mais de tant que c'estoit soubs la condition proposée, qui estoit s'ils croient, nous auons veu, dict sainct Pol, qu'il ne peurent entrer en son repos a cause de l'incredulité: Parquoy dict il, craignons donc que delaissans la promesse d'entrer en son repos il n'en deffaille quelcun de nous. C'est ce retour en Dieu qui nous a esté moyenné par Iesus Christ, obtenant de Dieu son Pere l'union du pecheur croyant, par laquelle nous feusmes faicts mesme chose auec Iesus Christ & Dieu son Pere: c'est ascauoir, comme il dict là: Ceux qui par la parole des Apostres croiroient en luy: car c'est a ceux là, ausquels ce retour au vray repos, dont nous sommes premierement yssus, est promis, & non aux incredules, lequel retour s'acquiert auec l'amour & cognoissance de Dieu: & la cognoissance de Dieu par celle de soy mesme, & celle de soy par le delaissement de la matiere & sa veneration, & amour que nous luy portons, qui est le seul principal obstacle & empeschement d'entrer en cognoissance de soy, de Dieu, & son amour, & nostre eternel repos.

La tresparfaicte gloire de l'ame.

Heb. 3. c. & d

SECTION 8.

L'Ame estant entrée dans le corps de l'homme, si elle demeure mauuaise, elle ne gouste l'immortalité, & si n'est participante du Bien: ains soy traynant arriere, reprend la voye, qui la conduict aux reptiles. & celle là est la punition de l'ame mauuaise: de tant que la mauuaistié de l'ame est ignorance. L'ame qui n'a cogneu aucune chose de celles qui sont, ny leur nature, ny le Bien estant aueuglée, elle brunche aux passions du corps: & l'ame malheureuse ignorant soy-mesme, elle sert aux corps difformes & mauuais, portant son corps comme un fais, auquel elle ne commande: mais luy obeist. Et c'est la meschanceté de l'ame.

COMMENTAIRE.

APres que nous auons declaré la nature de l'ame separable, & non separable de l'ame de l'vniuers, & les mutations qui se font par diuers estats de l'ame separable, & declaré la condition de l'ame, qui est paruenue à la dignité de l'homme excellent par dessus tous autres: il nous vient maintenant à propos de declarer l'estat de l'ame humaine, qui demeure sans bonne action de celle qui refuse cognoissance, & de celle qui s'applique à la mauuaise action, & dirons, L'AME ESTANT ENTREE DANS LE CORPS DE L'HOMME par la separation, qui en est faicte de Nature ame de l'vniuers, SI ELLE DEMEURE MAUVAISE. C'est qu'elle demeure oisiue sans soy apliquer aucunement à quelque bonne action, & demeure en ignorance de soy, & de son createur, soy rendant inutile & incapable à toutes bonnes actions: ce que Mercure entend par ce mot, mauuaise, car il dira tost apres, que la mauuaistié de l'ame est ignorance.

Si donc ceste mauuaistié d'ignorance l'entretient & possede, sans doubte elle demeurera oisiue & sans aucun effect: de tant qu'elle ne peut produire effect, que par connoissance du tout contraire à l'ignorance. ELLE NE GOVSTE aucunement L'IMMORTALITE. Ce n'est pas qu'elle perde l'immortalité, ains demeurera eternele & immortele, en tant qu'essence diuine. Vray est qu'elle ne goustera le fruict ou vtilité de l'immortalité, qui est ceste gloire & infini contentement de la cognoissance & compagnie des puritez diuines, duquel contentement l'ame ne peut gouster ny sentir aucune tant soit petite la partie, tant qu'elle sera possedée par ignorance, qui luy empesche la cognoissance de ce bien, & par oisiueté, qui luy empesche toute action, seruant a ceste cognoissance: ET SI N'EST PARTICIPANTE DV BIEN. Lequel combien quelle ne puisse acquerir en sa cognoissance selon sa dignité, pendant qu'elle est en ce corps humain, si est ce qu'elle peut entrer durant c'est vie en cognoissance de quelque bône partie, selon son trauail, bonne volonté & employ des vertus diuines, qu'elle a receu, lesquelles delaissant assopies elle n'aquiert aucune cognoissance ou participation de ce bien: AINS SOY TRAINANT ARRIERE REPREND LA VOIE QVI LA CONDVICT AVX REPTILES. C'est que, comme nous auons cy deuant dit, le plus bas estat que puisse auoir l'ame, c'est celuy qui est comparé en la precedante section, aux reptiles, comme estans les plus viles, ords, & sales entre tous animaux. Si donc l'ame essence diuine si digne, & capable d'vn si excellent &tres heureux bien, par son deffaut procedant de l'arbitre, qui luy a esté donné la separant & mettant dans le corps humain, se laisse tant emporter a l'ignorance & oisiueté, qu'à faute de quelque bien peu de bon vouloir, elle demeure en ceste ordure, & indignité representée par le bas estat des reptiles, c'est bien raison qu'elle perde le fruict & felicité qu'elle acqueroit par le contraire de ceste ignorance & oisiueté, qui sont cognoissance & action: par lesquelles il est preparé à l'ame humaine de gouster en ceste vie l'immortalité & participation du souuerain bien. Si elle refuse donc ceste felicité d'auancer autant sur l'estat qu'elle a attainct d'estre mise au corps humain, qui est comme nous auons dict prochainement de deuenir Demon, c'est a dire efficace ou effect, qui en sort, elle meritera bien, refusant l'auancement pour lequel elle a esté separée de l'ame de l'vniuers, qui est en fin estre deifiée & remise a sa premiere source, de reculer arriere par tous les degrez de rabaissemét, qu'elle pourroit auoir monté, venant a sa perfectiô, & retumber dans le plus indigne, mal'heureux, & miserable estat, auquel ceste pauure essence diuine par son arbitre saisi d'ignorance, pourroit tumber. Lequel Mercure nomme celuy des reptiles, qu'il a cy deuant prins en la montée, qu'il a figuré de la dignité de l'ame, pour le premier & plus bas degré & moindre estat, qui peut aduenir a l'ame: pour auquel paruenir, Mercure vse du mot signifiant la misere & imperfection des animaux reptiles, qui est soy trayner & au lieu qu'ilz vont auant, tendans a la felicité. Il dict qu'il se trainent arriere retournant a la misere, & reprenāt la voye miserable, qui les conduict aux reptiles. En ceste maniere de parler sur la comparaison des reptiles, Mercure ensuit sa façon souuent accoustumée tenant beaucoupt du hierophicque, par laquelle les anciens tenoient le reptile, mesmes le serpent, le corps de sa grandeur, le plus pesant. Parquoy ilz le reputoient fort terrestre & auoient en abomination & despris sa maniere de se trainer par terre, & interpretoient ce trainemét apliqué a l'hôme, pour celuy qui ne pouuoit ou vouloit esleuer sa pēsée, mais qui se trainoit a côsiderer les seules vtilitez, & profitz terrestres. Dauātage ilz signifioient par les plis, & diuerses tortuositez des serpens, qu'ilz nous monstroient comme au doit, mille las & tromperies, par lesquelles nous y sommes deceuz. Estimoient aussi que le serpent & autres reptiles, desirant ordinairement leurs cauernes & recelementz, signifioient tout vice, qui communement veut estre caché: dont les Grecs nommarent les lieux dediez es cauernes, & lieux secretz a Venus μυχός, qui est autant que lieu caché. Ilz estimoient dauātage, le sifflet du serpent estant voix douce & claire signifier vne flaterie, par laquelle ces amusementz terrestres trompent ceux qui les escoutent: de tant aussi que le reptille va par terre, c'est a l'homme a luy briser la teste auec son pied & le fouler: côme aussi le serpēt l'assaut par ses piedz, comme partie la plus basse & terrestre par laquelle ilz signifient, que les choses materieles le plus souuent soubz pretexte de nourriture, nous irritent a voluptez, & lasciuetés. Ce que Mercure cy deuant a quelque fois nomme γαςριμαργία, qui est gulosité ou gourmandise, laquelle il a dict estre l'imposteur & suppeditateur de tous maux: quelque fois aussi, les sçauantz disent le reptile venimeux estre en nous, quand a la semblance des lieux secretz, & cachez, qu'ilz recherchēt

nous

Nous regardons a la concupiscence, recherchants ces lieux secrets & cachez, dict auſſi celuy meſme parlant de l'integrité de vierge, qu'elle ne fust iamais deceuë par la perſuaſion du ſerpent, ny infecte de ſes aleines venimeuſes: de maniere que toutes cóparaiſons faictes de la vie de l'ame humaine aux reptiles a touſiours eſté prinſe, pour le plus bas eſtat & le plus eſloigné de Dieu, qu'ilz ont ſçeu penſer, comme nous voyons Sathan eſtre nommé le ſerpent ancien: a cauſe de ſon eſloignement de Dieu, & malice ſuperabondante, & perſuaſion qu'il faict par choſes terreſtres & baſſes. A ce propos aucuns, qui n'ont bien conceu l'intelligence de ce grand Philoſophe, ny ſa tres ardáte religion ont cuidé retirer de ces paſſages, que Mercure entendiſt les ames paſſer des vns animaux éz autres, & que enfin l'ame de l'homme mauuais s'en retournoit dans les ſerpéts, couleuurs, lombrics, & autres reptiles n'ayant bien conſiderée ceſte derniere clauſe, meſmes Ficin, qui l'expoſe en ceſte maniere, Ayant reuolu ſon chemin ſe precipite éz reptiles.

Apoc. 12. b & 20. a

Detraction contre Mercure des reptiles.

Et le Grec dict Eſtant tourné arriere retourne par le chemin, qui va aux reptiles. Ce que celuy, qui auant nous l'a traduict en ceſte langue a couché: ſon cours finablement reuolu eſt precipitée de haut en bas éz infernales contrées. Et combien que chaſcun y aye faict au plus preſts de ſon bon iugement: ce neantmoins ilz l'ont couché en ſorte, que pluſieurs ont chargé noſtre Mercure de la folie, qu'ont eu quelques autres philoſophaſtres, que les ames tranſmigroiét des corps en autres. Leſquelz ont eſté ſuiuis des poëtes aucteurs de méſonges. Ce qui eſt bien loing que ayant receu reuelations ſi profondes & ſi grádes cognoiſſances des eſſences diuines & conduicte de l'vniuers, il euſt penſé la punition de l'ame mauuaiſe eſtre ſuffiſante, ſi elle eſtoit miſe dás vn reptile. C'eſt mal aduisé: car vn corps, quel qu'il ſoit, ne peut affliger, ny ennuyer vne partie intelligible: ſi ce n'eſt par le deffaut de ſon arbitre.

Les reptiles mal tournées cy deuant.

L'ame n'eſt punie par le corps.

Et en ce cas c'eſt l'arbitre non le corps, qui donne l'affliction & l'arbitre, eſt intelligible, qui afflige l'autre partie intelligible. Ce qui eſt manifeſte par ce, que dict Mercure enſuiuát. ET CELLE LA EST LA PVNITION DE L'AME MAVVAISE: DE TANT QVE LA MAVVAISTIE DE L'AME EST IGNORANCE. Ce n'eſt pas donc, que pour punir l'ame d'auoir eſté ignorante, Dieu la miſt dans vn corps, qui ne luy peut porter punition l'vn plus que l'autre, meſmes que Mercure dira cy apres, que l'ame humaine n'entre qu'au corps d'homme & nó d'aucun brut, blaſmant peu apres ceux, qui ont ceſte opinion: mais il entend par ceſte comparaiſon du reptile que l'ame retourne a la veneration des choſes terreſtres, qui eſt l'eſtat le plus incapable de s'aider ny ſecourir, qu'il ſçauroit choiſir entre les animaux, & ne s'aidant ny ſecourant elle demeure punie par ſa meſme malice d'ignorance: afin que ce, qui eſt eſcript, aye lieu, que par les cauſes, que chaſcun peche il eſt puny par celles meſmes. L'homme donc pechant d'ignorance trouuera qu'elle meſme la punira par pluſieurs moyens, comme nous l'auons cy deuant dict plus au long parlants de l'ignorance, laquelle eſt vraye punition de l'ame, qui s'endort en ſes abus. L'AME QVI N'A COGNEV AVCVNE CHOSE DE CELLES, QVI SONT, NY LEVR NATVRE, NY LE BIEN, ESTANT AVEVGLEE ELLE BRVNCHE AVX PASSIONS DV CORPS. C'eſt, q̃ l'ame demourant en ceſte ignoráce, qui la priuée de cognoiſtre les choſes, qui ont eſſences, c'eſt a dire les parties diuines, leſquelles ſeules ont eſſence, ou ſont. Car les choſes materieles ne ſont dites ſimplemát auoir eſſence: a cauſe de la ſubiectió qu'elles ont a toutes mutatiós, mouuemants & changemáts, qu'elles fót a toute heure d'vne choſe en autre. A cauſe dequoy quád Mercure parle de la cognoiſſáce de l'ame, il ne deſcéd ſi bas q̃ la matiere: mais ſe prend aux vrayes eſſences diuines, deſquelles la cognoiſſáce meſpriſée par l'ame humaine luy eſt cauſe, qu'elle ne peut paſſer outre vers la cognoiſſance du Bien, qui ne peut eſtre cogneu que par la cognoiſſance de ſes eſſences. Laquelle eſt empeſchée par l'aueuglement, que l'ame reçoit donnant ſon arbitre aux concupiſcences des choſes corporeles, qui ne luy produiſent, que paſſions, auſquelles l'ame bruncher ſi ſouuent & menu, que bien ſouuét elle ne s'en peut releuer: & qui pis eſt, ceſte ignorance la tient lyée de n'apercepuoir les moyens de cognoiſtre ſon deffaut: & y demander ayde & ſecours. Car tant que les affections & plaiſirs des choſes materielles (que Mercure nomme tous paſſions du corps) domineront ſur la volonté de l'hómme, ils ne luy permettront iamais de la conuertir aux cognoiſſances des eſſences diuines, ny oſter ſon amour des choſes corporelles, pour la ramener en Dieu.

Punition de l'ame mauuaiſe.

Sap. 11. c

Chap. 7.

Les paſſions du corps aueuglent l'ame.

Choſes materielles ne ſont eſſences.

Les voluptez offuſquent la volonté

Voila

Voila pourquoy il est necessaire à l'homme de penser vne fois le iour pour le moins, qu'il est, & escouter ceste image de Dieu, sainct Esprit, qui est, & hurte à sa porte ordinairement, portant le secours à celuy, qui luy ouurira, pour chasser de soy ceste ignorance & amour de matiere, que cy deuant l'aura saisi. Ou bien tomber en la malediction de soy tenir pour deploré, sans esperance d'aucun remede, & continuer l'augmentation de misere, comme Mercure l'a descript cy apres. ET L'AME, qui deuient MALHEVREVSE IGNORANT SOY MESME, ELLE SERT AVX CORPS DIFORMES ET MAVVAIS. C'est que le Grec nomme cest' ame κακοδαίμων, qu'il prend pour malheureuse, ou de mauuaise efficace. Car l'essence du Demon, comme nous dirons quelquefois, Dieu aydant, c'est efficace ou effect, entant que l'ame essence diuine, n'est iamais sans energie. Qui est ceste vertu d'effect, laquelle estant trouuée mauuaise faict dire l'ame de mauuaise efficace, ou de mauuais effectz. Et l'ame cōstituée en ceste maledictiō & misere, elle sert aux corps difformes & mauuais. C'est qu'elle obeit aux cōcupiscences de son corps materiel, sans forme, ou priuée de toute partie diuine, qui est la vraye forme de toute matiere. Et combien que la matiere, à laquelle sa concupiscence l'assubiectit, ne soit du tout sans forme ou essence diuine, si est-ce, qu'esblouye & aueuglée de sa concupiscence, elle ne considere en ceste matiere aucune forme, ny partie de Dieu: ains y venere la seule partie sensible, & imperfection de la matiere. Qui est cause, que le venerant sans auoir aucun égard à la forme, Mercure dict, qu'elle sert à ce corps, ou matiere difforme, & par consequent mauuais, comme estant priué de toute partie du souuerain Bien, sans lequel toutes choses demeurent mauuaises, PORTANT SON CORPS, COMME VN FAIS, AVQVEL ELLE NE COMMANDE, MAIS LVY OBEIST. C'est que l'ame estant aueuglée en ceste maniere, son corps ne luy sert de soulagement, mais luy sert de tourmēt. Et dans lequel, au lieu de seruice, qu'elle en deuroit tirer, elle en reçoit toutes ces passions & concupiscences, qui luy amenent pour plaisir cuidé ou pretendu, mille desplaisirs bien veritables. Parquoy ce corps reçeu d'elle en ceste maniere, luy est vn fais & charge, qui en fin l'abat, sans aucun moyen d'en releuer. Et ce pendant au lieu que l'ame est mise en l'hōme, pour estre le conducteur & moderateur de toutes ses actions: & que pour ce faire elle a esté prouueuë d'arbitre, tant s'en faut, que celle cy ne commande au corps, que au contraire le corps la tenant liée par ses concupiscences luy commande: de maniere qu'elle ayant quitté son principal secours, demeure sans y auoir aucune resistance: ains luy obeist & s'en rend serue, comme dict Iesus Christ, Qui faict peché, est serf du peché. ET C'EST LA MESCHANCETE, ou vraye malice DE L'AME, que d'abandonner toutes actions & vertus diuines, qui luy sont données pour la faire deuenir bon Demon les employant aux effectz conseruantz en elle l'vsage des essences & vertus diuines, pour les employer en sa ruyne & obeissance des corps difformés & materielz, y oubliant toutes actions & vertus diuines, dont luy est produicte la misere de seruir au corps, qui luy est donné pour luy obeyr. Et ayant tant veneré la matiere du tout ennemie des perfections diuines, que en fin celle là auec ses abus l'a met en eternele ignorance, perdition, & esloignement de Dieu, qui est la plus dure & cruelle punition, que l'ame essence diuine puisse porter.

L'ame mauuais Demon. Chap. 16. Sec. 10.

Que souffre l'ame mauuais Demon. Seruir aux corps difformez.

L'ame porte son corps cōme vn fais.

Ioan. 8. d Principal vice de l'ame laisser Dieu.

SECTION 9.

AV contraire la vertu de l'ame est cognoissance. Car celuy, qui cognoist, est desia bon, religieux, & presque diuin. Qui est celuy, ô mon pere? Celuy qui ne parle beaucoup, & qui n'escoute beaucoup de choses. Car celuy, qui vacque aux deux, à sçauoir paroles & ouie, il combat son ombre: Dieu Pere & Bien n'est dict, ny ouy. Ce qu'estant ainsi en toutes ces choses, qui sont, il y a sentiment, ne pouuant estre sans iceluy: mais la cognoissance differe beaucoup du sentiment. Car sentiment est de la chose, qui surmonte, & cognoissance est fin de science.

COMMAIRE.

Ayant declaré, que la malice ou meschanceté de l'ame est ignorance: a cause que l'ame subiect iutelligible en l'homme a pour son principal estat entendre, ou cognoistre. Parquoy

quoy estans surprins d'ignorance contraire a cognoissance elle la conduict & entretient a l'abus & seruice des choses corporeles produisantz l'ignorance du tout contraire aux choses diuines, qui donnent cognoissance, il propose maintenant l'opposite. AV CONTRAIRE LA VERTV DE L'AME EST COGNOISSANCE: c'est a cause que la cognoissance luy faict traiter & manier les choses intelligibles & diuines. CAR CELVY QVI COGNOIST, EST DESIA BON RELIGIEVX ET PRESQVE DIVIN. Il est bon par honneur, que l'on luy faict de luy prester ce nom, comme nous auons cy deuant declaré estre lors, qu'il est moins mauuais, qui est le plus grand degré, que l'homme peut ataindre au trauail de ceste vie de soy retirer du mal: & estre tellement religieux, qu'il aye bien resolu & persuadé dans sa volonté de ne vouloir porter aucun tort a autruy, ensemble ne vouloir oblier aucũ bien faict de Dieu pour ne tumber en ingratitude, cõme dict le Prophte, O homme veux tu sçauoir, que Dieu requiert de toy, c'est faire droit, & cheminer soigneux deuāt ton Dieu. Qui est la vraye pieté, & sont ces deux parties de vraye religion: & qui aura attaint ces degrez en ceste vie, il se peut dire presque diuin, c'est a dire bien esloigné de la veneration des choses materieles, ayant plus dediépar ses vertus son estude, l'abeur, & affection aux choses diuines, que aux choses materieles & basses. C'est celluy, qui desia a faict endormir & assopir ses sẽs, pour ne s'en trouuer empesché ou destourbé ez faictz intelligibles, & ce par le moyen de ceste cognoissance. Laquelle, suiuant ce qui a esté dict a la fin du precedant chapitre, est croire: & ne croire, est n'entendre. Celuy donc, qui cognoist & entend, soy reposant en ceste belle foy est desia bon religieux, & presque diuin ne luy restant, que despouiller ce corps, pour le recouuremẽt de sa felicité. QVI EST CELVY, O MON PERE? CELVY QVI NE PARLE BEAVCOVP, ET QVI N'ESCOVTE BEAVCOVP DE CHOSES. Voulant dire q̃ la multitude des propos perdus abondent tant en ce monde, soit a estre dictz ou escoutez, que ce sont ceux là, qui amusent & abusent plus les hommes par leurs sens. Dont s'ensuit, que ceux, qui frequentent ces grandes garrulités & caquetémens, sont bien esloignez de reietter leurs sens hors d'eux, & les r'enfermer ou assopir pour vacquer à la contemplation. Car il est escript, Le regne de Dieu ne consiste en paroles, mais en vertu: & ailleurs, Ne priez comme les Ethnicques, qui cuident estre exaucez en multitude de paroles. Et au contraire, celuy, qui ne s'amuse à parler, ouïr, remuer menées, rechercher entreprinses, suggerer aux magistrats, & inuēter oppression de peuple, & en fin ruyner les corps & biens, & non contant le plus souuẽt semer mauuaises doctrines, pour paruenir à vne separation de peuple, & par ce moyen executer plusieurs malices & mauuaistiés.

Celuy donc, qui se retire de toutes ces maledictions ne s'amusant tant à l'employ de ses sens, que à l'employ des parties de son intelligence, c'est celuy, qui est bon religieux & presque diuin. CAR CELVY QVI VAQVE AVX DEVX, A SÇAVOIR PAROLES, ET OVÏE, IL COMBAT SON OMBRE. C'est vn prouerbe ancien par lequel lon dict trauailler en vain, comme celuy, qui s'amuse & s'abuse à tenir vn tablier de racontement de nouuelles, & en receuoir de mesme, & infinies autres perditions de temps, esquelz l'homme ne laisse pourtant d'y trauailler & s'en donner peine. Toutefois sont toutes actions, qui ne luy reuienent à aucune vtilité: ains par ceste perdition de temps, & distraction ou desuoyement qu'il s'engendre des choses diuines, il s'acquiert vn merueilleux reculemẽt & y pouuoir rentrer, quand bien quelquefois apres il voudroit dōner l'oreille a ce bon sainct Esprit image de Dieu, qui nous solicite continuelemẽt de maniere. Qu'il si trouueroit si dur & difficile a y rentrer, que a peine s'en feroit il profit, cõme dict Ieremie, Si l'Athiopien chāge sa peau & le leopard ses bigarrenres, ainsi vous faires bien ayant accoustumé le mal. Qui est autant a dire que fort malaiséement. Nous pouuous donc bien dire, que celuy, qui employe ses temps, peine, & solicitude a parler, ouïr, ou remuer plusieurs choses sẽsibles ou corporeles en ce mõde, il se trouue que la recõpence de ses trauaux est pareille a celle de celuy, qui s'est long tẽps escrimé, & combatu contre son ombre, contre laquelle ayant bien ahainé, & sué il ne luy en demeure que ruyne du temps & de sa personne. DIEV PERE ET BIEN N'EST DICT N'Y OVY. C'est que Dieu en ce, qu'il faut, que nous en ayons quelque fois cognoissance & communication, ne peut estre exprimé par les sens corporelz, parole, ouye, veuë, ny atouchemens, ny autres actions sensibles quelconques.

Parquoy qui le voudra aperçeuoir, ce n'est les sens, qu'il y faut employer, c'est sa piece mesme, qui luy faut presenter, qui est la saincte image de Dieu, qu'il nous a donné en nostre creation

creation accompagnée de cognoissance, intelligence, amour, soin, bonne volonté, & toutes autres vertus intelligibles, qu'elle nous a amené, toutes parties & essences diuines. Ausquelles seules appartient la cognoissance & participation de Dieu, & non a ces choses corporeles, qui ne cessent pour vn seruice, qu'elles nous sont de nous produire cent abus & miseres, qui nous ruinent & conduisent à perdition. Ce sont donc les parties intelligibles, qu'il faut mettre en œuure, comme intelligence & cognoissance, & non les sensibles, ains laisser les sens le plus que lon s'en pourra separer, pour n'en estre empesché, & destourbé de meilleure action. CE QV'ESTANT AINSI, dict Mercure, EN TOVTES CES CHOSES, QVI SONT, IL Y A SENTIMENT. C'est vn argument, qu'il prend pour monstrer l'excellence de la cognoissance par dessus les sens, ou sentiment, & nous insinuer que nous nous deuons tousiours arrester à la cognoissance plus que au sentiment. S'il est donc ainsi, que la vertu de l'ame soit cognoissance, & que celuy, qui s'amuse aux sens, ouïe, & paroles, combate son ombre, & que en fin Dieu, Pere, & Bien ne soit dit, ny ouï: si est-ce que en toutes ces choses, qui sont parmy nous, & desquelles nous ne nous pouuons separer, il y a par toutes sentiment : de tant qu'elles sont toutes corporeles & materieles, NE POVVANT ESTRE SANS ICELVY : & sembleroit, qu'il nous auroit esté donné pour nostre principal vsage, & le plus digne, qui soit en la persône. Ce qui toutefois n'est ainsi : car ils nous sont donez pour les vsages necessaires du corps, non pour les superflus, qui sont vrays abus amenans perdition. Nous pourrions autrement interpreter ce mot iceluy, le referans au Dieu, Pere, & Bien: de tant que toute chose ayant sentiment, ne peut estre sans iceluy Dieu, Pere, & Bien: attendu que sentiment accompaigne necessairement & inseparablement vie. Laquelle est vraye essence diuine, sans laquelle la creature ne peut auoir cest estre, par lequel elle communique à Dieu, lequel seul est, & duquel estre depend la vie, & de la vie les sens & sentiment. MAIS LA COGNOISSANCE DIFFERE BEAVCOVP DV SENTIMENT, soit en excellence, puissance, action, & toute autre preeminance : & c'est celle là, qui est baillée à l'homme auec l'image de Dieu, pour faire sa principale operation & employ de son trauail. CAR SENTIMENT EST DE LA CHOSE QVI SVRMONTE ou domine, ET COGNOISSANCE EST FIN DE SCIENCE. C'est que sentimêt ne pouuant estre appliqué, que és choses materieles, il se trouue surmonté d'icelles, de maniere que la matiere a plus en elle, & surmonte ce, que le sentiment en retire, soit veuë, ouÿe, attouchement, flagrance, ou goust. Et qu'il soit vray la mesme chose corporele est aperceuë de diuerses personnes par leurs sens, plus ou moins de l'vn que de l'autre. Dont s'ensuit : que ceste chose materiele surmonte la puissance du sentiment de ce qu'elle a en soy. Parquoy le sentiment s'adresse a la chose, qui la surmonte. Mais cognoissance estant fin de science surmonte veritablement le subiect auquel elle s'adresse : de tant que cognoistre est le bout du sçauoir comprenant en soy la fin de la science, comme receuant en soy toutes les particularités du subiect. Ce que ne peut faire la science, qui n'est que partie de la cognoissance, côme l'action cômune le nous declare manifestement, quand nous nous estudions de sçauoir tant des conditions du subiect, que a la fin nous paruenôs a le cognoistre. Et en ceste maniere la cognoissance vient a couurir & comprendre en soy toutes les sciences des particularités, & en fait vne fin : de tant que sciêce gist a la methode, par laquelle l'homme trauaile de paruenir a vne fin, qui est la cognoissance. Et voila comment les sens sont de si basse condition, qu'ilz sont surmontez de ce a quoy ilz s'adressent. Et la cognoissance au côtraire surmonte le subiect, auquel elle s'adresse : de tant qu'elle le comprend par entiere science, & de laquelle elle raporte la fin.

SECTION 10.

LA *science est don de Dieu : par ce que toute sciêce est incorporele vsant de la pêsée, côme d'vn instrumêt, & la pensée du corps. Les deux se retirêt dans le corps, soyêt intelligibles ou materiels. Car il est besoin toutes choses estre constituées d'oposition & contrarieté: & n'est autrement possible. Qui est donc ce Dieu materiel? c'est ce beau monde: mais il n'est pas bon a cause qu'il est materiel, & subiect aux passions: & le premier des choses passibles & second des choses, qui sont, & de soy soufret eux: & quelques fois faict, mais tousiours estant, toutesfois estant en generatiô & tousiours engêdré. La generatiô est des choses subiectes a qualité & quantité. Il est mobile & tout mouuement materiel est generation.*

COMMENTAIRE.

PVis que la cognoissance est le but du trauail & actions des vertus intelligibles, & que la SCIENCE est le moyen, par lequel ceste cognoissance se recouure: de tant que cognoissance est la fin & couronnement de science, & Mercure nous declare, que ceste science, de laquelle cognoissance est fin: & laquelle seule se peut dire vraye science, comme dict sainct Pol, Ie n'ay estimé sçauoir aucune chose entre vous, que Iesus Christ, & luy crucifié, de tant qu'elle tend à la vraye cognoissance) & ceste cy EST DON DE DIEV, comme il fut dict à Salomon, Sapience & science te sont données: & à Beseleel, Ie l'ay remply de l'Esprit de Dieu, sapience, intelligence, & science. Voire pour par ceste science rechercher & penser, & inuenter tant par l'employ de la pensée, que lon viene à la cognoissance, qui est le but de la science. C'est donc vn don de Dieu: PAR CE, QVE TOVTE SCIENCE EST INCORPORELE: car c'est à Dieu à donner ses parties incorporeles, n'appartenant à autre à les donner: de tant qu'il est le seul incorporel, comme Mercure le nous a déclaré cy deuāt, diffinissant l'incorporel estre pensée & raison, &c. Et ceste science partie diuine, incorporele faict ses effectz, VSANT DE LA PENSEE, ou entendemēt humain, COMME D'VN INSTRVMENT, prenant en cest endroit la pensée, non pour le sainct Esprit image de Dieu donné à l'hōme, sa plus excellente partie, mais seulement pour les effectz de ceste image de Dieu, qui sont l'excogitation ou l'inuētion & autres esfectz, que nostre langue ne peut autrement nōmer que pensée, prinse du verbe penser, & ceste pensée ou excogitation sert à la science, comme vn instrument a proceder auāt en son entreprinse: comme par l'exemple, que nous auons allegué de Bezeleel, auquel est donnée sciēce, pour excogiter, vsant de ce mot propre pour luy faire entendre, que l'excogitation ou pensée deuoit seruir d'instrument à la science, & comme la science s'aide, comme d'instrument de la pensée : ET ainsi LA PENSEE DV CORPS. C'est que comme la science employe la pensée, ainsi la pēsée employe les sens, qui sont les plus excellentes parties du corps. A cause que (cōme nous auons cy deuant dict) l'intelligence entre en l'entendement par le sens, & par ce moyē la pensée ou excogitation s'aide des sens, pour secourir de leur relation la sçience, qui met en œuure ceste pensée. Comme par exemple, voulant en ceste vie mortele paruenir à la cognoissance de Dieu, ie me doibs proposer la fin pour premier but, comme toute personne, qui entreprend œuure quelconque, se doibt premierement proposer à quelle fin il pretend & delibere paruenir.

Ayant donc premierement proposé, pour mon but pretendu la cognoissance de Dieu, ie suis contrainct de reculer & cōmencer par les choses, qui en sont les plus esloignées, cōme sont tous principes de toutes fins de sciences ou cognoissances, & prendray pour la chose la plus esloignée de Dieu, & sa cognoissance, les choses corporeles, esquelles, ie suis contraint par force de commencer, qui sont mes sens corporelz. Desquelz les vns me reuelēt ouïe de paroles, & propos diuins : les autres me raportent la veuë des creatures : autres la veuë de leur nature & conduicte : toutes lesquelles operations ou effectz dependent des sens corporelz. Et desquelz neantmoins la pensée & excogitation s'aide en l'entendemēt & ratiocination de l'ame pour produire de l'obseruation de ces effectz, quelque methode & ordre, duquel vient à estre produicte en l'entendemēt humain certaine science, par le moyen de l'assemblée des essences diuines, que l'image & S. Esprit de Dieu entretient autour de l'ame. Lesquelles la science met en œuure, cōme la pensée y a mis les sens : & lors la memoire represente le passé, l'inuention en retire des apparances par argumentz ratiocinatifs : & le iugement conclud ce, qui en peut estre retiré. Et de ces actions & operations est faicte la science : laquelle attire des vertus de la pensée par le moyen de l'excogitation, ce qu'elles auoient retiré des sens par le moyen de leur relation. Vray est, que la besoigne passant par le plus de tous ces essais, s'affine, & deuient tant plus elle va auant, en plus d'excellence & perfection : & finalement plusieurs de ces sciences ainsi acquises, produisent la cognoissance, laquelle les comprend & contient toutes en elle. C'est pour reuenir à la differēce, que nous auons mis entre le sentiment & cognoissance, par laquelle nous voyons les sens tenir le plus bas estat, & la cognoissance le plus haut estat.

1. Cor. 2. a Science est dō de Dieu. 2. Par. 1. c Exod. 31. a.

Chap. 1. 7 La pensée est instrumens de la science

Le corps instrumens de la pensée. Chap. 2. sect. 1

Ordre d'entrer en cognoissance.

Office des partis intelligibles.

Ou bien

Science conduict le spirituel, & les sens le corporel.

Ou bien que nous puissions dire, que les sens sont les conducteurs de l'homme corporel, venerant les abus de la matiere:& la cognoissance est le conducteur de l'homme intelligible, venerāt le seul Dieu en ses essences & vertus, concluant par là la differance du sentimēt a la cognoissance estre telle, que de la matiere a Dieu. Et toutesfois vne plus grande partie des hommes sont plus de cas, & estiment dauantage ce qu'ilz manient par le moyen des sens, & qui ne sort iamais de la matiere ou subiect corporel, qu'ilz ne sont les subiectz, qui sont traictés, maniez, & attainctz par les operations & moyens des parties intelligibles, voire iusques a les mocquer & mespriser, & les tourner en fables, & prouerbes. C'est mal entendu l'vsage, auquel les deux doiuent estre employez: & ne se peut l'hōme trouuer bien de les

Les sens plus obseruez que la cognoissance.

confondre, ou preferer l'inferieur au plus digne. LES DEVX SE RETIRENT DANS LES CORPS, SOYENT ILS INTELLIGIBLES OV MATERIELS. C'est que l'homme ayant en sa composition les parties diuines comme les materieles, les deux, soit la cognoissance, ou bien les sens corporelz, desquelz l'vn, qui est la cognoissance, & autres parties diuines, est intelligible, & l'autre, qui sont les sens, est materiel, se retirēt tous dans les corps humains, de tant que les hommes sont cōposés de subiect intelligible, & materiel. CAR (dict

Toutes choses constituées de contrarieté.

M. rcure) IL EST BESOIN TOVTES CHOSES ESTRE cōposées ou CONSTITVEES D'OPPOSITION ET CONTRARIETE. C'est vsé d'vne maniere de parler semblable a celle de Iesus Christ disant, Qu'il estoit necessaire, qu'il aduinât scdales, combien qu'il ne trouuast bon qu'il aduinsent, ains maudict ceux, par qui ilz aduienent: mais il entendoit les choses estant disposées comme il les voioit, il concluoit, qu'il n'y faudroit a aduenir scandales. Tout ainsi Mercure dict qu'il est necessaire, ou besoin toutes choses estre basties, ou constituées de opposition & contrarieté: de tant que toutes choses en ceste region elementaire, sont composées de matiere & forme, qui sont deux contraires, s'il s'en peut penser aucun: de tant que l'vne qui est la forme, est diuine, & la matiere, qui luy est du tout contraire, est l'autre:dont toutes creatures sont faictes. A ceste cause il ne peut estre autrement, & si n'est possible, que ces deux ne s'y trouuent: qui est cause qu'il dict, ET N'EST AVTREMENT POSSIBLE par ce que toute composition estant nombre ne peut estre faicte que des vnitez qui la composent. Or n'est il en tout ce, qui est pour composer toutes choses, que Dieu & matiere, lesquelz estans contraires cōme nous le voyons a nostre grand dōmage, il est necessaire tout estre constitué de contraires, voire au monde tant en son entier, qu'en ses parties: a cause de quoy il a esté dict monde sensible & monde intelligible, comme estant composé des deux. Dont nous pouuons conclure, que de toutes choses constituées, ou composées en ce

Constituez de contrarieté selon les Philosophes.
Plato de anima.

monde, voire le monde mesmes sont basties & composées des choses contraires, en tant cōme nous dirōs prochainement, qu'elles sont faites de chose materiele, & de chose intelligible. Les grands Philosophes interpretent ceste contrarieté estre faicte chacun de son contraire, comme estre faict plus grand de plus petit, qui luy est contraire: plus fort de plus foible, plus iuste de plus iniuste: mais il nous sembleroit, sans toutesfois despriser leur aduis, que ce qu'ilz disent, n'est pas bastir ou composer le subiect principal, ains leur adiouster, ou plustost changer qualitez & conditions, & non le bastir principalement, ou construire, comme faict la matiere & la forme, desquelles ilz sont composez, non qualisiez ou conditionnez.

Le Dieu materiel est le monde.

QVI EST DONC CE DIEV MATERIEL, dict Tat, duquel i'ay tant ouy parler, disant, que c'estoit le premier faict, le second Dieu, produisant tant d'effectz. Et s'il estoit ainsi, que toutes choses eussent en elles, parties si contraires, comment pourrois tu me faire entendre, que ce second Dieu fust compatible à soy mesme, & qu'il ne se ruynast incontinent, à cause de ceste opposition & contrarieté qu'il a en soy? Qui est-il donc? C'EST CE BEAV MONDE, dict Mercure: MAIS IL N'EST PAS BON: combien qu'il soit beau portant en soy les apparances de bonté, lesquelles nous auons declaré estre beauté, de tant qu'il nous manifeste par tant d'excellents effectz, produictz par ses parties intelligibles les efficaces, qui sont en luy, qui sont les vrayes apparances de la bonté infinie de son createur, & facteur, dont il en est dict beau: mais ce qui le garde d'estre dict bon, c'est qu'il n'est en la perfection de son createur, ains est imperfaict, A CAVSE QV'IL EST MATERIEL ET SVBIECT AVX PASSIONS. Nous voyons qu'il est basti de matiere corporele en ses dimentions ou

Le monde n'est bon.

mesures, & si est figuré en ses parties generales, qui est de rondeur: & en ses particulieres d'innumerables façons de descriptions & figures, desquelles la pluspart sont si muables, qu'elles ne demeurent iamais en vn estat: & de ceste inconstance il en est imperfaict, & subiect

a passions,

à passions, lesquelles luy amenent tant de varietez & mutations. Et toutesfois entre les choses creées, il est LE PREMIER DES CHOSES PASSIBLES, en tant qu'il est premier que ses parties, qui sont toutes autres creatures comme luy, que pareillement est creature passible, à cause qu'ell' est corporele, & qu'elle opere: & nous verrons, Dieu aydāt, quelquefois, que toute chose corporele est passible: & que operation est passion: parquoy le monde est passible. Et est aussi SECOND DES CHOSES QVI SONT, par ce que c'est la premiere creature, qui a receu estre de Dieu: lequel estant le premier qui est, le monde sera le second qui est: ET DE SOY SOVFRETEVX, à cause qu'il ne peut fournir de formes à tant de generations & productions, qu'il faict tous les iours: lesquelles il faut qu'il reçoiue à toute heure de son createur, ensemble l'entretenemēt. Car sans les formes, qui luy sont tous les iours données de Dieu, sa matiere & partie corporele ne pourroit subsister ou auoir aucune durée: qui est cause, qu'il reçoit comme soufreteux à toute heure secours de son createur. Et QVELQVEFOIS FAICT. C'est, qu'il n'est point eternel, mais a eu cōmencement, & a esté faict, & cōposé quelquefois, MAIS TOVSIOVRS ESTANT. Car il n'a point d'interuale, auquel il doiue iamais cesser d'estre: lequel estre luy durera tousiours pour le rēdre immortel. TOVTESFOIS ESTANT EN GENERATION, de tant qu'il ne cesse de produire, & engendrer toutes creatures, en tous temps & heures, soit en vne partie ou autre, estant tousiours en continuele operation, qui est generation: en laquelle Mercure l'a quelquefois dict ressembler son createur, & estre faict a son image par ce, que Dieu ne cesse iamais d'operer, & bien faire: ET TOVSIOVRS ENGENDRE, a cause que le monde estant composé pour ses parties des elements, & toutes creatures, & que toute maniere de creatures (mesmes en ceste region elementaire) ne sont tous les iours & heures, que circuler par generations & corruptions, manifestatiōs & occultations, deffaillemens & renouuelementz, qui sont toutes manieres de faire ou créer ou bien engendrer. Il se peut veritablement, par ces causes, dire estre tousiours engendré: a cause que la GENERATION appartient & EST DES CHOSES SVBIECTES A QVALITE ET QVANTITE. Or toutes choses subiectes a qualité & quantité sont materieles. Il est donc quelque fois engendré estant en generatiō, & tousiours engendré; a cause qu'il est materiel. IL EST aussi MOBILE, ET TOVT MOVVEMENT MATERIEL EST GENERATION. Estant le monde mobile & materiel, comme il l'est, son mouuement necessairement sera mouuement materiel. Or tout mouuement materiel est generation, par laquelle est produicte par mutation, quelque nouuele espece: & aussi que generation ou production ne peut estre sans mouuement. Il sensuit donc que tout mouuement du monde ou ses parties, qui sont tous mouuementz materielz, c'est generatiō. Voila la declaration, que Mercure a donné de la nature du monde, sur la demande, que son fils luy a faict. Qui est ce Dieu materiel? Ayant parlé de la nature de la partie materiele du monde, il parlera ensuiuant de la nature de la partie intelligible.

Le mōde impassible cōme passible & muable. Chap. 12. Sec. 11.

Le monde soufreteux.

Le monde est tousiours, engendré.

Le monde est mobile en tās que materiel.

SECTION II.

Le repos intelligible meut le mouuement materiel en ceste maniere: de tant que le monde est sphere, c'est à dire, chef: & sur ce chef n'y a rien materiel, comme aussi soubz les pieds n'y a rien d'intelligible, mais tout est materiel. La pensée est chef. Elle meut en la maniere de la sphere, c'est à dire, en la maniere du chef. Toutes choses donc prochaines à la petite peau de ce chef, en laquelle est l'ame, sont immorteles de nature, comme le corps estant faict en l'ame, & ayant l'ame pleine du corps. Et les choses qui sont esloignées de ceste petite peau, en laquelle sont les choses, qui ont plus d'ame, sont corps. Et le tout est animal: de maniere que ce tout est composé de materiel & intelligible.

COMMENTAIRE.

Nous dirons, Dieu aydant, quelquefois, que tout mouuant est incorporel: & toute chose meuë, ou qui reçoit le mouuement, est corps: qui est cause, que Mercure nous dict en ce lieu, que LE CORPS INTELLIGIBLE MEVT LE MOVVEMENT MATERIEL EN CESTE MANIERE, soy tenant à la doctrine qu'il a tousiours baillé, que le corps ne peut mouuoir l'autre corps, ains faut que ce, qui meut ou donne l'agitation, soit intelligible, ou in-

Chap. 12. Sec. 11. Que c'est la partie intelligible esmouuāte

corporel: & de tãt q̃ toute chose intelligible n'a aucun mouuemẽt, elle est en cõtinuel repos. A cause dequoy Mercure dict le repos intelligible meut: cõme s'il disoit, la chose intelligible qui tousiours repose, & est sans aucũ mouuemãt en soy, ce neãtmoins elle meut le mouement de la chose materielle par son efficace, a laquelle seule conuient d'estre meuë, & non a la chose intelligible: & laquelle materielle n'a en soy aucune puissance de mouuoir. A cause dequoy elle reçoit mouuemant de l'intelligible a la maniere qui s'ensuit. DE TANT QVE LE MONDE EST SPHERE. C'EST A DIRE CHEF: ET SVR CE CHEF N'Y A RIEN MATERIEL. COMME AVSSI SOVBS LES PIEDS. N'Y A RIEN D'INTELLIGIBLE, MAIS TOVT EST MATERIEL. Ce propos sera exposé par vne opinion qu'ont autre fois eu les anciens aucteurs & Idolatres, lesquels suposoient y auoir vn Dieu Serapis composé de toutes matieres, qui se pouuoient trouuer, soit metaux, bois, pierres, terre, & toute autre maniere d'estofe, a celle fin qu'il peut estre dict tres-abondant en toute maniere de bien, & ne deffaillant en aucune chose. Ces anciens s'atendãtz a ceste Idolatrie receurent la reuelation d'vn oracle mise hors par quelque mauuais Demon, qui disoit, Ie suis Dieu en effigie, tel que ie te diray. Le monde celeste est mon chef, & la mer mon ventre, la terre sont mes pieds, mes oreilles sont l'ether, & mes yeux luisants & clairs sont le Soleil.

Comparaison prinse des fables de Serapis.

L'oracle de Serapis disãt ses parties.

De laquelle effigie le commun des Poëtes & autres gens de lettre recepuoient le ciel pour la teste ou chef, le voyant rond, comme si la teste luy aprochoit en figure. La mer pour le ventre, tant a cause de sa tumeur ou enfleure, qu'elle a de la circonference de sa sphere, que aussi pour l'aspiration & respiration, de laquelle elle en reçoit tous les iours le mouuement, a la semblance du ventre, recepuant l'aspiration & respiration des poulmons par son mouuement. Et la terre a esté prinse pour les piéds, comme estant le plus bas fondemãt de toute la machine, & le plus solide, ne souffrant aucune chose plus basse qu'elle a la sembance des piedz, qui sont les plus basses parties de sa personne. L'ether, que nous prenons pour la partie elementaire ou la region de l'air & du feu s'entraprochans: en laquelle sont produits les tonnairres, desquelz le bruit est receu par les oreilles, dont ilz ont atribué a ceste effigie l'ether pour les oreilles. Comme aussi a cause que la lumiere du Soleil est receuë des yeux, ou pour le moins ce, qu'elle illumine: & aussi que ces rayons regardent sur toutes choses, ils luy ont atribué le Soleil pour ses yeux, le voulant faire le plus grand, qu'ilz pouuoient, voire comme tout le Monde, ne cognoissantz ny sçachãtz nouuelles de celluy, qui est si infiniement plus grand que tout le monde, qu'il ne se peut en grandeur comparer a luy, comme le grain de moustarde a toute la masse celeste, mais beaucoup moins. Et de la ces anciens, a cause de c'est oracle, luy atribuoient grandeur diuine. Les autres, a cause de la composiion ou structure de toutes choses luy atribuoient puissance de donner toutes choses: & infinis autres aueuglemantz qu'ils retiroyent de ces Idolatres, que nous laisserons, n'estant nostre propos.

Mais pour y retourner, nous dirons, que Mercure voulant faire entendre sa comparaison du mouuement, qu'amene le repos intelligible au commun, qui desia auoient receu ceste impression, il ne prẽd de toutes ces parties, que le ciel pour la teste, & la terre pour les piedz, en ce qu'il dict, que le monde est sphere, c'est a dire, chose rõde & solide, laquelle est receuë pour la teste ou chef: sur lequel chef il n'y a rien materiel, a cause que sur la region celeste, laquelle ceste Idole prenoit pour son chef, a la verité n'y a rien materiel, ains les pures essences diuines, esloignées de toute matiere, ny description, comme aussi soubs les pieds, lesquels ceste effigie prenoit pour la terre, n'y a rien d'intelligible. C'est que nous ne pouuants considerer aucune matiere, ny lieu soubs la terre, a cause qu'elle occupe le dessoubs de toute chose ayant en elle le centre de l'vniuers, qui est le plus bas point, qui soit en toute la machine du monde, il nous est bien aisé a considerer, que soubz ces pieds, c'est a dire soubz ceste terre, qui n'a aucun dessoubs, il n'y aye aucune chose intelligible, voire ny materielle, autre qu'elle mesmes: laquelle nous estimons estre pure matiere a l'entour de son cẽtre, & ez regions, si aucunes en ya, ou les influances des astres, qui aportent les formes, ne peuuent attaindre. Lesquelles formes sont intelligibles, par ainsi en ces lieux, n'y a aucune chose intelligible, de tant que les vertus diuines, n'ayant que faire si bas pour l'vtilité des creatures, n'y penetrent point, ains laissent ceste partie pure elementaire,

soustenant

souſtenant-&ſeruant de fondement à l'autre partie plus proche de ſa ſuperfice illuſtrée des vertus & graces diuines, pour l'vtilité & bien faict que ce bon Dieu nous aporte tous les iours. Il n'y a donc ſoubz ſes pieds emplus de intelligible, qu'il y a ſur ce chef de materiel. LA PENSEE EST CHEF, ELLE MEVT EN LA MANIERE DE LA SPHERE, C'EST A DIRE, EN LA MANIERE DV CHEF. Ceſte penſée,de laquelle veritablement toutes parties ſoient iugement,intelligence,cognoiſſance,ſubtilité,memoire,inuention, & infinies autres parties de l'image de Dieu,ſont logées dans le corps humain, principalemẽt au chef, comme chacun le ſent en ſoy,dont Mercure a bien voulu dire,que la penſée eſtoit chef. Il y a auſſi vn'autre conſideration, par laquelle la penſée merite d'eſtre dicte chef de toute la cõpoſition: c'eſt à cauſe de ſon excellence, qu'ell'a par deſſus toutes les parties de l'homme, comme le chef ſur les autres membres. La penſée donc eſtant chef, elle eſt dicte mouuoir en la maniere de la ſphere,laquelle nous auons dict eſtre chef. Et pour declarer ce mouuement,qu'il donne a la penſée, qui a la verité n'a aucune agitation,ou ce que nous entendons par mouuement, Mercure n'a voulu taiſer la ſubtilité du mouuement de la ſphere pour le comparer au mouuemẽt de la penſée.Laquelle eſtant cauſe & mouuant tout ce qui ſe meut en l'homme,& toutesfois elle ne meut,ains repoſe rouſiours en ſon eſtat.Tout ainſi la ſphere celeſte,laquelle il a dict eſtre ce chef,donne mouuement, & faict agiter & mouuoir tous les corps celeſtes & autres par elle contenus d'vn lieu a l'autre, ſans toutefois qu'elle mouue iamais de ſa place. C'eſt a cauſe de la perfection circulaire aux figures planieres,& ſphericque aux ſolides, comme a ce propos.La ſphere donc a de ſa nature,& compoſition de ſa figure, vne telle proprieté qu'eſtant meuë, voire du plus grand effort, qui ſepuiſſe penſer,a l'entour de ſon axe par ce mouuement,elle ne remuë ny occupe autre lieu quelconque,tant ſoit petit, que le ſien propre, non plus durant le mouuement,que durant le repos,ſur quelque diametre des ſiens,qu'elle ſoit meuë,ce qui ne conuient a figure quelconque,que a celle là, a cauſe de ſa perfection.

Parquoy ſon mouuement de vray rauiſt les corps, qui ſont dans elle, & toutes ſes parties: & les tire a faire leur circuit,& leur donne mouuement,les tirant d'vn lieu en autre. Ce qu'elle,qui les y attire & contrainct y venir,ne faict pas en ſon tout,ains demeure touſiours en ſon lieu, ne remuant, tant ſoit peu, ça ny là, quelque action & vertu de mouuement qu'elle enuoye aux autres corps.Tout ainſi ceſte diuine penſée eſtãt dans ce chef, ou elle meſme vray chef de l'homme enuoye par tous membres & actions, que faict ce corps humain,ſes vertus & puiſſances de mouuoir,& les remuë ou agite,ou bien donne mouuement,ſans qu'elle remuë aucunement ny en reçoiue d'aucune part, & ce en telle perfection par ſus celle de la ſphere, que la choſe intelligible l'a par deſſus la materiele. Toutesfois Mercure n'a voulu obmetre ceſte comparaiſon, pour manifeſter la conuenance, qu'à la perfection circulaire ou ſphericque ſur toutes choſes materieles, d'aprocher plus a la nature des intelligibles. Et en ceſte maniere eſt faict le mouuement de la penſée ſemblable a celuy de la ſphere, que nous auons receu pour chef.TOVTES CHOSES DONC PROCHAINES A LA PETITE PEAV DE CE CHEF, EN LAQVELLE EST L'AME, SONT IMMORTELES DE NATVRE.Il continue ſa comparaiſon figurant en ce chef vne petite peau ou membrane, qui contient tout ce,qui eſt dans ce chef:& a la ſemblãce du chef materiel humain, qui a le pois de ſa vie ſi proche de ceſte peau ou membrane, que ſi elle eſt offenſée auec ſe panniculles l'ame ſe deſpart incõtinẽt.Par ou il prend, q̃ l'ame ſoit en lieux prochainsà ceſte petite peau: & d'auantage dans ce chef, auquel ſont leur habitatiõ toutes vertus de l'image de Dieu,ſont toutes choſes intelligibles,& par conſequent de leur nature immortelles.Parquoy il dit, que toutes choſes,qui ſont proches a ceſte petite peau, en laquelle eſt l'ame, ou de laquelle pend la vie ſont immorteles de nature:comme auſſi toutes choſes prochaines de ceſte ſphere prinſe pour chef, en laquelle ſphere eſt contenue l'ame de l'vniuers dominant, & conduiſant toute forme & matiere des creatures parties de l'vniuers.C'eſt aſcauoir tous corps celeſtes, creatures prouueuẽsde tant,& ſi diuerſes actiõs,&vertus diuines,ſont toutes immorteles de leur nature,contenantz & comprenantz dans leur circuit, charge, & puiſſance, toute choſe corporele: COMME LE CORPS ESTANT FAICT EN L'AME de c'eſt vniuers,dans laquelle & ſoubz la conduicte de laquelle, toutes choſes corporeles ont eſté encloſes: ET par conſequent AYANS L'AME PLEINE DV CORPS. C'eſt en ce, que l'ame enuironne toutes les parties du corps,comme diſent les ſçauans,que l'ame eſt toute par tout, & tou-

Comparaiſon du mouuemẽt de la penſée à celuy de la ſphere.

Perfection de la ſphere mouuant.

La forme ſpherique approche ſur toutes autres l'intelligible perfectiõ.

Le hault aux immortels, & le bas dedié aux mortels.

L'ame pleine de corps

Bb 2

te en chafque partie du corps: & en cefte maniere elle eft pleine de corps. Voila quant aux chofes, qui font proches de cefte petite peau, en laquelle eft l'ame. ET LES CHOSES, QVI SONT ESLOIGNEES DE CESTE PETITE PEAV, EN LAQVELLE SONT LES CHOSES, QVI ONT PLVS D'AME, SONT CORPS. C'eft que (comme nous venons de dire) les chofes plus prochaines de cefte peau, en laquelle eft l'ame, ou les chofes qui ont plus d'ame, qu'il prend pour mefme chofe, comme eftans chofes immortelles de nature, qui vaut autãt que d'auoir plus d'ame ou vie. Ces chofes donc, qui font plus efloignées de cefte petite peau: ou bien plus efloignées de ce chef, fphere du monde celefte, font corps, c'eft à dire, tiennent plus du corps, que de l'intelligible. Dont f'enfuit qu'elles font mortelles de nature, comme font toutes creatures, habitans en cefte region elementaire, efloignées de ce chef, duquel font proches les creatures immortelles. Ceft efloignement declare le lieu de la fubiection de mort, tant efloigné de l'immortalité. Tout ainfi en l'homme (comme nous auons dict cy deuant) toutes chofes efloignées de cefte petite peau, qui contient les parties immortelles, & par confequent retirées de leur frequence, & habitude, ou feparées: & mefprifans les vfages, & vtilités des parties immortelles, prochaines de cefte petite peau ou chef, penfée image de Dieu, toutes celles là font corps, & par confequent fubiectes à mort, ruine, & perdition. ET TOVTESFOIS LE TOVT EST ANIMAL: DE MANIERE QVE CE TOVT EST COMPOSE DE MATERIEL ET INTELLIGIBLE. C'eft par où il reuient à ce, qu'il a dict parauant, que toutes chofes font conftituées, & compofées d'oppofition, & contrarieté: comme nous voyons en cefte principale compofition, que Dieu aye faict, en laquelle il a meflé l'intelligible, qui font fes effences, & vertus, acompaignant fon fainct Efprit, qu'il a mis en l'homme, auec le materiel, qui eft ce corps elementaire, fubiect à tant d'imperfections, & infamies, de nature totalement contraire à cefte diuine partie intelligible: voire demandant, & fufcitant continuellement par fes fens toutes chofes contraires à la nature de ces parties intelligibles. Et toutesfois le tout compofé enfemble eft animal, fi bien ordonné du createur, qu'en toutes fes factures, ces deux parties fe trouuẽt fi compatibles, c'eft à fçauoir la matiere & forme, combien que de leur nature elles foient directement oppofites, & demandent chofes contraires, que nous y apperçeuons vne fi grande harmonie, & conuenance, que l'vn ne procure iamais la ruine de l'autre: ains la conferuation de fon cours, & durée, felon que l'ame de l'vniuers a charge d'en difpofer, & leur difpenfer les volontez du createur, referué en la premiere, & plus excellente de toutes creatures, en laquelle il fe trouue prefque ordinairement vn fi cruel combat, entre ces deux parties contraires, que à peine f'en trouue-il guiere, qui parachevent leur cours, à caufe de l'offenfe, que produict la partie vitiée contre le compofé entier, demandant droictemẽt fa mefme ruine. Et ce deffaut eft aduenu, à caufe que ce compofé feul entre toutes creatures mortelles, a reçeu ceft honneur, & faueur d'arbitre, & difpofition liberale de fes actions, eftant par ce moyen exempte de la charge, & neceffaire conduicte de nature : l'ame de l'vniuers à la charge de rendre compte des effectz de fon arbitre: lequel n'eftant fi bien employé, que cefte prudente ame de l'vniuers, employe fes actions à la cõduicte de fa charge, il fe trouue, que ce qu'elle conduict & gouuerne, tend ordinairement à fa conferuation : & ce que l'arbitre conduict tend à la ruine, à faute de bien employer fes moyens, de tant plus excellents que ceux de nature : comme le fainct Efprit eft plus excellent, que vne de fes actions, ou puiffances.

Comparaifon du grand au petit monde.

L'intelligible & materiel fõt l'animal.

Perfection de compatibilité de contraires.

L'arbitre rẽd l'homme incõpatible a foy.

SECTION 12.

ET le monde veritablemẽt eft le premier animal, & l'hõme le fecond apres le monde: mais le premier des autres animaux mortels eftãt prouueu d'ame, il n'eft feulemẽt non bon, ains eft mauuais, en tant qu'il eft mortel: mais le monde n'eft pas bon, en tant qu'il eft mobile: & fi n'eft mauuais, en tant que immortel : & l'homme, en tant que mobile & mortel, eft mauuais.

COMMENTAIRE.

AV contraire de ce que plufieurs ont penfé, que l'ame fuft contenue dans le corps: de tant que les fens corporelz, qui nous dominent plus, que la cognoiffance & raifon,

lefquelz

lesquelz ne pouuant apercepuoir l'ame du viuāt auoir aucune saillie hors du corps, ont concluds qu'elle estoit enclose dans ce lieu corporel: ce qui ne peut estre en ceste maniere, a cause que l'ame estant subiect intelligible, & par consequent essence diuine, ne peut occuper aucun lieu corporel, ny estre precisément en iceluy: bien peut elle estre destinée, & deputée a vn seul corps, lequel elle contient, conduict, & gouuerne: de maniere que pour ceste cause Mercure vient de dire, qu'elle est pleine de corps, comme aussi nous pouuons dire que ce corps est plein d'ame, n'y ayant aucune partie qui en soit vuide. Et par ainsi il a concluds qu'en ce composé de l'animal, il y a du materiel, & de l'intelligible, du mortel & de l'immortel, de tant que tout ce, enquoy consiste la forme de l'animal, estant partie diuine, est immortel: & le reste consistant en matiere, est mortel. Les choses estant ainsi preparées, Mercure dict, ET LE MONDE VERITABLEMANT EST LE PREMIER ANIMAL, estimant le monde animal, comme estant prouueu d'ame pour sa conduicte & gouuernemant, qui est l'ame de l'vniuers. Laquelle nous auons p'aguiere exposé, par laquelle son conduictes ses parties corporelles en tant d'effaicts, soient mouuements, generations, mutations, productions, & autres operations, desquelles il ne cesse iamais, comme instrumēt de son createur, qui ne prend iamais cesse de bien faire a ses creatures. Il est donc pour ceste cause premier animal tant en grandeur, qu'en temps de creatiō, qu'aussi en dignité prins entieremant en ce qu'il contient. ET L'HOMME QUI EST LE SECOND APRES LE MONDE, MAIS LE PREMIER DES AVTRES ANIMAVX MORTELS, ESTANT PROVVEV D'AME. Lequel homme de sa condition particuliere est plus digne, & exellent, que le móde, mais le mōde prins entier, contenant l'hōme, & en faisant vne de ses parties est a ceste cause premier, plus digne, & exellent que l'homme seul sans le monde. Parquoy l'homme est estimé second animal apres le monde en toutes manieres: en tant qu'estant partie du monde, toutesfois est il estimé premier entre tous autres animaux, non en temps de creation. Car les animaux furent crées auant l'homme (comme Mercure l'a cy deuant declaré) auquel s'accorde Moïse: MAIS c'est en dignité, excellance, & plusieurs prerogatiues qu'il a receu par dessus toutes autres creatures mortelles, lesquelles cōcluant en vn mot nous dirōs, que toutes creatures n'ont receu pour leur forme, que certaines graces & essences diuines, & l'hōme a receu le mesme createur, auec toutes ses graces, & essences, sainct Esprit, image de Dieu en l'homme.

En ceste maniere l'homme a en soy quelque chose d'ame, cōme dict Mercure premier de tous autres animaux, par ce qu'il a la vraye ame particuliere a luy, separée de l'ame de l'vniuers, ce q̄ n'ōt les autres animaux ne s'aidāts d'aucune ame particuliere: ains estans cōduicts chacun en son particulier par l'ame de l'vniuers, laquelle n'a esté separée, ou despartie pour aucun animal, que pour l'hōme: & ce a cause, que celuy seul estoit disposé pour recepuoir arbitre, duquel il ne pouuoit vser sans ame particuliere a luy. L'homme donc combien qu'il soit premier, & plus excellent, & prouueu d'ame, entre tous autres animaux: si est ce que IL N'EST SEVLEMANT NON BON, de tant qu'estant corporel, subiect a mouuemēt, & passion, il ne peut estre bon, a cause qu'il a imperfection, qui l'empesche d'auoir ceste excellence de bonté: laquelle ne souffre subiection, mouuement, ou imperfection quelconque: AINS qui pis est, IL EST MAVVAIS EN TANT QV'IL EST MORTEL. C'est le titre que l'homme a acquis par son peché, d'estre non seullement non bon, mais mauuais, comme ayant trouué & amené sur luy la mort par son deffaut: & en cela il s'est rendu inferieur au monde, au lieu de demourer pour le moins sans la mort en mesme condition. MAIS LE MONDE N'EST PAS BON EN TANT QV'IL EST MOBILE, ET SI N'EST MAVVAIS, ENTANT QVE IMMORTEL. Voila enquoy il excelle sur l'homme, que n'estant bon, pour le moins il n'est mauuais, comme l'homme: & ce qui l'empesche d'estre bon, c'est la matiere subiecte a mouuement, mutation, variation, & instabilité, qui sont toutes imperfections: desquelles toutesfois il s'aide pour faire son estat en sa nature d'imperfection.

Et ce qui le preserue d'estre mauuais, c'est que son ame de l'vniuers n'ayāt iamais receu arbitre, elle n'a peu offencer: detant qu'il ne peut venir aucune offense, que du subiect proueu d'arbitre. L'ame de l'vniuers donc n'ayant eu arbitre, ains ayant esté contenue soubs ces regles, loix, & prescriptions ordonnées de son createur, elle par ce moyen a esté hors de toute occasiō d'offenser. Dont s'est ensuiuy que n'offenst point, elle n'a iamais esté punie

L'ame est deputée a vn seul corps non conuenue.

Le monde premier animal.

L'homme second animal.

La dignité du monde depēd de l'homme.

L'homme precede sous animaux.

L'homme a son ame separée des autres.

Pour la matiere l'homme est priué de bonté.

L'homme est mauuais par acquisition de mort.

Le monde demeure immortel a faute d'arbitre.

Bb 3

de mort, par laquelle la mauuaiftié du fubiect eft manifeftée: mais eft demeurée gardant & conduifant fon monde immortel, quant a fes parties vniuerfelles, defquelles il prend le nom d'immortalité, bien qu'il foit mortel, quant aux animaux habitans en la region terreftre, qui eft vne fi petite partie de fon corps, qu'a peine par grand nõbre que ce foit, l'homme en pourroit exprimer la diminution, auffi pour auoir cefte fi petite partie des creatures terreftres mortelle, il ne peut eftre dict mortel en aucune de fes parties, de tant que au regard de l'eftat & office, qu'a receu le monde par fon createur en l'adminiftration de cefte petite partie terreftre, il n'y a aucun vice de mort: a caufe que fon eftat eft de faire affembler & diffouldre, changer, & renouueller, occulter, & manifefter, generer, & corrompre en fa partie elementaire, qui font les actions & paffions, defquelles eft produicte la mort. Parquoy continuant le monde fes actions fans ceffe en fes parties elementaires, efquelles il a receu cefte charge, eft dict toufiours viuant: & ne ceffant fes actions, combien que fes petites parties foient en leur particulier mortelles, ce qu'elles ne font, eu efgard a l'office du monde: a caufe dequoy il demeure immortel & non mauuais: ET L'HOMME, ENTANT QVE MOBILE ET MORTEL, EST MAVVAIS. C'eft que l'hõme eftant materiel (comme nous venons de dire) eft mobile & fubiect a mouuemant & mutation, dont il prend titre de nom, Bon: & en tant que mortel, comme ayant acquis cefte mifere par fon deffaut, c'eft le vice du deffaut, qui l'a rendu mauuais, & la mortalité qui luy en eft aduenue, a manifefté fa mauuaiftié. Parquoy, comme eftant mortel, ce qu'il ne pouuoit eftre fans tumber en offence, il a efté trouué mauuais & malicieux.

Generation corruption & mors font l'immortalité du monde.

Le monde eft immortel pour auoir obferué fon eftat.

L'homme fut mortel pour n'auoir obferué fon eftat.

SECTION 13.

L'Ame de l'homme eft portée en cefte maniere: La penfée gift en la raifon, la raifon en l'ame, l'ame en l'efprit, l'efprit au corps: l'efprit penetre par les veines, arterez, & fang, & meut l'animal, & le porte aucunement. A caufe dequoy aucuns ont cuidé le fang eftre l'ame, faillant la nature, n'aperceuants qu'il eft premierement requis, l'efprit retorner en l'ame: & lors le fang fe prandre, & les veines & arteres s'euacuer, & lors desbatir l'animal, & c'eft la mort du corps.

COMMENTAIRE.

APres auoir declaré la difference de l'infinuation de l'ame ez animaux, Mercure nous declare la maniere, en laquelle l'ame eft mife, portée, ou fituée dans la cõpofition de l'homme: & dict L'AME DE L'HOMME EST PORTEE EN CESTE MANIERE. LA PENSEE GIST EN LA RAISON, LA RAISON EN L'AME, L'AME EN L'ESPRIT, L'ESPRIT AV CORPS. Il nous faut refouuenir en quel degré Mercure nous a toufiours baillé la penfée, laquelle il a ordinairement prins pour ceft image de Dieu, mife en la compofition de l'homme: & de tant que fon excellence ne peut fouffrir d'eftre immediatement acompagnée, ou couuerte d'vn corps elementaire ou materiel, plein de toute imperfection: ains cefte prouidence diuine la voulant mettre en cefte compofition, a dõné tel ordre au lieu, qu'elle doibt y tenir, que la matiere s'en trouuera ia plus efloignée de toutes les parties, qui entreront en cefte meflange. A caufe dequoy, il luy a pleu ordonner, que de toutes les parties de cefte compofition les plus precieufes feront les plus proches de cecefte diuine penfée, & les moins precieufes les plus efloignéez. Qui eft caufe qu'il cõftitue la penfée premiere partie, & plus excellente, dans la raifon, laquelle eft la plus digne apres celle la: & conftitue cefte penfée & raifon en l'ame, qu'eft vne autre effence diuine, deputée a la cõduicte, & gouuernemẽt de l'animal: & ces trois ainfi ordõnées font fituées dans l'efprit, qui eft vne autre vertu, & puiffance diuine informée en corps d'air, donnée au corps humain, en laquelle gift la vertu de tout mouuement, force, & action corporelle. De maniere que cefte vertu d'efprit eft en l'homme, fufcitatif de mouuement, impulfion, attraction, & de toute action de force.

Ordre des principales parties de l'hõme.

L'ordre de vie eft du dedans au dehors.

Lequel

Lequel esprit ayant receu toutes ces dignes essences, est assis auec ce, qu'il enuelope dãs le corps, & comme nous dirons quelques fois, dans la plus precieuse partie du corps, qui est le sang, a celle fin que l'ordre de la prouidence diuine ne soit interrompu, commençant de la plus digne partie, iusques a la plus indigne par moyens ordonnez, chascun selon sa dignité. En cest excellent ordre nous voyons, que la prouidence de Dieu a constitué l'ame, qui doit receuoir la dignité d'arbitre, par lequel elle commandera a tout ce composé, au milieu des cinq parties contenues en c'est ordre. Dont il en y a les deux premieres, qui ne manient, & fournissent l'ame, que des vertus intelligibles, asçauoir la saincte pensée, & raison. Et les deux dernieres n'ont maniement, que du corps asçauoir l'esprit & le corps. Or est ce que l'ame receuant le gouuernement de ce composé, reçoit communication tant des premieres parties intelligibles, que de leurs essences, puissances, & vertus: & pareillement reçoit communication par les deux dernieres manians l'estat corporel de leurs puissances & moyens. Reste que c'est a elle de prendre le conseil, de la ou son arbitre voudra pendre, car les premieres luy proposent tout bien, & moyen de l'executer: les dernieres luy presentẽt les actions corporeles, dõt sortẽt de grãdes miseres. De maniere qu'elle ne se peut plaindre, qu'elle aye faute de bon conseil, ayant raison a son costé: ny pareillement de secours a l'executer, ayant la saincte pensée, sainct Esprit de Dieu en elle, proueu de toute puissance, & bonne amour, & volonté a luy. Il ne tiendra donc que a elle, qu'elle ne face son deuoir, ayant receu l'ordre, & disposition de tous secours qui luy sont besoin pour ensuiure la volonté de son createur. Mais il y a grand danger que l'ame estant reprinse d'auoir donné son amour aux parties corporeles, mesprisantz les intelligibles, qui sont de l'autre part, se vueille excuser en ce qu'elle confesse, que ces parties diuines, pensée, & raison sont en elle, & qu'elle les enuelope: mais aussi les parties corporeles enuelopantz l'ame la tirent de leur part, qui est cause qu'elle trouue portée celle part, & en malice. Nous dirons que ceste excuse sera semblable, a celle du premier homme, qui s'excusoit d'auoir esté deceu par sa femme, & non par son arbitre, decliné a concupiscence, qui est celuy, qui nous deçoit ordinairement. Et d'auantage auons a noter que c'est ordre, que propose Mercure n'est entendu corporelement l'vn en l'autre, comme en estuy materiel, qui est chose indigne de telles excellences, mais c'est ordre est ainsi disposé pour exprimer les dignités & conditions des parties situées en l'homme soubz la figure de ceste ordonnance corporele, qui nous est plus familiere que la veritable, laquelle bouche ne peut exprimer. Voila donc l'ordre, qu'ont en l'homme la pensée, la raison, l'ame, l'esprit, & le corps. L'ESPRIT PENETRE PAR LES VOYNES, ARTERES, ET SANG, ET MEVT L'ANIMAL, ET LE PORTE AVCVNEMENT. C'est, que l'Esprit penetre tout le corps, a celle fin d'aporter vigueur, & action de mouuement, ou force, a toutes les parties du corps: lesquelles en ont besoin chascune a son office. Parquoy ceste vertu spiritale courant dans le sang, qui est espars dans les voynes, & arteres, par tout le corps, facilement penetre tout le corps, adioutant son action, & vertu aux muscles & nerfs, qui ont besoin de plus grand force, que les autres parties, de maniere que c'est esprit de nature aërée par ce moyen meut, & donne l'agitation a l'animal: & le porte auec ceste vigueur, par tout, ou l'ame luy ordonnera le conduire, ou faire autres mouuements, soit l'ame humaine au corps humain, ou bien l'ame de l'vniuers aux corps des bruts. Esquelz le vray siege de l'ame portant leur vie, en qui est ceste vertu spiritale, est dans le sang, comme il est escript, L'ame de la chair est au sang, & ie le vous ay donné, à celle fin que sur l'autel vous purgez en iceluy pour voz ames. Ceste vertu spiritale donne toutes ces actions ou mouuements, A CAVSE DEQVOY AVCVNS ONT CVIDE LE SANG ESTRE L'AME, voyant les effectz sortir des vaisseaux, qui contenoient le sang, & pareillement voyans, que le sang deffaillant, ceste vigueur deffailloit. Ilz ont pensé le sang auoir en son propre ceste vertu spiritale, & ceste vertu estre l'ame de ce corps, soy deçeuants grandement, & FAILLANS LA NATVRE des choses, N'APERCEVANS que l'ame est chose intelligible, & le sang subiect materiel: lesquelz n'ont rien commun ensemble, que tant qu'ilz sont en la composition de l'animal: & ne s'aduisantz QV'IL EST PREMIEREMENT REQVIS en la dissolution de l'homme, L'ESPRIT RETOVRNER EN L'AME, a cause que l'esprit estant vertu accompagnant l'ame, & donné a icelle pour luy obeyr subiect intelligible, comme elle ayant laissé la matiere, se retirera plus facilement, & se trouuera plus compatible & mieux seant auec l'ame, qui est de sa nature intelligible, que auec le sang, qui est de nature corpo-

L'ame au milieu de toutes parties.

L'ame est proueue de tout ce qu'elle a besoin.

Excuse corporele de l'ame.

Vraye intelligence de c'est ordre.

L'esprit est sinué en l'air pour penetrer le corps.

L'ame n'est sang, mais est au sang.

Leuit. 17 a

Dissolutiõ de l'animal.

rele & materiele. Dont il aduient que l'esprit vertu diuine ayant abandonné le sang pour soy retirer a l'ame nud, ET LORS LE SANG soy sentant priué de la chaleur naturele, que luy entretenoit ceste assemblée des choses intelligibles auec les materieles, laquelle assemblée venant en dissolution ou despartement de ses vnitez, la vie & chaleur, qui dependoit de ceste assemblée, commençant à se retirer, & le sang SE PRENDRE ou congeler, ayant perdu la chaleur, qui le tenoit liquide, & soy retirer pres des parties principales, qui souffrant beaucoup à ceste dissolution, retirent à elles tout le sang ez plus grands, ET plus proches vaisseaux. Qui est cause, que LES VOYNES, ET ARTERES, semées par tout le corps, viennent à S'EVACVER, & par cōsequent despouruoir toutes les parties de l'homme, d'esprit, & vie: ET LORS DESBASTIR & dissoudre la composition, qui auoit esté faicte de L'ANIMAL, chasque vnité commençant deslors à reprendre son chemin a retourner en la sourçe, attendant vne autre assemblée ou composition. ET C'EST CE, qu'on appelle LA MORT DV CORPS, que Mercure nomme dissolution ou despartement des simples parties ou vnitez, qui auoient esté assemblées pour sa composition. A cause dequoy ceux, qui pensoient le sang estre l'ame, estoient grandement abusez, ne s'aduisans, que le sang en la dissolution s'en aloit auec les parties corporeles, comme estant le sang matiere, & l'ame auec les intelligibles, comme estant essence diuine.

Par l'absence de l'esprit le sang se congele.

SECTION 14.

D'VN *commencement pendent toutes choses: mais le commencement est d'vn & seul. Et le commencement est meu, à celle fin, qu'il soit de-rechef commencement, toutesfois l'vn & seul demeure, & n'est point meu. Ces choses donc sont trois, Dieu, Pere, & Bien, le Monde & l'homme. Et Dieu a le Monde, & le Monde a l'homme, & le Monde est filz de Dieu, & l'homme est comme race du Monde.*

COMMENTAIRE.

Ch.4.sec.10.

NOus auons declaré cy deuant, que l'vnité est commencement de toutes choses, & de laquelle pendent toutes choses, en tant que cōmencement d'icelles. Donc Mercure nous dict, que D'VN COMMENCEMENT PENDENT TOVTES CHOSES, parlant si generalemēt, que par ceste clause il cōprend toutes manieres de commencemens, tant le cōmencement des cōmencemens, q̄ les cōmencemens particuliers de chasque effect. Entre lesquels en y a, qui peuuēt estre dictz cōmencemens, l'vn d'vn effect, l'autre de deux, trois, quatre, ou plusieurs. Lesquelz tous dependront de ce cōmencement, & par ainsi diuers cōmencemens produirōt diuers effects, ou quelquefois vn seul cōmencement (cōme nous disons) produira plusieurs effectz. Mais tant y a que toutes choses en ce mōde, & tous effects dependēt d'vn cōmencement, qui leur est particulier à chacun. La cōparaison s'en peut faire sur la rameure d'vn arbre, duquel chasque rameau contenāt ses feuilles, fruitz, & branchetes, reçoit son cōmencement de la tige, qui se despart de la prochaine fourche: de laquelle pareillement peuuēt sortir autres tiges, qui seront chacune cōmencemēt de son effect: & reuenant plus bas, se trouuera vne autre tige, qui sera cōmencement de tous ces cōmencemens, & par consequent de tous ces effectz: & finalemēt venant à la souche de l'arbre, nous trouuerons, qu'elle estant vne & seule, est le cōmencement de tous les susdictz cōmencemens, quantz qu'ilz soient. De mesme maniere nous disons, que toutes choses ou effectz dependent chacune de son cōmencement particulier: MAIS LE COMMENCEMENT EST D'VN ET SEVL. C'est cōme nous disons, q̄ tout cōmēcement depend d'vn cōmencemēt, qui est seul. C'est ceste vnité, laquelle nous auons cy deuāt dit estre vne seule ne depēdant d'autre, estant soy mesme son cōmencement. ET LE COMMENCEMENT dependant de cest vn, & seul EST MEV ou reçoit mouuemēt, A CELLE FIN QV'IL SOIT DERECHEF COMMENCEMENT, à cause qu'entre tous cōmencemens, il n'y en a que l'vn & seul, qui soit immobile & stable, de tant qu'il est cōmencement & source tant de soy mesme, que de tous autres cōmencemens. Et ces autres cōmencemens immediatemēt produisans choses materieles, necessairemēt (de tant q̄ l'vn & seul produict les intelligibles) sont de la nature de leur suitte ou effectz. Si donc les effectz sont materielz, les cōmancemens seront materielz, & par consequant subiectz a mouuement, & telle circulation & renouuellemēt, qu'ayant esté vne fois cōmencement, ilz

Commencement de toutes choses.

Comparaison sur la rameure de l'arbre.

Tous commencemens sont d'vn & seul.

Tout commencemens immediatz est de nature de sa suitte.

reçereceuront telle circulation & mouuement, durant le cours de leur effect, qu'ilz reuiendront derechef à estre cōmencement d'autre effect, suiuant la nature de la matiere: qui ne pouuāt durer long téps souz vne forme, il est necessaire, par son mouuemēt, qu'elle reçoiue dissolution de ceste forme, pour estre derechef renouuellée en autre forme. La seruitude & inconstance de la matiere a porté ceste imperfection, auec plusieurs autres, de l'ancienne separation de Dieu qu'elle receust estant laissée aler en bas sans raison, ny aucune essence diuine, comme du commencement nous l'auons amplement declaré.

Le commancement recōmance pour s'instabilité de sa matiere.

Ce commencement donc materiel est meu pour venir en renouuellement d'autre commencement. TOVTESFOIS L'VN ET SEVL DEMEVRE, ET N'EST POINT MEV, à cause que ce commencement de tous commencemens vn & seul, n'est aucunement materiel, ny par consequent subiect à mouuement aucun, ny autre imperfection, comme est toute chose materiele. Dont s'ensuit, qu'il demeure, est stable & ferme, non variable, ny en aucune maniere muable, comme il est escript, Ie suis Dieu, qui ne suis mué. Et de là s'ensuit, que toutes ses essences & vertus diuines & intelligibles ne sont nomplus subiectes à mouuement ou mutation, ains sont prouueuës de toute fermeté, & constance inuariable. Et de tant que tous ces commencements materielz dependent de ce digne commencement de toutes choses & soy mesme, ilz tienent necessairement quelque chose de la semblance de leur commencement, comme estans yssus de luy, & ce ez plus grandes vertus & perfectiōs qui soient en eux. Parquoy Mercure nous dict, CES CHOSES DONC SONT TROIS, DIEV PERE ET BIEN, LE MONDE, ET L'HOMME. C'est que Dieu Pere & Bien estant vn mesme & simple subiect, a donné sa semblance a ses factures premierement au monde & consequentment a l'homme, comme Dieu est commancement du monde, & le Monde commencement de ce, qui est en luy. Et l'homme pareillement est commancemēt de ce qui est en luy, & pour exprimer les vertus, par lesquelles il execute les effectz dependantz de son commencement, il le nomme Dieu prouueu de toute puissance, pour la conduicte & gouuernemēt de ce Monde homme, & toutes autres creatures. Il le nomme Pere prouueu de toute puissance de créer, produire, & engendrer toutes choses. Il le nomme tiercement Bon, comme estant prouueu d'amour & bonne volonté de bien faire, comme il faict ordinairement, & execute ses grandeurs, bontez, & misericordes procedantz de ces trois causes. Enquoy il veut, que le monde different de luy en tant que materiel & subiect a mouuementz, luy soit semblable: & a ces fins il l'a prouueu de toute puissance necessaire pour conduire, regir, & administrer toutes choses, qui sont en luy. Il l'a pourueu de vertu & & puissance de produire, & engendrer toutes creatures, qu'il produict tous les iours. Il l'a prouueu de moyen de leur bien faire, & leur raporter les dons & graces que ce premier cōmencement leur enuoye iournelement. De mesme maniere il a voulu, que l'homme differāt du Monde, en tant que mortel: & de Dieu, en tant que materiel, mobile, & mortel, retint de luy ceste mesme semblance de ces trois vertus & conditions a sçauoir qu'il aye puissance, cōme de vray il l'a bien grande, par dessus celle du Monde, s'il se sçait aider de toutes ces pieces: il a pouuoir d'engendrer son semblable, faire & composer toutes autres choses, que l'homme faict tous les iours: & pour le tiers, moyen d'exercer son amour au prochain, luy bien faisant de ce, qui sera en luy. Toutes ces puissances & vertus sont en ces trois subiectz, mais diuersement, de tant q ces vertus puissances & bonté sont en Dieu originairemēt, & en leur sourçe, n'y estant venuës d'ailleurs: & au Monde elles y sont par bien faict de sa premiere cause & cōmencemēt. Lesquelles il a assises en l'ame de l'vniuers Nature, ordonnāce, & essence diuine, pour par elle estre desparties, selon son vouloir, sans luy laisser aucune liberté d'en vser autrement. qui est cause qu'en tout ce, q faict nature ame de l'vniuers, n'y a iamais offence contre son Dieu chef & aucteur. Ce n'est ainsi de l'hōme, auquel il a donné ame particuliere: laquelle il a prouueu non seulemēt des vertus & puissances, desquelles il a prouueu l'ame vniuersele, mais l'a bien prouueuë de son S. Esprit ayant en soy toutes vertus & essences diuines trop plus excellētes, & abondātes, qu'il n'en a baillé à l'ame de l'vniuers. Bien est vray, q pour beaucoup l'honorer, il luy a doné vn arbitre, & liberté d'vser, ou abuser de ces dignités & vertus: par lequel l'homme s'est monstré si mal aduisé, qu'au lieu d'aprocher plus a la semblance de son createur que le mōde, comme le moyen luy en auoit esté doné, il s'en est de tant plus esloigné & rabaissé, qu'il procure tous les iours sa ruyne, au lieu d'entretenir & augmenter, comme le monde, son estat.

Commencement intelligible est immuable & immōbile.

Malac. 3. b

La suite tient de la conditiō ce son commēcement.

Semblance de Dieu au mōde & a l'hōme

Dieu pere & biē pour puissance, creatiō & bien faict.

Comment les trois vertus sont assises aux trois subiectz.

Les anciens ont nommé l'homme petit monde.

Et les anciens n'ayant cognoiſſance du vray Dieu, voyans en l'homme tant de vertus & puiſſances, ne ſçachans dont elles venoient, l'ont nommé le petit Monde, comme conſiderans toutes vertus du Monde en ſa cognoiſſance & iugement. ET DIEV A LE MONDE, ET LE MONDE A L'HOMME. C'eſt, que Dieu veritablement a, & contient le Monde, comme le monde contient l'homme, de tant que comme nous pouuons cõſiderer, l'homme eſtre dans le Monde bien enclos, & eſloigné de ſa grandeur, tout ainſi nous pouuons conſiderer le Monde eſtre dans Dieu bien encloz, & n'en tirant hors de luy aucune de ſes parties, ſoit grandeur, lieu, ou puiſſance. Et combien qu'il ſoit bien grand, voire ſi grand, que peu d'hommes le conſiderent, ſi eſt-ce toutefois, qu'il eſt infiniment plus petit au reſpect de la grandeur diuine, que l'homme n'eſt au reſpect de la grandeur du monde. Et la cauſe en eſt, que l'homme & le monde ſont de quantité ou grandeur determinée. A cauſe dequoy entr' eux il y pourroit eſchoir comparaiſon de plus ou moins: mais de tant que le Monde eſtant finy & terminé, & Dieu eſtant infiny & ſans aucun terme, bord, ou limite, il n'y peut tomber comparaiſon, que de moins, du coſté du mõde, fuſt-il repeté par tous nombres, que l'homme pourroit conſiderer le produict en ſeroit touſiours moindre: ce qui ne ſeroit de l'homme au monde, à cauſe qu'ilz ſont terminez & finis. En ceſte maniere Dieu a en ſoy le monde: & le monde a l'homme, ET LE MONDE EST FILS DE DIEV, ET L'HOMME EST COMME RACE DV MONDE. Il prend le Monde eſtre filz de Dieu, comme eſtant creé & engendré de Dieu, de ſes propres eſſences inuiſibles, & intelligibles à la ſemblance de l'homme, qui engendre ſon filz de ſa ſubſtance. Tout ainſi Dieu ayãt produict la matiere, dont eſt baſti le monde de ſes parties inuiſibles, comme dict S. Pol, à bon droit il le peut dire filz de Dieu. Et l'homme combien qu'il ne ſoit du tout filz du Monde, ains de Dieu, ſi eſt-ce, qu'il eſtant produict de la matiere du Monde, entretenu, nourry, & multiplié par les vertus aſſiſes en l'ame de l'vniuers, leſquelles tous les iours luy adminiſtrẽt ſecours & ſoulagement, tant pour ſa generation, vie, que entretenement & augmentation: & auſſi qu'il eſt engendré par les cauſes & vertus, que Dieu a mis en nature ame de l'vniuers, Mercure le declare eſtre de la race, lignée, ou generation, & nourriture du Monde, reſeruant le nom de filz eſtre addreſſé à Dieu pour l'honneur que l'homme a eu, d'en auoir receu ſa principale eſſence, qui eſt la partie intelligible ſainct Eſprit image de Dieu, ce que le monde ne luy pouuoit donner.

Cõment l'homme eſt dans le monde & le monde en Dieu.

Le mõde Fils de Dieu.

Hebr.11.4

L'homme eſt race non filz du monde.

SECTION 15.

Dieu n'ignore point l'homme, mais le cognoiſt grandemẽt, & en veut eſtre cognu. Cecy ſeul eſt ſalutaire à l'hõme, cognoiſſance de Dieu. Celle là eſt la montée au ciel. Par cecy ſeul l'ame eſt bonne: & iamais celle qui eſt bonne, n'eſt faicte mauuaiſe: mais elle s'en faict par la neceſſité. Comment dis tu ces choſes, ô Triſmegiſte? Contemple l'ame d'vn enfant, ô mon fils, pendant qu'elle n'a encore receu ſa diſſolution, ſon corps eſtant petit, & non encore du tout paruenu en ſa maſſe. Comment? elle eſt belle a voir tout par tout, n'eſtant encore tachée des affections du corps, encore a peu pres dependante de l'ame du monde: mais apres que le corps a creu, & la eſtendue par les maſſes du corps, elle meſme ſoy deſpartant engendre oubliance, & ne participe de Beauté, ny du Bien, de tant que oubliance eſt vice.

COMMENTAIRE.

Iob.11.c
Iob.12.c
Pſal.1.b
Dieu eſt ſoigneux de l'homme.
Sap.6.b
Pſal.54.d
1.Petr.5.b

VEritablement DIEV N'IGNORE POINT L'HOMME non plus en ſes treſ-occultes penſées, qu'il faict en ſon exterieur & effectz publics, MAIS LE COGNOIST GRANDEMENT: comme dict Iob, Il a cognu la vanité des hommes: & peu apres, Il a cognu le deceuant, & celuy qui eſt deceu: & le Pſalmiſte, Le Seigneur a cognu la voye des iuſtes, & toute l'Eſcripture en eſt pleine, non ſeulement que Dieu cognoiſt l'hõme, & fouille ſes penſées & volontez: mais qui mieux eſt, il l'aime & en a ſoin, qui eſt vraye & bonne affection: comme il eſt eſcript, Le Seigneur n'accepte la perſonne d'aucun: car il a également ſoin de tous: & le Pſalmiſte, Iette ton ſoin ſur le Seigneur: & ſainct Pierre ſemblablement, car

il a

il a soing d'entre vous de l'amour que Dieu porte a son peuple. La couduicte du desert le tesmoigne assez, & tous les Prophetes & la conclusiō, par laquelle il est escript, Dieu a en telle maniere aymé le monde, qu'il luy a donné son filz vnique. Et d'auantage ce bon Dieu en a tel soing, & de luy garder si droicte sa Iustice, qu'il ne veut punir celuy, qui ne l'aura merité estimant cestuy bien esloigné de sa vertu. Ce passage en la Sapience prins du Grec tesmoigne merueilleusement la Iustice de Dieu: lequel non seulemāt pour l'amour qu'il porte a l'homme, a cause de ce qu'il a du sien, mais a cause de l'infinie purité, & integrité, qui est en ce souuerain subiect, nous veut manifester son amour, soing, bōté, iustice, & toutes autres vertus, par le moyen desquelles il tache le possible d'atirer l'arbitre de l'homme tellement a sa cognoissance, qu'il puisse deuenir en la perfection de laquelle il est yssu, & pour retourner a laquelle il est faict. A cause dequoy Mercure dict que non seulement Dieu ne ignore l'homme, mais le cognoist, aime, & en est soigneux, ET EN VEVT ESTRE COGNV.

Voicy auec ce qui s'ensuit vne merueilleuse concorde de la doctrine & instruction donnée de Dieu a Mercure, auec celle q̄ donē Iesus Christ a sez Apostres, laquelle nous auōs verifiée en plusieurs passages. Desquelz cestuy ne se trouuera le moindre en ce, que Mercure dict que Dieu veut estre cogneu de l'homme: & apres, CECY SEVL EST SALVTAIRE A L'HOMME, COGNOISSANCE DE DIEV, CELLE LA EST LA MONTEE AV CIEL: PAR CECY SEVL L'AME EST BONNE. Sçauroit il plus exprimer la cognoissance de Dieu estre le vray salut, qu'il faict. Voicy ce qu'en dict Iesus Christ, ayant receu de Dieu son pere puissance sur toute chair, pour leur donner vie eternelle, Celle cy est la vie eternelle, qu'ilz te cognoissent seul vray Dieu, & celuy, qui tu as enuoyé Iesus Christ: & la Sapiēce, Te cognoistre est iustice consommée, & sçauoir ta iustice & vertu est racine d'immortalité, concluant que le periode du salut, montée au ciel, & vie eternelle, qui est mesme chose, consiste en la cognoissance de Dieu & Iesus Christ son fils. Mercure eust bien mis en ceste cognoissance necessaire au salut le fils de Dieu hōme, regenerateur des hōmes en salut, comme nous le verrons clairement qu'il l'a mis, par ce qui s'ensuyura cy apres, Dieu aidant, qu'il dira deuant la regeneration n'y auoit aucun sauué, & si dira que l'aucteur de ceste regeneration est vn homme fils de Dieu. Il ne restoit qu'a le nommer, si le nom luy eust encore esté imposé par l'Ange: ce qui ne fust long temps apres, voire de deux mil ans ou plus.

Le salut donc de l'home resmoigné par Iesus Christ aucteur, & par son precurseur en cest endroict & plusieurs autres, Mercure trois fois tresgrand, gist en ce, que l'homme reçoiue la cognoissance de ce bon Dieu: duquel vient la grace de salut, & telle & si asseurée cognoissance, qu'on ne prenne autre pour luy. Et d'auantage ne s'arrestant Mercure a la cognoissance du moyen seul vniquē du salut, qui est Iesus Christ, homme filz de Dieu, il l'a declaré aucteur de la regeneration ou renaissance, qu'il faut que l'homme reçoiue en vie eternelle. Laquelle a esté premierement anoncée par Mercure: & depuis a esté resmoignée & confirmée par Iesus Christ: lors qu'il dict a Nicodeme, Si quelqu'vn n'est de nouueau renay, il ne peut veoir le royaume de Dieu.

Et Mercure dict auāt la regeneratiō n'y auoir aucun sauué, c'est autāt a dire, que sans estre renay, n'y auoir aucū sauué. Et S. Pierre nous dict Renais non de semence corruptible, mais incorruptible par le verbe de Dieu viuant. Il nous est donc besoing, pour paruenir au salut entrer en la cognoissance de ce bien souuerain, qui le dōne, & du moyē par lequel nous l'auōs qui est Iesus Christ. Et le moyen de recouurer ceste cognoissance ou intelligence, Mercure le nous a baillé cy deuāt n'aguiere par ce propos, cognoistre est croire: & ne croire est n'en tendre point.

C'est qu'il faut entrer en l'intelligence ou cognoissance de Dieu par soy, comme dict sainct Pol, Il est besoing a celuy, qui s'aproche a Dieu, de croire. Mais ce n'est pas croire simplement par telle foy, que celle des Diables, comme dict sainct Iacques: mais il y faut l'autre partie de la foy, qui auance beaucoup plus en l'intelligence & cognoissance de Dieu, que la premiere, c'est charité: detant que la foy est bastie de croyance, & amour ou charité, & sans les deux elle n'est rien.

Mais

Ioan. 3. b

Sapien. 12 b
Propos de la
Sapience de la
Iustice de
Dieu.

Dieu desire
atirer l'arbitre
de l'homme.

Concorde de
Mercure auec
Iesus Christ.

Ioan. 17. a

Sap. 15. a

Chap. 13.
sect. 1. & 5.

Mercure precurseur de Iesus Christ en plusieurs propos.

La renaissance predicte par Mercure.

Ioan. 3. a

Chap. 13. 1.
1. Petr. 1. d

Chap. 9. 10.
Entrer par foy a cognoistre Dieu.

Hebr. 11. b
Iacob. 2. d

Charité ame de la foy.

Galat. 5. a

L'ame bonne ne peut plus changer.

Mais de tant que charité est l'ame de la foy, ou sa principale partie, c'est celle la, qui monte bien haut l'intelligence & cognoissance de Dieu. Vray est, que quand la foy y est entiere: c'est la perfection de ceste œuure. La creance donc, qui est requise pour acquerir la cognoissance de Dieu, c'est celle qui opere par charité, comme l'a dict sainct Pol, de tant que l'action & operatiõ de charité c'est l'operation du sainct Esprit, a laquelle aucune autre n'est comparée. Ceste cognoissance donc ataincte par foy operante par charité est le vray moyẽ de la cognoissance de Dieu, c'est la seule montée au ciel. Par cecy seul l'ame est bonne, ET IAMAIS CELLE, QVI EST BONNE N'EST FAICTE MAVVAISE: a cause que l'ame ayant passé les trois degrez, desquelz est faicte mention en ce propos, acquis par la cognoissance de Dieu se trouue cõfirmée & establie en telle assurance de grace, qu'elle ne peut plus reuenir en malice ou mauuaistié. Ces degrez sont, par lesquelz ceste cognoissance trouue premieremant salutaire a l'homme, luy faisant mener vie, qui le conduict au salut: secondemant par ceste seule cognoissance il trouue la montée au ciel, laquelle n'aduient qu'apres ceste vie: le tiers est lors, que l'ame estant montée au ciel soy trouuant ioincte & vnie a Iesus Christ & Dieu son pere, suiuant l'accord, qui luy en fust faict le soir de sa passion, & estre faicte mesme chose auec luy, elle est dicte bonne en c'est estat. Par lequel elle se trouue fondue & meslée auec la bonté seule diuine, de laquelle participant l'ame aura acquis perfection, comme dict sainct Pol, ayant vuidé ce qui est en partie.

1. Cor. 13. 6

Apoc. 7. d

L'ame n'est faicte par cognoissance mauuaise.

En cest estat de perfection l'ame ne peut plus deuenir mauuaise, c'est lors qu'il est escript de telles ames qu'elles n'auront plus faim, ny soif, ny souffriront soleil, ny chaleur: & Dieu netoyera toute larme de leurs yeux. Par ou nous voyons, que telles ames sont hors de toute subiection de malice, & sa puissance, ne pouuants plus estre faictes mauuaises. Nous pouuons autremant interpreter ceste clause la prenantz dependante de celles, qui la precedent, par lesquelles est dict le salut de l'homme estre cognoissance. Et d'auantage la seule montée au ciel, & finalemant le seul moyen, par lequel l'ame est faicte bonne. Dont s'ensuit que celle, qui par ce moyen est faicte bonne, n'est iamais faicte mauuaise: par ce mesme moyẽ, n'y par la continuation & obseruation d'iceluy, lequel ne luy peut aporter, que perfectiõ & finale bonté: mais ce qui luy aporte malice & imperfection, sera dict cy apres. Parquoy nous tiendrons, que celle, qui est faicte bonne par cognoissance de Dieu, ne peut plus estre mauuaise par ceste cognoissance: car le mal ne vient de ceste part. Et pour nous faire entendre vne partie de la maniere, par laquelle le salut du Chrestien consiste en cognoissance, comme sainct Iean l'a dict pres deux mille ans apres Mercure, il nous souuiendra, que Mercure nous a cy deuant dict l'homme auoir esté faict pour contempler Dieu, & finallemant le cognoistre.

Iean. 17. a
Chap. 4. a 2.

Gen.

Et pour paruenir a c'est effect & perfection nous considererõs, que Dieu a mis en l'hõme son sainct Esprit, pour estre congneu de l'homme n'y ayant autre creature capable de ceste cognoissance, que le seul homme, & par ce seul moyen donnant a l'ame vn corps materiel, pour seruir de composition & son sainct Esprit pour estant veneré & respecté de l'ame estre sa partie cognoissant Dieu. Toutesfois l'homme soy voyant en liberté d'arbitre pouuant eslire la veneration du sainct Esprit ou bien de sa partie charnelle a preferé l'amour & veneration de sa partie charnelle ou materielle a celle de sa partie diuine & spirituelle. Dont s'est ensuiuy que le bon Dieu voyant ce mespris si grand en l'homme de son sainct Esprit, pour adherer a sa partie charnelle luy declara, Mon esprit ne demeurera a tousiours-mes en l'homme, & ce a cause qu'il est chair. Et par ce que l'amour de ceste chair luy auoit faict mespriser & abandonner la veneratiõ de son sainct Esprit, qui fust cause, que toutes vertus cognoissances, intelligẽces & perfections, que ce sainct Esprit auoit amené en la composition de l'homme, furent tellemãt effacées & rendues obtuses ou esmossées, qu'elles n'ont presques plus aparu en l'homme viuant de la commune vie des hõmes, que en maniere de quelques vestiges de ruine d'vne construction, qui au parauant auroit esté fort excellente.

Laquelle ruine la bonté de Dieu ne pouuant tollerer, a cause de son sainct Esprit mis en ceste composition, & seul digne d'estre respecté, aimé, & honoré de luy a suscité par le moyen d'vn nouueau homme composé des mesmes parties de l'autre, & dauantage de la presence de son filz vn salut, & souuerain secours, pour remettre & reparer la faute, qui auoit esté commise a l'ocasion de ceste chair & matiere, qui auoit emporté en l'homme &

pre-

preualu contre le respect & veneration de l'Esprit de Dieu, laquelle chair & matiere prinse par ce nouueau homme reparateur feust vnie a tout homme, qui voudroit estre participant du fruict de la reparation, & portée sur la croix, pour illec estre purgée, & tellement preparée, qu'estant passée par la resurrection elle perdist toute ceste crasse, imperfections, & empeschementz, qu'elle auoit acquis par le peché, par lesquelz ceste chair & matiere nuisoit a l'homme interieur, Esprit de Dieu, de posseder la volonté de l'ame, qui par le peché auoit esté saisie de la partie corporele, materiele, & charnele : & depuis demeurée en tous ceux, qui ont eu ceste cognoissance. Lesquelz empeschementz tollus, il feust aisé a l'homme ainsi preparé de reuenir non seulement en son premier estat de perfection, qui a peu cesser, mais en tel estat de perfection, qui n'aura iamais fin. Et auquel estat l'homme n'aura aucun empeschement d'exercer & employer ses parties au vray estat, auquel elles sont dediées. Qui est d'employer toutes les parties & dignitez de c'est Esprit de Dieu mis en liberté & hors de la subiection, en laquelle il auoit esté tenu par l'imperfection, misere, & malice de la chair a son vray estat de cognoistre & contēpler Dieu en toutes ses excellences & vertus. Et d'autant que ceste cognoissance de Dieu ne peut entrer en l'ame, par le moyen du corps & matiere, qui luy est toute contraire, incapable & indigne d'vn tel honneur : il a esté besoin composant l'homme de mettre l'autre partie intelligible & plus aprochant de la nature de l'ame incorporele & spirituele, par laquelle il luy feust loisible de receuoir ce salut & cognoissance de Dieu, prouueu que ceste partie spirituele n'en fust empeschée par la partie charnele, qui tousiours l'a combatue & desiré choses contraires a elle a son possible, comme sainct Pol l'a declaré. Or ceste partie spirituele estant incorporele & pure intelligible n'vse d'aucun moyē aparant aux sens corporelz a receuoir son fruict de salut, qui est Dieu incorporel, & intelligible, comme elle. Il est donc necessaire, qu'elle vse de son principal moyen, qui de sa nature estāt intelligible ne peut ioindre ou receuoir vne intelligēce a soy par aucuns sens corporels, comme veuë, ouye, atouchemētz, ou autres desquelz la chose intelligible n'vse aucunemēt, mais par cognoissance d'icelle, leur vraye conionction, par laquelle ces deux intelligences sont faictes vne par la vertu de l'vnion impetrée du pere par le filz, demandant le soir de sa passiō que les siens, & ceux, qui par leur parole croiroient en luy, feussent faictz vne mesme chose en luy & au pere, pour toute perfection de salut au pecheur mort & resuscité en Iesus Christ. Ce qui sans doubte a esté accordé par le pere au filz, pour le temps & dispositiō, que la chair & matiere pourront permetre & endurer en l'homme ceste perfection, qui sera apres la resurrection, lors que l'homme sera puny, mort, resuscité, & aura satisfaict en Iesus Christ nouueau homme : & sa chair & matiere purgée de tout l'empeschement qu'elle faict à l'Esprit de Dieu. Et l'vnion de ces personnes intelligibles ou corps incorporelz faicte par cognoissance auec l'infinie intelligence incorporele, & insensible. En laquelle la creature entrant par vnion de cognoissance trouue toute abondance des heurs, perfections, repos, & biens, ou contentemens innumerables excedantz toutes felicitez pensées, c'est le vray salut, qui nous est donné a nostre grand besoin par ceste bonté, & misericorde diuine, lequel cy-deuant Mercure a nommé estre faict en Dieu. Et ce salut nous a esté differé en ce temps final: a cause que l'imperfection & corruption de nostre corps & matiere est durant ceste vie & auant estre par mort purifié par Iesus Christ du tout incapable, & resistant a vn tel bien que l'affection que l'ame luy porte en ses abuz, empesche & detient l'ame, qu'elle ne se retire a sa partie intelligible ou spirituele. Qui est cause, qu'il nous est besoin d'acquerir en ceste miserable vie la proprieté estantz incapables du fruict & l'attendant pour en iouyr apres nostre purification.

Et cestuy cy est le vray salut, que l'homme s'attand a receuoir de la bonté diuine, apres auoir combatu toute sa vie, le combat de pieté, que dict Iob, & resiste aux tribulations & tourmantz inferez a l'ame par la partie charnele ennemie de l'Esprit de Dieu : a cause de la priuation de toutes vertus & perfections, qu'elle a souffert par la premiere separation, que Dieu en feist de soy, pour la faire seruir aux compositions de toutes creatures. MAIS ELLE S'EN FAICT PAR LA NECESSITE, laquelle n'ayant aucun accez a l'ame, depuis qu'elle est bonne, a faict tous ses efforts, auant qu'elle paruienne a ceste bonté, qui est durant le temps de sa vie corporele, auquel temps la necessité, fatale destinée par le moyen des sens corporelz, qu'elle domine, & lesquelz ont necessaire accés a l'ame par la composition de l'homme. Par ce moyen les operations celestes & fatales se trouuent auoir le mesme

accez

Ioan.17

Ioan.17

Iob.

L'ame est mauuaise pa la necessité.

SVR LE PIMANDRE DE

acces des sens à l'ame:laquelle par leur moyen elles solicitent & incitent ou conuient incessamment de toute maniere de concupiscences charneles & materieles. Et lors aduient le plus souuent ce, que dict sainct Iaques tresconforme au dire de Mercure, c'est que vn chascun est tenté par sa concupiscence, & non de Dieu,a laquelle il est attiré & alaiché. Et dela sa concupiscence conçoit & engēdre peché,& le peché consummé produict la mort. C'est le vray moyen,par lequel l'ame vient en mal, ou a se faire mauuaise, qui est lors, qu'elle donne l'oreille a sa concupiscence suscitée par la necessité fatale: laquelle la solicite & importune tant, que si elle ne la trouue bien resoluë & arrestée auec son sainct Esprit, elle le plus souuant l'esbranle par ses tentations de concupiscences de diuerses manieres,toutes tendantz a l'atirer & allaicher a leurs venerations & voluptez,desquelles s'ensuit la separation de Dieu, qui est la mort de l'ame, comme nous auons cy deuant dict parlantz de l'ame. Et de ces concupiscences sainct Iacques dict les guerres, debatz, & noises ou toute maniere de differens sortir entre les hommes,par ce qu'elles combatent l'ame par les membres du corps.De ces miseres suscitées par les Demons executeurs des operations celestes nous en auons parlé sur le propos des Demons : lesquelz par le moyen des concupiscences, qu'ilz suscitent par noz sens, nous presentēt toute maniere de miseres.Dont s'ensuit, q̃ l'ame les escoutāt se trouue faicte mauuaise par la necessité, de laquelle ilz sont vrays executeurs & diligentz negociateurs contre l'ame,qu'ilz trouuent de son infusion belle,pure, & blanche. COMMENT DY TV CES CHOSES O TRISMEGISTE, que par la destinée l'ame soit faicte mauuaise?Ne m'as tu pas enseigné, que la destinée n'a maniement, que des choses materieles & sensibles?comment donc peuuent elles en rien offencer l'ame, qui est purement intelligible? CONTEMPLE L'AME D'VN ENFANT, O MON FILS, PENDANT QV'ELLE N'A ENCORE RECEV SA DISSOLVTION, SON CORPS ESTANT PETIT, ET NON ENCORE DV TOVT PARVENV EN SA MASSE: de tant que l'ame de l'enfant ne peut estre tachée ou salie, que par l'arbitre ou volonté, chose, qui n'est en l'enfant, iusques a ce, qu'il soit paruenu aux ans de discretion. Et mesmes que cest' ame n'a encore receu dissolution,qui n'est pas du despartement de l'ame & du corps,qui parle maintenant,mais ceste dissolution d'ame il la prend par vne similitude de toute chose , qu'on met a dissoudre en quelque liqueur,ceste chose vient a soy rarefier ou eslargir par ceste liqueur, de maniere qu'elle n'est plus si ferme de sa nature en chascun de ses endroictz, qu'elle estoit auparauant,ny si solide ou assemblée: mais est plus lache, & vaine, ou rarefiée, & participant de ceste liqueur en soy,en laquelle elle reçoit dissolution. Tout ainsi il dict de l'ame de l'enfant,qui estant encore ferme, & solide,compacte ou serrée en sa simplicité d'essence diuine,non aucunement encore dissoulte,ou rarefiée en aucun subiect estrange, qui est lors,qu'il est encore petit en son enfance auāt auoir receu sa croissance. COMMENT est ce que vous entēdez ceste cōparaison? Ie t'aduise,que ELLE EST BELLE A VOIR TOVT PAR TOVT N'ESTANT ENCORE TACHEE DES AFFECTIONS DV CORPS, lesquelles estant esmeuës par la destinée, qui suscite les concupiscēces,n'ont encore pouuoir sur ce petit enfant. Qui est cause,que pendant sa simplicité d'innocence, son ame est belle a voir, ou bien considerer tout par tout & en toutes ses conditions : a cause qu'elle n'a encore senty les taches, qui luy doiuent faire vne si cruelle guerre & subtilles trahisons, lesquelles viendront cy apres des affections & passions proposées par la destinée pour complaire au corps : mais pour le present elle n'en ayant encore receu aucune macule, ENCORE A PEV PRES DEPENDANT DE L'AME DV MONDE. Laquelle ame du monde ou de l'vniuers demeure constante en son innocence,& integrité d'essence diuine, pure & esloignée de tout erreur, n'ayant ceste dignité ou excellence , qui porte si grande ruyne a l'homme qui ne s'en sçait aider, qui est l'arbitre. Mais conduisant tresprudentement sa charge sans aucun reproche ou reprehension:tout en mesme maniere l'ame humaine estant nouuellement infuse en ce corps du petit enfant partant d'estre d'espartie de l'ame de monde, elle en tient la condition en tout & par tout, iusques a ce, que la differance, qui luy a esté baillée de celle de l'vniuers entrant en ce petit corps l'estrāgera de la nature de l'ame du mōde.Parquoy l'enfant n'ayāt encore en son bas aage moyen d'employer son image & S.Esprit de Dieu pour entrer en sa cognoissance, n'ayant aussi moyen d'escouter la fatale destinée, qui luy presente les concupiscences des choses corporeles,mais estant pour quelque petit temps de son aage conduit & gouuerné par ceste ame, qui n'ayant encore receu l'vsage de ses dignitez, que la nature humaine luy a don-

La necessité suscite les concupiscences.
Iac.1.c

Iac.4.a Les concupiscēces suscitēt guerres & dissensions.

Purité de l'ame de l'enfāt.

Quelle dissolutiō a l'ame.

L'ame est dicte belle auāt ses affections.

L'ame depēd de l'ame du monde.

L'ame sepāre par la differā-ce qu'elle a à celle du mōde.

a donné par sus l'ame du monde, elle est encore presque semblable a l'ame du monde, de laquelle elle ne faict qu'estre despartie. A cause dequoy elle conduict, & gouverne c'est enfant, par les loix, qui luy ont esté données a gouverner les autres animaux n'ayant pour encore autre moyen. Comme nous le voyons par l'experience commune, que ceste ame tenant encore de l'ame de l'vniuers, conduit l'enfant a demander par ses moyens, & rechercher sa pasture au sein de sa mere, comme elle y conduict les autres animaux. Elle le faict plaindre du mal qu'il sent, elle luy faict metre les mains audeuant quand il tumbe, & plusieurs autres enseignemens que ceste ame luy donne, par lesquels elle monstre, qu'elle n'a pas encore le maniement de discretion au bien & au mal, ains n'a encore pour lors que le maniement de l'ame du monde, par lequel elle traicte ceste nouuelle creature: & la conduict en la maniere, qu'elle conduisoit n'a guiere, celles, qui estoient soubs sa charge, estant ame du monde, attendant l'eage & croissance de toutes les vnitez, qui ont conuenu en la composition de c'est enfant: a celle fin que peu a peu ceste ame separée en son particulier le conduise par la dignité de l'arbitre, qui luy a esté donné, soit en la cognoissance de Dieu, ou amour des choses corporelles. Et attendãt ce temps elle se gouuernera, comme a peu pres dependant encore de l'ame du monde: MAIS APRES QVE LE CORPS A CREV, ET L'A ESTENDVE PAR LES MASSES DV CORPS.

L'enfant conduict comme par l'ame du monde.

C'est que le corps croissant, Mercure figure la similitude, que nous venons de dire, que l'ame s'estende, ou rarefie: de tant qu'il faut qu'elle soit par toutes les parties du corps: & compare la tromperie, que faict le corps a l'ame croissant, a la tromperie que faict la liqueur a la chose, qui est infuse la despartant, affoiblissant, & rarefiant, & luy meslant du sien de mesmes maniere, que le corps croissant s'iluient a dominer & emporter l'arbitre de son costé contre l'esprit de Dieu, qui combat del'autre, il rend ceste pauure ame mal conseillée si foible, si rarefiée, & despartie par tous ces endroicts qu'estant fondue parmy ses concupiscences elle en a prins la condition, & n'a plusde force pour s'en rentirer.

Le corps croissant amene la malice.

Voila que Mercure nomme l'ame estre estendue par les masses du corps. ELLE MESMES SOY DESPARTANT ENGENDRE OBLIANCE: c'est le plus grand mal, qui lui puisse aduenir & le plus commun d'oublier, dont elle est essence, & quelz dons elle a receu, & qu'elles dignitez, & quelz excellents moyens luy sont donnés pour verser & s'employer aux choses grandes, au lieu desquelles elle oubliant tout son debuoir se conuertist a l'amusement, amour & veneration des basses, qui luy sont raportées par ses sens corporelz, comme messagers des concupiscences fatales, ou ponts pour passer les choses materielles vers l'ame, dont procede ce miserable oubly, qui met en arriere toutes choses, qui la deuroient secourir, a la conduire en sa perfection & eternelle felicité.

L'ame se despartans par le corps prêd ses cõditions.

La croissance du corps produict obly en l'ame.

ET NE PARTICIPE DE BEAVTE NY DV BIEN. Car laissant toutes aparances de Bonté, lesquelles la cognoissance de Dieu luy deuoit amener, que sont tous les effects des bontez & misericordes de Dieu, lesquels sont considerez de l'ame, qui a engendré obliance pluftost venir d'ailleurs, que de Dieu, soit des creatures, de soy mesmes, de fortune, ou de toutes autres manieres, par lesquelles au lieu d'adorer Dieu & ses effects, en ce qu'ilz ignorent, ilz le blasphement, comme l'a dict S. Pierre, & ayant laissé arriere ceste cognoissance & participation de beauté, par laquelle seule lon vient a estre en fin participant de ceste Bonté supreme, l'ame perd ceste heureuse participatiõ de bonté & eternelle diuinité ou souuerain Bien: DE TANT QVE OBLIANCE EST VICE, par lequel l'ame est retenue, comme par vne corde a n'entrer ou auancer aucunemant en cognoissance de Dieu, ny de soy mesmes, qui est son vray salut.

Par l'obly l'ame perd participation du Bien.

I. Petr. 2. b

Obly vice en l'ame.

SECTION 16.

IL en aduient autant a celles, qui sont yssues du corps. Car l'ame s'y retirant en soy mesmes, l'esprit se retire au sang, & l'ame en l'esprit. Et lors la pensée deliure de tous voiles, qui est diuine, selon sa nature, ayant prins le corps du feu enuironne tous lieux, delaissant l'ame a sa condemnation, & au suplice qui luy est deu par son merite.

Comme

382 SVR LE PIMANDRE DE

Comment dis tu ces choses ô mon pere? La pensée est separée de l'ame, & l'ame de l'esprit : attendu que tu as dict l'ame estre le voile de la pensée, & l'esprit voile de l'ame.

COMMENTAIRE.

Comment l'ame delaisse l'esprit de Dieu.

EN cest endroit Mercure faict vne comparaison de ce qui aduient a l'ame ayant abandonné & mesprisé l'employ & vsage des vertus diuines, qui luy ont esté données en l'image de Dieu, auec celle, qui a souffert dissolution de son corps, par laquelle il nous donne a entendre qu'en toutes manieres elle se trouue delaisser le sainct Esprit, image de Dieu. IL EN ADVIENT DONC AVTANT A CELLES, QVI SONT ISSVES DV CORPS estants tumbées en oubly, comme il en est aduenu a celle, que nous venons de dire. Laquelle sentant croistre son corps & paruenir en puissance d'accomplir ses concupiscences, laissant la simplicité & innocence de l'enfance tres proche a celle de l'ame de l'vniuers, s'est plus delectée aux abuz & voluptez corporelles, qu'a la cognoissance de Dieu. Dont s'est ensuiuy,

Obly grand vice contre le salut.

qu'elle s'est trouuée ayant abandonné la saincte image de Dieu, n'en auoir aucun vsage, ains auoir engendré en soy vn total obly de toutes bonnes cognoissances & moyens de retourner a Dieu par l'esloignement qu'elle a faict de la saincte pensée. Tout ainsi en aduient a celles, qui estant de ceste mauuaise condition sont yssues du corps. CAR L'AME SE RETIRANT EN SOY MESME de l'esprit de Dieu soy fiãt de ses forces & mesprisant le secours de sa saincte pensée L'ESPRIT, en qui consistoit toute efficace, action, & vertu suscitatiue de mouuement, duquel la demeure est au sang, comme estant partie de l'ame SE RETIRE AV SANG partie corporelle, laquelle il souloit donner soubz la faueur de la saincte pẽsée : & laquelle ayant abandonné ce pauure esprit se trouue abbatu par la matiere, & assopy, ou subiugué. ET L'AME qui souloit non seulement commander a l'esprit, mais a tout le composé de sa personne, s'est retirée EN L'ESPRIT ainsi vaincu & subiugué par l'aueuglement

L'ame deceuãte l'amour des choses corporelles.

qu'elle a acquis, recherchant tousiours la matiere vaincue des concupiscences. Il nous souuiendra a ce propos des rengs, que Mercure nous a n'agueire racompté estre obseruez par l'assiete de l'ame au corps humain. Il a premierement assis la saincte pensée, a laquelle il a baillé son enuelopure de raison, pour n'aprocher l'ordure & indignité du corps : immediatement la raison (qui est de mesme essence) il a enuelopée de l'ame aussi essence diuine, & l'ame de l'esprit, qui luy a esté donné comme vertu, pour l'administration des effects corporelz : & ceste vertu d'esprit est mise dans le sang tres principalle partie du corps. Or l'ame, qui se conduict sagement, retire la raison vers la saincte pensée, l'ame vers la raison, & l'esprit vers l'ame, & le corps vers l'esprit. Lequel ainsi conduict, ne peut mal aller : de tant que toute la compaignie s'aproche, & se retire vers sa source sainct esprit de Dieu. Au contraire,

L'ame mauuaise peruertist l'ordre de son rang.

l'ame mauuaise commence par l'autre bout, retirant l'esprit dans le sang, & l'ame dans l'esprit subiugué du sang, & autres parties corporelles, laissant la saincte pensée & raison hors d'entre eux, a cause qu'ils ont choisi sa contraire partie : comme a ce propos, par lequel Mercure nous propose vne ame tant endormie aux choses corporelles, que venant a sa dissolution, elle ne se trouue auoir autre fiance, qu'en sa matiere, qu'il exprime par l'ame, qui au lieu de soy rendre a Dieu, decede recherchant tousiours les choses materielles. Parquoy il a dict soy retirer auec sa vertu spiritalle au sang, au lieu de soy rẽdre entre les mains du sainct Esprit, & raison : & par ainsi elle se separe du sainct Esprit. ET LORS LA PENSEE DELIVRE DE TOVS VOILES. C'est, ce que Mercure dira cy apres, que la pensée auoit receu la raison comme vn voile, habillemãt, ou couuerture : & la raison auoit receu de mesme l'ame, & l'ame l'esprit, & l'esprit le sang. C'est ordre donc estant despouillé par autre ordre contraire, le sang despouille l'esprit, despouille l'ame, & l'ame despouille la saincte raison & pensée : & lors la pensée deliure de toutes ces couuertures, voiles, ou bien habillemants, (comme dict le Grec) QVI EST DIVINE SELON SA NATVRE, en tant que sainct Esprit de Dieu donné a l'homme, AYANT PRINS LE CORPS DV FEV ENVIRONNE TOVS

La pensée prend le corps au feu.

LIEVX. C'est, que le sainct Esprit estant retiré & separé de la composition de l'homme, ayant l'ame mauuaise il se retire en son action & operation n'estant plus en la subiection de c'est arbitre, auquel il s'estoit mis par ce miracle tresmerueilleux, duquel nous auons parlé

sur

sur le premier chapitre en la composition de l'homme. Laquelle action & operation Mercure a tousiours exprimé par l'element du feu duquel il dira cy apres, que le grand operateur du monde, s'aide pour la composition des cieux: Et comme nous le voyons exprimé par toute l'escripture s'accordant ordinairement a Mercure, le S. Esprit a proposé toutes ses actions dediées a la matiere par moyés d'air & de feu: aſçauoir l'air, pour estre le plus diligét en mouuement, & le feu pour estre le plus actif & puissant en effects. A ceste cause l'Esprit de Dieu est dict estant separé de la mauuaise ame quelque fois non propremát prédre, mais reprendre le corps du feu, comme estant instrument, lequel il a des le commencement choisi pour l'effect & execution de ses actions en terre. Toute ceste maniere de parler n'est que pour donner a entendre, que l'esprit de Dieu reprenant le feu, est autant que reprendre ſa premiere nature, & laisser l'ame, qu'il n'auoit iamais abandonné. Et a ceste comparaiſon Mercure dira cy apres quelque fois, qu'il prend vn corps de feu, comme s'il informoit vn corps nouueau, mais c'est tousiours entendant reprendre l'execution de ses effectz, & actions, qu'il luy plaist mettre ça bas en œuure, ce qu'il ne pouuoit faire estát empesché du corps humain.

La penſée de liure de ſubiection d'arbitre.

Que c'est la penſée prendre corps de feu.

Ayant donc prins le corps du feu element tresactif, elle enuironne tous lieux. C'est ce qui est escript, l'Esprit du seigneur a rempli le tour de la terre, c'est le vray scrutateur de toutes pensées, & par plus fort de toutes autres choses exterieures, & luy qui contient toutes choses a la science de parole, comme veritablement il le monstra a l'infusion des langues, qu'il feist és Apostres a ſa venue: enuironnant tous lieux ceste diuine pensée, qui iamais durant la vie n'a voulu delaisser l'ame, pour mauuaise quelle aye este, ny pour tant de fois, qu'elle l'aye abandonné, comme il est dict par Ieremie, Combien que tu ayes este pollue auec pluſieurs de tes amantz, toutesfois retourne a moy, dict le seigneur. C'est auoir vne merueilleuſe amour & patience a ce bon Dieu de n'abandonner ceste ame, quelque mespris, qu'elle aye de luy en ſa vie. Et de tant, que cest'amour que Dieu porte a l'ame, n'est a cause de ſon corps tant imparfaict, mais a cause de son image ſainct Esprit, qu'il a mis en ceste compoſition, ceste amour dure, quoy que la mauuaise ame puiſſe faire, autant que la cópoſition, durant laquelle ce bon Dieu ne l'abandonne ou delaiſſe iamais. Mais apres la diſſolution voyant la cauſe & occaſion de l'amour de Dieu a l'homme finie, qui est la ſeparation du sainct Esprit d'auec luy, il s'en separe, accópliſſant ſon ancien dire, Mon eſprit ne demeurera a tousiours-mais en l'ame, a cauſe qu'elle ſ'eſt rendue a la chair.

Sap.1.b
Act.2.a
Iere.3.a

L'eſprit de Dieu accópagne la vie de l'homme malgré luy.

Parquoy il s'en separe lors, qu'il ne voit plus remede de la remettre par l'arbitre, DE-LAISSANT L'AME EN SA CONDAMNATION & iugement, ET AV SVPLICE & execution de la iuſtice de Dieu, QVI LVY EST DEV PAR SON MERITE: & non ſeulemant la delaiſſe en ceste extremité, mais la faict punir de ſeparation, comme eſtant vne ſienne eſſence diuine, capable de toute perfection, & toutesfois qui meſpriſant ſon ſeigneur, qui luy a eſté ſi doulx, humble, & fauorable, durant toute ſa vie, & l'ayant touſiours inſtamment recherchée de ſon profit, elle l'aura ſi deshonteement meſpriſé, c'est raiſon qu'il la puniſſe cóme ayant eſté de ſa meſme piece, dont l'offence en eſt plus grande. COMMENT DIS TV CES CHOSES, O MON PERE? QVE LA PENSEE EST SEPAREE DE L'AME, ET L'AME DE L'ESPRIT, ATTENDV QVE TV AS DICT, L'AME ESTRE LE VOILE DE LA PENSEE, ET L'ESPRIT VOILE DE L'AME. C'est, que le ieune Tat eſtant troublé de la profondeur de ſes propos, n'auoit peu retenir les circonſtances, que ſon pere ſuppoſoit, quand il luy declaroit le reng, que les eſſences diuines tenoient auec le corps humain, lors qu'il luy diſoit la penſée estre dans la raiſon, & la raiſon dans l'ame, & l'ame dans l'eſprit, & l'eſprit, dans le corps. Parquoy il penſoit, que ce fuſſent choſes ſi conioinctes, qu'elles ne peuſſent iamais receuoir ſeparation ou diſſolution. A cauſe dequoy il luy demande, Comment entendz tu toutes ces ſeparations de la la penſée auec l'ame, & de l'ame auec l'eſprit? attendu que tu en as faict vng compoſé du tout enſemble ſans aucune ſeparation.

L'eſprit de Dieu delaiſſe l'ame a ſon iugemant.

Choſes profondes ſoient pluſtoſt bié peſées que iugées.

SECTION 17.

Il eſt beſoing, ô mon filz, que l'entendemant de celuy, qui oit, conuienne auec celuy, qui parle, & s'accorder entre eux, & auoir l'ouïe plus diligente, que la voix de celuy, qui parle. La composition de ces voiles, ô mon filz, se faict dans le corps de terre. Car il est impossible, que la pensée se constitue de soy mesme nue dans vng corps de terre. De tant que le corps de terre n'est pas puissant a porter vne si grande immortalité, ny vn corps passible conuenant en conditions auec luy de soustenir si grande vertu. Il a donc prins l'ame comme vne couuerture: & l'ame, (qui mesme est diuine) vse de l'esprit comme du feu. Car l'esprit gouuerne l'animal.

COMMENTAIRE.

POur respondre a la demande, que Tat a faict, Mercure luy reprend sa tardité & lentitude, de comprandre ces propos, luy proposant ce remede. IL EST BESOIN, O MON FILS, QVE L'ENTENDEMENT ou comprehension DE CELVY, QVI OYT quelque propos d'vn autre, CONVIENNE AVEC CELVY, QVI PARLE, de maniere qu'il ne s'amuse a péser ailleurs, combien qu'il en y a plusieurs, qui ne laissant de bien vouloir entendre vn propos, neantmoins ils n'y peuuent telemant y arrester leur esprit, qu'il n'eschape: ou il faut, que ce soit vn propos, qui luy importe de vie, ou autre chose irrecuperable, & autres qui y sont si fermes & arrestez, que quand il ne seroit question que de bien peu de chose, il ne leur couste rien d'y arrester sans aucune diuagation. C'est diuersité d'entendemens: toutesfois ce que l'vn perd en vn endroit, il le recouure en l'autre, selon l'aduis de plusieurs, qui tiennent, que les entendemens plus subtilz, & de meilleur iugemét, sont plus malaisez a comprendre vn faict, ne pouuant arrester leur intelligence a vn seul subiect, qu'elle ne s'en represente plusieurs dependant de ce mesmes propos, comme plus penetrant en cognoissance des diuersitez, qui empesche sa promptitude de comprendre. Vray est que l'ay ant compris, il n'en iuge pas moins subtillement: & autres qui participent des deux. Dont est manifestée l'exellence de l'oeuure de Dieu en tant de diuersitez. De quelque nature qu'il soit, il est besoing que l'escoutant conuienne de sa pensée auec le propos de celuy, qui parle, ET S'ACORDER ENTRE EVX, ET AVOIR L'OVIE PLVS DILIGENTE, QVE LA VOIX DE CELVY QVI PARLE. Ce n'est pas l'ouye seule, qui doibt vser de ceste diligence. Car elle ne peut plus ouyr, qu'il luy en est dict: mais il prend en c'est endroit l'ouye pour l'intelligence & comprehention, de maniere qu'il est besoing que l'intelligence recepuât le raport de son ouye, se ramene tous effectz ou propos passez dependans de celuy, qui se dict & se met deuant son iugemant, tous inconueniantz, circonstances, ou dependances, qui peuuent impugner ou fortifier ce propos: & l'auditeur se trouuant prouëu de toutes ces cognoissances, durant qu'il escoute le propos. Cela s'apelle son ouïe aller plus viste, ou estre plus diligente que la parolle. Parquoy Mercure arguoit son filz, qu'il n'auoit pas comprins la differance de reng, & disposition que tenoient les vnitez de l'homme durant la vie a celles, qu'elles tenoient apres & en sa dissolution, a faute de s'estre souuenu, que quand Mercure luy auoit cy deuant dict, que la pensée gisoit en l'ame, & l'ame en l'esprit, & l'esprit au corps, c'estoit pour luy faire entendre l'ordre & reng, qu'elles tenoient en l'homme durant sa composition.

Parquoy il luy redict maintenant, LA COMPOSITION DE CES VOILES ou couuertures, ou habillemantz, O MON FILS, SE FAICT DANS LE CORPS DE TERRE, ou corps materiel, composé des elemantz: desquelz la terre est celle, qui plus y a borde, a cause dequoy il les nomme corps de terre, comme il fust nommé du commencement, Souuienne toy homme, que tu es pouldre, & retourneras en pouldre. Ce n'est pas qu'en ce corps n'y aye que pouldre, ou terre, mais c'est, comme nous auós dict, que terre y abonde & domine plus que autre element.

Tout escoutât ne peut estre attentif.

Promptitude rare auec profond iugemât.

Que c'est l'ouïe plus diligente que la voix.

Corps de terre aproprié a l'homme.

Genes. 3.d

Ces

Ces voiles donc ou couuertures, ou bien cest ordre institué pour donner a entendre à l'homme, la dignité de ce, qu'il a en luy, se faict & s'obserue tel durant la vie de l'homme : & que ce thesor, comme le dict sainct Pol, est ordonné de faire sa demeure en ces vaisseaux de terre : par lequel ordre l'homme cognoist ce, qui est digne estre bien differant de ce, qui est indigne par la consideration des vnitez, qui tiennent les deux extremitez, de leur differance. CAR IL EST IMPOSSIBLE, QVE LA PENSEE SE CONSTITVE DE SOY MESME NVE, & sans aucun moyē entre elle, & toute chose materiele DANS VN CORPS DE TERRE. Pour entendre ces propos, & ceux qui s'ensuiuent, il faut quelque peu plus esleuer l'entendement, que le cōmun ne l'a faict iusques a present : & cōsiderer la grandissime differance, qui est entre les subiectz intelligibles, & les subiectz sensibles, ou corporelz & materiels, & celle qui est aussi entre leurs puissances & actions. Car nous, qui sommes endormis, & si trestant abusés de la matiere, a peine pouuons croire, qu'il y aye force de remuer vn pois, que és hommes animaux ou leurs engins, ou bien puissance de guerir vn malade, que par le moyen des medecines corporeles, ou vaincre vn combat, que par forces corporeles. Nous confessons tous, qu'en Dieu, & ses vertus, sont toutes ces actions, mais la grāde fiance & asseurance, que nous monstrons tous les iours auoir plus ez actions materieles, que es intelligibles, manifeste assez, que nous n'estimōs la dignité des intelligibles, leur puissance & action a beaucoup pres de ce que nous deuons: de tant que nous deuons considerer, que la terre & toute chose corporele & materiele, qui habite en elle n'est propremēt que la lye & pure residance, comme partie plus imparfaicte du monde: & que toutes les actions & vertus ou puissances sont données a toutes creatures d'en haut : ou par consequāt toutes actiōs, forces & puissances, ou efficaces de mettre en effect, abondent infiniement plus que ce bas. Qui nous doit rendre persuadés que la moindre puissance incorporele excede la corporele sans comparaison, & ce en toutes choses, & a cause de la dignité qu'elle a par dessus la chose corporele, laquelle ne prend dignité que de la partie intelligible, qui est en elle. A cause de quoy les subiectz intelligibles n'ont creatures ça bas, qui se puisse esgaller a eux ou les exceder, que vn seul, qu'est la bonne ame, s'il est ainsi qu'elle soit creature, & ce a cause de la presence & iouissance, qu'elle possede du sainct Esprit Seigneur & dominateur de tous subiectz intelligibles.

C'est ceste diuine pensée Esprit de Dieu, de laquelle nous tenons propos, laquelle a cause de sa dignité fort peu cognuë des hommes, ne peut habiter sans aucun moyen dans vn corps materiel, a la comparaison d'vn prince, qui ne pourroit auoir la patience d'habiter dans la petite loge d'vn pauure homme assez mal nette & propre, qu'il n'y mette des moyens, linges, meubles, tapisseries & autres moyēs, qui seront entre sa personne, & l'ordure que la pauureté entretient communement. En ceste maniere le sainct Esprit, qui est premiere intelligēce, ne souffre d'habiter en vn corps materiel, qu'il n'aye entre luy & ce corps, estendu meubles ou vtencilles de sa condition, non qu'il craigne le desplaisir ou autre action, que ce corps peut faire contre luy, qui l'ennuyast: mais au contraire, c'est le corps, qui craint (& en a bonne occasion) d'estre ruyné, s'il s'aproche sans moyen d'vn si digne & puissant voisin, a cause des puissantes actions, & frequentz effectz, qui sans cesse sortent de ce digne subiect. Lesquels ce corps ne peut endurer, s'il n'a entredeux quelque plus forte deffence, que luy qui le couure, DE TANT QVE LE CORPS DE TERRE N'EST PAS PVISSANT A PORTER VNE SI GRANDE IMMORTALITE. C'est, que l'Esprit de Dieu estant eternel, chef de toute immortalité, ne pourroit estre senty de si pres par ce corps, auquel n'appartient de sentir ou aperceuoir que choses materieles : qui est cause que le sentiment des actions diuines le ruyneroit, & il ne les pourroit porter a cause de son imbecilité, & autres imperfections. NY VN CORPS PASSIBLE CONVENANT EN CONDITIONS AVEC LVY, N'EST PVISSANT DE SOVSTENIR SI GRANDE VERTV. Et si n'apartiet a tout autre corps materiel, & par consequent passible estant de semblables conditions auec ce corps de terre & humain (ce que le Grec appelle concoloré a luy, qu'est de mesme couleura luy) de soustenir le fais d'vne si grāde vertu & action. Ce n'est donc, q̄ la saincte pensée laisse de s'en aprocher, de craincte de s'en souiller ou y prendre ennuy, mais au cōtraire pour ne ruyner ce pauure corps si imbecille & indigne d'vne telle presence. IL A DONC PRINS L'AME, COMME VNE COVVERTVRE OV MOYEN. ET L'AME, QVI MESME EST DIVINE & laquelle ce corps aussi ne pourroit endurer sans moyen, VSE DE L'ESPRIT:

2.Cor.4.b

Forces intelligib es sermōtēs les corporeles.

La terre lie du monde.

La bonne ame precede tous à cause du sainct Esprit.

La matiere non la ainsi sē craint leur cōionctiō.

L'esprit instrumēts de l'ame.

lequel nous auons cy deuant dict, estre entre l'ame, & le sang, & autres parties corporeles, & s'en sert COMME DV FEV, duquel nous auons cy deuant declaré le sainct Esprit s'aider pour ses actions, & productions d'effectz: tout ainsi l'ame s'aide de l'Esprit pour l'execution de ses actions & productions d'effectz & mouuementz corporelz. CAR L'ESPRIT GOVVERNE L'ANIMAL, a cause que c'est luy, que luy administre toutes actions, & impulsions suscitatiues de mouuement.

SECTION 18.

A Cause dequoy, quand la pensee est deliure du corps terrien, elle incontinent se vest de sa propre robe de feu: laquelle elle ne pouuoit auoir ensemble & habiter au corps terrien, de tant que la terre ne porte le feu, car elle brusleroit toute d'vne petite scintile. A ceste cause l'eau a esté enuironnée entour la terre, comme empeschement & muraille resistant à la flamme du feu. Et de tant que la pensée est tres-aigue entre toutes les intelligences diuines, & plus aigue, que tous principes, elle a le feu pour corps. L'ouurier de toutes choses vse du feu comme instrument en son operation, & en l'vniuers de toutes choses: mais celle de l'homme, des choses terrienes seulement. Car la pensée qui est en l'homme, estant desnuée de feu, ne peut ouurer aux choses diuines, attendu qu'ell' est humaine en dispensation.

COMMENTAIRE.

REprenant maintenant la continuation de sa responce, Mercure apres auoir declaré que les enuelopemantz ou interpositions des choses intelligibles, ionctes ensemble en l'homme s'entendoient estre ordonnées & disposées en telle sorte, pendant que la pensée estoit dans le corps terrien, dans lequel estant elle s'estoit priuée de sa souueraine puissance & action sur toute chose, qui est son propre pour se rendre subiecte, durant ceste composition, a l'arbitre & liberale disposition de l'ame, a laquelle estoit donnée la conduicte de ce composé: il declare l'estat de la pensée hors du corps humain, par ces propos. A CAVSE DE QVOY QVAND LA PENSEE EST DELIVRE DV CORPS TERRIEN, & par consequent hors de la subiection arbitraire d'vne ame, ELLE INCONTINANT SE VEST DE SA PROPRE ROBE DE FEV. C'est que l'Esprit de Dieu continuel operateur & acteur souuerain, duquel le propre est de continuellement operer & produire par ses actions continuelz effectz, l'vn n'attendant l'autre, ayant mis son sainct Esprit en ce corps elementaire a esté vn temps par iceluy maculé, taché, souillé, & empesché de pouuoir executer en ce subiect composé ses propres operatiõs, a cause que l'hypothese de la compositiõ portoit, qu'il n'operoit en ce composé, que par l'arbitre, & employ volontaire d'vne ame presidante a iceluy, durant le temps de la composition. Lequel l'arbitre ne voulant briser pour quelque indignité, qu'il luy feust faicte, le bon Dieu a voulu patiemment attendre le temps de sa deliberation, par laquelle il auoit deliberé que son Esprit ne demoureroit plus en l'homme, attendu qu'il est chair, dans laquelle, & par laquelle il se trouue si indignement traicté, que pour manifester ceste indignité, il propose la deliurance de son Esprit de ce corps, nous auoir manifesté vne tresgrande mutation d'indignité en dignité, ayant porté patiemment ceste iniure durant son temps ordonné. Pendant lequel temps il se trouue en diuers corps traicté diuersement, en tous toutesfois indignement eu esgard a sa dignité, mais beaucoup plus es vns, que es autres, comme nous voyons par la differance des hommes, qui ont abandonné Dieu, pour adherer a leurs concupiscences, a ceux qui ont quitté le monde auec tous ses abus, pour se rendre a Dieu. Dans les corps desquels ce benoist sainct Esprit ne se trouue si opprimé a beaucoup pres, ains produict plus d'effectz & actes diuins, qu'il ne faict en ceux, qui tant s'en faut, qu'ilz ne le veulent escouter, qu'ilz ne croyent l'auoir en eux, ains plustost se mocquent de ceux, qui le leur font entendre, combien que en tous corps, a cause de l'obscurité, imbecillité, & impuissance de la matiere, il est certain qu'il ne peut

L'Esprit de Dieu deliure du corps.

La pensée reprend ses actions.

L'Esprit de Dieu diuers en diuerses personnes.

ne peut exercer ſes extremes actions & puiſſances diuines, a cauſe qu'il l'a ainſi ordonné, en la compoſition & creation de toutes creatures, & auſſi que l'homme, par l'arbitre duquel ſes actions ſont employees, n'a aucune puiſſance ſur les operatiõs diuines, meſme depuis le peché. Il luy faut l'vnion a Ieſus Chriſt pour l'y remettre. Soy trouuãt donc ceſte ſaincte penſée deſchargée de c'eſt empeſchement du corps terrien, elle reprend ſa propre robe auſſi bien comme ſon corps n'ayãt robe n'y corps : mais c'eſt, que ce benoiſt ſainct Eſprit ſe retrouue en ſes actions & puiſſances, qui ne luy ſont plus empeſchées par ce corps & compoſition. Ce n'eſt pas que le ſainct Eſprit n'opere & produiſe continuellement ſes merueilleux effects, ſans y eſtre empeſché par tous les hommes viuants, mais cecy s'entend en ce compoſé & homme particulier, auquel il ne peut veritablement operer, a cauſe de l'imperfectiõ, comme Ieſus Chriſt ne pouuoit faire aucuns ſignes, a cauſe de l'incredulité des Iuifs. Ce propos n'argue en rien l'impuiſſance de Dieu, mais argue bien l'imperfection de l'homme, pour laquelle declarer, ce propos eſt annoncé, plus que pour declarer aucune liberté de la ſaincte penſée. Elle reprend donc ces propres actions diuines, pour employer en ſon ſubiect, ſelon que l'ocaſion de ſa Iuſtice le requerra, ſoit accompagnant auec ſoy & y retenãt l'ame, qui aura eſté bonne, ou bien delaiſſant la mauuaiſe. En toutes manieres elle ſe trouue reueſtue de ſa propre robe, corps de feu actif & puiſſant, pour mettre en effect toutes executions diuines, qu'au parauant & durant la compoſition de l'homme n'y pouuoient eſtre miſes, a cauſe de la condition & hypotheſe ordonnée en ſa creation. Ceſte robe ou corps de feu reprins par le ſainct Eſprit, ce n'eſt pas qu'il aye beſoing pour mettre en effect ſes vertus & efficaces d'vne matiere de feu, ou bien d'inſtrument & moyen, mais pour noſtre ſeul profit & enſeignement receu par nos ſens, a cauſe que nous nous y abandonnons plus que a l'intelligence & cognoiſſance de Dieu. Il a voulu prendre c'eſt element viſible, & corporellement ſenſible, tant pour nous tenir en diſcipline, craincte, qu'admiration : par le moyen duquel il faict a peu pres toutes ſes manifeſtations, & operations conceuës & aperceuës par les hommes, en leurs ſens corporelz, comme nous pourrons dire, quand Dieu feiſt preparer le peuple au pied du mont de Sina, lors qu'il vouloit deſcendre, il commença par tonnoires, eſclais, & comme il eſt eſcript, le ſeigneur y deſcendiſt en feu : ou bien quand Moïſe amena auec luy Ioſué ſur ce meſme mont, Dieu apellant Moïſe, la figure de ſa gloire aparoiſſoit, comme feu ardant ſur le bout de la mõtaigne en la preſence du peuple.

Penſerons nous qu'il n'y en euſt vne bonne partie, que lors luy atribuoient vn corps de feu, & ſi inacceſſible, qu'ilz craignoient plus de le veoir ou aprocher, de peur de ce feu, que, de ſes autres plus grãdes puiſſances & effects. Et diuerſes fois qu'il eſt dict le feu eſtre ſorty du ſeigneur deuorant ſacrifices & peuples diuerſement, de maniere qu'il en a porté le nom d'eſtre feu deuorant, & feu conſummant, cõme le ſacrifice d'Elie, qui fuſt deuoré par le ſeigneur inuoqué en feu, le chariot de feu, qui le rauiſt d'auec Eliſée, les forces des cheuaux & chariots de feu, qu'aparurent pour le ſecours d'Eliſée contre le roy de Syrie. Voila la veritable robe ou corps de feu, que prend le ſainct Eſprit de Dieu, pour executer ſes effects. En ce corps ou habillemẽt il deſcendiſt ſur les Apoſtres au meſmes qu'il s'eſtoit premieremẽt aparu a Moïſe au buiſſon, & a pluſieurs autres en diuers effects de feu : dont l'eſcripture en eſt pleine.

C'eſt ceſte robe, que la diuine penſée reprend, quand elle eſt deliure du corps de l'hõme. LAQVELLE ELLE NE POVVOIT AVOIR ENSEMBLE, ET HABITER AV CORPS TERRIEN. Comme de vray ſi le ſainct Eſprit eſtant dans la compoſition de l'homme luy lachoit la moindre de ſes violances de feu, il n'y tiendroit guere : a cauſe qu'il participe plus de terre, qui de ſa nature eſt ſeiche, diſpoſée a eſtre bruſlée, comme nous dirons cy apres. Mais comme nous auons dict, ces actions ceſſoient durant qu'il eſtoit en ce ſubiect, lequel eſtant corporel n'eſtoit capable de loger vn tel feu auec ſa ſaincte penſée, comme celuy, que nous auons declaré l'auoir acompagné en tous ces effects. A cauſe dequoy la penſée ne pouuoit auoir ceſte robe ou corps de feu, & celluy de l'homme enſemble : attandu qu'elle l'auoit ainſi ordonné en ſa compoſition ; DE TANT QVE LA TERRE de ſon naturel froide & ſeche NE PORTE LE FEV, ou ne luy peut reſiſter, meſmes venant d'vn tel aucteur & en telle efficace. CAR ELLE BRVSLEROIT TOVTE D'VNE PETITE SCINTILLE.

Pourquoy l'eſprit de Dieu ne peut operer.

Marc. 6. a

Que c'eſt la robe de feu au ſainct Eſprit.

Operation du ſainct eſprit faicte en feu

Exod. 19. c
Exod. 24. d

Leuit. 9. d 10
a. & num. 11.
a 16. c
Deut. 9. a &
4. d
3. Reg. 18. c
4. Reg. 2. b
4. Reg. 6. d

Act. 2.
Exod. 3. a

L'homme viuans incapable des effects Diuins.

Ceste scintille s'entend de feu pur & elementaire, sans aucune mixtion d'humide. Car nous entendons, que le feu visible, duquel nous vsons en ceste region basse, n'est feu pur, ains c'est exhalation meslee de chaut, & humide. Qui est cause, qu'il fume en humidité: parquoy si la petite scintille de feu pur puissant pour faire son action sans humidité auec la vertu de l'operateur estoit apliquée a la terre seche de sa complexion, ce feu croissant d'autre part de sa nature l'inflammeroit toute. A CESTE CAVSE en la composition du monde, quand les elements ont esté ordonnez par ceste infinie sapience, ils ont esté disposez, & establiz en maniere si compatible, qu'il n'y a esté rien ignoré de leur nature, quand L'EAV A ESTE ENVIRONNEE ENTOVR LA TERRE, COMME EMPESCHEMENT ET MVRAILLE RESISTANT A LA FLAMME DV FEV. C'est que par nostre experience nous voyons que grande quantité d'eau esteint moindre feu.

Vne scintille de feu bruslerois sous la terre.

La terre defendue du feu par l'eau.

Entre le feu & l'eau n'y a comparaison certaine.

Vray est, qu'eux n'estantz d'vn mesme genre de quantité ne soufrent raison ou maniere de comparaison ou respect l'vn a l'autre par leurs quantitez, a cause dequoy l'vn ne peut exceder l'autre. Toutesfois nostre experience nous mostre au contraire, qu'vn grand feu a bien tost consumé peu d'eau, comme la grand eau peu de feu. Mais ce qu'entend icy Mercure, il prend le feu en sa region ayant tout l'air entre luy & la mer, & dict que ceste mer, qui au commencement couuroit la terre, comme nous l'auons dict cy deuant, & que a ceste cause l'esprit de Dieu estoit porté sur les eaux, lors que la terre n'aparoissoit pour les diuiser: en ceste disposition & temps elle estoit suffisante pour deffendre la terre de l'offence, que le feu luy eust peu faire mesmes ayant l'air entre deux, lequel rompoit beaucoup de son action.

Genes. 1. a

ET DE TANT QVE LA PENSEE EST TRESAIGVE ENTRE TOVTES LES INTELLIGENCES DIVINES, ET PLVS AIGVE, QVE TOVS PRINCIPES OV elementz, ELLE A LE FEV POVR LE CORPS. C'est que la pensée estant declarée estre la saincte image & esprit de Dieu, informée dans le corps humain, il est bien iuste, qu'elle soit la tres aigue & tressubtile intelligence de toutes intelligences diuines, entant que chef d'icelles. Et si est plus aigue & a plus grande efficace a produire effectz, que tous les principes de nature, ou les quatre elementz. Desquelz elle voyant l'vn plus actif, puissant, & disposé a l'execution de ses effects, que tous les autres, elle a choisi le feu pour luy seruir d'instrumēt duquel elle s'acompaigne en ses effects, comme nous le venons de manifester cy deuant, & le conduict auec soy, comme si c'estoit son corps, duquel le sainct Esprit faict ses executions, comme l'homme faict les siennes auec son corps, & membres. Qui est cause que Mercure a proposé ceste maniere de parler, pour la rendre plus intelligible aux hommes de son temps, qui n'auoient encore esté nourris aux choses intelligibles: & a ceste cause esloignez de la cognoissance de Dieu & s'adonnant plus a ce, qu'ils comprenoient par leurs sens. Qui fust cause que pour leur faire entendre ces actions de feu venir immediatement de Dieu, il leur disoit, que c'estoit son corps, duquel il executoit ses actions, comme nous faisons les nostres par le moyen de noz corps ou membres, & sens corporels. L'OVVRIER DE TOVTES CHOSES VSE DV FEV COMME INSTRVMENT EN SON OPERATION, ET EN L'VNIVERS DE TOVTES CHOSES.

La pensée intelligence tres aigue.

Le S. Esprit a corps de feu, que c'est.

C'est ce, que nous auons cy deuant dict parlants de la matiere des corps celestes, lesquelz, a cause de leur longue durée & immortalité, nous auons estimé estre composez des elementz plus purs & proches des diuines puritez, qui sont l'air & le feu. Et a cause de leur resplandeur & facille reception de lumiere nous les auōs plus estimé tenir de feu, que d'air: & si auons dict, que quant aux cieux ou spheres, que portent comme le vulgaire le cuide, les corps celestes, nous n'auons aucun argumēt, qui nous conclue leur corps estre en effect, mais seulement en hypotheses ou supositions, que les sçauantz ont inuenté pour seruir de methode & theoricque a l'intelligence des mouuementz, rencontres, & aspects des corps celestes. Ceste saincte pensée donc ouurier de toutes choses tant corps celestes que autres vse de feu en son ouurage, & en l'operation de L'VNIVERS DE TOVTES CHOSES, lequel il employe tant comme instrument, que quelque fois, comme matiere: detant que, comme plus excellent ouurier, c'est raison qu'il employe le feu, comme le plus excellent oultis & acteur de toute la matiere. A ceste cause soit pour l'ouurage des choses celestes, ou pour composer l'vniuers de toutes choses, mesmes de toute la region elementaire, & production de toutes creatures faictes & formées de matiere & vertus diuines:

Le S. Esprit vsé de feu en ces ouurages.

Toutes choses faictes par feu.

En toutes ces operations corporeles la saincte pensée Esprit de Dieu s'est voulu aider d'vn corps,c'est a dire d'vne matiere,que tousiours est corporele.Et a cause que sur toutes,le feu s'est trouué le plus actif & penetrant en operations & executions, c'est celuy là que ce bō Dieu a tāt honoré,que de le faire son principal instrumēt corporel.Ce n'est pas,que auec ce feu il face les plus grandes operations des siennes:mais seulement les operations & creations materieles & corporeles.Car quand aux operatiōs intelligibles, qui sont les excellētes, comme l'infusion d'ame, vie, science, cognoissance, & autres dons intelligibles, ce feu materiel se trouueroit indigne & incapable de manier telles diuinitez, lesquelles sont hors de la puissance de toute matiere,& qui plus est, dominēt, & disposent sur icelle.Vray est que pour la debilité de nos intelligences, nous auons receu vn feu au sainct Esprit faisant toutes operations intelligibles, a la semblance du corporel, par lequel il met en effect toutes operatiōs sensibles ou corporeles.Et si bien lors qu'il infondoit le sainct Esprit aux Apostres, il apparust en langues de feu, ce n'est pas, qu'il se seruist de ce feu visible a faire ceste infusion intelligible car le feu n'y auoit aucun pouuoir:ains il le faisoit de son action & grace, qui estoit son feu intelligible.

Le feu instrumēt corporel du sainct Esprit.

Le feu n'a action ès choses intelligibles.

Et le corporel luy seruoit de signe, pour soy manifester aux sens, comme cy deuant nous auons declaré, qu'il a faict diuerses fois,& les operations qu'il faict par le feu, c'est en vertu de la puissance, qu'il a donné au feu. Laquelle secouruë des autres, qu'il ne luy a donné que pour lors, faict ces grandz effect corporelz. Dequoy nous en voyons ça bas parmy noz experiances, de si merueilleuses preuues, que nous ne pouuons n'yer l'excellence de l'action du feu sur toutes actions materieles. Et ce par les exemples, qui sortent iournellement des effectz produictz par les Alchimistes, tant en distillations, circulations, sublimations, petrifications, decoctions, forces, impulsions, & infinis autres effectz qui sont par diuerses manieres d'infusions toutes conduictes,& operées par le feu:dont ils sortent effectz, qui sont estimés quelque fois supernaturelz. C'est assez pour donner a cognoistre, que le feu ayant receu en son particulier tant & si grandes vertus d'actions, qu'il estant secouru, & ses actions augmentées par les vertus du grand operateur le faisant son instrument, il n'a faute de puissance, efficace, & suffisante energie, pour executer encore plus d'operations, que toutes les materieles, qui ont esté basties iusques a present en ce monde materiel. C'este pēsée diuine donc ayant prins son corps de feu met en effect toutes ces operations celestes, & celles de tout l'vniuers de toutes choses: MAIS CELLE DE L'HOMME, laquelle pensée estant enclose dans ce corps humain n'y peut faire ses grandes operations de ce feu tresactif:a cause que, comme nous auons dict, le corps humain n'est capable de l'endurer, & aussi qu'il empesche l'excellence de la partie diuine. Celle là donc ayant les puissances plus basses vse en ses operations DES CHOSES TERRIENNES SEVLEMENT, que sont toutes œuures & actions humaines, ou qui sont produictes par l'homme, sur la terre, desquelles l'aucteur est la diuine pensée habitant en l'homme, & par le secours de laquelle il faict toutes ses operations. Lesquelles toutefois elle ne peut mener en l'homme a la perfection & excellence des œuures diuines:a cause de l'empeschement & resistance, que luy porte l'obscurité & indignité de sa partie materiele. I'entens aussi ces operations de la pensée humaine estre habitueles, & qui ont habit, ou quelque forme d'estre,& non celles, qui gisent en priuation de tout' essence, & vraye habitude, comme sont les vices, qui gisent & consistent en priuation de Dieu, essence des essences. Toutes operations donc, qui portent en elles dignité d'habit,ou essence,que sont exécutées par les hommes en ceste terre, sont operations de la saincte pensée, qui est dans le corps humain, dans lequel estant elle ne peut besongner en perfection de sa grande action de feu, par laquelle elle a basty toutes creations & compositions diuines, qui ne luy apartiennent, a cause de son imperfection, mais sont appartenantes au seul Dieu createur de toutes choses. Par ceste ancienne maniere de parler il entend declarer, combien l'imbecilité du corps & partie materiele de l'homme est incapable & indigne des operations diuines, & non declarer aucune impuissance en la saincte pensée. CAR LA PENSEE, QVI EST EN L'HOMME ESTANT DESNVEE DE FEV, qui est l'actiō de tant que le corps humain ne le peut endurer en sa saincte pensée, & NE PEVT OVVRER AVX CHOSES DIVINES, desquelles l'execution appartient au seul createur: ATTENDV QV'ELLE EST HVMAINE D'ADMINISTRATION.

Le sainct Esprit se sert du feu pour signe

Les actiōs du feu sont souuant incongnues.

Actions de l'homme faictes par sa pēsée.

Vices ne consistēt en action ou habitude.

Que c'est la pensée en l'homme desnuée de feu.

C'est qu'elle est empeschée par l'humanité,(a laquelle elle s'est rendue pour vn teps) d'executer l'excellence de ses actions , pendant lequel temps elle est humaine non de sa nature, qui est tousiours diuine, & rend l'homme diuin:mais est humaine seulement de dispensation ou administration ne tenant rien de l'homme, que l'imperfection,qui luy empesche sa vertu & action,dans lequel elle n'a peu porter ce puissant & actif corps du feu, par lequel elle faict toutes choses diuines.A cause que ceste habitation humaine est indigne,incapable,imbecile par trop foible,& imparfaicte a porter ou endurer en soy vne si grande vertu,gloire,& actiō, mais seulement luy porte,offre, & le fournist de toutes actions,ausquelles il se voudra rendre disposé,tant natureles ou ordinaires,que supernatureles ou extraordinaires,& miraculeuses, n'estant empeschée aux plus grandes, que par l'humaine stupidité & materiele pesanteur, qui luy empesche ce feu & diuine operation.

SECTION 19.

L'Ame de l'homme,non de vray toute mais celle, qui est religieuse : ceste cy est bien heureuse & diuine. Et ceste ame apres estre retirée du corps ayant combatu le cōbat de pieté est faicte Dieu (car le combat de pieté est cognoistre Dieu , & n'offenser aucun) ou certainement est faicte pensée : mais l'ame meschante demeure en sa propre essence punie par elle mesme , recherchant vn corps terrien , iusques à ce qu'elle entre en celuy d'vn homme: de tant que autre corps ne reçoit l'ame humaine. Et n'est permis,que l'ame de l'homme eschaye en vn corps d'animal brut. Car ceste est la loy de Dieu,deffendre l'ame de l'homme d'vne si grande iniure.

COMMENTAIRE.

Difference d la voye des mes.

MERCVRE voulant proposer & exprimer ou gist la bonté de l'ame , & ce qui ensuit, ceste bonté, dict L'AME DE L'HOMME, NON DE VRAY TOVTE: car pour estre humaine , il ne s'ensuit, qu'elle aye la perfection qu'elle peut auoir,si elle n'y faict autre chose.Ce n'est pas donc toute maniere d'ame humaine, MAIS CELLE, QV'EST RELIGIEVSE, CESTE CY EST BIEN HEVREVSE ET DIVINE.Il cōstitue la vraye disposition de la bōne ame en pieté,ou religion,qui est mesme chose:& de vray religiō porte deux pointz,estre soigneux de Dieu, & de recognoistre le deuoir par tout,ou l'on le doit,pour ne tumber

Repos de l'ame religieuse.

en l'extremité du vice d'ingratitude.L'ame donc estant disposée par vertu de sa pieté, ou religion,a auoir en soy soin du vray Dieu,ne faudra iamais a s'estudier & trauailler a le cognoistre.D'autre part ayant en sa resolution de recognoistre tous ses deuoirs, cognoissant Dieu, elle se trouuera luy estre fort obligée:qui sera cause, qu'elle y employera la recognoissance de son deuoir.Et ce pendant en ce q̄ est visible & sensible,elle trauaillera incessamment a recognoistre tous bien-faictz. Lesquelz deux pointz bien entēdus & estendus cōprenent toute la loy de Dieu. ET CESTE AME APRES ESTRE RETIREE DV CORPS, en dissolution ou mort corporele,AYANT COMBATV LE COMBAT DE PIETE, EST FAICTE DIEV.

1.Cap.sec.24 L bōne a esté faicte en Dieu.

En ce propos nous voyons , que Mercure ne faict aucune differance , d'estre faict Dieu ou d'estre faict en Dieu. CAR, en c'est endroict,que la bonne ame est faicte Dieu, & au premier chapitre il dict qu'ilz sont faictz en Dieu : les deux sont mesme chose, estre faict Dieu ou en Dieu,ou comme Iesus Christ l'a requis à Dieu son pere,que ses Apostres, & ceux qui par leur parole croiroient en luy, feussent tellement en Dieu, que comme le Filz de Dieu estoit mesme chose auec le pere, ilz feussent mesme chose auec le pere & filz. C'est encore plus exprimé le vray retour , dont nous sommes sortis du cōmencement. C'est ce,que dict
sainct

sainct Iean, Voyez qu'elle charité nous a donné le pere que nous soyons Filz de Dieu, & a-*1. Ioan. 3.d*
pres, Nous ne sçauõs ce, que nous serons, ce que bouche ne peut dire, œil voir, n'y cœur pē-*Ioan. 17.c*
ser. C'est, que quand nous serons capables de le sçauoir, c'est lors que nous luy serons semblables, iouissantz a plain de la requeste, que le filz a obtenu du pere: & le verrons, comme il est, ce que autre ne peut voir que luy mesmes, ny le cognoistre que luy mesmes. Celuy donc qui a combatu le combat de pieté, est ainsi faict Dieu. Et pour sçauoir quel est LE COM- *Combat de*
BAT DE PIETE, Mercure nous dict briefuement, qu'il EST COGNOISTRE DIEV, ET *pieté.*
N'OFFENSER AVCVN. Et sainct Iean dict, Ceste cy est la vie eternele, qu'ilz te cognois-
sent & celuy Iesus Christ que tu as enuoyé. Et le Prophete dict, Veux tu sçauoir, o homme, *Ioan. 17.a*
que Dieu requiert de toy. C'est faire iugement & iustice, & cheminer soigneux auec ton *M. th. 6.c*
Dieu.

Ces trois s'accordent en la diffinition du combat de pieté, que c'est rendre le deuoir &
iustice a vn chascun, & estre soigneux de cognoistre Dieu. C'est pour en la fin du cours de
l'homme le ramener en ceste diuine source, de laquelle toutes ses vnitez & parties, desquel- *Cap. 1 sec. 14*
les il a esté composé, sont du commencemēt yssues. Et ceste-cy est la bonne fin dict Mercure, au commancement. Ov bien si ceste bonne ame ayant bien combatu le combat de
pieté n'est faicte Dieu, ou en Dieu, pour sa totale fin. Elle attendant icelle CERTAINE- *L'ame faicte*
MENT EST FAICTE PENSEE. Il semble que Mercure distingue par ces propos les estats *pensée.*
de ceux, qui en leur totale fin de beatitude n'attendront plus rien, de ceux qui estantz decedez attendront leurs corps en la resurrection vniuerselle. Car le premier qu'il a proposé d'estre remis en Dieu, c'est la fin apres toute resurrection & iugement, comme il l'a tesmoigné
au premier chapitre, la declarant estre la totale fin. Et ce second qu'il propose (ou bien sera
pensée) cela s'entend en l'estat, que les corps decedent tous les iours. En quel cas Mercure
nous declare, que l'ame estant separée du corps, qui de sa nature sert a la loy de peché, il ne
luy reste, que la pensée qui de sa nature sert a la loy de Dieu, comme dict sainct Pol. Et ceste
ame s'en va auec la saincte pensée ioincte a elle, sans empeschement de matiere inseparablement, quand elle a esté bonne ame, comme a ce propos: & qu'estant mauuaise il en va autrement, comme il dict. MAIS L'AME MESCHANTE DEMEVRE EN SA PROPRE ES- *Rom. 7.d.*
SENCE PVNIE PAR ELLE MESMES. C'est que l'ame meschante ayant esté vaincue au *L'ame mes-*
combat de pieté, qui fine auec la vie, demeure non en Dieu, ny pensée mais demeure en *chāte cōmans*
sa propre essence diuine, immortele & impassible de toutes actions corporeles & materieles, *est punie.*
mais non des passions, tourmantz & punitions, qu'elle reçoit d'elle mesme estant descouuerte de tout voile materiel, & saisie d'vn regret, qui tourmente & vexe tant son intelligence
& claire cognoissance, qu'elle a lors, qu'elle n'est plus amusée, n'y empeschée par le corps a
sentir le deffaut, qu'elle a commis? & qui pis est, le remede ayant esté en sa disposition, se cognoist priuée de toute societé d'autres essences heureuses, voire & ne pouuant desirer, mais
estant punie par elle mesmes, l'ame est dicte punie par elle mesme a la differance des punitions corporeles, qui tousiours sont faictes par autruy. Ce n'est ainsi de la punition de ce subiect incorporel: lequel ne peut estre puny par choses sensibles, de tant qu'il n'est plus subiect
aux sens, ains les a abādonez, mais cōme subiect intelligible & incorporel, sa punitiō est de mesme genre: de tant que le corporel ne peut contre l'incorporel. Il est donc besoin, que l'actiō,
qui ne peut contre l'incorporel, soit incorporele: & de tant plus grāde, quād elle est executée
par soy mesme cōtre soy mesme: chose propre a la nature de l'ame, laquelle estant essence diuine incorporele & immortele, elle estāt descouuerte de la matiere de son corps, recouure
toute cognoissance: de maniere que celle qui ayant combatu le combat de pieté, comme dit
Mercure, ou ayant legitimement combatu, comme dict sainct Pol, & laissant son voile cor- *2. Timot. 2.d*
porel elle demeure en claire vision & cognoissance de la couronne, qui luy est donnée,
qui est sa ioye & gloire, qui ne se peut dire ou penser: ainsi mesme celle, qui aura delaissé Dieu
pour ses concupiscences, estant descouuerte recouure claire cognoissance de son deffaut,
qui est sa misere & punition inexplicable. Et comme la bonne soy separant du corps se
voit & cognoist ioincte a la bonté & misericorde de Dieu pour son eternele felicité, la mauuaise s'en voit separée & ioincte a sa tres-seuere iustice pour son grand desespoir. Et ceste separation d'essence diuine de son subiect la rend en telle misere, que comme celle, qui y est
ioincte, exerce sa felicité & contentement a desirer cest heur continuel: celle qui en est
separée, exerce son mal'heur & desplaisir a fouir le bien & rechercher son tourment. Et c'est

Cc 5

de tant qu'elle mesme se iuge en sa conscience, & s'execute pareillement, soy voyant sans excuse, ny dispute deuãt la iustice diuine. Et telle separation la tient en l'infelicité, qu'a reçeu du commencement la matiere estant separée de l'essence diuine. Dont elle s'est trouuée si imparfaicte tendant à tout mal, & prouoquant toute malediction, & de tant plus grande infelicité, que n'a peu reçeuoir la matiere, comme son excellence est demeurée estant incorporele plus grande, que celle de la matiere, n'estant qu'vn corps mort & insensible : & par ainsi ne pouuãt nuire qu'à autruy, & non à soy : comme l'ame estant demeurée en pleine cognoissance & perception de sa misere & malediction, par laquelle elle sent ceste separation plus aspre, que tout corps ne peut sentir tourment : de tant qu'elle est de sa nature plus esloignée de passion ou sentiment, que tout corps: toutesfois par l'accidẽt de son deffaut s'y trouue, contre sa nature, assubiectie. Dont pour executer la iustice diuine, contre laquelle elle n'a aucune cauillation, ou contredict, elle recherche son tourment de plus en plus, ne pouuant rechercher aucun soulagement: & en ceste maniere se punist par sa mesme poursuite, & demeure ainsi RECHERCHANT VN CORPS TERRIEN, non vn corps de feu vaillant & disposé a produire action. Mais ce terrien, qui est le plus bas estat de toute la nature elementaire, voulant tousiours demourer en ceste punition & queste de ce corps terrien, comme estant veritablement malade accompagnée de toute inquietude, par laquelle elle recherche à changer d'estat, IVSQVES A CE QV'ELLE ENTRE EN CELVY D'VN HOMME, qui sera lors de la resurrection vniuerselle, que tous hommes ressusciteront auec leurs corps, pour rendre raison de leurs faictz, & operations. Et nous entendons par là, que la malediction de ceste pauure ame est si grande, qu'elle ne cesse de soy rechercher tousiours plus de poine & affliction, recherchant son corps humain, par le moyen duquel elle sera non seulement affligée de l'intelligence, comme l'a dict Iesus Christ, Ou leur ver qui les point ne meurt, & le feu n'est estainct : mais sera affligée par les sens corporelz : de tant que toutes choses qu'elle aura, luy seront en affliction. Et ne luy est permis d'entrer en autre corps : DE TANT QVE AVTRE CORPS, que l'humain, NE REÇOIT L'AME HVMAINE. Ceste clause declare ce, que nous auons dict cy deuant, que Mercure parlant de la transmigration, que faisoit l'ame du reptile en poisson, en terrestre, & en volaille, ne s'entendoit du changement de corps, ains du changement d'estat & condition de vice, ou vertu. Lesquelz estatz il comparoit à la nature de ces animaux, selon leur dignité, ou indignité, & non que l'ame d'vn homme passast en vn autre animal: car il declare icy, que autre corps ne reçoit l'ame humaine, que l'humain: à cause que, comme nous auons dict cy deuant, qu'il n'y a autre animal, qui possede ame separable, que l'homme.

Et si donc celle de l'hõme passoit en autre animal, c'est animal auroit ame particuliere & separée de l'ame de l'vniuers, ce qu'il ne peut auoir, cõme il a esté declaré. A cause de quoy il dit ET N'EST PERMIS QVE L'AME DE L'HOMME ESCHAYE EN VN CORPS D'ANIMAL BRVT. CAR CESTE CY EST LA LOY DE DIEV, ASÇAVOIR DEFFENDRE L'AME DE L'HOMME D'VNE SI GRANDE INIVRE. C'est par la loy, que Dieu institua a nature en la creation de toutes choses, qu'il leur despartiroit a toutes de ses graces pour forme : mais a l'homme seul il donneroit son image & ame particuliere pour sa conduicte, a cause de la dignité de ceste diuine image sainct Esprit de Dieu. Dont s'ensuit, que s'il aduenoit, que l'ame humaine ayant receu le sainct Esprit & dignité d'arbitre se trouuast dans vn cheual ou autre animal, ce brut ratiocineroit, parleroit, & sylogiseroit, qui seroit scandale en nature, & chose prohibée de Dieu, & grande indignité aduenue a l'ame humaine accompagnée de ce digne ioyau precieux. La loy de Dieu ne permet, qu'il soit faict vne telle iniure a son sainct Esprit, ny par consequent a l'ame humaine, qui luy est conioincte: mais veut, que l'homme soit conduit par son ame particuliaire, ayant arbitre, qui rende compte de ses actions. Et toute autre creature, soit conduicte par Nature ame vniuerselle de tout le reste du monde n'ayant aucun arbitre, & par consequent deliure de redition de compte.

SECT-

---

marginalia:
L'ame mauuaise atend son corps.

Esay.66.& Mar.9.g.

Il n'y a eut migration d'ames en diuers corps.

Dieu deffend l'ame humaine d'aller au brut.

SECTION 20.

COmment donc est punie l'ame de l'homme, ô mon pere? Mais quelle est la punition de l'ame humaine, ô mon filz, plus grande, que l'impieté? Qui est le feu ayāt si grande flamme, qu'a l'impieté? Quelle si mordante beste peut ainsi deschirer le corpt que faict l'impieté l'ame? Ne vois tu pas combien grands maux endure l'ame mauuais se leuant la voix, & criant ie brusle, i'ars, ie ne sçay que ie dise, ny que ie face. O malheureuse, ie suis deuorée des maux, qui m'assiegent. Ie ne voy, ny oy. Ne sont ce pas les voix d'vn ame punie? Asçauoir, ô mon filz, si tu penserois, comme plusieurs pensent, que l'ame estant sortie du corps deuient brutalle, qui est vn tresgrand erreur.

COMMENTAIRE.

LE ieune Tat ayant entendu par la doctrine de son pere, que l'ame meschante est punie par elle mesme, & pour entrer en plus grande punition recherche vn corps de terre, lequel elle trouuerra en la resurrection vniuerselle reprenant son corps humain, resuscité toutesfois, & que n'empeschera a lame cognoissance de son bien ou mal, comme font a present noz corps, qui nous empeschent de cognoistre ce, que nous debuons toujours rechercher. Mais de tant que ces corps ressuscitez ne seront plus en estat de recepuoir par l'election de leur arbitre grace, ou punition, ains de rendre compte de l'arbitre, qu'ilz ont exercé durant leur vie, & de celuy la en recepuoir la grace ou punition: il luy demāde, puis que tu me dis que l'ame est punye par elle mesme: COMMENT DONC EST PVNIE L'AME DE L'HOMME, O MON PERE? MAIS QVELLE EST LA PVNITION DE L'AME HVMAINE O MON FILZ PLVS GRANDE, QVE L'IMPIETE? Il apparoist bien manifestement, que Mercure suiuant son propos de la precedente section parle de l'ame, qui ayāt recouuré sa cognoissance par la dissolution d'elle auec son corps aura reprint son corps resuscité, lequel ne luy empeschera la claire cognoissance de son deffaut, que noz corps empeschent noz ames durant ceste vye par la responce, qu'il faict a son filz, luy declarant que le plus grand tourment, punition, & affliction, que puisse auoir l'ame c'est l'impieté. Car la miserable experiance, que nous faisons tous les iours, nous monstre bien, que ce n'est en ceste vie, que la peine est si grande a l'ame: car tant s'en faut, que les vicieux & mal viuants souffrent par leur impieté aucune peine en leur ame, que ce sont ceux la, qui cōmunement plus se resiouissent, voire en leurs malfaicts, comme dict le Psalmiste, & sont exaucez & esleuez, comme les Cedres du Liban. Ce n'est donc en ceste vie, qu'impieté & malice tourmentent l'ame. Il est donc necessaire, que ce soit en celle, qu'a dict Mercure, en laquelle l'ame apres sa dissolution, reprend vn corps humain, n'en pouuant auoir autre.

Et debuons noter, que tout ainsi, que ce corps auec ses voiles & concupiscences empesche l'ame de cognoistre la future gloire, & eternel contentement & cōtinuelle resiouissance, qui est preparée a la bōne ame: de mesme maniere il empesche de cognoistre, quelle sera la plus grāde & cruelle punitiō. Il n'y a celuy, qui ignore, q̄ si l'ame estimoit sa plus cruelle punition & tourment estre l'impieté, qu'elle exerce durāt sa vie corporelle, qu'elle ne s'en retirast: mais tant s'en faut, qu'elle pense celuy la estre son plus grand plaisir & contentemāt: & ce a cause de l'ignorāce, en laquelle ceste couuerture de corps nous tiēt, & qui nous garde de cōsiderer, qui nous sōmes, ny a qu'elle fin nous sōmes faicts. Qui faict sans doubte, q̄ nous ignorants nous mesmes il est aié a la cōcupiscence des sens nous emporter bien facilement

Punition de l'ame humaine.

L'impieté ne tourmante l'ame dans la corps. Prouerb. 2. c Psalm. 36. d

Le corps priue l'ame de cognoistre son futur Lien ou mal.

ment, & ne craindre ou reuerer autre peine, que la corporele, quoy qu'il nous aduienne: de tant qu'estans tous adonnez au corps & ses abus, nous n'estimons que l'ame puisse auoir peine, que celle que noz corps trouuent rude, qui est par le moyen des sens vexez par moyens materielz & corporelz, & nous endormans, la laissons courre le temps, l'employans cependant aux plaisirs corporelz, & ne craignans autres peines que les corporeles. C'est bien loin de considerer, que l'ame humaine deputée en vn corps, pour y receuoir l'Esprit de Dieu est essence diuine, eternelle, & immortele: & laquelle de son chef ne porte aucune subiection, ny craincte a peine quelconque, qui luy peut estre donnée par aucun moyen materiel, soit le couteau, le feu, ou autre matiere: ains mesprise de sa nature diuine tous ces moyens, comme choses indignes d'attoucher à vn si digne subiect, qui est cause, qu'elle ne crainct aucunemẽt ce feu materiel, que aucũs estiment estre leur futur tourment, ne s'aduisans que feu ne peut faire action, que contre choses materieles, comme il l'est, & non contre essences diuines, ou choses intelligibles: lesquelles ne le craignent aucunement. Et ce qui en a faict parler les sçauans, suiuant le texte de la saincte escripture, a esté vsant pour nostre plus facile intelligence de ceste comparaison, par laquelle voulant exprimer la peine de l'ame estre la plus dure & cruelle, que nous pourrions penser, ilz l'ont exprimée par le tourment du feu, qui est le plus actif & penetrant, duquel l'homme aye cognoissance: combien que ce ne soit, que pour comparaison, ne pouuant satisfaire à nostre intelligence par autre maniere, comme Iesus Christ nous disant: Que leur ver ne meurt, ny leur feu n'est esteinct, il n'entend pas, qu'il y aye vn lombric, vn achet, ou autre ver, qui puisse porter par son aiguillon tourment à l'ame, ny que ce feu materiel tousiours flambant la puisse subiuguer, comme vne busche: mais il veut, que par ces comparaisons nous entendions, qu'elle est continuelement trauaillée & tourmentée, sans intermission, ny fin aucune, & ce par l'impieté. Car, dict Mercure, QVI EST LE FEV AYANT SI GRAND FLAMME QV'A L'IMPIETE? QVELLE SI MORDANTE BESTE PEVT AINSI DESCHIRER LE CORPS, QVE FAICT L'IMPIETE L'AME? Nous considererons que l'ame estant essence diuine & immortele, ne desire de sa nature propre, si elle n'est prouoquée d'ailleurs, que l'vnion, presence, & coionction continuele auec son Dieu, & source originaire. Dont s'ensuit, que la plus grãde indignité, peine & tourment, qui luy puisse aduenir, c'est la separation de sa source & son Dieu. D'auantage l'ame estant essence pleine de toute habitude ne peut estre assaillie d'vn plus fort ennemy, & vexation que de priuation: de tant que estre, qui est sa principale pattie, n'a contraire que celle là.

Or est il, que toute impieté, vice, & peché n'abondent tant en aucun deffaut, que en priuation & esloignement de Dieu, qui est la seule & pure essence, mesme l'impieté, qui de son propre est n'auoir Dieu: dont s'ensuit, que tout ce qui luy contreuient, tombe en priuation, chose la plus contraire à Dieu qu'on puisse penser. Qui est cause, que l'ame, qui de sa nature n'a autre repos, contentement, desir, & felicité, que la presence, vnion, & compagnie de son Dieu, en tant qu'estant de ses essences, quand elle vient a souffrir par son impieté, la separation, esloignement, & perte de conionction de son Dieu, ceste peine luy est bien, sans aucune comparaison, plus dure & cruelle que la separation, qu'elle a souffert, d'auec le corps: de tant qu'il n'estoit de sa nature, ains de nature du tout cõtraire: qui est cause que cœur ne peut penser, & langue ne peut dire la rigueur & pesanteur de son tourment. Lequel est d'autant plus grand & actif, que les tourments corporelz: comme les subiectz intelligibles sont plus puissants & actifs, que les subiectz materielz: ou les actions diuines plus, que les elementaires, qui ne reçoiuent aucune comparaison. C'est ce feu, que Iesus Christ dict, qui n'esteint iamais, & le ver qui picque incessamment: c'est la nature du peché portant priuation, qui combat & tourmente continuelement ceste pauure essence & habitude diuine, qui a cause de sa nature d'immortalité, ne peut receuoir fin: combien que sur toutes choses elle la desirast, de tant qu'il luy en seroit mieux: cõme l'a dict Iesus Christ de Iudas, Qu'il luy eut mieux vallu n'estre nay.

Parquoy iustement Mercure peut dire, quelle est la punition de l'ame humaine, que l'impieté? qui luy oste son repos, heur, & felicité eternele, & qui la tient esloignée & separée de sa source & vraye essence, & qui incessamment l'assaut & pique de priuation de son essence, & toute habitude. Quelle beste mordante, ou feu tres-actif sçauroit tant lacerer, affliger, ou tourmenter vn corps, que faict ceste impieté l'ame, luy amenant & entretenant en elle continuel tinuelement tant de miseres? NE VOY-TV PAS, dict Mercure, COMBIEN GRANDS MAVX ENDVRE L'AME MAVVAISE, LEVANT LA VOIX ET CRIANT, IE BRVSLE, I'ARDS, IE NE SÇAY QVE IE DISE, NY QVE IE FACE. Ce sont les comparaisons que Mercure amene des choses corporeles, par lesquelles il exprime vne peine la plus grande & continuele, qu'il puisse manifester aux sens corporelz. C'est par l'action du feu, laquelle estant continuée en vn corps humain, sans le pouuoir faire mourir, tout ainsi qu'elle seroit la plus grande, qui se puisse dire pour vn corps, il veut qu'on estime, qu'il exprime par ceste comparaison la plus extreme que puisse porter l'ame. O MAL-HEVREVSE, IE SVIS DEVOREE DES MAVX, QVI M'ASSIEGENT: IE NE VOY, NY OY. C'est que ceste pauure ame, se trouue par sa grande cognoissance, & tres-aigue intelligéce, en pleine perception de la pesanteur de son deffaut, qui luy a amené ceste misere, qui n'est la moindre peine de ceste miserable essence, que ce regret, que les Theologiens appellent synderese, vne repantance, qui n'apperçoit aucun secours: ains se voit destituée de remede & toute esperance, sans aucune puissance d'action quelconque, mais constituée en totale priuation de produire aucun effect, qui la soulage: ce qu'il signifie par ces paroles, ie ne voy, ny oy: qui sont les sens, par lesquelz les corps viuantz ont accoustumé de produire plus d'actions, & les sens les plus amples & generaux de tout le corps, en leurs effectz. NE SONT CE PAS LES VOIX D'VNE AME PVNIE? Comme s'il disoit: ne t'ay ie pas signifié par ces propos, & comparaisons vne grande punition d'ame? Ne cognois tu pas par la nature de l'ame, telle que ie l'ay declarée, combien elle est disposée, estât intelligible, & immortele de souffrir, & porter plus de peine, quád elle luy est donnée par l'opposité de sa nature, la separant d'vne si grande violance de son Dieu: comme a faict l'impieté, que ne faict vn corps humain, qui mourra cent fois, s'il est possible auant auoir porté la moindre partie des peines de l'ame tourmentée. A SÇAVOIR, O MON FILZ, SI TV PENSEROIS, COMME PLVSIEVRS PENSENT, QVE L'AME ESTANT SORTIE DV CORPS DEVIENT BRVTALE, & par consequent qu'elle ne reçeut apres sa mort grace, ou punition: ains eust esté en l'homme, comme l'ame de l'vniuers en tous les bruts: & l'homme mourant il ne luy restât non plus d'ame particuliere, que au brut. Et que deuiendroit la diuinité, que i'ay tant enseigné auoir esté mise en l'homme, dont il est semblable à Dieu. Que deuiendroit tout son trauail de bien viure, & combatre ses concupiscences, & sens corporelz, pour à la fin paruenir à ceste infinie felicité, que ie te disois n'aguere d'estre deifié, & remis dans nostre eternele source, en toute perfection, repos & immortel contentement? Ne voy tu pas que c'est l'opinion de ceux, qui n'ayant appliqué leurs estudes à la cognoissance de Dieu, ont esté saisis de leurs concupiscences, suiuant lesquelles le Demon vengeur de la iustice diuine, leur a si bien enflambez les esguillons de leurs sens, qu'ilz s'y sont endormis, de maniere qu'estimans qu'il n'y auoit autre vie que ceste mortele, ont resolu, qu'il n'y auoit ame, qui demourast immortele apres eux, ny Dieu aucun tout puissant, qui par sa perfection de iustice rend à chascun le loyer des voyes qu'il aura prins en ceste vie? QVI EST VN TRESGRAND ERREVR, auquel Dieu ne vueille que nous ayons part: c'est la vraye impieté, qui produict toutes les miseres, que ie viens de te declarer. Retire toy donc de là, & prions ce bon Dieu, qu'il luy plaise plustost nous faire mourir en sa grace, que permettre que nous entrons en vne si mauuaise cogitation, ou tolerer que nous tumbions en si grande impieté. Mais luy plaise nous continuer la doctrine, & cognoissance de soy, qu'il nous a donné iusques à present: & puis que tu desires sçauoir la maniere de la punition de ceste pauure ame tumbée en la misere d'impieté, & par quelz moyens ell' est punie de son deffaut, ie te le feray entendre.

Peines intelligibles expliquées par corporeles.

Synderese fait le desespoir en l'ame.

Question sur l'immortalité de l'ame.

Le deuoir de l'ame tend à l'union auec Dieu.

Mercure condamne l'opiniô de la trâsmigratiô d'ame humaine.

SECTION 21.

L'Ame est punie en ceste maniere: il est ordonné en la pensée de mesme qu'elle a esté faict Demon, prendre vn corps de feu pour les seruices de Dieu. Et entrant dans

vne

vne tres-mauuaise ame, il la foüete des foüets des pecheurs, desquelz la mauuaise ame estant battue, se retourne à meurtres, outrages, mauuais propos, & diuerses violances: par lesquelles les hommes reçoiuent iniures. Mais la pensée entrant en vne bonne ame la conduit à la lumiere de cognoissance: & cest' ame ne se contient iamais de châter loüanges, & bien dire à tous hommes, soit de paroles, ou d'effectz, bien faisant à toutes choses à l'imitation de son pere.

COMMENTAIRE.

L'Ame estant separée de son corps ne peut receuoir (comme nous auons dict) punition corporele, de tant qu'elle n'a plus l'vsage de ses sens, par lesquelz le sentiment des peines corporeles, auoit acoustumé de passer vers l'ame: ce qui ne pouuant plus auoir lieu, il reste à l'ame d'estre punie par son semblable. C'est à dire, elle estant intelligible doit estre punie par action intelligible. Nous auons cy deuant dict, que l'ame estant desnuée de son corps, & n'estant plus offusquée de ses concupiscences, & imperfections, recouure incontinent la cognoissance de soy: vray est qu'elle a perdu les remedes de reparer ses deffaux, mais elle les cognoist si clairement, que ce n'est pas la moindre de ses peines. Car (comme nous auons dict n'aguere) l'ame mauuaise estant separée de sa pensée, est punie par elle mesmes, recherchant son corps de terre: voire pour luy seruir de plus d'aflictiō. Et de tant que la chose pure corporele, ne peut vexer l'ame pure intelligible, il nous souuiēdra que nous auons quelque fois dict, parlans de l'ignorance, qu'elle a tellement deceu ceste pauure essence diuine, la tenant offusquée & aueuglée dans le corps, qu'elle luy a faict deuenir insensibles les choses, que lon pensoit, & sembloient estre sensibles les enuironnāt de matiere & volupté. Ce que nous auons clairement interpreté estre les choses corporeles, & sensibles, receuës par le dehors des sens corporelz, qui les raportent à l'ame, à laquelle ilz tiennent par vn bout: l'ame aueuglée en reçoit la concupiscence, laquelle incontinant attire son arbitre, qui estant insensible consomme l'offence contre Dieu. Et en ceste maniere la chose corporele communique à l'ame intelligible, par le moyen de concupiscence, & desir superflu procedant du iugement ou cognoissance de l'ame offusquée, qui sont effectz intelligibles. Or l'ame estant deliurée du corps, n'estant plus offusquée, cognoist clairemēt toutes ses tromperies, que ignora ce luy a faict durant sa vie, & les reçoit comme telles qu'elles sont en leur imperfection. Et les soy representāt, elles la picquent si aigremēt, cōme doit faire la separation de son Dieu, dont ces tromperies sont cause. Et ne faut doubter que sa peine ne soit plus grande que vne peine corporele: de tant que ceste essence diuine est plus subtile, & delicate en cognoissance & intelligēce: toutefois priuée de tout remede, qui est bien vne de ses extremitez. L'AME DONC (dict Mercure) EST PVNIE EN CESTE MANIERE: IL EST ORDONNE A LA PENSEE DE MESME, QV'ELLE A ESTE FAICT DEMON, PRENDRE VN CORPS DE FEV POVR LES SERVICES DE DIEV. C'est comme nous auons dict cy deuant, que la pensée estant deliurée du corps terrien reprend sa propre robe de feu, que nous auons veu estre ce corps du feu, qu'elle prend pour l'execution des actions diuines en la matiere, & ce qui en depend. Lesquelles executions ne pouuoit faire par feu, estāt dans le corps de l'homme: à cause que la structure & loy de la cōposition de l'homme l'en gardoit & comme nous auons dict depuis, estant dans le corps humain sans ce feu tres-actif instrumēt, elle ne peut operer les choses diuines: ains seulement les humaines. Mais estāt desnuée de corps & en c'est estat ayant reprins le corps du feu, vray instrumēt de ses actions corporeles, elle bastist lors, & compose, crée, engendre, & edifie toutes choses diuines. Estant donc ordonné par la loy de Dieu a son sainct Esprit, qu'estant en l'homme il ne bastira que les choses humaines, & que estant dehors il reprendra ses propers actions, pour les seruices & operations de Dieu, qui sont tant creation de toutes choses, que executions de sa iustice, que toutes autres actions diuines, qui sont executées par le bon Demon, efficace de la puissance de Dieu, comme estant

L'ame hors du corps cognoist clairemēt ses deffaux.

Chose pure corporele ne peut vexer l'ame.

Cap. 7. Sec. 3 Ignorance de ce dont l'ame tournāt le sensible en insensible.

Cognoissance au dessus est le grand tourment de l'ame.

La pensée prend le feu, pour les seruices de Dieu.

L'esprit de Dieu ēst par le corps empesché en ses actiōns. L'action du sainct Esprit en l'ōme sont operations humaines.

estant l'esprit de Dieu mesmes, non aucune creature. Parquoy Mercure dict, quand la pensée est faict Demon, il luy est commandé prendre vn corps de feu. Comme s'il disoit quād le sainct Esprit de Dieu est separé d'vne mauuaise ame, & corps humain, auquel il s'estoit liberallement contrainct, & despouillé de sa souueraineté, il reprend ou luy est commandé prendre ses forces, & principalles actions, executées par le corps du feu, instrument du sainct Esprit en ses effectz: & lors estant en c'est estat ENTRANT DANS VNE TRESMAVVAISE AME.

C'este entrée du sainct Esprit comme Demon executeur des seruices de Dieu, en la mauuaise ame se peut entendre en Mercure en deux manieres: la premiere se peut entendre dans l'ame viuante en son corps mortel: laquelle trouuant mauuaise, IL LA FOVETE DES FOVETS DES PECHEVRS, qui sont les concupiscences de mal faire. Comme nous voyons qu'il est escript du Roy Saul, L'esprit de Dieu s'est retiré de Saul, Et il estoit tourmenté de l'esprit mauuais de Dieu: & apres L'esprit de Dieu mauuais l'assaillist: & ailleurs, Et L'esprit du Seigneur a esté faict mauuais en Saul. C'est la saincte pensée que dict Mercure, qui se dict conuertissant en Demon, c'est a dire en efficace pour laquelle executer il prend le corps du feu, ou bien action en laquelle il punist le pecheur par les fouets des pecheurs, qui sont leurs mesmes concupiscences, par lesquelles il leur faict mettre hors les crimes interieurs, qui les conduisent a punition, comme nous l'auons cy deuant dict. Et en ceste maniere la pensée sainct Esprit de Dieu, est dicte soy faire Demon quand il reprend ces actions & est dict bon Demon, quand c'est pour conferer bien a l'ame, & mauuais, luy faisant le mal, qui est punition en tous lieux, ou il se parle du mal faict, de la part de Dieu, comme, Ie suis creant le mal: & ailleurs, S'il y a mal en la cité que le seigneur n'aye faict: & ailleurs, Ie me repetiray du mal q̃ i'ay deliberé vous faire, & plusieurs autres: toutes actions de punitions executées, quelquefois par l'esprit de Dieu, & quelquefois par les esprits creatures. De la sen suit que Mercure vse de ces paroles l'ame estre faicte bon Demon, ou estre faict mauuais Demon: C'est que l'ame estant despartie de son corps en la grace de Dieu, elle se trouue vnie au sainct Esprit, qui reprenant ses vertus souueraines, est dict bon Demon, ou bonne action, dont elle en prend le nom: & au contraire estant despartie en mauuais estat d'ignorance, elle s'en trouue separée & punie apres son decés, qui est l'autre maniere, par laquelle, la pensée, sainct esprit de Dieu faicte Demon, entre en l'ame decedée, ou despartie de son Dieu, & son corps en l'opiniastreté d'ignorance, par laquelle elle a esté emportée des abus de la matiere, & diuersité des concupiscences, durant que ceste ignorance luy a tenu sa cognoissance, & vertus intelligibles, offusquées & aueuglées en son iugement petuerty, qu'elle prenoit tous ses plaisirs & voluptez ez choses, qui se prepareroint pour tant griefuement la tourmenter, ou qui veritablement estoient les fouets, que ceste maudicte ignorance luy preparoit pour l'affliger a l'aduenir. C'est esprit de Dieu disposé pour l'executiō de sa iustice, qui en toute gloire, repos, & felicité accompaigne la bōne ame, ou bien en toute confusion, iugement, & punition entre en la mauuaise, & LA FOVETE DES FOVETS DES PECHEVRS.

C'est, comme il est escript, Par les choses, que tu as offensé, par celles mesmes tu seras puny. Ce sont les fouetz que nous auons dict, que ceste pauure essence diuine mal conseillée, par ses concupiscences s'est preparé, les y ramenant deuant, luy reprochant le tort qu'elle a faict a toutes autres essences diuines, de s'estre laissée tumber en separation de son Dieu, la honte qu'elle s'efforce de faire a son Dieu qu'vne de ses essences aille a ruine eternelle, & tel desespoir qui ne puisse estre atandu aucun remede, luy faisant merueilleusement sentir a combien de miseres ses concupiscences, & libertez corporelles qui luy ont esté si grandz plaisirs, & contentemantz l'ont amenée, & de combien de maux elles ont esté cause & source. Et luy donnant souuenance, que ayant abandonné Dieu pour auoir choisi ses infamies & pourritures, elle veoit comment ces choses sensibles & corporelles, qui pour lors luy sembloient telles, se sont conuerties en insensibles remors, regrets, desespoirs, & autres peines, qui ne peuuēt estre exprimées, a cause de la dignité, & infinitude du subiect, lequel estat essence diuine, & immortelle, & son sentimēt &

Le S. Esprit Demon entre en l'ame en deux manieres.

1. Reg. 16.

Cha. 9. sect. 3. L'esprit de Dieu bon ou mauuais Demon.

Esaye 45. Amos 3. b I re. 18. a & 26. a & 42. b

Seconde manier ese que le S. Esprit entre l'ame.

Pernitieux effectz de l'ignorance.

L'ame fouettée des fouets d's pecheurs.

Sapiēce. 11. e

Tourments Issus des plaisirs precedāts.

peine

peine intelligible, de tant plus aigus que les corporelz : comme l'essence est plus digne que le corps, & Dieu q̃ la matiere : & ces foüets sont ceux, DESQVELS LA MAVVAISE AME ESTANT BATVE SE RETOVRNE coutumierement A MEVRTRES, OVTRAGES, MAVVAIS PROPOS, ou blasphemes, detractions, ET DIVERSES VIOLANCES, PAR LESQVELLES LES HOMMES REÇOIVENT communement INIVRES, torts, & diuersité d'offenses.

Le sentimens intelligible plus aigu que le corporel.

C'est que Mercure declare la nature de ces foüets, estre ceux mesmes, par lesquels l'ame viuant en son corps estant iadis assallie, lesquelz elle prenoit pour tres-grand contentement: toutesfois ilz la conduisoient a susciter coutumierement meurtres, seditions, inimitiez, outrages, blasphemes, & toute maniere de violances, & malheureuses inuentions, par lesquelles elle portoit tort, offense, & diuersité d'iniures aux hommes. Ce sont par ses foüetz mesmes, qu'elle prenant son plaisir a offensé, par ceux-là mesme elle souffrira son tourment. Et ne deuons faire doubte que ce tourment spirituel, que nous nommons intelligible, ne vexe extremement son subiect, mesmes estant desnué du corps, qui ne luy couure plus la cognoissance, comme le sçauront tesmoigner toutes personnes de bon entendement, quand ilz reçoiuent vne trauerse, a vn dessain bien desiré, quand vn homme d'honneur, & modeste reçoit vn tort, & honte publique, ou bien quand il tombe en telle extremité, qu'il ne voit plus aucun remede a couurir ou reparer vn deffaut qu'il aura faict. Tel qui combat en camp cloz, qui sent plus peser sa honte, que sa mort, & laquelle il haste tant qu'il peut, ne souffrant estre pesé de ses playes, ains desire la mort qui luy vienne oster ceste plus grande douleur qu'il a. Et diuers autres accidents, qui causent à vn homme, en qui l'esprit aura plus de part, que le corps, beaucoup de plus grandes & griefues peines intelligibles, que ne sont les corporeles.

Intelligence des fouets des pecheurs.

Le corps empesche l'aigreur de la punition intelligible.

L'ame mesprisãt le corps sent plus ses afflictions.

Pensons donc à vn'ame pure intelligible, n'ayant plus aucun corps, si les tourmens intelligibles luy seront aigres, puis que aux hommes l'aigreur de ces tourments leur vient de participer plus auec l'esprit, ou entendement, soit prins à droicte ou à gauche, que auec le corps. Il est bien manifeste que ce subiect intelligible estant plus subtil, & delicat, reçoit plus auant ses passions, & afflictions. Dont s'est ensuiui, que en toutes personnes, qui ont plus veneré leur partie intelligible, que la corporele, la cognoissance y ayant plus abondé, leur a engendré plus d'affliction en leur ame, qui reçoit des confusions, desordres, torts, violances, iniustices, & autres iniquitez, qu'elle aperçoit en ce monde par sa cognoissance, comme il est dict, Qui adiouste science, adiouste labeur, & ce à cause, que cest'ame est en partie descouuerte de son corps, lequel elle ne venere, que bien peu, & duquel la veneration tient communement l'ame en ignorance, & par consequent hors du sentiment, que sa cognoissance pourroit aperceuoir de toutes ces indignitez, desquelles cest'ame n'est affligée : & ce, à faute de les cognoistre. Au contraire de celuy, qui quitte le plaisir & abus du corps, pour vacquer a cognoissance, laquelle luy presentant ce, qui est ça bas n'y ayant que tout mal & misere le rend triste, melancolicque, affligé, voire presque continuellement en peine de son ame, qui reçoit la cognoissance de tant de miseres. Ce qui n'aduient à celuy, qui ayme le monde & ses abus ou superfluitez, par lesquelles il se trouue tant detenu, qu'il meine sa vie en vne ignorance, qui le couure & deffend auec ses abus corporelz de toutes les afflictions, que cognoissance luy sçauroit donner : de tant qu'il n'en a aucune, & n'y veut penser. De là aduient communement que toutes personnes de profondes cognoissances sont tristes, ou comme melancoliques, à cause que leur grande cognoissance de tant d'infamies & imperfections leur porte affliction en l'ame, & plus grande lors, qu'ilz entrent en la cognoissance de leurs deffaux, par lesquelles ilz tendent, s'ilz n'y prenent bien garde a separer leur ame du S. Esprit, qui leur est dõnée. Ce que l'ame cognoist mieux ayant perdu son corps & empeschement. Et ceste la donc est la punition, que la saincte pensée faict à l'ame mauuaise, dont la plus griefue en est la separation & banissement de sa misericorde & compagnie. MAIS LA PENSEE ENTRANT EN VNE BONNE AME LA CONDVICT A LA LVMIERE DE COGNOISSANCE. Il reprend icy l'autre partie contraire, par laquelle il declare la mort du sage & du fol estre mesme, quant au corps, & dissolution, comme le dict l'Ecclesiaste. C'est bien la mesme dissolution, par laquelle es deux, le S. Esprit, ame, & corps souffrent dissolution & despartement. Mais l'ame fole ou mauuaise ne recouure la compagnie de sa saincte pensée : ains en recouure separation & punition. Et l'ame bonne & sage en l'instant de sa dissolution recouure sa saincte

Personnes cognoissãts pour quoy sont tristes. Ecclef.1.d

Extreme punition de l'ame. Ecclef.2.c

La saincte pensée n'abãdonne la bonne ame.

saincte pensée auec sa bonté & misericorde faicte Demon, comme dict Mercure. Parquoy il a cy deuant dict, que la bonne ame ayant combatu le combat de pieté, ell'est faicte Dieu ou Pensée: de tant qu'elle reprend en l'instāt la conionction de sa saincte pensée faicte Demon à l'yssue du corps, c'est à dire remis en sa propre nature souueraine, à laquelle l'ame est conioncte. Parquoy il dict, que entrant apres la dissolution en la bonne ame elle la conduict, entretiēt, & met en possession eternele de la lumiere & vraye source de toute cognoissance, qui est ce mesme S. Esprit de Dieu. ET CESTE AME NE SE CONTIENT IAMAIS DE CHANTER LOVANGES à Dieu, ET BIEN DIRE ou desirer bien A TOVS HOMMES.

Il prénd ce chant pour toutes œuures de contemplation, par lesquelles toutes essences diuines & creatures spirituelles confirmées en grace ne cessent iamais de loüer, mercier, honorer, & exalter leur Dieu, Seigneur, & createur, cōme il est escript de la grāde turbe, qui crioient ayant les palmes pour signe de victoire en la main, Salut à nostre Dieu, qui est assis sur le trosne, & à l'agneau. Ce sont ceux, qui ont ouuert la porte à ce bon Dieu, qui continuelement hurte à noz huys, & desquelz il est dit, Celuy qui m'ouurira & oyra ma voix, i'entreray à luy, & souperay auec luy, & luy auec moy: & à celuy, qui continuant ce train aura vaincu, ie luy donneray estre assis auec moy en mon trosne, cōme i'ay vaincu, & ay esté sis auec mon pere en son trosne. C'est ce mot mesme, qu'il a dict priant pour nous, Qu'ilz soient faits vne mesme chose auec moy, comme toy & moy, mon pere, sommes mesme chose, ainsi eux & moy soyons mesme chose en toy. C'est ce que Mercure a nommé estre faictz en Dieu, & ces bien-heureuses essences ne cessent iamais d'actions de graces, & rendre toutes louanges à Dieu & demander, desirer, & souhaitter benediction à tous les hommes, acomplissant ceste vertu de charité, qui à cause de son eternité & durée immortele, ne deffaut iamais : & a esté estimée la plus grande des trois, Foy, Esperance, & Charité. Par vertu de laquelle ilz nous desirent estre en leur estat, pour l'amour, qu'ilz nous portent, à cause de la principale partie, que nous auons receu commune auec eux la saincte pensée. Ilz ne cessent donc de bien dire, & benistre tous hommes, SOIT DE PAROLES OV D'EFFECTS BIEN FAISANT A TOVTES CHOSES, A L'IMITATION DE SON PERE, Qui faict luire son Soleil sur les bons & mauuais: ce n'est pas, que les essences diuines vsent de lāguages ou prononciations semblables aux nostres: toutesfois vsent ilz de la parole telle, qu'elle te doit exposer en sa principale signification: laquelle nous auons cy deuāt veu estre sœur de l'intelligence & l'vn à l'autre seruir d'instrument: & si verrons cy apres, que Mercure, Dieu aydant, dira quelquefois combien que le language ne soit commun à toutes gens, toutesfois, comme il y a vn homme, il y a vne parole commune à toutes gens, & ceste parole est propremēt la vertu d'exprimer & communiquer son affection interieure. Cela est propremēt la parole, que le sainct verbe de Dieu a donné à l'homme seul entre tous animaux: laquelle est inseparable de la saincte pensée: & de ceste diuine vertu de parole ou communication de son desir & affection, la bonne ame loüe Dieu, & faict bien à l'homme. Aussi quād Mercure a raconté au premier chapitre les loüanges, que les puissances randent à Dieu, il n'a dict simplemēt par leur voix, mais par leur quelque propre voix. C'est par la voix & parole, laquelle ilz communiquent intelligiblement, comme l'homme communique la siene par instruments corporelz, & vse la bonne ame de toutes ces heureuses actions bien-faisantes de toutes parts & à toutes choses, à l'imitation de son pere. C'est que non seulemēt ceste bonne ame a retenu l'image de Dieu, qui en general a esté donnée à toute personne: mais a aussi retenu sa semblance, qui est la saincte pensée & raison, qui n'est qu'auec l'ame, qui espie & religieuse, & bien viuante en l'amour & cognoissance de Dieu. Et c'est ceste semblance, qui en fin conduict l'ame à la lumiere & vraye source de cognoissance, bien faisant à toutes creatures, esquelles elle recognoist la merque de son createur.

La ioye de l'ame est la cognoissance de perfection.
Apoc. 7. c

Apoc. 3. d
Ioan. 17. d

Charité entretiens la bonne ame en ses actions.
1. Cor. 13. c

L'ame vse de sa vertu de parole.

L'ame cōmunicque intelligiblement sa vertu de parole.

SECTION 22.

A Ceste cause, ô mon fils, rendant graces à Dieu il le faut prier, que nous recouurons bonne pensée. Veritablement l'ame transmigre en mieux. Car en pis il est impossible. Et si y a communication d'ames. Les ames des Dieux cōmuniquent auec les ames des hommes, Et celles des hommes a celles des bruts, & les plus excellentz ont le soing des moindres, aſçauoir les Dieux des hommes, & les hommes des animaux deſraiſonnables, mais Dieu auec toutes. De tant qu'il eſt plus excellẽt, que toutes choſes, & toutes choſes moindres que luy. Le monde eſt ſubieƈt a Dieu, l'homme au monde, & les animaux brutz a l'homme : & Dieu eſt ſur toutes choſes, & entour toutes choſes : & les efficaces ſont comme quelques rayons de Dieu. Les rayons du monde ſont les natures : les rayõs des hommes ſont les artz & ſciences : mais les efficaces operent par le monde, voire iuſques a l'homme, par les rayons naturelz du monde : les natures par les elementz : les hommes par artz & ſciences.

COMMENTAIRE.

*Mercure in-
uocque Dieu.*

Ch. 4. ſect. 4.

*Que c'eſt re-
couurer ou
perdre le S.
Eſprit.*

A CESTE CAVSE, O MON FILS, RENDANT GRACES A DIEV des biens & ſainƈtes cognoiſſances, qu'il nous a donné, IL LE FAVT PRIER, QVE NOVS RE-COVVRONS BONNE PENSEE. Nous auons cy deuant traiƈté plus au long ce propos, que c'eſt en l'homme recouurer bonne penſée, ou bien receuoir l'eſprit ou perdre l'Eſprit de Dieu, quand l'Eſprit de Dieu reçoit liberté en l'homme, ou bien quand il y eſt opprimé & priué de ſes ſainƈtes operations. Car le ſainƈt Eſprit n'abandonne iamais l'homme, vray eſt, qu'il heurte touſiours a ſa porte, & l'admoneſte, conſeille, & aduertiſt de bien faire. Touteſfois l'homme ne luy ouure pas touſiours la porte, & par ainſi il n'entre pas, c'eſt a dire que l'homme ne l'eſcoute pas ains le meſpriſe & tous ſes ſainƈtz aduertiſſemantz. Et par ainſi

*Le S. Eſprit
n'abandonne
iamais l'hom-
me.*

Luc.11.b

il n'vſe de ſes aƈtions & operations : & c'eſt ce, qui s'entend en l'eſcripture, il a reçeu l'Eſprit de Dieu, ou bien l'Eſprit de Dieu s'en eſt allé de luy, ou propos ſemblable : comme Mercure cy apres dira bien toſt, ſouuent la penſée s'en va de l'ame, qui eſt autant, que quand nous auons diƈt, que l'ame meſpriſant ſes faueurs & ſecours elle s'en treuue deſnuée. Ce n'eſt pas donc que la penſée puiſſe abandonner l'homme en maniere quelconque, que par diſſolution : mais c'eſt l'ame, qui l'accepte, ou bien la refuſe & reiette. A ceſte cauſe il faut prier ce bon Dieu, lequel ne nous refuſera, ains comme le promeƈt Ieſus Chriſt il donnera ſon bon Eſprit a ceux, qui le luy demanderont. C'eſt la bonne penſée, que diƈt Mercure s'accordant a Ieſus Chriſt, qu'on la recouure par priere, & qu'il nous garde de la reieƈter ou refuſer, ains luy plaiſe nous illuminer tant de ſes vertus & bontez, que nous la recouurons en toute amour, honneur, & reuerance, que nous luy deuons. Et tout ainſi comme l'eſcripture nomme au contraire de la bonne pẽſée l'Eſprit mauuais de Dieu, de meſme maniere nous prierons Dieu de nous deliurer de ſon mauuais eſprit ou mauuaiſe penſée. C'eſt autant que le prier, qu'il nous preſerue par ſa grace d'encourir la punition, de laquelle ſon eſprit prend en noſtre endroiƈt nom de mauuais, combien que de ſa part il ſoit touſiours la pure Bonté, & nous donne & augmente la cognoiſſance, par laquelle nous le deuõs en fin recouurer, nous aſſeurant tant de ſon amour & bonté, qu'il a donné ſon ſainƈt Eſprit & pẽſée a noſtre ame pour la conduire a ſa perfeƈtion. VERITABLEMENT L'AME TRANSMIGRE EN

*Quelle trãſmi-
gration faiƈt
l'ame.*

MIEVX : CAR EN PIS IL EST IMPOSSIBLE. Ce paſſage interprete auſſi ce que nous auons cy deuant diƈt, que les mutations des ames ſe font partie en plus heureux eſtat, partie au contraire, lequel nous auons declaré ſuiuant le texte conſequẽt de Mercure, qu'il s'entẽd du changemant de vertus & conditions par accident, & non du changement de l'eſtat & nature du ſubieƈt, cõme il s'entend icy, ſuiuant la diƈtiõ Grecque, que l'ame paſſe ou trãſmigre en mieux : & en l'autre paſſage, qui eſt en la ſeptieſme ſeƈtion, le Grec diƈt, que les ames font pluſieurs mutations ou changemantz. Et de vray nous auons depuis diƈt, quel'ame humaine ne prẽd autre corps, que l'humain. Parquoy cõbien qu'elle puiſſe chãger, qui eſt d'eſtat ou cõdition heureuſe, ou malheureuſe : ce neantmoins elle ne peut trãſmigrer que de ſon ſubieƈt

*L'ame en e-
ſtat de l'uni-
uers.*

humain en Dieu, qui eſt plus heureux. Et autre tranſmigratiõ ne luy eſt permiſe ou poſſible. Et le moyẽ de ceſte tranſmigration n'eſt qu'vn, entre l'ame en ſa premiere nature d'ame & ſa fin d'eſtre reunie en Dieu : aſçauoir l'eſtat de raiſon & diſpoſition liberale de ſa conduiƈte.

Car

Car nous auons cy deuāt dict, que l'ame estāt de sa nature essence diuine, n'a esté dicte ame, que lors, qu'elle a esté employée du souuerain à la cōduite & execution des volōtez diuines, sur le maniemēt de ce mōde vniuersel, & ce par certaines loix & statuts, qu'elle ne peut chāger ou passer d'vn seul point. Et en ceste maniere ell' est dicte l'ame du monde vniuersel ayāt charge de le fournir, tant en son vniuersel, que en chasque partie des siens, de toutes actiōs, vertus, & puissances, qui luy sont necessaires pour sa conduicte, & entretenement de l'estat, que le createur luy a ordonné obseruer. Et en cest estat ceste essence diuine est dicte ame, cōme conduicte & pedagogue de ce monde vniuersel contraincte d'vne loy, condition, ordonnance, ou statut, qu'il ne luy est loisible transgresser. De cest estat combien qu'il soit digne, elle transmigre en vn plus digne, lors, qu'elle est separée & particularisée en chasque personne, & corps humain, dans lequel elle reçoit l'Esprit de Dieu, raison auec arbitre, & libre disposition des actions, qui luy sont commises. Ce qu'elle n'auoit auparauant : de maniere que comme estant en son vniuersel, elle y cōduit tout vn monde, sans arbitre toutefois: ainsi mesmes estant particuliere en l'homme, elle y conduit tout vn autre monde, qui est ce petit mōde humain, que les Grecs ont nommé μικρόκοσμος. Et d'auantage elle y acquiert la dignité d'arbitre, qu'elle n'auoit auparauant reçeu. Et qui est sa plus excellente grandeur, elle reçoit l'honneur de ce miracle tres-merueilleux, duquel a esté cy deuant parlé, par lequel elle commande aux vertus & diuines parties du S. Esprit mis en l'homme, par sa composition & creation, par laquelle dignité elle se trouue transmigrée en mieux, que son premier estat d'ame de l'vniuers, n'ayant puissances que sur choses creées & materieles. De cest excellent estat elle transmigre finalement l'ayant sagement conduit en perfection & vnion, qui luy est acquise en Dieu par Iesus Christ Dieu, fils de Dieu, retournant en sa premiere source, qui est sa vraye perfection. Et en ceste maniere quant à la nature de son essence, elle tend tousiours en mieux: mais non tousiours en l'execution de ses volontez, par lesquelles & l'accident, qui s'en ensuit de bien ou mal-faire, elle peut demeurer bonne, ou deuenir mauuaise. Il y pourra auoir quelque curieux, qui demandera si l'ame de l'vniuers passant ou transmigrant en plus heureux, & meilleur estat, laissera sa premiere condition, pour faire place à vn autre, comme ne pouuāt faire les deux estats. Et ceste question sera fondée sur simple cognoissance de subiectz materielz, & ignorance de l'estat intelligible, & ses puissances & liberté. Nous dirons, qu'il nous faut souuenir, que ce corps materiel & mortel, nous empeschant de cognoistre la nature des choses diuines & intelligibles, pour le moins il nous souffre la cognoissance des effectz de l'ame humaine, qui ne sont rien moins, que diuins, comme (Dieu fauorisant) nous le verrons cy apres, & cognoistrons que l'ame essence diuine n'est empeschée pour estre en vn lieu, d'estre en vn autre. Ce n'est comme la nature des imperfections corporeles, qui nous tiennent de si pres, qu'y ayant mis tous noz entēdemens, nous cuidons iuger les choses intelligibles en leurs excellences par les imperfections des corporeles. Il est besoin d'esleuer noz entendemēs plus haut, que les affaires & subtilitez mondaines & materieles, pour cōceuoir cest estat & condition de l'ame en sa transmigration d'excellēces & autres dignitez: ET SI Y A COMMVNICATION D'AMES, LES AMES DES DIEVX COMMVNICQVENT AVEC LES AMES DES HOMMES. C'est ce, que nous auons quelque fois dict, que toutes creatures ayant reçeu charge & cōmandement de Dieu sont dites dieux: cōme Iesus Christ l'allegue des Psalmes. A ceste cause les ames des hōmes par les moyens, que Dieu a mis en la composition de l'homme, peuuēt facilement cōmuniquer à toute maniere de dieux, soit aux mortels, cōme les hōmes ayās charge des actions & operations du seruice & ministere de Dieu, qui à ceste cause sont dictz dieux: & ce par le moyē de la parole, par laquelle les pēsées de l'ame sont cōmuniquées des vns aux autres : soit aussi aux immortelz, cōme il est cōtenu en plusieurs sciēces occultes, tant prohibées que licites, desquelles mesmes des licites les traditiōs sont fort rares, ou presque perdues, depuis le tēpsq̄ la Magie estoit estimée grāde sapience, dont ceux qui vindrent adorer Iesus Christ de l'Orient, estoient dits Magiciēs, entant que sages ou sçauans. Daniel estoit nōmé prince des Magiciens ou deuins. Aucuns ont estimé ceste vraye Magie estre la caballe ou sciēce reçeuë par voix prohibée a estre escrite. Quant aux illicites ou prohibées, la malice des hōmes les a plus soigneusemēt cōseruées q̄ les bōnes, par lesquelles ont esté faits plusieurs actes, par lesq̄ls l'ame humaine en corps mortel prenoit cōmunication auec les ames immortelles des corps decedés, par moyens & traditions de ces Magies & Necromances. S. Clement en l'epistre des gestes de S. Pierre, & au secōd de ses recognitions racōte ce, q̄ ses freres ayāt esté disciples de Simō magitien luy ont

L'ame en ē stat humain.

Cha.1.16.

L'ame en ēstat de perfection.

Question curieuse.

Ch.11.se.19.

La chose Intelligible n'a lieu determiné.

Communication d'ames. Ioan.10.f

Dan.4.4

faict entendre de la magie de Symon, côme il leur auoit priuéement declarée: c'est qu'il prenoit vn enfant vierge tué par violance, duquel il coniuroit l'ame par coniuremēs inefables: & l'atiroit la faisant assister a soy pour obeir a tout ce qu'il luy commandoit. Disoit dauantage que l'ame tient le second lieu apres Dieu estant despouillée du corps: & par ce qu'elle prenoit les choses il l'atiroit en la Necromance. Et de tant qu'estant despouillée elle prenoit les punitions futures de tous ceux qui font mal en leur viuant, elle ne poursuit vengence de ses meurtriers, dont il qui l'auoit tué en demeuroit en repos. Et d'auantage n'est permis par les Anges, qui ont charge d'elles sortir n'y faire aucun effect: combiē qu'elles le veuillent: mais quand ces Anges sont coniurez par leur maieur, ils n'ont aucune excuse sur nostre violance, qui les coniurons, de maniere qu'eux les nous laissant venir par ceste contraincte n'offencēt point: mais nous qui les contraignons par ces propos declarez priuéement par Symon Magus, nous voyons la communication des ames aux Anges & ames immorteles. Symon en eust plus auant declaré mais les freres deS. Clement ne pouuāt plus porter ces infamies l'increparent, & se retirarent de luy vers S. Pierre. Et de tant que toutes ames sont incorporeles & subiectz intelligibles, il n'y peut auoir en elles cōmunication que d'intelligēce & de toutes ames n'y ayant q̃ deux estatz, asçauoir l'ame vniuerselle & les ames humaines, desquelles sont aucunes dictes ames des dieux, cōme nous l'auons declaré: il sensuit que l'ame humaine ayant intelligence tant des humaines qui sont dieux, q̃ qui ne le sont. Elles en peuuēt plus facilement recouurer de celle de l'vniuers, qui conduict tant les dieux immortelz q̃ autres creatures mortelles, comme les corps celestes ayantz receu la charge des actiōs de Dieu sur la matiere, qui estans conduictz par l'ame de l'vniuers elle cōmunicque son operatiō a l'ame humaine par le moyen des sens, lesquelz luy raportēt leurs actions ou effectz produictz sur son corps, & matiere. Et pareilemēt l'ame humaine par le moyen de ses arts, & sciences (lesquelles nous dirons bien tost estre ses rayons) cōmunicquent, & ont cognoissance des parties intelligibles, comme vertus, & actions de ces dieux immortelz. Et si l'ame de l'hōme se sçait bien aider de toutes ses pieces, asçauoir du S. Esprit de Dieu, ou sa pēsée, non seulement elle communicque a eux: mais leur cōmāde. Comme fist Iosué au Soleil & a la Lune, lors qu'il arresta leurs cours, & mouuement, Dieu obeissant a la voix d'vn homme. Parquoy les ames des dieux qui reçoiuēt dispensatiō des ministeres de Dieu, cōmunicquent a celles des hōmes, ET CELLES DES HOMMES A CELLES DES BRVTS, en ce que l'hōme s'aidant de l'animal brut pour son seruice, comme y estāt dedié par son createur, assubiectit sa nature, qui est son ame, a diuerses choses & varieté d'effectz & inclinations, ausquelles sa nature iamais ne l'auoit incliné, cōme vn parroquet, pie, & estourneau a prononcer paroles en diuers lāguage, vn chiē a chercher choses cachées, & les raporter, & plusieurs autres animaux, cōme l'elephāt a certaine prudēce & dexterité, desquelz l'hōme auec trauail & inuētion trouue moyē d'alterer leur nature, employāt sō entēdemēt par cōmunicatiō de se faire aimer, craindre acoustumer, ou en plusieurs autres actiōs, q̃ lon voit tous les iours par experience en diuers animaux, desquelz l'hōme se sert ordinairement. ET LES PLVS EXCELLENS ONT LE SOIN DES MOINDRES, ASÇAVOIR LES DIEVX DES HOMMES, ET LES HOMMES DES ANIMAVX DESRAISONNABLES. C'est que la bonté & prouidence diuine laisse iamais cesser ce merueilleux ordre, par lequel elle a cōtinuel soin de l'administration de son vniuers. Et pour iceluy entretenir elle prouuoit des remedes, selon sa saincte preuidence, par sa diuine prouidence conuenables aux deffautz, qui s'en peuuent ensuiure. Cōme par le regime & administration de la seule matiere, de laquelle la nature est de souffrir continueles generations, corruptions, alteratiōs, renouuellemēt & toute autre maniere de mutatiōs. Ce bon createur a prouueu des dieux celestes, qui sont les astres ayant charge & puissance par leurs circulatiōs d'alterer & changer la matiere elemētaire par diuerses qualitez en diuersité d'aspectz, par lesquelz ilz enuoyent par l'air leur influances & diuersité d'actions, qui iamais n'ont cesse, n'y aucū repos. Et en ceste maniere ces corps immortelz plus excellētz en ceste partie, q̃ les mortelz, reçoiuent soin & dispensation de tous corps & compositiōs materieles & elementaires, ne passant de leur propre plus auant en leur charge, que la matiere. Ceste diuine bōté & prouidēce voyant, que l'hōme a deux parties, asçauoir la corporele ou materiele & la diuine ou sa forme, qui est l'ame prouueuē de l'image de Dieu a rendu, ou pour le moins tolleré, que le premier homme par son premier peché arbitraire rendist sa matiere a la subiection des influances de ces deux ayant charge & dispensation de toute matiere. Toutesfois sa partie diuine demeurant hors leur subiection, sinon en tant que l'homme par

L'ame ne cōmunicque sēlement: mais commande.
Iosue. 10. e

son imprudence la luy voudra assubiectir. Et laquelle partie diuine, comme plus excellente, que la condition de tous autres animaux, a esté constituée au dessus, & pour disposer & auoir soin de tous ces autres animaux desraisonnables, suiuant ce qui en fut ordonné des le commencement par ce bon createur, Dieu pere de toutes choses, lors que la domination luy fut donnée de tous animaux de terre, ciel, & mer. MAIS DIEV a le soin, & cure DE TOVTES: de tant que toutes reçoiuent leur essence, moyens, & vertus ou actions, par lesquelles elles ont ceste dignité d'estre, & communier les vnes aux autres, de ce bon Dieu leur chef, source, & Seigneur: dont a plus fort par ces mesmes vertus, qui luy appartiennent, il communique auec toutes. Et c'est, DE TANT QV'IL EST PLVS EXCELLENT, QVE TOVTES CHOSES, qui de luy ont reçeu leurs vertus & puissances, & par consequent TOVTES CHOSES SONT MOINDRES, QVE LVY, comme estant ses creatures, proprietez, ou dependāces. LE MONDE EST SVBIECT A DIEV, L'HOMME AV MONDE, ET LES ANIMAVX BRVTZ A L'HOMME. Veritablement le monde estant basty par les vertus, & prouidance de ce souuerain Dieu, nourri, entretenu en son entier, & chascune de ses parties par la vigilance, & bien faict de ce Dieu tout puissant: c'est raison qu'il luy soit subiect. Et l'homme recouurant toutes ses necessitez corporeles, tant celles qui seruent à l'entretenement du corps, que de son intelligence de ce copieux monde, il a tres-grande ocasion de se confesser en ceste partie, subiect au monde. Et les animaux brutz en ce qu'ilz sont faictz pour le seruice & vtilité de l'homme, qui en vertu de sa principale dignité leur cōmandera, c'est la vertu de son createur sur tous ces animaux: c'est raison que la craincte, respect & reuerance, qu'ilz doiuent à leur createur consideré en l'homme, les contraigne à luy porter obeissance, & se rendre subiectz, comme firent les lyons à Daniel. Et comme il est escript des sainctz Peres, qui ont fermé la bouche des lyons: mais nous ne disons pas, que si l'homme laisse arriere la condition des siennes, pour laquelle il est obey des animaux, qui est son S. Esprit & pensée diuine, il en soit obey: ains plus que meprisé, & outragé le plus souuent, pour manifester que la subiection, qu'ilz rendent à l'homme n'est à cause de ses vertus corporeles: mais seulement à cause de l'image de leur Dieu, & createur, qu'ilz voyent en luy: laquelle est recognue en l'homme par l'ame de l'vniuers, general conducteur, & directeur de tous animaux brutz. ET DIEV EST SVR TOVTES CHOSES, ET ENTOVR TOVTES CHOSES, à sçauoir sur toutes, comme leur Seigneur, & createur: & entour toutes, comme aucune d'entr'elles ne pouuant durer, ou entretenir leur estat, vie, & durée, sans la presence & action de ses vertus: qui est cause, qu'il se trouue present en toutes choses. ET LES EFFICACES SONT, COMME QVELQVES RAYONS DE DIEV.

Il est notoire, & nous l'auons cy deuant assez frequentement dict auec S. Pol, que toute puissance, action, & vertu est de Dieu: dont s'ensuit, que les efficaces qui sont les vertus assises en tous subiectz, par lesquelles tous effectz sont produitz, ce sont comme rayons procedās de ceste infinie source de puissance, à la semblance des rayons de lumiere, qui procedent du corps du Soleil. Car nous voyons manifestement que tout' action cesseroit en ce monde, nature seroit priuée, & desnuée de ses actiōs, toutes operations humaines vaqueroient, si ceste omnipotence diuine retiroit à soy toutes ses efficaces, & vertus de produire effectz, qui a toutes heures & moments sont infuses, & enuoyées en ses creatures: desquelles aucune ne se peut venter de produire action quelconque, que par l'efficace, & vertu d'agir, qui luy est infuse d'enhaut, à la maniere d'vn rayon. Lesquelz rayons ou efficaces sont en tel nombre, & de telle puissance, qu'ilz sont trop plus que puissantz, & copieux à remplir & satisfaire à toutes les creatures, nō d'vn seul monde mais de plusieurs, ou infinis, s'il y en auoit tant: afin que nous tenons pour resolu ceste diuine source estre si tres-abondante, & copieuse, & pleine de si bonne volonté, qu'elle ne deffaut iamais au secours & entretenement de ses creatures, par le moyen de ses rayons & efficaces, qu'il infond en elles a toutes heures, & temps. A ceste semblance, LES RAYONS DV MONDE SONT LES NATVRES: de tant que le monde estant prouueu de toutes efficaces necessaires à la conduicte de sa charge, dispensée par son ame de l'vniuers, ceste diuersité de dispensation faicte par nature, ame de l'vniuers est estimée diuersité de natures, que le monde despart en toutes ses parties, comme rayons, par lesquelles toutes creatures produisent leurs effectz, actions, & proprietez, en vertu de ces rayons naturelz: lesquelz sont dictz rayons du monde, à cause qu'ilz dependent, comme rayons de l'vniuerselle administration du monde. LES RAYONS DES HOMMES SONT

Genes.1.d

L'homme subiect au monde les brutz a l'homme.

Dani.6.f Hebri.11.f

Pourquoy le brut est subiect a l'hōme.

Toutes choses sont en la subiection de Dieu.

Rayons de Dieu efficaces. Rom.13.a

Toutes creatures operēt par les efficaces de Dieu.

Rayons du monde sont natures.

Rayons des hommes arts & sciences.

LES ARTS ET SCIENCES, lesquelles procedent de la saincte image de Dieu, entendement humain comme les rayons du soleil : a cause que tout art & science procedant de l'homme prend en luy sa source de sa partie principalle, qui est la diuine pensée, ou entendement : comme estant celuy seul en l'homme disposé de les comprendre, a cause de la raison qu'il possede, laquelle est le vray instrument pour attirer, & acquerir a soy toutes cognoissances, arts, & disciplines, ou sciences. De maniere que l'homme, qui seroit vray hôme, n'abusant de son estat, seroit capable de produire de son entendement tant de diuersitez de sciences, qu'il s'en trouue sur la terre : de tant que toutes ont esté enuoyées ça bas par son createur, pour son seruice & vtilité.

Raison principal instrument de l'homme.

Vray est que nostre ignorance nous entretient tant aux concupiscences, qu'elles rendent noz corps si opaques & obscurcissants noz entendementz, que c'est beaucoup si de quelqu'vn de noz pauures entendements il est produit trois ou quatre manieres d'artz, ou sciences executées par noz moyens, & bien souuent moings, dont l'hôme deuroit auoir telle honte, qu'il ne deuroit paroistre en compagnie : mais soy fiantz que la troupe ne vaut pas mieux, les vns augmentent la temerité aux autres de faire estat de ceste ignorance. Et au lieu de produire rayons d'artz & sciences vtiles & profitables, voire & necessaires au seruice & bonne conduicte des hommes, ils conuertissent les inuentions, & autres vertus de leur diuine image en toute maniere de moyens de nuire a l'homme, tant en public qu'en particulier par toute maniere d'inuentions, stratagemes & autres subtilitez : de maniere que telles gents, qui a la verité ne sont que l'escume du monde, sont estimez de ceux, qui par semblables vertus ont esté esleuez en dignité, les premiers & plus excellents esprits. Et ont donné si grand cours & lieu a ceste fauce monnoye, & que les vrais hommes n'osent plus paroistre, & leurs rayons d'arts & science, tellement obliez, & effacez par les rayons d'ordure de ceste plus grande partie, que nous pourrons dire en effect, que les rayons des hommes sont tromperies, inuentiõ d'opressions, larcins, pilleries, meurtres, sacrileges, seditiõs, & telles indignitez, lesquelles (au contraire des vrais rayons humains) tendent autant a la ruine de tout homme, tant intelligible, que materiel, comme les vrais tendoient au suport, soulagement & conduicte de perfection : de tant que par ceux cy il se rend semblable a son pere celeste, qui faict luire son Soleil au profit des bons & mauuais. Ces trois manieres de rayons sont a propos attribuez a leurs subiectz : de tant que les efficaces & vertus sortent immediatement de Dieu, les natures administrées immediatement par le monde, & les artz & sciences exercées particuliairement par les hommes. MAIS LES EFFICACES OPERENT PAR LE MONDE, VOIRE IVSQVES A L'HOMME PAR LES RAYONS NATVRELS DV MONDE.

Ignorance croist en chascun estant plus cõmune.

Ignorãce peruertist tous ordre.

Rayons de l'homme peruertiz.

Le mõde executé par nature les efficaces de Dieu.

C'est que les efficaces & vertus diuines produisantz effectz, les produisent par le moyen du monde, qui fournist d'execution, & subiectz materielz, sur lesquelz les actions sont employées, & les effectz produictz tant sur eux, que par eux sur autres toutes creatures, employantz les actions & operations diuines les vnes sur les autres, comme instruments du monde : & le monde instrument de Dieu : voire iusques a l'homme en sa partie corporelle, laquelle est subiecte aux rayons naturels du monde : comme toute autre matiere. Et sur laquelle les actions produictes par le monde en vertu des efficaces diuines, par ses rayons naturelz ont puissance. Et LES NATVRES operent PAR LES ELEMENTS : de tant que les natures estant les rayons du monde, esquelz sont assises les efficaces diuines, ont receu leur charge sur les parties corporelles du monde sensible, lesquels sont toutes produictes des quatre elements, par lesques ces natures s'employent a produire toutes choses de ces quatre, cõme rayõs portantz l'action en soy des efficaces, & vertus diuines, soubs lesquelles ils font leurs operations, LES HOMMES PAR ARTS ET SCIENCES. C'est que les operations de l'homme ont vne autre dignité, lesquelles prennent autre chemin, que celles du monde toutes deux sortantz des efficaces & vertus diuines : mais celles du monde des efficaces diuines descendent en nature executeur necessaire d'operations materielles : & celles des hommes portant des vertus & efficaces diuines se trouuent en l'image de Dieu, pensée donnée a l'homme dans laquelle sont proposées a l'arbitre, & disposées par luy les operations, qui en doiuent yssir par le moyen

Le corps de l'homme subiect aux actiõs du monde.

Nature faict sõs corps des elementz.

Difference du monde a l'hõme en leurs operations.

le moyen des arts, & sciences, desquelles la pluspart n'ont leur principale execution en l'intelligence de la matiere : mais aucunes pour les basses operations, & necessités humaines descendent iusques en la matiere, prenant & receuant toute leur charge, non des rayons du monde (qui sont les natures) mais des efficaces diuines, rayons de Dieu, lesquelz estans infus dans les pensees des hommes produisent les arts & sciences en eux : & par celles là immediatement receuës par les rayons diuins, les hommes font leurs operations, conduictes par leur intelligence, & ratiocination, & non par vsage. Car tout art ou science d'homme consistant en vsage tient autant du brut, lequel nature introduict en son action par vsage, & coustume, à faute d'auoir iugement & intelligence, par lesquelz toutes operations humaines doiuent estre conduictes, à la difference de celles de nature.

L'art de l'hōme est ratiocination, celle du brut vsage

SECTION 23.

Et ceste cy est l'administration de tout l'vniuers dependant de la nature d'vn, & penetrant par vne pensee, de laquelle n'est chose plus diuine, ny de plus grand' efficace, ny qui plus conioigne les hōmes aux Dieux, & les Dieux aux hōmes. Cestuy cy est le bon Demon. O l'ame heureuse, qui sera pleine de luy! O mal-heureuse l'ame, qui en sera vuide! Comment dis-tu cecy de-rechef, ô mon pere? Pense tu donc, ô mon filz? que tout' ame aye la pensee bonne? car nostre propos est sur cecy, non de l'ame seruante, de laquelle nous auons cy deuant dict, qu'elle est enuoyée par iugement en bas.

COMMENTAIRE.

Nous auons declaré comment par les efficaces, & vertus diuines sont prouueuës les natures, rayons du mōde de tous effectz, & puissance de produire, & par ces mesmes efficaces les hōmes sont prouueus en leur intelligēce & raison, de toutes cognoissances d'arts & sciences, les efficaces estans rayons de Dieu : les operations des natures rayons du mōde : les operations faictes par artz & sciences estans rayons des hommes. En ces trois gist toute l'operation qui se faict en ce monde. ET CESTE CY EST L'ADMINISTRATION DE TOVT L'VNIVERS, soit du monde intelligible contenant les actions, vertus, & puissances, toutes dependans de ceste efficace diuine : ou bien du monde sensible contenans les matieres & compositions faictes d'icelles. Le tout est necessairement administré par ces trois DEPENDANT DE LA NATVRE D'VN, & seul souuerain, premiere cause, & generateur ou createur de toutes choses materieles, seul autheur, & vraye source de toutes intelligēces, & choses intelligibles eterneles. ET lequel est PENETRANT PAR VNE PENSEE, laquelle pensee estant chef de toutes intelligences, elle penetre, par vertu de ses puissances intelligibles, toutes choses, qui leur sont subiectes & à leur conduicte, qui sont tout ce qui est, soit intelligible ou materiel. DE LAQVELLE N'EST CHOSE PLVS DIVINE, NY DE PLVS GRANDE EFFICACE : de tant que ceste diuine pensee est le S. Esprit de Dieu employé ez operations diuines, tant intelligibles que materieles. A cause dequoy il n'y a intelligence, ny vertu quelconque intelligible, qui soit digne d'estre comparée en diuinité, ou efficace à cest vn, duquel tout depend : NY QVI PLVS CONIOIGNE LES HOMMES AVX DIEVX, ET LES DIEVX AVX HOMMES : de tant que la conionction de l'homme a ce Dieu, qui aura la vertu, & puissance du grand Dieu en ministere, ne se peut faire, que par les vertus du grand Dieu mesme, lesquelles consistans & dependans de la saincte pensee, qui est en l'hōme, c'est par celle là que toute conionction, amour & bon accord est produict entre l'hōme conduit de sa pensee, & toute autre creature ayant la dispensation & ministere des vertus & puissances de Dieu : voire rien qui plus procure la finale conionctiō de l'hōme auec son vray Dieu, car c'est par celle là que l'hōme y est conduit, CESTVY CY EST LE BON DEMON. C'est cestuy-cy, qui entre toutes essences diuines ayant charge d'action, ou efficace, est le seul bon Demon. Nous noterons que le S. Esprit de Dieu est dict Demon, quād il est employé à produire effectz : à cause qu'il prend l'estat & office des essences, ou creatures diuines, esquelles

Toute operation gist en trois rayons.

L'efficace diuine est source de toutes choses.

La saincte pensee coionction de l'hōme aux dieux.

Saincte pensee dicte bon Demon.

sont situées les efficaces de Dieu, & puissances d'agir, & produire effectz: & ce à cause que l'essence de Dieu députée à faire les effectz n'est autre chose, que l'energie, qui est ceste vertu, & efficace diuine puissante d'agir, & operer en celle part: & celle là à cause de cest'essence est nommée Demon. Parquoy nous verrons, Dieu aydant, ey apres, que l'essence du Demon n'est qu'efficace: ce n'est pas proprement l'effect, combien que les interpretes du Grec confondent souuent ces trois pour mesme chose, efficace, action, & effect, qui sont bien differentes: mais son essence c'est efficace, qui est la vertu d'agir, & la puissance d'operer par l'action, par laquelle ceste vertu ou puissance produict l'effect. L'action est operation ou execution, qui est faicte pour produire l'effect: & l'effect est le produict, qui en vient en la veuë, & cognoissance. La saincte pensée donc Esprit de Dieu estant prouueu de toutes efficaces d'agir, & operer, & non seulement d'vne ou deux a esté à ceste cause nommé de ces anciens Demon, à la semblance des autres Demons, creatures diuines: comme il a esté nommé Esprit de Dieu, qui est vent: combien qu'il ne soit materiel, comme le vent, à la semblance de l'esprit, qui en l'animal viuant poulse, porte, remue, & a en soy toute vertu de mouuement, & impulsion. Tout ainsi, & en plus grande efficace l'action, puissance, & impulsion, & mouuement de toutes choses est en luy, comme dict S. Pol, Nous viuons, mouuons, & sommes en luy, c'est pour faire entendre à l'homme par la comparaison de la chose basse, qu'il cognoist vne partie de la plus haute, lequel lors de la cognoissance luy donne le nom, non celuy, qui luy appartient (car il ne le sçait) mais celuy, qu'il luy peut donner assez improprement: toutesfois c'est celuy, qui court, & est receu parmy les hommes, iusques a ce qu'il plaise à Dieu nous donner plus de cognoissance de luy & ses essences. A ceste cause il luy est donné ceste excellence par dessus toutes autres essences, ou Demons, d'estre dict le bon Demon, n'estãt autre bon que luy. Ce mot de Demon a esté appliqué aussi aux creatures spiritueles appliquées aux ministeres de Dieu: comme toute maniere d'Anges, lesquelz ayantz receu arbitre il s'en est trouué de bons, & mauuais, & deputés en diuers lieux, comme nous en auons cy deuant parlé. C'estuy cy donc sainct Esprit de Dieu pensée donnée a l'homme est le bon Demon. O L'AME HEVREVSE QVI SERA PLEINE DE LVY? C'est que toute la felicité de l'ame consiste a se rendre conforme aux volontez, bons conseilz, & admonitions du sainct Esprit & employer ses actions en bien: c'est estre pleine de luy: & au contraire, O MAL'HEVREVSE L'AME QVI EN SERA VVIDE: de tant que l'ame qui refuse son conseil, quitte son secours, & par ainsi elle se trouue vuide de luy. Ce n'est pas, comme nous auons souuant dict, que le sainct Esprit sorte & entre dans vn homme, comme des besongnes dans vn sac: car il ne reçoit aucun mouuemẽt, ny situation de lieu. Ce n'est la nature des choses intelligibles d'estre conduictes, comme les corporeles. Le sainct Esprit est tousiours present, & en la societé, ou compagnie de l'ame, luy presentant incessamment son secours, pour la conduire en sa perfection: mais l'ame ayant arbitre de l'accepter, ou refuser, d'employer ses actions en bien ou en mal, nous disons celle qui l'a accepté l'employe en bien, & reçoit en estre pleine, comme s'estant conformée a ses volontez, & bons conseils, suiuant ce que Esaye dict, promettant l'Esprit de Dieu deuoir reposer sur Iesus Christ, esprit de sapience, & entendement, esprit de vouloir, & puissance, esprit de cognoissance & pieté: ce n'est pas qu'il predit Iesus Christ auoir simplement l'Esprit de Dieu, car il n'y pouuoit faillir en tant que l'homme: mais il prophetisoit, qu'il l'auroit soy conformãt a ses volontez, & conditions, comme sapience, cognoissance, & pieté. Et au contraire disons celle qu'il aura mesprisé, & refusé conuertissant ses actions, & vertus a ses concupiscences, en estre vuide: & toutesfois qu'elle vuide qu'elle en soit elle l'a tousiours present, prest a la receuoir, comme il est escript. Mais nous entendrons que l'escripture prend auoir l'Esprit de Dieu pour estre conforme a luy, & ne l'auoir pour estre discordant a luy. Comme plus a plain nous l'auons dict en son lieu: combien que la composition de l'homme ne s'en puisse deffaire, que en sa finale dissolution, qui est sa mort. COMMENT DSI TV CECY DE RECHEF (O MON PERE) que l'ame qui en sera vuide, sera mal-heureuse? ne m'as tu pas dict que la saincte pensée est Dieu, & que Dieu est bon, & que l'homme est composé de matiere, ame, & saincte pensée? Comment dy tu donc que l'homme en puisse estre vuide, puis qu'il l'a tousiours en sa composition? PENSE TV DONC (O MON FILS) QVE TOVTE AME AYE LA PENSEE BONNE? N'es tu pas souuenant que ie t'ay dict n'aguerre qu'il faut rendre graces a Dieu, & le prier que nous recouurons la bonne pensée? Ne sçais tu pas, qu'elle est donnée a toute bonne ame, qui la deman-

demande,comme Iesus Christ l'a tesmoigné? N'entendz tu pas,que par actions de graces & prieres,le bon Dieu donnera forces a ceste bonne ame de combatre ses aduersaires, pour se tenir auec son S. Esprit? Ne t'ay-ie pas dict, qu'il se faut garder de laisser complaire l'ame en ce corps tant contraire,& ennemy du S. Esprit & Pensée: mais faut tascher à la faire transmigrer,& passer d'vn subiect en autre? Car ie t'ay dict, que l'ame humaine ne reçoit autre corps, que l'humain,& que la loy de Dieu l'a deffendue de l'iniure,qui luy seroit faicte,si elle passoit, ou transmigroit dans le corps d'vn autre animal. Et que l'ame humaine ne pouuant prendre autre corps,si elle transmigre,ce ne sera en corps mortel,mais ce sera donc en mieux, à sçauoir en corps immortel,ou dans les essences de ce bon Dieu, qui est sa bonne fin,& couronnement de son trauail. CAR NOSTRE PROPOS EST SVR CECY, à sçauoir de parler de ceste bonne ame,laquelle s'estant retirée,& addressée au S.Esprit,pensée diuine,s'est renduë conforme à luy: & par ainsi elle a recouuré l'vsage & secours de toutes ses vertus,qu'elle aura besoin pour sa perfectiō. C'est celle de laquelle nous parlons, NON DE L'AME SERVANTE à la matiere, de laquelle ayant n'aguere parlé, nous auōs dict, que si elle est mauuaise,elle sert aux corps difformes,& ne gouste l'immortalité, & n'est participante du bien: ains soy traināt arriere,reprend la voye, qui la conduit aux reptiles,qui est au plus bas estat d'ignorance, qui est sa vraye punition, DE LAQVELLE NOVS AVONS en ceste maniere CY DEVANT DICT, QV'ELLE EST ENVOYEE PAR IVGEMENT EN BAS, dans ceste confusion d'ignorance,cōparée à l'estat de ces reptiles,si basse & infame nature d'animaux, que ceste pauure ame ne sçauroit estre plus bas, de maniere qu'elle ignorāt soy mesme, sert aux matieres corporeles, & sans aucune forme ny essence de Dieu, qui y soit consideréee par elle: dont ces corps esquelz elle sert, sont dictz difformes & mauuais,& porte son corps, cōme vn fais luy obeissant,au lieu qu'elle luy deuroit commander. Qui est ceste mauuaitié, par laquelle ell'a esté iugée d'aler en bas,en ceste extremité d'infamie, & mespris, estant intelligible,priuée d'intelligence? Ce n'est donc de celle la, de laquelle nostre propos faict mention.

Luc.11.b

L'ame doit tascher à son vtile que trāsmigration.

Le bas estat de l'ame est l'indignité d'ignorance

SECTION 24.

CAR l'ame sans pensée ne peut dire, ou faire aucune chose: souuent la pensée s'en va de l'ame, & en ceste heure là, l'ame n'y voit, ny oit, mais est semblable à l'animal brut: si grande est la puissance de la pensée: toutefois elle souffre ce, qui est d'ame non paresseuse: mais elle delaisse vne telle ame,conioincte au corps, pour estre de luy tourmentée en bas. Telle ame,ô mon fils, n'a point de pensée: dont s'ensuit, qu'il ne faut dire vn tel homme. Car l'homme est animal diuin, & n'est comparé auec les autres animaux terrestres: mais biē auec ceux, qui sont là haut au ciel,lesquels sont dictz dieux. Et qui plus est, s'il faut dire le vray, l'homme est par dessus eux veritablement, ou ils sont du tout entr'eux d'esgale puissance.

COMMENTAIRE.

CAR L'AME SANS PENSEE NE PEVT DIRE, OV FAIRE AVCVNE CHOSE, de tant que ses puissances,actiōs & vertus gisent en sa pensée image de Dieu. Parquoy l'ame, qui mesprise, ou delaisse l'employ des actions, & vertus propres à sa saincte pensée, pour s'amuser ailleurs,& se laisser emporter aux tentations, & concupiscences, qui l'en retirent, cest'ame est dicte n'auoir en soy puissance de faire,ou dire aucune chose: de tant que la puissance, que l'ame employe en mal,n'est dicte puissance,ny vertu, ains tres-grande impuissance & debilité: à cause qu'elle est surprinse de priuation, qui est peché, ou esloignement de Dieu, en qui seul est toute essence, & vraye habitude. Parquoy l'ame se retirant de Dieu,tant s'en faut qu'elle produise effect,ny chose qui aye habitude quelconque: ains plustost elle tōbe en priuation. SOVVENT LA PENSEE S'EN VA DE L'AME, non qu'elle delaisse l'ame,de maniere qu'elle ne soit plus en sa compagnie, ou composition humaine: car il ne seroit plus homme sans la pensée: mais seroit mort, ou separé.

L'ame né peut operer sans son distēcteur.

Peché gist en priuation, & nō en action.

Que c'est la pensée s'en aler de l'ame.

Dd 5

Et a ceste semblance, que la pensée laissant l'homme en sa dissolution, le rend n'estre plus homme, ains corps prest a pourrir. Ainsi mesme quand l'homme abandonne, ou mesprise la semblance de Dieu, qui est l'vsage, & employ des actions, & vertus de la saincte pensée: il est dict n'auoir plus de pensée, ou la pensée s'en estre allée de l'ame: a cause que tout homme a l'image de Dieu, mais ilz n'ont pas tous la semblance, comme disoit Dauid, Parquoy Seigneur t'es tu esloigné si loin? Et Saül, qui craignoit Dauid, de tant que Dieu estoit auec luy & s'en estoit allé de Saül: c'estoit que Dauid auoit suiuy Dieu, & Saül l'auoit laissé. Car Dieu ne se retire iamais de l'homme, mais l'homme le reiette, comme il est dict par Samuel a Saul, Par ce que tu as reiecté le vouloir de Dieu, le Seigneur t'a reiecté. Et lors que Sedecie donna le soufflet a Michée, a cause qu'il auoit descouuert la menterie, qu'il prophetisoit au roy Achab, luy disant, Le Seigneur m'a il donc laissé, & a parlé a toy, prenant tousiours le delaissement de Dieu faict a l'homme, ou son esloignement pour le reiectement, ou mespris, que l'homme faict du vouloir & parole de Dieu: & voila comment la saincte pensée est dicte s'en aller de l'ame, quand l'ame la delaisse pour se rendre aux concupiscences corporeles. ET EN CESTE HEVRE LA, QVE L'AME A REIECTÉ SA SAINCTE PENSÉE, ayāt perdu tous moyens raisonnables, & bon iugement qu'elle souloit prendre d'icelle pensée, L'AME N'Y VOIT, N'Y OYT, MAIS EST SEMBLABLE A L'ANINAL BRVT: lequel combien qu'il aye veuë, & ouyë corporele, n'ayant intelligēce, ou iugement, pour faire de ceste ouyë, & veuë, le profit qu'en doit faire l'ame raisonnable. Elle est dicte a la semblance du brut ny voir n'y ouyr, n'estimant en l'homme l'vsage des sens, sinon en tant qu'ilz seruent a l'intelligence, & sont employez au vray deuoir de l'homme. Qui est cause qu'elle compare au brut, n'ayant non plus d'Esprit de Dieu, que le brut: combien que l'homme ainsi brutal aye infinies graces de Dieu, desquelles il abuse, & en peruertist l'vsage, les tournant a diuerses ruses & finesses, toutes luy amenāt & a son prochain ruine & misere. Ce nonobstant ces graces en l'hōme qui en abuse, cōbien que ce soient graces, que l'image de Dieu saincte pensée luy a donné, de tant qu'elles sont employées contre le vouloir du sainct Esprit, il est dict n'auoir le sainct Esprit non plus que le brut: par ce qu'il ne l'employe non plus que le brut: de tant que comme dict le Psalmiste, Ayant receu l'honneur, & ne l'ayant cognu, il a esté comparé au iument, & faict semblable a luy: de maniere qu'il se trouue si changé, que l'homme ioint a Dieu ne le recognoistroit pour hōme. SI GRANDE EST LA PVISSANCE DE LA PENSEE que constitue les hommes mortelz, en puissance de produire actions immorteles, & appartenantes au seul Dieu immortel. Et de laquelle l'absence engendre vn si grand changement, & differance, comme de Dieu a la beste brute, qui est inestimable, ne laissant pour lors à l'homme aucun vsage de raison? TOVTESFOIS ELLE S'OVFFRE CE QVI EST D'AME NON PAR ESSENSE, en ce qu'elle estant de nature d'immortalité soigneuse & diligente elle employe ses actions au seruice de ses concupiscences auec le mesme soin & diligence qu'elle les deuroit employer a la cognoissance & veneratiō diuine & par ses mesmes concupiscences corporeles elle souffre les peines qui viennent de la diligence qu'elle employe a la veneration des choses corporeles, desquelles l'amour produict la mort & ses dependances qui sont les peines & desplaisirs, qui dependent de loccasion d'icelles. MAIS ELLE DELAISE VNE TELLE AME, CONIOINCTE AV COPRS, POVR ESTRE DE LVY TOVRMENTEE EN BAS. C'est que l'ame ayant choisi pour son contentement, la partie corporele, delaissant l'Esprit de Dieu, qui l'a tousiours honorée de son essence, vie, & immortalité. Ce bon Dieu auec vn tresgrand regret (si regret luy peut estre attribué) est cōtrainct de la laisser auec ce corps, & ces abus, qu'elle a voulu choisir, a cause de l'hypotese & condition d'arbitre, qu'il a mis en l'ame, qu'il a voulu en la composition de l'homme, auoir puissance de mettre en effect ses deliberations, & volontés. Qui est cause que ce bon Dieu, sainct Esprit, qui est en l'homme, bien qu'il desire sur toutes choses son salut: si est ce, qu'il ne le peut contraindre a contreuenir a sa deliberation, pour n'enfraindre l'arbitre, qu'il luy a donné. De tant que si l'homme ayant resolu d'estre mauuais, le sainct Esprit le contraignoit contre sa resolution, arbitre, & volonté, de retourner a luy, par force & contre son cœur, ce seroit violer son arbitre, & en ce cas ne seroit vray, que Dieu eust iamais constitué l'homme en la main de son conseil. Et d'auantage de tout le bien, que c'est homme ainsi contrainct feroit, Dieu ne luy en sentiroit aucun gré, comme dict sainct Pierre en sa peregrination. C'este ame donc est laissée de Dieu a l'abus de ses concupiscencupiscences corporelles, nous entendons laissée en son arbitre, sans vser enuers elle d'aulcu-ne contrainte, violant son arbitre, & liberale volonté. Mais sa bonté est si merueilleuse, que quelque delaissemāt q̄ l'ame aye faict, ou mespris, ou esloignement de ses volontez & bonnes admonitions: il neantmoings ne l'abandonne iamais, qu'il ne la poursuiue, conuie, solicite, aduertisse, admoneste, & luy presente tous les moyens de retourner, qui sont en sa puissance, reseruée ceste contraincte & violation d'arbitre, qui luy a donné, comme Ieremie l'a clairemant exposé, soubs la figure d'vne femme impudicque. Ce delaissement donc qu'en faict Dieu, n'est q̄ pour ne violer l'arbitre en toute autre maniere, y estant tousiours present, la solicitant, & iamais ne l'abandōnant, comme sainct Iean l'a tesmoigné disant, Qu'il est a la porte qui heurte, & si aucun luy ouure, il entrera, & pour l'attirer par tous moyens qui se peuuent employer, reserué la force & violation d'arbitre. Ceste pauure ame ainsi delaissée, demeure conioincte au corps, & abus materielz, lesquels elle a choisi pour son plus grand repos & contentemant. O cōbien elle a peruerty son iugement, lequel estant deuenu si confus, & perturbé, a produict vne si mauuaise election, q̄ d'abandōner Dieu, acquest de tout repos, & felicité, pour prēdre la matiere, acquest de tout tourment, & infelicité. Comme nous voyons tous les iours, que le plaisir materiel d'vne heure, produit bien souuent desplaisir pour toute la vie: les autres plus les autres moings: quoy qu'il en soit, n'en vient que desplaisirs, qu'on prend aux exces, maladies & vie miserable. Et de ceux qu'on prend a s'enrichir induement, scandales, & rigoreuses punitions: & de ceux qu'on prend a s'enrichir deuëment, affaires, soucis, importunitez & procez. Aux grandes dignitez, grandes charges a manier en ceste vie, & grands comptes a rendre en l'autre. Et autant en pouuons nous dire en toutes manieres de concupiscences, desquelles l'ame peut estre possedée, des choses qui se trouuent en ce monde, desquelles il n'en est vne seule, qui n'ameine mal a l'homme, estant prinses outre la necessité corporelle.

Voila ce qu'elles produisent de leur nature. Ie ne dy pas qu'il ne se trouue quelque personne, que Dieu aura si bien secouru, qu'il trouuerra en soy force, pour resister aux abus, qui se presenteront en l'exercice de sa charge: car autrement il s'ensuiuroit, qu'il faudroit laisser deperir, & ruiner l'estat public: ce qui n'est pas raisonnable. Vray est que pour estre mieux serui, qu'il n'est, il seroit besoing rechercher les personnes plus entieres, & proueues de ce diuin secours, par lequel faisant le debuoir de leur charge, resistassent aux tentations, & abus excedans le necessaire de leur debuoir. Ce qui ne se faict, mais l'on cherche de satisfaire par vne charge, a la cōcupiscence d'vn hōme, & nō de satisfaire d'vn hōme a la necessité d'vne charge: dont viennent toutes les miseres qui se trouuent parmy le peuple de Dieu, produictes par les concupiscences de ceux, qui ont delaissé Dieu, pour adherer aux choses corporelles. Dont s'ensuiuent toutes miseres, & vie de tres-basse condition, & si ces choses corporelles ont donné de la peine, & torment durant la vie, le fruict qu'elles ont ce pendant produict, en donnera incomparablemant plus apres le decez, lors que l'ame aura retrouué son corps, pour estre de luy tourmētée en ce bas & profond abysme de malediction, misere, & desespoir.

TELLE AME, O MON FILS, N'A POINT DE PENSEE: DONT S'ENSVIT QV'IL NE FAVT DIRE OU NOMMER VN TEL estre HOMME, mais plutost vne beste brute, n'ayant eu cognoissance de l'honneur, qu'il a receu, nom plus que la beste. Car l'homme ne peut legitimement estre dict homme, que a cause des actes qu'il faict, procedants de sa principalle partie, par laquelle il merite nom d'homme, excellant sur toutes creatures, ce sont ses actions, vertus & effectz, qui le declarent estre homme, qui sont celles qui sont conformes au vouloir du sainct Esprit, principalle, & plus excellente partie de l'homme, & a cause de laquelle seule il precede en dignité toutes autres creatures, & non a cause des actions corporelles & brutalles. Car n'y a homme, qui sceust faire action, ou espreuue cōsistant au seul corps, qui ne soit surmontée en ce faict de la beste brute: dont il peut & doibt cognoistre, que son excellence ne gist en ces basses actions corporelles, il luy est besoing regarder plus haut, il faut qu'il rende la charge de sa conduicte, esleue par son arbitre aux parties de sa saincte pensée, & se retire tant qu'il pourra de la matiere, en laquelle il cognoist tant de fraude, deception, & abus, & enfin, eternelle malediction soy conformant de toutes les volontez de son ame a ce benoist S. Esprit de Dieu, qui luy
porte

Dieu laisse l'ame en son arbitre & ne l'abandōne. Iere. 3. a

Dieu rapelle l'ame continuellemens.

Apoc. 3 d

L'ame se vendant au corps delaissé Dieu

Plaisirs corporels bons & mauuais produisens mal.

Desir excedās le necessaire produict les abus.

Prouuoir l'hōme d'estat non l'estat d'hōme faict le mal.

L'hōme abusant de l'esprit de Dieu n'est dict homme.

L'homme en son corps infe-rieur a la beste.

L'excellēce de l'homme gist aux parties de sa pensée.

porte vn amour, qui ne peut estre exprimé, & recognoistre l'estat, auquel il a esté creé pour ne souruoyer de son debuoir, & occasion, pour laquelle ceste tres excellente composition a esté faicte. CAR L'HOMME EST ANIMAL DIVIN, ET N'EST COMPARE AVEC LES AVTRES ANIMAVX, detant que ce que empesche toute comparaison, qui se puisse faire de l'homme a toute creature, c'est sa partie intelligible, laquelle ayant receu en sa forme, l'aucteur de toutes formes, a cause de c'est aucteur, il se trouue autant excellent sur toute autre creature, comme l'aucteur est plus excellent, que ce qui depend de luy. Vray est que cecy s'entend de l'homme, qui a receu & cogneu l'honneur, qui luy a esté faict en la creation, & non de celuy, qui l'ayant receu, ne l'a cogneu, comme nous auons cy deuant dict.

L'hôme animal diuin.

Et par ce moyen celuy, qui l'aura consideré, & bien cognu, ne recepura aucune comparaison, auec les animaux TERRESTRES, ny autres creatures quels-conques en excellence: a cause du S. Esprit de Dieu principale partie de sa cōposition: MAIS BIEN AVEC CEVX QVI SONT LA HAVT AV CIEL LESQVELZ SONT DICTZ DIEVX. Mercure ensuit le temps & langage, qui regnoit en son eage, qu'on nommoit dieux les corps celestes, a cause qu'ils auoient en eux le maniement & disposition de toutes les actions de Dieu, employées sur la matiere en toutes creatures materielles. Qui est cause qu'il reçoit comparaison de l'homme a eux, entant qu'ilz sont immortelz, comme l'homme en sa principalle partie est immortel: & si ont actions, vertus, & puissances a dispenser, comme l'homme en a aussi en sa disposition: a ceste cause il reçoit quelque comparaison de l'homme, a ces dieux immortelz & corps celestes. C'est pour entrer en propos d'auancer l'excellence, & dignité de l'homme plus auant: car ayant cōmencé aux animaux terrestres, lesquelz l'homme passe en excellence, apres il ataint a la dignité de ces corps immortels. ET QVI PLVS EST, S'IL FAVT DIRE LE VRAY & oster toute crainte, il ose bié dire QVE L'HOMME EST PAR DESSVS EVX VERITABLEMENT. Ce qui est bien notoire, de tant que les astres n'ont receu que les dependances du sainct Esprit, & l'homme a receu le chef & aucteur de ces depēdances. Ces dieux n'ont receu leur dignité d'immortalité, que de la grace du sainct Esprit, & l'homme a receu le sainct Esprit mesmes, aucteur de toute immortalité: les astres n'ont receu l'honneur de l'arbitre, & dignité d'auoir leur administration subiecte, a leur volonté: & l'homme a ceceu liberale disposition de ses actions. Vray est que l'homme peut dire en cela comme ceux, qui reçoiuent en ce monde les grādes charges, esquelles il y a du bien & honneur: mais ce n'est sans peine, soing, & trauail, & bien souuent grosses repentances, de maniere que Dieu a de vray plus honoré l'homme, luy donnant arbitre, que s'il l'eust rengé soubs la necessité, & loy des autres creatures.

L'hōme cōparé aux Dieux.

Le vray homme est plus excellens que les Dieux.

L'honneur d'arbitre porte grād charge.

Mais la mauuaise conduicte de la plus part des hommes, donnent grande occasion de dire, que Dieu eut plus faict pour eux de les ordonner soubz la disposition de la destinée, & gouuernement de l'ame de l'vniuers, que soubz celle de leur liberté d'arbitre: detant qu'il n'y a deffaut, ny offense, que celuy qui vient de l'arbitre. L'homme donc ne voulant s'estudier a chasser le peché par sa conionction auec le sainct Esprit, sera comme le metayer d'iniquité, & s'estudiera de le chasser, desirant n'auoir iamais eu arbitre, & laissera le profit pour euiter la peine: comme ceux qui sont en ceste misere, quitent comme l'on dict, le poisson, pour la sauce, en ce qu'ilz quitent la gloire & grace, qu'ilz recepuroient de Dieu, ayant bien faict, pour euiter la peine en laquelle ilz tumbent, pour auoir mal faict. Mais ce n'est la sentence des plus sains, a cause que l'homme n'a pas esté faict si excellent, pour estre conduict par les creatures celestes, ny autres: ains a ceste cause des sa creation, luy a esté donné autorité sur toutes creatures terrestres, & cognoissance par sus toutes, voire sur tous ces Dieux celestes, & luy a esté donnée sa conduicte dans soy mesmes, par laquelle, s'il ne tient a luy, il peut auec soing & diligence recouurer sa perfection, qui ne peut estre exprimée, & en ceste maniere l'homme est par dessus les corps immortels en dignité, & excellence, lors qu'il gar de son debuoir: OV BIEN ILZ SONT DV TOVT ENTREVX D'ESGALE PVISSANCE. C'est que si nous prenons esgard a l'excellence, l'hōme a cause de l'image de Dieu est plus excellent que toute creature ny dieux celestes. Et si bien nous regardons a comparer leur pouuoir, nous trouuerons que si l'astre par sa destinée a pouuoir de tenter & esmouuoir la partie charnelle ou corporelle de l'homme, au contraire sa partie incorporelle image de Dieu

Luc, 16. a & b Comparaison du metayer d'iniquité.

Genes. 1. d. & 9. a.

Comparaison de l'hōme aux Dieux.

Dieu, se trouuera auoir autant de puissance de luy resister, & par ce moyen preseruer l'ame d'aucun danger, ou inconuenient, que la tentation luy pourroit amener: & que veritablemēt en cest endroit leurs puissances se trouueroient esgales en leurs effectz. Car à la verité combien que l'Esprit de Dieu puisse plus, que l'astre en sa nature diuine, si est-ce, que en l'hypotese de l'homme, en laquelle il ne peut operer les choses diuines, comme nous l'auons cy deuāt dict, l'Esprit de Dieu ne peut plus que rabatre ou deffendre contre l'assaut de la tentation, & *Sup. 18.* preseruer l'ame en l'estat, que la tentation l'a trouué, sans la laisser succomber, & sans que ce pouuoir de l'image de Dieu puisse autrement offenser l'astre en sa tentation, ains seulement la soustenir par esgale puissance: & en ceste maniere l'homme & le Dieu celeste se trouuēt en esgale puissance. Aussi comme le corps celeste par son mouuement circulaire, se promene par tout le monde, tout ainsi l'homme promene son intelligence & cognoissance tout à l'entour du monde. Et cōme l'astre en vertu de son mouuement recommançāt tousiours là, ou il fine, se trouue à ceste cause immortel: l'homme pareillement en sa partie principale, se trouue aussi immortel. Et voila enquoy ilz sont égaux: mais il demeure bien à l'homme vne *L'homme o-* perfection, qui l'atend, s'il l'a veut accepter, par laquelle il se trouue plus excellent & digne, *sant, differe* s'il vse de son estat, que ces corps immortelz: d'autant que le maistre est plus digne, que le *du tout de luy* seruiteur: de tant que toutes actions de l'astre sont terminées, & limitées, & celles des hom- *abusant de* mes sont infinies, à cause de leur subiect infini. D'auantage combien qu'il n'vse du pouuoir, *son estat.* qui est en luy: ce neautmoins il peut autant par disposition en sa charge, que les dieux celestes en la leur.

SECTION 25.

Quiconque descendra en terre des dieux celestes, il abandonne les limites du ciel. Mais l'homme monte au ciel, & si le mesure, & sçait quelles hauteurs il a, & quelles profondeurs: & aprend toutes autres choses exactement. Et, qui est plus, que tout, ne delaissant la terre il est en-haut, si ample luy est sa grandeur à s'estendre. Parquoy nous osons dire l'homme terrestre estre Dieu mortel: & le Dieu celeste hōme immortel. A cause dequoy toutes choses sont administrées par ces deux, par le monde, & par l'homme. Mais par vn sont toutes choses.

COMMENTAIRE.

DAuantage l'homme a telle excellence par dessus les dieux celestes, que QVICONQVE DESCENDRA EN TERRE DES DIEVX CELESTES, s'il est possible, qu'il y en descende aucun, ses vertus & puissances sont si limitées, qu'il estant en terre n'aura plus rien au ciel, ains IL ABANDONNE LES LIMITES DV CIEL, ne pouuant estre icy & là en *La chose* mesme temps. C'est à cause, qu'il est creature gouuernée par l'ame de l'vniuers Nature, la- *creée ne peut* quelle combien que en tant que diuine elle soit par tout: ce neantmoins elle ne laisse en la *estre en di-* creature ame particuliere, ny autre partie diuine, qui la puisse esloigner; à cause qu'elle n'a *uers lieux.* charge que du corps estant en son lieu: MAIS L'HOMME en sa principale partie intelli- *La partie de* gible, en laquelle gist son excellence, MONTE AV CIEL, ET SI LE MESVRE, se pro- *l'homme non* mene par tout, sans que aucun lieu luy puisse estre caché par le moyen de sa saincte pensée, *creé est en di-* à laquelle n'y a aucun passage mal-aisé. A cause que, comme nous auons dict des le com- *uers lieux.* mencement, l'homme estant de double nature entre toutes creatures, à sçauoir la mortele, qui est le corps materiel basty, & composé, creé, subiect a tenir lieu, & l'immortele, qui est l'ame accompagnée du sainct Esprit subiect pur, intelligible, partie increée & non bastie, ny composée, & nullement subiecte à tenir lieu limité, à cause de sa nature humide: comme l'homme le voit tous les iours par son experience, qui luy monstre, qu'il n'y a prison si bien close, en laquelle il soit, qui le puisse garder depromener sa pensée, intelligence, & cognoissance au dehors: & de mesme facilité loing, que pres. Il n'a que le corps subiect à tenir lieu,

& o-

& obeit aux puiſſances corporeles: car ſon ame prouueuë de la diuine péſée ce pendant que ce corps eſt retenu çà bas, a liberté de ſe promener en ſes cognoiſſances, & intelligéces nõ ſeulemét a paſſer les montaignes, trauerſer la mer, penetrer vn feu ardant, viſiter les abyſmes, courre tous les artz & ſciences, qui ſont parmy les hommes, mais paſſer outre vers le ciel, auquel elle monte ſans aucune difficulté, & ſi trouue non comme y allant, mais comme y eſtant.

Ce que Mercure a cy deuant dict, & le meſme en ſon tout & parties diſtances des aſtres, grandeurs de leurs corps, quantité de leurs mouuemés. ET SÇAIT QVELLES HAVTEVRS IL A, ET QVELLES PROFONDEVRS par le moyen de ſes rayons, que nous auons cy deuant dict eſtre les artz & ſciences, leſquelz il enuoye ça & là, comme faict le Soleil. Et ſ'il a beſoin ſecours materielz pour luy donner plus grande facilité, ſes arts & ſciences luy forgent inſtrumentz, & diuers moyens materielz, chaſcun propre a l'vſage, qu'il deſire, & les tous deppendantz de ceſte diuine intelligence, qui eſt en luy. Et a celle fin, que nous faiſions quelque mention & ſommaire des effectz procedantz des diuins rayons donnés a l'hõme par moyen d'artz & ſciences, par leſquelles, combien que ſon corps ne puiſſe voler aux treshautes & esloignées regions celeſtes: ce neantmoins ſon ame accompagnée de la preſence du ſainct Eſprit, vraye raiſon dónée a l'homme en ſa creation, ne laiſſera d'attaindre par ſes rayons d'artz & ſciences iuſques en ces lieux par ſa nature humide, qui ne reçoit autre limite, que l'empeſchement, que luy faict l'imperfection de la matiere. Et comme dict Mercure, il meſure les corps celeſtes, & leur diſtances, comme nous venons de dire, auec inſtrumentz baſtiz & compoſés par la ſubtilité de l'art attainte par ſon trauail. Dont nous prendrons l'exemple aux deux principaux luminaires nous côtentans de parler de ceux là principalement, noſtre propos ne pouuant porter, que nous feiſſions la deſcription de tous les autres, a cauſe de la prolixité, qui tiendroit vn bien grand volume. Nous enſuiurons en cecy, le plus grand & principal des anciens Aſtronomes & Mathematiciés, aſçauoir Claude Ptolomée d'Alexandrie, lequel a faict les obſeruations admirables des meſures celeſtes, & deſquelles nous en auons verifié vne partie par ſemblables obſeruations & meſures, & l'ayant trouué veritable en celles, que nous auons obſerué, auons iuſte occaſion de luy donner foy & a ſes eſcriptz. Les Aſtronomes ont obſerué le Soleil par ſon mouuement circulaire s'approcher & eſloigner de là terre aſçauoir eſtant au point de l'Auge de ſon eccentricque cercle eſtre le plus loin, qu'il puiſſe eſtre: & au contraire eſtant en l'oppoſité de l'Auge il eſt le plus bas.

A cauſe dequoy quand nous prenons ſes meſures, il ſembleroit, que en ces deux aſſiettes nous le deuſſions trouuer des deux grandeurs, comme aucuns l'ont faict: toutesfois ſa variation eſtant ſi petite, meſmes eu eſgard a ſa tres eſloignée diſtáce nous n'y auons faict differéce. Et a celle fin que le lecteur penſe, que neantmoins que ces meſures n'enſuiuent ou accompaignent la iuſtice, & perfection de l'art entierement: elles ne laiſſent pourtát de ſatiſfaire a l'operation corporele, laquelle a cauſe de ſon imperfection ſe contante de moindre iuſtice & exactitude, que ne feroit l'art. De tant que la choſe corporele eſt de ſoy incapable de la perfection de l'art: A ceſte cauſe nous l'auõs meſuré en tant que ſubiect corporel auec meſme imperfection, qui aduient a tous hómes meſurans les choſes corporeles. Et dirons, qu'il ne ſe faict en matieres corporeles aucune meſure preciſe mathematiquemét, mais bien preciſe en ce, qui eſt neceſſaire a l'vſage & cognoiſſance requiſe a l'vtilité de l'homme, comme nous voyons clairement en l'experience, que iamais deux marchandz ne trouueront meſme meſure a deux fois en vne piece de velours, ſatin, drap, ou toille ſi preciſement qu'il n'y aye aucune choſe a dire, combien qu'ilz les meſurét & remeſurent eſgalement, quand a l'vſage & ſeruice neceſſaire. Tout ainſi en aduient il a toutes meſures appliccuées ſur choſes materieles, leſquelles l'imperfection de la matiere & l'inſtabilité & inconſtance tant d'elle, que de l'operateur contrainct & empeſche d'attaindre a la perfection de la ſcience, qui prend ſon integrité de la ſource intelligible & diuine, meſmes ces diſciplines, qui de leur nature ſont fondées ſur retirement & abſtraction des choſes ſenſibles & en pure raiſon image & ſainct Eſprit de Dieu en l'homme. N'ayant donc beſoin de mettre difference a la grandeur du Soleil ſelon la diuerſité de ſes aſſiettes, nous l'auons meſuré reputant la terre en toute ſa grandeur, comme vn point a la maniere des grandz & anciens Geometres

qui

qui se trouue estre de grandeur insensible, au pris du cercle & sphere du Soleil & autres superieurs. Et auons trouué le diametre du corps du Soleil auoir de longueur vne corde, qui bande vn arc de son grand cercle de trente trois minutz de degré en sa plus proche situation de nous, qui est autāt qu'onze parties de vint, qu'en a vn degré. Et les trois cens soixante degrez sont tout le grand cercle. Et pour le reduire a mesure entendue nous auons laissé les plus subtiles fractions, pour ne donner peine au lecteur, qui n'y sera versé, & par la circonferance du ciel obserué la trauerse ou diametre de la terre auoir mil huict cens trente deux lieuës de nostre Gascogne ou enuiron, quatre mil cent vingt trois lieuës Françoises de deux mil brasses pour lieuë. Dont la chose est trouuée bien admirable, qu'il nous soit plus aisé a mesurer la terre par le ciel, que sur elle mesmes, ayant au parauant mesuré sa circonference par le ciel, de laquelle nous auons retiré le diametre ou trauerse: & auons trouué auec les anciens par le moyen des artz & sciences rayons de l'homme, que de la terre iusques au Soleil, il y a distance contenant six centz cinq diametres de la terre, qui reuiennēt en telles lieuës Frāçoises, a deux millions quatre centz nonante quatre mil quatre centz quinze. Par laquelle distance nous auons trouué, que le Soleil auoit en son diametre ou trauerse plus quelque bien peu de cinq diametres & demy de la terre, qui reuiēnent a vingt deux mil six centz septente six lieuës & vn deuziesme. Et combien que ce diametre soit grād a merueilles, ce tresgrand & admirable corps le passe, ou autant d'espace plus de vingt sept fois & vn quart en vne heure, qui n'est que la vingt & quatriesme partie du cours, qu'il faict en vn iour naturel.

La terre n'est qu'vn point en egard au ciel.

Diametre de la terre.

Diametre du Soleil.

C'est vn si merueilleux mouuement, qui nous gardera de nous esbahir auec sa tresexcellente lumiere & vertu de produire toutes choses, si plusieurs peuples entre les anciēs l'ont prins pour le Dieu souuerain: & s'il y a encore peuples, qui le tiēnent pour tel en parties, ou la parole & cognoissance de Dieu n'est receuë, ne voyantz ces paures gens autre vertu ny puissance, qui se manifestast a leurs sens plus grande & actiue, que celle la. Nous deuons en auoir commiseration, & prier ce bonDieu leur faire la misericorde, qu'il nous a faict de nous anoncer sa cognoissance. Nous auons pareillement obserué quelques mesures en la Lune, laquelle n'estant en son mouuement si reguliaire, que le Soleil, requiert plus grande diuersité d'obseruations & mesures, tant en son corps, que mouuement: lesquelles seroient lōgues a racompter. Tant y a que la Lune ne descript son mouuement qu'elle faict en son mois lunaire equi-distant a l'entour de la terre, ains s'en esloigne & s'en aproche sensiblement, comme aussi font tous les planetes. Mais il n'y paroist a leur diametres, comme il faict en la Lune, a cause de sa proximité: mais est bien aparant en leurs mouuements, lesquelz estātz faictz a l'entour de leur epicicle, duquel le centre reçoit mouuement, il s'ensuit necessairement leur voye n'estre circulaire, a cause qu'il aproche, & esloigne. Et d'auantage le mouuement, par lequel ils declinent tous de la voye du Soleil, faict qu'ilz ne retournent iamais en mesme point, dont ilz sont partiz, & pareillement le mouuement iournel les empesche aussi, voire le Soleil mesme de retourner, dont il est party: a cause de l'obliquité du cercle des signes dict zodiaque.

Obseruations de la Lune.

Nul mouuemant de planete est circulaire.

Vray est, qu'il ne varie tant que les autres, mesme la Lune, de maniere qu'elle se trouue en sa plus grande hauteur plus de dix diametres de toute la terre plus esloignée qu'elle n'est en sa plus basse assiete: qui a esté cause qu'elle est trouuée en ceste basse assiete auoir a differēce insensible son diametre en semblable partie de son cercle qu'a le Soleil, c'est ascauoir de trente trois minutz de degré. Et en sa plus haute assiete, ne luy en est trouué que trente vn minut vingt secondz, qui sont vn troisiesme de minut, & autant au Soleil par l'aduis de Ptoloméee. Vray est, que a cause que la distance du Soleil, le rend d'enuirō vingt fois plus esloigné de nous que la Lune, nous trouuōs qu'il a son diametre dix-huict fois & quatre cinquiesmes, plus grand que celuy de la lune, a cause que des deux cercles celuy du Soleil estant le plus grand sa mesme partie demāde plus grāde corde pour la bāder, q̄ semblable partie de celuy de la lune, qui est plus petit. Dōt s'ensuit mesme differēce entre les diametres de leurs corps qu'il y a des trēte trois minutz du cercle du Soleil aux trēte trois de celuy de la Lune. Quād nous fairons donc les comparaisons des diametres, nous dirons, que celuy de la Lune estant le plus petit, & prins pour vn, entre trois fois & deux cinquiesmes en celuy de la terre, qui est d'autant plus grand, & ce mesme diametre de la Lune entre en celuy du Soleil dixhuict fois quatre cinquiesmes.

Quand la Lune paroist grād de comme le Soleil.

Comparaison des diametres

A cause

A cause dequoy le diametre du Soleil cotient celuy de la terre plus de cinq fois & vn deuxiesme:& le diametre de la Lune ne contient de celuy de la terre, que cinq dixseptiesmes, qui est moins d'vn tiers. Dont nous retirons par les proportions de geometrie la raison ou comparaison de la grandeur des corps, laquelle est triple a la raison ou comparaison des diametres. Qui nous manifestent, que le Soleil en sa grandeur solide & corporelle contient la grandeur de toute la terre plus de cent soixante six fois & trois huictiesmes, qui est pres de demy. Et la grandeur de la terre contient celle de la Lune trente neuf fois, trente huict, cent vingt cinquiesmes, qui est pres de quarantefois. Et le soleil en son corps contient la grandeur de la Lune plus de cinq mil six cens trente sept fois, par l'aduis de Ptolomée, & par l'aduis des modernes plus de sept mil fois: combien que nous pensions le plus veritable six mil six cens soixante six fois.

Comparaison des corps en grandeur.

Nous trouuons aussi la Lune en sa grande hauteur estre esloignée de ça bas par trente deux diametres de la terre, & vn douziesme, c'est lors que la Lune est au plus haut de son auge & epicicle, & au contraire estant au bas d'iceluy entre l'auge & son oposite, quelle est plus pres de nous. Cest epicicle est vn petit cercle, qui n'a en son diametre, q cinq diametres de la terre, & vn sixiesme: duquel le centre est assis en la circonferance de celuy, que la Lune enuironne vne fois le moys nommé le deferent ou excentricque. Et la Lune estant portée par la circonferance de ce petit cercle, elle surpasse au dessus de son deferent, & puis au dessoubz, comme son epicicle va au dessus & au dessoubs, dont nous aduient la difference principalle de son esloignemant & proximité, outre ce que son deferent esloigne & aproche le centre de cest epicicle, qui la porte, selon ce, qu'il s'esloigne du centre de la terre, ou qu'il s'en aproche: de tant qu'il ne mouue sur le centre de la terre, qui est en la differance de sa plus grand distance a la plus petite de dix diametres de la terre, & huict minutz vn deuxiesme, qui sont plus de demy quart.

Que c'est l'epicicle & l'eccentricque.

Parquoy il esloigne le centre de l'epicicle de nous au plus fort de vingt neuf diametres de la terre & vn deuxiesme, & au plus pres de dix neuf diametres & vingt vn minuts, qui est plus d'vn tiers. Dont s'ensuit, que lors que le centre de l'epicicle est a sa plus grande distance ou esloignement de terre, qui est de ving neuf vn deuziesme diametres, si nous luy adioutons la moitié du Diametre de l'epicicle, la Lune estant assise au plus haut d'iceluy. Laquelle moitié est de deux diametres & sept douziesmes, nous, trouuerrons qu'elle est en sa plus grande distance, qu'elle puisse estre de nous, asçauoir de trente deux diametres & vn douziesme, a cause que le centre de son defferent est loing du nostre de cinq diametres de la terre, & plus d'vn dixiesme. Dauantage ce corps de la Lune n'a seulement ceste diuersité de mouuemant, quant a l'esloignemét ou proximité de nostre terre, mais elle en a, vn autre, par lequel elle faict son mouuemant iournel a costé de celuy du Soleil, quelquefois a droicte, quelquefois a gauche trauersant la voye du Soleil, pour aller de l'vn costé a l'autre, & ce cercle, qui conduict ceste variation, se nomme le dragon, duquel la teste & la queuë sont les intersections, que ce cercle faict auec le cercle, que faict le Soleil en son mouuemét annuel. Et ce cercle ou dragon ainsi coupant la voye du Soleil, qu'on nomme l'eclipticque, en deux poincts opposites l'vn a l'autre, en l'ecliptique mesme decline l'vne partie vers le septentrió, & l'autre vers le midy de cinq degres, telz que tout le cercle en contient trois cens soixate. Et c'est le plus, que la Lune puisse esloigner l'eclipticque ou voye du Soleil, & l'intersectió, que la Lune faict auec l'eclipticque alant vers le septétrion est nommée la teste du dragon, & l'oposite, laquelle elle faict alant au midy c'est la queuë. Il se trouueroiét plusieurs autres obseruations en ce mouuement de la Lune, lequelles la prolixité, que nous voulons euiter, nous gardera de racompter.

L'a plus grande hauteur de la lune.

Du dragon de la lune.

Tant y a, que pour en faire vne petite resolution, par laquelle nous puissions considerer vne petite partie de l'exellence des œuures de Dieu, nous retirerons ce recueil, que l'homme par ses artz & sciences, mesure dans le ciel sans soy despartir de la terre (lieu de sa demeure & ordinaire habitation) que les diametres de la terre, Soleil, & Lune sont, asçauoir celuy de la terre estant d'vne partie, celuy du Soleil sera de plus de cinq & vn deuziesme, & celuy de la Lune de cinq dixseptiesmes, qui est moins d'vn tiers. Et les distances de la s'ensuiuront estre, asçauoir du centre de la terre a la Lune trente deux diametres de la terre & vn douziesme au plus grand esloignement. Et de la terre au Soleil il y a des diametres mesmes de la terre six cens cinq. Dont nous retirons la raison ou comparaison des diametres, asçauoir

Resolution abregée.

celuy

celuy du Soleil estre cinq fois & demye plus grand, que celuy de la terre, & le mesmes estre plus grãd que celuy de la Lune dix-huict fois quatre cinquiesmes, qui est pres de dix neuf fois: Et celuy de la terre estre plus grand, que celuy de la Lune trois fois & deux cinquiesmes. Desquelles raisons triples par double multiplication s'ensuit la grandeur des corps, asçauoir, comme la terre est d'vne grandeur, le corps du Soleil en contient cent soixãte six trois huictiesmes, & celuy de la Lune se trouue ne tenir que de trẽte neuf & trẽte huict cẽt vingt cinquiesmes parties vne, qui est presque vn quarentiesme. Et le soleil contient celuy de la Lune, s'il estoit bien exactemant suppûté & mesuré par le nombre d'vne legion, qui est six mil six cens soixante & six, nombre remarcable de la raison, qui est entre ces deux principaux luminaires, qui n'est sans quelque mystere, lequel Ptolomée trouue la contenir six mil six cens quarante quatre fois & plus de demie. Il en y a eu d'autres entre les anciens, qui ont obserué les grandeurs des autres corps celestes, ce que nous n'auons pas obserué: toutesfois pour continuer la louange de la gloire de ce grand ouurier, de laquelle tant l'art & science en a donné cognoissance a l'homme, que la coniecture nous en fairõs quelque brief raport. Ilz ont prins mesme subiect de leur comparaison, que nous auons prins, qui est la diametrale de la terre, laquelle estant vne, le Soleil de cinq & vn deuxiesme, la Lune de cinq dix septiesmes parties d'icelle, Mercure s'est trouué contenir en son diametre vn vingt huictiesme, Venus trois dixiesmes, Mars vn & vn sixiesme, Iupiter quatre, & quatre septiesmes, Saturne, quatre & vn deuxiesme. Par ou nous voyons, que tant plus ces planetes sont plus haut assis ilz sont plus grands, reserué le Soleil & la Lune, a laquelle ce grand architecte a conserué quelque grandeur hors de son reng, a cause qu'elle nous est immediate & prochaine entre tous les autres, & aussi quelle est l'vn des luminaires, a cause de sa grandeur. Et neantmoings elle se trouue la plus petite du ciel, reserué Mercure, combien que sa proximité la nous represente plus grande. De leurs diametres, ilz nous donnent par leurs escripts, les grãdeurs, & comparaisons de leurs corps solides: asçauoir comme le Soleil contient la grandeur de la terre cẽt soixante six fois & trois huictiesmes, la Lune en prẽd moins d'vne trẽte neufiesme partie. Mercure le tres petit n'en prẽd qu'vn vingt & vniesme mil neuf cens cinquãte deux parties, qui est cause, que ce planete est difficil a estre veu entre tous autres: & si n'estoit qu'il est le plus prochain, reserué la Lune, il ne paroistroit. Venus, qui l'ensuit en prend vne trente septiesme partie, de laquelle la proximité est cause, que nous la trouuons a nostre commune veuë la plus grande & claire, qui soit au ciel apres les deux principaux luminaires: de maniere que aucuns l'ont obseruée en l'absence de la Lune faire ombre sensible. Ce qui n'aduient a aucun autre de tous les astres, c'est celle, qui vne partie de l'an precede le iour, & vne autre partie paroist au soir: car elle n'esloigne iamais le Soleil guiere plus d'vn signe & demy, qui peut venir a vne distance, laquelle Ptolomée a obserué, a quarante sept & trente deux minutz.

Voila pourquoy elle ne parust iamais sur le midy, a cause que lors qu'elle y est le Soleil est present sur l'horison ou moitié illuminée, & le Soleil estãt soubz l'horison Venus n'aproche iamais le midy. Mars qui est au dessoubs du Soleil est plus grand, que la terre plus d'vne fois & vn deuxiesme, & si semble assez petit, a cause de sa distance. Iupiter est nonante cinq fois vn deuxiesme plus grand que la terre: parquoy il est le plus grand des trois superieurs. Saturne est nonante vne fois plus grand, que la terre aprochant de la grandeur de Iupiter: mais son esloignemant le rend beaucoup plus petit. Au dessus des planetes est le ciel des estoiles fixes, desquelles aucuns astronomes anciẽs ont obserué six diuersitez & differẽces, en grandeur, nommants la plus grande la premiere difference ou grandeur. Laquelle ilz ont obserué estre cent sept fois plus grãde q̃ le corps de la terre: & celles de ceste grãdeur aprochẽt ancunemẽt de la grandeur du Soleil, duquel elles cõtiennent pres de deux tiers: & celles cy excedẽt beaucoup plus les grãdeurs des autres fixes, q̃ le Soleil n'excede la grãdeur des erratiques ou planetes. Et les anciens n'en ont trouué q̃ quinze en tout le ciel de ceste grandeur. Celles de la seconde grandeur contiẽnent la grandeur de la terre sept fois & vn deuxiesme. Celles de la tierce fort proches de celles cy la contiẽnent sept fois. Celles de la quatriesme la contiennẽt cinq fois & vn quatriesme. Celles de la cinquiesme la cõtiennent trois fois & vn deuxiesme. Et celles de la sixiesme vne fois & quatre cinquiesmes, qui est pres de deux fois.

Par ou nous voyons qu'il n'y a aucun planete reserué le Soleil, qui soit de la grandeur,

Le Soleil plus grand que la Lune d'vne legion.

Diametres des cinq planetes.

La lune plus petite du ciel reserué Mercure.

Pourquoy Mercure est difficil a estre veu.

Venus n'est iamais veu au lieu du midy.

Estoiles fixes de six grãdeurs.

Grandeur des corps de la premiere grandeur.

Seconde grandeur.
Tierce grandeur.
Quatriesme grandeur.
Cinquiesme grandeur.
Sixiesme grãdeur.

Ee

de ces belles estoiles de la premiere grandeur, combien que Iupiter & Saturne soient bien grandz. Mais pour representer a la veuë plus facilemant & promptemant toutes ces differances, nous en mettons vne figure cy apres, par laquelle premierement les diametres, desquelz auons parlé, & puis les grandeurs paroistront.

Le diametre de la terre estant vn Celuy du Soleil est de	5. $\frac{1}{2}$	La terre a de tour trois cens soixante degrez respondantz a ceux du ciel.	
De la Lune	$\frac{1}{17}$	Vn degré a, ou bien,	16 lieuës Gasconnes. 36 lieuës Françoises.
De Mercure	$\frac{1}{18}$	Tout le tour a, ou bien,	5760 Gasconnes. 12960 Françoises.
De Venus	$\frac{2}{10}$	Son diametre a, ou bien,	1832 Gasconnes. 4123 Françoises.
De Mars	1 & $\frac{1}{2}$		
De Iupiter	4 & $\frac{4}{7}$	Par ces mesures toutes les autres se conuertiront facilement en lieuës.	
De Saturne	4 & $\frac{1}{2}$		

La grandeur du corps de la terre prinse pour vne, les autres corps en ont.

ASCAVOIR,

Le corps du Soleil en a de telles	166 $\frac{1}{2}$		Les estoiles de la premiere grandeur	107
Le corps de la Lune	$\frac{1}{39}$	partie	Celles de la seconde	7 & $\frac{1}{2}$
Celuy de Mercure	$\frac{1}{21952}$	partie	Celles de la tierce	7
Celuy de Venus	$\frac{1}{37}$	partie	Celles de la quarte	5 $\frac{1}{4}$
Celuy de Mars	1 & $\frac{2}{11}$		Celles de la cinquiesme	3 $\frac{1}{2}$
Celuy de Iupiter	95 $\frac{1}{2}$			
Celuy de Saturne	91 $\frac{1}{2}$		Celles de la sixiesme.	1 $\frac{4}{5}$

Diuerses opinions de l'octaue sphere.

De ce ciel des estoiles fixes, qu'aucuns nomment le firmament, les autres l'apellent l'octaue Sphere, & les Grecs la nomment sans erreur, parce qu'elle contient les estoiles nō errátes ou fixes, il en a esté diuerses opinions: a cause de la tresgrande tardité des mouuements & difficulté, qui est a voir plusieurs estoiles nubileuses ou obscures, desquelles aucuns ont dict auoir obserué tel mouuement, que leur a faict constituer vne neufiesme sphere, laquelle se meut par maniere d'vn branslemant, qu'ilz nomment titubation, que font les poincts equinoctiaux de l'octaue, a l'entour des deux petits cercles ayantz leur cētres sur les points equinoctiaux de la neufiesme. Dont nous estimons, que Ptolomée a trouué, cōme il escript, l'asphere octaue, ou des fixes se mouuoir, & allegue l'escript de Hyparcus, qui a esté long tēps auant luy, & Thimocarys, qui auoit esté autant auant Hyparchus, & trouué, que la belle estoile du signe de la vierge nōmée l'espic, qui estoit enuirō l'Oriant l'heure, que Iesus Christ nasquist, auoit passé depuis Thimocharis iusques a Hyparchus, d'enuiron deuxdegrez, & depuis Hyparchus iusques a luy, enuiron autant, gardant la proportion de son mouuemant. Par ou il cōclud, que toutes les estoilles qui cōposent en ceste octaue sphere les images celestes ne variāt iamais leur mesme distāce, bougèt ensemble. Dōt nous pouuōs retirer, attādu q̄ leur mouuemāt aparoist, selō la succession des signes qu'elle mouue par leur rauissemāt de quelque autre

Mouuemant de situbation.

L'octaue sphere n'est le premier mouuements.

autre mouuant, comme sont les planetes, car du temps de Thymocharis elle estoit enuiron le vingtdeuxiesme degré de la Vierge, du temps d'Hyparchus au vingtquatriesme, & du tẽps de Ptolemée au vingtsixiesme, & de nostre temps au dixseptiesme de Libra, ayant couru plus de temps, tousiours suiuant la succession & ordre des signes, comme les planetes. Vray est, que c'est plus tardiuement, dont peu de gens ont peu aperceuoir ce mouuement, & les a le commun estimées estre au premier ciel, qui par son mouuemẽt rauissoit tous les autres: à cause de la tardité du mouuement : lequel met enuiron cent ans à passer vn degré de trois cens soixante, qu'il en y a en vn tour entier, qui reuiendroit à trente six mille ans à faire son tour, lequel n'est guere asseuré de voir sa fin. Et c'est quant au mouuemẽt, que l'octaue faict, comme les autres reculant de l'Occidant par le Midy vers l'Oriant. Car celuy qu'elle faict de l'Oriant à l'Occidant par le Midy, ne dure que vingtquatre heures : ce que nous retirons de ces exemples proposez pour la manifestation des merueilles de Dieu. C'est que ayant declaré au secõd chapitre parlant des spheres des planetes, qui sont rauies par vn premier mouuant de l'oriant par le midy vers l'occident, nous auons nommé ce mouuement non proprement mouuement mais contreuention, resistance, ou repugnance: a cause de quoy nous pourrions semblablement dire, que le ciel des fixes vse de repugnance, ou resistance: & de tant moins, que les autres, comme il est plus proche de l'action, que les autres: laquelle l'assaillant de plus pres luy imprime plus son atraction, & luy laisse moings de moyen d'y resister, qu'elle ne faict aux plus esloignées d'elle. Dont il nous semble n'auoir ocasion d'y estimer ou penser autre mouuant, ny lieu, auquel se face le mouuement, que le vray createur incorporel, & immortel, auquel & par lequel est meu tout ce, qui est meu, comme nous l'auons dict, parlantz des mouuementz & resistances: & sainct Pol dict, que nous viuons, mouuons, & sommes en luy. Ces exemples donc nous suffiront pour le present : de tant que ce n'est icy le lieu de traicter plusieurs autres mesures hauteurs, profondeurs, & distances, que nous y eussions peu amener, s'il eust esté besoing. Parquoy nous serons contantz d'auoir donné quelques exemples des secretz, que l'homme descouure par le moyen de ses artz & sciences, rayons de Dieu, qui luy sont donnez.

Et par ce moyen & autres inuentions, desquelles l'hõme ne peut estre espuisé, IL APREND TOVTES AVTRES CHOSES EXACTEMENT, soiẽt cognoissances de la nature des creatures tant terrestres que celestes, de toutes disciplines, & sciences, de tous secretz de nature, voire comme dict sainct Pol, Les choses profondes de Dieu par la vertu de son sainct Esprit, qui est en luy, comme celles, qu'il vit en son rauissement, lesquelles n'est permis à l'homme de racompter. Celles que Moïse vit en la montaigne: celles que Moïse & Helye virent en la Transfiguratiõ, Daniel, Ezechiel, Esdras: & l'exemplaire diuin, que vit nostre Mercure contenant toutes choses. Et si l'homme se veut rabaisser au maniement de la matiere, il a vn corps & mains composez & disposez de telle maniere, que par le moyen de la cognoissance des artz mechaniques, que son intelligence luy donne, il se trouue autant propre à chascune d'icelles, comme s'il n'auoit esté faict que pour celles là. Il passe outre en toutes obseruations, lesquelles il comprend par vertu de ceste dignité d'ordre & puissance de memoire, desquelles il retire la cognoissance de vertus, proprietez, efficaces, & effectz de toutes creatures, pour esloignées qu'elles soient de son habitation, & fust ce iusques à l'octaue sphere, en laquelle il cognoist la diuersité des grandeurs & proprietez des estoiles fixes, le naturel des planetes, & leurs mouuementz. ET QVI EST PLVS, QVE TOVT NE DELAISSANT LA TERRE, IL EST EN HAVT: enquoy il excede toutes creatures & dieux celestes, lesquelz nous auons dict ne pouuoir venir çà bas, sans laisser les limites & termes de leur ciel: mais l'homme n'abandonnant iamais la terre lieu deputé à son habitation, il ne laisse pourtant d'estre en sa partie principale en haut, en bas, par tous costez. Il nous faut souuenir de ce, que nous auons dict cy deuant: c'est que Mercure parlant de ceste grande vertu ou dignité de l'homme n'a dict, qu'estant icy il va par tous autres lieux, mais a dict, qu'il est par tous autres lieux, non comme luy estant necessaire de passer tout le chemin, pour s'y transporter, de tant qu'il y auroit en cest effect mouuement, lequel ne conuient aux parties intelligibles.

Parquoy il ne passe le chemin ou l'entredeux pour y aler, mais il s'y trouue comme y estant, & non comme s'y alant, ou estant transporté. Et ce à cause de la puissance humide, que la saincte pensée a de sa propre nature d'estre par tout en toutes heures & temps, sans qu'elle aye besoin d'y aler, mettant quelque temps a passer l'entredeux. Ceste faueur, grace, & merueilleuse misericorde, que Dieu nous a faict de nous auoir donné son sainct Esprit auec ses excellences & dignitez, qu'il nous a rendu si familières, a esté reçeu de l'homme esbloui de ses concupiscences, qui tiennent le plus grand lieu, auec vn si grand mespris, à cause de ceste familiarité, que tant s'en faut, que l'homme aye cognu ses perfections, ny dont elles sortoient, qu'il a pensé toutes ses diuinitez, excellences, & vertus n'estre rien, que son naturel, comme le mouuement à toutes bestes, n'admirant la grãdeur de ces merueilles, qui sont en cest homme intelligible, a faute d'auoir cognu autre, que le charnel & sensible, ne s'estant amusé, que aux fruitz des sens produisantz concupiscences & miseres, & non à ces excellentes vertus de l'intelligence, par le moyen desquelles l'homme peut faire toutes actions, & produire tous effectz merueilleux & diuins, mesmes cestuy-cy, que chascun sent en soy d'estre par tout, sans que le corps bouge, d'vn lieu & s'y trouuer sans passer en aucune quantité de temps l'entredeux, comme il est apparant à celuy, qui y voudra penser, que son entendement pour aler d'Espagne en Germanie, n'y met point de temps, ny pour aler d'icy à l'octaue sphere nomplus, qui est le vray argument, par lequel il est clairement prouué, que l'entendement ou saincte pensée humaine ne se trouue par tout, comme y alant ou s'y transportant, ains comme de sa nature humide & puissance non limitée estant par tout en tous temps, heures, & momentz. SI AMPLE LVY EST SA GRANDEVR A S'ESTENDRE, par laquelle elle ne trouue empeschement ou cloison, que l'imperfection suscitée par son corps, qui la puisse arrester, empescher ou enclorre. PARQVOY NOVS OSONS DIRE L'HOMME TERRESTRE ESTRE VN DIEV MORTEL, ET LE DIEV CELESTE HOMME IMMORTEL.

Mercure estant entré ez loüanges de la perfection de ceste diuine creature portãt l'image de Dieu se rend si rauy en sa contemplation, que ne considerant plus en l'homme que l'excellence de sa partie intelligible, laquelle en tant, que sainct Esprit de Dieu, il ne peut trop exalter, estimer, priser, & loüer, il conclud ce chapitre par l'excellence, non qui se trouue communement en l'homme, mais par celle, qui y a esté mise de son createur, & declare que attendu la perfection du sainct Esprit & pensée de celuy, qui est de soy mesmes : laquelle a esté mise en l'homme, qui par son deffaut s'est rendu mortel, ne trouuant autre differance entre sainct Esprit en l'homme, & le mesme sainct Esprit hors de l'homme, que la mortalité & ses dependances : il dict l'homme estre Dieu, s'il n'estoit mortel, comme de vray il y sera refondu & reuni, lors qu'il ne sera plus mortel. Et ce pendant pour exprimer son excellence, il le dict estre vn Dieu mortel, comme ce Dieu n'ayant autre imperfection, que ce, qui l'a rendu mortel : & par consequent il dict, que le Dieu celeste, qui ne tient aucune tache de mort, ny toutes ses dependances, mais est en ses puritez diuines sainct Esprit non pertubé, ny contristé, ou bien empesché de corps mort, ou matiere, est homme immortel, pour clairement exprimer, que c'est le sainct Esprit vray Dieu, qui est en l'homme, duquel osté le corps mort & matiere dependances de la mortalité, il demeure vray Dieu. Ce propos de Mercure manifeste auoir esté vn grand preparatoire à produire la maniere de parler vsée par Iesus Christ, en ce, qu'il s'est nommé filz de l'homme, soy voulant dire filz de Dieu : detant que ce propos ne peut estre prins à l'intelligence commune, qui ne reçoit en la Trinité, que vn homme, à sçauoir le Filz, non le Pere, ny le sainct Esprit. Parquoy le Filz, comme dict Athanase, estant autre, que le Pere, il n'est comme homme son Pere mesme, pour estre dict à ceste ocasion Filz de l'homme.

Nous auons donc ocasion de penser, que ceste antique & profonde intelligence, que Mercure nous propose maintenant, nous declarant que Dieu celeste est homme, mais immortel, pour exprimer sa presence en la composition de l'homme y estre en perfection, si n'estoit l'imperfection du corps & matiere, estre maintenant entendue par Iesus Christ, homme, soy disant filz de cest homme, qui n'a l'imperfection de matiere, & engendré en l'homme, qui fut la saincte vierge sa mere, par l'operation de son sainct Esprit homme & Dieu immortel, suiuant la maniere de parler, qu'il reprenoit souuent des anciens Hierogliphiques, & autres, comme nous l'auons plusieurs fois allegué. Qui ne sert

sert peu a verifier les intelligences & cognoissances profondes, que ce bon Dieu a communiqué de soy a ce grand personnage Mercure: puis qu'elles sont souuent confirmées par Iesus Christ, si long temps apres. Toutes ces excellences, vertus, & louanges, que Mercure faict de ceste diuine partie de l'hôme en ce propos il les met auant pour nous inciter a nous cognoistre, que nous sommes pour le premier, dont nous sommes pour le second, & pour quelle fin nous sommes faictz pour le tiers, a celle fin, que ayāt recouuré la cognoissance de ces trois poinctz, si necessaires a l'homme, que sans celle la il demeure beste brute, nous soyons contrainctz par honte ou aultrement, ayants consideré ceste excellence & grandeur receuë de ce bon Dieu, de nous renger a luy, cognoissans par l'excellence de sa partie, les imperfections & miseres engendrées par ceste maudicte matiere, a laquelle nous nous laissons tant emporter, qui est la part contraire.

Trois cognoissances de soy necessaires au salut.

Plusieurs miseres a faute de se cognoistre.

Et de tant que nous aymerons, loüerons, & desirerons l'vne, il nous est besoing hair, mespriser, & reiecter l'autre en tous ses abuz & superfluités, nous retirāts a ceste diuine cognoissance, par laquelle nous sommes en chemin d'estre deifiez & conioinctz par Iesus Christ aucteur de nostre renaissance en Dieu eternel, ou nous serōs par sa grace hors de tous ennuys & subiection de fascherie ou imperfectiō. A CAVSE DEQVOY TOVTES CHOSES SONT ADMINITREES PAR CES DEVX, PAR LE MONDE ET PAR L'HOMME. De tant que toute la charge vniuerselle d'administrer les actions, operations, & benefices de Dieu a tout l'vniuers a esté donnée a nature ame de l'vniuers auec si certaines lois & si necessaires, qu'elle ne peut aucunement faillir a sa charge. Et de tāt que toute administration est partie en deux asçauoir necessaire, & arbitraire: le môde manye par vertu de son ame de l'vniuers: la necessaire, qui ne peut faillir: & l'homme conduict en vertu de son arbitre toutes les autres actions, & operations apartenātes & dependantes de sa charge. Et de ces deux le premier, qui est le monde en son ame ne rend aucun compte de sa charge, par ce qu'il est exempt de pouuoir faillir: mais le second, qui est l'homme, ou petit monde, peut faillir ou ne faillir, plaire ou desplaire. Parquoy il faut qu'il rende compte de celuy des deux, qu'il aura faict. Soyent donc les charges de l'vniuers, ou les charges humaines, contenantz toutes celles du monde, sont administrées par ces deux le monde, & l'homme. MAIS PAR VN SONT TOVTES CHOSES, comme il est digne & iuste d'estre recognu, aduoüé, & confessé, comme c'est vn, estant le vray aucteur, source, & dominateur sur toutes choses, auquel honneur & gloire.

Dieu cōduict tous par le mōde & l'hōme.

Toute cōduicte est necessaire ou arbitraire.

Toutes choses sont ramenées en Dieu.

420

COMMENTAIRES SVR
le Pimandre de Mercure Trismegiste,
LA PENSEE A MERCVRE.

CHAPITRE VNZIESME.

SECTION 1.

Etiens donc du propos, ô Trismegiste Mercure, & te souuienne des choses dictes. Et comme il me suruient a propos, ie n'auray regret de parler: de tant que plusieurs ayātz parlé diuersement & beaucoup de l'vniuers & de Dieu, ie n'en ay attaint la verité. Expose moy, seigneur, clairemēt ce propos. Car ie sieray a toy seul l'esclaircissement de ce faict.

COMMENTAIRE.

Reprinses des choses dictes.

Ntre tous les dix chapitres precedants nous ne trouuons, que Dieu aye particuliairemant instruict Mercure, fors au seul premier. Par lequel ce bō Dieu, l'ayant illuminé de sa saincte vision en son excellant exemplaire, & l'ayant instruit de la resolution qu'il doibt tenir de Dieu en ce, qu'il n'est materiel, contenu, descript, ou exprimé par aucune forme ou figure, le pouuant representer: toutesfois a il voulu, qu'il aye entendu les trois subiects diuins comprins en vne seulle essence & diuinité, que les Theologiens ont nommé trois personnes ou Trinité du Pere, Filz, & sainct Esprit, estās vn seul Dieu en l'omnipotence du Pere, sapience du Filz, & charité du sainct Esprit.

Cha.1.sect.9.

Consequemmēt il a voulu que Mercure entendist la creation de l'vniuers, departemāts des vertus diuines ez creatures, pour l'executiō & paracheuemāt de son œuure, la creatiō, ou bastiment & cōposition de l'animal diuin, contenant en soy le sainct Esprit de Dieu & l'amour, laquelle a ceste cause ce bon Dieu luy a porte. L'offence, en laquelle ce non obstant il tumba, combien qu'il eust toutes cognoissances, tant fust contre luy puissante l'action deputée au regime des choses sensibles & materielles. Le retour de l'homme auec le despouillemant qu'il faict de ses vnitez ou parties de sa composition, lesquelles il laisse çà bas.

Ch.1.sect.4. 5. & 6.

Despuis ceste saincte leçon Mercure n'a esté oisif: & prenant l'exercice d'vn vray seruiteur de Dieu, affectionné a son honneur, exaltation de son nom, & gloire de ses vertus, a trauaillé, nous declarant par ces argumentz de Philosophie, tant sur l'intelligence, mouuemant, que nature du vuide, que Dieu est incorporel, subiect, contenant en soy toutes essences intelligibles, par les vertus desquelles toute l'administration de l'vniuers est exercée: le pris que ce bon Dieu a proposé a l'homme pour son exercice durant la vie mortelle, & par lequel il doibt attaindre a l'eternelle.

La

La maniere de la consideration, que l'homme doit auoir en soy pour recognoistre Dieu en toutes ses creatures materieles, le rendant visible es yeux corporelz accompagnez d'intelligence: la resolutiõ, que l'homme doit auoir, de n'esperer trouuer ce parfaict Bien recherché de tous temps par les plus grãdes & doctes escoles de philosophie, en tout ce que nous manions en ceste region elemẽtaire, ny pouuons attaindre de noz sens, pour nous retirer de la veneratiõ des figures, idoles, ou autres corps materielz, ains doit esperer de trouuer ce Biẽ au seul Dieu inuisible, incomprehensible, & incorporel, nous aduertissant aussi que le malheur qui nous empesche ceste felicité d'attaindre par cognoissance a ce parfaict Bien est l'ignorãce nourrie en nous par l'obly, que les abus de la matiere produisent en nostre ame, & que celuy là est le plus grand mal de l'homme. Il nous aduertist aussi de prendre garde a ne nous laisser tromper en ce, que le commun pense mort estre perdition ou abolition des choses: ce qui n'est pas, ains qu'aucune chose ne se perd ou abolist deuenant a rien, mais ce sont mutations, & despartementz, ou dissolutions, qui se font des parties de la chose composée: desquelles parties il ne s'en perd aucune: mais elles se mussent, ou se cachent pour reprendre autres formes, & par ce moyen rendẽt le monde immortel en toutes ses parties. Il nous a aussi parlé de la nature de l'intelligence & du sentiment, & commant ilz sont conioinctz ensemble: & nous a enseigné, que par ceux la nous deuõs si biẽ trauailler, que nous cognoissions par les choses materieles formes des vertus diuines, qu'il n'y a Bonté n'y Beauté en subiectz quelconques, fors en celuy, duquel procedent ces dignes vertus. Finalement il nous a proposé vne clef, par laquelle il a conclud & fermé tous ces propos, mesmes la differance du sens & intelligence, desquelles deppendent toutes noz actions & operations, soient corporeles ou intelligibles, & plusieurs autres resolutions, tendantz a esleuer la pensée de l'hõme tellement vers Dieu, qu'il soit hors de ce tresgrand danger de l'arrester çà bas aux choses materieles: desquelles tout le mal vient a l'homme: de maniere que ce bon Dieu voyant l'exercice de Mercure luy estre agreable, attendu l'employ si volontaire & prompt, qu'il auoit veu en luy de toutes ses vertus intelligibles, pour attaindre le plus, qu'il pourroit de sa cognoissance, il a accepté comme dict sainct Pol, ceste volonté prompte, selon ce qu'elle auoit en elle, & non selon ce qu'elle n'auoit pas, auec deliberation & bonne volonté d'y en mettre dauantage. Qui est cause, qu'il luy dict, RETIENS DONC DV PROPOS, O MERCVRE TRISMEGISTE, ou trois fois tresgrand, ET TE SOVVIENNE DES CHOSES DICTES, car de mesme que ie verray ton estude & ferme affection s'adonner aux choses, qui te peuuent secourir, a recouurer ma cognoissance, i'augmenteray mon vouloir, & deliberation de t'enrichir tousiours de plus grand' cognoissance & sçauoir. ET COMME IL ME SVRVIENT A PROPOS, selon la disposition, que ie voy en toy, IE N'AVRAY REGRET DE PARLER A TOY, cõme ce bon Dieu dict a Dauid, & si ces choses, que ie t'ay données sont petites, i'en y adiouteray plusieurs autres pour t'enrichir, & t'aduancer en la cognoissance premierement de mon image sainct Esprit, qui est en toy: a celle fin que par la cognoissance de luy, lequel estant en toy, est plus facil a estre cognu de toy, tu paruiennes a la cognoissance de moy, qui surpassant tous tes sens & intelligences, suis si esloigné de leurs forces, qui sont tes seulz instrumentz, que sans premierement te recognoistre & mon image sainct Esprit, qui estant en toy se rend plus familier a tes forces & moyens, que s'il n'y estoit point, tu ne peux paruenir a ma vraye cognoissance. Car veritablement ce, que ie t'ay tousiours admonesté de te cognoistre mesmes a esté pour te inciter a me cognoistre par la cognoissance que tu peux plus facilement acquerir de mon sainct Esprit moy mesmes, qui est en toy. Et par ce que ie voy, que tu y as desia asses profité, & as vouloir de comprendre mes excellences & grandeurs, consistans en diuerses parties, aduise ce, que tu veux entendre: & ie n'auray regret d'en parler auec toy. Et lors Mercure luy propose, DE TANT QVE PLVSIEVRS AYANT PARLE DIVERSEMENT ET BEAVCOVP DE L'VNIVERS, ET DE DIEV, disant quelque fois, que le monde a esté eternel, quelque fois qu'il est engendré, toutesfois par ce que nous n'auons recouuré les opinions, qui auoient couru auant son temps, nous baillerons quelques exemples des ensuiuantes, comme le monde auoir esté par l'assemblée de necessité & pensée. Autresfois que la nature des quatre elementz estoit precedante a la generation du ciel, desquelz il est faict: quelque fois, que le forgeron ou operateur a faict le monde tellement des quatre elementz, qu'il n'en a laissé au dehors aucune partie ou vertu d'iceux. Autresfois ont tenu le ciel enuironnant toutes choses estre la puissance souueraine, outre lequel n'eſt permis enquerir qu'il y a, & qu'il eſt, ſans eſtre faict, & ſans fin. Aucuneſois

Stoicien que le monde eſt comme vne ville, & cité des hommes, & des dieux. Autresfois qu'il a eſté faict à cauſe des hommes & des dieux. Quelquefois ce monde eſtre ſage, & auoir vne Penſée, qui a baſti le monde, & elle meſme : & qui modere, meut, & gouuerne toutes choſes.

Thales.
Anaximander.
Anaximenes
Anaxagoras.
Xenophanes.
Parmenides.
Leucippus &
Democritus.
Melliſſus.

Autres, que de l'eau toutes choſes ſont faictes. Autres, que toutes choſes ſont engendrées de l'infinité de nature. Autres, que l'air eſtant infini, a engendré le feu, l'eau, & la terre finiz : deſquelz ſont faictes toutes choſes. Autres, la matiere eſtre infinie, & d'icelle auoir eſté produict pluſieurs parties menues, & ſemblables : leſquelles premierement ont eſté en confuſion, mais apres ont eſté par la diuine penſée reduictes en ordre. Autres, que vn eſt toute choſe : & celuy eſtre immuable, & eſtre Dieu non aucunement nay, & perpetuel, en figure ronde, ou ſpherique. Autres, que le feu mouuoit la terre : laquelle eſtoit faicte de luy. Autres que du plain & du vuide tout eſt faict. Autres, que le monde a eſté infiny, & immuable, qui a touſiours eſté, & ſera eternel. Autres, qu'il a eſté faict de la matiere receuant en ſoy toutes choſes de Dieu, pour eſtre perpetuel. Autres, des nombres & principes de Mathematique diſent eſtre yſſues toutes choſes, & innumerables. Autres diuerſitez d'opinions, fondées ſur la multitude & diuerſité d'inuentions des ſubtilitez humaines, qui ſeroient longues a racompter.

Pythagoras.

Diuerſes opinions de Dieu. Cice.

Et s'ils ont parlé beaucoup & diuerſement du monde, ilz n'ont pas moins parlé de Dieu. Aucuns ſoy diſantz des plus grandz, ſe ſont mocquez, & ont tourné en deriſion le labeur des philoſophes ſoy enquerantz de la premiere cauſe, & ſouuerain Bien, vray ſubiect de toute philoſophie, lors qu'ilz ont cogneu le monde auoir ame, vie, & action, mouuement conſtitué en rondeur, conduit par la vieille prediſant les choſes fatales, nómée prouidence. Ce n'eſt

Deriſion par l'orateur des philoſophes.

pas que ces grandz au iugement de leurs voiſins, ſe ſoient mocquez de ces philoſophes en ce, qu'ilz ſe ſont arreſtez à la prouidence, ou nature, ſans attaindre plus haut à la cognoiſſance du vray Dieu, mais ſe ſont mocquez à ce, qu'ilz en ont tant approché, les eſtimans pluſtoſt ſonger, que diſputer, ou diſſerer ce propos. Nous penſerons donc, combien en eſtoient plus eſloignez ces cauſeurs, & mocqueurs, que les pauures Philoſophes, deſquelz ſi bien l'effort n'eſtoit paruenu à la vraye cognoiſſance de leur but, pour le moins ilz en deuoient eſtre loüez & eſtimez d'auoir trauaillé à s'enquerir de ceſte diuine cognoiſſance.

La plus veritable eſt plus mocqué.

Ilz mettoient ſemblablement en deriſion ce grand point, qu'auoit attaint Plato, à ſçauoir qu'vn Dieu fuſt createur du monde, eſtimant ces cognoiſſances choſes controuuées, & de nul moment, ſoy mocquant de quelz yeux de ſa penſée Plato auoit peu conſiderer vn baſtiment de ſi grande œuure : par laquelle il faict le monde eſtre baſti de Dieu. Quel moyen, quelz ferrementz, quelz leuiers ou machines, quelz ont eſté les miniſtres d'vne ſi grande charge? comment eſt-ce que l'air, feu, eau, & terre ont voulu obeir à la volonté de l'architecte? Helas, nous trouuons bien plus a deplorer que a mocquer vn ſi grand

Vertu diuine mocquée de ſa pieuſe corporelle.

ſçauoir en autres choſes, eſtre entré en teſte de ſi peu de iugement. Toutes ces deriſions & meſpris ſont venuz à faute de la cognoiſſance de la vertu du ſainct Verbe, & ſon ſainct operateur Eſprit vertueux : ce ſont les moyens, ferrementz, leuiers, & machines, qui eſtoient les ſeulz moyens, qu'auoient ignoré ces mocqueurs : leſquelz ſe haſtoient trop de iuger la choſe impoſſible à cauſe, qu'ilz n'entendoient la ſtructure. C'eſt le deffaut qui ſouuent aduient à ceux, qui cuident quelque peu trop d'eux. Leſquelz n'entendantz vne action ou operation, la condampnent ſur le champ, comme impoſſible.

Ilz ont eſtimé ceſte tres-ſaincte opinion de Plato, eſtre pluſtoſt vn ſouhait, que inuention ou cognoiſſance, n'eſtimans veritable, que ce qui tomboit en leur cognoiſſance ou perception de leurs ſens. Ilz ont d'auantage faict vn autre maniere de deriſion de ce bon Dieu, au merueilleux ornement, qu'il a dreſſé en ce monde : à cauſe que les Grecz & Latins nomment le Monde par le mot d'ornement. Quelle concupiſcence auoit en ce Dieu, qu'il ſe fuſt prins à orner le Monde de ſignes & luminaires, comme feroit

vn marvn marguiller ou maistre d'œuures ? comme si ce Dieu y deuoit mieux habiter, qu'il *Derision de* n'auoit tout le temps precedent infiny, habite en tenebres, comme en vne logete bien *Dieu batissät* estroite. *le monde.*

Ou bien s'ilz pensent, que ce grand bastiment aye esté faict à cause des hommes, & si c'est pour les sages, c'est pour bien peu de gents. & plusieurs autres derisions, qu'ils *Rom. 1.c* en mettent autant, ignorans la cognoissance de la verité, & comme il est escript, Soy *Matth. 9. c &* cuidans estre sages se sont faictz fols : & ailleurs, Ou la sapience du pere a esté mocquée *Luc. 8. g 16. d* des fils des hommes. Se sont aussi mocquez de ceux, qui prennent la forme ronde, ou *& 22. g.* spherique, pour la comparer, à cause de ses perfections incomprehensibles, à Dieu, comme incomprehensible : qui a esté cause, que plusieurs ont pensé le monde, à cause de ceste rondeur, estre Dieu. Et se sont esmerueillés de la grosseße d'entendement de *Perfection* ceux, qui l'ont estimé animé, immortel, heureux, & rond, estimans ceste for- *mocquée de l'i-* me estre la plus belle, toutesfois ils estiment de plus belle forme vn cylindre, vn co- *gnorans.* ne, vne pyramide, ou vn quarré qu'ils nomment, cuidant nommer vn cube : par ou le mocqueur se trouue mocqué, faisant estat de grand sçauoir, & ne sçait nommer les termes ou principes.

Il n'y a eu autres, qui ont pensé l'eau estre le commencement des choses, & Dieu estre *Thalet.* celle pensée, qui de ceste eau faisoit toutes choses. Autres, que les dieux sont nais par longs *Milesius.* interuales, & qu'ilz sont Mondes innumerables. Autres ont faict l'air Dieu, disans qu'il est *Anaximander.* engendré de mesure, & infini, & tousiours mouuant : dont les autres se mocquent, disans que s'il est n'ay, il est mortel : & que l'air estant sans forme, ne peut estre Dieu : qui doit auoir la plus belle des formes. Autres se sont aduisés, que la maniere de la pensée infinie estoit dessai- *Anaximenes* gnée & faicte de puißance, & raison. Autres qui ayant attribué immortalité aux astres & *Anaxagoras* à la pensée estoient repris de ce, qu'ilz n'ont pensé l'auoir attribuée aux choses mortelles ; re- *Crotoniates.* tirant de la vn argument contre Pitagore, qui auoit estimé y auoir par la nature des choses vne pensée totale, soigneuse, allant & venant, & de laquelle noz pensées estoient yssues : & le reprenant en ce, qu'il n'auoit aduisé, que tirant d'icelle noz pensées, Dieu se trouuoit laceré & deschiré, & dauantage les pensées des hommes estant mauuaises, il s'ensuiuoit les parties de Dieu estre mauuaises, qui aduenoit souuent : & toutesfois n'estoit poßible : & comment la pensée de l'homme ignoroit quelque chose, si elle estoit Dieu. Et si Dieu n'estoit que ceste pensée, comment eust il esté fiché ou infuz au monde. Autres, que toutes choses leur *Xenophanes* adioustant la pensée estoient Dieu infini : dont ilz sont repris de la pensée & plusfort de l'infinitude, de tant que l'infini n'endure rien sensible ny conioinct à luy. L'autre, qui *Parmenides.* estimoit Dieu vne couronne, qu'il appelle comme les Grecs Stephané : laquelle contient par ardeur de lumiere le tour, qui enuironne le ciel : de quoy il est repris en ce, qu'il ny propose sens ny figure, & de plusieurs autres conditions.

Autres proposent quatre natures : desquelles ilz tiennent toutes choses estre *Empedocles.* yßues : lesquelles ilz estiment Dieu : & sont repris en ce, qu'on les voit naistre, & finer, & n'auoir aucun sens. Autres, qui s'estiment ne tenir rien de Dieu, qui pa- *Protagoras.* roißet toutesfois il a semblé à aucuns, que soit ou ne soit, ou quel qu'il soit, il en soubsonne quelque chose de sa nature, ne s'aduisant, qu'il disoit, n'en tenir rien, qui parust : par ce que les parties diuines sont intelligibles & non aparantes à l'œil. Autres, *Democritus.* qui ont estimé Dieu les images & leur portraict, ensemble la nature, par laquelle elles sont fondues & iettées auec nostre science & intelligence. Autres qui estiment l'air Dieu : & *Diogenes* sont repris de ce, qu'ilz ne luy donnent sens ou forme. Autres, qui se mocquent de Pla- *Apolonius.d* to, en ce qu'il a dict en son Timée, que le pere du monde ne peut estre nommé : & de ce *Cicero.* qu'il a dict en ses liures des lois, qu'il n'est d'aduis qu'on s'enquiere totalement que c'est Dieu, le reprenant en ce, qu'il le dict incorporel, ne pouuant estre entendu, quel il est. O qu'elle ignorance, de prendre si pures sentences, que Dieu auoit infuz en l'aduis de ce grand personnage. Et disent, que si Dieu est sans corps, il est priué de sens, prudence, & volupté, qui sont choses, qu'ilz comprenent auec la cognoißance des dieux.

Ee 5

Autres, qui alleguoient auoir ouy de Socrates, qu'il ne se faut enquerir de la figure de Dieu, ou de sa forme, & qu'il dict le Soleil & la pensée estre Dieu: & qu'il dict maintenant vn Dieu, maintenant plusieurs: dequoy il est reprins & moqué comme Plato. Autres, qui disent y auoir plusieurs dieux parmy le peuple, toutesfois qu'il en est vn naturel : il est reprins en ce qu'il oste la force & nature des dieux : autres qui disent, y auoir quelque vertu, par laquelle toutes choses sont gouuernées, & celle là estre animale. Il est aussi reprins de vouloir oster des pensées la cognoissance des dieux : autres qui quelquefois estiment la pensée Dieu, quelquefois le monde: quelquefois en ordonnent vn autre sur le monde, auquel ilz baillent la charge de gouuerner, & deffendre le mouuement du monde, par quelque reuolution: quelquefois disent l'ardeur du ciel estre Dieu. Il est reprins de n'entendre, que le ciel est partie du monde, demandant comment se pourroit conseruer ce diuin sentiment en vne si grãde vitesse, & ou seroient tant de dieux, si le ciel est conté pour Dieu, & attandu qu'il veut quelquefois Dieu estre sans corps, il le priue de sens, & prudence. Et si le mõde estant Dieu, n'a corps, comment peut il estre meu? ou bien s'il meut tousiours, comment peut il estre heureux, & en repos. Autres qui mettent auant huict dieux, desquelz les cinq sont les cinq petis planetes, les deux le Soleil, & Lune, & le huictiesme l'octaue sphere, contenant les estoiles fixes, lequel ilz estiment Dieu simple, ayant ses membres despartis par tout le ciel. Il est reprins de ne pouuoir estre entendu, dequel sens ilz puissent estre nommez heureux. Autres qui tiennent pour Dieu quelquefois le monde, quelquefois la pensée, quelquefois les astres errantz, autresfois le ciel, & la terre. Il est reprins d'vser de fables pueriles: autres qui l'vne fois estiment la pensée Dieu : l'autre le ciel: quelque fois les signes, ou astres celestes. Il est reprins d'inconstance. Autres qui ont situé toute force, & vertu diuine en nature, de tant qu'elle contient les causes d'engendrer, croistre, & diminuer : toutesfois il est reprins de ce qu'il n'y a sentiment, ny figure. Autres qui ont estimé la loy naturele, qui commande les choses iustes, & prohibé les contraires, estre diuine. Il est reprins en ce qu'il ne la faict point viuante, de tant que Dieu doit estre viuant ou animé. Quelque fois disent les regions, ou s'engendrent les exhalations, feus, & esclairs estre Dieu, qu'on appelle ether: dont les autres se plaignent que c'est vn Dieu, ne sentant rien, & qui ne donne secours en prieres, requestes, ou venx. Et cuidans bailler vne raison diuine, appuyée sur la nature de toutes choses, ilz attribuẽt ceste diuinité aux astres, aux années, aux mois, & a leurs mutations, voulãt effacer ceste cõmune opinion de nõmer dieux Iupiter, Iuno, ny autres pouuãtz estre nõmés, de tant qu'il n'y a en eux diuinité, mais en choses qui sont muetes, & sans ame. Autres qui disent la forme de Dieu ne pouuoir estre entendue, & qu'il n'y a en luy aucun sens & si doubte totalement si Dieu est animant, ou nõ. Qui est aussi reprins en ce qu'il ne baille Dieu sensible. Autres qui quelque fois disent le monde estre Dieu, quelque fois attribuant ce nom a la pensée de nature vniuerselle : & finalement estiment le trescertain Dieu vn, qu'ilz constituent hors du monde, treshaut sur toutes choses, dernier, & desparty tout a lentour tenant l'extremité, ceignant toutes choses, & embrassant l'ardeur qui est nommé ether. Et celuy la qui a ceste opinion est estimé resuer, & tumber en priuation de iugement, supposant quelque espece de Dieu, & attribuant toute diuinité aux astres: finalement n'estimant rien plus diuin que la raison: de maniere que autres se plaignent de cestuy cy, qui propose vn Dieu, lequel il dict, que nous cognoissons de pensée, & que nous le voulons mettre dans la cognoissance de nostre entendement, comme dans vne marque, ou trace du pied, tellement qu'il n'aparoisse iamais es sens. Autres qui disent que nous deuons tenir pour dieux, ceux desquelz nous receuons l'inuẽtion des grandz vtilitez, pour la necessité de la vie, & que ces choses vtiles & necessaires ont esté nommées par les vocables des dieux, pour ne dire que ce feussent inuentions diuines, mais diuinitéz mesmes: il est reprins d'auoir dõné l'honneur de Dieu a diuerses choses sales, & defformés, ou bien de ce qu'il remet en veneration des dieux, hõmes, qui ont esté effacez par mort, desquelz l'adoration deuoit toute a l'aduenir consister en pleurs & tristesse. Autres qui remetent les puissances diuines en la raison, & en l'ame, & pensée de nature vniuerselle, disantz le monde estre Dieu, ensemble l'infusion vniuerselle de ceste ame, & son auctorité, qui consiste en la raison & pensée, & la nature vniuerselle commune a toutes choses, & contenant a toutes choses, dauantage l'ombre fatale, & necessité des choses futures. Ilz y adioutent le feu, & c'est ether que nous auons cy deuant dict, auec toutes choses, qui naturelement courent, & sourdẽt, comme seroit l'eau, terre, air, Soleil, Lune, astres, & l'vniuersité, par lapar laquelle toutes choses sont côtenues, aussi les hômes, qui seront paruenus a l'immortalité. Ceux mesmes disputent que cest ether est celuy que les hommes nomment Iupiter, & l'air qui estoit courant par les mairs, ont apellé Neptune: & la terre estre celle, qui estoit nômée Ceres, & ainsi des autres noms des dieux. Ceux cy mesmes disent Iupiter estre la vertu de l'eternelle, & perpetuelle loy, qui est comme côduicte & maistresse de la vie, & des charges, offices, ou estatz, & si apellent la destinée, ou necessité fatale, la perpetuelle verité des choses futures: toutes fois au dire des autres entre toutes ces choses racomptées, il n'en ya aucune telle, en laquelle il semble estre ioincte quelque vertu diuine. C'est vne partie des disputes qu'ont mis auant les anciens, gentz de reputation, & sçauoir: lesquelles seroient ennuyeuses a recueillir toutes, ensemble celle que les Poëtes ont inueté, quils tenoiét plustost ridicules, que serieuses. Qui sera cause que nous les ometrons, pour le present nous contantâts de penser que Mercure voyant tant de grâds personnes, desquelz ceux cy auoiét prins leurs opinions, se trouuer si differants & en telle confusion, & trouble, de l'inquisition de choses si necessaires, que la cognoissance du vray Dieu est si vtile, que la cognoissance du monde, il auoit bonne occasion de dire, IE N'EN AY ATTAINT la verité, EXPOSE MOY, SEIGNEUR, CLAIREMENT CE PROPOS, sur lequel voyant les plus sçauants du monde, y auoir palpé, comme vng aueugle en tenebres, ie ne me attandray plus le pouuoir attaindre, par mes puissances, & moyens, ny par doctrine, que homme mortel me sceut donner. CAR IE FIERAY A TOY SEVL L'ESCLAIRCISSEMANT DE CE FAICT, me resouuenant de la doctrine, qu'il t'a pleu cy deuant me donner, que Dieu ne peut estre cognu, que par luy mesmes.

C'est à Dieu seul à s'exposer.

Parquoy seigneur, ne sentant en moy les forces, & vertus de ton sainct Esprit si pures, & libres, que ie les deburois tenir: ie te supplieray qu'il te plaise netoyer mon ame de tous les empeschemantz, qui perturbent en elle l'employ des sainctes actions, & vertus du sainct Esprit, & pensée, qu'il t'a pleu me donner, a celle fin qu'ayant recouuré en moy ses forces, ie soye mieux disposé a recepuoir ta saincte doctrine, & l'employer a l'exaltation de ton nom, louange de tes vertus, & a l'honneur de tes excellences, & dignitez.

Cap. 11. 20. & cap. 13 6.

SECTION 2.

EScoute, ô mon filz, comment se trouuent Dieu, le temps, & l'vniuers Dieu, le iamais, le monde, le temps, la generation. Dieu faict le iamais: le iamais faict le monde: le monde faict le temps: le temps faict la generation. Et tout ainsi que l'essence de Dieu est Bien, Beauté, Beatitude, Sapience: ainsi celle du iamais est, estre mesme chose: celle du monde, l'ordre: celle du temps, mutation: celle de generatiô, vie, & mort. Les efficaces de Dieu sont la pensée, & l'ame: celles du iamais sont perseuerance, & immortalité: celles du monde reintegration, & destruction de reintegration: celles du temps, croissance & diminution: celles de la generation, qualité. Le iamais est donc en Dieu: le monde est au iamais: le temps est au monde: la generation est au temps: le iamais demeure entour Dieu: le monde est meu dans le iamais: le temps est terminé au monde: la generation est faicte dans le temps.

COMMENTAIRE.

LE sainct Esprit, Dieu eternel, Pensée communiqué a l'homme en sa creation, voyant la misere, en laquelle les hommes sont venuz, a cause de l'ignorance qui leur a saisi l'entendemant, de maniere que entre tout le peuple de l'vniuers, ceux qui se trouuent auoir plus trauaillé par efforts, estudes, veilles, & autres grands labeurs, pour paruenir à la cognoissance de Dieu, s'en sont trouuez en telle confusion & difference, que nous en auōs cy deuant exposé vne partie. Entre lesquelz ceux qui plus en approchoient, estoient les plus mocquez & reprins, pour donner clairement à entendre, que la nature de malice est si tref-fort enracinée en la matiere, de laquelle est composé tout ce monde, & ses parties, qu'elle ne fuit tant chose quelconque, que la cognoissance de Dieu, comme nous l'auons peu cognoistre par les reprehensions, qui ont esté faictes à ces Philosophes: lesquelz le plus souuēt estoient reprins de ce, qu'ilz n'estimoient vn Dieu sensible, ou materiel, contenu, ou representé aux sens par quelque description, ou figure, pour manifester que les hommes n'entrēt si à regret en aucune ocupation, qu'à l'œuure de leur salut, ou cognoissance de Dieu: ilz s'en sont tous trouuez en fin si confus, à cause des differences, qui se sont trouuées entre ceux, qui s'en esloignoient de ceux, qui s'en aprochoient.

La matiere fuit la cognoissāce de Dieu.

Combien que tous se soient accordez entre eux, & auec nous d'vn point, que ce souuerain seul bien, qu'ilz recherchent tous, est ce bon Dieu, aucteur & cōseruateur de toutes choses: que Mercure n'en pouuant choisir d'entre eux aucun capable, pour l'instruire, s'est retiré a la vraye source de toute intelligēce, & cognoissance, qui estoit son vray Dieu, auquel il a fié & commis l'eslucidation de la verité, auec ferme foy en luy, qu'il est recompense de ceux, qui le recherchent (comme dict sainct Pol) Ce que ce bon Dieu ne voulant refuser, ains receuoir toute personne, qui en ceste maniere se retire a luy par vraye foy en charité, il luy dit, ESCOVTE, O MON FILS regeneré par mon sainct verbe, que i'ay donné en salut, a toute ame, qui le croira & voudra cognoistre, COMMENT SE TROVVENT, DIEV, LE TEMPS ET L'VNIVERS. Ta principale demāde tend à vouloir estre resolu sur tant de diuersités d'opinions, que tu as cy deuant ouy de diuerses personnes de sçauoir, estimez grandz au monde sur la cognoissance de Dieu, & du monde. Aquoy desirant te satisfaire, ie te digereray par ordre, tant les choses, qui ont faict broncher les hommes sur ce propos, que celles qu'ilz n'ont bien attaint: à celle fin que par la cognoissance des moindres, tu vienes à la cognoissance des plus grandes.

Mercure se retire des troubles a Dieu.

Hebr.11.b

Ie diray donc du commencement, comment se trouuent ensemble ou l'vn enuers l'autre, ou bien quel respect, ou affinité ont Dieu, le temps, & l'vniuers. Et de tant que tu ne peux comprendre l'estat de Dieu, & de l'vniuers, que ie n'y mette par ordre les autres parties necessaires à l'exposition, & qui en dependent: ie proposeray pour plus claire intelligence six ordres, desquelz le premier portera la nomination des subiectz, ou parties: le second contiendra les moyēs, par lesquelz ilz dependent, ou sont produictz l'vn de l'autre: le tiers proposera les essences, & principales parties des subiectz: le quatriesme declarera les efficaces, qu'ilz ont destinées a produire leurs effectz: le cinquiesme exposera la situation, en laquelle ilz produisent leurs effectz: le sixiesme comprendra les acces, qu'ilz ont l'vn à l'autre, & par lesquelz ilz se referent l'vn à l'autre. Le premier ordre contenant cinq subiectz est DIEV, puissance, chef, aucteur, & cōseruateur de toutes choses, source & commencemēt de toute essence, comprenant par son vnité la perfection de tout ce, qui est, ou peut estre. LE IAMAIS (que les Grecz nomment αἰών) c'est comme vn temps vniuersel, qui n'ayāt aucune fin, contient en luy toutes actions & operations: & l'auōs ainsi nommé à faute d'auoir trouué diction en ceste langue, qui signifie vn temps infiny, lequel nous trouuons que Mercure met en ce rang, au lieu de nature, qui veritablement est vne essence diuine ayant charge immediatement, apres Dieu de tout le monde, & ses creatures, quand a la construction conduicte & entretenement. Et laquelle combien qu'elle n'aie commencement d'essence: si est ce qu'elle a commencement de Nature ou ame de l'vniuers sans aucune fin. Parquoy nature contient ces deux, asçauoir l'ame du monde, par laquelle elle cōduit toutes choses en luy, & le iamais, par lequel elle cōtient toutes choses. Nous l'auons nōmé iamais en ces ordres, a ce que nous le puissions rendre differens du temps, qui de soy porte fin auec l'action ou mouuement, auquel il est apliqué: & ce iamais porte de sa vraye signification infinitude: a cause de quoy il se trouue propre a contenir en luy toutes choses, qui auront reçeu commencement. LE MONDE est prins pour tout ce qu'il contient en general, & parties y encloses. LE TEMPS est entendu pour le cours particulier de chasque chose, a laquelle il est appliqué, soit long, ou brief, ne portāt en soy aucune infinitude, si elle ne luy est adioustée, a cause que temps de soy n'est que la mesure de toute action, ou mouuement, qui se faict dans iceluy, &

Exposition de l'ordre des principes en six.

Premier ordre en 5 subiectz.

Le iamais que c'est.

Differēce du temps au iamais.

Le temps mesure toute actiō en par mouuement.

luy, & non aucune infinitude, laquelle apartient au iamais, qui de soy porte ceste condition. La GENERATION est toute creation, production, composition, constitution faicte par addition de pluralité de subiectz en la matiere : Et c'est le premier ordre comprenant ces cinq subiectz. Le second ordre contenant les moyens, par lesquelz ilz dependent, ou sont produictz l'vn de l'autre, dict, DIEV FAICT LE IAMAIS, comme source commencement & origine de toutes choses, c'est que ce temps de iamais estant d'infinie durée a prins son commencement en Dieu auecque la creation, disposé a comprendre, contenir, & receuoir en soy toutes choses creées : a cause de quoy ce temps immortel est faict ou plus proprement depend de Dieu, aucteur, & source de toutes choses. Mercure vse de ce mot faict pour s'accommoder a l'ignorance du commun. Car il n'entend que la chose incorporele puisse estre faicte, ou créé : mais l'ignorance du commun l'a contrainct a vser improprement de plusieurs dictions, pour n'estre si difficil a estre entendu en ces hautes doctrines. LE IAMAIS FAICT LE MONDE, a cause que le monde estant materiel, il a eu commencemet. & de tant qu'il consiste tout en actions, mouuement, & matiere, qui sont toutes subiectes au temps, le iamais qui est le temps infini, deuorât toutes ces actions, mouuements, & generations est dict auoir faict le monde : par ce que le môde, & toutes ses parties ont esté faictes dans ce temps infini pour l'aduenir, & commencé en Dieu, dont il est nommé iamais, pour auoir tout embrassé. LE MONDE FAICT LE TEMPS, de tant que le temps a tousiours esté estimé des anciens la mesure du mouuement, & que tout le mouuement est contenu dans le monde, en tant qu'il n'y a au dehors chose quelconque mobile, d'autant qu'il n'en y a aucune corporele.

Second ordre en 4. subiectz soy contenās.

Dieu côprend le iamais.

Le iamais côprend le monde.

Parquoy contenant toute chose corporele, il contient tout mouuement, & par consequent tout temps, qui depend du mouuement : c'est ce temps particulier apliqué a chasque action, ou mouuement, qui est contenu du monde, & non le iamais, qui au contraire le comprēd, ou bien il faict le monde, & le monde depend de luy, comme le monde faict le temps, & le temps depend du monde. LE TEMPS FAICT LA GENERATION, ou bien la generation depend, & est faicte dans le temps : cela suit le commun parler, le temps faict toutes choses : combien qu'il ne face rien : mais toutes actions corporeles sont mesurées par luy & contenuës en ses quantitez. Il faict donc la generation en ce, que toute generation consiste en matiere pour subiect, & la matiere ne reçoit aucune mutation, soit generation, perseuerance, ou corruption sans mouuement, lequel est subiect au temps, & contenu dans ces mesures. A ceste cause le temps contenant la generation est dict faire la generation. Le tiers ordre par lequel sont proposées les essences, & principales parties des subiectz, dict ET TOVT AINSI QVE L'ESSENCE DE DIEV EST BIEN, BEAVTE, BEATITVDE, SAPIENCE, qui sont toutes essences particulieres, par laquelle particularité, la differance de leurs effectz necessairement est cognue : toutesfois estans toutes en Dieu, & plusieurs, ou infinies autres, outre celle cy, elles n'y tiennent lieu de pluralité, ains d'vne seule essence diuine : a ceste cause noterons que parlant de la multitude, ou diuersité d'essences diuines, nous n'entendons faire Dieu pluriel en essences, ou principales parties : ains y entendons tant au Pere, Filz, que sainct Esprit vne seule essence diuine. Vray est que de tant que Dieu s'est attribué l'estre, ou essēce pour son principal nom, parlāt a Moïse du buisson, quand il nous est besoin exprimer quelque difference de vertus, puissances, efficaces, amour, volōté, ordonnance, ame, nature, & autres, qui sont toutes differantes, tant en effectz, que en infinitude de nombre, & toutes yssues de l'essence diuine, comme leur propre source. Nous nommons la pluralité ou diuersité par ce nom pluriel d'essences infinies en nombre, toutesfois conuenantz toutes en vne mesme & seule essence diuine : de maniere que nous disons beauté, essence diuine : sapience, essence diuine : nature, essence diuine : l'ame, essence diuine. Lesquelles & toutes les autres sont de vray mesmes, & conuiennent en vne mesme essence en Dieu. Mais estant diuerses & differantes en leur action & productions d'effectz nous les disons essences differantes, ne leur pouuant donner nom cōmun a toutes, qui leur puisse cōuenir en Dieu, que celuy, qu'il a principalement choisi. Parquoy nous conclurons, que nous prenons la multitude ou diuersité d'essences par les efficaces produisantz diuers effectz, & infinis : combien qu'ilz sortent tous d'vne essence & efficace seule en Dieu, puissante a ietter & produire hors de toutes ces diuersitez d'actions & infinie multitude d'effectz. Lesquelles

Le monde côtient le temps

Le temps mesure generatiō en par mouuement.

Tiers ordre en 5. subiectis & leurs essences. L'essence de Dieu plusieurs vertus. Dieu a vne essence en plusieurs effectz.

Exod. 3. d

Comme s'entēcent plusieurs essences en Dieu.

à cause

a cause de leur diuersités & multitude d'effect nous nommons en pluralité d'essences pour nous rendre plus intelligibles au lecteur. De mesme maniere donc que toutes ces excellences & dignités, efficaces & vertus sont l'essence inseparable de Dieu: AINSI CELLE DV IAMAIS EST ESTRE MESME CHOSE, que le Grec nomme ταυτότης, que nous pourrions dire, par vn mot nouueau identité, ou mesmesse, & entendre l'essence du iamais & temps immortel, comprenant toutes choses composées de matiere estre ceste mesmesse, & celle la luy estre si bien conioincte, qu'elle luy est inseparable, comme l'essence en Dieu. C'est que ce iamais n'estant subiect a mutation, mouuement ou alteration, ains quoy qu'il contienne en efficaces, mouuementz, generations, corruptions, & tous autres effectz du monde, il demeure tousiours mesme, ou mesme chose, ou bien il tient pour sa principale essence & partie plus conioincte, sa mesmesse estãt tel mesme en vn temps, qu'en l'autre, qu'elle diuersité qu'il produise ou aye produict lors, qu'il est dict auoir faict le monde plein de tãt de diuersitez.

CELLE DV MONDE, L'ORDRE. C'est que l'essence & principale partie du monde prouueu de ce grand ornement consistant tout en diuersité, & si grande multitude de creatures, que c'est l'vne des plus grãd merueilles, que nous receuons des puissances de Dieu de les voir compatibles tellement entre elles, qu'elles puissent souffrir aucune durée: qui est cause, que ce bon Dieu par infinie prouidance, ayant veu l'inconueniant, qui se dressoit de tumber toutes choses en confusion, s'il eust souffert le cours estre donné libre a la nature de diuersité, qui de son propre tumbe en icelle, a remedié a ce deffaut par vne de ses diuines essences, qu'il a donné au monde, pour le soustenir, entretenir, & conseruer son estat, laquelle ce nomme ordre. Par lequel toutes diuersitez, qui de leur nature produisent trouble & confusion, sont tellement disposées, rengées, & conduictes, que tant s'en faut, qu'elles procurent l'vne a l'autre trouble, ruyne, ou confusion, que plustost elles se secourent, fauorisent, & conseruent l'vne l'autre par la vertu de ceste diuine essence d'ordre, laquelle il a donné au monde inseparable & conioincte a luy, comme sa propre necessaire, & principale partie.

CELLE DV TEMPS, MVTATION. C'est que, comme nous auons dict, le temps n'estant prins, que pour ceste partie, qui sert a la mesure de toutes actions, & mouuemẽs, lesquelz cõtinuellement ne font que changer, sans pouuoir demeurer en vn estat. A celuy la a esté donné pour partie plus necessaire, inseparable, & cõiointe mutation: a ce que par le moyen de la facilité, qui se trouuera en luy de changer & s'aplicquer a toutes diuersitez, & de choses ordinairement muables, il soit plus prompt & acõmodé a les seruir de son estat, sans en rien perturber ou retarder le cours, & ordonnance de leurs actions, vie, & durée, ce qu'il fera facilement ayant pour son essence & principale partie mutation, par laquelle il se peut accommoder de mesme facilité au grand, que au petit. CELLE DE GENERATION, VIE, ET MORT: car comme nous auons dict des autres, l'essence considerant ce que est principal au subiect, elle trouue que en generation ny a aucune partie plus cõiointe ou necessaire & inseparable que vie & mort: de tant que generation & corruption ne consiste, que es choses participantes de matiere, lesquelles estant engendrées ont par necessité en elles la vie. Et par ce que toute chose engendrée est priuée d'immortalité, affin qu'il y aye succes de corruption, laquelle infalliblement suit la generation, dont sensuit, qu'il faut venir de ceste composition, qui a esté faicte par sa generation en la dissolution, qui s'apelle mort, & commancement de corruption. Ceste vie & mort estant donc necessaire, & de l'essence de toutes choses engendrées, nous declare que l'essence & principale partie de generation, & laquelle se trouue inseparable d'elle, c'est vie & mort, de tant que generation amene la vie, & la vie amene la mort à faute d'immortalité du composé. Le quatriesme ordre declarant les efficaces qu'ilz ont destinées à produire leurs effectz dict, LES EFFICACES DE DIEV SONT LA PENSEE ET L'AME. nous auons declaré, efficace estre la vertu du subiect, qui fournist d'action pour produire l'effect. Or est il que Dieu voulant bastir ce merueilleux Monde, a mis auant ses vertus & efficaces, qui luy estoient necessaires pour la construction, cours, & conseruation du monde, qu'il vouloit bastir, & de toutes ces parties & contenu en iceluy.

Et de tant qu'il vouloit bastir l'homme, comme principale de toutes ses œuures, il mist son S. Esprit auant pour seruir de forme à ceste creature, auquel estoient toutes vertus d'action,
&

& de produire effects, qui estoient necessaires pour manifester l'excellence de l'ouurier en icelle.

Qui est cause que Mercure dict, que les efficaces de Dieu sont Pensée ou son sainct Esprit seruant d'efficaces en l'homme: & l'ame, laquelle il a tiré de son essence pour seruir au monde vniuersel d'efficace & vertu diuine, par laquelle il produict ses effects, ou par laquelle Dieu les produict en luy. Et ceste ame est la vertu diuine, que Dieu a mis au monde comme ame vniuerselle ayant charge des actions, vie, & mouuemant de tout le monde, tãt en general qu'au particulier des creatures. Et d'icelle ame celle de l'hôme est separée pour seruir a la conduicte particuliaire de son subiect: & pour receuoir plus grand hôneur qu'elle n'auoit estant dans l'ame de l'vniuers, qui est le sainct Esprit de Dieu mis en l'homme: lequel est l'efficace des efficaces, & vertu des vertus, pour fournir de vie, mouuemãt, & actiõs produisant effectz, ascauoir la diuine pensée efficace principale a l'homme, pour les effects supernaturels, cõme la contẽplation de Dieu, l'œure du salut, & leurs dependances: esquelles l'ame n'a aucune efficace sans celle de la saincte pensée: a laquelle ceste excellence est reseruée, & l'ame de l'vniuers, pour les choses natureles fournist d'efficace le monde: Dieu ne pouuoit racompter plus de vertus & efficaces, qu'il a faict y mettant son sainct Esprit, & pensée diuine, qui est luy mesmes.

Combien que a ce propos il n'aye besoing pour la conduicte de l'homme, & du monde, de toutes les puissances efficaces & vertus, qui sont en luy, mais il met plus le sainct Esprit au monde & en l'homme, pour manifester l'honneur, qu'il a faict a la matiere, l'enfermant d'vne si excellente forme, que pour besoing, que l'homme ainsi en-formé, aye d'employer pour l'estat, auquel il est faict toutes les puissances du sainct Esprit, il se contentera de moings. Car de vray le sainct Esprit, n'a esté mis en l'homme pour créer vn monde, combien qu'il soit en sa puissance: ny pour y faire l'execution de l'infinitude de ses puissances: mais a esté mis en l'homme expres, pour le fournir de toutes vertus & puissances necessaires & requises par son arbitre, a faire son estat a le rendre tres heureux, parfaict, & en vie eternelle.

Ce sont celles, qu'ilz luy faut pour cognoistre Dieu: lesquelles n'estãt, en autre subiet, qu'en luy mesmes, a ceste cause Dieu s'est mis en ce subiect, duquel il veut estre cogneu, & pour ce regard il sert a ce subiect d'efficace pour paruenir a son effect, cõme l'ame de l'vniuers sert au monde & ces parties pour paruenir a ceux, qui leur sont ordonnez. CELLES DV IAMAIS SONT PERSEVERANCE ET IMMORTALITE. Comme le sainct Esprit & l'ame vertus, & essẽces diuines ont esté trouuez en Dieu pour fournir d'efficace a tous effects necessaires, a tout ce, qui estoit contenu soubs le iamais, ainsi la perseuerance & immortalité vertus diuines, sont données au iamais pour fournir de leurs actions, & effects, toutes choses contenues au monde.

Efficaces du iamais perseuerance & immortalité.

C'est comme nous auons quelque fois cy deuant dict, qu'il n'y a rien mortel au monde, a cause qu'il a receu & en toutes ses parties, matiere a laquelle a esté donnée perpetuelle habitude de matiere: par laquelle elle ne pouuant tumber en priuation ou aneantissemant elle reçoit le nom d'immortalité parmy les hommes, qui ont la plus part apellé & estimé mort abolition, & perdition: combien que ce ne soit que dissolution. Or pour paruenir a l'immortalité, il est besoing d'estre proueu de perseuerance, de laquelle l'immortalité, ou perpetuelle habitude est soustenue en toute la matiere. A ceste cause, ceste diuine prouidence a mis en ce iamais, pour l'enretenemant de sa grande œuure, l'efficace & vertu de perseuerance ou continuation, & immortalité ou perpetuelle habitude. CELLES DV MONDE, REINTEGRATION ET DESTRVCTION DE REINTEGRATION. C'est que le monde ayant sa charge plus particuliaire que le iamais, lequel ne regardant que la generalité de la matiere dominant en tout le monde, a receu sa perseuerance & immortalité en general.

Efficaces du monde integration & destruction.

Mais le monde estant comprins soubs ceste generalité de matiere subiecte au iamais regarde plus particulierement a l'estat de ses parties, esquelles sont infuses les formes, cõme en la matiere, de laquelle il est tout basty. Et de tant q̃ ces formes ne sont perpetuelles en la matiere, elles tumbent par quelque mesure de temps en dissolution, qui est lors, q̃ la matiere

retorne

retorne en sa reintegration de matiere, & non de composé, comme Mercure l'a cy deuant dict: & bien tost apres ceste matiere reintegrée, & destruicte, & meslée pour la compositiõ d'vn nouueau subiect. Et ceux cy sont les effectz produictz par les efficaces & vertus d'agir, données au monde par reintegration & destruction de reintegration. Nous pouuons interpreter autrement ceste vertu de reintegration, que nous n'auons faict suiuãt le dire de Mercure: c'est, si nous voulons prendre la reintegration sur la creature, lors que par addition & composition de toutes ses parties, & vnitez en vn subiect, ell' est rendue entiere, & paracheuée, nous dirons, que ceste efficace donnée au monde en reintegration, & destruction de reintegration, est pratiquée au subiect ou creature, quand ell' est bastie, & quand ell' est despartie: qui est sa mort. Mais ceste intelligence ne semble si conuenable, à cause qu'ell' est plus propre à la generation, comme, Dieu aydant, nous dirons cy apres. CELLES DV TEMPS, CROISSANCE, ET DIMINVTION: les efficaces du temps, qui mesure toute vie mortele & mouuement, & les effectz par elles produictz sont croissance de la creature, ayant receu vie: laquelle dure selon son institution, ou autres actions, qui l'auancent ou retardent, iusques a vn periode, point, ou instant du temps: auquel mesme instant ayant finy sa croissance, elle commence sa diminution. Voila l'effect, qui est produict en la creature par le temps & mesure, ou longueur de sa durée. Laquelle longueur luy produict necessairement, apres son cõmencement, sa croissance ou auancement, incontinant apres lequel par mesme necessité est produict l'effect de diminution. C'est au temps ou mesure de sa durée, a qui est baillée ceste efficace de faire croistre, & diminuer la creature, comme nous voyons clairement, que ces effectz sont tousiours procurez par le temps, croissant vn temps, & diminuant le reste du temps, & non seulement aux generations, mais en toutes œuures humaines, esquelles la vertu de l'actiõ se rend vn temps plus forte & viue iusques à quelque periode: apres lequel elle va tousiours descroissant & diminuãt: cecy à lieu en tous effectz de nature, esquelz y a meslange de matiere.

CELLES DE LA GENERATION, QVALITE. C'est qu'il a esté donné a la puissance & vertu de generation, vne efficace, ou plusieurs, de produire en effect, diuerses qualitez au subiect, qui sont les cõditions, qui sont es creatures depẽdantes de la nature basse de ce monde materiel: a laquelle efficace toutes creatures subiectes a l'ame de l'vniuers doiuẽt obeissance. Vray est, q̃ l'hõme q̃ nous auons du cõmencemẽt dit estre de double nature, ne se rẽd subiect a ces efficaces, qu'en sa partie & nature mortele, & non en l'immortele. C'est sa partie corporele: laquelle estant subiecte aux loix & efficaces de l'ame de l'vniuers, comme tenant de la matiere sa generatiõ peut auoir efficace de le rẽdre grãd, petit, blanc, noir, blond, gras, maigre, pesant, legier, & plusieurs autres qualitez dependantz de la generation, cõme toutes autres creatures. Mais en sa partie immortele conduicte par la volonté de l'ame, toutes ces efficaces n'ont que vertu de tenter & conuier, & non de contraindre, comme aux autres effectz, & en toutes autres creatures l'efficace de donner qualitez y est tellement iointe a la generation, que les bruts en sont l'vn poil blanc, l'autre noir, l'autre rouge, l'autre bigarré, &, qui plus est, l'vn est plus hardy, l'autre moins: l'vn plus aisé a priuoiser, l'autre moins. Autãt des plantes, l'vne abõdera plus en qualité, & l'autre moins. Il n'y a creature qui se puisse exempter de toutes ces efficaces, que l'homme interieur. Auquel seroit tref-necessaire, les entendre, pour mieux s'en pouuoir deffendre, ayant preueu le mal, qu'elles luy peuuẽt amener. Voila quant au quatriesme ordre. Le cinquiesme ordre expose la situation, en laquelle les cinq subiectz produisent leurs effectz. LE IAMAIS EST DONC EN DIEV: à cause que le iamais estant infini, ne peut trouuer receptacle plus grand, que luy, capable de le contenir que ce Dieu eternel cõtenant toutes choses & source de toutes choses. Ce iamais donc ayãt cõmencé en luy, & ne tenant son infinitude que de luy, iustement est dict estre en luy, cõme dans sa source: de laquelle, en laquelle, & par laquelle, il produict les effectz dependãs des efficaces & vertus: que ce bon Dieu luy a donné sur toutes choses contenues dans ce monde materiel. LE MONDE EST AV IAMAIS, par ce que le monde intelligible estant subiect a vie & mouuement, lesquelz se mesurent par le temps, qui est partie du iamais, & aussi que le iamais faict le Monde, comme nous auons veu, auec ce, que le Monde prend sa perseuerance & son immortalité des efficaces du iamais. Par toutes ces causes le Monde est dict estre dans le iamais, ou dans ce temps infiny, tousiours luy mesme, sans aucune mutation, ou changement: par ou il monstre tenir plus de la diuinité, que le Monde vniuersel & materiel.

LE TEMPS EST AV MONDE. A cause que le temps n'est, que la mesure des actions & mouuementz, qui sont faictes au Monde, qui est cause que le temps ne peut estre hors du monde, ou il ne trouueroit aucune action ou mouuement subiect a mesurer. A ceste cause il est dict estre au monde: & aussi, que les anciens voulāt reduire ce temps incorporel, & presque intelligible en plus menuës parties, ilz l'ont appliqué au mouuement vniuersel de l'octaue sphere, l'estimant le premier. Et au cercle, qui est dict en icelle l'equinoctial, duquel ilz ont nommé chascun tour vn iour naturel, & de celuy la ont faict les iours artificielz, en retirant ce, en quoy il excede ce tour du Soleil: & des iours artificielz auec leurs nuictz, ont faict les mois, & des mois les ans, les vns par le cours des Lunes, les autres par autres occasions. Et de rechef ont party c'est equinoctial en vingt quatre parties, qu'ilz ont nommé heures: & ces parties en soixāte minuts, & de la par fractions sexagenaires iusques a dix despartemés, nommantz tousiours le temps, qui contient le mouuement du cercle ou sa partie, du nom qu'ilz ont donné aux sections ou parties. & en ceste maniere ce temps comprins ou mesuré par le mouuement de l'equinocce, & le mouuement mesuré par le temps, ilz sont tous deux dans le monde. LA GENERATION EST AV TEMPS, de tant que toute generation, ou composition, ou creation des choses materieles, ne se faict sans mouuement. Or est il, que le mouuement est comprins & mesuré par le temps. Ceste generation donc qui consiste en mouuement de matiere, est necessairemēt dans le temps: comme nostre experiāce nous monstre toutes generations de plantes, & animaux, produictes par nature, ensemble toutes operations humaines, esquelles y a mouuement de matiere, estre faictes en certains espaces de temps: & ce a cause, qu'elles consistent en mouuemēt, lequel ne peut estre sans le temps. Et cestuy cy est le cinquiesme ordre des cinq subiectz proposés. Le sixiesme comprenant les acces, qu'ilz ont l'vn a l'autre, & par lesquelz ilz se referent l'vn a l'autre, dict LE IAMAIS DEMEVRE ENTOVR DIEV, & luy est ordonné, proche & conioinct, comme estant sa principale vertu, deputée a la conduicte du monde, a ce que soubz l'infinitude, immobilité, & fermesse de celuy là toutes actions, & vertus, qu'il a pleu a ce bon operateur deputer a la construction, & entretenement du monde, & ses parties soient mises en œuure: & lesquelles actions, puissances, & vertus il reçoit immediatement de Dieu son principal aucteur, pour despartir a l'vniuers, comprins en sa charge. A cause de quoy LE MONDE EST MEV DANS LE IAMAIS, de tant que le monde estant materiel, il ne peut produire aucune action ou effect sans mouuement: le mouuement ne peut estre que dans l'incorporel, faict par temps, qui est vne bien petite partie du iamais. A ceste cause le monde est dict estre meu en l'vniuers, & ses parties dans le iamais, essēce diuine & incorporele, & duquel le tēps, qui contient ce mouuement, ou qui le mesure, n'est que vne partie. A ceste cause aucuns des Idolatres anciens, voyant si grandz effectz produictz par le temps, l'ont estimé le souuerain bien, & puissances, qu'ilz ont nommé la succession des choses, & luy ont attribué diuinité ignorantz l'aucteur.

LE TEMPS EST TERMINE AV MONDE: c'est que le temps n'estant que la mesure du mouuement, & que tout mouuement se faict dans le monde, il s'ensuit que le temps n'accompaignāt q̄ action, & mouuemēt, tout estant dans le monde, est aussi dans le monde terminé, & finé, n'ayant aucun subiect a se pouuoir employer hors du mōde, qui le cōtraint a estre terminé, dans la vie, & durée du monde. LA GENERATION EST FAICTE DANS LE TEMPS, a cause que la generation estant subiecte a mouuemēt, & le mouuemēt au tēps il est necessaire q̄ la generation se face dans le temps, qui mesure toutes ses actions, & mouuementz. Et tout ainsi que generation estant vne action produisant ses effectz particuliers a chasque chose engendrée, & tous effectz particuliers sont mesurés, & subiectz a ceste partie de temps, qui mesure leur action & mouuemēt: & tout temps mesurant actions, & mouuemēt muable a toutes actions, & effectz, est subiect au monde, dans lequel il se termine, comme nous venons de dire. Nous dirons donc, que dans ce temps comprins, & terminé au monde, se faict toute generation, produicte dans ceste region elementaire, lieu deputé aux generations, & corruptions, renaissances, & renouuellemēts. Voila l'estat des six ordres, par lesquelz Mercure a voulu declarer la nature de ces cinq subiectz, Dieu, le iamais, le monde, le temps, & la generation.

SECTION 3.

LA source de toutes choses est Dieu : & l'essence est le iamais : la matiere est le monde : la puissance de Dieu, est le iamais : l'œuure du iamais est le monde, qui n'est encore faict : mais qui tousiours se faict par le iamais. A cause dequoy onques ne sera corrompu, de tant que le iamais est incorruptible, & aucune chose de celles, qui sont au monde ne perira, a cause que le monde est comprins du iamais. C'est quelque sapience de Dieu, Bien, Beauté, Beatitude, toute vertu & le iamais.

COMMENTAIRE.

PARce que a esté conclu ez six ordres precedantz, des cinq subiectz principaux, il nous a tousiours aparu que Dieu a tenu tous les premiers, & principaux lieux, comme iustement ilz luy apartiennent. Dont s'ensuit, que LA SOVRCE DE TOVTES CHOSES EST ce Bon Dieu : duquel premierement sont yssus tous elementz, & choses visibles, comme l'a dict sainct Pol, & plusieurs sainctes personnes des anciens. Des elementz sont yssues toutes matieres : de ceste diuine source ont coulé toutes vertus, & puissances : des vertus & puissances sont venues les actions & effectz, qui sont toutes choses, asçauoir les composées de matiere, pour corps, & vertus diuines pour forme, les intelligibles de seules vertus sás corps, comme toutes sciences & cognoissances de Bien. ET L'ESSENCE de toutes choses est LE IAMAIS, a cause que l'essence d'vn subiect est veritablement sa principale partie, en laquelle sont assises les vertus de Dieu, donnant forme a ce subiect. Or est il que en tout subiect, ce iamais y tient le principal lieu : comme au monde il y tient le lieu de l'ame de l'vniuers, laquelle possede toutes energies, actions, & puissances diuines, par lesqueles elle le cõduict, & toutes ses parties viuantes. En l'homme ce iamais y tient le lieu en l'ame, laquelle est essence diuine, tirée de l'ame de l'vniuers, comme nous l'auons dict, & l'ame de l'vniuers est nature vniuerselle, ou ce iamais. Voila donc en quelle maniere il est en toutes choses, y tenant le principal lieu, & par consequent l'essence du subiect, auquel elle preside. LA MATIERE de toutes choses EST LE MONDE, par ce qu'il est composé de matiere contenant toute maniere de matiere, soit celle, qui a receu forme diuine, ou qui n'a esté formée, ou bien qui ayant esté despartie de sa forme, a esté reintegrée en son habitude perpetuelle de matiere.

Quelle matiere que ce soit, elle est toute dans le monde, sans qu'il en y aye tant soit peu au dehors, dont a bonne occasion il est dict matiere de toutes choses. Cecy est ainsi desparty, a cause que toutes choses ont matiere, forme, ou essence, & source, ou commencement pour porter la marque de ceste diuine Trinité, leur aucteur, ayant Dieu pour source : le iamais pour essence : & le monde pour matiere. LA PVISSANCE DE DIEV EST LE IAMAIS, comme nous auons dict, que le iamais contenant en soy les essences, parties diuines de toutes choses, il y contient les vertus, & puissances, qui sont mesmes choses : parquoy toutes vertus, actions, & puissances, que ceste diuine prouidence a ordonné pour la conduicte de toutes ses œuures, estant commise a nature, loy, & volonté diuine, ou a l'ame de l'vniuers, conduicte vniuerselle, ou au iamais, qui sont mesme chose : ce iamais a bon droict peut estre dict la puissance de Dieu, non la souueraine, qui est par dessus toute nature, & construction, ou creation du monde : mais c'est sa puissance ordinaire, limitée, & deputée a la conduicte des subiectz, desquelz Mercure tient son propos, qui est celle, qui est necessaire pour la conduicte, & entretenement du monde, soubz les lois, & statuz prescriptz a nature, ou a ce iamais. L'OEVVRE DV IAMAIS EST LE MONDE, en tant q̃ le monde est l'œuure de la puissance de Dieu, laquelle nous auons dict estre le iamais.

Si donc

Si donc le iamais est la puissance de Dieu, & le monde est l'œuure de ceste puissance: il s'ensuiura que l'œuure du iamais sera ce monde, QVI N'EST ENCORE FAICT, MAIS QVI TOVSIOVRS SE FAICT PAR LE IAMAIS. Ce n'est pas, que le monde ne soit parfaict, & paracheué en sa structure vniuersele: mais c'est qu'il a esté donné au monde ce commandement, & proprieté de renuer incessamment la matiere par generations, corruptions, compositions, despartementz, manifestations, occultations, integrations, destructiōs, & par infini nombre d'autres operations, soubz ceste loy, ordonnāce, ou excellent ordre, infus de ce bon Dieu dans ce monde materiel, par le moyen de nature, en ce iamais: auquel toutes les vertus d'action & operation sont données en charge, pour estre employées selon l'ordonnance du createur, par luy les employant. Donc ce iamais faict tousiours le monde en ses parties, qui est cause qu'il n'est encore faict, ou paracheué, & si ne le peut estre de sa nature: pourtant qu'il demeureroit oisif: mais se faict tousiours par le iamais, ou nature vniuerselle.

Le monde se fais tousiours.

Le monde ne peut estre acheué de sa nature.

A CAVSE DEQVOY ONCQVES NE SERA CORROMPV, DE TANT QVE LE IAMAIS EST INCORRVPTIBLE. C'est que le iamais comme essence, & vertu diuine est hors de toute subiection de corruption: parquoy estant ordonné pour continuelemēt operer en la matiere, si ceste matiere venoit a deperir, ou corrompre, qu'il prend en ce lieu pour estre abolie, le monde cesseroit, & par consequent l'action & operation: dont s'ensuiuroit que ce iamais, qui n'est que cette vertu, & efficace d'action, a faute de subiect, demeureroit vaine, qui est contre la nature de l'essence diuine, & ne peut estre. A ceste cause il a esté ordonné, qu'il y auroit parmy les parties du monde corruptiō, pour parfaire les mouuemēts & mutations, qui luy sont ordonnées, mais non quand au total, ou vniuersel du monde, lequel ne corrompra iamais en son vniuersel, ny deffaudra a faire sa charge: laquelle consiste a produire iournellement subiectz, par ses corruptiōs particulieres. Qui est cause que le produisant souuant est meu, tant s'en faut qu'il puisse estre dict corruptible, qu'il en est plustost dict ferme, & stable en son operation & vertu, continuant mieux sa durée: a cause de quoy il est comme monde vniuersel incorruptible: nonobstant que ses parties soient corruptibles.

Le monde est incorruptible.

Constance du monde est pro duire corruptions.

ET AVCVNE CHOSE DE CELLES, QVI SONT AV MONDE NE PERIRA, A CAVSE QVE LE MONDE EST COMPRINS DV IAMAIS. Ce propos suit le precedent, que aucune chose, ou partie de celles du monde ne perira, ne sera abolie, ou aneantie: il ne dict pas corrompue; car ce seroit contre la nature du monde, & ses parties, lesquelles sont ordonnées a corruption cōtinuele & mutation. C'est l'estat ordonné au monde, mais non a perir & estre aneanties, ou deuenir en rien, & totale priuation: a cause que iamais, essence diuine qui le cōprend par ses actiōs, & operatiōs, se perdroit, & deuiendroit en rien a faute de subiect: ce qu'il ne plaise à Dieu que nous pensions, & que son essence tombast en priuation. Ce n'est pas ainsi, mais au contraire, l'operation de ceste vertu diuine, commise au iamais, conserue ces parties du monde corruptible, sans aucune ruyne, ou perdition, & abolition. Et a cause de la vertu de ce iamais, qui le comprend, conduict, & manie tant en son total, que en ses parties, il preserue le total de corruption, le conseruant en ses actions, & mouuementz: & conserue les parties en leurs corruptions, & generations, les deffandant, & preseruant de toute perdition, ou abolition, & que aucune chose des particuliaires par quelque mutation que ce soit, ne perisse. C'EST QVELQVE SAPIENCE DE DIEV, BIEN, BEAVTE, BEATITVDE, TOVTE VERTV, ET LE IAMAIS. Mercure esleuant son entendement en louanges de Dieu: ce bon Dieu luy declare que bien, beauté, beatitude, & toute vertu, sont de la sapience de Dieu. Ceste sapience est le filz de Dieu, prouueu de toutes ces dignitez, essences & vertus, en la mesme essence du pere, & sainct Esprit: combien que chasque vertu differante de l'autre, soit dicte essence: & les prenant en nombre, diuersité ou multitude entre elles & leur enumeration: si est ce que les rapportāt toutes en Dieu leur principal, & vnicque subiect, nous les trouuons toutes fondues en vne essence, ou vne sapience, ou vne bonté, comme n'estant que vn seul, & simple subiect, contenant en vne mesme essence toute ceste infinie differance, & multitude des vertus, & essences diuines.

Le iamais garde le monde d'abolition.

Bien accompagné et vertus est la sapiēce de Dieu.

SECTION 4.

LE iamais donc orne la matiere, luy adioustant perseuerance, & immortalité. Car sa generation depend du iamais: comme le iamais de Dieu, de tant que generation, & temps sont au ciel, & en terre: estans de double nature, à sçauoir au ciel, immuables, & incorruptibles: & en la terre, muables, & corruptibles. Toutesfois l'ame du iamais, est Dieu: celle du monde, est le iamais: celle de la terre, est le ciel. Dieu est en la pensee: la pensee, en l'ame: l'ame, en la matiere: & toutes ces choses, par le iamais. Mais tout ce corps, dans lequel sont tous les corps, l'ame pleine de pensee, & de Dieu l'emplist par le dedans, & par le dehors l'embrassant, viuifie l'vniuersel par le dehors, c'est ce grand & parfaict animal, à sçauoir le monde: & par le dedans tous les animaux: & en haut au ciel, demeurant en mesme estre: & en bas en la terre, variant les generations.

COMMENTAIRE.

NOus auons cy deuant entendu, que Dieu separant la matiere de soy, ou la laissant aller en bas, sans raison, ny aucune essence diuine, l'a voulue neant-moings conseruer, pour s'en seruir aux compositions, generations, & creations des creatures: & pour sa conseruatiō ne luy a donné vertu d'essence: car elle seroit immuable, & immobile, & par consequent ne seruiroit à compositions, & creations: lesquelles consistent toutes en mouuement, & mutabilité: mais luy a donné, comme nous auons veu, perpetuele materialité: c'est à dire perpetuele habitude, ou perpetuel habit de matiere, ne pouuant iamais tomber en priuation, ou abolition de soy, qu'elle ne soit tousiours matiero. Et de ce perpetuel habit, la matiere en a tiré son immortalité: de maniere que combien que les compositions, qui seront faictes d'icelle matiere, soient mortelles & dissolubles, elle neantmoins ne perira iamais, ou sera abolie.

Corruption n'empesche la matiere de perpetuele habitude.

LE IAMAIS DONC, ayant la charge, & principale administration du monde materiel, en general, & en ses parties, ORNE LA MATIERE, de laquelle tout est basty en ce monde: LVY ADIOVSTANT PERSEVERANCE, ET IMMORTALITE. C'est que de la perpetuele materialité, qu'elle a receu de Dieu, elle en retire sa nature d'immortalité, & de l'immortalité elle en retire sa perseuerance, & cōtinuation en toutes ses actions, & passions, pour lesquelles elle a esté faicte: & le iamais comme essence, & vertu diuine, ayant charge de la cōduicte de l'vniuers, honore, pare, & orne ceste matiere d'immortalité, quāt à son particulier, & de perseuerance en l'effect de ses generations, & mouuement pour toutes creatures, qui en participent. CAR SA GENERATION DEPEND DV IAMAIS, dispensateur des puissances, efficaces, & vertus diuines, en ses effectz & composition de toutes creatures : & duquel iamais ame du monde, ou bien nature essence diuine elles reçoiuēt toute leur vie, actiō, vertu, & durée. COMME LE IAMAIS ame du monde, & nature dependent & reçoiuent leur estre, vertu, efficace, & toutes puissances, & actions à distribuer sur la matiere, DE DIEV: DE TANT QVE GENERATION ET TEMPS SONT AV CIEL ET EN TERRE: à cause que generation ne peut estre mise en effect sans les deux premierement, sans l'influance celeste, commise aux creatures immorteles, par leur createur: de laquelle procedent en la generation, les vertus de vie, action, & mouuement: & c'est la part, qui appartient au ciel. Secondement generation ne peut estre sans matiere, sur laquelle sont employées toutes ses vertus, & ceste matiere est la part de terre : le temps aussi tient des deux, premierement en tant qu'il est la durée des creatures, tenant le lieu de leur estre, ou essence : il est celeste & diuin, en tant qu'il tient de ce iamais vniuersel, comprenant toutes choses, & en ce qu'il reçoit en soy tous mouuementz, comme estant incorporel (cōme nous auōs cy deuant dict tout mouuemēt se faire en l'incorporel) dont le tēps estant

Le iamais orne la matiere d'immortalité

Generation materiele depend du iamais.

Generation & temps au ciel & en terre.

commis

commis à receuoir les mouuements en foy, tient lieu de ceste essence diuine, en laquelle se font les mouuements.

Et dauantage la principale, & plus noble qualité, que nous trouuons au temps, c'est que les creatures ne pouuant estre dictes auoir essence, à cause de leur mutabilité, & variation, qui ne conuiennent à l'essence, pour le moins elles sont dictes auoir temps, & durée. Lequel temps & durée est vne si puissante action diuine, a soustenir, & entretenir le subiect, que sans ceste vertu incontinent apres sa composition, il tumberoit en destruction, & despartement, à cause que toute composition est faicte de choses contraires (comme nous l'auons cy deuant declaré) lesquelles ont si grande inimitié, que sans ceste vertu diuine, qui les entretient(tant qu'il luy plaist)elles ne sçauroient durer, & le temps (particuliere durée) de chasque creature, tient ce lieu au ciel, & creatures particulieres, que tient le iamais en l'vniuers,& tient son lieu en terre en l'execution de la creature, l'entretenant en sa vie, actions, & mouuementz. Et en ceste maniere, generation & temps sont au ciel, en tant que vertus & efficaces de produire effectz: & en terre, en tant que produisant leurs effectz: ESTANS DE DOVBLE NATVRE, ASÇAVOIR AV CIEL IMMVABLES, ET INCORRVPTIBLES. De tant qu'ilz n'y tiennent lieu, que de vertus, diuines actions, & puissances incorporeles, non subiectes à corruption, ou changement, en tant que parties diuines. ET EN LA TERRE MVABLES, ET CORRVPTIBLES, en ce que leurs effectz employez sur la matiere muable, & corruptible, suiuant la nature du subiect, qui estant muable & corruptible, rend l'effect de l'efficace diuine (immuable & incorruptible qui le conduict) muable & corruptible. En ceste maniere nous voyons, que l'imperfection de la matiere rend corruptible l'effect de l'efficace de generation, & temps, ou durée incorruptible. Ceste efficace depend du monde, & ses creatures immorteles, qui en ont la dispensation, & le monde en toutes ses parties du iamais, son ame & nature vniuerselle, & ce iamais depéd de Dieu. TOVTESFOIS L'AME DV IAMAIS EST DIEV: CELLE DV MONDE EST LE IAMAIS: CELLE DE LA TERRE EST LE CIEL: à cause que l'ame est la principale partie du subiect, & à laquelle est commise la charge, & conduicte, ou gouuernement d'iceluy. Nous dirons que l'ame est principale conduicte, commandant & ordonnant sur le iamais, ame de l'vniuers, ou Nature est Dieu, duquel ce iamais reçoit toute son essence, puissance, vertu, & efficace de ce faire. Et tout ainsi le monde receuant ses actions, puissances, vertus, & efficaces du iamais, ame de son vniuers, ou nature, il peut veritablement tenir ce iamais, ayant charge, dispensation, administration, conduicte, & gouuernement sur luy pour sa principale partie, & par consequent son ame: comme la terre receuant toutes efficaces, actions, & vertus, par lesquelles tous ses effectz sont produictz, & par lesquelles, elle & toute matiere sont códuitz, administrez, gouuernez, & entretenuz en leur office des corps immortelz, & celestes, ausquelz le sainct Esprit les batissant a donné toute disposition sur le monde sensible, ou materiel, cõme nous auons veu. Ils sont a bonne & iuste cause dictz estre l'ame de la terre, comme estans ceux, qui en ont la conduite, administratiõ, & regime: mais par ce que leur propre lieu & habitatiõ est au ciel, Mercure nõme l'ame de la terre estre le ciel, pour les cõprendre tous en vn seul mot. DIEV EST EN LA PENSEE, LA PENSEE EN L'AME, L'AME EN LA MATIERE, c'est l'ordre duquel il a parlé quelque fois cy deuant, par lequel il nous a dict, que toute vertu diuine, & mouuement faict son action du dedans, vers le dehors, & non du dehors, vers le dedans: pour nous donner a entendre, que l'essence diuine s'est mise en la matiere, pour la necessité de la vie, & mouuement des subiectz, & pour de ce lieu leur administrer toute conduicte, & gouuernement. Et a ceste semblance, comme nous estimons, le maistre qui conduict, le subiect estre au dedans, comme le pillote dans la nauire, tout ainsi estimant l'habitation, & assiete du plus digne estre au dedans, nous disons que le lieu, ou plus digne habitation, que nous pouuons bailler à Dieu souuerain, en toute perfection, & bonté, pour le ramener au bien, qu'il faict es creatures, c'est le sainct Esprit, qu'il a donné à l'homme, & nommé la pensée: & disons que Dieu est en la pensée, qui est en soy mesmes, donne à l'homme auec l'ame & principale partie de soy mesmes, commencement de soy mesmes, & de toutes choses. Et ceste pensée donnée à l'homme tient son lieu en l'ame, qui estant de son essence, est celle a laquelle il appartient estre plus pres de sa source, & digne chef. Et ceste ame prouueuë du sainct Esprit, pour rendre à l'homme l'honneur, & dignité, qu'il a pleu à Dieu luy donner en sa composition, à esté contrainctte d'habiter en la matiere,

Temps est action diuine comme tenans du iamais.

Touble nature de generation & temps.

Ordre de l'ame de la terre monde & iamais.

En l'ame gisent les vertus de la creature

Comment est Dieu en la matiere. Chap.2.4.

La matiere ne reçoit Dieu sans entredeux.

Ff 3

de laquelle nous auons veu, qu'elle a prins la principale partie, qui est le sang: encore auons nous veu, qu'elle estant trop digne pour estre immediatement dans ceste ordure materiele, attandu qu'elle est essence diuine, elle a mis entre deux l'esprit, qui est vne vertu assise immediatement dans le sang, & le sang dans ses vaisseaux, & en ceste maniere le plus digne s'est trouué tousiours au dedans, pour enuoyer ses efficaces, & effects vers le dehors : ascauoir Dieu vers la pensée humaine, dans laquelle il est, la pensée vers l'ame, dans laquelle elle est : & l'ame vers le corps, ou matiere, par le moyen de l'esprit, dans lequel elle est : ET TOVTES CES CHOSES PAR LE IAMAIS. C'est en ce qui touche le maniement & conduicte de l'vniuers, & creatures, ses parties, que nous entendons cest ordre auoir esté imposé, & non ces choses diuines excedants le circuit de l'vniuers, lesquelles estant administrées au dedans d'iceluy sont données pour sa conduicte, necessité, & profit de son entretenement. A cause dequoy Mercure dict, que mediatement, ou immediatement, qui est par moyens, ou sans moyens, toutes ces administrations, & conduictes, par lesquelles la matiere reçoit l'ame, & l'ame reçoit la pensée, & la pésée Dieu, nous sont baillées, & administrées par ce iamais essence diuine, prouëue de toute constance, fermeté, mesmesse, ou identité, & autres vertus, efficaces, & actions diuines, necessaires pour la conduicte & gouuernement du monde, & ses parties, creatures de ce merueilleux & souuerain Dieu. C'est ce iamais, qui a esté donné au monde, pour luy seruir d'ame, comme nous dirons tost cy apres, Dieu aidát. C'est celuy, lequel a esté nommé du commun nature, ne saçhantz ny cognoissantz la dignité & proximité, qu'il tient enuers son chef, seigneur, & source originaire. Par ce iamais donc & autres, qui soubz luy ont receu dispensation des vertus diuines, luy seruantz par consequant de moyen, toutes choses sont administrées, gouuernées, entretenues, & códuictes, soit le monde en ses generations, ou ses parties, creatures de Dieu en leurs cours, durée, & conseruation, & effectz de leurs actions, iusques au plus petites: de tant que toute vertu, & puissance est de Dieu.

Or est il que toutes actions & vertus que Dieu createur de toutes choses a voulu deputer a la generatió, & entretenement de ce monde, & ces parties ont esté cómises a ce iamais, ame de l'vniuers, ou nature : dont s'ensuit que iusques aux plus petites, toutes ont receu leur bien de ce bon Dieu leur createur, par ce iamais premier moyen de toute generation, & maniemēt de matiere. MAIS TOVT CE CORPS, DANS LEQVEL SONT TOVS LES CORPS, qui est le monde grand corps contenant tous autres corps, comprins & bastis d'essences diuines, & matiere: les autres de matiere, & d'ame particuliaire, & saincte pensée, & Dieu, L'AME, essence diuine PLEINE DE la saincte PENSEE, & esprit DE DIEV, & dont elle reçoit toutes ses puissances, excellances, & grandeur, elle par ces moyens se trouue en mesme instāt par tout le móde, & L'EMPLIT PAR LE DEDANS ET PAR LE DEHORS L'EMBRASSANT VIVIFIE L'VNIVERSEL. C'est que ce iamais, ame de l'vniuers prouicuë de toutes essences, & vertus diuines, deputées a la conduicte de l'vniuers, emplit tout ce monde, tant soit le lieu grand, elle a prou d'abondance tant, soit il petit, elle est merueilleuse en subtilité, de maniere qu'elle ne laisse rien despourueu de vertu, ou efficace diuine, qu'elle n'en tienne par tous lieux, téps, & places prestz, & disposez a faire leur estat, & produire leurs effectz sans aucune reprehension, par le dedans de toutes creatures, esquelles ce iamais administre toutes efficaces, & vertus de vie, mouuemant, & sentimét. Et en ceste maniere il emplist tous ces autres corps, estans dans ce grand corps vniuersel par le dedans, & par le dehors il les embrasse, & enuironne, remplissant tout l'vniuers, dans lequel ilz sont bastis, & composez, & duquel ilz ne sortent aucunement: mais y font leur durée. Et les enuironnant & embrassant, ainsi par ses sainctes vertus, & efficaces de la diuine essence, il donne vie a l'vniuersel, tant aux mouuementz generaux, códuisant & disposant leurs effects sur la matiere, que a toutes ses parties qui sont ces autres corps, comprins dans ce grand corps. ET PAR LE DEHORS C'EST CE GRAND ET PARFAICT ANIMAL ASCAVOIR LE MONDE, que ce diuin iamais emplit, embrasse, & viuifie : lequel est grand, & a cause de sa grandeur incomprehensible, & incroyable a la plus part des viuantz. De maniere que toute la terre, que nous apelons le monde habitable, combien qu'elle soit de si merueilleuse grandeur, que plusieurs l'entendent, si est ce que au pris de l'vniuers en son grand & dernier circuit, elle n'est trouuée receuoir la comparaison d'vn cyron a vne grande maison.

Et s'il

Et s'il est grand, il est parfaict, & paracheué, ou accomply de toutes ses pieces necessaires a faire son estat: lequel (comme nous auons naguere dict) de n'auoir iamais acheué son dedans, mais y besongnant a toute heure, iours, & moment, faisant le vray estat & charge, qui luy a esté donnée, pour manifester l'excellence, & amplitude de son aucteur, par multitude & diuersité de generations, & continuité d'operations. Et en ces pointz gist la perfection, ascauoir que en ceste merueilleusement grande partie celeste, il soit parfaict & du tout paracheué: & en la partie elementaire il soit tousiours a racommencer, comme il l'est: c'est en quoy il se trouue plus excellent, & parfaict, executant purement, & selon son deuoir la charge, qui luy a esté commise. Ceste ame de l'vniuers Nature, ou ce iamais, viuifie par le dehors en toutes creatures ce grand monde, ET PAR LE DEDANS TOVS LES ANIMAVX, ayant charge de leur despartir vie, actions, mouuementz, & sentimentz, comme nous le venons de dire. ET EN HAVT AV CIEL DEMEVRANT EN MESME ESTRE, que nous auons appellé demeurant en sa mesmesse: que le Latin nomme identité. C'est que ez parties celestes (comme nous venons de dire) il est si parfaict, qu'il ne luy faut aucune addition, a cause de quoy il demeure en mesme estat, & mesme chose sans estre subiect a aucune mutation, alteration, ou changement, continuant ses actions & mouuementz, selon qu'il luy a esté ordonné sans aucun defaut, ne cessant d'influer ordinairemēt ses actions, & vertus diuines, pour l'effect du remuement de la matiere: ET EN BAS EN LA TERRE VARIANT LES GENERATIONS. C'est que si ce diuin iamais, est bien constant, & immuable en ses effectz celestes, conduisant ceste grande & superieure partie du monde, il a bien esté aussi bigarré, & variable en diuersité d'effectz, qu'il a produict & met tous les iours dehors, sur ceste terre par la varieté & multitude des generations, productions, & renouuellementz, qu'il produict tous les iours en icelle. Laquelle reçoit la fermeté, & stabilité de son estat, & loy, a elle ordonnée en toute varieté, mutation, & instabilité: comme le ciel a receu la stabilité du sien en constance, & fermesse de ses operations. Et de la sont produictz les monstres qui bien souuent apparoissent yssir des operations des creatures, outre l'ordinaire loy de nature, a cause que l'inconstance, & l'instabilité de la matiere abonde tant en eux, que bien souuent elle les iette hors des lois ordinaires de nature, dont sortent toutes choses estranges & monstreuses. Et en ceste maniere les generations sont variées, & diuersifiées en la region elementaire par les vertus, & actions de l'ame de l'vniuers, nature vniuersele, ou ce iamais comprenant toutes creatures, & ayant charge de leur conduicte.

Le iamais manifeste l'excellence de Dieu.

Le iamais dō ne vie à toutes choses.

Le iamais va rie generatiōs en terre.

Cause des monstres.

SECTION 5.

LE iamais contient ce monde, soit par necessité, soit par prouidence, ou bien par nature. Et quelque autre chose, que aucun pense, ou puisse penser, Dieu opere le tout. L'operation de Dieu est vne puissance insuperable, à laquelle aucun ne doit comparer choses humaines, ny diuines. Parquoy, ô Mercure, ne pense aucune chose des basses, ou hautes estre semblable à Dieu: car tu sortirois de la verité: de tant qu'il n'est rien semblable à celuy, qui n'a aucune semblance, & qui est seul & vn. Et ne pense ceste vertu appartenir à autre quelconque. Quelle vertu y a il, apres la sienne, soit de vie, immortalité, ou changement de qualité? Que feroit-il autre chose? Dieu n'est pas oisif: car toutes choses seroient oisiues, de tant que toutes choses sont remplies de Dieu: mais au monde il n'est oisiueté aucune part, ny en autre chose quelconque: car oisiueté est vn nom vuide, tant de la chose qui faict, que de la chose qui est faicte.

COMMENTAIRE.

PArce que nous auons cy deuant teçeu le iamais, pour le general conducteur, & gouuerneur du monde, tant en son total, que en ses parties: nous disons maintenant que LA

IAMAIS CONTIENT CE MONDE en son deuoir, comme luy seruant de gouuerneur, ou pedagogue, & les manieres de sa conduicte & gouuernemét, ou les moyens desquelz ce diuin iamais s'aide, pour ceste tres-grande administration: c'est quelquefois, SOIT PAR LA NECESSITE, qui est la disposition des creatures celestes, esquelles a esté commis le maniement du monde sensible, ou materiel, en la region elementaire. Laquelle disposition a esté nommée la destinée, ou fatale necessité, de laquelle nous auons cy deuant plus amplement parlé. Et laquelle est dicte necessité, par ce que les creatures celestes influantz leurs actions, ne peuuent influer que par necessité, ce qui leur est donné, n'ayant aucun arbitre, ou volonté en leur disposition. A cause dequoy toutes actions sont diuisées en arbitraires, & necessaires: dont s'ensuit que les astres n'ayants leurs actions arbitraires, ilz les ont necessaires: & s'appelle aussi necessité, par ce que la matiere ne peut eschapper, qu'elle ne reçoiue leur influance: combien qu'il y aye diuers moyens de luy faire eschapper l'effect, que ceste influance pourroit produire & engendrer. Par toutes ces influances & necessaires actions des corps celestes, ce iamais ou nature vniuerselle gouuerne ces creatures materielles, & les contient en leur estat & ordonnance, qui leur a esté prescripte, soit par necessité, SOIT PAR PROVIDENCE, qui est vne essence diuine mise és mains de ce iamais: OV BIEN PAR NATVRE, qu'il prend pour mesme chose, que ce iamais. De tant que toute nature vniuerselle n'est autre chose, que vne essence diuine, loy, ou ordonnance instituée pour la conduicte & gouuernement du monde, & ses parties, & basty par la prouidence diuine: laquelle par son eternelle sapience, ayant preueu ce qui estoit necessaire à toute l'administration, entretenement, & conduicte de ce grand monde, & ses parties, auant qu'il fust faict, elle prouueust à tout ce qui leur estoit besoin, depuis la grandeur du dernier ciel, iusques à la petitesse de la fourmis, & ceste prouidence (estant en la nature, ou iamais plus ample, que la destinée ou fatale necessité) est suffisante, pour la conduicte vniuerselle de tout le monde, tant en la region celeste, que elementaire.

Vray est, que l'execution de ceste diuine loy nature, en ce qui touche les choses materielles de la region elementaire, est commise a ceste necessité & disposition fatale, que nous venons de dire: de maniere, que ce iamais ou nature vniuerselle fournist par dedans, & par le dehors, toutes creatures celestes & terrestres de toutes efficaces, & vertus diuines necessaires à produire leurs effectz, selon la charge laquelle en leur creation, leur a esté distribuée: & les prouuoit toutes tant de ceste vertu d'ordre, & ordonnance, ou volonté de Dieu, que d'action ou efficace à produire leurs effectz. ET QVELQVE AVTRE CHOSE, QVE AVCVN PENSE, OV PVISSE PENSER, soit de preuoir ce, qui peut, ou doit aduenir, soit de prouuoir à toute necessité, & inconuenient, qui s'en peut ensuiure, soit de fournir de puissance, inuention, moyen, efficace, execution, generation de creature, administration de vie, prouueue de toutes actions & vertus necessaires, conseruation en sa durée, & son entretenement, renouuellement apres la dissolution faicte par l'incapacité, & l'imperfection de la matiere, & toute autre action, & operation seruant & profitable, que aucun pense, ou puisse penser, DIEV OPERE LE TOVT. Pour nous entretenir en ceste cognoissance de luy, que toute vertu, efficace, & action, ou puissance d'operer vient de luy en sa creature: laquelle nous deuons cognoistre tenir toutes ses actions, dignitez, vertus, & efficaces de luy, & ne considerer en aucun subiect operation, qui ne soit de luy.

Et combien que toute action soit de luy, il ne s'ensuit pourtant, qu'il face tout ce, que faict: de tant que plusieurs actions des siennes sont diuerties de son intention, & contre son vouloir par ses creatures. Et par ainsi combien que toute action soit de luy, elle n'est executée par son vouloir, ains le plus souuent par l'arbitre. L'OPERATION DE DIEV EST VNE PVISSANCE INSVPERABLE. Ce seroit vne folie desplorée, & ignorance bien crasse, qui penseroit en aucun subiect autre puissance, qui peut surmonter la puissance diuine. Ce seroit mesme chose, que d'estimer ceste autre chose ou subiect estre Dieu, chose indigne de l'homme. Mais doit l'homme cognoistre, & confesser, que tant s'en faut, qu'il y a autre puissance plus forte, que seulement il n'y a en subiect quelconque, puissance que celle que ce subiect tient de luy: dont s'ensuit, si toute est sienne, il n'en y a qui la puisse surmonter & la deuons estimer si insuperable, A LAQVELLE AVCVN NE DOIT COMPARER CHOSES HVMAINES NY DIVINES.

Il est bien manifeste, que tenant pour resolu, que l'homme ayant reçeu toutes ses vertus,

tus, efficaces, & actions de Dieu, il ne peut plus faire comparaison de ses actions, & vertus, a celles de Dieu, & moins de ses operations à celles de Dieu: lesquelles l'homme executant par les puissances mesmes diuines, qui luy sont commises, il en empire tousiours les effectz, à cause de son imperfection. Et de comparer à l'operation de Dieu choses diuines, celles là en aprochent de plus pres: toutesfois le ruisseau ne se doit comparer a la sourçe, de tant que toutes choses diuines ne sont que diuinités. Et Mercure a cy deuant quelque fois mis mesmes differance entre Dieu, & diuinité, que entre la pensée & l'intelligence, declarãt que la diuinité depend de Dieu, comme l'intelligence depend de l'entendement ou pensée. A ceste cause il n'eschoit aucune comparaison d'aucune action, puissance, ou vertu, a celle de Dieu: qui a ceste cause demeure par dessus toutes choses humaines & diuines, & par consequant insuparable. Il en y aura, qui mettront en auant les puissances des mauuais Demons, & des Magiciens qui s'en aydent. Nous dirons, que toutes ces puissances ont esté reçeuës de Dieu, mais non pour c'est employ: parquoy c'est a l'arbitre a en respondre. Et tant s'en faut, que ces puissances surmontent celles de Dieu, qu'elles n'osent comparoir es presences des puissances diuines employées par les seruiteurs de Dieu, comme il feust veu de Moïse contre les Magiciens, de sainct Pol & Silas cõtre la Pythonisse, de sainct Pierre cõtre Simon Magicien: lesquelles demeurent toutes sans effect, quand les puissances de Dieu s'y presentent.

Chap. 9.s.

Puissances de Dieu mal employées.

Exod.7.b Act.16.d Recog. Clem.

Et dauantage toutes ces puissances de malignité ne tendent que en mal, qui consiste en priuation, chose, totalement contraire & banye de Dieu: en laquelle toute action & effectz procedent de la priuation de Dieu, & par consequent ne sort aucune chose, qui aye essence ny habit, ains priuation & ruyne, a quoy l'homme doit remedier par son contraire, qui est le vray employ de la puissance de Dieu. PARQVOY, O MERCVRE, NE PENSES AVCV-NE CHOSE DES BASSES, corporeles ou materieles, morteles ou corruptibles, OV DES HAVTES, soit corps immortelz, astres, ou aucun de dieux, ESTRE SEMBLABLE A DIEV, comme ont faict presque tous les anciens, qui les ont estimés dieux sur toutes choses, qu'elle grande action, verttu, & puissance, que tu voies en eux, & quelz effectz que tu en voyes sortir. CAR TV SORTIROIS DE LA VERITE, & vraye cognoissance de Dieu, de tant que tu as entendu, que toutes actions, & puissances commises aux creatures, que les anciens ont estimé Dieu, sont de ce Dieu souuerain, qui n'a compagnon ny semblable. DE TANT QV'IL N'Y A RIEN SEMBLABLE A CELVY, QVI N'A AVCVNE SEMBLANCE, soit en la perception des sens, qui considerent les grandeurs, figures, & lineamentz, les matieres, estophes, & autres parties sensibles, desquelles n'appartient en estre attribuée aucune à Dieu: soit aussi en quelque subiect intelligible, ayant en soy vertu ou puissance, lequel ne la pouuant auoir que de luy, ne luy peut estre dict semblable, mais beaucoup moindre comme dependant de luy. A cause de quoy nous le receurons sans luy pouuoir attribuer aucune semblance. ET le tiendrons comme celuy QVI veritablement EST SEVL, ET VN: en qui il faut que l'hõme recherche sa perfection, & repos, & se garde bien de soy retirer ailleurs: qui seroit la plus grand faute, qu'il pourroit faire, comme il est dict au peuple, Tu n'auras poinct de Dieux estrãges: car ton Dieu n'est qu'vn, & seul sans compaignon. ET NE PEN-SES CESTE VERTV APPARTENIR A AVTRE QVELCONQVE, soit d'estre vn & seul: car nous sçauons, que si nous prenons les creatures pour en y trouuer vne, qui soit vne & seule en excellence, nous sommes trompez: car il s'en trouuera vne autre, de qui nous ignorons la vertu, qui sera plus grande.

Action tendante a priuatiõ n'est agreable à Dieu.

Dieu n'a sem-blãce aucune.

Exod.20.a

Dieu seul est vn & seul.

C'est abuser des creatures qui ont toutes compagnon & maistre, soit en vertu, action, ou puissance, lesquelles dependant toutes de luy, n'apartiennẽt a aucun autre. QVELLE VER-TV Y A IL APRES LA SIENNE, qui puisse attaindre ses excellences ou perfections, ny qu'elle vertu y a il deuant la sienne, par laquelle sa vertu puisse estre postposée ou deuan-cée? Certainement nulle, SOIT DE VIE, IMMORTALITE, OV CHANGEMENT DE QVALITE, desquelles il a prouueu toutes ses creatures selon leur estat, aux vnes donnant vie insensible, mais vegetatiue, comme aux plantes & mineraux: aux autres vie sensitiue, vegetatiue, & animale, comme aux brutz: aux autres vie vegetatiue, sensitiue, animale & raison-nable, comme aux hommes: ausquelles toutes creatures il a donné innumerable mu-tation & changement de qualites, de tant qu'elles sont tous subiectz materielz, & la qualité ne se prenant qu'à la matiere, s'est trouuée multipliée en ses subiectz en toute

Ef 5

excellence & continuité d'operation, par tous temps, heures, & lieux. QVE FEROIT IL AVTRE CHOSE, que continuele operation: & ne cesser de bien faire a ses creatures? Car nous auõs cy deuãt dit, que ceste cõtinuité de bien, est ce, qui tient le lieu de son corps, de tãt que c'est l'effect de son essence: que seroit ce autrement de luy? DIEV N'EST PAS OISIF. Car son essence estant de sa nature à bien faire, s'il cessoit d'operer, son essence seroit vaine, & sans effect: & par consequent ne faisant plus de bien, comme Mercure à cy deuant dict, il ne seroit plus Dieu. Il nous faut bien garder de venir en ceste cogitation. Dauantage s'il estoit oisif, & sans effect, qu'il nous soustienne, que toutes actions, & efficaces, ou vertus d'operer, constituées en toutes creatures de ce monde, n'estans autres que siennes & qui sont luy mesmes, TOVTES CHOSES SEROIENT OISIVES, de maniere qu'il ny demeureroit iugement pour le cognoistre, ny langue pour le dire, ny œil, cœur, ny pensée pour l'aperceuoir. De tant que toutes operations de ce monde sont faictes par ses vertus desparties aux creatures: par ou il est veu, cognu eperãt en toutes & par toutes, de ceux qui le cognoissent: car sa vraye essence est toutes ses vertus & puissances d'operer les effectz que nous voyons & infinies autres. DE TANT QVE TOVTES CHOSES esquelles il y a tant soit peu de vertu, action, ou proprieté SONT REMPLIES DE ceste essence diuine, par le moyen de laquelle elles executent leurs effectz. Et par ce que l'essence diuine est Dieu, elles sont toutes dictes estre remplies de Dieu, qui les fournist toutes, pour enformer leur matiere de son essẽce, qui est leur forme, en laquelle gisent les vertus & proprietés de la creature. A ceste cause il ne faut penser que seulement il y aye en Dieu, qui est aucteur de toutes operatiõs, oisiueté: MAIS il faut penser que AV MONDE IL N'EST OISIVETE AVCVNE PART, NY EN AVTRE CHOSE QVELCONQVE. C'est que toute chose autre que Dieu estant creature prouueuë de vertu & action produisant continuelement effectz, ne peut estre dicte oisiue: à cause qu'elle faict tousiours quelque chose, ou plusieurs choses à toute heure, & moment. Et pour prendre l'exemple de la chose, que lon penseroit plus oisiue en ce monde, & en laquelle on ne penseroit aucune action, nous prendrons vne pierre en vn fossé, tumbée d'vne muraille. Plusieurs penseroient qu'elle ne fist aucun effect: & toutesfois il se trouuera qu'elle poise, & que cest effect est si proffitable, que souuẽt elle est prinse pour faire cest effect au seruice de l'homme, soit pour contrepoix ou bastiment de murailles, desquelles la force gist le plus souuent au poix. Et si celle qu'on penseroit plus oisiue, est trouuée en continuele action: par plus fort, celles qui le sont moins, vsent de plus grãd nõbre & diuersité d'effectz: car le monde estant faict à la semblance de Dieu, & par là se trouuant en continuele action, & operation, s'il ne se trouue oisiueté en aucun subiect, nous pouuons franchement dire, que OISIVETE EST VN NOM VVIDE, ne signifiant chose qui soit en la nature des choses, & superflu, n'ayant signification quelconque, TANT de la part DE LA CHOSE, QVI FAIT l'actiõ & operation, lesquelles chassent d'elle toute oisiueté, QVE DE LA part de la CHOSE QVI EST FAICTE, ou qui souffre & soustient l'action ou effect produit en elle: laquelle ne se trouue non plus oisiue, comme ayant part en l'effect ou action, qui chasse d'vn subiect toute oisiueté, & le purifie de ce vice: à cause dequoy oisiueté ne peut estre signifiée par subiect qui aye estre, ains par totale priuation.

SECTION 6.

DE tant qu'il faut toutes choses estre faictes, & tousiours, & selon l'inclination de chasque lieu: car l'operant est en toutes choses, & non arresté en aucune, & s'il n'est faisant vne chose mais toutes. Veu qu'il estant puissance operante, n'est content des choses faictes: mais celles qui se font sont soubz luy. Contemple le monde par moy assubiecti à ton regard: considere iustement sa beauté. C'est vn corps non corrompu, & n'est chose plus anciene que luy, estant par tout vigoureux & recent, voire & parcreu.

COMMENTAIRE.

Ayant veu cy deuant qu'il n'y a oisiueté en Dieu operant, par le moyen de son iamais ou nature vniuerselle, ame du monde: & que ce mot d'oisiueté est vain & vuide de toute signification, a cause de la continuité d'operation & action, par laquelle Dieu opere ordinairement & sans intermission en toutes creatures: nous confesserons que ce bon Dieu opere tousiours, soit par ses moyens ou autremant en toutes choses, tant en ses creatures, qui operent par ses vertus, que en celles qui endurent & portent l'operation qui est faicte en elles par la disposition que ce sainct operateur y a mis. DE TANT QV'IL FAVT TOVTES CHOSES ESTRE FAICTES, ET TOVSIOVRS par ce qu'il n'est en la puissance de la chose de soy créer ou faire elle mesme. Il faut qu'elle soit faicte de celuy, en qui seul gist puissance d'action & operation: qui est cause que ceste puissance, n'estant en autre & toutesfois la chose doibt estre faicte, il nous demeure clair qu'il opere en toutes choses. Et tousiours a cause q̃ la chose durant son temps, vie ou habit, qu'elle a en ce mõde, a tousiours, besoin de vertu d'action, ou production d'effectz, laquelle vertu ne peut yssir que de ce grand operateur. a ceste cause il opere par toutes choses, & tousiours, ET SELON L'INCLINATION DE CHASQVE LIEV, & la nature du subiect auquel ou par lequel se font toutes actions & operations. Lequel est dict lieu, de tant qu'il est corporel & par la subiect amouuemant & vie: lesquelz il exerce en l'incorporel, & par l'incorporel, qui est Dieu operant en la creature, en laquelle il tient lieu de sa forme, partie diuine: CAR L'OPERANT EST EN TOVTES CHOSES ET NON ARRESTE OV assis EN AVCVNE. C'est que Dieu tresgrand & abondant supeditateur ou donneur, & de nature humide, est en toutes choses en telle maniere que la presence, qu'il a en l'vne, ne luy empesche la presence, qu'il a en l'autre, estant assez ample & riche pour fournir a toutes choses a vn coup de forme, portant en elles la vertu de leurs actions, & par ainsi ce bon Dieu ne se trouue assis ou arresté en aucune d'icelles: mais est en toutes, & par toutes, selon l'inclination & nature ou besoing d'vne chascune, iusques a la tumbe d'vne balance, & s'il se pouuoit dire moings, ET SI N'EST FAISANT VNE seule CHOSE. Car ce pendant les autres y perdroyent, & ce monde son ornemant qui consiste principalement en multitude & diuersité de subiectz tous proueuz d'essences & vertus diuines. MAIS est faisant TOVTES choses en mesme temps, sans que l'operation de l'vne luy empesche l'effect de l'autre, tant est abondant & prudemmant institué cest ordre, que ce bon operateur adresse a ses operations. En quoy il manifeste la tresgrande differance, qui se trouue entre les operatiõs, qu'il faict en l'homme par son arbitre, pendant qu'il est couuert & empesché de ce corps, a celles, qu'il faict non couuert ou empesché de corps materiel. Car toutes operations qui se font par l'homme, voire & par son sainct Esprit couuert de sa matiere, sentent ceste puissance humide du sainct operateur sitres restraincte par l'empeschemant de la chair, que a peine peut l'homme entẽdre a deux ou plusieurs operations a la fois, qu'elles ne s'entretroublent l'vne l'autre: & auec ce ils sont peu, qui paruiennent a les executer tellemant quellemãt en leur debuoir: dont c'est ensuiuy le prouerbe commun au deffaut de tous hõmes, Le sens ententif a plusieurs choses se trouue moindre en chascune d'entre elles.

C'est ce qui manifeste la grande differance, & le grand dechet, qui s'est trouué entre les operations du sainct Esprit, manié par l'arbitre de l'homme a celles, qu'il manie hors de la couuerture corporele. Car operant en l'homme corporel & soubz ce tresobscur voile, a peine peut il bien faire vne operation seule, que ce ne soit tout, ne pouuant deuëment entendre a plusieurs. Mais estant hors de l'homme ayant reprins ses propres forces & descouuert ses puissances intelligibles de ce tres-obscur voile, il opere en toutes & par toutes choses a la fois, & en telle perfection, q̃ chascune en reçoit ce, qu'il luy en faut, sans que l'entente qu'il met en l'vn subiect, luy diminue ou empesche la vertu de l'action qu'il faict en l'autre, non plus que s'il n'entendoit qu'a vne seule action, ce qu'il faict, VEV QV'IL ESTANT PVISSANCE OPERANTE incorporele, intelligible, & infinie, & par consequent non subiecte aux deffautz, & imperfectiõs des puissances corporelles, qui sont lasseté, vicissitude, repos, operer sur autre subiect produisant effect hors de soy, N'EST CONTENT DES CHOSES FAICTES a ce qu'il les estime, comme produictes de chose estrãge & nouuelle, comme seroit en ses operations, l'homme lequel ayant composé, ou basti quelque effect, il le trouue autre, & ne tenant aucune essence ou estre de luy a cause qu'il n'y a employé rien qui soit propre a luy comme dict sainct Pol, Qu'as tu que tu n'ayes receu?

Mais ce sainct operateur ne se contante que les choses soient faictes comme estranges. MAIS CELLES QVI SE FONT SONT SOVBS LVY attãdu qu'elles sont de matiere forme & operation, qui sont toutes parties yssues de ce bon Dieu sainct operateur, par lesquelles toutes choses se trouuent subiectes a luy. Et pour cognoistre encore plus clairemãt la differance des operations du sainct Esprit en l'homme a celles qu'il faict estant hors de l'homme, CONTEMPLE LE MONDE PAR MOY ASSVBIECTI A TON REGARD & lequel i'ay proposé a l'homme comme a toy maintenant pour estre consideré & admiré cóme œuure miéne en toutes ses parties materieles subiectes a la perception de tes sens.

Et te souuienne que toutes operations humaines tendent depuis leur bastiment en corruption & deschayance, tant plus elles vont auant: de maniere que les plus menues sont tousiours les meilleures: & manifestent leur imperfectiõ par ancienneté & vieillesse. Ce n'est pas ainsi du monde œuure de ce sainct operateur: CONSIDERE IVSTEMANT SA BEAVTE, & pense que nonobstant qu'il soit plus grand que toute chose corporel, C'EST VN CORPS entier & NON CORROMPV. Combien que pour sa grandeur & estendue de matiere il deburoit desfaillir en quelque part par la longueur du temps. ET toutesfois N'EST CHOSE PLVS ANCIENNE QVE LVY estant faict auant toutes creatures materielles, prouueu de ses corps immortelz exerçantz les efficaces & operations diuines, par leurs mouuemantz sur toute matiere, sans qu'il y aye vne seule partie, tant fust elle petite, tẽdante a corruption, ou ayant besoing de reposer ce tant violant mouuemant duquel ils sont continuellemant rauiz.

Mais tu le vois ESTANT PAR TOVT VIGOVREVX produisant innumerables & tresfpuissantz effectz, rauissantz d'vne si grande vertu & puissance voire, & vitesse, qui ne se peut penser les corps interieurs, comme s'il ne venoit que d'estre esbranflé tout maintenant. Tu vois aussi qu'en vertu de ce rauissemant, les corps immortez qui sont au dedans de luy, produisent par leur si numereuse diuersité d'aspectz tant de generations, renouuellemãtz, productions, & autres effectz, qu'ilz semblent n'auoir receu leur action & vertu, que tout maintenant. Vois tu par tant d'infinis exemples, combien il est vigoreux & puissant? ET outre ce considere combien il est RECENT? Tu vois ces corps celestes de mesme frescheur, & purité en leur couleur, que les anciens les ont iamais veus: le Soleil n'eut iamais plus de lumiere: les autres corps qu'il illumine n'en receurent iamais plus, qu'ilz sont a present, ilz neurent iamais plus d'efficace & vertu d'agir qu'ilz ont: ils n'eurent iamais leur mouuemant plus viste qu'ilz ont? Ne te monstre il pas par la, combien le monde est recent en leur partie celeste? autant en peux tu considerer en la region elementaire en laquelle tu ne vois les generations & tous autres remuemantz de matiere faillir, qu'ilz ne facent l'estat, auquel toutes choses sont particuliairemant appellées: asçauoir les corps immortelz produire leurs actions, sans tendre a aucune corruption, les corps mortelz y tẽdre ensemble la matiere, dont ilz sont composez. Qui est cause que la terre en sa superficie deputée aux generations & corruptions, en certaine espesseur ou profunditë, & a ceste cause composée des autres elementz & matiere meslées non reduictes encore en puritez elementaires, se trouue plus foible en ses actions, vertus, & operations, qu'elle n'estoit en sa ieunesse: de tant que sa nature porte de tendre sur toutes autres creatures a corruption, & par ceste imperfection elle en est trouué plus parfaicte, comme faisant mieux son estat & ensuiuant mieux la nature, & loy qui luy a esté baillée d'amener toutes choses en corruptiõ, tant en particulier de chascune des creatures, qu'au general de toute la terre, qui les produit & nourrist.

Ce secret fust declaré de Dieu au Prophete Esdras, auquel il commandoit considerer, que la cause pourquoy les Geantz estoient si frequentz au premier temps, & que les hommes aloient tousiours diminuant de grandeur & forces corporelles: c'estoit que les aucuns estoient naiz en la ieunesse de la vertu & puissance de la terre matrice, qui les produisoit, & les autres a la vieillesse deffaillant la vertu. Car la terre n'estant du commencemant si esbranlée, a faire son estat de corruption, qu'elle a esté auec le temps, elle produisoit les corps plus grãds en quantité, & plus rares en nombre, & corruptiõ, qui les tenoit en lõg eage & peu de maladies: mais depuis, qu'elle a esté esbrãtlée en sa vraye nature de corruptiõ, tout a esté moindre, plus frequent & mal sain, qui sont tous fruictz de generation & corruption. Ce qui conferme la vraye nature de corruption estre en la terre, principale partie de matiere tendant a toute imperfection & corruption, par laquelle elle produict autant ou plus de plantes, mineraux, & animaux, qu'elle fist iamais: voire & d'hommes en si grand nombre,

nombre, que si leur malice ne leur amenoit les guerres, pour en abatre vne grande partie, a peine tous eussent peu viure ensemble, pour le deffaut & cherté des choses necessaires. Et par ainsi dict la saincte pensé à Mercure: tu peux voir, que tant s'en faut qu'il y aye aucune partie de ceste excelente œuure, qui commence a deffaillir, que plustost elles croissent en leurs effectz (s'il se peut dire) & en ceste maniere, tu le vois recent, non comme estant ieune & non encore venu a sa croissance, mais comme paracheué, paruenu, VOIRE ET PAR-CREV en sa grandeur, perfection, & maturité, sans qu'il y faille attendre autre periode, lequel ayant attaint, il doiue retourner en deffaillance. Ce n'est pas ainsi, car il est tout paruenu en son estat, pour lequel il a esté composé & basty: & toutesfois il ne s'y trouue aucune de ses parties, ny en son vniuers qui ne continue son office: & auquel elle ne se maintienne, comme sur le premier instant, qu'elle reçeut la vertu & efficace de produire ses actions, & engendrer ou manifester ses effectz, de maniere que si le mode souffre iamais alteration, ou dissolution, ou renouuelement en son vniuersel, il ne tiendra a ce qu'il soit en danger de deffaillir par ancienneté ou deffaut des matieres ou operations. Mais s'il luy aduient alteration ou changement, ce sera par la mesme puissance qui l'a basty & composé, a laquelle appartient de luy donner autre voye, cours, ou conduicte, quand il luy plaira, sans que le deffaut de sa premiere operation, en aye aucun besoin, mais ce faict depend de la pure & simple volonté de ceste diuine puissance, pour l'accomplissement des dessaintz contenuz en son eternel exemplaire & premieres idées.

SECTION 7.

VOY aussi les sept mondes situez au dessoubz, aornez d'vn ordre eternel, & accomplissants par leurs diuers cours, le iamais, & toutes choses remplies de lumiere, & en nulle part feu: car l'amitié & meslange des choses contraires, & non semblables, a esté la lumiere illuminée de l'operation de Dieu, generateur de tout bien, prince de tout ordre, conducteur des sept mondes. Contemple aussi la Lune, qui les deuance tous, instrument de nature, transmuant la matiere basse: regarde pareillemēt la terre tenant le milieu de l'vniuers, residance arrestée de ce beau Monde, allimenteresse & nourrisse des choses terrestres: aduise aussi combien est grande la multitude des animaux immortels & des mortels: & la Lune enuironnant entre les mortels & les immortels.

COMMENTAIRE.

AYant consideré le monde en son general, considere & VOY AVSSI plus particulierement LES SEPT MONDES, SITVEZ AV DESSOVBZ, ORNEZ D'VN ORDRE ETERNEL. Ce sont les sept planetes, recteurs & gouuerneurs deputez par le sainct Esprit, au maniement & conduicte de la matiere en ceste region elementaire, lequel maniement ilz disposent par la vertu, qui leur est donnée, & le changent & varient en tant de diuersitez, que nous voyons par le moyen de leurs mouuemens circulaires. Lesquelz ne leur permettāt iamais repos, sont cause que instamment ilz diuersifient leurs aspectz, & influances, non seulement par diuerses parties de la terre, mais aussi entr'eux, se randent, à cause de la differance de leurs mouuementz, si tres diuers & differens en actions, que apeine en y a il aucun, qui se puisse asseurer de faire par l'action que son aspect porte le vray effect, qui doit estre produict de cest aspect: & ce à cause de l'occurence de l'aspect d'vn autre, qui par autant de variation, que sçauroit auoir ce premier, se trouuera quelquefois luy fortifiant, quelquefois luy diminuant ou changeant l'effect de son aspect: de maniere que nonobstant qu'il se trouue disposé par son action & mouuement à produire vn effect desiré, le rencontre des autres luy chāgera

Les sept mondes ou planetes.

Mouuements cause de differents effects.

gera cest effect en vn autre. A cause dequoy les considerant bien tous en leur harmonie, laquelle est dicte estre en eux, à cause que toute leur operation se faict par l'accord & conuenance, qu'ilz ont entre eux a produire l'vn ou l'autre de leurs effectz, & ne se trouue que bien rarement, que l'vn seul produise l'effect, qui s'ensuiura par la seule nature & vertu, sans qu'il y aye quelque autre qui y mette la main auec luy, non plus que en la musique, de laquelle ce mot d'harmonie a esté tiré, vne seule voix ne peut faire vertu d'accord, si elle n'est accompagnée de quelque ou plusieurs autres. L'on pourroit demander, pourquoy nous auons nommé leur disposition & actions, necessité: veu que tant s'en faut, que l'action d'vn chascun soit necessaire en son effect, que elle se trouue ordinairement changée ou empeschée par vn autre. Nous dirons, que leur necessité ne depend d'vn chascun d'eux, & ne leur est ordonnée en leur particulier seulement, mais elle leur est ordonnée soubz la loy de l'harmonie, & conuenance qu'ilz doiuent auoir entr'eux, à laquelle ilz ne peuuent aucunement desobeyr. Et par ainsi il ne faut, que celuy qui voudra entendre leurs effectz, s'attende d'estre satisfaict, d'en cognoistre l'vn pour la production de son effect: mais faut, qu'il cognoisse la nature de tous pour soy prendre garde de ceux, qui se trouueront estre concurrantz à l'action, qui doit produire c'est effect. De tant qu'ilz operent non chascun a-part soy, mais tous par harmonie: & sont dictz leurs effectz necessité: de tant qu'il n'est en eux de passer leur loy & ordonnance, faisant plus ou moins, que leur nature & institution leur a donné. Ilz sont appellez mondes, à cause qu'ilz ont chascun leur sphere & lieu deputé a faire leur circuit & mouuement ou cours à luy ordonné de determiner, si ces spheres sont materieles & corporeles, composées de matiere solide, qui soustienne & porte le cours de leur corps & mouuements, nous n'en auons aucun sentiment, ny coniecture: il nous suffist, que leur sphere est vn corps proueu de trois mesures, longueur, largeur, & profondité, qui est la nature de tout corps, & lieu capable & disposé a receuoir leurs cours, estant aussi aisé a celuy, qui les a créés en telles actions & vertus, de leur donner mouuement regulier sans estre portés sur aucun corps, ains soy portant en vertu du sainct verbe, comme de les faire cheminer sur la solidité d'vne superfice, ou rouller par vne place.

Parquoy sçachant que l'vn est aussi aisé, que l'autre, a ce grand architecte, & n'ayant apparance qu'il y aye autre corps materiel, que celuy, qui est apperçeu de noz sens, nous n'asseurerons en y auoir aucun. Tant y a, qu'ilz ont chascun leur lieu solide, c'est à dire contenant ses trois dimensions & en forme spherique ou ronde, qui est cause, que Mercure les nomme mondes, à la semblance de la figure du monde. Lesquelz sont situez au dessoubz du premier & grand, qui contient les estoiles fixes. Et de là sont l'vn soubz & dedans l'autre, comme les obseruations Astronomiques faictes par l'art de Geometrie, l'ont manifesté, voire iusques a trouuer leurs grandeurs & mesures, comme nous l'auons cy deuant dict. Et sont ornez de l'ordre eternel, qui leur a donné l'immortalité en leurs cours & mouuements par ce merueilleux ordre circulaire, qui constitue en vn mesme poinct leur fin & commencement, suiuant la nature de circulation: de maniere que c'est leur immortalité, à cause que ayāts parachevé leur cercle, qui est leur vie, & soy trouuants au dernier poinct de leur action & vie, ilz se trouuent en ce mesme poinct de leur commencement. Et par ainsi au lieu de tumber en dissolution, ilz se retrouuent en leur premiere reintegration & puissance d'action: c'est l'vne des excellences, que la figure circulaire a rapporté de cest ordre eternel, duquel ces corps sont ornez, & par lequel la dignité d'immortalité leur est conseruée. ET ces corps immortels sont ACCOMPLISSANS PAR LEVRS DIVERS COVRS LE IAMAIS: de tant que le iamais est celuy, qui leur commande soubs l'auctorité de son Dieu, & leur sert de loy, comme cy deuant nous auons dict parlans de Nature loy diuine, laquelle prinse vniuerselle, est mesme chose auec ce iamais. Ces corps immortels donc accomplissent le vouloir & ordonnance de nature ou du iamais, par la diuersité de leurs cours, comme nous disions n'aguere, que l'vn seul ne peut produire l'effect, qui doit sortir de son action: mais il faut, qu'il y aye harmonie & conuenance de diuersité. A cause dequoy il dict, qu'ils accomplissent le vouloir de nature & iamais, non par leur cours vnicque ou mesure, mais l'accomplissent par leurs diuers cours: de tant que c'est la diuersité qui produict l'effect, qui s'ensuit, & non le simple astre en sa seule vertu.

ET en ceste maniere ces sept mondes accōplissent le iamais loy eternele de Dieu. Voy
aussi

aussi TOVTES CHOSES REMPLIES DE LVMIERE qui est vne des premieres vertus & essences diuines, de laquelle nous auons quelque fois plus amplement discouru. C'est la lumiere qui illumine tout homme venant en ce monde, & remplist toutes choses tant materielles que intelligibles. Ceste vnicque lumiere & vertu diuine illuminant donne cognoissance aux sens de toute chose corporelle: de tant que sans lumiere l'œil corporel ne peut apperceuoir le subiect, ny sans ceste mesme vertu de lumiere l'œil de l'intelligence, qui est la pensée de l'homme, ne peut cognoistre vn subiect ou cognoissance, ou intelligence. C'est la mesme vertu diuine illuminant, qui secourt les deux, & le corporel & l'intelligible. Et toutesfois ceste lumiere ne peut estre veuë de l'œil corporel en son essence: de tant qu'elle est diuine, non plus que les autres essences & vertus diuines. C'est dôc ceste diuine lumiere, qui remplist toutes choses. ET EN NVLLE PART FEV, auquel l'homme peut atribuer la vertu d'illuminer: & par ainsi diminuer autant de la veneration & respect, qu'il doibt a la lumiere eternelle. Car le feu tient sa vertu d'illuminer de ceste diuine lumiere, comme ayât receu l'honneur d'estre instrument de ses actions & efficaces. Par ainsi le feu n'est que creature & non essence diuine. Il a eu besoin de receuoir sa lumiere de la vraye, qui ne peut estre comprinse de tenebres: & par ainsi nous ne conterons l'action ou vertu du feu au reng de ceste diuine essence, qui remplist toutes choses de lumiere, mais le conterons parmy celles, qui en sont remplies & illuminées: a cause dequoy parlant de la lumiere illuminant toutes choses, nous dirons & en nulle part feu: affin de nous garder de compter les choses materielles parmy les essences diuines, & compter celuy, qui reçoit le bien au reng de celuy, qui le donne: car ce seroit trop peruertir l'ordre eternel.

Lumiere essence diuine.
I. Ioan. 1. c.
Ioan. 1. a

Dont prend le sens la lumiere.

Parlans donc de ceste lumiere nous en banirons le feu. CAR L'AMITIE ET MESLANGE DES CHOSES CONTRAIRES ET NON SEMBLABLES A ESTE LA LVMIERE ILLVMINEE DE L'OPERATION DE DIEV. Ce qui n'apartient a estre faict par la lumiere du feu, duquel l'action, combien qu'elle soit la premiere entre les choses materielles, est neantmoins insuffisante & incapable a manier vne telle excellance, que manie la diuine lumiere, qui est l'amitié, confederation, & meslange tres bien compatible des choses contraires & non semblables, qui se trouuent & rencontrent ordinairemât en toute creation & generation de creatures. Lesquelles estant composées de matiere & forme ne sçauroient estre basties ou meslées de choses plus contraires & moins semblables. Car l'vn est mortel, l'autre est immortel: l'vn est visible & sensible & corporel, l'autre inuisible, insensible, & incorporel: l'vn est puremant materiel, l'autre est puremant intelligible. Qui est ce, qui pourroit estre composé de choses plus contraires, discordantes, & incompatibles? Aussi il n'apartient de faire ceste assemblée, que a ceste lumiere: mais parce, que en simple estat de lumiere, elle n'est pas deputée aux creations, compositions, & assemblées de diuersité, & choses contraires, elle est en ce propos illuminée de l'efficace (ou energie & vertu d'operer) diuine.

La lumiere assemble les choses contraires.

C'est que les vertus & essences diuines sont recognues de l'homme par leurs effects, lesquelz seulz aparoissent a ses sens. Et par ainsi l'homme les racompte plusieurs & diuerses par la pluralité & diuersité, qu'il veoit d'effects. Combien qu'en Dieu, n'y aye qu'vne simple essence produisant de sa vertu toutes manieres d'effects. Vray est, que a cause de la difficulté, qui se trouue de comprendre ce grand abysme de vertus & puissances, toutes en vn subiect, l'homme ne peut, qu'il ne s'y trouue confuz, s'il n'vse de quelque diuision, ou despartemant, & discretion des vertus diuines, par la diuision, differance, despartemant, ou discretion des effects. Or est il, que chasque effect est produict par la vertu, qui est essence diuine & qui est Dieu mesmes: a cause qu'il n'est qu'vn. Il s'ensuiura donc, que diuisant & despartât pour plus facille intelligence & multiplication de louanges a Dieu, les vertus & essences par les effectz, nous apliquerons a chasque diuersité d'effect chasque diuersité de vertus & essences en Dieu, côbien q̃ nous sçachons qu'en luy n'y a qu'vne vertu & vne essence. Mais ceste diuision nous seruira a l'intelligence de ses effects, & pareillemant a la multiplication d'action de graces, loüanges, recognoissances de grandeur, admiration d'vne si grande diuersité de puissances, vertus, & essences, combien qu'il n'y aye qu'vne seulle puissance vertu ou essence. Toutesfois chasque effect produisant en nous vne cognoissance, noz intelligences seront multipliées en nous en pluralité & multitude, dont s'ensuiura la pluralité & multitude des actes de contemplation renduz a Dieu, qui est ce, qu'il demande.

Lumiere secourue d'efficace diuine.

L'homme a besoing de diuision pour cognoistre le subiect.

Multitude d'effaicts prouuis admiration des actiõs.

Nous

Nous auons tesmoignage de cecy en Dauid homme selon la volonté de Dieu, lequel ayant tres-frequemmant vsé de la vertu de Dieu en singulier, si est ce que presque aussi souuant il en a vsé au pluriel, manifestant que l'ardeur, qui se trouue en l'affection d'vn bon seruiteur de Dieu le tirera tousiours a la multitude de louanges, & de la multitude de cognoissances & action de graces, qui ne peuuent estre exprimées, que par la memoire de la multitude des vertus, par lesquelles ces bienfaictz differantz & diuers ont esté conferez. Il a aussi esté vsé de ceste pluralité de vertus en Dieu du temps de Iesus Christ, luy reprochant aux citez, ausquelles auoient esté executées plusieurs de ses vertus & ailleurs, malediction a Chorosain & Betsaida: car si en Tyre, & Sidon auoiēt esté executées les vertus, qui ont esté faictes eu vous &c. Iesus Christ obseruoit quelque fois ceste maniere de parler s'accommodant au commun, qui ordinairemant en vsoient. Nous ne trouuerons donc estrange, si la saincte pensée vse de mesme maniere de parler adioustant a la diuine vertu de lumiere destinée a illuminer & faire cognoistre la vertu d'efficace & d'operation, pour composer & créer tous subiectz de choses contraires & dissemblables, combien qu'a la verité sans specifier lumiere ny operation, ce souuerain Bien de sa seule vertu produise ces deux effectz & autres infinis. Mais pour plus facile intelligence, nous auons aproprié chasque vertu a son effect, suiuant la commune & ancienne maniere de tous vraiz amateurs de Dieu. Ceste lumiere donc pour assembler les choses contraires & dissemblables a esté compagnée de l'operation de DIEV GENERATEVR DE TOVT BIEN: a cause que tout bien procede de luy en sa creature, qu'il engendre, & si n'y peut metre, que bien: car le mal, qui s'y trouue, c'est l'imperfection de la matiere, qui l'amene par priuation contraire a la vraie habitude & essence, lesquelles viennent de Dieu seul: & comme mal venant de la part cōtraire a Dieu gist en priuation.

Ainsi Biē gist en habitude & vraie essence venāt de Dieu: de maniere que toute sorte d'esfaictz que nous recepuōs en bien, nous ne pouuōs faillir de les recognoistre venus de ce bō Dieu non par opinions, comme plusieurs pensent des maux, lesquelz sont la plus part du temps receuz par opiniō, a cause que telz effectz sont diuers, tous estans toutesfois trouuez mauuais des hommes, & comptez au reng des maux, combien que tous ne le soient, mais seulemant ceux, qui ne nous viennēt par punition. Car ceux, qui nous sont donnez pour punition ou discipline, tant s'en faut que ce soient maux, comme nous les nommons, que ce sont les vraiz effectz de la iustice de Dieu, vertu & essence diuine, qui a la verité nous sont enuoyez de ceste bōté pour nostre bien, profit, & vtilité. Et ce neantmoins pour s'accommoder a l'imperfection de nostre language, le bon Dieu nomme, comme nous ces effectz, maux: combien qu'iz soient bons & iustes. Comme lors qu'il dict ez Prophetes, qu'il est creant le mal, & qu'il a faict le mal, qui est en la cité: & autres semblables lieux, esquelz il parle le lāguage de l'homme, pour estre entendu de nous. Il y a autre maniere de maux, sçauoir, comme ceux, qui sont mis en effect par la malice d'vn homme contre l'autre. Autres receuz de l'homme par son ignorance crasse ou autre vices, qui sont en luy: ou bien qui luy aduiennent par l'ignorance, qui luy est delaissée du premier homme, laquelle luy produict les effectz de fortune, comme nous le dirons, Dieu aidant, cy aprez plus amplemant.

Et de ceux cy ce bō Dieu n'en est iamais aucteur, entant qu'ilz sont a la verité maux: mais est aucteur de ceux seulemant, qu'il nous enuoye, pour punition ou discipline, nous ramenant par celle la, a nostre profit. Et combien que Dieu soit aucteur de l'execution de ces maux: ce neantmoins il n'en est cause, mais c'est la malice de l'homme prouocquant la iustice diuine d'executer telz maux ou punitions, qui en est la vraye cause. Et de tant que parmy ces effectz enuoyez par discipline, punition, ou correction, il s'en y trouue, qui sont a noz iugementz, & cognoissances du tout semblables a ceux, que nous recepuons par malice, iniure, ou fortune, il s'ensuit bien souuent, que cuidantz humilier noz consciences, nous atribuons a Dieu nous auoir enuoyé des maux, qu'il ne nous voudroit enuoyer: de tāt qu'ilz sont produictz de malice, chose tres esloignée de Dieu, combien qu'il les souffre ou tolere, ne les enuoyant pour tant. Et par l'homme qui atribue toutes rudesses, tortz, desplaisirs & autre maniere d'ennuis, qui luy viennent, luy estre enuoyés de Dieu, se met quelque fois en danger de le blasphemer, luy atribuant d'auoir esté aucteur de quelque iniquité. A quoy l'homme doibt prendre garde: de tant que ce sont souuent effectz semblables

bles a ceux, que Dieu donne pour punition : & toutesfois ne seront tousiours issus de ceste part, ains de quelque malice, ignorance, ou autre deffaut, comme nous auons veu plusieurs guerres contre le peuple de Dieu, qui sont maux semblables : & toutesfois les aucunes d'entre elles, estoient enuoiées de Dieu, pour chastier le peuple, & autres qui leur venoient de la malice de leurs ennemis contre le vouloir de Dieu. Dont s'ensuit que Dieu ne debuoit estre chargé indifferamment d'auoir produict tels effaictz. Car il vouloit l'vn, & detestoit l'autre, comme il nous a despuis esté manifesté : ce qui n'est pas tousiours. A cause dequoy il nous faut garder de luy atribuer indifferamment tous effaicts, de peur de le blasphemer : & ce de tant qu'il ne nous est tousiours manifeste, quels sont ceux, qui nous sont donnez pour punition, & ceux, qui nous viennent de malice, ignorance, ou autre vice. Ce n'est ainsi des biens, qui nous sont enuoiez : car il nous est notoire, que toute action est de Dieu, & qu'estant conduicte de luy ne peut venir que a bien, a cause de son infinie bonté, & que l'action venant a mal, encore qu'elle soit de Dieu, n'est pourtant conduicte celle part par luy, ains par quelque arbitre, auquel la conduicte en a esté commise, & qui en vse mal. Et si ceste action produit bien, chascun scait, que c'est l'intention de Dieu aucteur de toute action de faire bien, & de l'auoir instituée pour le bien de ses creatures. L'action donc ainsi instituée faisant bien ensuit le vouloir & intention de son aucteur, qui l'a instituée pour ceste fin. Parquoy l'honneur & grace n'en doit estre redu a autre : tant que ceste action est venue directement de Dieu aucteur a sa vraye fin, sans estre destournée par autruy. Dont s'ensuit que tout bon effaict ne peut estre produit que par luy, auquel appartiennent toutes les actions, qui les produisent, & qui les a instituées & commises expressement a ces fins de bien faire. Or est il necessaire, que tout bien faict soit executé par quelque action, & toutes actions sont de Dieu destinées a produire seulement bien. Celles donc, qui produisent bien suiuent l'intention de leur aucteur, dont la gloire ou honneur n'en appartient a autre.

L'homme ne cognoist la difference des punitiös aux iniures.

Toute action non destournee produit bien.

Tout bon essaict est produit de Dieu.

Parquoy il est generateur de tout bien, PRINCE DE TOVT ORDRE & sa vraye source & commencement, comme ceste vertu d'ordre estant de son essence : de maniere que comme confusion & desordre sont maledictions & punitions de Dieu : tout ainsi ordre est vne vertu, qui luy est agreable en l'homme, comme le voyãt vser de ses vertus. Lesquelles il manie en tel ordre, que l'vn effaict n'empesche iamais l'autre, mais plutost luy sert, comme nous voyons par sa grande architecture, en laquelle il est CONDVCTEVR DES SEPT MONDES, & moderateur de leurs effects, s'en seruant a l'execution du iamais en sa partie de nature basse par necessité, & certaine operation, comme nous l'auons dict. Toutes fois quand il luy plaist interrompre le cours, il monstre, que c'est luy le seul maistre & conducteur de c'est ordre & compaignie celeste. Et lors il met auant vne plus grande puissance, que celle, qu'il a commis au iamais ou nature. Laquelle pour le temps, qu'il luy plaist, il arreste, comme il fist par le moyen de Iosué, quand le Soleil fut arresté faisant le plus long iour, qui iamais auoit esté en Iudée. Et quand par le moyen d'Ezechie, il le fist reculer.

Dieu chef de son ordre.

Dieu conduit les effaicts de l'harmonie

Iosu.10.c

Et quand a la mort de Iesus Christ il le fist eclypser en oposition de Lune. Lesquelz effects excedent totalement les efficaces & vertus données au iamais nature & corps celestes. Aussi telz effects sont briefz, & pour la manifestation & exaltation de la gloire de ce bon conducteur, & pour nous faire toucher au doigt & à l'œil, qu'il en est le seul & vray maistre & seigneur, conducteur de ces sept mondes, & leurs puissances. CONTEMPLE AVSSI LA LVNE, QVI LES DEVANCE TOVS, INSTRVMENT DE N'ATVRE, a cause q̃ la Lune, entre les corps celestes, est le plus bas & esloigné du mouuemãt rauissant tous les planetes, dont s'ensuit qu'il resiste plus au rauissement, que s'il estoit plus pres du rauissant, qui est le ciel empirée, ou selon plusieurs l'octaue sphere, laquelle estant prouueuë de mouuemant, emporte, ou rauist tous les interieurs a soy, asçauoir les plus proches par plus viste mouuemãt, q̃ les plus esloignez, mais nõ en la proportion des distances : car il y est gardé vn autre ordre. Et de tous ces corps celestes la Lune, comme estant le plus bas & esloigné du premier mouuemant, c'est celuy qui plus resiste a soy laisser emporter, qui est cause, que par ceste resistance elle a plutost paracheué le tour de son reculement, que les autres qui ne reculent ou resistent tant qu'elle. Aussi elle se trouue plus tardiue, que tous à accomplir son tour du rauissement, par lequel elle va de l'orient par le midy en l'occident, contre la succession & ordre des signes ou zodiac, soubz lequel ilz mouuent. Et ce retardement

Esay.38.b
Dieu aiters les cours celestes a son plaisir.

La Lune deuance les autres astres.

Le retardemãt de la Lune la rẽd plus viste.

qu'elle faict plus, que les autres a suiure le mouuement du monde de l'orient par le midy vers l'occident, retournant en l'orient, la rend plus viste & diligente, que tous les autres a accomplir, & paracheuer son cours de resistance ou reculement. Lequel elle continue, selon la succession des signes de l'oriant par la minuit, vers l'occidant, retournant par le midi en l'oriant. Et lequel elle paracheue dans a peu pres de trente iours. Ce que les autres paracheuent en vn an le moindre, & aucũs des autres en centaines d'ans: de maniere que a iuste cause la saincte Pensée dict a Mercure, que la Lune les deuance, ou est portée plus diligemment, que tous les autres en ce mouuemẽt de resistance, & non au mouuement iournalier: car ce se roit au cõtraire. Aussi le mouuemẽt iournalier n'est le propre a la Lune: par ce qu'il est forcé: & cellui de resistance luy est naturel: par ce qu'elle le faict par sa nature de repos. Et tendant a celluy la, qui a esté cause, qu'il a esté cy deuant dict n'estre mouuement ains resistance ou contreuention, quand nous en auons parlé.

Chap. 2. 2.
La lune mõ- tre plus des- faicts que les autres.

Ceste Lune donc, qui va deuant tous autres en vitesse de son retardement ou resistance, se trouue entre tous les astres estre celluy, qui manifeste plus ses effaicts, & ce a cause de sa proximité, qui rend les effaicts plus prests a suyure ses causes. Et de la sensuit, qu'il est nommé instrument de nature executant plus manifestement entre tous autres les loix & ordonnances de nature, transmuant la matiere basse, sur laquelle seule elle a sa part de la puissance, que Dieu leur a commis en leur creation, qui fust la disposition & administration de nature basse, & comprenant la seule region elementaire. A cause dequoy il dict, TRANSMVANT LA MATIERE BASSE & corruptible, n'aiant aucune charge de la matiere haute & celeste, qui n'est subiecte a generation & corruption. REGARDE PAREILLEMENT LA TERRE TENANT LE MILIEV DE L'VNIVERS, par ce qu'elle tient plus de l'imperfection materiele, que toute autre matiere, qui a cause de ceste imperfection, tachant a son possible d'esloigner les puritez diuines, qui sont entour de la circonferance du monde, n'a peu trouuer lieu, ou endroit plus esloigné de ceste extremité, que le vray milieu, auquel elle se tient si ferme & stable, non par sa pesanteur seulement, mais par son indignité & imperfection, qui la garde de bouger ça ny la, tant soit peu, pour n'approcher de la dignité, dont son imperfection la chasse. Les anciens ont tous tenu que c'est pour sa pesanteur, & Mercure nous a aduertis, que la pesanteur luy est donnée, a cause qu'elle tient plus de la composition de matiere, ou elle prend son imperfection. A ceste cause il se trouue raisonnable, que la chose pleine d'imperfection fuye le plus qu'il se peut faire, celle, qui est la seule perfection, comme elle le faict. Elle tient donc le milieu, comme estant la RESIDANCE ou lye, & partie plus ARRESTEE DE CE BEAV MONDE a la semblance de toutes feces ou parties plus graues, qui se trouuẽt dans les vaisseaux contenants liqueurs, lesquelles parties de leur nature vont au fonds laissant leur liqueur de tant plus claire, comme aussi par le repos de cest element les autres en demeurent plus clairs. Ce que Mercure aproprie en cest endroit a la terre comparée au monde, dans lequel il prend le plus bas lieu le centre de l'vniuers auquel la terre comme vraye fece & lye, ou ce que les Grecs appellent ὑποςάθμη sest retiree.

Assiete de la terre.

La terre tient le bas lieu par son imperfe- ction.

La terre lye de l'uniuers.

Il en y a qui ont pensé que le plus bas seust l'autre partie du ciel opposite a nostre point vertical, comme Lactance & autres, qui l'entendoient aussi mal: mais ce sont choses pueriles par l'ignorance des principes de nature. Et ce tant bel ordre, par lequel la terre sest trouuée en ce point & centre de l'vniuers plus bas, que toutes choses & vray millieu pour estre plus disposées a receuoir toutes vertus, actions, & influances des corps immortels, qui par leurs circulations & enuironnements la couurent ordinairement & incessamment de leurs effaicts, comme l'estat & charge de son remuemant, renouuellement, & mutation leur appartenant. Par ou elle se trouue ALIMENTERESSE ET NOVRRISSE DES CHOSES TERRESTRES, & qui font leur habitation en terre. Ce qui est prins pour le globe composé de la terre & mer ioincts ensemble: de tant que la mer n'auroit vertu de nourrir les poissons, si elle ne prenoit substance de la terre, non feroit semblablement l'air les oiseaux. Car tout participe de la terre principallement & plus ce qui est mortel: a ceste cause elle est dicte la nourrisse de toutes creatures mortelles ou habitans sur terre, soit animaux, plantes, ou mynerauxes & autres productions qui ont vye ayant besoin de nourriture.

Pourquoy la terre est au centre.

La terre nour- risse des crea- tures y habi- tans.

ADVISE AVSSI COMBIEN GRANDE LA MVLTITVDE DES ANIMAVX IMMORTELZ, lesquelz tu vois tous les iours au ciel en si grand nombre, qu'il ne peuuent estre nombrés tous prouueuz de vertus, & puissances diuines accompagnés de leurs Demons, pour executer & accomplit le vouloir de leur createur sur ses factures. ET combien est aussi grande celle DES MORTELZ, parmy lesquelz nous sommes, & si n'est en nostre pouuoir d'en sçauoir les especes ou nombre. ET LA LVNE ENVIRONNANT ENTRE LES MORTELS ET LES IMMORTELS, combien qu'elle soit du reng des immortelz, ce neantmoins elle estant le dernier ou plus bas, & prochain de nostre region entre tous les immortelz ou celestes, elle faict son cours, & enuironne la region elementaire, laissant tous les corps immortelz au dessus d'elle, & laissant tous les mortelz au dessoubs, de tant que immediatement dans le concaue de la Lune est assise la region elementaire n'y ayant aucune espace entre deux. Toutes ces merueilles sont presentées par la saincte Pensée à Mercure, pour luy faire contempler ses puissances & grandeurs tendāt en fin a luy donner a entendre que sans autre inspiration que de la raison qu'il luy a donnée il auoit grand occasion de conclure vn Dieu tout puissant seul & moderateur de toutes choses, comme nous verrons cy apres.

La Lune entre les mortels & immortels.

Dieu cogneu par les effets.

SECTION. 8.

LE tout plein d'ame, le tout soy mouuant, partie entour du ciel, partie entour la terre : ny les choses droictes à gauche, ny les gauches à droicte, ny les hautes en bas, ny les basses en haut. Et que toutes ces choses soient faictes, ô tres-cher Mercure, tu n'as plus de besoing l'aprendre de moy. Car ce sont corps, & ont ame, & sont meuz. Et que ces choses soient assemblées en vn sens, vn assembleur, il est impossible. Il est donc necessaire quelqu'vn estre tel, & totalement vn.

COMMENTAIRE.

LA diuine Pensée ayant proposé à Mercure plusieurs & tres-excellentes parties de son ourage, pour l'amener en contēplation de ses grandeurs & dignités luy declare LE TOVT ESTRE PLEIN D'AME, LE TOVT SOY MOVVANT, de tant que mouuement ne peut estre en vn subiect sans vie: a cause que tout mouuement se tient a la forme, qui est essence diuine & par consequent viuante, comme tenant a la source de vie, dont s'ensuit que rien n'est digne de loger ceste vie essence diuine, que vne ame, qui est de la mesme essence. Voila pourquoy la saincte pensée dict à Mercure tout estre plein d'ame, & soy mouuoir, parlant de toutes creatures enformées en la matiere, desquelles le plus grād nombre viuent tous soubz la cōduicte du iamais ame de l'vniuers, les autres soubz la cōduicte de l'ame particuliaire qui sont les hommes seulement, & de celles qui viuent soubs la conduicte de l'ame de l'vniuers, il en y a de deux manieres, asçauoir des morteles ou terrestres, & des immorteles ou celestes. Comme aussi soubz l'ame humaine ou du petit monde estant despartie de l'vniuersele y a charge des deux parties mortele & immortele de l'homme, estant toutes comprinses en ce, qui est plein d'ame & mouuement, qui est le vray manifestateur de vie. Et ce mouuement PARTIE ENTOVR DV CIEL, PARTIE ENTOVR LA TERRE, qui est ceste diuision que nous venōs de faire des celestes, qui se mouuent entour le ciel, & des terrestres ou morteles qui se mouuent entour la terre, & ce d'vn ordre obserué par vn tel soin & diligēce que par son integrité NY LES CHOSES DROICTES VONT A GAVCHE, NY LES GAVCHES A DROICTE, comme nous pourrions dire en la latitude ou declination du Zodiac diuisé de la superfice de la ligne eclyptique, qui est commādé aux six planetes obseruer, de tant que le Soleil l'ensuit par son centre, quelz mouuementz & rapidité de laquelle ils soient meués, il ne se trouuera iamais vn des planetes auoir prins la partie droicte, lors qu'il deuoit prendre la gauche, ny au contraire la gauche, lors qu'il deuoit prendre la droicte. Mais ont gardé leurs declinations ou esloignémentz & aprochementz, acces, & reces de ceste ligne eclyptique, qui leur a esté figurée pour vray chemin, selōn la loy, qui leur a esté ordonnée

Toutes creatures plaines d'ame.

Les immortelz au ciel, & les mortelz en terre.

Le iamais ne peut faillir sa conduicte.

Gg 2

450 SVR LE PIMANDRE DE

Regularité du Soleil en son mouuement.

Et pareillement ce grand Soleil tant de fois plus grand que toute la terre s'est toué si regulier qu'il estant rond a vn point en son milieu, qui est son centre, lequel cõbien qu'il soit meu d'vne extreme & incroyable vitesse : ce neantmoins ce petit point ne part iamais de ceste superfice de la ligne eclyptique : ains y court de sa vitesse sans iamais l'habandonner soit a droicte ou a gauche. NY LES HAVTES EN BAS NY LES BASSES EN HAVT, c'est le mesme ordre, qui contient que toutes choses deputées au maniement, qui se faict en haut ne viennent iamais plus bas que leur charge, non plus que les basses peuuent aller en haut : mais chascune se contient en son reng soit les celestes en haut ou les terrestres en bas. ET QVE TOYTES CES CHOSES SOIENT FAICTES, O TRESCHER MERCVRE, TV N'AS PLVS BESOIN L'APRENDRE DE MOY : CAR CE SONT CORPS ET ONT AME, ET SONT MEVS, c'est pour donner a entendre a Mercure, que quelles puissances que Dieu aye mis en ses creatures immortelles, par lesquelles tant de gentz ont esté deceuz, & qu'elle subiection que la corruption de matiere aye produict es immortelles, elles ne doiuent l'vne a l'autre que l'obseruation des loix du iamais, & ame de l'vniuers conduicte par telle necessité, que l'vne ne peut estendre sur l'autre, que ce qui luy est donné. Et ce par ce que toutes sont choses faictes, composées, creées : & n'estoit besoin de le prouuer à Mercure ou luy aprendre. Car cy deuant il auoit assez entendu l'vniuerselle diuision de toutes choses : qui est receuë par tous bons philosophes tant Chrestiés, que gentilz, ou c'est Dieu, ou c'est creature : Dieu n'est que vn, les creatures sõt innumerables. Tout ce qui tient d'ame prouueuë de corps, ou de quelque maniere de corps que ce soit prouueuë d'ame, vie, ou mouuemẽt, tout ce doit tenir au reng de creature, & facture composée de diuersité, & contrarieté d'vnitez. Et par ainsi en toutes celles là n'y a que subiectiõ : & toutes doiuent obeissance a celuy, qui les a faictes. Dont s'ensuit, qu'il n'y faut estimer excellence, puissance, ny vertu, que celle, qui y a esté mise par son aucteur. Lequel par consequent est plus grand, & puissant. ET QVE CES CHOSES SOIENT ASSEMBLEES EN VN, SANS VN ASSEMBLEVR, IL EST IMPOSSIBLE, de tant qu'en toute assemblée, il y a diuersité, mesmes & contrarieté d'vnitez, comme nous l'auons cy deuant veu. Lesquelles tant a cause de leur contrarieté ou diuersité d'apetance & inclination, qu'elles ont en soy, ne se rechercheront iamais l'vne l'autre, ains se fuyent a leur possible. Puis donc que nonobstãt leur nature & apetãce, elles sont assemblées contre leur inclination, il est necessaire, que ce soit par l'actiõ d'vn aucteur & assembleur. Car sans l'assemblée il est impossible attendu que leur nature les pousse au contraire, & plustost en diuisiõ, que en assemblée. IL EST DONC NECESSAIRE QVELCVN ESTRE TEL, ET TOTALEMENT VN. Car puis que telle composition ne se peut faire sans aucteur, & neantmoins nous auons deuant noz yeux si grande multitude, frequẽce, & aparance de telles cõpositions : il nous est donc necessaire de confesser, qu'estant faictz & composés ces subiectz, ce n'a esté d'eux mesmes. Car ilz eussent esté auãt qu'ils fussent, ce que ne se peut. Ce a dõc esté par quelque autre, qui a ceste cause estant leur aucteur & commencement, estoit deuãt, qu'ilz feussent. Et dauantage il est necessaire, que c'est aucteur ne soit que vn & seul : a cause que nous voyons toutes ses compositions estre faictes de mesmes simples, & pour autres causes, que nous desduirons cy apres, Dieu aydant, par exemples & diuers argumentz.

Ou se treuue[nt] ce [qui a] vie [qui se] faict [en luy].

Diuision vniuerselle en ?oses & creatures.

Composition [par?] ?...

Conclusiõ que l'vn n'est que vn.

SECTION 9.

MAIS *de tant qu'il y a plusieurs, & diuers mouuements, & corps non semblables, & en tous mesme vitesse soit ordonnée : il est impossible y auoir deux ou plusieurs facteurs, veu que vn ordre n'est obserué soubs plusieurs. Car il s'ensuiuroit enuie du plus puissant enuers les plus imbeciles : & ilz debatroient. Et s'il y auoit vn autre facteur des animaux muables, & mortels, il eust voulu faire les immortelz de mesme maniere, que le facteur des immortels, les mortels. Or sus, s'il y a deux facteurs d'vne matiere, & d'vne ame, deuers lequel des deux sera-ce a donner la façon ? Et si c'est aux deux, auquel appartient la plus grand part ?*

COM-

COMMENTAIRE.

La saincte pensée a commancé a Mercure vn argument a luy faire cognoistre Dieu par les choses visibles, & sensibles: & conclud sa demonstration par l'impossible, c'est à dire, qu'il seroit impossible les choses estre comme elles sont sans luy. Or est il, que nous les apperceuons estre par noz sens: il faut donc, que ce soit quelcun, qui soit conducteur de cest ordre, auteur, & commencement du tout, atandu qu'il n'est aucune chose sans commancement. Il y a donc quelcun qui est ce commencement: MAIS DE TANT, QV'IL Y A PLVSIEVRS ET DIVERS MOVVEMANTS parmy ces corps celestes, & leurs spheres, que nous auons cy deuant repeté, tous estre dependantz d'vn premier mouuant, toutes-fois si diuers entre-eux, que non seulemant l'vn corps a mouuemant different auec l'autre: mais chaque corps seul a diuers & plusieurs mouuemantz executez par vn seul corps, en vne seule circulation, quelque fois alant a gauche, quelque fois a droicte, qui sont les declinations ou latitudes: quelque fois alant plus viste, selon qu'il aproche l'oposite de son Auge: quelque fois reculant ou retournant arriere par son epicycle en l'vne moitié, & en l'autre, alant plus viste que iamais.

A ceste cause les astronomes, qui en ont voulu obseruer les mouuemantz, ont esté contrainctz s'aider d'hypotheses, par lesquelles ilz ont suposé cercles, qu'ilz ont nommé Auges Deferentz, Æquantz, Epicicles, Dragon: a la Lune ont donné minutz proportionaux a Mercure. Cecy apartiét aux six: car le Soleil est celluy qui en a moins de tous, il se contente d'vn deferent, pour declarer ses Auges. A planés, qui est l'octaue sphere, outre son mouuemant iournel, elle a vn mouuemant de titubation, reglé sur les premiers poinctz equinoxiaus, d'vne neufiesme sphere, qu'ilz figurent pour paruenir a ceste theoricque. Et aucuns la tiennent pour veritable: & disent qu'ilz ont obserué quelque mouuemant different de certaines estoiles auec les autres: lesquelles ilz ont atribué a la neufiesme sphere. Et de la atribuent le premier mouuemant a vne dixiesme sphere, de maniere qu'il y a eu par les obseruations des gens de sçauoir si claire cognoissance de la diuersité des mouuemantz, qu'ont ces corps, non de l'vn a l'autre, mais chascun a par soy, que nous en tirons par leur cognoissance, le seruice & vtilité ordinaire tous les iours. ET outre ce, qu'ilz ont diuers mouuemantz, ilz sont CORPS NON SEMBLABLES: comme nous voyons aux estoiles fixes estre obseruée diuersité de grandeur, iusques a cinq ou six, selon que les hommes se sont plus esforces de les obseruer, le Soleil different de tous, si est bien la Lune. Les autres planetes l'vn est rouge, l'autre blanc, l'autre palle, l'vng plus grand & clair, l'autre plus petit, & obscur, ayantz tous entre eux telles diuersitez, qu'ilz se trouuent non semblables & differantz, combien qu'ilz soyent tous composez de mesme subiect, qui sont les elemantz, matiere commune a tous corps. ET EN TOVS MESME VITESSE SOIT ORDONNEE, c'est, qu'ilz reçoiuét l'ordre de leurs mouuemantz par mesme vitesse du premier mouuemant: lequel est si vniforme & regulier, continuant son mouuemant sans aucune alteration, changemant ou diuersité quelconque.

Mais combien qu'ilz ayent receu leur ordre par mesme mouuement & vitesse: ce neantmoins ilz n'ont laissé d'auoir diuersité de mouuemantz: a cause qu'ilz se sont trouuez situez entre deux cötraires effects: desquelz les plus proches ont plus prins que les plus esloignez. Nous voyons, que le dernier & plus haut ciel est tenu pour le premier mouuant. De l'autre part la terre, & region elemantaire, n'auoit de soy aucun mouuemant ou circulation, ains demeuroit ferme en son total: qui a esté cause, que les planetes, qui se sont trouuez plus proches du premier mouuant, ou bien rauissant, ont esté rauies de plus grande vigueur, que les plus esloignées, cöme Saturne, Mars, & Iupiter, & celles, qui se sont trouuez plus proches du repos de la terre, & region elemantaire, ont plus participé de son repos. Qui a esté cause, qu'elles ont plus resisté au rauissemant: a cause dequoy elles ont plus reculé; & paracheué plutost leur propre mouuemant de resistance: comme la Lune, Mercure, & Venus. Le Soleil, qui est au milieu de leur nombre, a receu des deux, asçauoir de la vitesse des superieurs, & du retardemant des inferieurs, ayant toutes fois la regularité de son mouuemant plus claire, que tous les autres. A cause dequoy, & pour l'vtilité, qu'on reçoit de son excel-

Cognoistre Dieu par choses sensiules.

Discours abregé des mouuemaz & celestes.

Differance entre les corps des astres.

Mesme vitesse conduit tous mouuemantz.

lence sur tous autres, les Astronomes ont fondé l'intelligence, & exposition des mouuementz & Theorique de tous les corps celestes, sur le mouuemant du Soleil: lequel a ces fins leur sert de subiect. Or donc attandu que nous auons monstré, qu'il est necessaire, que tout cest ordre soit conduict par quelquun, & qu'il y a diuers mouuemantz de corpz non semblables, tous esmeuz par mesme vitesse, IL EST IMPOSSIBLE Y AVOIR DEVX OV PLVSIEVRS FACTEVRS, aucteurs, ou conducteurs de cest ordre, VEV QVE VN ORDRE seul & s'acordant en vne conuenance ou harmonie, N'EST OBSERVE SOVBZ PLVSIEVRS, atādu que c'est ordre ne porte que mesme cōduicte, mesme commandemant, mesme volonté, puissance, & vertu: qui ne se trouue iamais en deux subiects, s'ilz ne l'ont receu d'vn seul. Parquoy il faut tousiours, q̃ ce premier soit seul, CAR s'ilz estoiēt plusieurs, IL S'ENSVIVROIT ENVIE DV PLVS PVISSANT ENVERS LES PLVS IMBECILES: car l'vn ayant force & vertu pour sauoriser l'ordre, l'autre demeurant arriere, il faudroit que le plus fort trainast son cōpaignon: & par ainsi il demeureroit seul maistre, ou pour le moings ILZ DEBATROIENT. Dont s'ensuiuroit pendāt leur debat interruption de l'ordre, lequel chascun tireroit a son action. ET S'IL Y AVOIT vn facteur des animaux immortelz & immuables, ET VN AVTRE FACTEVR DES ANIMAVX MVABLES ET MORTELZ, le facteur des mortelz EVST VOVLV FAIRE LES IMMORTELS DE MESME MANIERE, QVE LE FACTEVR DES IMMORTELS EVST VOVLV FAIRE LES MORTELS. C'est le debat qui escheoit communemant en toute conduicte d'ordre, qui n'est conduite par vne seule volonté.

Ce n'est pas, que nous n'ayons veu quelque ordre estre conduict par deux, ou plusieurs, sans interruption, mais c'est a cause que toute ceste pluralité reçoiuent vn obiect plus grand que chascun d'eux. Lequel obiect les domine, reuenant tousiours a ceste vnité, ce laquelle il est necessaire, q̃ tout ordre depēde, comme vne aristocratie, en laquelle tous ses gouuerneurs & conducteurs du peuple, dependant de ce commun desir de conseruer leur estat commun. Parquoy l'estat commun est plus grand & excellant, que chascun d'eux. De mesme en son contraire, qui est la democratie, en laquelle tout le peuple a vne telle opinion a la conseruation du commun, & luy porte telle reuerance & affection, que ceste vnique amour du commun les tient en accord: & lequel commun est plus grād que les particuliers, & qui en toutes manieres est reduict en l'vnité. OR SVS S'IL Y A DEVX FACTEVRS D'VNE MATIERE ET D'VNE AME, lesquelles choses conuient en toute creature viuante DEVERS LEQVEL DES DEVX SERA CE A DONNER LA FACON? ou duquel dependra, la forme, qui est principalle partie du subiect? ET SI C'EST AVX DEVX, AVQVEL APPARTIENT LA PLVS GRAND PART?

Car si c'est egalemant, qu'ilz facent toutes leurs actiōs, & conduicte, ils ne seront deux: ains ce sera vne mesme chose. Car pluralité porte differance en soy, pour le moins differance de nombre: laquelle de rechef depend de l'vnité, & par ainsi il faudra tousiours reuenir a l'vn & seul aucteur, & conducteur de tout ordre & mouuemant.

SECTION 10.

Pense en ceste maniere, Tout corps viuant estre composé de matiere & d'ame tant de l'immortel, que du mortel. & desraisonnable. Car tous corps viuantz sont proueuz d'ame: & les non viuants sont de rechef matiere de par soy. Et l'ame semblablemant repose de par soy deuers le facteur, estant cause de vie. Car toute cause de vie est des choses immortelles. Comment donc les animaux mortelz sont differentz des mortelz? Comment est ce, que l'immortel, & facteur de l'immortalité ne faict l'animal?

COMMENTAIRE.

Apres que la saincte Pensée a mis Mercure par les argumentz precedans en l'impossible, que tant d'actions, si puissantes & merueilleuses, conduictes par vn tant excellent ordre, fussent sans aucteur: & que cest aucteur fust pluriel, ains luy donne a entendre, qu'il est vn & seul: elle luy reprend encore vn autre argument sur les parties de la creature animale, & viuante, & luy dict, PENSE EN CESTE MANIERE, & cognois par ce, que tu as aprins, TOVT CORPS VIVANT ESTRE COMPOSE DE MATIERE ET D'AME, TANT DE L'IMMORTEL, QVE DV MORTEL, ET DESRAISONNABLE. Ce sont trois parties d'animaux, à sçauoir les immortelz & celestes: les mortels raisonnables, qui sont les hommes: & les mortels desraisonnables, qui sont les bruts. Considere, que tous ces trois animaux viuants sont composez de matiere, de tant qu'ilz ont corps, lequel ne peut estre faict, que de matiere, à cause que ce monde n'a autre estoffe à produire tout corps, que la matiere composée des elements. Ilz sont aussi composez d'ame pour la conduicte, & vie, & actions donnees au subiect: lesquelles choses estant intelligibles, ne peuuent estre maniées par le corps, ains par essence diuine & incorporele.

Argumens des parties viuantes.

Tout corps viuans composé de matiere & d'ame.

C'est donc vne ame, qui manie toutes actions & vie dans le corps, à sçauoir pour les immortelz & celestes, & animaux brutz, l'ame de l'vniuers les conduitant soubs les loix de nature vniuerselle, leur vraye ame, & pour les mortelz raisonnables, qui sont les hommes, l'ame particuliere separée de celle de l'vniuers, à cause de l'arbitre & charge, qu'elle a receu de son indiuidu. CAR TOVS CORPS VIVANS SONT PROVVEVZ D'AME, de tant que sans ame ilz ne seroient viuants, attandu que la vie, vraye essence diuine ne peut demeurer en vn corps sans y estre accompagnée de l'ame, dans laquelle elle habite. ET LES CORPS NON VIVANS SONT DE RECHEF, ayant finy leur vie, retournes EN MATIERE NVE DE PAR SOY, comme nous l'auons quelquefois dict, que apres la dissolution des parties diuines auec les materieles, c'est à dire, apres le despartement de la matiere & la forme, la matiere, qui est le corps, reprend derechef son chemin a retourner matiere nue, & a-par-soy, atandant que par renouuellement il luy soit donné vne autre forme: ET L'AME SEMBLABLEMENT REPOSE DE PAR-SOY DEVERS LE FACTEVR. C'est, que l'ame estant essence diuine se retire vers les parties du createur, soy separant de la matiere, qui est toute la retraicte, qu'elle a affaire, de tant que la seule separation d'auec la matiere, la remet en son vray estat, à sçauoir celle des animaux du monde en l'ame de l'vniuers, qui n'a aucun compte a rendre: & celle de l'homme a son iugement dependant de la charge, qu'elle a administrée, le tout hors de la matiere: de laquelle l'ame a emporté la vie. OSTANT en tout corps CAVSE DE VIE, en tant qu'essence diuine, à laquelle l'excellence de vie est ioincte, & non au corps. CAR TOVTE CAVSE DE VIE EST DES CHOSES IMMORTELES. C'est, que en vn subiect corporel il se faut asseurer, que la vie luy est donnée, & entretenue par quelque chose immortele: & qu'il n'apartient à la chose mortele d'auoir l'administration de la vie: mais toute chose qui sera en vn subiect cause de vie, sera du rang ou nombre des immorteles. Qui a esté cause, que Dieu ayant voulu donner vie au monde & ses parties de toutes manieres, il leur a deliuré de son essece vne ame immortele: en laquelle il a situé la vie, & toutes autres actions, & vertus seruants de forme à ce corps du monde, & ses parties. Laquelle ame a esté distribuée, comme nous l'auons dict en ame particuliere & vniuerselle, selon la nature des creatures, qu'il luy a pleu former, estant tousiours en icelles cause de vie. Et ces choses estant ainsi, COMMENT DONC LES ANIMAVX MORTELZ & subiects a dissolution SONT DIFFERENTZ en ceste partie DES MORTELS & dissolubles? attendu qu'en tous l'ame, qui est diuine, soy separant emporte la vie (dont elle est cause) auec elle, autant en l'vn qu'en l'autre, soit en l'homme son ame particuliere, soit aussi en tous autres viuans l'ame de l'vniuers. Et de tant qu'il n'y a qu'vn immortel, qui est le Dieu tout puissant, deuers lequel toute ame se retire, comme en sa vraye source, & de la vie qu'elle a auec soy, l'ayant separée du corps materiel, COMMENT donc IST-CE QVE NOVS dirons, que L'IMMORTEL (duquel nous voyons dependre l'ame & vie principale,

Ou est la vie & si l'ame.

Le corps sans vie retourné en matiere.

L'ame repose deuers Dieu.

L'ame cause de vie.

Toute cause de vie si chose si immortele.

Question de la difference des animaux mortelz.

partie de l'animal, & tout viuant, ET lequel nous voyons clairement estre FACTEVR, & cause principale, ou vraye source DE L'IMMORTALITE, en toute chose, en laquelle il luy a pleu la mettre) NE FAICT L'ANIMAL viuant, mortel ou immortel? attendu qu'il n'est nommé animal, que à cause de l'ame, qui luy aporte vie. Si nous auons donc reçeu, que l'ame & vie ne dependent que de celuy, qui est vn & seul, comment dirons nous qu'il appartienne à autre, que à luy, de former l'animal? veu qu'il n'est en pouuoir d'autre de luy donner ceste principale partie, de laquelle il porte le nom d'animal que à ce seul & vn. Certainemèt autre n'ayant en soy ceste partie principale ne se doit venter de la pouuoir dôner, & faire l'animal: parquoy nous confesserons, qu'il appartient au seul Dieu.

L'immorté faict les mortelz.

SECTION II.

IL est tres-manifeste, qu'il soit quelqu'vn, qui face ces choses, à sçauoir vn, de tant qu'il y a vne ame, vne vie, & vne matiere. Qui est donc cestuy cy? qui est il autre sinon vn Dieu? Auquel autre appartient il faire les animaux prouueuz d'ame, qu'au seul Dieu? C'est mocquerie. C'est donc vn Dieu. Or m'as tu confesé estre vn Monde, vn Soleil, vne Lune, & vne diuinité. Ce Dieu donc quätiesme veux-tu, qu'il soit? Il feroit donc toutes choses par plusieurs. C'est mocquerie.

COMMENTAIRE.

SI par tant d'arguments nous auons monstré, que toutes ces excellentes operations, & ce merueilleux ordre, & compatibilité obseruée entre tant de diuersité de choses, entr'elles contraires, dependent de quelque aucteur: & d'auantage que cest aucteur ne peut estre pluriel, mais vn, & seul: IL EST TRES-MANIFESTE, QV'IL SOIT QVELQV'VN, QVI FACE CES CHOSES, A SÇAVOIR VN. C'est, que ayant par tant d'arguments conclud, qu'il est vn, & seul, en qui telles vertus & puissances soient assises, il ne reste, que a particulariser, qui est cest vn, & seul, qui se puisse dire veritablement seul, sans compagnon ou maistre, si est il manifeste, quel qu'il soit, que c'est quelqu'vn, qui est digne de ces excellentes actions, & vertus d'operation: & qu'il n'est qu'vn, DE TANT QV'IL Y A VNE AME, c'est à dire, vne seule source ou condition d'ame, qui preside au corps composé de matiere, & forme. Ce n'est toutesfois, que vne essence diuine departie tant à l'vniuers pour sa couduicte, qu'à chascun des humains pour la conduicte de son indiuidu: ce sont plusieurs ames en diuers corps: mais ce n'est qu'vne mesme essence diuine, qui fournist à l'vniuers ce subiect vniuersel, gouuernant le monde, & ses parties, n'ayant arbitre: & si fournist au particulier de l'homme, petit monde, ce subiect pour gouuerner l'vniuers de sa composition, à la semblance du monde, n'estant qu'vne essence, distribuée en diuers subiectz, à la maniere des effects de Dieu, qui surpassent ceux des hommes, de ce point & plusieurs autres. Parquoy nous ne deuons rechercher, en quelle maniere semblable à noz operations, se faict ce despartement, & distribution de l'ame en diuers subiectz, n'estât qu'vne essence. Ce n'est pas, que s'il estoit, l'homme ne fust capable de l'entendre, & plus que cela: mais c'est que la comparaison n'attaint iamais des operatiôs de l'homme, à celles de Dieu, non plus que de l'action corporele, à l'intelligible. Les actions corporeles nous sont cognues encore non toutes, qui est cause que les ignorans, en partie nous cuidons, qu'il ne nous reste plus a entendre que effects, actions, & operations de ceste nature basse, comprenant seulemét les corporeles, ou des vertus closes dans les corps. Combien que à la verité, il nous en reste a entendre de tant plus excellentes, vigoureuses, diligentes, sans mouuement, ny autre subiection corporele, que quand nous y aurons bien pensé, nous trouuerons que toutes noz cognoissances, & considerations des choses subiectes à nature basse, & de la region elementaire, ne sont que pueriles, ayant esgard aux intelligibles. Côme par exemple, il nous souuiendra de ce, que nous auôs dict, que

Argument concluant l'vnité de Dieu.

Vne seule source d'ame.

L'homme ne doit rechercher ce qui n'est.

L'estude de sensible nuit a l'intelligible.

dict, que l'ame s'aydant de l'intelligence & cognoissance, qui luy a esté donnée, se trouue portée sans aucun mouuement ny temps, en Orient, en Occident, au ciel, en terre, en vne ville en vn rochier, dans des sciences, & cognoissance, sans y aller par aucun temps, ou mouuement: mais elle s'y trouue cōme y estant de son naturel, qui est d'estre par tout a la fois. Chacun aperçoit en soy, ceste action, que retirant son Esprit, & pensée, voire de l'octaue sphere, pour la mener au fons d'vne caue, il n'y met point de temps, ny mouuement aucun, non plus que la remuant de la chambre au cabinet: combien que les distances sont si diuerses, que s'il y auoit temps ou mouuement, il seroit bien aisé a en voir les differances.

Cōmēt l'intelligible excede le sensible en action.

Actions intelligentes n'vsent de tēps ny mouuemēt.

Ce n'est donc merueille, si les operations des essences incorporeles sont effectz d'autre & plus excellente nature, que les corporeles. Dont nous retirerons (retournant a nostre propos) que l'ame estant essence incorporele, il n'est merueille, qu'elle soit sans estre, que vne mesme distribuée a la particularité des corps, non plus que la pensée de l'homme n'estant que vne, se trouue particularisée en tāt de diuers, distants, & differāts subiectz, sans mettre temps ou mouuement de l'vn a l'autre, chose merueilleusement differente de toutes noz actions, & cognoissances, soit de nature elemētaire, des mineraux, plantes, natures d'animaux, obseruations de natures celestes, & leurs effectz, actions, & mouuementz. Ilz sont tous corps & par consequent plus bas & indignes, que l'intelligence & pensée, qui la produict en l'homme. Il y a donc vne essence d'ame, VNE essence de VIE, laquelle est essence diuine, inseparable de luy, communicable toutesfois, comme l'ame a tous subiectz, qu'il luy plaira: c'est la nature des essences diuines, lesquelles sont diuerses, & infinies en productiōs d'effectz, & toutesfois en Dieu ne sont que vne essence: elles sont en tous, & par tous subiectz a la fois: & neātmoins les communicant sont inseparables de leurs origine, & vraye source. Ce benoist sainct Esprit de Dieu donné a l'homme en sa composition, luy auoit aporté vie eternele, & l'hōme l'ayant perdue par son defsaut, il seust dict, que c'est Esprit de Dieu ne demeureroit plus eternellement en l'hōme, cōme il y auoit esté mis, ains en seroit separé par mort, ne le pouuāt estre autrement l'homme ayant perdu la vie eternelle par son deffaut, le filz de Dieu s'est cōioinct a luy, prouueu qu'il l'y veulle receuoir, & luy a raporté ceste vie eternelle, cy deuant perdue par son arbitre, affin que semblablement par iceluy elle soit receue en luy. Ceste vie est vne essence de l'Esprit de Dieu, donné a l'homme, laquelle n'estant que vne, & d'vn seul sainct Esprit, est neantmoins despartie en toutes personnes. ET semblablement il y a VNE MATIERE, laquelle est commune a toutes choses corporeles. Nous auons quelque fois cy deuant dict, que Dieu ayant separé de ses essences la matiere pour seruir de differance, composition, & pluralité d'vnitez en toutes creatures, qu'il deliberoit composer, pour ne la laisser tomber, a cause de ceste separation, en subiecte priuation, il luy donna non proprement essence, qui n'appartient que a luy seul: mais luy donna perpetuele materialité, a celle fin que cōbien qu'elle n'eust l'essence, qui l'eut conseruée en Dieu, pour le moins il luy demeura ceste perpetuele materialité, ou habit de matiere, qui la preserua perpetuelemēt de tomber en priuation, ou aneantissemēt, & totale abolition, & ce a celle fin, qu'elle seust conseruée, & se trouuast presente a receuoir les formes, qu'il plairoit a son createur luy imprimer. Et depuis nous auōs bien aperceu, qu'il ne luy est demeuré essence, de tant qu'essence est hors de toute subiection de mouuement, ou mutation, & changement: a quoy la matiere est totalement adonnée, & obeissante, demeurāt tousiours en son habit de matiere, subiecte a infinies actions, passions, & toute maniere d'imperfections, reserué le seul abolissement, ou aneantissemēt, & perdition: ains demeurera tousiours matiere, cōseruée pour estre cōmune a toutes creatures, distribué en quatre elemēs, cōuenans tāt a la cōposition du mineral brut, homme, corps, immortels, que autres creatures: dont s'est ensuiuy, que les dialecticiens en leurs disputes disent communement, que la matiere du prince n'est differante de la matiere de l'asne, c'est que toute matiere est des quatre elementz, & sans ceux là n'en y a aucune autre. Combien qu'il y aye eu quelques opinions, qui ont mis auant, vne quinte essence de la matiere celeste, ne pençant que noz quatre elementz fussent capables de porter si belle œuure. Ce qui est faux, comme nous l'auons declaré, parlans de la composition des corps celestes. Il y a prou d'action & subtilité en noz quatre elementz, pour former ces corps d'iceux, voire & plus excellentz qu'ilz ne sont, si le sainct operateur, qui les a bastis l'eust autrement deliberé. A cause de quoy nous ne ferons doubte, que toute matiere soit vne, & yssue de mesmes elemētz, destinés pour matiere commune a toutes creatures, & compositions, ou factures.

La chose incorporele se cōmunique a diuers sans diuision.

La chose incorporele n'est que vne.

Genes. 6. a

Il n'est que vne vie.

Vne origine de matiere pour toutes creatures.

Matiere de soy n'a vertu que conseruation.

Matiere est conseruée en ses passions.

Quinte essēce mal cuitée.

SVR LE PIMANDRE DE

Conclusion qu'il n'y a que vn origine & aucteur.

Or donc puis qu'il nous apert, qu'il n'y a que vne ame, conduisant tout subiect, vne vie dans laquelle il faict toutes ses actions, & mouuementz, & vne matiere commune a toutes creatures, & qu'il n'y a en tout ce monde que cela, c'est asçauoir creatures basties de matiere, & forme, qui porte en soy les essences diuines, quelles possedét, & que toutes sortent, & procedent d'vn premier subiect, QVI EST DONC CESTVY-CY? QVI EST IL AVTRE SINON VN DIEV?

La vraye vnité s'portient au seul Dieu.

Nous ne pouuons faillir de suiure en cela l'ancièe opinion generale de toutes nations: c'est que ce qui est plus digne d'estre veneré, estimé, craint, aymé, & adoré, soit Dieu: ilz ont tresbien opiné tous en ce propos: vray est qu'ilz n'ont pas tous bien choisi, qui estoit celuy là. Car la plus part ont pensé que ce feust vn subiect comprehensible, & pouuant estre aperceu des sens, qui dominoient les corps & pensées des hômes, qui estoit cause qu'ilz ne pouuoient aprocher de sa cognoissance, & par ceste faute ilz prenoient des creatures (comme dict sainct Pol) au lieu du createur, qui ne peut estre cognu, ou entendu, que par la pure pensée, separée des abus, & tromperies des sens. Mais en estant bien separée, & reduicte en vraye contemplation, il n'y a aucun doubte, qu'elle ne s'accorde bien a ceste responce. Qui est il autre, sinon vn Dieu souuerain bié, duquel sont yssues toutes matieres, formes, & cópositions? Qui est il autre, que vn Dieu, duquel sortent toutes heures, & iours tant de bien faictz en ses creatures? AVQVEL AVTRE APPARTIENT IL FAIRE LES ANIMAVX PROVVEVX D'AMES, composez de la matiere visible, yssue de ses choses inuisibles, & de forme procedát de ses diuines essences, & d'operation executée par ses diuines efficaces, & vertus? Auquel doit estre referé c'est honneur, QVE AV SEVL DIEV, qui n'a maistre, ny compagnon, soit en puissance d'actió, ou abondance de bien? Penserions nous attribuer c'est honneur a vne creature, comme a vn Iupiter, qui est referé auoir esté le plus meschant, & execrable en ses faictz, duquel il aye iamais esté faict mention? C'EST MOCQVERIE.

Rom. 1. c

L'incorporel n'est aperceu que par l'incorporel.

Le seul Dieu createur.

Argument d'inconueniát on mespris.

Ou bien donnerions nous c'est honneur a vne autre creature, corps celeste, lequel tant s'en faut qu'il aye en soy aucune propre vertu d'action, ou operatió, que tout ce qu'il en a, il ne le possede, que en charge & dispensatió, pour executer la loy, qui luy est prescrite par son createur? C'est mocquerie d'attribuer l'honneur du createur a creature quelconque. Penserions nous attribuer c'est honneur au cas, ou euenement fortuit, qu'on nomme fortune, faisant ses effectz par toute priuation de vertu, & puissance, & contre tout ordre, & raison sans aucune consideration de merite, ou desmerite, & auec toutes ses imperfections, luy attribuer l'honneur deu au seul Dieu? c'est mocquerie. Il n'est donc autre, auquel cest honneur d'auoir basty toutes creatures de matiere elemétaire, de forme de ses essences, & d'operation de ses efficaces appartienne. C'EST DONC VN DIEV, auquel tous ces hôneurs, & excellences, grandeurs, & boutez seront refferées. OR M'AS TV CONFESSE ESTRE VN MONDE, qui cóprend toutes choses composées de ces trois parties, a l'imitation de son aucteur, asçauoir matiere, forme, & composition: VN SOLEIL duquel, & par son ministere nous receuons la lumiere de ce bô Dieu en toutes noz operatiós: VNE LVNE, vn chascun des autres corps celestes, tous ministres de ce bon Dieu a la conduicte & gouuernement de ses creatures morteles, & materieles: ET VNE DIVINITE, de laquelle toutes choses prenent, & recoiuent leur vie, actions, & mouuemétz. CE DIEV DONC, que tu vois estre vn & seul veritable aucteur commencement, & moderateur de toutes choses. QVANTIESME VEVX TV QV'IL SOIT? Entendz tu qu'il soit en soy, aussi multiple, comme sont ses actions, & vertus? Penses tu qu'il aye en luy, ou auec luy autant de dieux differentz, & qui luy aident a faire ses operations, comme il en sort d'actions, & effectz? Penses tu cófirmer les abus des poetes, lesquelz voyans le ciel, les ventz, la mer, la terre estre gouuernez par certaine prouidáce, ont estimé y auoir autant de dieux, qu'ilz ont apperceu d'effectz? Comme vn Iupiter au ciel, Æolus aux ventz, Neptune a la mer, & Ceres a la terre, & infinis autres, selon la diuersité & multitude des actions, faisant pareille multitude de dieux? Si tu entédz donc qu'il soit ainsi multiple en luy, & non vn, & seul Dieu: IL s'ensuiuroit, qu'il FEROIT DONC TOVTES CHOSES PAR PLVSIEVRS, & non par luy seul, & qu'il auroit plusieurs compagnons en ses actions, & operations, ayant pareille vertu, & dignité, ou grádeur a la siene. C'EST MOCQVERIE: ce seroit n'auoir rien entédu de sa cognoissáce, & se retourner aux fables anciénes, produicte, parmy les hômes d'ignoráce, & oisiueté. C'est mocquerie d'employer ces excellétes vertus de l'Esprit de Dieu donné a l'homme, si sinistrement, que d'attribuer l'hôneur du createur a la creature, & bailler compagnon a celuy, qui est seul commencement de soy mesmes, & de toutes choses, createur & dominateur de toutes choses: c'est mocquerie.

Vn Dieu, vn monde, vn Soleil.

Dieu seul en operation.

Abus des dieux des ansiens.

Dieu pluriel en effect, vn en action.

SECTION 12.

Quelle difficulté est ce a Dieu de faire vie, ame, immortalité, & mutation, veu que tu fais tant de choses? Tu vois, tu ois, tu parles, tu sentz, tu touches, tu chemines, tu entendz, tu soufles. Et de vray, ce n'est pas que l'vn voit, l'autre oit, l'autre parle, l'autre touche, l'autre sent, l'autre chemine, l'autre entend, l'autre soufle: Mais c'est vn, qui faict toutes ces choses. Veritablement ces choses ne peuuent estre faictes sans Dieu. Et tout ainsi, que si ces choses vacquēt en toy, tu n'es plus animal: de mesmes, si les autres vacquent en Dieu (qui n'est licite a dire) il ne sera plus Dieu.

COMMENTAIRE.

LEs actions & operations de Dieu a cause de leur excelēce, sont si differantes des operations humaines, que difficilemant l'hōme en peut comprendre que biē peu. QVELLE DIFFICVLTE EST CE A DIEV DE FAIRE VIE, AME, IMMORTALITE, ET MVTATION? c'est vne commune maniere de parler, de laquelle Mercure vse, proposant ces actions diuines pour exemples, & non pour declarer les actions, quelles elles sont. Et ce de tant qu'il propose, Dieu faisant vie, ame, & immortalité: cōbien que ces choses estant pures, intelligibles, & eterneles en Dieu, ne peuuent estre faictes: car les choses faictes se font par le temps, & sont materielles: a ceste cause il ne s'entend en c'est endroit, que Dieu face l'ame, ny la vie, ny l'immortalité, cōme il feroit vne creature. Ce ne sont creatures faictes: mais sont essences incrées, & eternelles en Dieu, lesquelles sont communiquées aux creatures par temps, les apropriant a leur bastiment, & composition, ou creation, ou facture: a ceste cause lors que Dieu infond ses essences, & vertus ez creatures, cōme l'ame, la vie, son sainct Esprit faisant la creature, nous disons, parlant improprement, ignoramment, ou humainement, que Dieu faict lors l'ame, la vie, l'immortalité au lieu de dire il faict l'animal auquel il dōne ame, vie, ou immortalité, comme il est dict, La premiere de toutes choses, a esté crée la sapiēce: il l'a creée au sainct Esprit. Qui est vne encienne maniere de parler, prenāt faire, créer ou bastir pour cōmuniquer, produire, exhiber &c. & non pour ce que nous prenons faire, attendu qu'il est notoire a chascun, que la sapiēce, ou autre partie du sainct Esprit ne receust iamais creation, ny a esté facture. Quelle difficulté donc luy est il de mettre auant en ses cōpositions, & creatures, vie, ame, immortalité ou autre maniere de vertus, efficace, ou actiō en vn subiet? Il ne peut luy estre aproprié aucune difficulté: ce n'est pas comme a l'homme, qui ne faict aucune operation, qu'il n'y trouue difficulté, vne, ou plusieurs resistances, soit en l'ordōnance, & dispute, qui se faict en son entēdement, ou bien en l'execution, par le deffaut de la matiere, ou bien par ignorāce de ses cōditions, & qualités. L'hōme y trouue si ordinairement tant de resistāces, que souuent il est contraint de laisser son œuure imparfaicte, ou bien ce qu'il paracheue n'est guere bien conduit a la fin de son premier dessaing: & ce a cause des imperfections qui sourdent parmy ceste matiere, en si grāde abondāce, que l'esprit de Dieu, qui est en l'homme, est totalemant empesché de faire operation quelconque parfaicte. Ce n'est ainsi de l'operation de Dieu pur, & non enuironné de matiere.

Car il ne trouue difficulté, resistāce, surprinse, imperfection, ny autre empeschemant, tant soit il petit, en aucune de ses actions, a cause que toutes choses luy doiuent obeissance, n'y ayāt aucun pouuoir, ou moyen de luy desobeir, & par ainsi la seule resolution de son arbitre, qui est sa volonté arrestée, porte en soy l'operation, & execution de l'effect executé par vne seule vertu, qui contient en soy tant la prudence, pour l'ordonner, la puissance pour le mettre en effaict, que le soing pour l'etretenir en son progrez, sans aucun trauail, peine, ou difficulté quelcōque, reuenāt a ce bon Dieu son createur. Quelle difficulté penses tu donc, qu'il soit a Dieu n'estāt qu'vn, de produire diuers effaictz? Compreds que en sa seule vnité, il cōprēd vne telle vertu, & puissāce, que par celle seulle, il produict tant, & si diuers effaictz qu'ils sont immunerables en multitude, & infinis en puissance & grandeur.

458 SVR LE PIMANDRE DE

Comparaison de Dieu à l'homme.

Et pour te rendre ce faict plus familier, pense s'il ne luy doit estre aisé, & facile de produire, de son vnité tant de diuers effectz, VEV QVE TV, en ta seule vnité, de ton indiuidu, FAIS TANT DE CHOSES? C'est comme dict Dieu par Isaye, Asçauoir si moy qui fais enfanter, ie n'enfenteray pas? & si moy donnant la generation aux autres seray sterile? Car toy n'estant que vn homme, si tres-esloigné des puissances, & moyés qui sont en Dieu, a cause de ton imperfection, ce neantmoins TV VOIS, TV OYS, TV PARLES, TV SENTS, TV TOVCHES, TV CHEMINES, TV ENTENDS, TV SOVFFLES, qui sont tous effectz diuers: parquoy si tu voulois dire, qu'il y eust en toy autant d'hommes, comme il y a de diuers effetz tu abuserois.

Isaye.66.a

Exemples des actions corporelles.

ET DE VRAY CE N'EST PAS QVE L'VN VOIT, L'AVTRE OYT, L'AVTRE PARLE, L'AVTRE TOVCHE, L'AVTRE SENT, L'AVTRE CHEMINE, L'AVTRE ENTEND, L'AVTRE SOVFLE, comme personnes diuerses & desparties: MAIS C'EST VN seul homme, QVI FAICT TOVTES CES CHOSES, & ce par le moyen des actions & vertus de Dieu, qui luy ont esté communiquées en sa composition. Parquoy nous deuons tant cognoistre par l'intelligence, que nous auons de la nature de l'homme, que VERITABLEMENT toutes ces choses ne peuuent estre faictes en l'homme, & par l'homme, SANS DIEV: duquel il possede les vertus & actions, par lesquelles il produit toute ceste multitude d'effectz, & par le moyen desquelles il est dict homme: & lequel doit cognoistre que son estre ou habitude d'homme depend totalement de ces conditions, & efficace de produire telz effects. ET TOVT AINSI QVE SI CES CHOSES, vertus, & efficaces de produire ces effects, VACQVENT, sont oisiues, & de nul effect EN TOY, TV N'ES PLVS homme, voire ny ANIMAL, ains cōme vne souche ou corps sans vie: DE MESME SI LES effects procedants des AVTRES vertus & puissances diuines, & & choses dependans de Dieu, que nous auons cy deuant dict, comme infusion de vie, ame, immortalité, creation d'animaux, & autres creatures subiectes à mutation VACQVENT, & sont de nulle puissance, effect ou vertu EN DIEV, QVI seroit chose temeraire, blaspheme, & N'EST LICITE A DIRE, pour n'entrer en totale peruersion de iugement, IL NE SERA PLVS DIEV. C'est l'argument que Dieu faict à Mercure de la comparaison de la creature, en laquelle Dieu a mis quelque partie de ses energies, efficaces, & vertus: selon la cōdition qu'il a pleu à Dieu, aucteur & vraye source de toutes ces energies, efficaces & vertus, luy despartir par les executions & effects produicts par la puissance & moyen de ses vertus. Car cōme l'homme qui n'est dict homme qu'à cause, qu'il parle, voit, oyt, entend, & faict tous autres actes appartenans à l'homme, ne peut estre homme s'il est sans tous ces effectz, & moyen de les executer: ou bien comme l'animal n'est l'animal, sans vie, mouuement, sentiment, & autres actions necessaires à son estat: tout ainsi nous dirons par maniere d'argumēt & comparaison, qui autrement ne seroit licite, que s'il estoit possible, que Dieu fust sans puissance, ou moyen de creer, donner ame, vie, immortalité, essence, efficace, pensée, iugement, & infinis autres biens, qu'il a donné & donne toutes heures & iours, à ses creatures, il ne seroit plus Dieu. De tant qu'il seroit priué de toutes actions & vertus produisants effectz de diuinité, & par lesquelz il est Dieu. Car il n'y auroit toute puissance, s'il y auoit chose qu'il ne peut: il n'y auroit toute bonté, s'il cessoit à faire bien à ses creatures: il ne seroit immortel, s'il ne donnoit immortalité à ses essences, & vertus. Dequoy sa grace & mercy nous voyons le contraire, par la manifestation de ses graces & bontez, qui sans intermission pleuuent ordinairement sur nous, & toutes ses autres creatures.

Sans effectz corporelz l'hōme n'est animal.

Sans toute maniere d'actions Dieu ne seroit Dieu

Conclusion de la cōparaison.

SECTION 13.

Car s'il est demōnstré que tu ne peux estre rien, si ces choses vacquent: combien plus fort Dieu. Quand bien il seroit quelque chose, qu'il ne fist (toutesfois n'est il licite à dire) il seroit imperfaict: & s'il n'est d'autrepart oisif, ains parfaict, il faict donc toutes choses. O, Mercure, abandonne toy mesme à moy, par vn peu, & tu cognoistras

gnoistras facilement l'ouurage de Dieu estre vn, à sçauoir que toutes choses, qui se font, soient faictes: ou celles qui sont vne fois faictes, ou qui à l'aduenir seront faictes. Et cecy est (ô trescher) Vie, cecy est Beauté, cecy est Bien, cecy est Dieu.

COMMENTAIRE.

LA Pensée continuant son argument à Mercure, luy declare, CAR S'IL EST ainsi DE-MONSTRE, comme tu as entendu, QVE TV NE PEVX ESTRE RIEN, SI CES CHOSES VACQVENT en toy, c'est aſçauoir toutes tes actions, mouuementz, & particuliers effectz de ta personne, par lesquelz tu es ce que tu es, si tous ceux là se retirent de toy, il ne te demeurera plus que le corps materiel, sans forme, prest à s'en retourner en ses premiere vnitéz elementaires. Ce ne sera plus donc rien de toy, qui ne peux prendre ton estre ou habitude, que de ces conditiōs & actions qui te sont données. COMBIEN donc PLVS FORT DIEV auquel faire & créer toutes choses, & bien faire en tous temps à ses creatures, est propre, n'appartenant a autre quelconque, qu'à luy seul, & duquel l'imperfectiō seroit aussi grāde (d'en perdre la moindre action, ou puissance d'vne, voire la moindre de toutes ses actions, a cause de la grandeur, dignité, excellence, & perfection de l'operateur) que celle de l'homme ayant perdu toutes celles, qui luy sont données: de tant que l'homme les ayant perdues, il luy reste encore autre qui les luy puisse rendre. Ce qui n'est ainsi de Dieu, lequel s'il estoit possible qu'il eust perdu la moindre de ses actions, vertus, ou puissances de tousiours operer, & conferer incessammēt bien a ses creatures, il ne luy resteroit autre, qui les luy peut rendre: de tant que tout est en luy & vient de luy, la perte en seroit sans comparaison plus grāde. Ou QVAND BIEN IL SEROIT possible de nommer QVELQVE CHOSE, QV'IL NE FEIST soit immediatement, ou par moyen, perdāt ceste partie de l'infinitité de ses actions, & puissances (TOVTESFOIS pour l'honneur & reuerance que nous luy deuons, si ce n'estoit pour nous seruir de cest argument & manifester ses bontés, & vertus, N'EST IL LICITE A LE DIRE) IL SEROIT IMPARFAICT, de tant que toute perfectiō gist a ne laisser rien derriere, ou bien en compliment, de maniere que la chose qui laisse ou pert quelque partie de son estat, soy trouuant manque de ceste part en est dicte imparfaicte. Ce grand Dieu donc duquel sortent toutes actions, vertus, operations, bien faictz, & bontés, soit il par ses operatiōs merueilleuses, ou par le moyen de ses creatures, lesquelles n'ont autre action, vertu, ou puissance d'operer, que celles, qu'elles tiennent en ministere de ce bon Dieu, s'il estoit possible, qu'elles feissent quelque operation, qui ne feust de ses actions vertus, & puissances, celle là passeroit d'autant son excellence, a cause de quoy en ceste part il seroit estimé imparfaict, comme ne pouuant attaindre a ceste operation. Et prenant l'argument au contraire, S'IL N'EST D'AVTRE PART OISIF AINS PARFAICT, & qu'il ne soit aucune operation, en laquelle il soit oisif, c'est à dire qu'elle se face sans ses actions, & vertus: ains se trouue operant en toutes, & par consequent parfaict, nous pourrons seurement dire QV'IL FAICT DONC TOVTES CHOSES, ou par le ministere de ses creatures, ou par ses puissances merueilleuses, comme il est escript, Toute puissance est de Dieu. Et par ainsi O MERCVRE A-BANDONNE TOY MESMES A MOY, car tu sçais ǭ ie t'ay tousiours aprins, que tu ne peux auoir intelligence, ny cognoissance, si tu ne la reçois de moy. Ie vois qu'à cause de l'arbitre, que ie t'ay donné d'incliner celle part, qu'il te plaira vers le mōde & matiere, ou deuers moy & mes sainctes & tresutilles admonitions, tu t'amuses a cōsiderer ce, que tu vois parmy les confusions du monde, soit pour le secours corporel de tes parens, & ton peuple, soit pour pouruoir a tes necessités, soit aussi pour t'enquerir des secretz de nature. Or combiē qu'il n'y aye rien de mal en ces occupations, & toutesfois elles te retirent de la contemplation & profonde intelligence de mes grandeurs, & excellēces: combien donc plus fort t'en retireroiēt les pensées, que tu pourrois employer aux abus, & superfluités, ou concupiscences, qui te pourroient aduenir de toutes choses materieles, non necessaire a ta vie, & estat, que tu dois exercer: elles te riendroient de telle maniere, que tu te trouuerois en mes contemplations, & intelligences de mes effectz, comme vray sourd, aueugle, & muet, & sans aucun moyen

Sans les parties de la forme l'estre se perd.

Dieu sans ses essences ne seroit essence.

L'essence d Dieu consiste en la perfectiō de toutes choses.

Argumēt illicite prins pour esclaircir.

Argumēt contraire par priuation de vice.

Le sainct Esprit demande à Mercure s'a-bandonner a luy.

de rece-

Dieu veut l'hôme se fier en luy.
Psal. 54. d

Prouer. 23. c

1. Para. 22. d
Sap. 6. a

de reçeuoir doctrine, ou profitable enseignement. A ceste cause abandonne toy à moy, & iette y du tout ta fiance, soin & solicitude, côme il est escript. Ce n'est pas que ie vueille que tu quittes toutes actions, & operations necessaires à l'exercice de ton estat, & vie: car toutes choses ont leur temps, mais il est raison de faire quelque fois poser ces soins, & si frequentes solicitudes, pour employer l'intelligence à la nourriture de l'ame, principale partie, & president à la composition de l'homme. Abandonne toy donc à moy, comme il est dict, mon filz donne moy ton cœur, & si bien tu ne peux pour tousiours, pour le moins que ce soit PAR VN PEV, t'asseurant que si tu ne veux de la matiere, que ce qu'il t'en faut pour ta necessité, tu auras prou temps pour y penser, plus que ton besoin n'en requerra. Parquoy ne regrettes à t'abandonner à moy, par ce peu que ie t'en demande: donne moy ton cœur, comme disoit Dauid, aux princes d'Israel: Donnez voz cœurs & voz ames a rechercher Dieu. Et la Sapience, Donnez voz aureilles, vous qui gouuernez les multitudes. ET TV COGNOISTRAS FACILEMENT L'OVVRAGE DE DIEV ESTRE VN: ascauoir estre vne volonté acompagnée de telles actions, vertus & puissances, qu'elle porte en soy ceste efficace, QVE TOVTES CHOSES QVI SE FONT ordinairement en tout ce monde, soit par l'operation des creatures, ministres des efficaces de Dieu, ou biē par l'operatiō des corps immortelz, executeurs de nature basse, ou bien par l'operation immediate du S. Esprit, SOIENT FAICTES, declarant par la, que l'œuure de Dieu ne cōsiste en mouuement, peine ou trauail de l'acteur, mais en sa seule volonté, laquelle acōpagnée de toutes vertus, actions, & puissances trouue toutes choses si tres-obeissantes, que tout ce qui se faict est executé & mis en effect, par ceste volonté diuine, pour grand remuement de matiere qu'il y soit requis: car autant luy est il d'operer en la formis, qu'au corps du Soleil, & aussi peu de difficulté en l'vn, qu'en l'autre. Parquoy ceste operation se faict par moyens intelligibles, & du tout insensibles, qui ne laissent portāt d'auoir l'action & vertu de remuer la pesanteur, & dureté, ou solidité de la matiere, de plus grande & differente puissance, à celle qui est assise dans les corps viuants, pour l'acōpliment de l'operatiō en toutes choses, soit OV EN CELLES QVI SONT VNE FOIS FAICTES, OV QVI A L'ADVENIR SERONT FAICTES: de tant que l'ordonnance, intelligēce, & dessein de toutes choses est tousiours presente à Dieu, tant passées que futures, & l'effect ou execution des materieles, qui sont subiectes au tēps, est acomply en son temps, ordonné par ceste diuine volonté. ET CECY EST, O TRES-CHERE VIE, CECY EST BEAVTE, CECY EST BIEN, CECY EST DIEV, lequel ne pouuant estre cōprins de nous, que par la cognoissance que nous reçeuons de luy, par la cōprehension de ses effectz, nous ne pouuōs cognoistre de luy que sa volonté, par laquelle nous voyōs toutes choses estre produictes, soustenues, & entretenues, & par ainsi nous cōsiderons que Dieu est ceste volonté, acōpagnée en mesme subiect de toutes actiōs, vertus, & puissances dē mettre toutes choses en effect, les soustenir, faire durer & entretenir durant leurs cours, soient choses morteles ou immorteles, soient temporeles ou eterneles.

L'œuure de Dieu n'a tēpsny mouuement.

L'effect de toutes choses comméce en Dieu de iamais.

L'action inuincible continuee biēfaisante à tous est Dieu.

Ceste supreme action, vertu & puissance, disposée par la volonté de ceste eternele prouidence en toute distribution de bien faict, cōprenant en soy tant toute chose intelligible, que corporele, tant les effectz passez, que à l'aduenir, & laquelle action, vertu, puissance, & volōté n'est qu'vne simple & pure essence, capable de toutes choses: c'est ceste vie, que Iesus Christ s'est declaré estre, c'est la Beauté, qui consiste és apparances de Bonté, comme nous a dict cy deuant Mercure, c'est la bonté mesme, de laquelle toutes creatures reçoiuent estre, vie, & soustenement, voire & tout bien faict, c'est en fin ce Dieu souuerain, createur, facteur, & moderateur de toutes choses, en la main, & soubs la conduicte, & bonté, ou misericorde duquel toutes choses sont soubmises. Voila la cognoissance q̄ nous auōs de Dieu, laquelle il nous est si malaisé d'exprimer, a cause de l'infinité du subiect, & aussi a cause de l'infinité de la pésée ou intelligence, qu'il a mis en l'homme: que tout ainsi que la pensée ne peut exprimer par parole tout ce, qui est en luy: de mesmes ne peut elle exprimer tout ce, qu'elle en peut cognoistre, à cause, comme nous disons de l'infinité des deux subiectz dependans l'vn de l'autre, à sçauoir la pensée de l'hōme dependant de Dieu souuerain, cōme estant son S. Esprit mis en la creatiō ou cōpositiō de l'hōme. A ceste cause ces infinitéz de ces deux subietz, nous donnēt ocasion de ne trouuer iamais fin d'anoncer les grandeurs, excellences, & vertus de ce bon Dieu: lequel tous les iours, sans iamais en esperer fin, iusques a ce qu'il se reuele du tout, il se manifeste de plus en plus à l'intelligence humaine, a laquelle conuient propremēt de croistre & continuer tous les iours en sa cognoissance, & la manifester.

Parolle n'exprime que l'entrée de cognoistre Dieu.

A l'intelligēce appartient l'estude de cognoistre Dieu

SECTION 14.

ET si par effaict tu veux le cognoistre : considere ce qu'il t'aduient, voulant engendrer. Mais ce qui t'aduient n'est semblable a ce qui luy aduient. Car il ne reçoit delectation, & n'a aucun autre cooperateur : de tant qu'estant ouurier de par soy, il est tousiours en l'œuure, luy estant ce qui faict. Et s'il est separé d'icelle, il est necessaire toutes choses estre subuerties, toutes choses mourir, comme n'y estant la vie. Mais si toutes choses viuent, & qu'il y aye vne vie, il est donc vn Dieu. Et de rechef si toutes choses sont viuantes, tant celestes que terrestres, & leur vnicque vie soit de Dieu, & qu'elle soit Dieu : il s'ensuit que toutes choses sont faictes de Dieu, mais la vie, est conionction de pensee & d'ame. Mort n'est pas abolition des choses composees, mais c'est dissolution de la coniunction.

COMMENTAIRE.

Dieu ayant declaré a Mercure la maniere de son operation, en ce qu'il en pouuoit comprendre, qui est la presence de Dieu estre tellement en l'operation, que non seulement la vertu, action & efficace d'operer est en Dieu : mais Dieu est ceste vertu, action, & efficace mesme, qui crée, qui donne vie, mouuement, action & vertu, chose bien differête de l'operation que faict l'homme, auquel est necessaire s'ayder de choses alienes & estrãges de luy, comme d'autres personnes, animaux, plantes, instruments & diuers autres moyés, sans lesquelz sa besoigne demeureroit imparfaicte : côme l'homme ne pouuant operer de sa propre vertu seule, sans autre aide ou secours. ET SI PAR EFFAICT, O Mercure, TV LE VEVS COGNOISTRE, moyennãt les choses, qui sont tous les iours en ta presence, & que tu mets ordinairemẽt en effect : CONSIDERE CE QV'IL T'ADVIENT VOVLANT ENGENDRER, qui est la chose qu'il te semble faire la plus excellente, & aprochante des effects de la creation, faicte de ce bon Dieu, en la matiere. Regarde bien enquoy ton deffaut est en c'est endroit differant des operations de Dieu : MAIS CE QVI T'ADVIENT N'EST SEMBLABLE A CE QVI LVY ADVIENT : de tant qu'il estant hors de toute subiection de sens corporelz, il est deliuré de toute passion : il n'est conuyé a son operatiõ, par aucune poine, crainte ou necessité, comme toy, il n'y est conuié par aucun profit, plaisir, ou volupté, côme toy. CAR IL NE RECOIT DELECTATION, peine ny plaisir, qui sont toutes passions, ny aucun profit, qui le mene. Ce n'est pas comme l'homme, qui n'execute les operations, qui luy sont commises de Dieu ordinairement, que pour gaing, profit, plaisir, ou delectation, & non pour obeir au commandemant ou conseil & admonition de ce bon Dieu. A ceste cause Dieu preuoyant deuant qu'il creast l'homme, sa future imperfection, & que en ses operations il seroit plus incité de passion, que du deuoir : ce bon Dieu pour son suport a constitué toutes actions, qui concernent sa côseruation & entretenement, en plaisir & delectatiõ, & en plus ou moins, selon la dignité de l'œuure : a celle fin que l'homme fust tousiours conuyé de son plaisir, auquel il obeist plus qu'a son debuoir de produire tous ses effects, & par ce moyen entretenir sa personne en son estat & durée, qui luy est ordonnée. Comme a ce propos la generation, sans laquelle le peuple de Dieu finerroit incontinant, mesmes s'il y auoit autãt de peine a conceuoir, qu'a produire l'enfant : & de mesmes au menger, si l'homme y trauailloit tant sain, qu'il faict quelquefois estant malade, il finiroit en peu de temps, au boire, au dormir, a purger ses excrementz, a se chaufer, & autres choses necessaires a sa conseruation. Lesquelles Dieu a toutes constituées a l'homme en plaisir, & delectation, pour les conseruer en luy par ce moyen, lequel il aime plus que le debuoir, combien que c'est la principalle occasion, qui l'y doibt inciter. Ce n'est donc ainsi de Dieu, lequel en quelque operation qu'il mette en effect, n'est esmeu d'aucune passion, ou delectation : ains opere esmeu de sa simple volonté. Et d'auantage il N'A AVCVN AVTRE COOPERATEVR, comme l'homme, qui ne peut metre en effect action quelconque, s'il n'a pour aide autre homme, animal, plante, mineral, ou biẽ oustilz materielz, qui luy donne secours en son operation.

Mais ceste vertu d'operer sans aucune aide est en Dieu, DE TANT QV'ESTANT OVVRIER DE PAR SOY, & ne prenãt ny ayant besoing d'aucun secours, côme estant luy seul la vertu de

Comparaison de l'action diuine a l'humaine.

Differance de generation en Dieu & en l'homme.

A quelle fin l'homme faict ses actions.

Admirable suport de Dieu a l'homme.

Toutes actiõs necessaires mises en delectatiõ.

L'action de Dieu n'est subiecte a accidents.

toute maniere d'action & operation, produisant execution sans aide, IL EST TOVSIOVRS present EN L'ŒVVRE : laquelle demeureroit & arresteroit, incontinant que ce bon Dieu s'en retireroit, & ce a faute d'actio, qui produisist l'effect mesmes, LVY ESTANT CE QVI FAICT. Car la mesme vertu & puissance, qui tousiours estant presente en l'operation, en produict l'execution, c'est luy. Voila pourquoy quelque fois nous auons cy deuant dict, que faire toutes choses, & tout bien a ses creatures, cela tient le lieu de son corps comparé a nostre iugement sensible, qui disons le plus souuent le corps estre l'homme, par ce qu'il est plus aisé a estre aperceu par les sens, qui dominent en nous. A ceste comparaison nous aperceuās les actions & operations de Dieu, par ses effectz, recognoissons l'essence de Dieu consister en ses actions, puissances, & vertus operantes, & presentes en l'œuure, & qui la font. Voila pourquoy il est dict, qu'il est ce qui faict, ce qui opere, ou ce qui produict par sa propre vertu l'effect d'operation, & si est ce mesme qu'il faict, a cause que la forme qu'il donne a l'œuure, est de son essence, dont nous prenons Dieu estre en toutes choses estāt son œuure, ET S'IL EST SEPARE D'ICELLE operation, de maniere qu'il en retire ses vertus, actions, & puissances, par le moyen desquelles l'œuure est non seulement mise en effect, mais bien est soustenue, fortifiée, conduicte, & fournie d'estre, ou durée.

IL EST NECESSAIRE TOVTES CHOSES faictes, & produictes, esquelles aduiendra ce deffaut de la presence des actions, & vertus diuines, qui sont luy mesme, ESTRE SVBVERTIES, & tomber en confusion par deffaut de cest ordre diuin, par lequel elles estoient soubstenues. Il est necessaire TOVTES CHOSES MOVRIR : COMME N'Y ESTANT plus LA VIE, laquelle est ce bon & souuerain Dieu, qui par sa presence donne à la creature ordre, vie, soustenement, action, & vertu, ou efficace d'operer : parquoy s'il en est separé, toutes tombent en ruine, en destruction, & perpetuele confusion. MAIS SI TOVTES CHOSES VIVENT, ET QV'IL Y AYE VNE VIE, par laquelle toutes sont conduictes, & entretenues en leur estat : IL EST DONC necessaire, que ce soit VN DIEV, qui est ceste vie, abondante en toutes creatures, en mesmes, & si long temps, comme ce faict ne pouuant appartenir à autre, que à celuy là. ET DE RECHEF SI TOVTES CHOSES SONT VIVANTES, TANT CELESTES, QVE TERRESTRES, ET LEVR VNIQVE VIE SOIT DE DIEV, ne pouuant venir d'ailleurs : ET QV'ELLE SOIT DIEV, comme nous venons de le demonstrer, IL S'ENSVIT QVE TOVTES CES CHOSES viuantes, & qui reçoiuent leur vie de Dieu, & desquelles ceste commune vie & soustenement est Dieu, SONT FAICTES DE DIEV : à cause qu'elles sont faictes, & tiennent de ceste vie acompagnée, de toutes actions, & vertus en toutes creatures, & qui est Dieu, & sans laquelle elles ne seroient viuantes, ny par consequent creatures, animaux, corps immortelz, celestes, mineraux, ny autre subiect quelconque prouueu de forme, en laquelle gist leur estre, & laquelle forme est portée, & soustenue par la vie, acompagnée de telles dignitez. MAIS LA VIE, comme nous auons cy deuant dict, EST CONIONCTION DE PENSEE ET D'AME : de tant soit es hommes, esquelz la saincte pensée est communicquée en son essence principale, que ez animaux, & autres viuantz, esquelz ce bon sainct Esprit cōmunicque seulement quelques graces, & rayons de ses efficaces, & vertus, pour seruir à ce qu'il les a destinées.

En quel qu'il soit, l'ame du monde, ou l'ame particuliere de l'homme, deputée à gouuerner le corps, & sa composition, ne reçoiuent iamais ces fruictz, & dignitez de la saincte pensée, ou ses vertus, que par le moyen de la vie, laquelle interuenant és creatures, conioinct en elles l'ame, qui les conduict, auec les vertus, qui sont distribuées à ceste ame, pour leur conduicte, efficace, & vertu. Et par ainsi la vie se trouue la vraye conionction de la pensée, & ses vertus auec l'ame en vn, ou plusieurs corps, soit l'ame de l'vniuers, ou l'ame separée d'icelle, & distribuée au corps humain. Et par ce que nous auons dict, que la vie, est le soustenemēt, & protection de toutes choses : & que au contraire de ceste vie plusieurs mettēt mort, nous ne receurons ce contraire estre si directement opposite à la vie, que nous veuillons dire, que la vie donnant essence, & vray habit à toutes choses, la mort leur ameine priuation, comme du tout contraire à la vie : mais dirons que MORT N'EST PAS ABOLITION, ou priuation DES CHOSES COMPOSEES, & assemblées pour constituer la creature. MAIS C'EST DISSOLVTION, ou despartement, & diuision DE LA CONIONCTION, faicte de diuerses vnitez en la composition de la creature, sans que pour ceste separation les parties

ties,qui s'en separent, & sont desassemblées, viennent en aucune abolition, ou priuation d'habit: ains au contraire elles commencent incontinent apres la separation a tendre, & s'aprocher de leur reintegration,qui les doit restituer en leur premiere,& simple nature, & cõdition.A ceste cause nous tiendrons mort n'estre autre perdition, ou abolition que de l'assemblée,ou composition, & non des parties qui interuienent en la composition,de tant que c'est la composition,ou assemblée,qui est destruite, & non les parties, qui la souloient composer,lesquelles tant s'en faut, qu'elles soient destruites par ceste mort,& dissolution, que plus-tost elles sont reintegrées, & restituées en leur premier estat originaire, duquel ce bon Dieu tout puissant les a prinses,pour les assembler & conuoquer en la composition,ou creature,qu'il a voulu bastir & creer.

Les parties de l'assẽblée ne perissent point.

SECTION 15.

*P*Arquoy l'image de Dieu est le iamais, celle du iamais est le monde, celle du monde est le Soleil,celle du Soleil est l'homme.L'on dict la mutation estre mort, de tant que le corps se despart: mais la vie de ce qui se despart,s'esuanouist de la veuë. Par ce propos, mon tres-cher Mercure, auec quelque religion comme tu oys, ie dy que le monde se change,de tant que partie de soy,de iour en iour s'esuanouist de la veuë, & ne se despart pourtant.Et celles sont les passions du monde,tournoyements, & occultations: & le tournoyement est conuersion,& l'occultation est instauration.

COMMENTAIRE.

L'operation de Dieu a esté declarée, faicte par sa continuele action, presence, & non d'aucun secours, duquel il aye besoin, mais faict operer ses creatures par l'employ de ses vertus,actions, & puissances,qu'il a mis en elles: & dauantage faict operer ses essences, proueuës de tout pouuoir, & moyen d'executer ses intentions,paracheuant, & continuant son œuure a son imitation. PARQVOY nous pourrons clairemẽt dire, que L'IMAGE DE DIEV, EST LE IAMAIS, ame du monde, ou nature vniuersele, essence diuine en ce,qu'elle opere par tous lieux continuellement, & sans intermission, cõme nous le voyons tous les iours, nõ seulement aux plãtes,mineraux, & animaux,lesquelz ce iamais, ame de l'vniuers, conduit en tous leurs mouuemẽs,croissances, & diminutiõs particulieres, en tous gestes, & actiõs,voire efficaces, & vertus: mais le voyons aussi conduire toute la region celeste en ces beaux corps immortelz,produisans sur la region elementaire,telz & si puissans effets,si frequents & cõtinuelz,qu'il n'y a lieu ne tẽps d'aucune oisiueté, & les tous,tant celestes, q̃ terrestres,conduits & gouuernez par cest' ame de l'vniuers,cõme s'il seruoit d'ame particuliere à chascun. N'est ce pas dõques la vraye image,& representation,q̃ cest' ame de l'vniuers raporte de son chef ce bon Dieu, en tant d'operatiõs,actions, & mouuemẽs si cõtinuelz, & sans aucune oisiueté, q̃ toutes generations,corruptions, & autres mutatiõs faictes en la region elementaire en dependẽt,cõme d'vne vraye ordonnãce de Dieu,portãt en soy puissance de soy faire executer, par toutes creatures,sur les subiets materielz,raportant en ses merueilleux effets, & puissance,la vraye imitation ou image de sa source, qui est Dieu? Comme aussi de mesme maniere, CELLE DV IAMAIS EST LE MONDE, prenant & receuãt toutes ses actions,mouuemẽs, & puissances d'operer,de ce iamais ou ame de l'vniuers,ensemble ses efficaces, & vertus passantz toutes par luy,dont il est dict semblablement estre son image, & representation, comme ses operations,puissances,actions & vertus estans immediatement dependantes de ce iamais,ou son ame vniuersele,comme celle du iamais dependent immediatement de ce bon Dieu.Et de mesme maniere CELLE vraye image, & semblance DV MONDE en ses continueles mutations, operations,variations de qualitez, & autres effets EST LE SOLEIL, lequel par son continuel cours,influx de lumiere, visitation de toute la region elementaire, qu'il fait auec les autres astres en chascun circuit des sieñs,par ses douze signes,sert de subiet à tous les corps celestes,sur lequel sont reglez leurs mouuemẽs & actiõs,par lesquelles toutes

Le iamais image de Dieu

Le mõde image du iamais.

Le Soleil image du monde.

Hh

operatiõs & bien faictz sans cesse sont executés sur la matiere, soiét generatiõs, corruptiõs, ou autres mutatiõs, prenãt tous ensemble leurs actions & mouuemãt, de ce qui en est dõné au mõde, côme le mõde l'a receu de son ame vniuerselle, & ceste ame du bõ Dieu: & tout a ceste sẽblance CELLE DV SOLEIL, & toute sa cõpagnie en leurs vertus, puissances, & actiõs employées en ceste regiõ elemẽtaire, EST L'HOMME, lequel pour toutes ses actions & operatiõs (qui sont sans nõbre) prend, & employe les vertus, & proprietez dõnées a toutes creatures, simples en leur generatiõs par ce Soleil, & sa cõpagnie, en toutes les compositions & œuures qu'il veut dresser, & bastir a la vraye sẽblãce, de ce que le Soleil, & sa troupe ont prins, & employé en leurs generatiõs, celles qu'ilz ont receu du mõde, & le mõde du iamais son ame vniuerselle, & ceste ame ou iamais de ce bõ Dieu souuerain. C'est la gradation q̃ reçoiuent les actiõs, & puissances diuines, employées sur toute matiere, passantz par ses essences, & creatures, & descẽdantz depuis ce subiet immediatemẽt, par lequel sont faictz les souuerains effaictz, iusques a l'hõme & par iceluy les plus bas en ceste terre habitable. Mais de tant q̃ en tout ce que l'hõme manie pour produire ses effectz, il y trouue telle mutatiõ que le plus souuẽt la forme, qu'il a dõné a quelque œuure des siennes, se perd: de maniere qu'il n'a de seruice, secours, ny vtilité de ceste cõposition, qu'il auoit faict a ces fins. Dõt s'ensuit q̃ LON A comunemant DICT LA MVTATION, par laquelle les formes se perdẽt, soit en l'œuure de l'hõme, du Soleil, ou du mõde, ESTRE MORT, perditiõ, ou abolitiõ de tout ce subiet: cõbien qu'il n'en soit aucune chose, mesmes par exẽple prins entre les viuãtz, ou animaux terrestres, desquelz ceste mutatiõ, q̃ nous apelons mort, n'est totale abolitiõ, ou perdition des vnitez, ou simples, qui ont cõuenu en la cõposition: Ains ce n'est q̃ vne dissolutiõ ou separatiõ de ses vnites, DE TANT QVE LE CORPS SE DESPART par la separatiõ, qui se faict de la vie, & de luy. MAIS LA VIE DE CE corps, QVI SE DESPART S'ESVANOVIST tellemãt DE LA VEVE & tous autres sens, que le cõmun, qui le plus souuent, laissant iugemẽt, & intelligence en arriere, iugent par les sens, voyãt que les sens, ne peuuẽt aperceuoir que deuiẽt ceste vie, essence diuine, non subiecte aucunemẽt aux sens, qu'elle est plustost abolie, perdue & deuenue a rien, qu'ilz ne iugẽt par la cognoissance qu'ilz deuroiẽt auoir, que ceste vie, essence diuine, est immortelle, incorruptible, & inseparable de sa source, qui est ce souuerain Dieu eternel, qui par sa bonté en donne participation a toute creature viuante, comme il est escript, ce qui a esté fait en luy, estoit vie, & la vie estoit la lumiere des hõmes. Et ailleurs, Nous viuõs, mouuõs, & sõmes en luy, & plusieurs autres lieux, qui tesmoignẽt si suffisamment ce bõ Dieu estre la vie, viuifiãt toutes creatures, q̃ nous sairions vn grãd tort d'entrer en tel blaspheme d'estimer la vie se perdre auec la dissolutiõ de l'animal, lors qu'elle l'abãdonne. Car comme nous auõs dict, c'est essence diuine, qui ne peut tõber en priuatiõ, ou abolition quelconque, & moins q̃ les autres vnitez materieles, qui ont cõuenu en la cõposition de l'animal, lesquelles cõbien qu'elles n'ayent en leur particulier vraye essence, pour le moins elles ont perpetuelle materialité, cõme nous l'auons quelque fois declaré, qui est autant a dire, q̃ perpetuelle habitude, ou habit de matiere, par lequel elle est preseruée de totale priuatiõ, abolition, ou aneantissemẽt, demourãt tousiours en habit, & estat de matiere, p̃estẽ a recepuoir toutes formes qu'il plaira a son Dieu luy imprimer. Parquoy nous pouuõs libremẽt conclure, q̃ toutes mutatiõs, dissolutiõs, & mort des creatures, en ceste region elementaire, ne peut estre dicte perdition, aneantissemãt, ou abolition, ains seulement despartement, ou dissolution du subiect.

PAR CE PROPOS (MON TRESCHER MERCVRE) dict ceste diuine pensée, AVEC QVELQVE RELIGION, ou superstitiõ, ou bien par maniere de parler, COMME TV OIS, parce q̃ nous en auons cy deuant declaré: IE DY QVE LE MONDE SE CHANGE en ses parties particuliaires, lesquelles nous auons declaré souffrir tant de mutations, combien que en son total il ne souffre aucune mutation, ou changemant: ains demeure tousiours entier, faisant l'office qui des sa creation luy a esté ordonné, lequel consiste veritablement en mutations, generations, occultations, & autres actiõs, pour lesquelles executer il a esté basty, qui est cause q̃ ces effectz le declairẽt persister en son estat, sans aucune mutatiõ, ny alteratiõ d'iceluy. Parquoy le bõ Dieu, saincte pensée dict a Mercure, il semble pat quelque maniere de parler, maniere de superstitiõ, ou religiõ ou biẽ impropre intelligence, que ie puis dire q̃ le mõde se chãge, DE TANT QVE PARTIR DE SOY, qui sont toutes creatures mortelles, & subiectes a dissolution, DE IOVR EN IOVR S'ESVANOVIST DE LA VEVE, cõme nous auõs dict, lors que la dissolutiõ separe les vnitez, & les rẽuoye en leurs sources, pour de rechef retourner en telle cõposition, & assẽblée, qu'il plaira a Dieu.

L'hõme image du Soleil.

Mutation est mort.

Mutatiõ par separation.

La vie ne se perd in tuit. Ioan. 1.d Act. 17.f

Matiere perpetuelle.

Quel est le changemant du monde.

Partie du mõde se perd de la veue.

ET combien que ceste partie du monde s'esuanouisse, & desparte par changement, & mutation, l'vne vnité de l'autre, elle NE SE DESPART POVRTANT du monde, ains demeure tousiours en luy, disposée a receuoir toute autre forme, qu'il plaira au createur luy dôner. Parquoy nous pouuons dire, que la composition de la creature viuante reçoit bien par mort, separation, & despartement de ses vnitez: mais pourtant le monde par mort quelconque, qui puisse aduenir, ne reçoit separation ou despartement, ou priuation d'aucune de ses pieces, ou parties: ains toutes luy demeurêt sans que aucune se desparte de luy. ET CELLES CY SONT LES PASSIONS DV MONDE: asçauoir TOVRNOYEMENTS, ET OCCVLTATIONS. C'est que par les tournoyements, il côprend deux actions, la premiere c'est celle des mouuemês celestes, qui produisent les causes de tous effectz en la region elemenraire: la seconde, c'est que ce tournoiement est prins pour la circulation que faict la matiere, laquelle ayant serui a vne composition, & estant tombée en dissolution, elle retourne seruir a vne autre forme, ou composition, qui est vne circulation ou tournoiement, auquel la matiere est subiecte par vn des principaux commandementz, & charge, qui aye esté baillée au monde de tenir ordinairement la matiere en ce circuit, & tournoyement. Par ce tournoyement est produicte la seconde passion, qui est l'occultation, comme nous venons de dire, que en la dissolution de l'animal, la vie passe en son apparance, ou s'esuanouist de la veuë, si faict bien toute forme apliquée au subiect se perd hors de la perception des sens, soit veuë, ou autre quelconque. ET LE TOVRNOYEMENT EST CONVERSION d'vne forme en autre faicte par l'ocultation, & esuanouissement, qui aduient aux vnitez, & formes, hors de la veuë & autres sens. ET L'OCCVLTATION, EST L'INSTAVRATION d'vne autre composition, qui se reffect des mesmes vnitez, qui ont souffert ceste occultation par la dissolution de leur premiere composition. Dont s'ensuit, que toutes actions apliquées sur la matiere, sont comprinses soubz ces deux termes de tournoyementz & occultations, par la conuersion qui se faict de la matiere, reuenant en l'instauration d'vn autre subiect, ou composé, qui est le vray moyen de produire au monde ceste tres-grande diuersité de formes, qu'il met auant tous les iours, par tant de diuerses applications de matiere qu'il faict, ayant en son ame vniuerselle, ou ce grand iamais, toutes actions, & vertus diuines prestes incontinent a entrer dans ces corps ainsi diuersement formez & composez.

Changemens ne despart le monde.

Passions du monde.

Tournoyemês est conuersiô Occultation est instauration.

SECTION 16.

IL est de toutes formes, non ayant ses formes diulguées: mais les transmuant en soy. Puis donc que le monde est de toutes formes: celuy qui l'a faict, que sera-il? Il ne sera pas sans forme. Et si bien il est de toutes formes, il sera semblable au monde: mais s'il a vne seule forme, il sera en cela moindre que le monde. Que dirons nous donc qu'il est? N'enuelopons nostre propos en perplexité, il n'est chose doubteuse, qui s'entende de Dieu. Parquoy il a vne Idée, laquelle luy est propre: & laquelle estant incorporele, ne resiste à la veuë, & si les manifeste toutes par les corps.

COMMENTAIRE.

NOus auons veu que Dieu estant le grand operateur, il a distribué ses vertus & efficaces, cômetant son essence diuine au regime, conduicte, & administratô du monde, laquelle a la charge de les faire executer, & entretenir en diuerses, & continueles operations, & bien faictz ses creatures. Et ceste essence nommée l'ame de l'vniuers, le iamais, ou bien nature vniuerselle, a vn autre operateur soubz elle, lequel opere a son image, semblance, ou imitation, employant les mesmes vertus diuines, qui est le monde. Et lequel de mesme maniere est imité du Soleil, & le Soleil de l'homme, tous prenantz en leurs diuerses, & continueles operations, la vraye semblance de leur maistre, createur, & Seigneur. Et ce pour rendre le monde, suiuant la proprieté de son nom, orné de plusieurs diuersitez, & varietez de formes, qui sont iournelement produictes par toutes ses parties. Qui est cause q la saincte Pensée faict vn argument à Mercure, sur le monde, tiré de ceste infinie multitude de formes, qu'il a en soy: que IL EST DE TOVTES FORMES, comme de vray s'il n'y a forme, que celle qui est enformée, & apliquée sur la matiere, comme nous n'en sçauons ailleurs: nous pouuons bien dire,

Comment est le monde de toutes formes.

Hh 2

qu'il est de toutes formes, n'y ayāt aucune part, matiere hors de luy, sur laquelle il puisse estre appliquée aucune forme : & par ainsi ayant en luy toutes formes, & nulles hors de luy, il peut par raison estre dit de toutes formes. NON AYANT SES FORMES DIVVLGVEES exposées, ou publiées en mesme temps, de tant qu'il en y a aucunes, qui passent, approchans de leur dissolutiō, & aucunes qui ne sont encore paruenues en leur estat, & aucunes qui sont en continuele mutation, qui nous rend bien manifeste qu'elles ne peuuent estre exposées, & patentes en mesme temps. Il en y a autres formes, qui estant apliquées sur les corps composés, principalement des elementz inuisibles, ne sont apperçeues de la veuë, ny par consequent, si apparantes, combien qu'elles soient apperçeues des autres sens, enquoy elles tiennēt de l'expositiō, ou apparāce. C'est pour la gloire de ce merueilleux operateur, que nous le voyons infini en toute multitude, diuersité, & proprieté de creatures, toutes conduictes a mesme temps, de tant contraires, & diuerses natures: & toutesfois en telle harmonie, & tellement compatibles entre elles, qu'il n'en est venu aucune interruptiō en ce monde de l'ordre, que ce souuerain ouurier y a du commencement institué, pour la conduicte & entretenement de tant de diuerses formes. Lesquelles n'estant exposées ou apparantes en ce monde, MAIS luy mesmes LES TRANSMVANT EN SOY, elles continuent l'estat, & charge donnée au monde, par leurs mutations, tournoyementz, conuersions, occultations, & manifestations : lesquelles se font en toutes generations, corruptions, & autres mouuementz de matiere, selon la multitude, & diuersité des creatures produites en luy par le vouloir, & ordonnance de ce souuerain operateur, Dieu tout puissant. ET PVIS DONC QVE LE MONDE EST DE TOVTES FORMES, CELVY QVI L'A FAICT, QVE SERA IL? C'est vn argument pour insinuer le merueilleux estat de ce grand Dieu, qui n'est subiect a forme, ny compositions, ou parties quelconques: & prend ceste illation: si le monde (comme nous l'auons declaré) est de toutes formes, les contenant tellement toutes en soy, qu'il n'en y aye aucune hors de luy : ce bon Dieu qui l'a basty, & que de ses propres essences, vertus & puissances infinies, produictes de ce seul subiect, vn & entier, sans aucune partie, ou diuision, a mis & constitué sur la matiere, yssue des quatre elementz, tant de diuerses & excellentes formes, innumerables en multitude, de maniere que ce monde qui les contient toutes en soy, ne les peut auoir fournies de soy, ny receues d'ailleurs que de luy: dirons nous que celuy, duquel toutes sont yssues, soit priué de forme? IL NE SERA PAS SANS FORME, combien qu'il ne soit subiect a aucune forme, qui le comprenne, dessaigne ou puisse representer aux sens, mais est la vraye source, dont toutes formes prenent leur origine, pour estre appliquées en toutes les parties du monde. Et par ainsi il les a toutes en soy subiectes a luy, & non luy aux formes. ET SI BIEN IL EST DE TOVTES FORMES IL SERA SEMBLABLE AV MONDE, & ne sera en aucune maniere plus grand, digne, ou excellent: MAIS S'IL A VNE SEVLE FORME, & le monde en aye vne infinie multitude, il seroit clair & certain, QV'IL SERA EN CELA MOINDRE QVE LE MONDE: attendu que nous prenons l'excellence & dignité du monde en son ornement, qui luy a donné ce nom, & lequel consiste totalement en la multitude & diuersité de creatures & formes, qu'elles ont receu de leur Dieu & souuerain createur. Parquoy si l'excellence ne tenoit qu'à la multitude & diuersité, ou pluralité de formes, le monde en ayant tant, & Dieu n'en ayant que vne seule, il seroit veritablement en cela inferieur au monde, contre tout droit & raison, a sçauoir que le createur feust inferieur a la creature. Cela ne peut estre, dont il s'ensuit, que ce n'est la multitude, diuersité, apparance ou beauté de forme, qui nous doit designer ce souuerain Dieu, il faut que ce soit quelque autre chose, qui ne soit subiecte a forme, figure, composition, ny delineation quelcōque, c'est donc quelque autre moyē plus excellent & digne. QVE DIRONS NOVS DONC QV'IL EST? Ne disons pas comme la plus part des anciens ethnicques, lesquelz, comme nous auons cy deuant dict, ont proposé tant de diuersitez de dieux, prenans si souuant la creature, comme dict sainct Pol, pour le createur, qu'ilz en ont mis les bonnes cōsciences en tres-grandes extremitez de doubtes. N'ENVELOPONS NOSTRE PROPOS EN PERPLEXITE, & nous gardons de tūber en cōfusion, laquelle souuēt est produite de doubtes, & perplexites, gardons nous d'esloigner la vraye intelligence, qui nous a esté cōmencée, ne nous laissons tūber es doubtes ou suspension. Car IL N'EST CHOSE DOVBTEVSE QVI S'ENTENDE DE DIEV, ny se puisse apliquer a ce merueilleux, tres-veritable & tres-certain subiect

ſubiect: car c'eſt luy la pure verité, comme il a declaré : & par conſequent la vraye certitude, du tout contraire à toute choſe doubteuſe ou perplexe, produiſant par ſes eſſences & *Ioan.14.a*
vertus ordinairement effectz veritables, & non ſubiectz à aucun doubte : lequel eſtant vn,
vice eſt tres-eſloigné de luy. Parquoy ne pouuãt apliquer à Dieu aucune choſe, comme n'en
ſçachant de luy, que celles, qu'il luy a pleu nous manifeſter, nous n'en reçeurons aucune que
nous eſtimions venir de luy, ſi nous la voyons doubteuſe, incertaine, ou variable : & ſuiurons
en cela la determination, qu'en a faict la ſaincte Egliſe de Dieu, que tout homme qui doubte
en la foy, eſt cenſé pour heretique : par ce que toutes parties de foy doiuent porter certitude & aſſeurance, comme S. Iaques l'a clairement eſcript, à cauſe du ſubiect qui ne reçoit en *Iac.1.b*
ſoy aucune choſe doubteuſe ou incertaine.

Nous n'auons donc à penſer que Dieu puiſſe eſtre repreſenté par choſe qui conſiſte en *Reſolution de*
doubte, ou incertitude : mais il faut y entrer par la porte que Ieſus Chriſt monſtroit à la Sa- *ceſt argumẽt.*
maritaine, luy diſant qu'il falloit adorer Dieu en Eſprit & verité. C'eſt qu'il faut employer ce
ſainct Eſprit par le moyen duquel ſeul nous pouuons cognoiſtre Dieu : c'eſt l'Eſprit de verité, qui nous a eſté donné. Il nous reſte à l'employer ſur la doctrine de verité, que Ieſus *Ioan.14.&*
Chriſt nous a anoncé, & ayant renoncé à l'exces de la matiere, qui luy eſt oppoſitement en- *15.d*
nemie, l'Eſprit de Dieu donné à l'homme, ſoy trouuant plus deliure communique à l'ame
plus d'intelligences, & cognoiſſances de Dieu, que quand elle ſ'amuſe aux doubtes & incertitudes, qui ſ'engendrent en elle, lors qu'elle cuide rechercher Dieu, ou perfection aucune
és choſes materieles, auſquelles tant ſ'en faut, que c'eſt la matiere, qui nous retire de l'intelligence & cognoiſſance de Dieu. Parquoy qui veut cognoiſtre Dieu par les choſes faictes & *Rom.1.c*
materieles, comme dict S. Pol, Il luy eſt beſoin quitter la matiere, & ſoy prendre à la forme :
laquelle eſtant partie diuine, nous ameine à la cognoiſſance de ſon origine. A ceſte cauſe *Commens eſt*
toute la cognoiſſance que nous auons communement de Dieu en ceſte vie, nous eſt pro- *Dieu cognu es*
duicte de l'obſeruation que nous faiſons des effectz de Dieu, leſquelz conferant ſouuent en *matieres.*
noz intelligences & penſées, à l'imitation de la ſaincte Vierge mere de Ieſus Chriſt, la- *Luc.2.c.& g*
quelle conſeruoit conferant en ſon cœur les myſteres, qu'elle voyoit, nous peuuent engendrer merueilleuſes cognoiſſances & intelligences de ce bon Dieu. PARQVOY IL A
VNE IDEE, LAQVELLE LVY EST PROPRE. C'eſt que la premiere & principale co- *Idée en Dieu*
gnoiſſance que nous deuons auoir de Dieu, eſt d'aduiſer par tant d'effectz, que nous voyons
de luy, qu'il eſt la vraye Idée, c'eſt à dire l'originale repreſentation de toutes choſes : de tant
que toutes ſont yſſues de luy, & non ſeulement repreſentation, mais c'eſt l'origine de tous
effectz & cauſes, par leſquelles ilz ſont produictz : de tant que toute production conſiſte en
premier deſſain, ou imagination, qui eſt l'inuction appartenante à la cognoiſſance, & celle là
eſt la plus digne partie de l'œuure, qui eſt NOMMEE IDEE en Dieu, & ceſte idée luy eſt *L'idée eſt in-*
propre, ne pouuant conuenir a autre ſubiect quelconque, ET LAQVELLE ESTANT IN- *corporele.*
CORPORELE NE RESISTE A LA VEVE, voire n'y a deſcription quelconque compre-
henſible par iugement ny intelligence aucune, de tant que ceſte deſcription la rendroit corporele, repreſentée par la deſcription entendue. Il ne ſe peut donc penſer ou figurer choſe
quelconque, qui vienne ſoubs le iugement d'aucun ſens corporel, mais deuons prendre ceſte idée incorporele & nos intelligences, par vne vraye veneration & admiration, qui nous
ſont cauſées, par l'admirable bonté de ſes effects & miſericordes : & le prenant en ceſte maniere, combien que ſon idée ſoit incorporele & non ſubiecte a la veuë, ſi eſt ce qu'elle nous
donne cognoiſſance de toutes autres idées. ET SI LES MANIFESTE TOVTES
PAR LES CORPS : de tant que ny ayant en l'eſtre des choſes autre incorporel que Dieu, *Chap.11.18*
comme nous l'auons veu cy deuant, il n'y peut auoir idée de forme incorporele, que la ſiene. *Toutes idées*
Dont ſ'enſuit que toutes autres idées repreſentẽt corps, & leſquelles idées ſont repreſentées *ſont en Dieu.*
par ceſte idée, propre a Dieu, par leurs corps viſibles & ſenſibles : de tant que la vraye idée de
ce bon Dieu incorporel, & qui luy eſt propre nous a eſté baillée en noſtre compoſition en
original effect, cognoiſſance, ou repreſentation de toutes choſes. C'eſt le ſainct Eſprit de *L'homme con*
Dieu, par lequel, & dans lequel, quand l'hõme ſ'y veut renger & obeir a ſa vocation, il aper- *çoit les idées*
çoit auec ſa cognoiſſance & intelligence ces admirables vertus & bontés de Dieu, & par le *par l'Eſpres*
moyen d'icelles il recouure la cognoiſſance de toutes creatures corporeles, deſquelles en *de Dieu.*
ce meſme entendement il recognoiſt les formes eſtre d'eſſences diuines, & reuoyant les

Hh 3

corps, il s'en represente les idées ou originalz de lineamentz & especes en son intelligence, iointe & vnie au sainct Esprit de Dieu, idée propre, qui luy a esté donnée pour l'intelligence & cognoissance de ses admirables vertus & efficaces. Nous pouuons aussi prendre vne autre interpretation de ceste clause, qui dict, que l'idée diuine, vne, & seulle incorporele, les manifeste toutes par les corps. C'est que ce bon Dieu souuerain ne pouuant tumber en cognoissance ou intelligence de l'homme, que par le moyen de l'idée ou representatiõ, que l'homme s'en propose en sa pensée, a laquelle seule apartient ceste dignité, de tant qu'elle est diuine. Et ceste idée, qui est ce bon Dieu manifeste, par la productiõ, qu'il faict iournellemãt de toutes creatures, & tire hors en euidance & public les idées, ou premiers desseins, qui ont esté de toutes creatures corporelles en ceste saincte pensée, ou idée diuine, par la manifestation des corps proueuz de forme, lesquelz estans paracheuez en corps, manifestent la premiere idée, qui a esté conceuë de chascun dans la diuine pensée.

Autre interp̃etation de ceste.

SECTION 17.

ET ne t'esmerueille, s'il y a quelque idée incorporelle. Car il en est comme celle de la parolle, & comme aux painctures les releuemantz, lesquelz semblent du tout esleuez, combien qu'ilz soyent de leur nature poliz, & du tout plainiers. Considere ce que ie dy plus audacieusemant, mais veritablemant. Tout ainsi que l'homme sans vie ne peut viure: de mesme Dieu ne peut estre, ne faisant bien. Car cecy est comme vie, & comme mouuemant de Dieu, mouuoir toutes choses, & les viuifier.

COMMENTAIRE.

DErant que le commun tumbe ordinairemant en cest erreur, de penser que l'homme ne face dessein en sa pensée, ou n'ordonne aucune spece, ou principale deuise (qui est la vraye idée de la chose future) qui ne reuienne en fin a quelque chose corporele, pour la grande inclination & vsage, que le peché a donné a l'homme de venerer & s'amuser plus aux choses corporeles, qu'a l'exercice de son intelligence & vertu du sainct Esprit. La saincte pensée aduertist en c'est endroict Mercure par ce propos, ET NE T'ESMERVEILLE S'IL Y A QVELQVE IDEE INCORPORELLE, CAR IL EN EST : de tant que l'excellance de l'entendemant & saincte Pensée donnée a l'homme, ne s'arreste seulemant a soy figurer & dessaigner en son intelligence, l'œuure, qu'il veut faire auant qu'il la face, ny pareillemant la description d'vn pais ny la delineation ou figure d'vn animal, ou toutes autres choses corporeles, qui sont toutes idées, qu'il se presente a la cognoissance de son entendemãt, telles qu'elles sont apres presentées aux sens corporelz. Mais aussi l'hõme par la vertu & exlence de ceste pensée diuine, se represente la conception de diuerses actions, puissances, & vertus qui sont toutes choses incorporeles & apartenantes a Dieu, desquelles l'entédemant s'en represente souuant idée ou conception. COMME CELLE DE LA PAROLE, laquelle nous auons cy deuant dict estre sœur de l'intelligence, & se seruoient l'vn l'autre d'instrumẽt. Le grand & si commun vsage que nous en auons, tant de parole que d'intelligence, nous en rend vn tel mespris, que nous en perdons la veneration, nous n'apellerons pas propremant la parole (digne comme elle est) ce bruit qui se faict des parties qui la prononcent. Mais la vraye parole (qui est ceste vertu diuine mise en l'hõme seul) par laquelle il transmue en intelligence & ouye corporele, ceste diuine partie & incorporele nõmée la pensée, constituées au dedans de l'homme, c'est la plus merueilleuse action qui soit en l'homme, & la moins admirée a faute de cognoissãce. C'este vertu depẽd de ce filz de Dieu eternel, qui a voulu estre nommé la parole ou sainct Verbe, par lequel nous auõs entendu corporelemant, outre ce que nous en pouuons receuoir en l'intelligence le vouloir du pere. Et de la est yssue ceste diuine vertu en l'homme, par laquelle ce sainct Verbe manifeste corporelemant les actions, vertus, & volontez de la saincte pensée esprit de Dieu donnée a l'homme en sa composition. Voila pourquoy Mercure a cy deuant dict la parole estre sœur de l'intelligence & l'vn a l'autre secours ou instrument : de tant que l'vn est l'effaict du filz de Dieu

Idée de la chose incorporelle.

I'ée de la parolle.

Dignité de la parole. Ioan. 1.a

Pourquoy la parole s'sert d̃ l'intelligence.

l'autre

l'autre du sainct Esprit, toutesfois tant mespriſés en l'homme a cauſe de l'ignorance, qui le ſuppedite, qu'il en deuroit auoir reuenant a ſon bon iugement vne tresgrande honte, & de ceſte diuine vertu de parole l'homme ſ'en peut former idée & repreſentation, comme des autres vertus, meſmes par la conſideration des effectz: ou bien ſe peut repreſenter le bruit & ſon qui eſt corporel: mais ceſte idée ne ſeroit incorporele comme celle de la vertu de parole qui eſt la veritable. Par ainſi nous deuons tenir autant de differance en noz penſées des idées & conceptions des choſes incorporeles a celles des choſes corporeles, comme des penſées aux matieres qui ſont deux natures de ſubiectz ſi differentz, qu'ilz en ſont totalemẽt contraires. Ces idées incorporeles nous ſõt propoſées par Mercure pour nous amener a nous repreſenter les choſes diuines, qui bien qu'elles ſoient incorporeles ne laiſſent pourtãt d'eſtre ſubiectes a la repreſentation de la ſaincte Penſée miſe en l'hõme pour luy en donner l'vſage & tresheureux ſecours par les idées, qui ſont incorporeles, a cauſe de c'eſt incorporel qu'elles repreſentẽt. Dont ſ'enſuit que chaſque nature & differance de ces idées doit tellement eſtre obſeruée en la penſée, que donnant & ſuppoſant corps a l'vne, lon ſe donne garde d'en attribuer, tant ſoit peu, a l'autre, mais ſoy contenter que ſon effect ſoit corporel la vertu demeurãt incorporele. La ſaincte Penſée ayant baillé à Mercure l'exẽple de l'idée de la parole bien veritablemẽt incorporele, il en baille exemple d'vne autre maniere par choſes corporeles: qui combien qu'elles ſoient corporeles, ce neantmoins elles repreſentent en leurs corps autre choſe que ce qui eſt: de maniere que ceſte repreſentation ET idée ſ'en trouue incorporele, COMME AVX PEINCTVRES LES RELEVEMENTS, cõme ſont les ſommetz des montaignes ou autres figures, LESQVELS SEMBLENT DV TOVT ELEVES & de nature ſolide & maſſiue COMBIEN QV'ILS SOIENT DE LEVR NATVRE POLIS ET DV TOVT PLANIERS. C'eſt la nature de la painctvre qui par l'art en ſeule ſuperfice repreſente choſes corporeles: dont il ſ'eſt trouué par les excellences des painctures anciennes fruictz ſi bien faictz en painctvre plate: qui toutesfois trompoient les oiſeaux, & autres qui trompoient les hommes. Parquoy ceſte painctvre plate n'ayant aucun corps eſt comme l'idée de ces releuementz, qui ont le corps ſi grandz: qui eſt cauſe que par exemple viſible aux ſens, nous cognoiſſons, comment l'idée incorporele repreſente les corps. Ou bien, ſi nous le voulons prendre plus auant, nous dirons, que l'idée par laquelle l'homme repreſente en ſon entendement la peinctvre releuée, eſt vne repreſentation d'vne choſe incorporele, qui eſt la peinctvre, combien qu'elle ſemble corporele & eſleuée: & toutesfois elle eſt ſans corps. Ces exemples ont eſté propoſez, pour nous donner a entendre, que toutes idées & conceptions des choſes, qui entrent en l'intelligence, viennent de l'obſeruation des effectz, ſoient ilz corporelz, pour les corporeles, ou incorporelz, pour les idées incorporeles. Et toute ceſte doctrine tend a rendre l'homme ſi attentif & contemplateur des operations & effects de Dieu, que les idées & conceptions de ſes effectz & operations ramenées & ſouuant conſiderées en la penſée luy inſinuent vne cognoiſſance de Dieu telle: que ayant par la frequence des effectz imprimé en ſon entendement les cauſes, qui ſont les vrayes vertus diuines, ou pluſtoſt qui ſont Dieu meſmes en vne eſſence & vertu, produiſant tous effectz, il paruienne a ſ'arreſter tellement a l'intelligence & cognoiſſance de ceſte cauſe vniuerſelle de tout bien, que l'ayant attainte il reiecte tous effectz corporelz, comme n'en ayant plus de beſoin, & comme luy ayant ſeulement ſerui d'ouſtilz a paruenir a ſa beſogne, & duquel il n'a plus affaire.

Apres auoir declaré ces moyẽs de cognoiſtre Dieu, la ſaincte Penſée voulant cõduire Mercure plus auãt luy dict, CONSIDERE CE QVE IE D'Y, PLVS AVDACIEVSEMENT, MAIS VERITABLEMENT, cõme ſ'il vouloit dire quelque propos, qui malaiſémẽt ſeut receu du cõmun, a cauſe de ſon eſtrãgeté, & difficulté, TOVT AINSI, QVE L'HOMME SANS VIE NE PEVT VIVRE: DE MESME DIEV NE PEVT ESTRE NE FAISANT BIEN. Par ceſte cõparaiſon il nous veut mõſtrer la principale actiõ ou vertu diuine, ſi aucune principale en y a par la comparaiſon, qu'il faict auec la principale de l'homme. Et prend en l'homme la vie pour ſa plus neceſſaire partie a ſa conſtitution & a ſon eſtat, declarant, que tout ainſi que l'homme ne peut ſans la vie entretenir ſon eſtat, ny ſa compoſition, & que ſans la vie il perd d'eſtre homme prenant la vie pour le principal ſouſtenement de ſon eſtat: de meſme Dieu, duquel il prend l'eſtre pour ſon principal ſouſtenement, ayant entendu, que c'eſt

Exemple en choſes corporeles d'idées incorporeles.

Fruict retiré des idées.

La ſaincte Penſée cõmande à Mercure conſiderer. Comparaiſon de l'eſſence diuine.

celuy là, qu'il s'est principalement atribué parlant à Moïse, ne peut estre ou demeurer Dieu tel, qu'il est, s'il cesse de faire bien. C'est pour imprimer en noz pensées ceste incroyable bôté de Dieu, duquel il constitue l'estre & tout son estat, à ne faire, que tout bien, & tousiours & par tout, de maniere que si ceste souueraine perfection cessoit de bien faire continuelemēt, & par tout, il n'y auroit plus de Dieu. Ce qui ne peut aduenir, de tant que c'est son estre, son estat, & sa nature. CAR CECY EST COMME VIE, ET COMME MOVVEMENT DE DIEV, MOVVOIR TOVTES CHOSES ET LES VIVIFIER. Comme la vie se manifeste en l'homme par mouuement, tout ainsi la bonté & vertu de Dieu qu'il prend à la semblance de la vie est manifestée par atribution de vie à toutes creatures, & continuel entretenement d'icelles, qu'il faict tous les iours, tellemēt que nous pouuons en vn mot nommer Dieu ce grand bien facteur, comme estant ce, enquoy nous le cognoissons seulement, ne luy voyans faire autre chose, combien qu'il se dise en Esaye creant le mal: & ailleurs faisant le mal, parlant humainement, c'est plus-tost vn tres-grand bien: de tant que ces maux sont les punitions exercées par sa vertu de iustice, de laquelle l'effet, ou execution ne peut estre dict mal: ou bien, elle ne seroit vertu, ce qui ne peut estre. C'est donc vne comparaison, que la saincte Pensée donne icy à Mercure de la semblance de la vie, qui soustient l'homme manifestée par mouuement. Tout ainsi donner vie & mouuement acompagnez de toutes actiōs & vertus à toutes creatures, & leur bien faire continuelemēt, est reputé comme vie, & mouuement, ou vray estat à ce bon Dieu.

Exod.3.d

Vivifier tous est essence diuine.

Esay.45.a

SECTION 18.

Qvelques choses de celles, que nous disons, doiuent auoir leur propre intelligence, comme ce que ie diray: entends le. Toutes choses sont en Dieu, non comme situées en quelque lieu: car lieu est corps, & si est immobile: & les choses qui y sont situées n'ont mouuement: & si sont autrement assises en l'imagination incorporele. Considere celuy, qui contient toutes choses: & pense que aucune chose ne circonscript ce, qui est incorporel: rien plus soudain que luy, rien plus puissant: ains estime, que sur toutes choses il ne peut estre circonscript, & si est tres-soudain & tres-puissant.

COMMENTAIRE.

LA comparaison que la saincte Pensée a cy deuant faict de l'estat de l'homme, à l'estat de Dieu, a esté pour nous secourir à l'intelligence, & cognoissance de Dieu, lequel ne reçoit comparaison, ny semblance aucune qui luy conuienne proprement. Toutesfois ces comparaisons faictes par maniere de parler, & non propres du tout à son excellence, nous seruent à nous donner quelque entrée à la cognoissance de ce subiect incorporel, qui est vne de ses cōditions, qui nous est autant difficile a conceuoir, de tant que toutes noz pensées, & cognoissances ayant esté apliquées, depuis le peché beaucoup plus a la matiere, & toutes choses corporeles & leur veneratiō, que aux intelligibles, & incorporeles: il nous est merueilleusemēt dur, oyants parler de c'est incorporel, d'en conceuoir la condition, a cause du corps qui offusque & estourdit les intelligences, & pour la grand differance, voire totale contrarieté qu'il a auec le corporel, comme perfection côtre l'imperfection. Mais la saincte Pensée desirant faire proffiter noz estudes a la cognoissance de sa nature, & condition, apres nous auoir proposé quelques comparaisons, il nous veut instruire plus particuliairement, & proprement par ces paroles: QVELQVES CHOSES DE CELLES, QVE NOVS DISONS, DOIVENT AVOIR LEVR PROPRE INTELLIGENCE. Car declarant par la comparaison passée, ce qui est en l'homme, il a esté dict assez propremēt: a cause que l'homme faisant le language exprime seulemēt les choses qu'il cognoist. Qui a esté cause qu'il n'a exprimé guere que choses sensibles estant empesché par son peché de cognoistre les intelligibles, desquelles il n'a peu faire lāguage propre aux subietz, dont il a cōprins les choses corporeles par son lāguage

Le corporel difficilemens cōp̃is l'incorporel.

Propre intelligence hors comparaison.

mais

mais non ce qui a esté dict de Dieu, comme ne pouuant estre bien exprimé par propos, cōparaison, ou discours quelcōque materiel. A ceste cause quelques choses de celles, que nous auons dictes, mesmes celles, qui touchent la description de ce souuerain Dieu, ou ses conditions, & nature doiuent auoir leur propre intelligence, du tout differāte, & separée de toutes autres, qui se peuuent penser: COMME CE QVE IE DIRAY, ENTENDS LE O Mercure, TOVTES CHOSES SONT EN DIEV, NON COMME SITVEES EN QVELQVE LIEV: car puis que nous parlons de toutes choses, nous viendrons a la diuision generale, par laquelle les vnes sont corporeles, & les autres incorporeles. Toutes choses incorporeles comme vertus, puissances, cognoissances, & sciēces, sont en luy comme en leur source, de laquelle sans en partir, ou l'abandonner, elles sont communicquées a toutes creatures, selon leur estat & condition, de tant que comme choses incorporeles, elles ne reçoiuent aucun mouuement, comme nous dirons Dieu aydant tost cy apres: parquoy elles sont communicquées sans mouuement, dont s'ensuit qu'elles ne bougent de leur source. Quant aux corporeles, elles sont en Dieu, & y excercent, & continuent leur vie, & mouuement: comme sainct Pol l'a allegué, parlant aux gentilz, Car en luy nous viuons, nous mouuons, & sommes. Ce n'est pourtant que toutes choses soient situées en luy, comme en vn lieu. CAR LIEV EST CORPS, ET SI EST IMMOBILE, ET LES CHOSES QVI Y SONT SITVEES, N'ONT MOVVEMENT: de tant que tout lieu ne peut estre sans mesures de longueur, largeur, & hauteur. Qui est cause qu'il est corps, comme l'ont diffini les sçauants: combien que les autres pensent, ny auoir corps, s'il ne se peut toucher, manier, ou remuer, mais ce n'est pas la vraye intelligence: car il suffit, que tout corps soit trouué sensible, cōme les corps materielz le sōt a cause de la matiere: ainsi le lieu est sensible a cause des dimentiōs, ausquelles sensiblement il est subiect. Parquoy toute chose qui peut estre mesurée par trois dimensions, asçauoir longueur, largeur, & hauteur, peut, & doit veritablement estre dict corps. De tous ces corps il n'en y a, qui soient immobiles que le lieu: de tant que tous autres sont materielz, & par consequent, subiectz a mouuement. En ce lieu donc immobile, toutes choses qui y sont situées, sont pendant leur situation sans mouuemēt: car celles qui ont mouuemēt, ne peuuent estre dictes situées en lieu, duquel le mouuement les priue, & ne peut souffrir qu'elles occupent lieu particulier: ains plustost diuers, & non a vn coup, mais a diuerses fois: parquoy telles choses ne peuuent estre preprememt dictes situées en lieu. Or est il que toutes choses crées, & composées ont vie & mouuement: parquoy elles ne peuuent estre assises en lieu, de tant que leur vie & mouuemēt vacqueroit. Ou dirōs nous dōc qu'elles sont assises, & en quel lieu elles ont leur vie, & mouuemēt? Nous respondrons, cōme Mercure respondist à Æsculape, que toute chose se meut en l'incorporel, qui est ceste saincte Pensée, & raisō, qui reçoit en elle toute vie, action, & mouuement, a grande difference des lieux corporelz, esquelz les choses assises sont priuées de vie, & mouuement. ET SI SONT AVTREMENT ASSISES EN L'IMAGINATION INCORPORELE, qu'elles ne sont es lieux corporelz, & comprins de mesures, & dimensions, de tant que l'incorporel reçoit toutes choses en soy par imagination, cognoissance, ou intelligēce, qui sont ses parties, de mesmes que le lieu corporel a les siennes. Vray est qu'elles sont de tant plus nobles, que toutes choses, qui y sont receuës n'en sont aucunement priuées de mouuemēt, mais bien reçoiuent vie, & mouuemēt de cest incorporel, auquel elles se mouuent, & ne laissent pourtant d'y estre assises auec leur vie, & mouuement ordinaire, sans y occuper aucun lieu corporel, ou mesuré. Ce qui ne peut aduenir au lieu corporel, auquel la chose assise occupe lieu, & si est priuée de mouuement: mais l'incorporel, qui n'vse d'aucun sens, reçoit toutes choses en soy par cognoissance, ou cōception, & intelligēce, sans leur destourber vie, & mouuement, lesquelz cest incorporel reçoit par mesme facilité que le subiect principal, & ce sans aucun empeschement de lieu, ny occupation de place. Et pour cōtinuer l'estude de ton intelligence, CONSIDERE CELVY, QVI CONTIENT TOVTES CHOSES, apres l'auoir consideré contenant les mouuements particuliers. Tu entendz qu'il est incorporel: ET PENSE QVE AVCVNE CHOSE NE CIRCONSCRIPT, empesche, ou enuironne ce qui est incorporel, a cause qu'il n'a limites, extremitez, quātitez, ny mesures aucunes, lesquelles peusēt estre occupées, bornées, enuironnées, ou ceintes de quelque subiect. Dauantage considere qu'il n'est rien plus soudain, viste & diligent que c'est incorporel: non QVE CE SOIT LVY, qui reçoiue ceste vitesse, ou

Toutes choses comm' āsjons en Dieu.

Seance des choses incorporelles.

Seance des choses corporelles. Act. 17. f

Quellement, lieu est corps.

Que c'est veritablement corps.

Chose viuante ne repose en aßsise

Chap. 2. 7

L'incorporel reçoit toutes choses sans lieu.

Diligence de l'incorporel.

mouuement : mais il l'est par ses actions, efficaces, & vertus : de la vitesse & diligence desquelles aucun mouuement ne s'aproche : il n'est RIEN PLVS PVISSANT, & non seulement au maniement, de ses vertus incorporeles, lequel est si occulté, & ignoré de noz pensées nonchalantes en telles actions, que a peu pres nous en passons sans en croire la plus part. Mais nous trouuons les difficultez aux effectz, qui sont sans comparaison de beaucoup moindre efficace. C'est asçauoir ceux qui se font en la matiere visible, & corporelz, lesquels nous apellons miracles, combien que ce soient les moindres effectz de ceste merueilleuse puissance. Comme fendre la mer rouge, ou il estoit besoin vne merueilleuse force corporelle, a soustenir vn si grand faix d'eaux : renuerser les cinq villes de Sodome, & finalement soustenir vn si pesant faix, que tout le globe de la terre, & mer, sans qu'il soit apuyé ny secouru d'aucune chose visible. O quelle force corporelle en ce subiect incorporel. Si est ce que toutes ces actions, & effectz sont estimées en l'endroict de la puissance de ce subiect incorporel de beaucoup plus petite vertu, & efficace, que celles qu'il fait par ces mesmes puissances et subiects intelligibles, & incorporelz. Comme Iesus Christ le tesmoigna au paralyticque, disant qu'il estoit plus facil de le guerir, & luy faire emporter son lict, qui estoit effet corporel que de luy pardonner ses pechez, qui estoit effect incorporel. Il n'y a doubte que les effects incorporelz ont besoin de plus grande puissance, que les corporelz : parquoy nous tiendrons resoluement, qu'il n'est rien plus diligent, viste, & puissant, que c'est incorporel. AINSI ESTIME QVE non seulement en comparaison de toute autre circonscription, vitesse, & puissance, c'est incorporel est le plus : mais retiens que SVR TOVTES CHOSES, & sans aucune comparaison, laquelle il ne peut receuoir : IL NE PEVT ESTRE CIRCONSCRIPT, figuré, ny enuironné, ET SI EST TRES SOVDAIN, ET TRESPVISSANT, sans qu'il soit plus besoin le conferer, ou comparer a autre quelconque grandeur, vitesse, ou puissance.

Puissance de l'incorporel.

Excellence de la puissance incorporele.

Matt.9.a

L'incorporel ne reçoit vraye comparaison.

SECTION 19.

ET en ceste maniere pense de toy mesme, & commande à ton ame aler là, & elle y sera plus viste, que tu ne luy auras commandé. Commande luy a passer la mer Oceane : et tout ainsi elle y sera de rechef plus-tost, non comme trauersant de lieu à lieu, mais comme estant illec. Commande luy aussi de voler au ciel, elle n'aura besoin de plumes, ains aucune chose ne l'empesche, non le feu du Soleil, non la haute region de l'air, non le tournoyement du ciel, non les corps des autres estoiles : car penetrant toutes choses, elle volera iusques au dernier corps. Et si tu veux enfoncer cest vniuers, pour voir les choses, qui sont hors du monde (si quelque chose y a dehors) il t'est permis.

COMMENTAIRE.

APres auoir descrit, & exprimé partie de la grande amplitude, & estendue de c'est infini subiect incorporel : par ce qu'il ne peut estre enuironé, ne circonscript, voire de pensée quelconque humaine : apres auoir aussi declaré sa merueilleuse force, & puissance, par toute maniere d'effectz sa celerité, vitesse, ou diligence, la saincte Pensée propose à Mercure vn exemple prins de l'homme mesmes, sans l'aller querir au dehors, par lequel il luy veut faire entendre la celerité, & vitesse de Dieu par son amplitude, & grandeur : laquelle l'homme a receu en soy receuãt en sa cõposition la sainte image Esprit de Dieu, & si biẽ imprimée, q̃ quel mespris, q̃ ses concupiscẽces luy ayent produit du S. Esprit de Dieu l'empeschãt de cognoistre, q̃ c'est l'image de Dieu qui est en luy, il n'a peu perdre ces principales prerogatiues, & marques de ce tresgrãd Dieu, qu'il a sur toute creature, qu'elles ne reluisẽt en luy, tant au bõ, q̃ au mauuais : de tant qu'elles sont de la nature, & cõposition du subiet, & si necessaires q̃ sans celles

Exemple de diuinité prins en l'homme.

celle la, il ne seroit hôme, & qui sont inseparables de luy: & toutefois fort peu côsiderées de l'homme, tant il s'est assubiecty aux concupiscences. ET EN CESTE MANIERE PENSE DE TOY MESME, ET COMMANDE A TON AME ALLER CA OV LA, ET ELLE Y SERA PLVS VISTE QVE TV NE LVY AVRAS COMMANDE. C'est que l'ame estant incorporelle, immortelle, & par consequant essence diuine, tient de la nature de sa source en ses propres effects, & outre ce le secours, qu'elle a receu composant son homme du sainct Esprit, la rend immobile, immuable, & incorruptible, en tant qu'elle est incorporele, tenant de ce grand incorporel, dont s'ensuit que ses operations, esquelles elle n'employe ses parties materielles, ains les seules parties incorporeles, se font a la maniere des operations diuines, sans temps, mouuement, ou subiection aucune d'empeschement. Comme nous voyons par cest exemple des vertus diuines, que le sainct Esprit de Dieu entretient en l'ame humaine sur toutes autres creatures, par lesquelles, elle se trouue ordinairement en puissance d'employer sa pensée ça & la, sans auoir esgard a distance des lieux, ny a difficulté quelconque des chemins.

Enquoy l'hôme opere côme Dieu.

Car elle ne trouuera chose, qui l'empesche, ou retarde d'aller, ou pour mieux dire, de se trouuer ou elle voudra, & quàd elle voudra: de maniere que l'hôme, ne s'y pourroit tât haster par sa parole, & volonté de commender a son ame, & pensée, d'aller quelque part, que ce soit, qu'il ne trouue (la considerant bien) qu'elle y est auant le commendement paracheué: tant est diligente, & extreme la vitesse de ceste essence diuine. Et par laquelle nous receuons vne tresasseurée cognoissance, & bien familiaire de la differance des operations de l'hôme composé, comme il est aux operations de Dieu, de tant que l'homme entier estant corporel ne peut faire operation, qui ne soit materielle, a cause que la matiere ne peut disposer, que de matiere, qui est cause que sa besongne, estant materielle, l'homme est contrainct d'operer par subiection de mouuemant, & subiection de temps, aquoy toute variation de matiere est subiecte. L'homme d'auantage est subiect a rechercher secours, soit d'autres hommes, soit d'instrumentz materielz, & autres moyens, tous manifestatz vne tresgrande subiection ez choses corporeles, & ce detant qu'il est contraint d'employer ses sens, lesquelz ne peuuent recueillir, que choses materielles, & corporeles, chargées de toutes ses subiections. Dont s'ensuit, que les sens ne comprenent que les choses, qui ont presence purement materielle, ou corporele. C'est bien autremant des actions, & vertus de Dieu, desquelles l'homme peut facilement apercevoir en soy les exemples, si le mespris, qu'il en reçoit le plus souuant (a cause de la priuauté, & facilité qu'il en a) ne l'en garde. Vray est que pour entrer en ces exéples, & manier les choses diuines, il se doibt separer de son corps, lequel estant totalemant incapable de telles dignitez, luy nuiroit grandement a ceste estude.

L'ame opere sans têps n'y mouuement.

Les sens côprenant seule presence corporele.

Ceste separatiô se faict rendât les sens corporelz endormis, ou assopis, mettant en effect l'intelligence, seule partie diuine en l'ame: & lors l'homme sans aucune faute trouuera ses actions intelligibles estre faictes, a la maniere des actions diuines, ascauoir sans aucune subiection de têps, mouuemât, secours, ny instrumêt quelconque, côme nous disons cy apres des operatiôs de l'ame, a laquelle est loisible de trouuer son intelligêce en tous lieux, & temps a sa volonté, sans qu'elle aye besoin de passer aucun chemin, ou consommer aucun temps en ses effaictz intelligibles. Et ce a cause qu'elle ne demâde que la chose intelligible, & non la corporele: mesmes de ceste corporelle, elle n'en demande aucune presence: a cause qu'elle a quité les sens, qui ne recoiuent que ceste presence corporele. Vray est qu'elle demande de toute chose corporele l'intelligence, par laquelle elle se trouue representée en mesme estat a l'entendemant, & partie diuine de l'hôme, côme elle se presente aux sens corporelemant: dont s'ensuit que l'intelligence n'est empeschée de l'apercevoir aussi clairemêt en l'absence de la matiere, & corps, côme si estât corporelement presente, les sens luy en faisoiêt les raportz.

Separation des sens pour l'actiô intelligible.

L'intelligence recoit le corporel & incorporel.

Comme nous le voyôs par frequentz exemples aux ordonnances, & desseins, que nous faisôs tous les iours des choses materieles, auât qu'elles soyêt mises en effait, lesquelles neatmoins nous côprenons, côme si realemêt elles estoient desia basties, & côpolées. Nous en dirons autant des actions diuines, c'est que l'essence diuine vsant en toutes ses operatiôs d'intelligence, & cognoissance, & non d'aucun sens, ayant toutesfois côprins dans ses puissances

intel-

intelligibles, toutes les sensibles, de maniere qu'elle aperçoit comme l'homme corporel, faict par les sens les choses corporeles: & d'auantage elle les aperçoit sans les sens, voire & les incorporeles, ce quel'homme ne pourroit faire sans soy despouiller de ses sens, employât sa partie diuine, & intelligible. Ceste diuine essence donc reçoit toutes choses en intelligence, sans estre contrainéte pour aperceuoir la chose de l'y veoir corporelement presente, comme si elle la debuoit aperceuoir par le moyen des sens: a quoy elle n'a aucune subiectiõ, ny par consequant a mouuemant, temps, instrument, ayde, ny secours quelconque. Mais sa seule intelligence reçoit, & vse des deux moyens, qui sont d'aperceuoir la chose corporellement presente, comme fairoient les sens, & d'auantage de la recepuoir absente par la mesme intelligence, comme si elle estoit presente. Dont s'ensuit que toutes choses sont presentes a Dieu, asçauoir les corporeles, en effect corporel aperceuës de la diuine intelligence au temps de leur effect, auquel elles sont subiectes. Mais de tant que ceste intelligence n'est subiecte au temps, elle les aperçoit de mesme maniere, qu'elles sont, seront, ou ont esté, sans leur presence corporele, a cause que intelligence n'est subiecte a requerir presence corporele, ceste subiection apartient aux sens.

La pensée corpréd despouil lant ses sens.

Maniere des choses presentes a Dieu.

En ceste maniere nostre Eglise vniuerselle, tient que Iesus Christ, fils de Dieu, preordonné auant les siecles a esté present en personne corporele deuant ceste eternelle intelligence eternellement, & deuant toutes choses, combien qu'il n'aye esté representé aux sens corporelz, qu'a sa manifestation, suyuant le temps de son incarnation. Ce neantmoins l'intelligence diuine la eu tellement present en toutes ses actions, & bien faictz conferez a l'homme, qu'elle en a donné le fruict a plusieurs, qui ont precedé sa manifestation, faicte aux sens corporelz, comme la tenant en realle, & veritable essence intelligible: combien qu'il ne fust encore en estat sensible, ou subiect a la perception des sens: comme nous dirons de tous les peres anciens, qui ont precedé l'incarnation de Iesus Christ: & neantmoins en ont receu le profit, come nous: qui venõs apres. Qui nous manifeste que la chose du salut estoit realement, & veritablement presenté a l'intelligence de Dieu, combien qu'elle ne fust encore presente aux sens.

Iesus Christ commes eternelement present a Dieu.

La presence du Christ sauua les anciens.

Autant nous est il permis d'en dire de toutes choses, qui sont presentes en ce diuin exemplaire, proueu de l'intelligence, & perception de toutes choses, qui sont en corps, ou qui encore ne sont, ou qui ont esté: & qui plus est, ne seront iamais, pouuãt toutesfois estre. Car la vraye presence est celle, qui se presente a l'entendement, & non aux sens. Et a la verité l'homme voyant deuant luy vne chose corporelle, qu'il n'entend, ny cognoist, ne peut estre dict l'auoir presente: mais celle qu'il cognoist, ou entend seulemant, tant est ample ceste puissance intelligible: de maniere qu'en toutes ses perceptions ou cognoissances elle a vne grandissime extremité de vitesse, & diligence: qui est en ce qu'elle n'a aucune subiection a tẽps, ny mouuement, en l'effect de ses actions, mais a la verité elle precede sans aucun temps, sans mouuement, ny autre quelconque moyen, pourueu qu'elle ne soit empeschée par l'imperfection, & obscurité de la matiere: comme ces exemples proposez par Mercure le nous manifestent. COMMANDE LVY A PASSER LA MER OCEANE, ET TOVT AINSI ELLE Y SERA DE RECHEF PLVSTOST: combien que la distance soit estimée grande sur terre, mesmes estant prinse de la coste de ceste Gaule, par la route qui va dans le vent que les mariniers appellent Ouest Suoest vers l'Amerique, la distance s'y trouuera fort grande a passer iusques en vn pays qu'on nomme Darica le destroict. Et toutes fois ceste essence diuine fera aussi peu de compte de la distance pour grande qu'elle soit, q̃ de la proximité, & autant luy est estre loing, qu'estre prez. Car sans y auoir aucun esgard, & ou que ce soit elle y sera de rechef, & plustost que le commandemant ne luy sera acheué. Et la raison de ceste merueilleuse diligence est qu'elle se trouue au lieu commandé, NON COMME TRAVERSANT DE LIEV A LIEV, MAIS COMME ESTANT ILLEC. Voila la merueille de ceste vitesse tant difficile a entendre, declarée en deux motz, par ou nous voyons que l'ame se trouue la ou elle se souhaite, non comme trauersant pais ou chemins: car elle auroit mouuemant, & se mouuoit se transportant d'vn lieu en autre: qui est chose qui ne luy peut conuenir. Car si elle se mouuoit, elle seroit corporele, ce qu'elle n'est pas: a cause dequoy elle se trouue au lieu desiré, non comme y alant a la maniere des choses corporeles, mais comme y estant, a la maniere des choses diuines, qui en toutes heures sont partout: tellement que la pensée ne peut surprendre ceste ame, qu'elle ne la trouue a l'heure, qui luy plaira

Subiection du temps empesche la vitesse.

L'action d'vn mẽ considere temps ny mouuemant.

Admirable estendue des choses diuines.

plaira, là où il luy plaira: soit au ciel, ou en terre, auec aussi peu de difficulté de la trouuer loin,
que pres. Et pour l'exemple, COMMANDE LVY AVSSI DE VOLER AV CIEL, si tu
auois pensé, que la mer & la terre la portassent à faire ces extremes diligences en terre: có-
mande luy voler au ciel, & tu trouueras que ELLE N'AVRA BESOIN DE PLVMES, pour
la porter à la maniere des oiseaux: lesquelles plumes ne sont instruments capables d'vne si
grande celerité, & vitesse, qui est en l'ame: tous secours materielz seroient courts pour ataindre à telles executions. AINS comme la matiere ou distance ne la peut secourir, de mesmes AVCVNE CHOSE NE L'EMPESCHE, NON LE FEV DV SOLEIL, NON LA *Indignité des*
HAVTE REGION DE L'AIR, qu'on nomme Æther, en laquelle sont frequents diuers *secours mate-*
feux, & exhalatiõs, par lesquelles il seroit malaisé à chose corporele passer, sans y receuoir of- *rielz.*
fence de la furie, & merueilleuse action de ce feu, tant du Soleil que de l'elementaire. Et toutefois quelle action & furie, qu'elle aye, elle ne peut donner empeschement, ou nuisance à
cest ame, & pensée de se trouuer au ciel, NON LE TOVRNOYEMENT DV CIEL, par *Tous corps*
lequel elle peut estre rauie, & emportée, ou destournée, ou bien retardée de se trouuer au *cede a l'incor-*
lieu, qui luy est commandé: NON LES CORPS DES AVTRES ESTOILES, par lesquel- *porel.*
les la droiture, ou briefueté de son chemin luy peut estre empeschée. CAR PENETRANT
TOVTES CHOSES ELLE VOLERA IVSQVES AV DERNIER CORPS, ne trouuant
subiect quelconque digne, ou capable de luy donner empeschement, à cause de sa dignité
de diuine essence. Vray est qu'il s'entend qu'elle penetrera toutes choses iusques au dernier
corps, non comme trauersant de lieu à lieu (comme nous venons de dire) mais comme estãt
illec. ET SI TV VEVX ENFONCER CEST VNIVERS, dans lequel sont encloses toutes creatures, & subiectz materielz POVR VOIR LES CHOSES, QVI SONT HORS DV
MONDE si excellentes, qu'elles ne sont subiectes à matiere quelconque, mouuement, mutation, ny alteration: ains sont toutes vertus, excellences, puissances, procedans tous les iours
de ce bon Dieu, qui iamais ne cesse par le moyen d'icelles plouuoir, & faire part à toutes
creatures de tout bien, vie, & mouuement: & lesquelles viennent du dehors du monde, cõme ne trouuans au monde lieu digne d'entretenir telles excelléces, & vertus: SI QVELQVE
CHOSE Y A DEHORS, IL T'EST PERMIS. C'est que s'il y a chose quelconque hors *Permission a*
de ce grand animal dict monde, il faut que ce soit son createur, comme de vray il y est: il se- *l'ame de voir*
ra permis à l'ame suiuant & s'aidant des vertus de son S. Esprit en auoir la cognoissance, pour *hors le mõde.*
paruenir en sa perfection, qui luy est presentée. S'il y a donc au dehors du monde quelque
chose (comme voulant dire) car certainement il y a quelque chose hors du monde, à cause
de la particule Grecque εἴ γε, qui en ce lieu est prinse pour certifier, que y ayant quelque
chose hors le monde, il est permis à cest ame d'en rechercher la cognoissance. C'est bien
pour confondre l'homme, qui ne veut recognoistre auoir en luy l'Esprit de Dieu, lequel par *L'homme ne*
cest argument luy est demonstré si clairement en ce, qu'il n'appartient à creature quelcõque *peut n'yer*
de s'estendre d'vne si grande, & admirable amplitude: ains appartient au seul createur, com- *luy.*
me il a esté escript: L'Esprit du Seigneur a remply tout le tour de la terre. S'il n'appartient *Sap.1.b*
que au seul createur, le sçauroit l'homme mieux sentir en luy, ny plus manifestemẽt que par
l'experience si manifeste, & quotidiene, qu'il en a en luy par cest argument: & à toute heure
qu'il sent en luy habiter ceste digne essence diuine, qui tient l'ame humaine ioincte à elle en
telle liberté, amplitude, & grandeur d'vser, non seulement des celeritez, & vitesses, que nous
auons donné par exemple, qui ne sont que peu de chose, au pris de la principale excellence
de non seulement aler, ou soy transporter par tout: mais y estre sans aler de lieu à lieu à toute
heure, qu'il plaist à l'homme? Ceste action est pure diuine, aussi l'homme corporel n'y a aucune part. Vray est que à cause qu'elle se faict par les vnitez, qui sont de la nature, & composition
de l'homme, tout homme en peut vser, tant bon que mauuais. Et a esté trouué ceste
exemple si admirable, qu'il a esté besoin, que ce Pimandre saincte Pensée, l'ayt reuelé à Mercure, ne le pouuant descouurir par sçauoir humain quelconque.

SECTION. 20.

*A*Duise combien ta puissance est grande, *&* ta celerité. *C*onsequemment peux tu
ces choses, *&* *D*ieu non? *C*ontemple donc *D*ieu en ceste maniere, comme ayant en
soy

soy mesme toutes intelligences, & le monde mesme entierement. A ceste cause si tu ne te compares à Dieu, tu ne puis cognoistre Dieu: de tant que le semblable est cogneu par ses semblables. Augmente toy mesme de grandeur desmesurée. Esleue toy hors de tout ton corps, surpassant tous temps, sois vn iamais, & tu cognoistras Dieu, estimant rien impossible à toy: estime toy immortel, & pouuoir entendre toutes choses, tout art, toute science, & toutes conditions d'animaux. Sois plus esleué que toute hauteur, plus rabaissé que toute profondité. Comprends en toy mesme tous les sentimens des choses faictes du feu, de l'eau, du sec, de l'humide: & pense que en mesme temps tu es par tout, en terre, en mer, au ciel, iamais n'estre nay, estre au ventre, ieune, vieux, estre mort, & ce qui aduient apres la mort. Quand tu auras cogneu toutes ces choses, ensemble les temps, les lieux, les effects, les qualités, & les quantités, lors tu pourras cognoistre Dieu.

COMMENTAIRE.

LA saincte Pensée a monstré à l'homme ceste diuine puissance, qu'il a ordinaire en soy: & toutefois l'homme est si abusé apres ses concupiscences, & veneration des abus materielz, que employant tous les iours, & vsant de ses puissances, voire à toutes heures, il ne les recognoist estre diuines, tāt s'en faut que a-peine les recognoist estre puissances: à cause que leur facilité, & priuauté en a produict vn mespris en l'homme mal aduisé. Quoy voyant la saincte Pensée desirant le salut de l'homme, dict à Mercure, ADVISE COMBIEN TA PVISSANCE EST GRANDE, ET TA CELERITE. Ie ne te dy cecy afin que tu estimes ceste merueilleuse puissance, qui est en toy, estre tiene propre, dependant de ta composition, & de laquelle tu puisses prēdre gloire, comme aucteur d'icelle. Ce n'est pas cela: mais ie te dy que tu aduises, & consideres ceste puissance estre bien grande, & desmesurée, & la vitesse, diligence, & celerité de mesme excellēce, pour la recognoistre de ce bon pere, & createur, duquel tu l'as receuë: & ce pour l'employer à sa loüange, action de graces, & recognoissance de tous biens receuz de luy.

Pouuoir & diligence grands en l'hō me.

A ceste cause y ayant bien pensé, CONSEQVEMMENT seras tu si temeraire, ingrat, & remply d'ignorance, de penser que TV PEVX CES CHOSES, ET DIEV NON? Seras tu si aueuglé ou estourdi, que tu ne cognoisses, que celuy, qui a mis en toy ces merueilleuses actions, & puissances, n'en aye autant, & de plus admirables, voire que tu ne peux comprendre? comme Isaye l'a quelque fois dict, Asçauoir si moy, qui fais enfanter les autres, & les fais engendrer, demeureray sterile? Ne consideres tu pas que la composition, & creation, que Dieu a faict de l'homme, en laquelle il a mis son image, & sainct Esprit, ce n'a esté pour le rendre son compagnon, & moins encore pour le rendre superieur, mesme durant sa vie mortele, acompagnée de toutes imperfections, & vilenies. Pense donc que l'homme a esté faict expres pour recognoistre auoir receu de Dieu son pere toutes ses vertus, actions, & puissances: & les ayant recogneuës l'en mercier tres-humblement: & l'ayant mercié luy en donner gloire, admirant l'infinité de ses bontez, qui iamais ne cessent de plouuoir sur ses creatures: & ayant bien pensé & recogneu tous ces bien-faicts de ce bon Dieu, tu ne seras plus en peine de penser les auoir, & qui ne les aye: mais par ceux qu'il t'a donné en charge & maniement, tu commenceras a penser combien il en a d'auantage en luy, & plus grande liberté & perfection, que l'hōme couuert de ce corps materiel, ne les peut receuoir. CON-TEMPLE DONC DIEV EN CESTE MANIERE, COMME AYANT EN SOY-MESME TOVTES INTELLIGENCES, ET LE MONDE MESME ENTIEREMENT. C'est que par ses excellentes operations, puissances, grandeurs, & diligences, que l'homme a cogneu en son intelligence, qui luy est donnée de Dieu, il cognoisse trois choses. La premiere c'est, qu'il contemple ou considere Dieu, comme ayant en soy toutes cognoissances, sciences, intelligences, toute sapience, vision, que le commun nomme preuoyance: dont il sensuit ceste admirable vertu, & perfection en luy, que toutes choses, tant passées, presentes,

Chercher a cognoistre Dieu par soy.

Isay. 66.c

Estat de l'homme.

Comment lon doit contempler Dieu.

que

que futures, ou a l'aduenir, & qui n'ont iamais esté, sont presétées a son intelligéce, & cognoissance, comme si elles se faisoient lors, ou auoient esté faictes cy deuant sans aucune discretion de temps. Secondemãt tu le considereras cõme ayant en soy tout le mõde, & aduiseras que comme tout nombre d'intelligences, cognoissances, & autres vertus ne l'ont peu comprendre, ains sont cõprises de son infinité, de sçauoir & cognoissance : de mesme maniere tout le mõde, duquel la grandeur ne consiste que en quantité : voire la plus grande, qui soit considerée des hõmes pour grandz & sçauãtz qu'ilz ayent esté, se trouue courte a exprimer la grandeur de Dieu : de tant qu'il est contenu en Dieu, & y faict auec toutes ses parties, & creatures y contenues sa vie, actions, mouuemantz & son estre, comme l'a declairé sainct Pol. *Dieu contient choses corporelles, & incorporelles.*

Tiercemẽt estant le monde contenu de Dieu, il se trouue incapable a exprimer sa grandeur, cõme quelque fois nous l'auons cy deuant dict, que le mõde ne pouuoit estre situé hors de Dieu : de tant que Dieu se trouueroit terminé par le costé, par lequel le mõde seroit hors de luy, ce qui ne peut estre : mais bien cõme nous auons du cõmencemẽt declairé que Dieu est de nature humide, qui ne peut estre bornée, limitée, ou terminée d'aucune part a cause de son infinité, & desmesurée grandeur. C'est la nature du subiect incorporel de n'estre subiect a grandeur, dimension, ou quantité, mais il passe tout, & par ses vertus, & desmesurées puissances il comprend tout le monde : soit en quãtité, ou en vertus, & actions, que le monde a receu de luy. Dauantage & finalement il comprend, ou a en soy & contient soy mesme entieremẽt. C'est le periode, auquel sont terminées toutes les excellãces que l'hõme peut atribuer a Dieu. Cõme quand nous disons Dieu estre le vray cõmencement de toutes creatures, & toutes autres choses, en fin ne le pouuant mener plus auant, nous le disons estre commencement de soy mesme, ne luy pouuãtz bailler plus digne comparatif, que soy mesme : pour conclure qu'il n'a autre commencemẽt, que soy mesmes, qui le rend eternel. Tout ainsi quand nous l'auons declaré contenir plusieurs intelligences, & apres tout le monde finalement ne le pouuant plus honorer, ou exalter, nous disons qu'il se contient mesmes entieremant, ne pouuant contenir vn plus ample, digne, ou excellent subiect, que luy mesme. Et par ce moyen nous l'entendons tresgrand, trespuissant, tressoudain, & dominateur, contenãt en soy, & sa puissance toutes choses : & le tout par le moyen de ce que nous auons recognu du sien estre en nous. Et nostre saincte Pensée, A CESTE CAVSE, dict elle, SI TV NE TE COMPARES A DIEV TV NE PEVX COGNOISTRE DIEV. Ceste comparaison, que nous deuons prendre auec Dieu, gist en la preparation, que nous deuons faire de nous mesmes par le vray employ des actions, & vertus de son image, a ce que les employant selon le vray estat, pour lequel elles nous sont commises, nous puissions acquerir, & attaindre l'excellance, & felicité de sa semblance : laquelle nous perdons par l'abus des choses desquelles le vray vsage la nous faict recouurer, & conseruer.

Act. 17. f Le monde est contenu de Dieu.

Dieu contiẽt soy mesmes.

Dieu cognu par comparaison de soy.

Et lors que nous aurons acquis ceste semblance de Dieu, Pere, & createur, laquelle consiste (comme sainct Pierre le nous a aprins en sa peregrination) a estre iuste, religieux ne faisant tort a personne, & par ce moyen ayant reiecté si loing les abus, & superfluitez de la matiere, que sa personne se trouue toute intelligible, n'ayant plus de destourbier, qui diuertisse les sainctes pensées, & œuures de contemplation : de maniere que l'esprit de Dieu ne trouuãt plus de resistance en c'est homme, ayant abandonné la veneration des abus de la matiere, par lesquelz il luy souloit resister, maintenant il le rauist, & l'esleue le trouuãt semblable a soy mesme : DE TANT QVE LE SEMBLABLE EST COGNEV PAR SES SEMBLABLES.

Recog. Clem.

C'est la perfection, que peut auoir l'homme en ceste vie mortelle, de se tenir semblable : c'est a dire de mesme affection & volonté a soy mesmes, qui est sa principale, & plus noble partie. Le sainct Esprit de Dieu, auquel obeissant, & lequel ensuiuant, nous luy sommes semblables : & a cause de luy a nous mesmes en nostre principal estat. Et en ceste maniere ce bon Dieu semblable au sainct Esprit (qu'il nous a donné luy mesmes) est cognu par l'homme, son semblable : & qui outre l'image de Dieu a gardé sa semblance s'estant rendu a son S. Esprit, & retiré des abus, & concupiscences des choses corporelles, pour paruenir a ceste heureuse semblãce, ne supposant plus en soy aucun empeschemẽt de corps, ou matiere : mais raportãt toutes puissances, efficaces, & actions a la capacité de cest esprit de Dieu

Dieu cognu par soy mesme.

L'homme cognoist Dieu par son sainct Esprit.

de Dieu, qui lors gouuerne l'homme, pour luy voir desployer les merueilleuses actions intelligibles, lesquelles l'homme corporel ne peut conceuoir, & penetrer toutes choses sans empeschemant, qui luy puisse nuire a aucune cognoissance des actions, & puissances diuines.

<small>Consideratiõ de propre infinité.</small>

Et l'homme estant en cest estat la saincte pensée luy dict, AVGMENTE TOY MESMES DE GRANDEVR DESMESVREE, ne t'arrestant a ce, que tu as accoustumé, qui estoit de penser que ton intelligence ne peut courir plus loing, que l'effect des sens, qui sont terminez & limitez. Il ne te faut plus arrester la. Il te conuient passer plus auant, & considerer, que tu peux toutes choses en celuy, qui te fortifie, & que en tes vertus, & puissances intelligibles, qui sont de pure nature diuine, tu ez sans aucun bord ou limite: & que ta grandeur, & estendue passe toutes dimensions de grandeurs corporeles: tant en longueur, largeur, que hauteur, ou profondité: & que par ainsi tu, en tant que intelligible, ou spirituel es de grandeur desmesurée, ou non subiecte a aucune quantité de mesure. ESLEVE TOY HORS DE TOVT TON CORPS SVRPASSANT TOVT TEMPS, & comprendz en ton entendement toutes choses, qui se presenteront, qui ne sont subiectes a temps, en tant que intelligibles, commencant de la creation iusques en infinité de temps. Esleue toy tellement de ton corps, que tu ne t'arrestes seulemant a penser les temps des cours, ou mouuementz des creatures corporeles: mais t'esleuant par dessus ces cognoissances, pense sur les temps, ou mouuemantz, qui surmontẽt tous ces cours, ou durées, & contiennent plus grãdz subiectz, comme ie t'ay cy deuant dict du iamais. SOYEZ VN IAMAIS: il t'est permis de le comprendre comme estant de mesme nature: c'est a dire immortelle comme le iamais, lequel tient mesme lieu a la conduicte du monde, que faict l'ame raisonnable, & acompaignée du sainct Esprit en l'homme dict a ceste cause petit monde. Parquoy l'ame raisonnable faisant bien son estat, & mesme chose en son petit monde, qui est l'homme, qu'est le iamais, ou l'ame de l'vniuers dispensant toutes choses, pour son entretenemant & conduicte. Tu seras donc le iamais, lors que ton ame sera en toy le deuoir, que faict le iamais au monde: & considere toutes choses, qu'il contient, & tu y verras tant de merueilles, & puissances, actions, & efficaces produisantz toute maniere d'effectz, & tous estantz les moyens, par lesquelz Dieu se manifeste a l'homme, que tu trouueras ton intelligence bien augmentée de sçauoir.

<small>Eleuatiõ hors toute matiere.</small>

<small>Que cest estre vn iamais.</small>

<small>Cognoistre Diẽ par choses incorporeles.</small>

Et lors TV COGNOISTRAS DIEV, lequel tu trouueras consister en ceste vnicque essence, de laquelle procedent tant de vertus, & efficaces, & bienfaictz, & ce continuel soin de conseruer toutes choses en leur nature, & condition estant sans terme, limite, ou mesure, non comprins d'aucun temps, ou subiection de mouuemant a la semblance de ce que tu cognois en ta partie intelligible, laquelle n'a terme, limite, temps, ny mesure, qui la puisse comprendre, ESTIMANT RIEN IMPOSSIBLE A TOY en l'vsage de ceste diuine pensée: comme de vray elle ne trouueroit chose, qui luy fust impossible a cognoistre, si elle n'estoit empeschée par le corps. A ceste cause l'ayãt toute retirée du corps, estime riẽ luy estre impossible, ESTIME TOY IMMORTEL: de tant que ayant abandonné le corps, tu n'as plus rien en ta composition, qui ne soit immortel. Et pense aussi POVVOIR INTENDRE TOVTES CHOSES, TOVT ART, TOVTE SCIENCE, ET TOVTE CONDITION D'ANIMAVX. Car tu ne peux faillir ayant cogneu tes capacitez, & puissances, & par qui elles sont administrées a ton ame, c'est par le sainct Esprit de Dieu, qu'elles sont suffisantes a pouuoir entendre, & conceuoir toute maniere d'artz, sciences, & cognoissances de toute nature, & condition d'animaux, & autres creatures: de tant que c'est esprit aspire la ou il luy plaist, comme il est escript. SOYS PLVS ESLEVE QVE TOVTE HAVLTEVR, PLVS RABAISSE QVE TOVTE PROFONDITE: a cause que hauteurs & profondeurs ne sont que dimentions des choses corporeles, ausquelles n'est besoin de t'amuser plus, elles sont tropt basses. COMPRENDZ EN TOY MESME TOVS LES SENTIMENTS DES CHOSES FAICTES DV FEV, DE L'EAV, DV SEC, DE L'HVMIDE: car toute relation des sens reuient de sa nature en l'ame, laquelle en reçoit le sentiment pour iecter son aduis & iugement par la cognoissance, qu'elle a de la nature du subiect corporel. A ceste cause comprendz, & entendz toutes ces cognoissances, non pour en abuser: car tu redescendrois dãs les corps, & abandonnerois l'heureux estat, auquel tu es monté: mais comprendz ces cognoissances, pour enrichir autant ta partie intelligible, & manifester sa vertu & puissance en toute

<small>Rien impossible au vray homme.</small>

<small>Capacitez de l'esprit de Dieu en l'hõme.</small>

toute maniere d'intelligences. ET PENSE QVE n'ayant a trainer en toutes ces actions aucun corps, EN MESME TEMPS TV ES PAR TOVT : comme nous l'auons cy deuant declaré, que la saincte pensée donnée a l'homme n'estant subiecte a temps ou mouuement, elle est au lieu, non comme y trauersant de lieu a lieu, mais comme y estant. Par ou nous voyons sa merueilleuse faculté l'entretenir par tout en mesme temps, soit EN TERRE, EN MER, AV CIEL : soit aussi, comme IAMAIS NESTRE N'AY OV ESTRE AV VENTRE, qui sont toutes choses cōsiderables: estre IEVNE, estre VIEVX, ESTRE MORT, ET CE QVI ADVIENT APRES LA MORT. C'est en la maniere que nous auons cy deuant dict que toutes choses sont situées autremant dans l'incorporel, que dans le lieu, qui est corporel : & aussi que le lieu ne reçoit que les corporelles, & la maniere de les receuoir est par presence & repos. Et l'incorporel reçoit tant les corporeles, non seulement en leur repos, mais en leur vie, & mouuement : & outre ce reçoit les incorporelles en leur nature. Et la maniere de l'incorporel a receuoir toutes choses c'est l'imagination, par laquelle luy en vient cognoissance : & en ceste maniere toutes choses luy sont presentez, tant les pasées, presentes, que a l'aduenir, ou futures.

<small>Puissance desmesurée de l'ame.</small>

<small>L'incorporel reçoit toutes choses.</small>

A ceste cause cest homme intelligible se trouue capable & disposé a cōprendre toutes considerations : soit d'estre ieune, vieux, mort, ou apres la mort. QVAND TV AVRAS COGNEV TOVTES CES CHOSES ENSEMBLE : cest a dire quand tu auras tout consideré, & en auras faict en ton intelligence vne assemblée, par laquelle tu puisses cognoistre que toutes ces consideratiōs, que tu as, en soyent cause, soyēt effectz, & autres cognoissances : & auras consideré que toutes sont entrées en ta pēsée, comme en lieu propre a les receuoir. Soient LES TEMPS mesurantz les mouuemantz, & vies, LES LIEVX contenants les choses situées, LES EFFECTZ produictz par les causes intelligibles, LES QVALITES, ET QVANTITES cōuenantz aux choses corporelles. Et que tu auras veritablemāt cogneu que toutes ces cōsiderations, cognoissances, intelligences, & capacitez se sont trouuez en toy, comme en la partie diuine, qui a esté mise en ta composition, qui est le sainct Esprit de Dieu, vray incorporel, seul capable de toutes ces cognoissances, & plus grandes. LORS TV POVRRAS COGNOISTRE DIEV, luy atribuant l'honneur, & l'estat d'estre aucteur & premiere cause, non seulement de tous effectz, mais de ta composition, qui a receu la partie semblable a luy, par le moyen de laquelle tu le doibs cognoistre, admirer, & reuerer.

<small>Exercices intelligibles pour reognoistre Dieu.</small>

<small>Dieu cogneu par estudes intelligibles.</small>

Ceste section & la prochaine suiuante nous declareront vne merueilleuse concordance, auec la parabole, que Iesus Christ nous a proposé des talentz, par laquelle il nous declare desirer de nous vn soin, & vne diligence d'employer les cognoissances, & intelligēces, qu'il luy a pleu nous donner, le plus auant qu'il nous est possible, soy contentant autant de celuy qui aura faict moindre profit sur mesme gage, comme de celuy, qui l'aura faict plus grand : pourueu que chascun n'y aye espargné sa diligence, leur rendant a chascun selon son trauail, nous manifestant qu'il nous faut mettre en œuure ses puissances, & vertus mises en nous, & nous asseurer bien que nous n'auons faute de moyens, si nous les voulons mettre en effet. C'est ce mesme propos que dict Mercure, Sors de ton corps, & considere tes puissances, & les mectz en effaict, & garde toy de penser estre sans moyen, pour a la fin ayant mesprisé tes moyens, te cuider seruir d'excuse de n'en auoir point, comme dict le troisiesme, qui auoit receu l'argent du pere de famille, lequel cherchoit estre excusé sur son impuissance, comme aussi Mercure le dira prochainemant : & toutesfois telles excuses ne sont receuës. Car nous auons tous prou receu, cōme sainct Pol l'a escript, Ie rendz graces a mon Dieu en la grace, qui vous est donnée en Christ, que vous soyez faictz riches en luy, en tout propos & science : de maniere qu'il ne vous deffaille rien en aucune grace, atandantz la reuelatiō de nostre seigneur Iesus Christ. C'est que Dieu ne demandant que le salut de l'homme, par son consentement il luy a donné arbitre, affin que par celuy la il puisse entrer en la lice du salut. Mais par ce que ce n'est en ses forces d'operer la perfection du salut, Dieu luy a donné vn Christ sauueur, qui le prouuoit de toutes graces necessaires : de maniere qu'il n'a rien a dire, il ne reste que de les vouloir employer, il ne tient au pere de famille. Les deux paraboles escriptes par sainct Matthieu, & sainct Luc tendent a mesme doctrine, que ces deux sections. Car l'impuissance ne seruiroit d'excuse que la ou elle ne pourroit faire ce que

<small>Math. 25. b</small>

<small>Parabole des talens comparée.</small>

<small>Luc 19. c</small>

<small>Dieu reçoit en gré de chascū ce qu'il a.</small>

<small>L'homme ne se peut excuser d'impuissance.</small>

<small>1. Cor. 1. b</small>

480   SVR LE PIMANDRE DE

Impuissance n'excuse qu'à ce qu'on doit.

Mich. 6. c

Dieu demande de l'homme. Or est il que Dieu ne demande de l'homme, sinon qu'il se iuge, face misericorde, & chemine soigneux deuant son Dieu: qui sont actions, pour lesquelles Dieu l'a pourueu d'asses de moyens, si l'homme les veut employer. & ce n'est la que gist l'impuissance de l'homme: ains elle gist en ce qu'il n'est puissant pour faire aucune œuure de perfection, ou sufisance, ny d'equiualence, comparée a la moindre misericorde de Dieu. Mais a il bien prou puissances en soy, pour faire ce que Dieu demande de luy, s'il veut employer celles que l'esprit de Dieu, qui luy est donné, luy presente a toutes heures, hurtant a sa porte, dont il ne se peut excuser d'impuissance, s'asseurant que Dieu paracheuera le reste

SECTION. 21.

Mais si tu renclos ton ame dans ton corps, & la rabaissez, disant ie n'entends aucune chose, ie ne puis aucune chose, ie crains la mer, ie ne puis monter au ciel, ie ne sçay qui i'estois, ie ne sçay qui ie seray. Qu'as tu commun auec Dieu, attandu que tu ne puis entēdre aucune chose de celles, qui sont belles, & bonnes, estant amateur de ton corps & mauuais: car cest pafaicte malice ignorer la diuinité. Mais pouoir cognoistre, vouloir, & esperer c'est la droicte voye propre au bien, large & facile a toy passant ce chemin. Elle te sera par tout au deuant, elle t'aparoistra par tout: voire ou & quand tu ne t'y attenderas, veillant, dormant, nauigant, cheminant de nuit, de iour, parlant, taisant. Car il n'est chose, qui ne soit subiette a l'imagination du sepulchre.

COMMENTAIRE.

AV contraire de ce que nous venons de dire, que l'homme se doit tellemant esuertuer, & efforcer apres auoir cognu les vertus, & puissances, qu'il a receu de Dieu, qu'il n'en laisse pas vne oisiue, tant qu'il les pourra employer, delaissant les abus du corps & soy rengét a la part du sainct Esprit. Si donc au contraire l'homme s'estant rengé du costé des concupiscences, & si frequentz abus de la matiere, & choses corporelles, abandōnant la semblance de Dieu, & sainct vsage de ses vertus, soy ensepuelissant, & renfermant dans les seules considerations corporeles, ne pésant, ou cósiderant que les effectz materielz. Et s'estant si treslāt rabaissé que la reuerāce & estime des choses corporeles, auec les plaisirs, delices & voluptes que l'homme y a trouué, luy aye faict oublier toutes cognoissance, intelligences, & considerations des choses diuines, & parties intelligibles: il se trouue lors si tressurprins des choses materielles, qu'il n'a aduisemant, ny souuenāce quelconque de son image de Dieu: & moins des vertus, qu'elle a mis en sa composition. Et la saincte Pensée le trouuant en tel estat luy dict ces propos, MAIS SI TV RENCLOZ TON AME DANS TON CORPS, l'abusant, & l'amusant aux seul effectz, plaisirs, & delectatiōs corporelles, esquelles n'y a intelligēce, ou cognoissance aucune de Dieu: ET LA RABAISSEZ si trestant, q̃ tu la rēdes esloignée de toutes cognoissances, & intelligēces, admiratiōs, ou cōsideratiōs des choses diuines, qui dōnent a l'hōme tout le sçauoir, & cōmunication de Dieu, qu'il peut acquerir DISANT IE N'ENTENDS AVCVNE CHOSE, IE NE PVIS AVCVNE CHOSE. Ce n'est de merueilles si tu n'entēds, & ne puis aucune chose, puis q̃ tu as quicté l'intelligēce, vertu, & puissāce diuine pour les plaisirs, & voluptez corporeles. Et si biē tu n'as contentemant, tel que tu aurois

De celuy qui ne veut cognoistre ses dōs

Qui mesprise ses armes est tost surprins.

Que c'est renclore l'ame

aurois, si tu entédois, & pouuois les choses dignes, & excelétes: pour le moins tu en as quelque effigie, tournant ces dignes vertus a l'enuers en ce, que tu entendz quelque maniere de tromper, ou surprendre ton prochain, quelque inuention de l'opprimer: dont tu seras loüé & estimé & du plus grand nombre, qui te reuient a grand contentement. Toutesfois ce n'est le moindre des abus, qui te trompent, sans que tu les cognoisses, quel escort, & bien aduisé que tu t'estimes. Car en fin tu cognoistras que entendre, & pouuoir telles choses est veritablement entendre, & pouuoir rien: de tant que toutes ces actions estant priuées de Dieu, tumbent en priuation d'estre & n'estant elles sont proprement dictes estre rien. IE CRAINS LA MER, IE NE PVIS MONTER AV CIEL. C'est de tant que l'homme se trouue destitué des vertus, qui le rendent dominateur de toute creature. Et se trouue aussi destitué de sa partie, qui peut aler par tout, & voler sans plumes, ou crainte d'empeschement quelconque s'estant rendu corporel. Et ce n'est chose estrange de s'y trouuer souuent en craintes & impuissances: car pour vn plaisir, ou delectation, la matiere produict ordinairement plusieurs desplaisirs, craintes, & confusions. Et si bien l'homme corporel a quelque fois domine la matiere, l'ayant menée a son plaisir, il n'y a doubte, qu'elle ne l'amene plusieurs fois en desplaisirs, & malencontre, qui le domineront, & monstreront impuissant, non seulemēt a voler au ciel (chose qui n'apartient a son corps) mais en plusieurs autres actions, qui domineront ses forces corporeles, a faute d'y auoir employé les intelligiles. IE NE SÇAY QVI I'ESTOIS, ny dont ie suis venu: IE NE SÇAY, QVI IE SERAY, ou a qu'elle fin ie tēds. De tant que veritablement l'homme charnel adonné aux voluptés, & concupiscences est du tout incapable de cognoistre, ny sentir en soy qu'il soit composé de Dieu & matiere, ny sentir en soy les parties diuines repugner tant a sa condition. Comme aussi il ne peut entendre ce qu'il doit deuenir, ny a qu'elle fin il est faict: qui est pour retourner en fin en la source, dont il a du commencement esté tiré. C'est homme charnel quand l'on suy propose tous plaisirs, delectations, voluptez, & autres abuz materielz, il ne se excuse iamais d'impuissance de ne sçauoir, & moins de ne vouloir: mais le plus souuent il y est adroit, deliberé, & tant volontaire, qu'il ne s'en peut retirer, employant tout son temps, labeur, & moyēs a ceste perdition.

Et la ou il est trouué seruir a faire plus de mal, la se delecte il plus, tesmoins les ruynes aduenues a ceste pauure Gaule par les frequentes inuētions, & operations de telles gens, Lesquels (comme dict Esaye) honnorant Dieu des leures, auoient leur cœur si esloigné de luy, qu'il ne leur en souuenoit, que pour le blasphemer en tous leurs propos, & actions, ruynant & opprimant son peuple par rigueurs, & cruautés: & apres au temps du repos par inuentiōs des pilleries, & exactions. C'est volontiers pour ensuiure la vraye philosophie, & institution de l'ordre du monde, qui conduict toutes choses en corruption, & dissolution, pour les ramener a leur restitution par renouuelement & nouuelle generation. Et si bien ilz ne sont renouuellement pour le moins sont ilz bien leur deuoir a la ruyne, & destruction. Ceux là n'employant guere de temps a l'admiration, & contemplation des choses diuines, ayant desia resolu & dedié tout leur estude & facultez, aux abus, & concupiscence des choses corporeles, car de vray la seule concupiscence mene & conduict telles gēs: lesquelz la sainte Pensée trouuant en c'est estat elle leur demande: QV'AS TV COMMVN AVEC DIEV? ayant choisi ce party que tu as esleu, par lequel tu t'es priué de toutes vertus, action, & puissance, pour exercer toutes ces actions, desquelles tu te plains, & lesquelles apartiennent à ta partie intelligible, communicquant auec Dieu, laquelle tu as abandonné, dont il ne te reste plus rien commun auec Dieu. Quelle acointance penses tu auoir auec Dieu? car en tout ce que tu manies, n'y en a vne seule memoire, mesmes conuertissant les choses à l'vsage que tu les prends.

Quelle priuauté puis tu auoir auec luy? ATTENDV QVE TV NE PVIS ENTENDRE AVCVNE CHOSE, DE CELLES QVI SONT BELLES, ET BONNES, ESTANT AMATEVR DE TON CORPS, ET par consequent MAVVAIS. C'est que l'homme estāt amateur de son corps n'a aucune part auec Dieu, comme Iesus Christ l'a tesmoigné, Qui me veut suiure, qu'il desnie soy mesmes. Quel profit a l'homme d'auoir gagné tout le monde dommageant a son ame? Et ailleurs quand il blasmoit ceux, qui sont si soigneux de viures, & d'habillementz, & autres choses corporeles, qu'ils en oblient la priere, & contemplation, leur faict reietter toutes ces choses corporeles, leur declarāt qu'elles viendront a leur lieu, comme ne seruant que à la vie corporele, & non à l'eternele. Celuy donc qui est amateur de son corps, ne recherche que ce, qui luy est administré par les sens, qui sont les principaux instrumentz du corps : & qui ne raportent à l'ame, que nouuelles des choses corporeles, & nulle intelligible, ou diuine : parce que ce n'est aux sens de traiter, ou manier les choses diuines, ou spiritueles.

A cause dequoy la saincte Pensée dict en cest endroit à celuy, qui est amateur de son corps ayant delaissé la suite de sa partie intelligible, ou spirituele, Que as tu commun, ou quelle part as tu en Dieu, attendu que tu ne puis cognoistre, ou entendre aucune de ses parties, soit de bonté, ou beauté, lesquelles ne peuuent estre comprinses par les sens, ausquelz tu t'es adonné seulement, à cause de l'amour de ton corps, & as habandonné ta partie spirituele, & intelligible : laquelle contient les vertus diuines, qui sont cognoissance & intelligence, par le moyen desquelles, tu puis attaindre à Dieu. Elle contient ceste excellence de ioy, par laquelle l'homme reçoit les misericordes de Dieu. Elle contient toutes actions de graces, declaration de louäges enuers ce bon Dieu. C'est celle là, qui reçoit & recognoist les bien faictz que ce bon Dieu pleust tous les iours sur nous. Mais tu l'as quittée, habandonnée, mesprisée, & reiettée, t'arrestant & adonnant a la suitte des concupiscences des sens corporelz, par lesquels il ne t'est presenté, que matiere subiecte a infinies manieres de corruption, putrefaction, & puantise, n'ayant en soy aucune constance, ou fermeté, ains continuelement subiecte a mutation, & deschayance, & n'estimes aucun plaisir, que celuy, qui delecte ton corps vne heure, pour le tourmenter plusieurs temps. Tes voluptez, plaisirs, ou delectations ne consistent, que es choses corporeles : de tant qu'il n'y a, que celles là, qui satiffacent au contentement de ton corps, que tu aymes tant. Considere donc, que n'ayant affection, que aux choses corporeles, tu n'en puis auoir a la beauté, ny a la bonté, qui sont pures diuines & incorporeles. Et n'ayant pour tes perceptions autre moyen, que tes sens, tu n'apperceuras iamais aucune vertu diuine, laquelle les sens ne peuuent comprendre. Tu puis donc faire ton estat en ce, que ne t'apuyant que des choses, qui peuuent donner delectation, plaisir, & volupté a ce corps, que tu aymes tant, tu n'y en trouueras iamais vne seule, qui t'anonce Dieu, ny qui t'en raporte tant soit peu, de nouuelles. Ains trouueras, que instamment toutes te retireront, & esloigneront au possible de la cognoissance de Dieu. Et c'est la cause, pourquoy tu es tant amateur de ton corps & mauuais. C'est par ce, que mal n'est autre chose, que absence ou esloignement de Dieu, auquel seul habite le bien, tellement que qui en veut participer, faut qu'il participe de Dieu, estant asseuré de n'en trouuer ailleurs. Toy donc, qui pour l'amour de ton corps t'es retiré & esloigné de Dieu, toy couurant, souillant, & enuelopant des choses, qui luy sont les plus contraires : & par ainsi as esloigné le seul bien, en ce subiect, n'en pouuant trouuer ailleurs : il est bien donc certain, que tu ne puis estre autre, que mauuais, en tant que priué du bien. CAR C'EST PERFECTE MALICE IGNORER LA DIVINITE: de tant que tout bien ne consistant que en la diuinité, il est necessairement, que qui ignore ceste diuinité, contenant tout le bien, ignore le bien mesme. Il ne reste plus à l'ignorant du bien autre vsage, que du mal : lequel se rend parfaict en son espece de malice en celuy, qui continuera d'ignorer la diuinité, qui possede son contraire.

Il nous faut noter entre nous, qui sommes plus corporelz, que diuins, & qui pendons plus deuers l'homme malicieux, que deuers l'homme intelligible, que nostre commun iugement est d'estimer mal ce qui faict tort, iniquité, ou dommage, & plus mal tant plus il en faict : & estimons le plus souuent ce mal sur les torts & dommages, qui nous sont faictz, soit en corps, ou en biens, ne nous souuenants guere des autres maux, qui sont bien plus grandz. C'est à cause que ceux cy se font en la matiere, & choses corporeles, comme la ruyne d'vn bien, vn larrecin, vne surprinse, vn adultere, vn meurtre, nous sont plus familiers, que leurs sources, qui sont intelligibles : à cause que nous sommes plus corporelz, que intelligibles, & plus terrestres, que celestes. Si est il quelque fois besoin d'employer ceste diuine partie, qui est en nous, & par le moyen d'icelle cognoistre, comme nous auons quelque fois dict, que tous ces maux & vices ne sont, que l'escorce ou peau morte des vrays maux. Ceux-cy ne sont que les executions des vrays maux, lesquels se commettent en l'ame, quand elle delaisse Dieu. Vois'en là la source, & laquelle seule porte le porte le vray tiltre du mal, qui ne gist, qu'en la separation du bien. Vray est, que ceste grosse tige ou racine produict en l'ame plusieurs rameaux ou branches & diuersitez de mauuaises volontez que nous auons autresfois dict estre les vrais vices tous procedantz du mal, qui est la separation d'auec Dieu seul Bien. Et leurs executions sont ceux, qui se metent en œuure sur les choses materielles, & desquelles l'homme materiel faict plus de cas, comme n'ayant en soy suffisance de le prendre en sa verité & source. Et au contraire l'homme intelligible mesprise ceux cy, & estime le vray mal & vices estre en l'ame, dont les executions viennent sur les choses corporelles. Et cognoist par la, que la vraye malice c'est ignorer Dieu : & a cause de l'ignorance s'en trouuer separé : & par consequent tumbé dans le mal : MAIS AU contraire POVVOIR COGNOISTRE, VOVLOIR, ET ESPERER C'EST LA DROICTE VOYE PROPRE AV BIEN : De tant que toutes ces actions sont spirituelles & intelligibles, & non corporelles, & par cestes cy nous auons moyen d'entrer en l'vsage, & vtilité des choses diuines, qui toutes sont d'vne nature. Ce ne sont donc les sens, qu'il faut employer pour entendre Dieu, mais ses vertus diuines, qui nous sont commises, a sçauoir cognoistre, vouloir, & esperer.

La voye du bien sont les actions intelligibles.

Car premierement il est besoin d'employer la cognoissance, pour nous rendre differantz du brut, & d'auantage n'est tout de l'employer, comme l'homme charnel en la diuersité des matieres & delectations, dont vient la ruyne : mais faut employer ceste cognoissance a entendre, qui nous sommes, dont nous venons, dequoy sommes nous faictz, & a quelle fin nous sommes faictz, & que nous deuons deuenir. Ces cognoissances nous manifesteront le profit, qui est a suiure l'vne voye & le danger, qui s'ensuiura de prendre l'autre : car ces deux voyes s'ouurent deuant celluy, qui se cognoist. Et lors il reste apres ceste premiere vertu de cognoissance, venir a la seconde, qui est la volonté, laquelle entre tous animaux demeure libre au seul homme, & en puissance d'election : & par laquelle l'homme peut choisir des deux voyes, que cognoissance luy aura proposée, laquelle luy sera plus agreable. Ce ne sera pas sans estre conuié de toutes partz, que ceste volonté iectera son decret. Car le sainct Esprit ne cesse d'vne part d'estre a la porte, & heurter : & de l'autre les concupiscences ne laissent de solliciter l'ame par les sens, de maniere que ceste volonté n'est pas sans combat : toutesfois elle ne trouue rien qui la priue de son arbitre & franche election, ou qui l'a contraigne : mais si elle choisit la voye des concupiscences, elle sera bientost receuë par la nature du peché, qui l'y rend inclinée. Aussi de l'autre part, si elle eslit la bonne part, elle est receuë selon ce, qu'elle a, si elle est prompte, comme dict sainct Pol, & non selon ce, qu'elle n'a pas.

Ce qu'il faut premierement considerer.

Apoc. 3. d L'arbitre conuié de toutes parts.

2. Cor 8 b

Car ce n'est a sa volonté de parfaire son salut : a cause de l'impuissance de l'homme, qui ne peut perfection, ains la seule election, mais c'est a l'homme de l'offrir comme feist la vefue mettāt les deux mailles au tronc. Et lors ceste volonté sera receuë, selon ce, qu'elle aura, sans qu'on luy recherche, ny la veuille l'on contraindre, a ce qu'elle n'a pas. Car si celuy, qui heurte a la porte, est ouuert par ceste bōne volonté, il entrera a elle, & soupera auec elle : & si elle continue, le siege luy sera donné. Voila l'vsage de ceste seconde vertu de volonté, apres laquelle vient la derniere, qui paracheue l'œuure. C'est esperance, laquelle par la continuation des deux premieres, a sçauoir cognoissance & volonté, pred vne merueilleuse patience d'atendre, s'asseurant des promesses, qui luy sont faictes : de tant que la vraye nature d'esperance est d'atandre par patience ce, dequoy l'on s'asseure, mesmes si lon sent, que les deux premiers tiennent bon, a sçauoir cognoissance & volonté, lesquelles doiuent estre constantes & fermes. Et en ce cas, l'homme se peut asseurer de son salut, par ce, que l'autre partie ne peut faillir en ses promesses : mais l'homme n'estant asseuré que sa volonté tienne ferme, & soit constante, en ceste cognoissance, & amour de Dieu, c'est a luy temerité de s'asseurer de son salut, par ce q̄ l'vne des parties n'est pas asseurée, & par ce qu'il est escript, que sans la foy il est impossible plaire à Dieu, nous trouuerrons, que Mercure ne l'a oubliée en ces trois vertus. Car premierement cognoissance fournist l'homme de la credulité, ou croyance, que doibt auoir celuy, qui a foy. Et par ce, que ceste creance ne suffist, pour estre vraye foy, ains demeure (estant seule & sans charité) telle que la foy du diable, comme dit sainct Iacques, la seconde vertu qui est volonté la fournist d'amour ou charité : de tant qu'a la verité, amour n'est que volonté violante, & aimer n'est autre chose, que desirer violantemant.

Nature de l'esperance.

L'homme ne peut asseurer son salut.

Hebr. 11. a

Iacob. 2. d

Cognoissance donc fornissant la creance, & volonté, l'amour, la foy se trouue composée des deux parties, qui luy sont necessaires, pour la rendre viue foy, operante par charité, telle que sainct Pol l'a nommée. Nous coclurons donc, que pouuoir cognoistre, vouloir, & esperer est la droicte & propre voye, au Bien parfaict, LARGE ET FACILE A TOY PASSANT CE CHEMIN. C'est vne voye ouuerte, batue, chemin portant & conduisant a grande facilité, celuy, qui aura peu ataindre les trois vertus susdictes d'auoir peu cognoistre, vouloir, esperer. Et de la auant ne se trouue difficulté quelconque, tant que tu chemineras en ces trois vertus, ELLE TE SERA PAR TOVT AV DEVANT, elle ne s'euanouira iamais de ta veuë, ELLE T'APAROISTRA PAR TOVT: VOIRE OV, ET QVAND TV NE T'Y ATANDRAS.

C'est que quelque fois, pour exerciter la foy d'un bon seruiteur, Dieu permet luy aduenir quelque essais, espreuues, ou tentations, soit pour le faire tenir en garde, soit pour l'exemple des prochains, ou autres occasions de bonne volonté, & misericorde diuine enuers luy. Toutesfois, ce pauure homme soy defiant plus de soy, que des promesses de Dieu, comme il le doit faire, il tumbe en quelque doubte, d'estre desuoyé hors de son grãd chemin. Ce qu'il n'est pas: car en ceste heure, qu'il n'espere, ou ne pense y entre la misericorde de Dieu, luy manifeste le chemin, & par ainsi ce bon homme s'y trouue, voire & quãd il ne s'y atendoit pas, VEILLANT, DORMANT, NAVIGANT, CHEMINANT DE NVIT, DE IOVR, PARLANT, TAISANT.

C'est vn aduertissement qu'il nous donne, que en tous noz actes corporelz, nous deuons nous faire vn tel guet, que ces actes corporelz n'occupent tellement noz pensées, qu'il n'y reste place, pour penser a ce bon Dieu: & que parmy toutes noz actions corporelles, soient trauaux, besongnes, someil, veilles, chemins, nauigatiõs, propos, silences, ou autre occupatiõ quelconque, il n'y aye quelque consideration, ou aux louanges & excellences de Dieu ou bien aux actions de graces, ou bien a autres œuures de contemplation, lesquelles tiennent si peu de place, qu'il est aisé a celuy, qui aura attaint l'vsage des trois vertus susdictes, d'en entremesler en toutes ses œuures quelque partie. Et sont celles la, qui conduisent en toutes œuures l'home d'y cognoistre Dieu, combiẽ qu'il soit incorporel. C'est quand l'homme prend de toute œuure la moile, & qu'il laisse l'os & partie plus crasse, c'est a dire quãd en toute œuure il y considere la vertu de Dieu operante par quelque moyen, que ce soit, tellemant que les yeux ou autres sens corporelz apercevantz l'œuure materielle, ces trois vertus susdict. ne faillent incontinant a y recognoistre les actions & vertus de l'ouurier: & en produisant dans la pensée de l'homme vne idée ou imagination dependante de ceste œuure materielle.

CAR IL N'EST CHOSE, QVI NE SOIT SVBIECTE A L'IMAGINATION DV SEPVLCRE. Pour l'intelligence de ceste clause hieroglyficque, il est besoin nous souuenir que les anciens ayant long temps prins les choses secretes & cachées, qui sont en l'homme, pour le cœur, ont de la tiré, que le cœur seroit quelque fois prins pour vn subiect cloz & renfermé signifié par vn sepulchre cloz & fermé: de maniere que encore du temps de Iesus Christ lon tenoit quelques vestiges de ce lãguage: mesmes le bon seigneur, donnãt au peuple le signe de Ionas, il leur dict, Comme Ionas a esté trois iours au ventre du poisson: ainsi sera le filz de l'homme trois iours au cœur de la terre, prenant ce cœur pour le sepulchre, auquel il fust trois iours, retenant de l'ancienne maniere de parler, qui par le sepulchre signifioit le cœur ou pensée, dans laquelle toute imagination se conçoit, dont s'ensuit l'interpretation de ce passage.

C'est que parlãt en ce propos de celuy, qui a renclos ses puissances, talens, & dons receus de Dieu, ne les voulãt employer que a ses cõcupiscences: il luy declare que la malice accõplie est ignorer diuinité: & au contraire vouloir cognoistre & esperer, est la droicte voye batue & ouuerte. Or est il que la diuinité ne peut estre cognue de l'homme, par le simple visage des choses corporelles: ains est besoing d'y employer l'intelligẽce, contemplation, consideration, & imagination, & autres parties du sainct Esprit mis en l'homme, par lesquelles l'homme considerant les choses materielles par leurs vertus, qui sont leur forme, il est dict, lors considerer en la matiere diuinités: de tant que toutes vertus mises ez creatures pour forme, sont diuinités incorporelles, immortelles, & inuisibles: combien que leurs corps soient materielz, mortelz, & visibles.

Dont

Dont il est dict imaginant ces diuinitez exercées par les creatures & s'en formant idées, les prenant pour diuines, telles qu'elles sont, imaginer diuinitez, & vouloir cognoistre, & esperer qui est la voye, qui s'offre à ce bon contemplateur, dormant, veillant, & faisant toutes choses & exercices corporelz: durant lesquelz il se peut tousiours former, figurer, & imaginer en ce sepulchre cloz ces diuinitez, desquelles l'imagination est necessairement close au dedans du cœur, & pensée auquel seul gist ceste vertu d'imaginer. Parquoy le bon Dieu dict à Mercure, qu'il n'est chose, qui ne soit subiecte à l'imaginatiō de ce sepulchre rencloz: de tant que soit imagination corporele, representée par son idée, ou bien incorporele, representée pat la ratiocination de l'ame, le tout apartient au cœur, ou pensée, de receuoir par ces conceptions toutes ces actions n'apartenants a autre que a luy. De sorte que Mercure a voulu vser du mot sepulchre par emphase, pour signifier ce cœur ou pensée, qui estāt cloz & renfermé, reçoit toutes imaginations en soy, suiuant l'ancien Hieroglyficque. Parquoy il n'est chose corporele, ou incorporele, de laquelle l'homme ne puisse former idée, qui luy representera la semblance, de quelque forme subiecte a ce cœur, soit par imagination de veüe, ou autre sens corporel. Car si ce sont choses corporeles, les imaginatiōs ne peuuēt faillir de les representer sensibles subietz aux vsages des sens, cōme leur nature le porte: & si ce sont choses incorporeles comme vertus & essences diuines: lesquelles nous n'auons iamais peu cognoistre que par l'employ qui en a esté faict ez creatures, & compositions diuines, enformées sur la matiere. Nous conceuōs les idées & imaginations de celles la, dans le cœur par l'imagination des creatures, & cōpositions qui les nous ont données a cognoistre. De maniere que c'est la nature de la conception intellectuelle de l'homme, s'il a reçeu l'intelligence ou cognoissance de quelque chose incorporele: soit vn secret en quelque art ou science, ou autre intelligence quelconque, par le moyen de quelque argument ou inuention d'vn instrument corporel: il ne luy ressouuiendra iamais de la chose intelligible, qu'il ne luy souuiēne quante quant de la corporele qui luy a seruy de moyen a la comprendre. C'est chose commune, que de tout ce que nous pouuons penser en nos cœurs l'intelligence s'essaye, d'en retirer quelque idée, ou similitude, ou representation, qui est tousiours incorporele, biē qu'elle represente chose sensible: c'est l'inclination que le peché nous a donné aux choses sensibles, qui est cause de ce deffaut: & comme nous auons cy deuant dict, que toute chose intelligible viēt a celuy, qui l'entend par les sens. Toutesfois c'est en ce cœur ou sepulchre qu'elle vient par ses sens, lesquelz ne maniantz que choses corporeles sont contraintz par ces representations des choses corporeles, proposer la chose entendue incorporelement, a l'entendement qui en retire de là plusieurs idées & conceptions, desquelles estudiées luy vient l'intelligence, laquelle par ce moyen est dicte proceder des choses imaginées, par le moyē de ce cœur ou pensée, Esprit de Dieu en l'homme, capable de reçeuoir toutes choses en sa nature d'imagination incorporele.

L'entēdemens reçoit l'idée par les sens.

Chap.2.sec.2

SECTION 22

DIEV est il inuisible? Parle mieux, Qui est plus manifeste que luy? Il a faict toutes choses pour ceste mesme cause, à ce que par toutes choses tu le regardes: c'est le bien de Dieu, c'est sa vertu, qu'il apparoisse par toutes choses, il n'est rien visible des choses incorporeles. La pensée est veuë en pensant, Dieu en faisant. Ces choses te soient iusques à present manifestées, ô Trismegiste. Quant à toutes autres, considere les de toy mesme, & ne seras frustré de ton intention.

COMMENTAIRE.

MErcvre ayant entendu de la saincte Pensée, quelles sont les trois vertus, qui luy ouurent le chemin public, large, & batu, pour aler au bien, & lequel chemin aparoist tousiours a celuy, qui l'ensuit ou recherche par les trois vertus de cognoissance, volonté, & esperance: soit dormant, veillant, cheminant, reposant, ou faisant toute autre œuure, voire lors qu'il ne pensera, ny esperera plus le trouuer, il se manifestera a luy. Il semble qu'il vueille cōclurre de là, que la saincte Pensée entend, que Dieu soit quelquefois visible corporelement, attendu qu'elle luy demande, DIEV EST IL INVISIBLE? Comme s'il disoit, quoy que nous ayons cy deuant dict, que ce chemin du bien nous apparoist par tout, & en toutes noz actions, & nous secourt lors que nous n'y esperons, & d'auantage que toutes choses soient rendues visibles par l'imagination. Si est-ce, dict Mercure, que Dieu est inuisible, pourtant dy moy donc, saincte Pensée, s'il est inuisible : car ie l'ay tousiours tenu pour tel, & estre exept de la puissance, ou perception des sens. PARLE MIEVX, o Mercure, & te souuiene, qu'il faut monter ton intelligence plus haut, que ceste question que tu me fais. Si tu veux penser, qu'il n'y aye autre moyen de cognoistre Dieu, que a la maniere, que tu cognois vn homme estranger, le voyant, hantant & parlant a luy sans autre moyen, tu te trompes, & n'as pas bien retenu ce, que ie t'ay cy deuant dict. Ie t'ay tousiours declaré, que veritablement Dieu en toutes ses vertus, efficaces & puissances, bontez, & misericordes, est inuisible, & incomprehensible des sens corporelz : & par ausi ceux qui n'estendent le raport de leurs sens corporelz faictz en l'ame, plus auant que ce qu'ilz raportent, & en demeurét la a peu pres, comme les bestes brutes, ceux là ne verront iamais par le moyen de leurs sens, Dieu : & a ceux la il leur sera totalement inuisible. Mais a ceux qui par leurs sens corporelz, soit veuë, ouyë, attouchement, ou autres, auront comprins & aperçeu les effectz des misericordes & bontez de Dieu : lesquelz estantz par les sens raportez a l'ame, elle aura prudentmér employé sa raison, cognoissance, & intelligence vertus du S. Esprit a recognoistre, & considerer sur le raport des sens, de quelle cause viennent ses effectz, & y remerquant le signe de l'ouurier, les aura recognuz venir de ce bon Dieu. Ceste ame pourra dire, que auec l'aide des vertus de son sainct Esprit, elle a tellement recognu Dieu par les effectz, que ses yeux corporelz luy ont raporté, & s'en est si bien asseurée, qu'elle pourra dire, qu'elle l'a veu par ses effectz. Et c'est la maniere, par laquelle Dieu peut estre veu ou aperçeu, qui est par ses effectz, & non par ses essences ou essence diuine, lesquelles n'appartient aux sens aperceuoir aucunemét. La perception d'icelle, est seulement reseruée entre toutes creatures à l'intelligence ou pensée humaine, qui est son image donnée a l'homme en sa composition, & non aux sens, lesquelz se contantent. Et c'est le plus haut, qu'ilz puissent seruir de raporter les effectz a l'ame, qui en faict tel profit, que de presenter ce raport a sa saincte Pensée, laquelle ayant examiné & recognu ces effectz venir de Dieu, donne cognoissance a l'ame de la merque & de l'ouurier, & ce par le moyen & rapport des sens, qui luy ont manifesté les effectz. Voila pourquoy la saincte Pensée dict à Mercure, parle mieux toy, qui as eu le moyen de le cognoistre par les effectz, & ne dy plus, s'il est inuisible, comme feroit le corporel, qui n'auroit eu autre instruction que de ses sens : lesquelz ne monstrent que les effectz sans manifester aucune cause. Mais toy, qui as si hautement esté enseigné, & qui as cognu, que au vray homme & entier, les sens ne font raport a l'ame pour autre occasion, que pour la mettre en ratiocination auec sa saincte Pensée sur le raport faict par les sens, & par ceste ratiocination en retirer quelque cognoissance des causes, lesquelles les sens ne peuuent manifester, & de rechef par ces causes ratiociner, & manier si dextrement ceste diuine vertu de raison, que de la cognoissance des derniers, l'homme vienne a la cognoissance de la premiere, comme tu l'as tres-bien entendu & cogneu, que par la, Dieu est manifesté par ses effectz tant multipliés & si continuellement, que ie te puis bien demander, O Mercure, QVI EST PLVS MANIFESTE QVE LVY : de qui peut l'on voir plus d'effectz, pour estre plus manifesté par ceux la, que luy? Toutes œuures viennent de luy, toutes puissances, actions, & vertus, qui les executent sont de luy & en luy. Qui pourrons nous donc estimer plus manifeste que luy, IL A FAICT TOVTES CHOSES POVR CESTE MESME CAVSE, A CE QVE PAR TOVTES CHOSES TV LE REGARDES : entendons que Dieu voulant conseruer la dignité de l'homme, ne s'est voulu rendre visible, ne pouuant estre aperçeu des sens, de tant que la beste brute l'eust aussi bien veu que l'homme & mieux, a cause que les bestes brutes ont la vertu des sens le plus souuent plus aiguë, que l'hôme. Et d'auantage l'homme mesprisant Dieu, l'eust cognu : ce qui n'appartiét, qu'il soit aperçeu de la beste, qui ne le peut louer ne mercier, & moins du mauuais, pour en estre mesprisé, mais veut estre regardé des vrais hommes, desquelz le principal vsage, ou les principales actions ne gisent aux sens comme des brutalz : mais gisent en l'entendement & raison.

A ceste

A ceste cause quand les sens raportent au mauuais les effectz de Dieu, ilz les presentent à leurs concupiscences, comme les bestes brutes, laissant leur raison a-part, comme le Psalmiste l'a tres-bien declaré de l'homme, qui n'a recogneu l'honneur, auquel il estoit, &c. Mais au contraire, quand les sens font raport à la bonne ame des effectz, qu'ilz apperçoiuent, elle en faict vn tel profit, qu'elle ne recherche a donner le plaisir de ses effectz à son corps: de tant qu'elle n'est corporelle, ou charnelle: mais comme estant amoureuse de la saincte image de Dieu, elle presente les raports de ses sens corporelz à ceste image de Dieu, laquelle par le moyen de sa raison, & autres vertus conduit sa pensée si auant, qu'elle ne cesse, qu'elle ne soit arriuée à la cognoissance de ceste premiere cause produisant mediatement & immediatement toute maniere d'effectz & bontez. Et ce faisant elle recognoist & aperçoit son Dieu par tous effectz, le commençant à voir par les yeux corporelz aux effectz, & par la raison en ses essences, qui ne peuuent estre veues que de celle là. Il a donc faict & produict, & faict ordinairement tous les iours toutes choses: affin que par celles là il fust cogneu de l'ame, qui employe le raport de ses sens corporelz selon le vray deuoir de leur institution. C'EST LE BIEN DE DIEV, C'EST SA VERTV, QV'IL APPAROISSE PAR TOVTES CHOSES, lequel bien il communique tous les iours à l'homme, qui le veut receuoir, qui est sa cognoissance, le plus grand & proffitable bien qui puisse aduenir à l'homme. C'est la vie eternelle, que cognoistre Dieu & Iesus Christ son Filz, comme il a dict: c'est le bien par dessus tout bien, c'est sa vertu & bonté manifestée par l'infinitude de tant de bien-faictz, produictz par ses effectz. Il demande que l'homme recueille par ses sens la perception des effectz, pourueu qu'il les raporte au cœur, iugement, & raison, à ce que par ce moyen, ilz soient recogneuz venir de luy, & que par ce moyen il apparoisse aux bonnes pensées par toutes choses, qui leur sont raportées par les sens corporelz. Car IL N'EST RIEN VISIBLE DES CHOSES INCORPORELES, de tant que l'œil ne peut aperçeuoir que couleur, laquelle n'est iamais sans matiere, ny par consequent sans corps. Ce en est autant de tous autres sens corporelz, esquelz n'est loisible d'aperçeuoir aucune chose incorporele. Parquoy ilz sont dictz sens corporelz, par ce qu'ilz ne manient, ny iugent que des corps, ou choses corporeles. Et par ainsi les sens ne manient les choses incorporeles: mais c'est au cœur, & pensée, d'aperçeuoir les choses incorporeles, comme l'œil voyant aperçoit les corporeles & mieux. Dont il est dict les voir, & par consequent n'y auoir rien inuisible des choses incorporeles, ou diuines, à ce cœur & pensée, image & sainct Esprit, qui recherche toutes choses, voire les profondes de Dieu, comme il est escript. LA PENSEE EST VEVE EN PENSANT. Comme nous auons dict, que les sens corporelz n'aperçoiuent que les choses corporeles: tout ainsi nous disons, que la pensée qui est incorporele est veuë, & aperçeuë en pensant, ou par la pensée mesme: & ce en deux manieres: ou bien elle est aperçeuë sans moyen, par la pensée mesme communiquant à elle mesme: ou bien elle est veuë & aperçeuë par le moyen des sens: lesquelz, comme nous venons de dire, font raport à la pensée de certains effectz qui la manifestent, & le plus que puisse faire l'homme pour son profit, c'est que sa pensée se voye & cognoisse mesme, c'est le grand estude de l'homme, qui doit estre à cognoistre soy mesmes.

Toutesfois soit par le moyen des effectz rapportez par les sens, soit aussi sans moyen autre, ne voit, ou aperçoit la pensée que elle mesme & en pensant. Et tout ainsi DIEV est veu & aperçeu EN FAISANT, comme nous l'auons dict, qu'il est manifesté par ses effectz, & consideré, comme cause, & source, produisant toutes ces bontez & misericordes. C'est ce que nous auons dict autresfois, qui nous tient lieu du corps de Dieu, faire toutes choses, & ne cesser de bien faire a ses creatures: & par la nous le voyons, & cognoissons. Mercure, pour parler plus communement & familierement a confondu les mots signifians les actions corporeles, auec ceux qui denotent les intelligibles mesmes: quand il dict que Dieu est veu, q̃ la pensée est veuë: lesquelz mots sont particuliers à la veuë des yeux, prins toutesfois pour le mot vniuersel aperçeuoir, lequel cõprẽt toutes actiõs sensibles, ou de tous sens corporelz, soit veuë, ouïe, atouchement, sentimẽt, odoration, & qui plus est, ce mot mesme cõprend les actiõs intelligibles: cõme entẽdre, cognoistre, cõceuoir, & tous autres termes signifiãs ceste cõmunicatiõ, qui se fait par les sens ou intelligẽces, sont cõprins soubs ce mot d'aperçeuoir:

de tāt que soit par les sens ou la pensée, l'ame en toutes sortes est dicte apperceuoir ou receuoir ce qui luy est communicqué d'ailleurs par quelque moyen que ce soit. Et par ce que le vulgaire, auquel Mercure auoit affaire, ne receuoit ces differances & proprieté de dictions, il ne s'est soucié d'en vser si particuliairement, soy contentāt d'estre entendu par ce mot voir en toute maniere de perception. CES CHOSES TE SOIENT IVSQVES A PRESENT MANIFESTEES O TRISMEGISTE. QVANT A TOVTES AVTRES, CONSIDERE LES DE TOY MESMES: ET NE SERAS FRVSTRE DE TON INTENTION: c'est la fin que faict la saincte Pensée au sermon ou propos qu'elle a tenu a Mercure, l'exhortant a ne laisser oisiue sa pensée, par la promesse, qu'il luy faict, que s'il considere toutes autres choses, qu'il voudra sçauoir, il ne sera frustré de son intentiō, ensuiuant la maniere, qu'il luy a baillé d'employer sa pensée separée de tous destourbiers, qui luy pourront estre baillez par les abus des choses corporeles, qui n'ont rien si contraire, que la cognoissance de Dieu. Vray est, que le pis que nous y voyons, comme Mercure l'a cy deuant dict, c'est que nous ne pouuons viure sans celle là, ny nous en passer. A quoy nous ferons vne responce, qu'il est besoin que nostre discretion nous serue de mettre differance entre l'vsage, qui est permis & commandé de Dieu, & l'abus qui est du tout deffendu, conseruant l'vsage pour noz necessitez corporeles, & fuyant l'abus ou la superfluité pour nostre necessité spirituele, intelligible, & eternele. A quoy ce bon Dieu nous secourra touliours, & ne souffrira nostre intention estre frustrée le recherchant & nous retirant a luy de vraye affection.

Exhortation de Dieu a Mercure finale.

COMMENTAIRES SVR
le Pimandre de Mercure Trismegiste
DE LA PENSEE COMMVNE, A TAT.

CHAPITRE DOVZIESME.

SECTION 1.

La pensée, ô Tat, est de la mesme essence de Dieu (de tant qu'il est quelque essence de Dieu) & qu'elle que ce soit, ceste cy seule l'a iustement cogneu. La pensée donc n'est pas separée de l'habit de l'essence de Dieu, mais elle est comme espandue, en maniere de la lumiere du Soleil. Ceste pensée donc dans les hommes est Dieu (a cause dequoy aucuns hommes sont Dieux, & leur humanité est prochaine de diuinité : car le bon Dæmon a dict ceux cy estre dieux immortelz, & les hommes Dieux mortelz) mais dans les animaux desraisonables ceste pensée est nature.

COMMENTAIRE.

Mercure soy deliberant de declarer la plus grande & honorable partie, qui soit en l'homme, & par consequent en creature quelconque faicte & crée de ce grand Dieu, il se contraint a n'oser parler familiairement, ou guere clairement, voyant bien que s'il rend ceste matiere si claire, que toute bonne ame la puisse comprendre, il se trouuera incontinent vn trop plus grãd nombre des mauuaises, qui l'auront aussi familierement comprins, & plus aisément, & lesquelz seront disposez a prendre ses sainctes traditions, plutost en mal qu'en bien. Dont s'ensuit plusieurs risées, moqueries, & autres mespris: proposez éz oreilles du plus commun, & grande partie du peuple, contre ses sainctes intelligences dignes d'estre receuës, embrassées, & tresreueremment venerées de toute bonne ame. Mais de tant que la bonne ame n'en peut faire profit, que les mauuaises n'en ayent faict plus de ruine, ceste intelligence est donnée soubz quelque trauail & difficulté, pour deux occasions reuenant a profit. L'vne c'est, que le propos estant difficile, celuy qui ne l'aimera gueres de sa nature, ne s'en trauaillera, comme l'estimant n'en valoir la peine, & par ainsi il en demourera ignorant, & par consequent n'en pourra detracter, ou le mettre en mespris. L'autre c'est, que la bõne ame, qui de sa nature de bonté aime les propos diuins, ne craindra a soy trauailler quelque peu, pour paruenir a la cognoissance ou intelligence de ce qu'elle aime: & par ainsi celle cy sera instruicte par ces sainctz propos, & la mauuaise les aiant delaissez, n'aura moyen de les mettre en mespris, ou leur faire aucune offence.

Mercure traincè de parler obscurement

Propos obscurs pour deux causes

Nous

Nous trouuerons, Dieu aydant, au chapitre enſuiuant, que Mercure aura vſé de ceſte maniere, de taiſer les hauts propos, auec ſon filz Tat, pour n'eſtre reputez calomniateurs, & impoſteurs, & ne donner ocaſion aux ennemis de vertu, & toute bonne doctrine de fortifier leurs impoſtures contre la verité, ſçachans bien, qu'eſtans en plus grand nombre que les bonnes ames, ilz auroient facilement attiré le peuple à la plus grande voix, & par conſequét à leur plus grande ruyne. Dieu à voulu vſer en ſa ſaincte eſcripture de ce meſme ſtratageme, comme l'a declaré Eſdras, auquel ayant faict eſcrire 204. volumes, Dieu luy commanda publier tous les premiers, tant aux dignes que aux indignes, & reſeruer les ſeptante derniers, pour les mettre és mains des plus ſages. Ce que le Pſalmiſte à voulu teſmoigner par ces propos, L'homme inſipient ne le cognoiſtra, & le fol ne l'entendra pas. Dieu voulut auſſi faire ceſte diſtinction à Moïſe en la montagne de Sina, luy reuelant la fin & ſecret des temps, luy diſant, Lors tu publieras ces propos, & celeras ceux cy. Ieſus Chriſt auſſi l'a voulu pratiquer par ſes Apoſtres, auſquelz eſtans trois, qui auoient veu ſa transfiguration, il defendit ne reueler à aucun ceſte viſion, iuſques à ce qu'il fuſt reſſuſcité des morts: à celle fin que les temeraires & indignes de ceſte intelligence, ne fiſſent quelque émotion ou perturbation en l'eſtat public: & que par là ilz ne s'eſforçaſſent d'empeſcher l'ordre, que Ieſus Chriſt auoit preueu pour l'entrepriſe de noſtre ſalut. Ceſte meſme prudence a voulu enſuiure Mercure en ce chapitre, traittant de la penſée commune, conduicte de toutes creatures, ſçachant tres-bien, que ce propos eſt trop excellent & digne, pour la plus grand partie du commun, à cauſe qu'eſtant deſia diſtraict par les abus des choſes ſenſibles, ilz tourneront à mocqueries & tres-grand meſpris, ces tres-ſerieuſes & neceſſaires intelligences. Vray eſt que depuis que la miſericorde de Dieu nous a faict part de ceſte tres-vtile & neceſſaire nouuelle de Ieſus Chriſt par ſon euangile, il nous eſt demeuré aſſez d'ocaſion, de ne tourner les choſes ſalutaires en deriſion: ou pour le moins à ceux, qui en auroient la volonté, de ne l'oſer faire ſi publiquemét qu'ilz le deſireroient, à cauſe que la parole de Dieu eſt receuë, & le ſalut de Ieſus Chriſt entendu, ce qui n'eſtoit du temps de Mercure. A ceſte cauſe, ayans cy deuant experimenté par les precedents chapitres, la religion & fidelité de Mercure, nous ne deuons faire aucun doubte d'interpreter l'enſuiuant par la meſme doctrine, laquelle nous auons touſiours apperceuë conuenir entierement auec celle de Ieſus Chriſt, & ſes Apoſtres, ou ſaincte Egliſe Catholique.

Pour commencer donc a declarer la nature de ceſte penſée, par laquelle tout le monde & creatures de Dieu y contenues eſt conduict, il dict que LA PENSÉE, O TAT, EST DE LA MESME ESSENCE DE DIEV. Nous auons dict au ſecond chapitre, quelle difference il y a entre Dieu & diuinité, & depuis au neufieſme chapitre auons declaré meſme difference de Dieu à diuinité, que d'entendement à intelligence, à cauſe que comme l'intelligence depend de l'entendement, la diuinité depend de Dieu. A ceſte cauſe nous auons expoſé la diuinité eſtre eſſentiale, de tant qu'elle peut eſtre compriſe & depédante d'eſſence. Et au contraire Dieu ne pouuoit eſtre dict eſſential, de tant qu'il n'eſt compris ou dependant d'aucune eſſence, mais eſt eſſence meſme, & ſi n'a eſſence comme ne l'ayant d'ailleurs, ou que ceſte eſſence fuſt autre choſe que luy: car c'eſt elle meſme, qui eſt Dieu, comme il l'a declaré à Moïſe parlant du buiſſon, qu'il a nómé celuy qui eſt, ou eſſence. Or donc puis que Dieu eſt eſſence, DE TANT QV'IL EST QVELQVE ESSENCE DE DIEV, nous ne pouuons faillir à dire, que la Penſée ſainct Eſprit de Dieu donné à l'homme eſt de la meſme eſſence du Pere Dieu tout puiſſant, enſuiuant le Symbole Nycene. Et par ce que ce propos eſt le plus haut, grand, & profond, que l'homme peut tenir, parlant de ce tres-digne ſubiect, il nous faut enleuer noz entendements, & les retirer & ſeparer de toute matiere, & choſe qui puiſſe eſtre apperceuë des ſens, à cauſe que Dieu ne tient en ſoy rien de matiere, ou choſe ſenſible.

Nous dirons donc enſuiuant ſa doctrine, qu'il eſt celuy, qui eſt, ou eſſence, non pas prenant eſſence pour quelque choſe particuliere, de tant qu'il n'eſt aucune choſe particuliere, ains eſt toutes choſes, mais il eſt eſſence, la prenant pour ceſt eſtre vniuerſel, qui en porte en ſoy vne verité du ſubiect, conſtante, immuable, impaſſible, incorporele, immobile, & contenant toutes choſes, n'eſtant toutefois aucune d'icelles, afin qu'il ne puiſſe eſtre compris ou deſigné par aucune choſe particuliere. Mais ſera repreſenté en noz entendementz & penſées, par le nom vniuerſel d'eſtre, qu'il s'eſt donné de ſa propre volonté, dont nous le diſons

eſtre

estre essence en vniuers, laquelle represente vne parfaicte verité du subiect, qui ne conuient à autre quelconque, & par ou la differance nous monstre grand esloignement de la dignité du createur a toutes creatures. Car nous pouuons veritablemẽt dire, comme cy deuant nous l'auons traicté, qu'il n'y a vraye essence ou vray estre en creature quelconque, de tant qu'elle ne peut contenir verité, laquelle est inseparable de l'essence: mais comme nous dirons quelquefois, Dieu aydant, cy apres, que toute creature, voire l'homme mesmes, quelque excellẽte qu'elle soit, n'est que mesonge, & ce a faute d'auoir en soy la verité d'essence. Car s'il est aujourd'huy d'vne maniere, il sera demain d'vne autre. Il a en maniere de toute creature continuel mouuement de naissance, croissance, diminution, & dissolution, lequel mouuement ne peut estre sans mutation, alteration, passion, subiection, qui sont toutes imperfections, qui ne peuuent estre tollerées par la vraye essence. *Pourquoy la creature n'a essence.*

A ceste cause nous ne pouuons faillir de dire, que essence appartient à Dieu seul, comme il le nous a declaré. Parquoy quand nous l'entendrons par essence nous le prendrons par essence vniuerselle, n'appartenant que a ce seul, & vn subiect, lequel par ceste essence nous considererons contenir en soy toutes actions, vertus, & puissances, toutes efficaces a produire effectz en tous lieux, en tous temps, & en toutes creatures, operant par sa presence, sans luy faire difficulté aucune de pouuoir estre par tout a la fois: car ce seroit le vouloir renger soubz les loix des creatures materieles, chose trop indigne & heretique côtre sa dignité. Et l'ayant nômé par ceste essence vniuerselle vne & seule, nous le comprendrons par vn adiectif, ne conuenant a autre que a luy seul, c'est Bon, faisans estat en noz pensées, qu'il est si tres-excellentement bon, qu'il ne faict œuure quelconque, que pour le profit de sa creature, & si ne cesse iamais d'ouurer en toutes heures, & têps & par tous lieux, & tousiours bonté sur sa creature. De maniere que le vray Chrestien voyant arriuer vn effect duquel il n'entend l'aucteur, pour rude qu'il le puisse cognoistre & sentir d'entrée, si est ce qu'il se peut resouldre, que s'il est de Dieu, il aduient pour le mieux, comme faisoit Dauid parlant à Saül de la persecution qu'il luy faisoit, Si le Seigneur t'incite contre moy, soit reueré & receu le sacrifice, comme l'estimant venir pour le mieux. Et le venerable Gamaliel voyant la resistance, que la Sinagogue vouloit faire a la predication des Apostres, proposa la distinction, Si ce conseil vient des hommes, il se ruynera de soy mesme, mais s'il vient de Dieu, il n'y faut resister. *Essence conuient à Dieu seul.* *Bonté adiectiue à Dieu.* *1. Reg. 26. d* *Act. 5. g*

Car ce bon personnage ayant desia receu la doctrine des Apostres en particulier, auoit la cognoissance que toute œuure de Dieu est executée pour le bien & profit de sa creature, encore qu'elle semble de prime face estrange ou rude. Voire quand ce seroit vne punition, qui tousiours porte mal a celuy qui la reçoit, si est ce que la receuant de Dieu, quand il l'enuoye, il luy faut baisser la teste, & adorer le sacrifice: comme il a esté faict non seulement par le peuple de Dieu, mais par les Idolatres, qui en auoient ouy nouuelles. Lors que les Philistins consultarent leurs sacerdotz & deuins, pour sçauoir dont leur venoit la persecution, qui les vexoit durant le temps, qu'ilz detenoient l'arche de Dieu, qu'ils auoient prinse sur les enfans d'Israel, il leur feust respondu qu'il meissent l'arche sur vn char tout neuf, & y ioignissent deux vaches, qui iamais n'auoient tiré, & que Dieu monstreroit par là dont leur venoit leur mal. De tant que si les vaches ramenoient l'arche vers la terre d'Israel, ilz auoient receu ce mal en punition de leur offense, & si elles l'amenoient ailleurs, c'estoit maladie qui leur estoit aduenue par fortune. L'issue manifesta qu'ilz auoient receu leur mal & punition de Dieu, lors que les vaches ramenarent l'arche en la terre d'Israel, & prindrent patience, combien qu'ilz feussent Idolatres. Qui donne vn tres-bel exemple au bon Chrestien, combien plustost il doit receuoir toutes choses dures, qui luy viennent de la main de Dieu, en humilité & patience, que ne feroit l'Idolatre: a cause qu'il appartient plus aux Chrestien de tenir en sa pensée la bonté de Dieu resoluë, pour l'occasion qu'il a plus grande de la cognoistre, que l'Idolatre. *Toute œuure de Dieu est pour bien.* *1. Reg. 6. b* *Admonition au Chrestien.*

Et ayant resolu par ferme foy & asseurance en son entendement, la bonté de Dieu estre si grande, qu'il ne faict iamais rien en sa creature que pour son profit, il luy sera bien aisé de s'humilier aux dures, & les tollerer en patience, & le mercier, louër, & glorifier des doulces & plaisantes. C'est donc ceste seule bonté, par laquelle nous pouuons cognoistre Dieu, à cause des bien faictz, que nous en receuons odinairement.

C'est

C'est aussi la seule essence vniuerselle comprenant toutes actions, vertus, & puissances de produire toute maniere d'effects sans aucune resistance, par laquelle nous nous pouuons representer Dieu en noz pensées, ensuiuants sa volonté, comme il s'est nommé à nous celuy, qui est l'essence de toutes choses, & de qui elle depend, en tant que ceste dignité d'essence n'appartenant ou pouuant conuenir à autre subiect, que à ce souuerain Bien incorporel & intelligible.

L'homme a l'Esprit de Dieu.
Genes.1.d

Puis donc qu'il est en Dieu quelque essence, voire toute essence, comme nous venons de voir, la pensée que Dieu a communiqué à l'homme en principal, & au monde pour sa conduicte, qui est le vray sainct Esprit de Dieu, est de la mesme essence, excellence, vnité, & autres perfections de Dieu, en tant que inseparable de luy. Ceste partie principale & plus excellente de l'homme, que Dieu luy a communiquée en sa creation, soubz le nom de son image & semblance, comme il est escript : c'est que depuis nous auons apellé en l'homme la Pensée, Entendement, ou Ratiocination, qui ne conuient à autre creature quelconque de ceste region elementaire. Et ceste pensée, entendement, ratiocination, ou plus excellente

Genes.2.a

partie de l'homme, est l'Esprit de Dieu communiqué à l'homme, & mis en sa composition & bastiment de sa personne, dés lors que Dieu composant Adam luy inspira en sa face le spiracle de vie, & que ce fust le vray Esprit de Dieu. Il est clairement tesmoigné apres, lors que Dieu vit croistre la malice de l'homme, & par consequent vit son sainct Esprit mespri-sé, & combatu dans ceste miserable chair & matiere, combien qu'il l'y eust mis pour y estre honoré eternellement : ce neantmoins l'y voyant mesprisé & postposé aux concupiscences, il declara, Mon esprit ne demeurera plus eternelement en l'homme, par ce qu'il est chair.

Genes.6.a

Autres traduisent de l'Hebrieu, Mon Esprit ne debatra plus eternellement auec l'hôme, par ce qu'il est chair. C'est bien clairemét exposé, que Dieu y auoit mis son Esprit, puis qu'il l'en vouloit retirer, comme il fist six vingts ans apres, qu'il separa son Esprit de la chair, par le moyen du deluge, & l'en separe tous les iours, par la mort qui est venue sur l'hôme, à cause du mespris & debat, que la chair & concupiscence a dressé en l'homme contre l'Esprit de Dieu : & par ainsi elle abrege le temps, à ce que l'Esprit de Dieu ne demeure en ce debat ou dispute contre la chair eternellement, ains y demeure seulement durant le cours de la vie. Ce que sainct Pol a bien escript, contre ceux qui font debatre l'Esprit de Dieu en eux, & leur promet, pourueu qu'ilz le souffrent habiter en eux en repos, & sans tant le combatre & luy resister, que celuy qui a suscité Iesus Christ, viuifiera leurs corps mortelz, à cause de l'Es-prit de Dieu habitant en eux : & ailleurs, La charité de Dieu est despartie en noz cœurs, par

Rom.8.c
Rom.5.a

le sainct Esprit qui nous est donné : & ailleurs, Nous n'auons pas receu l'esprit du monde, mais celuy qui est Dieu, & apres, Ne sçauez vous pas que vous estes temple de Dieu, & que l'Es-prit de Dieu habite en vous? Et ailleurs, Sainct Pol increpant ceux, qui mesprisent ces par-ties diuines, qui sont en l'homme, il leur dict, parquoy celuy qui mesprise ces choses, ne mes-prise seulement l'homme, ains mesprise Dieu, qui a donné son sainct Esprit en nous. C'est

1.Cor.2.c
1.Cor.3.c

vn gage qui nous a esté donné : & pour lequel nous sommes faictz, & pour ceste ocasion que nous auons esté bastis en partie du sainct Esprit, sainct Pierre nous a declarez estre faicts participans de nature diuine, quand nous fuyons les corruptions des côcupiscences. Par ou nous voyons que à la verité nous auons esté composez auec nostre matiere de l'Esprit de Dieu, pour l'honneur duquel habitant en l'homme, Dieu a basti le môde, & toutes ses crea-tures, comme le meritant à cause de ce precieux gage. C'est ceste partie en l'homme, que Mercure à nommée Pensée ou entendement, ou ratiocination, qui ont signification de mes-me subiect. Ceste pensée est de l'essence de Dieu, entant qu'elle est son sainct Esprit, n'ayant que mesme essence auec le Pere & le Filz. ET QV'ELLE QVE CE SOIT, CESTE C

1.Thess.4.b
2.Cor.1.d &
5.a
2.Peir.1.a

SEVLE L'A IVSTEMENT COGNEV, & si a esté mise en la composition de l'homme, non pour autre ocasion, que pour faire cognoistre Dieu à ceste creature par son moyen, & le co-gnoissant le louër, mercier, admirer, & exercer toutes autres œuures de contemplation, de tant que comme nous auons frequentement dict, Dieu ne pouuoit estre cogneu que par luy mesme, comme Iesus Christ l'a tesmoigné, Aucun homme n'a cogneu le Pere, que le Filz ny pareillement le Filz, autre que le Pere, & ce par leur sainct Esprit, qui est mesme chose & mesme essence auec eux.

Dieu ne peut estre cogneu que par soy mesme.

Mauh.11.d

Dieu s'est [...]

Il a donc esté besoin que Dieu voulant estre cogneu d'vne creature, se mist & internast dans elle, pour luy donner moyen de cognoistre Dieu, auec Dieu mesme, tenant lieu en la creature.

creature. Voila dont l'homme a prins toute son excellance, par laquelle il se trouue aymé & chery de Dieu, qui pour l'amour de ceste partie, qu'il possede, luy a basty vn si grand & beau monde, & plain de si beaux ornemantz & diuersitez, toutes conduictes par si grand ordre, de maniere que sans l'empeschemant de la chair, ou matiere tant aimée, l'homme par le moyen de ce pretieux gage, Esprit de Dieu pourroit iustemant cognoistre Dieu. L'homme se trompe bien, quand il pense que Dieu aye faict ce beau present de son amour, & ce beau monde plein de tant d'exellences, a sa partie visible ou sensible, laquelle il venere tant, qui est bien au contraire. Car la veneration de ceste partie, qu'il estime tant, qu'elle luy faict oblier & mespriser l'intelligible, luy faict perdre non seulemant l'obeissance & seruice du monde, & ses parties, esquelles il trouue tant de resistance: mais qui plus est, luy faict perdre le seruice des actiōs & vertus du sainct Esprit, qui luy estoient toutes dediées: s'il eust, comme dict sainct Pierre, euité la corruption de concupiscence, qu'il a assis en la matiere. Comme au contraire quand l'homme se rend intelligible, ou comme dict sainct Pol interieur, ou bien spirituel, & du tout conioint a la volonté de son sainct Esprit, & auquel il conforme toutes ses volōtez, ce bon sainct Esprit l'esleue en cognoissance telle des choses diuines, qu'il engendre vn si grand mespris de choses corporeles & toute matiere, que a peine en daigne il prendre, pour nourrir son corps, & y entrenir la vie, ains le plus souuent en oublie la pluspart.

Abus de l'homme corporel.

2. Petr. 1. a

Cognoissance de l'hōme intelligible.

Et lors c'est sa pensée, qui entre en la cognoissance de Dieu, pour le cognoistre en perfectiō, quād elle aura finé son cours, cōtinuant ceste maniere de viure, apres laquelle elle conduit ceste ame attendant sa resurrection, en sa parfaicte cognoissance, ne l'abandonnant iamais, ains la conduisant tousiours en toute vertu & puissances de diuinité. Parquoy Mercure dict, LA PENSEE DONC N'EST PAS SEPAREE DE L'HABIT DE L'ESSENCE DE DIEV: MAIS ELLE EST COMME ESPANDVE, EN LA MANIERE DE LA LVMIERE DV SOLEIL. Car combien que ceste saincte Pensée communicque auec infiniz subiectz, comme aux hommes en vraye essence, aux autres creatures tant celestes que mortelles, par graces & vertuz ou efficaces: ce neantmoins elle n'est partant despartie ou separée de l'essence de Dieu, tellemant qu'elle n'y aye plus d'habit ou qu'elle en soit priuée: ains au contraire ceste essence de pensé a en Dieu habit, & n'en est priuée, & si est communiquée tellemant a l'homme, que par celle la il est participāt de diuine nature. De la verité de ce propos, nous en auons veu au chapitre precedant vn tresmerueilleux & manifeste exemple, lors que nous auons parlé de l'admirable puissance, qu'a la pensée de l'homme d'estre par tout ou l'homme veut a la fois: & neantmoins elle n'abādonne iamais l'homme, cōme nous lauōs au lōg declaré. Et si la pensée esprit de Dieu mis en l'hōme peut estre par tout, ou il voudra sans soy separer de luy: que dirons nous par plus forte raison, si estant donnée ou communiquée par la bōté de Dieu a quelz subiectz & lieux qu'il luy plaira, elle ne demeure pour tant en luy sans en estre faicte aucune separation? Nous deuons confesser par l'honneur & reuerance que nous deuons a la vertu & puissance diuine, que la pensée ayant puissance en l'homme de soy trouuer par tout ou il luy plaist, sans soy separer de luy, par plus fort argument, elle aura en Dieu plus de puissance que d'estre communiquée a qui & ou il luy plaira, sans aucune separation de luy ou de son essence: mais elle est espandue en maniere de la lumiere du Soleil, laquelle part tant de luy, & soy trouuant a mesme instant par tout le ciel, & moitié de la terre, elle neantmoins n'est separée du Soleil, quelque cōmunication qu'il en face aux autres creatures. C'est par ce que lumiere est essēce & vertu diuine, administrée aux creatures par le Soleil en vraye nature d'essence diuine, qui ne diminue sa puissance, ny se despart de son subiect, pour estre cōmuniquée a plusieurs autres. Ce n'est pas comme les choses materieles, qui occupent tant noz ceruaux, que nous ne pouuons cognoistre les intelligibles. Et ces materieles ne peuuent estre communiquées a autre subiect, sans transport de lieu en lieu, sans mouuemant, sans separation de celuy dont elles partent, sans diminution de quantité, & sans que ce, qui s'en trouuerra en vn lieu, ne se trouue autant deffaillir a l'autre dont il est party, qui sont toutes imperfections, qui necessairement suiuent le deffaut de la matiere, ausquelles nous ayant amusé noz iugemants, trouuons estrange quand Dieu (qui ne dispose seulement de ceste ville imperfection de matiere, mais le plus souuent dispose des intelligibles & diuines, en leur perfection

L'esprit de Dieu commuicqué sans separation.

2. Petr. 1. a

Exemple de diuinité.

Communication des choses diuines.

Communication des choses materielles.

perfection & excellence) faict trouuer à mesme heure son filz Iesus Christ, communicqué à diuerses personnes & lieux, sans aucune separation de sa dextre.

Communication de Iesus Christ.

Il en y a qui respondét que Iesus Christ a corps, qui ne peut estre en diuers lieux à la fois, qui est bien mal entendu : car de vray Iesus Christ ayant corps mortel, il n'a iamais esté trouué en deux lieux, ou plusieurs à la fois, fors à l'institution du Sainct Sacrement, qui deuoit estre institué auant sa mort, à cause de sa necessité, comme nous dirons, Dieu aydant, quelquefois venant plus à propos : mais quand Iesus Christ eut glorifié son corps par sa resurrection, il se trouuoit en ce corps pouuoir double, à sçauoir de corps mortel & materiel, & de corps immortel & intelligible ou spirituel, comme Sainct Pol l'a tres-bien discouru. Qui est

1. Cor. 15. e f Vertu du corps immortel.

cause, qu'vn tel corps faict tous effectz de vertus ou essences diuines, de tant qu'il en a vestu les efficaces, comme d'entrer aux trauers des murailles portes closes, comme fist Iesus Christ, de soy trouuer ou il luy plaira sans mouuement, & plusieurs autres preeminances, que Dieu leur a preparé, que œil n'a veu, oreille n'a ouï, & cœur n'a peu penser, quel changement sera faict du corps mortel à l'immortel. Il en y a aucuns qui tiennent, que iamais le

1. Ioan. 3. 4

corps ne sera, qu'il ne soit circonscript de lieu, qui est quantité. Sainct Iean respond à cela disant, Qu'il n'a encore apparu ce, que nous serons, & quand il aura apparu, nous luy serons semblables : qui nous faict dire, qu'estant semblables à Iesus Christ glorifié, nous ne serons subiectz à circonscription de quantité. Cependant nous tiendrons pour resolu, que les vertus & essences diuines ne souffrent aucune separation de luy, pour quelle communication qu'il en face à toutes creatures. Et de toutes celles là pour nostre regard la principale, & chef conduisant & contenant toutes essences, actions, & vertus diuines, est sa saincte Pensée, la-

La Pensée est Dieu en l'homme.

quelle à plus forte raison souffre moins de separation de son subiect, que ne feroit (si dire se peut) vne simple action ou puissance. CESTE PENSEE DONC communiquée DANS LES HOMMES, EST DIEV, à cause que Dieu creant l'homme, & luy communicquant sa saincte Pensée, il a luy a baillée en perfection d'image & vraye similitude, qui ne peut estre sans la vraye presence de ce benoist S. Esprit, duquel l'homme a esté composé, en la matiere, soubz la conduicte d'vne ame prouueuë d'arbitre.

Parquoy nous disons que ceste Pensée ou image sainct Esprit de Dieu mis en l'homme est Dieu, & non seulement quelque vertu ou efficace diuine, comme celles qui sont mises és autres creatures, qui ne sont simplement Dieu, mais sont vertus & graces, ou efficaces de Dieu. Et la maniere d'entendre comment ceste image de Dieu communiquée à l'homme, nommée pensée par Mercure est veritablement Dieu, il nous faut penser, que Dieu communiquant son image à l'homme, en sa creation, comme il est dict au Genese, ne luy a rien communicqué separé de luy, comme nous auons n'aguere declaré : que les choses intelligibles se comuniquent sans separation du communiquant, au contraire des choses sensibles & materieles : dont s'ensuit, que ceste image de Dieu, qui est en Dieu, la mesme se trouue en l'homme. Et que ce soit la mesme, il nous souuiendra que cy deuant nous auons móstré, que la chose incorporele ou intelligible ne reçoit image ny semblance qu'elle mesme, de tant qu'elle ne peut estre imitée que par elle mesme. Dont l'image de Dieu communiquée à l'homme, est necessairement Dieu mesme, qui s'est mis en ceste creature animale, entre toutes autres, pour par le moyen de ceste image & semblance, estre cogneu, veneré, & reueré d'icelle

Matth. 11. d Ioan. 17. 4 Ch. 18. s. 15.

seule. & par ce que Dieu ne peut estre cognu que par soy mesme, comme Iesus Christ l'a tesmoigné, lors qu'il a declaré, Que nul n'a cognu le pere que le filz, ny le filz que le pere.

Et dauantage que le vray salut gist en cognoissance de Dieu, comme il est dict en sainct Iean, & l'auons aussi receu de Mercure, il est necessaire, que ceste partie de l'homme image de Dieu ou pensée, soit le mesme Dieu, par lequel l'homme le doit cognoistre, ne le pouuant cognoistre que par luy mesme, & par ceste cognoissance recouurer son salut. Qui conclud manifestemét, que l'homme ne pouuant venir a son salut sans cognoissance de Dieu, ny a cognoistre Dieu, que par Dieu mesme, il est necessaire qu'il aye en luy pour son salut Dieu mesme, pour cognoistre Dieu. Et ce Dieu qu'il possede, est la diuine image & semblance, sainct Esprit de Dieu mis en sa composition, affin que par le moyen d'icelle l'homme cognoisse Dieu & paruienne a son salut. Et pour considerer qu'elle partie il y a en l'homme, qui tienne cest estat, incorporel, & intelligible, infini, inexplicable, incirconscriptible, & sans limite quelconque, present par tout a la fois, nous dirons, que ce n'est la face de l'home, ny son stature corporele : car elles sont circonscriptes, materieles, terminées, explicables, &

limitées

limitées,& n'ont presence qu'en vn lieu. Ce ne sont les addresses de l'homme, ny bônes graces qu'il pense auoir, a courre, sauter, voltiger, dancer, iouër: car ces actes sont plus excellents ez bestes brutes, qui ignorent Dieu. Ce n'est l'ame seule, qui est Dieu en l'homme: car il s'ensuiuroit inconuenient, que Dieu se iugeroit mesmes, iugeant l'ame, & que l'ame pechãt, Dieu pecheroit, qui ne peut estre. Il faut donc necessairement, que l'image de Dieu en l'homme, soit ceste Pensée, que nous appellons la partie raisonnable, seule en ceste creature sur la terre, en laquelle à la verité nous trouuons toutes les conditions diuines, que nous auons cy deuant dict. Car estant prouueuë de raison, iugement, ratiocination, cognoissance, memoire, inuention, discours, & infinies autres composants l'entendement ou pensée de l'homme, nous la voyons clairement estre incorporele, intelligible, infinie, inexplicable totalement, incirconscriptible, sans bord ou limite quelconque, & tellement presente par tout à la fois, comme nous l'auons veu, & pleinement declaré au precedant chapitre, qui sont conditions, qui ne peuuent conuenir que au souuerain Dieu en proprieté. Et c'est necessairement vne tierce partie en l'homme, ceste image de Dieu, entendement, pensée, ou partie raisonnable, differente en sa nature du corps & de l'ame, infuse du bon Dieu en l'homme en sa creation, lors qu'il le fist à son image & semblance: de tant que ceste partie est incorporele. Parquoy ce n'est le corps: d'autre part ce n'est l'ame, car elle est de sa nature rase, sans peincture, comme susceptible de vertuz & vices, qui luy sont choses accidentales, & non a elle propres ny de sa nature. A l'image de Dieu les vertus sont propres & de sa nature, comme à la partie charnelle les vices sont propres & de sa nature: ce que sainct Pol a dit, Seruant de sa pensée à la loy de Dieu, & de sa chair a la loy de peché: tellement que l'ame se voulant prouuoir de vertuz, elle les reçoit de ceste diuine pensée, image de Dieu. Et quand elle se veut prouuoir de vices, il ne luy faut qu'escouter sa partie charnelle, dont nous voyons qu'elle est de sa nature simple sans accidants, susceptible toutesfois de bien & de mal, de bien adherant à l'image de Dieu, de mal adherant a la chair. Dequoy s'ensuit, qu'il y a en la composition de l'homme, trois parties, asçauoir l'ame, ayant d'vne part l'image de Dieu, & de l'autre la chair ou matiere, comme sainct Pol le tesmoigne clairement, parlant & priant pour le salut des trois parties, l'Esprit, l'ame, & le corps. Outre ce que par toutes ses Epistres, il declare l'Esprit de Dieu estre en l'homme a tous propos, y maintenant tousiours differance entre l'ame, le corps, & l'Esprit de Dieu, image du pere & du filz, composantz l'homme entier.

§.2.

1.sect.19.

Rom.7.a

1.Thess.5.d

Aucuns sur ce propos pourroient errer, pensans que Mercure disant ceste pensée estre Dieu en l'homme vouslust Dieu y estre en mesme perfection, puissance, & operation qu'il est hors du monde, en sa propre nature diuine: ce qu'il ne faict pas. Et tant s'en faut, qu'il nous faut ressouuenir qu'il a cy deuant dict que la pensée en l'homme ne peut operer les choses diuines, attendu qu'elle est humaine d'administration, qui nous enseigne, que bien qu'il dise Dieu habiter en presence en l'homme: ce neantmoins il n'estime qu'il y soit en toute puissance de creation, & operation: ains met differance entre l'operation de Dieu hors l'homme, & luy mesme dans l'homme, de tant que hors l'homme il n'a aucun empeschement, & dans l'homme il est empesché par la chair & matiere. Dauantage quand il parle du bien en sa nature qui est Dieu en sa perfection, il declare bien amplement, que ceste perfection de bien, encore qu'il soit communiqué a la matiere, si est ce qu'il n'y peut demeurer en sa perfection: car generation est incapable de receuoir ce bien, à cause qu'elle est materiele, combien qu'elle en aye participation, toutesfois depuis que ce bien est communiqué a la matiere, qui de sa nature de separation est mauuaise, il ne demeure plus bien, ains est conuerty en mal. C'est comme sainct Pierre dict, que nous sommes participantz de diuine nature. Si est ce, comme dict sainct Pol que corruption ne possedera iamais incorruption: dont s'ensuit que Mercure ne prend Dieu en l'homme en la perfection diuine, mais combien qu'il l'y prene en presence, il n'entend qu'il luy en soit communiqué, que ce qu'il en peut endurer: l'vn plus, l'autre moins, selon les dispositions & capacitez qui se mesurent, selon que les hommes se rendent plus charnelz & materielz, ou plus spirituelz & intelligibles. Ce que Iesus Christ appelle auoir l'œil simple pour euiter ceste dure sentence donnée de Dieu: Mon Esprit ne demeurera à tousiours-mais en l'homme, par ce qu'il est chair, mais seulement iusques a la mort, qui leur constitua dans six vingtz ans.

Ch.10.se.18.

Ch.6.se.1.

Sect.3.
2.Pet 1.a
1.Cor.15.f

Matth.6.b

Et combien que ceste sentence de mort corporelle ne se puisse euiter: ce nonobstant l'homme se peut auec la grace preuenante tenir si pres & conforme a l'esprit de Dieu, duquel ses membres sont temple, que bien que Dieu n'opere en luy les creations du monde ou autres œuures diuines, si est ce qu'il y excede beaucoup les puissances humaines, cõme nous l'auons veu en tant de sainctes personnes, dans lesquelles Dieu s'est trouué operant supernaturelemant en plusieurs manieres, de sorte, que Mercure estime Dieu par sa saincte image s'estre communiqué a l'homme en presence veritable, comme il s'est communiqué au reste du monde par diuersité de graces, qui luy sont distribuées & a ses parties, par nature, ame de l'vniuers.

Et ceste differance de la communication faicte a l'homme & aux autres creatures, se trouue que les graces distribuées a ses creatures sont terminées & limitées selon leur propriété, qui a ceste cause est terminée & limitée. Et ce qui en est distribué a l'homme est sans fin ny limite quelconque, qui monstre manifestemant en cela consister la presence diuine, preste a fournir & supediter infiniement & tant que l'homme pourra estendre sa capacité. Vray est qu'atandu que l'esprit de Dieu par la loy de la composition de l'homme, ne peut operer en luy, que par son arbitre & pure election, qui le plus souuent tendant a la matiere suffoque l'esprit de Dieu le contriste, l'aslige & luy diminue tant ses operations, que le plus souuent il ne paroist y estre, voire qui pis est, luy tourne ses operations a l'enuers, autant en vices comme elles sont de leur nature en vertus. Et c'est ce qui empesche que l'esprit de Dieu ne paresse au commun des hommes: & d'auantage qu'aucuns faisantz profession de grand sçauoir ne l'y puissent recognoistre.

Il y a aussi vn autre argument pour cognoistre l'image de Dieu estre la presence de Dieu en la composition de l'homme, c'est que estant tenu irrefragrablement, que l'hõme a receu l'image de Dieu: il ne nous faut contenter de penser, qu'il aye receu quelque nombre de graces, comme ont tous animaux brutz, plantes, mineraux, & autres creatures: desquelles les formes consistent en graces, vertu, & efficaces diuines, & n'ayãt que certaines graces ou efficaces nombrées & particulierement limitées a chascune creature: nous errerions grandement de penser, que nombre, limitation, ou determination de graces, efficaces, ou vertus diuines communiequées a la creature reportassent en elle, ou representassent par image ou similitude Dieu. De tant que toute chose nombrée, limitée, terminée, ou bornée ne peut representer la chose infinie de nature contraire.

Par ainsi toute image, qui deura ressembler ou representer l'infiny, ne peut estre terminée par nombre limité ny borne quelconque. Dont s'ensuiura necessairement que l'image ou semblance de Dieu mise en l'hõme en sa cõposition, ne pouuãt representer Dieu en partie, car ce ne seroit son image, elle le represente & rende present en son integrité, infinitude, & sans aucun bord ou limite de nombre ou quantité, qui ne tombent iamais en la chose incorporelle ou diuine. Et cõbien qu'il y soit en presance entiere & totale: ce neantmoins il n'y est pour y operer les choses diuines, cõme creations, & toute sorte de miracles estant empesché par la matiere. Mais il y est pour y faire operatiõs humaines, qui sont differãtes les vnes des autres, comme les personnes se trouuent auoir rendu leurs corps luysants, l'vn plus que l'autre par la simplicité de leur œil, que dict Iesus Christ, ou par la foy & parfaicte fiance en luy.

Matth.6.c
Matth.17.c

Commens les hommes sont dieux.
Ioan.10.f

Psal.49.a

Exemples de l'humanité proche de la diuinité.

A CAVSE DEQVOY AVCVNS HOMMES SONT DIEVX, qui sont ceux auquelz par la reuerance qu'ilz ont porté au sainct Esprit, qui est en eux, la parole & commandement de Dieu a esté commis, comme l'a tesmoigné Iesus Christ, les disant estre Dieux, en semble tous autres, qui par droicture & iustice de leur vie sont constitués en dignité, par laquelle ilz ont en dispensation & ministere les puissances de Dieu, lesquelz a cause de ces puissances qu'ilz administrent, sont dictz Dieux, & nõ Dieu seul: de tãt qu'il n'est qu'vn Dieu des dieux, comme il est escript, duquel ceux cy administrent les commandemants & volontez. ET LEVR HVMANITE EST PROCHAINE DE DIVINITE, en ce qu'ilz ont renoncé tout abus & superfluité de matiere, pour s'atendre de tout leur cœur a la contemplation & ministere des volontez & cõmandemant de Dieu, soit en administration de charges & estats, ou bien en vie retirée & solitaire. Cõme nous dirõs des saincts Prophetes, dont les vns, comme Esaye & Daniel, estoient faisantz le ministere de Dieu, a l'entour des princes, auec grãds charges: les autres se retiroiẽt aux chãps & leur petit desert, quelquefois aparoissãts au peuple pour leur annõcer la parole & volõté de Dieu, cõme Helye & Helisée. Autres frequétoyent plus souuẽt les viles admonestãt le peuple, cõme Ieremie, Ezechiel & autres,
desquelz

desquelz l'humanité estoit conduicte en vne si constante foy & asseurance de leur Dieu, qu'ilz n'auoient autre fiance ny apuy, que en luy: dont ceste humanité ainsi conduicte, & tenant si peu de compte de la matiere qu'ilz faisoient, estoit fort prochaine de diuinité, voire si prochaine, qu'il ne tenoit plus qu'ilz n'en iouissent que a l'empeschement que la vie leur faisoit, de leur entretenir le corps par necessité, incapable de telle perfection. Aussi leurs actions tesmoignoient ceste diuinité, qui en ceste vie commençoit a fleurir en eux, par les miracles, & œuures diuines, & d'innocence qu'ilz faisoient, lesquelles ilz ne pouuoient faire que par le moyen & puissance de ce vray Dieu, qui estoit en eux, non empesché par l'arbitre, comme au plus commun des hommes, ausquelz l'arbitre & eslection des concupiscences & abuz de la matiere contristent l'Esprit de Dieu, le lient, & luy resistent, de telle maniere, que contre cest arbitre mal employé, il ne peut exercer aucune action diuine en son subiect, comme Iesus Christ ne pouuoit faire miracles en Capernaum, à cause de l'incredulité par laquelle l'arbitre auoit refusé la foy. En laquelle toutes ces sainctes personnes ont faict toutes œuures diuines & excellentes, côme il est escript bien amplement en S. Pol. Et c'est ceste saincte Pésée Esprit, image de Dieu, mise en la côposition de l'hôme, & laquelle est de l'essen ce diuine, côme dit nostre Mercure, & n'en est aucunemét separée. Et ne se faut esbayr si ceste pensée estát Dieu en l'hôme, fait si peu d'operations, & moustre si peu de vigueur ou efficaces en la pluspart des hommes: à cause que la saincte Pensée ne peut operer en l'homme, côme nous venons de dire, s'il ne luy obeit, & s'il ne se permet estre gouuerné & conduit par elle. Car si elle operoit contre son arbitre & volonté, cest homme seroit priué d'arbitre, & par consequent deuiendroit brut, & ce ne seroit par sa volonté ou eslection que son œuure se feroit. Parquoy elle ne luy seruiroit au salut, & ce ne feroit luy qui la feroit, & si ne luy seroit attribuée, estant faicte contre son vouloir. La ou au contraire, quand il donne son arbitre & consentement de la part du sainct Esprit, se laissant volontairement emporter a ses admonitions & bon conseil, & soy tenant & persistant ferme en ceste entreprinse, lors le sainct Esprit, auquel ceste bonne ame aura mis toute sa conduicte, & en laquelle elle delibere persister toute sa vie, faict en ceste bonne ame toutes ces excellentes œuures & actions, que nous auons cy deuant dict, & qui plus est, tout le fruict & profit d'icelles, luy est attribué & donné pour y auoir seulement faict si peu de sa part, que d'y donner sa volonté & liberal consentement auec resolution d'y persister. Et ce sainct conseil & douces admonitions du sainct Esprit, font que nous croyons en Iesus Christ par la parole des Apostres, & remetons tout nostre salut sur son merite & suffisance de ses œuures, croyans attaindre a ce salut par luy seul, & persistantz en ceste resolution & volonté, continuons nostre vie iusques a sa fin.

Voila les admonitions de ce bon sainct Esprit, qui hurte & est a nostre porte, & prie pour nous incessamment, & par gemissementz qui ne se peuuent dire. Ne criant par tous ceux là, par ses escriptures, ses Apostres & prescheurs de sa parole, que apres nostre arbitre, a ce que libaralement nous le tournons vers luy, laissans les abus & concupiscences des choses sensibles. De tant que son pacte & condition de nostre creation faicte par luy, porte qu'il ne peut estre faict en nous œuure quelconque comptée pour nostre salut, contre nostre arbitre & volonté. A cause dequoy, tous ces aduertissementz, ne cryent que a conuertir c'est arbitre & liberale volonté, qui tire tousiours par nature corrompue & par peché vers la part contraire. Et ce bon sainct Esprit par tous ces moyens tend a ramener l'hôme a soy, pour rendre son humanité en toutes bonnes actions, qu'il luy attribue, fort prochaine de diuinité, comme produisant ordinairement effectz, engendrez par puissances diuines, exercées par ce qui est en luy. CAR LE BON DEMON A DICT, CEVX-CY ESTRE DIEVX IMMORTELS, asçauoir ceux desquelz (comme nous venons de dire) l'humanité est prochaine de diuinité. Ou bien ceux que dict sainct Pol, lors qu'il se dict ne viure plus, mais Christ viure en luy, & ailleurs ou il a dict, L'homme ne viure plus a soy, mais à celuy qui est mort pour luy: c'est celuy qui faisant viure l'Esprit de Dieu en soy, mortifie les faictz de la chair, & cela s'apelle viure en Dieu.

Parquoy Mercure dict telles personnes, esquelz l'Esprit de Dieu vist & regne, estre dieux immortelz: de tant que c'est l'Esprit de Dieu immortel qui vit en eux. Et a ce propos il allegue ce qu'il à dict cy deuant, c'est qu'vn tel homme est Dieu, sauf qu'il est mortel,

Œuure d'innocence.

Marc. 6. a

Heb. 11. a b

Pourquoy la pensée opere peu en l'homme.

L'arbitre estat, & l'un iuscite les œuures de Dieu en l'homme.

Ioan. 17. c

Rom. 8. a L'Esprit de Dieu crye apres l'arbitre.

Dire du bon Demon.

Galat. 2. d & 2. Cor. 5. c.

Rom. 8. c

comme au contraire Dieu n'eſt qu'vn tel homme, ſauf qu'il n'eſt mortel. Voulant dire par la, que c'eſt le vray Eſprit de Dieu, qui habite en l'homme faiſant ce pourquoy il eſt crée, dõt il dict, ces hommes, deſquelz l'humanité eſt proche a la diuinité, eſtre dieux immortels, aſçauoir hommes interieurs, ſpirituelz, ou intelligibles, ET LES HOMMES prins en leurs entier DIEVX MORTELS. C'eſt pour eſleuer & admirer l'excellence, que Dieu a faict en c'eſt animal diuin, ſoy mettant meſmes en ſa compoſition, de maniere qu'il ne tient que a la mort, & ce dont elle depend, que l'homme ne ſoit vn Dieu immortel. Car oſtant à l'homme la matiere & la mort qui en depend, il n'y reſte que Dieu qui eſt immortel: à cauſe dequoy il a dict cy deuant, l'homme terreſtre eſtre vn Dieu mortel. Comme s'il diſoit qu'il ſeroit Dieu ſans mortalité, & le Dieu celeſte eſtre l'homme immortel, voulant dire que Dieu celeſte eſt celuy meſme, qui eſt en l'homme, mais par ce qu'il n'eſt ſubiect a matiere comme eſtant en l'homme, ains eſt en ſon immortalité, il le dict eſtre le meſmes, qui eſt en l'homme, mais toutesfois immortel. De ce paſſage a eſté prins ceſtuy-cy de meſme ſubſtance, c'eſt que les hommes intelligibles ou interieurs, comme ſainct Pol les nomme eſtans deſpartiz de leur matiere, & en leur vie, ayans eſté dieux, auſquelz le propos de Dieu a eſté adreſſé, ſe trouuent immortelz, eſtanz ioinctz & vniz en Dieu, comme auſſi ceux, qui reſiſtent en ceſte heureuſe attente ſont encore mortelz, durant qu'ilz ſont hommes, viuantz au deuoir pour lequel l'homme eſt faict. Car c'eſt de ceux là que Mercure parle, voulant exprimer l'excellence de l'homme, & non des hommes que dict le Pſalmiſte, qui n'ayant cognu l'honneur auquel ilz ont eſté, ſont comparez aux iumantz brutz, & faictz ſemblables à eux: mais c'eſt de ceux qui auront rendu l'adminiſtration & conduicte de leur perſonne au ſainct Eſprit de Dieu, lequel les conduiſant & faiſant par eux ſes œuures diuines, les rend deſia comme dieux, ſilz n'eſtoient mortelz, a cauſe qu'ilz ſont hommes.

Ceſte excellence eſt exprimée par Mercure ſi grande, d'exprimer clairement Dieu ſ'eſtre mis en la compoſition de l'homme, pour la difference qu'il veut mettre cy apres, de la maniere que Dieu ou la ſaincte Penſée ſe met és animaux brutz, & par conſequent en toutes autres creatures, eſquelles il a mis ſeulement ſes graces & efficaces, & non ſon entiere preſence ſi exprimée, qu'en l'homme, qui à ceſte cauſe eſt dict animal diuin: dont il ſeroit facilement trouué quelque peu obſcur, à cauſe d'vne longue paranthéſe, qu'il a faict depuis qu'il a dict. Ceſte penſée donc dans les hommes eſt Dieu, iuſques cy de tant que ceſte clauſe ſe tient auec la ſuiuante horſmis la paranthéſe. MAIS DANS LES ANIMAVX DES-RAISONNABLES CESTE PENSEE EST NATVRE. Pour continuer noſtre propos par lequel Mercure dict ceſte penſée miſe dans la compoſition de l'homme eſtre Dieu en vraye preſence, & ceſte meſme penſée dans les animaux deſ-raiſonnables viuans & ſenſitifs, eſtre, nature, eſſence diuine prouueuë de graces, puiſſances, vertuz, & efficaces, ſelon ce qu'il plaiſt au createur en communicquer a ſa creature, en tel nombre & quantité d'effectz, qu'il luy plaiſt eſtre produictz par eux: & non toutefois que ceſte diuine penſée ſe communicque en totale preſence a ſes creatures, comme elle faict a l'homme. Dont Mercure nomme la penſée communicquée à l'homme Dieu, chef & aucteur: & celle qui eſt communicquée au brut nature, qui eſt diuinité ou dependance de Dieu, declarant par là l'homme auoir reçeu communication du vray Dieu ſource & createur de toutes compoſitions, aucteur de toutes diuinitez, graces, vertuz, & puiſſances, & tout le reſte du monde n'auoir eu communication que de ces graces, vertuz, puiſſances, & efficaces, qui toutes ſont diuinitez & dependances de ce chef & aucteur, communicqué au ſeul homme, auquel il a eſté commis ſoubz la conduicte & liberté d'vne ame prouueuë de franche diſpoſition de toutes ſes volontez.

Et pour briefuement declarer vne partie de la maniere que Dieu s'eſt communiqué à toutes ſes creatures, il nous ſouuiendra, que les choſes incorporeles & diuines ont differante conduicte & maniment des corporeles & ſenſibles. Parquoy Dieu ſoy communicant a ſes creatures ce n'eſt faiſant de ſoy aucune ſeparation de ſon eſſence pour la bailler a ſa creature, mais ſe communicque ſans rien abandonner: & ce en deux manieres. Par la premiere, il a communicqué au monde vniuerſel de ſon eſſence certaines choſes limitées & diſtribuées en toutes creatures, comme parties de c'eſt vniuers: & ceſte communication eſt faicte en graces, & vertuz limitées, ne pouuant paſſer certaine condition. Et par ceſte communication d'efficaces ou puiſſances, le monde opere & execute toutes generations & actions ordonnées de Dieu & eſt

& est conduict en icelles par son ame vniuersele, nature essence diuine. La seconde maniere est celle, qu'il employe a la côstruction de l'homme, autrement dict petit monde, & pour lequel l'vniuersel est basty, & non sans cause: mais c'est pour l'honneur de ce qu'il a communicqué du sien en ceste composition, en laquelle il ne s'est arresté a luy communicquer certaines graces, vertus, ou puissances determinées, comme au monde. Mais luy a communiqué son S. Esprit, Dieu infini, non limité, ny determiné par aucun bord de limites, ou puissances arrestées, ou finies, par lesquelles l'homme qui s'aide de ce, qui est en soy, est infini en vertus, actions, cognoissances, & puissances, reserué l'obstacle & empeschemêt, que porte la matiere a la composition de l'homme, lequel resiste a la parfaicte operation de Dieu en ce subiet: combien qu'il y soit present & de soy tout puissant, mais non comme partie de la creature, empeschée de corps materiel, qui luy a osté la perfection & l'infinitude d'operation. Et ce tant plus l'ame qui commande au composé se renge a la matiere, tant elle empesche plus l'operation diuine en son subiect: & au contraire, tant plus reiecte la matiere & se ioinct à l'Esprit de Dieu, qui luy est donné, tant elle faict plus operer l'Esprit de Dieu en soy: comme nous en voyons l'exemple par toutes les sainctes personnes en leurs effectz, que nous apellons miracles: c'est comme sainct Pol le nous a declaré nous disant, que nous n'auons receu l'esprit du monde, c'est a dire borné ou limité, mais nous auons reçeu l'Esprit de Dieu, pour cognoistre ce que nous auons de luy. Et c'est le sainct Esprit qui enquiert toutes choses, voire les profondes de Dieu, ne pouuant aller plus auant, pour manifester, que Dieu s'estant communicqué entier a l'homme, il ne tiét que a l'homme qu'il ne se manifeste en luy si tresample, qu'il n'y reçoit bord, ny l'imite. Et en ceste maniere le bon Dieu communicque son sainct Esprit, pensée a toutes ses creatures diuersement.

1. Cor. 2. c

SECTION 2.

Car la ou est l'ame, la est la pensée, comme la ou est la vie, la est l'ame: mais aux animaux brutz, l'ame est vne vie vuide de pensée. Car la pensée est bien faisante aux ames des hommes, elle les cultiue en bien: & auec les des-raisonnables elle coopere par la nature d'vn chascun: mais elle repugne a celle des hommes. De tant que toute ame estant mise dans vn corps, est incontinant deprauée par tristesse & volupté: à cause que d'vn corps composé, les bouillons de tristesse & volupté sourdent, comme humeurs, dans lesquelles l'ame entrant est plongée.

COMMENTAIRE.

Nous auons declaré, que la pensée (qui est en la composition de l'homme) c'est le sainct Esprit de Dieu. Et dans les animaux des-raisonnables, nature tient le lieu de ceste pensée, qui gouuerne l'animal brut sans aucun arbitre, ny sans aucune volonté de l'animal, & faict viure & mouuoir c'est animal, selon l'ordonnance & volonté du createur, & par les instinctz & suscitations d'apetitz, qui leur sont influés par les actions celestes, ayantz puissance sur la matiere. A l'apetit de laquelle ces pauures bestes se tiennent subiectes: & en ceste maniere sont conduictes en toutes leurs actions & mouuementz, immediatement par ce tresprudent pedagogue nature, essence diuine donnée a ce monde pour la conduicte de toute vie, action, & mouuement. Et par ainsi, il ne s'y faict aucune action, que par son instinct, soit aux bestes, plantes, mineraux, & autres generations, mouuementz celestes, & actions elementaires. Elle a à ceste cause esté nommée cy deuant l'ame de l'vniuers, par ce que sa charge est par tout l'vniuers, auquel elle faict l'estat, que faict l'ame en l'homme, qui est de conduire ses actions, vie, & mouuement. Et n'y eust eu aucun inconuenient, que l'homme eust esté comme les autres creatures soubz sa charge, n'eust esté l'arbitre, à cause duquel l'hôme est chargé de rendre compte de ses actions, qui a esté cause qu'estant chargé d'en rêdre compte, il a esté besoin, qu'il en eust la disposition. Et pour ce faire luy a esté baillé

Nature tient lieu de pensée es brutz.

Nature conduicte genera le de toute creature.

L'arbitre n'est soubz la charge de nature.

vne ame particuliere, de la nature & condition de l'ame de l'vniuers, ou nature, c'eſt a dire eſſence diuine, prouueuë par le ſainct Eſprit de toutes vertuz & efficaces, qui luy ſont beſoin pour la conduicte de ſon animal, & l'arbitre d'auantage, qui la charge d'en rendre compte.

CAR LA OV EST l'ame, ſoit l'vniuerſele ou l'humaine, LA MESMES EST LA PENSEE qui eſt ce bon Dieu communiqué a l'homme en principale preſence, & a l'ame vniuerſelle en graces & efficaces particulieres, pour fournir l'humaine de perfection, & celle de l'vniuers de conduicte en toutes ſes actions. COMME LA OV EST LA VIE en ceſte compoſition, LA MESMES EST L'AME, pour la conduire & ordonner ſoubz ſon inſtitution. C'eſt que comme la vie eſt iointe a l'ame pour eſtre conduicte par elle, l'ame eſt iointe a la penſée, pour en recepuoir le ſecours, qu'elle luy en requerra, ſelon ſa nature & condition, ſoit humaine tendant a perfection, ou bien l'ame vniuerſelle tendant aux effectz de ſon cours: MAIS AVX ANIMAVX BRVTS, leſquels n'ayant arbitre, ou election de volonté, n'ont aucun beſoing d'ame particuliere, qui rende compte de leurs actions, eſtant ſuffiſamment conduicts par l'ame de l'vniuers commune a toutes creatures. L'AME qu'ils ont EST VNE VIE VVIDE DE PENSEE, n'ayants autre ame, que celle de l'vniuers, qui leur fourniſt actions, mouuemants & vie: mais par ce qu'en eux, n'y a aucune election de volonté, ou arbitre, qui puiſſe eſtre ſecouru par la ſaincte penſée, leur vie ſe trouue ſans penſée ou S. Eſprit, ſoy contentantz des graces, vertus, actions, & mouuemants, ou proprietez, qui leur ſont adminiſtrez par nature, ame de l'vniuers: & n'ont affaire d'autre ſecours, que leur ordinaire, a cauſe qu'ilz n'ont entrepriſe plus grande, que d'enſuiure l'inſtinct de leur nature. Ce n'eſt ainſi aux hommes, deſquelz l'ame particuliere ayant election d'arbitre, peut & veut fort ſouuent tumber en treſgrandz dangers & perilz: mais quand elle demāde ſecours en ſes neceſſitez, elle en trouue.

CAR LA ſaincte PENSEE EST BIEN FAISANTE AVX AMES DES HOMMES, les retirant (quand elles retornent a ſon ſecours) de tous dangiers, & les prouuoit de remedes a plus facillemant s'en deffendre. ELLE LES CVLTIVE EN BIEN, prenant garde aux deffauts, qui le plus ſouuent les deçoiuent, comme nous dirons, Dieu aydant, cy apres, ce qu'elle ne faict ez autres animaux. Car AVEC LES DESRAISONNABLES, qui n'ont affaire d'aucune perfection, & ſi n'y tendent aucunement, ELLE COOPERE PAR LA NATVRE D'VN CHASCVN. Car a la verité tant aux hommes qu'en toutes autres creatures, vie, actions & mouuemants leur ſont données par ceſte diuine penſée. Mais c'eſt auec vne differance telle, qu'en l'homme, qui a eſté baſty pour paruenir en perfection, laquelle n'eſt qu'en Dieu ſeul, le ſainct Eſprit ſ'eſt mis en preſence, comme tout le reſte eſtant incapable de l'amener a ceſte perfection, que Dieu ſeul, & ce ſans limiter, ne terminer les actions & vertus, qu'il aporte a l'homme, ains le rend capable d'exercer toutes manieres d'actions & vertus, ſans limitation aucune. Et au brut la ſaincte penſée s'eſt contentée de cooperer en luy auec ceſte eſſence diuine, comme inſtrument qu'il a prouueué d'actios, vertus & efficaces, iuſques a la concurrence de ce, qu'il luy a pleu, creant l'animal qu'il euſt en luy, limitant ſes puiſſances, & les rendant particulieres, a la differance de l'autre brut, Et ces vertus & efficaces de la ſaincte penſée, cooperent en l'animal par la nature & condition d'vn chaſcun, laquelle luy a eſté ordonnée en ſa creation, la laiſſant au reſte conduire par nature, ou ame vniuerſelle, ſoubz les ſtatuz, & conditions, qui du commencement luy ont eſté ordonnez MAIS ELLE par ceſte conduicte vniuerſelle, n'eſtant obeye en toutes creatures generallemant, REPVGNE A CELLES DES HOMMES, leſquelles (a cauſe de l'election qu'elles ont par leur arbitre d'aller en bien ou en mal, & que Dieu pour l'honneur de ſoy-meſme porte grandiſſime amour a l'homme, duquel il eſt partie) ſont ordinairemant admoneſtées, preſſées, & conuiées de contreuenir a la ſaincte penſée, par le deffaut en elles imprimé, des le premier peché, par lequel elles ſe trouuēt ordinairement deſirer exces & ſuperfluitez materielles, outre celle, que ceſte conduicte vniuerſelle leur preſente, pour leur neceſſité, a quoy la ſaincte penſée ne conſent. Et par ainſi ce bon Dieu repugne a leurs concupiſcences, taſchant par tous moyens a les en retirer de leur bon vouloir & conſentemant de
leur

leur arbitre, par lequel ces bonnes ames consentent d'entrer en ce combat, qui leur sera ordinaire durant ceste vie, contre les concupiscences suscitées par Satan & autres operations: lequel bon vouloir & cósentement estát tourné & redu de la part de l'Esprit de Dieu, il fauorise leur cóbat & porte secours a ces pauures ames, côtre leurs concupiscences & tentatiós, qui rend ce combat beaucoup plus doux ou moins rude a porter. DE TANT QVE TOVTE AME ESTANT MISE DANS VN CORPS, EST INCONTINANT DÉPRAVÉE PAR TRISTESSE ET VOLVPTE, qui sont les deux contraires produictz par mesme instigant: a cause que le corps estant faict de matiere subiecte a continuel changemant, & infinie multitude de passions, produict grand nombre & diuersité de plaisirs & voluptez, par ces diuersitez de mutations en l'ame, qui ne se contente de ce qui luy est necessaire. Et de tant que l'estat de la matiere est inconstant, ces plaisirs & voluptez ne faillent iamais a produire leur contraire, & dautant plus puissantz que les plaisirs, comme la composition se trouue plus fauorye en mal que en bien: & si du tout les desplaisirs ne sont si presens que les plaisirs, ils n'en sont pourtant guiere loin. Qui est cause que l'ame s'amusant a ces mutations en esperant tousiours tetirer quelque volupté, se trouue depraucée, & empirée, voire & estroictement lyée dans ces las, & continuelz desirs & appetitz de superfluitez materieles, oubliant son Dieu.

A CAVSE QVE D'VN CORPS COMPOSE, LES BOVILLONS DE TRISTESSE ET VOLVPTE SOVRDENT, COMME HVMEVRS. Par ce que les sens ne cessantz iamais de recueillir les actions des humeurs, qui continuellement se mouuent & remuent dans tous corps sensitifs, trouuent tant de maniere de diuersitez toutes tombans sur l'vne de ces deux passions, à sçauoir plaisir ou peine, desquels sortent volupté & tristesse, q tout ce corps en est plain, & en tout têps. Car côme nous auōs cy deuāt quelquefois dit, que en nostre corps toutes choses requises & necessaires à la conseruation, entretenement & generation d'iceluy, Dieu les a constituez en volupté, comme le boire, manger, dormir, omission d'excrementz, & acte de generation: à celle fin, que l'homme par sa negligence ne laissast defaillir tant l'entretenement que generation des hommes. Il y a d'autres actions & mouuemens d'humeurs en noz corps, qui pour petits, qu'ilz soient, causent de grands douleurs, comme vn petit & tres-petit rheume sur vne dent, vne autre sur vne ioincte produisant goute, vn autre aux boyaux, ou vn vent produisant extremes douleurs, & autres infiniz a nombrer, que nous sentons tous les iours. Et de tant, que ceux cy se font hair, les autres se font aymer a toutes personnes, qui s'y laissent emporter: & par ce qu'ilz sont si continuelz & abondantz tant les vns que les autres en noz corps Mercure les estime comme humeurs, occupantz tout le corps, DANS LESQVELLES L'AME ENTRANT EST PLONGEE, de telle maniere, qu'elle ne se sçauroit deffendre d'en receuoir le sentiment maugré elle. Et c'est à cause que les sens tenant d'vn bout à l'ame, continuelemēt luy font le raport de ce, qui se remuë dans ce corps: lequel raport elle sent & reçoit par force & necessité de sa composition : à cause de la vie, qui entretient ces sens en leurs actions, desquelles l'ame est continuelement enuironnée, côme si elle estoit plongée au dedans. Et ces tristesses l'ayant ennuyée, elle a besoin de repos, ou quelque recreation, laquelle elle trouue parée & preste en ces voluptez, que nous auons dit, & celles qui en depédent, côme auarices, appetitz de richesses, gloires, ambitions, & autres esmotions que le Demon vengeur suscite par le moyen des sens, & tente & prouoque l'ame a y donner son consentement, & ce sont les humeurs de tristesse & volupté, qui sourdent comme bouillons des corps composez de matiere a l'entour d'vne ame, laquelle ne peut estre dans le corps, qu'elle ne soit plongée dans ses bouillons, & si auant que si elle oublie ou mesprisé son principal secours, qui est aussi pres d'elle, que ces bouillons, elle est en danger de ne se retirer iamais du peril ou ces bouillons la conduiront.

SECTION 3.

PArquoy a toutes, ames esquelles la pensee commandera, a celles là sa lumiere reluist, resistant a leurs perilz imminentz, & côme vn bon medecin afflige le corps ſaiſi de maladie le decoupant & cauteriſant, en telle maniere la penſée moleſte l'ame, diminuant peu à peu ſa volupté, de laquelle naiſt toute la maladie de l'ame. Or la grande maladie de l'ame eſt l'atheiſme, & de la ſ'enſuit opinion a tous maux, & a nul bien. Aſſauoir donc ſi la penſée luy reſiſtant, rapporte vn tel bien à l'ame, que le medecin raportant au corps la ſanté.

COMMENTAIRE.

AYant commencé a deſcripre la maladie de l'ame humaine, par les bouillons de triſteſſe & volupté, qui l'amuſent tant dans ſon corps, que difficilement elle ſ'en retire: touteſ-fois pour remedier a l'inconueniant, il eſt beſoin que ceſte pauure ame ainſi abuſée & ſur-priſe par les ſens, les abandonne, & les choſes ſuperflues qui en dependent, & qu'elle tour-ne ſa face de l'autre part, eſcoutant l'Eſprit de Dieu, qui eſt a ſa porte & hurte la ſolicitant de luy ouurir, & qu'elle dreſſe toute ſon affection & liberale volonté a luy ouurir ceſte porte, & luy permetre & cōſentir l'entrée chez ſoy, voire qui plus eſt, le prier de luy faire tant de miſ-ericorde, de vouloir prendre le gouuernemēt & conduicte de ceſte pauure ame, pour la re-tirer de ces bouillons de triſteſſe & volupté, dās leſquelz l'amour du corps la tiēt enuelopée: ce que ce bon S. Eſprit ne reffuſera iamais, ains y ſera plus preſt que l'homme ne ſera de l'en prier de bonne volonté.

Apoc.3.d

PARQVOY (dict Mercure) A TOVTES AMES ESQVELLES LA PEN-SEE COMMANDERA, A CELLES LA SA LVMIERE RELVIST. Voila la difference qui eſt entre ceux qui ont l'Eſprit de Dieu commandant en eux, ou ceux qui ont l'Eſprit de Dieu affligé en eux, comme dict Eſaye, & Malachie, & le font trauailler: car tous hommes ont l'Eſprit de Dieu par leur compoſition, mais les vns le meſpriſent, ce que les Prophetes appellent affliger, & le faire trauailler, & ſainct Pol l'apelle le contriſter. Et les autres qui ſont en moindre nombre, le recherchent & l'honnorent, & le prient de prendre la conduicte de leur ſalut, & commandement de leurs actions, remettant leur arbitre & libera-le volonté du tout a ſa diſpoſition. A ceux là eſquelz la ſaincte Penſée commande, elle leur faict luyre ſa lumiere d'intelligence, & cognoiſſance, RESISTANTS A LEVRS PERILS IMMINANTS, eſquels (ſans ſa conduicte) l'amour du corps & choſes materieles infalible-ment les precipite: ET COMME VN BON MEDECIN AFFLIGE LE CORPS d'vn malade SAISY & occupé DE MALADIE, & qui deſire la gueriſon, LE DECOVPANT ET CAVTERISANT, & ce par le conſentement de ſa volonté: & touteſfois contre le plai-ſir de ſon corps.

La penſée niſt aux ames qu'elle cō-mande Eſay.6.d. & Malac.4.b. 2.d. Epheſ.4. g. Cōtriſter & affliger l'Eſ-prit de Dieu.

L'Eſprit de Dieu afflige l'ame pour ſō ſalut.

EN TELLE MANIERE LA PENSEE MOLESTE L'AME, DIMINVANT PEV A PEV SA VOLVPTE, c'eſt a cauſe que c'eſt la volupté, qui amuſe plus l'ame a l'en-tour des choſes corporeles, & par le deſir & concupiſcēce qui ſ'en engendre en elle. A quoy la penſée voulant remedier par la cauſe, elle propoſe à l'ame les miſeres, eſquelles ces volup-tez (qui tant l'amuſent ça bas) la conduiſent, & les luy faict ſi bien entendre, que par la co-gnoiſſance qu'elle reçoit du ſainct Eſprit, elle conſidere combien luy ſera dure ceſte eternel-le ſeparation de ſon Dieu que ces voluptez luy procurent, que contre ſa commune & pre-miere volonté, elle ſe contraint par la foy & croyance qu'elle donne a ce ſainct Eſprit, de laiſſer tous ſes plaiſirs & voluptez, & paſſer pluſieurs rudeſſes, endurer infinis opprobres, qui luy ſont faictz par le monde & ſes adherantz, la voyāt retirée de leur cōſorce, de maniere que ceſte ame eſtant dans corps charnel, ne peut que durāt ceſte vie ces rudeſſes ne la moleſtent tres-aigrement, comme il eſt eſcript, Que tous ceux qui veulent religieuſement viure en Chriſt, ſouffrent perſecution. Et combien que ces perſecutions ſoient aigres du commence-ment l'exercice de la foy les diminue auec le temps, de maniere que quād le Chreſtien cō-mence a ſoy bien reſoudre en l'amour de Dieu, & meſpris des choſes materieles, ſa peine
luy ſem-

Volupté per-aiſion de l'a-me.

Le monde af-flige l'ame qui ſ'en retire.

2. Thimot. 3.d

luy semble beaucoup diminuée, de maniere qu'il perd le regret de ceste premiere volupté, DE LAQVELLE NAIST TOVTE LA MALADIE DE L'AME, parce que c'est la volupté seule, qui retient l'ame en l'amour & veneration de la matiere, de laquelle elle sort comme bouillons, comme il est notoire a chascun, que l'homme n'est iamais attiré à faire quelque action, & y donner son consentement, que par le plaisir qu'il y preuoit, & c'est ceste seule fin qui luy mene. Parquoy il n'est iamais destourné par sa volonté a laisser vn plaisir, que pour en receuoir vn plus grand, soit a euiter le danger ou il le mene, ou le laissant pour en prendre vn plus agreable, c'est tousiours le plaisir preueu ou cuidé, qui esmeut la volonté.

Volupté sourse du mal de l'ame.

Toutes actiōs conduictes par le plaisir preueu.

Parquoy celuy qui s'amusera tant aux voluptez & plaisirs de ce monde, qu'il n'en puisse penser ou preuoir de plus grandz, il demeurera resolu de ne les abandonner iamais, parce qu'il n'a la cognoissance d'autres, qui soient plus grandz que ceux de ce monde, par la preuoyance desquelz, il doiue laisser ceux qui luy sont si presentz & familiers: & ce a faute de cognoissance, non des choses materieles, negociations, finesses, calomnies, mauuaises inuentions, & toutes autres subtilitez, dont les hommes prenent plus communement l'ouange. Mais c'est a faute de cognoissance des choses qui ne sont encloses en ce monde, mais ce sont elles qui contiennent & enuironnent le monde, qui sont les choses diuines, mesprisées de la plus part, & totalement contraires a celles qui ont plus grandz cours en ceste terre habitable. Ce sont les cognoissances de Dieu, & de sa volonté, & de l'amour qu'il porte à l'homme, à cause du precieux thresor qu'il à mis en luy, vaisseau de terre: lesquelles cognoissances receuës par l'entendemēt humain, luy font preuoir vn si tresgrand danger, ou les voluptez materieles le conduisent, & quant & quant luy font preuoir vn si grand bien & plaisir futur, qu'elles luy empeschent que c'est homme ainsi cognoissant, ne faudra iamais a laisser ses plaisirs presens pour tacher aux futurs, qu'il preuoit estre empeschez par ceux cy, & beaucoup plus grands, suiuant la nature de l'homme, qui iamais ne laisse vn plaisir present, que quand il luy semble, qu'il en preuoit vn plus grand. S'il a donc si bien attaint la cognoissance de Dieu, que par le bien & plaisir futur qu'il y preuoit, il laisse les voluptez, qui luy sont presentes en la matiere, il aura bien cognu, que la maladie de l'ame naist de ces voluptez, qui la retiennent en telle maniere, qu'elle en laisse toutes autres choses.

Plaisir n'est laissé que pour vn plus grād.

l'homme se perd pour ne cognoistre le bien futur.

2. Cor. 4. b

OR LA GRAND MALADIE DE L'AME EST L'ATHEISME, qui est autant que estre sans Dieu, ou bien estre priué de Dieu. & ceste maladie vient des voluptez, qui en tiennent l'ame si separée, qu'elle n'en fait aucun compte. A cause dequoy ceste separatiō cause la priuation, laquelle nous voyons clairement estre le comble de toute misere & maledictiō, qui est ceste damnation eternele, laquelle n'est autre chose que la separation de Dieu, duquel l'homme ne pouuant estre totalement separé durant ceste vie, il se trouue en vne tres-dangereuse tromperie, d'en penser estre totalement separé, quand celuy, qui luy annonce la parole de Dieu, luy declare en estre separé, n'entendant que c'est de son salut, non de son secours, soustenement, vie, & toutes autres actions, & beneficies de ce bon Dieu, qui acompagnent le pecheur durant ceste vie mortele ordinairement. Et par là le pecheur pourroit penser, que si apres ceste vie la separation de Dieu ne luy amene plus grand peine, ou desplaisir, qu'elle faict en ceste vie, il ne la craindra guiere. Car nonobstant ceste separation, il ne laisse de viure en beaucoup de plaisir & voluptez en ce monde: qui est ce qui engarde plusieurs, ne voyans punition de penser le danger futur, de ceste tres-dangereuse separation & atheisme, par laquelle l'ame essence intelligible se trouuera en autant plus de peine, que corps materiel n'en peut porter: comme elle estant eternele est plus excellente, que le corps materiel, mortel, & corruptible, qui est vne difference indicible. A quoy l'homme ne se doibt endormir, attendu le danger, qui y est de telle importance: mais doit penser, que Dieu durant nostre vie, ne nous abandonne iamais: & si nous souffre nonobstant tous noz vices, pechez, & mespris, que nous faisons de ses bontez, en l'vsage des biens & plaisirs de ce monde, dissimulant (comme dict la Sapience) & tolerant noz pechez, pour nous attendre à penitence. Car si totalement il se separoit de nous pour noz pechez, & chasque fois que nous nous essayons à separer de luy, nous serions bien estonnez. Il y a long temps que le monde eust finé par grande perdition & misere d'ames.

Atheisme mal tie de l'ame.

Separation de Dieu est dānation. L'homme laisse à Dieu n'est separé de Dieu.

Arguments mondain.

Punnitiō differée augmēte le peché.

L'ame plus affligée que le corps, estant plus digne.

Durant la vie Dieu ne laisse l'homme Sap. 11. d & Rom. 2. a & y. c.

Kk 5

Il nous faut donc bien euiter ce maudict danger d'Atheisme, ou separation de Dieu, laquelle infailliblement depend en la vie eternele de celle, que nous commençons en ceste vie mortele. ET DE LA S'ENSVIT OPINION A TOVS MAVX, de tant qu'estans separez de Dieu, nous sommes separez de tout bien: dont s'ensuit que toutes noz opinions & deliberations, ne prenent resolution que en toute maniere de maux, à cause que sans l'inspiration & tres-heureux aduertissement de nostre saincte pensée Esprit de Dieu, nous ne nous pouuons retirer des bouillons des voluptez, qui nous empeschent la cognoissance de Dieu. Car nous sommes asseurez que l'autre partie, qui est en nous, à sçauoir la concupiscence, ne nous y conuiera pas, mais nous en reculera plus-tost. Il faut donc necessairement, que ce soit ceste partie du sainct Esprit, qui nous y conuie. Dont s'ensuit, que celle là cessant en nous par ceste malheureuse separation, nous sommes hors de tout moyen de salut, tournants toutes noz opinions à tous maux, ET A NVL BIEN, lequel est assis au seul Dieu, que nous auons laissé, qui est cause que n'e pouuãs trouuer ailleurs, l'opiniõ se iette a tous maux & a nul biẽ.

Asçavoir donc si la pensee lvy resistant, pour la retirer de si extremes dangiers & perdition, RAPORTE VN TEL BIEN A L'AME, qui sans son secours demeure enuelopée en ces voluptez, qui la priuent de son salut, & la conduisent en eternele perdition. QVE faict LE MEDECIN RAPORTANT AV CORPS LA SANTE, qui ne peut durer: & si est de tant moindre profit, plaisir, ou contentement, cõme le corps est moins digne & plus imbecile & imparfaict que l'ame. Dont il est bien clair que le medecin qui ne soulage que le corps, & par temps brief, par moyens imparfaictz, ne luy pouuant rendre aucun plaisir ou soulagement parfaict, ne luy peut raporter par ses moyens vn tel bien, que faict le sainct Esprit pensée en son ame, luy diuertissant la perdition eternele, & qui plus est luy, donnant la vie & contentemẽt eternel: par ce que outre la perfection, que ont les actiõs & operations du sainct Esprit par dessus celles d'vn homme medecin, le subiect du medecin, qui est le corps, est incapable de receuoir telz biẽ faictz, que le sainct Esprit cõfere a l'ame, à cause de l'imperfection de la matiere, dont il est composé.

Perdition ne s'execute mais se prepare en ceste vie.

Sans Dieu l'opinion va à tous maux.

Comparaison du sainct Esprit au medecin.

Le sainct Esprit guerit l'ame comme le medecin le corps.

SECTION 4.

Tout autant d'ames humaines, qui n'ont reçeu la pensée pour gouuernante, souffrent mesme chose, que les ames des animaux brutz: par ce qu'estant faicte cooperatrice auec elles, & laschant les conuoitises, desquelles elles sont emportées par violance d'appetit, tendants à brutalité, comme l'appetit desraisonnable des animaux, elles s'enflambent d'ire desraisonnablement, & couoitent desraisonnablement, & iamais n'ont satieté de mal faire. Car les esmotions & conuoitises desraisonnables sont malices surmontantz toutes autres. A ceux là, Dieu à proposé la loy comme vengeur & chastieur.

COMMENTAIRE.

NOus tiendrons donc pour resolu, attendu que sans le secours & presente operation de la saincte Pensée, la volupté, qui abonde au corps composé comme bouillons, emporte & retire l'ame hors du gouuernement, & conduicte du sainct Esprit, que TOVT AVTANT D'AMES HVMAINES, QVI N'ONT RECEV LA PENSEE POVR GOVVERNANTE, ne s'efforçantz de leur prompte volonté de soy retirer & s'esloigner de ces voluptez, receuant l'heureux conseil du sainct Esprit qui incessantment esta noz portes, & prie pour nous par gemissementz indicibles, & qui ne se sont rendues soubs son obeissance, & bonne conduicte, mesprisantz tous abus & superfluitez de matiere, pour rechercher Dieu & la voye de sa cognoissance, SOVFFRENT MESME CHOSE, QVE LES AMES DES ANIMAVX BRVTS: lesquelz n'aguere cy deuant nous auons dict auoir au lieux de pensée nature, generale conduicte de toute creature: & si auons dict, que leur ame est sans pensée. Puis donc qu'ils n'ont la pensée, soit pour leur ame ou conduicte, il est certain, qu'il ne peuuent tendre a aucun salut, ou cognoissance de Dieu, à cause qu'il ne peut paruenir a ces deux pointz par moyen

Comparaison de l'ame charnelle au brut.

L'ame charnelle souffre cõme le brut.

moyen quelconque, que par la saincte Pensée Esprit de Dieu, comme l'a dict Iesus Christ, Sans moy vous ne pouuez rien faire. C'est la saincte Pensée de laquelle l'homme s'estant priué, il demeure comme la beste brute suiuant par l'autre part ses concupiscences, & soy laissāt emporter à celles là. Par ce que mesprisant la conduicte, gouuernement, & preuentiō de la saincte Pēsée il n'a entendu l'honneur que Dieu luy a faict soy mettāt en sa compositiō. Qui est cause, cōme dict le Psalmiste, qu'il a esté comparé au iument insipient, & faict semblable a luy, & n'entēdant ceste honneur il demeure conduict & amené cōme la beste par la corne soubz l'apetit de ses concupiscences, lesquelles le gouuernent, & dressent sa vie par tous vices & miseres, mais beaucoup plus nuisantz tant a luy que a ses prochains, que ceux de la beste, lesquelz sont sans aucune malice. De tant que la beste n'a iamais abandonné Dieu, ne l'ayant iamais receu, mais les actions de l'homme sont malicieuses, en ce que ayant receu Dieu il l'a mesprisé & habandonné, qui est le comble de sa misere, comme nous l'auons dict en l'autre section parlātz de l'atheisme, ou separation & reiectement de Dieu. Ceste pauure ame donc, qui aura reietté & mesprisé le gouuernement de sa saincte Pensée, se laissera emporter, & gouuerner aux appetitz corporelz, ensuiuāt entierement ses cōcupiscences. PAR CE QVE la pēsée ESTANT FAICTE COOPERATRICE AVEC ELLES, par la nature d'vne chascune d'entre elles, comme nous l'auons n'aguieres dict. ET ceste pensée cooperante auec la nature des bestes brutes LASCHANT EN ELLES LES CONVOITISES, DESQVELLES ELLES SONT EMPORTEES PAR VIOLANCE D'APETIT TENDANTS A BRVTALITE, & n'ayant autre conduicte ny aduertissement a mieux faire, COMME L'APETIT ou ceste partie DESRAISONNABLE DES ANNIMAVX brutz. Celles qui pour auoir abandonné le sainct gouuernemēt de la pensée ont suiuy ces apetitz desraisonnables a l'imitation des animaux bruts, n'ayant en eux l'esprit de Dieu, ELLES S'ENFLAMBENT D'IRE DESRAISONNABLEMENT, ET CONVOITENT DESRAISONNABLEMENT. C'est la nature de toute personne perturbée de son bon iugemēt, qu'ayāt perdu l'vsage de vraye discretion, iugement & cognoissance, elle deuienne le plus souuēt a faute de resolution, soy despiter & courroucer du desordre, qu'elle voit qui la conduict, ne sçachant a qui s'en prendre, & ne s'aduisant qu'elle a mesprisé & refusé l'aucteur de tout ordre, qui tant se presente a son secours & conduicte, & par lequel reffus elle se trouue assiegée & enuironnée de toute confusion. De laquelle ne se pouuant retirer a cause de son indisposition, elle tumbe en rages coleres & diuerse maniere de courroux suscitez tresmal a propos, & desraisonnables. Et dauantage ses desirs, affections, & conuoitises ainsi mal pourueües de iugement & discretion que nous auons dict, se trouuent desraisonnables, comme ceux de la beste, qui n'ayant receu raison en sa creation pour gouuernante, suit au lieu d'icelle l'apetit de sa concupiscence, lequel ne sort iamais de la matiere, ny s'esleue plus haut que terre. Parquoy iamais n'aproche de Dieu. ET de cela s'ensuit qu'ilz N'ONT IAMAIS SATIETE DE MAL FAIRE, de tant que la concupiscence qui les gouuerne croist comme feu, & ne les souffre partir de la matiere, en laquelle elle les tiēt cōtinuellement affectionez, sans leur presenter aucune cognoissance de bien. CAR LES ESMOTIONS ET CONVOITISES DESRAISONNABLES SONT MALICES SVRMONTANTS TOVTES AVTRES: a cause qu'elles abandonnent raison, qui est l'image de Dieu en l'homme, & sans laquelle l'homme est couuert & enseuely de vice, & parfaicte malice surmontant toutes autres. Par ce que concupiscence de matiere ou choses corporelles est de la nature du feu, qui s'augmēte tousiours par le moyē du subiect, qui est la matiere qui s'y presente. Si donc elle s'augmente & non seulement continue en son estat, c'est bien le comble de malice, excedant toutes autres qui ne s'augmentent si facilement. A CEVX LA, qui si malheureusement ont quitté le sainct Esprit, pour suiure l'inflammation de leurs concupiscences, DIEV A PROPOSE & constitué LA LOY, COMME vraye correction de la grauité de leur defaut, & comme legitime punitiō, VENGEVR, ET CHASTIEVR de l'iniure, que par ce moyen l'homme faict au sainct Esprit image de Dieu donné en sa composition. C'est comme il est escript, La loy n'est posée pour le iuste, mais pour les iniustes & desobeissantz &c. pour leur seruir de contraincte a les conduire par force & contre leur gré, qui est cause que Mercure la nommée espreuue & vengeur, qui sont actions, qui iamais ne conuiennent aux bonnes & liberalles volontez, mais seulement a celles qui ne veulent ensuiure leur deuoir.

Ioan.15.a & 10.b

L'ame est brutalle sans la preuension du S. Esprit.

Psal.48.c

L'hōme brutal pire que la beste.

Cooperation de la pensée auec le brut.

Sans raison tout animal suit sa concupiscence.

Ire & conuoitise desraisonnable.

Desir de concupiscēce n'aproche Dieu.

Concupiscēce croist comme feu.

La matiere nourrist le feu de concupiscence.

La loy espreuue & vigeur de malice.

1. Thim.1.b

De

Que c'est le peché de l'homme.

De maniere q̃ le peché en l'homme n'eſt autre choſe, que le meſpris faict par ſon arbitre du conſeil de l'Eſprit de Dieu, qui le pouſſe & conſeille a l'amour & veneration de Dieu: lequel il meſpriſe, & ne le veult recepuoir pour gouuerneur & conduicte, ains le prend a cooperateur de ſes appetitz de concupiſcences, cõme la beſte. Ce n'eſt pas que l'eſprit de Dieu coopere auec l'homme en mal: mais c'eſt que l'eſprit de Dieu fourniſſant l'homme de toutes vertus, efficaces, & puiſſances, (n'y en ayant ailleurs pour les pouuoir dõner que en luy) il les remet a l'arbitre de l'homme, le conſeillant toutesfois, eſtant & hurtant a ſa porte, pour luy eſtre gouuerneur par ſon conſentement. Mais l'homme ne le voulant recepuoir ou accepter, & ayant par ſon arbitre puiſſance d'employer toutes ces belles vertuz a ſa volonté, lors ces vertus du ſainct Eſprit ſont dictes cooperer auec luy en ſes vices & affections, ou concupiſcences, comme il coopere auec la beſte en ſes concupiſcences: mais l'homme l'ayant receu a autre fin offence, & la beſte ne l'ayant receu, mais ſeulemẽt quelques graces, a ceſte fin n'offence pas.

Rom. 13. a

SECTION 5.

EN'ceſt endroit (O mon pere) le propos de la deſtinée qui m'a eſté cideuant declaré, eſt en danger d'eſtre renuerſe. Car s'il eſt du tout decreté par la deſtinée, que quelcun ſoit adultaire, ou ſacrilege, ou commette quelque autre malfaict, pourquoy eſt puny celuy, qui a commis ceſte œuure par la neceſſité de la deſtinée? O mon filz toutes œuures ſont a la deſtinée, *et* ſans elle aucune choſe des corporelles, ſoit bõne ou mauuaiſe, ne conuient eſtre faicte. Il eſt ordõné par la deſtinée, que celuy qui faict mal endure *et* il faict le mal, affin qu'il endure ce qu'il endure, pour l'auoir faict.

COMMENTAIRE.

LE ieune Tat filz de Mercure ayãt ouy le propos, que ſon pere luy a tenu, de la continuele ſolicitation, que font les concupiſcences a celuy, qui ayant choiſi pour ſon but & principale veneration la ſuite de ſes deſirs, & par ainſia renoncé au gouuernement & cõduite de la ſaincte Penſée, & la concluſion qu'il faict en fin, que Dieu a propoſé, & deputé la loy a telles gentz, pour eſpreuue & vengeur, ou punition de leurs deffautz, ce ieune homme faiſant ſon eſtat, que l'hõme qui s'aſſubietiſt aux cõcupiſcences, s'aſſubietiſt pareillemẽt a la deſtinée, qui les gouuerne. Dõt il infere, que offencant par la cõtraincte de la deſtinée, il ne doit eſtre blaſmé, & partant ſur ce point ſe trouue ſcandaliſé, n'entendant & n'eſtant bien ſatisfaict de ce propos. Parquoy il faict enuers ſon pere vne illation, ou conſequance mal recueillie de ſon dire, de tant qu'il n'en auoit peu retenir le tout, comme le plus ſouuent il nous aduient, de ce que nous liſons, & luy dict, EN CEST ENDROIT (O MON PERE) LE PROPOS DE LA DESTINEE, lequel vous m'auez tenu, & QVI M'A ESTE CY DEVANT DECLARE, par lequel vous m'auez faict entendre, que ces actions fatalles, ou de la deſtinée cõmiſes du Dieu tout puiſſant au miniſtere & cõduicte de ceſte regiõ materiele, elemãtaire, & terreſtre, ſont nommées neceſſité, comme ne trouuant aucune repugnãce ou empeſchement, qui puiſſe contre-venir a ceſte puiſſance diuine, qui a eſte diſtribuée aux corps immortelz & celeſtes, pour les mettre en effect, ou pure execution. Et toutesfois ie vois par voſtre dire, que les ames, qui n'ont receu la ſaincte Penſée pour gouuernante, ſouffrent meſme choſe que les animaux brutz, eſtans emportez de la violance d'appetit deſraiſonnable, cõme le brut, par les cõuoitiſes & cõcupiſcences des choſes materielles, a faire pluſieurs maux: auſquelz vous dictes, qué Dieu a conſtitue la loy pour punition, & vengeur. Dont il me ſemble leur eſtre faict tort: de tant que les animaux, a la ſemblance deſquelz vous dictes que ces hõmes, qui ſont emportez de cõcupiſcẽce, ſont quictez & deſchargez de toute punitiõ: a cauſe qu'il ne leur eſt reputé a crime, ce que la deſtinée les contraint mettre en effect, n'ayant aucune deffence contre elle. Si eſt ce que vous dictes, que les hommes, qui ſont emportez a la ſemblance de ces brutz, meritent punition. Il ſenſuit donc, que le propos que vous m'auez tenu

Argumens contre la deſtinée.

Queſtion ne conſiderant que le corporel.

tenu de la fatalle destinée, EST EN DANGER D'ESTRE RENVERSE: & qu'il ne doit plus estre estimé porter en soy necessité. CAR S'IL portant en soy necessité, EST DV TOVT DECRETTE PAR LA DESTINEE, QVE QVELQV'VN SOIT enflãbé de concupiscence, ADVLTAIRE, OV SACRILEGE, OV COMMETTE QVELQVE AVTRE MAL-FAICT, la persuasion de telles cõcupiscences suscitées en l'homme par la fatalle destinée, portant en soy necessité, POVRQVOY EST PVNY CELVY, QV'A COMMIS CESTE OEVVRE PAR LA NECESSITE DE LA DESTINEE? Car si elle le côtraint par la necessité de son action, l'homme est forcé de commettre ce vice maugré soy, & tout vice faict par force ou maugré soy, & sans volonté ny consentement, & sans aucune coulpe, comme sont les animaux brutz, qui n'encourent punition, quel crime ou deffaut, qu'ilz commettent, & ce à cause qu'ilz n'y sont menez par leur volonté, ains par la force de la concupiscence fatale, qui leur est suscitée.

Pourquoy le vice fatal est puny.

Parquoy si ceste destinée n'excuse l'homme de punition, comme la beste, i'ose dire, qu'il n'y a aucune vertu en la destinée, & qu'elle n'est si necessaire, qu'elle m'a esté cy deuant dite. O MON FILS, TOVTES OEVVRES SONT, & appartiennent A LA DESTINEE: mais ce qui t'a empesché de cognoistre la difference, que ie metz entre la destinée, que souffre l'homme, à celle que souffre la beste, c'est qu'il ne t'a souuenu, que du commencement, i'ay declaré, que l'homme est de double nature, mortel, & immortele, & la beste n'est que d'vne seule nature mortele. Parquoy combien que la destinée enuelope & contraigne la partie mortele de l'homme, comme celle de la beste brute, ce neantmoints elle n'a aucune contraincte, ou pouuoir d'auctorité sur la partie immortele de l'homme: & si ne laisse pourtant d'auoir toute puissance, & execution parée sur toute chose mortele: ET SANS ELLE AVCVNE CHOSE DES CORPORELES (desquelles seulement ie parle) SOIT BONNE OV MAVVAISE, NE CONVIENT ESTRE FAICTE. Il nous faut souuenir, que du commencement, que nous auons parlé de la creation de toutes choses, il fut dict que la seconde pensée sainct Esprit de Dieu creant les corps celestes, leur donna le regime, gouuernement, & disposition du monde sensible, & non de l'intelligible: dont s'est depuis ensuiuy, qu'ilz n'ont eu disposition, que sur les choses corporeles, comme le dict icy Mercure.

Tous effectz corporelz sont subiectz à la destinée.

L'home chair uel & la beste sont subiectz a la destinée.

Toutes choses corporeles souffrent destinée.

Chp. I. 9

Et le sainct Esprit a voulu, que ceste disposition, qu'il leur a donnée sur ce sensible, corporel ou materiel, eust nom *fatum* ou destinée, qui est proprement le gouuernement executé par les corps celestes sur les choses sensibles ou corporeles, n'y comprenant aucunement les parties intelligibles. Parquoy Mercure dict, toutes œuures estre ou apartenir à *fatum*, il sentent corporeles, comme il le dict incontinent apres, que sans ceste fatale destinée, aucune chose des corporeles ne se faict, soit bonne ou prouoquãt à bien, soit aussi mauuaise ou prouoquant à mal. C'est à cause que ces actions celestes de mesmes qu'elles prouoquent quelquefois en l'homme, & sa partie corporele certaines concupiscences: lesquelles estant portées par les sens à l'ame, l'incitent ou conuient à quelque mal. De mesme maniere ces mesmes actions ou autres selon leurs assietes, diuersitez d'aspectz ou mouuement, prouoquent autrefois au mesme homme en sa partie corporele autres concupiscences, lesquelles estant rapportées à l'ame par les sens, l'esmeuuent, incitent, ou conuient à quelque bonne action. Parquoy Mercure à ce propos resoult, que quelles que elles soient, ou bõnes ou mauuaises, toutes ces esmotions qui se font en la partie materiele de l'homme, ne conuiennent, ou aduient estre faictes iamais sans le ministere de la destinée: à cause que c'est à elle, que Dieu a donné la conduicte & disposition des actions & effectz produictz sur la matiere, sans passer plus outre vers la partie intelligible & spirituele, sur laquelle la destinée n'a aucune iurisdiction ou puissance. IL EST ORDONNE PAR LA DESTINEE, QVE CELVY QVI FAICT MAL, ENDVRE PVNITION. Ce n'est pas, que la destinée soit ordonnance, ou aye aucune puissance d'ordonner. Car ce n'est que la pure & simple execution de la partie basse de nature, disposant seulement des matieres & choses corporeles: mais c'est que Dieu ordonnant & disposant la loy baillée à nature, il y a vsé de ceste iustice & merueilleux ordre, par lequel en toutes ordonnances de ceste prudence diuine, le droit est si sainctement obserué, qu'il faict les punitions (comme il est escript) par les mesmes choses, par lesquelles le peché aura esté commis.

La partie incorporel n'est subiecte a la destinée.

La destinée incite a bien & a mal.

Quelle punition la destinée ordonne. Sap. II. c

De ma-

L'homme faict le mal pour en estre puny.
Cap.1.sec.23.

Cap. 11. 6
Punition du Demon vengeur.

De maniere que l'homme faisant ceste faute de soy laisser suppediter aux concupiscences, la punition de ceste faute sera, que par ces concupiscences mesmes, il sera amené en iugement & punition. Et d'auantage, IL FAICT LE MAL AFIN QV'IL ENDVRE CE, QV'IL ENDVRE, POVR L'AVOIR FAICT. C'est comme Mercure l'a cy deuant dict, à sçauoir quand l'homme a desia resolu la malice dans sa volonté, auquel seul lieu elle se faict, ceste malice demeure encore impunie, à cause qu'elle est secrette : & lors Dieu trouuant esloigné ce mal-conseillé, faict place au Demon vengeur de sa iustice : lequel suscite les sens de ce pauure homme, pour luy faire tirer hors par le moyen de sa concupiscence l'execution du peché, qui desia regne en son cœur. A laquelle concupiscence l'homme adherant volontairement, comme ne demandant ou cherchant autre chose, que l'execution de son entreprinse, il manifeste par ceste execution exterieure la grauité de son peché, lequel dés l'heure de sa manifestation commence à estre subiect à la iustice & punition exterieure : & en ceste maniere il ne se trouue receuoir sa punition pour auoir faict son crime, de tant que la iustice qui l'a puny ne le pouuoit descouurir : mais au contraire, il se trouue auoir executé le vice, & publié par ce moyen le peché regnant occultement en son cœur, pour en receuoir la punition. Ce n'est pas que son vouloir tendist à ces fins, mais c'estoit le vouloir de la iustice diuine, qui ordonne par son eternele sapience, que l'executeur fatal publiera par effet le crime de la volonté occulte, & qu'il sera puni par ce mesme, qu'il offence. Et à ces fins elle luy lasche le Demon vengeur, qui le flate & deçoit si bien, par l'inflammation & suscitation des concupiscences qu'il enuoye vers l'ame par les sens, que ceste ame qui desia ayant resolu le vice ne cherche que de l'executer, y consent, & lasche son corps à l'execution, à laquelle les concupiscences la conuient. Et par ainsi encore que le peché ne soit mis en euidence par l'entreprinse de l'ame, si est-ce qu'il y est mis par ceste iustice diuine, qui le luy faict publier, pour en receuoir punition, ensuiuant le dire de l'Escripture, qui declare l'homme estre puny, par les mesmes choses, qu'il offence, & se trouue ce peché ou crime manifesté plustost, ou plus-tard, ou point, selon la penitence ou amandement du pecheur, lequel est tousiours reçeu par la misericorde de ce tant bon Dieu : de tant que ces moyens de penitence, priere, recognoissance, & autres œuures intelligibles ne sont soubz la puissance de *fatum*, ny subiectes au Demon vengeur : & par ainsi ne peut empescher, de reparer les fautes commises dans le cœur, comme il faict bien, quand telles actions incorporeles n'y sont point appellées.

SECTION 6.

Quant à ce faict, nostre propos est de la mauuaistié & destinée. Ailleurs nous auons parlé de ces choses, mais maintenant, nous auons a traicter de la pensée, que peut la pensée, & quelles differences elle a : à sçauoir aux hommes d'vne sorte, & aux brutz d'vn autre. Et de rechef elle n'est bien-faisante dans les animaux desraisonnables, mais est non semblable dans les hommes, esteignant en eux l'esmotion d'ire & concupiscence. Et de ceux cy, il en faut entendre les vns estre hommes vsantz de raison, & les autres sans vsage de raison. Toutesfois tous hommes sont subiectz à la destinée, à la generation, & au changement : car ces choses sont le commancement & fin de la destinée.

COMMENTAIRE.

COmbien que le propos, que nous auons commencé & entreprins de manier en ce chapitre, soit de la pensée, si est-ce que QVANT A CE FAICT, que nous auons maintenant manié, NOSTRE PROPOS EST DE LA MAVVAISTIE ET malice, prouoquée par le moyen de la DESTINEE, à laquelle l'home se laisse emporter. AILLEVRS NOVS AVONS PARLE DE CES CHOSES des le commancement assez amplement, MAIS MAIN-

MAINTENANT NOVS AVONS A TRAITER DE LA PENSEE, qui est l'esprit de Dieu, qui du commencemant fust porté sur les eaux, couurāts toute la superfice de la terre, & ce pour disposer & despartir toutes choses par c'est ordre diuin, qui ne pouuoit estre institué par autre, & par celuy mesme despartir ses actions & vertus, a toutes creatures selon son bon plaisir, & en fin soy mettre mesmes, & establir son habitation dans l'homme, qu'il a composé pour sa gloire. A ceste cause, deliberants de parler de ceste saincte pensée & Esprit de Dieu, il nous faut dire QVE PEVT LA PENSEE, ET QVELLES DIFFERANCES EL-ELLE A.

Cha.1.sect.9. & 16.
Genes.1 a
Le S. Esprit s'est communiqué à toutes creatures.

Car combien que de sa nature elle soit omnipotente en tout & par tout, si est ce que l'employant auec la matiere, laquelle n'est de son rang, il a voulu contraindre & limiter ses actions & puissances, selon la capacité des creatures, ausquelles elle s'est communiquée, & selon l'ordre & estat qu'il luy a pleu estre exercé par elles. Qui est cause qu'elle s'est cōmuniquée en ce mode diuersement, selon les differances qu'il luy a pleu estre obseruées, en l'employ de ses vertus, actiōs, & puissāces, & despartemāt de ses bōtez, ASCAVOIR AVX HOMMES D'VNE SORTE, ayāt en eux choisi son habitatiō, ET AVX BRVTS D'VNE AVTRE, ayāt prouueu leur conduicte & pedagogue l'ame de l'vniuers, des actions, efficaces & vertus qu'il a voulu estre exercées par eux. Quant a la maniere qu'il s'est mis en l'hōme, il nous a voulu manifester, cōme nous auons quelques fois cy deuant dict, qu'il ne pouuoit faire sur la matiere vne plus excellēte & digne creature, q̄ celle en laquelle il se mettroit mesmes en presence, qui est l'homme, pour nous faire entendre, que si sa presence ne pouuoit amener perfection a vne composition aux conditions de la creation de c'est animal, que perfection ne pouuoit habiter ailleurs qu'en sa purité. Comme nous l'auōs veu en l'homme, lequel combien qu'il aye receu l'esprit de Dieu present, & partie de sa composition: ce neātmoins la meslange de l'imperfection de matiere & chair en laquelle n'habite aucun bien comme dict S. Pol, a tellement salie la perfectiō diuine en ceste composition de l'homme, qu'elle la rēdue imparfaicte, dōt s'est ensiuye la mort. Or pourroit l'on demāder curieusemant, n'estoit il pas en la puissance du S. Esprit, d'entretenir la perfection par sa presence en l'hōme, & le conduire de maniere qu'il ne fust venu a son peché & infamie, ains fust demeuré en la purité & perfection de son sainct Esprit? Nous dirons q̄ veritablemāt cest acte estoit en la puissance du sainct Esprit, & plus grand que celuy la, mais non en l'ordre, car si le sainct Esprit eust prins la conduicte & gouuernemēt de l'homme, son ame ne luy eust seruy d'aucune chose, laquelle luy auoit esté baillée prouueuē d'arbitre & liberale volonté, pour conduicte de l'homme: & par ainsi il eust impliqué contradiction en son vouloir, par lequel l'vne fois il eust distribué la cōduicte & gouuernemant de l'homme a l'arbitre de l'ame: & l'autre fois il l'eust prins a soy en priuant l'ame, ce qui ne peut aduenir en Dieu. Et d'auantage l'homme n'eust esté homme perdant l'arbitre de son ame, & outre ce les effects produicts par c'est animal gouuerné par le sainct Esprit, n'eussent esté ses effectz, & par ainsi ilz ne luy pouuoient estre attribués, soubs le nom d'effect produict par c'est animal cōposé de Dieu, car en ce cas, la cōposition n'opinoit aucunement en ses deliberations, & par ainsi elle ne pouuoit encourir gré ou punitiō. Qui est cōtre la nature & composition de l'homme, lequel estant basty a la charge de rendre compte de ses actions, il est necessaire que la disposition & conduicte luy en demeure. C'est la condition sur laquelle l'homme a esté basty si parfaict, & d'vne si digne composition, pour manifester combien il seroit par sa liberale volonté constant en la perfection de sa creation. vray est q̄ le sainct Esprit luy feust donné pour continuel soliciter, desirant attirer a soy l'arbitre de l'ame, inquieté de l'autre part par les concupiscences des sens, & lequel sainct Esprit ne s'estoit retenu en l'homme plus grand puissance que de soliciteur c'est arbitre, iusques a ce que l'homme luy eust accordé, & se feust regé de son costé: & en ce cas, selon que l'homme y persistoit, il produisoit en luy ses admirables effects. Car il fust dict par Esaye, que Iesus Christ qui venoit pour renoueler la force de l'image de Dieu, que l'homme auoit tant debilité par son peché, auroit a nom Emanuel, signifiant le seigneur auec nous, pour nous monstrer que le seigneur estant auec nous, c'est a dire cōme dict S. Pol) quand l'ame se ioint a sa pensée image de Dieu, elle sert auec icelle a sa loy, & lors elle s'aide bien de son arbitre, suiuant son vray nom d'Emanuel, ayant Dieu auec elle, & faict toutes operations surmontants puissance humaine pecheresse, combien qu'elle ne prene rien hors de sa composition.

Que peut le sainct Esprit ez creatures.

Le sainct Esprit differās ez hommes des bruts.

Pourquoy le sainct Esprit est presenten l'homme.

Rom.7.d

Question curieuse.

Ce que Dieu conduict n'a besoing d'ame.

Sans l'arbitre l'ame n'auroit a rendre compte.

Que manifeste la composition de l'homme.

Le sainct Esprit en l'homme n'a puissance que de soliciter.

Comme

Empeschemāt faict a l'esprit de Dieu par l'homme charnel.
Esaye. 63. c
1. Thessa. 5. c
Ephes. 4. g
Le sainct Esprit ne contraint pour n'empescher l'abus.

Miracle tresmerueilleux.

Comment nous affligeons le S. Esprit.

Maniere de cōmunicquer Dieu a la beste.

L'esprit de Dieu coupere auec nature, au brut.

Nature thesor de graces de Dieu
La pēsee n'est bien faisante ez bruts comme ez hōmes. Sect. 2.
Ch. 1. sect. 22.

Pourquoy les brutz ne reçoiuēt b. ā fait.

La pensee extaint en l'hōme l'ire et comuoitise.

Comme au contraire, quand l'homme se retiroit hors de luy vers les concupiscences & amour des choses corporeles, il se trouuoit sans aucune puissance ou effect, fors la cōtinue sollicitation. Qui a esté cause que quand l'homme abandonne le sainct Esprit, Dieu par ses Prophetes nomme ce faict affliger le sainct Esprit, comme en Esaye disant, Ilz ont prouoqué en ire son sainct Esprit, & l'ont affligé, & sainct Pol le nomme estaindre le sainct Esprit, comme il dict apres plusieurs reprehensions, Ne veuillez estaindre l'esprit, & ne vueillez mespriser les propheties: & quelquefois il le nomme contrister, comme il dict les instruisans d'euiter mauuais propos, Ne vueillez cōtrister l'esprit sainct de Dieu, duquel vous estes marquez. C'est pour manifester que l'esprit de Dieu ne voulant empescher la dispositiō qui a esté donnée a l'ame humaine de ses actions, se rend plustost subiect, qu'il ne vueille par sa puissance peruertir la nature de la composition de l'homme, s'il le priuoit de son arbitre, & de sa conduicte. Voila dont est venu le miracle tresmerueilleux, que Mercure a alegué du commancement, que l'esprit de Dieu se soit assubiecty a la creature: detant qu'il voyoit que les actions & vertus diuines, qui auoient esté mises en l'hōme auec l'image de Dieu, estoient subiectes a sa disposition, qui est de les employer en mal ou en bien, comme toutes heures nous le voyons, cognoissant l'excellance des dons, que l'entendemant humain a receu plus que les bestes, & lesquelz nous voyons ordinairement estre employez en malices, que les bestes ne sçauroiēt faire, a faute d'auoir receu ces dōs. Et quelz autres sont ilz, que les actiōs & vertus du sainct Esprit, qui nous est donné? lequel nous affligeōs, contristōs, & exagitons, employants ses sainctes actions en infamies & meschancetez, lesquelles en sont grandemēt offencées: toutesfois elles sont mises en l'homme a la cōdition, d'obeyr a son arbitre, & d'en estre rendu bon compte par luy. Voila la maniere en laquelle l'esprit de Dieu a esté mis en vne imperfecte composition qui est l'homme. Il est communicqué aux bestes brutes d'vne autre maniere, asçauoir que la saincte pensée soy communicquant a eux, ne se communicque pas en tiltre d'Esprit de Dieu comme a l'homme. Mais le sainct Esprit pour la cōduicte de ces pauures creatures, faict distribuer aucunes de ses graces, vertus & puissances par vne essence diuine, laquelle conduisant toutes ses creatures, & les fournissant des actiōs, vertus, efficaces & proprietez, qu'il a pleu au sainct Esprit leur ordonner par leur creation, les entretient en leurs actions & operations mises en effect par ses vertus & efficaces diuines administrées par ceste diuine essence, commise a leur conduicte & administration: laquelle essence a esté nommée nature ou l'ame de l'vniuers, par laquelle tout l'vniuers est cōduict & gouuerné. Or de ceste infusion de graces il en est de tant dē diuersitez soit ez animaux, plantes, mineraux, ou cōduittes des corps celestes, qu'il seroit bien long a les recueillir. Tant y a que c'est vn thesor qui ne peut estre espuisé de graces, vertus, actions & efficaces, lesquelles ceste saincte Pensée cōmunicque tous les iours a toutes creatures. ET DE RECHEF ELLE N'EST BIENFAISANTE DANS LES ANIMAVX DESRAISONNABLES. C'est a la differance que nous auons n'aguiere dict qu'elle est bien-faisante aux ames des hōmes, les cultiuant & leur ostant plusieurs empeschemans de leur salut, comme faict vn medecin au malade: & si auons dict au parauant que la saincte pensée leur assiste, de maniere qu'auant leur mort ilz hayent les choses sensibles cognoissans leurs effects, lesquels elle deffend au deuant n'estre conduicts a leur fin. Elle se faict aussi portier, pour fermer les passages des mauuais & infames effects rompant au deuant les pensées mal employées, qui sont tous bienfaictz, & secours conferez a l'homme par ce qu'il a charge de rendre compte de bien faictz & malfaicts. Ce qui ne peut aduenir aux animaux brutz, lesquelz ne pretendants a aucun salut, & n'ayans aucun besoin de rendre compte ny aucune charge de biē faire ou mal faire, voire ny de leur propre conduicte: laquelle estant chargée sur nature ou l'ame de l'vniuers, la saincte pensée n'a besoing faire a ces pauures animaux, le bien faict qu'elle faict tous les iours aux hommes. Et seront assez comptans & satisfaicts du bien faict ordinaire, qui est leur vie, cōduicte, & entretenemant qu'ilz reçoiuent par sa bonté & misericorde duquel ilz n'ont a rendre aucun compte, cōme n'en estant aucunement chargez: MAIS ELLE EST NON SEMBLABLE AVX HOMMES ESTAIGNANT EN EVX L'ESMOTION D'IRE ET CONCVPISCENCE, qui est le plus grand bien que leur sçauroit aduenir pour les disposer a rendre bon compte de leur charge: de tant que ces deux vices saisissent l'entendemant humain si tres violantmant, qu'ilz n'y laissent aucune place pour la

contem-

MERC. TRIS. CH. XII. SECT. VI.

cōtēplation ou maniemāt des choses diuines ET DE CEVX CY aſçauoir des hommes eſquels la ſaincte pēſée n'eſt ſemblablemēt cōme aux beſtes brutes, IL EN FAVT ENTENDRE LES VNS ESTRE HOMMES VSANS DE RAISON, qui eſt ceſte partie diuine, qui eſt en eux, laquelle ilz employent a la cognoiſſance de ſoy, a preuoir les inconueniens futurs, a prouuoir aux dangiers, que ces inconueniens pourroient amener. C'eſt le vray vſage de raiſon que doibt auoir l'homme, que de l'employer en la fidelle conduicte de ſa perſonne tant corporelle que intelligible, gardant touteſfois le principal ſoin & diligence pour le ſeruice & precaution du plus digne des deux. Car l'homme par ſa raiſon, ayant prins peine de ſe congnoiſtre, dont il eſt venu, dequoy il eſt faict, & pour qu'elle fin, il verra par la ou il faut qu'il taſche: & lors il luy eſt beſoin venir a la ſeconde partie, qui eſt de preuoir les empeſchemans qui luy nuiront a y paruenir, preuoir auſſi les ſecours qui luy pourroient eſtre aydans: & de la venir a la tierce partie de l'vſage de ceſte raiſon, qui eſt de prouuoir a euiter les empeſchemans, a recouurer les ſecours, qui luy doiuent ſeruir a paruenir a ſa fin, & en ceſte maniere il ſera de ceux, qui ſeront hommes vſans de raiſon: ET LES AVTRES SANS VSAGE DE RAISON. Ce n'eſt pas a faute de l'auoir en ſoy: car tous l'ont receuë auec l'eſprit de Dieu, mais ceſte faute d'vſage de raiſon vient diuerſement en l'homme comme es petits enfans auant l'aage de diſcretion, en ceux qui naiſſent inſenſez, & en ceux qui par inconueniant de paſſion ou maladie perdent le iugement.

Hōmes vſans de raiſon.

Trois cognoiſ ſances requiſes en l'hōme

Hōmes ſans vſage de raiſon diuerſement.

Mais ce n'eſt de tous ceux là, que Mercure entend parler en ce lieu principalement: ains c'eſt de ceux, qui eſtans pourueuz de iugement & cognoiſſance qui n'a beſoin que d'eſtre exercitee aux conſiderations de raiſon que nous venons de dire: touteſfois par le plaiſir des choſes corporelles & affection, ou conuoitiſe de leurs abuz & ſuperfluitez, ils tournent a l'enuers l'employ de leur cognoiſſance deuers les choſes materielles, deſquelles la volupté noye ſi fort la pauure ame, comme nous auons n'aguere dict, qu'elle ne luy laiſſe aucun moyen d'vſer de ces trois parties de raiſon, que nous auons racompté: mais eſtans ſaiſis des concupiſcences & impoſé ſilence au ſainct Eſprit, ils demeurent enuelopez en ceſte matiere voluptueuſe, de telle maniere que leur eſt bien malaiſé d'en ſortir, ſans autre ſecours que de leur ſubtilité. TOVTESFOIS de ces hommes les vns vſans de raiſon, les autres non, TOVS HOMMES SONT SVBIETS A LA DESTINEE, A LA GENERATION, naiſſance, ou geniture, ET AV CHANGEMANT. C'eſt a cauſe que tous hommes ſont pourueus de corps materiel, a cauſe dequoy en ceſte partie materielle ils ſont ſubiectz aux actions fatales, & influances celeſtes, eſquelles eſt commiſe l'adminiſtration & diſpoſition de tout le monde ſenſible: parquoy l'homme ayant en ſoy ceſte partie ſenſible, comme les autres creatures, en ceſte partie il eſt ſubiect a la deſtinée fatale, ou diſpoſition des actions celeſtes. Et par conſequent ſont ſubiects a la geneſe, geniture, ou generation, par laquelle leur corps eſt aſſemblé par membres en corps humain, ou bien a la geneſe, qui eſt aux qualitez & conditions, que ſon corps reçoit l'heure de ſa naiſſance, par la diſpoſition des corps celeſtes: eſquelz en eſt donnée la charge: & ſelon la diuerſité de l'ordre & differance d'aſpects, qu'ilz tiennent l'inſtant de ceſte naiſſance, ce petit corps reçoit les actions ſi diuerſement, qu'ilz produiſent aux vns ſubiection de differantes maladies a celles qu'ilz produiſent ez autres, differantes qualitez, & differantes concupiſcences, deſirs ou apetitz, ſuſcitez par les ſens dependans de ce corps materiel.

Hōmes ſans raiſō deſquels eſt queſtion.

Raiſonnables & ſans raiſon ſubiects a deſtinée.

Tous hommes ſubiects a generation & changements.

Ce corps humain eſt auſſi ſubiect a mutation ou changement, a cauſe de l'inconſtance & inſtabilité de la matiere dont il eſt compoſé, laquelle ne peut demeurer meſme choſe a peine vn minut d'heure: de tant qu'elle va touſiours en croiſſance ou diminution. Voila pourquoy le corps humain eſtant ſubiect a la fatale deſtinée, ou diſpoſition des corps celeſtes ne peut faillir d'eſtre ſubiect a la generation, mutation, ou changement, & autres imperfections materielles. CAR CES CHOSES, aſçauoir generation & mutation, ou changemant, SONT LE COMMANCEMANT ET FIN DE LA DESTINEE, de laquelle toutes actions ne tendent en general que a ces deux effectz de generation, qui emporte toute production de corps, ſoit animal, plante, ou mineral, & de mutation, qui porte toute la durée, ces actions & deſcroiſſances leſquelles toutes conſiſtent en mutation ou changement: comme auſſi ſont toutes operations faictes en la matiere, ſoit par

La ſubiection de l'homme de l'inconſtance de la matiere.

Generatiō & mutation entrée & fin de la deſtinée.

Ll

esmotion de concupiscences, suscitations d'apetits par les sens ou autres passions, esquelles l'imperfection de la matiere tient tout corps viuant subiect.

SECTION 7.

ET tous hommes souffrent les ordonnances de la destinée, mais les preud'hommes esquelz nous auons dict la pensée auoir commandemant, n'endurent pas mesme chose que les autres: & ceux qui ont en desdaing la mauuaistié, cōbien qu'ilz ne soyent mauuais, ilz souffrent. Comment dis tu cela de rechef ô mon pere? l'adultaire n'est il pas mauuais, l'homicide n'est il pas mauuais, & tous autres? mais le preud'homme (ô mon filz) non adultaire, souffrira, toutesfois comme adultaire, ny homicide, mais comme l'homicide. Il est impossible de fuir a la qualité de la transmutation, nonplus que de la generation, mais il est en celuy, qui a la pensée d'euiter la mauuaistié.

COMMENTAIRE.

IL est tresmanifeste, que generation & mutation comprennent en soy toutes actions de la destinée: & l'homme estant composé de corps materiel, par lequel il est subiect a ceste generation & mutation ou changement, il s'ensuit qu'il est subiect a la destinée, qui ne produict autres effects, que ceux qui sont cōprins en generatiō & mutation. Parquoy Mercure dict,

Tous hommes subiects a la destinée.

ET TOVS HOMMES SOVFFRENT LES ORDONNANCES DE LA DESTINEE. Ce propos si generalement prononcé qu'il est, estonnera plusieurs personnes, qui combien qu'ils soyent prouueuz de sçauoir, ce nonobstant a faulte d'auoir bien consideré la nature de ceste fatale destinée d'vne part, & la nature & composition de l'homme d'autre, le pourront prēdre hors de sa vraye intelligence, comme ont faict de trescauantz Philosophes. Lesquels ayāt bien cogneu ces actions fatales estre les actions & effaictz produictz sur toute matiere

L'homme intelligible deliure de la destinée.

par les corps celestes, en toute maniere de generations, mutations, ou changemāts, qu'ī c'estoit que l'vne partie. Et ayant ignoré l'autre, qui est la composition de l'homme, a faulte d'auoir cognoissance du vray Dieu, lequel & ses parties seules se trouuent estre deliurées de la puissance fatale, & par cōsequent l'homme intelligible vraye essence diuine ne luy porte aucune subiectiō, ains le seul corporel: il s'est ensuiuy que ces grāds personnes de sçauoir, ignorants le principal seul dominateur des fatales destinées, & que tout ce qui tient de sa nature ne luy porte aucune subiectiō, ilz ont atribué totale disposition & puissance a la destinée, sur toutes choses qu'ils congnoissoient, comme de vray elle y a, si Dieu n'y est comprins. D'autrepart sont venuz depuis aucuns chrestiens, qui se s'aduisant mesmes de ceste distirctiō des

Rom. 7. d Erreur par extremitez a faulte de distinguer.

puissances fatales deputées sur la matiere, & non sur l'intelligible, & par cōsequant de la distinction de l'homme corporel ou charnel a l'homme intelligible ou spirituel, ou bien interieur, comme S. Pol le nōme, ont voulu abatre l'opiniō des Philosophes, la voyant veritablemāt errera faulte de la congnoissance de Dieu, & sans aucune distinction ont faict resolution que les corps celestes & puissances fatales n'auoyent aucune action ou vertu sur l'homme, tumbant de leur part en autant d'erreur, que les philosophes de la leur, & ce ignorant leur puissance estre necessaire sur toutes matieres, & la differance en l'homme de sa partie materiele a l'intelligible. Et ont esté cause tant les vns que les autres, de despartir la pluspart de gens de sçauoir en l'vne des deux opinions, toutes grandemant desuoyées de la verité.

Blasphemes ensuiuis des fauces opinions.

Dont s'est ensuiuy plusieures propos & aduis blasphemes, par lesquelles les vns atribuoient les puissances de Dieu administrées par ces corps celestes a eux mesmes en proprieté, dont ils les ont pensés estre dieux souuerains. Les autres ont atribué plusieurs actions de la destinée receües par personnes mal a propos, a cause de leur

indisposition

indisposition produicte par leur ignorance ou indiscretion, estre enuoyées de Dieu au subiect: & par cósequent ont rédu ce bó Dieu aucteur de tous ces effects, parmy lesquelz en y a le plus souuent de tres-iniques, & qui seroient iuges telz, s'ilz estoient produicts, & administrez par creatures ayantz arbitre, ausquelles seules peut estre attribuée iustice ou iniquité. Qui est cause que tout effet fatal ne peut estre dict iuste, ou iniuste, par ce que ce corps celeste qui l'administre n'a en soy aucun arbitre: mais si vn mauuais acte produict par ceste disposition fatale, estoit attribué à Dieu, il seroit estimé mauuais: par ce qu'il y a arbitre en Dieu. Toutefois à cause qu'il n'y peut escheoir mal, ny vice en Dieu, nous ne dirons pas, que l'acte n'est mauuais, par ce qu'il est faict de Dieu, mais nous dirons qu'il n'est de Dieu, par ce qu'il est mauuais, pour obseruer l'hôneur & reuerãce que nous deuons a ceste bôté de Dieu, & a sa iustice irrefragable, de ne receuoir ou croire, qu'il sorte de luy aucun tort, vice, ou iniquité, car il y a prou moyens en ce monde pour produire telz fruicts, sans les attribuer à ceste bonté infinie.

Es effectz fataix n'y a iniustice ou iniquité.

Iniquité n'a lieu en Dieu.

Parquoy nous estimerons que ces puissances fatales iettent leurs effectz sur toutes creatures materieles, & non sur l'homme seulement. Et combien que ces effectz viennent des puissances de Dieu administrées par les corps celestes, ce neantmoins plusieurs de ces effectz sont receuz si mal a propos, par le deffaut ou ignorance de l'homme, qu'ilz ne peuuent estre attribuéz à Dieu, qui ne les a instituéz, que pour le bien & profit de l'homme, auquel par sa creation il a donné suffisance de sçauoir, cognoissance, & discretion, pour receuoir & faire proffit de ses effectz, ensuiuant la volonté & institution que Dieu en a faict, les ordonnant tous pour bien faire a l'homme, & non pour luy nuire. Comme par exemple, Dieu creant les astres leur a donné vertu d'influer sur toute matiere, froid, chaud, humidité, & secheresse, esmotion des sens corporelz par le remuement des humeurs, lesquelz sens suscitent les concupiscences a diuerses choses, & a donné tel ordre a ces astres, qu'ilz ne peuuent ietter ces actions que par certain temps, & non selon la volonté ou disposition d'arbitre quelconque. D'autre part Dieu a crée l'homme en innocence, prouueu de son sainct Esprit, auquel il a mis vne ame, ayant arbitre & liberale volonté, par laquelle elle disposoit de toutes actions, & puissances, qui estoient en luy. Dont s'ensuit, que disposant des cognoissances & intelligences du sainct Esprit, qu'il auoit en luy, rien ne luy estoit incognu, soit la puissance & nature des astres, vertu de tout animal & plante, ou mineral, & ce a cause de l'innocence (vraye nourrice du sainct Esprit en l'homme) qu'il auoit. Si donc cest homme par sa concupiscence des choses corporeles, a delaissé Dieu, & ceste innocence qui l'entretenoit en son excellence, & par ce peché il soit tumbé en ignorance telle qu'il ne puisse cognoistre, qui luy faict mal, ou bien, & luy estant ainsi depraué par sa faute, vienne par l'action fatale vne pluye froide & humide, qui luy donne vne maladie, a faute qu'il ne s'est retiré a couuert, vienne vne suscitation des sens faicte par le remuement de matiere, que ces corps celestes remuent incessamment, & que à cause de l'ignorance de ce pauure mal conseillé, l'action le vienne a suppediter, luy ignorant a quelle fin ceste action le peut mener, & luy pouuant resister, ne luy accordant sa volonté, mais au contraire s'y laisse emporter, & de la vient à produire diuers mauuais effectz. Et dauantage si l'homme ayant perdu la cognoissance de la nature des creatures, vient a menger d'vne herbe qui nuise a sa disposition pour lors, qui autrement applicquée luy eust faict bien, dirons nous que tous ces effets, produictz par actions diuines, sont enuoyez à l'homme de ce bon Dieu, qui ne confere que tout bien a ses creatures.

Bons effectz destournez en mal par l'homme.

Exemple des effectz des astres.

Innocence nourrisse du S. Esprit en l'hóme,

L'ignorance perd l'usage des bien faictz de Dieu.

L'ignorant diuertist les effectz de D. eu en mal.

Dieu ne confere que bien a la creature

Et ne penserons nous pas plustost que l'homme par son imperfection, & indiscretion, produicte d'ignorance, aura conuerty tous ces bons effectz enuoyez de Dieu pour son profit & vtilité en son dómage: & non que Dieu les luy ayt enuoyez en volonté de luy porter ce dommage. Certainement nous porterions grande irreuerance a la bonté diuine, si pour excuser la malice & imperfection de l'homme, nous iettions sur ce bon Dieu ces torts, qu'a receu l'homme par son deffaut. Chose qui luy est fort ordinaire, de ne preuoir les iniures ou dommages qu'il peut receuoir des autres creatures, ministres & dispensateurs des actions, & vertuz de Dieu: combien que la faute n'en soit a eux, a cause qu'ilz n'ont arbitre, mais la faute en est a l'homme, qui auoit esté prouueu de sçauoir pour preuoir, & d'arbitre pour s'en deffendre, lequel ayant laissé perdre, retournant en ignorance, il s'est trouué en fort peu de moyens de s'en garentir, à cause de son sçauoir perdu par l'ignorance, ny de bien choisir, à cause que l'arbitre a commencé a pendre & incliner de l'autre part.

L'arbitre per uerti ne peut eslire bien.

Et si l'on propose vn argumēt contre ce propos, disant que Dieu faict par son action quelquefois effectz, qui semblent venir de l'effect de la destinée, & toutesfois la destinée n'y faict rien, comme l'humeur qui feit croistre la Lierre de Ionas, & la secheresse, & petit ver qui la luy osta: ou bien quand il amena le vent vehement & bruslant, qui secha la mer rouge deuant d'Israel: & quand le vent sortant du Seigneur apporta les cailles au câp d'Israel: & quād il feit souffler le vent de l'occident pour oster les locustes d'Egipte, & sēblablement la pluie que Dieu enuoya à la priere d'Elie, & plusieurs autres, qui sont actions de la charge des corps celestes: & toutesfois ilz n'ont produict celles cy. Nous dirons que Dieu estant souuerain sur toutes ses creatures, & ayant souueraine puissance sur celles, qu'il y a commis à ses creatures, s'est retenu pouuoir de faire mesme action, que celle qu'il a commis à sa creature, quand il luy plaira, pour l'exaltation, gloire, & seruice de sa grandeur & de son nom, voire & de plus grandes & admirables, comme la suscitation des mortz, retardement du Soleil, & autres, qui n'appartiennent à la destinée fatale, mais bien la suppeditent, quand il luy plaist.

Ion. 4. b
Exod. 14. f
Numer. 11. g
Exod. 10. e
3. Reg. 18. g
Dieu produit effectz fatals pour sa gloire.

Aussi telles choses ne sont si ordinaires pour en faire vn estat, encore quand Dieu les met auant, c'est pour quelque grand bien, & non pour porter tort ny dommage à sa creature. Et par ainsi nous ne pouuons faillir, d'attribuer à Dieu tous bien-faictz que nous receuons, tant par son operation, que de ses creatures: par ce que leur donnant action, puissance, ou efficace d'operer, ce a tousiours esté pour nous faire bien & profit. Ce qui ne cesse iamais, que quand nous l'empeschons, de maniere que si nous ne destournons les actions par nostre defaut ou malice, nous n'en receurons iamais que des bonnes, vtiles, & grandemēt profitables, & par ainsi nous pouuons tenir, q̄ tous bien-faictz nous viennent de Dieu, & de sa volonté & liberal consentement, qui a commis ses puissances & vertus à toutes creatures, pour ses expressez fins de nous en faire bien & proffit. Et au contraire nous deuons estimer toutes actions, qui nous portent tort ou dommage, ne venir de luy directement, combien que ce soient ses actiōs, toutesfois elles ne nous sont enuoyées par sa volonté ou presente ordonnance: mais par nostre ignorance & indiscretion, nous nous disposons si mal a proposà la reception de ses actions, que nous les tournons, comme nous auons n'agueire dict, de bien en mal. Parquoy c'est de nous, non de Dieu, qu'elles nous suruiennent ainsi corrompues, & mal employées sur nous. Nous en auons trouué, qui pour soustenir le party contraire, mettoient auant vn argument disants, qu'on faict tort à l'homme de l'accuser que c'est son defaut, s'il ne se sçait defendre des tortz & abus ou tromperies, par lesquelles il est si souuent trompé, à faute de cognoistre la nature fatale, & toutes vertus & conditions de creatures, & si par son sçauoir il n'y sçait si bien remedier, que ceste action ne luy puisse nuire, & que la nature de la creature, ou du simple ne le puisse offenser s'il en vse mal a propos: car l'homme n'en peut estre iustement accusé, attandu que ce sçauoir & cognoissance si grande ne nous feust iamais donnée. A cause dequoy nous n'en deuons respondre, & si ne pouuons estre inculpez ou accusez de deffaut, si à faute de nous ayder de ce qui iamais ne nous feust donné, il nous vient quelque tort, dommage, ou inconueniant, ausquelz nous auons en ceste maniere respondu.

Toutes actiōs de Dieu tendens a bien.

L'homme n'a mal que par sa faute.

Argument pour l'imperfection de l'hōme.

Il paroist clairement par voz propos, que vous n'auez iamais comprins ny a peine consideré qui vous estes, ny de quoy vous estes faictz, ny a quelle fin vous estez faictz. Car vous eussiez trouué que vous estes filz engendrez de la matiere d'vn homme, qui vous a laissé heritiers, & successeurs, des conditions que par son defaut il adioinct à sa matiere, & par consequant a la vostre, qui est la mesme, & que le reproche qui vous est faict, depend autant ou plus du vice, qui vous est demeuré de vostre premier pere, que du vice que vous pourriez faire. A cause que tout ainsi que luy succedant en vice vous vous en trouuez miserables, luy

Solution de la fin & composition de l'hōme.
L'homme a succedé à la coulpe d'Adam.

succedans

succedant auſſi en innocence, vous vous feuſſiez trouuez heureux s'il l'euſt gardée pour la vous laiſſer.

Ceſte ſucceſſion eſt cauſe que tout ce que Dieu luy pouuoit demander & reprocher, il le vous peut reprocher ou demander. Parquoy tout ainſi qu'il pouuoit reprocher voſtre premier pere, de n'auoir gardé ſon innocence qui le conſeruoit en entiere cognoiſſance des choſes qui le pouuoient offencer: de meſme maniere il vous peut reprocher, que la perte de l'innocence que voſtre pere vous a faict perdre, vous rend coulpables & chargez du deffaut, qui vous empeſche la cognoiſſance de ce qui vous peut offencer. Et ce reproche vous eſt faict a cauſe de la dignité, qui eſt en vous ſi mal employée par vous, qui eſt d'auoir en voſtre compoſition le ſainct Eſprit de Dieu, par le moyen duquel ceſte capacité & ſouueraine congnoiſſance eſtoit donnée a voſtre nature humaine, en la perſonne du premier homme, & ſi bien c'eſt homme par ſon deffaut la perdue tant pour luy que les ſiens, ſ'enſuiuroit il pour tant qu'il ne luy en faluſt rien demander, ou bien que les hommes qui ſont aujourd'huy viuants ſe peuſent decharger & tenir quictes, diſant, que nous n'auons faict le peché qu'a faict Adam, & qu'il n'y a que luy qui l'aye faict, & que ſi Dieu nous euſt mis en meſme perfection qu'il le conſtitua, nous n'euſſions faict la faute qu'il a faict,

Ces repliques ſont reſpondues long temps a meſmes en ſainct Pol, Mais la mort a regné depuis Adam iuſques a Moiſe, voire en ceux qui n'ont peché: & bien peu au deuant en dict autant. Et en Eſdras, O qu'as tu faict Adam? car ſi tu as peché, ce n'eſt pas ta ſeule perte, mais de nous, qui ſommes venus de toy. Parquoy ne pouuant repugner a ce reproche, nous deuons franchemant confeſſer, que Dieu nous trouue chargez de la faute d'Adam, & des noſtres d'auantage. Et deuons par conſequent confeſſer, que la faute, par laquelle, nous ſommes priuez de la cognoiſſance des choſes materielles, qui nous peuuent offencer, nous eſtant laiſſée par le premier homme, nous eſt imputée par noſtre generation. Dont s'enſuit que les torts, maux, & deſplaiſirs que nous en receuós, ne doiuent eſtre eſtimées venir de Dieu, qui ne ceſſe de nous bien faire, mais vient de ceſte noſtre faute, d'auoir laiſſé perdre le ſçauoir, qui nous auoit eſté donné ſuffiſant pour nous en defendre, auec l'innocence qui l'accompaignoit.

Dont eſt aduenu, que tous hommes eſtátz engendrez de la matiere corrompue & mortelle, ſubiecte a generation & mutation, qui comprennent toutes les actions de la deſtinée, comme nous venons de dire, ſont pareillement a cauſe de leur matiere ſubiectz a ceſte deſtinée, laquelle quelquefois leur produict en ce corps froid, ou chaut, humidité, ſecchereſſe, douleurs, paſſions, voluptez, concupiſcences. Leſquelles raportées par les ſens vers l'ame, qui pareillement a acquis par le peché vn deſir inclinant aux choſes materielles delaiſſant Dieu la tentent & conuient de s'y amuſer & en abuſer: a quoy bien ſouuent l'ame conſent, & quelquefois non, mais les repouſe & refuſe. Qui eſt cauſe que Mercure dict, que tous hommes ſouffrent en leur partie corporelle, les ordonnances ou actions de la deſtinée, MAIS LES PRVD'HOMMES, ESQVELS NOVS AVONS DICT LA PENSEE AVOIR COMMANDEMENT, N'ENDVRENT PAS MESME CHOSE, QVE LES AVTRES.

C'eſt pour la differáce, qui eſt entre leur volonté, & la voló té des mauuais, cōme n'a guere nous l'auons dict les vns eſtre hōmes vſants de raiſon, & les autres n'en vſants poinct. Car nonobſtant que les vngs & les autres ayent corps, & par conſequent ſoient ſubiects a la deſtinée, ſi eſt ce qu'elle ne domine de meſme maniere ceux, qui ſe ſeront, de bonne volonté rengez a l'obeiſſance de la ſaincte penſée, & ſe ſeront ſoubz-mis a ſon gouuernemant: comme elle domine ceux qui ayant meſpriſé la ſaincte penſée, ſe ſeront ſoubz-mis a l'obeiſſance & commandemant des affections & concupiſcences corporelles. De tant que ceux, eſquelz la penſée commande, n'ont autre ſubiection a la deſtinée fatale, que leur corps, lequel veritablement la deſtinée paſſe par ſa generation, le faiſant nourrir & croiſtre, & par ſa Geneſe luy imprimant ſes qualitez, ſur l'heure qu'il naiſt, ou prend en ſon tendre corps le premier air, qui le penetrant l'abreuue tout entieremant des actions celeſtes, qui pour lors la deſtinée iete ſur terre: a cauſe que c'eſt l'office de l'air de porter les actions celeſtes ſur les creatures, de maniere qu'il y demeure ſubiect tout le cours de sa vie: & ce a cause qu'il ne se trouue plus en estat, auquel son corps soit si disposé a receuoir autres actions, qui luy puissent effacer celes la, qu'il a receu en sa naissance, a cause de sa tendresse. Dauantage tout le cours de sa vie, ce corps est subiect a receuoir les actions fatales de froit ou chaud, de maladies, de tentations ou suscitations de concupiscences, que les sens corporels s'efforcent de produire en luy, comme en vn autre. Luy produict dauantage infinies repugnances & contrarietez, resistantz a sa volonté, & innumerables autres actions, soit en peines ou voluptez.

Differäce du prud'homme au desraisonnable.

Vsage prudèt des choses fatales.

La bône ame reçoit le conseil du sainct Esprit.

Vsage de la destinée par les desraisonnables.

Dieu ennoye la destinée sãs acception.

L'ame sans conseil est tost surprinse de la destinée.

La destinée peut sur l'ame qui luy permet.

Mais ceste destinée trouue en c'este personne ce qu'elle ne trouue pas ez autres: c'est que la destinée suscitant ses actions sur ce corps, si elles sont dures, elle le trouue patient, & qu'il n'en laisse rien passer en l'ame, qui luy produise aucun vice: si elles sont doulces & voluptueuses, estant raportées a l'ame par les sens elle n'en prend que la necessité de son entretenement & vie, & sçait tresbien repousser le superflu, pour ne se laisser emporter par ces voluptez, en l'esloignement de sa saincte pensée. Si ce sont esmotions d'humeurs, lesquelles raportées par les sens en l'ame ont acoustumé produire diuerses concupiscences, ceste bonne ame par l'aduis & conseil de sa saincte Pensée, se trouue prouueué de la discretion qui luy est necessaire a l'election de ses concupiscences ou affections, que luy suscite la destinée, par le moyen des sens, & par ce moyen elle renuoye celles, qui luy presentent abus & veneration des choses materieles, & retient celles, qui luy presentent desir de sciences, ou religion, ou autre vertu, & tout par le conseil & commandement de la saincte Pensée, a la quelle elle obeist. Au contraire ceux esquelz la saincte pensée n'a aucun commandemant, a cause qu'ils ont rengé toutes leurs deliberations, arbitre, & resoluë volonté a la suite & obeissance des voluptez, & autres concupiscences esmeuës & suscitées en leurs corps par la destinée, & raportées a l'ame par leurs sens, ceux la de la nature de leur composition n'ont autre subiection a la destinée fatale, que les precedantz: de tant que ce bon Dieu, duquel est yssue l'ordonance, action, & conduicte fatale, n'est acceptateur de personnes, & ne se trouue que par ceste ordonnance qui est yssue de luy, la destinée aye charge d'en traicter l'vn plus mal que l'autre, comme nous l'auons quelque fois declaré. Mais c'est que lors qu'ilz passent en leurs corps seulemant soubs les actions fatales, comme generation, genese, ou natiuité, & suscitation de voluptez, peines, & diuersité de concupiscences, leur pauure ame, qui par sa tresmauuaise & indiscrete election a delaissé le sainct Esprit de Dieu, & l'a refusé pour sa conduicte & gouuernemant, soy retirant a l'amour des choses corporeles, se trouue desnuée de bon aduis, de maniere que quand la destinée luy presente par le moyen des sens les concupiscences, qui luy donnent volupté, elle s'y endort, n'ayant en elle cognoissance aucune du danger ou ces effects la conduisent: de maniere qu'elle n'en veut iamais partir. Et par ce moyen nous voyons que la destinée n'a seulemant en ceste personne puissance sur les corps, mais par le deffaut de son electiõ & choix indiscret, elle a puissance sur l'ame, qui s'est assubiectie au corps, sur lequel la destinée commandoit. D'auantage si la destinée luy suscite par le moyen des sens quelques contrarietez ou resistances, combatans sa volonté, ceste pauure ame desnuée de tout bon conseil, ayant quité les vertus de sa saincte pensée, ne trouue en soy la vertu de patience: ains par impatience tumbe en blasphemes & maledictions, qui luy font vne assemblée tresdangereuse pour le temps a venir.

Subiection de l'ame mal sage.

La destinée ne peut sur la bonne ame.

Et en ceste maniere nous voyons clairemant, que la destinée ne domine seulement les corps de telles personnes, suiuant la charge, qu'elle en a de Dieu, mais elle se trouue auoir tresgrand puissance sur l'ame, par le moyen, qu'elle s'y est renduë subiecte, prenant la subiection des choses corporeles, esquelles la destinée commande. Ce qu'elle ne peut faire sur ceux, qui ont choisi le gouuernemant & obeissance de la saincte pensée, & renoncé aux concupiscences, sur lesquelz elle ne commande qu'au seul corps, & non a l'ame ou a sa volonte. Et par la nous voyons, que les preud'hommes, esquelz la saincte pensée a commandemant, combien qu'ilz souffrent les actions de la destinée en leurs corps, ce neantmoins ils ne les souffrent en l'ame, comme les autres qui luy ont assubiectie par leur indiscrete volonté.

Qui

Qui est cause que Mercure dict suiuant cecy, ET CEVX QVI ONT EN DESDAIN LA MAVVAISTIF, COMBIEN QV'ILS NE SOIENT MAVVAIS, ILS SOVFFRENT, cōme nous venons de dire, que ceux, qui mesprisent, & ont en desdain la malice, & honorent & suiuent les choses vertueuses, conduictz par l'Esprit de Dieu, cōbien qu'ilz n'ayent assubjecti leur volonté aux choses corporeles subiectes à la destinée : si est-ce qu'ilz souffrent les actions & influances de la destinée, à cause qu'ilz ont vn corps, lequel ilz ne peuuent empescher, qu'il ne soit materiel, & par consequent qu'il ne soit subiect à la disposition fatale. *Les bons souffrēt en leurs corps.*

Parquoy telles gens souffrēt en leurs corps. COMMENT DIS-TV CELA DE-RECHEF, O MON PERE ? Il me semble que tu ne suies pas bien tes propos, ayant dict que ceux à qui la pensée commande, ne souffrent comme les autres. Et maintenant tu dy, combiē qu'ils ne soient mauuais, neantmoins ilz souffrent. Il s'ensuiuroit donc, qu'ilz ne gaigneroient rien a fuyr la malice. Comment dis tu de-rechef cela, apres auoir dict, comme il semble, le contraire ? L'ADVLTERE qui souffre, N'EST IL PAS MAVVAIS ? L'HOMICIDE qui souffre aussi la destinée, N'EST IL PAS MAVVAIS ? ET TOVS AVTRES prouuucuz d'aussi grands crimes ? ne sont il pas mauuais, combien qu'ilz souffrent, il me semble que par telz propos l'adultere & homicide deuroient souffrir la destinée, & non le preudhomme. *Obiection de Tat sur la destinée.*

MAIS LE PREVD'HOMME O MON FILS NON ADVLTERE SOVFFRIRA : TOVTESFOIS COMME ADVLTERE : NY sera HOMICIDE, MAIS il souffrira comme L'HOMICIDE. C'est pour maintenir ce que ie t'ay dict, que tu n'as bien comprins : ie dy que le preudhôme tout esloigné d'adultere, & de tout consentement de tentation, ce neantmoins il souffrira en son corps & matiere, toutes les influances, qui ont accoustumé de susciter le crime d'adultere, par les sens, & qui ont accoustumé d'en enflāber les concupiscences dans les vrais adulteres. L'homme non adultere sentira & souffrira en sa personne & partie corporele, les mesmes actions, que souffrira le vray adultere. Et celuy qui ne sera homicide, en sentira & souffrira autant, que le vray homicide, de tant qu'ilz ont tous corps subiectz à mesmes actions celestes, entant qu'ilz sont sensibles, sur lequel la disposition fatale a esté cōstituée. IL EST IMPOSSIBLE DE FVIR A LA QVALITE DE LA TRANSMVTATION, & d'empescher que nostre matiere ne soit subiecte à estre transmuée, & changée, alterée, & imflammée, noz humeurs remuez, changez, & alterez, NON PLVS QVE DE empescher LA GENERATION, qui se faict tous les iours, soit des creatures entieres, soit aussi de diuersitez d'humeurs, qui se produisent dans les corps, & s'y engendrent, qui sont les deux actions, dans lesquelles sont comprinses, toutes puissances fatales, comme nous l'auōs n'aguiere dict. *Le bon souffre en corps, cōme le mauuais.*

Le corps ne peut fuir la transmutation.

Ne pouuant donc resister à generation & mutation, l'homme ne peut euiter en son corps les effectz de la destinée, comprins soubz ces generation & mutation : MAIS IL EST EN CELVY QVI A LA PENSEE, D'EVITER LA MAVVAISTIE. A cause que celuy qui suit les bons conseils & commandemens de la Pensée S. Esprit de Dieu trouue en soy suffisante prudence, pour cognoistre les fraudes & illusions, que font les sens à l'homme, pour insinuer leurs tromperies en l'ame. Il y trouue suffisante puissance pour leur resister, & les renuoyer & refuser. Et si y trouue parfaicte resolution de n'escouter, aymer, ny estimer, tant ne quant leur effectz, que en ce que la necessité de la vie corporele en requerra, reiettant tout le parensus, comme superflu, & par consequant nuisant à l'integrité de l'ame. Et par ainsi ce preudhomme prouueu & accompagné de la saincte Pensée en ses operations, cōbien qu'il n'estant vitieux souffre, ce neantmoins en sa matiere tout ce, que le vitieux y souffre : si est ce que en su principale partie, qui est l'hōme interieur & intelligible, il n'en souffre ce, que le vitieux y souffre, c'est à sçauoir telles tentations & victoires, que les concupiscences obtiennent sur la pauure ame, qu'elle s'en trouue à la fin en ruyne & misere eternele : & celle du prud'homme ensuiuant le conseil du S. Esprit, tant s'en faut qu'elle n'en souffre aucune tache, q̄ la resistance qu'elle y a faict soy retiant à la part contraire, luy a procuré l'eternele felicité. Et par ainsi auec le secours de sa saincte Pensée, elle a euité la mauuaistie, laquelle n'est iamais qu'en l'ame. Si donc elle a bien deffendu auec son secours, les tētations n'auoir victoire sur l'ame, elle a par ce moyen euité la malice, qui ne pouuoit estre assise qu'en l'ame. Et de tant que plusieurs ont estimé que Fortune & *fatum* estoient mesmes choses, autres ont senty de fortune si diuersement, que iusques au iourd'huy, il est peu de personnes qui soient resoluz que c'est qu'ilz doiuent nommer Fortune : & vne grande partie de gens de sçauoir d'au- *La bonne ame peut euiter la malice.*

Que c'est fortune.

Ll 4

trepart le condamnent, comme n'estant du tout soit en habit ou priuation, & estiment grandement ignorantz ou passionnez & transportez de iugement ceux, qui disent y auoir fortune, & autres, qui l'ont tant venerée, qu'ilz luy ont par idolatrie atribué diuinité, luy offrāt sacrifices, comme Esaye leur reproche disant. Qui mettez à fortune vne table, & luy sacrifiez sur icelle. Par ainsi tout le genre humain ayant esté iusques à present en incertitude de la cognoissance de ce subiect, nous en dirons à ce propos ce q̄ Dieu nous en aura manifesté, à ce q̄ le lecteur choisisse entre toutes les diuersités de ce qui en a esté dit, l'aduis, qui se trouuera plus cōsentir ou moins repugner à la gloire & cognoissāce de Dieu. Et ce pédant quelle q̄ ce soit, il n'est riē plus certain, qu'il y a fortune, ou la sincerité de la sainte Escripture periclitéroit, tesmoins, au premier des Roys sixiesme b. & troisiesme des Roys, 22. c. Ecclesiaste 9. c. 2. des Roys. 1. a. lesquelz passages vsent de ce mot Fortune. Et pour diffinir au plus pres Fortune, nous dirons que c'est vn effect produict de cause non esmeuë, voulue, ou incitée d'aucun arbitre ou volonté a ceste fin. Dont nous retirerons, que contre ce que plusieurs ont estimé fortune ne produict effectz sans cause precedente, comme nous trouuons par escript de ceux, qui ayantz faictz quelques crimes, se retiroient aux citez de refuge, ou franchise en la terre d'Israel, pour euiter la fureur des parens de l'offensé, il n'estoit estimé auoir esté offensé fortuitemēt, ou par fortune qu'elle cause qu'il y eust, quand il auoit esté par la volōté de l'offenseur, ains quand il l'auoit esté sans sa volonté, ou hayne precedante, comme il dict, Que si par fortune & sans hayne il a commis quelque acte de ceux cy, il sera deliuré innocent de la main du vengeur. Qui nous enseigne clairement, qu'il entend ceste fortune estre aduenue sans que aucune volonté eust esmeu ou incité la cause produisant c'est effect, pour la fin de tuer l'homme. Outre que ceste cause n'est conduicte d'aucune volonté, elle n'est cognue d'aucune science humaine de l'agent : car si elle estoit cognue de l'agent, il faudroit que la volonté du cognoissant la reffusat ou accordat : la reffusant, il ne la feroit : l'accordant, ce ne seroit plus fortune par la definition : car elle seroit voulue ou incitée, ce que fortune ne peut estre : ains faut qu'elle produise ses effectz sans le sçauoir de l'agent ou incitateur aucun de c'est effect, comme il est dict de l'archer, qui tua le Roy Achab, Mais quelque hōme tendist son arc iettant sa fleche a l'aduenture, & par fortune frappa le Roy d'Israel. Par ou nous entendons que ceste fortune luy arriua sans la cognoissance de l'agent & par consequent sans son vouloir : de tant que cognoissance precede volonté qui ne peut vouloir que le iugement n'aye cognu. Fortune donc n'aduient, ou produict ses effectz sans cause precedente, mais bien sans tēdre a fin deliberée : car c'est archier tirant a l'aduenture ne cognoissoit que sa fleche tumberoit sur le Roy. Parquoy il ne vouloit particulierement frapper celuy là, combien que en general il en voulust frapper quelque vn, ne pouuant frapper toute l'armée, mais c'est effect tumbant particulierement sur celuy a qui aucune volonté n'adressoit la cause, a ceste fin a esté nommé fortune, ou cas fortuit. D'auantage combien qu'il nous soit bien familier que Dieu par sa prescience & infinie intelligence preuoit toutes causes & effectz produictz par elles des le commencement & en son eternele cognoissance : ce neantmoins il n'incite, induict, ou conuie particulierement toutes causes de produire leurs effects a ces fins, mesmes celles dont est question : mais ce bon Dieu ayāt dressé & ordonné toutes causes pour produire effectz au proffit de l'hōme, & pour son grand bien & vtilité, l'homme bien souuent par son ignorance, ou frequente indiscretion, destourne les fins des effectz en son dommage : ce qui n'estoit de l'entreprinse ou volonté de Dieu, disposant les causes, combien qu'il seust en sa prescience. Comme nous voyons en ce Roy Achab, lequel soy mettant au deuant de ce coup de fleche par son indiscretion, & l'archier tirant le coup de fleche aussi a l'aduenture sans discretion, ny fin deliberée, produict c'est effect, qui n'auoit esté ordonné, voulu, ny deliberé. A ceste fin combien qu'il seust preueu de Dieu, & annoncé par son Prophete en general non en particulier, de tant qu'il suffisoit au Prophete, qu'il mourust par quelque moyen, que ce seust, pour la verité de sa parole. Et combien que Dieu eust preueu ceste fin, il ne l'auoit pourtant ordonnée : & toutes-fois il fist sa prediction par le Prophete, sur ce qu'il preuoyoit, & non sur ce qu'il ordonnoit : car il gisoit en son arbitre de faire vn pas auant ou arriere, qui luy eust euité ceste fortune, toutesfois Dieu auoit preueu, qu'il ne s'en aduiseroit & le laissa faire selon son sens, predisant neantmoins sur ceste preuoyance sa mort.

Parquoy

Parquoy nous dirons que en c'est effect ny auoit cause voulue, poursuiuie, incitée, ny conduicte par aucune volonté, soit de Dieu qui s'en remettoit à l'indiscretion, soit de nature, qui n'adressoit rien a ce roy particulieremēt, ny de l'agēt qui ne sçauoit ou il tiroit & par cōsequēt ne eslisoit ceste cause pour ceste fin, mais c'estoit ce que l'Escripture a nommé vraye fortune. Quelqu'vn pourroit confondre en c'est exemple la presence de Dieu qui auoit predict la mort d'Achab par ce Prophete Michée en ceste bataille, auec l'incitation de la cause: & que Dieu pour dire vray, & faire sa Prophetie veritable auroit cōduict la fleche de l'archier vers ce Roy: & par ainsi il y auroit volonté de Dieu & ne seroit fortune. *Obiection cōtre fortune. 2. Paral. 18. f*

Nous dirons que par c'est argument il seroit faict tort à la gloire & bonté de Dieu: car il sembleroit que Dieu n'eust puissance de predire les choses aduenir, si les ayant predictes il ne coutraignoit les causes par sa conduicte de les produire telles. Qui est chose plus appartenante à vn bateleur, que à ceste infinie intelligence, qui sçait de toute eternité toutes choses auant leur euenement, soient elles conduictes par volonté, arbitre, ou fortune, certaines ou incertaines, sans qu'il employe autre moyen que l'institution qu'il a du commencement donné au cours de toutes choses nommé Nature, & la liberté d'arbitre qu'il a donné a l'homme, par lequel infinis effectz sont changez de leurs causes, tant par actions conduictes par dexterité & art, que par ignorance & fortune. Et de telles actions produictes pe Dieu, ou de fortune nous en auons exemple tres-familier en l'Escripture des Philistins, qui ayant cogneu les maux, qui leur estoint aduenuz depuis la prinse de l'Arche, ils firent vne espreuue pour cognoistre si ces maux leur venoient du Dieu d'Israel, ou bien de fortune, attachant deux ieunes vaches à la charrette, sur laquelle ils mirent l'Arche, & dirēt, Si elle ne va vers Israel droit à Betsamez, nous sçaurons que la main du Seigneur ne nous a point touchez, mais c'est aduenu par fortune. Voulant dire, ue pour manifester l'offence, que nous auons faicte à Dieu, auoir esté punie par les maux, que nous auons souffert, Dieu ramenera l'arche en sa terre: & si elle est menée ailleurs, ce n'est Dieu, qui nous a donné ces maux & punitions, ains ils nous sont aduenuz de fortune, sans que aucune volonté aye incité leur cause de produire tels effects, mettant difference entre les effects de Dieu, & ce, qui est faict par fortune. *Gloire a Dieu de predire l'incertain. Exēple d'effectz de Dieu en fortune. 1. Reg. 6. b*

Par ainsi nous pouuons dire, combien que tous effectz de fortune soient produictz par la vertu des causes dōnée au ministere de nature: si ne sont ilz toutesfois produictz par l'ordre, volonté & intention de l'instituteur de nature: ains dirons qu'ilz sont plus-tost diuertis par l'ignorance & distribution indiscrette du liberal arbitre: de tant que l'homme estant crée en toute perfection & cognoissance de toutes choses par son arbitre s'est laissé couler aux voluptez, qui luy ont produict vn oubly, duquel luy est venue l'ignorance de soy, & de toutes choses. Ayāt perdu dōc la cognoissāce de toutes choses l'hōme est aisé a estre offencé des actions & causes, qui ne sont dressées pour l'offenser, ains sont toutes establies pour son seruice, secours, faueur, & ayde. Et ceste offence luy suruient par l'ignorance, qu'il a de ne cognoistre, preuoir, & entendre le mal, qui luy aduient, s'il se trouue soubz les causes & actions, qui n'ont esté dressées a ces fins. Et à faute de ceste cognoissance, ou par son ignorance, il employe si mal son arbitre, qu'il eslit ses actions & mouuementz si indiscretement, qu'il les employe, là ou & quand il ne luy est besoin. Dont s'ensuit qu'il reçoit des maux ou rudes effectz, par les causes, qui sont dressées, pour le seruir, & non pour luy nuyre, & faire desplaisir. Comme par exemple, nous sçauons que Dieu a institué la pluye pour le seruice de l'homme, à produire ses fruictz, desquelz il tire sa vie. Toutesfois l'homme indiscret & ignorant diuertira en soy ceste fin, se mettāt soubz vne telle pluye, qui luy donnera vne maladie, qui le tourmentera beaucoup. Et si ceste pluye, qui en est cause, n'est dressée de Dieu pour le tourmenter, & rendre malade, ny pareillement l'homme y va à ceste intention & volonté: ou bien l'homme passe par le pied d'vne tour, de laquelle vn oiseau faict tumber vne pierre sur sa teste: qui est cause de sa blesseure, non voulant, incitant, ny desirant son mal: c'est toutesfois fortune aduenue par l'indiscretion d'arbitre & ignorance de l'homme: qui n'a preueu son mal pour s'en garder, comme il le pouuoit remedier, passant ailleurs: ou bien plus-tost, on plus tard. Ceste fortune n'est faicte sans la prescience & prouidence de Dieu, toutes-fois est elle faicte sans son impulsion, desir, & volonté. *L'eff. si suit la cause mais non tousiours l'intention. Ignorance dinertist le bien en mal. Exemple de diuersion d'effect.*

Il se peut donner infinis autres exemples semblables, par lesquels il aparoist, que combien que ces effectz soient produictz des causes, ausquelles Dieu en a donné la vertu, toutes fois il ne leur a donné ceste vertu à l'intention, & volonté qu'elles produisent telz effectz, nō plus qu'à celles, qui produisent les pechez soubz sa prescience, & contre sa volonté: dont nous tirerons, que l'homme par le peché estant tumbé en ces liens d'ignorance, il s'est trouué si corrompu de son arbitre, integrité, & perfection, que toutes ses vertus, actions, & puissances se trouuent courtes pour soy retirer des desplaisirs de fortune: cōme le dit Salomon, I'ay veu le prix de la courfe n'estre aux plus vistes, ny du combat aux plus fortz, ny du pain aux plus sages, ny des richesses aux sçauātz, ny de la grace aux subtilz ouuriers, mais en toutes choses, temps, & fortune. C'est autant à dire, que l'homme ayant receu ces vertus intelligibles en toute perfection, les a tant opprimées, & corrompues par le peché, que son arbitre qui deuoit eslire le meilleur par l'aduis, & discretion de ses vertus, s'en trouue si confus, que au lieu d'eslire son bien, il eslit le plus souuent son mal, à cause de l'obliance & ignorance d'employer ses vertus intelligibles, en laquelle il est tumbé par le peché. Dont s'ensuit que le cours, qui deuoit gaigner son pris par vitesse, se trouue empesché pour auoir employé ceste vitesse indiscretement: ny le combat au plus fort, qui employe sa force indiscretemēt, & ainsi des autres, mais dict, qu'en toutes & par toutes ces choses ou effectz, il s'y trouue par succez de temps vray faict de fortune. Laquelle empesche à l'homme le but de ses actions, à cause de son ignorance & indiscret employ de ses vertuz intelligibles, & de l'image de Dieu, qui est en luy.

A cause dequoy Salomon dict, que le plus souuent ce n'est la discretion & science de l'homme, qui produict en luy ces bons ou mauuais effectz: mais c'est le plus souuent ceste fortune qui les luy dresse par causes precedantes non voulues, incitées, ou esmuës d'aucun arbitre, prudence, ou volonté. Tant est opprimée en l'homme sa vertu intelligible, & augmentée son ignorance. Dont nous pouuons retirer, que comme les vices & pechez sont tumbez en l'homme, à cause de son arbitre, comme ne pouuant pecher sans arbitre: de mesme maniere fortune aduient à l'homme par deffaut de son arbitre. Lequel estant corrompu ensemble son conseil des vertuz intelligibles, par l'aduis desquelles il pouuoit eslire toutes ses actions & mouuemens en la meilleure part les possedant en perfection, maintenant depuis le peché, ce iugement & autres vertus estant corrompues, tiennent l'arbitre en telle ignorance, que qu'elle liberté d'eslire qu'il aye, il eslit le plus souuent par son ignorance, son contraire. Comme celuy, qui cuidant prendre vn ayr pour sa santé, le va receuoir pour en auoir vn catharre ou pleuresie: non toutesfois a ceste intention, mais par son ignorance, engendrée en luy par la corruption & offuscation des vertus de l'image de Dieu mise en sa composition, diuertissant le bon effect de cest air ordonné pour son profit, en l'effect, qui luy est dommageable. De là s'ensuit, que fortune venant en l'homme d'ignorance, cōme le peché, elle sera constituée en priuation & misere, comme le peché, vraye ennemie de toute vertu diuine, abondant en plenitude d'habit, vuide de toute priuation. Ce n'est donc merueille, si ceste maudicte priuation est ennemie des enfans de Dieu, & fauorable aux mondains temeraires & pleins d'outrecuidance, tant que le prouerbe en a esté faict, que Fortune ayde les audacieux, voire & plus les temeraires, & opprime au contraire les simples & bons, comme vraye action diabolique procedant de toute priuation de vraye essence, comme le peché, dont elle a esté engendrée & venue au monde. Car il n'y auroit aucune fortune au monde, si l'homme estoit en son integrité d'innocence & plenitude des vsages des vertus de Dieu, que l'innocence luy entretenoit: de tant, que par le moyen de celles là, il eust cognu toutes causes produisantz sur luy effectz, & les cognoissant par son arbitre, il les pouuoit euiter, ou accepter, & vouloir. Parquoy n'y eust eu fortune, ains effects produictz par causes voulues, cognuës & consenties.

Or combien que par ce moyen nous puissions sçauoir, que c'est fortune: si est ce qu'il n'est en nous de cognoistre tousiours ses effectz: par ce que les causes des effectz estans le plus souuent occultes, nous ne sçauons si elles sont voulues, incitées, ou esmeues d'aucun arbitre. Dont s'ensuit, que nous attribuerons a fortune quelques fois vn effect, que Dieu, ou l'homme, ou autre arbitre aura suscité, & en aura incité la cause, sans nostre cognoissance. Comme disoit Dauid, parlant à Saül, Si le seigneur te incite contre moy, soit odoré ce sacrifice: mais si ce sont les filz des hommes, soyent ilz maudictz. Par ou nous voyōs que Dauid ne sçane sçauroit, si c'est effect luy venoit de Dieu, ou bien de la malice des hommes, ou bien de fortune, par le moyen de l'ignorance des hommes.

Quelques fois aussi nous accusons certains effects estre produicts par fortune, qui toutesfois sont produits par vraye action de nature: & c'est lors, que nous ignorons les vertus, & vraies operations de nature, que ceste ignorance nous faict attribuer a fortune plusieurs effaicts apartenants a nature. Et de tant que fortune ne peut aduenir, qu'entre les choses corporeles & materieles, nous dirons, que tous les effects de nature basse & fortune viennent de mesmes causes, & par l'administration de mesmes dispensateurs, & gouuerneurs, qui sont les creatures celestes. Tant y a que nous tiendrons entre ces effects la differance, que nous y auons cy deuant mis: laquelle ne gist, qu'en ce, que les effects de nature ou *fatum* sont ceux, qui suiuent l'intention du conditeur comme transmutations, generations, & corruptions, & autres effectz seruans a l'entretenemant du monde, & choses y contenues: qui est la vraye fin & intention de Dieu instituteur de la loy dicte nature: pourueu qu'ilz ne soient interrompuz par l'ignorance de l'homme luy souffrant faire action, qui les empesche ou interrompe. Et les effectz de fortune sont ceux, qui sont produictz par mesmes causes, que les effects de nature, non toutesfois par mesme intention, mais sont produictz par ce, que l'on nomme accidant, non conduict, esmeu, ny incité d'aucune volonté. Parquoy nous dirons, qu'en fortune ce n'est pas la cause, qui va querir le moyen de produire son effect, comme en nature, mais c'est l'indiscretion du subiect, qui souffre l'effect, qui hors du temps & lieu se presente a la cause. Dont s'ensuit que Fortune & *fatum* sont produictz de mesmes causes, mais non de mesme ordre.

Fortune gist ez seules choses corporelles.

Mesme cause de nature basse & fortune.

Differance de fortune a la destinée.

Et par ce que Dieu estant parfaicte intelligence, & cognoissance de toutes choses, ne fait aucune difficulté de preuoir egalement toutes choses, qui aduiennent sans son ordonnance & volonté, soient fortunes, ou pechez, comme celles, qui aduiennent par son ordonnance, soit de sa loy de nature, ou de ses vertuz supernaturelles: & en ceste maniere il en voit de deux sortes, asçauoir de celles, qui luy sont agreables, comme produictes par ses ordonnance & volonté, & autres, qui ne luy sont agreables, produictes par peché, & la pluspart de fortune. Dont s'ensuit, que les prophetes predisans les choses aduenir en vertu de l'esprit de Dieu, sçachatz toutes choses predisent aussi facilement les effaictz de fortune, que ceux qui aduiennent par ordonnance & volonté, soit de Dieu, homme, ou autre arbire. Comme ce Prophete Michée, qui prophetiza la mort d'Achab, que nous auons cy deuant allegué, disant, si tu retournes de ce combat en paix, le seigneur n'aura point parlé a moy voulant dire qu'il y seroit tué.

Dieu preuoit ce qui luy plaist & desplaist.
3. Reg. 22. d

Toutesfois ce fust par fortune, & non par ordonnance ou volonté expresse quelconque, comme il le dict apres. Et Ioseph, qui predict la mort du boulanger, laquelle aduint par volonté & commandemant de Pharao & infinies autres, qui ont predict choses aduenues par ordonnance & volonté de Dieu. Parquoy l'esprit de Dieu preuoit toutes choses, combien qu'il ne les veuille ou en soit aucteur. Dauantage nous dirons, que a ceste fortune, aucuns y sont plus subiectz, autres moins: c'est a dire, que aucuns sont plus inclinez a soy trouuer soubz ces accidans receus par ignorance, que autres, voire qui le plus souuent auront plus de sçauoir & cognoissance, plus de bonne volonté & vertu que ceux, qu'elle fauourisera: mais c'est que les resistances & rudesses, qui luy aduiendront, ne pourront estre preueues par son sçauoir, n'y autre humain quelconque a l'auenture. Et dauantage, ceux qui ont plus de sçauoir pour y resister, se sentent plus offencez, voyants choisir par l'accidant, la voye, qui est hors de son sçauoir, dont ils en ont plus de peine.

Gen. 41. b

L'un plus fortuné que l'autre

Pour reuenir donc a conclure sur nostre premiere diffinition, nous dirons fortune estre toutes manieres d'effects procedants de causes non esmuës, vouluës, ou incitées par aucune volonté, arbitre ou destaing tendant a ceste fin de produire telz effects. Et de ceste condition sont tous effects, desquels les causes ont esté dressées, vouluës, & conduictes pour autre fin, toutesfois ce cours de conduicte estant rompu ou trauersé par l'ignorance de celuy, qui ne le veult, ny desire, ou estant diuerty par la mesme ignorance de l'intentiõ de sa premiere fin deliberée. C'est effect ainsi produict est vray effaict dict fortune: & telle maniere d'effects naissent de l'ignorance de l'homme, acquise par la perte de son innocence, qui l'entretenoit en toute & entiere cognoissance des choses: laquelle ayant perdu

Epilogue du propos de fortune.

Fortune yssue du premier peché.

l'homl'homme ignorant, cuidant produire vn effect à son proffit par son action ou operation, par celle là mesmes il interrompt & diuertist vne autre action celeste, instituée pour son bien & vtilité à son particulier dommage: ce qu'il ne feroit s'il n'estoit aueuglé de ses premieres cognoissances & perfections: par lesquelles non seulement il eust cognu la venue de l'effect nuisant, mais eust sçeu les moyens de s'en couurir & deffendre.

Et de tant que tout le genre humain est tumbé en ceste misere, il s'ensuit, qu'il n'est demeuré sçauoir és hommes assez suffisant pour atteindre à telles cognoissances, que si peu, qu'il n'en faut faire mention: & que par consequent tous estans en ignorance, ilz se trouuent tous subiectz à diuertir par leurs actions aueuglées, les bons effectz ordonnez de Dieu sur leur matiere: & entre ceux-là, ceux qui semblent plus en receuoir d'incommoditez sont ceux, qui s'esforceront d'employer les vertus de l'Esprit de Dieu en plus de diuerses choses bonnes, & vertueuses: ausquelles tout effet venant de priuation est naturelemẽt contraire, de tant que ces vertus & bonnes actions gisent en essence & vraye habitude: & au contraire les effectz de fortune, en priuation, produictz d'ignorance, fondement de tous vices. Et ceux qui demeurent stupides (comme le troisiesme, qui n'auoit receu qu'vn talent) ne trouuent gueres contraires les fortunes, à cause que leur oisiueté les detient sans action, ou occupation. Et ceux qui employent leurs actions en mal, tant s'en faut qu'ilz trouuent fortune contraire, que plus-tost ilz la trouuent fauorable, à cause que tant leurs œuures que celles de fortune, viennent de mesme source, qui est priuation. Parquoy aucuns tiennent & sentent plus aigre le premier peché que les autres, au lieu de trouuer fortune cõtraire, telles gens la trouuent plus souuent fauorable. Ce qui a esté senty en l'experiance des hommes, par le prouerbe, que nous auons allegué, qui contient, qu'elle fauorise les audacieux, superbes, & vicieux, & repousse les craintifz, humbles, & simples. Toutesfois chacun destourne ce prouerbe a son intelligence. Nous nous en remettrons, & de tout ce propos, aux plus sains aduis illuminez de l'Esprit de Dieu.

Qui sont les plus fortunez.

Matth. 25. c Qui sont les fauoris de fortune.

SECTION 8.

A Cause dequoy, ô mon fils, i'ay tousiours ouï dire au bon Demon, & s'il l'eust laissé par escript, il eust porté grand secours au genre humain. Car luy seul, ô mon filz, veritablement comme Dieu premier nay, voyant toutes choses a parlé propos diuins. Ie l'ay donc ouy quelquefois disant, Que vn est toutes choses, & principalement corps intelligibles. Nous viuons par vertu, par efficace, & par le iamais. Et la pensée de cestuy-cy, qui est toutes choses, est donc Dieu: laquelle est aussi son ame. Cecy estant ainsi, elle ne differe nullement des choses intelligibles, mesmes attendu qu'il est possible, que la Pensée dominant toutes choses, & estant ame de Dieu face ce, qui luy plaist.

COMMENTAIRE.

A CAVSE DEQVOY, O MON FILS, I'AY TOVSIOVRS OVY DIRE AV BON DEMON, qui est le S. Esprit de Dieu plein de toutes efficaces, produisans à toutes heures innumerables effectz, duquel Mercure a retiré par reuelation tout son grand sçauoir, comme nous pouuons voir par l'excellence de ses propos, si hautz & secretz, qu'il n'estoit loisible à homme viuant, & couuert de corps mortel les comprendre par tout sçauoir, qu'il pourroit auoir acquis de son trauail & peine. Mais il a esté besoin, que Dieu le voulant faire sçauoir aux hommes, leur manifesta par reuelation faicte à quelqu'vn de ses bons seruiteurs. Comme nous voyons qu'il a faict a nostre Mercure par ce traicté: & duquel nous presumons les grandz Philosophes Grecs auoir retiré leurs plus subtil sçauoir, comme Plato en son Timée, & autres traictez, & plusieurs autres. Esquelz se trouueront les vestigez, qu'il ont retiré de Mercure: qui les a tous precedez, luy n'ayant eu autre precepteur, que ce bon Demon

Le sainct Esprit bon Demon.

Mercure apprins par le bon Demon.

mon, saincte Pensée, ou Esprit de Dieu l'instruisant de ces propos. Et s'il l'evst laisse par escript sa doctrine, qui est plus propre moyen, pour estre proposée aux futures graces des hômes, que la viue voix, laquelle ne peut estre communicquée qu'en vn lieu, & durant la vie d'vn homme, qui sont moyens plus courtz & malaisez a faire grandz proffits. Et aussi Mercure desiroit que le sainct Esprit laissat par escrit, par ce que ses reuelations n'estoient tant communes, que eust esté l'escripture publiée. Il evst porte grand secovrs av genre hvmain, de tant que tout secours, faueur, & bonne ayde procedent de luy. Car lvy sevl, O mon fils, veritablement comme Dievpremier nay. C'est qu'il n'y a que vn seul Dieu, duquel sortent tous sçauoirs, disciplines, & sciences pour instruire l'homme de la cognoissance, qu'il doit auoir, comme estant le premier nay & plus ancien. Ce n'est pas que Mercure veuille dire Dieu estre nay, ou faict d'autruy, car il seroit creature: dont il a tousiours tenu le contraire, comme nous auons tresfrequemment cy deuant veu : mais il le prend premier nay, comme estant premier parmy plusieurs, comme dict sainct Pol de Iesus Christ. A ceste fin qu'il soit premier nay parmi plusieurs freres : & ailleurs, Premier nay de toute creature, pour le plus excellent, & quelques fois pour la seconde personne de la Trinité estant eternelement engendré du pere premier nay, introduict au monde pour nostre salut. Et quelques-fois, Premier nay entre les mortz, comme engendré eternelement auant toute generation d'hommes mortels. Ceste acception de premier nay prononcee par Mercure doit estre entendue de Iesus Christ, lequel combien qu'il ne seult pour son temps nommé ny cognu par luy soubz le nom de Iesus, si est ce, côme Dieu aydant nous verrons au prochain chapitre, qu'il le cognoissoit par autres noms, qui ne conuindrent iamais à autre, qu'a luy : qui nous donne clairement à entendre, que quand il vse des autres noms, qui luy ont esté donnez, il entend de Iesus Christ, qu'il a clairement cognu comme les autres. Ce premier nay donc voyant tovtes choses a parle propos divins, de tant que c'est à luy seul, que la veuë & cognoissance de toutes choses apartient, & par cõsequent tous ses propos sont diuins. Nous ne faisons aucun doubte, que ce bon Demon estant prins pour le S. Esprit, ne soit incorporel, & Dieu souuerain. A cause de quoy neantmoins qu'il n'vse de moyê des yeux corporelz, comme estant le seul incorporel, il ne laisse pourtant d'apercevoir tout ce, que yeux & autres sens corporelz sçauroient aperceuoir d'vne seule vertu capable de receuoir tout ce, que tous les sens peuuent conceuoir, & beaucoup plus. Quãd nous disons donc voyant toutes choses, ce n'est pas qu'il les voye plus facilement, estant assiz plus haut, à la maniere des hommes, q̃ s'il estoit plus bas, mais c'est, qu'estant incorporel, il n'a aucun lieu, qui le contienne. Et sans cete cõsideration de lieu, il aperçoit toutes choses, comme estant par tout : qui est ce, que nous apellons voir assez improprement, parlant en hôme : de tant que soubz ce mot voir, toutes choses sont comprinses tant choses subiectes à la veuë, que les non-subiectes, comme seroient les sons subiectz à l'oreille, & autres matieres subiectes aux autres sens, qui ne peuuent estre veuës. Et si comprend dauantage toutes pensées, affections, volontez, & deliberations, qui ne portent aucune subiection aux sens : lesquelles choses, & toutes celles, qui pourroient estre, nous estimons subiectes a la perception du sainct Esprit Dieu tout puissant, soubz le nõ de veuë vsant de l'improprieté du lãguage de l'hôme : qui rend toutes manieres de cognoissances ou perceptions soubz le nom de la veuë, côme principal sens corporel. Ce bonDemõ aussi est dict auoir parlé propos diuins : combien que nous soyons certains, que le subict incorporel n'aye instrumentz corporelz, desquelz il forme la parole : mais il ne laisse pourtant de nous communicquer parole receuë de nous diuersement : & en toutes manieres est dict parler : soit ce dormant en songe il communicque son propos à l'homme, qui l'entend, côme s'il parloit, combien qu'il ne parle aucunement : soit aussi veillant en contêplation, & estude des choses diuines, il cõmunicque à l'homme, côme s'il parloit : soit quelques-fois aussi par bruit, formé en l'ayr corporel, exprimãt syllabes, paroles, & propos, côme feroit l'hôme par ses instrumentz de parole. Et si est ce, qu'il n'a aucun corps pour ce faire, mais les corps luy sont subiectz pour estre employez à son plaisir, & desquelz il forme sa parole, comme nous le voyõs frequent en l'escripture, Dieu auoir parlé à Noé, Abraham, & Moïse, corporelement par parole receuë d'ouyë : à Iacob en songe, à Ezechiel, & Esdras en rauissement, & pareillement à sainct Pol, proposant en toutes manieres propos intelligibles par syllabes, dictions, & clausules accoustumées.

Dieu premier nay.

Rom. 8. f.
Colos. 1. b.
Hebr. 1. b.

Apoc. 1. d.

Mercure a preuen Iesus Christ.

Que c'est voir au S. Esprit.

Que c'est parler au sainct Esprit.

Genes 8. c. & d. 24. a. 28. c.
Exod 3. a. b. c. d. e. f. z. &
Ezech. 2. a. & c.

Il a esté

Il a esté veu aussi en noz temps, que quelque esprit à parlé en la personne d'vne fille sans s'aider des instrumens de sa parole. Car luy parlant, elle ne bougeoit la bouche: & si elle parloit. l'on cognoissoit parole differente, voire parlans les deux à vn coup. C'est qu'en tel cas Dieu veut manifester ses iugementz, & permet aux subiectz incorporelz s'aider de l'ayr, & autres corps, pour former vne parole: qui manifeste ses volontez. Lesquelles le plus souuent l'homme par ignorance iuge si mal à propos, qu'il les estime venir pour mal: combien qu'elles viennent pour vn grand bien ignoré de luy, tellement, qu'il le destourne le plus souuēt en mal. Tant y a, que par quelque maniere que ce soit, le subiect incorporel ne forme parole en soy, laquelle ne peut estre formée, que de choses corporeles: mais la forme des choses, qui ne sont de sa nature, & condition, lors qu'elle est apperçeuë des sens corporelz, & ne laisse pourtant de produire & mettre auant propos excellantz & diuins. IE L'AY DONC OVY QVELQVE FOIS DISANT, QVE VN EST TOVTES CHOSES, ET PRINCIPALEMENT CORPS INTELLIGIBLES. C'est comme nous auons cy deuant diuerses fois dict, que ce seul & vn Dieu, combien qu'il ne soit qu'vn, son essence est en toutes choses. Par ce, que l'estre de la chose, ou creature soit corporele, ou biē incorporele, ne luy conuiēt que à cause de la forme. Or est il dict parmy les sçauantz, que la forme des creatures est de l'essence de Dieu. Il s'ensuit donc, que toute l'essence, qu'ont les choses, est en luy. Dont il est dict estre toutes choses, & principalement corps ou subiectz intelligibles. C'est bien es choses intelligibles, que son essence est principalement assise, comme estant en leur propre subiect & origine, il les nomme corps, comme il a cy deuant plusieurs fois faict nommant l'operation continuele de Dieu, & action de bien faictz en tous lieux, & temps, estre comme le corps de Dieu. C'est ce, que nous dirions le subiect, comme le corps est ce, qui paroist de l'homme. Tout ainsi ce qui paroist de Dieu, comme corps sont ses innumerables operatiōs & bien faictz: desquelz les actions & vertus les produisantz, sont intelligibles. Et par ainsi c'est Vn est dict principalement toutes choses, par ses formes, estre des creatures, qui sont subiectz intelligibles, & qui sont en la vraye essence de Dieu principalement. NOVS VIVONS PAR VERTV, PAR EFFICACE, ET PAR LE IAMAIS. C'est ce, que dit sainct Pol, que nous viuons, & mouuons, & sommes en luy, à cause qu'il est vertu, & si est efficace: & si est ce iamais ame de l'vniuers, donnant vie, actions, & mouuement à toute creature, ensemble conduicte, & conseruation. Et cestuy-cy, duquel sortent tant d'efficaces, & vertuz estant tel, il s'ensuit, que LA PENSEE DE CESTVY-CY, QVI EST TOVTES CHOSES, EST DONC DIEV: LAQVELLE EST AVSSI SON AME. C'est, comme cy deuant nous auons quelque fois dict, que Dieu n'estant qu'vn, il est mesme Dieu, Pere, & Filz, & Esprit. Il est son commencement mesme. Il est sa pensée & son ame, que nous prenons à l'imitation de l'ame & pensée humaine, par lesquelles l'homme est enseigné, conduict, & gouuerné: Dieu faict ces estatz en luy mesme. Il se conduict, enseigne, & gouuerne, sans aucune ayde ou secours procedant d'ailleurs: & par consequent il est dict estre son ame, sa pensée, & sa totale perfection. CECY ESTANT AINSI, ELLE NE DIFFERE NVLLEMENT DES CHOSES INTELLIGIBLES, que nous auons cy deuant receu pour choses purement diuines, de tant qu'elles sont incorporeles: & nous auons declaré l'incorporel n'estre autre que Dieu, ATTENDV QV'IL EST POSSIBLE QVE LA PENSEE DOMINANT TOVTES CHOSES, ET ESTANT AME DE DIEV & principale partie de soy mesmes, FACE CE, QVI LVY PLAIST. Comme de vray, Dieu pensée, & ame de soy mesmes, commencement de soy mesmes, dominant sur toutes choses, & prouueu d'arbitre ou liberale volōté, par laquelle la dispositiō des choses, qui sont en sa subiection, luy appartient: il s'ensuit donc que dominant toutes choses, il peut par son arbitre eslire ce, qui luy plaist en faire, & de mesme par la puissance l'executer, & faire ce, qui luy plaist, comme il est escript, Nostre Dieu est au ciel: il à faict toutes choses, qu'il à voulu faire. Ce passage toutesfois à esté prins d'aucuns hommes de sçauoir, tres-mal à propos pour prouuer leur damnable intention, qui tient, que Dieu faict toutes choses tant bonnes que mauuaises, soient vertuz, ou vices, comprenant tout soubz ce, qu'il a voulu, ne portants à ce bon Dieu la reuerance & foy, qu'ilz doiuent auoir en luy, qu'il ne veut que le bien, & ne veut ny consent aucunement à chose mauuaise, ou iniquité quelconque. Car il est dict, qu'il n'a cōmandé à aucun de mal faire, & n'a donné à aucun licence de pecher. Car il ne desire point multitude de filz infideles & inutiles. Parquoy à l'aduēnture le cuydant honorer, luy attribuant l'operation

ration du mal, comme du bien, soubz le mot de cequ'il a voulu, il luy est faict vne tresgrande blaspheme, de tant qu'il ne veut, que le bien, & non le mal. Car Dieu hait l'iniquité, comme il est dict. Parquoy nous debuons penser que nous honnorons plus Dieu, luy attribuants tout bien seulement, que luy attribuants bien & mal faict, comme nous auons veu, qu'il s'est estimé plus parfaict demeurant en ses puritez de tout bien & perfection, que lors qu'il s'est meslé a la matiere en la cõposition de l'hõme: ou ceste excellãce de biẽ, qu'il y auoit mis, est deuenu mal par la corruption & impertinence de la matiere: Cõme cy deuant Mercure l'a dict, que le bien est ça bas maculé du mal: & estant taché de mal il ne demeure plus biẽ: & ne demeurant plus bien, il se faict mal. Nous conclurons donc, que attribuãts a Dieu toutes operations, nous prendrons bien garde de luy en atribuer aucune inique ou vitieuse: & que faisant tout ce, qu'il veut, il ne faict, consent, ou ordonne, aucune iniquité, mais tout bien faict: qui luy apartient aussi particulieremant, comme toute iniquité en est essloignée.

Iudit. 5. e
Psal. 44. b.

Cha. 6. sect. 3

Dieu ne peut faire que bie.

SECTION 9.

*M*Ais toy pense & raporte ce propos a la demande, que tu enquerois de moy aux choses precedentes. Je di de la destinée de la Pensée: car si tu delaisses diligemment, O mon filz, tous les propos contentieux, tu trouueras, que veritablement la Pensée ame de Dieu domine sur toutes choses, voire sur la destinée, sur la loy, & sur toutes autres choses. Et rien ne luy est impossible, ny de constituer l'ame humaine par dessus la destinée: ny d'assubiectir la mesme a la destinée, quand elle mesprise les choses, qui luy conuiennẽt. Et ceux cy sont iusques a present les propos du bon Demon. ó mon pere ces choses sont diuinement, veritablement, & vtilement.

COMMENTAIRE.

IL a esté cy deuant proposé deux questions par le ieune Tat a Mercure, desquelles la solution tumbe en ceste section, asçauoir en la cinquiesme section: l'vne si le decret de la destinée mene l'homme en adultaire, ou sacrilege, ou autre mal: pourquoy est puny celuy qui faict ce mal par la necessité fatale, & non par son vouloir. Ceste premiere est proposée par Mercure pour abatre l'vne de deux extremes opinions qui regnent parmy les hommes. C'est celle qui attribue toute puissance a la destinée: & la seconde est proposée pour abatre la contraire extremité, qui tient que la destinée n'a aucune puissance, ains que c'est Dieu qui faict tous ses effaictz: lesquelles estant aussi dangereuses & bien souuent blasphemes l'une que l'autre, a faute d'entendre la vraye nature & puissance de la destinée, Mercure ramene son filz a escouter & receuoir la solution de ces deux difficultes par ces propos. MAIS TOY PENSE ET RAPORTE CE PROPOS, que ie te diray, A LA DEMANDE QVE TV ENQVEROIS DE MOY AVX CHOSES PRECEDENTES, IE DY DE LA DISTINEE DE LA PENSEE. Quand ie t'ay cy deuant dict, que Dieu a constitué la loy pour espreuue & vengeur sur ceux, qui par leurs concupiscences suscitées par la destinée commettent diuers crimes & malfaictz, tu m'as dict que en ce propos la destinée estoit en danger d'estre renuersée, de tant que tu attribuois a la destinée toute puissance excusant de punition celuy qu'elle auroit conduit a mal faire, par ce qu'elle porte necessité en ses actiõs, comme de vray celuy qui par force est contrainct a offencer ne merite punition: & voyant que ie proposois la loy pour iustice & punition nonobstant la necessité de la destinée, tu as pensé que la destinée feust abatue & sans aucune vertu ny puissance, qui a esté cause que tu as demandé, s'il est decreté par sa necessité que quelcun soit adultere ou sacrilege, pourquoy est il puny estant contrainct par la necessité. A quoy ie t'ay respondu plusieurs propos de la puissance de la Pensée, & combien il s'en faut qu'elle ne soit subiecte a la destinée. Dõt s'ensuit que l'ame, qui se retire vers elle en est deffendue, & couuerte cõtre toutes les actiõs & iniures fatales: & par ainsi il ne reste a ceste necessité fatale puissance que sur le corps, auquel ne gist la puissance de pecher: & t'ay dict, que tous hommes tant bõs que mauuais portent mesme subiection a la necessité fatale, parlant tousiours des corps & non de l'ame, laquelle n'y porte aucune subiection par necessité, comme n'estant de sa iurisdiction, mais c'est par sa voluonté qu'elle s'y assubiectit mesprisant son deuoir: ce que tu n'as bien compris mais au contraire, as pensé entendre de moy que la destinée ne pouuant contraindre l'homme a pecher, i'entẽdisse que tous actes faictz a la suscitatiõ de la destinée ne feussẽt mauuais.

Destinée entendue en deux extremitez.

Solution du crime cõmis par la destinée.

En sorte n'e thois gré n'y punition.

Destinée ne peult sur les parties de la pensée.

Le corps ne peut pecher.

Parquoy tu m'as demandé, si l'adultere & l'homicide suscitez, par la destinée en l'homme ne sont mauuais, dont a l'aduenture tu recueillois, que la destinée estant ordonnance de Dieu, i'entendisse que tous hommes, qui suiuent ses tentations fussent excusez de mal faire comme ces tentations venantz de Dieu. Et par ainsi tu tumbois en l'autre extremité, que tous effetz suscités par la destinée venoient de la volonté de Dieu. Parquoy n'estoient mauuais, ny punissables. Toutesfois combien que ie sceusse l'adultere & homicide estre mauuais, ie ne t'ay voulu resouldre ceste question si clairement, que tu eussiez demandé : mais ie t'ay dict qu'il estoit impossible de fuyr la transmutation & generation, qui sont toutes puissances fatales, ne touchantz que au corps, mais qu'il estoit en celuy qui a la pensée, d'euiter la mauuaistié, par ou tu pouuois voir la differãce, que ie faisois du corps a la pensée tenant l'vn en subiection de la destinée, & l'autre en liberté, pour le remettre à en prendre resolution sur le dire du bon Demon, duquel i'ay entendu ces propos. CAR SY TV DELAISSES DILIGENTMENT O MON FILS, TOVS LES PROPOS CONTENTIEVX & semez par opinion sans aucune suite de raison, par lesquelz le plus souuent affection te transporte hors de ton bon iugement, & qui t'empesche de conceuoir la tissure de mes argumentz, & fin, a laquelle ilz tendent, TV TROVVERAS QVE VERITABLEMENT LA PENSEE AMI DE DIEV DOMINE SVR TOVTES CHOSES : & n'est besoin pour te le donner a entendre de grands argumentz, attendu que tu as receu, que ceste pensée est le sainct Esprit de Dieu tout puissant & dominant sur toutes choses, comme toutes dependent de luy, soit creatures, ou vertus, ou essences, VOIRE SVR LA DESTINEE mesmes, lors que la bonne ame s'estant retirée de sa part, elle luy sert de medecin pour chasser les tentations de la destinée, ou bien quand elle se faict portier pour fermer la porte, & empescher les mauuaises cogitations suscitées par la destinée, comme nous l'auons cy deuant dict. Dauantage elle a puissance sur la destinée voire hors de l'homme quand elle se trouue en l'homme, qui execute diligentment la volonté de Dieu. Comme en Iosué, lequel executãt la chasse du peuple maudict de Dieu pour leurs vices, print la hardiesse de comander au Soleil & la Lune ne bouger d'vn iour de leur place, à quoy il feust obey par la vertu de sa saincte Pensée Esprit de Dieu, qui le commandoit par sa bouche, & tant d'autres exemples que nous pourrons amener, pour monstrer qu'elle domine sur la destinée, & SVR LA LOY, qui est l'ordonnance, dont la destinée n'en est que l'execution. Laquelle loy est l'institution de nature, & sur la loy particuliere ordonnée sur le peuple, laquelle il enfrainct ou entretient selon la disposition & diligence qu'il se trouue au pecheur a se côuertir. Comme en Ieremie, Si ceste gent à faict penitence du mal, que i'ay parlé contre elle, ie me repetiray du mal, que i'auois deliberé leur faire, voire par l'ordonnance de sa loy, de laquelle il le dispensera, par la puissance qu'il à sur la loy, ET SVR TOVTES AVTRES CHOSES. Comme nous le reuerons pour tout puissant, ET par consequent RIEN NE LVY EST IMPOSSIBLE, soit en choses corporeles, desquelles il est createur, ou biẽ des intelligibles, qui sont ses essences & vertus, desquelles il ordonne tous les iours, & en dispose à son plaisir, nonobstant l'ancien propos des Philosophes disans, Que Dieu ne peut sur le passé faire qu'il ne soit passé, & autres Que Dieu ne peut faire meilleur ou plus excellent, ou grand que soy mesme. Et nous qu'auons dict que Dieu ne pouuoit faire plus excellente composition sur la matiere que l'homme, par ce qu'il n'y pouuoit mettre chose plus digne que soy, ce quil auoit faict. Le dire des anciens venoit de l'ignorance de sa grandeur & puissance, les autres sont dictz tendans a la louãrge de Dieu : toutes-fois quand il les faudroit examiner, l'homme se doit confesser si ignorant des secretz & puissances de Dieu, qu'il ne luy peut proposer ny en cecy ny en cela aucune impossibilité. Car si bien il le nous semble ainsi, si est ce que nous ne le sçaurions portãt. Parquoy nous ne pouuons faillir de luy entretenir en la veneration, que nous luy deuons ceste vertu de tout puissant & n'auoir aucune impossibilité, NY DE CONSTITVER L'AME HVMAINE PAR DESSVS LA DESTINEE, qui s'est retirée deuers elle ou la saincte Pensée, ne demandant que le salut de l'ame la solicite merueilleusemẽt, & prie pour elle inenarrablemẽt, a ce qu'elle soy retirãt vers son bô côseil & fauorable secours, elle la face en fin dominer sur toutes creatures : & ce pendant luy donne forces pour resister contre les assauts des concupiscences suscitées par destinée, voire & plus fortes si la bonne ame les recheche bien par grand exercice de foy, & asseurance de l'amour de ce bon Dieu. Comme ont fait toutes sainctes personnes, lesquelz ont tousiours tenu leur ame si tres esloignée des choses corpore-

corporeles, que la destinée, qui n'a pouuoir que sur celles là, n'a eu iamais aucune victoire sur elle, ains en à esté vaincue & surmōtée. Parquoy il ne nous faut doubter que la saincte Pēsée en l'homme qui l'ensuit & venere, n'aye puissance de constituer l'ame sur la destinée, NY D'ASSVBIECTIR LA MESME A LA DESTINEE, QVAND ELLE MESPRISE LES CHOSES QVI LVY CONVIENNENT ou quand elle les abandonne & delaisse, sans en faire aucun compte. Qui argue son grand deffaut, de tant que l'ame ne se trouue iamais assubiectie ou estre vaincue de la destinée, que faisant ceste faute de mespriser, reietter, ou quiter le secours de la saincte Pensée, qui luy conuient de telle maniere, que la principale qualité de l'ame est d'estre diuine & immortele : comme tenant de la nature du sainct Esprit. En ce lieu Mercure obserue fort soigneusement la bonté & integrité de Dieu, en ce, que disant qu'il peut constituer l'ame humaine au dessus de la destinée, il n'y met aucune cause, par laquelle l'ame le merite : de tant que le bon Dieu donne ceste vertu & puissance à la bonne ame, qui se retire à luy, par sa bōté & misericorde. Toutefois quand il parle au contraire disant qu'il la peut assubiectir a la destinée, il ne le dict sans y mettre la cause, par laquelle l'ame merite d'estre assubiectie, & mise au dessoubz de la destinée, qui est quand elle mesprise les biēs & secours, qui luy sont dōnés & qui luy conuiennent, & luy sont merueillusemēt propres, vtiles & necessaires à son salut. Ce sont les secours du S. Esprit, lesquels bien souuāt l'ame mesprise estant esblouye & offusquée des voluptez corporeles, & plaisirs qui luy sont dōnés par les concupiscences des sens esmeües par actions fatales de la destinée, desquelles la pauure ame se trouuāt enuironnée, elle cuyde estre si bien, qu'elle resout qu'il n'y a aucun meilleur estat que celuy là, qu'elle doiue ny puisse desirer. Par ou il est manifeste qu'elle est prinse dās les retz des concupiscēces, & s'est rendue subiecte aux choses corporeles & materiales. Desquelles la destinée dispose, & par consequent subiecte a la destinée, pour auoir laissé ce qui luy conuenoit, & non du vouloir (mais plustost s'il se peut dire au grand regret) de ce bō Dieu qui ne desire la perte, mais la vie & salut de l'ame : comme sa saincte escripture le tesmoigne, afin que nous cognoissions que tout salut nous est venu de luy & par sa volonté & bonté : & que au contraire toute perdition nous vient par nostre mesme deffaut, & contre sa volonté, qui est lors que nous mesprisons son secours, qu'il à mis en nous, & nous conuient comme estant de perdition de nostre composition, & par ceste differance de constituer l'ame au dessus de la destinée la rendāt victorieuse contre ses esmotōis, ou tentations, ou de la constituer (ayāt abandonné le secours de sa saincte Pensée qui luy adhere & conuient) au dessoubz, & tollerer qu'elle soit vaincue par son deffaut, sont vuidées les deux questions qu'auoit faict Tat à Mercure son pere. A sçauoir s'il est decreté par la destinée que l'homme soit adultere ou sacrilege, pourquoy en est il puny estant contrainct par la destinée. Nous dirons que combien que toutes personnes souffrent la necessité de la destinée, en la partie, qui luy est subiecte, qui est le corps ou matiere, toutes-fois le preud'homme, duquel l'ame est constituée par dessus la destinée, & laquelle s'estant rangée aux choses, qui luy conuiennent, & ne les ayant mesprisées ne se trouue en sa volonté, qui gist en ceste ame qui à vaincu la destinée, subiecte à icelle.

Et par ainsi combien que son corps souffre mesme action, & tentation fatale par le moyen de ses sens en son ame, toutesfois le crime, qui ne gist que au consentement de la volonté, ne tūbe pourtāt sur elle, ains ayāt la pensée, par ce moyē elle euite ce vice, parla resistance, que sa volonté secourue de sa saincte Pensée faict a la destinée. Et au contraire, si mesprisant sa saincte Pensée, qui luy conuient & est si necessaire, ceste ame se trouue vaincue de la destinée, combien que la tentation des concupiscences & raport des sens esmeuz par la destinée necessairemēt presentēt à l'ame l'execution du vice, ce neantmoins ce n'est la necessité fatale qui là luy faict consentir, de tant q̄ la destinée n'a puissance sur la volonté de l'ame par sa necessité, ains sur les parties corporeles & materieles seulement, & la puissance qu'elle se trouue auoir sur celuy qui accorde sa volonté aux crimes, pour auoir mesprisé ce qui luy conuient, ne vient de la puissance donnée de Dieu à la destinée, par laquelle elle puisse contraindre l'hōme à pecher : de tant que Dieu seroit aucteur de ce crime, ce que ne peut estre. Mais ceste puissance, que la destinée se trouue auoir sur le pecheur, vient de la volonté, arbitre & pure election de son ame, laquelle a mieux aymé choisir la suite des concupiscences & voluptez corporeles, que l'amour & cognoissance de Dieu. Parquoy ceste ame, qui de son arbitre & pure volonté s'est iettée dans le crime, obeissant par icelle aux tentations de la de-

L'ame vaincue de la destinée.

L'ame mesprisant sō secours est vaincue.

Bōté de Dieu faisant bien sans merite.

Iustice de Dieu ne condempna sans cause.

L'ame esblouyē par cōcupiscēces.

L'ame connoi sense surprinse de la destinée.

Ezechiel.

Salut de Dieu perdition viēt de l'homme.

Resolution des questions.

L'ame du preud'homme est sur la destinée.

Crime ne tumbe que sur la volonté.

La destinée se icite mais n'ēgendre le peché.

Dont vient le peché en l'ame

stinée, merite punition, non pour auoir esté contrainte par la fatale necessité, laquelle n'ataignoit iusques a sa volonté, qui n'est de sa iuridiction, & par ainsi elle n'a peu contraindre l'ame, mais elle merite punition, pour auoir donné ceste volonté, qui luy estoit libre par son arbitre, & l'auoir acordée aux tentations & simples persuasions de la destinée. A ceste cause nous conclurons, que ez choses, qui sont de la iuridiction & puissance de la destinée qui est le corps humain auec ses sens, le prud'hôme & le vicieux souffrent mesmes actiôs & tentations par leurs sens. Mais ez choses qui ne sont de la puissance de la destinée, qui est la partie intelligible, ou l'homme interieur, auquel gist la volonté, le prud'homme & le vitieux souffrent diuersement, c'est ascauoir que le vitieux soy laissant emporter a la persuasion des sens esmeus par la destinée, souffre la punition de son vice & defaut de sa volonté, & le prud'homme ayant combatu & resisté a la destinée, n'en souffre aucune. ET CEUX CY SONT IUSQUES A PRESENT LES PROPOS DU BON DEMON, lesquels ie t'ay voulu aleguer (o mon filz pour donner solution a tes demandes, & t'en redre satisfaict pour le repos de ton esprit, O MON PERE, CES CHOSES SONT DIVINEMENT VERITABLEMENT, ET VTILEMENT traictées.

Le bon & mauuais ont mesme destinée.

Diuerse reception de la destinée.

SECTION 10.

DEclare moy aussi ce propos, tu disois que la Pensée operoit dans les animaux bruts a la maniere de nature, cooperante auec leurs affections. Or les affections des animaux desraisonnables (comme ie pense) sont passions : & si la pésée coopere auec les affections, & les affections soyent passions, la pensée donc est passion communiquant aux passions. Courage ô mon filz, tu m'interroges noblemêt, il est iuste que ie te responde.

COMMENTAIRE.

LE ieune Tat estant satisfaict des questions precedentes, propose vne autre interrogation a son pere Mercure, & dict DECLARE MOY AVSSI CE PROPOS, TV DISOIS QVE LA PENSEE OPEROIT DANS LES ANIMAVX BRVTS A LA MANIERE DE NATVRE, laquelle est COOPERANTE AVEC LEVRS AFFECTIONS, lors que tu mettois la differêce de l'office de la pensée ez hommes, & de ces actions & vertus ez bruts, esquelz la pêsée opere par actions & puissances limitées, ne pouuant y faire autre operation que celle de la nature d'vn chascun, a cause qu'elle a faict c'este ordonnance des la creation de l'animal : & par ainsi la pensée n'employe en l'animal, que les actions qui particuliairemêt sont deputées a sa nature & condition. A cause de quoy la pensée n'est dicte proprement estre en l'animal brut, comme elle est en l'homme, mais est dicte estre au brut, par la maniere & particularité de sa nature, par laquelle elle opere en chascun d'eux & ne passe outre: comme aussi l'exemplaire grec le dict pouuant estre ainsi exposé, tu disois que la pensée operoit es animaux bruts l'office de nature, ou bien tenoit es animaux bruts le lieu de nature, qui est mesme chose. Car tenant le lieu ou office de nature elle n'y faict que l'operation que nature leur suscite pour leur entretenement & necessité, & bien souuent ceste operation consistant en la vie & mouuement des bruts, ensuit leur affection, & l'affection ensuit l'esmotion des sens suscitée par la fatalle destinée. OR LES AFFECTIONS DES ANIMAVX DESRAISONNABLES SONT PASSIONS COMME IE PENSE, dict le ieune Tat: de tant qu'elles sont rapportees a l'ame par les sens, & les sens les rapportant a l'ame luy en donnent quelque sentiment, lequel par l'action qu'il faict en l'ame luy produict passion, dont sensuit que leurs affections sont passions, ET SI LA PENSEE COOPERE AVEC LES AFFECTIONS ET LES AFFECTIONS SOIENT PASSIONS, LA PENSEE DONC EST PASSION COMMVNICANT AVX PASSIONS : de tant que tout subiect tient de la nature de celuy auquel il communique. Parquoy si la pensée communique aux affections lesquêles engendrent en l'animal passions, la pensée donc leur aporte passion, & par consequêt pour leur regard la pensée est passion. COVRAGE, O MON FILS, TV M'INTERROGES NOBLEMENT & en enfant de bon entendement : IL EST RAISON ET IVSTE QVE IE TE RESPONDE, pour te releuer de doubte, que tu pourrois auoir de l'estat, que faict la

Dieu opere au bruts par sa nature.

Là pensée est limitée au bruts.

Les affections sont passions.

Si la pensée est passion au bruts.

saincte

saincte pensée Esprit de Dieu dans l'animal. Et combien il differe d'iceluy qu'il faict estant hors de l'animal & toute matiere, & pour empescher que prenant les deux estatz ou operations confuses ensemble, tu ne viennes en quelque erreur, qui te cause irreuerence ou blaspheme contre ce bon Esprit de Dieu, duquel nous receuons tant de bien, il est iuste & bien requis que ie responde, te faisant entendre en quelle maniere les passions se trouuent és corps des animaux.

SECTION 11.

Toutes choses incorporeles dans vn corps, ô mon filz, sont passibles, & proprement elles sont passions. Car tout mouuant est incorporel, & toute chose meuë est corps. Les choses incorporeles sont meuës par la pensée, & mouuement, & passion. Les deux souffrent donc, tant ce qui meust, que ce qui est meu, l'vn commandant & l'autre commandé. Celuy qui est deliuré de corps, est deliuré de passion, ains quelquefois, ô mon filz, il n'est chose impassible, toutes sont passibles. Il y a toutesfois differance de passion à passible, de tant que l'vn opere, & l'autre souffre, mais les corps operent par eux mesmes. Car ils sont ou immobiles, ou bien ilz sont meuz. Lequel donc que ce soit, est passion. Les choses incorporeles en tout temps operent, & à cause de ce elles sont passibles. Ie te prie donc, que ces denominations ne te troublent, de tant que operation & passion sont mesme chose: mais il ne nuira rien d'vser d'vn nom plus vsité.

COMMENTAIRE.

TV entendras, que TOVTES CHOSES INCORPORELES sont sans aucune dimension ou subiection de quantité: qui est cause qu'elles ne peuuent habiter en vn corps si precisement, qu'elles y soient toutes encloses: de tant que le corps est materiel, subiect à mesures ou dimensions, & quantites: mais plus-tost ces choses incorporeles contiendroient le corps, comme cy deuant nous auons dict de l'ame, qu'elle est entour & pleine de corps, ne pouuant estre toute contenue dedans, à cause qu'elle n'est subiecte à dimension. Autant en dirons nous de toutes autres vertus incorporeles, lesquelles, entant que diuines, sont hors de toute subiection de mesure & quantité: toutefois elles estans DANS VN CORPS pour y administrer les operatiõs de Dieu, O MON FILS, elles y sont cõme partie de la cõpositiõ de ce corps: laquelle cõposition contient en soy de ces vertus & actiõs incorporeles, l'operatiõ qu'elle en reçoit, ensemble ses vertus d'operer, lesquelles cõme s'ensuit cy apres SONT PASSIBLES, c'est à dire, pouuãt estre paties ou endurées, par l'action qu'elles suscitent. Et estant referées au corps PROPREMENT, ELLES SONT PASSIONS. De tãt que le corps receuant par ses sens toutes actions, est dict receuoir passion de ceste action, comme nous faisons vn relatif du patient enuers l'agent, & de l'agent enuers son patient. Parquoy il n'y a aucune action sans passion, ny au contraire, passion sans action. Dont nous dirons que toute action produisant en l'hõme passion, est sentie & soufferte en luy cõme la passion. Cõme par exẽple de celuy, qui ressent en soy vn froid, vn chaud, vne cholere, ou quelque autre esmotion, qui luy causera & seruira d'action à l'effect d'vne maladie, laquelle est passion, de tant qu'elle est sentie & soufferte. Et de mesme maniere, l'action, qui cause ceste passion, est sentie & soufferte, & par cõsequẽt est passion, cõbien qu'elle soit administrée par la chose incorporele, laquelle ne peut estre sentie, que en son mouuemẽt & action, soit a produire plaisirs, ioyes, voluptés, ou desplaisirs, peines, & fascheries, toutes sont passiõs, ensemble tout ce que le corps sent d'actions produisant ces passions, sont passions. Et en ceste maniere Mercure dict, que toutes choses incorporeles ayantz puissance d'action, estans dans le corps & partie d'iceluy, sont passibles, entant qu'elles sentent par les sens corporels leurs actions: & parlant plus proprement, ce qui s'en fait estre senti dans le corps sont passiõs, entant que senties, souffertes, ou tolerées: de tant que la vertu du sens estant incorporele reçoit par son sens la pas-

La chose incorporele n'est comprinse du corps. Chap. 10. sec. 11

Comment est l'incorporel au corps.

L'action referée au corps est passion.

L'action au corps est passible.

Chose apperceüe des sens est passion.

530 SVR LE PIMANDRE DE

sion,qui luy est produicte par l'action incorporele. Et par ainsi les deux, soit l'actiõ ou passion,receuz par le corps,sont dictz passion,combien que l'incorporel suscitant l'action,ne le soit, en sa nature. CAR TOVT MOVVANT EST INCORPOREL, ET TOVTE CHOSE MEVE EST CORPS, c'est qu'il ne se faict action ou passion dans les corps, qu'il n'y aye mouuement: & en tout mouuement,ilz sont deux, asçauoir le mouuant,lequel est incorporel & vertu diuine, & la chose meuë, qui est corporele ou corps.Et ce mouuant cõbien que de sa nature il ne soit passible,si est ce qu'estant dans le corps, & y produisant son action, cõme partie de ce corps,il se trouue sensible, & par consequent passible,par son action, & plus proprement passion. Cecy s'entend des actions, qni se font par les vertus incorporeles dans les corps.Il en y a aussi d'autres, qui font leurs actions par le dehors du corps, comme plusieurs, qui prouocquent ioye, rire, tristesses, melancholies,& autres effectz,desquelz tout ce, qui en entre au dedans du corps,est passion: mais de tant que de ces actions, le corps n'en a, que la perception des sens, qui luy sert d'action,& l'effect de ceste perception, qui produict la passion, nous dirons les deux estre passions,entant que sentiz, & souffertz au corps. LES CHOSES INCORPORELES SONT MEVES PAR LA PENSEE. Ceste clause semblera à plusieurs estre paradoxe,à cause qu'elle est couchée en maniere de parler impropre ou figurée,disant les choses incoporeles sont meues,pour, ont receu mouuement,qui semblera d'autre part à plusieurs mesme chose estre meüe,ou auoir receu mouuement. Cõbien qu'il y aye difference,& que Mercure l'entende ainsi, il est manifeste,par ce qu'il vient de dire immediatement deuant, que tout mouuant est incorporel, & toute chose meüe est corps.Si donc toute chose meüe est corps, il ne peut entendre que la chose incorporele soit meüe, de tant que la chose incorporele n'est pas corps : mais ne parlant à ceste heure que des choses incorporeles,qui sont ez corps, il entend,que les choses incorporeles, vertus diuines, apliquées au corps, ont receu par la pensée mouuement, qui n'est pas ceste agitation, que les corps ont acoustumé de receuoir : mais mouuement est proprement la vertu de faire mouuoir la chose corporele, laquelle vertu de mouuement les vertus diuines incorporeles,ne peuuent receuoir,que de leur chef & source saincte Pensée Esprit de Dieu.

A ceste cause nous dirons,que le S.Esprit donné aux vertus diuines, ausquelles il a donné charge de mouuoir le corps,action, puissance, & vertu de mouuement : par laquelle action ces choses incorporeles meuuent les choses corporeles, lesquelles seules sont capables d'estre meués.Et en ceste maniere les choses incorporeles receuants ceste vertu de mouuemẽt de la pensée leur chef, sont dictes estre meués par la pensée: & MOVVEMENT, entant que action produisant l'effect au corps, est senti & aperçeu par les sens. A cause dequoy il EST PASSION, cõme nous l'auons dict, LES DEVX SOVFFRENT DONC, estant dãs le corps & y faisant l'opperation, TANT CE QVI MEVT, à sçauoir la partie spiritale suscitatiue de mouuemẽt, soit d'atraction,impulsion, ou expulsion,croissance,diminution, & autres effectz, tous portants mouuement donné par la saincte Pensée à ceste vertu spiritale: QVE CE QVI EST MEV, qui estant corporel est le vray subiect de souffrance, disposé a partir & endurer toutes actions. C'est à dire ceste partie spiritale faisant sentir son action, laquelle en cest endroit est soufferte & tolerée de l'ame, par le rapport des sens, qui luy est faict de ceste actiõ mouuante, & l'effect produict contre le corps par ceste action, est d'autre part souffert & toleré de l'ame,par le mesme raport des sens. Parquoy les deux se trouuent a souffrir, L'VN COMMANDANT, ET L'AVTRE COMMANDE, atribuant le commandemẽt à la partie agente, & la subiection à la patiante,de tant que l'agent produict tousiours moins de passion en l'ame, que le patient, à cause que le patient reçoit tout l'effect de la passion ou souffrance, & l'agent n'en souffre pas tant : à cause dequoy comme estant estimé plus noble, & aussi que de luy est produict l'effect, il le dict commandant sur l'effect, & l'effect estre commandé par l'action ou cause, qui le produict. Nature prouue ceste verité manifestemẽt és coups de feu, par vertu duquel vn boulet, ou plomb reçoit telle vitesse & mouuement contre vne piece de harnois d'acier,qu'il le force, combien que le plomb soit le plus foible & mol de tous les metaux,& l'acier soit le plus dur & fort. Ce n'est pas par la force ou dureté,que le plomb a en soy,mais c'est par la vertu de l'action & mouuement,qu'il auoit, estãt le plus foible de sa nature,qu'il a vaincu l'acier plus fort qui estoit en repos, priué de ce mouuement, portant action en soy & vertu de commander par ce moyen a plus fort que soy. Ce sont

les

Tout mouuement est incorporel.

L'incorporel comment meu par la pensée.

Que c'est mouuement.

Mouuement est passion.

L'action commande & l'effaict est commandé.

Exemple de l'action du foible sur le fort.

Mouuement rend plus fort le plus foible.

les loys, qui sont obseruées entre les choses corporeles, subiectes a passions de toutes manieres. CELVY, QVI EST DELIVRE DE CORPS, EST DELIVRE DE PASSION, pour parler bien proprement, de tant que c'est le corps, qui est sensible, & les vrayes passions sont portées & maniées par les sens. A cause de quoy sans les sens, il n'y peut auoir passion, qui soit sensible, ou perceptible d'aucun sens corporel. Et dauantage, le corps est cause des vertus actiues, qu'on luy aplique: sans lesquelles ilz n'auroit vie. Qui est donc deliuré de corps, est deliuré de toutes actions, & passions, faictes en luy, & à cause de luy: mais si venant à la cognoissance intelligible & argumentz de ratiocination, nous reprenons, que tout commandant & commandé souffrent dans vn corps, comme nous l'auons dict. Non seulement les choses corporeles sont passibles, AINS QVELQVE-FOIS, O MON FILS, IL N'EST CHOSE IMPASSIBLE, TOVTES SONT PASSIBLES, de tant qu'il n'est chose, en laquelle n'y aye commandement, ou subiection des plus grandes aux plus petites. Et si nous prenons tout commandement pour action & cause, & toute subiection pour effect & obeissance, les deux souffrent, l'vn commandant, l'autre commandé, en qu'elle chose que ce soit. Dauantage elles sont passibles, pouuant estre souffertes comme le mot l'emporte en soy: à sçauoir la chose incorporele par son action, & les corporeles par leur matiere, & ce dans les corps, esquelz toutes choses se trouuent quelque-fois, comme il le dict, mesmes au corps humain, qui à ceste cause a esté dict le petit monde, pour la presence du sainct Esprit, qu'y est, duquel toutes actions & vertus y employées commandent, ou sont commandées, & par consequent senties & souffertes des sens, ou passibles. Dont s'ensuiura, que l'vne & l'autre souffriront.

Deliuré de corps est deliuré de passion.

Toutes choses sont passibles.

IL Y A TOVTES-FOIS DIFFERANCE DE PASSION A PASSIBLE, DE TANT QVE L'VN OPERE, ET L'AVTRE SOVFFRE. Car le passible, estant celuy qui peut estre souffert, il n'a en soy ceste preeminance, que à cause que par la vertu de son action, il est capable ou disposé à estre souffert, & senti, ou aperçeu des sens: & par consequent estant dans vn corps parmy les sens, ceste action est sentie & aperceuë, & par là est patie & soufferte, faisant son operation, qui doit produire l'effect. Et en ceste maniere le passible operant, souffre dans le corps, quant à l'effect, qui est la souffrance engendrée par ce passible operant, il est assez clair, qu'il souffre par le nom qu'il porte: & par ainsi l'vn operant & l'autre endurant, sont differantz. MAIS LES CORPS OPERENT PAR EVX MESMES, à cause qu'ilz sont sentis par leur nature de sensible, & par consequent operent par eux mesmes, & de leur simple nature & condition de corps, sans forme quelconque, dont estant sensibles, ilz sont passibles, car toute perception de sens est passion, laquelle est receuë comme l'effect de l'operation, comme les parties intelligibles s'aperçoiuent & souffrent entre elles dans le corps humain, à sçauoir l'ame vitale sensitiue, qui est en tout corps d'animal, sent & souffre les actiōs adressées au corps par leurs effectz, ayant au parauant senti les actions, qui les deuoient produire, comme nous voyons és brutz plusieurs sentimentz du mauuais temps, qui les faict retirer, auant qu'il vienne: ou des actions, qui leur doiuent produire passions: ausquelles ilz remedient selon leur nature, & par ainsi ne sentent seulement l'effect au corps, mais aussi la cause en leur vie ou nature, qui sont parties intelligibles de leur forme

Differance de passion a passible.

Les corps operens par eux mesmes.

Sentimēs des brutz.

Cest exemple est plus manifeste en l'homme, contenant en sa cōposition plus grād nombre de vertus intelligibles, lequel en son ame reçoit toutes cognoissāces (ou ne tiēt qu'a luy) des causes, qui luy doiuent produire passion, & lesquelles causes luy font quelque fois plus grande passion en l'ame (intelligible contre intelligible, ou partie immortele cōtre l'immortele) que leurs effectz ne font au corps tumbantz sur luy. Nous apellons ces passions incorporeles a prehentions, qui vexent de telle maniere les parties intelligibles, & leur engēdrent telles passions, qu'il ne leur reste aucune inuention, memoire, ou industrie, qui au parauant leur abondoient bien amplement. Et en ceste maniere toutes parties incorporeles dās le corps sont passibles, & si y sont mesmes passions: à cause que sans celles là, le corps ne souffriroit, & par ainsi soit corporel ou incorporel, il n'y a rien en vn corps, qui ne soit passible, & subiect a aperceuoir action, voire le corps simple operāt par luy mesme, semble sentir son action corporele soy mynant continuelement de sa nature, non qu'il patisse en ses sens, car il n'en a pas, mais il souffre sa ruyne par ce deffaut, & action, qu'il faict contre luy mesme. C'est la nature de tous corps, comme vne traine à vn bastiment, qui souffre sa char-

Passions de l'ame la priuēt de ses vertus.

Passion sans sentiment.

ge par si long temps, que a la fin elle se casse & ruine, ainsi des autres. CAR ILS SONT OV IMMOBILES, OV BIEN ILS SONT MEVS. S'ils sont immobiles, c'est a dire sans forme, ils sont comme nous venons de dire : & s'ils sont meuz par vne partie immortelle ou incorporelle, laquelle seule peut mouuoir le corps. C'est ce que nous auons au parauant dict des animaux, & ce qu'ils ont de passion en leurs corps. LEQVEL DONC QVE CE SOIT des deux, EST PASSION, soit en la partie intelligible ou sensible, corporelle ou incorporelle, LES CHOSES INCORPORELLES, EN TOVTS TEMPS OPERENT: ET A CAVSE DE CE ELLES SONT PASSIBLES : de tant que la chose incorporelle estant action & vertu diuine, donnée au composé pour y faire & administrer action continuelle, ne cessant durant sa vie, elle est dicte operer en tous temps.

Passion en corps mobiles & immobiles.

L'incorporel passible comme tousiours operans.

Dont s'ensuit que ceste operation la rend sensible au corps, c'est a dire, pouuant estre sentye ou aperceuë, & par consequent passible ou pouuant estre patie ou soufferte. Et de tant qu'en ce propos Mercure a souuent confondu deux termes l'vn pour l'autre, asçauoir quand il a vsé de passion & passible, & qu'il a concluz le tout estre passion. apres semblablement, lors qu'il a dict les deux souffrir, tant celuy, qui moue, que celuy qui est meu, concluant pareillement les deux estre passion, prenant comme nous l'auons declaré passion pour toute perception, ou pour c'est effaict d'aperceuoir, lequel au corps s'appelle sentir ou patir, & aux parties incorporelles n'a autre mot, que aperceuoir. si general a toutes cognoissances, intelligences, aduiseme[n]ts, receptions, & autres actions, lesquelles peuuent estre comprinses toutes soubs ce mot de perception, lequel par l'ancien vsage de touts grands Philosophes, a esté estimé autant que passion. Et de tant que a l'aduanture Mercure voyoit trauailler son filz Tat a l'intelligence de ce propos, sur l'improprieté des termes ou sur leur diuerse signification, par laquelle il pouuoit confondre l'action & passion tout soubs ce mot de passion, comme il est faict en ce propos, nonobstant que Aristote en ait faict deux predicaments, ne traictant aussi telle matiere, ny tendant a la fin, que tend Mercure, qui est la cognoissance de Dieu, par l'intelligence des actions & effaicts, que ses vertus produisent dans les corps. Il admoneste de ne s'amuser tant aux dictions, qu'il en peut perdre la substance, disant, IE TE PRIE DONC QVE CES DENOMINATIONS NE TE TROVBLENT, DETANT QVE OPERATION ET PASSION SONT MESME CHOSE : ce n[om] nous auons estably de operation estant sentie & aperceuë comme la passion, soit par les sens corporelz ou vertus incorporeles, nous auons tenu toute maniere de perception estre passion en vn subiect, estant doux ou amer, gratieux ou mal gratieux, il suffit qu'il puisse estre aperceu pour estre dicte passion, soit action, operation, effaict, ou passion, tu le nommeras comme tu voudras. MAIS IL NE NVIRA RIEN DE VSER D'VN NOM PLVS VSITÉ, qui comprene toutes ces receptions faictes, soit par les sens au corps ou par les vertus & parties incorporelles en l'ame, comme nous pourrions dire le mot de perception, de tant que aperceuoir est commun & general, comme nous venons de dire, tant a ce, que le corps sent & aperçoit par ces sens en l'ame, que ce qu'elle mesme sent & aperçoit par ses parties & vertus immortelles: de maniere que l'vsage des dictions bien significatiues des choses, soulage grandement vn esprit trauaillé a l'intelligence d'vne difficulté, de ce que nous auons dict. Sen suit la solution de la demande proposée, sur le propos de Mercure : que la pensee cooperoit dans les brutz auec leurs affections, & les affections estant passions, la pensee donc communicant aux passions, est passion. A laquelle nous auons satisfaict clairement, & ne deuions penser, que la saincte Pensee soit passion de sa nature diuine : mais nous aurons souuenance, que nostre propos est de la saincte pensee, assise diuersement dans les corps, asçauoir par presence dans les hommes, & par graces ou actions dans les brutz, desquels la question est fondée. Ce sont choses incorporelles appliquées dans les corps, lesquelles se rendent sensibles aux sens, & par consequent sont passibles, & par ce qu'elles mesmes, entant que forme de l'animal, sont de la composition & partie de l'animal, ce sont ses mesmes parties, qui acompagnent la vie de ce brut, reçoiuent le rapport des sens, & lors elles deuienent de passibles passions, de tant qu'elles y sont action : laquelle est sentie, & par consequent est passion & produisent effaict senty. lequel pareillement est passion, obseruant toutesfois vne difference entre ces vertus & graces de la saincte pensée, assises dans le brut, & produisantz actions aux effaicts par elles

Passion & passible pour perception.

Operation & passion sont mesme chose.

Dictions propres soulagent beaucoup.

Solution de la pensee cooperante es brutz.

Qu'elle passion a l'incorporel au corps.

elles produictz, en ce que ces actions commandent, & par là sont sensibles, pouuant estre senties, & les effectz sont commandés, & souffrent plus que les actions, combien que en l'animal les deux souffrent, mais non esgalement. Et de tant que les deux sont au regard du corps de brut passions, nous dirons que és corps operation, ou action, & passion sont mesme chose, comme nous auons dict, par ce que les deux se sont trouués subiectz aux sens de l'animal.

A ceste cause il nous faut noter le premier mot de la responce de Mercure, asçauoir que toutes choses incorporeles, despuis qu'elles sont appliquées dans vn corps, deuient passions: combien que de leur nature elles n'en tiennent aucune partie. Parquoy la diuine pensée de sa nature, sainct Esprit de Dieu, combien qu'elle ne tiene aucune partie de passion, ny subiection quelconque de sa diuine nature, si est ce que par sa volonté & hypothese, ou condition qu'elle a voulu poser, creant les animaux corporelz, & materielz, & soy distribuant par forme en iceux, ce qu'elle y a mis du sien dedans leurs corps deuient pour leur regard subiect à passion: de tant que ces actions y communiquent auec les sens parties corporeles. Et ceste communion les rend tachées de leur nature de passion, & imperfection par consequent, sans que pourtant il en puisse estre atribué aucune chose à la saincte pensée prinse hors du corps, & en sa nature: de tant qu'elle composant ses creatures leur a donné forme du sien, qui estoient parties perfaictes, mais tombant en ceste matiere pleine de toute imperfection & subiection, à cause de ce qu'elle fust du commancement delaissée & separée de Dieu, tout le bien qui luy a esté appliqué, estant meslé auec elle, est deuenu mal & en subiection, comme nous l'auons cy deuant dict auec Mercure. Et ce mal demeure és corps des brutz en simple passion & subiection sans aucune malice, offense, ny peché, & aux hommes il est conuerty en malice, vices, & pechés, à cause de leur arbitre, par lequel ilz employent les moyés du sainct Esprit (qui luy sont donnés pour acquerir cognoissance de Dieu, & vser enuers luy de tous actes de contemplation) à plusieurs concupiscences, & desirs desordonnes, pour lesquelz ilz ne leur furent iamais donnés, & par ce moyen & vertu de l'arbitre, qui leur est donné, ilz assubiectissent les puissances du S. Esprit au contraire de leur nature, laquelle est saincte, pure, & sans aucun vice, ou subiection: & c'est la differance de la saincte pensée en sa nature, ou bien d'elle mesmes meslée en la matiere.

Le corps rend en soy toutes choses passibles

La matiere visie ce qui luy est communicqué

Differāt vice de matiere ez hommes & ez brutz.

SECTION 12.

O Mon pere, tu as doctement exprimé ce propos. Voy aussi cecy, ô mon filz, que Dieu a donné à l'homme ces deux choses par dessus tous animaux mortelz, asçauoir la pensée, & la parole, estans égaux en immortalité. Car l'homme a la parole denonciatiue: et si aucun vse de ces choses, à ce qu'il sera besoin, il ne sera aucunement different des immortelz: ains estant yssu du corps, il sera mené de tous deux en la compagnie des dieux, & bien heureux.

COMMENTAIRE.

O MON PERE TV NOVS AS DOCTEMANT EXPRIMÉ CE PROPOS, & faict entendre la difference, que nous debuons mettre entre la pensée operante dans les corps mortelz, & celle qui est operante en ces excellences & perfections, distraicte, & separée de toute matiere, ensemble la differēce qu'elle a des operatiōs qu'elle faict en la matiere, tant diuerses l'vne de l'autre, mesmes en celle de l'homme, qui est tant excellente par dessus celles des bruts & en laquelle ses operations y sont veritablement diuines, & immoreles. VOY AVSSI CECY, O MON FILS, QVE DIEV A DONNE A L'HOMME CES DEVX CHOSES, combien qu'il luy en ait donné non seulement plus de deux, mais infinies actiōs, commoditez, & moyens, toutes fois ces deux luy ont esté donnez PAR DESSVS TOVS ANIMAVX MORTELS, ASÇAVOIR LA PENSEE, ET LA PAROLE. Car la pensée qui est le sainct Esprit de Dieu, est de soy incorporel, accōpagné de toutes puissances & vertus, pour l'vsage de l'homme, qui s'en sçaura bien aider, ou bien pour sa ruine, quand il s'en aidera mal à propos.

Excellence de l'hōme sur le brut

Dieu donne à l'hōme la pensée & la parole.

Ceste pensée estant intelligible, inuisible, incorporele, & insensible, n'a aucun moyen d'estre apperçeüe des sens par le dehors de l'homme, que vn seul, lequel est vne de ses actions, & vertus, de laquelle elle s'acompagne plus, estant en la composition de l'homme, pour soy communiquer aux autres hommes, presents, loingtains, passés, futurs, & de quelque maniere, qu'ilz soient. Ceste pensée tant pleine de diuersités de cognoissances, intelligences, & sciences, seroit presque inutile en l'homme, si elle n'en tiroit rien au dehors. Or n'est il autre moyen de la communiquer au dehors aux autres hommes, que par la parole, en laquelle il se trouue vne admirable puissance de Dieu, qui à cause de la communité, en laquelle elle est parmy tous hommes, est mesprisée, & par consequent ignorée, & incogneüe.

Parole pein-ture de la cho-se incorporele

C'est qu'elle se trouue auoir la vertu de peindre en la presence, & sentiment des sens corporelz, la chose si purement intelligible, qu'il n'y en a aucune qui tienne moins de corps, que celle là, qui est la pensée, intelligence, sçauoir, cognoissance, & autres parties intelligibles: desquelles, combien qu'il n'en puisse estre faict aucune idée, & moins representation quelconque aux sens corporelz, comme elles ne tenant rien de corps: si est ce que la parole a ceste excellence de la tirer hors, & par le son de la voix, qu'elle trouue en l'homme, elle l'exprime de telle maniere, & la peint, ou represente deuant les sens, qu'il est facile à l'autre homme, de l'apperçeuoir & communicquer à sa pensée. Mais ce qui nous garde d'admirer ceste

La parole peint la pésée.

excellence, pour paruenir à la cognoistre, c'est ce qu'a dict quelquefois Mercure, Que les mauuais n'esmerueillent, ou admirent les choses dignes d'admiration, qui sont toutes diuines, desquelles ilz n'ont guiere soucy, ains s'amusent plus a admirer les choses materieles, viles, & corruptibles, desquelles s'engendrent leurs concupiscences, qu'ilz venerent sur toutes choses, & ces vertus diuines dignes de toute admiration, honneur, & action de graces, demeurant mesprisées, & estimées estre en eux, comme leur estant deuës de rente, ou certain deuoir, ne meritant aucune estime ou reuerence. Ceste excellente vertu de Dieu mise

La vertu de parole que c'est

en l'homme, qui est la parole, n'est pas ce que le commun pense estre le bruict, qui se faict en la bouche, par les dentz, leures, palais, langue, ou autres instrumentz, qui luy appartiennent, mais c'est la vertu, & efficace, qui a esté donnée à l'homme, d'employer ses membres & parties a tirer au dehors ceste pensée inuisible, insensible, & incapable, soit par le son faict en l'air, par les membres employez a ces fins, adresse aux oreilles, soit par l'escripture, & peinture aux yeux, ou en quelque autre maniere q ce soit aux autres sens, par laquelle ceste diuine essence puisse estre representée au prochain, ou public. Ceste vertu, & efficace s'apelle proprement en l'homme, la parole & non la voix, ou bruict, qui est faict du gouzier, langue & autres parties de la bouche de l'homme. A cause de quoy ceste pensée & parole

Parole vertu immortele.

sont en mesme degré ESTANTZ ESGAVX, ou pareilz EN IMMORTALITE: de tant que c'est en ceste pensée & ses vertus, & en la parole que l'immortalité tient à l'homme & n'est en autre partie, que en elles, & non au corps ny en ses sens, qui sont toutes choses mortelles.

Parquoy l'immortalité ne tenant en l'homme que ez vertus intelligibles, essences diuines, nous ne pouuons faillir d'estimer la parole estre vertu immortele, & toutes en mesmes dignité, ou esgales en immortalité. CAR L'HOMME A LA PAROLE DENONCIA-

Parole n'est bruit ains denonciation

TIVE, & non murmurante ou faisant bruict, de tant que la principale dignité de la parole, ce n'est pas de faire bruict, mais c'est de denoncer ou representer ceste partie incorporele pensée, ou intelligence, non subiecte a aucun sens corporel, toutes-fois au sens corporel, & luy a esté donnée pour representer & communicquer a son prochain le vray effect, pour lequel l'homme a reçeu tant d'honneur en sa creation, & composition, qui est la contemplation contenant prieres, louanges, actions de graces, exaltations du nom de Dieu, & toutes autres operations que desire faire en l'homme ce benoist sainct Esprit, s'il n'est empesché, affligé, ou contristé par luy qui souuant l'employe ailleurs. ET SI AVCVN VSE DE CES

Employ des vertus de Dieu bonnes œuures

CHOSES A CE QVI SERA BESOIN, c'est autant que a ce qu'il doit, & a ce que nous venons de dire, qui est a ce pourquoy elles luy sont données, les employant en leur vray deuoir, & non sinistrement, & contre leur vraye nature, mais les employe la, & ou il luy sera besoin, IL NE SERA AVCVNEMENT DIFFERENT DES IMMORTELS.

Promesse d'in mortalité sous condision.

Ce n'est pas que l'homme pour bien qu'il puisse employer ces vertus diuines en ceste vie, que pourtant il puisse reuocquer la sentence de mort corporele, que Dieu a donné sur son

premier

premier pere, qui l'en a laissé heritier, mais nous disons qu'il ne differera des immortelz : de tant que toutes les operations, desquelles nous parlons en ce propos, sont de l'estat des choses immorteles, qui sont operations de la saincte Pensée, & ses vertus, lesquelles seules bien employées, rendent l'homme immortel en ceste partie, & non quant au corps, subiect a peché, duquel n'est aucune question, que pour le chasser de nostre discours. Sur ce propos tumbent toutes les conditions, que Dieu a donné a tous hommes, qui desirent leur salut: comme il fut du commencement à Cayn : Ne le receuras tu pas, si tu fais bien ? & à Salomon: Si tu chemines en mes voyes, & gardes mes commandementz, i'alongeray tes iours. Esaye, Soyez lauez, soyez netz, ostés le mal de voz pensées, &c, & Ieremie, Faictes iugement & iustice, deliures l'oprimé de la main du calomniateur, &c, Si faisantz, vous faictes ceste parole, vostre estat regnera, & si vous ne le faictes, i'ay iuré en moy mesmes, que vous serez ruynez. Et Iesus Christ, Si vous demeures en moy, & mes paroles en vous, vous demanderes ce que vous voudres, & vous sera faict, & innumerables autres lieux, esquelz Iesus Christ propose son salut, qu'il nous donne soubz condition, a la maniere de Mercure, Celuy qui vsera de sa pensée, & parole cõme il est besoin, il sera rendu immortel, nous proposant le salut, si nous faisons quelque deuoir, & non autremẽt, & le faisant nous serons rendus immortelz: c'est autant a dire, que iointz au seul immortel, qui a vaincu la mort. Et non seulement l'homme sera tel, AINS ESTANT YSSV DV CORPS, IL SERA MENE DE TOVS DEVX EN LA COMPAGNIE DES DIEVX ET BIEN-HEVREVX. C'est à cause que le terme qui est donné à l'homme de s'aider, comme il doit des parties diuines, qui sont en luy, dure & comprend la fin de la vie corporele. A ceste cause il dict, que celuy, qui durant sa vie corporele, aura employé, comme il faut, ses dons, & vertus diuines, par celle la il sera rendu immortel. Ains qui plus est, par celles la, il sera mene apres sa mort en la compagnie des essences diuines, qui ne sont plus subiectes a la matiere, ains sont comme dieux reunis a la vraye source, dont elles estoient yssues, en la compagnie des ames bien heureuses, & qui se seront rengées en leur vie de la part du sainct Esprit pensée diuine, pour en receuoir l'eternele felicité, & salut procuré par Iesus Christ, qui est le sainct verbe, ou parole du pere exprimant en nous la saincte Pensée.

Dieu propose le, ains soubz condition.
Gen.4.a
3.Reg.3.b
Esaye.1.a
Ieremie.22.a

Ioan.15.a

Le salut apres la dissolution du corps.

SECTION 13.

O Mon pere, les autres animaux n'vsent ilz pas de parole ? non mon filz : mais bien de voix. Car la parole est du tout differente de la voix : la parole est commune à tous hommes, & la voix est propre à chasque genre d'animal, & des hommes aussi ô mon pere, selon chasque nation la parole est differante. Differante certainement, ô mon filz, mais comme il est vn homme, ainsi mesme il est vne parole, laquelle estãt interpretée, se trouue mesme en Ægypte, en Perse, & en Grece. Il me semble, ô mon filz, que tu ignores la vertu, & grandeur de la parole : car le bien heureux Dieu, le bon Demon a dict, l'ame estre au corps, la pensée en l'ame, la parole en la pensée, & Dieu pere de ces choses.

COMMENTAIRE.

LE ieune Tat ayant ouy la dignité de la parole auoir esté tant prisée, & estimée par son pere Mercure, iusques à luy dire, que celuy qui vseroit de la parole, & pensée, comme il doit, il seroit non seulement immortel : mais seroit conduict par ses parole & pensée, en la compagnie des dieux & bien heureux : c'estoit pour nous donner à entendre que nous sommes si tres lents, & tardifz, & nonchalants à la cognoissance de Dieu, que de tant d'actions, que par ses merueilleuses vertus, mises en nous il produict, nous n'en daignons comprendre que l'effect, qui en vient aux sens corporelz, laissant arriere le principal, comme s'il

S'arrester aux sens ruyne l'homme.

n'estoit aucunement, comme en c'est exéple, il nous est tres-manifeste, q̃ le plus admirable acte qui ce face en l'hôme, c'est la representatiõ corporele, d'vne chose si incorporele, insensible, & totalemẽt intelligible, qui n'a aucune forme, figure, ny dessain, & de laquelle l'entendemẽt humain n'en peut seulemẽt faire idée en sõ imaginatiõ, car c'est luy mesme. & toutesfois par ceste merueilleuse vertu & puissance diuine, l'hôme represente les actions du sainct Esprit produites en soy, totalemẽt insensibles, & puremẽt intelligibles, par vn son de sa voix conduict si dextrement, & par telle industrie, qu'il estant corporel represente ceste vertu intelligible, & action spirituele, qu'il produict par sa saincte Pensée, Esprit de Dieu. L'homme le plus souuant n'en prenant que le bruict, qui se faict aux oreilles, laisse la consideration de la vertu, qui le rend si propre a ceste representation. Ceste vertu est le vray Filz de Dieu, eternel, lequel a puissance de representer son sainct Esprit, mis en l'homme corporelemant, par la parole, ou sainct verbe, qui est luy mesme, comme son Eglise vniuerselle le tient. Ce sont les grandz effectz qui se font en l'homme par dessus tout animal, asçauoir par la saincte Pensée, Esprit de Dieu, & par la parole Fils eternel de Dieu: par lesquelz l'homme prend cognoissance de toutes choses, & les ayant cognues par l'vn, les communicque & faict representer corporelement a son prochain, ou au public, par ceste vertu de parole, operation du Filz de Dieu en l'homme.

Mais le grand deffaut que faict l'homme, de s'adonner tant aux choses corporeles, & materieles, mesprisant l'estude & cognoissance des intelligibles, & incorporeles: desquelles depend son salut, est cause qu'il ne considere en ces pensée, & parole, que les effectz & executions ordinaires, lesquelles luy estant si familieres, il mesprise, & par consequent ne se trauaille, ny s'estudie plus d'en rechercher autre cognoissance, soy contentant de l'vsage & grosserie, qu'il en reçoit par ses sens corporelz, qui le dominent : comme Mercure l'a voulu representer en ce propos, par la replicque de son filz Tat, produicte de n'auoir côsideré en ceste excellente vertu de parole, que le son exterieur seulement, en ce qu'il luy dict. O MON PERE, LES AVTRES ANIMAVX, lesquelz i'oy tant braire, crier, sifler, gronder, & faire bruitz, & sont infinis en diuersité, N'VSENT ILS PAS DE PAROLE, comme les hommes? lesquelz aussi i'oy produire & ietter bruit, & son par leur bouche, comme les autres animaux. NON MON FILS: car parole n'est pas ce que tu penses, de tant que les animaux n'ont aucun besoin de representer leur pensée, attandu qu'ilz n'en ont aucune.

A ceste cause ilz n'ont aucun besoin de parole: & par consequent ilz n'en vsent en aucune maniere. Et s'il a esté trouué animal brut qui aye parlé, comme l'anesse de Balaam ce a esté par mesme priuilege que le Soleil a esté arresté, & la mer ouuerte: qui sont dispensations que Dieu faict par dessus sa loy & ordonnance de nature & toute disposition fatale, pour annoncer & auancer ou exalter sa gloire, quand il luy plaist, & non d'ordinaire. A cause de quoy il n'en faut faire aucun estat, que en chasque acte particulier, qu'il plaira à Dieu mettre en effect pour sa gloire, faisant au reste estat de ce qu'il nous a baillé pour ordinaire, necessaire, & infallible, qui est le cours & institution de nature, par lesquelz le Soleil ne s'arreste, la mer ne s'ouure, & le brut n'a aucun vsage de parole, MAIS BIEN DE VOIX, par laquelle il exprime ses affections & passions corporeles, & non aucune pensée, discours, ou chose digne de propos, ou parole, de tant qu'il n'y en a en luy. Parquoy il n'ont parole, mais seulement voix. CAR LA PAROLE EST DV TOVT DIFFERENTE DE LA VOIX, en ce que la voix ne represente aucune pensée ratiocinante, aucun discours, aucune science, ou cognoissance, comme seroit la voix d'vn muet, qui combien qu'il ne se puisse ayder de sa parole en sa voix, si est ce qu'il a voix, & pourtãt ceste voix n'est parole, qui luy puisse signifier, ou representer sa pensée nonplus que celle de la beste brute. Elle luy representera bien, comme a la beste vne passion du corps, vne affectiõ, comme douleur, aise, par le rire, ou pleurer, & autres passions ou affections, qui ne dependent que du corps: par ce que les bestes ne sentent que leur corps, mais la parole se prend non seulement a representer les passions, & affections du corps, mais qui est son propre, elle represente la ratiocination, l'inuention, la cognoissance, la science, & touts autres discours procedants de l'Esprit de Dieu, mis en l'homme, vers l'ame. Ce qu'il n'apartient a la simple voix, mais est reserué pour la dignité de la parole, operation du sainct verbe, Filz de Dieu.

LA PAROLLE EST COMMVNE A TOVS HOMMES: Comme l'Eprit de Dieu leur est commun, aussi l'operation du sainct verbe, & fils leur est cõmune, & quand bien lon allegueroit le muet, duquel nous venons de parler auoir l'esprit de Dieu, & pourtant n'auoir parolle, nous dirõs que pour n'auoir le moyẽ de representer ses discours, & ratiocinatiõs, par la voix & parolle, produicte par sa bouche, ce neantmoins il ne laisse d'en auoir la dispositiõ, par laquelle l'esprit de Dieu trouue autres inuentions en luy que la voix, ascauoir escriture, painture, signes, & autres moyens, desquelz lefilz de Dieu se secourt, pour le seruice de sa necessité : aussi (comme nous auons dict) la parole n'est proprement en l'homme que l'effect & son, par lequel il profere plusieurs dictions & lãguages : car vn perroquet, vn estourneau, & autres oiseaux en proferent autant, qui n'ont pourtant parole. Elle n'est donc constituée en ces mots ou lãguages, mais elle est constituée en la denonciation, & disposition, & vertu, qui est assise en l'homme de produire ces paroles, escripture, ou signes, ou autres moyens significatifs de sa pensée. Et ceste vertu & disposition est proprement dicte parole, laquelle n'est propre qu'a tous hommes. ET LA VOIX EST PROPRE A CHASQVE GENRE D'ANIMAL, soit homme, ou brut, quel qu'il soit en son espece, il a sa voix particuliaire, dont les vns chantent, les autres grondent, les autres brayent, les autres heurlent, les autres sisslent, & vsent de diuersitez innumerables, comme d'especes d'animaux bruts, ayants en chascune espece propre & differente voix de l'autre, & toutes ces voix leur sont données pour signifier en eux leurs passions & affections corporeles ne pouuant signifier en eux aucune partie intelligible. Tat trouuant encore ces propos durs a sa conception, & ne pouuant comprẽdre que la parole seut la vertu de representer, ou denoncer, & non le lãguage ou multitude, & diuersité de dictions & langues continue ses obiections contre Mercure, sur ce qu'il luy disoit la voix estre propre, ou particuliaire a chasque genre d'animal. ET DES HOMMES AVSSI, O MON PERE, SELON CHASQVE NATION LA PAROLE EST DIFFERENTE : par ou il monstre clairement, qu'il ne prẽd la parole que pour le bruict & son des lãguages, lesquelz selon la diuersité des nations, sont de vray diuers bruits, vsant de paroles pour mesme signification, fort differentes entre elles, selon la diuersité des langues, sans encore qu'il peut conceuoir la parole estre veritablement ceste vertu ou action, disposant l'homme a representer, denoncer, ou signifier sa pensée, laquelle n'est qu'vne, & si est commune a toutes gents & diuersité de nations.

Parquoy Mercure luy respond a ce qu'il dict, selon les nations la parole estre differente, DIFFERENTE CERTAINEMENT O MON FILS, en sons & diuersité de langues ou dictions. MAIS COMME IL EST VN HOMME, AINSI MESME IL EST VNE PAROLE, de tant que l'homme n'estant comté qu'en son espece, pour vn animal, la vertu qui luy est donnée en la personne du premier hõme, qui l'a receuë pour tout son genre, n'est cõptée q̃ pour vne. A cause dequoy n'estant qu'vn mesme silz de Dieu, communicant ceste seule vertu a tout homme, comme au premier, nous pouuons veritablement dire que comme il n'y a qu'vn homme : il n'y a qu'vne vertu de parole, LAQVELLE ESTANT INTERPRETEE, SE TROVVE MESME EN ÆGIPTE, EN PERSE, ET GRECE. A cause que l'interpretation de ceste vertu & disposition interieure, n'est que l'expression de la pensée. Parquoy si la pensée de l'Ægiptien, Persien, & Grec, est mesme la vertu se trouuera mesme, interpretant mesme chose, encore que les dictions soyent diuerses. IL ME SEMBLE O MON FILS, QVE TV IGNORES LA VERTV, ET GRANDEVR DE LA PAROLE. Mercure racompte ceste ignorance de son fils, pour nous aduertir que la plus part d'entre nous s'estudie aussi peu, & se tiẽt aussi rude & indisposée, a cõsiderer les actions & vertus de Dieu, mises en l'homme, que pouuoit estre son filz. Et si nous arrestons autant, ou plus aux effects corporels, & materiels, sans nous enquerir plus auant des vertus du sainct Esprit, duquel elles procedent, produisants telz effects, chose qui nous retient grandement en ignorance de Dieu.

C'est enquoy Mercure reprenoit son fils, d'ignorer la vertu de la parole, en ce qu'il ne la prenoit, ny consideroit pour vertu, mais la prenoit seulement pour vn lãguage, & diuersitez de sons & langues, selon la diuersité des nations, ne recognoissant l'excelẽce de ceste parole estre vn effect d'vne vertu du filz de Dieu, verbe eternel, & n'estre en l'hõme de moindre dignité, puissance, & excellance, qu'est la saincte pensée : comme aussi le fils n'est de moindre excelence, & dignité que le S. Esprit : & l'arguoit de n'auoir consideré sa grãdeur.

Car

538	SVR LE PIMANDRE DE

CAR LE BIEN-HEVREVX DIEV, LE BON DEMON A DICT, L'AME ESTRE AV CORPS, LA PENSEE EN L'AME, LA PAROLLE EN LA PENSEE, ET DIEV PERE DE CES CHOSES. C'est que Mercure prend de la reuelation qui luy a esté faicte de Dieu, luy insinuant l'excellence de la parolle, par ceste gradation, de laquelle il a faict cy deuant quelque partie, reuenant a mesme fin, par ou il esloigne tousiours de la matiere les choses, qui la precedent. Raportent donc la doctrine de son bon Dieu, il dict l'ame estre au corps, c'est comme il a plus particulierement cy-deuant dict, quand il a constitué le sang dans les veines, l'esprit dans le sang, & l'ame dans l'esprit: a cause qu'estant essence diuine, sa dignité est si grande que le corps ne la pourroit immediatement endurer, ou sans aucun moyen. A cause dequoy il a couché la principalle partie du corps, qui est le sang, pour seruir de moyen entre la vertu spiritale, & la chair ou corps, a cause de sa dignité: & a constitué ceste vertu spiritale entre l'ame & le sang, a cause de la dignité de l'ame. Et de mesme maniere il prefere la saincte pensee a l'ame, luy constituant l'ame entre elle & la partie spiritale. Et consequemment il constitue la parolle filz de Dieu, ou sainct verbe dans la pensee, sainct esprit de Dieu: entant que la pensee procede du pere, & de luy, constituant finalement Dieu le pere estre sur toutes choses, moderateur, & dominateur en toutes, & par toutes, suyuant l'ancien ordre, que Mercure & l'Eglise de Dieu ont tenu de situer le pere auant le filz, & apres celuy le sainct esprit. Ceste gradation a esté proposee par Mercure a son filz, pour luy monstrer combien ceste parolle, qu'il ne preuoit que pour le son de la voix, & diuersité de langues, estoit plus digne qu'il ne la consideroit, atandu qu'elle est située en l'homme en plus d'excellence, & plus digne lieu, que la pensee, sainct esprit de Dieu. C'est pour nous faire penser, que nous ne nous deuons arrester aux effaicts des puissances de Dieu, que nous aperceuons parmy nous, sans passer plus outre: car c'est ce qui nous tient esloignez de la cognoissance de Dieu: mais deuons par la perception des effects employer nos vertus intelligibles, a contempler & considerer les causes & moyens, par lesquels ils nous sont donnez, & en continuer si bien l'estude, que par la nous paruenions a la cognoissance de ce bon Dieu, duquel nous receuons tant de biens & misericordes.

Gradation pour la dignité de la parole.

Parole pour le fils de Dieu Iean.

SECTION 14.

LA parolle donc est image de la pensee, & la pensee de Dieu, & le corps l'est de l'Idee & l'Idee de l'ame: parquoy le tressubtil de la matiere est l'air, & de l'air l'ame, de l'ame la pensee, & de la pensee Dieu. Mais Dieu est entour toutes choses, & par toutes choses, & la pensee entour l'ame, & l'ame entour l'air, & l'air entour la matiere. Necessité, Prouidence, & Nature sont les instrumens du monde, & de l'ordre de la matiere, & des choses intelligibles chascune est essence, & leur essence est estre mesme. Chascun corps de ceux qui sont en l'uniuers, est plusieurs choses, de tant que les corps composez ayants mesme estre: & faisants mutation l'vn auec l'autre, ils conseruent tousiours l'incorruption de leur estre mesme.

COMMENTAIRE.

COntinuant les loüanges de la parole, effaict du sainct verbe filz de Dieu, Mercure dict, LA PAROLLE DONC EST IMAGE DE LA PENSEE, ET LA PENSEE l'est DE DIEV: par ou il nous enseigne, que par ceste vertu de parole, la diuine pensee, qui est en l'homme, est si veritablement figurée en toutes ces vertus, cognoissances, & intelligences, toutes conduites par ratiocination, apartenant au seul genre humain, que par celle la le prochain en reçoit vraye communiquation, & participation, luy representant les causes, actions, sciences, cognoissances, & autres vertus de ce bon sainct esprit, toutes expliquees par ceste diuine parolle, cõme il feroit par vne image, qui luy representeroit le contenu d'vn subiect, qu'il voudroit cognoistre & en plus grande excellence: de tant que la pensee qui doibt estre re-

La parole Image de la pensee.

estre representée est subiect incorporel, lequel ne reçoit iamais image, qui le represẽte autre, que soy mesmes, comme nous l'auons cy deuant declaré. Aussi à la verité, le sainct verbe, Fils de Dieu par lequel le sainct Esprit nous est communicqué, est vne mesme chose auec ce sainct Esprit: qui faict que le verbe, ou parole estant image de la pensée, nous communique ceste partie de pensée, qu'il entreprend nous communicquer, en la nature de son total, qui est nous en reprensenter l'image si tres-semblable, qu'elle se trouue estre mesme chose auec le subiect representé: de maniere que l'homme, qui reçoit communication par parole de la pensée, de son prochain, il la reçoit si claire & veritable, qu'il l'emporte auec luy, non pensée semblable, sçauoir, ou cognoissance, mais la mesme qui luy a esté communicquée, comme chascun le sent en soy sans qu'il en faille plus grand preuue. Et ce suiuant la nature, & condition des deux vertus, chefz de la parole denonciatiue, & de la pensée ratiocinante, qui sont le sainct verbe Filz & sainct Esprit de Dieu, lesquelz estantz vne mesme essence, sõt neantmoins l'vn image de l'autre, representant, estant, & communicãt mesme chose, à cause que les choses incorporereles ou diuines ne reçoiuent image, ou semblance qu'elles mesmes, aussi ne peuuent elles estre communicquées à l'homme, que par la parole denonciatiue sainct verbe Filz de Dieu, par lequel toutz benefices de Dieu, nous sont cõmunicqués, comme il est dict, qu'il nous à donné toutes choses auec luy, & qui en fin se trouueront estre luy mesme

Rom. 8 f.

Et en ceste maniere tant la pensée, que parole sont égaux en immortalité, & toute autre perfection, comme nous l'auons cy deuant dict, & comme la parole est image de l'Esprit, ainsi l'esprit est image de Dieu, les trois estantz vne mesme chose, communiquez à l'homme par la parole sainct verbe de Dieu. Et par ce que comme nous auons n'agueres dict, la parole est differante totalement de la voix, de tant que la voix apartenant aux animaux des-raisonnables, ne leur represente, que les effectz corporelz, & la parole apartenant à l'homme seul, luy represente la raison, qui parcilement apartient a luy seul. Par laquelle raison ceste parole est conduicte, & gouuernée: & comme estant du tout conioincte à elle, voire si tres-estroictement, que les Grecz anciens voyant estre en origine mesme chose de ces deux, parole & raison, en ont faict vn seul mot, les signifiantz tous deux, qu'ilz appellent λόγος, comme estimantz la raison & parole appartenir tous deux à mesmes, & seule nature de subiect si conioinctz, qu'ilz y ont esté constitués ensemble, & par mesme moyen. Vray est que par longueur, & vsage du temps, comme toutes significations de dictions s'estendent à autres effectz, selon l'vsage, & besoin des hommes.

Sect. 12.

1. Ioan. 5. b

Voix & parole representée diuersement.

Parole ioincte à raison par mesme dictiõ. C'est a dire raison ou parole.

Ceste diction Grecque a esté estendue a signifier la raison Geometrique, de laquelle sont produictes les proportiõs en ceste discipline: signifie aussi l'ordre & droicturiere disposition des affaires d'vne famille, soit en comptes, ou autre maniere d'ordre: & de la sont ditz les liures de raisons, ou comptes, tenantz l'ordre en chasque famille. Toutesfois qu'elle distraction que l'homme abusant de son language en aye sceu faire, il ne l'a iamais peu retirer hors de la signification d'vn acte de vertu, & conseruation de l'estat humain, apartenant au seul homme entre toutz animaux: dont il a esté dict seul raisonnable, & seul ayant parole, entendant que raison, & parole sont en leur origine mesme chose: cõbien que apres ilz soient estendus a quelque diuersité de significations, lesquelles toutesfois representent quelque acte de la pensée de l'homme, qui ne peut sortir d'autre animal. A cause de quoy ceste parole & raison comprinse par la diction λόγος, à esté dicte image de la saincte Pensée, esprit de Dieu, constitué en l'homme: à cause que c'est le sainct verbe, Filz de Dieu, par lequel Dieu nous est manifesté, & sans lequel nous n'en pouuons auoir cognoissance, comme il est escrit, Aucun n'a cogneu le pere, que le filz, & celuy à qui le filz l'a voulu reueler.

Parole & raison mesme subiect.

Iesus Christ manifeste le pere & sõ verbe la pensée. Matth. 11. d.

Dont il à esté dict image du Pere, nous reuellant le pere, & le representant enuers nous, comme sa vertu de parole est dicte image de la pensée, nous representant l'Esprit de Dieu, qui est en nous inuisible, & nous communicquant ses sainctes vertus & volontez: comme de mesme maniere ce sainct Esprit en l'homme est l'image & semblan-

Collos. 1. b

semblance de Dieu, createur, à laquelle l'homme a esté basti & composé, & laquelle estant bien considerée, rapporte en l'homme toutes ces excellences, qu'il a reçeu par dessus toutes creatures : qui luy sont de si merueilleux effectz, que par celles là il s'est trouué capable & disposé de commander à tout le monde, & disposer de toutes creatures, & s'il n'en est paruenu à l'entiere execution, pour le moins il n'a tenu à ce bon Dieu : lequel en sa compositiō luy a donné moyen de paruenir à plus grandz effectz. Mais l'homme soy voyant en honneur, ne l'a entendu : & par la a corrompu ses voyes, ayant employé ceste image de Dieu saincte Pensée mise en luy, mal à propos.

La saincte Pē sée represente Dieu à l'homme.

Et comme la saincte Pensée est l'image de Dieu, LE CORPS L'EST DE L'IDEE, ET L'IDEE DE L'AME. Nous auons cy deuant declaré l'idée estre la representation, figure, ou dessain, qui se faict en la pensée de l'homme, par imaginatiō de la chose future : & ceste idée n'aparoist qu'aux parties incorporeles & intelligibles, & non aux sens corporelz : mais quād elle est mise en effect exterieur, lors cest effect semblable au dessain, qui en a esté imaginé par l'idée en la pensée, represente tellement l'idée, qu'il est estimé estre son image ou representation. Et de mesme maniere, plus subtilement toutefois, l'idée se trouue estre image & representation de l'ame : laquelle estant incorporele & purement diuine essence ne peut estre representée par ceste idée, qui est figurée ou representée par le corps, mais est representée à la pensée par l'idée & imagination intelligible, qu'elle se propose, sans aucune souuenance de corps, ains d'vn tressimple subiect capable d'infinies vertus & puissances, & qui en fin se trouuera estre en l'homme la mesme ame. PARQVOY nous pouuons dire, QVE LE TRES-SVBTIL DE LA MATIERE EST L'AIR, ET DE L'AIR L'AME, ET DE L'AME LA PENSEE, ET DE LA PENSEE DIEV. C'est vne gradation, que Mercure faict dependre de la precedente. Car ayant dict, que le corps est l'image de l'idée, qui estant si subtile est incorporele, il nous faut rechercher le tres-subtil du corps ou matiere, de laquelle il est basti : & nous trouuerons, que ce sera l'air, lequel penetre tous autres corps materielz, & si est matiere, ce qui n'apartient à autre : dont il est dict le tres-subtil de la matiere, qui est le premier & plus bas degré de nostre montée ou gradation du corps humain. Et de tant que en ce corps les parties intelligibles y sont meslées auec la matiere, nous viendrons en l'ame, laquelle estant essence diuine, nous l'estimerons d'autant plus subtile, que cest air, qui penetre toutes choses, que nous auons estimé l'air plus subtil, que les autres matieres crasses, lourdes, & mal habiles, voire & plus. Car nostre gradation n'est ordonnée par proportions Geometriques, qui obseruent mesme respect de tous degrez ensuiuans l'vn enuers l'autre.

Ie corps est l'image de l'idée.

L'idée image de l'ame.

Gradation cō cluant l'ordre precedent.

L'air tres-sub til de la matie re.

Ce n'est ainsi en la proportion & ordre des choses diuines : esquelles la proportion croist, & augmente tousiours son respect sur son prochain degré, comme nous disons en ce propos, que la subtilité de l'ame excede plus la subtilité de l'air, que la subtilité de l'air n'excede celle de la matiere. Et ainsi consequentement le tres-subtil de l'ame est la pensée, de laquelle la subtilité, vertu, action, & puissance excede encore plus celle de l'ame, que la subtilité de l'ame n'excede celle de l'air : & la subtilité & perfection de Dieu prins & supposé hors du corps humain, excede encore plus la subtilité de luy mesme en son sainct Esprit situé en ce corps humain, que ce S. Esprit n'excede l'ame. Ce qui est cause que la proportiō de ces gradations procede par respectz excedantz, & non par respectz égaux : c'est que le premier & plus bas degré est fini & terminé, & le dernier est infini. Parquoy ne pouuant proceder du fini à l'infini par respectz égaux, il est necessaire d'y proceder par respectz excedans l'vn l'autre.

L'ame tres-subtile de l'air.

La pensée tres subtile de l'ame.

Dieu tressubtil de la pēsée.

Proportiō des choses diuines.

Et pour reprendre la mesme gradation à l'enuers, ayant finalement dict Dieu estre le tres-subtil de toutes choses, MAIS DIEV EST ENTOVR TOVTES CHOSES, ET PAR TOVTES CHOSES, comprenant tout ce qui a essence ou habitude, voire la pensée mesme son Sainct Esprit mis en l'homme. ET LA PENSEE est constituée ENTOVR L'AME, la comprenant de telle maniere, qu'elle n'est iamais mise en corps, auquel n'y ayt vne ame, entour laquelle elle se met, luy offrant tout secours, ayde, & faueur. ET de mesme maniere, L'AME se trouue ENTOVR L'AIR, duquel en partie est basty le corps humain, de tant que comme nous auons cy deuant dict, l'ame estant incorporele, ne peut

Dieu entour toutes choses.

Pensée entour l'ame.

L'ame entour l'air.

peut estre contenue ou limitée des dimentions du corps: parquoy nous l'auons dict estre entour le corps, comme nous la disons icy estre entour l'air: lequel est de nature de corps. Et de mesme maniere nous dirons L'AIR ESTRE ENTOUR LA MATIERE: A cause que c'est air subtil, penetrant, & discourant toutes compositions corporelles, les enuironne, tant par le dedans, que par le dehors, pour raison de la subtilité. Et en c'est endroict Mercure continue la deliberation, qu'il a entreprins en ce chapitre, qui est de traicter de la pensée comune à toutes creatures, & communicquant auec elles diuersement, selon la nature & condition d'vne chascune d'entre elles, & en qu'elle maniere elle ordonne & dispose la matiere, pour receuoir ses actions, graces, & vertus, comme nous auons dict: & pour declarer les moyens ou instrumens, par lesquels elle execute ses actions & puissances, nous dirons, que NECESSITE, PROVIDENCE, ET NATVRE, SONT LES INSTRVMENTS DV MONDE, ET DE L'ORDRE DE LA MATIERE.

L'air entour la matiere.

Instrumens au monde & ordre de matiere.

 C'est, que l'execution fatale, ou disposition des puissances deputées aux corps celestes, nommée necessité, par laquelle sont mises a execution, toutes generations, corruptions, & autres maniemens, & mutations de matiere, & la prouidence de ce bon Dieu, qui ordinairement tient la main a ce, que son ordre ne soit interrompu, ensemble nature, ame de l'vniuers, essence diuine, acompagnée de toutes actions, & vertus necessaires a la conduicte, & conseruation de ce beau monde en toutes ses parties : & laquelle a commandement & puissance sur toutes creatures, de leur faire obeir & accomplir l'ordonnance de la loy, qui luy a esté distribuée, sans qu'il en puisse aduenir aucune faute ny erreur. Ces trois sont les instrumens, par lesquels ce bon Dieu pleut ordinairement & a toute heure & par tout, infinies benedictions, & bien faicts sur ses creatures, tant pour la conduite, administration, & soustenement de l'estat de l'vniuers, que pour le bien & entretenement du particulier de chasque creature. A toutes lesquelles ceste diuine prouidence tient l'œil & soing de si pres, que quelle multitude & diuersité qu'il y en ayt, elle prouuoit a toutes, sans estre aucunement destourbée par la multitude, & tient la matiere en tel ordre, pour estre disposee a receuoir les formes, qu'il luy plaira imprimer en elle, qu'elle n'a pas si tost perdu vne forme, qu'elle ne se dispose a en receuoir vne autre, & sans aucune oisiueté d'operation, en quelque temps & lieu, que ce soit: le tout estant conduict par ses vertus intelligibles. ET DES CHOSES INTELLIGIBLES CHASCVNE EST ESSENCE, de tant que toutes sont parties apartenantes a ce grand Dieu, auquel seul apartient l'essence ou l'estre, comme il declara a Moyse parlant du buysson ardant. Et ces choses intelligibles estant ses vertus, par le moyen desquelles il conduict & administre toutes choses, sont pour ceste cause essences, comme estans en luy, de luy, & operants par luy: ET LEVR ESSENCE EST ESTRE MESME CHOSE.

Necessité, prouidēce, & nature sont instrumēts.

Chasqun chose intelligible est essence.

Exode. 3. d

Choses intelligibles sont immuables.

 Ce que quelquefois voulants exprimer la diction grecque, nous auons dict par vn mot inusité, mesmesse, ou idétité, qui signifient ces essences n'estre subiectes a aucune mutation, alteration, ou changement, ains estre tousiours mesmes, ou mesme chose, a la difference des choses corporelles, lesquelles estant composees & materielles, n'ont aucune constance ny duree, qui les puisse longuement cōseruer en mesme estat. Car CHASCVN CORPS DE CEVX, QVI SONT EN L'VNIVERS EST PLVSIEVRS CHOSES, a cause qu'il est composé des quatre matieres, qui tendent tousiours a mutation, & des parties de la forme. Mais d'autant que de ces corps composez, il en y a, qui conseruent leur mesme estat, & autres qui n'obseruent leur mesme estat, nous parlerons en c'est endroit de ceux, qui ne souffrent mutation, DETANT QVE LES CORPS COMPOSEZ, AYANTS MESME ESTRE, ou ceste mesmesse de don particulier, cōme sont les corps celestes & immortels, dispositeurs & gouuerneurs de la matiere: lesquels par la nature de leur creation, combien qu'ils soient créés & composez de matiere, comme les autres creatures, ce neaumoins estants conseruez par le vouloir de Dieu, pour l'administration & conduite ou execution, qui se faict sur la matiere, il a esté besoing, qu'ils ayent esté preseruez de corruption ou mutation, à cause du seruice que tout l'estat de la matiere doit tirer d'eux. Lesquels pour ceste cause sont tousiours en mesme estat, & sans aucune mutation ou changement, & toutes fois FAISSANTS MVTATION L'VN AVEC L'AVTRE.

Tout corps est faict de diuersité.

Quels corps gardent mesme estre.

Parce que

542 SVR LE PIMANDRE DE

Les corps immuables sont mutations.

Par ce que par leurs mouuemantz ilz causent leurs diuersitez d'aspects l'vn auec l'autre, par lesquelz sont produictes les mutations parmy la matiere basse, c'est asçauoir les generations, & corruptiōs, mutations & changements, pour la production de toutes creatures: & par ainsi combien qu'ils ne souffrent aucune mutation, ce neātmoins ils la produisent, par leurs actions & diuersité d'aspects l'vn auec l'autre, en la matiere basse contenue en la sphere elementaire. Et faisant donc ceste mutation sur la matiere basse l'vn auec l'autre, ILS CON-

Les corps celestes gardēt incorruption.

SERVENT TOVSIOVRS L'INCORRVPTION DE LEVR ESTRE MESME, par leurs circulations, comme nous l'auons quelque fois cy deuant dict, parlants de la perfection circulaire, qui les conserue en leur mesme estre, a cause que finissant leur circuit, sur le mesme point de leur fin, ilz y recouurent leur commancement: qui les garde de iamais tumber en corruption ny aucune mutation, ains demeurent immortels & incorruptibles, a cause de l'estat auquel ilz sont deputez pour le seruice & administration du monde sensible, renouuelāt leur commencement sur le point de leur fin.

SECTION. 15.

MAis en tous autres corps composez il y a nombre de chasque corps, de tāt que sans nombre, composition, constitution, ou dissolution ne peut estre faicte. Car les vnitez engendrent le nombre, & le croissent: & de rechef estant desparties le reçoiuent en elles mesmes, & la matiere est vne seule. Ce monde vniuers ensemble grand Dieu, & image du plus grand, est conioint a luy, gardant l'ordre & volonté du pere, est plenitude de vie, & n'est en iceluy aucune chose de la reintegration faicte par le pere, soit du total, ou des parties singulieres, qui ne viuēt par tout le Iamais, de tāt qu'il n'est rien mort au monde, n'y a esté, n'y sera, car le pere a voulu, qu'il eust vie, tant qu'il dureroit.

COMMENTAIRE.

DE tous les corps, qui sont au monde & ses parties, il n'en est, qui conseruent l'incorruptiō de leur estre, que les corps celestes, deputez au regime de la matiere: pour le seruice continuel duquel ilz ont esté crées, & conseruez en incorruption, administrants continuel-

Tous corps mortels sont composez.

lement leurs actiōs: MAIS EN TOVTS AVTRES CORPS COMPOSES, desquels nous parlerons maintenant, layssants les immortels, combien qu'ils soient composés, n'estants plus de nostre propos, IL Y A NOMBRE DE CHASQVE CORPS, ou multitude de parties ou vnitez, qui conuiennent en vne assemblée pour en faire la composition & constitution, DE

Composition ne peut estre sans nombre.

TANT QVE SANS NOMBRE, COMPOSITION, CONSTITVTION, OV DISSOLVTION, NE PEVT ESTRE FAICTE. Ce principe est si commun & notoire, qu'il n'a besoin d'exposition: car composition estant assemblée de plusieurs choses, & constitution de mesmes, il est cecessaire, que plusieurs choses portent en soy nombre: lequel n'est que multitude ou pluralité d'vnitez, prenant chasque simple conuenant en ceste composition pour vne vnité. Estant donc sa composition faicte de multitude d'vnitez, elle ne peut estre sans nombre, qui n'est que ceste multitude. Autant en dirons nous de la dissolution ou despartement de ceste composition: laquelle necessairement soy despartant en mesme multitude d'vnitez, que sa ccmposition auoit esté faicte, il luy est necessaire nombre, voire le mesmes, qui s'est trouué en sa composition. CAR LES VNITES ENGENDRENT LE NOM-

Composition commence & fine par vnité.

BRE, ET LE CROISSENT, par leur frequente repetition ou assemblée. ET DE RE-CHEF ESTANTS DESPARTIES, LE RECOIVENT EN ELLES MESMES, a cause que ce, qui au parauant estoit nombre composant par l'assemblée de ses vnitez, vn corps, quand elles sont desparties ne faisant plus ce corps, le nombre, qu'estoit interuenu a la compositiō de ce corps, estant desparty, se trouue tout en ces vnitez, lesquelles a cause de leur separatiō

ne comne composent plus aucun corps ou subiect: & par ainsi elles recoyuent en elles ce nombre.

ET LA MATIERE EST VNE SEVLE comune a toutes creatures soit roys, & princes paisans ou laboureurs, & qui plus est, soient ilz animaux bruts, plantes, mineraux, & toutes autres choses corporelles, elles sont toutes d'vne mesme & seule matiere, diuisée en quatre principes, ou elements : desquelz sont faictes toutes creations ou creatures. CE MONDE VNIVERS ENSEMBLE GRAND DIEV, ayant en soy l'administration & execution des vertus & puissances de Dieu, dont il est dict Dieu, & grand comprenant & enuironnant toutes creatures & choses corporelles, ET QVI EST IMAGE DV PLVS GRAND & souuerain Dieu, ne cessant iamais d'operer pour le bien & vtilité des creatures, & l'ensuyuant & representant en ceste operation, ET QVI EST CONIOINT A LVY, GARDANT L'ORDRE ET VOLONTE DV PERE, & non seulement conioinct, mais composé en partie de luy en toutes ses formes, & parties principales, & plus dignes, honorant ceste matiere de tant d'exceléces, par ceste conionction de la partie diuine pour forme, faicte auec la matiere du monde, a composer toutes choses. Et lequel monde si bien conduict par ceste diuine essence, ame de l'vniuers, ou ce iamais contenant & administrant toutes creatures, ou bien nature vniuerselle, tresprudente gouuernante & conduicte de toutes choses faictes, consetue l'ordre qui luy a esté institué pour le seruice, durée, & entretenement d'icelles, par ce bon pere Dieu eternel, ensuyuant en c'est endroit la volonté de son pere & createur, sans iamais aller au contraire, detant qu'il est conduict soubs l'arbitre & libre volonté de son Dieu, & non soubs le sien. A cause dequoy, il n'y peut escheoir en luy aucune faute. Ce grand Dieu donc si obeissant, ordonné, & regulier faict a l'image du plus grand, EST PLENITVDE DE VIE : laquelle premierement est constituée en ses grandes & principales parties, manifestee par les mouuements, que nous y aperceuons. Ce sont les parties & creatures celestes, pleines de mouuement & vie : consequentment toutes creatures materielles, ausquelles par leur croissance ou diminution nous aperceuons mouuement, & par consequent vie, iusques a la superfice de la terre, qui les engendre, nourrist, & entretient par ces productions & generations, en quelque espesseur & profondeur soubs sa superfice. Ce qu'elle ne faict sans mouuement, comme Mercure l'a cy deuant quelquefois dict, & par consequent sans vie manifestée par ce mouuemant. Et par ainsi estant viuant par tous endroictz, il est dict a bonne raison plenitude de vie. ET N'EST EN ICELVY, contenant toutes choses faictes, AVCVNE CHOSE DE LA REINTEGRATION, composition, renouuelement, ou constitution FAICTE PAR LE PERE : par les actions, & vertus duquel toutes choses sont faictes, SOIT DV TOTAL, prenant le monde en son vniuers & integrité : OV DES PARTIES SINGVLIERES, les prenant chascune en sa condition & particularité, QVI NE VIVE PAR TOVT LE IAMAIS, comme nous venons de dire qu'il est plenitude de vie. C'est à cause qu'il n'y a partie quelconque de ce monde immortel, a laquelle n'ait esté donnée immortalité, comme au tout, ayant esté preserué en ses parties de abolition, non de generation & corruption, pour tout le iamais. C'este partie donc demeurant immortelle, est pour le iamais prouueüe de vie, laquelle est la plus excellente & veritable merque de ce bon Dieu, parfaict ouurier, qu'il a imprimé en toutes ses œuures.

A ceste cause nous tenons ça bas, que nous n'auons aucune partie de matiere, dont le monde est composé, simple, & pure, soit terre, eau, air, ou feu : de la terre nous la voyons produire, & mouuoir, & par consequent viure comme nous venons de dire, produisant toutes choses. Quant a l'eau nous voyons la mer nourrir tant de creatures, qui ne peut estre sans vertu, qui luy donne ceste action : car le simple elemét n'est que matiere simple priuée de raison, ou vertu quelconque, comme nous l'auons dict du commancement : la matiere donc qui produict effect & nourriture, ne le peut faire sans mouuement, & par consequent vie. D'auantage les mouuementz naturelz de la mer, nous y manifestent vne vie. Autant en dirons nous de l'air, par le moyen duquel toutes creatures sont secourues en leur vie, comme portant en soy quelque meslange, qui luy donne vertu de secourir ce qu'il ne feroit, estant pure matiere sans aucune action, vertu, ny efficace.

Nous n'en dirons moins, mais beaucoup plus du feu, par lequel nous aperceuons plus

Nn

d'actions produire effectz, que par moyen quelconque, comme aussi il est dict le grand acteur, voire si grand, & puissant qu'il a esté receu du sainct Esprit, pour s'en seruir en ses actions employées sur la matiere, comme nous l'auons cy deuant declaré, que ce grand ouurier a vsé du feu pour l'artifice des cieux, & despuis l'en auons veu vser en innumerables autres manieres, declarées par la saincte escripture, comme cy deuant l'auons mis plus a plein. Et par ainsi il n'y a rien en ce monde qui ne viue, DE TANT QV'IL N'EST RIEN MORT AV MONDE, NY A ESTE, NY SERA, par ce que du commancement que ce bon Dieu esbranla les œuures & puissances données a nature, toutes creatures eurent vie, & toutes autres parties elementaires la receurent pareillement auec les actiõs & vertus d'operer, pour l'entretenement & vtilité des creatures que Dieu leur donna: qui n'estoit sans vie, a cause que c'est la premiere partie des siennes, qu'il meêt en la matiere, que la vie, accompagnée d'efficaces & vertus, lesquelles ne pourroient operer sans vie: & dauantage c'est par ce moyen que Dieu se dict estre toutes choses & en toutes choses, a cause, que luy estant vie (comme il est escript) en chasque subiect & forme d'icelluy: & la forme est celle qui donne l'estre a la chose. C'este forme donc estant Dieu, faict que Dieu est en toutes choses, & par ainsi n'y a rien mort au monde, ny a esté, ny sera, tant qu'il plairra a ce bon pere, qu'il dure en son estat. CAR LE PERE A VOVLV, QV'IL EVST VIE, TANT QV'IL DVREROIT: a cause de ses vertus, & actions, qu'il luy a commis a exercer, tant en son tout qu'en ses parties, par lesquelles il execute sa volonté: & lesquelles il ne peut garder sans vie: a cause dequoy, il a vie, laquelle luy a esté donnee du pere, pour tant qu'il durera.

Exod.19.c & 24.d & Leuit. 9.d & Psal.103.a
Rien mort au monde.

Ioan.11.c & 14.a

Dieu a voulu le monde auoir vie.

SECTION. 16.

A Cause dequoy il est necessaire, qu'il soit Dieu. Comment donc, ô mon filz, pourra il estre en Dieu, en l'image de l'vniuers, en la plenitude de vie, choses mortes? de tant que mort est corruption, & corruption est abolition? Comment donc est il possible que quelque partie de la chose non corrompue, puisse estre corrompue, ou quelque chose de Dieu estre aboly? Comment donc (ô mon pere) les animaux qui sont en luy, & sont ses parties, ne meurent ilz pas? Parle mieux, ô mon filz, tu ez deceu en la denomination du faict: car ilz ne meurent pas, ô mon filz, mais entant que corps composez ilz sont despartis: & le despartemant n'est pas mort, mais c'est separaration de la meslange: ilz sont despartis non a ce qu'ilz soyent abolis, mais a ce qu'ilz soyent renouuelles.

COMMENTAIRE.

PVis donc qu'en ce grand monde Dieu a constitué plenitude de vie, & ce par le moyen de toutes ses vertus, lesquelles il y a mis, & comme nous voyons n'auoir aucune cognoissance, qu'il en aye mis ailleurs: & si voyons qu'ayant baillé son commandement a vn homme particulier, pour estre administré a vn public, il est dict Dieu, comme sont tous princes, & magistratz, ayants les puissances de Dieu en ministere estre dictz Dieux. Sy donc ceux cy sont dictz dieux, n'ayãts en administratiõ que bien peu des puissances de Dieu, au regard de ce grand monde, qui les a toutes, pour le moins celles, desquelles il est faicte mention par tout l'vniuers: par plus fort ce grand monde en ayant plus receu tout seul, que tous les autres dieux ensemble, deburoit estre estimé Dieu. A CAVSE DEQVOY IL EST
NECES-

Comment est Dieu le mõde.

Ioan.10.f

NECESSAIRE, QV'IL SOIT DIEV, en la qualité que nous le declarons, comme ayant en ministere & dispensation les commandementz, & volontez de Dieu. Or donc s'il est Dieu, & en toutes ses matieres, en forme d'essences, vertus, & graces diuines, conduictes & ordonnées pour la conseruation & durée de ce monde, en ces actions & operations de changementz, ou mutations, renouuellements, & restitutions, lesquelles il continue sans en perdre vne seule, tant soit petite partie: COMMENT DONC, O MON FILS, POVRRA IL ESTRE EN DIEV, EN L'IMAGE DE L'VNIVERS, EN LA PLENITVDE DE VIE CHOSES MORTES, attandu que par ce deffaut le monde viendroit bien tost a perdre son cours, actions, & mouuementz, par le deperissement, qui se feroit de l'vne partie, apres l'autre: DE TANT QVE MORT EST CORRVPTION, ET CORRVPTION EST ABOLITION? Nous noterons que combien que Mercure aye cy deuant interprete mort, n'estre que separation des vnitez composantz le subiect, & non perdition du subiect (comme il estoit estimé du commun, lequel il vouloit ramener a la vraye intelligence de ceste diction) ce nonobstant continuant l'argument qu'il a commencé a son filz pour l'intelligence du cōmun, il ensuit pour ceste heure l'intelligence du commun, en ceste diction de mort, pour donner a entendre l'inconueniant qu'amene ceste faulce intelligence, prenant Mort pour totale perdition & priuation d'habit. Si donc il y a choses, qui meurent en ce monde, de tant que mort est corruption, & corruption estant abolition, perdition, ou priuation d'habit, comme lors il estoit tenu & a peu pres de nostre mesme temps du commun. COMMENT DONC EST IL POSSIBLE QVE QVELQVE PARTIE DE LA CHOSE NON CORROMPVE PVISSE ESTRE CORROMPVE? Car corruption proprement n'est pas abolition, ou perdition, mais est simple mutation, & si nous prenons comme le commun corruption, pour perdition, comment se peut il perdre partie quelconque de la chose qui est conseruée sans aucune abolition, ou perdition? Et de laquelle la partie la plus subiecte a corruption, qui est la matiere, a esté conseruée de Dieu en perpetuel habit de matiere ou materialité, sans que iamais elle puisse venir en perdition, ou abolition: OV SI NOVS VOVLONS PARLER DE LA PARTIE DES FORMES, comment peut il aduenir QVELQVE CHOSE DE DIEV ESTRE ABOLYE? car c'est luy qui fournist les formes a toutes creatures de sa propre essence. Comment est il possible que ceste essence diuinine (du tout contraire & ennemie de priuation) puisse tumber en icelle, tout au contraire de sa nature? ce seroit que vne essence ne fut point. cela est hors de toute possibilité. Et par ainsi il n'est possible que aucune partie diuine puisse souffrir corruption, ny mutation, & moins encore perdition, ou abolition: laquelle partie diuine est en ce monde, la forme de la creature, qui ne perist iamais, ny souffre mutation, combien qu'elle se retire en la dissolution: & l'autre partie materiele de la creature, combien qu'elle souffre corruption, alteration, mutation, ou changement, ce neantmoins elle ne souffre perdition ou abolition, ains demeure en son premier priuilege, qui luy a esté donné de son createur, de perpetuele materialité, ou perpetuel habit de matiere, non subiecte a aucune priuation ou ruyne. COMMENT DONC, O MON PERE, LES ANIMAVX QVI SONT EN LVY ET SONT SES PARTIES NE MEVRENT ILS PAS? prenant tousiours auec le commun mort pour abolition, ne pouuantz soy souuenir de ce que nous auons declaré cy deuant, que mort n'est pas abolition, mais c'est dissolution des choses assemblées en la composition. Et Mercure disant que aucune chose, ou partie du monde ne meurt, prenant mort pour abolition, suiuant le commun, Tat luy replicque des animaux qui meurent tous les iours, & neantmoins sont parties du monde, qui ne peuuent mourir prenant mort pour perdition, & si toutesfois meurent prenant mort pour dissolution. Et par ainsi Mercure voyant son filz Tat soy confondre aux dictions mal entédues, luy respond, PARLE, MIEVX, O MON FILS, TV ES DECEV EN LA DENOMINATION DV FAICT, lequel tu nommes improprement, CAR si tu continues de prendre mort, pour l'abolition, ie te declare qu'ILS NE MEVRENT PAS, O MON FILS, à cause que s'ils mouroient en la maniere que tu l'entendz, pour estre aneantiz & abolis ou tumbes en priuation, tu entendz bien que par si lon temps que le monde a charge de s'entretenir & durer, il ne l'eust peu faire, ains par tant & si frequentez mortz de tous animaux, plantes, & autres creatures, qui sont aduenues & aduiennent tous les iours, leur matiere tumbant en priuation & perdition eust rendu a present le monde sans matiere, ou bien peu, à cause de la perdition qui s'en feust ensuiuie.

Parquoy ne pensez pas qu'ilz meurent comme tu l'entends, MAIS ENTANT QVE CORPS COMPOSEZ ILS SONT DESPARTIS: & les vnitez desquelles ilz auoient esté bastis & assemblez, se retire chascune en sa source auec le temps, & ne s'en perd aucune, ains se preparent pour rentrer en telle autre composition qu'il plaira à ce bon Dieu leur ordonner. ET LE DEPARTEMENT N'EST PAS MORT, MAIS C'EST SEPARATION DE LA MESLANGE. Et quand bien tu seras mieux instruict, & entendras la vraye denomination de ceste diction Mort, tu la prendras à la verité pour ceste dissolution, ou separation d'vnitez: mais pendant que tu la prens si mal que tu l'interpretes, estre la perdition & anichilation du subiect, ie te diray que ceste dissolution ou despartement n'est pas mort, mais c'est separation de la meslange, en laquelle ne suruient aucune perdition ou abolition.

Separation n'est abolitié.

Et pour te faire entendre que deuient ceste separation, qui aduient à ces corps. ILS SONT DESPARTIS, NON A CE QV'ILS SOIENT ABOLIS, MAIS A CE QV'ILS SOYENT RENOVVELLEZ, ou faictz neufz, ensuyuant ce que nous auons cy deuant dict, que des vnités qui se retirent du departement, ne s'en perd ou abolist aucune, ains elles se preparent pour renoueller, & de nouueau entrer en composition d'autre corps. C'est la circulation, qui est ordonnée à la matiere, & toutes vertus ordonnées soubs la conducte de l'ame de l'vniuers, que quand vn corps composé a paracheué son cours, qu'il soit desparti en ses vnitez qui l'auoient composé, & qu'elles se preparét pour rentrer en la composition d'vn nouueau corps, c'est l'ordre de nature, laquelle ne cessant d'operer, ce neantmoins elle n'vse ny perd aucune estoffe des siennes, & qui luy sont données en charge.

La separatiō se faict pour renouueller.

SECTION 17.

DAuantage quelle est l'efficace de vie, n'est ce pas mouuement? qu'y a il donc au mōde immobile? Rien, ô mon fils. Et la terre ne te semble estre immobile, o mon pere? Non mon fils, mais diuersement agitée, toutesfois est elle seule stable. Comment ne seroit il digne de risée, que la nourrice de toutes choses fust immobile, qui produict & engendre toutes choses? Car il est impossible estre produict quelque chose par le produisant sans mouuement. Tu m'interrogeois par mocquerie, si la quatriesme partie estoit oisiue: car le corps immobile ne signifie autre chose qu'oisiueté.

COMMENTAIRE.

ATtandu donc que aucune des parties du monde ne perist ou vient en abolition, mais que l'impropre vsage des dictions mene les hommes en ceste fauce intelligence, comme tu me fais entendre. Ie voy encore, o mon pere, vn empeschement, qui m'induit à te faire vne question sur ceste vie de toutes choses: dy moy donc DAVANTAGE, QVELLE EST L'EFFICACE DE VIE, à celle fin que par ceste efficace cōsiderée en toutes parties, ie voye si en toutes y a vie. Ceste efficace & vertu produicte & entretenue par la vie, en chasque subiect, N'EST-CE PAS MOVVEMENT, par lequel necessairement lon doit iuger la chose estre viuante: & au contraire celle qui n'a point de mouuement, n'estre point viuante? QVE Y A IL DONC à ton aduis AV MONDE IMMOBILE? RIEN O MON FILS? Qu'est ce que tu dis ô mon pere? C'est vn vray paradoxe contre l'aduis cōmun de l'vniuers, qu'il n'y aye rien immobile, ET LA TERRE qui est le vray siege de tous animaux, & laquelle les gens de sçauoir tienēt estre par sa pesanteur arrestée à l'entour du centre de l'vniuers, & sans aucune agitation qui la puisse esbrâler de sa fermesse, NE TE SEMBLE ESTRE IMMOBILE O MON PERE? NON MON FILZ, I'aperçoy bien que parlant de l'immobilité de la terre, tu cōsideres en elle que la nature elementaire & materiele, qui detient & occupe si merueilleusement ton entendement, que n'y considerant rien plus haut que ceste matiere, subiecte à tant de miseres, & n'esleuant plus haut ta pensée, tu ne puis entendre sa nature & condition : fais sourdre ton esprit, & le fais monter à la cognoissance des vertus de Dieu, qui sont suppeditées & fournies à la terre par l'ame de l'vni-

Mouuemens efficace de vie.

Si la terre est immobile.

de l'vniuers, & tu trouueras qu'elle est non seulemāt mobile: MAIS DIVERSEMENT AGI-TEE & continuellemant remuée, mesmement en toutes ses parties prochaines a sa circonference & superfice ronde. TOVTESFOIS parlant de sa nature materielle & elementaire, sur laquelle seule tu t'es apuié, ie confesseray QV'ELLE EST SEVLE ESTABLIE entre toutes creatures materielles & corporeles, mais c'est quant a sa generalité. Et combien que generalemēt elle soit immobile & stable, si est ce qu'elle a plusieurs, diuers, & tres-frequētz mouuemētz iusques a ne les pouuoir nōbrer en ses particuliers endroits, par lesquelz elle execute le vouloir de son createur, cōme le vray estat pour lequel elle a esté faicte & cōstituée. COMMENT NE SEROIT IL DIGNE DE RISEE, QVE LA terre n'ayant esté produicte de ce bon Dieu que pour estre NOVRRISSE DE TOVTES CHOSES, pour les engendrer, & recepuoir toutes vertus diuines, pour les entretenir en leur forme, & fournir toutes creatures d'autres pour leur entretenement & vie, faire toute generation & production de toutz animaux, plantes, & mineraux, seroit il possible qu'elle FVST IMMOBILE? QVI PRODVICT ET ENGENDRE TOVTES CHOSES? ne cessant a toute heure son operation, action, & pure execution des efficaces qu'elle a receu de Dieu pour ces effects? CAR IL EST IMPOSSIBLE ESTRE PRODVICT QVELQVE CHOSE PAR LE PRODVI-SANT SANS MOVVEMENT. De tant qu'en toute production il ya croissance & diminution, il ya contribution de matiere que la terre faict de sa part, en toutes creatures tenantz des quatre elemētz, dont elle en est l'vn, ce qui ne peut estre sans mouuemāt. Il faut qu'elle s'enfle, & s'ouure pour donner plasse a la naissance & croissance de la plante ou mineral, elle se rarefie pour receuoir l'air, a faire les generations & corruptions, renouuellemēts & autres mutations, pour lesquelles elle est faicte, qui ne se peut faire sans mouuement: & aussi consequemment de toutes ses operations. TV ME INTERROGEOIS PAR MOCQVERIE SI LA QVATRIESME PARTIE ESTOIT OISIVE, CAR LE CORPS IMMOBILE NE SIGNIFIE AVTRE CHOSE QV'OISIVETE. A cause que tu m'as interrogé si la terre quatriesme element, ou quarte partie elementaire ne me sembloyent estre immobile. Que penses tu estre autre chose immobile, que estre oisif, & sans nulle efficace, veu que ie t'ay declaré qu'il n'y a vie ny efficace en creature quelconque sans mouuemant. Puis dōc que tu vois la terre mere de toutes choses terrestres, produite a toute heure, & par toutes les parties de sa superfice, diuersité de creatures, chose qui ne se peut faire sans mouuemant tant de rare-faction, condensation, croissance, que diminution. Il est bien ridicule de demander si ce quatriesme element estoit sans mouuemant, ou bien oisif, & par consequent priué de vie, action, & operaion, & sans aucun, efficace ou vertu de produire effect, estant le principal lieu d'habitatiō, norriture & generation de toutes creatures, element quatriesme en l'ordre de la matiere, & tenant plus que tout autre de sa nature, & condition materiele. Tu fais ceste question ridicule, ne prenant garde, que la terre n'estāt qu'vn corps iette ses vertus de tout le corps pour faire les actions, & produire les effects par les lieux, qui sont en elle deputez a l'executiō des operations. A cause dequoy elle ne souffrāt en elle aucune rupture, ou separatiō en ses principales parties, ne peut faillir a estre dicte entiere operatrice par sa vie & mouuement: & pour autre respect, qui est de la generalité de sa masse, & regard du lieu, qu'elle ocupe, estre veritablement stable & immobile, quant a ses principales parties: & par consequent mobile & reposante pour diuers respects: qui sont la nature de sa situation, & celle de son operation, cōcluant que toute la terre prinse ensemble est immobile, & ses parties sont mobiles.

SECTION 18.

Sachez donc generalement, ô mon filz, que tout corps, qui est au monde, se meut, soit par diminution ou bien augmentation, & ce qui se meut est viuant: & tout ce qui est viuant, n'est pas necessaire, qu'il soit mesme, de tant que tout le monde ensemble, o mon filz, est immuable, mais ses partyes sont muables: & n'est rien, qui puisse estre corrompu ou perir, mais les denominations troublent les hommes. Car la generatiō n'est pas vie, mais est sens: ny la mutation mort, mais c'est oubliance. Ce faict estāt ainsi, toutes choses dōc sont immortelles, matiere, vie, l'esprit, pensée, l'ame, desquelz tout animal est composé.

COMMENTAIRE.

Dieu donne vie au corps par composition.

COntinuant le propos des corps composez, lesquelz souffrent assemblée & dissolution ou despartemant, Mercure nous baille vne regle generale, parlant a son filz, & luy declare, SCACHES DONC GENERALEMENT, O MON FILS, QVE TOVT CORPS composé, & faict par assemblée de plusieurs vnitez, & QVI EST AV MONDE, SE MEVT, & a receu l'efficace de mouuement, par le moyen de la vie, qu'il reçoit de ce bon Dieu, qui a composé toutes choses en ce monde pour vie: auec laquelle il leur donne mouuement, vraye efficace de vie, comme nous venons de dire, laquelle est inseparable d'icelle. Dont il s'ensuit generalement, que tout corps composé en ce monde, a mouuement,

Croissance & diminution sont mouuemens.

par lequel il est meu, SOIT PAR DIMINVTION, OV BIEN AVGMENTATION: detant que toute chose crée & composée, a en soy deux estats, augment & diminution : lesquels de leur propre consistent en mouuement, & occupent toute la durée du composé. Combien que plusieurs assignent en ce composé cinq estats, asçauoir commancement, augmentation, estat, diminution, & fin, mais de tant que de ces cinq les trois n'occupent aucun temps, ains consistent en instant, qui n'a point de durée, asçauoir commencement, qui ne dure rien sans croissance, l'estat ne dure rien sans diminution : de tant qu'en mesme instant, que

Les cinq estats reduicts a deux en la vraye.

la croissance fine, en mesme la diminution prend son retour, & la fin qui n'a autre temps que le bout de la diminution.

Parquoy touts ces cinq estats sont reduitz necessairement a deux, qui sont croissance & diminution, a quoy tout corps composé est subiect. ET CE QVI SE MEVT EST VI-

Ce qui se meut est viuant.

VANT, par ce que nous auons dict, que mouuement est vraye efficace de vie, & qui iamais ne l'abandonne. A cause dequoy, tout ce qui a mouuement, a vie, entendant en ce propos ce, qui est meu, pour ce qui a mouuement en soy, non seulement ce qui seroit meu par autruy: car nous ne parlons des choses mortes, mais des creatures composées, lesquelles auec la vertu de mouuement reçoiuent infailliblement la vie, & auec la vie le mouuement: ET TOVT CE, QVI EST VIVANT N'EST PAS NECESSAIRE QV'IL SOIT MES-

Vie ne porte auec soy mesme estat.

ME. Il s'en faut tant, qu'il a esté besoing, que le corps, que ce grand Dieu souuerain a voulu conseruer en mesme estre ou mesmesse, l'ayant esté par priuilege special, qui sont les corps celestes, pour le seruice de la matiere, de tant que sans ce particulier priuilege, la matiere, dont ilz sont composez les eust contraints souffrir ces imperfections de mutation, alteration, ou changemant, comme a tous autres corps composez. Parquoy il n'est necessaire, que tout ce qui a vie, ait ceste identité, memesse, ou bië immutabilité, & vertu de garder mesme estre. Il n'apartient entre toutes creatures si dignement qu'a l'vniuers, DE TANT QVE TOVT LE MONDE prins ENSEMBLE, O MON FILS, EST IMMVABLE, MAIS

Le monde immuable en general.

SES PARTIES SONT MVABLES, en leur particuliaire composition. C'est que le monde prins en sa masse vniuerselle est sans aucune mutation: par ce que le monde estant faict pour engendrer en ses parties continuelles mutations, & changemants, a cause qu'il est materiel, & que ses continuelles operations, qu'il faict par tant d'alterations, mutatiõs, & autres changemants, sont de l'essence de son estat & charge, de maniere que ne les faisant, il faudroit grandemant a l'obseruation de son estat & condition receuë par sa creation. Nous dirons que le monde continuant en ses parties les effectz de son deuoir & condition, peut estre dict conseruer en soy mesme estre, sans aucune mutation ou changement, qui vienne de sa partie generale, detant qu'il ne change iamais sa condition d'operer continuellement & varier, & remuer toutes choses particuliaires, par innumerables diuersitez d'actions & mouuement. Et ceste constance, qu'il a, de ne changer iamais, ny alterer son estat & condition, mais le conseruer sans aucune infraction en son integrité, & mesme estre, merite de luy donner l'honneur d'immutabilité. A cause dequoy nous l'estimerons, quant a son estat

Le monde muable en ses parties.

general du mõde vniuersel, immuable, cõbien qu'en ces particulieres parties, qui sont toutes creatures basses, il soit merueilleusement muable. C'est a cause qu'il continue tousiours mesme estat & deuoir sans aucun changement: ET N'EST RIEN QVI PVISSE ESTRE COR-

Rien n'est aboly au mõde.

ROMPV OV PERIR en toutes ses parties, prenant ceste corruptiõ pour abolitiõ & non pour changemãt, cõme il se prẽd bien souuẽt, ce q̃ ceste dictiõ ensuiuãte expose, qui est perir
& de-

& deuenir rien. Car toutes parties materieles en la mort ou dissolution de chasque côposé, s'en retournent en leurs sources, esquelles elles trouuent perpetuel habit de matiere, comme nous auons assez souuent dict, tant s'en faut qu'elles souffrent perdition, abolition, ou perissement, quant aux autres parties de la forme, elles s'en retournent en leurs essences, beaucoup plus esloignées de toute perdition ou priuation. MAIS LES DENOMINATIONS TROVBLENT LES HOMMES, en ce que les vns pensent auoir tout perdu par la mort d'vne creature, n'y considerans, que le seul estat auquel elle viuoit : & ne s'aduisans du retour de ces vnitez & simples parties: comme il aduient & le plus frequent, & qui est la principale cause de ce propos. Quand nous perdons noz amis ou parentz, nous en prenons des peines & tourmentz, comme si à la verité ilz estoient totalement perdus, abolis, & deuenus par entiere priuation en rien : dont est ensuiuy le nom de perte pour la mort. O quel blaspheme il est faict lors a ceste image de Dieu, & par l'ame essence diuine & immortele! Ce n'est pas seulement pecher contre la philosophie de penser le corps materiel estre pery, aboly, & aneanty: car ce ne seroit, que simple ignorance, mais c'est offenser le createur de toutes choses, qui ne peut estre sans la malice engendrée par l'ignorance. Et en ceste maniere les hommes par leurs indiscretions, ignorances, ou passions, variantz & changeantz les vrayes significations des dictions, & denominations, se trouuent si esloignés de la cognoissance des subiectz representez par ces dictions ou denominations, qu'ilz en peruertissent toute l'intelligence parmy eux. Et bien souuent telles personnes soy constituantz lecteurs ou precepteurs du public, infalliblement peuplent le monde de tres-fauces doctrines & intelligences: par lesquelles ilz entretiennent l'ignorance, aussi commune que deuroit estre le sçauoir entre les vrays hommes. Lesquelz ils conuertissent en bestes brutes, voire faisant plus de mal, que ne feroient les bestes brutes, à cause de la peruersion des vertus diuines en vsages malins, auec l'efficace & grâde action qu'elles portent de leur naturel. Ceste variation & diuerse sumption de termes hors leurs vrayes significations, produisent grands troubles parmy les hommes.

CAR LA GENERATION N'EST PAS VIE, de tant que generation est materiele, & chose faicte: & vie est intelligible, eternele en Dieu non faicte: & generation ne concerne que l'assemblée & composition de la matiere pour le futur animal. Et aussi que toutes puissances fatales deputées a l'execution des generations n'ont aucune puissance a distribuer la vie, laquelle est donnée de plus haut. Par ainsi generation n'est la vie proprement, MAIS EST LE SENS, lequel la generation met en l'animal corporel, disposé a estre receu par la partie vitale, par laquelle le sens corporel produict par la generation, est reçeu en l'animal viuant, a faire ses vsages. Tout ainsi NY LA MVTATION MORT, car il se faict toutes mutations sans mort prinse pour abolition, combien qu'il ne se fasse mort sans mutation.

Parquoy la mutation n'est pas mort, c'est a dire perdition, MAIS C'EST OVBLIANCE de l'estat passé, lequel n'est plus estat changé en vn autre, & lequel par ce changement est aboly & perdu, & par consequent oblié, combien que la matiere n'en soit en rien perdue ny abolye, & moins la forme : ce deffaut tient a prendre mort pour perdition, qui n'est que despartement. CE FAICT ESTANT AINSY, TOVTES CHOSES donc SONT IMMORTELES, c'est a dire, sont hors de danger de priuation : de tant que par tout ce chapitre, Mercure a prins (argument des paroles de son filz) mort pour perdition, ou aneantissement & priuation, combienque ce n'estoit sa vraye signification. A cause de quoy, il luy a deux ou trois fois declaré, que les fauces denominations le troubloyent. Prenant donc mort pour totale ruyne, priuation, & perdition, nous pouuons au contraire dire toutes choses estre immorteles, asçauoir MATIERE, laquelle nous auons monstré ne pouuoir perir, à cause de son perpetuel habit de matiere, ou perpetuele materialité, VIE laquelle estant essence diuine, ne porte aucune subiection à priuation, nonplus que L'ESPRIT, la PENSEE, ET L'AME, qui sont toutes parties diuines mises ez animaux, pour leur seruir de forme, & leur donner l'estre ou durée, qu'ilz ont par leur vie. Et ces parties tant s'en faut qu'elles soient subiectes a perdition, abolition, ou priuation, que seulement elles ne sont subiectes à mutation, ou simple mort: mais sont toutes essences immuables & immorteles entant que diuines.

Les denominations troublent.

Blaspheme par ignorâce de la diction.

Generation n'est vie.

Generation fournist le sens.

Mutation n'est mort, mais oubliance.

Toutes choses immorteles.

L'animal côposé de parties immorteles. Immortel pour non abolible.

Et de toutes ces parties, qui ne peuuent estre abolies, ou aneanties, est le present propos, DESQVELLES TOVT ANIMAL EST COMPOSE. de tant que tout nostre discours est principalement introduict pour la composition des animaux, lesquelz participent tous de la pensée, de laquelle a esté faicte la principale mention de ce chapitre.

SECTION 19.

Tout animal donc est de soy mesme immortel, mais sur tous principalement l'homme, qui est capable de Dieu, & coessential auec Dieu. Car Dieu frequente auec ce seul animal, la nuict par songes, le iour par signes, & par toutes manieres luy predict les choses futures, par oiseaux, par entrailles, par le vent, par les arbres. Parquoy l'homme faict profession de sçauoir les choses passées, presentes & futures.

COMMENTAIRE.

Abus de la denomination de mort.

AYant cy deuant determiné, que toutes choses, qui sont en ce monde, sont deliurez de perdition, & abolition, ou bien aneantissement, ne pouuant tumber aucune d'entre elles en priuation d'habit. Elles ont esté dictes par consequant immorteles, supposant que mort soit improprement receu pour abolition & aneantissemant, cōme en ce chapitre, auquel les denominatiōs troublent le ieune Tat: à cause que les anciens en leur cōmun, & n'ayās cognoissance de Dieu, & de son immortalité n'ont pēsé aucune partie de l'hōme immortele, reserué aucuns, & bien peu. Dont s'est ensuiui, que ce mot de mort, à esté prins pour deperiment ou perdition, & non pour dissolution ou departement, comme nous le prenons ce iourd'huy, ayantz, par la grace de Dieu, entendu l'immortalité de ces dependances. Et par la les denominations troubloient ceux, qui prenoient mort pour perdition & abolition, n'estant que despartement. Toutz ces propos a peu pres ont esté tenus cy deuant par Mercure, parlant

Sect. 16.

de ceste faulce appellation de mort, & de la conseruation de la matiere. Tant y a que nous ferons resolution, de prendre pour nos intelligences mort pour dissolution, & non pour abo

Mort prinse par maniere de disputes.

lissement: & pour ce propos nous la prendrons au contraire pour perdition, comme le commun, a celle fin de confondre ceste faulce signification, par la vraye intelligence de l'immortalité de toutes choses, qui seruent à la composition & generation des animaux en ceste region elementaire. Dont Mercure poursuiuant son propos dict, TOVT ANIMAL DONC

Tout animal immortel.

EST DE SOY MESME IMMORTEL, à cause qu'il est basty de toutes vnitez immorteles, & non subiectes a perdition, soit matiere, vie, esprit, pensée, ou ame: lesquelles nous auōs declarées deliurez de toute perdition. Parquoy nous ne prendrons c'est immortel, pour ne pouuoir mourir: car touts sont mortelz en ceste maniere: mais le prēdrons pour ne pouuoir perir ou estre du tout aneantiz ains seulemēt despartis, en parties qui sont conseruées. MAIS

L'hōme principal immortel.

SVR TOVTS les immortelz nous considererons PRINCIPALEMENT L'HOMME, QVI EST CAPABLE DE DIEV. De tant qu'il a plus de part en l'immortalité, que les autres animaux: à cause que sa forme est la source d'immortalité, qui est le sainct Esprit de Dieu pensée ou entendement ratiocinatif, donné à l'homme sur toutes creatures. Parquoy nous dirons que l'homme n'est seulement immortel ou deliure de perdition, quant a sa partie corporele, comme tous autres animaux, mais il a ceste excellence d'auoir en luy la mesme immortalité, tenant eternelement lieu de son particulier en sa partie principale, capable & dis

L'ame tient l'homme immortel.

posée a receuoir & contenir Dieu, qui est ceste ame interieure prouueuë de l'image de Dieu, à laquelle l'homme à esté basty, en laquelle Dieu est tousiours present, à la differance des autres animaux, esquelz il cōmunicque seulement ses graces pour forme. A cause de quoy Mercure dict, l'hōme tenir plus de l'immortalité, & estre sur toutz principalement immortel, mesmes en son ame, attendu qu'il est capable de Dieu, ce qui n'apartient à creature viuante

uante quelcôque: ET SI EST COESSENTIAL AVEC DIEV. En cest endroict l'exemplaire Grec vsed'vne diction συνουσιαστικός, laquelle a esté mal prinse, côme il nous semble, des anciens, a faute d'auoir cognoissance de l'essence diuine: de tant que ceste diction venant d'vne autre composée συνουσία, laquelle ilz ont prins pour assemblée familiaire, & de la sont venus a prendre l'autre composé συνουσιαστικός, pour libidineux, ou subiect a plaisir desordonné: lequel ilz ont attiré en male part pour subiect a paillardise. Ce qui ne peut conuenir auec Dieu, entre l'homme & luy, qui a esté cause que reprenant la vraye origine de ceste diction, laquelle est οὐσία, signifiant proprement essence, de laquelle les anciens iusques a bien pres de ce temps, ont aucunement abusé, voire les sçauantz, & l'ont confondue auec substance en plusieurs endroictz, a faute de cognoistre, que ceste essence apartient au Dieu seul, vn, & souuerain, & substance aux creatures. Nous auons donc prins ce simple οὐσία, pour essence, comme il est receu, & son composé, συνουσία, pour assemblée d'essence, suiuant sa composition, & consequemment le dernier deriuatif de ce composé, qui est συνουσιαστικός, nous l'auons, suiuant son ethimologie, interpreté coessential, c'est autant a dire, que conuenant en essences, ou estre de mesme essence, ou bien commun en essence. Ce que les anciens Grecz n'ont peu interpreter, ne sçachant la vraye intelligence d'essence, laquelle apartient au seul Dieu souuerain, duquel ilz n'auoyent cognoissance, & de tant qu'on pense Mercure auoir vsé de ce mot, tournant son escrit en Grec, a prins de l'Ægiptien. Il est aysé a cognoistre qu'il l'auoit d'vn Egiptien, qui a esté tres proprement representé par ce Grec, ensuiuant les compositions & deriuations des simples, quand bien l'vsage Grec auroit entendu mal la langue, ignorant la substance du propos & intelligence de Mercure.

Laquelle ensuiuant, nous auôs tourné l'homme estre cœssential, ou de mesme essence auec Dieu, par l'image, en ce qu'il a son sainct Esprit en sa composition, lequel sainct Esprit est coessential, & d'vne mesme essence auec Dieu, Pere, & Filz. Et combien que l'homme interieur, qui est l'Esprit de Dieu, soit coessential à luy, ce neantmoins n'est il Dieu: de tant que Dieu est simple & non composé de matiere, mais la composition de Dieu, & matiere produict l'homme coessential à Dieu non Dieu. Vray est, que le peu d'estime que l'homme faict de ce precieux ioyau, qui luy a esté donné, & le mauuais traictement & ordinaire mespris, qu'il en faict, nous tient rudes & difficilz a comprendre ceste si extreme bonté & humilité de Dieu, qui est de s'estre mis dans le corps d'vne creature: & aymant mieux fauoriser nostre ignorance, que nous estudier & trauailler a en acquerir vraye intelligence, nous trouuons plus aysé a n'en croire rien, ou pour le moins ne le monstrer par effectz, que d'en rechercher la cognoissance, pour l'exaltation, loüange & gloire de Dieu, recognoissant, que l'homme est participant de nature diuine, par ce moyen (comme il est escrit) ayant en luy l'Esprit de Dieu, vraye mesme essence du pere: dont il est dict en ceste partie coessential auec luy.

CAR DIEV FREQVENTE AVEC CE SEVL ANIMAL entre toutes creatures, de tant qu'il a ordinairement en luy, voire & qu'il le solicite de son salut, prie pour luy par gemissementz, qui ne se pouuent dire, demeurant tousiours a sa porte, & hurtant, a ce qu'il luy vueille ouurir: de quoy l'homme le plus souuent faict fort peu de compte. Toutesfois ce bon Dieu ne cesse iamais de conuier & frequenter l'homme pour le retirer & contregarder de perdition, à cause de l'extreme & indicible amour, qu'il luy porte. Et s'abuse bien souuent l'homme, qui ne considere que les choses corporeles, quand il oyt parler de ceste grand amour, que Dieu luy porte. Car ou il le croit, ou il ne le croit. S'il ne le croit, il ameine sa ruyne, de tant que c'est des premiers pointz, que l'homme doit croire de Dieu, que son amour: & si bien il le croit, il ne l'employe guiere mieux, à cause que cest homme materiel ne considerant que les choses corporeles en soy, prend opinion que Dieu l'ayme, à cause des parties materieles, qu'il a en soy, soit beauté de son corps, disposition aysée, agilité, force, bonne grace, dexterité, ou autres qualités apartenantz a la matiere, ne cognoissant ny voulant considerer en soy autres parties. Et tant s'en faut que Dieu l'ayme pour celles la, (comme disoit Samuel de Dauid, que Dieu ne regardoit que le cœur non les choses exterieures) que c'est arrest & abus par lesquelz ce pauure incensé est detenu entour l'estime & veneration de ces choses, sont cause de l'ire de Dieu executée sur luy, de tant que en l'homme n'y a aucune partie corporele, digne de l'amour de Dieu, à cause de l'imperfection, à laquelle toute matiere est inclinée & subiecte, mais les parties de l'homme dignes d'estre aymées & cheries de ce grand Dieu, & lesquelles il ayme, & auec lesquelles il frequente, sont ces parties mesme, qu'il a mis en l'homme, & pour l'honneur & reuerence desquelles, Dieu luy porte si grand amour, & toutes creatures luy doiuent obeyssance & seruice. Et à celuy qui se renge à venerer, estimer, & soy retirer auec ses parties, & leur donner la volonté & libre contentement mis en son ame, ce bon Dieu frequente, LA NVICT PAR SONGES, comme à Daniel en la vision des quatre bestes, & autres: LE IOVR PAR SIGNES, comme Dieu le declara à la creation des luminaires, declarant qu'il vouloit qu'ilz fussent en signes, temps, iours, & années, & apres qu'il bailla à l'homme en signe de pacte l'arc au ciel, & infinis autres signes, que Dieu a baillé & baille tous les iours à l'homme. Et PAR TOVTES MANIERES LVY PREDICT LES CHOSES FVTVRES, par la cognoissance que l'homme doit auoir de ces signes, & intelligence que les vertus du sainct Esprit assises en luy bien employées luy en doiuent donner. Soit PAR OISEAVX, comme Dieu fist à Abram, quand les oiseaux descendoient sur les corps de ceux qu'il auoit tué, par ou il luy fust predict la future subiection de sa race en Ægipte: & à Ioseph tant par songe que par oiseaux, quand il declara la mort & punition du panetier du Roy Pharao, par les oiseaux qui luy mangeoient le pain sur sa teste. Soit PAR ENTRAILLES, comme en l'exemple que nous auons allegué d'Abram, lequel ne despartit, ny ouurit les oiseaux qu'il auoit tué, mais bien ouurit-il la vache, la chieure, & le mouton, par le milieu: dont les entrailles estoiét exposées en veuë, & aussi que les anciens auoient acoustumé auec quelques manieres d'augures de predire par oiseaux & entrailles d'animaux. Et combien que ce ne fust soubz la cognoissance de Dieu: toutesfois Dieu n'a pourtant laissé de manifester par semblables moyés aux siens les choses futures. Soit aussi PAR LE VENT, duquel l'homme s'est à tout iamais aydé, comme Iesus Christ le dict aux Iuifz qui luy demandoient signe, Quand vous voyez la nuée du costé de l'Occident, vous dictes qu'il pleuura, & il est ainsi, & quand vous sentez le vent du Midy, vous preuoyez le chaud à l'aduenir, & il se faict ainsi.

C'est vne maniere obseruée de tous aages de preuoir la mutation de l'air par le vent, ou predire autres choses PAR LES ARBRES, par lesquelz l'homme cognoist l'auancement ou retardement de l'Esté, comme Iesus Christ le disoit à ses disciples, leur parlant des derniers iours par la similitude du figuier, & autres arbres auançans leurs fruictz, par lesquelz ilz cognoissoient l'Esté estre prochain: & la merueilleuse visió, par laquelle Dieu representát vn arbre au Roy Nabucodonosor, luy fist preuoir l'estrange punition, qu'il deuoit souffrir, par l'exposition du Prophete Daniel faicte deuant ce Roy. Et autres fois par arbres Dieu manifeste à l'homme la fertilité ou infertilité de l'année, & autres choses que ce bon Dieu luy predict, desquelles il n'en entend la plus part, à cause qu'il se laisse perdre l'vsage des vertus, que Dieu luy a donné, pour comprendre & conceuoir telles cognoissances & intelligences: tant y a qu'il ne tient au bon Dieu, que l'homme ne les aye. PARQVOY L'HOMME FAICT PROFESSION & certain estat DE SÇAVOIR (par ces signes & cognoissances, qui luy sont communiquées par la frequentation que Dieu faict auec ce seul animal) LES CHOSES PASSEES, PRESENTES, ET FVTVRES. Ce n'est pas que chasque homme cognoisse toutes ces demonstrances, & signes, qui sont proposez deuant luy par ce bon Dieu: mais il suffist pour dire que l'homme s'en ayde & en tire seruice, que aucuns les cognoissent: & non encore tous signes, mais les vns en cognoistront d'vne maniere, & les autres d'vne autre, par le moyen desquelles diuersitez les vns communicquant aux autres, en produisent seruice pour tout le public, qui en reçoit l'vtilité pour la conduicte & necessité de leur estat & conseruation Et dauantage Mercure descriuant les dons faictz de Dieu à l'homme, veut que nous entendons estre faictz à sa nature par sa creation, pour manifester la bonté & misericorde de Dieu faicte à l'homme,

SECTION 20.

ET *voy aussi cela, ô mon fils, que chasque animal frequente en vne partie du monde, les aquatiques en l'eau, les terrestres en terre, & les volailles en l'air. Mais l'hom-*

Marginalia:
Dieu frequente auec l'homme par songes
Daniel 7. d
Genes. 1. b
Genes. 9. b

Dieu predict à l'homme les choses futures.
Genes. 15. c

Genes. 40. c

Prediction par entrailles.

Prediction par le vent.
Luc. 12. g

Luc. 21. g

Prediction par les arbres.

Daniel 4. d

L'homme sçait par l'aduertissement de Dieu.

l'homme vſe de toutes ces choſes, de terre, d'eau, d'air, & de feu, & dauantage il voit le ciel, & l'attaint du ſens, & Dieu eſt entour toutes choſes, & par toutes choſes, car efficace eſt puiſſance, & n'eſt pas difficil de cognoiſtre Dieu, ô mon fils.

COMMENTAIRE.

Estant en propos des prerogatiues & excellences de l'homme, Mercure incite ſon fils de conſiderer plus auant, pour le conuier a loüer & mercier Dieu, ſe cognoiſſant auoir receu tant de beneficies de ce ſouuerain bon, luy diſant, ET VOY AVSSI CELA O MON FILS, QVE CHASQVE ANIMAL FREQVENTE EN VNE PARTIE DV MONDE, telle que nature trouue plus propre a ſa condition, comme LES AQVATIQVES EN L'EAV, LES TERRESTRES EN TERRE, ET LES VOLLAILLES EN L'AIR. Ce n'eſt pas a ceſte rigueur, que tous ces animaux bruts ne puiſſent aller ou paſſer que en ces lieux ainſi propres a leur nature, ains les aquatiques ou aucuns d'eux ſe retirent hors de l'eau quelque fois pour receuoir l'air & rayons du ſoleil, les terreſtres vont ſouuent en l'eau & y nouët, les oiſeaux repoſent en terre, & aucuns d'eux hantent & frequentent l'eau, & tous animaux prenent de l'air. Mais ils ſont dicts frequenter vne partie du monde, comme tenant celle la pour la plus agreable & propre a leur nature, & en laquelle ils trouuent plus de repos, & non ſeulement ſe côtentent ils d'vne generalité, que le terreſtre ſe côtente de toute terre, ny l'aquatique de toute eau, ny le volatil de tout air, mais encore veulët ils le plus ſouuët ſur toutes parties celle de ſon naturel, comme les animaux des pays chauts, ne peuuët viure es pays froids, ou autres lieux, ſemblablement les poiſſons de mer aux eaux douces, & de meſme maniere des oiſeaux. Qui eſt cauſe que chaſque eſpece d'animal brut n'eſt ſemee par toute la terre, mais il en y a en vn pays d'vne maniere, & autres d'autres, comme difficilement pouuant habiter hors de leur pays naturel. C'eſt a cauſe que le monde n'eſt faict pour eux, mais ils ſont faicts pour orner le monde, de maniere qu'en chaſque partie du monde, il ſ'y trouue diuerſitez & differences d'ornements. MAIS L'HOMME pour lequel & pour ſon ſeruice & vtilité le monde & toutes ſes creatures ont eſté faictes, n'a aucune partie du monde particuliaire a le contenir, ains il VSE DE TOVTES CES CHOSES, ſoit DE TERRE ſur laquelle vniuerſellement ſon eſpece eſt deſpartie, a cauſe qu'il n'y a endroit, en terre qu'il n'aye eſté faict pour ſa commodité & entretenement : ſoit auſſi D'EAV, ſur laquelle il nauige d'vn couſté en autre & en tire ſon ſeruice, tant pour ſa vie corporelle, traficques, ou autres vtilitez & côtentements, ſoit D'AIR lequel il prend & ſ'en entretient par toutes les parties de ſon habitation, ou bien DV FEV, duquel il ſe ſert non ſeulement pour les vſages de ſon corps & vie mortelle, mais ſ'en aide en tant de diuerſes actions & ſubtillitez d'arts a tranſmuer & diuerſifier tant de matieres, que lon ne les ſcauroit racompter : ET ce n'eſt pas tout que c'eſt animal ſi excellant ſe ſerue de toutes choſes terreſtres : mais DAVANTAGE, IL VEOIT LE CIEL, ET L'ATTAINT DV SENS. S'il n'y auoit que cela nous en pourrions autant dire de la plus part des bruts, leſquels ayants la veuë plus aigue & penetrante que l'homme, voyent au ciel tout ce que l'homme y voit, & ataignent ce ciel de leur ſentement de veuë ou ſens corporel, autant ou plus que l'homme. Mais combien que tous ces effaicts ſoient neceſſaires a l'homme pour y faire ſon eſtat, ſi eſt ce que heu eſgard a ce que l'homme y faict plus que le brut, c'eſt fort peu de choſe que toute l'action & reception qu'en faict le ſens corporel de la veuë, & l'excellence de l'homme par deſſus tout autre animal, c'eſt l'employ de l'ymage de Dieu qui luy a eſté donnée, a fin que par l'operation de ſes vertus l'homme ſe monſtre excelāt ſur toutes creatures. Voyla comment nous entendons en ce propos que l'homme voit le ciel & le comprend par le ſens de ſa veuë, ſoit en la veuë des aſtres, en leurs mouuements, en leurs effaicts : mais ce n'eſt le principal que de la voir, car le rapport qui eſt faict par le ſens corporel en l'ame prouoeuë & acom-

Diuerſes habitations d'animaux.

L'eſpece du brut n'eſt ſeruice par tout.

L'homme habite par tous pays.

L'homme ſe ſert de toutes choſes.

L'homme ataint le ciel du ſens.

L'homme iuge le ciel ſur le rapport du ſens.

& acompagnée de ces diuines vertus & intelligences de la raison, est le plus excellent auec le iugement & cognoissance qui s'en ensuit, en vertu desquelz l'homme aperçoit en sa diuine pensée tout cest ordre, & diuersité de mouuementz produisantz innumerables effectz, desquelz il a cognoissance, & bien souuent les predict par longueur de temps ou années, auant qu'ilz soient aduenuz, & ce par la cognoissance que ces vertus spirituelles bien employées luy en donnent sur le raport de son sens corporel, lequel par ce moyen est dict attaindre au ciel, & non celuy du brut. Et quand tout sera bien consideré, nous pourrons dire que ce sont les graces & vertus diuines données à toutes creatures, qui souffrent communication de leur chef constitué en l'homme sainct Esprit de Dieu : & par ceste communication l'homme se trouue en son intelligence participant de toutes choses, & communicquant auec elles.

L'homme & le brut voyt le ciel diuersimens.

Et par ainsi nous dirons que cela vient de ce, que DIEV EST ENTOVR TOVTES CHOSES, ET PAR TOVTES CHOSES, soient en celles qui iettent les actions, ou en celles qui les reçoiuent, de tant que toutes sont creatures, desquelles la forme est partie diuine, laquelle facilement se rend disposée à communiquer auec son chef, qui est l'Esprit de Dieu mis en l'homme, produisant les actions. CAR EFFICACE EST PVISSANCE suffisante pour la production de tous effectz, de tant que ceste efficace est (comme nous auons assez souuent dict) la vertu de produire effect, de laquelle vertu ou puissance iamais aucune partie intelligible de l'homme n'est destituée, ains tres-soigneusement acompagnée. ET N'EST PAS DIFFICILE DE COGNOISTRE DIEV, O MON FILS, ayant presupposé les intelligences & cognoissances, desquelles nous auons parlé, comme de le cognoistre par ces effectz en toutes ses creatures, aymant l'homme qui venerera son sainct Esprit mis en luy, pour le contentement qu'il a d'y voir son Esprit serui & honoré, & de le cognoistre, voulant & pouuant employer ses graces & bien-faictz à la conseruation de toutes creatures, par ce que l'homme en voit tous les iours. Dauátage le cognoistre en toutes ses creatures tenant la partie de la forme en elles, ne pouuant atribuer à autre ses puissances, le cognoistre en toutes operations, de biens conferez, ou bien-faictz à ses creatures. De tant que toutes operations & actions estant siennes, celles, qui ne seront diuerties par le deffaut de la creature, sont infailliblement bien-faisantes, & par consequent siennes : & celles, qui seront diuerties du cours de leur institution, soit par ignorance, malice, fortune, ou autre empeschement, sont malignes, & par consequent ne sont de luy, ny de son vouloir, & institution tendant à ceste fin. Parquoy il est tres-aisé de cognoistre, qu'il est, & le cognoistre en toutes choses. Combien qu'il soit bié difficile de l'aperceuoir tel, qu'il est : ce qui est reserué pour apres le recouurement du salut : auquel nous le verrons, comme dict sainct Iean, Tel qu'il est, nous contentantz ce pendant de le cognoistre par ses effectz differant des creatures, & plus excellant.

Dieu entour & par toutes choses.

Maniere de cognoistre Dieu.

s. Ioan. 3. a

SECTION 21.

MAis si tu le veux considerer, voy l'ordre du monde, & la bien-seance de l'ordre. Voy aussi la necessité des choses apparantes, & la prouidence des choses faictes, & qui se feront. Voy la matiere estant tres-remplie de vie, vn si grand Dieu soy mouuoir, auec tous biens & beaux dieux, Demons, & hommes. Mais ces choses, ô mon pere, ne sont-ce pas totalement effectz? Si ce sont donc effectz, ô mon filz, de qui sont ils faictz? est-ce d'vn autre Dieu? Ignores tu, que comme les membres du monde sont le ciel, la terre, l'eau, l'air, ainsi mesmes les membres de Dieu sont vie, immortalité, esprit, necessité, prouidence, nature, ame, & pensée, & la perseuerance de toutes ces choses est ce, qui est nommé Bien. Et n'y a rien des choses, qui se font, ou qui sont faictes, ou Dieu ne soit.

COM-

COMMENTAIRE.

MAIS SI ayant commencé de le cognoistre, TV LE VEVX CONSIDERER & quelque peu contempler plus auant, VOY L'ORDRE DV MONDE, par lequel toutes choses receuans de luy forme qui leur donne l'estre, sont si bien compatibles & durantz ensemble, quelle differance & incompatiblité de nature ou contrarieté qu'elles ayent entre-elles. Considere par qu'elle puissance industrie & bonté ces choses sont entreuues en c'est ordre, ET LA BIEN SEANCE DE L'ORDRE, comme nous pourrions dire en l'operation de ces cieux, & creation des corps celestes: premierement des cieux, à cause que s'il en y a qui portent les corps celestes, ilz sont si transparantz ou cristalins, que l'homme ne les peut voir. Parquoy il ne peut asseurer qu'il en y aye, & par consequent pourra aussi tost estimer les cieux estre ce lieu, auquel sont faictz tous mouuementz celestes, que ce soient spheres cristalines ou trans-parantes. Desquelles encore à cause de leur côcauité & côuexité y au roit danger, qu'elles diuersifiasent la veuë de l'homme adressée aux astres superieurs: & par consequent empescheroient l'art d'Astronomie, entant qu'elles empescheroient ou diuertiroient les rayons, si elles n'estoient bien paralleles en leur transparance, & lors n'empescheroient. Quoy qu'il en soit, nous en remetantz aux personnes de plus grand iugement, nous dirons la vertu de Dieu n'estre moins manifestée à voir, mouuoir les corps celestes, si regulierement qu'ils font, sans estre portez ny soustenus d'aucune sphere celeste, comme ça bas nous le representons par noz spheres materieles, que s'ilz estoient portés a l'entour d'vne sphere, qui leur rendist leur mouuement plus asseuré, employant plus d'art que de puissance: de tant que puissance est plus propre à Dieu, comme son vray rayon: & celuy de l'homme sont les artz & sciences, comme il a esté cy deuant dict. Si tu consideres donc la bien seance de c'est ordre, par laquelle ce ciel nous represente innumerables estoilles de diuerses grandeurs, iusques a cinq ou six differances, & tellement semées qu'il n'est partie du ciel, qui ne soit prouuée de toutes ces differances. D'auantage, il se trouue entre elles, sept planetes, separées de leurs cours, & plus prochains de nostre basse region, chascun desdaignant son mouuement a l'entour l'vn de l'autre. Parmy ces estoilles il se trouue description de douze signes celestes, vingt huict images ou figures, desquelles l'homme s'aide, par la cognoissance qu'il a de la diuerse nature de leurs actions, lesquelles de leur institution portent vne telle bien seance, qu'elles ne produisent aucun effect, qu'il ne soit pour le bien & proffit de la creature, pourueu qu'il ne soit diuerty ou destourné hors de la vraye fin, pour laquelle Dieu l'a institué. C'est vne grande bien seance de faire bien a toutes choses, & en toutes heures. Considerons aux dessoubz des corps celestes la region elementaire, en laquelle ce tres-grand & tres-puissant feu se trouue disposé a produire si merueilleuses actiôs, desquelles la moindre partie seroit trop longue a racompter: ce diligent & tres-subtil air, portant toutes actions, & effectz celestes vers les corps materielz, les penetrant iusques a leur dedans, & faisant tant d'autres effectz: ceste mer nourrisse de tant d'animaux, portant tant de manieres de vaisseaux, humectant si soigneusement la terre, laquelle par ce moyen produict toutes creatures, tant en sa superfice, que en ses entrailles. Considerons la meslange des quatre matieres elementaires, combien de diuersitez & merueilles elle produict, toutes augmentantz la bien seance de c'est ordre, de laquelle nous n'acheuerions iamais de racompter les excellences. VOY AVSSY LA NECESSITE DES CHOSES APARANTES, qui sont toutes choses materieles & corporeles: desquelles considere la necessité & besoin, qu'il estoit qu'elles fussent crées, pour la conseruation & bien seance de c'est ordre, pour l'entretenement l'vne de l'autre, & principalement pour l'vsage & seruice de l'homme composé du S. Esprit de Dieu, pour lequel toutes choses corporeles sont faictes, portantz en soy actions, efficaces, & vertus, toutes pour le secourir & seruir a innumerables necessités. ET considere aussi LA PROVIDENCE de ce bon Dieu, qui porte en soy vne si merueilleuse intelligence & cognoissance DES CHOSES, qui deuoient estre faictes, pour la conduicte, necessité, secours & bien seance de c'est ordre, lesquelles ceste diuine prouidence a nommé & ordonné, à l'estat qu'elles deuoient faire despuis la plus grande, soit le firmament, iusques a la necessité de la formiz ou ciron, & tout leur entredeux. Desquelles aucune n'en a esté mise en oubly, mais

Cognoistre Dieu par les effectz es choses faictes.

Consideratiô de l'ordre du monde.

Si concauité transparance diuertifi les rayons.

S'il y a ciel materiel.

Six grâdeurs d'estoiles.

Les planetes plus proches de nous.

Images & signes du ciel.

La region elementaire.

Meslange des quatre matieres.

Le besoin des choses faictes.

Prouidence de Dieu.

bly, mais ont esté par ceste diuine prouidence preueuës & preordonnées chascune a son estat, par mesme facilité, que si l'execution de l'ordre luy eust esté present. Et ne considere seulement la merueille de la prouidence de ce grand Dieu sur les choses faictes, comme si son sçauoir & infinie preuidence acheuoit son cours & puissance en ce terme & limite: mais considere les choses FAICTES ET QVI SE FERONT, par ceste eternelé prouidence. Car par celles la, tu cognoistras sa vertu n'estre en plus terminée, bornée, où limitée par temps, que par multitude: de tant qu'il n'est aucun terme, auquel le téps des operations de sa prouidence vienne a finer. A cause que comme nous auons dict, le temps est vne durée terminable, qui est donnée aux choses de ce monde, pour mesurer leur cours ou mouuement, & ce temps n'est iamais sans fin, ains a vne borne ou limite, qui fine auec le cours ou durée de la creature. Et ce n'est celuy la, qui mesure la durée des operations & actions de la prouidence de Dieu: mais celuy, qu'il a prins pour luy, c'est celuy, que les Grecz ont nommé αἰών les Latins *æuum*, & le François les iamais. Lequel estant eternel & infiny, mesure par son infinité l'operation de l'infini. VOY AVSSI LA MATIERE ESTANT TRES-REMPLIE DE VIE, de tant que ce bon Dieu a formé de ceste matiere toutes creatures, de maniere qu'il n'est resté matiere, qui ne soit formée & composée, & pareilement ornée de forme, en laquelle Dieu paroist par ceste forme, fournissant ce corps materiel de vie.

A cause dequoy nous disons, que la matiere est toute pleine de vie, par laquelle nous pouuons aperceuoir VN SI GRAND DIEV SOY MOVVOIR, AVEC TOVS BIENS ET BEAVX DIEVX, DEMONS, ET HOMMES: à cause que Dieu ayant constitué ses actions & vertus, pour donner vie & mouuement à toutes creatures materieles, considerans bien ceste bonté, nous aperceuons ce merueilleux & grand Dieu soy mouuoir, par le moyen de la vie qu'il a mis en tout animal, & par la vie y a mis mouuement, soit en toutes creatures, ou plantes, ou mineraux, & tous animaux brutz, soit habitans en terre, en l'eau, ou en l'air, en tous hommes, desquelz les aucuns sont dieux, comme nous auons cy deuant dict, ayants les puissances & parole de Dieu en administration. Les autres apres leurs cours sont faictz Demons, administrants les commandemens de Dieu, tant és choses corporeles que incorporeles, & par tous lesquels, si tu consideres la vertu, vie & mouuement apartenir au seul Dieu, tu verras mouuoir ce grand Dieu par eux & en tous eux. Qui sont toutes creatures, faictes de ce bon Dieu pour bien, comme il est escrit, Il vit toutes les œures, qu'il auoit faict, & estoient merueilleusement bonnes. A cause dequoy tu le verras mouuoir auec & par tous biens, ensemble auec ces beaux dieux, hommes & Demons, esquelz ces vertus & actions donnent vie & mouuement. MAIS CES CHOSES O MON PERE, NE SONT CE PAS TOTALEMENT EFFAICTS, asçauoir tout ce, que i'aperçoy de Dieu en toutes creatures, esquelles ie ne considere, que ce que ie puis aperceuoir de la forme, laissant la matiere a part. Car ne pouuant voir les parties de la forme auec mes yeux corporelz, il ne me reste a voir que les effectz, lesquelz voirement me signifient la presence & action, ou efficace des vertus, qui sont en ce composé. Toutesfois n'en voyant ou aperceuant corporellement que les effectz, ce que i'en aperçoy, ne sont ilz pas totalement effectz sans autre chose. Il est bien force, car les sens n'aperçoiuent les causes intelligibles. Il est donc necessaire que ce soient seulement effects.

SI CE SONT DONC EFFECTS O MON FILS, & que tes sens n'en puissent tirer autre chose, employe ton intelligence, laissant là les effectz subiectz aux sens corporelz, & passe plus auant en l'intelligence des causes, par lesquelles ilz sont produictz, & considere ces effectz, DE QVI SONT ILS FAICTS, & quelle cause les a produictz suffisante pour mettre auant tant de multitude & telle excellence & puissance d'effectz: EST CE D'VN AVTRE, qu'ilz puissent estre produictz que du grād DIEV? Qui sera la creature qui se ingerera de se dire elle mesmes Dieu, ou cause, & origine de ses actions, & s'estimera ne les auoir receües d'aucun que de soy mesmes, & s'estre faicte soy mesmes, & auoir esté commencement de soy mesmes, & par consequent (qui est ridicule) auoir esté auant qu'il feust Ceste dignité n'apartient a creature quelconque, il la faut recognoistre apartenir au seul Dieu createur, commancement, cause & origine de toutes choses.

IGNORES

IGNORES TV, QVE COMME les parties ou MEMBRES DV MONDE SONT LE CIEL, LA TERRE, L'EAV, L'AIR, desquelz sont composées toutes choses corporeles en ce môde? AINSY MESME LES MEMBRES DE DIEV SONT VIE, IMMORTALITE, ESPRIT, NECESSITE, PROVIDANCE, NATVRE, AME, ET PENSEE. Ce n'est pas pour estimer Dieu estre corporel, ou prouueu de membres: mais c'est vne comparaison, comme vn corps est prouueu de membres, par lesquels il produict ses effaicts & operations, tout ainsi pour entendre, & cognoistre Dieu au plus pres de nostre capacité, nous dirons, que les parties qu'il a en luy tenant le lieu des membres en ses operations, sont celles cy, asçauoir Vie, par laquelle il se manifeste dans ses creatures, Immortalité, par laquelle il monstre l'excellence & infinitude de ses operations & essences, par dessus celles de toute creature, Esprit par lequel il suscite mouuements & impulsions ou efforts dans la creature, Necessité fatale, par laquelle la matiere est administrée & disposée sous sa volonté, a l'execution des sept gouuerneurs, Prouidence, par laquelle tous desseins des choses necessaires vtiles, & profitables a tout ce monde & son contenu, ont esté eternelemêt deliberes & mis en effect, Nature par le moyé de laquelle entant que loy & ordonnance vniuerselle de l'ordre, qu'il a pleu au createur instituer en ce monde, toutes choses sont conduictes, regies, & moderées, Ame, par laquelle l'vniuers en son tout & parties est conduict, & l'animal diuin prouueu du sainct Esprit est regi & gouuerné sous son frâc arbitre, & libre election des actiôs qui sont en sa puissance: & Pensée sainct Esprit de Dieu, par laquelle la perfection est continuellement presentée a l'homme, pour lequel tout le môde a esté faict, a celle fin que la plus excellente œuure que Dieu aye iamais faict, il s'en perde le moins que faire se pourra. Par touts lesquelz membres (ainsi parlant) Dieu faict non seulement les operations que nous auons racôpté, mais innumerables autres, qui ne se peuuent ramenteuoir, toutes instituées & continuées pour le biê de la creature, laquelle ce bon Dieu côserue & contregarde par ses actiôs & bontez, en la nature de sa creatiô, ce que faire se peut: ET LA PERSEVERANCE ou conseruation & secours donne A TOVTES CES CHOSES, pour faire leur estat, EST CE QVI EST NOMME BIEN: detant que n'aperceuant de ce bon Dieu souuerain bien, que ses effects pleins de toute bonté, lesquelz ne cessant iamais continuent & perseuerent a noz vtilitez & profitz, nous auons nommé ceste perseuerance, fermeté, & côstance, nostre souuerain bien, qui est le vray Dieu operant & employant ses biens sur toutes creatures: ET N'Y A RIEN DES CHOSES QVI SE FONT, OV QVI SONT FAICTES, OV DIEV NE SOIT: parce qu'en toutes operations ce sont les parties diuines, qui operent, mesmes en toutes creatures faictes, qui se font, ou qui se seront, leur composition ne pouuant estre sans l'operation de ce grand Dieu, qui leur infond la forme du sien propre: nous pouuons seurement dire, qu'il n'y en a aucune d'icelles, esquelles Dieu ne soit, y seruât de forme & principale partie du composé, ensemble d'action fournissant l'operation.

Parties diuines cognenes par les effects

Parties diuines operans es creatures.

Qui est nommé bien.

Dieu en toutes œuures & choses faictes.

SECTION 22.

EN la matiere donc, ô mon pere? O mon filz, ie dy que la matiere est sans Dieu, Affin que tu luy desparte quelque lieu. Que penses tu qu'elle soit autre chose, qu'vn amas estant non ouurée? Et si elle est ouurée, de qui est elle ouurée? car nous auons dict, que les operations sont parties de Dieu. De qui donc sont faictz viuantz tous les animaux? de qui sont prouueuës d'immortalité les choses immortelles? de qui reçoiuent mutation les choses muables? Soit donc que tu les dises matiere, soit corps, soit essence: sçaches que celles la sont les mesmes operations de Dieu.

COMMENTAIRE.

IL pourroit sembler, que ces propos fussent bien generaux, par lesquelz tu me fais entendre que ie doiue & puisse recognoistre Dieu en toutes choses, EN LA MATIERE
DONC

DONC O MON PERE, laquelle tu m'as cy deuant tant aprins auoir esté separée de Dieu & de ses vertus, la laissant aller en bas sans raison, pour seruir de seule matiere, & non d'auoir en soy action, puissance, ny vertu quelconque, pour faire quelque effect que ce soit, qu'en dirons nous? Si ie y doy estimer Dieu: O MON FILS, IE DY QVE LA MATIERE EST SANS DIEV, si tu prés la matiere sans forme ny operation, comme tu t'es tres-bien souuenu qu'elle estant laissée aler en bas sans raison, estoit pour lors desnuée de Dieu: & par consequent de toute action & production d'effect: car c'est le signe qui nous monstre quelle est sans Dieu, lors qu'elle n'a en soy aucune action, vie, ny mouuement: & c'est celle là seule, qui occupe lieu, estant formée ou non formée.

Parquoy ie te le fays sçauoir, AFFIN QVE TV LVY DESPARTES ailleurs QVELQVE LIEV corporel, auquel estant elle atande les formes, qu'il plaira à ce bon Dieu luy imprimer. ET par ce qu'entre toutes choses, qui sont, ou qui par habit sont soustenues & defendues de priuation, la matiere est la plus imparfaicte & vile. A cause dequoy elle a esté constituée en ce monde selon son imperfection plus esloignée de Dieu: à sçauoir la plus imparfaicte & tenant plus de l'imbecilité & impertinence de matiere, qui est la terre fangeuse, pesante, obscure, & solide, a esté mise au tour & plus pres du centre & milieu du monde, plus esloigné des purités diuines qui sont entour sa circonference, qu'autre lieu qui soit: & les autres elementz, l'vn à l'entour de l'autre esloignés selon l'ordre de leur indignité, occupantz le lieu qui leur a esté donné, pour receuoir leur vie, formes & mouuement: car les parties de la forme estant pures diuines ne desirent, ny ont besoin d'aucun lieu, mais c'est la matiere, qui ne peut estre sans occuper lieu.

QVE PENSES TV QV'ELLE SOIT AVTRE CHOSE QVE VN AMAS, vne masse, ou assemblée, ESTANT NON OVVREE? C'est ce qui luy sert de forme, ou pour mieux parler de figure ou description, q̃ la figure d'vn monceau, masse ou amas, & cõgregation de matiere, n'ayant en soy aucune forme d'actiõ ou puissãce, si elle n'est mise en besoigne & formée en creatures, telles qu'il plaist a ce bon Dieu en produire tous les iours. ET SI BIEN ceste matiere EST OEVVREE & conuertie en quelque chose viuãte, penserons nous qu'elle soit ouurée, & qu'elle ayt receu la forme d'elle mesme, ou bien des atomes & pouldre volante, ou bien de toute ceste turbe d'opinions fantastiques, procedante d'ignorance, que nous auons cy deuant racompté d'vn grand nombre d'anciens? Ou bien DE QVI EST ELLE OVVREE? Sçaurions nous attribuer ceste dignité & puissance d'ouurer la matiere à creature quelconque: laquelle estant de matiere, comme elles le sont toutes, il ensuiuroit que la creature se seroit faicte d'elle mesme, & par consequent auroit esté son commencement, estant deuant qu'elle feust, qui seroit ridicule. De qui donc est ouurée la matiere? CAR NOVS AVONS DICT QVE LES OPERATIONS SONT PARTIES DE DIEV, de tant que par ces operations l'infusion de la forme se faict en la matiere, laquelle forme consiste en essences & vertus diuines, lesquelles il n'apartient a creature fournir du sien, de tant que ce qu'elle en a receu n'est sien, qu'en ministere & dispensation, pour les communicquer & deliurer l'vne creature a l'autre, par la puissance action & vertu propre a ce grand Dieu, commise aux creatures en ministere & a la charge de les dispenser, la ou & quand il luy est ordonné par le vray createur. A cause dequoy, combien que l'operation fatale produise les generations des animaux & autres creatures, si est ce que pourtãt ilz ne sont dictz createurs: de tant q̃ ce qu'ilz y fournissent & administrent n'est pas du leur, ains apartient en proprieté a ce bon Dieu, dont il reçoit vray nom de seul createur & facteur de toutes choses. C'est comme vn thresorier, lequel par commandement d'vn prince donne a vn capitaine vne somme d'argent, en recompense d'auoir commis plusieurs actes de son mestier. Ce n'est le thresorier qui est dict le donneur, mais c'est le prince auquel apartenoit ce qui est donné, & qui l'a ainsi ordonné.

DE QVI DONC SONT FAICTZ VIVANTS TOVS LES ANIMAVX, lesquelz ne peuuent auoir receu leur vie, & mouuements que de ce bon Dieu, auquel apartient, & duquel seul depend la vie, & lequel seul est vie? comme il l'a tesmoigné: Ie suis voye, verité, & vie.

DE QVI ou par qui SONT PROVVEVES D'IMMORTALITE LES CHOSES IMMORTELLES? de tant que immortalité ne peut estre donnée que par celuy qui en est proprietaire. Qui est donc c'est immortel autre, que ce grand Dieu souuerain? comme il est escript frequen-

frequentement, & lequel a prou lieu d'immortalité & conseruation en ce monde materiel, les creatures deputées à l'execution continuele de ses actions & operations: & qui plus est en a promis d'autres, tant pour la durée de ce monde, que pour l'eternité, ce sont les hommes qui se trouueront auoir faict le vray estat d'hommes, durãt leur liberté & vie, lesquelz sont rendus immortelz par ce grand immortel, & aucteur vnicque d'immortalité: DE QVI REÇOYVENT MVTATION LES CHOSES MVABLES? Dirons nous que ce soit des operations fatales, par lesquelles en est faicte l'execution? ce n'est pas raison d'atribuer au seruiteur l'auctorité du maistre. Ce sera donc à ce grand Dieu createur, dominateur, & moderateur, non seulement des mutations, mais des executeurs de ces changemens, ou mutations, ordonnées pour l'entretenement de l'estat de ce beau monde. SOIT DONC QVE TV LES DISES, ascauoir ces operations, exhibitions de vie, atribution d'immortalité, mutation ou changement estre MATIERE, SOIT CORPS, SOIT ESSENCE. C'est à dire, quand tu vois premierement la matiere formée, ou quand tu la vois consequentment esleuée en corps, composant l'animal viuant & mouuant, ou bien quand tu luy vois apliquer l'essence diuine & immortalité, comme il se faict en l'homme, SÇACHES QVE CELLES LA SONT LES MESMES OPERATIONS DE DIEV. Ce sont ses efficaces, & productions d'effectz, lesquelz luy apartiennent, par quelle creature des siennes qu'elles soient distribuées ou dispensées: de tant que toute operation, action, & vertu, luy apartient en propre. A ceste cause celles qui sont distribuées par ses creatures, aux fins ordonnées par sa prouidence, luy apartiennent, & en est dict aucteur.

1.Thim.1.d & 6.d

Dieu seul aucteur des mutations & generations.

Toute operation faicte par la creature est de Dieu.

SECTION. 23.

ET la matiere opere l'habitude de matiere, & l'habitude corporele des corps, & l'essence l'habitude d'essence, & cecy est Dieu, cecy est l'vniuers. Mais en l'vniuers il n'y a rien, qui ne soit. Dont s'ensuit qu'il n'y a entour Dieu grandeur, ny lieu, ny qualité, ny figure, ny temps, car il est tout, mais c'est tout par toutes choses, & entour toutes choses: ô mon filz adore & celebre ce propos, mais la celebratiõ de Dieu est vne, n'estre point mauuais.

COMMENTAIRE.

PVis donc que toutes operations, qu'elles que ce soient, voire en la matiere, es corps ou essences, sont de Dieu, n'y ayant rien d'ailleurs, nous ne cõsidererons en toutes ces actions & operatiõs, qui nous aparoistront en ces matieres corps & essences, que la main de Dieu & sa presence vniuerselle par toutes choses. ET LA MATIERE OPERE materialité, qui est L'HABITVDE DE MATIERE, comme nous l'auons dict parlantz de l'immortalité, que Dieu luy donna, luy conferant ceste perpetuele materialité, ou habit de matiere, exempt de toute priuation ou perdition. Parquoy ceste matiere voire sans aucune forme pour le moins elle opere ceste immortalité, ou perpetuele materialité & habit de matiere qui la conserue: Et de tant qu'elle a reçeu ceste conseruation & immortalité de ce bon Dieu, nous dirons tantsost que ceste immortalité & perpetuele habitude ou materialité qu'elle entretient & opere en elle, est de Dieu. Et dauantage, ceste matiere opere de sa part aux corps L'HABITVDE CORPORELE DES CORPS ou corporalité, c'est la durée & protection qu'elle a reçeu de Dieu par cest habit, contre toute priuation & perdition d'estre: & ce de tant que vray estre ou vraye essence n'apartient aux choses materieles ou corporeles, à cause qu'elles sont toutes subiectes a passion, mutation, mouuement, & autres imperfections, ce qui n'aduient a l'essence, laquelle est immuable, immobile, impassible, & intelligible de sa nature. A ceste cause il n'a esté donné a la matiere essence, de tant qu'elle n'eust peu endurer vne si grande dignité, mais pour sa durée & conseruation, & pour la garder de perir, soy perdre, & deuenir en priuation, estant separée de Dieu, il luy fust donnée ceste materialité, qui est perpetuele habitude ou habit de matiere, tellement qu'elle demeurera tousiours matiere, quelle passion, mutation, ou autre subiection qu'elle souffre. Qui a esté cause, que nous auons dict, la matiere du propre a elle donné operer marerialité & corporalité. ET L'ESSENCE opere L'HABITVDE D'ESSENCE. Ceste cy porte en soy plus d'excellẽce & di-

La matiere opere materialité. Chap. 8. sec. 3

La matiere opere ez corps corporalité.

Matiere ne perit iamais. L'essence opere essentialité.

gnité, de tant que de sa simple nature d'essence, sans luy adiouster autre habitude ou essentialité, elle est exemptée & deliure de toute priuation & abolition, comme luy estant de nature totalemant contraire. Ce qui apert par les deux verbes côtraires, estre & n'estre point: de tant que essence est ce qui est, comme Dieu le declara à Moïse du buysson, Ie suis qui suis, & seray nommé celuy qui est, comme essence ne dependent que de luy, & n'apartenant qu'a luy: lequel donnât estre à toutes choses, est necessaire en auoir en luy la vraye source. Et cōbien que l'essence n'aye que faire d'habit pour la deffendre de priuation, si est ce que habit ensuiuant la nature d'essence, de plus pres qu'autre chose qu'on sçache, nous disons l'essence operer ceste essentialité, ou habit d'essence, ou bien pour mieux interpreter ceste essentialité, nous dirons l'estre de l'essence, par lequel elle prend sa conseruation d'elle mesmes, n'ayant besoin de l'aler querir ailleurs, comme estant de vraye nature diuine, ne prenāt rien d'ailleurs: & fournissant tout du sien: ET CECY EST DIEV, asçauoir ceste essence, baillant tout & ne receuant rien, conseruant toutes choses, les essences d'elles mesmes, & la matiere par atribution de habitude, cecy est DIEV, CECY EST L'VNIVERS, comme toutes choses estant en luy, & luy semé par toutes choses: MAIS EN L'VNIVERS IL N'Y A RIEN QVI NE SOIT tant en essence que habitude, asçauoir toutes formes données aux corps des creatures, pour leur raporter vie & mouuement, sont bien simplement & veritablement, a cause qu'elles sont toutes composées d'actions, puissances, & vertus diuines, lesquelles proprement estant essences, nous ne pouuons faillir disant quelles sont, quant aux corps & parties materielles, sans y emprunter la vertu de leur forme qui est essence, nous dirons, qu'ilz ont ceste materialité, qui les conserue en leur estre, les deffendant d'abolition ou priuation. par ainsi il peuuent estre dictz qu'ilz sont, & n'y ayant aucune chose en l'vniuers, que matieres & formes, & lesquelles toutes sont, nous dirons qu'il n'y a rien qui ne soit.

Or est il que toute essence & vray habit ennemy de toute priuation, est en Dieu: a ceste cause toutes choses sont en Dieu, car leur ostant ce qui est en Dieu, asçauoir l'estre & habitu de, tout tumberoit en priuatiō & rien, parquoy il ne seroit plus. DONT S'ENSVIT, QV'IL N'Y A ENTOVR DIEV GRANDEVR, qui l'enuironne, NY LIEV qui le côtienne, NY QVALITE qui exprime ses conditions, NY FIGVRE, qui le represente, NY TEMPS, qui le mesure. CAR IL EST TOVT: MAIS C'EST TOVT PAR TOVTES CHOSES, ET ENTOVR TOVTES CHOSES. C'est q̄ luy estant entour & par dessus toutes choses, les surmõtant en grandeur, lieu, qualité, figure, & temps, il n'en est aucū de ceux la, qui se puisse presenter entour luy, le tout estant contenu dans luy. Et neantmoins il est toutes ces mesmes choses, qui sont en luy, de tant qu'il est leur forme, laquelle donne l'estre a la chose, ou au subiect par lequel il est: & par ainsi il est toutes choses, fors matiere seule: detant que matiere seule sans l'habit que Dieu luy a laissé, qui est de son essence, tumberoit en priuation, & ne seroit plus.

Parquoy combien que Dieu ne soit en la matiere simple & seule, il ne laisse d'estre en toutes choses, detāt que toutes celles, esquelles il n'est, sont priuées d'essence, & ne sont aucunement: O MON FILS, ADORE ET CELEBRE & venere CE PROPOS, l'estimant & tenant en la recommandation que tu le dois tenir, comme le plus digne, qui peut estre consideré de l'homme: mais de peur que tu ne t'arrestes a le receuoir, comme le commun reçoit les choses diuines, par maniere d'histoires & comptes, que l'homme oit faire en diuers lieux, lesquels estant passez sont mesprisez, de maniere que n'en ayant aucun soin ou souuenance, l'homme demeure sans en faire aucun profit, qui n'est bien celebrer ce sainct propos.

MAIS LA CELEBRATION DE DIEV EST VNE, N'ESTRE POINT MAVVAIS, mais au contraire, te rendre bening enuers tous tes prochains, esquels tu recognois l'image de Dieu, comme en toy mesmes: leur faire bien a la semblance de ton Pere celeste, par tous les moyens que tu pourras employer, tant tes vertus intelligibles, que les corporelles: estimant que ce n'est a ton prochain corporel, que tu fais ces bons offices, mais a ton prochain intelligible, pour le respect duquel tu employes toutes tes vertus & moyens. C'est le sainct Esprit de Dieu, que tu dois recognoistre, adorer, & celebrer en ton prochain. Par ceste doctrine qu'il t'a donné, que sa vraye celebration & reuerance demande a l'homme n'estre point mauuais, suiuant le dire du Prophete, Faire

iugement

iugement & iustice, & cheminer soigneux deuant ton Dieu: c'est asçauoir iugement de soy, iustice & raison à son prochain, & soy tenir soigneux de la veneration & recognoissance de Dieu. Ce sont les vrays moyens d'euiter mauuaistié & malice, du tout contraire à la souueraine bonté de Dieu, laquelle n'a chose si directement contraire, que la mauuaistié. Ceste bonté donc s'estimant estre bien seruie & venerée de l'homme, qui chasse de soy malice, luy estant toute contraire, luy faict grande grace, si l'homme cognoissoit bien son deffaut: car si ceste malice est bien contraire à la bonté diuine, elle ne l'est guiere moins au repos de l'homme, tesmoing tous scismes & seditions, qui sont suscitez dans le peuple, ne venants que de leur malice, & concupiscence suscitée par tentations. Pensons quel tourment tout le peuple en reçoit, & les aucteurs mesmes, & s'il ne leur seroit plus profitable de reuenir en paix & amour, pour leur bien & repos corporel, ostás ceste malice pour soy rendre agreables deuant Dieu. Combien que chascun confesse qu'il est vray, si est-ce qu'ilz ne veullent & le plus ne peuuent y retourner: ce que l'homme ayant vne fois veu par experiance, monstre vn tres mauuais iugement, quand il le souffre y estre derechef emporté, à quoy nous deuons tous bien prier Dieu, nous vouloir donner sa saincte cõduicte. Sainct Iaques fine le premier chapitre de sa canonique d'vne mesme doctrine, declarant que la veneration pure & sans tache enuers Dieu, est de visiter les orphelins & vefues affligez, soy deffendants des macules du monde, lesquelles consistent, comme dict sainct Iean, en concupiscences & superbes: & d'auantage ailleurs declare le monde estre constitué en malignité. Les taches du monde donc & ses concupiscences, desquelles sainct Iaques conseille soy garder, c'est la mauuaistié, que Mercure deffend pour l'excellente veneration de Dieu. Et c'est à cause que l'homme sans la malice seroit vn Dieu en terre, & ne fust iamais paruenu à mort, à laquelle la malice l'a obligé & conduict: ains fust demeuré vraye image de Dieu, vsant & iouïssant de toutes les vertus & perfections, que l'image de Dieu auoit aporté à sa composition, non salies ou maculées par la malice du monde, mais demeurans en leur efficace, purité & vertu, comme nous en auons veu quelques rayons aux sainctes personnes, qui euitans ceste malice se sont trouuez agreables à Dieu, & vsé d'efficaces & vertus tant en intelligences, paroles, que effectz, tant excellentes & puissantes qu'elles sont manifestement recogneuës pour œuures diuines: comme l'intelligence que reçeut Moïse en la montagne par l'exemplaire que Dieu luy monstra: celle qui fut reuelée à sainct Pol à sa conuersion, qu'il n'est licite de reueler, les puissances de guerir maladies, susciter mortz, partir la mer rouge, diuiser le grand fleuue, arrester le cours du Soleil, & innumerables autres effectz, desquelz l'homme n'est priué que pour s'estre adonné à la mauuaistié de ce monde, qui le priue de l'vsage des actions & vertus de l'image de Dieu, à faute d'auoir bien obserué le conseil de sainct Iacques. Et Mercure nous enseignant que la vraye culture & veneration de Dieu gist plus en nous, a refuser le mal, que a faire le bien: c'est de tant que le mal refusé par nostre arbitre, ne nous peut plus nuire: & le bien accepté par le mesme arbitre n'est encore en son effect, s'il n'est donné d'en haut. Parquoy ce bon Dieu desirant merueilleusement l'œuure de sa creature, soy rendre affectionnée à luy, estime plus en icelle le faict, qui vient de sa bonne volonté pour petit qu'il soit, que ce qu'il faut qu'elle reçoiue de luy, comme il l'a declaré des deniers de la vefue, de la foy du Centurion, où il a estimé l'affection & volõté, comme dict S. Pol, estant prompte & alegre deuoir estre acceptée selon ce qu'elle a, sans y rechercher ce, qu'elle n'a pas, laquelle s'entretient facilement, mettant toute estude & diligence a euiter les taches & malices du monde, & s'en tenir esloigné.

COMMENTAIRES SVR
le Pimandre de Mercure Trismegiste
A SON FILS TAT EN LA MON-
tagne, propos secret de la regeneration &
profession du silence,

CHAPITRE TREZIESME.

SECTION 1.

AVX propos generaux, o mon pere, tu as parlé par enigmes & non clairement, disputant de la deité, & ne l'as descouuert, disant que aucun ne pouuoit estre sauué auant la regeneration, quand à la descente de la montagne, ie t'eux supplié(ayant ouy ta dispute de ce faict) de m'aprendre le propos de la regeneration, de tant que entre tous autres ie ignore ce seul, & tu eusses dict me le bailler. Quand tu seras alienê du monde, i'en suis prest, & si ay alienê ce que i'ay en moy de volonté, de la tromperie du monde. Toy donc accomplis moy les deffaux, par lesquels tu m'as dict, que tu me baillerois la regeneration, me la proposant de parole ou en secret. O Trismegiste, i'ignore de quelle matrice est nay l'homme, & de quelle semence.

COMMENTAIRE.

Mercure seul
Prophete de
la regeneratiõ

LE propos que Mercure traitera en ce chapitre, porte vn merueilleux tesmoignage de la priuauté qu'il auoit auec ce Dieu souuerain, lequel l'ayant tant honoré, que de nous faire entendre par luy seul, qu'il soit sceu iusques à present, outre les principaux pointz qu'il nous baille par Moïse, comme par luy, la claire intelligence du salut enuoyé à l'hõme par le Filz de Dieu faict homme, aucteur d'vne regeneration, auant laquelle n'y auoit aucun sauué: ce qui n'a esté reuelé par Moïse ou Prophete quelconque, ny escript, que ce ne soit pour le moins si obscurement, qu'il n'ayent iamais estez entendus du peuple, ny apeine des plus sçauantz, iusques à la venue de Iesus Christ & ses Apostres. Ce qui se trouue veritable, par l'attente que le peuple, voire des plus doctes en la loy disoient auoir de leur Messie, lequel ilz attandoient en triomphe & regne temporel, les deliurant de la seruitude des estrangers, esleuant son regne sur tous regnes des nations, par forces, guerres, & autres grandeurs temporeles & corporeles, sans aucune mention du royaume & deliurance intelligible de la subiection de peché. Et combien que Dieu par sa bonté en aye a l'aduenture plus reuelé à Moïse, que nous n'auons sceu ou entendu

tendu, ce n'est merueille s'il ne l'a dict au public, attendu qu'il luy a esté commandé de Dieu, les propos qu'il deuoit publier, & les propos qu'il deuoit celer, comme il nous est racompté par l'escripture, il en feust dict autant à Esdras, des liures qu'il auoit escript soubz l'ordonnance de Dieu: & ailleurs est dict, Que le bon sens cachera ses propos, iusques au temps. Ce que nous verrons Dieu aydant cy apres auoir esté obserué par Mercure, recommandant a son filz le silence de ces propos, pour n'estre estimés calomniateurs. C'est toutes-fois chose tres-admirable, qu'il aye pleu a ce bon Dieu, reueler a ce tres-grand Philosophe, non seulement les premiers pointz de l'ancien testament, desquelz nous auons parlé du commancemēt, mais aussi luy a reuelé outre le don de son filz faict à l'hōme pour son sauuemēt, ce filz estre Dieu homme, & lequel proposeroit l'operation du sauuement, par renaissance ou regeneration, qui ne seust iamais escrit ou proposé, par aucun de ce grād nombre, qui ont basty la saincte Escripture & vieux testament. Il ne faut trouuer estrange s'il a basty ce Pimandre obscurement, le voulant retirer & celer de la cognoissance des mauuais, lesquelz (il s'asseuroit) ne prendroient la peine de l'entendre tant que leur mauuaistié & mespris de Dieu les tiendroit. Et s'asseuroit d'autre part, que ceux qui prendroient la peine de l'entendre, en auroient telle enuie, qu'elle manifesteroit assez que ce labeur tendroit plus a la bonne intelligence, que a la calomnie de son traicté, s'attendant que apres l'effect de la venue de Iesus Christ & l'operation du salut, comme nous sommes maintenant, il seroit loisible a tout chascun de l'entendre, & en receuoir la prophetie pour saincte & veritable. Ce tesmoignage & doctrine, que nous propose Mercure par ce chapitre rend euidentz les tortz & impostures, qui luy ont esté faictes d'aucuns, n'ayantz l'entendement capable de sa doctrine : qui l'ont estimé Idolatre, a la persuasion d'vn traicté de la volonté de Dieu, qui a esté tourné de Grec en Latin par Apulée, & ne sçait l'on dont il la prins, ny qu'est deuenu le Grec, ny s'il l'a bien tourné, pour le moins ce present traicté tesmoignera en Mercure, la vraye foy de saint Pierre & l'Eglise de Iesus Christ, par ce que nous en auons veu iusques icy, & en verrons auec sa grace cy apres, & par ou il aura donné telle cognoissance du vray Dieu, que l'on n'aura occasion de le penser Idolatre, non plus que Moïse. Reprenant donc nostre principal discours, nous verrons, que le ieune Tat ayant quelque-fois hors de ce traicté, ouy parler son pere de la regeneration, laquelle il desiroit entendre, luy en feist instance & priere en ceste maniere. AVX PROPOS GENERAVX, O MON PERE, TV AS PARLE PAR ÆNIGMES, comme si tu desirois n'estre point entendu, qui me semble propos & peine perdue, attendu que l'homme ne parle, que pour estre entendu, & communicquer son intelligence a son prochain. Tu parlois couuertement & NON CLAIREMENT DISPVTANT DE LA DEITE, en laquelle il nous faut a la fin deuenir. Et as beaucoup parlé du principal moyen, mais tu NE L'AS DESCOVVERT, de maniere que ie l'aye peu comprendre, DISANT QVE AVCVN NE POVVOIT ESTRE SAVVE AVANT LA REGENERATION.

Ce propos n'a esté tenu en ce traicté, nommé le Pimandre. Nous le prenons d'autres propos, qu'il peut auoir tracté ailleurs. Sy est ce, qu'il propose vn axiome ou regle generale, qui est admirable pour le temps qu'il escriuoit, & deux mil ans apres, ou plus, qu'il ne s'en parla, predisant ce que sainct Pol a depuis dict. C'est que Dieu nous a sauues par le lauement de regeneration, comme seul moyen, dont le ieune Tat donne l'enseigne a son pere, QVANT A LA DESCENTE DE LA MONTAIGNE IE T'EVX SVPLIE, AYANT OVY TA DISPVTE DE CE FAICT, DE M'APRENDRE LE PROPOS DE LA REGENERATION. C'estoit que Mercure (comme il est porté par le tiltre de ce chapitre) auoit discouru en la montaigne les propos de Dieu, venant a l'aduenture d'en receuoir la reuelation, de tant que la montagne est de longue main lieu propre a communicquer auec Dieu entre les anciens, comme nous l'auons veu d'Elie au mont de Carmel, & d'Elisée pareilemēt apres luy, & l'auons veu de Moïse au mont de Syna. Iesus Christ mesme le cōtinua au mont d'Oliuet. Ayant donc Mercure tenu propos de la deité, & des moyens d'y paruenir par le salut, lequel declarant generalement & par consequent obscurement, le ieune Tat n'en auoit retenu ny compris que la diction de regeneration: laquelle oyant estimée par son pere si necessaire à l'homme, comme fondement de son salut, il presse son pere, ie te prie que i'apreigne le propos de regeneration, DE TANT QVE ENTRE TOVS AVTRES que ie t'ay ouy tenir, IE IGNORE CE SEVL, lequel tu m'as reserué pour faire la conclusion

Tons propos diuins ne sont a publier
Esdras. 14. a
Esdras. 14. d
Eccl. 1. d

Mercure prophetie du nouueau testament.

Pourquoy escript il obscurement.

Tesmoignage de la religion de Mercure.

Sās la regenerationn'y a salut.

Tit. 3. b
Ephe. 5. f

Dieu se communicque en la montaigne.

3. Reg. 8. 17. a
18. c.
4. Reg. 6. d
Exod. 19. b. et
Matth. 26. c
& Luc. 21. g

Tat s'enquiert de la regeneration.

SVR LE PIMANDRE DE

de ta doctrine. Laquelle de vray n'ayant autre but, que la fin du salut, c'est raison, que tu la fines par ce propos, ET TV EVSSES DICT ME LE BAILLER, par ces propres mots, QVAND TV TE SERAS ALIENE DV MONDE. Ceste maniere de parler, par laquelle en ceste clause Mercure confond l'obseruation des personnes, disant, Tu eusses dict me le bailler, quand tu te seras alienè du monde au lieu de quand ie me seray alienè du monde, comme s'il parloit mesmes en la personne de son pere, prenant la seconde personne pour la premiere.

Simple accep-
tion de la se-
conde pour
premiere per-
sonne.

C'est la simplicité des anciens, qui faisoient plus d'estat de l'importance du propos, que du son des paroles, comme Moyse en a vsé depuis, Cecy dict le Seigneur, tu cognoistras en cecy que ie suis Seigneur. Voicy ie fraperay de la verge, qui est en ma main l'eau du fleuue, au lieu de dire, Tu fraperas de la verge, qui est en ta main l'eau du fleuue, comme il fit apres, mais c'est confondre les personnes par les paroles, prenants la premiere personne pour la seconde, comme Tat a prins la seconde pour la premiere, desquelles toutesfois l'ordre oublié, pourroit produire fauce intelligence. Pour bien reduire ce propos donc compatible a soy mesmes, nous auons mis entre deux clauses ceste petite (par ces propres mots) pour referer l'alienation du monde au filz & non au pere, comme le frapement de la verge a esté remis a Moyse ou Aaron, & non a Dieu, qui le dict : a cause que par ce qui s'ensuit, elle s'adresse a luy disant, I'EN SVIS PREST, ET SY AY ALIENE CE, QVE I'AY EN MOY DE VOLONTE, DE LA TROMPERIE DV MONDE. C'est la preparation qu'il en peut faire de s'aliener non totalement du monde, & corporellement s'en retirer par mort, car il ne seroit lors temps de s'atendre a la regeneration : mais il faut s'aliener du monde, quitant & habandonnant tout amour de chose corporele, & retirant sa volonté & tout ce qu'il en y a en soy, de l'amour, desir & affection d'icelle, car d'elle vient a l'homme la tromperie, que les sens moyenent contre l'ame. A cause de laquelle tromperie, & par laquelle les plus habilles, fins, escorts, & rusés, s'en defendants moins, que les plus simples, l'homme est contraint de quiter plustost tout amour & desir de matiere, que d'entreprendre la victoire de ce combat, & en a meilleur marché & facilité. C'est le tresrude combat de soy contre soy mesme, estimé porter la plus grande victoire, que l'homme puisse faire en ceste vie mortelle, de se vaincre. C'est le combat de la volonté contre les sens, par lesquelz est maniée la vie, & lesquelz le premier peché nous a laissé directement ennemis du repos de l'ame, qui est cause que ce combat est si dur & rigoureux, veu qu'il impugne & combat ordinairement la vie si necessaire a l'homme, que sans celle la l'homme n'est plus animal.

Preparation
pour estre re-
generé.

Combat de soy
contre soy.

Toutesfois le ieune Tat s'est tellement preparé pour receuoir ceste doctrine de regeneration, laquelle tant il desire, qu'il en a totalement retiré sa volonté & affection, comme il dict des choses corporeles, qui sont les tromperies, par lesquelles il auroit porté tort ou dommage a son prochain cy deuant, & desquelles il a descouuert les aguets & innimities, comme bon Philosophe moral, non encore comme Chrestien, ce que nous dirons cy apres. Car bien que le Philosophe ethnique viue en vertu : ce neantmoints s'il ne recognoit tenir ceste vertu de Dieu pour tendre a la regeneration, ceste vertu est vaine. TOY DONC ACOMPLIS MOY LES DEFFAVTS, PAR LESQVELS TV M'AS DICT, QVE TV ME BAILLEROIS LA REGENERATION. Ce sont les deffauts des promesses que Mercure en auoit faict a son fils, lesquels n'estoient deffautz, combien qu'il luy eust souuent promis : detant que ses promesses portoient condition de la luy enseigner lors qu'il seroit du tout alienè du monde, & ne le voyant alienè a l'aduanture toutes les fois, qu'il le disoit, le pere ne failloit pourtant a sa promesse, s'il ne le trouuoit prest, suiuant la condition, sur laquelle la promesse estoit posée, comme nous le verrons cy apres, auec le secours de Dieu, que le ieune Tat se sera si mal preparé, combien qu'il dise prest, qu'il trouuera son pere a peu pres aussi obscur & difficile, que deuant.

Vanité du
Philosophe
Gentil.

Cõmune pre-
somption de
l'homme.

C'est nostre commune maniere, tant plus l'homme est esloigné de Dieu, que de s'asseurer d'estre homme de bien : mesmes en la guerre source de toutes abominations, malices, & cruautez, les plus criminieux prendront a soy ce tiltre d'homme de bien les premiers, & apres ceux la, ceux qui suiuent les grandes assemblées, esquelles les qualitez du monde abondent plus, comme dict sainct Iean, parlant de ce qui est au monde, & ainsi peu a peu amoin-

1. Ioan. 2.0

amoindrissant la trouppe, de maniere que les plus petites sont le plus souuent les plus saines.

S'estimant donc Tat bien prest & preparé, il semond son pere de luy acomplir sa promesse, & luy descouurir le secret de la regeneration, ne s'aduisant que la principale cognoissance en estoit dans luy mesme, par le moyen de l'Esprit de Dieu, qui estoit en luy, prest à l'enseigner toutes heures qu'il se retireroit à luy. Si est ce qu'il luy demand, declare la moy, ME LA PROPOSANT DE PAROLE OV EN SECRET. C'est de tant que Tat auoit cy deuant cognu en son pere, la grande recommandation, qu'il auoit de ne publier les choses indignes du vulgaire, comme nous auons n'agueres dict: à cause de quoy il luy demandoit ceste doctrine, ou par parole & voix publicque, comme les autres choses, qu'il publioit: ou bien en secret & en leur particulier. Comment que ce fust, il desiroit l'entendre, cuydant encore, qu'elle preparation qu'il eust, que ce fust quelque faict exterieur ou corporel, ne le prenant intelligible. Ce qui est tres-manifeste, par ce qu'il dict à son pere, O TRISMEGISTE, IE IGNORE, DE QVELLE MATRICE EST NAY L'HOMME, puis que tu entendz qu'il peut renaistre, ET DE QVELLE SEMENCE il est engendré, pour reprendre vne autre naissance en ceste vie. Car cecy est hors de tout le cours de nature. Voila la vraye difficulté proposée à Iesus Christ par Nicodeme: lequel côbien qu'il fust des sçauantz, il prenoit toutes choses & propos intelligibles ou spirituelz exterieurement & corporelement, qui les auoit tousiours empeschez d'entêdre les promesses du royaume futur de Iesus Christ: & le prenant corporelement, il respond à Iesus Christ luy parlant de la regeneration, comment peut vn hôme renaistre estant vieux & ayant acheué son cours? Peut il derechef rentrer dans le ventre de sa mere, & ainsi renaistre, & soy renouueler? Prenant ceste renaissance corporele, & laquelle seulement produise vne vie corporele & temporele, & quant & quant mortele. En telle maniere la prenoit Tat, entendant ceste renaissance faicte de matrice ou semence, comme les naissances des corps: & pareillement qu'elle ne seruist que pour commencer vne vie temporele & mortele. C'est le deffaut commun, qu'à eu tousiours l'homme, lequel s'estant (en vertu de l'inclination, que le premier peché luy a donné de deferer les choses materieles) tant abusé à leurs atractions & concupiscences, suscitées en l'ame par les sens, ceste pauure ame a tellemêt oblyé toutes les choses intelligibles, & de sa propre nature, & condition, pour embrasser & s'adonner du tout aux sensibles, & corporeles, ou materieles, que tous propos, qui luy sont presentés, de la part de ce bon Dieu pour doctrine de son salut, elle les interprete tous selon le language de sa côcupiscence, c'est à dire corporelement & materielement, sans iamais considerer la differance qu'il y a des choses intelligibles & eternelles, aux sensibles & mortelles: & ne veut prendre peine d'estudier pour son salut futur: qui est tres-mauuais signe, qu'il le comprene ny croye. Dieu par sa misericorde n'y veuille attendre noz arbitres: car nous prenons tres-mauuais chemin pour les y conduire. Sçachons donc de quelle matrice & semence vient ceste regeneration.

Tat prend la renaissance côme Nicodeme.

Ioan. 3. a

Deffaut de l'homme s'arrestant à la matiere.

L'homme argue de la matiere à cause du premier peché.

SECTION 2.

O Mon filz, la sapience intelligible en silence, & la semence est le bien veritable. Qui est le semeur O mon pere? Car i'en doubte totalement. La volonté de Dieu, O mon Filz. Et d'ou peut estre celuy, qui est engendré, O mon pere? Car n'ayant part en l'essence, qui est en moy, ny en l'intelligence, celuy qui est engêdré Dieu Filz, sera autre que Dieu, il est tout en tout, prouueu de toutes puissances. Tu me parles par ænigmes O mon pere: & si ne disputes, comme le pere au filz. O mon filz, ce genre de regeneration ne s'enseigne pas, mais est ramené de Dieu en la memoire toutes les fois qu'il luy plaist.

COMMENTAIRE.

L'homme corporel se mocque des choses diuines.

ENſuiuant ce que nous venons de dire, l'homme corporel parlant des choſes intelligibles, ſemble ſoy mocquer, comme en c'eſt endroict le ieune Tat a demandé à ſon pere, de quelle matrice charnele & corruptible, & de quelle ſemence mortele & imparfaicte, eſt regeneré ou renay celuy, duquel Mercure entand la renaiſſance eſtre en vie eternele, non plus ſubiecte a corruption, alteration, ou mort, executée par moyens intelligibles, ou ſpirituelz, & vertus diuines, dont il le trouue bien loing pour encore de la cognoiſſance des choſes diuines, qu'il deſire entēdre, ce qu'il ne peut pendāt qu'il aura en ſa penſée ces choſes corporeles & ridicules. Qui eſt cauſe que Mercure luy reſpōd ſerieuſemēt, le tenāt touſiours en difficulté, pour l'entretenir en veneration de la choſe incogneuë, & toutefois bien a propos, & pouuant eſtre entendu, par iceluy qui aura retiré ſes volontés & deſirs des abus de la matiere.

Sapience matrice de la regeneration.

En ceſte maniere, O MON FILS, LA SAPIENCE INTELLIGIBLE EN SILENCE, eſt la matrice, de laquelle doibt naiſtre celuy qui ſera regeneré. ET LA SEMENCE de laquelle il ſera engendré, EST LE BIEN VERITABLE, de tant que ce ſouuerain bien, & veritable collateur de tous biens, Dieu le treſpuiſſant, eſt la vraye origine & commencement, tenant l'office & lieu de ſemence en la regeneration de l'homme pour la vie eternele, ne pouuant ſortir de luy comme ſemence, choſe qui ne ſoit de ſa nature & de ſon eſſence, qui eſt perfection, & toute immortalité. C'eſt donc ce ſouuerain bien veritable, qui

Bien veritable eſt ſemence de regeneratiō.

eſt la pure ſemēce de ce bien parfaict & neceſſaire à l'hōme, le regenerant & le tranſmuant d'homme mortel, paſſible, & imparfaict, & ſubiugué a toutes miſeres, en homme immortel, impaſſible, deliuré de toutes les miſeres, qui luy ont eſté laiſſées par ſon premier pere, & viuant eternelement en tout repos, & contentement. Voila ce que la ſemence de ce bien veritable produict, & la matrice en laquelle ceſte production, regeneration, & nourriture eſt faicte, iuſques au temps qu'elle execute ſa renaiſſance. Ce n'eſt pas vne matrice femenine, charnele, & corruptible, comme tu cuydes, c'eſt la Sapience diuine communicquée à l'homme pour ſon ſalut : c'eſt le filz eternel de Dieu, Sapience du pere, Ieſus Chriſt Dieu & homme, dans lequel ceſte regeneration a eſté engendrée & nourrie, & parachevée ſur la croix pour eſtre receuë par la renaiſſance qu'il declare à Nicodeme eſtre

Ieſus Chriſt ſapience du pere.
Ioan. 3. a

neceſſaire à l'homme pour ſon ſalut, qui conſiſte en eau & ſainct Eſprit, lequel eſtant receu par le ſainct Bapteſme, declare ceſte perſonne par le moyen de ſa vraye foy, eſtre de ceux,

Ioan. 17. c

pour leſquelz Ieſus Chriſt à demandé à Dieu ſon pere l'vnion eſtre faicte d'eux auec luy, comme il a declaré, & quelque peu au deuant a dict, qu'il ne prioit pour le monde, mais pour ceux, que ſon pere luy auoit donné, & pour ceux qui par leur parole croiroient en luy. Ce ſont ceux qui ſont veritablement participants de ceſte renaiſſance ſemée par ce bien

Les moyēs du ſalut ſont intelligibles.

veritable, dans l'eternele ſapience du pere Ieſus Chriſt ſon filz : laquelle ſapience, ne ſe permet eſtre receuë par moyens corporels, mais par moyens de ſa nature, qui eſt pure intelligible, comprinſe & receuë en ſilence, & vraye contemplation des effectz de Dieu, pour acquerir ſon amour & cognoiſſance. Et ceſte ſapience intelligible, porte en ſoy l'employ des vertus du ſainct Eſprit, qui ſont en l'homme, comme foy compoſée d'amour & croiance en Dieu, Ieſus Chriſt, & ſon ſainct Eſprit : cognoiſſance de ce ſeul moyen de ſalut, qui nous eſt dōné : & entier meſpris de tous abus & ſuperfluité de matiere, & laquelle n'eſt prinſe ou attainte par multitude de propos, d'actes exterieurs, remuementz de pluſieurs choſes corporeles, & autres empeſchementz ſenſibles. Mais eſt attainte par le moyen de ce ſilence qui eſt impoſé aux ſens corporelz, pour n'empeſcher les actions & operations de la ſaincte Penſée, en ſa contemplation & employ de ſes vertus, par leſquelles ceſte diuine ſapience mere de la regeneration eſt conceuë & nourrie en l'ame, qui la doit receuoir, de tant que c'eſt à l'ame que telle renaiſſance apartient, & nõ au corps. Cōbien que ce corps a la fin s'en trouuera quelque-fois plus digne, & infiniement honoré, mais ce n'eſt pourtant a luy, que vn ſi digne preſent s'adreſſe en principal tiltre, comme eſtant du tout incapable de le receuoir. C'eſt a l'ame, eſſence diuine, capable de ſa nature de receuoir tous biens & faueurs, qu'il plaira a l'eternele ſapience de Dieu luy conferer.

Mercu-

Mercure ayant faicte ceste responce à son filz, encore endurcy par ses sens, & abusé des choses corporeles, il luy replique, QVI EST LE SEMEVR, O MON PERE? CAR I'EN DOVBTE TOTALEMENT: qui rend manifeste, que n'ayant cogneu, que le semeur estoit Dieu le pere, qui par sa bonne volunté produict le bien veritable pour semence, comme son pere luy auoit respondu, il est encore loing de l'intelligence du propos, qui ne consiste en semeur corporel ou materiel, non plus que le fruict & semence. Ce que Mercure voyant & que son filz en doubtoit totalement, & qu'il estoit hors de toute voye d'habandonner l'intelligence corporelle, il l'entretient par propos veritables & obscurs, a celle fin que son filz par multiplication d'erreurs cognoissant son deffaut, l'aprehende plus ferme, & s'en souuienne mieux, que si du premier coup il luy eust esclaircy durant son incapacité. Mais luy respond, c'est LA VOLONTE DE DIEV, O MON FILS, qui est le vray semeur de ceste regeneration, par son amour infinie, & sans en auoir esté iamais requis ou recherché, voire des incontinent apres la ruine & mort acquise, auant en prononcer son iugement, ceste volunté diuine parlant au serpent, de son arbitre pur & franc, sans aucune priere ou merite, prononça sa semence de regeneration, par la promesse, qu'il fist, que ceste semence briseroit la teste du serpent. O quel soing, amour, & bonté diuine! Il n'est en vain escrit, qu'il nous a aymés le premier. Il l'a bien esté manifesté par l'exhibition de ce souuerain secours, & restauration donnée à l'homme à sa tres-grande necessité & extreme besoin, sans en estre prié ny requis.

Mercure n'a dict sans cause, que ce vray semeur, duquel est venu le vray commencement & source de cest excellent fruict, est la volunté de Dieu: toutesfois encore son filz estant materiel, n'y peut entendre, mais retourne à la replique, tousiours corporele, en ceste maniere. ET D'OV PEVT ESTRE CELVY, QVI EST ENGENDRE, O MON PERE? CAR N'AYANT PART EN L'ESSENCE, QVI EST EN MOY, NY EN L'INTELLIGENCE, comme s'il disoit, o mon pere, tu m'as dict, que la matrice ou mere de ceste regeneration, estoit la sapience intelligible, la semence estoit le bien veritable, & le semeur la volunté de Dieu: & quand bien tout cela seroit ainsi, ie voudrois entendre de quelle contrée ou region sera nay ce regeneré: & qui sera ainsi engendré, de quelle gent, de quelles conditions. Sera il point semblable ou dissemblable à nous? Car ie t'aduise, qu'il a si peu de part en mon estre ou essence, que ie ne la sens en tenir rien, & moins en mon intelligence: tellement que ie ne me sens estre en aucune chose semblable, ny communicquer auec celuy, qui tu m'as maintenant descrit, soit en essence, ne sentent mes essences disposées, comme celuy que tu representes: ny mon intelligence en apperçeuoir aucune chose. Ce pauure ieune homme disoit vray, sans entendre son mesme propos. Car veritablement estant l'homme corporel, & adonné à l'amour de la matiere, il ne sent en ses essences vertus diuines, aucun feu ny esprit de cognoissance de Dieu: comme il est dict, l'homme brutal n'aperçoit les choses qui apartiennent à l'Esprit, tant la concupiscence le tient suffoqué, ny pareillement en son intelligence aucun discours, qui luy en represente memoire, de tant que les concupiscences la tiennent empeschée à leurs superfluitez & continuelz abus.

A cause dequoy il disoit plus de verité qu'il n'en entendoit, en ce qu'il disoit n'en sentir aucune chose en son essence ou intelligence. Estant donc ainsi, dict-il, CELVY QVI EST en ceste maniere ENGENDRE, DIEV FILS d'vne part, SERA AVTRE QVE DIEV d'autre. A cause que le Pere qui engendre, est autre chose que le Filz: & sont deux hommes, comme si tu nous voulois proposer deux Dieux, ce qui ne peut estre, comme ie l'ay aprins de toy mesme. IL EST TOVT EN TOVT, O mon filz, PROVVEV DE TOVTES PVISSANCES. Car luy estant toutes choses, son filz qui luy est esgal en diuinité, est pareillement toutes choses: & le Pere est tout au Filz, comme le Filz est tout au Pere, de tant que les deux ne sont qu'vne mesme essence, ou mesme estre, prouueuz de toutes puissances, le Filz comme le Pere, comme l'Eglise Catholicque le tient, & comme Iesus Christ le dict à sainct Philippe. Dont s'ensuit que le regeneré en Christ, estant faict mesme chose à luy, & estant en luy, comme il luy est promis, sera tout en ce souuerain, tout prouueu de toutes vertus, & puissances.

Quel semeur de la regeneration.

La volunté de Dieu semeur de la regeneration.

Genes.3.c
1. Ioan.4.d

Le corporel ignore la regeneré.

Qui abuse de la matiere perd la cognoissance.
1. Cor.2.d

Tas ignorans predict l'hôme participer de Dieu.

Promesse de perfectiõ faicte à l'homme.
Ioan.14.d

568 SVR LE PIMANDRE DE

Ænigmas inclut le cœur a l'intelligence.

A quoy ce ieune Tat encore abusé en ses sens, & ne pouuant esleuer son entendement, comme faché & ennuié dict a son pere, TV ME PARLES PAR AENIGMES, O MON PERE: ET SI dauātage tu NE DISPVTES auec moy en telle priuauté & gratieuseté, COMME LE PERE doit, & a accoustumé disputer AV FILS. Car tant plus ie te interroge, & replicque, tu me respondz plus estrangement & difficilement. C'est ce, qui a esté cy deuant continué & obserué de ce grand Dieu, & ses Prophetes, parlant au peuple enduracy par ęnigmes, a ce que oyants, il ne l'entendent, & ne l'entendants ilz y cōuertissent leurs estudes & affections, pour en cheuir & en auoir cognoissance. O MON FILS CE GENRE DE REGENERATION NE S'ENSEIGNE PAS, & ne se communicque pas par tradition, comme vne science, doctrine, ou discipline, mesmes comme celles, que l'homme apprend par curiosité, lesquelles il mesprise apres les auoir receuës. Et comme il semble par tes interrogatoires & replicques, que tu veuilles faire de ceste diuine regeneratiō, laquelle tu as

Regeneratiō n'est enseigne- ment.

tant mesprisé, que tu l'as voulu rendre subiecte au maniement des sens, luy faisant ceste iniure de l'estimer corporele, combien que ce soit chose tresdiuine, & par laquelle l'homme perdu & ruyné est remis & restauré en diuinité: & tu l'estimois engendrée du corps, semence, & semeur corporelz. Elle donc n'est enseignée mais donnée, c'est vn bien faict, non doctrine. C'est beaucoup esloigné la vraye cognoissance, que tu dois suiure, & ne dois penser, que ce genre de regeneration se puisse communicquer par enseignement. MAIS EST RAMENE DE DIEV EN LA MEMOIRE, TOVTES LES FOIS QV'IL LVY PLAIST. C'est que la regeneration commance par foy, laquelle est donnée a tous ceux qui la demandent en verité, sans aucun doubte, comme dict sainct Iacques, & cest le plaisir & volonté

Iac. 1. A Regeneration ramenée en memoire.

de Dieu, que ceux qui croyent, soient regenerez par son Filz IesusChrist. La memoire donc de ceste regeneration est ramenée en l'homme par le saint Esprit de Dieu, hurtant tousiours a sa porte, qui ordinairement luy ramentoit son salut, qui est ceste regeneration, toutes les fois qu'il luy plaist, qui est bien frequentement. Vray est que l'homme ne l'escoute pas toutes les fois qu'il luy ramentoit, & si ne l'accepte pas toutes les fois que ce bon sainct Esprit le luy presente, ains le plus souuent luy faict le sourd, pour ne renoncer aux voluptez & superfluitez de matiere, qui l'aueuglent & l'assourdissent en son erreur. C'est donc à l'ame par vertu de son arbitre, de receuoir ceste heureuse memoire de son salut, qui luy est auancée par ce digne precepteur, ou bien la refuser, ne pouuant plus accuser le bon Dieu, de faute d'amour & soin en son endroict. Et n'est semblable aux sciences, qui s'aprenent par regles &

Sciences s'aprenent sans amour ny foy.

methode, sans aucune amour, ou foy, sans lesquelz, elle ne peut estre conceuë.

SECTION 3.

TV me dis choses impossibles, ô mon pere, & bien violantes, dont il me prend vouloir d'y contredire directement. Suis-ie filz tant esloigné du genre paternel, ô mon pere? Ne soyez enuieux sur moy. Ie suis ton filz legitime, declare moy la maniere de la renaissance: Que parleray-ie, ô mon filz? ie n'ay à dire sinon cecy: ie voy en moy quelque spectacle estre engendré par la misericorde de Dieu, non basti, & suis yssu de moy-mesmes en vn corps immortel: & suis maintenant non celuy, qui i'estois au parauant, mais ie suis nay en pensée. Ce faict ne s'enseigne pas, & sin'est permis le voir par ce bastiment elementaire à cause dequoy i'ay mesprisé ma forme premierement composée.

COMMENTAIRE.

Verité est violante a celuy qui est indisposé.

LE ieune Tat ne pouuāt encore du tout reuenir a la doctrine intelligible, ne se pouuant retirer du sensible, qui le cōtraignoit, a faute de bō iugement de prēdre les choses intelligibles corporelemēt s'ennuyāt il dit à sō pere, TV ME DIS CHOSES IMPOSSIBLES, O MON PERE, ET BIEN VIOLANTES, me parlāt par ęnigmes, du tout retirés de mō intelligēce. Il
semble

semble, que soubs pretexte de m'enseigner la regeneration, que tu me dis quelques autres fables, ou manieres de propos perdus : DONT IL ME PREND enuie & VOVLOIR D'Y CONTREDIRE DIRECTEMENT, tant s'en faut, que ie soye prest de l'aprendre. SVIS IE FILS, bastard, OV TANT ESLOIGNE DV GENRE PATERNEL, que tu me refuses par si grande estrangeté de parolles la cognoissance de ta doctrine, me rendant tes propos de plus en plus obscurs & difficiles? O MON PERE, NE SOYEZ ENVIEVX SVR MOY, au lieu de me porter l'amour & bonne volonté que le pere doit porter au fils. IE SVIS TON FILS LEGITIME, a qui tu dois porter plus d'affection, que a vn estranger. Ie suis de ta mesme piece, yssu de ton corps. Ie te prie DECLAIRE MOY pour l'amour & bon traictement que tu me dois, LA MANIERE DE LA RENAISSANCE, laquelle ie te demande de telle affection, comme celluy, qui ayant entendu tes autres propos, ne desire que ce seul. QVE PARLERAY IE, O MON FILS, atandu que ie t'ay declaré la verité de ce propos : lequel a cause de ton indisposition (que tu ne peux sentir) tu n'as peu comprendre, le voulant tousiours aquerir, comme vne science ou discipline curieuse, combien que ce ne soit seulement science, mais c'est vn fruict, vn presant, vn bien faict, donné de ce bon Dieu liberalement, lequel n'est receu comme simple enseignement, mais est donné en proffit a ceux qui se trouuent disposez a le receuoir. Et ne t'y trouuant disposé iusques a present, IE N'AY A DIRE SINON CECY, pour te bailler exemple de ce faict, n'ayant veu que l'ayez peu conceuoir par mes premiers propos, IE VOY EN MOY QVELQVE SPECTACLE ou effaict admirable ESTRE ENGENDRE PAR LA MISERICORDE DE DIEV, lequel comme ie t'ay n'a guiere dict, m'a faict ceste grace de le ramenteuoir en ma memoire, entendement, & autres parties de mon iugement. C'est spectacle NON BASTY, crée, ny composé d'aucune matiere ou choses corporelles, lequel i'ay par sa grace receu & accepté en la volonté de mon ame solicitée par ce bon Dieu, de ceste heureuse memoire, ET lors ie SVIS YSSV DE MOY MESMES, & me suis trouué transporté ou changé EN VN CORPS IMMORTEL. Et en telle maniere m'est venu ce changement & grandissime mutation, que IE SVIS MAINTENANT NON CELVY QVE I'ESTOIS, endormy en mes grosseries materielles, abusé des superfluitez & voluptez, produictes par l'amour, que i'auois a la matiere & choses corporelles, ne regardant plus auant ez choses diuines AV PARAVANT ma mutation, & cōmancement de ceste diuine segeneration : MAIS IE SVIS NAY, & du tout conuerty EN PENSEE, n'ayant plus en aucune amour, ou estime chose quelconque materiele, mon esprit estant rauy de ces diuines vertus, y a trouué tel contentemant, qu'il a produict en son ame & volonté vn tel mespris des choses corporeles, qu'elle n'y considere plus, que la partie de la forme : a cause qu'elle est diuine, & de la nature des graces & vertus, que le sainct Esprit a semé dans l'entendemant, qui m'a esté donné pour considerer, cognoistre, & contempler ses grandeurs, bontez, & misericordes. Et par ceste contemplation le prier, louer, mercier, exalter de tout mon pouuoir, le tout ayant receu par la volonté de Dieu, & premiere amour, qu'il m'a porté comme vray semeur de la regeneration, le veritable bien & communication de Dieu rapaisé auec le pecheur, qui est la pure semence engendrée en Iesus Christ, vraye sapience du pere, comme matrice ou mere propre & conuenable a porter vne telle generation. Laquelle ce bō seigneur faict tous les iours naistre, & produict en son triomphe, en ceux qui croyāt en luy par la parole des Apostres, luy sont donnés, en leur dissolution ou mort de son pere : cependant & atandant la dissolution & separation du corps auec lame, il faut metre peine de conseruer la bonne volonté de ce tout puissant & bon Dieu, qui nous est si librement donnée, comme semeur de la regeneration. Il nous faut aussi conseruer la semence, qui est ceste veritable bonté, Dieu eternel, communiqué au pecheur pour son salut : & nous faut conseruer ce precieux subiect matrice ou mere, qui doit receuoir ceste generation, & la produire : qui est la personne de Iesus Christ Dieu, filz de Dieu. Lequel par sa bonté & seule misericorde, nous a impetré de son pere ceste renaissance & conionction : par laquelle nous sommes faicts vne mesme chose auec luy, a ce qu'il nous porte auec luy en la croix, pour payer le debte de nos pechez, en la mort, pour satisfaire a la premiere sentence : & en la resurection, pour nous faire iouir de la fin & parfaict fruict de ceste regeneration, laquelle ne peut estre entiere en l'homme durant ceste vie & empeschement corporel, comme bien tost nous dirons.

Le corporel estime les biēs intelligibles corporels.

Exemple de l'effect de regeneration.

Mutation du regeneré.

CE FAICT NE S'ENSEIGNE PAS, comme vne methode ou difcipline, mais il fe donne en pur don & bien faict, requerant au fubiect, qui le doit receuoir, propre difpofition. ET IL N'EST PERMIS LE VEOIR PAR CE BASTIMENT ELEMENTAIRE, & au trauers de ces murailles de terre, qui font les corps humains, lefquelz a caufe de leur imbecilité, fe trouuent indignes de contenir ame, qui reçoiue telles vifions. Et d'auantage a caufe de leur malice & imperfection, produifent tant de deftourbiers en l'ame, qu'ilz luy oftent tous moyens, de confiderer & contempler feulemant les chofes diuines, tant f'en faut d'en iouïr.

Le corps nuift a cognoiftre chofes diuines

C'eft ce que difoit Iefus Chrift, La chair ne profite rien, defprifant les chofes corporeles, incapables, & inutiles a acquerir ce fouuerain bien. A CAVSE DEQVOY, I'AY MESPRISE MA FORME PREMIEREMENT COMPOSEE, laquelle ayāt trouuée fans intelligence, ny vraye cognoiffance de Dieu, i'ay veu errer apres les voluptez, defirs & amour des chofes corporeles, & par lefquelles i'eftois detenu en ce merueilleux & trefdangereux peril, de finer mes iours en ma ruine & perditiō eternelle, me fentant taché du premier peché, ou cōfequēce, qui m'ē eft demeurée, par laquele ma forme corporele offufquoit toutes mes bonnes parties diuines, qui au trauers d'icelle ne pouuoient confiderer le bien. Mais ayant par la mifericorde de Dieu receu cefte tres-heureufe rememoration de mon falut, femée en ma penfée par la volonté de Dieu, a laquelle ie n'ay refifté, mais l'ay receuë, reuerée & embraffée. I'ay deflors mefprifé toute ma premiere forme corporele, & adōnée aux abus: laquelle auant mon changemant & regeneration, feruoit aux idoles & concupifcences, comme indigne d'eftre prifée ou eftimée, attandu fon infamie & rabaiffemant, auquel elle f'eft laiffée emporter, comme difoit fainct Pol, lors que nous eftions petits, nous feruions a ces paures elements d'enhaut, confeillāt de mefprifer cefte maniere de venerer chofes materielles & les increpant de ce faict, mefmes ceux qui demeuroient au peché, qui eftoit refté du premier vice d'Adan au cœur humain.

Ioan. 6. b

Mercure mefprife fon corps nay d'Adā.

Galat. 4. a b

C'eft cefte premiere forme du premier pere: qui foy laiffant emporter, & nous acquerāt telle numerofité de maledictions & miferes, doit par treiufte occafion eftre mefprifée, haye & blafmée, a caufe de fon imperfection, indignité & vraye malice: comme au contraire, cefte nouuelle forme de regeneration & renaiffance, qui nous eft donnée par le benefice de Iefus Chrift, merité pour fes dignitez, excellences, profits, & vtilitez, eftre venerée, prifée, & reuerée, & plus foigneufement enfuiuie & conferuée. Et par ce que nous auons dict Iefus Chrift fapience du pere, eftre la matrice, qui conçoit & produict cefte regeneration, il nous eft befoing d'eftre conceus dans Iefus Chrift fapience intelligible, par fa faincte vnion & conionction, femée en luy par ce bon Dieu fon pere fouuerain Bien veritable, vray femeur de ce bien donné liberalement a l'homme: lequel le bon feigneur nous confere premierement par le Babtefme, & fecondement par fa communion & faincte Eucharistie. Mais detāt que l'effect de cefte regeneration, perdu par peché apres le Baptefme, ne peut eftre receu, ny conferué en l'homme pecheur, que par le moyen du fainct facrement & communion du corps de Iefus Chrift, nous fommes fort induits pluftoft que entrer plus auant au propos de cefte regeneration, de faire quelque mention de la nature & condition de ce fainct facremēt par lequel le pecheur communié pour eftre regeneré a Iefus Chrift.

Nous auons a noter que Iefus Chrift voulant donner le falut eternel a l'homme, & le retirer de la ruine, en laquelle fon plaifir & abus de fes concupifcences le precipita, du commancement, f'eft donné au genre humain, & tellement donné, que f'eftant incorporé au ventre de la Vierge en corps humain, il a voulu viure en tous eftats & conditions d'homme cognoiffant Dieu. Et eftant innocent a voulu porter les peines en fon corps & ame humains, pour le payement & punition du peché qu'il n'auoit commis, ains tout le genre humain, pour le genre humain, toutesfois & en leur foulagemēt & iuftificatiō. Mais a caufe qu'il eftoit efcrit, Que le iufte ne fera puny pour l'iniufte, ny le filz pour le pere, mais vn chafcun pour fon peché, ce bon Dieu par fon incroyable amour a propofé vn treffubtil moyen, par lequel chafcun des viuants qui a voulu auoir part a cefte regeneration fe trouuera auoir efté puny fans aucun trauail & fatisfaict pour fon peché, maintenant c'eft ftatut diuin en fa fermeffe & inuiolable. Ce moyen a efté de ioindre & vnir a la perfonne de Iefus Chrift le pecheur, qui par la parole des Apoftres croira en luy, le foir qu'il commança a fouffrir fa paffion, comme il eft efcript, a celle fin que l'ayant ioint & vny à luy le

Propos du S. facrement.

Deut. 24. c
Ezech. 18. c

Charité en Dieu a inuenté le facremēt

Ioan. 17. d

bon

bon Seigneur le portast à la croix auec luy, à la mort auec luy, au sepulchre auec luy, le resuscitast auec luy, & le fist seoir a la dextre du pere auec luy, qui est sa supreme gloire & beatitude: à cause qu'il auoit au parauāt dit, Que aucun ne pouuoit mōter au ciel, que luy filz de Dieu. Dont il s'ensuiuist, que pour y faire monter le pecheur regeneré, il luy estoit besoin estre vny & faict mesme chose auec Iesus Christ, a celle fin que Iesus Christ souffrant, mourant, satisfaisant, & resuscitant, le pecheur souffrit, mourut, satisfeit, & resuscitast, & par consequent feust regneré en homme immortel.

V[i]llier le l'ō ne peut monter ō ciel Chr. 11. Ephes.2.b. & 2.Ti[m]oth.2.a Ioan.3.b

Et voyant ce bon seigneur l'instabilité & inconstance de l'homme, par laquelle il abandonneroit souuent par son imperfection, vice & peché, ce tres-heureux bien-faict de l'vnion ou regeneration receuë en Iesus Christ, soy separant par ce moyen de luy, & par consequēt n'ayant plus de part en sa passion, mort, & resurrection, il l'a prouueu d'vn souuerain moyen, par lequel à toutes heures que le pecheur cognoissant son defaut se voudra reioindre & reuenir auec luy, il luy sera licite & permis. C'est sainct Sacrement de la communion de son corps & sang respandu en sa passion: lequel ce bon Seigneur (preuoyant l'inconstance & imbecilité de l'homme, qui à cause de sa frequence de vices, & ordinaire commition de pechez, ne garderoit guiere l'vnion de Iesus Christ acquise par le Baptesme & grace lors à luy donnée) a institué comme vray remede, pour luy faire recouurer la perte qu'il auroit faicte, par ceste separation & enfrainte de ceste heureuse vnion. De maniere que par ceste saincte communion, le pecheur recognoissant ses fautes est receu à se reioindre & communiquer auec Iesus Christ, comme firent par le Baptesme les Apostres, des lors, qu'il impetra ceste vnion de Dieu son pere, pour eux & leur suite des croyantz & fideles, estant vray remede contre le premier peché, comme le sainct Sacrement l'est contre la frequence des nostres. Dont nous recueillons, que ceste vnion faicte auec Iesus Christ estant nostre vraye renaissance ou regeneration, & si mal conseruée par noz vices & imperfections, il est necessaire que le vray effect de ceste vnion, duquel nous auons continuelement besoin, n'estant plus en nous en vertu de ceste premiere priere, qu'en fist Iesus Christ à Dieu son Pere, nous l'ayant perdu par peché, nous nous retirions au secours, qu'il a pleu à la misericorde de ce bō Dieu nous dōner, pour le remettre & reintegrer en nous, qui est ce S. Sacrement & cōmunion, par lequel nous recouurōs sur la frequēce de noz pechez & recognoissance d'iceux, la mesme vnion a nous du cōmencemēt donnée, cōme vraye regeneration & renaissance, qui nous chāge en nouueau homme, immortel, impassible, puissant, & glorifié, cōme dict S. Pol. Voyāt donc q̄ le vray effect de nostre regeneratiō ou renaissance depēd, à cause de nostre inconstāce, de ce tres-saint Symbole & cōmunicatiō, qui nous est dōnée auec Iesus Christ auteur de ceste regeneratiō, cōme Mercure le dira cy apres, il ne sera mal a propos, de faire quelque mention de ce sainct Sacrement, & moyen de salut, sur lequel ayant de long temps esté esleuées plusieurs disputes & heresies entre les Chrestiens, nous mettrons peine d'en dire le plus briefuement que nous pourrōs, ce qu'il plaira au sainct Esprit nous declarer, des choses qui n'en ont esté guiere publiées, seruant a la claire intelligence de ce propos, duquel les difficultez & fauces intelligences sont yssues d'argumentz & ratiocinations voulantz regler ceste action & collation de ce souuerain benefice purement intelligible, par moyens corporelz, & conduicte des choses materieles, chose absurde & contraire a cest effect. Les deux Euangelistes sainct Mathieu & sainct Marc nous declarent, que Iesus Christ le soir de sa passion en sa cene institua le sainct Sacrement, par ces paroles, Cecy est mon corps, monstrant le pain en ses mains, & semblablement tenant le calice dict, Cecy est mon sang, qui sera respandu pour plusieurs.

Remede propre a l'inconstance de l'hōme.

La communiō ren[d] l'vnion perdue.

Changements faict par regeneration.

1. Cor. 15 f

Sect. 5

Le corporel ne reçois le bien faict intelligible.

Math. 26 e & Marc. 14.c Propos instituant le Sacrement de cōmunion.

Il y a eu sur ce propos tres-grādes disputes, pour determiner si par ces paroles Iesus Christ entendoit, que en ce qu'il monstroit feust la veritable presence de son corps & sang, ou bien la seule presence des graces & bien faictz qu'il conferoit au Chrestien penitent, par la receprion de ce Sacrement. Ceste dispute a esté de la nature de toutes autres disputes, lesquelles n'auroient iamais durée, ains seroient quant & quant mesprisées, s'il ne s'y trouuoit forces corporeles, pour maintenir ces disputes en leur different, & ces forces corporeles, sont celles qui soubz pretexte de ceste dispute & couuerture d'en acquerir la verité, font les seditions, & effusion de sang, qui est la principale fin ou tend le cōducteur de la sedition, non a l'inquisition de la verité. Toutesfois pour l'instructiō de quelque bōne ame, qui se pourra trouuer

Sedition soubz voyle de verité.

dans

dans vne si grande multitude, nous ne pouuons faillir de parler de la verité de ceste presence, laquelle est empeschée, a estre entendue de la plus part des hommes par la mesme occasion, que l'homme est empesché de soy cognoistre, & le sainct Esprit estre l'image de Dieu, qui est en soy. Car ce qui plus l'empesche de cognoistre & par consequent croire les choses plus hautes & diuines, c'est que l'homme s'est si tres-fort abandonné a l'abus des choses corporeles, & ratiocinations prinses des choses basses & materieles, que lors que les diuines luy sont presentées, il les mescognoist, & les tourne en derision, & mocquerie, comme ne pouuant conceuoir l'excellence, que Dieu auoit mis en l'homme. A cause qu'il a veu en luy tant d'imperfections corporeles, qu'il n'a peu croire, que si l'homme eust esté si excellent, d'auoir receu le sainct Esprit en sa composition, eust iamais peu offenser, ne considerant combien pese en l'homme l'arbitre, procedant d'vne creature composée de matiere separée de Dieu : dont il aduient que l'argument & ratiocination faictz des causes corporeles nuysent beaucoup à l'intelligence, à cause que les operations de l'Esprit de Dieu en l'homme & son arbitre, sont pures inuisibles, & non subiectes aux sens, au iugement, desquelz nous nous laissons plus emporter, que a la ratiocination des vertus & cognoissances intelligibles: de mesme maniere l'homme assubiecty a ceste grosserie, & iugement faict par les sens, n'a peu comprendre que Iesus Christ Dieu & homme se soit communicqué par moyens visibles & exterieurs si inuisiblement & intelligiblement qu'il l'a fait, voulant dire quelquefois, qu'il y auroit penetration de dimentions, si en vn si petit pain nous croyons estre contenu a la verité tout le corps de Iesus Christ, & que le contenu seroit plus grand que le contenant. Disent aussi que le poix, la dureté, & compaction d'vn corps humain, est autre que de ce pain delicat, & infinis autres argumentz tous corporelz, sans aucune consideration, cognoissance ny intelligence des choses diuines, & conduicte de leurs effectz, à cause de l'esblouyssemét, que l'homme a engendré en son entendement, & vertus diuines mises en luy, par la suffocation, qu'il en a faict, les couurant de diuers abus materiels, & ratiocinations prinses sur les effectz corporelz, desquelz l'homme est dominé, & son intelligéce suffocquée & esblouye. Pour dire dóc quelque chose de la maniere, par laquelle la presence du corps de IesusChrist est au sainct Sacrement, nous considererós, que c'est vn effect diuin. A cause de quoy nous auons a penser, en qu'elle maniere les choses diuines se trouuent en la matiere. Et dirons que Dieu ayant composé l'homme pour estre cogneu de luy, entre toutes creatures, & Dieu ne pouuant estre cogneu que de soy mesme, comme il est escript, que autre n'a cogneu le filz que le pere, ny le pere autre que le filz, il a esté besoin que Dieu se soit mis en principale presence en l'homme, pour cognoistre Dieu par ceste creature, & non seulement s'y estre mis par graces & particulieres vertus, comme il s'est mis es animaux, & autres creatures, qui n'ont charge de cognoistre Dieu, de mesme maniere Iesus Christ venant pour regenerer l'homme en salut, par la regeneration que nous auons dict estre l'vnion qu'il a faict du pecheur a luy, ne pouuoit ammener l'homme a ceste perfectió, par quelque nóbre de ses actions, graces & vertus qu'il luy adioustast, sans y mettre sa presence mesme : à cause qu'il auoit auparauant dict, Que autre ne monte au ciel, que luy seul. Qui fust cause que auát souffrir il incorpora, & vnist le pecheur a luy en presence, pour le faire souffrir, & satisfaire, & receuoir gloire, auec luy, n'y ayant autre subiect capable, de le mener a ceste perfection que luy, par vraye presence en croix, mort, & resurrection, pour le rendre regeneré en l'homme nouueau. Dont s'ensuit que le Sacrement du corps de Iesus Christ n'estant amené à l'homme pour autre occasion quelconque, que pour tenir le lieu de ceste regeneration & vnion du pecheur penitant au Filz de Dieu, & pour le remetre en mesme perfection qu'il auoit par ceste vnion, doit par ceste necessité estre presente à l'homme par la presence de Iesus Christ, attandu que par autre ny par graces ou vertus quelcóques, l'hóme ne peut receuoir ceste vnion au fils de Dieu ny estre conduict deuant le pere, que par la presence mesme du filz: outre ce que ce Sacrement faict le mesme effect, au pecheur penitant separé par son peché de Iesus Christ, qu'auoit faict la premiere vnió q Iesus Christ impetra du pere auant sa passion, en la personne de ses Apostres, & autres, qui par leur paroles croiroient en luy. Dont s'ensuit que Iesus Christ ayant besoin d'estre en presence au premier effect, il a pareillement besoin d'estre en presence au second: à cause que tous deux tendent a mesme fin, de monter le pecheur deuant Dieu, ou autre ne monte que Iesus Christ en presence. Vray est que l'vnion procede, pour effacer

le peché

Argumentz corporels nuisent a l'intelligence.

Obiections in consideréés contre la presence.

Argumentz pour la presence de Iesus Christ au Sacrement. Matth. 11. d

Pourquoy est requise la presence au Sacrement.

Ioan. 3. b.

L'vnion a la presence regenere le pecheur.

L'vnion & communion regenerent egalement.

le peché original, & le cōmunion n'est donnée, que a celuy, qui au parauant a esté vny pour effacer les pechez, qui ont faict separation entre Dieu & l'homme, comme le Prophete l'escript.

Nous auons aussi autres argumentz de considerer la presence de Iesus Christ au Sacrement, par ses propres paroles instituantz ce sainct Sacrement, par lesquelles il vse du pronom demostratif (cecy) lequel ne portant en soy autre substance, que celle qui luy est atribuée par le verbe substantif (est) nous trouuons, qu'a la verité Iesus Christ ne voulant donner autre nom, qui eust substance, a ce qu'il tenoit en ses mains, que son corps, il presentoit necessairement son corps par ce pronom (cecy) interpreté par la demonstration actuelle, & ce à cause que le pronom (cecy) n'a de soy aucune signification, que celle qui est demonstrée & couchée par le verbe substantif, (est). Ce n'est pas comme quād Iesus Iesus Christ a parlé autrement, asçauoir quand il a vsé de dictions significatiues de leur propre, auquel cas la signification d'autre substance ayant desia occupé la diction, contraint la proposition estre figurée, comme quand Iesus Christ se disoit estre la porte, qui est vne diction ayant desia occupe propre signification d'vne porte ou entrée, en ce cas il est facil a entendre que Iesus Christ se comparoit a vne entrée ou porte, & non qu'il se dist estre la porte materielle. De mesme maniere quand il se disoit vigne, quand il estoit dict pierre, & autres telles manieres de propos, signifiantz de leur propre autres choses, il est par là manifesté qu'il y entendoit figure ou comparaison. Ce qu'il ne pouuoit faire en ce qu'il demonstroit par le pronom (cecy) qui n'a autre signification, que la chose declarée & demonstrée par le verbe substantif (est) qui estoit la verité de son corps: par ou nous voyons, que le pronom demonstratif se prend pour la verité, & les noms signifiants de soy aportent comparaison ou figure.

Mais a cause de nostre si grossiere materialité, & ce qui domine tant nos entendements, que la plus part d'entre nous, ne considere en la presence d'vn subiect, autre chose que le corps ou subiect materiel present, comme ne cuidantz a peu pres qu'autre chose aye essence, ou soit, que la chose, qui est visible ou aperceuë des sens & corporele, nous tombons en merueilleuses ignorances, & nous rendons incapables de la susception des choses diuines, lesquelles ne se reçoiuent auec le corps, mais doiuent estre receuës auec la partie incorporelle & diuine, qui est en l'hōme, asçauoir cognoissance, intelligence, foy, & non les sens. En ce propos ont esté deceuz de bien grands personnages, ne pouuants comprendre la cognoissance de l'homme interieur, comme il est escrit de Tertulian, lequel combien que tressubtil & aigu en diuers propos, ce neantmoins il a mieux aymé dire l'ame estre corporele, voire & Dieu mesmes, que les dire incorporelz, craignant que s'il les disoit incorporelz, il les estimast n'estre point, ou estre rien, comme si aucune chose ne peut auoir essence, qu'elle n'aye corps, qui est tout au rebours, car il n'y a rien, qui soit si contraire a vraye essence que la chose corporele, laquelle a cause de sa mutabilité & mobilité, est priuée de la dignité d'essence, & ceste dignité apartient aux seulles parties intelligibles & incorporelles, & par consequent diuines.

De ceste ignorance est venu le deffaut, que nous auons tousiours eu, a recognoistre Dieu present en l'homme, a considerer la presence des choses tant corporeles que incorporeles estre deuant Dieu, & a cognoistre quelle est la presence de Iesus Christ au Sacrement. Car l'homme ne considerant le plus souuent que les effects exterieurs, & qui aparoissent aux sens, encore entre ceux la les plus grossiers, n'a voulu estimer l'Esprit de Dieu estre en l'homme, quel sentiment qu'il en puisse auoir en soy, ny quelle asseurance que l'escripture si frequentement luy en donne, a cause qu'il ne voyoit par ses sens cest Esprit de Dieu faire, estant en l'homme actes diuins, comme créer des cieux, composer des animaux, ou bien faire d'autres mondes, ne s'aduisant que les puissances de l'Esprit de Dieu mises en l'homme en tresgrande liberté, ont esté oprimées & suffoquées par le deffaut de son peché, & que despuis ce corps de peché se trouue si obscur & oppacque, qu'il empesche toutes excellentes operations en luy du sainct Esprit, lequel pourtant ne laisse d'y estre en presence. Et s'il ne paroist, il ne tient qu'à l'imperfection de l'homme, qui ne se sçait ayder de ce que luy est donné: & sa presence est incorporelle, non subiecte a la perception des sens, pleine toutesfois & acompagnée de toutes vertus & puissances, soit

sur

sur choses incorporeles, ou corporeles, iusques a pouuoir tourner les fondemēts de la terre du dessus au dessoubz, & tous autres effortz, & productions d'effectz de toutes manieres, par presence intelligible & incorporele.

De mesme maniere la presence corporele de toutes choses n'a besoing de son corps ou matiere pour estre corporelemēt presēte a Dieu, ce n'est pas q̃ ceste dignité luy vienne de la vertu, ou proprieté de ce qui est en soy, mais plustost de la vertu & proprieté diuine, laquelle n'ayant besoing d'aucune chose materiele ou corporele, pour accomplir sa volonté, reçoit presente constitution de toutes choses deuant soy, sans la presence de leur corps ou matiere, asçauoir par son intelligence, cognoissance, & perception. Detant que Dieu n'usant d'aucun sens, soit veuë, ouyë, atouchemēt, ou autres de ceste condition, entant qu'il est incorporel, & par consequent hors la subiection des sens: si est ce qu'il ne laisse pourtant de conceuoir en son intelligence, cognoissance, & iugement, toutes choses que les sens luy ont acoustumé de raporter estant en l'homme, & infinies autres, mais beaucoup plus subtilemant. A cause que ceste parfaicte intelligence, n'atandant aucun raport de sens, par sa vertu & propre puissance, conçoit toutes choses, tant passées, presentes, que futures, & desquelles elle conçoit aussi bien les parties corporeles, que les incorporeles: & celles la ne laissent pourtāt de luy estre presentez, auant qu'elles soient mises en corps deuant les sens, ou apres qu'elles y ont esté, comme si corporelemant elles estoient la. Et ce a cause que la diuine vertu n'a besoin du corps, lieu, ou temps pour en faire son vsage, qui n'est que intelligence, & cognoissance, qui est cause que son vsage en estant acomply, aussi bien sans la presence locale, & temporelle de la matiere, qu'auec la presence, la chose luy est presente: a cause de sa vertu diuine corporelement, & actuellement, tant auant qu'elle soit mise en matiere, que y estāt, ou apres qu'elle y aura esté, detant que la presence de la chose corporele deuant Dieu n'est ceste assistance de ce corps, disposée a estre aperceuë des sens, desquelz Dieu ne s'aide, mais c'est la conception, cognoissance, ou intelligence que Dieu en reçoit en soy, laquelle est tousiours mesme, auant & apres l'effect corporel. De ceste diuine vertu nous auons nōmé les idées & l'exemplaire diuin, auquel elles sont contenuës, qui sont les vrais desseins, portraicts, ou ordonnances de toutes choses, assiz eternelement dans ce tresparfaict exemplaire, & intelligence diuine, auant qu'elles ayent esté mises en effect corporel, ne laissants pourtant d'estre en intelligence, & dessein parfaict des le commancement, en c'est exemplaire diuin

Voila cōment Iesus Christ est dict auoir esté eternelemēt en son corps, & presence corporele deuant l'intelligence diuine, combien qu'il n'aye esté manifesté, ny mis en matiere deuant les sens, que par temps, & depuis la Vierge sa mere: neantmoins qu'il fut tousiours present a Dieu. Et c'est de tant que presence n'est autre chose que perception, asçauoir la corporele, pour les sens, & l'incorporele pour l'intelligence, chascun iugeāt present, ce qu'il aperçoit seulemant. Par ce mesmes argument, & cognoissance des choses diuines, nous deuons receuoir la presence, tant du filz de Dieu, que de l'homme incarné corporelement, au Sacrement exhibé par les especes & accidentz du pain & calice. C'est asçauoir que Iesus-Christ estant composé de la seconde personne de la Trinité pur Dieu, & d'vn homme basty de corps, ame, & sainct Esprit, image de Dieu, de toutes ces parties, qui sont en luy, il n'en y a aucune corporele que son corps materiel, car l'ame, le sainct Esprit, & le filz de Dieu, sont purement incorporelz.

Ce n'est donc que ce corps, qui empesche les corporelz, abusez de leurs sens, de confesser la presence corporele de Iesus Christ estre au sainct Sacrement. Toutesfois pour nous essayer d'y satisfaire, nous proposerons pour le corps vn brief argumēt de Philosophie, & pour les parties diuines vn argument des choses intelligibles. Pour le corps nous dirons qu'il est receu en Philosophie, toute composition estre faicte de matiere & forme, mesme celle de tout animal: & si confessons que en la forme gist la substance du subiect, laquelle substance est la principale partie, comme Aristote l'a diffinie, estre celle qui est propremant, principallement, & mesmemant, ou plustost dicte du subiect. Et parce que c'est celle, qui tient le principal lieu, estre, & verité du subiect, comme estant partie de la forme, ilz ont tenu que c'est ceste forme, qui donne l'estre a la chose. Or est il que le nom n'estant atribué a la chose, que par son estre, & principale partie, nous ne pouuons faillir de dire la chose estre au
lieu

MERC. TIS. CH. XIII. SECT. III. 575

lieu ou ce que sa principale partie est. Parquoy nous dirōs, que combien que la substance du corps de Iesus Christ soit incorporelle, & iointe a sa forme, si est ce que comme principalle partie de son corps, elle donne le nom, & estre a ce corps, de maniere que ou la substāce est, nous pouuōs dire le corps y estre, cōme elle cōtenant l'estre du corps, & non la matiere constituée en dimēsions, sens corporelz, solidité, ou dureté, & autres qualitez, & cōditions pures materielles : car ce ne sont celles la, qui possedent l'estre du subiect. A cause dequoy nous entendrons que Iesus Christ consecrant, & dediant le pain en son corps, & personne, pour le salut du pecheur, il a voulu vser du verbe substantif, c'est a dire atribuant la substance, portāt en soy le vray nom du subiect, a ce qu'il tenoit en ses mains, qui dela ne sust plus pain, mais sust son veritable corps accōpaigné de toutes parties de sa forme, cōme son ame, son sainct Esprit, & fils de Dieu, auec la substance corporele, toutes parties inuisibles & incorporeles, mises par la vertu du sainct verbe de Dieu, soubs les especes & accidēts du pain : de maniere que par ceste mesme vertu la verité de l'essence de Iesus Christ se trouue en ce sainct sacrement, laquelle ne consiste aux parties materielles, & mortelles, cōme bras, iambes, os, chair crue, & sanglante, comme elle seroit en consideration de seule matiere. Ce que l'Eglise de Dieu, ny ses docteurs n'a receu pour la presence du corps, & personne de Iesus Christ, ains a seulemant receu la presence des parties, esquelles gist le vray estre, & principal nom de ce corps, qui sont sa substāce, & autres parties inuisibles de sa forme, lesquelles ce bon seigneur a voulu cōprendre sous les accidents de ce pain, a cause de nostre imbecilité, non que pour l'vtilité que nous en deuōs receuoir, ce pain y sust requis, mais c'est pour nostre imperfectiō, laquelle ce bō Dieu considerāt, a peu aduiser que nous dōnant ce remede a receuoir, sous la liberté de nostre arbitre, il nous voit si tresgrossiers & corporels, que s'il n'y entremesle quelque chose de corps, & matiere exterieurement aparante, nous le mesprisērōs, & nous le lairserons auant perir, que d'en auoir soing ny d'y adōner nos entendemēts, s'ils n'y sont cōduits par nos sens, nous faisants tousiours acroire, que les choses qui n'aparoissent aux sens, ne sont point. Qui a esté cause qu'il a choisi vne matiere, pour nous seruir de signe, par ces accidents exterieuremant esmouuants les sens, a ce que par leur raport faict a l'intelligence, l'homme soit conuié a son salut. Et en ceste maniere sont institues tous autres sacrementz, ascauoir par actes ou matieres d'aparance exterieure, portantz en soy la dignité & vertu interieure de l'effect, pour lequel ilz sont instituez, & ne sont couuertz de ceste matiere pour autre cause, que pour attirer l'hōme, qui croit plus en la matiere & signes exterieurs, qu'il ne faict a son S. Esprit. C'est la tres-heureuse tromperie que faict ce bon Dieu a l'homme suyant son profit, de luy presenter couuert de l'imperfection qu'il aime, & qui le gouuerne pour l'y faire venir, ne luy pouuant autrement attirer, & nous baille sous la couuerture du pain, viande commune & aisée a prendre a toute personne, ceste saincte regeneratiō, par laquelle nous sommes renouuelles, & transmues d'enfantz d'ire de mort & perpetuelle ruyne, en enfantz de gloire vie eternelle, & infinie felicité. Car comme dict le bō seigneur La chair n'y profite de riē, & ailleurs, Le royaume de Dieu n'est boire & māger : & ailleurs, Ie vous dy cecy freres, q̄ chair & sang ne peuuēt posseder le royaume de Dieu. Parquoy il n'a voulu cōprendre en ce Sacremēt la matiere, a laquelle il donnast aucune puissance estāt sans forme, ce qu'il ne fist ia mais, mais y a seulement cōprins les parties necessaires au salut, qui est la presence du filz de Dieu, sans l'vnion duquel le Chrestien ne peut estre presenté deuant le pere, quelles graces qu'il luy cōfere. Parquoy il est requis y estre present, en vray Christ, filz de Dieu aucteur de la regeneratiō en salut. A cause que cōme nous auons cy deuāt dict, Aucū ne mōte au ciel, que luy : il faut dōc pour y mōter estre faict luy par l'vniō de ce S. Sacrement, succedāt au lieu de l'vniō au parauāt impetrée par Iesus Christ de Dieu son pere : laquelle ce bon Dieu considerāt ne pouuoir estre guiere conseruée en l'hōme, ains souuent abandonnée par peché, qui l'en separe, a par son amour, bōté, & misericorde, dōné a l'hōme ce sainct remede, par lequel l'hōme estāt hors de l'vnion du filz de Dieu son seul salut, peut par le moyen de ce S. Sacrement, receu a propos, rentrer en la mesme vnion qu'il a par cy deuant abandonné. Et ceste grace & benefice est cōferé au penitent par l'vnion & conionction du filz de Dieu, du sainct Esprit, & ame de Iesus Christ, & de la substance du corps, de laquelle il prend le nom & effaict de presence, auec le penitent, lequel estant ainsi conioinct, & faict mesme chose auec le seul, qui mōte au ciel, se trouuera par ce moyē capable & disposé a y mōter & estre presenté

La presence du corps depend de la substance.

La forme possede la presen ce non la matiere.

Dequoy sert le pain au Sacremens.

Preuoyance du bon Dieu.

Dieu trompe l'hommepour son salut.

Ioan. 6. d
Rom. 14. c

1. Cor. 15. f

La presence sauue non les graces seules.

La presence gist ez choses incorporeles.

Pp

a Dieu, ce qu'il ne peut sans ceste presence auec luy. Et par ainsi ce n'est la chair, les mēbres materielz, ny l'imperfection de la matiere, qui y profite aucune chose, ny entre au royaume de Dieu. Car ce n'est ceste partie, en laquelle gist le nom, & principal effect de Iesus Christ, mais ce sont les parties intelligibles, & incorporeles, qui côtiennēt l'estre, & côferent ce benefice, & ont en soy ceste vertu, comme le bō Seigneur l'a declaré, asçauoir les paroles qu'il nous parle estre Esprit, & vie: & de mesmes demande il estre receu de nous principalement & en son plus grand effect, par foy, amour, & cognoissance de luy, qui sont effects intelligibles, nous donnant le moyen exterieur du Sacrement, qui est corporel, pour suporter noz imperfections, & conuier noz sens a receuoir ce tres-heureux present. Puis qu'il est ainsi, que nous les ensuiuons, & nous y rendons subiectz plus qu'il ne nous seroit besoing. A cause dequoy il le nous donne en maniere de pain, & nous dict que ce pain qu'il nous donne est sa chair, detant que l'estre de sa chair, ne depend de la matiere, ains de la forme principale substance, de laquelle la chair & corps porte le nom de Iesus Christ, & laquelle formé & substāce, par les paroles de Iesus Christ portantz esprit de vie, est comprinse sous les especes de ce pain, qu'il nous donne pour la vie eternelle, tant de nostre Esprit & partie interieure, que de nostre corps, luy ayant osté ceste crasse de matiere, inhabille a receuoir les graces & vertus diuines, lors qu'il sera rendu spirituel, fort, & glorifié, ayant perdu toute passion, subiection & imperfection.

 Et pour l'argument prins des choses intelligibles nous dirons que Iesus Christ estant suyuy du peuple, apres les auoir ressasiez du miracle des cinq pains, fust interrogé d'eux, sur le propos du pain qu'ilz auoient mangé, Que ferons nous pour faire lœuure de Dieu, & luy firent argument, du pain que Moïse leur auoit baillé du ciel tumbé visiblement en maniere de Manne, s'arrestantz tousiours a ce qu'ilz voyoiēt de leurs yeux corporelz. Dont le bon Seigneur les voulant retirer, leur declara que Moïse ne leur dōna le vray pain du ciel, ains Dieu son pere, & lors leur dict, qu'il estoit ce pain de vie. Et peu apres leur dict, qu'il estoit ce pain, qui estoit descendu du ciel, & que ce pain estoit sa chair, qu'il nous donnoit pour vie, qui estoit la vraye viande, & son sang vray breuuage. Sur lequel propos plusieurs furent scandalisez, & le trouuerent dur, mesmes des septante disciples, a cause qu'ils prenoient les paroles qu'il leur disoit au sens corporel, supposant qu'il voulust faire manger reallement & corporellement sa chair sanglante, couuerte de peau & prouueuë d'os, & nerfs, & toutes dimensions corporeles. Dont s'ensuyuist que pour les remetre en vraye intelligence, il leur dit, C'est l'esprit qui viuifie, la chair n'y profite aucunement, les propos que ie vous tiens, sont esprit & vie, pour leur faire entendre, que bien qu'il leur offrit reallement & veritablement son corps & sang, pour viande & breuuage de vie, ce n'estoit qu'il entendist, qu'ils le mangeassent en chair, os, sanglant & neurueux, subiect a dimensions, & autres imperfections materielles, ausquelles tout corps mortel est subiect: mais entendoit leur bailler ce mesme corps purgé, reparé, & netoyé de toute imperfection, que cy-deuant la matiere, dont il estoit composé auoit acquis, par l'absence & separation de Dieu, qu'elle auoit cy-deuant souffert lors que pour composer toutes creatures, elle seust faicte matiere visible, des choses inuisibles de Dieu, comme le dict sainct Pol, & la Sapience dict, Le tour de la terre auoir esté creé de matiere inuisible. C'est quād Dieu a voulu composer ses creations & factures, par assemblée de choses diuerses en vn subiect, il a tiré de ses choses inuisibles, les elements de matiere visible. Dont par ceste separation que la matiere a souffert de toute perfection & dignité, qui est au seul Dieu, elle s'est trouuée en toute imperfectiō, vice, & indignité, lesquelles imperfections, subiections, vices, indignitez, & tous autres defaux, qui sont venus en la matiere, pour auoir esté separée de toute perfection, liberté, vertu, excellēce, & dignité, Iesus Christ delibere purger & netoyer par l'assomption d'icelle, qu'il a faict pour la remetre & reunir en son origine, dōt sortāt elle auroit cōceu tant de miseres & imperfectiōs, & ce par le moyen de sa mort & resurrection, deliberant nous communiquer, non la mort & subiection, par son corps mortel & subiect, mais la vie en toute perfection, par l'assomption de son corps glorifié, lequel ne peut receuoir les fruictz, & dignitez de resurrection, qu'il ne meure au parauant, comme sainct Pol le nous declare, parlant du grain, lors qu'il faict vne interrogation de la maniere que ressuscitent les morts, que ce grain n'est viuifié s'il ne meurt au parauant, mais le faisant mourir en semence, il reçoit par la vertu du

regene-

regenerateur vne plus grand perfection,qu'il n'euſt iamais, & toutes-fois celuy qui eſt ſemé n'eſt pas celuy qui doit eſtre produict,à cauſe qu'il n'eſt tel,combien qu'il ſoit de meſme matiere:comme le nous manifeſte Ieremie parlāt du potier qui beſognoit ſur ſa roüe en vn vaiſſeau de terre lequel il diſſipa, & feiſt celuy meſmes autre vaiſſeau, qui nous monſtre que bien qu'il ſoit autrement formé, il demeure neantmointz le meſme en matiere qu'ileſtoit auparauant, combien qu'il ſoit autre en forme. Vray eſt que la forme eſtant celle,qui donne l'eſtre a la choſe,faict que ce vaiſſeau eſt dict autre, faict toutesfois du premier:ſemblablement le grain produict eſt autre que le ſemé, faict toutesfois de la matiere du ſemé. Dont S.Pol retire, que les corps mourantz ſont ſemez en corruption, & ſe leuent en incorruption: ſont ſemez en infamie,ſeleuēt en gloire:ſont ſemés en infirmité,ſe leuent en puiſſance:ſont ſemés animaux,& ſe leuēt ſpirituelz.Qui eſt la vraye perfection du corps, d'eſtre rendu ſpirituel, intelligible, non ſubiect a aucunes imperfections materieles, comme dimenſion, ſenſibilité, ponderoſité,mouuement, & autres imperfections, propres a la matiere, lors qu'elle eſt corporele. Ce qui ne peut aucunement conuenir a la choſe ſpirituele, intelligible, ou vraye incorporele.Et combien que les Geometres ayent diſini, corps eſtre ce qui a trois dimēſions, aſçauoir longueur,largeur, & profondité: il ne s'enſuit pourtant, que le corps, qui a receu le benefice de reſurection, ſoit plus ſubiect aux cōditions des corps Geometriques,qui ſont les ſeuls ſenſibles, & nō les intelligibles, dōt la Geometrie cognoiſt.Parquoy S. Pol cōclud, que le corps ſuſcité ne tenāt plus de l'imperfectiō du corps ſanglant & materiel & diſpoſé à la reception de ceſte perfectiō de ſalut:& au cōtraire, q̃ chair,& ſang ne peuuēt poſſeder le royaume de Dieu,ny corruptiō poſſeder incorruptiō,s'accordāt auec Ieſus Chriſt, en ce qu'il dict, La chair n'y profiter aucunemēt, mais q̃ ces propos ſont ſpirituelz,nous declarant,qu'il ne nous cōmunique ſon corps charnel,mortel,paſſible, ou ſubiecte a quelque autre imperfectiō:mais nous cōmunique celuy là meſmes, purgé,purifié, & glorifié, par ſa reſurrection, pour rendre ſemblables tous ceux, qui croyantz par la parole des Apoſtres, mourront, & ſuſciteront en luy, comme S. Pol le nous promet, en ce qu'il dict q̃ nous attendōs le Seigneur Ieſus Chriſt noſtre Sauueur,qui trans-figurera noſtre corps hūble,a ce qu'il ſoit fait cōforme au corps de ſa gloire par l'efficace qu'il a de pouuoir & aſſubiectir a ſoy toutes choſes. Dont nous retirōs manifeſtement que nos corps ſeront rendus ſemblables au ſien, eſtans purifiés par ſa mort & reſurrection.Ce que S.Iean teſmoigne ſemblablement, & nous declare que nous ne ſçauons ce que nous ſerons: mais quand il nous aura aparu nous luy ſerons ſemblables par ce q̃ nous le verrons tel qu'il eſt: & à ceſte cauſe il ne nous faut eſperer en ceſte vie eſtre dignes, ou capables de recouurer ceſte perfection de corps, à cauſe que le mortel, & corrompu ne peut reueſtir immortalité,ny incorruption. Et de meſme maniere q̃ Ieſus Chriſt ne delibere comprendre au ſalut, l'imperfection, & ſubiection de noſtre corps, & matiere: mais la veut laiſſer a part, comme indigne d'vne telle perfection.De la meſme, il n'a voulu employer en ſon S. Sacrement,ſa matiere mortele, & chair ſubiecte a paſſions, & inconueniantz; entant que celle la ne profitant aucunement au ſalut, lequel doit eſtre exhibé par tous moyens de perfection,& ſpirituelz, qui ſont a la verité l'exhibitiō de ſon corps ſpirituel, glorifié, nō plus ſubiect a paſſions, ou imperfections, ſoit de mort ou autre vice.Cōbien que ce ſoit a la verité celuy meſme, qui eſt paſſé pour noſtre ſalut par toutes ces imperfectiōs, & miſeres: mais il n'aparoiſt aux ſens,ains a la ſeule foy, & cognoiſſance: d'autāt qu'il eſt corps ſpirituel, cōme dit S.Pol, qui eſt meſme choſe q̃ corps deuenu intelligible, par ceſte diuine regeneratiō, par laquelle il a premieremēt regeneré,& purifié ſon corps, pour regenerer, & purifier le noſtre. Dōt il a eſté dit Premier nay des morts, & primice des dormās en pluſieurs freres,pour apres nous auoir fait dormir, & mourir en luy,nous rēdre nō ſeulemēt en ſalut eternel de noz parties ſpirituelles,&incorporeles,mais de noz parties corporeles,deſquelles a ſa ſemblāce oſtāt toute ſeruitude,ſubiectiō, craſſe, & imperfectiō, il les rendra glorifiés, ſpirituels, ou incorporeles, diſpoſées a receuoir, & porter la perfection, & dignité, qu'il nous a preparé, laquele ce corps ne pourroit ſouffrir, ſans ceſte purgatiō & nettoyemēt de toute imperfection, cōme S.Pol l'a eſcrit, La chair, & le ſang ne poſſederōt le royaume de Dieu, ny la corruptiō poſſedera l'incorruption, à cauſe de l'imperfectiō q̃ de ſa nature eſt incapable de toute perfection.Parquoy la chair & ſang paſſible, ſubiecte, mortele, & viſible de Ieſus Chriſt, n'a eſté compriſe en ces conditions au S. Sacrement,remede de perfection: mais ce a eſté ſa forme, & principale ſubſtance inuiſible, glorifiée, intelligible, ou ſpirituele, miraculeuſement & par la vertu de ce ſainct verbe, compriſe ſoubz ce pain, que ce bon Seigneur nous donne, qui a la verité peut

Ieremit.18.a

Philip.3.d

1.Ioan.3.a.

Ieſus Chriſt nous communie ſon corps glorifié.
Ioan.6.g

1.Cor.15.f
Le corps glorifié n'eſt ſouſions ſenſibles
Rom.8.f &
Coloſ.1.b&c
& Apoc.1.b

L'imperfectiō du corps ne poſſedera ſalut.
1.Cor.15.f
1.Cor.11.f

estre dict sa chair, & son sang, rendu en toute perfection capable, & disposé a la nous communicquer, & donner, la receuant en nos parties parfaictes & immorteles, capables d'vn tel present: si elles n'en sont par nos deffautz empeschées. Qui est cause que S. Pol nous dict, que celuy qui voudra receuoir ce pain, soit esprouué & preparé, qui est autant que purgé a son pouuoir de ses imperfections, lesquelles sont incapables d'vne telle perfection. Et par ainsi la chair ne profite ou donne aucun profit combien qu'elle le reçoiue tres-grand par sa glorification, estant plus disposé a receuoir bien, que a le conferer, à cause de son imperfection materiele, n'ayāt de soy que tout mal. Et ne faut trouuer estrange, si Iesus Christ tendant a vn effect intelligible, incorporel & diuin, a voulu vser de moyens intelligibles, incorporelz (que nous nommons en l'escripture spirituelz) & diuins. Car tout ainsi que Iesus Christ voulant tollir le vice, & imperfection, ayant ammené à l'homme mort, & souffrance, a voulu vser de mort & souffrance, qui est autant que tollir l'imperfection par l'imperfection, ou le semblable par son semblable: de mesme maniere il a voulu par moyens de perfection nous donner la perfection, qui est le semblable par son semblable, comme l'escripture le declare manifestement, nous faisant a sçauoir, que Iesus Christ a souffert mort pour noz pechez, & est resuscité pour nostre iustification & gloire. Par ou il nous enseigne, que sa mort & passion, actes de subiection, & par consequent d'imperfection tollissent, & purgent noz passions, & mort, qui ont amené a noz corps toute imperfection, comme pareillement sa glorieuse resurrection, pleine de felicité & toute perfection nous amene la felicité, & perfection, regenerant noz corps subiectz & imparfaicts, en corps libres & pleins de toute perfection n'ayant plus aucune subiection, mais pleins de toute gloire. Car s'il nous auoit communiqué son corps mortel & passible, il nous eust laissé pepetuele subiection de mort & passion, ce qu'il n'a voulu: mais nous a vnis a soy, non quand il est n'ay pour nous cōmuniquer l'imperfection de mort, & subiection: mais quand a voulu satisfaire, & purger le peché par sa mort, & incontinant nous donner sa iustice par sa resurrection, nous communicquant non sa mort, entant que mort, mais entant que satisfaction, & lauement, pour nous mener a sa iustice, fruict de sa resurrection, nous communicant ce tresdigne corps, libre de toute subiection, & imperfection, pour nous rendre semblables a luy, comme il est escript, lors que nous en aurons attaint la iouïssance. Plusieurs se sont trompés parlans du corps de Iesus Christ glorifié s'arrestans a l'aduenture plus qu'il ne seroit besoin a ce nom de corps, tel que nous le cognoissons, & n'en pouuant retirer leurs cognoissances, iusques a sonder quelque fois par ratiocinations natureles ou physiques, des argumentz, Que puis qu'il est corps, il est terminé de dimensions, & contenu de certain lieu, & ne pouuant souffrir penetration de dimensions, comme de penetrer vn autre corps solide sans corruption ou fracture. Dont il s'en est trouué de si mal aduisez, qui ont dict que Iesus Christ soy trouuant parmy ses disciples, portes closes, estoit entre portes ouuertes, & apres s'y trouua les portes estantz closes, qui sont argumēts grossiers, de personnes qui ont l'Esprit de Dieu suffoqué en eux, sans considerer que le corps glorifié est dict de Sainct Pol corps spirituel, qui est autant a dire, que corps intelligible ayant reuestu nature d'esprit ou essence diuine, de laquelle il s'ayde quand il luy plaist, & de la corporelle, quand il luy plaist, sans subiection, ny imperfection quelconque dependant de corps mortel ou passible. Parquoy nous dirons, que c'est ce mesme corps que ce bon Seigneur nous donne soubs les signes du pain, si purifié & parfaict, qu'il en est rendu incorporel, & spirituel, capable & disposé de se presenter deuant le pere, & nous pareillement estants vnis & incorporez auec luy, non en nostre corps mortel, passible, & imparfaict: car celluy la doit auant porter la premiere sentence de Dieu, qui est la mort. Mais c'est pour ceux qui mourans en Iesus Christ, son amour, foy, & cognoissance, seront par sa saincte resurrection, & regeneration conioincts, & vnis auec luy, ayant payé le tribut vniuersel de la mort, auant laquelle la regeneration n'a aucun effaict en l'homme, ains la preparation que nous deuons faire pour l'aquerir, comme aussi apres la mort n'y à lieu de preparation, ains de reception du loyer, lesquels ont chascun leur temps.

A cause dequoy nostre corps ne peut porter ceste felicité de regeneration, sans estre purifié, & mondé de toute mort & imperfection, & ce par ce seul moyen, que dict Mercure, asçauoir du fils de Dieu, vn homme, aucteur de la regeneration, auant laquelle ny auoit aucun sauué, dont ce bon seigneur a dict, Si vous ne manges ma chair, & beuuez mon sang,

vous

vous n'aurez vie en vous : ayant au parauant declairé, qui le mangera aura vie eternelle. Il nous faut considerer qu'il baille ceste negatiue vniuerselle, comme ne voyant autre remede pour le salut de l'homme, disposé, comme il le voit, c'est a dire inconstant, variable, incliné du tout a mal, & a son dõmage & perdition : & le voyant en telle maniere, le bon seigneur considere bien, que l'vnion qu'il a impetré du pere, ne peut seruir a l'homme que de fondemant, & non d'effect, a cause que l'homme par son vice la reiettera bien tost, comme nous faisons ordinairement : de maniere que si ce bon Dieu ne nous eut donné autre remede, preuoyant nostre imperfection, que la premiere vnion qu'il impetra de son pere, a peine y auroit il ame aucune en salut. Mais ceste bonté inestimable ayãt cogneu nostre cõposition, vice, inconstance, & autres imperfections, par lesquelles nous perdrions bien tost ce bien faict de sa premiere vnion, & que toutesfois il nous demeuroit arbitre pour le redesirer l'ayant perdue, il nous a donné ce tressainct remede de son sainct Sacrement, par lequel (ayans esté separez de son vnion par nos deffauts) nous sommes reioincts, & reunis auec luy, le receuants auec la preparation, que nous y deuons preferer, qu'elles fautes, & pechez, par lesquelz nous puissions auoir esté separez de luy & sa premiere vnion. Et par ce que le bõ seigneur sçachant ce qui est en l'homme, a bien consideré qu'il n'y auroit aucun, qui obseruast si bien la premiere vnion, qu'il n'eust besoing de la seconde, il a constitué ceste generalité negatiue sur la seconde, & declaré, que si aucun ne reçoit ceste seconde vnion par la communion de sa chair & son sang, il voit bien que son inconstance, & variation le baniroit si tost de la premiere, que l'homme demeurera sans salut. Voila pourquoy Iesus Christ, & la saincte escripture n'ont guere parlé de salut par l'vnion, voyant bien que l'vnion n'en sauueroit gueres, mais ont parlé de la seconde, qui est le sainct Sacrement : a cause que c'est celuy la, qui aura la grand presse, comme vray remede a l'inconstance, & variation, ou mobilité de l'homme, pouuant estre reiteré & repeté toutesfois & quantes qu'il luy semblera bon.

Car a la verité si l'homme auoit en soy constance, de n'offencer plus, ayant receu l'vnion du filz de Dieu par le Baptesme, il n'auroit besoin du sainct Sacrement : a cause qu'il auroit desia en soy, ce que le S. Sacremẽt luy aporte, mais nous ne nous en arrestõs pas la. Car nostre besoin en est si grand, qu'il nous y faut necessairemẽt retirer, nous souuenãs q̃ sans la regeneration, que nous deuons receuoir par la, nous perdons la vie eternelle, & tombons en la mort, de laquelle nous sommes deliurez par la mort de l'aucteur de ceste regeneratiõ. A cause dequoy l'Eglise dit, Chasque fois que vous ferez c'est acte, faictes le en ma memoire. Et S. Pol dit, Chasque fois que vous en mãgerez, vous annoncerez la mort du seigneur. C'est que chasque fois que nous sommes presentez a ceste diuine cõmunion, il nous doit souuenir de l'vnion que Iesus Christ impetra de son pere : par laquelle tout pecheur penitent fut ioint, & vni en mesme chose a luy, pour incontinant estre porté a la croix, passion, & mort de Iesus Christ, pour estre presenté au pere, comme vray filz auec luy. Et ne pouuantz conseruer en nous l'vtilité de ceste vniõ par nostre imbecilité, il nous souuiedra que ce Sacrement nous repete, & confere de nouueau le bien, & vtilité de la mort de Iesus Christ, qui nous auoit premierement esté donnée par la saincte vnion, qu'il auoit impetré pour nous, & perdue par nous, nos vices, & pechez. Ce que la souuenance nous doibt representer, chasque fois que nous voudrõs communier a ce S. Sacrement, pour la receptiõ duquel il est escrit Que l'homme s'esprouue auant s'y presenter, & enquiere deligement sa consciéce, & la purge par penitence & confession, pour ne s'y presenter indignemẽt. Car qui le reçoit indignemẽt, cõbien qu'il reçoiue le moyen de vray salut, si est ce toutesfois que son indispositiõ diuertit l'operation du salut en iugement, & perdition, cõme la disposition de celuy, qui s'est bien esprouué, entretiẽt ce digne moyen en sa vraye, & propre operatiõ de salut : de maniere que de mesme remede, l'vn en faict profit, par sa bonne disposition, & l'autre en faict dõmage a soy par son indigne indisposition, ne iugeãt toutesfois le corps du seigneur cõme il est escript en la commune, & autres versions, si est ce q̃ S. Pol a vsé des mots μὴ διακρίνων, que les Grecs prennẽt souuentesfois pour (ne separant) qui sembleroit venir assez a propos : detant qu'aucuns penseroient que le mauuais receuant le S. Sacrement indignemẽt, ce ne fut que les signes seuls qu'il receut, & q̃ par ce moyẽ il separast des signes la verité du corps de Iesus Christ, ce qu'il ne faict. Car la verité du corps de Iesus Christ y est presentée, sans en estre aucunemẽt separé, comme il est a la receptiõ, qu'en faict le bõ: mais ceste presence luy sert de iugement, & condemnation, comme au bon de salut, ce que ne seroit le seul signe sans la verité de presence. A ceste cause il ne s'y faict aucune separation de la vraye presence par l'indignité du cõmuniant. C'est comme il aduient en la composition de tout homme, en laquelle tant bons, que mauuais ont receu le sainct Esprit image de Dieu, mais tous n'en ont vsé a la semblance de Dieu, pour laquelle il leur est baillé, faisant bien en toutes parts. A cause dequoy tous n'ont la similitude, combien que tous ayent receu l'image: mais les vns en font leur profit, & les autres leur dommage. Dont s'est ensuiuy, qu'il a esté dict l'homme auoir l'esprit de Dieu, quand il vse du fruit de c'est esprit, & ne l'auoir point, quand il en abuse. De mesme maniere le Chrestien est dict manger le corps de nostre Seigneur, quãd il vse du fruict de la manducation, & qu'il en faict profit: & ne le manger point, quand il en faict son dommage, d'autant que celuy qui le mange indignement, tombe en ce que dict sainct Pol, c'est qu'il prend les membres de Christ, & en faict les membres d'vne paillarde, ou bien quand celuy, qui l'a dignement receu, l'abãdonne pour soy rendre a ses concupiscences. Lors des mẽbres de Christ, qui sont les siens, comme estant vny a luy, il en faict membres des choses vitieuses, ausquelles il se conioinct par sa concupiscence, & abus des bien faicts de Dieu, soit d'vne paillarde, d'vn larron, d'vn supplantateur, d'vn menteur, ou inuenteur d'oppressions, & autres ouuriers d'iniquitez, transmuant l'excellẽce des fruicts de ce bon Dieu en soy, en l'infamie de crimes & detestations de vie. Ce qui n'aduiẽdroit si la presence de Iesus Christ n'y estoit, & ceste presence ne cõsiste aux signes materiels ou figure aperceus par les sens, soit veuë, goust, atouchemẽt, ou autres, ains consiste en la verité du corps de Iesus Christ glorifié, non subiect aux sens corporels, que lors qu'il luy plaist, iouxte la nature & cõdition des corps spirituels ou incorporels, ausquels est permis d'vser a leur volonté, ou d'actiõ corporelle, ou d'actiõ spirituelle ou incorporelle, qui est mesme chose. Comme Iesus Christ soy trouuant entre les Apostres visible, & palpable, vsa d'actiõ corporelle, & peu au parauãt entrãt au trauers des murailles sans fracture, vsa d'action incorporelle, comme il faict en sa presence du Sacremẽt, & neãtmoins son propre & veritable corps ne laisse pourtãt d'y estre present. Ce n'est dõc la presence des signes, qui est la presence de Iesus Christ, ny celles des parties materielles: mais c'est la substãce & principalle partie de ce corps materiel, qui est presenté, c'est assauoir l'essence du fils de Dieu, du S. Esprit & ame donnée a Iesus Christ en son humaine composition, & la vraye substance de son corps, qui est son propre corps glorifié, lequel il nous a voulu donner ainsi glorifié, a ce que communiants a luy glorifié, nous prenons sa nature & condition de gloire & immortalité. Ce qui ne nous aduiendroit, si nous communiquions seulement a son corps mortel & passible, auec lequel il nous suffit d'auoir esté conioints vne fois, pour estre portés a la croix, satisfactiõ, & mort auec luy. Et par apres il nous est requis communiquer a sa gloire & immortalité, par la reception de son corps glorieux & immortel, sans laquelle n'y a aucũ moyen de salut au Chrestien.

Ce n'est pas que la premiere vnion impetrée du pere par Iesus Christ, & receüe de nous au sainct Baptesme, ne conduise à ceste perfection estant bien gardée, & conseruée sans la perdre par offence, mais c'est que entrant par la premiere auec Iesus Christ, en la satisfaction de nos crimes & effacement de nos pechez, la receuant par le Baptesme, il nous reste la glorification & immortalité, laquelle ne nous est donnée en ceste vie mortelle, mais apres auoir payé ce tribut de mort, & laquelle (conseruant la grace acquise par le Baptesme) nous acquerrons, si nous acompagnons Iesus Christ sans nous separer de luy, depuis la croix & satisfaction, iusques a receuoir le fruict de sa resurrection, gloire & immortalité, & ce sans aucun besoin du sainct Sacrement, si ainsi il nous estoit possible. Mais nostre imbecillité & faute de bonne volonté nous domine tant, que entre le Baptesme (nous ayant conferé l'vnion de Iesus Christ, & nous ayant mis en chemin de l'acompagner a la passion, croix, mort, satisfaction, resurrection, gloire, & immortalité) & le temps, auquel nous deuons receuoir le profit de l'immortalité, qui est apres nostre decez, nous nous separons par nos defauts si souuent de ceste saincte vnion, qui nous auoit mis en ceste heureuse vie, que sans ce diuin secours que le bon Dieu ayant pitié de nos inconstances nous a donné par ce sainct Sacrement, nos defauts nous mettroient en telle separation, qu'il n'y auroit plus aucun moyen ou esperance de salut.

Toutes-fois

Que c'est mãger & ne le manger.

1. Cor. 6. c

Faire membres de Christ d'vne paillarde.

La presence ne consiste es choses visibles.

Ioan. 20. f

Presence consiste es choses intelligibles.

L'vnion conseruée suffist au salut.

L'vnion est inusile par l'imbecilité de l'homme.

Toutesfois sa misericorde nous y a si fauorablement pourueu, que par ceste somption du corps de Iesus Christ faite auec deuë preparation, toutes choses auec luy nous sont données comme le declare sainct Pol, tant la satis-faction, que la gloire ou immortalité. Aucuns qui ont disputé de la presence de Iesus Christ en ce Sacrement, ont mis auant, que Iesus Christ ne l'a institué que pour l'vsage seulement. Dont aucuns mal aduisez ont voulu recueillir assez mal a propos, que sa presence n'y estãt que pour l'vsage il n'y estoit pour y estre prié, honoré, ou veneré, & de la foy laissant couler par les concupiscences & argumens des choses visibles. Autres ont dict qu'il n'y auoit aucune presence de Iesus Christ, ains de ses simples graces, & qu'il en estoit aussi loin qu'il y a du ciel au pain, qui est ça bas, estimantz son corps estre si bien circõscript de mesures, qu'il ne peut estre au ciel & icy, non plus que vn morsel. Nous dirons que a la verité Iesus Christ l'a institué pour l'vsage des Chrestiens en leur salut, mais il ne s'ensuit que estant illec present pour le salut & communion du penitant, il ne doiue estre prié, honoré, & veneré, par tout ou il sera, & pour quelque occasion qu'il y soit comme nous l'auons veu au vieux testament, par vn tres-familier exemple. C'est que Dieu ordonna bastir & composer deux Cherubins de sculpture sur l'Arche: a celle fin que d'entre ces deux Cherubins Dieu estant parlant à Moïse, luy commanda & respondit toutes choses comme il estoit commun, pour la conduicte & gouuernement du peuple. Et pourtant il ne s'ensuiuoit que Dieu ne voulut estre prié, honoré, & veneré en ce lieu : combien qu'il y fust pour autre effect, lequel toutes-fois n'empeschoit la priere & deuotion ou recognoissance du peuple enuers Dieu. Combien de loüanges luy a presenté Dauid ? le prenant assiz sur les Cherubins au dessus de l'arche, comme il est escrit : & la priere que luy faisoit Ezechiel le prenant assis sur les Cherubins, & plusieurs autres : par ou nous voyons que ou qu'il plaise à Dieu soy preseter, nous ne pouuõs faillir de le prier, honorer, & venerer. Et par cõsequent cõbien qu'il se presente au Sacrement pour l'vsage & communion du Chrestien, ce neantmoins autant l'y doit honorer & venerer celuy, qui ne le reçoit, que celuy qui le reçoit.

Il est par tout Dieu & Sauueur, qui nous a institué ce Sacrement pour nous conioindre & communier a luy, non comme aucuns ont cuydé, que ce Sacrement fust ordonné pour nous communier les vns aux autres, ce qui est faux. Car nous ne pourrions acquerir l'vn par la cõmunion de l'autre, q̃ vices, macules, & pechez, qui sont en nous. Ce n'est ceste communion, qui nous est necessaire, mais c'est chascun de communier à Iesus Christ, auquel chascun s'estãt raporté, nous nous trouuõs tous auoir cõmunié ensemble en vn Christ, dont nous sommes dictz de sainct Pol vn mesme pain, comme estantz rendus de l'Eglise & assemblée de Iesus Christ par ce sainct pain, & sommes dictz estre vn corps, duquel Iesus Christ est chef, comme estantz touts membres de ce chef, qui nous a assemblés en vn seul corps & mesme Eglise auec luy. Il s'est ensuiui de ceste fauce intelligence de communion, que aucuns ont condempné la communion singuliere ou particuliere d'vn Chrestien, estimans la communion s'entendre de communier tous l'vn à l'autre, & ce a faute que ne voulant confesser la presence de Iesus Christ se trouuer en ceste cõmunion, ilz ont esté d'aduis, que celuy qui communie seul, ne communie a rien, comme ilz auroient raison si leur supposition estoit veritable, mais la presence de Iesus Christ estant en la commvnion, leur supposition est fauce, & par consequent la vraye communion vtile & necessaire au Chrestien, est celle qu'il faict auec Iesus Christ son Sauueur, plein de toute perfection, & non celle qu'il faict auec son prochain, pleine de toute misere & imperfection. Ce n'est pourtant que nous voulions reprouuer la communion en multitude, de tant que tout acte faict en plus grande frequence & pluralité de bonnes volontés, est plus agreable à Dieu. Ce que les Philosophes ont aprouué disantz, Que le bien estant plus commun il en est meilleur. Ce sainct Sacrement a esté signifié, par tous les Sacrifices ordonnés de Dieu en l'ancienne loy. A cause de quoy il a esté nommé sacrifice offert à Dieu pour le lauement des pechez du peuple, succedant au lieu des anciens : & cestuy cy seul effaçant tous les autres, comme estant le seul parfaict, & la seule verité, de laquelle les anciens ont esté figuré, prediction, & representation. Voila pourquoy Dauid a dict en esprit de prophetie, comme sainct Pol le recite, L'oblation & sacrifice ne t'a esté agreable, mais tu m'as aproprié le corps, signifiant que a l'aduenir tous les Sacramentz seroient aboliz, par la somption & Sacrifice de ces precieux corps. Ce passage de Dauid est escript en trois manieres, a sçauoir par l'edition Latine vulgaire est dict, L'oblation & sacrifice ne t'a esté agreable, mais tu m'as parfaict mes oreilles & la traduction Hebraique dict, Mais tu m'as percé les oreilles, & la Grecque dict, Tu m'as parfaict mon corps, laquelle sainct Augustin allegue en ceste maniere, & sainct Pol l'allegue cõme nous l'auons couché cy deuant, & bien conuenant au propos: de tant que c'est ce bon Dieu qui aproprie & prepare son corps au profit de l'homme. & ne faut faire la difficulté que aucuns ont faict, asçauoir si par le vice & peché du ministre consecrant par les paroles & ordonnance de Iesus Christ, le Sacrement se trouue sans presence. A ce propos nous disons, que le ministre ou Sacerdot quel bon ou mauuais qu'il puisse estre, toutes-fois employant en intention l'ordonnance & paroles de l'institution du Sacrement, ne peut donner par son vice aucun deffaut au Sacrement, qu'il n'y soit aussi realement consacré par le mauuais, que consacré par le bon. Car l'effect ne procede de l'homme, ains de la vertu du sainct verbe & parole du createur, qui l'a institué pour le remede qu'il a veu si necessaire à l'homme, preuoyant son deffaut, a sçauoir qu'il ne garderoit guiere la regeneration acquise par le Baptesme, qui a esté cause que pour son salut, il luy a donné ceste seconde tendant a mesme fin, & aussi necessaire que l'autre, comme estant mesme chose, c'est à sçauoir vnion du Chrestien au Filz de Dieu Sauueur. Parquoy il nous a constitué les deux conditions negatiues du salut, nous môstrant mesme necessité en l'vne, q̃ en l'autre, c'est la premiere du Baptesme, lors qu'il a dict, Si aucun n'est renay d'eau & d'Esprit, ne peut voir le royaume de Dieu. Et le second, Si vous ne mangez ma chair & beuuez mon sang, vous n'aurez vie en vous, lesquelz tous deux tendent a mesme fin, que si vous n'estez ioints a celuy, qui seul sose presenter au pere, vous n'y serez iamais presentez. Et ceste conionction se faict par les deux, tant par le Baptesme que par la saincte Communion, tendantz tous deux a ceste fin si necessaire. Toutes-fois la communion suppose necessairement l'vnion preceder par le Baptesme, n'estant octroyée que aux babtisez, comme cy deuant a esté dict.

En ce Sacrement aucuns ont faict difficulté, de penser receuoir les deux especes par l'exhibition de l'vne seule, ne pensent prendre le corps soubz les especes du vin, ny le sang soubs les especes du pain. Qui est vne opinion vn peu terrestre & materiele, comme reputant la matiere solide, qui est le corps, ne pouuoir estre comprins dans la liquide, ny au contraire la liquide dans la solide, comme s'il estoit question d'vne operation purement humaine & corporele.

A quoy il n'est besoin nous arrester, mais entendre ce sainct Sacrement porter en soy telle dignité, energie, & efficace, que ce corps immortel glorifié & incorporel, ou spirituel de Iesus Christ, illec present & intelligiblement comprehensible, ne souffre section, fraction, rupture ny separation du corps au sang, ains demeure entier & veritable sans aucune alteration, diuision, ny mutation faicte en soy, soit il exhibé soubz espece de pain corporel, ou de vin liquide. Sur lesquelles especes aucuns ont faict quelques differances, asçauoir ceux de l'Eglise Grecque, lesquelz communient en pain leué, & ceux de la nostre en pain non leué, & aucuns aussi, qui ont voulu dire que le vin deuoit estre pur, de tant que Iesus Christ s'estoit dict vraye vigne. Ce que l'Eglise a reglé, quant au pain le nous ordonnant sans leuain, à cause que le iour que Iesus Christ l'institua, estoit dans les sept iours qu'il leur estoit or donné vser de pain non leué, qui fust cause que Iesus Christ l'institua sur les especes du pain qui luy estoit lors present. Ce que nostre Eglise a obserué, & que les Grecz a l'aduenture n'ont du commencement adusé, à cause que lors que les Apostres ont institué la foy Chrestienne, n'ont tousiours exprimé le pain estre non leué, dont les vns l'ont retenu, les autres non. De l'eau pareillement, qui a esté meslée au vin, à cause de la dignité du Babtesme, qui se faict par elle, & aussi qu'elle se trouua au corps de Iesus Christ meslée auec le sang, lors que son costé fust percé, ce que nostre Eglise a obserué. Ceste difficulté a esté proposée, par ceux, qui n'ont aperceu la cause, pourquoy Iesus Christ nous donnant communication de son corps, ne s'est contenté de dire, qu'il vouloit que nous receussions son corps seulement, auquel corps est cõprins le sang, cõme estant partie d'iceluy: mais a voulu dire mon corps & mon sang. Ce n'est pas que la somption de son corps entier ne suffit a nous regenerer, sans y specifier le sang a part donné par les signes du vin & eau: mais c'est que le bon Seigneur ne nous communicquant ses Sacrements sans mystere, nous a voulu monstrer, que nous donnant son corps, comprenant le sang comme autres parties, il ne nous presentoit aucune memoire de l'occasion, qui le mouuoit a nous communicquer ce bien, pour

nous

Objection du vice du ministre.

La parole nõ le ministre rend la presence.

L'vnion & Sacremens cõstituez en negatiue. Ioan. 3. a Ioan. 6. f

Le Sacremens ne peut sans l'vnion. Obiection des deux especes.

Diuerses opinions sur les especes. S. Augustin l'allegue de S. Cyprian de doctr. Christ. lib. 4. Cap. 21 Du pain leué & non leué. Genes. 23. c

Opinions de l'eau auec le vin. Ioan. 19. f

nous en imprimer la souuenance, qu'il nous a commandé en auoir, ains seulement nous eust faict entendre, que par ceste communion il nous retiroit à luy, sans nous faire entendre aucune cause ou occasion, qui nous deut esmouuoir à considerer l'admirable effect, duquel il a vsé. Qui a esté cause, que nommant en la communion le corps, il a voulu que nous ayons entendu par l'assomption d'iceluy, la perfection que nous receuons par l'vnion qu'il nous donne à luy, & par la somption du sang, l'occasion, qui luy a faict respandre son sang, & souffrir mort & passion pour la reparation de noz fautes, & nous reduire de ruine & perdition, en restauration & perfection. Ce que le corps en general ne manifeste, sans y faire mention du sang, lequel porte en soy la memoire de sa passion & humiliation, qu'il a receu pour nous retirer de ruyne. Voila pourquoy il nous a dict, Faictes le en ma memoire, non seulement du bien reçeu, mais du peril euité: & sainct Pol dict, Chasque fois que vous le ferez, vous annoncerez la mort du Seigneur, iusques à son aduenement. C'est de tant que le bon Seigneur ne veut, que nous tombions en l'ingratitude d'oblier non seulement le bien, qu'il nous a faict, nous reunissant à luy par son corps, mais d'oblier aussi la maniere si estrange & cruelle, qu'il a souffert, respandant son sang par sa passion & mort. *1. Cor. 11. d*

A ceste cause combien que l'vn des deux suffise à nous donner ce bien, ce neantmoins Iesus Christ a voulu que les deux y fussent nommez, pour nous entretenir la memoire de son humilité & passion soufferte pour noz deffaux, & reparation d'iceux. Et comme ignorance produict ordinairement foles opinions & dissentions, entre les hommes, il se tient vne grande dispute & different sur le faict de la transsubstantiation, qui toutesfois n'estant esmeüe, que la sedition semée par Sathan, entre les hommes, ne laisse pourtant de seruir entre eux de si violant subiect de discorde, qu'il se trouue peu ou poinct de personnes, qui en puissent satisfaire toutes gens, à cause d'auoir ignoré la nature & vraye cõdition de substance: qui ne peut estre entendue, que par le philosophe Chrestien. Nous auons cy deuant dict, declarans la difference d'essence à substance, qu'essence appartenoit aux seules choses diuines, & substance aux corporeles, combien que tant essence que substance, soient subiectz incorporelz, & par consequent diuins. Qui nous faict entendre, que substance estant efficace diuine, est donnée au corps materiel & composé, pour contenir en soy les vertus, conditions, puissances, & actions, données du createur a la creature corporele, soit a l'animal, plante, mineral, ou autre creature materiele quelconque, comme nous prendrons par exemple celuy, qui nous est offert a ce propos, c'est le pain: lequel en sa substance (qui est ceste efficace diuine, en laquelle gist la vertu & puissance donnée de Dieu au pain, de nourrir la creature & faire plusieurs autres effaicts) contient ses vertus & facultes, & non la matiere, ny aucune partie corporele se trouue estre ceste vertu donnant la nourriture, ains passe par le corps, s'en alant par excrement, de maniere que sans ceste efficace diuine presente au pain, il ne nourriroit, ny feroit aucun effaict, qui nous faict resouldre, que c'est ceste diuinité presente au pain, qui produict les effaictz, ceste mesme diuinité n'estant qu'vne simple vertu & efficace diuine. Or quant a ce mesme pain, il suruient par la vertu des sainctes paroles de Iesus Christ, proferant le verbe substantif, *est*, proposant, Cecy est mon corps? Ce mesme verbe substantif, ou plus propremant essential, comme sont infinitif (*esse*) le manifeste, infere la substance, ou plustost efficace diuine, dans ce pain par la presence de Iesus Christ, qu'il y raporte: laquelle substance ou essence, tient illec lieu de substance, & vertu diuine contenant toutes efficaces, vertuz & puissances, données a ce pain, de maniere que aduenant la presence de ce Dieu, (duquel la substance premiere qui dominoit au pain, n'estoit que vn seul rayon) elle efface ceste petite partie diuine, & rayon, par sa presence, qui luy est a plain conferée, & par consequent il n'y peut auoir deux substances en ce corps, de tant que la preimere, a qui n'estoit donné vertu que de nourrir le corps, n'y domine plus, mais a receu en sa place son tout, en presence principale, qui ne reçoit compaignon, tant en efficace que operation: laquelle contient les deux efficaces, & vertuz, de nourrir & soustenir ou entretenir tant le corps, que la partie intelligible.

Dont s'ensuit, que nous ne pouuans dire, que la substance de ce corps est Iesus Christ, & vne de ses vertus, sans parler absurdement, nous serons contrainctz de confesser, que l'vne des vertus de Iesus Christ mise au pain, s'est transubstantiée en la totale presence de son au-

&teur: lequel par conſequent demeure ſeule ſubſtance, pour lors en ce ſubiect corporel, y tenant lieu principal, poſſedant toutes les vertus atribuées à ce ſubiect. Ce tres-ſainct Sacrement fuſt ancienement repreſenté, par le pain & le vin, qui fuſt offert par le tres ancien Sacerdot Melchiſedech (que aucuns diſent auoir eſté Sem filz de Noé) à Abraham reuenant du combat qu'il auoit faict contre les Roys. Par lequel Melchiſedech eſt repreſenté Ieſus Chriſt tres-grand Sacerdot, n'ayant beſoin, cōme les autres, d'offrir pour ſoy: lequel a preſenté à Abraham, & ſa fidele race (comme il la dicte) le pain & vin de ſon ſainct Sacrement en ſalut, declarant vrays enfans d'Abraham, non ceux qui luy ſuccedent en corps & ſang, mais ceux qui luy ſuccedent en la foy qu'il auoit à Dieu: auſquelz il offre ce pain & vin de ſalut. Et en ceſte recognoiſſance, les fideles preſentent la diſme de tout ce qu'ilz poſſedent, comme le bon Abraham leur en donna le premier exemple, par les diſmes, qu'il donna à Melchiſedech: par leſquelles diſmes, ceux qui negotient le ſalut procuré au fidele par ce S. Sacrement, ſont entretenus en leur ſeruice. C'eſt donc ce tres ſainct moyen, par lequel l'homme reçoit tous les iours ſon ſalut, perdu par ſon deffaut: duquel nous pourrions faire plus long propos, & ſoudre diuerſes queſtions, fondées aſſez mal à propos pour l'impugner, de certains diſciples & negotiateurs de Sathan. Mais n'eſtant noſtre principal propos, nous ſerons pour le preſent contens d'en auoir declaré le plus neceſſaire, tant pour la conſolation du Chreſtien, que pour l'interpretation de noſtre Mercure, parlant de la regeneration de l'homme mal nay: laquelle n'eſt autre choſe que l'vnion de l'homme au Filz de Dieu Saueur, qui nous eſt rendue ordinaire & familiere, par l'exhibition & vſage du S. Sacrement, duquel Mercure nous veut declarer, quelle eſt la ſemence, quel eſt le ſemeur, & quelle eſt la matrice, qui la porte, & engendre, & le reſte, que Dieu luy aura reuelé, pour l'intelligence qu'il luy vouloit lors communiquer par le propos de la regeneration.

Melchiſedec preſenta pain & vin. Geneſ. 14. d

Abraham paia diſmes au grand ſacerdos.

SECTION 4.

O Mon pere, ſuis-ie point aliené maintenant de ces choſes? à cauſe que ie ſuis taché, & que i'ay atouchement & meſure en moy. O mon filz, tu me voy des yeux, quand tu me conſideres mé regardant ferme de ta veuë corporele, mais ie ne regarde pas maintenant de ces yeux, ô mon filz. O mon pere tu m'as atiré en vne manie, qui n'eſt pas petite, & en vn aiguillon de penſée: car maintenant ie ne me voy meſmes. O mon filz, ie deſirerois, que à la maniere de ceux, qui voyent en ſonge, tu fuſſes yſſu de toy meſmes, ſans dormir touteſfois.

COMMENTAIRE.

Le corps mortel n'endure perfection.

Qvand le filz de Mercure entendit de ſon pere apres tant d'enigmes & propos obſcurs, qu'il luy auoit tenu, qu'il eſtoit impoſſible à l'homme renfermé & couuert de ce corps terreſtre, ou baſtiment elementaire: & ne luy eſtoit permis de conceuoir en ſoy ceſte regeneration, laquelle il deſiroit entendre: & qu'à cauſe de ce, Mercure auoit meſpriſé & deſeſtimé ſa premiere forme, il commance a reuenir en quelque cōmancement d'intelligence: & demande, O MON PERE, ayant ouy, que tu as meſpriſé ta premiere forme, par ce que eſtat elementaire & ſubiecte aux ſens corporelz, il ne luy eſtoit permis d'apercevoir ceſte excellence de regeneration: i'ay penſé de te demander, ſi IE SVIS POINT ALIENE MAINTENANT DE CES CHOSES, & cognoiſſance de ceſte renaiſſance, pour la meſme occaſiō que tu as aperçeu en toy. Qui eſt A CAVSE QV'eſtant corporel & compoſé de matiere, IE SVIS TACHE de diuerſes taches ou couleurs, qui me merquent ſi diuerſement, que ie voy par là eſtre ſubiect à la veuë corporele: ET QVE I'AY ATOVCHEMENT, & pur vſage de ce ſens corporels, qui me manifeſte auoir corps materiel prouueu des ſens, ET QVE I'AY MESVRE EN MOY, c'eſt aſçauoir les trois dimenſions, auſquelles tout corps eſt ſubiect, qui ſont longueur, largeur, & hauteur. Par leſquelles ſans aucun doubte, ie voy que i'ay vn corps elemen-

Couleur meſme & atouchement cōdition de corps.

elementaire, auec tout vsage de sens comme toy, o mon pere. Toutesfois ayant mesme vsage des sens que tu as, & te voyant, comme tu me voy, pourquoy seray ie plustost bany de voir ceste renaissance, que toy, & l'aperceuoir? O MON FILS TV ME VOIS DES YEVX, QVAND TV ME CONSIDERES, ME REGARDANT FERME DE TA VEVE CORPORELLE, par laquelle tu ne puis aperceuoir que choses corporeles & materieles, non plus que ie fais de mes yeux corporels, & ne pense, que les conditiōs corporeles, asçauoir couleur, mesure, atouchement, & autres de leur nature t'esloignent de la regeneration, ains c'est l'abus & trop long amusement, que tu as en ces conditions, qui par les choses corporeles diuertist ta pensée des choses diuines. MAIS detant que ce n'est par le secours des yeux corporelz que nous deuons ataindre a voir les choses intelligibles & diuines, IE NE REGARDE PAS MAINTENANT, ou en ce propos DE CES YEVX, O MON FILZ: car a la verité, il ne me seruiroient que d'empeschement, quand il est question de cōprendre les choses diuines, comme nous l'auons quelquefois cy deuant dict, que le plus grand seruice ou secours, que l'homme puisse auoir de ses sens, quand il vacque a l'estude des choses intelligibles & diuines, c'est leur absence. De tant que tous sens corporelz n'y faisant aucun besoin, a cause qu'ilz n'ont aucune action sur les choses intelligibles, leur vsage & presence s'amusant par force ailleurs, & en faisant le raport a l'ame, qui d'autre part est assez empeschée a la contemplation des choses diuines, ne faut iamais & sans aucun doubte d'aporter diuines & innumerables empeschemēts a ceste pauure ame. De maniere que par leur destourbier, elle en est le plus souuent distraicte & retirée. O MON PERE, TV M'AS ATTIRE EN VNE MANYE, QVI N'ET PAS PETITE, par laquelle ie trouue toute ma ratiocination tumber en contradictions & perplexitez, de maniere que tu m'as cōduit en vne grande passion, ET EN VN AIGVILON d'esprit ou DE PENSEE, qui me point merueilleusement, si qu'il me semble auoir abandonné tous mes sens corporels. C'est la maniere de ceux, qui retournās a Dieu, laissēt les abus: lesquelz en leur cōmancement semblēt aux mōdains deuenir insensez, cōme il est escript, Nous intences estimiōs leur vie estre vne manye, voyez cōment ils sont au nōbre des esleuz de Dieu, ainsi en aduenoit a Tat, perturbé du chāgement, disant, Ie sens vn aiguillō de pensée. CAR MAINTENANT IE NE ME VOY MESME, a cause de la perturbatiō & perplexité q̄ tes propos ont mis en mes iugemēts & ame raisonnable, quād i'ay voulu abandonner mes sens, pour a ton imitation me regarder plus des yeux corporelz. Mais i'aperçoy q̄ m'estāt desnué de mes sēs, ie ne me voy mesmes, dont ie suis venu en ceste perturbatiō. O MON FILS IE DESIREROIS de te voir en tel estat, & QVE A LA MANIERE DE CEVX, QVI VOYENT EN SONGE, lesquelz n'employāt aucun de leurs sens corporelz, s'en tiennēt separez, ne s'aidātz, que de leurs parties intelligibles, TV FVSSES en ceste maniere YSSV DE TOY MESMES, c'est a dire de c'est empeschemēt, que tes sens corporelz te font, & tresgrand destourbier a ta contemplation, & vsage de tes parties interieures vertus du S. Esprit, par lesquelles tu doibs recouurer la regeneratiō. TOVTESFOIS, ie ne desirerois que ceste yssue de toy mesme, & de l'empeschement de tes sens fust en songe. Car en ce cas, tu ne penserois ce, que tu desirerois bien, ce que le songe t'ameneroit en dormant: mais ie desirerois ceste separation de tes sens & yssue de toy mesmes feust SANS DORMIR, a celle fin que en cest estat il te fust loisible d'vser de ton arbitre, & par iceluy rechercher a ton pouuoir, l'intelligēce & cognoissance des choses diuines. A quoy tu paruiendrois, ayant reietté tes sens corporels, estant rauy de ceste affectiō & ardante volonté d'y entendre, sans comparaison mieux que pendant la liberté de tes sens corporelz. Lesquels diuaguāt çà & la par toutes matieres, recueillant diuerses choses, & d'icelles faisant raport a l'ame suyuant leur nature, il n'est possible, qu'ilz ne la destournent & retirent des voyes de contemplation. Et ceste maniere de rauissement ou extase aduient a ceux qui d'vn desir ardant & volonté fort resoluë se retirent de tous bruits, de toutes ocasions d'estre recherchés, soit pour negotiations, ou autres empeschemens, recherchans tel repos en corps, que les sens luy demeurent oisifs, lors & en cest estat les parties spirituelles & intelligibles n'estant destournées, par leurs ennemies sensibles & corporeles, poursuyuent leur estude, & paruiennent a tresgrandes cognoissances & merueilleux faicts de Dieu: & ne regardant derrierre, lors qu'ils mettent la main a ceste charrue, comme ils le font en cest estat, suyuant la doctrine de Iesus Christ, ilz se trouuent aptes & conuenables au royaume de Dieu. Et c'est la vraye entrée de la regeneration.

L'vsage des sens n'est mauuais mais l'abus.

Les sens n'ōt action sur choses diuines.

Aux mondains regeneration semble manye.

Mercure reprimatiō des sens a Tat.

L'vsage des sens empesche la contemplation.

Luc. 9. 8

SEC.

SECTION 5.

DY moy encore cecy, ô mon pere, qui est aucteur de la regeneration? C'est le Filz de Dieu, vn homme, par la volonté de Dieu. O mon pere, tu m'as donc maintenant rendu sans parole: de tant qu'estant aliené de mon anciene fureur, ie voy ta grandeur auec ta mesme figure, & la mensonge, qui est en elle, de tant que la figure des choses morteles, se change de iour en iour, à cause que par temps elle se tourne en croissance & diminution, comme la mensonge.

COMMENTAIRE.

CEste dispute & dialogue nous est proposé par Mercure, en tant de demandes, repliques, & difficultés, pour nous monstrer combien vne pauure ame plongée dans les abus des *Difficulté a se* sens, luy ayant produict vne ignorance de sa voye, donne peine & en reçoit à la retirer de *retirer des* ces lacs, & retz, esquelz elle s'est enuelopée, comme nous le voyons familierement par les *lieux de la ma-* propos corporelz, & du tout materielz, que tient le filz à son pere: & au contraire par les res- *tiere.* ponces totalement spirituelles ou intelligibles, que le pere luy respond, pour ne souffrir, qu'il s'enfonce en ceste fange & bourbier, & qu'il voye la peine, que ce luy est, tant qu'il aura ce language & intelligence grossiere & materiele, de paruenir à la cognoissance de Dieu. Tou- *Difficulté en-* tesfois quelle difficulté qu'il y ayt, ce bon Dieu a donné tant de vertu à la constance de cō- *frainte par* tinuer les bonnes choses, que par ce moyen elle paruient au dessus de son entreprinse auec *constance.* le temps, comme nous l'apercevons en ces propos, par la reduction du ieune Tat, qui ayant esté si dur & rebelle du commencement à la doctrine de Dieu, & commençant desia à cognoistre, qu'il faut delaisser le sensible, pour cest estude, demande à son pere, DY MOY ENCORE CECY, O MON PERE. QVI EST AVTHEVR DE LA REGENERATION, & par quelle grandeur ou excellence nous est elle aportée, & qui en est l'inuenteur & sour- *Iesus Christ* ce? C'EST LE FILS DE DIEV, VN HOMME, PAR LA VOLONTE DE DIEV, *aucteur de re-* lequel Filz de Dieu, estant eternelement & hors toute mesure de temps, engendré de Dieu *generation.* son Pere, a tant aymé l'homme & sa generation, à cause de son sainct Esprit, qu'il a mis en sa composition, que voyant la ruyne, en laquelle il s'estoit precipité, & toute sa suite, par son tres-grand deffaut, s'est tant humilié, que de charger sur son essence diuine & immortele vn *Humilité du* corps humain, mortel, & subiect à infinies miseres, pour s'estant faict compagnon & frere *Filz de Dieu* de l'homme, il plegeast & satisfist à la faute qu'auoit faict ce pauure mal cōseillé. Et en ceste *pour regene-* maniere ce Dieu Filz de Dieu, mesme chose auec son pere, fust aussi vn homme, lequel fust *rer l'homme.* vray aucteur & inuenteur de la regeneration & vraye matrice & mere, ou elle a esté engendrée: de tant que c'est la pure sapience du pere, & laquelle doit estre cogneuë auec sa regeneration par le silence & repos de tous sens & autres moyens corporelz, faisant place aux intelligences, actions pures diuines, commises à l'homme auec l'image de ce bon Dieu. Ie ne pense homme de bon entendement, qu'il n'admire ceste prophetie auoir esté dicte *Admirable* par Mercure, attendu le temps auquel il estoit, & qu'il ne se trouue auoir esté tenu aucun *prophetie de* propos, soit par Moïse ou autre escriuain quelconque du vieux Testament, de ceste renais- *Mercure.* sance, regeneration, ou renouuellement. C'est bien manifeste y auoir eu grandissime priuauté de Dieu à luy, attendu que par sus tous autres, il luy a reuelé le vray moyen, duquel Dieu deliberoit vser à la restauration de la perte & ruyne du genre humain, c'est asçauoir de ren- *Iesus Christ,* dre le filz de Dieu homme, lequel ameneroit ceste restauration, par la renaissance, renou- *comme Mer-* uellement, ou regeneration, comme de vray il l'a faict & l'a declaré par ces paroles, Si aucun *cure, a vsé de* n'est renay derechef, ne peut voir le royaume de Dieu: & sainct Pierre, Renays non de se- *mot regenera-* mence corruptible, mais incorruptible par le verbe de Dieu viuant, qui est ce Filz de Dieu: *tion.* & sainct Pol, Combien que nostre homme qui est au dehors, soit corrompu, celuy qui est au *Ioan.3.a* dedans toutesfois est renouuellé de iour à autre, de tant que c'est à l'interieur qu'il apartient *1.Pierre.1.d* *2.Cor.4.d*

&non

& non à l'exterieur, d'estre renouuellé par ceste nouuelle naissance: & ailleurs, Il vous faut oster ce vieil homme selon l'ancienne conuersation, qui est corrompu selon les desirs d'erreur, & soyez renouuellés par l'esprit de vostre pensée, & vestissez l'homme nouueau, qui est creé selon Dieu, par où nous voyons ceste renaissance nous estre faicte par les parties spirituelles de nostre pensée: & ailleurs, Ne veuillés vous mentir l'vn à l'autre despouillants vostre vieil homme auec ses effectz, & vous vestir le nouueau, celuy qui est renouuellé en cognoissance, selon l'image de celuy qui l'a creé. Ce renouuellement ou regeneration n'est donc corporel, mais en cognoissance & autres parties intelligibles: à cause que par icelles doit entrer le salut en l'homme. Ce propos est clairement exposé par Iesus Christ parlant à Nycodeme, pour luy oster toute opinion de naissance corporele, de tant qu'il trauailloit de mesme ignorance que Tat. Et Iesus Christ le ramenoit là ou Mercure ramene Tat, asçauoir vers la renaissance spirituele ou intelligible, par ces paroles, Ie te dy que ce qui est nay de chair est chair, & ce qui est nay d'esprit est esprit, ne t'esmerueille pas que ie t'aye dict, qu'il vous faut naistre derechef, l'esprit aspire ou il veut, tu oys sa voix, & ne sçais ou il va, ou vient, à cause qu'il est incorporel, comme esprit de Dieu. A ceste cause tu ne peux aperceuoir de luy aucune action ou mouuement corporel & visible. Ie te baille ce propos à la semblance de celuy qui doit renaistre, en la maniere que ie te dy. Il est tout ainsi de tout homme qui est nay de l'esprit, lequel ne manifeste corporelement aucune action de sa renaissance, mais la reçoit de la grace & volonté de Dieu en sa pensée, & parties spirituelles conioinctes à son ame, à quoy le corps & ses sens n'ont pour le present aucun interest. Ceste renaissance a esté donnée de Dieu à l'homme, non seulement pour doctrine ou enseignemēt, mais pour vraye medecine & extreme remede contre sa ruine, laquelle se prend en ceste vie à l'ame & ses parties intelligibles ou spirituelles, & non au corps, à cause que combien que le corps & son amour aye faict faillir l'homme, ce n'est pourtant le corps qui a failli, mais c'est l'ame en sa volonté, par sa nonchalance, ignorance, volupté, curiosité, & autres conditions du tout contraires aux vertus, que l'image S. Esprit de Dieu auoit associé à son ame, entrant en l'homme. Parquoy l'ame essence diuine, immortele & intelligible, ayant failli par ses parties intelligibles, & par celles là fust tumbée en mort & perpetuele ruyne, il a esté besoin que le remede que luy seroit donné, fust receu par les mesmes parties, qui auoient cōmis la faute en elle: & le remede de mesme nature & cōdition, que les parties malades en l'homme. A cause dequoy elles estant spirituelles ou intelligibles & immortelles, il a esté besoin que ceste diuine regeneration, remede seul & tres-souuerain pour la maladie, fust intelligible & spirituel, & n'vsast en soy d'aucune action corporele, à laquelle le ieune Tat ou Nycodeme eussent aucune occasion de s'arrester ou s'attandre.

Nous conclurons donc, que ceste regeneration, de laquelle Iesus Christ Filz de Dieu vn homme est aucteur, c'est vne grace & bien faict qui a esté donné à l'homme perdu & ruyné en son extreme necessité, par la seule amour & bonne volonté de Dieu, non prié, moins semouse ou conuié, par aucun bien faict de l'homme: par laquelle il a conioinct la personne du pecheur qui voudra croire par viue foy en Iesus Christ, à Iesus Christ son Filz, pour receuoir de l'homme pecheur, par la personne de son filz puny, mort, & resuscité, toute satisfaction de son essence, & merite de sa gloire eternele. Et en ceste maniere la volōté de Dieu en a esté le semeur: la bonté veritable qui est Dieu soy donnant à l'homme, a esté la semence, & la matrice ou mere, qui la nous a apportée, a esté la sapience Fils eternel de Dieu, intelligible en sa partie principale, produisant ce bien faict, & en silence ou repos de tous sens corporelz & autres matieres, lesquelles n'ont esté apellées a la collation de ce bien faict.

O MON PERE TV M'AS DONC MAINTENANT RENDV SANS PAROLE, DE TANT QVE ESTANT ALIENE DE MON ANCIENNE FVREVR, en laquelle ie me plaignois auoir esté mis n'aguiere par toy, & de la manie ou ie m'estois trouué, iay consideré le dernier propos que tu m'as tenu, par lequel tu m'as declaré ce Fils de Dieu aucteur de la regeneration estre vn homme, i'ay bien pensé lors, que combien qu'il fust homme corporel & mortel si est ce qu'il estoit Dieu Fils de Dieu, comme n'aguiere ie te l'auois dict sans l'entendre, & si disois qu'il n'auoit aucune part en mon essence, ny intelligēce, n'aduisant que son humanité communicquoit auec la mienne. Vray est que toutes intelligēces & consideratiōs estans corporeles, & par consequent contraires, & du tout ignorantz ses operations diuines & intelligibles, ie l'estimois n'auoir aucune communication auec moy, mais ayant souuenance que

Le renaissan-ce donnée par la Trinité.

ce que tu m'as aussi dict, que le semeur de ceste nouuelle naissance estoit la bonne volonté, amour, & charité de Dieu, qui est son S.Esprit, la semêce estre le bien souuerain & veritable, qui est le Pere, & la matrice ou mere, qui la nous a portée & produicte, estre la sapience du Pere, qui est Iesus Christ son Filz. Dauantage me souuenant que cy deuant quelque temps a, me parlant du bassin que Dieu auoit enuoyé aux hommes plein de pensée, tu me dis que vn heraut auoit esté enuoyé vers les volontez des hômes, leur publier que ceux qui pourroiêt

Le Baptesme incorporel côme la renaissâce.

soy plonger & baptiser en ce bassin, croyans qu'il retourneroit à celuy qui l'auoit enuoyé, & cognoistroit la fin, à laquelle il fust nay, gaigneroient la cognoissance: il m'a semblé par tous tes propos, que tu ne parles en ces faictz d'actions quelcôques corporeles, mesmes me pro-polant ceste regeneration par trois offices de la diuine Trinité: laquelle est pure intelligible, & vne essence immortelle: outre ce tu me l'as proposée n'apartenir que a mes parties inte-rieures & immorteles, iointes à mon ame raisonnable, & ne s'adresser aucunement au corps.

Le corps atêd perfection apres sa mort.

Combien que le corps en atande perfection, & ce pendant soit employé en diuers effectz, produictz par ces actions intelligibles, comme instrument de ce ministere ou seruice. Par ou ie me voy bien esloigné de rechercher ces actions produisants la renaissance parmy les o-perations corporeles. Finalement i'ay veu que la marque de ceux à qui elle est donnée, est

Foy reçoit Baptesme & re-naissance.

vne foy croyant, & vne cognoissance de soy, portant en soy vn effect exterieur & corporel, de soy plôger dans ce bassin enuoyé de Dieu: par ou ie cognois que nonobstant que l'effect & execution de ceste merque soy plongeant soit corporel, si est-ce que la cause & action qui ont produict cest effect, sont spiritueles ou intelligibles, asçauoir la foy croyant, & l'intelli-gence foy cognoissant. Dont o mon pere, tu m'as rendu muet & sans replique, & m'as aliené & esloigné de ceste manie & aiguillon de pensée, ou perturbation d'esprit & fureur, esquel-

Grandeur cô-siste en cognois-sance.

les tu m'auois mis, & cognoissant toute ta doctrine & ces remedes que tu me proposes, estre choses purement intelligibles, IE VOY TA GRANDEVR consister en merueilleuse intel-ligence & cognoissance de Dieu, qui sont toutes actions intelligibles & incorporeles, & si la VOY AVEC TA MESME FIGVRE corporele, voire indigne de contenir si grande vertu que Dieu a mis en toy. Et laquelle voyant, i'aperçoy LA MENSONGE QVI EST EN ELLE, monstrant apparance de ce qu'elle n'est pas, & deceuant tous les iours la partie in-terieure, par alteration, mutation, & toutes autres imperfections, ou pour le moins y faisant

Le corps hu-main dit men-songe.

ses efforts, pour la ruiner par les fraudes, menteries, & deceptions executées par les sens: DE TANT QVE LA FIGVRE DES CHOSES MORTELES SE CHANGE DE IOVR EN IOVR, par les changements de laquelle toutes tromperies, circonuentions, fraudes, & deceptions sont produictes contre l'ame, auec ces parties de l'homme interieur. C'est ceste figure & corps humain, lequel estant composé de matiere subiecte à toutes miseres, à cause

Pourquoy le corps est men-songe.

de son instabilité, ne cesse par ces mutations & changements, de produire infinies menson-ges, illusions, & deceptions, contre ceste pauure ame efficace immortelle de Dieu. A CAV-SE QVE PAR TEMPS ELLE SE TOVRNE EN CROISSANCE ET DIMINVTION, COMME LA MENSONGE. C'est que tout mouuement est apliqué sur choses corpo-reles, comme nous l'auons cy deuant dict: & le temps est la mesure de ce mouuement, le-quel de sa nature produisant mutations, nous voyons que par ce temps (changeant toutes choses par mouuement) ceste figure corporele subiecte à tant de mutations est tournée quelquefois en croissance, quelquefois en diminution, qui sont les deux estatz comprenâs tout le cours de la creature viuante, qui est sa montée despuis son commencement iusques au periode & but de sa croissance : & de là commence incontinent la descente iusques au terme de sa fin, durant & à cause desquelz mouuementz, sont produictes plusieurs diuersitez

Toute homme menteur expo-sé. Psal.115

d'estat en la figure du corps humain. Lesquelles Mercure nomme mensonges, à cause que n'ayant en soy constance en mesme estat, elles priuent ce corps de verité, de tant qu'il n'est l'vne fois mesme chose, qu'il est l'autre. C'est de ce propos que le Psalmiste a estimé tout homme estre menteur entant que corporel, combien qu'il en y a eu qui n'ont vsé de parole mensongiere, si n'ont ilz toutes-fois esté sans corps subiect a alteration, & mutation, & par consequent menteur.

SEC-

SECTION. 6.

Qui est donc chose vraye, ô Trismegiste? Ce qui n'est troublé, ô mon filz, & qui n'est terminé, & qui n'est coloré, qui n'est figuré, qui est immobile, qui est nud, qui est apparant, qui est comprehensible de soy mesme, qui ne peut estre alteré, qui est bon, & qui est incorporel. I'enrage veritablement ô mon pere, car moy pensant estre faict sage de toy, mes sens se sont estoupez par ceste cogitation. Il est ainsi ô mon filz, vne partie s'en va contremont, comme le feu, partie s'en va en bas, comme la terre, partie est humide, comme l'eau, partie aspre, comme l'air: comment cognoistras tu sensiblement, ce qui n'est dur, ny humide, ny condensé, ny penetrant, mais qui seulement est entendu par puissance & efficace.

COMMENTAIRE.

TAt ayant entédu de son pere, qu'il tenoit pour vne méterie tout corps humain, ensemble tout autre corps mortel, & qu'il declaroit par la n'y auoir aucune verité en toutes choses materielles, il demande, Sy parmy tout ce que nous voyons & manions, ou il semble y auoir choses dignes, excellantes & admirables, tu ne penses y auoir verité, QVI EST DONC CHOSE VRAYE O TRISMEGISTE? en laquelle ceste vertu de verité soit si ferme & cõstante, qu'il n'y aye aucun changement, alteration, ny passion. CE QVI N'EST TROVBLE O MON FILS, ains est ordonné par vne telle prouidence, qu'il ne s'y trouue aucun discord ou contradiction, ou bien qu'il n'est maculé de matiere, qui le rede imparfaict, comme nous dirons cy apres, Dieu aidant, parlans de la verité: ET QVI N'EST TERMINE ou limité par quelque fin ou commancement, par quelque extremité, soit de temps ou mesure: ET QVI N'EST COLORE, entant que materiel subiect a la veuë ou autres sens corporels: detant que couleur ne peut estre assise que sur subiect materiel: QVI N'EST FIGVRE, paint descrit ou representé aux sens corporelz, par quelque dessein ou portraict que ce soit : QVI EST IMMOBILE par mouuement quelconque comme estant incorporel: QVI EST NVD ou simple sans aucun fard ou parement, qui le puisse dissimuler: QVI EST APARANT, en ses effects veritables, fermes, & constants en clarté, & deliurées de tout doubte, QVI EST COMPREHENSIBLE ou comprins de soy mesme, n'ayant aucune affinité ny communication a autre chose quelconque, qu'a soy mesme, qui le puisse comprendre, contenir, ou totalement cognoistre: car pour peu qu'il s'en faille que ce ne soit elle mesmes, ce n'est plus cela, detant que Dieu verité n'est comprins que de soy mesme: QVI NE PEVT ESTRE ALTERE ou varié, ny desguisé en autre maniere, QVI EST BON, iuste, parfaict, ne cessant de faire bien a toutes choses, ET QVI EST INCORPOREL, & par consequent immortel & eternel, qui sõt toutes cõditions, qui ne peuuẽt estre atribuées qu'au seul biẽ souuerain Dieu tout puissant, important toutes trop de perfectiõ en elles, pour cõuenir a autre subiect quelcõque. C'est ceste verité filsde Dieu, née en terre, cõme le Psalmiste la tesmoigné, Verité est yssue de la terre, & iustice a regardé d'enhaut. Ce q̃ Iesus Christ a declaré plus familiairemãt disant, Qu'il est la voye, verité, & vie, & ailleurs parlãt a la Samaritaine luy declare, Que les vrais adorateurs adorerõt le pere au S. Esprit & verité, qui est le filz: & quelque temps apres pria Dieu son pere, qu'il sanctifiast ses disciples en verité, luy disant, Que son verbe qui estoit luy, estoit verité, & qu'il se sanctifioit pour eux, a ce qu'ilz feussent sanctifiés en verité. Voila pourquoy il a si souuent nommé l'Esprit de Dieu esprit de verité, laquelle estãt filz deDieu, son S. Esprit estoit necessairemant Esprit de verité. Ceste cy est donc la description que Mercure a voulu bailler a ceste verité, souuerain biẽ incorporel, plustost par negatiues que par affirmatiues lesquelles n'estãt suffisantes pour affirmer ce q̃ c'est, pour le moins les negatiues le nyeront estre toute autre chose. De ceste maniere depuis ont vsé apres luy, les plus grands & renommez de l'Eglise de Iesus Christ, escriuants sur les saintes letres: toutesfois Tat n'ayant a coustumé ceste maniere, de voir diffinir vn subiect par toutes negatiues, lesquelles le plus souuent n'estant subiectes a preuue ou verification, se trouuoyent hors de la capacité de son intelligence, outre ce qu'il pensoit auoir desia ataint l'intelligence de la regeneration, ayant'cognu par les propos de son pere cy deuant qu'il ne parloit d'aucune action ny puissance corporelle, ains que tous ses propos faisoiẽt seulle mention des choses intelligibles, dont il cuidoit auoir desia tant aduancé en son intelligence, qu'il n'esperoit plus ouyr propos obscur de son pere.

Que cest vmité.

Sous verité Dieu descrit.

Ioan. 14. a

Ioan. 4. c

Ioan 17. e

Iesus Christ & Mercure disent Dieu verité.

Dieu descrit par negatiues.

Toutes-fois oyant la diffinition qu'il luy baille de verité, estant vne diction si cōmune parmy les hommes, s'attendoit quelle ne pouuoit estre que tres-facile & familiere, il se trouua deceu: & de passion dict a son pere I'ENRAGE VERITABLEMENT O MON PERE, des rudesses qu'il me semble receuoir de toy, par l'obscurité & difficulté de tes propos. CAR MOY PENSANT ESTRE FAICT SAGE DE TOY, MES SENS SE SONT TOVS ESTOVPEZ PAR CESTE COGITATION: car ie t'ay cōsideré apres l'estonnemēt auquel tu m'as dernierement mis, par lequel ie me suis trouué hors de ma fureur & manie precedente. Et te bien considerant, i'ay cogneu combien ton homme interieur estoit grand, à cause de ses intelligences & cognoissances diuines, eu esgard à ton homme exterieur & corporel, & les differences, par lesquelles l'vn est mortel, l'autre est immortel, l'vn veritable, l'autre non seulement menteur, mais la mensonge mesme, laquelle regnoit en luy, à cause de la matiere de son corps. Il m'a semblé, que pour paruenir à l'ētiere cognoissance de la regeneration, il ne me restoit que d'entēdre, qui est la chose vraye ou verité, ayant faict mon estat, que auec ce point i'aurois acquis vne bonne partie de ceste intelligence, & en serois faict sage, pour l'intelligence de ce, qui s'ensuiuroit. Mais ayant entendu la diffinition de la chose vraye ou verité que m'as dicte, ie l'ay trouuée ne diffinissant aucune chose: mais au lieu de dire que ceste verité fust quelque chose, elle dict qu'elle n'est cecy, ny cela, ny l'vn, ny l'autre: qui me met en plus grand peine que deuant: de maniere que tous mes sens en sont estourdis & confuz, par le pensement & cogitation de ne sçauoir ou ie prendray donc l'intelligence de verité: attandu que ce n'est rien de tout ce, que tu m'as nommé. Ayant toutesfois cōprins toutes choses, desquelles ie me sçaurois aduiser en ce monde, & s'il n'en y a donc aucune, i'ay bien perdu presque toute esperance de la trouuer ailleurs, ou ie ne seuz iamais. Dy moy donc ie te prie, mon pere, si attandu la menterie que nous auons trouué aux corps mortelz, ie me doy atandre de trouuer verité en toute ceste region elementaire, & partie du monde terrestre. Car par ton dire i'ay opinion, que tu me declareras, que non.

IL EST AINSI, O MON FILS, tu te trauaillerois en vain de vouloir chercher ceste essence diuine si noble & excellente, qu'elle est, parmy les imperfections de la matiere, laquelle nous auons dict estre mensonge, à cause des mutations, qu'elle faict: & t'ayant dict q̄ la verité est immuable, tu ne la trouueras iamais parmy les choses muables, & qui souffrēt changement, comme toutes les parties, qui sont en ceste habitation terrestre, lesquelles sont ou de feu, ou de terre, ou d'eau, ou d'air: desquelz quatre est toute matiere & composition de corps. Et de ceux la VNE PARTIE S'EN VA CONTRE MONT, COMME LE FEV, retournant en sa region, PARTIE S'EN VA EN BAS, COMME LA TERRE, recherchant la sienne, qui est entour le centre de l'vniuers, esquelz par ces mouuements y a mutations & changement, soit soy restituants en leur nature, ou soy separants de leur composition du corps, auquel ilz seruoient: PARTIE EST HVMIDE, COMME L'EAV, subiecte a continuel mouuemēt & alteration, PARTIE ASPIRE, COMME L'AIR, lequel par son continuel mouuement ne peut estre contenu en ses termes, ains pour l'y contenir est besoin le contraindre & limiter d'autres corps non poureux & bien compactes. Parquoy s'il sert a vn autre corps il n'est nud, ny comprins de soy mesmes, comme verité: & s'il est en liberté, il est en continuele agitation, passion, & mouuement, subiect a toutes compositions, alterations, & innumerables mutations, comme les autres matieres. Parquoy il ne te faut abuser de penser trouuer ça bas ceste verité, que tu cherches: & ne te faut plus attendre, que par tes sens corporelz tu la puisses iamais aperceuoir, attendu qu'elle n'est es choses corporeles, qui sont les seules, ausquelles les sens peuuent estre apliquez? COMMENT COGNOISTRAS TV SENSIBLEMENT, ou par le moyen de tes sens, CE QVI N'EST DVR, NY HVMIDE, NY CONDENSE, NY PENETRANT. Car ce sont les vrays subiects des sens, ensemble plusieurs autres qualités, comme couleur, goust, son, pesanteur, & autres, desquelles aucune ne conuient a verité, & moins a la regeneration. Comment donc aperceuras tu auec tes sens corporels, ce qui n'a en soy aucune condition subiecte a la perception des sens: MAIS QVI SEVLEMENT EST ENTENDV PAR PVISSANCE, ET EFFICACE? c'est a dire par puissance produisant effect, qui est par ceste image sainct Esprit de Dieu mis en l'homme, intelligence capable de toutes choses, puissante en toutes vertus, actions, & efficaces, a produire infinis effectz, ayant non seulement cognoissance & pouuoir sur les choses corporeles, mais le pur maniement des incorporeles & vertus intelligibles

bles, sciences, & cognoissances, sur lesquelles les sens corporels n'ont aucune iurisdiction, comme indignes de tant d'honneur, à cause de leur incapacité & imbecilité. A ceste cause fais estat de reietter tes sens le plus loing qu'il te sera possible, voulant vacquer à l'intelligence de la regeneration & verité. Car ils ne t'y peuuent faire que empeschement & nuisance, & les ayant estoupés & mis en silence, prie le sainct Esprit, que Dieu t'a donné, te estre secourable à l'employ de ses vertus qu'il a ioinct à ton ame, pour paruenir à la vraye intelligence & cognoissance de ceste eternele verité, laquelle n'est entendue, que par ses puissances & effects.

Dieu veut estre cognu par Pensée.

SECTION 7.

IL te faut la seule pensée, qui puisse entendre la generation, qui est en Dieu. Il m'est impossible, ô mon pere. Ia ne soit, ô mon filz: attire le à toy, & il viendra: veuilles-le, & il sera faict: abolis les sens du corps, & ce sera la generation de la diuinité: purge toy des desraisonnables vengeurs de la matiere. Ay-ie des vengeurs en moy mesme, ô mon pere? Non pas peu, o mon filz: mais & terribles & plusieurs: ie l'ignore o mon pere. O mon filz, la premiere mesme vengeance est ignorance, la seconde tristesse, la tierce dissolution, la quatriesme conuoitise, la cinquiesme iniustice, la sixiesme auarice, la septiesme suasion, la huictiesme enuie, la neufiesme fraude, la dixiesme ire, l'onziesme temerité, la douziesme mauuaistie: & celles cy sont en nombre douze. Soubz celles cy, o mon filz, plusieurs autres contraignent l'homme interieur de souffrir sensiblement, par la prison de ce corps.

COMMENTAIRE.

NOus ayantz cy deuant resolu, que verité, par laquelle l'homme doit entrer en la cognoissance de la regeneration, & la receuoir par elle, ne se peut trouuer es choses corporeles, ny par le moyen des sens corporelz, nous prendrons le remede, que Mercure baille à son filz, lequel est, IL TE FAVT & as grandement besoin DE LA SEVLE PENSER, & tellement seule, qu'elle ne soit destourbée par aucun des sens corporelz, car c'est elle seule capable, & QVI PVISSE ENTENDRE LA REGENERATION, QVI EST EN DIEV, c'est, comme nous auons dict, Dieu n'estre cognu ny entendu, que par soy mesme. A cause de quoy, la saincte Pensée Esprit de Dieu a esté mis en l'homme, pour le rendre capable de cognoistre Dieu, ce qu'il ne pourroit faire par autre moyen. A ceste cause, si l'homme veut entrer en la cognoissance de Dieu, il est bien mal aduisé, s'il cuyde que ce soit par le moyen des sens corporelz, ny toutes operations materieles: de tant que toute ceste troupe est vraye ennemie de la cognoissance de Dieu, & de l'entrée d'icelle. Parquoy l'homme a tres-grand besoin de soy retourner à sa saincte pensée diuine, seule capable en luy de cognoistre Dieu, apres qu'il sera infiniment tourmenté a y cuyder paruenir par les sens corporelz, & lors Dieu luy fera grād grace, de luy descouurir son deffaut, pour luy donner occasion de retourner au vray remede. La pensée donc ou sainct Esprit mis en l'homme est seul capable de considerer & cognoistre les grandeurs de Dieu, par le moyen de ses intelligences, ratiocinations, iugement, memoire, consideration, & autres vertus, lesquelles soit par prieres, loüanges, actions de grace, confession de ses deffautz, cognoissance de son imbecilité, viue foy croyant & aymant, occupent l'homme a son vray estat, & pour lequel il est faict, c'est pour contempler & cognoistre Dieu par tous ces moyens & semblables, qui sont toutes operations & parties de ceste contemplation, pour laquelle l'homme a esté basty en tel honneur, qu'il a esté esleué. Et desquelles vsant il se trouuera entendant & cognoissant la regeneration, & qui plus est iouïssant du diuin fruict, qu'elle aporte.

La seule pensée reçois Dieu

Dieu n'est cognu que par soy mesme.

Il ne faut chercher Dieu par les sens.

Vraye occupation de l'homme

592　SVR LE PIMANDRE DE

Cognoistre Dieu impossible a l'ignorât corporel.

IL M'EST IMPOSSIBLE, O MON PERE, ne suis ie pas homme composé de corps prouueu de toute maniere de sens? & lesquelz n'estant baillés pour la necessité de mon vsage & seruice de ma vie, les puis ie abandonner pour ne faire que penser & songer? Que deuiendroient toutes mes actions corporeles, plaisirs, & voluptez, lesquelles ie recoy toutes par les sens, & quelquefois desplaisirs & ennuis ou peines, desquelles ie ne puis me descharger.

Dieu ne laisse l'hôme sans moyens de salut en soy.

IA NE SOIT ainsi O MON FILS, que tu puisses accuser ton createur, de t'auoir faict si stupide & sans aucun moyen, que par necessité tu demeures enclos en ta misere de peché, & sans moyen de t'en releuer, & que par la creation ou composition de ta personne il te tienne en ceste rigueur. Car il s'ensuyroit vne deshôtée blaspheme contre luy, c'est qu'il t'auroit par ce moyen (te faisant) retenu en vice & peché, pour te dominer, sans t'auoir donné, ains t'ayant priué de tout moyen de t'en retirer, il s'ensuyroit, qu'il ne seroit iuste, punissant celuy, qui auroit par luy mesme esté contraint a faire le peché, chose tresesloignée de sa vertu, comme il est escript. Attandu donc que tu es iuste, disposant toutes choses iustement, de condempner celuy, qui ne merite punition, tu l'estimes esloigné de ta vertu.

Dieu ne mene aucun a peché.
Sap. 12. c

A ceste cause o mon filz, ne soyez si mal aduisé d'imposer vne si grand blaspheme contre Dieu, qui par sa bonté te composant t'a donné tel arbitre, que tu peux eslire la bonne part, & laisser la mauuaise, si tu veux: car toutes deux sont en toy, côme Dieu te l'a tesmoigné en infinis endroicts. D'auantage il est escript, que A tout autant qui l'ont receu, il leur a donné puissance d'estre faictz filz de Dieu. Parquoy donne toy bien garde d'vser de telle irreuerance enuers ce bon Dieu, qui te donne tant de bien & puissance: mais employe tes forces intelligibles, & ATTIRE LE A TOY, ET IL VIENDRA: recoy le, & ceste puissance d'estre faictz filz de Dieu te sera donnée: & ne dis plus qu'il t'est impossible: & pour te declarer le moyen de l'attirer, ce n'est pas auec les sens corporelz, qui te reculeroiët plustost mais employe ceste libre volonté, que tu as, & commance par la, VEVILLES LE, de maniere que tu en ayes vn desir & affection, procedant d'amour a luy en ta pensée: car c'est celle la, qui faict vouloir & desirer. ET si tu le veux par ceste amour & croyance, qui composent la foy du prud'homme, ie t'asseure QV'IL SERA FAICT.

Irreuerance a Dieu est soy cuyder sãs secours.
Ioan. 1. b

Oeuures corporelles nuysent a cognoistre Dieu.

Et pour te disposer a recouurer ceste bonne volonté par laquelle tu attireras a toy ces diuines operations, il te faut premierement descharger de tes ennemis interieurs. ABOLIS LES SENS DV CORPS, qui sont tes vrais ennemis, auteurs de ta ruine, lesquelz il t'est besoing suprimer, & priuer de toutes leurs actions, comme si tu dormois: de maniere qu'ilz demeurent sans aucun effect: & toutes fois il ne faut que tu dormes. Cecy s'entend propremant, que tu t'aides de tes sens corporelz, aux seuls effectz necessaires au soubstenement de ta vie, ayant ceste vraye resolution, de ne passer outre, & leur refuser toutes actions superflues: ou qu'ilz te raporteront en ton ame non necessaires a la vie, & pour ce temps qu'ilz n'auront aucun seruice a faire a la necessité de ta vie. Abolis les & les suprime, & ne les souffres diuaguer ny recueillir aucune chose exterieure, laquelle de leur nature raportant a l'ame, luy puisse proposer empeschement ou distraction d'executer ceste bonne volonté, par laquelle seurement tu atireras a toy Dieu & sa cognoissance. ET CE SERA LA GENERATION DE LA DIVINITE, laquelle ton ame ne peut rendre compatible en son intelligence, auec les allées & venues, trafics, & raportz, que luy font les sens, s'ilz ont liberté d'aler & venir, & faire leur estat.

Supressiõ des sens necessaire a contempler.

Quelle est generation de verité

A ceste cause, PVRGE TOY DES DESRAISONNABLES VENGEVRS DE LA MATIERE, par lesquelz ces sens ennemis de ton repos te trompent ordinairement, & les tiennent semez parmy tes voluptez & plaisis, & par ceux la ilz te tiennent en leur subiection. Et si toutes fois ilz operent & executent en toy la vengeance de la faute, que tu fais, d'acorder ta volonté a leurs abus & concupiscences, & te detiennent captif & lié par leurs fraudes & deceptions, & si subtiles dolositez, qu'ilz te presentent tousiours vn plaisir ou volupté pour t'amener en dix fois autant de peine, par laquelle ilz executent sur toy la vengeance de la faute, que tu as faict de les croire, & leur donner ton consentement.

Vengeurs de la matiere.

Com-

Comment dictes vous ces choses? AY-IE DES VENGEVRS EN MOY MESME O MON PERE? Car ie ne pense auoir chose en moy, qui ne me serue à ma vie & necessité, c'est la composition, que Dieu a mis en mon corps. Ie m'assure qu'il n'y a mis aucune chose superflue, ny qui puisse porter dommage a ma personne. Ie m'esbais bien que tu dis, que ie y aye des vengeurs, qui ordinairement executent peines & vengences contre moy. Ie t'aduise mon filz, qu'ilz y sont, faisantz ordinairement leurs executions, mais non en la maniere que tu as posé par ton argument, c'est asçauoir que Dieu les aye mis en toy, & en ta cõposition, ia ne soit. Car il est tres-certain que Dieu n'est aucunement aucteur de mal, ains toutes choses, qui sortent de luy sont bonnes portantz bien & proffit a ses creatures. Ia ne soit que tu impugnes sa perfection de bonté, c'est bien autrement qu'elles sont en toy, par la corruption & imparfaicte nature de ta matiere, laquelle auec le temps a produict tant de mutations & changementz en ton corps, que les sens raportantz les effectz de ces imperfections & mutations a ton ame, l'ont trouuee endormie, & non vigilante & occupee a ce qu'elle deuoit, ains qui faisoit le sourd a ce bon sainct Esprit, qui continuellement estoit a sa porte & hurtoit, priant pour elle par gemissementz indicibles. Et toutefois elle ne luy vouloit accorder sa volonté, mais arriuantz les sens auec les desirs & concupiscences materieles & corruptibles, ont plustost gaigné & obtenu la volonté de ton ame, que n'a ce bon Dieu. Dont c'est ensuiuy, que par la tolerance & persistence, qu'elle a faict a les escouter & consentir en eux, elle a produit en soy tous ces cruelz vengeurs, qui exercent vraye iustice des defaux, qu'elle a faict d'escouter les sens.

L'homme ne cognoist auoir ennemy en soy.

Dieu n'est aucteur des vengeurs de la matiere.

L'ame endormie est surprinse de vices. Apoc. 3. d Rom. 8. a

L'ame punie par ses mesmes deffaux.

Parquoy ce n'est ce bon Dieu, qui composant l'homme luy a mis ces vengeurs en luy, mais c'est l'homme mesmes, qui par son deffaut a souffert a la matiere & sens corporelz les produire en soy. Et puis que tu demandes, si tu as des vengeurs en toy mesme, qui exercent vengence ordinaire ie te diray que NON PAS PEV en nombre, O MON FILS, MAIS ET TERRIBLES, & qui meritent d'estre craintz, ET PLVSIEVRS en nombre, qui t'aissaillent par diuerses actions. IE L'IGNORE O MON PERE, & ne le puis comprendre. Car ie ne sens rien en moy qui ne me serue & face bien. O MON FILS ie regrete bien que tu soyes si stupide, que tu n'en sentes rien, c'est ce qui te tient si esloigné de ce que tu demandes, qui est ne sentir ce qui te donne peine, & exerce vengence en toy mesmes. LA PREMIERE MESME VENGENCE EST IGNORANCE, par laquelle tu es detenu hors de toute vraye cognoissance de ton deuoir, soit à te cognoistre mesmes, qui est le premier degré. Car à ce que ie voy par tes propos, tu te cognois si peu, que tu n'aperçois le dommage, que ceste ignorance te porte, & combien de peines & desplaisirs elle t'ameine de toutes creatures de Dieu, desquelles tu ne te peus deffendre, à cause que tu ne cognois ains ignores le mal, qu'elles te peuuent faire.

Ignorãce premiere vẽgeresse.

Voila vne des peines du corps, qui est le moins: car elle faict bien vn plus grand effort en ton entendement, lequel a peu pres qu'elle ne le constitue en totale priuatiõ, à cause que la principale partie de l'entendement humain estãt constiué en cognoissances, & intelligences, dont ceste partie de l'homme a esté dicte intelligible, ne peut estre oprimé que par ignorance du tout contraire, comme priuation a l'habit: de maniere qu'elle tient toutes ces paures intelligences supprimées, & par la suppression priuées de tous effectz: dont le propre & principal estat de l'homme se trouue abatu. Voila pourquoy Dauid prioit Dieu n'auoir souuenance de ces ignorances: & Syrac qui prie que ses ignorances ne croissent, pour ne multiplier ses pechez: & Abacuc qui a faict son oraison & canticque, pour les ignorances: & sainct Pierre qui charge les Iuifz d'auoir mis a mort Iesus Christ par ignorance: & sainct Pol qui nommoit le temps auant le salut, temps d'ignorance, parlant aux Atheniens: & plusieurs autres lieux, par lesquelz aysement nous recueillons ignorance estre fondement de tout peché.

Ignorance nuyst au corps & a l'esprit.

Psal. 24. b Ecclesi. 23. a Abac. 3. a Act. 3. c Act. 17 g

Ceste-cy est la premiere & plus rude vengence, qui puisse estre appliquée contre l'ame: de tant qu'elle la priue de ses principales dignitez & excellẽces, qui sont les cognoissances & intelligences. LA SECONDE EST TRISTESSE, deuil, ou ennuy: c'est le desplaisir, lequel toutes passions produictes en l'homme par ses mutations & autres imperfections engendrent, soit perdant ce, que l'homme ayme, ou bien ne pouuant paruenir a son entreprinse, a faute de l'auoir bien entendue, ou bien la perdre par vn empeschement, soit d'art ou de

Tristesse seconde.

fortune, sentir vne honte ruynant l'honneur de l'homme d'estat, ou bien quand le pauure sent l'opression du puissant, receuoir tort & iniure par ceux, qui doiuent la iustice, ou bien le cuider ainsi: de tant que les deux aduiennent assez souuent, & innumerables autres desplaisirs, suiuant tous la premiere sentence de Dieu, ordonnant que l'homme mangeroit son pain en la sueur de sa face, & que la terre luy produiroit espines, qui le piqueroient bien auāt & souuent. A cause de ceste vengeance la vie de l'homme a esté dicte vne misere, comme Iob le dict, L'homme nay de femme, viuant peu de temps, est remply de plusieurs miseres.

Iob. 14. a

Dissolution tierce.

LA TIERCE vengeance est DISSOLVTION, laquelle produict en l'homme plusieurs inconueniantz, soit indispositions, maladies, noises, querelles, à faute d'auoir la discretion & bon iugement, desquelz ignorance a priué l'homme, qu'elle domine. D'auantage ceste dissolution estoupe en l'homme les vaisseaux disposez à receuoir & conseruer les principales parties animales & vertus de l'image de Dieu, raison, iugement, cognoissance, & autres, ou bien les desbauche, & perturbe de leurs actions, comme il aduient à ceux, qui vsent excessiuement, & outre le besoin de toutes choses, qui nous sont données, pour la conseruation de nostre estat & vie, de tant que tous ces exces & superfluitez sont ordinairement conuerties en desplaisirs ou dommage de la personne ou de son prochain.

Conuoitise quatriesme.

LA QVATRIESME est CONVOITISE, de laquelle l'homme receuant le fruict, se trouue plus deceu par celle là sur toutes autres, de tant que sa concupiscence ayant desiré quelque imperfection pour son plus grand heur, l'ayant attaint & reçeu, il s'y apuye & endort de telle maniere, qu'il ne peut conceuoir qu'il soit en tout le monde vn plus grand bien que celuy là. Parquoy ce pouure iugement ainsi troublé, ne proposera iamais à l'arbitre de l'ame d'en choisir vn plus excellent & proffitable. Et ceste vengeance est la premiere, qui communement vient à l'homme, sur le raport des sens faict à l'ame.

Iniustice cinquiesme.

LA CINQVIESME c'est INIVSTICE, laquelle est le plus souuent engendrée d'vne ou plusieurs des autres: de tant que toutes sont propres à l'engendrer, soit ignorance, tristesse, ou despit, dissolution, conuoitise, auarice, deception, enuie, fraude, ire, temerité, ou malice. Il n'en y a pas vne, qui ne soit capable & disposée, de produire en vn subiect, qui l'aura reçeuë, ce maudict fruict d'iniquité ou d'iniustice. Voila la cause pour laquelle il ne se trouue guiere de iustice és deliberations qui gisent aux seules volontez & arbitres, aduis des hommes: de tant qu'il s'en trouue plus de ceux, qui ont telz hostes logés chez eux, ou quelque vn deux, que de ceux qui leur refusent le logis, desquelz comme nous disons, l'vn seul est capable pour produire l'iniquité. D'autre part ilz sont contraincts le plus souuent à receuoir leurs preuues, par liberale deposition d'autres hommes, qui pour le moins sont bien souuent aussi incertains que les iuges. Ce ne sont les preuues de raison, laquelle estant compagne de verité, ne l'habandonne iamais: à cause dequoy les sciences faisantz leurs preuues par ratiocination, sont celles qui produisent les plus certaines & veritables entre les hommes, & ceste cy tormente bien aussi souuent le prochain, que celuy en qui elle est logée.

Auarice sixiesme.

LA SIXIESME vengeance est AVARICE, par laquelle l'homme se trouue merueilleusement rongé en sa pensée, de tant que ses fins tendants à acquerir ce qui n'apartient, trouuant infinis obstacles & empeschements, qui contraignent l'homme qu'elle a possedé, de trauailler & s'estudier à plusieurs inuentions, contre toutes les resistances & combatz, que raison luy faict, pour impugner & paruenir au dessus de l'innocent. Et si bien il est question de retenir ce qui appartient à l'autruy, qui est aussi de sa condition, ce pauure enflambé d'auarice ne trauaillera pas moins à se defendre, & empescher, que celuy a qui il appartient ne luy oste: les deux manieres donnent, peinent, & exerçent vengeance tant en celuy qui s'y rend subiect & obeissant, que en ceux qui en reçoiuent le tort ou offence. Il y a encore vne autre condition, de refuser ce, qui est superflu à celuy qui en souffrira necessité. Et de celle là pour ce temps la peine n'en tombe que sur le prochain qui en souffre, combien que l'autre n'en soit pourtant quitte. Il y a vne autre maniere d'auarice, par laquelle l'hōme, cōbien qu'il sçache l'ordre & nōbre de ses richesses, ce neantmoins par quelque maniere de delectation & volupté, employe son temps à faire vne ou plusieurs reueuës de son bien, sans autre fin que ceste delectation, & volupté, soit en terres, biens, or, argent, monnoyes, meubles, & tout autre maniere de richesses, prenant son occupation en ceste volupté, comme celuy duquel Iesus Christ racompte, qui fist abatre ses greniers pour en remplir de

plus

plus grandz, & puis conuyoit son ame de se resiouïr sur ces richesses, & ceste-cy est la vraye idolatrie, & veneration de matiere, comme sainct Pol l'a nommée seruitude des simulachres ou idoles: de tant que l'homme luy attribuë l'amour & veneration qu'il doit aux choses diuines. *Colloss.3.a*

La septiesme vengeance est svasion, qui est vn moyen de induire & attirer à soy l'aduis, opinion & volonté d'autruy, pour la faire condescendre & consentir à la chose proposée: & proprement ceste suasion est le combat que font les sens contre l'ame, s'efforçant de faire condescendre son arbitre & libre volonté à leurs concupiscences & exhortations: & quand ce combat a obtenu victoire, elle s'appelle lors persuasion, de tant que la suasion a paracheué son entreprinse, & obtenant la victoire d'icelle, le subiect vaincu est dict auoir esté persuadé. Ceste suasion est la seule puissance qu'ont les sens & toutes actions fatales contre l'ame, laquelle ilz peuuent continuellement suader, soliciter, conuier, induire, par moyens diuers, combien qu'il ne soit en eux de la contraindre, dominer, ny persuader, si elle n'y consent & y donne sa volonté. La hvictiesme vengeance est envie, par laquelle l'homme est atristé & ennuyé en son ame, du bien, proffit, auantage, honneur, sçauoir, ou perfection d'autruy. Et celle là vient de faute d'amour au prochain. A cause dequoy nous voyons tousiours regner celle là, pendant que charité se tient chassée des hommes. Et de tant que c'est vne des plus principales parties de malice, elle regne aux plus grandes compagnies & societez du monde, constitué en malignité, comme il est escript. La nevfiesme est fravde, qui est proprement vne trahison, de tant qu'elle entre tousiours par vn commencement, qui presente amour, obligation de deuoir, volonté fort affectionnée, à l'intention d'amener le subiect en sa misere & tres-grand desplaisir ou dommage. Ceste cy depend, & suit de fort pres la suasion, laquelle presente du commencement toutes choses agreables: & ce qui vient apres se trouue merueilleusement desplaisant, comme il est escript des leures de la paillarde, & son gosier plus net que l'huille, & ce qui s'ensuit en fin amer comme l'absynte, à cause que ceste fraude est commancée par beau semblant, & fine par tromperie, malice, dol, deception, portant en fin vn grand desplaisir, & quelquefois ruine. *Suasion septiesme.*

Enuie huictiesme.

1.Iean.5.b Fraude neufiesme.

Prouerb.5.a

La dixiesme est ire, par laquelle l'ame conçoit mauuaise volonté ou affection contre le prochain, toutes-fois ce n'est pas chose necessaire en toute ire, de tant que bien souuent l'homme se peut mettre en ire, sans conceuoir mauuaise volonté contre le prochain: & ce n'est aussi ceste-cy qui est dicte vengence de la matiere en celuy qui la possedé, comme nous voyons souuent l'ire de Dieu sur les hommes. Laquelle combien que par c'est ire, Dieu se monstre porter mauuaise affection au peché, ce n'est pourtant qu'il la porte mauuaise à l'homme, ains l'aime, de maniere qu'il ne demande en luy que d'exterminer & chasser le peché & non d'endōmager l'hōme: de mesme maniere doit estre en l'hōme l'ire q̄ Dieu luy cōseille par le Psalmiste, disant, Courroussez vous & ne veuillez pecher, car par ceste ire ou courroux qu'il conseille, il n'entend que l'homme esloigne l'amour & charité qu'il doit a son prochain, mais qu'il haye en son prochain les mauuaises cōditions, & non sa personne, & qu'il les poursuiue pour l'en descharger, & non l'homme en sa personne. Ce n'est pas dōc ceste-cy qui est la vengence de la matiere, mais c'est l'ire qui sans aucune discretion ou separation du vice & de la personne, demande & recherche a ruyner le tout, par mauuaise affection & volonté, qu'il a conceu a l'encontre de sa personne. L'onziesme est temerité, laquelle induict l'ame a produire ses actiōs sans en cōmuniquer l'entreprinse a raison aucune, ains les executer sans cōsiderations de la fin, qui s'en peut ensuiure, ou cause suffisante digne de les encommēcer. Ceste-cy faict le plus souuent ses effectz auant en sentir la vengēce, laquelle ne tarde guiere de les ensuiure, portant le fruict ou effect digne de sa cause. La dovziesme est mauvaistie, c'est celle qui comprend toutes les autres, c'est malignité, malice, mauuais vouloir & affection, contre toutes volontés de Dieu, contre ses creatures, contre tout ordre, & mesmes contre son prochain. Lequel vouloir l'ame exerce par les manieres susdictes & infinies autres, qui ont affinité auec celle-cy. C'est celle cy que Mercure desire chasser de l'hōme, qui veut venerer Dieu & le celebrer, disant que la veneration & celebration de Dieu est vne, n'estre point mauuais, voulant dire que celuy qui delibere celebrer & venerer Dieu, se doit deffaire de ceste malice, comprenant tous autres vices. *Ire dixiesme.*

Psal.4.b

Temerité onziesme.

Mauuaistie douziesme.

ET CELLES CY SONT EN NOMBRE DOVZE, lesquelles nous auons proposé comme racines & fondementz de tout mal, & toutesfois ne portant en elles aucune necessité de vaincre l'ame, combien qu'elles portent necessité de la tenter, inciter, conuier, soliciter, induire, suader, & luy presenter toutes autres manieres de l'atirer, sans toutesfois aucune contrainte, ou commandement que toutes ces actions ayent sur la volonté, laquelle demeure en l'ame libre, en franche election d'y consentir ou repugner. SOVBS CELLES C'Y, O MON FILS, PLVSIEVRS AVTRES CONTRAIGNENT L'HOMME INTERIEVR DE SOVFFRIR SENSIBLEMENT: c'est côme nous auôs quelque fois dict parlâts d'ignorâce, venuë en l'hôme a cause de son corps, laquelle vse côtre l'hôme d'vne maniere d'ebuche, & de l'espier par sa malice faisant deuenir insensibles en l'hôme les choses que lon pensoit & sembloiêt estre sensibles, les enuironât de matiere & volupté. C'est que veritablemêt ces assautz son miz en executiô par les sens, tachâs a suader l'ame & vaincre la volôté, & par consequêt ilz sont sêsibles, & contraignêt l'hôme interieur qui est l'ame souffrir sensiblemêt, & par les fraudes de ses sens côduictz par les côcupisceces suscitées par les corpz celestes & leurs actiôs, a cause que leurs puissances ont esté ordônées sur la matiere, qui est le corpz humain en l'hôme, & toutesfois n'ayâtz puissâce de côtrainte sur l'ame elles employêt la puissauce de têter, induire, conuyer, & gaigner la volôté si soigneusemêt & par telle frequêce & actiô, que bien souuêt l'ame leur en cede la victoire, & s'y rend obeissante. Et lors ces actiôs & passiôs sensibles & corporeles passantz en l'ame par son vouloir, deuienêt insensibles & de la nature de l'ame, changeât l'estat de sensibles, côme elles estoiêt au corpz, & parmy ses sens, & par ce moyen contraignant l'homme interieur, asçauoir l'ame souffrir par ses sens, PAR LA PRISON DE CE CORPS, estât agité de diuerses affectiôs. Car sans les affectiôs qui sourdent en l'homme a cause du corpz, il n'en sentiroit non plus que la beste, côme nous voyons vn homme plus simple, & sans ardâce ou viuacité d'esprit, estre moins tourmenté d'affectiôs & passions que les autres, qui ayants beaucoup d'entreprinses a remuer, y trouuent plusieurs côtradictions, dont les passions sourdêt dans ce corps, a cause qu'il est agité de diuerses affectiôs, & l'ame detenue par ceste prison est assaillie par tant de moyens & diuersitez d'operations sensibles, qu'elle souffre beaucoup, a cause de l'auantage qu'ilz ont sur elle, plus estant dans ceste prison qu'ilz n'auroient ailleurs.

Douze vengeresses pouuans tenter seulemans.

Sous douze vengeances plusieurs autres vices.

Chap. 7. a.

La volonté vaincue. L'ame est contrainête par le vice.

L'ame contrainête par la prison du corps.

SECTION 8.

CElles la se retirent de celuy de qui Dieu a misericorde, non tout ensemble. Et en ce consiste la maniere & propos de la regeneratiô: Au reste, tais toy, ô mon filz, & ayez bonne esperâce, & par ce moyê la misericorde de Dieu ne cessera en nous. Resiouï toy dors en auant mon filz, purgé par les vertus de Dieu pour la prononciation de la parole, la cognoissance de Dieu nous est venue. Elle estant venuë, ô mon filz, l'ignorance a esté mise hors, la cognoissance de la ioye nous est venue, elle estant aprochée, ô mon filz, la tristesse s'enfuyra vers ceux, qui sont capables d'elle.

COMMENTAIRE.

CEs vengeurs ou vengeances de matiere ayant prins possession & logis en l'ame, & l'ayant long têps subiuguée par les attractions & alaichemêts des sens, ont prins en l'ame vn habit, mal aisé a metre hors promptement. Parquoy Mercure parlant de ces vangeâces dict que CELLES LA SE RETIRENT DE CELVY DE QVI DIEV A MISERICORDE NON TOVT ENSEMBLE. C'est quand l'hôme par prieres faictes en soy aprehende par ceste foy la misericorde de Dieu, il se trouue si fortifié par ceste misericorde, que cômance a soy recognoistre, & resister a ces vices qui l'ont dominé, lesquelles combatant auec l'aide des vertus du sainct Esprit qu'il employe, il les repousse auec le têps, de maniere q̃ peu a peu elles se retirent de luy, non tout ensemble ny promptemant. A cause que tout trauail & operation humaine, se faict successiuement ou l'vne partie apres l'autre, & non tout a vn coup ou promptement, parquoy la vie de l'homme est ditte vn côbat, de tant q̃ auec temps & poine, il luy côuient venir au dessus des enemis corporels, pour dôner lieu & exercice aux parties intelligibles. ET EN CE repoussement & victoire de côbat CONSISTE LA MANIERE & moyê d'aquerir le PROPOS DE LA REGENERATION, detant que ayant vaincu toutes

Misericorde de Dieu chasse les vengeances

Renaissance est produicte d'œuures de contemplatiô

toutes concupiscences, l'Esprit de Dieu regne en l'homme, lequel ne tache que a le conduire dans la vraye regeneration. Par ainsi n'y ayat plus d'obstacle ou empeschement, le sainct Esprit necessairement sera son œuure, en celuy, qui aura renoncé aux concupiscences, pour soy rendre a luy. AV RESTE TAIS TOY, O MON FILS, & laisse tous tes propos fondes sur actions & puissances materieles, desquelz tu as cy deuant tant vsé, & cognois que toutes leurs forces & moyens ne peuuent conduire ton intelligence, ny en tirer seruice a ta personne q̃ durant ta vie corporele & mortele, a laquelle tu sçais bien qu'il ne faut arrester ou amuser: car tu serois semblable a la beste brute, qui n'a autre but ny durée que le temps de la vie corporele, ce n'est ainsi de toy. Considere que Dieu t'a donné auec l'ame raisonnable le sainct Esprit, lequel la rend raisonnable & immortele & non autre. Si donc tu ne sais estat ou prouisiõ que pour ta vie corporele, qui ne dure rien eu egard a l'immortalité, tu tumberas (apres auoir vsé de fort peu de voluptez, toutesfois meslées de innumerables desplaisirs) en vne misere eternele, a faute d'y auoir prouueu. Ce qui ne t'est possible, tãt que tu donneras le premier lieu de ta pensée aux argumentz & ratiocinations, fondées sur matiere ou choses corporeles, comme tu as cy deuant faict, cuydant que la regeneration fust semée de semence materiele, cuydant que le semeur fust quelque homme materiel & mortel, & la matrice qui la produiroit fust vn ventre ou quelque terre, comme les semences materieles. Ce n'est chose quelconque de toutes celles la, elles sont trop basses & grossieres pour attaindre a telle subtilité: il ne t'y faut plus amuser: laisse toutes ces pensées terrestres, ET AYES BONNE ESPERANCE en la promesse de ce bon Dieu, & t'apuie sur icelle sans y faire aucun doubte. Tu as assez d'experience de sa bonté indicible: tu espererois bien en vn homme qui t'auroit asseuré d'vne promesse par sa parole, & toutes-fois l'homme est menteur: tu as donc tant plus grande occasion d'auoir esperance en la bonté de Dieu, qui ne ment iamais, & si ne cherche que ton bien. Ayes donc ceste bonne esperance, ET PAR CE MOYEN LA MISERICORDE DE DIEV NE CESSERA EN NOVS, de tant qu'il te faut asseurer que ce n'est iamais Dieu, qui laisse l'hõme: c'est au cõtraire l'homme qui laisse Dieu, cõme Moïse l'asseura a Iosué, Confortez vous & faictes virilement, car le Seigneur ne vous laissera, ny abandonnera: & par Esaye il reproche a son peuple, Ie les feray cheminer par les voyes qu'ils ignorent, & mettray deuant eux les tenebres pour lumiere & le mauuais chemin pour le droit: ie leur ay faict ces choses & ne les ay abandonnés: ilz s'en sont retournés arriere, soyent ilz confondus.

C'est que quelque chastiement que ce bon Dieu ne fasse pour nous ramener, il ne nous abandonne ny delaisse pourtant, mais nous reculons & le laissons, nous tournant de l'autre part vers noz concupiscences. Parquoy Mercure exhorte son filz, qu'il aye esperance soy tenant à Dieu, & sa misericorde ne cessera: RESIOVIS TOY DORS-EN-AVANT, O MON FILS, en la maniere que Iesus Christ exhortoit les siens de soy resiouïr, estant PVRGE PAR LES VERTVS DE DIEV des vengences, qui ne te tiennent plus captif en l'ignorance de luy: comme Iesus Christ le disoit à ses disciples, lors qu'ils estoient en la grace de Dieu par le mespris de toutes choses contraires, Reiouïssez vous, non que les Demons vous soyent subiectz, mais de ce que voz noms sont escriptz au ciel. Estant donc ainsi purgé, resiouïs toy, tant POVR LA PRONONCIATION DE LA PAROLE & disposition du propos heureux de ceste regeneration, qui te ramene en la grace de Dieu, lequel t'a esté prononcé par moy, que aussi toy disposant pour la prononcer & communicquer a ceux qui tu en verras capables, pour en attirer à Dieu & à son salut le plus qu'il te sera possible. Car c'est la vraye resiouïssance que Dieu reçoit, sur la multitude de ceux qui se rendent a luy. Il te reste d'entendre les vertus contraires a ces vengences, & les moyens par lesquelz elles bãnissent de l'homme toutes ces maledictions. Premierement tu as bien consideré, que ne trouuant plus tes affections & volontez occupées & detenues en ces liens de misere, & concupiscences produisantz ces vengences, mais les trouuant en libre contemplation de Dieu & estude de cognoissance de toy mesme. LA COGNOISSANCE DE DIEV NOVS EST VENVE, à cause que sa bonté ne la refuse iamais: ains il est prochain a tous ceux qui l'inuocquent en verité: ET ELLE ESTANT VENVE, O MON FILS, L'IGNORANCE A ESTE MISE HORS, de tant que l'ignorance n'estant que la priuation de cognoissance, il s'ensuit, que la cognoissance reprenant son habit contraire a ceste priuation,

L'homme ne se dois arrester a ceste vie.

L'homme ne voyant ce qui est en soy sa ruyne.

L'homme offusqué de voluptez ne prouuoit a salut.

Esperance recommandée.

Misericorde n'abandonne le bon espoir.

Deut.3.b
Esaye.42.c

Mercure exhorte l'as a soy resiouyr.

Luc.10.d

T'as est exorté a soy disposer pour la parole

Les vertus cõtraires aux vangences.

Cognoissance cõtraire à l'ignorance.
Psal.144.d

chasse par ce moyen l'ignorance. Il y a diuerses manieres d'ignorance, comme il y a diuerses manieres d'intelligences & cognoissance. Il est commun aux hommes de nommer ignorantz tous ceux qui ignorent l'estat qu'il entreprenent de faire. Comme l'homme faisant estat de literature & doctrine, profession aux sçiences, il est dict ignorant, quand il ne sçait lire ou entendre la langue en laquelle sont escriptes ces professions & sciences, ou bien quand il ignore les simples rudimentz d'icelles. Et c'est homme de lettre ne sera dict ignorant, combien qu'il ne sçache les artz mechaniques, comme les mechaniques ne seront dictz ignorantz ne sçachantz les sciences, disciplines & professions: l'apoticaire ne sera ignorant de n'entendre l'architecture, ny le charpantier ignorant, ne sçachant tailler vn habilement, & en ceste maniere des autres, desquelz n'y aura aucun dict ignorant, prouueu qu'il sçache suffisamment en l'estat qu'il entreprend.

Que c'est estre ignorant.

Or est il vn estat commun & necessaire à l'homme, lequel est si propre & ordonné pour luy, que de quelque estat qu'il soit en ceste terre habitable, & quelque vacation a laquelle il se soit adonné: c'est estat luy est de tant plus propre, que tout autre: que quand bien l'homme sçauroit toutes les scieces, qui furent iamais en cognoissance, ou bien escrites par liures: & dauantage quãd il sçauroit tous artz, dexteritez, inuetions, & subtilitez, & ignoreroit ceste cy seule, a laquelle il est destiné, & pour laquelle il est faict, toutes ces sciences & cognoissances ne le sçauroient excuser d'estre grandemẽt ignorant, de quel estat & condition qu'il soit. Ceste science est la science & cognoissance de Dieu, a laquelle l'homme entre par precedente cognoissance de soy, & a laquelle tout hõme est apellé de son createur: & par la condition de sa cõposition. Car de quelque estat & condition que soit l'homme, il est tousiours animal raisonnable, dont s'ensuit à cause de ceste raison, qui luy est dõnee l'obligation, qu'il a à faire c'est estat de contempler Dieu, pour en acquerir la cognoissance. Et quand bien il sçaura toutes choses ne cognoissant toutes-fois Dieu, il est a bon droit dict ignorant, & de ceste ignorance procedent à l'homme les grandz deffautz & miseres, & la ruyne de son immortalité.

Estat & profession de l'hõme.

Qui est l'ignorant plein de sciences.

Sçauoir apartenãt à l'hõme.

Ruyne d'immortalité vient d'ignorance.

Et c'est ceste ignorance, qui est mise hors par la cognoissance de Dieu, & contemplation de ses excellences, LA COGNOISSANCE DE LA IOYE NOVS EST VENVE: ELLE ESTANT APROCHEE O MON FILS, LA TRISTESSE S'EN FVYRA. C'est de la ioyë que l'ame reçoit se voyant deliurée de la subiection des concupiscences, laquelle luy vient, non de la cognoissance d'vne plus grand ioye corporele qu'elle reçoiue par ceste cognoissance, ains c'est tout au contraire: de tant que tous ceux qui desirent viure religieusement en Iesus Christ, viuent en persecution & tourmentz, comme il est escript. Mais ceste ioye luy vient de la cognoissance qu'elle reçoit, que combien qu'elle soit immortele & eternele, & son corps mortel & de brief temps, elle incorruptible, & son corps corruptible, elle insensible, son corps subiet aux sens, elle diuine, son corps materiel: ce neantmoins tout le contentement, duquel elle auoit faict prouision durãt la veneration de ses cõcupiscences, ne seruoit que a son corps & non a elle, qui n'en receuoit que le raport des sens, qui encore estoit fort peu de chose, au pris des peines, maladies, & autres ennuys, que les sens luy raportoient par son mauuais gouuernemẽt, parmy tous ses plaisirs & voluptez, qui a peine paressoient ilz enuironnés de tant de miseres. Et ce pendant & par cest amusement qu'elle auoit prins a ses concupiscences, elle perdoit son propre plaisir, repos, felicité, honneur, gloire, non pour le temps d'vne vie d'homme, mais pour vne eternité & vn iamais. Cognoissant donc l'ame l'eschange, qu'elle faict, d'vne felicité eternele auec vne volupté de brief temps, d'vne felicité non troublée d'aucun desplaisir, auec vne volupté entremeslée de desplaisirs, du contentement d'vne essence diuine, intelligible, immortele, de tant plus grand, comme le subiect est plus digne, auec le contentement temporel & brief, de ce corps tresfoible & de peu d'action, encore le plus souuent interrompu par innumerables desplaisirs, & infinis autres aduantages, que sa cognoissance luy faict cognoistre auoir gaigné, prouueu qu'elle aye seulement ce peu de patience, qu'il luy est besoin endurer, durant ceste vie, des persecutions & contrarietez, desquelles sans ceste cognoissance elle ne laisse d'estre assaillie, & se tenant ce pendant ioincte a la volonté de Dieu.

Cognoissance de la ioye contraire a tristesse.

2. Timoth. 3. c
Quelle est la ioyë de la bonne ame.

Plaisir de l'ame offusqué par les voluptez.

Patience necessaire a la ioyë de l'ame.

Ceste cognoissance d'auoir acquis vn si grand aduantage pour l'aduenir, luy donne vne telle ioye, que la tristesse de tous empeschements, destourbiers, peines, & afflictions, que ce monde

monde corporel luy pourroit doner, ne l'enuie aucunement, ains prend toutes choses en telle patience, qu'elle n'en sent que le mal, qui afflige le corps pour le temps, qu'il dure seulement, qui est peu de chose, eu esgard aux desplaisirs, qui communement demeurent en l'ame, sans sentir aucune affliction de corps par-my nous, qui manions si mal nostre cognoissance, par laquelle il nous seroit loisible d'acquerir la ioye, qui chasseroit ceste tristesse & vengeance, & la seroit fuyr VERS CEVX, QVI SONT CAPABLES D'ELLE, & disposez par le mespris, qu'ilz font du vray estat, auquel ilz sont appellez, & pour lequel ilz sont faictz. Dont ilz en demeurent en vraye ignorance, quelle subtilité qu'ilz puissent auoir d'ailleurs, & quel grand sçauoir qu'ilz cuident auoir en eux, lesquelz ne sont comptez pour rien à celuy, qui ignore Dieu. A ceste cause sainct Pol disoit, Qu'il cognoissoit ne sçauoir rien, que Iesus Christ crucifié, voulant dire, que sans ce sçauoir de renaissance & salut, tout autre sçauoir n'est que ignorance, disposant l'homme à demeurer en tristesse, non seulement pour sa vie, mais la laisser par eternel heritage à l'ame, qui aura si mal choisi de laisser Dieu pour venerer & aimer ses plaisirs & concupiscences.

Heureux qui peut faire estat des perfections.

Sans cognoistre Dieu, la sçauoir est ignorance.

1. Cor. 2. d

SECTION 9.

J'Appelle la vertu menant à la ioye, Temperance: ô la tres-douce vertu, receuons la ô mon filz, tres-volontairement. O comme par sa presence elle a incontinent bouté hors l'intemperance. I'appelle maintenant la quatriesme Continence, vertu contre toutes conuoitises. Ce degré, ô mon filz, est le fondement de iustice, voy tu comment sans apresť elle a reietté l'iniustice. Nous sommes faictz iustes par l'absence d'iniustice. Ie nomme la sixiesme vertu en nous, la communication contre l'auarice, laquelle s'en allant i'ay appellé verité, & suasion s'enfuyt, & verité n'est fauorable. Voy tu comment le bien est acomply, ô mon filz, par la faueur de verité: car l'enuie s'est retirée de nous, & le bien s'est adiousté à verité, ensemble auec vie & lumiere: & n'a plus aproché aucune vengeance de tenebres, mais estant vaincues, s'en sont volées a grand randon.

COMMENTAIRE.

POursuiuant l'enumeration des vertus reprimantz les vices ou vengeances, Mercure dict, I'APPELLE LA VERTV MENANT A LA IOYE TEMPERANCE. C'est la preparation que toute personne doit faire, que de se prouuoir d'vn contraire, pour bannir de soy le contraire, comme en ce propos, l'homme qui aura vsé d'intemperance, ou dissolution, & qui se sera trouué excessif en toutes ses affections, desirs, & concupiscences, quand Dieu luy donne ce bon aduertissement de se recognoistre, il ne peut mieux remedier à ceste dissolution & intemperance, que se prouuoyant de la vertu de temperance, laquelle l'homme reçoit facilement, quand il a cogneu le tort & malediction, que luy amenoit son contraire: tierce vengeance qui estoit l'vsage excessif des choses materieles par trop desbordé. Lequel est remis en son vray estat par ceste vertu de temperance, qui ne desire aucun vsage de matiere en l'homme, que le seul necessaire, pour paruenir à la ioye eternele, & cependant à la conseruation de son estat & vie. O LA TRES-DOVCE VERTV, qui nous remet en estat si heureux, RECEVONS LA, O MON FILS, TRES-VOLONTAIREMENT, car c'est par la volonté, que Dieu reçoit l'homme, en iugement de bien ou mal faict, de bon gré ou mal gré. Parquoy toute vertu receuë en l'homme contre sa volonté, ne luy sert de trouuer bon gré deuant Dieu: à cause qu'il n'a faict les actes de ceste vertu par son vouloir, comme nous l'auons quelquefois allegué du dire de S. Pierre, en sa peregrination escrite par S. Clement.

Il faut donc que tout bien soit receu volontairement, pour soy trouuer agreable a ce bon Dieu plein de bonne volonté. O COMME ceste vertu de temperance receuë volontairemẽt ou de liberale volonté & bonne affection, ELLE A INCONTINENT PAR SA PRESENCE BOVTE HORS L'INTEMPERANCE & dissolution, de tant que deux contraires

Temperance cōtraire a dissolution.

La volõté reçoit les vertus

Qq 5

si incompatibles que ceux là, ne peuuent estre ensemble en mesme subiect. Dont s'ensuit, que l'vn y estant fauorisé, l'autre perd sa place & en est banny. I'APPELLE MAINTENANT LA QVATRIESME CONTINENCE, par laquelle l'homme (comme nous auons dict) cognoissant les surprinses, qui luy sont faictes par ces vices, & y voulant remedier, recherche leurs contraires, delibere de les fauoriser de telle maniere, que les vices en soient bannis.

Intemperãce bannye par temperance.

Ce bon homme donc appelle à soy continence, par laquelle il contient tous ses appetits & affections, dans les bords de son besoin ou necessité, qui est vne VERTV CONTRE TOVTES CONVOITISES & assautz ou concupiscences. O combien elles embrassent d'entreprinses, combien de maux elles ameinent sur les personnes d'indiscretion. Non seulement pour le mauuais ordre qu'il donne, de soy preparer pour la vie eternele: mais encore en ceste vie mortele, combien de personnes se ruynent & constituent en tres-grands affaires, pour n'auoir voulu endurer & auoir suiuy leur conuoitise ou concupiscence, en plus grande entreprinse qu'ilz ne pouuoient acomplir. Dont il leur est aduenu beaucoup d'ennuits & torments, à faute d'auoir appellé à soy la vertu de continence, laquelle les eust contenus dãs les bornes & limites de leurs deuoirs, facultes, & puissances, faisants leurs entreprinses & accomplissementz de leurs desirs, selon leurs vertus & puissances. Et celle là est celle qui donne ceste loy pour ce monde, & vie mortele. Mais il y a bien vne autre loy de continence, pour la vie immortele, laquelle ne permet d'estandre les executions de la volonté & concupiscence, que iusques à la necessité de la vie corporele & vertueuse, & non selõ le pouuoir & moyẽs qui sont en l'hõme. Car celle la le tiendroit si amusé & enuelopé dãs ses abus, q̃ quand bien il ne se trouueroit mal en ceste vie, si est-ce que voulant aller à l'autre, sans auoir faict prouision de la cognoissance de Dieu, vray estat de l'homme, ains s'estant amusé a toutes ses superfluitez, & se trouuant en fin sans Dieu, pour l'auoir quitté & mesprisé, il trouueroit que ces executions materieles luy auroient faict infiniment plus de mal & ruyne, que les premiers, dont nous auons parlé.

Continence contraire a cõcupiscance.

A faute de continence infinis maux.

Contenir en son pouuoir ne suffit tousiours.

Parquoy CE DEGRE O MON FILS, EST LE FONDEMENT DE IVSTICE, par lequel l'hõme est retiré de plus grãd mal & dãgier, qu'il se sçauroit exposer, pour estre trouué deuant Dieu iniuste. C'est de ces concupiscences & desirs superflus des choses materieles, que viennent toutes manieres de vices: de tant q̃ par le moyen des sens, qui les raportẽt en l'ame, le tentateur presente auec icelles toute maniere de vices à l'ame. A ceste cause continence, qui chasse de l'homme toutz appetitz superflus, n'en retenant que ce qui luy est necessaire pour la necessité de sa vie, & exercice de vertus, est estimée le fondement de iustice, à cause que toute nostre iniustice ne vient, que de sa partie cõtraire, qui est le desir & concupiscence du superflu. VOY TV COMMENT SANS APREST, structure, ou preparation quelconque, ELLE A REIETE L'INIVSTICE: par ce que ceste continence combatant la concupiscence, n'adressoit ses effortz que contre la conuoitise ou mesme concupiscence: toutes-fois incidentment ne tachant que contre la concupiscence, sans aucun aprest, effort, ou preparation qu'elle aye employé contre l'iniustice, elle l'a bannie & reiettée. C'est à cause que reietant les concupiscences qui engendrent en l'homme toute l'iniustice, elle se trouue par ce moyen sans auoir employé aucune action: mais au contraire par patience & tolerance auoir chassé l'iniustice, sans luy adresser aucuns efforts ou bastir quelque entreprinse, de tant que NOVS SOMMES FAICTS IVSTES PAR L'ABSANCE D'INIVSTICE, laquelle se peut dire veritablement absente de l'homme, quand les parties de concupiscence, qui l'engendrent & nourrissent en luy en sont absentes, comme nous pourrions dire des concupiscences, qui tiennent l'homme amusé aux voluptez corporeles, de maniere qu'il n'a aucune souuenance de son salut. C'est qu'elles le tiennent pour lors en ignorance de son estat: dauantage l'entretiennent non seulement en la tristesse de ceste vie, qui souuent suit les voluptez, mais luy en faict prouision a l'aduenir: la tiennent aussi en dissolution d'vser de toutes choses sans temperance, car autrement les concupiscences ne seroient mauuaises: l'entretenent aussi en iniustice comme nous venons de la dire, veu qu'elles la nourrissent & engendrent en l'homme, luy donnant pareillement l'auarice, qui est appetit desordonné de prendre, retenir, & refuser, ou & quand n'est raison, c'est vraye conuoitise, luy aduenant aussi la suasion, laquelle les sens manient par les concupiscences en l'ame, tachant par la suasion a la persuader & emporter, luy donnant aussi enuie sur le prochain, mesme

Continence fondement de iustice.

Continence chasse conuoitise sans aucune action.

Absence d'iniustice rẽd l'homme iuste.

Concupiscences source de tous vices.

mes quand les concupiscences sont insatiables & outre le pouuoir, qui est le plus souuent: lesquelles lors produisent enuye contre celuy qui peut plus, produisent aussi en l'homme fraude, sans laquelle bien souuent elles ne peuuent estre conduictes a l'execution, parquoy elle y est adioutée pour y satisfaire. Elles engendrent semblablement par l'emotion qu'elles font en l'homme vne ire & perturbation de iugement: & de celle la vient la temerité, qui l'accompaigne le plus souuent: de toutes lesquelles la conclusion est malice. Et en ceste maniere, les côcupiscêcés produisants en l'hôme toute maniere de vices; sôt dictes y produire l'iniustice par leurs effects. A cause dequoy, la vertu qui bânist de l'hôme les conuoitises ou concupiscences, est ditte fondemant de iustice, detant que par l'absence de ces côcupiscences meres de tout vice, iustice se trouue en l'homme, comme par l'absence d'iniustice. IE NOMME LA SIXIESME VERTV EN NOVS, LA COMMVNICATION CONTRE L'AVARICE, parce que l'auarice veut tout pour soy, tât le necessaire que le superflu. Et la cômunication ou vertu d'en secourir & faire part au prochain, qui en souffre necessité, estant contraire à l'auarice, est celle qui la chasse. De ceste cy dependêt les œuures de misericorde, tant aimees de Dieu: & toute maniere d'aumosnes & secours de necessiteux, de quelque chose que ce soit, comme il est escript, Ne vueilles oblier la liberalité, & cômunion, detant que par telles offrandes lon acquiert Dieu. LAQVELLE auarice S'EN ALLANT, I'AY APELLE VERITE, ET SVASION S'ENFVIT, par laquelle toutes mensonges m'estoiêt presentées, pour m'induire alleher & atirer en ma misere, & contre lesquelles n'y a plus digne vertu, que la verité eternelle, & immortelle: & par la presence de laquelle toutes menteries & faux arguments ou dissimulés, conduisants l'hôme par suasion, & bien souuent persuasion a ruine, sont bânis & reiettez. Et par la fuite de suasion VERITE N'EST FAVORABLE non seulement contre ceste suasion ou induction & faux atraits, mais comme estant le vray filz de Dieu, qui a declaré estre voye, verité, & vie, elle nous secourt en toutes nos necessitez & besoins. VOYS TV COMMENT LE BIEN EST ACCOMPLY, O MON FILS, PAR LA FAVEVR DE VERITE. Car aquerant la presence de toutes autres vertus diuines contraires, & banissants les vices ou vengeances, nous n'auions a beaucoup pres tant faict, que d'acquerir la presence de verité filz de Dieu, par la faueur duquel, nous attâdôs tout bien estre acôply en nous, comme sainct Pol l'a dict, Comment ne nous a il pas donné toutes choses auec luy, qui est verité eternelle? CAR L'ENVIE S'EST RETIREE DE NOVS par la presence de ce parfaict bien, qui s'est donné a l'homme: ET l'enuye s'en estât retirée, LE BIEN S'EST ADIOVSTE A VERITE, comme les deux estant mesme chose pere & filz, comme il est escript, Mon pere & moy sommes mesme chose, qui est ce bien souuerain, & verité, ENSEMBLE AVEC VIE ET LVMIERE? qui sont noms propres a la mesme essence diuine, asçauoir verité, bien, vie & lumiere, trop plus digne & capable de banir toutes autres vengeances, qui restent a desduire, asçauoir fraude, ire, temerité, & mauuaistié. Et en ceste maniere, Dieu a desparty en l'homme six de ses essences & vertus, pour bannir six vengeances de matiere ou vices, qui le menent en sa ruine, de douze qu'il en ya: & pour les autres six, ce bô Dieu s'employe mesmes nômé de quatre noms, verité, bonté, vie, & lumiere. Lequel bô Dieu estant veneré en l'homme par les premieres six vertus, ne faut iamais a le secourir & luy assister en presence pour le paracheuement de sa perfection.

Et lors ce bon Dieu estant present & operant en l'homme, N'A PLVS APROCHE AVCVNE VENGEANCE DE TENEBRES, torment, & punitiô, MAIS ESTANTS VAINCVES par les vertus & operations du sainct Esprit operant en l'homme, par le moyen de ses vertus iadis endormies en luy, qu'il y a suscité & esueillé, elles S'EN SONT VOLLEES EN GRAND RANDON, tant pour leur indignité d'habiter en ceste saincte compagnie, qu'aussi estant vaincues & surmontées, leur action n'auoit plus de puissance en telle compositiô ou personne. Voila l'expositiô du côbat, qui a esté faict des dix essences diuines vertueuses, & puissantes, toutes procedâts d'vne mesme essence, & d'vn Dieu, asçauoir cognoissance de Dieu, ioye, têperance, côtinence, iustice, cômunication, verité, biê, vie, & lumiere, operâtz en l'hôme contre les douze vengeâces de tenebres ou matiere, côduisantz la ruyne de l'hôme, qui sont ignorâce, tristesse, dissolution, côuoitise, iniustice, auarice, suasiô, enuie fraude, ire, temerité, & mauuaistié, pour retirer l'hôme de sa perdition & misere, le deschargeant de ces vengeâces & vices tormentâts l'ame, & tout autres sousceux ci côtenus de manie-

Comment concupiscences produisent iniustice.

Cômunicatiô contraire a la varice.

Heb. 13.

Verité côtraire a suasion.

Ioan. 14.

Iesus Christ cômunié a bany tout vice.

Dieu s'est atribué quatre noms.

Ioan. 14.b.

L'hôme ioinct a Dieu n'a plus de tenebres.

Six vertus contre six vices.

maniere que Mercure entend par le banissement de ces vices ou vengeances faict en l'homme, par le moyen des vertus operations du sainct Esprit, image de Dieu en l'homme, l'auoir rendu tellement victorieux contre les parties de peché, qui l'auoient acquis dés le defaut du premier homme, que d'homme charnel meritant, que l'esprit de Dieu ne demeurast a tousioursmais en luy, il a esté couert en homme intelligible & spirituel, regeneré ou renay en nouueau homme, disposé a receuoir de ce bon Dieu toutes promesses, que pensée ne peut excogiter, faictes a ses esleus.

SECTION 16.

AS tu cogneu la maniere de la regeneration, ô mon filz? Par la faueur du nombre denaire, a esté composée la generation intelligible, o mon filz, & a banny le duodenaire : & par ceste generation nous auons esté faicts contemplateurs. Quicõque dõc aura esté faict participant de la generation, qui est selon Dieu, par sa misericorde ayant delaissé le sens corporel, il se cognoist mesmes estre composé de ces choses : & se resiouit d'auoir esté faict semblable en Dieu. O mõ pere, ie me figure nõ par la veue des yeux, mais par l'efficace des vertus intelligibles. Ie suis au ciel, en terre, en l'eau, en l'air, dans les animaux, dans les plantes, dans le ventre, auant le ventre, apres le ventre, tout par tout.

COMMENTAIRE.

La regeneration ne souffre vices.

Il s'ensuit, que l'homme desirãt aquerir la regeneration ou renaissance, qui luy est dõnée de Dieu par Iesus Christ, pour estre remiz en la voye de l'innocence, qu'il a perduë par le peché du premier homme, doit tacher a soy despouiller des empeschementz, qu'il a en soy, incompatibles auec cellela, & qui luy empeschet le fruict, que le filz de Dieu homme nous a porté, estãt aucteur de la renaissance. Et tant s'en faut, qu'il faille souffrir en soy ces deffautz, qu'il est commandé ne s'entremesler ni viure auec ceux, qui en sont tachés. Et peu apres est declaré, que telles gentz ne possederont le royaume de Dieu. Il est donc besoin de banyr de nous ces œuures ou vengences de tenebres, qui nous empeschent la vie eternele: de tant qu'elles nous empeschent la cognoissance de Dieu (qui a esté diffinie estre la vie eternele par Iesus Christ) a cause qu'elles nous amusent & abusent apres noz cõcupiscences, lesquelles emploient de tout leur pouuoir, les sens corporelz en remuement de matiere : a celle fin qu'ilz supriment & empeschent les operations intelligibles en nous, lesquelles sans c'est empeschement nous metroient en cognoissance de Dieu, reception de ceste renaissance, & vray chemin de vie eternele. Et c'est ce, q̃ Mercure demande a son filz sur ce propos, AS TV COGNEV LA MANIERE DE LA REGENERATION, O MON FILS? pour laquelle il faut reietter toutes operatiõs corporeles & materieles, & employer les vertus diuines dõnées à l'homme auec l'Esprit de Dieu. As tu bien consideré, comment PAR LA FAVEVR DV NOMBRE DENAIRE, ou par les dix vertus essences intelligibles & diuines, bannyssant par leur presence en l'homme les douze vices, ou vengences de matiere de leur suyte A ESTE COMPOSEE LA GENERATION INTELLIGIBLE, & donné repos aux parties spirituelles & immortelles, pour considerer, prier, & contempler leur aucteur & source, & disposer l'homme a receuoir ce merueilleux bien faict de Dieu son pere, le regenerant en son filz, par l'vnion qu'il faict de l'homme pecheur qui croyra auec Iesus Christ. Cognoys tu bien, O MON FILS, que la reception & bon employ des vertus diuines, & puissances immortelles, a engendré en toy la cognoissance de Dieu, qui est vye eternele, ET A BANNY LE nombre de ses miseres: lequel n'estant compré que DVODENAIRE ou nombre de douze

1. Cor 5. e
1. Cor. 6. c

Ioan. 17. a

Regeneration par banissement de vices composée.

Le denaire a bãny le duodenaire.

de douze, t'en ammenoit soubz luy plusieurs autres qui te tenoient si aueuglé, que tu ne pouuois ouurir ton entendement à Dieu: de tant que ta pauure ame, en laquelle gisoit ta volonté, estoit tant abusée de ces voluptez, tristesses, ou choses piteuses, pour le danger, ou elles te tenoient, qu'elle estimant ces miseres son plus grand bien, ne pouuoit accorder sa volonté ailleurs pour prendre mieux, tant son arbitre & iugement estoient perturbes. A quoy ne s'est trouué autre secours ou moyen pour retirer l'homme de ce peril, que la regeneration: par laquelle Iesus Christ Filz de Dieu, & homme, le remet en vie eternelle, qui est cognoissance de Dieu, l'ostant de l'abus & superflu vsage de matiere. ET PAR CESTE GENERATION NOVS AVONS ESTE FAICTS CONTEMPLATEVRS: de tant que par nostre premier estat de peché, estantz ensepuelis en la veneration de noz concupiscences, nous priuions noz ames de paruenir iamais a la contemplation & banissement de nos sens: combien que ce soit le principal estat pour lequel nous sommes faictz, & sans lequel nous n'auons en ceste vie aucun moyen de nous preparer a la future eternelle, comme tresclairement nous l'aperceuons, n'ayantz moyen de rechercher Dieu ny communicquer auec luy, que par la contemplation, ou speculation, qui n'apartient que a la seule pensée de nature intelligible comme Dieu. Et par laquelle seule nous receuons sa cognoissance, tout au contraire des effectz corporelz & materielz, par lesquels nous en sommes ordinairement destournez & diuertis: à cause de la grande differance, voire & contrarieté, qui est entre la contemplation & operation, ou employ des parties diuines, & les operations, & employ des parties corporeles: par lesquelles la guerre & ordinaire combat, est suscité en l'ame du Chrestien, qui se veut resouldre & renger vers la part de la contemplation & cognoissance de Dieu.

Regeneration est vie eternelle.

Par regeneration l'homme est faict contemplateur.

Necessaire vsage de contemplation.

Parquoy nous deuons confesser vn tres-grand fruict estre aduenu au Chrestien, quand par la regeneration donnée par Iesus Christ, il paruient a aymer la contemplation, comme estant la meilleure partie choisie, comme nous declare Iesus Christ, par le pecheur & plus necessaire. QVICONQVE DONC AVRA ESTE FAICT PARTICIPANT DE LA GENERATION, QVI EST SELON DIEV: qui est autant a dire, par la doctrine de Mercure, que celuy qui ayant obey au cri du heraut, se sera plongé dans sa pensée, comme nous l'auons cy deuant dict, ou par la doctrine de Iesus Christ, celuy qui par la parole des Apostres aura creu, qui sont mesme chose, de tant que & Iesus Christ, & Mercure, qui l'a annoncé ont constitué ces deux aduis d'election de l'homme en vne foy, par laquelle faut croire.

Luc.10 g

Chap.4.4 Regeneracion se reçoit par foy.

Celuy donc, qui aura creu par la parole des Apostres, vrays herautz enuoyes de Dieu au peuple pour leur annoncer les conditions du salut, PAR SA MISERICORDE AYANT DELAISSE LES SENS CORPORELS, sa subiection, & l'abus auquel son vsage superflu detenoit l'homme, estant paruenu a l'estat de contemplation, qui est sa vraye fin & deuoir, comme nous venons de le dire, IL SE COGNOIST MESMES ESTRE COMPOSE DE CES CHOSES, & miseres que les sens luy souloient amener selon la nature & condition de leur estat, lesquelles ilz luy presentoient en toutes ces actions: mais maintenant il se cognoist mesmes, & acquiert ceste tant difficile cognoissance de soy, par la cognoissance, qu'il recouure des parties diuines, dont il est cōposé. Car tant qu'il se seroit abusé & amusé a tous estudes & cognoissances des choses corporeles & materieles, quel grand sçauoir, qu'il y eut peu recouuer, il n'eust iamais par ceste voye attaint a la cognoissāce des parties diuines, qui sont en luy. Mais il luy a esté besoin faire cesser l'estude, affection, & amusement, par lesquels il estoit entré en la matiere, pour donner lieu a l'employ des vertus diuines en soy: & ayāt par le moyen de celles la recouure la cognoissance de soy, & par consequent celle de Dieu, lors il luy a esté loisible auec ceste cognoissance, de considerer toutes choses corporeles & materieles par la partie de leur forme, laquelle le mondain considere iamais, & non par la partie de la matiere pleine d'abus. Et la consideration de la forme faicte par ce cognoissant, luy faict voir Dieu en toutes choses: de tant qu'elles ont toutes leur forme d'essences diuines lesquelles ceste bonne ame y considere, pour refferer tout à son Dieu, ce qui n'aduient a ce pauure abandonné, qui n'y considere que la matiere, & plaisirs ou vtilitez corporeles.

Par contemplation l'homme se cognoist.

Cognoissance de soy produit celle des formes.

Et par consequent celuy, qui estant composé de ces choses diuines parties ou vertus du sainct Esprit, les a tellement mises en oeuure, qu'il en est paruenu a cognoissance de soy: SB
RESIOV

604 SVR LE PIMANDRE DE

Soy cognoiſſãt l'homme s'arreſte a Dieu

RESIOVIT D'AVOIR ESTE FAICT STABLE, immobile, & prouueu de ferme conſtance EN DIEV: & de ſe voir deliuré de tant de mutations & ſubiections, que la matiere luy produict durant ſa vie, leſquelles il reçoit à telle patience, que les meſpriſant il n'en ſent la plus grand part, comme il s'eſt ſouuent veu és ſaincts Martyrs, à cauſe de la ioye & contétement qu'il a, de la cognoiſſance, qu'il a comprins pour ſa vie eternele, & de ſon futur eſtat: lequel commence deſia à le reſiouyr & ſoulager de ſes peines corporeles. O MON PERE, IE ME FIGVRE, ou me preſente, NON choſe aucune corporele, qui puiſſe eſtre aperçeuë PAR LA VEVE DES YEVX corporelz, MAIS PAR L'EFFICACE diuine produiſant l'effect DES VERTVS INTELLIGIBLES en moy, de tant que ie ne m'arreſte plus à ce, que les ſens me monſtrent & repreſentent. Ie paſſe plus auant, ſçachant bien, qu'ilz me cachent toute cognoiſſance intelligible. Ie commence a cognoiſtre la diuinité, que Dieu a mis en moy, qui eſt vne puiſſance ſurmontant toute puiſſance de creatures. Tout ce que i'ay cy deuant penſé, n'a eſté que ignorance. Dieu m'a faict grace, de me faire cognoiſtre vne partie des excellences, qu'il m'a donné. Car outre toute puiſſance d'animal mortel, ſans me mouuoir ny changer de place, i'aperçoy que IE SVIS AV CIEL, conſiderant tous mouuementz, viteſſes, & grandeurs des corps immortels, me repreſentant leurs cours, circulations, & diuerſité d'aſpects. Ie ſuis incontinent EN TERRE, voire iuſques au plus profond, conſiderant la nature de toutes creatures, leur vie, & tant merueilleuſe diuerſité d'actions.

Par cognoiſſance Tat eſt en ſa penſee.

Puiſſance de l'homme interieur.

En meſme inſtant ie ſuis EN L'EAV, apercevant les differences, grandeurs, & mouuements des poiſſons, l'admirable nombre de vaiſſeaux transportans toutes matieres pour le ſecours & vtilité de l'homme. Ie ſuis auſſi EN L'AIR, ſi eſleué & eſloigné du corps de la terre, qu'ayant aperceu les trois differences de ſes regions, i'aperçoy la rondeur de ce tres-grand & peſant globe, ſoubſtenu par vertu diuine, ſans aucune ſoubzpête, ou apuy corporel. Par ou i'apperçoy vne grande vertu & puiſſance du verbe diuin. Ie ſuis DANS LES ANIMAVX, conſiderant leur proprieté, actions, & conditions, qu'ilz ont receu de leur createur. Ie ſuis DANS LES PLANTES, conſiderant leurs natures & productions d'effectz. Ie ſuis DANS LE VENTRE de ma mere, conſiderant commét ce corps a eſté baſti & compoſé, produiſant toutes ſes parties. Ie ſuis AVANT LE VENTRE, conſiderant que i'eſtois auant ma naiſſance, & dont ſont yſſues toutes les vnitez & multitude des parties dont ie ſuis compoſé. Ie ſuis APRES LE VENTRE, conſiderãt la perfection, qui a eſté miſe en moy, combien elle ſeroit excellente, ſi le deffaut, qui ſe trouue en moy ne l'empeſchoit. Ie ſuis TOVT PAR TOVT, non par interuale, qui me face atandre temps ou mouuement d'aler d'vn lieu à l'autre: mais ie ſuis, non comme y alant, ains comme y eſtant preſent, voire en tous ces lieux enſemble: car ſi la penſée donnée à l'homme, n'y eſtoit ſans y eſtre portée, il luy faudroit temps ou mouuement pour y aler: ce qui eſt indigne de choſe tant diuine: & n'appartient qu'és choſes corporeles, comme nous l'auons plus au long diſcouru en ſon lieu. C'eſt maintenant que Tat a commencé a cognoiſtre ſes vertus intelligibles eſtre diuines, & n'auoir plus a rechercher aucune verité, perfection, ny diuinité, en la matiere ſeparée ou priuée de forme, mais il commence a rechercher les choſes diuines en ſa penſée, cognoiſſance, entendement, & ratiocination, qui ſont parties & vertus du ſainct Eſprit, qui luy a eſté donné, à celle fin que par celles là, il paruienne à la cognoiſſance de la ſource, Dieu ſon Pere & createur.

Cognoiſſance des choſes par leurs vertus.

L'ame ſoy cognoiſſant à grandz pouuoirs.

SECTION II.

Mais dy moy cecy dauantage, comment ſont repouſſées les vengeances de tenebres, qui ſont douze en nombre, par les puiſſances? Quelle en eſt la maniere, ô Triſmegiſte. Ce tabernacle, ô mon filz, que nous auons deſpouillé, eſt baſty du cercle portant les ſignes, lequel auſſi eſt compoſé de douze nombres en ſomme, de meſme nature de toutes formes d'idée.

COMMENTAIRE.

L'Homme s'eſtant reſolu de n'abuſer plus des ſuperfluitez & concupiſcences de la matiere, ains de ſe retirer à la cognoiſſance & contemplation des choſes diuines, & ſuiure ſon vray son vray eſtat, n'employe mal ſon temps, de ſ'enquerir en quelle maniere les vertus & puiſſances de la penſée, baniſſent de l'homme les vices, & demeurent victorieuſes contre eux, comme choſe, qui eſt bien neceſſaire a celuy, qui veut viure religieuſemēt en Chriſt, lequel souffrira perſecutions, comme il eſt eſcript. Et pour tenir ſes deffences preſtes, pour le combat, que toute ame deuote doit faire & ſouſtenir durant ſa vie, laquelle comme dict Iob, n'eſt qu'vn train de guerre, il luy eſt neceſſaire de ſçauoir en quelle maniere les vertus diuines demeurent victorieuſes contre les vices & concupiſcences. Qui donne occaſion a Tat de demander a ſon pere, MAIS DY MOY CECY DAVANTAGE, qui me ſemble m'eſtre fort requis, pour ſuyure la voye de mon ſalut, COMMENT SONT REPOVSSEZ LES VENGEANCES DE TENEBRES, QVI SONT DOVZE EN NOMBRE, PAR LES DIX PVISSANCES : & de quel moyen ſe ſont elles aidées, pour donner plus de vigueur & puiſſance au petit nombre de dix, que au plus grand, qui eſt de douze. QVELLE EN EST LA MANIERE, O TRISMEGISTE. Car ſ'il y a autant de reſiſtance & force en l'vne qu'en l'autre, il eſt certain que les douze vaincront les dix : mais ayant veu le contraire, il faut dire que ce ne ſont meſmes ſubiects, n'y guiere bien ſemblables, ou egaux en force : declaire moy que c'eſt. CE TABERNACLE, O MON FILS, QVE NOVS AVONS DESPOVILLÉ, lors que nous auons aſſopy & endormy tout l'vſage de nos ſens corporels, pour vacquer a la cognoiſſance de Dieu, c'eſt noſtre corps materiel, lequel nous auōs laiſſé a part, & cōme ſeparé de nos vertus intellectuelles, a cauſe de l'empeſchement, qu'il porte a nos ames, par le moyē de ſes ſens, qui iamais ne ceſſēt de l'importuner, inquieter, & preſſer, par leurs diuers & frequēts raports, qu'ils luy font des choſes materieles : par leſquels raports ſont engēdrées les cōcupiſcences : & contre leſquelles le cōbat nous eſt ſi difficil : A cauſe qu'il nous preſentent par meſme moyē les neceſſaires, & les ſuperflues, qui nous ſont autant cōtraires, q̄ les neceſſaires nous ſont profitables. Et voyant la difficulté de ce cōbat, l'homme a pluſtoſt faict d'impoſer ſilence aux ſens & toutes actions corporeles, pour le temps, que ſa vie le pourra endurer, iuſques a ce que l'homme ſoit paruenu au deſſus, & aura vaincu les concupiſcences. Il faut donc deſpouiller ce tabernacle, ou pour le moins luy impoſer ſilēce : car il eſt materiel, & SI EST BASTY DV CERCLE PORTANT LES SIGNES, lequel eſt vn des cercles maieurs en la ſphere celeſte, que lon nomme le Zodiac, contenant les douze ſignes celeſtes, & les voyez & chemins ou endroitz des mouuements des ſept recteurs ou planetes. Leſquels tant les douze que les ſept, enſemble tous autres corps celeſtes ont receu du creatour l'efficace de reunir par leurs effaicts toute matiere, ſoit pour vie, entretenement, naiſſance, ou mort de toutes creatures mortelles. Dont ſ'enſuit neceſſairement que nos corps prouueuz de ſens eſtants materiels, ſont baſtis par ces puiſſances celeſtes, leſquelles en ont la charge & maniement. Parquoy Mercure dict, que ce corps ou tabernacle & quayſſe contenant l'ame eſt baſti du Zodiac, ou par le Zodiac, portant les ſignes, & non ſeulement par les douze ſignes y contenus, mais par les autres images ou figures deſcriptes au ciel, par diuers nombres & diſpoſitions d'eſtoilles : de tant que toutes y metent & emploient leurs actions, ſoubs le nom des ſept recteurs, deſquels Mercure faiſant ſeule mention du commancement, n'a pour-tant laiſſé d'y comprendre tous les autres : detant que tous n'ont que vne ſeule action & puiſſance diuine, produiſants diuers effaicts ſans nombre. Et parce que les grands aſtronomes aiants parti ce cercle des ſignes ou Zodiac en douze figures, y comprennent quelque fois (tirant leurs diuiſions ou ſeparations vers les poles de ce cercle) toute la ſphere, Mercure voulant parler du corps humain ſubiect a toute la diſpoſition de l'harmonie celeſte, ſ'eſt contenté d'auoir dict, ce corps auoir eſté faict du cercle des douze, contenant par ceſte diuiſion, que les ſcauants y ont aproprié, tout le reſte de la ſphere, ſoit d'eſtoilles errantes ou planettes, faiſant leurs cours veritablement ſoubs ce Zodiac, qui ſont les ſept, ſoit auſſi de toutes autres fixes, ou qu'elles ſoient aſſiſes en toute la ſphere celeſte, comme le tout eſtant comprins & contenu par les diuiſions maieurs de ce Zodiac, ou cercle portant les ſignes. Et comme ce corps eſt compoſé ou pour le moins bien acompagné de ces douze vengeances, nous en dirons autant du cercle, LEQVEL AVSSI EST COMPOSE DE DOVZE NOMBRES EN SOMME : chaſcun, comme nous dirons cy apres, Dieu aidant, prenant & domināt ſa partie du corps humains : & par ainſi ils ont deſparti entre eux tout le corps humain en douze ſeparations, chaſcune regie ou affligée par ſon chaſcun.

Eſtude chreſtiēn.
1. Timoth. 3. c
Iob. 7. a

Dix vertus cōmēt chaſſent les douze vengeances.

Tabernacle corps humain

Difficile election du neceſſaire au ſuperflu.

Le corps humain ſubiect aux douze ſignes.

Soubs les ſignes ſ'entendent tous aſtres.

Vne ſeule puiſſance & diuers effaits.

Le Zodiac compoſé de douze nombres.

Et debuons

Et deuons noter, que ces douze nombres sont prins en somme, nõ en diuision, pour nous declarer que l'action diuine que toute la compagnie celeste execute, n'est qu'vne seule vertu en somme, & vraye essence diuine, qui ne consiste qu'en somme, vnité, & compliment & non en nombre, ny multitude quelconque. A ceste cause tous auec leurs actions sont d'vne condition, ou DE MESME NATVRE DE TOVTES FORMES D'IDEE. C'est que cy deuant nous auons declaré, que Dieu n'a constitué qu'vne essence diuine, pour fournir toutes parties du monde de toutes puissances efficaces & actions, qu'il a ordonné sur toutes & en toutes creatures : laquelle quelquefois il a nommé l'ame de l'vniuers, quelquefois l'a nommée nature, & autresfois le iamais, auquel & par lequel toutes choses sont regies, administrées, & gouuernées. Ceste la donc n'estant que vne produisant toutes formes qui parauant ont esté dans l'idée & premier exemplaire diuin, auquel & par lequel estoient eternellement representées, ordonnées, & dessaignées toutes operations & creatures ou effaicts, qui ont esté, sont, ou seront produicts, & mesmes toutes formes de creatures, qui depuis leur ont esté & sont tous les iours données, y estoient, tant en dessain que en vraye essence : car c'est la forme essence diuine, qui dõne l'estre. Et detant que la charge de despartir toutes ces formes fust donnée a ceste nature ame de l'vniuers, vne & seulle, Mercure dict ces douze nombres, desquelz est composé ce cercle ou zodiac contenant toute la sphere, estre d'vne mesme nature des douze parties du tabernacle corps humain ia despouillé, ausquelles sont apliquées leurs actions particulierement de toutes formes d'idées. C'est qu'estant ce cercle cõduict & gouuerné par ceste nature administraresse de toutes formes d'idées mises par elle en effect, il genere & produict toutes manieres d'operations & creatures, desquelles les ordonnances & desseins sont yssus des idées ou representations de l'exemplaire diuin, qui en contiẽt toutes les formes, esquelles il aplicque ses actions, par toutes ses parties, cõme nous auõs dict qu'elle faict en l'hõme, auquel combien qu'elle ne soit qu'vne & mesme: ce neantmoins elle produit actions particulieres a toutes & chascunes parties de l'homme, en diuersité & multitude d'effects.

Toutes formes produictes par vne nature.

Pourquoy toutes ces formes sõt d'vne nature.

SECTION. 12.

POur l'erreur de l'homme ô mon filz, il y a des separations en elles, qui sont coniointes en operation : la temerité est inseparable de l'ire. Mais elles sont aussi indeterminées. A bon droict donc & selon droicte raison elles sont discord, entant qu'elles sont repoussées des dix vertus, c'est a dire du nombre denaire. Car le denaire, ô mon filz, est geniteur de l'ame, & la vie & lumiere sont conioincts, la ou le nombre de l'vnité est nay de l'Esprit. L'vnité donc par raison a en soy le denaire, & le denaire a l'vnité.

COMMENTAIRE.

COmbien que toutes les actions, puissances & vertus dõnées a ce zodiac, & ce qu'il coure & comprend, soient dependantes d'vne mesme nature, actiõ, & efficace diuine, produisant innumerables effects : ce nonobstant POVR L'ERREVR DE L'HOMME, O MON FILS, IL Y A DES SEPARATIONS EN ELLES. C'est que du temps de la premiere innocence de l'homme, il auoit la cognoissance si ouuerte, & les vertus de l'esprit de Dieu si tres libres, qu'il entendoit tous mouuementz, actiõs, & natures, sans qu'il y fust besoing vser d'aucune science, methode, ou discipline, qui le contraignist pour auoir l'intelligence, de suposer diuerses hypoteses ou supositions des choses, qui ne sont, comme nous faisions depuis le peché : de tant qu'il le nous faut aprendre en la sueur, & trauail de nostre face, cõme nous faisons a ce propos traitants la Cosmographie. Pour laquelle bien entendre, les hommes ont esté contraints figurer, faindre ou suposer vn cercle Zodiac au ciel vn Æquinocce, deux Colures, deux Tropiques, deux cercles moindres, infinis Meridians, vingt & quatre cercles

Hypotheses posées par l'erreur de l'homme.

L'ignorance secourue d'hypotheses.

horai-

horaires, Parallelles, Azimuts, Almicantaratz, & plusieurs autres, pour l'exposition de l'Astrolabe, desquels a la verité n'y en a aucun au ciel. Mais l'homme estant contraint de rechercher, par peines, estudes, & subtils moyens en la sueur de sa face les sciences & intelligences, qu'il auoit du temps de son innocence de sa nature, & sans aucun trauail, a esté contrainct faindre, & supposer toutes ces lignes, cercles, & diuers mouuements, pour paruenir a entendre ce, qu'il ne pouuoit autrement considerer. Et c'est ce deffaut qui a empesché l'homme (entre autres choses) d'entendre toutes choses confuses & vnyes en soy, sans aucune distinction, ou separation, comme la Geometrie, laquelle ne proposant que la quantité indiuise & confuse en vne seule vnité, n'a peu estre bien entendue des hommes, sans y auoir adiousté & supposé quelque discretion de nombres, pour esclaircir l'obscurité de ceste confusion. De mesme maniere l'homme se voyant tant reculé de ses vrais moyens d'intelligence, par le premier peché & perte de son intelligéce, a esté côtraint pour auoir & ataindre quelques cognoissances de ce Dieu eternel createur de toutes choses, abondant en toutes infinitudes, & multitudes d'operations, & diuersité de vertus & puissances, confus toutes fois & reduict en vne seule chose, entiere, indiuisé, vne seule essence, sans auoir en soy bord aucun, extremité, diuision, ou differance, ny mesure d'obseruer en luy par la tresgrande numerosité de ses effectz, autant d'efficaces, vertus, & puissances proceder de luy toutes de son essence. Dont l'homme les a dictes en pluriel essences, & par ceste discretion & distinction d'operations, multitude, & diuersité d'effectz, il est paruenu a la cognoissance, que nous voyons auoir esté acquise par luy.

Choses confuses esclarcies par hypotheses

Collation de l'union Geometrique a la diuine.

Dieu consideré par diuersité d'effects.

Encore le plus souuent a esté besoing, que Dieu par sa misericorde acoustumée luy aye reuelé ces moyens, & par ceux la l'aye instruict. Dont s'est ensuyuy que Dieu, combien qu'il ne soit qu'vn, a tousiours voulu estre cogneu & loué par la multitude de ses vertus, que l'hôme a cogneu en luy. Comme le Psalmiste le chante, Combien de choses en auôs nous ouy & cogneu, & noz peres nous en ont racompté? Et ailleurs, Loués le par ses vertus, & selon la multitude de ses grandeurs, de tant que c'est le moyen, par lequel l'homme le cognoist, & par le mesmes le loue, recognoist, & mercie. Et voila vn exemple des ignorâces, qui nous ont esté laissées par l'erreur de l'homme, que dict Mercure, par lequel l'homme s'est trouué incapable d'entendre les actions & vertus du zodiac, ny aucune d'entre elles, s'il n'y eust mis vne supposition, vne fainte, ou lineament, qui n'y feust iamais : toutesfois l'y metant, & par ce moyen diuisant ce zodiac en douze nombres, il en tirera quelque cognoissance par les separations, qu'il aura mis en eux. QVI SONT CONIOINTES EN OPERATION : de tant que l'operation produisant l'effaict, n'est que vne procedant d'vne seule essence & vertu : mais elle est cogneue de nous par le moyen des effectz, qui sont plusieurs, diuers, & separez.

Dieu n'estant qu'vn est loué par multitude. Psal. 77.a Psal. 150.a

Actions coniointes en operation.

Et toutes fois aucuns d'eux sont ioints en leur operatiô, comme par exemple, LA TEMERITE EST INSEPARABLE DE L'IRE, de tant que l'ire ne peut operer en ses exces & tortz, qu'elle faict, sans temerité & outrecuidance, lesquelles combien qu'elles soient diuerses, operent toutes fois ensemble : de mesme maniere les nombres ou parties de ce cercle zodiac portant les signes, combien qu'ilz soient separez, ilz ne laissent pourtant d'operer coniointement. MAIS ELLES SONT AVSSI INDETERMINEES, indefinies ou confuses en leurs distinctions : a cause que les separations que les Cosmographes leur appliquent, sont faictes par lignes tirées de l'vn pole du zodiac a l'autre, passant par la separation d'entreux. Laquelle toutesfois ne les separe si a propos, qu'elle n'en laisse quelque estoile ou partie de ce signe dans l'autre : a cause qu'ilz ne sont si determinez & definis, qu'ilz puissent estre contenus chascun en sa douziesme partie, ains prenant l'vn sur l'autre, ilz sont indeterminez & indefinis, & aucunement confus en leur separation, de maniere que auant que l'vn soit du tout passé, l'autre commance a passer : detant qu'ilz prenent l'vn sur l'autre, & ne sont iustemant definis, bornés, ou determinez. Qui est cause qu'ilz font quelquefois leurs effectz coniointz en operation, comme nous l'auons môstré en l'exemple de l'ire & temerité : & neantmoins ilz sont separez, pour mettre en euiden ce la diuersité de leurs actions.

Comme sont indeterminées les diuisiôs des signes.

Pourquoy les effects sont côioints en operation.

Et ces separations estant douze en nombre Mercure les a raportées aux douze parties de ce tabernacle corps humain, qu'il se dict auoir despouillé & mis a part, pour receuoir

Douze signes gouuernent douze parties du corps humain.

la cognoissance de la regeneration. Lequel raport a esté prins des obseruations, qu'ont faict anciennement les Mathematiciens des correspondances, qu'ont les douze signes auec les douze parties du corps humain, communicant en mesme nature auec elles, & les dominât ou tenant en leur subiection, comme ilz sont aussi les regions du monde, asçauoir, le premier, qui est le Belier ou Mouton, chaut, sec, & cholere domine la teste & ses maladies, ensemble France, Angleterre, Germanie, & autres : le Taureau froid, sec, & melancholique gouuerne le col, & chaignon ou nuque, & le gosier, ensemble, Cypre, Parthe, Mede, Perse, & autres: les Iumeaux chaut, humide, & sanguin, gouuernent les espaules, bras, & mains, ensemble l'Ægipte inferieur, Armenye, Hircanye, &c. le Cancre froid, humide, & phlegmatic domine le poulmon, parties pectorales, le foye, les costez, la ratte & les mammelles, ensemble Numidie, Bytinie, Phrigie &c. le Lyon chaud, sec, & colere, gouuerne le cœur, l'estomac, le dos, les costez, poitrine, & la mêbrane, qui diuise dicte Diaphragma, ensemble l'Italie, les Alpes, la Scicille, &c. la Vierge de nature froide, seche, & melancholique domine le ventre, les intestins, & la diuision auec le Lyon, ensemble Babylonne, Assyrie, partie de Grece, &c. la Balance chaude, humide, & sanguine domine les rables, nombril, les reins, les dehors des cuysses, les fesses, la vessie, & parties basses du ventre, ensemble Romanie, Æthiopie, Serique, &c. le Scorpion froid, humide, & phlegmatic domine le sexe, le bout d'embas du boyau, la vessie, ensemble Mauritanie, Betulie, Syrie, &c. l'Archier, ou Sagitaire chaud, sec & colere, domine les cuysses, fesses & dependenses, ensemble la Gaule Celtique & Narbonese, l'Espagne, l'Arabie sertile, &c. le Capricorne froid, sec, & melancolique domine les genoux, ensemble la Sclauonye, l'Inde Macedoine, &c. le Verseur d'eau ou Aquarius chaud, humide, & sanguin gouuerne les iambes, ensemble Sauromatye, Arabie deserte, partie d'Ægipte, &c. les Poissons froid, humide, & phlegmatic gouuernent les pieds, talons, & cheuilles, ensemble les Garamantes, Lydie, Cylicie, &c. de maniere que chasque signe communique ses actions & passions a toutes ses parties soit de l'homme petit monde, ou du grand monde, & ce seulemant en leur partie terrestre, n'ayantz aucune vertu ny puissance sur l'intelligible. Et ces vertus procedantz de ces signes ayantz les actions & operations conioinctes, contraignent souuent a s'y trouuer confusion de qualitez.

A BON DROICT DONC, ET SELON DROICTE RAISON ILS FONT DISCORD, noise, & debat, ou cōfusion, ENTANT QV'ELLES SONT REPOVSSEES DES DIX VERTVS, C'EST A DIRE DV NOMBRE DENAIRE, a cause que leur action & operation (par lesquelles elles subiugoient l'homme) estant abatues, & chassées par les dix vertus & puissances diuines, voire & presence du sainct Esprit mesmes, il est manifeste, que elles estant banies & chassées sont vn desordre, discord, & confusion. Ou bien il est aussi manifeste, qu'estant banies par les dix puissances, elles estant en nombre douze, ces deux nombres de dix & douze ne se peuuent referer l'vn a l'autre sans discord, mesmes en ce que nous auons veu les six premieres vengeances auoir esté repoussées par six vertus contraires, lesquelles ne faisoyent encore discord en nombre. Mais quand les six dernieres ont esté chassées par les quatre noms de Dieu, asçauoir Verité, Bien, Vie, & Lumiere, ce faict n'a esté sans discord de nombres : de tant que quatre ne conuient auec six sans discord & different.

A ceste cause Mercure interpretant la cause de discord dict, que c'est entant qu'elles sont repoussées estant douze par les dix vertus, non seulemant action contre action, mais par nombre contre nombre, c'est a dire par le nombre denaire, lequel conferé au nombre de douze, produict necessairement discord, different ou confusion. Quelqu'vn trouueroit estrange, que Mercure s'amuse icy au discord des nombres, n'aduisant a l'aduenture la grandissime deuotion & veneration qu'auoient les anciens aux nombres, comme de vray la necessité, que tous vsages humains en ont, le manifeste asses, ensemble les propos, qu'il en a cideuant tenu, parlant de l'vnité generant les nombres, ce qu'il continue encore cy apres. C'est donc le nombre denaire, qui s'est trouué victorieux contre le duodenaire, & non seulement le sera il contre celuy la, mais contre tout nombre qu'on luy sçauroit proposer. CAR LE DENAIRE, O MON FILS, EST GENITEVR DE L'AME des nombres, & par le moyen duquel les nombres produisent leurs effects : detant que le denaire

en fin

en fin se trouuera estre l'vnité, non seulement ame des nombres, mais ame de l'vniuers. A cause que ceste vnité ne prend iamais sa perfectiõ que en Dieu, qui est la vraye vnité, de laquelle sont produictz & engendrés tous nombres, & laquelle par consequent produict l'ame, donnant effect, efficace & vertu a tous nombres, quelz qu'ils soient, a cause que toutes multitudes sortét de ceste diuine vnité. Dont Mercure dict ce denaire estre geniteur de l'ame. ET LA VIE ET LVMIERE SONT CONIOINCTS, LA OV LE NOMBRE DE L'VNITE EST NAY DE L'ESPRIT: c'est que venant a l'intelligence de la perfection de ceste diuine vnité, il veut que nous considerons (comme nous venons de dire) que tous nõbres sont yssus de l'operation de ceste diuine vnité sainct Esprit de Dieu, ensemble toutes choses exprimées par nombres.

Vie & lumiere conioinctz par vnité.

Prenant donc l'vnité en sa perfection, faisant naistre ses nombres de l'Esprit de Dieu, il declare que là ou le nombre de ceste vnité s'entend estre nay & produict de l'esprit, qui est ceste mesme vnité, là mesme sont conioinctz la vie Filz eternel de Dieu, & la lumiere Pere tout puissant, desquelz la conionction est l'Esprit de Dieu, par laquelle ilz sont trois en vne essence de diuinité. En ce sainct Esprit donc vnité, qui produict & engendre par son operation, tous nombres & multitudes sont conioinctz le filz auec le pere. C'est autant que la puissance pere, & sapience filz, estre conioinctz par l'amour, charité, ou bonne volonté sainct Esprit de Dieu, par lequel couuert d'vn nombre denaire de ses vertus & puissances vrayes essences diuines, ont esté vaincues les douze vengeances de tenebres, conduisantz l'homme a sa ruyne. Ce denaire donc representant & contenant ceste vnité diuine, de tant qu'il contenoit verité, bonté, vie, & lumiere, & ceste vnité generant tous nombres, & les ayant en soy: L'VNITE DONC PAR RAISON A EN SOY LE DENAIRE, lequel estant produict & engendré d'elle, nous pouuons dire, qu'elle le contenoit. ET pareillement LE DENAIRE, duquel ceste diuine vnité s'est couuerte, contient, & A EN SOY L'VNITE.

Trois cõioints en l'vnité est Dieu.

L'vnité contiens le denaire.

Cest argument a esté speculé d'vne admirable vertu, que a le denaire en l'ordre des nombres, de tant: que a la verité il tient vray lieu de vnité, & l'vnité tient vray lieu du denaire. Et pour le declarer, nous dirons, que de tous nombres nous n'en auons que dix, desquelz les neuf sont diuers, & le dixiesme retourne en l'vnité, par laquelle tout nombre prend son commencement, par nombres differentz, iusques à dix, lequel reprenant le vray estat de l'vnité, refaict le mesme progres, qu'a faict l'vnité par mesmes nombres iusques à cent: lequel derechef reprend l'estat d'vnité, & continue mesme progres iusques à mil, comme nous le voyons par ceste figure, commençant par l'vnité 1, 2, 3, 4, 5, 6, 7, 8, 9. Et derechef prenant les mesmes nombres auec vn o, qui ne signifie que la seconde repetition, en ceste maniere, le denaire tenãt le lieu de l'vnité 10, 20, 30, 40, &c. comme le premier a dict, vn, deux, trois, quatre, &c. le second dict vn dix, deux dix, trois dix, quatre dix, &c. & le tiers de mesmes, vn cent, deux cents, trois cents, quatre cents. Et le quatriesme, vn mil, deux mil, trois mil, quatre mil, &c. recognoissant tousiours le denaire pour vraye vnité, soit 1, ou 10, ou 100, ou bien 1000: lesquelz sont tous marqués par l'vnité, & n'ont autre difference que la repetition, laquelle est marquée, par vn cercle ou zero o: & s'en y met autant auec l'vnité, comme elle a repeté ses assietes, demeurant tousiours elle mesme, seule sans aucun nombre en sa repetition, mais seulement la merque de sa multitude de repetitions, elle demeurant tousiours vnité, sur les huict nombres, qui l'ensuiuent, soit en sa premiere & simple assiete, ou soit en sa repetition, & par ainsi elle demeure tousiours vnité, & neantmoins est pareillememt denaire d'vnitez.

Le denaire retourne estre vnité.

1	10	100	1000
2	20	200	2000
3	30	300	3000
4	40	400	4000
5	50	500	5000
6	60	600	6000
7	70	700	7000
8	80	800	8000
9	90	900	9000

Admirable ordre des nombres.

És nombres le o ne sert que de repetition.

Pourquoy on il y a 0, ne sont tous denaires.

L'on pourroit dire, que les autres sont aussi denaires, asçauoir. 40,70,60, ce qui se trouueroit faux. Car ilz ne sont denaires d'vnitez, de tant que 40 est denaire de 4, qui est nombre, 70 est denaire de 7, & 60 est denaire de 6, qui sont nombres. Ce qui n'aduient au vray denaire exprimé par l'vnité : lequel n'est iamais denaire que d'vne vnité, soit en son premier, second, ou autre ordre, que ce soit. Parquoy nous pourrons seurement dire, que l'vnité par raison aura en soy le denaire, & le denaire a en soy l'vnité, donnant a entendre, que Dieu parfaicte vnité generant tout nombre de ce, qui est, & tout ce, qui est entendu en compliment & perfection, tenant lieu du nombre procedant de ceste vnité, est pareillement Dieu. Nous ferons estat, que ceste vnité est toutes choses, representées par le denaire, qui est tout nombre, & relatiuement toutes choses representants ce denaire, sont derechef ceste premiere vnité. Et ce à cause de ceste grande & secrette vertu, qui se trouue aux nombres, dont la sciéce est passée presque toute en obly, ne nous estāt plus resté, que les petites parties de l'Arithmetique pratiquée, pour subuenir à noz necessitez corporeles : & ne se trouue plus, ou fort peu, qui entendent les secretz des nombres, que ce grand Pythagoras entendoit, & autres, desquelz nous en est demeuré la simple histoire, non la doctrine.

SECTION 13.

O mon pere, ie voy tout, voire & moy mesmes en ma pensée. Celle là est la regeneration, o mon filz, ne penser plus en corps qui aye trois dimensions, à cause de ce propos de regeneration, sur lequel i'ay faict ce commentaire, à celle fin que nous ne soions calomniateurs de l'vniuers enuers le vulgaire, auquel Dieu mesme ne veut ces choses estre publiées.

COMMENTAIRE.

OYant le ieune Tat ces manieres d'applicquer les nombres aux choses diuines, & entendant la perfection, qu'ilz en retirent, il se sentit plus confirmé en la veneration des parties intelligibles tant plus il aloit auant, faisant resolution de s'y employer, & delaisser les empeschementz, que l'intelligence corporele luy auoit donné à la cognoissance de Dieu. Et en ceste deliberation dist, O MON PERE, IE VOY TOVT, cognoissant à la verité, que de ma veuë corporele ie ne puis voir que matiere. Ce n'est donc de celle là, que ie veux dors-en-auant rechercher mon salut, ains c'est par l'intelligence, cognoissance, amour, & foy, & autres operations intelligibles, que i'ay deliberé le poursuiure : car auec celles là, & par celles là, ie voy toutes choses, tant corporeles que intelligibles. Il n'en y a aucune, qui ne soit subiecte à la veuë & perception intellectuele. Voire c'est le seul moyen veritable, ET par lequel ie voy MOY MESMES EN MA PENSEE, c'est ceste seule contemplation & consideration, qui m'en amene la cognoissance, & par laquelle ie me voy, ie m'enquiers, & me considere, tant que à la fin ie me cognois, ou pour le moins, i'en aproche le plus que mes forces le peuuent porter, & ce par le moyen de ma pensée : laquelle me fournist de vertus & puissances, pour en produire l'effect.

Tat se trouue illuminé.

Renaissance est soy reuirer des choses corporeles.

CELLE LA EST LA REGENERATION, O MON FILS, NE PENSER PLVS EN CORPS, QVI AYE TROIS DIMENSIONS : c'est à dire en chose quelconque corporele. Car la diffinition, que les Geometres baillent au corps est ceste cy, ce qui a trois dimensiós, asçauoir longueur, largeur, & hauteur. Ce n'est pas que Mercure se soucie en ce propos des dimensions, mais c'est, qu'il veut bien exprimer toute chose corporele : laquelle ne pouuant estre sans auoir trois dimensions, il reiette toute chose, qui a trois dimensions, ce qu'il appelle corps, de tant que ce sont les corps ou choses corporeles, & leurs dependences, qui empeschent & destourbent en l'homme les cognoissances de Dieu. A cause dequoy la

Esloigner choses corporeles pour le salut.

princi-

principalle voye & plus necessaire a la regeneration. C'est ne s'amuser plus à choses corporelles, subiectes a dimensions ou quantitez. Comme Iesus Christ disoit, que aucun metant la main au labeur & regardant derriere, n'est apte au royaume de Dieu. Il ne se faut donc adresser aux choses corporelles. Il se faut adresser aux subiects intelligibles, deppendants tous d'un & seul. C'est le moyen d'y paruenir par ces vertus & cognoissances intelligibles, dont la premiere est ceste charité, compagne inseparable de vraye foy. Laquelle continuée produict la cognoissance, disposant l'ame à la reception & cause DE CE PROPOS DE REGENERATION, SVR LEQVEL I'AY FAICT CE COMMENTAIRE. C'est que Mercure voyant toutes circonstances soit du temps, disposition des hommes, difficulté du faict, a cause de son excellence & autres, qui l'empeschoient de pouuoir publier ce propos de regeneration, il a faict ce commentaire, succint abregé obscur, & plus difficil qu'il ne l'eust faict, s'il eust esté besoing de le metre en public. Et la cause qu'il en rend a son fils, C'EST A CELLE FIN, QVE NOVS NE SOIONS CALOMNIATEVRS DE L'VNIVERS, ENVERS LE VVLGAIRE : comme l'on dict communement de toute maniere de sectaires, ou semeurs de nouuelle doctrine. Et a la verité ceste doctrine l'estoit pour ce temps la, auquel a peine les hommes auoient eu nouuelles de Dieu, fors ceux d'vne ou deux races, qui paruint de Noé iusques a Abraham : du temps duquel Dieu estoit si bien oblié des siens, qu'il se retira de ses parentz & habitation, qui estoient idolatres, pour luy anoncer la promesse du salut, qui deuoit proceder de sa race. Voire si couuertement, que iusques au temps de Moyse, qui fust apres Mercure, & iusques au temps mesmes de Iesus Christ promis & exhibé, les docteurs encore s'atendoient, que leur salut s'entendoit temporel, & qui deuoit leur estre donné par vn roy, qui les deliureroit de la captiuité corporelle & seruitude des hommes, sans iamais faire mention d'vn salut eternel, donné par vn homme fils de Dieu, & moins de mention, que ce fust par le moyen de regeneratio ou renaissance. Qui sont trois poinctz, desquelz tant s'en faut qu'ilz fussent metionnes en l'Ægypte & autres lieux, esquelz Dieu ne s'estoit publié, qu'l'escripture mesme ne s'y trouue a peine passage qui en aproche qu'vn qui est escrit par Esdras parlant de la reuelation & mort de Iesus Christ filz de Dieu, & bien obscuremēt du salut, lequel auec ce n'anonce estre faict par moyen de regeneratio.

Pésons donc, si Mercure estant deuant toute la saincte Escripture, viuant parmy les Idolatres, pleins de tous argumentz materielz, eust commancé a publier vn homme filz de Dieu aucteur du salut eternel, par le moyen d'vne nouuelle naissance ou regeneration intelligible, destruisant, mesprisant, & abolissant toutes autres religions, & moyens corporelz, eust bien facilement esté prins pour seducteur, comme fust Iesus Christ, & pour semeur de nouuelles paroles, comme fust sainct Pol en Athenes, & par consequent calomniateur attaint & conuaincu de crime, ayant contre luy toutes escoles, doctrines, & Magistratz, lesquelz bien aisément & a peu de poursuite, l'eussent declaré criminieux & calomniateur de l'vniuers par deuant le peuple, & public du commun vulgaire. Parquoy Mercure considerant les choses estre si mal disposées enuers les hommes, que quant bien pour anoncer & mettre dans le cœur du peuple le salut, il y eut exposé sa personne & vie corporele comme il eust desiré, toutes fois l'abus des autres doctrines fausses, les ayant desia tant possedez & resoluz, il voioit manifestement, qu'a la verité il fust mort seul, mais c'estoit sans aucun fruict ou vtilité au seruice de Dieu. De tant que toutes choses estoient encores pour ce temps la, fort reculées du temps de la manifestation, qui en fust faicte plus de deux mil ans apres par Iesus Christ, auquel mesme tēps nous auons veu, quelle difficulté il y eut de faire receuoir ceste nouuelle, non seulement aux estranges natiōs, mais au peuple mesme de Dieu. Qui estant nourry depuis Abrahā aux promesses d'vn Sauueur pres de trois mil ans, encore ne le vouloient ilz recognoistre ou la plus part d'eux, desquelz en reste encore ce iourd'huy en certaines captiuitez, viuants en ceste opinion & pertinace, qu'on nomme Iuifs, dispersez en diuers lieux, comme il leur auoit esté predict par leurs Prophetes. A ceste cause nous dirons que nonobstant l'integrité de Mercure, & qu'il n'eust craint d'exposer sa personne pour faire le seruice de son Dieu, si est ce que voyant, que sa mort n'y faisoit aucun auancement, il fist plus sagement de ne publier ou anoncer ceste regeneration, chose si nouuelle, & pour ce temps esloignée de sa manifestation, qui fust faicte au vulgaire AVQVEL DIEV MESME NE VEVT CES CHOSES ESTRE PVBLIEES. C'est comme nous l'auons dict quelques fois cy deuant, que Dieu reuelant ses volontez a ses sainctz seruiteurs, leur declare quelquefois

Luc. 9. g

Mercure a faict obscurs ses propos.

Le salut fut anōcé obscurement.

Le salut rarement descouuert en l'escripture.

4. Esdr. 7. b

Mercure ne vouloit estre reputé calomniateur.

Math. 27. g Act. 17. d

Bonne doctrine n'est receuë que des disposez.

Dureté de l'hōme a cognoistre Dieu.

Esaye 24. a Ierem. 9. e

Dieu ne veut publier le salus qu'en son temps.

ce qu'il veut estre manifesté & publié, & ce qu'il ne veut, qui le soit pareillement, comme il le dict a Moïse au mont de Syna, & pareillement a Esdras en ses reuelations, auquelz il commande publier certaines choses, & celer les autres, selon qu'il voit les gentz, & temps disposez a la reception de sa doctrine. De mesme maniere Dieu ne vouloit ceste doctrine de renaissance estre annoncée au peuple vulgaire, pour n'estre couertie en mespris & risée, comme en ce temps la elle l'eust veritablement esté, & parmy personnes tant resolus en leur idolatrie qu'ilz estoient pour lors: mais a voulu telz secretz & si excellentz estre reseruez iusques au temps de leur manifestation, & reuelation.

4. Esdr. 14 a
4. Esdr. 14. d

SECTION 14.

DY moy, o mon Pere, ce corps, qui est composé de puissances, sera il iamais desparty? Espere mieux, & ne denonce chose impossible: car tu pecherois, & l'œil de ta pensée, se feroit mauuais. Le corps sensible de nature est bien esloigné de la generation essentiale. Car l'vn est dissoluble, & l'autre est indissoluble: & l'vn est mortel, & l'autre est immortel. Ignores tu que tu ez de nature Dieu, & filz de celuy qui est vn? ce que ie suis pareillement.

COMMENTAIRE.

PVis donc, o mon pere, que tu m'as faict entendre, qu'estât regeneré en corps intelligible par vertu de ceste renaissance, qui nous est donnée, par le filz de Dieu sa sapience eternelle, & que ceste renaissance me rend immortel en la partie renée, laquelle côprend vn corps ou assemblée de parties intelligibles puissâces diuines, côme le corps materiel côprend vne assemblée de mébres, qui sont parties corporeles, i'ay bien entendu qu'il n'est materiel, ny par consequent subiect a dimentions. Toutes fois ayant entendu que le corps materiel souffre solution & despartemant, DY MOY, O MON PERE, CE CORPS QVI EST COMPOSE DES PVISSANCES & vertus ou essences diuines, SERA IL IAMAIS DESPARTY, ou s'il souffrira solution & diuision en sa fin, côme les corps materielz? Ie ne le nomme corps pour son propre nom, ains seulemāt pour l'assemblée de ses parties a la semblance des corps materielz, sçachant bien qu'il n'est corps, mais il est permis de parler par similitudes. ESPERE MIEVX, ET NE DENONCE CHOSE IMPOSSIBLE, & qui est côtre l'institution & fondemét de sa nature. Car nô seulemant tu te declarerois ignorāt, & sans aucune souue nāce des choses tant de fois dictes, mais aussi TV PECHEROIS & offencerois ton Dieu l'estimant estre dissoluble & subiect a despartemét en plusieurs, ce qui ne peut: car il n'est qu'vn. Ne sçais tu pas, que tes parties ou puissances intelligibles, qui côposant en toy ce corps spirituel, sont les puissances diuines procedātz du S. Esprit, que tu as en toy? lequel estât Dieu, ne peut souffrir diuision, solution, ny alteratiô quelconque en son subiect, côbien qu'il en souffre prou au regard du tien, & a cause de ton corps. Parquoy sçachant qu'il est Dieu, tu pecherois de le penser dissoluble: ET L'OEIL DE TA PENSEE SE FAIROIT MAVVAIS, & par consequent incapable de plus apercevoir les choses diuines & excellétes. Ne consideres tu pas, que LE CORPS SENSIBLE DE NATVRE subiect a toutes miseres & corruptions, subiect aussi a tant de passions & mutations, EST BIEN ESLOIGNE de la condition & dignité DE LA GENERATION ESSENTIALE, immuable, incorruptible, & incorporelle. CAL L'VN qui est ce corps materiel, EST DISSOLVBLE, & subiect a toutes imperfectiôs, qui le menét a la fin en dissolutiô, & separatiô de ses parties. ET L'AVTRE EST INDISSOLVBLE, ioint & vny tellement en soy mesmes, qu'il ne peut souffrir diuision ou separation, ny changemant ou alteration quelconque: de maniere, que L'VN EST MORTEL, subiect a la dissolution, qui est sa mort: ET L'AVTRE a cause, qu'il est indissoluble, EST IMMORTEL, incorruptible, & immuable. Il semble qu'il ne te souuienne plus de ce que ie t'ay si frequentement insinué, & tousiours aprins, de te considerer & cognoistre mesmes, & contempler ta principale partie interieure, de laquelle tu reçois non seulement vie & mouuement pour toutes tes actions, mais par dessus toute creature tu en as receu la ratiocination & ame raisonnable.

Question de T as non encore conuerty.

La partie intelligible est indissoluble.

Le corps materiel est esloigné de l'intelligible.

Cognoissance de soy fort necessaire.

N'as

N'as tu pas souuenance, que c'est homme interieur, qui a esté mis en toy, est l'Esprit de Dieu, qui t'a esté donné de ta naissance? IGNORES TV, QVE par consequent en ceste partie interieure, TV ES DE NATVRE DIEV sainct Esprit, tiers en l'ordre de la Trinité: & qu'il ne tient, qu'à ce corps, que le sainct Esprit, que nous auons, ne manifeste ses excellēces, comme il sera, quand nous aurons receu le fruict de la regeneration? Ne sçais tu pas, que en double lieu tu as esté par ceste diuine regeneration conioint, & faict vne mesme chose auec le Filz de Dieu aucteur de ceste renaissance? ET par ce moyen FILS DE CELVY, QVI EST VN, & seul Dieu pere tout puissant, de tant que tu ne peux estre vny, & ioinct en vne mesme chose auec le filz de Dieu, sans estre filz de Dieu, comme Iesus Christ l'a imperré du pere. Or c'est paruenant à ceste regeneration, que tu y as esté ioinct. CE QVE IE SVIS PAREILLEMENT, par le bien faict & misericorde de celuy, qui m'a regeneré cōme toy. cognois bien ceste grace, & confesse la misericorde, qui nous est faicte, ayant consideré de quelle ruine & misere nous sommes retirez, par le bien faict de ceste diuine amour & misericorde, & quel bien nous a esté acquis. Pensons y, & reiettons tous ces troubles materielz, desquelz nous ne receuons qu'empeschements, & destourbiers infinitz: & rēgeons nous à la contemplation & veneration des choses diuines, qui conserueront en nous ce don de conionction & vraye filiation de Dieu, par laquelle nous receuons la regeneration, que nous auons dict, voire en corps, telle que sainct Pol la nou sa descripte pour le corps regeneré, lequel se leuera glorieux, vertueux, spirituel, & deliuré de toute imperfection & macule. Loüe seulement & mercie ce bon Dieu, qui nous a faict tant de misericordes: & renonce de toute ta volonté à toutes choses, qui t'esloignent de sa contemplation & cognoissance. Et retiens que tu es de nature prouueu en ta composition de ce sainct Esprit Dieu eternel: & par consequent de nature diuine: & si es fils de Dieu, par l'vnion du Filz de Dieu regenerateur à toy regeneré, esperant receuoir la gloire de ces heurs, & felicités, lors que par l'effect de la regeneration tu seras glorifié, la proprieté de ce bien t'estant ce pendant acquise, si tu la veux conseruer.

Ioan. 17. d
1. Ioan. 3. a
L'homme de nature Dieu & Filz de Dieu.

Comment l'hōme est Dieu nay & Filz de Dieu.
1. Cor. 15. f

2. Petr. 1. a

SECTION 15.

IE desirerois, ô mon pere, ouyr par chant la priere des puissances que tu disois en l'octonaire, quand ie fus nay. O mon filz, tout ainsi que Pimandre a predict par l'octonaire, tu fais belle diligence de dissoudre ton tabernacle, estant purgé. Pimandre pensée de celuy, qui est a part soy, ne m'a plus enseigné que les choses, qui sont escriptes, sçachant que de moy mesmes ie pourray entendre, & ouyr toutes choses que ie voudray, & les voir toutes, & m'a permis celuy là faire les belles choses. Parquoy en toutes choses les puissances, qui sont en moy, chantent.

COMMENTAIRE.

IL ne reste plus à Tat ayant receu la doctrine que luy a donné son pere, pour le conduire au fruict de regeneration, que d'entendre la maniere de prier, à cause qu'il sentoit à la verité auoir esloigné ses pēsées & volontés des choses du monde. Ce qu'il n'auoit faict du commencement qu'il cuidoit estre prest, lors qu'il declara auoir alienéce qu'il auoit en soy de volonté de la tromperie du monde, entant que Philosophe, ne voulant offencer, tromper, ny porter aucun tort à son prochain, s'amusant neantmois à rechercher le souuerain bien parmy les choses corporeles, desquelles seules la cognoissance leur estoit ouuerte. Et c'estoit cest amusemēt qui les a si long temps detenuz, & priuez de la cognoissance de Dieu, lequel doit estre cogneu par choses intelligibles, comme luy, & non par corporeles, qui luy sont du tout contraires. Parquoy toute personne, qui s'y amusera, tombera en la sentence de Iesus

La verité Ethnique ne mene le salut.

SVR LE PIMANDRE DE

Christ, qui declare, Qu'aucun entreprenāt l'œuure de la charue, & regardant derriere soy, au lieu de regarder deuant soy, est indigne de l'œuure. Par ainsi qui entreprend l'œuure de son salut, doit bien se donner garde de s'amuser en ses besongnes corporeles, & non seulement de porter iniure a son prochain, mais encores de s'amuser aux actions indifferentes, & lesquelles de soy ne sont mauuaises : car c'est amusemēt fait perdre ce royaume de Dieu, pendant qu'ō le doit rechercher, & le tēps le permet : car si le tēps de ceste vie n'y est employé, il n'en reste plus d'autre a rechercher le salut. Cecy donc presupposé, nous dirōs que ceste fois le ieune Tat estoit mieux disposé, ayant plus quitté des choses corporeles pour paruenir au bien de renaissance, qu'il n'auoit faict a la premiere, cuidāt estre prest pour auoir acquis la vie morale du Philosophe, sans aucune foy, ny cognoissance de verité. En c'est estat il se retira à son pere, luy demādant la maniere de prier par ces propos. IE DESIREROIS, O MON PE-RE, OVIR PAR CHANT LA PRIERE DES PVISSANCES, QVE TV DISOIS EN L'OCTONAIRE, que tu chantois comme i'ay entendu, QVAND IE FVS NAY, ensemble la maniere de prier, loüer, mercier, exalter, & chanter ce bon Dieu, que tu obseruois par cest octonaire. Entendons que les anciens ont trouué, que Dieu receuoit volontairement leurs prieres presentées par chant, comme nous voyons qu'il estoit encore despuis obserué par le Psalmiste Dauid, & autres prophetes, ayantz vsé de cantiques, lesquelz cantiques estoient obseruez diuersemēt, soit par nombres, mesures, rimes, ou autres decores d'escriptures : entre lesquelz Mercure vsoit en c'est endroit de son hymne, ou oraison, ou chant de nōbre octonaire : que les François nomment par huictains. Et de ceste maniere a vsé Dauid au plus excellent chant, ou priere qu'il aye faict, qui est le 118. Pseaulme, lequel il a basty d'autāt d'huictains, qu'il y a de lettres en l'alphabet de sa langue, donnāt a chasque lettre vn huictain, d'ont ce Pseaume est dict l'octonaire : de mesme maniere Mercure long temps auparauant auoit vsé de ceste mode de prier, & chanter deuant Dieu, ce qu'il luy auoit aprins, par ceste maniere d'octonaire, ou huictains, lequel est a penser que Mercure auoit chāté apres la naissance de son filz, pour en rendre graces à Dieu, & l'en loüer, & glorifier. Et son filz desireux de l'entendre, le prie de luy faire ouïr c'est hymne, oraison, & chant octonaire. O MON FILS, TOVT AINSI QVE PIMANDRE A PREDICT PAR L'OCTONAIRE, lors qu'il m'a enseigné a le prier, & le loüer par toutes ces actiōs incorporeles, & intelligibles, laissant a part tous abus des sens corporelz. TV FAIS BELLE DILIGENCE & procede d'vne tres-belle maniere, & modestie, DE DISSOVDRE peu a peu TON TABERNACLE, corps materiel, couuerture de ton hōme interieur, & de l'esloigner des miserables vengences, qui l'auoient occupé cy deuant, ESTANT PVRGE maintenant d'icelles, & les ayant chassées de toy par les puissances, & misericordes de ce bon Dieu, auquel i'en rends les graces, honneur, & gloire.

PIMANDRE PENSEE DE CELVY, QVI EST A PAR SOY. Car celuy que nous auōs du cōmencemēt declaré estre tel, ascauoir estre pēsée, ou S. Esprit de ce souuerain biē, Dieu tout puissant, source de toutes essences, & n'en receuant aucune d'ailleurs, ains les cōmunicquant toutes en quel lieu qu'elles se trouuent. A cause de quoy nous le disons estre de par soy mesme, & ne tenir rien d'autruy, estant & cōmandant, ou disposant sur toutes choses. Ce souuerain Pimandre donc, qui est de par soy, m'a aprins toutes ces doctrines, ET NE M'A PLVS ENSEIGNE QVE LES CHOSES QVI SONT ESCRIPTES. Ce n'est pas en ce seul traicté : car ce seroit bien peu de chose, eu esgard a ce qu'il se trouue dict de luy & ses escriptz, par vn trop merueilleux nombre de volumes, qu'il a laissé, combien qu'il s'en trouue bien peu, & par ces reuelations, Dieu, son sainct Pimādre, bouche de speculation secrete, comme cy deuant nous l'auons interpreté, l'a instruict de telle doctrine, & luy a donné vne si riche methode, qui luy pouuoit donner aide, & secours a proceder plus auant, comme il dict, SÇACHANT QVE DE MOY MESME IE POVRRAY ENTENDRE, ET OVIR TOVTES CHOSES, QVE IE VOVDRAY, tant il m'a donné pleine intelligence des principes, ET LES VOIR TOVTES, en mon intelligence & pensée, comme S. Pol a declaré, Qu'il peut toutes choses en celuy, qui le fortifie, c'est le saint Esprit, cognu par ses mesmes vertus mises en l'homme. Et dauantage M'A PERMIS CELVY-LA FAIRE LES BELLES CHO-SES voire si belles, & excellentes, qu'il n'a esté dōné a seruiteur de ce tres-grand, & souuerain Dieu, que a nostre seul Mercure, d'auoir annoncé de si long temps, & si clairement le moyen du salut de l'homme perdu, & ruyné, deuoir aduenir par vn Filz de Dieu, nommé le

sainct

Luc. 9. g.

Perte de sept ruyne insensiblement le salut.

Volontairement Dieu requiert chant

L'octonaire de Mercure.

Mercure loue la preperatiō de son Filz.

Dieu nommé essence de par soy.

Ce que Dieu a enseigné à Mercure.

L'homme instruict de Dieu peut beaucoup.

sainct verbe, qui seroit homme corporel : & dauātage lequel vseroit en la collatiõ de ce salut, d'vne renaissance, ou regeneration, de laquelle ce Fils de Dieu homme est aucteur, outre
la declaration de la diuine Trinité, & procedence du S. Esprit, du pere, & verbe son Fils, annonce le Babtesme, la resurrection vniuerselle, toute priere deuoir estre presentée à Dieu par
le verbe son Filz, & tant d'autres.

Belles choses permises à Mercure.

Il n'y a celuy qui soit en doubte, si l'anoncement de telz secretz, & production d'effectz,
doiuent estre estimez choses belles, cõme de vray elles le sont, entant qu'elles consistent en
l'apparance qu'elles manifestent de ceste bonté, & misericorde indicible, comme cy deuant
nous auons declaré, beauté consister en l'apparance de bonté, laquelle estant incorporele,
& inuisible, ne peut estre manifestée que par la beauté, qui tient lieu de ces effectz, manifestans ses excellences. Parqvoy en tovtes choses, les pvissances, qvi
sont en moy, chantent les graces, loüanges, bontés, & misericordes de celuy, duquel ie reçoy tant de biens, & auquel ie me recognois tant obligé, que i'ay resolu de continuer ma vie en toutes actions intelligibles, & de contemplation, & par lesquelles ie puisse
acquerir vraye cognoissance de celuy, qui ne peut estre cogneu que de soy mesmes.

Bōté de Dieu manifestée par beauté.

Vertus diui- nes chantans en l'homme.

SECTION 16.

IE desire, ô mon pere, ouyr, & veux entendre ces choses. Repose toy, ô mon filz, &
escoute maintenant l'harmonieuse loüange, l'hymne de la regeneration, lequel ie n'ay
voulu publier ainsi temerairement, fors à toy à la fin de tout : dont s'ensuit, que cecy
ne s'enseigne pas, mais est tenu secret en silence. En ceste maniere donc, ô mon filz,
estant en lieu descouuert, regardant au Midy, enuiron la cheute du Soleil couchant
adore : & semblablement à l'heure du Soleil leuant vers l'Orient. Repose donc, ô
mon filz.

COMMENTAIRE.

IE DESIRE, O MON PERE, OVYR ce tres-deuot chant & priere, que i'attends de toy,
à ce Dieu si bien faisant à ses creatures : et vevx entendre ces choses, lesquelles
tu m'as dict pouuoir aprendre de toy mesmes en si grand nombre. Repose toy, o mon
fils, & fais cesser toutes tes actions, & operations corporeles, renferme tes sens, & les asso-
piz cõme il est requis à tout hõme soy preparer pour entendre aux choses diuines : et escovte maintenant l'harmonievse lovange, que ie veux presenter à Dieu, en
recognoissance de ses bien-faictz, & grandeurs, l'hymne de la regeneration, par
lequel i'employe ses vertus qu'il a mis en moy, à luy rendre graces, loüanges, & benedictiõ.
Ce n'est pas que cest hymne soit composé sur le terme de regeneration : car à peine en dict
il vn seul mot, mais il l'appelle de regeneration, à cause que luy estant renay, ou regeneré de
vieil homme corporel, ou venerāt les choses corporeles par la subiectiõ du premier peché,
en hõme incorporel, que nous disons spirituel, venerant & recognoissant Dieu en esprit, &
verité : cõme Iesus Christ l'a declaré. Et ne le recherchant plus entre les choses corporeles,
voire ny es vertus morales, destituées de cognoissance de Dieu, qui est vie eternele : ains le
recherchant par le moyen des vertus de ce S. Esprit donné à l'homme en sa cõposition, par
lesquelles il recognoist Dieu son Sauueur, par le moyen du sainct verbe. Et luy presente la
memoire, & recognoissance des vertus, que l'Esprit de Dieu a mis en l'hõme, pour estre recogneu, & loüé, presentant sa priere par le verbe. Et par ainsi ce chant priera par les vertus de
l'Esprit de Dieu donné à l'hõme : & en ce sainct verbe, qui est verité, demandant en esprit &
verité le salut, par lequel l'homme est regeneré : & c'est l'hymne de renaissance, leqvel ie
n'ay vovlv pvblier ainsi temerairement, & sans considerer les inconueniants, qui en pourroient sourdre, s'il estoit annoncé au vulgaire, à cause des mocqueries, derisions, & blasphemes, qu'ilz font de ce, qu'ilz n'entendent & ignorent, comme il est escript. Par ainsi ie l'ay tenu secret, fors a toy a la fin dv
tovt, comme tu l'as apperceu, quand du commancement te voyant si abusé, &
endormy aux effectz materielz, ie tenois les responses que ie faisois à tes interrogatoires

Que c'est à l'hymne de re generation.

Renaistre est cognoistre Dieu en Es- prit & verité. Ioan.4.c 1.Cor.1.c

Secrets diuins ne sont a pu- blir.

Iud.6.&.2 Petr.2.b

vn peu obscures, pour t'amener peu a peu a l'inquisition des choses diuines, & te retirer de la veneration de tant de matiere, qui auoit occupé ta veuë corporele, par laquelle seule tu prononçois tes iugements, sans y employer la diuine cognoissance, & intelligence, qui t'a-uoit esté donnée. Dont te desirant retirer ie tenois mes propos, que ie t'adressois, aucunemét obscurs, pour faire employer tes intelligences, & te faire reietter tes sens, comme par la gra-ce de Dieu il est aduenu a la fin de toute nostre dispute. Et lors te voyant disposé, ie t'ay vou-leu communicquer ce tres-admirable secret, & effect de la bonté, & misericorde diuine, le-quel par vn amour si incroyable, il a employé au secours, & vrgente necessité de tout le gen-re humain. DONC S'ENSVIT QVE CECY NE S'ENSEIGNE PAS comme les disci-plines, & sciences, ou autres professions, qui sont introduictes pour l'vsage necessaire du peuple: & lesquelles se reçoiuent auec trauail & estude corporel, & par argument des cho-ses visibles, & sensibles: desquelles les plus basses, & concernantes les faictz materielz, & leurs abus, ou concupiscences, sont mieux venues, & venerez du peuple, que celles qui e-stant plus nobles sont plus diuines, & retireez des choses sensibles. Et celles la sont les plus mesprisées, & rendues en toute nonchalance, & par plus fort argument la science de co-gnoissance de Dieu, plus retirée des choses sensibles, que discipline quelconque, se trouue plus constituée en derision, scandale, & mespris, que toutes autres, qui n'aprochants tant de Dieu, s'aprochent plus de la matiere, & ses imperfections. Mesmes si du cõmancement elle estoit publiée, & declarée telle qu'elle est, elle ne faudroit iamais a produire scãdales, & cõtre ditions: cõme Iesus Christ l'a voulu esprouuer, & y fortifier le dire de Mercure par les propos qu'il teint le soir à Nycondeme: lequel cõbien qu'il desirast la cognoissance de Dieu, si est ce que Iesus Christ voulust monstrer, que luy declarant icelle d'entrée, telle qu'elle est, il la trouueroit si estrange, qu'il s'en scandaliseroit, cuydant qu'il fust besoin à l'homme de renai-stre corporelement, pour son salut. Ce qui n'aduient, quand la doctrine est donnée succe-siuement auec le temps, attandant la disposition, & preparation de la personne, lors elle ne produict scãdale, ny mespris. Ceste science ou doctrine donc ne s'apprent, ny est publiée: MAIS EST TENVE EN SECRET ET SILENCE, iusques au temps, qui est destiné a sa reuelation. D'autant que tous hauts secretz ont temps propre a estre celés, & a estre reuelés, comme Iesus Christ en fist vn exemple en sa trans-figuration, en laquelle les trois Apostres virent vne partie de sa gloire, & Moise & Helie parlant à luy: toutes-fois apres ce faict il de-fendit aux Apostres, ne reueler ceste vision, qu'il ne fust resuscité des morts, qui estoit le tẽps qu'il leur ordonnoit pour reueler ce miracle, combien qu'il n'entendissent quand ce deuoit estre: toutes-fois ilz l'entendirent aduenir.

EN CESTE MANIERE DONC, O MON FILS ESTANT EN LIEV DESCOV-VERT, & soubz le seul ciel, REGARDANT AV MIDY, ENVIRON le temps DE LA CHEVTE DV SOLEIL COVCHANT ADORE, & fais ta premiere priere à ce bon Dieu, laquelle se trouue a l'heure que nous appellons communement Vespres, bien peu auant le couchant du Soleil. ET SEMBLABLEMENT le matin ensuiuant A L'HEVRE, & temps DV SOLEIL LEVANT, laquelle les anciens appelloient heure de prime, adore ton Dieu, & luy presente ton oraison, & priere, tourne ta face DEVERS L'ORIANT, ou le leuant du Soleil. C'est la maniere, que les anciens ayantz cognoissance de Dieu nous ont laissé, de presenter à Dieu nos prieres sur la premiere, & derniere heure du iour: vray est qu'ilz fai-soient deux manieres de despartir le iour, a sçauoir quelque fois le commençoient au Soleil leuant, sur lequel point commençoit vne heure de douze qu'il en y auoit, iusques au cou-chant du Soleil, & ceste mesure apartenoit au iour artificiel, lequel propremẽt est le chemin que faict le Soleil, depuis l'orient par le midy iusques au couchãt. Et cestuy-cy party en dou-ze parties esgales, faict les douze heures, que l'on nommoit au temps de Iesus Christ, & au-parauant, heure de prime, tierce, sexte, none, vespres, &c. Ces heures croissent ou appe-tissent auec les croissances, ou diminutiõs des iours, & aussi des nuictz: & ces iours se nommẽt artificielz, & leurs heures inegales. Il y a vne autre maniere de despartament. qui comman-ce à midy, & dure iusques à l'autre midy: ce temps estant esgalement party en vingt quatre heures, faict ce iour entier, lequel nous nommons iour naturel, & ses heures esgales com-prenant nuict, & iour: & ces heures ne croissent, ny diminuent sensiblement, comme celles des iours artificielz, & commencent a compter partant du midy vne eure, iusques a vingt quatre

quatre, finies a l'autre midy: Et fur ceste maniere de nombrer les iours, & heures, ont besoigné les astronomes pour leurs Ephemerides, & autres tables: & de ces deux manieres de iours, Mercure prend l'artificiel, pour donner l'heure de la priere, a sçauoir la premiere heure du iour, qu'il prend au matin, qui est heure de prime, presentant a Dieu sa priere pour tout ce iour: & la derniere, qui est la douziesme heure de vespres, par laquelle il luy presente sa priere pour la nuict. Mais il n'obserue toutesfois l'ordre, q̃ sa premiere priere soit le matin, & la seconde le soir, car c'est au contraire, qu'il cõmãde la premiere priere estre faicte a l'heure du Soleil couchant, qui sont les douze heures: & la seconde le lendemain matin au Soleil leuant, qui sera la premiere heure, comme nous l'auons au texte. Et c'est ordre ensuit l'ordre du iour naturel, lequel commançant a midy, rencontre plustost la derniere heure du iour artificiel, qui est l'heure de vespres, & rencontre apres la premiere du matin, qui est prime. Et par ainsi Mercure prend son ordre de prier, des deux manieres de iours, a sçauoir des artificielz l'heure, & des naturelz la suite de sa priere. Et si lon demandoit, pourquoy ces Mathematiciens ont desparty le iour par le Midy, plustost que par l'Oriant, Occidant, ou autre point, nous dirõs que chasque region n'a aucun point qui ne varie fors celuy du midy. Car l'Oriant & l'Occidant varient tous les iours, & feroient les iours plus longs, ou plus courts: ce que le Midy ne faict, a cause qu'il est constant pour sa region. Ceste maniere de prier nous est demeurée en l'Eglise vniuerselle de Iesus Christ, en laquelle toutes festes & iours qu'elle veut solemniser par prieres, elle commance les premieres a l'heure de vespre, & continue le matin ensuyuant: ensemble elle obserue de tourner sa face deuers l'Oriant, faisant sa priere du matin mesmemant. Ceste obseruation a esté gardée par Moyse, en l'assiette de son tabernacle, lequel estoit en la partie Orientale du camp, & vers laquelle le peuple priant se tournoit, Salomon pareillement l'obserua en l'assiette de son temple. Ce n'est pas qu'il faille penser recercher Dieu en celle part du ciel seulemãt, mais c'est celle, par laquelle il nous amene plus de ses biens, faueurs, secours, & lumiere. Car selon le changemant des regions, ou horisons habitables, l'Oriant & Midy se trouuent par tout: d'autant que iamais deux horisons n'ont mesmes pointz d'Oriant & Midy. Tu feras donc ton oraison, & priere du soir vers le Midy, & celle du matin vers l'Oriant. REPOSE TOY DONC O MON FILS, & reiecte tous mouuementz, lesquelz estans corporelz, ne te produisent qu'empeschement & nuisance aux actions intelligibles, & choses diuines. Prendz donc repos, & sois attentif a escouter la priere, chant, & loüange, que ie vois presenter a nostre bon Dieu.

Ordre des heures de Mercure a prier.

Pourquoy le iour cõmance a midy.

L'Eglise obserue celle heure, que Mercure.

Leuit. 1. c. d Exod. 16. g

3. Reg. 7. f

Pourquoy la priere se faict a l'Oriant.

CHANT SECRET,

SECTION. 17.

TOute nature du monde reçoiue l'ouïe de ce chant: soiez ouuerte, ò terre: soyez relachées toutes puissances de pluye: arbres, ne trëbles plus: ie delibere chanter le Seigneur du bastiment, qui est tout, & qui est vn. Soyez ouuerts, ò cieux: ò ventz, reposez, le cercle immortel de Dieu reçoiue ma priere. Car ie propose de celebrer celuy, qui a basti toutes choses: celuy, qui a congelé la terre, qui a souspendu le ciel, qui a commandé l'eau douce estre de l'Ocean, en la terre habitée, & non habitée, en possession, & nourriture de tous les hommes: qui a commandé le feu reluire pour toute action, tãt aux dieux, que aux hommes. Donnons luy tous ensemble benediction a celuy qui est esleué sur les cieux, qui est cõstructeur de toute nature. Cestuicy est l'œil de la pensée, lequel reçoiue les bonnes prieres de mes puissances.

Chant de Mercure.

COMMENTAIRE.

TOVTE maniere de NATVRE soit en sa partie haute, ou en la basse, gouuernant & cõduisant par les loix, & statutz diuins toutes creatures, & compositiõs DV MONDE tant

ercure impose silece aux matieres.

tant intelligible suppeditant les formes, vertus, & puissances de Dieu, que sensible, & corporel, fournissant de toutes matieres, REÇOIVE L'OYE DE CE CHANT, par lequel ie desire loüer Dieu en toutes ses actions, & bien faictz. SOYES OVVERTE, O TERRE, pour receuoir la benediction de ce bon Dieu: SOYES RELACHEES, & affoiblies TOVTES PVISSANCES DE PLVYE, pour n'empescher par vostre mouuemēt, mutation, ou changement de matiere, l'offre de ma priere. ARBRES NE TREMBLES plus au bruict du vent, & ne me faictes aucun destourbier, car IE VEVX CHANTER, loüer, & celebrer LE SEIGNEVR DV BASTIMENT, & vniuerselle composition de toutes choses, QVI EST TOVT, estant toutes choses formées de ses essences, ET QVI EST VN, & seul n'ayant superieur, ny compagnon en ses puissances, & operations. SOYEZ OVVERTS, O CIEVX, laissants passer mon chant vers le souuerain bien: O VENTS REPOSEZ, ne troublant aucun sens, ou matiere, qui nuise à l'oblation de mon offrande: LE CERCLE IMMORTEL DE DIEV, que cy deuant nous auons nommé enuironnement de toutes choses, REÇOIVE MA PRIERE, & la veuille trouuer agreable.

Deut. 32. a

Moïse commence son cantique par semblable preparation, d'imposer silence pour n'empescher la priere faicte à Dieu. CAR IE PROPOSE DE CELEBRER, honorer, & loüer CELVY, QVI A BASTY TOVTES CHOSES, sans ayde, secours, ou faueur, & de ses propres essences: CELVY QVI A CONGELE, & endurcy LA TERRE, pour seruir a porter toutes creatures, & operatiōs corporeles, & de toutes pesanteurs: celuy QVI A SOVSPENDV LE CIEL, au dessoubz, & dedās de luy, par son sainct verbe, & volōté: celuy, QVI A COMMANDE L'EAV DOVCE ESTRE, & proceder DE L'OCEAN, par certains conduictz, destilations, & autres euaporations, EN LA TERRE HABITEE, soit d'hommes, ou animaux brutz. ET en celle qui est NON HABITEE, toutesfois qui est disposée à le pouuoir estre, pour l'vsage, POSSESSION, ET NOVRRITVRE DE TOVS LES HOMMES. De tant que du commancement l'eau douce fut donnée à l'homme pour son breuuage du premier aage, qu'ilz viuoient peu pres de mil ans, de laquelle l'vsage, & possession luy fut donnée, ensemble à toute maniere de bestes, & autres creatures terrestres, ayans pareillement besoin de ceste eau douce. CELVY QVI A COMMANDE LE FEV RELVIRE A TOVTE ACTION, soit par sa lumiere, ou bien par la vertu de sa chaleur, TANT AVX DIEVX, qui sont creatures ayants le maniement des puissances de Dieu, pour les dispenser aux autres, QVE AVX HOMMES, operants par leur arbitre, & puissances reçeuës de Dieu. DONNONS LVY TOVS ENSEMBLE tant dieux que hommes, BENEDICTION, nous recognoissants ses creatures, receuants continuelement bien-faictz de luy, A CELVY, QVI EST ESLEVE SVR LES CIEVX, comme les contenant tous en luy par son infinité de grandeur: celuy QVI EST CONSTRVCTEVR DE TOVTE NATVRE, & qui l'a instituée pour l'administration, & conduicte de toutes ses creatures, ou matieres formées de ses essences, & vertus, CELVY QVI EST L'OEIL DE LA PENSEE, & par le moyen duquel elle cognoist, & considere toutes choses, prenant de luy toutes ses efficaces, & vertus, LEQVEL REÇOIVE par sa misericorde LES BONNES PRIERES DE MES PVISSANCES, d'autant qu'il me les a distribuées pour cest effect, de le prier, loüer, exalter, mercier, & recognoistre en toutes autres manieres de contemplation. Ie le prie donc vouloir receuoir l'offrande que ie luy fais, de ses biens propres, qu'il m'a distribué.

SECTION 18.

O Puissances, qui estes en moy, chantés celuy qui est vn, & qui est tout: accordés vous auec ma volonté, toutes puissances, qui estes en moy. O saincte cognoissance, estant illuminée de toy, chantant par toy lumiere intelligible, ie suis resiouy de ioye de pensée: toutes mes facultés chantés auec moy: & toy temperance, chante auec moy: ô ma iustice, chante ce iuste par moy: ô ma communion, chante ce tout: o verité,

rité, chante par moy ceste verité : O bien, chante ce bien : O vie, & lumiere de nous à vous, passe la benediction. Ie te rends graces, o mon pere, effect de mes puissances: ie te rends graces, o mon Dieu, puissance de mes effectz: ton verbe ie celebre par moy. O tout, reçoy par moy de parole le sacrifice verbal.

COMMENTAIRE.

O PVISSANCES, & vertus diuines, QVI ESTES EN MOY, accompaignantz le saint Esprit de Dieu, qui m'a esté donné en ma composition, CHANTES CELVY, QVI EST VN, ET QVI EST TOVT, rendant toutes choses tenants leur forme de ses essences, dependantz de ce seul, & vn Dieu, ACCORDES VOVS AVEC MA VOLONTE, TOVTES PVISSANCES QVI ESTES EN MOY, de tant que ma volonté, qui est vne d'entre vous m'ayant esté donnée soubz la condition de mon arbitre, se separe souuent de vostre compagnie, vers les cocupiscences, & superfluitez, abusant de la matiere, & delaissant Dieu. Qui est cause que ie vous prie, o toutes mes puissances, qui m'auez esté données par le moyen de ce sainct Esprit, qui a tant honoré ma composition, vous accorder auec ma volonté, & l'esmouuoir partant d'infinis moyens, qui sont en vous : de maniere qu'elle ne diuague plus vers la matiere : mais qu'elle retourne a recognoistre en vostre saincte compagnie sa vraye source. Entre autres, O SAINCTE COGNOISSANCE, par laquelle ie dois recouurer l'entrée de mon heur, & felicité, & par ton moyen entrer en la vraye communication de mon Dieu, & souuerain bien, ESTANT ILLVMINE DE TOY en toutes mes actions, & operations, lesquelles ie luy adresse, CHANTANT PAR TOY O LVMIERE INTELLIGIBLE, qui es ceste saincte cognoissance, donnant clarté a toutes mes pensées & cogitations, lesquelles sans toy seroient obscures, & tenebreuses. IE SVIS RESIOVY DE IOIE DE PENSEE, me sentant illuminé en mon ame, & parties interieures, par le moyen de ceste saincte cognoissance de toutes puissances, & les voyant employées a leur vray estat, & deuoir de ma charge, qui sont louanges, prieres, actions de graces, & infinies autres recognoissances, & contemplations deües a ce bon pere, & souuerain createur. TOVTES MES FACVLTES, & puissances, accompagnées, & fortifiées de l'Esprit de Dieu en moy, CHANTES AVEC MOY, & me vueillez entretenir esueillé de ce profond sommeil d'ignorance, heritage paternel, & corporel : a celle fin que par vostre moyen ie participe de vostre source eternele, ET TOY TEMPERANCE, qui m'as esté donnée contre tant d'empeschementz, & destourbiers, CHANTE AVEC MOY celuy qui n'a en luy aucune dissolution, ou desordre. O MA IVSTICE, CHANTE CE IVSTE, qui iuge chascun selon ses œuures, & neantmoins non sans vne indicible misericorde, n'empeschant sa perfectio, & luy presentes PAR MOY ces graces & louanges. O MA COMMVNION par qui i'exerce l'amour a mon prochain, y recognoissant l'Esprit de Dieu, auquel ie dois tout ce, que i'ay CHANTE CE TOVT, duquel nous receuons ordinairement communication. O VERITE Filz de Dieu qui m'as esté donné pour mon salut, tiens moy inseparable de toy, a ce que TV CHANTES PAR MOY comme instrument dedié a ton operation : CESTE VERITE & souuerain bien, exempt de toute mutation, ou changement. O BIEN souuerain loge par ta misericorde en moy, CHANTE CE BIEN mesme, qui m'a tant honoré. O VIE, ET LVMIERE de laquelle nous auons reçeu tout bien faict, estre, & conseruation, DE NOVS A VOVS est enuoyée & PASSEE LA BENEDICTION, action de graces, & louange, par lesquelles nous recognoissons tenir tout ce, qui est en nous, de vous. IE TE RENDS GRACES O MON PERE, qui m'ayant crée, & honoré de ta presence, & propre essence, es en moy la vraye efficaçe, par laquelle toutes mes puissances reçeües de toy produisent leurs effectz, & par consequent EFFECT DE MES PVISSANCES, operantz en moy par toy ou tes essences, IE TE RENDS GRACES O MON DIEV, PVISSANCE, de par laquelle toutes les efficaces, qui sont en moy, produisent MES EFFECTS, te recognoissant pere, comme m'ayant faict de ton essence, & te recognoissant Dieu, comme m'ayant communiqué tes

Chant des puissances de Dieu mises en l'homme.

Priere de Mercure a sa volonté.

puissances

620 SVR LE PIMANDRE DE

puissances, & excellences, TON VERBE, sapience eternele, auquel ta misericorde m'a conioinct pour mon salut, estant en moy TE CELEBRE PAR MOY, & pareillement ie te presente toutes mes requestes, & demandes par luy, comme indigne de me presenter deuant toy sans luy. O TOVT, qui en toutes choses es ce qu'elles sont, ce qu'elles peuuent, & ce qu'elles valent, REÇOY PAR MOY accompagné de ton sainct verbe, & filz le SA-CRIFICE VERBAL, lequel DE PAROLE ie te presente, par loüanges, prieres, & confessions de tes bontez, grandeurs, & misericordes. Ceste maniere de sacrifice verbal presenté à Dieu par le sainct verbe son filz eternel, est nommé de sainct Pol par ceux qui l'ont interpreté en ceste langue, seruice raisonnable: & en sainct Pierre le nomment laict d'intelligence. Et ce à cause que nostre saincte Escripture vse de la mesme diction Grecque λογικός, venant de λόγος, qui entre plusieurs significations en a deux principales asçauoir raison, & parole, ou propos. Qui a esté cause, que voyant Mercure auoir presenté ce sacrifice de prieres, non seulement par l'employ de sa ratiocination, estant de ses parties intelligibles, mais aussi par le moyen de sa parole, laquelle nous auons cy deuant dict estre sœur de sa saincte Pensée, entant que c'est le Filz de Dieu, coessential au sainct Esprit, & par lequel sainct verbe, comme nous verrons bien tost cy apres, nous deuons presenter nos prieres au pere, d'autant qu'elles ne luy peuuent estre presentées agreables, que par celuy là. Dont il s'ensuit manifestement, que sainct Pol, & sainct Pierre vsans de mesme diction, qu'a vsé Mercure, entendent ce sacrifice ou seruice raisonnable estre verbal, c'est a dire, offert par le sainct verbe à Dieu le pere, par lequel toute priere doit estre offerte pour luy estre (comme nous le venons de dire) agreable. Dont elle estant presentée par le sainct verbe, est dicte verbale. Nous en auõs cy deuãt vsé en la premiere oraison de Mercure, & en ceste-cy plusieurs fois ausquelles il entend estre tousiours adiousté, & entendu ce sainct verbe, comme il le cõseille a son filz cy apres, estimant, & cognoissant la vertu de parole plus digne, que nous ne l'auons cogneue sans luy: d'autant que c'est celle, par laquelle la cognoissance de Dieu conceuë par la pensée est communicquée, & publiée au dehors, qui est la vie eternele, laquelle nous estant donnée par la misericorde de Dieu, nous a esté manifestée, & exhibée par Iesus Christ, sainct verbe, & parole du pere, nous communicquant ses benefices, & misericordes. Par celuy la donc nous deuons presenter nos seruices, ou sacrifices, & laict verbal, duquel vse sainct Pierre, a celle fin qu'estantz presentez par celuy, qui nous en a communicqué le bien faict, ilz soient trouuez plus agreables du pere, qui les nous a deliurez par luy.

Rom.12.a
1.Petr.2.a

Sacrificeratio-nal.

Sect.21.

Toute priere par le verbe.

SECTION 19.

LEs puissances, qui sont en moy, crient ces choses, elles te chantent, ô tout, elles accomplissent ta volonté, ta volonté soit de toy vers toy. O tout, reçoy de toutes choses sacrifice verbal. O vie, conserue ce tout, qui est en nous. O lumiere, illumine le. O Dieu Esprit, car la pensée gouuerne ta parole. O ouurier, portant l'esprit, tu es Dieu, ton homme crie ces choses, par le feu, par l'air, par la terre, par l'eau, par le vent, & par tes œuures, de ton iamais. I'ay reçeu benediction, & quoy que ie cherche, ie le remets en ta volonté.

COMMENTAIRE.

LES PVISSANCES, QVI SONT EN MOY, non les corporeles, mais celles du vray Esprit de Dieu, qui sont suscitées, & esueillées en moy par sa misericorde, CRIENT, demandent, & requierent CES CHOSES, que nous venons de presenter à ce bon Dieu, par son ordonnance, volonté, & bon plaisir: ELLES TE CHANTENT, honorent, loüent, & recognoissent. O TOVT, auquel, duquel, & par lequel, toutes choses viuent, mouuent, & sont, ELLES ACCOMPLISSENT TA VOLONTE en moy, par ta misericorde, & disposition que tu en as faict en ma personne, par laquelle tu es cogneu, entendu, & aperçeu par tes

Act.17.f

par tes mesmes vertus, que tu as mis en moy. Dont s'ensuyura, que TA VOLONTE, & bonne affection, SOIT, & parte DE TOY, qui es en moy VERS TOY, qui es en tout, & par sus tout, o souuerain TOVT RECOY DE TOVTES CHOSES SACRIFICE VER-BAL, par le sainct Verbe de ton sainct Esprit vny nous, & par lequel seul nous communiquons à toy, te cognoissons, & presentons loüanges, graces, & prieres, en sacrifice de toutes choses. O VIE CONSERVE CE TOVT, QVI EST EN NOVS, par le moyen de ta diuine puissance, par laquelle faisant viure toute creature, tu conserues son estre, & durée, en l'vsage & planier exercice des vertus, & actiõs, qu'il t'a pleu luy commetre. O LVMIERE, qui illumines tout homme venant en ce monde, ILLVMINE LE de maniere, qu'estant ce tout conserué par la vertu, & benefice de vie en nous, soit pareillemant illuminé, & secouru à produire ses effectz, deliurez de toute tache, & macule, O DIEV ESPRIT, & tiers en la saincte Trinité auec le Pere & le sainct Verbe. CAR LA PENSEE GOVVERNE LA PAROLE: d'autant que tout propos ou sacrifice verbal presenté deuant Dieu, doit proceder du gouuernement, ordonnance, & volonté du sainct Esprit, qui est en nous saincte Pensée, parce qu'il est escript, que nous ne sçauons prier, comme il conuient, mais l'esprit de Dieu prie pour nous, lequel gouuerne par ce moien la parole, que nous presentõs a Dieu. Car toute autre, qui luy est presentée pour nous, ne venant de sa part, & n'estant conduitte & gouuernée par luy, n'est digne d'estre presentée deuant Dieu, & rend le sacrifice odieux au lieu de luy estre agreable, de tant qu'il vient d'ailleurs. O OVVRIER PORTANT L'ESPRIT, par lequel toutes choses sont basties, & composées, par lequel toutes choses reçoiuẽt leur estre, & vie, & tous autres bienfaictz, TV ES DIEV, en mesme essence auec le pere, & son S. Verbe, auquel, duquel, & par lequel toutes choses sont. TON HOMME, lequel tu as tant honoré d'entrer en sa composition, & lequel par ton moyen trouue acces enuers le pere, qui pour ta reuerance reçoit ses prieres, & luy confere tant d'infinis biens. C'est homme tien, & qui s'est rendu a ton obeissance, CRIE CES CHOSES, les offre & presente deuant son Dieu, & pere fauorable, PAR LE FEV, PAR L'AIR, PAR LA TERRE, PAR L'EAV, PAR LE VENT, qui sont toutes matieres, desquelles son corps est composé, & par lequel corps, soubs la vertu du filz de Dieu, la parole qui te loüe, mercie, & exalte est prononcée. Et par ainsi ces matieres elementaires luy seruẽt d'instrumentz, a ce que par elles les propos ordonnez, conduitz, & gouuernez par la saincte Pensée, soient proferez, & proposez aux sens corporelz: a celle fin que tu ne soyes seulemẽt loué, par ces simples elementz mis en vne creature, mais en toutes, ET PAR TES OEVVRES, effectz, ou creatures produictes par tes operations, DE TON IAMAIS, nature, & ame vniuerselle. I'AY RECEV BENEDICTION en toutes mes actions, vertus, puissances & operations, par la dispensation, que ce iamais, ou ame de l'vniuers m'a faict de tes bien faictz, & continue tous les iours: dont i'en ay receu & reçoy vne tresgrande benediction de toy, par ce moyen. ET QVOY QVE IE CHERCHE, prie, ou demãde, IE LE REMETS EN TA VOLONTE, laquelle soit faicte de mesmes au ciel comme en la terre. Car ne sçachant prier ce que ie doy, ny comme ie le doy, c'est mon deuoir de remettre tout ce que ie demande, que ie cherche, ou qui me faict besoin, a ta discretion & liberale volonté, m'asseurant de l'amour que tu portes a ma principale partie, par laquelle tu ne me laisseras iamais en necessité.

Ioan. 1. a

Rom. 8. e

Matth. 6. b

SECTION. 20.

O Mon pere, i'ay veu ceste benediction estre prononcée par ta volonté: ie l'ay aussi mise en mon monde. Dy ô moy filz, en l'intelligible. Ie puis bien dire en l'intelligible, ô mon pere: ma pensée a esté illuminée de ton hymne & de ta benediction. Au surplus ie desire aussi de ma propre pensée enuoyer benediction a Dieu. O mon filz nõ inconsidereément.

COMMENTAIRE.

CEste priere estãt ouye par le ieune Tat, desia ramené a la cognoissance de Dieu, & retiré des abus & superfluitez de la matiere, il luy prẽd quelque enuie de prier Dieu recognoissant qu'il doit tirer de celle part tout le biẽ, qu'il doibt iamais pretendre, & dict, O MON PERE I'AY VEV CESTE BENEDICTION, ce chant, priere, louange, & action de graces

622 SVR LE PIMANDRE DE

ESTRE PRONONCEE PAR TA VOLONTE, de cœur, & d'affection, en vraye foy, prouueüe d'amour & d'esperance, qui a esté cause, que IE L'AY AVSSY MISE EN MON MONDE & ornement de ma composition. DY, O MON FILZ, EN L'INTELLIGIBLE, de tant que tu es composé de deux ornements, a sçauoir du corporel, lequel est sensible & du tout incapable & indigne de receuoir le fruict de ce chant & priere, & l'intelligible immortel, incorporel, & incorruptible, qui est ta bonne ame conioincte au sainct Esprit que Dieu a mis en toy, laquelle accompagnée & ornée des vertus du sainct Esprit, qui sont de nature intelligible, est dicte en l'homme son ornement ou monde intelligible. IE PVIS BIEN DIRE EN L'INTELLIGIBLE: car Dieu m'a donné prou de cognoissance, pour entendre que mon ornement corporel est trop imparfaict & incapable d'vn tel fruict, lequel ie veux recuillir par mon intelligence & contemplation, & non par mes sens corporelz: de maniere, O MON PERE, QVE MA PENSEE A ESTE ILLVMINEE, & esleuée en la contemplation & cognoissance de Dieu par le moyen DE TON HYMNE, ET DE TA BENEDICTION, par laquelle il m'a semblé que tu as vne grande priuauté auec luy, & qu'il a bien escouté & receu ta priere, l'ayant trouuée bien agreable: & combien que ie n'aye encore atteint ce degré, i'espere l'attaindre par la grace de Dieu auec soin & diligence.

AV SVRPLVS IE DESIRE AVSSI DE MA PROPRE PENSEE ENVOYER BENEDICTION, action de graces, & loüange A DIEV, a l'exemple de ce beau chant & priere que i'ay veu luy estre presenté, par toy, pour tacher selon mes petites puissances a faire mon deuoir en son endroit, & acquerir c'est heur & bien de luy estre agreable. O MON FILS, NON INCONSIDEREEMENT: & donne toy bien garde quand tu luy presenteras tes prieres, que tu ne t'amuses a faire discourre tes sens çà & là, parmy plusieurs & diuers empeschementz, car ce seroit porter grand mespris à Dieu. Dauantage il ne te faut amuser plus aux sacrifices exterieurs du bestial, que lon immole aux idoles: aussi il ne te faut arrester a la necessité du lieu, mesmes te trouuant empesché d'aller au lieu dedié aux seruice de Dieu, mais quand tu prieras & adoreras Dieu, il faut que ce soit en ta saincte Pensée Esprit de Dieu qui t'a esté donné, comme Iesus Christ le declara a la Samaritaine, vous estes en dispute si vous deuez adorer Dieu en la môtagne de Samarie, ou bien en Hierusalem, le temps est venu que les vrays adorateurs adoreront le pere en esprit & verité: car Dieu demande telz qui l'adorent: c'est en ta saincte Pēsée Esprit de Dieu, qu'il te faut presenter l'oraison, sacrifice & priere à ce bon Dieu, & non inconsidereement, soit par mespris ou manieres corporeles ayant l'esprit occupé ailleurs, & par le sainct verbe verité Filz de Dieu. Car il est dict, Que l'Esprit de Dieu secourt nostre infirmité, voyant que nous ne sçauons prier comme il nous est besoin, lors il prie pour nous par gemissemētz indicibles, & est entendu par le pere qui seul cognoist le cœur humain, & sçait que desire son esprit habitant en l'homme. Parquoy auant que l'homme puisse rien esperer de sa priere, il faut qu'il deteste & renonce à toutes superfluités de la chair, pour ioindre sa volonté & desir vers sa partie interieure & spirituele, ou intelligible: car celuy qui n'a l'Esprit de Christ, n'est sien: mais si Christ est en l'homme, le corps est mort auec son peché, & l'esprit est viuant conduisant sa iustification: Et c'est celuy la ainsi veneré & non affligé, non contristé, & non estainct, comme il dict, qui prie pour ceste bonne ame, qui s'est retirée à luy, comme il est dict, Que ceux, qui sont maniés de l'Esprit de Dieu, ceux-là sont filz de Dieu: car nous n'auons receu l'esprit de ce monde, mais l'esprit qui est de Dieu, pour sçauoir ce, qui nous est donné de Dieu, auquel, & par lequel nous prions le pere, & luy demandons ce que nous deuons.

Le monde de l'homme party en deux.

Il ne faut prier inconsideréemant.

Ioan.4.c

Rom.8.a

Rom.8.b

Esay.63.c
Ephes.4 g
Thess.5.c

1.Cor.2.c

SECTION 21.

EN ma pensée, o mon pere, ie T'ay declare à toy generateur de l'œuure de ma generation Dieu, les choses que ie contemple, ie t'enuoye mes sacrifices verbaux. O Dieu tu es pere, tu es seigneur, tu es pensée, reçoy les sacrifices verbaux, que tu veux de moy: car par ta volonté toutes choses sont paracheuées. Toy, o mon filz, enuoye à
Dieu

Dieu Pere de toutes choses sacrifice acceptable. Toutesfois, ô mon filz, adiouste y par le verbe. Ie te rends graces, ô mon pere, qui as aprouué ma priere. Ie me resiouys, ô mon filz, que tu ayes receu les fruictz de verité, asçauoir semences bonnes & immorteles, ayant aprins ceste vertu de moy: fayz profession de silence, ne declarant à aucun, ô mon filz, la tradition de la regeneration: à celle fin que nous ne soyons reputés comme calomniateurs. Car chacun de nous deux a suffizamment trauaillé: asçauoir moy parlant, & toy escoutant, as cogneu en ta pensée toy mesme, & nostre pere.

COMMENTAIRE.

EN MA PENSEE, O MON PERE, de tant que i'ay bien entendu de toy, que ma pensée estant ma partie diuine, c'est celle la que ie doy employer en tous les endroictz, esquelz ie me presenteray à Dieu. C'est celle là seule qui est digne & capable de le cognoistre. C'est celle là qui le prie pour nous par gemissements indicibles. C'est celle là, qui reçoit le tesmoignage de l'Esprit de Dieu, que nous sommes filz de Dieu. C'est donc en ceste pensée l'Esprit de Dieu, que i'entends presenter à Dieu ma priere, comme il s'ensuit. IE TAT, DECLARE A TOY GENERATEVR DE L'OEVVRE DE MA GEMERATION DIEV, LES CHOSES QVE IE CONTEMPLE, comme estant primices ou premiers fruictz de l'estat, que tu as donné principalement à l'homme, qui est de te contempler. Et luy as dauantage donné ce diuin moyen, de communiquer ceste contemplation au dehors par la parole, sœur de ceste diuine pensée. C'est le vray verbe Filz de Dieu, par lequel tu nous as communiqué le fruict de l'amour & bonté de ta saincte Pensée, lesquelz sans cause Mercure n'a dict cy deuant estre freres ou sœurs, veu qu'ilz sont vne mesme essence, asçauoir l'amour, & bonne volonté de l'Esprit de Dieu, nous donnant le bien, & le filz sainct verbe ou parole le nous communiquant, & s'aydans à cest effect comme instrumentz, l'vn de l'œuure de l'autre. Et par ce que tu m'as tant honoré que de les mettre en ma composition ou creation, IE T'ENVOYE MES SACRIFICES VERBAVX, par ceste tiene vertu de parole, exprimât les fruictz de ma contemplation, me recognoissant ta miserable creature, laquelle apres t'auoir long temps mescogneu, & abusé de tes dignes vertus, se retire soubz ta misericorde, auec cognoissance, desplaisir, & repentance des deffautz passez, recognoissant ta bôté & grandissime tollerance d'amour que tu m'as porté par ces fruictz de ma pensée, qui sont prieres, actions de graces, loüanges, & autres biens receuz en elle, & presentez deuant toy par la parole & sacrifice verbal, O DIEV TV ES PERE, createur, & generateur de toutes choses. TV ES SEIGNEVR, moderateur & vray proprietaire de toutes choses, & duquel toutes creatures ont receu ce qu'elles ont, soit en dispensation ou saincte proprieté. Tu es vray dominateur, au vouloir duquel & commandement resolu ne se trouue resistance. TV ES PENSEE sainct Esprit descouurant tous secretz & profondes cogitations, REÇOY LES SACRIFICES VERBAVX, non ceux que ie te puis presenter selon ma volonté, car ie ne sçay ce qu'il me faut prier comme il est requis, mais reçoy ceux QVE TV VEVX DE MOY, a celle fin que ie prie selon ton plaisir & volonté, & non selon mes foles affectiôs, & passions, desordonnées. CAR PAR TA VOLONTE operante en toutes tes operations & effectz, TOVTES CHOSES SONT PARACHEVEES & conduictes a leur vraye fin, ordonnée par l'eternele sapience du pere, TOY, O MON FILS, ENVOYE en ceste maniere que tu fais A DIEV PERE DE TOVTES CHOSES SACRIFICE ACCEPTABLE, luy demandant tout ce, qu'il t'a enseigné luy demander pour tes necessitez. Toutesfois ce n'est tout; car quoy que tu luy demandes sans te souuenir de la regeneration, par laquelle tu as esté renay & ioint au filz de Dieu, tu ne fais rien: de tant que c'est la presence & conionction du filz de Dieu auec toy, qui te doit rendre agreable enuers ce bon pere Dieu tout puissant, quand tu te presentes à luy pour en obtenir quelque grace ou bien faict. A cause dequoy

Priere à Dieu doit estre en pensée.
Rom. 8.e
Rom. 8.e

Rom. 8.a

O MON FILS, quoy que tu luy requiers ou demandes, ADIOVTE Y PAR LE VERBE eternel fapiêce du pere, filz de Dieu, qui t'a esté donné par sa bonté & misericorde pour ton salut, a te deliurer de la subiection du peché, & lequel te faict besoing pour t'en deliurer veritablement, comme il est escript. Parquoy toute priere se doibt faire & presenter a Dieu, par ce seul filz aucteur du salut acquis par renaissance: & en ceste maniere ta priere sera bōne & agreable a Dieu ton pere. IE TE RENDS GRACES O MON PERE, QVI AS APROVVE MA PRIERE, & m'as donné l'intelligence de ce vray moyen, par lequel elle est receuë de ce bon pere. IE ME SVIS RESIOVY O MON FILS, QVE TV AYES RECEV LES FRVITS DE VERITE, filz de Dieu eternel, & ayes abandonné toutes ces superfluitez & empeschements corporels, qui t'ont par-cy-deuant rendu si esloigne de sa cognoissance, & te sois remis & raproche de ces diuins fruicts de verité, qui sont ASÇAVOIR SEMENCES BONNES ET IMMORTELLES, par lesquelles la cognoissance & amour de Dieu a esté semée en ta pensée & volonté de l'ame, moyenant laquelle tu as acquis le fils de Dieu, qui t'a rendu agreable au pere. AYANT APRINS CESTE VERTV DE MOY, O mon fils, FAIS PROFESSION & asseuré estat DE SILENCE, lequel ie t'ay tant cy deuant recommandé, au propos duquel nous parlons, NE DECLAIRANT A AVCVN O MON FILS, LA TRADITION DE LA REGENERATION, laquelle estant si esloignée de leur intelligence, tant pour l'excelence, estrangeté, & misericorde indicible de Dieu, que pour la hauteur & difficulté que les hommes materiels incapables de telz propos y trouueroyent, elle seroit facilement tournée en derision & mespris, qui nous donne tresgrande occasion de la retenir en silence, iusques en son temps ordonné de Dieu pour la manifester, comme il a esté apres. Et aussi a CELLE FIN QVE NOVS la proposants à l'ignorance deshontée & desbordée du public, NE SOYONS REPVTES COMME CALOMNIATEVRS & dogmatiseurs diuertissants le peuple de leur vraye religion, combien qu'il fust tout le contraire: & nous contentons de ce que nous en auons faict iusques a present. CAR CHASCVN DE NOVS DEVX à si SVFFISANTMENT TRAVAILLE, que nous n'y deuons regirer noz labeurs, ASÇAVOIR MOY PARLANT pour t'enseigner & retirer de ta premiere ignorance, ET TOY ESCOVTANT, qui en as receu tel fruict, que tu AS COGNEV EN TA PENSEE TOY MESMES, qui est le premier œuure necessaire au salut, ET par ce degré as receu cognoissance de ce bon Dieu NOSTRE PERE, qui est ta vie eternele, comme il est escrit.

COM-

COMMENTAIRES SVR
le Pimandre de Mercure Trismegiste
A AESCVLAPE BIEN PENSER.

CHAPITRE QVATORZIESME.

SECTION 1.

D'ETANT que mon filz Tat en ton absance a voulu aprendre la nature des choses qui sont, & ne m'a voulu permettre de dilayer, comme estant mon filz & ieune, & nouuellement venu à la cognoissance de chascune chose qui est, i'ay esté contraint de dire plusieurs propos, à ce qu'il luy aduint vne plus continuelle science de speculation, mais eslisant pour toy les principaux chefz des choses qui sont dictes, ie te les ay voulu enuoyer en peu de paroles, les interpretant plus secretement, comme à si grande personne, & bien instruict des choses de nature.

COMMENTAIRE.

CAR cy deuant nous auons tousiours aperceu par la doctrine de Mercure, que la cognoissance de Dieu nous deuoit venir de sa misericorde, laquelle il faict à l'homme l'inuoquant & priant, par moyens qui s'ensuiuent l'vn à l'autre par diuers degrez. Dont le premier est, que l'homme reiette de soy toute superfluité d'vsage, desir, ou amour des choses materielles, retirant apres ses sens d'vn si frequent & superflu employ, qu'ilz font de leurs actions sur icelles : pour donner temps & lieu à la saincte Pensée (possedée par la bonne ame) de s'employer à la cognoissance de Dieu, & contemplation de ses excellences, bontez, & bien-faictz : & de la commencer à se cognoistre mesmes, qui nous sommes, dont nous sommes, & à quelle fin nous sommes bastis, pour nous trouuer plus capables & disposez à cognoistre & considerer Dieu par ses effectz, desquelz seuls l'homme corporel a cognoissance. Et par ce que les faictz ne sont proprement Dieu, mais sont les aparances de Dieu, comme Dieu estant bonté inuisible, & de laquelle les aparances, comme nous auons cy deuant dict, sont beautés. Par ces beautés nous venons à considerer & cognoistre quelques parties de bonté : comme par les effectz de Dieu bien entendus, nous paruenons à la consideration & cognoissance de quelque partie de ses excellences & grandeurs, selon le degré du soin, que nous auons, a le prouocquer à nous faire sa misericorde, par prieres, actions de graces, bonne vie, & autres actes de contemplation.

Cognoissance viens de la misericorde de inuoquant.

Dieu cogneu par les aparances de sa bonté.

Car cy deuant nous auons dict, que la vraye veneration de Dieu est n'estre point malicieux, & ne faire tort a personne, qui tient lieu de grand priere. Or de tant que l'homme despuis le premier peché s'est trouué plus materiel que intelligible ou spirituel, & s'arrestant plus au iugement & raport des sens corporelz, faictz en son ame, que a la frequente contemplation & relation des choses diuines, faicte par le S. Esprit, qui a esté donné a son ame, il a eu besoin d'estre secouru en ses cognoissances & intelligéces des effectz corporelz & materielz, pour paruenir a la cognoissãce de Dieu. Qui est cause, que Mercure adressant ce chapitre à Æsculape, nous declare que la principale cognoissance de Dieu, q̃ nous puissions receuoir par ces effets corporelz qui sont les creatiõs & generatiõs de toutes choses cõposées de matiere & forme, nous manifeste q̃ Dieu est veritablemẽt ceste actiõ, efficace, & vertu, par lesquelles est faite la productiõ de ses effetz & creatiõs de toutes choses. C'est ceste puissãce, par laquelle elles sõt mises en effet, sans aucune resistãce. C'est ceste sapiéce par laquelle elles sõt disposées en l'ordre de leur cõpatibilité eternelemẽt constitué. C'est l'amour & bonne volõté procedãt de la puissance & sapiéce, par laquelle toutes choses reçoiuẽt a toutes heures benefices & biẽ faits, tãt en leurs actiõs, proprietez, q̃ durée & cõseruation. Dõt nous dirõs en brief propos, q̃ Dieu est ceste actiõ faisant toutes choses. A laquelle il nous sera loisible de referer plusieurs vertus, excelléces, bõtez, & grãdeurs, sans aucun nõbre, bord, ou limite. Et par ce que Mercure delibere de parler plus hautemẽt auec Æsculape, qu'il n'a faict à son fils Tat cy deuãt, il cõmence ce chapitre par quelque maniere d'excuse, qu'il luy en fait en la maniere, qui s'ésuit. DE TANT QVE MON FILZ TAT EN TON ABSANCE, O Æsculape, mesmes quãd ie l'ay instruit des reuelatiõs q̃ i'auois receu de Dieu, A VOVLV APRENDRE LA NATVRE DES CHOSES, QVI SONT venues a sa cognoissance, par la relation de ses sens, ayant si frequentmẽt entendu de moy, q̃ par celles la il failloit venir a la cognoissãce de leur createur, lequel elles manifestoient & annõçoient, estãt bien entẽdues: ET NE M'A VOVLV PERMETRE DE DILAYER, ou biẽ atãdre q̃ sa capacité fut plus forte, auec l'eage & experiẽce, & frequẽs propos, qu'il entẽdoit de moy, COMME ESTANT MON FILZ: dont il prenoit ocasiõ de soy rẽdre plus priué & familier de moy. ET si estoit IEVNE, n'ayãt encore attaint la cognoissance dequel ordre toute doctrine doit estre dõnée & receuë, qui le rẽdoit aussi hastif que bouillant, à vouloir entẽdre toutes choses, tãt celles de sa capacité, q̃ celles, qui l'excedoient. ET NOVVELEMENT VENV A LA COGNOISSANCE DE CHACVNE CHOSE, QVI EST, ou bien des circõstances, qui aduiennẽt ou dependẽt de la particularité & differãce de chasque chose differãte de l'autre, lesquelles estãt en si merueilleux nõbre perturboient facilemẽt celuy qui nouuelemẽt venoit a les aperceuoir, outre ce q̃ la ieunesse de sa nature porte en soy cõsideratiõ & reception en son entẽdemẽt de toutes choses, cõme nouueles: de tãt qu'il ne les a encore veuës ny aperceuës. Qui est cause qu'il luy en est engẽdré vne delectatiõ & plaisir qu'il a de voir tant d'œuures de Dieu en sa pẽsée Esprit de Dieu, qui encore n'a guiere esté perturbée des erreurs du monde, q̃ ceste perceptiõ & diuersité le maintiẽt en vne tresgrãde faim d'en auoir la cognoissãce: à cause de ce S. Esprit, qui le presse d'enrichir son ame d'intelligẽces & cognoissãces de Dieu, durãt son innocẽce, pour s'il lui est possible, preuenir cest arbitre, auãt qu'il se iette à l'obeissãce & amour de ses sens corporels & leurs abus, qui est la vraye operatiõ de sa bõté en l'hõme, tachãt a le retirer de sa ruyne & present dãger. Dõt il aduiẽt q̃ toute ieunesse est cõmunemẽt plus ioyeuse q̃ la vieillesse, à cause q̃ la ieunesse n'a encore prins, q̃ le simple vsage des choses materieles, qui n'est aucunemẽt mauuais, & n'ayãt encore eu liberté de paruenir a l'abus ou excessif vsage, qui est le mal, de tãt qu'il fait oblier Dieu: il demeure en presque cõtinuele ioye, ne demãdãt iamais q̃ a rire & soy iouër, ce qu'il pert auec le tẽps, par lequel ayãt abusé de la matiere par exces & cõcupiscẽces, qui luy amenẽt maux & desplaisirs, il ne les trouue plus si belles, nouuelles, & plaisantes qu'il a cy deuãt fait. Dõt il s'en trouue plus triste & melãcolique, ayãt perdu ce grãd rire & cõtentemẽt, par la cognoissance de l'imperfectiõ de la matiere aperceuë par luy. Dõt il s'ensuit, q̃ si l'hõme aperçoit ceste imperfectiõ par son intelligẽce, & la reçoit en sa cognoissãce, il n'y aura faute qu'il ne mette peine à s'en retirer, & prẽdre la voye intelligible & de son salut: & celuy qui ne l'aperçoit q̃ par ses sens corporelz, sentant en sa personne seulemẽt les desplaisirs & incommodités corporeles, qui luy sont produictes par ceste matiere excessiuemẽt venerée: de tant que les sens n'ont cognoissance, ains seulement simple raport faict a l'ame.

C'est homme ainsi sensible ou sensuel, n'ayant cognoissance des choses, qui luy nuisent, estime son mal venir d'ailleurs, & par ces ratiocinatiõs perturbées & peruerties, il propose di-

Effetz corporelz seruent a recognoistre Dieu.

Dieu est action, efficace, & vertu.

Dieu est toutes vertus en vne essence.

Mercure permet a Æsculape choses à hautes.

Pourquoy ieunesse desire a cognoistre.

L'Esprit de Dieu a vigueur en l'innocence.

Pourquoy la ieunesse est plus ioyeuse que sur l'eage.

Dont vient la tristesse aux vieux.

Quelle voye ruyne l'hõme.

uers argumens, qui luy semblent suffisantz a soy descharger de la cognoissance, qu'il deuroit auoir, ce pendant s'entretenant tousiours en l'amour & continuele veneration de ce, qui le combat & en la fin ruyne, qui sont les excessiues concupiscences, desirs, & vsages de choses materieles. A cause dequoy quand l'hôme est en sa ieunesse, c'est le vray têps qu'il doit estre instruit: par ce que c'est l'heure qu'il procede a l'electiô de sa voie, soit à cognoistre l'abus de la matiere par son entendement, pour s'en retirer, ou bien a le sentir par les sens, & ne le cognoistre, pour s'y laisser endormir venât a son eage, auquel apres vn mauuais chois les choses sont malaisées a ramener. Et a ceste occasion l'instruction se donne si soigneusement a la ieunesse, pendant qu'elle vient a ceste nouuelle cognoissance de toutes creatures, soit par ses sens ou intelligence, pour le destourner du danger, ou l'acheminer en sa bonne voie par le sain vsage d'icelles. Voiât donc dict Mercure, que mon filz Tat venoit comme ieune a la cognoissance des choses, auant qu'il fust preuenu d'vne mauuaise election, J'AY ESTÉ CONTRAINT de luy DIRE PLVSIEVRS PROPOS que ie ne luy eusse si tost declaré, n'eust esté le desir que i'auois de l'accoustumer a telles choses, auât qu'il fust preuenu des contraires, A CE QV'IL LVY ADVEINT VNE PLVS CONTINVELE SCIENCE DE SPECVLATION, & côtemplation des choses diuines, & par consequent qu'il fut nourry en l'esloignement de tous abus & veneration des choses materieles, pour y estant acheminé, pouuoir suiure auec son eage plus facilement & a moindre peine la doctrine de la cognoissance de Dieu, comme i'auois besoin de faire en l'instruction d'vn ieune homme non encores instruict. MAIS ELISANT POVR TOY, O Æsculape, homme cy deuant instruict & exercité LES PRINCIPAVX CHEFS DES CHOSES, QVI SONT DICTES, pour ne m'amuser aux longs argumentz & discours qu'il me faudroit faire a vn ieune homme, & te les bailler comme par abregé ou epitome, IE TE LES AY VOVLV ENVOYER EN PEV DE PAROLES, comprenant la substance des longs propos, parce que tu en as cy deuant entendu, LES INTERPRETANT PLVS SECRETEMENT, & par côsequent plus obscuremêt, à cause que la briefueté raporte tousiours difficulté ou obscurité d'vn propos: de quoy tu ne dois auoir aucune crainte, ny moy de l'abreger parlât a toy, COMME A SI GRANDE PERSONNE, & de si profond sçauoir, ET BIEN INSTRVICT DES CHOSES DE NATVRE. De tant que ceux qui en ont escript ne faisant guiere mention que d'vn Æsculape, racomptent que à cause du grand sçauoir qu'il auoit en medecine, il luy a esté attribué la representation du serpent, pour la multitude des vertus & proprietés des remedes, qui se trouuent aux serpens pour le corps humain. Et tant pour ce sçauoir que autres les anciens en ont eu si bonne reputation, qu'ilz ont tousiours apliqué son nom en bône part, qui n'est chose trop estrange, mesmes estant de sa part, comme dict Mercure, bien instruict des choses de nature, & des circonstances qu'en dependent, desquelles la Philosophie & Medecine traictent proprement & particulierement.

Si nous adioustons auec son sçauoir de philosophie l'instruction des choses diuines, que Mercure luy a communicqué, il s'ensuiura bien aysement qu'il aura esté homme digne de loüange, & homme de vertu & grand valeur. Et si bien il n'a publié par ses escripts cleremêt les choses diuines, nous ne le trouuerons estrange, pour le temps & personnes auquel, & auec lesquelles il a vescu, n'estât lors licite de publier chose de laquelle la manifestation estoit encore si lointaine, comme Mercure l'a dict à son filz Tat à la fin de sa regeneration : c'est qu'il n'estoit besoin la publier pour n'estre estimés criminéux & calomniateurs du peuple, indisposé & incapable de telles intelligences, ains plustost disposé à les calomnier & en faire vne cause de sedition, qui eust produict grands ruynes, côme nous le voyons au temps present. Auquel au lieu de publier au peuple les choses necessaires à leur salut, il leur a esté publié questions si hautes & difficiles pour leur capacité, que chacun ne les entendant à leur vray sens leur ont donné fauces intelligences, dont s'est ensuiuy plusieurs & tres-grandes ruynes & seditions. Qui a esté cause que Dieu a quelque fois commandé à Moise ne publier certaines choses pour l'incapacité du peuple : & Iesus Christ pareillement à ses Apostres. & Mercure auoit vsé de la mesme maniere en diuers endroits.

Le temps d'aprendre est la ieunesse.

Bonne destinée previent mauuaise election.

Mercure desire contemplation a son filz.

Difference d'instruire le sçauans ou le ieune.

Choses obscures aparisenâs aux sçauants.

Grâd sçauoir d'Æsculape.

Inconueniens de publier propos obscurs.

4. Esdr. 14. a Matth. 17. b

SECTION 2.

A Sçauoir si toutes choses apparantes sont faictes, & se font : car les choses faictes ne sont faictes de soy, ains d'vn autre. Toutes-fois il y a plusieurs choses faictes, mesmemant toutes les aparantes, & toutes differantes & non semblables. Et ces choses faictes sont faictes par autruy. Or il est quelcun, qui faict ces choses,& qui n'est pas faict, a celle fin qu'il soit plus ancien que les choses faictes, detant que i'ay dict les choses faictes estre faictes par autre. Et des choses qui sont faictes, il est impossible qu'il y aye quelque chose plus ancienne que toutes choses, mais c'est le seul non faict.

COMMENTAIRE.

LEs choses apparantes sont celles, qui sont apperceuës par quelque sens corporel, & non seulement celles, qui aparoissent a la veuë, mais tant a l'ouïe, sentiment, que atouchement ou autres sens corporels, faisant raport a l'ame de ce qu'ils recueillet. Et dautant que les choses qui sont en telle maniere aparantes, qu'elles puissent estre aperceuës par les sens, & que les sens ne reçoiuent aucune chose, qui ne soit corporelle & materielle : & finalement que toute chose materielle est faicte & composee, Mercure propose, ASÇAVOIR SY TOVTES CHOSES APARANTES SONT FAICTES, ET SE FONT: de tant que si elles sont aparantes, c'est aux sens qu'elles aparoissent, & par consequent sont materieles, asçauoir si elles sont faictes, & asçauoir si elles se font mesmes.

CAR LES CHOSES FAICTES NE SONT FAICTES DE SOY mesme, detant qu'il s'ensuiuroit vn impossible, qui est, si la chose se faisoit, elle seroit auāt qu'elle fust, que est impossible: parce qu'il seroit besoin de recoure encores a celuy, qui auroit faict la premiere, & ainsi tousiours. Dont s'ensuiuroit que lon viendroit a vn commencement infini. Parquoy nous tiendrons pour resolu, que si la chose est faicte, elle ne sera faicte par elle mesme n'y d'elle mesme, AINS D'VN AVTRE, qui ne sera ceste chose faicte: mais sera auāt qu'il face la chose faicte, laquelle par consequent dependra de luy. TOVTESFOIS IL YA PLVSIEVRS CHOSES FAICTES, a cause que la matiere, dont elles sont faictes par l'additiō de la forme, peut estre variee en infiny nombre de diuersitez, MESMEMANT TOVTES LES APARANTES, ET TOVTES DIFFERENTES ET NON SEMBLABLES, lesquelles a cause de ceste differāce & dissimilitude, rendent leur nombre plus grand en aparance. ET CES CHOSES FAICTES SONT FAICTES PAR AVTRY, comme nous venons de dire, puis qu'elles ne sont faictes par elles mesmes, c'est par autruy qu'elles sont faictes. OR EST IL QVELCVN QVI FAICT CES CHOSES, afin qu'il soit autre. Car si nous voulōs penser que ce soit vne chose faicte, qui face l'autre, de mesme maniere que deuant, il nous faudra tousiours reprēdre celuy, qui aura faict ceste chose faicte faisant l'autre, iusques a l'infini, que nous paruiendrons a celuy, qui faict les autres, ET QVI N'EST PAS FAICT, mais aura faict toutes les autres prenant cest ordre: A CELLE FIN QV'IL SOIT PLVS ANCIEN, QVE LES CHOSES FAICTES, comme les precedant en temps, disposition, & tout ordre, estant plus ancien. mieux disposé a toutes actiōs, & mieux ordōné. Dont s'ensuit qu'il sera different des choses faictes. DETANT QVE I'AY DICT LES CHOSES FAICTES ESTRE FAICTES PAR AVTRES & non par chose faicte : a cause que celle la en auroit tousiours vne precedente, iusques a ce qu'il faudroit venir a celle, qui ne seroit faicte. ET DES CHOSES QVI SONT FAICTES, IL EST IMPOSSIBLE QV'IL Y AYE QVELQVE CHOSE PLVS ANCIENNE, QVE TOVTES CHOSES, car si ceste quelque chose est faicte, elle n'est si ancienne que l'autre qui l'a faicte: ains est subsequēte & posterieure en ordre & tēps. Parquoy elle est plus nouuelle & non si anciēne. Dont s'ensuit que ceste chose faicte ne peut estre plus ancienne que toutes choses: MAIS C'EST LE SEVL NON FAICT en qui est enclose ceste infinitude de temps, dans lequel il a faict, basty, & composé toutes choses faictes n'estant precedé d'aucune, parce qu'il n'est point faict: mais est de luy mesmes non faict, ny cōposé, estant son commancement luy mesmes, auant toutes choses, & n'en ayant prins d'ailleurs que de soy mesme. Ce propos est mis auant par Mercure, pour nous donner a entendre, que nous ne deuons applicquer ou attribuer a la creature aucune operation, ou vertu, puissance, ny proprieté, par laquelle elle se puisse dire sa cteur, ou aucteur de quelque autre facture.

Apparoir apartiēt a tout sens.

Si ce qui parest est chose faicte.

Riē ne se faict mesme.

Tout ce qui paroist est chose faicte.

Ce qui faict est plus ancien que les choses faictes.

La chose faicte n'est la plus ancienne de tout.

Le plus ancien n'est faict.

La creature n'est dicte facteur.

Mais veut

Mais veut Mercure, que nous sçachons que toute action, vertu, puissance, proprieté & commancement de toute chose faicte, apartient à Dieu, non a la creature. Et pour estre entendu plus clairement nous baillerons plusieurs exemples commançans à l'homme principale creature. Il est reçeu en nostre saincte Escripture, que toute puissance est de Dieu, non seulement la puissance des magistratz & police, comme aucuns pensent qu'il se doiue entendre, mais toute action, vertu, & puissance de créer, faire, operer, ou produire effect, œuure, ou creature quelconque, par autre creature, quelle qu'elle soit. Et premierement l'homme, auquel a esté donné en sa creation plus d'action, vertu, ou puissance, que a tout le reste des creatures ensemble : de tant qu'il y a reçeu la presence de l'Esprit de Dieu, ne se peut donner gloire de faire aucune œuure de soy, en sa partie faicte, ou crée, qui est la materiele. Laquelle ne luy sert en toutes choses, que d'instrument, mené & conduict par sa partie immortele, qui est diuine, mesmes en son œuure, qui luy est plus excellente, asçauoir de produire son semblable, il manifeste qu'il n'est aucteur de ceste production, & ne la faict quãd il veut, ny quand il cuyde. Ceste ignorance donc le priue d'en estre aucteur. Dauantage sa partie corporele, qui est sa partie faicte, n'y fournist aucune operation, vertu, ny accroissement, ains seule matiere, comme elle est. Et toute l'operatiõ & vertu procede de la partie de la forme, qui est diuine, & laquelle de son propre fournist d'action, puissance, & vertu, pour disposer, ordonner, accroistre & conseruer ceste creation nouuelle. Et ceste partie de l'homme, qui possede ses vertus, actions, & puissances, n'est crée, faicte, ny composée, ains est eternele, immortele, & diuine : de maniere que c'est celle la que appartient l'honneur, & gloire de l'operation & puissance de faire l'œuure, & non a la partie corporele, qui ne sert en l'operation que d'ostilz ou instrument, comme la lime au forgeron, & le maillet au charpentier, ou le fer & bois pour faire l'œuure, laquelle ce forgeron ou charpentier ne doit penser estre faicte par luy faict, ains estre faicte par luy non faict. De tant que sa partie faicte, qui sont ses mains & autres choses corporeles, ne donnent la façon a son œuure, ains seruent de simples instruments. Et la façon est donnée a la chose faicte par l'intelligence, qui est en l'ame raisonnable partie diuine & immortele, & non faicte ny crée. Dont le corps, qui est chose faicte & composée, ne se doit venter ou glorifier d'auoir donné à l'œuure aucune façon, forme ny conduicte : ains le seul sainct Esprit de Dieu, prouuoiant ceste ame immortele & diuine de toutes actions, vertus, & puissances : ausquelles conuient le vray estat de faire, produire, & composer l'œuure, non a la main, marteau, cyzeau, lime, ou autre instrument quelconque materiel, ausquelz ne doit estre attribuée aucune gloire, honneur, ou loüange, ains aux seules parties diuines, donnant forme a toutes creatures. Autant en dirons nous de tous animaux, lesquelz bien qu'ilz ne soient prouueuz de la presence du sainct Esprit de Dieu eternel, ce neantmoins lon leur attribuë faction d'œuure, comme generation de son semblable, faire son nid, comme l'yrondele, la mouche a miel, la rantele de l'arignée, & autres infinis, qui sont estimés faire & produire quelques œuures d'aucuns, ne prenans garde que ces animaux sont composés de matiere & forme, & que leur matiere n'y sert que d'instrument, conduict par leur forme, qui sont toutes vertus, proprietez graces & actions mises ez creatures soubz la dispensation d'vne ame vniuersele, conduicte de toute creature, & vraye essence diuine : en laquelle gisent toutes les parties d'operation, conduicte, action, & vertu, ou efficace, & non en la partie corporele. Dont nous pouuons manifestement conclure que c'est ce bon Dieu createur & facteur, qui faict tous les iours & crée toutes choses, tant par le moyen de ses creatures, que sans leur moyen, comme il luy plaist. Et dirons que la puissance, vertu, & actiõ qui est en l'homme, est voirement en luy, mais non en sa partie faicte, ou crée, ains en sa partie eternele, non faicte, immortele, & diuine : & autãt de tous animaux plantes ou mineraux, produisantz innumerables effects, non par la vertu de leur corps ou matiere, mais par la seule vertu de la forme, qui est partie diuine.

Rom. 13. a
Toute puissãce est de Dieu.

L'homme corporel ne faict rien de soy.

Toutes actiõs humaines sont de l'esprit.

Le corps n'est que instrumẽt de l'esprit.

L'action de tout animal gist en la forme.

L'amenuiser fait opera ex bruty.

Toute creature opere par sa forme.

SECTION 3.

CEstuy-cy est veritablemẽt le plus excellent, & vn, & seul, sçachant toutes choses, comme celuy, qui ne reçoit aucune chose plus ancienne que luy : il surmonte & de multitude & de grandeur, & differance des choses faictes & de continuation d'operation. Au surplus les choses faictes sont visibles, mais cestuy là est inuisible, & opere à ces fins, qu'il soit inuisible. Il faict tous iours, il est donc inuisible. Il appartient l'entendre en ceste maniere, & l'entendent l'admirer, & l'admirant se dire bien-heureux, de cognoistre le pere.

COMMENTAIRE.

Dieu autheur & auant toutes choses.

PVis donc que Dieu nous faict la grace, de cognoistre par la raison qu'il a mise en nous, qu'il est vne chose non faicte, & laquelle ayant faict toutes les faictes, est à bon droit dicte plus ancienne, & qu'il nous est force de confesser, que ceste ancienne chose precedant toutes autres ne peut estre faicte: par ce qu'elle seroit subsequente de celle, qui l'auroit faite, & par ainsi elle ne seroit plus ancienne que toutes choses, comme elle l'est a la verité. Quiconque donc, soit ceste chose, ou celuy la plus ancien precedant & faisant toutes choses, CESTVY EST VERITABLEMENT LE PLVS EXCELLENT, en toutes vertus, dignités, & puissances, que toutes ses choses faictes, esquelles il n'a mis que du sien & yssu de sa source.

Dieu facteur plus excellent que les choses faictes.

Dont s'ensuit, que la source estant plus excellente que le ruisseau, cestuy-cy est plus excellāt que ses facteures, ET VN ET SEVL, n'ayant aucun cōpagnon ou coadiuteur, secours, ou faueur, qui mette la main a sa besogne. Il n'a aucun conseiller qui luy puisse donner aduis. Parquoy il est vn, en vne seule essence, SÇACHANT TOVTES CHOSES, en tant que infinies, & souueraine intelligence, & source de tout sçauoir & cognoissance, COMME CELVY, QVI NE REÇOIT AVCVNE CHOSE PLVS ANCIENNE QVE LVY: à cause q̄ s'il pouuoit estre apprins ou enseigné ou aduerty de quelque chose qu'il n'eust iamais sçeu, ceste chose seroit plus ancienne, que luy. Ce qu'il n'est ainsi, mais au contraire luy estāt plus ancien q̄ toutes choses faictes, & les choses non faictes, estans de son essence & venans toutes de luy, il s'ensuit que comme facteur de toutes choses & source de toutes sciences, il sçait toutes choses sans en receuoir aucune, qui puisse estre plus ancienne que luy. IL SVRMONTE toutes choses, soit corporeles ou intelligibles, ET DE MVLTITVDE: de tant que toutes choses sensibles estants faictes de luy & par luy leur multitude & diuersité est yssue de son thresor.

Dieu source ne reçois mais produict toutes choses.

Dieu abondās en multitude & grandeur.

Parquoy il excede toutes choses faictes en multitude: il surmonte aussi les choses intelligibles, de tant qu'elles sont toutes en luy, de luy, & par luy. Il les surmonte donc les contenant de multitude ET DE GRANDEVR, par laquelle il enclod tout le monde sensible, & le prouuoit de toutes formes & vertus intelligibles, ausquelles grandeur ou quantité ne peut estre appliquée, ains grandeur d'excellence ou dignité, en laquelle il surmonte toutes choses, ET DIFFERANCE DES CHOSES FAICTES. De tant, comme nous auons quelque fois cy deuant dict, qu'il est plus grand par son operation, qu'il a faict & faict ordinairement, que par le nom de Dieu, & encore plus grand par celles, qu'il n'a encore faict, mais qu'il peut faire, que par celles qu'il faict ou a faict. Dont s'ensuit qu'il surmonte toutes choses en diuersité & differance, qu'il a mis entre elles les faisant: ET SI surmonte toutes choses DE CONTINVATION, D'OPERATION: à cause que toute operation sans luy, cesseroit ne prenant son action & puissance, qui est l'efficace d'operer que de luy. Parquoy fournissant a toutes operations son efficace & vertu, il les surmonte de la continuation, qu'elles prenent de luy a poursuiure leurs operations. AV SVRPLVS LES CHOSES FAICTES SONT VISIBLES c'est a la differance des choses incrées & non faictes, ny engendrées, lesquelles entāt que esseces diuines sont inuisibles en Dieu, qui est de sa nature inuisible. Ce n'est pas ainsi des choses faictes, lesquelles l'operation & generation, qui ne sont iamais sans matiere, contraignent a estre visibles, qui est autant a dire que sensibles, non seulement par la veuë, mais par quel que ce soit des sens corporelz. Disant donc Mercure les choses faictes estre visibles ou sensibles, c'est autant a dire qu'elles sont materieles & corporeles: de tant que creation, generation & faction ne procedent de Dieu, que sur creatures materieles, qui en leur composition sont proueuës de forme, honorant ceste matiere: mais c'est tousiours subiect materiel, ou il ne seroit sensible.

Differāce des creatures here sor diuin.

Dieu continuel operateur.

Toutes choses faictes sont sensibles.

Sur ce propos vient vne question des Anges & Demons à sçauoir s'ils sont materielz, ou non:

non : nous dirõs auec Mercure, que s'ilz sont creatures faictes, ilz sont sensibles, & par consequent ilz sont materielz : de tant qu'il n'est chose sensible que la materiele : & au contraire dirons, que s'ilz ne sont sensibles, ilz ne sont creatures : de tant que s'ilz estoient creatures, ilz seroient faictz : & toutes choses faictes sont sensibles, ilz seroient donc sensibles, ce qu'ilz ne sont, dont s'ensuit qu'ilz ne sont faictz ny creés. Sainct Pol les dict estre espritz administrateurs, pour le salut de l'homme : dont il semble qu'il n'y mette aucun corps, ains la seule action de l'administration, comme aussi, Dieu aydãt, nous dirons cy apres, quelquefois, que l'essence du Demon c'est efficace, qui n'est que la vertu de produire l'effect. Or est il que nous sçauions notoirement que soit administration, action, ou efficace, ce sont toutes choses incorporeles, entant que vertus diuines, & par consequent eterneles en luy, & non creés, ny faictes. Dont s'ensuiuroit, que les Anges seroient pures vertus diuines, comme ilz sont nommez en la Hierarchie, incorporeles, immorteles, & par lesquelles toutes actions, operations, & messages, qu'il plaist à Dieu ordonner, sont apportées & executées çà bas, sans qu'ilz soient subiectz à aucun corps, ny par consequent à creation aucune, demeurantz vertus & essence diuine, employés pour son seruice, comme leurs noms le portent en leur Hierarchie : ou ilz sont dictz vertus, puissances, & dominations, qui sont toutes efficaces diuines, increées, & eterneles en Dieu. Voila que nous en dirons s'ilz sont tenus pour incorporelz, & sans aucune matiere, sans laquelle ne se faict creation : au contraire s'ilz sont tenus pour creatures, comme plusieurs docteurs Chrestiens les estiment, nous ne pouuons faillir par nostre texte de les estimer materielz, visibles, ou sensibles, enfourmés en tres-subtile matiere, comme nous en auons parlé cy deuant plus amplement, tant des creés, que non creés, nous en remettans à la resolution qui s'en fera sans aucune apparence de contradiction, par l'Eglise vniuerseles : de tant que le corps de la saincte Escripture n'en ayant rien diffini, ains que c'est opinion de certains docteurs, & d'autres, au contraire nous en receurons l'aduis de la mesme saincte Eglise. Reuenãs dõc à nostre texte, nous entendrons que toute creation se faisant en matiere, les choses faictes & cõposées, sont visibles ou sensibles, comme materieles : MAIS CESTVY-LA EST INVISIBLE, lequel est different des choses visibles, en ce mesme qu'il n'est aucunement materiel. Dont s'ensuit qu'il n'est subiect aux sens, à cause dequoy il est inuisible. ET OPERE A CES FINS, QV'IL SOIT INVISIBLE en ses operations, & que l'homme cognoisse sa vertu & puissance ne consister en choses corporeles, materieles, ny visibles, par lesquelles il produise ses merueilleux effectz, mais cõsister en actions, efficaces, & puissances inuisibles, insensibles, & ne pouuant estre apperceuz d'aucun sens corporel : ce qui n'apartient à autre, de tant qu'il est le seul immortel & inuisible, comme dict S. Pol, auquel honneur, & gloire perpetuellement. IL FAICT TOVSIOVRS, IL EST DONC INVISIBLE. Cest argument est tiré de ce que nous auons quelquefois cy deuant dict, que toutes puissances corporeles operent par tẽps & succession, auec intermission & repos, cõme Aristote l'a declaré, n'ayãt cognoissance que des choses corporeles. Ce qui a deffaut de quelque repos, n'est durable, par ce que les choses materieles abregeroient beaucoup leurs cours, si elles ne cessoient & reposoient. Ce n'est ainsi de Dieu, lequel à celle fin qu'il soit cogneu inuisible, incorporel, & immortel, ou eternel, il faict & opere tousiours sans aucune intermission ny repos, & toutesfois est durable, & ne prend aucune fin. Dont nous dirons, qu'il est inuisible, comme n'appartenant que au seul inuisible a continuer operation sans repos. IL APPARTIENT L'ENTENDRE EN CESTE MANIERE, sans luy attribuer aucune matiere, secours, ny compagnon, sans luy attribuer foiblesse ny imbecilité, qui le conuie à soy reposer de son operation cõtinuele, ET L'ENTENDANT L'ADMIRER, cognoissant en luy excellẽces & grandeurs, excedãts toutes puissances & actions que l'hõme peut cõsiderer, cognoissant dauantage vne si grãde amour qu'il porte a ses creatures formées de ses essences, qui le faict cõtinuelemẽt leur fournir & dõner toute maniere de bien-faits, & l'admirer dauantage en ce que faisant ses excellẽces & grãdeurs, il se humilie a la cõduicte des plus petites creatures, soit animaux, plãtes, ou autres, iusques à la formis & cirõ. De maniere qu'ilz en reçoiuẽt leur besoin, & necessité, cõme les plus grãdes, & que l'hõme tient en plus d'estime, & d'infinies autres efficaces & productions d'effectz, qui ne cessẽt de sortir à toute heure de son infini thresor, ET L'ADMIRANT SOY DIRE BIEN-HEVREVX DE COGNOISTRE LE PERE : car ceste cognoissance est la vie eternele, cõme il est escrit, laquelle cognoissance doit proceder des merueilles & bõtés, q̃ l'hõme en voit proceder, tant pour son profit, que de toutes autres creatures, qui est la vraye felicité, rendent en fin l'homme heureux, qui s'y sera arresté & vescu en cest exercice, ce n'est pas seulement de cognoistre Dieu, mais c'est de le cognoistre pere, facteur, & generateur de toutes choses, pour les luy assubiectir & rendre inferieures.

SECTION 4.

Qv'est il chose plus douce, que vn pere legitime? Qui est donc cestuy-cy, & commēt le cognoistrons nous? est il raisonnable de donner à cestuy-cy seul titre de Dieu, ou de facteur, ou de pere, ou bien de tous les trois : ascauoir Dieu, à cause de sa puissance, facteur : à cause de l'efficace, & pere : à cause du bien? Car la puissance est differante des choses, qui sont faictes, & l'operation gist en ce que toutes se font. Parquoy delaissant superfluité & vanité de paroles, il faut entendre ces deux choses, ce qui est faict & celuy qui le faict, de tant que entre ces deux n'y a aucun moyen, ny apres eux aucun tiers.

COMMENTAIRE.

Il faut cognoistre en Dieu bonté de pere.

LA plus necessaire cognoissance que l'hôme ayt de Dieu, c'est en ce qu'il est pere, desirant le bien & profit de son enfant, l'aymant cōme soy mesme, & ne cessant de luy bien faire. C'est le vray estat & office d'vn bon pere : & par ce que les bien-faictz sont cōmunement agreables à toutes creatures, c'est le moyen plus aisé à toutes, de soy rendre & retirer à celuy, duquel ces biens leur vienent. A cause dequoy nous pouuons demāder, QV'EST-IL CHOSE PLVS DOVCE QVE VN PERE LEGITIME, faisant enuers son enfant vray & legitime office de pere? que sçauroit l'hōme trouuer plus doux, ny plus agreable & plaisant, que receuoir le vray & legitime fruict d'vn pere, qui n'est que toute maniere de bien-faictz? QVI EST DONC

Douceur paternele consiste sous biens.

CESTVY CY, auquel veritablement l'estat du pere legitime & faisant bien sa charge appartienne, ET COMMENT LE COGNOISTRONS NOVS? ne sera ce pas par la multitude & grandeur des bien-faictz qu'il pleust ordinairement sur nous, a peine d'estre plus ingrats que langue ne le sçauroit expliquer? penserons nous que ce soit vn hōme, lequel n'ayāt rien à soy ne nous peut rien dōner? Et qui plus est, serons nous si tournés de ceruelle qu'ont esté les anciens, vsans d'vne si temeraire ingratitude, de non seulemēt estimer les bien-faictz de ce bon Dieu tout puissant, nous estre donnez par vn hōme, mais encore entre les hōmes choisir celuy qui sera entre tous le plus meschant, abominable, & mal conditioné, qu'ilz nommoient Iupiter, duquel ilz estimoient receuoir tous bien-faictz, & en faisoient leur grand Dieu? O

Il se faut donner garde d'ingratitude

Experience de bōté & misericorde de Dieu.
Rom. 2. a

quelle experience de la bonté de Dieu, & de sa tolerance qu'il n'enuoyoit vn feu vniuersel, cōme il auoit au parauant faict le deluge, pour extirper toute ceste ingratitude. C'estoit bien experimenté, & quant & quāt mesprisé la longuanimité & patience de la bōté de Dieu, que dict S. Pol, & par vne dureté de cœur, qui leur thesaurisoit & faisoit prouision pour l'aduenir d'vne tres-grāde ire de Dieu, à cause de l'ignorance volontaire, qu'auoient les hōmes, ne recognoissant aucun des bien-faictz, qu'ilz receuoient de Dieu estre de luy. Et toutefois n'en y auoit aucun qui n'eust entendemēt & vsage de raison, disposé à ceste cognoissance : car cōme

Rom. 1. c

dict S. Pol, Dieu leur a reuelé & manifesté ses choses inuisibles despuis la creation du mōde, par les choses visibles considerées par l'ame raisonnable, sans voile de concupiscēces : lequel

L'hōme abuse des bien faitz de Dieu.

ferme ceste veüe & cognoissance le plus souuēt, de maniere que l'hōme abusé du bien qu'il reçoit de Dieu, par vne si grāde indiscretion, q̄ le plus souuēt il l'estime estre receu d'ailleurs. Qui a esté cause de la ruyne de tāt de generatiōs precedētes, qui ont choisi vne telle diuersité & multitude de dieux, que nous auons cy deuāt racōpté quelquefois, sans iamais paruenir à la cognoissance de l'inuisible & immortel, duquel à la verité ilz receuoient tous leurs bienfaictz, par lesquelz ilz le deuoient & pouuoient cognoistre, retirāt leur entendemēt & pēsée des choses corruptibles, & considerāt que vertus ou forces corporeles ne pouuoiēt fournir

aux

aux actions & effectz incorporelz, qu'ilz aperceuoient tous les iours, voire ny aux effectz corporelz. Comment donc le cognoistrons nous, pour luy rendre l'honneur & deuoir que nous auons a luy, sans l'offencer aucunement, EST IL RAISONNABLE DE DONNER A CESTVY CY, SEVL TILTRE DE DIEV. En cest endroict, le Grec parle figuréement, & n'entendant le propos, comme il est couché, parce qui s'ensuyura: car il demande s'il est raisonnable de donner tiltre de Dieu a cestuy cy seul, au lieu de dire s'il est raisonnable de luy donner le seul tiltre de Dieu, & c'est celuy qu'il entend. Toutesfois nous l'auons couché en ceste langue pouuant seruir aux deux, changeant vne virgule seulemant deuant ou apres le mot seul: combien qu'il ne s'entende que le point ou virgule estant deuant, nous auós trouué vne semblable loqution a la fin du precedent chapitre, ou il est dict par le Grec, aiant aprins de moy cecy, fais profession de silence de vertu, au lieu de ayāt aprins ceste vertu de moy, fais profession de silence. Ce que nous auons corrigé remuātz seulemant vne virgule, pour l'esclarcir ainsi a ce propos, comme si nous disions, est il raisonnable voiantz vne si merueilleuse grandeur & puissance, voiātz vne si continuelle, frequente & multipliée operation en toutes choses, voiant vne si grande & plus admirable amour & bonté, non conuiée ny meritée d'aucune occasion precedēte, de donner a ce souuerain bien pourueu de tant de perfections & bōtez le seul nom de Dieu, lequel n'emporte que l'omnipotence & grandeur sur toutes choses. Ov bien de luy dōner le nom DE FACTEVR, comme c'est hōneur n'apartenant a autre qu'a luy: ov bien de luy donner tiltre DE PERE, par les grandes ocasions que nous en auons, si nous metons peine a le cognoistre: OV BIEN lui atribuer le tiltre DE TOVS LES TROIS, le recognoissant vniuersellemēt dominer, cōduire, & aymer toutes choses chascune en son degré, par ou il puisse & doibue porter les trois tiltres. A sçAVOIR DIEV A CAVSE DE SA PVISSANCE, par laquelle il domine toutes choses, & se trouue en telle grandeur qu'il n'a compagnon n'y superieur, soit en terre, a remuer, &s'il est besoin briser ou transporter toutes choses corporelles, combatre armées, fendre rochiers, separer la mer, susciter les morts, & autres puissances infinies en grādeur, & sans aucun nombre, soit au ciel, faisant mouuoir & porter ces merueilleux corps en grādeur si regulieremēt sans estre soustenus ny portez d'aucūs soustenement, & FACTEVR, A CAVSE DE L'EFFICACE qu'il produit par ses admirables puissāces & vertus, en toutes heures, tēps & lieux, a toutes creatures. Esquelz ses operatiōs & effectz sōt si cōtinuelz & multipliez, qu'il n'est lieu ny tēps qui en soit vuide: soit en terre parmy tāt de plantes, mineraux, animaux, & toutes creatures, par lesquelles il produict des efficaces & vertus, (qui leur a cōmis) innumerables effectz tous diuers, soit aussi en haut & ez regions celestes, esquelles il a basty plusieurs & diuers corps tous prouueuz de ses mesmes vertus & actions, par lesquelles il ne cesse d'engendrer infiny nombre d'effectz en ceste basse region, & habitation de ses creatures, ET luy donnerons nom de PERE, A CAVSE DV BIEN qu'il confere a toutes choses, leur donnant vie, nourriture, entretenemant, plaisir, esbat, repos, & mouuement, & infinis autres biēs, chascun en son temps, ne cessant iamais la collation des biēs faictz qu'il donne a ses creatures, & outre ces biens ordinaires & generaux, tant de biens particuliers, que nous n'aperceuons a cause de nostre ignorance, qu'il faict secourant tant de personnes aux perilz & dangers, esquelz il se trouuent en ceste vie mortelle, parmy tant de diuersitez & perturbations, confusions & desordres, entretenus par l'ignorance. Et lesquelz biens ne sont en main d'autre qui les puisse donner que luy, CAR LA PVISSANCE EST DIFFERENTE DES CHOSES QVI SONT FAICTES, lesquelles cōbien qu'elles soient prouueuës de puissances, actiōs & vertus, ces puissances ne leur apartienēt, ains les tiennent en simple & seule dispensation pour les administrer soubz ce tout puissāt, auquel elles apartienēt en proprieté, & sont differētes des choses faictes en ce qu'elles sont intelligibles & incorporeles: & les choses faictes sont sensibles & corporeles: ET L'OPERATION qui est l'employ de ses puissances faict par les actions, GIST EN CE QVE TOVTES SE FONT, & ordinairemēt se bastissēt, par ceste executiō, qui se faict en toutes creations, & cōpositions, d'assembler les simples diuers en vne creature, par la conionction de la forme auec la matiere, & ceste operatiō estāt vertu diuine attribuée au S. Esprit, & pareillemēt differēte des choses faictes & creées par celle operatiō cōme la chose incorporele de la corporele: & toutesfois est dicte operatiō corporele, quand elle opere en choses materieles & corporeles: est aussi dite incorporele, quand elle opere en choses en choses incorporeles & vertus ou essences diuines, Et de ces puissances, operations, bienfaicts, & choses faictes, l'on pourroit tirer vne si grande diuersité, a cause des differences que ce diuin thesor a fourny en toutes choses, qu'il en sortiroit vn si grand nombre, qui nous mettroit en telle confusion, que facillemant nous perdrions la cognoissance des sources & choses principales. PARQVOY DELAISSANT SVPERFLVITE ET VANITE DE PAROLES, desquelles la multitude trouble le plus souuent l'intelligēce, soit par equiuocques, synonimes, figures, & autres improprietez de lāguage, faisant toutes vanitez & superfluité, nous abregerons le chemin de cōprédre toutes choses en moindre nōbre, par le quel IL NOVS FAVT ENTENDRE CES DEVX CHOSES, asçauoir CE QVI EST FAICT ET CELVY QVI LE FAICT. Parce que toute composition, faction, ou creation, consiste en ces deux, DE TANT QVE ENTRE CES DEVX, N'Y A AVCVN MOYEN, atandu que Dieu qui faict, fournit de toutes actiōs, puissances, vertus & operations, toutes incorporelles, & par celles la il produict ce qui est faict de la matiere, qui est l'autre. Parquoy entre Dieu qui faict, & ce qui est faict n'y a moyen quelconque, & si nous posons l'vn argument, que Dieu opere par moiens comme il est vray, & par ainsi il y auroit moien entre l'operāt & l'œuure. Nous dirons que par quel moien que Dieu opere, soit creature quelconque ou autre si faire se peut, il se trouuera que ce qui opere par ceste creature ou autre moien, est la partie diuine qui est en elle, par laquelle Dieu faict l'operatiō & produict l'effaict, sans que l'honneur d'operer puisse estre atribué au moyen, qui est luy mesmes en œuure ou effect, parquoy entre l'operateur & l'effaict, ou la chose faicte, n'y a moyen. Autres pourroient dire que Dieu opere le plus souuent par instrument, quand il se sert des creatures en ses operations: & tout instrumēt est moyen, cōme nous voyons clairemāt parmi les hōmes, ausquelz les oustilz seruent de moyē a faire leurs operations comme instrumentz: dont il s'ensuit que Dieu operant par instrument, pose moyen entre luy & sa facture. A ceste obiection nous dirons, que la comparaison de Dieu parfaict, a l'homme imparfaict, trouble l'intelligence: car l'homme soy seruant d'instrument comme moyen en quelque operation, le peut dire vray moyen si necessaire a luy que sans iceluy il ne peut faire sa besoigne, cōme vn molle de diuerses besoignes, sans lequel l'homme ne peut operer precisément vn tour ou compas pour arondir: ce que l'hōme ne peut faire sans oustilz ou moyen, & lesquelz oustilz & moyen n'est en luy, s'il ne le prend d'ailleurs: a cause dequoy il est moyen ou tiers en l'operation. Ce n'est ainsi de Dieu, car quoy qu'il employe pour instrument ou moyen, en quelle operation que ce soit, c'est tousiours sa partie diuine, qui est sciruée en la forme de la creature, de laquelle Dieu se sert de moyen. Parquoy Dieu se sert de soy mesmes, & non de chose estrange de soy en son operation, NY APRES EVX TIERS AVCVN, qui puisse seruir de moyen ou tiers entre le facteur & la facture, ains deuons entendre ces deux, asçauoir ce qui est faict, ou la facture, & celuy qui le faict, ou l'operateur, sans leur donner aucun tiers ou moyen: comme nous fairions a l'homme, duquel l'imperfection l'empesche d'operer, sans moyen qui face ce qu'il sçauroit faire. C'est au contraire de Dieu, car ces moyens n'estant que luy mesme, ne peuuent ny sçauent faire ce qu'il peut, & sçait qui sont toutes choses. Parquoy entre Dieu & sa creature ny ayant aucun moyen, de mesme maniere apres eux n'y a aucun tiers, qui ne soit de l'vn ou l'autre: a cause que Dieu est la partie incorporelle, la matiere estant la partie corporele de la creature: si lon estime entre Dieu & matiere, la creature composée des deux pour tiers, l'on s'abuse, detant que la creature tenant des deux, n'est tiers estrange d'eux ains est eux mesmes. Dont nous dirōs, qu'en toutes choses, qui sont, n'en est que deux, asçauoir Dieu & matiere.

Multitude de propos nuit a l'intelligence.

Toutes choses sōt ou facteur ou facture.

Entre Dieu & son œuure n'y a moyen.

Dieu operer sans & par moyen, que c'est.

Differance de l'operation de l'homme a celle de Dieu.

Dieu & sa creature n'ōt aucun tiers.

SECTION 5.

ENtandāt donc toutes choses, & escoutāt toutes choses, te souuienne de ces deux & les pense estre toutes choses, ne laissant riē en doute, soit des choses superieures ou inferieures, ny diuines ny muables, ou de celles qui sont au profond. Car deux sont toutes choses, ce qui est faict, & ce qui faict. Et de separer l'vn de l'autre, il est impossible

ble, de tant que le facteur ne peut estre sans ce, qui est faict : & l'vn & l'autre des deux est cela mesme. A cause dequoy, il n'y a lieu de separer l'vn de l'autre, mais il est en soy mesme.

COMMENTAIRE.

POur paruenir à la cognoissance de toutes choses, par l'intelligence de leur vraye source & origine, il nous faut entendre comme nous venons de dire, deux choses, asçauoir le facteur, & la facture, ou ce qui faict, & ce qui est faict : & l'entendre de telle maniere, que nous n'y adioustons aucun tiers ou moyen. ENTENDANT DONC, & estudiant, à la cognoissance de TOVTES CHOSES, pour sçauoir leur source & origine, ET ESCOVTANT parler, soit par viue voix ou escriptures, de TOVTES CHOSES TE SOVVIENE DE CES DEVX, asçauoir ce qui faict, & ce qui est faict : ET LES PENSE ESTRE TOVTES CHOSES: de tant qu'il nous faut souuenir de ce que nous auons dict du commencement, qu'en toutes choses qui sont, il n'y a que Dieu & matiere: desquelz deux toutes choses sont faictes, & composées. Parquoy les choses mesmes composées ne sont autre chose, que Dieu & matiere, à cause qu'elles sont toutes de matiere & forme, qui est de Dieu. Or est il, que Dieu estant le facteur & createur de toutes choses, il les faict en la matiere, laquelle elle honore de ses essences, luy donnant sa forme : dont s'ensuit que Dieu facteur comprend le facteur & la forme qui est de luy. Il ne reste que la matiere en la chose faicte, qui n'est chose faicte, & en laquelle ne gist le nom du subiect, ains en la substance, qui est partie de la forme, & qui est de Dieu, comme nous l'auons dict cy deuant. Parquoy nous ne pouuons faillir de dire, que Dieu facteur est la chose faicte de forme & matiere, comprenant toutes choses, NE LAISSANT RIEN derriere ny EN DOVBTE, car toutes choses sont simples ou composées. Des simples n'en paroist plus de corporeles ou materieles, à cause que les quatre elementz: qui estoient les seules matieres simples, sont meslez pour l'entretenement des effects de nature, en generations, mutations, corruptions, & autres varietés d'operations, pour la nourriture des creatures, lesquelles ne peuuent receuoir secours quelconque de l'element simple, s'il en y auoit quelqu'vn, & ce à faute qu'il n'auroit aucune action ou vertu, ains seroit priué de toute raison, essence, & efficace diuine, pour seruir de seule matiere, comme il a esté dict au commencement.

Parquoy l'element ne se trouuant simple és choses, qui sont, il n'y reste aucune facture simple. Dont s'ensuit, que toute chose formée, est composée, quelle qu'elle soit, de tant que en la matiere sans forme, nous auons cy deuant dict n'estre Dieu ; à cause qu'elle n'est composée, ains est sans forme. Il ne reste donc simple, que les vertus & essences diuines, communicquées a la matiere pour la former & composer. Toutes choses simples donc estant du facteur, & partie des composées, qui sont les formes, il ne reste en toutes choses, que le facteur & la chose faicte, differante du facteur, en ce qu'il est simple, & elle est composée de luy & de matiere. Il n'y reste donc rien derriere ny en doubte, que toutes choses ne soient comprinses soubz Dieu & matiere, & soubz facteur & chose faicte, & soubz simple & composé, SOIT DES CHOSES SVPERIEVRES, qui sont essences diuines, OV INFERIEVRES parties du monde cōposé & materiel, NY DIVINES qui ne soient subiectes a aucune mutation, NY MVABLES qui sont les composées, & materieles, sont aussi de celles, qui sont au ciel, OV DE CELLES QVI SONT AV PROFOND de la terre, lesquelles sont toutes subiectes a composition & meslange. CAR DEVX SONT TOVTES CHOSES, & toutes sont comprinses soubz ces deux, a sçauoir CE QVI EST FAICT, qui sont toutes creatures, lesquelles sont faictes & composées, & dauantage toutes parties elementaires. Quand bien il s'en trouueroit de simples, elles sont faites cōme S. Pol l'a declaré, disant, que des choses inuisibles ont esté faites les visibles, qui sont les elemēs & cōpositions faites d'iceux: mais les simples s'il y auoit matiere, qui le feut n'ayāts en eux rien d'essence diuine, ne sont dits estre, ny cōstitués au rang des choses, lesquelles sont, à cause de leur forme essence diuine, ET CE QVI FAICT, qui est ce, qui reste apres auoir determiné de toutes cōpositions & matiere.

Toutes choses ne sont que deux.

La forme est du facteur la matiere à part

En matiere n'y a rien simple.

Chap. 1. 10

Simple & composé sont toutes chs̄ s.

Deux sont toutes choses.

Heb. 11. a

C'est ce

C'eſt ce bon Dieu facteur & operateur, par l'atribution qu'il faict a la matiere de ſes parties, pour la former, & honnorer, de ſes eſſences, lequel comprend toutes autres choſes ſimples en luy, comme eſtant le vray ſimple, differant de la choſe faicte & compoſée. Ces deux donc cōprenent toutes choſes, aſçauoir ce qui eſt faict, & ce qui faict. ET DE SEPARER L'VN DE L'AVTRE, IL EST IMPOSSIBLE, à cauſe que pour ce regard ilz ſont relatifz,

N'y a ſeparatiō du facteur a la facture.

cōme les Logiciés les aſſeroient facilemēt au predicamēt de relation. C'eſt a dire, que l'vn ſe refere à l'autre, de telle maniere, q l'vn ne peut eſtre receu ny entendu ſans l'autre: DE TANT QVE LE FACTEVR NE PEVT ESTRE SANS CE, QVI EST FAICT, par ce qu'il n'eſt dict facteur ſinō pour le regard de ce qu'il fait: & la choſe faicte n'eſt dicte q pour le regard du facteur, comme ſi nous diſions c'eſt le facteur de la choſe faicte, ou c'eſt la choſe faicte

Facteur & ſa Facture ſont relatifz.

par le facteur, les rendant tellement relatifz l'vn à l'autre, que l'on n'en puiſſe entendre l'vn d'entre eux que par l'autre: de tant que le facteur ne ſeroit facteur ne faiſant rien, & la choſe faicte ne ſeroit faicte ſans quelqu'vn qui l'euſt faicte. Dont s'enſuit que leurs denominatiōs ſont relatiues & dependent l'vne de l'autre, ne pouuant eſtre entendues l'vne ſans l'autre. ET L'VN ET L'AVTRE DES DEVX EST CELA MESMES: c'eſt ne pouuāt eſtre l'vn ſans l'autre, & qui cōme le facteur eſt relatif & reſſeré a la choſe faicte, il s'eſuit que la choſe faite eſt cela meſmes, a ſçauoir referée & relatiue du facteur, prenant chaſcun ſon eſtat l'vn de l'autre. A CAVSE DEQVOY, IL N'Y A LIEV DE SEPARER L'VN DE L'AVTRE: de

Choſes relatiues ne ſouffret ſeparation.

tant que ceſte ſeparation les priueroit de leur eſtat, par ce que le facteur ne ſeroit facteur ſans la choſe faicte, de laquelle il prend nom & eſtat de facteur: ny pareillement la choſe faicte ne ſeroit dicte faicte ſans le facteur, duquel elle prend ſon eſtat & denomination, qui eſt cauſe, que pour ce regard ilz ſe tiennent enſemble, de maniere qu'il ne peuuent eſtre ſeparez l'vn de l'autre, MAIS IL EST (A SÇAVOIR L'VN ET L'AVTRE) EN SOY MESMES.

Mercure par ce propos ramene toutes choſes en Dieu, ayant dict cy deuant frequentement, que Dieu eſt toutes choſes, à cauſe qu'elles en tiennent la forme, & maintenant par la relation, qu'il faict de Dieu facteur a toutes choſes faictes, ne pouuant eſtre l'vn ſans l'autre, il dict qu'il n'y a lieu de ſeparer Dieu des choſes faictes, leſquelles eſtant faictes, par compoſition de matiere & ſes eſſences inuiſibles, il dict que ce ne ſont ſeparéemēt deux choſes,

Rom.11.d Dieu eſt ce qu'il faict eſtant toutes choſes.

mais chacune des deux eſt a ſoy meſmes, par ſoy meſmes, & en ſoy meſmes, comme ſainct Pol l'a declaré: tant s'en faut qu'il puiſſe eſtre ſeparé de toutes choſes, qu'il eſt meſmes toutes choſes, leſquelles ſont a ſoy, en ſoy, & faictes par ſoy. Il eſt non ſeulement l'operateur, mais il eſt meſmes l'operation, & efficace, ou faculté d'operer, il eſt meſme la choſe faicte, tenant toutes ſes parties, de luy. Parquoy il n'y a lieu de le ſeparer: car il s'enſuiuroit, que l'on diroit d'vne creature particuliere, c'eſt Dieu, ce que ſeroit faux, mais c'eſt ſeule partie de Dieu. Lequel combien qu'il ſoit diuiſé en ſes parties compoſés, & creatures de ce monde materiel: ce neantmoins il n'eſt diuiſé pour ſon regard, mais eſt vn & ſeul en toutes & par toutes choſes, comme deuant eſtre conſideré en vniuerſel en toutes creatures, compoſitions, & for-

Dieu conſideré en vniuerſel.

mes, ſoient en hommes, animaux, bruts, plantes, mineraux, & tout autre ſubiect materiel, toute region celeſte, tous corps eſtantz portez par icelle, toutes vertus, puiſſances, actions, & mouuementz, toutes operations, efficaces, & productions d'effectz, & autres choſes qui ſe peuuent conſiderer, le tout prins enſemble & non ſeparéement c'eſt Dieu. Et pour le bien recognoiſtre tel, n'ya aucun lieu d'en faire ſeparation, à cauſe que toute communication, que Dieu faict ez creatures eſt ſans ſeparer aucune choſe de ſoy, qui le faict demeurer vn en ſoy innumerable par communication, par ce qu'il eſt a luy meſmes, & en luy meſmes, n'eſtant deſparty ny ſeparé entant que Dieu. Combien que entre les creatures il y aye ſeparation & diuerſité, toutes-fois quand il eſt queſtion de Dieu, il doit eſtre entendu en l'vniuerſel, comprenant toutes choſes, à cauſe que toutes ſont de luy & ſes eſſences com-

Dieu vny & ſes efficaces ſeparées.

poſées & ſeparées pour ſa gloire. A ceſte cauſe quand nous y mettons ſeparation, aucune d'icelles n'eſt Dieu: mais le tout prins enſemble tant creatures corporeles, que parties intelligibles, ne laiſſant rien, l'eſſence de tout enſemble eſt Dieu, qui ne peut eſtre ſeparé ny diuiſé, mais demeure ſimple & vny en vne ſeule eſſence, contenant toutes vertus, & puiſſances, choſes formées, qui ſont, & qui ne ſont, comme matiere non formée, & choſes, qui encore n'eſtant, peuuent toutes-fois eſtre, de toutes leſquelles non le nombre ou multitude, mais le compliment & plenitude eſt Dieu.

SEC.

SECTION 6.

ET si celluy, qui faict, n'est autre chose, que ce qui faict seulement, il est necessaire, que cestuy cy auquel la generation de celuy, qui faict, est la chose mesme qui faict, la rende mesme chose a soy, simple & non composee: & tout ce qui est faict, est impossible estre faict de soy mesme. Et puis qu'il est faict, il est necessaire estre faict d'vn autre, car sans celuy, qui faict, la chose faicte ne se faict, & n'est point, de tant que l'vn sans l'autre a perdu sa propre nature, par la priuation de l'autre, s'il y en a donc deux confessés, ce qui est faict, & ce qui le faict, ils sont vn par vnion, l'vn precedant l'autre subsequant, le precedant est Dieu, qui faict, & le subsequant ce qui se faict, quel qu'il soit.

COMMENTAIRE.

PVis que la diuersité & differance, qui se trouue entre la forme & la matiere au subiect ou creature composez, contraint la composition ne pouuoir estre mesme chose de nature auec le compositeur, c'est autant a dire, que Dieu ne pouuant estre mesme chose, que sa creature de nature, combien que toutes formes soient de son essence & nature, par lesquelles il faict toute operation qui se faict par les creatures, pour le moins ce grand operateur sera mesme chose, auec ses vertus d'operation données a la matiere, pour forme. ET SI CELVY QVI FAICT, c'est asçauoir ce Dieu faisant toutes choses, N'EST AVTRE CHOSE, pour le regard de sa composition, QVE CE QVI FAICT: ou bien que la vertu d'operation, action, & puissance SEVLEMANT: & non qu'il soit mesme chose que tout le composé de diuersitez & pluralitez: IL EST NECESSAIRE que cestuy cy operant, AVQVEL & dans lequel LA GENERATION ou bien operation & action DE CELVY, QVI FAICT, qui est l'operant EST LA CHOSE MESME, QVI opere & FAICT, face ceste operation, action, & vertu d'operer, & LA RENDE MESME CHOSE A SOY, comme estant de sa propre essence, SIMPLE ET NON COMPOSEE. C'est autant, que ce bon Dieu estant luy mesmes sa vertu, action, & operation, par laquelle il opere & produict tous effects, & ne tenant autre lieu en la creature, que ceste partie seulemant, il est necessaire, que ceste partie d'operation, entant qu'elle est mesme chose, que sa source, Dieu operant, soit pareillement chose simple & non composée, ensuyuant la nature de ce souuerain subiect, sa source, qui n'est qu'vn simple & sans aucune diuision, multitude, ou composition. C'est ce qui empesche la creature (laquelle tient de diuinité en sa forme quelle qu'elle soit, & principalemét l'homme qui en possede la presence par dessus toute creature) de se pouuoir dire Dieu. C'est que ce Dieu souuerain en tout & par tout ou il est, ne s'y trouue cóposé, cóme faict la creature, & ne tient de ceste imperfection & miserable condition de matiere, comme sa creature. Qui fut cause que combien que Iesus Christ fust filz de Dieu, & Dieu mesme entant que filz, il ne s'en voulut dire entant que Christ tenant de composition de matiere, laquelle composition n'apartient a Dieu, mais se disoit Dieu homme & non simplement Dieu. Dót il repoussa celuy, qui le disoit estre bon, qui est vn tiltre, qui apartient au seul & pur Dieu, simple & non composé, & non a chose composée: & respondist qu'il ne le dict estre bon, mais le seul Dieu, tel qu'il estoit, sans son corps d'humanité. C'est la chose simple & non composée, qui est ce grand Dieu operant, communiquée a ses creatures diuersemét, selon son bon vouloir & deliberation, de maniere que Dieu faisant, & sa vertu qui faict sont mesme chose. ET TOVT CE QVI EST FAICT EST IMPOSSIBLE ESTRE FAICT DE SOY MESME, a cause qu'operatió est actió, soy referát a la passion ou souffráce du subiect, qui sont deux relatifz l'vn de l'autre. Parquoy celuy qui faict, n'est la chose faicte: car ce sont deux relatifs, comme l'action apartenant a celuy qui faict, & la passió ou souffrance apartenant a la chose faicte, qui pour ce regard sont deux & non mesmes. ET PVIS QV'IL EST FAICT, IL EST NECESSAIRE ESTRE FAICT D'VN AVTRE, attendu qu'il ne peut estre mesmes acteur & patient. CAR SANS CELVY, QVI FAICT, LA CHOSE FAICTE NE SE FAICT: detant que le facteur est relatif de la chose faicte, & en vne mesme

Dieu forme en toutes creatures.

Dieu mesme chose que son operation.

Creature pour quoy n'est dicte Dieu.

Pourquoy Iesus Christ ne voulust estre dict bon. Marc. 10. b

Chose faicte ne se faict mesme.

vne mesme chose, n'y ayant relatiõ, il est necessaire que puis qu'il y a relation, l'vn s'y trouuât l'autre n'y deffaille. A cause dequoy sans le facteur la chose faicte ne se faict, ET N'EST POINT, DETANT QVE L'VN SANS L'AVTRE A PERDV SA PROPRE NATVRE & condition de relatif, lesquels dependent l'vn de l'autre si necessairement, qu'ils ne sont entendus l'vn sans l'autre, & perdent leur condition, PAR LA PRIVATION l'vn DE L'AVTRE : car sans facteur n'y a chose faicte, n'y au contraire le facteur n'est sans la chose faicte. S'IL EN Y A DONC DEVX CONFESSES, CE QVI EST FAICT, ET CE QVI LE FAICT, tellement referez l'vn a l'autre, qu'ils ne puissent estre l'vn sans l'autre, & par le defaut de l'vn, l'autre tombe en priuation, ILS SONT VN PAR VNION, de la relation, à laquelle ils sont contraincts, pour euiter priuation, combien qu'ils ne soient de mesme condition. Mais L'VN EST PRECEDANT, suyuant l'estat des relatifs, soit en temps ou dignité: & L'AVTRE est SVBSEQVENT, a mesme condition, LE PRECEDANT en toutes operations & dignitez EST DIEV, QVI FAICT & opere en toutes creatures : ET LE SVBSEQVANT CE QVI SE FAICT par ses operations, QVEL QV'IL SOIT. Car toute operatiõ estant de Dieu, n'y a chose faicte, creée, ny engendrée, que par l'action & operation de ses essences, efficaces, & vertus. A cause dequoy Dieu precede en temps toutes les œuures, & creatures, comme estant Dieu auant les faire, & luy mesme facteur les faisant, & aiant faictes: & par consequent elles sont subsequentes & posterieures a luy, comme estant faictes par luy: & en dignité. Dieu facteur est precedant a toute facture: detant qu'elle ne prenant habitude, essence, action, vie & vertu que de luy, a bonne raison de le tenir precedant, & se tenir pour subsequente, comme faicte, creée, & subiecte a son plaisir & volõté. Ceste vnion par laquelle le precedant & subsequant sont vniz, & toutes choses ayant essence reunies en vn subiect, laissant a part celles qui gisent en priuation, semble bien estre l'vnion vniuerselle de laquelle nous auons parlé, quand toutes compositions & factions, meslanges & constitutions auront cessé, que toutes choses seront reunies & remises en Dieu: qu'il n'y aura plus de parties, compositions, ny meslanges, qui puissent produire diuersité ny pluralité aucune. Auquel cas se trouueroit tres veritable, que le facteur, l'operatiõ, & ce qui est faict, sont mesme chose auec le facteur, sans diuersité, multitude, ou differance: ains c'est vn seul & simple subiect, contenant en soy toute essence & habitude, Et de tant, que aucuns pourroient trouuer ce propos dur qui n'auroient encore beaucoup hãté la Philosophie Chrestienne, nous proposerons quelques endroicts de l'escripture saincte, conformes a nostre dire, quand nous cõsiderons bien leur intelligence. Il nous faut suposer ce, que nous auons quelque fois dict, & cy deuant & prochainement referé, asçauoir que deux sont toutes choses, qui sont matiere & forme, ou bien Dieu & matiere, ou autrement le facteur & la facture : c'est que Dieu contenant de sa part toutes formes, a cause qu'elles sont de son essence, les declare incorporeles, impalpables, inuisibles, & insensibles, & hors toute subiectiõ de sens corporelz. D'autre part la matiere sans forme, est vne masse corporele, sensible, visible, & incapable d'action ny vertu quelconque, despuis qu'elle fust du commancement separée de Dieu, & toute raison, vertu, & puissance, & celle la reçoit les actions, vertus & qualitez, par la colation des formes, qu'il plaist a Dieu luy informer, qui sont parties diuines, lesquelles dõnent au subiect composé de matiere & forme, que nous nommons creature, vie, mouuement, & estre, comme la Philosophie le tient, que c'est la forme, qui donne l'estre a la chose, ce n'est pas la matiere. Car qui laisseroit faire celle la, elle donneroit au subiect priuation, ruine, & destruction, ensuyuant son naturel de priuation diuine, qui est de toute essence. Donc par ceste condition, si elle n'est soustenue par la forme partie diuine, elle tend de son propre a ruine: dont s'ensuit, que ce n'est elle, qui donne la vie, le mouuement, ny l'estre : c'est la forme, qui le donne, cõme partie diuine. Ce que sainct Pol voiant estre veritable, a alegué, parlant aux Gentilz, prenant de leurs Poëtes & Philosophes, que nous sommes race de Dieu. En ceste partie dõc intelligible, qui est semence diuine, gist nostre vie, mouuement, & estre. Car nostre vie est essence diuine, communiquée a la matiere de toute creature, par ce bon Dieu, laquelle est manifestée en elle par mouuemẽt, qui n'est pas agitation, comme aucuns pourroient penser, ains c'est la vertu, par laquelle le subiect se trouue auoir puissance de mouuoir. Parquoy Mercure parlant du mouuemant, a declaré que le lieu, ou toute chose est meüe, est incorporel: voulant dire, que si mouuement estoit ceste agitation, que plusieurs pensent, il seroit necessaire, qu'il se fist en lieu, qui est le vray receptacle des choses corporeles, & de leurs agitatiõs:

mais

Mais mouuemét estant vne vertu incorporelle & diuine, n'a besoing de lieu corporel, pour se loger, mais est logé en l'essence diuine, incorporele comme luy. Voila pourquoy Mercure nous a dict, que mouuement est logé au subiect incorporel. Et sainct Pol dict, que nous nous mouuons en luy, declarant, que noz actions & vertus incorporeles, de leur nature & condition, ne peuuent estre contenues ny renfermées en matiere, mais leur propre parc & cloison est leur origine & trescopieuse source, ce Dieu tresample, grand, incorporel, & separé de toue matiere, comme à ce propos sainct Pol declare, que Dieu n'habite en temples faicts de main d'homme, à cause qu'il infini ne peut estre contenu d'vn temple fini, combien qu'il habitast respōdant à Moïse entre les Cherubins sur l'arche, & toutesfois n'y estoit contenu ny enclos. Aussi dict il, que nous sommes en Dieu, parce que estre ou essence est semblablement partie diuine, & incorporele. Il declare, que cōme nous viuons & mouuons (qui sont actiōs incorporeles) en l'incorporel: de mesme maniere nous sommes & prenōs nostre estre de c'est incorporel qui habite en nous, & toute creature le prend pareillement de la partie de c'est incorporel, qui habite en elle. Dont les Philosophes s'accordent a sainct Pol, en ce que l'estre est donné de la forme incorporele, & non de la matiere corporele. *Act. 17 f*

Dont s'est ensuyuy, que l'estre de toutes creatures est en Dieu, & par ainsi Dieu est toutes creatures, comme estant forme en toutes creatures, de quelque nature & cōdition qu'elles soient, de laquelle forme l'estre est prins, & non de leur corps ou matiere. De la s'est en suyuy que Mercure a dict, que Dieu qui opere, est mesme chose auec son operation ou vertu d'operer: detant qu'il est ses vertus mesmes. Parquoy en ses operations n'ya moyen prins d'ailleurs, ny tiers le secourant a faire son œuure, mais luy & son operatiō sont vn d'vne part, & sa facture est l'autre, en ces deux estant comprins tout ce qui est. C'est comme sainct Pol l'a declaré estre premier nay en toutes creatures: detant qu'en luy toutes choses, soient au ciel ou en la terre, sont basties, soient visibles ou inuisibles, & en luy crées: & qu'il est deuant toutes choses, comme nous l'auons cy deuant dict auec Mercure: & toutes choses sont en luy constituées. Qu'entend autre chose sainct Pol par la, que toutes choses auoir esté formées par ce premier nay, en luy mesmes aucteur de toutes formes & vraye source d'icelles? de maniere que toutes sont constituées & ont leur estre en luy, comme il a esté dict. Dauantage non seulemāt toutes choses sont en luy, mais il est toutes choses, comme sainct Pol le dict apres, Ne mentez point entre vous, mais despouillez ce viel homme auec ses actes, & vous reuestiez le nouueau, qui est regeneré en cognoissance de Dieu selō l'image d'iceluy qui la crée, ou ny a masle ny femele, Gentil, ny Iuif, Circoncision, ny Prepuce, Barbare, ny Scytien, serf ny libre, mais toutes choses en toutes choses est Christ. Par ou il ne soufre aucune distinction estre faicte, de chose quelconque en celuy, qui reçoit Dieu en sa composition, ny pareillemant Christ en vnion, que l'ayant il n'aye en ce toutes choses, comme il a declaré ailleurs, Qu'auec luy il nous a donné toutes choses. C'est comme dict Mercure ne laissāt riē en doubte, soit des choses superieures, ou inferieures, diuines, ny muables, ou de celles qui sont au profond. Et de la s'est ensuyuy que Dieu nous donnant Iesus Christ, pour la reparation de nostre ruine, ne l'a seulement donné pour nous, mais pour la reparation de toutes choses, tant celestes q̄ terrestres: de tāt que ce subiect ne peut estre mis en ieu, qu'il ne produise les effectz de sa condition, comme il est escript, selon son plaisir qu'il a proposé, de restaurer en Christ toutes choses, qui sont crées, au ciel, & en la terre: ou aussi nous auons esté appelles. Par ce propos il nous reste clair, qu'il est toutes choses, en toutes choses: & s'exposant pour seruir de reparateur, ce sera pour toutes choses qui en aurōt besoin ne laissant rien derriere, soit au ciel, ou en terre. C'est ce que sainct Pierre a prophetize, qu'a l'aduenement de Iesus Christ, ciel & terre seront purgez par feu, & renouuelles: detant que ce grand subiect contenant toutes choses s'estant exposé en reparation, n'est seulement pour restaurer l'homme, detant qu'il n'est seulement homme, mais estant toutes choses, il restaurera toutes choses, suyuant la condition de sa nature infinie & vniuerselle. Que penserons nous estre entendu de Iesus Christ, quand il eust receu la voix du pere, luy promettant le clarifier l'ayant clarifié, lors qu'il dict suiuant la merueille qu'en auoient les Iuifs, que lors qu'il seroit exaucé, il tireroit a soy toutes choses: sinon qu'il entendoit par sa glorification, qui estoit la fin & comble de sa reparation: il retireroit toutes choses a sa perfection, luy reparant estant toutes choses, lesquelles combien qu'elles soient diuerses en operations

Dieu n'est cōtenu de chose corporele.

La forme donne l'estre.

Deux sont tous sans moyen ny tiers. Coloss. 1. c

Tout est Dieu & Dieu est tous en tout. Coloss. 3. b

Ce qui reçoit Dieu, reçoit toutes choses. Rom. 8. f Sect. 5.

Ephes. 1. b Christ reparateur de toutes choses.

2. Petr. 3. c

Ioan. 12. c

&effaicts:celluy toutes-fois qui est en toutes,& qui est toutes, n'est que vne essence, comme il est dict, il y a diuision d'operations:toutes-fois il n'est que le mesme seigneur, qui opere toutes choses en toutes choses, qui nous manifeste qu'il est toutes choses, toutes operations vertus & puissances en vn subiect. Dont Esaye recognoist toutes œuures humaines estre de Dieu, lors qu'il dict, Seigneur tu nous donneras paix : car tu as operé toutes nos œuures, entendant que l'homme n'opere que par la partie diuine, qui est en luy, non faict aussi toute creature, soit animal, brut, plante, ou mineral, lesquels n'ont aucune efficace, vertu, ny puissance en leur matiere, ains en la seule partie de la forme, par laquelle ce tres-admirable & souuerain Dieu est en toutes & est toutes choses. Ce n'est que nous veuillons si temerairement parler, que aucuns ont escrit, que Dieu faisant toutes choses faict pareillement les vices, & par consequent estant aucteur & operateur de toutes choses, il est aucteur des vices & pechez, qui est blaspheme intollerable.

1.Cor.12.a Toutes asseurance vn operateur. Esaie.26.e

Dieu & la creature operent par la partie diuine.

Solutio d'obiection blaspheme.

Ceux la n'ont pas entendu la nature & condition des choses qui sont, ou ont essence. Car s'ils y eussent veillé, ils eussent trouué, que vice & peché est fondé & constitué en priuation, & eslognement de tout estre : à cause que vice destruict & tend a ruine & priuation. Parquoy il n'est compté entre les choses qui sont, mais est totalement constitué en priuation d'estre ou essence, comme nous en auons plus auant parlé, declairans que le peché estoit nommé rien, a cause qu'il estoit en la mesme priuation que ce mot rien se trouue. A ceste cause nous n'atribuerons a Dieu operation de priuation, qui est toute alienee de sa nature, mais luy atribuerons operation de toute chose aiant estre, & constituée en habit. Et en ceste maniere, il sera legitimement dict estre tout en toutes choses, comme disent sainct Pol,& Mercure : & au contraire l'acompliment & perfection de toutes choses estre luy, comme nous le disons plus amplement ailleurs. Donc nous conclurons ce, que nous auons proposé auec Mercure, que Dieu est mesme qui opere en toutes choses, c'est à cause qu'il n'y a differance entre luy & ses vertus operantes, en & par toutes creatures, lesquelles prinses en compliment & perfection sont a la verité luy mesmes: & il est pareillement elles, qui sont toutes choses, receuants estre & habit de la partie de leur forme, qui est diuine.

Peché contrarie a l'essence.

Dieu est en habit & non en priuation.

SECTION. 7.

PRens toy donc garde, craignant que a cause de la varieté des choses faictes tu n'atribues a Dieu rabaissement & honte, car il a en luy vne gloire, faire toutes choses. Et cecy est comme corps de Dieu, ascauoir faction. Toutes-fois a luy faisant n'est imputé aucun mal ni infamie : de tant que ce sont passions qui ensuiuent la generation, comme la rouille suit l'airain, & les ordures le corps. Si est ce que le forgeron n'a faict la rouille, n'y le facteur faict l'ordure, ny pareillement Dieu la malice, mais la perseuerance de generation la faict comme florir ou bourioner. A cause dequoy Dieu a faict la mutation, comme estant la purgation de la generation.

COMMENTAIRE.

PAr ce que parmi les anciens tant ceux du temps de Mercure que leurs ancestres, la parolle de Dieu estoit plus rare & secrette, qu'elle ne fust quelque temps apres, plusieurs peuples & nations se sont laissez couler en diuerses & bien estranges idolatries, a faute de bien auoir cogneu la nature des choses faictes ou erees, lesquelles aucuns d'entre eux ont veneré come leur Dieu & souuerain bien, rabaissant l'honneur de Dieu si bas, que de l'estimer quelque fois vn homme, le plus souuent vitieux & de mauuaise vie, quelquefois receuant pour leur Dieu vn animal brut, comme il est escrit de ceux, qui adoroient les taupes & chauuesouris. Quelques fois adoré & reputé a leur Dieu les statues faictes de main d'home, cóme fust mis auant par les artisans de Demetrius orfeure du temple de Diane, par Esaye, Ieremie, & autre prophetes, reprenants grandement ceste honte & rabaissement faict a Dieu.

L'ignorance produict l'idolatrie.
Esaye.2.d
Act.19.c
Sap.13.c
Esaye.40.d
Ierem.10.a

Il n'est a

Il n'est a doubter que aux temps precedantz Mercure, ilz ne courussent autant ou plus apres ces idolatries, que du temps de noz Prophetes, qui fust long temps apres, & auquel il estoit semé plus frequentment parole de Dieu, que du temps de Mercure. Qui fust cause que luy faisant ce discours à Æsculape, lequel il desiroit retirer d'idolatrie, ou le garder d'y tumber, l'admonesta du danger, par lequel les autres y estoient tumbez & coulez, par ses paroles. PRENDS TOY DONC GARDE, ie t'en advertis, CRAIGNANT QVE A CAVSE DE LA VARIETE DES CHOSES FAICTES, esquelles ce tres-puissant facteur a constitué quelque fois si merueilleuses actions, puissances, & vertus les composant, que les aperceuant si puissantes, admirables & actiues, TV N'ATRIBVES A DIEV (par le grand deffaut que tu pourrois faire d'estimer telles actions & puissances leur apartenir : & par consequent les adorer & venerer comme aucteurs de ses puissances) RABAISSEMENT ET HONTE, comme ont faict plusieurs nations : lesquelz aperceuantz au Soleil si merueilleuses actions, efficaces, & vertus, que par son moyen ilz pensoient receuoir tous fruitz de terre seruantz a leur vie, toutes pluyes & temperies d'air. Dont est aduenu qu'estimantz ces vertus, & puissances apartenir a ce grand corps, si viste, diligent, & beau sur toute matiere, de tant qu'ilz receuoient ses biens par luy & son moyen l'ont adoré comme vn Dieu createur, donneur & suppeditateur de tous leurs biens & necessitéz, ne considerant la varieté des creatures, que Dieu a composé, esquelles il a distribué ses actiõs, efficaces, & vertus. Et si bien il en a donné ou commis au Soleil & ses compagnons de grandes & puissantes, il a faict d'autres creatures, qui en ont de moindres, selõ la varieté, qu'il luy a pleu obseruer en ses creations. Si est ce que c'est vn grand mespris faict deuant Dieu, vne grande irreuerance, rabaissement de sa gloire & honte a sa bonté & perfection de porter en sa presence l'honneur qui luy est deu, a sa creature, & la reputer en son lieu, par l'ignorance & abus que l'homme faict de son iugement, de ne cognoistre la creature & le createur. C'est luy oster beaucoup de sa gloire, quand l'homme attribuë ses operations & bien faictz a vne de ses creatures, qui n'en a que la dispensation. CAR IL A EN LVY VNE GLOIRE, FAIRE TOVTES CHOSES, pour estre recognu le seul operateur, qui besoigne par ses puissances, & vertus, ne laissant a ses creatures que le ministere, & dispensation : & lesquelles ne peuuent faire aucune action ou operation par leur puissance particuliaire, autre que celles de ce bon Dieu. C'est de ceste operation (par laquelle ceste bonté diuine ne cesse de pleuuoir tous les iours & heures diuerses manieres de bien faïctz) qu'il prend sa gloire, grandeur, excellence, & triomphe.

ET CECY EST COMME CORPS DE DIEV, a quoy nous le cognoissons & ses admirables bontez, cõme nous cognoissons l'hõme par la presence de son corps, ASCAVOIR FACTION, par laquelle il faict toutes choses de ses propres actions & puissances sans en emprunter ou tenir aucune d'ailleurs, sans ayde, secours, ny faueur, & sans aucun besoin ou souffrete: de tant qu'il est maistre, seigneur, & dominateur de toutes choses, sans aucune resistance, qui puisse empescher sa volonté & resolution. C'est par ceste faction & operation de toutes choses, qui est intelligible que nous le cognoissons par nostre partie intelligible, qui est la cognoissance & vsage de raison, comme vn homme corporel vsant de ses sens cognoist l'homme par son corps, & par icelle nous le trouuons plus grand, que par le nom de Dieu, comme nous l'auons cydeuant quelque fois dict, celle la est son essence, faire & operer bien en toutes choses sans cesser aucunement. Et si bien entre les creatures & autres operations qu'il faict, il s'y trouue du bien, ce bien vient infailliblement de luy, à cause que de quelle action que vienne ce bien, toutes actions luy apartiennent. Et de tant qu'il les a toutes dressées suiuant la misericorde de sa bonté pour conferer bien a ses creatures, ses actions ne faudrõt iamais a leur faire bien, si elles ne sont empeschées par l'ignorance & indiscretion ou vice de l'hõme, ou par ses deffautz, desquelz sortent toutes œuures de fortune, accidents & autres miseres, qui le plus souuent empeschent les biens que ce bon Dieu nous enuoye par ses effectz. Et quelque mal ou vice qui se trouue en sa besoigne, facture, ou operation, TOVTES-FOIS A LVY FAISANT N'EST IMPVTE AVCVN MAL, qui est le vray contraire de l'operation, à cause que le mal destruict & ruyne ce que l'operation bastist & edifie. Parquoy le facteur n'edifieroit, ou bastiroit, s'il faisoit en sa composition ce, qui l'a ruyné, ce qu'il ne faict: ains la faict sans mal ne vice partant de sa main. Dont il ne luy est imputé aucun mal NY INFAMIE, qui deshonore son œuure : car ce ne sont choses qui

Admonition de Mercure contre l'idolatrie.

Plusieurs deceuz en la puissance du Soleil.

Irreuence à Dieu d'idolatrer.

Gloire a Dieu singuliere operer.

Operation tient lieu de corps en Dieu

Dieu cogneu de la raison par ses operations.

Continuellement faire bien est essence en Dieu.

Destourbier du bien faict de Dieu.

A Dieu operant n'est imputé mal.

appartiennent a l'operation, laquelle de sa nature ne produict que le bien & l'honeur de son œuure. Les imperfections viennent donc d'ailleurs, que de l'operation: DE TANT QVE CE SONT PASSIONS, QVE ENSVYVENT LA GENERATION, la construction, la composition, creation, ou faction, non qu'elles soient de la nature de l'operatiõ, mais à cause que toute operation, creation, composition, ou faction, qui se faict sur la matiere, ne se peut faire sans mouuement, alteration, & mutatiõ d'icelle. Il s'ensuit que ces mutations, mouuementz, & alteration trouuent la matiere si imparfaicte, qu'elle estant par l'operatiõ reduite en forme nõ tachée d'aucun vice, bien tost apres, à cause de son imperfection, s'ensuit, qu'elle ne pouuant demeurer longuement en vn estat produict imperfections, vices, & corruptions, qui sont accidentz suiuant la cõposition, & generation, à cause de la matiere. Cõbien qu'elles ne soient de sa nature, mais plustost contraire, ruinant ce que l'operation bastist. Toutesfois ces vices aduiennent au composé par l'imperfection de la matiere, qui ne peut endurer l'honneur & decore, que luy a dõné l'operatiõ: & a ceste cause la suit de bien pres, COMME LA ROVILLE SVIT L'AIRAIN façonné & operé de quelque excellente operation, que ce soit, & rendu par l'ouurier sans aucune macule ou vice. Toutesfois sans la faute de l'ouurier, l'imperfection de l'airain suiura de si pres l'operation, que la besoigne ne demeurera guiere constãte en vn estat, qu'elle ne tumbe en putrefaction, & corruption, ou rouille, qui destruict l'operation faicte par l'ouurier. Autant en font toutes autres matieres, chascune selon son estat, comme elles sont de plus longue resistance aux accidentz l'vne que l'autre: toutesfois l'accident qui ne domine l'vne dominera l'autre: de maniere que son imperfectiõ n'a faute de suffisant nombre, & diuersité d'accidentz pour la ruiner & corrompre: ET de mesme maniere LES ORDVRES & crasse ensuiuent LE CORPS de l'animal, des qu'il est composé, auec le temps l'attirans tousiours a corruption. Or aucun pourroit penser que l'ordure veinst de l'operation: SI EST CE QVE LE FORGERON maniant son fer par le feu, qui nettoye & purifie toute corruption, rend sa besoigne nette, & par la nous voyons qu'il N'A FAICT LA ROVILLE qui se trouue, quelque temps apres qu'il l'a laissée: NY LE FACTEVR des corps des animaux n'a de mesme FAICT L'ORDVRE, qui leur suruient quelque temps apres: NY PAREILLEMENT DIEV vray operateur & compositeur de toutes formes, qu'il communicque aux creatures de son essence auec leur matiere, n'a faict LA MALICE, non plus que les hommes ouuriers imparfaictz. Et toutes-fois par leur operatiõ ilz ne conferent a leur œuure aucun vice, ains il vient de la condition ou imperfection du composé. Que dirõs nous donc de ce bon Dieu operateur souuerain en toutes manieres? Asçauoir s'il faisant vne operation sera de pire condition que l'homme imparfaict ouurier meslant par icelle en son œuure quelque deffaut, malice, ou imperfection? Non veritablement, ia ne soit, que nous ayons ceste maudicte opinion, & nous veuille preseruer de telle blaspheme contre sa bonté, mais dirons que par plus fort argumẽt l'homme imparfaict ne produisant rouille, ny crasse par son operation en sa matiere, moins beaucoup Dieu tres-parfaict operateur produira en ses creations & operations, non seulement malice mais imperfection quelconque, tant soit elle petite, car il n'en peut venir aucune d'vne si souueraine bõté & perfectiõ. Parquoy nous deuõs resoudre, & croire fermement, que ce bon Dieu ne produict ou prouocque en sa creature aucune malice, peché, ny imperfection, soit au corps ou en la pensée: MAIS LA PERSEVERANCE DE GENERATION, par laquelle le facteur a constitué sa facteure en estat de durer, tant que sa matiere le pourra permettre, L'A FAICT COMME FLEVRIR OV BOVRIONNER, des que l'ouurier a constitué sa generation & operation en estat de perseuerance. Laquelle estant en partie de matiere, qui de sa nature est pleine de toute malice & imperfection, commence a faire bourionner & pustuller, comme les arbres enflent leur peau par petites pustulles voulãs produire leurs fruicts: ainsi la matiere estant mise en estat de perseuerer par sa creation & composition commance bien tost apres a fleurir, & bourionner, & mettre hors ou produire diuerses pustulles de malice & imperfection, qui abonde si trestant en elle qu'elle ne la peut retenir, qu'elle ne se manifeste & sorte en euidence. A CAVSE DE QVOY DIEV A FAICT LA MVTATION, par laquelle toutes compositions materieles sont renouellées en autres, COMME ESTANT LA PVRGATION DE LA GENERATION, & par laquelle mutation toutes imperfections, qui ont suiuy ceste operation, generation, ou faction sont abrogées & purgées n'estant plus en apparence au nouueau composé, qui s'ensuit de ceste mutation.

De maniere

De maniere que les imperfections, que ce nouueau composé produira par son imperfection, seront de rechef purgées par la subsequente mutation, qui en sera faicte. Et pour ceste cause ceste diuine prudence & prouidence a introduict les mutations, par lesquelles toutes compositiõs materieles sont renouuellées en nouuelles formes : a ceste fin qu'elle seruist de purger, & netoyer toutes imperfectiõs, vices, & ordures acquises par le deffaut de la matiere en ses œuures. Sur ce propos est suruenu entre les hommes de nostre temps vne miserable & pernicieuse opinion de blaspheme contre ceste bonté de Dieu, par laquelle a esté tenu & mis par escrit ceste damnable opinion, Que nõ seulement Dieu toleroit les maux & vices, mais il les vouloit, decretoit, ou ordonnoit. Disoient outre plus que Dieu preuoiant toutes choses, tant bõnes que mauuaises ne les preuoioit pour autre cause, que par ce qu'il les auoit ordonnées & decretées estre telles, faisant par ce moyen la bonté de Dieu aucteur de tous les vices, maux, & peches, qui se font tous les iours, par nos imperfections. Dont s'est ensuiuy plusieurs maux & autres blasphemes, comme nous en auons cy deuant quelquefois parlé plus amplement. Dieu veuille conseruer le iugement, & son amour & crainte en nos pensées, pour nous garder de tomber en telles & miserables opinions, par lesquelles l'asseurance de la bonté de Dieu, que nous deuons auoir dans nos cœurs, est cruellement assaillie par satan, soy seruant de tels ministres, pour du tout l'en extirper & bãnir. dont la misericorde Dieu nous veuille defendre. Et en y a eu, qui auoiẽt opinion, q̃ quelque vice que Dieu eust blasmé, ce nonobstant quand Dieu le faict, il n'est vice a luy, combien qu'il soit vice a vn autre, continuant l'opinion que Dieu faisant toutes choses y comprend le mal comme le bien. Mais a cause de sa dignité le mal qu'il faict, ne luy est estimé à vice : de tant qu'il ne peut faire mal. Ces pauures incensez ne s'aduisent qu'ils impliquent en leur dire contradiction, disants que Dieu faict le mal & le bien, & puis apres disent Dieu ne pouuoit mal faire. Car il est tout certain, que mal est vne priuation, qui iamais n'escheoit en Dieu, mais est produicte par les deffauts des imperfections de la matiere : tentants la volonté & concupiscence de l'ame : a quoy ce bon Dieu n'a aucune subiection : & ce mal est tousiours mal & vice, declairé pour tel par ce bõ Dieu, ou qu'il soit assis. Parquoy il seroit beaucoup plus sainct & veritable de dire, que le mal vient de l'imperfectiõ, qui est en l'hõme : auquel il tient le lieu de mal, tel qu'il est, que non d'accuser ceste bonté, perfection, & saincteté diuine d'estre maculé de vice, soubs pretexte de changer la nature du vice en bien, quand Dieu le reçoit, chose qui tient plus d'vn batteleur que d'vn Chrstien & d'homme nourry en trespernicieuse ignorance. A ceste cause nous retirans auec la misericorde de ce bon Dieu, de ce tresgrand danger, nous croirons, que de ce bõ Dieu ne peut venir aucun vice, n'y deffaut constitué en priuation, ains toute abondance de bien, essence, & habit : dont s'ensuit, que mal estant de contraire nature à ceste infinie bonté, ne peut entrer n'y habiter en elle, non plus que le feu en l'eau, mais vient de nous mesmes, qui pour nous descharger en accusons la bonté diuine, a celle fin qu'il nous demeure liberté de mal faire sans aucune punition.

Mutation est purge de generation.

Caluin en ses institutions blaspheme de rendre Dieu aucteur de mal.

Opinion que le mal en Dieu n'est plus mal.

Resolution.

Mal vient de l'homme.

De Dieu vise habit & non priuation.

SECTION 8.

Dauantage, il est permis a vn mesme paintre de faire le ciel, les dieux, la terre, la mer, les hommes, & toutes choses sans raison, & sans ame : & a Dieu sera il impossible faire ces choses ? O la grande folye, & ignorance des choses qui apartienent a Dieu. Car ceuxcy ont quelque nouuelle passion sur toutes autres, de tant que soy disants louër Dieu en ce, qu'ils ne luy atribuent toute operation, ils ne cognoissent Dieu : & outre ce, qu'ils ne l'ont cogneu, ils sont enuers luy grandement malicieux *luy attribuants paſſion, comme arrogance, & impuiſſance. Car s'il ne faict toutes choſes, ou il eſt arrogant, ou impuiſſant, qui eſt impieté.*

COMMENTAIRE.

<small>Argument du peintre à Dieu operās.</small>

AYant propoſé l'argument prins de l'homme imparfaict ouurier, & toutesfois ne conferant aucun vice par ſon operation a ſon œuure, pour conclurre qu'a plus grand raiſon Dieu eſtant parfaict ouurier, ne conferera aucun vice, imperfection, ny malice a ſes œuures, il continue en c'eſt endroict le meſmes argumēt par le peintre, qui faict pluſieurs choſes de ſon eſtat, & Dieu ne ſera il pas pareillemēt celles du ſien, par ces propos, D'AVANTAGE IL EST PERMIS A VN MESME PEINTRE, DE FAIRE LE CIEL, par ſon art de peinture faire LES aſtres ou DIEVX celeſtes, faire LA TERRE, LA MER, LES HOMMES, ET TOVTES CHOSES SANS RAISON ET SANS AME, ſuyuant l'eſtat de l'homme: auquel n'apartient de faire creatures formées de parties diuines, comme vie, mouuement, raiſon, & autres vertus: mais ſeulement de repreſenter celles la par lineamentz, & couleurs, ſans ame, ny vie, ou mouuement quelconque, ou bien l'interpretant autrement, c'eſt que ayant repreſenté par ſa peinture toutes choſes viuantes, & raiſonnables, il puiſſe repreſenter toutes choſes ſans raiſon, & ſans ame. N'eſt il pas donc permis a ce peintre de faire par ſon art, ſcience, & dexterité les œuures, qui dependent de ſon eſtat? ET A DIEV SERA IL IMPOSSIBLE DE FAIRE CES CHOSES, qui dependent de ſes actions, vertus, & puiſſances, qui ſont toutes atandu qu'il n'y a action, puiſſance, n'y vertu, que les ſiennes. Dont ſenſuit que toute action & operation luy apartient & deppend de luy. En y aura il quelque vn, qui penſe, que Dieu ne puiſſe remuer ces mouuements & corps celeſtes tant ils ſont grāds, & atribuer ceſte force & puiſſance a quelque autre: ou bien au contraire penſeront ils, que pour la petiteſſe de la formis & du cyron, Dieu ne ſe daigne meſler de leur vie, action, & mouuement, ou autres choſes ſemblables, ordonnant a ce grand ouurier certaines œuures, qu'il puiſſe faire, autres, qu'il ne puiſſe, & autres, qu'il ne daigne. O LA GRAND FOLIE & peruerſion de iugement, intelligence, & cognoiſſance, d'eſtimer ceſte infinie intelligence, puiſſance, grandeur, & bonté eſtre bornée, ou limitée en ſes effaicts.

<small>Dieu peut au corporel comme a l'incorporel.</small>

<small>Follie venant d'ignorāce & temerité.</small>

O la grand temerité ET IGNORANCE, par laquelle l'homme tombe en telles blaſphemes & desbordements de toute cognoiſſance, & ſçauoir, meſmes DES CHOSES, QVI APARTIENNENT A DIEV. C'eſt bien pour l'auoir abandonné de longue main que l'homme tombe en ſi grāde ignorance de luy, de laquelle procedent tous ces meſpris & blaſphemes. CAR CEVX CY ONT QVELQVE NOVVELLE PASSION SVR TOVS AVTRES, par laquelle eſtants perturbez de leurs bons iugements, ils ſont conduits a meſpriſer & blaſphemer ceſte bonté & grandeur diuine, penſons qu'ils ont entreprins quelque beſogne, qui excede leur pouuoir, de quelque mauuaiſe maniere. Dont ſe voyants impuiſſants & ſurmontez, ils ſ'en prenent a ce benoiſt ſainct Eſprit, qui leur a eſté donné, le maugreant, reniant, & blaſphemant, de ce qu'il n'employe ſes puiſſances pour acomplir leurs concupiſcences : comme il aduient le plus ſouuent a tous renieurs, & blaſphemateurs du nom de Dieu, lors qu'ils ont entreprins de gagner en ieu, & ne peuuent: lors qu'ils entreprenent vne conduicte en guerre, & elle va au rebours: vn charretier, qui entaiera ſa charrete, & ne la pouuant tirer, blaſphemera. Il ſembleroit que ce fuſt de ceſte ſource & defaut, que ſortent les reniemēts & blaſphemes, que l'hōme faict contre Dieu de ce qu'il ne le ſecourt a ce, qu'il veut faire, n'y emploiāt aſſez mal a propos ce, qu'ils n'obtiendrōt iamais, parce, cōme dict S. Iaques, qu'ils le demandēt mal, ayant diuerſes paſſiōs en leurs cerueaux. Il en y a quelque fois de ſi temeraires & fondus en ignorance de Dieu, qu'ils pēſent les operatiōs qu'ils fōt, eſtre faictes de leur propre vertu, & puiſſāce, cōme s'ils n'en tenoiēt riē de Dieu, ou

<small>Paſſion perturbe le iugemēt.</small>

<small>Iac.4.a
De celuy qui penſe auoir puiſſances propres.</small>

bien ſi

biē ſi Dieu leur en auoit faict don, n'en retenāt aucune cognoiſſance, ignorās que Dieu a dōné à l'homme toutes ſes actions, & vertus, en ſimple diſpenſation & cōdition. Que s'il ne les deſtourne par ſa malice elles ne s'employeront iamais que en bien ſuiuant la nature de ce bon ouurier, qui par ſes actions commiſes à l'homme produict infinis biens, ſi ces actions ne ſont diuerties ou deſtournées par l'arbitre, qu'il a receu & puiſſance de les employer a ſa volonté par lequel le premier homme les deſtournat du commencement ſi loin de l'intention & inſtitution de ce bon Dieu, qu'il nous laiſſa tous deſpuis inclinés, volontaires & pendantz celle part. Qui eſt cauſe que Dieu n'opere par nous la plus part de noz œuures: de tant qu'elles ſont deſtournées de l'ocaſion, pour laquelle il nous a donné dequoy operer, ſelon ſa volonté, laquelle il opere en nous, comme dict ſainct Pol, la conduiſant en perfection ſi elle n'eſt deſtournée par noz arbitres & volontes : par leſquelles l'homme ſe trouue (frequentant l'eſloignement de Dieu) ſi perturbé de ſon bon iugement, qu'il s'eſtime aucteur de ſes puiſſances comme vn riche fol grand prince, qui dira que Dieu garde ſon paradis ie garderay ma terre, eſtimant Dieu ne pouuoir ſur luy & ſur ſa terre, comme ſur ſon paradis. Ce deffaut vient de l'abus qu'il a en ſoy de ſe voir ſi puiſſant & obey. Dont ilz tumbent en temerites, comme Alexandre, duquel l'on racompte qu'il demandoit s'il y auoit encore vn autre monde a conquerir, tant il eſtoit aueuglé en ſes abus, & ne tenoit en toutes ſes puiſſances a peine la vingtieſme partie du monde. Combien d'outre-cuydance & temerité ceſte ignorance auoit produict en luy, & produict tous les iours, dans les hommes peruertis de iugement, & dominés d'affections ou paſſions ? DE TANT QVE SOY DISANTS LOVER DIEV ſelon la cognoiſſance qu'ilz en ont & iugement, qui eſt bien peruerty, EN CE QV'ILZ NE LVY ATTRIBVENT TOVTE OPERATION, action, creation, efficace qui n'apartiennent que a luy ſeul, ILS NE COGNOISSENT DIEV : lequel veut eſtre cogneu pour eſtre aucteur & ſource de toute action & operation de toute influence de bien, ayant commis ſes actions, & puiſſances a ſes creatures pour les employer chaſcune ſelon l'eſtat de ſa creation, les puiſſances & actions demeurant touſiours ſiennes, à ce qu'il demeure autheur de l'operation. Cōme vn grād prince cōmet ſes deniers à ſon general des finances, pour eſtre employés ſelon ſa charge, les deniers demeurāt touſiours au prince : de maniere que quelque payemēt qu'il face, il eſt dict le prince l'auoir faict, & nō le general, auquel il n'apartenoit : & ſi l'employ ou payemēt ſe trouue bien faict, le prince l'aduouera : au contraire s'il eſt mal faict, il en ſera puny. Tout ainſi ſi l'homme employe la monnoye de ce bon Dieu ſelon ſon intention, Dieu l'en aduouera, & ſera grand ſur dix citez, comme il eſt eſcrit : & s'il l'employe contre ſon vouloir, & mal a propos, il en ſera puny comme ceſte monnoye n'apartenant a luy, ains a ſon Seigneur & maiſtre. C'eſt donc ne cognoiſtre Dieu, quand l'homme ne luy attribue toutes actions, operation, vertus, & puiſſances. Aucuns de ceux, que nous auons n'agueres parlé, ayantz opinions, que Dieu eſt aucteur du mal, comme du bien, feroient icy vne queſtion, Si c'eſt honnorer Dieu de luy attribuer toute operation : le mal n'eſt il pas comprins parmy ceſte generalité de toute operatiō ? Parquoy nous l'honorerons luy attribuant le tout, ſoit mal, ou bien. Nous reſpondrons a ceſte obiection, cōme cy deuant, & comme Mercure nous enſeigne, que l'ouurier ne faict la rouille ny Dieu le mal, ains que le mal vient d'ailleurs, qui eſt de la matiere. Dauantage Dieu demande, que l'on luy atribue toute operation : de laquelle ſi nous auons bien la cognoiſſance, nous confeſſerons que toute operation tend a faire l'œure parfaicte, non vicieuſe. Parquoy le mal, qui la macule & rend vicieuſe, n'eſt cōpté pour operation, ains pour la vraye deſtruction, qui luy eſt du tout contraire, & ſi giſt en priuation. Parquoy mal n'eſt compte entre les choſes, qui ſont à cauſe qu'il deſtruict l'eſtre de la choſe. Dont eſt aduenu, que les Theologiens ont appellé le peché rien. Combien qu'il produiſe de grands effectz, ce nonobſtant par ce qu'ilz tendent tous a priuation d'eſtre, ilz ſont eſtimes n'eſtre ou n'auoir eſſence. A quoy operation attribuant l'eſtre au compoſé & tout bien eſt de tout contraire conſiſtant en habitude & non en priuation, laquelle ne peut eſtre attribuée à Dieu & ceux qui la luy attribuent, ne le cognoiſſent. ET OVTRE-CE QV'ILS NE L'ONT COGNV, ILS SONT ENVERS LVY GRANDEMENT MALICIEVX, par ce q̄ l'abſence de la cognoiſſance de Dieu en vne perſonne produit infinies diuerſitez de malices, meſmes LVY ATTRIBVANS PASSIONS, COMME ARROGANCE ET IMPVISSANCE. De tant que ce ſont vices, & par conſequent paſſions

Bonnes actiōs tournées en mal par l'homme. Philip.2.b

Exemple d'opinions temeraires.

L'homme peruerty s'attribue puiſſance propre.

Comparaiſon du threſorier du prince.

Luc.19.e Ne cognoiſtre Dieu eſt ne luy attribuer ſous pouuoir

Mal n'a eſtre ains priuation.

Qui ne cognoiſt Dieu luy attribuē male

opprimants le subiect,auquel elles sont, & le destruisant en fin par leur priuation qu'elles a-
portent: qui sont choses bien indignes de ce bon Dieu, duquel la grandeur ne peut estre dominée de passion: & toutesfois par ces iugements peruertis, ce vice de passion luy est attribué. CAR S'IL NE FAICT TOVTES CHOSES, tant les grandes que les petites & de
peu d'importance, IL EST ARROGANT, OV IMPVISSANT, comme nous auons
n'aguieres dict: s'il laisse de faire les choses grandes, n'y pouuant paruenir, il est impuissant,
foible, & imbecile : ou pour le moins n'auroit il ceste puissance infinie, que nous luy attribuons, dominant & surmontant toutes puissances? D'autre part s'il laisse de faire les tres-pe-
tites les estimant indignes de son operation,il se trouueroit par là arrogāt, de tant qu'il mes-
priseroit l'operation pour sa petitesse & peu de valeur. Or les deux sont, comme nous venons de dire, vices consistans en priuation, ennemie de toute action & operation, QVI EST
IMPIETE & malice, ou mauuaistie, chose qui ne peut estre atribuée à Dieu, sans vne tres-
temeraire blaspheme, de laquelle il luy plaise nous diuertir, & nous face bien cognoistre,
qu'il consiste tout en vne infinie bonté & souueraine perfection bien esloignée des opiniōs
frenetiques de ceux, qui ne le cognoissent.

Tort faict à Dieu ne luy attribuer toute action.

Grand vice seroit en Dieu impuissance.

SECTION 9.

DIEV n'a que vne seule passion, c'est bien : & le bon n'est arrogant ny impuissant.
Cecy est Dieu, de tant que bien est toute puissance de faire toutes choses, & toute chose engendrée, est faicte de Dieu, qui est certainement l'office du bien, & de celuy qui peut faire toutes choses. Voy tu comment il faict, & comment se font les choses qui se font: & si tu veux aprendre, il t'est permis d'en voir vne comparaison tres-
belle & tres-semblable. Considere l'agriculteur, iettant sa semence en terre, quelquefois
fromēt, quelquefois orge, quelquefois autre semēce, considere le, plantant la vigne, le
pommier, & les autres arbres. En ceste maniere Dieu seme de vray l'immortalité au
ciel, en la terre mutation, & en l'vniuers, vie, & mouuemēt. Ces choses ne sont en grād
nombre, mais en petit, & aisées à nombrer, car toutes choses sont quatre, & Dieu mesme dauantage & generation, esquelles les choses qui y sont, consistent.

COMMENTAIRE.

DIEV N'A QVE VNE SEVLE PASSION, parlant à la maniere commune, comme qui
diroit, Dieu n'a que vne seule condition, ou bien prenant passion, cōme cy deuant nous
l'auons quelquefois interpreté, disant, que operation est passion. Et en ceste maniere, Dieu
est tout consideré de nous en operation, laquelle nous prenons pour passion qui commāde,
& l'œuure est passion cōmandée, comme si nous disions en vn subiect luy estre passion toute chose qui luy est communiquée du dehors, ensemble toute chose qu'il communique au
dehors. Or toute communication est action, & la reception est passion : Mercure a nommé
les deux, asçauoir l'action, & passion estre passion, l'vne commandant, l'autre commandée. Il
nous est assez manifeste, qu'en Dieu n'y a passion commandée : car aucun ne luy communique rien, comme il est escript, Qui luy a donné aucune chose, & qui a esté son conseiller?
Mais bien au contraire, il a beaucoup de la passion, qui commande, c'est à dire, qui communique au dehors incessamment, asçauoir tant de bien-faictz à toutes creatures par continuelle action, qui est ceste passion commandant, qu'a dict Mercure, & laquelle n'est en Dieu,
que vne & seule : C'EST asçauoir BIEN lequel luy conuient en toutes ses actiōs, par lesquelles il le communicque tousiours, & à toutes creatures. C'est sa seule cōdition, ou tache,
ou passion que d'estre bon, de maniere que ceste passion ne cōuient a autruy que a luy seul.
Nous prendrons donc passion, comme Mercure l'a amplifiée parlant de ce propos, ou il estime l'operation passion, & l'œuure passible, & (cōme nous venons de dire) le mouuant passiō,
qui com-

Vne passion ou condisiō en Dieu.

Rom.11.d Dieu a bien pour tous escō disions. Chap.12. Sect.11. Qu'elle passiō est en Dieu.

qui commande, & la chose meüe passion commandée, pour conclure, comme il dict, qu'il n'est chose impassible. En ceste maniere nous pouuons prendre passion en Dieu operant, commandant, & communicquant ses bontez, mais non passion souffrant ny receuant quelque chose d'autruy, ou cōmandée: car le bien parfaict, qui est luy, ne reçoit aucune de telles conditions. ET LE BON N'EST ARROGANT, NY inbecile ou IMPVISSANT ce qu'il seroit s'il ne faisoit toutes choses, de tant que cessant d'aucune operation il cesseroit par quelque deffaut ou vice, qui ne luy peuuent conuenir à cause de son vniuerselle bonté: laquelle ne souffre vice ou deffaut, mais toute abondance & amplitude, soit de puissance, volonté & bonté. CECY EST DIEV, asçauoir ceste plenitude de puissance & bonté, DE TANT QVE BIEN EST TOVTE PVISSANCE DE FAIRE TOVTES CHOSES: à cause que les faisant il se communicque a elles. C'est comme les Philosophes tiennēt, Que le bien est plus grād, lors qu'il est plus cōmuniqué, estimans que la vraye nature du bien est cōmunication. Aussi voyons nous en la diuine bonté cest exēple fleurir & fructifier a toute heure, & en tous lieux par les biens innumerables qu'elle communicque tousiours & a toutes choses. ET TOVTE CHOSE FAICTE OV ENGENDREE, EST FAICTE DE DIEV, à cause que ceste faction ou generation donne a la chose le bien d'estre, qui ne peut estre donné, que du seul Dieu. Et dauantage ce n'est a autre qu'a luy a donner les formes. Parquoy il n'y a doubte, que toute generation ou creation ne viene de Dieu, soit par moyens, instrumens, ou autrement: QVI EST CERTAINEMENT L'OFFICE DV BIEN, asçauoir créer, engendrer, faire, ou donner estre, à cause que n'estant que en celuy seul, il ne peut estre donné par autre. C'est son vray estat, ET DE CELVY QVI PEVT FAIRE TOVTES CHOSES: car creāt & generant il se faict meslange de matiere & forme, laquelle n'est en main quelconque fors en celle, qui a toute puissance, & par laquelle toutes choses sont faictes. VOY-TV COMMENT IL FAICT, & opere sans aucune force materiele employant les vertus de sa bonté pour la generation & renouuelement des choses materieles: ET COMMENT SE FONT LES CHOSES, QVI SE FONT. Nous ne dirons pas comme nostre ignorance nous enseigne & en a peruerty plusieurs de leur iugement, que les choses se font d'elles mesmes, à cause que l'ignorant ne cognoist que la matiere, de laquelle sont faictes les choses. A cause que ses sens, qui le dominent, ne conçoiuent que la matiere, qui luy faict le plus souuant estimer, que c'est le rayon du Soleil, vne pluye, vn vent, vn ayr humide ou sec, qui produisent par leur propre vertu, toutes choses, ne les recognoissant pour instrumēs telz qu'ilz sont, sans aucune prope puissance: mais sont seulz executeurs de celle de Dieu, laquelle les sens de l'ignorant ne peuuent comprendre, ains la cognoissance en apartient a l'intelligence & saincte Pensée de celuy, qui aura chassé l'ignorance. Par laquelle saincte Pensée la faction, creation, ou toute maniere de generation de toutes choses, sera attribuée aux vertus, & puissances, de ceste diuine bonté: par lesquelles elle se communicque a toutes choses, qui se font. ET SI TV VEVX, APRENDRE a cognoistre & considerer la principale nature, & premiere cause de tout effect de generation, IL T'EST PERMIS D'EN VOIR VNE COMPARAISON TRES-BELLE ET TRES-SEMBLABLE: par laquelle tu cognoistras, que quelle operation, que face l'homme, qui ne peut operer que en la matiere & par instrumentz materielz il luy est necessaire l'operation & principale faction de sa besoigne proceder de ce souuerain bien, soy communiquant a toutes choses. CONSIDERE L'AGRICVLTEVR IETTANT SA SEMENCE EN TERRE, par son trauail corporel, QVELQVEFOIS FROMENT, QVELQVE-FOIS ORGE, QVELQVE-FOIS AVTRE SEMENCE: lesquelles semences si autre operateur n'y met la main, que l'agriculteur, ne faudront iamais a soy pourrir dans l'humidité de la terre, cōme plusieurs autres choses s'y pourrissent. CONSIDERE LE aussi PLANTANT LA VIGNE, LE POMMIER, ET LES AVTRES ARBRES: lesquelz estant de bois doiuent par leur nature pourrir soubz la terre, s'il n'y a autre besogne, q̄ celle qui se fait en terre, en laquelle n'habite aucune vertu de generatiō, mais est il bien besoin, qu'elle vienne d'en haut, ou habite ce souuerain Bien, Lequel soy cōmuniquāt a ses creatures materieles, disposées, & semées par l'hōme, en voye de mortalité, ou pour riture, dans la terre seme sur icelles son fruict, qui est vie, mouuemēt, action, & vertu, & ceste semēce n'est cogneue, ny veuë par l'œil corporel, mais par la saincte Pēsée cōstituée en l'hōme. EN CESTE MANIERE DIEV SEME DE VRAY L'IMMORTALITE AV CIEL, sur lequel elle habite aec ceste bonté souueraine, de maniere que dans ce ciel & au dessus de

Dieu est toute puissance de Bien.

Faire c'est l'office du bien.

Dieu opere sans force materiele.

Les sens n'aperçoiuent les puissances.

Comparaison de l'agriculteur.

L'agriculteur faict l'action corporele.

Dieu inspire vertu & vie a la semence. Dieu seme au ciel immortalité.

Tt 5

la region elementaire, ce bon Dieu a rendu toutes creatures immortelles, pour le continuel seruice des choses terrestres, auquel elles sont deputées, de maniere qu'en ceste region celeste, toutes choses y sont immortelles. EN LA TERRE il seme MVTATION, de tant que c'est le lieu des generations, & corruptions, qui se font toutes par changement ou mutation de formes. ET EN L'VNIVERS il seme VIE ET MOVVEMENT : à cause que soient les choses morteles ou immorteles en tout l'vniuers, soit au ciel ou en la region elementaire, ce bon Dieu a voulu, que tout receust semence de sa bonté, qui a esté vie & mouuement : lesquelz il a si bien ioinctz ensemble, l'vn incorporel, l'autre corporel, qu'ilz ne sont iamais l'vn sans l'autre : & c'est le mouuement, qui manifeste la vie estre en vn corps. En toutes ces manieres nous voyons, que sans ceste vie & mouuement, fruictz procedantz de la diuine bonté, il n'y auroit generation de creature quelconque fust au ciel des immorteles, ou bien en la terre des mortelles: & n'y auroit parmy la matiere aucune actiõ, efficace, ou production d'effect, a faute de ceste semence d'en haut : dont vient tout bien faict, comme dict sainct Iaques, procedant de ce souuerain bien communicqué a toutes creatures. Par lequel seul faction, & generation est communicquée a la matiere. CES CHOSES, desquelles ie te tiens propos, tant actiues que passiues, engendrant ou engendré NE SONT EN GRAND NOMBRE : combien que tu voyes infinie diuersité de creatures & generations, le nombre n'est grand de leurs principes, MAIS BIEN PETIT, ET AYSEES A NOMBRER, estant bien entendues. CAR TOVTES CHOSES materieles subiectes aux sens corporels, & desquelles sont basties les compositions & creatures, SONT QVATRE, a sçauoir les quatre principes ou elementz de nature, desquelz toute creature est bastie, soit grossiere, subtile, ou mediocre, ces principes sont suffisantment disposez par la prouidence de leur aucteur, pour en composer toute maniere de creatures. ET DIEV MESME DAVANTAGE, outre ces quatre, qui leur fournist d'action, efficace, vertu, vie, & mouuement, ET dauantage GENERATION. Qui est l'operation par laquelle ceste bonté diuine communicque ces graces, & excellences a toute creature materiele, leur donnant estre, vie, & mouuement. ESQVELLES, LES CHOSES, QVI SONT, CONSISTENT, a sçauoir ez quatre elements pour matiere, en Dieu pour forme, & en generation comme operation composant, la matiere auec la forme, pour produire la creature, continuant tousiours ceste resolution, que toutes choses consistent en trois, a sçauoir, Dieu, matiere & operation, lesquelles ont esté reduictes en deux, a sçauoir matiere & Dieu, qui est mesme chose, que l'operation.

Dieu seme en la terre mutation.

Dieu seme en l'vniuers vie & mouuemẽt.

Le bien communiqué à la matiere est d'en haus.

De peu de causes infinis effectz.

Des quatre elemẽts, Dieu a tout engendré.

COMMENTAIRES SVR
le Pimandre de Mercure Trismegiste
DES RECVEILS DE IEHAN STOBEE,
DE MERCVRE A TAT.

CHAPITRE QVINZIESME.
SECTION 1.

DE la verité, ô Tat, il n'est possible l'homme (estant animal imparfaict, composé de membres imparfaicts, & tabernacle constitué de diuers corps & de plusieurs) en parler seurement. Mais ce qui peut estre, ou qui est iuste, ie dy cela estre verité ez seulz corps perpetuelz, desquelz les mesmes corps sont veritables. Le feu est seulemẽt feu, & riẽ autre chose : la terre est mesme terre, & riẽ autre chose : l'air est le mesme air, mais nos corps sont composés de toutes ces choses. Ilz ont quelque chose de feu : ilz en ont de terre : ilz en ont d'eau, & d'air, & si ne sont ny feu, ny terre, ny eau, ny air, ny autre chose veritable.

COMMENTAIRE.

Nous ne trouuerons estrange, si Mercure traictant de la verité, la prend si hautement & exquisement, veu que c'est vne essence diuine de laquelle Iesus Christ a voulu porter le tiltre, quand il dict, Ie suis voye, verité, & vie : par ou nous pouuons suffizamment cognoistre, que ceste region terrestre est incapable de la contenir. Dont nous conclurons a la fin, qu'il la faut rechercher ailleurs, comme Mercure le dira Dieu aidant cy apres : Cependant il commãce son propos a Tat, en ceste maniere, pour dire DE LA VERITE O TAT, & nous estudier a la cognoistre en sa vraye nature, & sans luy bailler les masques & fauces interpretatiõs, qu'on luy donne en ce monde : ie commenceray a l'homme, & te diray qu'IL N'EST POSSIBLE L'HOMME en son corps materiel, estre capable de cognoissance suffisante a conceuoir verité, ESTANT ANIMAL IMPARFAICT en plusieurs manieres. Premierement il est COMPOSE DE MEMBRES IMPARFECTS : de tant qu'ilz sont materielz, ayant tiré leur imperfection de la matiere qui en abonde sur toutes choses, ET membres faisans son corps TABERNACLE CONSTITVE DE DIVERS CORPS elementaires : dont ceste diuersité luy amene confusion & perturbation : ET DE PLVSIEVRS corps, dont il s'engendre en luy mutation & changement.

Ioan.14.a

L'hõme n'est veritable par ce qu'il n'est constant.

De maniere que à cause de toutes ces imperfections, il a par icelles ses parties du iugement deprauées, & par consequent ne comprend verité, ny chose vraye: à cause que verité est parfaicte, simple, semblable a soy mesmes, & constante ou immuable. Et si a plusieurs autres perfections fort esloignées de la comprehension de l'homme composé de matiere subiect a l'empeschement, qu'elle faict a son intelligence, cognoissance, & iugement. Dont s'ensuit, qu'il n'a suffisance, pour comprendre ceste verité eternele & diuine, ny la facilité D'EN PARLER SEVREMENT, & l'expliquer selon l'excellēce de sa nature & condition: de tant qu'il est imparfaict, & n'a en soy vray estre, iustice, ny perfection, MAIS CE QVI PEVT ESTRE, OV QVI EST IVSTE. En ceste clause l'exēplaire Grec vse de la diction δυνατόν

Verité est possible, puissante, & iuste

qui signifie quelque fois possible, & quelque fois puissant. Nous prendrons les deux parties: à cause que toute chose auant qu'elle soit vraye, il faut qu'elle soit possible, & sans estre possible, elle ne peut estre veritable ny parfaicte. D'autre part verité est puissante, comme il est dict, que sur toutes choses verité emporte la victoire, parlāt du vin, du roy, & des femmes.

3. Esdras 3.c

Verité est donc premierement possible, & si est puissante, & si est d'auantage iuste sans aucune iniquité, & non seulement iuste, pour estre abondante en iustice: mais est iuste & precise, n'excedant, ny estant manque en aucune partie. Ce n'est pas, comme disent les iurisconsultes, ce qui default de peu est reputé de faillir de rien, à cause que leur iustice est fondée sur la verité des choses terrestres: car il n'en est presenté d'autres a leurs iugementz, comme la verité enquise par tesmoins, qui bien souuent se trouue mensonge pernicieuse, receuē toutes fois pour verité, à faute de sçauoir mieux ça bas, en affaires si impurs, que les negoces humains & ceste verité aproche tant qu'elle peut (combien que ce soit de bien loin) de la principale.

Verité des affaires humains, qu'elle est.

Nous en auons d'vne autre maniere & plus pure ça bas aux disciplines, & sciences Mathematiques: lesquelles estans toutes retirées des sens, & simplement fondées sur la ratiocination, image de Dieu mise en l'homme, sont plus disposées à la receuoir, mesme si iuste & precise qu'elle peut estre pensée, sans exces ou defaut. Dauantage elles procedent par axiomes & regles generales, si meurement premeditées, qu'il ne s'y trouue aucune exception maculant leur verité: ce qui n'est pas commun à toutes autres professions, qui posent exceptions, & autres exceptions d'exceptions. Aussi ces disciplines n'ont aucune subiection à perturbateur, qui les empesche de conclurre verité, sur leurs premisses. Elles ont donc les conditions de verité, qui sont d'estre possible, puissante, iuste & precise. IE DY CELA ESTRE VERITE ES SEVLS CORPS PERPETVELZ, DESQVELZ LES MESMES CORPS SONT VERITABLES, comme nous pourrions dire, les corps celestes, qui sont immortelz & immuables, & les corps des quatre elements, comme ilz furent creés sans aucune additiō de forme, de tant qu'ilz auoient desia reçeu perpetuele materialité, comme nous l'auons dict cy deuant, laquelle les conseruoit en estre, sans mutation ny changement quelconque. LE FEV EST SEVLEMENT FEV, ET RIEN AVTRE CHOSE. Pendant qu'il est simple & sans entrer en composition de corps, auec autres matieres, il est constant, & sans mutation en perpetuele habitude de feu. Autant en dirons nous des autres elements. LA TERRE EST MESME TERRE, ET RIEN AVTRE CHOSE, auant qu'elle aye reçeu meslange, ou secours pour faire son estat de produire toutes choses. L'AIR EST LE MESME AIR, auant que les actions celestes l'ayent meslé de vapeurs, intemperies, & autres qualités: MAIS NOZ CORPS SONT COMPOSEZ DE TOVTES CHOSES, qui sont, asçauoir des quatre elementz, ou matieres de Dieu, & de generation, lesquelles nous auons cy deuant dict estre toutes choses. ILS ONT QVELQVE CHOSE DE FEV: ILS EN ONT DE TERRE, ILS EN ONT D'EAV, ET D'AIR: par ce que en la composition de tous corps viuants, il est necessaire, que tous elements y conuiennent, auant receuoir les parties de la forme. ET SI NE SONT, NY FEV pur, NY TERRE pure, NY EAV pure, NY AIR pur, ny par consequent autre chose simple & constante, qui la rende veritable. Car nous auons cy deuant dict, parlans de la regeneration, que verité, ou la chose veritable est incorporele. Parquoy le corps humain n'est verité, NY AVTRE CHOSE VERITABLE: de tant qu'il est materiel, & taché des qualités de matiere: ce que verité n'endure, comme nous l'auons dict, & le trouuerons encore cy apres auec le vouloir de Dieu. Parquoy prenant de plus pres l'intelligence de verité, nous trouuerons, qu'il n'y a pure verité en chose quelconque materiele, mais le plus que la matiere puisse porter en soy

Verité Mathematicque quelle est.

Quelle verité es corps perpetuelz.

Noz corps cōposés des quatre elementz

Le corps n'est veritable estans meslé.

de ceste

de cefte perfection, c'eſt d'en auoir quelque image, qui la repreſente. Ce qui nous ſera tres-aiſé a conceuoir, ſi nous reprenons ſouuenance de ce, que nous auons dict à la ſixieſme ſection du treziesme chapitre. A cauſe de quoy il ne nous faut attandre de la trouuer en terre. Il la faut chercher plus haut : de tant qu'elle ne peut conſiſter és choſes materieles eſtans ſubiectes, immuables, & imparfaictes. Et d'auantage elle eſt incorporele : c'eſt vertu, qui n'apartient à la matiere, ny a eſtre entendue par l'homme pendant qu'il aura de ſon corps mortel & materiel. Et ceſte imperfection l'empeſche d'en parler ſeurement.

Verité ne giſt en matiere.

SECTION 2.

ET ſi noſtre compoſition n'a reçeu pour ſon commancement verité, comment pourroient ilz voir ou dire verité, mais ſeulemeut entendre s'il plaiſt à Dieu? Toutes choſes donc, ô Tat, qui ſont en la terre, ne ſont pas verité, mais imitations de verité. Encores celles là ne ſont pas toutes, mais en peu de nombre, & les autres ſont menſonge & deception, ô Tat, & opinions d'imagination compoſées, comme ſemblances.

COMMENTAIRE.

A Cauſe que toute choſe compoſée tient & enſuit la nature des parties, dont elle eſt compoſée, Mercure ayant monſtré que noz corps ſont compoſés de toutes matieres, qui de leur imperfection maculent & tachent la verité : à cauſe de leur mutabilité & inconſtance, il reprend icy la continuation de ſon argument par ces propos. ET SI NOSTRE CONSTITUtion OU COMPOSITION N'A RECEV POVR SON COMMANCEMENT & fondement VERITÉ, & qu'il ſoit bien manifeſte, que toute choſe compoſée, enſuit les conditions des parties entrant en ſa compoſition. Or eſt il que les parties compoſantz les corps humains, ſont les quatre elementz materielz, qui ne peuuent contenir verité, comme il eſt cy deuant dict. COMMENT donc ces corps humains tachés & maculés de matiere, POVRROIENT ILS VOIR, OV DIRE VERITE, enſuiuant la nature & condition de leur corps, qui n'eſt que vice & menſonge, totalement oppoſée à verité. Il n'eſt poſſible, que l'homme s'aydant ſeulement, ou ſe laiſſant conduire par ſon corps, ou ſes apetis corporelz, puiſſe voir, ny prononcer verité: à cauſe que en toute choſe corporele il y a contrediction à verité. MAIS l'homme s'aydant SEVLEMINT de ſon intelligence & partie interieure S. Eſprit de Dieu, ſa penſée, qui eſt de nature & condition de verité incorporele, il peut l'ENTENDRE & cōceuoir en ſa penſée, S'IL PLAIST A CE BON DIEV, le regenerer en corps immortel, & par ce moyen, qui le conduict l'illuminer en entendement, & ſoy deſcouurir à luy face à face, comme à la verité il le veut, & en a introduict ce remede expres, pour tous ceux, qui l'inuocquent en verité. A cauſe dequoy l'homme eſtant de double nature, comme nous auons du commancement dict, qui eſt mortele, à cauſe de ſon corps du tout eſloigné de verité, & immortele, à cauſe de ſon homme intelligible ou interieur de nature veritable & incorporel, il ne peut receuoir verité en l'vne de ſes natures, qui eſt en la corporele & mortele, mais en ſa partie intelligible, diuine, & immortele, eſtant de ſa cōdition, il eſt capable d'en cōprendre & conceuoir. TOVTES CHOSES DONC, O TAT, QVI SONT EN LA TERRE, qui eſt la plus commune habitation des choſes mortelles, NE SONT PAS VERITE: car il s'en faut toutes choſes corporeles. Et quant aux parties intelligibles, de tāt qu'elles ſont maculées de matiere, ennemie de verité, elles ne ſont pas verité en leur propre eſtant ça bas : MAIS elles ſont IMITATIONS DE VERITE, entāt ḡ images de Dieu, gardans ſa ſemblāce, qui eſt pure & originaire verité, ENCORE CELLES LA, qui ſont image ou imitatiō de verité, NE SONT PAS TOVTES celles, qui ſōt ſur la terre, MAIS SONT PEV EN NOMBRE, aſçauoir ceux, qui cōduiſent leur vie & deliberatiōs par le vouloir de leur ſaincte penſée, & qui ne l'empeſchēt de faire

Noſtre cōpoſitiō n'a receu verité.

Le corps ne cōtient verité.

L'homme ne reçoit verité en ſon corps mortel. Pſal.144.d

L'homme reçoit verité en ſon interieur.

En terre n'y á de verité que imitations & peu.

de faire son vray estat en eux, & ne luy resistent, comme il est dict aux actes, & ne contristent ny affligent leur sainct Esprit. Ces personnes en ceste maniere intelligibles sont capables a receuoir verité, & sont fort peu en nombre, comme Iesus Christ le dict du tref-petit troupeau, qui plaist a son pere: & ailleurs ou il est dict, que la voye du salut est estroicte, & peu qui passent par icelle. Et ce sont les seules parties parmy la matiere, ou il se trouuera non verité pure, mais seulement imitation de verité. Et toutes LES AVTRES parties corporeles ensuiuant la nature & condition de matiere, ensemble toutes parties intelligibles adherantz aux affections & concupiscences corporeles & superfluité des choses sensibles, SONT MENSONGE ET DECEPTION, O TAT, ne contenantz en eux aucune constance, ny autre condition de verité: mais monstrantz & representanz communement autre chose, que ce qu'ilz sont subiectz a continueles mutations & changementz, a toutes alterations & varietez, trompans par leur aparance & decepuantz tout iugement, qui les voudroit estimer par ce qu'ilz monstrent, & toutes les choses intelligibles, qui leur adherent, comme sont les pensées esloignées de Dieu, & ensuiuás les concupiscences sensibles, sont aussi mensonges ET OPINIONS D'IMAGINATION, insinuées en l'homme par vn faux cuyder, qui luy faict receuoir ces erreurs & deception, pour images de verité. Et lesquelles images sont COMPOSEES par ces folles pensées de persuasion, & autres abus qui les leur representent, comme semblances de verité: combien que ce ne soient que mensonge & toutes choses esloignées de verité, à cause que leur fondement est prins sur l'abus & imperfection de la matiere du tout incapable de verité & contraire entierement a sa nature & cõditions.

Ephes. 4.g
Luc. 12.d
Matth. 7.b
Petit est le troupeau de imitation de verité.

La grande part en terre mensonge.

Opinion a cõcupiscence est mensonge.

SECTION 3.

ET quand l'imagination reçoit influence d'enhaut, lors elle est faicte imitation de verité: de tant que sans l'operation d'enhaut elle demeure mensonge. C'est comme la figure, qui de vray monstre le corps de la peinture, mais elle n'est pas corps, selon l'imagination de ce, qui est veu, & bien qu'il semble auoir des yeux, & aureilles: neantmoins il ne voit rien, & si n'oit du tout rien. Et a ceste peinture toutes autres choses: mais ce sont menteries deceuans les yeux des voyants, lesquelz pensent voir verité, combien que à la verité ce soient mensonges.

COMMENTAIRE.

L'Homme donc n'ayant aucune puissance de contenir verité en sa partie corporele, ains seulement en sa partie intelligible, & encore disons nous que toute partie intelligible n'y est disposée en tous hommes, ains c'est au plus petit nombre, asçauoir en ceux, qui ensuiuent la conduicte du sainct Esprit de Dieu, qui leur a esté donné pour ces fins, & qui ne luy resistent & repugnent: c'est en l'imagination de ceux-là qu'est representée verité. ET QVAND L'IMAGINATION REÇOIT L'INFLVENCE D'EN HAVT s'estant adressée a la pure verité, qu'elle a honnorée & contemplée, LORS ELLE EST FAICTE IMITATION DE VERITE, qui ne pouuant estre representée, que par elle mesme communicquant son image, se communicque mesmes n'ayant rien semblable, comme il a esté dict a la cinquiesme section du vnziesme chapitre: à cause que ceste imagination conçoit ce qu'elle contemple. Or est il, qu'elle ne contemple que Dieu & ses vertus & excellences, qui sont toutes veritéz. Ceste imagination donc soy representant la pure verité, qui luy est manifestée d'en haut est faicte communication, image, semblance, ou imitation de verité. Et ceste cy ainsi receuë d'enhaut, est la seule verité, qui vienne en terre, asçauoir par imitation & semblance conceuë d'vne bonne ame en son entendement contemplant & considerant les bontez & merueilles de Dieu, qui luy enuoye ceste verité ou son image d'enhaut. DE TANT QVE

L'imaginatiõ reçoit verité par influence d'enhaut.

Verité n'est en l'homme, que par contẽplation.

QVE SANS L'OPERATION D'ENHAVT ceste imagination rabaissée & endormie entour les choses basses & materieles, ne contemplant ny considerant, que les voluptez, plaisirs, ou passions, qu'elles luy produisent, ELLE DEMEVRE MENSONGE, cuidant veoir ou considerer ce, qu'elle ne voit, ny aperçoit: ains perseure en continuelle deception, qui luy est produicte par son faux cuider, qui luy monstre par semblant, son bien & profict estre assiz en ses miserables effectz. Et toutesfois, c'est sa misere & perdition qu'il entretient, apres l'auoir engendrée par ieux : de maniere que toute son imagination n'est que mensonge & opiniō deceuë par les abus de ceste matiere ennemie de verité en celuy, qui à abādonné l'influence & secours d'enhaut : auquel aduient que tout ce qu'il aperçoit ne sont que fraudes, abus, tromperies, & menteries, en toutes ses imaginations & opinions. C'EST COMME LA FIGVRE d'vn corps representé par vne painture, QVI DE VRAY MONSTRE LE CORPS DE LA chose paincte ou de la PAINCTVRE, comme si elle estoit solide & enleuée, a la maniere d'vn corps, MAIS ELLE N'EST PAS CORPS : ains est painctute plate, en simple superfice planiere sans esleueure quelconque, SELON L'IMAGINATION, & suiuant le dessein DE CE QVI EST VEV, qui est le corps, a la semblāce duquel la peinture est faicte. ET BIEN QV'IL SEMBLE AVOIR DES YEVX, ET OREILLES representāts & ressemblāts a ceux, qui sont au corps imaginé, & desquelz le corps voit ce, qui est visible : ET NEANTMOINGS ceste peinture auec ses yeux peintz, NE VOIT RIEN. D'auantage ceste peintute a des oreilles, semblablemēt ET SI NOIT DV TOVT RIEN, n'estant verité ez yeux ny ez oreilles. ET A CESTE PEINTVRE TOVTES AVTRES CHOSES soit bouche, nez, mains, ventre, iambes, & pieds. Et toutesfois elle ne parle, ne sent, n'atouche, ne menge, ne chemine, ny autre effect quelcōque d'homme qu'elle represente, MAIS CE SONT MENTERIES DECEPVANTS LES YEVX DES VOYANTS, : a cause que l'hōme n'a puissance aucune de donner a son œuure vertu, action, ny sentiment.

Imagination ds choses basses est mēsonge

Comparaison de la peinture

Semblāce par peinture est menterie.

Peinture menterie deceuant les yeux.

Il s'ensuit donc que toute son œuure representant chose, qui aye vertu, effect, ou sentiment, n'est que mensonge : detant que ce qu'elle promet n'y est pas. Et ce pendant par c'est art & subtilité de peinture, il s'en trouue de telle industrie, qui auec leurs menteries deçoiuent le iugement de plusieurs trompez par le faux raport de leurs sens, qui raportent ce qu'ilz n'ont pas conceu. Et les sens ayantz conceu la menterie la raportent au iugement dont ilz se trouuent trompez. Et le monde entretient les choses en telle malice, que l'excellence des œuures est en ce, qu'ilz mentent & trompent plus subtilement les iugements, par l'illusion de la veuë : de maniere qu'vn paintre estant fort estimé de tromper vn homme en sa painture, vn autre sera plus estimé de tromper par sa painture de fruicts les oiseaux conduictz par nature, s'estimant plus industrieux de tromper nature, que l'homme. Et l'autre tiers peintre sera plus estimé s'il trōpe le peintre mesme qui aura trompé les oiseaux, comme il a esté veu quelquefois, tēdantz tous a ceste fin d'estre estimez les meilleurs ouuriers ceux, qui par subtiles menteries tromperont mieux les yeux des voyantz : LES-QVELS PENSENT VOIR VERITE en leur iugement deceu par leurs sens, COMBIEN QV'A LA VERITE CE SOIENT MENSONGES & deceptions. Et de ces illusions il en ya bien souuent de plus malignes que celles des peintres, qui sont celles des magiciens, qui mentent & trompent les simples consciences qui ne sont encores bien arrestées auec Dieu. Comme il est escript de Simon le magicien, qui auoit par diuerses fois seduict les Samaritains, & par long temps les auoit perturbez de leur bon sens, par ses illusions & menteries, & vn temps apres durant la peregrination de sainct Pierre, il fit quelque illusion en l'air qui changeoit telement la face de Faustinian pere de sainct Clement, que ses enfans & sa femme propre le mecognoissoient, mais ceste sorcellerie n'eust iamais puissance sur sainct Pierre, qui n'en receuoit aucune illusion, ains voioit son visage tel qu'il auoit acoustumé. Il en y a eu, & a encore parmy les hommes d'infinies manieres, lesquelles sont toutes deceptions par mensonge, a cause que comme nous auons cy deuant dict, mensonge regne plus en ce monde qu'autre vice quelconque. Parce qu'il ne se faict vice ou elle n'interuienne, comme la principale estophe de toute malice. C'est par celle là, que Sathan faict ses principales armes, & ruine plus de personnes par les

Le monde met excellance en mēterie deceuans

Deception de peintres.

Deceptiō de magiciens. Act.8.b

Recog. Clem. lib.

Illusion de la face de Faustinian.

Mensonge estophe commune a tous vices.

SVR LE PIMANDRE DE

illusion de Sathan par religion.

ses illusions, presentant aux sens & à l'entendement & ratiocination de l'homme, faux arguments couuerts de pretextes aparans & louables, comme quand il suscite vne sedition & grande effusion de sang, soubs pretexte de religion. Il trompe bien lors par ses menteries, non seulement les sens par visions, mais les entendements par fauces intelligences, riants à la liberté du corps qu'il met auant. Et les pauures brebis pensent voir verité, & de faict ne voyent que mensonge.

SECTION 4.

CAR tous ceux, qui ne voyent mensonge, voyent verité. Si donc nous regardons chacune de ces choses, & les entendons, comme elles sont, nous entendons & voyons choses veritables : mais si nous regardons outre ce, que c'est, nous n'entendrons, ny sçarons rien de vray. O mon pere, y a il donc verité en la terre, tu n'es pas trompé sans cause, ô mon filz. Certainement verité n'est aucune part sur terre, ô Tat, & si n'y peut auoir esté, mais il se peut faire, que quelques hommes, ausquelz Dieu aura donné la vertu de contempler les choses diuines entendent la verité.

COMMENTAIRE.

TOutes choses sont desparties en deux, comme nous l'auons frequentement dict, asçauoir corporeles & intelligibles : es corporelles certainement n'y a aucune verité, qui est essence diuine, & par ainsi incorporele & intelligible. Les corporeles ne peuuent auoir en soy verité, ny en leur matiere : à cause des subiections & imperfections, qui abondent en elle tres-esloignées de verité : CAR TOVS CEVX, QVI NE VOYENT & ne s'abusent des choses corporeles, par le moyen de leur veuë ou autres sens corporelz, esquelles gist MENSONGE, ains les tienent renfermés & assopis, comme Mercure la maintesois dict, pour mettre les yeux de la pensée en liberté de contempler, voir, & admirer Dieu : ie dy que ceux là VOYENT VERITE auec ces yeux intelligibles, & non corporelz : lesquelz ne sont capables de si grande vertu, de pouuoir voir verité, qui est incorporele, ilz en sont du tout indignes. De cecy s'ensuit, qu'il n'y a rien, qui garde noz yeux intelligibles, de voir verité, que quand les corporelz s'amusent à voir la mensonge, & à soy delecter en ses effectz. Mais nous estans aduertis, que nous ne pouuons voir, estant en ce corps, la verité, telle qu'elle est en sa perfection, comme dict sainct Pol, Que nous voyons maintenant par miroüer & sentence couuerte, & lors que nous serons despouillés, nous verrons face à face, ou clairement. Et S. Iean dict, que nous le verrons tel, comme il est. Pour ne demeurer cependant oisifs du vray exercice de tout vray Chrestien, nous mettrons difference entre verité, & choses veritables, comme entre Dieu & diuinité. Car encore que nous ne puissions cóprendre Dieu, nous ne laissons pourtant à comprendre choses diuines, qui sont diuinités. De mesme maniere, combien que nous ne puissions, estans en terre, comprendre verité, ce neantmoins nous comprendrons ses effectz, qui sont les choses veritables, & alienées de mensonge, cóme prenant les choses terrestres pour terrestres, les celestes pour celestes, & diuines pour diuines. Chasque chose pour ce qu'elle a esté faicte de son createur & verité, nous la prendrós pour veritable œuure de verité, combien qu'elle soit mensonge : mais l'action que nous ferons, la prenant pour ce qu'elle est, en son endroict sera chose & action veritable. Parquoy nous pourrions dire, que toute creature employée au vray estat, pour lequel elle a esté bastie, est employée en effect veritable, & employée au contraire, c'est mensonge.

SI DONC NOVS REGARDONS CHASCVNE DE CES CHOSES, qui nous sont ropo-

Qui ne voit mensonge void verité.

En ceste vie n'est veuë verité.
1. Cor. 13.d

1. Ioan. 3.a

Qu'est-ce voir chose veritable.

Prendre pour ce que c'est est faict veritable.

fées, ET LES ENTENDONS COMME ELLES SONT, c'est aſçauoir, voyant la peinture & l'entendant pour peinture, & non pour homme, ou autre creature repreſentée par elle, l'entendant telle, qu'elle eſt. Si nous prenons les tromperies, & abus des choſes materieles pour vrayes tromperies & abus, & non pour felicités & choſes dignes, d'amour & veneration, les prenant & entendant telles, qu'elles ſont. Si vn homme prend la bonne chere de l'amy de court pour menterie: la mortification d'vn faux predicateur, pour deception: le iurement d'vn marchant, l'excuſe d'vn ſoliciteur, pour menteries, les prenant telz qu'ilz ſont, & infinies autres manieres d'entendre & conſiderer les choſes telles qu'elles ſont, NOVS ENTENDONS ET VOYONS CHOSES VERITABLES. Combien que la plus part ſoient menſonges en leur effect, mais elles ſont veritables comme veritablement entendues, en noſtre cognoiſſance. Il en y a d'autres, qui ſont veritable en effect & cognoiſſance, comme toutes vertus, & puiſſances, actions & effectz de Dieu, que nous entendons & conſiderons pour tels, noſtre cognoiſſance les entend pour choſes veritables, ce qu'elles ſont de leur nature, comme pareillement toutes ſciences & vrayes diſciplines, fondées ſur certitude & verité, produiſantz en l'homme cognoiſſance des choſes veritables.

MAIS SI NOVS REGARDONS OVTRE CE, QVE C'EST, ſortant ça ou la de la vraye acception de la choſe, comme prenant la ſouueraine felicité aux delices & voluptez, materielz, à cauſe du plaiſir preſent qui y eſt, combien que ce ſoit ruyne & perdition: ou bien vn malade, qui pour ſa concupiſcence, faict vn deſordre, le prenant & entendant pour vray remede, qui eſt tout au contraire: ou bien vn prince eſtimant tous ceux, qui ſe preſentent aux charges & eſtatz, les ſçauoir & vouloir faire, qui eſt le ſouuant faux: ie d'y lors que nous regardantz outre ce que c'eſt, & prenans la choſe pour ce que ce n'eſt pas, NOVS N'ENTENDRONS NY SÇARONS RIEN DE VRAY. Car la choſe de ſoy eſt menterie: & nous outre cela receuons pour autre qu'elle n'eſt, ce qui nous tient plus eſloignés des choſes veritables, & de verité. Il en y a auſſi, qui ſont de nature veritable, que nous cognoiſſons & entendons par menſonge: comme ceux, qui eſtiment les penitances & retiremens ou retraictes du monde, que font les ſainctes perſonnes, eſtre reueries & folies: & ceux, qui ne craignants le iugement de Dieu, diſent, que le terme vaut l'argent: & cent mille autres ſornetes & deriſions, propos de vrays Atheiſmes: ilz prenent ces choſes, qui de ſoy ſont veritables, toutesfois ſi faucement & ſiniſtrement, que en leur penſée elles ſont menteries, a leur tres-grand dommage. Conſiderant ces propos le ieune Tat, & ne pouuant encore comprendre la perfection de ceſte verité, pour la tenir & eſtimer trop digne d'habiter en la matiere, eſtant en ceſte confuſion d'Eſprit & le voulant reſouldre & eſclarcir, il demande, O MON PERE, Y A IL DONC VERITE EN LA TERRE, qui abonde de tant de choſes materieles, toutes prouueuës de formes, qui ſont parties diuines, meſmes l'homme prouueu de l'Eſprit de Dieu: qui eſt la profonde & premiere verité? Et ie voy que tu en eſtimes ceſte partie terreſtre ſi vuidé & eſloignée, qui m'a faict propoſer ceſte queſtion, pour t'aduiſer, que ie ſuis bien trompé, s'il n'en y a en terre. TV N'ES PAS TROMPE SANS CAVSE, O MON FILS, Car premierement en choſe corporele ou materiele tu es bien reſolu, qu'il n'y peut auoir verité, à cauſe des mutations, alterations, changemenz, & corruptions, qui aduiennent par tant de ſubiections & ſeruitudes, qui ſont en la matiere: mais l'autre partie du monde intelligible, qui conſiſte en toutes eſſences & vertus diuines, deſcendantz de verité, eſt celle, en laquelle tu és trompé: car nonoſtant que les eſſences diuines ſoient veritables, & meſlées auec la matiere, leur ſeruant de forme, elles ne ſont pourtant verité, voire ny le propre Eſprit de Dieu eſtant en l'homme corporel, ne tient en c'eſt endroict lieu de ceſte perfection de verité ou ſouuerain bien. Car verité a eſté diſinie, & ſera cy apres, eſtre le meſme bien tres-excellent, qui n'eſt point maculé de matiere ny enuironné de corps nud, luyſant, ſtable, ſainct, non alterable, & bon, nous voyons bien, que les formes que Dieu a donné de ſon eſſence aux creatures, ſont enuironnées & maculées de matiere, & ſi ne ſont nues, ains compoſées, & veſtues d'vn corps: parquoy ilz ne côtiennent ceſte verité ou ſouuerain bien. Ce que Mercure a fort proprement declaré cy deuant, quand il a dict, Il eſt impoſſible, que le bien ſoit icy pur de malice. Car icy le bien eſt maculé de mal: & eſtant taché de mal, il ne demeure plus bien: & ne demeurant plus bien, il ſe faict mal.

Prendre tromperie pour trōperie.

Prendre le veritable, pour veritable.

Prēdre outre ce que c'eſt n'eſt veritable.

Prendre menſonge pour vetité.

Prendre verité pour menſonge.

Queſtion s'il y a verité ẽ terre.

S'il y a verité au monde intelligible ou formes. Chap. 13. Sect. 6.

Verité ne peut ſouffrir compagnie de matiere. Cap. 6. ſect. 3

Or est il, que verité est ce bien tres excellent & souuerain : laquelle par consequent estãt icy maculée de matiere,& par son defaut tournée en mal,a cause qu'elle est meslée auec l'imperfection,dequoy tu ne te prenois garde, & n'estois trompé sans cause, ne te ressouuenant de tous ces arguments. Dont ie te declare que CERTAINEMENT VERITE N'EST AVCVNE PART SVR TERRE, O TAT, a cause qu'elle en son integrité & perfection ne peut souffrir la meslange d'vne chose si imparfaicte. Cela mesme fust cause, que Dieu voyant la matiere de l'homme corrompue par peché,declara que son Esprit n'y demeureroit a tousiours mais,a cause qu'il estoit chair, & par consequent impure & incompatible auec la purité diuine.

Pour ceste mesme cause, Iesus christ verité diuine, ne voulut souffrir estre dict bon, a cause qu'il estoit enuironné de matiere mortelle,mais renuoya ceste bonté, qui est la pure verité, au seul Dieu pur de toute matiere. Et si celluyla renuoyoit ses perfections de bonté & verité, hors de sa personne, a cause de sa matiere & corps elementaire : nous pouuons bien asseurer,qu'elles ne trouueront en toute la region terrestre ou materiele si noble & digne subiect a les receuoir. A ceste cause non seulemant verité est banye de la terre:mais la foy veritable qui doibt receuoir ceste verité en est si banye, que Iesus Christ faict doute, si a sa venue, il trouuera foy en la terre. Laquelle il voit tant desnuée de verité, que a la demãde, que luy sist Pilate de la definition de verité, il ne voulut respondre, a cause que la diffinissant,comme Mercure, il eust plustost prouocqué ceste troupe ignorãte a risée & mespris, que a quelque erudition , comme estants incapables de l'intelligence de verité : laquelle n'ayant lieu en terre, eust eu moins de lieu en la teste de Pilate. Certainement donc verité n'est sur terre, ET SY N'Y PEV AVOIR ESTE: detant que terre, ne fust iamais que matiere, voire la plus vile d'entre toutes, estant de tout son temps disposée a vicier, & tascher le bien, & verité a toutes heures, qu'elle luy eust esté presentée. MAIS IL SE PEVT FAIRE, QVE QVELQVES HOMMES AVSQVELS DIEV AVRA DONNE LA VERTV DE CONTEMPLER LES CHOSES DIVINES, lors qu'ilz se seront retirez des abus de la mensonge, farcie de matiere, pour soy rendre & dedier a la cognoissance de Dieu, ENTENDANT DE LA VERITE toutes choses veritables,& dependants de la verité,c'est ascauoir,quand il regardent & considerent les choses, comme elles sont,ayants leurs parties intelligibles fortifiées de ce bon Dieu, & du tout separées des abus de la matiere, qui les couure de mensonge. Parquoy delaissant & abandonnant ceste voye pour soy retirer vers le sainct Esprit, ce bon Dieu n'oubliera iamais a faire la charge, qu'il a entreprins en l'homme, qui est de le secourir & fortifier en toutes cognoissances concernantz son salut: par lesquelles il cognoist les choses veritables, & plusieurs parties de la verité : & se trouue au chemin, par lequel il va droictemẽt a l'entiere cognoissance de verité, telle quelle est, comme dict sainct Iean, & face a face, selon l'aduis de sainct Pol. C'est argument proposé par Mercure de prendre les choses telles qu'elles sont, pour faire œuure veritable, a esté principalement pour destourner les hommes, qui se trouueroient capables de sa doctrine, d'estimer les idoles, qui regnoient beaucoup en son temps, pour choses diuines ou dieux. Et combien qu'il y eut en elles quelques puissances d'effectz & paroles, comme le regne de Sathan estant encore establý, auant que Iesus Christ ietast hors le prince du mõde, si est ce que Mercure vouloit, qu'elles fussent en tous leurs effaicts, telles qu'elles estoient, œuures de mensonge, mises auant par Sathan l'ancien menteur:& estant cogneuës telles, ceste cognoissance estoit veritable.

SECTION 5.

ET par ainsi verité n'est en terre, soit de pensée ou paroles: mais toutes choses a la vraye pensée ou parole, sont imaginations & opinions. Il ne faut donc pas appeller verité, dire ou entendre choses vrayes. Quoy donc? Il faut dire, & entendre les choses, qui sont, toutes-fois il n'est rien vray sur la terce. Cecy est

Cecy est veritable, que nous ne sçauons aucune verité. Icy donc comment y peut elle estre, ô mon filz? Detant que verité est vne tresparfaicte vertu, le mesme bien tresexcelant, qui n'est point maculé de matiere, ny enuironné de corps nud, luisant, stable, sainct, non alterable & bon. Et des choses qui sont icy, ô mon filz, quelles sont celles, qu'on peut veoir capables de ce bien? attandu qu'elles sont corruptibles, passibles, dissolubles, variables, tousiours soy changeants, estant faictes autres d'autres choses.

COMMENTAIRE.

PRésuposant la differance, que nous auons trouué entre verité, & choses verirables, comme entre Dieu & diuinitez, cause & effectz : & que nous auons receu verité pour ce souuerain bien, & les choses veritables pour ses effectz, qui sont conceptions de verité, nous voyons manifestement que ceste verité est incomprehensible d'autre que de soy mesmes: bien peuuent aucuns hommes comprendre ses effectz, selon qu'ilz veulent entendre a Dieu. ET PAR AINSI VERITE N'EST EN TERRE, parce qu'elle ne demeureroit verité, estant enuironnée & tachée des choses materieles, SOIT DE PENSER OV PAROLLE, dans les entendementz humains, ausquelz seuls est communicquée la pensée & parolle, comme il est dict, Ce qui n'est monté en cueur d'homme, œil n'a veu, ny langue a parlé. C'est que ceste perfection ne peut estre comprinse de pensée humaine, tant qu'elle sera en terre & en corps. Dont sensuit, que parole ne la pourra exprimer, a cause que la parolle n'est que l'expression ou communication de la pensée faicte au prochain. Ces propos donnent bien à cognoistre, combien nos infamies sont incompatibles auec les puritez diuines : & dauantage par quelle grandeur & vehemence d'amour ceste verité Dieu eternel s'est tant humiliée, & a tant rabaissé la purité de sa nature, de se venir non seulement aprocher de nos ordures, mais s'en couurir & enuelouper, & en fin les prendre comme siénes, pour les nous oster. Cest argument seul, nous manifeste la vraye presence de Dieu en l'homme: car que pourrions nous penser, qu'il y eust autre chose digne de ceste amour, & si merueilleux effaict? Ce n'est pas les simples graces & vertus ou puissances diuines, qu'il a mis aux autres creatures, qui luy ont prouocqué, comme nous l'auons veu, & est escript, qu'il n'y a pas receu les anges, mais la seule semence d'Abraham fidele, & moins la matiere qui est aussi imparfaicte ez hommes que ez autres creatures. Ce qui la donc esmeu a vne si grande amour, c'est luy mesmes, qu'il a aimé en l'homme, comme seule partie digne d'estre aimée & retirée de ceste infamie & bourbier, comme il est dict par Esaye, Pour l'amour de moy, pour l'amour de moy, ie le feray, a celle fin que ie ne demeure blasphemé. C'est bien estre benin en estrange extremité, d'auoir couuert & enuelopé de tant de mensonges & infamies la purité d'eternelle verité, en ceste terre & vie mortelle, ou elle ne peut estre sans corruption de sa dignité, ny qui plus est, y estre cogneuë de pensée, ou exposée par parole. MAIS en ceste terre TOVTES CHOSES A LA VRAYE PENSEE OV PAROLE, Y SONT IMAGINATIONS ET OPINIONS: de tant qu'ilz sont effects de verité, materielz ou corporelz, n'estantz veritables en soy, mais representants & rememorantz a la vraye pensée ou parole l'image & opinion de verité. Car matiere ne reçoit verité, ny chose veritable : parce qu'il est necessaire, ceste excellente verité estre receuë par ses mesmes parties, qui sont les pensées, cogitations, imaginations, & opinions, conceptions, toutes parties intelligibles, disposées a receuoir les choses veritables, qui ne gisent qu'en cognoisence, & non en corps ou matiere, attandu que nous auons, n'a guiere dict, que toute chose corporele est mensonge a cause de ses imperfections. Il ne reste donc pour les choses veritables, que l'intelligible & incorporel

Pourquoy verité n'est en terre.

Esay. 64.a

Perfection diuine non compatible a imperfection.

Admirable humilité diuine.

Heb. 1.d Qui a esmeu Dieu a si grand amour Esay. 48.b

Verité n'opere ça bas que ez pensées

IL NE FAVT PAS DONC APPELLER VERITE, DIRE OV ENTENDRE CHO-
SES VRAYES, mais il le faut appeller chose veritable: de tant que ceste intelligence est veritable, combien qu'elle ne soit pure verité: laquelle ne peut estre du tout entendue, mais la
chose veritable pouuant estre entendue de l'homme, nous dirons qu'il ne faut apeller verité
ceste intelligence, & cognoissance, imagination ou opinion de la chose vraye, mais la faut
apeller veritable. Car verité ne peut estre assubiectie des sens ny pensée humaine. QVOY
DONC, il semble que nous perdrons nostre temps de penser ou estudier a la cognoissance de
de verité. Si elle est resoluë si esloignée de nous & noz entendemens, quel moyen auons
nous d'en auoir quelque cognoissance ou perception? IL FAVT DIRE ET ENTENDRE
LES CHOSES QVI SONT, & les conceuoir en l'entendement humain telles, qu'elles sont
sans les prendre pour autre chose, que ce qu'elles sont: & les ayant cognues telles, les dire
telles mesmes. Lors ceste intelligence, & pensée, & parole, combien qu'elles ne soyent
ceste pure verité, ce neantmoins, elles seront conception de verité, ou choses veritables. Et au contraire, si a faute d'entendre ces choses, que l'homme voit & aperçoit çà bas,
il les prend pour autre chose, que ce qu'elles sont & pour autre estat, que celuy qu'elles sont, l'homme ainsi deceu par ses opinions, & pensées, est dict auoir entendu, parlé, & cognu mensonge, & par ainsi nous retournerons a dire, que nos entendementz &
pensées peuuent conceuoir, & nos bouches parler choses veritables, par le iugement que
nous auons des choses sur ceste terre, de leur vray estat & condition, les entendent telles
qu'elles sont. TOVTESFOIS IL N'EST RIEN VRAY, SVR LA TERRE, par ce qu'il n'y
a que choses materieles, qui sont toutes mensonges: mais combien qu'elles ne soient verité, ny choses vrayes ou veritables, ce neantmoins leur cognoissance & raport faict
par paroles veritables & prins ou entendu comme elles sont, qui sont intelligibles,
sont choses veritables. Et en ceste maniere la bonne pensée, retirera de ces choses men-
teuses & corporeles, intelligences & cognoissances veritables, comme par exemple,
CECY EST VERITABLE, QVE NOVS NE SÇAVONS ny cognois-
sons AVCVNE VERITE. C'est autant, que nous considerantz nostre incapacité
estre trop debile, pour cognoistre la pure verité nous contentantz, durant icelle, de
cognoistre les choses veritables: & cognoissantz par ce moyen que nous ne sçauons
ny cognoissons ceste pure verité, nostre iugement, cognoissance, & raport faict
d'iceux, seront dictes choses veritables: de tant que par ce iugement & raport, nous
prenons noz intelligences & cognoissances pour telles, qu'elles sont, a sçauoir incapables de cognoistre la perfection de verité, non quant a elles, en leur nature
simple mais par l'empeschement qu'elles recoiuent de nostre composition, laquelle les
rend viciées & incapables de cognoistre la verité. Et c'est tout ce que l'homme
peut tirer de verité durant ceste vie, de cognoistre, imaginer, opiner, & considerer
les choses telles, qu'elles sont, pour n'estre deceu par leur mensonge, qui abonde en
elles.

Combien de fois nous aduient il de penser plus sçauoir & cognoistre, que nous
ne sçauons ny cognoissons? Et dou seroit venue l'outrecuidance? Et lors ce que
nous pensons cognoistre & sçauoir n'est pas chose veritable, combien que nous la cuy-
dons telle. Aussi sommes nous le plus souuent deceux par nos mesmes menteries,
estant continuelement versés & nourris parmy les menteries de la matiere, qu'en emporte nos imaginations & opinions de grand violance, quand nous auons quitté ceste
diuine lumiere, qui nous esclaire a cognoistre la chose telle qu'elle est. Ce qui ne
peut nous aduenir cheminantz en tenebres ayants abandonné ceste diuine lumiere. Car
c'est elle seule, qui faict entendre & cognoistre choses veritables, & en fin produict
l'entiere cognoissance de verité. ICY DONC COMMENT Y PEVT ELLE
ESTRE, O MON FILZ, attendu ce que ie t'ay dict de la nature & condition des
choses materieles, qui sont en ceste terre, toutes mensonges: & n'y a vne seule verité
mais continueles mutations & alterations, changementz, & autres imperfections, que
l'vne n'atend l'autre. Verité ne peut donc habiter en terre, DE TANT QVE VE-
RITE EST VNE TRES-PARFAICTE VERTV, puissante sur toutes
choses.

C'est LE MESME BIEN TRES-EXCELLENT, que toute la philosophie par tart d'e-
studes

studes & trauaux a tousiours enquis, mais ne pouuant estre manifesté que par luy mesme, a esté ignoré de la plus part, & cogneu de fort peu. Et QVI N'EST POINCT MACVLE, ny taché DE MATIERE, mais en est esloigné & deliuré, n'en sentant aucune imperfection: NY ENVIRONNE DE CORPS, à cause que verité estant essence diuine, elle est incorporele, & sans aucune compagnie de corps: & si est NVD, sans aucune couuerture, quant à soy, qui l'empesche d'estre veu, cogneu, & entendu. Vray est, qu'il est bien couuert pour nostre regard, mais les voiles, qui nous en couurent la veüe, tienent à nous, non à ce souuerain bien: LVISANT, & par le benefice duquel toutes choses sont esclairées, tãt aux sens corporelz, que és intelligences humaines, de ceste diuine lumiere. Par la presence de laquelle toutes choses corporeles sont veües des yeux, & toutes choses intelligibles de la pensée & cognoissance: STABLE, & sans aucune mutation, comme il est dict, Ie suis Dieu, & ne chãge point: SAINCT, & digne sur toutes choses, comme il est dict, Il n'y a aucun sainct comme le Seigneur. Il est NON ALTERABLE, & qui ne peut souffrir changement, en tout, ny aucune partie, qui est vne passion & imperfection, qui aduient communement à toutes choses materieles en ceste region, lors que commençant en elles la corruption, il leur aduient alteration, ou changement, qui commence a muer la figure. Ce qui ne peut aduenir à ce bien parfaict: à cause qu'il est incorporel, ET BON. C'est le couronnement de toutes les proprietés ou adiacences, que nous luy pourrions donner: car nous le cognoissons ou deuons cognoistre tel en toutes ses operations & effectz, & par les innumerables bien-faictz, que nous en receuons sans cesse. Voila la description de verité, laquelle nous representons par ce souuerain bien, acompagné de tant de vertus & dignités. ET DES CHOSES, QVI SONT ICY, O MON FILS, en ceste terre, dont nous auons tant parlé, QVELLES SONT CELLES QV'ON PEVT VOIR CAPABLES DE CE BIEN? Car si lon les peut voir, elles sont corporeles, & estant corporeles, ce sont menteries suffoquées de toute maniere d'imperfections & miseres: tant s'en faut, que lon y puisse trouuer ce souuerain bien, ATTANDV QV'ELLES SONT CORRVPTIBLES, PASSIBLES, DISSOLVBLES, VARIABLES, TOVSIOVRS SOY CHANGEANTS, ESTANTS FAICTES AVTRES, D'AVTRES CHOSES, qui sont toutes passions, imperfections, & subiections, ausquelles toute matiere est subiecte par ses mutations & changementz, desquelz luy vient corruption, passion, dissolution, ou separation, & departement, varieté & diuersité, qui sont toutes imperfections, combatants & impugnants la fermeté & stabilité d'vn subiect, pour le rendre muable & changeant. De maniere qu'en fin ces pauures corps materielz deuienent de l'vn l'autre, & l'autre vn autre, ne faisant iamais que continuer ce tourment. C'est bien loin des perfections & excellences, que nous auons trouué en ceste digne verité bien parfaict, & souuerain, auquel il est faict tres-grãde iniure & blaspheme de le rechercher & cuyder trouuer parmy ces ordures. Car aucun ne s'y peut chercher sans auoir en son ignorante pensée vn trop grand mespris & rabaissement de ceste souueraine dignité, l'estimant tenir quelque imperfection & condition de ces choses puantes, & corruptibles. Il nous suffira, si considerant les plus excellentes, que nous puissions çà bas aperceuoir, nous en retirons quelque effect, par l'intelligence duquel nous paruenions à quelque bonne cognoissance & pensée veritable, reseruans tousiours la cognoissance de la pure verité, apres la ruine & dissolution de toutes ces puantises & imperfections materieles, nous attendans à ce que, cõme dict S. Pol, Ce qui est en partie, soit euacué, & le voyons face a face, & comme dict S. Iean, Que nous le verrons tel, qu'il est auec sa saincte grace & misericorde.

Descriptiõ de verité.

Verité couuerte de nos voyles.

Malach.3.b 1.Reg.2.a

Verité repose au souuerain bien.

En terre n'y a chose capable de verité.

Imperfections des choses materieles.

Iniure a verité de la chercher en terre.

1.Cor.13.d 1.Iean.3.a

SECTION 6.

LES choses donc, qui ne sont seulement veritables en soy mesme, comment pourroiẽt elles estre vrayes? de tant que tout ce qui souffre alteration est menterie, attandu qu'il ne demeure en ce qu'il est, mais soy diuersifiant plus souuent, il nous represente vices & autres imaginations. Et l'homme, ô mon pere, n'est il pas veritable, en tant que homme? il n'eſt pas veritable, ô mon filz : car verité eſt ce, qui reçoit conſtitution de ſoy meſmes ſeullemant, & qui eſt demeurant en ſoy meſme, tel qu'il eſt. Mais l'homme eſt compoſé de pluſieurs choſes, & ſi ne demeure en ſoy, ains il ſe tourne & change d'age en eage, & d'eſpece en eſpece, meſmement pendant qu'il eſt en ſon tabernacle, tellement que pluſieurs ont meſcognu leurs enfants, apres interpoſition faicte de quelque peu de temps, & de rechef les enfants leurs peres ſemblablement. Ce qui ſe change donc de maniere, qu'il ne ſoit cognu, peut il eſtre vray ô Tat? non, mais au contraire c'eſt menterie engendrée en diuerſes imaginations de mutations.

COMMENTAIRE.

LA deſcription que nous auons entendu de verité, nous ayant manifeſté que le vray ne peut conſiſter en choſe corporele : a cauſe de ſa mutatiõ, laquelle l'empeſche d'auoir en ſoy verité, ny choſe quelcõque veritable, LES CHOSES DONC, QVI NE SONT SEVLEMENT VERITABLES EN SOY MESMES, mais ſe trouuent en menterie contre ſoy meſmes, lors qu'elles changent d'eſtat, COMMENT POVRROIENT ELLES ESTRE VRAYES, & entendues ou dictes conſtantes, inalterables, immuables, & ſtables pour paruenir a ce, que parlant ou penſant d'elles l'on peut dire ou entẽdre choſe veritable. Il faudra reuenir a ce, que nous auons dict, que nous dirons, ou penſerõs choſe veritable, les diſant ou penſant pures menteries, telles qu'elles ſont. DE TANT QVE TOVT CE QVI SOVFRE ALTERATION, EST MENTERIE : a faute d'eſtre choſe conſtante & ſtable en meſme eſtat. A cauſe que par alteration toutes choſes corporelles vienent en mutation & changement : lequel changement luy a porté la menterie, parce qu'eſtant changée elle n'eſt plus ce qu'elle eſtoit. Dont elle ſe trouue n'eſtre veritable en ſoy meſme, ains ſe trouue pure menſonge, mentant a ſoy meſmeſme, ATTANDV QV'IL NE DEMEVRE EN CE, QV'IL EST, conſeruant meſmes qualitez forme, & figure, MAIS SOY DIVERSIFIANT PLVS SOVVENT, par l'inconſtance de la matiere, qui de ſa nature de ſeparation premiere tend par ſon imperfection a ruine & diſſolution. IL NOVS REPRESENTE VNES ET AVTRES IMAGINATIONS, par leſquelles ſeules nous pouuons concepuoir le veritable en ceſte vie mortelle, non par les ſens, leſquels ſont du tout incapables de conception ou cognoiſſance. Ce qui ſoy diuerſifiant donc plus ſouuent, nous produict par diuers temps, diuers eſtatz, ou figures de ſoy meſme, maintenant vne, tantoſt aultre, demeurant en ſoy meſme non veritable, ains inconſtant, il n'eſt poſſible qu'il ſoit vray, ny qu'il aye en ſoy verité, ny conception veritable. ET L'HOMME O MON PERE N'EST IL PAS VERITABLE meſmes durant ſa vie, qu'il demeure touſiours-homme en luy meſme? Il eſt neceſſaire qu'il ſoit veritable : & ſi eſt en terre, ENTANT QVE HOMME compoſé de corps materiel, meſlé auec les eſſences diuines. IL N'EST PAS CHOSE VERITABLE, & moins verité. O MON FILS, tu voy bien que l'homme eſt corporel, & par conſequent materiel : & en matierre n'y peut auoir verité, comment en y auroit il en l'homme? d'auantage il n'eſt point ſimple, il eſt compoſé, & toute compoſition produict mutation. Parquoy il ne demeure meſmes a ſoy meſmes en diuers temps, mais change continuellement : CAR VERITE EST CE, QVI REÇOIT CONSTITVTION DE SOY MESMES SEVLEMENT. Et tu ſçais bien que l'homme ne s'eſt pas baſty luy meſmes ny compoſé ou creé : il y a vn autre createur, compoſiteur, & architecte, qui luy a donné conſtitution. verité a conſtitution de ſoy meſme, ET QVI EST DEMEVRANT EN SOY MESME TEL QV'IL EST, ſans aucune alteration, inconſtance, mutation, ou changement, comme choſe purement diuine : MAIS L'HOMME EST COMPOSÉ DE PLVSIEVRS CHOSES, meſmes de la nature, qui ſert a noſtre propos, qui ſont materieles, a ſçauoir des quatre elements, deſquelz eſt baſty ſon corps, leſquelz eſtant entre eux de contraires qualitez, l'vn tire tant d'vne part, & l'autre de l'autre, & ſi ont leurs forces ſi bien parties, que ſi l'vn a gaigné l'vne fois, l'autre vaincra l'autre.

Aduis des choſes qui ne ſont en ſoy veritables.

Subiect inconſtant n'eſt cogneu veritable.

L'hõme n'eſt veritable.

L'homme ſe mue entant que compoſé.

Dont

Dont s'ensuit qu'il est l'vne fois chaud, l'autre froid, l'autre fois temperé, l'autre enragé, de coleré, l'vne fois fol, l'autre sage: qui sont toutes choses prouuenant de ses diuersitez, dont il est composé: lesquelles estant contraires tendent de leur nature a mutation. Et si l'homme NE DEMEVRE EN SOY, AINS IL SE TOVRNE, par le commun accord & commune fin, ou tendent touts ces contraires assemblés pour composer son corps, qui est a soy despartir & dissoudre: a quoy ilz trauaillent, depuis que l'homme a faict sa croissance, comme auparauant ilz ont trauaillé a croistre: ilz trauaillent a diminuer, pour en la fin soy separer. Et ce pendent l'homme se CHANGE D'EAGE EN EAGE, bien different de soy mesme en ses diuersitez, comme nous voyons les grandes differances, qu'il y a du petit enfant a vn ieune homme parcreu, & de rechef du ieune au vieux, voire & qu'il s'en trouue plusieurs, qui rapetissent en leur vieillesse de leur stature, fort sensiblement, outre les autres differances, qui s'y trouuent. Et si tourne aussi D'ESPECE EN ESPECE, ou de figure en figure, comme l'exemplaire Grec dict d'idée en idée: soit par incouenient ou cours de nature, il en a esté veu, qui sont demeurés camus iusques a dixhuit ans, que le nez leur releuoit, d'autres demeuroiēt droits en leur ieunesse, qui par eage deuenoiēt bossus, en vn catharre qui tort le col, vn autre qui racourcist les nerf, & donne vne autre contenance a la partie. Qui voudroit rechercher toutes les mutations, qui aduiennent au corps humain par art, ou par nature, il seroit bien long a paracheuer son inquisition. Il nous suffira que nous y voyons tant de manieres de mutations, que nous auons bonne raison de dire, qu'il ne demeure mesme chose, ains change d'estat & condition, d'eage en eage, & de figure en figure, MESMEMENT PENDENT QV'IL EST EN SON TABERNACLE corporel, & durant ceste vie mortele, que ce tabernacle & couuerture materiele l'enuelope, & domine le plus souuāt ses parties intelligibles & veritables. Dont il demeure mensonge, veu qu'il combat verité, & discorde d'auec elle mesmes durant ce tabernacle, & qui aporte à l'homme toute son imperfection & misere: à cause des mutations esmotions & concupiscences, qui n'ont autre terme en l'homme que durant ceste couuerture du corps & vie mortele, qu'elles sont suscitées par les sens, qui ne sont autre chose. Dont il aduient plusieurs mutations corporeles & pis: TELLEMENT QVE PLVSIEVRS ONT MESCOGNEV LEVRS ENFANS, combien qu'ilz les eussent engendrés, nourris, & considerez tres-frequentement: & neantmoins APRES INTERPOSITION FAICTE DE QVELQVE PEV DE TEMPS, les ayant esloignez de soy en leur ieunesse par quelque temps notable, ilz se trouuoient en autre figure barbus ou blanchis, ou bien ayant souffert quelque inconuenient, a quoy le corps humain est du tout subiect: dont aduenoit que les propres enfants estoient mescogneuz de leur pere. ET DE RECHEF LES ENFANTS mescognoissant LEVRS PERES SEMBLABLEMENT. C'est comme il aduint à sainct Clement & ses deux freres, qui en presence de sainct Pierre disputerent plusieurs iours contre leur pere pour le conuertir, & le pere contre eux pour les retirer de leur religion, estantz tous quatre grands Philosophes, & si ne se cognoissient les vns les autres, tant le pere ses enfantz, que les enfantz leur pere. Les mescognoissances leur vindrent de ce, que les enfantz estoient ieunes, quand ilz furent despartis de leur pere, & le trouuarent bien changé de ieunesse en vieillesse, & le pere les trouua chāgés d'enfās en ieunesse dōt aduenoit leur mescognoissāce. Et autāt en peut il aduenir a tous autres, durant la subiectiō & imperfectiō de ce corps materiel, subiet a mutations & changemēts. CE QVI SE CHANGE DONC DE MANIERE QV'IL NE SOIT COGNEV, n'est il pas asses esprouué en sa mutatiō? & n'est il pas asses manifesteé qu'il a reçeu plusieurs estats, ne demeurāt aucunemēt mesme chose? Mais maintenant vne, & tantost autre par si grande mutatiō, qu'il ne puisse estre recognu d'vne persōne si affectionnée & soigneuse en son endroit, cōme pere au filz, & le filz au pere. Parquoy oserons nous demander de ce, qui souffre ces mutations & diuersitez, PEVT IL ESTRE VRAY, O TAT: attandu que le vray est incorporel, constant, & sans aucune mutation? Ie te declare que NON, MAIS AV CONTRAIRE C'EST MENTERIE, qui represente ce qu'elle n'est que pour ce tēps, & par ainsi n'estant constante de l'vn tēps à l'autre, elle n'est verité, mais est menterie, qui est de nature muable, ENGENDREE EN DIVERSES IMAGINATIONS DE MVTATIONS: de tant que la menterie s'engēdre par diuersité, si que diuerses mutatiōs produisent en la pensée diuerses imaginations, à cause qu'elle iette son dessain & cognoissance sur chascune d'icelles, & lors est dit la pensée imaginer quelque subiet, quād la pēsée s'en represente vne idée, forme, ou figure, telle qu'elle est a la verité.

Mutations de l'homme.

L'homme chāge d'eage & d'espece.

Mutatiō d'accidentz & nature.

L'homme sī mué estans en sō tabernacle.

L'homme sē mué a estre mescognu.

Recog. Clem. Sainct Clemē mescognu sō pere.

Chose muable n'est veritable.

L'homme est menterie.

La pensée ne peut imaginer l'homme certain.

Or est il que la pensée ayant comprins l'imagination d'vn homme bien resoluë en vn temps, & la cuidant trouuer telle le reuoyant en vn autre, se trouue trompée par vne mutation ou plusieurs, qui seront aduenues, ayans destruit ou bigarré ceste premiere imagination par les changementz. Il est certain donc, qu'il y a menterie engendrée, par les mutatiõs de subiect, raportée en la diuersité de ses imaginatiõs: de tant que de verité n'y a qu'vne imagination ou cognoissance. S'il en y a donc plusieurs ou diuerses, c'est menterie parce que la chose qui souffre mutation, ne demeure ce qu'elle est. C'est à ce propos que le Roy Psalmi-

Psal. 115. a Tout homme est menteur exposé.

ste a declaré tout homme menteur, ou bien mensonge, ou menterie: à cause que tout homme est composé de matiere subiecte à toute inconstance & mutation, qui le rend continuellement menteur, à cause de son ordinaire varieté & changement. Ce n'est pas comme il est entendu de plusieurs, que Dauid aye estimé tout homme proferer ou penser menteries: dont le contraire est tres-aparant, mesmes és enfans non paruenus en aage de discretion, ilz sont tous hommes despuis leurs naissance, & si ne disent, ny pensent mensonge. Iesus Christ estoit homme & mortel, non menteur, ny vicieux, il est dauantage bien mal-aisé que Dieu n'aye eu quelque bon seruiteur veritable, en ses paroles & pensée, comme Samuel Prophe-

1. Reg. 3. d Matth. 11. b Ioan. 1. 1. d

te fidele, Ieremie sanctifié, sainct Iean Babtiste, sainct Iean l'Euangeliste, la Vierge heureuse, & prou d'autres, qui rendroit en ce sens le dire du Psalmiste mal consideré, ce qui ne peut estre en celuy que Mercure dict l'homme estre menteur: car despuis le ieune iusques au vieux, du sainct iusques à l'inique, tous sont reuestus & composez de corps, subiect à mutation, croissance, & diminution, dont il prend la mensonge, & non du deffaut de la pensée & iugement. Parquoy nous penserons Dauid ou le sainct Esprit par luy l'auoir entédu de ceste imperfection vniuerselle, dominant sur tout homme corporel & materiel, subiect à mutation & inconstance.

SECTION 7.

MAis toy, entendz estre vraye ce, qui demeure, & est iuste. L'homme ne demeure tousiours: à cause dequoy il n'est chose vraye. L'homme est quelque imagination: mais ceste imagination est vne souueraine menterie. Et ces corps perpetuelz de tant qu'ils se changent, ô mon pere, ne sont ils pas vrays? Certainement toute chose faicte & muable n'est point veritable, mais estant faicte du premier pere, elle peut auoir eu matiere vraye. Ces corps toutesfois ont quelque mensonge en leur mutation: de tant qu'il n'est chose vraye, qui veritablement ne demeure en soy. Chose vraye, ô mon pere? Comment donc nommeroit on le Soleil, lequel seul entre les autres ne souffre changement, mais demeure en soy mesme Verité? A cause dequoy l'artifice de toutes choses, qui sont au monde luy est commis, estant prince de toutes choses, & faisant toutes choses: lequel ie venere, & adore sa verité, & si le recognois operateur apres l'vn & le premier.

COMMENTAIRE.

Ce qui demeure est iuste & est vray.

NOus auons proposé l'homme pour le plus aprochant de verité entre toutes creatures mortelles. Et neantmoins l'auons trouué à cause de son corps mensonge, par changement & mutation d'estat: & si auons taisé l'autre mensonge qu'il a en luy beaucoup plus blasmable, qui est la mensonge de la pésée, qui depend de la secóde códitió, que Mercure a descrit a verité par ces propos, MAIS TOY ENTENS ESTRE VRAY CE QVE DEMEVRE, ET

EST

EST IVSTE. Quant a la premiere condition, nous auons veu l'homme s'en aller & changer, & muer d'estat, qui sont conditions apartenantes a son corps. Nous n'auons pas parlé en l'homme du second, qui est d'estre chose iuste comme nous l'auons aussi dict au commancement de ce propos: de tant que sans ceste seconde condition, nous l'auons trouué mensonge. Toutesfois pour ne l'obmettre, nous entendrons, que ceste iustice se prend en l'homme, non au corps, mais en l'arbitre & volonté de l'ame. Laquelle, quand bien l'homme l'aura iuste, si n'est il pourtant vray: a cause du corps qui l'accompaigne, estant en toutes manieres mensonge, cōme nous l'auons dict parlantz de la regeneration. Ce qu'n'aduient pas tousiours à l'ame: de tant qu'il en est plusieurs, qui sont iustes, cōbien qu'elles ne soient parfaictes. En ceste maniere parmi les creatures mortelles (de tant qu'elles sont de matiere corruptible) n'y a aucunement verité, soit homme, ou autre matiere. A cause dequoy Mercure a cy deuant dict, qu'il n'habite verité en terre, par ce qu'il n'y a constance, & si y a beaucoup d'iniustice, & n'a parlé de la region celeste, comme il fera maintenant en ceste section, en laquelle habitent les corps materielz & immortelz, parmy lesquelz il restera a voir s'il y aura corps, qui demeure & soit iuste. Cependant il acheue l'argument de L'HOMME, QVI NE DEMEVRE TOVSIOVRS, à cause qu'il est muable & mortel en sa partie corporele. A CAVSE DEQVOY IL N'EST CHOSE VRAYE, mais est mensonge, comme nous l'auons declaré, L'HOMME EST QVELQVE IMAGINATION branlante, mal assise, & mal asseurée, MAIS CESTE IMAGINATION EST VNE SOVVERAINE MENTERIE: car ce sont plusieurs diuerses & differantes, qui ne demeurent ains continuellement changent tant les imaginations que les subiectz. Dōt s'ensuit que l'imagination de l'homme si imparfaicte, s'y trouue vne aussi souueraine menterie que le mesme corps imaginé. ET CES CORPS PERPETVELS DE TANT QV'ILS SE CHANGENT, O MON PERE, NE SONT ILZ PAS VRAYS. Maintenant cest argument nous meine plus haut, vers la matiere, qui a receu de Dieu priuilege & prerogatiue, pour l'execution de ses operations faictes en ceste region elementaire. Ces corpz materielz, qui sont les astres ou corps celestes, combien qu'ilz soient immortelz, & incorruptibles de la nature de leur creation, & que leur matiere aye esté preseruée de la cōmune subiection, qu'elle a és autres corps: ce neantmoins ilz ont tous en eux quelque mutation reserué le Soleil, auquel il n'en est cognu aucun: bien ont ils toutes mouuementz faisantz leur estat. Mais combien que tout mouuement produise alteration ou mutation, ce n'est en ce corps que ceste mutation est produicte par leur mouuement: a cause qu'ils ne sont en la sphere de mutation, ou elementaire, mais c'est és nostres, & de toutes creatures terrestres, lesquelles ils muent & alterēt par leurs mouuementz, & non leurs propres corps. Parquoy de leur mouuement il ne reçoiuent alteration, ou mutation quelconque chascun en soy, mais reçoiuent mutation en ce qu'estantz tous illuminés du Soleil, à cause tant du mouuement du Soleil que du leur, ilz sont veus par les rayons du Soleil en diuersité, & differance d'aspectz: qui est cause qu'ilz ne sont tousiours d'vne mesme clarté, comme receuantz au iugement de noz sens la lumiere plus a propos l'vne fois que l'autre: dont leurs actions & effectz en sont variés & diuersifiés. Et puis donc que de leur nature ilz nous produisent en leurs diuerses mutations diuers effectz, il faut dire qu'il y a mutation en eux. Car tous les astronomes tiennent, que par les diuersitez des aspectz, ilz changent de puissance. A ce propos il demande, si ces corps perpetuelz, immortelz, incorruptibles, lairront a estre vrays pour ce peu de subiection qu'ilz ont a soy changer. CERTAINEMENT dict Mercure, TOVTE CHOSE FAICTE ET MVABLE N'EST POINT VERITABLE: car toute chose faicte est corporele, & par consequent materiele, & par la regle generale de toute matiere subiecte a mutation, dont elle tire son imperfection, & mensonge: MAIS ESTANT FAICTE DV PREMIER PERE, qui l'a engendrée, ce bon Dieu tout puissant, ELLE PEVT AVOIR EV MATIERE VRAYE, contre la generale ordonnance, & loy decretée sur la matiere, qu'elle seroit perpetuellement subiecte à toute mutation, pour le decore du seruice de ce bon Dieu, en l'administration de ses puissances, & actions, qu'il enuoye vers les choses materieles. Laquelle en cest endroit cōcernant son hōneur, & gloire, il a abrogé, donnant vraye matiere, non subiecte à aucune imperfection à quelque creature, comme il a faict és creatures, qu'il a creé sans moyen: asçauoir l'homme & les astres, qu'il a basty de sa simple operation, non commise à autre creature, despuis la creation de la matiere. Et toutes au-

Ce qui est iuste & ne demeure n'est vray.

Imagination du muable est menterie.

Question si les astres sont vrays.

Quelle mutation ont les astres.

Mutatiō d'astres par diuersité d'aspect.

Chose faicte & muable, n'est veritable.

Exception sur la loy de nature.

tres creatures sont creées de luy par le moyen de nature, & operation des astres dispensateurs des choses materieles. Et à ceux qu'il a creé sans moyen, il a donné matiere veritable aux conditions chascune de son estat, pour l'honneur qu'elle a receu de son operation. Il a aussi pour l'exaltation de son nom, & grandeur, par plusieurs fois, & diuersement abregé ceste mesme loy de nature en autres endroits, pour le seruice de sa grandeur, & gloire, en plusieurs manieres d'effectz: comme les suscitations des morts auant la resurrection vniuerselle, qui remettent l'Esprit de Dieu en la chair, combien qu'il eust dict qu'il n'y demeureroit aussi. Ce n'est pas eternelement, mais la loy de nature ne souffre point resurrection de mort.

Nature enfrainte pour la gloire de Dieu.
Exod.l.14.e
Matth.14. d
Dan.3.g
Iosu.10.c
Esay.38.b

Dauantage elle ne souffre point que la mer soit diuisée, demeurât l'eau côme vne muraille çà & là, comme fut la mer rouge. Elle ne souffre point cheminer sur la mer, comme fist sainct Pierre: elle ne souffre point vn homme dans vne fournaise enflambée sans brusler le poil de la barbe, comme aux trois enfans compagnons de Daniel: elle ne souffre le Soleil estre arresté, comme il fut par Iosué, ny moins estre reculé à contraire mouuement, comme il fut par Ezechie: ny souffre pareillement matiere estre donnée à vn corps sans subiection de mutation. Et toutesfois ceste infinie sapience diuine n'a pourtant laissé de dispenser contre sa generale disposition, en endroitz qui pouuoient seruir à la manifestation de sa gloire, grandeur, & bonté. Dont s'ensuit ce que dict Mercure, que nonobstant que par la generale disposition de ce grand Dieu soit porté, que la matiere sera exposée à toutes mutations, dont sont produictes les corruptions, generations, & autres varietés qui sont en elle, la mensonge. Ce nonobstant le premier pere s'est retenu puissance de donner à telle creature, qu'il luy plaira, matiere vraye, & purifiée de mensonge, côme nous en nommerons en deux manieres. La premiere fut celle, qu'il donna au Soleil, le plus excellent de tous les astres: la seconde fut celle, qu'il donna à l'homme plus excellent entre toutes creatures. Quant à celle du Soleil, il la donna pareille à tous les corps celestes, fors seulement ceste mutation que nous auons senti en eux, qui leur donne quelque ombre de mensonge, comme dict Mercure. CES CORPS TOVTESFOIS ONT QVELQVE MENSONGE EN LEVR MVTATION, prenant pour resolution que la chose veritable ne peut endurer mutation: à cause dequoy il ne laisse matiere purement vraye aux corps, qui reçoiuent mutation, comme la Lune, que nous voyons ordinairement en mutation plus aisément que les autres, estant plus loing de nous. Toutesfois tous comme la Lune, prenent telle lumiere que celle, qui faict changer la Lune, du Soleil, ains entre tous astres il laisse la matiere veritable au seul Soleil. La seconde qui fust donnée pure de mensonge, ny mutation à l'homme, luy fust donnée immortele, immuable, & incorruptible.

Gloire de Dieu considerée auant tout ordre.

Dieu a donné matiere vraye à quelque creature.

Corps celestes ont quelque mensonge.

Matiere vraye au Soleil & à l'homme.

Or est il que l'vn l'a conseruée, l'autre l'a perdue, asçauoir le Soleil l'a gardée, & l'homme l'a perdue. Ce n'est pas que si Dieu en eust laissé la disposition au Soleil de la garder ou perdre, qu'il ne l'eust encore plus-tost perdue que l'homme: mais il y prouueust autrement, lors qu'il ne donna au Soleil aucune volonté, ny arbitre, mais luy dispensa ses actions, & vertus en necessité, & sans luy donner aucune liberté d'en disposer que par son ordonnance, laquelle estoit celle, qui auoit l'honneur de conseruer la matiere du Soleil en sa verité, & non le Soleil, auquel n'estoit donnée aucune partie pour l'entretenir, ou ruyner, ains necessité de faire sa charge, sans aucun arbitre, ou liberté de ses actions. Ce ne fut ainsi à l'homme, auquel Dieu ayant donné matiere vraye, pour accompagner la pure verité, qu'il auoit mis en icelle: il luy fist outre ce vn present inestimable, qui fust liberté de disposer ses actions par sa volonté, sans estre contrainct par aucune loy, ny ordonnance diuine, qui luy empeschast de choisir son bien ou son mal: dont s'est ensuiuy que se trouuant l'homme hors de la contraincte, & conduicte de Dieu, remis à la sienne, laquelle il auoit en liberté, monstra bien tost, qu'il n'estoit conduict par si parfaict maistre, que le Soleil, qui estoit conduict de la prudence diuine, & l'homme par la prudence humaine, qui rendist incontinant sa matiere corruptible, & mortelle, muable & mensonge: de maniere que la seule matiere vraye demeura au Soleil, auquel n'auoit esté permis d'en disposer côme à l'hôme, qui l'auoit redue muable, & par côsequent subiecte à mésonge: DE TANT

Matiere vraye conseruée au Soleil par necessité.

Matiere vraye perdue en l'homme par l'arbitre.

QV'IL

QV'IL N'EST CHOSE VRAYE, QVI VERITABLEMENT NE DEMEVRE EN SOY. Parquoy la matiere des astres, qui souffre quelque mutation, qui les empesche de demeurer mesmes, & en soy, ne peut estre chose vraye, ains elle porte quelque mensonge en soy. CHOSE VRAYE, O MON PERE! COMMENT NOMMERONS NOVS DONC LE SOLEIL? LEQVEL SEVL ENTRE TOVS LES AVTRES NE SOVFFRE CHANGEMENT, MAIS DEMEVRE EN SOY MESMES? si tu veux tenir qu'il n'y aye chose vraye en toute matiere? Car puis que la mensonge, qui se trouue en la matiere, ne depend que de mutation, ou changement, & ie voy qu'en ce corps de Soleil n'y a aucune mutation ou changement, ains c'est luy qui faict changer toutes autres matieres fors la sienne, l'oserons nous bien nommer mensonge, n'en aiant aucune estincelle en luy? commẽt le nommerons nous donc? Puis que ie voy, o mon fils, que tu ne consideres au Soleil aucune imperfection de matiere, qui puisse empescher, & corrompre les actions de Dieu en son corps, ny en ses executions: ains seulement considerez la seule conduicte de Dieu, qui l'acompaigne, & preserue sa matiere d'imperfection, ensemble la lumiere possedant toutes ses efficaces, & vertus a luy données pour essence diuine, de laquelle depend son estre : si que tu ne cõtemples en ce Soleil, que l'operation, & ministere de ce bon Dieu, executé par sa mesme conduicte, le Soleil n'en disposant ou ordonnant aucunement, ains seruant de seul, & simple instrument, toutes actiõs & operations, & puissances recogneues estre de Dieu. En ceste maniere ie te nommeray le Soleil en sa forme & essence diuine non perturbée par la matiere, VERITE: detant que c'est verité mesmes, qui se sert de luy, cõme d'instrument, & opere elle mesme presente en toutes ses actions, & operations, en sorte que sa conduicte operant par luy, estant la mesme verité, & sõ corps ne tenãt aucune partie de mensonge, detant qu'il n'empesche, ains sert a l'operation de ceste pure verité, ie ne puis faillir de nommer ce composé de Dieu & matiere, en laquelle ceste bonté gouuerne, par le plus excelant nom, qui soit en luy, qui est verité comme nous auons nommez dieux les hommes, esquels la matiere n'empesche l'œure de Dieu en eux: mais qui rendent leur matiere obeissante a la conduicte, & bõ vouloir du sainct Esprit, ilz sont nõmez par le plus excelent nom qui domine en eux : au contraire les autres, qui laissent dominer la matiere, sont nõmez iumentz, & brutals. Nous nommerons dõc en ceste maniere le Soleil verité. A CAVSE DEQVOY L'ARTIFICE ET EXECVTION DE TOVTES CHOSES, QVI SONT AV MONDE, LVY EST COMMISE, de tant qu'il n'a aucun moyen de rompre l'ordre, ny saillir d'vn seul poinct, en aucun endroict, tãt soict il petit, a cause que le soing, & conduicte de toutes ses operations & productions d'effectz ne luy est fié, ains demeure en ceste seule verité diuine, qui en a le soin, le sçauoir, la conduicte, discretion, & volonté. Parquoy nous luy en rendons la gloire, & l'honneur, par la veuë de ce corps du Soleil, ceste verité ne pouuant autrement apparoistre aux yeux corporelz, COMME ESTANT par ces operations PRINCE, & chef DE TOVTES CHOSES sensibles, & celuy de toutes creatures, a laquelle a esté commis plus d'actions, efficaces, & vertus de ceste diuine verité, a executer & mettre en effect. Parquoy nous tenons qu'il est FAISANT TOVTES CHOSES corporeles, desquelles n'en y a aucune qui ne prene en sa generation, ministere & operation de luy, tant est ample & generale la puissance de Dieu qu'il administre, LEQVEL a cause de ce, & en consideration de l'operateur, que ie voy en luy IE VENERE, & reuere, comme essences & vertus de Dieu, que i'y aperçoy : ET ADORE SA VERITE, qui est lumiere, Dieu, pere, tout puissant, illuminant toutes choses, cõduisant & produisant tous ses effectz executez par ce Soleil cõme instrument venerant l'executeur, & adorãt sa verité qui est la lumiere essence diuine, ET SI LE RECOGNOIS par consequent OPERATEVR, & executeur des actions diuines lesquelles il nous cõmunique tous les iours, APRES L'VN & seul, ET LE PREMIER qui le precede, comme son cteateur & lumiere, auteur & operateur, premier & principal de tout son artifice, auquel doibt estre rendue la gloire, l'honneur, & la recognoissance, de ce que c'est luy qui veut, peut, & fait toute l'operatiõ, & bien faict, que nous, & toutes creatures en receuõs, confessant a la verité q̃ sans celuy la, le corps du Soleil demeureroit vne tresgrande masse de matiere inutille a toutes choses, n'ayãt clarté, vertu, ny puissance. A cause dequoy ce, en quoy Mercure le venere, & l'estime, c'est en sa forme, lumiere diuine, non simplemãt en luy, & en ce qu'il va apres ce premier, auquel il ne resiste, ains luy sert d'instrument.

& d'au-

& d'autant que c'est le seul digne d'estre adoré, & recogneu en plusieurs, & diuers endroicts, & diuerses ocasions. En ce propos Mercure adorant la verité du Soleil, pourroit esmouuoir aucuns, qui ne seroient guiere versés aux profondes cognoissances de Dieu, qui pourroient penser Mercure sentir l'idolatrie, aiant dict que verité est au seul Dieu, & non en creature aucune, fors au Soleil, lequel il a nommé verité, seul entre toutes creatures. Nous noterons en cecy, qu'il a cy deuant argué toutes creatures tirer leur principale imperfectiō de ce que estant composées de matiere & forme, qui est diuine, ceste forme ne dominer tāt en elles, qu'elles preseruées qu'il y en ait eu, que la matiere ne s'y soit trouuée en mutatiō, & par consequent en imperfection, cōme il se voit par experience, ez corps celestes, qui estātz illuminez du Soleil, sont subiectz a recepuoir leur lumiere seulemēt par la partie q̄ le Soleil voir, laquelle se chāge continuelemēt, cōme le circuit du Soleil le manifeste. Il se voit aussi encore plus de mutation & changement en toutes autres creatures mortelles, encores plus muables q̄ ces corps. Dauātage Mercure a cy deuant declaré que Dieu est censé homme mais immortel, & l'homme est censé Dieu mais mortel: pour conclurre que si la matiere n'empeschoit les effects de Dieu en l'homme par son imperfection, & qu'il s'y trouuast tel qu'il y est, mais que ce fust sans matiere, il se trouueroit simple Dieu tout puissant, mais qu'estant maculé de matiere, il y est, mais empesché en ses operations diuines par la matiere. Dont il tire, q̄ le Soleil ayāt matiere auec la lumiere, qui est sa forme, ceste matiere n'empesche aucunemēt a sa forme vertu diuine, la plenitude de son operatiō, cōme ez autres creatures: detāt qu'elle ne se trouue subiecte a aucune imperfectiō, ou vice, qui rabate aucune partie de la dignité, & vertu de sa forme. Parquoy ceste forme estāt lumiere diuine, n'estant empeschée de la matiere demeure au Soleil, en la vertu & dignité qu'elle a en Dieu: toutes-fois n'est elle Dieu, par ce qu'elle n'est image representāt Dieu entier, cōme en l'hōme: & qu'il soit vray, elle n'a les autres vertus diuines, cōme arbitre, iugemāt, intelligēce &c. cōme elles sont en l'image de Dieu, & infinies autres. A cause dequoy ce n'est Dieu, combien qu'il ne soit empesché par la matiere, comme il seroit en l'homme, mais est bien vertu diuine pure & de liure de tout empeschement. Parquoy Mercure l'a nommée verité, & a declaré venerer le composé du Soleil comme fort honoré de Dieu, mais qu'il adore sa verité qui est vertu diuine lumiere, non empeschée, ny perturbée par la matiere, mais simple & pure de toute macule. Ce qui n'estoit en creature quelconque qu'en celle la, & monstre consequemment qu'il postpose encore ce Soleil a son autheur, en ce qu'il dict qu'il le recognoist operateur, apres l'vn & premier: par ou il declare premier & vn estre celuy qui deuant toutes choses doibt estre recognu, adoré, & prié, soit en ce Soleil & autre memoire de sa perfectiō. Ceux qui le voudront mercier, & recognoistre des biens faicts, qu'il leur communique par le moien du Soleil, ne le pouuant veoir corporellement, se tournent vers le Soleil, & regardāts celle part presentent leurs graces, & loüanges, vers ses essences, & vertus diuines, qui conduisent & accompagnent le Soleil, prenant au demeurant le corps du Soleil pour ce que c'est. Et cela s'appelle adorer en esprit, & verité, par laquelle nous prenōs la chose, pour ce que c'est, & non pour autre chose que ce qu'elle est: comme prenant le Soleil en sa priere pour vn corps faict & creé, & lequel entant que cela vous ne reuerez, mais vous reuerez ce Dieu, que nous voyons operateur en luy. D'vn tel propos sont venues les disputes de la veneration des images, qui s'en vont toutes par mesme iugement que nous faisons de la plus belle d'entre toutes, c'est asçauoir que nous ne laissons recognoissant le bois ou la pierre du Crucifix de prier deuāt ceste saincte memoire, celuy qu'il represente, sans faire autre arrest à ce corps materiel. Car nous auons vne generalité, qu'il n'y a matiere qui doiue estre honnorée pour son seul respect, ains pour celuy qu'elle prend d'ailleurs, comme sont images, & reliques, esquelles l'on considere autre chose, que la matiere, a peine que autrement on les prendroit pour mensonge, ne prenant la chose pour ce qu'elle est, ains pour ce qu'elle n'est pas: comme il est escrit de ce sainct prophete Samuel, qui fut suscité par la Pythonisse le iour du decez du roy Saul. Plusieurs estiment que ce n'estoit Samuel, mais seulement sa representation, ou son image, qui ne debuoit estre estimée luy mesmes: & ce pour ne donner authorité aux maleficés, & enchanteurs, ou magiciens s'aidants de l'esprit malin sur les esprits des sainctes personnes, comme a la verité, ils n'y ont aucune puissance de contrainte, ou commandemēt combien que quelque fois par leur moien soient anoncées diuerses veritez: Comme l'esprit Pythonic, que sainct Pol trouua en Macedoine, lequel tesmogna que sainct Pol & sa cōpagnie

Quelle adoration est dōnée au Soleil.

Ioan. 4. c

L'essence diuine veutrée au Soleil.

Veneration d'images & reliques.

1. Reg. 28. c
Si Samuel fut suscité ou non.

Act. 26. a

pagnie estoient seruiteurs du haut Dieu, & qui anonçoient la voye du salut, qui estoit chose vraye, toutesfois prononcée par l'esprit maling. Qui fut cause, que nonobstant que S. Pol cogneust, & aduoüast la verité qu'il disoit, si est-ce qu'il chassa l'Esprit maling, parce que Dieu ne reçoit ses loüanges, & verités de l'esprit maling: de mesme maniere il sembleroit ne repugner que nonobstant que la Pythonisse eust l'esprit maling, Dieu permit Samuel prendre ce moyen pour effrayer Saul. Et increper, & declarer le chasti de sa faute, par la suscitation de son esprit parlant à Saul: & que ce fust Samuel qui parla à Saul le iour de sa mort, & non l'Esprit maling, il est tesmoigné en l'Escriture, par la sapience de Syrac, parlant de Samuel Prophete du Seigneur, aymé de son Dieu, apres auoir racompté de ses faictz excellents, il conclud. Et dormist Samuel, & feist notoire au roy, & luy monstra la fin de sa vie, & exauça sa voix de terre en Prophetie, pour effacer l'impieté du peuple, parlant du mesme Samuel, qui auoit faict tous les autres effectz, & seruices a Dieu durant sa vie, chose qui est malaisée a accommoder au dire de plusieurs, lesquelz voyantz l'escriture nommer & introduire Samuel en sa suscitation, disent que ce n'estoit que l'image & representation phantastique de Samuel, qui aparoissoit & estoit presente, & non luy, & que les images portent les noms des subiectz qu'elles representent. A cause dequoy l'image & representation de Samuel estoit dicte Samuel, comme a la verité il est communement receu, de prendre & nommer l'image du nom du subiect. Mais en ce passage, ce ne fust son image, qui oignist le roy, qui renouuella le royaume, & qui iugea le peuple, & fust tenu Prophete fidele de Dieu, & rendist plusieurs tesmoignages au peuple: ce fust luy mesmes, & duquel il est dict, qu'il dormist, & annonça la mort a Saul. Qui nous faict penser qu'il ne repugne que l'esprit maling ne represente ou refere chose veritable, combien que son intention soit mauuaise, & ne laisse pourtant a mentir quand a soy, prenant la verité pour autre chose, qu'elle n'est, & la voulant destourner a ses vsages, s'il luy est permis: mais il ne l'en faut croire, mesmes en la veneration des images, laquelle ne doibt reposer sur elles, mais bien sur les choses representées par elles. Ce propos a esté traicté ailleurs assez amplemēt par plusieurs, qui nous fera passer outre.

L'esprit maling annonce verité.

Samuel mesme suscité. Eccl. 46. d

Le dæmon vn porte verité a mauuaise intension.

SECTION 8.

QVi sera donc la premiere verité, ô mon pere? L'vn & seul, ô Tat, qui n'est de matiere, n'est en corps, non coloré, non figuré, non variable, non alterable, qui est tousiours: mais la mensonge, ô mon filz tumbe en corruption, & les choses, qui sont en la terre, sont assaillies & enuelopées de corruption, & la prouidance de verité les enuelopera. Car sans corruption la generation seulement ne peut estre: de tant que corruption ensuit toute generation, a celle fin que la chose soit faicte de rechef. Car il est necessaire les choses faictes estre faictes de celles, qui sont corrompues. Or est il necessaire que les choses faictes se corrompent, a fin que la generation ne cesse des choses, qui sont.

COMMENTAIRE.

PVis donc que tu adores, & veneres vn premier auant le Soleil, auquel tu as confessé verité, & toutesfois tu le mets apres vn, lequel tu estimois premier, & auant sa verité en dignité. QVI SERA DONC LA PREMIERE VERITE, O MON PERE, laquelle tu puisses estimer plus excellente, & en laquelle soit mieux assise la perfection de verité. C'est L'VN ET SEVL, O TAT, duquel ie viens de te parler: c'est celuy, que ie t'ay constitué plus luysant, beau, grand, plus actif, faisant plus de bien, que le Soleil, & finalement c'est celuy

Dieu plus excellent que ses operations.

celuy duquel le Soleil n'eſt que inſtrumẽt, & auquel apartienẽt en proprieté toutes les puiſſances, actions, & vertus du Soleil. Il n'eſt ſans cauſe ſon premier, puis qu'il eſt ſon createur, & ſi eſt toute la vertu, action, & operation, qu'a le Soleil, & ſans lequel le Soleil n'eſt que vn corps mort, ſans action, vie, ny mouuement. C'eſt celuy qui eſt la vie, & mouuement qu'il a diſtribué au Soleil: il eſt vn & ſeul ſans maiſtre, ny compagnon: & pour le declarer autrement qu'il eſt, ce ne ſera la premiere fois que nous l'auons deſcript par negatiues, le ſçachant plus facilement dire ce qu'il n'eſt pas, que ce qu'il eſt. C'eſt celuy QVI N'EST com-

Dieu deſcrit par negatiues.

poſé DE MATIERE, cõme toutes choſes que tu vois ſur la terre, qui ſont materieles, & imparfaictes, ceſtuy-cy n'a matiere ny imperfection, ny ſubjection quelle que ce ſoit, & qui N'EST encloſ EN aucun CORPS. Il eſt ſimple, nud, & deſcouuert de ſa nature, & toutes-fois ne ſe faut attendre a l'aperceuoir par ſes ſens corporels, qui ne reçoiuent que choſes corporeles: il n'eſt en corps, & ne luy en faut aucun: il eſt NON COLORE, par ou il eſt hors de ſubjection de veuë corporelle, qui n'aperçoit que couleur. Il eſt NON FIGVRE ny repreſenté par deſcription, figure ou delineation quelconque, par laquelle il en puiſſe eſtre fait ſemblance: il eſt NON VARIABLE en ſes paroles, & promeſſes, ains eſt ferme, ſtable, certain, & plein de toute ſeureté, & digne en qui l'on ſe puiſſe repoſer ſur toutes choſes, qui ſont: il eſt NON ALTERABLE, ny corruptible, choſe qui apartient a l'imperfection de la matiere tant indigne, & eſloignée de luy, & QVI EST TOVSIOVRS conſtant, immuable, & meſme choſe, & celuy de qui toute autre choſe prend ſon eſtre, comme eſtant la vraye ſource de toute eſſence. MAIS au contraire LA MENSONGE, O MON FILS, TVMBE

Menſonge cõtraire a verité

EN CORRVPTION, à cauſe qu'elle eſt toute de nature imparfaicte, & oppoſite a toutes ces perfections de verité: car elle eſt compoſée de matiere, de tant que ſans l'abus de la matiere, iamais Dieu, eternele verité, n'euſt eſté abandonné. Elle eſt en corps, par le moyen duquel elle faict ſes mutations, & menſonges: elle a couleur & bien ſouuent pretexte de verité, lors qu'elle eſt plus dangereuſe: autrement elle a la couleur de la matiere, enſemble la figure, laquelle elle varie par ſa nature de menſonge, & l'altere d'vne choſe en autre, & ſi n'eſt

Menſonge couuerte de verité pernicieuſe.

point, ains giſt en totale priuation, de tant que c'eſt ſa principale denomination de menſonge ennemie de Dieu, verité eternele, en ce qu'elle n'a eſſence, & Dieu eſt toute eſſence. Et par ceſte cauſe, il eſt neceſſaire que pour eſtre menſonge elle paſſe d'vn eſtat en autre, ce qui ne ſe peut faire ſans corruptiõ de l'vn pour produire l'autre. ET LES CHOSES QVI SONT

Ce qui eſt en terre eſt aſſailly de corruptiõ.

EN LA TERRE, SONT ASSAILLIES, ET ENVELOPEES DE CORRVPTION à cauſe de l'inconſtance de la matiere, qui ne peut endurer meſme eſtat, ains faut que bien toſt elle ſe change en autre: & ceſte mutation du premier eſtat ne peut paruenir au ſecond, ſans la corruption de ce premier: & en ceſte maniere toutes choſes materieles qui ſont ſur terre, ſont aſſaillies & enuelopées de corruption. ET LA PROVIDENCE DE VERITE LES

Verité a tous enuelopé de menſonge.

ENVELOPERA, c'eſt à cauſe que pour la grande multitude & diuerſité des creatures, que la prouidence diuine deliberoit faire en ce monde pour ſon bel ornemẽt, elle conclud, & enuelopa toutes choſes materieles, qui ſont ſur la terre, en mutation, & par conſequent en corruption: dont s'eſt enſuiuy la multitude, & diuerſité, laquelle ne pouuoit produire changementz ſans la corruption des eſtatz, pour paruenir de l'vn en l'autre ou bien parlant plus proprement, nous dirons que la prouidence diuine trouuant en la matiere mutation, qui eſt imperfection, elle s'en eſt ſeruie pour l'effect de ſes operations. Car mutation eſtant vice, & im-

Prouidence diuine ſe ſert d'imperfectiõ.

perfection elle ne peut eſtre venue de Dieu en la matiere: mais luy eſt aduenue auec toutes ſes imperfections de la ſeparation, qu'elle a du commencement ſouffert Dieu, duquel eſtant delaiſſée, comme nous l'auons dict du commencement, ſans raiſon ny vertu diuine quelconque, fors la ſeule habitude de matiere, elle s'eſt trouuée ſaiſie de toutes imperfections & miſeres, leſquelles ne luy ſont données de ce bon Dieu, mais luy ſont aduenues par ſon abſence, dont la principale & plus generale de toutes eſt mutation, laquelle ceſte prouidence diuine a employé en ſes operations. CAR SANS CORRVPTION LA

Sans menſonge de mutatiõ n'y a generation.

GENERATION SEVLEMENT NE PEVT ESTRE: à cauſe que en toute generation, il eſt beſoin que la matiere change d'eſtat, pour deuenir ce, qui doit eſtre engendré, & ce changement d'eſtat, c'eſt l'alteration, menſonge, & corruption de la matiere, qui ſe fait pour toute generation: & par ce que en la matiere n'y a aucune conſtance, c'eſt eſtat, qu'el-

Corruptiõ enſuit generatiõ

le aura acquis par generation, ne luy peut durer longuement. dont s'enſuit qu'elle changera par corruption en autre eſtat: DE TANT QVE CORRVPTION ENSVIT TOVTE GE-
NERA-

NERATION par la necessité de l'inconstance de la matiere, de laquelle est faicte la generation, A CELLE FIN QVE LA CHOSE SOIT FAICTE DE RECHEF, & que la prouidéce de verité diuine soit obeye, en la multitude & diuersité des creatures, qu'elle a proposé mettre en ceste region terrestre. Car toutes creatures estant faictes, s'il estoit ainsi qu'il n'y eust plus de mutation, il n'y auroit corruption, ny par consequent generation ains toutes choses materielles demeureroient eterneles & immuables, & la multitude, diuersité, ou ornement de ce monde, & qui plus est ceste continuelle operation diuine cesseroit, qui seroit chose absurde & tresgrand inconuenient, & qui ne peut aduenir. Parquoy la mutation a esté donnée a la matiere par la prouidence diuine pour l'effect de ses operations, & si l'a enuelopée de corruption : a celle fin que la chose vnefois faicte, soit faicte de rechef, & refaicte par plusieurs, & diuerses mutations, & generations. CAR IL EST NECESSAIRE LES CHOSES FAICTES ESTRE FAICTES DE CELLES, QVI SONT CORROMPVES. Car les faisant sans corruption d'estat, elles demeureroiēt ce qu'elles estoient, & par ainsi elles ne seroient de nouueau faictes : parquoy il est necessaire qu'elles soient faictes d'autres, qui soient corrompues, & par ceste mutation necessaire a toute generation. OR EST IL NECESSAIRE QVE LES CHOSES FAICTES SE CORROMPENT pour deux causes: la premiere a cause de l'inconstance de l'estophe, ou matiere, qui de sa nature d'imperfection ne peut endurer vn estat, l'autre pour l'obeissance que toute chose doibt a l'ordre de la diuine prouidéce, qui trouuāt la matiere estre subiecte a cōtinuelle mutation, & chāgemant elle en honore ses œuures de multitude, & diuersité de creatures. Ce qui cesseroit, si toutes choses materielles ne se corrompoient en ceste region de generation, & corruption: AFFIN QVE LA GENERATION NE CESSE DES CHOSES QVI SONT, & que toute chose obeisse a ceste diuine prouidence: qui pour acomplir ce bel ordre, & ornement de son monde l'a constitué en multitude & diuersité de creatures, laquelle se faict par l'operation des choses, qui se font, lesquelles ceste prouidence veut estre continuées, & l'operation, qui les faict, ne cesser & estre.

Sans mutatiō tout seroit eternel.

Choses faictes des corrōpues.

Corruption necessaire.

Corruptiō est pour ne cesser generation.

SECTION 9.

PRemieremēt donc recognois l'ouurier, pour la generation des choses qui sont. Les choses donc qui sont faictes de corruption, sont menteries, asçauoir celles, qui quelque temps sont vnes, & quelque temps autres : de tant qu'il est impossible qu'elles soiēt mesme chose. Ce donc qui n'est mesme chose, comment sera il chose vraye ? Il faut donc, ô mon fils, nommer ces choses imaginations. Car de vray nous appellons droictement l'homme imagination d'humanité: l'enfant imagination d'enfant: le ieune imagination du ieune: le viril imagination du viril: & le vieux imagination du vieux : de tant que l'homme n'est homme : ny l'enfant, enfant : ny le ieune, ieune : ny le viril, viril : ny le vieux, vieux. Mais les choses, qui changent, mentent, tant celles, qui ont esté, que celles, qui sont. Considere donc ces choses en ceste maniere, ô mon fils, comme ces mesmes œuures mensongeres dependants d'enhaut de la mesme verité. Cecy donc se trouuant ainsi, ie dy la mensonge estre la facture de verité.

COMMENTAIRE.

APres que nous t'auons declairé, que c'est pour l'honneur, & reuerance que nous deuons a la diuine prouidence, que nous auons a considerer les choses, qui se font, par qui, & de quelle puissance elles sont faictes, & leur condition. PREMIEREMENT DONC RECOGNOIS L'OVVRIER, & le consideres bien, & pour ne luy faire iniure donne toy garde de le prendre pour vn autre, ny prendre autre en son lieu. Car cōbien qu'il aye plusieurs, & diuers ministres, & seruiteurs s'employants en son operation, ce n'est pourtant a eux, que l'honneur de l'operation doit estre donné, ains a ce souuerain ouurier, qui fournist du sien, & matiere, & operation, & puissance, & inuention, & ministres, & administrateurs, & tous autres moyens, requis a l'operation, toutes choses prinses du sien propre, sans auoir employé aucun secours, ou faueur d'ailleurs.

Recognoistre Dieu en toute œuure.

A celuy

A celluy la donc donne tout l'honneur de l'operation, & non au ministre ou seruiteur, employé comme instrument de l'operation, lequel se contentera d'estre honnoré, & recogneu en la dignité du ministere & seruice d'vn si grand, admirable, & puissant operateur. Par ainsi recognois si bien c'est ouurier, POVR LA GENERATION DES CHOSES, QVI SONT, que tu ne le blasphemes, atribuant son authorité, & operation a vn autre, quel qu'il soit : mais les entends, & recognois tous pour instrumēts & seruiteurs. LES CHOSES DONC QVI SONT FAICTES DE CORRVPTION, & mutation d'vn estat en autre, SONT pures MENTERIES, promettans estre ce qu'elles ne sont a la verité, ASÇAVOIR CELLES QVI QVELQVE TEMPS SONT VNES, ET QVELQVE TEMPS AVTRES, a cause qu'elles sont si inconstantes, qu'on ne peut asseurer leur estat estre ferme, stable, ou constant, ensuiuant la nature & condition de verité, & par ainsi n'estant choses veritables, necessairement elles sont menteries. DETANT QV'IL EST IMPOSSIBLE estant quelque temps d'vn estat, & quelque tēps d'vn autre, QV'ELLES SOIENT MESME CHOSE pour estre dictes veritables. Ce qu'elles ne peuuent sans estre mesme chose & constantes en leur estat. CE DONC QVI N'EST MESME CHOSE, de maniere qu'on se puisse asseurer que c'est cela mesmes, COMMENT SERA IL CHOSE VRAYE, constante, permanante, & stable en son estat, suiuant la pure nature & condition de toute chose vraye. Il ne peut estre, ains nous faut confesser, que toutes choses subiectes a mutation d'estat en autre, soient pures menteries, & ne donner ce digne nom de chose veritable a chose materiele, subiecte a toutes ces miseres & imperfectiōs contraires a la purité & excellance de la diuine verité, & repugnantz a ces conditions. IL FAVT DONC, O MON FILS) pour n'abuser des intelligences & cognoissances des choses qui sont) nommer chasque chose au plus pres de ce qu'elle est, qu'il nous sera possible, & qu'il en viendra en nos cognoissances & imagination, comme par exemple nous prendrons toutz les estatz & chāgemētz, qui se font en l'homme, depuis sa naissance iusques en sa dissolution : lesquelz tumbent tous en vne imagination, & n'en pouuōs tirer que ce faict. Il faut donc NOMMER CES CHOSES IMAGINATIONS & non vrais effectz : attandu qu'ilz sont inconstantz & sans aucune asseurance d'estat. CAR DE VRAY NOVS APELONS a bonne cause & DROICTEMANT L'HOMME (en son estat vniuersel l'hōme disposé a toute mutatiō & changement) IMAGINATION D'HVMANITE, par laquelle nous cōsiderons vn animal cōposé d'vn corps materiel & de l'esprit de Dieu auec vne ame, qui le conduict par son arbitre. Ceste consideration est vniuerselle, & soubs laquelle se font diuerses mutations, soit par nature qui est son propre, ou par accidēt, auquel il est subiect par l'imperfection de sa matiere. Ceste imagination ne comprend qu'vne menterie, qui sont toutes les mutatiōs qui se font soubs c'est estat d'humanité, laquelle les contient toutes, combien qu'elles soient differantes & diuerses. Et premierement en son commancement nous dirons L'ENFANT IMAGINATION D'ENFANT, lequel est comprins en l'humanité : & toutesfois c'est vne mensonge, parce qu'estant inconstant en c'est estat, il deuient ieune homme, ET partant nous dirōs LE IEVNE, IMAGINATION DV IEVNE, lequel pareillement par son incōstance se trouue mensonge, deuenāt en l'estat viril, & dirōs lors LE VIRIL IMAGINATION DV VIRIL. ET par apres deuenant vieux, dirons LE VIEVX IMAGINATION DV VIEVX. Tous lesquelz estatz ne peuuent estre qu'ez imaginations, aussi muables & variables que leurs estats, DE TANT QVE L'HOMME contenant toutes ces differāces n'est mesme chose: & par ainsi N'EST HOMME veritable, NY L'ENFANT (prest a changer d'estat en peu de temps, voire si peu qu'il ne faict autre chose en toutes heures & instants, que changer, iusques a ce qu'il deuient notoire aux sens corporels) est dict ENFANT, NI LE IEVNE de mesme maniere est dict IEVNE, NI LE VIRIL sera dict VIRIL, NI LE VIEVX finablement sera dict VIEVX, de tant que aucun de ces estats n'a en constance n'y demeure aucunement en sa verité & fermesse, mais tous ces estats se sont corrompus & changés, pour deuenir autres, & ne demeurer en leur verité, à cause de leurs diuerses mutations. MAIS LES CHOSES QVI CHANGENT, MENTENT a cause de leur iustabilité, inconstance, & variation, TANT CELLES QVI ONT ESTE n'estant plus, & par ainsi se declarant muables, & par consequēt mensonges, QVE CELLES, QVI nouuellement SONT paruenues a vn nouueau estat, & auquel elles ne demeureront guiere. Dōt semblablement elles arguent par leur mutation vne pure mensonge en elles, & ce a cause de l'imperfection que toute nature souffre en elle depuis

puis la separation que iadis, & du commencement en fust faicte de ces perfections diuines, pour seruir de seule matiere à la composition de toutes choses, disposée à receuoir les diuerses & innumerables formes, qu'il a pleu à ce bon Dieu luy imprimer. Et par ceste separation de toute vertu & verité, la pauure matiere s'est trouuée en son contraire, à sçauoir en vice, imperfection & mensonge: parquoy ce n'est ce bon Dieu qui luy a donné le vice, imperfection ou mensonge: mais c'est elle mesme qui estant hors d'auec Dieu la trouue ailleurs: car le bon Dieu n'en a auec luy pour luy en donner. Et ceste separation qu'il en a faict, a esté pour bonne consideration, asçauoir pour auoir dequoy faire composition des creatures, detant qu'auant la separation de matiere, ny pouuoit auoir composition, qui consiste de sa nature en pluralité, & n'y ayāt que Dieu seul pour toutes choses, ce n'estoit pluralité. Parquoy n'y pouuoit auoir composition ny creation.

Dont vient mutation a la matiere.

Priuation de Dieu & non Dieu produist le vice.

Qui fust cause q̄ Dieu tira de ces choses inuisibles la matiere visible pour preparer les siecles par son sainct verbe, cōme il est dict: & de ceste matiere ont esté faictes par ce bon Dieu toutes ces creatures. Ausquelles ce n'est luy qui y a mis la mensonge & autres vices, mais c'est la matiere corrompue par son absence, qui luy a raporté en ces compositions & creations toutes ces imperfections, comme nous l'auons cy deuant dict. CONSIDERE DONC CES CHOSES EN CESTE MANIERE O MON FILS, COMME CES MESMES OEVVRES MENSONGERES ET DEPENDANTS D'ENHAVT DE LA MESME VERITE, combien que leur mensonge, vices, & autres imperfections n'en dependent, comme nous le venons de dire. Mais elles dependent en tout ce, qu'elles ont receu, d'estre vie, mouuemant, action, vertus, proprietez, & tout autre bien de la verité diuine, laquelle leur a communiqué tous ces bienfaicts par sa bonté: & de l'autre part la matiere par sa nature d'imperfection leur aporte la mensonge, & toute sa vicieuse suyte. CECY DONC SOY TROVVANT AINSY, comme nous venons de le declarer, IE DY LA MENSONGE, qui est toute creature composée, & creée de generatiō, & corruption par ce bon Dieu, sur la matiere, ESTRE LA FACTVRE & creature DE VERITE eternelle, Fils de Dieu, & son sainct Verbe, par la vertu duquel, toutes choses sont faictes, & conseruées. Et celles, qui de leur faute sont tombées en ruyne, restaurées & releuées en plus grand honneur, heur & felicité, si que l'œuure mensonge, à cause de sa matiere, estant faicte, & formée par la saincte Verité, & pourueüe de diuerses actions, & proprietez, se trouue non seulement œuure de verité, mais temple, couuerture, & receptacle de la mesme verité.

Hebr. 11. a Matiere separée de Dieu pour composer

Chap. 14. sect. 7.

Mēsonges dependent de verité.

Mensonge sa sture de verité

DE MERCVRE A TAT.

SECTION. 10.

CErtainement il est difficile d'entendre Dieu, mais impossible est-il de le declarer: car il est impossible que la chose incorporelle soit signifiée par le corps: & que la chose parfaicte soit comprinse par l'imparfaicte, il n'est possible: & que le perpetuel conuienne auec celuy de peu de durée, il est difficile: car le perpetuel est tousiours, & cestui-cy passe. Celuy-là est à la verité, & cestui-cy est offusqué d'imagination: car l'imbecille est autant differant du plus vaillant, & le moindre du plus excellant, comme la chose mortelle de la diuine, & l'interualle, qui est au millieu de ceux-cy, obscurcit la speculation de beauté, de tant que les corps sont veuz par les yeux, & par la langue les choses visibles sont annoncées: mais la chose incorporelle, & inuisible: & non figurée, ny composée de matiere, ne peut estre comprinse de nos sens: Ie l'entēds ô Tat, ie l'entends, ce qui est impossible d'estre annoncé c'est Dieu.

COMMENTAIRE.

CEste section est vn fragment recueilli par Stobée, continuant le propos de la difference des formes aux choses corporelles, dont les premieres sont inuisibles, diuines & verité, & les autres sont visibles, & offusquées d'imaginations. A ceste cause il commence par la congnoissance de Dieu, CERTAINEMENT IL EST DIFFICILE D'ENTENDRE DIEV, à cause qu'il ne peut estre entendu que par soy-mesme, comme frequentement nous l'auons dict. Parquoy il a composé l'homme par dessus toutes autres creatures, pour estre cogneu, & entendu de luy: & pour ce faire l'a pourueu en sa composition de son sainct Esprit, par lequel l'homme peut congnoistre Dieu, & en ceste maniere il sera cogneu, ou entendu par luy mesme. Or est il que l'vsage, & employ de ce sainct Esprit, a esté mis en l'homme sous la disposition de son arbitre, & libre volonté, par laquelle l'homme ayant abandonné Dieu, & son propre estat est tombé en telle malediction, qu'il a incliné, par la nature de ce peché, toute la volonté humaine en mal, & par consequent à delaisser & mespriser Dieu, comme Dieu l'a declaré respondant au sacrifice de Noé. Et de ceste sinistre inclination est venue à l'homme la difficulté, que escript Mercure, & qui se trouue en l'homme à congnoistre Dieu. Nous parlons icy de l'absolue perfection de le congnoistre totalement: car cela est remis au temps que l'homme mort en Iesus Christ aura despoüillé son empeschement, & matiere corporelle, auquel temps il le verra tel qu'il est, comme sainct Iean le nous a declaré. Et pouuons parler pareillement de l'intelligence, & congnoissance de Dieu, telle que l'homme subject à peché la peut receuoir, faisant le deuoir de son estat en ceste vie mortelle, laquelle est dicte difficile à recouurer, à cause que au parauāt y entrer, il est besoin que l'homme se defface de ce malheureux acquest qu'il a faict par le premier peché. Ce qui luy est difficile, par ce qu'il faut que ce soit par sa volonté, qu'il chasse sa mesme volonté: de tant que sa volonté estant des-ja gaignée par le peché, auquel elle incline depuis ceste premiere faute, ceste volonté, qui par ce moyen d'eslire le mal, trouue fort difficile à vouloir, & deserer le bien, & qui est plus mal aisé de hair ce mal, qu'elle ayme tant. Et de ceste metamorphose, qui est requise en toute personne qui veut congnoistre Dieu, est yssue la guerre, & combat que tout bon Chrestien aura toute sa vie dans soy mesme, à sçauoir de son homme interieur, Sainct Esprit de Dieu desirant & procurant son salut, contre l'homme charnel, & ses concupiscences, luy produisant sa ruyne: toutefois si les deux estoyent en l'integrité de leur creation, le combat ne seroit à beaucoup pres si dur, & difficile, à cause que encores ny l'vn ny l'autre n'auroit incliné la volonté, qui est leur iuge en l'ame. Mais de tant que depuis le peché, l'ame, qui par son arbitre doit eslire, & choisir auquel des deux combatans elle donnera sa voix, & consentement, a esté si corrompue, que non seulement elle escoute à la partie de peché, & concupiscences, mais elle s'en plaist, & les desire de telle maniere, que le plus souuent elle leur donne son amour, & consentement de son arbitre, combien que ce ne soit tousiours, ny en toutes gens: d'autant que ce bon sainct Esprit, qui prie pour nous par gemissement & plaintes de nostre misere indicible, touche si ferme ceste pauure ame mal aduisée, qu'à la sollicitation du sainct Esprit elle donne quelquesfois (bien qu'assez raremēt) son consentement a sa bonne part, & le retire, & reiecte hors les concupiscences des superfluitez materielles. Et par ce que ce n'est pas le grād nombre, auquel se trouuēt ces effects, auec ce qu'encore tout petit qu'il est, tels effects n'y sont produicts sans difficulté, Mercure nous dict qu'il est difficile d'entendre, ou congnoistre Dieu: lequel ne peut estre cogneu d'aucune ame, que de l'humaine, encore faut-il qu'elle aye vaincu (soy retirant à son sainct Esprit de Dieu) le premier combat contre sa chair, & concupiscences, par lesquelles elle est totalement empeschée d'en auoir la congnoissance, tant petite soit elle. A cause dequoy celuy qui veut congnoistre Dieu, il faut qu'il commence par le reiectement de tous plaisirs & voluptez, amour & affection non necessaires à sa vie, qu'il pourroit auoir à toutes choses corporelles, & materielles, & vaincre d'entrée ceste difficulté, auec certaine asseurance de trouuer le reste plus aysé, combien qu'il soit plus digne, grand & excellent. Nous auons cy deuant dict en la 20. section du chap. 12. parlans de vouloir congnoistre Dieu, qu'il n'est difficile de le congnoistre, en ses effects, mesmes à celuy qui considerera les differēces, qui sont en toutes creatures, entre la matiere & la forme: par lesquelles il verra l'vne partie (qui est la matiere estāt prinse sans l'autre) n'estre qu'vn amas, ou masse inutile a toutes choses: & au contraire voirra facilement la forme, qui est en toutes creatures la vie, acōpagnée a la plus part d'entre elles de vertus, actions, proprietez, & ez principales outre toutes icelles la dame particuliaire, prouuecüe de l'esprit de Dieu presant en ceste composition, estāt toutes choses incorporeles, inuisibles, & immortelles, lesquelles par consequent n'estāt de la nature des cho-

Difficulté d'entendre Dieu.

D'où vist la difficulté de congnoistre Dieu. Genes. 8. d.

1. Ioan. 3. a.

Congnoistre Dieu en capacité mortelle.

Difficulté sise en la guerre ou cōbat.

Iob 7. a.

Arbitre depraué difficile à eslire biē.

Rom. 8. e.

Le S. Esprit difficilemēt escouté.

Entrer à congnoistre Dieu par combat.

ses corporeles, & elementaires de nostre region, & habitatiõ, & toutesfois ayant en soy le cõmandemant, conduicte, & gouuernemẽt des choses materieles & corporeles. L'hõme sera bien endormy en ignorance, qui ne cognoistra ces choses tant vertueuses yssir de quelque subiect, ayant domination, conduicte, & puissance sur les choses corporeles, estant communiqué a toutes, & ne pouuãt estre comprins d'icelles : mais au contraire les contenant sous sa puissance & action, & par ce moyẽ si clair & public, il est facil a toute ame de cognoistre par ces differances, ces parties incorporeles dependre de Dieu, & par consequent estre vn Dieu sur toutes choses a ce propos. Mais combien qu'il soit aisé a cognoistre qu'il est & plusieurs de ses vertus, & proprietez a la differance des choses corporeles, c'est pourtant chose haute & difficile a le cognoistre, & entendre, prenãt ceste cognoissance pour fin de sciẽce suffisante a le cõprendre totalemẽt, cõme en nostre present propos. Par lequel nous declarerons, la chose parfaicte ne pouuoir estre comprinse par l'imparfaicte, ny l'incorporele par le corps, voire ny a le cognoistre selon la capacité de l'hõme mortel : a cause des cõbats, q̃ nous auons dict. Dõt nous dirõs, qu'il est difficil de cõprendre si auãt q̃ l'ame peut de la cognoissance de Dieu : mais il n'est pas difficile par la differãce des choses corporeles a luy, de le cognoistre en elles. Et pour ne nous rẽdre si stupides & paresseux a l'employ de noz intelligẽces a cõtempler Dieu, pẽsons q̃ nous auõs cy deuãt plusieurs fois parlé de la descriptiõ de ce tres parfaict & souuerain biẽ, Dieu eternel, ne le pouuãt definir, a cause q̃ cõme nous disons le mortel ne peut definir ou cõprendre l'immortel, ny le corruptible l'incorruptible, ce neãtmoins par ce qu'il nous est dict, q̃ la vie eternelle est cognoistre Dieu, & Iesus Christ, qu'il a enuoyé, & d'auantage qu'il a esté cy deuant dict q̃ le semblable est cogneu par ses semblables, il est bien raisonnable, que nous trauaillions, a ensuiure en ceste vie mortele les moyens de l'entrée de nostre salut, qui est ceste cognoissãce de Dieu, parce que nous trouuerõs en tout ce qui est en nous luy estre plus sẽblable. Or est il q̃ ce bõ Dieu nous ayãt faictz & creés à son image & sẽblãce, qu'il a mis en nostre cõposition, nous ne pouuõs penser ny imaginer chose, qui plus luy ressẽble, q̃ ce qu'il a dict mesme estre son image & sẽblance, qu'il a inspiré en l'hõme par le spiracle de vie, que les sainctes personnes tiennẽt n'estre pas l'ame, & chascun sçait q̃ ce n'est le corps plain d'imperfectiõ, mais c'est le S. Esprit de Dieu, q̃ l'ignorãce, qui nous couure, ne peut cognoistre estre l'entendemẽt humain, donné à ce seul animal, pour cõtẽpler & cognoistre Dieu, &ce à cause des indignités qui luy sont inserées, par la partie materiele, qui est interuenue en ceste cõposition de l'hõme auec luy, ne pensant, ny cõsiderant, q̃ si ces imperfectiõs n'eussent souillé ceste diuine partie en l'hõme, il n'eust esté besoin que Iesus Christ Dieu, filz de Dieu, se fut humilié & rabaissé, en telle misere & subiectiõ, qu'il a faict, pour reintegrer en l'hõme & remettre en dignité ceste sienne partie tãt oprimée, salie, & mesprisée. Car ce n'est pour le corps qu'il l'a fait, ains pour soy mesmes, a ce qu'il ne soit blasphemé, cõme dict Esaie. Il nous faut dõc cognoistre auec Dieu, ce Iesus Christ, qui nous a procuré le salut enuoié du pere, qui nous a dict, qu'autre n'a cogneu le pere q̃ le filz, ni le filz autre que le pere. Si estce q̃ n'ayãt le pere ny le fils en nos puissãces, nous nous aiderõs de ceste image de Dieu S. Esprit lequel S. Iea dict vne mesme chose auec eux, & qui nous est esté donné pour estre employé par nostre arbitre. C'est l'entendemẽt humain, par lequel l'ame a esté ditte raisõnable, qui est la presance du S. Esprit en l'hõme, cõbien qu'il n'y soit traicté, seruy, ny hõnoré, cõme il se deuroit, mais au contraire employé en vsages totalement opositez, qui sont les concupiscences charneles, & materielles, qui le rẽd mescogneu a nos ignorãces, ce neantmoins il ne cesse de nous aduertir & heurter a toute heure a nostre huis, a ce q̃ nous luy ouuriõs la porte de nostre affectiõ, pour estre cogneu de nous. Ostõs dõc ceste ignorãce, nous esueillãtz du profõd someil auquel elle nous detiẽt, & cõtẽplans l'excellẽce qu'a c'est entẽdemẽt humain, sãs terme, limite, ny circõscription aucune, plain de toute puissãce, sapiẽce, grace, & bõté mesme ez persõnes qui l'affligẽt le moins, cõme plusieurs des sainctz Prophetes Apostres, & autres excellentes personnes, qui ont faict apparoir la bõté, cognoissance, & puissance, qu'a eu en eux c'est Esprit de Dieu, moins taché, & maculé qu'en l'ignorãce du cõmun : & si nous cõsiderons bie la nature & condition de c'est entendemẽt donné à l'homme en sa creation, nous y trouuerõs les mesmes effectz procedãs des mesmes causes, q̃ nous voyõs proceder les effectz, q̃ nous attribuõs à Dieu. Lesquelles causes ou principales, que nous y cognoissons sont bonté premierement, dont sont produictz tous effectz de beneficẽce, misericorde, amour, secours, clemence, longanimité ou patience contre les offences, & autres, sans nombre apartenãts a ceste tres-saincte vnion de la Trinité & non a autre creature qu'à l'hõme. Secondement il se trouue puissance qui produict les miracles, comme suscitatiõ de mors, guarison de maladies,

Facil à cognoistre Dieu en la creature

Difficil à cognoistre Dieu absolument.

1. Cor. 15. f Ioan. 17. a Cha. 11. s. 20.

Cognoissance de Dieu par soy mesme.

Genes. 1. d & .6. b

Ciril. in Ioan l. 1. c. 47.

L'esprit de Dieu reintegré en l'hõme par Iesus Christ. Esaye. 48. b Mat. 11. d 1. Ioan. 5. b

Apoc. 3. d

Collation des effectz de l'entendement a ceux de Dieu.

ouuerture de mer, retardemēt du Soleil, & autres infinis appartenāts au pere, Dieu tout puiſſant. Tiercemēt nous y trouuons ſapience, qui produict ſes actiōs, en intelligēces, memoires, inuentions, contemplations & toute maniere de cognoiſſances, qui ſont propres au Filz de Dieu, ſapience du pere, par lequel nous receuōs tous biens, graces, & vraye cognoiſſance de Dieu, & de luy, qui eſt noſtre reſſourçe & parfaict ſalut. Nous y trouuōs auſſi pour le quatrieſme, grace ou beniuolēce, qni cōſtitue ſes effects, en toutes œuures de miſericorde, amour, & dilection, qui eſt le propre du S. Eſprit de ce bon Dieu, plein de toute affectiō, & ſoin du ſalut de l'hōme, eſtant continuelement a ſa porte & ioinct a luy recherchāt toutes manieres & moyēs de l'inciter a ſon profit. Voyāt dōc q̄ toutes ces dignitez atribuées a la diuine Trinité, Pere, Filz, & S. Eſprit ſe trouuāt en ceſte image de Dieu, dōnée a tout hōme en ſa nature de creation, & laquelle tant offencée, affligée, & contriſtée luy eſt reſtaurée & remiſe en ſa premiere perfectiō par Ieſus Chriſt, & tous ceux, qui par la parole des Apoſtres croiront ou ſuiuant ceſte meſme foy, l'aurōt creu redēpteur, voire auant ſa manifeſtation. Il ſemble eſtre

1. Petr. 1. a
1. Cor. 3. c. a
2. Corint. 6. c

ſuffiſamment manifeſté q̄ ceſte image entendement humain, ayant les vertus & effectz de Dieu, qui ne trouuēt apartenir a autre ſubiect quelcōque, eſt le vray Eſprit de Dieu cōmuniqué a l'hōme de ſa nature de diuinité. Dōt S. Pierre nous a dicts participās de diuine nature, & S. Pol, tēples du S. Eſprit. Et ſi nous n'auōs contentemēt des argumēs precedēs pour mōſtrer

Chap. 11.
Sect. 19.
Parfaicte diligence & puiſſance au ſeul Dieu.

c'eſt entendemēt eſtre de pure nature diuine en ſa condition, nous prendrōs l'argument que Mercure raconte luy auoir eſté faict par la penſée ſon S. Pimandre, par lequel Dieu luy mōſtre ny auoir aucunemēt choſe plus viſte ou diligente, ny plus puiſſante, q̄ c'eſt entendemēt ou penſée, & ne pouuoir eſtre aucunemēt circonſcripte, ſoy trouuāt par tout en meſme tēps: choſe qui ne peut conuenir q̄ au ſeul Dieu tout puiſſant, bon & tres-parfaict. Qui nous dōne occaſion tres-ſurgente de cognoiſtre & conſiderer, le bien q̄ nous auōs receu par ceſte diuine partie, miſe en noſtre cōpoſition, & par laquelle ſeule il nous eſt dōné moyē de cognoiſtre ce que noſtre capacité pourra endurer de la nature diuine. C'eſt aſçauoir l'vn plus, l'autre moins, ſelon que nous deſpouillerōs les empeſchemēs des concupiſcences, & abus, q̄ nous receuōs des choſes materieles pour rēdre ce diuin entendement deliure & mieux diſpoſé en l'hōme a cognoiſtre le plus de la nature, vertus & condition, q̄ faire ſe pourra. Qui eſt ce q̄ tous les ſçauans ont apellé cognoiſtre ſoy meſmes de tout tēps & anciēneté, conſtituant en c'eſt effet le plus excellāt acte, q̄ puiſſe faire l'hōme, à cauſe que auant auoir diſpoſé ce diuin Eſprit a ſoy cognoiſtre meſmes, il eſt neceſſaire, qu'il aye gagné la victoire cōtre ſes cōcupiſcences, & oppreſſion ou guerre, que luy faict la matiere, & partie corporele, cōme n'ayant autre empeſchemēt, ou reſiſtāce, que luy nuiſe, a ceſte parfaicte cognoiſſance, q̄ ceſte partie charnele, & materiele. Qui a eſté la grande difficulté, qu'ont ſecondement declaré les ſçauātz en l'hōme, de ſe vaincre ſoy meſme pour paruenir, a la premiere difficulté, que nous diſons de ſoy cognoiſtre meſme, qui ne peut eſtre acquiſe, que la victoire n'aye precedé: de tant q̄ ceſte cognoiſſance eſt empeſchée, par la reſiſtāce des choſes materieles, qui en tout cas doit eſtre abatue, auāt paruenir a la liberté de c'eſt Eſprit de Dieu, de laquelle il a beſoin pour ſoy recognoiſtre tel qu'il eſt. Et pour declarer quelle peut eſtre ceſte victoire nous la diuiſerōs en deux, aſçauoir la premiere & moindre, conſiſter en ce, que l'homme viuant ſe peut contraindre d'abandonner a ſon poſſible, toute maniere d'vſage ſuperflu, & non neceſſaire, c'eſt vie & & ſon eſtat de choſes materieles, & les meſpriſer & reietter le plus qu'il ſera en ſon pouuoir, pour oſter le plus d'empeſchemēt qu'il pourra, a ſa penſée, entendement, ou image S. Eſprit de Dieu, qu'il a en ſoy, de s'appliquer a la cognoiſſance, contēplation, & plus affectionnée conſideration de ſa condition & nature, qu'il luy ſera poſſible. A quoy toutes ces choſes & propos materielz, l'empeſchent extremement, comme vrays ennemys l'vn de l'autre. & en ce cas celuy qui ſe trouuera auoir faict plus de diligence en ſa penſée & volonté, ſe trouuera plus participant de ceſte cognoiſſance de ſoy. Et par ce que ceſte cy, que nous venons de propoſer, eſt la moindre des deux, & qui ne peut venir a perfection, en corps mortel, quelle diligence que l'homme puiſſe faire, mais demeure ſeulement en chaſcun, ſelon le degré de ſa diſpoſition, comme il a eſté veu aux ſainctes perſonnes, deſquels les vns ont plus participé de ceſte excellence, les autres moins : nous dirons la ſeconde, par laquelle l'homme vient a la perfection, a laquelle il ne peut venir en ceſte vie mortele. C'eſt quād il ſe trouuera auoir eſté ſi conſtant en ſon cōbat, durant ſa vie, que ſans s'eſtre iamais voulu ſoubmettre ny ſouffrir eſtre ordinairemēt dominé par la concupiſcence, il ſera mort, &

Diligence a cognoiſtre ſoy meſme.

Il ſe faut vaincre auāt ſe cognoiſtre.

aura

aura finé sa vie, soustenant ce combat, sans soy vouloir iamais, rendre ny succomber. Lors & en ce cas, il aura gaigné la couronne, que declare sainct Pol apartenir a ceux, qui auront legitimement combatu, & verront & cognoistront face a face ce, qu'ilz n'ont iamais leur vie durant peu cognoistre, qu'en partie: qui est ce que dict sainct Iean, le voir tel qu'il est: & ce a cause que l'esprit de Dieu deschargé de sa partie materiele, n'ayant aucun empeschemēt se cognoistra en sapropre vertu tel, qu'il est, iouissant du bien faict impetré par Iesus Christ le soir de sa passion, asçauoir d'estre vn en Dieu, comme le filz est vn auec le pere, & le pere auec le filz. Laquelle vnion se faira par ceste parfaicte cognoissance, qui est la vie eternele, qu'a dict Iesus Christ ce mesme soir, a Dieu son pere. Et ce faict bien contemplé & consideré en ces gradations, nous aurons moyen d'entrer tousiours plus auant en la cognoissance de ce tresdigne & tresadmirable subiect. Parquoy, pour descrire ceste perfection diuine, par sa partie, que nous pouuons aucunement cognoistre en nous, luy ostant les imperfections, qui l'empeschent, en ses operations, que c'est vn entendemant puissant, bon, glorieux, comprenant par cest entendemant ou pensée non empeschée, toute maniere d'intelligences, sapience, cognoissance, memoire, inuention, & sans aucun nombre: & l'entendons puissant de créer, produire, donner mouuemant, acroissemant a toutes choses, & les tenir en obeissance & subiection. Et l'entendons bon entant que pere, aimant toutes ses creatures, leur faisant toute maniere de Bien, & sans cesse, supportant toutes infirmitez, patiant, & misericordieux, atandant la confession de ceux, qui l'aurōt offencé, & faisant toutes autres actiōs de beniuolence. Nous l'estimons glorieux, a cause de sa perfection, digne de tout hōneur, louange, excellence, & vertu, par laquelle il peut tout ce, que luy plaist, & de toute veneration, reuerence, & adoration, qu'il luy plaira mettre au cœur de l'homme, sur lequel, matiere corporelle n'a aucune action inuisible, impalpable, immuable, constant, hors de toute subiection de sens, abondant en toutes choses, n'ayant besoing d'aucune, & source de toutes les perfections, que nous auons dict en cest œuure, & de plusieurs autres, que langue ne peut dire, entendemēt humain penser, ny tout esprit imaginer. Qui monstre que Dieu auec toutes ses conditions s'est communiqué a l'homme en sa creation, à ces fins que par chascune d'iceles l'homme le contemplast & cogneust. Mais la partie materiele qui l'acompagne a tant sally & offusqué son image qu'elle est empeschée a y estre cogneue en ses perfections: toutesfois l'homme ne peut estre si ignorant, qu'il n'y voye l'excellence de Dieu pour peu qu'il la cōsidere. De maniere que neātmoins, qu'il soit incorporel, intelligible, ou tressimple & spirituel, il n'a laissé d'estendre ses puissances, efficaces, & vertus sur toute chose, tāt materielle qu'intelligible, comme toutes choses tenāts leur estre & dependantz de luy seul bon, en toutes ses actions, & productions d'effects en l'homme tāt que sa capacité en peut porter. C'est dont depend le propos qu'a dict Mercure, asçauoir que Dieu n'est que vn homme s'il n'estoit mortel, & que l'homme est vn Dieu s'il estoit mortel, voulant nous faire entendre que ce mesme entendemēt ou pensée, qui est en l'homme, c'est la mesme diuinité: mais elle n'aparoist a cause de la mortalité qui l'empesche d'apparoir en l'homme. Qui est cause que Mercure dict ailleurs, que la pensée ne peut operer choses diuines estant humaine d'habitatiō ou d'administration & conduicte, voulant signifier que la conduicte humaine, a cause de la subiection du peché pendant de la matiere est si indigne de commāder sur la pensée, qu'il n'y a que ce defaut qui l'aye rendu mortelle. Dōt luy est aduenue toute ceste mauuaise conduicte qui empeche l'humanité de pouuoir vser d'effaicts diuins, encore qu'il aye en soy la vraie diuinité, laquelle par sa composition elle sallit & rend fort impure & maculée, pour declarer comment c'est entendement ou pensée que Mercure tient estre Dieu en l'homme est empesché par le corps d'y faire les choses diuines estāt humaine: veu que le corps est materiel & que matiere n'a aucune action contre la partie incorporelle. C'est que le corps estāt materiel & meslé en ceste composition auec l'ame, s'il demeure simplement materiel non autrement qualifié ny temperé d'autre chose que corps & matiere, nous confessons qu'il n'a aucune action sur l'ame, & moins sur la diuinité de la saincte image, detant que le corporel n'a aucune action cōtre l'incorporel. Mais il nous faut souuenir de ce qu'a dict Mercure, que le corps humain couuerture d'ignorance a voulu garētir l'ame de speculer par la beauté de verité le bien qui est assis en elle: & pour ce faire il l'a espiée lors qu'il a rendu insensibles les choses, que l'on pensoit, & sembloient estre sensibles: & ce les enuironnant de matiere, & rāplissant de volupté. Et c'est de là, que vient le vice procuré en l'ame par la matiere preuoyant

2.Timoth.4.b

1.Ioan.3.a

Ioan.17.d

Chap. 10.25.

Chap.10.18.

Comment est empeschée l'image par la matiere.

Chap.7.3.

d'ignorãce. De mesme maniere dirõs nous le corps materiel ne pouuãt en sa matiere faire aucune actiõ sur l'ame ou saincte image de Dieu, elle s'est trouuée acõpaignée du premier degré de priuatiõ, qui a esté ignorãce, moyenãt laquelle elle a cõuié l'ame d'vser si indiscretemẽt des choses materielles, qu'elles luy ont engẽdré, a cause des voluptez, q ceste ignorãce luy a presanté auec la matiere toute maniere de vices, qui a cause de leur priuation sont insensibles & incorporelz, qui est cause qu'ils ne se sont trouuez disposez à agir & dõner effect sur les choses incorporeles & intelligibles. Et cõme telz, & de mesme nature incorporele ilz ont actiõ cõtre les parties incorporeles ou diuines, cõme le vray cõtraire a contre son cõtraire, c'est asçauoir la priuatiõ de vice, & peché a puissance de maculer en vne cõposition d'vn subiect le vray habit ou essence diuine, qui luy est directement cõtraire. Ce q le corps materiel ne peut faire sans la priuation q luy a produict ignorance : a cause que l'incorporel ne peut receuoir action du corps, il faut necessairemẽt que ce soit d'vn autre incorporel. Et ceste cy est la maniere, par laquelle le corps empesche l'ame de s'aider de sa saincte image de Dieu l'entendemẽt & pensée donnée a l'homme. Toutef-fois selon le plus & moins, ceux qui se chargẽt moins de ceste ignorance, qui amene telz hostes ches soy empeschent plus ou moins l'vsage des effects diuins en l'homme, ie dy ceste ignorance, a cause que toute ignorance ne produict pas telz fruictz ou miseres. C'est seulemant l'ignorance de ne sçauoir chascun son estat, & mesmes celuy, pour lequel l'homme est expressément composé tel, ou bien ne s'en vouloir enquerir, qui est pis. Car qui desirera de bon cœur l'entendre trouuera son secours prest sans sortir de soy mesme, c'est l'entrée de perfection en laquelle il faut entrer par l'vsage & employ de l'image de Dieu, qui nous est donnée, & qui par ce moyen nous sera aisé a mettre en effect, pour cognoistre Dieu selon nostre capacité, & sera trouué plus aisé pour l'homme, parce que ce n'est luy, qui le fera, ains ce sera ce bon sainct Esprit, auquel il s'est rendu voué & adonné de toute ceste petite volonté qui est en luy : lequel paracheuera la suffisance, & mettra en œuure & bon effect ce vouloir & parfaire, que l'homme ne peut ayant eu esgard a sa bonne volonté, cõbien qu'impuissante : toutes-fois la voiãt prõpte, il l'accepte selon ce qu'elle a en soy, sans y rechercher ny demander ce qu'elle n'a pas. Au reste ceste bonne volonté est chargée de tenir bon a la part du sainct Esprit combatant tousiours les concupiscences, leur resistant a son petit pouuoir : laquelle pourra toutes choses auec celuy, qui la fortifie : & ce c'est que nous pouuons declarer de la difficulté qui est a cognoistre Dieu par ceste generalité, non pas que soit suffisamment pour la faire entendre au lecteur. Car il y faudroit deux choses, l'vne, que celuy, qui la declare, l'eust entierement experimentée : l'autre, que ce fust chose, qui se peut declarer par paroles desquelles la puissance est courte a declarer vn faict si profond. A cause dequoy Mercure continue ceste disionctiue, apres auoir dict la difficulté d'entendre Dieu. MAIS IMPOSSIBLE EST IL DE LE DECLARER, a cause que celuy, qui aura receu l'hõneur, & faueur d'en auoir cogneu ce qu'vne bõne ame en peut porter durant sa vie corporelle, ne trouuera lãguage, paroles, ny propos, pour exprimer choses, qui ne furent iamais representées par propos, d'autãt que le langage n'exprime que ce, que ceux qui l'ont cõposé, ont entẽdu. Or est il, que le cõmun qui a faict le lãguage, n'a iamais entẽdu ses secrets : qui est cause, que leur propos ne les peut exprimer, cõme nous voyons certaines langues, qui ne peuuẽt exprimer q les choses, qui se traictẽt au pais de ceste lãgue. Parquoy quãd ce sont lãgues barbares & pais d'ignorance, ceste lãgue se trouue incapable d'anõcer sciẽces & disciplines, qui iamais ny aiant esté traictées, n'ont laissé dictiõs ny paroles, qui les puissẽt exprimer, ains seulemẽt les choses, qui se traictent en ce pais sur lesquelles le language & dictiõs ont esté imposés. De mesme maniere nous enteudõs biẽ q les languages humains ont esté tous incapables a exprimer les choses diuines, qui n'õt esté traictées des hommes, pour leur donner nom & les comprendre par discours. Dont s'ensuit que ceux à qui Dieu se sera reuelé, ayants cogneu choses, qui ne peuuent estre exprimées par lãguage, à bon droict peuuent dire, qu'il leur est impossible de declarer Dieu, cõme Mercure le dict en cest endroict. De mesme maniere l'a veu S. Pol, quand il fut rauy en Paradis, ou il ouyt secrets nouueaux, qu'il n'est permis à l'hõme declarer. Dauãtage, il est dict que ce qu'œil n'a veu, oreille n'a ouy, ny entré en pẽsée d'homme, nous a esté reuelé par l'esprit de Dieu : cela s'entend à ceux, qui y ont esté disposés. Et toutesfois ce sont choses desquelles le language est incapable, de tant que cest esprit de Dieu donné à l'homme cognoist toutes choses, voire les profondes de Dieu, & luy en declare selon sa disposition, à l'vn plus, à l'autre moins : & n'y a que l'esprit capable d'entendre, & non la langue de l'annoncer.

Matiere combat Dieu par ignorance.

Ignorance fournist la matiere de priuation.

Philip. 2. b
L'homme secouru du S. Esprit ne trouue difficulté
2. Cor. 8. b

Philip. 4. c

L'entiere cognoissance ne se peut declairer.

Pourquoi l'hõme cognoissãt ne peut declarer.

La langage vrai est l'vsage du pais.

2. Cor. 12. b
1. Cor. 2. c
Language est incapable des secrets diuins.

Or est il que l'homme n'a autre moyen d'annoncer ce qu'il conçoit en sa cognoissance & intelligéce, que la parole: dont il s'ensuit, qu'il ne peut mettre hors, que ce que la parole peut contenir & comprendre. CAR IL EST IMPOSSIBLE, QVE LA CHOSE INCORPO-RELE SOIT SIGNIFIEE PAR LE CORPS, de tant que le corps ne porte en soy que fi-gures & delineations: lesquelles ne peuuent conuenir a la chose incorporele, pour l'expri-mer & representer par ce moyé: ET QVE LA CHOSE PARFAICTE SOIT COMPRIN-SE PAR L'IMPARFAICTE, IL N'EST POSSIBLE: par ce que la chose parfaicte est sans bornes, termes, extremitez, ou limites, ce que n'est pas l'imparfaicte, laquelle deffaut en plu-sieurs endroictz, & demeure courte & en arriere, quand elle est conferée a la parfaicte. ET QVE LE PERPETVEL ou eternel CONVIENNE AVEC CELVY DE PEV DE DVREE IL EST DIFFICILE, estant mesmement le perpetuel hors de toute mesure de temps, & celuy de peu de durée est mesuré par peu de temps, il n'y peut auoir conuenance ny simili-tude entre eux. CAR LE PERPETVEL EST TOVSIOVRS occupant tout le temps, sans e-stre occupé d'iceluy, ET CESTVY-CY de peu de durée n'occupe guiere de temps, ains bié tost il PASSE & s'en va, CELVY-LA, ascauoir c'est eternel, EST A LA VERITE, voire verité luy mesmes, non subiecte a aucune inconstance, mutation, a corps, ny mouuement, ny figure, ou imagination. ET CESTVY-CY, corporel, imparfaict, & de peu de durée, EST OFFVSQVE, ombragé, & troublé D'IMAGINATION: de maniere qu'il est maintenāt imaginé estre vne chose, tantost vne autre, subiect a perpetuele mutation, alteration, & changement, à cause de son inconstāce & instabilité. CAR L'IMBECILLE EST AVTANT DIFFERANT DV PLVS VAILLANT, qui sont proposez extremes contraires, ET pareillement LE MOINDRE DV PLVS EXCELLENT, differents en pure oposition & contrarieté, COMME LA CHOSE MOR-TELE pleine de toute imperfectiō est DE LA DIVINE, parfaicte, immortele, incorporele, & eternele. ET L'INTERVALE, QVI EST AV MILIEV, & entre les extremitez DE CEVX CY OBSCVRCIST LA SPECVLATION DE BEAVTE, & la rend difficile & malaisée à merueilles. C'est qu'entre Dieu pur, vray, eternel, parfaict, immortel, & incorporel, & la chose purement corporele, materiele, nō formée, ny prouueüe d'aucune efficace ou vertu, ains pleine de tou-te imperfection, se trouue vn merueilleux interualle, qui sont toutes creatures faictes & cō-posées de ces deux extremes, ascauoir Dieu & matiere. Et sont dictes interuale, estantz au milieu des deux, ou entre les deux: à cause qu'elles tiennent eu leur composition des deux, ayantz d'vne part leur corps de matiere elementaire, & leur forme d'essences diuines, telle-ment que ce iourd'huy en ce monde toute creature corporele est composée de Dieu & de matiere. Ces creatures donc, qui sont l'interuale entre Dieu & matiere, sont celles, qui gran-dement obscurcissent, & donnent vn merueilleux empeschement à l'homme, de speculer & contempler & faire auec son Dieu toutes actions intelligibles, concernantz son deuoir, & l'estat pour lequel il a esté basty & composé. Cōme tres-souuant nous l'auons dict, & venons de le repeter, nous sçauons que le plus grand empeschement, que l'homme trouue pour la cognoissance & amour de Dieu, c'est l'amour qu'il a desia mis par le premier peché, aux crea-tures materieles, pour les plaisirs, & voluptez corporeles qu'il en reçoit. Ausquelles s'amu-sant & s'arrestant, suiuant l'inclination, qu'il en a par le premier peché, & n'y resistant cōme il deuroit, il s'esloigne de Dieu, de sa contemplation, speculation, & cognoissance: de manie-re qu'il ne luy en souuient nomplus que s'il n'en auoit iamais rien senty ny aperceu. Et c'est l'amour & concupiscence, qu'il a és creatures materieles, composées de Dieu & matiere: & qui par ce moyé, sont l'entre-deux, & l'interuale, qui est entre eux. Qui est cause par le moy-en de ces creatures, que l'homme s'abusant d'elles & s'amusant a elles trouue la speculation & contemplation de Dieu bien obscure, ou a plus vray dire, trouue ses yeux & entendemēt si esbloüis par ces abus, qu'ils se trouuantz incapables & indignes de chose tant excellente, & digne, ils estiment que l'obscurité tienne de la part des choses diuines, ne considerant, qu'-elle tient plustost a l'esblouissement & obscurcissement de leur pensées & voluptes, qu'ils ne paruienēt a la speculation & cognoissance de ceste diuine beauté, vraye aparance de la sou-ueraine bonté: DE TANT QVE LES CORPS composés de ces extremes, ascauoir, forme & matiere, SONT VEVX PAR LES YEVX corporels, lesquelles raportants à l'ame, la-quelle ils trouuent pendente & inclinant sa volonté vers eux, facilement elle en reçoit par leur moyen diuerses & plusieurs concupiscences, qui l'entretiennent esloignée de Dieu.

Le corps ne signifie l'incorporel.

L'imparfaict ne comprend le parfaict.

L'eternel ne conuient auec le temporel.

Mortel & diuin extremes.

Offuscation entre mortel & diuin.

Empes. hemēt a l'homme de speculer.

Principal obstacle a cognoistre Dieu.

Les sens amusants abusent.

SVR LE PIMANDRE DE

ET PAR LA LANGVE LES CHOSES VISIBLES SONT ANNONCEES, lesquelles l'homme reçoit par son ouÿe, qui luy en produict pareilles concupiscences, & par sa langue semblablement s'en resiouist & glorifie, pour en receuoir ses plaisirs, delices, abus & voluptez, & c'est en fin sa ruyne, qui est le fruict que l'homme reçoit d'aymer, c'est entre deux des deux extremes, qui sont les choses ou creatures corporeles, & d'en abuser pour son eternele perdition. MAIS LA CHOSE INCORPORELE, & a laquelle l'homme se doit renger pour son deuoir ET salut, est INVISIBLE des yeux corporelz, NON FIGVRE par delineations ou representation visible quelconque, NY COMPOSEE DE MATIERE, mais est pure, simple, intangible, impalpable, & vne seule, laquelle NE PEVT ESTRE COMPRINSE DE NOZ SENS, par lesquelz elle puisse estre cogneuë ou representée à nostre intelligence. De tant que les sens ne reçoiuent que les choses corporeles, tant ennemies de la speculation, que lors qu'il est besoin d'y entendre, il est necessaire de bannir & supprimer les sens de tous leurs offices & estatz, a peine que autrement ilz ne faudront iamais d'y porter vn tres-grand destourbier, & total empeschement. Qui est cause, que combien que la parole soit de sa nature intelligible, entant que vertu d'exprimer & communicquer la pensée, si est ce qu'elle passant par les sens corporelz, qui sont les instrumentz, qui la prononcent, elle perd sa vertu, à cause de leur indignité de pouuoir declarer, annoncer, ou communicquer les excellences diuines, que la pensée d'vne bonne ame aura comprins. IE L'ENTENDS, O TAT, IE L'ENTENDS, & m'en tiens bien resolu, asçauoir que CE QVI EST IMPOSSIBLE D'ESTRE ANNONCE, C'EST DIEV seul, entre toutes choses: parce qu'il ne peut estre comprins de chose corporele, ny qui aye besoin de corps pour faire son estat. A cause dequoy elle ne peut estre annoncée par la parolle humaine, cõbien qu'elle soit vertu diuine. Mais c'est de tant qu'elle est subiecte pour acõplir son estat, de s'aider d'instrumẽts corporels, lesquels sont du tout incapables, & indignes d'exprimer, annõcer, ou declarer ce subiect incorporel, merueilleux, & tresdigne. Car toute autre chose qui peut entrer en l'entendement humain, il se trouue parolle digne de l'exprimer, tel qu'il y est, non le rendant autre qu'il n'est: comme qui voudroit en la Geometrie par propos declarer si bien les quantités incertaines, qu'il les rendist commensurables à la proposée. Cela ne se feroit, comme aussi n'est il raisonnable, de tant qu'il contreuiendroit a son proposé, mais suffit les declarer en ce, qu'elles seruent a faire leur estat en leur nature d'incertitude. Et ainsi de toutes choses, lesquelles estants plus basses que ce subiect infini, sont toutes subiectes a l'exposition de la parole. Mais d'exposer la nature & profondités de ceste perfection, il est hors de la puissance de la parole humaine, laquelle n'a autre effect, que les dictions imposées a signifier choses ia entendues, & non celles, qui ne le feurent iamais, comme les diuines profondeurs, & rendre certaines les choses, qui de leur nature sont incertaines.

L'incorporel n'est trouué des sens.

Parole deprauée par les sens.

Dieu impossible d'estre annoncé.

Parole n'exprime que l'vsité.

DE MERCVRE.

SECTION 11.

IL nous faut maintenant parler a la mort. Car la mort effraye le vulgaire, comme estant vn tres-grand mal, par l'ignorance du faict. De tant que mort est le despartement d'vn corps las, à cause que le nombre des ioinctures du corps estant accomply, veu que les ioinctures du corps sont nombre, le corps meurt, lors qu'il ne peut plus porter l'homme. Et cecy est mort, asçauoir la dissolution du corps, & l'abolition du sens corporel.

COMMENTAIRE.

CEste section est semblablement vn autre fragment, recuilly par Stobée, de Mercure, lequel, n'eust esté l'ancienneté, qui nous a conduict ce traicté en mains, disposé & rengé en ceste

ceste maniere, nous eussions mis en son propre lieu, asçauoir en l'huictiesme chapitre, auquel a esté parlé du propos de mort, comme nous en eussions appliqué vn autre, que nous auõs recouuré, par le moyen de Suidas parlant de la trinité au premier chapitre, a l'endroit auquel Mercure a tenu ce propos, lequel nous auons adiousté cy apres en l'ordre des fragmẽts. Pour entrer donc en nostre subiect, IL NOVS FAVT MAINTENANT PARLER DE LA MORT, a laquelle toute creature corporele & viuante tend, pour receuoir par icelle la fin de l'vsage de toutes choses corporeles & materieles de ce monde. Toutesfois la mort entre les creatures viuantes ne concernant que le corps & choses materieles est semblable, & de pareille condition tant à l'homme, qu'au iument, comme il est escript: mais si nous considerons toute la creature viuante entiere, nous trouuerons, que à cause de leurs formes, desquelles elles sont composées comme de matiere, il y a differãce de mort entre les animaux: entre lesquels les vns sont mortelz, ne laissant rien du leur apres la mort qui viue: & les autres sont immortelz, de tant qu'ilz laissent apres eux leur principale partie viuante. Les mortelz sont les bruts, lesquelz ayant passé leur dissolution, qui est leur mort, toutes parties de leurs corps s'en retournent par mutation en sa nature premiere, chascune a par soy, pour de rechef entrer en renouuellement d'vne autre creature: & les parties de la forme n'ont que faire de s'en retourner en leur source qui est Dieu, leur ayant communiqué pour forme ses graces, essences, & vertus, par ce qu'elles n'en sont iamais parties: de tant que Dieu creant sa facture, ne separe de soy ses graces pour les donner a sa creature, mais seulement sans aucune separation les luy communicque, pour s'en seruir sa vie durant: & apres la mort il n'est dict les retirer, mais proprement est dict ne les communicquer plus, cessant la vie: laquelle comme la principale est accompagnée des autres. Les autres animaux, qui sont immortelz, ce sont les hommes seuls en leur espece, lesquelz comme nous auons dict, sont mesme mort & dissolution en leur matiere corporele, que les autres animaux, de tant qu'ils ne l'ont receüe differãte d'auec eux, mais toute semblable & prinse des mesmes elementz. Mais quãt a leur forme, attendu qu'ilz l'ont receuë differante, il leur aduient en autre maniere que ez animaux brutz. A cause que l'homme n'ayant seulement receu pour sa forme graces, vertus, ou proprietez, que Dieu luy aye communicqué comme aux autres animaux, mais ayant receu le propre sainct Esprit de Dieu en sa composition, par l'inspiration & soufflement, que Dieu luy fist en sa face, luy baillant par mesme maniere son sainct Esprit, ceste partie & forme ensemble l'ame: laquelle estant essence diuine demeure apres l'homme, pour rendre cõpte de son administration & dispensation qu'elle aura faict par son arbitre, sont parties veritablement immorteles. A cause dequoy nous auons dés le commencement dict, que l'homme est de double nature, asçauoir mortele en son corps, & immortele en son ame & sainct Esprit, qu'il a receu, lequel par mort Dieu separe de ceste chair, comme il le declara disant, Mon Esprit ne demeurera plus en l'hõme perpetuellement: car il est chair, & six vingtz ans apres luy amena le deluge, pour faire rendre compte a toutes ames, de l'administration de l'arbitre de leur homme composé auec elles de l'Esprit de Dieu & matiere, laquelle ame demeure immortele.

Et voila la differance de la mort des animaux, qui est la fin de l'vsage des sens corporelz, lesquels gouuernent plus l'homme pecheur, & le commun, que l'Esprit de Dieu. Dont il leur aduient, que en leur decez voyans cesser ce, qui les a tousiours dominez & gouuernez, ilz cuydent le plus souuent, que tout s'en aille auec ce decez. CAR LA MORT EFFRAYE LE VVLGAIRE, de tant qu'ilz la prenent COMME ESTANT VN TRESGAND MAL, soit mal corporel & peine, donnant trauail aux sens, ou bien mal intelligible, amenant vexation a l'ame: & quelque fois, qui est le pis, il en y a de si desbordés en l'atheïsme, qu'ils estiment, que tout se perde & qu'il n'y aye Dieu ny immortalité quelconque, & ce PAR L'IGNORANCE DV FAICT, & de la chose, laquelle bien entendue, se trouuera aussi peu crainte, qu'elle l'est beaucoup. Car a la verité, la mort n'estant abolition ou perte de chose quelconque, que de l'vsage des sens, ce sont les sensuelz & qui en leur vie auront suiuy la concupiscence des sens, qui la craignent le plus: de tant que ce sont les sens, qui par elle se voyent aboliz & ramenez a rien: qui est cause qu'ilz la craignent & en ont effroy. Et par consequent ceux, qui se sont laissez emporter en leur vie, a leur persuasion, craignent semblablement, voyant perdre tout leur apuy, comme s'il ne leur demeuroit rien: par ce

Mesme condition de mort a tout animal en quoy.
Eccles.3.d
Differance de mort en quoy.

Que deuiẽt la forme du brut mort.

Du corps de l'homme & du brus mesme mort.
Que deuiẽt la forme de l'homme.
Genes.2.b & Sap.15.c

L'homme demeure pour rẽdre compte de l'arbitre.
Genes.6.a

Mort est fin de l'vsage des sens.

Dont vient cuyder que tout meurt
La mort effraye le commun ignorant

Les sens craignent la mort.

Xx 5

qu'ilz ne se sont estudiés à cognoistre ceste excellente partie, qui leur demeure, mais seulement les choses corporeles. A cause dequoy il est escript, O mort, combien est amere ta memoire à l'homme, qui a paix en ses biens, à l'homme aisé & prosperant en toutes choses, pendant qu'il a puissance de manger. Qui sont tous effectz corporelz, & vsage des sens, & delectations des choses corporeles, qui detiennent tant l'homme, qu'il ne voudroit iamais auoir memoire ou souuenance de mort. Au contraire, il est dict peu apres, O mort, que ton iugement est bon, à l'homme à qui les biens defaillent, & les forces sont diminuées, & qui estant en sa vieillesse est chargé de soin de toutes choses, desperant & perdant patience. C'est l'oposite du sensuel, car les biens temporelz luy defaillent, les forces corporeles, & l'aage, & sur ce desgel, luy aduenant innumerables affaires, qui le chargent & tormentent tant de soin, qu'il se voit sans espoir ny patience, pour y dôner remede. C'est bien assez pour quiter tous ces vsages de sens si mal plaisans, que ceux la, & desirer d'en sortir, mesmes quand l'homme cognoist, qu'il ne peut fonder vne eternité sur ceste marchandise : & par ceste cognoissance se retire à sa partie de l'intelligence, & sainct Esprit qu'il a receu, lors il ne trouuera la mort estrâge, ny en aura aucun effroy ny estonnemét. Ce que Iesus Christ nous a clairement manifesté de toutes parts, lors qu'il voyant sa mort & passion aprocher impetra du pere l'vnion du pecheur auec luy, pour le porter à la satisfaction, auec luy souffrant & mourant, incontinant apres ceste vnion faite du pecheur auec Iesus Chtist. Ce pecheur qui estoit lors mesme chose en luy, commença à vser de ses conditions sensuelles, recusant la mort, comme voyant ce sensuel, qu'elle vouloit destruire son apuy & totale fiâce, qui estoient les sens, par lesquels il estoit detenu en ses concupiscences, qui fust cause, que Iesus Christ, conioinct & vny à l'homme sensuel demanda de primeface ce que le sensuel demandoit, craignant la mort.

Vray est, que ayant souffert parler en luy sa partie de concupiscence & sensuelle, qui estions nous vnis à luy, il voulust prendre aduis & resolution, sur sa premiere partie, par laquelle il estoit homme Dieu, filz de Dieu, qui iamais ne repugna au vouloir du Pere, de tant qu'il estoit sans macule, ny peché. Et lors ceste partie declarant son aduis, ne trouua la mort effrayante, dure, ny furieuse, mais l'accepta par le vouloir du Pere, comme n'estant homme, qui venerast en soy les sens: outre ce que sa vie mortele le requeroit, ains en estimoit tout le paransus, aussi peu qu'ilz vallent, ne se souciant de leur abolition, pour produire par celle là vn plus heureux effect. Et en ceste maniere le bon Seigneur manifesta en luy composé pour lors les deux parties, d'homme pecheur, & d'homme iuste, l'opinion du pecheur, & l'opinion du iuste, sur le refus & acceptation de la mort. Par où il nous declara, que ce n'est l'homme intelligible ou spirituel, qui craint la mort : mais c'est l'homme corporel & adonné à la veneration de ses sens, lesquelz voyant abolir par ceste mort corporele, la craint à la persuasion de ses sens, qui se voyantz ruynés, luy en donnent le plus grand effroy. Au contraire, celuy qui mesprise les sens, mesprisera pareillement ce, qui n'a puissance que sur eux, s'attendant à la vie immortele, ou les sens ne sont appellés ny reuerés. En ceste maniere doit estre entendue la mort. Vray est, que ce n'est tout de l'entendre, comme estant bien racomptée & discoureuë : mais la faut croire, & en estre tres-bien persuadé, & s'en asseurer en sa pensée, côme de la chose, que lon voit : & en ceste maniere elle sera bien souuent autant desirée, qu'elle est maintenant crainte & haïe. Et c'est lors que l'homme entendra bien le faict, & le croira, & s'en asseurera de mesmes, DE TANT QVE MORT EST LE DESPARTEMENT D'VN CORPS LAS. C'est comme quelquefois cy deuant nous auons dict, que les essences & vertus de Dieu deputées au gouuernement des actions du monde, tant generations, corruptions, que autres mutations reçoiuent les parties lasses, apres qu'elles ont trauaillé à faire leur cours, pour leur donner renouuellement : de tant que toutes choses materieles s'vsent, diminuent, & consument, & autrement se lassent de continuel trauail. A cause dequoy les Philosophes ont dict, que ce, qui a defaut de quelque repos, ne peut durer. Lors donc que les parties corporeles ont faict leurs cours, durant lequel elles ne sont iamais tombées en oisiueté, elles sont dictes lasses, & ne peuuent estre reintegrées, ou restituées en leur disposition, sans dissolution, comme nous l'auons quelquefois dict.

A ceste cause, la mort, qui est ceste dissolution, est dicte despartement d'vn corps las, A CAVSE QVE LE NOMBRE DES IOINCTVRES DV CORPS ESTANT ACCOMPLY ᴘʟʏ, par l'addition, qui est faicte de toutes parties l'vne à l'autre, telle & si entiere que tout le nombre de l'ordonnance de sa creation est paracheué, & du tout accomply, par pluralité & aussi qu'il est resasié, & saoullé de faire l'estat de vie. A cause que le mesme mot πληρωθέντος, qui signifie accomply, signifie pareillement saoullé ou remply, declarant autant l'accompliment que la lassitude du nombre des parties reintegrants le corps : ᴠᴇᴠ ǫᴠᴇ ʟᴇꜱ ɪᴏɪɴᴄᴛᴠʀᴇꜱ ᴅᴠ ᴄᴏʀᴘꜱ ꜱᴏɴᴛ ᴇɴ ɴᴏᴍʙʀᴇ, comme il est notoire à tout chascun, soit en l'espine du dos, aux bras & iambes, pieds & mains, & autres ioinctures assemblant les parties corporelles l'vne à l'autre, lors que le nombre est accomply, & lassé ʟᴇ ᴄᴏʀᴘꜱ ᴍᴇᴠʀᴛ, & se depart de toutes ses vnitez, venant en ceste dissolution que nous auons appellée mort. Parquoy il ne faut entendre que la mort vienne incontinent, que tout le nombre des parties du corps humain & de ses ligatures, ioinctures, & assamblage est paracheué. Car il naistroit iamais enfant vif, à cause que dans le ventre de leur mere ils sont entierement accompliz de tous nombres, de pieces, ioinctures, ligatures, & assamblages : ausquels n'est faict deslors durant sa continuation de vie, que croissance & diminution, & non aucune addition de nombre : & par ainsi il ne s'entend, que le corps meure incontinent que ses nombres sont paracheuez & accompliz : mais c'est ʟᴏʀꜱ ǫᴠ'ɪʟ ɴᴇ ᴘᴇᴠᴛ ᴘʟᴠꜱ ᴘᴏʀᴛᴇʀ ʟ'ʜᴏᴍᴍᴇ, & que chasque vnité de ce nombre a faict son cours de croissance & diminution, & qu'elle aura tant trauaillé, qu'elle recherchera son repos & renouuellemēt, estāt lasse de son trauail, & ne pouuant plus porter ny seruir l'homme. Ce n'est pas, que toutes manieres de mort arriuent à ce poinct de lasseté des vnitez ou parties faisans son nombre. car il s'en trouue innumerables, qui n'y attaignent pas, & sont la plus part par leur faute & mauuaise conduicte, ou preuenuz d'accident ou malice d'autruy. Mais ceste mort s'entēd des personnes qui auront prudemment gouuerné leurs corps & parties faisans son nombre, sans en auoir esté destorbées. Car celles là menent la vie de leur corps, iusques à la lasseté de ses parties, nombres, & ioinctures: desquelles il est basty & composé. ᴇᴛ ᴄᴇᴄʏ ᴇꜱᴛ ᴍᴏʀᴛ, ᴀꜱᴄᴀᴠᴏɪʀ ʟᴀ ᴅɪꜱꜱᴏʟᴠᴛɪᴏɴ & departement ᴅᴠ ᴄᴏʀᴘꜱ ayant faict son cours, ou bien estant aduancée par accident, ignorance, ou autre malice. ᴇᴛ d'auantage, ʟ'ᴀʙᴏʟɪᴛɪᴏɴ & aneantissement, qui aduient ᴅᴠ ꜱᴇɴꜱ ᴄᴏʀᴘᴏʀᴇʟ, lequel s'esuanouyst en ce corps, qui meurt, n'vsant plus d'aucun effect de sens corporel non plus qu'vne souche ou pierre insensée. Et ces deux poincts sont ceux, en quoy consiste principallement la mort, à sçauoir au departement des vnitez composans l'animal, & à l'abolition & esuanouyssement des sens. Lesquels sens ne se tenans qu'à ce corps particulier, s'esuanouyssent, & se perdent pour ce corps, & pour ce temps, toutesfois auec esperance de retourner quelquesfois en l'homme, pour seruir comme deuant de leurs offices, & faire leur premier estat, comme Mercure l'a diuinement dict des le commencement, proposant & declarant par ceste briefue sentence & admirable, l'vniuerselle resurrection de la chair contenue au symbole des chrestiens. Par laquelle il dict, parlant du departement des sens en la dissolution de l'homme, les sens corporel retournent en leurs sources, faicts parties (à sçauoir) de l'ame, & de rechef retourneront à leurs operations, lesquelles operations estant corporelles, il concluď necessairement que les corps retourneront à l'vsage de leurs sens, qui est la vie. Car comme nous disons à ce propos l'abolition & esuanouyssement des sens, auec la dissolution du corps, c'est la mort : au contraire donc l'vsage d'iceux est la vie. Voila la cause, pour laquelle le Chrestien n'a occasion de craindre ou redoubter aucunement la mort, d'autant qu'il a desia renoncé à toutes flateries & allechemēts, produicts par l'abus des sens, dōt yssēt les concupiscences : pour lesquelles aymer & reuerer, l'homme le plus souuent abandonne Dieu. Ayant donc le Chrestien postposé & mis arriere ses parties, qui de l'imperfection de leur nature craignēt la mort, il luy sera bien aysé de mespriser & ne craindre point ses assauts. Mais au contraire le desirer, pour l'occasion que sainct Pol la desiroit, à la fin d'estre auec Christ, preuoyant de l'œil de la Foy, le futur cōtentement du Chrestien estre si asseuré à celuy qui meurt en Christ, qu'il oste toute terreur & doubte de mort ou dissolution, qui ne priuēt l'hōme d'aucune partie de celles, qui luy sont besoing pour la vie eternelle, qui luy est dōnée en Christ. Et pour sur ce propos interpreter cest heureux passage, de la felicité de ceux qui meurent en Christ, par le moyen de la regeneration cy deuant metionnée, & donnée au genre humain par l'hōme Fils de Dieu, aucteur d'icelle, soit estant conferée premieremēt par le sainct Baptesme, ou plus frequentement repetée par sa saincte cōmunion & sacremēt

d'Euchad'Eucharistie, nous dirons, que la mort & dissolution corporele, tant s'en faut, qu'elle soit si cruele & dommageable, comme elle est effrayable, & crainte du commun, que c'est la vraye entrée de la iouyssance des dons, que le filz de Dieu a obtenu du pere en nostre faueur & secours, que nous nommons le Salut du Chrestien. Car à la verité toutes les promesses, que Iesus Christ faict au Chrestien, viuant en ceste vie mortele, ne luy sont données auant la mort, que en proprieté, & non en vsage : de tant que l'imperfection du corps, ne sçauroit endurer ny porter si grand heur & felicité, que celle, qui luy est donnée de ce bon Dieu, à cause de sa mortalité, & autres subiections & miseres, qui dependent de la mort. Lesquelles pour leur indignité, sont incompatibles auec les dons de salut, qui est l'vnion effectuele de l'homme pecheur auec Christ, laquelle luy a esté acordée le soir de sa passion, pour la fin & vray but du salut de l'homme : & laquelle ne peut estre compatible auec l'homme vestu du corps mortel, comme Mercure & sainct Pol l'ont cy deuant declaré de la pensée. Dont s'ensuit, que auant iouïr de l'vsufruict ou vsage de ceste felicité en sa perfection, il faut non seulement despouiller ce corps mortel, mais faut en reuestir vn immortel, lequel soit digne & capable, ou compatible auec tel heur & felicité, asçauoir despouiller le mortel, mourant auec Christ, ou en l'vnion proprietaire du bien faict de Christ, qui nous est donnée en vraye proprieté, à nous apartenant, tant que nous la garderons sans nous banir de ceste vnion, & digne compagnie, par noz offences & mauuaistiés. En laquelle mourant nous sommes dicts mourir en Christ, & bien heureux, estans trouués proprietaires du salut, combien que non encore iouyssants, à cause de nostre incapacité & subiection de mort : par laquelle la proprieté nous est apres tellement confirmée, que de ceste heure là elle est inseparable de nous, pour auoir eu cest heur d'estre morts en Christ. Et lors nous sommes tenus & declarés, comme dict sainct Pol, morts auec luy, enseuelis auec luy, estans morts en luy, & ayās satisfaict en luy.

Toutesfois apres ceste heureuse mort & satisfaction reçeuë en luy, nous n'auons encore la iouyssance & entier vsage de son bien faict, de tant qu'il est escript, qu'il est mort pour noz pechez : & par ainsi mourant auec luy, nous sommes quittes de noz pechez. Mais ce n'est tout : car il faut venir au second poinct, par lequel est escript, qu'il est ressuscité pour nostre iustification. Et parce que tout ce, que le bon Seigneur a faict, ç'a esté pour estre appliqué à nostre proffit & vtilité, sa resurrection nous est apropriée comme sa mort, à cause de l'vnion, que nous auons reçeu en luy, par laquelle mourant en luy, nous receuons l'assurance d'auoir part & communication de tous ses autres bien-faictz, & iouyssances eternelles, de ceste proprieté acquise par l'vnion, reçeuë de sa bonté, nous estant retirés à luy : asçauoir nous auons acquis par ceste heureuse mort, l'vtilité d'auoir esté prins auec luy, batus auec luy, crucifiez auec luy, morts sur la croix auec luy, auoir satisfaict auec luy, enseuelis auec luy, & ressuscités auec luy, pour en fin estre assis auec luy à la dextre du Pere. Et en ceste maniere par sa resurrection en laquelle nous l'acompagnerons à la resurrection vniuersele, par sa misericorde in nous communique sa iustice, gloire, & merite : ou sera la perfection de l'vtilité, & proffit dependant de ceste proprieté acquise de l'vnion, qu'il a impetré du pere pour nous, le soir de sa passion : par laquelle nous sommes receuz à estre vne mesme chose auec luy en Dieu son Pere, comme il est mesme chose auec son Pere : de maniere que tout ce, qui luy est aduenu pour nous, & nostre proffit, nous a esté aproprié, nous trouuant ioinctz & vnis à luy. Dont sans cause n'a esté dict par sainct Pol, Que la grandeur du bien faict, qu'il nous a donné, excede l'estimation du dommage reçeu par Adam, attendu qu'en Adam, nous demeurions s'il n'eust offencé, parfaictz en corps materiel, sensible, & passible, mais non mortel : & en Christ nous serons en ce mesme corps glorifiez, impassibles, immortels, coioincts & participans à la diuine nature, comme le nous a tesmoigné sainct Pierre. Et par ainsi quelle proprieté, qui nous soit acquise, par la reception du Baptesme ou du sainct Sacrement prins en deuë probation de soy, elle demeure ambulatoire & mal asseurée de nostre part, tant que nous viuōs subiectz à la separation, qui s'en peut ensuiure par noz pechez. Toutesfois est elle bien nostre tant que nous la voulons garder en sa condition : & mourans en icelle, nous mourons en Christ. Et lors par ceste mort ceste proprieté nous est tellement confirmée, que combien qu'elle ne nous soit encor lors du tout exhibée : si est ce qu'elle nous demeure asseurée pour nostre resurrection vniuersele. En laquelle ceux qui seront mortz en Christ ressusciteront en Christ auec tous les proffitz & vtilitez dependentz de ceste proprieté : qui sont les dons & per-

& perfections acquises au pecheur, qui par la parole des Apostres croit en luy : & ce par le moyen de l'vnion impetrée pour nous le soir de sa passion, qui nous tient si conioinctz auec luy, que nous receuons & iouyssons de tous les biens & proffiz, que Iesus Christ a faict en humaine nature par toutes ses actions. De la s'ensuit, que nous pourrions prendre l'interpretation d'vn passage, ou Iesus Christ dict, En la maison de mon pere il y a diuerses demeures: qui pourroit entre entendu pour le temps, qui se trouue entre le decez & la resurrection: de tant qu'il se trouue difference entre ceux, qui decedent, soit a bien deceder, ou mal deceder. Car comme entre ceux qui decedent mal, il en y a, qui decedent plus mal les vns que les autres: tout ainsi entre ceux, qui decedent bien, il en y a qui decedent mieux, les vns que les autres: de tant que ce bon Dieu a par toutes ses œuures mis ordre & hierarchie, par lequel il se trouuera couronne & remuneration pour toute maniere de bien-faictz, comme il se trouuera differente punition pour differents mal-faictz. Et ceux là sont les manoers, ou demeures diuers, qui sont en la maison & iustice de Dieu, despuis le temps du decez, iusques à la resurrection : par laquelle les resuscités entreront à receuoir ce, qui n'est monté en cœur ou pensée d'homme, que bouche ne peut dire, ny aureille escouter. Toutesfois est il en la grace & pouuoir du bon Dieu, d'en descouurir & manifester plus aux vns, que aux autres, selon qu'il trouue les vaisseaux preparés & disposés a receuoir ces profondes intelligences & secretz.

Ioan. 14.

FRAGMENT DE MERCVRE, par Suidas.

SECTION 12.

EN la Trinité y auoit *vne deité, en telle maniere. Il estoit la lumiere intelligible auant la lumiere intelligible, & la pensée estoit tousiours reluisant de la pensée, & son vnion n'estoit autre chose que l'esprit comprenant toutes choses, hors de celuy, non Dieu, non Ange, non aucune autre essence. Car il est seigneur, & pere, & Dieu de toutes choses: & soubz luy & en luy sont toutes choses: de tant que son verbe est totalement acomply & generatif, & operant en nature generatiue, estant fils, & a faict l'homme estre conçeu par l'eau generatiue. Ayant dict ces choses, il pria disant, Ie t'adiure ciel du grand Dieu, la sage œuure: ie t'adiure voix du pere, qu'il a proferé premiere, quand il a estably le monde vniuersel, ie t'adiure par le verbe seul filz & pere, qui comprend toutes choses, propice, propice me sois.*

COMMENTAIRE.

SVidas par ce fragment escript en ses œuures, dict, Mercure auoir esté nommé trois fois tres-grand, à cause qu'il auoit dict ces choses de la Trinité, combien que l'autre opinion, par laquelle il luy estoit attribué trois perfections de philosophie, Sacerdot, & administratiō de royaume, semble estre la plus saine, mesme que ce nom luy est ancien, & donné de personnes qui n'auoient cognoissance de Dieu. Mercure donc parlant de la trinité, a voulu exprimer la procedance du sainct Esprit Dieu, comme s'il disoit, EN LA TRINITE Y AVOIR VNE seule DEITE, ou essence diuine, de laquelle seule toutes sources de perfection abondent, EN TELLE MANIERE, qu'il ne peut estre comprins des pensées humaines, closes sur ce voile de fange corps materiel, souillé de plusieurs imperfections. IL ESTOIT eternelement en Dieu trois subiectz en mesme diuinité, ascauoir puissance, par laquelle il peut faire toute chose: Sapience, par laquelle il sçait & entend toute chose: Amour ou abon-

Mercure à cause de la Trinité dict Trismegiste.

En la Trinité vne seule essence diuise en trois subiectz.

ou abõdance de bõne volonté, par laquelle l'election est en luy de choisir entre toutes choses, & mettre en effect telle qu'il luy plaira. Ces trois vertus combien qu'elles soient differentes en leurs actions, & manifestées telles, par la production de leurs diuers effectz, procedent d'vne seule vertu, essence diuine, ayant puissance, sapience, & volonté de produire innumerables effectz, & disposées en tel ordre, que la souueraine puissance precede la sapience, non en temps ou lieu, lesquelz ne peuuent conuenir à Dieu : mais en ordre, qui luy est trespropre & conuenant, de la puissance & sapience contenantz la preparation & dispositiõ de faire ou produire toutes choses, procede l'amour, bonne volonté, & election de les faire créer, bastir, engendrer, ou composer diuerses. Dont nous pouuons dire (ensuiuant vn tresprofond & sçauant personnage) Dieu le pere estre entendu par la puissance totale, & soueraine vertu, Dieu Filz par l'eternele sapience, engendré & produict par ordre eternel de ceste souueraine puissance, & Dieu Esprit, pat ceste amour & bonne volonté procedant de la puissance & sapience eternele, & agente, & executante, toutes operations. Et par ce que aucune œuure ou creation ne peut estre faicte par l'vn des trois, si tous n'y conuiennent, asçauoir puissance, sapience, & volonté, nous dirons, que toute la besoigne est premieremẽt en la puissance, toute en la sapience, & toute en la volonté : de maniere que si l'vne des trois y default, les autres deux demeureront sans effect. Et les trois ne sont que vn ouurier, faisant vne œuure par trois subiectz en vne mesme essence, produisant d'vne mesme vertu, trois actions retumbantz en vn seul effect. En telle maniere donc, LA LVMIERE INTELLIGIBLE: puissance eternele (par laquelle toutes choses ont receu commancement, estre, vie & durée) estoit AVANT LA LVMIERE INTELLIGIBLE illuminant tout homme venant en ce monde, la sapience du pere: qui bien qu'elle fust mesme chose auec la puissance, si dependoit elle par ordre eternel de ceste puissante lumiere, entant qu'elle obtenoit la sapience par sa puissance vniuerselle, pouuant toutes choses : à cause dequoy elle est dicte ensuiure la premiere. Dont il dict ensuiuant, ET LA PENSEE ESTOIT TOVSIOVRS RELVISANT DE LA PENSEE, cõme dependãt d'elle : ET combien que ces deux soient mesme pensée, nous dirons l'vne dependre en l'orde diuin de l'autre, asçauoir de la puissance du pere, la sapience du filz, en conionction d'amour & beneuolence du sainct Esprit, qui assembloit la sapience du filz a la puissance du pere. Parquoy SON VNYON N'ESTOIT AVTRE CHOSE, QVE L'ESPRIT COMPRENANT TOVTES CHOSES: de tant que ceste puissance & sapience faisoient leur operation, & s'assembloient en icelle, pat le moyen de la volonté, laquelle s'aidant des deux, met en execution la production de l'effect, par laquelle operation les trois se trouuent conioincts en vne mesme essence & vertu operante diuine, c'est a dire vn seul Dieu, & tellement seul, que HORS LVY N'Y A autre DIEV, NON autre ANGE, NON AVCVNE AVTRE ESSENCE quelconque, ains toutes choses sont en luy, de luy, & par luy. CAR IL EST SEIGNEVR, ET PERE, ET DIEV DE TOVTES CHOSES, comme les ayant basties & composées de ses propres principes & simples semences. ET QVE SOVS LVY ET EN LVY SONT TOVTES CHOSES, comme cydeuant nous en auons dict la maniere, lors que nous auons declaré qu'il est toutes choses, & toutes choses sont luy, non en multitude ou nombre, mais en plenitude ou compliment & perfection : à cause que diuision entendue par nombre & multitude ne conuient à Dieu : mais plenitude, integrité, bonté, compliment, & perfection, luy sont trespropres. Et aussi DETANT QVE SON VERBE EST TOTALEMENT ACCOMPLY, qui est la sapience eternele, par laquelle il dispose, ordonne & commande toutes choses, & si est rendu GENERATIF, ET OPERANT EN NATVRE GENERATIVE, prenant du pere la puissance de generer, & commettant a l'esprit l'operation ou execution, par son amour & bonne volonté, par laquelle il met en œuure l'ordonnance de la sapience ou commandement du sainct verbe, ESTANT FILS, de mesme essence du pere & de l'esprit. ET CE FILZ A FAICT L'HOMME ESTRE CONCEV PAR L'EAV GENERATIVE. C'est autant a dire, qu'il a tant aymé l'image du pere mise en l'homme, corrompue & ruynée par le default de la matiere, qu'il a voulu reparer par nouuelle renaissance, ou regeneration, cõme nous l'auons veu parlant de ce propos : par laquelle il a faict conceuoir l'hõme de nouueau lors q̃ par le plongemẽt ou Babtesme receu dans ceste eau, l'hõme a esté receu au nõbre de ceux, qui prenent la voye du salut, voulants & croyants, que c'est pour retourner a celuy, qui a enuoyé cest' eau regeneratiue, que nous auõs cy deuant nõmé pésée, quãd nous auõs parlé du bassin ou lauemẽt presenté a tous cœurs croyãs & voulãs y entrer.

Il a nommé ce premier lauement non regeneration, car elle va plus auant: mais c'est la conception, que precede la nouuelle naissance ou regeneration. Parquoy il le dict estre conceu en l'eau generatiue, qui est autant, qu'estre receu en l'asseurance & ferme promesse, d'estre mené en regeneration à la fin du cours: de maniere que ceste promesse estant comme elle est, fondée sur la condition, que l'homme garde ce don, qui luy est faict à la conception generatiue, la condition estant gardée, la promesse ne peut faillir d'estre veritable, estant de celuy, qui ne meurt point. C'est bien clairement annoncé le Baptesme Chrestien par Mercure, comme il l'a vne autre fois annoncé par son bassin, les deux tendants à conclure la fin & periode du Chrestien, à ceste regeneration qu'il a declarée estre faicte par vn homme Fils de Dieu autheur d'icelle, lequel il dict maintenant estre celuy, qui opere par l'eau generatiue, & en nature generatiue. Ceste eau est l'vn des trois qui donnent tesmoignage en terre, qui sont les trois manieres d'estre conceu & receu Chrestien, par l'esprit, par l'eau, & par le sang, & ces trois conuiennent en vn, comme il est escrit, & ceste conception est la vraye preparation, pour en la fin de celuy, qui l'aura bien conseruée, paruenir à l'effect de la regeneration, qui est à l'vnion & conionction auec le Fils de Dieu, Iesus Christ nostre Sauueur, qui nous rendra, comme luy & le Pere sont mesme chose, ainsi nous & luy serons mesme chose au Pere. C'est la fin ou tendent toutes les promesses faictes au vray Chrestien, desquelles la principale entrée est ceste conception faicte par l'eau generatiue, qui est le Baptesme en Iesus Christ, à ceux qui le croyront estre venu pour les ramener en leur salut, qui est ceste vnion à Iesus Christ & Dieu son Pere.

Le baptesme conçoit & la mort genere le chrestien.

Tit. 1. c

1. Ioan. 5. b.

Ioan. 17. d.

Et par ce que de ceste diuine Trinité, sont yssues toutes choses, elles ont retenu toutes vne certaine impression de leur digne origine, portãt pour marque de leur aucteur, chacune en soy trois excellẽces, cõseruãt le mesme ordre, en mesme subiect, & lequel est tout possedé de chacune des trois: car il n'y a creature quelconque, qui n'aye receu ces trois excellences, à sçauoir, election, action, & progrés. L'election est la particularité de la vertu de sa nature, differente en ce d'vn autre creature. De ceste election est engendrée l'action, qu'elle employe en ses effects, & de ces deux procede le progrés ou continuation, occupant le temps de sa durée. Dont s'ensuit, que la creature est toute en son election, toute en son action, & toute en son progrés, les trois ne faisants qu'vne creature. Comme par exemple, la Calamite de sa particuliere election naturelle, attire le fer, elle est toute en ceste election, ou particuliere difference, qu'elle a des autres creatures: elle est aussi toute en son actiõ procedãt de son electiõ, lors qu'elle luy est presentée: elle est aussi toute en son progrés, ou cõtinuatiõ & cõseruation de sa nature, & cõdition, par le temps de sa durée. Lequel progrés procede des deux premiers, à sçauoir d'election & action, lesquelles continuãt au subiect, produisent les progrés, & toutesfois ce n'est qu'vn subiect. Autant en pouuõs nous entendre de toutes creatures, qui retiennẽt en soy, cõme vray ouurage, le vestige de leur pere & bon ouurier. Nous en pouuons dire de mesme maniere des vrayes disciplines ou sciences Mathematiques. Premieremẽt la Geometrie cõpose toute maniere de corps sous la dimẽtion de trois lignes, lõgueur, largeur, & hauteur, soy coupans à vn mesme poinct en angles droicts, desquels la longueur multipliée produict la largeur, & les deux produisent la hauteur, & font ces trois dimetions vne merueille en nature, & n'en pouuoir souffrir que ces trois, se trouuer à ce poinct en ceste maniere, quoy que l'esprit y puisse inuenter. De maniere que nous voyons tout vn corps, cõprins sous sa longueur, & tout sous sa largeur, & tout sous sa hauteur, les trois le plus souuent differentes entr'elles, en vn seul & mesme corps.

Vestige de la Trinité en chasque creature.

Exemple de marques en toute creature.

Exemple des marques és sciences.

Pareillemẽt en toute operation Arithmetique, il se trouue deux nõbres agẽts l'vn enuers l'autre, produisants vn tiers qui procede des deux, soit en additiõ, subtraction multiplication, ou diuision. La musique reçoit son accord en deux voix, faisantz action l'vne contre l'autre, desquelles deux procede leur interuale, qui est le tiers, lesquelz sont tellement requis à l'accord, que s'il y deffaut l'vn des trois, il n'y aura effect d'accord. L'astronomie semblablement considere en l'astre, la nature ou condition, & l'assiete ou aspect. Desquelz deux procede l'action, qui sont tous trois si necessaires à y cõuenir, que le deffaut de l'vn nous priuera d'effect, & toutesfois ce n'est qu'vn corps ou subiect. C'est l'excellence de la diuine operation, d'auoir imprimé le vestige de son image en chasque chose, selon sa dignité procedant de son operation & vertu, laquelle n'estant que vne & d'vn seul subiect, soit essence, vertu, excellence, ou puissance à produire toute maniere de diuersitez d'effectz, tous produictz par vne seule ver-

Tous effects produicts par vne seule ver-

seule vertu ou puissance: si est-ce que par ceste multitude d'effectz, nous auons quelquefois dict multitude de vertus, essences, ou puissances de Dieu, pour la facilité des moins versés à cognoistre Dieu, comme nous l'auons plus amplement cy deuant declaré.

MERCURE AYANT DIT CES CHOSES PRIA DISANT, IE T'ADIVRE CIEL DV GRAND DIEV LA SAGE OEVVRE, ie t'appelle à tesmoing & a promesse d'assister à ma priere. C'est la maniere des anciens d'entendre ce mot adiurer, comme Abraham adiura son seruiteur, luy faisant promettre de prendre femme à son fils Isaac telle, qu'il luy commandoit. Et de mesme maniere fust adiuré Ioseph par son pere Iacob, de l'aporter en sa sepulture, qu'il auoit basty en Chanaam, exigeant par ce mot d'adiurer promesse d'obeissance, ou faueur, ou l'acompliment de priere ou volonté, inuocant ceste œuure de Dieu si sage, ou bastie par vne telle prudence & Sapience, & l'appellant la sapience de Dieu à tesmoing & faueur. Comme il est dit qu'il a estably les cieux par prudence, & fondé la terre par sapience. IE T'ADIVRE O VOIX DV PERE QV'IL A PROFERE PREMIERE, ou bien premier commandement que le pere aye fait, de tou ceux, qui sont venus à la cognoissance de l'homme, à sçauoir, QVAND par ceste voix ou commandement, IL A ESTABLY LE MONDE VNIVERSEL, comme il est escrit, Par la parole de Dieu les cieux ont esté bastis, & par l'haleine de sa bouche toute leur vertu. IE T'ADIVRE PAR LE VERBE SEVL FILS, ET PERE, QVI COMPREND TOVTES CHOSES, comme s'il disoit, O ciel contenant toutes œuures de Dieu materieles, prouueües de forme diuine, ie t'appelle à tesmoin ensemble ce qui est contenu en toy mesmes, tant de sainctes creatures de Dieu, esquelles il prend son plaisir, de m'estre tesmoin fauorable, a presenter ma priere. Ie t'adiure pareillemēt puissance du pere, exprimée par ce premier cōmandement suiuy d'vne si diligēte obeissance, par lequel tout le mōde à esté edifié, & te requiers promesse d'employer ce cōmandement à mon salut. Ie t'adiure aussi mesme puissance, par le sainct verbe filz & sapience de Dieu eternel, par lequel i'ay cy deuant dict, que toute priere te doit estre presentée, comme n'y ayant ailleurs aucun moyen d'estre agreable deuant toy, que par celuy là, ny de paruenir au salut. Ie t'adiure pareillement pere, par ce sainct verbe, par lequel ie doibs estre presenté deuant toy, & te requiers ceste tres-petite priere. PROPICE, PROPICE ME SOIS, m'assurant que te trouuant rapaisé, tant sur l'indignité que i'aporte deuant ton sainct verbe filz & saueur, acquise par mon premier parant, que par celle que i'y ay adiousté par mes deffauts & imbecilités, ta bonté diuine paracheuera le reste de mon impuissance, par ton sainct verbe mon seigneur & sauueur. C'est la maniere de prier & demander le vray remede en brieues paroles, de la maladie de l'homme: qui par son mauuais gouuernement & conduicte, a irrité Dieu contre luy, qui est la propiciation ou apaisement de son ire. Et par ce que l'homme de soy est indigne d'estre escouté, ny receu de la maiesté diuine, Mercure s'accordant auec l'Eglise de Iesus Christ, declare que toute oraison doibt estre presentée à Dieu par le filz, sainct verbe de Dieu sauueur de tous humains, adiurant Dieu le Pere, & requerant comme d'exiger sa grace, par Iesus Christ, qui est le seul moyen & entrée du salut.

COMMENTAIRES SVR
les deffinitions d'Æsculape au Roy
AMON.

De Dieu,　　　　　De matiere,　　　　　　De la destinée,
Du Soleil,　　　　　De l'essence intelligible,　De la diuine essence,
De l'homme,
De l'administration de la plenitude des sept estoiles,
De l'homme qui est selon l'image.

CHAPITRE SEZIESME.

SECTION 1.

Ie t'ay enuoyé, ô Roy, vn grand traicté, lequel est comme vn sommaire & commentaire de tous les autres, & si n'est pas composé selon l'opinion du vulgaire, ains contient a eux plusieurs contradictiõs. Il te semblera aussi estre contraire a quelques propos des miens. Mercure mon precepteur souuãt disputãt auec moy, & en priué & quelque fois presant Tat, me disoit, La structure de mes liures semblera a ceux, qui les liront tressimple & claire, combien qu'au contraire elle soit obscure, & aye en soy le sens des paroles secret. Et dauantage soit tres obscure, en ce que les Grecs s'eforceront a l'aduenir, de tourner nostre language en leur propre, qui sera vn tresgrand renuersement, & obscurité des choses escriptes.

COMMENTAIRE.

Esculape a esté vne personne de profond sçauoir, tant en la philosophie, comme Mercure l'a declaré, que en la Medecine & choses diuines, estant enseigné par Mercure le tresgrand, comme il le confesse. Les anciens l'ont grandement reueré en Medecine, a cause dequoy, ilz luy atribuent le serpent, comme estant vn simple, qui porte en soy grand nombre de remedes contre les maladies des corps humains : de maniere, que c'estoit vne sentence si cõmune aux anciens, que Dieu par Moyse voulant eleuer au desert vn signe pour la santé du peuple, esleua vn serpent, comme animal portant les remedes, representant celuy, qui deuoit porter le remede vniuersel & souuerain, contre la morsure du serpẽt ancien. Esti-

Le serpent est tribué a Æsculape.

Nomb. 21.c.

mant donc les anciens Æsculape si plein de remedes, luy ont attribué le serpent, & en fin l'ont estimé vn Dieu, tant veneré en Rome, qu'en son téple (qui est hors la ville) Pline racompté, la dispensation du thyriaque, est-ie grauée au deuant en versets esctitz dans le Marbre.

Æsculape veneré des anciens.

C'est Æsculape, qui fut disciple de Mercure Trimegiste, & duquel nous auons ce petit traicté, ou plus proprement fragment, comme nous verrons par la fin du propos, lequel sera copé & delaissé, auant auoir declaré ce qu'il promet par son tiltre, par lequel il promet declarer & diffinir plusieurs choses qu'il ne declairera pas. Il adresse ce propos au Roy Ammon, qui fut aussi grand personage, & veneré des Æthiopes, lesquels sont voisins de l'Ægypte, & qui luy ont basty vn temple en la ville de Meroé, en laquelle regnoit la Royne Candace: de par laquelle vint l'Eunuche en Hierusalem, adorer du temps de Iesus Christ, ou ses Apostres: de tant que c'estoit vn nom, qui passoit aux roynes, qui succedoient en ce royaume, c'est de là que Ioseph racompte Moyse auoir espousé la Royne estant ieune.

Ammon veneré en Æthiopie.

Ce peuple veneroit comme Dieu Ammon, & depuis ses oracles ont esté merueilleusement obseruez & honorez en la region de Cyrene, qui est composée de cinq principales viles. A ce Roy Ammon Æsculape adresse son propos en ceste maniere, IE T'AY ENVOYÉ O ROY, VN GRAND TRAICTÉ, plus en grandeur d'intelligence, que de volume, LEQVEL EST COMME VN SOMMAIRE ET abregé COMMENTAIRE, illucidant l'interpretation DE TOVS LES AVTRES, que ie t'ay plus-amplemét proposé, par les tiltres que ie presente au dessus de cest abregé, deliberant te resoudre sur tous les propos, que nous auons tenu de ces subiect, ET SI N'EST PAS COMPOSÉ SELON L'OPINION DV VVLGAIRE, lequel n'ayant aucune cognoissance des choses profondes, ou quelque sçauoir, ne le trouuera conforme à toutes ses opinions, AINS trouuera qu'il CONTIENT A EVX & leurs communs aduis PLVSIEVRS CONTRADICTIONS ou paradoxes: de tant que le commun ne pouuant attaindre les vrayes intelligences des choses difficiles, ont pluttost formé vne fauce opinion, qu'estudié la veritable. IL TE SEMBLERA AVSSI ESTRE CONTRAIRE A QVELQVES PROPOS DES MIENS, comme il aduient communement à toutes personnes, qui escriuent choses difficiles, de parler d'vn mesme propos en diuers endroicts selon les occasions & circonstances, qui se presentent. Et ayant parlé generalement en vn endroict, & en l'autre particulierement, ou proposant vne fois effect contraire à celuy qui aura esté proposé en l'autre, qui sont effects pouuans souuent aduenir de mesme cause, prinse par diuers respectz, lesquels n'estans entenduz ny considerez, il semble bien aysément à celuy qui n'enfonce toute l'œuure y auoir quelque contradiction à ses propres sentences, comme par exemple Sainct Paul iuge vn homme iustifié par la foy sans œuures de la Loy. Et Sainct Iaques dict, Voyez comment par les œuures l'homme est iustifié & non par la Foy seulement, & ailleurs, Vous auez resisté au sainct Esprit, combien que l'autre dise, Qui peut resister à sa volonté? Lesquels lieux ont semblé à plusieurs auoir en soy contradiction, combien qu'il n'en y aye aucune. MERCVRE MON PRECEPTEVR SOVVENT DISPVTANT AVEC MOY EN PRIVÉ, ET QVELQVEFOIS PRESENT TAT, ME DISOIT, LA STRVCTVRE DE MES LIVRES SEMBLERA A CEVX, QVI LES LIRONT TRES-SIMPLES ET CLAIRS. En ce propos eschoit vne difficulté, de l'impropre maniere de parler des anciens, qu'aucuns ne s'en prenans garde ce iourd huy vsent encore par simplicité de paroles, & par ceste improprieté de language, nous sommes en doute de quelz liures Æsculape parle, ou bien des siens, ou de ceux de son precepteur. Car le Grec dit simplement (Me disoit que la structure de mes liures semblera à ceux, qui les liront, tresimple & claire) par où nous voyons qu'il refere que Mercure parloit des liures d'Æsculape, mesmes à cause qu'apres me disoit. Il y a vn (que) lequel le Grec nomme ὅτι, par lequel ce propos est continué liant, me disoit, & mes liures à mésme personne, & toutefois il nous est manifeste, que c'est des liures de Mercure qu'il parle: de tant que Mercure ne pouuoit auoir veu les liures de son disciple, & successeur, par consequent. Qui a esté cause qu'en nostre traductió nous auós osté ceste particule (que) pour rédre le propos clair, cóme il est en nostre texte, lequel parlant des liures de Mercure, raportant le dire de son maistre, disoit, la structure de mes liures semblera à ceux qui les liront tres-simple

Æsculape escrit à Ammon Paradoxes.

Cognoistre quand il y a contradictió.

Rom. 3. d.

Language impropre diuersifie l'usits.

Mercure escriuoit obscurement.

tref-simple & claire, prennent les sentences, selon le commun vsage materiel de toutes choses corporeles, n'estendant leur consideration aux choses incorporeles, & intelligibles. C'est côme toutes les promesses que Dieu a faict en tout le vieux Testament du Messie. les Iuifs les ont entendues à leur sol iugement, & trouuees aussi claires & simples en language qu'il estoit possible, & toutesfois à la verité ils n'y entendoient rien, à faute qu'ils ne consideroyent ce Roy, royaume, & puissances estre toutes intelligibles & spirituelles, & non temporeles subjectes à corps, mouuement & matiere. Il en aduint de mesme maniere quand Iesus Christ tinst propos aux Iuifs & ses Apostres de la manducation de son corps, lequel plusieurs prenoyent grossierement, & hors l'intention de Iesus Christ materielment & corporelement, tel qu'ils le voyoient, & lors Iesus Christ leur dist, Les paroles que ie vous ay dict son esprit & vie, pour leur declarer qu'ils se trompoyent, les pensant si claires qu'elles d'eussent estre entendues si grossieremēt qu'ils les interpretoyent. Ceste maniere a esté laissée & ordonnée de Dieu aux hommes, que les propos des mysteres & secrets soyent tenuz moins familiers & publiés que les autres : de tant que estant de la necessité de la conduicte ils doyuent estre entendus par les seuls conducteurs : & leur intelligence n'estant de la necessité de salut, il n'est besoin que le commun l'entende, pour ne tomber en derision & mespris, comme nous l'auons dit parlans de la regeneration. A ceste cause Mercure disoit que ses propos sembleroyent tres-simples & clairs, & son structure d'iceux, COMBIEN QV'AV CONTRAIRE ELLE SOIT OBSCVRE, ET AYE EN SOY LE SENS DES PAROLES SECRET, ou meslé, representant telles choses & si esloignees de la cognoissance des hommes, que le language qui ne les a iamais cōprinses, les trouuera mal-aisees à exprimer. Parquoy il sera estimé proposer autres choses, que celles qu'il traicte, ET DAVANTAGE SOIT TRES-OBSCVRE, EN CE QVE LES GRECS S'EFFORCERONT A L'ADVENIR DE TOVRNER NOSTRE LANGVAGE AV LEVR PROPRE, desirans auoir l'honneur d'enrichir leur langue de toutes sciences & intelligences, comme à la verité il nous est manifeste, que sur toutes les langues du monde, il n'est nouuelle d'aucune qui aye tant escrit anciennement, mesmes en choses de sçauoir & intelligence que celle-là, & non seulement des liures composez & escrits par eux, mais ont traduict des liures estrangers en leur langue, autant qu'ils en ont peu recouurer. Et nous cognoissons par le dire d'Æsculape, que de longue main ils auoyent ceste condition, de ramasser & retirer toutes choses à leur langue : dont s'ensuit, que de noz temps tous anciens exemplaires des choses notables, qui se trouuent és vieilles librairies, sont en langue Grecque, sans la curiosité de laquelle, nous eussions perdu innumerables aucteurs de plusieurs excellens escrits. Vray est qu'ils ne le faisoyent tant pour l'honneur & amour qu'ils portoyent aux sciences & intelligēces, que pour la gloire d'auoir toutes ces excellences en leur langue, comme le dira cy apres Æsculape. Dont il s'ensuit quelquefois grande iniure faicte à vn traicté excellent, auquel ils auront preferé la gloire & parement du language, à la vraye intelligence, QVI SERA VN TRES-GRAND RENVERSEMENT, ET OBSCVRITE DES CHOSES ESCRITES, mesmes à cause du grand sçauoir de Philosophie naturelle. En laquelle les Grecs estoyent surmontans le reste du monde, par laquelle ils faisoyent profession de la cognoissance & sciēce des choses, tant causes qu'effectz produicts par nature, estimans ceste nature qui estoit la plus haute qu'ils cogneussent, dominer sur toutes choses, & ne dependre d'aucune part, à cause qu'ils ne cognoissoyent Dieu, vray aucteur & instituteur de nature : dont il s'ensuyuoit, qu'ils interpretoyent toutes choses par leur science de Philosophie sous les puissances de nature. Or est-il qu'en toutes operations de salut & vraye cognoissance de Dieu, il ne se faut arrester à œuure quelconque de nature, ains faut passer plus auant outre ceste nature, qui est la puissance ordinaire de Dieu, employée au monde. Il faut venir à la supernaturele, de laquelle sont produicts tous moyens de salut, laquelle les Philosophes ignorans, n'ont iamais cogneu le salut ny vie eternelle, ains se sont tenuz si opiniastrement à la cognoissance des effects de nature, qu'ils se mocquoient de ceux qui leur parloyent des effects supernaturels. Côme les Atheniés se mocquoyent de S. Paul, leur annonçant Iesus & la Resurection des morts, par ce q̃ cest effect n'estoit rien en nature. De cecy est ensuyuy, que toutes choses difficiles & de haute intelligēce, qui sōt venues par escrit à estre traduites en leur lāgue, eux ne croyās au sēs intelligible & supernaturel, ont trouué tous propos ambiguz à l'intelligēce naturelle, materiele & corporele, & tant plus ils estoyēt sçauās en leur Philosophie naturelle, plus ils resistoyēt

Le Messie promis obscurement.

Iesus Christ se promettoit si seurement. Ioan.o 9.

Pourquoy nous n'est remetié à tous.

Propos obscur estimé clair.

Mercure craignoit la traductiō Grecque.

Grecs soigneux du sçauoir.

Le Grec pare au destruit le sens.

Philosophie sans Dieu ruyne l'intelligence.

Philosophes cherchoyent nature, non le salut. Act. 17. d. Plus de sçauoir faict plus d'ignorance.

a la vraye interpretation, de maniere que plus de sçauoir leur engendroit plus d'ignorance, traduisant vn traicté de subtile intelligence corporelement, & selon leur basse intelligence de nature, laissant l'intelligence supernaturele, & cognoissance des choses diuines, inuisibles, & incorporeles, pour ensuiure la loy des visibles & corporeles, qui est la vraye ruyne & renuersement des choses escriptes, produisant telle obscurité, que lon est quelquesfois contrainct laisser vn traicté d'vn propos admirable & excellent, dormir en la poudre deux trois & quatre mil ans, ou bien pres, sans l'oser interpreter, sur vne traduction qui l'aura renuersé & esbranlé en plusieurs endroicts de sa vraye intelligence. Car comme nous venons de dire, tant plus ces Grecs estoient sçauantz & subtilz en leur espece, ilz proposoient termes plus propres retiratz a leur intentiõ, & difficilz a estre cõuaincus. Et toutesfois a la verité contre l'intention du vray aucteur & cõstructeur de ce traicté, de maniere qu'il demeuroit si ambigu, que quelque fois il se fut trouué aussi aisé a bastir a neuf que a bien interpreter selon le sens de son aucteur. Et quand bien quelque homme de bonne intelligence, auroit voulu debatre ou disputer contre eux leur deffaut, il se fust trouué enuironné de tant d'argumentz & sophistiques subtilitez, qu'il eust plus auancé de recommencer a leur fonder nouueaux principes de la cognoissance de Dieu, & les y conduire peu a peu que de cuyder vaincre leurs opinions inueterees par argumentz. C'est a ceste occasion que sainct Pol a dict, que la sapience de ce monde est vne folie deuant Dieu: a cause que ces professeurs de ceste sapience en abusent au lieu d'en vser. Et c'est ceste sapience, que les Grecz cherchent, & les Chrestiens la foy en Iesus Christ crucifié, l'vn cherche la chose visible & corporele, l'autre la chose inuisible & incorporele, lesquelles sont non seulement differentes: mais sont si contraires, que qui interpretera la plus excellente par la basse, se pourra asseurer de conferer & aporter vne tres-grand ruyne, & renuersement du vray propos & son intelligence. Et c'est a la verité la difficulté de croire les choses intelligibles inuisibles, & non subiectes aux sens, qui a donné tant de peine aux personnes sensueles & accoustumees a ce long vsage des sens, d'entendre les escripts des choses diuines du tout separees de l'vsage & puissance des sens.

Ruyne d'escripts par interpreter.

Les plus sçauantes plus mauuais traducteurs.

1. Cor. 3. d
1. Cor. 1. d
Sapience des Grecz à sainct emportez.

SECTION 2.

*M*Ais le propos estant declaré par nostre langue paternele a en soy clair sens de paroles: de tant que la qualité mesmes de la voix, & la vertu des dictions Ægiptiennes, contient en soy l'efficace des choses, que l'on dict. A ceste cause, O roy, tant qu'il te sera possible (car tu peux toutes choses) deffendz ce propos d'interpretation: a celle fin que ces secrets ne passent vers les Grecz, & a ce que la diction arrogante, dissolue & comme fardee, que les Grecz ont, ne rende vain ce, qui est religieux & graue, & l'elegance vertueuse des paroles.

COMMENTAIRE.

A Cause que les Ægiptiens sont la plus anciene nation, qui se soit adõnee aux plus hautes sciences & intelligences profondes, ils ont acoustumé leur langue à exprimer plus communement ces hautes sciences, que n'ont les autres nations: Qui esmeut Æsculape a dire, MAIS LE PROPOS ESTANT DECLARE PAR NOSTRE LANGVE PATERNELE, Ægyptienne & coustumiere à exprimer telles intelligences & cognoissãces, par l'ancien vsage qui est au païs de frequeter les choses du profond sçauoir, A EN SOY CLAIR SENS DES PAROLES, lequel sens, nõ seulemẽt luy procede de l'anciene proprieté, q̃ la lãgue a acquis de s'accõmoder aux sçiences, mais aussi luy procede de ce, que la lãgue Ægyptiẽne, & toutes les lãgues orientales voisines d'Ægypte, cõme l'Æthiopiẽne, la Iudaique, la Caldaique, la Sirienne sont toutes lãgues briefues & succintes, signifians beaucoup en peu de discours, lequel exprimé par dictiõs propres, est beaucoup plus malaisé

Langue Ægyptienne disposee a science.

Langue abregee seure interpret.

a tourner

a tourner & destordre de son vray sens, que quand il est exprimé par dictions ambigues æquiuoques, synonimes, vniuoques, ou autre maniere de parler impropre, cóme loquutions figurées, & manieres de parler estrâges, qui toutes donnent occasion de tenir quelque foys le vray sens du propos, en doubte de l'intention de l'aucteur, & par la subiect a estre calomnie. Mais nostre langue Ægyptienne & paternele a en soy le sens representé par les paroles clair, DE TANT QVE LA QVALITE MESMES DE LA VOIX receue d'aucienne coustume parmy nous nourrissant nostre ouye a ses effectz & prononciations ensemble. ET LA VERTV DES DICTIONS ÆGYPTIENNES graues & serieuses, comme estât nées parmy l'exposition de ces tres-hautes & profondes cognoissances, CONTIENT EN SOY L'EFFICACE DES CHOSES QVE L'ON DICT, & la reprensante mieux a noz oreilles, que ne feroit vn autre languaige, qui n'auroit esté coustumierement receu a exprimer, declarer, ou tenir telz propos, ains auroit accoustumé de contenir & racompter fables, comptés, menteries, risées, mocqueries, detractions, & autres manieres de propos perdus, nuisantz, & de nul profit: car de vray ces languages rendroiét la chose serieuse, saincte, & venerable, en chemin d'estre mocquée mesprisée, & tenue au râg des choses, que c'est stille ou language a accoustumé de proferer. Ce deffaut n'aduient seulement en vne langue enuers vne autre, mais aduient aussi en vne mesme langue enuers soy mesmes, entre diuersité de stiles & manieres de parler. Car en toutes langues qui ont accoustumé d'exprimer varieté de propos differents, il y a propre & particulier stile en la mesme langue, pour chasque propos, comme les Orateurs ont vne autre maniere de stile a parler, que n'ont pas les Poetes, & les poetes autre que n'ont les Historiens, les Tragiques, Comiques, Philosophes, Theologiens: de maniere, que chasque propos a de tant meilleure grace, & se rend plus familier estant exprimé par son propre stille que par vn, qui ne luy est particulier, que a faute de ce les bonnes intelligences en sont bien souuent depraueés & mesprisées. Sathan a vsé de ceste subtilité, lors qu'il a voulu susciter, & enflâber meurtres, & effusion de sang parmy les hommes, lesquelz voyant estre animaux raisonnables de leur nature, il a pensé qu'il ne les sçauroit attirer sans quelque apparance de raison, qui les esmeut, comme estant chose propre & a leur condition.

Il leur a suscité vne difference de religion, pour les separer & pour mieux imprimer ez testes & iugementz de ceux de l'vne opinion, le mespris de l'opinion contraire: a inuenté le moyen d'escrire & prononcer ces propos du tout saincts & religieux, du tout serieux & sacrez, par stiles facecieux, & telz qui coustumieremét sont vsitez par les ioueurs de farses ou cabaretiers, conuertissant quelque fois vne chose saincte & serieuse, sur le chant d'vn badinage & boufonnerie. Cecy faict Sathan, pour deceuoir ceux qui ne cognoissants sa ruse & subtile tromperie, soubs pretexte de simplicité, se laissent emporter a ses passions, imprimantsen leur pensée vn mespris de la chose saincte, exprimée & representée par le lâguage & stile acoustumé d'estre mesprisé & employé aux choses vaines, & de nul effect, comme farses, risées, & mocqueries, ou autres vanitez esloignées des termes des saincts propos & a suscité ce languaige vain pour ruyner les choses sainctes par l'vne partie, qui sont venerées par l'autre. Et par ce qu'entre toutes langues la Grecque est farcie de toutes ces vanitez, comme premierement a confusion, pour la multitude des dictions, qui sont innumerables, elle a pareillement cinq langues, qui rendent les mesmes dictions differâtes sont coustumiers les Grecs sur toutes choses d'escrire les superbes de ce môde, pour faire admirer l'excellêce de leur langue, comme guerres, histoires, fables, & poemes. Qui est cause, qu'Æsculape concluant sur le propos, qu'il a refferé de son precepteur Mercure donne au roy Ammon vn aduertissement.

A CESVE CAVSE, O ROY, TANT QV'IL TE SERT POSSIBLE (CAR TV PEVX TOVTES CHOSES) DEFFENDZ CE PROPOS D'INTERPRETATION: & dône tel ordre, que les langues estranges ne traduisent noz exemplaires de Mercure, & ne tournent ces secretz eu leur langue. Ce n'est pas seulement, qu'il ne soit interpreté, & sa secrete substâce & intelligence declarée & publiée: mais qu'il ne soit seulement traduict ou tourné de langue en langue, mesmes en la Grecque, qu'il craignoit merueilleusement, A CELLE FIN QVE CES SECRETS NE PASSENT VERS LES GRECZ: non que ie leur porte enuie, & que ie ne veuille, qu'ilz cognoissent Dieu: mais c'est, que ie les voy en leur langue si indisposés, & mal propres a representer par elle ces choses diuines & secretes s'estant rendues si coustumiere d'exprimer les arrogances & vanitez du monde, que ie crains vne grande diminution de l'honneur que lon doit aporter à tels secrets, leur estre faicte, par l'indisposition de ceste langue, coustumiere d'exprimer choses vaines, & de nul profit. ET A CE QVE LA DICTION ARROGANTE, ET DISSOLVE, ET COMME FARDEE QV'ONT LES GRECS, se rédäs plus subjects & inclinés à representer vne arrogãce, vne dissolutiõ, & vn fard, qu'vn propos sainct & serieux, NE RENDE VAIN CE QVI EST RELIGIEVX ET GRAVE, comme il en aduient par ce moyen, quand vne chose saincte est exprimée par vn Poëte farseur, en ses termes de cabarets & badineries. Quand lon donne à vne chose saincte, vn chant des choses vaines & mocqueries, la chose saincte est lors rendue à l'oreille du cõmun vaine, & par consequent mesprisable, & qu'elle ne rende aussi vaine L'ELEGANCE OV VERTVEVSE maniere d'exprimer & vser DES PAROLES, lesquelles ayant desia en nostre langue prins lieu de veneration, és oreilles & entendements humains, seront (par l'application de ceste langue arrogante & dissolue ou fardée faicte à ces saincts secrets) rendues mal interpretées, & mesprisées & par consequent leur elegãce, efficace d'exprimer, & substance vilipendée par leur mespris. Ce n'est pas, que nous vueillõs dire, qu'en toutes langues Dieu ne puisse estre annoncé : mais nous disons, qu'auant que l'homme ayãt desia receu vn stile ou language pour arrogant, dissolu, fardé, & coustumier à dire folies, l'aye peu tourner à estre receu par luy-mesmes, à luy exprimer les choses sainctes, il les aura maintes-fois blasphemées & mesprisées, & mal prinses, à cause qu'il ne pourra si promptement tourner sa coustume, de si long temps imprimée en luy. Vray est qu'ayant vaincu ce combat, tous termes qui font bien entendre, de quel stile ou lãguage qu'ils soyent extraicts, luy seront bons, sa pensée estant bien retirée de l'abus, cy deuant coustumier d'estre exprimé par ces propos, languages, ou stiles : mais celà n'est pas si aisé à aduenir, comme l'argument s'en dresse aysément. Car tant s'en faut, que nous ne faisions le possible, qu'encores ne voulons-nous faire ce, qui est bien aysé. A cause dequoy, pour se garder de ces dangiers & resistances, nous serions d'aduis, qu'il est tousiours meilleur à chacun, de continuer la voye, par laquelle il se trouue mieux cognoistre Dieu & son salut, que d'en chercher d'autres, ausquelles il n'est accoustumé : comme Æsculape trouuoit que les Grecs n'estoyẽt coustumiers de parler de Dieu, mais totalement du monde & ses abus. Dont ceux, qui ne sont guiere bien catechizéz (qui n'est pas le moindre nombre) trouuerõt mal-aisé à mettre Dieu en leur cœur par propos de tels stiles, ce qu'importe grandement au salut humain.

Les grecs ont diction arrogante & fardée.

Vertu de paroles de la langue Ægyptiane.

Danger de le stile dissolu aux choses sainctes.

A l'homme resolu tout languagé est bon.

SECTION 3.

DE tant, ô Roy, que les Grecs ont dictions vaines, ayants leur efficace en ostentations : & ceste-cy est la Philosophie des Grecs, à sçauoir son de paroles : mais nous n'auons confiance és paroles, ains à tres-grandes voix d'effects. Ie commenceray donc d'icy mon traicté, ayant premierement inuoqué Dieu, qui est Seigneur & facteur de toutes choses, & Pere, & enuironnement de toutes choses, & toutes choses estãt vn, & vn estant toutes choses. Car la plenitude de toutes choses est vn, & si est en vn, & n'est pas vn second, mais est vn de tous les deux. Et conserue moy, ô Roy, ceste pensée par tout le discours de ce propos.

COMMENTAIRE.

Langue vaine indigne des choses diuines.

IL nous est donc besoin de prendre garde, que la vanité & superfluité du language ne nous occupe tant & nos affections, que nous amusant à ceste vanité, nous perdions la vraye intelligẽce des propos diuins. DE TANT O ROY, QVE LES GRECS ONT DICTIONS VAINES,

VAINES, nouueles, ou abſurdes, & inutiles, AYANTZ LEVR EFFICACE, & la principale intention de leur vſage conſtitué EN OSTENTIONS & parade, ou ſuperbe de language, mettants beaucoup plus de peine de faire paroiſtre l'excellence & gloire de leur langue, que la ſubſtance de ce qu'ils eſcriuent & traictent par icelle. De maniere que leurs dictions ſont vſitées, accouſtumées, & receuës entre eux plus pour repreſenter leur language manifique, ample, & ſuperbe, que pour leur ſignifier quelque propos diuin bien eſloigné de toutes ces vanitez. ET CESTE CY EST LA PHILOSOPHIE DES GRECZ, & leur principal eſtude, ASÇAVOIR SON DE PAROLES, & ſuperbe de language, comme nous voyons que leurs orateurs n'ont mis leur principale intention a narrer vne verité, ou ſecourir l'indigent par leurs remonſtrances, mais le plus ſouuent ont plaidé pour telz, qui portoient tort ou iniure a leur partie, ſoy contentantz ſeulement telz orateurs, d'auoir ſi bien endormy les auditeurs, a leur ſon ſuperbe, vanité, ſuperfluité de dictions, & fard de paroles, que par leur beau parler ilz ayent deſtourné a ſoy l'intention des iuges, & bien ſouuant contre droict & raiſon. Et de la aduient, que ce ſont eux meſmes, qui s'en mocquent les premiers, tant des iuges qu'autres auditeurs, qui ſe ſont laiſſez circonuenir a leur maſque de paroles, dont ilz preuent vne grandiſſime gloire. Ce qui aduient bien a leur imitation a pluſieurs aduocatz des Parlementz de ce temps: dont la iuſtice n'en eſt pas mieux adminiſtrée, auec les autres imperfections que l'on y adiouſte. Ceſte la eſt leur Philoſophie & principal eſtude, de paruenir a l'accompliſſement de leurs concupiſcences par ce ſon, fardement de language, & multitude de paroles. De ceſte imperfection vient toutes langues & nations, qui ont le cœur grand & ſuperbe. leſquelz tachent principalement par leur beau parler, a induire, a faire croire leur intention, a eſtonner pour imprimer reputation ou crainte de ſoy, & a diuerſes autres intentiōs, fondées ſur la concupiſcence & paſſion de l'homme, ſans iamais, ou bien peu, s'efforcer a faire accōmoder ceſte langue (qui leur eſt dōnée pour louër Dieu, & exprimer ſes volontez, & bien faictz, que nous en receuons par ſes continuelles operations) a randre graces, declarer ſes bontez, & attirer le prochain a ſon ſalut. Pour leſquelles choſes le language eſt principalement donné à l'homme, & non pour l'employer en fraudes, tromperies, menteries, & deceptions, & finalement prendre vne gloire & ſuperbe de ces beaux effectz.

Il en y a d'autres, qui combien qu'ils n'employent leur language en ſi mauuais vſage, pour le moins entretiennent ilz ceſte ſuperbe conſtituée au ſon de leurs paroles, comme les poetes, qui fondent la principale gloire de leur eſtat ſur inuention: qui eſt menterie, a laquelle ilz trouuent les hommes preparez & diſpoſez de prendre leur plaiſir, deſpuis que l'homme du commancement abandonna verité pour venerer menſonge. Et combien que telles gens, tant ceux qui eſcriuent ou parlent en ceſte maniere, que ceux qui s'amuſent a les eſcouter & lire, ne produiſent tant de mauuais effectz, que les orateurs: ce neantmoins ilz perdent le temps, qu'il deuroient employer ailleurs, a dreſſer leur cognoiſſance aux choſes, qui ſont retirées des ſens pour le moins : & qui par ce moyen s'aprochent plus des choſes diuines, auſquelles ils paruiendront plus facilement par la, que par ces autres manieres d'eſtude perdu, conſtitué ſeulement en ſon de paroles, & abus de don de language, que Dieu leur a faict.

Voyla donc, comment les Grecs ſont abuſés ſoy fiants trop a leur ſuperbe de parler. MAIS NOVS N'AVONS CONFIANCE ES PAROLES: auſquelles nous ne conſtituons aucun autre amuſement, que la ſimple ſignification & expreſſion des effects, AINS par nos paroles nous adonnons toute noſtre intention, A LA ſimple ſignification ET TRES-GRANDES VOIX D'EFFECTS: de tant que en nos paroles Ægyptiennes, nous n'auons iamais conſtitué aucune gloire de Rhetorique, fardemēt d'oraiſon, ny menterie de poeſies, ains les auons ſeulement employées auec la plus grande briefueté qu'il a eſté poſſible, a ſignifier les propos & ſubſtances des effectz. De maniere que nous eſtants accouſtumés de tous nos eages a ceſte ſeule ſignification d'effects, ſans gloire, fard, ny menterie, nous auons conceu en nous vn tel habit ou habitude, qu'oyant le mot ſimple, incontinant l'effect ſignifié par ce mot ſe repreſente a nos intelligēces, ne pouuant foruoyer çà ny la, vers les equiuoques, ſynonimes, & autres perturbations de language, qui empechent grandement l'intelligence des effects. Et dauantage oyant nos paroles, nous n'y conceuons autre choſe, que

Philoſophie Grecque ſon de paroles.

Fraude des orateurs.

Imperfection commune a toutes langues.

Gloire des poetes.

Language mal imployé.

D'exercité de la lāgue Ægyptienne.

Commodité d'vne langue briſue.

Yy 4

le simple effect, & non aucun son, rime, ou mesure, qui luy puisse seruir de parement, & a nous d'amusement, qui nous fouruoye l'intelligence des vrays effectz, Et a ceste cause, nous disons, que nostre langue Ægyptienne n'a confiance ny son principal apuy au son des paroles, ains a la tres-grande & propre signification & voix des effectz: lesquelz il faut acquerir sur toutes choses en la cognoissance, par les paroles, laissant en arriere toute maniere d'abuz & fards ou superbes de language. IE COMMENCERAY DONC D'ICY MON TRAICTE pour le plus seur apuy, que ie luy puisse donner, a sçauoir AYANT PREMIEREMENT INVOCQVE DIEV, QVI EST SEIGNEVR, ET FACTEVR DE TOVTES CHOSES, comme le commancement de toute chose qui a essence, estant en luy, & par luy.

A Esculape commäce inuoquant Dieu.

C'est bien raison que toute œuure, qui doit estre introduicte pour sa loüange, commance, par l'inuocation de son secours, le recognoissant Seigneur & facteur de toutes choses, ET par consequent PERE & generateur, les ayant produictes, ET ENVIRONNEMENT comprenant en soy l'estendue DE TOVTES CHOSES, soit en lieu, temps, ou quantité, comme Mercure l'a cy deuant dict, souhaitant que son filz, ayant veu toutes choses creées, aperçeut l'enuironnement d'icelles, luy souhaitant la cognoissance de la grandeur & excellence de Dieu, par la consideration de le cognoistre estre le vray & seul enuironnement comprenant & contenant toutes choses. ET TOVTES CHOSES ESTANT VN, ET VN ESTANT TOVTES CHOSES, à cause que toutes choses, côme nous auons cy deuant dict, sont procedées de luy, & par consequent sont en luy, & y ont leur estre, par ce qu'il n'y a essence, qu'en Dieu, & toutes choses, entant qu'elles sont yssues de luy, reçoiuent de luy ce qu'elles en ont.

Dieu enuironnement.

Chap. 5 sect. 5

Toutes choses en unité

Et toute maniere d'habit ou habitude, les preseruant de priuation & aneantissement, dont toutes choses sont dictes estre, c'est vn, lors que toutes choses sont entendues en vne plenitude, compliment, & integrité. Et au contraire ce mesme vn est toutes choses prinses en ceste maniere. CAR LA PLENITVDE DE TOVTES CHOSES EST VN, ET SI EST EN VN. C'est que Dieu, qui n'est, que vn simple subiect sur toutes choses, est toutes choses en ceste maniere, a sçauoir Dieu n'est ciel, ny terre, ny esprit, prins simplement, & proprement, ny animal, soit homme, brut, vollatile, poisson, ou autre chose quelconque. Et dauantage il n'est aucune congregation ny assemblée de diuersitez, soit creatures ou intelligences, s'il est ainsi, qu'il s'en faille aucune chose, que toutes n'y soient: mais il est veritablement toutes choses, lors qu'il est prins & entendu toutes y estre, en plenitude: de maniere qu'il ne s'en faille la moindre. Toutes choses donc entendues en plenitude, integrité ou compliment, sans aucun deffaut ou diuision d'aucune, sont c'est vn, auquel ceste plenitude se trouue accomplie, & non ailleurs. Et par ainsi toutes choses en plenitude, sont vn, & en vn, ou bien la plenitude, compliment, integrité & perfection de toutes choses est c'est vn. ET N'EST PAS VN SECOND, MAIS EST VN DE TOVS LES DEVX. Car ces deux à sçauoir tout & vn ne sont aucunement differentz ny plusieurs. Parquoy l'vn n'est point second à l'autre, de maniere que l'vn puisse estre estimé premier, & l'autre second y colloquant entre eux quelque ordre, reng, nombre, ou diuision, qui leur engendrast priorité, posteriorité préeminence, ou autre difference quelconque, ains entendrons, que ce mesme vn est sans autre, celuy mesme, qui est tout ce compliment de toutes choses. Et au contraire dirons semblablement, que ce mesme compliment de toutes choses ou entiere plenitude, c'est ce mesme vn & seul sans y entendre ny considerer aucune separation, description, ou diuersité, ains la seule integrité, paracheuement, plenitude, ou compliment de toutes choses. ET CONSERVE MOY, O ROY Ammon, CESTE PENSEE, & la tiens bien resoluë & ta memoire prenant peine qu'elle ne soit esbranlée de ton opinion, PAR TOVT LE DISCOVRS DE CE TRAICTE: à cause, que nous y traictons telle diuersité de propos, que si tu ne tiens ceste resolutiô bien ferme en ta pensée, il y en pourroit auoir quelqu'vn, qui te mettroit en telle doubte, qui te feroit esloigner de la vraye intelligence, attandu qu'il ne s'ensuit de dire, c'est animal a pour sa forme plusieurs graces, vertus, & essences diuines: parquoy c'est animal est Dieu: à cause que Dieu ne consiste en ceste particularité, ny nombre, ny diuersité des choses, & fust ce le propre homme, auquel nous recognoissons & & considerons Dieu, de tant qu'il y est realement & veritablement.

Toutes choses s'entendét en plenitude.

Fondemēt. de ce traicté recommandé.

Tout & vn differans.

Et toutes-

Et toutesfois ceste creature n'est Dieu, a cause qu'il y a composition, & imperfection, & n'est acomply de toutes choses. Parquoy il n'est Dieu, lequel n'est composé, & si est parfaict. Et d'auantage il est l'acomplissement de toutes choses, ce que n'est pas l'homme : aussi nous ne pouuons recognoistre en l'homme Dieu pur, combien que nous y recognoissions Dieu côme l'y sçachant. C'est a cause qu'il y est meslé auec matiere, il y est comme prisonnier, & en la subiection de l'arbitre de l'homme, qui le plus souuent l'employe aux choses qu'il deteste le plus. Et en ce cas, combiē que nous recognoissons ce Dieu souuerain s'estre communiqué a l'homme, ce neanmoins le voyant par l'arbitre de l'homme (employant ses vertus & dignitez mal a propos) ne faire actes de Dieu, mais plustost de prisonnier, nous luy faisons comme à vn Roy prisonnier ez mains de son ennemy, duquel nous venerons la personne, mais nous n'obseruons pas ses commandemans, lesquelz il faict non par sa nature libre & volontaire : mais les faict soubz l'arbitre & volōté de son ennemy, qui nous garde de l'obseruer & obeir, comme vray roy, tant qu'il sera captif. C'est de mesme maniere de ce souuerain Dieu, roy trespuyssant : lequel s'estant mis en la prison de ceste chair, a la condition qu'il luy obeyroit, ce que Mercure a nommé le Miracle tresmerueilleux des le commancement, asçauoir que ce Dieu Souuerain se fut tāt humilié, que de s'asubiectir a l'arbitre d'vne sienne creature, laquelle l'employe le plus souuent contre sa volonté. Et toutesfois il luy obeist, & souffre employer ses actions contre sa volonté, pour n'enfraindre sa constitution, qu'il a fait à la compositiō de l'hōme. Vray est que ce sinistre employ des actions diuines fait par l'homme, feust cause de ce decret, Mon esprit ne demeurera à tousiours-mais en l'homme, parce qu'il est chair, & peu apres est dict, que Dieu voyant la malice si grande en l'homme, se repentist de l'auoir basty, voire & luy auoir donné tant de pouoir en si folle teste. A cause dequoy il admena le deluge, pour tirer son esprit de la prison de ce corps materiel & charnel, cōme il fust faict, ne reseruāt que la race iuste de Noë. Et en ceste maniere nous cōsidererons, que nonobstant la presence de Dieu en l'homme, ce n'est pourtant que l'homme puisse estre Dieu, ny estimé tel, à cause de ses imperfections, mais nous estimerons Dieu estre seul & vn, au compliment de toutes choses, & non en la diuision, discretion, multitude composition, ou aucune particularité d'icelles. A cause que tant qu'il y aura nombre ou diuersité, la diuine vnité n'y sera iamais representée. Qui est cause qu'elle veut estre signifiée par compliment, perfection, ou autres termes n'importants en soy aucune discretion.

Composition ne constitue Dieu.

Dieu prisonnier en l'homme.

Comparaison du Roy prisonnier.

Le miracle tresmerueilleux.

Genes.6.a.
Genes.6.b.

Deluge tyra le S. Esprit de prison.

SECTION 4.

CAr si quelcun s'efforce separer de l'vn, le tout & l'vn : lesquelz semblent estre mesme chose, interpretants la denomination de toutes choses par la multitude, & non par le cōpliment (ce qui n'est licite) separant le tout de l'vn, il abolira ce tout : de tant qu'il faut que toutes choses soient vn. Car de vray vn est, mais elles sont, & ne cessent iamais d'estre vn, pour ne separer le compliment, il est permis en la terre de voir plusieurs sources d'eaux & de feu sourdre des interieures parties, & aparoistre en mesme lieu trois natures de feu, d'eau, & terre dependants d'vne racine. Dont s'ensuit qu'elle est estimée estre la munition de toute matiere, & enuoye contremōt son opulence : car elle reçoit reciproquement la substance d'enhaut.

COMMENTAIRE.

AYant ceste resolution, que toutes choses sont en Dieu, & que pareillement il est toutes choses, il se faut biē donner garde d'estimer aucune chose particuliaire estre Dieu, mais ce compliment, integrité & plenitude de toutes choses, cela estre veritablement Dieu. CAR SI QVELCVN S'ESFORCE SEPARER DE L'VN, LE TOVT ET L'VN, pour en faire deux diuerses ou differentes choses, estimant l'vn estre vne chose, & le tout en estre vne autre, LESQVELS toutes fois SEMBLENT ESTRE, & sont a la verité

Vn & tout ne sont entendus separément.

MESME

MESME CHOSE, inseparable, vne, & seule, simple en soy, INTERPRETANT LA DE-
NOMINATION de ceste vniuerselle assemblée DE TOVTES CHOSES reduictes en vn,
PAR LA MVLTITVDE, soit que ceste multitude soit exprimée par compte de nombres,
soit par differances & diuersitez, toutesfois y entendant en toutes manieres diuersité, parties, composition, ou multitude, ET NON qu'il soit interpreté PAR LE COMPLIMENT
ou plenitude (CE QVI N'EST LICITE, ny permis, pour n'offenser ceste vnité & integrité
diuine, SEPARANT LE TOVT DE L'VN) celuy qui temerairement se ingerera d'interpreter la denomination & ce merueilleux nom du tout, y considerant vn nombre, vne pluralité,
vne multitude, qui sont toutes significations, qui separent ce tout de c'est vn, de tant que
durant que l'on y supposera pluralité, composition, ou multitude, iamais l'on ny conceura
l'vnité, ains tousiours nombre (ce qui n'est licite en l'essence diuine) IL ABOLIRA CE
TOVT, de maniere que nous ne pourrons plus recognoistre ce Dieu souuerain, qui n'est que
vn estre toutes choses: à cause que nous prendrons ces toutes choses pour plusieurs & diuerses, tant que nous interpreterons leur assemblée par multitude & pluralité, & non par plenitude & parfaict compliment de toutes choses. Comme a la verité il le faut interpreter, conseruant en l'assemblée & vnion de toutes choses vne integrité, non diuisée ou separée, mais
faisant vn seul, simple, & entier subiect: DE TANT QV'IL FAVT QVE TOVTES CHO-
SES, SOIENT VN, pour entendre par leur vnion & assemblée en vne seule chose, ceste
purité, vnité, & integrité diuine. CAR DE VRAY VN EST, & a essence en luy seul, la
communiquant a toutes choses, qui en ont: lesquelles a ceste cause la tiennent de c'est vn,
& sont toutes en leur forme, ce mesme vn prenant leur denomination d'estre de leur forme:
laquelle a ceste cause les rend toutes vne mesme chose, sans diuision ou pluralité. MAIS
ELLES prinses en plenitude & compliment, SONT ET NE CESSENT IAMAIS D'E-
STRE VN: de maniere que si elles cessoiēt d'estre vn, & deuenisent multitude ou pluralité,
ce seroit POVR SEPARER LE COMPLIMENT, ce qui n'est pas, car il ne seroit plus
plenitude ou cōpliment, qui est chose singuliere en ce tout, si ce tout cessoit d'estre vn, se cō-
uertisant a la pluralité & multitude, ce tout seroit aboly, & ne seroit plus veritablement tout
cōtenu par l'vnité: mais seroit nōbre exprimé par pluralité de parties: lesquelles ne peuuent
conuenir à Dieu. A cause que nombre, ou pluralité sont incapables de perfection, attendu
qu'il est licite tousiours d'y adiouster vnité ou nombre, ce qui ne conuient à Dieu: & partant
n'est licite ou permis de les luy attribuer, ains l'estimer & le reuerer soubz l'integrité & vniō
de toutes choses comprinses de l'vnité par plenitude ou parfaict compliment, sans separation, diuision, nombre ny pluralité ou multitude quelconque. IL EST PERMIS EN LA
TERRE DE VOIR PLVSIEVRS SOVRCES D'EAVX, ET DE FEV SOVRDRE DES IN-
TERIEVRS PARTIES, comme nous voyons toutes sources de fontaines: dont sont produictes toutes les riuieres de la terre. Il se trouue aussi plusieurs sources de feus sortans de certaines minieres de soulphre, nitre, ou autre matiere produisantz par leur
nature de chaleur feu actuel en maniere de source, soit quelque fois par source & fontaines
d'eaux chaudes, & quelquefois par flammes consummātz les pierres, & les reduisant en es-
ponge, comme il se voit en plusieurs lieux. Et voit lon APPAROISTRE IN MESME
LIEV, qui est la terre, TROIS NATVRES DE FEV, EAV, ET TERRE, DEPENDANTS
D'VNE RACINE. Et outre ces trois le quatriesme, qui les penetrāt tous est parmy eux, qui
est l'air, tous estātz les quatre elementz, desquelz toute creature est bastie & cōposée, sortātz
tous d'vne seule region terrestre: DONT S'ENSVIT QV'ELLE EST ESTIMEE par l'experience qui nous en est si commune & familiare, ESTRE LA MVNITION, cellier, chay
ou magasin, deputé pour la prouision, DE TOVTE MATIERE. De laquelle toute matiere
qui se manie en ceste region terrestre, (seule deputée aux generations & corruptions & autres mutations) est prinse, pour la production de tous effects & creatures: detant qu'en la region celeste ne se faict aucune generation, ains en la seule region elementaire, toute enclose
dans le concaue de la Lune & son mouuement. Et ce celier ou magasin, qui est ceste terre, ENVOYEE CONTREMONT, & produict SON OPVLENCE & richesses, par la production, qu'elle faict de toutes choses, croissantz sur sa superfice, lesquelles tendent
toutes a tirer vers l'air, & vers l'habitation de leur creature. Et la liberté qui leur
donne cōme tous animaux, plantes, voire & les propres mineraux, lesquelz ayantz leur plus
grosse & principale racine dans terre, & les rochiers qu'elle a produicts, iectent leus branches

Tous prins en compliment nō mu situde.

Par pluralité tout seroit aboly.

Toutes choses sont vn.

Tout est vn pour ne separer compliment

Plusieurs choses en terre sōt d'une racine.

La terre magasin de toute matiere.

La terre produict contremont.

ches en maniere d'vn arbre par dedans ces tref-durs rochers, approchans tousiours de la superfice de la terre, pour y trouuer la liberté de l'air, qui la couure par tout son enuiron. Et ceste production que faict la terre comme vray magasin de toute matiere contremont, se trouue reciprocque: CAR ELLE REÇOIT RECIPROQVEMENT LA SVBSTANCE D'ENHAVT. Dont luy est premierement enuoyée la vertu, puissance, & action ou efficace, par lesquelles elle produict tous ses effects par maniere reciproque, de son lieu bas vers le haut, comme les efficaces & vertuz luy ont esté enuoyées du haut lieu & habitation de son Seigneur, vers elle, qui occupe le plus bas, recognoissant par ses productions, qu'elle faict de bas en haut, le bien & honneur qu'elle reçoit ordinairement de haut en bas, que nous appelons action & operation reciproque, par laquelle elle rend le fruict, à celuy qui l'a pourueuë de substance & vertuz.

Terre reçoit la substance d'enhaut.

SECTION 5.

ET en ceste maniere l'ouurier (ie dy le Soleil) manie le ciel & la terre, enuoyant l'essence contre bas, & portant la matiere contre mont, & tirant à soy & vers soy toutes choses, & donnant de soy toutes choses, il donne continuellement lumiere à toutes. De tant que c'est luy duquel les bons effects ne penetrent seulement dans le Ciel & l'air, mais aussi en la terre, iusques au tresinfime fonds & ses abysmes. Et s'il y a quelque essence intelligible, celle-là est en sa masse, de laquelle le receptacle est sa lumiere. Mais luy seul aperçoit, dont elle reçoit sa constitution & influence, ou bien estant prochain à soy-mesme de lieu ou nature, il n'est pas veu de nous, mais est cognu par coniectures tres-vrgentes.

COMMENTAIRE.

ÆSculape ayant parlé de la nature diuine, laquelle est toutes choses en plenitude ou complimēt, & non en nombre, multitude, composition, discretion ou separation quelconque. Il a voulu secondement parler du Soleil, lequel Mercure s'est cy deuant dict venerer, à cause de l'honneur & charge, qu'il a de ce souuerain Dieu, & qu'il adore sa verité, qui luy est donnée ou commise de Dieu, pour l'operation de ses effects, & qu'il le venere apres cest vn & seul, qui est par dessus luy & ses puissances, comme l'ayant creée & les luy ayant commises pour son seruice & execution de ses commandemens. Estant donc ce Soleil le principal ministere des operations de Dieu en toute nature vniuerselle, Æsculape apres auoir parlé de la nature de Dieu, a voulu parler de ce Soleil. Qui par si merueilleuses puissances produict tāt d'effects, lesquels il a commencé à declarer par l'exemple qu'il a donné de la terre, laquelle entant que promptuaire ou magasin de toutes choses materieles, produict toutes choses à son dehors & contremont, soit fontaines d'eaux, sources de feux, pour recognoistre par ces productions & de toutes creatures animales, plantes, & toutes autres, le bien-faict qu'elle reçoit d'enhaut, en vertu duquel elle produict tous ces effects reciproquement vers le haut, comme elle a receu de haut en bas les vertuz, qui les ont engendrées. Et par ce que toutes ces actions, vertuz, & puissances viennent de Dieu, par le ministere & operation deputé au Soleil, qui est cause que receuant tant de biens par le moyen de ce ministere, creature & seruiteur de Dieu, en ses operations, nous le reuerons pour l'honneur & reuerence de son Seigneur & maistre, & admirons ses vertuz & puissances, ou plus proprement celles de Dieu en luy: à cause que par son moyen nous receuons tous biens de Dieu, lesquels passent par son ministere, de maniere que nous les receuōs sans moyen du mesme Soleil. Vray est que nous recognoissons les receuoir de luy, comme d'vn seruiteur ou message qui a receu toute charge d'vne negotiation de son Seigneur & maistre. Et toutesfois par ce que la charge & distribution viēt de ce seruiteur immediatemēt, nous le receuōs de luy, ET l'admirōs & loüōs en la merueille de sa charge, vertu & puissance, racōptant en la loüange de son Seigneur, les operatiōs, actiōs, & vertuz, qu'il exerce sur nostre regiō elementaire & superieure.

Principal opérateur soubz Dieu le Soleil

Le Soleil naturel dispensateur des biens-faictz.

EN CE-

EN CESTE MANIERE L'OVVRIER commis & deputé de cest vn & seul, compliment & plenitude de toutes choses, IE DY LE SOLEIL, par le ministere duquel nous receuōs & toute creature tout entretenemēt, vie, action, & vertu. Celuy-là donc MANIE les regiōs du CIEL ET LA TERRE, qui luy sont commises, & aux autres corps celestes, desquels il est le principal, comme necessaires dispensateurs des actions & vertuz diuines, contraincts à ensuyure l'ordonnance & loy de nature, qui leur est donnée pour statut & loy de leur administration irrefragable, & à laquelle ils ne peuuent contredire, ou de laquelle ils ne peuuent foruoyer. Et leur administration se faict ENVOYANT L'ESSENCE CONTRE BAS, c'est que toutes leurs actions, puissances & vertuz estant diuines, sont vrayes essences, communicquées a ce Soleil de l'essence diuine, à laquelle seule apartiennent ces puissances & dignitez. Ceste essence diuine donc estant commise au Soleil en ministere, il l'enuoye contre bas vers la region elementaire, en laquelle il produict toutes maniere de mutatiōs, desquelles sortent toutes generations de creatures, leur progrés, & dissolution. Dont s'ensuit que nous recognoissons receuoir d'enhaut tout bien-faict, comme il est escrit, Que tout don tresbon procede d'enhaut, du pere des lumieres. Et ses dons sont les employs de ses actions, vertuz & puissances, qui operent sur nous sa volonté, soit par ministere de ses corps immortels, ou autres. Ou bien sans ministere ny moyen, en toute maniere tous biens nous viennent de son essence, qu'il enuoye çà bas, pour nous donner toute maniere de bien-faicts, ET NON seulemēt enuoyāt son essence côtre bas, mais par l'effect qui s'ensuit PORTANT LA MATIERE CONTREMONT, & la sousleuant & attirant, à cause que toute creature materiele est produicte pour venir en croissance, & toute croissance par l'operation de nature vniuerselle desire aller contremont, & y esleuer sa matiere, comme si elle vouloit aller recognoistre la cause de son bien, vers la partie haute, dont il luy a esté enuoyé. Dauantage le Soleil par sa chaleur & proprieté donnée auec icelle, a puissance d'attirer les humeurs, vapeurs, fumées, & autres substances de la terre, desquelles il produict apres diuers effects, par ceste atraction sousleuement, ou portement de matiere, qu'il faict contremont. Et pareillement TIRANT A SOY ET VERS SOY TOVTES CHOSES, ET DONNANT DE SOY TOVTES CHOSES, c'est qu'il attire à soy & vers soy toutes choses materielles, par leur croissance & esleuemēt ou attraction donnée de ce qui a esté mis en soy toutes choses, lesquelles suyuant le statut, ordonnance, ou loy, qui luy a esté determinée, il enuoye, comme nous auons dict en bas, & desquelles vient le reciproque de la terre, qui produict contremont alant recognoistre le bien-faict, de là ou il luy est venu. Et par ainsi il donne de soy toutes choses, combien qu'elles ne soyent de luy, ny aucunement siennes : mais c'est de tant qu'elles sont en luy à la charge de les dispenser. IL DONNE CONTINVELLEMENT LVMIERE A TOVTES, à cause que ceste diuine essence tant excellente luy est donnée pour la necessité des creatures & toutes choses viuantes, car comme nous auons quelquefois cy deuant dict, lumiere est ceste diuine essence & vertu, par laquelle Dieu secourt sa creature à luy manifester toutes choses, dont les vnes sont corporelles. Pour lesquelles il a commis le Soleil, comme dispensateur de la lumiere, qui sert à la manifestation des corps aux sens corporels, soit aux hommes, ou animaux desraisonnables. Les autres sont intelligibles, lesquelles entre tous animaux ne conuiennent qu'à l'homme, lequel n'a besoin de la lumiere du Soleil, pour la manifestation & cognoissance qu'il cherche de telles choses : mais il a tres-grand besoin du Soleil de Iustice, Iesus Christ Fils de Dieu & son sainct Esprit, auquel seul apartient la dispensation & ministere de ceste lumiere : par laquelle l'homme reçoit en son entendement mesme secours & clarté, pour entendre & cognoistre ou receuoir manifestation de la chose intelligible, que le corps a receu en ses sens pour aperceuoir & voir la chose corporelle. Et par ainsi toute maniere de lumiere n'est qu'vne mesme vertu, mais estāt diuine elle a puissance sur plusieurs effects, desquels les corporels sont commis au Soleil, & les intelligibles demeurent en la dispensation du sainct Esprit. Et ce Soleil faisant sa charge, donne lumiere & jette ses rayons en toutes creatures y produisant ses effects, DE TANT QVE C'EST LVY, DVQVEL LES BONS EFFECTS NE PENETRENT SEVLLEMENT DANS LE CIEL ET L'AIR, illuminant tous les corps celestes en leur region sans aucun empeschemēt d'autre matiere : MAIS AVSSI penetrent EN LA TERRE solide & materielle sur toutes choses. Dont il sembleroit l'empeschement estre suffisant, pour retenir le passage du rayon, & l'estouper de maniere qu'il ne peust passer : toutefois penetrant toute solidité de matiere &

empesche-

empeschemēt, qu'elle luy sçauroit presenter, il n'est retenu ou empesché par aucun, qu'il n'ēfonce IVSQVES AV TRES-INFIME FONDS, qui est le centre de la terre ET SES ABYSMES, lieu plus bas de tout l'vniuers, tant est merueilleuse la puissance d'vne essence diuine, qu'il n'y a matiere n'y solidité quelconque, qui luy puisse resister, ou empescher son action & passage, à faire le commandement de son Seigneur & souuerain Dieu. Voila pourquoy il a dict, qu'il enuoye en bas l'essence, laquelle ne peut trouuer resistance aucune côntre son dessain en la matiere, mesmes és choses, qui consistent au maniement du monde vniuersel. Car si nous parlions de l'homme, nous trouuerions que par le miracle tres-merueilleux, duquel nous auons parlé du commencement, il a receu vne si merueileuse puissance & honneur d'arbitre sur les essences diuines, qu'il empesche auec icelle biē souuēt les effets, que les essences enuoyées d'enhaut veulēt faire en son entēdemēt & en son ame. Toutefois ce n'est que les essences ne soyēt pourueües de prou de puissance, pour soy faire obeir: mais c'est que le pacte que Dieu a faict creant l'hōme & luy donnāt cest honneur & puissance d'arbitre, l'a obligé à luy laisser sa bride & cōduicte en liberté de son vouloir: dont s'ensuit la resistēce que l'hōme faict ordinairemēt contre Dieu, comme il est escript, Vous auez tousiours resisté au sainct Esprit, qui aduient souuent, & par ce moyen empesché de penetrer les effects des essences de Dieu, iusques à leur dessein, en son ame, entendement, & pensée : & fors celuy-là, qui à cause de son arbitre a receu tel pouuoir, toutes autres choses portent telle obeissance aux essences diuines, vertuz, puissances, & volontez, qu'elles n'y trouuēt aucun empeschemēt ou resistāce, qui leur nuise, à pentrer iusques au tres-infime fonds de leur dessein, cōme la vertu de saincte lumiere dispēsée par le Soleil, iette ses actions & vertu de ses rayons iusques au fonds de toute matiere. Et auec ceste lumiere S'IL Y A QVELQVE ESSENCE INTELLIGIBLE, qui puisse donner autre effect, que de manifester ou esclairer, cōme de vray il n'en est besoin, dans le corps de la terre, où les yeux & autres sens corporels n'ont aucun accés, mais est besoin de quelque essence, qui produise autres effects : toutefois s'il en y a aucune, qui penetre le profond ou moins CELLE-LA EST SA MASSE, qui est le dessein de son corps & grandeur ou circonference, dans lequel sont assises toutes actions & puissances, qu'il a pleu au souuerain Createur luy communiquer & distribuer pour sa charge. De laquelle masse, nous n'en pouuōs cognoistre, que ce que les yeux nous en manifestēt, qui est sa figure & grandeur, dans laquelle est assise ceste diuine vertu de lumiere, ensemble toute autre essence intelligible : DE LAQVELLE LE RECEPTACLE, & digne retraicte EST SA LVMIERE: de tant que les essences diuines, comme nous auons quelquefois cy deuant dict, trouuerōt le corps materiel indigne & incapable de les receuoir immediatement, à peine qu'elles brusleroyent toute la matiere, mesmes la terre, dont seroit faict ce corps, par sa proximité. Qui est cause, que parlant de la composition des corps celestes, nous auons declaré qu'ils estoyent composés principalement d'air & de feu, qui sont elements plus dignes comme instruments du sainct Esprit, & tenans en leur composition, aussi peu des autres deux, comme les animaux terrestres faicts principalement des deux grossiers, tiennent des subtils. Et en ceste maniere ils se trouuent mieux disposez à receuoir les essences diuines, sans aucun moyen, que tous autres corps d'animaux, soyent hommes ou autres quelcōques: de tant que les essences trouuant ce corps tenir principalement de feu se trouuant compatibles auec luy, comme le principal & plus puissant aucteur de toutes choses materieles. Ce qu'elles ne peuuent faire au corps humain, sans y mettre plusieurs couuertures ou moyens, à cause de l'indignité & imperfection de la terre, qui abonde en nostre composition, comme nous l'auons plus amplement discouru parlāts de ce propos. Le receptacle donc de la lumiere est ce noble corps & masse du Soleil : & ceste lumiere est le receptacle des vertuz & essences diuines, qui luy sont commises si aucune y en a : MAIS LVY SEVL APERÇOIT, DONT ELLE REÇOIT SA CONSTITVTION ET INFLVENCE. Ce n'est pas que nous voulions attribuer au Soleil science, sentiment, ny cognoissance : car il ne nous en est manifesté aucune chose : mais Æsculape parle comme par maniere de dire, il n'y a que luy, qui puisse tesmoigner ou aperceuoir les essences, qui luy sont communiquées, comme voulant dire que les hōmes n'en ont aucune certitude de science : par ainsi c'est à luy seul à l'apperceuoir, non aux hommes, & que ceste clause s'entende ainsi, celle qui s'ensuit le manifeste, OV BIEN, s'il ne l'aperçoit, ESTANT PROCHAIN A SOY-MESME, & sans aucun accés d'homme qui y puisse aperceuoir aucune chose, & DE LIEV, auquel l'homme ne peut al-

Action de la puissance diuine.

Rien ne resiste a l'action diuine que l'hōme.

L'hōme peut resister aux choses arbitraires.

Act. 7.f.

Le Soleil a receu essence dcōmuniquer

La lumiere receptacle d'essence au Soleil.

Corps celestes plus propres à receuoir essences.

La vertu reçeuë par le Soleil n'est aperceuë d'aucun.

L'homme ne communique au Soleil que par veuë.

peut aller, ou de nature, qui ne permet à aucun d'y aprocher. Il n'est pas veu de nous, de maniere que par le raport de nos sens, nostre iugement n'en peut determiner aucune chose à la verité, tant à cause de l'esloignement, que aussi par ce que les essences intelligibles, qu'il pourroit auoir receu, ne nous sont manifestées : mais est cogneu par coniectures tres-vrgentes, lesquelles nous retirons par nostre ratiocination, de la cognoissance & intelligence des effects produicts par le Soleil. Lesquels effects sont raportés par nos sens à nostre ame, laquelle par le moyen de sa saincte pensée, raison & iugement, ratiocine de telle maniere sur ces effects, qu'elle conclud par tres-vrgentes coniectures & tres-apparentes presomptions, y auoir en ce grand corps certaines puissances & essences diuines, sans lesquelles ces effects ne pourroyent estre produicts. A ceste cause nostre presomption & violéte coniecture nous incite à dire, qu'il y a en ce Soleil essences & vertuz diuines. Combien que par vray iugement & asseurance certaine nous n'en puissiós faire resolution demonstratiue, comme s'il a sentimét, s'il a cognoissance, s'il a autre partie du sainct Esprit, tout cela ne peut venir à nos cognoissances ny coniectures. Mais les autres vertuz & essences, par lesquelles il produict les effects, que nos sens nous manifestent, nous suscitent tres-vrgente ocasion de cognoissance de ses vertuz, par ces coniectures, que nous en prenons si violentes.

L'homme cognoist les astres par coniectures.

L'hôme n'aperçoit au Soleil sens ny raison.

SECTION 6.

Toutefois son speculation n'apartient à celuy, qui coniecture: mais son regard illumine tres-clairemét tout le monde superieur : de tant qu'il est assis au millieu, côme portát coróne au móde. Et à la maniere d'vn bon charretier, il bride le chariot du móde, & le raffermit en soy-mesme, à ce qu'il ne soit porté confusement : & les resnes sont vie, ame, esprit, immortalité, & generation. Il le lasche à fin qu'il soit porté non loin de soy, mais (s'il faut dire vray) auec soy-mesme.

COMMENTAIRE.

L'vsage du Soleil receu par côiectures.

COmbien que nous n'ayons cognoissance de la nature, vertuz & proprietez du Soleil, que par les coniectures, que nous prenons des effects, si est-ce que ces coniectures sont si tres-vrgentes, qu'à peu pres elles nous donnent necessaire cognoissance de ses vertuz. De maniere que nous en faisons certaines methodes : par lesquelles nous sommes aduertiz de plusieurs de ses actions, tant prouenant de la vertu de son mouuement, que de ses autres vertuz & qualitez, en ce qui concerne l'vtilité, que nous en receuons, & ces methodes seruent pour nous. Toutefois son speculation n'apartient a celvy qui coniectvre, pour le comprendre entierement, & en l'intelligence de toutes ses vertuz & dons receuz en luy de son createur : de tant que la cognoissance acquise par coniectures, n'est suffisante pour conclure vne intelligence asseurée d'vn subiect, comme seroit vne demonstration, non encore qui fust sensible & apparente au sens, car ils sont souuent deceuz, mais demonstration qui fust fondée sur la ratiocination de l'ame raisonnable, faicte par arguments fondée sur principes necessaires, car c'est celle-là seule çà bas digne d'asseurer vne cognoissance, & intelligence d'vn propos bien veritablement, ce qui n'apartient à l'obseruation ny coniecture, à cause des mutations qui regnent en ce monde, qui empeschent que lon ne peut faire estat asseuré de l'estre d'aucune chose corporelle, & moins de ses conditiós & qualitez, Mais pour le seruice & vtilité du móde & ses parties, son regard illvmine tres-clairement tovt le monde svperievr : lequel cósiste és corps celestes & immortels, & leurs spheres ou lieux destinez à leurs mouuemés. Et ces corps reçoyuent tous la lumiere qu'ils ont en eux, du rayon & regard de Soleil, de tát que c'est à luy seul auquel le souuerain createur l'a dispésée & cómuniquée, pour estre par luy administrée à toutes creatures, seló son estat & prescription d'ordre, de tant qv'il est assis av millieu, comme portant coronne av monde. Ce propos est exprimé en Phi-

L'intelligéce du Soleil n'est en côiectures.

Le Soleil illumine les corps celestes.

Comment le Soleil est dit estre au millieu.

Philosophie, regardant les actions & qualitez, & non en Geometrie, qui auroit seulement cõsideré la quantité ou mouuement. Car disant le Soleil estre assis au millieu du monde en respect de sa quantité, il faudroit qu'il fust au centre, ce qu'il n'est pas, & par consequent qu'il n'eust aucun mouuement, de tant que le monde en son vniuers est immobile, combien que ses parties soyent mobiles. Parquoy son centre n'auroit mouuement, ny par consequent le Soleil, s'il estoit en ce millieu Geometrique, ou ayant esgard à la quantité. Aucuns pourroyent bruncher en cest endroict, qui auroyent estimé l'œuure de Nicolas Copernic auoir esté bastie serieuse & cathegorique, traictant des mouuemens celestes, ausquelz il a constitué le Soleil au centre de l'vniuers, sans luy attribuer aucun mouuement, & proposé qu'au lieu d'enuironner la region elementaire chasque iour naturel, c'est toute la region elementaire, qui l'enuironne ensemble, auec elle les trois planetes inferieurs auec leurs spheres, le Soleil demeurant fixe & sans aucun mouuement. Dauatage que nous habitans en terre le pensons voir nous enuironner & enceindre, & au contraire c'est nous & nostre terre qui estant portée entour luy, est esclairée vne fois le iour de luy tout à l'entour, & plusieurs autres considerations, qui se pourroyent retirer de ce tres-bel œuure de Copernic tres-grand Mathematicien, si c'estoit nostre principal propos. Lequel nous abregerõs pour reuenir au premier, & entendrons que c'est homme de profond sçauoir, n'a pas voulu asseurer cathegoriquement & serieusement les mouuemẽs estre situez en ceste maniere, que nous auons dict, mais les a proposez par hypotheses & suppositions, declarant qu'il trouue par ce moyen les quantitez des mouuemens, à mesme ordre, nombre & temps, que les a declarées le grand Ptolomée en son grand œuure, qui les a supposez en leur vray ordre, & plus facils à estre entenduz par aucuns. Non que Copernic vueille asseurer la disposition & situation de l'vniuers estre ainsi à la verité, mais seulement par supposition qui luy serue à ses demonstratiõs. Ce n'est donc ainsi que le Soleil est dit estre au millieu, mais il est dict estre au millieu, non de la quantité ou grandeur de la masse du monde, ains au millieu des actions & puissances diuines, administrées tant par luy que les autres corps: & ce de tant qu'il est entre la terre, qui est l'vne extremité la plus basse de tout le monde, & l'octaue sphere, qui est la plus haute, si precisement qu'il a entour soy les autres six planetes disparties si egalement, qu'il en a trois au dessus de luy, qui sont Saturne, Iupiter, & Mars, & si en a trois au dessous, asçauoir Venus, Mercure & Lune. Tous lesquels sont ainsi egalement departiz à l'entour de soy, pour receuoir de luy plus facilement sa lumiere & autres actions, si aucunes ils en doyuent receuoir. Et en ceste maniere il se trouue au millieu de toutes actions, entre les deux extremitez du monde, à sçauoir entre sa circonference tres-haute partie de luy, & son centre tres-infime partie contraire, & tient ce millieu comme portant coronne au mõde. C'est vne maniere de parler de laquelle vsoyent les anciens, prenants coronne pour ceincture. Ce n'est pas que le Soleil soit assis au dessus du monde, comme vne coronne est assise au dessus & plus haute partie de l'homme: mais c'est que comme la coronne enceint la haute partie de la teste, de mesme maniere le Soleil ceint le monde entre les superieurs & inferieurs planettes, tout à l'entour par son mouuement: à celle fin qu'vne fois en son cours, il voye toutes les parties de la terre. De ceste denominatiõ de coronne prinse pour ceincture a vsé l'escriture, lors que Saul suyuoit Dauid au desert de Maon, enuironnant la montaigne en maniere de coronne, combien que ce ne fust par le haut, ains plus pres de sa partie basse: prenant ceste coronne pour ceincture. Et en ceste maniere le Soleil se trouue au millieu des actions & mouuemens, portant coronne par son circuit & mouuement au monde. ET A LA MANIERE D'VN BON CHARRETIER, IL BRIDE LE CHARIOT DV MONDE, ET LE RAFFERMIT EN SOY-MESME. C'est qu'à cause de la dignité qu'il a receu de la lumiere essence diuine, & charge de la departir auec ses autres actions, vertuz & efficaces, l'hõneur de la cõduicte des autres mouuemẽs ly est attribué. A cause dequoy il est dict le charretier & cõducteur des mouuemẽs du mõde, cõme vn charretier est cõducteur du chemin & mouuemẽt de son chariot. Aussi tous les Astronomes s'accordãs à luy porter ceste dignité, ont reiglé & ordõné l'expositiõ & declaration & methode des mouuemẽs celestes, sur celuy du Soleil: & ce à cause de la dignité de sa lumiere, en vertu de laquelle il produict les iours, les nuicts, les heures, & minutes, & toutes autres diuisiõs de tẽps. Sur lesqlles diuisions prinses sur le mouuemẽt du Soleil tous autres mouuemens celestes sont descrits: & en cestemaniere il peut estre dict le vray charretier, par lequel est cõduict le chariot du mõde, en ses actiõs & mouuemẽs,

Le Soleil supposé au centre de l'vniuers.

Copernic n'assure mais supposé.

Ptolomée a suposé la verité celeste.

Le Soleil est au myllieu des planetes.

Que c'est le Soleil porter couronne au monde.

1. Reg. 2 3. d.

Le Soleil charretier du monde.

Tous mouuemẽs reglez par celuy du Soleil.

qui en

qui en viennt à nostre cognoissãce. Ce n'est pas qu'il aye puissãce d'auancer ou reculler vn autre mouuement, ny le sien propre, mais c'est qu'il estãt le plus regulier & moins diuagant, & dauantage produisant les iours & nuicts, qui sont les marques du temps les plus apparentes aux hommes, il a esté prins par eux pour principal subiect, capable & disposé à estre le fondement & principale mesure des autres. Parquoy il est dit charretier ou conducteur, lequel par la regularité de son mouuemẽt, bride & reigle tous les autres en ce monde, & par là mesmes les asseure & raffermit, & les rend inuariables à nos intelligences & cognoissances, comme nous le voyons par effectz si admirables des Astronomes & Mathematiciens, qui par leur science prediront non seulement les mouuemens ordinaires, mais les extraordinaires, qui nous semblent tels, à cause qu'ils n'aduiennent tous les ans, ny quelquefois de vint-cinq, ou trente. Et outre ce ils aduiennent en diuerse maniere, sans en voir iamais à peine deux semblables, qui sont les Eclypses : & toutesfois ils sont predictz trente, quarante, & cinquãte ans auparauãt, si precisemẽt soit de l'an, du moys, du iour, de l'heure, & minute, qui manifestẽ vne admirable asseurance, & fermeté de cognoissance : toute laquelle est prinse sur le mouuement & reglement prins du Soleil. A cause dequoy il est dict brider & raffermir la conduicte de ce chariot de l'vniuers, en soy-mesme, & sur son mouuement & regularité, A CE QV'IL NE SOIT PORTE CONFVSEMENT, & que nos intelligences n'en pouuant ataindre ceste vraye cognoissance, nous tombassions en vne telle confusion, que nous ne sceussions obseruer iours, moys, ny années, Yuers, Estez, ny autres parties de l'année, par où le monde & assemblée des hommes seroiẽt grandemẽt endommagés. Ce n'est pas qu'il craignist que le Soleil eust à conduire les autres mouuemens, de peur qu'ils ne faillissent leur ordre, & par là tombassent de leur part en confusion : car ilz ont vn plus prudent & asseuré conducteur que le Soleil, lequel est subiect à mesme loy, mais c'est de nous, qu'il veut reiecter ceste cõfusion, de tant qu'il nous est plus aisé à y tomber, qu'il n'est aux mouuemens celestes. Lesquels ont vne meilleure & plus asseurée conduicte que le Soleil, à sçauoir celle mesme qui conduit le Soleil, lequel en a mesme besoin que les autres, ET LES RESNES de la bride par laquelle le monde est conduict, gouuerné & administré, SONT VIE, AME, ESPRIT, IMMORTALITE, ET GENERATION, qui sont les effectz produictz és creatures de ceste region terrestre, & leur habitation, par l'administration & execution procedant de ces mouuemens, par lesquelz toute creature terrestre reçoit sa generation corporele, communication d'ame viuante, esprit agitateur & aucteur de mouuemens, & forces. Dauantage par ceste bride entretient tous corps celestes, & toute autre matiere en immortalité, pour ne defaillir iamais, quelle mutation & changement qu'elle souffre, auec ces resnes sont conduictes par ces mouuemens celestes toutes creatures, en leur generation, augmentation, diminution, & dissolution, sans aucune confusion, ains par vn ordre si admirable, qu'il n'apartient à autre de l'entretenir, entendre, ny conduire, qu'à cest vn & seul premier, auant toutes choses. IL LES LASCHE DONC, à sçauoir le monde, sous ses conduictes, AFIN QV'IL SOIT PORTE, conduict & administré NON LOIN DE SOY, ains dans le contenu de la circonference de son mouuement, estant tousiours present à l'entour d'iceluy, pour vacquer à son ministere & dispensation ordonnée. Parquoy il n'est besoin de le lascher loin de soy, MAIS S'IL FAVT DIRE VRAY AVEC SOY-MESME, comme estãt soy-mesme vn de ceux, qui ont aussi bon besoin de conduicte, que les autres. A cause dequoy pour dire vray, nous estimerons tant son administration, laquelle il execute auec celle des autres, que celle qui le conduict, estre d'vne mesme source, de laquelle vient toute puissance, ordre & conduicte. A cause dequoy le Soleil ne laisse loin de soy sa conduicte & administration, ains tant celle qu'il administre que celle qui le conduict, sont toutes ensemble auec soy-mesme, & enuoyées par mesme moyen, & d'vne mesme source, pour l'administration du monde & ses parties.

Le Soleil bri de le monde.

Admirable sçauoir des Mathematiciens.

L'ordre tiré du Soleil garde de cõfusiõ.

Les resnes de la conduicte de l'vniuers.

Toute generasion est dans le iour du Soleil.

Mesme cõducteur du Soleil & sa charge.

SECTION 7.

ET en ceste maniere il bastit toutes choses, à sçauoir aux choses immorteles il depart perpetuele perseuerãce. & à la superieure circonferãce il enuoye quelque partie de sa lumiere, de l'autre partie, qui regarde au ciel, & qui nourrit les parties immorteles

teles du monde. Mais en ce qu'il comprend & illumine l'vniuers, en ce il viuifie le
vaisseau de l'eau, terre, & air, & suscite les generations & mutations, & allant en
maniere d'une vix, il transmue & transforme les animaux, qui sont en ces parties
du monde, en mutuels genres de genres & especes d'especes, repugnans par reciproque mutation faicte entr'eux, comme il est faict és grands corps operant.

COMMENTAIRE.

LE monde estant materiel est necessairement conduict par les corps celestes ausquels (comme nous auons veu du commencement) la seconde pensée, sainct Esprit de Dieu en a donné le gouuernemet, quant à sa partie sensible & materiele: entre lesquels corps cele-stes(come nous voyons)le Soleil est le chef & principal acteur: de tãt que tous autres reçoi-uent de celuy le rayon de la lumiere diuine, par la vertu de laquelle ils operent & font leur execution ensemble auec luy. EN CESTE MANIERE IL BASTIT TOVTES CHOSES corporeles & materieles, en nostre region elementaire, par le moyen des res-nes qu'il a en son maniement, desquelles combien qu'il en soit aucteur, ce neantmoins il les despart & administre, soubs l'ordonnance & conduicte de l'ame de l'vniuers, qui est na-ture. Soubs les loix de laquelle tãt le Soleil que les autres font leurs actiõs & administratiõs, & despartent vie, ame, esprit, immortalité, & generation à toutes creatures, qui sont les res-nes soubs lesquelles il conduict ce monde, & bastist toutes choses en ceste maniere, par mixtions, mutations, alterations, corruptions, & autres actions: dont est produicte la genera-tion, qui consiste en disposition de matiere, atribution de vie, luy amenant la vertu spiritale, & suscitiue de mouuemẽt & forces, pour toutes ses actions corporeles. Il gouuerne & ba-stit aussi toutes choses, soubs l'ordonnance & conduicte de l'ame de l'vniuers, par laquelle est conseruée l'immortalité à toute matiere. Et en ceste maniere il rend & distribue à tou-tes choses ce, qui luy est ordonné, ASÇAVOIR AVX CHOSES IMMORTELES IL DESPART PERPETVELE PERSEVERANCE: de tant que c'est le moyen, par lequel elles sont entretenues en leur immortalité, perseuerans tousiours en leurs estatz & operations, que nous nommons la charge de nature basse, comme les corps celestes en l'execution de leur charge: qui consiste en la mutation & changement de matiere, de la-quelle sourdent toutes generations & productions. Et pareillement donne perseuerance à la matiere, à ce qu'elle continue tousiours à souffrir & endurer ces mutations, sans iamais soy deperir ny se trouuer en aucune perte ou diminution, ains perseuerant tousiours en sa disposition, preparée & destinée au changement & mutation, demeurant en ceste part de la condition des choses immortelles. ET A LA SVPERIEVRE CIRCONFERANCE, qui est l'habitation de tous les corps celestes, au dessus de la region elementaire, IL EN-VOYE QRELQVE PARTIE DE SA LVMIERE, par laquelle il communique à toutes ses creatures celestes & immortelles, sa principale essence & vertu diuine, qui est la lumiere mesmes, DE L'AVTRE PARTIE, QVI REGARDE AV CIEL, op-posite à celle qui regarde à la terre: à celle fin d'illuminer & donner clarté à toute ceste gran-de compagnie d'estoilles fixes, & non seulement aux six planettes, qui sont au dessouz, & encloses sous leur mouuement. C'est deuers ceste partie, qu'il renuoye sa lumiere & clarté, recognoissant ce qui luy est proche, & au dessus, & QVI NOVRRIST LES PARTIES IMMORTELES DV MONDE, voire & les mortelles, par moyens & ministere de ses creatures, & bien souuẽt sans moyẽ ny employ du Soleil, qui ne peut faire que ce qui luy est ordonné: MAIS EN CE QV'IL COMPREND par ses rayons ET ILLVMI-NE L'VNIVERS, enuoyant par toutes parts & communiquant la charge qui luy est donnée, EN CE IL VIVIFIE LE VAISSEAV DE L'EAV, TERRE ET AIR, qui sont les trois regions elementaires disposées à l'habitation des animaux viuants, à sçauoir l'eau pour les poissons, & animaux noüans: la terre pour la generale demeure de tous autres animaux terrestres, mesmes de l'homme: & l'air pour estre le lieu de la volaille, & toute ma-

Le Soleil est dict bastir ton tes choses.

Nature basse attribuée au Soleil.

Le Soleil illu-mine ciel & terre.

Le Soleil vi-uifie les parti-es elementaires.

Zz

niere d'oiseaux. Qui sont trois regions comprenant le vaisseau de toute creature viuante & & mortelle: lequel vaisseau est par le moyen des choses viuantes, qu'il contient, plein de vie. Laquelle vie luy est enuoyée par l'ame de l'vniuers, disposition & ordônance diuine, executée & mise en effect, par le Soleil & sa compagnie. Ausquels est commise & deputée l'execution de la diuine loy & ordonnance, dicte nature ou ame de l'vniuers. De tant que remuant la matiere & la rendant composée preste à receuoir les formes, luy portans la vie, ceste nature, loy diuine se trouue preste pareillement à la leur infondre, & leur seruir d'ame & leure conduite, les manians sous le bon vouloir & commandement de son Dieu createur, & de ceste diuine loy, nature ou ame de l'vniuers, le Soleil & sa suite estans purs & simples executeurs. Nous disons que par son execution & operation estendue & illuminant tout le monde, il viuifie & administre vie à tout le contenu de ce vaisseau d'eau, terre, & air, contenant tous animaux & autres creatures mortelles, ET SVSCITE LES MVTATIONS ET GENERATIONS, par lesquelles il faict & execute sa charge, comme son principal & seul moyen de faire son operatiõ: ET ALLANT EN MANIERE D'VNE VIZ, à sçauoir de l'vn tropicque à l'autre.

Le Soleil & sa suyte executeurs de nature.

Que c'est le Soleil aller en maniere de viz.

C'est que le Soleil, comme il est notoire à toutes personnes, combien qu'ilz n'ayent estudié la Cosmographie, faict son mouuement en ceste Europe plus bas l'Hyuer, qu'il ne faict l'Esté, & de tant que pour aller du cercle de l'Hyuer, qui se nôme le tropique du Capricorne au cercle de l'Esté, qui se nomme le tropique de Cancer, il y met enuiron cent octante iours, faisant chasque iour vn circuit à l'entour de nostre region elemétaire & terrestre. Et par ce que tous ces cent octante cercles, qu'il faict entour son sphere, ne reuiennent iamais au poinct, duquel ilz partent, ains gaignent quelque partie de degré partant du tropique de l'Hyuer vers celuy de l'Esté, iusques à ce que dans le temps de la demy année, qui sont les cent octante & deux iours & quelque chose, ils paruiennent au tropique de l'Esté. Qui est cause, que ces circuits ne reuenants iamais au poinct, duquel ilz sont yssuz, sont dicts aler en maniere d'vne viz, comme il est veritablement ainsi en son effect: & ayant faict vne viz du tropique Hiëmal, au tropique Estiual, il en refaict vne autre du tropique Estiual, vers l'Hiemmal, ne cessant iamais ce mouuement & maniere de circulations, par lequel IL TRANSMVE ET TRANSFORME LES ANIMAVX, QVI SONT EN CES PARTIES DV MONDE, qui sont celles, sur lesquelles ses circulations regardent plus directement dictes la ioüe torride, desquelles le pays d'Afrique en est le principal, & auquel pays est située l'Egypte, d'où estoit Mercure & Æsculape.

Le Soleil passe dans vn l'année.

Effaict du Soleil en la zone torride.

Ce pays d'Afrique ayant son estendue sous les deux tropiques, & contenant de l'vn à l'autre & beaucoup dauâtage, reçoit toutes ces circulations du Soleil luy estre directement au dessus ou perpendiculaires, tant que dure l'entre-deux des tropiques, que lon nomme la ceinture torride, ou bruslante: à cause de la presence continuelle du Soleil, estant porté directement sur icelles. Dont s'ensuit, que ceste puissante action du Soleil, à cause de sa proximité ou direction, faict ses executions plus penetrantes en la transmutation de la matiere, de maniere que sa penetrance ne permet quelquefois nature à faire son operation successiuement, comme elle l'a accoustumé, ains precipite l'execution de son operation auant le temps. Dont s'ensuit facilement transmutation de formes d'animaux, lesquelz il ne permet quelquefois naistre en leur propre forme ou figure, ains par sa precipitation leur dône transmutations, & transformations, qui produisent diuerses monstrosités.

L'urgente a-ction perturbe les vrais effets

Et c'est la cause, d'où s'est ensuyuy le prouerbe ancien & commun, Qu'est-ce qu'Afrique porte de nouueau, comme voulant dire, qu'elle produict ordinairement en quelque partie des siennes, celle à sçauoir qui pour lors est subjecte à la rigueur & violence du rayon du Soleil, quelque nouueauté, soit monstre, ou nouuelle maniere d'animaux. Ce qu'elle ne faict en ses autres endroicts, lors que ceste violence de rayon en est esloignée: à cause dequoy il dict q̃ le Soleil transmue & trãsforme les animaux, qui naissent & sont en ces parties du monde, esq̃lles & sur lesquelles il descrit son mouuemẽt en maniere d'vne viz, & qui leur est deux fois l'an au dessus, & à plõb sur leur teste & partie de regiõ. Lesq̃lles trãsmutatiõs ou trãsformations se font EN MVTVELS GENRES DE GENRES, ET ESPECES D'ESPECES, par lesq̃lles les gẽres & particuliaire cõpositiõ & figure sont trãsmuées en autres gẽres,

Nouueautés en Affrique.

Genres & especes d'animaux transmundés.

qui par

qui par apres continuent quelque fois ceste nouuelle nature & composition d'animaux en ce genre, ou d'espece en espece plus particulairemēt, sur les individus ou corps singuliers de quelques animaux : dont ne s'ensuit aucune generation, qui sont diuersitez & varietés innumerables. Ce faict n'est seulement destiné à l'Affrique, combien qu'elle soit la principale, ains ceste ceinture contenant ce mouuement du Soleil en maniere d'une viz, enuironne toute la terre & la mer ensemble, en laquelle il se trouue autres regions subiectes & supposées a ce mouuement comme l'isle Taprobane, les Moluques, l'isle de Silloy, vne grande partie de l'Amerique, qui la trauerse entierement, & tient beaucoup plus de toutes parts. Il y a vne partie de l'Asie qui entre au dedans & beaucoup en y a sur la mer. *Autres que l'Affrique en la zone torride.*

Nous pouuons bien entendre, que en ces regions il y a des nouueautez comme en Affrique, non toutes-fois tant, à cause qu'il n'y a au monde si grand region terrestre entre les Tropiques, que celle la. Mais la mesme cause peut produire es autres mesme nature d'effectz, transmuantz plusieurs animaux, REPVGNANTZ a leur naturelle composition, PAR RECIPROQVE MVTATION FAICTE ENTRE EVX de genre en genre, & d'espece en espece, COMME IL FAICT ES GRANDZ CORPS elementaires de l'eau, terre, ayr, & feu, OPERANT, & les assemblant, transmuant, composant, & diuersifiant, en telle maniere, qu'estant mis en creatures, soit animaux, ou autres, ilz se trouuent si tres-changez & transmuez, qu'ilz n'y sont plus recogneus, & ce par l'operation, qui les mue & change en diuersité de formes & figures, du tout differentes a la maniere & nature des simples corps elementaires : lesquels pour faire les compositions, sont transmuez & tant diuersifiez ou esloignés de leur estat, qu'ilz n'y sont plus recognus en tenir aucune chose, soit d'eau, terre, ayr, ou feu. Tout ainsi les especes principales d'animaux, se trouuent si transmuées & diuersifiées de leur principal estat & condition, par ceste violante & extreme action du Soleil, qu'elles ne sont recognues tenir rien de leur premiere nature, ains quelque fois se trouuent non seulement differentes, mais de nature contraires iusques a se manger, & destruire les vns les autres, & en grand nombre d'animaux de rapine, comme Lyons, Leopardz, Ources, Tygres, & autres innumerables, tous animaux astutz & choleres, & ce à cause que la principale action de toute generation estant la chaleur, laquelle se trouuant en ces regions si tresintemperée & extreme, & differente de sa naturele puissance, est bien aisé qu'elle produise effectz excedantz & differentz a la naturele operation, faicte par vray temperement de qualitez. Et de telles operations sont produictz les monstres, & autres corruptions d'especes d'animaux, en l'Affricque & autres regions de pareille condition. *Pourquoy Affrique a plus de nouueautés. Transmuer especes comme les simples corps. Cause de la transmutatió d'espece.*

SECTION 8.

Car toute perseuerance de corps est mutation, mais celle de l'immortel est indissoluble, & celle du mortel est auecques dissolution. Et celle la est la differance de l'immortel au mortel, & du mortel a l'immortel. Et comme sa lumiere est frequēte : ainsi sa generation de vye est frequente, & indissoluble tant de lieu que liberalité. De tant que entour de luy sont plusieurs compagnies de demons, & semblables a diuerses armées familiers ensemble, & qui ne sont esloignés des immortelz. Et de la ayant desparty la region de ceux cy, ilz prennent garde sur les choses humaines : & mettent en effaict les commandementz des dieux, par ondes, tempestes, gouffres ardantz, & mutations de feu, & tremblement de terre : dauantage par famine, & guerre, vengeantz l'impieté : car c'est la tresgrande mauuaistie des hommes enuers les dieux. C'est donc aux dieux de faire bien, aux hommes de reuerer les dieux, & aux Demons faire les vengeances.

COMMENTAIRE.

Toute chose corporele estant simple ou composée, est subiecte a mutation de tant que la simple qui estoient les quatre elemēts du commancement auant leur mixtion, estoit destinée, & produicte expressement, a ces fins d'estre couertie par mutation en creatures, lesquelles a cause d'elle sont corporeles, par ce que nous n'auons corps que de matiere en ce monde, laquelle est subiecte par la nature & condition a mutation, qui est vn terme bien general nommé des Grecs μεταβολὴ, qui signifie autant que mutation de figure, qualitez, quantitez, trans-migration de place en place, ou mouuement, qui sont tous accidens suruenantz a tous corps. Or est il que parlant du Soleil cy deuant sur le propos de la verité, Tat a demandé à Mercure, comment il nommoit le Soleil, lequel seul entre les autres ne reçoit changement, lequel changement il entendoit de mutation de figure ou forme, ou quelque maniere de corruption, & non de mouuement, chose propre au corps, & côme necessaire pour manifester la vie. Lequel mouuement conuient au Soleil, comme creature viuante, & par consequent il est subiect a mutation amplifiée par ce mouuement necessaire a la manifestation de la vie.

Quelle mutation a le Soleil.

Perseuerance de corps est mutation.

CAR TOVTE PERSEVERANCE DE CORPS, quel qu'il soit, simple ou cômposé, côme nous venons de dire, soit il aussi mortel ou immortel, est auec mutation & mouuement, soit pour la simple matiere a chäger de forme & figure, soit pour la composée, qui est subiecte a toutes autres mutations ou mouuementz, qui est tout mutation : MAIS CELLE DE L'IMMORTEL EST INDISSOLVBLE, continuant la perseuerance en son estat, mouuement, ou mutation, sans deuenir a despartemêt ou dissolution des parties ou vnitez, qui l'ont composé. Et de ceste maniere sont tous ces corps celestes & immortelz, lesquelz sont tous estimez auoir quelque mutatiô ou variatiô de forme : a cause de la diuersité d'aspect & lumiere, qu'ilz reçoiuent du Soleil, comme nous voyons en la Lune principale de tous les autres. Et le Soleil qui donne ceste diuersité de lumiere, n'en reçoit d'aucun corps, ains de son seul createur. Vray est qu'il reçoit vie & mouuement, qui l'a manifesté : dont il est dict auoir sa perseuerance en mutation de lieu en lieu, ou place en place, côme tous autres corps immortelz. ET CELLE DV MORTEL EST AVEC DISSOLVTION: à cause que le corps mortel venant a mourir, par la necessité de sa nature, souffre dissolution, entendant la mort (comme nous l'auons cy deuant exposée) n'estre que la dissolution des vnitez, qui composent l'assemblée faicte en ce corps, soit de l'hôme, brut, plante, mineral, ou autre mortel quelconque, desquelz les corps ont leur perseuerance subiecte (ensuiuant la nature de matiere) a composition & dissolution, perseuerant (sans iamais tumber en perdition, ny aneantissement) en ceste subiection : de maniere que la matiere ayant composé & serui a vn corps pour sa durée, se despart perseuerant tousiours en estat de matiere, pour en aller seruir vn autre pour son temps, s'entretenant en ceste subiection, de s'assembler & despartir immortellement, & tant qu'il plaira au createur entretenir le monde. ET CELLE LA EST LA DIFFERENCE DV CORPS IMMORTEL AV MORTEL, ET DV MORTEL A L'IMMORTEL: car au demeurant ilz sont tous materielz, subiectz a mutation & mouuement, ne differentz en leur nature & condition, que en ceste dissolution, qui continue sur la perseuerance des corps mortelz, & n'aduient point aux immortelz. Lesquelz a ceste cause demeurêt en leur premiere composition, sans iamais la despartir, mesmes le Soleil, duquel nous parlons principalement en ce propos. ET CONME SA LVMIERE EST FREQVENTE, & semée par tous lieux a la fois, AINSI SA GENERATION DE VIE, & vertu de faire produire toutes choses par son ministere EST FREQVENTE & semée par tous endroictz de ceste region de generation, & terrestre. Et ceste generation de vie ou choses viuantes estant frequente & semée par toute la terre, elle est pareillement INDISSOLVBLE, & inseparable de luy, TANT DE LIEV, qu'elle tient en son corps, QVE DE LIBERALITE, ou abôdance & charge qu'il a receu pour la distribuer par tous lieux : la quelle est autant conioincte & inseparable de luy, & sa nature & condition, que toute la terre (fust elle dix fois plus grande & copieuse) ne l'en sçauroit espuiser, tant est infinie la prouidence du createur, preuoiant le besoin, qui en seroit. Et par ainsi ce Soleil tant admirable demeure sans dissolution ny despartement, que ses actions & vertus puissent souffrir hors de son corps & assemblée, ny pareillement de deffaut, qui l'empesche de liberalement fournir a sa charge par tous lieux & temps, a la semblance de l'operation de son createur: DE TANT QVE ENTOVR DE LVY SONT PLVSIEVRS COMPAGNIES DE DAIMMONS commis & deputez a porter ses actions par tous lieux & temps. A cause de quoy ilz sont en merueil-

Mutation de l'immortel indissoluble.

Mutation du mortel dissoluble.

Difference du mortel a l'immortel.

Lumiere & generation de vye frequentées.

L'liberalité de generation abondante au Soleil.

en merueilleux nombre. ET SEMBLABLES A DIVERSES ARMEES, & grandes compagnies, FAMILIERS ENSEMBLE, & ſoy hantans, & frequentans ſans aucune noyſe ou diſcord en l'execution de leurs charges : ET QVI NE SONT ESLOIGNEZ DES IMMORTELS, habitans en la region celeſte entour des corps immortels, pour porter leurs actions par le moyen de l'air vers les creatures, & region habitée des choſes mortelles & muables : à cauſe que c'eſt par ces demons que ſont portées toutes les actions vers la region terreſtre, & les creatures, qui y ſont leur habitation & reſidence. De ces manieres de demons nous en auons parlé cy deuant, à cauſe de la diuerſité des opinions, qui en ſont entre les perſonnes de ſçauoir, dont aucuns les eſtimans eſprits, ſuppoſent qu'ilz ſont totalement incorporels : & neantmoins les diſent eſtre creatures, qui ne peut eſtre compatible auec la doctrine de Mercure, par laquelle nous eſtimons toute maniere de creation, faicte ſur matiere, & par conſequent eſtre corporelle. Et dauantage ayant reſolu ceſte vniuerſele diſtinction de toutes choſes, qui ſont en corporel & incorporel, prenant tout corporel pour ſubject materiel, & l'incorporel pour Dieu, comme pluſieurs fois il a eſté traicté. Et ſemblablement en Dieu & creature, ou facteur & choſe faicte, faiſant reſolution que toute choſe faicte eſt ſenſible : dont s'enſuit, qu'elle eſt corporele, continuant ceſte vniuerſele diuiſion en Dieu & matiere, qui ſont les deux ſimples, faiſans & compoſans toutes choſes, que nous nõmons creatures. Dont s'enſuit que ſi nous eſtimons les Anges, eſprits, ou demons (qui eſt meſme choſe) creatures, nous ſommes cõtrains de les eſtimer tenãs de matiere : à cauſe qu'il ne ſe faict creation, que ſur celle-là, veu que la choſe incorporele ne reçoit facture, ou creation : de tant qu'elle eſt diuine & eternele en Dieu, ſeul incorporel, & ſimple eſſence, non ſubject à aucune ſubſtance. Et en ceſte condition eſtant eſtimez creatures corporeles nous auons parlé de leur compoſition cy deuant, & de leur arbitre, nature, & condition, & cauſe de la perſeuerance de leur peché. Et ſi aucun vouloit entendre, que ce ne ſoyent creatures, ains ſoyent ſimples intelligences, employées de par Dieu en ſon miniſtere, & de ſes creatures ayans charge de ſes actions, comme dict ſainct Paul, pour ceux qui reçoyuent l'heritage du ſalut : nous dirons qu'ilz ſont de la nature des intelligences diuines, par leſquelles Dieu communique, execute, & opere ce qu'il luy plaiſt ſi particulierement, qu'il ne donne à ces intelligẽces, que la puiſſance de ſes particuliers effects, pour leſquelz il les depute. Parquoy ilz ne ſçauent la fin du monde, ains le ſeul Pere, non le propre Filz corporel : mais ſont ſimples meſſages, que Dieu enuoye pour executer & mettre en effect ſes volontez, ſuyuant la propre ſignification de l'Ange, ſignifiant le meſſage ou meſſagier, portant en ſoy l'efficace d'executer & produire l'effect. Car nous dirons bien toſt, que l'eſſence du demon eſt efficace : & nous ſçauons que toute efficace & vertu eſt de Dieu, qui la communique où il luy plaiſt. Dont aucuns penſeroyent que l'Ange ou demon fuſt ſeule action, ou efficace diuine incorporele, comme il eſt eſcrit de la Loy ordonnée par les Anges en la main du mediateur, qui eſt entendu Filz de Dieu : auquel ne peut eſtre donnée loy que de ſon pere : dont ilz diſent que l'Ange qui luy ordonnoit, ou les Anges eſtoyent efficaces diuines, & non creatures corporeles. Et pour ceſte occaſion diſent l'homme eſtre poſtpoſé aux Anges (comme le Pſalmiſte l'a eſcrit) entant que corporel : à cauſe que ſon corps diminue en luy la dignité du ſainct Eſprit. Dauantage, Dieu ayant departy de ſes forces & puiſſances, tãt aux choſes corporeles, qu'aux intelligibles, nous voyons que ſes vertuz adminiſtrées par les Anges, ſont plus grande operation, que celles qu'il execute par les corps, dont elles ſont prinſes intelligibles, & actions pures diuines, comme il eſt eſcrit de l'effort, & execution que firent les deux Anges ſubuertiſſans Sodome & les autres citez, l'Angne percutiant, qui fut enuoyé pour la punition de Dauid, & l'Ange qui tua cent octante-cinq mil hommes en moins d'vne nuict contre Senacherib, & autres infinies forces, qui excedent toutes puiſſances corporele. A cauſe dequoy les voyant ſi extreſmes ont eſtimé eſtre faictes par ſimples efficaces, & vertuz incorporeles, ou diuines, qui luy ont ſeruy de meſſage pour ces effects, comme les creatures corporeles luy ſeruẽt de meſſage, pour leurs actions, qui leur ſont ordonnées de Dieu. Diroyent auſſi ceux qui auroyent ceſte opinion que les Anges ou demons entrans en lieux clos ſans fracture ſont neceſſairement incorporels : à cauſe qu'entre les choſes corporeles n'y a penetration de dimentions.

A ceſte opinion nous reprendrons ce que nous en auons dict cy deſſus : c'eſt qu'eſtimans

Chap. 9. ſect. 3 & chap. 14. ſect. 3. Propos des daimons corporelz.

Chap. 2. & 14 ſect. 5.

Toute creature eſt materiele.

Chap. 9. 3.

Propos des dæmons incorporeiz.

Heb. 1. d.

Mat. 13. d.

Galat. 3. b.

Pſal. 8. b.

Pourquoy l'homme eſt poſtpoſé aux anges.

Geneſ 19. 2. Reg. 24. c. 4. Reg. 19. g

que le lecteur receura facilement ce propos estre du nombre de ceux, que les gens de sçauoir ont estimé difficiles: qui nous fera remettre la pure resolution d'iceluy, à ce qu'il plaira à l'Eglise vniuerselle de Dieu en decider. Toutefois nous reprendrons la commune opinion cependant: à sçauoir que ce sont creatures corporeles, & neantmoins inuisibles, non pourtant insensibles, à cause des deux subtilz elemens, desquel leur corps est principalement basty, comme il est escrit, Qui faict ses Anges les vents (qui ne sont que air) & ses ministres flamme de feu. Ce sont ces deux elemens d'air & feu, desquelz ils abondent & tiennent principalement, qui les rendent inuisibles, subtilz, vistes, & actifz extremement. Parquoy à cause de leurs corps ilz ne sont empeschez d'estre espritz administratoires, enuoyez au seruice pour les enfans de Dieu, comme l'Ange qui assista la nuict à sainct Pol, les Anges des enfans qui voyent la face du Pere, comme Iesus Christ l'a dict, qui sont les Anges deputez au ministere & conduicte de l'homme (comme nous verrons Dieu aidant cy apres) & les disciples de sainct Pierre, qui le prenoyent pour son Ange, quand il les reuenoit trouuer sortât de prison. Par où nous voyons que ce sont Anges enuoyez de Dieu, & corporelz, deputez au ministere des hommes, & par lesquelz la loy fust ordonnée en la main de Moyse, qui pour lors estoit mediateur de Dieu & l'homme, pour l'annonciation de la Loy. Et depuis l'aduenement de Iesus Christ, que Dieu fust ioinct à l'homme en luy vn & seul, Il fust le vray mediateur, qui n'en receuoit autre pour luy, estât homme & Dieu: comme sainct Paul disoit que d'vn seul n'y a mediateur, lors que Dieu & l'homme sont ensemble, comme il y auoit du temps qu'il n'y auoit que la Loy, en laquelle le grand Sacerdot estoit mediateur, premieremêt de soy à Dieu, & apres des autres hômes, côme il est escrit. Et par ainsi c'estoit aux Anges à cômander de la part de Dieu à ce mediateur, soit Moyse, ou Aaron, ou autre Sacerdot, & par consequent, côbien que l'homme par son peché & subiection de mort soit postposé aux Anges, qui n'ont peché: ce neantmoins ce mediateur veritable, figuré par le premierné fust postposé, ains preferé, & commandant aux Anges, qui luy estoyent seruiteurs, & par consequent n'ordonnarent la Loy en sa main, ains en la main de Moyse. De ces Anges ou demons, l'Eglise de Dieu ou ses docteurs tiennent, que du commencement de leur creation, ou quelque temps apres, qui fust auant le peché de l'homme aucuns d'entre eux pecharent, & autres persisterent en la culture de Dieu. Dont elle a tiré que ce sont creatures pourueuës d'arbitre, sans lequel peché ne peut estre cômis: mais depuis ce peché les autres furent confirmez en grace, de maniere que les bons ne peuuent deuenir mauuais, non plus que les mauuais, bons: car comme Dieu a confirmez les vns, pour ne les laisser plus tomber, les autres se sont confirmez par leur obstination ne pouuans reuenir, à faute de sauueur, ny soliciteur, qui soit de leur compagnie, comme nous auons cy deuant dit. De ceste diuersité de voye qu'ils ont tenu, les anciens ont recueilly la difference qu'ils ont faict des bons demons aux mauuais demons, les nommans tous par ce mesme nom (comme l'Eglise les nomme bons & mauuais Anges) lesquelz depuis leur confirmation ont la nature des corps des bons ressuscitez, à sçauoir corps spirituelz, ayans liberté, & puissance d'actions corporelles & incorporelles: comme d'estre veu, senty, palpé & manié, fort, puissant, pesant, qualifié, & d'autres conditions communes aux corps, comme corps materielz, & de passer de lieu en lieu en vn instant, penetrer murailles sans ouuerture, n'auoir pesanteur ny empeschement, comme nous auons veu que sainct Pol a declaré, qu'il sera incorruptible, glorieux, vertueux, & spirituel. Tel fut le corps de Iesus Christ, lors qu'il passa au trauers des murailles ou portes closes, soy trouuant entre ses disciples. Ce qui aduiendra à tous corps glorifiez & suscitez à la fin, à cause (comme dit sainct Iean) qu'il luy seront semblables, & Iesus Christ les dict estre egaux aux Anges, estant filz de resurrection, les declarât immortels & impassibles, comme les Anges de Dieu, ausquelz ceste condition de subtilité, diligence & vertu d'action, leur aduient de la subtilité, & diligence de l'air, lequel aporte vn esclair de l'Orient en Occident en vn instât, & sans autre miracle que la puissance ordinaire de nature, qui monstre par là vne merueilleuse diligence d'vn corps, tenant plus d'air que des autres elemens, & prend aussi sa vigueur, action, & merueilleuse puissance du ce feu tant actif & penetrant en ses effectz. Dont s'ensuit qu'il n'est merueille si leur corps penetre les autres corps sans fracture comme nous voyons souuêt de la foudre, qui brise les os d'vn animal, sans fracture de la chair, & vne espée sans fracture du fourreau, par la diligence & action des deux elemens, dont ilz sont principalement bastiz: lesquels deux pourueuz de forme comme les autres creatures, pour les operations

operations qu'il plaist à Djeu leur destiner, n'est merueilles s'ilz sont extremes en leurs operations & diligences. Aussi sont ilz les executeurs & messages des volontez du sainct Esprit, lequel, comme nous auons plus amplement declaré, se sert d'ayr & feu pour l'accomplissement de ses volontez, adressées a ce monde materiel, voulant donter la matiere auec mesme matiere: & à cause que les Saduciens, qui estoient du temps de Iesus Christ, nyoient la resurrection des corps, ilz nyoient pareillement n'y auoir Ange ny corps spirituel, de tant qu'il se ressembloyent, comme nous disons: combien que leur corps soit si subtil, & si est il pourtant corps & non simple intelligence, car s'il n'estoit que intelligence, il ne seroit subiect a iugemēt, cōme il l'est par le dire de S. Pol, qui est, les sainctz iuger les Anges. Dauantage il ne pecheroit, pour en venir en iugement, comme ilz ont manifestement peché par le tesmoignage de sainct Pierre & Iude. Les docteurs de l'Eglise Chrestienne les tiennent corporelz, disantz aucune chose n'estre incorporele que Dieu, & toutes creatures mesmes les Anges estre corporelz, s'accordans en c'est endroict auec Mercure disant que toute chose creée est materiele & corporele, & rien incorporel que Dieu. Ilz sont appellez, à cause de leurs corps animaux aëriens & celestes, comme Mercure les a nommez animaux auec les corps celestes. Et comme Mercure a nommés dieux les creatures commises a l'execution & ministere de la parole & volonté de Dieu: ainsi l'Escripture a nommé Anges, ceux qui ont porté message de Dieu, a la maniere des Anges ou Demons, comme il est dict de sainct Iean Baptiste, Voicy i'enuoye mon Ange, & de Malachie qui a esté nommé l'Ange de Dieu. Comme a la verité tous ceux qui portent message de Dieu doiuent estre dictz Anges, qui ne sont que messages, l'Escripture a reserué le nom d'Anges le plus souuant aux bōs, combien que non par tous endroictz, & a nommé les mauuais, Demons, qui sont les Anges pecheurs, dominés de leur concupiscence, soient les vns ou autres, leurs corps estant de matiere inuisible, comme nous l'auons dict, il n'est en eux d'aparoistre a leur plaisir & volonté, car il s'ensuiuroit qu'il pourroient varier la composition & creation de leur corps, ce qui n'est pas: mais ilz aparoissent quand Dieu le leur permet ou commande, pour accomplir ses volontez. De ces Demons est escript par diuers aucteurs, qu'ilz se sont meslés auec femmes, & engendré en elles, manifestant par la auoir corps materiel. Et ceux cy sont les mauuais, de tant que les bons ny consentiroient iamais: à cause qu'il ne leur est prmis, ny a leur nature, d'engendrer entre eux: dont s'ensuit que plusieurs ont interpreté le passage du Genese, par lequel les enfans de Dieu voyātz les filles des hommes les aymarent & engendrerent en elles, de ces Demons, qui engendrarent les gens outre la taille & grandeur accoustumée des hommes: à cause de la puissance de leur nature: disent aussi qu'il est quelque chose de ces fables, par lesquelles sont introduitz Satyres & Faunes, soy meslātz auec fēmes, qui sont cōme luytōs ou autre maniere de Demōs, tesmoignāt luy sons en ce estre veritablemēt corporelz & materielz, attendu qu'ilz se trouuent subiectz a la concupiscence corporele, dont ilz sont dictz incubes des Latins. Les Grecz les prennent pour Demons assaillantz, & de la pour vne maladie qui assaut & presse ceux qui sont en repos, comme par vne maniere de pesanteur, qui aduient la nuit dormāt le plus souuāt. Il est manifesté que ces Demons estoient faictz, & cheutz auant la cheute de l'homme, comme nous voyons par le serpent, qui fut inuenteur de son peché, & solicita l'homme de son peché, à cause qu'il est pecheur ordinaire, & toutesfois subiect a l'action du bon Ange ou Demon, comme il est escript de Raphael, qui lia le Demon nommé Asmodée au desert d'Ægypte. C'estoit à cause de sa vertu comme message de Dieu, & non comme simple Demon: car les Anges ne portent ce nom par leur nature, laquelle du commancement n'est trouué que Adam imposant nom a toute nature d'animaux, luy aye donné aucun nom: mais Ange est nō d'estat & office, qui est message. Despuis les hommes leur ont donné ce nom de Demon, voyant leur grand sçauoir & intelligence, qui est autāt a dire que sçachant, prudēt, & cognoissant, qui est vn nom recherché des effets que l'homme a cognu en eux. Quand ils furent crées, le nombre en fust si merueilleux, que la moindre partie qui pecha & cheut de leur dignité, se trouue en si grand nombre, que despuis la creation des hommes il n'en est peu mourir tant en la grace de Dieu, qui ayent peu satiffaire a remplir le nombre des Anges perdus, estimants aucuns que ce passage par lequel Iesus Christ dict que les sauuez seront égaux aux Anges de Dieu, s'entend en nombre pour remplir les places des perdus, non propremēt pour deuenir Anges. Car l'homme attend vne plus grande dignité à cause du sainct Esprit qu'il a receu, lequel ne fust iamais dōné à l'Ange, mais ceste esgalité s'entend qu'il aurōt mesmes gloire & subtilité de corps resuscités, attēdu qu'il les dict estre Filz de Dieu, estans filz de la resurrection, comme nous l'auons n'aguiere dict. Toutesfois il sembleroit bien que Iesus Christ n'atendist aucun nombre, attendu qu'il ne laisse courre la vie des homes iusques a l'accomplissement de leur malice, de peur de les perdre tous, comme il le declare, ensemble que pour ne perdre toute chair, il a abregé les iours de sa venue, & fin de la vie des hommes. Autres pourroient dire, que les voyāt preparez au nombre qu'il les demande: il fera sonner sa trompete, & coupera en cest endroit leur vie : nous nous en remettons a ce que sa saincte Eglise en tiendra. Tant y a, que soit pour remplir nombre ou autrement, nous estimerons l'homme attendre vne plus grande dignité & felicité, que iamais l'Ange n'a attaint, à cause qu'il est composé de plus d'excellence que l'Ange ou Demon. Lequel n'ayant que corps materiel, & forme de Graces de Dieu, est en sa nature & condition inferieur a l'homme composé de matiere & presence du sainct Esprit, & non de ses simples graces: & si bien il est escrit, Tu l'as rabaissé peu moins que les Anges, cela ne s'entend en sa nature & condition: car il s'ensuiuroit vn inconuenient, que les Anges seroient plus dignes que Iesus Christ, qui a esté diminué au dessoubz d'eux: ce qui seroit tres absurde. Mais l'homme est moins que les Anges en ce seul, qu'il est mortel, par ou Iesus Christ l'estoit pareillement, entant que mortel, comme il se dict peu apres, auoir esté tenu moindre, à cause de sa mort & passion : en quoy les Anges surpassent les hommes, comme estans immortelz & tousiours viuants, & non en dignité de nature, ou condition. Nous pourrions dire plusieurs autres exemples, & parler plus amplement de la nature & conditiō des Demons ou Anges: mais pour le present, il nous suffira, que ce propos estant assez difficil a explicquer par toutes ses particularitez, nous le declairons par la generalité de la doctrine, par laquelle toutes choses estant comprinses souz deux, ascauoir Dieu & creature, & pareillement soubs l'incorporel & le corporel, desquelz deux se font les choses créés & cōposées, les Anges ou Demons estant creatures sont corporelz, & estans corporelz sont par necessité materielz. De tant qu'il n'y a corps cōposé, ou crée, que sur matiere, qui est toute yssue des quatre principes ou elementz de nature: lesquelz la prouidēce diuine a si prudentment ordonnez & despartis, qu'ilz se sont peus composer en corps graues, & pesantz ou abondantz en crassitude, & en corps legiers, agiles, & de leur subtilité inuisibles des yeux corporelz, à cause de la diuersité, qui est ez elementz, desquelz ilz tiennent & abondent plus que des autres. Et par ce que ces Anges ou Demons n'ont esté faictz, que pour estre continuelz au ministere de Dieu, en tous effectz, qu'il luy plaist les employer, soit a la conduicte de l'vniuers, au particulier des creatures, ou bien au seruice de l'homme, ce bon Dieu execute toutes ses actions employées ça bas, par ces creatures, non seulement celles qu'il faict & ordonne sans moyen, mais aussi celles qu'il faict par le moyē de ses autres creatures. Lesquelles reçoiuent pareillement de luy vertus, actions, & efficaces, en ministere & dispensation necessaire, comme les Anges ou Demons, comme a nostre propos nous disons du Soleil, principal ministre de Dieu, commis sur les choses materieles, lequel est seruy & secouru d'innumerables Anges ou Demons, qui executent les actions & efficaces destinées au Soleil & autres astres, pour le regime de la matiere, & icelle maintenir en sa nature & condition de continuele mutatiō. Ce sont innumerables creatures, qui seruent a l'ame de l'vniuers dicte nature, pour mettre sa charge en effect, qui est executée soubz sa loy & ordonnance par toutes creatures viuantes. A cause de quoy Æsculape dict, que ce n'est vne compagnie, qui est a l'entour du Soleil, pour executer ses actiōs, mais sont plusieurs compagnies, à cause du grand nombre d'effectz, qu'il luy conuient executer. ET DE LA ascauoir de la region celeste, AYANT DESPARTY LA REGION DE CEVX CY, qui habitent en la terrestre, ILZ PRENENT GARDE SVR LES CHOSES HVMAINES, cōme en ayant charge par leurs influances & diuersité d'aspectz. Et enuoyant leurs actions & efficace, qui sont les vrayes essences des Demons, deuers nostre region, METENT EN EFECT LES COMMANDEMENS DES DIEVX, ou creatures, ayantz la charge & ministere de Dieu en dispensation, & ce PAR ONDES, TEMPESTES, GOVFFRES, ARDENTS MVTATIONS DE FEV, ET TREMBLEMENT, DE TERRE, obeissant tousiours a l'estat de leur nature & condition, d'executer touts cōmandements de Dieu, par quelque creature, qu'ils leur soient cōmandez. Car nous pouuōs bien dire, que nō seulement ces Esprits, Anges, ou Demōs executēt la charge donnée au Soleil & sa cōpagnie de corps celestes & immortelz, mais pouuōs cognoistre qu'ilz obeissēt en telles executiōs ordōnées de Dieu

Dieu a l'homme, qui est creature terrestre & mortele, come nous le voyons par Esaye, qui cōmande aux Anges, qu'ilz allent d'vne grāde velocité vers la dilaceratiō du peuple d'Israel: & quand Elye commanda au feu du ciel brusler les cinquanteniers auec leurs troupes, qui estoient autres executeurs du commandemant d'Elye, que les Demons ou Anges de Dieu, duquel Elye auoit le ministere & tant d'autres. Et toutesfois ces mesmes anges, quand le vouloir de Dieu y suruient, executent sur ceux, qui leur ont acoustumé commander, pour manifestr qu'ilz ne sont executeurs du simple commandemant de la creature: mais seulemāt du commandemant du createur: cōme fust lors, que Iosué cōmanda au Soleil & Lune demourer, il fust arresté non par Iosué: car il n'y pouuoit ataindre, mais ce fust par les Anges executants ordinairemāt le vouloir de Dieu. Qui estoit lors commandé par Iosué, voire sur le Soleil, qui se seruoit ordinairemēt de ces Anges, cōme ilz ont faict en plusieurs autres lieux, regardantz au seul vouloir de Dieu, par quel qu'il fust cōmandé: comme a diuiser la mer, le iourdan: enseuelir Datan, Abiron: & autres actes: qui ne peuuēt estre executés par puissance ny dexterité de creature terrestre, mais seulement, par ces creatures subtiles, diligentes, penetrantes, & actiues, par lesquelles sont faictz ces efforts, qui ne peuuent estre faictz par autres creatures, soit par ondes, cōme la tourmente de Ionas: soit par tempestes, cōme les foudres, tonnerres du mont de Syna: soit par goufres ardants, comme le feu qui sortist du goufre, qui engloutist les cinq citez de Sodome: soit par mutation de feu, comme nous attādons le monde estre reuouuelé par feu: soit par trēblemens de terre, comme il est escript, Qui regarde la terre & la faict trembler. DAVANTAGE PAR FAMINE ET GVERRE, comme celle, qui fut enuoyée par la puissance donnée a l'Ange assis sur le cheual pale, ayant puissance de faire mourir les quatre parties de la terre, par cousteau, faim, mort, & bestes terrestres, & par ces moyens VENGEANT L'IMPIETE des hommes sur la terre. Par laquelle impieté l'homme se treuue si dur, superbe, ou mauuais, qu'il mesprise les effects de Dieu, viēnent ilz de luy mediatemēt par ses creatures, ou immediatement & sans aucun moyen, ne luy portant aucune reuerance, soin, ny honneur. Ce que nous appellōs n'auoir point de religion: qui conuient grandement auec ce peché, que nous appellons cōtre le S. Esprit: lequel ne peut estre pardonné a celuy, qui ne croit y auoir Dieu, tant qu'il sera en ce peché. CAR C'EST LA TRESGRANDE MAVVAISTIE DES HOMMES ENVERS LES DIEVX, de mespriser Dieu en ses effectz executez par ses dieux, ou creatures, ayāt receu sa parole. Lesquelz Iesus Christ nomme dieux apres les anciens, a cause que le pur office & estat de l'home, est de recognoistre, hōnorer, & mercier Dieu, & exhaucer Dieu de tout son cœur & puissance. Dont il s'ensuit bien manifestement, que s'il ne se contente d'aler a costé faisant autres manieres d'offences, mais aille tout au contraire par ceste impieté, & irreligiō, le mesprisant, blasphemant, & descriant a son possible, il ne sçauroit cōmetre plus grand vice, ny offence cōtre Dieu, & ses ministres, que celle la. C'EST DONC AVX DIEVX DE FAIRE BIEN, de tant qu'ilz n'ont maniemant de Dieu, qui ne leur soit commis pour le bien, proffit, & vtilité de ses creatures. C'est donc a eux metant en execution leur charge & maniement, de faire bien. C'est AVX HOMMES DE REVERER LES DIEVX, en receuāt les bienfaictz & recognoissant l'hōneur, qu'ilz ont d'estre ministres & seruiteurs d'vn si grand & digne. Ilz doibuent pour ce seul respect, estre reuerez, & honorez des hommes, recognoissans & confessans le bien, qu'ilz en reçoiuent, & dont ilz l'ont en charge pour le leur despartir, referant tousiours c'est hōneur & reuerance a leur premier seigneur, & autheur de ces bienfaictz. ET AVX DEMONS apartiēt a FAIRE LES VENGEANCES, & punitions, qui sont deues par la iustice diuine au peché: par laquelle est faicte la loy, qui les ordonne. De laquelle les vrais executeurs sont ces Daimons, esprits malins: desquelz Dieu s'aide pour ses executions: ausquelles ilz n'ont liberté d'y adiouster ou diminuer: mais sont tenus faire leur effect iustement tel, qu'il leur est commandé par la volonté de Dieu.

Esaye.18.a
4.Reg.1.c

Anges execū sent sur ceux qui leur commandent.
Iosue 10.c

L'ange regar de le seul commandemēs de Dieu.
Ioan.1.b
Exod 19.c
Gene.19.c
2.Pier.3.c
Psal 103.d
Apoc.6.b
Vengence d'impieté.

Irreligiō tresgrāde offence a Dieu.
Ioan.10.f.

Estat des dieux.

Estat des hommes.

Estat des Demons.

SECTION 9.

Toutes choses, que les hōmes osent faire, soit par erreur, ou par audace, ou par necessité (que l'on nōme Destinée) ou par ignorance: toutes ces choses ne sont coulpables deuāt les Dieux. La seule impieté est subiecte au iugemēt. Et le Soleil est cōseruateur, nourricier de tous genres. Et comme le monde intelligible cōtenant le sensible l'emplist l'emplifiant de diuerses & toutes formes d'idées: ainsi le Soleil contenant toutes choses au monde, amplifie & fortifie les generations de toutes choses: & celles, qui sont passées, & ont faict leur cours, il les reçoit secretement. Soubs cestuy-cy est constituée vne compaignie de Demons, ou plustost compagnies: de tant qu'ilz sont plusieurs & diuers ordonnez soubs les quarrés des astres esgaux en nombre a chascun d'eux.

COMMENTAIRE.

Puis donc, que nous auons veu les trois estats & natures des dieux, hommes & Daimons estre aux dieux de bien faire aux hommes, de les reuerer, & aux Daimons d'executer la iustice de Dieu, nous pouuons dire, que TOVTES CHOSES, QVE LES HOMMES OSENT FAIRE, SOIT PAR ERREVR, ou estant deceus, surprins, & preuenus de leur defaut, OV PAR AVDACE, superbe, ou quelque maniere de temerité, OV PAR NECESSITE (QVE L'ON NOMME DESTINEE) par laquelle l'homme est conuié, par le moyen de ses sens a beaucoup de mal: OV PAR IGNORANCE, qui est le fondement de toute misere. TOVTES CES CHOSES & manieres d'offences, NE SONT DECLAREES COVLPABLES & condamnées sans espoir de pardon, ou remissiō DEVANT LES DIEVX maniant le iugement du Dieu, vn & seul leur souuerain. Car il nous est tant notoire de la bonté de Dieu, qu'il nous à declaré qu'a toute heure, que le pecheur gemira il ne se souuiēdra plus de ses iniquités: de tant que toute iniquité est pardōnée, de ceste bonté diuine, a toute personne, qui la confesse, recognoyt, & declaire estre mauuaise, & qui par tant n'y veut plus retourner. Parquoy l'homme estant surpris d'erreur ne prenant la chose pour ce, que c'est, soit a la denōtiation, ou persuasion d'vn faux prescheur, ou d'vn faux interprete de la parole de Dieu, de tant qu'il tient encore quelque racine de la reuerāce de Dieu en soy, combiē qu'elle ne face bon fruict, toutesfois estant purgée & l'erreur luy estant declaré il se trouuera auoir affection a Dieu: laquelle ne faut que destourner de l'erreur. Et ceste petite racine d'affection aidée du S. Esprit viendra en perfection. Semblablement celuy, qui aura sailly par audace, superbe, ou autre maniere d'outrecuidance, c'est tousiours pensant de vray, qu'il y a vn Dieu, mais il estime estre plus en sa faueur, qu'en celle de son prochain. Dont il se treuue audacieux ou temeraire en son endroict, ou en autres siennes actions: dont il peut estre retiré par l'aduertissemēt, qui luy est faict en son cœur par le S. Esprit: combiē que ceste audace est prinse par Aristote pour vne vertu, cōstituée au milieu de deux extremes, qui sont vices. Parquoy ce milieu est vertu: toutes fois nous ne la prenons a ce propos en ceste intelligēce mais la prenons pour trop oser: à cause que tous trois dependent de ce verbe oser: a-sçauoir peu, c'est pusillanimité: oser trop, c'est temerité: oser mediocrement & auecques raison, c'est audace. Mais a nostre propos, nous la prenons pour auoir trop osé passant l'audace ou hardiesse venant a la temerité, comme il est le plus souuent prins. De mesme maniere, celuy qui aura sailly par la necessité fatale, par laquelle les sens corporelz sōt esmeuz de susciter plusieurs concupiscences en l'ame, & diuerses manieres de tentations, comme dict sainct Iacques, Qu'vn chascun est tanté de sa concupiscence: & par ce, que ceste faute vict aussi bien d'ignorāce, que les autres, l'homme a au dedans de soy moyē (la grace a Dieu) de la chasser, pourueu qu'il se recognoisse, qui est le sainct Esprit de Dieu: autāt en est de toute maniere de peché, qui vient d'ignorance: laquelle en nourrist beaucoup, a cause que nous naissons tous en celle la, & bien souuent auant nous en descharger, nous auons long temps vescu en vice. Si est ce, qu'elle a pour remede la cognoissance. A cause dequoy toutes ces manieres d'offences, ne sont coulpables deuāt ceux, qui prononcent la loy de Dieu, & qui ont la charge de sa parole, par telle coulpe, que nous estimōs celuy, qui en sera chargé, bāny du salut, sās moyē d'y retourner, & par consequent condamnable. C'EST LA SEVLE IMPIETE, QVI EST SVBIECTE AV IVGEMENT & condempnation. Non que l'homme decedant en la pertinace de ses autres pechez, ne soit subiect a iugement & condempnation, comme ayant oblié Dieu en sō principal estat, pour s'amuser a ses cōcupiscences: mais c'est q̄ la nature de ses pechez n'est principalemēt bastie cōtre Dieu immediatement, comme est la seule impieté, qui d'entrée ne veut point de Dieu, combien qu'il luy soit offert. Car l'erreur cōmet ces fautes, sans auoir aucune souuenance de Dieu, tant s'en faut qu'il dresse entreprinse contre luy. Non plus l'audace ou concupiscences prouoquée par la necessité ou destinée, de tant que toutes ces manieres, n'ont autre obiect, que leur plaisir & satisfaire a leur concupiscence, sans

Qui sont les offences remissibles.

Ierem.31.f & 18.a

Erreur pardonnée.

Audace pardōnée.

Audace viēt d'oser.

Esmotions fatales pardonnées.

Iac.1.c Ignorāce pardonnée. Iob.19.a

Seule impieté irremissible.

Impieté nye essence en Dieu.

aucune

aucune souuenance de Dieu. A cause dequoy telles fautes tumbent plus soubz pardon, que soubs condemnation & coulpe declarée. Ce n'est ainsi de l'impieté, laquelle directement se prent contre Dieu: à cause que ceste irreligion, par laquelle l'homme ayant receu la cognoissance de Dieu, se laisse tant surmonter a sa malice, qu'il se vient a resoudre, qu'il n'y a aucune religion, ny Dieu, ny prouidence, ce que nous apelons Atheisme. C'est la vraye impieté, qui domine tant l'homme, qu'il ne veut plus entendre a recognoistre aucune obligation, ny deuoir: mais entant vser de toutes choses, comme d'vne rante, qui luy est deuë sans en recognoistre aucun bien facteur, estimant, que tout ce, qu'il a cy deuant cogneu de Dieu, sont fables & impostures, & n'y a Dieu quelconque qui aye bonté, vertu, ny puissance, mais toutes choses continuent par vn ordre & succession, chascune en sa condition, sans aucteur, conducteur, ny createur d'icelles. C'est l'impieté, qui combat Dieu de teste, & s'adresse directement a luy, par vne merueilleuse ingratitude. C'est celle la, qui merite iugement & condempnation. C'est celle la, de laquelle ont parlé Iesus Christ & ses Apostres, mesmes lors, que les Iuifs demādoient a Iesus Christ signe, apres auoir esté preschés du peché contre le sainct Esprit, qu'il leur bailla la comparaison de l'esprit immonde, estant sorty de l'homme, qui a cause de ce est venu en la cognoissance de Dieu. C'est esprit se promene recherchant lieu, qui luy soyt commode. en fin il faict tant, qu'il rentre dont il estoyt yssu, acompagné de sept autres espritz pires, que luy: & lors, qu'il y est receu, la fin de c'est homme, deuient encore pire, que sa precedente, & que la mauuaise vie, que l'Esprit immonde luy auoit faict mener. C'est ce peché duquel parle sainct Pol, lors, qu'il dict, Qu'il est impossible, que ceux qui ont vne fois esté illuminés, & qui ont gousté le don celeste, & esté faictz participantz du sainct Esprit, & neantmoins ont gousté la bonne parole de Dieu, & les vertus du futur, & sont recheutz, estre renouuelles a penitence: c'est que l'homme de sa nature recherchant toute sa vie tousiours mieux a son iugement, s'il se trouue de iugement si peruerty, qui ayant trouué le mieux qu'il pouuoit trouuer, ne l'aye iugé tel, ains l'aye meprisé, cuydant trouuer mieux, il consumera toute sa vie cherchant ce mieux sans iamais le trouuer, a cause de la corruption de son iugemant & mauuaistié, qui luy a faict refuser & reieter le bien, que luy auoit esté manifesté, & lequel il a blasphemé. C'est ce peché duquel sainct Pierre parle disant, Car si ceux qui ont fouy les taches & macules du monde, vers la cognoissance du seigneur nostre sauueur Iesus Christ, & derechef s'estantz entermeslez en icelles sont surmontez, ces choses dernieres leur sont faictes pires que les premieres, tellemēt qu'il leur estoit meilleur n'auoir iamais cogneu la voie de iustice, que l'aiant cogneüe reculer du sainct commandement, qui leur est donné. C'est a cause que c'est vn peché volontaire, non que tout peché ne soit estimé volontaire: car sans la volonté arbitraire, il n'y peut auoir peché, mais toute volonté de pecher n'est acompaignée de la cognoissance du mieux, comme est celle, qui vient a nostre propos, laquelle nonobstant la cognoissance du mieux, qu'elle a bien gousté, elle le reiecte & meprise, sçachant, voulant, & le cognoissant. C'est celle, dont il est dict, A ceux, qui offencent volontairement, apres auoir receu la cognoissance de verité, il n'est reserué aucune oblation pour ses pechez: mais la terible atante du iugement. C'est l'offence, de laquelle parle sainct Ieā pour laquelle il ne dict, que l'on prie, voulant parler de ceste impieté. Car il dict apres, que toute iniquité est bien peché, mais non peché a mort, declarant que le peché a mort n'a resource. C'est le peché commis cōtre l'esprit de Dieu, auquel est attribuée la bonne volonté & amour, lequel ayant les iuifs cogneu en Iesus Christ, par ses miracles & frequentz signes, disoient, qu'il auoyt le mauuais esprit, sur quoy il leur feust dict, que toute blaspheme leur seroyt pardonnée, fors celle, qui seroyt faicte contre l'Esprit sainct de Dieu, qui nous est donné, & par le moyen duquel, nous auons en nous quelque bonne volonté, par laquelle nous retournons a Dieu. Si donc nous quittōs & meprisons tout secours de celuy, qui nous donne ceste bonne volonté, laquelle sans luy ne nous peut aduenir, comme il est dict, Que nous ne sommes suffisantz de penser quelque chose de nous mesmes sans luy & aussi que c'est luy, qui met en œuure nostre vouloir & paracheuement pour ceste bōne volonté, il nous sera necessaire de demeurer sans conuersion: laquelle a besoin de ceste bonne volonté, Comme il est dict, Si vous n'estes conuertis & soyes faictz comme les petits, vousne verres le royaume de Dieu. Quelcun pouroyt faire vne obiection a ce propos, s'il est ainsi, que l'homme puisse faire quelque offence contre Dieu, qui ne puisse estre pardonée, il s'ensuyura, que misericorde & bonté de Dieu ne seront si grandes si grandes, qu'elles nous sont annoncées, en ce qu'il dict, A toute heure que le pecheur gemira, ie ne me souuiendray de ses iniquitez. A ceste obiection nous dirons, qu'a la verité la bonté & misericorde de Dieu seroit offencée, s'il y auoit maniere quelconque d'offence, qui ne peut estre pardonnée de la part de Dieu, ce qui n'est, ny peut estre, a cause que sa bonté & misericorde sont infinies. Dont s'ensuit, que la faute du pardon, ne peut venir de sa part, cella est trop asseuré, mais nous noterons qu'il est dit, Si vous ne vous retournez, vous n'aurez pardon. Il ne tient donc a Dieu que nous ne retournons, mais c'est a nous, a qui il est dict, Retournés, ou conuertissez vous, & repentez : parquoy si nous ne le faisons, n'en deuõs accuser Dieu. D'auantage si nous demandons, s'il est impossible de nous conuertir, & que en cas, que le pecheur trouuast ceste impossibilité, il tumberoit en desespoir de la misericorde de Dieu, de laquelle l'homme ne doibt desesperer de sa vie. Toutes-fois il seroit grãdemant scandalizé, de penser, que luy demandant pardon, ne le receust : & qu'il ne luy fust possible le demander. Nous aurons souuenance, que ceste extreme maniere d'offence est de telle condition, que l'homme y tumbant a cy deuant eu cognoissance de Dieu : de tant que priuation presupose habit : dont l'homme ne peut priuer sa volonté de Dieu, s'il ne l'a auparauant voulu, & en a eu cognoissance. Laquelle ayant bien consideré, & gousté plusieurs effects & dons d'icelle, & cogneu, combien elle estoit esloignée de la vie de peché, l'a ce neantmoints quitée, mesprisée, & abandonnée : de maniere qu'il l'a tenue & estimée pour vraye fable : & a atribué les effets & dõs qu'il en a receu, a la destinée, à fortune, ou la succession des choses de l'vniuers, ayãt resolu par estat faict, qu'il n'y a Dieu, religion, ny prouidence. Qui sera cause que le bon sainct Esprict, qui est tousiours a la porte, requerant ce miserable arbitre de luy ouurir, conseillant & solicitant ce pauure mal aduisé, qui cy deuant le souloit escouter, il luy respondra que ce sont des pensées qui vont & viennent, & qui l'ont tãt cy deuant abusé pour luy faire perdre temps, & qu'il est bien resolu de n'y escouter plus, comme ayant experimenté ceste voye comme l'autre, & que ne la trouuant bonne a son iugement il l'a quitée. Il est certain que ce pauure abandonné ainsi recheu ne blasmera plus Dieu de faute de misericorde, ny se scandalisera de ne pouuoir auoir pardon, le demandant, a cause que tant s'en faut, qu'il ne croit plus y auoir Dieu, offence, ny pardon. Et par ainsi il est hors de la possibilité, estant deuenu en tel sens reprouué, d'escouter le sainct Esprit, qui est tout commancement de salut, & sans lequel l'homme ne peut auoir aucune bonne pensée, ny par consequent en receuoir son aduis & luy ouurir la porte : detant que sa malice a desia occupé sa volonté, en laquelle gist l'arbitre : & si a aueuglé le iugement, de maniere qu'il s'est priué de tous moyens d'entrées, pour retourner a soy recognoistre, auec ce que les delices & conuoitises de ce monde seruent fort a entretenir & fortifier vne telle opinion. Et par ainsi ce n'est en Dieu, que peut tumber le blasme de ceste extremité d'offence ou peché, mais c'est en l'imperfection de l'homme, qui se rend si confuz & en tel estat, qu'il ne peut receuoir les principes (qu'il a quités & mesprisez) de son salut : a cause que c'est par sa volonté, qu'il est dict qu'ils doibuent entrer en luy, & non par la seule grace de Dieu contre sa volonté. Detant que Dieu ne veut violer l'arbitre qu'il a donné a l'homme, le contraignant maugré soy a son salut ou perdition. Toutesfois combien que la malice de l'homme soit grande & frequente, il est presque incroyable, que le nombre de telles personnes, soit grand & si ne pourroit estre si petit, qu'il n'y en aye encore plus qu'il ne seroit besoing. Nous ne pouuons en ce reng mettre le sauuaige, qui n'ayant iamais ouy nouuelles de Dieu, demeure sans religion, par ce qu'il n'a peu quitter, ce qu'il n'a iamais cogneu : mais est plus prest d'entrer en sa cognoissance, q̃ plusieurs, qui y sont, de y demeurer. Lon pourroit faire vne autre question de Dauid, lequel ayant tant de cognoissance de Dieu, par tant d'exemples, priuautez, & bien-faictz receus de luy, & toutesfois ayant commis grands & enormes offences & pechez, il est demeuré homme selon le coeur de Dieu. Nous dirons, que les offences de Dauid tumbarent en ces premieres conditions de nostre texte, lesquelles recognues & repenties perdent la coulpe & punition, comme le faict de Bersabée & Vrie, qui fust vne tentation en luy suscitée par les sens esmeuz par la destinée, ou necessité fatale, qui ne se mesle que du corps. Toutesfois l'ame de Dauid ioincte auec ce corps, y consentist, dont s'ensuiuit l'execution de l'offence, ou offences, qu'il commit en cest endroit. Et l'autre offence qu'il fit de nombrer le peuple, fust cõmise par audace, folie, ou temerité, de laquelle souẽt l'homme se recognoist. Et de ces deux, cõme dict nostre texte, a sçauoir audace & la destinée, ne produisent en l'ame peché, que ceux, qui sortent des choses materieles, & viennent du dehors de l'hôme cōposer le peché en l'ame, laquelle en reçoit d'ailleurs l'occasion. Mais du peché dōt nous parlōs, qui s'adresse côtre Dieu & son S. Esprit, qui nous est communiqué, la cause principale occasiō, & inuētiō n'ē vient du dehors, ains prēd la source & origine dās l'ame & sa libre volonté, laquelle sans argumēt quelconque se faict mauuaise & malicieuse, quittāt toute religion & veneration de Dieu, qu'elle cognoist estre son origine & continuel bien-facteur. Ce qui n'est iamais aduenu à Dauid: car sa perfection & persistance en l'amour de Dieu a esté telle, que quelque offence, qu'il aye faict, donnant son affection aux concupiscēces, ce n'a pourtant esté qu'elles ayent iamais peu oster sa principale fiance & asseurāce pour toutes ses aduersitez, de Dieu, laquelle il tenoit si resoluë en soy, que quelque part qu'il extrauaguast en vices & pechez, ce n'estoit sans tentations exterieures, qui luy esbranloiēt sa nature d'instabilité humaine.

Impieté vilē de l'inuēteur.

Vertu de Dauid cōfiance en Dieu.

A cause de quoy il retournoit bien tost a soy recognoistre & repentir: dont son peché fait en ceste maniere par audace ou necessité fatale, se trouuoit en moyen d'estre recognu & sans coulpe, & pardonné, auec la peine, qu'il plaisoit à Dieu luy en ordonner: de tant qu'il ne perdoit iamais sa religion, veneration, & continuele adoration de son Dieu, & qui plus le tenoit ferme, le recours a luy en ses tribulations bien resolu, par lequel sa foy estoit plus tesmoignée, que par tout le restāt. Mais de tant que ce propos touche l'infinité de la misericorde de Dieu, laquelle nous ne pouuons iamais accuser de n'estre secourable a nostre salut, nous dirons ce que Dieu par sa grace nous donnera, pour faire clairement entendre, que Dieu ne tient la main a ceste finale impenitence, & ne luy denie tant ne quant, mais luy offre continuelement sa misericorde. Nous auons dict cy deuant, que la raison pensée ou entendement, qui sont en l'homme mesme chose que l'Esprit de Dieu, luy a esté donnée pour cognoistre Dieu & l'employer par contemplation en ceste cognoissance. Et pour l'acquerir, toutes les vertus luy sont aportées par ceste raison ou Esprit de Dieu en son ame, a laquelle d'autre part est donné vn corps materiel, pourueu de sens corporelz. Vray est, que sans l'operation d'aucun de ces deux, c'est asçauoir la raison ou les sens, elle est dicte anciennement estre comme vne table rase, laquelle n'a aucune peinture, disposée toutes-fois a estre peinte de vertus ou vices.

Dauid pecha par audace ou necessité.

Operation de l'ame raisonnable en ce propos.

L'ame table rase.

Or donc quand elle a receu sa composition, de l'Esprit de Dieu, raison: & du corps, sensible & sensitif, elle se trouue prouueüe de ratiocination, par laquelle elle faict argumentz de premisses & conclusions: elle recueil & infere de ce qu'elle a premis: de la elle paruient a l'intelligence, de l'intelligence elle paruient a cognoissance (que nous auons cy deuant diffini estre le bout de science) par laquelle elle produict son iugement, par le moyen duquel elle despart le bien du mal, & toutes choses contraires, ou differantes l'vne de l'autre: ce que nous apellons discretion, par laquelle ses differances sont discernées ou desparties, & separées l'vne de l'autre: laquelle discretion est le vray & pur effect du iugement: & ce iugement produict par ce vray ordre, que l'Esprit de Dieu aporte à l'ame humaine, ne peut errer, qu'il ne soit tousiours conduict a sa bonne & louable fin. Toutes-fois par ce qu'il peut estre empesché en deux manieres, nous en dirons les differances. Ces deux manieres d'empeschementz luy aduiennent, lors que l'ame s'adonne a escouter les concupiscences, qui luy sont presentées par les sens corporels, desquelles elle reçoit par tout son corps volupté ou douleur, lesquelz nous auons dict courre comme ruisseaux en luy. Et de tant que les manieres de s'adonner a ses concupiscences sont deux, a-sçauoir l'vne par surprinse & sans deliberation debatuë ou disputée, & l'autre par deliberation disputée & resoluë, nous noterons que l'ame s'adonnant a la concupiscence, du tout contraire au sainct Esprit de Dieu, qui tient l'autre partie de l'hōme, toutesfois par telle surprinse, ç c'est plus pour l'attractiō que luy sont les sens & concupiscences, que pour mespris qu'elle aye encore en soy de sa partie raisonnable Esprit de Dieu. Ces manieres d'offences sont dictes estre cōmises par fragilité, foiblesse, ou inconstance. Et de tant que l'ame n'ayant reietté le secours du sainct Esprit, qui continuelement l'admonneste & hurte a sa porte, elle en est souuant redressée & remise par luy au bō chemin, duquel elle n'est iamais destournée que par ses foiblesses ou fragilités, qui sont toutes manieres d'offences que fait l'homme, & lesquelles luy sont pardōnées par ce retour qu'il faict vers le sainct Esprit, lequel il n'a encore quitté ny abandonné, soiēt elles côtre le pere

Chap. 10. 9 Dont est produit iugemēt en l'ame.

Deux sortes de iugement empesché.

Iugement de stourné par fragilité.

Bonté de l'Esprit de Dieu en l'homme.

Peché contre le pere & le filz remissibles.
Matth. 12. c
Marc. 3. d
Luc. 12. b
Iugement destourné par malice.
Rom. 6. b

Hebr. 6. a.

L'hôme sans le S. Esprit ne peut retourner.

Que c'est dominer en soy le peché.

Dauid accuse le fol d'impieté.

Pourquoy l'homme ne peut retourner.

Volonté sans iugement ne peut retourner.

Iugement corrompu elist corruptions.

Marc. 3. d
Impieté finale impenitence.
2. Pet. 2. d
Heb. 10. c.
Ieremi. 13. d.
1. Ioan. 5. d.
Ioan. 5. b.
Dieu propice à ceux, qui ne le sçauēt quel qui soit.

pere côntre le filz, qu'elle blaspheme q̃ ce soit, il luy est pardonné par ce retour, qu'il faict, ouurant la porte à l'Esprit de Dieu qui hurte, & y est continuelement. & sont ces pechés desquelz parlent les trois Euangelistes, qui reçoiuent remissiō & pardō. Il y a vne autre maniere de s'adonner aux cōcupiscences, c'est apres que l'hōme a tres-bien cognu la maniere, par laquelle parmy ses pechez & offences cōmises par fragilité, foiblesse, ou incōstance, ce bon Dieu l'a tousiours receu, luy disant qu'il ne souffrit peché dominer en son corps mortel: de tant que s'il y domine, il en chassera ce benoist sainct Esprit, & toutesfois l'homme ayant cognu ceste bonté par quelque long temps, & comme dict sainct Pol, Ayant gousté le don celeste, & si souuant participé auec le sainct Esprit, & gousté la parole de Dieu, & les vertus du siecle futur il est impossible que telles gens estans recheus, reuienent iamais à penitence. Combien que s'ilz y reuenoiēt, ils ne seroiēt refusés de ceste mesme bonté & misericorde, mais ilz n'y peuuent reuenir au dire de sainct Pol. Et la cause c'est, de tant que l'ame ne se contentāt de sa ratiocination, intelligence, cognoissance, & iugement exerces soubz la conduicte du sainct Esprit, a voulu courre de l'autre part & a donné telle possession aux concupiscences sur elle, qu'elle s'est renduë serue d'icelles, lesquelles par consequent ont dominé sur toutes les vertus, sur lesquelles l'ame dominoit pour son seruice & secours, & les dominant les ont destournées hors de leur vray visage, & obeissance du sainct Esprit. Et c'est ce qui se nomme laisser dominer en soy le peché: & en ce cas la premiere chose q̃ faict l'ame dominée de pechés, & cōcupiscences, c'est de reietter le S. Esprit, ses secours & douces admonitions: & dict lors que c'est vn grand abus, de cōtraindre ses plaisirs durāt ceste vie, se faisant à croire qu'il y a vn Dieu, vn salut, & vne religion, ce sont gens si sots, qu'ils se laissent abuser à ces moynes ou prescheurs, qui sont les premiers abusez, & plusieurs autres propos d'atheismes, comme le Psalmiste l'escrit, Le fol a dict en son cœur il n'y a aucun Dieu, il n'y a religion, ny pieté, ce sont sotises & faute de bon entendement: c'est soy laisser tromper à son essiant. Tous lesquelz propos & semblables font la guerre & sont adressez de vray mespris, à ce benoist sainct Esprit de Dieu, qui manie le salut, & entretiēt la religion & pieté, au cœur de celuy qui le veut escouter, & sans lequel l'ame desia surprinse des concupiscences, ne se peut ramener à Dieu. Et la cause qui l'empesche de pouuoir retourner à penitēce, c'est que sa raison ayāt toutes ses efficaces & vertus corrompues & peruerties, voire destournées au seruice des cōcupisceces du tout cōtraires au S. Esprit, lors q̃ le bon Dieu faict son continuel estat de l'apeller, conuier, & semōdre, ou hurte à sa porte, l'hōme qui de sa nature ne conclud rien sans ratiociner, cōme estant animal de nature raisonnable, presente le propos de Dieu à ses parties de raison, ainsi corrōpues & diuerties, qu'elles sont, Lesquelles estant stupides, suffocquées, & offusquées, par les cōcupiscences & voluptez du corps font resolutiō que ces conseilz & admonitions sont les vieilles fables, qui souloient abuser l'homme du temps de son ignorance.

De maniere que l'homme constitué en ce pyteux estat s'estime auoir meilleur & plus escort iugement, qu'il n'auoyt au parauant, & dict qu'il est desniesé, estimant toute sa premiere cognoissance vn abus, & se fera acroyre que le sainct Esprit luy conseille ses concupiscences & folyes qu'il veut mettre auant. Le iugement donc auquel apartient à conclure toutes choses proposées à l'homme, estant corrompu, ne fauldra iamais à iuger mal à propos, de la proposition faicte par le sainct Esprit, car s'il iugeoit bien il ne seroit corrōpu. Or est il que l'hōme ne reçoit rien que par son iugement: il peut donc faire estat que son iugement estant corrōpu par celuy là il ne receura iamais ce biē qu'il auoyt accoustumé à receuoir estant sain & bien disposé. Et ceste peruersion des vertus du sainct Esprit donné à l'homme, par laquelle toutes actions qui estoient données à l'ame pour le seruir & honorer, sont tournées & dressées cōtre luy en toute maniere de blasphemes & offences, de maniere qu'il est acusé d'estre afroteur, abuseur, ou bien estre esprit immonde, c'est ce peché cōmiz contre le sainct Esprit, lequel ne peut receuoir pardon ou remission, à faute qu'il ny peut auoir penitence qui le doit preceder, dont il est aussi dict finale impenitence. C'est celuy duquel parle sainct Piere, concluant qu'il luy vaudroit mieux n'auoir cogneu la voye de iustice, que l'ayant cognuë reculer du sainct commendemant: & sainct Pol, A nous qui peschons volontairement, n'est delaissée aucune oblatiō pour noz peches: c'est aussi ce qu'entend Ieremie, quād il dict, Si le more peut chāger sa peau, & le leopard ses bigarrures, vous feres bien ayant acoustumé le mal: c'est aussi celuy pour lequel sainct Iean ne dict qu'on prie: toutesfois la main de Dieu n'estant abregée, sa misericorde peut illuminer celuy qui ne le cognoist, ny sçait qu'il est comme le malade de la

Piscine

piscine, qui fust guery sans sçauoir qui estoit Iesus le guarissant, mais nous parlons de ce qui est en l'ordinaire sans miracle, qui seroit grand de ramener l'homme qui ayant cogneu Dieu & la bonté du sainct Esprit, l'auroit reietté & declaré estre immonde ou phantasme mensonger.

Dieu propice a ceux qui ne le sçauens quelque fois.

Car l'hommene peut rechercher son salut, que par le moyen des vertus du sainct Esprit, non corropues ny suffocquées en luy: de tant que leur corruption le conduit tousiours à fuir à sa penitence, & recognoissance de son defaut, à cause que l'election en l'hôme depēd tousiours du iugement. Si donc le iugement est corrompu, l'election qui en depend sera necessairemēt corrompue. Ce n'est dōc à la misericorde de ce bon Dieu, que ce pecheur (qui combatant & outrageant le sainct Esprit tombe en finale impenitence) peut reprocher le defaut de son salut, mais à sa tres-grande imperfection, qui pour suyure ses voluptez s'est rendu serf des concupiscences corporeles, & de l'abus de ses sens. Et si bien il a pleu à Dieu retirer le Paralytic qui ne le sçauoit ny cognoissoit: ce neātmoins il ne s'ensuit qu'il retire celuy qui non seulement l'ignore, mais l'ayant cogneu & le sachant, le dict estre immonde & sans essence, & ne veut de luy ny son salut, & qui ne veut rētrer en penitēce, qui est la porte du salut: Toutefois Dieu le peut illuminer à soy retourner, ce qu'il faict ordinairement: mais par ce qu'il est besoin que ce pauure fol l'escoute & croye, il ne tient à Dieu continuel soliciteur de son salut, mais à l'arbitre & iugement depraué, que Dieu n'y soit receu. En telles extremitez il sembleroit estre bon de prier, Mon Dieu, mon Dieu pourquoy m'as-tu laissé en la main de mon conseil, ie te prie qu'il te plaise reprendre ma conduicte & me l'oster, car i'abuse de tes bontez & misericordes au lieu d'en vser. Nous cōclurons dōc, qu'entre tous les pechez que l'homme peut commettre, c'est la seule impieté, irreligion, & mespris de Dieu au parauant cogneu, qui offence & cōtrainct tant les effectz du S. Esprit mis en l'hōme, qu'il ne s'en veut aucunement seruir, ny par consequent en peut receuoir aucun secours, de ceux qu'il receuoit au parauāt, pour rentrer en la voye de son salut, attendu qu'il est escrit, Sans moy ne pouuez rien faire, & ailleurs, Nous ne sommes suffisans de penser quelque chose de nous mesmes. C'est de tāt que Tout don tres-bon, venāt du pere des lumieres, nous ne pouuōs pēser à nostre ressource qu'estans incitez par le sainct Esprit, lequel ayant reiecté & declaré immonde, nous ne l'escoutons plus, & par là demeurons sans aucun bon aduis, & qu'il ne tient par consequent à ce bon Dieu, que ce pauure mal-aduisé ne reçoyue le salut, qu'il luy presente, mais tient à luy-mesme, qui l'ayant cogneu & ressenty, l'a tant mesprisé & fermé ses aureilles pour ne l'escouter, que quelle misericorde, que luy face le sainct Esprit, il l'a mesprisé & n'en peut receuoir aucun aduertissement. Qui est cause qu'il n'en peut auoir pardon, & ce à faute de la vouloir, ny desirer ou demander, ce que l'escole de Theologie nomme finale impenitence ou ne se recognoistre ou repentir iamais. Et c'est ceste impieté qui est quelque fois vengée par le commandement de Dieu, qui pour cest effect se sert des demōs & Anges portans les actions des Dieux ou corps celestes en terre, comme nous auons n'agueres dict, qu'ils vengent l'impieté, par tremblement de terre, par famines, & guerres, qu'ilz suscitent entre les hommes. C'est vn piteux exemple, que nous en pouuons prendre sur nostre Gaule, en laquelle c'est esleuée vne sedition, que ces Demons y ont suscitée, vengeans l'impieté & irreligion, ou mespris & blaspheme faicte contre Dieu par le peuple, diuisé par tout le royaume en deux opinions, sous pretexte de religions, chascun soy couurans d'auoir la meilleure, tendans à effusion de sang à la verité par l'œuure du Demon. Toutefois la vraye espreuue pour celuy, qui ne la pourra autrement cognoistre, sera de rechercher celle qui precedoit les troubles & vengeances, & celle qui les a amenés. Et par là nous cognoistrons, laquelle auoit en soy l'impieté vengée par les Demons: car celle qui precedoit n'apportoit ces vengeances, ains entretenoit le peuple en paix, fors quand il en suruenoit quelque autre, fondée sur impieté. & dés que celle qui est fondé sur impieté y suruient, les Demons ne faillent incontinent à susciter la vengeance, suyuant le dire d'Æsculape, nous rapportant la doctrine de Mercure son precepteur, comme il a esté manifesté de tous temps & à iamais. Mais les hōmes n'ayant eu cōmunement l'intelligence de ces secretz, ont pensé que ces grāds & pesans effectz tōbans sur le peuple, vinssent d'ailleurs, selō la diuersité de leurs opiniōs qui les empeschez de soy retirer au vray & seul remede de telles choses: & neantmoins que ces Anges ou Demons soyēt depurez à l'execution

Impieté est mespriz de Dieu cogneu.

Ioan. 25. a. 2. Cor. 3. b. & Ioan. 6. a.

Impieté ne veut la misericorde de Dieu

Executions faictes quelque fois par demon.

Moyen de cognoistre la bōne religion.

Qui ne cognoist le mal ne cherche le remede.

l'execution des actions commises aux corps immortelz & celestes, si est-ce que la prouidēce diuine faict aduenir les choses par sa prudence & inefable puissance de telle maniere, que sa iustice se sert de toute maniere de creatures, és endroicts qu'il en est besoin. Et cest ordre est trop grand & profond, pour estre entendu de l'homme viuant en ses minuties particulieres: il nous suffit d'en pouuoir comprendre quelque chose, en son vniuersel & generalement, chacun selon qu'il luy sera donné le recherchât. Nous entendrōs donc que ces corps celestes font leurs executions par les demons ou Anges celestes : ET LE SOLEIL EST CON-SERVATEVR, NOVRRISSIER DE TOVS GENRES & especes de creatures: à cause de la charge, qu'il a, non seulement d'influer ses actions & vertuz particulieres, mais il a pareillement la conduicte de tous les mouuements celestes, non soubs son arbitre & disposition, qu'il n'a en luy. Mais nous le disons auoir la cōduicte de tous mouuements, à cause de sa regularité, par laquelle estant moins extrauagant de son cours, & par consequent plus facile à estre entendu en son mouuemēt, & dauantage estant saisi de ceste principale lumiere sur tous les corps celestes, par laquelle nous receuons la distribution des iours & nuicts, qui nous marquent nostre trauail & repos. Et par l'ordre desquels nous receuons l'intelligēce des autres mouuemēs, & par leur longueur les mesurons, & en fin par la cognoissance de ces mouuemēs, ainsi reglez sus le mouuemēt du Soleil, & l'obseruation de leur nature & cōdition, nous preuoyōs quelquefois leurs effects, lesquels nous cōptōs par les iours & nuicts q̃ ce Soleil nous dōne: de maniere qu'à ceste cause nous le disons chef & cōducteur de tout l'ordre & mouuemēt celeste, & cōme chef & capitaine de ceste cōpaignie, nous luy atribuōs toute l'executiō des effectz qui sont produits par toute icelle. Laquelle ayāt la charge de tous remuëmēs de matiere, soit à faire les generatiōs, les corruptiōs, les manifestatiōs, & ocultatiōs, voire toute autre maniere de mutatiōs, ausq̃lles toutes creatures materieles sont nourries & entretenues faisant leur cours & durée, nous attribuōs tous ces effects produicts tāt par ce Soleil capitaine & cōducteur, que par toute sa cōpagnie, à luy, & le disons à ceste occasion conseruateur & nourrissier de tous genres & especes de creatures terrestres & mortelles, ET COMME LE MONDE INTELLIGIBLE, qui consiste és vertuz, puissances & efficaces de Dieu ordonnées à l'ame de l'vniuers ou nature, pour estre distribuées par toutes creatures. Lequel monde intelligible & vertuz diuines, CONTENANT LE SENSIBLE, qui est le materiel, & qui consiste és seules choses corporeles, toutes lesquelles sont contenues, embrassées & enuironnées des efficaces diuines, L'EMPLIT L'AMPLIFIANT DE DIVERSES ET TOVTES FORMES D'IDEES, de maniere que ces puissances intelligibles embrassant & contenant tout le monde materiel: neantmoins elles le penetrent & emplissent de telle subtilité, qu'il n'y a vne seule partie, tant soit petite, qui en soit priuée. Et par ce moyen sont produictes toutes formes d'idées en nombre tres-merueilleux, & diuerses & innumerables differences: lesquelles idées sont les figures, descriptions, & representation de toutes ces creatures, qui se presentent à la conception de l'homme en son entendement & pensée. Lesqueles sont produictes sur la matiere, par le moyen de ces puissances intelligibles & diuines, administrées par les corps celestes sous l'ordonnance de nature, ame de l'vniuers, ayant la totale charge, tant de la conduite intelligible, que materiele. AINSI LE SOLEIL, à l'imitation de ce monde intelligible, CONTENANT, embrassant, & enuironnant par son mouuement, presence, & influence d'actions, TOVTES CHOSES corporeles & morteles, AV MONDE, & mesmes en la region de generation, qui est l'elementaire, AMPLIFIE, ET FORTIFIE par ses effects LES GENERATIONS DE TOVTES CHOSES. C'est que de mesme maniere que le monde intelligible, qui sont ses actions diuines, embrassent & remplissent toutes choses corporeles, de vertu, action, & qualité : de mesme maniere le Soleil corporel & sensible, par son mouuement & diligence faicte auec sa suite des autres corps celestes, remplist & prouuoit ce monde de corps prests à receuoir les vertuz, qui leurs sont distribuées par le monde intelligible : & par consequent il fortifie & amplifie les generations de toutes choses, ET CELLES QVI SONT PASSEES ET ONT FAICT LEVR COVRS, par lequel toutes choses se lassent, mesmes les materieles. Lesquelles à cause de l'instabilité & inconstance de la matiere, ne peuuent longuement endurer vne forme: Qui est cause que Mercure les appelloit passées, & lasses d'estre en ceste forme, desirans passer en vne autre, pour entretenir ceste admirable diuersité & varieté de toutes choses: lesquelles ayans leurs parties lasses & passées, à sçauoir les materieles, apres leur cours parachué,

Dieu se sert par ordre admirable.

Le soleil nourrissier de tous genres.

Prééminēces du Soleil.

Pourquoy le Soleil est dict chef & conducteur.

Monde intelligible emplist le sensible.

Subtilité des vertus intelligibles.

Operation corporele du Soleil imitant.

Choses lasses ou passées.

paracheué, IL LES retire & reçoit secretement, de maniere que la mutation & changement, qui en est faict, est si secret, qu'il n'est aperceu aucunement : de tant qu'il se faict par telle succession de temps & longueur, que ce changement s'en trouue insensible & totalement secret au sens corporel, aperceu toutesfois par l'intelligence des actions & mouuemens de la compagnie celeste menée par le Soleil. SOVS CESTVY-CY EST CONSTITVEE VNE COMPAGNIE DE DEMONS, lesquels comme nous auons n'agueres dict, ont charge de porter les effectz de l'ordre celeste vers leur executiõ. Lesquels estãs innumerables, requierẽt vne bien grande cõpagnie de Demons, executeurs de telz effectz, OV PLVSTOST plusieurs COMPAGNIES, DE TANT QV'ILS SONT PLVSIEVRS ET DIVERS : à cause de la frequence & multitude d'actions, qui est executée en mesme instant, par toute la superfice de la terre & son circuit, qui ne se peut faire par creatures corporeles, comme sont les Anges ou Demons, que par diuersité & multitude, non que ce soit par faute de diligence, ou agilité, vertu, force ou puissance : car la cõposition de leur corps & forme, leur en donne à merueilles. Mais c'est ce, que dict sainct Paul, Que le salut de Iesus Christ n'ayant receu les Anges, ils n'ont iouy du fruict de la regeneration & glorification : qui les empesche, que la chose corporele ne peut estre toute à la fois en diuers lieux, s'il n'y a de la diuinité, à laquelle seule ce poinct apartient. Parquoy ces Anges ou Demons sont aussi departiz principalement, à cause de la diuersité de leur charge, n'estans tous deputez à toutes choses, mais sont differens en leur operations, ORDONNEZ SOVS LES QVARREZ DES ASTRES. Le Grec vse icy d'vne maniere de parler, de laquelle vse le Françoys populaire, prenãt la quarre pour le coin, & attribuant bien souuent quarre, ou coin à ce qui n'en a point. Mais c'est que comme par le nom d'vn coin ou angle, l'on specifie & determine plus aisément le lieu iusques à vn poinct, q̃ l'on ne feroit par le nom d'vne ligne ou superfice, qui contiennent infini nombre de poincts, & par consequent le lieu exprimé demeureroit confus & indeterminé, comme n'exprimant le vray poinct de sa situation. Lequel est exprimé plus precisement par vn coin, angle, ou quarré, qui est proprement l'angle ou coin, que font toutes nos veuës, conuenãs à l'astre, par leurs rayons. Ces angles, coins, ou quarrés, que font les rayons de nos veuës, conuenants tous en chacun des astres, sont nommez des Grecs en l'exemplaire πλινθίδες, qui est propre aux angles ou quarrés des briques, ou quarreaux de terre cuite. Ce que les Grecs appliquẽt quelquefois aux espaces du ciel, à determiner les lieux, comme nous voyons par ceste maniere de parler, par laquelle il dit les Demons estre plusieurs, situez & ordonnez sous ces coins, angles, ou quarrés des astres, disposez & preparez à porter par l'air leurs effects en leurs executions. Et par ainsi estant rengez sous ces poincts precisement, ils sont EGAVX EN NOMBRE A VN CHACVN D'EVX, & disposez à executer leurs actions, selon la difference & diuersité de leur nature, estans entre eux aussi differents, comme les vertuz & actions des astres sont differentes, qui leur commandent porter & executer l'effect. Et par ainsi pour le ministere des corps celestes, nous noterons qu'il y a autant de Demons, que ces corps sont en nõbre, à celle fin que l'execution de l'vn ne cesse pour celle de l'autre, mais qu'il leur soit loisible de mettre en effect en mesme temps, l'operation, qui leur est commise & deputée : laquelle le Demon execute diuersement, selon la diuersité de l'action du corps celeste, & en mesmes lieux ou l'action de l'astre s'adressera.

Compagnie de Demons sous le Soleil.

Le Demon n'est en diuers lieux à la fois.

Heb. 1. d.

Demõs soubz les quarrés des astres.

Demons en nombre des astres.

SECTION 10.

Ils executent par consequent ce, qui est commandé à chacune des estoilles, estans bons & mauuais de leurs natures, c'est à dire de leurs efficaces, de tant que l'essence du Demon, c'est efficace. Il y en a quelques vns d'entr'eux meslez de bien & de mal. Et tous ceux-cy ont receu la puissance des affaires exterieurs : & suscitẽt les tumultes sur la terre, & diuerses discordes en commun, aux villes, nations, & chascun priué. Ils se representent à nos ames, & les esleuent vers eux, estans cachez en nos nerfs, moeles, veines, arteres, & cerueau, voire penetrans iusques aux entrailles.

COMMENTAIRE.

EStans donc les Demons deputez à l'execution des choses materieles, sous les vertuz & proprietez commises aux astres, desquels la disposition, ordonnance & regime, qui leur est dôné, s'estend sur le seul sensible, ILS EXECVTENT PAR CONSEQVENT CE QVI EST ordonné & COMMANDE par ce bon Dieu createur, A CHACVNE DES ESTOIL-LES, portant leurs efficaces, vertuz & actions vers la production de l'effect, lequel ils executent, selon la diuersité ou mutation de vertu & puissance, que reçoit l'astre, par la diuerse situation, en laquelle il se trouue au regard de ses compagnons, par leurs mouuements, que nous appellons diuersité d'aspectz: par lesquels les astres s'entreregardent diuersement, comme d'vn sextil, d'vn quadrat, d'vne opposition, d'vn tiers, ou d'vne conionction, c'est à dire quand ils sont distans l'vn de l'autre, de l'espace de deux signes du Zodiac, ou bien de trois ou quatre, ou six, ou s'ils se trouuent en mesme poinct de signe. Toutes ces diuersitez d'assietes ou regards, esquelles ils se trouuent, leur change & diuersifie leurs actios, vertuz & puissances, & par consequent les effects qui sont ordonnez pour ce temps, estre executez par les Demons, qui leur seruent à ceste charge, ESTANS BONS ET MAVVAIS DE LEVRS NATVRES, C'EST A DIRE DE LEVRS EFFECTZ. Ce n'est pas que les Demons estans creés de Dieu, soyent creés mauuais. Car il est escrit, Toute creature de Dieu estre bonne: mais nous tenons qu'ils se sont deprauez par leur arbitre, auant qu'ils fussent arrestez & confirmez en l'estat, qu'ils deuoyent continuer. Or la nature de leur creation estant constituée en efficace & puissance d'executer effects, les bons ont gardé l'efficace de produire bons effects, les mauuais l'ont changée en efficace de produire mauuais effects, lors que par leur arbitre ils se sont deprauez & destournez de la nature de leur creatió, qui estoit bonne: & par laquelle ils estoyent faicts pour produire bons effects, comme esprits administrateurs de celuy, qui ne commande, ordonne ny communique autre chose, que toute bonté. Toutefois si par leur arbitre declinans de la voye, en laquelle ils sont du commencement bastiz & ordonnez, ils ont conuerty leur bonne efficace, qui leur fut donnée pour forme, en efficace de malignité: ce n'est grand' merueille, atendu que l'homme creé en trop plus grande excellence & perfection que l'Ange, & accompagné de plus digne & suffisant conseil que l'Ange, ayât receu l'aucteur mesmes en sa composition, qui n'auoit que communiqué vne de ses graces à l'Ange. Et toutefois cest homme si excellent & digne, n'a sceu demeurer debout qu'il ne soit tombé en vice & offence, Côbien moins peut auoir esté l'Ange bien gouuerné de son arbitre, n'estant accôpaigné de telles dignitez & puissances, q celuy de l'hôme? Nous ne deuôs trouuer estrâge, qu'il soit cheu, voire plustost q l'hôme, de tât qu'il n'auoit esté si bien appuyé: mais nous donnerons plustost merueille de ce, q les Anges encores à cest' heure ne pechét plus que les hômes. C'est comme aucuns docteurs de l'Eglise le tiennêt, par ce qu'ils sont confirmez en grace, qui est par consequêt leur fin où ils tendêt en leur generation, côme l'hôme tend à estre ioinct & vny en Dieu: ou bien c'est que Dieu les a priuez d'arbitre, voyât qu'ils se conduisoyêt si mal. Et ceste priuation paroist aucunement, en ce que l'Ange n'a plus aucune puissance d'adiouster ny diminuer à ce, qui luy est commandé, comme il le pourroit, si l'arbitre luy estoit demeuré, ce qu'il ne peut, côme il est tenu sans doubte. Aussi le peché de l'Ange n'estant si pesant, que celuy de l'homme, à cause qu'il n'auoit tant d'occasion ny moyen de s'en garder que l'homme, il n'a esté puni si griéuement par la iustice diuine que l'homme, dont il est demeuré immortel, & l'hôme puny de mort. Vray est que s'il est ainsi qu'il aye esté priué d'arbitre, c'est ceste priuation, q̂ les Theologiés reduisent en côfirmation, à sçauoir des bons en grace, & des mauuais en malignité. Si est-ce, que nous ne dirôs q̂ comme Dieu auroit confirmé les bons en grace, il eust de mesme confirmé les mauuais en leur malice: de tant que ce ne seroit œuure digne de Dieu: qui nous feroit plustost penser, que Dieu les eust tous priuez d'arbitre, à sçauoir les bons pour leur profit, à ce qu'ils ne faillissent par apres: & les mauuais en punition. Car aussi comme nous auons dict, les bons ne pouuoir par arbitre quelconque adiouster ou diminuer à leur charge: de mesme sorte dirons nous des mauuais, lesquels employez à l'execution de la iustice diuine, ils n'y peuuent adiouster ou diminuer, comme l'exemple en est familier en Iob, où le Demon demandoit licence à Dieu de faire ce, qu'il auoit desir, & ne le pouuoit sans congé. Et celuy qui demanda permission d'entrer és pourceaux, & plusieurs autres, qui manifestent ces esprits malins n'auoir aucun arbitre ou puissance, que celle qui leur est permise pour l'administration des seruices & volontez diuines.

Et par ce defaut d'arbitre, les bons ne peuuent faillir, ny les mauuais soy cognoistre. De telles choses secretes côme celles-cy, nous en prenons ce, que nous en pouuons retirer de l'intelligence de l'escripture, sans toutefois en vouloir decider autre resolution, que celle, qu'il plaira a l'Eglise Catholique de Iesus Christ en ordōner. Dont s'est ensuiuy, q̃ des bons il en a esté commis pour executer les effectz des astres, desquelz effectz les vns viennent a la fin ordonnée de ce bon Dieu: lequel de sa nature estant bon, ne nous enuoye que bons effectz, vtiles, & agreables. Autres en est, qui par nostre indiscretion d'arbitre sont destournez de la bonne intention de Dieu: & autres, qui nous sont enuoyez en punitiōs, ou vengeances de la iustice diuine: lesquelz nous estimons mauuais. Qui faict que sous la charge de chascun astre n'en estant qu'vn, celuy la se change a toute heure, que l'astre change d'action, & souffre diuersité d'influence, comme nous dirons bien tost, qu'ilz se changent en vn instāt, & par ainsi ilz se trouuēt bons, de leur creatiō: mais nous trouuōs mauuais leurs effects, combien qu'ilz ne changent leur nature, ains seulemant leurs executions, lesquelles cōme nous venons de dire, ilz sont contraintz chāger, en celles que noz iugementz disent bōnes & mauuaises. DETANT QVE L'ESSENCE DV DEMON C'EST EFICACE.

L'essence du Demon est eficace.

Et combien que le Demon soit creature corporele, formée sur matiere, comme les autres, si est-ce qu'il reçoit quelque essence diuine pour forme, comme toute maniere de creature: laquelle essence diuine est efficace, que nous auons cy deuant declaré estre la vertu: par laquelle la creature a puissance d'executer l'effaict. A cause dequoy les Anges ont esté dictz tous estre esprits administratoires, n'ayātz puissāce, que de mettre en effect les ministeres, qui leur sont adressez. Et ceste puissance de Dieu, qui leur est donnée pour sourme en leur creation se nomme efficace, ou vertu de produire effect: laquelle estant essence de Dieu, cōme sont toutes ses autres vertus, sert de forme a ces creatures Angeliques, pour acomplir le dire des Philosophes, diffinissantz la forme estre celle, qui donne essence au subiect. C'est a cause, que toute forme est de Dieu, auquel seul apartient l'estre ou essence: comme il a declaré, a Moyse, qu'il a nom, Celuy qui est, comme autre n'ayant essence, s'il ne la reçoit de luy.

Efficace sorme du Demon.

Sur ce propos d'essence plusieurs ont trouué estrange, d'ouir dire qu'il y eust en vne creature de l'essence diuine, a cause de nostre nature terrestre & materiele, qui nous esbloist & offusque tant, qu'il ne nous est aisé d'entendre les propos inteligibles, ains voulons iuger toutes choses, selon noz vsages & puissances corporeles, comme nous venerantz plus beaucoup le corps, que l'esprit, ou autres parties diuines, qui nous sont dōnées. Dont s'ensuit, que lors qu'il nous est proposé quelque difficulté des choses diuines, nous les voulons iuger par noz vsages corporelz, tant venerez de nous, & si frequentement estudiez, qu'il ne nous suruient aucune cognoissance de la nature des choses intelligibles, par lesquelles nous deuons propremant iuger les choses diuines, & les comprādre, & non par aucune loy ny vsage corporel. De cecy s'est ensuyuy, que plusieurs parlāts des parties intelligibles, que Dieu a communiqué a l'homme en sa creation, ne les ont voulu nommer essences, ou essence diuine, de peur que l'on estimast ceste creature ayant en soy essence de Dieu, estre vn autre Dieu. Ce que nous voyons manifestemēt estre aduenu d'vn iugement tant assoupy aux choses corporeles, que lors qu'il a esté question d'expliquer la communication, que Dieu faict a l'homme de son essence, ils l'ont expliquée a la maniere corporele, & par les vsages & loix des choses corporeles, estimantz, que comme l'homme ne peut communiquer aucune chose corporele a vn autre, sans en faire separation de soy, tout ainsi ilz ont pensé que Dieu ne communiquoit son essence, a creature, sans en faire separation de soy, & penser que ceste essence estoit passée de Dieu en la creature, cōme resignant vn estat ou benefice: & que par la nous pensations la creature estre vn autre Dieu, ne soy souuenants, ny prenantz garde aux exēples manifestes, qui sont deuant noz yeux. Si nous considerons le maniement & communicatiō que nous faisons tous les iours, de noz parties diuines, qui sont noz parties incorporeles & intelligibles, lesquelles estantz essences diuines nous enseignent, quel est le maniement des choses incorporeles, & cōbien il differe du maniement des corporeles, comme nous pouuons dire de toute maniere de cognoissances & intelligences, lesquelles cōmuniquāt a nos prochains, elles demeurent neātmoins en nous, voire le plus souuent, elles y croissent, come nous le voyons a tout lecteur de sciences, duquel la frequētation & ordinaire propos, qu'il tient, communiquant son intelligence aux autres, le rend plus profond & entendu en ceste profession. En ceste maniere nous deuons cognoistre, que Dieu cōmuniquant a toute multitude & diuersité de creatures, son essence, par infinie diuersité d'actiōs puissances & vertus, donnants infinies differences de formes en la matiere, ne les rend pourtant dieux comme luy, combien qu'il y aie en eux de son essence. Non, qui plus est, l'hōme propre, lequel non

Abus de n'estimer diminuées creatures.

Raisons corporeles indignes de l'intelligible.

Iugemens assopy ès choses corporeles.

Dieu communicque sans se faire separaité.

L'homme spirituel donné sans separation.

Tout ce qui a diuinité n'est Dieu.

seulement a receu influance de l'essence de Dieu, en son corps, mais y a receu le mesmes sainct Esprit Dieu eternel. Et toutesfois il n'est licite de dire l'homme Dieu: & ce de tāt que Dieu n'est meslé ny composé d'aucune diuersité de matiere, tant differante de sa nature, comme l'homme l'est & toute autre creature: laquelle à cause de la matiere, qui rend ce cōposé imparfaict, ne peut estre dict Dieu. Voila pourquoy sainct Iean voulant adorer deuant les piedz de l'Ange, qu'il pensoit estre Dieu, il luy respondit par deux fois, qu'il luy aduient, Garde toy de le faire: car ie suis ton compagnon en seruice, & de tes freres, ayant le tesmoignage de Iesus & de tes freres les Prophetes. Et pourtant ces Anges & autres creatures ne laissent d'auoir en soy de l'essence de Dieu, qui leur sert de forme, de laquelle depend leur estre & conseruation, & si toutes-fois ne sont Dieu, & moins ceux qui sont chargés de plus ville matiere. L'essence donc donnée de Dieu, ou communicquée de sa part au Demō en sa creation, & efficace & vertu d'executer effectz, IL EN Y A QVELQVES VNS DENTR'EVX MESLES DE BIEN ET DE MAL, c'est a dire d'actiōs seruātz & nuysantz aux creatures. C'est à cause que l'influance de l'astre ne pouuant estre particulier sur vne creature: de tant qu'elle tumbe sur toute la partie de la terre, qui se trouue pour lors soubz son aspect, en laquelle y a tresgrand nombre & pluralité de creatures, lesquelles selon leur diuerse & differante disposition, reçoiuent ceste influance, & action portée par le Demon les vns a proffit, les autres a dōmage. Qui toutesfois sera mesme actiō ou efficace, produisant diuers effectz, à cause de la diuerse disposition des subiectz, qui les reçoiuent. Et en ceste maniere ces Demons faisantz par leur efficace biē & mal sur les creatures, sont ditz estre meslez de bien & de mal. ET TOVS CEVX CY, asçauoir tous Demons executantz les actions celestes sur les choses materieles, ONT RECEV LA charge & PVISSANCE DES AFFAIRES TERRIENS, à cause que l'habitatiō des creatures morteles & corporeles, subiectes a generatiō, corruptiō, & autres mutatiōs est la terre sur laquelle, & entour laquelle incessāmēnt ilz pleuuēt leur actiōs, & produisent leurs effets. Dōt l'administratiō & puissance de toutes ces mutatiōs attribuée aux astres sur tous affaires terriēs, se trouue pareillemēt attribuée aux Demons executātz leur administratiō & gouuernemēt. ET par ceste puissance & efficace, qui est leur essence, ILS SVSCITENT LES TVMVLTES SVR LA TERRE, ET DIVERSES DISCORDES, par le moyē des esmotiōs, qu'ilz fōt d'humeurs en noz corps, par lesquelles ilz nous suscitēt toute maniere de concupiscēces & affectiōs, quelque fois en bien, mais le plus souuāt en mal, qui sont toutes operations fatales, comme nous les auons declarées du commancement. Mais d'autant que ces operations & concupiscences tentent (comme dict sainct Iacques) noz volontez, & cōme despuis Mercure nous dit, la conuient & solicitent: & toutesfois ne la contraignēt. Aucuns se trouuent, qui par leur arbitre secouru d'vne bonne prouidēce d'implorer l'aide de Dieu, resistent puissantment a toutes ces tentations & efficaces des Demons, ou quelque fois a la plus part, quelque fois a la moindre partie. Autres se trouuent si enseuelis en l'amour des choses materieles, que quand ces Demons commancent a remuer leurs cōcupiscences & passions, tant s'en faut, qu'ilz y resistent que pluftost ilz s'aident a estre emportés, courāts au deuant pour leur donner leur consentement. Et ceux cy seruent d'instrument (comme nous dirons bien tost Dieu aydant) aux astres & leurs Demons, pour susciter les seditions, tumultes, guerres, discordes, & autres telles miseres sur la terre TANT EN COMMVN qu'aux particuliers, SOIT AVX VILLES, NATIONS, ET CHASCVN PRIVE: asçauoir, quand ceste efficace essence du Demon, produict son effect sur le plus grand nombre d'vne ville, ou d'vne nation, par lequel effect il les separe d'opinions: & leur suscite haine, enuie de vengence, & autres telles preparations de sedition n'y trouuantz aucune resistāce, ains pluftost les volontez disposées a l'obeissance de la tentation ou cōcupiscence, les tumultes, discordes ou seditions, sont facilement par ce moyen executées parmy ces cōmunites, soit de villes ou natiōs. Ce qui aduient aussi de priué a priué, selō qu'il se trouuēt obeissātz ou resistātz a la cōcupiscēce, voire pere cōtre filz, frere cōtre frere, mere cōtre fille, amy cōtre amy, separant leur amitie. Et par ce q̃ telz tumultes ne sōt loisibles, ny aprouuez de la raisō humaine, cōme image de Dieu, mise en l'hōme, en cas quelcōque fors en celuy, qui requiert separatiō, resistāce, & guerre de l'hōme interieur cōtre les cōcupiscēces. Par laquelle guerre il est permis au pere cōbatre le fils, & au fils le pere, au frere le frere, & a la mere la fille, & a l'amy, l'amy, & tous autres, qui seront contraires au vouloir de Dieu. Le Demon serpent ancien subtil sur toute maniere d'animaux, faict vne inuention, sçachant que l'homme ne peut estre mieux que par ratiocination ou pretexte d'icelle, par laquele il suscite dans les concupiscences de ses plus obeissantz, quelque desuoyement de la religion & culture de Dieu, declinant de la verité de sa volonté : à celle fin que les ayant tant persuadez de ceste opinion, qu'ilz n'en veulent plus sortir, il leur met en resolution, que c'est pour celle-là, qu'il est escrit de Iesus Christ, Que le pere laissera le filz, & le frere son frere : & tous autres n'ayans ceste opinion, doyuent estre separez d'eux, ce qu'ayant resolu, par ceste diuision & separation, mise par ce subtil Demon és esprits de leurs plus obeissans, sont executées toutes manieres de tumultes, seditions, guerres, & autres miseres, telles que ce pauure royaume de France les experimente depuis l'an mil cinq cens cinquante neuf, ne comptant ce, qui se fera cy apres, si la misericorde de Dieu par sa grace n'y impose silence, ce que ces demons ne cessent de fauoriser, mesmes les plus malicieux. ILS SE REPRESENTENT A NOS AMES, ET LES ESLEVENT VERS EVX, par le moyen de leur subtilité & puissance d'action, estans composez d'air, le tres-subtil de toute matiere, & de feu le tres-actif sur toutes choses corporelles. Ilz penetrent facilement toute maniere de corps, par leur nature aërée : & par la vehemence de leur action, entrent & penetrent tous corps humains, esmouuant les humeurs, & autres parties de la matiere, soit de douleur ou volupté, lesquelles nous auõs dict cy deuant abonder au corps humain, comme ruisseaux : que toutes ces emotions estans incontinent & en l'instant portées à l'ame, par les sens corporelz, qui sont partie de l'ame, & qui ne veillent à autre effect : ceste ame qui desia a donné son affection & volonté aux concupiscences, est enleuée ou emportée vers ces voluptez, affections, & passions, par les effectz de ces Demons, ESTANS si tres-subtilz, que par leur penetrance, ilz sont CACHEZ EN NOZ NERFS, MOELES, VEINES, ARTERES, ET CERVEAV, qui sont toutes parties composées de matiere plus grossiere & moins subtile, que celle de ces espritz composez d'air & de feu, & par consequent sont plus disposées à estre penetrées par les plus subtiles, & disposées à entrer par toute autre matiere, VOIRE ET PENETRANT IVSQVES AVX ENTRAILLES, qui sont mesmes parties aussi grossieres, & de matiere crasse, & moins subtile. Par où nous pouuons facilement aperceuoir la seruitude, subjection, & indignité, qui nous sont amenées par nos propres corps. Lesquelz sont de telle matiere, que ces Demons n'ayans autre charge ny puissance, que de leur porter les effectz enuoyez par les gouuerneurs de la matiere : ce neantmoins par ce seul moyen dominent tant ceste pauure matiere corporele, qu'elle leur sert à en faire la guerre, & incessamment combatre le repos de l'ame, iusques à ce qu'il l'aye attirée en sa perdition & misere, ne cessant iamais ceste guere, ny la laissant en repos, si elle ne se renge de ceste part, quittant & abandonnant toute cognoissance & amour de Dieu. Dont s'ensuit clairement, que toute ame humaine, qui a ceste vie en repos, n'a pas grande occasion de prendre estat à son aduantage. Car ce seroit à dire, que si elle estoit en repos auec Dieu, ne sentant plus d'assauts de matiere, les actions celestes & leurs Demons cesseroyent de faire leur estat : ce qui ne peut estre. Qui est cause que nous asseurant, qu'il y a continuele guerre contre ceux, qui recherchent Dieu, nous nous deuõs resouldre selon nostre possible, de la vouloir cognoistre, pour l'endurer & combatre auec l'esperance de ce, que celuy, qui iamais ne ment, nous a promis donner à la fin d'icelle.

Feux pretexte de separation & discorde.

La Gaule experimente le faux pretexte.

Le corps du demon penetre le corps humain.

Demon caché dans les parties de l'homme.

Repos de l'ame combatu par le demon.

La bonne ame n'a sa vie en repos.

SECTION II.

DE tant que incontinant que vn chascun de nous est nay, & a receu l'ame, les Demons, esquels est deputé l'honneur de seruir à nostre generation, nous reçoyuent, ceux qui sont establis en chasque estoille : car ceux cy se changent en vn instant, ne demeurans plus mesmes, mais agitez de conuersion. Ceux cy donc entrans ez deux parties de l'ame par le corps, la tournent chascun à sa propre operation : Mais la partie raisonnable de l'ame, est hors de la domination des Demons, & conuenable à receuoir Dieu. A celle là donc, à qui en la partie raisonnable, le rayon luyst par le Soleil, ceux cy sont en peu de nombre, & leurs Demons sont abolis, de tant qu'aucun (soit Dieux, ou Demons) n'a aucune puissance contre l'vnique rayon de Dieu.

COMMENTAIRE

Par tous ces propos Æsculape nous insinuë la doctrine de Mercure, nous declare la puissance, qui est en la compagnie celeste, & les moyens qu'elle a, par son general gouuernement de la matiere & sens corporels, de communiquer à l'ame, où gist la volonté de l'homme, & de la combatre, par la vertu des effectz, qui sont sous sa puissance, executez par la subtilité des Demons, qui portent en soy les efficaces des corps celestes, penetrans toute maniere de corps, comme estans plus subtils & actifs en leur matiere, voire nos corps humains, lesquelz ilz penetrent tous les iours. Vray est, que le grand effect, qu'ilz executent sur nos corps, c'est l'heure de nostre naissance, qu'ilz trouuent nostre matiere plus disposée à receuoir leurs effectz, qu'elle ne l'est iamais apres ceste heure, à cause de la tédresse de nostre matiere, qui n'a resistance quelconque : DE TANT QV'INCONTINENT QV'VN CHACVN DE NOVS EST NAY, & qu'il commence à receuoir le premier air, il se trouue tout farcy & accompagné de ces Demons, qui luy portent chacun l'influence de son astre : & par son efficace, engendre en ceste tendre matiere, la qualité ou condition, à laquelle il se trouue tenté par sa mesme matiere, ainsi disposée toute sa vie. C'est à cause que l'enfant sortant du ventre de la mere, trouue l'air accompagné voire composé de tous ces messages, qui sont de nature aërée, comme nous auons dict : & si sont Anges, entant que messagiers, portans sur terre les actions diuines commises aux corps celestes. Et sont autrement nommez Demons, lesquelz apres que l'homme est nay, ET A RECEV L'AME, qui luy aduiét quelque temps auant sa naissance, LES DEMONS, AVSQVELS EST DEPVTE L'HONNEVR DE SERVIR A NOSTRE GENERATION, NOVS REÇOYVENT : à cause que toutes actions celestes(quoy qu'elles remuent en la matiere executant les generations, qui leur sont ordonnées de Dieu)ne sont employées en aucune, qui les honore tant, que celle de l'homme : à cause que ce corps, que leurs efficaces, ou Demons manient en sa generation, est l'ostuy ou vray temple du sainct Esprit Dieu tout puissant. Parquoy il est dict en cest endroict, que les Demons nous reçoyuent naissants, ausquelz est deputé l'honneur de manier la matiere, qui reçoit en soy l'esprit de Dieu, qui est le plus grand qu'ilz puissent receuoir en leur estat, lequel ne s'estendant que sur la matiere, n'en trouue aucune tant priuilegiée, & honorable, que celle de l'homme, à cause de la presence du sainct Esprit de Dieu, auquel il sert de temple. Ces Demons donc honorez de seruir au corps humain, nous reçoyuent, mesmes CEVX QVI SONT ESTABLIZ EN CHASQVE ESTOILE, de celles qui jettent leurs rayons sur la region de la naissance : de maniere que par la presence de leurs actions & efficaces, que nous nommons leurs Demons, l'air se trouue temperé, ou distemperé, de telle maniere, que ce petit ieune corps, tendre & preparé à la reception non seulement des puissantes actions, & penetrantes, mais aux plus foibles & debiles, est incontinent saisy de cest air, plein & farcy de toutes ces efficaces & actions : qu'il s'ensuit necessairement en luy, vne impression de leurs effects. Lequel n'abandóne plus la matiere, iusques à sa separation de l'ame : laquelle ils disposent de telle maniere, qu'elle conuie l'ame, & la tente toute sa vie, des conditiós que ces Demós ou efficaces ont produict en son corps, soy rendát ce corps plus incliné, adroict, & disposé à tels effects, qu'aucuns autres. De sorte que si à l'aduenir l'homme se veut cótraindre & s'apliquer à choses contraires, il le fera auec vn ardant desir, toutefois non sans peine bien gráde, & si ne le fera si bien ou adroictement, soit bien ou mal. Car ces Demons, portans par leur efficace les actions celestes, ne les portent pas toutes mauuaises, & inclinants à vices, mais en portent d'aucunes, qui inclinét à diuerses vertuz : cóme à religion, à l'estude des bonnes lettres, à patience, & autres bonnes conditions. Dont aucuns hommes se trouuent apres durát leur vie plus aisez à cóbatre vn vice, qu'vn autre hóme. Lequel pareillement se trouuera plus disposé à en cóbatre vn autre, que le premier, ou deux, ou trois : à cause q ceste destinée, qui cósiste en l'execution des efficaces de ces Demós, diuersifie ses actiós en infinies mutations, & ce neantmoins contraignant le corps à luy obeir, comme ayant domination sur la seule matiere, elle ne peut contraindre l'ame, en laquelle gist la volonté : de tant qu'elle est incorporelle & immortelle. Lon pourroit dire que toutes ces actions & effectz qui tombent sur l'homme naissant, & rendant l'vn incliné à bien, l'autre à mal, l'autre meslé, declarent Dieu estre accepteur de personnes, contre ce qui est escrit. Car toutes ses vertuz, puissances, & actions estans de Dieu, il baille les bónes, auquel il luy plaist, &

L'efficace de l'esp. est laissée de son demó

Admirable impression sur l'enfant naissant.

Demons honorés de seruir l'homme.

La presence de Dieu hono re le demon en l'homme.

Matiere ayát sans disposée aux actions.

Impression e ceste naissáce dure toute la vie.

La destinée vainc bien quelque fois.

Destinée contrainct le corps non l'ame.

Ephes. 6. b. Obiection liberisme.

plaist, & les mauuaises auquel il veut, traictant l'vn bien, & l'autre mal, sans aucun merite ou demerite, qui repugneroit grandement a la purité de sa iustice, donnant a l'vn en sa naissance plusieurs inclinations a bien, & a l'autre plusieurs inclinations a mal. Et enfin celuy qui suiura le bien sera gratifié par luy, & celuy qui ensuiura le mal, sera puny d'auoir faict ce, a quoy Dieu l'a conuié par ses actions: qui seroit rendre Dieu iuge inique, de condempner celuy qui n'auroit merité ceste inclination: car il est escrit, cela estre esloigné de sa vertu. Nous dirons que a la verité ces actions produisantz ces diuerses inclinations, sont actions & puissances de Dieu, employées par son ordonnance & commandement sur toutes choses materieles, qui se manient en la region terrestre, & des choses mortelles: mais nous ferons en Dieu vne differance, que aucuns blasphemes de sa bonté mettent au contraire, disants que Dieu preuoit & ordonne toutes choses par mesme moyen, & qu'il ne preuoit aucune chose, sinon par ce qu'il l'a ainsi ordonnée & volue. Dont s'ensuit vn blaspheme intollerable contre ce bon Dieu, lequel preuoyant également toutes meschancetez & malices, & par mesme moyen qu'il preuoit les bonnes actions, il s'ensuiuroit qu'il auroit esgalement ordonné ces meschancetés & malices, & les auroit de mesmes volues, qu'il faict les bonnes actions. Ce que Dieu ne permete entrer iamais en noz pensées, ains luy plaise nous en contregarder, & de l'estimer aucteur par ce moyen de telles meschancetez, & malices, ains seul aucteur de tout bien & bonnes actions. Parquoy prenant le contraire nous mettrons differance entre ce que Dieu preuoit & ce qu'il ordonne: car il preuoit egalement tãt ce qui luy desplaist, que ce qui luy plaist: de tant que indifferamment il preuoit toutes choses, dont les aucunes luy sont agreables, comme toutes bonnes actions, & les autres luy sont desplaisantes. Et tant s'en faut qu'illes veuille ou ordonne, qu'illes prohibe & deffend par toute son escripture, Propheres, Apostres, & toute maniere de ses predicateurs. Ce sont les vices & mauuaisties. Ce bon Dieu donc preuoyant celuy que son action induira ou conuiera a bien par sa naissance, le trouuera tres-agreable, comme preuoyant celuy qui par son action sera conuié a mal, il le trouuera tres-desplaisant, comme ayãt tout vice: c'est a cause que bien qu'il trouue bon, que celuy qui est conuié a bien, l'ensuiue, si est ce qu'il trouue mauuais, que celuy qui est conuié au mal l'ensuiue, attendu qu'il a arbitre pour le reffuser, obeissant a la loy. Le curieux demanderoit icy endroit, pourquoy permet il dõc ses actiõs operer en c'est endroit, s'il le trouue mauuais c'est pour ne rõpre son ordre de l'vniuers: lequel arrestãt chasque fois qu'il naystroit vn fol, par l'indiscretion d'vn autre: il y a lon temps qu'il n'y auroit plus vie, actions, ny mouuemẽts, car il en naist tous les iours copieusement. Et pour monstrer que le deffaut de ce mal, que les actions diuines & celestes suscitent en ceste hõme, ne vient de ce bon Dieu, cõbien qu'il soit aucteur de leurs actiõs, & puissances, nous declarerõs qu'elles ne sont enuoyées de Dieu pour l'effet particulier de celuy, qui en reçoit ce mal, ains sont ordõnées & enuoyées de ce bõ Dieu sur l'vniuersel de la matiere. Mais par ce qu'il est en l'arbitre du pere de n'engendrer son enfant a l'heure que ces actions celestes mauuaises doiuent arriuer, ains se peut haster au parauant ou attendre apres, il s'ensuit que si par son ignorance il faict naistre l'enfant, au temps qu'il doit receuoir ceste influãce, qui n'est preparée pour luy, c'est son deffaut, d'exposer l'enfant dehors, a l'heure de ceste pluye, qui n'est aduenue pour luy, mais pour faire beaucoup de bien, a la generalité de toute matiere. Ce n'est dõc ce bon Dieu, qui a choisi l'heure de la naissance de l'enfant, cõbiẽ qu'il l'aye preueuë, & souffert son pere ignorãt executer son ignorance, mais c'est le deffaut du pere, qui par son ignorance n'a sçeu choisir le temps auquel il l'eust voulu faire naistre. Et si nous disions que l'homme n'ayant receu de Dieu ce sçauoir, ne peut estre accusé de ceste ignorance: on respondra, que l'homme a receu le sçauoir de Dieu en sa creatiõ, & trop plus grãd que celuy iamais: mais par son defaut il l'a perdu & est tumbé en ceste ignorance, qui le conuie de accuser ce bon Dieu des fautes, qui viennẽt par son deffaut. Et se conduisant par ceste ignorance il s'expose à toutes ses operations, ou la plus part, sous les actions diuines & celestes, ou & quand il ne luy est besoin, comme sortãt a vne pluye, que ce bon Dieu aura enuoyée pour le profit de la terre, il luy prendra vne maladie, laquelle il pensera luy estre enuoyée de Dieu, aucteur de ceste pluye, & non luy estre acquise par son indiscretiõ, & sans vouloir de Dieu, duquel l'intention & vouloir estoit adressé au bien de la terre, & non a nuire a vn particulier. Parquoy nous deuons tenir en noz entendementz ceste differance, qui est en Dieu, de preuoir tãt ce qu'il ayme, que ce qu'il hait

Sap. 11. 6. Solution de l'obiection.

Calvinists Auuuert blaspheme.

Dieu preuoit ce qu'il ne veut & ce qu'il veut.

Pourquoy Dieu permet ces meschãcetés.

Dieu n'est aucteur du mal de ces actions.

Defauts du pere a vn garder par ignorance.

L'homme coulpable du premier peché.

L'homme reçoit inaduertẽmẽt les biens de Dieu.

Dieu preuoit ce qu'il ayme, cõme ce qu'il hayt.

le tenāt & estimāt aucteur de ce qu'il ayme, qui est le bié & l'arbitre ignorant ou malicieux, estre auteur de ce qu'il hait, qui est le mal, lequel ne peut sortir q̄ des lieux prouenz d'arbitre. Et dauātage & par cōsequent estimer le mal q̄ nous receuons par les actiōs diuines, ne nous aduenir de ce bō Dieu, ains nous aduenir du deffaut que nous cōmettons par nostre ignorāce, tant celle, qui nous est acquise par le premier peché, q̄ celle que nous entretenōs en nous durāt nostre vie, par laquelle nous tumbōs plus souuant q̄ tous les iours, en telles indiscretiōs, qui nous font abuser des dons de ce bō Dieu, qu'il nous enuoye pour nostre proffit. Et nostre indiscretiō les tourne a nostre dōmage, & puis nous disons, que c'est Dieu auec ses actiōs, qui nous a faict ce mal & n'y faisons aucune mentiō de nostre insipiéce, indiscretiō, & te merité. C'est vn merueilleux abus, car de Dieu il ne nous vient q̄ tout bien, soit quelque fois en plaisir, quelque fois en peine, qu'il nous dōne pour nous diuertir d'vne plus grāde. Ce sōt les punitiōs, lesquelles nous apellōs mal, a faute de sain iugement, qui est plustost vn tref grād bien & signe d'amour que Dieu nous porte, nous voulant retirer de noz dangiers. Nous trauaillons en c'est endroict de deffaut que Dauid allegue, c'est que n'ayantz entēdu l'honneur auquel nous sommes faictz, nous auons esté semblables & comparez aux iumentz brutz, & auec ceste insipience nous faisons noz iugementz, contre ceste bonté diuine au lieu de luy rendre graces, louanges, & recognoissances de son infinie bonté. Voila donc cōment nous deuons prendre & cognoistre les diuersitez d'effectz que nous receuons en noz naissances, par les actions diuines, administrées par ces corps celestes, & leurs Anges ou Demons, lesquelz estantz hōnorez de seruir a la generation de l'hōme, chascun s'y trouue portant l'actiō de son astre ou estoille, non expres pour l'hōme, ains pour l'vniuers de la matiere. Mais soy trouuāt a la naissance de l'hōme, il y receust hōneur, & l'hōme bien souuāt par l'indiscretion de l'hōme y reçoit mal, sans qu'il luy soit enuoyé, mais c'est luy, qui le va rechercher, parmy ces efficaces & puissances diuines enuoyées pour autre effect par ces Demons, qui sont diuers & muables. CAR CEVX CY SE CHANGENT EN VN INSTANT: à cause qu'ils dependent des diuerses influances enuoyées par les astres: lesquelles à cause des mouuements, qui iamais ne cessent, & diuersitez d'aspectz ou regards des vns aux autres, par lesquels leurs actions sont changées, & diuersifiées, souffrent mutation. Dont s'ensuit que le Demon portant l'action de l'astre, duquel Demon nous auons dict l'essence estre efficace, ou vertu, de mettre en effect l'actiō de l'astre, se change quand l'action qu'il doit porter se chāge, & quelque fois de bien en mal, de mal en bien, ou de mal en pis, ou de bien en mieux, selō que l'astre changera l'action de son influstance, qui se faict bien promptement, & presque en vn instant: de tant que l'astre partant d'en regarder vn par quadrature, qui luy donne vne maniere d'action, tumbe en vn instant en l'opositiō, ou coniōnction trine, ou sextil aspect, d'vn autre qui luy change son actiō, ou deux, ou trois. C'est ce, qui se nomme l'harmonie celeste, ceste cōcorde, qu'ilz ont entr'eux, a faire leurs influāces par la diuersité de leurs aspectz ou rēcontres & mouuemētz. Qui est cause, que leurs Demons sont dictz estre chāgez: a cause q̄ leurs efficaces qui sent les essences de leurs Demōs sont chāgées, selon la mutation de leurs actions, NE DEMEVRANTS PLVS MESMES, MAIS SONT AGITEZ & contraintz de tūber EN CONVERSION & mutatiō, tenāt ceste imperfectiō de toute creature materiele. Laquelle à cause de l'imperfectiō de la matiere, se trouue subiecte a mutatiō, & ne demeurer plus mesme chose, principalement en son efficace, laquelle suit la nature de l'action, & se change auec elle. Parquoy le Demō estāt l'efficace, se change auec l'actiō, CEVX CY DONC, ascauoir ces Demōs cōmuniquēz aux corps humains leurs effets, ENTRANTS EZ DEVX PARTIES DE L'AME PAR LE MOYĒ DV CORPS, par lequel ces effets ont entrée a tēter l'ame en ses deux parties l'incitāt a deux diuersites, soit a bōnes actiōs en sa partie raisōnable, soit aussi aux mauuaises en sa partie desraisonnable, & subiecte a cōcupiscēce, tentent & cōuient ceste pauure ame, LA TOVRNENT CHASCVN A SA PROPRE OPERATION, ou efficace & la cōuertissēt souuāt a leur dōner son cōsentemēt, a c'est heure l'vn, maintenāt l'autre par frequētes tentatiōs, atractions, conuictmētz, incitatiōs, & autres moyēs, par lesquels ils n'ōt aucune cōtrainte iurisdictiō, ny puissāce sur l'ame, q̄ tāt qu'elle leur en permet de sa libre volōté & cōsētemēt. Car la partie de la concupiscence, en l'ame qui s'y rend subiecte, est facilemēt dominée & cōtrainte a ses operations : & ce à cause qu'elle s'y est rendue subiecte de sa franche volonté, comme il est dict, N'estez vous pas serfs de celuy, a qui vous vous rēdez obeissans? Parquoy l'ame ayant rendu sa volonté obeissante a la concupiscence est dominée par celuy, qui manie la concupiscence, qui est l'harmonie celeste, & disposition fatale. De maniere que celuy qui tumbe en ceste misere, enfraint la loy qui a esté donnée a la liberté de l'arbitre humain

Nostre ignorance cause de noz maux.

L'homme accuse Dieu de son deffaut.

Psal. 48. d. L'homme nayst mal a propos par deffaut de l'hōme.

Le Demon se change cōme l'action de l'astre.

Changemens d'aspectz chāgent l'action de l'astre.

Les Demons entrēt es deux parties de l'ame.

Les Demons tournēt l'ame a leur operation.

Rom. 6. c. L'ame subiecte au Demō si elle si dōne.

qui eſt de n'auoir aulcune ſubiection, ſinon a ce qu'il luy plaira. Si donc il s'eſt aſſubiecty & rendu obeïſſant a la concupiſcence, qui ſont les armes fatales & de la deſtinée, il ne faut trouuer eſtrange, s'il eſt ſubiect a la deſtinée, qui cōmande a ces armes. Et a ceſte cauſe les Aſtronomes (qui ne preuoyent les choſes par leur ſcience, que ce qu'ilz en prennent de l'intelligence de la nature des effectz celeſtes, qui eſt la deſtinée) prediſent par neceſſaire verité contre telles gentz qui s'eſtantz rendus ſubiectz a la deſtinée, n'ont plus d'armes pour la cōbatre, leur ayant aſubiecty l'arbitre, auquel giſoient toutes ſes forces contre ſes aſſaux : de maniere que les Aſtronomes iudiciaires prediſantz a la verité ce q̄, leur ſciāce dict de la natiuité de telles gētz, ne peuuēt mētir. A cauſe que telles gentz, ſe ſont priuez du moyen, qui les rēd menteurs, qui eſt l'arbitre, par le moyen duquel ilz cōbatroient toutes ces predictiōs fatales s'ilz ne l'auoient rendu vaincu & ſubiect, a leurs operations, & quant & quant leur eſclaue & priſonnier, de maniere que n'aiant plus d'arbitre ilz ne peuuent plus cōbatre la deſtinée.

Predire tentations n'eſt predire effectz.

MAIS LA PARTIE RAISONNABLE DE L'AME, laquelle n'a iamais voulu conſentir aux concupiſcences des choſes materielles, ſuſcitées par la deſtinée, & operatiōs celeſtes & leurs Demōs : ains s'eſt touſiours tenuë iointe a ceſte diuine raiſon filz de Dieu verbe eternel, dōt elle eſt dicte raiſonnable, par la cōmunication qu'elle a au S. Eſprit, qui luy eſt donné, plein de toute raiſon & vertu. Celle la EST HORS DE LA DOMINATION DES DEMONS, & qui plus eſt, des actions fatales, deſquelles ces Demons ſont executeurs. Et combien que ceſte partie ſoit aſſaillie comme l'autre par ſes ſens corporelz, du raport des tētations & concupiſcences, elle a auec elle ceſte diuine raiſon, par le moyen de laquelle elle ne reçoit de ces raportz & tētations, que ce que luy en faict beſoing, ſoit pour la nourriture du corps & ſes neceſſitez, ou pour l'intelligence des bōnes choſes, ſeruantz a la louange & culture de Dieu, ayāt ceſte diſcretiō, de reietter toutes ſuperfluitez & deceptiōs, qui luy ſont offertes, & toutes douceurs & voluptez, qui luy ſont preſentées, eſtimāt plus la ſuite de raiſon & verité, que toutes ces flateries. Deſquelles par ce moyen ceſte bonne ame demeure victorieuſe, & nō ſubiuguée, & libre de toute ſubiectiō ou dominatiō de ces actiōs celeſtes, leurs Demons, & concupiſcences ſuſcitées par eux. Dont s'enſuit que l'Aſtronome prediſant ſur ceſtuy cy les tentations de la fatale deſtinée ne predict verité, mais le plus ſouuāt menterie : a cauſe qu'elle ne s'eſt rēdue ſubiecte aux cōcupiſcences ſuſcitées par la deſtitée. ET par ainſi ceſte bōne ame en ſa partie raiſonnable, ſe trouue CONVENABLE A RECEVOIR DIEV, ayāt vuydé la place de toutes ſes ordures & imperfectiōs, qui luy ſont ſi cōtraires & a ſa purité, & en la cōpaignié deſquelles Dieu n'habiteroit iamais : mais icelles netoyées & reiectées, ceſte ame trouue Dieu agreablemēt logé auec celle. A CELLE LA DONC A QVI EN LA PARTIE RAISONNABLE, ou qui a reſolu pour ſon habitatiō cōduicte & maiſtreſſe, la partie de raiſō, a laquelle elle ſe rēd obeiſſante, eſclaue, & toute adōnée a ſon ſeruice, a celle la LE RAYON de ceſte diuine raiſon, LVIST PAR LE SOLEIL de iuſtice, qui eſt le vray filz de Dieu, hōme aucteur de regeneratiō noſtre ſeigneur, par lequel le rayō de la miſericorde de Dieu eſt porté a l'hōme trebuché en miſere, par ſon grād defaut. Et ce rayon luy luiſt en toutes ces actions & operations, eſquelles il recognoiſt le vray aucteur de toutes ces forces & moyēs cōme a celuy, qui aimé toutes choſes cooperāt en bien. Ce rayon eſt auſſi dit luyre par le Soleil a la bōne ame : detant que le Soleil chef & cōducteur de l'harmonye celeſte, luy preſentant toutes les actiōs & cōuiement procedāt des vertus de ſa ſuite, elle en prēd ce, que luy en eſt neceſſaire, faiſant que toutes choſes luy cooperēt en bien, cōme dict S. Pol, par l'amour qu'elle porte a ceſte raiſon diuine. Dōt s'enſuit q̄ tout ce qu'elle en reçoit, ſont rayōs de Dieu, qui luy ſont enuoyez pour ſon profit, & receuz auec diſcretiō & prudēce, luy luyſantz par le miniſtere du Soleil. Et CEVX CY SONT EN PEV DE NOMBRE, cōme il eſt dict, Ilz ſont peu qui en tiēt en la voye du ſalut : A cauſe de la difficulté qui ſe trouue en l'hōme, a cōbatre ſes propres affectiōs, deſirs, & volōtez : leſquelles deſpuis le premier peché ſont ſi tres inclinées a l'amour des choſes materielles, & leur abus qu'il eſt requis vne fort violante contrainte a s'en retirer, & pource faire, cōbatre toutes ces inclinatiōs, vouloir cōtre vouloir, eſperance cōtre eſperāce, & ſoy meſme cōtre ſoy meſme, oubliāt ceſte naturele qualité, par laquelle l'hōme ayme vniquemēt ſoy meſme, pour aquoy paruenir, il ſe faut diuiſer cōme du commancement Mercure l'a dict, en l'homme corporel, & l'hōme incorporel, le mortel & immortel, laiſſant le corporel, & mortel, & ietant toute ſon amour & affection ſur la partie incorporelle, immortelle, & eternelle. Et ceux cy ainſi faiſant n'auront aucune ſubiection a la deſtinée, ET eſtantz peu en nombre, LEVRS DEMONS SONT ABOLIS

Deſtinée a lieu ſur ceux qui luy ſont eſclaues.

La partie raiſonnable de l'ame n'obeïſt a deſtinée.

Predire tentations eſt predire effectz.

A la partie raiſonnable le rayon de Dieu luiſt.

Rayon de Dieu par deſtinée. Rom. 8. e.

Matth. 7. 6 Peu de nombre reçoiuent le rayon de Dieu.

L'homme ſe doit diuiſer.

728　SVR LE PIMANDRE DE

& deuenus a rien pour leur regard, comme n'ayant aucune vertu, efficace, ny puissance sur eux, a cause des armez de raison, dont ilz sont couuertz. DETANT QV'AVCVN, SOIT DIEV, ayant receu le ministere & dispensation des actions & puissances diuines, OV bien DAIMONS, efficace diuine, chargée en ceste creature de l'execution des actiõs & operatiõs diuines, N'A AVCVNE PVISSANCE CONTRE L'VNIQVE RAYON DE DIEV. C'est detant que toutes ces actions & puissances sont exercées par creatures formées de seules graces diuines: mais l'homme, qui est formé de la presence du sainct Esprit, qu'il a receu en sa forme, estant plus beaucoup que ces graces, quand il se trouue cõioinct & vny a la volonté du sainct Esprit, qui lors opere en luy, & par luy, toutes operatiõs supernatureles, tant s'en faut que toutes autres puissances de Dieu, commises au ministere des creatures, soit mortelles ou immortelles, ayẽt puissance sur luy: qu'il les domine toutes, comme nous auons veu par les signes & merueilleux effectz, executez par les Prophetes, Apostres, & autres sainctes personnes, par lesquelz toutes actions celestes, voire de toute nature, ont esté vaincues, contraintes & surmontées, lors qu'il leur a esté besoin manifester la gloire & puissance de Dieu. Parquoy ces dieux celestes ou aucun d'eux n'a puissance contre ce rayõ de Dieu veneré en telles personnes, ny autre Dieu terrestre, qui sont les magistratz, n'y ont pareillemãt puissance, a cause de leur vertu. Atandu qu'il est escript, Fais bien & tu ne craindras le magistrat ou puissance.

La partie de raison est armée contre les demons.

N'y a puissan ce contre la rayon de Dieu.

Rom. 13. a.

SECTION 12.

Car tous les autres sont maniés & portés par les Demons de corps & d'ame, aymans & cherissants leurs effects. & c'est la raison, qui deçoit ou est deceuë, & non l'amour. Ils gouuernent donc tout ce gouuernement terrien: mais c'est par nos corps comme par instruments. Mercure nomme ceste dispensation destinée. Le monde intelligible donc depend de Dieu, le sensible de l'intelligible, mais le Soleil, par le moyen du monde intelligible & sensible, fournist l'influence de bien venant de Dieu, c'est à dire de l'operation.

COMMENTAIRE.

La raison en l'hõme estãt la vraye merque du S. Esprit image de Dieu, qui luy a esté dõné en sa cõposition, il est necessaire que tout hõme, qui se voudra tenir a son deuoir, embrasse ceste raison, par laquelle il est ausi differãt des autres animaux, cõme son estat luy est assigné differãt d'iceux qui n'ont a se soucier, q̃ du ventre, & ses concupiscẽces. Et l'hõme doibt vacquer a cognoistre Dieu, par le moyẽ de la partie raisõnable de son ame, laissant la partie sensible, & qui respond aux sens apart, cõme ne seruãt, ains grandement nuyssant a l'estat & vraye condition de l'homme. Mais de tant que ce delaissemant & abandon des choses sensibles, desquelles l'homme en partie est composé, gist en ce merueilleux & tresdur combat, que nous venons de dire, ilz sont peu, qui paruiennent a la victoire, ayant toute leur vie combatu ou pour le moins tant qu'il aura esté besoin. Et par ce combat ilz ont aboliz tous les Demons, qui sans ceste resistance leur eussent commandé, sur lesquelz ces Demons n'ont plus aucune puissance: detãt qu'ilz sont couuertz du rayon vnique de Dieu, qui leur sert d'vn trespuissant pauois. CAR TOVS LES AVTRES, qui ne se sont couuertz du pauois de cest vnique rayon de Dieu, qui leur luist par le Soleil de iustice Iesus Christ son filz, SONT MANIES ET PORTES PAR LES DEMONS, lesquelz les ayant cy deuant par leur consentement receuz, soubz leur obeissance & des concupiscences, qu'ilz leur suscitent, ces Demons les conduisent, manient, remuent, & portent, ou destournent, quelle part qu'il leur plaist, soit DE LEVR CORPS, qui ne demande que durer en ses concupiscences, ET DE LEVR AME, qui leur ayant donné sa resolution de son arbitre & volonté, a rendu elle & toute sa personne serue & esclaue, AYMANT ET CHERISSANT LEVRS EFFECTS, lesquels estans materiels, necessairement conduisent l'homme en separation de Dieu, suyuant la nature

L'homme faict pour cognoistre Dieu

Peu victorieux de soy mesme.

Captiuité de l'homme charnel.

ture de la matiere du commencemēt separée, qui est le cōble de la misere, qui luy peut aduenir. Car l'homme estant paruenu en iugement si depraué, & son sens si reprouué, qu'il aye si mal esleu pour sa chose principalemēt aymée, les effects des concupiscēces corporeles, qui sont effects purs materiels, ayant laissé en arriere la veneration de Dieu & cōtemplation de ses grandeurs & merueilles. Ce chois ne peut venir que d'vn iugement & ratiocination peruertie. ET EN CE CAS C'EST LA RAISON, QVI DEÇOIT l'homme, estant destournée & peruertie de son vray estat : ov c'est celle mesme, qui EST DECEVE en l'homme, s'estant laissée surprendre par l'ignorance, & emporter par les concupiscences: par lesquelles dominans en la volonté de l'ame, la raison se trouue si offusquée & perturbée, ou destournée de son vray chemin, qu'elle se trouue en ceste pauure ame de nul effect raisonnable: mais au contraire est employée peruersement en toutes ses parties, à faire operations contraires à celles de son vray estat. Cōme il est manifeste, que la raison est donnée à l'homme, pour cognoistre Dieu, employant toutes ses parties à sa contemplation, & intelligence de ses perfections: à sçauoir le iugement à soy iuger & cognoistre soy-mesme composé de Dieu, pour de là paruenir à confesser ses bontez & misericordes: l'inuention pour estre employée à rechercher tous moyens de le loüer, entendre & cognoistre : la pieté pour recognoistre l'obligation que nous luy auons, & luy en rendre continueles graces: la memoire pour nous ressouuenir de ses effectz, par lesquels nous auons receu tant de biens, nous donnans tresgrande occasion de demeurer en sa veneration, par la memoire des signes & merueilles, ou creation de toutes choses, le recognoissant seul maistre & seigneur : la prouidence pour nous preparer à la cognoissance de Dieu, & disposer toutes nos actions à l'estude de sa volonté, & plusieurs autres parties de la raison donnée à l'homme, comme ymage de Dieu. Par lesquelles l'hōme doit tesmoigner les employant, l'affection & vray amour qu'il porte à ce bon Dieu, pour recognoissance de ses bien-faictz & misericordes receuës sans nōbre. Au contraire l'hōme le plus souuent peruerty tourne les vertuz de l'image de Dieu qui luy sont cōmises pour en faire profit en son tres-grād dōmage fauorisant la cōcupiscence de sa raison & bon iugement, deceuz par les affections, voluptez & plaisirs, qu'il employe és choses materieles. Il ne perd pas ceste raison, par laquelle il est si excellent par dessus toutes creatures, mais il la tourne à lenuers & la peruertit, employant toutes ses parties, de leur origine voüees & dediées à la recognoissance de Dieu son createur, à l'oposite, à sçauoir le iugemēt à preuoir quelque entreprise pour trōper & deceuoir son prochain, ou pour acquerir biēs & possessions: l'inuētion pour deceuoir vn iuge en vn procés. Ou le iuge inuente pour excuser faux iugement, inuention subtile, d'vne nouuelle imposition greuant le peuple, pour estre bienvenu deuāt le prince, luy faisant ce tort d'estimer que le prince haye le peuple, cōtre son deuoir, & soit aise de le greuer. Il trompe sa raison en cest endroit : mais si le prince faict son deuoir, il le trompera de mesmes en sa raison: à fin qu'elle trompe & soit trompée. La pieté s'employe le plus souuent à recognoistre l'obligation de ceux, qui nous ont plustost faict mal, que bien, mesme de ceux qui nous ayant donnez plusieurs biens materielz, desquelz (trop aymez vient nostre ruyne) nous mercions plus liberalemēt ceux-là, que le bon Dieu, & s'en trouue qui en sont ydolatres, iusques là, que de se dire leurs creatures, & factures. Qui quelquefois se deuroyēt plustost dire estre trōpez par eux: car c'est la recognoissance, q̄ nous atribuons au seul Dieu, d'estre sa creature. Tout ce defaut ne vient que d'estimer plus les biēs & autres vtilitez, ou plustost abus corporels, que Dieu, dōt nous retirons l'hōneur, q̄ nous deuōs à Dieu, & le leur atribuōs. La memoire est souuēt employée pour nous souuenir de quelque outrage, pour en preparer la vengeāce, ou bien pour nous ressouuenir de quelq̄ volupté, pour la repeter, croistre, & cōtinuer. La prouidēce nous est souuēt en vsage, de preparer & disposer toutes choses qui sont en nos moyēs, de rapter ou paruenir à quelque estat ou biē, duq̄l le plus souuēt nous sommes indignes: & n'y regardōs q̄ la seule cōcupiscēce, cōme il est fort vsité, soit vn qui tasche à estre gouuerneur d'vn pays, & n'aura point d'entendemēt pour soy gouuerner: vn voudra estre capitaine, & sera bien pusillanime: vn autre desirera d'estre Euesque & n'aura aucun sçauoir ny bōne cōduicte: vn autre voudra estre iuge & sera plein de partialité, qui sont toutes manieres de prouidēces peruerties de leur vray visage. En toutes ces façōs d'abus nous y voyōs la raison humaine, qui luy est dōnée, pour autres employs, estre grādemēt deceuë & peruertie, biē loin des effects veritablemēt siēs, & pour lesquels elle a esté mise en l'hōme, & par ce moyen elle estāt deceuë, deçoit l'hōme, qui sans les parties de ceste

Separation de Dieu par la matiere japarée.

Raison deçoit & est deçeue.

Parties de raison humaine.

Abus des parties de raison.

Raison diuertye à choses corporeles.

Donner bien souuent est aunermal.

Memoire & prouideme peruertyes.

Raison peruertye pire que brutalité.

diuine

diuine raison,qu'il a en luy,lesquelles il tourne au cõtraire de leur vray estat,ne pourroit faire les maux & offences qu'il commet,tesmoins les bruts,qui a faute de raison ne deçoiuẽt ny sont deceux:ne deçoiuent,a faute d'inuention :ne sont deceus a faute d'esperance, qui sont membres de raison. Aussi sans ceste raison,de laquelle vn membre bien principal est l'election ou arbitre,l'homme ne sçauroit estre agreable ou desagreable a Dieu. C'est donc celle la qui estant deceuë en l'homme par les concupiscences & affections a la matiere, le deçoit estãt cause de son peché,qui ne peut estre qu'en creature raisõnable. Et de tant q̃ ceste raison deceuë & deceuant en ceste maniere,regne le plus souuent parmy les hommes ou la plus part d'entre eux, elle a esté nommée de plusieurs raison humaine : lesquelz combien qu'ilz eussent grand sçauoir,en ont souuent abusé,de tãt qu'ilz n'ont pensé que le mot de raison humaine comprend egallemant tant la raison,bien, cõduicte en l'homme,que celle qui y est peruertie ou mal conduicte. A ceste cause,quand ilz ont parlé par affirmatures des defaux que faict ceste raison humaine,ilz ne pouuoient faillir : car a la verité ceste raison humaine est si mal conduicte le plus souuent,qu'elle commet plus d'erreurs,qu'a peine l'on ne luy en pourroit atribuer.Mais quand ils'y parle par negatiues mesmes de la puissance qui est en la raison humaine, il semble qu'ilz ayẽt esté deceuz par la leur,en ce que quelquefois ilz ont dict,que raison humaine n'a aucun pouuoir de comprendre les choses de Dieu, & propos semblables,ne considerantz que la raison qui a esté donnée a l'homme,ne luy a esté dõnée pour autre occasion,que pour entendre,cognoistre,considerer & admirer Dieu, en toutes ses parties employées a ceste contemplation. Et si bien l'homme viuant ne peut a cause de l'empeschement de son corps cognoistre Dieu pleinement, pour le moins il le cognoist en partie, comme l'a dict sainct Pol.Et ceste partie sont choses diuines,desquelles il en est manifesté plus aux vns, & moins aux autres,selon leur dispositiõ & bon vouloir de Dieu: toutesfois ce sont choses diuines, que l'homme ne peut comprendre que par le moyen de sa raison:detant que ceste raison humaine donnée a l'hõme, est le vray esprit image de Dieu, lequel seul est capable de cognoistre Dieu, parce que comme nous auons souuẽtesfois dict, Dieu ne peut estre cogneu que de soy mesmes. A cause dequoy pour estre cogneu d'vne creature,il s'est mis en l'homme,a celle fin que par ce moyen l'homme le cogneust:& a esté nommée en l'homme ceste partie qui y tient l'esprit de Dieu, la partie raisonnable, par laquelle l'homme,qui bien la conduict, reçoit intelligence & cognoissance des choses diuines, comme ont toutes sainctes personnes, Prophetes, Apostres, & autres, qui ont recherché la grace & amour de Dieu, employantz leur raison humaine a son vray estat & deuoir,&ne la peruertissãtz ny diuertissantz ailleurs, pour en estre deceuz.Et si biẽ le plus grand nombre des hommes ont donné ce mauuais bruit a la raison humaine, par leur tres-mauuaise conduicte, de maniere que l'oyant estimer generalement estre telle en tout homme, asçauoir incapable de cognoistre Dieu ny les choses diuines, nous puissions penser que Dieu la laissée en l'homme en ceste imperfection : il seroit faict vn tres-grand tort & irreuerance a l'honneur de Dieu.Car combien que le premier homme en aye beaucoup rabatu par sa premiere offence, perdant l'innocence : si est ce, que le don de Iesus Christ qui luy fust incontinant faict, luy en a assez sauué, pour receuoir par elle grandes cognoissances de Dieu, & des choses diuines, comme par les exemples des sainctes personnes, desquelz les aucuns en leur vie ont veu & entendu choses,qu'il n'est permis de dire, lesquelz ne cõprenoient toutes ces merueilles que en leur partie de raison humaine. A ceste cause quand nous parlerons des deffautz, qui sont faictz par la raison humaine, nous deuons confesser qu'ilz sont en trop grand nombre:mais aussi parlant de ses puissances & moyens nous les deuons estimer innumerables & infinis : de tant que la raison humaine est la partie diuine, qui est en l'homme, laquelle bien conduicte a toute puissance d'infinis biens, comme mal conduicte a puissance d'infinis maux. A cause dequoy ceste partie de raison estant deceuë en l'homme c'est celle,qui le deçoit par.apres, ET NON L'AMOVR: car combien que l'amour soit l'instrument de la deception,par lequel l'homme est trompé aymãt les choses materieles:ce n'est toutesfois a l'amour qu'est imputé le deffaut, mais c'est a l'arbitre partie de la raison humaine,qui choisit mal l'adresse de son amour. C'est amour donc n'estant qu'instrument, ne reçoit la coulpe de l'erreur:mais c'est la raison, laquelle par son arbitre faict vne si mauuaise election.Car l'amour est de soy vne diuine vertu, assise en l'ame raisonnable pour

luy

Raisõ humai-
ne mal entẽdue.

Raisõ humaine fait grãds erreurs.

Raison humaine a grãd pouuoir de biẽ

1.Cor.13.c

Raison humaine est le sainct Esprit en l'homme.

Effect de raisõ en sainctes personnes.

Blasmer raison humaine irreuerance a Dieu.

Raison faict les grands effetz en l'homme.

Raison faict abus & vertus en l'hõme

L'amour ne faict,ny souffre deception.

luy obeir, c'est amour ne recherche que porter bien, ou elle est addreſſée: & ſi d'auanture elle eſt adreſſée a la matiere delaiſſant Dieu, le peché ne conſiſte pas veritablement a aimer les choſes materielles: mais c'eſt par accident: à cauſe que aimāt vn cōtraire, l'on eſt ſi retiré de l'autre cōtraire, que l'on le laiſſe la en meſpris. Et ce n'eſt l'amour, qui faict ce delaiſſement: car de ſa nature elle deſire pluſtoſt attirer a ſoy, que delaiſſer: mais c'eſt la raiſon qui faict ce delaiſſement ou meſpris, employāt ſon election, arbitre, & amour ailleurs: auquel delaiſſemēt cōſiſte le principal peché de l'hōme, qui abandōne Dieu pour aimer ſon contraire. Et de tāt que c'eſt ceſte raiſon humaine, cōme principale partie de l'hōme, que ces Demons executeurs des actiōs celeſtes aſſaillent, pour la deſtourner auāt toutes choſes en l'hōme, ſçachātz q̃ c'eſt la plus grād force, qu'aye l'ame pour les cōbatre, quand ilz en peuuēt venir au deſſus, & en gaigner la victoire, ilz tournent ces forces de leur part. Cōme vn ennemy aiāt gaigné l'artillerie de ſon ennemy, la tourne cōtre luy, & lors eſtāt maiſtres des principales forces aſçauoir de la raiſon humaine, qu'ilz ont captiuée ſous leurs abus, ilz conduiſent, ilz menent, ilz portēt, & remuēt c'eſt homme, non ſeulemēt en ſon corps, qui ne faict qu'obeir a l'ame, qu'ilz tiēnent priſonniere: mais auſſi en l'ame, qui ſ'eſt du tout rēdue ſerue, eſclaue, & captiue en leurs liens, cōme il eſt eſcript, Vous eſtes ſerfz de celuy, auquel vous obeiſſez. ILS GOVVERNENT DONC TOVT CE GOVVERNEMENT TERRIEN, qui a eſté cōmis a la diſcretion, cōduicte, & maniemēt des hommes: MAIS C'EST PAR NOS CORPS, COMME PAR INSTRVMENTS. Detant qu'ayant occupé la volōté, qui diſpoſe toutes choſes en l'ame ayant auſſi peruerty la raiſon, de maniere qu'elle ne puiſſe aduertir l'ame de ſon deffaut tout l'hōme ſe trouue a leur deuotiō, tellemēt que ces Demōs trouuāt les hōmes obeiſſantz a leurs effectz, ſont eſtimez faire tous les effectz, que font les hommes, par les meſmes hōmes, comme les maniantz en la maniere d'vn houſtis ou inſtrument, par lequel ſans aucune reſiſtance, ilz font leur beſogne. Parquoy ilz ſont dictz manier, conduire, & diſpoſer toutes choſes, qui auoient acouſtumé eſtre maniées, conduictes, & diſpoſées par les hommes, leſquelz ilz tiennent captifz, & ſ'en aident comme d'inſtrumentz, qui ſe laiſſent pouſſer & cōduire par le vouloir de leur maiſtre, ſans aucune reſiſtance. Et par ce moyē ilz dominēt ſur tous gouuernements de prouinces, tenāts le gouuerneur captif, ſur toute prouiſion d'eſtatz, tenant le prince captif, ſur la cōduite Eccleſiaſtique, tenāt les chefs captifs, ſur l'adminiſtratiō de la iuſtice, tenāts les miniſtres captiz. Penſez que par le deffaut des hōmes la cōduicte de toutes choſes terriennes eſtāt deuolue a ces Demons, executeurs des actions celeſtes, ſi ce bon Dieu eſt bien reculé & eſloigné de noz penſées, & de nous qui les auons emploiées tout au contraire de ſes deſſeins. Car ces Demons ny leurs actions n'ont charge que de toute l'imperfection, miſere, & ſubiection du monde, qui eſt le remuement de ces puantiſes & infections materielles, qui ſont directement contraires & repugnantes aux perfectiōs de Dieu. Péſons donc, ſi ceux, qui nous prediſent noz maniemātz & conduictes, par les actiōs & reuolutiōs des aſtres, les peuuent bien cōſtituer en neceſſité, & qu'il aduiendra ſeurement: puis que nous nous ſommes deſpouillez de noſtre arbitre & libre volonté, l'ayant rendue captiue de ces Demons, ſimples executeurs des effectz celeſtes. Il nous en deburoit demeurer vne honte treſgrande, nous trouuant en ſubiection, ſeruitude, & captiuité de ce, qui a eſté mis ſous noſtre puiſſance: tāt ſ'en faut, que nous luy ayons eſté faictz ſerfz que par noſtre ſeul defaut. MERCVRE precepteur d'Æſculape, qui nous racōpte ſa doctrine A NOMME CESTE DISPENSATION faicte par les corps celeſtes, & leurs Demōs executātz les actions & remuemātz de matiere, & toutes cōpoſitiōs, ſuſcitatiōs d'apetis, deſirs, & cōcupiſcences, & autres actions, qui leur ont eſté diſtribuées par le maniemēt des choſes ſenſibles ſeulement, *fatum* OV DESTINEE, laquelle de ſon inſtituti n'ayant puiſſance que ſur les choſes materieles, corporeles, & leurs ſens, nous faiſons vne ſi grāde faute & erreur peruertiſſant noz raiſons & iugement ſi treſtant, que nous luy donnons puiſſance ſur noſtre volonté, qui eſt le chef de toutes noz actiōs. Et par ainſi luy ſubiugōs toutes noz puiſſances & operatiōs qui eſt vn treſgrād erreur, auquel noſtre raiſon & iugemēt ſe laiſſent perir. C'eſt aſſez pour nous dōner occaſiō de penſer a nous retirer au vray remede, qui nous deliure de c'eſt abuz & captiuité, & le pluſtoſt en eſt le plus ſain. LE MONDE INTELLIGIBLE DONC DEPEND DE DIEV: a cauſe que le monde intelligible conſiſte en toutes vertus & actions, puiſſances ou efficaces, dōnées de Dieu a toutes creatures parties du mōde, pour leur ſeruir de forme

Amour n'offence iamais.

Raiſon aſſaillye par les Demons.

Rom. 6. c.
Corps humains inſtrumēns au Demon.

Les Demons diſpoſent des choſes terriennes.

Dieu eſloigné de l'homme captif des Demons.

L'homme captif rend ſa deſtinée neceſſaire.

Ceſte captiuité honte a l'hōme qui ſe cognoiſt.

Deſtinée eſt diſpenſation faicte par les Demons.

Le monde intelligible depend de Dieu.

SVR LE PIMANDRE DE

forme, & ces dons estantz de Dieu & dependantz de luy, le monde intelligible ne consistant que en ceux la, depend par consequent de Dieu. LE SENSIBLE depend DE L'INTELLIGIBLE : à cause que le sensible estant corporel, conduict & manié par l'intelligible, qui sont les actions & vertus diuines, données a toutes manieres de corps pour leur conduicte & forme, n'a aucune actiõ, puissance, ny vertu, de seulement mouuoir sans la puissance intelligible, ains demeure comme chose morte inutile a toutes actions, & du tout chose perdue. A cause de quoy les choses sensibles & corporeles receuant toute leur action & vertu ou mouuement & vie de la partie intelligible, nous dirons iustement & a bon droit, que le sensible & corporel depend de l'intelligible & diuin : MAIS LE SOLEIL, PAR LE MOYEN DV MONDE INTELLIGIBLE ET SENSIBLE, desquelz il a certain maniement, auec sa suite & armée celeste, car de mesure qu'ilz ont la charge de remuer la matiere pour les generations & compositions, par ceste mesme execution, la forme partie diuine est infuse dans la matiere en son temps, selon la nature du subiect, le tout estant conduict par nature, ame portant vie & mouuement au monde, & toutes ses parties. Parquoy ceste ame de l'vniuers s'aide du Soleil & sa suitte, comme d'instruments obeissant a ce, qui luy est ordonné. Et par ce moyen le Soleil auec sa suitte, FOVRNIST L'INFLVANCE DE BIEN VENANT DE DIEV : C'EST A DIRE DE L'OPERATION ou son efficace qui est Dieu, soit donnant figure & composition au corps, soit aussi de luy distribuer la forme & vertu diuine, pour la rédre creature viuante. Qui sont tous biens faictz de Dieu, distribués & fournis a la creature, par l'influance du Soleil & sa compagnie, fournie par le moyen des vertus de Dieu commises a leurs corps, pour le bien de toute creature. Lequel bien est par l'influance du Soleil fourny a icelle, soubz l'efficace, qu'il depart venant de ce bon Dieu a toute chose viuante, pour moyennant ceste efficace vertu diuine, produire tous effectz & employ de vertus & proprietez. Lesquels effectz estantz subiectz aux sens, sont du monde sensible, venant de ceste efficace don de Dieu pour intelligible : lesquelz moyens tant intelligible que sensible, le Soleil nous communicque par son influance, ayant receu de Dieu l'intelligible, pour le nous influer, & lequel par son influx produict en ceste region elementaire ses effectz subiectz aux sens, ou sensibles.

Le monde sensible depend de l'intelligible.

Le Soleil fournist l'influance du bien venans de Dieu

L'influance du bien c'est l'opération.

Soleil ministre du sensible & intelligible.

SECTION 13.

ENtour du Soleil sont huict spheres dependantz de luy, vne des estoilles fixes, six des erratiques, & vne entour la terre. De ces spheres dependent les Demons, & des Demons les hommes, & ainsi touts & toutes choses dependent de Dieu. Parquoy Dieu est pere de toutes choses : mais l'operateur est le Soleil, & le monde est l'instrument de l'operation, & l'intelligible essence gouuerne le ciel, le ciel les dieux : & les Demons subiectz aux dieux, gouuernent les hommes. Celle la est l'armée des dieux & Demons : mais Dieu faict ces choses a soy par celles cy, & les parties de Dieu sont toutes choses, & si toutes choses sont ses parties. Dieu est donc toutes choses. Faisant donc toutes choses il faict soy mesmes, & iamais ne cessera : de tant qu'il est sans cesse : & tout ainsi que Dieu n'a fin, ainsi mesmes son operation n'a commancement, ny fin.

COMMENTAIRE.

Erreur ameine l'homme a grand honte.

L'Erreur de l'homme donc estant si desmesuré, que par celuy la il se soit trouué captif & en seruitude des puissances celestes, qui n'auoiẽt aucune domination sur luy, & ne se voulant retirer de ceste misere, comme le moyen luy en est donné de ce bon Dieu a toutes heures. C'est

res. C'est chose fort deplorable, qu'il se puisse faire estat de la volonté de l'homme, ainsi perturbé de sa raison dominée par la fatale destinée, laquelle s'il vouloit n'y auroit aucun pouuoir: toutefois ne le voulant, il a esté dict seruir d'instrument aux Demons, pour toutes administrations terriennes, comme il sera bien tost dict estre gouuerné par les Demons executeurs des actions fatales, à sa grand honte & dommage. Dequoy Æsculape ne semble faire cas, pour la multitude, qu'il en voyoit de ceste condition, & peu de nombre qui eussent sa cognoissance, comme nous en pouuons presque autant dire ce iourd'huy, qu'il en est tant & si resoluz à la veneration des choses materielles, que l'on perd presque temps à leur annoncer Dieu & leur salut. Parquoy Æsculape reprenant son propos dict, ENTOVR DV SOLEIL SONT HVICT SPHERES, à sçauoir quatre au dessus de luy, & quatre au dessous de luy, lesquelles sont dictes spheres ou globes, ou solides ronds, à cause qu'en chascune d'icelles, il s'y faict mouuement par ce lieu, qui enuironne en maniere de sphere. Ce n'est pas que toutes les huict descriuent mouuement entour le Soleil, ains seulement les quatre superieures, mais elles sont dictes entour luy, de tant qu'il en y a autant en nombre au dessus de luy, qu'au dessous. Nous auons cy deuant quelquefois parlé de ceux qui disent les spheres ou cielz estre materiels, & dedans lesquels sont assis les astres, tant fixes que errans, chascun en son lieu. Et auons dict, que la veuë qui est le seul sens humain, qui communique en ces parties, n'a comprins qu'il y eust aucune matiere: car si la veuë le comprenoit, les spheres basses donneroyent empeschement à voir les corps superieurs. Aucuns pour satisfaire à ceste raison, disent, qu'ils sont de matiere si transparante qu'ils n'arrestent la veuë. Nous dirons que s'ils arrestent la veuë, elle n'en peut faire iugement: & s'ils l'arrestent comme vn voirre les spheres basses, à cause de leur côcauité & conuexité, pourrot diuersifier les rayons de la veüe, qu'ils n'aperçoyuent les corps superieurs en leur grandeur ou droicte ligne: de maniere que les anciens par là n'eussent peu sçauoir, ny obseruer aucun mouuement. Parquoy nous ne nous ingererôs d'asseurer qu'il y aye ciel materiel, par cognoissance attainte par nos sens corporels. Mais dirons bien, que ne les aperceuans non plus que s'il n'en estoit aucun, Dieu reçoit plus de gloire & loüange, faisant porter le cours de l'astre en sa regularité sans estre apuyé d'aucun ciel materiel, par sa puissance & vertu, que s'il l'atachoit à vn ciel materiel ou vne sphere corporelle, ne le pouuant conduire autrement, comme feroit l'homme qui n'a puissance de le faire porter sans apuy. Et en ceste maniere nous appelerons les ciels, les lieux ou regions, esquelles ces corps sont portez par leurs mouuemens, lesquels sont corporels, entant que subiects à dimensions de longueur, largeur, & hauteur, qui sont les trois mesures geometriques pour tous corps: mais il ne s'ensuit pourtant qu'ils soyent materiels.

Le nôbre des charneiz les y entretiens.

Huict spheres au tour du Soleil.

La veue ne comprend y auoir ciel.

Gloire grâde a Dieu n'y auoir ciel.

Lieu des ciels est corporel.

Le nombre & compagnie de ces huict spheres, qui sont à l'entour du Soleil, sont DEPENDANS DE LVY, comme nous l'auons cy deuant dit: à cause que tous reçoyuent de luy le rayon de la lumiere essence diuine, qui luy est commise pour l'vsage de toutes creatures. Et dauantage auons dict, que toutes dependent de luy: à cause que leurs mouuements sont mesurez & obseruez de l'homme par celuy du Soleil, lequel est comme vne loy, sous laquelle leurs cours sont reduits en regle & ordre entendu. Et c'est à cause, que c'est par luy, que nous receuons la distribution du temps, soit l'heure, le iour, la sepmaine, le moys, & l'an sur lesquels s'obserue la cognoissance & regularité de mouuement. Et en ceste maniere les huict spheres, qui sont entour luy, dependent de luy, à sçauoir le premier qui enuironne toutes les autres, est VNE sphere contenant l'ordre DES ESTOILLE FIXES, laquelle est nommée non errante. Ce n'est pas non mouuante: car c'est plustost elle, qui selon l'aduis de plusieurs, par son mouuement donne mouuement aux autres. Il en y a au desous de celle-la SIX DES estoilles ERRATIQVES, ou astres errans, sans compter celle du Soleil, c'est à sçauoir au dessus de luy ces trois, Saturne, Iupiter, & Mars: & au dessous, Venus, Mercure, & Lune, lesquelles sont dictes errantes, à la difference des fixes, à cause qu'elles n'obseruent en leurs mouuemét mesme distance, & situation entr'elles, comme font celles de la grande sphere, qui pour ceste cause sont dictes non errantes, & des Latins fixes, ou fichées, comme cheuilles, qui iamais ne s'esloignent ny s'entr'aprochent entr'elles.

Pourquoy les spheres depêdês du Soleil.

Vne sphere des estoiles fixes.

Six spheres des errantes.

Ce qui

734 SVR LE PIMANDRE DE

Ce qui n'aduient pas aux errantes, defquelles les aucunes vont plus auant & a cofté l'vne que l'autre, non toutesfois fans certaine regularité, ET au deffoubz de toutes ces erratiques, qui eft dans le concaue de la Lune, eft par la commune opinion affife la fphere elementaire, qui eft VNE fphere contenant les quatre principes de nature, qui ont fourny de toute matiere ENTOVR LA TERRE, icelle comprinfe a toute maniere de creatures, la terre eftant la plus baffe, & au deffus d'elle l'eau, l'air, & le feu, par l'ordre que nous auons fouuant dict. C'eft ordre celefte, & terreftre eft plus admirable mefmes en grandeur, qu'il ne peut eftre creu ny confideré, par perfonnes qui n'auront prins peine d'en aprocher la vraye cognoiffance, par la fpeculation & eftude des fciences: lefquelles combié que les fens humains ne puiffent enfuiure & accomplir en leur perfection: ce nonobftant auec quelque trauail, l'homme en aproche pour en receuoir l'vfage de fa neceffité, comme nous en auons plus amplement efcrit fur la fin du dixiefme chapitre, donnant exemple des intelligences que l'homme attaint au ciel fans bouger de la terre, tant ez obferuations de grandeurs, que diftances de ces corps habitantz en fes fpheres. Qui fera caufe que nous n'en ennuyerons en c'eft endroit le lecteur, mais continuerons noftre propos. DE CES SPHERES DEPENDENT LES DEMONS, à caufe qu'ilz font baillez aux corps habitantz en elles, pour porter leurs actions vers les chofes materieles, defquelles la conduicte & difpofition leur apartient, comme nous l'auons n'aguiere declaré. Et a cefte caufe les Demons dependent des corps celeftes, habitantz en ces fpheres, comme le miniftre ou feruiteur depend de celuy qu'il fert. Et par ce que maniant ces Demons les corps humains par leurs actions, combien qu'elles n'ayent auctorité que fur la partie fenfible: ce neant-moins par le moyé des fens qui communicquent les chofes fenfibles a la partie intelligible de l'ame, ces actions fatales ou celeftes executées par les Demós, fe trouuét auoir (maniát le fenfible) certain accez a l'ame par le moyé de ces fens corporelz, lefquelz ne faillent diligémment a raporter a l'ame, toutes les operatiós corporeles & fenfibles faictes en fa perfonne, par ces Demós executeurs des actiós celeftes. Et lors c'eft a l'ame en vertu de fa partie principale, qui eft l'image de Dieu (prouëue de toutes manieres d'actiós & puiffances, entre lefquelles eft l'arbitre & liberté de volonté) de refifter ou confentir aux tentations, conuiz, & alaichementz, que luy prefentent ces Demós, pour l'attirer a fa ruine, lefquelz confiftent toutz en plaifirs & voluptez corporeles, que nous nommons concupifcences. Defquelles a parlé fainct Iacques difant, Que l'homme ne doibt accufer Dieu d'eftre tentateur: car vn chafcun eft tenté de fa propre concupifcence, laquelle l'ayant atiré & furmonté, confomme le peché, & le peché eftant confommé produict la mort. C'eft donc a l'ame a luy refifter, & renuoyer ces tentations: mais detant que le commun eft plus grand nombre, en grand mifere fe laiffe emporter & affubbietir a ces tentations, fe rendantz captifs a elles, & par confequent aux Demons, qui les executent fur eux, Æfculape continuant fon propos fur le plus general & commun effect, dict que DE CES DEMONS, dependent LES HOMMES: a caufe que celuy eft efclaue, qui fe rend a obeyr comme ferf a l'autre, qui luy commande. La plus part donc de nous fouffrant eftre dominéz & affubiectis par les concupifcences corporeles, eftantz foubz la difpofition fatale & de leur Demons, nous trouuons affubiectifz & dominez par ces Demons, qui fe feruent de nous, comme d'inftrumentz, lefquelz ilz tournent a toutes mauuaifes operations, foit noifes, diffenfions, guerres, feditions, querelles particulieres, & autres infinis maux & villanies, nous eftimantz auoir bien payé, quád ilz auront fatisfaict a vne de noz concupifcences, d'ambition, gloire, auarice, ou paillardife. Laquelle monoye nous prenons auffi volontairement en payement, qu'ilz la nous prefentent: & ce par le moyen d'autres hommes que ils ont trouué auffi mal aduifez, que nous de leur obeyr: par lefquelz ilz nous payent en ces matieres, & moyens dominantz l'affection de noftre conuoitife. Ces chofes font vtiles a confiderer, pour donner quelque remede a telz erreurs ou pour le moins s'y eftudier, & employer celuy qui veritablement en a le feul remede: ET penfer que TOVTES CHOSES DEPENDENT DE DIEV afcauoir les bonnes fuiuant la nature de leur inftitution faictes par ce bon Dieu, qui a créé toutes chofes pour le profit, vtilité, & feruice de l'homme, & a faict l'homme pour foy, a ce qu'il foit prifé, loué, honoré, & contemplé de luy. Parquoy tout vfage des creatures de Dieu reçeu, comme dict fainct Pol, en actions de graces, & felon l'intention du conditeur, eft tres-bon, par ce que toutes ont efté

faictes

Vne fphere entour la terre.

Des fpheres dependent les Demons.

Communication d'actiós fataleia l'ame.

Les concupifcences tentét l'homme. Iacob. 1. c

Commens dependent les hommes des Demons. Rom. 6. c

Trafic des Demons aux hõmes.

Toutes chofes dependent de Dieu. 1. Timot. 4. b

faictes bonnes de leur nature & creation : & par ainsi toutes ces bonnes choses dependent de Dieu, les mauuaises sont distinguées en deux, c'est a dire en celles qui portent vice & peché, & celles qui portent punition. Celles qui consistent en vice, ne peuuent dependre de Dieu cōme nous l'auons frequentement dict, à cause qu'elles gisent en priuation & n'ont aucune essence, en tant qu'elles sont contraires a la seule source de toute essence. Et a ceste cause elles ne sont contées parmy les choses, qui sont, de tant qu'elles ne sont : ains sont sans essence, en totale priuation. Celles qui consistent en punitions, combien qu'elles soient nōmées de Dieu plusieurs fois mal par le dire des Prophetes, & autres escriptures, Dieu s'accōmodant a l'imperfection de l'homme, pour estre entendu de luy : ce nonobstant il nous est manifesté, qu'estant les executions de la iustice de Dieu ilz ne peuuent a la verité estre dictz maux : mais le sont dictz estre telz par ceux qui haient verité, ascauoir ceux qui les portent & souffrēt. Car iamais vne punitiō ne chastiera, si elle aporte bien, ou côntentement, il faut qu'elle aporte desplaisir. Car l'hōme a ceste inconsideration generalement, de nōmer mal tout effect qui luy desplaist soit en son vice, ou en sa vertu. Ce mal donc ainsi nōmé de Dieu pour soy faire craindre & entendre aux folz est dependāt de Dieu, comme estant a la verité vne tres-bonne & saincte action, comme il est dict par le Prophete, Ie suis crēat le mal : & ailleurs, S'il y a mal en la cité que le seigneur n'aye faict : & en ceste maniere toutes choses qui sont dependent de Dieu.

Choses mauuaises sont vices ou punitiō.

Vices n'estās en essence ne dependent de Dieu.

Esay. 45 a Iere. 46. Pourquoy punitions sōt dictes mal.

Mal de punition depend de Dieu.

Parquoy Dieu est Pere, & facteur, createur, & source de toutes choses, entēdu que toutes dependent & procedent de luy, ascauoir les corporeles de sa creation & operation, & les incorporeles sont eternelement en luy, comme n'y ayant autre chose incorporele que luy. Dont s'ensuit qu'il est vray pere & facteur de toutes choses, mais l'operateur est le Soleil, auquel est commise la charge & a sa compagnie des corps celestes de toute operation & composition de la matiere auec la forme, en toutes creatures morteles. Et le monde est l'instrument de ceste operation, par le moyen de toutes ces parties, qui seruent d'instrument a executer les operations, desquelles l'harmonie celeste est chargée, & pour lesquelles elle fournist les actions vertus & Demōs portantz l'efficace a produire les effectz. Car les creatures mortelles qui ny seruent que d'instrument, mesme aux generations & mutations produisants creatures, ne fournissent d'elles aucune action ou vertu : de tant qu'elle ne leur a esté baillée, ains a l'astre pour la conduicte & dispensation des choses sensibles & materieles. Et par ainsi le Soleil auec sa troupe, est l'operateur, & le monde en ses parties est instrument, poussé par c'est operateur. Toutesfois parlant plus generalement, nous trouuerons que le Soleil mesmes, & les autres corps ne sont que instrumentz au regard du sainct Esprit vray operateur. Car en plusieurs operations lon met en œuure diuers instrumentz a la foys, & ne se contente lon d'vn, comme le menuisier met a la fois le maillet & ciseau, le forgeron la tenaille, chasse & marteau, qui sont trois.

Dieu facteur & createur le Soleil executeur.

Le monde instrument d'operation.

Parties du monde instrumētes des astres & Soleil.

Soleil & astres instrumens du sainct Esprit.

Parquoy il n'est inconuenient, que Dieu mect en œuure a la fois diuers instrumentz en son operation comme le Soleil & la creature mortelle : lesquelz sont dictz instrumentz, à cause qu'il n'est en eux de faire en ceste operation bien ny mal, s'ilz ne sont fournis d'actiō & vertu par l'operateur, non plus que les outilz de l'artisant. A cause de quoy en toute operatiō naturelle, & laquelle a besoin d'influance, l'homme mesme, qui est ailleurs plus, que instrument, n'est en c'est endroict que instrument, soit à produire enfans, il ny sçauroit rien adiouter ny oster, sinon tant que les operations diuines commises a nature & les ministres le pousserōt. Nō faira pas l'agriculteur, ny le iardinier, qui sera employé en infinies diuersitez lesquelles il ne conduira iamais a sa fin pretendue, que comme instrument, laissant venir la vertu d'enhaut, à cause dequoy nous cōfesserons qu'il n'y a à la verité que vn ouurier, qui est le sainct Esprit de Dieu, & que tout le reste ne sont que instrumentz & matiere. Cecy s'entend en toute maniere de generations & elcuemētz des creatures, de laquelle operation nous parlons maintenant, ne faisant grand compte de parler de la petite & basse operation, qui se faict par l'homme & par art ez choses, qui gisent en sa puissance, en laquelle combien qu'il s'aide des actiōs & puissances de Dieu, qui luy sont commises, & par lesquelles ilz cōduict son operatiō, ce neantmoins il n'est estimé cōme instrument, ains est estimé operateur, de tant qu'il a en luy la principale conduicte de l'operation, laquelle n'est iamais en l'instru-

En quoy l'hōme n'est que instrumens de Dieu.

L'homme instrumens es operations natureles.

L'homme operateur es choses d'art.

ment, ou bien outils, c'est l'arbitre par lequel il delibere la besoigne, telle qu'il la veut, & la tourne de la part que son arbitre la desire, qui n'est vertu conuenante à l'instrument: lequel n'a aucune election ou choix, par laquelle il puisse diuertir son operation d'vne part ou d'autre, mais la nature de l'instrument est d'estre incessamment agité, & incité, selon le vouloir de l'operateur, ne pouuant faire autre chose que ce à quoy il le conduict. Sur ce propos il s'offre à parler d'vn grand abus obserué de plusieurs, qui ont voulu dire l'homme en matiere de son salut n'estre que l'instrument de Dieu, n'y pouuant par consequent faire, que selon qu'il y est poussé d'vne part ny d'autre. Vray est que telles personnes soy trouuans empeschez, quand l'on leur propose le vice que l'homme commet, ne pouuoir estre faict par l'impulsion de ce bon Dieu, qui n'en veut point, ils trouuent qu'ils ont commencé par vne si grande erreur d'auoir dit l'homme seul instrument, qu'ils sont contraints pour suyure ce propos, de tomber en vne plus grande, par laquelle ils disent l'homme perpetrant toutes meschancetez, y estre conduict, poussé, ou ordonné de Dieu. O quelle blasfeme, de rendre ce bon Dieu aucteur de malice, c'est à faute d'auoir conceu, que toute creature prouueuë d'arbitre, ayant puissance sur quelque operation, ne peut estre dict instrument en ceste operation, comme l'homme ayant arbitre d'accepter le feu ou l'eau, le bien ou le mal, la vie ou la mort, ne peut estre dict simple instrument mais cooperateur, comme sainct Pol l'a nommé, comme il l'est en toutes ses autres operations sousmises à son arbitre, esquelles il prend les actions & vertuz de Dieu, l'arbitre de luy: lesquelz tous sont en luy de la nature de sa creation, par l'attribution du sainct Esprit. Mais aux operations diuines commises à nature ame de l'vniuers, & ses ministres, l'homme n'y est que simple instrument, non plus que le Soleil, & autres creatures, & ce à cause qu'il n'y a rien subiect à son arbitre, non plus qu'à celuy des corps celestes, qui n'en sont aucunement prouueuz. Mais tant les corps que l'homme ou autres creatures parties du monde, sont poussez comme instrumens, à faire ceste operation, dont nous disons le monde estre instrument du Soleil en ses operations, à cause que le Soleil luy fournit les principales parties & vertus. Lesquelles parties passent par son ministere, auāt paruenir à celuy des creatures, parties du monde, comme Dieu disoit Aaron Prophete de Moyse, combien qu'ils le fussent tous deux de Dieu. Aussi le Soleil & le monde sont instrumens de Dieu: & toutefois le monde est dit instrument du Soleil, ET L'INTELLIGIBLE ESSENCE GOVVERNE LE CIEL, c'est ce bō Dieu seule essence intelligible de sa nature, sans tenir aucune chose du sensible, lequel par son eternelle intelligence & prouidence, cōduict & gouuerne la conduicte de cest vniuers, admirable en grandeur & mouuement, & toute diuersité d'effects. ET LE CIEL ayant receu toutes les actions & vertuz diuines, ordonnées pour la conduicte des creatures & choses natureles, gouuerne LES DIEVX. C'est que ce bon Dieu ayant departy en toute la region celeste, depuis ces puritez diuines iusques à la region elementaire & concaue de la Lune, toutes les actions & puissances, par lesquelles les corps celestes deuoyent regir & gouuerner la matiere, le ciel & totale region celeste prouueuë de ses puissances diuines, gouuerne & depart aux Dieux celestes corps immortelz, leur charge, comme ces corps executans leur charge PAR LES DEMONS, SVBIECTS AVX DIEVX, leur commandent comme dependans d'eux, & ces Demons par leurs executions GOVVERNENT LES HOMMES, qui se sont laissez assubiectir & subiuguer à leur puissance, par leur tresgrande indiscretion, negligence, ignorance, & defaut. CELLE-LA EST L'ARMEE DES DIEVX ET DEMONS, par laquelle leur multitude & ordre de chascun, ensemble l'estat de leur charge est prescrit & ordonné. Et à la maniere des gens de guerre, ils ne cessent de tascher & faire tous efforts d'acquerir domination, mesme sur l'homme, comme creature & animal diuin, sur laquelle ils desirent plus pouuoir dominer, que sur toute creature: à cause qu'il a Dieu en sa composition, du tout contraire à la matiere, de laquelle ils sont purs administrateurs & de son imperfectiō, du tout cōtraire à la perfectiō diuine, MAIS DIEV FAICT CES CHOSES A SOY PAR CELLES CY. C'est que Dieu faisant toutes choses en la matiere composées de matiere & forme, par le moyen de celles-cy, comme instruments qui sont les corps celestes & leurs Demons, il les faict à soy & siennes, pour estre comprinses en ce total vniuersel & compliment ou plenitude de toutes choses, qui est Dieu. ET LES PARTIES DE DIEV SONT TOVTES CHOSES, en tant que toutes choses comme il a esté cy deuant declaré, prinses en plenitude, perfection ou compliment (de maniere qu'il n'y en reste aucune, & non prinses en multitude, nombre ou separation)

Abus sur l'intelligence d'instruments.

Cal. instit.

Eccl. 15 c. 1. Cor. 3. b. L'homme cooperateur à son salut.

L'homme & autres creatures instrumens.

Exod. 7. a.

L'essence regit le ciel.

Le ciel regit les Dieux. Les Dieux regissent les Demons.

Les Demons gouuernent les hommes.

Action de Demons nature d'armée.

Toutes choses parties de Dieu.

separation) soit Dieu, qui a ceste cause est dict estre toutes choses, par ce que en ce tout il y a compliment, & perfection d'assemblée en vn & seul subiect, ce qu'il n'est pas, si ces choses sont prinses eu esgard a leur diuersité, differance, nombre, multitude, ou autre maniere quelconque de discretion, separation, ou despartement, de tant que ce nombre, multitude, ou separation offenceroient ceste vnité, qui est en Dieu seule sans nombre, multitude, ny separation. Parquoy il prend ce mot parties improprement, pour satisfaire a nostre intelligence, qui estimons partie estre tout ce qui part & est retiré d'vn subiect, qui ne peut conuenir a Dieu, duquel rien n'est osté, mais il en vse comme Dieu a vsé de repentence, passion, crainte, ou autre imperfection a la maniere humaine, s'accommodant a nostre foible intelligence, ET SI TOVTES CHOSES SONT SES PARTIES, comme toutes estant en luy, non proprement comme elles estant luy, à cause de la separation que emporte le mot de parties, mais toutes estant en luy. DIEV EST DONC TOVTES CHOSES, OV bien toutes choses sont Dieu, comme nous auons dict entendues en compliment d'assemblée vne & seule, & non en multitude ny discretion de nombres, mais en plenitude & perfection de ceste vnité, comprenant toutes choses: FAISANT DONC & fournissant TOVTES CHOSES, IL FAICT & fournist SOY MESMES, c'est à cause que toutes choses ne sont pas faictes, mesmes les parties diuines communicquées pour forme aux creatures, lesquelles estant eterneles en Dieu, n'ont iamais eu façon qui soit leur commancement. Vray est que nous pouuons estimer façon, pour composition & assemblée faicte en vn subiect ou creature, & en ceste maniere ces parties diuines ont eu commancement en ce subiect ou creature, & ne sont eterneles pour son regard, mais de leur simple nature, & pour le regard de la creature, sont temporeles, entant qu'estant appropriées a ceste composition.

Dieu est compliments de toutes choses.

Dieu faisant tout comment faict soy mesme.

Mais d'autant que l'assemblée & compliment de toutes choses faictes n'est Dieu, ains c'est le compliment & assemblée de toutes choses, nous retournerons encore a celles, qui ne sont faictes, qui sont celles que Dieu peut faire, quand il luy plaira par sa vertu, & puissance, par laquelle nous le trouuōs plus grand & admirable, que par la creation de toutes choses faictes, comme par ceste creation de toutes choses faictes nous l'auons tenu plus grand, que par le nom de Dieu. C'est donc c'este extreme grandeur & excellence qui peut estre admirée de l'homme en Dieu, la puissance de faire & créer plus grandz choses en qualité, nombre, excellence, & conditions, que toutes celles qu'il a faict. Dont s'ensuit qu'il luy reste encore prou vertus & puissances, qui iamais ne surent communicquées a creature, & par consequent ne sont entrées en composition, reserué en l'homme auquel Dieu mettant son sainct Esprit, & Iesus Christ son Filz auec luy, il luy a donné toutes choses: mais l'inperfection de l'homme n'a esté capable de le faire paroistre. Et par ainsi faisāt l'homme, auquel il s'est mis, il a faict soy mesme contenant toutes choses: dont il a esté dict vn petit mōde. Aussi nous auons cy deuant auec Mercure faict differāce, des parties faictes en l'homme, aux parties non faictes, ny engendrées, à cause que entre toutes creatures il a seul receu le sainct Esprit, dont il s'est trouué en ceste partie immortel, & en sa partie corporele mortel. Il s'est trouué en ceste principale partie non faict, & en sa partie corporele faict, par ce que ceste partie demeure eternelemēt. A ceste cause quād nous estimōs Dieu faire toutes choses, nous entendons choses faictes, lesquelles estant toutes comprinses en luy, & dependantz de luy, nous disons que faisant toutes ces choses, & y comprenant iceluy qui leur donne action & vie, il faict soy mesmes, qui est toutes choses en compliment & perfection, & nō seulement aucunes d'entre elles & semblablement fournissant toutes choses a ceste assemblée & compliment ou perfection totale, il fournist soy mesmes. C'est pour nous faire entendre, que nous ne pouuōs plus aprocher nostre comprehension & cognoissance de Dieu, qu'entēdent estre vne seule chose, cōprenant en soy la perfectiō & compliment de toutes choses: de maniere qu'il n'en reste vne seule: & desquelles estant ainsi assemblées soient prinses en telle maniere fondues en luy, qu'il n'y puisse estre imaginé diuersité, multitude, nombre, ou differance, mais la deuons considerer en ceste perfection de compliment, plenitude, ou vnité, & non de nombre, multitude, ou composition. Et ce qui le garde de pouuoir estre dict composé de toutes ces choses, c'est que toutes estoient de luy auant leur composition. Parquoy ne receuant rien, que de soy seul & non aucune chose estrange, il ne peut estre dict composé mais tres-simple en son estat & condition de vraye & seule vnité.

Choses eterneles cōmancent en la creature.

Grandeur de Dieu en ce qu'il n'a encore faict.

Rom. 8.f

Cap. 1. sec. 14 L'hōme party en dieux.

Autre intelligēce de faire toutes choses.

Qui empesche Dieu d'estre composé.

SVR LE PIMANDRE DE

Dieu ne cesse d'operer.

Et ceste operation de Dieu IAMAIS NE CESSERA, car s'il cessoit il ne seroit plus operatiõ. Parquoy ceste vertu diuine ne cesse iamais de faire bien par toutes manieres d'operatiõs. DE TANT QV'IL EST SANS CESSE, son essence portant nature de continuele actiõ & operation, cõme a cy deuãt dict Mercure, si Dieu cessoit d'operer & bien faire, il cesseroit d'estre Dieu. Parquoy il ne peut cesser, ET TOVT AINSI QVE DIEV N'A FIN, ne cessãt iamais son action & employ de ses puissances & bõtés: AINSI MESME SON OPERATION, qui mõstre la nature de son essence, & laquelle la suit, sãs iamais l'abandõner N'A COMMANCEMENT,

L'operation de Dieu ensuyt sa nature.

NY FIN. C'est à cause que Dieu ne pouuant estre oisif, pour ne tumber en vice, ce qu'il ne peut, il est impossible, qu'il soit auant son operation, ny qu'il soit apres elle: de tant que cõme nous venons de dire, il ne seroit Dieu, s'il cessoit d'operer & demeuroit oisif, chose trop indigne de sa perfection. Et par ainsi son operation est eternele, comme luy, sans aucun commancemẽt ny fin. Il y pourroit auoir quelque curieux, qui diroit que le mõde & toutes cho-

Question curieuse.

ses materieles sont faictes dans temps, lequel a eu commancement, & par ainsi auant ce cõmancement Dieu n'operoit. Ce seroit mal aduisé de penser, que Dieu ne peut operer que pour ce monde, qui n'est rien, qui merite d'estre compté, eu esgard a ses puissances, par lesquelles il est en luy d'en faire non deux ny trois, mais vn milier & infiniz en nombre & quãtité. Parquoy nous ne serõs doubte, que tout ainsi qu'il estoit eternelemẽt Dieu auant faire le monde, il estoit pareillement eternelement operant, & bien faisant, sans que en sa perfectiõ

Dieu eternelemẽt operãs.

peut tũber aucune oisiueté. Car il eschoit en luy autres operations, q̃ les corporeles & materieles, comme nous en voyons l'experiance par ses parties mises en l'homme, qui souuant opere sans matiere, ascauoir aux estudes, disciplines, sciences, & contẽplations, esquelles ne cõuient aucune necessité de matiere: de tant que ce sont les vrayes operations de l'Esprit de Dieu habitãt en l'hõme. Par plus forte raison nous ne deuõs doubter, que ceste diuine puissance & intelligẽce non contraincte d'aucune matiere, ny assubiectie a aucun arbitre ne face plus grãdes, & puissantes, & excellãtes operatiõs, & cõtinueles suiuant, sa nature & conditiõ, qui ne reçoit aucune oisiueté, & ce, de toute eternité, & auãt tous temps & mouuemẽtz, ou aucune production de matiere. SETCION. 14.

DE TAT AV ROY AMMON.

O Roy, si tu l'entẽds biẽ, il y a choses incorporeles, voire des corps. Quelles? dict le roy? Ne te sẽble il pas que les corps qui aparoissẽt aux miroirs sõt incorporels? Il est ainsi ô Tat, tu l'etẽds diuinemẽt, dit le roy. Il y a d'autres choses incorporeles cõme les idées? Ne te le sẽble il pas dõc? elles sõt incorporeles aparãtes en corps, nõ seulemẽt des choses ayãt ame, mais des choses sãs ame. Tu dis bien ô Tat, en ceste maniere y a reciproque action des choses incorporeles aux corps, & des corps aux choses incorporeles c'est a dire du mõde sẽsible a l'intelligible, & de l'intelligible au sensible. A ceste cause venere les images, ô roy, comme elles ayant idées du monde sensible? Le roy donc soy leuant dit, ô Prophete, n'est il pas temps d'auoir soin des hostes? Mais demain nous parlerons de Dieu des choses qui restent.

COMMENTAIRE.

CEste derniere sectiõ par son assiete dans l'exẽplaire Grec nous tesmoigne le peu de soin qu'ont eu quelquesfois les anciens, de distinguer par leurs escrits les propos diuers, comme nous voyons par ceste section, laquelle changeant non seulement de propos, ains d'aucteur, comme ce qui s'ensuit le nous manifeste: toutes-fois l'exemplaire Grec n'y faict aucune differance non de ligne, non de lettre capitale, ny d'vne seule petite virgule: cela pourroit bien estre aduenu du transcripteur, comme d'ailleurs. En toute manie-

Propos d'Æsculape interrõpu par Tat.

re c'est vn fragment par lequel il semble que Tat, filz de Mercure aye interrompu le propos d'Æsculape, & par consequent nous aye faict perdre les definitions des subiectz proposés a son tiltre de ce chapitre, lesquelles il auoit tres-bien commancé, iusques en ce lieu qu'il est interrompu par Tat parlant au roy Ammon des operations de Dieu, Lesquelles estant incorporeles ce neantmoins exercent leur operation sur les choses

Action sur la matiere si corporele & incorporele.

materieles, & corporeles pour oster l'opinion de ceux, qui penseroient que vne operation, qui deuroit operer sur vne chose corporele fust pareillement corporele, & s'aidast d'instrumens corporelz, comme nous le voyons quelquesfois : ce n'est pas toute-fois le plus souuãt.

Car

Car combien que le Soleil soit corporel, ce neantmoins les actions & vertus, par lesquelles il remuë de si pesantz faix en la matiere, & ses corps sont purement incorporels, par lesquels il imprime conditions, & qualités sans aucune manifestation de corps, ageant ny operant, par effectz ny force, ou puissance corporele. Et ainsi la plus part de toutes operations diuines, combien qu'il en soit faict aucunes par moyens materiels, côme le sainct Esprit a souuant operé par feu, & vent vehement : par toutes ces considerations Tat infere, qu'il y a tresgrande frequentation des choses incorporeles auec les corporeles, & que l'vne aide l'autre, a estre cogneues, par la refraction ou retour qui se fait de l'vne a l'autre. Dont il commance ce propos. O ROY, SI TV L'ENTENS BIEN & consideres la dependance des choses, & l'aliance par laquelle l'vne sert a l'intelligence de l'autre, IL Y A DES CHOSES INCORPORELES, VOIRE qui procedent DES CORPS, & depádent d'eux. QVELLES DICT LE ROY? NE TE SEMBLE IL PAS par exemple QVE LES CORPS, QVI APAROISSENT AVX MIROIRS, & qui sont depandantz des corps materielz, & corporelz, SONT neantmoins INCORPORELS, & n'ont aucun corps? Car s'il y auoit corps, il seroit palpable, sensible, & maniable: ce qu'il n'est pas, combien qu'il soit visible: car la veuë n'en aperçoit que la figure & pourtraicture, ou couleur, qui n'est pas propremant le corps, le prenant materiel, comme il est prins de Tat, parlant au roy Ammon, qui a l'aduanture n'estoit grand Philosophe pour entendre la definition du corps Geometrique, qui contient trois mesures, soy coupans a langle droict, a cause que toute figure de corps materiel representée par le miroir, combien qu'elle ne soit corps materiel, elle est neantmoins corps Geometrique, contenu de trois dimétions, lõgueur, largeur, & hauteur. Et pour parler de ce propos plus exactemant nous ensuiurons ce, que nous auons ci deuant dict : c'est que l'incorporel ne peut apparoir au corps. Parquoy la veuë corporelle ne peut voir idée incorporelle, & l'homme ne voit figure aucune dans le miroir, combien qu'il la voie par la representation du miroir : de tant que la veuë de l'homme ne peut entrer au dedans, a cause que si elle y entroit, & penetroit la glace oultre ses superfices, il ne s'en aideroit comme de miroir, ains comme d'vne vitre trans-parante a voir ce, qui seroit au de la. Et le miroir ne monstre que ce qui est au deça, & c'est par le moyen d'vne refraction, brisement, ou retour, qui se faict des rayons de la veuë contre le pollissement de la superfice du miroir: lequel retour prend son assiete sur le corps qu'il trouue en son chemin. Et c'est celuy là qui est veu dans le miroir, ou plus proprement par le secours, & moyen du miroir, lequel aiant receu la veuë la replie, ou renuoie hors de soy, comme vn paué bien vny renuoie vne pelote, ou vn esteu a mesme angle, qu'il a faict arriuant sur luy: tout ainsi le miroir renuoie la veuë, faisant mesme angle sur sa superfice par le raion, qui en part, que par celuy qui y arriue. De ces manieres de miroyr il en est infinis, dôt les aucunes representent la figure presentée a la verité, les autres la diuersifient : & ce à cause de sa forme, comme le conuexe la rend petite, le concaue grande, pourueu que le subiect soit entre luy & son centre : ou s'il en est plus loin la representera a l'enuers, tournée du dessus dessoubz. Il y a vne autre maniere de miroir, qui sont bien iustes & planiers, toutes-fois a faute de leur assiete, ilz representent ce qui ne semble pas leur estre offert, comme il en a esté faict quelque fois, lesquelz leur presentant le pourtraict d'vn personnage representoient des lettres ou autres ouurages: leur presentant vn visage taché, & maculé de plusieurs taches, & couleurs, ilz le representoiết net, & bien coloré. Ce n'est pas a la verité qu'ilz rendent vne chose pour autre: mais c'est qu'ilz ne voient que ce qu'ilz representent, & non ce que l'homme voit. & pour le faire brief, le miroir ne represente chose quelconque à l'homme en luy, mais il adresse les rayons de la veuë vers la chose regardée. Qui les voudroit tous descrire, ce seroit pour en faire vn volume, ce qui n'est de nostre propos : toutesfois nous en retirerons qu'ilz rendent a la veuë de l'homme la chose sans matiere, qui de soy est materiele, comme nous dirõs bien tost, qu'il aduient à toute maniere de veuë. IL EST AINSI O TAT, TV L'ENTENDS DIVINEMANT, DICT LE ROY. Tat passant outre luy continue ce propos par autres exemples. IL Y A D'AVTRES CHOSES INCORPORELES COMME LES IDEES, NE TE LE SEMBLE IL PAS DONC? Car les Idées sont les conceptions, & representations (qui se font en la pensée) des choses corporeles (pour suyure nostre propos) comme quád vne personne se represente en sa pensée son amy figuré de toute sa stature : quand l'Architecte se represente en sa pensée vn bastiment, auquel n'y a encore pierre sur pierre, & ainsi des autres: ces conceptions, &

Choses incorporeles procedãts des corps

Propos des rayons des miroirs.

Diuersité de miroirs.

Miroir ne represente mais adresse la veuë au subiect.

Idées incorporeles sont conceptions.

imaginations sont dictes idées, vrayement incorporeles, à cause qu'elles ne sont encore en corps, mais en la seule pensée, inuention, ou qui s'apelle idée. Et ceste cy est la vraye incorporele, au propos de laquelle Tat est paruenu par le moyen de l'image du miroir : laquelle a la verité n'est incorporele, sinon en tant que Tat parloit au roy Ammon non guiere versé aus sciences a la maniere du vulgaire, lequel estime ne voir dans le miroir le vray corps, mais pense en voir vn qui luy ressemble : & par ainsi ne voyant le vray, mais vn autre, c'est autre est incorporel. Cela presupposé, de tant qu'il n'y a que le vray qui soit corporel, lon penseroit celuy qui est veu dans le miroir estre incorporel : mais pour parler plus pres de la verité, & nous retirer de l'intelligence du vulgaire vers la veritable, & plus certaine, nous dirons que toute personne qui voit dans le miroir quelque figure, voit la mesme figure, comme s'il la regardoit sans aucun miroir : & par ainsi ce qu'il voit est le mesme corps, contenu soubz les couleurs de ceste figure.

Vraye intelligence du miroir.

Car si celuy qui voit dans vn miroir deuant soy, vne personne qui est derriere soy, & pense voir sa semblance deuant soy, il se trompe : car a la verité il voit ceste semblance au lieu mesmes ou est le corps, & ce par le moyen que sa veuë ne s'arreste au miroir, comme il pense. mais s'en retourne par la refraction que le miroir faict de ses rayons, lesquelz il renuoye droictement sur la vraye personne, qui est derriere soy. A cause dequoy il ne voit ceste semblance de la personne deuant, mais la voit derriere, corporele, telle que a la verité elle est & ainsi des autres. Toutes-fois Tat s'est aidé de c'est exemple enuers le roy Ammon selon la commune acception du vulgaire, par laquelle supposant ce deffaut, que lon voye la semblance ailleurs que la ou est le corps, il sera certain que ceste figure sera incorporele, & n'aura aucun corps, car il n'ya qu'vn corps pour les deux, lequel la veritable figure couure, & non celle qui reçoit ailleurs, laquelle par consequent seroit chose incorporele, dependant d'vn corps, comme les idées sont incorporeles dependant des corps, qui sont, ou peuuent estre imaginés. Et ces idées pourtant en soy representation, ou figure en la pensée, ne dependent que des choses corporeles à cause que les incorporeles n'ont aucune figure, ou representation faicte aux sens en presence, mais sont representées à l'ame par argumentz, ratiocinations, & conclusions sans aucun dessain, ou figure. Parquoy toutes celles, qui se representent soubz quelque pourtraict, delineation, dessain, ou figure, a la pensée dependent infailliblement des choses corporeles. Ce sont les vrayes idées qui representent, & figurent toutes choses, qui feurent, ou seront iamais faictes qui sont assises eternelement en Dieu, eternel exemplaire de toutes choses, pourtant toute maniere de idées & representations figurées. Et de ces idées a commancé l'estre de toutes choses, a cause qu'elles sont de toute eternité en l'exemplaire diuin auquel n'entre aucune mésonge, mais toutes essences veritables : de maniere que la chose representée par l'idée en l'exemplare diuin, à cause qu'elle est de toute eternité (comprenant & surpassant tout temps present passé, & futur) en la presence de Dieu, est dite presenté à Dieu sans aucun respect de temps passé ou futeur, lieu, ny mouuement, dont elle est dicte y auoir prins son commencement soit elle corporele, ou bien incorporele. Car bien qu'elle soit corporele, elle ne laisse d'estre aussi presente à Dieu, qui est intelligence, sans auoir son corps, que ayant son corps, & ce à cause que Dieu n'vsant d'aucun sens corporel, mais de seule partie intelligible n'a besoin que la chose aye corps, pour luy estre manifestée, ains sans la presence de ce corps, ce corps mesme luy est mieux manifesté, qu'il n'est aux sens corporels de l'homme, qui le voit deuant soy. & en ce mesme temps que la chose a son corps, Dieu n'y aperçoit, ou cognoit non plus, qu'il a eternelement faict en son idée. Et ce que la chose reçoit receuant le corps par consequent, ce n'est sa propre essence : car elle estoit long temps auant, mais c'est qu'elle reçoit moyen d'estre manifestée au sens corporelz de l'homme & autres animaux, & non qu'elle commence son estre de ce temps ains seulement sa manifestation aux sens : comme il est dict par Iesus Christ, qui estoit auant Abraham, luy parlant de soy mesmes viuant en corps materiel. De tant qu'il estoit eternelement en l'idée & exemplaire ou intelligence diuine, tout tel qu'il y fust apres nous estant manifesté, & a noz sens par l'assumption de son corps, comme sainct Pol le dict estre le grand sacrement de pieté, manifesté en chair : & sainct Pierre

Deception du miroir.

Figure separée du corps est incorporele.

Pourquoy idées sont incorporeles

Idées en l'exemplaire de Dieu.

Comment sont eterneles toutes choses.

Le corps est presente a Dieu auant estre faict.

Iesus Christ estoit auant Abraham.

MERC. TRIS. CH. XVI. SECT. XIIII.

Pierre l'escrit, precogneu auant le monde, mais manifesté pour nous aux derniers temps: de maniere que la manifestatiõ de la chose corporele faicte aux sens, ce n'est celle qui luy dõne l'estre, mais c'est la forme qui est dõnée a ce corps qui dõne l'estre, comme les Philosophes voire mesmes Ethniques l'ont escript: & ceste forme estant partie diuine en Dieu son estre eternel, & de laquelle, & par laquelle l'idée de la chose corporele cõposée de matiere & forme, se trouue auoir l'estre eternel en l'intelligence diuine. Et celle est l'excellance, & perfection de l'idée constituée en l'eternel exemplaire diuin, d'estre eternele mēt telle en la presence de Dieu, qu'elle y sera lors, qu'elle sera manifestée aux sens corporelz, par l'assomption de son corps materiel: & neantmoins telles idées sont incorporeles auant leur manifestation faicte aux sens corporelz qui est le plus long temps. Reuenant donc aux idées de nostre propos, nous dirõs qu' ELLES SONT INCORPORELLES de leur nature, ne couurãts en effect aucun corps, & toutes fois sont APARANTES EN CORPS, lequel elles representent par leur aparance, non aux sens corporelz mais a l'intelligence, qui les imagine, NON SEVLEMANT DES CHOSES AIANT AME, comme de toutes creatures viuantes, desquelles l'idée se faict representation par la conception du pourtraict de leur figure: MAIS AVSSI DES CHOSES qui sont SANS AME comme d'vne ville, d'vn païs, d'vn bastiment, d'vne pierre, d'vn bois, ou bié d'vn ouurage faict de main d'hõme, toutes ces choses tombent soubz la representation des idées, de tant qu'elles sont toutes corporeles, & materieles.

1 Tim. 3. d
1. Petr. 1. d
Toute forme eternel estre en Dieu.

Idées presentées en corps à l'intelligence.

TV DIS BIEN O TAT, lequel a ce propos cõclud, EN CESTE MANIERE PAR RECIPROQVE ACTION, secours, ou operation de l'vn enuers l'autre DES CHOSES INCORPORELES AVX CORPS, cõme nous en voyons tous les iours l'vsage, qui les nous manifeste, combien est necessaire la cognoissance, qui est incorporele, à l'execution, & operation de toutes choses corporeles: combien sont necessaires les desseins, & idées comprinses, & conceuës en l'entendemant humain, a l'operation de toutes leurs executions & pour les mettre en vray effect, voire si tres requises & necessaires qu'a faute d'auoir bien faict tels desseins, Idées, & representations incorporelles, toutes manifactures, & ouurages s'en trouuent bien souuent à mauuaise fin: tant est necessaire le secours, operation, & communication, qui se faict par la mutuelle action des choses incorporelles aux corporelles, ET DES CORPS, AVX CHOSES INCORPORELES, lesquelles en ont semblable besoin comme nous auons quelque fois dict auec Mercure, que l'intelligible escheoit en celuy qui l'entend par les sens, lesquelz sont corporelz, & qui par ce moyen secourent l'intelligence de toutes experiances, par le recueil desquelles ilz bastissent en l'entendemant humain la plus part des intelligences, & cognoissances.

Resultãce des choses incorporeles au corps.

Resultance de corps aux choses incorporeles.

Monde sensible & l'intelligible se secourent.

Quel secours font les choses corporeles a l'estude des sciences, soient liures, instrumentz, & autres de matieres dediées au soulagemant des subtilitez & difficultez des sciences, sans lesquelles peu ou point s'en trouueroit, qui y pussent paruenir, sans ceste communication, & mutuelle operatiõ des choses corporeles aux incorporelles. C'EST A DIRE DV MONDE SENSIBLE composé de tous corps materiels, subiectz a la perception des sens, AV MONDE INTELLIGIBLE consistant en toutes vertus, puissances, & actions ordonnées de Dieu, pour la conduicte, & moderation de toutes choses, ET DE L'INTELLIGIBLE AV SENSIBLE, lesquelz ont esté constituez par ce souuerain ouurier en telle meslange, & si bien ordonnée par toutes les parties du monde, depuis le grand ciel des estoiles, iusques a la formis, ou ciron, qu'il n'en y a celle qui ne soit suffisamment proueue du sensible & intelligible, c'est à dire de corps, & vertuz, ou proprietez, & par vn ordre si merueilleux, que ceste diuersité, qui de sa nature a accoustumé entre nous d'engēdrer cõfusion, entretiēt plustost en ceste belle œuure de Dieu vne compatibilité, & mutuele action de l'vn à l'autre, & durée de chasque chose selõ son institution, & ordonnance. Et de toutes ces choses nous manifestans les excellentes operations de Dieu, n'en est sorty vne seule, laquelle auparauant n'aye esté representée en ceste idée diuine, que nous auons nommé du commencement le diuin exemplaire, contenant representation, ou image de toutes choses. A CESTE CAVSE VENERE LES IMAGES O ROY, & ces diuines representations, & vertuz d'imaginer, con-

En toutes choses sensible & intelligible.

B bb 4

SVR LE PIMANDRE DE

tenant en cest exemplaire eternel toutes figures, & desseins de toutes choses, COMME ELLES AYANT IDEES DV MONDE SENSIBLE, & sur lesquelles tout le monde, & toutes ses parties ont esté basties. Ces images ayant idées du môde sensible, ce sont les diuines inuêtions representées en l'exemplaire diuin, de toute maniere de creature, sur lequel (comme estant la premiere idée) toute creature sensible a esté composée, & a receu son origine, & commencemêt. Parquoy il l'a dict auoir l'idée du mode sensible, dont s'est ensuyuy que ceste vertu d'imaginer nous estât communiquée auec l'image de Dieu sur toutes creatures, doit estre tres-soigneusement venerée de nous, comme vertu, & puissance diuine, par laquelle l'homme se rend presentes en sa pensée toutes creatures, & parties du monde corporel, & sensible par les idées, representations, qu'il luy est loisible entre toutes creatures seul imaginer. Nous pouuons aussi interpreter ce lieu pour les choses plus basses, comme s'il disoit, venere & ayme les images, & representations de toutes manieres de creatures, qui seront representées en ta pensée, comme ses representations & images portât en soy & ayant en leur dessain, l'idée, & description fort exacte des parties du monde sensible, & par laquelle seule idée te seruant comme image, tu acquerras la cognoissance, & intelligence de toutes ces œuures de Dieu materieles & subiectes a estre imaginées par idée & conception soit d'animaux, plantes, mineraux, riuieres, montaignes, forests, descriptions de pays, lesquelles choses le plus souuent tu n'as moyen de voir d'vn coup d'œil, a cause de leur grâdeur & forme. A ceste cause, venere, estime, & aime, ceste saincte pensée, & conceptiô, qui t'a esté dônée, par laquelle tu en reçois les images, & vraies idées, ou representations en toy: qui t'en aquierent plus seure, & entiere cognoissance. Et ceste veneration, que tu dois faire a ceste imagination, ne se doibt iamais arester sur elles: mais doit passer outre vers la verité representée par elle, comme a la verité elle en porte le nom, ne proposant que l'ymage ou representation d'vne autre chose. Il la faut donc venerer tant pour la chose qu'elle represente, que pour le tresgrand secours qu'elle faict a l'intelligence, comme estant vertu de ce grand & souuerain Dieu, duquel nous deuons venerer, loüer, & estimer toutes œuures pour l'honneur, obligation, & reuerance que nous luy deuons. Comme en l'animal brut, qui nous est representé par idée, ou imagination nous deuons venerer ce tant excellent moyen de conceuoir la composition de toutes ses parties, s'y seruans, & s'accordâts l'vne a l'autre pour l'executiô des vertus diuines, & graces mises en l'animal, par ce seul souuerain ouurier, ce qu'autre q̃ luy ne peut auoir faict, & duquel nous deuons loüer, estimer, aimer, & venerer toutes œuures: tant par ce qu'elles sont bonnes, q̃ pour l'hôneur de l'ouurier, qui les a faictes. Sur ce propos est sorty vne differance d'opinions, & dispute sur la veneration des images assises ez temples de l'Eglise de Dieu, soit descriptes par peintures plates, ou biê par art de sculpture, esleuées en statues, representât toutes choses sainctes, soit actes ou personnes: dont l'vne partie a dict qu'il les falloit venerer, & l'autre partie qu'il les failloit ruiner, & destruire. Nous deuons considerer premierement ce que Dieu commande aux enfans d'Israel parlant des images de ce temps: attandu que de celles, qui ont esté depuis la religion Chrestienne, l'escripture n'en peut parler: il dict, Quand le seigneur t'aura introduict en la terre, que tu doibs posseder, & qu'il aura abbatu toutes leurs natiôs deuât toy, c'est lors qu'il t'est commêdé d'abbatre leurs autelz, & images, a cause qu'il t'aparoistra lors de froit sens & meur iugemêt de la rebelion, repugnance, & mespris, que ces nations auoiêt de l'hôneur de ton Dieu, en leur maniere de viure. Depuis quâd ces differetz, & debatz sont esté esleuez en l'Eglise de Iesus Christ, fondez a la semblâce & maniere de ces anciês idolatres, l'on n'a côcideré la difference des circôstances: car ces peuples de leur naissance, estoiêt diuisez des enfans d'Israel, & auoient entre eux l'adoration des Images, lesquelles ilz reueroiêt en la plus part de leurs tēples, adressant la culture a la sculpture, ou statue, sans passer plus auant, commê Dagon des Philistins, Astartes des Sidoniens, Baal des Idolatres, qui auoient seduict partie des enfans d'Israel. Lesquelz tous, n'estoient prins pour image, ni similitude d'aucune chose, ains estoient prins pour Dieu leurs mesmes corps: & apres la dispute qui fut de Demetrius l'orpheure d'Ephese contre S. Pol, duquel il se plaignoit, de ce qu'il disoit, q̃ les Dieux ne sont faicts de mains, & la statue, qu'escript en plusieurs endroitz l'escripture faicte d'vn tronc inutile, laquelle n'est faicte en memoire, ny semblâce d'homme, qui a esté, mais c'est vn nô qu'ilz leur donnêt a plaisir, & le veau d'or, que Aaron fit, ce ne fut a semblance de veau quelconque, qu'il leur eust faict bien: & toutesfois ilz faisoient dieux,

non

Venerer les imaginations

Autre maniere de venerer semblable.

Conception digne d'estre aimée & venerée.

Venerer la vertu d'imaginer.

De la veneration des images.

Deut. 7. a. Quant doibuêt estre abatues les idoles.

Adorer la sculpture ou image, mesme.

Act. 19. t. Sap. 13. c. Iere. 10. a. & Bar. 6. Exod. 23. a non seulement des choses qu'ilz representoiēt, mais des mesmes statues, ou figures, qui par consequent estoiēt prinses pour elles mesmes non pour aucune similitude, image, ou idée de quelque chose qui fust autre que celle que leur sens apercoiuent. A cause que c'estoit dans celles la mesmes que les Demons parloient. Ce n'est ainsi en l'Eglise de Iesus Christ, en laquelle il est tres-notoire, que toute maniere de personnes, qui y ont esleué images, ou statues, feust-ce pour en vser, ou pour en abuser, tant les vns q̃ les autres, les ont toutes erigées cōme images, & representation d'autre chose qu'elles ne sont. Et a celles la conuiēt le propre nom d'image, ou representation, de tāt qu'elle se refere à autre, qui est cause qu'elles ont esté tollerées en l'Eglise de Dieu, pour seruir comme d'escripture, enseignement & souuenance, a ceux qui a la verité les prendront pour images, & representations de choses sainctes, ausquelles s'adresse, & est raporté l'honneur, que l'homme faict deuant ceste image, & non a la statue ou corps mort de l'image. Et de tant qu'il y a plusieurs manieres de venerer, reuerer, & honorer les choses sainctes, lesquelles aucuns docteurs de l'Eglise se trauaillent les distinguer par adoratiō de latrie, & de doulie, prenātz ces deux motz des Grecs, λατρεύω & δουλεύω, lesquelz ilz prēnent pour mesme chose, qui est seruir, porter honneur & reuerance. Toutesfois il semble que chascū par la cognoissance que l'ame raisonnable luy presente, y peut mettre la vraye differance, qui y doibt estre obseruée : c'est que tout Chrestien doit tenir pour resolu, que tout honneur, reuerance, seruice, amour, & affection doit proprement estre rendu a Dieu, & non a aucune autre chose, sinon entant que l'homme y recognoist la partie diuine, laquelle seule reçoit c'est amour, ou reuerance en ce subiect, qui est aimé, autre que Dieu, comme au pere qui est commandé d'estre aimé a cause du ministere de Dieu qu'il a en charge d'executiō. Parquoy il est aimé, comme executeur de la charge de Dieu, & ceste dignité & puissance, ou vertu diuine qui est en luy reçoit l'hōneur, amour, ou reuerāce que luy faict le filz, comme lieutenāt de Dieu, celle part ainsi de tous offices & magistrats. Et les amis doiuent plus estre aimez, esquelz les vertus diuines reluysent le plus, & y sont mieux receuz, & autant de toutes manieres de creatures viuantes, l'homme ne doit aimer ny honorer, que la partie diuine, & auoir respect a celle la, comme moyen, par lequel Dieu vient a estre aimé & honoré, sans que lē tout de l'amour soit iamais fiché ny arresté, par les chemins : mais au seul Dieu. Aussi les anciens Ethniques en aiant senty naturellement quelque chose, ont declaré l'amitié n'estre veritable, q̃ entre personnes vertueuses, voulātz inferer de la, que vray amour apartient à la seule vertu, qui est la partie diuine, & intelligible, pour la diuertir qu'elle ne s'enpogne aux parties corporeles : de tāt que c'est en celles la, qu'il le ruine son subiect, & le rend mal-heureux : comme estant bien assise, elle le rend heureux, & en fin parfaict. Tenant donc ceste loy d'amour & reuerāce estre deuë, & apartenir au seul Dieu, & a cause de luy a ses dependēces, les Chrestiens, ausquels seront presentées images de sainctes personnes, & sainctes actions, attandu qu'il ne s'en peut presenter de Dieu pur, ne peuuent faillir a rendre honneur & reuerance a leur saincteté, comme estant partie diuine, assise és personnes representées, par ces images, lesquelles le Chrestien cognoist clairement luy estre baillées pour luy representer la saincte personne qui a fait ces belles œuures, agreables a Dieu. Et en ceste maniere il adressera son amour, & reuerāce a ceste personne, de laquelle l'image luy rend la representatiō, pour aller finer en Dieu son principal but, & au saint comme moyē depēdant de ce but. Il y a eu quelques si basses personnes, & souuāt abusées, par l'auarice des ministres, qui ont attribué vertu nō seulemāt a la saincte personne representée par la figure ou image : mais en la mesme statue. Et ceux la veritablemēt ont abusé de l'amour, & reuerance qu'ilz leur ont offert : de tant que en la statue n'y auoit partie quelconque de Dieu, ains seule œuure de main d'homme, qui est cause que c'est amour & reuerance estoit mal assise. Et quelque fois les ennemis du repos Chrestien voyant l'abus de ces personnes particulieres, commis par le moyen des images, ont prins de la occasion de dire, que l'erection des images est cause de ce deffaut, & sur l'heure ont leué sedition (suscitée d'autre auteur, soy couurant de ce pretexte de religion & amour de Dieu) par laquelle ont leué guerres, & d'entrée sans attandre comme nous l'auons cy deuant dict, que Dieu leur eust donné la possession, & domination de leurs ennemis, voire bien souuant fuiant leur crainte ont abbatu images, autelz, & toute maniere de ce qui seruoit a leur pretexte, auec toutes autres inconsiderations que lon sçauroit penser premierement, sans considerer que toutes

Exod. 11. A

Veneratiō de la chose representée par l'image.

Ou doit estre adressée toute veneration.

En la creature venerez la seule partie diuine.

A la matiere n'est deuë reuerance.

Venerer l'action par l'image.

Abus de veneration.

Pretexte de l'abus par mal faire.

manieres de violances faictes par ceux, qui n'ont le maniemant de l'estat, ne seruent iamais a correction, ou doctrine, ains seulemant a chercher le moyen de les fouir, & non a faire mieux. Dauantage abatans ce fondemant de defaut, pour certain peu de nombre qui en abusent, ilz destruisent l'usage & grande vtilité du public, qui en vse cõme il doit: dont s'ensuit mesme defaut qu'il s'ensuiuroit d'arracher toutes les vignes, pour auoir veu quelque nõbre d'yurognes, ou defendre les mariages pour les abus qui sont en plusieurs particuliers, ou autres semblables moyens, par lesquelz l'on destruiroit l'vniuersel, pour la faute du particulier, au lieu de punir les transgresseurs, & leur dresser la doctrine, & les reprendre de leurs deffautz laissans l'vniuersel en son estat. Car nous osons bien dire que les images bien receuës, & entendues selon la verité de leur estat sont fruict en plus de personnes que les liures: & ce a cause que la plus grande partie des hômes ne sçauent lire, & sçauent bien se presenter en memoire les exemples qu'ilz reçoiuent par la saincte action, que l'image leur represante des qu'ilz sont vne fois instruictz de la maniere, qu'ilz les doiuent entendre, & sur la memoire de ces exemples ilz fondent leur oraison & priere. Parquoy cuidant corriger le deffaut des particuliers, qui en abusent, ces ruineurs inconsiderez destruisent le grand secours du public & de sçauoir deuiner la maniere de prier de l'idiot & simple, quand il est deuant l'image. Tous ceux qui en parlent ne l'entendent pas.

Car nous sçauons tous qu'vne image de bois, pierre, or, ou argent pour priere qu'on luy face n'a puissance de donner santé, secours, ou autre faueur: sy est-ce que parmy plusieurs abus qui y peuuent estre faicts, nous voyons sortir plusieurs signes, & effectz miraculeux, sur diuerse maniere de personnes adressant leur prieres, & faisantz voyages a certains lieux ou sont les images, & representations des choses sainctes. Il en y a qui disent que l'exercice d'y aller, guerist les malades, voire qui s'y font porter sur vne charrete, ou vn basteau: tant y a que nous auons veu de nostre temps que par certains mois il y eust vn crucifix à Muret pres Toulouse, que l'on disoit auoir pleuré, & fust en fin descouuert que c'estoit vne saincte, qu'auoient faict quelques ministres par leur auarice, faisant pertuis par derriere respondantz aux yeux, par ou degoutoient quelque liqueur, dont il s'y adressa vn tres-frequent pelerinage. Et en ce lieu parmy plusieurs autres bus, furent faicts diuers signes miraculeux, dont nous en auons veu l'experience en vne fille percluse de ses membres par plusieurs années, rendue apres son voyage a bonne guarison. Qui nous manifeste non que nous deuions rechercher, ou entretenir telz abus, mais que nous deuons admirer la bonté de Dieu, qui secourt l'idiot, & le sçauant lors qu'il se humilie à luy pour l'enseigner à adresser sa priere. Car il est escript, que nous ne sçauons ce que nous debuons prier comme il le faut: mais c'est ceste bonté diuine qui secourt l'humble, & l'enseigne à prier selon le besoing qu'il en a & en reçoit le benefice. Ce parfaict ouurier par sa misericorde & bonté faict souuent profit des mauuaises choses, les tournant en bien pour les bons, ne laissant pourtant de rendre punition aux inuenteurs, & suscitateurs de ces deffautz.

Nous cõclurons dõc qu'en toutes images receuës en l'Eglise de Dieu y a trois degrez, à sçauoir le simulachre, ou l'image materiele, la memoire de la chose representée, & Dieu, dont ceste memoire depend. Quant au premier, la statue, image, ou simulachre sert aux seuls sens, & n'est subiect auquel il apartiene aucune maniere de veneration, amour, ou reuerance: Le second qui est la memoire representée par la statue, doibt a la verité estre estimée aimé & honorée, & prinse pour exemple, & instruction à paruenir à la fin de laquelle ceste memoire despend, qui est le tiers, à sçauoir Dieu. Contre l'amour, honneur, & reuerance duquel l'homme ne peut faillir par exces d'aimer, priser & honnorer tant qu'il voudra & pourra, ses dependances de graces données de luy a ses saincts: proueu seulement qu'il les aime, honore, & reuere, comme ses dependances, & pour l'amour de luy, constituant tousiours le but, & fin extreme de son adoration, veneration, ou amour, passant par ses dependances en luy comme seul de son propre digne d'estre aimé, veneré, & adoré.

A cause dequoy Tat conseille au Roy Ammon de venerer les images, de tãt qu'en toutes manieres elles representent quelque effect diuin, soyent elles prinses pour celles de l'exemplaire eternel, ou image de Dieu, qui sont les vrayes idées, ou biẽ en ce mõde representãt les creatures, tenāt leur forme de Dieu, ou biē les saints dōnās exēples, ou memoire de sauolōté. C'eſt en toutes manieres vn moyē qui ſert aux plus foibles, de degré pour paruenir à Dieu, auquel ils pretēdent dés le cōmencemēt. LE ROY DONC SE LEVANT DIT, O PROPHETE! N'EST-IL PAS TEMPS D'AVOIR SOIN DES HOSTES? C'eſt apres vn long diſcours des propos diuins, q̃ ce prince auoit eſcouté par long tēps, qu'il ſe leua comme eſtāt las, & trop aſſopy d'vn long repos. Ou bien, cōme ſouuēt il aduient qu'on laiſſe facilemēt les choſes diuines pour s'employer aux choſes mondaines, meſmes és courts des princes, & dit, O Prophete, ou prelat, il eſt temps de vacquer au recueil des eſtrangiers. MAIS DEMAIN NOVS PARLERONS DE DIEV, ou continuerons les propos diuins DES CHOSES QVI RESTENT, c'eſt à ſçauoir les diffinitions & interpretatiōs de tous ſes ſubjects propoſez par Æſculape au titre de ce petit traicté, deſquels en reſte la plus grand partie à declarer, qui eſt vne perte ineſtimable, faicte pour obeir à l'incōmodité d'vn plus grād en puiſſance, ou maniement des choſes corporelles, cōme ſont Princes, & Magiſtrats & autres plus grands, & riches que le commun: cōbien que le plus ſouuent ne le ſoyent en vraye grandeur: toutefois pour obeir à leur ſoulagement il ſe fait communement interruption d'vn fruict, qui à peine ſe recouure plus: cōme ſouuēt il aduiēt à perſonnes affligées, qui apres auoir beaucoup ahāné, ont attaint l'heure de faire leur remonſtrance au prince. Et ſur le poinct qu'il s'attend à receuoir la reſponce, qui luy doit ſeruir de repos pour toute ſa vie, vn eſtourdy viendra rompre ce propos, donnāt aduertiſſement d'vne chaſſe, venerie, ou volerie qui s'offre en commodité. Dont ce pauure ſuppliant ſe trouuera en plus grand peine, que deuant, ſoy voyant perdre le repos, qu'il tenoit pour attaint, & bien acquis. De meſme maniere ſe faict-il és courts de Parlement, où apres auoir attendu ſix ou huict & dix moys vne audience, de laquelle depend le bien ou le mal d'vne pauure perſonne, l'ayant en fin cōmencée apres les autres, auant la deciſion l'horologe ſonne, tout ſe leue, cōme vne monée d'eſtourneaux, ſans le plus ſouuent auoir pitié de la longue attente d'vn pauure oprimé: combien que quelquefois il ſe face, & ſurpaſſent leur heure meſme, eſtant queſtion de perſonnes grands & riches: mais ce n'eſt le plus ſouuent qu'il aduient. Et en ceſte maniere il ſe trouue que les incommoditez des grāds ſont beaucoup plus peſées que celles des petits: de maniere qu'vne heure d'eſbat ou paſſetemps d'vn grand ne ſera pas ſouuent d'eſtourné, lors qu'il pourroit ſauuer le repos, biens & vie d'vn ou pluſieurs moindres, ſelon qu'il aduient. Et en telle ſorte nous perdons à grand regret le reſte des definitions, qui nous ſont preſentées & promiſes par Æſculape diſciple de Mercure le treſ-grand Roy Philoſophe, & ſacerdot ou Theologien, par lequel nous receuōs treſ-amples cognoiſſances de Dieu. Leſquelles nous euſſions receu à plus grād fruict, & plus entiere intelligence, s'il euſt pleu au bon Dieu inſpirer quelcun entre tant & ſi grands perſonnages, qui ont eſté depuis ſes eſcris à le traduire, interpreter & cōmenter pour le ſeruice de ſon peuple. Toutefois voyant que ces grāds n'y ont voulu employer leurs pierres precieuſes & profond threſor, nous y auons employé ce peu qu'il a pleu au bon Seigneur nous donner pour prouocquer, ſelon noſtre poſſibilité, ſon peuple à la veneration & contēplation de ſes grandeurs, loüanges, gloire, vertuz & bontez, deſquelles nous les ſupplions nous donner cognoiſſance, pour luy en rendre mercy & gloire en participation de l'eternelle felicité.

Il nous ſuffira pour le preſent d'auoir declaré par ce traicté de la cognoiſſance de Dieu & condition de l'homme, dict Pimandre, vne partie de la doctrine de Mercure Triſmegiſte, par laquelle il nous eſt aſſez notoire tant par la reuelation, qu'il a pleu à Dieu luy faire au premier & vnzieſme chapitres, qu'auſſi par la doctrine qu'il a publiée par les autres, qu'il eſt du nombre de ceux qui deuant le temps de l'incarnation du ſaint Verbe fils de Dieu manifeſtée ont eſté pourueuz du remede de leur ſalut & deſquelz il a eſté eſcrit, Tous ceux-cy ſont decedez iouxte la Foy, n'ayans encore receu les repromiſſions, mais les regardent & ſaluēt de loin, & confeſſent eſtre comme hoſtes & eſtrangers ſur terre, n'ayans cité ou habitation permanente, mais recherchants la future, qui leur eſtoit preparée. Ce ſont tous les ſaincts Peres, auſquelz les promeſſes du ſalut donē par Ieſus Chriſt ont eſté faictes, leſquelles par viue foy ilz ont veu & ſaluë de loin, long temps auant ſa manifeſtation, attendans par Foy & eſperance des promeſſes de Dieu, qui leur auoyent eſté reuelées le fruict & vſage de ce parfaict bien, vn & ſeul Dieu eternel.

FIN

Table des lieux expliqués selon leur vray sens & intelligence, extraictz des lieux citez en ce present volume.

De la Genese.

1.b	Que la terre germe & produise l'herbe verdoyante,	139
1.d	Et les fist masle & femelle,	68
2.b	Inspira Dieu le spiracle de vie en la face de l'homme,	347
2.c	L'homme mis au Paradis de volupté,	37
Ibid.	Dieu nous a permis de manger de tout bois,	Ibid.
3.a	Il veit que le fruict estoit bon,	36
Ibid.	Tu cognoistras le bien & le mal,	13
Ibid.	Vous serez comme Dieux,	4
3.c	Maudite sera la terre en ton œuure,	46
3.d	Tu retourneras en terre, de laquelle tu es tiré,	174
4.a	Si tu fais bien, tu le receuras,	31
6.a	Mon esprit ne demeurera à tousiours en l'home,	33.103.155
6.b	Ie me repens d'auoir faict l'homme,	34.324

De l'Exode.

3.d	Ie suis celuy, qui suis,	101.110
20.a	Ie suis le Dieu ialoux,	220
33.d	L'homme viuant ne verra ma face,	2

Du Leuitique.

17.a	L'ame de la chair est au sang,	373

Du Deuteronome.

7.a	Tu ne te feras tailler image,	742

Du premier liure des Rois.

16.a	L'Esprit de Dieu a esté faict mauuais en Saul,	397
16.c	L'Esprit de Dieu s'en est allé de Saul,	156

De Isaye.

64.a	Ce qui n'est monté au cœur de l'homme, œil n'a veu, ny langue parlé,	657
66.g	Que leur ver ne meurt point, & leur feu n'est esteint,	358

De Hieremie.

13.d	S'il l'Aethiopien peut changer sa peau, & le Leopard ses bigatrures ainsi, &c.	179.

De Ezechiel.

33.c	Ie ne veux la mort du mauuais, mais ie veux qu'il soit conuerti,	174

D'Osée.

13.a	Ta perdition est tienne, ô Israel,	169.

D'Amos.

3.b	S'il y a mal en la cité que le Seigneur n'ay faict,	176

De Zacharie.

11.b	Ie ne vous paistray plus, ce qui meurt meure,	46

De Malachie.

3.b	Ie suis Dieu, & ne suis point mué,	375

Des Pseaumes.

4.b	Courroussés vous, & ne veuilles pecher,	595
48.c	L'homme n'ayant entendu a esté comparé au brut,	159
113.b	Il faict toutes choses, qu'il a voulu,	230
115.a	Tout homme est menteur,	588.662

Des Prouerbes.

8.c	Le Seigneur m'a possedé auant qu'il fist aucune chose,	220

De Iob.

7.a	Vie de l'homme combat,	103

De Esdras.

4.4.c	Penses tu que les ames des iustes estant en leur promptuaire se soient enquises, &c.	354

De l'Ecclesiaste.

1.b	Tous fleuues entrent en la mer, & elle n'en regorge pas,	207

De la Sapience.

1.a	L'Esprit du Seigneur a rempli le tour de la terre,	383
1.b	Le S. Esprit de discipline fuira la fange,	34

De S. Matthieu.

5.g	Soyés misericordieux, affin que vous soyés les enfans, &c.	129
22.b	Les mains & les pieds liés mettés le au feu eternel.	130
26.c	Cecy est mon corps,	571
26.d	Mô pere, s'il est possible que ie ne boiue point ce Calice,	54
27.a	Mon Dieu, mon Dieu, pourquoy m'as tu laissé,	36

De S. Marc.

7.a	Il n'est rien hors de l'homme, qui le puisse tacher entrant en luy,	42
9.g	Que leur ver ne meurt, & leur feu n'est esteint,	358
10.a	Nul bon sinon Dieu seul	32
14.c	Cecy est mon corps,	571

De S. Luc.

2.d	Iesus croissoit en sapience selon Dieu & les hommes,	69
18.d	Il n'y a bon que le seul Dieu,	113
22.b	Cecy est mon corps,	583

De S. Iean.

1.a	Au commencement estoit le verbe,	114
Ibid.	Toutes choses sont faictes par luy, & sans luy rien,	320.
1.b	Tout autant qui l'ont receu, il leur a donné puissance d'estre faictz filz de Dieu,	197
3.b	Aucun ne monte au ciel que celuy qui en est descêdu,	115,325
Ibid.	Marie a esleu la tres-bonne partie.	162
3.d	Il faut qu'il croisse & ie diminue,	69
5.c	Mon Pere a ouuré iusques à present,	214
6.f	Ie suis le pain de vie,	576
Ibid.	Si vous ne mangez ma chair, & beuuez mon sang,	578
6.g	La chair ne profite rien,	180
8.c	Si vous estes filz d'Abraham faictes les œuures,	129
10.f	Il est escrit, I'ay dict, vous estes dieux,	113
12.d	Quant ie seray exaucé, ie tireray tout à moy,	659
14.a	En la maison de mon Pere il y a diuerses demeures,	683
17.c	Pere ie sanctifie moy mesme pour eux,	91

Des Actes.

17.f	En luy nous nous mouuons, viuons, & sommes,	223.

De l'epistre aux Romains.

1.c	Les choses inuisibles de Dieu cogneues par les visibles,	102
2.a	Mesprises tu les richesses de sa patience?	175
3.a	Estimes tu, ô homme, que tu suis le iugement de Dieu?	167
7.a	Le vouloir gist en moy,	166
Ibid.	Combien que la volonté soit en nous, nous n'auons la force, &c.	36
8.c	Nous sçauons que toutes choses cooperent en bien à ceux qui l'aiment,	302
13.a	Toute puissance est de Dieu,	619

De la premiere aux Corinthiens.

2.c	L'Esprit enquiert & cognoist toutes choses,	116
6.a	Ne sçauez vous pas que les sainctz iugeront ce monde?	160
7.c	Ceux qui ont femmes soient comme n'en ayantz point,	145
11.f	Chaque fois que nous en mangerons, nous annoncerons la mort du Seigneur,	579
12.d	Tous membres sont honestes en nous,	211
13.d	Nous prophetisons & cognoissons en partie,	77
15.c	Il a esté semé en infamie, & s'esleuera en gloire,	5

De la seconde aux Corinthiens.

1.d	N'apartient gloire qu'à luy seul,	132
8.b	Si la volonté est prompte, elle est receuë selon ce qu'elle a, & non selon ce qu'elle n'a pas,	92

De l'epistre aux Galates.

3.b	La loy est posée pour la transgression.	172

Aux Ephesiens.

4.g.	Ne veuilles contrister l'Esprit de Dieu, auquel vous estes marqués,	510, 156

Aux Philippiens.

2.b	C'est Dieu qui opere en nous le vouloir & le parfaire.	173

Aux Coloss.

1.c.	Toutes choses soient au ciel ou en la terre, sont basties en luy,	659

De la premiere à Thimothée.

4.b	Toute creature de Dieu est bonne,	710

Aux Hebrieux.

1.b	Qui faict ses Anges les ventz, & ses ministres flammes de feu,	708
10.a	L'oblation & sacrifice ne t'a esté agreable, mais tu m'as approprié le corps,	581
11.a	Des choses inuisibles Dieu a faict les visibles,	121.134
11.b	Sans foy il est impossible estre agreable à Dieu,	322

De l'epistre de S. Iaques.

2.d	Comme le corps est mort sans esprit, ainsi la foy est morte sans l'operation.	49

De la premiere epistre de S. Iean.

3.a	Il n'a pas apparu ce que nous serons.	77

De l'Apocalypse.

22.a	Qui est sale, le soit encore plus,	46

FIN.

TABLE DES MATIERES COTEES

au marge de ces presentz commentaires, où les nombres denotent les pages, & le mot Ibidem, denote le nombre prochain precedant.

A.

LES effectz que souffre celuy qui Abandonne Dieu, 81
Abondance & subtilité, 436
n'y a rien Aboly, mais est departy, 545
separation n'est Abolition, 546
Abraham paya disme au grand sacerdot, 584
l'Abus des sens destourne l'intelligence, 345
pretexte de l'Abus pour mal faire, 743
Abus de n'estimer diuinité és creatures, 721
source de tout Abus, 244
exemple des Actions corporeles, 458
sans toute maniere d'Actions, Dieu ne seroit Dieu, 458
l'Action inuisible continuée bien faisante en tout est Dieu, 460
comparaison de l'Action diuine à l'humaine, 461
toutes Actions necessaires mises en delectation, Ibid.
l'Action de Dieu n'est subiette à accident, Ibid.
l'Action de Dieu est luy mesme, 462
l'Action diuine ne considere temps ny mouuement, 474
Action corporele ne communique à Dieu, 481
en toutes œuures faut considerer l'Action de Dieu, 484
toutes Actions conduictes par le plaisir preueu, 503
les Actions celestes dominent les creatures conduictes par nature seulement, 138
les Actions celestes sont conduictes par l'air vers la matiere, 139
Actions exterieures bonnes, prennent leur cause de la contemplation, 162
comment les Actions non mauuaises repugnet à Dieu, 170
les Actions non mauuaises s'empirent par la multitude, Ibid.
Action propre aux trois parties de l'homme, 173
Action de la puissance diuine, 699
rien ne resiste à l'Action diuine que l'hôme, Ibid.
l'vrgente Action perturbe les vrays effectz, 704
Actions conioines en operation, 607
toutes Actions humaines sont de l'esprit, 629
l'Action de tout animal gist en la forme, Ibid.
toutes Actions en vn operateur, 640
communication d'Actions fatales à l'ame, 734
Action sur la matiere est incorporele, 738
l'Action d'amour rend la foy viue, 322
toutes Actions & vertus sont ez creatures en ministere, 333
l'Action de Dieu administrée par la creature en est plus foible ou moins guaye, 337
les Actions incorporeles plus fortes que les corporeles, 351
toutes Actions celestes sont bonnes de soy, 20
Actions exterieures n'ôt en soy vice ou vertu, ains seule execution, 42
toute Action se reiouisse de l'acroissement de ses puissances, 44
Actions necessaires ne produisent tousiours effects necessaires, 45
les corps celestes ont sur la matiere Action necessaire, & sur l'ame Action inductiue, 88
toute Actiô de Dieu n'est executée par son vouloir, 438
Action tendant a priuation n'est agreable a Dieu, 439
toute Action non destournée produict bien, 447
Actions intelligibles n'vsent de temps ne mouuement, 455
Action materiele n'a puissance sur l'ame, 394
l'Action commande, & l'effect est commandé, 530
exemple de l'Action du foible sur le fort, Ibid.
toutes Actions de Dieu tendent a bien, 514
Adam ne porta iamais tout son peché, 156
par Adam l'homme ignore ce qui luy nuist, 515
defaut par le peché d'Adam, Ibid.
l'homme a succedé a la coulpe d'Adam, 514
le vice d'Adam a vsé en tous humains, 515
Adam par son arbitre pouuoit retenir perfectiô de creature, 34
Admonition Chrestienne, 491, & 20
Admonition de Mercure a son filz, 213
Admonition de Mercure a Aesculape, 131
Aduertissemét pour l'intelligence du second chapitre, 97
Aenigmes incitent le cœur a l'intelligence, 568
grand sçauoir d'Aesculape, 627
Aesculape veneré des anciens, 688
Aesculape escrit a Ammon paradoxes, 688
Aesculape craint l'interpretation des Grecz, 691
Aesculape craint les secrets aller aux Grecz, Ibid.
Aesculape commance inuocant Dieu, 694
propos d'Aesculape interrompu par Tat, 738
diuerses opinions d'Aether, 64
la plus vraye opinion d'Aether, Ibid.
l'esprit de vie prins de Aether, 65
les Affaires mondaines incompatibles auec Dieu, 342
les Affections sont passion, 528
l'Affirmatiue comprend le seul terminé, 590
pourquoy Affrique a plus de nouueautés, 705
nouueautés en Affrique, 704
l'Agent n'est tousiours auteur de l'Action, 558
comparaison de l'Agriculture, 647
ce qui plus presse l'homme d'Aimer la matiere, 243
l'Air entourne la matiere, 541
l'Air tressubtil de la matiere, 548
l'Air ou l'esprit porte les Actions diuines aux creatures, 214
l'Air portant l'esprit, 64
distinction des trois regions de l'Air, 65
vapeurs, fumées, & nuées faictes d'eau & d'air, Ibid.
exalations du feu & d'Air, 65
vent est compression d'Air, Ibid.
l'Air par la subtilité remplist toute place vague, 113
l'Air penetre de tant plus qu'il est simple & pur, Ibid.
l'ame tressubtille, de l'Air, 221

effectz de l'Air & feu,	294
Dieu est dict Ambifexe côme puissant de produire,	15
Dieu Ambifexe pour puissant d'operer,	25
l'Ame humaine est prouueuë de son besoin	357
n'y a autre Ame separable que l'humaine,	Ibid.
la tres-parfaicte gloire de l'Ame,	359
l'Ame mauuaise ne gouste l'immortalité,	360
l'Ame reprend la voye des reptiles	Ibid.
l'Ame n'est punie par le corps,	361
punition de l'Ame mauuaise,	Ibid.
les passions du corps aueuglent l'Ame,	Ibid.
l'Ame mauuais Demon,	362
que souffre l'Ame mauuais Demon,	362
l'Ame porte son corps comme vn faiz	Ibid.
principal vice de l'Ame laisser Dieu,	Ibid.
la vertu de l'Ame gist en cognoissance,	363
l'Ame pleine de corps,	369
l'Ame est deputée a vn seul corps non contenuë	371
l'Ame au milieu de toutes parties,	373
l'Ame est pourueuë de tout ce qu'elle a besoin,	Ibid.
excuse corporele de l'Ame,	Ibid.
l'Ame n'est sang mais est au sang,	Ibid.
l'Ame est mauuaise par la necessité,	379
l'Ame bonne ne peut plus changer,	378
l'Ame n'est faicte par cognoissance mauuaise,	Ibid.
purité de l'Ame de l'enfant,	380
quelle dissolution a l'Ame,	Ibid.
l'Ame est dicte belle auant ses affections,	Ibid.
l'Ame depend de l'ame du monde,	Ibid.
l'Ame s'empire par la differâce qu'elle a à celle du monde,	380
l'Ame se departant par le corps prend ses conditions,	381
la croissance du corps produict obly en l'Ame,	Ibid.
par obly l'Ame perd participation du bien,	Ibid.
obly vice en l'Ame,	Ibid.
comment l'Ame laisse l'esprit de Dieu,	382
l'Ame decedant en l'amour des choses corporeles,	Ibid.
l'Ame mauuaise peruertist l'ordre de son rang,	Ibid.
l'esprit de Dieu delaisse l'Ame a son iugement,	383
la bonne Ame precede tout à cause du S. Esprit,	Ibid.
l'esprit instrument de l'Ame,	385
l'Ame faicte pensée,	391
l'Ame meschante comment est punie,	Ibid.
punition de l'Ame humaine,	393
question sur l'immortalité de l'Ame,	395
le deuoir de l'Ame tend a l'vnion auec Dieu,	395
Mercure condamne l'opinion de la transmigration d'Ame humaine,	Ibid.
permission a l'Ame de voir hors le monde	475
puissance des-mesurée de l'Ame,	479
l'Ame opere sans temps ny mouuement,	473
la bonne Ame cognoist Dieu par ses effectz,	487
la ou est l'Ame est la pensée,	500
la ou est la vie est l'Ame,	Ibid.
la pensée secours de l'Ame humaine,	Ibid.
l'Ame depraueé par tristesse & volupté,	501
deprauation de l'Ame qui ne se contient,	Ibid.
l'Ame se plonge en tristesse & volupté,	Ibid.
repos de l'Ame abusée,	Ibid.
perdition de l'Ame,	502
l'Ame est plus affligée q̃ le corps estât plus digne,	503
comparaison de l'Ame charnelle au brut,	504
l'Ame charnelle souffre comme le brut,	Ibid.
l'Ame est brutalle sans la preuention du S. Esprit	505
l'Ame ne peut estre deifiée dans le corps,	343
l'Ame estant au corps ne peut voir le bien,	Ibid.
differente opinion de l'Ame,	344
l'Ame parle en premiere personne,	346
opinion de l'origine de l'Ame,	347
l'Ame immortele & incorporele,	346
responce aux obiections de l'Ame créé,	347
aduis de Mercure de l'Ame,	349
l'Ame du grand & l'Ame du petit monde,	349
difference de l'Ame du monde a l'humaine,	349
plus d'honneur amene plus de danger a l'Ame,	350
argumants par la diuinité de l'Ame,	Ibid.
ne cherchons qu'est l'Ame, mais que faict l'Ame,	Ibid.
extreme dignité & & excellence de l'Ame	350
plus d'effectz que conditions d'Ame cognus,	Ibid.
qu'elle est l'amour de l'Ame.	351
que c'est l'Ame separable,	353
toutes Ames d'vne ame,	353
qu'elle est l'Ame de l'vniuers	Ibid.
l'Ame preside a sa composition,	Ibid.
l'Ame de l'vniuers donne actions & vie a toutes creatures,	Ibid.
toutes Ames departies de l'Ame de l'vniuers comme d'vn magasin,	353
le promptuaire ou magasin d'Ame,	355
que c'est créér l'Ame l'infondant,	354
condition des Ames separables,	Ibid.
l'Ame separable par contemplation au seul home,	Ibid.
toutes Ames sans arbitre ne sont que vne,	356
separation d'Ame est à cause de l'arbitre,	Ibid.
l'Ame separable subiecte a mutation,	Ibid.
degrez de condition de l'Ame humaine,	Ibid.
comme l'Ame passe les degtez des animaux,	357
Ames æréés muées en l'homme que c'est,	Ibid.
l'Ame conuoiteuse surprinse de la destinée,	527
l'Ame du preud'homme est sur la destinée	Ibid.
l'Ame tressubtil de l'Air	540
l'Ame entour l'Air,	Ibid.
l'Ame tient l'homme immortel,	550
l'Ame endormie est surprinse de vice,	593
l'Ame punie par ses mesmes deffautz,	Ibid.
l'Ame est contrainte par le vice,	596
le corps & l'Ame ont acquis vice par Adam,	515
la bonne Ame reçoit le conseil du sainct Esprit,	516
l'Ame sans conseil est tost surprinse,	Ibid.
la destinée peut sur l'Ame que luy permet,	Ibid.
subiection de l'Ame mal sage,	Ibid.
la destiné ne peut sur la bonne Ame,	Ibid.
la bonne Ame peut euiter malice,	517
l'Ame plus forte que la destinée,	526
l'Ame vaincuë de la destinée,	527
l'Ame mesprisant son secours est vaincuë,	527
l'Ame esbloye par concupiscences,	527
par l'espiracle de vie fut donée l'Ame raisonnable,	128
l'Ame n'est condampnée ou iustifiée par action que sa volonté,	173
l'Ame coniointe à l'homme interieur peut toutes choses,	174
l'Ame tres-subtille de l'air,	221

quel bien faict l'Ame,	249
le propre & principal en l'hôme est l'Ame,	263
l'Ame ne prend on soy n'y bien ne mal,	286
operatiō de l'Ame raisonnable en ce propos,	715
l'Ame table rase,	Ibid.
dont est produit iugement en l'Ame,	Ibid.
repos de l'Ame combatuë par le Demon,	723
la bonne Ame n'a sa vie en repos,	Ibid.
l'Ame subiecte au Demon, si elle s'y donne,	726
les Demons tournent l'Ame a leur operation,	Ibid.
Les Demons entrent es deux parties de l'Ame,	Ibid.
la partie raisonnable de l'Ame n'obeist a destinée,	727
differance de la voye des Ames,	390
repos de l'Ame religieuse,	Ibid.
la bonne Ame est faicte en Dieu,	390
l'Ame mauuaise attend son corps,	392
il n'y a transmigration d'Ames en diuers corps,	Ibid.
Dieu deffend l'ame humaine aller au brut	Ibid.
comment le feu est apliqué à l'Ame,	394
la peine de l'Ame est l'impieté	Ibid.
l'impieté vexe l'Ame par priuation,	Ibid.
l'Ame hors du corps cognoist clairement ses deffautz,	396
chose pure corporele ne peut vexer l'Ame	Ibid.
l'ignorance deçoit l'Ame tournant le sensible en insensible,	Ibid.
cognoissance du deffaut est le grand tourment de l'Ame,	396
l'Ame fouettée des fouetz des pecheurs,	397
l'Ame mesprisant le corps sent plus ses affections,	398
extreme punition de l'Ame,	Ibid.
la saincte Pensée n'abandonne la bonne Ame,	Ibid.
la ioye de l'ame est la cognoissance de perfection	399
l'Ame vse de la vertu de parole,	Ibid.
l'Ame communicque intellligiblement sa vertu de parole,	Ibid.
qu'elle transmigration faict l'Ame,	400
l'Ame en estat de l'vniuers,	Ibid.
l'Ame en estat humain,	401
l'Ame en estat de perfection,	Ibid.
communications d'Ames,	Ibid.
l'Ame ne communique seulement mais cōmande,	402
l'Ame pleine du bon Demon est heureuse,	406
toute Ame n'a pas le bon Esprit de Dieu,	Ibid.
l'Ame doit tacher a son vnique transmigration,	407
le bas estat de l'Ame est l'indignité d'ignorance,	Ibid.
l'Ame mauuaise semblable au brut,	408
l'Ame delaisse Dieu, non Dieu l'Ame,	Ibid.
Dieu laisse l'Ame en l'Arbitre & ne l'abandonne,	409
Dieu rapelle l'Ame continuelement,	Ibid.
l'Ame se randant au corps delaisse Dieu,	Ibid.
en l'Ame gisent les vertus de la creature,	436
l'Ame repose deuers Dieu,	453
l'Ame est cause de vie,	Ibid.
vne seule source d'Ame,	454
vne Ame ne nomme qn'vn corps,	111
l'Ame peut receuoir nom de bonté tant qu'elle est en corps mortel,	123
simples semences d'Ame & de principes,	14
dont est issue l'Amour du prochain commandée,	26
l'Amour de soy cause la ruyne de l'homme,	44
l'Amour ne faict ne souffre deception,	730
Amour n'offense iamais,	731
l'Amour du corps produict malice,	481
l'Amour du corps cause de la mort,	70
l'Amour des superfluitez ruine l'homme,	234
l'Amour de Dieu requiert exercice,	250
Ammon veneré en Aetiopie,	688
le plus Ancien n'est faict,	628
l'homme postposé aux Anges comme mortel,	710
Anges corporelz comme creatures,	Ibid.
tous Anges pour le seruice de Dieu,	Ibid.
le Soleil seruit d'Anges,	Ibid.
Anges executant sur ceux qui leur commandent,	711
l'Ange regarde le seul commandement de Dieu,	631
lieu destiné aux Anges,	313
question si les Anges sont materielz,	Ibid.
dispute declarant les Anges non créés,	631
dispute declarant les Anges créés,	Ibid.
Anges de Dieu ventz & flamme,	708
Anges confirmes,	Ibid.
corps des Anges glorifiés,	Ibid.
corps glorifies semblable aux Anges,	Ibid.
quelz Anges sont creatures	709
sainct Iean & Malachie Anges,	Ibid.
les Anges sont corporelz	Ibid.
l'Ange ne peut aparoir de soy,	Ibid.
des Anges incubes,	Ibid.
le mauuais Ange subiect a l'action du bon,	709
Anges nom d'office non de condition,	Ibid.
grand nombre d'Anges perdus,	Ibid.
les corps glorifies égaux aux Anges,	710
Ange de nature interieur a l'homme,	Ibid.
Animaduersion contre les peres qui n'ont soin que de la generation corporele,	130
genres & especes d'Animaux transmués,	704
parties du tresgrand animal,	227
l'Animal ne laisse rien apres luy,	284
dissolution de l'Animal,	373
tout Animal immortel,	550
diuerses habitations d'Animaux,	553
question de la difference des Animaux immortelz,	453
tous Animaux ont esté créés ambisexes,	57
tous Animaux de leur creation estoient ambisexes,	68
sans raison tout Animal suit sa concupiscence,	500
l'Animal composé de parties morteles,	549
Anthitese du bien au mal,	63.& 244
Anthiteses de Dieu a l'homme,	9
Aperceuoir commun aux sens & intelligence,	487
ceux qui par la parole des Apostres croyent suyuēt Iesus Christ,	49
proprieté de l'Arbitre & liberal employ des vertus receuës,	52
tout Arbitre est semons & solicité par le sainct Esprit donné a tout homme,	63
Dieu employe tout pour attirer a soy l'Arbitre du pecheur,	91
Dieu offre à l'homme donnent son Arbitre de paracheuer ce qui passe ses forces,	90
le saint Esprit secours l'Arbitre de l'homme impuissant de perfection,	91
exemple d'Arbitré en ceux qui reiettoiēt ou receuoyēt Dieu,	93
vsage des vertus diuines subietes a l'Arbitre de l'hom-	

me,	31
pourquoy Dieu a donné Arbitre a l'homme,	19
l'Arbitre a rejetté Dieu de l'homme,	33
l'Arbitre cause du peché,	37
Arbitre depravé,	672
l'Arbitre rend l'homme incompatible a soy,	370
Dieu desire attirer l'Arbitre de l'homme,	377
Dieu ne contraint l'homme à obeyr pour ne luy oster l'Arbitre,	220
commandemens faictz a l'Arbitre sont plustost admonitions,	225
l'Arbitre rend les vertus en l'homme imparfaictes	308
toute creature n'ayāt Arbitre a ses Actions necessaires,	139
l'Arbitre divertist en l'homme les effectz des actions de nature,	138
l'Arbitre est cause du jugement de Dieu sur l'homme,	143
discours du liberal Arbitre,	164
l'Arbitre donne entrée a l'homme a devenir Dieu,	168
toutes escritures Apostres & Prophetes ne sōt que pour attirer l'Arbitre des hommes a bien,	171.& 198
l'Arbitre aueuglé, execute fortune,	520
l'Arbitre pese plus a l'ame humaine que tout le monde a la sienne,	351
l'Arbitre est cause de separer l'ame,	354
Dieu tache par tous moyens d'attirer l'Arbitre de l'home,	323
l'Arbitre est cause de la pluralité d'ames humaines,	343
le seul Arbitre pur est en Dieu seul parfaict,	350
l'honneur d'Arbitre porte grand charge,	410
l'Arbitre esteint, ou suscite les œuures de Dieu en l'home,	497
l'Arbitre n'est soubz la charge de nature,	499
sans l'Arbitre l'ame n'auroit a rendre compte	509
l'Arbitre peruerty ne peut eslire bien,	514
l'Arbitre conuie de toutes partz,	483
l'estendue de l'Arbitre,	284
diuersités d'hommes dependent de l'Arbitre,	304
Argument illicite prins pour esclarcir,	459
Argument contraire par priuation de vice	459
Argument des imperfections de l'homme,	452
Argument des parties viuantes,	453
Argument pour l'imperfection de l'homme	514
Argument fondé sur cognoissance commune,	547
Argument blaspheme,	725
Argument mondain,	503
changement d'aspectz change l'action de l'Astre	726
Astres conserués en integrité,	277
differance entre les corps des Astres,	451
l'Astre n'ayant volonté ne peut auoir malice,	20
question si les Astres sont occasion de mal,	Ibid.
pourquoy les Astres n'ont produit l'homme,	24
dont viennent les hommes Athées	159
consequent d'Atheismes,	276
les Astres faicts pour rendre le mōde semblable a Dieu,	268
Atheisme maladie de l'Ame,	503
condition de l'Atheisme,	713
Auarice sixiesme vengeresse,	594
Audace pardonnée,	712
Audace vient d'oser,	Ibid.
Axiome d'Aristote ethnique subuerty,	631

B.

figure du Baptesme,	154
le Baptesme incorporel comme la renaissance.	588
le Baptesme conçoit,& la mort genere le Chrestiē,	685
le haut aux immortels,& le Bas dedié aux mortels,	369
le Bassin proposé par Mercure en similitude,	154
l'homme iuge Beau & bon ce qui ne l'est, par iugement peruerty.	242
Beauté n'est comprinse des sens comme n'estant au monde,	237
Beauté & bonté comprinse d'intelligence cōme essences diuines,	238
Dieu est Beauté & bonté,	239
Beauté du bien n'est veuë du corps,	344
Belles choses permises a Mercure,	615
differance de Benediction,	217
le Besoin des choses faictes,	555
exemple ou la Beste est plus saige que l'homme,	234
la Beste est conduite par la nature des sens.	283
Bien & mal gisent a la seule volonté,	42
l'amplitude du Bien si grāde qu'elle ne peut estre comprinse qu'en Dieu,	123
causes pourquoy ez creatures n'y a Bien,	125
le Bien n'est semblable que a soy mesme	181
faire Bien à toutes creatures tient lieu de corps de Dieu,	193
tout Bien és creatures est œuure de Dieu,	194
Bien souuerain & Dieu est mesme chose	222
le Bien est differance entre Dieu & ses creatures,	227
ce qui empesche Bien estre en l'homme,	230
pourquoy le Bien ne peut estre au monde	231
le plus grand Bien de l'homme est sentir son mal	232
le nō de Bien est entre les hōmes, mais nō l'effaict,	233
Dieu est Bien & Bien est Dieu,	237
chascun estime Bien ce que l'affection embrasse,	242
Dieu pere & Bien sont mesme chose,	328
Bien consiste en puissance de creer & dōner l'estre,	334
l'excellēce du Bien gist a tirer tout biē faict de luy,	Ibid
Biē accōpaigné de vertuz & de la sapiēce de Dieu,	433
tout Bien est engendré de Dieu.	446
la voye du Bien sont les actions intelligibles, qui est nommé Bien,	483 557
Bien veritable est semence de la regeneration,	566
le Bien communicqué à la matiere vient d'en haut,	648
Bien meslé a matiere deuient mal,	654
Bien faict ou mal faict doit estre volontaire,	26
faire Biē cōtinuel aux creatures est essēce de Dieu,	331
differance des Bien faicts de Dieu, sans moyen ou par moyen de la matiere ou creature,	337
le Bien-faict de Dieu à l'vne creature l'empire passant par l'autre,	Ibid.
Blasphemes ensuiuies de fauces oppinions,	512
Blaspheme par ignorance de la diction,	549
Bon conuient à Dieu seul & en tout,	123
le mot Bon adiacent a toutes essences diuines cōpreēd Dieu,	122

pourquoy Iesus-Christ reprint ceux qui le nommoient Bon, 125 & 637
chascun porte en soy ce qui l'empesche d'estre Bon, 125
Bon conuient par nature à Dieu & aux creatures par honneur, 126
le Bon ayme Dieu ou le prince pour sa vertu, & le mauuais ayme en soy ses profits 127
le Bon n'est iamais adroit aux choses mauuaises, 264
Bons effaictz. destournés en mal pour l'homme, 513
les Bons souffrent en leurs corps, 517
le Bon souffre en corps comme le mauuais Ibid.
Bonne doctrine n'est receuë que des disposez, 611
Bonnes actions tournées en mal par l'homme, 645
l'ame ne peut receuoir nom de Bonté tant qu'elle est en corps mortel, 123
Bonté honnore la creature, & Dieu honnore le nom de Bon,
la Bonté en l'homme est moins de malice, 231
l'apparence des Bontés de Dieu engendrent ses beautez, 237
Bonté adiacente à Dieu, 491
Bonté de Dieu faisant bien aux merites, 527
experiance de Bonté & misericorde de Dieu, 632
Bonté de Dieu manifestée par beauté, 615
Bonté de l'esprit de Dieu en l'homme, 715
que c'est le cours du monde Briser les generations, 306
que le Brut obeissāt à nature ne souffre tāt en sa matiere que l'homme corrompant nature, 20
les animaux Brus sont engendrés par les mouuemens celestes sur la matiere, 24
le Brut n'ayant arbitre est conduit par nature, 61
pourquoy le Brut est subiect à l'homme, 403
l'art de l'hōme est ratiocinatiōt celle du Brut vsaige 405
ez Bruts l'ame est vuide de pensée 500
les Bruts ont nature pour ame, Ibid.
pourquoy les Brus ne reçoiuent bien faict, 510
Dieu opere au Brut par sa nature, 528
le Brut n'a que voix, 536
l'espece du Brut n'est semée par tout, 554

C.

Calomnye contre le vouloir de Dieu, 524
Caluin en ses institutions blaspheme de rendre Dieu autheur du mal, 643
d'autāt que vn subiect est pres de la Cause il en sent plus l'effect, 107
Cause pourquoy Dieu à creé l'homme, 31
principale Cause des creations, 22
Celebration de Dieu, vne n'estre point mauuais, 560
Celebrer à recognoistre Dieu en toutes choses, Ibid.
comment sont inuentez les Cercles au Ciel, 137
pourquoy les Cercles sont dictz contenir nombre, 142
la Chair ne profite rien, 180
quel est le Changement du monde, 464
Changement ne depart le monde, 465
Changement produict mensonge, 670
— Chant de Mercure, 617
Chant des puissances de Dieu en l'homme, 619
Chaoz descrir, 7
-|- origine du Chaoz, 14

Charité se doit faire du plus necessaire, 26
Charité ame de la Foy, 378
Charité entretient la bonne ame en ses actions, 399
Charité en Dieu à inuenté le S. Sacrement, 570
deux Chefs ne sont sans diuersité, 452
— le Cherubin & glaiue flamboyant que c'est, 47
— l'exemple de Dieu siz entre les Cherubins, 581
que c'est les Choses qui sont n'estre abandonnées, 320
Choses profondes soient plustost bien pesées que iugées, 383
la Chose crée ne peut estre en diuers lieux, 411
Choses confuses esclaircies par hypotheses, 607
esloigner Choses corporelles pour le salut, 610
la Chose faicte n'est la plus encienne de tout, 624
Choses faictes des corrompues, 669
Choses incorporelles procedants des corps, 739
l'exellence & auctorité du bon Chrestien, 160
lē Chrestien est operateur de son salut, 173
Christ operateur de toutes choses, 639
si le Ciel est visible, 136
si le Ciel est globe materiel, 137
que ceū proprement Ciel, Ibid.
la violance des Cieux ne peut esbranler la terre, 203
assauoir s'il y a Ciel materiel ez planetes, 444
s'il y a Ciel materiel, 555
gloire grande à Dieu n'y auoir Ciel, 733
le Ciel regit les dieux, 736
l'integrité de la forme circulaire ne requiert fin ou matiere, 277
S. Clemens m'escogneu son pere, 661
— Cælus & Saturne Ancestres de Mercure, 340
cognoistre Dieu par Cognoissance de soy, 78
l'exemple de la Cognoissance sensible de Dieu, 193
Cognoissance principal chemin à Dieu, 235
que c'est Cognoissance resoluë, 239
Cognoissance doit venir par tradition de main en main ordonnément, 241
Cognoissance diuine esloignée de celle du cōmun, 299
Cognoissance s'acquiert par pitié, Ibid.
la Cognoissance suit la Foy, 323
la Cognoissance vraye doit venir par tradition de main en main, 325
la Cognoissance de l'homme n'est limitée, 116
Cognoissance de Dieu est propre à Dieu & à l homme, 337
la Cognoissance est pour l'ordinaire occupation, 364
difference de sentiment a Cognoissance, Ibid.
Cognoissance surmonte, Ibid.
ordre d'entrer en Cognoissance, 365
Cognoissance contraire à l'ignorance, 597
Cognoissance de soy produict celles des formes, 603
Cognoissance & volonté composent vraye Foy, 484
par Cognoissance Tat esleue sa pensée, 604
Cognoissance des choses par leurs vertus, Ibid.
Cognoissance de soy fort necessaire, 612
Cognoissance vient de la misericorde inuocquant, 625
l'entiere Cognoissance ne se peut declairer, 676
Cognoissant les choses materielles & mauuaises, l on retourne à Dieu, 183
personnes Cognoissans pourquoy sont tristes, 398
pourquoy l'hōme Cognoissant ne se peut declairer. 676
l'homme Cognoist Dieu par ses effaictz mieux que

l'homme par ses habis & mesures,	205
Cognoissance de Dieu reuelée plus ample à Mercure que à aultre de son temps,	1
Cognoistre que, auant quel,	4
Dieu commande Cognoistre toutes choses qui sont,	70
Dieu commande Cognoistre toutes choses,	71
dont vient la difficulté de soy Cognoistre,	103
Mercure commande prieres pour remede à Cognoistre Dieu,	197
trois degrez requis à Cognoistre Dieu,	322
moyen seul de Cognoistre Dieu & de remetre les vertus diuines en liberté,	324
en ceste vie Cognoistre Dieu, est ensuiure sa volonté,	336
faute de se Cognoistre nuit à cognoistre Dieu.	345
entrer par soy à Cognoistre Dieu,	377
Cognoistre Dieu par choses incorporelles	478
Cognoistre & vouloir sont voye à Dieu,	484
felicité de Cognoistre admirant Dieu,	631
ne Cognoistre Dieu est ne luy atribuer tout pouuoir,	645
Cognoistre quant il y a contradictions,	688
le Combat du Chrestien,	54
Combat en tenebres exposé,	81
autre acception de Combat en tenebres,	82
Combat reciproque de l'homme	255
Combat de soy contre soy,	564
le Combat de l'homme est le continuel repoussement des concupiscences,	169
Comme, tresesloigné de Dieu,	126
Commencemét du 2. chap. nouuellement recouuré,	97
Commencement ne peut venir que de soy mesme,	184
le Commencement recommence pour l'instabilité de la matiere,	375
Commencement de toutes choses,	374
tout Commencement inmediat est de nature de sa suite,	Ibid.
tous Commencemens sont d'vn & seul,	Ibid.
Communication incorporelle se faict sans priuatio,	28
Communication vniuerselle de bien est Dieu,	560
Communication contraire a l'auarice	601
obiection de Communier l'vn a l'autre,	581
la Communion remet l'vnion perdue,	571
obiection de la Communion particuliere,	581
Communion en multitude pourquoy est meilleure,	Ibid.
les vertus diuines sont Communiquées à l'homme sans estre separées de Dieu,	240
Comparaison des vertus de l'homme a celle du brut,	56
Comparaison des abuz aux ondes de la mer,	254
Comparaison de toute creature à Dieu,	306
Comparaison du mariage aux autres estatz,	339
Comparaison sur la rogneure de l'arbre,	374
Comparaison du mestayer d'iniquité,	410
Comparaison de l'homme aux dieux	Ibid.
Comparaison des corps en grandeur	414
Comparaison de la femme & sensualité,	41
Comparaison de l'arquemie à l'œuure du S. Esprit,	136
Comparaison de la science des philosophes aux subtillitez des mondains,	158
Comparaison de loysiueté des pompes,	171
Comparaison Syriaque de semblable au nom semblable,	181
perfection de Compatibilité de contraires,	370
Copernic n'asseure mais supose,	701
Composition attire l'homme a misere,	60
toute Composition ou creation prend son origine en l'exemplaire de Dieu,	334
Composition n'est sans autheur,	450
Composition ne peut estre sans nombre,	542
Composition commance & fine par vnité,	542
nostre Composition n'a receu verité,	651
Composition empesche à cognoistre la verité,	658
Composition ne constitue Dieu,	695
Composition de l'homme,	11
le Concaue dés cieux plein d'air,	137
si Concauité transparante diuertit les rayons,	555
Conclusion de la comparaison,	458
Concupiscence mene l'homme a la vie du brut,	18
il est plus mal aisé à l'homme soy retirer des Concupiscences qu'apres à acquerir salut,	177
l'election des Concupiscences n'est si necessaire a la perdition que l'election de Dieu au salut,	200
l'exemple de perdition sans concupiscence en l'homme mortel,	200
Concupiscences aueuglent l'homme a ne cognoistre Dieu par ses œuures,	213
Concupiscences insatiables,	243
l'hôme saysi de concupiscence ne sent sa charge,	246
la Concupiscence tente la volonté & le Demon tente l'effect,	297
les Concupiscences selon la composition,	296
les concupiscences nourrissent l'ignorance laquelle estoupe la veuë du bien,	335
les Concupiscences suscitent guerres & discentiós,	380
desir de Concupiscence n'aproche Dieu	505
Concupiscence croist comme feu,	505
Concupiscence source de tous vices,	600
comment Concupiscence produit iniustice,	601
Concupiscences au priué & cómun & republiques,	722
les Concupiscences tentent l'homme,	734
la suitte tient de la Condition de son cómancemét,	375
conclusion d'vn seul facteur & Conducteur,	452
toute Conduite est necessaire ou arbitraire,	419
exemple que Dieu n'estoit autheur de la Confusion du Chaos combien qu'il en fut seigneur,	204
difference de la Confusion de nostre temps a celle de Chaos,	275
la voye de Dieu requiert Cósciéce & cognoissance,	241
question ne Considerant que le corporel,	506
ce qu'il faut premierement Considerer,	483
constituer des Contrarietes selon les philosophes,	366
Dieu ne Contraint l'homme, mais desire qu'il veuille son salut,	256
par regeneration l'homme est faict Contéplateur	603
Contemplation,	41
l'homme laissant la Contemplation est tumbé en science de bien & mal,	37
fruit de Contemplation,	41
dignité de la Contemplation,	Ibid.
Contemplatiois inutilles,	42
Contemplation du corps humain,	210
parties de la Contemplation,	149
Contemplation acquiert faueur auec Dieu,	338
contrarieté des sens a la Contemplation,	Ibid.

vraye Contemplation amortist le corps,	342
Contemplation retire l'ame du corps,	Ibid.
Contemplation produict extase & exces de pensée,	343
necessaire vsaige de Contemplation,	603
par Contemplation l'homme se cognoisse,	Ibid.
Contemplation peut receuoir de la verité,	656
l'homme est faict pour Contempler Dieu,	41
comment l'on doit Contempler Dieu,	476
qui Contemple Dieu ne peut penser à autre chose,	342
Contenir en son pouuoir ne suffit tousiours,	600
danger de Contenter le corps,	482
disputes & Contentions contraires a la cognoissance de Dieu,	325
Continence contraire à concupiscence,	600
à faute de Continence infinis maux,	Ibid.
Continence fondement de iustice,	Ibid.
Continence chasse conuoytise sans aucune action,	600
Contraire nature du corps incorporel,	99
Contrarieté des sens à la Contemplation	338
Conuenance de l'ordre de l'Eglise & ses menbres aux actions intelligibles & sensibles,	41
Conuenance de S. Pierre & Mercure,	77
Conuoytise offusque en l'homme la cognoissance des biens faictz de Dieu,	418
Conuoytise quatriesme vengeresse,	594
lieu des ciels est Corporel,	733
argumēt pour retirer hors des choses Corporelles,	590
le Corporel ne reçoit le bien faict intelligible,	571
argumens Corporels nuysent a l'intelligence,	572
argumens Corporels produisent blasphemes,	573
le Corporel ne voit Dieu present en l'homme,	Ibid.
Corporel estime les biens intelligibles corporels,	569
tous effectz Corporeles sont subiects a la destinée,	507
toutes choses Corporelles souffrent destinée,	Ibid.
le Corporel ne peut prendre l'incorporel	181
le Corporel difficillement conçoit l'incorporel,	470
seance des choses Corporelles,	471
tout Corporel cede à l'incorporel,	475
le Corps corrompu de peché offusque l'ame,	48
le Corps est prins de la matiere & la forme des essences diuines,	102
vn Corps ne prend le lieu de l'autre,	105
argument des Corps porreux,	106
Corps porreux n'a dimentions,	Ibid.
le Corps ne peut mouuoir l'autre corps,	110
comment les actions de Dieu sont dictes son corps,	145
exemple de la diuersité du Corps humain,	209
S. Pol attendoit la redemption de son Corps,	231
en tous Corps y à pluralité d'elemens,	310
tous Corps materiels sont composez,	311
le Corps empesche l'ame de perfection,	341
seruir aux Corps diformes,	362
le Corps instrument de la pensée,	365
le Corps croissant amene la malice,	381
Corps de terre aproprié à l'homme,	384
le Corps priue l'ame de cognoistre son futur bien ou mal,	393
le Corps empesche l'aigreur de la punition intelligible,	398
le Corps de l'homme subiect aux actions du mōde,	404
tout Corps viuant composé de matiere & d'ame,	453
le Corps sans vie retourne a matiere,	Ibid.
que c'est veritablement Corps,	471
vertu du Corps immortel,	494
le Corps ne peut fuir la transmutation,	517
Corps prins pour subiect,	524
le Corps ne peut pecher,	525
les Corps operent par eux mesmes,	531
le Corps rend en soy toutes choses possibles,	533
tout Corps est faict de diuersité,	541
quels Corps gardent mesme estre,	541
les Corps immuables sont mutations,	542
les Corps celestes gardent incorruption.	Ibid.
tous Corps mortels sont composez,	Ibid.
tout Corps inmobile est sans vie,	347
le Corps nuist à cognoistre choses diuines,	570
le Corps n'a vraye essence,	573
l'imperfection du Corps ne possedera au salut,	577
le Corps mortel ne reçoit salut,	578
la somption du Corps baillée en negatiue,	579
le Corps mortel n'endure perfection,	584
le Corps attend perfection apres sa mort,	588
le Corps humain dict mensonge,	Ibid.
pourquoy le Corps est mensonge,	Ibid.
le Corps materiel est esloigné de l'intelligence,	612
le Corps n'est que instrument de l'esprit,	629
noz Corps composez des quatre elemens,	650
le Corps n'est veritable estant meslé	Ibid.
le Corps ne contient verité,	651
Corps celestes ont quelque mensonge,	664
du Corps de l'homme & du brut mesme mort,	679
le Corps ne signifie l'incorporel,	677
Corps mortel incapable du salut,	682
Corps celestes plus propres a receuoir essences,	699
le Corps est presant a Dieu auant estre faict,	740
Corruption n'empesche la matiere de perpetuelle habitude,	434
Corruption ensuit generation,	668
Corruption necessaire,	669
Corruption est pour ne cesser generation,	Ibid.
Corruption produict menteries,	670
couleur mesure, & atouchemēt conditiō de Corps,	584
Dieu preuoyant le peché ne Crea l'hōme a ceste fin,	32
Creance & charité composent la vraye Foy,	49
Creation des corps celestes par le S. Esprit,	16
Creation de l'homme,	25
epilogue de Creation,	133
differance d'inspiration de vie aux Creatures,	66
toutes Creatures materielles sont preparées attendans la fin du circuyt,	67
les Creatures sont faictes d'essences diuines,	128
toute Creature tient de l'imperfection à cause de la matiere,	188
la Creature est reprinse ou arguée par imbecilité,	189
la Creature est imbecille ne pouuant estre vnité,	190
les Creatures celestes ne sont autheur de l'ordre & puissance,	212
les Creatures premieres faictes auant que le temps cōmençat,	269
les Creatures ne meurent mais souffrent chāgemēt,	271
toutes Creatures tiennent de la matiere,	310
la Creature tenant l'estre de Dieu ne le possede que par vsage,	318
operation des Creatures pendant leur durée,	319

les Createures ont reçeu les vertuz en difpenfation & non en proprieté	332
toutes Creatures operent par les efficaces de Dieu	405
toutes Creatures pleines d'ames	449
toute Creature retient de l'eſſence de Dieu	462
toutes Creatures font d'vne matiere	543
Creature ne ſouffre abolition	545
la Creature n'eſt dicte facteur	629
toute Creature opere par ſa forme	629
difference des Creatures threſor diuin	630
le ſeul Createur a titre de Dieu	633
Creature pourquoy n'eſt dicte Dieu	537
toute Creature eſt materielle	707
difference d'inſpiration de vie aux Creatures	66
Creer & faire ſont entenduz indifferemment	121
vraye declaration du mot Créer	Ibid.
Creer eſt prins ſouuent improprement	544
Créer pour infonder, exhiber, ou communiquer	345
Crime ne tombe que ſur la volonté	527
que c'eſt qu'il faut croire ſans autre eſpreuue	322
entendre Dieu eſt croire & ne croire eſt l'ignorer	4
Croiſſance des parties mobiles & immobiles	329
Croiſſance & diminution ſont mouuements	548
dont vient Cuyder que tout meurt	679

D

actions du Demon vengueur de iuſtice diuine	81
exemple de Demons	293
— Demons aerées	Ibid.
— Demons ignées	294
office du Demon vengeur	297
dire du bon Demon	497
punition du Demon vengeur	508
propos du bon Demon	524
le Demon raporte verité à mauuaiſe intencion	66
propos des Demons corporels	727
propos des Demons incorporels	Ibid.
reſolution des Demons	708
— ſubtilité du corps du Demon	Ibid.
Demon aſſaillant ou preſent	709
Demon ſur-intendant és choſes humaines	710
execution des Demons	Ibid.
eſtat des Demons	711
le Demon n'eſt en diuers lieux à la fois	719
Demons ſoubz la carre des aſtres	Ibid.
Demons en nombre des aſtres	Ibid.
Demons executent la charge des aſtres	720
Demons bons & mauuais de leur nature	Ibid.
— meſme Demon eſtimé bon & mauuais	Ibid.
— l'eſſence du Demon eſt efficace	721
efficace forme du Demon	Ibid.
— Demons meſlez de bien & mal	722
puiſſance des affaires terriens aux Demons	Ibid.
Demons ſuſcitent tumultes, & diſcordes	Ibid.
le corps du Demon penetre le corps humain	723
Demons cachez dans les parties de l'homme	Ibid.
repos de l'ame côbatu par le Demon	Ibid.
l'efficace de l'aſtre eſt l'efficace de ſon Demon	724
Demons honnorez de ſeruir l'homme	Ibid.
la preſence de Dieu honnore le Demon en l'hôme	Ibid.
le Demon ſe change comme l'action de l'aſtre	726
les Demons entrent ez deux parties de l'ame	Ibid.
l'ame ſubiecte aux Demons ſi elle ſe dône	Ibid.
les Demons tournent l'ame à leur operation	Ibid.
corps humain inſtrument du Demon	731
les Demons diſpoſent des choſes terriennes	Ibid.
traffic des Demons aux hommes	734
les Demons gouuernent les hommes	736
actions des Demons nature d'ames	Ibid.
le ſentiment de Damnation eſt d'eſtre laiſſé de Dieu, lequel ne laiſſe que ceux qui l'ont laiſſé	81
obiection des offences de Dauid	714
vertu de Dauid confience de Dieu	715
Dauid pecha par audace, & deſtinée	Ibid.
le Debonnaire fait profit de toutes choſes	303
le Debonnaire côuertiſt toutes tentations à la gloire de Dieu	303
le Debonnaire a pluſieurs reſiſtances en ce monde	302
Diffinition d'Aeſculape imparfaicte	745
Deluge tira le S. Eſprit de priſon	695
ce qui Demeure eſt iuſte, & vray	662
ce qui n'eſt iuſte, & ne Demeure n'ſt vray	663
le Denaire banny le Duodenaire	602
diſcord du nombre Duodenaire au Denaire	608
le Denaire eſt victorieux contre tout nombre	Ibid.
le Denaire geniteur de l'ame	Ibid.
le Denaire retourne eſtre vnité	909
pourquoy ou il y a vn(o)ue ſont tous Denaires	610
les Dominations troublent	549
Deriſion par l'orateur des Philoſophes	422
Deriſion de Dieu batiſſant le monde	423
Deſcription de Dieu	88
la Deſcription negatiue trouble l'homme	590
tous deſirs de voir œuure de Dieu ſont louables	206
Deſir excellent non neceſſaire produit les abuz	409
Deſordre continué contient pour le temps quelque maniere d'ordre	204
en quel cas Diſcordes ſont loiſibles	722
curioſité ſur la Deſtinée fatale	17
reſponce à l'obiection de la Deſtinée	18
Deſtinée fatale domine l'homme charnel	Ibid.
Deſtinée fatale ne contraint, ains incite ſeulement l'homme intelligible	Ibid.
prudence de l'homme contre la Deſtinée	Ibid.
argument contre la Deſtinée	506
la Deſtinée incite à bien & mal	507
quelle punition la Deſtinée ordonne	Ibid.
raiſonnable, & ſans raiſon ſubiects à Deſtinée	511
generatio, & mutatio entrée, & fin de la Deſtinée	Ibid.
comment opere la Deſtinée aux preud'hommes	515
la Deſtinée ſubiugue le ſeul corps du preud'hôme	Ibid.
l'vſage de la Deſtinée par les deſraiſonnables	516
la Deſtinée ne peut ſur la bonne ame	Ibid.
la Deſtinée peut ſur l'ame qui luy permet	Ibid.
obiection d'eſtat ſur la Deſtinée	517
Deſtinée entenduë en deux extremitez	525
ſolution du crime commis par la Deſtinée	Ibid.
Deſtinée ne peut ſur les parties de la penſée	Ibid.
Deſtinée ne fait le mal mais le ſuſcite	526
Deſtinée contraint le corps non la volunté	Ibid.
la penſée donne la Deſtinée	Ibid.
Dieu conſtitue l'ame ſur la Deſtinée	Ibid.
l'ame plus forte que la Deſtinée	Ibid.
la Deſtinée ſuſcite, mais n'engendre le peché	527
le bon & mauuais ont meſme Deſtinée	528

diuerse reception de la Destinée,	528
Destinée contraint le corps non l'ame,	724
la Destinée tend à bien quelquefois,	Ibid.
Destinée a lieu sur ceux qui luy sont esclaues,	727
la partie raisonnable de l'ame n'obeyt Destinée,	Ibid.
Destinée est dispensation faicte par les Demons,	731
Destourbier du bien-faict de Dieu,	641
Deux chefz ne sont sans diuersité,	452
Deux tendans à mesme fin ne sont qu'vn,	Ibid.
Deux sont tour, sans moyen, ny tiers,	639
comparaison des Diametres,	413
Diametre des cinq planetes,	415
Diction propre soulage beaucoup,	532
Dieu ne peut estre figuré par quelque chose que l'homme puisse comprendre,	5
Dieu s'accommode à la comprehension de l'imbecilité humaine,	9
Dieu plus ancien que ses actions,	10
cognoistre Dieu par soy mesme,	11
Dieu voit, & oyt en l'homme,	Ibid.
Dieu pere, & filz, sont vnis par vie,	Ibid.
Dieu est pere, vie, & lumiere,	25
Dieu comparé au cercle,	24
Dieu ne demande à l'homme perfection,	35
Mon Dieu, mon Dieu, pourquoy m'as tu laissé exposé,	36
Dieu quadruple, conducteur, loy, l'executeur, & l'execution,	68
Dieu cõmande aux animaux croistre & multiplier,	Ibid.
Dieu commande croissance à la creature entiere,	Ibid.
Dieu donne ses vertũs à ses creatures non en fruict, mais en semence,	Ibid.
Dieu commande se recognoistre immortel,	69
Dieu assiste ceux, qui s'accommodent à sa volonté,	79
Dieu commande à Mercure annoncer sa parole,	90
Dieu offre à l'homme, donnant son arbitre, de paracheuer ce, qui passe ses forces,	Ibid.
pourquoy Dieu n'est essential,	100
pourquoy Dieu est dict n'estre entendu de soy-mesme, ains de nous,	102
Dieu est engendré, de tant qu'il est auãt toutes choses, Ibid. Dieu est αυθεντης, qui est estant de soy,	Ibid.
Dieu est en l'intelligible par choses exterieures,	Ibid.
Dieu cogneu de l'homme par sa raison,	115
Dieu contient toutes choses du mõde sans en estre remply, 116. Dieu diffini par negatiue,	117
Dieu honore toutes ses creatures d'essence,	Ibid.
Dieu n'est comprins d'aucunes vertus, ains les comprẽd toutes, 122. nom de Dieu ne suffist à son subiet,	Ibi.
Dieu est nommé de nom pour le recognoistre, & non pour le circonscrire,	127
les deux noms de Dieu correspondans à ses effectz,	
gloire de toutes choses est Dieu,	132
Dieu est recõnu par les actions qu'il commet à toutes ses creatures,	138
Dieu est present à toutes ses actions,	145
Dieu estant present en vn lieu n'est cõtenu d'iceluy,	Ibid.
Dieu descrit par negatiue,	146
le seul moyen ou Dieu est offensé en ses essences & vertus,	172
Dieu n'est cause d'aucun vice,	176
argument que Dieu est commencement de toutes choses,	184
exẽple appliqué sur Mercure de discretiõ en Dieu,	186
moyen d'aperceuoir Dieu incorporel par les sens,	192
Dieu apparoist en toutes creatures,	193
Dieu inuisible en ses essences & manifeste en ses effects,	194
Dieu est intelligible par raison non imaginable par discretion,	197
Dieu est imaginable en ses effectz materielz,	Ibid.
Dieu faict pour l'homme y considerant son image,	197
Dieu depend de soy mesme,	198
les moyens d'entrer en la cognoissance de Dieu,	199
argument a conclure Dieu aucteur de tous effectz,	202
ceux qui aymẽt Dieu profitet a la veuë de ses effects,	205
ceux qui n'ayment Dieu reçoiuent dommaige a la veuë de ses effectz,	205
argument pour cognoistre Dieu par les œuures materielles,	212
Dieu est plus grand par ses actiõs, qu'il n'est par son nom de Dieu,	213
Dieu est inuisible à l'homme charnel & visibble à l'homme spirituel,	216
comme Dieu est corporel & incorporel,	216
pourquoy Dieu a tous noms & si n'en a aucun,	117
Dieu ne peut estre benist ne pouuãt receuoir bien d'ailleurs,	218
Dieu est estimé plus grãd par ce qu'il peut encores faire, que par ce qu'il a faict,	219
De quelle maniere Dieu est toutes choses,	220
trois diuerses actions attribuées a Dieu soubz ses trois noms,	220
Dieu tressubtil de la pensée,	221
Dieu est essence de mouuement & generation,	223
Dieu commencement de soy mesme est en toutes creatures,	223
Dieu loué par priuation d'imperfection,	224
Dieu communicque ses essences a la matiere,	228
Dieu execute ses creations par ses creatures,	Ibid.
Dieu opere par ses perfections, & la creature en ses imperfections,	219
Dieu est bien & bien est Dieu,	237
l'aparance des bontez de Dieu engẽdre ses beautez,	237
Dieu n'est essence mais a essences comme beauté	Ibid.
pourquoy Dauid estoit selon la volonté de Dieu,	239
Dieu est beauté & bonté,	Ibid.
Dieu requiert estre imité en qualitez non en perfection pour ce temps,	240
Dieu adiouste perfection a l'hõme pour rendre son œuure meritoire,	251
Dieu ne veut estre receu par l'homme sensible, ains par l'intelligible,	226
en Dieu n'y a priuation ains toute habitude,	252
Dieu a aymé le monde pour l'amour de l'homme,	270
Dieu ayme l'homme pour l'amour du sainct Esprit y contenu,	270
Dieu s'est donné à l'homme,	285
Dieu a secouru l'homme auant le condempner,	297
Dieu n'a mis que bien en toutes creatures,	306
Dieu contient le monde,	317
Dieu incorporel a neantmoins toutes actions corporeles,	318
Deux pointz comprenant l'amour de Dieu & profit du fidelé,	322
de Dieu ne sort aucun mal,	329
Dieu faire toute chose par la volonté, est autant que par son sainct Esprit,	330

Dieu ne faict le mal, par ce qu'il cōsiste en priuatiō, 331
Dieu est l'essence de toutes choses qui sont, ont esté, ou peuuent estre, Ibid
Dieu est le bien mesme, qu'il faict a toutes creatures, 336
Dieu est la substance de toutes choses qui sont, 331
comment Dieu est veneré en chasque creature corporele, 337
Dieu n'est cognu de celuy qui s'amuse ailleurs 341
Dieu ne communicque par separation de soy, 345
Dieu communicque du sien a toute creature. 346
Dieu s'est commūnicqué en plusieurs degrez, 348
Dieu n'ayant substance en donne a ses creatures, Ibid.
ordre de la disposition de Dieu, Ibid.
la charge du vouloir de Dieu faict les dieux, 354
Dieu n'est apperceu par les sens, 363
Dieu est cognu par ses essences mises en nous, 364
le Dieu materiel est le monde, 366
Dieu pere & bien, pour puissance creatiō & bien fait, 375
Dieu est soigneux de l'homme, 376
Dieu bon ou mauuais Demons, 397
Dieu est le seul premier mouuement, 417
— l'homme vn Dieu immortel, 418
— Dieu homme immortel, Ibid
Dieu conduit tout par le monde & l'homme, 419
Dieu volontiers instruit les fideles, 421. C'est à Dieu seul à s'exposer, 425
Dieu comprend le iamais, 427
Dieu source de toutes choses, 432. comment est Dieu en la matiere, 435. Dieu n'a semblance aucune, 436
Dieu seul est vn & seul, Ibid. Dieu est continuele action, 440. N'y a oisiueté en Dieu, Ibid.
Dieu opere selon l'inclination du lieu, 441
Dieu est puissance operante, Ibid.
Dieu n'est contant d'auoir operé, mais opere tousiours, Ibid. Dieu chef de tout ordre, 447
Dieu conduit les effectz de l'harmonie, Ibid.
Dieu altere les cours celestes à son plaisir, Ibid
Dieu cogneu par les effectz, 449
conclusion que Dieu n'est qu'vn, 450
cognoistre Dieu par choses sensibles, 451
le seul Dieu createur, 456
argument d'inconueniant ou mespris de Dieu, 456
vn Dieu, vn Monde, vn Soleil, Ibid.
Dieu seul en operation, Ibid.
Dieu pluriel en effect, vn en action, Ibid.
Dieu n'a resistance a son œuure comme l'homme, 457
comparaison de Dieu a l'homme, 458
Dieu sans ses essences ne seroit essence, 459
Dieu veut l'homme se fier en luy, 460
admirable support de Dieu a l'homme, 461
presence de Dieu est soustenemēt de toutes choses, 462
Dieu est en toutes creatures par vie, Ibid.
argument de la perfection de Dieu, 466
Dieu ayant forme n'est en forme, Ibid.
Dieu n'est constitué en perplexité, Ibid.
comment est Dieu cognu es matieres, 467
Dieu contient corporels & incorporels, 477
Dieu contient soy mesmes, Ibid.
Dieu cognu par comparaison de soy, Ibid.
Dieu cognu par soy mesme, Ibid.
exercices intelligibles pour cognoistre Dieu, 479
Dieu reçoit en gré de chascun ce qu'il a, Ibid.
Dieu n'est inuisible a l'homme spirituel, 486
Dieu manifesté par ses effectz, Ibid.

pourquoy Dieu n'est veu par les sens, Ibid.
Dieu veut estre veu du vray homme, Ibid.
Dieu est veu en faisant, 487
Dieu ne peut estre cognu que par soy mesme, 492
Dieu mis en l'homme pour cognoistre Dieu, Ibid.
Dieu n'est obey par nature en l'homme, 500
ce que Dieu conduict n'a besoin d'ame, 509
maniere de communicquer Dieu a la beste, 510
Dieu ne confere que bien a la creature, 513
Dieu produict effectz fatalz pour sa gloire 514
Dieu enuoye la destinée sans acception, 516
gloire a Dieu de predire l'incertain, 519
tout vouloir de Dieu ne suit son intention, 520
Dieu preuoit ce qui luy plaist & desplaist, 521
Dieu premier nay, 523
Dieu est son ame mesme, 524
Dieu est subiect intelligible, Ibid.
Dieu faict ce qui luy plaist, Ibid.
Dieu ne veut l'iniquité, Ibid.
Dieu ne peut faire que bien, 525
limiter la puissance de Dieu pour sa gloire, 526
Dieu tres-subtil de la pensée, 540
Dieu entour toutes choses, Ibid.
comment est Dieu le monde, 544
Dieu donne vie au corps par composition, 548
Dieu frequente auec le seul homme, 551
Dieu ne considere que le vouloir de Dieu, Ibid.
Dieu frequente auec l'homme par songes, 552
Dieu predict à l'homme les choses futures, Ibid.
Dieu entour & par toutes choses, 554
maniere de cognoistre Dieu, Ibid.
cognoistre Dieu par les effectz & choses faictes, 555
prouidence de Dieu, Ibid.
gloire à Dieu des choses qui sont à faire, 556
Dieu soy mouuoir en la matiere, Ibid.
si tout ce que l'on voit de Dieu sont effectz, Ibid.
Dieu en toutes œuures & choses faictes, 557
si Dieu est en la matiere, 558
la matiere pure est sans Dieu, Ibid.
quiconques donne bien il vient de Dieu, Ibid.
Dieu seul prouuoit d'immortalité, Ibid.
Dieu seul autheur de mutations & regenerations, 559
Dieu incomprehensible, 560
Dieu se commnnique en la montaigne, 563
Dieu n'a besoin de corps pour l'auoir present, 574
preuoyance du bon Dieu, 575
Dieu trompe l'homme pour son salut, Ibid.
bonté de Dieu à nous supporter par la matiere, 576
Dieu descript par negatiue, 589
Dieu ne peut estre diffini par affirmatiue, 590
Dieu n'est cogneu que par soy mesme, 591
il ne faut chercher Dieu par les sens, Ibid.
cognoistre Dieu impossible à l'ignorant corporel, 592
Dieu ne laisse l'homme sans moyen de salut en soy, Ibid
Dieu ne meine aucun à peché Ibid
irreuerence à Dieu est se cuider sans secours, Ibid.
Dieu n'est autheur des vengeurs de la matiere, 593
— Dieu s'est attribué quatre noms, 601
Dieu consideré par diuersité d'effectz, 607
Dieu n'estant qu'vn loué par multitude, Ibid.
Dieu ne veut publier le salut que en son temps, 611
volontairement Dieu reçoit chant, 614
Dieu nomme essence de par soy, Ibid.
Dieu cogneu par les apparances de sa bonté, 615

Ddd 2

Dieu est action, efficace, & vertu,	626
Dieu est toute vertu en vne essence,	Ibid.
Dieu autheur auant toutes choses,	630
Dieu facteur plus excellent que les choses faictes,	Ibid.
Dieu source ne reçoit, mais produit toutes choses,	Ibid.
Dieu abondant en multitude & grandeur,	Ibid.
Dieu continuel operateur,	Ibid.
Dieu insensible en operations & sensible en effectz,	631
maniere d'entendre Dieu,	Ibid.
Dieu doit estre admiré,	Ibid.
il faut cognoistre en Dieu bonté & pere,	632
Dieu est facteur & pere,	633
pourquoy il est dict Dieu,	Ibid.
entre Dieu & son œuure n'y a moyen,	634
Dieu operer sans & par moyen que c'est,	634
Dieu & sa creature n'ont aucun tiers,	Ibid.
Dieu est ce qu'il faict estant toutes choses,	636
Dieu vny en ses efficaces separées,	Ibid.
Dieu forme en toutes creatures,	637
Dieu est mesme chose que son operation,	Ibid.
Dieu precede tout en temps & dignité,	638
Dieu d'vne part & matiere de l'autre,	Ibid.
Dieu n'est contenu de choses corporeles,	639
tout est Dieu, & Dieu est tout en tout,	Ibid.
ce qui reçoit toutes choses,	Ibid.
Dieu & la creature opere par la partie diuine,	640
Dieu est en habit & non priuation,	Ibid.
Dieu cognu de la raison par ses operations,	641
a Dieu operant n'est imputé mal,	Ibid.
Dieu n'a faict la malice,	642
de Dieu vient habit & non priuation,	643
Dieu peut au corporel comme a l'incorporel,	644
qui ne cognoist Dieu luy attribuë mal,	645
tort faict a Dieu ne luy attribuer toute action,	646
Dieu a bien pour toutes conditions,	Ibid.
Dieu est toute puissance de bien,	Ibid.
Dieu opere sans force materiele,	647
Dieu inspire vertu & vie a la semence,	Ibid.
Dieu seme au ciel immortalité,	Ibid.
Dieu seme en la terre mutation,	648
Dieu seme en l'vniuers vie & mouuement,	Ibid.
qui a meu Dieu a si grande amour,	657
gloire de Dieu consideree auant tout ordre,	664
Dieu a donné matiere vraye a quelque creature,	664
Dieu plus excellent que ses operations,	667
Dieu descrit par negatiues,	668
l'honneur d'operation a Dieu, du ministere a l'hôme,	670
dou vient la difficulté de cognoistre Dieu,	672
cognoistre Dieu en capacité mortelle,	
facil a cognoistre Dieu en la creature,	673
cognoissance de Dieu par soy mesme,	673
parfaicte diligence & puissance au seul Dieu,	674
principal obstacle a cognoistre Dieu,	677
Dieu impossible d'estre annoncé,	678
il n'est rien hors Dieu,	684
Dieu enuironnemant,	694
Dieu prisonnier en l'homme,	695
Dieu propice a ceux qui ne le sçauent quelque fois,	716
Dieu se sert par ordre amiable,	818
Dieu communicque ses biens sans separation,	721
tout ce qui est diuinité n'est Dieu,	721
aucune chose composée n'est Dieu,	732
Dieu preuoit ce qu'il ne veut comme ce qu'il veut,	725
pourquoy Dieu permet mauuais effectz,	725
Dieu n'est autheur du mal de ses actions,	Ibid.
Dieu preuoit ce qu'il ayme, comme ce qu'il hait,	Ibid.
Dieu esloigné de l'homme captif des Demons,	731
toutes choses dependent de Dieu,	734
Dieu eternelement operant,	738
Dieu est compliment de toutes choses,	737
Dieu faisant tout comment faict soy mesme,	Ibid.
grandeur de Dieu en ce qu'il n'a encore faict,	Ibid.
qui empesche Dieu d'estre composé,	Ibid.
Dieu ne cesse d'oporer,	Ibid.
Dieu ne laisse pour l'abuz de l'vn secourir l'autre,	744
Dieux sont dictz pour auoir les puissances de Dieu en ministere,	123
les astres sont dictz Dieux, à cause des actions que Dieu leur a commis,	138
les Dieux errans qui ilz sont,	358
les Dieux non errans qui ilz sont,	Ibid.
abus des Dieux des anciens,	456
estat des Dieux,	711
les Dieux regissent les Daimons,	736
Differant vsage des sens entre le brut & le raisonnable,	101
Difference entre Dieu & diuinité,	102
Differance de Dieu operant par l'homme ou sans luy	441
Difference de demonstration a signifier,	573
Difficil a entendre Dieu,	672
Difficulté size en la guerre ou combat,	Ibid.
Difficil à cognoistre Dieu absoluement,	673
Difficulté enfraincte par constance,	786
la Dignité de l'homme exemptoit de la destinée sa matiere,	17
Diligence à cognoistre soy-mesme,	674
Dire ou entendre chose vraye n'est verité,	658
il faut Dire ou entendre ce qui est,	Ibid.
les Disciplines communiquent aux choses diuines en abstraction des sens,	412
pourquoy les corps celestes ne souffrent Dissolution,	277
Dissolution tierce vengeresse,	594
Diuersité de nature produict confusion,	428
admirable estandue des choses Diuines,	474
communication des choses Diuines,	493
proposition des choses Diuines,	540
en choses Diuines n'y a mort,	545
parties Diuines cognues par les effectz,	557
parties Diuines operantz ez creatures,	557
Diuinité depend de Dieu,	100
exemple de Diuinité prinse en l'homme,	472
exemple de diuinité,	493
Diuision vniuersele en Dieu & creatures,	450
bonne Doctrine preuient mauuaise eslection,	627
Donner bien souuent est donner mal,	729
les Dôs de Dieu croissent en Iesus Christ auec l'aage,	69
de celuy qui ne veut cognoistre ses Dons,	480
chose Doubteuse ne s'entend de Dieu,	466

E.

entre le feu & l'Eau n'a comparaison certaine,	388
l'Eau, l'air, & le feu,	8
l'Eau disposée d'engendrer,	64

pourquoy le fonds des Eaux ne produit	64
oppinion de l'Eau auec le vin	582
de tant que vn subiect est pres de la cause, il en sent plus l'Effaict	107
plusieurs Effaicts receus de Dieu par oppinion	446
tous Effaicts sont indifferamment de Dieu	Ibid.
tout bon Effaict est produit de Dieu	447
l'Effaict de toutes choses commence en Dieu du iamais 460 bós Effaits destournez en mal par l'hôme	513
exemple des Effaits destournez	Ibid.
l'Effait suit la cause non tousiours l'intention	519
il faut considerer les causes par les Effaits	556
parties diuines cogneuës par les Effaits	557
pourquoy les Effaits sont conioints en operation	607
Effaits corporelz seruent à recognoistre Dieu	626
de peu de cause infinis Effaits	648
collatió des Effaits de l'entendemét à ceux de Dieu	673
tous Effaits produits par vne seule vertu	685
l'Efficace est denomination de nature ou croissance	329
que c'est l'Efficace	328
toutes Efficaces sont entenduës ystir de Dieu	330
l'Efficace de Dieu est sa volonté	330
l'Efficace diuine est seure de toutes choses	405
differance d'Efficace, action, & Effait	406
Efficace de Dieu pensée & ame	428
Efficace de iamais perseuerance & immortalité	429
Efficaces du monde integration & destruction	Ibid.
Efficaces de temps croissance & diminution	430
Efficaces de generation qualité	Ibid.
l'Eglise de Dieu croist de petitesse en grandeur	69
abuz de chefs d'Eglise	244
l'Eglise obserue telle heure que Mercure	617
Elements produits des essences diuines	8
Dieu laisse les Elemens sans aucune vertu	21
l'office des Elemens à engendrer des animaux	64
par mort les Elemens retournent en leurs lieux	84
les Elemens estant chaos n'estoient sensibles	134
le despartement des Elemens fait par le S. Esprit	136
tous Elemens ne sont subiets à tous les lieux	187
les Elemens tiennent plus de nature de matiere estant plus loing de Dieu	310
les Elemens ont vie	355
le diuers employ des quatre Elemens en côposition	309
des quatre Elemens Dieu a tout engendré	648
le rayon Elementaire	555
d'ou vient l'obligation des Enfans enuers les peres	333
l'Enfant conduit comme l'ame du monde	381
l'Enfant imagination d'enfant	670
admirable impression sur l'Enfant naissant	724
l'Entendement n'est en l'homme que pour cognoistre Dieu	198
l'Entendement reçoit l'idée par les sens	485
deux estats en l'intelligéce l'Entendât & l'entédu	101
obseruation pour bien Entendre vn œuure	124
differance de Ialousie & Enuie	226
Enuie huictiesme vengeresse	595
Mercure nomme Dieu l'Enuirônemét des choses	208
que c'est l'Epicicle & l'Exentricque	414
l'Erreur de l'homme s'estimant autheur & non dispésateur	334
Erreur par extremitez à faute de distinguer	512
Erreur ethnique	578
Erreur à cognoistre Dieu au combat	672
Erreur pardonné	712
Erreur amene l'homme à grand honte	372
tout Escoutant ne peut estre attentif	384
toutes Escriptures, apostres, & prophetes ne sont que pour conuier l'arbitre	198 & 171
l'Escriture parle improprement pour retirer le pecheur d'vne extremité en autre	314
ruine d'Escripts par interpretes	690
pourqnoy la cause d'Ire ne peut estre Exposée	85
Esmotions fatales pardonnées	712
diuerses opinions sur les Especes	582
obiection de deux Especes	Ibid.
Esperance recommandée	597
le S. Esprit s'atribue le feu & l'air	15
le S. Esprit procede du pere & filz	Ibid.
le S. Esprit dit Dieu du feu & de l'Esprit	Ibid.
quelle volonté donne le S. Esprit	19
operations du S. Esprit à susciter nostre volonté	Ibid.
l'Esprit de Dieu en l'homme	29
mon Esprit ne demeurera a tousiours mais en l'homme exposé 33 diffinition d'Eprit	64
le S. Esprit incite l'homme des sa creation	66
le S. Esprit est de la nature de la côposition de l'hôme	78
pourquoy le S. Esprit est dit animal en l'homme	148
quand & comment le S. Esprit est donné à l'hôme	Ibid.
que est dôner ou oster l'Esprit de Dieu à l'homme	156
les actions du S. Esprit sont affoiblies en l'homme par l'arbitre	161
il est dur à l'hôme de laisser la matiere pour l'Esprit de Dieu 179 l'Esprit crée tient de la matiere	188
le S. Esprit reçoit son nom de ses actions & nô de la matiere comme les Esprits	189
le S. Esprit n'est en l'homme pour le côtraindre	232
l'Esprit de Dieu obeïst à l'ame par hyppothese ou suposition	263
pourquoy l'Esprit de Dieu n'opere en tout hôme	264
discours de la nature des Esprits	293
tous Esprits seruent à l'homme en bonne part	295
de l'arbitre des Esprits	295
pourquoy les mauuais Esprits ne peuuent retourner en grace 295 l'Esprit mauuais de Dieu	294
le S. Esprit se sert d'air & feu	294
corps d'Esprit tient d'air & feu	310
despartement des Esprits en la region elementaire	313
l'Esprit est situé en l'air pour penetrer le corps	373
l'Esprit de Dieu compaigne la vie de l'homme maugré luy 383 l'Esprit instrument de l'ame	385
la bonne ame precede tout, à cause du S. Esprit	Ibid.
l'Esprit de Dieu deliure du corps	386
pourquoy l'Esprit de Dieu ne peut operer	387
l'Esprit de Dieu diuers en diuerses personnes	386
operation du S. Esprit faicte en feu	387
le S. Esprit se sert du feu pour signe	389
le S. Esprit a corps de feu c'est	388
le S. Esprit vse du feu en ses ouurages	388
le S. Esprit demon entre en l'ame par deux manieres	397
l'Esprit de Dieu bon ou mauuais demon	389
seconde maniere que le S. Esprit entre en l'ame	397
l'Esprit de Dieu est par le corps empesché en ses actions 396 les actions du S. Esprit en l'homme sont operations humaines Ibid. que c'est recouurer ou perdre le S. Esprit 400 le S. Esprit n'abandône iamais l'hôme Ibid. l'Esprit de Dieu dit demon par son action	406
que c'est auoir ou n'auoir l'Esprit de Dieu	Ibid.

Ddd 3

le S.Esprit tollere pour n'enfraindre l'arbitre,	408
l'Esprit de Dieu est empesché en l'homme par le corps,	418
le S. Esprit demande Mercure s'abandonner à luy,	459
capacité de l'Esprit de Dieu en l'homme,	478
l'Esprit de Dieu communique sans separation,	493
l'Esprit de Dieu crie apres l'arbitre,	497
contrister & affliger l'Esprit de Dieu,	502
comparaison du sainct Esprit au medecin,	504
le S.Esprit guerit l'ame côme le medecin le corps,	Ibid.
le S.Esprit s'est communiqué à toute creature,	509
que peut le S.Esprit és creatures,	Ibid.
le S.Esprit different és hommes des brutz,	Ibid.
pourquoy le S.Esprit est present en l'homme,	Ibid.
le sainct Esprit en l'homme n'a puissance que de soliciter,	Ibid.
empeschement faict à l'Esprit de Dieu par l'homme charnel,	510
le S.Esprit ne cõtrainct pour n'empescher l'arbitre,	Ibi.
comment nous affligeons le S.Esprit,	Ibid.
l'Esprit de Dieu coopere auec nature au brut,	Ibid.
le S. Esprit bon Demon,	522
que c'est voir au sainct Esprit,	523
que c'est parler au sainct Esprit,	Ibid.
vertu du sainct verbe representant le sainct Esprit,	536
l'Esprit de Dieu a vigueur en l'innocence,	626
l'Esprit de Dieu retire de la chair,	656
l'Esprit malin annonce verité,	667
le sainct Esprit difficilement escoute,	672
l'Esprit de Dieu reintegré en l'homme par Iesus Christ,	673
l'Esprit vnion du Pere & du Filz,	684
bonté de l'Esprit de Dieu en l'homme,	715
choses essentiales deppendant d'Essence,	100
differance d'Essence & substance,	118
Essence est immuable, & substãce muable,	Ibid.
conclusion de la differance d'Essence & substance,	119
erreur des Philosophes pour n'auoir cogneu les Essences estre diuines,	ibid.
Essence ne peut estre attribuée à creature cõposée,	120
source de toutes Essences est la plus grande excellẽce de Dieu cognue des hommes,	214
chose qui aye receu Essence ne peut estre abolie,	265
toute proprieté d'Essence est en Dieu,	320
Essence s'entéd de Dieu, & substãce de la matiere,	331
Essence est plus propre à l'incréé que au creé,	348
l'Essence de Dieu plusieurs vertus,	427
comme s'entendent plusieurs Essences en Dieu,	Ibid.
l'Essence du temps mutation,	428
l'Essence du monde ordre,	Ibid.
l'Essence de generation, vie & mort,	Ibid.
l'Essence ou verité diuine enuironne le monde,	436
l'Essence de Dieu consiste en la perfection de toutes choses,	459
l'Essence de Dieu cõsiste en ses actiõs & puissances,	462
comparaison de l'Essence diuine,	469
Essence de Dieu apparoist par toutes choses,	487
Essence de Dieu,	490
Essence en Dieu importe verité de subiect,	Ibid.
Essence conuient à Dieu seul,	491
Pourquoy la creature n'a essence,	Ibid.
Essence ne reçoit habit, mais l'a de son propre,	560
l'Essence opere essentialité,	559
pourquoy disons nous plusieurs essences & vertus,	686

l'Essence resiouyst le ciel,	736
à quelle condition les Estats sont mesprisez, comme le mariage,	339
les cinq Estats reduitz à deux en la creature,	548
Estoiles sixes de six grandeurs,	415
six grandeurs d'Estoiles,	555
Estre de soy nommé des Grecz, αὐθύπης,	3
comme Estre est inseparable de Dieu, ainsi comparaison en est tres-esloignée,	126
Estre non engendré est propre à Dieu seul,	268
l'Estre appartiét à l'incorporel, & l'habit au materiel,	118
l'Estre receu de Dieu ne se perd iamais, côme celuy qui vient d'ailleurs,	320
l'Estude du sensible nuist à l'intelligible,	454
Estude Chrestien,	605
Que doit estre l'Estude de l'escripture,	324
difference d'Eternel & immortel,	270
toutes choses Eterneles sont en Dieu,	Ibid.
Eternité côuiét au Pere, & immortalité à la creature,	Ibi.
l'Eternel ne conuient auec le temporel,	677
choses Eterneles commencent en la creature,	737
Ethimologie des dictions essentialz & materielz,	305
Execution faicte quelquefois par le Demon,	717
le propre des Excellences de Dieu est qu'elles soient cognues,	336
Excellences de Dieu operant par tout & tousiours,	441
l'Exemplaire monstré à Mercure, 13. Dieu a imité la côstruction du monde de son exéplaire eternel,	14
Exemple sensible de production tirée des essences diuines, 121. Exemple de diuersion d'effect,	519
Exhortation finale de Dieu à Mercure,	488
Exposer Tu m'as aproprié le corps,	581
Exposition plus ample,	638

F.

Illusion de la face de Faustinien,	653
conclusion d'vn seul Facteur & conducteur,	452
pourquoy il est dict Facteur,	633
n'y a separation du Facteur à la Facture,	636
Facteur & facture sont relatifs,	Ibid.
ou se trouue corps & vie c'est Facture,	450
en quelle maniere Dieu Faict ou engendre,	228
ce qui Faict est plus ancien que la chose faicte,	628
chose faicte ne se Faict mesme,	637
la chose Faicte n'est la plus ancienne de tout,	628
chose Faicte & muable n'est veritable,	663
creer & Faire sont entendus indifferamment,	121
Faire est l'office du bien,	647
continuellement Faire bien est essence en Dieu,	641
autre intelligence de Faire toutes choses,	737
pourquoy le vice Fatal est puny,	507
es effectz Fatalz n'y a iustice ou iniquité,	513
Fatum destinée & necessité declarée, 17. l'hõme n'est contrainct par Fatum, 19. les bons & mauuais souffrent Fatum pareillement, 20. les parties faictes de l'homme sont subiectes à Fatum,	52
Fatum ne contrainct l'homme intelligible,	52
Fatum n'est autheur de ses actions,	212
semences de Fauces doctrines soubz pieté,	242
Faux cuider, 31, & 56. le Faux cuider de la vigilance de l'homme le trompe, 55. Sathan infinue à l'homme nature humide par le Faux cuider,	76
Faux cuider porte de soy son effect,	86

le Faux cuider produit lumiere tenebreuse, 93
Faux cuider repousse le sainct Esprit, 159
responce de la Femme distribuant l'vniuerselle negatiue au serpent, 75
comment fut dompté le Feu, 12. actiõs de Feu domptées par puissance supreme, *Ibid.* le Feu dompté, 13
le Feu portant maturité, 64. du Feu qui penetre les metaux, 106. vne scintille de Feu brusleroit toute la terre, 388. entre le Feu & l'eau, n'y a comparaison certaine, *Ibid.* toutes choses faictes par Feu, *Ibid.*
le Feu instrumẽt corporel du S. Esprit, 389. le Feu n'a action és choses intelligibles, *Ibid.* les actions du Feu sont souuent incogneuës, *Ibid.* d'où prend le Feu sa lumiere 445
Figure separée du corps est incorporele, 740
touteFin est plus digne que les moyens d'y paruenir, 278
le Chrestien reçoit mieux les argumentz de la Foy, que des choses sensibles, 92
la Foy d'esperance contre esperance d'Abraham, *Ibid.*
receptiõ de Foy gist en l'ouye & aucune par reuelation, 323. autre reception de Foy par signes, *Ibid.*
la Foy est necessaire à l'intelligence, 326
Foy reçoit le Baptesme & renaissance, 588
Folie venant d'ignorance & temerité, 644
ce que l'on appelle Fomes du peché, 63
en Force ne choit gré ne punition, 525
le Forgeron ne faict la rouille, 642
Forme de Dieu est pour l'hõme ce qu'il en cõprend, 5
le sens prend la matiere, & l'intelligence la Forme, 101
sans les parties de la Forme l'estre se perd, 459
toutes Formes n'apparoissent au monde, 466
harmonie des Formes, *Ibid.*
les Formes ont tousiours essence, 545
la Forme possede la presence non la matiere, 575
toutes Formes produictes par vne nature, 606
pourquoy toutes Formes sont d'vne nature *Ibid.*
differance de la Forme a la matiere, 633. la Forme est du facteur, la matiere apart, 635. Forme donne habit & matiere priuatiõ, 638. la Fortune dõne l'estre, 639
que devient la Forme du brut mort, 679
que deuient la Forme de l'homme, *Ibid.*
toute Forme a eternel estre en Dieu, 741
que c'est Fortune, 517. l'escripture allegue Fortune, 518. diffinition de Fortune, *Ibid.*
l'homme ne preuoit Fortune, *Ibid.*
Fortune ue produit effaicts sans cause precedente, *Ibid.*
Dieu preuoit mais n'ordonne Fortune, *Ibid.*
obiection contre Fortune, 519
exemple des faicts de Dieu en Fortune, *Ibid.*
ignorance nourrisse de Fortune, 520
Fortune constituée en priuation, *Ibid.*
l'arbitre aueuglé execute Fortune, *Ibid.*
Fortune opprime les bons, *Ibid.*
l'entiere cognoissance ne souffreFortune, *Ibid.*
l'hõme ne recognoist tousiours l'effait de Fortune, *Ibid.*
Fortune gist es seulles choses corporeles, 521
mesme cause de nature basse & Fortune, *Ibid.*
differance deFortune a la destinée, *Ibid.*
l'vn plus Fortuné que l'autre, *Ibid.*
epilogue du propos de Fortune, 521
Fortune yssue du premier peché, *Ibid.*
qui sont les plus Fortunés, 522
qui sont les fauoris de Fortune, *Ibid.*
experiéce de legere croyãce par le schisme deFrãce, 522

Fraude neufiesme vengeresse, 595

G.

la Gaule experimente le faux pretexte, 323
animaduersiõ cõtre les peres qui n'ont soin que de laGeneration corporele, 130
conuenance de la Generation de Dieu a celle des hommes, 15
la Generation est comprinse du temps, 431
la Generation faicte dans le temps, *Ibid.*
Generation & temps au ciel & en terre, 434
double nature de Generation & temps, 435
differance de Generation en Dieu & en l'homme, 461
n'y a Generation sans mouuement, 547
Generation n'est vie, 549
Generation fourny le sens, *Ibid.*
abus de Gens de guerre, 244
remede Geometrique a cognoistre Dieu par discretion de l'vnité, 186
Gloire a Dieu des choses qui sont a faire, 556
Gloire a Dieu singuliere operer, 641
Iesus Christ nous communie son corps Glorifié, 577
le corps Glorifié n'est tousiours sensible, 577
corps Glorifie n'est subiect a raison physicque, 578
soubz sept Gouuerneurs sont comprinses toutes actions celestes, 16
impression des Gouuerneurs en l'homme, 40
collation de Grace cõuie le pecheur a penitance & louange, 80
questiõ pourquoy Dieu faict Grace a l'vn & nõ a l'autre, 152
Gradation concluãt resolutiõ de toutes choses en Dieu, 221
Gradation concluant l'ordre precedant, 540
declaration de la parabolle du Grain de froment, 70
plaisir du Grand precede la necessité du petit, 745
Grandeur des corps de la premiere Grandeur, 415
seconde Grandeur, *Ibid.*
tierce Grandeur, *Ibid.*
quarte Grandeur, *Ibid.*
cinquiesme Grandeur, *Ibid.*
sixiesme Grandeur, *Ibid.*
d'ou procede la Grandeur des Gens, 442
Grandeur consiste en cognoissance, 588
les Grandz se sont aprochez de Dieu par admortissemẽt des sens, 339
Grecz soigneux des escriptz, 689
le Grec paré destruit le sens, *Ibid.*
les Grecz ont diction arrogantes & fardées, 692

H.

la propre Habitatiõ de l'hõme est hors des elemẽs, 358
l'Harmonie que c'est, 43
erreur sur l'Harmonie des cieux, 137
Harmonie celeste, 444
Harmonie, 30
le Haut aux immortelz & le bas dedié aux mottelz, 369
source d'Heresies, 300
Heresies qui disent Dieu autheur de mal, 175
Heures inegales au iour artificiel, 616
Heures egales du iour naturel, *Ibid.*
— Hieroglyfique des reptiles, 360

que c'est l'Hymne de regeneration,	615
l'exemple d'Hyppothese a l'âme,	263
Hyppotheses posées par l'erreur de l'homme,	606
l'ignorance secouruë des Hyppotheses	Ibid.
choses confuses esclaircies par Hypotheses,	607
l'Homme commande a toutes choses par vertu de son intelligence, 17. l'Homme doit mercier au lieu de reprocher Dieu, 32. l'Hôme qui a la pensée que dict Mercure, est ioint à Dieu, 9. la ruine de l'Hôme, abusant par son arbitre, des vertus à luy commises,	10
l'Homme serf de matiere est subiect a l'estre,	21
commencement de la cheute de l'Homme,	29
cognoissance qu'auoit l'Homme en son innocence,	30
l'Homme est faict pour contempler Dieu,	Ibid.
la dignité de l'Homme exempte de la destinée sa matiere, Ibid. l'Homme regarde le ciel & le brut la terre, Ibid. discours du commencement de la ruine de l'Homme, Ibid. l'Hôme n'a perfection à cause qu'il n'a Dieu pur en luy,	33
cause de la mort venuë sur l'Homme au deluge,	Ibid.
moyen de separer l'esprit de Dieu de l'Homme a esté la mort, 33. Ie me repens auoir faict l'Hôme exposé, 34. par la preuue de la malice de l'Hôme Dieu cesse la punition vniuerselle, 34. diference du vice du premier Hôme a celuy de sa suitte,	Ibid.
l'Homme depuis le peché ne peut par son arbitre perfection, 35. l'Hôme n'a iamais esté destitué du moyen de son salut, Ibid. l'homme s'est perdu pour auoir heu trop de dignitez en son subiect composé,	36
l'Homme escoute le Serpent,	38
l'Hôme se laisse couler de la contemplation en la matiere, Ibid. l'Hôme s'assubiectit aux actiôs celestes,	Ibid.
l'Hôme tubé, n'a du tout perdu sa premiere dignité,	39
rage produicte en l'Homme par le peché,	40
l'Hôme irrité de sa perte entreprend sur le S. esprit,	Ibid.
que c'est que Dieu demande de l'Homme,	41
l'Homme est esleué par l'harmonie,	43
l'Homme surprins de peché se veut d'escharger sur les corps celestes,	Ibid.
l'Homme croist l'amour de soy pour se voir en l'eau,	44
l'Homme habite en la forme prinse de raison,	45
subiection de l'Homme changée par le peché,	Ibid.
par l'oppiniastre resolution de l'Hôme Dieu le remit en sa iustice,	46
exposition de la sentence de Dieu contre l'homme,	Ibid.
pourquoy Dieu à nommé l'Homme poudre,	47
Dieu bânist l'Homme de Paradis de volupté,	Ibid.
par le peché l'Homme n'a perdu toutes graces,	48
l'Homme a en soy deux natures,	52
l'Homme est mortel & immortel,	Ibid.
S. Pol interprete l'Homme interieur & exterieur de Mercure,	53
exemple des deux Hommes en IesusChrist,	Ibid.
la partie corrôpue de l'Hôme parle en IesusChrist,	Ibid.
l'Homme sans croix n'est filz de Dieu,	54
l'Homme porte son ennemy auec soy,	Ibid.
IesusChrist a banny l'Homme charnel du conseil de salut,	55
l'Homme animal abusé de la lumiere de Dieu,	56
l'Homme n'ayant que le bas vsaige des vertuz n'est different du brut,	Ibid.
resolution du deuoir de l'Homme,	Ibid.
cause de la honte de l'Homme,	57
Dieu a ieté l'Homme de Paradis,	Ibid.
ample composition de l'Homme,	58
sept hommes engendrés en l'Homme,	59
sept Hommes engendrés par les sept gouuerneurs,	60
pourquoy Dieu a assubiecty ses vertus a l'Homme,	61
le corps de l'Homme deliuré de mort sera remis en sa premiere clairté,	62
les sept Hommes,	Ibid.
l'Homme n'ayât q vie ne differe des autres animaux,	66
l'excellence de l'Homme sur toutes creatures,	Ibid.
l'Homme ne peut accuser que l'homme des desplaisirs qu'il reçoit des actions de nature,	71
l'Homme interieur se deuoit conduire par l'intelligence diuine, & l'exterieur par nature,	73
abandonnant la source de vie, l'Homme a trouué la mort,	74
l'Homme estant nay de Dieu, participe de ses vertus,	77
l'Homme n'a perfection en ce monde,	Ibid.
dissolution des parties de l'Homme,	83
la soubmission que nous auons du premier Homme,	84
ordre du delaissemant des vnitez de l'Homme,	Ibid.
restitutiô faicte aux astres de la soubzmission que l'Homme y a,	85
retour de l'Homme par l'harmonie,	Ibid.
l'Homme essential despouillé de l'empeschement de la matiere recouure ses premieres forces,	87
l'Homme rend aux astres leur influance,	86
pourquoy l'Homme est dict essential,	102
pourquoy l'Homme est cuidé impuissant,	115
la cognoissance de l'Homme n'est limitée,	116
l'homme ratiocine les faicts de Dieu,	Ibid.
en l'Homme y a double generation corporelle & spirituelle,	128
l'Homme materiel se plait plus a la generation corporelle que intelligible,	129
l'homme n'est dict engendrer l'enfant s'il n'engendre que le corps,	130
l'Homme qui n'engendre que le corps n'est different du brut,	Ibid.
dignité de l'Homme,	140
l'Homme monde du corps diuin que c'est,	148
l'Homme contemplateur des œuures de Dieu,	149
l'Homme abandonnant Dieu, cuide estre faict pour vacquer a ses concupiscences,	159
la perfectiô que peut attaindre l'Homme en ceste vie,	161
il faut aymer l'Homme interieur par le mespris du corporel,	163
par quelle maniere l'Homme deuient Dieu,	168
l'Homme separé de Dieu par le peché y reprend vnion par IesusChrist,	169
l'Homme ne peut iniurier Dieu: mais il delinque contre soy mesme,	Ibid.
l'Homme abandonne Dieu non Dieu l'homme,	171
l'Hôme charnel couure son peché de blasphemes,	174
l'Homme côpose son excuse de peruersion d'ordre,	177
l'Homme n'a operation de salut que la volonté,	Ibid.
pourquoy l'Homme n'entend l'eternelle immobilité de Dieu,	178
que c'est que on panse l'Hôme habandonner la matiere,	180
l'Homme materiel estime le propos de salut fable,	181
l'Homme cognoist Dieu par sa semblance qu'il en possede,	183
les Hommes cognoissent Dieu diuersement selon leurs capacitez,	186
Dieu soulage l'Homme subiect aux sens luy rendant sa cognoissance sensible,	193

l'Homme par l'Image cognoist Dieu & par les sens ses œuures, 194
l'Homme s'assure plus de la cognoissance des sens que de l'intelligence & raison, 196
l'Homme entier a en luy la puissance de son salut ou perdition, 200
l'Homme bien instruict reffere toutes actions materieles à Dieu, 206
l'Home est rigoureux au prochain ne cognoissant Dieu en luy, 213
l'Homme est ingrat & ignorant quoy & combien il reçoit de Dieu, Ibid.
l'Homme n'a esté subiect à nature & pourquoy, 220
l'Homme cognoissant son mal le chasse, 232
l'Homme ne cognoissant son mal l'estime estre bié. 233
l'Homme attiré de plaisir prend facilement mal pour bien, Ibid.
l'Homme eslit le mal l'estimant bien, Ibid.
l'Homme a en soy plus de mal que autres creatures, 236
l'Homme doit non seullement cognoistre, mais se resouldre en Dieu, 239
l'Homme laisse intelligence pour demeurer au sentimét comme le brut, 243
l'Homme peut par son salut, 250
exemple du pouuoir que l'Homme a pour son salut, Ibid.
l'Homme ne reçoit recompense de ce qui n'est sien, 251
Dieu iuge l'Homme par les actiõs qu'il a peu faire, Ibid.
l'Homme peut bien suiure le bien resister au mal, Ibid.
l'Homme eslit ce qu'il estime meilleur a soy, 253
toute habitude en l'Homme est venue de Dieu, 263
composition de l'Homme sortie de Dieu en toutes ses parties, 265
l'Homme materiel pense l'Esprit s'aneantir auec le corps 276
l'Homme faict à l'Image du monde, 279
pourquoy l'Homme a esté dict petit monde, Ibid.
l'Homme communique du corps au monde & d'intelligence à Dieu, Ibid.
l'Homme cognoist Dieu par sa partie immortele, Ibid.
lexcellence de l'Homme estat par tout a cause de sa double nature, Ibid.
comment l'Homme est immortel en toutes ses parties, 281
les deux parties de l'Home faictes pour mesme fin, 280
l'Homme est conduict par la nature d'intelligence, 283
l'Homme possede tout moyen de son salut, 285
l'Homme qui ne se cognoit dict qu'il ne peut, 286
l'Homme peruerty prend ses abuz pour sa nature, Ibid.
l'Homme party en trois, Ibid.
l'Homme est sanctifié par son propos, 287
l'Homme n'est puny pour le mal faict, mais faict le mal pour estre puny, 297
l'Homme a perdu par le peché non l'Image mais l'vsage d'icelle, Ibid.
l'Homme recouure par Iesus Christ la premiere ignorance, 298
l'Homme se rabaisse plus que le brut, 301
l'Homme cognoist Dieu par la conionction des sens a l'intelligence, 304
l'Homme n'attaint le bien parfaict qu'il n'aye despouillé sa matiere, 305

l'Homme viuant ne peut cognoistre tout l'ornement du monde, 317
l'Homme scauant ne scait les propos qu'il doit dire, 328
le bien faict de l'Homme peut bien recepuoir equiualément non celuy de Dieu, 333
la tres-heureuse fin de l'Homme c'est cognoistre Dieu, 336
l'Homme est faict pour cognoistre & publier la cognoissance de Dieu, Ibid.
l'Homme receuant le bien de Dieu est vexé par la matiere, 337
les Hommes reputez dieux par les abuz, comme par l'vsage, 340
l'Homme mesprisant Dieu estaint le S. Esprit en luy, 341
l'Homme participaãt de diuiné nature, 352
l'Homme refusant la conduite de nature s'est trompé, 358
l'Homme second animal, 371
l'Homme precede tous animaux, Ibid.
l'Homme a seul ame separée des autres, Ibid.
pour la matiere, l'Homme est priué de bonté, Ibid.
l'Homme est mauuais par acquisition de mort, Ibid.
vraye intelligence de c'est ordre, 373
ordre des principales parties de l'Homme, 372
les anciens ont nommé l'Homme petit monde, 376
comment l'Homme est dans le monde & le monde en Dieu, Ibid.
l'Homme est rare non filz du monde, Ibid.
l'Homme viuant incapable des effects diuins, 387
actions de l'Homme faictes par sa pensée, 389
l'Homme subiect au monde, les bruts a l'homme, 403
difference du monde a l'Homme en leurs operations, 404
lart de l'Homme est ratiocination, celle du brut vsage, 405
l'Homme nomme les choses diuines selon sa capacité, 406
prouuoir l'Homme d'estat & non l'estat d'homme faict le mal, 409
l'Homme abusant de l'Esprit de Dieu n'est dict homme, Ibid.
l'Homme en son corps inferieur a la beste, Ibid.
l'excellence de l'Homme gist aux parties de sa pensée, Ibid.
l'Homme animal diuin, 410
l'Homme comparé aux dieux, Ibid.
le vray Homme est plus excellent que les dieux, Ibid.
l'Homme vsant differe du tout de luy abusant de son estat, 411
l'Homme mesure les hauteurs & profondeurs du Ciel, 412
l'Homme seul à puissance d'aprendre a cause de l'Image 417
l'Homme est capable de toutes cognoissances, Ibid.
perfection de l'Homme en sa partie incorporele, 418
l'Homme vn Dieu mortel, Ibid.
Dieu Homme immortel, Ibid.
l'Homme a besoin de diuision pour cognoistre le subiect, 445
l'Homme ne reçoit de Dieu tort ny vice, 446

l'Homme ne cognoist la difference des punitions aux iniures,	447
l'Homme ne doit rechercher ce qui n'est,	454
sans effects corporels l'Homme n'est animal,	458
a quelle fin l'Homme faict ses actions,	461
l'Homme image du Soleil,	464
l'homme conçoit les Idées par l'esprit de Dieu,	467
enquoy l'Homme opere comme Dieu,	473
l'Homme ne peut nier Dieu estre en luy,	475
estat de l'Homme,	476
l'Homme cognoist Dieu par son S. Esprit	477
rien impossible au vray Homme,	778
l'Homme ne se peut excuser d'impuissance,	479
l'Homme charnel ne peut actions diuines,	481
l'Homme charnel ne se cognoist,	Ibid.
l'Homme est adroict a ce qu'il desire,	Ibid.
l'Homme ne peut asseurer son salut,	483
l'Homme peut considerer Dieu en tous actes,	484
l'Homme peut cognoistre Dieu par les sens,	486
l'Homme charnel ne voit Dieu par les sens,	Ibid.
l'Homme intelligible voit Dieu par les sens,	Ibid.
l'Homme à l'Esprit de Dieu,	492
abuz de l'Homme corporel,	493
cognoissance de l'homme intelligible,	Ibid.
comment les Hommes sont Dieux,	496
Hommes Dieux mortels,	498
combat immortel en l'Homme,	501
l'Homme se perd pour ne cognoistre le bien futur,	503
durant la vie Dieu ne delaisse l'Homme,	Ibid.
l'Homme brutal pire que la beste,	505
l'Homme charnel & la beste sont subiects a la destinée,	507
l'Homme faict le mal pour en estre puny,	508
que manifeste la composition de l'Homme,	509
Hommes vsans de raison,	611
trois cognoissances requises en l'Homme,	Ibid.
Hommes sans vsage de raison diuersement,	Ibid.
Hommes sans raison desquels est question,	Ibed.
tous Hômes subiects à generation & changement,	Ibid.
la subiection de l'Homme vient de l'inconstance de la matiere,	Ibid.
tous Hommes subiects a la destinée,	512
l'Homme intelligible deliure de la destinée,	Ibid
l'Homme n'a mal que par sa faute,	514
solution de la fin & composition de l'Homme,	Ibid.
l'Homme a succedé à lacoulpe d'Adam,	Ibid.
excellence de l'Homme sur le brut,	533
Dieu donne à l'Homme la pensée & la parolle,	Ibid.
l'Homme principal immortel,	550
l'Homme coessential auec Dieu,	551
enquoy l'Homme est coessential à Dieu,	Ibid.
l'Homme doit estre seur de l'amour de Dieu,	Ibid
l'Homme scait par l'aduertissement de Dieu,	552
l'Homme habite par tout pays,	553
l'Homme se sert de toutes choses,	Ibid
l'Homme attant le Ciel du sens,	Ibid,
l'Homme iuge le Ciel sur le rapport des sens,	Ibid
l'Homme & le brut voyant le Ciel diuersement,	554
commune presumption de l'Homme,	564
defaut de l'Homme s'arrestant a la matiere,	565
l'Homme argué de la matiere a cause du premier peché,	Ibid.
l'Homme corporel se mocque des choses diuines,	566
Tat ignorant produict l'homme particiêper de Dieu,	567
promesse de perfection faicte à l'Homme,	Ibid.
l'Homme mort ne peut se preparer à salut,	578
tout Homme menteur exposé,	588 & 662
vraye occupation de l'Homme,	591
l'Homme ne cognoist auoir ennemy en soy,	593
l'Homme ne se doit arrester a ceste vie,	597
l'Homme ne voyant ce qui est en soy se ruyne,	Ibid.
l'Homme offusqué de voluptez ne prouuoit a salut,	Ibid
estat de profession de l'Homme,	598
scauoir apartenant à l'Homme,	Ibid
l'Homme ioinct à Dieu n'a plus de tenebres,	601
soy cognoissant l'Homme s'arreste à Dieu,	604
durete de l'Homme a cognoistre Dieu	611
l'Homme de nature Dieu & filz de Dieu,	613
comment l'Homme est Dieu nay & filz de Dieu,	Ibid.
l'Homme instruict de Dieu peut beaucoup,	614
quelle voye ruine l'Homme,	626
l'Homme corporel ne faict rien de soy,	629
l'homme abuse des biens faicts de Dieu,	632
differance de l'operation de l'Homme a celle de Dieu,	634
l'Homme peruerty s'atribue puissance propre,	645
l'Homme n'est veritable, par ce qu'il n'est constant,	649
l'Homme ne reçoit verité en son corps mortel,	651
l'homme reçoit verité en son interieur,	Ibid.
l'Homme noury en menteries	658
l'Homme n'est veritable,	660
l'Homme se mue en tant qu'il est composé,	Ibid.
mutations de l'Homme,	661
l'Homme change d'aage & d'espece,	Ibid.
l'Homme se mue estant en son tabernacle,	Ibid.
l'Homme se mue a estre mescognu,	Ibid.
l'Homme est menterie,	Ibid.
l'Homme imagination d'humanité,	670
l'Homme secouru du S. Esprit ne trouue difficulté,	676
pourquoy l'Homme cognoissant ne peut declairer,	Ibid
empeschement à l'Homme de speculer,	677
l'Hôme demeure pour rendre compte de l'arbitre,	679
l'Homme con ceu par l'eau generatiue,	684
a l'Homme resolu tout language est bon,	692
Dieu prisonnier en l'Homme,	695
l'Homme peut resister aux choses arbitraires	699
l'Homme ne conmunique au Soleil que par veuë,	Ibid.
l'Homme cognoist les astres par coniecture	700
l'Homme n'aperçoit au Soleil sens ne raison,	700
pourquoy l'Homme est postposé aux anges,	707
estat des hommes,	711
l'homme sans le S. Esprit ne peut retourner,	716
pourquoy l'homme ne peut retourner,	Ibid
l'homme spirituel donne sans separation,	721
la presence de Dieu hônore le Demon en l'hôme,	724
l'homme coupable du premier peché,	725
l'homme reçoit indiscretement le bien de Dieu,	Ibid.
l'homme acuse Dieu de son deffaut,	226
l'homme n'aist mal a propos par defaut de l'hôme,	Ibid
l'hmme se doit diuiser,	727
l'homme faict pour cognoistre Dieu,	728
captiuité de l'homme charnel,	Ibid.
l'homme captif rend sa destinée necessaire,	731
ceste captiuité honte a l'homme qui se cognoist,	Ibid.
comment deppendant les Hommes des Demons,	734
enquoy l'Homme n'est qu'instrument de Dieu,	735

l'Homme instrument ez operations naturelles,	Ibid.
l'Homme operateur ez choses d'art,	Ibid.
l'Homme operateur a son salut,	736
l'Homme & autres creatures instrument,	Ibid.
l'Homme party en deux,	737
qui est l'Horoscope de l'enfant naysant,	138
le vice d'Adam a régné en tous Humains,	515
le corps Humain subiect aux douze signes,	605
exemple de l'Humanité proche de la diuinité,	496
tous estats d'Humanité mensonges,	670
Humide diffiny,	6
pourquoy les puissances de Dieu dictes de nature Humide,	6

I.

difference de Ialousie & enuie,	226
quelle Ialousie tumbe en Dieu,	Ibid.
le Iamais que c'est,	426
différence du temps au Iamais,	Ibid.
Dieu comprend le Iamais,	427
le Iamais comprend le monde,	Ibid.
l'essence du Iamais estre mesme,	428
le Iamais est inmuable,	Ibid.
le Iamais est en Dieu,	430
le Iamais est prochain à Dieu,	431
le Iamais essence de toutes choses,	232
la puissance de Dieu est le Iamais,	Ibid.
le Iamais garde le monde d'abolition,	433
le Iamais orne la matiere de toute mortalité,	434
le Iamais conduite de toute chose,	436
condition de Iamais,	Ibid.
le Iamais emplist & enuironne tout corps,	Ibid.
le Iamais manifeste l'excellence de Dieu,	437
le Iamais donne vie a toutes choses,	Ibid.
le Iamais varie generation en terre,	Ibid.
par quels moyens le Iamais conduict le monde,	438
le Iamais a en soy la prouidence,	Ibid.
que c'est acomplir le Iamais,	444
le Iamais ne peut faillir sa conduite,	449
le Iamais Image de Dieu,	463
que c'est estre vn Iamais,	478
le temps aux creatures & le Iamais à Dieu,	566
S. Iehan & Malachie Anges en office,	709
IesusChrist n'est pas venu pour reuocquer le iugement de Dieu contre l'homme,	48
IesusChrist ne prie que pour ceux qui de leur arbitre l'ensuiuent,	49
IesusChrist à rendu à l'homme plus qu'il n'a perdu par son péché,	Ibid.
différece de l'homme renay par IesusChrist au premier homme crée	50
deux diuers appetis de l'oraiso du iardin en IesusChrist	54
la guerre que IesusChrist nous amenne,	Ibid.
Λόγος comme raison & verbe conuienent en IesusChrist	114
IesusChrist ne sauue l'homme sans son consentement & operation,	151
IesusChrist promet aux siens plus grands signes qu'il n'a faict,	326
concorde de Mercure auec IesusChrist,	377
IesusChrist filz de l'homme declaré,	418
IesusChrist comment eternellement present à Dieu,	474
communication de IesusChrist,	494
IesusChrist manifeste le pere & son verbe la pensée,	539
IesusChrist sapience du pere,	566
IesusChrist present au sacremet à l'hôme interieur,	574
IesusChrist nous communie son corps glorifié,	577
IesusChrist dône & tollit semblable par semblable,	578
IesusChrist conuie a banir tous vices,	601
pourquoy IesusChrist ne respondit que c'est verité,	656
double exemple en IesusChrist,	680
IesusChrist se prometoit obscurement,	689
IesusChrist abrege les iours,	710
IesusChrist estoit deuant Abraham,	740
dont sont venus les Idolatres,	192
Idolatrie produicte par passion nourrist ignorance.	145
exemple d'Idolatrie	201
quand doiuent estre abatues les Idoles,	742
Idée de Plato que c'estoit,	273
Idée en Dieu,	467
Idée est incorporele,	Ibid.
toutes Idées sont en Dieu,	Ibid.
autre Interpretation d'idée,	468
Idée de la chose incorporele,	Ibid.
Idée de la parolle,	Ibid.
exéple en choses corporeles d'idiées incorporeles,	469
fruict retiré des Idées	Ibid.
l'idée Image de l'ame,	540
Idées corporeles sont conceptions,	739
pourquoy Idées sont incorporeles,	740
Idées en l'exemplaire de Dieu,	Ibid.
Idées presentées en corps a l'intelligence,	741
pourquoy la Ieunesse desire a cognoistre,	626
pourquoy la Ieunesse est plus ioyeuse que sur l'age,	Ibid.
le temps d'aprendre est la Ieunesse,	627
pourquoy sont dignes de mort les Ignorans,	73
tenebres engendrées d'oubly & Ignorance.	74
Ignorance a produict le faux cuider en nature humide,	Ibid.
Ignoráce nous garde de cognoistre Dieu estre seul bon,	125
perte d'Ignorance conduict l'hôme a ignorer les effects de nature,	140
Ignorance de soy premiere qualité du pecheur	159
Ignorance empesche d'admirer,	159
l'homme enclos en l'Ignorance de Dieu est impuissant a toute bonne œuure,	252
la grand force d'Ignorance a priuer l'homme de Dieu,	253
qualitez d'Ignorance humaine couuerture,	257
Ignorance faict en l'homme tous actes de trahison,	259
par Ignorance l'homme abuse de la matiere au lieu d'en vser,	260
ce qui entretient Ignorance en l'ame,	260
remede contre l'Ignorance,	261
veneratio de la matiere nourrie d'Ignoráce de Dieu,	305
l'Ignoráce nous tient soubs la crainte des seulles peines corporeles,	394
pernicieux effaicts de l'Ignorance,	397
Ignorance croist en chacun estant plus conmune,	404
Ignorance peruertit tout ordre,	Ibid.
l'Ignorance diuertit les biens faicts de Dieu,	513
Ignorance diuertit le bien en mal,	519
Ignorance corruption d'arbitre,	520

Ignorance nourrice de fortune,	Ibid.	Impieté est estre sans religion,	713
Ignorance premiere vengeresse,	593	Impieté esprit immonde,	Ibid.
Ignorance nuit au corps & à l'Esprit,	Ibid.	l'Impieté ne veut penitence,	Ibid.
Ignorance nous nuit a sentir le bien faict de Dieu,	633	Impieté empire ses effects,	Ibid.
Ignorance produict l'idolatrie,	640	Impieté offence ayant cogneu verité,	Ibid.
Ignorance fournit la matiere de priuation,	676	Impieté peche a mort,	Ibid.
Ignorance pardonnée,	712	Impieté peche contre le S. Esprit,	Ibid.
nostre Ignorance cause de noz maux,	726	Impieté fuit pieté,	
ironie de Mercure sur l'Ignorance,	112	Impieté quitte l'entrée du salut,	714
que c'est estre Ignorant,	598	Impieté vient de l'interieur,	Ibid.
qui est l'Ignorant plein de science,	Ibid.	Dauid accuse le fol d'Impieté,	715
Ignorer diuinité est malice,	482	Impieté finale impenitence,	616
l'Image de Dieu en quoy gist,	25	Impieté est mespris de Dieu cogneu,	Ibid.
differance d'Image & similitude de Dieu,	Ibid.	Impieté ne veut la misericorde deDieu,	117
l'Image est en toutes personnes,	Ibid.	Impression receuë naissant dure toute la vie,	Ibid.
l'vsage des creatures donné à l'homme a cause de l'Image,	27	Impuissance n'excuse qu'en ce qu'on doit,	724
que c'est l'Image de Dieu,	Ibid.	grand vice seroit à Dieu Impuissance,	480
l'Image certaine à l'hôme la semblance incertaine,	Ibid.	remede commode a l'Inconstance de l'homme,	646
l'Image en l'homme c'est l'Esprit de Dieu,	Ibid.	ce qui est Inconstant n'est veritable,	571
l'Image en l'homme sert tousiours à Dieu,	Ibid.	choses Inconstantes dites imaginations,	670
l'Image de l'incorporel est le mesme,	28	Inconueniens de publier propos obscurs,	Ibid.
recognoistre l'Image de Dieu en son prochain,	79	Inconueniant d'abatre les Images,	627
l'Image de Dieu est donnée a toutes gens:mais non la semblance,	150	l'Incorporel est diuinité ouDieu,	744
l'Image & raison donne le salut:mais la semblâce & pensée le reçoiuet,	151	declaration de l'Incorporel receuant le mouuement,	114
l'Image de la chose corporele est differente du subiect,	195	l'Incorporel se communique sans priuation,	195
l'Image de l'incorporel ne differe du subiect,	Ibid.	l'Incorporel reçoit toutes choses sans lieu,	471
l'Image de Dieu au monde,	269	l'Incorporel n'est apperceu que par l'incorporel,	456
l'Image de Dieu est necessaire en l'homme,	285	deligence de l'Incorporel,	471
l'aplication de l'Image de Dieu n'appartiét a nature,	349	puissance de l'Incorporel,	472
excellence de l'Image de Dieu en l'homme,	417	l'Incorporel ne reçoit vraye comparaison,	Ibid.
renuersement des vertus de l'Image de Dieu,	481	l'intelligence reçoit le corporel & l'Incorporel,	473
le corps est l'Image del'idée,	540	l'Incorporel reçoit toutes choses,	479
Image & signe du ciel,	555	l'Incorporel n'est subiect à veuë corporele,	487
veneration d'Images & reliques,	666	l'Incorporel voit par les sens l'incorporel,	Ibid.
comment est empechée l'Image par la matiere,	675	comment est l'Incorporel au corps,	529
adorer la sculpture ou Image,	742	l'Incorporel comment meu par la pensée,	530
toutes Imaginations ou representations suposent choses materieles,	195	l'Incorporel passible comme tousiours operant,	532
Imagination reçoit verité par influance de la haut,	652	remede de la condition du mal Incorporel,	587
Imagination des choses basses est mensonge,	653	l'Incorporel n'est trouué des sens,	78
Imagination du muable est menterie,	663	la chose Incorporele n'a Image pour les sens,	28
venerer les Imaginations,	742	source des choses Incorporeles,	471
exemple d'Immortalité des creatures,	271	la chose Incorporele se communique a diuers sans diuision,	455
generation, corruption, & mort sont Immortalité du monde,	372	— la chose Incorporele n'est qu'vne,	Ibid.
ou consiste l'Immortalité de planete,	444	choses Incorporeles sont subiectes a creation,	457
promesse d'Immortalité souz condition,	534	excellence de la puissance Incorporele,	472
ruine d'Immortalité vient d'ignorance,	598	la partie Incorporele n'est subiecte a la destinee,	507
l'Immortel faict les mortels,	454	la chose Incorporele n'est comprinse du corps,	529
Immortels pour abolibles,	549	resultance des corps aux choses Incorporeles,	741
les Immortels au ciel, les mortels en terre,	449	resultance des choses Incorporeles au corps,	Ibid.
exemple de finale Impenitence,	262	Increpatiô de ceux qui se precepitent en l'ignorance,	248
finale impenitence est cuider trouuer le bien parfaict en la matiere,	253	Indicible se descrit par negatiues,	590
l'Imparfaict ne comprend le parfaict,	677	Induration du resprouué,	714
Imperfection des choses materieles,	659	consideration du propos Infinitude,	478
l'Impieté ne tourmente l'ame dans le corps,	393	Influance du bien c'est l'operation,	732
seule Impieté irremissible,	712	il se faut donner garde d'Ingratitude,	632
vengeance d'Impieté,	711	Iniquité n'a lieu en Dieu,	513
Impieté nie essence en Dieu,	712	Iniustice cinquiéme vengeresse,	594
		absence d'Iniustice rend l'homme iuste,	600
		fruicts de l'Innocence recourée par Iesu-Christ,	78
		les signes de l'Innocence sont puissances supernaturelles,	323
		Innocence nourrise du S. Esprit en l'homme,	513
		l'Innocence est l'vsage des bien faicts de Dieu,	Ibid.

la premiere Innocence cognoiſſant toutes choſes,	515
Inſtance d'auoir intelligence ſans le ſentiment,	289
reſolution de Mercure ſur l'Inſtance,	289
difference d'Inſtruire le ſçauant ou le ieune,	627
Inſtrumens du monde & ordre de matiere,	541
l'Intelligence n'apperçoit la matiere,	101
l'Intelligible choit en l'Intelligence par les ſens,	101.& 102
comment l'Intelligence iuge par les ſens,	Ibid.
autre moyen d'Intelligence que par les ſens,	103
tout ce qui choit en l'Intelligence eſt diuin,	104
l'Intelligence engendre l'Imagination,	196
la ſeule Intelligence cognoiſt Dieu, ſoit par le moyen de ſens ou autrement,	216
l'Intelligence demeure a ceux qui venerent la ſaincte penſee,	287
conionction de l'Intelligence & ſentiment en l'hôme,	289
l'Intelligence ſent de la parole,	288
l'Intelligence recourt aux ſens par priuation de l'exemplaire,	291
combien l'Intelligence a deſcheu en l'homme par le peché,	291
l'Intelligence paſſant par les ſens eſt tachée	Ibid.
comment l'Intelligence reçoit le ſentiment,	Ibid.
miſeres venues a l'hôme abuſant de ſon Intelligêce,	291
l'Intelligence n'eſtoit iointe aux ſens en l'homme innocent,	Ibid.
l'Intelligence eſt de la nature de l'homme comme les ſens,	304
ſentiment & Intelligence du monde non ſemblale a celuy de l'homme,	307
quel eſt le ſentiment du monde & ſon Intelligence,	307
enquoy le ſentiment & Intelligence du monde precedent ceux de l'homme,	Ibid.
l'Intelligence & ſentiment du monde eſt excellent a faute d'arbitre,	308
Intelligence naiſt de foy & Ignorance d'infidelité,	322
la foy eſt neceſſaire a l'Intelligence,	326
l'Intelligence demande l'abſence des ſens,	363
l'Intelligence des fruitz des pecheurs,	398
l'Intelligence aux choſes corporeles vſant d'Inſtrumêt,	412
a l'Intelligêce apartient l'eſtude de cognoiſtre Dieu,	460
propre Intelligence hors comparaiſon,	470
Tat entre a l'Intelligence de ce propos,	587
abus ſur l'Intelligence d'inſtrument,	736
le premier Intelligible a l'hôme eſt eſſence diuine,	101
en quoy differe l'eſtre de l'Intelligible du ſenſible,	118
l'Intelligible croiſt en l'enfant comme le corps,	128
l'Intelligible iuge par l'aduis des vertus diuines,	201
office des parties Intelligibles,	365
l'Intelligible & materiel, ſont l'animal,	370
cômancemant Intelligible & Immuable & Immobile,	374
forces intelligibles ſurmontent les corporeles,	385
la peine eſt plus grâde entre ſubiects intelligibles,	394
la choſe intelligible n'a lieu determiné,	401
excellence de la partie intelligible de l'homme,	412
comment l'intelligible excede le ſenſible en action,	455
chaſque choſe Intelligible eſt eſſence,	541
choſes Intelligibles ſont immuables,	Ibid.
la partie Intelligible eſt indiſſoluble	612
en toutes choſes ſenſibles & Intelligibles,	741
le ſecours de Dieu rend ſon Ioug merueilleuſement doux,	80
la douçeur du Ioug de Dieu, faire faire à l'homme choſes admirables,	Ibid.
pourquoy le Iour commence à midy,	617
dont vient l'Ire de l'homme,	159
Ire & conuoitiſe deſraiſonnable,	505
Ire dixieſme vengereſſe,	595
Irreligion treſ-grande offence à Dieu,	711
Irreuerence à Dieu d'idolatrer,	641
le prendre indignement ne Iugeant le corps,	579
Iugementz communs faictz par ignorance & abus des ſens,	267
gradation des ſens au Iugement,	304
promptitude rare auec profond Iugement,	384
deux ſortes de Iugement empeſché,	715
Iugement deſtourné par fragilité,	Ibid.
Iugement deſtourné par malice,	716
Iugement corrompu elit corruptions,	Ibid.
Iugement aſſopy ez choſes corporeles,	721
Iuſtice diuine agreable aux bons, odieuſe aux mauuais,	6
abus de gens de Iuſtice,	244
Iuſtice de Dieu ne condemnant ſans cauſe,	527
Iuſtification du Chreſtien,	91
exemple de Iuſtification paracheuee par grace,	251

L

erreur de Lactance, n'ayant cogneu haut & bas,	312
que c'eſt receuoir les choſes Laſſes,	319
choſes Laſſes ou paſſées,	718
le Language traicte l'vſage du païs,	676
Language eſt incapable des ſecretz diuins,	Ibid.
Language impropre diuerſifie les ſens,	688
à l'homme reſolu tout Language eſt bon,	692
Langue vaine indigne des choſes diuines,	Ibid.
Langue Aegyptienne diſpoſée à ſcience,	690
Langue abregée ſeur interprette,	Ibid.
Langue copieuſe ſubiecte à deſtourner,	691
efficaces de la Langue Aegyptiênne,	Ibid.
meſme Langue a diuers ſtiles,	Ibid.
Langue Greque apte à vanitez,	Ibid.
imperfection commune à toutes Langues,	693
Language mal employé,	Ibid.
dexterité de Langue Aegyptienne,	Ibid.
commodité d'vne Langue brieue,	Ibid.
Liberalité eſt eſtimée pour le proffit,	243
obiection du Libertin,	91
Lieu ſubiect à dimention n'eſt intelligible, ains ſenſible,	104
le Lieu ſe repoſe pour le regard de la choſe meuë,	105
propos de la nature du Lieu,	Ibid.
erreur de cuider trouuer Lieu au monde,	Ibid.
tout Lieu a corps eſgal à ſoy,	Ibid.
vn corps ne peut eſtre le Lieu de l'autre,	Ibid.
mouuement ne ſe faict dans Lieu d'autre corps,	Ibid.
Lieu de toutes choſes eſt incorporel,	Ibid.
Lieu incorporel entant qu'efficace,	Ibid.
Lieu eſt corps immobile, dans lequel tout repoſe,	117
quellement Lieu eſt corps,	471
la Loy eſpreuue & vengeur de malice,	505

discours de Lumiere,	10
Lumiere diffinie,	Ibid
Lumiere n'est subiete a la veuë ains la veuë a la lumiere,	10
Lumiere & rayons du Soleil ne sont veuës de l'œil,	10
Iesus Christ dict lumiere & pourquoy,	11
L'homme est nay de vie & lumiere,	77
Lumiere essence diuine,	445
la Lumiere assemble les choses contraires,	Ibid.
Lumiere secouruë d'efficace diuine,	Ibid.
la Lumiere assemble les contraires par efficaces,	446
deux manieres de Lumiere,	698
Lumiere dispensée du seul Dieu,	Ibid.
la Lumiere receptacle d'essence au Soleil,	699
Lumiere & generation de vie frequentée,	706
exemple en la matiere de la Lune,	311
obseruation de la Lune,	413
quand la Lune paroist grande comme le Soleil,	Ibid.
la plus grande hauteur de la Lune,	414
du dragon de la Lune,	Ibid
la Lune plus petite du ciel reserué Mercure,	Ibid
la Lune deuance les autres astres,	447
le retardement de la Lune la rend plus viste,	Ibid.
la Lune monstre plus d'effect que les autres,	448
la Lune entre les mortelz & immortelz,	449

M.

deception de Magitiens,	653
le Mal que Dieu faict sont punitions,	176
tout Mal est produict de priuation,	262
nostre Mal rend le bien mauuais.	341
souuent y a peine a Mal faire,	363
Maux de punition sont bien faictz de Dieu,	446
Mal est esloignement de Dieu,	482
le Mal gist en la volonté,	Ibid.
Mal vient de l'homme,	643
Mal n'a estre ains priuation,	645
qui ne cognoist le Mal ne cherche le remede,	717
pourquoy punitions sont dictz Mal,	735
Mal de punition deppend de Dieu,	Ibid.
Mal-faire ne domaige tant que l'obli du bien,	235
difference de Malices,	301
differance entre Malice & imperfection,	Ibid.
Pourquoy la terre est vray lieu de Malice,	302
que c'est Manger & ne le Manger,	580
trois Manieres de mal, punitio imperfectio & peché,	236
Manieres de esloignement de la matiere a Dieu,	312
les choses Manifestes ne peuuét apperceuoir le bié,	181
comparaison du Mariage aux autres estatz,	339
le Materiel iugé par l'aduis des sens,	201
etimologie des dictions essentialle & Materiele,	305
l'intelligible & Materiel sont l'animal,	370
indignité des secours Materielz,	475
vray vsage des choses Materieles,	245
leçon de Iesus Christ sur l'vsage des choses Materieles,	Ibid.
perfection Materielle ne peut estre en l'homme des-bordé,	264
choses Materieles ne sont essence,	361
generation Materiele depend du iamais,	434
communication des choses Materieles,	493
admirable sçauoir des Mathematiciens,	702
toutes imperfections sourdent a la Matiere de la separation de Dieu,	31
Matiere separée de Dieu est sans action,	22
separation de Matiere pour les compositions,	Ibid.
Matiere prouueuë d'immortalité,	Ibid.
vice de Matiere ne contraint la volonté mais l'incite,	35
la Matiere immortele d'Adam estoit sans vice,	34
Matiere empesche l'arbitre de bien eslire,	36
la Matiere de l'homme soubzmise a la loy de l'autre matiere,	39
vertu de la Matiere.	41
qui se renge a la Matiere communique a ses tourmentz,	81
le fruict d'auoir abandonné la Matiere,	88
les corps celestes ont sur la matiere actions necessaires & sur l'ame actions inductiues,	88
le sens prend la Matiere & l'intelligence la forme,	101
toutes Matieres sont faictes d'essences diuines,	
il est dur a l'homme de laisser la Matiere pour l'Esprit de Dieu,	179
la veneration de la Matiere estoupant les conduictz qui viennent a Dieu,	183
il n'apparoist plus de Matiere sans forme au delaissé de Dieu,	223
le Mal aduient aux creatures de la part de la Matiere,	227
comme l'exces de la Matiere est deffendu aussi l'vsage est commandé,	245
la Matiere ne porte tant de mal qu'elle oste de bien,	246
la Matiere est issuë d'essence diuines	272
la Matiere a esté prouueuë d'immortalité ou habit de Matiere,	272
Matiere ne tumbe iamais en priuation d'estre, quel chagement qu'elle souffre.	272
que c'est estre de Matiere,	Ibid.
qu'elle confusion souffre la Matiere en ce monde,	275
exposition de la confusion de la Matiere,	Ibid.
Dieu rendit la Matiere immortele afin qu'elle deuint incorporele,	272
Matiere ne retourne en confusion, à cause qu'elle a essence de corps,	Ibid.
connexion grande de la Matiere auec la menterie,	305
la Matiere vniuerselle par tous corps sont les elemés,	309
aduis de la Matiere des corps celestes,	310
doubte s'il y a Matiere ez cieux,	311
toute Matiere est subiete au corps superieur,	355
la Matiere non la diuinité craint conionction,	385
l'imperfection de la Matiere nuist a la mesure,	412
la Matiere fuit la cognoissance de Dieu,	426
la Matiere de toute chose le monde,	432
la Matiere ne reçoit Dieu sans entre-deux,	435
la Matiere restraint la puissance de Dieu en l'homme,	441
vne origine de Matiere pour toute creature,	455
Matiere de soy n'a vertu, que conseruation,	Ibid.
Matiere est conseruée en ses passions,	Ibid.
Matiere perpetuele,	464
esleuation hors toute Matiere,	478
la Matiere norrist le feu de concupiscence,	505
la Matiere vitie ce qui luy est communiqué,	533
meslange des quatre Matieres,	655
la Matiere pure est sans Dieu,	558
la seule Matiere requiert lieu,	Ibid.
lieu ordonné a la Matiere selon son indignité,	Ibid.
Matiere sans forme n'est qu'vn amas,	Ibid
la Matiere opere materialité,	559

la Matiere opere ez corps corporalité,	Ibid.
Matiere ne perist iamais,	Ibid.
la Matiere mortele n'est comprinse au salut,	578
qui abuse de la Matiere pert la cognoissance,	567
difficulté de se retirer des lieus de la Matiere,	586
en Matiere n'y a rien simple,	635
Matiere n'endure perfection,	642
Matiere vraye au Soleil & a l'homme,	664
Matiere vraye conseruée au Soleil par necessité,	664
Matiere vraye perduë en l'homme par l'arbitre,	Ibid.
Matiere separée de Dieu pour composer,	671
Matiere combat Dieu par ignorance,	676
ignorance fournist la Matiere de priuation,	Ibid.
Matiere naissant disposée aux actions,	724
a la Matiere n'est deuë reuerance,	743
Maudit du Soleil est estre banny de lumiere,	130
celebration de Dieu vne, n'estre point Mauuais,	560
le Mauuais ne separe la verité des signes,	579
prudent vsage des choses Mauuaises,	242
choses Mauuaises sont vices ou punitions,	735
Mauuaistié douziesme vengerelle,	595
Melchisedec presenta pain & vin,	584
faire Membre de Christ d'vne paillarde,	580
Memoire & prouidence peruerties,	729
Mensonge contraire a l'essence diuine,	86
origine du regne de Mensonge en ce monde,	182
pourquoy Mensonge a si grand cours en temps de sedition,	Ibid.
perfection de peché en Mensonge,	321
Mensonge commune a tous vices,	Ibid.
pourquoy le corps est mensonge,	588
Mensonge estoffe commune a tout vice,	653
qui ne voit Mensonge voit verité,	654
prendre Mensonge pour verité,	655
prendre verité pour Mensonge,	Ibid.
Mensonge contraire a verité,	668
Mensonge couuerte de verité pernicieuse,	Ibid.
sans Mensonge de mutation n'y a generation,	Ibid.
Mensonge dependant de verité,	671
Mensonge facture de verité,	Ibid.
tout homme Menteur exposé,	588
pourquoy la tumeur de la Mer n'est plus haute que les riues,	136
argument de la Mer,	203
pourquoy la Mer demeure sur la terre,	206
cognoissance de Dieu qu'a Mercure par les creatures,	4
Dieu offre a Mercure l'aprendre a son desir,	Ibid.
tremblement de Mercure,	12
raison du doubte de Mercure sur le mystere,	58
parfaicte foy de Mercure,	77
Mercure & sainct Pol parlants de l'homme interieur & exterieur.	78
Mercure racompte l'estat des bien heureux,	87
Mercure a recité la felicité des bons & non la misere des mauuais pour nous attirer plus par amour de vertu que crainte du tourment,	89
exhortation de Mercure par commandement de Dieu,	90
Mercure anonce le salut en la vertu du sainct verbe	92
Mercure Philosophe, sacerdot, & roy,	93
le repos corporel de Mercure estoit vray exercice de ses vertus intelligibles,	93
la parole de Dieu est fruit & enfantement de Mercure,	
Mercure prend la cause du mouuement du dedans,	109
Mercure bien clairement deschargé d'idolatrie,	124
par quel moyē Mercure peut auoir esté calomnié,	Ibid.
concorde de Mercure a sainct Pierre,	150
pourquoy Mercure mesprise choses incorporeles,	161
Mercure commande hair son corps comme Iesus Christ	163
Mercure nomme choses mauuaises manifestez,	181
Mercure repudie en Dieu toutes choses créés,	187
Mercure fonde son argument sur l'aduis du cōmun,	203
Mercure cognoist Dieu en ses œuures,	223
Mercure confesse la perfection du salut venir de Dieu,	255
Mercure recognoist Dieu souuerain, duquel tous dieux dependent,	267
grande cognoissance qu'a Mercure que Dieu est souuerain de toutes choses,	319
les ancestres de Mercure ont eu vision de Dieu,	341
detraction contre Mercure des reptiles,	361
Mercure precurseur de Iesus Christ en plusieurs propos,	377
Mercure inuocque Dieu,	400
pourquoy Mercure est difficil a estre veu,	415
Mercure se retire des troubles a Dieu,	426
Mercure demande si Dieu est inuisible,	486
Mercure contraint de parler obscurement, 489, & 611. & 688
Mercure aprins par le bon Demon,	522
Mercure a preueu Iesus Christ,	523
Mercure seul Prophete de la regeneration,	562
Mercure Prophete du nouueau Testament,	563
pourquoy escrit Mercure obscurement,	563
tesmoignage de la religion de Mercure,	563
Mercure mesprise son corps nay d'Adam,	570
Mercure argue de priuation de sens, a Tat,	585
admirable Prophetie de Mercure,	586
Mercure exhorte Tat a se resiouir,	597
Mercure ne vouloit estre reputé calomniateur,	611
Mercure loüa la preparation de son filz,	614
ce que Dieu a enseigné a Mercure,	Ibid.
astuce de Mercure a retirer son filz,	616
Mercure impose silence aux matieres,	618
prierre de Mercure a sa volonté,	619
Mercure permet à Aesculape choses hautes,	626
Mercure desire contemplation a son filz,	627
admonition de Mercure contre l'idolatrie,	641
Mercure à cause de la Trinité dit Trismegiste,	683
Mercure inuocque Dieu par priere,	686
Mercure craignoit la traduction Grecque,	689
exemple des Merques en toutes creatures,	685
exemple des Merques ez sciences,	685
le Messie promis obscurement,	689
exemple de quelques Mesures celestes,	412
en toutes Mesures corporeles y a quelque deffaut,	Ibid.
chose Meuë & lieu de contraire nature,	89
obiection du vice du Ministre,	582
Miracle tres-merueilleux,	59
declaratiō du Miracle tres-merueilleux, 61. & 510 & 695
la Misere de ceste vie est cognuë par le goust des choses diuines,	161
Miseres de l'amour du corps,	481
Misericorde restaure ce que iustice a ruyné,	49
Misericorde de Dieu chasse les vengences,	596
Misericorde n'abandonne le bon espoir,	597
quel estoit le Mystere secret,	58
propos des rayons des Mirouers,	739

Ddd 2

diuersité de Mirouërs, *Ibid.*
Mirouër ne represente, mais adresse la veuë au subiect, *Ibid.*
vraye intelligence des Mirouërs, 740
deception des Mirouërs, *Ibid.*
description des Mœurs de ce temps desplorable, 56
Moïse a parlé Hieroglyfiques, 59
le fruict de Moïse coparé à l'operation de Mercure, *Ibid.*
Moïse mediateur de la loy, 708
Monde intelligible, 16
Monde declaré en ses acceptions, 13
la composition du Monde est diuinité, 142
le principal ornement du Monde sont les vertus de Dieu en luy operantes, 147
pourquoy le Monde est plus excellent que l'hôme, 148
le Monde n'est simplement bon, mais en participation, 229
ce qui empesche le Monde d'estre bon, *Ibid.*
le Monde pourquoy est dict secód Dieu animal immortel, 266
aucunes parties du Monde ne souffrët priuation d'estre *Ibid.*
enquoy le Monde tient l'image de Dieu, 268
le Monde faict pour contenir l'homme, comme l'homme pour contenir l'esprit, *Ibid.*
comment est le Monde immortel & non eternel, 270
le Monde fut basti suiuant l'exemplaire & idées diuines, 273
le Monde de toutes ses actions est instrument de Dieu, 309
les extremitez du Monde prenent leurs dignitez de la proximité de Dieu, 313
le Monde est dit pere par ministere des vertus de Dieu, 315
l'excellence du Monde depend de contenir l'homme, 316
Monde est ornement, *Ibid.*
pourquoy le Monde est ornement, *Ibid.*
le Monde insinue par dehors aux creatures les vertus de Dieu, 317
le Monde n'est bon, 366
le Monde imparfaict, comme passible & muable, 367
le Monde souffreteux, *Ibid.*
le Monde est tousiours engendré, *Ibid.*
le Monde est mobile entant que materiel, *Ibid.*
comparaison du grand au petit Monde, 370
le Monde premier animal, 371
la dignité du Monde depend de l'homme, *Ibid.*
le Monde demeure immortel à faute d'arbitre, *Ibid.*
le Monde est immortel pour auoir obserué son estat, 372
semblance de Dieu au Monde, & à l'homme, 375
le Monde filz de Dieu, 376
le Monde execute par nature les efficaces de Dieu, 404
difference du Monde à l'hôme en leurs operations, *Ibid.*
diuerses opinions du Monde, 421
le Monde contient le temps, 427
l'essence du Monde ordre, 428
le Monde est au iamais, 430
le Monde est meu dans le iamais, 431
le Monde œuure du iamais, 432
le Monde se faict tousiours, 433
le Monde ne peut estre acheué de sa nature, *Ibid.*
le Monde est incorruptible. *Ibid.*
constance du Monde est produire corruptions, *Ibid.*
le Monde n'est oisif, 440

le Monde restant uigoureux en ses actions, 442
le Monde image du iamais, 463
quel est le changement du Monde, 464
parties du Monde se perdent par la veuë, *Ibid.*
passions du Monde, 465
comment est le Monde de toutes formes, *Ibid.*
toutes formes n'apparoissent au Monde, 466
le Monde transmue ses formes en soy, *Ibid.*
l'excellence du Monde pluralité de formes, *Ibid.*
le Monde est contenu de Dieu, 477
Monde grand Dieu, image de plus grand, 543
le Monde conioinct à Dieu, *Ibid.*
le Monde plenitude de vie, *Ibid.*
rien mort au Monde, 544
Dieu a voulu le Monde auoir vie, *Ibid.*
comment est Dieu le Monde, *Ibid.*
le Monde immuable en general, 548
le Monde muable en ses parties, *Ibid.*
rien n'est aboly au Monde, *Ibid.*
le Monde afflige l'ame qui ne s'en retire, 502
consideration de l'ordre du Monde, 555
le Monde de l'homme party en deux, 622
le Monde met excellence en menterie, 653
Monde intelligible emplit le sensible, 718
le Monde intelligible depend de Dieu, 731
le Monde sensible deppend de l'intelligible, 732
le Monde instrument d'operation, 735
parties du Monde instrument des astres & Soleil, *Ibid.*
Monde sensible & intelligible se secourent, 741
ironie des Mondains, 481
les Mondains nomment leurs abus choses grandes, & les dignitez de l'esprit choses basses, 771
cause des Monstres, 437
vraye exposition de Mort, 281
la Mort ne priue de l'essence donnée par la vie, 462
Mort n'est que despartement de l'assemblée, *Ibid.*
Mort & corruption pour abolition, 545
question de Mort pour abolition, *Ibid.*
abus de la denomination de Mort, 550
Mort prinse par maniere de disputes, *Ibid.*
mesme condition de Mort à tout animal en quoy, 679
Mort est fin de l'vsage des sens, *Ibid.*
la Mort effraye le commun ignorant, *Ibid.*
Mort amere aux bien aisez, 680
Mort aisée à qui mesprise les sens, *Ibid.*
Mort est dissolution, *Ibid.*
Mort departement d'vn corps las, *Ibid.*
Mort quand le nombre ne peut plus porter, 681
autre Mort precipitée, *Ibid.*
Mort abolition de sens corporel, *Ibid.*
Mort du Chrestien, *Ibid.*
deception prenant Mortel pour immortel, 265
l'homme fut Mortel pour n'auoir obserué son estat, 372
les immortelz au ciel, les Mortelz en terre, 449
Mottel & diuin extremes, 677
difference du Mortel à l'immortel, 706
ce qui se Moue est viuant, 548
où est le lieu capable de Mouuement, 97
Mouuement appartient à l'incorporel, 98
obiection des Mouuementz celestes, 106
non seulement le lieu, mais aussi le Mouuement repose, *Ibid.*
Mouuement ne se faict dans lieu d'autre corps, 105
les spheres des planetes n'ont mouuement ains resistan-

ce,	107
les estoilles fixes ny les erraticques n'ont Mouuement,	109
exemple du Mouuement de l'homme qui luy produict repos,	Ibid.
Mouuement de resistance prend sa cause du repos,	108
le Mouuement attribué aux estoilles fixes appartient a aplanes,	Ibid.
Mouuement de la nauire sur l'ancre,	110
Mouuement causé par le repos,	Ibid.
tout Mouuement faict en & par la chose qui repose,	Ibid.
tout Mouuement vient au subiect du dedans & non du dehors,	Ibid.
Mouuement diffini,	117
tout Mouuement se faict en Dieu,	Ibid.
que c'est Mouuement,	223
conuenance du Mouuement de la mer aux astres,	355
le Mouuement de la mer ne depend totalement de la lune,	Ibid.
conclusions des Mouuements de la mer,	356
comparaison des Mouuementz de la pensée a celuy de la sphere,	369
nul Mouuement de planette est circulaire,	413
Mouuement d'vn tour en 36000. ans,	417
Mouuement cause de differentz effectz,	443
discours abregé des Mouuementz celestes,	451
mesme vitesse conduict tous Mouuementz	Ibid.
tout Mouuement est incorporel,	530
que c'est Mouuement,	Ibid.
Mouuement est passion,	Ibid.
Mouuement rend plus fort le plus foible,	Ibid.
Mouuement efficace de vie,	546
Mouuement en l'incorporel & agitation en lieu,	638
les planetes ne Mouuent dans aplanés mais plustost elle entour d'elles,	107
le corps ne peut Mouuoir autre corps,	110
chose Muable n'est veritable,	661
Multitude d'effectz produit admiration des actions,	445
Mutation & mort,	464
Mutation par separation,	Ibid.
Mutation n'est mort mais obliance,	549
Mutation est purge de generation,	643
Mutation d'accidens & nature,	661
quelle Mutation ont les astres,	663
Mutation d'astre par diuersité d'aspect.	Ibid.
sans Mutation tout seroit eternel,	669
dont vient Mutation a la matiere,	671
Mutation de l'immortel indissoluble,	706
Mutation du mortel dissoluble,	Ibid.

N.

prudence de Nature a la conducte du brut,	18
Nature indeterminée du cercle,	24
Nature qui alloit en bas que c'est,	43
Nature rit a l'homme,	44
Nature diffinie,	51
diuision de Nature mortelle & immortele,	Ibid.
Dieu lasche le Neud qui retenoit les causes sans effectz en Nature,	67
la conducte de Nature croist au brut auec aage,	69
es-branlement de Nature a commencer ses effectz	71
toutes creatures conduictes par Nature ne sont subiectes a redition de compte,	71
l'homme souuent cuide estre plus sage que Nature,	72
par trop cuider l'homme corromp Nature,	Ibid.
l'obeissance faicte a Nature est agreable a son aucteur,	173
Nature humide est en l'homme, l'outrecuidance ou presumption de trop pouuoir,	74
Nature des hypotheses,	184
Nature n'est aucteur de ses actions & vertus,	213
Nature deffend en la creature les dons de Dieu,	224
diuersité de Nature selon la diuersité des creatures,	284
Nature comme s'entend en Dieu,	328
Nature a charge de toutes creatures corporeles,	349
Nature ne met en l'homme que son estat,	Ibid.
Nature tient toutes creatures subiectes, l'homme reserué,	353
Nature faict tout corps des elemens,	404
Nature de l'esperance,	483
Nature tient lieu de pensée ez bruts,	499
Nature conducte generale de toute creature,	Ibid.
Nature instrument de la pensée ez brutz,	500
Nature thresor des graces de Dieu,	510
Nature obserue la volonté de Dieu,	543
exemption sur la loy de Nature,	663
Nature enfrainte pour la gloire de Dieu,	664
les actions celestes ne rendent en l'homme tous effectz Necessaires,	86
le Necessaire empechant le plus excellent, est mesprisé,	339
difficile election du Necessaire au superflu,	605
Necessité garde de haïr les choses corporeles,	244
la Necessité suscite les concupiscences,	380
que c'est Necessité fatale,	438
Necessité fatale consiste en l'harmonie,	444
Necessité prouidence & nature instrument,	541
abuz de la Noblesse,	244
mesme dispute de Iesus a Nicodeme,	587
Nicodeme se scandalise d'ouïr la regeneration,	616
admirable ordre des Nombres,	609
en Nombre le, o, ne sert que de repetition,	Ibid.
Nombres des ioinctures las produit mort,	681
mort quand le Nombre ne peut plus porter,	Ibid.
le Nombre des charnelz les y entretient,	733
pourquoy l'on prend les nués pour ciel,	137

O.

Obeissance que le monde rend à Dieu,	308
responce a l'Obiection,	91
Obiections inconsiderées contre la presence,	572
Obiection de deux especes,	582
Obiection libertine,	724
solution de l'Obiection,	725

Obly grand vice contre le salut,	382
Obscurité & difficulté rendent le lecteur attantif,	9
choses obscures apartiennent aux sçauantz,	627
propos obscur estimé clair,	689
occultation est instauration,	546
l'Octaue nature pour le siege diuin,	87
l'Octaue sphere n'est le premier mouuement	416
diuerses opinions de l'Octaue sphere,	416
l'Octonaire de Mercure,	614
qui sont les Offences remissibles,	712
Offuscation entre mortel & diuin,	677
l'oiseau de Dieu dict chouma,	147
Oisiueté n'est verifiée par chose que soit,	440
l'œil corporel eslongné des abus materielz voit les diuinitez,	335
l'œil est sanctifié par la suffocation des concupiscences,	336
les bonnes œuures rendent Dieu apaisé,	79
obseruation pour bien entendre vn œuure,	124
la bonté de l'œuure gist en la pensée & non en l'effect,	162
en l'œuure de Dieu bonté & en la matiere imperfectiō.	194
Oeuures des cognoissances & contemplation,	256
l'Oeuure de Dieu n'a temps ny mouuement,	560
toute Oeuure de Dieu est pour bien,	491
Oeuure d'innocence,	497
Oeuures supernatureles ne sont loy,	536
Oeuures corporeles nuisent à cognoistre Dieu,	592
quelle Ombre de bonté prend la creature,	126
Operations conduictes en l'homme par le sainct Esprit,	11
la principale essence apparance en Dieu est l'vniuerséle & continuele operation,	214
Operation des creatures perdent leur durée,	319
l'Operation de Dieu est continuele par ce qu'il opere par sa volonté,	334
l'Operation de Dieu n'attend qualité ou quantité comme celle de l'homme,	Ibid.
toute Operation gist en trois rayons,	405
il ne peut estre pensé Operation que Dieu,	438
l'Operation de Dieu vniuerséle,	441
l'Operation humaine tend à ruyne,	442
l'Operation de Dieu tend à conseruation,	Ibid.
Operation incorruptible des corruptions,	Ibid.
operation & passion sont mesme chose,	532
toute Operation est partie de Dieu,	558
toute Operation faicte par la creature est de Dieu,	559
l'Operation reçoit non de l'effect,	633
Operation tient lieu de corps en Dieu,	641
l'honneur d'Operation a Dieu du ministere a l'homme,	670
l'Operation de Dieu ensuit sa nature,	138
sans Dieu l'Opinion va a tous maux,	504
Opinion de l'eau auec le vin,	582
Opinion que le mal en Dieu n'est plus mal,	643
exemple d'opinions temeraires,	645
Opinions à concupiscence est mensonge,	652
fraude des Orateurs,	681
inuention de l'art Oratoire,	693
Ordre ne peut estre conduict sans autheur,	243
Ordre priué d'autheur tumbe en confusion,	202, Ibid.
Ordre est fondé sur nombre, mouuementz, & mesure,	204
l'Ordre du desordre est de pouuoir estre reduict en ordre,	205
que c'est l'Ornement de l'ordre,	208
exposition de l'Ordre des principes en six Ordres,	426
premier Ordre en cinq subiectz,	Ibid.
second Ordre en quatre subiectz soy contenans,	427
tiers Ordre en cinq subiectz & leurs essences,	Ibid.
Ordre quatriesme par l'efficace des cinq subiectz,	428
Ordre cinquiesme par quatre situations des subiectz	430
Ordre sixiesme des accez de l'vn a l'autre,	431
Ordre de l'ame de la terre monde & iamais,	435
tout Ordre tend a vn Obiect,	452
Ordre des heures de Mercure a prier,	617
Origine du temps,	441
conclusion qu'il n'y a que vne origine & autheur,	456
que c'est l'Ouye plus diligente que la voix,	384
argument de la petite Ource,	203

P.

du Pain leué & non leué,	582
pourquoy Dieu a eu le monde Pensée,	9
la Pensée, la raison, l'ame, l'esprit, & les veines sont receptacles l'vne de l'autre,	65
qui sont ceux qui ont la saincte Pensée,	79
la Pensée tres-subtile de l'ame,	221
grandeur de la Pensée de l'homme,	325
la Pensée est instrument de la science,	365
la Pensée prend le corps de feu,	382
la Pensee deliure de subiection d'arbitre,	383
que c'est la Pensée prendre corps de feu,	Ibid.
la Pensée reprend ses actions,	386
la Pensée intelligence tres-aiguë,	388
que c'est la Pensée en l'homme desnuée de feu,	389
la Pensée prend le feu pour les seruices de Dieu,	396
la saincte Pensée n'abandonne la bonne ame,	398
la Pensée conionction de l'homme aux dieux,	405
saincte Pensée dicte bon Daimon,	Ibid.
que c'est la Pensée s'en aller de l'ame,	407
la Pensée laisse l'ame conioincte au corps,	408
la Pensée de l'homme ne va, mais est en tout lieu,	418
la saincte Pensée commande à Mercure se retirer,	469
la Pensée comprend despouillant ses sens,	474
la Pensée veuë en pençant,	487
la Pensée est de l'essence de Dieu,	490
la Pensée est Dieu en l'homme,	494
pourquoy la Pensée opere peu en l'homme,	497
la Pensée secours de l'ame humaine,	500
la Pensée repugne a l'ame humaine,	Ibid.
la Pensée nuist aux ames qu'elle commande,	502
cooperation de la Pensée auec le brut,	505
la Pensée n'est bien faisant au brut comme aux hommes,	510
la Pensée estaint en l'homme l'ire & conuoitise,	Ibid.
la Pensée domine sur toutes choses,	526

la Pensée domine la destinée	Ibid.
la Pensée domine nature,	Ibid.
a la Pensée rien impossible,	526
la Pensée est limitée au brut,	528
si la Pensée est passion au brut,	Ibid.
solution de la Pensée cooperante ez bruts,	532
la Pensée tressubtille de l'ame,	540
Pensée entour l'ame,	Ibid.
la saincte Pensée represente Dieu à l'homme.	Ibid.
Dieu veut estre cogneu par Pensée,	591
la seule Pensée reçoit Dieu,	Ibid.
la bonne Pensée conçoit choses veritables,	656
la Pensée ne peut imaginer l'homme certain,	662

※ ※ ※

d'escriptiō du vray Paradis terrestre de l'homme,	57
qui ne croit Pardon ne le demande,	714
Parler & escouter est estre sensuel,	363
Parler improprement pour estre entendu,	428
si ce qui Paroist est chose faicte,	628
tout ce qui Paroist est chose faicte,	Ibid.
toute Parolle de Dieu ne cherche en l'homme que la volonté,	155
l'inteligence sœur de la Parolle,	288
noz Parolles ne peuvent exprimer choses divines,	328
Parolle n'exprime que l'entrée de cognoistre Dieu,	460
dignité de la Parolle,	468
pourquoy la Parolle est sœur de l'inreligence,	Ibid.
Parolle painture de la chose incorporele,	534
la Parolle paint la pensée,	Ibid.
la vertu de Parolle que c'est,	Ibid.
Parolle vertu immortele,	Ibid.
Parolle n'est bruit ains denonciation,	Ibid.
excellent effaict de Parolle,	536
Parolle represente aux sens l'incorporel.	Ibid.
abuz de prendre la Parolle pour la voix,	Ibid.
differance de la Parolle à la voix,	Ibid.
la Parolle represente la pensée & ses vertus,	Ibid.
la Parolle commune à tous hommes,	537
le muet n'est sans Parolle,	Ibid.
l'estourneau & perrocquet n'ont Parolle,	Ibid.
question si les hommes ont differente Parolle,	Ibid.
Parolle differe en bruits & dictions,	Ibid.
Parolle n'est qu'une essence,	Ibid.
Parolle commune à toutes nations,	Ibid.
la vertu de Parolle ignorée du commun,	Ibid.
la Parolle s'esgale à la pensée,	Ibid.
gradation pour la dignité de la Parolle,	538
Parolle pour le filz de Dieu,	Ibid.
la Parolle Image de la pensée,	Ibid.
Parolle conioincte à raison par mesme diction c'est à dire raison ou parolle,	539
Parolle & raison mesme subiect,	Ibid.
argument de Parolles d'institution,	573
Parolle depravée par les sens,	678
Parolle n'exprime que l'usité,	Ibid.
vertus de Parolle de la langue Aegiptienne,	692
les Parties de l'assemblée ne perissent iamais,	463
qui sont les choses passibles,	227 & 228
l'action au corps est Passible,	529
toutes choses sont Passibles,	531
la Passion vient en la creation de la part des creatures,	228
l'action refferée au corps est Passion,	529

chose apperçeuë des sens est Passion,	Ibid.
delivre du corps delivre de Passion,	531
differance de Passion a passible,	Ibid.
Passion de l'ame la prive de ses vertus,	Ibid.
Passion sans sentiment,	Ibid.
Passion du corps mobile & immobile,	532
Passion passible pour perception	Ibid.
quelle Passion a l'incorporel au corps,	Ibid.
Passion perturbe le iugement,	644
une passion ou condition en Dieu,	646
quelle passion est en Dieu,	Ibid.
douceur Paternelle confere tous biens,	632
Patience necessaire a la ioye de l'ame,	598
pourquoy Peché gist en privation,	23
Pechez d'ignorance tolerée,	42
transport de noz Pechés sur Iesus Christ par l'oraison, apres la Cene,	54
le premier Peché briefuement exposé,	60
la tache du premier Peché incline à la matiere,	193
Dieu ne deffend le Peché d'habiter en nous mais d'y regner,	302
pourquoy Peché gist en privation,	321
le vray peché ne consiste à mal faire,	Ibid.
perfection de peché en mensonge,	Ibid
Peché gist en privation non en action,	407
que c'est le Peché de l'homme,	506
deffaut par le Peché d'Adam,	515
d'ou vient le Peché en l'ame,	527
Peché contraire à l'essence,	640
obiection du Peché irremissible,	713
Pechez contre le pere & le fils remissibles,	716
que c'est dominer en soy le Peché,	Ibid.
le Pecheur en Iesus Christ se plaint d'avoir esté laissé en la main de son conseil,	36
pourquoy le Pecheur ne cognoist Dieu,	183
le Pecheur non Iesus Christ craignoit mourir,	680
il faut que le Pecheur demande,	714
argument du Paintre à Dieu operant,	644
comparaison de la Painture,	653
semblance par Painture est menterie,	Ibid.
Paincture menterie deçevant les yeux,	Ibid
deception de Painture,	Ibid.
le Pesant ne va en bas pour aprocher le centre seullement,	312
cause pourquoy aucune chose ne se Perd,	266
aucune chose ne se Perd, mais se change, ou se caché des sens,	267
exemple de Perdition sans concupiscences en l'homme mortel,	200
l'eslection des concupiscences n'est si necessaire à la Perdition que l'election de Dieu au salut,	200
Perdition ne s'execute, mais se prepare en ceste vie,	504
Pere s'il est possible interpreté,	54
Dieu Pere & Bien sont mesme chose,	327
pourquoy il est dict Pere,	633
deffaut du Pere a engendrer par ignorance,	725
quelle Perfection Dieu veut en l'homme,	32
pourquoy l'homme n'a puissance de Perfection que en mal,	200
Perfection incompatible avec passion,	218
Perfection de l'homme venu en sa vraye fin,	230
Perfection de beauté se voit de seule pensée,	341

E ee 4

Perfection mocquerie de l'ignorant,	423
Perfection diuine non compatible a imperfection,	657
Dieu veut le bié, Permet l'arbitre, & tollere le vice,	175
heureux qui peut faire estat de Persecutions,	599
Perseuerance bourjonne vices en la matiere,	642
Perseuerance de corps est mutations	706
Personnes cognoissans, pourquoy sont tristes,	398
simple acception de la seconde pour la premiere Personne,	564
qui sont ceux qui ne Peuuent,	251
vanité du Philosophe gentil,	564
Philosophes cherchoient nature non le salut,	689
Philosophe sans Dieu ruine l'intelligence,	689
Philosophie Grecque son de parolle,	693
ethimologie de Pimandre,	3
Pimandre ayant instruict Mercure se retire entre les puissances,	90
sans Pieté & cognoissance n'y a bonne religion,	242
concorde entre Mercure & l'escripture sur la Pieté,	300
que c'est Pieté ou religion,	363
combat de Pieté,	391
Pieté doit estre conduicte par cognoissance,	241
Pieté sans cognoissance tumbe souuent en abuz,	Ibid.
Plaisirs corporels presens empeschent grandement l'esperance des contraires auenir,	169
malaisé a soy retirer des Plaisirs corporels accoustumés,	Ibid.
Plaisirs corporels bons & mauuais produisent mal,	409
Plaisir n'est laissé que pour vn plus grand,	503
Plaisir du grand precede la necessité du petit,	745
les Planetes plus proches de nous,	555
Platon cogneust que c'est estre semblable à Dieu,	151
sentiment de Plato de la science de Mercure,	268
Plato n'a prins de l'exemplaire que quatre idées,	273
Platon estime le monde semblable à Dieu côme Mercure,	316
Plusieurs veullent ouïr & peu veullent entendre,	90
gloire des Poëtes,	693
Poynes intelligibles exprimées par corporeles,	395
le cômun estime l'estoille du Pole sans mouuemét,	203
comparaison de l'oisiueté des Pompes,	171
Dieu Portier deffend l'entrée des concupiscences aux siens,	80
Pouuoir dilligence grand en l'homme,	476
Prediction par antrailles,	552
Prediction par le vent,	Ibid.
Prediction par les arbres,	Ibid.
grandeur des corps de la Premiere grandeur,	415
Prendre pour ce que c'est effaict veritable,	654
Mercure Presche penitence,	93
la Presence de Christ suiua les anciens,	474
Presence de toute chose corporele deuant Dieu,	574
argument de philosophie pour la Presence,	Ibid.
la Presence du corps d'eppend de la substance,	575
la Presence sauue non les graces seules,	Ibid.
la Presence gist ez choses incorporeles,	Ibid.
la Presence ne consiste ez choses visibles,	580
Presence consiste ez choses intelligibles,	Ibid.
la Parolle non le ministre rend la presence,	582
maniere des choses Presentes à Dieu,	474
il ne faut Prier inconsideramment,	622
Priere vers le midy,	616
Priere vers l'Orient,	Ibid

Pourquoy la priere se faict à l'Orient,	617
Priere à Dieu doit estre en pensée,	623
conclusion de Prieres par propiciation,	686
la Priere du simple peut beaucoup,	744
Comparaison du Roy Prisonnier,	695
Priuation de Dieu & non Dieu produict le vice,	671
la Principale partie du peché sur le faux cuider de soy	46
question de Mercure interpretée des Principes de nature,	14
responce des Principes a nature,	Ibid.
abuz des Princes,	244
pourquoy les Princes sont dicts Dieux,	315
Promptitude rare auec profond iugement	384
Propos particuliers tenuz auant la clef de Mercure à Tat,	327
Propos obscurs pour deux causes,	489
Propos grans obscurs pour euiter mespris,	490
Propos contentieux empeschent la cognoissance,	526
tous Propos diuins ne sont a publier,	563
multitude de Propos nuit à l'intelligence,	634
Prouidence de Dieu,	555
Prouidence diuine se sert d'operation,	668
obseruation de Ptolomée,	412
Ptolomée suppose la verité celeste	701
differance de la Prudence de nature a l'imprudence de l'homme,	245
differance du prud homme au d'esraisonnable,	516
les Puissances ordinaires de Dieu ne comprenent la supreme,	17
differance des Puissances ordinaire ou soueraine de Dieu,	51
differance des Puissances de l'homme,	249
les Puissances suiuent la capacité,	264
Puissance de Dieu inseparable,	438
Puissance de Dieu n'entre en comparaison,	Ibid.
Puissance de Dieu mal employée,	439
Puissance de l'homme interieur,	604
vne seule Puissance diuers effaicts,	605
toute Puissance est de Dieu,	629
de celuy qui pense auoir Puissances propres,	644
Punition differée augmente le peché,	503
Punition du Demon vengeur,	508

Q.

toutes Qualitez estoient premierement en l'idée diuine que ez creatures,	273
toute Quantité close dans le monde,	99
d'ou est produicte la varieté des Qualités en la matiere,	314
Question curieuse,	401
Question curieuse,	509
Question de la quarte partie,	547
Question si les astres sont vrays,	663
Quinte essence mal cuydée,	455

R

Rayons de Dieu sont efficaces	403
Rayons du monde sont natures	Ibid.

Rayons des hommes art de science	404
Rayon de l'homme peruerty	Ibid.
Rayon de Dieu par destinée	727
peu de nombre reçoiuent le Rayon de Dieu	Ibid.
n'y a puissance contre Rayon de Dieu	728
Raison estoit du commencement deuers Dieu	50
question de la Raison, & de l'enfant	68
l'homme à cause de sa raison & arbitre doit Rendre conte de ses actions	72
Raison prinse pour cause	115
Raison est premier exemplaire & forme d'ame	117
pensée, Raison, ou verbe diuin sont conseruateurs de toutes choses	118
Raison en toutes gens, mais non la saincte pensée	149
Raison principal instrument de l'homme	404
Raisons corporelles indignes de l'intelligible	721
la partie de Raison est armée contre les demons	728
Raison deçoit & est deçeuë	729
parties de Raison humaine	Ibid.
abuz des parties de Raison	Ibid.
Raison diuertie à chose corporelle	Ibid.
Raison peruertie pire que brutalité	Ibid.
Raison humaine mal entenduë,	730
Raison humaine faict grand erreur,	Ibid.
Raison humaine a grand pouuoir de bien,	Ibid.
Raison humaine est le sainct Esprit en l'homme,	Ibid.
effaict de Raison en sainctes personnes,	Ibid.
blasmer Raison humaine irreuerance a Dieu,	Ibid.
Raison faict les grandz effectz en l'homme,	Ibid.
Raison faict abuz & vertus en l'homme,	Ibid.
a la partie Raisonnable le rayon de Dieu luist,	727
comparaison sur Rameure de l'arbre,	374
l'homme Ratiocine les faictz de Dieu,	176
qui s'est Recognu est paruenu au bié superabundant,	72
Recognoistre Dieu en toute œuure,	669
les sept Recteurs descritz,	16
pourquoy les sept Recteurs sont ditz freres de l'homme,	78
Recueil appliqué a la loüange de Dieu,	417
sainct Pol attendoit Redemption de son corps,	231
l'vn Relatif sans l'autre n'a estre,	638
sans la Regeneration n'y a salut,	563
Tat s'enquiert de la Regeneration,	Ibid.
sapience matrice de la Regeneration,	566
bien veritable est semence de la Regeneration,	Ibid.
quel semeur de la Regeneration,	567
la volonté de Dieu semeur de la Regeneration,	Ibid.
Regeneration n'est enseignement,	568
Regeneration ramene en memoire,	Ibid.
exemple de l'effect de Regeneration,	569
changement faict par Regeneration,	571
aux mondains Regeneration semble manie,	585
Iesus Christ aucteur de Regeneration,	586
Iesus Christ comme Mercure a vsé du mot de Regeneration,	Ibid.
Regeneration s'adresse a l'homme interieur,	587
la Regeneration ne souffre vices,	602
Regeneration par banissement de vices composée,	Ibid.
Regeneration est vie eternele,	603
par Regeneration l'homme est faict cótemplateur,	603
Regeneration se reçoit par foy,	Ibid.
Regeneration ne s'enseigne,	616
Regeneration tenuë en silence,	Ibid.
preparation pour estre Regeneré,	564
le corporel ignore le Regeneré,	567
mutation du Regeneré,	569
humilité du Filz de Dieu pour Regenerer l'hôme,	586
les Renes de la conduite de l'vniuers,	702
Reintegration des corps celestes,	277
necessité de Relation vint le relatif,	538
choses Relatiues ne souffrent separation,	636
toutes Religions sont fondées sur pieté,	241
Religion mesprisée par propos ridicules,	691
moyen de cognoistre la bonne Religion,	717
Remede donné auant la punition a l'homme,	7
la Renaissance predicte par Mercure,	377
Tat prend la renaissance comme Nicodesme,	565
Iesus Christ propose renaissance intelligible	587
conclusion de la Renaissance,	Ibid.
la Renaissance donnée par la Trinité,	588
le Babtesme incorpore comme la Renaissance,	Ibid.
Renaissance est producte d'œuures de contéplation,	596
Renaissance est soy retirer des choses corporeles,	610
Renaistre est cognoistre Dieu en esperit & verité,	615
que c'est renclorre l'ame,	480
Repos causé par mouuement,	110
que c'est le Rrepos intelligible,	167
Reprise des choses dictes,	420
les Reptiles mal tournées cy deuant,	361
la Resistance des planetes prend sa cause du repos,	108
Resistances empeschant le salut,	177
le debonnaire a plusieurs Resistances en ce monde,	301
Resolution abregée,	414
Resolution de c'est argument,	467
Resolution des questions,	527
Responce a la difficulté proposée de l'ame,	350
confusion de la Resurrection vniuersele des mesmes,	85
pourquoy tout n'est reuelé a tous,	689
a la matiere n'est deuë Reuerance,	743
pourquoy Rien est peché,	33
de Rien se faict rien & non aucune chose,	121
tout trauail de l'homme pour acquerir gloire deuient a Rien,	141
Rien n'a commencement aucun,	184
— vraye description de Rien,	185
peche est dict Rien,	Ibid.
Rien prins affirmatiuement & negatiuement,	320
Rien ne faict mesmes,	628
veuë des fleuues de Riuieres, & comme elles s'engendrent	206
— qui est la Robe de feu du sainct Esprit,	387
perfection de Rondeur,	24

S.

propos du sainct Sacrement,	570
charité en Dieu a inuenté le sainct Sacrement,	Ibid.
propos instituant le Sacrement de communion,	571
argument pour la presence de Iesus Christ au Sacremét.	572
pourquoy est requise la presence au Sacrement,	Ibid.
dequoy sert le pain au Sacrement,	575
le Sacrement remede a l'inconstance,	579
le Sacrement annonce la mort de Iesus Christ,	579
le Sacrement succede a l'vnion,	Ibid.
obiection de venerer Iesus Christ au Sacrement,	581
Sacrement institué pour l'vsage,	581
ce Sacrement figuré par les Sacrifices anciens,	581

ce Sacrement ne peut sans l'vnion,	582
Sacrifice ratiocinal,	620
comparaison du Salut figuré par les nauires,	35
mespris des choses insensibles principale entrée de Salut,	80
le Salut est presenté à l'homme soubz son action,	154
il est plus mal aisé a l'homme soy retirer des concupiscences qu'apres acquerir le Salut,	177
ce qui nuit au Salut du mauuais profite a celuy du bõ,	303
trois cognoissances de soy necessaires au Salut,	419
le Salut estant receu les secretz sont publiez,	490
Salut de Dieu, perdition vient de l'homme,	527
Dieu propose le Salut soubz condition,	535
le Salut apres la dissolution du corps,	Ibid.
les moyens du Salut sont intelligibles,	566
le Salut fut annoncé obscurement,	611
le Salut descouuert rarement en l'escriture,	Ibid.
perte de temps ruyne insensiblement le Salut,	614
proprieté de Salut,	682
si Samuël fut suscité ou non,	666
Samuel mesme suscité,	667
par l'absence de l'esprit le Sang se cõgelle,	374
pourquoy est faicte mention du Sang outre le corps	582
le Sang rememore la mort de Iesus Christ,	583
propos de la Sapience de la iustice de Dieu,	377
Sapience matrice de la regeneration,	566
Sapience de puissance,	684
Sapience des Grecz es faictz corporelz,	690
S'arrester aux sens ruyne l'homme,	535
S'arrester trop au iugement des sens produit idolatrie,	201
Sathan n'ayãt acces à l'interieur print corps materiel pour combatre les sens de l'homme,	82
Sathan insinuë a l'homme nature humide par le faux cuider,	76
les pons ou passe Sathan à tanter l'ame,	82
illusion de Sathan par religion,	654
les plus Sçauans plus mauuais traducteurs	690
sans cognoistre Dieu, Sçauoir est ignorance,	359
plus de Sçauoir faict plus d'ignorance,	689
Science est don de Dieu,	365
Science conduit l'incorporel,& les sens le corporel,	366
la Science plus diuine est plus mesprisée,	616
Sciences s'aprennent sans amour ny foy,	568
Secrets diuins ne sont a publier,	615
Sedition soubz pretexte de verité,	571
les Semences de Dieu sont petites, mais apres grandes belles, & bonnes,	69
deux membres des Semences en l'ame,	292
toute bonne Semence vient a l'ame du saint Esprit,	Ibid.
toute Semance venãt a l'ame d'autre que Dieu est mauuaise,	Ibid.
diuersité de Semences,	298
continuele action est de la Semblance de Dieu,	306
astuce de Sathan a semer la ruyne de l'homme,	300
les Sens corporelz inhabiles a cõceuoir les essences diuines,	12
les Sens reçoiuent la communication & l'intelligence l'image,	28
les Sens messagers de concupiscences a l'ame,	35
les Sens ne raportent plus a l'homme que au brut,	102
les Sens reçoiuent commencement de Dieu & la foy d'eternité,	178
comment Dieu se rend cognu par les Sens,	193
les Sens sont plus facilement trompés que la raison,	195
il n'apartient aux Sens de iuger ains raporter seulement	201
ou sont contenus les Sens,	111
differant vsage des Sens entre le brut & le raisonnable	101
grand abus pour auoir iugé par les Sens,	265
les Sens appartiennent au composé non aux parties,	278
Sens, intelligẽce, contraires de leur nature sont cõioincts en effectz,	283
qui est l'vsage des Sens,	Ibid.
quelle facilité ont les Sens a induire l'homme a mal,	290
le iugemẽt est remede contre l'induction des Sens,	Ibid.
l'intelligence n'estoit ioincte aux Sens en l'homme innocent.	Ibid.
gradation des Sens au iugement,	304
assoupir les Sens est vray moyen de contemplation,	338
contrarieté des Sens a la contemplation,	Ibid.
l'abuz des Sens desplaist a Dieu & non l'vsage,	339
les Sens nuisent a contempler Dieu,	341
argument des Sens a la cognoissance,	364
les Sens sont pour le seul necessaire,	Ibid.
les Sens plus obseruez que la cognoissance,	366
les Sens comprenent seule presence corporele,	473
les Sens ne comprenent le bien,	482
les Sens n'apperçoiuent que l'incorporel,	Ibid.
les Sens n'aperçoiuent que effectz,	656
les sens n'ont action sur choses diuines,	585
l'vsage des Sens n'est mauuais, mais l'abus,	Ibid.
l'vsage des Sens empesche la contemplation,	Ibid.
Suppression des Sens necessaire a contempler,	592
apparoir appartient à tous sens,	628
les Sens n'apperçoiuent les puissances,	647
les Sens amusant abusent,	677
les Sens craignent la mort,	679
les Sens retournent a leur vsage,	681
collation du monde Sensible a l'intelligible,	17
comment les choses Sensibles passent en l'intelligible,	259
en toutes choses Sensible & intelligible,	741
les sept gouuerneurs n'ont puissance que sur le Sensible,	16
conionction de l'inlligence & Sentiment en l'homme,	289
Sentiment & intelligence du mõde non semblable a celuy de l'homme,	307
quel est le Sentiment du monde & son intelligence,	307
en quoy le Sentiment & intelligence du monde precede ceux de l'homme,	Ibid.
l'intelligence & Sentiment du mõde est excellent a faute d'arbitre,	308
differance de Sentiment a cognoissance,	364
Sentiment est surmonté,	Ibid.
le Sentiment intelligible plus aigu que le corporel,	398
Sentiment des brutz,	531
le Sensuel desire auant l'intelligible.	680
cause de la Separation de la matiere & de Dieu,	22
Separation de Dieu produit priuation des sens,	332
Separation des Sens pour l'action intelligible,	473
Separation de Dieu est damnation.	503
Separation n'est abolition.	546
la Separation se faict pour renouueller,	Ibid.
faux pretexte de Separation & discorde,	723

Separation de Dieu par la matiere separée,	729	le Soleil est au milieu des planetes,	Ibid.
l'homme laissant Dieu n'est separé de Dieu,	503	que c'est le Soleil porter couronne au monde,	Ibid.
toute chose separée de Dieu est priuée de perfection,	32	le Soleil charretier du monde,	701
les Sept seaux brisez par l'agneau,	63	tous mouuemens reglez par celuy du Soleil,	Ibid.
les Sept mondes ou planetes,	443	le Soleil bride le monde,	702
Sepulchre entendu pour cœur ou pensée,	484	l'ordre tiré du Soleil garde de confusion,	Ibid.
comparaison prinse des fables de Serapis,	368	toute generation est dans le tour du Soleil,	Ibid.
l'oracle de Serapis disant ses parties,	Ibid.	mesme conducteur du Soleil & sa charge,	Ibid.
l'acces du Serpent à l'homme par le dehors,	37	le Soleil est dict bastir toutes choses,	703
le Serpent insinue à l'homme l'affection de desirer,	Ibid.	nature basse attribuée au Soleil,	Ibid.
Serpent prins pour choses basses & terrestres,	40	le Soleil illumine ciel & terre,	Ibid.
replique cauteleuse du Serpent à Eue,	75	le Soleil viuifie les parties elementaires,	Ibid.
— le Serpent atribué à Aesculape,	687	le Soleil & sa suitte executeurs de nature,	704
— puissance de deux Sexes,	56	que c'est le Soleil aller en maniere de viz,	Ibid.
— distribution des Sexes,	68	le Soleil passe deux viz l'année,	Ibid.
le mauuais ne separe la verité des Signes,	579	effect du Soleil en la zone torride,	Ibid.
soubz les Signes s'entendent tous astres,	606	— quelle mutation a le Soleil,	706
comme sont deteminées les diuisions des Signes,	607	liberalité des generations abondent au Soleil,	Ibid.
douze Signes gouuernent le corps humain,	Ibid.	— le Soleil nourricier de tout genre,	718
departement des Signes aux corps & rayons,	608	— preeminance du Soleil,	Ibid.
les Signes n'ont pouuoir que sur les terrestres,	Ibid.	pourquoy le Soleil est dict chef & conducteur,	Ibid.
Signes faictz nonobstant l'abus,	744	operation corporele du Soleil imitant,	Ibid.
Mercure prend son Silence pour engrossement, & son parler pour enfantement,	94, & 129	— compagnie de Daimons soubs le Soleil,	719
		le Soleil fournit l'influance du bien venant de Dieu,	732
Similitude n'est que aux bons,	26		
opression des Simples par les mondains,	300	Soleil ministre du sensible & intelligible,	Ibid.
Simple & composé sont toutes choses,	635	Dieu facteur & createur, le Soleil executeur,	735
les mondains mesprisent la Simplicité,	300	Soleil & astres instrumens du sainct Esprit,	Ibid.
Sinderese faict le desespoir en l'ame,	395	Soin est violence d'affection,	92
le Soleil descript en son cours d'vne heure quarante sept fois trois quarts la longueur du tour de la terre,	207	Solution d'obiection blaspheme,	640
		dont vient la difficulté de Soy cognoistre,	103
mouuement du Soleil mesuré,	Ibid.	qui ne voit Soy mesme ne peut voir Dieu,	200
comment le Soleil & le monde sont dictz pere,	332	plusieurs miseres a faute de Soy cognoistre,	419
diametre du Soleil,	413	chercher à cognoistre Dieu par Soy,	476
le Soleil plus grand que la Lune d'vne legion,	415	il se faut vaincre auant Soy cognoistre,	674
regularité du Soleil en son mouuement,	450	diligence à cognoistre Soy mesme,	Ibid.
— le Soleil image du monde,	463	peu victorieux de Soy mesme,	728
plusieurs deceuz en la puissance du Soleil,	641	perfection de la Sphere mouuant,	369
le Soleil entre tous autres ne change,	665	la forme Spherique aproche sur toutes autres l'intelligible perfection,	Ibid.
consideration de verité au Soleil,	Ibid.		
le Soleil est dict verité,	Ibid.	huict Sheres au tour du Soleil,	735
le Soleil est verité comme les hommes dieux,	Ibid.	pourquoy les Spheres dependent du Soleil,	733
le Soleil conduicte de tout artifice,	Ibid.	— vne Sphere des estoiles fixes,	733
Soleil honore instrument de toutes operations,	Ibid.	six Spherss des errantes,	Ibid.
le Soleil veneré, & sa verité adorée,	Ibid.	vne Sphere entour la terre,	734
— premier operateur apres Dieu est le Soleil,	Ibid.	— des Spheres dependent les Daimons,	Ibid.
quelle adoration est deuë au Soleil,	666	le Spiracle de Dieu en la face,	347
l'essence diuine reuerée au Soleil,	Ibid.	differance de spirituel à spiral,	65
principal operateur soubz Dieu le Soleil,	697	danger du Stile dissolu aux choses sainctes,	692
le Soleil naturel dispensateur des bien-faictz,	Ibid.	Suasion septiesme vengeresse,	595
Dieu autheur, Soleil operateur,	698	Subiection de l'homme aux loix de la matiere, produisent l'inclination en mal,	44
le Soleil enuoye l'essence contre bas,	Ibid.		
le Soleil attire la matiere contre mont,	Ibid.	commune subiection des hommes & brutz,	140
le Soleil enuoye nuisance & attire croissance,	Ibid.	Subiection tient la matiere imparfaicte,	189
le Soleil illumine toutes matieres,	Ibid.	differance d'essence & substance,	118
effectz du Soleil penetrant la terre,	Ibid.	Substance diffinie par Aristote,	119
le Soleil a receu essence a communiquer,	699	conclusion de la differance d'essence & Substance,	Ibid.
la vertu receuë par le Soleil n'est aperceuë d'aucun,	Ibid.		
l'vsage du Soleil reçeu par coniecture,	700	essence est immuable, & Substance muable,	118
l'homme n'apparoit au Soleil sens ny raison,	Ibid.	Substance confondue par essence,	346
l'intelligence du Soleil n'est en coniecture,	Ibid.	comparaison de la Substance du Prince,	348
le Soleil illumine les corps celestes,	Ibid.	Substance du froment incorporele,	351
comment le Soleil est dict estre au milieu,	Ibid.	mutation des Substances,	351
le Soleil supposé au centre de l'vniuers,	701	Subtilité de Sathan,	691

exemple des Superfluitez,	234
qui mesprise ses armes est bien tost Surprins,	430
distortion du mot Συνουσιαστικός,	551

T.

Tabernacle corps humain,	650
parabole des Talans comparée,	479
n'employer les Talans reçeuz c'est malice,	485
Ethimologie de Tat,	144
Tat catechizé reuient à branler,	590
Tat est exorté à soy disposer pour la parolle,	597
Tat se trouue illuminé,	610
question de Tat non encore conuerty,	612
Temerité 11. vengeresse,	595
Temperance contraire a dissolution,	599
intemperance bannie par Temperance,	600
l'institution du Temps & nature ont multiplié par propagation,	269
le Temps mesure toute action par mouuement,	426
le Temps mesure generation par mouuement,	427
le Temps est au monde,	431
le Temps terminé au monde,	Ibid.
Temps est action diuine comme tenant du iamais,	435
subiection de Temps empesche la vitesse,	474
le Temps aux creatures le iamais à Dieu,	556
que c'est les Tenebres,	6
des œuures de Tenebres sortent les punitions & voix plaintiues,	Ibid.
autre acception de combat en Tenebres,	82
principale intention du Tentateur,	305
discours de la Tentation du serpent,	37
la Tentation du serpent esmeut le desir de l'homme,	84
predire Tentations n'est predire effectz,	727
predire Tentations est predire effaictz,	Ibid.
Tepedité nuit a comprendre Dieu,	341
pourquoy la Terre couuerte d'eau ne produit,	24
Terre feminine.	64
la Terre estoit premierement armée,	134
la partie de la Terre plus pure est la plus poisante,	135
la Terre fort petite au regard des Cieux & leurs actions,	147
la Terre se trouue grande en la reception des actions celestes,	Ibid.
la Terre donne imperfection au subiect sur tous les elemens,	310
qui tient moins de la Terre & elemens ses prochains est moins materiel,	310
la Terre lie du monde,	385
la Terre deffendue du feu par l'eau,	388
la Terre n'est qu'vn point eu esgard au Ciel,	413
diametre de la Terre,	Ibid.
assiete de la Terre,	448
la Terre tient le bas lieu par son imperfection,	Ibid.
la Terre lie de lumiere,	Ibid.
pourquoy la Terre est au centre,	Ibid.
la Terre nourrice des creatures y habitans,	Ibid.
si la Terre est immobile,	546
la Terre est mobile,	547
la Terre est stable,	Ibid.
en Terre n'y a verité que imitations & peu,	651
la grand part en Terre est mensonge,	652
question s'il y a verité en Terre,	655
il n'y a sur Terre corps veritable,	658
verité n'est en Terre,	Ibid.
en Terre n'y a chose capable de verité,	659
ce qui est en Terre est assailly de corruption,	668
plusieurs choses en Terre sont d'vne racine,	696
la Terre magazin de toute matiere,	696
la Terre produit contre moi,	Ibid.
Terre reçoit la substance d'en haut,	697
pourquoy tout ce qui est plus esloigné de Dieu est dict terrestre,	310
comparaison du Thresorier du prince,	645
texte du Timée de Plato,	273
mouuement de Titubation,	416
la partie se Transsubstantie au tout,	583
Tout est vn different,	694
vn & Tout ne sont entenduz separement,	695
par pluralité Tout ne seroit aboly,	696
Tout est vn pour ne se separer compliment,	Ibid.
Toutes choses se font a bonne fin,	76
Toutes choses sont en Dieu,	102
dou Toutes choses prennent leur commencemant est immediat,	133
manifestation de Toutes choses selon leur degrés,	Ibid.
Toutes choses sont Dieu, matiere, ou creatures,	188
Toutes choses sont en l'imagination plustost qu'en effaicts,	194
gradation concluant resolution de Toutes choses en Dieu,	221
en quelle maniere Dieu est Toutes choses,	220
Toutes choses engendrées ou faictes sont passibles,	227
prouidance de Dieu a toutes choses,	246
Toutes creatures portét en soy l'image de la Trinité	306
Toutes choses corporeles sont elementaires,	316
Toutes choses faictes pour l'homme inteligible & spirituel,	336
Toutes choses constituées de contrarieté,	366
commencement de Toutes choses,	374
Toutes choses sont en la subiection de Dieu,	403
Toute conduite est necessaire & arbitraire,	419
Toutes choses sont ramenées en Dieu,	Ibid.
Toutes choses comment sont en Dieu,	471
Toutes choses subiectes à l'imaginatiõ du sepulchre	484
Toutes choses immortelles,	549
Toutes choses faictes sont sensibles,	630
Toutes choses sont facteur ou facture,	634
Toutes choses ne sont que deux,	635
deux sont Toutes choses,	Ibid
Toutes choses en vnité,	694
Toutes choses s'entendent en plenitude,	Ibid.
Toutes choses sont vn, 696 Toutes choses deppendent de Dieu, 734 Toutes choses parties de Dieu,	736
comment sont eternelles Toutes choses,	740
Tout prins en compliment non en multitude,	696
Tormans yssus des plaisirs precedans,	397
Tournoyement est conuersion,	465
fondement de ce Traicté recommandé,	694
Transmuer especes comme les simples corps,	705
cause de la Transmutation d'espece, Ibid. pour paruenir à Dieu il y a plusieurs Tribulations, 177 propos de la Trinité, 15. cõcorde entre Mercure & l'escripture en la Trinité, Ibid. merque de la Trinite en toutes choses, 432. à cause de la Trinité dict Trismegiste,	683

en la Trinité vne seule essence diuine en trois subiectz,	683
ordre des trois subiectz de la Trinité,	684
vestige de la Trinité en chascune creature,	685
Tristesse & volupté sourdent comme boullons,	501
Tristesse seconde vengeresse,	593
les Trois subiectz conuiennent en tous effectz,	684
prendre Tromperie pour Tromperie,	655
petit est le Troupeau d'imitation de verité,	652
Tumultes suscitez ez concupiscences,	722

V.

le Vague ou creux ne reçoit aucune matiere, que l'air qu'elle occupe, n'en sorte,	113
de la Veneration des images,	742
Veneration de la chose representée par l'image,	743
ou doit estre adressée toute Veneration,	743
abuz de Veneration,	743
Veneration d'images sert aux foibles,	745
Venerer les imaginations,	542
autre maniere de Venerer les semblances,	Ibid
conception digne d'estre aymée & Venerée,	Ibid.
Venerer la vertu d'imaginer,	Ibid.
en la creature Venerer la seule partie diuine,	743
Venerer l'action pour l'image,	Ibid.
ignorance premiere Vengeresse,	593
tristesse seconde,	593
dissolution tierce,	594
conuoitise quatriesme,	Ibid.
iniustice cinquiesme,	Ibid.
auarice sixiesme,	Ibid.
suasion septiesme,	595
enuie huictiesme,	Ibid.
fraude neufiesme,	Ibid.
ire dixiesme,	Ibid.
temerite vnziesme,	Ibid.
mauuaistie, douziesme,	Ibid.
douze Vengeresses pouuant tanter seulement,	596
soubz douze Vengences plusieurs autres vices,	Ibid.
Vengeurs de la matiere,	592
par le Ventre Mercure entend toute necessité de corps,	234
Venus n'est iamais veu au lieu du midy,	415
le Verbe sainct pourquoy est dict sortir de nature humide,	7
puissance du Verbe fiat ou soit faict,	23
le Verbe diuin autheur de generation,	64
trois prieres par le Verbe,	620
le sainct Verbe generatif,	684
le plus Veritable est plus mocqué,	422
qu'est-ce voir chose Veritable,	654
prendre le Veritable pour Veritable,	655
prendre outre ce que c'est n'est Veritable,	655
aduis des choses, qui ne sont en soy Veritables.	660
subiect inconstant n'est cognu Veritable,	661
Verité est violante a celuy qui est indisposé,	568
que c'est Verité,	589
soubz Verité Dieu descrit,	Ibid.
Iesus Christ & Mercure disent Dieu Verité,	Ibid.
qu'elle est generation de Verité,	592
Verité contraire a suasion,	601
Verité est possible puissant & iuste,	650
Verité des affaires humains qu'elle elle est,	Ibid

Verité mathematicque quelle est,	Ibid
quelle Verité es corps perpetuels,	Ibid.
Verité ne gist en matiere,	651
petit est le troupeau d'imitation de Verité,	652
Verité n'est en l'homme que par contemplation,	Ibid
prendre Verité pour mensonge,	655
question s'il y a Verité en terre,	Ibid
s'il y a Verité au monde intelligble ou formes,	Ibid.
Verité ne peut souffrir compagnie de matiere,	Ibid.
Verité & foy ne sont en tere,	656
pourquoy Verité n'est en terre,	557
Verité n'opere ça bas que es pensées,	Ibid
ne cognoistre Verité est Veritable,	679
Verité n'est en terre,	Ibid
description de Verité,	677
Verité couuerte de noz voiles,	Ibid.
Verité repose au souuerain bien,	Ibid
iniure a Verité de la chercher en terre,	659
Verité a tout enuelopé de mensonge,	668
toute Vertu d'action humaine atribuée à la volonté,	42
les Vertus intelligibles de l'innocence perdue s'acquierent par Iesus Christ,	48
pourquoy les Vertus diuines sont foibles en l'homme,	186
côment les trois Vertus sont assises au trois subiectz,	375
Vertu diuine mocquée de sapience corporele,	422
conime s'entend pluralité des Vertus en Dieu,	446
employ des Vertus de Dieu bonnes œuures,	534
les Vertus contraires aux vengeances,	597
six Vertus contre six vices,	601
dix Vertus commét chassent les douze vengeances,	605
la Vertu ethnique ne meine le salut,	613
Vertus diuines chantent en l'homme,	615
subtilité des Vertus intelligibles,	718
Mercure par la Veuë comprend tous les sens,	187
pourquoy la Veuë ne peut voir de trop pres,	206
Veuë de la terre,	ibid.
Veuë de la mer,	Ibid
Veuë de dissolution de l'air,	207
Veuë de la cuite du feu,	Ibid.
Veuë du cours des estoiles,	Ibid.
Veuë de la vitesse des cieux,	Ibid.
la Veuë ne comprend y auoir ciel,	733
Dieu veut le bien, permet l'arbitre, & tolere le Vice,	175
les Vices sont faictz de volonté corrompue par matiere,	176
aux grandes assemblées regnent les grands vices,	338
Vices ne consistent en action ou habitude,	389
differant Vice de matiere tát es hômes que es brutz,	533
douze Vices repoussez par dix vertus,	608
Vices sont passions suiuant les generations,	642
Vices de generation viennent de la matiere,	Ibid.
Vice est produict par l'inconstance de la matiere,	Ibid.
Vices n'estant en essence ne dependent de Dieu,	735
la Vie actiue n'est a mespriser,	41
la Vie & mouuement gist en la forme & les vertus de la matiere en la substance,	332
la Vie mortelle ne reçoit cognoissance de Dieu parfaicte,	336
ceste Vie ne peut tenir perfection,	340
qui est le propre de la Vie au corps,	344
l'ordre de Vie est du dedans au dehors,	372
ou est la Vie la est l'ame,	453

toute cause de Vie est chose immortele,	453
il n'est que vne Vie,	455
que c'est, Dieu faire Vie, ame, ou immortalité,	457
la Vie conionction de l'ame, & saincte pensée,	462
la Vie ne se perd iamais,	464
il n'est faicte chose sans Vie,	543
l'impurité cause la vie des elements,	Ibid.
Dieu a voulu le monde auoir Vie,	544
Vie ne porte auec soy mesme estat,	548
Vie en la matiere formée,	556
Vie & lumiere conioinctz par vnité,	609
en ceste Vie n'est veuë verité,	654
obly grand Vice contre le salut,	382
d'ou vient la tristesse aux Vieux,	626
chose Viuante ne repose en assiete,	471
Viuifier tous, est essence diuine,	470
Viure par vertu de l'efficace & le iamais,	524
Viure, estre, mouuoir en Dieu,	638
l'Vnion du filz de Dieu à l'homme pecheur,	76
l'Vnion de Iesus Christ nous dispose à luy assister comme mesme chose,	115
vtilitez de l'Vnion du pecheur à Iesus Christ,	571
l'Vnion à la presence regenere le pecheur,	572
l'Vnion & communion regenerent esgalement,	Ibid.
l'Vnion met, le sacrement remet en grace,	579
pourquoy n'est guieres parlé de l'Vnion,	Ibid.
l'Vnion conseruee se fie au salut,	580
l'Vnion est inutile par l'imbecilité de l'homme,	Ibid.
l'Vnion & sacrement constituez en negatiue,	582
collation de l'Vnion Geometrique à la diuinité,	607
Vnion vniuerselle de toutes choses,	638
toutes choses prenent commencement de l'Vnité, à cause de son essence,	184
l'Vnité est commencement de toutes choses,	185
toutes choses simples ou composées dependent de l'Vnité,	Ibid.
en quelle maniere ceste Vnité est Dieu	Ibid.
l'Vnité tient sa perfection d'estre commancement inuisible,	189
argument concluant l'Vnité de Dieu,	454
la Vraye vnité apartient au seul Dieu,	456
trois conioinctz en l'Vnité est Dieu,	609
l'Vnité contient le denaire,	Ibid.
le denaire retourne estre Vnité,	Ibid.
toutes choses en Vnité,	694
la Voye de Dieu apparoist a qui la desire,	484

Voix sortât de nature humide est le verbe Filz de Dieu,	7
la Voix propre a l'animal,	537
la Voix denotte la passion,	Ibid.
Voix & parole representent diuersement,	539
pourquoy Mercure souhaite son filz Voller en haut,	206
la loy de Dieu s'adresse a la Volonté non a la matiere de l'homme,	19
les elemens sont yssus de la Volonté de Dieu,	14
discours de la Volonté, desir, & appetit,	52
Volonté & resolution de l'ame sur l'vn des deux apetits,	53
resoluton de Volonte est le consentement,	Ibid.
l'homme n'a operation de salut que la Volonté,	177
la Volonté prompte principal moyen a cognoistre Dieu,	335
la seule Volonté de Dieu remede en toute resistâce,	457
la Volonté de Dieu semeur de la regeneration,	567
la Volonté vaincuë,	696
la Volonté reçoit les vertus,	599
Volonté sans iugement ne peut retourner,	716
les Voluptez diuertissent la pensée de Dieu,	194
les Voluptez offusquent la Volonté,	365
Volupté perdition de l'ame,	502
Volupté source du mal de l'ame,	503
le Vouloir gist en nous & Dieu le met en œuure,	19
difference entre Vouloir, permetre, & tollerer,	174
Vouloir toutes choses estre est essence de Dieu,	330
n'est Vray qui ne demeure en soy,	665
Vsage prudent des choses fatales,	516
l'Vsage des sens n'est sans mauuais mais l'abus,	585
il n'est aucun vuide: mais doit doit estre dict Vague ou creux,	113
le Vuide est priué d'essence comme le rien,	112
Vn est toutes choses intelligibles,	524
Vn & tout ne sont entendus separement,	696

Z.

le Zodiac composé de douze nombres,	605
autres que l'Affrique en la Zone torride,	605

F I N.

Corrections des defautz d'escripture interuenues en l'impression, où les nombres denotent la page : les premieres syllabes suyuantes denotent le commencement de la ligne, & le reste la correction: & quand il renuoye au marge, c'est pour les postilles.

3. re soy, aussi pensée αὐτὸς ὤν
4. doubtant. & c. au marge quel.
5. uritl. presenta. prend, Dieu qui sa. stacle de diminire. moyen, aux sens.
7. faire, des nuees.
8. du ch, qui estoient.
9. les, qu'il infini
10. re lou, Dieu, l'employant par nostre arbitre. me ve, que entre toutes. me de, considererons.
11. pol sur, Soleil & celle Li ne pouuoit estre endaine de l'homme viuant, dont S. Pol en deuint aueugle. fic 6. ostés 7. L'VN, ains est fort.
11. PAR, que qu'elle as.
13. qui A. prend, bien garde.
15. ret ou, il use de ce. munes, tesmoigne.
24. cause, d'vniformite.
25. au marge, d'image & si.
27. par, sa preuarication. donné, c'opesant.
28. au marge, sans priuation.
31. & l'intel. mau regardast plus haut. tions, soy tenant touliours. creature, charnele.
32 qui est, toutesois attainate.
33 qu. mac, toute perfection. Mais, l'homme s'il.
35. cupisc, par cest & c.
37. ment int qui estoient les.
38. au marge, s'assubiectist.
39 gnage, qu'il, auoient. che du, qu'il z ont basil.
42. de Dieu, ostés de.
44. ET DE CELLE. au marge, l'homme croist. le amour, ostes la.
46. à cause, la geynant.
face 47. ostés 41. sect, 14. ostés 16. rite, ne douant. seur, ne veyant bien, qui te sus.
48 uent il, pu. & la. cupisc. attireti.
49. sect. 14. ostés 15. son aduenemet nou, sommes delivres de la Iustice de Dieu, & sommes receu, de sa misericorde.
50 spirit. viuifiante. cause du.
51. Natu. ordonnance. reculement.
53. au marge. Resolution de volonté.
54. princip son consentement.
56. du ma. ostés du. tembl. a eux.
57. qu'il contempléra.
58. n'ay p. le premier. i'ay di fist donc en e. luy. a entre-mesler. l'harm : & à cause, des doux. ixes. RECELE, qu'il n'a esté entendu. minat, tres-insime.
59. re haut. le prouuoit. faute, que les sens.
61. tu, qu. estre comprinse l'me.
62. imag. Et par la. 6. ostés 44.
63 a vont. MANIERE.
64. ties. & que toute autre. au marge, niens de après.
65 aux gr. d'air quand la r. tous c. Vie spiritale, non.
69. à la fin. l'homme se.
70. cause de la. le corp. par seing amour.
71. LEVR, (innumera. les aux creat.
72. ne leur est. donne. CORPS, de la vraye.
78. IE EN LA VIE, O.
82. ceuve qu'il n'y auoit.
face 85 ostés 71. au marge, stres de la soubmission.
85. mode de generation. 85. ostés 71.
90. SES, COMME EL. nees par my. de ta doctrine.
93. concup, ALOIENT siantz. DRE G, graces estant rem. DVES, retere.
94 neu des siens.
95. puiss, sont en la main.
98. de Macedoine.
101 au marge, & l'intelligence la forme.
102. au marge, Dieu est dict n'estre entendu. embas, par choses exterieures.
111. tre, MLVT LES.
113. pleines d'am.
116. BLE, des siens.
119. ses corp, & souffre.
120 de subi. non de son prop.
122. au marge, ainsi les comprend toutes.
127. par, sont termes im. tient, vie. & tres.
128. CAR IL. & c. FANTS, LI LA PLVS. persé qui n'esloignent. toute l, qu'il a en luy, comme estant receu de Dieu. Et. homm, steriles: & det. nos li. est en Christ. uoit estr, des uns du temps d'A

braham, Iacob, & Manue.
129. Ce n'est, la vertu & b.
130. Iesus Christ a diuinetement. au marge, faict par le S. Esprit. l'vsag. tres-grand. au marge, comparaison de l'alchimies.
131. enuoy. essence humide.
135. ou mou. l'eau qui l'humette.
136. du feu. les Alchimistes.
137. recog. par ses puissances.
138. resemeent en eux mesmes.
139. DE sleur ressemeent en. tures, conuy & in.
141. Dieu luy a anoncé. tout le reste. dons qui luy, cent diuerses, ses subtilité. Aucuns. parlast de ceste.
142 gloite, nem & le faire. Lesq. que vraye.
146 dict cy, des siens.
152. raison, composition, 152. VIE NE procede. Merc. Vne de non.
153. Le Vol au marge, Response.
157 à la fin au marge, lisa, 48.
159. voirs, s'est emparée, domination de tout. lon d, qui sont tous.
165. mai aupr'enfer.
166 pour, & a le refuser.
169. dit Diuinité, con. ce aux, (qui comme nous. ·
171. ostés 171.
179. leur venloit anoncer.
182. terres. de sedition.
184. de comp. duquel il depend estre sans autre commencement. ment, si son commencement.
185. priue. pas facile d'aur. TIEN. contenue so. GEND. engendrée.
188 plier, si est-ce, qu'il luy est.
189. nant p. qui le diuers. ferme, qui le puisse.
195. ce : ou, à l'exemple de.
197. ment voir & comp.
199 Dieu, perseuerance.
201. ges de en sculpture.
207. my. siens cinq son & c.
212. faict. pouuans naistre en.
218 ta bon, par sos toy. toy, n ce qui la na. ta pr. ou dotts. se re.
224. SEDE subiection. elurr, Dieu se courroux.
227. persi. Et en ce quel.
228. soit p. NVIT ET OV. offen, par creature sur. Et ainsi quel. tion, a esté passible.
237. tour, entend assé. foy ne pouuans.
238. u'esou l'ail cognost par. OV DI. ayment Dieu.
241. au marge à la fin ordonnément.
244. trouu. a qui il a donné son.
250 à la fin du marge, Iosu. 7. b.
253. au marge, finale impenitence est cuyder. à la fin, a priuer l'homme de Dieu.
257. materialite de l'homme. manie. est prins pour.
263. intel. : intelligible su for.
265. au marge haut, en toutes ses parties.
277. au marge, Reintegration des corps terrestres.
282. me estre priuation.
290. ostés 092.
304. mes a, & conditeur du. Ioinctes & vnies en luy.
307. LHVM. plus excellent. prinsé, & bigarré d'insi.
313. Et pa, Philosophie.
317. tions, les instirant du. de ma, prenent la mat.
318. autr, en l'esleuation & coust.
319. mant, Aussi operent, vitusiant z.
322. au marge, Intelligence naist de.
325. Christ, vertus du Sainct.
328. capa, qu'il est par parol.
334. Pend, ET en quantité.
335. quell, & pleut infini.
344. ostés 334.
352. l'autr, Et celle la est la. il y en, dire, & ce en trois.
353. l'estat, Mercure la nom.
354. donc, toute ame humaine reçoit. qui lu. image de Dieu.
356. REVX. estat, & part.
359. la cog. & celle de soy mesme par le.

361. mesm. le punira par.
367. ostés 167. ce lu, LE Repos inte.
373. quelle se trouue.
379. qui n'ont eu ceste.
382. re, le, l'esprit, & l'esprit despouillé.
384. plus y abonde.
388. ATT. humaine en dissensation.
395. sin pa, & reuny dans nostre & c. L'ame, ordonne a la pensée.
397. ostés 389. Cest, qui se conuertissant.
398. ostés 388.
402 que l, quelle preuoit les. elle preuoit les.
404, lesquelles sont leur. cute, partans du v'ert.
405. qui en sera vuide con.
406. qui et, (omment du tu.
408. FREG, Paresseuse en ce qu'elle estant de sa mat.
410. porte, & recognoisse l'estat.
412. Ce que, & le mesure en son.
414. te rr. plus d'vn sixiesme Da.
416. Celuy de Mars. cinquiesme, 3.
418 l'homme (qui ibid. sainct Esprit) homme.
421. sions. formées des vert.
429 prit, l'enfourmant.
430. dict : reintegeré & destruit.
433. dus sint souuent & menu.
437. asair, dict est de na.
442. supt. les plus neuues sont. TE, &, comparele (E.
446. uiten, & de là à la mult. mies, a esté a-compag. Dieu, la sinu part du. au maige tort ny vice.
449 ADVI. Combien est gr. qui c. Et se uent l'A.
453. le a ad. La vie ESTANT.
455. tomb en subite pri.
462. CEST Dissolution.
464. ostés 474.
465. ostés 265.
466. SENT. ny qui se puiss.
479. ptel. ou futures, comme estant reueues en l'image de Dieu.
493. mani, partant de luy.
496 ostés 495.
498. trou qui reslent en.
504. a auc. qu'il ne se peut.
509 grand. s. diuuer c'est.
517 que en ja pr. la rel. foy retirant.
522, ostés 507. tune, au cuns trouuant.
528. NOBL, IL est iuste que.
534. & par, & impalpable, soit.
538. cumb. se prenoit que.
543 sect. 16. ostés 17.
551. en Gr. qu'il auoit usé d'vn.
553. au marge, l'espece du brut n'est semée.
565. mes, l, de desiree les.
573. sect. 3. ostés 23.
575 que c. & ueu laisser.
601. iuaf. M'EST FAVOR. A Grand randon.
603. ostés 593.
624 greter nos labeurs.
634. quel, faire que ce qu'il.
643 buan, en habitude & non.
644. secr u, faire l' employant.
645. lonté, destourna du.
651. part, aura l'empeschement de son.
653. pres. par iceux : de.
654 chat qui est le sien. non.
655. my ce, aucun ne l'y peut.
662 crit, QVI DEmeure.
665. re, en, ceste verité gouuerne. i'y ap. ET les ADORE comme SA propre VER.
668. ses im. soussert de Dieu,
670. dict, n'a eu constance.
673. som. & contemplons.
676. Dieu, que ce sui sus.
682. Il nous communique.
683. qui pourront estre.
689. ce que, n'estoit receu en. intell, aux tour ne tour.
691. miers sur toutes choses. A CESTE (A.
694 TES CH. estant de luy, en luy, & ceste, siparation, discretion, ou,
697 vn &, l'ayant cree &. pal, ministre des.
704. dent, la zone torride.
707. deux, lange percutiant.

709. luy, tefmognans en ce.
711. nourricier de tous.
713. les v. futur siecle &.
714. mes. Et ces deux.
727. à cauf. sufciteses par la destinée. sont pou qui entrent en.
729. poser, de captiver ou paru.
730. y est par affirmatiues.
731. sens, son institutusion nay.
732. sens, Dieu pur intell.
733. sens, que s'ilz n'arrestent.
736. ostés 732.
741. voir, diuine a en Dieu. IVDI, Maniere y a reciproq. mentz & autres matieres.
742. porel, les idées & represent.

743. vient que le but de l'amour.
744. queu, autres abus, uoter, dependances & graces
745. ostés 741. eisio, vne monié dester.

Les fautes de la preface sont à la sixiesme face, ligne 4. faut mettre resumé au lieu de remue.
à la cinquiesme ligne resumât au lieu de remuant.
à la 15. ligne osterés le premier &.
A la 7 face a cinq lignes du bas, mettrés auant, au lieu de auec.
A la 13 face à quatre lignes du bas mettrés, danauture, au lieu de dauantage.

A l'epistre de la Royne à la 7. ligne de la fin, faut preposer de, deuant sapience.
Il faut lire, mesmement en la table, Daimon, non Demon.

F I N.

www.ingramcontent.com/pod-product-compliance
Lightning Source LLC
Chambersburg PA
CBHW061728300426
44115CB00009B/1138